D162866.5

Schriftenreihe des Landesarchivs Berlin

Band 2, Teil II

Herausgegeben von
Jürgen Wetzel

Die Sitzungsprotokolle des Magistrats der Stadt Berlin 1945/46

Teil II: 1946

Bearbeitet und eingeleitet
von
Dieter Hanauske

BERLIN VERLAG
Arno Spitz GmbH

Gefördert von der Stiftung Deutsche Klassenlotterie Berlin
und der Stiftung Preußische Seehandlung

An der Erstellung der Edition haben mitgewirkt:
Werner Breunig (Korrekturlesen, Registererstellung)
Sylvia Fiedler (EDV-Bearbeitung, Registererstellung)
Axel Schröder (Korrekturlesen, Registererstellung)
Roswitha Schure (Texteingabe)

Die Deutsche Bibliothek – CIP-Einheitsaufnahme

Berlin:
Die Sitzungsprotokolle des Magistrats der Stadt Berlin 1945/46 : kommentierte
Quellenedition / bearb. und eingel. von Dieter Hanauske. – Berlin :
Berlin Verl. A. Spitz
(Schriftenreihe des Landesarchivs Berlin ; Bd. 2)
Teil 2. 1946. – 1999
ISBN 3-87061-519-2

1999

BERLIN VERLAG
Arno Spitz GmbH

INHALTSVERZEICHNIS

HISTORISCHE EINLEITUNG

DER MAGISTRAT DER STADT BERLIN
IM JAHR 1946

„Der Wiederaufbau Berlins ist eine so gigantische Aufgabe, daß spätere Generationen von ihr einmal wie von einem fesselnden geschichtlichen Geschehen sprechen werden." So äußerte sich Oberbürgermeister Arthur Werner im Januar 1946.[1] Am Ende seiner Amtszeit sagte er dann im Kreise seiner Magistratskollegen: „Eineinhalb Jahre in einer solchen Periode wiegen mehr als Jahrzehnte in saturierten Zeiten der Ruhe und der Geborgenheit." „Die Verdienste, die wir uns als Bahnbrecher und Pioniere der ersten Nachkriegszeit erworben haben, wird erst eine spätere Zeit objektiv würdigen können."[2] Mit dem vorliegenden Teil II dieser Edition, der die Magistratsprotokolle und Zusatzdokumente aus dem Jahr 1946 umfaßt, werden zentrale Quellen zum „fesselnden geschichtlichen Geschehen" der frühen Nachkriegszeit in Berlin publiziert. Wie schon die im Teil I der Edition veröffentlichten Dokumente aus dem Jahr 1945, so lassen auch diese Quellen die außerordentlich vielfältigen und umfangreichen Tätigkeitsfelder des ersten Berliner Nachkriegsmagistrats erkennen und bilden eine entscheidende Grundlage, um seine Arbeit „objektiv würdigen" zu können. Die Ausführungen in dieser historischen Einleitung müssen sich allerdings darauf beschränken, für das Jahr 1946 die allgemeine politische Entwicklung zu skizzieren, die personellen Veränderungen im Magistrat aufzuzeigen, einen kurzen Überblick über seine Tätigkeit zu geben und seine Ablösung durch den zweiten Nachkriegsmagistrat zu schildern. Auf die Etablierung, den parteipolitischen Charakter sowie die Rechtsgrundlagen und Struktur des Berliner Magistrats von 1945/46 ist bereits in der historischen Einleitung zum Teil I eingegangen worden.[3]

Zur allgemeinen politischen Entwicklung im Jahr 1946

Die vier Besatzungsmächte in Deutschland konnten sich auf mehreren Konferenzen ihrer Außenminister in London (10. September bis 2. Oktober 1945), Paris (25. April bis 16. Mai 1946, 15. Juni bis 12. Juli 1946) und New York (4. November bis 11. Dezember 1946) nicht auf eine gemeinsame Politik der Behandlung Deutschlands einigen. Die Bildung gesamtdeutscher Zentralverwaltungen, Parteien oder Gewerkschaften kam nicht zustande.[4] Im Laufe des Jahres 1946 wurde die

---

1 LAB, NL Werner, Rep. 200, Acc. 4379, Nr. 20/3, S. 308, u. Nr. 45/98.
2 Vgl. das 85. Mag.prot. v. 23.11.1946, vor TOP 1, u. das 80. Mag.prot. v. 22.10.1946, vor TOP 1.
3 Vgl. Teil I dieser Edition, S. 31 – 64.
4 Vgl.: Gunther Mai: Der Alliierte Kontrollrat in Deutschland 1945 – 1948. Alliierte Einheit – deutsche Teilung?, München 1995 (Quellen und Darstellungen zur Zeitgeschichte, Bd. 37), S. 73 – 140.

Doktrin der weltweiten Eindämmung („Containment") des sowjetischen Expansions-
strebens zur Maxime der amerikanischen Außenpolitik, wie überhaupt in diesem Jahr
eine „Verschlechterung des weltpolitischen Klimas" zu verzeichnen war.[5] Besonders die Frage der Reparationslieferungen aus den verschiedenen Besatzungszonen
Deutschlands bildete einen Dauerstreitpunkt zwischen den vier Siegermächten.[6] Das
definitive Scheitern einer gemeinsamen Deutschlandpolitik der Alliierten brachte
aber erst „das Entscheidungsjahr 1947"[7], das mit zwei ergebnislosen Außenmini-
sterkonferenzen in Moskau (10. März bis 24. April) und London (25. November
bis 15. Dezember), der Verkündung der „Truman-Doktrin" und des Marshall-Plans
von amerikanischer Seite sowie der sowjetischen Gründung des Kommunistischen
Informationsbüros (Kominform) zum eigentlichen Anfangsjahr des Kalten Krieges
wurde[8]. Auch begann sich „in Deutschland erst Ende 1946 langsam eine zweiseitige
Zusammenarbeit der Besiegten und der westlichen Mächte anzubahnen".[9]

Man kann daher das Jahr 1946 – nicht nur für Deutschland insgesamt, sondern
auch für die politische Entwicklung in Berlin – als ein Jahr des Übergangs bezeichnen. Die internen Auseinandersetzungen zwischen den Alliierten nahmen zwar
zu, „das Eintractgebot der Siegermächte"[10] wurde aber nach außen hin gegenüber
den Deutschen noch aufrechterhalten. In der Alliierten Kommandantur wurde bei
den Beratungen auf den verschiedenen Ebenen (Stadtkommandanten, stellvertretende
Stadtkommandanten, Komitees, Unterkomitees) in den meisten Fällen eine Einigung
erzielt. Das galt insbesondere für die Lösung praktischer Einzelfragen. Bei der
Behandlung grundlegenderer Probleme von allgemeiner politischer Bedeutung bzw.
mit deutschlandweiten Implikationen kam es dagegen wiederholt zu Differenzen
unter den Besatzungsmächten, wobei die Haupttrennlinie meistens zwischen dem
sowjetischen Standpunkt und den Auffassungen der westlichen Alliierten verlief. Grundsätzliche Meinungsverschiedenheiten ergaben sich vor allem hinsichtlich
der Berliner Polizei und von ihr vorgenommener Verhaftungen deutscher Amts-
personen[11], der Stellung der Hochschulen[12], der Einrichtung westlicher Radio-

---

5 Vgl.: Schlegelmilch: Hauptstadt im Zonendeutschland, S. 56–63 u. 70–76 (Zitat: S. 63).

6 Vgl.: Mai, S. 312–391.

7 Vgl.: Schlegelmilch: Hauptstadt im Zonendeutschland, S. XXX, 78 (hier die zit.
  Bezeichnung) u. 577.

8 Vgl.: Christoph Kleßmann: Die doppelte Staatsgründung. Deutsche Geschichte 1945–
  1955, 3. Aufl., Bonn 1982 (Schriftenreihe der Bundeszentrale für politische Bildung,
  Bd. 193), S. 102 f.; Rolf Steininger: Deutsche Geschichte 1945–1961. Darstellung und
  Dokumente in zwei Bänden, Bd. 1, Frankfurt a. M. 1983, S. 221–238; Mai, S. 397–415
  u. 449–464.

9 Hans Herzfeld: Die politische Entwicklung in Berlin von 1945 bis zur Spaltung von
  1948, in: Berlin – Sowjetsektor. Die politische, rechtliche, wirtschaftliche, soziale und
  kulturelle Entwicklung in acht Berliner Verwaltungsbezirken, Berlin [West] 1965, S. 21.

10 Hurwitz: Die Eintracht der Siegermächte, S. 10 u. 12.

11 Vgl. hierzu: Berlin. Quellen und Dokumente, 1. Halbbd., S. 266–270; Hurwitz:
   Die Eintracht der Siegermächte, S. 198–210; Steinborn/Krüger, S. 35–38 u. 49–51;
   Dok. 52, Anm. 28.

12 Die Berliner Universität im Bezirk Mitte wurde durch einen sowjetischen Befehl
   v. 8.1.1946 der Deutschen Zentralverwaltung für Volksbildung in der sowjetischen
   Besatzungszone unterstellt; vgl. Dok. 49, Anm. 36. Die Technische Hochschule im Bezirk
   Charlottenburg wurde auf britische Anordnung am 9.4.1946 als „Technische Universität"
   wiedereröffnet; vgl. Dok. 67, Anm. 35.

sender[13], der Tätigkeit privater Banken und Versicherungsunternehmen[14], der Zulassung der neugegründeten SED[15], der Vorläufigen Verfassung und des Termins der ersten Nachkriegswahlen in Berlin[16] sowie der sowjetischen Aktion „Ossawakim"[17]. Immerhin kamen bei einigen dieser Streitfragen, wenn auch erst nach Einschaltung des übergeordneten Koordinierungskomitees des Alliierten Kontrollrats, Kompromißlösungen unter den vier Besatzungsmächten zustande: Im Oktober 1946 wurde die Berliner Polizei reorganisiert, im Mai 1946 wurden sowohl die SED als auch die SPD für ganz Berlin zugelassen, und die Vorläufige Verfassung von Groß-Berlin vom 13. August 1946 trat am 20. Oktober 1946, dem Tag der ersten Berliner Nachkriegswahlen, in Kraft.

Trotz der stadtweiten Regelungskompetenz der Alliierten Kommandantur hatten bereits im Jahr 1945 separate Entwicklungen in den vier Sektoren Berlins eingesetzt. So war das System der Block-, Straßen- und Hausobleute im amerikanischen und britischen Sektor am 21. August bzw. 12. Oktober 1945 verboten worden, während die französische Militärregierung ein entsprechendes Verbot in ihrem Sektor erst für den 1. August 1946 aussprach und das Obleute-System im sowjetischen Sektor bestehenblieb.[18] Ferner hatten die amerikanische und die britische Militärregierung Ende 1945 Befehle zur Einrichtung von Verwaltungsgerichten in ihren Sektoren erlassen. Im französischen und sowjetischen Sektor wurden dagegen bis zur Spaltung Berlins keine Verwaltungsgerichte errichtet.[19] Um die Jahreswende 1945/46 stellten die Alliierten ausdrücklich das Recht der jeweiligen Militärregierung fest, in ihrem Sektor einseitige Maßnahmen zu ergreifen.[20] Durch solche einseitigen Entscheidungen der Besatzungsmächte verstärkte sich im Jahr 1946 der „Prozeß der sektoralen Auseinanderentwicklung"[21]. Dieser im Magistrat immer wieder beklagte Prozeß machte sich besonders bei der zum Teil sehr unterschiedlichen Versorgung der

---

13 Vgl. hierzu: Hurwitz: Die Eintracht der Siegermächte, S. 130 – 137.

14 Vgl. hierzu Dok. 110, Anm. 89, u. Dok. 112, Anm. 90; Dok. 27, Anm. 37, u. das 30. Mag.prot. v. 12.11.1945, TOP 4 (Siebert).

15 Vgl. hierzu: Gerhard Keiderling: Wir sind die Staatspartei. Die KPD-Bezirksorganisation Groß-Berlin April 1945 – April 1946, Berlin 1997, S. 565 – 567.

16 Vgl. hierzu: Breunig, S. 174 – 225; Dok. 82, Anm. 28. Bei den Beratungen der Alliierten über den Text der Vorläufigen Verfassung von Juni bis in den August 1946 kam es vor allem zu Kontroversen zwischen den britischen Vertretern auf der einen Seite und den Vertretern der drei übrigen Besatzungsmächte auf der anderen Seite.

17 Im Rahmen dieser Aktion wurden am 21./22.10.1946 zahlreiche deutsche Experten und Facharbeiter aus der sowjetischen Besatzungszone und dem sowjetischen Sektor Berlins zur Arbeit in der Sowjetunion zwangsverpflichtet; vgl. Dok. 122, Anm. 75.

18 Vgl. Dok. 22 u. 31; das 20. Mag.prot. v. 10.9.1945, TOP 4 (insb. Anm. 20).

19 Vgl. Dok. 35, Anm. 45; Dok. 103, Anm. 65.

20 Dies geschah zum einen in Ziffer 6 der „Richtlinien über die Aufgaben der Alliierten Kommandantur der Stadt Berlin", die das Koordinierungskomitee des Alliierten Kontrollrats am 21.12.1945 annahm. Die Richtlinien sind abgedruckt in: Dokumente zur Berlin-Frage 1944 – 1966, S. 29 f. Eine entsprechende Aussage war außerdem in Ziffer 2 Absatz d der BK/O (46) 45 v. 21.1.1946 enthalten. Die BK/O ist vorhanden in: LAB(STA), Rep. 101, Nr. 57, u. LAB, Rep. 280, Nr. 7313; größtenteils veröffentlicht in: VOBl., Jg. 2 (1946), S. 34; in dieser veröffentlichten Form wieder abgedruckt in: Berlin. Quellen und Dokumente, 1. Halbbd., S. 139 f.

21 Schlegelmilch: Hauptstadt im Zonendeutschland, S. 97.

vier Sektoren mit Rohstoffen, Brennstoffen, Baumaterialien, Gebrauchsgütern und teilweise auch Lebensmitteln bemerkbar: Die entsprechenden Güterlieferungen aus der sowjetischen Besatzungszone, aber auch aus den westlichen Zonen Deutschlands kamen häufig nur dem „zugehörigen" Berliner Sektor zugute oder wurden ihm schwerpunktmäßig zugeteilt.[22] Ferner wurde die Sequestrierung der Betriebe von „Kriegs- und Naziverbrechern" im sowjetischen Sektor auf andere Weise durchgeführt als in den westlichen Sektoren.[23] Zur „Sektoralisierung" trug außerdem die von der Alliierten Kommandantur im Oktober 1946 angeordnete Reorganisation der Berliner Polizei bei, durch die vier „Polizeisektorleiter" als „Assistenten" des Polizeipräsidenten eingesetzt wurden.[24] Der erste stellvertretende Oberbürgermeister Maron sprach schon im August 1946 von der „Gefahr der Zerreißung Berlins in 4 Sektoren".[25]

Was die politischen Parteien in Berlin betraf, so war die Entwicklung im Jahr 1946 in erster Linie durch den Kampf um die organisatorische Vereinigung von KPD und SPD zu einer sozialistischen Einheitspartei und durch die sich anschließende politische Auseinandersetzung zwischen der neugebildeten SED und der weiterbestehenden SPD geprägt. Bereits mit der sogenannten Sechziger-Konferenz beider Parteien am 20./21. Dezember 1945 war die Vorentscheidung für die Bildung einer Einheitspartei gefallen.[26] Seit Januar 1946 verstärkte die KPD-Führung ihre

---

22 Vgl. das 46. Mag.prot. v. 16.2.1946, TOP 3 (Orlopp), u. das 47. Mag.prot. v. 23.2.1946, TOP 3 (Klimpel), u. das 48. Mag.prot. v. 4.3.1946, TOP 8 (Klimpel), u. das 55. Mag.prot. v. 29.4.1946, TOP 6, u. das 57. Mag.prot. v. 13.5.1946, TOP 7, u. das 60. Mag.prot. v. 5.6.1946, TOP 5 (Orlopp), u. das 63. Mag.prot. v. 29.6.1946, TOP 4, u. das 64. Mag.prot. v. 5.7.1946, TOP 3 (Orlopp), u. das 66. Mag.prot. v. 20.7.1946, TOP 6 (Orlopp), u. das 71. Mag.prot. v. 24.8.1946, TOP 6 (Orlopp), u. das 72. Mag.prot. v. 31.8.1946, TOP 3 (Starck) u. TOP 5 (Orlopp); Dok. 88, Punkt 3c; ferner: Schlegelmilch: Hauptstadt im Zonendeutschland, S. 443 – 448 u. 451 f.
23 Vgl. Dok. 115.
24 Die entsprechende BK/O (46) 391 v. 4.10.1946 ist vorhanden in: LAB(STA), Rep. 101, Nr. 73, u. LAB, Rep. 280, Nr. 5504; abgedruckt in: Berlin. Quellen und Dokumente, 1. Halbbd., S. 266 – 268. Vgl. auch: Hurwitz: Die Eintracht der Siegermächte, S. 205 f.; Steinborn/Krüger, S. 35 – 38.
25 Vgl. Dok. 107, sechstletzter u. fünftletzter Absatz.
26 Vgl. Teil I dieser Edition, S. 30 f. Vgl. zur weiteren Entstehungsgeschichte der SED von Januar bis April 1946: Berlin. Quellen und Dokumente, 1. Halbbd., S. 813 – 896; Thomas: Entscheidung in Berlin, S. 169 – 244; Staritz, S. 76 – 83; Moraw, S. 143 – 174; Staffelt, S. 247 – 320; Caracciolo, S. 306 – 314; Einheitsdrang oder Zwangsvereinigung?, S. 22 – 36 u. 172 ff.; Harold Hurwitz (unter Mitarbeit von Andreas Büning, Johannes-Berthold Hohmann, Klaus Sühl u. Ingolore Mensch-Khan): Die Anfänge des Widerstands. Teil 2: Zwischen Selbsttäuschung und Zivilcourage: Der Fusionskampf, Köln 1990 (Demokratie und Antikommunismus in Berlin nach 1945, Bd. IV, Teil 2); Schlegelmilch: Hauptstadt im Zonendeutschland, S. 193 – 211; Manfred Teresiak: Die SED in Berlin. Dokumente zur Vereinigung von KPD und SPD, Bd. 3 u. 4, Berlin 1995; Norbert Podewin/Manfred Teresiak: „Brüder, in eins nun die Hände . . ." Das Für und Wider um die Einheitspartei in Berlin, Berlin 1996, S. 90 – 158, 192 – 230 u. 287 – 339; Manfred Teresiak: Vor 50 Jahren: Verschmelzung von KPD und SPD. Das Beispiel Berlin, in: Deutschland Archiv, Jg. 29 (1996), S. 209 – 226; Andreas Malycha: Auf dem Weg zur SED. Die Sozialdemokratie und die Bildung einer Einheitspartei in den Ländern der SBZ. Eine Quellenedition, Bonn 1996 (Archiv für Sozialgeschichte, Beiheft 16); Keiderling: Wir sind die Staatspartei, S. 490 – 567.

Aktivitäten zur Erreichung dieses Ziels, wobei sie die Parteienfusion „vorerst" nur in der sowjetischen Besatzungszone und Berlin herbeiführen wollte. Durch eine massive „Mobilisierungskampagne für die Einheit", die über eine bloße Propagandakampagne weit hinausging, übte die KPD einen permanenten Druck auf die SPD und deren noch unentschlossene Mitglieder aus: In einer Vielzahl getrennter und gemeinsamer Funktionärs-, Mitglieder- und Betriebsgruppenversammlungen wurden Resolutionen zur raschen Vereinigung gefaßt; vereinigungswillige SPD-Führer wurden unterstützt, Vereinigungsgegner bekämpft und behindert. Die Sowjetische Militäradministration griff auf vielfältige Weise zugunsten der kommunistischen Vereinigungsstrategie ein. Sie untersagte nicht nur die Veröffentlichung vereinigungskritischer Stellungnahmen, sondern ging auch gegen sozialdemokratische Funktionäre vor, die als Gegner einer Parteienfusion bekannt waren, indem sie diese in ihrer politischen Tätigkeit behinderte, ihnen mit Sanktionen drohte oder sie verhaften ließ.

Die Verzögerungstaktik des Zentralausschusses der SPD war gescheitert, nachdem sich die unter der Führung Kurt Schumachers stehende SPD der Westzonen Anfang Januar 1946 von ihr distanziert hatte. Auch wurden Otto Grotewohl und die anderen führenden SPD-Politiker der sowjetischen Besatzungszone von der Sowjetischen Militäradministration zur Parteienfusion gedrängt. Am 11. Februar 1946 gab der Zentralausschuß seinen gesamtdeutschen Vorbehalt (Vereinigung nur in ganz Deutschland und auf Beschluß von „Reichsparteitagen") auf und beschloß die Einberufung eines Parteitags „für die sowjetische Besatzungszone einschließlich Berlin", der über eine Vereinigung von KPD und SPD entscheiden sollte. Dieser Zonenparteitag der SPD fand dann am 19./20. April 1946 statt und billigte einstimmig die Parteienfusion, die auf Orts- und Landesebene bereits vollzogen war. Ein parallel abgehaltener Parteitag der KPD beschloß ebenfalls einstimmig den Zusammenschluß, so daß auf dem Vereinigungsparteitag beider Parteien am 21./22. April 1946 die „Sozialistische Einheitspartei Deutschlands" konstituiert werden konnte.

Durch den ungeheuer starken kommunistischen und sowjetischen Fusionsdruck, der auch mittels vielerlei Zwangsmethoden ausgeübt wurde, ist eine autonome Entscheidung der Sozialdemokraten über die Zukunft ihrer Parteiorganisation unmöglich gemacht worden. Der Prozeß der Parteienverschmelzung ist daher, auch wenn ein Teil der SPD-Mitglieder eine schnelle organisatorische Vereinigung mit der KPD von vornherein befürwortete, schon zeitgenössisch als „Zwangsvereinigung" bezeichnet worden.[27] Im Ergebnis stellte die Bildung der SED in der sowjetischen Besatzungszone nichts anderes dar als „die Einschmelzung der SPD in eine von der KPD konzipierte und realisierte Einheitspartei"[28].

In Berlin verlief die Entstehungsgeschichte der SED grundsätzlich anders als in der sowjetischen Besatzungszone, weil die öffentliche Artikulation der SPD-internen Vereinigungsgegner aufgrund der Anwesenheit der westlichen Besatzungsmächte in der Stadt möglich war. Verschiedene oppositionelle Kreise in der Berliner SPD – insbesondere um die Kreisvorsitzenden Franz Neumann (Reinickendorf) und Curt Swolinzky (Tempelhof) –, die den Kurs des Zentralausschusses und des in der Einheitsfrage lavierenden Berliner Bezirksvorstands ablehnten, nahmen im Januar

---

27 Vgl.: Werner Müller: SED-Gründung unter Zwang – Ein Streit ohne Ende? Plädoyer für den Begriff „Zwangsvereinigung", in: Deutschland Archiv, Jg. 24 (1991), S. 52 – 58.
28 Keiderling: Wir sind die Staatspartei, S. 574.

1946 untereinander Kontakt auf. Es gelang ihnen, auf einer Versammlung der Berliner SPD-Funktionäre am 1. März 1946 einen Beschluß zur Durchführung einer Urabstimmung herbeizuführen. Diese Urabstimmung fand am 31. März 1946 nur in den westlichen Sektoren Berlins statt, weil eine entsprechende Genehmigung für den sowjetischen Sektor von der Sowjetischen Zentralkommandantur nicht erteilt wurde. An der Abstimmung beteiligten sich knapp 72 % der wahlberechtigten SPD-Mitglieder in den Westsektoren, von denen bei der ersten – entscheidenden – Abstimmungsfrage 82,6 % gegen den „sofortigen Zusammenschluß beider Arbeiterparteien" stimmten und 61,5 % für „ein Bündnis beider Parteien, welches gemeinsame Arbeit sichert und den Bruderkampf ausschließt" (zweite Abstimmungsfrage).[29]

Gestützt auf dieses überwältigende Anti-Vereinigungs-Votum trennten sich die oppositionellen Sozialdemokraten vom Zentralausschuß und veranstalteten am 7. April 1946 einen Parteitag in Zehlendorf, auf dem sie einen eigenen Bezirksvorstand wählten (Karl J. Germer, Franz Neumann, Curt Swolinzky), der am 8. April die Lizenzierung der neukonstituierten Berliner SPD bei der Alliierten Kommandantur beantragte. Am 13. April 1946 beschlossen parallel stattfindende Bezirksparteitage der vereinigungswilligen Berliner Sozialdemokraten und der Berliner KPD die Verschmelzung ihrer Parteiorganisationen und wählten getrennt die Mitglieder für den paritätisch zu besetzenden Landesvorstand der neuen Einheitspartei. Eine gemeinsame Tagung beider Bezirksparteitage am folgenden Tag bestätigte diese Beschlüsse, und die beiden Vorsitzenden des hiermit gegründeten Landesverbands Groß-Berlin der SED, Hermann Matern (bisher KPD) und Karl Litke (bisher SPD), baten Oberbürgermeister Werner am 24. April 1946, den ihm übermittelten Genehmigungsantrag für ihre neue Berliner Parteiorganisation an die Alliierte Kommandantur weiterzuleiten. Die befürwortende Weiterleitung dieses Antrags erfolgte noch am selben Tag durch Werners ersten Stellvertreter Maron.

Wie die „Zehlendorfer SPD" der Vereinigungsgegner zunächst im sowjetischen Sektor nicht anerkannt wurde, so untersagten die westalliierten Militärregierungen eine Tätigkeit der SED in den Westsektoren. Da die Alliierte Kommandantur keine Einigung über die Zulassungsanträge der Berliner SPD und SED erzielen konnte, kam die Entscheidung erst im übergeordneten Koordinierungskomitee des Alliierten Kontrollrats zustande. Am 28. Mai 1946 beschloß dieses alliierte Gremium die Anerkennung der „städtischen Komitees" der SED *und* der SPD in Berlin. Dementsprechend gestattete die Alliierte Kommandantur beiden Parteien am 31. Mai „die Ausübung ihrer Tätigkeit innerhalb der Stadtgrenzen von Groß-Berlin". Erst ab Juni 1946 durften sie daher offiziell in ganz Berlin aktiv werden, wobei ihre politische Tätigkeit im Hinblick auf die für Oktober 1946 angesetzten ersten Nachkriegswahlen von Anfang an durch eine scharfe gegenseitige Konkurrenz geprägt war.

Die Berliner Bezirksverbände von KPD und SPD umfaßten zu Beginn des Jahres 1946 jeweils etwa 60 000 Mitglieder.[30] Nach KPD- bzw. SED-Angaben schlossen

---

29 Die Zahlenangaben nach: Hurwitz: Die Anfänge des Widerstands, Teil 2, S. 1220; Teresiak: Vor fünfzig Jahren, S. 226.

30 Siehe: SBZ-Handbuch, S. 458 f. u. 479 f.; Harold Hurwitz (unter Mitarbeit von Andreas Büning, Johannes-Berthold Hohmann, Klaus Sühl u. Ingolore Mensch-Khan): Die Anfänge des Widerstands. Teil 1: Führungsanspruch und Isolation der Sozialdemokraten, Köln 1990 (Demokratie und Antikommunismus in Berlin nach 1945, Bd. IV, Teil 1), S. 563; Hurwitz: Die Anfänge des Widerstands, Teil 2, S. 1312; Keiderling: Wir sind die Staatspartei, S. 449.

sich im April 1946 etwa 75 000 Kommunisten und etwa 29 000 Sozialdemokraten zur Berliner SED zusammen, was eine Mitgliederzahl von ca. 104 000 ergäbe.[31] Nach einer anderen Quelle belief sich der Anfangsbestand der SED auf 99 000 Mitglieder und stieg bis Ende 1946 auf knapp 119 000 Mitglieder an.[32] Die selbständig gebliebene Berliner SPD wies im Mai 1946 37 000 Mitglieder auf, deren Zahl sich bis zum Jahresende auf knapp 52 000 erhöhte.[33] Weitaus weniger Mitglieder hatten die Berliner Landesverbände der beiden bürgerlichen Parteien: Während die Mitgliederzahl der CDU sich im Laufe des Jahres 1946 von etwa 9 000 auf knapp 18 000 verdoppelte, sank der LDP-Bestand in dieser Zeit von etwa 19 000 auf 12 300 Mitglieder.[34]

Ende 1945 waren sowohl der LDP-Vorsitzende Waldemar Koch als auch der Vorsitzende der CDU, Andreas Hermes, und dessen erster Stellvertreter Walther Schreiber auf Druck der Sowjetischen Militäradministration zurückgetreten bzw. von ihren Parteiführungsfunktionen abgelöst worden, weil sie die kommunistische Einheitsfront-Politik und besonders die Durchführung der Bodenreform in der sowjetischen Besatzungszone kritisiert hatten.[35] Unter der neuen Führung von Jakob Kaiser als erstem Vorsitzenden und Ernst Lemmer als zweitem Vorsitzenden, die beide bis 1933 in der Gewerkschaftsbewegung tätig gewesen waren, vollzog die CDU eine programmatische Veränderung in Richtung eines „christlichen Sozialismus". Außerdem sollte nach Kaisers Auffassung die Hauptstadt und Viersektorenstadt Berlin – beispielhaft für ganz Deutschland – eine „Brücke zwischen Ost und West" werden.[36] Dieser Linkswendung und vermittelnden Haltung der CDU auf Zonenebene stand der Berliner Landesverband, seit dem 17. März 1946 unter der Führung des ersten Vorsitzenden Kurt Landsberg, reserviert gegenüber. Landsberg verfolgte einen deutlich antikommunistischen Kurs, bei gleichzeitiger Annäherung an die SPD.

Nachfolger des LDP-Vorsitzenden Koch wurde der ehemalige Reichstagsabgeordnete Wilhelm Külz, der gegenüber der Sowjetischen Militäradministration und der SED eine pragmatisch-nachgiebige Grundhaltung einnahm.[37] Der Landesverband Berlin der LDP ging auf Distanz zu dieser konzilianten Haltung. Das galt vor allem, nachdem Fritz Hausberg, seit Februar 1946 erster Vorsitzender des Landesverbands, am 8. August 1946 von Carl-Hubert Schwennicke abgelöst worden war. Die LDP war diejenige Berliner Partei, die am deutlichsten für die Privatwirtschaft und gegen Sozialisierungsbestrebungen eintrat.[38] Wie bei der CDU, so war also auch bei der LDP im Jahr 1946 eine Auseinanderentwicklung zwischen dem Landesverband Berlin und dem Zonenverband der Partei festzustellen, was als „Heraustreten der

---

31 Siehe: Keiderling: Wir sind die Staatspartei, S. 558.
32 Siehe: SBZ-Handbuch, S. 510.
33 Siehe: Hurwitz: Die Anfänge des Widerstands, Teil 2, S. 1312.
34 Siehe: SBZ-Handbuch, S. 540 u. 570.
35 Vgl.: Schlegelmilch: Hauptstadt im Zonendeutschland, S. 280 – 288.
36 Vgl. zur CDU im Jahr 1946: Hurwitz: Die politische Kultur der Bevölkerung, S. 312 – 328; Suckut: Die Christlich-Demokratische Union Deutschlands, passim; Schlegelmilch: Hauptstadt im Zonendeutschland, S. 289 – 294.
37 Vgl. zur LDP im Jahr 1946: Krippendorff: Die Liberal-Demokratische Partei Deutschlands, passim; Hurwitz: Die politische Kultur der Bevölkerung, S. 329 f.; Dähn, passim; Schlegelmilch: Hauptstadt im Zonendeutschland, S. 325 – 329.
38 Vgl. Dok. 115.

Berliner Landesverbände von CDU und LDP aus dem Schatten ihrer Zonenvor-
stände" charakterisiert worden ist.[39]
Das verfassungsrechtliche Vakuum, das in Berlin seit dem Ende des nationalsozialistischen Regimes bestand, bedeutete für den ersten Nachkriegsmagistrat, daß er
seine Tätigkeit ohne eine Rechtsgrundlage ausüben mußte, in der seine Zusammensetzung, Arbeitsweise und Kompetenzen allgemein geregelt gewesen wären.[40]
Er beschloß daher Anfang Januar 1946 den Entwurf einer vorläufigen Verfassung
von Berlin, der aber von der Alliierten Kommandantur am 8. Februar abgelehnt
wurde.[41] Ein daraufhin auf Anordnung der Alliierten Kommandantur vom Magistrat
ausgearbeiteter und am 29. April 1946 angenommener zweiter Verfassungsentwurf
erfuhr eine intensive interne Beratung durch die Alliierten, wurde Anfang August
vom Koordinierungskomitee des Alliierten Kontrollrats und von der Alliierten
Kommandantur genehmigt und dem Oberbürgermeister mit BK/O (46) 326 vom
13. August 1946 übermittelt. Die auf diese Weise zustande gekommene Vorläufige Verfassung von Groß-Berlin war trotz zahlreicher Änderungen, die von den
Alliierten am Magistratsentwurf vom 29. April 1946 vorgenommen worden sind,
„nicht das Produkt der vier Besatzungsmächte, vielmehr läßt sich das Dokument als
deutsches, von den alliierten Mächten mehr oder weniger behutsam modifiziertes
Werk bezeichnen".[42] Die hierin vorhandenen knapp gehaltenen Bestimmungen über
Bildung, Zusammensetzung, Aufgaben und Arbeitsweise des Magistrats kamen im
wesentlichen erst für den zweiten Berliner Nachkriegsmagistrat zum Tragen, weil
die Vorläufige Verfassung vom 13. August 1946 erst am 20. Oktober 1946 in Kraft
trat. Dies war der Tag der ersten Berliner Wahlen nach dem Zweiten Weltkrieg, und
der erste Nachkriegsmagistrat nahm seine Amtstätigkeit nach dem Wahltag nur noch
einige Wochen geschäftsführend wahr.
Die Wahlen vom 20. Oktober 1946 waren die letzten Gesamtberliner Wahlen
bis zum 2. Dezember 1990. Ihre politische Bedeutung ging weit über diejenige
bloßer lokaler Kommunalwahlen hinaus, da Berlin „als internationale Enklave
inmitten der russischen Besatzungszone eine allgemein anerkannte Sonderstellung"
einnahm.[43] Nur hier stellten sich die neugegründete SED und die SPD in direkter
Konkurrenz dem Votum der Wähler, wobei die einwandfreie Durchführung der
Wahlen durch die gemeinsame Kontrolle der Besatzungsmächte gewährleistet war.
Eine Einigung über den Wahltermin, der von amerikanischer Seite seit Februar
1946 gefordert wurde, kam zwischen den Alliierten im Koordinierungskomitee des
Alliierten Kontrollrats erst am 3. Juni 1946 zustande, nachdem sich dieses Komitee
zuvor auf die gleichzeitige Zulassung von SED und SPD in allen Sektoren Berlins

---

39 Schlegelmilch: Hauptstadt im Zonendeutschland, S. 289.
40 Vgl. hierzu Teil I dieser Edition, S. 58 f.
41 Vgl. zur Entstehung der Vorläufigen Verfassung von Groß-Berlin das 40. Mag.prot. v.
    7.1.1946, TOP 2, u. das 41. Mag.prot. v. 14.1.1946, TOP 7 (Maron u. Beschluß), u. das
    42. Mag.prot. v. 19.1.1946, TOP 5, u. das 50. Mag.prot. v. 16.3.1946, TOP 2 (Schmidt u.
    Beschluß), u. das 52. Mag.prot. v. 30.3.1946, TOP 7, u. das 55. Mag.prot. v. 29.4.1946,
    TOP 2; Breunig, S. 154 – 235 u. 441 – 450; Die Entstehung der Verfassung von Berlin,
    Bd. I, S. 177 – 339.
42 Breunig, S. 209.
43 Die zit. Stelle in: Berliner Stimmungsbild. Politische Vorbehalte und Erwartungen, in:
    Die Neue Zeitung, 8.7.1946, S. 5.

geeinigt hatte. Die Festsetzung der Berliner Wahlen auf den Oktober 1946 war wiederum die Voraussetzung für die Beratung der Vorläufigen Verfassung durch die Alliierten.[44] Die für die Durchführung der Wahlen grundlegende Wahlordnung wurde vom Magistrat am 29. Juni 1946 beschlossen und von der Alliierten Kommandantur in abgeänderter Fassung am 14. August 1946 erlassen.[45] Mit den umfangreichen organisatorischen Wahlvorbereitungen befaßte sich der Magistrat in sehr vielen seiner Sitzungen bis Anfang Oktober 1946.[46] Welchen hohen Stellenwert die Besatzungsmächte den Berliner Wahlen beimaßen, läßt sich daran erkennen, daß die Alliierte Kommandantur nicht weniger als 14 Befehle erließ, die sich auf die Durchführung dieser Wahlen bezogen.

Die SED sah dem Wahlgang im Hinblick auf ihre umfangreiche kommunalpolitische Arbeit mit großer Zuversicht entgegen. Ottomar Geschke, Leiter der Magistratsabteilung für Sozialwesen, machte Mitte Juli 1946 „ungeheure Chancen für den Wahlkampf" aus: „Was die Partei geschafft hat, ist bewunderungswürdig." Maron stellte folgende Prognose: „Unsere Partei hat in den nächsten Monaten die Feuerprobe zu bestehen. Es wird ein weltpolitisches Ereignis, das weit über die Grenzen Deutschlands hinausgeht. Wir wollen den Wahlkampf in möglichst anständiger Weise führen, wenn uns nicht entgegengearbeitet wird. Wir haben Kraft und Energie. Wir hatten im vergangenen Jahr keine Veranlassung, die Karre aus dem Dreck zu ziehen, und haben es getan. Wir brauchen also nicht pessimistisch zu sein, sondern äußerst optimistisch."[47] In einer Entschließung des Landesvorstands der SED vom 16. August 1946 hieß es: „Die von den Mitgliedern der SED seit den Maitagen des vergangenen Jahres in der Berliner Verwaltung geleistete Arbeit hat Berlin vor dem Untergang bewahrt und der Bevölkerung das Leben ermöglicht."[48]

Der im August 1946 einsetzende Wahlkampf war in erster Linie durch die scharfe Auseinandersetzung zwischen den beiden Linksparteien geprägt.[49] Während von

---

44 Vgl. zur Festsetzung des Wahltermins: Dok. 96, Anm. 7; Breunig, S. 174–183.

45 Vgl. das 63. Mag.prot. v. 29.6.1946, TOP 3 (insb. Anm. 32).

46 Vgl. das 66. Mag.prot. v. 20.7.1946, TOP 3, u. das 68. Mag.prot. v. 3.8.1946, TOP 2 u. 4, u. das 70. Mag.prot. v. 17.8.1946, TOP 5, u. das 71. Mag.prot. v. 24.8.1946, TOP 6, u. das 73. Mag.prot. v. 7.9.1946, TOP 2 u. 6, u. das 74. Mag.prot. v. 12.9.1946, TOP 1, u. das 75. Mag.prot. v. 14.9.1946, TOP 7 (Maron), u. das 77. Mag.prot. v. 28.9.1946, TOP 7 (Maron), u. das 78. Mag.prot. v. 5.10.1946, TOP 6.

47 Vgl. das Prot. der Landesvorstandssitzung der SED Groß-Berlin am 19.7.1946, Bl. 5 f., in: SAPMO-BArch, BPA, IV L-2/1/008.

48 Zit. nach: Alles durch das Volk, mit dem Volk, für das Volk! Entschließung des Landesvorstandes Groß-Berlin der SED, in: Vorwärts, 19.8.1946, [S. 1].

49 Vgl. zu diesem Wahlkampf: Die Antworten der Parteien auf die Fragen der *sie*, in: sie, Nr. 40 (8.9.1946), [S. 2 f.]; Parteien im Berliner Wahlkampf, in: Die Neue Zeitung, 4.10.1946, S. 2; Steigendes Berliner Wahlfieber, in: Die Neue Zeitung, 11.10.1946, S. 2; Die Wahlschlager der Parteien. Was wollen die Parteien wirklich?, in: Der Abend, 11.10.1946, [S. 3]; Die Parteien antworten. Zwölf Fragen zur Kommunalpolitik Berlins, in: Der Tagesspiegel, 16.10.1946, [S. 5]; Berlin. Quellen und Dokumente, 1. Halbbd., S. 1113–1115 u. 1126–1135; Karl-Heinz Bannasch: „Mit der Brotkarte zur Wahl". Eine Erinnerung an die ersten freien Berliner Nachkriegswahlen anläßlich des Wahltages am 29. Januar 1989, in: Mitteilungen des Vereins für die Geschichte Berlins, Jg. 85 (1989), S. 142–147; Bernhard Meyer: Die SED im ersten Popularitätstest. Die Wahlen vom 20. Oktober 1946 in Berlin, in: Berlinische Monatsschrift, Jg. 1 (1992), H. 2, S. 37–43; Schlegelmilch: Hauptstadt im Zonendeutschland, S. 346–361.

seiten der SED die von ihr bewirkten Aufbauleistungen betont wurden, übte die
SPD heftige Kritik an der SED-dominierten Ämterbesetzung im Magistrat und in
den Bezirken sowie an der knappen Versorgung mit Lebensmitteln und Baumaterialien. Im Gegensatz zu den beiden bürgerlichen Parteien, die Rücksicht auf ihre
Landesverbände in der sowjetischen Besatzungszone nehmen mußten, verfolgte die
SPD eine rigoros antikommunistische Wahlkampfstrategie. Nachdem sie sich schon
beim sozialdemokratisch-kommunistischen Konflikt um die Parteienvereinigung im
März/April 1946 als „Protestpartei" profiliert hatte, nahm nun ihre Popularität
durch diese „protest- und konfrontationsorientierte Strategie" weiter zu, weil „bereits
1946 eine starke antikommunistische Abwehrhaltung in der Bevölkerung spürbar"
war.[50] In der so entstandenen Situation politischer Polarisierung kam dem Streit
um kommunalpolitische Sachfragen nur vergleichsweise geringe Bedeutung für den
Wahlausgang zu, während die vor allem von der SPD vorgebrachten Attacken
gegen die „diktatorische" Herrschaft bzw. Vorherrschaft der SED in der Berliner
Verwaltung ihre Wirkung auf die Wählerschaft nicht verfehlten. Im sowjetischen
Sektor waren die nichtkommunistischen Parteien bei ihren Wahlkampfaktivitäten
gewissen Benachteiligungen durch die dortigen Militärbehörden ausgesetzt.[51] Dies
hatte aber ebensowenig einen nachhaltigen Effekt zugunsten der SED wie deren
große materielle Überlegenheit beim eingesetzten Propagandamaterial (Flugblätter,
Plakate, Broschüren). Sehr ungünstig dürfte sich für die SED ihr enges Verhältnis
zur sowjetischen Besatzungsmacht ausgewirkt haben. Sie galt in weiten Kreisen der
Bevölkerung als verlängerter Arm der SMAD und trug das Stigma einer „Staatspartei
der Russen" oder schlicht der „Russenpartei".

Die Ergebnisse der Wahlen vom 20. Oktober 1946 stellten eine schwere
Niederlage für die SED als „Magistratspartei" dar und einen großen Sieg für
die SPD als entschiedenste Oppositionspartei.[52] Die enorme Politisierung der
Berliner Bevölkerung zeigte sich darin, daß 92,3 % der Wahlberechtigten an den
Wahlen teilnahmen. Bei der Wahl zur Stadtverordnetenversammlung erhielt die
SPD 48,7 % der Stimmen, die CDU 22,2 %, die SED 19,8 % und die LDP
9,3 %. Auch im sowjetischen Sektor lag die SPD mit 43,6 % der Stimmen
weit vor der SED mit 29,9 %. Die Gesamtstimmenverteilung bei den Wahlen
zu den zwanzig Bezirksverordnetenversammlungen entsprach derjenigen bei der
Stadtverordnetenwahl. Der hohe Grad der Politisierung und Polarisierung im
Wahlkampf kam der SPD sehr zugute. Dagegen wirkte er sich auf die Wahlresultate
der beiden bürgerlichen Parteien ungünstig aus. Eine tiefe Enttäuschung bedeutete
der Wahlausgang aber in erster Linie für die aktivistische SED, die nicht nur
mehr Mitglieder hatte als die drei anderen Parteien zusammen, sondern sich auch
selbst als führende kommunale Aufbaupartei verstand und – in Verkennung der sich
herausbildenden tatsächlichen Stimmungen in der Bevölkerung – große Hoffnungen
in den Wahlgang gesetzt hatte. In der Erklärung des Zentralsekretariats der SED

---

50 Vgl.: Schlegelmilch: Hauptstadt im Zonendeutschland, S. 353 u. 356–358.
51 Die Benachteiligungen waren hier allerdings geringer als die Behinderungen der
   bürgerlichen Parteien bei den Gemeinde-, Kreistags- und Landtagswahlen in der
   sowjetischen Besatzungszone in der ersten Septemberhälfte und am 20.10.1946. Vgl.
   hierzu: Schlegelmilch: Hauptstadt im Zonendeutschland, S. 347 f., Anm. 12.
52 Vgl. zu den Wahlergebnissen: Dok. 120, Anm. 12; Schlegelmilch: Hauptstadt im
   Zonendeutschland, S. 361–383.

zum Ausgang der Berliner Wahlen hieß es denn auch, daß sich „die berechtigten Erwartungen" der Partei nicht erfüllt hätten. Der Wahlerfolg der SPD beruhe darauf, „alle Schuld an der gegenwärtigen Not nicht dem Faschismus und dem Hitlerkrieg zuzuschreiben, sondern den sozialistischen Kräften, die nach dem Zusammenbruch den Mut besaßen, die Verantwortung und Führung in der Verwaltung zu übernehmen, und unter schwersten Bedingungen große Aufbauarbeit geleistet haben".[53]

Personelle Veränderungen im Magistrat

Die grundlegende Struktur der Magistratsverwaltung blieb im Jahr 1946 unverändert. Zwar traten, wie schon im Vorjahr, Schwierigkeiten und Auseinandersetzungen zwischen einigen Magistratsabteilungen (Ressorts) wegen des Umfangs und der Abgrenzung ihrer Kompetenzen auf.[54] Die Anzahl der Magistratsabteilungen, die Ende 1945 von 14 auf 16 erhöht worden war,[55] veränderte sich dadurch aber nicht. Auch wurde ein Antrag von Stadtrat Jirak, die von ihm geleitete Magistratsabteilung für Städtische Energie- und Versorgungsbetriebe stark zu verkleinern und gegebenenfalls für die aus seiner Zuständigkeit auszugliedernden öffentlichen Betriebe eine neue Magistratsabteilung zu bilden, vom Magistrat abgelehnt.[56] Auf Vorschlag Marons beschloß der Magistrat Mitte 1946, jedem der vier stellvertretenden Oberbürgermeister (Maron, Orlopp, Schwenk, Schulze) vier der 16 Magistratsabteilungen zur Betreuung (Beratung und Aufsicht) zuzuordnen, wodurch gleichzeitig dem Bürgermeisterkollegium „etwas mehr Leben eingehaucht" werden sollte.[57] Dieses bisher wenig bedeutsame Kollegium, das aus dem Oberbürgermeister und seinen

---

53 Die Erklärung des Zentralsekretariats der SED wurde veröffentlicht in: Neues Deutschland. Berliner Ausgabe, 23.10.1946, S. 1; Vorwärts, 23.10.1946, [S. 1]; wieder abgedruckt in: Berlin. Quellen und Dokumente, 1. Halbbd., S. 1140 f. Vgl. zur parteiinternen Debatte über die Wahlniederlage das Prot. der Landesvorstandssitzung der SED Groß-Berlin am 28.10.1946, in: SAPMO-BArch, BPA, IV L-2/1/011; ferner die veröffentlichte „Entschließung des Landesvorstands Groß-Berlin zu den Wahlen am 20. Oktober 1946 und den neuen Aufgaben der Partei" v. 25.11.1946, in: SAPMO-BArch, BPA, IV L-2/1/012; Podewin/Teresiak, S. 161 – 166.
54 Das betraf zum Beispiel die Abgrenzung der Planungszuständigkeiten zwischen der Mag.abt. für Planungen und anderen Ressorts, insbesondere der Mag.abt. für Wirtschaft und der Mag.abt. für Bau- und Wohnungswesen. Vgl. hierzu das 45. Mag.prot. v. 2.2.1946, TOP 3 (insb. Anm. 22), u. das 60. Mag.prot. v. 5.6.1946, TOP 2, u. das 71. Mag.prot. v. 24.8.1946, TOP 2; Dok. 95; Hanauske, S. 99 f. Bei der Baustoffversorgung kam es zu Kompetenzstreitigkeiten zwischen der Mag.abt. für Bau- und Wohnungswesen und der Mag.abt. für Wirtschaft. Vgl. hierzu das 40. Mag.prot. v. 7.1.1946, TOP 3, u. das 41. Mag.prot. v. 14.1.1946, TOP 4, u. das 45. Mag.prot. v. 2.2.1946, TOP 3, u. das 63. Mag.prot. v. 29.6.1946, TOP 4; Hanauske, S. 100 f. Bei der auf Anordnung der AK einzurichtenden Mag.abt. für Kunstangelegenheiten bzw. für Kunst, die erst im Verlauf des Jahres 1946 ihre Arbeitsfähigkeit erlangte, bestand zunächst Unklarheit über die von ihr zu betreuenden Aufgabengebiete. Vgl. hierzu das 54. Mag.prot. v. 17.4.1946, TOP 4, u. das 56. Mag.prot. v. 4.5.1946, TOP 4 (Schulze).
55 Vgl. hierzu Teil I dieser Edition, S. 62 f.
56 Vgl. das 52. Mag.prot. v. 30.3.1946, TOP 7.
57 Vgl. das 66. Mag.prot. v. 20.7.1946, TOP 6; zum Bürgermeisterkollegium: Dok. 62, Anm. 9.

Stellvertretern bestand, gewann allerdings auch in den letzten Amtsmonaten des ersten Nachkriegsmagistrats keine nennenswerte Bedeutung mehr.

Der bisherige Protokollführer des Magistrats, Dr. Vinzenz Koppert, hatte bereits ab 1920 beim Bayerischen Landtag und ab 1927 beim Deutschen Reichstag als Stenograph gearbeitet.[58] Koppert blieb nur bis Ende 1945 in Berlin. Sein Nachfolger wurde am 21. Dezember 1945 Dr. Rudolf Eggeling, der von 1911 bis 1915 als Stenograph beim Badischen Landtag und von 1919 bis 1945 ebenfalls als Reichstagsstenograph tätig gewesen war. Eggeling protokollierte die Magistratssitzungen bis Ende 1946 und wurde dann der Leiter des Stenographenbüros der neugewählten Stadtverordnetenversammlung.[59]

Für die personelle Besetzung von Leitungspositionen in der städtischen Verwaltung stellte der Paritätsbeschluß des zentralen Einheitsfront-Ausschusses die grundlegende politische Vereinbarung dar. Dieser Beschluß war am 30. August 1945 von den Vertretern der vier politischen Parteien einstimmig gefaßt worden und hatte den folgenden Wortlaut: „Die antifaschistisch-demokratischen Parteien sind sich darüber einig, daß die in ihren Reihen befindlichen politischen und fachlichen Kräfte in allen Besatzungszonen bei dem Einsatz in allen Zweigen der öffentlichen Verwaltung und der öffentlichen Betriebe besondere Berücksichtigung finden müssen. Es soll dabei von dem Grundsatz der gleichmäßigen Behandlung der Angehörigen der antifaschistisch-demokratischen Parteien ausgegangen werden."[60]

Der von den Berliner Parteien am 8. Dezember 1945 auf der Stadtebene gegründete Einheitsausschuß Groß-Berlin existierte bis zum 22. November 1946.[61] Maron sah in ihm bis zu den Wahlen „gewissermaßen das Sprachrohr der Bevölkerung".[62] Nach den Berliner Wahlen vom 20. Oktober fungierte der Ausschuß noch einige Wochen als eine Art Ersatzorgan für die Stadtverordnetenversammlung, die sich am 26. November konstituierte. In dieser Zeit oblag ihm die Beratung und Beschlußfassung über die Magistratsvorlagen, bevor diese, soweit von ihm gebilligt, formell auch vom Magistrat beschlossen wurden.[63] Die Tätigkeit des Einheitsausschusses Groß-Berlin bestand von Anfang an zu einem großen Teil in der Vorberatung wichtiger Magistratsvorlagen. Neben der Behandlung sonstiger Sachfragen nahmen in seinen Sitzungen aber auch die Verhandlungen über Personalfragen einen beträchtlichen Raum ein. Im Januar 1946 kam es anläßlich der Besetzung des Postens des zweiten stellvertretenden Oberbürgermeisters, der seit dem Ausscheiden von Andreas Hermes (CDU) aus dem Magistrat seit Anfang August 1945 vakant war, zu Debatten über die personelle Beteiligung der beiden bürgerlichen Parteien im Magistrat. Trotz des allgemeinen Paritätsbeschlusses vom 30. August 1945 waren zu Beginn des Jahres 1946 weder die CDU noch die LDP im Magistratskollegium vertreten. Zwar verständigte sich der Einheitsausschuß Groß-Berlin am 18. Januar 1946 nicht auf

58 Vgl. zu Koppert: Teil I dieser Edition, S. 5; Neue Stenographische Praxis, Jg. 2 (1954), S. 119 f., u. Jg. 7 (1959), S. 38 – 40, u. Jg. 17 (1969), S. 62 – 64.
59 Vgl. hierzu die Personalakte Eggelings, in: LAB(STA), Rep. 01-06, Nr. 10043.
60 Zit. nach: Suckut: Blockpolitik in der SBZ/DDR 1945 – 1949, S. 86. Vgl. hierzu auch Teil I dieser Edition, S. 30.
61 Teil I dieser Edition, S. 30; das 31. Prot. des Einheitsausschusses Groß-Berlin v. 22.11.1946, in: BArch, Abt. Potsdam, Z-3, Nr. 4, 2. Foliierung, Bl. 37.
62 Vgl. das 61. Mag.prot. v. 15.6.1946, TOP 7.
63 Vgl. das 81. Mag.prot. v. 26.10.1946, TOP 2.

einen bürgerlichen Politiker als neuen zweiten Stellvertreter des Oberbürgermeisters, sondern auf den der SPD angehörenden Leiter der Magistratsabteilung für Handel und Handwerk, Josef Orlopp (ab April 1946: SED). Er beschloß aber gleichzeitig: „Dafür werden die nächsten frei werdenden Stadtratsposten zuerst den bürgerlichen Parteien angeboten."[64]

In der Folge dieses Beschlusses des Einheitsausschusses faßte der Magistrat seinerseits verschiedene Beschlüsse zur Besetzung von Stadtratsposten mit CDU- und LDP-Politikern. Davon wurde allerdings nur die Berufung von Bruno Harms (LDP) als Leiter der Magistratsabteilung für Gesundheitsdienst wirksam.[65] Die übrigen Nominierungen wurden von der Alliierten Kommandantur abgelehnt bzw. nicht bestätigt, und ein der CDU angehörender, vom Magistrat nominierter Kandidat für die Leitung der Magistratsabteilung für Ernährung zog auf Veranlassung der CDU seine Bereitschaft zur Kandidatur zurück.[66]

Mitte Juli 1946 beschlossen die SPD und die LDP, die zu diesem Zeitpunkt mit nur jeweils einem Mitglied im Magistrat vertreten waren,[67] vor den Wahlen keine weiteren leitenden Positionen im Magistrat mit ihren Parteimitgliedern mehr zu besetzen.[68] Entsprechend reagierte auch die CDU, nachdem ihre Forderung auf die Besetzung von *zwei* weiteren wichtigen Stadtratsposten (neben der Leitung der Magistratsabteilung für Ernährung die Leitungsposition in der Magistratsabteilung für Wirtschaft, für Handel und Handwerk oder für Volksbildung) von der SED abgelehnt worden war.[69]

Die SPD vertrat Ende Juli 1946 den „Standpunkt, daß das gesamte System der städtischen Verwaltung dringend einer demokratischen Korrektur bedarf. Diese Korrektur kann weder durch Einzelverhandlungen unter den Parteien noch im

---

64　Vgl. Dok. 62.

65　Vgl. das 53. Mag.prot. v. 6.4.1946, TOP 2, u. das 61. Mag.prot. v. 15.6.1946, TOP 7.

66　Die folgenden Kandidaten der beiden bürgerlichen Parteien wurden vom Magistrat für Stadtratsposten nominiert, ohne diese tatsächlich einzunehmen: Herbert Schaffarczyk (CDU) als Leiter der Rechtsabteilung, Joachim Tiburtius (CDU) als Leiter der Mag.abt. für Planungen, Wilhelm Friede (CDU) und Helmut Brandt (CDU) als Leiter der Rechtsabteilung, Carl-Otto Flohr (CDU) als Leiter der Mag.abt. für Ernährung, Paul Eschert (LDP) als Leiter der Mag.abt. für Kunst. Vgl. hierzu das 53. Mag.prot. v. 6.4.1946, TOP 2, u. das 60. Mag.prot. v. 5.6.1946, TOP 2, u. das 62. Mag.prot. v. 22.6.1946, TOP 2, u. das 66. Mag.prot. v. 20.7.1946, TOP 2, u. das 67. Mag.prot. v. 27.7.1946, TOP 2. Vgl. ferner den Schriftverkehr des stellvertretenden Leiters der Mag.abt. für Personalfragen und Verwaltung, Martin Schmidt, mit der CDU und der LDP, in: LAB(STA), Rep. 102, Nr. 45; Karl Maron: Wahlmanöver, in: Berliner Zeitung, 24.7.1946, [S. 2].

67　Zu Beginn des Jahres 1946 hatten mit den Stadträten Klimpel, Kraft, Orlopp, Siebert und Schulze noch fünf SPD-Mitglieder dem Magistrat angehört. Bis April 1946 schieden aber Klimpel und Siebert aus dem Magistrat aus; vgl. das 47. Mag.prot. v. 23.2.1946, TOP 2, u. das 50. Mag.prot. v. 16.3.1946, TOP 2. Orlopp und Schulze traten der SED bei, so daß der Verkehrsfachmann Kraft als einziges SPD-Mitglied im Magistrat verblieb.

68　Vgl. Dok. 104.

69　Vgl. Dok. 97, 99 (insb. Anm. 15) u. 104. Die CDU war im Magistrat durch Friedrich Haas vertreten, der am 17.12.1945 zum stellvertretenden Leiter der Finanzabteilung berufen worden war und diese Abteilung seit dem 16.3.1946 zusammen mit Willi Rumpf (KDP/SED) kommissarisch leitete; vgl. das 37. Mag.prot. v. 17.12.1945, TOP 2, u. das 50. Mag.prot. v. 16.3.1946, TOP 2.

Einheitsausschuß vollzogen werden, sondern allein durch freie demokratische Kommunalwahlen. Die SPD will dieser Entscheidung nicht vorgreifen und lehnt es ab, in letzter Stunde eine Verantwortung zu übernehmen, von der man sie bis zur Verkündigung des Wahltermines geflissentlich fernzuhalten suchte."[70] Eine Woche später erklärte Hermann Matern als Berliner Landesvorsitzender der SED in einer Sitzung des erweiterten Zentralsekretariats der Partei zur Vorbereitung der kommenden Wahlkämpfe: „Die Zusammenarbeit zwischen den antifaschistischen Parteien ist in Berlin verhältnismäßig schwierig. Die größten Schwierigkeiten macht die SPD, die die Zusammenarbeit torpediert, wo sie nur kann. In den Sitzungen des Einheitsausschusses der antifaschistisch-demokratischen Parteien in Berlin macht gerade die SPD die größten Schwierigkeiten." „Wir haben versucht, in der Zusammensetzung des Magistrats und der Bezirksverwaltungen einige Änderungen herbeizuführen, um die anderen mit in die Verantwortung zu ziehen. Die Sozialdemokraten haben im Einheitsausschuß ganz eindeutig erklärt, sie dächten nicht daran, noch vor den Wahlen irgendwelche Verantwortung zu übernehmen. Ihre ganze Tätigkeit besteht also in Verleumdungen unserer Partei."[71]

Beim Führungspersonal des Magistrats hatten sich bereits bis Ende 1945 eine ganze Reihe von Veränderungen ergeben.[72] Im Jahr 1946 setzte sich die personelle Fluktuation fort.[73] Nicht weniger als fünf Stadträte verließen in diesem Jahr ihre Leitungspositionen. Auf Befehl der Alliierten Kommandantur mußte Paul Schwenk (KDP/SED) die Leitung der Rechtsabteilung im Februar 1946, zwei Monate nach seiner Berufung durch den Magistrat, wieder abgeben[74] und Franz Redeker (parteilos) im Juli 1946 die kommissarische Leitung der Magistratsabteilung für Gesundheitsdienst[75]. Gustav Klimpel (SPD) legte im Februar 1946 von sich aus die Leitung der Magistratsabteilung für Ernährung nieder.[76] Erich Siebert (SPD/SED) trat im März 1946 von dem wichtigen Posten des Leiters der Finanzabteilung mit der Begründung zurück, daß er sich wieder zwei Druckereien widmen wolle, deren Mitinhaber er war. Der wirkliche Grund für sein Ausscheiden aus dem Magistrat bestand aber in seiner strafrechtlichen und politischen Vergangenheit, von der die Magistratsabteilung für Personalfragen und Verwaltung erst im Januar 1946

---

70 So hieß es in der Pressemitteilung Nr. 8 des Landesverbands Groß-Berlin der SPD v. 31.7.1946, betitelt „In Sachen Maron", in: HiKo, Bestand „Berliner SPD nach 1945", Ordner 5. Die Pressemitteilung wurde veröffentlicht als: In Sachen des Herrn Maron, in: Der Sozialdemokrat, 31.7.1946, S. 2; Nochmals: „Wahlmanöver", in: Telegraf, 31.7.1946, S. 3. Vgl. auch Dok. 102, Anm. 6, u. Dok. 104, Anm. 7.

71 Siehe die stenographische Niederschrift der Sitzung des erweiterten Zentralsekretariats der SED am 7.8.1946, Bl. 55 u. 56, in: SAPMO-BArch, ZPA, IV 2/2.1/22.

72 Vgl. hierzu Teil I dieser Edition, S. 51 f., 63 f. u. 70 f.

73 Vgl. hierzu die personellen Übersichten der Mitglieder und stellvertretenden Abteilungsleiter des Magistrats, die im Teil I dieser Edition, S. 767 – 771, abgedruckt sind.

74 Vgl. das 37. Mag.prot. v. 17.12.1945, TOP 2 u. 3, u. das 39. Mag.prot. v. 30.12.1945, TOP 2, u. das 46. Mag.prot. v. 16.2.1946, TOP 4.

75 Vgl. Dok. 103, Anm. 19.

76 Es ist unklar, ob Klimpel seinen Stadtratsposten auf Druck der SPD-Führung aufgab, ob er dies aus Krankheitsgründen tat oder wegen zu erwartender Auseinandersetzungen mit der AK über Lebensmittel-„Schwundmengen". Vgl. das 47. Mag.prot. v. 23.2.1946, TOP 2 (insb. Anm. 4 u. 5); Dok. 88.

erfahren hatte.[77] Walter Jirak (parteilos, SED-nah) wurde im August 1946 offiziell aus Krankheitsgründen, tatsächlich aber wegen seiner mangelhaften Amtsführung als Leiter der Magistratsabteilung für Städtische Energie- und Versorgungsbetriebe unbefristet beurlaubt.[78]

Die Beschlüsse bzw. Nominierungen des Magistrats für die personelle Neubesetzung von Abteilungsleiterpositionen sahen 1946, wie erwähnt, überwiegend Kandidaten der beiden bürgerlichen Parteien vor, von denen nur Harms (LDP) den ihm zugedachten Stadtratsposten auch einnahm. Von drei weiteren Nominierungen des Magistrats nahm ebenfalls nur ein Kandidat die für ihn vorgesehene Position tatsächlich ein. So wurde die im Februar 1946 beschlossene Berufung von Artur Grommann (SPD/SED) zum Leiter der Magistratsabteilung für Ernährung von der Alliierten Kommandantur nicht bestätigt[79], und der im Mai vorgeschlagene Harald Heuer (SED) wurde zwar im September 1946 noch als Leiter der Finanzabteilung bestätigt, trat dieses Amt aber nicht mehr an[80]. Lediglich die Ernennung von Orlopp (SPD/SED), der bereits seit Ende Mai 1946 mit der kommissarischen Leitung der Magistratsabteilung für Ernährung beauftragt war, zum offiziellen Leiter dieser Abteilung wurde im September 1946 noch wirksam.[81] Im übrigen bestimmte die Alliierte Kommandantur mit ihrer BK/O (46) 141 vom 27. März 1946 ausdrücklich, daß das „Personal des Magistrats" – der Oberbürgermeister und seine Stellvertreter sowie die Stadträte als Leiter der Magistratsabteilungen – „vom Magistrat nur mit vorheriger Zustimmung der Alliierten Kommandatura ernannt oder entlassen werden" durfte.[82]

Im Laufe des Jahres 1946 verließen acht Männer ihre Position als stellvertretende Leiter von Magistratsabteilungen. Rechnet man Redeker hinzu, der die Abteilung für Gesundheitsdienst bis zu seinem Ausscheiden zwar faktisch (kommissarisch) leitete, aber offiziell nur als stellvertretender Abteilungsleiter handelte, so waren es sogar neun Personen. Davon wurden zwei (Redeker, Düring) von der Alliierten Kommandantur abgesetzt und einer (Heinricht) durch das Eingreifen der amerikanischen Militärregierung.[83] Zwei Stellvertreter (Sommer, Karweik) berief der Magistrat wegen Unfähigkeit und Eigenmächtigkeiten von ihrer Funktion ab[84], die übrigen vier (Focke, Schellenberg, Otto, Henneberg) traten aus beruflichen oder sonstigen Gründen zurück[85]. Nachdem Ende 1945 bereits der bisherige parteilose Stellvertreter des Leiters der Magistratsabteilung für Wirtschaft durch den jungen, aber durchsetzungsfähigen Kommunisten Emil Dusiska ersetzt worden war[86], gehörten auch alle

---

77 Vgl. das 50. Mag.prot. v. 16.3.1946, TOP 2 (insb. Anm. 11).
78 Vgl. das 72. Mag.prot. v. 31.8.1946, TOP 2 (insb. Anm. 5); Dok. 51.
79 Vgl. das 47. Mag.prot. v. 23.2.1946, TOP 2 (insb. Anm. 7).
80 Vgl. das 58. Mag.prot. v. 18.5.1946, TOP 2 (insb. Anm. 9).
81 Vgl. das 59. Mag.prot. v. 29.5.1946, TOP 4, u. das 68. Mag.prot. v. 3.8.1946, TOP 2 (insb. Anm. 10).
82 Vgl. Dok. 99, Anm. 11.
83 Vgl. Dok. 103, Anm. 19; das 77. Mag.prot. v. 28.9.1946, TOP 2, u. das 45. Mag.prot. v. 2.2.1946, TOP 2.
84 Vgl. das 45. Mag.prot. v. 2.2.1946, TOP 2, u. das 71. Mag.prot. v. 24.8.1946, TOP 2.
85 Vgl. das 48. Mag.prot. v. 4.3.1946, TOP 2, u. das 52. Mag.prot. v. 30.3.1946, TOP 2, u. das 56. Mag.prot. v. 4.5.1946, TOP 2, u. das 76. Mag.prot. v. 21.9.1946, TOP 2.
86 Vgl. das 34. Mag.prot. v. 10.12.1946, TOP 2; Dok. 56 u. 95.

im Jahr 1946 vom Magistrat neuberufenen stellvertretenden Abteilungsleiter der KPD bzw. SED an[87].

Das Magistratskollegium wies nach der Zulassung der politischen Parteien (Juni 1945), am Jahresanfang 1946, unmittelbar vor der Gründung der SED (April 1946) und zum Zeitpunkt der ersten Nachkriegswahlen (20. Oktober 1946) jeweils die folgende parteipolitische Struktur auf:

- Juni 1945: 6 KPD-Mitglieder, 3 SPD-Mitglieder, 2 CDU-Mitglieder, 7 Parteilose;
- 1. Januar 1946: 6 KPD-Mitglieder, 5 SPD-Mitglieder, 7 Parteilose;
- April 1946: 7 KPD-Mitglieder, 3 SPD-Mitglieder, ein CDU-Mitglied, 7 Parteilose;
- 20. Oktober 1946: 10 SED-Mitglieder, ein SPD-Mitglied, ein CDU-Mitglied, ein LDP-Mitglied, 5 Parteilose.

Bezieht man neben den Magistratsmitgliedern im engeren Sinne auch die stellvertretenden Leiter der Magistratsabteilungen in die Betrachtung der parteipolitischen Struktur mit ein, ergibt sich für das so umgrenzte Führungspersonal das folgende Bild:

- Juni 1945 (33 Personen): 10 KPD-Mitglieder, 7 SPD-Mitglieder, 3 CDU-Mitglieder, 13 Parteilose;
- 1. Januar 1946 (36 Personen): 11 KPD-Mitglieder, 10 SPD-Mitglieder, 2 CDU-Mitglieder, 13 Parteilose;
- April 1946 (33 Personen): 11 KPD-Mitglieder, 9 SPD-Mitglieder, 2 CDU-Mitglieder, 11 Parteilose;
- 20. Oktober 1946 (33 Personen): 20 SED-Mitglieder, 3 SPD-Mitglieder, 2 CDU-Mitglieder, ein LDP-Mitglied, 7 Parteilose.[88]

Die Aufstellungen zeigen, daß die Kommunisten nicht die Mehrheit im Magistrat und bei seinem Führungspersonal im weiteren Sinne besaßen, aber doch von vornherein als Partei rein quantitativ die relativ stärkste Stellung innehatten, die sich für die SED im Verlauf des Jahres 1946 bis zur absoluten Mehrheit erweiterte. Diese starke Zunahme des personellen SED-Einflusses hatte verschiedene Ursachen. Zunächst einmal war die KPD- und dann die SED-Führung trotz des Paritätsbeschlusses des zentralen Einheitsfront-Ausschusses vom 30. August 1945 grundsätzlich nicht bereit, bestimmte Schlüsselpositionen im Magistrat, die von KPD- bzw. SED-Politikern besetzt waren, anderen Parteien zu überlassen. Ferner wurden mehrere bürgerliche Kandidaten für Stadtratsposten, die der Magistrat infolge der entsprechenden Vereinbarung im Einheitsausschuß Groß-Berlin vom

---

87 Es waren dies Heinrich Starck (KPD/SED), Wilhelm Hauth (SPD/SED), Günter Goll (KPD/SED), Richard Henneberg (SED), Ernst Wildangel (KPD/SED), Martin Schmidt (KPD/SED), Greta Kuckhoff (KPD/SED), Alfred Werner (SPD/SED) und Paul Piechowski (SPD/SED). Vgl. hierzu das 45. Mag.prot. v. 2.2.1946, TOP 2, u. das 47. Mag.prot. v. 23.2.1946, TOP 2, u. das 53. Mag.prot. v. 6.4.1946, TOP 2, u. das 54. Mag.prot. v. 17.4.1946, TOP 4, u. das 56. Mag.prot. v. 4.5.1946, TOP 2, u. das 59. Mag.prot. v. 29.5.1946, TOP 4, u. das 62. Mag.prot. v. 22.6.1946, TOP 2, u. das 65. Mag.prot. v. 13.7.1946, TOP 8, u. das 75. Mag.prot. v. 14.9.1946, TOP 2.

88 Die Zahlenangaben zur parteipolitischen Struktur beruhen auf den personellen Übersichten der Mitglieder und stellvertretenden Abteilungsleiter des Magistrats, die im Teil I dieser Edition, S. 767–771, abgedruckt sind.

18. Januar 1946 der Alliierten Kommandantur vorschlug, von dieser abgelehnt bzw. nicht bestätigt, so daß die personelle Vertretung von CDU und LDP im Führungspersonal des Magistrats äußerst gering blieb. Mit der Gründung der SED traten drei stellvertretende Abteilungsleiter (Grommann, Hauth, Fleischmann), die bisher der SPD angehört hatten, der neuen Einheitspartei bei. Das galt auch für die bisherigen Sozialdemokraten Orlopp und Schulze, womit alle vier Stellvertreter des Oberbürgermeisters der SED angehörten. Von besonderer Bedeutung für die Einflußvermehrung der SED war es, daß die neun stellvertretenden Abteilungsleiter, die 1946 neu berufen wurden, allesamt SED-Mitglieder waren.[89]

Die politische Vorherrschaft der Kommunisten im Magistrat war allerdings zunächst nicht so sehr auf ihre numerische Stärke zurückzuführen: Bis zur Bildung der SED stellte die KPD, trotz ihrer Stellung als personell relativ stärkste Partei, nur etwa ein Drittel der Mitglieder des Magistrats bzw. seines Führungspersonals. Durch die Plazierung einiger ihrer führenden Politiker im Magistrat, die zudem großenteils Schlüsselpositionen einnahmen und als einzige „fraktionsmäßig" auftraten, gelang es ihr aber, ihre Hegemonialstellung zu sichern.[90] Dazu kam, daß zwei offiziell parteilose Stadträte (Kehler, Jirak) der KPD bzw. SED nahestanden. Zur politischen Macht zunächst der KPD und dann der SED trug auch die Konstellation an der Spitze des Magistrats bei: Während der parteilose Oberbürgermeister Werner als offizieller Leiter dieses Verwaltungsorgans politisch bedeutungslos blieb, agierte sein erster Stellvertreter Maron (KPD/SED) bis zum Ende der Amtszeit des ersten Nachkriegsmagistrats als dessen unangefochtener „starker Mann" und tatsächlicher politischer Lenker.[91]

Der Magistrat wurde nach dem April 1946 allgemein als „SED-Magistrat" angesehen. Gegen diese Charakterisierung wandte sich Maron im Juli 1946 mit der Bemerkung, „daß der Magistrat keine SED-Politik macht. Er kann es auch nicht, weil die SED im Magistrat nicht die Mehrheit hat."[92] Es sei notwendig, so Maron Mitte August 1946, „immer wieder darauf hinzuweisen, daß der Magistrat kein SED-Magistrat ist. [...] Von den 18 Magistratsmitgliedern sind nur 9 SED-Genossen, also im besten Falle die Hälfte des Magistrats. Der Vorsitzende ist kein SED-Mann. Man kann also sagen, daß die SED in der Minderheit im Magistrat vertreten ist."[93]

---

89 Siehe oben, Anm. 87. Von den Magistratsmitgliedern und stellvertretenden Abteilungs-
    leitern, die der SPD angehört hatten, bevor sie der SED beitraten, wechselten die meisten
    nach 1946 wieder zur SPD (Ausnahmen: Orlopp und Lampka).
90 Vgl. hierzu Teil I dieser Edition, S. 53 – 56.
91 Vgl. hierzu Teil I dieser Edition, S. 48 – 50. In der von der Berliner SED herausgegebenen
    Zeitung „Vorwärts" hieß es in einem Artikel aus Anlaß des 43. Geburtstages von
    Maron: „Die Vielseitigkeit, die der Erste Stellvertreter des Oberbürgermeisters in seinem
    Aufgabengebiet entwickelte, ist einfach erstaunlich. Ob es die Ernährung betraf oder die
    Polizei, das Bau- und Wohnungswesen oder den Rechtsausschuß, den Verkehr oder die
    Lichtversorgung, überall entschied Karl Maron in besonders schwierigen Fällen. Seine
    führende Stellung kommt vor allem auch in den wöchentlichen Magistratssitzungen und
    Bürgermeisterkonferenzen zum Ausdruck." Siehe: Karl Maron, in: Vorwärts, 27.4.1946,
    [S. 2].
92 Vgl. das Prot. der Landesvorstandssitzung der SED Groß-Berlin am 19.7.1946, Bl. 2 u.
    9, in: SAPMO-BArch, BPA, IV L-2/1/008.
93 Zit. nach Dok. 107. Vgl. auch: Karl Maron, der alles in Gang brachte, in: Vorwärts,
    19.10.1946, S. 5.

Dieser spitzfindig-formalistischen Argumentation widersprach schon die Aussage, daß der Magistrat „das Aushängeschild der Partei in den Massen" sei.[94] Außerdem war Maron selbst und nicht Oberbürgermeister Werner als „Vorsitzender" der ausschlaggebende Mann im Magistrat; ganz abgesehen von der faktischen Dominanz der SED insgesamt und der Tatsache, daß Ende August 1946 mit dem Wechsel in der Leitung der Magistratsabteilung für Städtische Energie- und Versorgungsbetriebe von Jirak (SED-nah, aber parteilos) zu Goll (KPD/SED) die SED mit 10 von 18 Mitgliedern auch formell die Mehrheit im Magistratskollegium erlangte.[95] Da der erste Berliner Nachkriegsmagistrat nach der tatsächlichen Machtverteilung der Parteien von Anfang an ein KPD-dominiertes und dann ein SED-dominiertes Verwaltungsorgan war, kann man ihn für die Zeit seit der Vereinigung von KPD und SPD als „SED-Magistrat" im Sinne eines faktisch SED-geführten Magistrats bezeichnen.

Auch beim Führungspersonal in den Bezirksverwaltungen hatten die Kommunisten die stärkste Stellung inne. Am 1. Juli 1945 wurden 118 der insgesamt 267 Bezirksamtspositionen (die Bezirksbürgermeister, deren Stellvertreter und die Bezirksräte) aller Berliner Verwaltungsbezirke von KPD-Mitgliedern eingenommen. Das entsprach einem Anteil von 44 %. Am 31. Oktober 1946 hatten SED-Mitglieder 100 der dann insgesamt 223 Bezirksamtspositionen in ganz Berlin inne, was einem Anteil von 45 % entsprach.[96] Hinter diesem fast unveränderten Prozentanteil verbargen sich allerdings gegenläufige Entwicklungen in den Westsektoren und im sowjetischen Sektor. Der Anteil der KPD war am 1. Juli 1945 in den Westsektoren mit 35 % zwar deutlich höher als der jeweilige Anteil der anderen Parteien in diesen Sektoren, aber weitaus niedriger als im sowjetischen Sektor, wo er sich auf 58 % belief. Der Anteil der SED machte am 31. Oktober 1946 in den Westsektoren 28 % aus und war hier damit niedriger als der entsprechende SPD-Anteil von 32 %, während er im sowjetischen Sektor zu diesem Zeitpunkt bei nicht weniger als 69 % lag. Der personelle Einfluß der SED hatte also in den westlichen Bezirksverwaltungen abgenommen, in den Bezirksverwaltungen des sowjetischen Sektors, wo er ohnehin schon weit größer gewesen war, hatte er dagegen noch erheblich zugenommen.[97] Wie im Magistrat, so konzentrierte sich die KPD bzw. SED auch in den Bezirksämtern auf die Besetzung der Schlüsselpositionen, worunter sie die Positionen der Bezirksbürgermeister, der stellvertretenden Bezirksbürgermeister und der Bezirksräte für Personalfragen und Verwaltung, für Volksbildung und für Sozialwesen verstand. In den Bezirken des sowjetischen Sektors waren nur wenige dieser Positionen nicht von SED-Mitgliedern besetzt, und von den Bezirksamtsmitgliedern in den westlichen Bezirken, die der SED angehörten, nahmen am 31. Oktober 1946 80 % solche Funktionen wahr.

---

94 So Maron in der Landesvorstandssitzung der SED Groß-Berlin am 19.7.1946; siehe: SAPMO-BArch, BPA, IV L-2/1/008, Bl. 9.

95 Vgl. Dok. 107, Anm. 8.

96 Diese und die folgenden Zahlenangaben sind berechnet nach: Hurwitz: Die Eintracht der Siegermächte, S. 219, Tab. 3.5. Vgl. auch: Suckut: Blockpolitik in der SBZ/DDR 1945–1949, S. 86 f.

97 Diese Entwicklungen waren in erster Linie durch Personalentscheidungen der verschiedenen Besatzungsmächte und den Beitritt bisheriger SPD-Mitglieder zur neugegründeten SED bedingt. Vgl. hierzu: Hurwitz: Die Eintracht der Siegermächte, S. 210–232; Schlegelmilch: Hauptstadt im Zonendeutschland, S. 100–104.

Zur Tätigkeit des Magistrats im Jahr 1946

„Der Zusammenbruch des Dritten Reiches bedeutete für die Verwaltung der Großstadt Berlin in zweifacher Hinsicht eine Wandlung von Grund auf. Zunächst in personeller Hinsicht. Der Personalbestand der nationalsozialistischen Verwaltung wurde 1945 nur zu einem geringen Bruchteil übernommen. Die freien Arbeitsplätze wurden aufgefüllt mit Menschen aus der freien Wirtschaft, aus Organisationen usw., die 1933 und später durch das Dritte Reich gemaßregelt worden waren. Diese Kräfte widmeten sich ihrer neuen Aufgabe im Durchschnitt mit großem Arbeitseifer und großer Verantwortungsfreudigkeit, mußten sich aber auf den ihnen zum Teil fremden oder fremd gewordenen Arbeitsgebieten erst zurechtfinden. Diese personelle Neuzusammensetzung der Verwaltung, die für eine fortschrittliche und demokratische Entwicklung eine unumgängliche Selbstverständlichkeit war, hätte jedoch die Arbeit der Verwaltung nicht soviel schwieriger gemacht, wenn nicht noch ein zweites Moment hinzugekommen wäre. Die ursprüngliche Verwaltung Berlins war, wenn auch mit vielen Sonderrechten, im Grunde genommen eine reine Kommunalverwaltung gewesen. Im Jahre 1945 fielen für Berlin die ehemaligen Landes- und Reichsbehörden fort, und deren gesamter Aufgaben- und Arbeitskreis wurde mit den kommunalen Aufgaben in einer Verwaltung vereinigt. Dadurch entstanden für die Verwaltung, für ihr Zusammenspiel, für die Klärung ihrer Zuständigkeiten, für den Ablauf der Arbeiten völlig neue Probleme, für die es eigentlich ein Vorbild nicht gab. Um nur eins davon zu nennen: Jeder Fachmann weiß, welche Bedeutung für die Verwaltung der Stellenplan und der Geschäftsverteilungsplan haben, wie sehr sie eigentlich die Verwaltung erst durchsichtig machen, ihr Ineinanderspielen und Zusammenarbeiten ermöglichen. In der Berliner Verwaltung nach 1945 hatten aber die alten Stellen- und Geschäftsverteilungspläne, soweit sie überhaupt noch vorhanden waren, ihre Bedeutung fast eingebüßt. Sie mußten in mühsamer Kleinarbeit neu aufgebaut werden [...].“[98]

Angesichts des fast vollständigen Neuaufbaus des Berliner Verwaltungsapparats in personeller, struktureller und funktionaler Hinsicht war es praktisch unvermeidlich, daß vielerlei Mängel in der Verwaltungsarbeit auftraten. Dies galt auch für den Magistrat als die Spitze der Verwaltung. Seine Mitglieder leisteten bis zum Ende ihrer Amtszeit ein ungeheuer großes persönliches Arbeitspensum.[99] Sie waren aber größtenteils in ihr Amt berufen worden, ohne Verwaltungserfahrung zu haben.[100] Im Jahr 1946 erfuhr die Magistratsarbeit im engeren Sinne zwar durch die obligatorische Einschaltung der Ende 1945 errichteten Rechtsabteilung des Magistrats bei der Überprüfung der Magistratsvorlagen und -beschlüsse und durch deren durchgehende Numerierung eine stärkere formale Regulierung[101]; die

---

98 So umriß der Leiter der Abteilung für Personal und Verwaltung des zweiten Nachkriegsmagistrats, Otto Theuner (SPD), die grundsätzliche Nachkriegsproblematik der Berliner Verwaltung; siehe: Berlin 1947, S. 152. Vgl. auch Teil I dieser Edition, S. 67, Anm. 207.

99 Vgl. hierzu die zum Teil sehr anschaulichen Artikel und Berichte über die Arbeitsbelastung einzelner Magistratsmitglieder, in: LAB(STA), Rep. 101, Nr. 5385.

100 Vgl. Teil I dieser Edition, S. 66 f.

101 Der Magistrat faßte außerdem einen ausdrücklichen Beschluß zur Einhaltung der etatrechtlichen Vorschriften durch seine Mitglieder; vgl. das 49. Mag.prot. v. 9.3.1946, TOP 7. Auch fungierte das Verordnungsblatt der Stadt Berlin ab Mitte März 1946

Form-, Verfahrens- und Effektivitätsmängel konnten damit allerdings nicht beseitigt, sondern nur vermindert werden.[102] Die interne Kritik im Magistrat richtete sich vor allem gegen die Arbeitsweise der Abteilung für Bau- und Wohnungswesen[103], hier besonders des Hauptamts für Aufbaudurchführung, und der Leitung der Abteilung für Städtische Energie- und Versorgungsbetriebe[104], ferner gegen das Preisamt und das Organisationsamt[105].

Die städtischen Angestellten, auch das Führungspersonal des Magistrats, mußten nach wie vor mit oft sehr ungünstigen Arbeitsbedingungen wie beengten Raumverhältnissen und baulichen Schäden sowie fehlenden Telefonapparaten und Schreibmaschinen fertig werden.[106] Im Herbst 1946 drohte ein akuter Mangel an Papier sogar die Tätigkeit ganzer Magistratsabteilungen lahmzulegen.[107] Im übrigen kam eine auf Anordnung der Alliierten Kommandantur eingesetzte Sachverständigenkommission im März 1946 zu einer sehr kritischen Bewertung der grundsätzlichen Verwaltungsstruktur des Magistrats. Vor allem die Stellung und Anzahl der vier Stellvertreter des Oberbürgermeisters, die organisatorische Aufteilung der Aufgabengebiete „Wirtschaft" und „Städtische Betriebe" auf je zwei Magistratsabteilungen (Abteilung für Wirtschaft und Abteilung für Handel und Handwerk bzw. Abteilung für Städtische Energie- und Versorgungsbetriebe und Abteilung für Verkehr) und das „System der stellvertretenden Stadträte" wurden von dieser Kommission negativ beurteilt.[108]

Eine allgemeine Rechtsgrundlage für seine Tätigkeit ist dem ersten Nachkriegsmagistrat weder bei seiner Amtseinsetzung durch die sowjetische Besatzungsmacht noch später von der Alliierten Kommandantur gegeben worden.[109] Seine genauen Befugnisse blieben daher ungeklärt und umstritten. Er war aber grundsätzlich der Alliierten Kommandantur untergeordnet und hatte ihr alle Beschlüsse von „gesetzgebender Beschaffenheit" zur Genehmigung vorzulegen.[110] Die tatsächliche Tätigkeit

---

als alleiniges amtliches Verkündungsblatt des Magistrats, nachdem die Berliner Zeitung diesen Status verloren hatte; vgl. das 43. Mag.prot. v. 26.1.1946, TOP 6 (insb. Anm. 53).

102 Vgl. das 51. Mag.prot. v. 25.3.1946, TOP 6 (Maron), u. das 67. Mag.prot. v. 27.7.1946, TOP 3 (Fleischmann).

103 Vgl. das 40. Mag.prot. v. 7.1.1946, TOP 3, u. das 41. Mag.prot. v. 14.1.1946, TOP 4, u. das 42. Mag.prot. v. 19.1.1946, TOP 4, u. das 47. Mag.prot. v. 23.2.1946, TOP 5, u. das 48. Mag.prot. v. 4.3.1946, TOP 6, u. das 49. Mag.prot. v. 9.3.1946, TOP 6, u. das 50. Mag.prot. v. 16.3.1946, TOP 8, u. das 58. Mag.prot. v. 18.5.1946, TOP 4, u. das 63. Mag.prot. v. 29.6.1946, TOP 4, u. das 71. Mag.prot. v. 24.8.1946, TOP 2, u. das 76. Mag.prot. v. 21.9.1946, TOP 6.

104 Vgl. das 47. Mag.prot. v. 23.2.1946, TOP 6, u. das 49. Mag.prot. v. 9.3.1946, TOP 7, u. das 63. Mag.prot. v. 29.6.1946, TOP 6, u. das 66. Mag.prot. v. 20.7.1946, TOP 6, u. das 67. Mag.prot. v. 27.7.1946, TOP 3, u. das 72. Mag.prot. v. 31.8.1946, TOP 2.

105 Vgl. das 51. Mag.prot. v. 25.3.1946, TOP 6, u. das 52. Mag.prot. v. 30.3.1946, TOP 7, bzw. das 62. Mag.prot. v. 22.6.1946, TOP 7.

106 Vgl. Teil I dieser Edition, S. 64 – 66.

107 Vgl. das 65. Mag.prot. v. 13.7.1946, TOP 8, u. das 68. Mag.prot. v. 3.8.1946, TOP 4, u. das 70. Mag.prot. v. 17.8.1946, TOP 5, u. das 83. Mag.prot. v. 9.11.1946, TOP 5, u. das 84. Mag.prot. v. 16.11.1946, TOP 5.

108 Vgl. Dok. 76.

109 Vgl. Teil I dieser Edition, S. 58 f.; Dok. 71.

110 Vgl. Teil I dieser Edition, S. 60 f.; Dok. 55, Anm. 61 u. 63; das 64. Mag.prot. v. 5.7.1946, TOP 4.

des Magistrats im Jahr 1946 kann hier nicht ausführlich dargestellt werden. Im folgenden soll lediglich ein kurzer Überblick über seine Hauptprobleme und wichtigsten Beratungsgegenstände in diesem Jahr gegeben werden – so, wie sie sich in seinen Sitzungsprotokollen widerspiegeln.

Den größten Raum nehmen in den Magistratsprotokollen des Jahres 1946, wie schon im Vorjahr, die Ernährungsfragen und die Finanzfragen ein. Was das existentielle Grundproblem der Ernährung betraf, so stellten weiterhin die Besatzungsmächte die Lebensmittel für die Berliner Bevölkerung bereit, die infolge der Rückkehr von Evakuierten und bisherigen Kriegsgefangenen von etwa 3 Millionen Einwohnern im Herbst 1945 auf 3,2 Millionen Einwohner am Ende des Jahres 1946 anwuchs.[111] Die Verteilung der Lebensmittel innerhalb Berlins oblag der Magistratsabteilung für Ernährung. Auch ihre Heranschaffung war zum Teil in die Hände des Magistrats gelegt. So hatte er zum Beispiel seit Anfang 1946 die per Schiff aus den USA gelieferten Lebensmittel in Bremen zu übernehmen.[112] Probleme bei der Heranschaffung bereiteten nach wie vor der Mangel an geeigneten Transportfahrzeugen und die knappen Treibstoffmengen. Durch eine „Brachlandaktion" des Magistrats wurden die in Berlin selbst produzierten Gemüse- und Hackfruchtmengen erhöht.[113] Die Obst- und Gemüselieferungen aus der sowjetischen Besatzungszone in die westlichen Sektoren wurden im Sommer 1946 vorübergehend gestoppt.[114] Im übrigen bestand trotz der Vereinbarungen der Alliierten über die gemeinsame Lebensmittelversorgung Berlins eine generelle Tendenz, die Lebensmittellieferungen aus den verschiedenen Besatzungszonen Deutschlands ausschließlich oder überwiegend für den jeweils „zugehörigen" Berliner Sektor bereitzustellen.[115]

Die Zuteilung der Lebensmittel an die Bevölkerung erfolgte entsprechend den fünf Gruppen der Lebensmittelkarten.[116] Der Magistrat beschäftigte sich des öfteren mit Fragen der Einstufung in diese Kartengruppen, insbesondere mit Anträgen auf eine

---

111 Die etwa vierteljährlichen Vereinbarungen der Alliierten zur gemeinsamen Lebensmittelbereitstellung für die Berliner Bevölkerung wurden dem Magistrat bekanntgegeben mit BK/O (45) 31 v. 20.8.1945, BK/O (45) 177 v. 24.10.1945, BK/O (45) 257 v. 10.12.1945, BK/O (46) 184 v. 25.4.1946, BK/O (46) 319 v. 31.7.1946 u. BK/O (46) 396 v. 12.10.1946. Diese Befehle der AK sind vorhanden in: LAB(STA), Rep. 101, Nr. 39, 49, 52, 63, 69 u. 73; LAB, Rep. 280, Nr. 12203, 12320, 4669, 12564, 12626 u. 10947.

112 Vgl. das 42. Mag.prot. v. 19.1.1946, TOP 8, u. das 47. Mag.prot. v. 23.2.1946, TOP 3, u. das 62. Mag.prot. v. 22.6.1946, TOP 7.

113 Vgl. das 51. Mag.prot. v. 25.3.1946, TOP 5, u. das 63. Mag.prot. v. 29.6.1946, TOP 6 (Orlopp). Die Pflichtabgabequoten von in Berlin erzeugten landwirtschaftlichen Produkten wurden nicht vom Magistrat, sondern von der AK festgelegt. Vgl. hierzu das 52. Mag.prot. v. 30.3.46, TOP 6 (Düring), u. das 53. Mag.prot. v. 6.4.1946, TOP 5, u. das 63. Mag.prot. v. 29.6.1946, TOP 6 (insb. Anm. 91).

114 Vgl. das 66. Mag.prot. v. 20.7.1946, TOP 6 (Orlopp), u. das 72. Mag.prot. v. 31.8.1946, TOP 5 (Orlopp).

115 Vgl. das 47. Mag.prot. v. 23.2.1946, TOP 3 (Klimpel), u. das 48. Mag.prot. v. 4.3.1946, TOP 8 (Klimpel), u. das 60. Mag.prot. v. 5.6.1946, TOP 5 (Orlopp) u. das 71. Mag.prot. v. 24.8.1946, TOP 6 (Orlopp); Dok. 88, Punkt 3c.

116 Vgl. hierzu: [Oskar] Kürten: Mengen und Kosten der zugeteilten Lebensmittel in Berlin 1945 bis 1947, in: Berliner Statistik, Jg. 2 (1948), S. 7–12.

höhere Eingruppierung einzelner Personengruppen.[117] Die Alliierte Kommandantur erließ mit BK/O (46) 148 und BK/O (46) 377 zwei grundlegende Direktiven zur allgemeinen Klassifizierung der Lebensmittelkarten für die Berliner Bevölkerung ab 1. Mai bzw. 1. Oktober 1946.[118] Die Kartengruppe V mit der geringsten Kalorienmenge wurde erst durch die BK/O (47) 55 mit Wirkung ab 1. März 1947 abgeschafft.[119] Hinsichtlich der Verteilung der von ihnen gelieferten Lebensmittel hatten die Alliierten schon 1945 scharfe Kritik an diversen Mißständen geübt.[120] Auch 1946 beanstandeten sie die durch Diebstahl, „Nachlässigkeit" und illegalen Verbrauch entstehenden Lebensmittelverluste, wobei die von ihnen zugestandenen „Schwundsätze" für die verschiedenen Lebensmittel von der Magistratsabteilung für Ernährung größtenteils als nicht handelsüblich und viel zu niedrig angesehen wurden.[121] Wegen der grundlegenden Bedeutung der Ernährungslage erstatteten die Leiter dieser Abteilung wiederholt allgemeine Berichte hierzu im Magistrat.[122] Insgesamt konnte die Ernährung der Berliner Bevölkerung sichergestellt werden – zwar nach wie vor nur auf dem niedrigen Niveau der Lebensmittelkartenrationen, aber kontinuierlicher als im Jahr 1945.

Unter den Finanzfragen nahmen im Magistrat die Beratungen über den Haushaltsplan für das Rechnungsjahr 1946 (1. April 1946 bis 31. März 1947) den mit Abstand größten Raum ein.[123] Die Beratungen betrafen vor allem die Höhe

---

117 Vgl. das 42. Mag.prot. v. 19.1.1946, TOP 8, u. das 52. Mag.prot. v. 30.3.1946, TOP 6, u. das 53. Mag.prot. v. 6.4.1946, TOP 5, u. das 55. Mag.prot. v. 29.4.1946, TOP 9, u. das 62. Mag.prot. v. 22.6.1946, TOP 7, u. das 65. Mag.prot. v. 13.7.1946, TOP 8, u. das 72. Mag.prot. v. 31.8.1946, TOP 5, u. das 78. Mag.prot. v. 5.10.1946, TOP 2, u. das 80. Mag.prot. v. 22.10.1946, TOP 5, u. das 86. Mag.prot. v. 30.11.1946, TOP 2.

118 Vgl. Dok. 79, Anm. 55, u. Dok. 118, Anm. 11.

119 Die BK/O (47) 55 v. 28.2.1947 ist vorhanden in: LAB(STA), Rep. 101, Nr. 78, u. LAB, Rep. 280, Nr. 6677; abgedruckt in: Berlin. Quellen und Dokumente, 1. Halbbd., S. 298 f.

120 Vgl. Dok. 28 u. 38.

121 Vgl. Dok. 88, 90, 92 u. 123; ferner das 52. Mag.prot. v. 30.3.1946, TOP 6 (Düring), u. das 60. Mag.prot. v. 5.6.1946, TOP 5 (Orlopp).

122 Vgl. das 48. Mag.prot. v. 4.3.1946, TOP 8 (Klimpel), u. das 51. Mag.prot. v. 25.3.1946, TOP 5 (Klimpel), u. das 59. Mag.prot. v. 29.5.1946, TOP 4 (Düring), u. das 60. Mag.prot. v. 5.6.1946, TOP 5 (Orlopp), u. das 64. Mag.prot. v. 5.7.1946, TOP 3 (Orlopp), u. das 66. Mag.prot. v. 20.7.1946, TOP 6 (Orlopp), u. das 78. Mag.prot. v. 5.10.1946, TOP 2 (Orlopp), u. das 83. Mag.prot. v. 9.11.1946, TOP 4 (Orlopp). Vgl. auch die weiterführenden Anmerkungen zur monatlichen Ernährungslage: Dok. 4, Anm. 4, u. Dok. 10, Anm. 13, u. Dok. 13, Anm. 38, u. Dok. 19, Anm. 12, u. Dok. 26, Anm. 28, u. Dok. 34, Anm. 54, u. Dok. 45, Anm. 44, u. Dok. 52, Anm. 54, u. Dok. 63, Anm. 67, u. Dok. 70, Anm. 24, u. Dok. 77, Anm. 49, u. Dok. 79, Anm. 56, u. Dok. 86, Anm. 36, u. Dok. 87, Anm. 41, u. Dok. 98, Anm. 20, u. Dok. 111, Anm. 45, u. Dok. 118, Anm. 5, u. Dok. 124, Anm. 10.

123 Vgl. das 54. Mag.prot. v. 17.4.1946, TOP 3 (Haas), u. das 55. Mag.prot. v. 29.4.1946, TOP 3, u. das 56. Mag.prot. v. 4.5.1946, TOP 4, u. das 61. Mag.prot. v. 15.6.1946, TOP 3, u. das 62. Mag.prot. v. 22.6.1946, TOP 3, u. das 65. Mag.prot. v. 13.7.1946, TOP 5, u. das 73. Mag.prot. v. 7.9.1946, TOP 3, u. das 76. Mag.prot. v. 21.9.1946, TOP 5, u. das 79. Mag.prot. v. 12.10.1946, TOP 4, u. das 84. Mag.prot. v. 16.11.1946, TOP 4. Vgl. auch: Berlin 1947, S. 181 – 183; Frank Zschaler: Öffentliche Finanzen und Finanzpolitik in Berlin 1945 – 1961. Eine vergleichende Untersuchung von Ost- und West-Berlin (mit Datenanhang 1945 – 1989), Berlin/New York 1995 (Veröffentlichungen

der Mittel für die einzelnen Magistratsabteilungen und die Mittelaufteilung auf die Verwaltungsbezirke. Am 4. Mai 1946 nahm der Magistrat den Haushaltsplan an und bestätigte am 13. Juli Änderungsanträge hierzu. Von der Alliierten Kommandantur wurde der Plan durch die BK/O (46) 350 vom 31. August 1946 – mit einer Reihe von Änderungen – prinzipiell genehmigt.[124] In dieser Fassung hatte der Haushaltsplan 1946 ein Volumen von ca. 1,8 Milliarden RM und wies einen Fehlbetrag von ca. 5 Millionen RM auf. Im Vergleich zum nur zehn Monate umfassenden Haushaltsjahr 1945 (1. Juni 1945 bis 31. März 1946) hatten sich damit die veranschlagten Ausgaben etwa verdoppelt, und gleichzeitig hatte sich die Differenz zwischen Ausgaben und Einnahmen sehr stark vermindert.[125] Diese Verminderung war unter anderem auf den Anstieg der Steuereingänge zurückzuführen[126], der wiederum zum Teil durch stark erhöhte Steuersätze aufgrund neuer Steuergesetze des Alliierten Kontrollrats bedingt war[127]. Eine vom Magistrat Ende April 1946 beschlossene Erhöhung der Grundsteuer wurde dagegen von der Alliierten Kommandantur abgelehnt.[128] Sie hätte als Teilausgleich für den Wegfall der zur Finanzierung von Instandsetzungsarbeiten erhobenen Gebäudeinstandsetzungsabgabe dienen sollen, die von der Alliierten Kommandantur mit Wirkung vom 1. April 1946 aufgehoben worden war.[129]

Im Gegensatz zur Grundsteuererhöhung genehmigte die Alliierte Kommandantur bis Ende 1946 die Durchführung von insgesamt elf Berliner Lotterien, die der Erhöhung der städtischen Einnahmen dienten.[130] Mit zwei Beschlüssen des Magistrats vom August/September 1946 sollte eine gewisse Lockerung der vom sowjetischen Stadtkommandanten gleich nach Kriegsende verfügten Bankenstillegung und Kontensperre[131] bewirkt werden: Der Magistrat beantragte zum einen die Aufnahme

---

der Historischen Kommission zu Berlin, Bd. 88), S. 36 f., 63 – 67, 70 – 72, 87 f., 276 – 279 u. 310.

124 Vgl. Dok. 112, Anm. 29.

125 Vgl. Teil I dieser Edition, S. 72; A Four Year Report. Office of Military Government U.S. Sector, Berlin. July 1, 1945 – September 1, 1949, Berlin [West] o. J. [1949], S. 83.

126 Vgl. das 41. Mag.prot. v. 14.1.1946, TOP 3 (Siebert), u. das 61. Mag.prot. v. 15.6.1946, TOP 3 (Haas), u. das 62. Mag.prot. v. 22.6.1946, TOP 3 (Haas), u. das 65. Mag.prot. v. 13.7.1946, TOP 5 (Haas), u. das 73. Mag.prot. v. 7.9.1946, TOP 3 (Haas), u. das 79. Mag.prot. v. 12.10.1946, TOP 4 (Haas), u. das 84. Mag.prot. v. 16.11.1946, TOP 4 (Haas); Dok. 72, Anm. 5.

127 Vgl. das 46. Mag.prot. v. 16.2.1946, TOP 5, u. das 47. Mag.prot. v. 23.2.1946, TOP 7 (insb. Anm. 74), u. das 48. Mag.prot. v. 4.3.1946, TOP 3, u. das 62. Mag.prot. v. 22.6.1946, TOP 3.

128 Vgl. das 47. Mag.prot. v. 23.2.1946, TOP 6 (insb. Anm. 68), u. das 54. Mag.prot. v. 17.4.1946, TOP 7, u. das 55. Mag.prot. v. 29.4.1946, TOP 4 (insb. Anm. 65), u. das 56. Mag.prot. v. 4.5.1946, TOP 4, u. das 61. Mag.prot. v. 15.6.1946, TOP 3 (Haas).

129 Vgl. Teil I dieser Edition, S. 75 f.; Dok. 78, Anm. 34, u. Dok. 80, Anm. 18, u. Dok. 85, Anm. 42.

130 Vgl. das 11. Mag.prot. v. 16.7.1945, TOP 5, u. das 14. Mag.prot. v. 30.7.1945, TOP 3, u. das 17. Mag.prot. v. 20.8.1945, TOP 9, u. das 25. Mag.prot. v. 8.10.1945, TOP 8, u. das 40. Mag.prot. v. 7.1.1946, TOP 6, u. das 46. Mag.prot. v. 16.2.1946, TOP 5, u. das 50. Mag.prot. v. 16.3.1946, TOP 3, u. das 52. Mag.prot. v. 30.3.1946, TOP 3, u. das 57. Mag.prot. v. 13.5.1946, TOP 2, u. das 58. Mag.prot. v. 18.5.1946, TOP 5, u. das 60. Mag.prot. v. 5.6.1946, TOP 3, u. das 61. Mag.prot. v. 15.6.1946, TOP 3 (Haas), u. das 69. Mag.prot. v. 12.8.1946, TOP 4, u. das 73. Mag.prot. v. 7.9.1946, TOP 3.

131 Vgl. Teil I dieser Edition, S. 70.

einer beschränkten Verwaltungstätigkeit für geschlossene Banken (Eintreibung von Darlehen und Hypothekenzinsen), zum andern die teilweise Freigabe (bis zu 100 RM) von Sparguthaben bei der Sparkasse der Stadt Berlin. Nach langwierigen internen Verhandlungen reagierte die Alliierte Kommandantur auf den ersten Antrag im April 1947 mit der Bildung einer „Inkasso-Kommission" zur Einziehung von Darlehen und Hypotheken und billigte erst Ende 1947 die einmalige Auszahlung aus alten Konten der Sparkasse.[132] Weitere Finanzberatungen und -beschlüsse des Magistrats betrafen

- die Gehaltsordnung für die städtischen Angestellten[133],
- die Versorgungsbezüge für die Pensionäre des öffentlichen Dienstes[134],
- Maßnahmen zur Preisüberwachung[135],
- die Neuorganisation der Städtischen Feuersozietät von Berlin[136],
- Hilfs- und Wiedergutmachungsmaßnahmen für anerkannte Opfer des Faschismus und Juden[137].

Was die grundlegenden Probleme des Bau- und Wohnungswesens wie Enttrümmerung, Wohnraumbewirtschaftung, Gebäude- und Wohnungsinstandsetzung und Stadtplanung anging, die im Magistratskollegium bis Ende 1945 erstaunlicherweise nur recht selten behandelt worden waren, so wurden diese im Januar 1946 in allgemeinen Berichten und Debatten ausführlich erörtert.[138] Die öffentliche Wohnraumbewirtschaftung erfuhr eine generelle Regelung durch das Gesetz Nr. 18 (Wohnungsgesetz) des Alliierten Kontrollrats vom 8. März 1946 und die BK/O (46) 369 der Alliierten Kommandantur vom 16. September 1946.[139] Eine hierzu vom Magistrat am Ende seiner Amtszeit beschlossene Vollzugsanordnung trat in abgeänderter Fassung erst im Jahr 1948 in Kraft, und eine Verordnung zur Regelung der Mietzinsminderungen für beschädigte Räume wurde von der Alliierten Kommandantur nicht genehmigt.[140] Als Grundlage für die Bautätigkeit in Berlin im Jahr 1946 verabschiedete der Magistrat einen Bauwirtschaftsplan.[141] Das Hauptproblem der Bauwirtschaft bildete die mangelhafte Versorgung mit Baustoffen (insbesondere Bindemitteln), die im

---

132 Vgl. das 71. Mag.prot. v. 24.8.1946, TOP 5 (insb. Anm. 89), u. das 73. Mag.prot. v. 7.9.1946, TOP 3 (insb. Anm. 90).

133 Vgl. das 41. Mag.prot. v. 14.1.1946, TOP 3, u. das 76. Mag.prot. v. 21.9.1946, TOP 4.

134 Vgl. das 41. Mag.prot. v. 14.1.1946, TOP 3, u. das 64. Mag.prot. v. 5.7.1946, TOP 2, u. das 76. Mag.prot. v. 21.9.1946, TOP 4.

135 Vgl. das 51. Mag.prot. v. 25.3.1946, TOP 6, u. das 54. Mag.prot. v. 17.4.1946, TOP 3, u. das 59. Mag.prot. v. 29.5.1946, TOP 8, u. das 64. Mag.prot. v. 5.7.1946, TOP 4.

136 Vgl. das 69. Mag.prot. v. 12.8.1946, TOP 4 (insb. Anm. 21).

137 Vgl. das 39. Mag.prot. v. 30.12.1945, TOP 6, u. das 79. Mag.prot. v. 12.10.1946, TOP 4.

138 Vgl. das 40. Mag.prot. v. 7.1.1946, TOP 3, u. das 41. Mag.prot. v. 14.1.1946, TOP 4, u. das 42. Mag.prot. v. 19.1.1946, TOP 4. Vgl. ferner Dok. 60; Das erste Jahr, S. 59–69.

139 Vgl. hierzu Dok. 79, Anm. 75; das 65. Mag.prot. v. 13.7.1946, TOP 2, u. das 79. Mag.-prot. v. 12.10.1946, TOP 6; Aus der Tätigkeit der Berliner Wohnungsämter 1945 bis 1947, in: Berliner Statistik, Jg. 2 (1948), S. 35–40.

140 Vgl. das 84. Mag.prot. v. 16.11.1946, TOP 3, bzw. das 79. Mag.prot. v. 12.10.1946, TOP 4.

141 Vgl. das 47. Mag.prot. v. 23.2.1946, TOP 5, u. das 48. Mag.prot. v. 4.3.1946, TOP 6, u. das 49. Mag.prot. v. 9.3.1946, TOP 6 (Maron), u. das 50. Mag.prot. v. 16.3.1946, TOP 8.

Magistrat wiederholt zur Sprache kam.[142] Um eine bessere Baustofferfassung und -versorgung zu erreichen, wurde eine Baustoffbeschaffung GmbH gegründet, die aber faktisch nur im sowjetischen Sektor Berlins ihre Tätigkeit aufnahm.[143]

Der Magistrat faßte eine Reihe von Beschlüssen zur Instandsetzung einzelner öffentlicher Gebäude, vor allem von Krankenhäusern, Schulen und Verwaltungsgebäuden. Daneben befaßte er sich auch mit baulichen Projekten ganz anderer Art. Hierzu zählten

- der Ausbau einer Trümmerverwertungsanlage[144],
- der Bau eines Werkes zur Herstellung des neuen Bindemittels „Hydroment"[145],
- ein Versuchsvorhaben mit vorfabrizierten Häusern aus Kunststoff[146],
- der Aufbau von 800 Nissenhütten im britischen Sektor[147],
- das nicht verwirklichte Projekt des Baus einer Großsiedlung „Walddorf" im Bezirk Zehlendorf[148].

Im Bereich des Bau- und Planungsrechts wollte der Magistrat grundlegende Neuregelungen schaffen. So beschloß er eine Verordnung zur Verhinderung ungenehmigter Bauarbeiten, die von der Alliierten Kommandantur Ende Mai 1946 in abgeänderter Fassung erlassen wurde.[149] Außerdem nahm er eine „Erste Aufbauverordnung" und eine „Verordnung über das Berliner Wohnsiedlungsgebiet" an, die als städtebauliche Rechtsinstrumente für den Wiederaufbau beschädigter und zerstörter Stadtteile dienen sollten. Beiden Verordnungen versagte die Alliierte Kommandantur aber ihre Genehmigung, so daß sie nicht wirksam werden konnten[150]; und ein bedeutsamer Nachtrag zur Bauordnung für die Stadt Berlin, mit der das Maß der möglichen baulichen Ausnutzung von Grundstücken für bestimmte Fälle vermindert werden sollte, trat in abgeänderter Fassung erst im Jahr 1949 in Kraft[151].

Die umfangreichen stadtplanerischen Grundlagenarbeiten der Magistratsabteilung für Bau- und Wohnungswesen wurden der Öffentlichkeit in einer großen Ausstellung mit dem Titel „Berlin plant" präsentiert, die vom 22. August bis 15. Oktober 1946 im Weißen Saal des Berliner Schlosses stattfand.[152] Es war bezeichnend, daß diese Ausstellung von der Magistratsabteilung für Bau- und Wohnungswesen und nicht von der Magistratsabteilung für Planungen organisiert wurde. Letztere hätte nach ihrem

---

142 Vgl. das 45. Mag.prot. v. 2.2.1946, TOP 3, u. das 63. Mag.prot. v. 29.6.1946, TOP 4, u. das 72. Mag.prot. v. 31.8.1946, TOP 3.
143 Vgl. das 48. Mag.prot. v. 4.3.1946, TOP 6, u. das 55. Mag.prot. v. 29.4.1946, TOP 6, u. das 72. Mag.prot. v. 31.8.1946, TOP 3, u. das 73. Mag.prot. v. 7.9.1946, TOP 6, u. das 75. Mag.prot. v. 14.9.1946, TOP 5, u. das 77. Mag.prot. v. 28.9.1946, TOP 6.
144 Vgl. das 77. Mag.prot. v. 28.9.1946, TOP 4.
145 Vgl. das 63. Mag.prot. v. 29.6.1946, TOP 4, u. das 85. Mag.prot. v. 23.11.1946, TOP 2.
146 Vgl. das 45. Mag.prot. v. 2.2.1946, TOP 6.
147 Vgl. das 75. Mag.prot. v. 14.9.1946, TOP 6, u. das 82. Mag.prot. v. 2.11.1946, TOP 3.
148 Vgl. das 65. Mag.prot. v. 13.7.1946, TOP 8, u. das 66. Mag.prot. v. 20.7.1946, TOP 6, u. das 67. Mag.prot. v. 27.7.1946, vor TOP 1.
149 Vgl. das 40. Mag.prot. v. 7.1.1946, TOP 3.
150 Vgl. das 49. Mag.prot. v. 9.3.1946, TOP 6, u. das 56. Mag.prot. v. 4.5.1946, TOP 3.
151 Vgl. das 60. Mag.prot. v. 5.6.1946, TOP 5.
152 Vgl. das 69. Mag.prot. v. 12.8.1946, TOP 5, u. das 70. Mag.prot. v. 17.8.1946, TOP 3, u. das 73. Mag.prot. v. 7.9.1946, TOP 6 (Scharoun); Geist/Kürvers, S. 186–217; Hanauske, S. 119–130. Vgl. zur Planung der allgemeinen Entwicklung Berlins auch: Dok. 60; das 45. Mag.prot. v. 2.2.1946, TOP 3.

Selbstverständnis eine Art Oberplanungsbehörde innerhalb der Magistratsverwaltung sein sollen.[153] Tatsächlich blieben ihre eigenen Planungskompetenzen umstritten, und der Magistrat nahm erst gegen Ende seiner Amtszeit eine offizielle Abgrenzung ihrer Aufgaben von denjenigen anderer Magistratsabteilungen vor.[154] Im Bereich der Gebietsplanung stand er den Eingemeindungsanträgen von Umlandgemeinden nicht mehr, wie noch 1945, prinzipiell ablehnend gegenüber.[155]

Wirtschaftsfragen wurden im Magistrat zu Beginn des Jahres 1946 in allgemeinen Berichten und Aussprachen ausführlich besprochen.[156] Ein im Laufe des Jahres zusehends größer werdendes Grundproblem für die Berliner Wirtschaft stellte vor allem der Mangel an Rohstoffen dar.[157] Ein weiteres Problem der praktischen Wirtschaftspolitik bildeten die Maßnahmen zur Preisregulierung bzw. -subventionierung.[158] Die Bestrebungen des Magistrats, im Borsig-Werk der Rheinmetall-Borsig AG im Bezirk Reinickendorf einen städtischen Großreparaturbetrieb („Städtisches Werk Tegel") einzurichten, kamen in seinen Sitzungen sehr oft zur Sprache. Wegen der ablehnenden Haltung der französischen Militärregierung blieben diese Bestrebungen aber letztlich erfolglos.[159] Die prinzipielle Rolle des privaten Großhandels war 1946 weiterhin umstritten[160], die Gründung von Konsumgenossenschaften wurde gefördert[161]. Über die auch zwischen den Alliierten umstrittene Regelung des privaten Versicherungswesens[162] wurde 1946 im Magistrat nicht mehr diskutiert.[163]

In verschiedenen grundsätzlichen Organisationsfragen der Wirtschaft kamen im Jahr 1946 keine Regelungen zustande. Die wichtige Frage der Erteilung und Versagung der Gewerbeerlaubnis wurde nach einer komplizierten Entwicklung nicht durch eine vom Magistrat in verschiedenen Fassungen mehrfach angenommene Verordnung, sondern erst im Oktober 1947 mittels einer Anordnung der Alliierten

---

153 Vgl. Teil I dieser Edition, S. 63; Dok. 95.
154 Vgl. das 60. Mag.prot. v. 5.6.1946, TOP 2, u. das 71. Mag.prot. v. 24.8.1946, TOP 2; Dok. 67, Anm. 22.
155 Vgl. Teil I dieser Edition, S. 72; das 47. Mag.prot. v. 23.2.1946, nach TOP 10, u. das 48. Mag.prot. v. 4.3.1946, TOP 8, u. das 71. Mag.prot. v. 24.8.1946, TOP 6 (Maron).
156 Vgl. das 43. Mag.prot. v. 26.1.1946, TOP 4, u. das 45. Mag.prot. v. 2.2.1946, TOP 3, u. das 46. Mag.prot. v. 16.2.1946, TOP 3, u. das 47. Mag.prot. v. 23.2.1946, TOP 4.
157 Vgl. das 50. Mag.prot. v. 16.3.1946, TOP 7, u. das 56. Mag.prot. v. 4.5.1946, TOP 7, u. das 57. Mag.prot. v. 13.5.1946, TOP 7 (Orlopp), u. das 70. Mag.prot. v. 17.8.1946, TOP 5.
158 Vgl. das 47. Mag.prot. v. 23.2.1946, TOP 3, u. das 51. Mag.prot. v. 25.3.1946, TOP 5, u. das 53. Mag.prot. v. 6.4.1946, TOP 4, u. das 85. Mag.prot. v. 23.11.1946, TOP 2.
159 Vgl. das 45. Mag.prot. v. 2.2.1946, TOP 11, u. das 46. Mag.prot. v. 16.2.1946, TOP 5, u. das 47. Mag.prot. v. 23.2.1946, TOP 6, u. das 48. Mag.prot. v. 4.3.1946, TOP 7, u. das 71. Mag.prot. v. 24.8.1946, TOP 5, u. das 73. Mag.prot. v. 7.9.1946, TOP 6 (Goll u. Beschluß), u. das 75. Mag.prot. v. 14.9.1946, TOP 3, u. das 76. Mag.prot. v. 21.9.1946, TOP 5 (Haas), u. das 78. Mag.prot. v. 5.10.1946, TOP 6.
160 Vgl. Teil I dieser Edition, S. 76; das 47. Mag.prot. v. 23.2.1946, TOP 4, u. das 48. Mag.prot. v. 4.3.1946, TOP 5, u. das 58. Mag.prot. v. 18.5.1946, TOP 8; Dok. 101.
161 Vgl. das 42. Mag.prot. v. 19.1.1946, TOP 6, u. das 46. Mag.prot. v. 16.2.1946, TOP 3, u. das 48. Mag.prot. v. 4.3.1946, TOP 8 (Orlopp u. Klimpel).
162 Vgl. Teil I dieser Edition, S. 76, Anm. 278.
163 Vgl. hierzu aber das 73. Mag.prot. v. 7.9.1946, TOP 3.

Kommandantur geregelt.[164] Zwei Magistratsbeschlüsse zur Errichtung einer Handwerkskammer und einer Industrie- und Handelskammer, die von der Alliierten Kommandantur nicht genehmigt wurden, bildeten den Auftakt zu Auseinandersetzungen um die Kammerorganisation der Berliner Wirtschaft im Jahr 1947 und den folgenden Jahren.[165] Die grundlegende Frage der Sozialisierung von Wirtschaftsunternehmen wurde erst im September 1946 während des Wahlkampfes zum Gegenstand der öffentlichen politischen Debatte zwischen den Parteien[166] und wurde dann ausführlich in der Stadtverordnetenversammlung behandelt, die bereits am 13. Februar 1947 ein – nicht in Kraft getretenes – Sozialisierungsgesetz beschloß[167]. Der erste Nachkriegsmagistrat befaßte sich dagegen nicht mit der Sozialisierungsfrage, sondern lediglich mit beschlagnahmten Betrieben und ihrer treuhänderischen Geschäftsführung.[168]

Die städtischen Betriebe und ihre Probleme standen immer wieder auf der Tagesordnung der Magistratssitzungen. So ergaben sich zeitweise große Schwierigkeiten bei der Organisation der Müllabfuhr.[169] Außerdem waren zahlreiche Mißstände auf dem zentralen Berliner Vieh- und Schlachthof im Bezirk Prenzlauer Berg zu verzeichnen. Um diese zu beseitigen, beschloß der Magistrat, die dortigen Schlachtungen in kommunale Regie zu übernehmen.[170] Auch die verschiedensten Verkehrsfragen wurden im Magistrat behandelt, unter anderem die weiteste Bevölkerungskreise betreffende Frage der Tarife bei den Berliner Verkehrsbetrieben (BVG)[171]. Der Magistrat war bestrebt, seinen Einfluß in der Bewag als dem gemischtwirtschaftlichen Berliner Stromversorgungsunternehmen zu erhöhen, blieb hierbei aber ohne Erfolg.[172] Die Versorgung Berlins mit elektrischem Strom war schon seit dem Sommer 1946 unzureichend, was sich in häufigen Stromabschaltungen auswirkte. Im Herbst und Winter 1946/47 entstand dann in der Stromversorgung – wie schon im Herbst und Winter 1945/46[173] – eine krisenhafte Situation, deren Gründe vielfältig

---

164 Vgl. das 56. Mag.prot. v. 4.5.1946, TOP 6, u. das 57. Mag.prot. v. 13.5.1946, TOP 6, u. das 58. Mag.prot. v. 18.5.1946, TOP 7, u. das 67. Mag.prot. v. 27.7.1946, TOP 3 (Orlopp), u. das 76. Mag.prot. v. 21.9.1946, TOP 7 (insb. Anm. 67).

165 Vgl. das 46. Mag.prot. v. 16.2.1946, TOP 3, u. das 58. Mag.prot. v. 18.5.1946, TOP 7.

166 Vgl. Dok. 115.

167 Vgl. hierzu: Fijalkowski u. a., S. 183 – 189; Schlegelmilch: Hauptstadt im Zonendeutschland, S. 399 – 417.

168 Vgl. das 43. Mag.prot. v. 26.1.1946, TOP 2, u. das 47. Mag.prot. v. 23.2.1946, TOP 7, u. das 58. Mag.prot. v. 18.5.1946, TOP 8, u. das 61. Mag.prot. v. 15.6.1946, TOP 3, u. das 69. Mag.prot. v. 12.8.1946, TOP 5.

169 Vgl. das 47. Mag.prot. v. 23.2.1946, TOP 6, u. das 49. Mag.prot. v. 9.3.1946, TOP 7, u. das 54. Mag.prot. v. 17.4.1946, TOP 7, u. das 55. Mag.prot. v. 29.4.1946, TOP 9.

170 Vgl. das 37. Mag.prot. v. 17.12.1945, TOP 8, u. das 47. Mag.prot. v. 23.2.1946, TOP 10, u. das 49. Mag.prot. v. 9.3.1946, TOP 7.

171 Vgl. das 41. Mag.prot. v. 14.1.1946, TOP 7, u. das 49. Mag.prot. v. 9.3.1946, TOP 7 (Kraft), u. das 52. Mag.prot. v. 30.3.1946, TOP 7 (Kraft), u. das 66. Mag.prot. v. 20.7.1946, TOP 6, u. das 68. Mag.prot. v. 3.8.1946, TOP 4, u. das 80. Mag.prot. v. 22.10.1946, TOP 5 (Kraft).

172 Vgl. das 60. Mag.prot. v. 5.6.1946, TOP 5, u. das 73. Mag.prot. v. 7.9.1946, TOP 6.

173 Vgl. Teil I dieser Edition, S. 77.

und politisch umstritten waren.[174] Bei der Beschaffung von Brennholz bestand das Hauptproblem in den fehlenden Transportkapazitäten.[175]

In bezug auf das Arbeitsleben faßte der Magistrat weitere Beschlüsse zur Umschulung, gegen die „Behinderung einer geordneten Lohnpolitik" und zum Arbeitsschutz.[176] Er erließ außerdem Bestimmungen zur Ausführung von Direktiven des Alliierten Kontrollrats, mit denen dieser die Registrierung von arbeitsfähigen und arbeitslosen Personen sowie die Einführung der 48-Stunden-Arbeitswoche angeordnet hatte.[177]

Die infolge des Krieges entstandenen sozialen Probleme und Notfälle beschäftigten den Magistrat auch 1946 in vielfacher Weise. Hierbei bildete die Bekämpfung der Krankheiten weiterhin eine zentrale Aufgabe. Zwar erhöhte sich die Zahl der berufstätigen Ärzte und Apotheker, und die Infektionskrankheiten Ruhr und Typhus konnten stark eingedämmt werden, die Geschlechtskrankheiten breiteten sich allerdings 1946 weiter aus, und die Tuberkulose forderte in diesem Jahr in Berlin 7 500 Tote.[178] Der Magistrat beschloß eine Verordnung zur Kontrolle der Arzneimittelherstellung, die 1947 in Kraft trat.[179] Insgesamt spielten aber Fragen des Gesundheitswesens in den Magistratssitzungen des Jahres 1946 eine geringere Rolle als im Vorjahr. Hinsichtlich der völlig neu organisierten Sozialversicherung[180] wurden weitere Ausgestaltungsbeschlüsse gefaßt (Errichtung eines Sozialversicherungsamts, Rentenzahlung an anerkannte Opfer des Faschismus, Gleichstellung von Kriegsbeschädigten und -hinterbliebenen).[181]

Nach wie vor mußte sich die Stadtverwaltung um die Massen der Flüchtlinge, Evakuierten und Heimkehrer kümmern. Die Zahl der durch Berlin hindurchziehenden Menschen ging erheblich zurück, aber auch 1946 wurden noch Hilfeleistungen (Unterbringung, Verpflegung, ärztliche Betreuung) für etwa 300 000 solcher Flüchtlinge und Heimkehrer registriert.[182] Das seit dem 1. Oktober 1945 für Berlin bestehende prinzipielle Zuzugsverbot[183] war weiterhin in Kraft. Allerdings wurden viele Ausnahmen von diesem Verbot zugelassen, in erster Linie für zurückkehrende Berliner: Im Verlauf des Jahres 1946 meldeten sich insgesamt etwa 200 000 Evakuierte und

---

174 Vgl. das 68. Mag.prot. v. 3.8.1946, TOP 4, u. das 71. Mag.prot. v. 24.8.1946, TOP 2, u. das 72. Mag.prot. v. 31.8.1946, TOP 4, u. das 79. Mag.prot. v. 12.10.1946, TOP 3, u. das 82. Mag.prot. v. 2.11.1946, TOP 4; Berlin 1947, S. 133 f.

175 Vgl. das 37. Mag.prot. v. 17.12.1945, TOP 3, u. das 39. Mag.prot. v. 30.12.1945, TOP 3, u. das 77. Mag.prot. v. 28.9.1946, TOP 7, u. das 78. Mag.prot. v. 5.10.1946, TOP 6.

176 Vgl. das 40. Mag.prot. v. 7.1.1946, TOP 4, u. das 46. Mag.prot. v. 16.2.1946, TOP 11, u. das 68. Mag.prot. v. 3.8.1946, TOP 4, u. das 69. Mag.prot. v. 12.8.1946, TOP 3.

177 Vgl. das 43. Mag.prot. v. 26.1.1946, TOP 9, u. das 44. Mag.prot. v. 31.1.1946, TOP 2, u. das 50. Mag.prot. v. 16.3.1946, TOP 5, u. das 55. Mag.prot. v. 29.4.1946, TOP 7.

178 Vgl. hierzu: Berlin 1947, S. 16 f. u. 21 f.; Dinter, S. 611.

179 Vgl. das 63. Mag.prot. v. 29.6.1946, TOP 5.

180 Vgl. Teil I dieser Edition, S. 75.

181 Vgl. das 37. Mag.prot. v. 17.12.1945, TOP 7, u. das 69. Mag.prot. v. 12.8.1946, TOP 2, u. das 71. Mag.prot. v. 24.8.1946, TOP 2, u. das 77. Mag.prot. v. 28.9.1946, TOP 2, u. das 78. Mag.prot. v. 5.10.1946, TOP 3.

182 Die Zahlenangabe nach: Berlin 1947, S. 32.

183 Vgl. Dok. 23, Anm. 4.

entlassene Kriegsgefangene in ihrer Heimatstadt zurück.[184] Das Magistratskollegium beschäftigte sich in der zweiten Jahreshälfte wiederholt mit der Rückkehr der während des Krieges evakuierten Berliner Kinder und Mütter sowie mit den Problemen, die bei der Rückkehr und Betreuung der heimkehrenden Kriegsgefangenen auftraten.[185]

Es wurden außerdem verschiedenste Maßnahmen zur Linderung sonstiger sozialer Nöte ergriffen. Der Magistrat bewilligte zum Beispiel Mittel für die Herrichtung von Heimen für Obdachlose, Opfer des Faschismus, „gefährdete junge Mädchen", Lehrlinge, Knaben und alte Menschen.[186] Bedürftigen Bevölkerungskreisen stellte das Bewirtschaftungsamt für Bergungsgut „herrenlose" Möbel und sonstige Einrichtungsgegenstände leihweise zur Verfügung.[187] Die hohen Sozialausgaben der Stadt Berlin mußten allerdings auf Verlangen der Alliierten Kommandantur beschränkt werden.[188]

Hinsichtlich des Berliner Schulwesens setzten sich die Auseinandersetzungen um den Religionsunterricht fort, die schon seit Juni 1945 innerhalb des Magistrats sowie zwischen den Kirchen und der Schulverwaltung geführt wurden.[189] Sie verlagerten sich im Verlauf des Jahres 1946, nachdem entsprechende Rechtsbestimmungen zustande gekommen waren, von der rechtlichen Regelung des Unterrichts auf praktische Probleme seiner Einführung und Durchführung. Nach den umkämpften und von der Alliierten Kommandantur abschließend formulierten Rechtsbestimmungen war denjenigen Kindern Religionsunterricht zu erteilen, deren Eltern es verlangten; wobei der Unterricht durch von den Kirchen gestellte Geistliche oder Religionslehrer in den Schulen zu erteilen war, und zwar zwei Stunden in der Woche unmittelbar vor oder im Anschluß an den obligatorischen Unterricht.[190] Die ansonsten heftig umstrittene Schulreform[191] wurde 1946 im Magistratskollegium selbst nicht weiter diskutiert. Lediglich ein Beschluß zur Einrichtung von Aufbauklassen für besonders begabte Volksschüler kann ihr zugerechnet werden.[192]

Der große Lehrermangel sollte durch kurzfristig eingerichtete Neulehrerkurse und die Lehrerausbildung an der im November 1946 eröffneten Pädagogischen Hochschule vermindert werden.[193] Vor erhebliche organisatorische Probleme wurde

---

184 Die Zahlenangabe nach: Kü[rten]: Die Bevölkerungsentwicklung Groß-Berlins, S. 12.
185 Vgl. das 47. Mag.prot. v. 23.2.1946, TOP 6 (Siebert), u. das 72. Mag.prot. v. 31.8.1946, TOP 5, u. das 77. Mag.prot. v. 28.9.1946, TOP 7, u. das 79. Mag.prot. v. 12.10.1946, TOP 8 (insb. Anm. 135, 139 u. 140), u. das 80. Mag.prot. v. 22.10.1946, TOP 4 (insb. Anm. 29), u. das 82. Mag.prot. v. 2.11.1946, TOP 3 (insb. Anm. 36).
186 Vgl. das 40. Mag.prot. v. 7.1.1946, TOP 5, u. das 46. Mag.prot. v. 16.2.1946, TOP 5, u. das 62. Mag.prot. v. 22.6.1946, TOP 5, u. das 65. Mag.prot. v. 13.7.1946, TOP 6, u. das 79. Mag.prot. v. 12.10.1946, TOP 8.
187 Vgl. Dok. 109.
188 Vgl. das 51. Mag.prot. v. 25.3.1946, TOP 2, u. das 52. Mag.prot. v. 30.3.1946, TOP 3, u. das 56. Mag.prot. v. 4.5.1946, TOP 4; Das erste Jahr, S. 185 – 187; Berlin 1947, S. 28 f.
189 Vgl. Teil I dieser Edition, S. 73.
190 Vgl. das 43. Mag.prot. v. 26.1.1946, TOP 3, u. das 44. Mag.prot. v. 31.1.1946, TOP 1, u. das 54. Mag.prot. v. 17.4.1946, TOP 4; Dok. 68 u. 93.
191 Vgl. hierzu Dok. 116, Anm. 11.
192 Vgl. das 76. Mag.prot. v. 21.9.1946, TOP 3.
193 Vgl. das 21. Mag.prot. v. 17.9.1945, TOP 3, u. das 38. Mag.prot. v. 23.12.1945, TOP 6, u. das 42. Mag.prot. v. 19.1.1946, TOP 7, u. das 71. Mag.prot. v. 24.8.1946, TOP 2

die Schulverwaltung dadurch gestellt, daß viele Schulgebäude ganz oder teilweise von schulfremden Einrichtungen wie Krankenhäusern und Verwaltungsdienststellen belegt waren.[194] Der Magistrat behandelte mehrfach die Erholungsaktion „Ferienfreude für die Berliner Kinder"[195] und auch eine Reihe weiterer Schulfragen[196]. Die am 19. November 1945 eingeführte Schulspeisung[197] erfuhr 1946 verschiedene Veränderungen, und die Zahl der an ihr teilnehmenden Schulkinder war großen Schwankungen unterworfen, bevor sie Mitte 1947 auf Befehl der Alliierten Kommandantur auf fast alle Berliner Schüler ausgedehnt wurde.[198]

Die Entnazifizierung der Stadtverwaltung im Sinne der Entlassung nationalsozialistischer Angestellter war auf Initiative des Magistrats und nach einem mündlichen Befehl Marschall Shukows größtenteils bereits im Juni/Juli 1945 durchgeführt worden.[199] Die Bemühungen des Magistrats, rechtliche Verfahrensregeln für die mögliche Entlastung nomineller NSDAP-Mitglieder zu schaffen, erübrigten sich, als entsprechende Regelungen von alliierter Seite erlassen wurden: Auf der Grundlage der Direktive Nr. 24 des Alliierten Kontrollrats vom 12. Januar 1946 erließ die Alliierte Kommandantur ihre BK/O (46) 101a und BK/O (46) 102 vom 26. Februar 1946, mit denen das Entnazifizierungsverfahren in der Berliner Stadtverwaltung und Wirtschaft grundlegend geregelt wurde.[200] Die BK/O (46) 101a enthielt genaue Vorschriften darüber, aufgrund welcher Funktionen oder Handlungen in der Zeit des nationalsozialistischen Regimes Personen zu entlassen waren, und mit der BK/O (46) 102 wurde das Verfahren der Berufung gegen solche Entlassungen vor den hierfür zu errichtenden Entnazifizierungskommissionen festgelegt. Da die eigentliche personelle „Bereinigung" der Stadtverwaltung bereits stattgefunden hatte (ca. 30 000 Entlassungen bis Ende 1945), wurde aufgrund der BK/O (46) 101a nur noch die vergleichsweise niedrige Zahl von etwa 1 000 Personen entlassen.[201]

Die Frage der Behandlung der Denkmäler in Berlin wurde vom Magistrat des öfteren beraten.[202] Er faßte hierzu am 18. Mai 1946 auch einen Beschluß, der die

---

u. 3, u. das 79. Mag.prot. v. 12.10.1946, TOP 2, u. das 80. Mag.prot. v. 22.10.1946, TOP 4.

194 Vgl. das 56. Mag.prot. v. 4.5.1946, TOP 5, u. das 57. Mag.prot. v. 13.5.1946, TOP 5, u. das 58. Mag.prot. v. 18.5.1946, TOP 3, u. das 84. Mag.prot. v. 16.11.1946, TOP 5.

195 Vgl. das 59. Mag.prot. v. 29.5.1946, TOP 8, u. das 61. Mag.prot. v. 15.6.1946, TOP 6, u. das 66. Mag.prot. v. 20.7.1946, TOP 5, u. das 72. Mag.prot. v. 31.8.1946, TOP 7 (Kraft).

196 Vgl. das 49. Mag.prot. v. 9.3.1946, TOP 4, u. das 56. Mag.prot. v. 4.5.1946, TOP 4, u. das 59. Mag.prot. v. 29.5.1946, TOP 3, u. das 62. Mag.prot. v. 22.6.1946, TOP 3, u. das 78. Mag.prot. v. 5.10.1946, TOP 5.

197 Vgl. Teil I dieser Edition, S. 74.

198 Vgl. das 40. Mag.prot. v. 7.1.1946, TOP 8, u. das 42. Mag.prot. v. 19.1.1946, TOP 11, u. das 56. Mag.prot. v. 4.5.1946, TOP 4 (Haas) u. 5, u. das 78. Mag.prot. v. 5.10.1946, TOP 2; Das erste Jahr, S. 146 f.; Berlin 1947, S. 60 u. 71.

199 Vgl. Teil I dieser Edition, S. 73.

200 Vgl. das 47. Mag.prot. v. 23.2.1946, TOP 9, u. das 50. Mag.prot. v. 16.3.1946, TOP 2 (insb. Anm. 18 u. 29).

201 Die Zahlenangaben nach einem Bericht von Martin Schmidt v. 12.9.1947, in: LAB(STA), Rep. 102, Nr. 29, Bl. 129 f.

202 Vgl. das 28. Mag.prot. v. 30.10.1945, TOP 7, u. das 29. Mag.prot. v. 5.11.1945, TOP 7, u. das 46. Mag.prot. v. 16.2.1946, TOP 12, u. das 47. Mag.prot. v. 23.2.1946, TOP 5, u.

Vernichtung „nazistischer" und „militaristischer" Denkmäler bzw. die Abtragung und museale Magazinierung „militaristischer", aber künstlerisch wertvoller Denkmäler vorsah. Da aber die Bestimmungen der Direktive Nr. 30 des Alliierten Kontrollrats vom 13. Mai 1946 zur „Beseitigung deutscher Denkmäler und Museen militärischen und nationalsozialistischen Charakters"[203] in diesem Magistratsbeschluß nicht berücksichtigt waren, sollte er dem Magistrat noch einmal in entsprechend überarbeiteter Fassung vorgelegt werden – wozu es nicht mehr gekommen ist.

Der Magistrat diskutierte auch Fragen, die die Kirchen betrafen. In der Frage der Erhebung einer Kirchensteuer in Berlin erklärte er sich allerdings für unzuständig.[204] Nach einer Grundsatzdiskussion über das Verhältnis zwischen Stadtverwaltung und Kirchen bzw. Religionsgemeinschaften sprach er sich dafür aus, solche Religionsgemeinschaften einer Registrierungspflicht zu unterwerfen.[205] Weitere kirchliche Themen betrafen die Durchführung einer Sammlung für Wohlfahrtseinrichtungen und die Staatszuschüsse an die Evangelische Kirche.[206]

Eine allgemeine verfassungsrechtliche Grundlage erhielt Berlin nach dem Ende des Krieges erst wieder mit der Vorläufigen Verfassung von Groß-Berlin vom 13. August 1946, für die der Magistrat der Alliierten Kommandantur zwei Entwürfe geliefert hatte.[207] Die Vorläufige Verfassung trat am 20. Oktober 1946 in Kraft, dem Tag der ersten Berliner Nachkriegswahlen. Die aufwendige Vorbereitung der Wahlen, die zur Ablösung des ersten Nachkriegsmagistrats führten, beschäftigte diesen in zahlreichen Sitzungen.[208] Er mußte sich außerdem um die Vorbereitung der konstituierenden Sitzung der neugewählten Stadtverordnetenversammlung kümmern, die am 26. November 1946 im großen Sitzungssaal des Neuen Stadthauses stattfand.[209]

Außer auf den im vorigen genannten Tätigkeitsfeldern traf der Magistrat noch zahlreiche weitere Entscheidungen, unter anderem eine ganze Reihe von Personalentscheidungen. Insgesamt sind in seinen Sitzungsprotokollen aus dem Jahr 1946 etwa 470 formelle Magistratsbeschlüsse verzeichnet.

Die Ablösung des Magistrats

Der erste Nachkriegsmagistrat, dessen offizielle Eigenbezeichnung entsprechend der Vorläufigen Verfassung ab 1. November 1946 „Magistrat von Groß-Berlin" lautete,[210] faßte am 16. November 1946 den Beschluß, durch eine Rückfrage bei

das 49. Mag.prot. v. 9.3.1946, TOP 7, u. das 58. Mag.prot. v. 18.5.1946, TOP 3, u. das 59. Mag.prot. v. 29.5.1946, TOP 8 (Winzer u. Beschluß); Dok. 73 u. 81.
203 Vgl. hierzu Dok. 86, Anm. 88.
204 Vgl. das 51. Mag.prot. v. 25.3.1946, TOP 4.
205 Vgl. das 84. Mag.prot. v. 16.11.1946, TOP 5.
206 Vgl. das 66. Mag.prot. v. 20.7.1946, TOP 6, u. das 85. Mag.prot. v. 23.11.1946, TOP 3.
207 Vgl. zur Entstehung der Vorläufigen Verfassung: Anm. 41 zu dieser historischen Einleitung.
208 Vgl. zu den Wahlvorbereitungen: Anm. 45 u. 46 zu dieser historischen Einleitung.
209 Vgl. das 78. Mag.prot. v. 5.10.1946, TOP 6 (Pieck), u. das 81. Mag.prot. v. 26.10.1946, TOP 3, u. das 82. Mag.prot. v. 2.11.1946, TOP 2, u. das 84. Mag.prot. v. 16.11.1946, TOP 2, u. das 85. Mag.prot. v. 23.11.1946, TOP 3.
210 Vgl. das 78. Mag.prot. v. 5.10.1946, TOP 6 (insb. Anm. 51 u. 52).

der Alliierten Kommandantur zu klären, ob sie es für erforderlich hielt, den Amtsantritt des neuen Magistrats und das Abtreten des alten Magistrats ausdrücklich
zu genehmigen.[211] Eine diesbezügliche schriftliche Anfrage vom 19. November ist
der Alliierten Kommandantur aber nicht zugesandt worden.[212] Am 24. November
berichtete Oberbürgermeister Werner in einer Sitzung des vorläufigen Ältestenaus-
schusses der zukünftigen Stadtverordnetenversammlung, daß ihm der sowjetische
Verbindungsoffizier Uspenski im Auftrag des sowjetischen Stadtkommandanten
Kotikow mitgeteilt habe, die von der Stadtverordnetenversammlung zu wählenden
Magistratsmitglieder könnten ihre Amtsgeschäfte erst nach Bestätigung durch die
Alliierte Kommandantur übernehmen.[213] Die SED erklärte sich mit einem solchen
Vorgehen unter Hinweis auf Artikel 36 der Vorläufigen Verfassung einverstanden.[214]
Die drei anderen Parteien lehnten es dagegen ab, weil es *nicht* in Übereinstimmung
mit der Vorläufigen Verfassung stehe. Die SPD erklärte, „daß dies eine unzulässige
Einschränkung der Selbstverwaltung bedeutet".[215] Der sowjetische Verbindungs-
offizier machte dem Oberbürgermeister noch weitere Verfahrensmitteilungen zur
Bildung des neuen Magistrats. Die Mitteilungen von sowjetischer Seite führten sogleich zu intensiven Auseinandersetzungen innerhalb der Alliierten Kommandantur
zwischen den Vertretern der westlichen Besatzungsmächte auf der einen Seite und
den sowjetischen Vertretern auf der anderen Seite.[216]

Die aus den Wahlen am 20. Oktober 1946 hervorgegangene Stadtverordnetenversammlung konstituierte sich am 26. November und beschloß zwei Tage später
die Geschäftsverteilung für den neuen Magistrat, die einige Unterschiede gegenüber

---

211 Vgl. das 84. Mag.prot. v. 16.11.1946, TOP 2. Zwei Wochen später kam es im Magistrat
erneut zu einer Aussprache über diese Problematik; vgl. das 86. Mag.prot. v. 30.11.1946,
TOP 2.
212 Vgl. Dok. 125, Anm. 10.
213 Dies geht aus einer Aktennotiz von Otto Suhr, Generalsekretär des Landesverbands
Groß-Berlin der SPD, v. 25.11.1946 hervor. Die Notiz ist vorhanden in: LAB, Rep. 280,
Nr. 5290; abgedruckt in: Berlin. Quellen und Dokumente, 2. Halbbd., S. 1150.
214 Die hierfür relevanten Formulierungen des Artikels 36 der Vorläufigen Verfassung lauten:
„Alle gesetzlichen Bestimmungen, welche von der Stadtverordnetenversammlung [...]
angenommen [...] werden, müssen im Einklang mit den Gesetzen und Anordnungen der
Alliierten Mächte in Deutschland und der Alliierten Kommandatura Berlin stehen und
von der letzteren genehmigt werden. Verfassungsänderungen, Rücktritt des Magistrats
oder eines seiner Mitglieder sowie Ernennung und Entlassung leitender Personen der
Stadtverwaltung können nur mit Genehmigung der Alliierten Kommandatura Berlin
vorgenommen werden." Siehe: VOBl., Jg. 2 (1946), S. 300; Berlin. Quellen und
Dokumente, 1. Halbbd., S. 1111; Die Entstehung der Verfassung von Berlin, Bd. I,
S. 333 f.
215 Vgl. das Prot. der Vorstandssitzung des Landesverbands Groß-Berlin der SPD am
25.11.1946, TOP 3, in: Franz-Neumann-Archiv, Ordner „SPD Berlin. Landesvorstand –
Protokolle 1946 – 1949".
216 Vgl. das 32. Prot. der AK v. 26.11.1946, TOP 286, in: LAB, Rep. 37, Acc. 3971, Nr. 216;
BK/R (46) 411 v. 28.11.1946, in: LAB, Rep. 37: OMGBS, BICO LIB, 11/148-2/9; das
51. Prot. der stellv. Stadtkommandanten v. 29.11.1946, TOP 624, u. das 52. Prot. der
stellv. Stadtkommandanten v. 3.12.1946, TOP 641, in: LAB, Rep. 37, Acc. 3971, Nr. 222;
das 33. Prot. der AK v. 6.12.1946, TOP 296, in: LAB, Rep. 37, Acc. 3971, Nr. 216; BK/R
(46) 421 v. 9.12.1946, in: LAB, Rep. 37: OMGBS, BICO LIB, 11/148-2/9; das 34. Prot.
der AK v. 10.12.1946, TOP 298, in: LAB, Rep. 37, Acc. 3971, Nr. 216.

der Ressorteinteilung des bisherigen Magistrats aufwies.[217] In ihrer dritten Sitzung am 5. Dezember fand dann die Wahl und Vereidigung des neuen Magistrats statt.[218] Dieser stellte eine Allparteienkoalition dar, denn in Artikel 3 Absatz 2 der Vorläufigen Verfassung war bestimmt, daß „Vertreter aller anerkannten politischen Parteien" in ihn aufzunehmen waren, „sofern es die betreffenden Parteien verlangen".[219] Die parteipolitische Zusammensetzung des gewählten zweiten Nachkriegsmagistrats entsprach den politischen Kräfteverhältnissen in der Stadtverordnetenversammlung und unterschied sich daher grundlegend von derjenigen des ersten Nachkriegsmagistrats, der sich am Ende seiner Amtszeit aus zehn SED-Mitgliedern, nur je einem Mitglied der drei anderen Parteien und fünf Parteilosen zusammensetzte.[220] Zum neuen Oberbürgermeister wurde der Sozialdemokrat Dr. Otto Ostrowski gewählt, Fachmann für Kommunalpolitik und bisher Bezirksbürgermeister von Wilmersdorf.[221] Die nach der Vorläufigen Verfassung vorgesehenen drei Bürgermeister wurden von der CDU (Dr. Ferdinand Friedensburg), der SED (Dr. Heinrich Acker) und der SPD (Louise Schroeder) gestellt, und von den insgesamt 14 neugewählten Stadträten gehörten sieben der SPD an, drei der CDU, zwei der SED und zwei der LDP. Der zweite Nachkriegsmagistrat setzte sich somit nach dem Stand vom 5. Dezember 1946 aus neun SPD-Mitgliedern, vier CDU-Mitgliedern, drei SED-Mitgliedern und zwei LDP-Mitgliedern zusammen.[222]

Am Morgen des 6. Dezember erschienen die am Vortag gewählten Magistratsmitglieder im Neuen Stadthaus, um die Amtsgeschäfte zu übernehmen und eine Sitzung abzuhalten. Da sich aber die bisherigen Magistratsmitglieder weigerten, ihre Dienstzimmer zu räumen oder Auskünfte zu erteilen, entstand „eine unklare Situation zwischen dem noch bestehenden alten und dem noch nicht bestätigten neuen Magistrat".[223] Der neue Oberbürgermeister Ostrowski, der mit dem bisherigen Oberbürgermeister Werner die Übergabe der Amtsgeschäfte regeln wollte, wurde hieran von Maron gehindert, der Werner an die für 10 Uhr angesetzte Sitzung des alten Magistrats erinnerte. Maron und Ostrowski haben diesen Vorfall drei Tage später in der Stadtverordnetenversammlung geschildert. Maron sagte: „Wir hätten es für angebracht erachtet, wenn nach der Neuwahl des Magistrats der neue Magistrat sofort versucht hätte, auf freundschaftliche Art und Weise die Dinge zu klären und für

---

217 Vgl.: StVV, I. Wahlperiode, Stenographische Berichte über die 1. (Ordentliche) Sitzung am 26.11.1946 u. die 2. (Ordentliche) Sitzung am 28.11.1946.

218 Vgl.: StVV, I. Wahlperiode, Stenographischer Bericht über die 3. (Ordentliche) Sitzung am 5.12.1946, S. 7 – 33 u. 35.

219 Siehe: VOBl., Jg. 2 (1946), S. 295; Berlin. Quellen und Dokumente, 1. Halbbd., S. 1102; Die Entstehung der Verfassung von Berlin, Bd. I, S. 322.

220 Vgl. die personelle Übersicht der Magistratsmitglieder im Teil I dieser Edition, S. 767 f.

221 Vgl.: Wolfgang Ribbe: Otto Ostrowski, in: Stadtoberhäupter. Biographien Berliner Bürgermeister im 19. und 20. Jahrhundert, hrsg. von Wolfgang Ribbe, Berlin 1992 (Berlinische Lebensbilder, Bd. 7), S. 357 – 371.

222 Vgl. auch: BK/R (46) 421 v. 9.12.1946, in: LAB, Rep. 37: OMGBS, BICO LIB, 11/148-2/9.

223 Vgl.: Neuer Magistrat kam zu früh, in: Berliner Zeitung, 7.12.1946, [S. 2] (hier die zit. Stelle); Der alte und der neue Magistrat. Eine Verwaltungsgroteske, in: Neue Zeit, 7.12.1946, S. 1; Komplizierte Geschäftsübergabe, in: Der Morgen, 7.12.1946, [S. 5]; Zwei Magistrate hielten Sitzungen ab, in: Der Kurier, 7.12.1946, S. 7; Hat Berlin zwei Oberbürgermeister?, in: Telegraf, 7.12.1946, S. 1.

den nächsten Morgen eine gemeinsame Sitzung einzuberufen oder irgendwie anders an uns heranzutreten. Das hätte die Dinge wahrscheinlich, obwohl die Entscheidung der Alliierten Kommandantur abzuwarten ist, vorangetrieben. Es trat aber folgendes ein: Am Freitag früh 10 Uhr – noch etwas früher – erschien der neugewählte Herr Oberbürgermeister Dr. Ostrowski im Stadthaus, ohne sich vorher irgendwie telefonisch mit dem alten Oberbürgermeister, dem bisherigen Oberbürgermeister in Verbindung gesetzt zu haben, und versuchte, sein Amtszimmer, das noch verschlossen war – Herr Dr. Werner war nicht anwesend – , zu betreten. Da es verschlossen war, wurde ein Hausmeister geholt, und das Zimmer wurde geöffnet. (Zurufe von der SED: Hört! Hört! Das sind Methoden!) Herr Oberbürgermeister Ostrowski versuchte zwangsweise sein Zimmer in Besitz zu nehmen. (Zurufe von der SPD.) – Entschuldigen Sie schon! Es mag die Angelegenheit des Herrn Oberbürgermeister Dr. Ostrowski sein, wenn er es für richtig zu halten glaubt, daß die primitivste Regel des Anstandes nicht beachtet wird. Er soll selbst entscheiden, ob das der neue Stil der Leitung der Stadtverwaltung ist. [...] Ich möchte zum Schluß noch einmal ausdrücklich erklären, daß der alte Magistrat wünscht, so schnell, als es nur möglich ist, von seinen Amtsgeschäften entbunden zu werden und seine Arbeit dem neuen Magistrat übergeben zu können. Die Frage steht aber hier nicht, ob er kann, ob er will, sondern ob er darf."[224]

Ostrowski entgegnete Maron: „Nur einige Worte zur Richtigstellung! Der neue Magistrat hatte am Donnerstag abend keine Möglichkeit, sich mit den Kollegen des alten Magistrats zu verständigen. Der alte Magistrat hatte bekanntlich das Feld geräumt. Infolgedessen habe ich mich auf Grund der Verpflichtung und der Insamtsetzung, die am Donnerstag abend stattgefunden hatte, am nächsten Morgen im Vorzimmer des Oberbürgermeisters eingefunden in der Absicht, mit ihm in ganz freundlicher Form die Amtsübernahme zu verabreden. Tatsache ist, daß niemand da war mit Ausnahme der Vorzimmerdame. [...] Ich hatte also die Wahl, entweder draußen im Vorzimmer zu stehen und ad infinitum zu warten, oder ich hatte den Hausmeister zu bitten: Schließen Sie das Zimmer auf, ich möchte dann in diesem Raum würdig, wie es angebracht ist, auf den Herrn Vorgänger warten. In dem Augenblick, als dieses Amtszimmer von dem Hausmeister aufgeschlossen wurde, erschien Herr Dr. Werner von der Flurseite mit seinem Passepartout und öffnete die Tür zu diesem Zimmer, so daß wir uns im Amtsraum trafen und uns sehr freundschaftlich begrüßten. (Hört! Hört!) Meine Auffassung von der Amtsübernahme wurde von Herrn Dr. Werner vollauf geteilt. Er hatte seine Koffer bereits mitgebracht und machte sich sofort an das Auskramen von Akten und Papieren aus seinem Tisch. Ich selbst saß bei dieser Tätigkeit ganz zwanglos auf einer Stuhllehne, und wir unterhielten uns in der freundschaftlichsten Weise. Herr Oberbürgermeister Dr. Werner wollte mir sogar das Dienstsiegel übergeben, und ich sagte ihm dann: Ich kann es im Augenblick nicht unterbringen; lassen Sie es da verwahrt sein, wo Sie es gegenwärtig haben! Herr Oberbürgermeister Dr. Werner bat mich dann, bis heute noch eine Reihe von Besuchen zu goldenen Hochzeiten und Geburtstagsfeiern wahrzunehmen, und sagte: Ich werde mich dort nicht als Oberbürgermeister gerieren, sondern erklären, daß ich Herr Oberbürgermeister a. D. bin. Selbstverständlich konzedierte ich ihm, daß er das noch in der ihm genehmen Form abwickeln

---

224 StVV, I. Wahlperiode, Stenographischer Bericht über die 4. (Außerordentliche) Sitzung
    am 9.12.1946, S. 13 f. (die zit. Textpassagen im Original nach Absätzen gegliedert).

könnte. Als wir uns so, ich möchte sagen, in geradezu herzlichem Beieinander aussprachen, trat Herr Maron in das Dienstzimmer. (Hört! Hört! bei der SPD, Lachen und Zurufe.) Herr Maron bat den Oberbürgermeister, an der Magistratssitzung, die anberaumt war, teilzunehmen. Ich erlaubte mir einfließen zu lassen, daß es eigentlich keine Sitzung des alten Magistrats mehr gibt, daß ich aber sehr wohl einverstanden wäre, wenn die Herren sich zu einem zwanglosen Beisammensein finden, um die letzten Absprechungen zu regeln. (Stadtv[erordneter] Maron: Herr Dr. Ostrowski, Sie haben die Magistratssitzung ausdrücklich verboten, haben erklärt: sie darf nicht stattfinden!) – Das war meine Auffassung. (Stadtv[erordneter] Maron: Das ist kein Einfließenlassen!) – Ich habe gesagt: sie darf nach meiner Auffassung nicht stattfinden. Sie bestätigten das, indem Sie erklärten: Hier steht Auffassung gegen Auffassung. Dann habe ich gesagt: Nun gut, dann bleibt es bei diesem Standpunkt Auffassung gegen Auffassung, und wir verabschiedeten uns voneinander. Es kann also gar keine Frage sein, daß ich in ungezogener und unangemessener Weise ins Amtszimmer eingedrungen wäre. (Sehr gut! bei der SPD). Es kann auch keine Frage sein, daß ich in unangemessener Weise die Übergabe der Amtsgeschäfte betrieben hätte. [...] Ich hatte persönlich den Eindruck, daß die Übergabe der Geschäfte erfolgen sollte."[225]

Der neue Magistrat hat zwar am selben Tag, dem 6. Dezember, noch eine längere Besprechung durchgeführt,[226] seine Amtsgeschäfte konnte er aber an diesem Tag nicht aufnehmen. Am nächsten Morgen erschien Ostrowski erneut im Neuen Stadthaus, „anscheinend um die Geschäfte des Oberbürgermeisters zu übernehmen" (so eine ADN-Meldung)[227] bzw. um „sich in seinem künftigen Dienstbereich zu informieren" (so die SPD-nahe Zeitung „Telegraf")[228]. Er wurde jedoch von Werner aus dem Büro des Generalsekretariats gewiesen. Hinsichtlich dieser zweiten Auseinandersetzung hat Ostrowski in der Stadtverordnetenversammlung keine näheren Ausführungen gemacht. Er äußerte dort aber, bezogen auf diesen Vorgang, seine „Überzeugung", „daß Herr Dr. Werner in der Form, wie er nun am Sonnabend noch als Oberbürgermeister reagiert hat, nicht aus eigenem Antrieb gehandelt haben kann. (Zuruf von der SED.) – Ich habe gesagt: Das ist eine Annahme von mir. Ich kann mir nicht denken, daß ein Mann, der einen Tag vorher in der herzlichsten Weise

---

225 A.a.O., S. 15 f. (die zit. Textpassagen im Original nach Absätzen gegliedert). Von Werner ist der Zusammenstoß zwischen Maron und Ostrowski später so dargestellt worden, daß er es, aufgehalten durch Ostrowski, versäumt habe, „zu einer um zehn Uhr angesetzten Magistratssitzung zu erscheinen. Ich wurde daher von meinem ersten Stellvertreter, dem Bürgermeister Maron, daran erinnert. Darauf erklärte Dr. Ostrowski: ‚Ich verbiete Ihnen, eine Magistratssitzung abzuhalten.' Schroff erwiderte ihm Maron: ‚Genosse Ostrowski, Sie haben uns gar nichts zu verbieten.' Ich bat Dr. Ostrowski, mein Zimmer zu verlassen, da ich nicht gestatten könnte, daß bei den herumliegenden Sachen jemand in meinem Zimmer zurückblieb. Dr. Ostrowski verließ daraufhin das Neue Stadthaus." Siehe: LAB, NL Werner, Rep. 200, Acc. 4379, Nr. 20/7, S. 1051 f. (handschriftliche Aufzeichnung vom Beginn der fünfziger Jahre).

226 Vgl.: SPD-Diktatur über den neuen Magistrat, in: Vorwärts, 9.12.1946, S. 1.

227 Siehe: Dr. Ostrowski kam zu früh, in: Berliner Zeitung, 8.12.1946, [S. 2]. Vgl. auch: Dr. Ostrowski aus dem Rathaus gewiesen, in: Neue Zeit, 8.12.1946, S. 1; Dr. Werner verweigert die Amtsübergabe, in: Der Morgen, 8.12.1946, S. 1.

228 Siehe: Unmöglich!, in: Telegraf, 8.12.1946, S. 3.

mit mir verkehrt, nun einen Tag darauf in dieser kaum verständlichen Form mit mir umspringt."[229]

Den Auseinandersetzungen um die Amtsübernahme des neuen Magistrats lagen unterschiedliche Rechtsauffassungen zugrunde. Der alte Magistrat sah eine Anweisung der Alliierten Kommandantur zur Amtsübergabe als notwendig an, weil er nicht gewählt, sondern von der Alliierten Kommandantur eingesetzt worden sei und weil Artikel 36 der Vorläufigen Verfassung die Genehmigung der Alliierten Kommandantur für den Rücktritt des Magistrats vorschreibe[230]. Er beschloß daher in seiner letzten Sitzung am 6. Dezember einen Antrag, in dem er die Alliierte Kommandantur ersuchte, „seinen Rücktritt zu genehmigen und die Erlaubnis zur Übergabe der Amtsgeschäfte an den neugewählten Magistrat sobald als möglich zu erteilen".[231] Der neue Magistrat bekräftigte dagegen in seinem ersten formellen Beschluß vom 9. Dezember, dem auch die drei Magistratsmitglieder der SED zustimmten, seine Auffassung, daß er durch die am 5. Dezember erfolgte „Wahl und Vereidigung in sein Amt eingesetzt" worden sei.[232] Die Stadtverordnetenversammlung bestätigte diese Auffassung am Abend des 9. Dezember (*gegen* die Stimmen der SED-Fraktion).[233] Der SPD-Stadtverordnete Curt Swolinzky führte hierbei zur rechtlichen Begründung den Artikel 34 der Vorläufigen Verfassung an. Nach diesem Artikel übten die „beim Inkrafttreten dieser Verfassung bestellten oder zugelassenen Organe der Stadtgemeinde Groß-Berlin [...] als Organe von Groß-Berlin die verfassungsmäßigen Befugnisse bis zur Bestellung der Neuorgane aus"[234], und der neue Magistrat, so Swolinzky, sei eben mit seiner Vereidigung „bestellt" worden[235]. Was den Artikel 36 der Vorläufigen Verfassung betraf, auf den sich der alte Magistrat berief, so war dessen Anwendbarkeit auf die aktuelle Situation juristisch umstritten, sowohl zwischen den Alliierten als auch zwischen den deutschen Parteien. Auf deutscher Seite wurde außerhalb der SED vielfach argumentiert, daß die in diesem Artikel geforderte Rücktrittsgenehmigung durch die Alliierte Kommandantur sich sinngemäß nur auf den gewählten Magistrat und die *zukünftige* staatsrechtliche Entwicklung beziehen könne, nicht aber auf den bisherigen Magistrat.[236]

---

229 StVV, I. Wahlperiode, Stenographischer Bericht über die 4. (Außerordentliche) Sitzung am 9.12.1946, S. 16 f. (die zit. Textpassagen im Original nach Absätzen gegliedert).

230 Vgl. zu den in dieser Hinsicht relevanten Bestimmungen des Artikels 36: Anm. 214 zu dieser historischen Einleitung.

231 Vgl. das 87. Mag.prot. v. 6.12.1946. Das entsprechende Antragsschreiben an die AK v. 6.12.1946 ist als Durchschrift vorhanden in: LAB(STA), Rep. 101, Nr. 75. Es wurde veröffentlicht in: Berliner Zeitung, 7.12.1946, [S. 2]; Der Sozialdemokrat, 7.12.1946, S. 2.

232 Der Beschluß ist vorhanden in: LAB(STA), Rep. 100, Nr. 785, Bl. 3 u. 4.

233 Vgl.: StVV, I. Wahlperiode, Stenographischer Bericht über die 4. (Außerordentliche) Sitzung am 9.12.1946, S. 5 – 22.

234 Siehe: VOBl., Jg. 2 (1946), S. 300; Berlin. Quellen und Dokumente, 1. Halbbd., S. 1110; Die Entstehung der Verfassung von Berlin, Bd. I, S. 333.

235 Vgl.: StVV, I. Wahlperiode, Stenographischer Bericht über die 4. (Außerordentliche) Sitzung am 9.12.1946, S. 8.

236 Vgl.: Ein schmählicher Abgang, in: Der Sozialdemokrat, 7.12.1946, S. 2; Hat Berlin zwei Oberbürgermeister?, in: Telegraf, 7.12.1946, S. 1; Berlins Verfassung in der Probe, in: Der Tagesspiegel, 10.12.1946, [S. 5]; StVV, I. Wahlperiode, Stenographischer Bericht über die 4. (Außerordentliche) Sitzung am 9.12.1946, S. 9 (Kurt Landsberg, Fraktionsvorsitzender der CDU.)

Am 10. Dezember 1946 wurden die in der Alliierten Kommandantur seit dem 26. November geführten kontroversen Beratungen[237] zur Amtsaufnahme des neuen Magistrats abgeschlossen, indem sich die Stadtkommandanten auf den Text der BK/O (46) 438 einigten. Mit dieser BK/O entsprach die Alliierte Kommandantur dem Antrag des alten Magistrats vom 6. Dezember: Sie genehmigte seinen Rücktritt („mit Rücksicht darauf, daß der alte Magistrat von den Besetzungsmächten [sic!] ernannt wurde") und erteilte dem neuen Magistrat, dem der alte Magistrat seine Geschäfte und Obliegenheiten unverzüglich zu übertragen hatte, ihre prinzipielle Zustimmung (mit Vorbehalten hinsichtlich einiger Stadträte).[238] Die westlichen Alliierten hatten sich zunächst entschieden *gegen* solche Genehmigungen ausgesprochen. Die sowjetische Seite hatte aber hierauf bestanden, so daß die Vertreter der westlichen Alliierten, die an einem raschen Amtsbeginn des gewählten Magistrats interessiert waren, der unnachgiebigen sowjetischen Position schließlich unter Hinweis auf den rein „technischen" Charakter der Streitfrage zustimmten. Außerdem wollten sie es vermeiden, Meinungsverschiedenheiten zwischen den Besatzungsmächten nach außen hin bekannt werden zu lassen.

Die BK/O (46) 438 vom 10. Dezember wurde dem bisherigen Magistrat am frühen Nachmittag des 11. Dezember mitgeteilt, und „ohne jede weitere Reibung"[239] übernahm anschließend der neue Magistrat seine Amtsgeschäfte: „Nach den Spannungen der letzten Tage vollzog sich die Amtsübernahme durch den neuen Magistrat am Mittwoch in durchaus würdiger Form. Dr. Werner hatte schon am Vormittag in seinem Dienstzimmer eine Besprechung mit dem neuen Oberbürgermeister, bei der die Übergabe vorbereitet wurde. Als dann der Befehl der Alliierten Kommandantur in den ersten Nachmittagsstunden eintraf, fand die formelle Übergabe statt, und Oberbürgermeister Dr. Ostrowski bezog nun seine Diensträume. Auch in den übrigen Magistratsämtern wurde die Übergabe eingeleitet. Hier wird sie sich allerdings noch über mehrere Tage erstrecken, da mit dem Amt auch die Geschäfte und die laufenden Arbeiten übergeben werden müssen."[240] Vorbereitende

---

237 Vgl. hierzu die Quellenangaben in Anm. 216 zu dieser historischen Einleitung.

238 Vgl. Dok. 128, Anm. 9.

239 So Ostrowski am folgenden Tag in der Stadtverordnetenversammlung; vgl.: StVV, I. Wahlperiode, Stenographischer Bericht über die 5. (Ordentliche) Sitzung am 12.12. 1946, S. 4.

240 Diese Schilderung in: Freie Bahn für den neuen Magistrat, in: Neue Zeit, 12.12.1946, S. 5. In einer anderen Zeitung hieß es: „Die offizielle Übergabe der Magistratsgeschäfte ist nun erfolgt. Gestern, 14.45 Uhr, übernahm Dr. Ostrowski das Stadtsiegel. Er wird es statt goldener Amtskette als Zeichen seiner Würde führen. Denn die Kette der einstigen Oberbürgermeister von Berlin bleibt nach wie vor verschwunden. Übrigens, Dr. Werner war auch verschwunden, als es gestern zur Übergabe kam. Er hatte um 12 Uhr das Haus verlassen und ward nicht mehr gesehen. Dafür mußte der Generalsekretär ihn vertreten." Siehe: Berlin diskutiert, in: Der Abend, 12.12.1946, [S. 2] (die zit. Textpassagen im Original nach Absätzen gegliedert). Vgl. auch: LAB, NL Werner, Rep. 200, Acc. 4379, Nr. 20/7, S. 1057, u. Nr. 42, S. 100; SAPMO-BArch, ZPA, NL 130/81, Bl. 147; Heute Übergabe der Stadtämter, in: Der Abend, 11.12.1946, [S. 1]; Neuer Magistrat im Amt, in: Berliner Zeitung, 12.12.1946, [S. 1]; Übernahme der Ämter, in: Der Sozialdemokrat, 12.12.1946, S. 1; Berlins neuer Magistrat. Amtsgeschäfte wurden übernommen, in: Telegraf, 12.12.1946, S. 1.

Gespräche zur Amtsübergabe waren zwischen den alten und neuen Leitern der Magistratsabteilungen zum Teil schon seit dem 6. Dezember geführt worden.[241]

Aus der vorigen Darstellung geht hervor, daß vom 5. bis 11. Dezember 1946 zwei Berliner Magistrate existierten: der geschäftsführende, von der sowjetischen Besatzungsmacht am 13. Mai 1945 eingesetzte, von der Alliierten Kommandantur am 11. Juli 1945 bestätigte und auf seine Abberufung durch die Alliierte Kommandantur wartende erste Nachkriegsmagistrat und der von der Stadtverordnetenversammlung am Abend des 5. Dezember 1946 gewählte, von der Alliierten Kommandantur aber erst fünf Tage später bestätigte zweite Nachkriegsmagistrat. Da die oberste politische Macht und Rechtsgewalt in Berlin von der Alliierten Kommandantur ausgeübt wurde, hatte die BK/O (46) 438 vom 10. Dezember 1946 eine höhere Rechtskraft als der von der Stadtverordnetenversammlung vollzogene Akt der Magistratswahl am 5. Dezember 1946. Die Ablösung des ersten Nachkriegsmagistrats durch den gewählten Magistrat ist daher, formalrechtlich gesehen, auf den frühen Nachmittag des 11. Dezember 1946 zu datieren, als die BK/O im Neuen Stadthaus übergeben wurde. Andererseits hatten die Alliierten der Berliner Bevölkerung mit der Vorläufigen Verfassung und den Wahlen vom Oktober 1946 im Rahmen ihrer Oberhoheit eine weitgehende Selbstverwaltung gewährt, und es widersprach dem Prinzip der Selbstverwaltung, wenn der als mittelbares Ergebnis der Wahlen demokratisch zustande gekommene neue Magistrat erst der Bestätigung der Alliierten Kommandantur bedurfte, um seine Tätigkeit aufnehmen zu können. In genau diesem Sinne hatten auch die Vertreter der westlichen Alliierten bei der internen Kontroverse über diese Frage in der Alliierten Kommandantur argumentiert, bevor sie dann doch der sowjetischen Auffassung folgten, wie sie in der BK/O (46) 438 ihren Niederschlag fand. Der alte Magistrat befand sich also offiziell bis zum 11. Dezember 1946 im Amt, während sein gewähltes Nachfolgegremium bis zu diesem Tag lediglich ein Magistrat im Wartestand war.[242]

Es unterliegt keinem Zweifel, daß der erste Berliner Nachkriegsmagistrat von der KPD bzw. seit April 1946 von der SED politisch dominiert und geführt wurde. Die in dieser Edition publizierten Magistratsprotokolle und Zusatzdokumente lassen indes auch deutlich erkennen, daß er infolge seiner gemischten personellen Zusammensetzung und wegen der gemeinsamen Kontrolle seiner Tätigkeit durch alle Besatzungsmächte keine reine KPD/SED-Politik betreiben konnte.[243] Für die Tätigkeit des bisherigen Magistrats fand der Stadtverordnetenvorsteher Otto Suhr am 5. Dezember 1946 unmittelbar im Anschluß an die Wahl des neuen Magistrats anerkennende Worte. Obwohl Suhr als Generalsekretär der Berliner SPD führend am scharfen antikommunistischen Wahlkampf seiner Partei beteiligt gewesen war, sprach er dem alten Magistrat im Namen der Stadtverordnetenversammlung „für die in schweren Monaten geleistete Arbeit den *Dank* auch der Berliner Bürger"

---

241 So Maron unwidersprochen in der Stadtverordnetenversammlung; vgl.: StVV, I. Wahlperiode, Stenographischer Bericht über die 4. (Außerordentliche) Sitzung am 9.12.1946, S. 13.

242 Vgl. hierzu auch: Berlin diskutiert, in: Der Abend, 9.12.1946, [S. 2]; Nervenprobe. Der Kampf der Magistrate, in: Der Morgen, 10.12.1946, [S. 1 f.]; Alle Kräfte für sachliche Arbeit, in: Berliner Zeitung, 12.12.1946, [S. 1]; Die Stadt mit zwei Köpfen. Streit um des Kaisers Vereidigung, in: Diese Woche, Jg. 1 (1946), Nr. 4 (14.12.1946), S. 3 f.

243 Vgl. hierzu besonders: Dok. 107 u. Dok. 116, Anm. 11.

aus. Er stellte fest, „daß die Herren des alten Magistrats vor 1 1/2 Jahren, da Berlin als das letzte Fort der Hitler-Festung zusammengebrochen und die alte Ordnung aufgelöst war, in schwerster Stunde, während die Trümmer der Stadt noch von den letzten Kämpfen des Krieges rauchten, auf Befehl der sowjetischen Besatzungsmacht unter großen Schwierigkeiten die Verwaltung übernommen haben. Damals konnten wir alle die Schwierigkeiten beurteilen, unter denen der Magistrat die Aufräumungsarbeiten und den Aufbau der Verwaltung begann. Niemand wird den Fortschritt bestreiten, der erzielt worden ist. Dafür bietet das Stadtbild einen anschaulichen Beweis. Die Herren Alliierten Kommandanten haben in ihrer Botschaft an die Stadtverordnetenversammlung bereits zum Ausdruck gebracht, daß – ich zitiere wörtlich – der alte Magistrat ‚in ehrlicher und gewissenhafter Weise seine Aufgabe erfüllt hat'. Mit dieser Anerkennung der Herren Kommandanten verbinden die Bürger der Stadt ihren Dank, auch wenn die Meinungen über manche Maßnahmen auseinandergehen oder manche glauben, mit anderen Methoden das Ziel besser zu erreichen. Es liegt im Wesen der Demokratie, daß der Politiker sich die öffentliche Kritik seiner Handlungen gefallen lassen muß, daß er zurücktreten muß, wenn die Mehrheit andere Wege gehen will. Die Wahlen des 20. Oktober haben gegen die politische Zielsetzung des Magistrats, aber nicht gegen den Arbeitswillen und die Arbeitsleistung des einzelnen Magistratsmitglieds entschieden. Wenn der Wahlkampf manche scharfen Formen angenommen hat, so sehe ich darin den Beweis für die Energie und Überzeugungskraft, mit der jeder einzelne der Herren des alten Magistrats seine Ziele in heißem Bemühen verfolgt hat. Es gehört zu den besten Tugenden der Demokratie, daß sie mit der Kritik auch die Achtung vor dem politischen Gegner verbindet. Daher werden auch diejenigen unter uns, die nicht mit den Ansichten und Absichten des alten Magistrats übereinstimmen, ihm doch die Anerkennung der Leistung und die Achtung und den Willen nicht verweigern."[244]

Was die Gesamtbewertung der Magistratstätigkeit angeht, so verwundert es nicht, daß der parteilose Propst Grüber als ehemals Mitwirkender (Beirat für kirchliche Angelegenheiten) im nachhinein „die sachliche, zielbewußte und erfolgreiche Arbeit dieses ersten Magistrats" lobte.[245] Aber auch der dem nachfolgenden Magistrat als Bürgermeister angehörende CDU-Politiker Ferdinand Friedensburg meinte in der Rückschau über den ersten Nachkriegsmagistrat: „Man darf ruhig zugeben, daß diese so eigenartig zusammengesetzte Körperschaft in den anderthalb Jahren ihrer Amtszeit unter beispiellos schwierigen Umständen recht erfolgreich gearbeitet hat, so erfolgreich, daß die Kommunisten ihre Entmachtung im Herbst 1946 auch aus diesem Grunde wochenlang nicht zu begreifen vermochten."[246]

---

244 StVV, I. Wahlperiode, Stenographischer Bericht über die 3. (Ordentliche) Sitzung am 5.12.1946, S. 34 (das kursiv gesetzte Wort im Original unterstrichen). Die von Suhr erwähnte Botschaft der Stadtkommandanten an die Stadtverordnetenversammlung hatten diese dem Oberbürgermeister mit der BK/O (46) 428 v. 25.11.1946 übermittelt; vgl. hierzu Dok. 128, Anm. 18.

245 Heinrich Grüber: Zum Tode von Ottomar Geschke, in: Berliner Zeitung, 19.5.1957, S. 2.

246 Friedensburg: Es ging um Deutschlands Einheit, S. 45.

DOKUMENTENVERZEICHNIS

Dok. 59
40. Magistratssitzung vom 7. Januar 1946

LAB(STA), Rep. 100, Nr. 767, Bl. 1 – 5. – Umdruck.[1]

Beginn: 10.08 Uhr   Schluß: 14 Uhr

Anwesend: Dr. Werner, Maron, Schwenk, Schulze, Lange, Pieck, Dr. Landwehr, Orlopp, Klimpel, Dr. Düring, Dr. Siebert, Grüber, Kehler, Dr. Haas, Dr. Schellenberg, Dr. Redeker, Scharoun, Böttcher, Jendretzky, Dr. Focke, Winzer, Jirak, Karweik, Rumpf, Kraft, Knoll.

Tagesordnung: 1. Protokoll
2. Verfassung
3. Bau- und Wohnungswesen
4. Errichtung eines Hauptamtes für Umschulung
5. Sozialwesen
6. Berliner Stadtlotterie
7. Volksbildung
8. Allgemeines.

Den Vorsitz führt: Oberbürgermeister Dr. Werner.

Vor Eintritt in die Tagesordnung richtet *Oberbürgermeister Dr. Werner* folgende *Ansprache*[2] an die Magistratsmitglieder:

Meine sehr verehrten Herren Kollegen: Mit der heutigen *ersten Sitzung im Jahre 1946* tritt der Magistrat der Stadt Berlin nicht nur kalendermäßig in einen neuen Abschnitt seiner Arbeit und seiner Geschichte ein. Auch sachlich wird man die Wende vom vergangenen zum nunmehr begonnenen Jahr als eine deutliche Zäsur in unserer Arbeit verzeichnen müssen.

Die verflossenen Monate standen unter dem Zwang der Überwindung des Chaos, das sich als trauriges Erbe der Hitlerherrschaft auf allen Gebieten breitgemacht hatte. Niemand, der in späterer Zeit auf diese Monate zurückblickt, kann uns gerechterweise das Verdienst streitig machen, daß wir als Pioniere einer neuen Zeit der besseren Zukunft die ersten Breschen geschlagen haben. Es ist leicht, in einer solchen Zeit besserwissend am Wegrande zu stehen und das Tun und Lassen derer, die die Verantwortung tragen, räsonierend zu bekritteln.[3] Das geschichtliche Verdienst, der Not der Zeit gesteuert und aus Chaos und Verwirrung wieder eine geregelte Ordnung geschaffen zu haben, gebührt nur den Männern der Tat.

---

1 Weitere Umdruckexemplare dieses Protokolls sind vorhanden in: LAB(STA), Rep. 100, Nr. 752, lfd. S. 1 – 10; LAB, Rep. 228, Mag.protokolle 1946, u. Rep. 280, Nr. 8501/1.

2 Das eigenhändige handschriftliche Manuskript dieser Ansprache von OB Werner ist vorhanden in: LAB, NL Werner, Rep. 200, Acc. 4379, Nr. 45/96; als Abschrift in: LAB, NL Werner, Rep. 200, Acc. 4379, Nr. 20/3, S. 304 – 306; auszugsweise abgedruckt in: Erste Magistratssitzung 1946, in: Berliner Zeitung, 8.1.1946, [S. 2].

3 Vgl. zur Kritik am Magistrat das 21. Mag.prot. v. 17.9.1945, TOP 8.

Wir brauchen es nicht zu scheuen, uns an diesem historisch gerechten Maßstab messen zu lassen. Wenn heute in unserer Stadt wieder die Fundamente eines geregelten und geordneten wirtschaftlichen und sozialen Lebens gelegt sind und wieder eine gut eingespielte öffentliche Verwaltung arbeitet, so ist das unbestreitbar zu einem erheblichen Teil unser Werk. Dieses geschichtliche Verdienst krönt unsere gemeinsame Arbeit in den vergangenen Monaten des Zusammenbruchs und ersten Wiederaufbaujahres 1945. Das nun begonnene Jahr 1946 wird schon ein Jahr fortschreitender Konsolidierung sein. In ihm werden die Früchte reifen, die unsere Arbeit im vergangenen Jahr trägt. Wer immer diese Früchte pflücken wird, muß wissen, daß er sie unserer hingebungsvollen Arbeit in den Monaten des Zusammenbruchs und des Chaos verdankt. Ohne unsere Saat gäbe es keine Ernte.

Dieses Bewußtsein darf uns an der Schwelle des neuen Jahres mit Stolz und Freude erfüllen. Diese berechtigten Gefühle werden uns die inneren Impulse geben, mit verdoppelter Kraft in unserer hingebungsvollen Arbeit am Wiederaufbau Berlins fortzufahren. Möge diese Arbeit auch im neuen Jahre von den gleichen Erfolgen gekrönt sein. Mit dem Ausdruck dieser Erwartung erkläre ich hierdurch die erste Sitzung des Magistrats im Jahre 1946 für eröffnet.

1. PROTOKOLL
Dr. Werner wünscht, in der Niederschrift der Sitzung vom 30.12.45 auf Seite 3 bei dem Beschluß „Der Antrag (die Leitung der Rechtsabteilung einem Volljuristen zu übertragen) wird abgelehnt" hinzuzufügen: „gegen eine Stimme".[4]
BESCHLUSS: Die Niederschrift vom 30.12.45 wird mit dieser Ergänzung genehmigt.

2. VERFASSUNG
Hierzu liegt als Magistratsvorlage (Drucksache Nr. 5/46)[5] der Gesetzentwurf über die vorläufige Verfassung von Berlin in der Fassung vor, die der Entwurf in den vorangegangenen Beratungen mit den Parteivertretern und der Bezirksbürgermeister-Konferenz erhalten hat.[6]
Maron glaubt, daß es nach den eingehenden Vorberatungen und den dabei gefaßten einstimmigen Beschlüssen nicht notwendig sein werde, über den Entwurf noch weiter zu diskutieren, weitere Ausführungen zu machen und in eine ausführliche Aussprache einzutreten. Nur zwei Abänderungen hätten sich inzwischen bei Unterredungen noch als wünschenswert herausgestellt. Die eine betrifft Art. 1 Abs. 3: „Berlin führt

---

4 Vgl. das 39. Mag.prot. v. 30.12.1945, TOP 2.
5 LAB, Rep. 228, Mag.vorlagen 1946; LAB(STA), Rep. 101, Nr. 1214, Bl. 52 – 55.
6 Der Magistrat hatte über die Schaffung einer vorläufigen Verfassung erstmals Ende Oktober 1945 beraten; vgl. das 28. Mag.prot. v. 30.10.1945, TOP 2. Über einen von Haas erarbeiteten Verfassungsentwurf v. 8.11.1945 wurden dann bis Anfang Januar 1946 Beratungen im Rechtsausschuß des Magistrats, in der Konferenz der Bezirksbürgermeister, bei den Parteien und in deren Einheitsausschuß Groß-Berlin geführt. Vgl. hierzu den von Haas verfaßten Vermerk „Vorläufige Verfassung von Berlin" v. 2.1.1946, in: LAB(STA), Rep. 101, Nr. 1214, Bl. 50 f.; Breunig, S. 156 – 161; Die Entstehung der Verfassung von Berlin, Bd. I, S. 201 – 229 (auf S. 201 – 206 Abdruck des ursprünglichen Verfassungsentwurfs von Haas v. 8.11.1945 u. auf S. 223 – 226 Abdruck einer Entwurfsfassung v. 30.12.1945).

Wappen, Siegel und Flagge in der Form von 1932." Das Wappen mit dem Bären ist in dieser Form nicht schön[7], auch die spätere Form von 1935[8] stellt keine ideale Lösung dar. Deshalb wird als Formulierung vorgeschlagen:

„Berlin führt Wappen, Siegel und Flagge mit dem Bären. Die Einzelheiten werden in einer Verordnung bestimmt."[9]

Außerdem wird vorgeschlagen, dem vorliegenden Entwurf der Verfassung folgenden Vorspruch zu geben:

„Der Magistrat nimmt die vorläufige Verfassung von Berlin in der Fassung an, wie sie durch den Rechtsausschuß in der Sitzung vom 28. Dezember 1945, den Einheitsausschuß der antifaschistisch-demokratischen Parteien in der Sitzung vom 2. Januar 1946 und die Bezirksbürgermeister-Konferenz in der Sitzung vom 4. Januar 1946 jeweils einstimmig beschlossen worden ist."[10]

Pieck möchte mit Rücksicht auf wiederholte Anregungen aus Angestelltenkreisen in Art. 11 den Zusatz eingefügt haben, daß alle Angestellten[11] antifaschistisch und demokratisch sein müssen und daß jeder das Recht hat, sich politisch und gewerkschaftlich zu organisieren. Der Redner glaubt nicht, daß von seiten der Stellen, die sich bisher mit der Verfassung beschäftigt haben, Bedenken gegen einen solchen Zusatz bestehen würden.

Maron und *Orlopp* unterstützen den Vorschlag über den Zusatz.

Dr. Haas empfiehlt folgende Fassung des Art. 11:

(Abs. 1) Alle Personen, die im Dienste von Berlin obrigkeitliche Aufgaben wahrnehmen, haben bei der Übernahme des Amtes den Eid zu leisten, daß sie ihre Aufgaben unparteiisch zum Wohle der Gesamtheit und getreu den Gesetzen führen werden. Sie erhalten für ihre Tätigkeit feste Dienstbezüge. Das Nähere wird durch eine Verordnung geregelt.

(Abs. 2) Alle Personen, die im Dienste von Berlin stehen, müssen antifaschistisch und demokratisch sein. Sie haben wie jeder Einwohner das Recht, sich politisch und gewerkschaftlich zu organisieren.[12]

---

7 Vgl. hierzu: Reichhardt: Der Berliner Bär, S. 30–32; Die Entstehung der Verfassung von Berlin, Bd. I, S. 223, Anm. 170.

8 Das Berliner Wappen in der seit 1935 verbindlichen Form ist in den beiden Teilbänden dieser Edition jeweils auf der ersten Seite abgedruckt. Es war vom Magistrat in seiner ersten Sitzung bestätigt worden; vgl. das 1. Mag.prot. v. 20.5.1945, TOP 1. Vgl. zu seiner Entstehungsgeschichte: Reichhardt: Der Berliner Bär, S. 32–34.

9 Haas legte mit Datum v. 23.1.1946 Entwürfe für Wappen, Siegel und Flagge von Berlin vor. Diese wiesen allesamt keine Mauerkrone mehr auf; siehe: LAB(STA), Rep. 101, Nr. 1214, Bl. 126–129. Vgl. hierzu auch das 63. Mag.prot. v. 29.6.1946, TOP 2.

10 Vgl. das 3. Prot. des Einheitsausschusses Groß-Berlin v. 2.1.1946, in: BArch, Abt. Potsdam, Z-3, Nr. 4, Bl. 39 f., u. das Prot. der Konferenz der Bezirksbürgermeister am 4.1.1946, TOP 1, in: LAB, Rep. 280, Nr. 3843. Sitzungsprotokolle des Rechtsausschusses des Magistrats konnten nicht ermittelt werden.

11 Das Beamtentum hatte der Magistrat für den Bereich von Berlin durch eine Verfügung v. 8.6.1945 abgeschafft; vgl. Dok. 1, Anm. 12.

12 Dieser Absatz wurde vom Magistrat in seiner folgenden Sitzung noch geändert (Streichung von „antifaschistisch und demokratisch" als notwendige Persönlichkeitsmerkmale städtischer Bediensteter); vgl. das 41. Mag.prot. v. 14.1.1946, TOP 7.

BESCHLUSS: Der Verfassungsentwurf wird mit den vorgeschlagenen Änderungen
             einstimmig angenommen.[13]

Maron berichtet im Anschluß hieran über die mit der Verfassung im Zusammenhang
stehenden weiteren Fragen, die bei den Vorberatungen schon angeschnitten worden
sind, betreffend *Einwohnervertretung* und *außerordentliche Magistratsmitglieder*.[14]

---

13 Dieser erste Magistratsentwurf für eine vorläufige Verfassung von Berlin wurde einschließlich der in der vorigen Anm. genannten Änderung veröffentlicht in: Haas: Vorläufige Verfassung von Groß-Berlin, 4. Aufl., S. 111 – 115; wieder abgedruckt in: Die
   Entstehung der Verfassung von Berlin, Bd. I, S. 234 – 238. Er wurde vom Komitee für
   Kommunalverwaltung (Local Government Committee) der AK am 8.2.1946 abgelehnt,
   und die AK wies den Magistrat mit BK/O (46) 144 v. 28.3.1946 an, einen neuen Entwurf
   für eine vorläufige Verfassung auszuarbeiten. Vgl. hierzu: Breunig, S. 164 – 169; Die
   Entstehung der Verfassung von Berlin, Bd. I, S. 241 – 245 u. 255 – 261; das 52. Mag.prot.
   v. 30.3.1946, TOP 7. Maron äußerte Anfang März 1946: „Gegen den Magistratsentwurf
   erhebe man bei der Kommandantur den Vorwurf der Primitivität, doch sei er ja auch nur
   als vorläufige Regelung gedacht gewesen." Siehe das 9. Prot. des Einheitsausschusses
   Groß-Berlin v. 1.3.1946, in: BArch, Abt. Potsdam, Z-3, Nr. 4, Bl. 70. Nach Breunig,
   S. 165, war die Zurückweisung des ersten Magistratsentwurfs durch die AK im wesentlichen auf die ablehnende Haltung der britischen und amerikanischen Seite zurückzuführen:
   „Briten und Amerikaner erkannten in dem Entwurf den Versuch, den Status quo zu
   sanktionieren und die Zentrale, den Magistrat, zu stärken [...]. Mit dem Status quo waren
   jedoch weder die Briten noch die auf baldige Wahlen drängenden Amerikaner zufrieden.
   [...] Den Amerikanern schwebte eine Verfassung vor, die als Grundlage für Wahlen dienen
   und somit die Bildung einer demokratisch legitimierten Stadtregierung gewährleisten
   sollte. Die Magistratsvorlage ging jedoch nicht von Wahlen aus, sondern stellte den
   Versuch dar, die gegebene Situation rechtlich zu verankern, d. h. der Auftragsregierung
   ein sicheres Fundament, eine gesetzliche Grundlage für ihre Arbeit zu geben."
14 Die in Haas' ursprünglichem Verfassungsentwurf v. 8.11.1945 vorgesehenen unmittelbaren „Vertretungskörper" (Landtag, Bezirkstag) wurden vom Rechtsausschuß des
   Magistrats am 15.11.1945 gestrichen. Im Dezember forderten aber alle vier politischen
   Parteien, in der Übergangszeit bis zu Wahlen eine vorläufige Einwohnervertretung einzurichten. Vgl. hierzu den von Haas verfaßten Vermerk „Vorläufige Verfassung von Berlin"
   v. 2.1.1946 u. entsprechende Vorschläge der CDU u. SPD, in: LAB(STA), Rep. 101,
   Nr. 1214, Bl. 50 u. 33 – 49; ferner: Um die Verfassung von Berlin. Weitgehende Einigung
   im Berliner Einheitsausschuß erzielt, in: Neue Zeit, 23.12.1945, S. 2, wieder abgedruckt
   in: Die Entstehung der Verfassung von Berlin, Bd. I, S. 221 f. Die Forderung der Parteien
   schlug sich in dem vom Magistrat in dieser Sitzung angenommenen Entwurf einer
   vorläufigen Verfassung nieder, wo es in Artikel 2 Absatz 1 hieß: „Träger der Gewalt ist die
   Gesamtheit der Einwohner von Berlin, die ihren Willen durch gewählte Vertretungskörper
   äußert. Bis zur Wahl dieser Vertretungskörper ist neben dem Magistrat eine vorläufige
   Einwohnervertretung zu bilden. Das Nähere über die Zusammensetzung, die Befugnisse
   und die Tätigkeit der vorläufigen Einwohnervertretung sowie ihre Stellung zum Magistrat
   wird durch eine Verordnung geregelt."
   Zum Verfassungsentwurf machte die Bezirksleitung Groß-Berlin der KPD parteiintern
   am 18.12.1945 den folgenden Ergänzungsvorschlag: „Da eine personelle Veränderung
   in der Zusammensetzung des Berliner Magistrats gegenwärtig nicht ratsam erscheint,
   muß eine Methode gefunden werden, die die gegenwärtig bestehende kommunistische
   Mehrheit nicht in der Öffentlichkeit so stark in Erscheinung treten läßt. Neben dem
   Magistrat sollen geschaffen werden sogenannte unbesoldete Stadträte [...]." Der Vorschlag
   ist vorhanden in: SAPMO-BArch, BPA, I/2/029. Vier Tage später schlug die KPD

In beiden Punkten ist im Aktionsausschuß der vier Parteien Einmütigkeit dahin erzielt worden.[15] Die Einwohnervertretung soll sich aus 20 Vertretern jeder Partei, und zwar nach Möglichkeit je einem Vertreter einer Partei aus jedem Bezirk, sowie 20 Vertretern der Gewerkschaften zusammensetzen. Auf der Grundlage dieser Vorschläge wird nunmehr der Rechtsausschuß gemeinsam mit je einem Vertreter der vier Parteien eine Verordnung ausarbeiten. Bei diesen Beratungen ist noch die Möglichkeit gegeben, weitere Vorschläge zu vertreten. Der Redner möchte bei der Gelegenheit seinerseits noch vorschlagen, daß auch der Frauen- und der Jugendausschuß[16] eine Vertretung erhalten und daß auch die Möglichkeit geschaffen wird, bekannte und antifaschistisch bewährte Einzelpersonen nachträglich hinzuzuwählen.

In bezug auf die außerordentlichen Magistratsmitglieder, die Sitz und Stimme im Magistrat haben sollen, ist eine Einigung dahin erzielt worden, daß jede der vier Parteien je 3 Mitglieder hierfür benennt. Auch über diesen Punkt wird der Rechtsausschuß eine Verordnung ausarbeiten. Zu beiden Verordnungen werden dann der Aktionsausschuß der Parteien und die Bürgermeister-Konferenz noch einmal Stellung nehmen müssen, bevor sie vom Magistrat beschlossen werden.[17]

Der Redner glaubt, daß die Arbeiten des Magistrats sich nach dieser geplanten Neuordnung beträchtlich erweitern werden und daß zur Vermeidung allzu langer

---

im Einheitsausschuß Groß-Berlin die Einrichtung solcher unbesoldeter Stadtratsposten vor; siehe: Um die Verfassung von Berlin. Weitgehende Einigung im Berliner Einheitsausschuß erzielt, in: Neue Zeit, 23.12.1945, S. 2. Die anderen Parteien stimmten dem KPD-Vorschlag prinzipiell zu, so daß der entsprechende Absatz über „außerordentliche Magistratsmitglieder" in dem vom Magistrat angenommenen Verfassungsentwurf folgendermaßen lautete (Artikel 4 Absatz 5): „Bis zur Wahl der Vertretungskörper treten zu den ordentlichen Mitgliedern des Magistrats Vertreter der zugelassenen politischen Parteien als außerordentliche Mitglieder. Diese haben bei der Beratung und Beschlußfassung über alle Angelegenheiten im Magistrat die gleichen Rechte und Pflichten wie die ordentlichen Mitglieder, üben jedoch keine leitenden und vollziehenden Befugnisse aus. Sie sind ehrenamtlich tätig und erhalten keine Dienstbezüge. Das Nähere über Zahl, Auswahl und Berufung der außerordentlichen Magistratsmitglieder wird durch eine Verordnung geregelt."

15 Vgl. das 3. Prot. des Einheitsausschusses Groß-Berlin v. 2.1.1946, in: BArch, Abt. Potsdam, Z-3, Nr. 4, Bl. 39 f.

16 Der zentrale Berliner Frauenausschuß war im Juni 1945 durch einen Mag.beschluß gegründet worden; vgl. das 7. Mag.prot. v. 18.6.1945, TOP 8 (Frauenausschuß). Der Hauptjugendausschuß war der Mag.abt. für Volksbildung angegliedert und hatte seine Tätigkeit ebenfalls bereits im Juni 1945 aufgenommen. Vgl. hierzu: Heinz Keßler: Jungen und Mädel von Berlin!, in: Berliner Zeitung, 20.6.1945, [S. 2]; LAB(STA), Rep. 120, Nr. 62, Bl. 70, 102 u. 236 f. Unterhalb dieser beiden zentralen Organisationen waren zahlreiche Frauenausschüsse und Jugendausschüsse in den einzelnen Berliner Bezirken tätig. Vgl. Dok. 43, Anm. 12 u. 16; die Resolution „Vorschläge und Anträge der Vertreter der Berliner Jugend auf der ersten Arbeitstagung der Jugendausschüsse von Groß-Berlin an den Magistrat der Stadt Berlin" (Anfang Dezember 1945), in: LAB(STA), Rep. 106, Nr. 419; Keiderling: Wir sind die Staatspartei, S. 380–398 bzw. 398–409.

17 Vgl. das 4. u. 5. Prot. des Einheitsausschusses Groß-Berlin v. 12.1.1946 u. 18.1.1946, in: BArch, Abt. Potsdam, Z-3, Nr. 4, Bl. 44 f. u. 56; das Prot. der Konferenz der Bezirksbürgermeister am 17.1.1946, TOP 2, in: LAB, Rep. 280, Nr. 3845; das 42. Mag.prot. v. 19.1.1946, TOP 5.

Diskussionen gewisse Vorarbeiten durch sogenannte Fraktionen zu leisten sein werden. Angesichts dessen empfiehlt es sich, den früheren Beschluß[18] zu erneuern und zu erweitern, wonach die Magistratsvorlagen mindestens 5 Tage vor der Magistratssitzung fertiggestellt sein und den Magistratsmitgliedern zugestellt sein müssen. Es darf nicht mehr vorkommen, wie es heute wieder der Fall ist, daß Vorlagen erst kurz vor der Sitzung eingebracht werden. Ferner wird es sich empfehlen, um den Zeitraum zwischen Bezirksbürgermeister-Konferenz und Magistratssitzung zu verkürzen[19], daß die Bezirksbürgermeister-Konferenzen auf den Donnerstag und die Magistratssitzungen auf den Sonnabend verlegt werden, und zwar von der übernächsten Woche ab. Neue Magistratsvorlagen müßten dann spätestens jeweils am Montag im Protokollbüro sein, so daß sie spätestens am Mittwoch in den Händen der Magistratsmitglieder sind.

Dr. Landwehr empfiehlt, diese Neuregelung in einer Art kleiner Dienstanweisung jedem der Herren schriftlich in die Hand zu geben.

BESCHLUSS: Die Vorschläge über die neuen Sitzungstermine und die Termine für die Einreichung neuer Vorlagen werden angenommen.[20]

3. BAU- UND WOHNUNGSWESEN

Scharoun begründet kurz die Magistratsvorlage Nr. 2/46[21], betreffend *Verordnung zur Verhinderung ungenehmigter Bauarbeiten.* Die bisherigen Maßnahmen auf diesem Gebiet haben sich als nicht ausreichend erwiesen.[22] Gegen Zuwiderhandlungen soll anstelle von Polizeistrafen ein geregeltes Strafrecht treten. Das neue Genehmigungsverfahren mit dem Freigabeschein ist dem im englischen Sektor geltenden Lizenzverfahren[23] angepaßt.

Schwenk äußert Bedenken dagegen, daß man die Freigabe von Bauarbeiten der Baupolizeibehörde überträgt. Diese hat nicht die Möglichkeit, über die Dringlichkeit eines Bauvorhabens zu entscheiden. Das kann nur das Bezirksbauamt. § 2 Abs. 1

---

18 Vgl. das 6. Mag.prot. v. 11.6.1945, TOP 4.

19 Die Konferenzen der Bezirksbürgermeister hatten seit Mitte August 1945 in der Regel freitags stattgefunden, der Magistrat hatte bis Ende 1945 überwiegend montags getagt. Vgl. auch Dok. 3, Anm. 3.

20 Der hier gefaßte Mag.beschluß wurde den Mitgliedern des Magistrats in einem Rundschreiben Marons v. 9.1.1946 schriftlich übermittelt; siehe: LAB(STA), Rep. 101, Nr. 655, Bl. 12. Die Konferenzen der Bezirksbürgermeister fanden vom 17.1. bis 10.10.1946 stets an einem Donnerstag statt. Der Magistrat tagte seit dem 19.1.1946 überwiegend an Sonnabenden; vgl. hierzu auch das 66. Mag.prot. v. 20.7.1946, TOP 6 (Geschke). – In einer Verfügung der Mag.abt. für Personalfragen und Verwaltung v. 23.5.1946, betr. Behandlung von Magistratsvorlagen, Magistratsbeschlüssen und Verordnungen, wurde auf S. 3 festgelegt (Zitat im Original unterstrichen): „Sollen die Vorlagen in der ordentlichen Magistratssitzung der Woche behandelt werden, so müssen sie bis spätestens am Montag im Protokollbüro eingegangen sein. In besonders eiligen Fällen können die Vorlagen noch bis am Mittwoch nachgereicht werden." Die Verfügung ist vorhanden in: LAB(STA), Rep. 102, Nr. 166 u. 265.

21 LAB(STA), Rep. 100, Nr. 767, Bl. 8; LAB, Rep. 228, Mag.vorlagen 1946.

22 Vgl. das 18. Mag.prot. v. 27.8.1945, TOP 7; ferner ein Rundschreiben des Hauptamts für Aufbau-Durchführung v. 10.10.1945, in: LAB, Rep. 212, Acc. 1176, Nr. 1454.

23 Vgl. den entsprechenden Befehl der britischen Militärregierung, betr. Kontrolle über zivile Bauten, in: Der Berliner, 13.10.1945, S. 6.

müßte entsprechend geändert werden. Auch die Bestimmung in § 2 Abs. 2 über die sichtbare Anbringung des Freigabescheins auf der Baustelle müßte anders formuliert werden, da ein solcher Schein leicht durch Unberufene beseitigt werden kann. § 3 müßte dahin ergänzt werden, daß Bauarbeiter und Bauunternehmer Bauarbeiten nur ausführen dürfen, wenn ein Freigabeschein erteilt worden ist.

Scharoun weist darauf hin, daß eine Abschrift des Freigabescheins ja immer bei dem Bauherrn sei. Die Baupolizeibehörde sei als Genehmigungsstelle eingesetzt worden, weil sie in der Sache federführend ist und den Verkehr mit dem Publikum führt. Selbstverständlich wird sie hierbei in engster Fühlung mit dem Bezirksbauamt arbeiten und die Genehmigungen nach der Rangstufenliste[24] erteilen.

Lange regt eine Reihe von Änderungen gesetzestechnischer Art an. Er empfiehlt für § 1 folgende Fassung:

> Bauten und Bauarbeiten jeder Art, auch Unterhaltungs- und Instandsetzungs-arbeiten, dürfen aus Gründen des öffentlichen Wohls bis auf weiteres nur mit Genehmigung der Baupolizeibehörde ausgeführt werden. Die Genehmigung wird in einem Bauschein erteilt.

In § 5 Ziff. 4 könnte der letzte Halbsatz gestrichen werden, so daß der Absatz lautet:

> Die Einziehung hat die Wirkung, daß das Eigentum an den Gegenständen auf die Stadt Berlin übergeht.[25]

§ 7 wäre zu streichen, weil es selbstverständlich sei, daß wegen der Maßnahmen auf Grund der Verordnung keine Entschädigung beansprucht werden kann. – In § 8 könnten hinter „Magistrat" die Worte „der Stadt Berlin" gestrichen werden.

Schwenk erinnert an einen früheren Beschluß des Magistrats, wonach Vorlagen, die irgendwelchen Rechtsinhalt haben, vorher der Rechtsabteilung zugeleitet werden möchten, damit diese sie nach der gesetzestechnischen Seite hin durchprüft.[26]

Maron beantragt, daß der Magistrat sich grundsätzlich mit der Vorlage einver-standen erklärt, aber die Abt[eilung] für Bau- und Wohnungswesen verpflichtet, nachträglich den endgültigen Text mit der Rechtsabteilung festzulegen.

BESCHLUSS: Der Antrag Maron wird angenommen.[27]

---

24 Vgl. hierzu: Hanauske, S. 220, Anm. 569.

25 Gemeint ist hier die Einziehung von Baustoffen und Baugeräten, die zur Verwendung bei ungenehmigten Bauarbeiten bestimmt waren.

26 Ein formeller Mag.beschluß mit diesem Inhalt war bisher nicht gefaßt worden; vgl. aber das 23. Mag.prot. v. 24.9.1945, TOP 2, u. das 24. Mag.prot. v. 1.10.1945, TOP 8 (Schwenk), u. das 33. Mag.prot. v. 3.12.1945, TOP 3 (Schmidt) u. TOP 4 (Mittag), u. das 37. Mag.prot. v. 17.12.1945, TOP 4. Erst im März 1946 wurde vereinbart, „daß in Zukunft keine Vorlage mehr im Magistrat behandelt werden soll, die nicht vorher durch die Rechtsabteilung gegangen ist"; vgl. das 51. Mag.prot. v. 25.3.1946, TOP 6 (Maron). In einer Verfügung der Mag.abt. für Personalfragen und Verwaltung v. 29.3.1946, betr. Magistratsvorlagen und Magistratsbeschlüsse, wurde dementsprechend angeordnet, Magistratsvorlagen vor ihrer Behandlung in einer Magistratssitzung durch die Rechtsabteilung „formell und materiell überprüfen zu lassen". Die Verfügung ist vorhanden in: LAB(STA), Rep. 102, Nr. 265.

27 Die hier grundsätzlich angenommene VO zur Verhinderung ungenehmigter Bauarbeiten wurde von der AK abgeändert und als BK/O (46) 241 v. 29.5.1946 erlassen. Als Mag.beschluß ist diese VO mit dem Ausfertigungsdatum v. 14.1.1946 vorhanden in: LAB(STA), Rep. 101, Nr. 65. Die BK/O (46) 241 ist vorhanden in: LAB, Rep. 280,

Scharoun trägt einen längeren, schriftlich ausgearbeiteten *Bericht*[28] *über die Arbeiten der Abt[eilung] für Bau- und Wohnungswesen* vor, der durch einen zweiten Bericht[29] von Herrn Böttcher ergänzt wird.

Schwenk empfiehlt, den Magistratsmitgliedern die beiden Referate in schriftlicher Form zuzuleiten und erst dann in einer der nächsten Sitzungen dazu Stellung zu nehmen.[30]

Maron unterstützt den Antrag, soweit er die schriftliche Vorlage des Berichtes und die Verschiebung der allgemeinen Diskussion bis zur nächsten Sitzung betrifft, möchte auch[31] doch sofort einige der Hauptfragen besprechen.

Dr. Siebert ist der gleichen Meinung und möchte, daß über einige Hauptprobleme schon jetzt gesprochen wird. Vieles, was er gern gehört hätte, sei in den Berichten

Nr. 12587; veröffentlicht in: VOBl., Jg. 2 (1946), S. 196; wieder abgedruckt in: Berlin. Quellen und Dokumente, 1. Halbbd., S. 673 f. Mit ihr wurde angeordnet, daß alle Bauarbeiten von einer Genehmigung des jeweiligen Bezirksbaurats abhängig waren. Die Genehmigung war sichtbar an jeder Baustelle anzuschlagen und bestand aus zwei Teilen, einer technischen Bescheinigung über die anzuwendenden Konstruktionsmethoden und einer Freigabebescheinigung über die Verwendung bestimmter Mengen von Baumaterialien bzw. Arbeitskräften. Die im VO-Entwurf des Magistrats vorgesehene Einziehung der zur Verwendung bei ungenehmigten Bauarbeiten bestimmten Baustoffe und Baugeräte war nicht in die BK/O (46) 241 übernommen. Vgl. auch: Hanauske, S. 218 f.

28 Dieser Tätigkeitsbericht Scharouns für die Zeit von Mai bis Dezember 1945 (datiert: 23.12.1945) ist abgedruckt in: Hans Scharoun. Bauten, Entwürfe, Texte, hrsg. von Peter Pfankuch, überarb. Neuausgabe, Berlin 1993 (Schriftenreihe der Akademie der Künste, Bd. 10) (Erstausgabe: Berlin [West] 1974), S. 151–156. Einen ersten Tätigkeitsbericht über seine Abteilung hatte Scharoun dem Magistrat Mitte August 1945 gegeben; vgl. das 16. Mag.prot. v. 13.8.1945, TOP 8. Vgl. ferner: Bericht der Abteilung für Bau- und Wohnungswesen, in: Ein halbes Jahr Berliner Magistrat, S. 68–72; Neue Innenstadt wird Arbeitszentrum. Gespräch mit Prof. Scharoun, in: Der Berliner, 1.1.1946, S. 4; Diskussion über den Wiederaufbau. Was wird aus Berlin?, in: Der Berliner, 19.1.1946, S. 6. – Vgl. zur Verwaltungsstruktur der Mag.abt. für Bau- und Wohnungswesen die Organigramme in: Akademie der Künste (Berlin-Tiergarten), NL Scharoun, Mappe Mag 1/6; LAB, Rep. 207, Acc. 2552, Nr. 3969; Johann Friedrich Geist/Klaus Kürvers: Das Berliner Mietshaus 1945–1989. Eine dokumentarische Geschichte der Ausstellung „Berlin plant/Erster Bericht" 1946 und der Versuche, auf den Trümmern der Hauptstadt des Großdeutschen Reiches ein NEUES BERLIN zu bauen, aus dem dann zwei geworden sind, München 1989 (Geschichte des Berliner Mietshauses, Bd. 3), S. 232 (Hauptamt für Hochbau); Karl Böttcher: Bericht über meine Arbeit, hrsg. von Johann Friedrich Geist u. a., Berlin 1990 (Beihefte zum Projekt „Geschichte des Berliner Mietshauses" im Forschungsschwerpunkt „Theorie und Geschichte von Bau, Raum und Alltagskultur" des Fachbereichs Architektur der Hochschule der Künste, Nr. 2), S. 8 f. (Hauptamt für Aufbau-Durchführung); Hanauske, S. 95 f.

29 Dieser Bericht des Hauptamts für Aufbau-Durchführung (datiert: Dezember 1945) ist vorhanden in: LAB, Rep. 228, Mag.vorlagen 1945. Leiter dieses Hauptamts war bis Mitte März 1946 der Architekt Karl Böttcher; vgl. das 50. Mag.prot. v. 16.3.1946, TOP 8. Vgl. zur Tätigkeit des Hauptamts für Aufbau-Durchführung auch das 8. Mag.prot. v. 25.6.1945, TOP 5; Vom Bau, in: Neue Zeit, 1.2.1946, S. 3; Böttcher: Bericht über meine Arbeit, S. 36–45. – Vgl. zur folgenden Diskussion der beiden vorgetragenen Berichte die Stichpunkte in: Böttcher: Bericht über meine Arbeit, S. 44.

30 Dieser und der folgende Absatz stehen im Original in umgekehrter, offensichtlich falscher Reihenfolge.

31 Soll wohl heißen: aber.

nicht zum Ausdruck gekommen. [Der] Redner möchte gern wissen: Wann ist mit der planmäßigen Aufbau-Durchführung begonnen worden? Von wann ab ist mit der Gebäudeinstandsetzungsabgabe[32] gearbeitet worden? Von wann ab ist verwaltungsmäßig durch die Bezirksämter auf diesem Gebiet[33] gearbeitet worden? Von wann ab sind die Aufträge an die Unternehmer abgegeben worden? Wie hat sich das Verfahren mit den Unternehmern abgespielt? Welches sind im einzelnen die Summen für die verschiedenen Projekte? Die Ausgabe von 20 Millionen RM steht in einem Mißverhältnis zu den Ergebnissen. Bei den 130 000 winterfest gemachten Wohnungen wäre es interessant zu hören, wieviel davon auf die Initiative der Besitzer und wieviel auf die systematische Arbeit der Abteilung kommen. Der Redner hat den Eindruck, als ob der Apparat der Planung zu stark in den Vordergrund getreten ist gegenüber den praktischen Dingen. Man kann nicht erkennen, was auf dem wichtigsten Gebiet, der Herstellung der Wohnräume und gewerblichen Räume, tatsächlich gemacht worden ist.

Orlopp bittet, den schriftlichen Bericht nach der Seite zu ergänzen, was die Abteilung für Bau- und Wohnungswesen im nächsten Halbjahr zu tun gedenkt, um die jetzt bestehende Wohnungsnot zu lindern. Wieviel Baulücken an fertigen Straßen sollen neben der Wetterfestmachung der Wohnungen geschlossen werden? Was soll geschehen, um die notwendigen Baustoffe heranzuschaffen, um bestehende Engpässe zu beseitigen? So lobenswert die ganze fernere Planungsarbeit ist, so zwingend notwendig ist es, zunächst einmal zu wissen, was in den nächsten 6 Monaten geschehen soll.

Jendretzky hat den Eindruck, daß die Grundlagen für die Enttrümmerungsarbeit nicht genügend überprüft sind.[34] Es ist nicht ersichtlich, ob für die Enttrümmerungsfirmen, die jetzt wie Pilze aus der Erde schießen, ein fester Plan besteht, nach dem sie zu arbeiten haben. Weiter interessieren die Fragen: Wie werden die Arbeitskräfte eingesetzt, wie werden sie gelenkt, auf welche konkreten Dinge wird die Arbeit jetzt abgestellt? Wie steht es mit der Einsetzung der Firmen? Die „Vereinigung der Berliner Baubetriebe"[35] weist sehr viele Mängel auf. Aus den Berichten geht ferner nicht hervor: Was kann an konkreten Plänen für den Ausbau und Umbau und eventuellen Neubau in bestimmten Stadtbezirken vorgelegt werden? Der Redner möchte ferner konkretere Angaben über die Frage der Umschulung haben.[36] Bei der Planung sei es nicht so wichtig, auf fernerliegende Aufgaben abzuzielen, als vielmehr alles auf die Arbeit im nächsten Jahr abzustellen, damit Berlin auf diesem Gebiet positive Leistungen aufzuweisen hat.

Maron erkennt an, daß die beiden vorgelegten Berichte viel Positives enthalten, auf der andern Seite aber litten sie an einer Reihe von Mängeln und ließen manches Wissenswerte vermissen. Die Arbeiten der Abt[eilung] für Bau- und Wohnungswesen

---

32 Vgl. hierzu das 8. Mag.prot. v. 25.6.1945, TOP 3, u. das 9. Mag.prot. v. 2.7.1945, TOP 8, u. das 20. Mag.prot. v. 10.9.1945, TOP 2.

33 Gemeint ist hier und in den folgenden Sätzen die Durchführung der Enttrümmerung.

34 Vgl. zur Enttrümmerung das 8. Mag.prot. v. 25.6.1945, TOP 5, u. das 18. Mag.prot. v. 27.8.1945, TOP 3, u. das 41. Mag.prot. v. 14.1.1946, TOP 4.

35 Vgl. hierzu das 11. Mag.prot. v. 16.7.1945, TOP 8, u. das 41. Mag.prot. v. 14.1.1946, TOP 4.

36 Vgl. zur Umschulung für das Baugewerbe das 10. Mag.prot. v. 9.7.1945, TOP 4, u. TOP 4 in diesem Mag.prot.; Dok. 43, Anm. 15; Das erste Jahr, S. 62.

schweifen zu sehr in die Ferne. Es wird zu wenig Gewicht auf die Lösung der im Augenblick brennendsten Probleme gelegt. Den Hauptteil der Berichte nimmt das Bauwesen ein, während das Wohnungswesen nur am Rande behandelt ist.[37] Die Herstellung von neuem Wohnungsraum und die Enttrümmerungsaktion sind gewiß wichtige Angelegenheiten, aber nicht weniger wichtig ist die Frage: Wie wird der vorhandene Wohnraum gelenkt und gesteuert? Darüber enthalten die Berichte nichts. Seit 7 Monaten ist es nicht möglich gewesen, genau festzustellen, wieviel Quadratmeter Wohnraum es überhaupt in Berlin gibt und wieviel Quadratmeter auf den Kopf der Bevölkerung in ganz Berlin und in den einzelnen Bezirken kommen. Wir brauchen aber als Grundlage für die gesamte weitere Planung genaue Angaben über den Wohnraum pro Person.[38] Auch die Frage der Wohnungsgesetzgebung, z[um] B[eispiel] der alten Mietverträge, bedarf einer Nachprüfung. Es geht nicht, daß, wie es immer wieder vorkommt, zurückgekehrte Nazis mit Erfolg Anrechte auf ihre frühere Wohnung geltend machen.[39]

Kraft bedauert, daß die Abt[eilung] für Bau- und Wohnungswesen mit der BVG[40] keine Fühlung genommen hat wegen der künftigen Gestaltung des Straßenbaues. Dagegen hat man einen Dr. Hildebrandt, einen eingefleischten Pg., der früher die rechte Hand von Stadtrat Engel[41] war, mit der Aufstellung eines neuen Planes für das Straßenbahnnetz beauftragt. Der Redner bittet, diese Berufung rückgängig zu machen.

Schwenk bezeichnet als besonders wichtige Aufgaben die Schulbauten und die Krankenhausbauten. Aus den Berichten ist nicht zu erkennen, nach welchen Gesichtspunkten die Abt[eilung] für Bau- und Wohnungswesen hier zu arbeiten gedenkt. Die Baustoffbeschaffung, die in dem Referat von Böttcher einen großen Raum eingenommen hat, ist nach Ansicht des Redners nicht Aufgabe der Abt[eilung] für Bau- und Wohnungswesen, sondern der Abt[eilung] für Wirtschaft. Es besteht ein Bauwirtschaftsausschuß[42], der vorgeschlagen hat, das Hauptamt für Aufbau-

---

37 Vgl. zum Wohnungswesen das 42. Mag.prot. v. 19.1.1946, TOP 4.

38 Am 13.4.1946 wurde in Berlin eine Wohnungszählung durchgeführt, deren statistische Ergebnisse veröffentlicht wurden in: Berlin in Zahlen, Jg. 15 (1947), S. 173 – 186. Vgl. hierzu auch: Wolfgang Bohleber: Mit Marshallplan und Bundeshilfe. Wohnungsbaupolitik in Berlin 1945 bis 1968, Berlin 1990, S. 15 – 25; Hanauske, S. 140 f. u. 143 f.

39 Vgl. zur Behandlung der „Nazi-Wohnungen" das 1. Mag.prot. v. 20.5.1945, TOP 3, u. das 7. Mag.prot. v. 18.6.1945, TOP 4, u. das 17. Mag.prot. v. 20.8.1945, TOP 4; Dok. 31 (Abschnitt „Tolerierung der Nazis"); Soll man Wohnungen ausbauen?, in: Das Volk, 24.12.1945, S. 5; Noch einmal: Wohnungsausbau?, in: Das Volk, 4.1.1946, S. 4; Hanauske, S. 168 f.

40 Berliner Verkehrsbetriebe.

41 Johannes Engel, seit 1927 Mitglied der NSDAP, von 1933 bis zum Kriegsende 1945 Stadtrat für Verkehrswesen in der Berliner Hauptverwaltung.

42 Der Bauwirtschaftsausschuß war im November 1945 von der Mag.abt. für Planungen als bauwirtschaftliches Beratungsgremium in Form einer „Arbeitsgemeinschaft" eingerichtet worden, „die Anregungen gibt und gewissermaßen den Motor auf dem Gebiete der Berliner Bauwirtschaft" darstellen sollte. Siehe das Prot. über die 13. Sitzung des Bauwirtschaftsausschusses am 19.8.1946, S. 4 u. 7, in: LAB, Rep. 280, Nr. 5400. Vgl. zum Bauwirtschaftsausschuß auch: Akademie der Künste (Berlin-Tiergarten), NL Scharoun, Mappe Mag 1/2; Tätigkeitsbericht des Referats VI B (Industrie und Handwerk) der Mag.abt. für Planungen v. 10.4.1946, S. 1, in: LAB(STA), Rep. 101, Nr. 236; E[rich] Schnaufer: Der Bauwirtschaftsausschuß, in: Berliner Zeitung, 19.4.1946, [S. 2].

Durchführung von der Frage der Baustoffbeschaffung zu entlasten. Es ist unverständlich, warum sich Herr Böttcher dagegen sträubt. Es scheint im Hauptamt für Aufbau-Durchführung überhaupt das Bestreben zu bestehen, mehr Dinge an sich heranzuziehen, als man bewältigen kann. Aus den Bezirken sind Klagen gekommen, daß diese Stelle sich um Dinge kümmert, die sie eigentlich nichts angehen.[43] Das Hauptamt für Aufbau-Durchführung soll die allgemeinen Richtlinien geben, die Durchführung aber soll von den Leuten geschehen [sic!], die in den Bezirken dafür bezahlt werden. Aus den gemachten Zahlenangaben über die Enttrümmerungsarbeiten[44] ergibt sich kein Bild von der Wirtschaftlichkeit der Maßnahmen und dem Nutzeffekt der ausgegebenen 15 Millionen RM, zu welcher Summe man noch die Millionen rechnen muß, die die Bezirke für den gleichen Zweck verausgabt haben.

Scharoun weist in seiner Erwiderung zunächst auf die Schwierigkeiten hin, die bei allen Arbeiten und Planungen durch plötzliche Anforderungen von seiten der Besatzungsbehörden entstehen. Solche Anforderungen müssen stets sofort erfüllt werden und betreffen oft große Objekte. Dadurch werden auch sehr erhebliche Materialmengen verschlungen. Eine Zusammenarbeit mit der „Vereinigung der Berliner Baubetriebe" besteht, sie findet besonders bei Umsetzung der Arbeitskräfte und bei der Preisgestaltung statt. Der Bauwirtschaftsausschuß hat sich hinsichtlich der Materialien eingeschaltet und versucht, in Aufgaben einzudringen, die das Hauptamt Aufbau-Durchführung für sich in Anspruch nehmen muß. Für den Ausbau der Krankenhäuser ist ein Kreis von Architekten eingesetzt, die nach Prüfung dessen, was mit den vorhandenen Mitteln an dringendsten Forderungen erfüllt werden kann, mit den einzelnen Gesundheitsämtern zusammenarbeiten. Diese Sache läuft programmäßig ab. Auch der Ausbau der Schulen und Verwaltungsgebäude wird in ähnlicher Weise gesteuert, soweit es bei den Anforderungen der Besatzungsbehörden möglich ist. Darüber hinaus wird alles für die Winterfestmachung der Wohnungen eingesetzt. Es sind 11 000 Arbeitskräfte dafür verfügbar, wozu noch die Mithilfe aus der Bevölkerung kommt. Die Steuerung erfolgt nach einer Rangfolgeliste[45], wobei besonders auf straßenweise Zusammenfassung[46] gesehen wird.

Der Redner betont, daß er persönlich den größten Wert darauf legt, die Winterfestmachung der Wohnungen zu fördern. Gemeinsam mit den Alliierten sind genaue Richtlinien dafür festgesetzt [worden], um einen Wohnraum, wenn er noch benutzt wird, auf alle Fälle zu halten. Die Ausfüllung von Baulücken kommt vorläufig nicht in Frage, dazu würde zuviel Material verbraucht werden.

Der Redner führt weiter aus, wenn in dem Bericht das Wohnungswesen nicht so ausführlich wie das Bauwesen behandelt worden sei, so liege das daran, daß er das Wohnungswesen nur verwaltungsmäßig betreue, während diese Angelegenheit sachlich in erster Linie von Dr. Müller[47] bearbeitet werde, der vielleicht darüber selbst

---

43 Vgl. hierzu das 71. Mag.prot. v. 24.8.1946, TOP 2, u. das 76. Mag.prot. v. 21.9.1946, TOP 6.

44 Vgl. hierzu den „Leistungsbericht über die Enttrümmerungsaktion bis zum 2. Januar 1946" v. 11.1.1946 u. die Übersicht „Feststellung der Kosten bei der Enttrümmerung" v. 12.1.1946, in: LAB, Rep. 280, Nr. 5271 u. 5272.

45 Die Liste „Rangfolge der Arbeiten für die Winterfestmachung von Wohnraum" v. 5.9.1945 ist vorhanden in: LAB, Rep. 212, Acc. 1849, Nr. 2136. Vgl. auch: Hanauske, S. 220, Anm. 569.

46 Vgl. hierzu: Hanauske, S. 223.

47 Dr. Werner Müller, Generalreferent und Justitiar in der Mag.abt. für Bau- und Woh-

gehört werden könne. Es war außerordentlich schwierig, auf diesem Gebiet einige Ordnung in die Dinge zu bringen, auch personell, da anfangs viele Menschen ohne die erforderliche Qualifikation in das Hauptamt Wohnungswesen hineingekommen sind.

Zu dem Fall Hildebrandt erklärt der Redner: Wir haben den Herrn aus dem Bezirk Zehlendorf übernommen, wo sich eine besondere Planungsstelle[48] aufgetan hatte, die wir langsam ausgelaugt haben. Wir haben einen Teil der Kräfte in die Zentrale geholt, und darunter hat sich auch Herr Hildebrandt befunden. Die Angelegenheit wird sofort bereinigt werden.

Wenn in dem Bericht die Planung einen größeren Raum einnimmt, so liegt das daran, daß der Bericht die Zusammenfassung für einen größeren Zeitraum darstellt. Wenn in Zukunft die Berichte fortlaufend erstattet werden, kann man die praktische Arbeit einzelner Gebiete stärker herausstellen. Der Redner äußert sich zum Schluß über die bei den Enttrümmerungsarbeiten angewandten Arbeitsmethoden.

Maron schlägt vor, in der nächsten Magistratssitzung einen Bericht des Hauptamts für Wohnungswesen von Dr. Müller entgegenzunehmen[49] und dann die Diskussion über das ganze Bau- und Wohnungswesen fortzusetzen, nachdem inzwischen die vorgetragenen Referate nebst den Ergänzungen den Magistratsmitgliedern zugegangen sind.

Dr. Landwehr möchte in dem Ergänzungsbericht genaue Angaben darüber gemacht haben, mit welchen einzelnen Materialbeschaffungen sich das Hauptamt Aufbau-Durchführung befaßt hat.

BESCHLUSS: Die Fortsetzung der Aussprache über die Berichte der Abt[eilung] für Bau- und Wohnungswesen wird vertagt.[50] Dem Leiter der Abteilung wird aufgegeben, jedem Magistratsmitglied eine Abschrift der erstatteten Berichte zuzustellen sowie einen Ergänzungsbericht mit Stellungnahme zu den in der Aussprache aufgeworfenen Fragen.[51]

---

nungswesen. Das Hauptamt für Wohnungswesen wurde allerdings nicht von Dr. Müller, sondern von Georg Herrmann geleitet.

48 Vgl. hierzu: Ringen um Berlins Neugestaltung. Für und wider den Zehlendorfer Plan, in: Neue Zeit, 4.7.1946, S. 3; Geist / Kürvers, S. 230 f.

49 Der Bericht des Hauptamts für Wohnungswesen wurde in der übernächsten Mag.sitzung von Georg Herrmann erstattet. Vgl. das 42. Mag.prot. v. 19.1.1946, TOP 4.

50 Vgl. das 41. Mag.prot. v. 14.1.1946, TOP 4.

51 Vgl. Scharouns auf den 23.12.1945 datierten Tätigkeitsbericht für die Zeit von Mai bis Dezember 1945, der in der ursprünglichen, in dieser Mag.sitzung vorgetragenen Fassung abgedruckt ist in: Hans Scharoun. Bauten, Entwürfe, Texte, S. 151–156. Eine mit kleinen Ergänzungen versehene Fassung ist vorhanden in: LAB, Rep. 228, Mag.vorlagen 1945; als Dok. 60 abgedruckt in dieser Edition. Eine zum Teil abgeänderte und erweiterte Fassung dieses Tätigkeitsberichts ist unter dem Titel „Bericht der Abteilung Bau- und Wohnungswesen des Magistrats, gegeben in der Bürgermeister-Sitzung am 17.1.46" vorhanden in: LAB, Rep. 207, Acc. 2552, Nr. 3969, u. Rep. 212, Acc. 2568, Nr. 4572. In dieser Fassung wurde der Bericht von Scharoun nicht nur in der Konferenz der Bezirksbürgermeister am 17.1.1946 vorgetragen, sondern er lag bereits dessen Zusatzbericht in der Mag.sitzung am 14.1.1946 zugrunde; vgl. das 41. Mag.prot. v. 14.1.1946, TOP 4, u. das Prot. der Konferenz der Bezirksbürgermeister am 17.1.1946, TOP 3, in: LAB, Rep. 280, Nr. 3845. – Vgl. ferner den Bericht des Hauptamts für Aufbau-Durchführung (datiert: Dezember 1945), in: LAB, Rep. 228, Mag.vorlagen 1945.

4. ERRICHTUNG EINES HAUPTAMTS FÜR UMSCHULUNG

Jendretzky begründet die Magistratsvorlage Nr. 1/46[52] über die Errichtung eines Hauptamts für Umschulung bei der Abt[eilung] für Arbeit. Es handelt sich darum, die Maßnahmen auf diesem Gebiet zu zentralisieren. Der bisherige Zustand, bei dem die Bau- und Baunebenberufe im Hauptamt für Aufbau-Durchführung und sämtliche anderen Berufe im Hauptberufsamt der Abt[eilung] für Arbeit erfaßt wurden, ist auf die Dauer nicht tragbar. Der richtige Einsatz aller Kräfte wird nur gewährleistet, wenn eine Zentralstelle einen genauen Überblick über das ganze Gebiet erhält. Der Vorschlag ist mit dem Leiter der Abt[eilung] für Bau- und Wohnungswesen abgestimmt; ebenso haben Dr. Siebert und Pieck den Stellenplan und den Geschäftsplan des neuen Hauptamtes gutgeheißen.
BESCHLUSS: Die Vorlage wird ohne Aussprache unverändert angenommen.[53]

5. SOZIALWESEN

In einer Magistratsvorlage des Hauptamtes für Sozialwesen (Drucksache Nr. 3/46)[54] werden für die bauliche *Herrichtung des städtischen Aufnahmeheims* (Asyls) in Berlin N 54, Zehdenicker Str. 12 b weitere 100 000 RM angefordert, da die bisher bewilligten Baukosten[55] nicht ausreichen.

Dr. Siebert befürwortet im Einverständnis mit Dr. Schellenberg die Annahme der Vorlage. Der Betrag soll etatmäßig für das nächste Vierteljahr zur Verfügung gestellt und jetzt einstweilen vorschußweise gegeben werden.
BESCHLUSS: Die Vorlage wird angenommen.

Eine abgeänderte Fassung dieses Berichts v. 16.1.1946 ist vorhanden in: LAB, Rep. 207, Acc. 2552, Nr. 3970. Sie wurde vom Hauptamtsleiter Böttcher in der Konferenz der Bezirksbürgermeister verlesen; vgl. das Prot. der Konferenz der Bezirksbürgermeister am 17.1.1946, TOP 3, in: LAB, Rep. 280, Nr. 3845.

52 LAB(STA), Rep. 100, Nr. 767, Bl. 7.

53 Der hier gefaßte Mag.beschluß, ausgefertigt am 9.1.1946, ist vorhanden in: LAB(STA), Rep. 100, Nr. 767, Bl. 14. Er wurde veröffentlicht in: Berliner Zeitung, 1.2.1946, [S. 4]; VOBl., Jg. 2 (1946), S. 31. Vgl. zur Umschulung von Arbeitskräften das 10. Mag.prot. v. 9.7.1945, TOP 4; Dok. 43, Anm. 15; Materialien in: LAB(STA), Rep. 107, Nr. 5 u. 794–799; Das erste Jahr, S. 62 u. 116–118; Hans Kellner: Umschulung entlastet die Bauwirtschaft, in: Der Morgen, 14.11.1945, S. 3; Kontoristinnen werden Maurer. Jetzt auch Umschulung von Frauen für das Baugewerbe, in: Das Volk, 24.11.1945, S. 5; Umschulung. Eine harte Notwendigkeit, in: Der Morgen, 18.12.1945, S. 1 f.; Der Weg zum neuen Beruf, in: Tägliche Rundschau, 6.1.1946, S. 5; Gespräche mit „Umlernern", in: Deutsche Volkszeitung, 20.1.1946, S. 4; Umschulung in Mangelberufe notwendig, in: Tägliche Rundschau, 30.1.1946, S. 5; Einmal darf man durchfallen. Einheitliche Ausbildung für alle Lehrlinge und Umlerner, in: Der Tagesspiegel, 21.2.1946, S. 6; Frauen, die bei Enttrümmerung halfen, werden bevorzugt, in: Der Morgen, 1.3.1946, S. 3; Berlin als Stadt der Arbeit, in: Das Volk, 3.3.1946, [S. 5]; Ernst Barbknecht: Berlin braucht dringend Maurer, in: Tägliche Rundschau, 22.3.1946, S. 6; In Berlin 5 000 Umlerner, in: Deutsche Volkszeitung, 7.4.1946, S. 4; Wie werde ich Umlerner im Baugewerbe?, in: Berliner Zeitung, 19.5.1946, [S. 2]; Die Kosten der Umschulung, in: Der Sozialdemokrat, 17.7.1946, S. 3; Umschulung stellt aus, in: Neue Zeit, 20.7.1946, S. 3; Theorie und Praxis des Umlernens. Warum werden Frauen noch immer „billiger" bewertet?, in: Der Morgen, 4.8.1946, S. 3; Tausende im neuen Beruf, in: Nacht-Express, 9.8.1946, [S. 5]; Böttcher: Bericht über meine Arbeit, S. 41.

54 LAB(STA), Rep. 100, Nr. 767, Bl. 9.

55 Vgl. das 14. Mag.prot. v. 30.7.1945, TOP 7, u. das 25. Mag.prot. v. 8.10.1945, TOP 6.

6. DRITTE BERLINER STADTLOTTERIE

Dr. Werner befürwortet kurz die Vorlage Nr. 4/46[56]. Es handelt sich um die Genehmigung einer dritten Berliner Stadtlotterie für Februar 1946. Der Gewinnplan ist derselbe wie bei den ersten beiden Stadtlotterien[57], nur die Zahl der kleinen Gewinne ist heruntergesetzt worden zugunsten einer Erhöhung und Vermehrung der höheren Gewinne. Die Lospreise sind die gleichen wie bisher.

Grüber fragt, ob dadurch nicht die geplante Lotterie für die Marienkirche beeinträchtigt werde.[58]

Dr. Siebert verneint dies. Der Markt sei günstig für beide Lotterien.

BESCHLUSS: Die Vorlage wird angenommen.[59]

7. VOLKSBILDUNG

BESCHLUSS: Die Vorlage Nr. 6/46 über ein Volksbüchereihaus wird für die nächste Sitzung zurückgestellt.[60]

8. ALLGEMEINES

Winzer macht Mitteilung über eine an die Presse gegebene Notiz über die Wiederaufnahme der *Schulspeisung* am 11. Januar.[61] In der Notiz ist hervorgehoben,

---

56 LAB(STA), Rep. 100, Nr. 767, Bl. 10; auch in: LAB(STA), Rep. 101, Nr. 619, Bl. 2.

57 Vgl. hierzu das 14. Mag.prot. v. 30.7.1945, TOP 3, u. das 17. Mag.prot. v. 20.8.1945, TOP 9.

58 Vgl. zur beabsichtigten Lotterie zugunsten des Wiederaufbaus der Marienkirche das 24. Mag.prot. v. 1.10.1945, TOP 3, u. das 29. Mag.prot. v. 5.11.1945, TOP 6. Mit BK/O (46) 167 v. 15.4.1946 lehnte die AK eine solche Lotterie ab; siehe: LAB, Rep. 280, Nr. 4818. In einem Schreiben v. 27.5.1946 bat Propst Grüber den sowjetischen Stadtkommandanten Kotikow um die Zuteilung von Baumaterialien für Instandsetzungsarbeiten an der Marienkirche; eine Abschrift dieses Schreibens ist vorhanden in: LAB(STA), Rep. 110, Nr. 5. Vgl. auch: Hilfe für die Marienkirche, in: Neue Zeit, 7.11.1946, S. 5; Das Schicksal der Marienkirche, in: Der Tagesspiegel, 10.11.1946, [S. 4]; Wiederaufbau der Marienkirche. Es fehlen noch 100 000 Mark, in: Berliner Zeitung, 28.11.1946, [S. 6].

59 Der Antrag der Finanzabteilung des Magistrats an die AK v. 25.1.1946, betr. Genehmigung einer dritten Berliner Stadtlotterie und einer Osterlotterie, ist vorhanden in: LAB(STA), Rep. 101, Nr. 634. Diesem Antrag wurde vom Finanzkomitee der AK stattgegeben; vgl. das Prot. des Finanzkomitees der AK v. 13.2.1946, TOP 8, in: LAB, Rep. 37: OMGBS, FIN Br, 4/91-2/6; der entsprechende Befehl FIN/I (46) 21 v. 15.2.1946 ist vorhanden in: LAB, Rep. 37: OMGBS, FIN Br, 4/91-2/12. Das Schreiben der Finanzabteilung des Magistrats an das Finanzkomitee der AK v. 14.4.1946, betr. Abrechnung der dritten Berliner Stadtlotterie, ist vorhanden in: LAB(STA), Rep. 101, Nr. 635. Vgl. zur ersten bis dritten Berliner Stadtlotterie und zur Weihnachtslotterie das Schreiben der Finanzabteilung des Magistrats an die AK v. 22.5.1946, betr. Deutsche Klassenlotterie, in: LAB(STA), Rep. 101, Nr. 635. Mitte Februar 1946 bzw. Mitte März 1946 beschloß der Magistrat die Durchführung einer Berliner Osterlotterie bzw. einer vierten Berliner Stadtlotterie; vgl. das 46. Mag.prot. v. 16.2.1946, TOP 5, u. das 50. Mag.prot. v. 16.3.1946, TOP 3.

60 Vgl. das 41. Mag.prot. v. 14.1.1946, TOP 5.

61 Diese Notiz wurde unter anderem veröffentlicht in: Berliner Zeitung, 8.1.1946, [S. 4]; VOBl., Jg. 2 (1946), S. 2. Vgl. zur Schulspeisung das Prot. einer Besprechung unter Vorsitz Marons am 19.10.1945, betr. die Durchführung der Schul- und Kinderspeisung, in: LAB(STA), Rep. 106, Nr. 419; das 31. Mag.prot. v. 26.11.1945, TOP 11, u. das

daß die neue Regelung mit Einziehung von Lebensmittelkarten für diesen Zweck auf Anordnung der alliierten Ernährungskommission erfolgt ist. Der Redner hat gemeinsam mit dem Oberbürgermeister ein Schreiben an die Kommandanten der vier Sektoren gerichtet, um zusätzliche Mittel für die Durchführung der Schulspeisung zu erhalten. Außerdem soll ein Beauftragter des Magistrats versuchen, in der Provinz Lebensmittel auf dem freien Markt für die Schulspeisung aufzukaufen.

Grüber macht darauf aufmerksam, daß sich viele Einwohner, von Geschäftsleuten dazu animiert, ihre Marken, besonders die Kindermarken, schon für Januar haben bevorschussen lassen und nun erklären werden, daß sie für die Schulspeisung keine Marken mehr haben.

Klimpel erklärt, solche Handlungen von seiten der Händler seien strafbar.

Maron bringt die Frage von *Ernennungen* durch Magistratsmitglieder zur Sprache. Nach Pressemeldungen ist in letzter Zeit durch Herrn Jirak ein „Oberbranddirektor"[62] und durch den Stadtkämmerer ein „Leiter der Generalsteuerdirektion"[63] ernannt worden, ohne daß der Magistrat oder die Abt[eilung] für Personalfragen und Verwaltung davon benachrichtigt worden sind. Dieses Vorgehen ist falsch. Die Abt[eilung] für Personalfragen und Verwaltung möge eine Liste derjenigen verantwortlichen Mitarbeiter der Stadtbehörden aufstellen, deren Ernennung oder Einsetzung der Beschlußfassung durch den Magistrat unterliegt. Zum mindesten müßten Ernennungen der Leiter der Hauptämter und der städtischen Werke durch den Magistrat getätigt werden.

Dr. Siebert bemerkt, daß eine ausdrückliche Verleihung eines Titels „Leiter der Generalsteuerdirektion" durch ihn nicht stattgefunden habe.

---

42. Mag.prot. v. 19.1.1946, TOP 11; die Protokolle der Konferenzen der Bezirksbürgermeister am 21.12.1945, TOP 1 u. 4, am 4.1.1946, TOP 3, u. am 17.1.1946, TOP 5, in: LAB, Rep. 280, Nr. 3842, 3843 u. 3845; die Materialien in: LAB(STA), Rep. 120, Nr. 2 u. 1340. Mit BK/O (46) 42 v. 18.1.1946 wurde der Magistrat von der AK ermächtigt, „ein warmes Mittagessen an Schulkinder verabreichen zu lassen". Diese BK/O ist vorhanden in: LAB, Rep. 280, Nr. 4796; abgedruckt in: Berlin. Quellen und Dokumente, 1. Halbbd., S. 283. Vgl. hierzu auch das 3. Prot. der stellv. Stadtkommandanten v. 15.1.1946, TOP 47, in: LAB, Rep. 37, Acc. 3971, Nr. 218.

62 Vgl. hierzu: Unsere Stadt hat wieder einen Oberbranddirektor, in: Berliner Zeitung, 22.12.1945, [S. 2]; Der erste Mann an der Spritze. Neuer Branddirektor für Berlin, in: Das Volk, 23.12.1945, S. 4; Berlins neuer Oberbranddirektor, in: Tägliche Rundschau, 23.12.1945, S. 6; das 78. Mag.prot. v. 5.10.1946, TOP 4. Eine negative Charakterisierung des neuen Oberbranddirektors Karl Feierabend (KDP/SED) findet sich in einem Schreiben des Leiters der SPD-Betriebsgruppe der Berliner Feuerwehr, Ludwig Wissell, an den kommunalpolitischen Ausschuß der SPD v. 1.12.1946, in: LAB(STA), Rep. 102, Nr. 353.

63 In der ersten Nummer des Jahres 1946 hatte die Tageszeitung der CDU berichtet: „Zum Leiter der Generalsteuerdirektion Berlin, dem früheren Oberfinanzpräsidium, ist Ministerialrat August Weltzien ernannt worden. Der neue Leiter, der bis zur Hitlerzeit das wichtige Referat der Einkommensteuer im Reichsfinanzministerium bearbeitete, ist eine internationale Autorität auf dem Gebiete des Steuerwesens." Siehe: Berlins Finanzverwaltung, in: Neue Zeit, 3.1.1946, S. 1. Nach den Angaben in seinen Personalakten amtierte Weltzien seit dem 19.10.1945 als Leiter der Generalsteuerdirektion; siehe: LAB, Rep. 80, Acc. 4474, Nr. 591. Vgl. zur Generalsteuerdirektion: Dok. 45, Anm. 30.

Pieck erinnert an die frühere Debatte über Titel und Amtsbezeichnungen.[64] Die Verleihung eines Titels wie „Oberbranddirektor" kann nicht durch einen Stadtrat, sondern nur durch Magistratsbeschluß erfolgen. Grundsätzlich sollte man festlegen, daß solche Titelverleihungen überhaupt nicht vorgenommen, sondern nur Amtsbezeichnungen gegeben werden.

Dr. Focke hält Titelverleihungen für populäre Maßnahmen, mit denen man dem einzelnen eine Freude machen könne. Der Titel „Oberbranddirektor" existiere bereits in Leipzig, und man sollte zum mindesten in der sowjetischen Besatzungszone hier eine Koordination herbeiführen.

Dr. Werner meint, daß man um eine Regelung der Titelfrage nicht herumkomme. Es wäre gut, wenn eine entsprechende Vorlage ausgearbeitet würde.

Winzer möchte ebenfalls den Kreis der Funktionsträger festgelegt wissen, die vom Magistrat bestätigt werden müssen.

Pieck stellt eine solche Vorlage in Aussicht.[65]

Maron gibt die Zusammensetzung des *Ausschusses* für die Ausarbeitung von Statuten einer *Kammer der Heilberufe* bekannt.[66] Von Dr. Redeker werden hierfür vorgeschlagen: Dr. Siebert, Orlopp, Jendretzky, Maron und Dr. Redeker. Der Redner möchte noch Dr. Schellenberg hinzunehmen. Auch einen Vertreter der Rechtsabteilung könnte man vielleicht beratend hinzuziehen.

Außerdem wird von Dr. Redeker vorgeschlagen, je einen Vertreter der in der Kammer vertretenen Heilberufe heranzuziehen, und zwar einen Arzt, einen Zahnarzt, einen Dentisten, einen Apotheker, eine Hebamme und einen Tierarzt. Auch einen Vertreter des Verbandes der Heilberufe könnte man hinzuziehen.

BESCHLUSS: Die Zusammensetzung des Ausschusses wird zur Kenntnis genommen.

Kraft macht eine kurze Mitteilung über die in Berlin vorhandene Menge von *Flüssiggas*: 1668 t, davon 1236 t sofort einsatzbereit. Es ist somit keine besondere Gesellschaft dafür zu gründen.[67]

Dr. Schellenberg klagt darüber, daß die wichtigsten *Unterlagen für die Sozialversicherung*, wie Rezeptformulare und Rentenbescheide, *nicht gedruckt* werden können, weil von amerikanischer Seite – die Druckereien liegen zum größten Teil im amerikanischen Sektor – das *Papier* nicht freigegeben wird. Der Redner regt an, dieserhalb von Magistratsseite aus an die Alliierte Kommandantur heranzutreten.

Maron empfiehlt, die Angelegenheit mit dem zuständigen Verbindungsoffizier zu besprechen.

Klimpel führt Klage über die *separatistische Einstellung* des Bezirks *Zehlendorf*. Dort wurde ein zentrales Kartoffellager errichtet. Es ergab sich jetzt die Notwendigkeit, Kartoffeln aus diesem Lager umzudisponieren. Der Ernährungsdezernent von

---

64 Vgl. das 30. Mag.prot. v. 12.11.1945, TOP 3.

65 Eine solche Vorlage ist in keiner der folgenden Mag.sitzungen eingebracht worden. Vgl. aber das 61. Mag.prot. v. 15.6.1946, TOP 6.

66 Vgl. das 39. Mag.prot. v. 30.12.1945, TOP 6. Die Kammer der Heilberufe ist in den folgenden Mag.sitzungen nicht mehr zur Sprache gekommen.

67 Vgl. das 34. Mag.prot. v. 10.12.1945, TOP 5; ferner den Bericht über den Stand der Hochdruckgasversorgung des Berliner Kraftverkehrs v. 18.2.1946, in: LAB(STA), Rep. 115, Nr. 104.

Zehlendorf hat sich, um dies zu verhindern, an die Militärregierung in Zehlendorf gewandt. Gegen eine solche Einstellung eines Bezirks müsse man sich entschieden wenden, dem Bezirksbürgermeister von Zehlendorf gegenüber wurde dies auch deutlich zum Ausdruck gebracht.

Maron hält es für angebracht, diese Angelegenheit, die schon auf der letzten Bürgermeister-Konferenz kurz berührt wurde, in der nächsten Bezirksbürgermeister-Konferenz noch einmal zur Sprache zu bringen.[68]

Kehler möchte auf Anraten der russischen Zentralkommandantur bei der Alliierten Kommandantur beantragen, die Bezeichnung „Abteilung für Post- und Fernmeldewesen" umzuwandeln in die Bezeichnung „*Oberpostdirektion Berlin*". Er bittet den Magistrat, ihn zu ermächtigen, einen solchen Antrag zu stellen.

Pieck schlägt vor, beide Bezeichnungen nebeneinander zu wählen, um zum Ausdruck zu bringen, daß es sich um eine Abteilung des Magistrats handelt.

Kehler verweist darauf, daß in anderen Provinzen und Ländern der sowjetischen Zone ebenfalls die Bezeichnung „Oberpostdirektion" besteht. An dem Unterstellungsverhältnis ändert sich durch die Bezeichnung nichts. Irgendeine Änderung der Befugnisse und Zuständigkeiten ist damit nicht verbunden.

BESCHLUSS: Herr Kehler wird ermächtigt, eine Bezeichnungsänderung nach seinem Vorschlag bei der Alliierten Kommandantur zu beantragen.[69]

Nächste Sitzung: Montag, den 14. Januar 1946.

---

68 Vgl. die Protokolle der Konferenzen der Bezirksbürgermeister am 4.1.1946, TOP 4, u. am 11.1.1946, TOP 1, in: LAB, Rep. 280, Nr. 3843 u. 3844.
69 Mit Schreiben v. 17.1.1946 lehnte das zuständige Komitee der AK die beantragte Änderung der Bezeichnung der Mag.abt. für Post- und Fernmeldewesen ab; siehe: LAB(STA), Rep. 102, Nr. 340, Bl. 8, 9 u. 11. Vgl. zur Stellung des Magistrats zur Reichspost: BK/O (45) 170 v. 17.10.1945, BK/O (46) 49 v. 21.1.1946 u. BK/O (46) 431 v. 30.11.1946, in: LAB, Rep. 280, Nr. 5286, 12474 u. 4946.

Dok. 60
Tätigkeitsbericht von Stadtrat Prof. Scharoun (1. Januarhälfte 1946)

LAB, Rep. 228, Mag.vorlagen 1945. – Umdruck.[1]

T ä t i g k e i t s b e r i c h t

von Mai – Dezember 1945.

– – – – – – – – – – – – – – – – – –

Die Tätigkeit der Abteilung für Bau- und Wohnungswesen fand ihren sichtbarsten Ausdruck bei Durchführung der *Bauaufgaben für die Besatzungsbehörden* und für Gebäude öffentlichen Interesses.

An der Durchführung waren in erster Linie die Hochbauämter beteiligt. Für die Besatzungsbehörden sind bezw. werden zur Zeit hergerichtet: *580 Objekte*, an denen augenblicklich *15 116 Arbeiter* beschäftigt sind. Demgegenüber steht die Zahl von 1 916 Bauten öffentlichen Charakters mit *16 692 Arbeitskräften*. In der zweiten Gruppe eingeschlossen sind die Schulen, Hochschulen, Bibliotheken, Theater usw., desgl[eichen] ist darin die Seuchenbetten-Aktion, d[as] h[eißt] die Winterfestmachung der Krankenhäuser, einbegriffen. Die Krankenhäuser verfügten Anfang Oktober über rund 30 000 winterfeste Betten, die Zahl von 50 000 winterfesten Betten wird in Kürze erreicht sein. Im Zusammenhang damit wird interessieren, daß bisher von *90 000 qm* hereingebrachten *Glases* rund 27 000 qm für Krankenhäuser und 26 000 qm für Schulen bereitgestellt werden konnten. (Am 7.1.46 lauten die Zahlen: hereingebrachtes Glas rund 139 000 qm, davon für Krankenhäuser ca. 29 000, für Schulen ca. 28 700 qm.) Insgesamt also sind oder werden zur Zeit hergestellt *2 541 Bauobjekte*[2], an denen *31 808 Arbeitskräfte* tätig sind.

Als Aufgabe des *Tiefbaus* kommen für Straßenbauarbeiten 2 000 Arbeitskräfte hinzu, die bisher 400 000 qm Straßendecke wiederherstellten.

An den *Brücken*, von denen 39 zum größten Teil behelfsmäßig wiederhergestellt wurden und weitere 40 mit der Wiederherstellungsarbeit im Anlaufen sind, sind

---

1 Diese Fassung des auf den 23.12.1945 datierten Tätigkeitsberichts von Scharoun enthält gegenüber dem ursprünglichen, in der Mag.sitzung v. 7.1.1946 vorgetragenen Bericht einige kleine Ergänzungen; vgl. das 40. Mag.prot. v. 7.1.1946, TOP 3 (insb. Anm. 51). Die Ergänzungen müssen vorgenommen worden sein zwischen dem 7.1.1946 und dem 12.1.1946 (Datum des Eingangsstempels auf dem hier zugrunde gelegten Umdruckexemplar). Die Fotokopie eines anderen Umdruckexemplars des Tätigkeitsberichts in der hier abgedruckten Fassung ist vorhanden in: Akademie der Künste (Berlin-Tiergarten), NL Scharoun, Mappe Mag 1/3. – Vgl. zur erneuten Beratung allgemeiner Fragen des Bau- und Wohnungswesens im Magistrat das 41. Mag.prot. v. 14.1.1946, TOP 4.

2 Nach den im vorigen genannten Zahlen müßte sich hier eine Summe von 2 496 Bauobjekten ergeben. Vgl. zu den im Bau befindlichen Objekten: LAB(STA), Rep. 110, Nr. 214.

etwa weitere 1000 Arbeitskräfte eingesetzt.[3] Bei der Wiederherstellung der Brücken wurde von drei Gesichtspunkten ausgegangen:

1.) die Auswahl so zu treffen, daß erhebliche Umwege vermieden werden,
2.) Schließung der Lücken in den Versorgungsleitungen, die die Brücken als Übergänge benutzen,
3.) die Öffnung des Wasserstraßenverkehrs, der für Spree, Havel und Berlin-Spandauer Schiffahrtsweg mit Ausnahme der Unterspree in Charlottenburg und Spandau frei ist.

Die 25 Brücken des Teltow-Kanals werden gehoben, um wichtiges Material zu erhalten und den Schiffahrtsverkehr wieder frei zu machen. Sie werden nur zum Teil wieder passierbar gemacht; dies ist möglich, da der Teltow-Kanal mit Brücken übersetzt war. Der Landwehr-Kanal wird ebenfalls wieder frei gemacht, teils für den Schiffahrtsverkehr, teils als Vorfluter. Der planmäßige Fortgang der Arbeiten leidet allerdings am Mangel an schwerem Arbeitsgerät.

Die Abteilung *Wasser- und Hafen-Bau* betreibt die Instandsetzungsarbeiten an wichtigen Anlagen am Ost- und Westhafen und am Charlottenburger Spreebord. Es handelt sich bei diesen Arbeiten um wichtige Lager-, Verwaltungs- und Wirtschafts-gebäude, Kohlenverladebrücken, Gleisanlagen, Kräne und Pflasterarbeiten.

Die *Bahnbau*-Abteilung betreibt die Instandsetzung der städtischen und privaten Güter-Gleisanlagen.

Die schnelle Wiederingangsetzung des Verkehrs, der Versorgungsanlagen *vieler Industriebetriebe* wäre – das darf betont werden – ohne erhebliche Hilfestellung des Bausektors nicht möglich gewesen. Dies sei z[um] B[eispiel] auch in bezug auf die *Reichsbahn* gesagt, mit der z[ur] Z[ei]t wieder wegen erheblicher neuer Programme, die mehrere tausend Arbeitskräfte beschäftigen werden, zwecks Auf-nahme in die Dringlichkeitsliste[4] verhandelt wird. Ich strebe dabei eine durch-führbare, d[as] h[eißt] auf längere Zeit abgestellte Folge dieser Arbeiten an, um den Möglichkeiten des Baumarktes gerecht zu werden. Andererseits ist auf die Schlüsselstellung der Reichsbahn auch für den Wiederaufbau Berlins gebührend Rücksicht zu nehmen.

---

3 Nachdem der Magistrat Anfang Juli 1945 bereits 3 Millionen RM für Brückeninstand-setzungsmaßnahmen bewilligt hatte, genehmigte die AK am 29.1.1946 einen Antrag des Stadtkämmerers auf die Bewilligung weiterer 3 Millionen RM für die Wiederherstellung beschädigter Brücken. Vgl. hierzu das 9. Mag.prot. v. 2.7.1945, TOP 7; Der Alliierte Kontrollrat, S. 152; BK/O (46) 52 v. 23.1.1946, in: LAB(STA), Rep. 101, Nr. 57, u. LAB, Rep. 280, Nr. 12477. Vgl. ferner: LAB(STA), Rep. 101, Nr. 5290; Ernst Barbknecht: Zerstörte Brücken – Berlins große Sorge!, in: Tägliche Rundschau, 11.1.1946, S. 4; Brücken, die wieder befahren werden, in: Der Tagesspiegel, 26.5.1946, [S. 4]; Brücken werden neu geschlagen, in: Telegraf, 16.6.1946, S. 8; Berlin baut seine Brücken wieder auf, in: Vorwärts, 16.7.1946, [S. 3]; Ernst Barbknecht: Zerstörte Brücken werden gehoben, in: Tägliche Rundschau, 21.7.1946, S. 8; Endgültige Brücken für Berlin. Der Stand des Wiederaufbaus, in: Neue Zeit, 7.8.1946, S. 3; Schiffe, Brücken und Trümmer, in: Der Tagesspiegel, 17.11.1946, [S. 4].

4 Vgl. das Rundschreiben der Mag.abt. für Bau- und Wohnungswesen v. 11.7.1945, Anlage „Dringlichkeitseinstufung von Bauvorhaben", in: LAB(STA), Rep. 110, Nr. 188, u. LAB, Rep. 212, Acc. 1849, Nr. 2136.

Daß seit langem für alle Baumaßnahmen des zivilen Sektors *Rangfolgelisten*[5] bestehen, darf ich in diesem Zusammenhang nochmals erwähnen. In dem militärischen Sektor konnten sie noch nicht verbindlich listenmäßig festgelegt werden, indessen bestehen vorgesehene Einzelberatungen, die eine gewisse Ordnung in die Bauvorhaben der überbezirklichen und örtlichen Kommandanturen bringen.

Im *Wohnungssektor* sind nach diesen Listen bisher 130 000 Wohnungen als winterfest gemacht von den Bezirken gemeldet. Damit sind 27 % der Rangfolgestufe I im Wohnungssektor im Durchschnitt erfüllt. Weitere etwa 12 000 Arbeitskräfte des Bauhauptgewerbes sind z[ur] Z[ei]t mit diesen Arbeiten beschäftigt. Die Durchführung konnte in den verschiedenen Sektoren nur unterschiedlich erfolgen.

Im *englischen Sektor* konnte 1 Bezirk die Erfüllung des Programms nach Stufe I melden, so daß hier das Programm nach Stufe II in Kürze freigegeben werden kann. Die englischen Behörden haben uns durch Materiallieferungen und durch das gemeinsam mit ihnen eingeführte Lizenzverfahren[6] in unsern Maßnahmen organisatorisch und materiell sehr stark unterstützt.

Im *amerikanischen Sektor* war – der Mentalität des Amerikaners entsprechend – die Hilfeleistung von der Mitwirkung tatkräftiger Einzelpersonen abhängig. Es gelang auf diesem Wege z[um] B[eispiel], rund 100 Waggons Dachpappe heranzuschaffen, was ebenfalls der Winterfestmachung der Wohnungen sehr zugute kam. Hingegen wird im amerikanischen Sektor über das völlige Fehlen von Glas sehr geklagt. Ich habe daher in der Bau- und Wohnungskommission der Alliierten Kommandantur den Tausch von *bestimmtem* Material zwischen den Sektoren angeregt und bin dabei, einen *Tauschkatalog*, der auf unsern Erfahrungen basiert, für die Alliierte Kommandantur auszuarbeiten.

Im *französischen* Sektor – die Franzosen fühlen sich als Gäste – war eine Mithilfe bisher nicht erreichbar. Ich habe daher in verschiedenen Sitzungen bei den Alliierten auf die Mißstände im französischen Sektor hingewiesen und um Unterstützung aus den anderen Sektoren gebeten. Die starken Bemühungen um das Heranschaffen von Baustoffen für den *russischen* Sektor sind bekannt. Aber es muß festgestellt werden, daß fast alle herangeschafften Materialien für Kommandanturbauten und Bauten der zivilen Verwaltungen verbraucht werden. Desgleichen mußten für die im russischen Sektor besonders gehäuften Verwaltungsbauten dauernd Arbeitskräfte aus dem zivilen Sektor abgezogen werden, so daß die Winterfestmachung der Wohnhäuser im Rückstand ist. Lähmend hinzu tritt der Dualismus zwischen Zentralkommandantur und Administration[7], da beide mit Ehrgeiz repräsentative Bauten zu errichten trachten.

Die Abgrenzungsbestrebungen zwischen den einzelnen Sektoren treten immer stärker hervor, trotz aller Bemühungen dagegen und persönlicher Hinweise in

---

5 Vgl. die Aufstellung „Rangfolge der Arbeiten für die Winterfestmachung von Wohnraum" v. 5.9.1945, in: LAB, Rep. 212, Acc. 1849, Nr. 2136; Hanauske, S. 220, Anm. 569.

6 Vgl. den Befehl der britischen Militärregierung, betr. Kontrolle über zivile Bauten, in: Der Berliner, 13.10.1945, S. 6; das 40. Mag.prot. v. 7.1.1946, TOP 3.

7 Hier ist offenbar zum einen die sowjetische Stadtkommandantur („Zentralkommandantur" im Unterschied zu den sowjetischen Bezirkskommandanturen) und zum andern die übergeordnete Sowjetische Militäradministration in Deutschland (SMAD) gemeint.

verschiedentlichen [sic!] Aussprachen mit den einzelnen Kommandanturen und der Alliierten Kommandantur.

Unser Ziel war: freie Beweglichkeit der Arbeitskräfte nach Maßgabe der Bauaufgaben und auf Grund von Firmeneinsätzen. Zu diesem Zweck ist die „*Vereinigung Berliner Baubetriebe*"[8] ins Leben gerufen [worden], die die Zulassungswürdigkeit der Baufirmen prüft und sämtliche am Bau beteiligten Sparten betreut. Sie arbeitet als verlängerter Arm des Magistrats und bedient sich zur Durchführung ihrer Aufgaben der in den einzelnen Bezirksämtern eingegliederten Einsatzleiter. Sie wird bei allen erforderlichen Einsätzen über meine Einsatzstelle herangezogen.

Die Gefahr der Isolierung aber der einzelnen Sektoren spiegelt sich z[um] B[eispiel] in dem für das nächste Frühjahr geplanten Programm des englischen Sektors. Die Durchführung der weiteren Gebäudeinstandsetzungen wird nach völlig verwaltungsmäßigen Grundsätzen organisiert, ohne eine erkennbare Rücksicht auf den organischen Aufbau der Gesamtstadt und ohne Rücksicht auf Arbeitsmöglichkeit überhaupt. Ich habe diese Fragen bei den Engländern zur Diskussion gestellt, ob sie sich den Aufbau Berlins als Verwaltungs- oder Gestaltungsaufgabe denken. Eine Besprechung Anfang Januar im Deutschlandhaus ergab, daß eine Organisation mit etwa 240 neuen Beamten seitens der Engländer geplant und im Entstehen begriffen ist.

Das berührt die Arbeit meiner *Planungsämter*: Berlin ist nur als eine Gesamtkonstruktion anzusehen, als eine große Werkstatt mit den erforderlichen ihr zugegliederten Wohnsiedlungen. *Stadt- und Landesplanung* ist, nach Abkehr vom Autarkiegedanken, ein *Energie-Problem*, das zu lösen ist. Aus dem politischen *Machtfaktor* Berlin muß wieder ein *Kraftfaktor* werden, der seine Kräfte in den Raum ausstrahlt, ihm gibt und aus ihm zurücknimmt.

Für die Lösung gibt es – im einzelnen und zunächst von der *formalen* Seite her – eine Reihe von Anknüpfungspunkten, die sich bei der Betrachtung des Planes vom zerstörten Berlin aufdrängen:

1.) Berlin ist in einzelne Stadtteile oder Stadtkörper auseinandergefallen, die – wenn die Enttrümmerung erst weiter fortgeschritten sein wird – für jedermann sichtbaren Ausdruck finden werden.

2.) Die Verkehrsbeziehungen zwischen diesen Stadtkörpern sind neu zu formulieren. Das bisherige System der *Ring- und Radial-Straßen* galt einer ungegliederten, auswuchernden Großgemeinde, die von diesen Verkehrslinien her orientiert und gebändigt werden sollte.

Heute besteht die Möglichkeit der Anwendung eines völlig neuen Systems, das allerdings bestehende Teile des alten Systems aus wirtschaftlichen Gründen benutzen muß. Das bisherige Straßensystem war wirtschaftlich ungeheuer belastend. Auf den Kopf der Berliner Bevölkerung entfielen rund 6 qm Straßenfläche. Dabei waren die

---

8 Vgl. hierzu das 11. Mag.prot. v. 16.7.1945, TOP 8, u. das 41. Mag.prot. v. 14.1.1946, TOP 4.

zur Verfügung stehenden Straßen in den Vororten völlig unzureichend ausgenutzt, während sie in der Innenstadt überlastet waren.[9]

3.) Voraussetzung für die Planarbeiten sind die *Schadenspläne* und *Schadenskarteien*, die teils fertig, teils in Arbeit begriffen sind, sowie die Wiederherstellung der zerstörten Planunterlagen und die Aufstellung der erforderlichen Strukturpläne. Zur Unterstützung des Planungsamts sind aus Kreisen der Wirtschaft, Wissenschaft und Kunst Referate gebildet, die mit dem Hauptamt in engster Fühlung arbeiten. Von ihnen sei an dieser Stelle das Referat für die *Untergrundbauten Berlins* genannt, das seit Oktober für zwei von mir bestimmte Teilgebiete die erhaltenen Leitungen und Bauten unter der Erde feststellt, auf Erhaltungswürdigkeit wertet und den Wert kostenmäßig festlegt. Ich versuche mit Hilfe dieses Referats, zu exakten bildmäßigen Darstellungen und listenmäßiger Erfassung zu kommen. Ich hoffe, bis Ende Januar im Besitz geeigneter Vorlagen zu sein, die dann an die Bezirke abgegeben und zur gleichzeitigen Durchführung der Erhebungen in den Bezirken dienen werden. [...]

Gleiche Untersuchungen werden für den *Fern- und Nahverkehr* angestellt, wobei für den Nah-Berufsverkehr als Idealforderung die „verkehrslose Stadt" aufgestellt wurde.[10]

4.) Die *Entflechtung* und *Neu-Verflechtung* des Arbeits- und Siedlungsraumes.

Hierzu ein Wort über die *Bezirksplaner*. Den in den Bezirken tätigen Planern sind zunächst einige Bezirksplaner zur Verfügung gestellt, die aus der Privatwirtschaft entnommen als Privatarchitekten auf Grund besonderer Gebührenordnungen eingeschaltet [werden] und deren Kreis nach Bedarf vergrößert wird. Der Umfang des Arbeitsgebietes richtet sich nach der Stärke der Zerstörungen und nach der Masse der anfallenden Aufgaben. Sie sind so Pendant zu den Vertretern der Bauleiterbüros, die die reinen Aufbaumaßnahmen in den Bezirken als verlängerter Arm der Bezirks-Hochbauämter zu betreiben haben. Im Gegensatz zu ihnen, die Verwaltungskräfte sind und daher restlos in [die] städtische Verwaltung übernommen werden, sollen die Bezirksplaner Gestaltungskräfte sein.

Die Aufgabe, die ich den bereits eingesetzten Bezirksplanern stelle, ist zunächst die der *Strukturuntersuchung*, um zur Klarheit darüber zu kommen, wie es in den mehr oder weniger zerstörten, aber noch erhaltenen Wohn- und Arbeitsgebieten aussieht. Ich gehe dabei von der Voraussetzung aus, daß aus soziologischem Grund gerade den erhaltenen Stadtteilen, als umfangreichen wichtigen Bestandteilen des neuen Berlins, unsere größte Aufmerksamkeit und Anstrengung gebührt. Die Aufgaben der Bezirksplaner sind: Feststellung des Bestandes an Wohn- und

---

9 Vgl. zur Straßenverkehrsplanung Scharouns und des von ihm geleiteten Kollektivs von Stadtplanern im Hauptamt für Planung (Abteilung II) der Mag.abt. für Bau- und Wohnungswesen: Arbeits- und Wohnstadt, in: Berliner Zeitung, 10.4.1946, [S. 2]; Zwei Pläne zum Neuaufbau Berlins, in: Neues Deutschland, 15.5.1946, S. 4; Peter Friedrich: Lagebeziehungen und Verkehrsnetzgestaltung des neuen Berlin, in: Der Bauhelfer, Jg. 1 (1946), Nr. 11, S. 8–14; ders.: Das neue Berlin und sein Verkehr. Zur Frage der Verkehrsnetzgestaltung, in: Demokratischer Aufbau, Jg. 1 (1946), S. 134–137; Geist/Kürvers, S. 197, 205, 224–230 u. 233; Hanauske, S. 122 f.

10 Vgl.: Scharoun: Das Ideal einer Stadt ohne Berufsverkehr, in: Neue Bauwelt, Jg. 1 (1946), H. 1, S. 9.

gewerblichem Raum durch Wertermittlungen, um daraus z[um] B[eispiel] das Recht zu Entkernungen der Blöcke abzuleiten, Öffnung der Innenblöcke als Grün-Verkehrswege unter Berücksichtigung der sich daraus ergebenden Forderungen an das neue Bau- und Bodenrecht und unter Nutzung der vorhandenen Baulücken, Klassifizierung der Straßen nach Verkehrs- und Wohnstraßen, um auch auf diesem Gebiete – das sei besonders betont – wie auf allen anderen Gebieten aus dem *Schematismus* herauszukommen, der die Folge einseitiger Rechtsgrundlagen, in diesem Falle des alten Grundbesitzerrechtes, ist. Ich hoffe, bis Februar in den Besitz brauchbarer zeichnerisch und listenmäßig erfaßter Ergebnisse zu kommen, die dann verbindlich zu machen sind für die Untersuchungen in sämtlichen Bezirks-Restteilen. Die Arbeiten sind seit einigen Monaten im Gange. Widerstände aus der geistigen Orientierung sowohl der amtlichen Planer als auch der Bezirksplaner waren hierbei zu überwinden.

In diesem Zusammenhang ist auch auf die Vorarbeiten des *Referats für Baugesetzgebung* hinzuweisen, das die gesetzlichen Grundlagen für den Wiederaufbau schaffen soll. Die ersten Vorarbeiten bestanden in dem Entwurf einer Verordnung über Veränderungssperren, um zu verhindern, daß von dem beteiligten Grundbesitz in den Wiederaufbaugebieten Maßnahmen getroffen werden, die die spätere Verwirklichung der städtebaulichen Neuplanung erschweren oder verhindern würden. Die Verordnung hatte die Zustimmung des Magistrats gefunden; sie ist bisher von der Alliierten Kommandantur nicht bestätigt worden.[11] Das gleiche Schicksal hatte der Entwurf einer Verordnung über die Beschlagnahme von Baustoffen und Bauresten.[12] Beide Verordnungen haben zu zahlreichen interessanten Besprechungen mit der Alliierten Kommandantur geführt. Nachdem ich vor etwa 14 Tagen den Eindruck gewinnen konnte, daß der Verordnung über die Einführung von Veränderungssperren mit für uns unerheblichen Einschränkungen zugestimmt werden würde, hörte ich jetzt, daß mit einer schnellen Verabschiedung in der gewünschten Form doch nicht zu rechnen sein wird. Dies ist sehr bedauerlich und hängt wohl mit der allgemeinen Einstellung der Alliierten zum Programm des Wiederaufbaus von Berlin überhaupt zusammen, der aus politischen Gründen nicht erwünscht erscheint. (Nach neuesten Informationen soll der Verordnung, wenn auch mit einem Zusatz, doch zugestimmt werden.[13])

---

11 Die „Verordnung über Veränderungssperren zur Sicherung der Wiederaufbauplanung in Berlin" war Ende August 1945 vom Magistrat angenommen worden; vgl. das 18. Mag.prot. v. 27.8.1945, TOP 4. Sie ist aber nicht im VOBl. veröffentlicht und von der AK offenbar nicht genehmigt worden.

12 Die „Verordnung über Beschlagnahme von Baustoffen und Bauresten der durch Kriegsmaßnahmen oder durch das Naziregime zerstörten Gebäude in Berlin" war Mitte August 1945 vom Magistrat angenommen worden; vgl. das 16. Mag.prot. v. 13.8.1945, TOP 3 (Antrag f). Sie ist aber nicht im VOBl. veröffentlicht und von der AK offenbar nicht genehmigt worden. Vgl. auch das Rundschreiben der Mag.abt. für Bau- und Wohnungswesen v. 17.11.1945, betr. Winterfestmachung von Wohnungen, Krankenhäusern und Schulen – Inanspruchnahme von Baustoffen und Bauresten –, in: LAB(STA), Rep. 101, Nr. 234.

13 Vgl. Anm. 11 zu diesem Dok.

An weiteren Vorarbeiten des Referates für Baugesetzgebung ist der Entwurf einer Planungsordnung zu nennen.[14] Die Behebung der baulichen Kriegsschäden und die Schaffung von Heim- und Arbeitsstätten für die Bevölkerung ist eine Bauaufgabe größten Ausmaßes. Sie kann nur bewältigt werden, wenn außer der Bereitstellung von Arbeitskräften und Baustoffen das Bauen durch vorausschauende Planung vorbereitet und durch eine seinen Bedürfnissen angepaßte Ordnung des Bauwesens gefördert wird. Die Planungsordnung regelt die allgemeinen Vorschriften für die Bauleitplanung sowie für den Flächennutzungsplan, den Generalbebauungsplan und den eigentlichen Bebauungsplan als rechtsverbindliche Darstellung und Festsetzung der örtlichen Bauleitplanung. Der Entwurf der Planungsordnung wird schon alsbald verabschiedet werden können.[15]

Schon vor Monaten sollte mir die Planung verboten werden, und es bedurfte einer längeren Auseinandersetzung, um die Weiterführung gewisser planerischer Arbeiten gewährt zu bekommen. Dieses ist auch ein Grund dafür, daß es sehr schwierig oder unmöglich ist, über unsere wahren Absichten in der Öffentlichkeit zu berichten.[16]

Ferner ist eine Neuordnung im *Krankenhaus- und Schulbau* erforderlich, wofür ebenfalls Arbeiten in Vorbereitung sind, die die Unterlagen zu Unterhaltungen mit den entsprechenden Abteilungen bilden werden.

Zur *funktionellen* Seite des Stadtproblems ist zu sagen, daß ja bekannt ist, daß die Großstadt bevölkerungsmordend ist, daß die Belastung der Wirtschaft durch die Großstadt in bezug auf den Güter- und Personenverkehr etwa 30 % stärker ist als an anderen Orten und daß die Belastung durch die Durchführung des Straßenbaus sehr schwer ist. Verbesserungen ergeben sich aus der bevorzugt zu verwendenden Form des *Flachbaues* mit – wenn auch geringen – Gartenanteilen. Bei einer wünschenswerten durchschnittlichen Bevölkerungsdichte von 250 Menschen auf den ha, die der bisherigen Nutzung etwa in Bauklasse 3[17] entspricht, lassen sich auf

---

14 Dieser Entwurf ist vorhanden in: LAB(STA), Rep. 110, Nr. 1, Bl. 56–61.

15 Tatsächlich wurde das „Gesetz über die städtebauliche Planung für Groß-Berlin (Planungsgesetz)" erst vom zweiten Nachkriegsmagistrat am 10.4.1947 in der Stadtverordnetenversammlung eingebracht, die es am 20.9.1948 verabschiedete. Es trat, beschränkt auf den Westteil Berlins, am 7.9.1949 in Kraft. Vgl. hierzu: Hanauske, S. 138 f. u. 383.

16 Vom 22.8. bis 15.10.1946 zeigte die Mag.abt. für Bau- und Wohnungswesen im Weißen Saal des Berliner Schlosses die Ausstellung „Berlin plant. Erster Bericht". Vgl. hierzu das 69. Mag.prot. v. 12.8.1946, TOP 5; die Materialien in: LAB(STA), Rep. 110, Nr. 107 u. 684; Arbeitsstätten und Wohngebiete parallel, in: Tägliche Rundschau, 9.4.1946, S. 6; Ernst Barbknecht: Wiederaufbauplan entspricht den Forderungen der Gegenwart, in: Tägliche Rundschau, 24.4.1946, S. 6; Probleme um Berlins Neuaufbau. Die Planungen des Magistrats, in: Neue Zeit, 12.5.1946, S. 3; Die neue Stadt Berlin. Ein Gespräch mit Professor Hans Scharoun, in: Der Sozialdemokrat, 5.6.1946, S. 3; Das neue Gesicht Berlins, in: Berliner Zeitung, 7.6.1946, [S. 2]; Das künftige Berlin. Ein Vortrag von Prof. Scharoun, in: Neue Zeit, 7.6.1946, S. 3; 30 000 enttrümmern – 70 000 sollen aufbauen. Professor Scharoun über die geistigen Voraussetzungen für die Planung Berlins, in: Der Morgen, 7.6.1946, S. 3; Ein Blick in die Zukunft, in: Berliner Zeitung, 9.6.1946, [S. 2]; Berlin in der Zukunft. Professor Scharoun über die Pläne zum Aufbau Berlins, in: Tägliche Rundschau, 14.6.1946, S. 6; Geist/Kürvers, S. 180–221.

17 Nach § 7 der gültigen Bauordnung für die Stadt Berlin v. 9.11.1929 durften in Baugebieten der Bauklasse III nicht mehr als 30 % der Grundstücksfläche bebaut werden,

demselben Raum, wie die von uns aufgestellten Untersuchungen zeigen, Flachbauten mit Gartenanteilen herstellen. Das wird uns in die Lage versetzen, besonders die Wohngebiete nicht zonenplanmäßig, sondern nach neuen Gesichtspunkten aufzuteilen.

Die wichtigste Seite ist aber die *strukturelle* und *soziologische*. Zur letzteren erhebt sich die einfache Frage: Was bedeutet die Nominierung des *mittleren Lebensstandards*[18] für die Gestaltung der Stadt in bezug auf Wirtschaft und Wohnungen?

Um auf diese Frage eine konkrete Antwort zu geben, habe ich seit September ein *internationales Komitee* aus bei den Besatzungstruppen befindlichen Fachleuten aller Nationen zusammengebracht, das jeden Donnerstag in meinem Dienstraum auf gleichberechtigter Grundlage diskutiert.[19] Es kam mir darauf an, vom Technischen – d[as] h[eißt] von der städtebaulichen Seite her – eine Plattform für eine internationale Aussprache zu finden, und es kam mir besonders darauf an, Berlin wieder als Großstadt unter den übrigen Großstädten angesprochen zu wissen.

Das Programm, das vom Komitee angenommen wurde, steht zu diesen Formulierungen.

Die Aufgabengebiete umreißen

Die neue Wohnung und *Die neue Stadt.*

Als Grundaufgabe für die *neue Wohnung* wurde von uns die Vorlage eines industriemäßig herstellbaren Hauses verlangt, das – den Schätzungen des Komitees nach – in der Welt in etwa 100 Millionen Exemplaren gebraucht wird. Als uns zustehender Lebensstandard wurde eine Gebäudefläche von 65 qm ermittelt und dargestellt mit normalen Schlafgelegenheiten für 4 Personen und zusätzlichen Schlafgelegenheiten [für] bis zu 6 Personen. Als besonderes Merkmal dieses Hauses wurde der Einbau eines *Aggregates* verlangt, das – wie der Motor in einem Auto – die technischen Vorgänge wie Heizung, Warmwasserbereitung, Kühlung und Kühlschrank (oder Teile) speist. Die Entwicklung dieses Aggregates wurde einem Arbeitskreis, dem Mitarbeiter meiner Ämter und der Wirtschaft angehören, als Forschungsaufgabe überwiesen.

Von *englischer* Seite wurde als Betrachtungsgrundlage die englische Gartenstadtbewegung und die Maßnahmen zum Wiederaufbau Englands vorgelegt, von

---

wobei die Gebäude nicht mehr als drei Vollgeschosse haben durften. Die Bauordnung ist abgedruckt in: Amtsblatt der Stadt Berlin, Jg. 70 (1929), S. 1188 – 1246.

18 Im Potsdamer Abkommen vom 2.8.1945 hatten sich die drei großen Siegermächte des Zweiten Weltkriegs unter anderem darauf verständigt, die alliierte Kontrolle des deutschen Wirtschaftslebens nur in den Grenzen auszuüben, die sie als notwendig ansahen „zur Sicherung der Warenproduktion und der Dienstleistungen, die [...] wesentlich sind für die Erhaltung eines mittleren Lebensstandards in Deutschland, der den mittleren Lebensstandard der europäischen Länder nicht übersteigt". Zit. nach: Berlin. Quellen und Dokumente, 1. Halbbd., S. 88.

19 Vgl. zum Internationalen Komitee für Bau- und Wohnungswesen, das bis Mitte August 1946 tätig war, die entsprechenden Materialien in: Akademie der Künste (Berlin-Tiergarten), NL Scharoun; das 45. Mag.prot. v. 2.2.1946, TOP 6; Geist/Kürvers, S. 422 – 437.

französischer Seite zum Ausdruck gebracht, daß ein Verfall Deutschlands den Untergang Frankreichs und damit Europas bedeuten würde. Die *amerikanische* Auffassung baut sich auf vorwiegend technischen Errungenschaften und die *russische* auf Verwertbarkeit unserer Vorschläge für die russischen Verhältnisse auf.

Das Interesse, das die Arbeit dieses Komitees in weiteren Kreisen der Besatzungsmächte fand, hat mir die Förderung meiner Wünsche an [sic!] amtlichen Stellen in zahlreichen Fällen erleichtert. Genehmigungsanträge, um die Zusammenarbeit im Komitee offiziell zu gestalten, liegen in den verschiedenen Hauptstädten vor. Sobald die Entscheidungen da sein werden, werden sich unseren theoretischen Bemühungen praktische anschließen, die das Interesse und – hoffentlich – die Mithilfe der Alliierten steigern helfen. (Neuester Stand: Antrag des z[ur] Z[ei]t englischen Vorsitzenden des Internationalen Komitees an die Alliierte Kommandantur wegen Mittelbewilligung für Probebauten.)

Da bekanntlich die Berliner Produktion zum überwiegenden Teil der Deckung des eigenen Bedarfs diente, der Rest aber zu mehr als 50 % an die Provinz Brandenburg ging, bekam die Aufteilung der Provinz auf Grund der *Bodenreform*[20] auch für unsere Aufgabenstellungen Bedeutung. Hinzu kommt der organische Übergang von der Stadt in das Land. Die Stadt kann ja nicht als eine Insel im Meer existieren, darf sich nicht isolieren! Diese Erwägungen führten zur Bildung einer Gemeinschaftsarbeit zwischen der Landesverwaltung und der Stadt Berlin für *Strukturforschungen* in den Gebieten um Berlin.[21] Zu diesem Zwecke wurde das *Institut „Stadt-Land"* gebildet, das als Forschungsinstitut der TH angegliedert wurde.[22] Es soll so die Jugend, die an der TH unterrichtet wird, frühzeitig in die Aufgaben eingebaut werden, deren Durchführung ihr in den nächsten Jahrzehnten obliegen wird. (Ähnliche Abreden sind mit der Leitung der *Baugewerkschule* getroffen, der ebenfalls Aufgaben aus der Praxis, d[as] h[eißt] Aufgaben aus dem Wiederaufbau, als Lernstoff gegeben wurden.) Die Ergebnisse der Forschungen des Instituts „Stadt-Land" werden an die Landesplaner der Provinz bzw. der Stadt Berlin zur Verarbeitung abgegeben. Die Landesplaner der Provinz und der Stadt stimmen sodann ihre Arbeiten aufeinander ab.[23]

---

20 Vgl. zu der seit der ersten Septemberhälfte 1945 in der sowjetischen Besatzungszone durchgeführten Bodenreform: Berlin. Kampf um Freiheit, S. 166, 181, 283 f. u. 297; P. Hermes, passim; Hurwitz: Die Eintracht der Siegermächte, S. 71 f.; Schlegelmilch: Hauptstadt im Zonendeutschland, S. 280 – 289; Norman M. Naimark: The Russians in Germany. A History of the Soviet Zone of Occupation, 1945 – 1949, The Belknap Press of Harvard University Press, Cambridge (Massachusetts)/London 1995, S. 142 – 144 u. 150 – 154.

21 Vgl. das entsprechende Übereinkommen zwischen der Provinzialverwaltung Mark Brandenburg und dem Magistrat der Stadt Berlin v. 27.9.1945, in: Akademie der Künste (Berlin-Tiergarten), NL Scharoun, Mappe Mag 3/2.

22 Die Technische Hochschule (TH) in Berlin-Charlottenburg wurde seit dem 9.4.1946 als „Technische Universität" bezeichnet; siehe: Berlin. Kampf um Freiheit, S. 411. Vgl. zum Institut „Stadt-Land" ein Schreiben dieser Universität an Scharoun, in: Akademie der Künste (Berlin-Tiergarten), NL Scharoun, Mappe Mag 2/13; ferner verschiedene Schreiben in: a.a.O., Mappe Mag 1/15.

23 Mitte August 1946 beschloß der Magistrat die Gründung einer Studiengesellschaft für Kulturlandschaftsplanung; vgl. das 70. Mag.prot. v. 17.8.1946, TOP 3.

Praktisch durchzuführen ist zunächst die verwaltungsmäßige Aufgabe der *Winterfestmachung* der Wohnungen; anschließend sind leichtere Schäden zu beheben. Dies ist der Wunsch der Alliierten, den wir an erster Stelle auch deswegen zu erfüllen haben, um das kostbarste Gut – den Menschen – möglichst gut über den Winter zu bringen. Als weitere *gestalterische* Aufgabe im Sinne des *Energie-Politischen* – darauf habe ich die Alliierten wiederholt hingewiesen – ist vom *Einsatz der menschlichen Arbeitskraft* auszugehen, d[as] h[eißt], es sind statistisch und planmäßig die vorhandenen Kräfte zu erfassen und sie den vorhandenen oder neu zu schaffenden Produktionsmöglichkeiten von Raum und Leistung her anzupassen. Die auf dem Bausektor getätigten *Umschulungen* bilden nur einen kleinen Ausschnitt dieses Programms. Ich begrüße die Initiative des Herrn *Jendretzky*, das Umschulungsproblem von einer sehr hohen Warte aus zu sehen und für den Wiederaufbau Berlins bewußt einzusetzen (siehe Magistratsbeschluß, der am 7.1.46 gefaßt wurde[24]).

Die Umschulungsmöglichkeiten finden ihre Begrenzung in dem voraussichtlich zur Verfügung stehenden Material. Dies gilt insonderheit für den Bausektor. Ferner sind hochwertige Maschineneinsätze zur Zeit nicht möglich, d[as] h[eißt], Hand und Geist sind neu aufeinander abzustimmen, Vereinfachungen brauchen nicht Verarmungen zu sein, sie können völlig neue Wege beschreiten. Von den – nach dem heutigen Bevölkerungsstande – etwa 1,7 Millionen Menschen, die arbeiten müssen, können erhebliche Teile nicht mehr Beschäftigung in ihrem alten Beruf finden. Es sind deswegen z[um] B[eispiel] Erhebungen im Gange und Pläne aufgestellt, die die Unterbringung größerer Teile in *Gärtner-Siedlungen* ermöglichen sollen. Lösungen – von der individuellen bis zur genossenschaftlichen Form – werden demnächst zur Vorlage gebracht werden.[25] Die Pläne hierzu werden von den Hauptämtern für Planung und Grünplanung im Benehmen mit den interessierten Kreisen aufgestellt. Es handelt sich dabei im Augenblick um die Teilbebauung des *Tegeler Schießplatzes*[26], des *Tegeler Fließes*[27] und um die Gärtner-Siedlung *Buckow-West*.

Weitere *Struktur-Untersuchungen* werden im Benehmen mit den Referaten „City", „Block Ritterstraße", „Herbergswesen" usw. getätigt.

Das Hauptamt für *Planung – Grünplanung –* bearbeitet neben den *Boden-Güteplänen* zusammen die Grünflächen einschl[ießlich] der *Begrünung der Spree*. Die Grünanlagen sollen in Verbindung zu den im Nordwesten, Südwesten und Südosten gelegenen zusammenhängenden Waldgebieten kommen.[28] Ein nördlicher Ausläufer wird im Zusammenhang mit der Panke gebildet werden. Die bereits

---

24 Vgl. das 40. Mag.prot. v. 7.1.1946, TOP 4.
25 Vgl.: Geist/Kürvers, S. 191 f. u. 215 f.
26 Vgl. hierzu die entsprechenden Materialien in: LAB(STA), Rep. 102, Nr. 37, Bl. 69, u. Rep. 110, Nr. 106 u. 805; die Mag.vorlage Nr. 73 v. 28.1.1947, in: LAB, Rep. 228, Mag.vorlagen 1947; Schießplatz wird beackert, in: Neue Zeit, 21.3.1946, S. 3; Kleinsthäuser werden gebaut. Parzellen auf dem Schießplatz, in: Der Morgen, 22.3.1946, S. 3; Geist/Kürvers, S. 192; ferner das Prot. der Konferenz der Bezirksbürgermeister am 17.1.1946, TOP 3, in: LAB, Rep. 280, Nr. 3845.
27 Vgl.: Tegeler Fließ wird Kulturland, in: Der Morgen, 7.4.1946, S. 7; Tegeler Fließ, in: Neue Zeit, 1.5.1946, S. 3; Geist/Kürvers, S. 191.
28 Vgl.: Geist/Kürvers, S. 191 u. 215.

ausgeführten Arbeiten an diesem Auslaufpark beruhen auf meinen Anregungen und Plänen aus den Jahren 1930–1933.

Die zeitnahen Aufgaben des Hauptamtes für Grünplanung sind die Mitarbeit bei der *Nutzbarmachung aller geeigneten Flächen* für den Anbau von Gemüsen und Hackfrüchten[29] und das Aufräumen und Herrichten aller nicht für den Anbau von Gemüse geeigneten Flächen.

An dringendsten *Friedhofs-Bauvorhaben*[30] sind in Arbeit: der Friedhof in Zehlendorf[31], Pankow-Schönholz[32], Blankenfelde, Buckow-West; Platzerhebungen für Friedhöfe in Charlottenburg, für den Südosten und [den] Zentral-Friedhof Lichtenberg. Aus verschiedenen praktischen und psychologischen Erwägungen heraus sind wir der Meinung, daß statt weniger Zentral-Friedhöfe eine größere Anzahl Einzelfriedhöfe in den neu zu schaffenden Grüngürtel einzuordnen sind.

Weitere Aufgaben für das Amt für Grünplanung sind das *Kleingartenwesen*, die Vorarbeiten für ein *Mutterboden-Schutzgesetz*[33] und die Erweiterung und Neuanlage von *Krematorien*. Die Durchsetzung der Stadt mit großräumigen Grünanlagen gestattet auch eine andere Einordnung der Krankenhäuser und Hochschulen, als sie früher geplant war. Sie brauchen nicht mehr, um das Grün zu gewinnen, verkehrsschwierige Plätze an der Peripherie zu suchen, sondern können dem Stadtorganismus eingefügt werden und trotzdem im Grünen liegen.

Aus dem Voraufgegangenen bitte ich zu entnehmen, daß die Stadtplanung nicht dort aufgenommen werden kann, wo sie 1933 abgebrochen wurde. Sie entwickelt sich nicht mehr *von der Straße und vom Verkehr* her, sondern aus der Energiepolitik und in zweiter Linie vom Raum her.

Als in Arbeit befindliche Einzellösungen seien noch genannt: das Bauprojekt *Unter den Linden*, die nicht mehr Durchgangsstraße sein dürfen, gewissermaßen Rennbahn, sondern durch Herausnahme des Verkehrs befriedet und zu einer stillen Schaustraße zurückgeführt werden sollen. Ähnliches gilt für das Bauvorhaben „*Leipziger Straße*"[34]. Sie soll wieder eine ruhige Kaufstraße werden mit Kolonnaden und mit – den Straßenlauf zäsierenden – Ruheplätzen, an denen Erfrischungsstätten liegen und die begrünt werden sollen. Diese Plätze sollen dort gewonnen werden, wo dies durch totale Zerstörung möglich ist. Ähnliches gilt für die historischen Plätze,

---

29 Mitte Oktober 1945 hatte der Magistrat eine „Verordnung über den Anbau von Gemüse und Hackfrüchten auf den im Stadtgebiet Berlin liegenden privaten Grundstücken" beschlossen, die am 12.1.1946 in Kraft trat. Vgl. das 26. Mag.prot. v. 15.10.1945, TOP 7; VOBl., Jg. 2 (1946), S. 7 f.

30 Vgl. zur Erweiterung und Instandsetzung von Berliner Friedhöfen die Materialien in: LAB(STA), Rep. 110, Nr. 170–172; Neue Grabmal- und Friedhofskultur. Ein Arbeitsgebiet des Hauptamtes für Grünplanungen, in: Neue Zeit, 25.11.1945, S. 4.

31 Hier ist vermutlich der erst nach dem Kriegsende 1945 angelegte Waldfriedhof Zehlendorf, Potsdamer Chaussee 75–77, gemeint. Vgl.: Erika Müller-Lauter: Grabmäler in Berlin IV. Exempel: Die Friedhöfe im Bezirk Zehlendorf, Berlin [West] 1985 (Berliner Forum 9/85), S. 138–140.

32 Vgl. hierzu das 46. Mag.prot. v. 16.2.1946, TOP 9.

33 Mitte April 1946 beschloß der Magistrat eine „Verordnung zum Schutze der Muttererde"; vgl. das 54. Mag.prot. v. 17.4.1946, TOP 3.

34 Vgl. hierzu das 50. Mag.prot. v. 16.3.1945, TOP 8 (Scharoun).

wie den *Gendarmenmarkt*, den *Leipziger Platz* und den *Belle-Alliance-Platz*[35], die mit dem Heimatgefühl des Berliners eng verknüpft sind. Ferner die *Nikolai-* und die *Marienkirche*, die – auf Sanddünen gelegen – den Kern der ursprünglichen Siedlung bildeten.

Am Rande behandelt seien die Leistungen des Hauptamtes für *Vermessung*, für *Bauordnungswesen* und für *Wohnungswesen*[36]. In das Hauptamt für Vermessung wurden inzwischen die Kataster-Ämter eingegliedert.[37] Das Vermessungsamt arbeitet mit an dem Schadensplan und vor allem an den Ergänzungen der Stadtpläne, die für den Neudruck auf den neuesten Stand gebracht werden müssen.

Als gestalterische Aufgabe des Hauptamtes für *Bauordnungswesen* sei die Mitarbeit an der Änderung und Neuaufstellung der Bauordnung erwähnt.

Die Bauordnung wird einer völligen Wandlung unterzogen. Diese wird vor allem auf dem Sonneneinfall basieren, d[as] h[eißt] auf der Mindestforderung, daß jeder Raum während 8 Monaten des Jahres Sonne haben muß. Eine zweite grundsätzliche Forderung ist die der wahlweisen Bebaubarkeit der Grundstücke nach kubischem Inhalt statt der Begrenzung nach Fläche und Zonenklassifizierung.[38]

[...][39]

Abschließend darf ich sagen, daß die besondere Lage Berlins zunächst zu *grundsätzlichen* Klärungen nötigt. Die Stärke des alten Berlins beruhte auf seiner Zentralstellung als Verwaltungs- und Wirtschaftsstadt. Die *Beziehungen* zwischen Wirtschaft und Verwaltungen, die Bedeutung Berlins als *Schaufenster* für viele Industriezweige Deutschlands, die Vorrangstellung auf dem Gebiete der Elektrotechnik, des Radios, des Films, der Konfektion usw. spielten eine erhebliche Rolle. Was endgültig für Berlin verbleiben wird, liegt voll im Dunkeln.

Ein Gesamt-*Wettbewerb* über den Wiederaufbau Berlins würde heute und auch in näherer Zukunft damit jeder realen Grundlage entbehren, aber auf Grund

---

35 Mitte Februar 1946 beschloß der Magistrat, den Belle-Alliance-Platz im Bezirk Kreuzberg in Franz-Mehring-Platz umzubenennen; vgl. das 46. Mag.prot. v. 16.2.1946, TOP 12.
36 Vgl. den Bericht u. die Diskussion über das Wohnungswesen im 42. Mag.prot. v. 19.1.1946, TOP 4.
37 Vgl. das 24. Mag.prot. v. 1.10.1945, TOP 3 (Übernahme der Katasterämter).
38 Vgl. zur Regelung der baulichen Ausnutzung von Grundstücken die sogenannten städtebaulichen Vorschriften in den §§ 6 bis 9 der gültigen Bauordnung für die Stadt Berlin v. 9.11.1929, in: Amtsblatt der Stadt Berlin, Jg. 70 (1929), S. 1191 – 1198. – Bis zur verwaltungsmäßigen Spaltung der Stadt Ende 1948 kam keine neue Bauordnung für Berlin zustande. Erst im Jahr 1958 traten unterschiedliche neue Bauordnungen im Ost- und Westteil Berlins in Kraft. Vgl. hierzu: Otto Jaeckel: Die Bauordnungen für Berlin und für die ehemaligen Vororte von Berlin, in: Berlin und seine Bauten. Teil II: Rechtsgrundlagen und Stadtentwicklung, Berlin/München 1964, S. 10 – 28 (insb. S. 10 u. 27 f.). Anfang Juni 1946 beschloß der Magistrat einen Nachtrag 29 zur Bauordnung von 1929, mit dem das Maß der möglichen baulichen Ausnutzung von Grundstücken für bestimmte Fälle vermindert werden sollte; vgl. das 60. Mag.prot. v. 5.6.1946, TOP 5. Dieser Nachtrag trat aber in einer abgeänderten Fassung v. 6.10.1949 erst am 22.10.1949 und nur in West-Berlin in Kraft; siehe: VOBl., Jg. 5 (1949), Teil I, S. 369 f.
39 Hier wird im Original der Hinweis auf einen Bericht des Leiters des Hauptamts für Aufbau-Durchführung, Karl Böttcher, gegeben. Vgl. hierzu Dok. 59, Anm. 29 u. 51.

der eingeleiteten und durchgeführten Analysen sind in Kürze die Herausgabe einer Anzahl Teilwettbewerbe für erfaßbare Aufgaben durchaus möglich und vorgesehen.[40]

Der Begriff „*Die neue Stadt*", für den wir jahrzehntelang vorgearbeitet haben, wird sich jeder möglichen Entwicklung der Wirtschaft anpassen können. Er muß aber auch eingesetzt werden, um Berlin die ihm gebührende Stellung unter den Weltstädten zurückzuerobern. Denn da die gleichen Probleme, die uns bedrängen, auch Städte wie London, Paris und Moskau angehen, muß die ablehnende Haltung der Alliierten gegenüber dem Wiederaufbau Berlins durch die interessierte Mitarbeit aus Fachkreisen der Besatzungsmächte paralysiert werden. Die *Neugierde* ist geweckt, sie muß und kann dahin gelenkt werden, das Problem „*Die neue Stadt*" *am Exempel Berlin* zu studieren. Auch das sehe ich als den Sinn meiner Aufgabe an neben der verwalterischen und zeichnerischen Arbeit durch meine Büros.

Berlin, den 23. Dezember 1945[41].

Professor S c h a r o u n

---

40 Parallel zur Ausstellung „Berlin plant. Erster Bericht" (vgl. Anm. 16 zu diesem Dok.) führte die Mag.abt. für Bau- und Wohnungswesen einen Wettbewerb durch, in dessen Rahmen sich Laien und Fachleute zu stadtplanerischen und bautechnischen Fragen äußern konnten. Der Wettbewerb wurde zum 20.8.1946 ausgeschrieben, Einsendeschluß für entsprechende Arbeiten und Vorschläge war der 15.10.1946. Vgl. hierzu das 69. Mag.prot. v. 12.8.1946, TOP 5, u. das 70. Mag.prot. v. 17.8.1946, TOP 3, u. das 73. Mag.prot. v. 7.9.1946, TOP 6 (Scharoun); Geist/Kürvers, S. 218.

41 Vgl. zur Datierung: Anm. 1 zu diesem Dok.

Dok. 61
41. Magistratssitzung vom 14. Januar 1946

LAB(STA), Rep. 100, Nr. 767, Bl. 15 – 20. – Umdruck.[1]

Beginn: 10.12 Uhr   Schluß: 14.15 Uhr

Anwesend: Dr. Werner, Maron, Schwenk, Lange, Dr. Landwehr, Orlopp, Pieck, Dr. Siebert, Klimpel, Dr. Düring, Scharoun, Böttcher, Dr. Redeker, Dr. Schellenberg, Dr. Haas, Dusiska, Grüber, Jirak, Kraft, Dr. Focke, Winzer, Jendretzky, Rumpf, Dohmen, Dr. Mittag, Dr. Müller[2] (Wohnungsamt).[3]

Tagesordnung: 1. Protokoll
2. Personalien
3. Finanzen
4. Bau- und Wohnungswesen
5. Volksbildung
6. Rechtsabteilung
7. Allgemeines.

Den Vorsitz führt: Oberbürgermeister Dr. Werner.

1. PROTOKOLL
Dr. Landwehr äußert den Wunsch, die Protokolle etwas frühzeitiger zugestellt zu bekommen.
BESCHLUSS: Die Beschlußfassung über die Niederschrift vom 7.1.46 wird vertagt, da einige Magistratsmitglieder nicht rechtzeitig in ihren Besitz gekommen sind.

2. PERSONALIEN
Dr. Werner verliest ein *Dankschreiben* von Herrn *Wilhelm Pieck* für die Verleihung des Ehrenbürgerrechts[4] sowie ein *Dankschreiben* des Bischofs von Berlin, *Graf von Preysing*, für die ihm durch den Oberbürgermeister ausgesprochenen Glückwünsche anläßlich seiner Erhebung zum Kardinal[5].

---

1 Weitere Umdruckexemplare dieses Protokolls sind vorhanden in: LAB(STA), Rep. 100, Nr. 752, lfd. S. 11 – 22; LAB, Rep. 228, Mag.protokolle 1946, u. Rep. 280, Nr. 8501/2.
2 Dr. Werner Müller, Generalreferent und Justitiar in der Mag.abt. für Bau- und Wohnungswesen.
3 In der Anwesenheitsliste ist Georg Herrmann, Leiter des Hauptamts für Wohnungswesen in der Mag.abt. für Bau- und Wohnungswesen, nicht aufgeführt, der im Text des Protokolls (TOP 4) als Redner genannt wird.
4 Vgl. das 39. Mag.prot. v. 30.12.1945, TOP 2.
5 Vgl.: Berlin beglückwünscht seinen Kardinal, in: Neue Zeit, 5.1.1946, S. 3; Kardinal Preysing. Seine Ernennung eine Anerkennung für Berlin, in: Neue Zeit, 6.1.1946, S. 2; das 48. Mag.prot. v. 4.3.1946, TOP 8; Dok. 36, Anm. 3.

3. FINANZEN

Dr. Siebert erstattet *Bericht* über den finanzpolitischen Ablauf des Vierteljahrs Oktober bis Dezember 1945 nebst einem Überblick über die ganze bisherige *finanzpolitische Entwicklung* seit dem 1. Juni 1945.[6] Aus den Darlegungen ergibt sich, daß es in verhältnismäßig kurzer Zeit gelungen ist, von einem Defizit von durchschnittlich 45 Millionen RM pro Monat auf 10 bis 15 Millionen herunterzukommen. Die eigentlichen Schulden der Stadt aus der Inanspruchnahme von Krediten betragen 140 Millionen RM, die abgedeckt werden sollen durch Bereinigung der Steuerrückstände aus der Zeit vor der Okkupation. Das Bestreben des Stadtkämmerers geht dahin, die Schulden aus Aufkäufen von Nahrungsmitteln im britischen und amerikanischen Besatzungsgebiet nach Möglichkeit auszugleichen.

Der Redner gibt weiter ein kurzes Bild über die *Entwicklung der Steuern*, das Aufkommen aus der Umsatzsteuer, der Lohnsteuer, der Veranlagtensteuer, der Körperschaftsteuer, der Rennwettsteuer sowie der Grund- und Gebäudesteuer und der Gewerbesteuer.[7] Zusammenfassend läßt sich sagen: Die Entwicklung der Steuern in den drei Monaten Oktober bis Dezember 1945 ist von 33 1/2 Millionen RM auf 55 Millionen RM auf 66 1/2 Millionen RM gegangen. Entsprechend diesem Bild muß der Generaldeckungsplan, der für die nächsten drei Monate vorgesehen war, abgeändert werden.[8] Es werden statt der vorgesehenen Steuereinnahmen von 118 Millionen jetzt 183 3/4 Millionen veranschlagt. Das vorgesehene Defizit von 87 Millionen verringert sich aller Wahrscheinlichkeit nach auf 21 1/2 Millionen. Dabei ist aber mit Unsicherheitsfaktoren auf dem Gebiete der Ernährung und auf dem Gebiet der Wohlfahrtsausgaben zu rechnen. Darum müssen bis zum 31. März in den Verwaltungsbezirken die Zügel weiter straff angespannt bleiben. Jede unnötige Ausgabe muß streng vermieden werden. Nur so wird es sich erreichen lassen, daß vom 1. April ab das Defizit aus dem Etat verschwindet.

Eine von alliierter Seite angeregte Erhöhung der Umsatzsteuer hält der Redner nicht für zweckmäßig, weil wegen des Charakters dieser Steuer und wegen ihrer Abwälzbarkeit auf die Konsumenten dadurch die Kalkulationsgrundlagen und das Preisgefüge zu sehr erschüttert würden. Er habe deshalb die Besatzungsmächte gebeten, von dem Plan Abstand zu nehmen, und er bitte den Magistrat um sein Einverständnis nach dieser Richtung.

BESCHLUSS: Der Magistrat nimmt von dem Bericht des Stadtkämmerers Kenntnis und erklärt sein Einverständnis mit der ablehnenden Haltung gegenüber einer Erhöhung der Umsatzsteuer.[9]

---

6 Vgl. hierzu die entsprechenden Zahlenübersichten in: LAB(STA), Rep. 101, Nr. 620, Bl. 135 – 141; das Schreiben Sieberts an das Finanzkomitee der AK v. 25.1.1946, betr. Rechnungsabschluß der Stadt Berlin für das Vierteljahr Oktober/Dezember 1945, in: LAB(STA), Rep. 101, Nr. 61; das 29. Mag.prot. v. 5.11.1945, TOP 2; die Protokolle der Konferenzen der Bezirksbürgermeister am 11.1.1946, TOP 2, u. am 25.4.1946, TOP 3, in: LAB, Rep. 280, Nr. 3844 u. 3855.

7 Vgl. zur Entwicklung der Steuereingänge bis zum November 1945 das 37. Mag.prot. v. 17.12.1945, TOP 3 (Siebert), und zum Steueraufkommen im ersten Halbjahr 1946 das 79. Mag.prot. v. 12.10.1946, TOP 4 (Haas); allgemein zum Steueraufkommen in Berlin im Jahr 1945: LAB(STA), Rep. 105, Nr. 6012.

8 Vgl. zum Etat für das erste Quartal 1946 das 32. Mag.prot. v. 30.11.1945.

9 Mit seinem Gesetz Nr. 15 v. 11.2.1946 erhöhte der Alliierte Kontrollrat die bisherigen Umsatzsteuersätze mit Wirkung vom 1.1.1946 um 50 %. Das Gesetz wurde veröffentlicht

Dr. Siebert bittet den Magistrat ferner um Einverständnis mit folgendem Verhalten. Durch die ihm unterstellte Abteilung *Liegenschaften*[10] hat die Finanzabteilung des Magistrats eine Kontrolle über den Grundstücksmarkt. Es erscheint zweckmäßig, jeden Quadratmeter Boden zu kaufen, der gekauft werden kann.[11] Der Redner bittet, ihn zu ermächtigen, Verhandlungen nach der Richtung zu führen und zum Abschluß zu bringen. Über abgeschlossene Käufe wird dem Magistrat Kenntnis gegeben werden.

BESCHLUSS: Der Magistrat erteilt dem Stadtkämmerer die erbetene Ermächtigung.

Orlopp fragt, inwieweit der Magistrat in der Lage sei, Grundstücke und Hausbesitz von aktiven Nazis zu erwerben.

Dr. Siebert erwidert, vorläufig könne es sich nur um ein Verwalten dieses Eigentums handeln, nicht um einen Erwerb. In der sowjetischen Zone wird die Angelegenheit so behandelt, daß den Bezirksämtern die Verwaltung solcher Grundstücke von den Sowjetbehörden übertragen wird. Die Tendenz wird später dahin gehen, das zu erwerben, was notwendig ist.

Maron lenkt im Anschluß an den Bericht des Stadtkämmerers die Aufmerksamkeit auf die *Gehaltspolitik der Stadt*. In den Kreisen der Angestellten, namentlich der jüngeren, herrscht eine gewisse Mißstimmung über die niedrigen Sätze, die jetzt gezahlt werden. Der Magistrat hatte seinerzeit eine andere Gehaltsordnung vorgeschlagen, bei der die unteren Gehälter zu Lasten der oberen heraufgesetzt wurden.[12] Diese ist abgelehnt worden. Es wurde angeordnet, daß die Stadt die TO.A anwenden müsse,[13] die eine Begünstigung der Angestellten vorsieht, die ein höheres Lebensalter haben, während die jüngeren sehr schlecht dabei fahren. Angesichts der heutigen Finanzlage sollte man nach Ansicht des Redners versuchen, bei der Alliierten Kommandantur wieder eine Änderung in der Gehaltsordnung herbeizuführen. Finanzabteilung und Personalabteilung müßten dabei gemeinsam vorgehen.

---

in: Amtsblatt des Kontrollrats in Deutschland, Nr. 4 (28.2.1946), S. 75 f.; Der Alliierte Kontrollrat, S. 26–28; VOBl., Jg. 2 (1946), S. 52 f. Vgl. hierzu das 48. Mag.prot. v. 4.3.1946, TOP 3.

10 Hier ist wohl das Hauptamt für Vermögensverwaltung und Finanzaufsicht in der Finanzabteilung gemeint, dem unter anderem die Berliner Stadtgüter, die Berliner Stadtforsten und die städtische Grundstücksverwaltung unterstanden.

11 Vgl. hierzu auch das Prot. der Konferenz der Bezirksbürgermeister am 23.11.1945, TOP 2, in: LAB, Rep. 280, Nr. 3841; das 45. Mag.prot. v. 2.2.1946, TOP 10.

12 Vgl. das 14. Mag.prot. v. 30.7.1945, TOP 3 (Besoldungsordnung).

13 Mit BK/O (45) 43 v. 27.8.1945 hatte die AK Vorschriften zur Lohngestaltung erlassen; insbesondere hatte sie angeordnet, die vor der Besetzung geltenden Lohnvorschriften und Tarifordnungen aufrechtzuerhalten bzw. in Kraft zu setzen. Vgl. hierzu das 18. Mag.prot. v. 27.8.1945, TOP 3 (insb. Anm. 13 u. 15), u. das 32. Mag.prot. v. 30.11.1945; das Prot. der 7. Juristenbesprechung [Juristen der Mag.abteilungen u. der Bezirksämter] am 20.11.1945, Anlage 7 u. 8, in: LAB(STA), Rep. 113, Nr. 240; das Prot. der Konferenz der Bezirksbürgermeister am 23.11.1945, TOP 2 (Schmidt), in: LAB, Rep. 280, Nr. 3841; vgl. zur Tarifordnung A (TO.A) für die Angestellten: Dok. 47, Anm. 5. In einer Sitzung der Berliner Bezirksleitung der KPD am 20.12.1945 war diese Tarifordnung als „untragbar" kritisiert worden; vgl. das entsprechende Prot., S. 5, in: SAPMO-BArch, BPA, I/2/016.

Auch wegen der Frage der Rentenzahlung und der Pensionen bestehe eine starke Unruhe unter den Arbeitern und Angestellten, die sich namentlich unter der Belegschaft der BVG bemerkbar mache[14]. Der Redner hat sich bemüht, nach dieser Richtung hin schon bestimmte Maßnahmen vorzubereiten, und bittet das Hauptamt für Sozialwesen und die Finanzabteilung, auch dieser Angelegenheit erhöhte Aufmerksamkeit zu schenken und entsprechende Vorschläge auszuarbeiten.

Jendretzky weist ebenfalls auf die Mißstimmung hin, die über die *Ungerechtigkeiten der TO.A* (Tarifordnung der Angestellten) besteht und die kürzlich in einer Versammlung der Angestellten der Stadt im Bezirk Schöneberg drastisch zum Ausdruck gekommen sei. Aus Besprechungen mit dem alliierten Komitee für Arbeit habe er den Eindruck gewonnen, daß man dort begründeten Anträgen auf Änderung bestimmter Positionen der TO.A nicht ablehnend gegenüberstehen würde. Die jetzt geltende TO.A stehe in der Tat mit den heutigen Zeitverhältnissen nicht mehr im Einklang. Er schlage vor, daß die Abt[eilung] für Personalfragen und Verwaltung gemeinsam mit der Abt[eilung] für Arbeit und der Abt[eilung] für Finanzen eine Überprüfung der TO.A vornehme und Richtsätze für eine Neuordnung der Gehaltsstufen aufstelle, die dem alliierten Komitee für Arbeit zuzuleiten wären.

Der Redner wendet sich weiter gegen gewisse Maßnahmen des Preisamts[15]. Dort scheine keine Verbindung mit dem Leben zu bestehen, wenn Anträge verhandelt werden könnten über eine 120%ige Erhöhung des Stundensatzes für Reparaturschuhmacher.

Dr. Siebert ist überzeugt, daß von irgendeinem Zeitpunkt ab eine andere Besoldung eingeführt werden muß. Bis dahin müssen die Härten der jetzigen Regelung überbrückt werden. Bisher hat die Abt[eilung] für Personalfragen und Verwaltung mit ihren Hemmungen die Finanzpolitik der Stadt stark unterstützt und damit zu der jetzigen günstigen Finanzlage beigetragen. Es wäre gut, wenn noch bis zum 1. April eine Erhöhung der Personalausgaben hintangehalten werden könnte. Bis dahin könnte die notwendige Änderung der TO.A vorbereitet werden.

Winzer befürchtet, daß man die Neuregelung nicht mehr solange hinziehen könne. Die Unzufriedenheit sei zu groß. Die TO.A in ihrer jetzigen Gestalt verhindert eine wirkliche Erneuerung unserer Verwaltung. Das sollte man auch den Alliierten deutlich sagen. Es sei politisch unhaltbar, daß jeder alte Beamte, der schon vor Hitler und unter Hitler gedient hat, bei gleichen Leistungen bedeutend besser bezahlt wird als ein Antifaschist, der im Kampfe gegen das verruchte System gestanden hat. Es ist ein Irrsinn, die Kriegsjahre unter Hitler anderthalbfach anzurechnen.

Orlopp ist der Meinung, daß grundsätzlich eine andere Tarifordnung anstelle der TO.A eingeführt werden muß. Die TO.A war von vornherein schon ungerecht, weil sie der staatlichen Beamtenbesoldung angepaßt wurde, die in erster Linie auf die höheren Beamten zugeschnitten war, bei denen die Heirat und Gründung eines Hausstandes erst im höheren Lebensalter erfolgen konnte. Schon damals sind ähnliche Kämpfe wie heute um diese Gehaltspolitik ausgefochten worden. Man soll heute ernstlich eine Tarifordnung für Angestellte verlangen, die sich an das anlehnt, was der Magistrat anfangs schaffen wollte.

Eine etwaige Regelung der Frage der Pensionäre kann nicht für die städtischen Betriebe gesondert getroffen werden, sondern muß zugleich für die gesamte Arbeitnehmerschaft einheitlich erfolgen.

---

14 Vgl. hierzu das 33. Mag.prot. v. 3.12.1945, TOP 8 (Schellenberg).

15 Vgl. zur Errichtung des Preisamts das 14. Mag.prot. v. 30.7.1945, TOP 4.

Pieck stimmt den Auffassungen von Winzer und Jendretzky über die TO.A durchaus zu und erinnert daran, wie es zu dieser Regelung gekommen ist. Seinerzeit wurde in aller Eile vom Magistrat eine Gehaltsordnung für die Angestellten geschaffen und zur Genehmigung eingereicht.[16] Es kam statt dessen die TO.A.[17] Es wurde versucht, aus ihr herauszuholen, was herauszuholen war. Durch die große Anzahl von jungen unverheirateten Angestellten sind die starken Unterschiede gegenüber den älteren verheirateten Angestellten mit Kindern besonders hervorgetreten. Empfindlich wirkte dazu noch der doppelte Steuerabzug, der in manchen Fällen bis zu 50 % geht. Es kamen von allen Seiten Anträge auf höhere Einstufungen und höhere Amtsbezeichnungen. Hier mußte mit Recht gebremst werden.

Es ist wiederholt versucht worden, gegen die TO.A Sturm zu laufen, doch hat man bisher keine Gegenliebe für eine Änderung gefunden. Wenn Stadtrat Jendretzky glaubt, daß heute eine solche Möglichkeit besteht, sollte man sie sofort ausnutzen. Eine weitere Angelegenheit würde dann im Interesse der Entlastung der Finanzen die Einführung einer Kontrolle sein mit dem Ziel, Personalkürzungen vorzunehmen, die bisher in den Verwaltungsbezirken noch nicht in genügendem Maße durchgeführt worden sind.

Klimpel verweist auf die großen Schwierigkeiten, die er in seiner Abteilung auf diesem Gebiet zu überwinden hatte. Das betrifft insbesondere den Stellenplan. Leute, die draußen im Wirtschaftsleben etwas geleistet haben, kann man nicht in einen solchen Stellenplan pressen. Tüchtige Leute, die man gerade auf dem Ernährungsgebiet braucht, lassen sich bei diesem System schwer halten. Deswegen wäre es zu begrüßen, wenn für Berlin eine eigene Tarifordnung geschaffen werden könnte.

Jirak betont die Schwierigkeiten, bei den jetzigen Gehaltssätzen und ohne jede feste Sicherung Angestellte in leitenden Stellungen zu halten. Sie wandern aus den städtischen Betrieben in die Privatwirtschaft ab.

Jendretzky begrüßt den Vorschlag von Stadtrat Klimpel, eine eigene Tarifordnung für Berlin zu fordern. Dabei ließen sich die politischen Erfordernisse mit den Erfordernissen der Verwaltung in Einklang bringen. Der Redner bespricht außerdem noch die Frage der Wiedereinstellung heimgekehrter Kriegsgefangener im Zusammenhang mit der Frage der Doppelverdiener.

Scharoun hat in seiner Verwaltung vielfach Aufgaben, die besondere Leistungen verlangten, ohne daß eine große Dezerententätigkeit damit verknüpft wäre. Bei der jetzigen Tarifordnung sei es außerordentlich schwer, geeignete Kräfte für solche Aufgaben zu gewinnen.

Dr. Schellenberg äußert sich zur *Frage der Pensionäre*, die eng mit der Frage der Lohngestaltung zusammenhänge.[18] Es ist von alliierter Seite schon der Vorwurf erhoben worden, daß wir zu hohe Renten und Krankengelder zahlten. Die Beträge kämen zu nahe an die Löhne selbst heran, was dazu beitrüge, die Arbeitsfreudigkeit zu hemmen. Man sollte die Frage der Pensionen nicht isoliert für die städtischen

---

16 Vgl. das 14. Mag.prot. v. 30.7.1945, TOP 3 (Besoldungsordnung).

17 Vgl. Anm. 13 zu diesem Mag.prot.

18 Vgl. zur Frage der Sozialleistungen bzw. Pensionen für die Pensionäre des öffentlichen Dienstes das 17. Mag.prot. v. 20.8.1945, TOP 6, u. das 33. Mag.prot. v. 3.12.1945, TOP 4 u. 8, u. das 41. Mag.prot. v. 14.1.1946, TOP 3, u. das 64. Mag.prot. v. 5.7.1946, TOP 2, u. das 76. Mag.prot. v. 21.9.1946, TOP 4.

Betriebe behandeln. Die Entwicklung der Finanzen der Sozialversicherung ist an sich so, daß wir in der Lage wären, die Pensionen, d[as] h[eißt] die Renten, über das Niveau, das wir im August beantragt haben, hinauszuheben. Entsprechende Pläne sind ausgearbeitet und der Alliierten Kommandantur vorgelegt worden.

Maron betont noch einmal, daß es bisher nicht möglich war, eine bessere Gehaltsregelung zu erzielen. Jetzt kann man auf Grund der besseren finanziellen Lage versuchen, den alten Vorschlag noch einmal zur Diskussion zu stellen und einen besseren Ausgleich herbeizuführen. Man muß die Kommandantur darauf hinweisen, daß Leistungen bezahlt werden sollen und nicht ersessene Dienstjahre.

Bei der Gelegenheit sollte man zugleich auch versuchen, die Ungerechtigkeit zu beseitigen, daß Frauen, die die gleiche Arbeit wie Männer leisten, schlechter entlohnt werden als diese.[19] Im übrigen sollte man in der Verwaltung selbst nicht zu schematisch und bürokratisch sein und versuchen, kleine Ungerechtigkeiten durch geeignete Maßnahmen auszugleichen.

Bei der Frage der Pensionen und Renten werde mit Recht der Standpunkt vertreten, daß bei den städtischen Betrieben die von den Arbeitern und Angestellten eingezahlten Gelder in den Betrieb selbst, nämlich in Wohnungsbauten, Materialien usw., hineingesteckt worden sind, also nicht Gelder darstellen, die auf Sperrkonto eingefroren sind. Daher könnte man bei den städtischen Betrieben wohl mit einer Pensionszahlung vorangehen. Eine Regelung für die Privatwirtschaft müßte später gefunden werden.

In der Frage der Gehälter sollte man ab 1. April mit einer Änderung einsetzen und jetzt sofort mit den erforderlichen Vorarbeiten beginnen.

Dr. Siebert faßt die Diskussion dahin zusammen: Die allgemeine Auffassung des Magistrats ist die, daß in Zusammenarbeit der Abteilungen für Finanzen und für Personalfragen und Verwaltung eine neue Angestelltenbesoldungsregelung vorbereitet werden soll mit dem Bestreben, das Leistungsprinzip voranzustellen und verständige Gehälter in allen Stufen ohne Rücksicht auf Dienstalter und Lebensalter durchzusetzen.[20] Dabei sollen die unteren und mittleren Stufen zu angemessener Würdigung kommen, nicht so sehr die oberen. In der Zwischenzeit bis zur Einführung der neuen Regelung soll von der Personalabteilung zusammen mit der Abt[eilung] für Arbeit und der Abt[eilung] für Finanzen noch eine Form

---

19 Das Koordinierungskomitee des Alliierten Kontrollrats gestattete mit Beschluß v. 13.9.1946 die Durchführung gewisser Lohnanpassungen. Für Berlin wurde dieser Beschluß durch eine Anweisung des Komitees für Arbeit der AK v. 4.10.1946 umgesetzt, die der Magistrat durch eine Bekanntmachung v. 24.10.1946 veröffentlichte. Danach konnten insbesondere die Lohnsätze für Frauen und Jugendliche „bei gleicher Arbeit und Leistung auf das den Männern gezahlte Lohnniveau gebracht werden". Vgl. hierzu: Six Months Report. 4 July 1946 to 1 January 1947. Office of Military Government Berlin Sector, Berlin o. J. [1947], S. 116; VOBl., Jg. 2 (1946), S. 403 (hier die zit. Stelle) u. 431.

20 Der Alliierte Kontrollrat hatte mit seiner Direktive Nr. 14 v. 12.10.1945 Grundsätze für die Lohnpolitik aufgestellt, nach denen das vorhandene Lohnniveau generell beibehalten werden sollte; siehe: Amtsblatt des Kontrollrats in Deutschland, Nr. 3 (31.1.1946), S. 40 f. Mit BK/O (46) 14 v. 14.1.1946 übernahm die AK diese Grundsätze für Berlin; siehe: LAB, Rep. 280, Nr. 4794. Vgl. hierzu auch: U.S. Army Military Government Report. 4 July 1945 – 3 January 1946 [Six Months Report], S. 33; U. S. Army Military Government Report. 4 January – 4 July 1946 [Six Months Report], S. 48 f.; Das erste Jahr, S. 114.

gefunden werden, um die jetzt vielfach vorhandenen Ungerechtigkeiten durch eine Angleichung an eine höhere Stufe auszumerzen.[21]

4. BAU- UND WOHNUNGSWESEN

Scharoun begründet kurz die Magistratsvorlage Nr. 11/46[22], die das *Verfahren vor den Schiedsstellen* regeln will.[23] Die Schiedsstellen arbeiten bereits seit dem 10. Oktober. Es hat sich die Notwendigkeit herausgestellt, einheitliche Richtlinien dafür zu geben.

Schwenk und *Maron* bemängeln stilistische Unschönheiten in dem Text der Verordnung.

BESCHLUSS: Die Vorlage wird grundsätzlich genehmigt mit der Empfehlung an die Abt[eilung] für Bau- und Wohnungswesen, den Text der Verordnung noch einmal redaktionell durchzusehen.[24]

Scharoun begründet die Magistratsvorlage Nr. 12/46[25]. Es handelt sich darum, daß in der Verordnung über das Verbot der *Zweckentfremdung von Wohnungen* vom 14. August 1942[26] bestimmt ist, daß diese Verordnung am 31. Dezember 1945 außer Kraft tritt. Im Interesse der Wohnungswirtschaft ist ein Weiterbestehen der Verordnung erforderlich, bis eine völlige Neuregelung der Materie, die beabsichtigt ist, eintritt. Um nicht eine Lücke im Gesetz entstehen zu lassen, soll die Verordnung vor ihrem Ablauf verlängert werden.

---

21 Die allgemeine Frage der Gehaltsordnung für die städtischen Angestellten ist in den folgenden Mag.sitzungen nicht mehr zur Sprache gekommen. Vgl. hierzu die Materialien in: LAB(STA), Rep. 102, Nr. 296 u. 297, u. Rep. 107, Nr. 694. Vgl. speziell zu den Gehältern der Magistrats- und Bezirksamtsmitglieder das 76. Mag.prot. v. 21.9.1946, TOP 4. – In einem Schreiben an den Magistrat v. 4.12.1946 bezeichnete der dem FDGB angehörende Verband öffentlicher Betriebe und Verwaltungen die nach wie vor in Kraft befindlichen Tarifordnungen aus der Zeit des NS-Regimes als „nicht mehr tragbar" und forderte ihre Ersetzung durch Tarifverträge: „Die Bezahlung nach diesen Tarifordnungen hat zur Folge, daß heutzutage eine Abwanderung von Spezialkräften aus dem städtischen Dienst in die Privatwirtschaft zu verzeichnen ist, wo zum Teil wesentlich höhere Löhne und Gehälter gewährt werden." Das Schreiben ist vorhanden in: LAB(STA), Rep. 102, Nr. 46.

22 LAB(STA), Rep. 100, Nr. 767, Bl. 22 f.

23 Nach § 10 der VO über die Bewirtschaftung der Wohn- und gewerblichen Räume v. 18.6.1945 war in jedem Verwaltungsbezirk eine Schiedsstelle gebildet worden, bei der Beschwerde gegen behördliche Maßnahmen der Wohnraum- und Gewerberaumbewirtschaftung erhoben werden konnte. Vgl. das 7. Mag.prot. v. 18.6.1945, TOP 4, u. das 16. Mag.prot. v. 13.8.1945, TOP 3 (Antrag g); VOBl., Jg. 1 (1945), S. 35 u. 124 f.

24 Die hiermit genehmigte Anordnung über die Schiedsstellen für Wohn- und Geschäftsräume wurde mit kleinen redaktionellen Änderungen veröffentlicht in: Berliner Zeitung, 12.3.1946, [S. 4]; VOBl., Jg. 2 (1946), S. 87–89. Vgl. hierzu auch das 10. Prot. des Einheitsausschusses Groß-Berlin v. 15.3.1946, in: BArch, Abt. Potsdam, Z-3, Nr. 4, Bl. 74; das Prot. der Konferenz der Bezirksbürgermeister am 4.4.1946, TOP 4, in: LAB, Rep. 280, Nr. 3853; das 47. Mag.prot. v. 23.2.1946, TOP 5, u. das 53. Mag.prot. v. 6.4.1946, TOP 7 (Scharoun).

25 LAB(STA), Rep. 100, Nr. 767, Bl. 24.

26 RGBl., Jg. 1942, S. 545 f.

Lange und *Orlopp* vermissen den Wortlaut der Verordnung, um deren Verlängerung es sich handelt. Sie könnte irgendwelche Bestimmungen nazistischen Charakters enthalten. Ein bloßer Hinweis auf die betreffende N[umme]r des Reichsgesetzblatts genüge nicht.

Herrmann (Hauptamt für Wohnungswesen) verliest aus einem Kommentar den Text der Verordnung, der sogleich Bedenken hervorruft.

Dr. Werner empfiehlt, die Angelegenheit um eine Woche zurückzustellen und in Zukunft in solchen Fällen den authentischen Text des Reichsgesetzblatts mit vorzulegen.

BESCHLUSS: Die Vorlage wird um eine Woche zurückgestellt.[27]

Scharoun erstattet einen *Zusatzbericht* zu dem in der letzten Sitzung[28] von ihm vorgelegten Bericht über die *Arbeiten der Abt[eilung] für Bau- und Wohnungswesen.* Er behandelt in seinem schriftlich niedergelegten Bericht[29] speziell das Bauwesen, während für das Wohnungswesen Dr. Müller[30] sprechen soll[31]. Außerdem liegt ein schriftlicher Bericht des Hauptamtes für Aufbau-Durchführung vor.[32]

---

27 Die Mag.vorlage, betr. VO über das Verbot der Zweckentfremdung von Wohnungen, ist in den folgenden Mag.sitzungen nicht mehr zur Sprache gekommen. Eine allgemeine Regelung erfuhr die öffentliche Wohnraumbewirtschaftung durch das Gesetz Nr. 18 (Wohnungsgesetz) des Alliierten Kontrollrats v. 8.3.1946, wo im Artikel VI bestimmt wurde, daß die zuständigen deutschen Behörden zur Vermehrung des vorhandenen Wohnraums unter anderem „zweckentfremdete Wohnräume ihrem ursprünglichen Zweck wieder zuführen" konnten. Das Gesetz Nr. 18 wurde veröffentlicht in: Amtsblatt des Kontrollrats in Deutschland, Nr. 5 (31.3.1946), S. 117 – 121, u. VOBl., Jg. 2 (1946), S. 96 – 98; wieder abgedruckt in: Berlin. Quellen und Dokumente, 1. Halbbd., S. 683 – 687. Vgl. auch das 65. Mag.prot. v. 13.7.1946, TOP 2, u. das 84. Mag.prot. v. 16.11.1946, TOP 3.

28 Vgl. das 40. Mag.prot. v. 7.1.1946, TOP 3.

29 Hierbei handelte es sich um den „Bericht der Abteilung Bau- und Wohnungswesen des Magistrats, gegeben in der Bürgermeister-Sitzung am 17.1.46", der bereits Scharouns Zusatzbericht in dieser Mag.sitzung zugrunde lag. Vgl. Dok. 59, Anm. 51.

30 Vgl. Anm. 2 zu diesem Mag.prot.

31 Die Beratung über das Wohnungswesen wurde laut Beschluß am Ende dieses TOP 4 vertagt. Vgl. hierzu das 42. Mag.prot. v. 19.1.1946, TOP 4.

32 Der Bericht des Hauptamts für Aufbau-Durchführung (datiert: Dezember 1945) ist vorhanden in: LAB, Rep. 228, Mag.vorlagen 1945. Eine abgeänderte Fassung dieses Berichts v. 16.1.1946 ist vorhanden in: LAB, Rep. 207, Acc. 2552, Nr. 3970. Sie wurde vom Hauptamtsleiter Böttcher in der Konferenz der Bezirksbürgermeister verlesen; vgl. das Prot. der Konferenz der Bezirksbürgermeister am 17.1.1946, TOP 3, in: LAB, Rep. 280, Nr. 3845. – Vgl. zum Bau- und Wohnungswesen ferner: Organische Baupolitik. Enge Zusammenarbeit mit den alliierten Behörden, in: Nacht-Express, 30.1.1946, [S. 4]; 80 000 helfen beim Aufbau, in: Nacht-Express, 30.1.1946, [S. 4]; den kurzen Tätigkeitsbericht des Hauptamts für Aufbau-Durchführung v. 5.3.1946, in: LAB, Rep. 280, Nr. 5273; den vermutlich von Scharouns Stellvertreter Heinrich Starck verfaßten Bericht v. Frühjahr 1946, in: Akademie der Künste (Berlin-Tiergarten), NL Scharoun, Mappe Mag 1/17; Berlins Wohnungs- und Bauwirtschaft im ersten Nachkriegsjahr, in: Das erste Jahr, S. 59 – 69; Tätigkeitsbericht der Abteilung für Bau- und Wohnungswesen für die Zeit vom 1.5. bis 15.8.1946, in: LAB(STA), Rep. 101, Nr. 1213; „Bericht über die Tätigkeit des Hauptamtes für Aufbau-Durchführung ab 1.4.46" v. 23.8.1946, in: LAB(STA), Rep. 110, Nr. 683.

Der Bericht befaßt sich eingehend mit den Arbeiten zur Winterfestmachung der Wohnungen und gibt darüber im einzelnen zahlenmäßige Angaben. Bis jetzt sind 12 000 Wohnungen instand gesetzt worden. Man hofft, im Jahre 1946 53 000 Wohnungen mit leichteren bis mittleren Beschädigungen wiederherstellen zu können. Dazu kommt die Wiederherstellung von gewerblichen und industriellen Räumen. An eine Beseitigung schwerer Schäden ist vorläufig noch nicht zu denken.

Der Bericht gibt weiter ein Bild über die Arbeiten der Enttrümmerung[33] und die Zusammenarbeit mit der Vereinigung Berliner Baubetriebe. Bei der Enttrümmerung wurden für 4 Millionen RM brauchbare Materialien wiedergewonnen. Die Gesamtkosten der Enttrümmerung werden für ganz Berlin auf 1 450 000 000 RM geschätzt, wovon 290 Millionen RM für wiedergewonnene Werte abzusetzen sind, so daß 1,16 Milliarden RM verbleiben. Der Wiederaufbau nur der zerstörten Gebäude erfordert schätzungsweise insgesamt 9,8 Milliarden RM. Die Enttrümmerung würde somit ohne Berücksichtigung der wiedergewonnenen Werte 15 % und mit Berücksichtigung 12 % des Wiederaufbaus der Gebäude kosten. Die Kosten für Enttrümmerung und Wiederaufbau zusammen werden auf 11 Milliarden RM geschätzt. Diese Zahlen beziehen sich aber nur auf den Hochbau, nicht auf Brücken, Kanäle, Eisenbahnen usw.

---

33 Vgl. zur Enttrümmerung und Trümmerverwertung das 8. Mag.prot. v. 25.6.1945, TOP 5, u. das 18. Mag.prot. v. 27.8.1945, TOP 3, u. das 77. Mag.prot. v. 28.9.1946, TOP 4; „Bericht über die Tätigkeit des Hauptamtes für Aufbau-Durchführung ab 1.4.46" v. 23.8.1946, S. 6 – 8, in: LAB(STA), Rep. 110, Nr. 683; LAB, Rep. 280, Nr. 5271, 5272 u. 5274; LAB(STA), Rep. 110, Nr. 691; Akademie der Künste (Berlin-Tiergarten), NL Scharoun, Mappe Mag 1/8 u. Mag 1/15; René Prudent: Beton aus Trümmerschutt. Genormte Herstellung – Gleichbleibende Qualität, in: Nacht-Express, 4.1.1946, [S. 7]; Gustav Hassenpflug: Was geschieht mit den Trümmern?, in: Berliner Zeitung, 24.1.1946, [S. 3]; Alfred Leidig: Schattenseite der Enttrümmerung. Baulöwen, Enttrümmerer und Sklavenaufkäufer, in: Das Volk, 17.3.1946, [S. 6]; Die Enttrümmerungsgewinnler, in: Das Volk, 28.3.1946, [S. 4]; Ziegelputzgeräte, in: Berliner Zeitung, 2.4.1946, [S. 2]; Paul Levsen: Planmäßige Enttrümmerung. Gesunde Geschäftsmoral und Leistungsvertrag, in: Das Volk, 11.4.1946, [S. 6]; Das Dachstein-Karussell, in: Berliner Zeitung, 17.4.1946, [S. 2]; Stein um Stein. Frauenarbeit in den Trümmern Berlins, in: Neue Zeit, 27.4.1946, S. 3; Aus Trümmern wird Beton, in: Tägliche Rundschau, 4.5.1946, S. 5; Ziegelputzmaschine der „Gefürie", in: Berliner Zeitung, 19.5.1946, [S. 2]; Gustav Hassenpflug: Neue Wohnungen aus Trümmern, in: Telegraf, 6.6.1946, S. 4; Last und Wert der Trümmer, in: Neue Zeit, 26.6.1946, S. 2; Bernhard Wedler: Probleme der Trümmerverwertung, in: Telegraf, 29.6.1946, S. 4; Enttrümmern – schwere Arbeit für die Frau, in: Der Kurier, 13.7.1946, S. 7; Trümmerverwertung in Berlin, in: Telegraf, 4.8.1946, S. 4; Vorschläge zum Wiederaufbau Berlins, in: Berliner Zeitung, 7.8.1946, [S. 5]; Berlins Trümmer: 7 Millionen Eisenbahnwagen, in: Nacht-Express, 14.8.1946, [S. 5]; Gefahren in den Trümmerbergen, in: Berliner Zeitung, 16.8.1946, [S. 6]; 2 000 enttrümmern die Frankfurter Allee, in: Berliner Zeitung, 17.8.1946, [S. 6]; Trümmer und ihre Beseitigung, in: Der Sozialdemokrat, 23.8.1946, S. 3; Baustoff aus Trümmern, in: Berliner Zeitung, 8.9.1946, [S. 8]; Schätze aus dem Schutt, in: Neue Zeit, 8.9.1946, S. 5; Enttrümmerungsaktion Leipziger Straße, in: Tägliche Rundschau, 10.10.1946, S. 8; R[enate] Lengnick: Die Trümmer Berlins, in: Neue Zeit, 18.12.1946, S. 5; B[ernhard] Wedler: Enttrümmerung und Trümmerverwertung, in: Der Bauhelfer, Jg. 1 (1946), Nr. 1, S. 25 f. u. 42; A[lfred] Hummel: Trümmerverwertung schafft Baustoffe, in: Der Bauhelfer, Jg. 1 (1946), Nr. 2, S. 9 – 11; B[ernhard] Wedler: Möglichkeiten und Wirtschaftlichkeit der Trümmerverwertung, in: Neue Bauwelt, Jg. 1 (1946), H. 1, S. 10 f., u. H. 2, S. 8 f.; Böttcher: Bericht über meine Arbeit, S. 41 – 44.

Der Bericht betont, daß die Enttrümmerung durchaus nicht unwirtschaftlich läuft. Sie macht etwa 7 RM je cbm früher bestandenen Raumes aus und könnte auf etwa 5 RM heruntergedrückt werden durch besseren Einsatz von Maschinen etc. und bei besserer Ernährung der Arbeitskräfte.

Dr. Siebert hebt aus dem vorgeführten Zahlenmaterial hervor, daß für die Bauwirtschaft in den 7 Monaten des Jahres 1945 125 Millionen geleistet worden sind, daß also nächst der Ernährung die Bauwirtschaft der größte Wirtschaftsapparat der Stadtverwaltung ist. Zieht man von diesen 125 Millionen den Betrag für die laufende Reparatur mit r[un]d 50 % ab, so bleiben 75 Millionen für die Neuerrichtung von Gebäuden. Dazu gehören vor allem die fast friedensmäßig hergestellten Besatzungsbauten. Diese Summe bedeutet einen reinen Vermögenszuwachs der Stadt und müßte von dem Defizit in Abzug gebracht werden.

Der Redner befaßt sich weiter mit der Frage, wieviel von dem Block der Generalunkosten als Schuldforderung den einzelnen Hausbesitzern auferlegt werden kann. Die Gesamtsumme für die Enttrümmerung von 1 1/2 Milliarden erscheint dem Redner als zu niedrig angesetzt. Das Ziel bei der ganzen Bautätigkeit müsse sein, sie um das Vier- bis Fünffache gegenüber der bisherigen Arbeit zu erhöhen.

Dr. Landwehr behandelt das Spezialgebiet der Herstellung von Baugerät, Maschinen, Apparaten usw. für die Bautätigkeit. Aus den Ausführungen geht hervor, daß die Abt[eilung] Bauwesen diese Dinge selbst in die Hand genommen hat, indem sie mit Sachverständigen, die sie selbst ausgesucht hat, Pläne dafür aufgestellt und mit Industriefirmen beraten hat. Dieses Vorgehen erscheint dem Redner nicht als zweckmäßig. Dadurch wird Doppelarbeit geleistet und Verwirrung unter die Industriefirmen gebracht. Auch der Sache wird damit nicht gedient, da es immer dem Zufall überlassen ist, wer sich mit dem Problem beschäftigt. Das Richtige wäre, wenn die Abt[eilung] Bauwesen solche Fragen an die Abt[eilung] Wirtschaft heranbrächte und ihrerseits lediglich Anregungen gäbe. Dann wird die Sache mit Industriefirmen und Gewerkschaften erörtert und leichter vorangebracht. Bei dem jetzigen Verfahren erhebt sich auch die Frage, wer die Kosten für Versuche trägt. Der Verkehr mit den Industriefirmen gehört nach Auffassung des Redners nicht zu den Aufgaben der Abt[eilung] Bauwesen.

Winzer tritt der Ansicht entgegen, die aus dem Bericht des Hauptamts Aufbau-Durchführung hervorleuchtet, als ob die Bauwirtschaft warten müsse, bis die Gesamtwirtschaft angelaufen ist. Es sei gerade umgekehrt: Von der Bauwirtschaft müssen die Impulse für die Gesamtwirtschaft ausgehen. Für die praktischen Aufgaben muß ein absolut fester Plan gegeben sein, auf Grund dessen dann auch an Industrie und Wirtschaft konkrete Forderungen gestellt werden können.

Der Redner führt dies näher an dem Beispiel der Schulbauten aus. Allein im sowjetischen Sektor brauchen wir 4 000 Schulräume, in Berlin insgesamt etwa 8 [000] bis 10 000. Dafür müßte nun ein genauer Plan aufgestellt werden, was im nächsten Jahre erstellt werden soll. Dann könnten auch die notwendigen Kräfte dafür mobilisiert werden. Solche Planung vermisse man hier. Es bedürfe einer viel konkreteren Lenkung aller Aufgaben durch das zentrale Bauamt. Es dürfe auch nicht die Ausführung wichtiger Aufgaben auf die unteren Bezirke abgewälzt werden, wie z[um] B[eispiel] in dem Falle der Zuweisung von Glas aus Torgau[34], wo von 12 000 qm Glas für Schulbauten schließlich nur 3 000 nach Berlin hereingekommen seien.

---

34 Kreisstadt an der mittleren Elbe. Vgl. zur Glasproduktion und -lieferung aus Torgau: Böttcher: Bericht über meine Arbeit, S. 36, 40 u. 42–44.

Jendretzky hält ebenfalls die Aufstellung eines einheitlichen Wirtschaftsplans für den Bereich Berlins in bezug auf die Bautätigkeit für notwendig, um dann innerhalb dieses Planes auch eine richtige Verteilung der Arbeitskräfte und eine zweckmäßige Umschulung vornehmen zu können. Man sollte für einen bestimmten Zeitabschnitt eine bestimmte Aufgabenstellung festlegen, damit man auch in der Öffentlichkeit sieht, was beabsichtigt ist und was vor sich geht.

Der Redner beschäftigt sich weiter mit der Vereinigung Berliner Baubetriebe, die allmählich der Abt[eilung] Bau- und Wohnungswesen zu entgleiten scheine, denn es würden dort schon wieder Statuten beraten, Kommissionen gebildet usw.,[35] als wenn es sich um einen selbständigen Zusammenschluß handele.

Scharoun erwidert zunächst auf die Ausführungen von Stadtrat Winzer, daß die Schulbauten nicht anders behandelt werden könnten als andere ebenso vordringliche Bauobjekte in Berlin. Die Arbeiten für die Schulen werden im nächsten Vierteljahr nach der Rangfolgenliste[36], die allgemein aufgestellt ist, durchgeführt werden. Die Heranschaffung von Glas, die eine sehr mühsame Kleinarbeit erfordert hat, ist durchaus zentral gehandhabt worden. Wenn nachher die eigentliche Verwendung durch die Bezirke vor sich gegangen ist, so hat das mit der zentralen Beschaffung nichts zu tun.

In der von Dr. Landwehr aufgeworfenen Frage der Herstellung von Baugeräten besteht eine sachliche Zusammenarbeit mit dem Dezernenten der Abt[eilung] Wirtschaft. Die Abt[eilung] Bauwesen verhandelt nicht direkt mit den Industriefirmen, sondern läßt sich von ihnen nur geeignete Sachverständige benennen, mit denen sie dann Versuche, gewissermaßen als Forschungsaufgabe, noch nicht als Produktionsaufgabe, durchspricht.

(Dr. Landwehr widerspricht dieser Auffassung.)

Die *Vereinigung der Berliner Baubetriebe*[37], führt der Redner weiter aus, ist eine Angelegenheit, die uns auch gewisse Schwierigkeiten macht. Wir betrachten diese Vereinigung als unseren verlängerten Arm, geben ihr bestimmte Aufgaben: Arbeitskräfte hereinzuholen und umsetzen usw. Aber die Organisation versucht oft, uns auszuweichen, und wir werden da scharf aufpassen.

Dusiska hat den Eindruck, daß die Vereinigung Berliner Baubetriebe sich entgegen ihrer ursprünglich geplanten Bestimmung zu einer ausgesprochenen Unternehmerorganisation entwickelt und bereits für andere Kreise der Wirtschaft als Musterbeispiel einer Interessenvertretung angesehen wird. Die Vereinigung

---

35 Die Satzung der Vereinigung Berliner Baubetriebe (VBB) ist vorhanden in: LAB(STA), Rep. 110, Nr. 34, Bl. 77 – 92; eine Liste der Kommissionen der VBB und ihrer Mitglieder in: LAB(STA), Rep. 110, Nr. 133, Bl. 25 – 30. Vgl. zur VBB im übrigen die übernächste Anm.

36 Vgl. das Rundschreiben der Mag.abt. für Bau- und Wohnungswesen v. 11.7.1945, Anlage „Dringlichkeitseinstufung von Bauvorhaben", in: LAB(STA), Rep. 110, Nr. 188, u. LAB, Rep. 212, Acc. 1849, Nr. 2136; Hanauske, S. 220, Anm. 569.

37 Vgl. zur Vereinigung Berliner Baubetriebe das 11. Mag.prot. v. 16.7.1945, TOP 8; J[osef] Beule: Die Vereinigung Berliner Baubetriebe. Ihre Entstehung, Rechtsform, Aufgaben und Leistungen, in: Neue Bauwelt, Jg. 1 (1946), H. 2, S. 3 f.; E[rich] Kriegel: Ein Jahr „Vereinigung Berliner Baubetriebe", in: Neue Bauwelt, Jg. 1 (1946), H. 7, S. 6; Böttcher: Bericht über meine Arbeit, S. 38; Hanauske, S. 207 f. Materialien zur VBB sind vorhanden in: LAB(STA), Rep. 107, Nr. 556, u. Rep. 110, Nr. 34, 133 u. 403 – 406; Akademie der Künste (Berlin-Tiergarten), NL Scharoun, Mappe Mag 1/4.

B[erliner] B[aubetriebe] beschäftigt sich nicht mit der sinngemäßen Durchführung der Aufgaben, die ihr von der Bauabteilung gestellt werden, sondern sie beschäftigt sich damit, ihre Mitglieder wirtschaftlich zu betreuen, über die Errichtung neuer Gewerbebetriebe ein Urteil abzugeben, und [mit] ähnliche[n] Dinge[n]. Sie versucht auf diesem Wege den Zuzug unerwünschter Konkurrenz fernzuhalten. Von dem Leiter der Vereinigung, Herrn Dr. Beule, wird behauptet, daß er seinerzeit in Posen sehr nationalsozialistisch eingestellt gewesen ist, wenn er auch nicht offiziell Pg. war.[38] Die ganze Organisation müßte umgebaut werden zu einer Einsatzorganisation, die fest in den Händen des Magistrats ist mit magistratsseitig bezahlten und kontrollierten Angestellten.

Jendretzky glaubt, daß es besser gewesen wäre, wenn man seinerzeit die Vereinigung B[erliner] B[aubetriebe] als Pflichtvereinigung aufgezogen hätte. In der Praxis hat sich ergeben, daß ein Teil der Firmen nicht Mitglied der Organisation geworden ist, aber doch davon profitiert. Auch das ist ein unhaltbarer Zustand. Man sollte die Vereinigung wieder auf ihren eigentlichen Wirkungskreis beschränken und solche Bestrebungen wie das Beschließen von Statuten energisch zurückweisen. Von der Vereinigung werden jetzt nicht unerhebliche Mitgliederbeiträge erhoben. Man hat 2 Geschäftsführer mit hohem Gehalt angestellt. Der eine bekommt 1 200 RM monatlich. Das sind alles unliebsame Dinge, die verhindert werden können, wenn eine klare Führung der Organisation nur bei einer Abteilung liegt, die dann auch in bezug auf [die] Besetzung des Vorstandes und der verantwortlichen Angestellten den nötigen Einfluß ausüben kann. Eine große Hilfe für die Arbeiten des Bauwesens ist die Vereinigung ohne Zweifel, aber sie muß auf ihren Ausgangspunkt zurückgebracht werden.

Scharoun erklärt, die Dienstaufsicht für diese Vereinigung liege nach den Beschlüssen des Magistrats bei Herrn Dr. Landwehr und Herrn Orlopp.[39] Für seine Abteilung habe es sich nur darum gehandelt, sich der Vereinigung als Hilfe zu bedienen. Eine ganze Reihe von praktischen Aufgaben sind durch sie geleistet worden. Die Statuten sind jetzt geprüft und der Dienstaufsicht zur Verfügung gestellt worden.[40]

Dr. Landwehr hofft, daß die ganze Angelegenheit der Vereinigung B[erliner] B[au-betriebe] recht schnell in Ordnung gebracht wird, wenn ein kleiner Kreis von Eingeweihten sich damit befaßt. Von einer Pflichtvereinigung habe man seinerzeit bewußt abgesehen, um nicht nazistische Methoden wiederaufleben zu lassen.

Winzer entgegnet Professor Scharoun, das Schulwesen sei von ihm als für ihn naheliegend nur als Beispiel gewählt worden, um zu zeigen, wie für gewisse Hauptprobleme ein Plan mit bestimmten Forderungen aufgestellt werden müsse, damit die Wirtschaft dann zur Erfüllung dieser Aufgaben eine allgemeine Mobilisierung vornehmen könne und auch die Öffentlichkeit sehe, was beabsichtigt ist. Eine solche Planung für einen begrenzten Zeitraum vermisse er immer noch.

---

38 Dr. Josef Beule war der (Haupt-)Geschäftsführer der VBB und seit 1947 Leiter des Hauptamts für Aufbau in der Mag.abt. für Bau- und Wohnungswesen. Er war am 30.6.1933 dem Bund Nationalsozialistischer Deutscher Juristen beigetreten und seit 1.11.1933 Mitglied der SA, gehörte aber zumindest bis 1936 nicht der NSDAP an; siehe: BArch, Abt. Potsdam, R 3012, p 7 721/35.

39 Vgl. den Mag.beschluß v. 16.7.1945, betr. die Errichtung der VBB, in: LAB(STA), Rep. 110, Nr. 133, Bl. 9 – 14.

40 Die Satzung der VBB ist vorhanden in: LAB(STA), Rep. 110, Nr. 34, Bl. 77 – 92.

Orlopp möchte einen solchen festen Plan für die nächsten Wochen und Monate mit konkreten Vorschlägen in erster Linie für die Wiederherstellung der Wohnungen haben, denn das sei das Tagesgespräch der Bevölkerung, und ein solches Programm würde zur Beruhigung beitragen. Was die Vereinigung Berliner Baubetriebe betreffe, so sei es richtig, daß Dr. Landwehr und er die Dienstaufsicht über diese Vereinigung hätten, nicht aber die Geschäftsführung. Die Geschäftsführung liege bei der Abt[eilung] Bau- und Wohnungswesen. Die Dienstaufsicht hat nur einzugreifen, wo Verstöße gegen die Satzung vorliegen. Der Fall von Dr. Beule hat der Dienstaufsicht vorgelegen. Es hat nicht positiv festgestellt werden können, ob die gemachten Behauptungen zutreffen. Die Bestrebungen, mit Hilfe der Vereinigung Unternehmerinteressen zu verfolgen, hat man zunächst dadurch auszuschalten versucht, daß der Vorstand zur Hälfte mit Gewerkschaftlern besetzt wurde[41]. Leider zeigte es sich auch dabei, daß oft einem einseitigen ständigen Druck nachgegeben werde.

Maron glaubt, daß die Aussprache über das Bauwesen damit für heute abgeschlossen werden könne. Professor Scharoun werde aus der Debatte entnommen haben, daß es Mängel und Schwächen in seinem Aufgabengebiet gibt, die überwunden werden müssen. Die Abteilung hat sich etwas zu sehr isoliert und im Rahmen des Magistrats einen kleinen Staat für sich gebildet. Es werden sich nun nicht alle Probleme, die in der Diskussion aufgetaucht sind, sofort lösen lassen. Als erstes Ergebnis müßte man vorschlagen, daß die Abt[eilung] für Bauwesen einen Plan der Rohstoffe aufstellt, die ihrer Meinung nach für die nächsten Arbeiten notwendig sind, um danach gemeinsam mit der Abt[eilung] Wirtschaft und der Zentralverwaltung[42] festzustellen, wo und wie diese Rohstoffe zu beschaffen sind. Darüber hinaus müßte ein Ausschuß gebildet werden aus den an den Aufgaben interessierten Abteilungen, nämlich Bau- und Wohnungswesen, Arbeit, Wirtschaft und Planung, der in den nächsten Wochen die Programme durchzusprechen hätte.

Der Redner schlägt vor, in der nächsten Sitzung noch einmal kurz zu den Problemen Stellung zu nehmen[43], nachdem inzwischen auch in der Bezirksbürgermeister-Konferenz eine Berichterstattung über die Dinge erfolgt ist[44]. Bis dahin könnten auch in der Frage der Vereinigung der Berliner Baubetriebe bestimmte Vorschläge von den Herren Dr. Landwehr, Orlopp und Jendretzky gemacht werden.[45] Für das Sofortprogramm müßte ein Arbeitsausschuß gebildet werden.

---

41 Im zunächst vierköpfigen und dann fünfköpfigen Vorstand der VBB befand sich nur *ein* Gewerkschaftsvertreter; siehe: LAB(STA), Rep. 110, Nr. 133, Bl. 14, 18 u. 24.

42 Hier ist vermutlich die Deutsche Zentralverwaltung der Industrie in der sowjetischen Besatzungszone gemeint.

43 In der nächsten Mag.sitzung ist nur das Wohnungswesen behandelt worden; vgl. das 42. Mag.prot. v. 19.1.1946, TOP 4.

44 Vgl. das Prot. der Konferenz der Bezirksbürgermeister am 17.1.1946, TOP 3, in: LAB, Rep. 280, Nr. 3845.

45 Die VBB ist in den folgenden Mag.sitzungen nur noch einmal kurz zur Sprache gekommen; vgl. das 46. Mag.prot. v. 16.2.1946, TOP 3 (Scharoun). – Mit BK/O (46) 443 v. 16.12.1946 befahl die AK die unverzügliche Auflösung der VBB, da diese „illegal" sei. Der Befehl ist vorhanden in: LAB, Rep. 280, Nr. 4952; vgl. auch: Berlin. Behauptung von Freiheit und Selbstverwaltung 1946–1948, Berlin [West] 1959 (Schriftenreihe zur Berliner Zeitgeschichte, Bd. 2), S. 99 (dieser Band wird im folgenden zit. als: Berlin. Behauptung von Freiheit). In einem Rundschreiben der Liquidatoren der VBB an

BESCHLUSS: Der Magistrat beschließt, für die Ausarbeitung eines Sofortprogramms für das Bauwesen einen Arbeitsausschuß einzusetzen, bestehend aus den Magistratsmitgliedern Scharoun, Schwenk,
Dr. Landwehr, Orlopp und Jendretzky.[46] – Die Beratung über das
Wohnungswesen wird vertagt.[47]

5. VOLKSBILDUNG

Winzer empfiehlt kurz die Magistratsvorlage 6/46[48] über die *Errichtung einer Zentralstelle „Volksbücherei-Haus"* unter Hinweis auf die schriftliche Begründung.
BESCHLUSS: Die Vorlage wird angenommen.[49]

6. RECHTSABTEILUNG

Dr. Mittag begründet die Vorlage Nr. 15/46[50] über die Ersetzung des § 204 Abs. 2
Satz 2 und Abs. 3 der Zivilprozeßordnung durch neue Bestimmungen für den
Bereich der Stadt Berlin. Der Magistrat hat vor einiger Zeit den Beschluß gefaßt,
den nicht mehr existierenden „Deutschen Reichsanzeiger" durch den „Öffentlichen
Anzeiger" zu ersetzen.[51] Es ist zu erwarten, daß dieser Beschluß demnächst von

deren Mitgliedsbetriebe v. 3.1.1947 heißt es: „Über die Gründe, die für die Auflösung
der VBB entscheidend waren, kann z[ur] Z[eit] nichts Eindeutiges gesagt werden, da
der Befehl der Alliierten Kommandantur selbst keine Angaben darüber enthält. Es
ist festgestellt worden, daß die vom früheren Magistrat zum Gründungsbeschluß vom
16.7.45 eingeholte Genehmigung irrtümlicherweise nicht von der seit dem 11.7.45
zuständigen Alliierten Kommandantur, sondern von der damals noch amtierenden
russischen Stadtkommandantur eingeholt worden ist und daß dieser Formfehler auch
später nicht beseitigt wurde. Aus Äußerungen von Offizieren der Besatzungsmächte ist
ferner zu entnehmen, daß man die Vereinigung teils für einen Arbeitgeberverband und
teils für eine Zwangsorganisation gehalten hat." Das Rundschreiben ist vorhanden in:
LAB(STA), Rep. 110, Nr. 133, Bl. 3.

46 Vgl. zum Bauwirtschaftsplan für 1946 das 47. Mag.prot. v. 23.2.1946, TOP 5, u. das
48. Mag.prot. v. 4.3.1946, TOP 6.

47 Vgl. das 42. Mag.prot. v. 19.1.1946, TOP 4.

48 LAB(STA), Rep. 100, Nr. 767, Bl. 11 – 13. Vgl. das 40. Mag.prot. v. 7.1.1946, TOP 7.

49 Mit diesem Mag.beschluß wurde das Hauptreferat Büchereiwesen der Mag.abt. für
Volksbildung beauftragt, „unter der Bezeichnung ‚Volksbücherei-Haus' eine Zentralstelle
einzurichten zur politischen und beruflichen Schulung des Personals der Volksbüchereien
und zur Vermittlung geeigneten Buch- und Vordruckmaterials für dieselben". Zur Begründung ist in der Mag.vorlage unter anderem ausgeführt: „Die bisher in Leipzig bestehende
Volksbüchereizentrale, die die Aufgabe erfüllte, das Personal der Volksbüchereien zu
schulen und die Büchereien mit Buchmaterial zu versorgen, ist zerstört. Entsprechend
den bislang geleisteten Vorarbeiten in der Abteilung für Volksbildung kann sofort mit der
Wiedererrichtung eines gleichen Instituts zunächst für den Raum Groß-Berlin begonnen
werden. Das Hauptreferat Büchereiwesen der Abteilung für Volksbildung hat bereits
Arbeiten ausgeführt, die zu den Obliegenheiten der neu zu bildenden Zentralstelle gehören, wie die Bearbeitung und Herausgabe der Listen der auszusondernden faschistisch-
militaristischen Literatur, der Ankauf und die Verteilung der neuen Literatur an die
Büchereien, die Ausstattung einiger Volksbüchereien mit größeren Büchermengen."

50 LAB(STA), Rep. 100, Nr. 767, Bl. 28.

51 Vgl. das 33. Mag.prot. v. 3.12.1945, TOP 5, ferner das Prot. der 7. Sitzung des
Prüfungsausschusses beim Rechtsamt des Magistrats am 9.11.1945, S. 9, in: LAB(STA),
Rep. 108, Nr. 57, Bl. 80.

der Alliierten Kommandantur genehmigt wird.[52] Um auch für die nach § 204 *ZPO* geforderte *öffentliche Zustellung* von Schriftstücken den neuen „Öffentlichen Anzeiger" verwenden zu können, ist eine Änderung des Wortlauts des Paragraphen notwendig. Gegenwärtig besteht wegen des Fehlens des Reichsanzeigers hier ein gewisser Stillstand der Rechtspflege. Außer der Veröffentlichung im „Öffentlichen Anzeiger" ist auch die Bekanntgabe im Berliner Rundfunk vorgesehen, der ja seinerzeit bei Schaffung der ZPO[53] noch nicht bestand. Der Rundfunk selbst hat sich zustimmend zu der Absicht geäußert.

Maron äußert Zweifel, ob man einseitig für den Bereich Berlin die für das ganze Reich geltende ZPO ändern könne; das sei wohl Sache des Alliierten Kontrollrats.

Dr. Mittag hat diese Bedenken nicht. Man sollte ruhig zunächst die Genehmigung der Alliierten Kommandantur einholen.

BESCHLUSS: Die Vorlage wird angenommen.[54]

7. ALLGEMEINES

Maron erbittet noch einmal einen Beschluß zur *Verfassungsvorlage*.[55] Auf Grund des letzten Magistratsbeschlusses, in § 11[56] noch einen Zusatz einzufügen des Wortlauts:

---

52 Die Genehmigung des hier erwähnten Mag.beschlusses wurde vom Komitee für kulturelle Angelegenheiten der AK mit Befehl v. 11.2.1946 abgelehnt; siehe: LAB(STA), Rep. 100, Nr. 764, Bl. 36.

53 Die Zivilprozeßordnung trat in ihrer ursprünglichen Fassung im Jahr 1877 in Kraft.

54 Der hier gefaßte Mag.beschluß, ausgefertigt am 5.2.1946, ist vorhanden in: LAB(STA), Rep. 101, Nr. 74. Danach sollten der Absatz 2 Satz 2 und der Absatz 3 des § 204 der ZPO über öffentliche Zustellung eines Schriftstückes, das eine Ladung enthält, für die Gerichte der Stadt Berlin durch folgende Bestimmungen ersetzt werden:
„Enthält das Schriftstück eine Ladung, so ist es außerdem auszugsweise je einmal im ‚Öffentlichen Anzeiger' und im Berliner Rundfunk bekanntzumachen.
Das Prozeßgericht kann anordnen, daß der Auszug noch in anderen Blättern oder mehrfach eingerückt oder mehrfach im Rundfunk bekanntgemacht wird."
Mit Schreiben v. 20.2.1946 wurde der Mag.beschluß der AK zur Genehmigung übersandt; siehe das entsprechende Anschreiben in: LAB(STA), Rep. 101, Nr. 74. Vgl. hierzu auch: LAB(STA), Rep. 101, Nr. 590, Bl. 79 f. Eine Genehmigung der AK ist nicht erfolgt. Vielmehr wurde der § 204 der ZPO durch das Gesetz Nr. 38 des Alliierten Kontrollrats v. 30.10.1946 geändert. Sein Absatz 3 wurde hierdurch aufgehoben, und sein Absatz 2 erhielt die folgende Fassung:
„Die öffentliche Zustellung erfolgt durch Anheftung der Ausfertigung oder einer beglaubigten Abschrift des zuzustellenden Schriftstücks an die Gerichtstafel. Enthält das Schriftstück eine Ladung, so ist außerdem ein Auszug dieses Schriftstücks in ein Mitteilungsblatt einzurücken, das von der Alliierten Kontrollbehörde zu bezeichnen oder bis zu einer solchen Bezeichnung von dem Zonenbefehlshaber zu bestimmen ist. Das Gericht kann anordnen, daß zusätzliche Veröffentlichungen in der Presse, über den Rundfunk, durch den öffentlichen Ausrufer oder auf einem anderen entsprechenden Wege zu erfolgen haben."
In Berlin wurde die den Zonenbefehlshabern aufgrund des Gesetzes Nr. 38 zustehende Befugnis von der AK ausgeübt. Mit BK/O (46) 417 v. 5.11.1946 befahl die AK, „dieses Gesetz unverzüglich in Berlin durch Presse, Rundfunk und Anschlag zu veröffentlichen"; siehe: LAB, Rep. 280, Nr. 10957. Das Gesetz wurde auch veröffentlicht in: Amtsblatt des Kontrollrats in Deutschland, Nr. 11 (31.10.1946), S. 220 f.; VOBl., Jg. 2 (1946), S. 414.

55 Vgl. das 40. Mag.prot. v. 7.1.1946, TOP 2.

56 Müßte heißen: in Artikel 11.

„Alle Personen, die im Dienste von Berlin stehen, müssen antifaschistisch und demokratisch sein. Sie haben das Recht, sich wie jeder Einwohner politisch und gewerkschaftlich zu organisieren."
hat noch einmal der Aktionsausschuß der vier Parteien dazu Stellung genommen.[57] Dabei wurden gegen die Formulierung „müssen antifaschistisch und demokratisch sein" Einwände erhoben. Es wurde gesagt, dieser Passus könnte dazu führen, daß auch für die untergeordnetsten Handarbeiten keine ehemaligen und nominellen Pgs. verwandt werden dürfen. Es wurde empfohlen, diese Worte zu streichen, so daß der Abs. 2 des § 11[58] nunmehr lautet:

Alle Personen, die im Dienste von Berlin stehen, haben das Recht, sich wie jeder Einwohner politisch und gewerkschaftlich zu organisieren.

Die Vertreter des Magistrats, die bei der Besprechung anwesend waren, haben sich damit einverstanden erklärt.[59] Nunmehr muß noch der Magistrat selbst sein Einverständnis erklären.
BESCHLUSS: Der Magistrat stimmt der Änderung zu.[60]

Klimpel macht folgende Mitteilung: Die Alliierte Kommandantur hat die sogenannte Hackfrucht-Vorlage, die der Magistrat am 15. Oktober verabschiedet hat[61], genehmigt.[62] In diese Vorlage war bewußt keine Bestimmung darüber aufgenom-

---

57 Hier ist nicht eine Plenarsitzung des Einheitsausschusses Groß-Berlin gemeint, der am 8.12.1945 von den vier zugelassenen politischen Parteien gebildet worden war, sondern die Sitzung einer „kleinen Kommission" dieses Einheitsausschusses am 9.1.1946; vgl. das 3. u. 4. Prot. des Einheitsausschusses Groß-Berlin v. 2.1.1946 bzw. 12.1.1946, in: BArch, Abt. Potsdam, Z-3, Nr. 4, Bl. 39 f. u. 44 f. Ein Sitzungsprotokoll der „kleinen Kommission" konnte nicht ermittelt werden.
58 Müßte heißen: des Artikels 11.
59 Die gekürzte Textfassung von Artikel 11 Absatz 2 wurde von der Konferenz der Bezirksbürgermeister bestätigt und vom Einheitsausschuß Groß-Berlin einstimmig angenommen. Vgl. das Prot. der Konferenz der Bezirksbürgermeister am 11.1.1946, TOP 4, in: LAB, Rep. 280, Nr. 3844, u. das 4. Prot. des Einheitsausschusses Groß-Berlin v. 12.1.1946, S. 2, in: BArch, Abt. Potsdam, Z-3, Nr. 4, Bl. 45.
60 Vgl. zum weiteren Schicksal des ersten Magistratsentwurfs für eine vorläufige Verfassung von Berlin: Dok. 59, Anm. 13.
61 Vgl. das 26. Mag.prot. v. 15.10.1945, TOP 7.
62 Die VO über den Anbau von Gemüse und Hackfrüchten auf den im Stadtgebiet Berlin liegenden privaten Grundstücken v. 15.10.1945 wurde von der AK mit BK/O (45) 309 v. 31.12.1945 genehmigt; siehe: LAB, Rep. 280, Nr. 12433. Gleichzeitig verfügte sie die Aufnahme der folgenden zusätzlichen Bestimmung in die genehmigte VO: „Die Ausfuhr irgendwelcher Saatbestände aus Berlin ist mit dem Tage des Inkrafttretens dieser Verordnung verboten." Die VO wurde veröffentlicht in: Berliner Zeitung, 12.1.1946, [S. 4]; VOBl., Jg. 2 (1946), S. 7 f. – Mitte Februar 1946 wurde ein Aufruf von OB Werner zur „Ernährungs-Selbsthilfeaktion" veröffentlicht, in dem er die Berliner Bevölkerung dazu aufforderte, auch die kleinsten Parzellen in den Hausgärten und im Laubengelände für den Anbau von Kartoffeln, Gemüse und sonstigen Nutzpflanzen zu verwenden. Siehe: Ein Aufruf des Oberbürgermeisters, in: Der Tagesspiegel, 15.2.1946, S. 6; Berlin hilft sich selbst. Aufruf des Berliner Oberbürgermeisters Dr. Werner, in: Deutsche Volkszeitung, 15.2.1946, S. 1; Gegen den Hunger, in: Berliner Zeitung, 16.2.1946, [S. 2]; Aufruf zur Ernährungs-Selbsthilfeaktion der Berliner Bevölkerung, in: Tägliche Rundschau, 16.2.1946, S. 6. Vgl. auch die Anordnung des Oberbürgermeisters, betr. Einsetzung

men worden, daß die *Ausfuhr von Gemüsesämereien aus Berlin* verboten sei. Die Alliierte Kommandantur hat unerwartet eine solche Bestimmung in das Gesetz hineingenommen. Die Zentralverwaltung für Land- und Forstwirtschaft[63] erhebt nun beim Magistrat Protest gegen eine solche Bestimmung. Dieser Protest wäre vom Standpunkt Berlins aus schon berechtigt, denn wenn wir die Ausfuhr von Sämereien aus Berlin verbieten, bekommen wir eventuell kein Gemüse nach Berlin herein. Es sind deshalb entsprechende Vorstellungen bei den Alliierten erhoben worden, um entweder diese Bestimmung ganz fallenzulassen oder zu mildern, so daß der Magistrat die Möglichkeit hat, regulierend zu wirken.[64]

Kraft macht kurz Mitteilung über die Verhandlungen zwischen der *BVG* und der Berliner S-Bahn bzw. der Generaldirektion der Reichsbahn über beabsichtigte *Tarifänderungen.*[65] Die S-Bahn, die einer Tarifänderung zunächst zugestimmt hatte, hat nachträglich Bedenken dagegen geäußert; sie möchte die Mehreinnahmen aus dem 20-Rpf.-Tarif auch in Zukunft haben.[66] Die BVG dagegen vertritt den Standpunkt, daß der gegenwärtig noch bestehende Kriegstarif – Umsteigen ohne Übersteigfahrschein usw. – auf die Dauer nicht aufrechterhalten werden kann und daß man wieder zu einer Sammelkarte mit sechs Fahrten zu 1,- RM kommen muß.[67]

Dr. Siebert beziffert die Mindereinnahme aus dieser Tarifänderung auf 1 1/2 Millionen RM. Er bittet, die Ankündigung vorläufig nur zur Kenntnis zu nehmen.

Nächste Sitzung: Sonnabend, den 19. Januar 1946.

---

　　von Bezirks-Kommissionen zur Förderung und Überwachung der landwirtschaftlichen oder gärtnerischen Nutzbarmachung verfügbaren Bodens, in: Berliner Zeitung, 15.3.1946, [S. 4].

63　Gemeint ist die Deutsche Verwaltung für Land- und Forstwirtschaft in der sowjetischen Besatzungszone.

64　Das Verbot der Saatausfuhr aus Berlin ist im Jahr 1946 nicht aufgehoben worden.

65　Die städtische BVG betrieb den Straßenbahn-, U-Bahn- und öffentlichen Omnibusverkehr in Berlin, während der S-Bahn-Betrieb von der Deutschen Reichsbahn durchgeführt wurde.

66　Seit dem 1.9.1944 hatte bei der BVG für Einfachfahrscheine der „Kriegs-Einheitstarif" von 20 Reichspfennig bestanden, und nach dem Ende des Zweiten Weltkriegs gab es zunächst ausschließlich Einheitsfahrscheine ohne Umsteigeberechtigung, die weiterhin 20 Reichspfennig kosteten. Vgl. hierzu: 50 Jahre BVG. Ein Rückblick auf ein Stück Berliner Verkehrsgeschichte, Berlin [West] 1979, S. 126.

67　Vgl. zur Entwicklung der BVG-Tarife das 32. Mag.prot. v. 30.11.1945 u. das 49. Mag.prot. v. 9.3.1946, TOP 7 (Kraft), u. das 52. Mag.prot. v. 30.3.1946, TOP 7 (Kraft), u. das 66. Mag.prot. v. 20.7.1946, TOP 6, u. das 68. Mag.prot. v. 3.8.1946, TOP 4.

Dok. 62
5. Sitzung des Einheitsausschusses Groß-Berlin vom 18. Januar 1946

BArch, Abt. Potsdam, Z-3, Nr. 4, Bl. 54 – 57. – Maschinenschriftliche Originalausfertigung.[1]

Niederschrift über die 5. Sitzung des Einheitsausschusses Groß-Berlin der vier antifaschistisch-demokratischen Parteien am 18. Januar 1946, vormittags 10 Uhr im Neuen Stadthaus.[2]

Anwesend: Von der Kommunistischen Partei die Herren Schmidt, Seigewasser, Baum, Köppe und Frau Elli Schmidt,[3]

von der Sozialdemokratischen Partei die Herren Lübbe, Harnisch und Dr. Ostrowski,[4]

von der Christlich-Demokratischen Union die Herren Rübel, Landsberg, Even, Hampel, Günther,[5]

von der Liberal-Demokratischen Partei die Herren Stritte, Hausberg, Pasch, von Boltog und Frau Müller-Kopisch,[6]

---

1 Am Kopfende der ersten Seite des Originals befindet sich der Stempelabdruck „Verbindungsbüro der Einheitsfront" mit der Adressenangabe „Berlin C 2. Parochialstraße 1 – 3".

2 Auf Initiative der KPD-Führung war am 14.7.1945 die zentrale „Einheitsfront der antifaschistisch-demokratischen Parteien" für die sowjetische Besatzungszone gegründet worden. Der gemeinsame Ausschuß dieser Einheitsfront, bestehend aus je fünf Vertretern der vier politischen Parteien, war zunächst auch für Berlin zuständig. Erst am 8.12.1945 konstituierte sich auf der Berliner Ebene ein entsprechender „Einheitsausschuß Groß-Berlin der (vier) antifaschistisch-demokratischen Parteien (Deutschlands)" (die in Klammern gesetzten Wörter wurden bei der offiziellen Eigenbezeichnung zum Teil weggelassen). Die Besprechungen des zentralen Einheitsfront-Ausschusses und des Einheitsausschusses Groß-Berlin wurden von einem Verbindungsbüro organisiert, das im Neuen Stadthaus, also im zentralen Verwaltungsgebäude des Magistrats, untergebracht war (vgl. die vorige Anm.). Vgl. hierzu: Suckut: Blockpolitik in der SBZ/DDR 1945 – 1949, S. 16 – 23 u. 53 – 65; ders.: Block-Ausschüsse, S. 595 – 598, 602 f. u. 616.

3 Waldemar Schmidt, von Juli 1945 bis April 1946 Vorsitzender der Bezirksleitung Groß-Berlin der KPD; Hans Seigewasser; Bruno Baum; Walter Köppe; Elli Schmidt.

4 Erich Lübbe (seit April 1946: SED); Hermann Harnisch, seit August 1945 1. Vorsitzender des Bezirksverbands Berlin der SPD, seit Januar 1946 Bezirksbürgermeister von Neukölln (seit April 1946: SED); Dr. Otto Ostrowski, seit Mai 1946 Bezirksbürgermeister von Wilmersdorf, von Dezember 1946 bis April 1947 Oberbürgermeister von Berlin.

5 Walter Rübel; Prof. Kurt Landsberg, seit März 1946 1. Vorsitzender des Landesverbands Berlin der CDU; Peter Even, seit November 1945 stellvertretender Vorsitzender des Landesverbands Berlin der CDU; Dr. Max Hampel, seit Dezember 1945 Landesgeschäftsführer der Berliner CDU; Josef-Otto Günther.

6 Martin Stritte, von September 1945 bis Februar 1946 1. Vorsitzender des Landesverbands Berlin der LDP; Fritz Hausberg, seit September 1945 2. Vorsitzender und von Februar 1946 bis August 1946 1. Vorsitzender des Landesverbands Berlin der LDP; Paul Pasch; Hans von Boltog; Marga Müller-Kopisch.

vom Magistrat der Stadt Berlin Herr Bürgermeister Maron und Herr Stadtdirektor[7] Dr. Haas.

Vorsitz: Herr Lübbe.

Protokoll: Geiler[8].

Tagesordnung: 1. Besetzung des Postens des 2. stellvertretenden Oberbürgermeisters,
                2. Nebentätigkeit der städtischen Angestellten.

Zu der Frage der Besetzung des Amtes des 2. stellvertretenden Oberbürgermeisters[9] überreicht die C D U folgenden Antrag, der zunächst zur Verlesung kommt:

---

7 Dr. Friedrich Haas war nicht „Stadtdirektor", sondern amtierte seit dem 17.12.1945 als stellvertretender Leiter der Finanzabteilung des Magistrats; vgl. das 37. Mag.prot. v. 17.12.1945, TOP 2.

8 Dr. Annemarie Geiler, Leiterin des Verbindungsbüros des zentralen Einheitsfront-Ausschusses und des Einheitsausschusses Groß-Berlin, seit 1947 verheiratet mit Dr. Ernst Schellenberg, der bis 30.3.1946 als stellvertretender Leiter der Mag.abt. für Sozialwesen amtierte.

9 Über diese Frage hatte bereits in der vorherigen Sitzung des Einheitsausschusses Groß-Berlin am 12.1.1946 eine Debatte stattgefunden, die folgendermaßen protokolliert wurde: „Herr Bürgermeister Maron bittet die Parteien um Vorschläge für Funktionsbesetzungen innerhalb des Magistrats. Er weist auf die vakante Stelle des 2. Stellvertreters des Oberbürgermeisters hin, da bekanntlich Herr Stadtrat Klimpel zwar die Stelle des Herrn Dr. Hermes im Ernährungsdezernat, nicht aber die stellvertretende Oberbürgermeisterfunktion eingenommen hat. Eine Besetzung dieses Postens sei nach Schaffung des Bürgermeisterkollegiums nun von besonderer Wichtigkeit.
Die S P D macht Ansprüche auf die Besetzung des Postens geltend unter Hinweis auf die Tatsache, daß der Oberbürgermeister, zwar parteilos, den bürgerlichen Parteien zuzurechnen sei. Vorgeschlagen wird Herr Stadtrat Orlopp.
Die C D U macht geltend, daß bezüglich der politischen Zusammensetzung des Magistrats eine Parität noch in keiner Weise erreicht sei. Sie schlägt vor, die Frage nicht im Plenum, sondern in einem Viermännerkollegium zu besprechen, was abgelehnt wird. Im übrigen müssen sie [es] ablehnen, daß Parteilose den bürgerlichen Parteien zugerechnet werden.
Die K P D macht geltend, daß der Oberbürgermeister durch Veröffentlichung eines Artikels in der ‚Neuen Zeit' sich der CDU erheblich genähert habe. Und man dürfe nicht verkennen, daß die Stellung eines Oberbürgermeisters mindestens 3 Bürgermeister aufwiege.
Aus den Reihen der C D U wird angeregt, den Oberbürgermeister zu einer politischen Entscheidung zu veranlassen. Der Vorsitzende [Rolf Fehlau (LDP); der Bearb.] stellt fest, daß er hierzu nicht gezwungen werden kann. Herr Bürgermeister Maron ist der Ansicht, man solle die Stelle nicht nur nach Parteigesichtspunkten, sondern in erster Linie nach der Fähigkeit besetzen. Gegen Herrn Orlopp habe er persönlich nichts einzuwenden.
Der Vorsitzende stellt fest, daß bei dieser Stellenbesetzung unbedingt die bürgerlichen Parteien beteiligt werden müßten. Es sei für alle Parteien doch nur wünschenswert, wenn die Verantwortung nach außen von allen Parteien gemeinsam getragen werden müßte [sic!].
Die S P D verneint die Berechtigung der bürgerlichen Parteien zu einer paritätischen Besetzung der Magistratsämter. Die politische Zusammensetzung Berlins sei eine andere. Herr Bürgermeister Maron stellt schließlich fest, daß es sich ja nur um eine Notlösung

„Die Christlich-Demokratische Union Deutschlands hat durch ihre Mitarbeit im Einheitsausschuß bewiesen, daß sie gewillt ist, die Verantwortung für die Leitung der Geschicke Berlins mit zu übernehmen. Sie ist auch bereit, über den Einheitsausschuß hinaus, Verantwortungen im Magistrat zu tragen. Zur Zeit ist die Union im Magistrat durch kein Mitglied mit Sitz oder Stimme vertreten. Die CDU hat sich uneingeschränkt auf den Boden der Parität im Sinne des Beschlusses vom 30. August 1945[10] gestellt. Auf Grund dieses Entschlusses und im Hinblick auf die Schwere der zu lösenden Aufgaben muß die Christlich-Demokratische Union eine Beteiligung in einer Weise verlangen, die ihr die Möglichkeit gibt, wirklich aufbauende verantwortungsvolle Arbeit zu leisten. Die CDU ist deshalb gewillt, die Aufgaben und das Amt eines stellvertretenden

---

für wenige Monate handle. Außerdem dürfe man nicht vergessen, daß dieser Posten mit einem Stadtratsposten gekoppelt sei. Eine Verkoppelung sei mit dem Dezernat Handel geplant.
Die Aussprache wird vertagt auf die nächste Sitzung.“
Das 4. Prot. des Einheitsausschusses Groß-Berlin v. 12.1.1946 ist vorhanden in: BArch, Abt. Potsdam, Z-3, Nr. 4, Bl. 448 f. Zur Erläuterung der zit. Protokollpassage:
– Andreas Hermes (CDU), der als Leiter der Mag.abt. für Ernährung und zweiter stellvertretender Oberbürgermeister amtiert hatte, war Anfang August 1945 aus dem Magistrat ausgeschieden. Die Leitung der Mag.abt. für Ernährung hatte daraufhin Gustav Klimpel (SPD) übernommen. Vgl. das 13. Mag.prot. v. 27.7.1945 u. das 14. Mag.prot. v. 30.7.1945, TOP 7, u. das 15. Mag.prot. v. 6.8.1945, TOP 2.
– Der von der SPD für den seit Anfang August 1945 unbesetzten Posten des zweiten stellvertretenden Oberbürgermeisters vorgeschlagene Josef Orlopp leitete die Mag.abt. für Handel und Handwerk. Er gehörte seit April 1946 der SED an.
– Mit der von Maron erwähnten „Schaffung des Bürgermeisterkollegiums“ dürfte der Absatz 2 des Artikels 4 im ersten Magistratsentwurf einer vorläufigen Verfassung gemeint sein, den der Magistrat am 7.1.1946 angenommen hatte. Nach diesem Absatz sollten der Oberbürgermeister und seine Stellvertreter das Bürgermeisterkollegium bilden, welches die Tätigkeit der Magistratsabteilungen beaufsichtigen, in „Angelegenheiten von geringerer Bedeutung“ beschließen und in „dringenden Fällen“ die dem Magistrat obliegenden Aufgaben „vorläufig allein“ wahrnehmen sollte. In der endgültigen Fassung der Vorläufigen Verfassung v. 13.8.1946, die am 20.10.1946 in Kraft trat, war aber ein solches Gremium nicht mehr vorgesehen. In der Praxis des Magistrats ist das Bürgermeisterkollegium nur selten zusammengetreten und spielte als Institution keine große Rolle. Vgl. das 40. Mag.prot. v. 7.1.1946, TOP 2, u. das 66. Mag.prot. v. 20.7.1946, TOP 6 (Maron); Die Entstehung der Verfassung von Berlin, Bd. I, S. 235 f. u. 288; Breunig, S. 216.
– Mit dem von KPD-Seite erwähnten Zeitungsartikel des Oberbürgermeisters ist vermutlich gemeint: Arthur Werner: Berlin und die Berliner, in: Neue Zeit, 28.10.1945, S. 1 f.
10 In seiner 5. Sitzung am 30.8.1945 hatte der zentrale Einheitsfront-Ausschuß auf Antrag der CDU einstimmig den folgenden Beschluß gefaßt: „Die antifaschistisch-demokratischen Parteien sind sich darüber einig, daß die in ihren Reihen befindlichen politischen und fachlichen Kräfte in allen Besatzungszonen bei dem Einsatz in allen Zweigen der öffentlichen Verwaltung und der öffentlichen Betriebe besondere Berücksichtigung finden müssen. Es soll dabei von dem Grundsatz der gleichmäßigen Behandlung der Angehörigen der antifaschistisch-demokratischen Parteien ausgegangen werden.“ Vgl. hierzu: Suckut: Blockpolitik in der SBZ/DDR 1945 – 1949, S. 80 u. 85 f. (Zitat: S. 86).

Oberbürgermeisters zu übernehmen. Die Polizeiabteilung, die Rechtsabteilung, die Kunstabteilung und die Gesundheitsabteilung sind provisorisch besetzt.[11] Hier sind Aufgabengebiete, die wir übernehmen würden. Außerdem müssen wir aus Gründen der Parität Anspruch darauf erheben, auch in der Abteilung für Personalfragen und Verwaltung mitbeteiligt zu sein, um Einfluß auf die personalpolitische Gestaltung zu gewinnen. Wir sind jederzeit bereit, die fachlich und politisch geeigneten Kräfte zur Verfügung zu stellen.

Die CDU vertritt den Standpunkt und wünscht Anerkennung durch alle Parteien, daß die Besetzung aller Stellen im Magistrat nur eine vorläufige ist und unverzüglich nach der Abhaltung der ersten allgemeinen Wahlen in Berlin auf Grund derselben entsprechend neu erfolgen muß. Die CDU wünscht, daß dieser Standpunkt vom Magistrat ausdrücklich anerkannt wird."[12]

Die L D P erklärt hierzu, sie billige den Standpunkt der C D U und mache als zweite bürgerliche Partei den gleichen Anspruch geltend.[13]

Herr Bürgermeister M a r o n berichtigt einige Tatbestände des Antrags der CDU, so z[um] B[eispiel], daß es beim Magistrat keine eigene Polizeiabteilung gibt, daß die Besetzung der Kunstabteilung durch Herrn Bürgermeister Schulze von der Kommandantur noch nicht bestätigt ist und daß die Kandidatur für das Gesundheitswesen[14] zur Zeit noch ein sehr umstrittenes Problem darstellt.

Die S P D appelliert an den allseitigen Verständigungswillen und weist noch einmal darauf hin, daß sie in der Person des Herrn Stadtrat Orlopp einen Mann

---

11 Es existierte keine eigenständige „Polizeiabteilung" des Magistrats. Seit Anfang Dezember 1945 war Maron aufgrund eines entsprechenden Mag.beschlusses im Magistrat offiziell für Polizeiangelegenheiten zuständig; vgl. das 33. Mag.prot. v. 3.12.1945, TOP 3. – Für die Leitung seiner am 17.12.1945 errichteten Rechtsabteilung hatte der Magistrat den dritten stellvertretenden Oberbürgermeister und Leiter der Mag.abt. für Planungen, Paul Schwenk (KPD), vorgesehen; vgl. das 37. Mag.prot. v. 17.12.1945, TOP 2. Schwenk wurde aber von der AK mit BK/O (46) 93 v. 13.2.1946 seines Postens als Leiter der Rechtsabteilung enthoben; siehe: LAB, Rep. 280, Nr. 12507. – Die Schaffung einer selbständigen Mag.abt. für Kunstangelegenheiten unter der Leitung des vierten stellvertretenden Oberbürgermeisters Karl Schulze (SPD) hatte der Magistrat am 23.12.1945 beschlossen; vgl. das 38. Mag.prot. v. 23.12.1945, TOP 5. – Die Mag.abt. für Gesundheitsdienst wurde seit der Amtsenthebung Sauerbruchs durch die AK kommissarisch von Franz Redeker (parteilos) geleitet; vgl. das 26. Mag.prot. v. 15.10.1945, TOP 2.

12 Vgl. zur Entstehung dieses CDU-Antrags das Prot. über die Sitzung des Aktionsausschusses der Berliner CDU am 16.1.1946, in: ACDP, CDU-LV Berlin, III-034-101. Der Aktionsausschuß fungierte vom 13.11.1945 bis zum Parteitag der Berliner CDU am 16./17.3.1946 als vorläufiger Vorstand des Landesverbands Berlin der CDU. Siehe: LAB, Rep. 280, Nr. 19174; SBZ-Handbuch, S. 534.

13 Vgl. hierzu ein entsprechendes Schreiben des LDP-Vorsitzenden Wilhelm Külz an den Oberbürgermeister der Stadt Berlin v. 14.12.1945 u. das Antwortschreiben Marons v. 30.12.1945, in: LAB(STA), Rep. 101, Nr. 138, Bl. 62 u. 63.

14 Vgl. hierzu das 53. Mag.prot. v. 6.4.1946, TOP 2, u. das 67. Mag.prot. v. 27.7.1946, TOP 2.

vorgeschlagen habe, der aus rein sachlichen Gründen ein Anrecht auf diesen Posten erworben habe.[15]

Die C D U erklärt, die jetzige Zusammensetzung des Berliner Magistrats mit 10 Kommunisten und 6 Sozialdemokraten sei jedenfalls nicht der Ausdruck der tatsächlichen politischen Willensbildung Berlins.[16] Die bürgerlichen Parteien müßten daher auf der Überlassung einiger leitender Stellen bestehen.

Die K P D antwortet darauf, sie sei grundsätzlich gewillt, den bürgerlichen Parteien die von ihnen geforderten Beteiligungen zuzugestehen. Man wisse ja, wie mehr oder weniger durch Zufall einzelne nach dem Zusammenbruch zu ihren Ämtern gelangt seien. Nicht alle hätten sich bewährt[17], so daß ein Auswechseln absolut gerechtfertigt sei. Wenn die Parteien sich auf die Person des Herrn Orlopp einigten, so wolle die KPD überprüfen, welche Posten sie für die bürgerlichen Parteien frei machen könne.

Die L D P begrüßt den ersten Teil der Ausführungen des Vertreters der KPD. Sie selbst beanspruche Positionen, wie es der Umstand der Parität in bezug auf die vier Parteien erlaube, natürlich ohne bewährte Beamte aus ihren Positionen wegen starren Festhaltens dieses Prinzips entfernen zu wollen.

Als praktischen Vorschlag bringt die C D U eine Forderung auf vier Positionen im Magistrat vor.

Herr Bürgermeister M a r o n stellt fest, daß die Stellung des zweiten stellvertretenden Oberbürgermeisters nicht das Gewicht habe, das man ihr offenbar beilege. Nicht das Bürgermeisterkollegium[18], das Magistratskollegium spiele die entscheidende Rolle. Er kommentiert anschließend die politische Zusammensetzung des Magistrats und macht darauf aufmerksam, daß die Interessen der bürgerlichen Parteien durch zahlreiche parteilose Stadträte und Pfarrer vertreten würden.[19] Jeder frei werdende Posten werde außerdem schon jetzt der CDU und LDP angeboten. Herr Dr. Haas, Herr Omen, Frau Hildegard Staehle seien die Namen der bereits übernommenen

---

15 Vgl. Anm. 9 zu diesem Dok.
16 Zum Zeitpunkt der 5. Sitzung des Einheitsausschusses Groß-Berlin am 18.1.1946 gehörten dem Magistrat sechs KPD-Mitglieder an (Maron, Schwenk, Pieck, Winzer, Geschke, Jendretzky) und fünf SPD-Mitglieder (Schulze, Klimpel, Kraft, Orlopp, Siebert). Zwei Magistratsmitglieder standen der KPD sehr nahe (Kehler, Jirak). Von den insgesamt 22 Magistratspositionen nahmen die sechs Kommunisten acht Positionen ein und die fünf Sozialdemokraten sechs Positionen.
17 Vgl. Dok. 51.
18 Vgl. Anm. 9 zu diesem Dok.
19 Zum Zeitpunkt der 5. Sitzung des Einheitsausschusses Groß-Berlin am 18.1.1946 waren außer OB Werner die folgenden Magistratsmitglieder parteilos: Redeker, Landwehr, Jirak, Kehler, Scharoun und Pfarrer Buchholz, wobei Scharoun politisch linksorientiert war und Jirak sowie Kehler der KPD sehr nahestanden. Die stellvertretenden Abteilungsleiter und Propst Grüber als Stellvertreter von Buchholz gehörten dem Magistratskollegium im engeren Sinne nicht an.

Vertreter aus den Kreisen der bürgerlichen Parteien.[20] Herr Maron verspricht seinerseits, jede sich bietende Möglichkeit im Interesse der CDU und LDP ausnützen zu wollen.

Die Sitzung wird für 5 Minuten unterbrochen, um den einzelnen Parteien Gelegenheit zu einer internen Aussprache zu geben.

Nach Wiedereröffnung der Sitzung erklären die CDU und LDP ihre Bereitwilligkeit, der Einsetzung des Herrn Orlopp zuzustimmen, wenn ihnen dafür 4 Magistratsposten zugesagt werden, von denen einer möglichst der Posten eines stellvertretenden Oberbürgermeisters sein soll. Durch eine Frage des Vorsitzenden, ob man eine sofortige Freimachung dieser Ämter verlange oder ob man sich auf die nächsten Vakanzen einigen wolle, wird eine längere Diskussion ausgelöst. Die C D U erklärt, daß sie zunächst Anspruch auf die in der Abteilung Gesundheit und in der Rechtsabteilung frei werdenden Stellen erhebt. Außerdem möge der Magistrat nach Prüfung der Magistratsmitglieder die zwei nächsten vakanten Posten den bürgerlichen Parteien freigeben. Nachdem festgestellt ist, daß man Magistratsmitglieder nicht einfach absetzen könne – sie müßten selbst auf diese Posten verzichten – und daß in allen diesen Ämterfragen den Besatzungsmächten die alleinige Entscheidung darüber zusteht, und nachdem Einmütigkeit darüber festgestellt ist, daß der Beschluß eine nochmalige Diskussion über die Ämterbesetzung auf jeden Fall ausschließen solle, wird folgende Entschließung einstimmig angenommen:

Die vier Parteien schlagen als zweiten stellvertretenden Oberbürgermeister Herrn Stadtrat Orlopp vor. Dafür werden die nächsten frei werdenden Stadtratsposten zuerst den bürgerlichen Parteien angeboten.[21]

[...]

---

20 Friedrich Haas war seit dem 17.12.1945 stellvertretender Leiter der Finanzabteilung, Karl Dohmen (nicht: Omen) amtierte seit dem 30.12.1945 als stellvertretender Leiter der Mag.abt. für Post- und Fernmeldewesen. Hildegard Staehle war am 3.12.1945 zur zweiten Stellvertreterin des Leiters der Mag.abt. für Sozialwesen berufen worden, aber bereits am 16.12.1945 verstorben. Vgl. das 37. Mag.prot. v. 17.12.1945, TOP 2, u. das 39. Mag.prot. v. 30.12.1945, TOP 2, u. das 33. Mag.prot. v. 3.12.1945, TOP 2. Haas, Dohmen und Staehle gehörten der CDU an.

21 Orlopp wurde am folgenden Tag vom Magistrat zum zweiten stellvertretenden Oberbürgermeister bestellt; vgl. das 42. Mag.prot. v. 19.1.1946, TOP 2. – Weitere Beratungen des Einheitsausschusses Groß-Berlin über die personelle Besetzung von Magistratsposten fanden im Juni und Juli 1946 statt. Vgl. das 15., 18., 19., 20. u. 21. Prot. des Einheitsausschusses Groß-Berlin v. 7.6.1946, 3.7.1946, 12.7.1946, 17.7.1946 u. 25.7.1946, in: BArch, Abt. Potsdam, Z-3, Nr. 4, Bl. 90, 105, 110, 113 u. 115; ferner Dok. 104.

Dok. 63
42. Magistratssitzung vom 19. Januar 1946

LAB(STA), Rep. 100, Nr. 767, Bl. 29–34. – Umdruck.[1]

Beginn: 10.15 Uhr   Schluß: 14.10 Uhr

Anwesend: Dr. Werner, Maron, Schwenk, Lange, Schulze, Dr. Landwehr, Or-
            lopp, Klimpel, Dr. Siebert, Schmidt, Dusiska, Jendretzky, Dr. Haas,
            Dr. Mittag, Kehler, Kraft, Knoll, Scharoun, Böttcher, Dr. Focke, Win-
            zer, Dr. Schellenberg, Grüber, Rumpf, Dr. Müller[2], Herrmann[3].

Tagesordnung: 1. Protokolle
               2. Personalfragen
               3. Nebenbetätigung städtischer Angestellter
               4. Wohnungswesen
               5. Einwohnervertretung und außerordentliche Magistratsmitglie-
                  der
               6. Konsumgenossenschaften
               7. Neulehrerbildung
               8. Beschlagnahme von Stalldung
               9. Verkehr
              10. Feststellung der Kriegssachschäden
              11. Allgemeines.

Den Vorsitz führt: Oberbürgermeister Dr. Werner.

1. PROTOKOLLE
Die Niederschrift der Sitzung vom 7.1.1946 wird genehmigt. – Die Beschlußfassung
über die Niederschrift der Sitzung vom 14.1.46 wird vertagt, da einige Mitglieder
noch nicht in den Besitz des Protokolls gekommen sind.

2. PERSONALFRAGEN
Dr. Siebert gibt dem Magistrat Kenntnis von der *Entlassung* des bisherigen *Leiters
der Berliner Stadtbank*, Herrn *Meister* (Drucksache Nr. 25/46)[4]. Dieser hat zwar
freudig seine Arbeit verrichtet, hatte aber nicht die ausreichende Qualifikation für

---

1 Weitere Umdruckexemplare dieses Protokolls sind vorhanden in: LAB(STA), Rep. 100,
   Nr. 752, lfd. S. 23–34; LAB, Rep. 228, Mag.protokolle 1946, u. Rep. 280, Nr. 8501/3.
2 Dr. Werner Müller, Generalreferent und Justitiar in der Mag.abt. für Bau- und Wohnungswesen.
3 Georg Herrmann, Leiter des Hauptamts für Wohnungswesen in der Mag.abt. für Bau-
   und Wohnungswesen.
4 LAB(STA), Rep. 100, Nr. 767, Bl. 49. – Die Berliner Stadtbank war Anfang Juni 1945
   durch Umwandlung der bisherigen Reichsbank gebildet worden; vgl. Dok. 6 u. 8 sowie
   das 5. Mag.prot. v. 4.6.1945, TOP 3. Sie firmierte seit dem Herbst 1945 als „Berliner
   Stadtkontor".

diesen Posten [?][5]. Bei seiner Einstellung hat er ehrlich angegeben, daß er kleineren Organisationen der NSDAP, insbesondere dem NSKK[6], angehört hatte. Bei den strengeren Auffassungen der Amerikaner nach dieser Richtung ist er jetzt auf Befehl der Alliierten Stadtkommandantur seines Postens enthoben und aus den Diensten der Bank entlassen worden.[7] Es war die Frage, ob er die Vergünstigung genießen soll, die der Magistrat für solche leitende Angestellte beschlossen hat, die ohne ihr Verschulden ausscheiden müssen.[8] Ein eigentliches Verschulden liegt nicht vor, da er seine Zugehörigkeit zu den nazistischen Organisationen nicht verschwiegen hatte und der Magistrat sich über seine Fähigkeiten von vornherein klar war. Es wird daher vorgeschlagen, die Zahlung der Übergangsgebührnisse an Herrn Meister zu genehmigen.

Der Befehl der Alliierten sah gleichzeitig vor, mit der Vertretung in der Leitung der Stadtbank einen der jetzigen Direktoren zu beauftragen.[9] Demgemäß ist mit der vorläufigen Geschäftsführung der Stadtbank das dem Dienstalter nach älteste Mitglied des Vorstandes der Bank, Herr Direktor Görlich, beauftragt worden. Für die endgültige Besetzung des Postens werden dem Magistrat Vorschläge gemacht werden, wenn die Verhandlungen darüber abgeschlossen sind.

BESCHLUSS: Der Magistrat nimmt von den Mitteilungen und Vorschlägen zustimmend Kenntnis.[10]

Maron bittet um Verhandlung und Beschlußfassung über die *Besetzung des Postens des zweiten stellvertretenden Oberbürgermeisters*. Dieses Amt ist seit dem Ausscheiden von Dr. Hermes unbesetzt.[11] Mit Annahme der Verfassung ist die Frage

---

5 Hermann Meister war bis zum Kriegsende als Reichsbankdirektor tätig gewesen. Vgl. Dok. 6; Berlins erster Bankdirektor, in: Der Morgen, 26.9.1945, S. 3.

6 Nationalsozialistisches Kraftfahrkorps.

7 Mit dem erwähnten Befehl ist BK/O (46) 24 v. 10.1.1946 gemeint. Dieser Befehl ist vorhanden in: LAB, Rep. 280, Nr. 12456.

8 Gemeint ist der Mag.beschluß v. 12.11.1945, der die Kündigungsfristen leitender Angestellter der städtischen Verwaltung betraf; vgl. das 30. Mag.prot. v. 12.11.1945, TOP 2.

9 Diese Aussage ist unzutreffend, da dem Oberbürgermeister im entsprechenden Absatz der BK/O (46) 24 lediglich befohlen wurde: „Sie werden unverzüglich die Leitung der Bankgeschäfte vorübergehend einer anderen Person übertragen und dem Finanzkomitee dieser Kommandatura eine Vorschlagsliste von Personen unterbreiten, die Ihres Erachtens für den Dauerposten als Direktor der Bank geeignet wären." Eine solche Vorschlagsliste übersandte der Magistrat der AK mit Schreiben v. 24.7.1946; sie ist vorhanden in: LAB(STA), Rep. 101, Nr. 636. Vgl. auch den vorangegangenen Befehl FIN/I (46) 45 des Finanzkomitees der AK v. 24.4.1946, in: LAB, Rep. 37: OMGBS, FIN Br, 4/91-2/12.

10 Mitte September 1946 beschloß der Magistrat die endgültige Ernennung des Dipl.-Kaufmanns Felix Görlich zum Direktor des Berliner Stadtkontors; vgl. das 75. Mag.prot. v. 14.9.1946, TOP 2.

11 Hermes, der als Leiter der Mag.abt. für Ernährung und zweiter stellvertretender Oberbürgermeister amtiert hatte, war Anfang August 1945 aus dem Magistrat ausgeschieden. Vgl. das 13. Mag.prot. v. 27.7.1945 u. das 14. Mag.prot. v. 30.7.1945, TOP 7, u. das 15. Mag.prot. v. 6.8.1945, TOP 2.

der Wiederbesetzung aufgetaucht.[12] Der Aktionsausschuß der vier Parteien[13] hat darüber verhandelt und nach einem Vorschlag der Sozialdemokratischen Partei Herrn Stadtrat Orlopp für diese Funktion benannt.[14] Der Magistrat wird auf Grund dieses Vorschlags der Parteien gebeten, Herrn Stadtrat Orlopp, dessen Person ja bekannt ist und keiner besonderen Empfehlung bedarf, unter Beibehaltung seiner Funktion als Leiter der Abt[eilung] für Handel und Handwerk als zweiten stellvertretenden Oberbürgermeister zu bestellen.

BESCHLUSS: Der Magistrat stimmt nach kurzer Aussprache dem Vorschlag zu.[15]

Dr. Werner begrüßt Herrn Orlopp in seiner neuen Eigenschaft.

3. NEBENTÄTIGKEIT DER STÄDTISCHEN ANGESTELLTEN

Schmidt berichtet kurz über die Beratungen über diese Vorlage (Drucksache Nr. 13/46)[16] in der letzten Bezirksbürgermeister-Konferenz.[17] Der Entwurf hat dort folgende redaktionelle Änderungen erfahren:

1. In § 1 Abs. 2 wird das Wort „Angehörige" ersetzt durch „Ehepartner, Eltern, Schwiegereltern, Kinder und Geschwister".[18]

---

12 Diese Aussage bezieht sich auf das im Absatz 2 des Artikels 4 im ersten Magistrats-entwurf einer vorläufigen Verfassung vorgesehene Bürgermeisterkollegium. Vgl. hierzu Dok. 62, Anm. 9.

13 Gemeint ist der Einheitsausschuß Groß-Berlin; vgl. Dok. 62, Anm. 2.

14 Vgl. hierzu Dok. 62.

15 Mit Schreiben v. 24.1.1946 ersuchte Maron die AK um die Bestätigung dieses Mag.beschlusses. Durchschriften dieses Schreibens sind vorhanden in: LAB(STA), Rep. 101, Nr. 60; SAPMO-BArch, BPA, I/2/029. Mit BK/O (46) 118 v. 8.3.1946 bestätigte die AK die Ernennung Orlopps zum zweiten stellvertretenden Oberbürgermeister; siehe: LAB, Rep. 280, Nr. 12528. Vgl. hierzu auch das 9. Prot. der stellv. Stadtkommandanten v. 15.2.1946, TOP 109, u. das 10. Prot. der stellv. Stadtkommandanten v. 26.2.1946, TOP 123, u. das 11. Prot. der stellv. Stadtkommandanten v. 5.3.1946, TOP 130, in: LAB, Rep. 37, Acc. 3971, Nr. 218; BK/R (46) 80 v. 21.2.1946, in: LAB, Rep. 37: OMGBS, BICO LIB, 11/148-2/4.

16 LAB(STA), Rep. 100, Nr. 767, Bl. 25 f. Mit dieser Mag.vorlage wurde der Magistrat gebeten, den Entwurf einer VO über die Nebentätigkeit der städtischen Angestellten zu beschließen und beigefügte Richtlinien zur Durchführung dieser VO zur Kenntnis zu nehmen.

17 Vgl. das Prot. der Konferenz der Bezirksbürgermeister am 17.1.1946, TOP 4, in: LAB, Rep. 280, Nr. 3845. Auch im Einheitsausschuß Groß-Berlin war die hier behandelte Mag.vorlage beraten worden; vgl. das 4. u. 5. Prot. des Einheitsausschusses Groß-Berlin v. 12.1.1946 u. 18.1.1946, in: BArch, Abt. Potsdam, Z-3, Nr. 4, Bl. 45 u. 56.

18 Der § 1 des Entwurfs hatte folgenden Wortlaut:
„Städtische Angestellte bedürfen der Genehmigung
    a) zur Übernahme eines Nebenamts,
    b) zur Übernahme einer Nebenbeschäftigung, mit der eine fortlaufende Vergütung verbunden ist,
    c) zum Betrieb eines Gewerbes und zur Ausübung eines freien Berufes,
    d) zum Eintritt in den Vorstand, Verwaltungs- oder Aufsichtsrat einer auf Erwerb gerichteten Gesellschaft oder Genossenschaft.
Der Genehmigung bedürfen auch Angehörige eines städtischen Angestellten, wenn

2. In § 2 wird eingefügt: Die Genehmigung wird erteilt nach Stellungnahme des Leiters der zuständigen Fachabteilung.
3. In § 4 wird noch einmal Bezug genommen auf die Definierung der „Angehörigen" in § 1.
4. In § 5 wird das erste Wort „Wo" ersetzt durch „Wenn".

Außerdem lag ein Antrag des Bezirksamts Wedding vor, in dem aus grundsätzlichen Bedenken die Ablehnung der Vorlage gefordert wurde.[19] In der Begründung wurde ausgeführt, daß, solange die in städtischen Diensten Stehenden nicht in ein fest fundiertes beamtenähnliches Verhältnis übernommen werden, an sie nicht die Forderung gestellt werden könnte, die ein solches beamtenähnliches Verhältnis zur Voraussetzung hat. Die Stellung der städtischen Angestellten sei im Augenblick nicht gesicherter als die der Angestellten in der Privatindustrie. Ein Teil der Angestellten hätte ihre [sic!] geschäftliche Tätigkeit nur aufgegeben oder eingeschränkt, um aus politischen Überzeugungsgründen am Aufbau mitzuarbeiten. Selbstverständlich sei eine Verbindung zwischen der amtlichen und der privaten Tätigkeit strikt abzulehnen.

Es ist gerade der Sinn der Verordnung, eine Verquickung zwischen amtlicher und privater Tätigkeit dadurch zu unterbinden, daß die Nebentätigkeit zunächst mal genehmigt werden muß, um danach das Weitere prüfen zu können. In den Richtlinien ist aufgeführt, was genehmigt werden muß, was genehmigt werden kann und was nicht genehmigt werden soll. Auf jeden Fall muß der Magistrat Klarheit haben über den Charakter und die Art der Nebentätigkeit seiner Mitarbeiter in der Stadtverwaltung.

Die Bezirksbürgermeister sind einmütig über den Antrag Wedding hinweggegangen, ebenso über einen Eventualantrag, der dahin ging, nach Genehmigung einer Nebentätigkeit den Verdienst daraus unberührt zu lassen. In der Verordnung ist nach der Hinsicht nur vorgesehen, daß bei beträchtlichem Einkommen aus einer Nebentätigkeit die Dienstbezüge gekürzt werden können, nicht das Nebeneinkommen selbst, und zwar ist dies ausdrücklich eine Kann-, keine Mußbestimmung.

Auf eine Frage von Dr. Siebert erklärt der Redner, daß das Einkommen aus Besitz, z[um] B[eispiel] aus Haus- und Grundbesitz, nicht der Genehmigung bedarf.

Lange wirft die Frage der Beschäftigung von Rechtsanwälten und Notaren als juristische Dezernenten in den Abteilungen der Stadtverwaltung auf. In dieser Doppelstellung liegt eine Gefahr für die Sauberkeit der Amtsführung. Das Ziel muß dahin gehen [sic!], diesen Zustand allmählich zu beseitigen. Ein praktischer Weg dazu wäre z[um] B[eispiel], tüchtige junge Amtsgerichtsräte zeitweise beurlauben zu lassen und zur Arbeit in der Verwaltung heranzuziehen.

Dr. Mittag ist gleichfalls der Meinung, man sollte grundsätzlich dahin streben, daß die Herren, die bei der Verwaltung juristisch tätig sind, keine Anwaltspraxis nebenher mehr ausüben. Sie müssen mit ihrer Kraft uneingeschränkt der Verwaltung zur Verfügung stehen.

---

sie nur als vorgeschobene Interessenvertreter des Angestellten eine der vorgenannten Tätigkeiten ausüben und zu deren Ausübung allein nicht imstande wären.

Für Magistratsmitglieder und Bezirksamtsmitglieder ergehen besondere Bestimmungen."

19 Dieser Antrag ist wörtlich enthalten im Prot. der Konferenz der Bezirksbürgermeister am 17.1.1946, TOP 4, in: LAB, Rep. 280, Nr. 3845.

Dr. Werner betont, das gleiche gelte auch für andere Berufe. Wer seine Kraft, wie es verlangt werden müsse, voll und ganz der Stadt widme, habe gar keine Zeit zu ausgedehnter Nebenbeschäftigung.

Orlopp hält es auch nicht für einen gesunden Zustand, wenn juristische Dezernenten eine Nebentätigkeit ausüben, denn die Versuchung, dabei Erfahrungen und Kenntnisse aus der Amtsführung für private Interessen auszunutzen, liege zu nahe. Der Redner empfiehlt, allgemein mit der Genehmigung von Nebentätigkeit sehr vorsichtig zu sein. Es gibt noch viel städtisches Personal, das irgendwie in Handel und Gewerbe tätig ist. In der Öffentlichkeit wird auf diese Dinge sehr scharf gesehen. Die Verordnung gibt eine gewisse Handhabe, solche unerfreulichen Zustände zu beseitigen oder mindestens einzuschränken.

Dr. Mittag würde es auch für unzulässig halten, wenn ein Rechtsanwalt, der in der Verwaltung tätig ist, für die Ausübung seiner Privatpraxis zwar einen Vertreter bestellt, aber seinen Namen als Zugmittel benutzen läßt, um die Praxis zu erweitern.

BESCHLUSS: Die Vorlage wird mit den vorgetragenen redaktionellen Änderungen angenommen.[20]
[Der Vorlage Nr. 14 (Nebentätigkeit der Magistratsmitglieder und der Bezirksamtsmitglieder)[21] wird ohne Aussprache zugestimmt.[22]][23]

4. WOHNUNGSWESEN

Herrmann (Leiter des Hauptamts für Wohnungswesen) erstattet einen *Bericht über das Wohnungswesen*.[24] Nach einer kurzen Schilderung der durch den Luftkrieg, die

---

20 Die hiermit beschlossene VO über die Nebentätigkeit der städtischen Angestellten ist mit Ausfertigungsdatum v. 19.1.1946 vorhanden in: LAB(STA), Rep. 100, Nr. 767, Bl. 57. Diese Ausfertigung entspricht in § 1 Absatz 2 nicht der festgelegten Textänderung. Der Absatz 2 lautet hier folgendermaßen: „Der Genehmigung bedürfen auch Angehörige, Ehepartner, Eltern, Kinder, Schwiegereltern eines städtischen Angestellten, wenn sie nur als vorgeschobene Interessenvertreter des Angestellten eine der vorgenannten Tätigkeiten ausüben, zu deren Ausübung sie allein nicht imstande wären." In der Textfassung der Ausfertigung v. 19.1.1946 wurde die VO über die Nebentätigkeit der städtischen Angestellten veröffentlicht in: VOBl., Jg. 2 (1946), S. 84 f.; Die Stadtverwaltung, Jg. 1 (1946), H. 1, S. 14 (hier auch die Richtlinien zur Durchführung der VO).

21 LAB(STA), Rep. 100, Nr. 767, Bl. 27.

22 Die hiermit beschlossene VO über die Nebentätigkeit der Magistratsmitglieder und der Bezirksamtsmitglieder ist mit Ausfertigungsdatum v. 19.1.1946 vorhanden in: LAB(STA), Rep. 100, Nr. 767, Bl. 56. Sie wurde veröffentlicht in: VOBl., Jg. 2 (1946), S. 85; Die Stadtverwaltung, Jg. 1 (1946), H. 1, S. 14. Durch diese VO wurden die zentralen Bestimmungen der gleichzeitig beschlossenen VO über die Nebentätigkeit der städtischen Angestellten auch auf die Magistratsmitglieder und ihre Stellvertreter sowie die Bezirksamtsmitglieder angewandt.

23 Der hier in eckigen Klammern wiedergegebene Mag.beschluß ist in den Originalexemplaren des 42. Mag.prot. v. 19.1.1946 nicht aufgeführt. Dieses Versehen wurde durch eine entsprechende Ergänzung am Schluß des 45. Mag.prot. v. 2.2.1946 korrigiert.

24 Der von Georg Herrmann erstattete Bericht über das Wohnungswesen ist als schriftliche Ausfertigung v. 12.1.1946 vorhanden in: LAB(STA), Rep. 110, Nr. 188; LAB, Rep. 228, Mag.protokolle 1946, u. Rep. 280, Nr. 4265; größtenteils abgedruckt in: Berlin. Quellen und Dokumente, 1. Halbbd., S. 680–683. Vgl. zur allgemeinen Diskussion des Bau- und

sinnlose Verteidigung Berlins entstandene Wohnungsnot und Obdachlosigkeit führt der Redner aus: Eine Bestandsaufnahme ergab, daß von 225 000 Wohngebäuden mit 1 543 000 Wohnungen vor dem Kriege jetzt als bewohnbar anzusehen sind 168 000 Wohngebäude mit 880 000 Wohnungen.[25] Unter der Berücksichtigung, daß etwa 150 000 Wohnräume von den Besatzungsbehörden beansprucht sind, sind je Wohnraum etwa 2 gegenüber früher 1,2 Personen zu rechnen. Je Kopf stehen etwa 8 gegenüber früher 16,4 qm Wohnraum zur Verfügung.

Es kann damit gerechnet werden, daß allmählich noch etwa 200 000 Wohnungen, 700 000 Wohnräume oder 15 000 000 qm Wohnfläche wiedergewonnen werden können, soweit nicht die Neuplanung es verbietet. Für das laufende Jahr ist die Wiederinstandsetzung von 53 000 Wohnungen vorgesehen, wobei es sich um leichtere und mittlere Schäden handelt. Für 1947 kann ebenfalls mit 50 000 Wiederinstandsetzungen gerechnet werden. Das ganze Programm der wiederzugewinnenden Wohnungen könnte vielleicht in drei bis vier Jahren durchgeführt sein.

Der Redner behandelt sodann die zahlreichen rechtlichen und praktischen Zweifelsfragen, die sich fast täglich in der Arbeit der Wohnungsämter ergeben.[26] Besondere Schwierigkeiten sind durch die Besetzungen von Wohnungen der sogenannten kleinen Nazis entstanden.[27]

Weiter behandelt der Redner das Verfahren, das bei der Rückkehr von evakuierten Wohnungsinhabern, deren Wohnungen durch Eingewiesene besetzt sind, angewandt wird.[28] Alle Magistratsbeschlüsse nach dieser Richtung harren noch der Genehmi-

---

Wohnungswesens das 40. Mag.prot. v. 7.1.1946, TOP 3, u. das 41. Mag.prot. v. 14.1.1946, TOP 4.

25 Die verläßlichsten vorhandenen Schätzzahlen zu den Kriegsverlusten an Wohngebäuden und Wohnungen in Berlin finden sich in: Dr. Kürten: Endgültige Ergebnisse der Wohnungszählung vom 13. April 1946 [Teil 2: Veränderungen im Wohnungsbestand durch den Krieg], in: Berliner Statistik, Jg. 3 (1949), S. 30–33; vgl. hierzu auch: Hanauske, S. 140 f.

26 Vgl. zur Durchführung der Wohnraumbewirtschaftung: Hanauske, S. 159–171.

27 Im schriftlichen Bericht Herrmanns lautet die entsprechende Stelle: „Besondere Schwierigkeiten sind durch die Besetzung von Wohnungen der sogenannten kleinen Nazis entstanden, soweit sie ohne Rechtsgrundlage durchgeführt wurden. Einerseits wird ein Eingreifen der Behörden zu Gunsten der kleinen Nazis von großen Teilen der Bevölkerung, insbesondere der räumungspflichtigen Antifaschisten, als politisch unbegreiflich empfunden, andererseits müssen Privatklagen gegen die Stadt wegen rechtlich nicht begründeter Beschlagnahmen Erfolg haben. Bisher ist es gelungen, einer Verurteilung der Stadt durch Nachgeben im Einzelfalle zu entgehen." Vgl. zur Frage der „Nazi-Wohnungen"/„Pg.-Wohnungen" auch das 1. Mag.prot. v. 20.5.1945, TOP 3, u. das 17. Mag.prot. v. 20.8.1945, TOP 4, u. das 30. Mag.prot. v. 12.11.1945, TOP 5 (Jendretzky); Dok. 31 (Abschnitt „Tolerierung der Nazis"); LAB, Rep. 212, Acc. 1524, Nr. 1687; Hanauske, S. 168 f.

28 Die entsprechenden Ausführungen im schriftlichen Bericht Herrmanns lauten: „Bei der Rückkehr von evakuierten Wohnungsinhabern, deren Wohnungen durch Eingewiesene besetzt sind, ergibt sich rechtlich und praktisch folgendes Verfahren: Die Wohnungsinhaber haben Anspruch auf die Wiederbenutzung ihrer Wohnung, soweit sie sie für ihr Wohnbedürfnis unbedingt gebrauchen. Dies gilt sowohl für politisch nicht Belastete als auch für die sogenannten kleinen Pgs. Den Pgs. wird aber grundsätzlich weit weniger Wohnraum zugestanden als anderen Wohnungsinhabern. Die Zahl der Streitigkeiten hiermit ist allmählich immer geringer geworden. Sind die Eingewiesenen

gung durch die Alliierte Kommandantur.[29]

Die künftigen Aufgaben des Hauptamtes für Wohnungswesen werden durch folgende Umstände bestimmt: 1. die Rückkehr der Evakuierten und Kriegsgefangenen vom Frühjahr 1946 ab; 2. die Notwendigkeit, möglichst für jede Familie eine eigene Wohnung zu stellen. Eine Neufassung des gesamten Raumbewirtschaftungsrechtes ist bereits in Ausarbeitung.[30]

Zur Erhaltung des Wohnraums ist vorgesehen: a) das Verbot der Vereinigung mehrerer Wohnungen, b) das Verbot der Zweckentfremdung von Wohnungen,[31] c) die Durchführung der Wohnungsaufsicht, soweit Instandsetzungsarbeiten möglich werden.

Zur Schaffung neuen Wohnraums ist in Aussicht genommen: a) die Teilung von Großwohnungen, b) der Umbau von Geschäftsräumen, c) die Rückwandlung zweckentfremdeter Wohnungen, d) die Förderung der Selbsthilfe bei beschädigten Wohnungen durch Einräumung eines Einweisungsvorzuges.[32] – Wesentlich für alle diese Aufgaben ist, daß den Wohnungsämtern genügend erfahrene Fachkräfte zur Verfügung stehen.

Dr. Siebert bedauert, daß auf dem Gebiet des *Wohnrechts* nicht rechtzeitig eine grundlegende Neuregelung getroffen worden ist. Man hätte schon im Juni eine Verordnung erlassen sollen, nach der alle Mietverträge zwecks neuer Raumbewirtschaftung als erloschen gelten, wenn das Wohnrecht des Inhabers nicht bis zu einem bestimmten Zeitpunkt ausgeübt ist. Dann könnten heute nicht die Gerichte mit alten Rechtsauffassungen auf diesem Gebiet operieren. Daß eine solche Verordnung nicht gekommen ist, ist ein großes Versäumnis. Heute ist eine solche Regelung sehr viel schwieriger. Trotzdem sollte man sie so schnell wie möglich nachholen. – Die Tatsache, daß seit dem 28. August[33] zu keinem der Magistratsbeschlüsse in bezug

---

Opfer des Faschismus, so ist mit Erfolg versucht worden, den Wohnungsinhaber zum Bezuge einer anderen geeigneten Wohnung zu veranlassen.

Schwieriger gestaltete sich die Regelung, wenn der Eingewiesene sich eine beschädigte Wohnung erst bewohnbar hergerichtet hat. Den Wohnungsämtern ist schon im August v[origen] J[ahres] empfohlen worden, nur solche Wohnungen zur Wiederherrichtung im Wege der Selbsthilfe zuzuweisen, auf die ein Anspruch des bisherigen Inhabers nicht mehr besteht. Ist diese Anweisung von den Wohnungsämtern nicht befolgt worden, so wird dem zurückkehrenden Wohnungsinhaber eine etwa gleich beschädigte Wohnung zur Wiederherrichtung bezeichnet und nach deren Fertigstellung notfalls getauscht."

29 Die hier gemeinten seit dem 20.8.1945 gefaßten Mag.beschlüsse zum Wohnungswesen sind in Herrmanns schriftlichem Bericht aufgeführt (S. 3). Vgl. hierzu das 17. Mag.prot. v. 20.8.1945, TOP 4, u. das 19. Mag.prot. v. 3.9.1945, TOP 7, u. das 21. Mag.prot. v. 17.9.1945, TOP 4, u. das 23. Mag.prot. v. 24.9.1945, TOP 4, u. das 25. Mag.prot. v. 8.10.1945, TOP 5, u. das 37. Mag.prot. v. 17.12.1945, TOP 4; ferner das Prot. über die Sitzung aller Wohnungsamtsleiter am 24.10.1945, in: LAB(STA), Rep. 105, Nr. 245.

30 Die allgemeine Regelung der öffentlichen Wohnraumbewirtschaftung in Berlin erfolgte nicht durch den Magistrat, sondern durch das für ganz Deutschland gültige Gesetz Nr. 18 (Wohnungsgesetz) des Alliierten Kontrollrats v. 8.3.1946. Dieses Gesetz wurde veröffentlicht in: Amtsblatt des Kontrollrats in Deutschland, Nr. 5 (31.3.1946), S. 117–121, u. VOBl., Jg. 2 (1946), S. 96–98; wieder abgedruckt in: Berlin. Quellen und Dokumente, 1. Halbbd., S. 683–687. Vgl. hierzu das 84. Mag.prot. v. 16.11.1946, TOP 3.

31 Vgl. hierzu das 41. Mag.prot. v. 14.1.1946, TOP 4.

32 Vgl. hierzu das 65. Mag.prot. v. 13.7.1946, TOP 2.

33 Müßte heißen: 20. August.

auf das Wohnungswesen eine Stellungnahme bei den Alliierten erfolgt ist, deutet darauf hin, daß hier der rechte Kontakt fehlt.

Jendretzky ist auch der Meinung, daß man durch entsprechende Verhandlungen und persönliche Besprechungen mit den alliierten Behörden schon weitergekommen wäre. Aber auch ohne die ausdrückliche Genehmigung der vorgeschlagenen Verordnungen hätte man durch geeignete Maßnahmen die *Wohnungspolitik* ganz anders beeinflussen können. In der Frage der Wohnungen der kleinen Pgs. hätte man *zugunsten der Opfer des Faschismus* ganz anders vorgehen können. Hier ist zweifellos etwas versäumt worden.

In der Frage der Wiederherstellung der beschädigten Wohnungen müssen die statistischen Unterlagen bald zur Verfügung stehen und ausgewertet werden, damit man der Bevölkerung konkret sagen kann, wie groß die Zahl der wiederzugewinnenden Wohnungen ist.[34]

Dr. Focke verweist auf den verwaltungsrechtlichen Charakter der Wohnungseinweisungen. Neben der privatrechtlichen Seite hat das Mietverhältnis heute auch eine öffentlich-rechtliche Seite, und das ist die *Einweisung*[35]. Hier ist für die Bezirkswohnungsämter die Möglichkeit gegeben, verwaltungsmäßig Einfluß auf die Mietverhältnisse zu nehmen.

Dr. Landwehr macht den Vorschlag, die Versuche von Leuten, die seinerzeit Berlin verlassen haben und jetzt erst in ihre frühere Wohnung unter Berufung auf den Mietvertrag zurückkehren wollen, auf dem Wege über die *Zuzugsgenehmigung* zu verhindern.

Dr. Mittag befürchtet im nächsten Frühjahr einen großen Ansturm von Rückkehrern nach Berlin. Bis dahin muß unbedingt die Frage des *Erlöschens der alten Mietverträge* gelöst sein. Man sollte dieses Problem durch einige erfahrene Juristen behandeln lassen und dann noch einmal darüber diskutieren, aber recht bald.

Scharoun erwidert, Zuzugsgenehmigungen würden im allgemeinen nur erteilt, wenn die Rückkehr des Betreffenden für den Wiederaufbau der Stadt,

---

34 Am 13.4.1946 wurde in Berlin eine Wohnungszählung durchgeführt, deren Ergebnisse veröffentlicht wurden in: Berlin in Zahlen 1947, S. 173 – 186; Dr. Kürten: Groß-Berlins Verlust an Wohnungen und Wohnräumen durch den Krieg, in: Berliner Statistik, Jg. 1 (1947), S. 30 – 32; Dr. Smuda: Wohnungen und Wohnräume in den Groß-Berliner Verwaltungsbezirken am 13. April 1946, in: Berliner Statistik, Jg. 1 (1947), S. 49 – 52; Dr. Kürten: Endgültige Ergebnisse der Wohnungszählung vom 13. April 1946 [Teil 1: Die Wohnungen nach der Zahl und Art der Wohnräume], in: Berliner Statistik, Jg. 3 (1949), S. 9 – 17; ders.: Endgültige Ergebnisse der Wohnungszählung vom 13. April 1946 [Teil 2: Veränderungen im Wohnungsbestand durch den Krieg; Teil 3: Wiederherstellbare unbenutzbare Wohnräume in benutzbaren Gebäudewohnungen], in: Berliner Statistik, Jg. 3 (1949), S. 30 – 34; ders.: Endgültige Ergebnisse der Wohnungszählung vom 13. April 1946 [Teil 4: Die Bodenfläche der Wohnungen; Teil 5: Die Bewohner der Wohnungen; Teil 6: Die Wohn- und Belegungsdichte der Wohnungen; Teil 7: Veränderungen im Wohnungsbestand April 1946 bis September 1948], in: Berliner Statistik, Jg. 3 (1949), S. 119 – 131.

35 Die Rechtsgrundlage für die Einweisung in beschlagnahmten Wohnraum bildete die VO über die Bewirtschaftung der Wohn- und gewerblichen Räume; vgl. hierzu das 7. Mag.prot. v. 18.6.1945, TOP 4. Vgl. zur Durchführung der Wohnungszuweisungen: Aus der Tätigkeit der Berliner Wohnungsämter 1945 bis 1947, in: Berliner Statistik, Jg. 2 (1948), S. 35 – 40; Berlin in Zahlen 1947, S. 191 – 197.

z[um] B[eispiel] als Bauhandwerker, von Bedeutung ist. In bezug auf das Vorantreiben der Verordnungen in Hinsicht auf Genehmigung durch die Alliierten ist allerlei geschehen; die Verordnungen sind bis zu dreimal nachgereicht worden, und überall, wo die Möglichkeit dazu bestand, sind persönliche Rücksprachen in der Angelegenheit erfolgt.

Dr. Müller führt aus, daß von der Abt[eilung] für Bau- und Wohnungswesen alles Erdenkliche getan worden ist, um auf die Amtsleiter in den Wohnungsämtern im Sinne einer *richtigen Wohnungspolitik* einzuwirken. Man darf eins nicht übersehen: Die Wohnungsämter haben [sic!] anfangs bei Handhabung der Magistratsverordnungen vom Juni und Juli 1945 weit über das Ziel hinausgeschossen. Die vom Magistrat verabschiedete Verordnung, die die entstandene Lage nachträglich legalisieren sollte, ist von den Alliierten nicht genehmigt worden.[36] Praktische Schwierigkeiten sind trotzdem nur wenig aufgetreten.

Dr. Landwehr präzisiert seinen Vorschlag noch einmal dahin, der Magistrat möchte einen Beschluß fassen, wonach die Bezirksbürgermeister erneut von der Meinung des Magistrats in Kenntnis gesetzt werden sollen, daß bis auf weiteres keinerlei Zuzugsgenehmigung für Berlin gegeben werden darf. Für die Ausführung dieser Direktive könnten dann noch nähere Richtlinien gegeben werden. Damit wäre zunächst mal die Sicherheit gegeben, daß derjenige, der bis jetzt nicht zurückgekommen ist, auf absehbare Zeit nicht in seine Wohnung in Berlin hineinkann.

Dr. Siebert möchte wissen, ob die Abt[eilung] für Bau- und Wohnungswesen mit ihrer Arbeit zufrieden ist, ob sie glaubt, die Unterbringungsfrage gelöst zu haben. Er seinerseits habe in der ganzen Wohnungsfrage eine klare Wohnungspolitik mit einer gerechten Verteilung des zur Verfügung stehenden Wohnraums vermißt.[37]

Maron hält eine Zwischenlösung mit der Zuzugsgenehmigung nicht für ausreichend. Man weiß nicht, ob die Bestimmung über die Zuzugsgenehmigung nicht eines Tages gelockert wird. Nach den heute vorgetragenen, vielleicht etwas zu optimistisch geschätzten Zahlen über die künftige Wohnungsinstandsetzung und den pro Kopf der Bevölkerung zur Verfügung stehenden Wohnraum muß versucht werden, durch eine systematische Wohnungspolitik regelnd einzugreifen und zu sagen: Jedem Berliner steht nur soundsoviel Raum zu. Eine solche Festlegung erfordert eine genaue Kenntnis der Verhältnisse. Der Politiker und der Jurist müssen hier zusammenarbeiten, und der Magistrat muß in den nächsten Wochen dieser Frage seine Aufmerksamkeit widmen und entsprechende Gesetze und Verordnungen ausarbeiten lassen.

Herrmann erklärt, die Ansicht des Hauptwohnungsamts sei, daß die jetzigen Bestimmungen nicht ausreichen. Wir brauchen ein Zuzugsverbot nach Berlin. Zur Zeit besteht nur die Bestimmung, daß, wer seit 1. Oktober 1945 zuzieht, keine Lebensmittelkarten bekommt.[38] Eine praktische Grundlage für eine freie Wohnungswirtschaft der Stadt ist erst gegeben, wenn das Erlöschen der alten Mietverträge ausgesprochen ist. Ob dies zu erreichen sein wird, steht dahin.

Die Frage der Unterbringung der Opfer des Faschismus hätte eigentlich gelöst sein müssen. Die 2 700 anerkannten Opfer des Faschismus haben zum großen Teil eine

---

36 Vgl. hierzu das 23. Mag.prot. v. 24.9.1945, TOP 2.
37 Vgl.: [Erich] Siebert: Wohnungsreparaturen. Ein Appell in zwölfter Stunde, in: Das Volk, 17.10.1945, [S. 1 f.].
38 Vgl. Dok. 27, Anm. 43.

Wohnung. Zum Teil sind sie alleinstehend, also jüngere Leute, die eine Wohnung gar nicht suchen. Die Zahl derer, die als Wohnungssuchende in Berlin aufgetreten sind, beziffert sich auf etwa 1 200. Die Zahl der beschlagnahmten Wohnungen auf Grund der Verordnung vom 18.6.45[39] ist mindestens doppelt so groß. Die Möglichkeit der Unterbringung hätte also bestanden. Die Schwierigkeiten, mit denen man heute zu kämpfen hat, liegen auf einem anderen Gebiet.

Der Redner bespricht zum Schluß den Anfall von Wohnungen durch die Zunahme der Sterbefälle[40].

Maron beantragt, Prof. Scharoun zu beauftragen, die in der heutigen Magistratssitzung gegebenen Anregungen in möglichst kurzer Frist zur Durchführung zu bringen und alsdann dem Magistrat entsprechende Vorschläge zu unterbreiten.

BESCHLUSS: Der Antrag Maron wird angenommen.[41]

5. EINWOHNERVERTRETUNG UND AUSSERORDENTLICHE MAGISTRATSMITGLIEDER

Maron berichtet kurz, daß die vorliegenden Entwürfe (Drucksache Nr. 23/46 und 24/46)[42] vom Rechtsausschuß mit den Vertretern der vier Parteien besprochen, von der Bezirksbürgermeister-Konferenz gutgeheißen und von dem Aktionsausschuß der vier Parteien in der jetzigen Form verabschiedet worden sind.[43] Gegenüber dem ursprünglichen Vorschlag ist nur die Bestimmung über die Vertreter der Frauen- und Jugendausschüsse geändert worden. Ihre Zahl ist auf Vorschlag des Aktionsausschusses von je 5 auf je 8 erhöht worden.[44] Es wird die Verabschiedung beider

---

39 Vgl. Anm. 35 zu diesem Mag.prot.
40 Vgl. zur Entwicklung der Sterbefälle seit Anfang 1945: Berlin in Zahlen 1947, S. 103 – 109 u. 137 – 170; [Josef] Glowinski: Die Bevölkerungsverhältnisse Berlins in der Nachkriegszeit. Ergebnisse der Bevölkerungs- und Wahlstatistik, in: Berliner Statistik, Jg. 11 (1957), S. 17 f.
41 In den folgenden Mag.sitzungen hat es keine allgemeine Beratung über das Wohnungswesen mehr gegeben. Vgl. hierzu aber das Prot. der Konferenz der Bezirksbürgermeister am 24.1.1946, TOP 1, in: LAB, Rep. 280, Nr. 3846; Tätigkeitsbericht des Hauptamtes für Wohnungswesen für die Zeit vom 1. Mai bis 15. Aug. 1946, in: LAB(STA), Rep. 110, Nr. 683; 64 000 Familien suchen eine Wohnung. Aus der Arbeit der Berliner Wohnungsämter, in: Berliner Zeitung, 24.5.1946, [S. 2]; Wohnraum darf nicht verschwendet werden, in: Der Morgen, 27.8.1946, S. 3; Der häusliche Friede soll bewahrt bleiben, in: Der Morgen, 30.8.1946, S. 3.
42 LAB(STA), Rep. 100, Nr. 767, Bl. 45 f. u. 47 f. (u. unpaginiertes Blatt nach Bl. 48); auch in: LAB(STA), Rep. 101, Nr. 622, Bl. 43 f. u. 40 – 42. – Diese Entwürfe für eine „Verordnung über die vorläufige Einwohnervertretung" und eine „Verordnung über die außerordentlichen Magistratsmitglieder" stellten Entwürfe für Ausführungsverordnungen zum ersten Magistratsentwurf für eine vorläufige Verfassung von Berlin dar; vgl. das 40. Mag.prot. v. 7.1.1946, TOP 2 (insb. Anm. 14).
43 Vgl. das Prot. der Konferenz der Bezirksbürgermeister am 17.1.1946, TOP 2, in: LAB, Rep. 280, Nr. 3845; das 4. u. 5. Prot. des Einheitsausschusses Groß-Berlin v. 12.1.1946 u. 18.1.1946, in: BArch, Abt. Potsdam, Z-3, Nr. 4, Bl. 44 f. u. 56. Protokolle des Rechtsausschusses des Magistrats konnten nicht ermittelt werden.
44 Vgl. das 4. Prot. des Einheitsausschusses Groß-Berlin v. 12.1.1946, in: BArch, Abt. Potsdam, Z-3, Nr. 4, Bl. 44 f. Nach der Mag.vorlage Nr. 24/46 v. 16.1.1946 sollte die vorläufige Einwohnervertretung aus höchstens 116 Mitgliedern bestehen, nämlich aus je 20 Vertretern der zugelassenen politischen Parteien, 20 Vertretern des FDGB, 8 Vertretern

Vorlagen durch den Magistrat und ihre Überweisung an die Alliierte Kommandantur beantragt.

Dr. Haas macht darauf aufmerksam, daß es in der Verordnung über die Einwohnervertretung in § 14 in Übereinstimmung mit der Fassung des § 4 in der anderen Verordnung heißen muß: Das Recht zur freien Fahrt i n n e r h a l b v o n B e r l i n auf den ö f f e n t l i c h e n Verkehrsmitteln.

BESCHLUSS: Die beiden Vorlagen werden mit dieser redaktionellen Änderung einstimmig angenommen.[45]

6. KONSUMGENOSSENSCHAFTEN

Orlopp begründet die Vorlage der Abt[eilung] für Handel und Handwerk (Drucksache Nr. 16/46)[46], die aus Anlaß des Befehls des Obersten Chefs der Sowjetischen Militäradministration Nr. 176 über die *Wiedererrichtung der Konsumgenossenschaften*[47] notwendig würde. Dem Oberbürgermeister der Stadt obliegt es danach, für die sowjetische Besatzungszone ein *Organisationsbüro* mit bestimmten Aufgaben, die in der Vorlage aufgezählt sind, zu errichten.[48] Dieses Organisationsbüro wird in der Abt[eilung] Handel und Handwerk errichtet und mit einem Juristen, einem Hilfsarbeiter und einer Schreibkraft besetzt werden.

BESCHLUSS: Die Vorlage wird angenommen.[49]

---

    der Frauenausschüsse und 8 Vertretern der Jugendausschüsse. Vgl. zu den Frauen- und Jugendausschüssen: Dok. 59, Anm. 16.

45 Die hiermit beschlossenen Verordnungen wurden der AK mit Schreiben v. 29.1.1946 zur Genehmigung zugeleitet; vgl.: Breunig, S. 162. Da es sich um Ausführungsverordnungen zum ersten Magistratsentwurf einer vorläufigen Verfassung handelte, wurden sie mit dessen Ablehnung durch die AK gegenstandslos; vgl. Dok. 59, Anm. 13. – Als „Parallele" zur VO über die vorläufige Einwohnervertretung beschloß der Magistrat Mitte März 1946 noch eine VO über die beratenden Bezirksversammlungen; vgl. das 50. Mag.prot. v. 16.3.1946, TOP 2.

46 LAB(STA), Rep. 100, Nr. 767, Bl. 36; auch in: LAB(STA), Rep. 106, Nr. 139.

47 Dieser Befehl v. 18.12.1945 ist vorhanden in: LAB(STA), Rep. 101, Nr. 6, Bl. 233 – 243, u. Rep. 105, Nr. 3748; abgedruckt in: Um ein antifaschistisch-demokratisches Deutschland. Dokumente aus den Jahren 1945 – 1949, Berlin [Ost] 1968, S. 219 – 221.

48 Das zu errichtende Organisationsbüro sollte zuständig sein für „die Organisation und Führung der Konsumgenossenschaften und ihrer Vereinigungen bis zur Wahl der Organe" und die Vorbereitung dieser Wahlen sowie für die Registrierung der Konsumgenossenschaften und ihrer Verbände.

49 Die hiermit beschlossene Vorlage ist der AK am 1.2.1946 vorgelegt worden. Diese traf aber keine Entscheidung hierzu. Siehe: BK/R (47) 49 v. 18.2.1947, in: LAB, Rep. 37: OMGBS, BICO LIB, 11/148-3/4; das 9. Prot. der stellv. Stadtkommandanten v. 22.2.1947, TOP 93, in: LAB, Rep. 37: OMGBS, BICO LIB, 11/149-1/2; BK/O (47) 122 v. 22.5.1947, in: LAB(STA), Rep. 101, Nr. 81. Vgl. zu den Konsumgenossenschaften das 12. Mag.prot. v. 23.7.1945, TOP 7, u. das 46. Mag.prot. v. 16.2.1946, TOP 3, u. das 48. Mag.prot. v. 4.3.1946, TOP 8 (Orlopp u. Klimpel); das 20. Prot. des Einheitsausschusses Groß-Berlin v. 17.7.1946, TOP 2, in: BArch, Abt. Potsdam, Z-3, Nr. 4, Bl. 113; LAB, Rep. 280, Nr. 1823; Materialien in: LAB, Rep. 10 B, Acc. 1888, Nr. 564, u. Rep. 37: OMGBS, ECON Br, 4/65-1/19; Die Idee der Konsumgenossenschaften, in: Das Volk, 10.11.1945, S. 3; Das Hohelied der Konsumgenossenschaften, in: Das Volk, 21.11.1945, S. 3; Konsumgenossenschaften, in: Neue Zeit, 28.12.1945, S. 1; Konsum-Genossenschaften. Neuaufbau der Produktiv-Genossenschaften in der Sowjet-Zone, in:

Orlopp erbittet weiter die Annahme der Vorlage Nr. 17/46[50], in der zum Ausdruck kommt, daß die *Konsumgenossenschaften* nicht nur, wie im russischen Befehl Nr. 176 vorgesehen ist, für das russisch besetzte Gebiet eingeführt werden sollen, sondern *für das gesamte Stadtgebiet*. Dieser Antrag bedarf der Zustimmung der Alliierten Kommandantur.

BESCHLUSS: Die Vorlage wird angenommen.[51]

7. NEULEHRERBILDUNG

Winzer begründet die Vorlage der Abt[eilung] für Volksbildung Nr. 18/46[52], in der der Magistrat gebeten wird, einen Antrag über *Zulassung von jugendlichen Mitgliedern der ehemaligen NSDAP* zu den Kursen für Neulehrerbildung an die Alliierte Kommandantur zu billigen.[53] Es handelt sich darum, von dem generellen Verbot, ehemalige Mitglieder der Nazipartei im öffentlichen Lehrdienst zu beschäftigen,[54] eine Ausnahme zu erwirken. Die Gründe sind in dem Antrag kurz angeführt.[55] Es wäre nach einer Anregung von Bürgermeister Schulze noch analog

Das Volk, 28.12.1945, S. 1; Der Wiederaufbau der Konsumvereine, in: Berliner Zeitung, 4.1.1946, [S. 2]; Ernst Oberdörster: Wiederherstellung der Konsumgenossenschaft, in: Berliner Zeitung, 18.1.1946, [S. 1 u. 3]; Mutter kauft wieder im Konsum, in: Das Volk, 3.2.1946, [S. 5]; das Rundschreiben des Präsidenten der Deutschen Verwaltung für Handel und Versorgung in der sowjetischen Besatzungszone v. 8.2.1946, betr. Vereinigung der neugegründeten Konsum-Genossenschaften zu Genossenschaftsverbänden in der sowjetischen Besatzungszone, in: LAB(STA), Rep. 101, Nr. 6, Bl. 244 – 246; Orlopp: Zusammenbruch, S. 54 f.; Hermann Schwenger: Konsumgenossenschaften, in: SBZ-Handbuch, S. 767 – 792; Mai, S. 140 – 142; Keiderling: Wir sind die Staatspartei, S. 412 – 415. – Vgl. zum Standpunkt der KPD-Gruppe in der Mag.abt. für Ernährung das von Gustav Heinricht und Hans Mummert verfaßte Exposé „Grundsätzliche Darlegung zur Frage der Konsumgenossenschaften und des Lebensmittelgroßhandels für den Aktionsausschuß der SPD und KPD im Haupternährungsamt der Stadt Berlin" v. 5.1.1946, in: LAB(STA), Rep. 101, Nr. 1212; ferner: Dok. 44, Anm. 3.

50 LAB(STA), Rep. 100, Nr. 767, Bl. 37; auch in: LAB(STA), Rep. 106, Nr. 139.

51 Von seiten der AK ist eine allgemeine Genehmigung zur Errichtung von Konsumgenossenschaften in allen Sektoren Berlins offenbar nicht erteilt worden. Es existiert keine entsprechende BK/O. Vgl. auch: LAB, Rep. 280, Nr. 8321.

52 LAB(STA), Rep. 100, Nr. 767, Bl. 38.

53 Vgl. zur Ausbildung von Neulehrern das 21. Mag.prot. v. 17.9.1945, TOP 3 (Beschluß zur Errichtung des Pädagogischen Instituts), u. das 38. Mag.prot. v. 23.12.1945, TOP 6.

54 Mit Beschluß v. 1.11.1945 hatte die AK „den deutschen städtischen Behörden die Verwendung von Lehrkräften, die früher Mitglieder der Nazipartei waren, untersagt". Siehe: Die Berliner Konferenz, S. 104.

55 Der in der Mag.vorlage Nr. 18/46 v. 11.1.1946 enthaltene Antragstext an die AK lautet: „Entsprechend der Tatsache, daß sehr viele Jugendliche brauchbare Menschen für die Neulehrerbildung darstellen, trotz der Tatsache, daß sie Mitglieder in der ehemaligen NSDAP und in sonstigen faschistischen Organisationen waren, wird die Abteilung für Volksbildung beim Magistrat der Stadt Berlin ermächtigt, jugendliche Mitglieder der ehemaligen NSDAP, soweit sie zwangsläufig aus der HJ oder dem BDM in diese Partei überführt worden sind, in den Schuldienst einstellen oder zur Ausbildung als Lehrkräfte heranziehen zu dürfen.
Voraussetzung ist, daß diese Bewerber nicht vor dem 1.1.1920 geboren sind und daß sie

einem früheren Antrag (Punkt 3 der Magistratsvorlage vom 10.9.45[56]) folgender Passus aufzunehmen:

> Vor der Einstellung bzw. Aufnahme in den Schuldienst ist nicht nur die persönliche Stellungnahme des Bewerbers, sondern auch die Haltung seines Elternhauses im weitesten Maß zur Prüfung heranzuziehen. Es muß in jedem Fall ausreichende Bürgschaft für eine antifaschistische Gesinnung seitens des Bewerbers vorhanden sein.

Schulze möchte auch noch Punkt 5 aus der Magistratsvorlage vom 10.9.45 in den Antrag aufgenommen haben, beschränkt sich aber nach einer Entgegnung von Stadtrat Winzer darauf, vorzuschlagen, in einer der nächsten Sitzungen eine besondere Vorlage bezüglich dieses Punktes einzubringen, nämlich betr[effend] Aufhebung des Beschlusses, wonach ehemalige Mitglieder der Lehrerbildungsanstalten zur Ausbildung und weiteren Einstellung als Lehrer nicht zugelassen werden dürfen.[57]

BESCHLUSS: Die Vorlage wird mit der von Stadtrat Winzer vorgeschlagenen Ergänzung angenommen.[58]

---

sich nicht aktiv in der NSDAP betätigt haben und auch sonst die sachlichen und fachlichen Voraussetzungen bei ihnen vorhanden sind."
(HJ: Hitlerjugend; BDM: Bund Deutscher Mädel).

56 Gemeint ist hier die vom Magistrat am 10.9.1945 beschlossene VO über die Einstellung jugendlicher Lehrkräfte. Vgl. hierzu das 19. Mag.prot. v. 3.9.1945, TOP 4 (insb. Anm. 20), u. das 20. Mag.prot. v. 10.9.1945, TOP 5; LAB(STA), Rep. 120, Nr. 112, Bl. 157 (VO-Text). Diese VO hatte nicht die Zustimmung der AK gefunden, vielmehr hatte die AK die Verwendung von ehemaligen NSDAP-Mitgliedern als Lehrkräfte generell untersagt. Vgl. Anm. 54 zu diesem Mag.prot.; ferner die Protokolle des Education Committee der AK v. 8.10.1945, TOP 4 u. Appendix C, u. 15.10.1945, TOP 2, u. 4.2.1946, TOP 5, in: LAB, Rep. 37: OMGBS, ECR, 4/16-1/3 u. 4/16-1/7.

57 Punkt 5 der nicht in Kraft getretenen VO über die Einstellung jugendlicher Lehrkräfte lautete:
„In Abänderung des Magistratsbeschlusses vom 11.6.1945, Ziff. 4, Absatz b, ist die bisherige Ausbildung auf Lehrerbildungsanstalten nicht mehr ohne weiteres als Grund für eine Ausschließung von einer weiteren Ausbildung bzw. Beschäftigung im Schuldienst anzusehen." Mit dem Mag.beschluß v. 11.6.1945 sind die „Vorläufigen Richtlinien für die Wiedereröffnung des Schulwesens" gemeint; vgl. das 6. Mag.prot. v. 11.6.1945, TOP 4 (insb. Anm. 22).

58 Den hiermit beschlossenen Antrag auf Zulassung jugendlicher Mitglieder der ehemaligen NSDAP zu den Kursen für Neulehrerbildung hat die AK nicht genehmigt, sondern sie erließ mit BK/O (46) 109 v. 28.2.1946 ein ausdrückliches Verbot, die ehemaligen Mitglieder oder „ehemaligen Anwärter" der NSDAP zu den pädagogischen Lehrgängen zuzulassen. Dieser Befehl ist vorhanden in: LAB, Rep. 280, Nr. 12520. Vgl. auch die Protokolle des Education Committee der AK v. 4.2.1946, TOP 5 u. 8, u. 11.2.1946, TOP 4, u. 18.2.1946, TOP 2, u. 27.2.1946, TOP 8, in: LAB, Rep. 37: OMGBS, ECR, 4/16-1/7; BK/R (46) 74 v. 20.2.1946, in: LAB, Rep. 37: OMGBS, BICO LIB, 11/148-2/4; das 10. Prot. der stellv. Stadtkommandanten v. 26.2.1946, TOP 117, in: LAB, Rep. 37, Acc. 3971, Nr. 218. Vgl. allgemein zur Neulehrerausbildung in Berlin: LAB(STA), Rep. 120, Nr. 114; Eröffnung der Lehrerbildungskurse, in: Deutsche Volkszeitung, 10.1.1946, S. 4; Lehrer-Bildungskurse eröffnet, in: Das Volk, 10.1.1946, [S. 2]; Schulwesen vor großen Aufgaben. Eröffnung von Lehrerbildungs-Kursen, in: Berliner Zeitung, 10.1.1946, [S. 2]; Zum Kapitel: Neulehrer, in: Das Volk, 2.2.1946, [S. 3]; Konferenz der Neulehrer, in: Berliner Zeitung, 23.2.1946, [S. 2]; Wer kann Lehrer werden?, in: Nacht-Express, 7.3.1946, [S. 5]; Berlin braucht Lehrer, in: Deutsche

Winzer begründet die Magistratsvorlage Nr. 19/46[59], worin die Zustimmung des Magistrats dazu erbeten wird, bei der Alliierten Kommandantur zu beantragen, daß den *Teilnehmern an den Kursen* für Neulehrerbildung die *Lebensmittelkarte II* und den Leitern und Lehrern dieser Kurse die Karte I gewährt wird.
BESCHLUSS: Die Vorlage wird angenommen.[60]

8. BESCHLAGNAHME VON STALLDUNG

Klimpel befürwortet die Annahme der Vorlage Nr. 20/46[61] unter kurzer Wiederholung der schriftlich vorliegenden Begründung.
BESCHLUSS: Die Vorlage wird angenommen.[62]

Klimpel gibt weiter Kenntnis von einer Regelung über *Lebensmittellieferungen für Berlin durch die amerikanische Militärregierung* (Drucksache Nr. 29/46)[63]. Bisher war es so, daß die Lebensmittel, die aus der amerikanischen Zone und aus Übersee kamen, in Berlin abgenommen wurden. Nach einem nun erlassenen Befehl ist mit sofortiger Wirkung ein Beauftragter des Magistrats nach Bremen zu schicken, der die von Übersee kommenden Lebensmittel: Mehl, Nährmittel, Milch usw. dort abnimmt und von Bremen nach Berlin zum Versand bringt. Der Redner hat keinen Zweifel darüber gelassen, daß diese organisatorische Neuregelung schwere Gefahren für eine geregelte Versorgung der Berliner Bevölkerung mit sich bringen kann, wenn die Transporte nicht gesichert sind. Es ist daher gebeten worden, diese Lebensmitteltransporte von Bremen nach Berlin unter amerikanischen Militärschutz zu stellen. Finanziell spielt sich die Sache so ab, daß die Bezahlung der Lebensmittel in Berlin erfolgt, daß aber die Speditionskosten innerhalb von Bremen dort abgedeckt werden müssen. Die Länder, die unter amerikanischer Verwaltung stehen, haben bereits einen Beauftragten in Bremen. Es wird später die Frage auftauchen, ob auch

---

Volkszeitung, 9.3.1946, S. 4; Hans Rochocz: Über die Ausbildung unserer Schulhelfer, in: Telegraf, 3.7.1946, S. 5; Keiderling: Wir sind die Staatspartei, S. 327–329.

59 LAB(STA), Rep. 100, Nr. 767, Bl. 39.

60 Der hiermit beschlossene Antrag ist vorhanden in: LAB(STA), Rep. 101, Nr. 62. Er wurde der AK mit Schreiben v. 28.1.1946 zugeleitet, von dieser aber nicht genehmigt. Vielmehr erließ die AK mit BK/O (46) 148 v. 30.3.1946 eine allgemeine Neuklassifizierung der Lebensmittelkarten für die Berliner Bevölkerung, wonach zum Beispiel Schullehrern und Unterrichtspersonal Lebensmittelkarten der Gruppe II und Studenten Lebensmittelkarten der Gruppe III zustanden. Dieser Befehl ist vorhanden in: LAB(STA), Rep. 101, Nr. 62; LAB, Rep. 280, Nr. 1499.

61 LAB(STA), Rep. 100, Nr. 767, Bl. 40 f.; auch in: LAB(STA), Rep. 113, Nr. 133, Bl. 47 f. Diese Mag.vorlage v. 10.1.1946 enthält den Text und die Begründung einer VO über die Beschlagnahme von Stalldung im Stadtbezirk Berlin. Danach sollte der Stalldung, „welcher in den Pferde, Rindvieh oder Schweine haltenden Betrieben des Stadtbezirks Berlin anfällt", beschlagnahmt werden (§ 1), und seine Beschlagnahme sollte bewirken, daß er „nur gegen Bezugschein und nur zu den festgesetzten Preisen verkauft werden darf" (§ 2 Absatz 1). In der Begründung heißt es hierzu: „Bei den verhältnismäßig geringen Anfallmengen kommt es darauf an, diese in erster Linie an diejenigen Verbrauchsstätten zu lenken, in denen sie den größtmöglichen Nutzen versprechen. Diesem Gesichtspunkt dient das in der Verordnung vorgesehene Bezugscheinsystem."

62 Die hiermit beschlossene VO trat am 14.3.1946 in Kraft. Sie wurde veröffentlicht in: Berliner Zeitung, 14.3.1946, [S. 4]; VOBl., Jg. 2 (1946), S. 85.

63 LAB(STA), Rep. 100, Nr. 767, Bl. 54; auch in: LAB(STA), Rep. 113, Nr. 133, Bl. 53.

die Stadt Berlin einen ständigen Vertreter in Bremen unterhalten soll oder ob man den
Spediteur beauftragen soll, die Interessen der Stadt Berlin zu wahren. Es ist zunächst
ein Beauftragter nach Bremen entsandt worden[64], und es wird sich demnächst
auch Herr Heinricht[65] nach Bremen begeben, um die notwendigen vertraglichen
Abschlüsse zu tätigen[66].
BESCHLUSS: Der Magistrat nimmt von der Mitteilung Kenntnis.[67]

Klimpel macht weiter eine Mitteilung, betreffend die *Organisation der Kleingärtner
und Kleintierzüchter* (Drucks[ache] Nr. 28/46)[68]. Nach einem jetzt eingegangenen
Befehl der Alliierten Stadtkommandantur können die Organisationen der Kleingärtner und Kleintierzüchter innerhalb Berlins ihre Tätigkeit wiederaufnehmen.[69] Die
Organisationen haben ausschließlich die Aufgabe, ihre Mitglieder auf dem Gebiete
des Gemüsebaues und der Tierzüchtung zu beraten. Es ist dafür zu sorgen, daß sie im
antifaschistischen Sinne arbeiten. Die Tätigkeit dieser Kleingärtner bedeutet indirekt
eine Hilfestellung für unsere Ernährungswirtschaft.

Maron möchte wissen, welcher Abteilung die Kleingärtner in bezug auf ihre
Beaufsichtigung unterstehen.

Klimpel erwidert, diese Frage sei im Einvernehmen mit dem Grünplanungsamt
dahin geregelt: Die Kleingärtner-Organisationen unterstehen in bezug auf [ihre] Beaufsichtigung den zuständigen Gartenbauämtern, in produktionspolitischer Hinsicht

---

64 Diederich-August Wurthmann, Referent für Spedition, Lagerwesen und Lagerbuchhal-
    tung in der Mag.abt. für Ernährung. Vgl. dessen Berichte v. 24.1.1946 u. 13.2.1946,
    in: LAB(STA), Rep. 101, Nr. 585; ferner ein Schreiben Klimpels v. 17.1.1946, in:
    LAB(STA), Rep. 101, Nr. 546.
65 Gustav Heinricht (KPD), zweiter Stellvertreter Klimpels; vgl. Dok. 15, Anm. 28, u. Dok.
    44, Anm. 3, u. das 45. Mag.prot. v. 2.2.1946, TOP 2.
66 Vgl. zwei entsprechende Vereinbarungen und ein Schreiben Heinrichts v. 28.1.1946 bzw.
    30.1.1946, in: LAB(STA), Rep. 101, Nr. 585.
67 Vgl. zu den Lebensmittellieferungen für den amerikanischen Sektor Berlins auch das
    47. Mag.prot. v. 23.2.1946, TOP 3. – Vgl. allgemein zur Ernährungslage im Januar 1946
    die Protokolle der Konferenzen der Bezirksbürgermeister am 11.1.1946, TOP 1, u. am
    24.1.1946, TOP 5, in: LAB, Rep. 280, Nr. 3844 u. 3846; drei vertrauliche parteiinterne
    Berichte von Hans Mummert (KPD), Generalreferent in der Mag.abt. für Ernährung,
    v. 6.1., 12.1. u. 19.1.1946, in: LAB(STA), Rep. 101, Nr. 1212; verschiedene Quellen
    in: LAB(STA), Rep. 101, Nr. 546 u. 585, u. LAB, Rep. 10 B, Acc. 1877, Nr. 375 u.
    376; BK/R (46) 103 v. 13.3.1946: Nahrungsmittelbericht des Food Committee der AK
    für Januar 1946, in: LAB, Rep. 37: OMGBS, BICO LIB, 11/148-2/4; Lebensmittel-
    Rationen für Gruppe V erhöht. Gespräch des „Tagesspiegels" mit Stadtrat Klimpel, in:
    Der Tagesspiegel, 6.1.1946, S. 6; Ernst Barbknecht: Lebensmittelfragen des Tages, in:
    Tägliche Rundschau, 17.1.1946, S. 4.
68 LAB(STA), Rep. 100, Nr. 767, Bl. 53; auch in: LAB(STA), Rep. 101, Nr. 585. Mit dieser
    Mag.vorlage brachte Klimpel dem Magistrat zur Kenntnis, daß die AK mit einem Befehl
    ihres Ernährungskomitees v. 15.1.1946 die Bildung von Organisationen der Kleingärtner
    und Kleintierzüchter im Stadtgebiet von Berlin genehmigt und die Mag.abt. für Ernährung
    ermächtigt habe, die hierfür erforderlichen Anweisungen zu erlassen.
69 Vgl. allgemein zur Frage der Existenz bzw. Auflösung von Vereinen das Prot.
    der 9. Juristenbesprechung [Juristen der Mag.abteilungen u. der Bezirksämter] am
    18.12.1945, TOP 2, in: LAB(STA), Rep. 113, Nr. 240, u. LAB, Rep. 203, Acc. 2128,
    Nr. 7473; LAB(STA), Rep. 102, Nr. 29, Bl. 39 – 50 u. 55; das Prot. der Konferenz der
    Bezirksbürgermeister am 13.6.1946, TOP 1, in: LAB, Rep. 280, Nr. 3859.

bekommen sie ihre Anweisungen von den Sektionen des Haupternährungsamts[70]. Die politische Überwachung ist Sache der Bezirksämter. Praktisch wird es so sein, daß auch die Gartenbauämter diese politische Überwachung durchführen. Eine Gefahr, daß sich dort Nazizellen bilden, besteht nach Ansicht des Redners nicht. BESCHLUSS: Die Mitteilung wird zur Kenntnis genommen.[71]

Klimpel macht weiter Mitteilung von einem Schreiben des alliierten Ernährungskomitees, betreffend Einstufung in die Lebensmittelkartengruppen.[72]

Jendretzky bemerkt dazu, ein großer Teil der Arbeit des Hauptamts für Arbeitsschutz[73] sei ausgefüllt mit der Tätigkeit, Anträge auf höhere Einstufungen zu prüfen.

9. VERKEHR

Kraft begründet die Magistratsvorlage Nr. 21/46[74], in der beantragt wird, die Abt[eilung] für Verkehr genauso aufzubauen wie die Transportkommission der Alliierten Kommandantur und ihr ab sofort die *zusammengefaßte Bearbeitung aller technischen Kraftfahrzeug-Angelegenheiten zu übertragen.*

Die Abt[eilung] Verkehr will alle Angelegenheiten, betreffend Kraftfahrzeuge, an einer Stelle vereinigen und weitere Dienststellen, die dieses Gebiet noch anderweit bearbeiten, der Abteilung angliedern.[75]

Dr. Landwehr bittet den Magistrat, den Antrag abzulehnen. Die Abt[eilung] Verkehr hat es nicht für notwendig gehalten, vor Einbringung dieser Vorlage diesen Fragenkomplex mit dem Leiter der Abt[eilung] Wirtschaft zu besprechen. Wollte man diesem Vorschlag folgen, so müßten auch die Fabriken, die Billette drucken,

---

70 Gemeint ist die Mag.abt. für Ernährung.

71 Vgl. zu den Organisationen der Kleingärtner und Tierzüchter das 31. Mag.prot. v. 26.11.1945, TOP 6, u. das 45. Mag.prot. v. 2.2.1946, TOP 5; das Prot. der Konferenz der Bezirksbürgermeister am 24.1.1946, TOP 5, in: LAB, Rep. 280, Nr. 3846; das Prot. der 8. Juristenbesprechung [Juristen der Mag.abteilungen u. der Bezirksämter] am 4.12.1945; in: LAB(STA), Rep. 113, Nr. 240, u. LAB, Rep. 203, Acc. 2128, Nr. 7473; Gustav Klimpel: Das neue Jahr der Kleingärtner, in: Deutsche Volkszeitung, 4.1.1946, S. 4; Kleingärtner zentral verbunden. Zusammenschluß aller Berliner Vereine, in: Tägliche Rundschau, 4.9.1946, S. 8; Jedem Schaffenden sein Stück Land. Pläne und Absichten der Kleingärtner, in: Neue Zeit, 4.9.1946, S. 3; Die Organisation der Kleingärtner, in: Nacht-Express, 4.9.1946, [S. 3]; Materialien in: LAB(STA), Rep. 112, Nr. 338a, u. Rep. 113, Nr. 134. – Vgl. zu den Kleingartenschiedsgerichten das 55. Mag.prot. v. 29.4.1946, TOP 6, u. das 60. Mag.prot. v. 5.6.1946, TOP 5.

72 Dieses Schreiben konnte nicht ermittelt werden. Vielleicht betraf es inhaltlich die BK/O (46) 30 v. 11.1.1946, mit der die Ausgabe von Lebensmittelkarten der Gruppe I an hauptberuflich tätige Feuerwehrleute vom 11.1. bis 31.3.1946 angeordnet wurde; siehe: LAB, Rep. 280, Nr. 4793. Mit BK/O (46) 148 v. 30.3.1946 erfolgte eine allgemeine Neuklassifizierung der Lebensmittelkarten für die Berliner Bevölkerung ab 1.5.1946. Dieser Befehl ist vorhanden in: LAB, Rep. 280, Nr. 1499. Vgl. hierzu auch das 53. Mag.prot. v. 6.4.1946, TOP 5, u. das 55. Mag.prot. v. 29.4.1946, TOP 9.

73 Vgl. hierzu das 17. Mag.prot. v. 20.8.1945, TOP 8 (insb. Anm. 51); [Dionys] Kremer: Vereinheitlichung des Arbeitsschutzes, in: Neues Deutschland, 6.8.1946, S. 3.

74 LAB(STA), Rep. 100, Nr. 767, Bl. 42.

75 Vgl. zur Vereinheitlichung des Berliner Nahverkehrs das 7. Mag.prot. v. 18.6.1945, TOP 8.

der Abt[eilung] Verkehr unterstellt werden, denn das gehört schließlich auch zum Verkehr. Es wäre naheliegend gewesen, wenn die Abt[eilung] Verkehr sich aus diesem Anlaß mit der Abt[eilung] Wirtschaft in Verbindung gesetzt hätte. Auch von den Gewerkschaften ist in vielen Besprechungen verlangt worden, es möchte in solchen Fällen Hand in Hand gearbeitet werden, um Leerlauf zu verhüten. Die Beschaffung neuer Kraftfahrzeuge gehört ebenfalls nicht zu den Aufgaben der Abt[eilung] Verkehr.

Der Redner erklärt, er müsse es ablehnen, die hier skizzierten Aufgaben an die Abt[eilung] Verkehr abzugeben, er bitte im Gegenteil den Magistrat zu beschließen, daß die Abt[eilung] Verkehr das ganze Gebiet an die Abt[eilung] Wirtschaft abgibt.

Knoll weist darauf hin, daß die in Berlin vorhandenen Kraftfahrzeuge bei weitem nicht ausreichen und meist schwach und veraltet sind. Auf dem Gebiet der Instandsetzung aber herrsche eine absolute Planlosigkeit. Die Reparaturen dauerten viel zu lange. Darum sei eine straffe Steuerung und Lenkung der Werkstätten erforderlich. Nur dadurch werde es gelingen, mehr Lastraum zu bekommen.

Klimpel tritt für den Antrag Kraft ein, damit Klarheit darüber geschaffen wird, wer für die Regelung des Verkehrs und aller damit zusammenhängenden Dinge in Berlin zuständig ist. Auch die Abt[eilung] für Ernährung hat verschiedentlich Befehle in den Verkehrsangelegenheiten bekommen. Es muß eine zentrale Stelle dasein, die ausschließlich für alle wirtschaftlichen Verkehrsangelegenheiten zuständig ist. Besonders wichtig ist heute die Frage der Heranschaffung von Ersatzteilen für Lastkraftwagen. Wenn die jetzt bestehenden Unklarheiten auf diesem Gebiet fortbestehen, ist die Gefahr ernster Störungen gegeben. Auch ein geordnetes Speditionsgewerbe muß in diese zentrale Lenkung eingefügt werden.

Orlopp stimmt Dr. Landwehr darin zu, daß sich die Abt[eilung] Verkehr zuvor mit den beteiligten Stellen hätte in Verbindung setzen müssen. Auch seine Abteilung sei daran beteiligt, da sie den Handel mit den Nebenteilen, die Handwerksbetriebe für die Reparatur und das Speditionsgewerbe betreut. An sich aber habe eine solche Vereinheitlichung als Grundlage für eine aufzubauende Neuorganisation des gesamten Verkehrs ihre Berechtigung. Darum sollte Dr. Landwehr seine Bedenken zurückstellen und sich damit einverstanden erklären, daß die drei in Frage kommenden Abteilungen sich zusammensetzen und versuchen, die Angelegenheit gemeinsam zu regeln. Eine besondere Aufgabe dieser neuen Abteilung würde u[nter] a[nderem] auch die Ausstellung von Bezugsscheinen für alle Nebenteile, für Schmieröl usw. sein. Heute herrscht hier eine ziemliche Zersplitterung.

BESCHLUSS: Die Erledigung des Antrags wird bis zur nächsten Sitzung vertagt.[76]

10. FESTSTELLUNG DER KRIEGSSACHSCHÄDEN

Maron führt zur Begründung der Magistratsvorlage Nr. 26/46[77] aus: Der Magistrat hat bereits früher festgelegt, daß Kriegssachschäden zum mindesten festgestellt,

---

76 Vgl. zur weiteren Behandlung der Mag.vorlage Nr. 21/46 das 43. Mag.prot. v. 26.1.1946, TOP 8, u. das 45. Mag.prot. v. 2.2.1946, TOP 9.
77 LAB(STA), Rep. 100, Nr. 767, Bl. 51 u. 55; auch in: LAB(STA), Rep. 101, Nr. 620, Bl. 121 f.

d[as] h[eißt] registriert werden sollen.[78] Dafür wird in dem vorliegenden Erlaß die nähere Anweisung gegeben. Das bedeutet nicht, daß irgendwie schon an die Bezahlung der Schäden herangegangen werden soll.[79] Aber man muß endlich einmal wissen: Was ist zerstört worden? Dabei wird man auch Unterlagen dafür bekommen, was die total ausgebombten kleinen Leute verloren haben, und man wird auf Grund dieser Unterlagen überlegen können, ob und inwieweit man diesen Ärmsten der Armen eine Unterstützung gewähren kann.

Grüber fragt, ob auch die bereits geprüften und anerkannten Schäden noch einmal registriert werden müssen.

Maron verneint dies. Es handelt sich um die Feststellung der noch nicht registrierten Schäden.

BESCHLUSS: Die Vorlage wird angenommen.[80]

11. ALLGEMEINES

Dr. Haas[81] begründet eine Vorlage der Finanzabteilung (Drucksache Nr. 22/46)[82] über die sofortige *Heranziehung bisher steuerfreier Grundstücke zur Grundsteuer*. Nach dem Grundsteuergesetz[83] sind bestimmte Grundstücke, die in der Benutzung öffentlich-rechtlicher Körperschaften sind, von der Grundsteuer ausgenommen. Bei vielen dieser Grundstücke, darunter namentlich denen der ehemaligen Wehrmacht, ist in der Zwischenzeit die frühere Zweckbestimmung fortgefallen. Es handelt sich jetzt darum, diese Grundstücke zur Grundsteuer heranzuziehen. Das ist an sich im

---

78 Vgl. hierzu die Rundschreiben HKS Nr. 2 v. 24.8.1945, Abschnitt A, u. HKBS Nr. 3 v. 12.9.1945, Abschnitt B, der Mag.abt. für Finanz- und Steuerwesen, in: LAB(STA), Rep. 101, Nr. 618, Bl. 88 u. 31 f.; die Rundschreiben Nr. 8 v. 15.11.1945 u. Nr. 15 v. 12.12.1945 u. Nr. 18 v. 15.1.1946, Punkt 5, des Hauptamts für Besatzungskosten, in: LAB(STA), Rep. 101, Nr. 619, Bl. 60 f. u. 23, u. Nr. 620, Bl. 125; das 24. Mag.prot. v. 1.10.1945, TOP 9.

79 In der Begründung der Mag.vorlage Nr. 26/46 v. 16.1.1946 heißt es: „Ob und in welchem Umfange der vor Kriegsende entstandene Entschädigungsanspruch [für Kriegssachschäden] erloschen ist oder noch fortbesteht, muß endgültig einer späteren Regelung für ganz Deutschland vorbehalten bleiben. Bis dahin lehnt Berlin im Gegensatz zu der Übung in Süd- und Westdeutschland aus finanzieller Unmöglichkeit und weil sie [sic!] nicht als Rechtsnachfolgerin des Reiches angesehen werden kann, es ab, an Stelle des Reiches für die innerhalb ihres Gebietes entstandenen Schäden, soweit sie bisher noch nicht beglichen worden sind, einzustehen und aus ihren Mitteln Zahlung zu leisten."

80 Vgl. zur Durchführung der Feststellung der Kriegssachschäden die Rundschreiben Nr. 23 v. 13.2.1946, Punkt 3, u. Nr. 21 v. 21.2.1946 u. Nr. 27 v. 29.3.1946 u. Nr. 31 v. 8.4.1946, Punkt 3, u. Nr. 38 v. 12.9.1946, Punkt 5, u. Nr. 41 v. 13.11.1946, Punkt 3, des Hauptamts für Kriegsschäden und Besatzungskosten, in: LAB(STA), Rep. 101, Nr. 620, Bl. 97, 69 f. u. 30–32, u. Nr. 644, Bl. 53 u. 14 f.; die Rundschreiben Nr. 33 v. 23.5.1946, Punkt 3, u. Nr. 34 v. 29.6.1946, Punkt 3, des Hauptamts für Kriegsschäden und Besatzungskosten, in: LAB(STA), Rep. 105, Nr. 4626; das Prot. einer Besprechung am 4.3.1946 über die Behandlung von „alten" Forderungen, in: LAB(STA), Rep. 102, Nr. 46, u. Rep. 113, Nr. 240; die Protokolle der Konferenzen der Bezirksbürgermeister am 24.1.1946, TOP 3, u. am 14.3.1946, TOP 5, in: LAB, Rep. 280, Nr. 3846 u. 3851.

81 Tatsächlich begründete Rumpf und nicht Haas die Mag.vorlage Nr. 22/46. Eine entsprechende Berichtigung findet sich im 43. Mag.prot. v. 26.1.1946, TOP 1.

82 LAB(STA), Rep. 100, Nr. 767, Bl. 43 f.; auch in: LAB(STA), Rep. 101, Nr. 620, Bl. 115 f.

83 Grundsteuergesetz v. 1.12.1936, in: RGBl., Jg. 1936, Teil I, S. 986–991.

Grundsteuergesetz schon vorgesehen, nur mit der Maßgabe, daß die Heranziehung zur Steuer erst vom 1. April des nächsten Kalenderjahres ab erfolgen kann. Der Zweck der Vorlage ist es, für die Zwischenzeit vom 1. Oktober 1945 bis 1. April 1946 diese Grundstücke zur Grundsteuer heranzuziehen.

Schwenk bittet, den Text des Grundsteuergesetzes, auf den in der Vorlage Bezug genommen wird, mit vorzulegen.

BESCHLUSS: Die Erledigung der Vorlage wird bis zur nächsten Sitzung vertagt.[84]

Winzer spricht zur Frage der *Kinderschulspeisung*.[85] Er verliest zunächst ein fachärztliches Zeugnis[86] des Krankenhauses Weißensee über den schlechten Gesundheitszustand der Kinder. Dies zeigt, wie notwendig die Aufrechterhaltung und Fortführung der Schulspeisung ist. In bezug auf das Verfahren bei der Schulspeisung, ob obligatorisch oder freiwillig, ist dem Magistrat jetzt von seiten der Alliierten Kommandantur freie Hand gewährt worden.[87] Aber alle Versuche, zusätzliche Lebensmittel für die Schulspeisung zu gewinnen, sind bisher erfolglos geblieben. Bei der jetzigen Regelung mit der Abgabe von bestimmten Lebensmittel[karten]abschnitten ist die Durchführung der Schulspeisung nicht mehr möglich.

Der Redner schlägt vor, in Zukunft die Schulspeisung nur für die Kinder weiterzuführen, deren Eltern nicht in der Lage sind, ihren Kindern regelmäßig ein warmes Essen zu geben. Dabei muß aber die Menge der abzugebenden Lebensmittel[karten]abschnitte etwas heraufgesetzt werden. Die Folge wird wahrscheinlich sein, daß die Teilnahme an der Schulspeisung, die heute durchschnittlich 28 bis 30 % beträgt, noch weiter heruntersinken wird auf etwa 10 %. Der Redner möchte auf keinen Fall den Kampf um die Schulspeisung ganz aufgeben. Er hofft außerdem, daß durch Vermittlung von internationalen Hilfsorganisationen und das Rote Kreuz in Zukunft noch gewisse Nahrungsmittel für Kinder hereinkommen, die dann von Fall zu Fall zusätzlich gegeben werden könnten.

Klimpel teilt hierzu mit, daß die Alliierte Kommandantur sich neuerdings damit einverstanden erklärt hat, für die Kinderschulspeisung besondere *Zusatzkarten* zu drucken.[88] Aber mit 190 Kalorien, die außerdem nur für einen Teil der Kinder zusätzlich gegeben werden, läßt sich eine zufriedenstellende Schulspeisung nicht

---

84 Vgl. das 43. Mag.prot. v. 26.1.1946, TOP 5.
85 Vgl. zur Schulspeisung das 40. Mag.prot. v. 7.1.1946, TOP 8, u. das 56. Mag.prot. v. 4.5.1946, TOP 4 (Haas) u. 5, u. das 78. Mag.prot. v. 5.10.1946, TOP 2; das Prot. der Konferenz der Bezirksbürgermeister am 17.1.1946, TOP 5, in: LAB, Rep. 280, Nr. 3845.
86 Dieses Dokument konnte nicht ermittelt werden.
87 Mit BK/O (46) 42 v. 18.1.1946 wurde der Magistrat ermächtigt, „ein warmes Mittagessen an Schulkinder verabreichen zu lassen". Nähere Anweisungen zur Durchführung der Schulspeisung enthielt diese BK/O nicht. Sie ist vorhanden in: LAB, Rep. 280, Nr. 4796; abgedruckt in: Berlin. Quellen und Dokumente, 1. Halbbd., S. 283. Vgl. hierzu auch: Der Alliierte Kontrollrat, S. 150.
88 Der entsprechende Antrag des Magistrats an das Ernährungskomitee der AK v. 8.1.1946 ist in englischer und russischer Übersetzung vorhanden in: LAB(STA), Rep. 120, Nr. 1340, Bl. 167 f. Die Antwort der AK ist nicht in Form einer BK/O erfolgt, sondern dürfte als Anordnung des Ernährungskomitees der AK gegeben worden sein.

durchführen.[89] Es müssen zum mindesten noch zusätzlich Kartoffeln und Gemüse dafür zur Verfügung gestellt werden. Das Haupternährungsamt[90] ist nicht in der Lage, für diesen Zweck etwas abzugeben. Auch auf Kosten der sogenannten freien Spitzen[91] läßt sich, wie sich aus Besprechungen mit der Zentralverwaltung für Handel und Versorgung[92] ergeben hat, für die Schulspeisung nichts gewinnen. Der Redner ist somit leider nicht in der Lage, einen praktischen Vorschlag zu machen, möchte aber trotzdem die Hoffnung nicht aufgeben, irgendeine brauchbare Lösung zu finden, wenn sich die Abt[eilung] für Ernährung und die Abt[eilung] Volksbildung noch einmal zusammensetzen.

Maron meint, es gäbe einstweilen keinen anderen Ausweg als den, der in dem Vorschlag von Stadtrat Winzer liege: Schulspeisung nur für diejenigen, die es wünschen, mit Abgabe einer höheren Markenmenge als bisher, also eine Art Volksgaststätte[93] in der Schule.

Grüber hofft, daß es in nächster Zeit möglich sein wird, gewisse Lieferungen für Kinder aus dem Ausland zu bekommen. Seine Verhandlungen mit dem schwedischen und dänischen Roten Kreuz in dieser Hinsicht haben zu positiven Ergebnissen geführt. Es fehlt nur noch die Genehmigung der Alliierten.

BESCHLUSS: Der von Stadtrat Winzer vorgeschlagenen Regelung wird zugestimmt.[94]

Winzer gibt Kenntnis von einem Schreiben der Alliierten Kommandantur, wonach die Bewilligung der Baukosten für die Reparatur des Charité-Krankenhauses abgelehnt wird mit der Begründung, daß dieses Krankenhaus einen Teil der *Universität Berlin* darstellt.[95] Nun ist nach einer Verlautbarung der Sowjetischen Administration

---

89 Vgl. hierzu das 25. Mag.prot. v. 8.10.1945, TOP 8 (insb. Anm. 47), u. das 28. Mag.prot. v. 30.10.1945, TOP 7 (insb. Anm. 50), u. das 30. Mag.prot. v. 12.11.1945, TOP 3 (insb. Anm. 24).

90 Gemeint ist die Mag.abt. für Ernährung.

91 Mit seinem Befehl Nr. 122 v. 30.10.1945 hatte der Oberste Chef der Sowjetischen Militäradministration die Einrichtung von Märkten in der sowjetischen Besatzungszone und im sowjetischen Sektor Berlins angeordnet. Auf diesen Märkten konnten die Bauern nach der Erfüllung ihrer Ablieferungspflichten alle Überschüsse („freie Spitzen") an landwirtschaftlichen Erzeugnissen frei verkaufen. Der Befehl ist vorhanden in: LAB(STA), Rep. 101, Nr. 5, Bl. 93 f. u. 106 f., u. Rep. 120, Nr. 1340, Bl. 20 f.

92 Gemeint ist die Deutsche Verwaltung für Handel und Versorgung in der sowjetischen Besatzungszone.

93 Vgl. hierzu das 20. Mag.prot. v. 10.9.1945, TOP 8, u. das 24. Mag.prot. v. 1.10.1945, TOP 8, u. das 26. Mag.prot. v. 15.10.1945, TOP 7.

94 Vgl.: Neuregelung der Schulspeisung, in: Berliner Zeitung, 30.1.1946, [S. 4]; Neuregelung der Schulspeisung, in: Das Volk, 30.1.1946, [S. 5]; Berliner Schulspeisung im März, in: Berliner Zeitung, 26.2.1946, [S. 2]; Kluge Eltern sind für die Schulspeisung, in: Berliner Zeitung, 12.3.1946, [S. 2]; Warum nicht alle?, in: Berliner Zeitung, 19.3.1946, [S. 2]; Der tägliche Lichtblick. Streifzug durch die Schulspeisung, in: Neue Zeit, 19.3.1946, S. 3; Schulspeisung immer besser, in: Tägliche Rundschau, 20.3.1946, S. 6; Schulspeisung im Monat April, in: Berliner Zeitung, 28.3.1946, [S. 2].

95 Mit Schreiben v. 25.11.1945 hatte der Magistrat die AK ersucht, einen Betrag von 1 822 200 RM für bauliche Reparaturen der Charité zu bewilligen. Die AK lehnte dieses Ersuchen mit BK/O (45) 290 v. 21.12.1945 unter Angabe der folgenden Begründung ab: „Dieses Krankenhaus stellt einen Teil der Universität Berlin dar, infolgedessen steht es

die Universität der Zentralverwaltung für Volksbildung unterstellt und damit der Verwaltung durch die Stadt Berlin entzogen.[96] Der Magistrat müsse wohl in irgendeiner Form dazu Stellung nehmen.

Dr. Werner erklärt hierzu, daß er mit Präsident Wandel[97] und dem Direktor[98] der Universität eine Aussprache über die Frage gehabt hat, wie die Gebäude der Universität wiederhergerichtet werden könnten.[99]

Maron glaubt, daß die Frage der Finanzierung noch nicht endgültig geregelt sei und es deshalb noch gewisser Verhandlungen bedürfe.

Winzer ist bereit, mit der Zentralverwaltung für Volksbildung noch einmal Verhandlungen in dieser Richtung zu führen.[100]

Dr. Schellenberg bittet erneut um die Annahme der Magistratsvorlage Nr. 27/46[101], betreffend *Kostenerstattung zwischen Fürsorgeverbänden.* Die Angelegenheit hat den Magistrat bereits früher beschäftigt.[102] Der Abteilung war nur noch aufgegeben worden, eine Formulierung der Angelegenheit nach Paragraphen vorzunehmen. Das ist in der Vorlage geschehen.
BESCHLUSS: Die Vorlage wird angenommen.[103]

Dr. Schellenberg kommt zurück auf die Angelegenheit, betreffend *Treuhänder der Kassenärztlichen Vereinigung.*[104] Es ist festgestellt worden, daß der Treuhänderstab nach wie vor seine Funktionen ausübt, und zwar mit etwa 50 Kräften. Diese werden

---

nicht unter der Kontrolle dieser Kommandatura. Berliner Stadtfonds werden deshalb in keinem Falle für die Reparatur oder Unterhaltung des Krankenhauses verwendet werden." Siehe: LAB, Rep. 280, Nr. 6665. Vgl. zur Instandsetzung der Charité-Bauten auch das 16. Mag.prot. v. 13.8.1945, TOP 3 (Punkt b); Akademie der Künste (Berlin-Tiergarten), NL Scharoun, Mappe Mag 2/7 (Schreiben v. 10.12./30.12.1945); Der Zustand der Berliner Universität, in: Berliner Zeitung, 9.2.1946, [S. 2]; Der Wiederaufbau der Charité, in: Tägliche Rundschau, 14.2.1946, S. 6; Charité – neu erstanden, in: Nacht-Express, 26.3.1946, [S. 5]; G[ustav] Hassenpflug: Wiederinstandsetzung der Charité, in: Das deutsche Gesundheitswesen, Jg. 1 (1946), S. 192.

96 Durch den Befehl Nr. 4 des Obersten Chefs der Sowjetischen Militärverwaltung v. 8.1.1946 wurde die Deutsche Zentralverwaltung für Volksbildung mit der Leitung und Verwaltung der Berliner Universität betraut. Vgl. hierzu Dok. 49, Anm. 36; Hurwitz: Die Eintracht der Siegermächte, S. 67.

97 Paul Wandel (KPD/SED), Präsident der Deutschen Zentralverwaltung für Volksbildung.

98 Prof. Dr. Johannes Stroux, seit 12.10.1945 Rektor der Berliner Universität. Vgl. Dok. 50, Anm. 47.

99 Vgl. zur Instandsetzung des Universitätsgebäudes Unter den Linden das 33. Mag.prot. v. 3.12.1945, TOP 7.

100 Die Frage der baulichen Instandsetzung der Charité bzw. der Universitätsgebäude ist in den folgenden Mag.sitzungen nicht mehr zur Sprache gekommen.

101 LAB(STA), Rep. 100, Nr. 767, Bl. 52.

102 Vgl. das 37. Mag.prot. v. 17.12.1945, TOP 7.

103 Die hiermit beschlossene Anordnung, betr. Erstattung von Fürsorgeaufwendungen, wurde veröffentlicht in: Berliner Zeitung, 15.2.1946, [S. 4]; VOBl., Jg. 2 (1946), S. 42. Vgl. hierzu auch die Dienstblattverfügung Nr. IV-34 v. 25.1.1946, betr. Kostenerstattung zwischen Fürsorgeverbänden, in: Dienstblatt des Magistrats von Groß-Berlin, Teil IV, Jg. 1948, S. 27–29; ferner das 80. Mag.prot. v. 22.10.1946, TOP 4 (Landwehr u. Beschluß).

104 Vgl. hierzu das 39. Mag.prot. v. 30.12.1945, TOP 6.

aus den Geldern der Versicherungsanstalt Berlin bezahlt, d[as] h[eißt] aus den 3 % von den 2 Millionen, die monatlich dorthin abgeführt werden. Der Magistrat hat zwar zum Ausdruck gebracht, den Treuhänderstab bis zu einem gewissen Termin aufzuheben, aber keinen bestimmten Beschluß dazu gefaßt. Die Abt[eilung] für Sozialwesen bittet daher den Magistrat zu beschließen, die Abt[eilung] Gesundheitswesen anzuweisen, den Treuhänderstab bis zum 1. März 1946 so aufzulösen, daß praktisch nur noch eine nebenamtliche Kraft zur Liquidierung vermögensrechtlicher Verwaltungsgeschäfte verbleibt.

Maron schlägt vor, die Erledigung der Angelegenheit bis zur nächsten Sitzung zu verschieben, da niemand von der Abt[eilung] Gesundheitswesen anwesend ist. Außerdem müßte eine schriftliche Vorlage darüber eingereicht werden.
BESCHLUSS: Die Regelung der Angelegenheit wird vertagt.[105]

Dr. Focke teilt mit, daß die tägliche *Zuteilung von elektrischem Strom* für die Stadt Berlin von der Alliierten Kommandantur auf 4,9 [Millionen] kW[h] statt bisher 4 Millionen erhöht worden ist.[106]
Der Redner regt an, den Polizeipräsidenten zu bitten, einmal über seine Maßnahmen zur *Sicherheit in den Straßen Berlins* zu berichten.[107]

---

105 Vgl. zur Auflösung des Verwaltungsapparats (Treuhänderstabs) für die Kassenärztliche Vereinigung Deutschlands das 46. Mag.prot. v. 16.2.1946, TOP 6.

106 Vgl. zur bisherigen Behandlung der Stromversorgungsproblematik im Magistrat das 22. Mag.prot. v. 19.9.1945 u. das 30. Mag.prot. v. 12.11.1945, TOP 5, u. das 35. Mag.prot. v. 13.12.1945 u. das 36. Mag.prot. v. 14.12.1945. Mit BK/O (45) 225 v. 20.11.1945 hatte die AK für Dezember 1945 eine tägliche Stromzuteilung von 4 Millionen kWh für Berlin gebilligt. Diese BK/O ist vorhanden in: LAB, Rep. 280, Nr. 12361; abgedruckt in: Berlin. Quellen und Dokumente, 1. Halbbd., S. 719 f. Mit BK/O (46) 39 v. 15.1.1946 und BK/O (46) 40 v. 17.1.1946 hatte die AK dann für Januar 1946 und die folgenden Monate bis auf Widerruf eine tägliche Stromzuteilung von 4,9 Millionen kWh für Berlin festgesetzt. Diese beiden BK/Os sind vorhanden in: LAB, Rep. 280, Nr. 12467 u. 12468; vgl. auch: Der Alliierte Kontrollrat, S. 150. Vgl. zur erneuten Beratung über die Frage der Stromrationierung das 68. Mag.prot. v. 3.8.1946, TOP 4. – Wochenberichte der Berliner Kraft- und Licht (Bewag)-Aktiengesellschaft von 1945/46 sind vorhanden in: LAB(STA), Rep. 114, Nr. 152 u. 153.

107 In den folgenden Mag.sitzungen ist kein entsprechender Bericht des Polizeipräsidenten vorgetragen worden. Vgl. zur Entwicklung der Berliner Polizei im Jahr 1946: Dok. 52, Anm. 28; LAB(STA), Rep. 120, Nr. 3245, Bl. 62 – 64; den Text einer Rede von Polizeipräsident Paul Markgraf v. 2.6.1946, in: LAB(STA), Rep. 101, Nr. 65; Waffen für die Berliner Polizei, in: Berliner Zeitung, 17.1.1946, [S. 2]; Ursula Schmitz: Berlin prüft unsere Polizisten. Was der Leiter der Personalstelle dazu sagt, in: Vorwärts, 9.5.1946, [S. 3]; Ein Jahr Berliner Volkspolizei, in: Vorwärts, 29.5.1946, [S. 7]; Hans Kanig: Ein Jahr Berliner Schutzpolizei, in: Telegraf, 1.6.1946, S. 3; Die Berliner Volkspolizei. Ein parteipolitisches Machtinstrument von zweifelhafter Volkstümlichkeit, in: Telegraf, 6.10.1946, S. 3; Volkspolizei leistungsfähig und vertrauenswürdig, in: Tägliche Rundschau, 15.10.1946, S. 5; Karl Rabe: Aufgabengebiete unserer Polizei, in: Berliner Zeitung, 22.11.1946, [S. 6]. Vgl. speziell zu Maßnahmen gegen das Bandenunwesen und Raubüberfälle: Berlin. Kampf um Freiheit, S. 334, 352, 363 f. u. 390.

Dok. 64
43. Magistratssitzung vom 26. Januar 1946

LAB(STA), Rep. 100, Nr. 767, Bl. 58 – 61. – Umdruck.[1]

Beginn: 10.10 Uhr   Schluß: 13.30 Uhr

Anwesend: Dr. Werner, Maron, Orlopp, Schwenk, Schulze, Lange, Dr. Landwehr,
             Klimpel, Dr. Siebert, Winzer, Scharoun, Jendretzky, Kehler, Kraft,
             Jirak, Buchholz, Grüber, Dr. Haas, Dr. Mittag, Dr. Focke, Karweik,
             Fleischmann, Dusiska, Böttcher.

Tagesordnung: 1. Protokolle
              2. Personalfragen
              3. Schulfragen
              4. Wirtschaft
              5. Finanzfragen
              6. Rechtsabteilung
              7. Post- und Fernmeldewesen
              8. Verkehr
              9. Allgemeines.

Den Vorsitz führt: Oberbürgermeister Dr. Werner, zeitweise Bürgermeister Maron.

1. PROTOKOLLE
Die Niederschrift der Sitzung vom 14.1.1946 wird ohne Beanstandung genehmigt. –
Die Niederschrift der Sitzung vom 19.1.46 wird mit der Berichtigung genehmigt,
daß es [...] unter Punkt 11 statt „Dr. Haas begründet die Vorlage" heißen muß:
„Rumpf begründet die Vorlage".[2]

2. PERSONALFRAGEN
Dr. Siebert führt zur Begründung der Vorlage Nr. 35/46[3] aus: Auf Grund eines Befehls der Alliierten Kommandantur ist in Berlin die „*Berliner Volksbank* e.G.m.b.H."
zur Geschäftstätigkeit zugelassen worden.[4] Da nach heutiger Auffassung Bankinstitute, auch genossenschaftlicher Art, nicht mehr rein privatwirtschaftlich arbeiten,
sondern einem verstärkten Einfluß der öffentlichen Hand unterworfen sein sollen,
wird Wert darauf gelegt, daß ein Beauftragter des Magistrats in dem Aufsichtsrat

---

1 Weitere Umdruckexemplare dieses Protokolls sind vorhanden in: LAB(STA), Rep. 100,
  Nr. 752, lfd. S. 35 – 42; LAB, Rep. 228, Mag.protokolle 1946, u. Rep. 280, Nr. 8501/4.
2 Vgl. das 42. Mag.prot. v. 19.1.1946, TOP 11 (erster Absatz).
3 LAB(STA), Rep. 100, Nr. 767, Bl. 67; auch in: LAB(STA), Rep. 101, Nr. 620, Bl. 120.
4 Mit BK/O (46) 9 v. 5.1.1946 hatte die AK unter Bezugnahme auf einen entsprechenden
  Antrag des Magistrats v. 27.11.1945 die Berliner Volksbank ermächtigt, ihre Tätigkeit
  unter bestimmten einschränkenden Bedingungen wiederaufzunehmen. Diese BK/O ist
  vorhanden in: LAB, Rep. 280, Nr. 12442. Eine Abschrift des Magistratsantrags v.
  27.11.1945 ist vorhanden in: LAB(STA), Rep. 106, Nr. 248, Bl. 18.

der Volksbank vertreten ist. Um nach den geltenden gesetzlichen Bestimmungen eine Rechtsgrundlage hierfür zu haben, hat der Magistrat Geschäftsanteile der Bank erworben.[5] Hierzu wird die Zustimmung des Magistrats erbeten, ebenso zur Entsendung eines Mitglieds der Finanzabteilung in den Aufsichtsrat, wofür Herr Willy[6] Rumpf vorgeschlagen wird.

Orlopp wirft die grundsätzliche Frage auf, ob der Magistrat auch in Privatunternehmen städtische Angestellte und Magistratsmitglieder als Aufsichtsratsmitglieder entsenden soll.

Der Redner weist weiter darauf hin, daß in letzter Zeit angeblich mehrfach *Industriebetriebe in kommunalen Besitz* übergeführt worden sind.[7] Hier müßte sich wohl der Magistrat irgendwie einschalten, um eine gleichmäßige Art der Betreuung solcher Betriebe zu sichern.

Dr. Landwehr ist von einer solchen Kommunalisierung von Betrieben nichts bekannt, lediglich davon, daß auf Grund des Befehls Nr. 124[8] Beschlagnahmen von Betrieben durch die sowjetische Militärregierung ausgesprochen worden sind und daß hierfür die Selbstverwaltungen als Hilfsorgane, d[as] h[eißt] zur Einsetzung von Treuhändern, zur Verfügung stehen müssen. Die Bürgermeister haben also nur die Aufsicht über die Treuhänder solcher Betriebe.

Lange bestätigt die Darstellung von Orlopp. Er hat aus mehreren Bezirken erfahren, daß dort Dutzende von Betrieben in die Hand der Bezirksverwaltung übergegangen sein sollen.

In bezug auf die grundsätzliche Frage der Entsendung von Magistratsmitgliedern in Aufsichtsräte erinnert der Redner an die vor 1933 in Geltung gewesene Bestimmung, wonach diese Magistratsmitglieder ihre Aufsichtsratsvergütung an die Stadtkasse abzuführen hatten,[9] ein heilsames Mittel, um der Jagd nach Aufsichtsratsposten Einhalt zu tun. Eine ähnliche Vorschrift würde sich auch heute wieder empfehlen.

---

5 Es handelte sich um zehn Geschäftsanteile zu je 200 RM.

6 Richtig: Willi.

7 Vgl. zur Sequestrierung und treuhänderischen Geschäftsführung bzw. zur Kommunalisierung von Betrieben das 47. Mag.prot. v. 23.2.1946, TOP 7, u. das 58. Mag.prot. v. 18.5.1946, TOP 8, u. das 61. Mag.prot. v. 15.6.1946, TOP 3, u. das 69. Mag.prot. v. 12.8.1946, TOP 5; Dok. 115.

8 Der Befehl Nr. 124 des Obersten Chefs der Sowjetischen Militärverwaltung v. 30.10.1945, betr. die Beschlagnahme und provisorische Übernahme einiger Eigentumskategorien in Deutschland, ist mit Anlagen und zugehörigem Schriftverkehr vorhanden in: LAB(STA), Rep. 101, Nr. 5, Bl. 112 – 161. Er wurde veröffentlicht in: Berliner Zeitung, 2.11.1945, [S. 1]; Befehle des Obersten Chefs der Sowjetischen Militärverwaltung in Deutschland, Sammelheft 1: 1945, S. 20 – 22. Vgl. zu dem entsprechenden Gesetz der westalliierten Militärregierungen, dem Gesetz Nr. 52, betr. Sperre und Kontrolle von Vermögen: Dok. 15, Anm. 6, u. Dok. 21, Anm. 60.

9 Gemeint ist der Gemeindebeschluß v. 18.4./7.6.1923, betr. Abführung der Aufsichtsratsvergütungen, Tantiemen usw. seitens der Magistrats- und Bezirksamtsmitglieder, Beamten und Ehrenbeamten an die Stadt, in: Dienstblatt, Jg. 1923, Teil I, S. 335. Vgl. auch: Lange, S. 44; ferner die Aufsichtsratsordnung für die Vertretung der Stadt in den Aufsichtsräten der städtischen Gesellschaften und der zum Teil städtischen Gesellschaften v. 28.10.1934, in: Dienstblatt, Jg. 1934, Teil I, S. 359 – 363.

Dusiska erläutert nach den Erfahrungen im Bezirk Friedrichshain den Sinn und die Durchführung des Befehls Nr. 124.[10] Um zu verhindern, daß irgendwelche Betriebe nicht rationell arbeiten oder Vermögenswerte verschieben oder Besitzverhältnisse verschleiern, wurden viele Betriebe von alliierter Seite beschlagnahmt. Die Durchführung dieser Beschlagnahme liegt bei den örtlichen Kommandanturen, die ihrerseits wiederum die Bezirksämter anweisen, Treuhänder für diese Betriebe einzusetzen, die in ihrer Person die Funktionen des Aufsichtsrats und des Vorstandes vereinen. Die Bezirksverwaltung hat zu prüfen, ob der Treuhänder die nötige technische und kaufmännische Qualifikation dafür hat.[11] Für eine Schulung solcher Treuhänder soll jetzt im Institut für Wirtschaftsführung, das im Rahmen der Wirtschaftshochschule gegründet wird, Gelegenheit gegeben werden.[12] Von einer Kommunalisierung der Betriebe kann bei dieser Sachlage keine Rede sein. Es handelt sich lediglich um eine vorläufige Verwaltung der Betriebe, wobei die Frage offenbleibt, was später einmal mit dem Betrieb geschieht.

Dr. Siebert bemerkt zu der grundsätzlichen Frage, ob der Magistrat auch in Privatunternehmen Aufsichtsratsmitglieder entsenden soll, daß seinerzeit ausdrücklich beschlossen worden ist, bei bestimmten Unternehmen der öffentlichen Hand und den Gewerkschaften einen verstärkten Einfluß einzuräumen.[13] Dies kann sich auch bei Privatbetrieben, etwa bei großen Brotfabriken, als wünschenswert herausstellen. Dann muß es aber, wie im vorliegenden Fall, dem Magistrat vorgelegt und von ihm beschlossen werden. Die Frage der Einbehaltung von Aufsichtsratsvergütungen wird noch in einer besonderen Vorlage geregelt werden.[14]

Der Redner behandelt sodann den Aufbau der Volksbanken in Berlin,[15] die neben

---

10 Dusiska war bis 30.11.1945 im Bezirk Friedrichshain als Bezirksrat für Wirtschaft tätig gewesen; vgl. Dok. 52, Anm. 3.

11 Vgl. hierzu das 47. Mag.prot. v. 23.2.1946, TOP 7.

12 Vgl. hierzu das 46. Mag.prot. v. 16.2.1946, TOP 7; vgl. zur Wirtschaftshochschule auch das 68. Mag.prot. v. 3.8.1946, TOP 4, u. das 79. Mag.prot. v. 12.10.1946, TOP 5.

13 Hier könnte die Mag.sitzung v. 23.7.1945 gemeint sein, in der es eine Debatte über die Entnazifizierung der privaten Wirtschaft gegeben hatte. Allerdings war diese Debatte ohne einen Mag.beschluß zu Ende gegangen, und Maron hatte sich ausdrücklich *gegen* die Entsendung von Magistratsmitgliedern in Aufsichtsräte von Privatunternehmen ausgesprochen. Vgl. das 12. Mag.prot. v. 23.7.1945, TOP 2. Vielleicht spielt Siebert aber auch auf die Berliner Kraft- und Licht (Bewag)-Aktiengesellschaft oder Rheinmetall-Borsig (Städtisches Werk Tegel) an. Vgl. hierzu das 4. Mag.prot. v. 31.5.1945, TOP 2, u. das 17. Mag.prot. v. 20.8.1945, TOP 9, bzw. das 7. Mag.prot. v. 18.6.1945, Nachtrag, u. das 29. Mag.prot. v. 5.11.1945, TOP 7, u. das 30. Mag.prot. v. 12.11.1945, TOP 4.

14 Vgl. das 61. Mag.prot. v. 15.6.1946, TOP 5.

15 Das gedruckte Statut der Berliner Volksbank v. 16.1.1946 ist vorhanden in: LAB(STA), Rep. 105, Nr. 6262; ein Vierteljahresbericht der Berliner Volksbank v. März 1946 in: LAB(STA), Rep. 101, Nr. 5288. Materialien zu einzelnen örtlichen Volksbanken sind zu finden in: LAB(STA), Rep. 105, Nr. 3715, 3716, 3720, 3722 u. 3726. Vgl. zu den Volksbanken auch: Zur Eröffnung der Volksbanken, in: Berliner Zeitung, 26.1.1946, [S. 2]; Banken für Gewerbe und Handwerk, in: Berliner Zeitung, 31.1.1946, [S. 2]; Berliner Volksbank, das erste private Geldinstitut, in: Deutsche Volkszeitung, 7.2.1946, S. 2; Paul Elsberg: Neue alte Volksbanken, in: Der Morgen, 14.2.1946, S. 4; die Materialien in: LAB, Rep. 37: OMGBS, FIN Br, 4/86-2/8 u. 4/87-1/7; ein Schreiben der Finanzabteilung des Magistrats an das Finanzkomitee der AK v. 29.3.1946, in: LAB(STA), Rep. 101, Nr. 62; das 73. Mag.prot. v. 7.9.1946, TOP 3 (Grüber u. Rumpf).

der Stadtbank mit ihren Bezirksstellen und der Stadtsparkasse mit ihren Depositenkassen als Genossenschaftsbanken für den gewerblichen Mittelstand entstanden sind. Es fragt sich, wie hier die Personalpolitik gehandhabt werden soll. Nach Ansicht des Redners muß Wert darauf gelegt werden, moderne Bankfachleute, die den Pulsschlag des Berliner Wirtschaftslebens richtig zu erfühlen verstehen, also keine beamtenmäßigen Bürokraten, dorthin zu setzen.

Orlopp ist hinsichtlich der beschlagnahmten Betriebe beruhigt, wenn es sich für die Bezirksbürgermeister nur darum handelt, die Treuhänder zu stellen und auf die Innehaltung kaufmännischer Grundsätze bei der Verwaltung der Betriebe zu sehen. Sein Bedenken ging nur dahin, daß bei einer richtigen Kommunalisierung eventuell der Magistrat um Stützungsaktionen für nicht florierende Betriebe angegangen werden könnte.

Bei der Entsendung von Beauftragten seiner Abteilung in Aufsichtsräte von Privatunternehmen hat sich der Redner immer davon leiten lassen, diese Unternehmen im Sinne der neuen Zeit entsprechend zu beeinflussen. Wenn in Zukunft über solche Entsendungen jedesmal Beschluß gefaßt werden soll, so sei das nur zu begrüßen. Bei den Volksbanken darf die Kreditpolitik nicht zu engherzig nach alten Grundsätzen betrieben werden.[16] Die Wirtschaft hat sich im gewerblichen Sektor heute vollkommen umstellen müssen. Handwerksbetriebe, die bislang reine Reparaturwerkstätten waren, sind zu Einzelanfertigungen und zu Serienarbeit übergegangen, wozu sie Kapital brauchen, ohne immer die erforderlichen Sicherheiten geben zu können. Der Personalkredit muß also im Vordergrund stehen.

BESCHLUSS: Die Vorlage wird unverändert angenommen.[17]

Dr. Siebert begründet weiter die Vorlage Nr. 36/46[18]: Es ist gelungen, eine Gruppe von kleineren Volksversicherungsvereinen zu einer „*Volksversicherungs-Union* für Erd- und Feuerbestattung, Versicherungsverein auf Gegenseitigkeit zu Berlin" zusammenzuschließen. Auch hier wird der Standpunkt vertreten, daß der Magistrat im Aufsichtsrat vertreten sein soll. Dafür werden vorgeschlagen: von der Finanzabteilung Herr Rumpf und von der Abt[eilung] für Sozialwesen Herr Kruschke[19].

BESCHLUSS: Die Vorlage wird angenommen.[20]

3. SCHULFRAGEN

Winzer bringt eine Vorlage der Abt[eilung] für Volksbildung, betreffend die Erteilung

---

16 Mit Schreiben v. 6.3.1946 beantragte die Finanzabteilung des Magistrats beim Finanzkomitee der AK, der Berliner Volksbank die Genehmigung zu erteilen, Spar- und Girogelder auch von Nichtmitgliedern (Nichtgenossen) entgegennehmen zu können und die Höchstgrenze bei der Kreditvergabe von 5 000 RM auf 100 000 RM zu erhöhen. Dieses Schreiben ist vorhanden in: LAB(STA), Rep. 101, Nr. 55. Die AK genehmigte den Antrag mit BK/O (46) 150 v. 30.3.1946. Siehe: LAB, Rep. 280, Nr. 12553; Der Alliierte Kontrollrat, S. 177.

17 Zu diesem Mag.beschluß war die Genehmigung der AK laut Text der Mag.vorlage Nr. 35/46 nicht erforderlich.

18 LAB(STA), Rep. 100, Nr. 767, Bl. 68; auch in: LAB(STA), Rep. 101, Nr. 620, Bl. 119.

19 Fritz Kruschke, wohl Leiter des Generalreferats der Mag.abt. für Sozialwesen.

20 Zu diesem Mag.beschluß war die Genehmigung der AK laut Text der Mag.vorlage Nr. 36/46 nicht erforderlich.

des *Religionsunterrichts in den Berliner Schulen*, ein.[21] Die Vorlage gründet sich auf den Befehl der Alliierten Kommandantur vom 24. Januar:[22]

1. Religionsunterricht ist in allen Schulen und an alle Kinder zu erteilen, deren Eltern es wünschen, daß ihre Kinder eine religiöse Erziehung erhalten.

2. Sie[23] werden entsprechende Maßnahmen treffen, um diesen Unterricht zu erteilen.

3. Sie werden sobald wie möglich, jedoch spätestens am 31. Januar 1946 der Alliierten Kommandantur einen Plan darüber unterbreiten, in welcher Weise und wo dieser Unterricht gegeben wird.

Auf Grund dieses Befehls und nach persönlichen Besprechungen mit der alliierten Schulkommission sind die in der Vorlage niedergelegten Durchführungsbestimmun-

---

21 Diese unnumerierte Mag.vorlage v. 26.1.1946 ist vorhanden in: LAB(STA), Rep. 100, Nr. 767, Bl. 71.

22 Gemeint ist die BK/O (46) 63 v. 24.1.1946, deren Text oben im Mag.prot. wiedergegeben ist. Diese BK/O ist vorhanden in: LAB(STA), Rep. 120, Nr. 3235, Bl. 18, u. LAB, Rep. 280, Nr. 4798; abgedruckt in: Berlin. Quellen und Dokumente, 1. Halbbd., S. 526. Vgl. zur Vorgeschichte der BK/O (46) 63 die Protokolle des Education Committee der AK v. 7.1.1946, TOP 6, u. 14.1.1946, TOP 4, in: LAB, Rep. 37: OMGBS, ECR, 4/16-1/6. – Bereits am 23.11.1945 hatte das Koordinierungskomitee des Alliierten Kontrollrats Grundsätze zur Frage des Religionsunterrichts in deutschen Schulen beschlossen. Danach durfte „keine aus öffentlichen Mitteln existierende Schule den Kindern die Möglichkeit des Religionsunterrichtes verweigern oder die Kinder zwingen, Stunden, in denen Religionsunterricht erteilt wird, zu besuchen". Siehe: Die Berliner Konferenz, S. 78. Im Kommuniqué ihrer 23. Sitzung v. 8.1.1946 hatte dann die AK verlautbart, „daß in Schulen religiöser Unterricht an solche Kinder erteilt werden soll, deren Eltern es wünschen". Siehe: LAB(STA), Rep. 120, Nr. 3235, Bl. 19; Der Alliierte Kontrollrat, S. 148. Vgl. zur Vorgeschichte dieses Beschlusses die Protokolle des Education Committee der AK v. 10.12.1945, TOP 4–6, u. 17.12.1945, TOP 3, in: LAB, Rep. 37: OMGBS, ECR, 4/16-1/5; Maginnis, S. 322; das 26. Prot. der stellv. Stadtkommandanten v. 28.12.1945, TOP 11, in: LAB, Rep. 37, Acc. 3971, Nr. 217. In einer Besprechung zwischen Wilhelm Pieck, Walter Ulbricht und Oberbürgermeister Werner am 14.1.1946 kam auch der Beschluß der AK zum Religionsunterricht zur Sprache. Pieck notierte sich hierzu: „Vorschlag Werner – 2 x wöchentlich – am Schluß des Unterrichts als Eckstunde". Siehe: SAPMO-BArch, ZPA, NL 36/742, Bl. 79 f. – Ulbricht hatte schon am 20.5.1945 auf der zweiten Versammlung Berliner KPD-Funktionäre geäußert: „Unsere vorläufige Meinung geht dahin, daß im Schulplan selbst Religionsunterricht nicht vorgesehen wird und daß auch die Geistlichen nicht in das Schulamt gehören. Es sollen aber sog[enannte] Exstunden [Eckstunden; der Bearb.] in der Schule stattfinden, in denen die Vertreter der Kirche Religionsunterricht geben können für die Kinder, deren Eltern den Wunsch aussprechen, daß ihre Kinder Religionsunterricht erhalten." Siehe: SAPMO-BArch, ZPA, NL 182/246, Bl. 47; „Gruppe Ulbricht", S. 362. Anfang Juni 1945 hatte sich Wilhelm Pieck Notizen zur Berichterstattung der führenden deutschen KPD-Funktionäre Walter Ulbricht, Anton Ackermann und Gustav Sobottka über eine Besprechung mit der sowjetischen Staats- und Parteiführung (Stalin, Molotow, Shdanow) gemacht. Dabei hielt er hinsichtlich der „Schulfragen" unter anderem fest: „kein Religionsunterricht in [der] Schule – Jugend nicht durch Popen verwirren lassen – Religionsunterricht nur außerhalb der Schule". Siehe: „Gruppe Ulbricht", S. 468/471.

23 Hier ist der Oberbürgermeister gemeint, an den die AK ihre BK/O (46) 63 gerichtet hatte.

gen aufgestellt worden.[24] Es ist im Grunde genommen die alte Stellungnahme des Magistrats vom Juni 1945[25], nur klarer und eindeutiger formuliert.

Buchholz bittet, die Erledigung der Vorlage, die erst jetzt den Mitgliedern des Magistrats zur Kenntnis gekommen ist, zurückzustellen und den Vertretern der Kirche Gelegenheit zu einer Rücksprache über den Inhalt der Vorlage und die Formulierung zu geben. Es handle sich um eine Angelegenheit von weittragender Bedeutung, über die man sich erst untereinander besprechen müßte. Schon die Divergenz, daß es in dem Befehl der Alliierten heißt: „Religionsunterricht *ist* in allen Schulen zu erteilen" und in den Durchführungsbestimmungen steht: „Religionsunterricht *kann* in allen Schulen erteilt werden", zeigt, daß die Formulierung noch einmal einer Durchsicht bedarf. Darum bitte er, zunächst eine kleine Kommission für eine Vorberatung zu bestellen.

Dr. Werner äußert den gleichen Wunsch. Auch er habe die Vorlage erst zu Beginn der Sitzung zu Gesicht bekommen. Wegen des Termins könne man der Alliierten Kommandantur eine entsprechende Mitteilung machen.

Maron möchte nicht unbedingt gegen den Antrag auf Verweisung an eine Kommission sprechen, glaubt aber, daß in der Sache kein anderes Ergebnis herauskommen werde, da der Magistrat schon in zwei umfangreichen Aussprachen seine Meinung über die Frage des Religionsunterrichts klar und deutlich zum Ausdruck gebracht und entsprechende Beschlüsse mit übergroßer Mehrheit [gefaßt] habe.[26] Was die von

---

24 Der in der Mag.vorlage enthaltene Entwurf einer DurchführungsVO zur BK/O (46) 63 umfaßt die folgenden fünf Punkte:
   „1. Religionsunterricht kann in allen Schulen der Stadt Berlin an die Kinder erteilt werden, deren Eltern oder Erziehungsberechtigte sie für den Religionsunterricht angemeldet haben. Die Anmeldung hat durch Abgabe einer schriftlichen Erklärung bei den zuständigen Kirchenbehörden zu erfolgen.
   2. Der Religionsunterricht wird von den Geistlichen oder Lehrern erteilt, die von den Kirchengemeinschaften damit beauftragt werden. Die Geistlichen und Religionslehrer erhalten ihre Vergütung für die Erteilung des Religionsunterrichts von den entsprechenden Kirchengemeinden.
   3. Der Religionsunterricht wird zusätzlich außerhalb des ordentlichen Lehrplans erteilt.
   4. Die Schulämter stellen in den Schulen entsprechend der Zahl der zum Religionsunterricht angemeldeten Kinder die erforderlichen Räume zur Verfügung.
   5. Zur Erteilung des Religionsunterrichts dürfen keine Lehrkräfte herangezogen werden, die vom Hauptschulamt wegen ihrer Zugehörigkeit zu nazistischen Organisationen oder wegen politischer Unzuverlässigkeit nach dem 5. Mai 1945 aus dem Schuldienst entfernt wurden."
25 In seinen „Vorläufigen Richtlinien für die Wiedereröffnung des Schulwesens" v. 11.6.1945 hatte der Magistrat in Ziffer 8 festgelegt: „Allen Eltern steht es frei, ihren Kindern Religionsunterricht erteilen zu lassen. Er ist als zusätzliche oder Eckstunde von den von den Kirchengemeinschaften damit beauftragten Geistlichen oder Lehrern zu erteilen." Vgl. das 6. Mag.prot. v. 11.6.1945, TOP 4. Die Richtlinien wurden veröffentlicht in: VOBl., Jg. 1 (1945), S. 32 f.; wieder abgedruckt in: Berlin. Quellen und Dokumente, 1. Halbbd., S. 506–508. Vgl. zur weiteren Entwicklung der Frage des Religionsunterrichts: Dok. 33, 36 u. 39; das 26. Mag.prot. v. 15.10.1945, TOP 3; das Wortprotokoll einer Pressekonferenz von Winzer am 14.11.1945, S. 13–17, in: LAB(STA), Rep. 101, Nr. 142 u. 5386; Religionskunde als Schulfach, in: Der Tagesspiegel, 18.1.1946, S. 2; Paul Oestreich: Religionsunterricht?, in: Der Tagesspiegel, 25.1.1946, S. 2.
26 Vgl. das 6. Mag.prot. v. 11.6.1945, TOP 4, u. das 26. Mag.prot. v. 15.10.1945, TOP 3.

Buchholz bemängelte Formulierung betrifft, so sei seiner Meinung nach die in der Verordnung gewählte insofern richtiger, als danach die Kirchengemeinschaften die Möglichkeit erhalten, in jedem Falle, in dem sie es wünschen, den Religionsunterricht in der Schule zu erteilen, aber nicht dazu gezwungen werden.

Dr. Werner versteht nicht, warum man dem Wunsche derjenigen, die auf religiösem Boden stehen, nicht nachkommen wolle, eine Vorlage zu vertagen, die soeben erst eingebracht [worden] sei.[27]

Winzer weist noch einmal auf die Schwierigkeit hin, daß die Durchführung des Befehls bis zum 31. Januar gefordert ist. An der grundsätzlichen Stellungnahme des Magistrats werde sich seiner Meinung nach auch durch eine nochmalige Kommissionsberatung nichts ändern. Die Formulierung im ersten Satz könne man ruhig entsprechend dem Wunsche von Buchholz ändern.

Orlopp meint, wenn ein Teil der Mitglieder des Magistrats um eine Vertagung bitte, sollte man dem Wunsche Rechnung tragen. Um den Termin zu wahren, gäbe es die Möglichkeit, am Donnerstag vor der Bürgermeister-Konferenz zu einer kurzen außerordentlichen Sitzung zusammenzutreten.

Nach weiterer Geschäftsordnungsaussprache, an der sich noch Dr. Landwehr, Winzer, Maron und Schulze beteiligen, wird abgestimmt.

BESCHLUSS: Mit 11 Stimmen wird beschlossen, die Vorlage an einen Ausschuß, bestehend aus den Magistratsmitgliedern Dr. Werner, Buchholz, Grüber, Winzer, Schulze nebst Hinzuziehung von Herrn Wildangel[28], zu überweisen und die Beschlußfassung über die Vorlage in einer außerordentlichen Magistratssitzung am Donnerstag, dem 31. Januar 1946, nachmittags 15 Uhr vorzunehmen.[29]

4. WIRTSCHAFT

Dr. Landwehr trägt ein längeres schriftlich vorliegendes Exposé über die *Arbeiten der Abt[eilung] Wirtschaft im ersten Halbjahr 1946* vor.[30]

Der Redner führt anschließend noch aus: Ein Wirtschaftsplan für 1946 ist nicht aufgestellt worden, weil neben der Abt[eilung] Wirtschaft, die eigentlich eine

---

27 An dieser Stelle ist nicht in das Mag.prot. aufgenommen worden, daß Landwehr dem auf seinem Vertagungsantrag beharrenden OB Werner den Vorwurf „undemokratischen" Verhaltens machte. Vgl. hierzu Dok. 65, Anm. 2.

28 Ernst Wildangel, seit 1.9.1945 Leiter des Hauptschulamts, seit 4.5.1946 gleichzeitig stellvertretender Leiter der Mag.abt. für Volksbildung; vgl. das 56. Mag.prot. v. 4.5.1946, TOP 2, u. das 71. Mag.prot. v. 24.8.1946, TOP 2.

29 Vgl. das 44. Mag.prot. v. 31.1.1946, TOP 1.

30 Dieses Exposé Landwehrs mit der Überschrift „Anhaltspunkte und Material zu meinen Ausführungen über die Arbeiten der Abteilung Wirtschaft im 1. Halbjahr 1946" ist vorhanden in: LAB(STA), Rep. 106, Nr. 235. Vgl. zur Tätigkeit der Mag.abt. für Wirtschaft auch: Dok. 56 (insb. Anm. 4); Es geht aufwärts mit Berlin. Stadtrat Dr. Landwehr über die Wirtschaftslage, in: Nacht-Express, 11.1.1946, [S. 2]; Bodenreform gibt Berlin Arbeit, in: Das Volk, 12.1.1946, [S. 4]; Ein halbes Jahr Industrieaufbau, in: Neue Zeit, 12.1.1946, S. 3; [Hermann] Schützinger: Der Neuaufbau der Berliner Industrie, in: Berliner Zeitung, 12.1.1946, [S. 2]; Berliner Industrie braucht Rohstoffe, in: Der Kurier, 6.2.1946, S. 5; Berliner Wirtschaftsplanung, in: Berliner Zeitung, 9.2.1946, [S. 2]; Planung tut not. Neuordnung der Berliner Wirtschaft, in: Der Morgen, 9.2.1946, S. 4; Interview mit Dr. Landwehr. Berliner Regsamkeit setzt sich durch, in: Nacht-Express,

Abteilung Industrie ist,[31] noch andere Abteilungen maßgeblich beteiligt sind: Handel und Handwerk, Verkehr, Bau- und Wohnungswesen, Planung. Es müßte also erst festgestellt werden, welche Abteilung da federführend sein soll. Die vordringlichsten Aufgaben eines Wirtschaftsplanes wären: das Bauproblem, das landwirtschaftliche Problem, das Verkehrsproblem und die Bedürfnisdeckung. Als Hypothek über allen Arbeiten stehen die Reparationen. Wollte man einen Wirtschaftsplan beraten, so wäre es falsch, vorher große statistische Erhebungen darüber zu machen, was vorhanden ist und was fehlt, sondern man sollte sich ein festes Programm stellen und dann sehen, wie weit man damit kommt.

Dr. Siebert und *Maron* schlagen vor, die allgemeine Aussprache über diesen Bericht bis zur nächsten Sitzung zu verschieben und jetzt nur kurz einige Hauptpunkte zu behandeln.

Scharoun bittet die Abt[eilung] Wirtschaft, eine verstärkte Zusammenarbeit mit der entsprechenden Abteilung der Zentralverwaltung[32] herbeizuführen, um insbesondere auf dem Gebiet der Hereinholung von Baustoffen schneller voranzukommen. Besondere Engpässe seien Nägel und Bleche. Es wäre wünschenswert, wenn da etwas getan werden könnte. Für Glasersatz bestehe die Möglichkeit der Wiederaufnahme der Produktion der Aceta-Werke[33].

Dusiska bemerkt, eine Nägelproduktion in Berlin aufzuziehen wäre unrentabel. Es bestehe aber jetzt die Möglichkeit, wieder Nägel aus Westfalen, wo die Kleineisenindustrie ihren Sitz hat, nach Berlin zu transportieren. Der Eisengroßhandel – die Firma Ravené[34] – müßte dafür interessiert werden.

Dr. Landwehr weist hinsichtlich der Planungen für bestimmte Produkte und Werke auf die Schwierigkeiten hin, die sich aus der Ungewißheit über das Weiterbestehen dieser Werke ergeben.

18.2.1946, [S. 2]; „Die Berliner Industrie läuft schon ganz nett". „Kurier"-Gespräch mit Stadtrat Dr. Landwehr, in: Der Kurier, 2.3.1946, S. 7; Wirtschaftsbericht: Berlin arbeitet, in: Telegraf, 27.3.1946, S. 5; Neuköllner Wirtschaftsaussprache, in: Neue Zeit, 13.4.1946, S. 3; Lichtblicke in der Berliner Produktion, in: Der Tagesspiegel, 16.4.1946, S. 5; den von der Mag.abt. für Wirtschaft aufgestellten Produktionsplan für die Berliner Industrie v. 14.3.1946 (Produktionsziffern für die Zeit von März bis Dezember 1946), in: LAB, Rep. 280, Nr. 5411; den Rechenschaftsbericht „Ein Jahr Magistrat. – Bericht der Abteilung für Wirtschaft –" v. Mai 1946, in: LAB(STA), Rep. 106, Nr. 187, Bl. 78 – 90, u. als gekürzte Berichtsversion unter dem Titel „Der Neuaufbau der Wirtschaft Berlins" veröffentlicht in: Das erste Jahr, S. 70 – 87; Eineinhalb Jahre Berliner Wirtschaft, in: Berliner Zeitung, 20.10.1946, [S. 7]; Berlins Industrieproduktion, in: Tägliche Rundschau, 19.11.1946, S. 6.

31 Vgl. die Geschäftsverteilungspläne der Mag.abt. für Wirtschaft v. 20.6.1945 u. September 1945 sowie aus dem Jahr 1946, in: LAB(STA), Rep. 101, Nr. 280, Bl. 2 f.; LAB, Rep. 280, Nr. 3428; LAB(STA), Rep. 106, Nr. 239.

32 Hier kann die Deutsche Zentralverwaltung der Industrie oder die Deutsche Verwaltung für Handel und Versorgung gemeint sein.

33 Die Aceta GmbH, 1925 zur Herstellung von Acetatprodukten gegründet, war 1937 von der IG Farbenindustrie AG übernommen und 1945 wieder aus ihr herausgelöst und sequestriert worden. Vgl. hierzu den Aktenbestand: LAB(STA), Rep. 250-02-02. Das Aceta Werk befand sich in der Hauptstraße 9 – 13, Bezirk Lichtenberg.

34 Hier dürfte die Firma Jacob Ravené & Söhne gemeint sein, die sich in der Straße Alt-Stralau 4, Bezirk Friedrichshain, befand.

Dr. Focke meint, man dürfe trotz dieser Ungewißheit nicht in eine Lethargie verfallen, sondern müsse an die Aufgaben herangehen und sie zu lösen versuchen.

BESCHLUSS: Die Aussprache über den Bericht der Abt[eilung] Wirtschaft wird bis zur nächsten Sitzung vertagt.[35]

5. FINANZFRAGEN

Dr. Siebert bittet, der schon in der vorigen Sitzung im Prinzip gebilligten Vorlage Nr. 22/46 über die *Heranziehung steuerfreier Grundstücke zur Grundsteuer* zuzustimmen.[36] Der Text des Grundsteuergesetzes, auf den in der Vorlage Bezug genommen wird, ist in der Zwischenzeit geprüft worden.[37] Es bestehen keine Bedenken.

BESCHLUSS: Die Vorlage wird angenommen.[38]

Dr. Siebert begründet die Vorlage Nr. 34/46[39] auf Zahlung eines *Zuschusses* an den Aktien-Verein des *Zoologischen Gartens*. Die Stadt Berlin hat früher schon jährlich 34 000 RM zu den Unkosten des Zoo[s] beigesteuert, wogegen den Schulkindern der freie Besuch des Gartens gewährt wurde. Dasselbe Äquivalent ist auch jetzt vereinbart.

Schwenk empfiehlt in redaktioneller Hinsicht folgende Fassung des Antrags: „Zur Erhaltung des Zoologischen Gartens in Berlin wird ein Zuschuß in Höhe von 34 000 RM bewilligt."

BESCHLUSS: Die Vorlage wird in dieser Fassung angenommen.

Dr. Siebert legt als weitere Vorlage einen Antrag über die Organisation des *Verwaltungsrats der Berliner Stadtbank* (Drucksache Nr. 38/46)[40] vor. Bisher ist die Stadtbank so geleitet worden, daß auf Grund eines Befehls von Generaloberst Bersarin der Stadtkämmerer die Oberleitung hatte und ein Vorstand dort eingesetzt war.[41] Nach den Grundsätzen demokratischer Staatsführung soll nun ein Verwal-

---

35 Vgl. zur Aussprache über den Bericht von Landwehr das 45. Mag.prot. v. 2.2.1946, TOP 3.

36 Vgl. das 42. Mag.prot. v. 19.1.1946, TOP 11. Die Mag.vorlage Nr. 22/46 ist vorhanden in: LAB(STA), Rep. 100, Nr. 767, Bl. 43 f.; auch in: LAB(STA), Rep. 101, Nr. 620, Bl. 115 f.

37 Gemeint ist das Grundsteuergesetz v. 1.12.1936, in: RGBl., Jg. 1936, Teil I, S. 986 – 991. Relevante Auszüge aus diesem Gesetz waren der in dieser Mag.sitzung erneut behandelten Mag.vorlage Nr. 22/46 als Anlage beigefügt; siehe: LAB(STA), Rep. 100, Nr. 767, Bl. 44 a u. 44b, u. Rep. 101, Nr. 620, Bl. 117 f.

38 Der hiermit beschlossene Entwurf einer VO über die sofortige Heranziehung bisher steuerfreier Grundstücke zur Grundsteuer wurde der AK von Siebert mit Schreiben v. 1.2.1946 zur Genehmigung zugeleitet. Das Schreiben ist vorhanden in: LAB(STA), Rep. 101, Nr. 61 u. 66. Mit BK/O (46) 137 v. 20.3.1946 teilte die AK dem Magistrat mit, daß der eingereichte Entwurf von ihrem Finanzkomitee nicht genehmigt wurde, weil er erstens viel zu spät vorgelegt worden sei und zweitens eine Rückwirkung vorsehe; siehe: LAB, Rep. 280, Nr. 12544. Vgl. zur Erhebung der Grundsteuer im Rechnungsjahr 1946 das 47. Mag.prot. v. 23.2.1946, TOP 6, u. das 54. Mag.prot. v. 17.4.1946, TOP 7, u. das 55. Mag.prot. v. 29.4.1946, TOP 3 u. 4.

39 LAB(STA), Rep. 100, Nr. 767, Bl. 66; auch in: LAB(STA), Rep. 101, Nr. 620, Bl. 128.

40 LAB(STA), Rep. 100, Nr. 767, Bl. 70; auch in: LAB(STA), Rep. 105, Nr. 684.

41 Vgl. zur Berliner Stadtbank, die seit Herbst 1945 offiziell als „Berliner Stadtkontor" bezeichnet wurde, das 5. Mag.prot. v. 4.6.1945, TOP 3, sowie Dok. 6 u. 8; Dok. 49,

tungsrat eingerichtet werden, nachdem die gute Zusammenarbeit mit dem russischen Kommissar eine Einigung nach der Richtung gebracht hat, daß dieser nur noch die Kontrollaufgaben der russischen Militärregierung wahrnimmt, die Stadt aber der alleinige selbständige Verwalter der Bank ist.

Für die Zusammensetzung des Verwaltungsrats macht der Redner unter einigen Abänderungen der Vorlage folgende Vorschläge:

Der Verwaltungsrat besteht

1.   aus dem Stadtkämmerer als Vorsitzendem,

2 – 4. aus den Vertretern der
Magistratsabteilung für Wirtschaft, Herrn Dusiska,
Magistratsabteilung für Handel und Handwerk, Herrn Zabel[42],
Magistratsabteilung für Personalfragen und Verwaltung,
Herrn Schmidt[43],

5 – 8. aus 4 Bezirksbürgermeistern, und zwar
Böhm[44] (Reinickendorf) aus dem französischen Besatzungssektor,
Kleine[45] (Köpenick) aus dem russischen Besatzungssektor,
Nydahl[46] (Tempelhof) aus dem amerikanischen Besatzungssektor,
Dr. Schloß[47] (Tiergarten) aus dem englischen Besatzungssektor,

9 – 12. aus vier Vertretern der privaten Wirtschaft, und zwar
zwei Vertretern der Industrie,
einem Vertreter des Großhandels,
einem Vertreter des Einzelhandels,

13 – 15. aus zwei Vertretern des Freien Deutschen Gewerkschaftsbundes,
einem Vertreter der Betriebsvertretung.

BESCHLUSS: Die Vorlage wird in dieser Fassung angenommen.[48]

6. RECHTSABTEILUNG

Dr. Mittag begründet die Vorlage Nr. 33/46[49], betreffend das *Verordnungsblatt der Stadt Berlin.* Bisher hatte das Verordnungsblatt nur den Wert einer Gesetzes-

---

Anm. 32; das 37. Mag.prot. v. 17.12.1945, TOP 3, u. das 42. Mag.prot. v. 19.1.1946, TOP 2, u. das 46. Mag.prot. v. 16.2.1946, TOP 5, u. das 70. Mag.prot. v. 17.8.1946, TOP 4, u. das 86. Mag.prot. v. 30.11.1946, TOP 2; LAB(STA), Rep. 106, Nr. 248, Bl. 2 – 7.

42 Kurt Zabel, Generalreferent in der Mag.abt. für Handel und Handwerk.

43 Martin Schmidt, stellvertretender Leiter der Mag.abt. für Personalfragen und Verwaltung. Nach der Mag.vorlage Nr. 38/46 war statt eines Vertreters der Mag.abt. für Personalfragen und Verwaltung ein Vertreter der Mag.abt. für Bau- und Wohnungswesen vorgesehen gewesen.

44 Erich Böhm (KPD).

45 Gustav Kleine (KPD).

46 Jens Nydahl (SPD).

47 Dr. Fritz Schloß (SPD). Schloß übte sein Amt als Bezirksbürgermeister erst seit 15.1.1946 aus; vgl. Dok. 50, Anm. 7.

48 Vgl. zum neuen Verwaltungsrat der Berliner Stadtbank (Berliner Stadtkontor): Vom Stadtkontor, in: Berliner Zeitung, 1.2.1946, [S. 2]; Eine Milliarde sucht nutzbringende Arbeit. Berliner Stadtkontor unter neuer Leitung, in: Der Kurier, 1.2.1946, S. 4; Kredit in Berlin, in: Neue Zeit, 2.2.1946, S. 3. Vgl. zur Berufung der in dieser Mag.sitzung namentlich noch nicht benannten Verwaltungsratsmitglieder das 57. Mag.prot. v. 13.5.1946, TOP 2.

49 LAB(STA), Rep. 100, Nr. 767, Bl. 65; auch in: LAB(STA), Rep. 101, Nr. 622, Bl. 30.

und Verordnungssammlung, da es zeitlich zu sehr nachhinkte.[50] Das lag an der
Verzögerung durch die Zensur. Nachdem diese Verzögerung jetzt abgestellt ist,
besteht die Möglichkeit, das Verordnungsblatt zum amtlichen Verkündungsblatt zu
machen. Dadurch würde sich äußerlich nichts ändern, es würde nur wie früher beim
Reichsgesetzblatt auf jeder Nummer der Tag der Ausgabe vermerkt werden.[51]

Schwenk regt an, die „Berliner Zeitung" neben dem Verordnungsblatt als Publikationsorgan bestehen zu lassen,[52] da das Verordnungsblatt nur von einem beschränkten
Kreis der Bevölkerung abonniert wird und es andererseits erwünscht ist, wenn in
der Presse wenigstens eine Zeitung verpflichtet ist, den unverkürzten Wortlaut der
Gesetze und Verordnungen zu bringen. Wünschenswert wäre es auch, wenn die
Berliner Zeitung mehr als bisher kurze populäre Kommentare zu den Verordnungen
bringen würde.

Dr. Mittag möchte unbedingt nur *e i n* offizielles Verkündungsblatt haben, da es
sonst ein juristisches Durcheinander gibt.

Dusiska tritt dafür ein, daß auch eine Tageszeitung amtliches Publikationsorgan
ist, weil im allgemeinen die Presse die Verordnungen nur in verkürzter oder
sinnentstellender Form bringt.

Dr. Siebert vertritt ebenfalls den Standpunkt, daß es nur *e i n* amtliches Verkündungsblatt geben kann. Es würde aber allen Wünschen Rechnung getragen,
wenn man den Zusatz machte: „Daneben bleibt die ‚Berliner Zeitung' amtliches
Publikationsorgan."

BESCHLUSS: Die Vorlage wird mit diesem Zusatz angenommen.[53]

---

50 Vgl. zum Verordnungsblatt der Stadt Berlin das 3. Mag.prot. v. 28.5.1945, TOP 6 (Punkt
    2), u. das 33. Mag.prot. v. 3.12.1945, TOP 5.
51 Die einzelnen Ausgaben des Verordnungsblatts der Stadt Berlin wiesen von Anfang an
    Datumsangaben auf, die aber nicht mit dem Erscheinungsdatum identisch waren. Vgl.:
    Dok. 4, Anm. 21.
52 Die Berliner Zeitung war seit 21.5.1945 als Organ des Kommandos der Roten Armee
    erschienen, aber von diesem bereits vier Wochen später an den Magistrat übergeben
    worden, der sie seitdem als „das offizielle Publikationsorgan der Stadt Berlin" herausgab;
    vgl. hierzu das 7. Mag.prot. v. 18.6.1945, TOP 2. Vgl. zur Berliner Zeitung ferner das
    24. Mag.prot. v. 1.10.1945, TOP 10 (Gründung der Berliner Verlag GmbH); Mendelssohn,
    S. 510 – 513; Strunk, S. 150 – 153.
53 Der hier gefaßte Mag.beschluß, ausgefertigt am 30.1.1946, ist als Abschrift vorhanden in:
    LAB(STA), Rep. 101, Nr. 202. Mit einem Rundschreiben v. 1.2.1946 machte die Rechts-
    abteilung des Magistrats verwaltungsintern bekannt, daß durch diesen Mag.beschluß das
    Verordnungsblatt mit Wirkung v. 1.2.1946 zum amtlichen Verkündungsblatt der Stadt
    Berlin bestimmt worden sei; siehe: LAB(STA), Rep. 108, Nr. 25, Bl. 10. Das Komitee
    für kulturelle Angelegenheiten der AK genehmigte den Beschluß mit einem Befehl v.
    11.2.1946; siehe: LAB(STA), Rep. 100, Nr. 764, Bl. 36.
    Die Berliner Zeitung figurierte in ihrem Impressum nur vom 15.2. bis 13.3.1946 als „Amt-
    liches Publikationsorgan des Magistrats der Stadt Berlin". In ihrer Ausgabe v. 5.4.1946,
    [S. 4], erschien dann der Hinweis: „Die ‚Berliner Zeitung' wird von der ‚Berliner
    Verlag GmbH' mit Genehmigung der sowjetischen Besatzungsbehörde herausgegeben.
    Die ‚Berliner Zeitung' ist keinerlei Partei- oder Amtsorgan." Die Rechtsabteilung des
    Magistrats teilte in ihrem Rundschreiben Nr. 15 v. 17.4.1946 mit: „Wie bekannt, ist die
    Berliner Zeitung nicht mehr Amtsorgan. Das Verordnungsblatt ist somit das alleinige
    amtliche Verkündungsblatt des Magistrats, in dem alle Verordnungen usw. veröffentlicht
    werden müssen, um Rechtskraft zu erlangen." Das Rundschreiben Nr. 15 ist vorhanden

7. POST- UND FERNMELDEWESEN

BESCHLUSS: Die Vorlage Nr. 37/46[54], wonach *an Sonntagen keine Briefzustellung in Berlin stattfindet*, wird ohne Aussprache angenommen.

8. VERKEHR

Die auf der Tagesordnung stehende Vorlage Nr. 21/46 ist zurückgezogen.[55]

9. ALLGEMEINES

Fleischmann macht Mitteilungen über die *Ausführung des Kontrollratsbefehls Nr. 3* über den *Registrierungszwang*.[56] Das Gesetz bedeutet an sich nur eine Legalisierung des Zustandes, wie er in Berlin schon bestand[57] mit der Maßgabe, daß einige

---

in: LAB(STA), Rep. 101, Nr. 621, Bl. 61; LAB, Rep. 280, Nr. 7783. – Die Statusänderung der Berliner Zeitung war auf eine entsprechende Forderung von seiten der amerikanischen Militärregierung zurückzuführen, die diese Anfang März 1946 im Komitee für kulturelle Angelegenheiten der AK vorgebracht hatte: „Early in March the U.S. representative on the Cultural Affairs Committee recommended that the BERLINER ZEITUNG, because of its biased attitude, should be divorced from the Magistrat or placed under quadripartite censorship. The Russian representative objected to this recommendation, but at a subsequent meeting on 8 March it was agreed that the BERLINER ZEITUNG would be considered a Russian-licensed paper and not the official organ of the Magistrat. It was also agreed that the paper would publish a statement announcing this change." Zit. aus dem Monatsbericht der amerikanischen Militärregierung in Berlin für März 1946 (Information Services Control Report, Teil I), in: LAB, Rep. 37: OMGUS, CO, Hist Br, 5/37-3/1. Vgl. hierzu ferner: Harold Hurwitz: Die Stunde Null der deutschen Presse. Die amerikanische Pressepolitik in Deutschland 1945–1949, München 1972, S. 308; Strunk, S. 153.

54 LAB(STA), Rep. 100, Nr. 767, Bl. 69. In der Begründung dieser von Kehler eingebrachten Mag.vorlage heißt es: „In Berlin wurde nach dem Zusammenbruch die Sonntagsbriefzustellung eingeführt. In der gesamten sowjetischen Besatzungszone und auch in anderen Zonen Deutschlands findet eine Briefzustellung an Sonntagen nicht statt. Diese Regelung galt auch in Berlin bereits in den letzten Jahren vor dem Zusammenbruch." Die von Gewerkschaftsseite der Mag.abt. für Post- und Fernmeldewesen vorgetragene Forderung, „daß der Sonntag für das Zustellpersonal dienstfrei wird", erscheine berechtigt.

55 Vgl. hierzu das 42. Mag.prot. v. 19.1.1946, TOP 9, u. das 45. Mag.prot. v. 2.2.1946, TOP 9.

56 Der Befehl Nr. 3 des Kontrollrats v. 17.1.1946, betr. Registrierung der in arbeitsfähigem Alter stehenden Bevölkerung, Registrierung der Arbeitslosen und deren Unterbringung in Arbeit, ist abgedruckt in: Amtsblatt des Kontrollrats in Deutschland, Nr. 6 (30.4.1946), S. 131–133; VOBl., Jg. 2 (1946), S. 21 f. Mit BK/O (46) 43 v. 18.1.1946 befahl die AK, diesen Befehl am 22.1.1946 nach 18 Uhr per Anschlag in allen Verwaltungsbezirken Berlins bekanntzugeben und ferner „durch alle anderen Veröffentlichungsmittel" zu publizieren. Die BK/O (46) 43 ist vorhanden in: LAB(STA), Rep. 101, Nr. 57; LAB, Rep. 280, Nr. 12469.

57 Vgl. zur Melde- bzw. Registrierungspflicht und zur Arbeitseinsatzregelung in Berlin das 3. Mag.prot. v. 28.5.1945, TOP 5, u. das 8. Mag.prot. v. 25.6.1945, TOP 4, und das 27. Mag.prot. v. 22.10.1945, TOP 6 (Jendretzky); Arbeitslose Arbeiter. Lebensmittelkarten und Beschäftigtenziffer, in: Der Tagesspiegel, 17.1.1946, S. 4; Ernst Barbknecht: Schlechte Zeiten für Drückeberger, in: Tägliche Rundschau, 7.2.1946, S. 6; Sorgen der Arbeitsämter, in: Berliner Zeitung, 2.3.1946, [S. 2]; Schwer arbeitende Frauen sollen abgelöst werden, in: Der Kurier, 2.3.1946, S. 7; Wieviel Berliner arbeiten?, in: Nacht-

Bestimmungen schärfer herausgearbeitet sind und daß nunmehr dieser Zustand für ganz Deutschland eingeführt wird. Um für die Bevölkerung in bezug auf ihre Meldepflicht klare Richtlinien zu geben, müssen Ausführungsbestimmungen zu dem Befehl erlassen werden.[58] Darin sind noch einmal genau die Personenkreise festgelegt, die unter die Bestimmungen fallen. Der bisherige Personenkreis ist insofern erweitert, als auch alle männlichen Personen über 65 Jahre und alle weiblichen Personen über 50 Jahre, soweit sie in einem Beschäftigungsverhältnis stehen, nunmehr auf den Arbeitsämtern registriert werden müssen. Ferner erweitert sich der Personenkreis um alle freischaffenden Berufe und alle Gewerbetreibenden. Diese bekommen einen Registrierausweis, daß sie ihrer Meldepflicht genügt haben. Dieser Registrierausweis ist der Kartenstelle für die Lebensmittelkartenausgabe vorzulegen. Alle Personen, die arbeitsunfähig sind, Invaliden, Rentner usw., auch Anstaltsinsassen, sind jetzt den Arbeitsämtern zu melden. Die Arbeitsämter stellen auf Grund der Unterlagen dann eine Arbeitsbefreiungsbescheinigung aus. Neu ist schließlich noch, daß auch Schüler und Studenten mit erfaßt werden. Schärfer gefaßt sind insbesondere noch die Bestimmungen in bezug auf die Inanspruchnahme des Arbeitsamts durch die Arbeitgeber. Es gibt jetzt keine Möglichkeiten irgendwelcher Einstellungen ohne Zustimmung des Arbeitsamts mehr. Das Arbeitsamt ist auch berechtigt, jede Lösung eines Arbeitsverhältnisses zu inhibieren. Zur Vereinfachung soll versucht werden, dort, wo Übereinkunft über die Lösung des Arbeitsverhältnisses besteht, die Tatsache der Entlassungsmeldung als Zustimmung des Arbeitsamtes anzusehen. Inserate in der Presse, betreffend Arbeitseinstellungen, müssen den Zusatz enthalten: Einstellung erfolgt über das örtlich zuständige Bezirksarbeitsamt. Die Strafbestimmungen sind ziemlich scharf: Arbeitgeber können bis zu einem Jahr Gefängnis und bis zu 10000 RM Geldstrafe, Arbeitnehmer bis zu drei Monaten Gefängnis und 1000 RM Geldstrafe erhalten.[59]

Maron schlägt zur Tagesordnung der übernächsten Sitzung vor, die Berichterstattung über die Arbeit der Abt[eilung] für Arbeit entgegenzunehmen.[60]

Express, 5.3.1946, [S. 3]; Ernst Barbknecht: Die Arbeitsämter räumen auf, in: Tägliche Rundschau, 15.3.1946, S. 6; Die Arbeitslage in Berlin, in: Der Tagesspiegel, 5.7.1946, [S. 4]; Optimaler Arbeitseinsatz, in: Der Morgen, 6.7.1946, S. 4; ferner: LAB(STA), Rep. 107, Nr. 605 – 607 u. 613.

58 Die im folgenden referierten Ausführungsbestimmungen zum Befehl Nr. 3 des Kontrollrats wurden veröffentlicht in: Berliner Zeitung, 29.1.1946, [S. 4]; VOBl., Jg. 2 (1946), S. 27 f.

59 Mit BK/O (46) 209 v. 10.5.1946 erließ die AK Rangfolgeregelungen für die Anstellung von Arbeitskräften; siehe: LAB, Rep. 280, Nr. 4848. „Da in der Öffentlichkeit noch immer Unklarheit über die im Kontrollratsbefehl Nr. 3 vom 17. Januar 1946 hinsichtlich des Arbeitsplatzwechsels getroffenen Bestimmungen" bestehe, veröffentlichte außerdem der Magistrat eine entsprechende klarstellende Bekanntmachung v. 3.6.1946; siehe: VOBl., Jg. 2 (1946), S. 191.

60 Eine solche allgemeine Berichterstattung hat in den folgenden Mag.sitzungen nicht stattgefunden. Vgl. zur nächsten Beratung über Arbeitsfragen das 46. Mag.prot. v. 16.2.1946, TOP 11.

Dok. 65
44. (außerordentliche) Magistratssitzung vom 31. Januar 1946

LAB(STA), Rep. 100, Nr. 767, Bl. 72 f. – Umdruck.[1]

Beginn: 15.20 Uhr   Schluß: 16 Uhr

Anwesend: Dr. Werner, Maron, Orlopp, Schwenk, Schulze, Pieck, Winzer, Geschke, Scharoun, Jendretzky, Jirak, Buchholz, Dr. Focke, Dr. Haas, Kehler, Kraft, Rumpf, Dr. Landwehr, Wildangel.

Tagesordnung: 1. Religionsunterricht in den Schulen
                 2. Allgemeines.

Den Vorsitz führt: Oberbürgermeister Dr. Werner[2], später Bürgermeister Maron.

---

1 Weitere Umdruckexemplare dieses Protokolls sind vorhanden in: LAB(STA), Rep. 100, Nr. 752, lfd. S. 43 – 46; LAB, Rep. 228, Mag.protokolle 1946, u. Rep. 280, Nr. 8501/5.

2 Ein eigenhändiges handschriftliches Manuskript von OB Werner mit der Datumsangabe „31.1.46" und der Überschrift „Zur a[ußer]o[rdentlichen] Magistratssitzung am 31.1.46" hat folgenden Wortlaut:
„Zur Geschäftsordnung möchte ich folgendes bemerken: In unserer letzten Sitzung, als ich die Vertagung der Verhandlung über das Thema ‚Religionsunterricht' verlangte und diesen Antrag gegen hartnäckigen Widerspruch verteidigte, habe ich beiläufig bemerkt, daß ich diesen meinen Standpunkt auch trotz demonstrativem Kopfschütteln des Stadtrats Dr. Landwehr nicht preiszugeben gedächte. Daraufhin hat Herr Dr. Landwehr es für richtig gehalten, gegen mich einen grundsätzlichen Angriff vorzutragen, indem er mir mit Nachdruck den Vorwurf machte, daß ich mich ausgesprochen undemokratisch – und zwar auf das undemokratischste [–] benommen hätte. Ich möchte dazu folgendes feststellen. Meinungsverschiedenheiten über die taktisch richtige Behandlung von Tagesfragen sollten im Interesse der Eintracht und Harmonie unserer gemeinsamen Arbeit niemals den Anlaß dazu bieten, daß der eine den anderen von uns in seiner demokratischen Gesinnung oder seinem demokratischen Verhalten angreift oder anzweifelt. Denn die absolute demokratische Zuverlässigkeit eines jeden von uns dürfte über allen Zweifel erhaben sein. Deshalb sollte auch aus gelegentlicher Meinungsverschiedenheit, und sei es auch nur über das äußere Verhalten in unseren Sitzungen, niemals von einem Teilnehmer gegen den anderen der Vorwurf eines Verstoßes gegen die Grundregeln demokratischer Verhandlungsführung erhoben werden. Ich habe das Kopfschütteln nicht als eine undemokratische Form der Meinungsäußerung bezeichnet, sondern nur betont, daß ich auch dieser Geste der Mißbilligung gegenüber an meinem Standpunkt festhalte. Meine ablehnende Äußerung war nach den Grundsätzen der Demokratie um nichts weniger zulässig und erlaubt wie das von mir damit abgelehnte Verhalten. Demokratie heißt auch: Widerspruch hinnehmen und parieren dürfen! Ich weise daher den Vorwurf des Herrn Stadtrat Dr. Landwehr, mich undemokratisch verhalten zu haben, nachdrücklichst zurück."
Dieses Manuskript ist vorhanden in: LAB, NL Werner, Rep. 200, Acc. 4379, Nr. 45/112; als Abschrift in: LAB, NL Werner, Rep. 200, Acc. 4379, Nr. 20/3, S. 355 – 357. Im Originalmanuskript und in der Abschrift hat Werner jeden Satz als eigenen Absatz geschrieben. Es ließ sich nicht klären, ob er seine hier zit. Stellungnahme in der Mag.sitzung v. 31.1.1946 abgegeben hat, ohne daß sie in das Mag.prot. aufgenommen

1. RELIGIONSUNTERRICHT IN DEN SCHULEN

Winzer berichtet über das Ergebnis der Kommissionsberatung über den Entwurf, betreffend den *Religionsunterricht in den Schulen*.[3] An der Kommissionsberatung haben teilgenommen: Dr. Werner, Buchholz, Grüber, Winzer, Schulze, Wildangel[4].

Das Bestreben der Kommission ging dahin, Unklarheiten zu vermeiden, Zuständigkeiten und Vollmachten genau abzugrenzen und für auftretende Schwierigkeiten eine Appellationsmöglichkeit für beide Seiten zu schaffen. Der in der Kommission vereinbarte Text liegt in der Drucksache 54/46[5] vor.

---

worden ist, oder ob er sie in dieser Sitzung gar nicht vorgetragen hat. Vgl. zu dem in der Stellungnahme angesprochenen Vorgang das 43. Mag.prot. v. 26.1.1946, TOP 3.

3 Vgl. das 43. Mag.prot. v. 26.1.1946, TOP 3.

4 Vgl. zu Wildangel: Dok. 64, Anm. 28; Die Schule schlägt die Brücke, in: Nacht-Express, 22.1.1946, [S. 5].

5 LAB(STA), Rep. 100, Nr. 767, Bl. 64; auch in: LAB(STA), Rep. 120, Nr. 655, Bl. 120, u. Nr. 3235, Bl. 25. Der in dieser Mag.vorlage als DurchführungsVO zur BK/O (46) 63 v. 24.1.1946 enthaltene Textentwurf hat folgenden Wortlaut:
   „Zur Durchführung des Befehls der Alliierten Kommandantur über die Erteilung von Religionsunterricht in den Berliner Schulen vom 24.1.1946 gibt der Magistrat der Stadt Berlin an die Schulämter folgende Anweisungen:
   1. Religionsunterricht ist in allen Schulen der Stadt Berlin an die Kinder zu erteilen, deren Eltern oder Erziehungsberechtigte sie für den Religionsunterricht angemeldet haben. Die Anmeldung hat durch Abgabe einer schriftlichen Erklärung bei den zuständigen Kirchengemeinden zu erfolgen.
   2. Der Religionsunterricht wird von den Geistlichen oder Lehrern erteilt, die von den Kirchengemeinschaften damit beauftragt werden. Die Geistlichen und Religionslehrer erhalten ihre Vergütung für die Erteilung des Religionsunterrichts von den entsprechenden Kirchengemeinschaften.
   3. Der Religionsunterricht wird zusätzlich außerhalb des ordentlichen Lehrplans erteilt. Grundsätzlich ist den Kirchengemeinden die Möglichkeit zu geben, zwei Stunden in der Woche Religionsunterricht zu erteilen. Wo aus Raummangel der ordentliche Lehrplan verkürzt wird, ist auch der Religionsunterricht entsprechend zu verkürzen. Die Schulämter haben mit den Kirchengemeinschaften solche Vereinbarungen zu treffen, daß der Religionsunterricht unmittelbar vor oder im Anschluß an den ordentlichen Unterricht erteilt werden kann. Wo sich Schwierigkeiten ergeben, entscheidet das Hauptschulamt unter Hinzuziehung des zuständigen Kirchenbeirats beim Magistrat der Stadt Berlin.
   4. Die Schulämter stellen in den Schulen entsprechend der Zahl der zum Religionsunterricht angemeldeten Kinder die erforderlichen Räume einschließlich Heizung und Beleuchtung unentgeltlich zur Verfügung.
   5. Zur ordnungsgemäßen Durchführung dieser Neuregelung hat für alle Kinder, die ab 1. April 1946 in Groß-Berlin am Religionsunterricht teilnehmen sollen, in der Zeit vom 1. bis 15. März die Anmeldung durch eine schriftliche Willenserklärung der Eltern oder Erziehungsberechtigten bei der zuständigen Kirchengemeinde zu erfolgen. Die Anmeldung gilt nur für die Dauer des Besuchs ein und derselben Schule, sofern nicht eine Abmeldung erfolgt. Die Abmeldung kann jeweils zum 1. März oder 1. September erfolgen. Mit dem vollendeten 14. Lebensjahr wird das Kind religionsmündig und entscheidet selbst über die Teilnahme am Religionsunterricht.
   6. Zur Erteilung des Religionsunterrichts dürfen von den Kirchengemeinschaften keine Lehrkräfte herangezogen werden, die vom Hauptschulamt wegen ihrer Zugehörigkeit zu nazistischen Organisationen oder wegen politischer Unzuverlässigkeit nach dem 5. Mai 1945 aus dem Schuldienst entfernt wurden.“

Inzwischen hat Herr Buchholz noch eine Ergänzung zu Punkt 2 dahingehend vorgeschlagen, daß es heißen soll: „Der Religionsunterricht wird von den Geistlichen oder Lehrern oder sonstigen geeigneten Personen erteilt, die von den Kirchengemeinschaften damit beauftragt werden ..." Mit dieser Ergänzung könne man sich ohne weiteres einverstanden erklären.

Es wurde weiter die Frage aufgeworfen, ob es in Punkt 3 nicht einfach heißen könnte: „Der Religionsunterricht wird zusätzlich erteilt ...", d[as] h[eißt] ohne den Zusatz: „außerhalb des ordentlichen Lehrplans". Dabei besteht aber die Gefahr einer verschiedenartigen Auslegung. Es könnte sich jemand auf den Standpunkt stellen, diese Fassung bedeute: „zusätzlich zum ordentlichen Lehrplan", während andere sagen könnten: zusätzlich ist eben außerhalb des ordentlichen Lehrplans. Darum soll man es lieber deutlich aussprechen.

Weiter wurde eine wesentliche Abänderung in Punkt 5 beantragt, nämlich den ersten Satz so zu fassen: „Zur ordnungsmäßigen Durchführung dieser Neuregelung sind alle Kinder, die ab 1.4.46 in Berlin am Religionsunterricht teilnehmen sollen, bis zum 15.3.46 durch die zuständige Kirchengemeinde anzumelden. Der Anmeldung hat eine schriftliche Erklärung der Eltern oder Erziehungsberechtigten bei der Kirchengemeinde zugrunde zu liegen."

Der letzte Satz in Ziffer 5 sollte nach diesem Antrag ersetzt werden durch die Fassung: „Im übrigen gelten die Bestimmungen des Gesetzes über die religiöse Kindererziehung vom 15.7.21 entsprechend."[6]

Nach Ansicht des Redners ist dies schon in dem Entwurf damit gesagt, daß es heißt: „Mit dem vollendeten 14. Lebensjahr wird das Kind religionsmündig und entscheidet selbst über die Teilnahme am Religionsunterricht." In dem Gesetz von 1921 steht außerdem der Hinweis auf das BGB[7] und eine Reihe anderer Dinge, die heute nicht mehr aktuell sind. Darum wäre es besser, diese Formulierung nicht zu wählen.

Zu erwägen wäre noch der Satz: „Der Anmeldung sind die schriftlichen Willenserklärungen der Eltern und Erziehungsberechtigten bei der Kirchengemeinde beizufügen. Diese Willenserklärungen müssen in der Zeit vom 1. bis 15. März erneut abgegeben werden." Damit soll erreicht werden, daß nicht frühere Listen einfach als Willenserklärung ausgegeben werden.

Buchholz ist mit diesem letzten Satz durchaus einverstanden. Er ist dankbar für die Aufnahme der Ergänzung zu Punkt 2. Die Streichung der Worte in Punkt 3: „außerhalb des ordentlichen Lehrplans" sei aus dem Grunde beantragt worden, um nach außen hin nicht so sehr in Erscheinung treten zu lassen, daß Religion kein ordentliches Lehrfach ist. Man sollte auch etwas auf die Mentalität im Westen des Reiches Rücksicht nehmen.

Mit der Fassung des Punktes 5 in der von Winzer vorgeschlagenen Form erklärt sich der Redner einverstanden, nur bittet er, noch einzufügen: „Ein Widerruf

---

6 Gesetz über die religiöse Kindererziehung v. 15.7.1921, in: RGBl., Jg. 1921, S. 939–941.
  § 5 dieses Gesetzes: „Nach der Vollendung des vierzehnten Lebensjahrs steht dem Kinde die Entscheidung darüber zu, zu welchem religiösen Bekenntnis es sich halten will. Hat das Kind das zwölfte Lebensjahr vollendet, so kann es nicht gegen seinen Willen in einem anderen Bekenntnis als bisher erzogen werden."
7 Bürgerliches Gesetzbuch, am 1.1.1900 als Kodifikation des deutschen Privatrechts in Kraft getreten.

durch den Erziehungsberechtigten ist nach der Vollendung des 12. Lebensjahres des Schülers oder der Schülerin nur mit Zustimmung derselben möglich. Nach der Vollendung des 14. Lebensjahres genügt die Willenserklärung des Schülers oder der Schülerin allein."

Schulze bezeichnet es als die Kernfrage des Problems, ob der Religionsunterricht Teil des ordentlichen Lehrplans der Schule sein soll oder nicht. Würde man den betreffenden Satz weglassen, würden bestimmt untere Instanzen den Magistratsbeschluß anders auslegen, als er gewollt ist. Es liege sowohl im Interesse der Kirche als auch der Schule, die Formulierung so zu lassen, wie sie in dem Entwurf unter Punkt 3 steht. Die Fassung „zusätzlich außerhalb des ordentlichen Lehrplans" ist bewußt so gewählt worden, damit keine mißverständliche Deutung erfolgen kann.

Winzer bemerkt zu dem Vorschlag von Buchholz, betreffend den Widerruf: Man kann damit einverstanden sein, wenn gleichzeitig auch für die Anmeldung eine entsprechende Bestimmung aufgenommen wird. Denn man kann nicht sagen: Ein Widerruf ist nur mit Zustimmung des Kindes möglich, wenn man das nicht auch für die Anmeldung zugestehen will. Wenn das Kind mit 13 Jahren reif genug ist zu entscheiden, ob es vom Religionsunterricht abberufen werden soll, dann ist es auch reif genug zu entscheiden, ob es angemeldet wird.

Maron hält die Aufnahme eines Satzes über die Entscheidung der zwölfjährigen Kinder überhaupt nicht für zweckmäßig, denn ein Kind von 12 Jahren ist im allgemeinen nicht so unabhängig von seinen Eltern, daß es in solchen Fragen allein entscheiden könnte, es wird dabei immer die Meinung der Eltern allein ausschlaggebend sein. Er hält auch den Satz über die 14jährigen Kinder aus dem gleichen Grunde für unnötig.

Dr. Haas ist gleichfalls der Meinung, über eine Entscheidung des Kindes überhaupt nichts zu sagen. Und wenn Punkt 5 in der mitgeteilten Formulierung geändert würde, müßte man auch Punkt 1 dieser Formulierung anpassen.

Wildangel hält eine Bestimmung über die 12jährigen auch nicht für angebracht, wohl aber sollte man den Satz über die Religionsmündigkeit der 14jährigen aufnehmen.

Dr. Haas weist darauf hin, daß mit einer Bestimmung sowohl über die 12jährigen wie auch über die 14jährigen Kinder in dieser Hinsicht das Gesetz von 1921 in gewisser Weise berührt würde. Man könnte aber nicht für Berlin gesondert ein solches Reichsgesetz ohne Zustimmung der Alliierten Kommandantur bzw. des Kontrollrats ändern. Darum sollte man in diesem Punkte lieber nichts sagen.

Buchholz zieht mit Rücksicht auf diese juristischen Erwägungen seinen Vorschlag zurück.

Winzer schlägt vor, die endgültige Redaktion der Verordnung in der nächsten ordentlichen Magistratssitzung vorzunehmen. Die Frist für die Einreichung der Vorschläge an die Alliierte Kommandantur sei bis zum 7. Februar verlängert worden.[8]

Maron empfiehlt, schon jetzt eine Beschlußfassung, allerdings vorbehaltlich redaktioneller Durchsicht, vorzunehmen, damit in der anschließend stattfindenden Bezirksbürgermeister-Konferenz die Vorlage zur Diskussion gestellt werden kann.

---

8 Ursprünglich hatte die AK dem Magistrat befohlen, ihr bis zum 31.1.1946 einen Plan zur Regelung des Religionsunterrichts zu unterbreiten. Vgl. das 43. Mag.prot. v. 26.1.1946, TOP 3.

BESCHLUSS: Über die Vorlage Nr. 54/46 wird abschnittsweise abgestimmt.
Die Einleitung wird unverändert angenommen:
Ziffer 1 wird in folgender redaktionell veränderten Fassung einstimmig angenommen:

1. Religionsunterricht ist in allen Schulen der Stadt Berlin an die Kinder zu erteilen, deren Eltern oder Erziehungsberechtigte den Religionsunterricht verlangen. Das Verlangen hat durch Abgabe einer schriftlichen Erklärung bei den zuständigen Kirchengemeinden zu erfolgen.

Ziffer 2 wird einstimmig angenommen mit der Einfügung: „oder anderen geeigneten Personen".

Ziffer 3. Der Antrag, die Worte: „außerhalb des ordentlichen Lehrplans" zu streichen, wird gegen drei Stimmen abgelehnt. – Ziffer 3 wird unverändert einstimmig angenommen.

Ziffer 4 wird unverändert einstimmig angenommen.

Ziffer 5 wird in folgender veränderter Fassung einstimmig angenommen.

5. Zur ordnungsgemäßen Durchführung dieser Neuregelung sind alle Kinder, die am 1. April 1946 in Groß-Berlin am Religionsunterricht teilnehmen sollen, bis 25. März durch die zuständige Kirchengemeinde bei der betreffenden Schule zum Religionsunterricht anzumelden. Der Anmeldung sind die schriftlichen Willenserklärungen beizufügen, die von den Eltern oder Erziehungsberechtigten bei der Kirchengemeinde eingereicht wurden. Diese Willenserklärungen sind erstmalig für alle Kinder in der Zeit vom 1. bis 15. März 1946 abzugeben. Künftig sind diese Willenserklärungen in den von der Schulverwaltung für die Anmeldung zum Religionsunterricht festgesetzten Fristen abzugeben. Die Anmeldung gilt für die Dauer des Besuches ein und derselben Schule, sofern nicht eine Abmeldung erfolgt. Die Abmeldung kann jeweils zum 1. März oder 1. September erfolgen.

Ziffer 6 wird unverändert einstimmig angenommen.[9]

---

9 In der sich an diese Mag.sitzung anschließenden Sitzung der Bezirksbürgermeister wurde der hier gefaßte Mag.beschluß zur Regelung des Religionsunterrichts nach Diskussion gebilligt; vgl. das Prot. der Konferenz der Bezirksbürgermeister am 31.1.1946, TOP 6, in: LAB, Rep. 280, Nr. 3847. Der Mag.beschluß ist mit dem Ausfertigungsdatum v. 1.2.1946 vorhanden in: LAB(STA), Rep. 101, Nr. 62, u. Rep. 120, Nr. 3235, Bl. 15. Er wurde der AK mit Schreiben v. 2.2.1946 zur Genehmigung übersandt. Diese stimmte ihm in ihrer 32. Sitzung am 2.4.1946 grundsätzlich zu; siehe: Der Alliierte Kontrollrat, S. 177. Mit der entsprechenden BK/O (46) 159 v. 4.4.1946 wurde der Text des Mag.beschlusses allerdings zum Teil abgeändert. Das galt insbesondere für Punkt 3, der die folgende Fassung erhielt: „Grundsätzlich ist den Kirchengemeinden die Möglichkeit zu geben, zwei Stunden in der Woche Religionsunterricht zu erteilen. Diese Stunden sind normale Schulunterrichtsstunden, jedoch nur für die Kinder, deren Eltern den Wunsch äußern, daß ihren Kindern religiöser Unterricht erteilt werden soll. Auf die Kinder, deren Eltern solche Teilnahme an dem Religionsunterricht nicht wünschen, darf kein Zwang zur Teilnahme ausgeübt werden. Während der Religionsstunden haben die Schüler frei,

2. ALLGEMEINES

Pieck begründet kurz die Vorlage, betreffend Einführung der *48stündigen Arbeits-woche*.[10] Gemäß der jetzt erlassenen Anordnung[11] des Koordinierungskomitees des

---

die nicht daran teilnehmen; die Schule kann sie aber durch zusätzlichen Unterricht auf anderen Gebieten beschäftigen. Falls der Unterrichtsplan aus Raummangel verkürzt wird, hat eine entsprechende Verkürzung des Religionsunterrichts zu erfolgen. Die Schulämter haben mit den Kirchengemeinschaften solche Vereinbarungen zu treffen, daß der Religionsunterricht unmittelbar vor oder im Anschluß an den ordentlichen Unterricht erteilt werden kann. Wo sich Schwierigkeiten ergeben, entscheidet das Hauptschulamt unter Hinzuziehung des zuständigen Kirchenbeirates beim Magistrat der Stadt Berlin." Die BK/O (46) 159 ist vorhanden in: LAB(STA), Rep. 101, Nr. 62, u. Rep. 120, Nr. 3235, Bl. 12 f., u. LAB, Rep. 280, Nr. 4812; abgedruckt in: Berlin. Quellen und Dokumente, 1. Halbbd., S. 531 f. Vgl. zur Vorgeschichte der BK/O (46) 159 die Protokolle des Education Committee der AK v. 11.2.1946, TOP 6, u. 18.2.1946, TOP 6, u. 27.2.1946, TOP 3, u. 25.3.1946, TOP 3, in: LAB, Rep. 37: OMGBS, ECR, 4/16-1/7 u. 4/16-1/8. Mit Datum v. 4.5.1946 nahm die AK eine Berichtigung im Punkt 3 dieser BK/O vor: Der Satz „Auf die Kinder, deren Eltern solche Teilnahme an dem Religionsunterricht nicht wünschen, darf kein Zwang zur Teilnahme ausgeübt werden" wurde geändert zu „Die Kinder, deren Eltern solche Teilnahme an dem Religionsunterricht nicht wünschen, dürfen zur Teilnahme nicht beeinflußt werden". Die Berichtigung ist vorhanden in: LAB(STA), Rep. 101, Nr. 62, u. Rep. 120, Nr. 3235, Bl. 11, u. LAB, Rep. 280, Nr. 4812; abgedruckt in: Berlin. Quellen und Dokumente, 1. Halbbd., S. 532. Mit Datum v. 6.5.1946 wurde der Text der BK/O (46) 159 einschließlich der Berichtigung v. 4.5.1946 vom Magistrat unter der Überschrift „Durchführungsbestimmungen für die Erteilung des Religionsunterrichtes in Berlin" veröffentlicht in: VOBl., Jg. 2 (1946), S. 154 f.; Die Stadtverwaltung, Jg. 1 (1946), H. 5, S. 10. (Es war auf ein „technisches Versehen" zurückzuführen, daß der Mag.beschluß v. 31.1.1946 zur Regelung des Religionsunterrichts in seiner ursprünglichen, von der AK nicht genehmigten Fassung in der Ausgabe des VOBl. v. 29.4.1946 veröffentlicht worden war; vgl.: VOBl., Jg. 2 (1946), S. 143 u. 155.) Eine Rundverfügung des Hauptschulamts v. 22.5.1946 mit näheren Ausführungsbestimmungen zu den Bestimmungen der BK/O (46) 159 ist vorhanden in: LAB(STA), Rep. 120, Nr. 655, Bl. 195. Mit BK/O (46) 273 v. 20.6.1946 nahm die AK eine weitere Formulierungsänderung im Punkt 3 der BK/O (46) 159 vor: In dem Satz „Die Schulämter haben mit den Kirchengemeinschaften solche Vereinbarungen zu treffen, daß der Religionsunterricht unmittelbar vor oder im Anschluß an den ordentlichen Unterricht erteilt werden kann" wurden die Worte „ordentlichen Unterricht" ersetzt durch „obligatorischen Unterricht". Die BK/O (46) 273 ist vorhanden in: LAB(STA), Rep. 120, Nr. 655, Bl. 274, u. LAB, Rep. 280, Nr. 4873; veröffentlicht in: VOBl., Jg. 2 (1946), S. 214. Vgl. zur Vorgeschichte der BK/O (46) 273 die Protokolle des Education Committee der AK v. 27.5.1946, TOP 16, u. 11.6.1946, TOP 3, in: LAB, Rep. 37: OMGBS, ECR, 4/16-1/10 u. 4/16-1/11. – Vgl. zu den weiteren Auseinandersetzungen um den Religionsunterricht: Dok. 68 u. 93; Otto Winzer: Die Regelung des Religionsunterrichts in Groß-Berlin, in: Berliner Zeitung, 16.4.1946, [S. 1]; das 54. Mag.prot. v. 17.4.1946, TOP 4; speziell zur publizistischen Auseinandersetzung zwischen der Zeitung „Der Tagesspiegel" und Winzer im März/April 1946: LAB(STA), Rep. 120, Nr. 655, Bl. 190 f., u. Nr. 3235, Bl. 9, 30, 27, 7 u. 6.

10 Die entsprechende unnumerierte Mag.vorlage v. 29.1.1946 ist vorhanden in: LAB(STA), Rep. 100, Nr. 767, Bl. 63; auch in: SAPMO-BArch, ZPA, NL 130/81, Bl. 8. Nach dieser Vorlage sollte in Berlin ab 3.2.1946 für alle Berufstätigen die 48stündige Arbeitswoche eingeführt werden. Für die Angestellten der Stadt Berlin (Hauptverwaltung, Bezirks-verwaltungen, städtische Betriebe und Gesellschaften) war folgende Arbeitszeitregelung

Alliierten Kontrollrates ist auch *für die Angestellten der Stadt Berlin* eine entsprechende Verfügung zu treffen. Im übrigen werden die erforderlichen Bestimmungen von der Abt[eilung] für Arbeit erlassen.[12]

Jirak weist darauf hin, daß z[ur] Z[ei]t Verhandlungen mit alliierten Stellen schweben, um bestehende günstigere Regelungen nicht preisgeben zu brauchen.

Orlopp bittet, bei den Verhandlungen auch darauf hinzuwirken, daß der Beginn der Arbeitszeit verschieden festgesetzt wird, um den geradezu lebensgefährlichen Verkehr auf der U-Bahn und anderen Verkehrsmitteln etwas zu verteilen.

Jirak hält es für erforderlich, daß auch die Anfangszeiten der Industrie gestaffelt werden, um hinsichtlich der Stromversorgung nicht noch neben den Haushaltsspitzen Verkehrs- und Industriespitzen zu haben.

Maron meint, man könnte vielleicht bei einem Teil der städtischen Angestellten die Arbeitszeit von 9 bis 6 Uhr legen.

Pieck schlägt vor, es für die städtischen Angestellten einheitlich so zu belassen, wie es in der Vorlage steht. Da, wo es technisch durchführbar sei, könne man variieren. Es sei aber gut, wenn das Publikum allgemein wisse: Die Bezirksamtsstellen sind dann und dann geöffnet.

Jendretzky bittet Jirak, zum mindesten bei den großen Werken, die unter städtischer Verwaltung stehen, eine Staffelung der Arbeitsbeginnzeiten vorzunehmen.

BESCHLUSS: Die Vorlage wird einstimmig angenommen.[13]

---

vorgesehen: montags bis freitags von 8 bis 17 Uhr, sonnabends von 8 bis 14 Uhr (jeweils einschließlich 30 Minuten Mittagspause). – In seiner ersten Sitzung hatte der Magistrat beschlossen, für die Wirtschaft keine generelle Festlegung der Arbeitszeit vorzunehmen; vgl. das 1. Mag.prot. v. 20.5.1945, TOP 4. Vgl. zur bisherigen Regelung der Arbeitszeit in den städtischen Verwaltungen und Betrieben das 6. Mag.prot. v. 11.6.1945, TOP 6, u. das 10. Mag.prot. v. 9.7.1945, TOP 6, u. das 25. Mag.prot. v. 8.10.1945, TOP 8 (Pieck).

11 Gemeint ist die Direktive Nr. 26 des Alliierten Kontrollrats v. 26.1.1946, nach der die deutschen Behörden „sofort die Einführung des regelmäßigen Achtstundenarbeitstages oder der regelmäßigen 48-Stunden-Arbeitswoche für alle Arbeitnehmer in Angriff nehmen" sollten. Die Direktive wurde veröffentlicht in: Amtsblatt des Kontrollrats in Deutschland, Nr. 5 (31.3.1946), S. 115 f.; VOBl., Jg. 2 (1946), S. 95 f.; Berliner Zeitung, 16.3.1946, [S. 2].

12 Vgl. zur ersten und zweiten Bekanntmachung zur Direktive Nr. 26 des Alliierten Kontrollrats v. 16.3.1946 u. 4.7.1946 das 50. Mag.prot. v. 16.3.1946, TOP 5, u. das 55. Mag.prot. v. 29.4.1946, TOP 7; VOBl., Jg. 2 (1946), S. 119 f. u. 230.

13 Der hiermit gefaßte Mag.beschluß wurde mit dem Ausfertigungsdatum v. 31.1.1946 veröffentlicht in: Berliner Zeitung, 2.2.1946, [S. 4]; VOBl., Jg. 2 (1946), S. 38. Zwei Rundverfügungen der Mag.abt. für Personalfragen und Verwaltung v. 5.2.1946 u. 26.2.1946, betr. Einführung der 48-Stunden-Woche in den städtischen Verwaltungen und Betrieben, wurden veröffentlicht in: Die Stadtverwaltung, Jg. 1 (1946), H. 1, S. 13, u. H. 2, S. 10. Vgl. zur Einführung der 48-Stunden-Arbeitswoche auch: LAB(STA), Rep. 107, Nr. 711.

Dok. 66
Gemeinsame Erklärung der vier politischen Parteien
vom 1. Februar 1946, betr. die Zustände in Berlin

BArch, Abt. Potsdam, Z-3, Nr. 4, Bl. 60. – Maschinenschriftliche Durchschrift.[1]

Seit Monaten werden Gerüchte in den westlichen Gebieten Deutschlands verbreitet, in denen Behauptungen über die in Berlin herrschenden Zustände weitergegeben werden, die der Wahrheit zuwiderlaufen.

Da solche Gerüchte ausschließlich der heimtückischen Arbeit aller nazistischen und separatistischen Kräfte förderlich sind, sehen sich die unterzeichneten Vertreter der vier Parteien daher zur Abgabe folgender Erklärung veranlaßt:[2]

1. Im Stadtbild Berlins sind Ordnung, Sauberkeit und Sicherheit wieder zur Geltung gekommen. Die Verkehrseinrichtungen arbeiten zuverlässig, fast in früherem Umfang. Alle Versorgungsbetriebe werden in steigendem Maße den an sie gestellten Anforderungen gerecht.[3]

2. Die Arbeit der vier antifaschistisch-demokratischen Parteien geht unbeeinträchtigt vor sich, soweit nicht Belange der Militärregierung gefährdet werden. Jede dieser Parteien besitzt eine eigene Parteizeitung.[4] Das politische Leben, die

---

1   Die vier politischen Parteien in Berlin beschlossen ihre gemeinsame Erklärung v. 1.2.1946 in der 6. Sitzung des Einheitsausschusses Groß-Berlin, nach deren Protokoll die Erklärung hier wiedergegeben ist. Vgl. zum Einheitsausschuß Groß-Berlin: Dok. 62, Anm. 2.

2   In der 5. Sitzung des Einheitsausschusses Groß-Berlin am 18.1.1946 hatte Maron auf „die zahllosen Gerüchte über die Zustände in Berlin" hingewiesen und angeregt, daß die Berliner Parteien „ein diesbezügliches Dementi für die Presse formulieren" möchten. Daraufhin hatte der Einheitsausschuß für die Abfassung eines solchen Dementis eine Redaktionskommission eingesetzt, deren Entwurf ihm in seiner 6. Sitzung als Beratungsgrundlage diente. Vgl. das 5. u. 6. Prot. des Einheitsausschusses Groß-Berlin v. 18.1.1946 u. 1.2.1946, in: BArch, Abt. Potsdam, Z-3, Nr. 4, Bl. 56 f. u. 60. Die angenommene Textfassung der gemeinsamen Erklärung sollte in den am 3.2.1946 erscheinenden Berliner Zeitungen veröffentlicht und am 2.2.1946 im Rundfunk bekanntgegeben werden; vgl. a.a.O., Bl. 60. Die Erklärung wurde u. a. veröffentlicht in: Berliner Zeitung, 3.2.1946, [S.]; Das Volk, 3.2.1946, [S. 2]; Neue Zeit, 3.2.1946, S. 3; Tägliche Rundschau, 5.2.1946, S. 2. – Mitte Februar 1946 beschloß der Magistrat, einen „Berliner Informationsdienst für die auswärtige Presse" zu schaffen, vgl. das 46. Mag.prot. v. 16.2.1946, TOP 7. Vgl. zur Öffentlichkeitsarbeit des Magistrats auch Dok. 42.

3   Dieser Absatz wurde auf Anregung von Maron in die Erklärung aufgenommen, der „die zuverlässige Arbeit der Verkehrseinrichtungen und der Versorgungsbetriebe" betonte. Vgl. das 6. Prot. des Einheitsausschusses Groß-Berlin v. 1.2.1946, in: BArch, Abt. Potsdam, Z-3, Nr. 4, Bl. 60.

4   Das Zentralorgan der KPD, die „Deutsche Volkszeitung", erschien seit dem 13.6.1945. Es folgten „Das Volk" als Tageszeitung der SPD seit dem 7.7.1945, die „Neue Zeit" als Tageszeitung der CDU seit dem 22.7.1945 und „Der Morgen" als Tageszeitung der LDP seit dem 3.8.1945. Mit der Vereinigung von KPD und SPD zur Sozialistischen Einheitspartei Deutschlands (SED) am 21./22.4.1946 stellten die „Deutsche Volkszeitung" und

Werbung der Parteien, öffentliche und geschlossene Versammlungen können sich ungehindert entfalten. Neben der engen Zusammenarbeit im antifaschistischen Einheitsblock kann jede Partei ihre Selbständigkeit wahren und bleibt in der Vertretung ihrer besonderen Programmforderungen unbehindert. Am Aufbau der Selbstverwaltung sind die vier demokratischen Parteien wirksam beteiligt.

3. Die Ernährungslage hat sich laufend gebessert. Im Juni 1945 auftretende Ernährungsschwierigkeiten[5] sind im wesentlichen überwunden dank der tatkräftigen Unterstützung der alliierten Militärmächte und der Mitarbeit aller aufbauwilligen demokratischen Kräfte. So werden u[nter] a[nderem] die auf den Lebensmittelkarten vorgesehenen Mengen an die Bevölkerung regelmäßig abgegeben. Auch die gesundheitliche Lage hat sich merklich gebessert. Eine große Anzahl Bereitschaftsbetten steht in den Krankenhäusern für den Fall eines plötzlichen Seucheneinbruchs zur Verfügung.[6]

4. Reges kulturelles Leben wurde von starken geistigen Kräften zu beachtlicher Höhe entwickelt. Künstlerische Veranstaltungen jeder Art finden beifällige Aufnahme, gute Theater- und Filmvorführungen sorgen für Zerstreuung und bildende Unterhaltung. Die Volksbildungsarbeit hat einen starken Aufschwung genommen, insbesondere durch die Errichtung von Volkshochschulen[7]. Das gesamte Schulwesen erfüllt wieder die ihm gestellten Aufgaben. Die Universität ist eröffnet[8].

Allgemein ist festzustellen, daß die kurz nach dem Zusammenbruch zu beobachtende Niedergeschlagenheit und Teilnahmslosigkeit der Bevölkerung durch einen neuen gesunden Lebenswillen überwunden werden, dessen Entfaltung durch das Ausbleiben der gefürchteten Winterhärte begünstigt wurde.

Berlin und seine Bevölkerung haben die schwerste Belastungsprobe bestanden. Berlin lebt und leistet damit seinen Beitrag zum Wiederaufbau eines demokratischen Deutschland.

Sozialdemokratische Partei, Bezirk Berlin
Dr. Otto Ostrowski[9]
Erich Lübbe[10]

„Das Volk" ihr Erscheinen ein. Statt dessen erschien seit dem 23.4.1946 die Tageszeitung „Neues Deutschland" als Zentralorgan der neuen SED.

5 Vgl. hierzu das 7. Mag.prot. v. 18.6.1945, TOP 3.

6 Im Jahresbericht der Mag.abt. für Gesundheitsdienst v. Mai 1946 heißt es hierzu: „Die Stadt Berlin verfügt z[ur] Z[eit] über 46 000 belegungsfähige Krankenbetten. Hiervon sind 10 900 für die Unterbringung ansteckender Krankheiten und außerdem 8 200 Betten für die klinische Behandlung ansteckungsfähiger Geschlechtskranker bestimmt." Siehe: Das erste Jahr, S. 180. Vgl. zur „Seuchenbettenaktion" auch die entsprechenden Materialien in: Akademie der Künste (Berlin-Tiergarten), NL Scharoun, Mappe Mag 3/5.

7 Vgl. hierzu das 61. Mag.prot. v. 15.6.1946, TOP 6, u. das 71. Mag.prot. v. 24.8.1946, TOP 3, u. das 73. Mag.prot. v. 7.9.1946, TOP 5.

8 Vgl. hierzu: Dok. 49, Anm. 36; Dok. 50, Anm. 46; das 42. Mag.prot. v. 19.1.1946, TOP 11.

9 Ostrowski amtierte seit Mai 1946 als Bezirksbürgermeister von Wilmersdorf und von Dezember 1946 bis April 1947 als Oberbürgermeister von Berlin.

10 Lübbe gehörte seit April 1946 der SED an.

Kommunistische Partei, Bezirk Berlin
Waldemar Schmidt[11]
Bruno Baum[12]

Christlich-Demokratische Union, Bezirk Berlin
Peter Even[13]
Kurt Landsberg[14]

Liberal-Demokratische Partei, Bezirk Berlin
Dr. Martin Stritte[15]
Fritz Hausberg[16]

---

11 Schmidt war von Juli 1945 bis April 1946 Vorsitzender der Bezirksleitung Groß-Berlin der KPD.
12 Baum war im Sekretariat der Bezirksleitung Groß-Berlin der KPD für den Bereich „Agitation, Propaganda, Kultur, Erziehung" zuständig.
13 Even war seit November 1945 stellvertretender Vorsitzender des Landesverbands Berlin der CDU.
14 Landsberg war seit März 1946 1. Vorsitzender des Landesverbands Berlin der CDU.
15 Stritte war von September 1945 bis Februar 1946 1. Vorsitzender des Landesverbands Berlin der LDP.
16 Hausberg war seit September 1945 2. Vorsitzender und von Februar 1946 bis August 1946 1. Vorsitzender des Landesverbands Berlin der LDP.

Dok. 67
45. Magistratssitzung vom 2. Februar 1946

LAB(STA), Rep. 100, Nr. 768, Bl. 1 – 6. – Umdruck.[1]

Beginn: 10.10 Uhr   Schluß: 14 Uhr

Anwesend: Dr. Werner, Maron, Orlopp, Schwenk, Schulze, Dr. Landwehr, Pieck, Dr. Siebert, Klimpel, Scharoun, Geschke, Dr. Schellenberg, Winzer, Buchholz, Dr. Haas, Schmidt, Dusiska, Kraft, Knoll, Jirak, Dr. Focke, Kehler, Karweik, Dr. Redeker, Dr. Düring, Fleischmann.[2]

Tagesordnung: 1. Protokoll
                2. Personalfragen
                3. Wirtschaft. Aussprache über den Bericht
                4. Volksbildung
                5. Ernährung
                6. Bau- und Wohnungswesen
                7. Frauenausschuß
                8. Sozialwesen
                9. Verkehr
               10. Finanzen
               11. Allgemeines.

Den Vorsitz führt: Oberbürgermeister Dr. Werner, später Bürgermeister Maron.

1. PROTOKOLL
Die Niederschrift der Sitzung vom 26.1.46 wird ohne Beanstandung genehmigt.

2. PERSONALFRAGEN
Hierzu liegt die Magistratsvorlage Nr. 53[3] vor. Danach soll Herr Fritz *Sommer*[4] als stellvertretender Leiter der Abt[eilung] für Bau- und Wohnungswesen ausscheiden und die Leitung der Fahrbereitschaft „Bau" in der Abt[eilung] für Bau- und Wohnungswesen übernehmen. Zum stellvertretenden Leiter der Abt[eilung] für Bau- und Wohnungswesen wird Herr Heinrich *Starck*, bisher stellvertretender Bürgermeister im Bezirk Friedrichshain, vorgeschlagen.[5]

---

1 Weitere Umdruckexemplare dieses Protokolls sind vorhanden in: LAB(STA), Rep. 100, Nr. 752, lfd. S. 47 – 58; LAB, Rep. 228, Mag.protokolle 1946, u. Rep. 280, Nr. 8501/6.
2 In der Anwesenheitsliste ist Lange nicht aufgeführt, der im Text des Protokolls (TOP 6) als Redner genannt wird.
3 LAB(STA), Rep. 100, Nr. 768, Bl. 15d.
4 Friedrich (Fritz) Sommer gehörte vermutlich der KPD an. Siehe: „Gruppe Ulbricht", S. 313; Keiderling: Wir sind die Staatspartei, S. 60, Anm. 7.
5 Heinrich Starck war Mitglied der Bezirksleitung Groß-Berlin der KPD. Der Vorschlag, Starck anstelle von Sommer zum (ersten) stellvertretenden Leiter der Mag.abt. für Bau- und Wohnungswesen zu machen, ging zurück auf Emil Dusiska (KPD), der vor seiner Amtsübernahme als stellvertretender Leiter der Mag.abt. für Wirtschaft am 1.12.1945 von

Scharoun gibt zu bedenken, ob Bürgermeister Starck wegen seiner Aktivität[6] nicht besser für eine praktische Arbeit draußen geeignet sei als für den Innendienst.

Maron bezeichnet es gerade für die Abt[eilung] Bau- und Wohnungswesen für wünschenswert, wenn dort eine aktive, vorwärtstreibende Kraft mit Erfahrungen aus der Praxis eingesetzt wird.

Kraft bemerkt, eine Fahrgemeinschaft[7] „Bau", wie in der Vorlage stehe, gäbe es nicht. Im übrigen wundere er sich, daß man hier Veränderungen in einer Dienststelle seiner Abteilung vornehme ohne vorherige Rücksprache mit ihm. Es werde schwer mit Herrn Sommer zu arbeiten sein.

Schmidt schlägt vor, die Frage Sommer noch einmal mit Herrn Kraft zu besprechen.

BESCHLUSS: Die Vorlage wird mit dem Zusatz angenommen, daß über den Modus, in dem Herr Sommer die Fahrgemeinschaft[8] in der Abt[eilung] Bau- und Wohnungswesen weiterführen soll, gemeinsam von den Abteilungen für Personalfragen und für Verkehr eine Regelung getroffen wird.[9]

Juni bis November 1945 als Bezirksrat für Wirtschaft im Bezirksamt Friedrichshain tätig gewesen war (mündliche Auskunft von Prof. Dr. Dr. Emil Dusiska, 16.2.1993). Vgl. zum Hintergrund dieser personellen Veränderung: Hanauske, S. 106 f.; vgl. zu Starck auch das 46. Mag.prot. v. 16.2.1946, TOP 2, u. das 55. Mag.prot. v. 29.4.1946, TOP 9 (Bestellung zum „Beauftragten für die Verhütung von Sprengungsschäden"). – Anfang Dezember 1945 war mit Erich Karweik ein zweiter Stellvertreter des Leiters der Mag.abt. für Bau- und Wohnungswesen bestellt worden; vgl. das 33. Mag.prot. v. 3.12.1945, TOP 2.

6 Vgl. hierzu: Endspurt im Wettbewerb Friedrichshain – Dresden. Eineinhalb Millionen freiwillige Arbeitsstunden für den Aufbau, in: Berliner Zeitung, 15.12.1945, [S. 3]; Friedrichshain fordert Dresden!, in: Tägliche Rundschau, 16.12.1945, S. 5; Ernst Barbknecht: Friedrichshain hat sein Wort gehalten. Abschluß der ersten Phase des Wettbewerbs mit Dresden, in: Tägliche Rundschau, 8.1.1946, S. 4; Friedrichshain „kontra" Dresden, in: Neue Berliner Illustrierte, Jg. 1 (1945), H. 5, S. 14; Geist/Kürvers, S. 278 f.

7 Müßte heißen: Fahrbereitschaft.

8 Müßte heißen: Fahrbereitschaft.

9 In einem Schreiben an die Mag.abt. für Personalfragen und Verwaltung v. 5.2.1946 schrieb Kraft:
   „Der Magistrat hat in seiner Sitzung am Sonnabend, dem 2.2.1946, beschlossen, Herrn Fritz S o m m e r die Leitung der Fahrbereitschaft Bau in der Abteilung für Bau- und Wohnungswesen zu übertragen.
   Die Vorlage ist erst kurz vor Beginn der Sitzung verteilt und von uns erst gelesen worden, nachdem der Beschluß bereits gefaßt worden war.
   Die Vorlage ist aber auch sachlich zu beanstanden. Die Fahrbereitschaft Bau gehört zur Abteilung für Verkehr und nicht zur Abteilung für Bau- und Wohnungswesen. Es ist ferner nicht üblich, ohne Wissen des Abteilungsleiters personelle Veränderungen in einer Abteilung vorzunehmen. Außerdem ist die Fahrbereitschaft Bau bereits mit einem Fahrbereitschaftsleiter, Herrn Kelm, besetzt.
   Es ist aber allgemein bekannt, daß Herr Sommer überhaupt nicht fähig ist, im Büro zu sitzen und umfangreiche Verwaltungsarbeiten mit allen Einzelheiten durchzuführen. Das muß er aber als Fahrbereitschaftsleiter können. Er hat sich in den letzten Monaten lediglich mit der Bergung von Kraftfahrzeugen beschäftigt, wo er es mit den bestehenden Gesetzen und Vorschriften nicht so genau nahm [...].
   Wir erinnern auch an den Vorgang der Beschlagnahme eines Krankentransportwagens,

Klimpel macht Mitteilung von einem Vorkommnis, das seinen Stellvertreter *Heinricht*[10] betroffen hat. Herr Heinricht wurde am vorgestrigen Tage zu einer an sich normalen Besprechung in das *amerikanische Hauptquartier* bestellt und ist seither von dort *nicht zurückgekehrt*. Alle Versuche, eine Erklärung über diesen Vorgang zu erhalten, waren bisher ergebnislos. Es wäre vielleicht angezeigt, wenn der Oberbürgermeister sich in die Angelegenheit einschalten würde oder wenn der Magistrat seinerseits zum Ausdruck bringen würde, daß der normale Geschäftsverkehr durch solche Vorgänge gestört wird.

Pieck berichtet, daß die Abt[eilung] für Personalfragen und Verwaltung sich wegen dieser Angelegenheit mit dem amerikanischen Verbindungsoffizier, Oberstl[eu]t[nant] Hart, in Verbindung gesetzt und die Auskunft erhalten hat, es lägen schwerwiegende Gründe für eine Verhaftung des Herrn Heinricht vor.[11] Als

bei dem sich Herr Sommer als Beauftragter des Bergungsamtes ausgab und das Fahrzeug einem Fuhrunternehmer unberechtigt übereignete, während die Krankenhäuser, die dringend Krankentransportwagen bedürfen, leer ausgingen.

Herr Sommer scheint demnach nicht über die charakterlichen Eigenschaften zu verfügen, die wir von einem Fahrbereitschaftsleiter verlangen müssen.

Wir können ihn deshalb als Fahrbereitschaftsleiter nicht beschäftigen und haben auch sonst keine Verwendung für ihn in der Abteilung für Verkehr."

Das Schreiben ist vorhanden in: LAB(STA), Rep. 110, Nr. 34, Bl. 38. – Am 15.2.1946 wurde zwischen Kraft, Martin Schmidt und dem Leiter der Hauptfahrbereitschaft, Alfons Schöpflin, vereinbart, für die Zwecke der Hauptfahrbereitschaft eine städtische Reparaturwerkstatt einzurichten und mit der Organisierung dieser Werkstatt Friedrich Sommer zu beauftragen. Siehe: LAB(STA), Rep. 110, Nr. 34, Bl. 37; verschiedene Schriftstücke v. Mai – Juli 1946, in: LAB(STA), Rep. 102, Nr. 42.

10 Gustav Heinricht (KPD) amtierte seit dem 12.6.1945 als zweiter Stellvertreter des Leiters der Mag.abt. für Ernährung. Zusammen mit dem Generalreferenten Hans Mummert leitete er die KPD-Gruppe in dieser Abteilung. Vgl. Dok. 10, Anm. 13; Dok. 15, Anm. 28 u. 32; Dok. 16, Anm. 42; Dok. 27, Anm. 34; Dok. 34, Anm. 54; Dok. 38, Anm. 21; Dok. 44, Anm. 3; Dok. 48, Anm. 55; Dok. 52, Anm. 56.

11 Der stellvertretende Direktor der amerikanischen Militärregierung, John J. Maginnis, notierte am 11.2.1946: „A shady character named Gustav Heinrich[t] was, among other things, a food officer [?] in the U.S. sector. He had connections in diverse and often opposite directions. As already noted, we had experienced food losses and Heinrich[t] was involved with these. Colonel Howley ordered his arrest, which immediately caused an anguished cry at our last Kommandatura meeting. The Russians claimed we were persecuting him because he was a Communist." Siehe: Maginnis, S. 338 (statt „food officer" müßte es wohl „food official" heißen). Der Personalchef der Mag.abt. für Ernährung, Rahmel (KPD), äußerte in einem Schreiben an Stadtrat Pieck v. 1.2.1946 über Heinricht: „Nach unserer Meinung ist es ausgeschlossen, daß ihm Verfehlungen im Amt vorgeworfen werden können." Ein möglicher Grund für seine Verhaftung könne sein, „daß Herr Heinricht auf Grund seiner politischen Einstellung und Impulsivität sich eine Reihe von Feinden innerhalb des Großhandels geschaffen hat, die seine Beseitigung bei der Abteilung Ernährung betreiben". Eine Abschrift dieses Schreibens ist vorhanden in: LAB(STA), Rep. 101, Nr. 1212. Heinricht selbst wies in einem Schreiben, das er im März 1946 an seine Genossen richtete, Vorhaltungen von amerikanischer Seite entschieden zurück, die einerseits sein Verhalten in der Zeit des NS-Regimes und andererseits seine Amtsführung betrafen. Nach seiner Auffassung wollten die Amerikaner „unbedingt den Kommunisten Heinricht entfernen", weil er nicht eingetreten sei „für die Wiederauflebung der Reichsnährstand-Organisation, die der Ami in den drei süddeutschen

Stellvertreter von Stadtrat Klimpel habe Herr Heinricht alle wichtigen Verhandlungen auf dem Gebiet der Ernährung geführt, so daß die Gefahr von Stockungen und Komplikationen auf diesem Gebiet besteht.[12]

Der Redner schlägt vor, daß der Oberbürgermeister sich mit der Alliierten Kommandantur in Verbindung setzt.[13]

Maron glaubt, daß alle nötigen Schritte zur Klärung des Sachverhalts schon eingeleitet sind.[14]

Ländern betreibt". Außerdem habe er auf vielfältige Weise seine „Russenfreundlichkeit" bewiesen. Heinrichts Schreiben ist vorhanden in: LAB(STA), Rep. 101, Nr. 1209. Vgl. zur Verhaftung Heinrichts auch: Dok. 88.

12 In einem vermutlich vom Generalreferenten Mummert verfaßten Bericht v. 1.2.1946 heißt es:

„Unabhängig von den Gründen der Verhaftung muß diese in der augenblicklichen Situation für die Gesamtversorgung der Berliner Bevölkerung von so weittragender Bedeutung sein, daß eine sofortige Intervention unter allen Umständen notwendig ist. Herr Heinricht ist von der SMA. Karlshorst als Bevollmächtigter für die Durchführung der Versorgungspläne Nr. 55, 121, 1 des Herrn Marschall Shukow eingesetzt worden. Er allein hat alle verantwortlichen Verhandlungen mit den örtlichen Instanzen in den Provinzen und Ländern geführt. Zum Teil sind die Berichte über seine letzten Inspektionsreisen überhaupt noch nicht dem Amt bekannt. Außerdem ergibt sich durch die Absicht der amerikanischen Militärregierung, nunmehr in Zukunft die Lebensmittel nicht mehr nach Berlin anzuliefern, sondern sie dem Magistrat schon in Bremen zu übergeben, eine Fülle organisatorischer Aufgaben, die dadurch neu anfallen. Die Verhaftung des Herrn Heinricht bedeutet also gerade in diesem Augenblick eine Gefährdung der Gesamtversorgung der Berliner Bevölkerung, zumal Herr Heinricht die Vorverhandlungen in Bremen geführt hat und auch hier das Amt keinerlei Unterlagen über die Auswirkungen dieser neuen Maßnahme hat, da eine eingehende Besprechung über diese Fragen mit Herrn Heinricht noch nicht stattfinden konnte. Herr Heinricht ist nämlich erst einen Tag vor seiner Verhaftung aus Bremen zurückgekehrt."

Eine Abschrift dieses Berichts ist vorhanden in: LAB(STA), Rep. 101, Nr. 1212. Die Befehle des Obersten Chefs der Sowjetischen Militäradministration Nr. 55 v. 8.9.1945, Nr. 121 v. 30.10.1945 u. Nr. 1 v. 2.1.1946 stellten Pläne zur Versorgung der sowjetischen Besatzungszone (einschließlich des sowjetischen Sektors von Berlin) mit Lebensmitteln und Industriewaren für September/Oktober 1945, November/Dezember 1945 und das erste Quartal 1946 dar. Sie sind vorhanden in: LAB(STA), Rep. 101, Nr. 3, Bl. 13–23 u. 56, u. Nr. 5, Bl. 49–58 u. 60–67, u. Nr. 7, Bl. 5–11 u. 19–24. Vgl. zur geänderten Regelung der Übergabe der amerikanischen Lebensmittel das 42. Mag.prot. v. 19.1.1946, TOP 8.

13 Abschriften zweier Schreiben von OB Werner an den amerikanischen Stadtkommandanten und die AK v. 4.2.1946 bzw. 6.2.1946, betr. die Verhaftung Heinrichts, sind vorhanden in: LAB(STA), Rep. 101, Nr. 1212 bzw. Nr. 60.

14 Am 12.2.1946 teilte Oberst Howley als stellvertretender amerikanischer Stadtkommandant seinen alliierten Kollegen mit, daß Heinricht „for investigation of his pro-Nazi activities" verhaftet worden sei; vgl. das 8. Prot. der stellv. Stadtkommandanten v. 12.2.1946, TOP 97, in: LAB, Rep. 37, Acc. 3971, Nr. 218. Durch den Verbindungsoffizier der amerikanischen Militärregierung, Oberstleutnant Alan L. Hart, erhielt der Magistrat einen Befehl v. 14.2.1946, wonach Heinricht und seine Privatsekretärin sofort vom Dienst zu suspendieren waren. Durch eine entsprechende Verfügung v. 15.2.1946 kam der Magistrat diesem Befehl nach und teilte dies der AK in einem Schreiben v. 19.2.1946 mit. Gleichzeitig richtete er aber im letzten Absatz seines Schreibens die folgende Anfrage

3. WIRTSCHAFT. AUSSPRACHE ÜBER DEN BERICHT VON DR. LAND-WEHR

Schwenk führt aus, Dr. Landwehr habe durch seinen ausführlichen Bericht[15] dem Magistrat ein klares Bild von der Tätigkeit der Abt[eilung] Wirtschaft übermittelt. Etwas zu kurz gekommen ist nach seiner Ansicht dabei die *Bauwirtschaft*.[16] Diese

an die AK: „Bei der Abt[eilung] f[ür] Ernährung des Magistrats der Stadt Berlin handelt es sich um eine zentrale Dienststelle, die der Alliierten Kommandantur unterstellt ist und nicht der Militärregierung eines einzelnen Sektors. Wie aus dem Vorstehenden hervorgeht, hat der Magistrat der Stadt Berlin zwar den Befehl der amerikanischen Militärregierung ausgeführt. Dieser Befehl wird aber hierdurch pflichtgemäß der Alliierten Kommandantur mitgeteilt, mit der Bitte zu entscheiden, ob die Alliierte Kommandantur diesen Befehl der amerikanischen Militärregierung bestätigt und die Suspendierung der beiden obengenannten Angestellten in Kraft bleiben soll." Das Schreiben v. 19.2.1946 ist vorhanden in: LAB(STA), Rep. 101, Nr. 578, Bl. 95. Die stellvertretenden Stadtkommandanten befaßten sich hiermit zwei Wochen später; vgl. das 11. Prot. der stellv. Stadtkommandanten v. 5.3.1946, TOP 139, in: LAB, Rep. 37, Acc. 3971, Nr. 218. Howley drückte sein Bedauern aus über „the thoughtless action of the U.S. Liaison Officer at the Magistrat in ordering the arrest of a central official", und als Antwort auf das Magistratsschreiben beschlossen die stellvertretenden Stadtkommandanten die BK/O (46) 120, die dem Magistrat mit Datum v. 8.3.1946 zugestellt wurde. Darin wurde das im letzten Absatz des Magistratsschreibens „dargelegte Verfahren" als „korrekt" bezeichnet: „Sie werden in Zukunft ein ähnliches Verfahren befolgen und unverzüglich die Alliierte Kommandatura über alle Anordnungen, welche Sie von den einzelnen Besatzungsmächten erhalten, benachrichtigen." Außerdem wurde dem Magistrat mitgeteilt, daß die Befehle des amerikanischen Verbindungsoffiziers, betr. Heinricht und seine Sekretärin, bereits von der amerikanischen Militärregierung aufgehoben worden seien. Die BK/O (46) 120 ist vorhanden in: LAB, Rep. 280, Nr. 12529. Die Aufhebung der Befehle war durch Oberstleutnant Hart mit Schreiben v. 1.3.1946 erfolgt; siehe: LAB(STA), Rep. 101, Nr. 578, Bl. 159. Der Magistrat bat in Schreiben an die amerikanische Militärregierung v. 16.3.1946 und an die AK v. 21.3.1946 um die Haftentlassung von Heinricht. Diese Schreiben sind vorhanden in: LAB(STA), Rep. 101, Nr. 60 u. Nr. 578, Bl. 159 u. 157 f. Im Schreiben an die AK hieß es unter anderem: „Unabhängig von der Frage, ob Herr Heinricht in diesem oder jedem [sic!] Fall seine Befugnisse überschritten hat, hat sich Herr Heinricht in den vergangenen Monaten mit der ihm innewohnenden Energie und Tatkraft für die Bewältigung seiner Aufgaben eingesetzt, und es ist zu einem großen Teil diesen Eigenschaften des Herrn Heinricht zu verdanken, daß die Ernährung Berlins in den vergangenen Monaten gesichert werden konnte." Anfang Mai 1946 informierte Howley die anderen stellvertretenden Stadtkommandanten, „that he had decided not to try Heinricht[t], but to release him immediately from U.S. custody and hand him over to one of the other Commandants who desired to interrogate him". Der stellvertretende sowjetische Stadtkommandant, Oberst Danila S. Dalada, äußerte daraufhin die Auffassung, daß Heinricht ungerechtfertigterweise inhaftiert worden sei. Vgl. das 21. Prot. der stellv. Stadtkommandanten v. 4.5.1946, TOP 264, in: LAB, Rep. 37, Acc. 3971, Nr. 219. Im Mai 1946 wurde Heinricht aus der Haft entlassen; vgl. das Schreiben von Maron an Düring v. 31.5.1946, betr. Rechtsanwaltskosten für Heinricht, in: LAB(STA), Rep. 101, Nr. 586. Seine vormalige Position als zweiter Stellvertreter des Leiters der Mag.abt. für Ernährung hat er nicht wieder eingenommen. Vgl. zur Neubesetzung dieser Position das 59. Mag.prot. v. 29.5.1946, TOP 4, u. das 62. Mag.prot. v. 22.6.1946, TOP 2. – Weitere Materialien zum Fall Heinricht sind vorhanden in: LAB(STA), Rep. 101, Nr. 1209 u. 1212, u. Rep. 102, Nr. 43.

15 Vgl. das 43. Mag.prot. v. 26.1.1946, TOP 4.
16 Vgl. zur Bauwirtschaft das 41. Mag.prot. v. 14.1.1946, TOP 4.

ist von jeher die Schlüsselindustrie für einen großen Teil der Wirtschaft gewesen. Es liegen hier viele Probleme, die in kürzester Frist gelöst werden müssen. Eins dieser Probleme ist die Beschaffung von Baumaschinen. Aus dem bisherigen Zustand des unrationellen Arbeitens auf diesem Gebiet müssen wir so schnell wie möglich heraus. Für den Wiederaufbau müssen in größtem Maßstab Baumaschinen aller Art eingesetzt werden. Es wäre erwünscht, wenn auch die Abt[eilung] Wirtschaft dieser Frage mehr Aufmerksamkeit widmen würde. Es handelt sich nicht nur um kleinere Maschinen wie Ziegelputzmaschinen usw., sondern vornehmlich auch um Großaggregate, die für eine Trümmerverwertung im größten Maßstab eingesetzt werden müssen. Die Entwicklung solcher Aggregate erfordert eine gewisse Zeit. Die ganze Bauwirtschaft muß aus dem Zustand der mehr handwerksmäßigen Fertigung wieder heraus und wieder in eine fabrikmäßige Fertigung hineinkommen.

Bei der Durchführung dieser Aufgabe müßte die Abt[eilung] Wirtschaft führend sein, aber eng mit der Abt[eilung] Bau- und Wohnungswesen zusammenarbeiten. Dasselbe gilt für das Gebiet der *Baustofferzeugung*. Es wird hier hoffentlich in der nächsten Zeit zu einer Klärung der Zuständigkeiten kommen, wobei das Hauptamt für Aufbau-Durchführung[17] etwas entlastet werden kann.

Bei der Baustoffindustrie spielt die *Trümmerverwertung*[18] eine große Rolle. Dieses Gebiet ist bisher im wesentlichen von der Abt[eilung] Bau- und Wohnungswesen bearbeitet worden. Auch hier müßte die Abt[eilung] Wirtschaft viel stärker eingeschaltet werden.

Bei der Baustoffbeschaffung ist man stark abhängig von den Erzeugungsstätten außerhalb Berlins. Hier darf sich der Magistrat nicht auf den Standpunkt stellen, er brauche sich darum nicht zu kümmern, das sei Sache der Zentralverwaltung[19]. Auch das ist eine Aufgabe der Abt[eilung] Wirtschaft.[20]

Ein lehrreiches Beispiel in dieser Hinsicht ist die *Zementbeschaffung aus Rüdersdorf*[21]. Der Zustand der Rüdersdorfer Werke ist derart ruinös, daß mit einem völligen Aufhören der jetzt schon stark eingeschrumpften Produktion zu rechnen ist. Die Stadt Berlin muß sich ungeachtet der Zuständigkeiten um diese Dinge kümmern im engsten Einvernehmen mit der Zentralverwaltung.

Der Redner lenkt weiter die Aufmerksamkeit auf die Frage der *Abwässerverwertung*. Hier müssen ganz neue Wege beschritten werden. Es müssen viel größere Flächen berieselt werden, um die wertvollen Dungstoffe besser auszunutzen. Die industriellen Voraussetzungen für eine Erweiterung der Rieselfelder müssen von der Abt[eilung] Wirtschaft geschaffen werden.

Der Redner bespricht dann die Fragen der Planung. Durch Absprache zwischen der Abt[eilung] Wirtschaft und der Abt[eilung] Planung ist eine Abgrenzung

---

17 Vgl. hierzu Dok. 59, Anm. 29, u. Dok. 61, Anm. 32.
18 Vgl. hierzu das 41. Mag.prot. v. 14.1.1946, TOP 4 (insb. Anm. 33).
19 Hier ist vermutlich die Deutsche Zentralverwaltung der Industrie in der sowjetischen Besatzungszone gemeint.
20 Vgl. zur Baustoffbeschaffung das 48. Mag.prot. v. 4.3.1946, TOP 6, u. das 55. Mag.prot. v. 29.4.1946, TOP 6, u. das 63. Mag.prot. v. 29.6.1946, TOP 4, u. das 72. Mag.prot. v. 31.8.1946, TOP 3.
21 Kleinstadt, ca. 20 km östlich von Berlin gelegen, ein Zentrum der Kalk- und Zementproduktion. Vgl. hierzu auch das 63. Mag.prot. v. 29.6.1946, TOP 4.

der Aufgaben festgelegt.[22] Man wird schrittweise in eine planvolle Lenkung der Wirtschaft hineinkommen. Das ist sowohl auf dem Gebiet der Rohstoffverteilung wie auf dem Gebiet der Produktion unerläßlich. Konkrete Vorschläge darüber können erst gemacht werden, wenn die Vorarbeiten abgeschlossen sind.

Scharoun macht zur Frage der Baumaschinen zahlenmäßige Angaben über die in Bestellung gegebenen und bereits angelieferten Maschinen der verschiedensten Art. In der Frage der Beschaffung von Nägeln sollte man doch versuchen, in Berlin eine Produktion anlaufen zu lassen. Die erforderlichen Maschinen und das nötige Gußeisen sind vorhanden. Ein großer Engpaß ist das Installationsmaterial für elektrische Anlagen. Hier müßte unbedingt etwas geschehen. Die Dachpappenfabrikation ist unzureichend. Kitt ist sehr knapp, weil besonders der Rohstoff Öl fehlt. Für Türen und Fenster fehlt es nicht nur an Holz, sondern vor allem auch an Beschlagteilen aus Zinkblech und anderem Metall. Die Lieferung von Zement aus Rüdersdorf ist in der Tat sehr mangelhaft.

Bei der Verwendung der Altstoffe, die aus den zerstörten Häusern herausgezogen wurden, ist es so gewesen, daß man einen Teil bei der Wiederinstandsetzung anderer Häuser benutzt hat, während die anderen Materialien an die Wirtschaft abgegeben worden sind. Es steht zu hoffen, daß es auf diesem wie auf den anderen Gebieten möglichst bald zu einer klaren Abgrenzung mit der Abt[eilung] Wirtschaft und der Abt[eilung] Handel und Handwerk kommt.[23]

Klimpel begrüßt die Vorschläge von Schwenk hinsichtlich der Abwässerverwertung. Bei dem heutigen System der Rieselfelder treiben wir eine ungeheure Verschwendung mit Stickstoff, während wir auf der anderen Seite Mangel an Stickstoff für die Landwirtschaft haben. Besondere Aufmerksamkeit sollte man auch den Fragen der Verwertung der Fäkalien, der Asche, der Knochen usw. widmen.

---

22 Vgl. den Aktenvermerk über eine Besprechung mit der Abteilung für Wirtschaft am 18.1.1946, in: LAB(STA), Rep. 101, Nr. 236. Danach wurde von Schwenk und Landwehr festgelegt, „daß die Abt[eilung] für Planungen als übergeordnete Magistratsstelle für alle Planungsfragen sich nur mit den großen Problemen der Planung, insbesondere auch der Koordinierung der Pläne der einzelnen Magistratsabteilungen, befaßt. Hierzu ist es auf dem von der Abt[eilung] für Wirtschaft betreuten Gebiete der Industrie beispielsweise nicht erforderlich, daß die Abt[eilung] für Planungen direkte Verbindung mit den einzelnen Betrieben hat. Dies ist Sache der Abt[eilung] für Wirtschaft, die auch alle statistischen Erhebungen usw., die sie als Unterlagen für die Aufstellung von Produktionsplänen etc. benötigt, allein durchführt. Die Abt[eilung] für Wirtschaft stellt der Abt[eilung] für Planungen alles gewünschte Material zur Verfügung, jedoch nicht firmenmäßig im einzelnen, sondern summarisch für die einzelnen Industriezweige bezw. Kategorien von industriellen Erzeugnissen." Vgl. zum Aufgabenbereich der Mag.abt. für Planungen auch den Organisationsplan dieser Mag.abt. v. 8.8.1945, in: LAB, Rep. 280, Nr. 8124; Berliner Wirtschaftsplanung, in: Berliner Zeitung, 9.2.1946, [S. 2]; die Rundverfügung Schwenks an die Bezirksbürgermeister v. 12.2.1946, betr. Errichtung einer Bezirksstelle für Planungen, in: LAB(STA), Rep. 101, Nr. 235, u. LAB, Rep. 280, Nr. 4157; die Übersicht der Mag.abt. für Planungen: „Aufgaben und Aufbau der Dienststellen und Beiräte für Planungen" (April 1946), in: LAB(STA), Rep. 101, Nr. 235, u. Rep. 107, Nr. 6, u. LAB, Rep. 280, Nr. 4158 u. 4160; das Schreiben Schwenks an den Vorstand des Freien Deutschen Gewerkschaftsbunds v. 1.4.1946, betr. die Mag.abt. für Planungen, in: LAB(STA), Rep. 101, Nr. 235.

23 Vgl. das 60. Mag.prot. v. 5.6.1946, TOP 2, u. das 71. Mag.prot. v. 24.8.1946, TOP 2; Dok. 95.

Der Redner geht zum Schluß auf das Schreiben des Oberbürgermeisters an die Abteilungsleiter bezüglich der *künftigen Entwicklung Berlins* ein und empfiehlt, diese Dinge federführend vom Planungsamt aus in die Hand zu nehmen.[24]

Maron teilt hierzu folgendes mit: Bei einigen Mitgliedern der alliierten Besatzungsbehörden besteht die Auffassung, daß Berlin in Zukunft sowohl aus politischen wie aus wirtschaftlichen Gründen nicht mehr als Hauptstadt Deutschlands in Frage kommen würde. Im Zusammenhang hiermit wurde gewünscht, daß die Magistratsmitglieder einmal mitteilen möchten, wie sie sich die Weiterentwicklung Berlins vorstellen. Es wird nicht notwendig sein, von *allen* Dezernenten Berichte hierüber einzufordern. Es ist mit Bürgermeister Schwenk bereits verabredet worden, daß er sich besonders um diese Frage bemüht. In der Hauptsache wird es sich darum handeln, die Bedeutung herauszustellen, die Berlin als Verkehrsmittelpunkt nicht nur Deutschlands, sondern Europas hat, ferner seine Stellung in wirtschaftlicher und industrieller Hinsicht sowie in bezug auf den Handel und drittens seine Stellung in geistiger Hinsicht.[25]

Der Redner äußert sich sodann zu dem Bericht von Dr. Landwehr. Die Darstellung, als sei die *Entnazifizierung*[26] im wesentlichen abgeschlossen, ist etwas zu optimistisch. Auf diesem Gebiet ist immer noch manches nachzuholen. Hinsichtlich der *Industrieverbände* mag es zutreffen, daß ihre Liquidation in nächster Zeit beendet ist, man muß aber größte Aufmerksamkeit den Bestrebungen auf Neuorganisation solcher Verbände widmen.

Der Bericht ist in der Hauptsache ein Tatsachenbericht, eine Feststellung dessen, was in Wirtschaftsbetrieben vorhanden ist. Man muß sich aber auch mit den weiteren Perspektiven der Berliner Industrie beschäftigen, wobei die politische Situation Deutschlands zu berücksichtigen ist. Das einzige Kapital, das uns verblieben ist, ist unsere Arbeitskraft. Die müssen wir benutzen, um *Qualitätsindustrien* zu schaffen. Für den inneren Bedarf brauchen wir Baumaschinen, landwirtschaftliche Geräte, Massenbedarfsartikel, für den äußeren Bedarf Qualitätswaren wie feinmechanische, optische und elektrische Instrumente. Dabei wird man vorübergehend auch manche Industrie als Notstandsindustrie in Berlin aufziehen müssen, wie z[um] B[eispiel] die

---

24 Gemeint ist das Schreiben von OB Werner an die Stadträte und stellvertretenden Oberbürgermeister v. 1.2.1946, betr. Befehl des Oberst Howley, Direktor der amerikanischen Militärregierung Berlin, zur Anfertigung einer Ausarbeitung über die zukünftige Entwicklung Berlins, in: LAB(STA), Rep. 101, Nr. 578, u. LAB, Rep. 280, Nr. 14004. In dem Schreiben bat Werner alle Leiter der Mag.abteilungen, ihm Beiträge für die von Howley angeforderte Ausarbeitung zu liefern. Diese solle „offenbar den Zukunftsplanungen der Besatzungsbehörden eine verläßliche Grundlage bieten" und „eine vergleichende Gegenüberstellung der früheren verwaltungsmäßigen, wirtschaftlichen, sozialen usw. Struktur Berlins mit dem entsprechenden Zukunftsbild" enthalten. Vgl. hierzu auch das 2. Prot. der stellv. Stadtkommandanten v. 11.1.1946, TOP 29, u. das 11. Prot. der stellv. Stadtkommandanten v. 5.3.1946, TOP 135, u. das 12. Prot. der stellv. Stadtkommandanten v. 8.3.1946, TOP 143, in: LAB, Rep. 37, Acc. 3971, Nr. 218.

25 Eine entsprechende Ausarbeitung Schwenks über die zukünftige Entwicklung Berlins konnte nicht ermittelt werden. Vgl. zu der von der Mag.abt. für Bau- und Wohnungswesen erarbeiteten Ausstellung „Berlin plant" das 69. Mag.prot. v. 12.8.1946, TOP 5, u. das 70. Mag.prot. v. 17.8.1946, TOP 3; Geist/Kürvers, S. 180–221.

26 Vgl. hierzu das 12. Mag.prot. v. 23.7.1946, TOP 2, u. das 50. Mag.prot. v. 16.3.1946, TOP 2.

Nägelindustrie, die allerdings auf die Dauer nicht mit der bodenständigen Industrie dieser Art wird konkurrieren können.

Scharoun weist bezüglich der künftigen Entwicklung Berlins auf die Bedeutung der *Akademie für Städtebau* hin, die sich in allen Landesteilen wieder auftut und eine separatistische Politik treibt. Man sollte versuchen, sie wieder an uns heranzuziehen und hier zu zentralisieren.[27]

Dr. Landwehr glaubt, nach der Aussprache feststellen zu können, daß seine Abteilung eigentlich als Abteilung Industrie zu bezeichnen wäre[28] und daß eine schärfere Abgrenzung der Aufgaben gegenüber den benachbarten Abteilungen alsbald durchzuführen wäre. Das gilt besonders für die Fragen der Baustoffbeschaffung und der Altstoffbewirtschaftung.

Den verschiedenen Anregungen von Bürgermeister Schwenk ist grundsätzlich beizupflichten. Auf dem Gebiet der Baumaschinen sind einige Arbeitsausschüsse eingesetzt, die sich mit den verschiedenen Spezialitäten von Baumaschinen befassen. Planungen und Konstruktionsarbeiten sind im Gange. Die Modelle werden schon bei den Fabriken erzeugt.

Die Baustofferzeugung leidet in Berlin unter dem Mangel an Zement. Die Frage Rüdersdorf[29] wird in einem kleinen Ausschuß behandelt. Wenn die Werke nicht außerhalb Berlins lägen, hätte man längst einen tüchtigen Treuhänder dort eingesetzt und die Zementfabrikation auf höchste Touren gebracht. Unter den gegebenen Verhältnissen aber ist es mehr eine Frage des Handels, entsprechend günstige Abschlüsse zu machen.

Über die Altstoffe, die heute weniger eine Frage des Handels als der Verwertung sind, muß auch in einem kleinen Gremium eine Klarstellung erfolgen. Der Magistrat wird eine Verordnung erlassen müssen, durch die die Frage geregelt wird, wer aus den zerstörten Grundstücken die Altstoffe entnehmen darf, ohne von anderen Seiten behindert zu werden.[30]

Hinsichtlich der landwirtschaftlichen Geräte muß noch einmal betont werden, daß hier der praktischste Weg der ist, daß von den Landwirten bzw. den Genossenschaften angegeben wird, welche Art von Maschinen gebraucht werden und in welcher Menge; dann kann sich die Industrie darauf einstellen. Geräte für Kleingärtner sind genügend da.

In bezug auf die Entnazifizierung ist es richtig, daß noch einige Fälle ihrer Erledigung harren. Darunter der berüchtigte Fall Schwab.[31] Es ist aber mehr Sache der Bezirksbürgermeister, die den Dingen näherstehen, und der Betriebsräte in den Werken, hier aufzupassen.

Was die Perspektiven für die Zukunft betrifft, so werden diese durch die Tatsache beeinflußt, daß Berlin als Industrieblock in einem großen Landwirtschaftsgebiet liegt, das seine Neuformung durch die Bodenreform[32] bekommen hat. Das bedingt die

---

27 Vgl. zur Akademie für Städtebau und Landesplanung das 46. Mag.prot. v. 16.2.1946, TOP 9, u. das 48. Mag.prot. v. 4.3.1946, TOP 6.
28 Vgl. hierzu Dok. 64, Anm. 31.
29 Vgl. Anm. 21 zu diesem Mag.prot.
30 Vgl. hierzu Dok. 20, Anm. 24; Dok. 60, Anm. 12; TOP 6 in diesem Mag.prot.
31 Vgl. Dok. 26, Anm. 42.
32 Vgl. hierzu das 29. Mag.prot. v. 5.11.1945, TOP 2, u. das 50. Mag.prot. v. 16.3.1946, TOP 3, u. das 60. Mag.prot. v. 5.6.1946, TOP 3; Dok. 60, Anm. 20.

Schaffung einer landwirtschaftlichen Geräteerzeugung sowie alles sonstigen Bauern-
bedarfs. Für die Entwicklung der Qualitätsindustrie sind die nötigen Vorkehrungen
getroffen; es ist aber hier mit den bekannten Unsicherheitsfaktoren zu rechnen.
    Bei solchen Fragen wie der Ankurbelung einer Nägelindustrie in Berlin darf man
nicht die Überlegung vergessen, wo der Rohstoff dafür herkommt. Wahrscheinlich
wird es aber bald gelingen, Nägel wieder aus Westfalen zu beziehen.
    Allgemein ist zu sagen: Alles, was von einer Abteilung Industrie getan werden
kann, hängt davon ab, ob die Voraussetzungen für eine Produktion gegeben sind.
Man darf hoffen, daß dies für Kohle, Elektrizität und Gas der Fall sein wird. Auch
die Arbeiter- und Raumfrage sowie die Frage der Maschinenkapazität dürften keine
größeren Schwierigkeiten machen. Das große Fragezeichen sind aber die Rohstoffe.
Dabei spielt vor allem auch die Frage des Interzonenverkehrs eine Rolle.
    Die Aussprache über den Bericht der Abt[eilung] Wirtschaft ist damit *abge-
schlossen.*[33]

4. VOLKSBILDUNG

Winzer begründet die Vorlage Nr. 45[34] über die Instandsetzung des *Studentenhauses*
der *Technischen Hochschule*. Es ist beabsichtigt, die TH zum 15. März wieder
anlaufen zu lassen.[35] Alle Vorarbeiten sind im Gange. Um weitere Räume zu
gewinnen, soll das Studentenhaus ausgebaut werden.
BESCHLUSS: Die Vorlage wird einstimmig angenommen.[36]

---

33 In der Konferenz der Bezirksbürgermeister fand ebenfalls eine Aussprache über den
   Bericht von Landwehr statt, den dieser nicht nur im Magistrat, sondern auch in diesem
   Gremium vortrug. Vgl. die Protokolle der Konferenzen der Bezirksbürgermeister am
   7.2.1946, TOP 3, u. am 14.2.1946, TOP 1, in: LAB, Rep. 280, Nr. 3848 u. 1600.
34 LAB(STA), Rep. 100, Nr. 768, Bl. 9.
35 Die Technische Hochschule im Bezirk Charlottenburg wurde am 9.4.1946 als „Technische
   Universität" wiedereröffnet. Vgl. hierzu das Prot. des Education Committee der AK
   v. 25.3.1946, TOP 7, in: LAB, Rep. 37: OMGBS, ECR, 4/16-1/8; das 16. Prot. der
   stellv. Stadtkommandanten v. 29.3.1946, TOP 206, in: LAB, Rep. 37, Acc. 3971, Nr. 218;
   Technische Hochschule – Eröffnung am 15. März, in: Der Tagesspiegel, 10.1.1946, S. 4;
   Neuer Name als neue Verpflichtung, in: Der Morgen, 26.3.1946, S. 3; Neuer Name
   und neue Ziele. „Technische Universität Berlin-Charlottenburg", in: Berliner Zeitung,
   28.3.1946, [S. 2]; H. Heinrich Franck: Zur Eröffnung der Technischen Universität
   Berlin, in: Telegraf, 7.4.1946, S. 5; Technische Universität Berlin gestern eröffnet, in:
   Berliner Zeitung, 10.4.1946, [S. 2]; Nicht nur als Quell der Technik geplant. General
   Nares eröffnete die Technische Universität, in: Der Berliner, 11.4.1946, S. 2; R. Wille:
   Technische Universität Charlottenburg, in: Horizont, Jg. 1 (1945/1946), H. 12, S. 10;
   Berlin. Kampf um Freiheit, S. 411; ferner das 57. Mag.prot. v. 13.5.1946, TOP 2 (Haas)
   u. 5. Das Manuskript der Ansprache von OB Werner auf der Eröffnungsfeier am 9.4.1946
   ist vorhanden in: LAB, NL Werner, Rep. 200, Acc. 4379, Nr. 45/147; als Abschrift in:
   LAB, NL Werner, Rep. 200, Acc. 4379, Nr. 20/4, S. 459–465. Vgl. zur Technischen
   Hochschule/Technischen Universität auch die Materialien in: LAB(STA), Rep. 106,
   Nr. 150.
36 Vgl. zur Bewilligung weiterer Instandsetzungsarbeiten an der Technischen Hochschule
   das 17. Mag.prot. v. 20.8.1945, TOP 4, u. das 39. Mag.prot. v. 30.12.1945, TOP 6, u. das
   49. Mag.prot. v. 9.3.1946, TOP 6.

5. ERNÄHRUNG

Klimpel empfiehlt die Vorlagen Nr. 47[37] und Nr. 48[38] über die Errichtung eines *Tierzuchtamtes* für Berlin und über die *Hebung der Tierzucht und Tierhaltung* in Berlin unter Wiederholung der schriftlich vorliegenden Begründung.[39]

Lange beantragt, als stilistische Verbesserung den Eingang der Vorlage Nr. 48 wie folgt zu fassen:

> Zur Zucht geeignete Vater- und Muttertiere von Pferden, Rindern, Schweinen, Schafen und Ziegen sind von ihren Besitzern zu melden.[40]

Klimpel erklärt sich mit der Änderung einverstanden.

Maron beanstandet die in den Verordnungen enthaltenen Bestimmungen, die sich auf das Bestehen von *Züchterverbänden* beziehen.[41]

Klimpel hält die Errichtung von Züchterverbänden, die man nicht mit irgendeinem Verein auf eine Stufe stellen könne, für notwendig, da hier viele Aufgaben zu erfüllen wären, die nicht durch eine öffentliche Verwaltung besorgt werden könnten. Man könnte vielleicht auch Genossenschaften dafür schaffen. Um den Bedenken von Maron Rechnung zu tragen, sei er, obwohl er grundsätzlich für die Errichtung von Züchterverbänden eintrete, damit einverstanden, den betreffenden Passus zu streichen und diese Dinge der Entwicklung zu überlassen.

---

37 LAB(STA), Rep. 100, Nr. 768, Bl. 10 f.; auch in: LAB(STA), Rep. 113, Nr. 133, Bl. 51 f.

38 LAB(STA), Rep. 100, Nr. 768, Bl. 12 f.; auch in: LAB(STA), Rep. 113, Nr. 133, Bl. 49 f.

39 Die Mag.vorlage Nr. 47 v. 10.1.1946 sah die Errichtung eines Tierzuchtamts vor, das der Mag.abt. für Ernährung angegliedert werden sollte. Die Aufgabe dieses Amtes sollte darin bestehen, alle Zweige der Zucht- und Nutztierhaltung zu betreuen und insbesondere für die Durchführung der VO über die Hebung der Tierzucht und Tierhaltung im Stadtbezirk Berlin und ihrer Ausführungsbestimmungen Sorge zu tragen.
In der Begründung der Mag.vorlage Nr. 48 v. 10.1.1946, mit der ein Entwurf für eine solche VO vorgelegt wurde, heißt es: „Die kriegerischen Ereignisse haben auch die Tierbestände des Stadtbezirks Berlin in schwere Mitleidenschaft gezogen. Der Wiederaufbau ist um so schwieriger, als auch die Tierbestände in der näheren Umgebung des Stadtbezirks Berlin einen starken Rückgang erfahren haben. Die Heranschaffung von Ersatztieren kommt daher nur aus entfernter liegenden Gebieten in Betracht. Dem stehen jedoch Transportschwierigkeiten im Wege. Innerhalb des Stadtgebietes wirkt dem schnellen Wiederaufbau der Tierhaltung der Umstand entgegen, daß auch die Futtergrundlagen im Zuge der kriegerischen Ereignisse stark gelitten haben." Vor dem Krieg habe es in Berlin etwa 17 000 Pferde und 18 000 Milchkühe gegeben, Anfang Dezember 1945 nur noch etwa 9 000 Pferde und 7 900 Milchkühe. Auch die anderen Tierbestände, vor allem die Bestände an Schafen, Schweinen und Federvieh, seien zusammengeschrumpft. Aus allen diesen Gründen ergebe sich „die Notwendigkeit von Hilfsmaßnahmen im Interesse des Wiederaufbaues der Tierzucht und Tierhaltung im Stadtbezirk Berlin", und in der VO seien daher entsprechende Maßnahmen tierzüchterischer und veterinärmedizinischer Natur vorgesehen.

40 § 1 Absatz 1 und § 1 Absatz 2 Satz 1 des vorgelegten VO-Entwurfs lauteten: „Diese Verordnung erstreckt sich auf Pferde, Rinder, Schweine, Schafe, Ziegen." „Soweit die dieser Verordnung unterworfenen Vater- und Muttertiere zur Zucht geeignet sind, sind sie von ihren Besitzern dem Magistrat der Stadt Berlin, Abteilung für Ernährung, innerhalb einer Frist von zwei Wochen nach Inkrafttreten dieser Verordnung zu melden."

41 Vgl. zu den Organisationen der Kleintierzüchter das 42. Mag.prot. v. 19.1.1946, TOP 8 (Klimpel).

Maron schlägt vor, in Vorlage Nr. 48 den § 2 Abs. 2 wie folgt zu ändern:
Die zuchtbuchmäßige Eintragung erfolgt durch den Magistrat der Stadt Berlin.[42]
Außerdem [wäre] § 8b zu streichen.[43]
BESCHLUSS: Die Vorlage Nr. 47 wird unverändert einstimmig angenommen.[44]
                Die Vorlage Nr. 48 wird mit den von Lange und Maron beantragten
                Änderungen einstimmig angenommen.[45]

6. BAU- UND WOHNUNGSWESEN

Hierzu liegen die Vorlagen Nr. 49 (Errichtung von vorfabrizierten Wohnbauten) und
Nr. 50 (Organisation der Straßenbaupolizei) vor.
Scharoun führt zu der Vorlage Nr. 49[46] aus: Es handelt sich um die Versuche mit
vorfabrizierten Häusern aus Kunststoffen. Die Arbeit, die dafür im voraus zu leisten

---

42 § 2 Absatz 2 des vorgelegten VO-Entwurfs lautete: „Die zuchtbuchmäßige Eintragung
    erfolgt entweder durch den Magistrat der Stadt Berlin selbst oder durch Züchterverbände,
    welche von ihm die Anerkennung erhalten haben."

43 Nach § 8b des vorgelegten VO-Entwurfs sollte durch Ausführungsvorschriften unter an-
    derem „die Organisation von Züchterverbänden einschließlich der Frage der Entrichtung
    von Beiträgen an diese Verbände" geregelt werden können.

44 Die Anordnung über die Errichtung eines Tierzuchtamtes für den Stadtbezirk Berlin
    wurde mit Datum v. 15.6.1946 veröffentlicht in: VOBl., Jg. 2 (1946), S. 280.

45 Der hier gefaßte Mag.beschluß, betr. VO über die Hebung der Tierzucht und Tierhaltung
    im Stadtbezirk Berlin, ist mit dem Ausfertigungsdatum v. 8.2.1946 vorhanden in:
    LAB(STA), Rep. 101, Nr. 65. Er wurde von der AK mit BK/O (46) 244 v. 31.5.1946
    unter Vornahme kleinerer Textänderungen genehmigt; siehe: LAB, Rep. 280, Nr. 12589.
    Die VO wurde in der genehmigten Textfassung und mit Datum v. 15.6.1946 veröffentlicht
    in: VOBl., Jg. 2 (1946), S. 197.

46 LAB(STA), Rep. 100, Nr. 768, Bl. 14. Mit dieser Mag.vorlage wurde der Magistrat
    ersucht, für „die Errichtung von Erprobungsbauten – vorfabrizierte Wohnbauten – und
    für die Einrichtung einer Versuchsbaustelle" 75 000 RM zu bewilligen. Die Begründung
    hierfür lautete:
    „Neben der Instandsetzung von Wohnraum wird neuer Wohnraum vorzugsweise als
    Flachbau zur Überwindung der Wohnungsnot und zur Durchführung des Programms,
    jedem Haushalt in absehbarer Zeit eine Wohnung zur Verfügung zu stellen, geschaffen
    werden müssen. Zwecks Einsparung von Fachkräften auf der Baustelle soll die
    Herstellung dieser Wohnbauten möglichst fabrikmäßig erfolgen.
    Die fabrikmäßige Herstellung soll sich nicht nur auf den Rohbau beschränken, sondern
    zum Teil auch den Innenausbau – Installationsleitungen usw. – umfassen. Das Ergebnis
    muß Montierbarkeit in kurzer Zeit unter Verwendung ungelernter Arbeiter sein. Da
    der Bedarf an solchen Häusern in ganz Europa außerordentlich groß ist, ist auch
    die Ausfuhrmöglichkeit zu berücksichtigen. Daher sollen die Häuser aus einem sehr
    leichten Material bestehen. Es ist beabsichtigt, Kunststoffe zu verwenden und Berlin
    zum Ausfuhrplatz vorfabrizierter Häuser aus Kunststoffen zu machen.
    Die im ‚Internationalen Komitee' mitarbeitenden Architekten der Besatzungsmächte
    wurden konsultiert und haben Planunterlagen beigesteuert, nach denen ein Teil der
    Versuchsbauten zu errichten ist.
    Die theoretischen Vorarbeiten sind in Zusammenarbeit mit dem Komitee und durch
    das Hauptamt für Aufbau-Durchführung soweit gefördert, daß an die Durchführung
    praktischer Versuche herangegangen werden kann."
    Vgl. auch: Das wachsende Haus, in: Nacht-Express, 9.2.1946, [S. 7]; Häuser von der
    Stange, in: sie, Nr. 35 (4.8.1946), S. 3; Trautes Heim – aus Kunststoff, in: Berliner

ist, ist gemeinsam mit dem „Internationalen Komitee"[47], in dem Architekten aller Besatzungsmächte mitarbeiten, ausgeführt worden. Sie geht auch schon etwas in das Gebiet der Produktion hinein. Die Amerikaner möchten für die amerikanische Zone in kürzester Frist etwa 100 000 solcher Häuser haben. Wir werden dazu unsere Hilfe zur Verfügung stellen und auf diese Weise einmal unseren eigenen Wohnungsmarkt befriedigen und zweitens Möglichkeiten für den Export schaffen.

Der Redner ist vom Internationalen Komitee gebeten worden, 200 000 RM für diese Versuchsarbeiten zu beantragen.[48] Nach Absprache mit dem Stadtkämmerer Dr. Siebert werden zunächst nur 75 000 RM erbeten.

Dr. Landwehr begrüßt die Schaffung einer solchen Einrichtung. Er würde es für zweckmäßig halten, wenn zu den Beratungen des Internationalen Komitees auch ein Vertreter der Abt[eilung] Wirtschaft zugezogen würde.

Schwenk spricht sich auch für die Durchführung der Versuche aus und möchte ebenfalls gelegentlich an den Vorarbeiten beteiligt werden. Er sei z[um] B[eispiel] nicht der Ansicht, daß es vorwiegend Flachbau sein müsse, weil dadurch zuviel Grund und Boden der landwirtschaftlichen Nutzung entzogen wird.

Scharoun erwidert, daß nach den Planungen für diese Bauten nicht mehr Boden erfordert werde als für Hochbauklasse 3.[49]

Der Redner äußert sich über die Zusammenarbeit mit anderen Nationen in dem von ihm zusammengebrachten *Internationalen Komitee*. Der Kreis der Mitarbeiter ist absichtlich verhältnismäßig klein gehalten. Es werde sich aber ermöglichen lassen, von Fall zu Fall Vertreter der Abteilungen Wirtschaft und Planung zuzuziehen.

Über die Rohstofffrage befragt, erklärt der Redner, daß nur Kohle und Kalk für diese Häuser benötigt werden. Diese Rohstoffe liegen bei Bitterfeld[50]. Das Gewicht eines Hauses soll nicht mehr als zwei Tonnen ausmachen.

BESCHLUSS: Die Vorlage Nr. 49 wird einstimmig angenommen.

Scharoun beantragt weiter die Annahme der Vorlage Nr. 50[51]. Es handelt sich um einen Umbau der alten Verordnung über die *Straßenbaupolizei* vom Jahre 1924[52] gemäß den neuen Verhältnissen; es ist insbesondere die Firmierung geändert.

Lange und *Dr. Landwehr* empfehlen, zunächst der Bezirksbürgermeister-Konferenz Gelegenheit zur Stellungnahme zu geben.

Zeitung, 9.8.1946, [S. 6]; Das Haus von morgen, in: Der Kurier, 15.8.1946, [S. 5]; Das Haus aus Kunstharz, in: Neue Zeit, 7.9.1946, S. 3; Kunststoff-Montagehaus, in: Berliner Zeitung, 22.10.1946, [S. 5].

47 Vgl. zum Internationalen Komitee für Bau- und Wohnungswesen: Dok. 60; ferner die entsprechenden Materialien in: Akademie der Künste (Berlin-Tiergarten), NL Scharoun; Geist/Kürvers, S. 422–437; das 35. Prot. der stellv. Stadtkommandanten v. 2.8.1946, TOP 425, in: LAB, Rep. 37, Acc. 3971, Nr. 220.

48 Siehe: Geist/Kürvers, S. 429.

49 Vgl. hierzu Dok. 60, Anm. 17.

50 Kreisstadt in Sachsen-Anhalt, mit Braunkohlebergbau und chemischer Industrie, ca. 150 km südwestlich von Berlin.

51 LAB(STA), Rep. 100, Nr. 768, Bl. 15.

52 Siehe die Anordnung über die Organisation der Städtischen Straßenbaupolizei v. 4.6.1924, in: Dienstblatt, Teil I, Jg. 1924, S. 228 f.

BESCHLUSS: Die Vorlage Nr. 50 wird mit der Einschränkung einstimmig angenommen: falls nicht von der Bürgermeister-Konferenz Einwendungen erhoben oder Änderungen verlangt werden.[53]

Scharoun gibt dem Magistrat Kenntnis von der Anordnung der Alliierten Kommandantur vom 23. Januar, betreffend Inbesitznahme von Baumaterialien aus zerstörten Gebäuden (*Trümmerverordnung*).[54] Diese Anordnung gibt dem Magistrat erhebliche Rechte und Möglichkeiten für eine Neugestaltung Berlins. Sie besagt im einzelnen: Alle bis zu 50 % zerstörten Gebäude sind innerhalb einer vom Magistrat festzusetzenden Frist wiederherzustellen. Alle mehr als 50 % zerstörten Gebäude sind zu registrieren. Materialien aller Art dürfen aus vollständig oder mehr als 50 % zerstörten Gebäuden und Bauwerken in den Fällen entnommen werden, wo dies zur Wiederherstellung der Stadtwirtschaft erforderlich ist. Auch der Grund und Boden, auf dem die zerstörten Gebäude stehen, darf übernommen werden, gleichviel ob der Eigentümer bekannt ist oder nicht. Über alle entnommenen Baumaterialien ist Buch zu führen. Der Eigentümer hat bis zum Ablauf von einem Jahr nach der Registrierung Anspruch auf Entschädigung. Wenn innerhalb eines Jahres keine Ansprüche auf Entschädigung erhoben sind, geht das Gebäude mit allen Materialien nebst dem Grundstück auf die Stadt über. Entschädigungen darf der Magistrat nicht vor Erhalt weiterer Anweisungen auszahlen. Baumaterialien dürfen ab sofort aus zerstörten Häusern nicht ohne Erlaubnis des Magistrats entnommen werden.

Die weiteren Punkte betreffen Strafen bei Zuwiderhandlungen, Berufungen gegen ergriffene Maßnahmen etc. Diese Anordnung bezieht sich nicht auf Eigentum der Vereinten Nationen oder deren Angehörige. Das gewonnene Material darf nur in dem Sektor verwendet werden, wo es entnommen ist.

Auf Grund dieser allgemeinen Anordnung sind nun eine Reihe von Verordnungen auszuarbeiten, die dann dem Magistrat zur Beschlußfassung vorgelegt werden. Vorher schon eine Veröffentlichung der Anordnung oder irgendeine Pressenotiz darüber zu bringen, empfiehlt sich nicht, weil bei der Kompliziertheit der Sache

---

53 Die Anordnung über die Organisation der Straßenbaupolizei in Berlin wurde fünf Tage später in der Konferenz der Bezirksbürgermeister beraten; vgl. das Prot. der Konferenz der Bezirksbürgermeister am 7.2.1946, TOP 4, in: LAB, Rep. 280, Nr. 3848. Sie wurde mit Datum v. 2.4.1946 veröffentlicht in: VOBl., Jg. 2 (1946), S. 136 f.

54 Die hier gemeinte BK/O (46) 60 v. 23.1.1946 ist vorhanden in: LAB(STA), Rep. 101, Nr. 57, u. LAB, Rep. 280, Nr. 12483; abgedruckt in: Berlin. Quellen und Dokumente, 1. Halbbd., S. 671 f. Auf einer Sitzung des Landesvorstands Groß-Berlin der SED am 16.8.1946 bezeichnete Maron diese BK/O als das Ergebnis eines Vorstoßes von Scharoun bei der AK; siehe: SAPMO-BArch, BPA, IV L-2/1/009, Bl. 5 (der Bericht Marons ist als Dok. 107 in dieser Edition abgedruckt). – Der Magistrat hatte Mitte August 1945 bereits eine „Verordnung über Beschlagnahme von Baustoffen und Bauresten der durch Kriegsmaßnahmen oder durch das Naziregime zerstörten Gebäude in Berlin" beschlossen; vgl. das 16. Mag.prot. v. 13.8.1945, TOP 3 (Antrag f). Diese VO ist aber nicht im VOBl. veröffentlicht und von der AK offenbar nicht genehmigt worden. Vgl. zur Beschlagnahme von Baustoffen und Bauresten auch das Rundschreiben der Mag.abt. für Bau- und Wohnungswesen v. 17.11.1945, betr. Winterfestmachung von Wohnungen, Krankenhäusern und Schulen – Inanspruchnahme von Baustoffen und Bauresten –, in: LAB(STA), Rep. 101, Nr. 234; das Prot. der 7. Juristenbesprechung [Juristen der Mag.abteilungen u. der Bezirksämter] am 20.11.1945, TOP 5 u. Anlage 6, in: LAB(STA), Rep. 113, Nr. 240, u. LAB, Rep. 203, Acc. 2128, Nr. 7473; Dok. 60 (insb. Anm. 12).

dadurch Mißverständnisse entstehen könnten. Dagegen dürfte es erforderlich sein, ein Rundschreiben über die Anordnung an die in Frage kommenden Behördenstellen ergehen zu lassen.[55]

Dr. Haas weist auf die große Bedeutung dieser Anordnung hin. Es wird damit ein ganz neues Bodenrecht für Berlin geschaffen. Aus der Enteignung des gesamten bis zu 50 % zerstörten Hausbesitzes ergeben sich weittragende Folgen.[56] Es handelt sich nicht nur um die Trümmer, sondern auch um den Grund und Boden. Bei vorzeitiger Veröffentlichung könnten unliebsame Folgen eintreten.

Über diesen formellen Punkt der Veröffentlichung findet noch eine weitere Aussprache statt, in der sich als allgemeine Meinung des Magistrats ergibt, Veröffentlichungen erst dann vorzunehmen, wenn die anschließenden besonderen Verordnungen ausgearbeitet sind.[57]

---

55 Ein entsprechendes Rundschreiben konnte nicht ermittelt werden und ist offenbar nicht erlassen worden.

56 Diese Formulierung widerspricht den entsprechenden Bestimmungen der BK/O (46) 60, in der die Enteignungsmöglichkeit nur für die vollständig oder zu *mehr als 50 %* zerstörten Gebäude und den entsprechenden Grund und Boden vorgesehen war (Ziffer 3). Über die *bis zu 50 %* zerstörten Gebäude heißt es dagegen lediglich (Ziffer 2 der BKO): „Sie werden Eigentümer von Gebäuden und Bauwerken mit weniger als 50%iger Beschädigung anweisen, diejenigen Gebäude wiederherzustellen, die zur Zeit der Registrierung als reparaturfähig anerkannt wurden, und zwar innerhalb einer Frist, die mit Rücksicht auf die Mittel und Hilfsquellen der Eigentümer vom Magistrat festzusetzen ist."

57 Zur Durchführung der BK/O (46) 60 v. 23.1.1946 beschloß der Magistrat eine „Erste Aufbauverordnung", die aber nicht in Kraft trat; vgl. das 49. Mag.prot. v. 9.3.1946, TOP 6. Mit Schreiben v. 30.8.1946 übersandte die Mag.abt. für Bau- und Wohnungswesen dem Komitee für Bau- und Wohnungswesen der AK Verfahrensvorschläge für die Inanspruchnahme von Baumaterialien aus den vollständig oder zu mehr als 50 % zerstörten Gebäuden, mit denen sich dieses Komitee durch Anordnung v. 25.9.1946 grundsätzlich einverstanden erklärte. Die Verfahrensvorschläge und zugehörige Schreiben v. 22.10.1946, mit denen Scharoun die vier Militärregierungen um ihre Zustimmung zu diesen Vorschlägen bat, sind vorhanden in: LAB(STA), Rep. 101, Nr. 57. Mit BK/O (46) 437 v. 9.12.1946 ordnete die AK zur Durchführung der BK/O (46) 60 an, daß die requirierten Baumaterialien in erster Linie zur Wiederherstellung öffentlicher Gebäude und nur im Notfall zur Wiederherstellung von Wohnungen Verwendung finden sollten. Außerdem wurde die Requirierungsmöglichkeit für Grundstücke auf Ausnahmefälle begrenzt und war aufgrund bestehender Gesetze durchzuführen. Die BK/O (46) 437 ist vorhanden in: LAB, Rep. 280, Nr. 4949. Mit Schreiben v. 4.11.1946 wandte sich Scharoun in der noch ungeklärten Frage an das Komitee für Bau- und Wohnungswesen der AK, „ob die Stadt grundsätzlich verpflichtet ist, für die bei der Abräumung gewonnenen Gegenstände eine Entschädigung zu leisten", und wies darauf hin, „daß nach den bisherigen Erfahrungen die Abräumungskosten den Wert der gewonnenen Baustoffe in der Regel übersteigen". Das Schreiben ist vorhanden in: LAB(STA), Rep. 101, Nr. 234. Die AK entschied dann mit BK/O (47) 65 v. 20.3.1947, daß für die aus zerstörten Gebäuden requirierten Baumaterialien nur in solchen Fällen eine Bezahlung zu erfolgen hatte, „wo bei der Entfernung dieser Materialien und Aufräumung des Terrains entstandene Unkosten niedriger sind als der Wert der entfernten Materialien": „In diesen Fällen wird für die entfernten Materialien der Unterschied zwischen ihrem Wert und den bei der Entfernung dieser Materialien und Aufräumung des Terrains entstandenen Unkosten bezahlt." Die BK/O (47) 65 ist vorhanden in: LAB, Rep. 280, Nr. 10511. Die

7. FRAUENAUSSCHUSS

Schwenk beantragt gemäß der Vorlage Nr. 51[58], den *Zentralen Frauenausschuß*, der bisher von der Abt[eilung] für Planungen betreut wurde, der *Abt[eilung] für Volksbildung* anzugliedern, weil der Aufgabenkreis des Frauenausschusses sehr viele Berührungspunkte mit dem Tätigkeitsgebiet der Abt[eilung] für Volksbildung habe.

BESCHLUSS: Die Vorlage Nr. 51 wird einstimmig angenommen.[59]

8. SOZIALWESEN

Geschke beantragt, die in der Vorlage Nr. 52[60] aufgeführten *Heime* (Lehrlingsheime, Alters- und Wohnheime) in die zentrale Verwaltung zu übernehmen bzw. neu zu errichten.[61]

Maron befürchtet Einwendungen von seiten der Bezirke gegen die hier zutage tretende Zentralisierung.

Scharoun glaubt, daß für einzelne der Objekte erhebliche Baukosten notwendig sein werden.

BESCHLUSS: Die Vorlage Nr. 52 wird zurückgestellt, bis die Unterlagen für die erforderlichen Baukosten gegeben sind.[62]

BK/Os (46) 60, (46) 437 und (47) 65 wurden veröffentlicht in: VOBl., Jg. 3 (1947), S. 209 f.

58 LAB(STA), Rep. 100, Nr. 768, Bl. 15a.

59 Der zentrale Berliner Frauenausschuß war im Juni 1945 durch einen Mag.beschluß gegründet worden; vgl. das 7. Mag.prot. v. 18.6.1945, TOP 8 (Frauenausschuß). Vgl. ferner Dok. 43, Anm. 12; Dok. 59, Anm. 16; Bekenntnis zum neuen Deutschland. Großkundgebung der antifaschistischen Frauen in der Staatsoper, in: Berliner Zeitung, 29.1.1946, [S. 2]; Agnes von Zahn-Harnack: Frauenausschüsse – wozu?, in: sie, Nr. 16 (24.3.1946), S. 2; Mitarbeit der parteilosen Frauen? Aus der Tätigkeit der Berliner Frauenausschüsse, in: Berliner Zeitung, 12.7.1946, [S. 2]; Leoni Krüger: Frauen schlagen soziale Brücken. Zur Berliner Tagung der Frauenausschüsse, in: Der Sozialdemokrat, 12.7.1946, S. 3; Renate Genth u. a.: Frauenpolitik und politisches Wirken von Frauen im Berlin der Nachkriegszeit 1945 – 1949. Hrsg. von der Senatorin für Arbeit, Berufliche Bildung und Frauen, Berlin 1996, S. 410 – 423; Renate Genth/Ingrid Schmidt-Harzbach: Die Frauenausschüsse: das halb gewollte, halb verordnete Netz, in: Genth u. a., S. 47 – 74.

60 LAB(STA), Rep. 100, Nr. 768, Bl. 15b u. 15c.

61 Der Beschlußtext der Mag.vorlage Nr. 52 v. 29.1.1946 sah vor:
1. Übernahme des bestehenden städtischen Lehrlingsheims im Bezirk Wilmersdorf, Königsallee 43 (früher „Rudolf-Mosse-Stift"), in die zentrale Verwaltung;
2. Errichtung eines Altersheims im Bezirk Charlottenburg, Holtzdamm, zur Unterbringung von 200 alten Leuten;
3. Errichtung eines städtischen Wohnheims für 40 jugendliche männliche Personen (Lehrlinge) im Bezirk Pankow, Kaiserin-Augusta-Straße 4;
4. Errichtung eines städtischen Wohnheims für 75 „gefährdete junge Mädchen" im Bezirk Wilmersdorf, Königsallee 7.
Die neu zu errichtenden Heime sollten als „Einrichtungen der zentralen Verwaltung" gelten. Die voraussichtlich entstehenden Personal- und Sachkosten (Jahresbedarf) der vier aufgeführten Einrichtungen wurden auf 354 500 RM beziffert.

62 Vgl. zu den neu zu errichtenden Heimen das 54. Mag.prot. v. 17.4.1946, TOP 6, u. das 59. Mag.prot. v. 29.5.1946, TOP 6, u. das 62. Mag.prot. v. 22.6.1946, TOP 5.

9. VERKEHR

Kraft legt noch einmal die Vorlage Nr. 21, betreffend die *Zusammenfassung der Kraftfahrzeug-Angelegenheiten* in der Abt[eilung] Verkehr, in neuer Fassung vor,[63] nachdem in einer Besprechung mit den anderen beteiligten Abteilungen (Wirtschaft, Handel und Handwerk, Planungen) Einverständnis hierüber erzielt worden ist. Die Niederschrift über diese Besprechung mit der genauen Abgrenzung der Kompetenzen ist der Vorlage beigefügt.

BESCHLUSS: Die Magistratsvorlage Nr. 21 (neu, vom 29.1.46) wird einstimmig angenommen.[64]

Maron gibt Kenntnis von einem *Brief*[65], den der Präsident der Deutschen Zentralverwaltung für Land- und Forstwirtschaft, *Hoernle*[66], an den Oberbürgermeister gerichtet hat, betreffend Unterstützung der Landwirtschaft in der Mark Brandenburg. Es handelt sich darum, für die bevorstehenden Frühjahrsarbeiten die *Landmaschinenreparatur* beschleunigt durchzuführen. Reparaturkolonnen mit Werkzeugen und Facharbeitern können von Berlin hinausgeschickt werden, es *fehlt* aber an *Transportmitteln* dafür. Alle Versuche der Zentralverwaltung nach dieser Richtung haben keinen Erfolg gehabt. Herr Hoernle beschwert sich darüber, daß er weder bei den Fahrbereitschaften der Bezirke noch bei der Hauptfahrbereitschaft noch bei dem Leiter der Abt[eilung] für Verkehr Entgegenkommen gefunden hat. Er weist darauf hin, welche Konsequenzen diese Haltung in bezug auf die Frühjahrsbestellung und die nachfolgende Ernte haben muß.

Der Redner fügt von sich aus hinzu, daß alle Anstrengungen gemacht werden müßten, um hier helfend einzugreifen.

Knoll erklärt, es handle sich hierbei nur um die *Treibstofffrage*. Die Fahrzeuge sind für den genannten Zweck teilweise zur Verfügung gestellt worden.

Jirak meint, diese Anfrage von Hoernle müßte an Dr. Friedensburg gehen, der in Brennstofffragen zuständig sei.

Dr. Landwehr macht darauf aufmerksam, daß in dem Schreiben von Herrn Hoernle auch positive Leistungen von Berlin erwähnt sind, nämlich daß das „Service", die

---

63 LAB(STA), Rep. 100, Nr. 768, Bl. 7a u. 7b; auch in: LAB(STA), Rep. 101, Nr. 647. Vgl. zur Behandlung der Mag.vorlage Nr. 21 in der ursprünglichen Fassung das 42. Mag.prot. v. 19.1.1946, TOP 9, u. das 43. Mag.prot. v. 26.1.1946, TOP 8.

64 Durch diesen Mag.beschluß erfolgte eine Zusammenfassung der Kraftfahrzeug-Instandhaltung und Kraftfahrzeug-Instandsetzung sowie der Bewirtschaftung von Kraftfahrzeugen und Kraftfahrzeugteilen in der Mag.abt. für Verkehr. Gleichzeitig wurde durch diesen Beschluß die bisher dem dritten stellvertretenden Oberbürgermeister Schwenk unterstehende Transportzentrale in die Mag.abt. für Verkehr eingegliedert. Diese Transportzentrale war Ende November 1945 errichtet worden. Vgl. hierzu das 31. Mag.prot. v. 26.11.1945, TOP 5; Transportzentrale für Berlin, in: Tägliche Rundschau, 12.1.1946, S. 4; Transporte zentral geleitet, in: Der Tagesspiegel, 27.1.1946, S. 6. – Am 4.2.1946 gab Kraft eine Pressekonferenz zu den Berliner Verkehrsproblemen. Vgl. hierzu: Wie steht es um den Berliner Verkehr, in: Berliner Zeitung, 5.2.1946, [S. 4]; E[rnst] Barbknecht: Straßenbahnmonatskarten ab 1. April, in: Tägliche Rundschau, 5.2.1946, S. 6; Unser Wissen vom Verkehr, in: Das Volk, 6.2.1946, [S. 3]; Kreuz und quer durch den Berliner Verkehr, in: Deutsche Volkszeitung, 6.2.1946, S. 4.

65 Dieser Brief konnte nicht ermittelt werden.

66 Vgl. zu Edwin Hoernle (KPD/SED): Dok. 10, Anm. 7.

Werkzeuge und die „Service-Mannschaft", die Reparaturkolonnen, zur Verfügung stehen. Diese positiven Punkte sollte man in einer Antwort voranstellen. Der Treibstoff muß seiner Ansicht nach von der betreffenden Stelle der Zentralverwaltung geliefert werden, denn das Organisieren des „Service" ist Sache dessen, der es anfordert.

Maron betont noch einmal, daß in dem Beschwerdeschreiben außer von fehlendem Treibstoff auch von fehlenden Fahrzeugen die Rede sei. Jedenfalls müßten alle Möglichkeiten zu helfen ausgenützt werden.

Kraft erklärt, die Abteilung Verkehr stehe auf dem Standpunkt, daß für diese Fahrten in die sowjetische Zone die Zentralverwaltung den Brennstoff zu stellen habe. Berlin sei brennstoffmäßig so belastet, daß es sich eine Abgabe von Brennstoff für diesen Zweck nicht leisten könne.

Dr. Landwehr bittet, vom praktischen Gesichtspunkt aus zu überlegen, ob diese Benzinmenge so drückend sei, daß man nicht mit Rücksicht auf die große Bedeutung der Sache für Berlin wenigstens in einem bestimmten Ausmaß das Benzin zur Verfügung stellen könnte.

Orlopp bespricht die mit dieser Angelegenheit zusammenhängende grundsätzliche Frage der *Versorgung der Neubauern* in der Provinz Brandenburg *mit Geräten* und Geschirr.[67] Das geschehe am besten, indem man von vornherein Handwerker draußen ansiedelt. In diesem Spezialfall sollte man noch einmal versuchen, von russischer Seite vorübergehend das erforderliche Benzin zu erhalten.

Scharoun glaubt, daß man für die Schaffung von *Handwerkeransiedlungen unter den Neubauern* einen tüchtigen Soziologen bei der Abt[eilung] für Arbeit braucht sowie ein besonderes Amt Landesplanung[68] in der Abt[eilung] Bau- und Wohnungswesen.

Maron schlägt vor:

1.) Stadtrat Kraft zu beauftragen, noch einmal mit der Zentralverwaltung für Land- und Forstwirtschaft zu verhandeln und sich auf die vorübergehende Zurverfügungstellung einer gewissen Menge Benzin zu einigen, um die dringendsten Aufgaben der Landmaschinenreparatur befriedigen zu können, und zugleich zu versuchen, bei Oberst Dubrowski[69] diese Benzinmenge freizubekommen;

2.) Bürgermeister Orlopp zu beauftragen, in nächster Zeit Besprechungen mit der Provinzialverwaltung, der Zentralverwaltung für Land- und Forstwirtschaft und der Abt[eilung] für Ernährung sowie der Abt[eilung] für Bau- und Wohnungswesen aufzunehmen über die Frage der Verpflanzung von Berliner Handwerkern in die Provinz.

BESCHLUSS: Der Magistrat stimmt diesen Vorschlägen zu.[70]

---

67 Vgl. zur Ansiedlung von „Neubauern" im Rahmen der Bodenreform in der Provinz Mark Brandenburg: Berichte der Landes- und Provinzialverwaltungen zur antifaschistisch-demokratischen Umwälzung 1945/46. Quellenedition, Berlin [Ost] 1989, S. 144–148, 202–214, 258 f., 361 u. 411; Wolfgang Ribbe: Das Land Brandenburg in der SBZ/DDR (1945 bis 1952), in: Brandenburgische Geschichte, hrsg. von Ingo Materna u. Wolfgang Ribbe, Berlin 1995, S. 715–720.

68 Vgl. hierzu das 70. Mag.prot. v. 17.8.1946, TOP 3 (Studiengesellschaft für Kulturlandschaftsplanung).

69 Chef der Transportabteilung der Sowjetischen Militäradministration in Berlin.

70 Vgl. zur Frage der Überlassung von Ackerschleppern für die Frühjahrsbestellung in der

10. FINANZEN

Hierzu liegt die Vorlage Nr. 44[71] vor, betreffend *Erwerb von Grundstücken* des früheren Reichs- und Preußischen Staatsfiskus und der früheren NSDAP durch den Magistrat sowie Erwerb des großen und kleinen *Tiergartens* und des Schlosses Bellevue.[72]

Dr. Haas bittet unter Hinweis auf die ausführliche schriftliche Begründung um Annahme der Vorlage.

Maron glaubt, daß man dem Antrag zustimmen kann; es handle sich nur um eine Art Rahmengesetz, eine Ermächtigung der Finanzabteilung, entsprechende Verhandlungen zu führen.

Schwenk schlägt eine Änderung in dem letzten Satz von Ziffer 1 vor. Es heißt dort: „Dem Magistrat ist zu gegebener Zeit eine Vorlage über die für die einzelnen Grundstücke g e t r o f f e n e Regelung zu unterbreiten." Es müßte korrekterweise heißen: b e a b s i c h t i g t e Regelung.

Dr. Haas ist mit der Änderung einverstanden.

BESCHLUSS: Die Vorlage Nr. 44 wird mit dieser Änderung einstimmig angenommen.[73]

Maron führt in Abwesenheit von Dr. Siebert zur Begründung der Vorlage Nr. 46[74], betreffend Verpflichtung der Eigentümer von *Arbeiterwohnstätten*[75] zur Zahlung der *Grundsteuer* aus eigenen Mitteln, aus: Bei einer Besprechung mit Dr. Siebert im kleineren Kreise ist bereits das Bedenken geltend gemacht worden, daß hier eine Reihe von Kleinhausbesitzern zusätzlich belastet werden könnten und daß gewisse Sicherungen dagegen in die Verordnung eingebaut werden müßten. Dr. Siebert hat sich damit einverstanden erklärt und will dieserhalb noch einmal mit dem wohnungspolitischen Ausschuß[76] verhandeln. Man könnte so verfahren, daß sich

---

Provinz Mark Brandenburg das 48. Mag.prot. v. 4.3.1946, TOP 8, u. das 49. Mag.prot. v. 9.3.1946, TOP 7.

71 LAB(STA), Rep. 100, Nr. 768, Bl. 8; auch in: LAB(STA), Rep. 101, Nr. 620, Bl. 111.
72 Der Beschlußtext der Mag.vorlage Nr. 44 v. 28.1.1946 lautete:
    „1. Der Erwerb der zur Verwendung für städtische Zwecke in Betracht kommenden Grundstücke des früheren Reichs- und Preußischen Staatsfiskus sowie der früheren NSDAP, deren Gliederungen und angeschlossenen Verbände ist zu betreiben, gegebenenfalls durch langfristige Überlassungsverträge. Der Stadtkämmerer wird ermächtigt, das Weitere zu veranlassen. Dem Magistrat ist zu gegebener Zeit eine Vorlage über die für die einzelnen Grundstücke getroffene Regelung zu unterbreiten.
    2. Insbesondere beschließt der Magistrat, den Erwerb des großen und kleinen Tiergartens sowie von Schloß und Park Bellevue alsbald durchzuführen."
    Vgl. zum Grundstückserwerb durch die Stadt Berlin auch das 41. Mag.prot. v. 14.1.1946, TOP 3.
73 Vgl. zum Erwerb bzw. zur Wiederaufforstung des Tiergartens das 9. Mag.prot. v. 2.7.1945, TOP 6, bzw. das 79. Mag.prot. v. 12.10.1946, TOP 6.
74 LAB(STA), Rep. 101, Nr. 620, Bl. 112; auch in: LAB(STA), Rep. 105, Nr. 684.
75 Vgl. zur rechtlichen Definition der „Arbeiterwohnstätten" die Begründung zur Mag.vorlage Nr. 46; Joachim Fischer-Dieskau: Grundsteuerbeihilfe für Arbeiterwohnstätten, in: Handwörterbuch des Städtebaues, Wohnungs- und Siedlungswesens, Bd. 2, Stuttgart 1959, S. 753 f.
76 Gemeint ist der Ausschuß für Bau- und Wohnungswesen des Magistrats; vgl. hierzu das 20. Mag.prot. v. 10.9.1945, TOP 8.

der Magistrat heute grundsätzlich mit der Vorlage einverstanden erklärt unter der Voraussetzung, daß keine zusätzliche Belastung der Mieter oder Eigentümer von Kleinheimstätten eintreten darf und daß das Einverständnis des wohnungspolitischen Ausschusses damit herbeigeführt werden muß.

Scharoun hat weitergehende Bedenken. Die Vorlage betrifft auch in erheblichem Umfang die Kleinwohnungen. Die ganze Sache müßte im wohnungspolitischen Ausschuß noch einmal besprochen werden. Eine grundsätzliche Annahme würde schon zu weit gehen.

BESCHLUSS: Der Magistrat beschließt, die Vorlage Nr. 46 zurückzustellen, bis der wohnungspolitische Ausschuß noch einmal dazu Stellung genommen hat.[77]

11. ALLGEMEINES

Jirak bringt eine Angelegenheit, betreffend die *Städtischen Werke Tegel*, zur Sprache: Wir haben einen Pachtvertrag mit der Rheinmetall-Borsig A.G.[78] Dieser Vertrag ist durch die französische Militärregierung für null und nichtig erklärt worden.[79] Es ist ein Treuhänder eingesetzt worden. Der Magistrat hat über die Städtischen Werke Tegel augenblicklich nichts zu bestimmen. In einem zweiten Befehl[80] der französischen Militärregierung wurde der Magistrat aufgefordert, einen anderen Vertrag unter Berücksichtigung der privatkapitalistischen Interessen zu entwerfen und diesen Vertrag dem Beauftragten, dem Treuhänder des Werkes, vorzulegen. Daraufhin wurde zwischen Dr. Siebert und dem Treuhänder eine Art Vorvertrag besprochen, nach dem die Rheinmetall-Borsig A.G. mit 55 % und die Stadt Berlin mit 45 % an dem Werk beteiligt werden sollten. Inzwischen hat sich die Familie Borsig in der Person von Dr. Albert von Borsig gemeldet. Er hat mit den Franzosen verhandelt und ist beauftragt worden, sich mit uns in Verbindung zu setzen wegen eines Vorvertrags. Gestern abend erhielten wir von dem Treuhänder des Städtischen Werkes Tegel, der gleichzeitig der Treuhänder für die Rheinmetall-Borsig A.G. ist, die Mitteilung, heute um 10 Uhr zu einer Sitzung zu kommen. Wegen der hier stattfindenden Magistratssitzung haben wir zunächst um Aufschub bis Montag gebeten. Es wurde uns dann gesagt: Wenn der Magistrat am Montag nicht erscheine, sehe sich die französische Militärregierung gezwungen, den Vertrag abzuschließen, ohne die Stadt zu fragen.

Der Redner bittet unter diesen Umständen, einen Ausschuß einzusetzen, um darüber zu beraten, welchen Weg der Magistrat in dieser Angelegenheit gehen soll. Der Redner steht seinerseits auf dem Standpunkt, den alten Pachtvertrag wieder

77 Vgl. zur erneuten Beratung der Mag.vorlage Nr. 46 durch den Magistrat das 46. Mag.prot. v. 16.2.1946, TOP 5.

78 Vgl. Dok. 10, Anm. 34; das Prot. der 1. Sitzung des Aufsichtsrats der „Städtisches Werk Tegel, Großreparaturwerkstatt GmbH" am 24.10.1945, in: LAB(STA), Rep. 115, Nr. 104; das 30. Mag.prot. v. 12.11.1945, TOP 4.

79 Vgl. die Abschriften der beiden entsprechenden Schreiben des französischen Stadtkommandanten General de Beauchêsne v. 2.1.1946 u. 10.1.1946, betr. Städtisches Werk Tegel, in: LAB(STA), Rep. 101, Nr. 665; das 3. Prot. der stellv. Stadtkommandanten v. 15.1.1946, TOP 41 u. Appendix A, in: LAB, Rep. 37, Acc. 3971, Nr. 218.

80 Vgl. die vorige Anm.

anzustreben und eine Beteiligung an dem neuen Vertrag mit der Rheinmetall-Borsig A.G. nicht einzugehen.

Dr. Landwehr und *Dr. Focke* nehmen in juristischen Ausführungen Stellung zu der komplizierten Rechtsfrage der Sache.

BESCHLUSS: Der Magistrat beschließt die Einsetzung eines Ausschusses, bestehend aus den Magistratsmitgliedern Maron, Orlopp, Dr. Landwehr,
Dr. Siebert, Jirak und Lange, zur Beratung der Angelegenheit Städtische Werke Tegel – Rheinmetall-Borsig A.G.[81]

[...][82]

---

81 Vgl. zur bisherigen und weiteren Entwicklung des Städtischen Werks Tegel das 46. Mag.prot. v. 16.2.1946, TOP 5.

82 Hier ist im Original des Protokolls eine Ergänzung zum 42. Mag.prot. v. 19.1.1946, TOP 3 (letzter Absatz), angegeben: Zustimmung zur Mag.vorlage Nr. 14, betr. Nebentätigkeit der Magistratsmitglieder und der Bezirksamtsmitglieder.

Dok. 68
Schreiben von Stadtrat Winzer an Kardinal
von Preysing vom 12. Februar 1946, betr.
konfessionellen Religionsunterricht in den Schulen

LAB(STA), Rep. 120, Nr. 3235, Bl. 39. – Maschinenschriftliche Durchschrift.[1]

– Hauptschulamt –

—— 42 12 00

An den

Bischof von Berlin,
Herrn Kardinal Dr. Konrad Graf
von P r e y s i n g.[2]

Berlin-Hermsdorf.
St. Dominikusstift.

W/St.   12.2.1946.

Konfessioneller Religionsunterricht in den Schulen.[3]

Wir beziehen uns auf Ihr Schreiben an den Magistrat der Stadt Berlin vom
10. Oktober 1945 und auf Ihr uns in Abschrift zugestelltes Schreiben an die
Alliierte Kommandantur vom 18. Januar 1946.[4]

---

1 Eine Abschrift von Winzers Schreiben ist vorhanden in: LAB, Rep. 280, Nr. 14485.
2 Vgl. zu Kardinal Graf von Preysing: Dok. 36, Anm. 3; das 41. Mag.prot. v. 14.1.1946,
   TOP 2, u. das 48. Mag.prot. v. 4.3.1946, TOP 8; Claus Siebenborn: Gespräch mit Kardinal
   von Preysing, in: Telegraf, 3.12.1946, S. 5; Konrad Kardinal von Preysing. Bischof
   von Berlin. Zur Vollendung seines 70. Lebensjahres hrsg. vom Bischöflichen Ordinariat
   Berlin, Berlin [West] 1950.
3 Vgl. zu den bisherigen Auseinandersetzungen um den Religionsunterricht das 6. Mag.prot.
   v. 11.6.1945, TOP 4, u. das 26. Mag.prot. v. 15.10.1945, TOP 3, u. das 43. Mag.prot. v.
   26.1.1946, TOP 3, u. das 44. Mag.prot. v. 31.1.1946, TOP 1; Dok. 33, 36 u. 39.
4 In seinem Schreiben an das Schulamt v. 10.10.1945 hatte Bischof Graf von Preysing
   die Wiedererrichtung konfessioneller Schulen in Berlin gefordert bzw. als „vorläufige
   Lösung" zumindest die Wiedereinführung des Religionsunterrichts als „ordentliches
   Lehrfach" in den Volksschulen und höheren Schulen, und er hatte den Magistrat gebeten,
   ihm „möglichst bald" zu antworten. Dieses Schreiben ist als Dok. 36 im Teil I dieser
   Edition abgedruckt. In einem Brief v. 18.1.1946 erhob er dann auch gegenüber der
   AK die Forderung auf Wiedereinführung der Konfessionsschule und, wo dies nicht
   möglich sei, auf Einführung des Religionsunterrichts „als schulplanmäßiges Lehrfach
   für die kath[olischen] Kinder". Er wies ferner darauf hin, daß der Magistrat seinen
   diesbezüglichen Antrag v. 10.10.1945 unbeantwortet gelassen habe. Der Brief ist als
   Abschrift vorhanden in: LAB(STA), Rep. 120, Nr. 3235, Bl. 42; als Fotokopie der
   englischen Fassung in: LAB, Rep. 280, Nr. 14486. Das Education Committee der AK
   übersandte eine Abschrift dieses Briefes des Kardinals Graf von Preysing mit Schreiben

Die Auffassung des Magistrats in der Frage des konfessionellen Religionsunterrichts ist klar und eindeutig. Sie ergibt sich aus der demokratischen Grundhaltung aller Mitglieder des Magistrats als Einzelpersonen und ist charakterisiert durch die Tatsache, daß die entscheidenden Beschlüsse des Magistrats zu dieser Frage jedesmal nach gründlicher Aussprache in den Sitzungen vom 10. Juni 1945 und 10. September 1945 *einstimmig* und in der vom 31. Januar 1946 nur in einem Punkt gegen 2 Stimmen gefaßt wurden.[5] Dabei ist der erste grundlegende Beschluß vom 10. Juni 1945[6] sogar mit der Zustimmung des Herrn Dr. Hermes, der damals 2. stellvertretender Oberbürgermeister und der führende Mann der eben entstehenden Christlich-demokratischen Union war, angenommen worden.[7] Angesichts dieses Tatbestandes erscheint es uns durchaus abwegig zu behaupten, daß die auch von uns als hochbedeutsam anerkannte Frage des Religionsunterrichts „einseitig auf Grund reiner Machtpositionen entschieden worden ist". Sie ist vielmehr entschieden worden auf Grund der Tatsache, daß alle Magistratsmitglieder die klare Erkenntnis gewonnen haben, daß die religiösen Zwistigkeiten der Vergangenheit, die die Geschichte des deutschen Volkes so unheilvoll beeinflußt haben, in der deutschen Gegenwart keinen Platz mehr haben dürfen. Die Demokratie als Praxis der politischen Freiheit für *alle* kann und darf nicht zulassen, daß staatliche Einrichtungen dem Interesse kleinerer oder größerer Gruppen dienstbar sind. Aus diesem einzigen Grunde hat der Magistrat beschlossen, einstimmig und wiederholt, daß der Religionsunterricht in den öffentlichen Schulen als ordentliches Lehrfach nicht zugelassen wird.

Mit Religionsfeindlichkeit hat diese Haltung nichts zu tun, wie sich auch klar aus dem Wortlaut der oben angeführten Beschlüsse ergibt. Der Magistrat stellt das Recht der Eltern auf religiöse Erziehung der Kinder ausdrücklich fest, als Recht der Eltern und als Angelegenheit der kirchlichen Gemeinschaften, aber

---

v. 29.1.1946 an die Mag.abt. für Volksbildung und befahl ihr gleichzeitig, „die in diesem Brief ausgedrückten Ansichten bei der Überlegung und Ausarbeitung von Plänen für religiöse Erziehung in den Berliner Schulen zu berücksichtigen" und „auf diesen Brief sofort eine Antwort zu erteilen". Eine Abschrift des Befehls des Education Committee ist vorhanden in: LAB(STA), Rep. 120, Nr. 3235, Bl. 41; vgl. auch das Prot. des Education Committee der AK v. 28.1.1946, TOP 6, in: LAB, Rep. 37: OMGBS, ECR, 4/16-1/6. In der außerordentlichen Mag.sitzung v. 31.1.1946 zur Regelung des Religionsunterrichts konnte dieser Befehl v. 29.1.1946 nicht berücksichtigt werden, weil ihn die Mag.abt. für Volksbildung erst am 1.2.1946 erhielt. Vgl. hierzu das Schreiben Winzers an die Schulkommission (Education Committee) der AK v. 9.2.1946, betr. Religionsunterricht; in: LAB(STA), Rep. 101, Nr. 62, u. Rep. 120, Nr. 3235, Bl. 40.

5 Die Daten der beiden erstgenannten Mag.sitzungen sind falsch. Es können hier nur die Sitzungen v. 11.6.1945 u. 15.10.1945 gemeint sein, und aus den Protokollen dieser beiden Mag.sitzungen geht lediglich hervor, daß die entsprechenden Mag.beschlüsse zur Regelung des Schulwesens einschließlich des Religionsunterrichts angenommen worden sind, aber nicht, daß die Annahme *einstimmig* erfolgt ist. Vgl. hierzu das 6. Mag.prot. v. 11.6.1945, TOP 4, u. das 26. Mag.prot. v. 15.10.1945, TOP 3. In der Mag.sitzung v. 31.1.1946 hatte es nicht zwei, sondern drei Gegenstimmen gegeben; vgl. das 44. Mag.prot. v. 31.1.1946, TOP 1.

6 Müßte heißen: 11. Juni 1945.

7 Hermes hatte sich allerdings für eine gründlichere Beratung und für eine Vertagung der Beschlußfassung ausgesprochen; vgl. das 6. Mag.prot. v. 11.6.1945, TOP 4.

nicht als Pflicht des Staates. Die Pflicht des Staates erschöpft sich darin, *allen* Bekenntnissen und Weltanschauungen die gleichen Möglichkeiten zu sichern. Der Magistrat ist – auf Grund des Befehls der Alliierten Kommandantur über den Religionsunterricht[8] – über diese seine einzige Verpflichtung noch hinausgegangen dadurch, daß er den Religionsgemeinschaften für den Religionsunterricht Schulräume nebst Licht und Heizung zur Verfügung stellt.[9] Außerdem hat die Schulverwaltung die Schulleiter veranlaßt, den Stundenplan so einzurichten, daß die Religionsgemeinschaften keine Schwierigkeit haben, den Religionsunterricht zu erteilen.[10]

In Ansehung der geschilderten grundsätzlichen Auffassungen und der praktischen Maßnahmen ist der Magistrat der Ansicht, daß der augenblickliche Zustand durchaus einen modus vivendi darstellt, der den berechtigten Interessen aller Beteiligten gerecht wird, sofern sie guten Willens sind.[11]

Mit vorzüglicher Hochachtung!

Magistrat der Stadt Berlin
Abteilung für Volksbildung

---

8 Gemeint ist die BK/O (46) 63 v. 24.1.1946; vgl. hierzu das 43. Mag.prot. v. 26.1.1946, TOP 3 (insb. Anm. 22).

9 Vgl. den Mag.beschluß v. 31.1.1946 (DurchführungsVO zur BK/O (46) 63), Punkt 4, in: LAB(STA), Rep. 120, Nr. 3235, Bl. 15; das 44. Mag.prot. v. 31.1.1946, TOP 1 (insb. Anm. 5).

10 Vgl. den Mag.beschluß v. 31.1.1946 (DurchführungsVO zur BK/O (46) 63), Punkt 3, in: LAB(STA), Rep. 120, Nr. 3235, Bl. 15; das 44. Mag.prot. v. 31.1.1946, TOP 1 (insb. Anm. 5).

11 Vgl. zu den weiteren Auseinandersetzungen um den Religionsunterricht das 54. Mag.prot. v. 17.4.1946, TOP 4; das Hirtenwort Kardinal Graf von Preysings v. 13.5.1946 zur Anmeldung für den Religionsunterricht, abgedruckt in: Berlin. Quellen und Dokumente, 1. Halbbd., S. 532 f.; Dok. 93.

Dok. 69
46. Magistratssitzung vom 16. Februar 1946

LAB(STA), Rep. 100, Nr. 768, Bl. 41 – 47 u. 55. – Umdruck.[1]

Beginn: 10.10 Uhr   Schluß: 14.45 Uhr

Anwesend: Dr. Werner, Maron, Orlopp, Schwenk, Lange, Dr. Landwehr, Dr. Siebert, Schulze, Pieck, Geschke, Scharoun, Buchholz, Dr. Düring, Dr. Redeker, Grommann, Fleischmann, Kraft, Dr. Haas, Rumpf, Karweik, Winzer, Kehler, Jirak, Starck, Dr. Schellenberg, Jendretzky, Dusiska, Schmidt, Böttcher, Knoll.[2]

Tagesordnung: 1. Protokoll
                2. Personalfragen
                3. Handel und Handwerk
                4. Rechtsabteilung
                5. Finanzen
                6. Sozialwesen
                7. Volksbildung
                8. Verkehr
                9. Bau- und Wohnungswesen
               10. Städtische Betriebe
               11. Arbeitsfragen
               12. Allgemeines.

Den Vorsitz führt: Oberbürgermeister Dr. Werner, später Bürgermeister Maron.

1. PROTOKOLL
Die Niederschrift der Sitzung vom 2.2.46 wird ohne Beanstandung genehmigt.

2. PERSONALFRAGEN
Dr. Werner stellt dem Magistrat den *neuberufenen* Stellvertreter von Prof. Scharoun, Herrn *Starck*, bisher stellv[ertretender] Bürgermeister im Bezirk Friedrichshain, vor.[3]

---

1 Weitere Umdruckexemplare dieses Protokolls sind vorhanden in: LAB(STA), Rep. 100, Nr. 752, lfd. S. 63 – 77; LAB, Rep. 228, Mag.protokolle 1946, u. Rep. 280, Nr. 8501/7.

2 In der Anwesenheitsliste ist Mittag nicht aufgeführt, der im Text des Protokolls (TOP 8) als Redner genannt wird.

3 Vgl. das 45. Mag.prot. v. 2.2.1946, TOP 2. Vgl. zur Abgrenzung der Zuständigkeiten Scharouns, seines ersten Stellvertreters Starck und seines zweiten Stellvertreters Karweik das gemeinsame Rundschreiben von Starck und Karweik v. 27.2.1946, betr. Errichtung eines Amtes für Koordination, in: Akademie der Künste (Berlin-Tiergarten), NL Scharoun, Mappe Mag 1/15.

Starck gibt einige Daten aus seinem Leben bekannt.[4] Nach Erlangung der Mittel-schulreife hat er das Bauhandwerk erlernt, ist Maurerpolier und Bauführer geworden. Schon frühzeitig ist er zur Arbeiterbewegung gekommen[5] und gewerkschaftlich und politisch darin tätig gewesen, u[nter] a[nderem] als Redakteur der Bauarbeiterzei-tung[6]. Er ist anerkanntes Opfer des Faschismus, hat 6 Jahre in Zuchthäusern und Gefängnissen gesessen.

3. HANDEL UND HANDWERK

Orlopp begründet die Vorlage Nr. 55[7] über eine neue *Marktordnung für Tausch-märkte*.[8] Die Neuerung besteht hauptsächlich darin, daß verschärfte Strafen vorgese-

---

4 Vgl. zur Biographie Starcks die Abschrift seines Fragebogens für die Militärregierung v. 1.10.1947, in: LAB, Rep. 37: OMGBS, PAB, 4/127-2/37; die Abschrift eines von Starck verfaßten Lebenslaufs v. 15.3.1951, in: SAPMO-BArch, ZPA, Kaderakte IV 2/11/v. 455; Geist/Kürvers, S. 281.

5 Starck war 1924 dem Kommunistischen Jugendverband Deutschlands und 1927 der KPD beigetreten.

6 Von Mai 1932 bis Februar 1933 war Starck Redakteur der Gewerkschaftszeitung „Pionier" gewesen.

7 LAB(STA), Rep. 100, Nr. 768, Bl. 16; auch in: LAB(STA), Rep. 106, Nr. 139.

8 Die AK hatte dem Magistrat mit BK/O (45) 38 v. 24.8.1945 die Anordnung erteilt, in jedem Besatzungssektor „eine oder zwei Stellen zum Zwecke des Tauschhandels" zu bestimmen und „einer weiteren Anzahl von neuen Geschäftsbetrieben auf Kommis-sionsbasis die Gewerbeberechtigung zu erteilen", und mit BK/O (45) 95 v. 15.9.1945 hatte sie angeordnet, die Eröffnung der befohlenen Zahl von „Tauschhandelmärkten" („Barter shops") zu beschleunigen. Die beiden BK/Os sind vorhanden in: LAB, Rep. 280, Nr. 3672 u. 12253. Vgl. hierzu auch: Die Berliner Konferenz, S. 98. Der Magistrat führte die beiden Anordnungen der AK durch, indem er ab 4.9.1945 einen „Gebrauchtwaren-Tausch- und Handelsmarkt" auf dem Gelände Brunnenstraße 141 im Bezirk Wedding stattfinden ließ und in der Woche vom 29.10. bis 3.11.1945 entsprechende Tauschmärkte in allen vier Sektoren Berlins eröffnete. Die Verordnungen v. 21.8.1945 bzw. 25.10.1945 zur Eröffnung dieser Märkte wurden veröffentlicht in: VOBl., Jg. 1 (1945), S. 81 u. 133, u. Berliner Zeitung, 28.10.1945, [S. 4]; die zugehörigen Durchführungsbestimmungen v. 21.8.1945 bzw. die Marktordnung v. 25.10.1945 in: VOBl., Jg. 1 (1945), S. 82 u. 133 f., u. Berliner Zeitung, 28.10.1945, [S. 4]. Vgl. hierzu auch: Ein Tauschmarkt für Berlin, in: Das Volk, 26.8.1945, [S. 3]; Noch einmal: Vom Tauschen! Wo und wie soll der Berliner tauschen?, in: Berliner Zeitung, 30.8.1945, [S. 4]; „Tausche Röhren gegen Schuhe ..." Streiflichter vom neuen Tauschmarkt in der Brunnenstraße, in: Berliner Zeitung, 7.9.1945, [S. 2]; Berlin. Kampf um Freiheit, S. 154 u. 200.
Mit BK/O (45) 206 v. 3.11.1945 erließ die AK weitere Vorschriften zu Tauschläden. Die BK/O ist vorhanden in: LAB, Rep. 280, Nr. 6662. Vgl. hierzu auch: Die Berliner Konferenz, S. 104. Mit BK/O (46) 25 v. 10.1.1946 stellte die AK dem Magistrat dann frei, „die Eröffnung neuer Tauschmärkte vorzuschlagen mit dem Zweck, den schwarzen Markt einzudämmen". Ferner sollten alle Tauschmärkte „an denselben Tagen, während derselben Stunden offenbleiben". Die BK/O ist vorhanden in: LAB, Rep. 280, Nr. 12457. Mit Schreiben v. 19.1.1946 u. 28.2.1946 beantragte der Magistrat bei der AK die Aufhebung der letztgenannten Vorschrift. Die Schreiben sind vorhanden in: LAB(STA), Rep. 101, Nr. 56.
Der Magistrat hatte die Anordnungen der AK umzusetzen, er war aber an sich gegen die Einrichtung der auch als „graue Märkte" bezeichneten Tauschmärkte. Er sah in ihnen kein Mittel zur Eindämmung des Schwarzmarkts, sondern vertrat im Gegenteil die Auffassung,

hen sind: Geldstrafe in unbeschränkter Höhe und Gefängnisstrafe, außerdem Einzug der Gegenstände, auf die sich die strafbare Handlung bezieht.[9]
BESCHLUSS: Die Vorlage Nr. 55 wird einstimmig angenommen.[10]

Orlopp empfiehlt weiter die Annahme der Vorlage Nr. 60[11] über *Errichtung eines Genossenschaftsamts.*[12] Der Zweck der Vorlage ist, über die neu entstehenden Genossenschaften an einer Stelle eine Kontrolle zu haben, wohin sich auch das Registergericht, wie früher an die Industrie- und Handelskammern, wenden kann.[13]
Pieck möchte den vorletzten Satz der Begründung mit in die Vorlage aufgenommen haben:

> Dem Genossenschaftsamt steht zur Wahrnehmung seiner Aufgaben ein Genossenschaftsausschuß zur Seite.

Maron beantragt, auch den letzten Satz der Begründung noch mit in die Vorlage aufzunehmen:

> Die Berufung in diesen Ausschuß und die Abberufung aus ihm erfolgt durch den Leiter der Abteilung für Handel und Handwerk des Magistrats der Stadt Berlin im Einvernehmen mit den beteiligten Hauptabteilungen des Magistrats.

---

daß der Schwarzhandel durch diese Märkte gefördert werde. Vgl. hierzu die Protokolle der Konferenzen der Bezirksbürgermeister am 24.8.1945, TOP 3, am 16.11.1945, TOP 3, am 21.12.1945, TOP 3, u. am 24.1.1946, TOP 2, in: LAB, Rep. 280, Nr. 1597, 1598, 3842 u. 3846.

9 Ein weiterer wichtiger Unterschied zwischen der bisherigen Marktordnung v. 25.10.1945 und der mit der Mag.vorlage Nr. 55 v. 29.1.1946 vorgelegten neuen Marktordnung für Tauschmärkte bestand darin, daß nunmehr entsprechend den Vorgaben der AK nur noch der Tausch, aber nicht mehr der Verkauf von Gebrauchtwaren zulässig war, wobei der Wert der getauschten Artikel nur mit 75 % des im Jahr 1939 bestehenden Kaufpreises für gleiche neue Artikel in Rechnung gestellt werden durfte.

10 Die hiermit beschlossene Marktordnung für Tauschmärkte wurde mit Datum v. 16.2.1946 veröffentlicht in: Berliner Zeitung, 8.3.1946, [S. 4]; Das Volk, 9.3.1946, [S. 3]; VOBl., Jg. 2 (1946), S. 86 f.

11 LAB(STA), Rep. 100, Nr. 768, Bl. 24; auch in: LAB(STA), Rep. 106, Nr. 139.

12 Vgl. zu den Konsumgenossenschaften das 12. Mag.prot. v. 23.7.1945, TOP 7, u. das 42. Mag.prot. v. 19.1.1946, TOP 6, u. das 48. Mag.prot. v. 4.3.1946, TOP 8 (Orlopp u. Klimpel).

13 In der Begründung der Mag.vorlage Nr. 60 v. 28.1.1946 heißt es unter anderem: „Die Bildung von Genossenschaften, soweit sie tatsächliche genossenschaftliche Grundlagen und Zielsetzungen haben, ist erwünscht und muß gefördert werden. Es besteht die dringende Notwendigkeit der amtlichen Einflußnahme auf die Entwicklung des Genossenschaftswesens. Die Bildung von Genossenschaften aller Art und von Genossenschaftsverbänden bedarf der planmäßigen Lenkung. Bestehende Genossenschaften und Genossenschaftsverbände müssen betreut und überwacht werden. Es muß die Möglichkeit geschaffen werden, die Auflösung unerwünschter Genossenschaften und Genossenschaftsverbände zu veranlassen." Alle bestehenden und neu zu gründenden Genossenschaften und Genossenschaftsverbände sollten daher vom Genossenschaftsamt registriert bzw. zugelassen werden: „Das Genossenschaftsamt bewirkt die Eintragung neu errichteter Genossenschaften in das Genossenschaftsregister und die registergerichtliche Eintragung von Genossenschaftsverbänden."

BESCHLUSS: Die Vorlage Nr. 60 wird mit diesen Ergänzungen angenommen.[14]

Orlopp begründet weiter die Vorlage Nr. 72[15], betreffend Bildung eines *Prüfungs-
und Zulassungsausschusses für Wirtschaftsprüfer* und verwandte Berufe. Eine Durchprüfung sämtlicher Wirtschaftsprüfer, Buchprüfer und Steuerhelfer – rund 2 500 Personen – auf ihre fachliche Eignung, politische Zuverlässigkeit und ihre Umsätze ist
von seiten der Bezirke in den vergangenen Monaten durchgeführt worden. Das ganze
Gewerbe, eine der wichtigsten Sparten des Wirtschaftslebens, ist dadurch restlos
bereinigt worden. Nunmehr handelt es sich um die Bildung eines Zulassungsorgans
für diejenigen Personen, die neu in den Beruf der Wirtschaftsprüfer aufgenommen
werden wollen. Über die Vereidigung der Buchprüfer wird später eine besondere
Vorlage eingebracht werden.[16]

Lange befürwortet eine redaktionelle Umarbeitung der Vorlage. Es handelt sich
nicht eigentlich um die Zulassung von Wirtschaftsprüfern, sondern um ihre Bestellung. Zugelassen zur Prüfung wird der Bewerber von einem Zulassungsausschuß,
für den besondere Zulassungsbedingungen bestehen. Nach Bestehen der Prüfung
erfolgt seine Bestellung zum Wirtschaftsprüfer. In die Präambel sollte man auch
einen Hinweis auf die frühere Verordnung über die Bestellung von Wirtschaftsprüfern
und verwandte Berufe vom 21.10.31[17] aufnehmen.

BESCHLUSS: Der Magistrat stimmt der Vorlage Nr. 72 grundsätzlich zu, beauftragt aber die Rechtsabteilung mit einer nochmaligen Durchsicht
der Formulierung.[18]

Orlopp bittet, die Beratung der Vorlage Nr. 74[19], betreffend *Zulassungszwang für
die Ausübung freier Berufe*[20], zurückzustellen, da Einsprüche nach der Richtung

---

14 Der hier gefaßte Mag.beschluß, ausgefertigt am 19.2.1946, ist vorhanden in: LAB(STA),
   Rep. 106, Nr. 106/2. Er wurde der AK mit Schreiben v. 1.3.1946 zur Genehmigung
   zugeleitet; siehe: a.a.O. Diese Genehmigung ist offenbar erfolgt, denn im Geschäftsverteilungsplan der Mag.abt. für Handel und Handwerk v. 30.8.1946 ist das Genossenschaftsamt aufgeführt; siehe: LAB, Rep. 280, Nr. 17134. Vgl. auch: Das erste Jahr,
   S. 100.
15 LAB(STA), Rep. 100, Nr. 768, Bl. 40.
16 Dies ist nicht geschehen.
17 Gemeint ist die „Verordnung zur Ausführung des § 36 Abs. 3 der Gewerbeordnung
   (öffentliche Bestellung von Wirtschaftsprüfern)" v. 21.10.1931, in: RGBl., Jg. 1931,
   Teil I, S. 658.
18 Der Beschlußtext der hier prinzipiell angenommenen Mag.vorlage Nr. 72 v. 2.2.1946
   ist in stark geänderter Form als Mag.beschluß unter der Bezeichnung „Verordnung über
   das Wirtschaftsprüfungswesen", ausgefertigt am 17.4.1946, vorhanden in: LAB(STA),
   Rep. 106, Nr. 126. Er wurde der AK mit Schreiben v. 29.4.1946 zur Genehmigung
   zugeleitet; siehe: a.a.O. Die AK hat diese VO aber offensichtlich nicht genehmigt, denn
   sie ist nicht im VOBl. veröffentlicht worden. Die rechtliche Regelung der Zulassung und
   Prüfung der Angehörigen der wirtschafts- und steuerberatenden Berufe erfolgte erst durch
   eine Bekanntmachung des zweiten Nachkriegsmagistrats v. 30.6.1947; veröffentlicht in:
   VOBl., Jg. 3 (1947), S. 231.
19 LAB(STA), Rep. 100, Nr. 768, Bl. 51.
20 Die Begründung der Mag.vorlage Nr. 74 v. 11.2.1946 hat den folgenden Wortlaut: „Die
   Ausübung eines freien Berufes muß einer amtlichen Kontrolle unterworfen werden. Die
   Berufsausübung als beratender Volkswirt, als Wirtschaftsberater, als Betriebswirt, als
   Architekt, als Ingenieur, als beratender Ingenieur, als Chemiker, als Privatlehrer muß von

erfolgt sind, daß man Künstler und Wissenschaftler, für die keine Berufskammern bestehen, wo sie den fachlichen Nachweis erbringen können, nicht einfach unter die Verordnung fallen lassen könne.

Lange bittet, für die weiteren Vorberatungen auch die Rechtsabteilung zuzuziehen.

BESCHLUSS:　Die Erledigung der Vorlage Nr. 74 wird vertagt.[21]

Orlopp zieht die Vorlage Nr. 76[22], betreffend Ausschluß der ehemaligen Mitglieder der NSDAP usw. von der Belieferung mit *Raucherkarten*, zurück, da nach den vorliegenden Informationen keine Aussicht besteht, daß der geplanten Maßnahme von der Alliierten Kommandantur zugestimmt wird. Veranlaßt war die Vorlage durch die große Knappheit an Tabak und das weitgehende Verlangen, auch Frauen über 55 Jahre die Raucherkarte zuzubilligen.[23]

BESCHLUSS:　Der Magistrat nimmt von der Zurückziehung der Vorlage Nr. 76 Kenntnis.

Orlopp empfiehlt weiter die Vorlage Nr. 79[24] auf *Errichtung einer Handwerkskammer* für Berlin und führt dazu aus: Seine persönliche Meinung gehe dahin, Handwerkskammern nicht selbständig bestehen zu lassen, sondern sie in die kommenden Industrie- und Handelskammern einzubauen. Aus verschiedenen Gründen sei das aber noch nicht möglich. Wenn später Industrie- und Handelskammern geschaffen werden, kann man erneut darüber beraten, ob und wie man die Handwerkskammer einbauen kann. Die in der Vorlage aufgeführten 10 Fachabteilungen umfassen die jetzt bestehenden 53 Innungen[25], deren Verwaltung damit vereinheitlicht wird. Die Verordnung bedarf der Zustimmung der Alliierten Kommandantur.[26]

---

einer Zulassung durch das zuständige Bezirksamt abhängig gemacht werden. Jede Berufsbezeichnung muß der Öffentlichkeit die Gewähr geben, daß damit das erforderliche Maß fachlicher Eignung verbunden ist. Außerdem ist der Zulassungszwang deshalb unumgänglich, weil die persönliche und insbesondere die politische Zuverlässigkeit geprüft werden muß." „Die vorstehende Aufzählung freier Berufe ist nicht erschöpfend; sie umfaßt die wichtigsten freien Berufe, soweit sie nicht durch eine besondere Organisation zugelassen und kontrolliert werden."

21　Die Mag.vorlage Nr. 74 ist in den folgenden Mag.sitzungen nicht wieder behandelt worden. – Vgl. zur Besteuerung der freien Berufe das 47. Mag.prot. v. 23.2.1946, TOP 6.

22　LAB(STA), Rep. 100, Nr. 768, Bl. 53.

23　In der Begründung der Mag.vorlage Nr. 76 v. 11.2.1946 heißt es, daß für die bisherige monatliche Verteilung von 12 Zigaretten an Männer und 6 Zigaretten an Frauen insgesamt 18 1/2 Millionen Zigaretten pro Monat für die Berliner Bevölkerung benötigt wurden. – Für den Monat Juni 1946 wurden Raucherkarten an berufstätige Berliner Frauen ausgegeben, die das 55. Lebensjahr überschritten hatten; siehe: VOBl., Jg. 2 (1946), S. 172.

24　Die Mag.vorlage Nr. 79 v. 14.2.1946 ist vorhanden in: LAB(STA), Rep. 106, Nr. 139.

25　Vgl. hierzu das 11. Mag.prot. v. 16.7.1945, TOP 7.

26　Die Begründung der Mag.vorlage Nr. 79 hat den folgenden Wortlaut: „Um die Berliner Handwerkswirtschaft einsatzfähig zu machen, ist die Regelung der organisatorischen Verhältnisse im Handwerk dringend erforderlich. Zu diesem Zweck wird die Handwerkskammer errichtet, die in Verbindung mit all den im Antrag genannten Stellen der Wirtschaft, der Behörden und der Gewerkschaften die Handwerkswirtschaft zu lenken hat. Um jede Überorganisation zu vermeiden, sind die bisherigen Innungen als Fachabteilungen in die Handwerkskammer einzugliedern und hier zusammenzufassen, so daß eine einheitliche Steuerung des Handwerks von einer Stelle aus möglich ist."

Lange schlägt für § 1 die kürzere und klarere Fassung vor:

Für die selbständigen Handwerker im Stadtgebiet Berlin wird eine Handwerkskammer errichtet.[27]

In § 3 sei die Aufzählung der Aufgaben der Handwerkskammer nicht glücklich gefaßt.[28] Vielleicht könnte hier noch einmal eine redaktionelle Überarbeitung vorgenommen werden.

Scharoun macht darauf aufmerksam, daß für das Bauhandwerk und auch für die Bauindustrie die hier in Frage stehenden Aufgaben bei der Vereinigung Berliner Baubetriebe[29] zusammengefaßt sind. Wenn jetzt wieder Handwerks- sowie Industrie- und Handelskammern erstehen, würde diese Zusammenfassung innerhalb des Bausektors wieder auseinanderfallen.

Orlopp zerstreut diese Bedenken.

BESCHLUSS: Die Vorlage Nr. 79 wird mit der Maßgabe einer nochmaligen redaktionellen Durchsicht angenommen.[30]

---

27 § 1 der Mag.vorlage hat den folgenden Wortlaut: „Zur Durchführung der Anordnungen des Berliner Magistrats auf dem Gebiete des Handwerks wird in Berlin eine Handwerkskammer für die selbständigen Handwerker zur Mitarbeit am Aufbau Berlins errichtet."

28 § 3 der Mag.vorlage hat den folgenden Wortlaut:

„Die Handwerkskammer ist beratendes Organ des Magistrats. Zu ihren vordringlichen Aufgaben gehören technische Vorschläge für die Neugestaltung sowie für die Verteilung von Rohstoffen und Unterstützung einer fachlichen Ausbildung, Erziehung der Handwerker zum demokratischen Denken, Erfahrungs- und Meinungsaustausch zur Ausnutzung der Produktionskapazität im Handwerk. Sie wirkt außerdem in den Lehrlings- und Gesellenausschüssen mit, sie unterstützt Einrichtungen von Berufsausbildungs- und Fachschulen. Sie wirkt beratend bei der Bewirtschaftung von Roh- und Hilfsstoffen sowie Maschinen und Werkzeugen.

Sie hilft bei der kaufmännischen Rationalisierung der Betriebe, Förderung des Genossenschaftswesens, Rechts- und Steuerberatung. Sie unterstützt die Behörden in allen Handwerksfragen, insbesondere durch Sammlung von statistischen Unterlagen für Wirtschaftslenkung."

Nach § 2 der Mag.vorlage sollte sich der Vorstand der Handwerkskammer zusammensetzen aus einem vom Magistrat ernannten Präsidenten, fünf vom Magistrat bestellten Handwerksmeistern, vier von den Gewerkschaften bestellten Vertretern und drei vom Magistrat bestellten Vertretern des „Amtes für Arbeit" (gemeint ist wohl die Mag.abt. für Arbeit).

29 Vgl. hierzu das 11. Mag.prot. v. 16.7.1945, TOP 8, u. das 41. Mag.prot. v. 14.1.1946, TOP 4.

30 Der hier gefaßte Mag.beschluß, betr. Errichtung einer Handwerkskammer für Berlin, ist der AK am 16.2.1946 mit der Bitte um Genehmigung zugeleitet worden. Anfang Juli 1946 ist diese Bitte schriftlich erneuert worden. Vgl. hierzu den korrigierten Entwurf des entsprechenden Schreibens des Magistrats, in: LAB(STA), Rep. 106, Nr. 139; das Prot. der Konferenz der Bezirksbürgermeister am 11.7.1946, TOP 2, in: LAB, Rep. 280, Nr. 3862. Vgl. ferner das 58. Mag.prot. v. 18.5.1946, TOP 7 (VO über die Errichtung einer Industrie- und Handelskammer der Stadt Berlin), u. das 78. Mag.prot. v. 5.10.1946, TOP 6 (Orlopp). Aus den Kreisen der Berliner Handwerker wurde an der Errichtung einer Handwerkskammer in der vom Magistrat beabsichtigten Form wiederholt Kritik geübt. Siehe: Berlin. Kampf um Freiheit, S. 460, 467, 472 u. 504; drei Schreiben v. 19.6.1946, 4.7.1946 u. 8.7.1946, in: LAB(STA), Rep. 106, Nr. 139. Vgl. ferner: Eine neue Handwerkskammer in Berlin, in: Der Kurier, 1.7.1946, S. 4; Hans Haarfeldt: Handwerkskammern, in: Telegraf, 11.7.1946, S. 4; Wirtschaftskammer. Die Errichtung

Orlopp gibt nunmehr einige mündliche Erläuterungen zu dem schriftlich vorliegenden *Tätigkeitsbericht der Abt[eilung] für Handel und Handwerk.*[31] Der Aufbau der
Abteilung, der nicht nur für den Augenblick, sondern für die weitere Zukunft geplant
ist, hat jetzt seinen Abschluß gefunden.[32] Das Fundament bilden die Fachämter
mit den einzelnen Dezernaten sowie r[un]d 500 ehrenamtlichen Mitarbeitern, den
Handelsbeiräten. Diese Handelsbeiräte haben insbesondere die Arbeit der früheren
Wirtschaftsverbände und früheren Fachgruppen übernommen.

Die Entwicklung auf den einzelnen Gebieten von Handel[33] und Handwerk ergibt
sich aus folgenden Zahlen. Wir hatten im Großhandel 1933 r[un]d 13 700 Betriebe,
wir haben jetzt wieder r[un]d 5 000 Betriebe, d[as] h[eißt] es sind r[un]d 40 %
der Großhandelsbetriebe wieder in Gang. Die Zahl der Beschäftigten in diesen
Betrieben betrug 1933 r[un]d 94 000, sie beträgt heute 22 000. Im Einzelhandel
sind die Unternehmungen von 84 000 auf 41 000 und die Zahl der Beschäftigten
von 194 000 auf 120 000 zurückgegangen. An Gaststätten bestanden damals 15 000,
heute bestehen schon wieder 5 100. In ihnen waren beschäftigt[:] damals 57 000,
heute 18 000 Personen.

Bei den handwerklichen Betrieben kommt die Entwicklung in den Zahlen noch
stärker zum Ausdruck.[34] Wir hatten 1939 in Berlin r[un]d 66 000 Handwerksbetriebe,

---

einer Handwerkskammer in Berlin und ihre Problematik, in: Telegraf, 14.7.1946,
S. 4; Für einheitliche Wirtschaftskammern. SPD-Handwerker lehnen Magistratsvorlage
ab, in: Telegraf, 31.7.1946, S. 3; Der Diktator vom Backtrog. Um die Vorlage der
neuen Berliner Handwerkskammer, in: Tägliche Rundschau, 13.8.1946, S. 5; Um die
Handwerkskammer, in: Telegraf, 8.10.1946, S. 3; „Um die Handwerkskammer", in:
Telegraf, 11.10.1946, S. 3.
Die AK hat den hier gefaßten Mag.beschluß nicht genehmigt. Vielmehr ordnete sie mit
BK/O (47) 49 v. 21.2.1947 an, ihn der StVV „zur nochmaligen Prüfung" vorzulegen. Die
BK/O ist vorhanden in: LAB(STA), Rep. 101, Nr. 78. Vgl. zu den Auseinandersetzungen
um die Kammerorganisation der Berliner Wirtschaft im Jahr 1947 und in den folgenden
Jahren: Jürgen Fijalkowski u. a.: Berlin – Hauptstadtanspruch und Westintegration,
Köln/Opladen 1967 (Schriften des Instituts für Politische Wissenschaft, Bd. 20), S. 189 –
194 u. 301 – 306; Schlegelmilch: Hauptstadt im Zonendeutschland, S. 417 – 431.

31 Dieser Tätigkeitsbericht v. 8.2.1946 ist vorhanden in: LAB(STA), Rep. 113, Nr. 295,
   Bl. 1 – 31. Vgl. auch die Tätigkeitsberichte der Mag.abt. für Handel und Handwerk in:
   Ein halbes Jahr Berliner Magistrat, S. 91 – 96; Das erste Jahr, S. 88 – 108; Nachtrag v.
   23.8.1946 zum Jahresbericht der Abteilung für Handel und Handwerk, in: LAB(STA),
   Rep. 101, Nr. 1213. Vgl. ferner: Hans Haarfeld[t]: Die neuen Handwerksorganisationen,
   in: Deutsche Volkszeitung, 10.1.1946, S. 3; „Berlin – stärkster Lebensimpuls!", in:
   Nacht-Express, 25.2.1946, [S. 1]; Hans Haarfeldt: Die Genossenschaften im Handwerk,
   in: Berliner Zeitung, 12.4.1946, [S. 2]; Stadtrat Orlopp über die Berliner Wirtschaft, in:
   Berliner Zeitung, 24.4.1946, [S. 2]; Hans Haarfeldt: Die Lieferungsgenossenschaften im
   Handwerk, in: Berliner Zeitung, 4.5.1946, [S. 2]; Neue Handwerkspolitik. Übernahme
   von Aufgaben der Industrie, in: Der Morgen, 9.5.1946, S. 4; Dok. 75, Anm. 97.
32 Vgl. zum Aufbau der Mag.abt. für Handel und Handwerk das 11. Mag.prot. v. 16.7.1945,
   TOP 7; die Geschäftsverteilungspläne v. Juni 1945, 1.8.1945 u. 30.8.1946, in: LAB(STA),
   Rep. 106, Nr. 139, bzw. LAB, Rep. 280, Nr. 17134; das Organigramm v. Januar 1946,
   in: LAB(STA), Rep. 113, Nr. 295, Bl. 7.
33 Vgl. zu den Handelsbetrieben auch die Zahlenangaben in: Orlopp: Zusammenbruch,
   S. 64 f.
34 Vgl. zu den Handwerksbetrieben auch die Zahlenangaben in: Orlopp: Zusammenbruch,

im Mai 1945 haben wir wieder angefangen mit 5 000 Betrieben, deren Zahl von Monat zu Monat gestiegen ist auf 43 360 am 1. Januar 1946. Beschäftigt waren im Handwerk 1939 148 000 Menschen, heute sind es 167 000, also 19 000 Menschen mehr. Darin spiegelt sich die Verlagerung von der Industriearbeit auf die handwerkliche Arbeit wider. Z[ur] Z[ei]t werden insgesamt von der Abt[eilung] Handel und Handwerk 95 000 Betriebe mit 330 000 Beschäftigten betreut, also ein beträchtlicher Prozentsatz der überhaupt heute in Arbeit stehenden Menschen.

Die Bemühungen, für die Ingangsetzung dieser Betriebe Kredite zu bekommen, waren außerordentlich erschwert. Von den über die Fachämter beantragten Krediten im Betrage von r[un]d 7 Millionen RM wurden nur 2 680 000 RM bewilligt. Für die Zukunft sind von der Stadtbank Personalkredite in Aussicht gestellt, wodurch hoffentlich der Aufbau etwas erleichtert wird. Es muß auf diesem Gebiet großzügiger als bisher gearbeitet werden. Die meisten Handwerks- und anderen Betriebe können heute praktisch keine Garantien mehr an Werten geben, da die Gebäude und Maschinen zum größten Teil zerstört sind. Sie sind also auf den Personalkredit angewiesen. Auch der Zinssatz muß für bestimmte Zwecke gesenkt werden. Vor allem müssen die Kredite langfristig gegeben werden.

Ein anschauliches Bild über die Entwicklung gibt die graphische Darstellung der Umsatzsteueraufkommen, die ständig gestiegen sind.[35] In bezug auf die Bereinigung der Betriebe von ungeeigneten und unzu[ver]lässigen Elementen ist alles Erdenkliche getan worden. Die gewerbliche Zulassung haben nur solche Personen bekommen, die neben der fachlichen Eignung die politische Zuverlässigkeit nachweisen konnten.[36] Trotzdem haben sich Unberufene eingeschlichen. Bis zum 1. Januar 1946 waren 734 Anzeigen eingelaufen, von denen nach sorgfältiger Prüfung 227 an die Staatsanwaltschaft und 183 an den Polizeipräsidenten weitergeleitet worden sind. Strafen wurden insgesamt im Betrage von 210 000 RM verhängt. Mit dem Preisamt findet eine engste Zusammenarbeit statt.[37] Es ist immerhin gelungen, die Dinge auf dem Preisgebiet einigermaßen in der Hand zu behalten. In anderen Städten sieht es in dieser Hinsicht teilweise erheblich schlimmer aus.

Die Versorgung der Berliner Bevölkerung mit Waren ist im Rahmen des Möglichen durchgeführt worden. Es konnten immerhin von Mai 1945 bis heute r[un]d 300 000 Berliner eingekleidet werden. Der Redner vertritt die Auffassung, daß der Handel einschließlich des Großhandels in seiner freien Betätigung nicht durch die Kommunalverwaltung beschränkt werden sollte, auch nicht auf dem Gebiet der Lebensmittelversorgung.[38]

S. 70 f.; ferner den Tätigkeitsbericht des Ressorts Handwerk der Mag.abt. für Handel und Handwerk v. 15.4.1946, in: LAB, Rep. 280, Nr. 14454.

35 Vgl. das entsprechende Schaubild in: LAB(STA), Rep. 113, Nr. 295, Bl. 27.

36 Vgl. zur Entnazifizierung im Handel und Handwerk: Dok. 14 (insb. Anm. 2); das 12. Mag.prot. v. 23.7.1945, TOP 2; die Protokolle der Konferenzen der Bezirksbürgermeister am 14.12.1945, TOP 2, u. am 21.12.1945, TOP 2, in: LAB, Rep. 280, Nr. 1599 u. 3842.

37 Vgl. zur Kritik am Preisamt: Dok. 55, Anm. 44.

38 Orlopp hatte sich wiederholt für die Einschaltung des Großhandels in die Verteilung der bewirtschafteten Lebensmittel ausgesprochen. Vgl. Dok. 44 (insb. Anm. 3).

Was die Durchführung der russischen Befehle 55 und 121[39] in bezug auf Versorgung mit Bekleidung für den russischen Sektor aus dem sächsischen Gebiet betrifft, so kann mitgeteilt werden, daß die Befehle zu 70 % durchgeführt wurden. Die Ware ist tatsächlich nach Berlin hereingekommen und wird z[ur] Z[ei]t über ein Zentralverteilungsamt[40] und über die bezirklichen Verteilungsämter durch die Kartenstellen ausgeliefert.

Auch für die Durchführung eines neuen Befehls Nr. 1[41] aus dem Jahre 1946 sind die Vorarbeiten getroffen. Die Waren sind zum großen Teil in Sammellagern in Sachsen und Thüringen zusammengefaßt worden und werden in nächster Zeit nach Berlin rollen. Allerdings dürfen diese Waren nur im russischen Sektor verteilt werden. Bemühungen, etwas Ähnliches auch für die übrigen Zonen zu erreichen, sind im Gange. Ein praktisches Ergebnis ist noch nicht erzielt worden. Man hat aber von seiten der englischen und amerikanischen Kommandantur gestattet, daß der Handel Verbindung aufnehmen kann mit den einzelnen Fabrikationsbezirken des Westens. Die Anträge auf Einlieferung der Ware aus dem Westen sind zu 95 % genehmigt worden. Ein Teil der Ware ist auch schon angekommen.

Der Redner macht weitere Ausführungen über den beabsichtigten und teilweise schon in Gang gekommenen Interzonenverkehr, worüber in den schriftlichen Unterlagen nähere Einzelheiten mitgeteilt sind. Er betont, die beste Organisation helfe nichts, wenn die Rohstoffe fehlen. Es erscheine sehr zweifelhaft, ob die Aufwärtsentwicklung, wie sie geschildert wurde, in den nächsten Monaten anhalten wird. Auf der ganzen Linie lauten die Berichte dahin, daß die Rohstoffe zu Ende gehen.[42]

Der Redner schließt: Der Bericht mag zeigen, welch unendliche Arbeit von der Abt[eilung] Handel und Handwerk mit ihrem verhältnismäßig kleinen Stab von Mitarbeitern geleistet worden ist. Es sind in der Abteilung heute r[un]d 100 besoldete Kräfte beschäftigt gegenüber allein 900 Kräften in den früheren Industrie- und Handelskammern und Tausenden von Menschen in den ehemaligen Wirtschafts- und Fachgruppen[43]. Es wird weiter versucht werden, die Abteilung auf organisatorischem

---

39 Gemeint sind die Befehle Nr. 55 u. Nr. 121 des Obersten Chefs der Sowjetischen Militäradministration v. 8.9.1945 bzw. 30.10.1945, die Pläne zur Versorgung der sowjetischen Besatzungszone (einschließlich des sowjetischen Sektors von Berlin) mit Lebensmitteln und Industriewaren für September/Oktober 1945 bzw. November/Dezember 1945 darstellten. Sie sind vorhanden in: LAB(STA), Rep. 101, Nr. 3, Bl. 13–23 u. 56, bzw. Nr. 5, Bl. 49–58 u. 60–67.

40 Vgl. hierzu das 29. Mag.prot. v. 5.11.1945, TOP 3; Orlopp: Zusammenbruch, S. 56–60.

41 Gemeint ist der Befehl Nr. 1 des Obersten Chefs der Sowjetischen Militäradministration v. 2.1.1946, der einen Plan zur Versorgung der sowjetischen Besatzungszone (einschließlich des sowjetischen Sektors von Berlin) mit Lebensmitteln und Industriewaren für das erste Quartal 1946 darstellte. Dieser Befehl ist vorhanden in: LAB(STA), Rep. 101, Nr. 7, Bl. 5–11 u. 19–24.

42 Vgl. zur schwierigen Lage des Handwerks infolge des Rohstoffmangels das 56. Mag.prot. v. 4.5.1946, TOP 7 (Orlopp), u. das 70. Mag.prot. v. 17.8.1946, TOP 5.

43 Vgl. zur Organisation der gewerblichen Wirtschaft in der Zeit des NS-Regimes: Paul Berkenkopf: Gewerbe und Gewerbepolitik, in: Die Verwaltungs-Akademie. Ein Handbuch für den Beamten im nationalsozialistischen Staat [Loseblatt-Ausgabe], Bd. III: Die Wirtschaftsordnung des nationalsozialistischen Staates, 2. Aufl., Berlin o. J. [ca. 1937], S. 65–74; Dok. 4, Anm. 22.

Gebiet auszubauen und weiter fruchtbare Arbeit für Handel und Handwerk zu leisten.

Die *Aussprache* über den Bericht wird auf die nächste Sitzung *verschoben*.[44]

4. RECHTSABTEILUNG

Schwenk empfiehlt die Vorlage Nr. 57[45], betreffend Verordnung über die *verlängerte Amtsdauer* der für das Jahr 1945 bestellten *Schöffen und Geschworenen*. Neuwahlen haben wegen organisatorischer Schwierigkeiten nicht stattfinden können. Infolgedessen muß zwangsläufig die Amtsdauer verlängert werden.
BESCHLUSS: Die Vorlage Nr. 57 wird unverändert angenommen.[46]

Maron teilt zum Punkt Rechtsabteilung mit: In den letzten Tagen haben bei der Alliierten Kommandantur Besprechungen mit Bürgermeister *Schwenk* stattgefunden, die zu dem Verlangen geführt haben, Bürgermeister Schwenk von der *Leitung der Rechtsabteilung*, die ihm seinerzeit vom Magistrat kommissarisch übertragen worden ist,[47] *abzuberufen*.[48] Dieser Tatbestand ist von der Zeitung „Der Tagesspiegel" irreführend als „Entlassung des Magistratsmitgliedes Paul Schwenk aus seinem Amt" wiedergegeben worden.[49] Der Redner hält es für eine Pflicht des Magistrats, eine

44 Vgl. das 47. Mag.prot. v. 23.2.1946, TOP 4. Orlopp erstattete seinen Tätigkeitsbericht auch vor den Bezirksbürgermeistern; vgl. das Prot. der Konferenz der Bezirksbürgermeister am 21.2.1946, TOP 1, in: LAB, Rep. 280, Nr. 1601.

45 LAB(STA), Rep. 100, Nr. 768, Bl. 21.

46 Der hier gefaßte Mag.beschluß, ausgefertigt am 22.2.1946, ist vorhanden in: LAB(STA), Rep. 101, Nr. 65. Die mit ihm beschlossene „Verordnung über die verlängerte Amtsdauer der für das Jahr 1945 bestellten Schöffen und Geschworenen" ist nicht in Kraft getreten, denn sie wurde nicht im VOBl. veröffentlicht.

47 Mitte Dezember 1945 war Schwenk vom Magistrat zum Leiter (nicht zum *kommissarischen* Leiter) der Rechtsabteilung ernannt worden; vgl. das 37. Mag.prot. v. 17.12.1945, TOP 2. OB Werner hatte sich nachträglich gegen diese Berufung des Nichtjuristen Schwenk gewandt; vgl. das 37. Mag.prot. v. 17.12.1945, TOP 2, u. das 39. Mag.prot. v. 30.12.1945, TOP 2.

48 Auf Empfehlung des Rechtskomitees der AK hatten die stellvertretenden Stadtkommandanten am 12.2.1946 beschlossen, Schwenk seines Postens als Leiter der Rechtsabteilung des Magistrats zu entheben; siehe das 8. Prot. der stellv. Stadtkommandanten v. 12.2.1946, TOP 94, in: LAB, Rep. 37, Acc. 3971, Nr. 218, u. BK/R (46) 61 v. 9.2.1946, in: LAB, Rep. 37: OMGBS, BICO LIB, 11/148-2/4. In der BK/O (46) 93 v. 13.2.1946, mit der dieser Beschluß dem Magistrat als Anordnung mitgeteilt wurde, hieß es zur Begründung, daß Schwenk „einen erheblichen Mangel an den für eine solche Stellung notwendigen juristischen Fachkenntnissen aufweist"; siehe: LAB, Rep. 280, Nr. 12507. Vgl. zur Frage der Neubesetzung der Leitung der Rechtsabteilung das 53. Mag.prot. v. 6.4.1946, TOP 2, u. das 58. Mag.prot. v. 18.5.1946, TOP 8, u. das 62. Mag.prot. v. 22.6.1946, TOP 2.

49 Die entsprechende Zeitungsmeldung erschien in: Der Tagesspiegel, 16.2.1946, S. 4. Sie hatte unter der Überschrift „Änderung in der Rechtsabteilung des Magistrats" den folgenden Wortlaut: „Wie Colonel Sigmund W. Fischer, der Chef der Rechtsabteilung im Büro der amerikanischen Militärverwaltung Berlin, mitteilt, wurde auf Befehl der Alliierten Kommandantur der Leiter der Rechtsabteilung des Berliner Magistrats, Paul Schwenk, diese Woche aus seinem Amt entlassen. Schwenk ist erst kürzlich vom Magistrat in dieses Amt berufen worden. Es wurde aber festgestellt, daß er keine juristischen Erfahrungen hat." Diese Meldung beruhte auf einer Pressemitteilung der amerikanischen

Berichtigung an die Presse zu geben, in der darauf hingewiesen wird, daß Herr Schwenk sowohl noch seine Funktion als 3. stellvertretender Oberbürgermeister als auch seine Funktion als Leiter der Abt[eilung] für Planungen ausübt.
BESCHLUSS: Der Magistrat stimmt diesem Vorschlag zu.[50]

5. FINANZEN

Dr. Siebert empfiehlt unter Hinweis auf die schriftliche Begründung die Annahme der Vorlage Nr. 56[51], betreffend Verordnung über die *Änderung der Steuersätze für Bier.*
BESCHLUSS: Die Vorlage Nr. 56 wird einstimmig angenommen.[52]

Dr. Siebert empfiehlt weiter die Annahme der Vorlage Nr. 59[53], betreffend *Erwerbung des Logierhausgrundstücks Seeluft* durch die Stadt Berlin.[54] Der Bezirk Prenzlauer Berg hat das Grundstück nach den Bestimmungen der Stadtverwaltung gekauft. Das Haus soll als Erholungsheim für die Opfer des Faschismus Verwendung finden.
BESCHLUSS: Die Vorlage Nr. 59 wird einstimmig angenommen.

Dr. Siebert empfiehlt ferner die Vorlage Nr. 61[55], betreffend Durchführung einer

---

Militärregierung, die von keiner anderen Berliner Zeitung verwendet wurde. Siehe das Memorandum der Information Services Control Section der amerikanischen Militärregierung v. 22.2.1946, betr. „Press releases on dismissal of Paul Schwenk", in: LAB, Rep. 37: OMGBS, LEG, 4/40-2/7 (dort auch der Text der amerikanischen Pressemitteilung).

50 Die entsprechende Pressemitteilung des Magistrats v. 16.2.1946 ist vorhanden in: LAB, Rep. 37: OMGBS, LEG, 4/40-2/7. Sie hat den folgenden Wortlaut: „Der ‚Tagesspiegel' brachte in seiner Nummer 39 eine Notiz über eine Entlassung des Mitglieds des Magistrats Paul Schwenk ‚aus seinem Amt'. Diese Mitteilung ist in irreführender Form abgefaßt. Es wird daher festgestellt, daß Herr Schwenk neben seinen übrigen Ämtern im Magistrat mit der vorübergehenden Leitung der Rechtsabteilung beauftragt war und hiervon auf Veranlassung der Kommandantur entbunden wurde. Dagegen übt Herr Schwenk nach wie vor sein Amt als dritter Stellvertreter des Oberbürgermeisters aus und ist auch wie bisher gleichzeitig Leiter der Abteilung für Planungen im Magistrat." Diese Pressemitteilung wurde veröffentlicht in: Berliner Zeitung, 17.2.1946, [S. 2]; Deutsche Volkszeitung, 17.2.1946, S. 2; Der Morgen, 19.2.1946, S. 3.

51 LAB(STA), Rep. 100, Nr. 768, Bl. 16 a u. 17 – 19; auch in: LAB(STA), Rep. 101, Nr. 620, Bl. 103 – 106.

52 Der hier gefaßte Mag.beschluß, ausgefertigt am 19.2.1946, ist vorhanden in: LAB(STA), Rep. 101, Nr. 65. Die mit ihm beschlossene VO sollte dazu dienen, die Biersteuersätze in Berlin an diejenigen in der sowjetischen Besatzungszone anzupassen, die durch den Befehl Nr. 156 des Obersten Chefs der Sowjetischen Militäradministration v. 3.12.1945 erhöht worden waren. Diese VO ist aber nicht in Kraft getreten. Vielmehr wurden die Steuersätze auf Bier einheitlich für alle Besatzungszonen Deutschlands durch das Gesetz Nr. 28 des Alliierten Kontrollrats v. 10.5.1946 festgesetzt; veröffentlicht in: Amtsblatt des Kontrollrats in Deutschland, Nr. 7 (31.5.1946), S. 150 f.; VOBl., Jg. 2 (1946), S. 162 f. Vgl. zur Festsetzung der Bierpreise in Berlin: VOBl., Jg. 2 (1946), S. 23, 30, 68, 101, 156, 173, 190 u. 219.

53 LAB(STA), Rep. 100, Nr. 768, Bl. 23; auch in: LAB(STA), Rep. 101, Nr. 620, Bl. 102.

54 Das Grundstück lag am Plauer See in Mecklenburg, ca. 140 km nordwestlich von Berlin.

55 LAB(STA), Rep. 100, Nr. 768, Bl. 25; auch in: LAB(STA), Rep. 101, Nr. 620, Bl. 101.

Berliner Osterlotterie.[56]

BESCHLUSS: Die Vorlage Nr. 61 wird einstimmig angenommen.[57]

Dr. Siebert begründet die Vorlage Nr. 80[58], betreffend Verordnung über die *An-meldung von Vermögen*, das während des *Nazi-Regimes* früheren Berechtigten aus politischen, rassischen oder religiösen Gründen *entzogen* wurde.[59] Es handelt sich um die Vorbereitung zur Wiedergutmachung der Vermögensschäden, die seit 1933 die Opfer des Faschismus und die unter die Nürnberger Gesetze[60] Fallenden durch Zwangsverkäufe erlitten haben.[61]

Lange macht auf einen Schreibfehler aufmerksam. In § 1 fehlen vor den Worten „aufgegeben wurde" die Worte „von ihnen".[62] Ferner bittet er, bei der Aufzählung von „Eigentum, Besitz oder Gewahrsam" in § 1 Abs. 2 und in § 2 Ziff. d noch

---

56 Anfang Januar 1946 hatte der Magistrat die Durchführung einer dritten Berliner Stadtlotterie beschlossen, Mitte März 1946 beschloß er die Durchführung einer vierten Berliner Stadtlotterie. Vgl. das 40. Mag.prot. v. 7.1.1946, TOP 6, u. das 50. Mag.prot. v. 16.3.1946, TOP 3.

57 Die Finanzabteilung des Magistrats hatte bei der AK bereits mit Schreiben v. 25.1.1946 um die Genehmigung zur Durchführung einer Osterlotterie gebeten. Das Schreiben ist vorhanden in: LAB(STA), Rep. 101, Nr. 634. Das Finanzkomitee der AK hatte diesem Antrag am 13.2.1946 stattgegeben. Vgl. das Prot. des Finanzkomitees der AK v. 13.2.1946, TOP 8, in: LAB, Rep. 37: OMGBS, FIN Br, 4/91-2/6; der entsprechende Befehl FIN/I (46) 21 v. 15.2.1946 ist vorhanden in: LAB, Rep. 37: OMGBS, FIN Br, 4/91-2/12. Das Schreiben der Finanzabteilung des Magistrats an das Finanzkomitee der AK v. 21.5.1946, betr. Abrechnung der Großen Berliner Osterlotterie, ist vorhanden in: LAB(STA), Rep. 101, Nr. 635.

58 LAB(STA), Rep. 101, Nr. 620, Bl. 93 f.; auch in: LAB(STA), Rep. 105, Nr. 418.

59 Die Begründung der Mag.vorlage Nr. 80 v. 15.2.1946 hat den folgenden Wortlaut: „Wie bekannt geworden ist, bereitet der Kontrollrat ein Gesetz zur Wiedergutmachung der Schäden vor, die Personen während des Nazi-Regimes aus politischen, rassischen oder religiösen Gründen verursacht wurden. Dem Zweck der Feststellung der Höhe des Vermögens, welches den Geschädigten entzogen wurde und sich in der Hand von Erwerbern befunden hat oder noch befindet, soll die anliegende Verordnung dienen. Um den Erlaß dieser Verordnung haben auch die Verbände gebeten, die in Auswirkung der Nazi-Gesetzgebung geschädigte Personen vertreten." Ein Wiedergutmachungsgesetz des Alliierten Kontrollrats ist nicht zustande gekommen.

60 Die sogenannten Nürnberger Gesetze von 1935 hatten eine zentrale rechtliche Grundlage für die Diskriminierung und Verfolgung der jüdischen Bevölkerung im nationalsozialistischen Deutschland gebildet. Vgl. hierzu Dok. 11, Anm. 44.

61 Vgl. hierzu das Prot. der Juristenbesprechung [Juristen der Mag.abteilungen u. der Bezirksämter] am 20.11.1945, TOP 4 u. Anlage 5, in: LAB(STA), Rep. 113, Nr. 240, u. LAB, Rep. 203, Acc. 2128, Nr. 7473; das 39. Mag.prot. v. 30.12.1945, TOP 6; Die „Opfer der Nürnberger Gesetze" sollen entschädigt werden, in: Der Tagesspiegel, 16.1.1946, S. 6; Sofortige Hilfe für Opfer des Faschismus und Juden, in: Der Tagesspiegel, 9.2.1946, S. 2; Was wird den Opfern des Faschismus ersetzt? Steuerbenachteiligung wird angerechnet, in: Der Tagesspiegel, 9.4.1946, S. 6.

62 § 1 Absatz 1 der Mag.vorlage lautete: „Im Stadtgebiet Berlin befindliches Vermögen, das durch Maßnahmen des Nazi-Regimes in der Zeit vom 30. Januar 1933 ab früheren Berechtigten aus politischen, rassischen oder religiösen Gründen entzogen oder aufgegeben wurde, ist von denjenigen Personen anzumelden, die es in der angegebenen Zeit im Eigentum, Besitz oder Gewahrsam hatten oder noch haben."

hinzuzufügen: „oder Nutzung".[63] Es könnte sich z[um] B[eispiel] um Patentrechte und d[er]gl[eichen] handeln.

BESCHLUSS:　Die Vorlage Nr. 80 wird mit diesen Änderungen angenommen.[64]

Dr. Siebert bittet weiter um die grundsätzliche Zustimmung zu einer *Grundstücksüberschreibung* aus dem Eigentum der Stadt Berlin auf das Eigentum der BVG.[65] Es handelt sich um ein verhältnismäßig großes Grundstück im Bezirk Reinickendorf, das für 121 000 RM von der Stadt an die BVG übergehen soll.[66] Die BVG hat dieses Grundstück früher schon einmal besessen. Es soll ihr jetzt zurückgegeben werden.

Dr. Landwehr stellt zur Erwägung, ob man nicht besser die Grundstücksübertragung in Form eines langjährigen Pachtvertrages machen könne, um in der heutigen Zeit grundsätzlich Veräußerungen von städtischem Besitz zu vermeiden.

Dr. Siebert betont, daß es sich hier nicht um einen eigentlichen Verkauf, sondern mehr um eine Überschreibung aus dem Liegenschaftsvermögen der Stadt in das der BVG handelt. Der Rechtsbegriff der Veräußerung liegt hierbei nicht vor.

BESCHLUSS:　Der Magistrat nimmt zustimmend von der Transaktion Kenntnis.

Dr. Siebert berichtet dann über die Entwicklung der Angelegenheit Städtisches Werk Tegel, Treuhänder Rheinmetall-Borsig A.G.[67]

Mai 1945　　　　Nach der Besetzung.

　　　　　　　Der Magistrat muß infolge der Zerstörungen städtischer Betriebe

---

63　§ 1 Absatz 2 der Mag.vorlage lautete: „Die Anmeldepflicht besteht auch dann, wenn Eigentum, Besitz oder Gewahrsam in der Zwischenzeit aufgegeben worden ist." Nach § 2 Ziffer d der Mag.vorlage sollten bei der Anmeldung angegeben werden: „nähere Umstände des Erwerbs des Eigentums, Besitzes oder Gewahrsams an dem Vermögen, insbesondere Höhe des etwa gezahlten Kaufpreises und Ermittlungsmöglichkeiten des Kaufpreises".

64　Der hiermit beschlossene Entwurf einer „Verordnung über die Anmeldung von Vermögen, das während des Nazi-Regimes früheren Berechtigten aus politischen, rassischen oder religiösen Gründen entzogen oder von ihnen aufgegeben wurde" ist mit dem Ausfertigungsdatum v. 28.2.1946 vorhanden in: LAB(STA), Rep. 101, Nr. 637. Er wurde der AK mit Schreiben v. 14.3.1946 zur Genehmigung zugeleitet; siehe: a.a.O. Das Property Control Committee der AK und die stellv. Stadtkommandanten befaßten sich mit dem Entwurf, konnten sich aber wegen der ablehnenden Haltung der sowjetischen Vertreter nicht auf seine Genehmigung einigen, so daß die stellv. Stadtkommandanten am 24.1.1947 beschlossen, ihn der Stadtverordnetenversammlung „for reconsideration and re-submission to the Allied Kommandatura" zu überweisen. Vgl. das 49. Prot. der stellv. Stadtkommandanten v. 12.11.1946, TOP 604, u. das 4. Prot. der stellv. Stadtkommandanten v. 24.1.1947, TOP 42, in: LAB, Rep. 37, Acc. 3971, Nr. 222, bzw. LAB, Rep. 37: OMGBS, BICO LIB, 11/149-1/2; ferner BK/R (46) 387 v. 6.11.1946 u. BK/R (47) 22 v. 22.1.1947, in: LAB, Rep. 37: OMGBS, BICO LIB, 11/148-2/9 bzw. 11/148-3/3; BK/O (47) 35 v. 31.1.1947, in: LAB, Rep. 280, Nr. 10497. Der VO-Entwurf ist nicht in Kraft getreten. Allerdings wurde eine von der Finanzabteilung des Magistrats mit Datum v. 15.3.1946 erlassene „Aufforderung zur Anmeldung von Vermögensschäden in Auswirkung der Nazigesetzgebung" bereits im März 1946 veröffentlicht; siehe: Berliner Zeitung, 21.3.1946, [S. 6], u. VOBl., Jg. 2 (1946), S. 106.

65　Berliner Verkehrs-Betriebe.

66　Es konnte nicht ermittelt werden, welches Grundstück hier gemeint ist.

67　Vgl. zur bisherigen Entwicklung des Städtischen Werks Tegel das 7. Mag.prot. v. 18.6.1945, Nachtrag, u. das 9. Mag.prot. v. 2.7.1945, TOP 10, u. das 18. Mag.prot. v.

sofort Kesselanlagen, Fahrzeuge reparieren.

Möglichkeit im alten Betrieb Borsig gegeben.

Daher sofortige Einrichtung einer Reparaturwerkstatt in Gemeinschaft mit den alten Arbeitern.

Werksdirektor: Reimann.

Aufsicht: Stadtrat Jirak (Städtische Betriebe).

Allgemeine Finanzaufsicht: Dr. Siebert.

August 1945   Die Notwendigkeit entsteht, auch Reparaturaufträge privater Firmen anzunehmen und zu erledigen.

Verhandlungen mit Treuhänder der Firma Rheinmetall-Borsig A.G. über Pachtvertrag.

Treuhänder ist der deutsche Regierungsrat Siche[68].

Alte Vorstandsmitglieder des Rüstungsbetriebes Rheinmetall-Borsig machen Schwierigkeiten.

Der Magistrat veranlaßt beim Amtsgericht (Handelsregister) die Einsetzung eines Notvorstandes.

5.10.1945   Pachtvertrag zwischen Städtisches Werk Tegel und Rheinmetall-Borsig abgeschlossen.[69]

24.10.1945   Die Stadt bildet für die Betriebsführung des Werkes eine besondere G.m.b.H.[70]

Vorstand: Direktor Reimann und
                    Direktor Schöpke.

Aufsichtsrat-Vorsitzer: Stadtrat Jirak.

Stellvertreter: Stadtkämmerer Dr. Siebert.

Das Werk entwickelt sich günstig.

22.11.1945   Durch Befehl Nr. 243[71] der französischen Militärregierung wird Herr Alfred Silber zum Treuhänder

a)   für Rheinmetall-Borsig A.G.

b)   für Städtisches Werk Tegel

eingesetzt.

27.8.1945, TOP 9, u. das 28. Mag.prot. v. 30.10.1945, TOP 7, u. das 29. Mag.prot. v. 5.11.1945, TOP 7, u. das 30. Mag.prot. v. 12.11.1945, TOP 4, u. das 45. Mag.prot. v. 2.2.1946, TOP 11; Schreiben der Finanzabteilung des Magistrats an die amerikanische Militärregierung v. 28.5.1946 (Bericht über die Entwicklung der Borsig-Gesellschaft), in: LAB(STA), Rep. 101, Nr. 635; Schreiben des kaufmännischen Direktors des Städtischen Werks Tegel, Anton Schöpke, an den Generalsekretär des OB, Hans Spudich, v. 20.8.1946, in: LAB(STA), Rep. 115, Nr. 85; die Materialien in: LAB(STA), Rep. 115, Nr. 35, 36 u. 23 sowie 82 u. 83.

68 Gemeint ist Oberregierungsrat Karl Sieche; siehe: LAB(STA), Rep. 115, Nr. 36, Bl. 287, 288 u. 301.

69 Der Text des Pachtvertrags v. 5.10.1945 ist vorhanden in: LAB(STA), Rep. 100, Nr. 763, Bl. 112–118, u. Rep. 115, Nr. 34, u. Rep. 115, Nr. 35, Bl. 139–145.

70 Notariell beglaubigte Abschriften des Gesellschaftsvertrags v. 24.10.1945 sind vorhanden in: LAB(STA), Rep. 100, Nr. 763, Bl. 119–125, u. Rep. 115, Nr. 34, u. Rep. 115, Nr. 36, Bl. 224–230.

71 Dieser Befehl ist als Abschrift vorhanden in: LAB(STA), Rep. 115, Nr. 83, Bl. 270.

Der Magistrat hält die Einsetzung eines französischen Treuhänders für das Städtische Werk Tegel nicht für gesetzmäßig.

Er verhandelt trotzdem mit dem Treuhänder Silber über eine gute Form der Zusammenarbeit.

Durch das Verhalten des Werksleiters Reimann entstehen Schwierigkeiten zwischen dem Treuhänder und der Werksleitung.

12.1.1946   Befehl der französischen Militärregierung:[72]

    a)   Der Pachtvertrag zwischen Städtisches Werk Tegel und Rheinmetall-Borsig A.G. wird für null und nichtig erklärt.

    b)   Die Reparaturwerkstatt wird unter die unmittelbare Leitung des Treuhänders gestellt.

    c)   Der Aufsichtsrat darf nicht tätig sein.

    d)   Ein neuer Vertrag über den Betrieb der Rheinmetall-Borsig A.G. soll abgeschlossen werden.

17.1.1946   Silber verhandelt mit Dr. Siebert persönlich.

Er schlägt die Bildung einer neuen Gesellschaft vor, in der Treuhänder Silber die Mehrheit und die Stadt Berlin die Minderheit haben [sic!].

Silber verhandelt gleichzeitig mit Gewerkschaften und Betriebsrat.

Dr. Siebert erklärt, daß er den Vorschlag von Silber zur Grundlage von Verhandlungen machen wolle.

Der Treuhänder Silber meldet an die französische Militärregierung (wahrheitswidrig), daß zwischen ihm, dem Treuhänder, dem Magistrat, den Gewerkschaften und dem Betriebsrat volle Einigung erzielt sei.

Dr. Siebert meldet der französischen Militärregierung die Unrichtigkeit dieser Behauptung.

Der Magistrat wartet die weitere Entwicklung ab.

13.2.1946   Auf Anordnung des zuständigen Offiziers der französischen Militärregierung, Kapitän Chambon, findet eine Verhandlung in der französischen Militärregierung statt.

Herr Chambon erklärte,

1. daß es der Wille der französischen Militärregierung sei, daß der Treuhänder in der neuen Betriebsgesellschaft für das Werk Borsig die Mehrheit besitze. Dieser Punkt sei unabdingbar;

2. daß der eigene Treuhänder der französischen Militärregierung, Herr Silber, von ihm gleichzeitig als 1. Direktor der neuen Betriebsgesellschaft eingesetzt werde,

---

72 Die beiden entsprechenden Schreiben des französischen Stadtkommandanten General de Beauchêsne v. 2.1.1946 u. 10.1.1946, betr. Städtisches Werk Tegel, sind als Abschriften vorhanden in: LAB(STA), Rep. 101, Nr. 665. Vgl. auch BK/R (46) 23 v. 12.1.1946, in: LAB, Rep. 37: OMGBS, BICO LIB, 11/148-2/3; das 3. Prot. der stellv. Stadtkommandanten v. 15.1.1946, TOP 41 u. Appendix A, in: LAB, Rep. 37, Acc. 3971, Nr. 218.

3. daß dieser Geschäftsführer auch die übrigen Direktoren des Werkes selbständig einsetzen müsse,

4. daß der Aufsichtsrat, der eine Mehrheit des Treuhänders habe, entsprechend seinem Mehrheitsprinzip arbeiten werde.

Dr. Siebert erklärte dazu, daß er eine Interessenkollision darin sehe, daß der Treuhänder der französischen Militärregierung gleichzeitig Treuhänder der neuen G.m.b.H. und Treuhänder der Rheinmetall-Borsig A.G. als Teilhaber dieser G.m.b.H., erster Direktor des Werkes und gleichzeitig Aufsichtsratsvorsitzender sei. Der Vertreter der französischen Militärregierung lehnte diese Einwände ab.

Dr. Siebert berichtet weiter, daß nach der Sitzung der Treuhänder Silber mit ihm neue Verhandlungen aufgenommen und dabei erklärt habe, daß er, Silber, Wert darauf lege, mit der Stadt in gutes Einvernehmen zu kommen, und daß er, soweit es in seiner Macht liege, zu Konzessionen bereit sei.

Dr. Siebert beantragt nunmehr eine Entscheidung des Magistrats darüber, ob

a) von der weiteren Beteiligung am Werk Tegel bei dieser Sachlage abgesehen werden soll

oder

b) im Interesse der Arbeiterschaft und der Reparaturnotwendigkeit der städtischen Betriebe und schließlich der Umstellung der Produktion des Werks Tegel auf Friedenswirtschaft doch unter den ungünstigen Bedingungen ein Eintritt in die von der französischen Militärregierung vorgeschlagene Gesellschaft erfolgen soll.

Herr Dr. Siebert empfiehlt folgenden Beschluß:

1. Im Interesse der Arbeiterschaft des Werks Tegel und im Interesse der städtischen Betriebe sowie aus allgemeinem Interesse der Berliner Wirtschaft ist die Stadt bereit, in eine neue Betriebsgesellschaft einzutreten und auf ihre eigene Gesellschaft zu verzichten.

2. Da die französische Militärregierung ausdrücklich die Mehrheit für den Treuhänder fordert, soll, wenn alle Möglichkeiten erschöpft sind und weitere Verhandlungen ergebnislos bleiben, das ungünstige Anteilsverhältnis hingenommen werden. Es soll aber angestrebt werden, später das Verhältnis zu verbessern.

3. Die Bestellung des Treuhänders Silber als 1. Direktor soll anerkannt werden. Es soll aber erreicht werden, daß die übrigen Direktoren nur im Einverständnis mit dem Magistrat bestellt werden.

4. Es soll angestrebt werden, den Vorsitz im Aufsichtsrat dem Vertreter des Magistrats zu übertragen.

5. Es soll darauf hingewirkt werden, daß ein besonderer Treuhänder für das Werk bestellt wird, damit nicht die Interessenkollision zwischen dem Geschäftsführer Silber und dem Treuhänder Silber eintritt.

6. Bei den Untergesellschaften der Rheinmetall-Borsig A.G., den

Firmen Marget und Alkett,[73] ist in gleicher Weise ein neues Vertragsverhältnis zu schaffen, bei dem aber die Stadt die Mehrheit erhalten soll.

Zu diesem Antrage wurde in längerer Aussprache, an der sich die Magistratsmitglieder Dr. Landwehr, Jirak, Orlopp, Maron, Schmidt, Jendretzky und Winzer beteiligten, Stellung genommen.

Allgemein wurden das ungünstige Beteiligungsverhältnis und die Interessenkollision in der mehrfachen Rolle des Treuhänders Silber bemängelt.

Allgemeiner Eindruck war, daß die ganze Angelegenheit des Werks Tegel auf die Person des Herrn Silber eingestellt sei und daß mit dessen Charakter und Können dieser Betrieb und seine Arbeiter stehe[n] und falle[n].

Es wurde weiter festgestellt, daß es schließlich auch auf die Person des Magistratsvertreters ankomme, ob man zu dieser Angelegenheit Vertrauen haben könne oder nicht.

Die Aussprache endete mit folgendem
BESCHLUSS:
Dr. Siebert wird ermächtigt, auf der Grundlage seines Antrages die weiteren Verhandlungen mit der französischen Militärregierung bzw. mit dem Treuhänder zu führen und zu den bestmöglichsten [sic!] Bedingungen die notwendigen Verträge abzuschließen.[74]

Dr. Siebert bringt sodann die Frage der Kosten für die Einrichtung von Drahtfunkanlagen im amerikanischen, britischen und russischen Besatzungssektor zur Sprache.[75] Da es sich um jeweilige Besatzungsanordnungen handelt, würden die Ausgaben für Einrichtung der Anlagen unter die Besatzungskosten fallen. Im amerikanischen Sektor ist darüber hinaus die Gründung einer G.m.b.H. mit eigenem Sendehaus

---

73 Vgl. zu den Firmen Alkett und Maget (nicht: Marget): Dok. 72, Anm. 48.

74 Vgl. zur weiteren Entwicklung des Städtischen Werks Tegel (Borsig-Werk) das 47. Mag.prot. v. 23.2.1946, TOP 6, u. das 48. Mag.prot. v. 4.3.1946, TOP 7, u. das 71. Mag.prot. v. 24.8.1946, TOP 5, u. das 73. Mag.prot. v. 7.9.1946, TOP 6, u. das 75. Mag.prot. v. 14.9.1946, TOP 3, u. das 76. Mag.prot. v. 21.9.1946, TOP 5, u. das 78. Mag.prot. v. 5.10.1946, TOP 6; Schreiben des kaufmännischen Direktors des Städtischen Werks Tegel, Anton Schöpke, an den Generalsekretär des OB, Hans Spudich, v. 20.8.1946, in: LAB(STA), Rep. 115, Nr. 85; Materialien in: LAB(STA), Rep. 105, Nr. 265, u. Rep. 115, Nr. 23, 81 u. 83.

75 Vgl. zu den Drahtfunksendern der Besatzungsmächte das 33. Mag.prot. v. 3.12.1945, TOP 3, u. das 37. Mag.prot. v. 17.12.1945, TOP 3. Vgl. zum „Drahtfunk im amerikanischen Sektor" (DIAS): LAB(STA), Rep. 101, Nr. 5273; LAB(STA), Rep. 115, Nr. 61, Bl. 158 f., 191 u. 191a; Drahtfunk im amerikanischen Sektor Berlins, in: Der Tagesspiegel, 29.1.1946, S. 6; Drahtfunk in Berlin, in: Die Neue Zeitung, 15.2.1946, S. 3; Besuch beim Drahtfunk, in: Der Tagesspiegel, 17.2.1946, S. 6; U.S. Army Military Government Report. 4 January – 4 July 1946 [Six Months Report], S. 130 f.; Six Months Report. 4 July to 1 January 1947, S. 22 f.; Hurwitz: Die Eintracht der Siegermächte, S. 90, 105 u. 130–132.

geplant. Der Redner bittet um Entscheidung, ob der Errichtung einer G.m.b.H. zugestimmt wird.

BESCHLUSS: Der Magistrat lehnt die Errichtung einer G.m.b.H. als selbständigen Wirtschaftsbetrieb ab. Er ist der Auffassung, daß die Drahtfunkanlagen im amerikanischen Sektor ebenso wie in den anderen Sektoren als Einrichtung der Besatzungskosten zu finanzieren seien.[76]

Es folgt die Beratung der schon einmal verhandelten Vorlage Nr. 46[77], betreffend Verpflichtung der Eigentümer von *Arbeiterwohnstätten*[78] zur Zahlung der *Grundsteuer*.

Dr. Siebert führt hierzu aus: Die Inhaber der Arbeiterwohnstätten haben bisher keine Grundsteuer gezahlt. Die Steuer wurde als Beihilfe vom Reich bezahlt. Mit dem Zusammenbruch des Reichs hat die Zahlung dieser Beihilfe aufgehört, so daß bereits 3 1/2 Millionen [RM] nicht bezahlte Grundsteuern anstehen. Um die Mieten der Wohnstätten nicht zu verteuern, wird folgende Regelung vorgeschlagen:[79]

1. Die bisherige Beihilfe vom Reich zur Deckung der Grundsteuer wird gestrichen.
2. Für die Zeit vom 1.4.45 bis 30.9.45 wird die Grundsteuer für Arbeiterwohnstätten erlassen.
3. Vom 1.10.45 ab zahlen die Inhaber der Arbeiterwohnstätten die Grundsteuer, sind dafür aber in der Höhe des entsprechenden Betrages von der Zahlung der Gebäudeinstandsetzungsabgabe[80] befreit.
4. Den Inhabern der Arbeiterwohnstätten, die keine Gebäudeinstandsetzungsabgabe bezahlt haben, wird die Grundsteuer erlassen.

Auf diese Weise wird erreicht, daß für die Etatsdurchziehung ein aktiver Posten in Höhe der Grundsteuer erhalten bleibt, ein Posten, mit dem sofort gearbeitet werden kann, während die Gebäudeinstandsetzungsabgabe, die eine Fondsbildung darstellt, nur für Zwecke des Wiederaufbaues verwandt werden darf. Andererseits werden die Inhaber der Wohnstätten nicht benachteiligt.

BESCHLUSS: Der Vorschlag wird angenommen. Die Vorlage Nr. 46 ist in ihrer Fassung entsprechend umzuändern.[81]

---

76 Der Drahtfunk im amerikanischen Sektor wurde zwar öffentlich als GmbH angekündigt, tatsächlich wurde aber keine solche Trägergesellschaft gegründet. Siehe: Michael Derenburg: Streifzüge durch vier RIAS-Jahrzehnte. Anfänge und Wandlungen eines Rundfunksenders, Berlin [West] 1986 (Berliner Forum 2/86), S. 7; 40 Jahre RIAS Berlin. 7. Februar 1986. Chronik. Daten. Ereignisse. Publikationen. Schallplatten. Dokumentationen. Bemerkenswertes. Am Rande notiert, hrsg. vom RIAS Berlin, Berlin [West] 1986, S. 97 u. 105.

77 LAB(STA), Rep. 101, Nr. 620, Bl. 112; auch in: LAB(STA), Rep. 105, Nr. 684. Vgl. zur erstmaligen Beratung dieser Mag.vorlage das 45. Mag.prot. v. 2.2.1946, TOP 10.

78 Vgl. zur rechtlichen Definition der „Arbeiterwohnstätten": Dok. 67, Anm. 75.

79 Diese Regelung war vom erweiterten Ausschuß für Bau- und Wohnungswesen des Magistrats am 12.2.1946 beschlossen worden; siehe die entsprechende „Vorlage zur Beschlußfassung durch den Magistrat" v. 18.2.1946, in: LAB(STA), Rep. 110, Nr. 26.

80 Vgl. hierzu das 8. Mag.prot. v. 25.6.1945, TOP 3, u. das 9. Mag.prot. v. 2.7.1945, TOP 8, u. das 20. Mag.prot. v. 10.9.1945, TOP 2, u. das 26. Mag.prot. v. 15.10.1945, TOP 6.

81 Die hiermit beschlossenen Bestimmungen zur Zahlung der Grundsteuer für Arbeiterwohnstätten wurden veröffentlicht in: Berliner Zeitung, 23.3.1946, [S. 4]; VOBl., Jg. 2

Dr. Siebert gibt ein kurzes Bild über die *Entwicklung der Stadtbank.*[82] Die Einlagen in der Stadtbank haben sich unablässig bis zum Betrage von 1 1/4 Milliarden RM erhöht. Darin drückt sich der Erfolg der Steuer- und Versicherungspolitik der Stadt Berlin aus, indem etwa 1 Milliarde aus den Brieftaschentresoren der Bevölkerung herausgezogen und in die öffentlichen Kassen geleitet worden ist. Von den Geldern der Stadtbank gehören 800 Millionen den öffentlichen Kassen, also nicht Privaten. Gleichzeitig nehmen die Kredite der öffentlichen Kassen bei den Banken erheblich ab. Bei der Stadtbank sind von Ende Dezember bis Ende Januar die Kredite der öffentlichen Hand von 160 Millionen auf 90 Millionen heruntergegangen. Umgekehrt steigen die Kredite der privaten Wirtschaft. Bei der Stadtbank ist von Ende Dezember bis Ende Januar eine Steigerung dieser Kredite von 9 Millionen auf 19 Millionen zu verzeichnen.

6. SOZIALWESEN

Hierzu liegt die Vorlage Nr. 58[83], betreffend *Auflösung des Verwaltungsapparates der Kassenärztlichen Vereinigung,* vor.[84]

Dr. Schellenberg führt hierzu aus, daß sich Ziff. 1 der Vorlage, wonach der Verwaltungsapparat bis zum 1.4.46 völlig aufzulösen ist, dadurch erledigt hat, daß nach Mitteilung von Dr. Redeker den Angestellten des Treuhänders schon vorsorglich am 15.2. zum 31.3. gekündigt worden ist.

Zu Ziff. 2, wonach für die Leistungen der Ärzte, die keinen Vertrag mit der Versicherungsanstalt Berlin abschließen, die Mindestsätze der preußischen Gebührenordnung[85] abzüglich 20 % zu zahlen sind, ist zu bemerken, daß von 1 600

(1946), S. 99. Nach der Aufhebung der Gebäudeinstandsetzungsabgabe mit Wirkung v. 1.4.1946 beschloß der Magistrat, von der Erhebung dieser Grundsteuer abzusehen; vgl. das 55. Mag.prot. v. 29.4.1946, TOP 4, u. das 76. Mag.prot. v. 21.9.1946, TOP 5.

82 Vgl. zur Berliner Stadtbank, die seit Herbst 1945 offiziell als „Berliner Stadtkontor" bezeichnet wurde: Dok. 49, Anm. 32; Dok. 64, Anm. 41; Großzügige Kreditpolitik. Neuer Kurs des Berliner Stadtkontors, in: Der Morgen, 1.2.1946, S. 4; Personal- statt Realkredit, in: Der Tagesspiegel, 1.2.1946, S. 3; Eine Milliarde sucht nutzbringende Arbeit. Berliner Stadtkontor unter neuer Leitung, in: Der Kurier, 1.2.1946, S. 4; Neuaufgaben des Stadtkontors, in: Das Volk, 1.2.1946, [S. 4]; Kredit in Berlin, in: Neue Zeit, 2.2.1946, S. 3; Berliner Stadtbank wird aktiv, in: Tägliche Rundschau, 15.2.1946, S. 3; Billiges Kapital, in: Neue Zeit, 7.5.1946, S. 3; Geldinsel Berlin, in: Telegraf, 13.6.1946, S. 4; Ein Jahr Berliner Stadtkontor, in: Neue Zeit, 15.6.1946, S. 3; Felix Görlich: Rentabilitäts-Gedanken, in: Der Morgen, 4.7.1946, S. 4; Berliner Bankenpartikularismus. Die Reibungen zwischen Stadtkontor und Sparkasse, in: Der Kurier, 2.12.1946, S. 4; LAB(STA), Rep. 101, Nr. 5288. Monatsberichte zur Geschäftsentwicklung des Berliner Stadtkontors von August 1945 bis Dezember 1946 sind vorhanden in: LAB, Rep. 37: OMGBS, FIN Br, 4/87-1/3. Die Geschäftsberichte und Jahresabschlüsse des Berliner Stadtkontors für die Jahre 1945 und 1946 sind abgedruckt in: Berlin. Quellen und Dokumente, 1. Halbbd., S. 447–458.

83 LAB(STA), Rep. 100, Nr. 768, Bl. 22.

84 Vgl. zur Auflösung des Verwaltungsapparats (Treuhänderstabs) für die Kassenärztliche Vereinigung Deutschlands das 39. Mag.prot. v. 30.12.1945, TOP 6, u. das 42. Mag.prot. v. 19.1.1946, TOP 11.

85 Gemeint ist die Gebührenordnung für approbierte Ärzte und Zahnärzte v. 1.9.1924, abgedruckt in: Volkswohlfahrt. Amtsblatt und Halbmonatsschrift des Preußischen Mi-

Ärzten bereits 1190 den Vertrag getätigt haben. Für den noch verbleibenden Rest soll eine klare Rechtsgrundlage geschaffen werden. Die Rechtfertigung des Abschlags von 20 % ist in der Begründung der Vorlage ausführlich dargelegt.

Dr. Redeker erklärt sich mit der Regelung einverstanden. Er hofft, daß bis zum 1. April die Auflösung des Verwaltungsapparats des Treuhänders durchgeführt sein wird. Falls noch Abwicklungsarbeiten übrigbleiben, müßten diese in irgendeiner Form erledigt werden.

BESCHLUSS: Die Vorlage Nr. 58 wird unter Wegfall der zurückgezogenen Ziffer 1 angenommen.

7. VOLKSBILDUNG

Winzer begründet kurz die Vorlage Nr. 62[86] auf Schaffung eines *Berliner Informationsdienstes für die auswärtige Presse.* Es ist beabsichtigt, unter dem Titel „Briefe aus Berlin" aufklärendes Material über die tatsächlichen Verhältnisse in Berlin der auswärtigen Presse zur Verfügung zu stellen, um den falschen Gerüchten und schiefen Darstellungen, die draußen vielfach über Berlin verbreitet sind, entgegenzutreten.[87]

BESCHLUSS: Die Vorlage Nr. 62 wird einstimmig angenommen.[88]

---

nisteriums für Volkswohlfahrt, Jg. 5 (1924), S. 371 – 386. – Vgl. auch: Arzt und Volk. Die Bedeutung der Honorarfrage für die Allgemeinheit, in: Der Morgen, 27.2.1946, S. 1 f.

86 LAB(STA), Rep. 100, Nr. 768, Bl. 26.

87 Der Referent Martin Duszynski im Presseamt des Magistrats, der die Redaktion des geplanten Informationsdienstes „Briefe aus Berlin" übernehmen sollte, hatte die Schaffung eines solchen Informationsdienstes in einem Schreiben an Winzer v. 4.2.1946 folgendermaßen begründet: „Die sich immer mehr zuspitzende Polemik gewisser Kreise in Süd- und Südwestdeutschland, die sich unter dem Deckmantel eines Kampfes gegen ‚drohenden Unitarismus' immer deutlicher gegen Berlin richtet, hat jetzt Formen angenommen, die die vier antifaschistischen Parteien veranlaßten, eine öffentliche Erklärung gegen die Diffamierung Berlins abzugeben. Gegen das Bestreben jener Kreise, Berlin in den übrigen Teilen Deutschlands in Mißkredit zu bringen, besitzt die Stadt Berlin bisher keine Waffe. Immer dringender ergibt sich aber die Notwendigkeit, der Propaganda gegen Berlin eine Aufklärung über die tatsächlichen Verhältnisse und über das gewaltige Ausmaß der Leistungen auf allen Gebieten des Neuaufbaues entgegenzusetzen. Die Schwierigkeiten der Nachrichtenübermittlung erlauben es zwar z[ur] Z[ei]t nicht, jede einzeln gegen Berlin gerichtete Äußerung auf der Stelle zu beantworten. Es besteht jedoch die Möglichkeit, die Presse in der amerikanischen, britischen und französischen Zone regelmäßig mit aufklärendem Material in Form eines Informationsdienstes zu versorgen. Durch diesen Dienst soll der Bevölkerung in den genannten Zonen ein Bild des politischen und wirtschaftlichen Wiederaufbaues vermittelt werden. Gleichzeitig soll auf diese Weise die immer größere Bedeutung Berlins als ein[es] Sammelbecken[s] wichtigster geistiger und kultureller Strömungen hervorgehoben werden." Das Schreiben ist vorhanden in: LAB(STA), Rep. 101, Nr. 5395. Die von Duszynski erwähnte öffentliche Erklärung der vier politischen Parteien Berlins v. 1.2.1946 ist in dieser Edition als Dok. 66 abgedruckt. – Vgl. zur Öffentlichkeitsarbeit des Magistrats: Dok. 42; Prot. einer Arbeitstagung der Bezirks-Pressereferenten am 12.3.1946, in: LAB(STA), Rep. 101, Nr. 5323.

88 Der hier gefaßte Mag.beschluß, ausgefertigt am 19.2.1946, ist vorhanden in: LAB(STA), Rep. 101, Nr. 65. Er wurde der AK mit Schreiben v. 28.2.1946 zur Genehmigung zugeleitet; siehe: a.a.O. Die Genehmigung ist offenbar nicht erteilt worden. Es konnten keine „Briefe aus Berlin" ermittelt werden, sondern lediglich Vorarbeiten für die Einrichtung eines solchen Informationsdienstes; vgl. hierzu: LAB(STA), Rep. 101, Nr. 5395.

Winzer begründet weiter die Vorlage Nr. 63[89], betreffend Einrichtung eines *Instituts für Wirtschaftsführung* bei der Wirtschaftshochschule.[90] Das Institut soll der Ausbildung der vielen neuen Kräfte dienen, die in den Betriebs- und Verwaltungsinstitutionen jetzt leitende wirtschaftliche Funktionen auszuüben haben.[91] Die Einzelheiten sind mit den Gewerkschaften und den interessierten Abteilungen des Magistrats durchgesprochen worden.

Schwenk empfiehlt die Bezeichnung: Institut für Betriebswirtschaftskunde.

Winzer: Dann lieber Institut für Wirtschaftskunde.

Dusiska schlägt vor, in das Kuratorium zwei Vertreter des FDGB zu entsenden statt, wie in der Begründung vorgesehen, nur einen.[92] Gerade die Gewerkschaften müßten bei der Gestaltung des Lehrplans nachdrücklich ihre Meinung sagen können.

BESCHLUSS: Die Vorlage Nr. 63 wird mit den vorgeschlagenen Änderungen angenommen.[93]

8. VERKEHR

Kraft begründet die Vorlage Nr. 64[94], betreffend Verordnung über die *mißbräuchliche*

---

89 LAB(STA), Rep. 100, Nr. 768, Bl. 27 – 27b.

90 Vgl. zum geplanten Institut für Wirtschaftsführung das 43. Mag.prot. v. 26.1.1946, TOP 2 (Dusiska); zur Wirtschaftshochschule das 68. Mag.prot. v. 3.8.1946, TOP 4, u. das 79. Mag.prot. v. 12.10.1946, TOP 5.

91 In der Begründung der Mag.vorlage Nr. 63 v. 4.2.1946 heißt es unter anderem: „Es gibt heute bereits viele neue Betriebsleiter und Betriebsdirektoren. In der Regel sind dies Kräfte, die sich durchweg in ihrer Arbeit im Betrieb bewährt und ausgezeichnet haben. Oft waren sie früher Arbeiter und Angestellte." Es habe sich „das dringende Bedürfnis herausgestellt, diesen Kräften, die mit leitenden wirtschaftlichen Funktionen betraut sind, eine zusätzliche Ausbildung in praktisch ausgelegter Wirtschaftswissenschaft zu verschaffen".

92 Das vorgesehene Kuratorium sollte den Etat des Instituts für Wirtschaftsführung aufstellen, den Lehrplan und das „Lehrziel" ausarbeiten sowie „den Lehrkörper festlegen". Es sollte sich nach der Mag.vorlage zusammensetzen aus je einem Vertreter der Mag.abteilungen für Volksbildung, Wirtschaft und Handel und Handwerk, der Finanzabteilung des Magistrats, des Freien Deutschen Gewerkschaftsbunds, der Wirtschaftshochschule und gegebenenfalls einem Vertreter für die in Frage kommenden Zentralverwaltungen der sowjetischen Besatzungszone.

93 Der hier gefaßte Mag.beschluß, ausgefertigt am 19.2.1946, ist vorhanden in: LAB(STA), Rep. 101, Nr. 65. Er wurde der AK mit Schreiben v. 28.2.1946 zur Genehmigung zugeleitet; siehe: a.a.O. Im Education Committee der AK äußerten zwar der britische und der französische Vertreter Bedenken gegen die Absicht des Magistrats, auch führende Personen der deutschen Zentralverwaltungen in der sowjetischen Besatzungszone als Dozenten am geplanten Institut für Wirtschaftskunde einzusetzen, das Komitee genehmigte aber am 13.5.1946 den Lehrplan des Instituts für den Vorkursus im Wintersemester 1946, wobei es gleichzeitig die Empfehlung an den Magistrat beschloß, daß auch Vertreter aus den westlichen Zonen zur Lehrtätigkeit am Institut eingeladen werden sollten. Vgl. die Protokolle des Education Committee der AK v. 6.5.1946, TOP 12, u. 13.5.1946, TOP 9, in: LAB, Rep. 37: OMGBS, ECR, 4/16-1/10. Das Finanzkomitee der AK genehmigte mit seinem Befehl FIN/I (46) 55 v. 5.6.1946 die für den Vorkursus beantragten Mittel in Höhe von 24 000 RM. Der Befehl ist vorhanden in: LAB, Rep. 37: OMGBS, FIN Br, 4/91-2/12.

94 LAB(STA), Rep. 100, Nr. 768, Bl. 31; auch in: LAB(STA), Rep. 101, Nr. 647.

Benutzung von Kraftfahrzeugen, die auf einen Befehl der Alliierten Kommandantur zurückgeht[95]. Die bisherigen Anordnungen[96] reichen nicht aus, um die vielen Schwarzfahrten zu unterbinden. Um eine Rechtsgrundlage für Geld- und Haftstrafen zu haben, ist die Verordnung notwendig.

Schwenk hält die festgesetzten Strafen für viel zu gering und schlägt eine Erhöhung vor, und zwar in § 1: Geldstrafen bis zu 1500 RM und Freiheitsstrafen bis zu 3 Monaten; in § 2: Geldstrafen bis zu 3000 RM und Freiheitsstrafen bis zu 6 Monaten; in § 3: Geldstrafen bis zu 1500 RM und Freiheitsstrafen bis zu 3 Monaten.[97] Wahrscheinlich müßte dann allerdings jedesmal die Staatsanwaltschaft eingeschaltet werden. Die Bestimmung über die Beschlagnahme des Fahrzeugs in § 4 sollte aus einer Kannbestimmung in eine Mußbestimmung umgewandelt werden.

Schmidt äußert den Wunsch, bei einer bestimmten Kategorie der städtischen Fahrzeuge von der geplanten Maßnahme hinsichtlich eines Fahrbefehls abzusehen, zum mindesten Dauerfahrbefehle für einen Monat auszustellen.

Dr. Mittag bemerkt, bei Festsetzung der Höhe der Strafen habe der Gesichtspunkt obgewaltet, im Rahmen der Übertretung zu bleiben.

Dr. Siebert bittet, die Vorlage zurückzuziehen und noch einmal zu überarbeiten. Es gehe aus der Vorlage nicht hervor, auf Grund welcher Ermächtigung die Strafandrohungen erfolgen. Es fehle eine klare Bestimmung darüber, wer berechtigt ist, den Strafbefehl zu erlassen.

Dr. Mittag: Die Rechtsgrundlage ist der Befehl der Alliierten Kommandantur. Es ist allerdings nicht klar, was mit dem darin enthaltenen Ausdruck gemeint ist: Die Fahrzeuge müssen „zurückgehalten" werden.[98] Darüber müßte mit der Alliierten Kommandantur noch einmal gesprochen werden.

Dr. Haas: Man muß unterscheiden zwischen Fahrzeughalter und Fahrzeugbenutzer, d[as] h[eißt] demjenigen, der fährt. Danach muß die Fassung in den §§ 1 und 2 etwas anders formuliert werden.

Schmidt schlägt vor, angesichts der mehrfachen Änderungswünsche die ganze Vorlage noch einmal umzugestalten.

BESCHLUSS: Die Vorlage Nr. 64 wird zurückgestellt und zur Neubearbeitung an den Rechtsausschuß überwiesen.[99]

---

95 Gemeint ist BK/O (45) 237 v. 30.11.1945, in: LAB, Rep. 280, Nr. 12372; veröffentlicht in: VOBl., Jg. 1 (1945), S. 53. In Ziffer 1 dieser BK/O wurde angeordnet, „daß eine Fahrt im Kraftwagen nur dann erfolgen kann, wenn ein von der Fahrbereitschaft ausgestellter Fahrtenschein vorhanden ist". Nach Ziffer 2 mußte in jedem Einzelfall der Zweck der Fahrt in diesem Fahrtenschein vermerkt werden.

96 Vgl.: VOBl., Jg. 1 (1945), S. 20, 56 f., 60, 68, 76 f., 92, 93, 94, 115, 116, 127 f. u. 155; Jg. 2 (1946), S. 10.

97 In der Mag.vorlage Nr. 64 v. 6.2.1946 waren die folgenden Strafbestimmungen vorgesehen: in § 1 Geldstrafe bis zu 150 RM oder Haft bis zu 3 Wochen, in § 2 Geldstrafe bis zu 1000 RM oder Haft bis zu 6 Wochen, in § 3 Geldstrafe bis zu 150 RM oder Haft bis zu 3 Wochen.

98 Ziffer 3 der BK/O (45) 237 lautete: „Eigentümer von Kraftwagen müssen gewarnt werden, daß bei Nichtbefolgung dieser Anordnung die Wagen zurückgehalten werden."

99 Vgl. zur Annahme des überarbeiteten Entwurfs einer VO über die mißbräuchliche Benutzung von Kraftfahrzeugen das 48. Mag.prot. v. 4.3.1946, TOP 8.

9. BAU- UND WOHNUNGSWESEN

Hierzu liegt die Vorlage Nr. 65[100], betreffend *Erwerb eines Geländes in Schönholz zur Anlegung eines Friedhofs für den Bezirk Pankow*, vor.

BESCHLUSS: Die Vorlage wird nach kurzer Befürwortung durch Prof. Scharoun unverändert angenommen.[101]

Scharoun begründet weiter die Vorlage Nr. 73[102], betreffend *Wiedererrichtung der Akademie für Städtebau* und Landesplanung[103] sowie des *Deutschen Werkbundes*[104]. Es haben sich in Deutschland schon wieder eine große Anzahl von einzelnen Verbänden auf dem Gebiet der Landesplanungen und Werkbundarbeiten aufgetan mit selbständigen föderalistischen Bestrebungen. Wenn Berlin seine zentrale Stellung behalten will, ist es unbedingt notwendig, hier wieder den Deutschen Werkbund und die Akademie für Städtebau zu errichten. Die erforderlichen Kräfte dafür sind in Berlin vorhanden. Im übrigen darf auf die Begründung der Vorlage verwiesen werden.

Schwenk stellt die Frage, ob das, was hier in der Form von Vereinigungen erreicht werden soll, nicht besser in anderer Form erreicht werden kann. Der Magistrat soll nach dem vorliegenden Vorschlag lediglich als förderndes Mitglied in die Vereine eintreten, ohne daß gesagt ist, welchen Einfluß er dort haben wird. Es werden Vorstandsmitglieder genannt, die zum Teil nicht bekannt sind. An der Tätigkeit des Werkbundes ist in der Vergangenheit oft starke Kritik geübt worden. Aus all diesen Gründen dürfte es sich empfehlen, die ganze Vorlage noch einmal in einem Magistratsausschuß durchzuberaten.

Scharoun erwidert, es solle selbstverständlich eine starke Einflußnahme des Magistrats auf die Vereinigungen gewährleistet werden. Anstatt eine ganz neue Form zu wählen, wäre es besser, die alten bewährten Organisationen wiederaufleben zu lassen.

Dusiska befürwortet den Vorschlag auf Überweisung der Vorlage an einen Ausschuß. Es müsse auch folgender Gesichtspunkt dabei berücksichtigt werden: In Berlin besteht eine Hochschule für bildende Künste, dort wäre vielleicht im Rahmen eines Arbeitskreises die Möglichkeit gegeben, die hier in Frage stehenden Arbeiten

---

100 LAB(STA), Rep. 100, Nr. 768, Bl. 32.
101 Vgl. zwei die beabsichtigte Friedhofsanlegung im Ortsteil Schönholz betreffende Schreiben der Mag.abt. für Bau- und Wohnungswesen an die sowjetische Stadtkommandantur v. 1.4.1946 bzw. der Finanzabteilung des Magistrats an die AK v. 22.4.1946, in: LAB(STA), Rep. 101, Nr. 234 bzw. 635; ferner: LAB(STA), Rep. 118, Nr. 1070 (Lagepläne).
102 LAB(STA), Rep. 100, Nr. 768, Bl. 49 f.
103 Vgl. hierzu das 45. Mag.prot. v. 2.2.1946, TOP 3 (Scharoun). Die 1922 in Berlin gegründete Freie Deutsche Akademie für Städtebau war 1934 in Deutsche Akademie für Städtebau, Reichs- und Landesplanung umbenannt worden und hatte bis zum Ende des Zweiten Weltkriegs bestanden. Vgl.: Stephan Prager: Die Deutsche Akademie für Städtebau und Landesplanung. Rückblick und Ausblick 1922–1955, Tübingen 1955 (Schriftenreihe der Deutschen Akademie für Städtebau und Landesplanung, Bd. 8); Geist/Kürvers, S. 108–122; Akademie der Künste (Berlin-Tiergarten), NL Scharoun, Mappe Mag 2/11.
104 Der Deutsche Werkbund war 1907 in München gegründet und 1934 aufgelöst worden. Er hatte das Ziel verfolgt, die Formgebung und Qualität handwerklicher und industrieller Produkte zu verbessern.

zu fördern, vielleicht auch unter Hinzuziehung interessierter Kräfte aus der heutigen Studentenschaft.

Scharoun betont, daß es sich hier in der Hauptsache darum handle, die Führung der diesbezüglichen Aufgaben für das ganze Reich in die Hand zu bekommen. Die inneren städtischen Dinge gingen nebenher.

BESCHLUSS:　Die Vorlage Nr. 73 wird an einen Magistratsausschuß überwiesen[105], der sich zusammensetzt aus Vertretern der Abteilungen Bau- und Wohnungswesen, Planungen, Volksbildung und Finanzen unter Hinzuziehung von Dr. Werner[106] von der Abt[eilung] für Kunstfragen, Architekt Mächler[107] und Prof. Taut[108].

Schmidt trägt folgende Angelegenheit vor: Für die *De-Ge-Wo*[109] wird demnächst der *Aufsichtsrat* neu gewählt. Benannt sind dafür die Herren Orlopp, Schott[110] (2. stellvertretender Bürgermeister von Zehlendorf), Schwenk, Böttcher[111], Jirak, Bernhard Göring[112] und Martin Schmidt. Der Redner bittet zu billigen, daß die dem Magistrat zugehörigen Herren dieses Mandat akzeptieren können.

BESCHLUSS:　Der Magistrat nimmt von der Mitteilung zustimmend Kenntnis.[113]

10. STÄDTISCHE BETRIEBE

Hierzu liegt die Vorlage Nr. 66[114], betreffend Abberufung der bisherigen *Beiräte* des städtischen Eigenbetriebes „*Berliner Ausstellungen*" und Bestellung eines neuen Beirats, vor.

105　Vgl. zur Beschlußfassung über die Mag.vorlage Nr. 73 v. 12.2.1946 das 48. Mag.prot. v. 4.3.1946, TOP 6.

106　Dr. Alfred Werner amtierte als Leiter des Hauptamts Wissenschaft und Forschung in der Mag.abt. für Volksbildung und war als stellvertretender Leiter der Mag.abt. für Kunst(angelegenheiten) vorgesehen. Vgl. hierzu das 38. Mag.prot. v. 23.12.1945, TOP 5, u. das 54. Mag.prot. v. 17.4.1946, TOP 4, u. das 63. Mag.prot. v. 29.6.1946, TOP 6 (Winzer), u. das 65. Mag.prot. v. 13.7.1946, TOP 8, u. das 66. Mag.prot. v. 20.7.1946, TOP 2.

107　Martin Mächler, Schweizer Architekt und Stadtplaner, fungierte als Verbindungsmann zwischen der britischen Militärregierung und der Mag.abt. für Bau- und Wohnungswesen. Vgl. das Prot. der Konferenz der Bezirksbürgermeister am 28.2.1946, TOP 2, in: LAB, Rep. 280, Nr. 3849; das 50. Mag.prot. v. 16.3.1946, TOP 8 (Maron); Böttcher: Bericht über meine Arbeit, S. 43, 45 u. 90.

108　Prof. Max Taut, Architekt und Leiter der Abteilung Bau- und Architekturschule an der Hochschule für Bildende Künste.

109　Deutsche Gesellschaft zur Förderung des Wohnungsbaues, gemeinnützige Aktiengesellschaft. Vgl. zu dieser städtischen Wohnungsbaugesellschaft ihre Satzung (ca. 1937), in: LAB(STA), Rep. 115, Nr. 104; Hanauske, S. 271–273.

110　Carl Schott (SPD).

111　Karl Böttcher, bis zum 16.3.1946 Leiter des Hauptamts für Aufbaudurchführung in der Mag.abt. für Bau- und Wohnungswesen; vgl. das 50. Mag.prot. v. 16.3.1946, TOP 8.

112　Bernhard Göring (SPD/SED) war 2. Vorsitzender des Bundesvorstands des Freien Deutschen Gewerkschaftsbunds.

113　Vgl. zu weiteren personellen Veränderungen im Aufsichtsrat der De-Ge-Wo das 60. Mag.prot. v. 5.6.1946, TOP 2.

114　LAB(STA), Rep. 100, Nr. 768, Bl. 33; auch in: LAB(STA), Rep. 101, Nr. 665. Vgl. zur Vorgeschichte der Mag.vorlage Nr. 66 v. 4.2.1946: LAB(STA), Rep. 115, Nr. 62, Bl. 79 f.

BESCHLUSS: Die Vorlage wird nach kurzer Empfehlung durch Stadtrat Jirak angenommen.[115]

Eine weitere Vorlage Nr. 69[116], betreffend *Übernahme von Verladeeinrichtungen* in den Bezirk der Stadt Berlin bzw. in die Verwaltung der Behala,[117] wird nach kurzer Erörterung *zurückgezogen*, da verschiedene Punkte in der Vorlage unklar sind.[118]

11. ARBEITSFRAGEN

Fleischmann führt zur Begründung der Vorlage Nr. 70[119], betreffend *Maßnahmen*

---

115 Der hier gefaßte Mag.beschluß, ausgefertigt am 16.2.1946, ist vorhanden in: LAB(STA), Rep. 115, Nr. 104. Vgl. zum Eigenbetrieb „Berliner Ausstellungen" das 48. Mag.prot. v. 4.3.1946, TOP 7, u. das 52. Mag.prot. v. 22.6.1946, TOP 4, u. das 63. Mag.prot. v. 29.6.1946, TOP 6, u. das 67. Mag.prot. v. 27.7.1946, TOP 3; die Protokolle der ersten, zweiten u. dritten Sitzung des Beirats für den Eigenbetrieb „Berliner Ausstellungen" v. 1.3.1946, 27.6.1946 u. 24.7.1946, in: LAB(STA), Rep. 106, Nr. 387 (Protokolle der ersten u. dritten Sitzung), bzw. Rep. 115, Nr. 104 (Prot. der zweiten Sitzung).

116 LAB(STA), Rep. 100, Nr. 768, Bl. 36 f.; auch in: LAB(STA), Rep. 101, Nr. 665.

117 Vgl. hierzu das 39. Mag.prot. v. 30.12.1945, TOP 4. Im Beschlußtext der Mag.vorlage Nr. 69 v. 4.2.1946 heißt es unter anderem:

„1.) Alle im Stadtgebiet Berlin liegenden Warenspeicher, Umschlagplätze und Uferstraßen mit Kaimauern (sog[enannte] Ladestraßen), die bisher im Besitze des Reiches bezw. Staates waren, sollen grundsätzlich von der Stadt Berlin übernommen werden.
Die kaufmännische und technische Verwaltung wird der ‚Behala' [Berliner Hafen- und Lagerhaus-Betriebe; der Bearb.] übertragen.

2.) Es ist anzustreben, auch alle im Besitze des Magistrats oder anderer städtischer Dienststellen befindlichen Umschlagstellen, Ladestraßen, Hafenbetriebe und Warenspeicher der kaufmännischen und technischen Verwaltung der ‚Behala' zu unterstellen, soweit diese Betriebe nicht nur Hilfsbetrieb eines städtischen Werkes sind."
Zur Begründung ist unter anderem ausgeführt: „Die Zusammenfassung aller einschlägigen Objekte in eine gemeinsame Verwaltung enthält für die heutige Zeit den Vorteil der restlosen Ausnutzung und planvollen Einsatzregelung, wobei das Moment, auch die erforderlichen Aufbauarbeiten zu steuern, nicht vergessen werden darf. Es ist selbstverständlich, daß die örtlichen Wünsche einzelner Bezirksämter oder sonstiger Anlieger dabei immer die erforderliche Berücksichtigung finden werden. [...] Es ist keinesfalls beabsichtigt, mit diesem Schritt einen gegen die privaten Lagereien gerichteten Monopolanspruch zu erheben, sondern lediglich der Gesichtspunkt maßgebend, verbilligend und vereinfachend für alle an diesen Fragen Interessierten (die Abteilungen Ernährung, Wirtschaft, Handel und Handwerk) einen Apparat zu schaffen, der zuverlässig und maßgebend das in Frage stehende Gebiet bearbeitet."

118 Die Mag.vorlage Nr. 69 ist in den folgenden Mag.sitzungen nicht wieder behandelt worden. In einer Sitzung des Beirats der Behala wurde diese Vorlage erwähnt, „nach welcher die bisher in Reichsbesitz verblieben gewesene Umschlagsbetriebe und Lagerhäuser der Behala übergeben werden sollen. Hierzu teilte *Herr Stadtrat Jirak* mit, daß der Magistrat am 16.2.46 absichtlich keinen ‚Beschluß' hierüber gefaßt habe, um zu vermeiden, diesen der Alliierten Kommandantur vorlegen zu müssen; es solle aber nach Maßgabe der Magistratsvorlage verfahren werden." Siehe das Prot. über die (erste) Sitzung des Beirats des städtischen Eigenbetriebs „Behala" v. 12.3.1946, S. 3, in: LAB(STA), Rep. 115, Nr. 104. – Vgl. zur Geschichte der Behala den Bericht von Dr. Bruno Ziethen v. 26.4.1946, in: LAB(STA), Rep. 115, Nr. 91, Bl. 40–43; ferner das 82. Mag.prot. v. 2.11.1946, TOP 5.

119 LAB(STA), Rep. 100, Nr. 768, Bl. 38.

gegen Behinderung einer geordneten Lohnpolitik, aus, es handele sich darum, die von der Alliierten Kommandantur der Abt[eilung] für Arbeit übertragene Lohnkontrolle[120] wirksam durchzuführen. Dabei stoßen die ausführenden Organe vielfach auf den Widerstand gewisser Arbeitgeberkreise, die die Aushändigung der notwendigen Unterlagen, um die Löhne zu prüfen, verweigern. Gegenüber solchen Eigenmächtigkeiten bedarf es einer Rechtsgrundlage.

Der Redner empfiehlt, den 1. Satz aus der Begründung in die Präambel zu übernehmen und diese wie folgt zu fassen:

Auf Grund der Befehle der Alliierten Kommandantur vom ... werden folgende Maßnahmen gegen die Behinderung einer geordneten Lohnpolitik angeordnet.

BESCHLUSS: Die Vorlage Nr. 70 wird mit dieser Änderung angenommen.[121]

Es folgt die Beratung der Vorlage Nr. 71[122], betreffend Verordnung über *Errichtung eines Tarifregisters.*

Fleischmann empfiehlt auch diese Verordnung zur Annahme, die ebenfalls einer wirksamen Durchführung der Lohnkontrolle dienen soll. Er schlägt als redaktionelle Änderung vor:

1. In § 3 das letzte Wort „werden" zu streichen;[123]
2. § 4 wie folgt zu fassen: „Sie werden erst mit der Eintragung in das Tarifregister rechtswirksam."[124]
3. § 5 zu streichen[125] und die bisherigen §§ 6 und 7 als §§ 5 und 6 zu bezeichnen.

---

120 Mit BK/O (45) 43 v. 27.8.1945 und BK/O (46) 14 v. 14.1.1946 hatte die AK grundlegende Vorschriften zur Lohngestaltung in Berlin erlassen; vgl. hierzu Dok. 61, Anm. 13 u. 20. Vgl. zur Lohnregelung ferner das 10. Mag.prot. v. 9.7.1945, TOP 4, u. das 18. Mag.prot. v. 27.8.1945, TOP 3 (insb. Anm. 13 u. 15).

121 Die hiermit beschlossene VO über Maßnahmen gegen Behinderung einer geordneten Lohnpolitik wurde veröffentlicht in: Berliner Zeitung, 8.3.1946, [S. 4], jedoch nicht im VOBl. Sie sah die folgenden Strafbestimmungen vor:
§ 1:„Wer den zum Zwecke der Lohngestaltung getroffenen Anordnungen zuwiderhandelt, kann mit einer Ordnungsstrafe bis zu 10 000 RM bestraft werden. In Fällen planmäßiger oder wiederholter Zuwiderhandlung kann auf Gefängnis erkannt werden."
§ 2:„Mit Ordnungsstrafe bis zur Höhe von 1 000 RM wird bestraft, wer die zwecks Durchführung der Lohnkontrolle vorzunehmenden Erhebungen der Arbeitsämter zu behindern sucht oder hierbei unrichtige Auskünfte gibt."
Das Rechtskomitee und das Arbeitskomitee der AK befaßten sich mit dieser VO und unterbreiteten den Stadtkommandanten diesbezügliche Vorschläge. Die Stadtkommandanten konnten aber keine Einigung erzielen, so daß eine Genehmigung der VO nicht erteilt wurde. Vgl. hierzu BK/R (46) 218 v. 12.6.1946, in: LAB, Rep. 37: OMGBS, BICO LIB, 11/148-2/6; das 16. Prot. der AK v. 14.6.1946, TOP 155, u. das 17. Prot. der AK v. 25.6.1946, TOP 166, in: LAB, Rep. 37, Acc. 3971, Nr. 215.

122 LAB(STA), Rep. 100, Nr. 768, Bl. 39.

123 Nach § 2 der Mag.vorlage Nr. 71 v. 12.2.1946 bedurften „Tarifverträge mit dem Ziel von Lohnsatzänderungen" der Zustimmung der Mag.abt. für Arbeit. § 3 der Mag.vorlage hat den folgenden Wortlaut: „Die gemäß § 2 vereinbarten Tarifverträge werden in ein Tarifregister eingetragen werden."

124 § 4 der Mag.vorlage hat den folgenden Wortlaut: „Die Tarifverträge werden erst mit der Eintragung in das Tarifregister rechtswirksam."

125 § 5 der Mag.vorlage hat den folgenden Wortlaut: „Das Tarifregister wird von der Abteilung für Arbeit geführt; die Einsichtnahme ist jedem gestattet."

BESCHLUSS: Die Vorlage Nr. 71 wird mit den vorgeschlagenen redaktionellen Änderungen angenommen.[126]

Fleischmann begründet weiter die Vorlage Nr. 75[127]: Durchführungsanordnung zur Verordnung über Deckung des Kräftebedarfs für lebenswichtige Aufgaben vom 17.12.45, betreffend *Unterstützung für eingewiesene Personen.*

Diese Vorlage hänge eng zusammen mit dem Befehl der Alliierten Kommandantur, Arbeitskräfte aus weniger wichtigen Vorhaben in dringlichere Vorhaben umzusetzen.[128] Das bedingt u[nter] U[mständen], daß Arbeitskräfte abgezogen werden müssen von einer Arbeit mit höherem Lohnniveau, um eingesetzt zu werden in eine Tätigkeit mit niedrigerem Lohnniveau. Man kann es diesen Leuten nicht zumuten, mit dem niedrigeren Lohnniveau einverstanden zu sein, da ihr Lebensstandard – Verpflichtungen in bezug auf Wohnungsmiete usw. – auf ein höheres Einkommen abgestellt ist. Um hier einen Ausgleich herbeizuführen, müssen öffentliche Mittel herangezogen werden.[129] Eine solche Regelung wird auch von der englischen und amerikanischen Kommandantur gewünscht.

Dr. Siebert ist der Meinung, daß in solchen Fällen der neue Betrieb den entsprechend höheren Lohn zahlen muß.

Jendretzky betont, daß es sich mehr um eine Rückversicherung handele, falls in größerem Maßstab Leute durch zwangsweise Umsetzung in andere Betriebe wirtschaftlich schlechtergestellt werden.

Fleischmann weist auf die zahlreichen Handwerker hin, die heute berufsfremd eingesetzt sind und dabei wesentlich mehr verdienen. Bei Anforderungen für dringende Arbeiten für die Besatzungsbehörden müssen diese Leute aus ihrer jetzigen Position wieder abgezogen und in ihrem alten Beruf eingesetzt werden, wobei sie infolge der Tariflöhne schlechtergestellt werden. Hier muß die Möglichkeit bestehen, einen Ausgleich in geldlicher Hinsicht vorzunehmen.

---

126 Die hiermit beschlossene VO über Errichtung eines Tarifregisters wurde vom Arbeitskomitee der AK am 29.3.1946 genehmigt; siehe: VOBl., Jg. 2 (1946), S. 144. Sie wurde veröffentlicht in: Berliner Zeitung, 6.3.1946, [S. 4], u. 8.5.1946, [S. 4]; VOBl., Jg. 2 (1946), S. 144 f. In der veröffentlichten Fassung enthielt die VO gegenüber der vom Magistrat beschlossenen Fassung kleine redaktionelle Änderungen, und der laut Mag.beschluß gestrichene § 5 der Mag.vorlage war in den VO-Text wiederaufgenommen (als § 4).

127 LAB(STA), Rep. 100, Nr. 768, Bl. 52.

128 Hier ist die BK/O (45) 273 v. 17.12.1945 gemeint, mit der die AK die VO zur Deckung des Bedarfs an Arbeitskräften für lebenswichtige Aufgaben erließ. Diese BK/O ist vorhanden in: LAB(STA), Rep. 101, Nr. 53, u. LAB, Rep. 280, Nr. 4697; die VO wurde veröffentlicht in: VOBl., Jg. 1 (1945), S. 180 f. Vgl. zu Soforteinsätzen zur Deckung des Bedarfs an Arbeitskräften für lebenswichtige Aufgaben die Materialien in: LAB(STA), Rep. 107, Nr. 555 – 568.

129 § 1 der Mag.vorlage Nr. 75 v. 13.2.1946 hat den folgenden Wortlaut: „Zur Sicherung der wirtschaftlichen Lage des Eingewiesenen, insbesondere, um ihm die Erfüllung gesetzlicher und vertraglicher Verpflichtungen aus der Zeit vor der Einweisung zu ermöglichen, kann das Arbeitsamt eine Sonderunterstützung gewähren. Verpflichtungen können nur insoweit berücksichtigt werden, als sie nach Art und Umfang der bisherigen wirtschaftlichen Lage des Eingewiesenen angemessen waren und nur infolge der Einweisung nicht mehr erfüllt werden können."

Dr. Landwehr sieht nicht ein, warum der Betreffende dann mehr bekommen soll als andere in dem Betrieb, die die gleiche Arbeit leisten. Das könnte Unruhe im Betrieb verursachen.

BESCHLUSS: Nach weiterer Erörterung beschließt der Magistrat gegen eine Stimme die Vertagung der Angelegenheit, d[as] h[eißt] die Zurückstellung der Vorlage Nr. 75 zu nochmaliger Überprüfung.[130]

Fleischmann begründet die Vorlage Nr. 77[131], betreffend Verordnung über die *Beschäftigung Jugendlicher im Baugewerbe*. Es soll verhindert werden, daß Jugendliche bis zum Alter von 16 Jahren als Hilfsarbeiter in der Bauwirtschaft beschäftigt werden. Sie dürfen bis dahin nur als Lehrlinge beschäftigt werden. Die Regelung ist mit den Gewerkschaften abgesprochen worden.

Der Redner schlägt als redaktionelle Änderung vor, die Einleitung wie folgt zu fassen:

Der Magistrat wolle folgende Verordnung über die Beschäftigung Jugendlicher im Baugewerbe beschließen.[132]

BESCHLUSS: Die Vorlage Nr. 77 wird mit dieser Änderung angenommen.[133]

12. ALLGEMEINES

Lange erbittet einen Magistratsbeschluß in der folgenden Frage. Nach dem preußischen Ausführungsgesetz zum BGB[134] ist die *Annahme von Zuwendungen seitens juristischer Personen* und der Ankauf oder *Erwerb von Grundstücken durch juristische Personen* der Genehmigung der Aufsichtsbehörde unterworfen. Da jetzt zwei Fälle vorliegen – eine katholische Kirchengemeinde hat geerbt, und eine ausländische Behörde, ein Volkskommissariat, will ein Grundstück in Pankow erwerben –, ist es erforderlich, diese Bestimmung den heutigen Verhältnissen anzupassen. Der Redner bittet den Magistrat zu beschließen:

---

130 Die Mag.vorlage Nr. 75 ist in den folgenden Mag.sitzungen nicht wieder behandelt worden. In einem Schreiben v. 21.2.1946 teilte die Leiterin des Hauptamts für Arbeitsrecht, Lohn- und Tariffragen in der Mag.abt. für Arbeit den Referenten und Sachbearbeitern dieses Hauptamts mit, daß Ausgleichszahlungen an eingewiesene Arbeitskräfte, die durch ihre Einweisung einen finanziellen Nachteil erlitten, auf Befehl der AK nicht mehr gewährt werden durften. Das Schreiben ist vorhanden in: LAB(STA), Rep. 107, Nr. 486.

131 Die Mag.vorlage Nr. 77 v. 13.2.1946 ist vorhanden in: LAB, Rep. 228, Mag.vorlagen 1946. Ein weiteres Exemplar dieser Mag.vorlage, in dem ein Textstück fehlt, befindet sich in: LAB(STA), Rep. 100, Nr. 768, Bl. 54.

132 Die Einleitung der Mag.vorlage hat den folgenden Wortlaut: „Der Magistrat wolle beschließen und erforderlichenfalls die Genehmigung der Alliierten Kommandantur herbeiführen:"

133 Die hiermit beschlossene VO wurde vom Arbeitskomitee der AK am 29.3.1946 genehmigt; siehe: VOBl., Jg. 2 (1946), S. 145. Sie wurde veröffentlicht in: Berliner Zeitung, 6.3.1946, [S. 4], u. 9.5.1946, [S. 4]; VOBl., Jg. 2 (1946), S. 145. Vgl. zu den Lehrlingen im Baugewerbe das 68. Mag.prot. v. 3.8.1946, TOP 4; zum Jugendarbeitsschutz: LAB(STA), Rep. 107, Nr. 662.

134 Das Bürgerliche Gesetzbuch (BGB) trat am 1.1.1900 als Kodifikation des deutschen Privatrechts in Kraft. Gleichzeitig trat auch das preußische Ausführungsgesetz zum Bürgerlichen Gesetzbuch v. 20.9.1899 in Kraft. Das Ausführungsgesetz wurde veröffentlicht in: Gesetz-Sammlung für die Königlichen Preußischen Staaten, Jg. 1899, S. 177 – 249.

Die nach Artikel 6 und 7[135] des preußischen A[usführungs]g[esetzes] zum BGB erforderliche Genehmigung der Staatsaufsichtsbehörde ist für Berlin durch den Magistrat, Abt[eilung] für Personalfragen und Verwaltung, zu erteilen, die jeweils vorher ein Rechtsgutachten der Rechtsabteilung einholt.
BESCHLUSS: Der Antrag wird angenommen.[136]

Maron unterbreitet dem Magistrat den Vorschlag, aus Anlaß der demnächst bevorstehenden Geburtstage von Franz Mehring[137] und August Bebel[138], zweier um die deutsche Arbeiterbewegung verdienter Männer, den Belle-Alliance-Platz in *Franz-Mehring-Platz* und den Franz-Joseph-Platz in *August-Bebel-Platz* umzubenennen.

Kraft empfiehlt, auch gleich die Belle-Alliance-Str[aße] entsprechend umzubenennen.
BESCHLUSS: Der Magistrat stimmt diesen Straßenumbenennungen zu.[139]

Jendretzky bringt bei der Gelegenheit die Frage der *Beseitigung* des Denkmals Friedrichs des Großen[140] sowie anderer *Denkmäler* zur Sprache.[141]

---

135 Siehe: a.a.O., S. 181.

136 Der hier gefaßte Mag.beschluß, ausgefertigt am 25.2.1946, ist vorhanden in: LAB(STA), Rep. 106, Nr. 106/2. Er wurde der AK mit Schreiben v. 1.3.1946 zur Genehmigung zugeleitet; siehe: a.a.O. Die stellv. Stadtkommandanten befaßten sich zweimal mit diesem Mag.beschluß, ohne eine Einigung zu erzielen, und überwiesen die Angelegenheit dem Property Control Committee der AK. Vgl. BK/R (46) 235 v. 26.6.1946, in: LAB, Rep. 37: OMGBS, BICO LIB, 11/148-2/6; das 29. Prot. der stellv. Stadtkommandanten v. 28.6.1946, TOP 360, u. das 37. Prot. der stellv. Stadtkommandanten v. 20.8.1946, TOP 453, in: LAB, Rep. 37, Acc. 3971, Nr. 219, bzw. LAB, Rep. 37: OMGBS, BICO LIB, 11/148-2/1. Der Mag.beschluß ist nicht im VOBl. veröffentlicht worden, also offenbar nicht genehmigt worden.

137 Franz Mehring, geboren am 27.2.1846, gestorben am 29.1.1919, sozialdemokratischer Historiker und Journalist.

138 August Bebel, geboren am 22.2.1840, gestorben am 13.8.1913, Mitbegründer und führender Politiker der SPD.

139 Die hiermit beschlossenen Straßenumbenennungen wurden veröffentlicht in: Berliner Zeitung, 21.2.1946, [S 2]. Der hier in Franz-Mehring-Platz umbenannte Belle-Alliance-Platz am Halleschen Tor im Bezirk Kreuzberg wurde am 31.7.1947 in Mehringplatz umbenannt. Gleichzeitig wurde die südlich dieses Platzes verlaufende und hier in Franz-Mehring-Straße umbenannte Belle-Alliance-Straße in Mehringdamm umbenannt. Der gegenüber dem Hauptgebäude der Berliner Universität an der Straße Unter den Linden im Bezirk Mitte gelegene Kaiser-Franz-Joseph-Platz, hier in August-Bebel-Platz umbenannt, wurde am 31.7.1947 in Bebelplatz umbenannt. Siehe: VOBl., Jg. 3 (1947), S. 218. Vgl. zu diesen Umbenennungen auch eine Zuschrift an OB Werner v. 1.3.1946 u. ein Schreiben von Bürgermeister Ferdinand Friedensburg an die Redaktion der Zeitung „Der Tagesspiegel" v. 7.11.1947, in: LAB(STA), Rep. 101, Nr. 784. – Vgl. zu weiteren Straßenumbenennungen durch den Magistrat das 55. Mag.prot. v. 29.4.1946, TOP 9, u. das 59. Mag.prot. v. 29.5.1946, TOP 8; allgemein zu Straßenumbenennungen das 7. Mag.prot. v. 18.6.1945, TOP 8, u. das 68. Mag.prot. v. 3.8.1946, TOP 4, u. das 77. Mag.prot. v. 28.9.1946, TOP 7.

140 Das von Christian Daniel Rauch (1777–1857) geschaffene Reiterstandbild Friedrichs des Großen war 1851 auf der Mittelpromenade der Straße Unter den Linden enthüllt worden, schräg gegenüber dem Platz am Opernhaus (seit 1910: Kaiser-Franz-Joseph-Platz; vgl. hierzu die vorige Anm.). Vgl. zu diesem Denkmal: Dok. 73, Denkmalgruppe III; Dok. 81, Liste II, Nr. 5; das 58. Mag.prot. v. 18.5.1946, TOP 3 (Scharoun u. Beschluß).

141 Vgl. zur bisherigen Behandlung der Frage der Beseitigung von Denkmälern, Emblemen

Scharoun bemerkt, daß eine Liste der in Frage kommenden Denkmäler aufgestellt und der Abt[eilung] für Volksbildung zugeleitet worden sei.[142]

BESCHLUSS: Der Magistrat beauftragt Prof. Scharoun erneut, dem Magistrat bis zur nächsten Sitzung eine Liste der für eine Verschrottung in Frage kommenden Denkmäler zu unterbreiten.[143]

---

und Bildern das 28. Mag.prot. v. 30.10.1945, TOP 7, u. das 29. Mag.prot. v. 5.11.1945, TOP 7.

142 Diese Liste ist als Dok. 73 in dieser Edition abgedruckt.
143 Vgl. das 47. Mag.prot. v. 23.2.1946, TOP 5, u. das 49. Mag.prot. v. 9.3.1946, TOP 7; Dok. 73.

Dok. 70
47. Magistratssitzung vom 23. Februar 1946

LAB(STA), Rep. 100, Nr. 768, Bl. 57 – 63. – Umdruck.[1]

Beginn: 10.05 Uhr   Schluß: 14.15 Uhr

Anwesend: Dr. Werner, Maron, Orlopp, Schwenk, Schulze, Dr. Landwehr, Lange,
            Dr. Siebert, Klimpel, Pieck, Scharoun, Buchholz, Grüber, Geschke,
            Jirak, Kraft, Karweik, Grommann, Dr. Redeker, Fleischmann, Kehler,
            Dr. Haas, Dr. Mittag, Rumpf, Winzer, Starck, Dr. Düring, Hauth.

Den Vorsitz führt: Oberbürgermeister Dr. Werner.

Tagesordnung: 1. Protokolle
               2. Personalfragen
               3. Bericht Stuttgart
               4. Handel und Handwerk
               5. Bau- und Wohnungswesen
               6. Finanzfragen
               7. Abteilung für Planungen
               8. Arbeitsfragen
               9. Spruchkammer für die Entnazifizierung
              10. Allgemeines.

1. PROTOKOLLE
Die Niederschrift der außerordentlichen Magistratssitzung vom 31.1.46 wird nachträglich ohne Beanstandung genehmigt. – Die Niederschrift der Magistratssitzung
vom 16.2.46 konnte wegen ihres umfangreichen Inhalts nicht rechtzeitig fertiggestellt
werden; die Beschlußfassung wird bis zur nächsten Sitzung vertagt.

2. PERSONALFRAGEN
Pieck befürwortet kurz die Annahme der Vorlage Nr. 67[2], wonach vorbehaltlich der
Zustimmung durch die Alliierte Kommandantur
1. der Leiter der Abt[eilung] für Ernährung, *Stadtrat Klimpel*, auf eigenen Wunsch
von seiner jetzigen Funktion befreit und zum *Leiter* (geschäftsf[ührenden] Direktor)
der Sparkasse für Groß-Berlin[3] berufen wird;[4]

---

1 Weitere Umdruckexemplare dieses Protokolls sind vorhanden in: LAB(STA), Rep. 100,
  Nr. 752, lfd. S. 78 – 91; LAB, Rep. 228, Mag.protokolle 1946, u. Rep. 280, Nr. 8501/8.
2 LAB(STA), Rep. 100, Nr. 768, Bl. 34.
3 Die offizielle Bezeichnung lautete: Sparkasse der Stadt Berlin.
4 Max Fechner, einer der Vorsitzenden des Zentralausschusses der SPD, hatte bereits
  in einem an Klimpel gerichteten Schreiben v. 8.9.1945 auf einen „Ihnen bereits
  bekannten Beschluß des geschäftsführenden Zentralausschusses vom 7. September 1945"
  hingewiesen, der „leider die Notwendigkeit in sich [schließt], daß Sie das durch unseren
  damaligen Vorschlag erhaltene Amt eines Stadtrates im Magistrat der Stadt Berlin dem
  Herrn Oberbürgermeister wieder zur Verfügung stellen müssen". Dieses Schreiben, das

2. zum *Leiter der Abt[eilung] für Ernährung* der bisherige stellvertretende Leiter der Abt[eilung] für Handel und Handwerk, Artur *Grommann*, berufen wird.

BESCHLUSS: Die Vorlage wird in ihrem ersten Teil einstimmig angenommen.[5]

Zum zweiten Punkt gibt Herr *Grommann* zunächst einige Daten aus seinem Vorleben bekannt,[6] worauf in seiner Abwesenheit über den Antrag, betreffend seine Person, abgestimmt wird.

BESCHLUSS: Der Magistrat beschließt, Herrn Grommann zum Leiter der Abt[eilung] für Ernährung zu berufen.

Es wird festgestellt, daß der Beschluß über den Wechsel in der Leitung der Abt[eilung] für Ernährung noch der Zustimmung der Kommandantur bedarf.[7]

---

von Hand durchgestrichen ist, ist vorhanden in: SAPMO-BArch, ZPA, NL 101/13, Bl. 30. Ein weiteres Schreiben Fechners an Klimpel v. 9.1.1946 ist als Durchschrift vorhanden in: a.a.O., Bl. 32. Darin heißt es:
„Am Beginn des Jahres 1946 fühlen wir uns veranlaßt, Ihnen für Ihren ungewöhnlichen und so erfolgreichen Einsatz als Chef des Ernährungswesens für Groß-Berlin in den entscheidenden Monaten des Aufbaues die Anerkennung der Partei zum Ausdruck zu bringen. Wenn die Berliner Ernährungswirtschaft heute zufriedenstellend ist, dann ist das vor allem Ihrer Umsicht und Ihrer Initiative zu danken. Hierfür übermitteln wir Ihnen unseren besonderen Dank.
Es ist uns bekannt, daß Sie auch über langjährige und umfassende Erfahrungen im Spar- und Girokassenwesen verfügen. Nachdem nunmehr für die Sparkasse von Groß-Berlin alle Möglichkeiten zum Einsatz für den Aufbau des Wirtschaftslebens gegeben sind, haben wir Sie für den Posten des Leiters der Sparkasse von Berlin vorgeschlagen. Wir bitten Sie, diesem Rufe Folge zu leisten.
Im Interesse der Ernährungswirtschaft von Berlin bitten wir Sie, die von Ihnen eingeleiteten Vorbereitungen zur Steigerung der Produktion des Gemüsebaues auf dem Berliner Boden abzuschließen, so daß Sie im Februar Ihr neues Amt übernehmen können."
Maron äußerte am 1.3.1946 im Einheitsausschuß Groß-Berlin: „Die Umsetzung im Ernährungsdezernat habe Herr Klimpel intern mit seiner Partei vereinbart." Siehe das 9. Prot. des Einheitsausschusses Groß-Berlin v. 1.3.1946, in: BArch, Abt. Potsdam, Z-3, Nr. 4, Bl. 71.

5 Klimpel nahm letztmalig am 6.4.1946 an einer Mag.sitzung teil. Er war dann krank geschrieben. In einem Brief an Johannes Stumm v. 7.5.1946 schrieb er: „Ich habe aufgrund eines ärztlichen Zeugnisses mein Amt als Stadtrat aufgegeben. Von verschiedenen Seiten wurde mir nahegelegt, mein Rücktrittsgesuch zurückzuziehen. Ich habe das aber abgelehnt." Der Brief ist vorhanden in: LAB, NL Stumm, Rep. 200, Acc. 2549, Nr. 147. Vgl. zum Rücktritt Klimpels als Leiter der Mag.abt. für Ernährung auch das 59. Mag.prot. v. 29.5.1946, nach TOP 4, u. Dok. 88. Klimpel hat nicht die Leitungsposition bei der Sparkasse der Stadt Berlin übernommen, sondern übte ab 5.7.1946 in Duisburg das Amt des Oberstadtdirektors aus.

6 Vgl. zur Biographie Grommanns die Abschrift seines Fragebogens für die Militärregierung v. 26.8.1947, in: LAB, Rep. 37: OMGBS, PAB, 4/127-2/37.

7 Mit Schreiben v. 11.5.1946 bat der Magistrat die AK um eine möglichst schnelle Entscheidung hinsichtlich seines hier gefaßten Beschlusses, da Klimpel inzwischen „aus Krankheitsgründen um Beurlaubung von seinem Amt ersucht" habe und „die Wichtigkeit der Abteilung für Ernährung ein längeres Fehlen des Leiters nicht zuläßt". Das Schreiben ist vorhanden in: LAB(STA), Rep. 101, Nr. 578, Bl. 185. Die stellv. Stadtkommandanten befaßten sich Anfang Juli mit dieser Personalfrage, konnten sich aber nicht auf

Pieck befürwortet weiter die Annahme der Vorlage Nr. 68[8], wonach Herr Wilhelm *Hauth* zum *stellvertretenden Leiter der Abt[eilung] für Handel und Handwerk* berufen wird.

Hauth ist nach seinen Angaben Kaufmann und Journalist,[9] war 1923 an der Gründung der Deutschen Arbeiterbank[10] beteiligt und ist dort bis 1933 als leitender Angestellter tätig gewesen. Am 2. Mai 1933 wurde er verhaftet und hat über ein Jahr unter Polizeiaufsicht gestanden. Nach dem Umsturz wurde er von seinen sozialdemokratischen Parteifreunden als Sachkenner der Verhältnisse des ehemaligen Vermögens der freien Gewerkschaften eingesetzt.[11] Seit Anfang d[ieses] J[ahres] ist er als Sachbearbeiter bei der SPD tätig.

BESCHLUSS: Der Magistrat beschließt, Herrn Hauth zum stellvertretenden Leiter der Abt[eilung] für Handel und Handwerk zu berufen.

3. BERICHT STUTTGART

Klimpel berichtet über die von ihm gepflogenen *Verhandlungen* beim *Länderrat*[12] *in Stuttgart*. Diese Verhandlungen ergaben sich in Ausführung der vor einiger Zeit

---

eine Bestätigung Grommanns als neuem Leiter der Mag.abt. für Ernährung einigen. Sie beschlossen statt dessen, daß der Magistrat ihr möglichst bald einen weiteren Kandidaten für diese Leitungsposition vorschlagen sollte. Vgl. hierzu BK/R (46) 243 v. 29.6.1946, in: LAB, Rep. 37: OMGBS, BICO LIB, 11/148-2/6; das 30. Prot. der stellv. Stadtkommandanten v. 2.7.1946, TOP 375, in: LAB, Rep. 37, Acc. 3971, Nr. 220; BK/O (46) 294 v. 8.7.1946, in: LAB(STA), Rep. 101, Nr. 68, u. LAB, Rep. 280, Nr. 12614. Vgl. zur weiteren Entwicklung der personellen Besetzung der Leitung der Mag.abt. für Ernährung das 59. Mag.prot. v. 29.5.1946, TOP 4, u. das 62. Mag.prot. v. 22.6.1946, TOP 2, u. das 66. Mag.prot. v. 20.7.1946, TOP 2, u. das 67. Mag.prot. v. 27.7.1946, TOP 2, u. das 68. Mag.prot. v. 3.8.1946, TOP 2.

8 LAB(STA), Rep. 100, Nr. 768, Bl. 35.

9 Vgl. zur Biographie Hauths die Abschrift seines Fragebogens für die Militärregierung v. 12.11.1946, in: LAB(STA), Rep. 102, Nr. 164; Lebenslauf v. 10.8.1953, in: Archiv der sozialen Demokratie der Friedrich-Ebert-Stiftung, Sammlung Personalia.

10 Die hier gemeinte Bank der Arbeiter, Angestellten und Beamten AG war 1923 von den freien Gewerkschaften gegründet worden und hatte ihren Sitz in Berlin.

11 Vgl. hierzu: Wilhelm Hauth: Was wird mit dem Vermögen der Deutschen Arbeitsfront?, in: Das Volk, 22.7.1945, [S. 3].

12 Hier ist der Länderrat des amerikanischen Besatzungsgebiets in Deutschland gemeint, der seit dem 17.10.1945 existierte. Er setzte sich zusammen aus den Ministerpräsidenten der drei von der amerikanischen Militärregierung am 19.9.1945 gebildeten Länder Bayern, Württemberg-Baden und Groß-Hessen sowie dem Bürgermeister der amerikanischen Enklave Bremen, die einmal im Monat in Stuttgart tagten. Vgl. zu dieser Institution: Heinz Guradze: Der süddeutsche Länderrat, in: Gedächtnisschrift Hans Peters, Berlin/Heidelberg/New York 1967, S. 493–512; Akten zur Vorgeschichte der Bundesrepublik Deutschland 1945–1949, Bd. 1: September 1945 – Dezember 1946; bearb. von Walter Vogel u. Christoph Weisz, München/Wien 1976, S. 30–43; Handbuch politischer Institutionen und Organisationen 1945–1949, bearb. von Heinrich Potthoff in Zusammenarbeit mit Rüdiger Wenzel, Düsseldorf 1983 (Handbücher zur Geschichte des Parlamentarismus und der politischen Parteien, Bd. 1), S. 147–151; das 62. Mag.prot. v. 22.6.1946, TOP 7 (Dusiska), u. das 86. Mag.prot. v. 30.11.1946, TOP 2 (Dusiska); Der Umfang des Länderrates, in: Neue Zeit, 21.8.1946, S. 2; das Organigramm in: Telegraf, 28.8.1946, S. 3.

getroffenen Regelung, wonach die Lebensmittellieferungen für den amerikanischen Sektor in Berlin in die Hand der Stadtverwaltung gelegt wurden.[13]

Der Bedarf an *Fleisch für den amerikanischen Sektor Berlins* – einschließlich des französischen Sektors – beträgt im Monat r[un]d 1 425 t. Dieser Bedarf wurde bisher befriedigt aus Bayern und Groß-Hessen, und zwar auf rein militärischem Wege. Das Fleisch wurde teilweise als lebendes Vieh, teilweise in Gestalt von Fleischwaren geliefert. Es waren gewisse Qualitäts- und Preisdifferenzen vorhanden, die jetzt in Ordnung gebracht sind. Dabei ist zu bemerken: Man vertritt auf amerikanischer Seite den Standpunkt, daß *Preisstützungsaktionen* wirtschaftlich ungesund sind. Man will zu echten Preisen kommen und alle Zuschüsse aus öffentlicher Hand wegfallen lassen. Das wird eine Erhöhung der Verbraucherpreise zur Folge haben. Der Magistrat wird sich in nächster Zeit wahrscheinlich mit diesem Problem beschäftigen müssen.[14]

Der Bedarf an Fleisch für den amerikanischen Sektor in Berlin wird hier von der Alliierten Kommandantur festgestellt, dann wird ein sogenannter Versorgungsbefehl erlassen, auf Grund dessen der Länderrat verpflichtet ist, das betreffende Quantum aufzubringen und zur Lieferung nach Berlin bereitzustellen.

Kaffee-Ersatz ist ebenfalls vom Länderrat zu liefern. Hierbei ist der Redner der Meinung, daß es im Interesse der Berliner Wirtschaft zweckmäßig wäre, wenn die Fabrikation von Kaffee-Ersatz in Berlin aufgezogen werden könnte, so daß nur die Rohstoffe und Zutaten hierher geliefert zu werden brauchten. Vorläufig ist dies

---

13 Vgl. zur Neuregelung der amerikanischen Lebensmittellieferungen das 42. Mag.prot. v. 19.1.1946, TOP 8. Hierzu heißt es in der diesem TOP 3 zugrundeliegenden Mag.vorlage Nr. 96 v. 22.2.1946 unter anderem: „Zur Durchführung dieser Regelung fanden beim Sekretariat des Länderrats in Stuttgart Besprechungen mit Vertretern der amerikanischen Militärregierung und der Länder des amerikanischen Besatzungsgebiets statt." „Hierbei wurde festgestellt, daß die von der Alliierten Kommandantur Berlin bestätigten Lebensmittel-Bedarfsanforderungen des Magistrats, Abteilung für Ernährung, für den US-Sektor von Berlin als Lieferverpflichtungen des Länderrats der Länder des amerikanischen Besatzungsgebiets zu betrachten und von diesem zu erfüllen sind. Die Erfüllung dieser Verpflichtung erfolgt zum Teil aus der amerikanischen Besatzungszone, zum Teil aus den für die amerikanische Besatzungszone bestimmten Importen nach Bremen." Die Mag.vorlage Nr. 96 ist vorhanden in: LAB(STA), Rep. 100, Nr. 768, Bl. 114, u. Rep. 113, Nr. 133, Bl. 74. Vgl. zu amerikanischen Lebensmittellieferungen nach Berlin: LAB(STA), Rep. 113, Nr. 136 u. 151.

14 Vgl. zur Frage des Fortfalls öffentlicher Zuschüsse für landwirtschaftliche Produkte das 51. Mag.prot. v. 25.3.1946, TOP 5 (Klimpel), u. das 53. Mag.prot. v. 6.4.1946, TOP 4, u. das 56. Mag.prot. v. 4.5.1946, TOP 4 (Haas); allgemein zur Preis- und Geldentwertungsproblematik das 37. Mag.prot. v. 17.12.1945, TOP 3, u. das 54. Mag.prot. v. 17.4.1946, TOP 3, u. das 59. Mag.prot. v. 29.5.1946, TOP 8, u. das 85. Mag.prot. v. 23.11.1946, TOP 2; J[ohann] B[aptist] Gradl: Die Währungsfrage, in: Neue Zeit, 30.1.1946, S. 1 f.; Hans W. Aust: Geldwirtschaftliche Probleme, in: Tägliche Rundschau, 16.2.1946, S. 5; Währung am Scheideweg, in: Das Volk, 21.2.1946, [S. 4]; Was geschieht mit unserer Währung?, in: Deutsche Volkszeitung, 23.2.1946, S. 2; Deutschlands finanzpolitische Lage. Grundsätzliche Ausführungen über Währung und Steuern, in: Der Tagesspiegel, 3.3.1946, S. 7; Grenzen unserer Preispolitik. Probleme der Preise, der Währungsreform und der Steuergesetze, in: Telegraf, 7.4.1946, S. 4; Was wird aus unserm Geld?, in: Nacht-Express, 20.4.1946, [S. 5]; Währungsreform und Industrieplan. Dr. Gleitze über die Voraussetzungen für den Wiederaufbau, in: Berliner Zeitung, 14.5.1946, [S. 2].

technisch noch nicht möglich. Es ist aber mit Rücksicht auf eine solche Entwicklung gebeten worden, den Verkehr nur mit e i n e r Firma, der Firma Ludwig Frank in Ludwigsburg, aufzunehmen.

Für die technische Übernahme der Lebensmittel in Stuttgart, die Verrechnung, die Spedition usw. muß ein *Vertreter des Magistrats* der Stadt Berlin, Abt[eilung] Ernährung, *nach Stuttgart* entsandt werden. Dafür ist Herr *Worthmann*[15] vorgesehen, der inzwischen heruntergefahren ist.

Die Lieferung der übrigen Lebensmittel, die von Übersee kommen: Mehl, Nährmittel, Zucker, echter Kaffee und Trockenmilch, erfolgt über Bremen nach gewissen Instruktionen, die von Berlin über Stuttgart nach Bremen gehen müssen. In Bremen wird uns zum Transport der Lebensmittel täglich ein Frachtraum von etwa 800 t zur Verfügung gestellt.[16] Wegen Zucker und Fett schweben noch besondere Verhandlungen.

Der Redner berichtet weiter über Verhandlungen in bezug auf Lieferung von Düngemitteln, Sämereien, Saatkartoffeln und Futtermitteln und zeigt an einigen Beispielen, wie sehr die Abgrenzung nach Zonen hier eine zweckmäßige Regelung der Versorgung Berlins erschwert.

Die Verhandlungen mit dem Länderrat in Stuttgart haben vorläufig zu einem befriedigenden Ergebnis geführt.

Anschließend gibt der Redner noch eine kurze Schilderung von seinen persönlichen *Reiseeindrücken*. Man gewinnt die Erkenntnis, daß Berlin die fleißigste Stadt in Deutschland ist.[17]

Dr. Landwehr möchte vor Bestrebungen warnen, in Berlin nichtbodenständige Industrien, wie eine Kaffee-Ersatzproduktion, aufzuziehen. Es könnte leicht der Gedanke aufkommen, als trieben wir eine Autarkiepolitik.

Orlopp tritt grundsätzlich für einen *Wegfall aller Zuschüsse aus öffentlicher Hand* an Erzeuger landwirtschaftlicher und anderer Produkte ein, damit man endlich wieder zu echten Preisen und zu einer Gesundung der Wirtschaft komme. Das würde allerdings, auch im Zusammenhang mit den erhöhten Verbrauchssteuern[18], eine entsprechende Anpassung der Löhne erfordern. Man sollte sich von diesem Schritt nicht durch die Angst vor einer Inflation abhalten lassen. Auch die Gewerkschaften müßten sich mit diesem Problem beschäftigen.

Der Redner empfiehlt weiter etwas mehr Aktivität von seiten der Stadt Berlin in der Richtung, sich bei den sich anbahnenden *Konferenzen der Länder*[19] in der südlichen und westlichen Zone einzuschalten und zu versuchen, als Hauptstadt

---

15 Richtig: Wurthmann; vgl. Dok. 63, Anm. 64.

16 Vgl. zu den amerikanischen Lebensmittellieferungen über Bremen: LAB, Rep. 37: OMGBS, Econ Br, 5/60-3/13 u. 5/60-3/14.

17 Vgl. das Prot. der Konferenz der Bezirksbürgermeister am 31.1.1946, TOP 4 (Reisebericht von Buchholz).

18 Vgl. hierzu das 41. Mag.prot. v. 14.1.1946, TOP 3, u. das 48. Mag.prot. v. 4.3.1946, TOP 3.

19 Vgl. zu den Konferenzen des Länderrats des amerikanischen Besatzungsgebiets und der Länder- und Provinzchefs bzw. des Zonenbeirats der britischen Zone 1945 und 1946 die entsprechenden Protokolle in: Akten zur Vorgeschichte der Bundesrepublik Deutschland 1945–1949, Bd. 1. Vertreter Berlins nahmen an diesen Konferenzen nicht teil; vgl. aber das 62. Mag.prot. v. 22.6.1946, TOP 7 (Dusiska), u. das 86. Mag.prot. v. 30.11.1946, TOP 2 (Dusiska).

Deutschlands eine führende Stellung hierbei zu gewinnen, selbstverständlich in engster Fühlung mit den zuständigen Kommissionen der Kommandanturen. Dies sei namentlich auch wichtig im Hinblick auf die Währungsfrage.

Der für die Abnahme der Lebensmittel nach Stuttgart zu entsendende Vertreter könnte zugleich auch die Interessen der Gesamtwirtschaft Berlins dort vertreten und für die Heranschaffung von Rohstoffen sorgen. Es müßte eine dafür geeignete Persönlichkeit sein, die in engster Verbindung mit den Abteilungen Wirtschaft, Ernährung sowie Handel und Handwerk arbeitet. Berlin hat mancherlei fertige Produkte – er denke z[um] B[eispiel] an Elektrokocher und solche Dinge – als Kompensation gegen Rohstoffe zu bieten.

Dr. Siebert tritt auch dafür ein, von den Zuschüssen zur Preisstützung bei Lebensmitteln wegzukommen und zu richtigen Preisen zu kommen. Entsprechende Verhandlungen sind mit dem Preisamt und mit den Gewerkschaften schon aufgenommen. Allerdings darf die dadurch entstehende Preiserhöhung nicht allein zu Lasten der Konsumenten gehen. Man wird grundsätzlich auch mit einer Frage der Lohnerhöhung rechnen müssen und braucht da nicht zu ängstlich zu sein.

Der Redner meint, daß bei den Länderkonferenzen die Frage der Währung wohl weniger eine entscheidende Rolle spielen wird, da das eine Frage von gesamtdeutscher Bedeutung sei.

Maron empfiehlt, solche Feststellungen wie die von Stadtrat Klimpel, daß Berlin die fleißigste Stadt Deutschlands sei, auch der Bevölkerung gegenüber anerkennend zum Ausdruck zu bringen. Ein solches Lob spornt manchmal mehr an als fortgesetzte Ermahnungen, mehr zu leisten.

Bei der Frage der *Berliner Nahrungsmittelindustrie in Berlin* sollte man nicht so zurückhaltend sein. Gerade gegenüber Tendenzen, nur noch Fertigprodukte nach Berlin hereinzubringen, muß versucht werden, zum mindesten die bestehenden Lebensmittelindustrien aufrechtzuerhalten. Schon heute ist es schwierig, die Kapazität der Mühlen auszunutzen, da nicht mehr Getreide, sondern fertiges Mehl nach Berlin hereinkommt.[20] Es besteht die Gefahr, daß diese Industrie eingeht und später, wenn es notwendig ist, nicht mehr zur Verfügung steht.

Ein *Abbau der Zuschüsse für die Preisstützung* bei gewissen Agrarprodukten wird nach Ansicht des Redners in absehbarer Zeit noch nicht möglich sein, zumal man die Bauern gerade jetzt nach der Bodenreform[21] nicht durch niedrigere Preise benachteiligen kann oder ihr Interesse an einer gesteigerten Erzeugung einschlafen lassen darf. Ein Fortfall der Zuschüsse würde zwangsläufig zu erhöhten Preisen und damit zu erhöhten Löhnen führen müssen. Im übrigen müßte in diesem Punkte eine zentrale Regelung für ganz Deutschland getroffen werden.

Klimpel hält es trotz der Bedenken von Dr. Landwehr für richtig, gewisse Nahrungsmittelindustrien nach Berlin hereinzuziehen, zumal infolge der Potsdamer Beschlüsse die früheren Rüstungsbetriebe in Wegfall gekommen sind[22]. Hinsichtlich

---

20 Vgl. hierzu das 34. Mag.prot. v. 10.12.1945, TOP 7.

21 Vgl. Dok. 60, Anm. 20; Dok. 67, Anm. 67.

22 Das Ergebnis der Dreimächtekonferenz, die vom 17.7. bis 2.8.1945 in Potsdam stattgefunden hatte, war das „Potsdamer Abkommen". Darin war als eines der Ziele der Besetzung Deutschlands aufgeführt: „Völlige Abrüstung und Entmilitarisierung Deutschlands und die Ausschaltung der gesamten deutschen Industrie, welche für eine Kriegsproduktion benutzt werden kann, oder deren Überwachung." (Punkt III.A.3.I)

der Preise müsse bald eine Klärung erfolgen. Das heute bestehende Mißverhältnis zwischen den wahren Preisen und den gestützten Preisen könne auf die Dauer nicht aufrechterhalten werden.

Orlopp betont, daß er bei einem Abbau der Zuschüsse keineswegs daran denke, daß nun der Bauer weniger für seine Produkte haben solle. Die Preise der Produkte müßten selbstverständlich erhöht werden, was auch eine Erhöhung der Löhne im Gefolge haben würde. Dieses Problem müßte mit den Gewerkschaften durchgesprochen werden.

Winzer ist der Meinung, daß die meisten der erörterten Fragen sich nur lösen lassen, wenn man aus dem Zonenpartikularismus herauskommt und eine einheitliche deutsche Regierung und Verwaltung geschaffen wird. Ein Abbau der Zuschüsse und im Gefolge damit erhöhte Preise und erhöhte Löhne sowie selbstverständlich auch erhöhte Sozialaufwendungen würden die Tore zu einer Inflation weit öffnen, darum müsse vor solchen Maßnahmen dringend gewarnt werden.

BESCHLUSS: Der Magistrat nimmt von dem Bericht und der Vorlage Nr. 96[23] Kenntnis.[24]

4. HANDEL UND HANDWERK
   (Aussprache über den Bericht von Bürgermeister Orlopp.[25])

Maron führt aus, die in dem Bericht der Abt[eilung] Handel und Handwerk festgestellte schnelle *Aufwärtsentwicklung des Handwerks* im Gegensatz zur Entwicklung der Industrie habe in der Bürgermeister-Konferenz bei einigen Rednern das Bedenken ausgelöst, es könnte durch diese Entwicklung die Konkurrenzfähigkeit Deutschlands geschmälert werden.[26] Dieses Bedenken braucht man nicht zu haben. Einmal entspricht diese Entwicklung den Potsdamer Beschlüssen, die ausdrücklich

---

Bei den für Deutschland beschlossenen wirtschaftlichen Grundsätzen war im Punkt III.B.11 unter anderem festgelegt: „Mit dem Ziele der Vernichtung des deutschen Kriegspotentials ist die Produktion von Waffen, Kriegsausrüstung und Kriegsmitteln, ebenso die Herstellung aller Typen von Flugzeugen und Seeschiffen zu verbieten und zu unterbinden. Die Herstellung von Metallen und Chemikalien, der Maschinenbau und die Herstellung anderer Gegenstände, die unmittelbar für die Kriegswirtschaft notwendig sind, ist streng zu überwachen und zu beschränken [...]." Zit. nach: Berlin. Quellen und Dokumente, 1. Halbbd., S. 84 u. 86 f.

23 Vgl. Anm. 13 zu diesem Mag.prot.

24 Vgl. zur Ernährungslage im Februar 1946 zwei vertrauliche parteiinterne Berichte von Hans Mummert (KPD), Generalreferent in der Mag.abt. für Ernährung, v. 6.2. u. 11.2.1946, in: LAB(STA), Rep. 101, Nr. 1212; verschiedene Quellen in: LAB(STA), Rep. 101, Nr. 546 u. 585, u. LAB, Rep. 10 B, Acc. 1877, Nr. 375, 376 u. 405; BK/R (46) 148 v. 12.4.1946: Nahrungsmittelbericht des Food Committee der AK für Februar 1946, in: LAB, Rep. 37: OMGBS, BICO LIB, 11/148-2/5.

25 Orlopp hatte seinen Bericht in der vorangegangenen Mag.sitzung vorgetragen; vgl. das 46. Mag.prot. v. 16.2.1946, TOP 3. Der diesem mündlichen Bericht zugrundeliegende schriftliche Tätigkeitsbericht der Mag.abt. für Handel und Handwerk v. 8.2.1946 ist vorhanden in: LAB(STA), Rep. 113, Nr. 295, Bl. 1 – 31.

26 Vgl. das Prot. der Konferenz der Bezirksbürgermeister am 21.2.1946, TOP 1, in: LAB, Rep. 280, Nr. 1601.

eine Zerschlagung gewisser Großindustrien vorsehen;[27] zum andern kann ein gut entwickeltes Handwerk durchaus mit der Industrie konkurrieren. Zahlreiche Handwerksbetriebe in Berlin sind heute schon Mittelbetriebe und durch ihre mustergültigen Arbeitsmethoden in der Lage, zu fast denselben Preisen zu liefern wie früher die Großindustrie. Diese Entwicklung ist durchaus gesund.

In der Frage des *Großhandels* stehen sich verschiedene Meinungen gegenüber.[28] Der Großhandel ist da angebracht, wo er wirklich nützliche Arbeit leistet. Das gilt für gewisse Gebiete der Ernährung und für gewisse Bedarfsartikel, allerdings mit der Einschränkung, daß es ein unter kommunaler Kontrolle stehender Großhandel ist. Beispielsweise auf dem Gebiet der Textilien kann der Großhändler unter Ausnutzung seiner alten Beziehungen viel besser die Ware hereinholen als irgendeine andere Organisation; die Verteilung der Ware, das Zerstreuen unter die Bevölkerung muß natürlich unter behördlicher Kontrolle geschehen. Auf manchen Gebieten besteht im Großhandel eine Übersetzung, z[um] B[eispiel] auf dem Gebiet der Arzneimittel. Wenn in Berlin 200 Großhandelsfirmen für Medikamente existieren und somit auf 2 1/2 Apotheken eine Großhandelsfirma kommt, so ist das zweifellos ein ungesunder Zustand.

Die Arbeit des *Preisamtes* wurde erneut in der Bürgermeister-Konferenz besprochen.[29] Hier müssen die Zügel noch stärker angefaßt werden, um der Unruhe der

---

27 Im Potsdamer Abkommen v. 2.8.1945 heißt es unter Punkt III.B.12: „In praktisch kürzester Frist ist das deutsche Wirtschaftsleben zu dezentralisieren mit dem Ziel der Vernichtung der bestehenden übermäßigen Konzentration der Wirtschaftskraft, dargestellt insbesondere durch Kartelle, Syndikate, Trusts und andere Monopolvereinigungen." Zit. nach: Berlin. Quellen und Dokumente, 1. Halbbd., S. 87. Vgl. auch Anm. 22 zu diesem Mag.prot.

28 Vgl. das 26. Mag.prot. v. 15.10.1945, TOP 7 (Maron). Orlopp (SPD, ab April 1946: SED) hatte sich als Leiter der Mag.abt. für Handel und Handwerk wiederholt für eine Wiedereinschaltung des Großhandels ausgesprochen. Auch Klimpel (SPD) war als Leiter der Mag.abt. für Ernährung grundsätzlich dafür, den Großhandel in die Verteilung der bewirtschafteten Lebensmittel einzuschalten. Allerdings sollte dies nach seiner Auffassung in differenzierter und schrittweiser Form erfolgen, das heißt in Abhängigkeit vom Vorliegen der entsprechenden Voraussetzungen in den einzelnen Lebensmittelsparten. Die KPD-Gruppe in der Mag.abt. für Ernährung unter Führung von Heinricht und Mummert wandte sich prinzipiell gegen die Einschaltung des privaten Großhandels. Vgl. zu deren Position: Dok. 15, Anm. 28 u. 32; Dok. 44, Anm. 3; Dok. 52, Anm. 56; die vertrauliche parteiinterne „Information Nr. 23" Mummerts v. 20.3.1946, in: LAB(STA), Rep. 101, Nr. 1209; Hans Mummert: Lebensmittel-Großhandel, ja oder nein?, in: Neues Deutschland, 24.4.1946, S. 3. Auf einer Sitzung des Landesvorstands Groß-Berlin der SED am 16.8.1946 konstatierte Maron in der Frage des Großhandels verschiedene Auffassungen der SED-Mitglieder des Magistrats und äußerte die Meinung, „daß wir auf diesem Gebiet Terrain verloren haben". Siehe: SAPMO-BArch, BPA, IV L-2/1/009, Bl. 6 (der Bericht Marons ist als Dok. 107 in dieser Edition abgedruckt). Vgl. zum Großhandel auch das 9. Prot. des Einheitsausschusses Groß-Berlin v. 1.3.1946, in: BArch, Abt. Potsdam, Z-3, Nr. 4, Bl. 70 f.; das 48. Mag.prot. v. 4.3.1946, TOP 5, u. das 58. Mag.prot. v. 18.5.1946, TOP 8 (Resolution des Verbands der Nahrungs- und Genußmittelarbeiter); Sozialisierung des Großhandels?, in: Telegraf, 11.5.1946, S. 4; Fehlender Großhandel, in: Der Morgen, 16.5.1946, S. 4.

29 Vgl. das Prot. der Konferenz der Bezirksbürgermeister am 21.2.1946, TOP 1, in: LAB, Rep. 280, Nr. 1601. Vgl. zur Errichtung des Preisamts das 14. Mag.prot. v. 30.7.1945,

Bevölkerung zu begegnen. An sich ist die Tendenz richtig, sich bei der Verfolgung von Preisüberschreitungen auf wichtige Lebensmittel und notwendige Bedarfsartikel zu konzentrieren und sich nicht durch irgendwelches Geschrei, daß für diese oder jene Luxusartikel überhöhte Preise gefordert würden, von dieser Linie ablenken zu lassen.

Klimpel bemerkt zur Frage der Einschaltung des Großhandels, daß dessen Mitwirkung nur da angebracht sei, wo es wirklich etwas zu handeln gäbe.[30] Wenn aber die Mehlgroßhändler verlangten, eingeschaltet zu werden, so könne bei den heutigen Verhältnissen darauf deswegen nicht eingegangen werden, weil es sich bei der Beschaffung des Mehls nur um reine Speditionsangelegenheiten handelt, d[as] h[eißt] den Transport vom Speicher bis zum Bäcker, es fehlt vollkommen das Risiko des Einkaufs, des Lagerns usw.[31]

Bei der Lieferung von Fleisch und Kaffee-Ersatz aus Süddeutschland wird man wahrscheinlich den Großhandel einschalten müssen, der hier seine Erfahrungen und alten Beziehungen spielen lassen kann. Das wird insbesondere auch notwendig sein, wenn eines Tages auch die Engländer dazu übergehen sollten, die Heranschaffung der Lebensmittel aus ihrer Zone uns zu übertragen. Für diesen Augenblick muß auch das Speditionsgewerbe entsprechend gerüstet sein.

Dr. Redeker berichtet kurz über den Stand des *Arzneimittel-Großhandels*.[32] Leider ist es nicht gelungen, eine genügende Sicherung gegen Schiebungen zu erreichen, die auf dem Wege vom Großhandel über den Einzelhandel bis zu den Apotheken vor sich gehen. Unter diesen Umständen dürfen Arzneimittel, die wir durch englische Vermittlung bekommen, auf Anweisung der Engländer nur noch direkt an Krankenhäuser abgegeben werden.

Orlopp wiederholt in seinem *Schlußwort* noch einmal seinen Standpunkt gegenüber dem Großhandel.[33] Man muß die alten Firmen irgendwie in Funktion halten, damit sie in der Lage sind, ihre früheren Beziehungen aufrechtzuerhalten und auszunutzen. Es sind jetzt die Verbindungen mit dem Westen schon teilweise wiederaufgenommen worden. Dabei sind vom 3. Dezember bis Mitte Februar von Berlin aus Abschlüsse mit Fabrikanten im Westen im Betrage von 25 Millionen RM getätigt worden. Die Ware beginnt auch schon anzurollen. *Berlin* war früher die große *Handelsmetropole* für Deutschland und einen großen Teil des Auslandes. Diese Stellung muß dem Großhandel nach Möglichkeit erhalten bleiben. Es ist in Vorbereitung, den Großhandel in Berlin als Ganzes unter amtlicher Kontrolle zusammenzufassen.[34] Dabei wird man die unsauberen Elemente ausschalten können.

TOP 4; zur Kritik am Preisamt: Dok. 55, Anm. 44, u. das 51. Mag.prot. v. 25.3.1946, TOP 6.

30 Vgl. zu Klimpels Position hinsichtlich der Einschaltung des Großhandels: Dok. 44, Anm. 6; das 34. Mag.prot. v. 10.12.1945, TOP 7.

31 Vgl. den Vermerk Klimpels v. 30.11.1945, betr. Einschaltung des Berliner Mehlgroßhandels, in: LAB(STA), Rep. 101, Nr. 583.

32 Vgl. hierzu das 11. Mag.prot. v. 16.7.1945, TOP 7 (Redeker), u. das 67. Mag.prot. v. 27.7.1946, TOP 3 (Hauth).

33 Vgl. zu Orlopps Position hinsichtlich der Einschaltung des Großhandels: Dok. 44 u. 101; das Prot. der Konferenz der Bezirksbürgermeister am 6.6.1946, TOP 2, in: LAB, Rep. 280, Nr. 3858.

34 Vgl. hierzu das 48. Mag.prot. v. 4.3.1946, TOP 5.

Der Redner trägt im Anschluß an diese allgemeinen Ausführungen noch einen Spezialfall vor, der die Entziehung der Gewerbeerlaubnis in einem Bezirk betrifft, und erbittet die Zustimmung des Magistrats zu seiner Stellungnahme zu diesem Fall. – Die Zustimmung wird erteilt.

5. BAU- UND WOHNUNGSWESEN

Scharoun begründet kurz die Vorlage Nr. 82[35], betreffend *Vergütungssätze für Vorsitzende der Schiedsstellen* für Wohn- und Geschäftsräume bei den Bezirkswohnungsämtern.[36] Die Abt[eilung] für Personalfragen und Verwaltung sowie die Finanzabteilung haben dem Antrag zugestimmt.

Pieck hat nachträglich insofern Bedenken bekommen, als seines Wissens die Vorsitzenden der Schiedsstellen städtische Angestellte sein müssen,[37] die schon in einem Tarif eingestuft sind. Die Vorlage müßte deshalb entsprechend umgeändert werden.

Lange weist darauf hin, daß nicht alle Vorsitzenden der Schiedsstellen städtische Angestellte sind. Wenn sie aber die Tätigkeit als städtische Angestellte ausüben, können sie nicht noch eine besondere Vergütung dafür beanspruchen, es sei denn, sie führen diese Tätigkeit nebenamtlich außerhalb ihres Dienstes [durch].

Dr. Siebert meint, bei städtischen Angestellten wäre lediglich eine Vergütung für solche Tätigkeit gerechtfertigt, wenn die Betreffenden dadurch Überstunden haben, nicht aber für die während der Dienstzeit ausgeübte Tätigkeit.

BESCHLUSS: Die Vorlage Nr. 82 wird zur nochmaligen Prüfung zurückgestellt.[38]

Es liegt weiter die Vorlage Nr. 93[39] über einen *Bauwirtschaftsplan für das Jahr 1946* vor.

Maron schlägt vor, diese Vorlage, die erst kurz vor der Sitzung eingereicht [worden] sei und auch noch einer Erläuterung hinsichtlich der Bauvorhaben in den Bezirken bedürfe, einstweilen den Magistratsmitgliedern als Material zu überweisen und sie in der Zwischenzeit einer Vorbesprechung in der Bürgermeister-Konferenz zu unterziehen.

BESCHLUSS: Die Erledigung der Vorlage Nr. 93 wird gemäß diesem Vorschlage vertagt.[40]

---

35 LAB(STA), Rep. 100, Nr. 768, Bl. 64.
36 Vgl. zu diesen Schiedsstellen das 16. Mag.prot. v. 13.8.1945, TOP 3 (Antrag g), u. das 41. Mag.prot. v. 14.1.1946, TOP 4.
37 In Abschnitt 2 Ziffer 2 der Anordnung über die Schiedsstellen für Wohn- und Geschäftsräume v. 14.1.1946 war festgelegt: „Der Vorsitzende der Schiedsstelle, der auf dem Gebiet der Raumwirtschaft rechtskundig sein muß, wird vom Bezirksbürgermeister für die Dauer eines Jahres berufen. Er soll Angestellter des Bezirksamtes sein [...]." Siehe: VOBl., Jg. 2 (1946), S. 88.
38 Die Mag.vorlage Nr. 82 v. 7.2.1946 ist in den folgenden Mag.sitzungen nicht wieder behandelt worden. Im Tätigkeitsbericht des Hauptamtes für Wohnungswesen für die Zeit vom 1. Mai bis 15. Aug. 1946, S. 3, heißt es hierzu: „Die Vorsitzenden der Schiedsstellen wurden neu eingruppiert." Der Tätigkeitsbericht ist vorhanden in: LAB(STA), Rep. 110, Nr. 683.
39 LAB(STA), Rep. 100, Nr. 768, Bl. 98 – 105; auch in: LAB, Rep. 280, Nr. 17159.
40 Vgl. das Prot. der Konferenz der Bezirksbürgermeister am 28.2.1946, TOP 1, in: LAB, Rep. 280, Nr. 3849; das 48. Mag.prot. v. 4.3.1946, TOP 6.

Maron gibt dem Magistrat Kenntnis von einer in der letzten Bürgermeister-Konferenz vorgetragenen Angelegenheit.[41] Bezirksbürgermeister Saar[42] (Friedrichshain) hat dort mitgeteilt, daß am 19. Februar eine Sitzung der Bürgermeister der sowjetischen Besatzungszone mit den zugehörigen Bezirksbauräten stattgefunden hat,[43] in der einige Angriffe gegen die *Tätigkeit der Abt[eilung] für Bau- und Wohnungswesen* im allgemeinen und einigen [sic!] in der Abteilung beschäftigten [sic!] Herren[44] im besonderen vorgetragen wurden. In einer dort gefaßten Resolution wird gebeten, alle 14 Tage eine Sitzung der Bezirksbauräte durchzuführen und Verfügungen und Verordnungen von seiten der Abt[eilung] für Bau- und Wohnungswesen, die alle Bezirke berühren, nur nach vorheriger Beratung und Beschlußfassung durch die Bezirksbauräte zu erlassen.[45]

In der Bezirksbürgermeister-Konferenz wurde beschlossen, die Angelegenheit am nächsten Donnerstag im Beisein aller Bezirksbauräte zu verhandeln. Da in dieser Sitzung gleichzeitig auch die erste Wiederaufbauverordnung[46] besprochen werden soll, empfiehlt es sich, daß auch möglichst viel Magistratsmitglieder an der Sitzung teilnehmen. Es soll ferner in dieser Sitzung noch die Frage des Heiz- und Maschinenamtes behandelt werden. Auch wegen dieser Frage wurden in der Bezirksbürgermeister-Konferenz Vorwürfe nach der Richtung erhoben, daß die Abt[eilung] Bau- und Wohnungswesen Meinungsäußerungen einer früheren Bezirksbürgermeister-Konferenz nicht beachtet hat.[47]

BESCHLUSS: Der Magistrat nimmt von diesen Dispositionen Kenntnis.[48]

41　Vgl. das Prot. der Konferenz der Bezirksbürgermeister am 21.2.1946, TOP 4, in: LAB, Rep. 280, Nr. 1601.

42　Fritz Saar (SPD/SED).

43　Ein Protokoll dieser Sitzung konnte nicht ermittelt werden. Ihr Besprechungsinhalt wurde von Bezirksbürgermeister Saar in der Konferenz der Bezirksbürgermeister referiert; vgl. das Prot. der Konferenz der Bezirksbürgermeister am 28.2.1946, TOP 2, in: LAB, Rep. 280, Nr. 3849.

44　Die Kritik richtete sich gegen den Leiter des Hauptamts für Aufbau-Durchführung, Karl Böttcher, und den Architekten Martin Mächler, der als Verbindungsmann zwischen der britischen Militärregierung und der Mag.abt. für Bau- und Wohnungswesen fungierte, aber auch gegen Scharoun als Leiter dieser Mag.abt. Böttcher wurde Mitte März 1946 von seiner Position als Hauptamtsleiter abberufen; vgl. das 50. Mag.prot. v. 16.3.1946, TOP 8. Vgl. zu Mächler: Dok. 69, Anm. 107; Dok. 75, Anm. 108.

45　Die hier erwähnte Resolution ist wiedergegeben im Prot. der Konferenz der Bezirksbürgermeister am 21.2.1946, TOP 4, in: LAB, Rep. 280, Nr. 1601.

46　Vgl. hierzu das 49. Mag.prot. v. 9.3.1946, TOP 6.

47　Das Heiz- und Maschinenamt gehörte zum Hauptamt für Hochbau der Mag.abt. für Bau- und Wohnungswesen. Siehe die Organigramme des Hauptamts für Hochbau in: Geist/Kürvers, S. 232; LAB, Rep. 207, Acc. 2552, Nr. 3969. Ende Januar 1946 hatten verschiedene Bezirksbürgermeister Kritik an dem zentral durch dieses Amt geregelten Einsatz der Heizungs- und Maschineningenieure geübt und gefordert, diese Ingenieure den Bezirken zu unterstellen; vgl. das Prot. der Konferenz der Bezirksbürgermeister am 31.1.1946, TOP 2, in: LAB, Rep. 280, Nr. 3847.

48　Über die Resolution aus den Bezirken des sowjetischen Sektors und die Kritik an der Mag.abt. für Bau- und Wohnungswesen wurde ausführlich debattiert in der folgenden Konferenz der Bezirksbürgermeister, an der auch die Bezirksräte für Bau- und Wohnungswesen teilnahmen. Vgl. das Prot. der Konferenz der Bezirksbürgermeister am 28.2.1946, TOP 2, in: LAB, Rep. 280, Nr. 3849.

Scharoun teilt zur Frage der *Denkmäler* mit, daß er vor längerer Zeit eine kurze Denkschrift nebst einer Liste aufgestellt und weisungsgemäß an die Abt[eilung] für Volksbildung weitergegeben hat.[49] In dieser Denkschrift sind die Denkmäler nach drei Gruppen eingeteilt: 1. Denkmäler aus der Zeit des Nationalsozialismus, die sämtlich zu entfernen sind; 2. Denkmäler aus der wilhelminischen und vorwilhelminischen Zeit, die auch zum größten Teil zu entfernen sind; 3. Denkmäler, die künstlerisch eine bestimmte Zeitepoche widerspiegeln und kulturelle Bedeutung haben und die deswegen zu erhalten oder museal aufzubewahren wären.

Zu der letzten Gruppe würden z[um] B[eispiel] gehören: das Denkmal des Großen Kurfürsten[50] auf der Langen Brücke[51], das Denkmal Friedrichs des Großen[52] Unter den Linden, zu der zweiten Gruppe alle Denkmäler der Siegesallee[53], das Nationaldenkmal Kaiser Wilhelms I.[54] am Schloß, das Reiterstandbild Friedrich Wilhelms III.[55] im Lustgarten usw. Ein beträchtliches Material ist bereits gesammelt worden und kann für Verschrottungszwecke abgeholt werden.

Winzer berichtet, er habe die Denkschrift einmal an die Alliierte Kommandantur gegeben, die dies damals verlangt habe, und zweitens einem Bearbeiter seiner Abteilung, der aber aus Mangel an Mut die Angelegenheit verschleppt hätte, so daß praktisch nichts geschehen sei. Vor kurzem sei ein anderer Herr mit der Erledigung betraut worden.

BESCHLUSS: Der Magistrat beschließt, daß die Denkschrift über die Denkmäler den Magistratsmitgliedern übermittelt wird.[56]

6. FINANZFRAGEN

Dr. Siebert empfiehlt die Vorlage Nr. 83[57], betreffend *Aussetzung des Zins- und Tilgungsdienstes* für das Haushaltsjahr *1946* für sämtliche Schulden, die vor der deutschen Kapitulation aufgenommen worden sind. Im Vorjahre ist gemäß einer Anordnung der Alliierten Kommandantur beschlossen worden, den Zins- und Tilgungsdienst für diese Schulden der Stadt Berlin aus der Zeit vor der Okkupation

---

49 Diese Denkschrift bzw. Liste ist als Dok. 73 in dieser Edition abgedruckt. Vgl. zur bisherigen Behandlung der Frage der Beseitigung von Denkmälern das 28. Mag.prot. v. 30.10.1945, TOP 7, u. das 29. Mag.prot. v. 5.11.1945, TOP 7, u. das 46. Mag.prot. v. 16.2.1946, TOP 12.

50 Vgl. Dok. 73, Denkmalgruppe III; Dok. 81, Liste II, Nr. 1.

51 Die Lange Brücke am Berliner Schloß war bei ihrem Neubau 1894/95 in Kurfürstenbrücke umbenannt worden (seit 1951: Rathausbrücke). Vgl. die Abb. in: Peter Bloch/Waldemar Grzimek: Das klassische Berlin. Die Berliner Bildhauerschule im neunzehnten Jahrhundert, Frankfurt am Main/Berlin/Wien 1978, Sp. 479/480.

52 Vgl. Dok. 73, Denkmalgruppe III; Dok. 81, Liste II, Nr. 5; das 46. Mag.prot. v. 16.2.1946, TOP 12 (Jendretzky), u. das 58. Mag.prot. v. 18.5.1946, TOP 3 (Scharoun u. Beschluß).

53 Vgl. Dok. 73, Denkmalgruppe II; Dok. 81, Liste I, Nr. 5, u. Liste II, Nr. 2; das 58. Mag.prot. v. 18.5.1946, TOP 3 (Pieck).

54 Vgl. Dok. 73, Denkmalgruppe II; Dok. 81, Liste I, Nr. 12.

55 Vgl. Dok. 73, Denkmalgruppe II; Dok. 81, Liste II, Nr. 9.

56 Diese Denkschrift wurde als Mag.vorlage Nr. 116 im Magistrat eingebracht. Vgl. Dok. 73 u. das 49. Mag.prot. v. 9.3.1946, TOP 7 (Schulze).

57 LAB(STA), Rep. 100, Nr. 768, Bl. 64a; auch in: LAB(STA), Rep. 101, Nr. 620, Bl. 142.

auszusetzen.[58] Es wird gebeten, für das Jahr 1946 einen gleichen Beschluß zu fassen.

BESCHLUSS: Die Vorlage Nr. 83 wird unverändert angenommen.[59]

Dr. Siebert begründet weiter die Vorlage Nr. 84[60], betreffend Verordnung über die *Erhebung und Zahlung der Grundsteuer* in den Rechnungsjahren *1946 und 1947*.[61] Die Grundsteuer und die Gewerbesteuer waren die letzten großen Steuern, die der Selbstverwaltung verblieben waren. Die Grundsteuer beruhte schon früher auf einer besonderen Veranlagung des preußischen Staates. Später würde das Bewertungsgesetz des Reiches zur Grundlage für die Erhebung der Grundsteuer genommen werden.[62] Das Bewertungsgesetz stammt aus dem Jahre 1935.[63] Danach sind für die Grundstücke Einheitswerte festgesetzt worden. Diese Werte haben sich in den vergangenen 10 Jahren, insbesondere durch die Kriegsereignisse, stark verschoben. Deshalb soll für das neue Jahr 1946 die Erhebung dieser Steuer nicht mehr nach dem alten Einheitswert erfolgen, sondern es soll auf dem wirklichen Ertrag der Grundstücke, nämlich der *Miete*, aufgebaut werden. Die Mietserhebung ist praktisch so ausgearbeitet, daß ungefähr der letzte Betrag, der sich nach der Einheitsbewertung ergab, herauskommt, das sind 15 % des Mietaufkommens. Dies gilt für den sogenannten Althausbesitz. Der Neuhausbesitz, der vom Jahre 1924 ab stammt, hat nur 11 % zu entrichten.

Eine besondere Regelung ist für Einfamilienhäuser sowie für land- und forstwirtschaftliche Betriebe getroffen worden. Hier geschieht die Veranlagung noch auf Grund der alten Einheitswerte. Eine Neuerung ist bezüglich des Zeitraums der Erhebung eingeführt [worden]. Bisher war die Grundsteuer vierteljährlich zu zahlen.

---

58 Vgl. das 29. Mag.prot. v. 5.11.1945, TOP 2.
59 Der hier gefaßte Mag.beschluß, ausgefertigt am 28.2.1946, ist vorhanden in: LAB(STA), Rep. 101, Nr. 63, Bl. 18 (zugehöriger Schriftverkehr: Bl. 11 – 16). Er wurde der AK mit Schreiben v. 5.3.1946 zur Genehmigung zugeleitet; siehe: a.a.O., Bl. 17. Mit BK/O (46) 163 v. 11.4.1946 genehmigte die AK die „Aussetzung für das Finanzjahr 1945/1946 des Zins- und Tilgungsdienstes der vor der Kapitulation Deutschlands seitens des Magistrats aufgenommenen Schulden". Die BK/O ist vorhanden in: LAB(STA), Rep. 101, Nr. 63, Bl. 10 u. 13; LAB, Rep. 280, Nr. 12559. Der Mag.beschluß wurde veröffentlicht in: VOBl., Jg. 2 (1946), S. 144. Mit BK/O (46) 368 v. 14.9.1946 präzisierte die AK die BK/O (46) 163 dahin gehend, daß diese „sich sowohl auf unmittelbare Schulden der Stadt Berlin als [auch] auf diejenigen der städtischen Eigenbetriebe und städtischen Gesellschaften erstreckt. Der Zweck der Anordnung vom 11. April 1946 ist, der Stadt Berlin mit Bezug auf den Zinsendienst der vor der Kapitulation eingegangenen mittelbaren und unmittelbaren Schuldverpflichtungen eine Erleichterung auf dem Wege eines Moratoriums zu schaffen." Die BK/O (46) 368 ist vorhanden in: LAB, Rep. 280, Nr. 4919; veröffentlicht in: VOBl., Jg. 2 (1946), S. 390.
60 LAB(STA), Rep. 100, Nr. 768, Bl. 65 – 79; auch in: LAB(STA), Rep. 101, Nr. 620, Bl. 78 – 92.
61 Vgl. zur Heranziehung bisher steuerfreier Grundstücke zur Grundsteuer das 42. Mag.prot. v. 19.1.1946, TOP 11, u. das 43. Mag.prot. v. 26.1.1946, TOP 5.
62 Dieser Satz müßte wohl heißen: Später wurde das Bewertungsgesetz des Reiches zur Grundlage für die Erhebung der Grundsteuer genommen.
63 Gemeint ist das Reichsbewertungsgesetz v. 16.10.1934, das am 1.1.1935 in Kraft trat; in: RGBl., Jg. 1934, Teil I, S. 1035 – 1049.

Nunmehr soll die Zahlung monatlich erfolgen. Das ist insofern leicht, weil auch die Gebäudeinstandsetzungsabgabe[64] monatlich berechnet werden muß.

Neu ist weiter die *Mindestvorauszahlung*. Nach der bisherigen Praxis wird bei total beschädigten Gebäuden keine Steuer erhoben. Jetzt wird für alle Grundstücke, die keinen Ertrag aufweisen, eine Mindestbesteuerung eingeführt, und zwar in der Höhe von einem Viertel des alten Steuermeßbetrages. Dadurch soll erreicht werden, daß das Grundstück allmählich wieder instand gesetzt und aktiv gemacht wird.

Scharoun befürchtet, daß gegen die Besteuerung vollkommen unbenutzbarer Grundstücke zahlreiche Einwendungen kommen werden. Man sollte den Verband der gemeinnützigen Wohnungsunternehmen[65] dazu noch einmal hören.

Grüber hält ebenfalls diese Maßnahme für unbillig. Für ein Grundstück, das vielleicht nur noch ein Bombentrichter ist, eine Steuer zu entrichten, selbst wenn es vielleicht bei Einfamilienhäusern nur 30 RM im Jahr ausmacht, sei ungerecht.

Dr. Siebert erwidert, die Vorlage sei mit den zuständigen Ausschüssen durchgesprochen worden.[66] Der Verband der gemeinnützigen Wohnungsgesellschaften sei dabei durch das Bauamt vertreten gewesen.[67] Er sei aber bereit, unbeschadet des Beschlusses über die Vorlage noch einmal mit dem Verband über die Angelegenheit zu sprechen. An dem Grundsatz der Mindestbesteuerung werde nichts mehr geändert werden können; es könne sich nur darum handeln, auf Grund dieser Bestimmung noch irgendwelche Wünsche für die Ausführung zu berücksichtigen. Wer Besitz hat, muß ihn auch versteuern, und wenn alles zerbombt ist, so ist mindestens noch das Land übriggeblieben. Wenn jemand gar nichts zu bezahlen hat, wartet er in Seelenruhe ab, bis sich eine günstige Gelegenheit für die Bebauung oder einen günstigen Verkauf ergibt. Dem soll vorgebeugt werden. Es soll insbesondere das Stehenbleiben von Baulücken verhindert werden.

BESCHLUSS: Die Vorlage Nr. 84 wird unverändert angenommen.[68]

---

64 Vgl. hierzu das 8. Mag.prot. v. 25.6.1945, TOP 3, u. das 9. Mag.prot. v. 2.7.1945, TOP 8, u. das 20. Mag.prot. v. 10.9.1945, TOP 2, u. das 26. Mag.prot. v. 15.10.1945, TOP 6.

65 Gemeint ist der Verband Berliner Wohnungsunternehmen (Baugenossenschaften und -gesellschaften) e.V.; vgl. hierzu: Hanauske, S. 231 – 240.

66 Die Begründung der Mag.vorlage Nr. 84 v. 16.2.1946 weist den handschriftlichen Zusatz auf: „Der Steuerausschuß hat zugestimmt." Siehe: LAB(STA), Rep. 100, Nr. 768, Bl. 65; LAB(STA), Rep. 101, Nr. 620, Bl. 78. Vgl. zur Bildung des Steuerausschusses des Magistrats das 17. Mag.prot. v. 20.8.1945, TOP 3. Ein Hinweis, daß sich der erweiterte Mag.ausschuß für Bau- und Wohnungswesen mit der Mag.vorlage Nr. 84 befaßt hat, konnte nicht ermittelt werden. Vgl. zur Bildung dieses Ausschusses das 20. Mag.prot. v. 10.9.1945, TOP 8.

67 Bei dem Vertreter des „Bauamts" (Mag.abt. für Bau- und Wohnungswesen) könnte es sich um den Leiter des Referats „Wohnungsunternehmen" in der Mag.abt. für Bau- und Wohnungswesen, Dr. Karl Brockschmidt, gehandelt haben, der gleichzeitig Mitglied des vorläufigen Verwaltungsrats des Verbands Berliner Wohnungsunternehmen war. Vgl. zu Brockschmidt: Hanauske, S. 231 f., Anm. 615. Vgl. ferner: Karl Brockschmidt: Aktuelle Grundsteuerfragen, in: Demokratischer Aufbau, Jg. 1 (1946), S. 179 – 181.

68 Die hiermit beschlossene VO über die Erhebung und Zahlung der Grundsteuer in den Rechnungsjahren 1946 und 1947 wurde der AK mit Schreiben v. 25.2.1946 am 8.3.1946 zur Genehmigung zugeleitet. Das Schreiben ist vorhanden in: LAB(STA), Rep. 101, Nr. 66. Mit BK/O (46) 254 v. 6.6.1946 genehmigte die AK die VO und ergänzte sie um einen Absatz; siehe: LAB, Rep. 280, Nr. 12595. Mit Schreiben v. 4.7.1946 beantragte die

Dr. Siebert begründet weiter die Vorlage Nr. 89[69] über die *Erhebung der Gewerbesteuer* im Rechnungsjahr *1946*. Bei der Gewerbebesteuerung liegen die Steuern einerseits auf Ertrag und Kapital, andererseits auf der Lohnsumme. Für beide Arten sind die Zuschlag-Prozentsätze (Hebesätze) neu festzusetzen. Bei der Gewerbesteuer nach dem Ertrag und Kapital ist infolge des allgemeinen Zusammenbruchs der Wirtschaft ein außerordentlich starker Rückgang zu verzeichnen. Obwohl wir in Deutschland der Menge der Produktion nach wahrscheinlich eine gute Beschäftigung haben werden, ist doch der Ertrag sehr schlecht. Bei der Lohnsummensteuer ist die Lage nicht ganz so schlecht. Es ist deshalb angezeigt, eine unterschiedliche Behandlung beider Steuerarten vorzunehmen. Man muß die Steuerquelle, die am stärksten fließt, auch am stärksten schöpfen, während es bei der Steuerquelle, die zurückbleibt, keinen Zweck hat, eine Erhöhung des Satzes vorzunehmen. Demgemäß soll bei der Gewerbesteuer nach Kapital und Ertrag der Hebesatz von 235 % bestehenbleiben, bei der Lohnsummensteuer aber auf das Doppelte des bisherigen Satzes, nämlich von 600 auf 1 200 % erhöht werden.

Eine weitere Veränderung betrifft die *Besteuerung der freien Berufe*. Bereits im Jahre 1930 sind alle freien Berufe – Ärzte, Rechtsanwälte, Architekten usw. – der Gewerbesteuerpflicht unterworfen worden.[70] In der Hitlerzeit wurde diese Bestimmung wieder beseitigt.[71] Nunmehr soll das Recht von 1930 wieder eingeführt werden. Dazu besteht auch durchaus eine Berechtigung, denn die freien Berufe verdienen heute verhältnismäßig gut.

Als weitere Neuerung soll eine *Mindestgewerbesteuer* eingeführt werden für diejenigen Gewerbetreibenden und Angehörigen freier Berufe, die ein Gewerbe angemeldet haben, ohne es ernstlich zu betreiben, und ihre Bilanz mit Null abschließen, denen es nur daran liegt, sich durch die Gewerbeanmeldung gewisse Vorteile zu verschaffen, wie Lebensmittelkarten, Freistellung vom Arbeitseinsatz.

Finanzabteilung des Magistrats jedoch bei der AK, die VO wegen veränderter Umstände nicht in Kraft treten zu lassen und statt dessen für das Rechnungsjahr 1946 bestimmte auf die Einheitswerte bezogene Grundsteuer-Hebesätze festzusetzen. Das Schreiben ist vorhanden in: LAB(STA), Rep. 101, Nr. 70. Die AK genehmigte den Antrag mit BK/O (46) 332 v. 17.8.1946; siehe: LAB, Rep. 280, Nr. 12631. Die genehmigten Hebesätze wurden veröffentlicht in: VOBl., Jg. 2 (1946), S. 315.
Wegen der von der AK angeordneten Aufhebung der Gebäudeinstandsetzungsabgabe mit Wirkung v. 1.4.1946 beschloß der Magistrat, die Grundsteuer um ein Drittel zu erhöhen. Vgl. hierzu das 54. Mag.prot. v. 17.4.1946, TOP 7, u. das 55. Mag.prot. v. 29.4.1946, TOP 3 (Haas) u. 4, u. das 56. Mag.prot. v. 4.5.1946, TOP 4, u. das 61. Mag.prot. v. 15.6.1946, TOP 3 (Haas). Die Aufhebung der Gebäudeinstandsetzungsabgabe erfolgte mit BK/O (46) 164 v. 12.4.1946. Siehe: LAB, Rep. 280, Nr. 4815; abgedruckt in: Berlin. Quellen und Dokumente, 1. Halbbd., S. 665 f.

69 LAB(STA), Rep. 100, Nr. 768, Bl. 91 f.; auch in: LAB(STA), Rep. 101, Nr. 620, Bl. 72 f.
70 Die Gewerbesteuerpflicht für die freien Berufe war durch das preußische Gesetz über die Regelung der Gewerbesteuer für das Rechnungsjahr 1930 v. 17.4.1930 eingeführt worden; in: Preußische Gesetzsammlung, Jg. 1930, S. 93 f. Nach Artikel 1 Nr. 1 dieses Gesetzes war allerdings „die Ausübung eines der reinen Kunst oder der reinen Wissenschaft gewidmeten freien Berufs" von der Gewerbesteuerpflicht ausgenommen.
71 Dies war durch die Erste Verordnung über die Anpassung des Preußischen Landesrechts an die Realsteuergesetze des Reichs v. 28.1.1937 erfolgt; in: Preußische Gesetzsammlung, Jg. 1937, S. 8 f.

Diese sollen als Mindestgewerbesteuer jährlich 80 RM bezahlen, auch wenn sie keinen Angestellten oder Arbeiter beschäftigen.

Der letzte Punkt der Änderungen betrifft die *Streichung der Freigrenze bei der Lohnsummensteuer*. Damit sollen die Betriebe getroffen werden, die heute mehrere Leute angeblich beschäftigen, nur um ihnen eine Arbeitsbescheinigung für die Lebensmittelkarten ausstellen zu können.

Scharoun möchte richtigstellen, daß die Architekten vor 1933 nicht allgemein gewerbesteuerpflichtig gewesen sind, sondern nur dann, wenn sie wie Poelzig[72] oder Mendelsohn[73] ein großes Büro unterhielten und rein gewerbsmäßig ihren Beruf ausübten. Ebenso erhebt sich die Frage, ob Maler und Bildhauer nunmehr unter die Gewerbesteuer fallen sollen.

Dr. Siebert hält es durchaus für möglich, daß man ausgesprochene Künstler nicht unter die Gewerbesteuer fallen läßt, indem man hier die frühere Rechtsprechung anwendet. Aber das ist eine Sache der Auslegung des Gesetzes. Man braucht darüber nicht eine besondere Bestimmung aufzunehmen.

BESCHLUSS: Die Vorlage Nr. 89 wird unverändert angenommen.[74]

Dr. Siebert empfiehlt weiter die Annahme der Vorlage Nr. 88[75] über die *Erhebung von Berufsschulbeiträgen*. Es handelt sich um die Beiträge der Wirtschaft zur Unterhaltung der städtischen Berufsschulen. Nach einem früheren preußischen Gewerbe- und Handelslehrer-Besoldungsgesetz hat die Hälfte der Kosten der Berufsschulen die Stadt zu tragen, während die andere Hälfte durch Umlagen auf die Wirtschaft aufzubringen ist.[76] Diese Umlagen wurden bis 1942 erhoben. Dann kam im Zuge einer Verwaltungsvereinfachung diese Erhebung in Wegfall;[77] es waren genügend öffentliche Mittel für den Zweck vorhanden. Heute ist es wieder umgekehrt. Darum sollen diese Beiträge wieder eingeführt werden, und zwar in der Weise, daß alle Gewerbetreibenden, die nach den jetzt beschlossenen Gesetzen der Gewerbesteuerpflicht unterliegen, auf ihre Gewerbesteuervorauszahlung noch einen Zuschlag von einem Achtel dieser Vorauszahlung als Beitrag zu leisten haben.

---

72 Hans Poelzig (1869 – 1936), einer der Hauptvertreter der expressionistischen Architektur, von 1919 bis 1921 Vorsitzender des Deutschen Werkbunds.

73 Erich Mendelson (1887 – 1953), wichtiger Vertreter des expressionistischen und organischen Bauens.

74 Die hiermit beschlossene VO über die Erhebung der Gewerbesteuer im Rechnungsjahr 1946 wurde der AK mit Schreiben v. 26.2.1946 zur Genehmigung zugeleitet. Das Schreiben ist vorhanden in: LAB(STA), Rep. 101, Nr. 66. Mit BK/O (46) 255 v. 6.6.1946 genehmigte die AK die VO in abgeänderter Fassung; siehe: LAB, Rep. 280, Nr. 12596. Die Änderungen der AK betrafen insbesondere die Streichung der Gewerbesteuerpflicht der freien Berufe, das Bestehenbleiben der Freigrenze bei der Lohnsummensteuer und die Änderung der Hebesätze (300 % statt 235 %, 1 000 % statt 1 200 %). Die VO wurde in der abgeänderten Fassung veröffentlicht in: VOBl., Jg. 2 (1946), S. 206.

75 LAB(STA), Rep. 100, Nr. 768, Bl. 89 f.; auch in: LAB(STA), Rep. 101, Nr. 620, Bl. 75 f.

76 Die rechtliche Möglichkeit zur Erhebung der Berufsschulbeiträge von Gewerbetreibenden war durch § 16 des preußischen Gewerbe- und Handelslehrer-Besoldungsgesetzes v. 16.4.1928 gegeben; in: Preußische Gesetzsammlung, Jg. 1928, S. 89 – 99 (§ 16: S. 95 – 97).

77 Durch die reichsrechtliche VO über den Fortfall der Berufsschulbeiträge v. 20.2.1942 wurde den Gemeinden die Weitererhebung dieser Beiträge untersagt; siehe: RGBl., Jg. 1942, Teil I, S. 85.

BESCHLUSS: Die Vorlage Nr. 88 wird unverändert angenommen.[78]

Dr. Siebert führt zu der gemeinsam von der Finanzabteilung und der Abt[eilung] Städtische Betriebe vorgelegten Drucksache Nr. 91[79] über die *Durchführung der Müllabfuhr*[80] folgendes aus. Die Frage der Müllbeseitigung ist nicht nur eine Frage des tatsächlichen Wegbringens des Mülls, sondern auch eine Frage des Bezahlens dieser Sache. Die Gebühren für die Müllabfuhr in Berlin beruhen auf einer Satzung vom Jahre 1936.[81] Ungeachtet dessen, daß die Stadt nach dem Umsturz gar nicht in der Lage war, die Müllbeseitigung durchzuführen, wurde die Gebühr weiter eingezogen. Auf der andern Seite hatte der Polizeipräsident im Juli v[origen] J[ahres], ohne mit der Stadt Fühlung zu nehmen, eine Verordnung erlassen, wonach die Müllbeseitigung Sache der Mieter sei (Anlegen von Gruben usw.), da eine geregelte Abfuhr durch die städtische Müllbeseitigung in absehbarer Zeit nicht möglich sei.[82] Damit war der städtischen Müllbeseitigung die Berechtigung zur Gebührenerhebung genommen. Trotzdem wurden, wie gesagt, die Gebühren weiter erhoben. Das führte zu zahlreichen Beschwerden der Hausbesitzer.

Nunmehr soll diese Angelegenheit in Ordnung gebracht werden. Die städtische Müllbeseitigung muß jetzt ordnungsmäßig erklären, von welchem Zeitpunkt an sie in den einzelnen Stadtbezirken die Müllabfuhr von sich aus durchführen will, und von diesem Zeitpunkt ab, der öffentlich bekanntzugeben ist, hat sie wieder das Recht der Einziehung der Müllgebühren. Dort, wo die Hausbesitzer die Müllgebühren in der Zwischenzeit bezahlt haben, werden diese Zahlungen angerechnet auf die neu fällig werdenden Gebühren. Der Redner bittet, dieser Regelung zuzustimmen.

Schwenk weist darauf hin, daß nach Mitteilungen in der Bezirksbürgermeister-Konferenz einige Bezirke von sich aus die Müllabfuhr geregelt und dafür auch von sich aus Gebühren erhoben haben.[83] Die Frage ist, ob in diesen Fällen auch eine Anrechnung der Gebühren stattfinden soll.

Dr. Siebert erwidert, in diesen Bezirken stellten die erhobenen Gebühren die Bezahlung der dort durchgeführten Müllabfuhr dar; damit sei die Sache abgetan.

---

78 Die hiermit beschlossene VO über die Erhebung von Berufsschulbeiträgen wurde der AK mit Schreiben v. 26.2.1946 zur Genehmigung zugeleitet. Das Schreiben ist vorhanden in: LAB(STA), Rep. 101, Nr. 634; LAB, Rep. 37: OMGBS, FIN Br, 4/86-1/36 (englische Fassung). Laut handschriftlicher Notiz auf diesem Schreiben hat die AK die VO abgelehnt. – Mit Schreiben v. 30.5.1946 sandte die Finanzabteilung des Magistrats eine Liste der mit den Beiträgen zu finanzierenden Berufsschulen und Berufsfachschulen an das Budget Sub-Committee der AK. Das Schreiben ist vorhanden in: LAB(STA), Rep. 101, Nr. 635.

79 LAB(STA), Rep. 100, Nr. 768, Bl. 94; auch in: LAB(STA), Rep. 101, Nr. 620, Bl. 71.

80 Vgl. zur Zentralisierung der Müllabfuhr das 18. Mag.prot. v. 27.8.1945, TOP 6, u. das 29. Mag.prot. v. 5.11.1945, TOP 7 (Maron), u. das 38. Mag.prot. v. 23.12.1945, TOP 4.

81 Vgl. die Satzung über die städtische Müllbeseitigung in Berlin v. 19.12.1936, in: Dienstblatt, Jg. 1937, Teil I, S. 15 f.

82 Vgl. die PolizeiVO v. 30.6.1945, betr. Beseitigung von Müll, in: LAB(STA), Rep. 118, Nr. 140, Bl. 37 f.; teilweise veröffentlicht in: Berliner Zeitung, 8.8.1945, [S. 4]; vollständig veröffentlicht in: VOBl., Jg. 1 (1945), S. 54 – 56.

83 Vgl. die Protokolle der Konferenzen der Bezirksbürgermeister am 31.1.1946, TOP 1, u. am 14.2.1946, TOP 4, in: LAB, Rep. 280, Nr. 3847 u. 1600.

Jirak gibt Kenntnis von einem soeben eingegangenen Befehl der Alliierten Kommandantur, wonach ein früherer Befehl, betreffend die Müllabfuhr, nicht ordnungsmäßig durchgeführt worden sei und worin eine Bestrafung der Schuldigen verlangt wird.[84] Es hatte sich um die Gestellung von Zugmaschinen für die Müllabfuhr gehandelt. Verschiedene Bezirke sind dieser Aufforderung nachgekommen, andere haben erklärt, sie seien nicht dazu imstande.

---

84 Mit BK/O (45) 218 v. 17.11.1945 hatte die AK „in Anbetracht der gegenwärtig unzulänglichen Abfuhr von Haushaltsunrat und -abfall" angeordnet, eine Müllabfuhr „von jedem Hause in allen Teilen der Stadt" durchzuführen, und vom Magistrat verlangt, bis zum 25.11.1945 „einen ausführlichen Plan über die Wiedererrichtung eines den Bedürfnissen der Stadt angemessenen Müllabfuhrdienstes" vorzulegen. Die BK/O (45) 218 ist vorhanden in: LAB, Rep. 280, Nr. 12354.
Mit BK/O (46) 68 v. 28.1.1946 rügte die AK, daß die Bestimmungen der BK/O (45) 218 „insofern nicht befolgt wurden, als daß ein Müllabfuhrdienst für jedes Haus in dem größten Teil der Stadt noch nicht eingeführt wurde", und „daß die fortgesetzt unbefriedigende Ablieferung der Hausabfälle die Stadt Berlin der Gefahr von Epidemien und Krankheiten aussetzt". Es sollten unverzüglich Maßnahmen ergriffen werden, um die BK/O (45) 218 „restlos durchzuführen". Die BK/O (46) 68 ist vorhanden in: LAB, Rep. 280, Nr. 12487.
Mit BK/O (46) 96 v. 19.2.1946 stellte die AK dann fest, „daß die zur Durchführung der Anordnung BK/O (45) 218 getroffenen Maßnahmen unzureichend sind, da sie keine befriedigenden Resultate ergeben haben. Disziplinarmaßnahmen müssen gegen alle Schuldigen eingeleitet werden." Bis zum 28.2.1946 sollte der Magistrat eine Liste der verantwortlichen Personen und einen Bericht über die gegen sie eingeleiteten Disziplinarverfahren einreichen. Die BK/O (46) 96 ist vorhanden in: LAB, Rep. 280, Nr. 12510.
Ein „Rechenschaftsbericht über die Durchführung der städtischen Müllabfuhr" v. 26.2.1946, den der Leiter des Hauptamts II in der Mag.abt. für Städtische Energie- und Versorgungsbetriebe, Erik Heikel, verfaßt hat, ist vorhanden in: LAB(STA), Rep. 101, Nr. 61. Laut handschriftlicher Notiz auf seiner ersten Seite ist dieser Bericht am 26.2.1946 der AK überreicht worden. Der Magistrat setzte Ende Februar 1946 eine Untersuchungskommission ein, die in Ausführung der BK/O (46) 96 „die Schuldigen an dem Versagen der städt[ischen] Straßenreinigung und Müllabfuhr feststellen und gegen sie disziplinarische Maßnahmen ergreifen" sollte. Siehe das Schreiben von Martin Schmidt an Schwenk v. 28.2.1946, in: LAB(STA), Rep. 102, Nr. 29, Bl. 23; zur Frage „disziplinarischer Maßnahmen": LAB(STA), Rep. 115, Nr. 62, Bl. 134–140. Diese Untersuchungskommission schlug in ihrem Bericht v. 8.3.1946 vor, den Direktor der städtischen Straßenreinigung und Müllabfuhr, Wilhelm Leopold, auf einen anderen Posten zu versetzen und Stadtrat Jirak als verantwortlichem Leiter der Mag.abt. für Städtische Energie- und Versorgungsbetriebe zu empfehlen, „die Direktorstelle mit einem erfahrenen und energischen Mann zu besetzen, da andernfalls die ganze Verantwortung für ein weiteres Versagen der Müllabfuhr auf ihn fallen würde". Der Bericht ist vorhanden in: LAB(STA), Rep. 101, Nr. 58. Direktor Leopold wurde am 15.3.1946 durch Gustav Erdmann ersetzt, der bereits bis März 1933 leitender Direktor der städtischen Straßenreinigung und Müllabfuhr in Berlin gewesen war. Siehe: LAB(STA), Rep. 101, Nr. 63, Bl. 112, u. Rep. 102, Nr. 41, Bl. 153 f.; Bericht von OB Werner an die AK v. 23.3.1946, betr. Neuorganisierung des Müllabfuhr-Dienstes, in: LAB(STA), Rep. 101, Nr. 61. Als die AK mit BK/O (46) 181 v. 23.4.1946 anordnete, Erdmann zum Nachfolger von Leopold zu ernennen, war dieser Wechsel auf der Direktorenposition also schon vorgenommen worden. Die BK/O (46) 181 ist vorhanden in: LAB, Rep. 280, Nr. 12562.

Kraft bemerkt, daß die Gestellung der geforderten Zugmaschinen in diesen Bezirken praktisch nicht durchführbar sei, weil die Bezirke die Zugmaschinen einfach nicht hätten bzw. für andere notwendige Dinge, wie besonders die Lebensmittelversorgung, brauchten.

Dr. Siebert ist der Meinung, daß es bei dieser Sachlage schwierig sei, jemand für schuldig zu erklären. Aus der soeben beschlossenen Regelung in der Gebührenfrage sei aber ersichtlich, daß man der Ursache des Übels bereits zu Leibe gegangen sei.

BESCHLUSS: Der Magistrat beschließt, der in der Vorlage Nr. 91 vorgesehenen Regelung zuzustimmen.[85]

Dr. Siebert trägt weiter eine Angelegenheit vor, betreffend *Bezahlung der Lehrkräfte* für die nach *Bayern verschickten Berliner Kinder* sowie die Regelung der Unkosten für deren Rückführung. Ein darüber abgeschlossener Vertrag[86] wird kurz skizziert.

BESCHLUSS: Der Magistrat nimmt von der Mitteilung zustimmend Kenntnis.[87]

---

85 Die hiermit angenommene Mag.vorlage Nr. 91 v. 21.2.1946, betr. Durchführung der Müllabfuhr, ist vom zuständigen Komitee der AK nicht genehmigt worden; vgl. das 49. Mag.prot. v. 9.3.1946, TOP 7 (Jirak). Vgl. zur erneuten Diskussion über die Regelung der Müllbeseitigung das 54. Mag.prot. v. 17.4.1946, TOP 7. – Vgl. zu Vorschlägen zur Müll*verwertung* im Berliner Raum: Akademie der Künste (Berlin-Tiergarten), NL Scharoun, Mappe Mag 1/11 u. Mag 2/4; LAB(STA), Rep. 101, Nr. 601; Fruchtbaren Boden durch – Müll, in: Tägliche Rundschau, 14.8.1946, S. 6.

86 Eine Abschrift dieses Vertrags ist vorhanden in: LAB(STA), Rep. 102, Nr. 37, Bl. 99.

87 In einem Brief v. 20.1.1946 hatte der „Landesbeauftragte für die Heime der verlegten Schulen in Bayern" dem OB der Stadt Berlin mitgeteilt, daß die evakuierten Berliner Kinder in Bayern in Hinsicht auf Unterkunft, Verpflegung und Bekleidung gut versorgt seien. Der Brief ist vorhanden in: LAB(STA), Rep. 101, Nr. 1908. Vgl. auch: Berliner Kinder in Bayern. Sie sollen im Frühjahr heimkommen, in: Deutsche Volkszeitung, 27.2.1946, S. 4; Berliner Kinder in Bayern, in: Das Volk, 27.2.1946, [S. 5]. Mit Schreiben v. 4.3.1946 bat der Magistrat die AK, „den für den Monat April 1946 geplanten Rücktransport der während des Krieges aus Luftschutzgründen evakuierten Berliner Kinder und Lehrer nach Berlin zu genehmigen". In der Begründung wurde ausgeführt: „Von den während des Krieges aus Berlin evakuierten Berliner Schulkindern befinden sich z[ur] Z[ei]t noch rund 4 000 in Bayern, schätzungsweise 1 000 in der britisch besetzten Zone Deutschlands und 800 in Dänemark. Die meisten dieser evakuierten Schüler sind durch die Kriegsereignisse seit 2 Jahren von ihren Eltern getrennt, so daß diese begreiflicherweise endlich ihre Kinder zurückhaben wollen. Dieses seelische Moment überwiegt das Bedenken, das die voraussichtliche Verschlechterung der Ernährungslage Berlins in den Monaten bis zur neuen Ernte hervorruft. [...] Der Staat Bayern schloß mit der Stadt Berlin am 23.1.46 einen Vertrag, der in Abs. 10 die Rückbeförderung der Kinder aus Bayern nach Berlin für den Monat April bzw. Mai, je nach Witterungslage, vorsieht. Das Bayerische Staatsministerium für Unterricht und Kultus hält den Rücktransport der evakuierten Berliner Kinder für dringend geboten, da Bayern im April 1 Million Reichsdeutsche aus der Tschechoslovakei und Österreich aufnehmen und außerdem noch 800 000 Reichsdeutsche nach Württemberg, Baden und Hessen durchschleusen muß." Das Schreiben ist vorhanden in: LAB(STA), Rep. 101, Nr. 62. Mit BK/O (46) 153 v. 30.3.1946 genehmigte daraufhin die AK die Rückkehr von während des Krieges nach Bayern evakuierten 2 100 Schülern und 120 Lehrern nach Berlin; siehe: LAB(STA), Rep. 101, Nr. 62, u. LAB, Rep. 280, Nr. 12556. Vgl. hierzu auch das Prot. (handschriftliche Notizen) des Education Committee der AK v. 11.3.1946, TOP 3, in: LAB, Rep. 37: OMGBS, ECR, 4/16-1/8; ferner einen Erweiterungsantrag

Dr. Siebert bittet weiter um die Ermächtigung zum Abschluß eines ersten Vertrages mit der Firma Rheinmetall-*Borsig* A.G. über die Beteiligung der Stadt an der neuen Betriebsgesellschaft[88] auf der Grundlage eines Beteiligungsverhältnisses von 49 : 51 und der Regelung, daß von den 5 Aufsichtsratsmitgliedern 2 von der Stadt Berlin und einer von den Gewerkschaften gestellt werden und daß alle leitenden Angestellten durch den Aufsichtsrat zu bestellen sind.
BESCHLUSS: Dr. Siebert wird zum Abschluß des Vertrages ermächtigt.

7. ABTEILUNG FÜR PLANUNGEN

Schwenk begründet die Vorlage Nr. 85[89] auf Schaffung einer *Kammer der Technik für Berlin.* Diese soll an die Stelle der technisch-wissenschaftlichen Vereine treten, die früher bestanden haben. Sie wird aber nur für das Gebiet der Stadt Berlin errichtet. Die technisch-wissenschaftlichen Vereine waren dem NS-Bund Deutscher Techniker[90] angeschlossen und außerdem stark an die großen Konzerne gebunden. Diese Vereine sind der Auflösung verfallen.[91] In der neuen Kammer der Technik werden die Gewerkschaften großen Einfluß haben, wodurch die große Bedeutung, die die Gewerkschaften heute haben, besonders unterstrichen wird. Zu den Hauptaufgaben der Kammer gehört die Hebung des technischen Bildungsniveaus. Die Kluft, die früher zwischen den technischen Angestellten und der Arbeiterschaft bestand, soll beseitigt werden. Beide sollen hier zu einer großen Arbeitsgemeinschaft zusammengefaßt werden, um damit zu einer allgemeinen Hebung des technischen Bildungsniveaus zu kommen. Eine weitere wichtige Aufgabe der Kammer ist die Förderung der technischen Praxis in Zusammenarbeit mit Wissenschaft und Forschung. Die weiteren Einzelheiten sind in einer Satzung niedergelegt, die der Vorlage beigefügt ist.[92]

---

des Magistrats v. 4.5.1946, in: LAB(STA), Rep. 101, Nr. 62; Berliner Kinder – fern von Berlin. 5 000 bisher aus der USA-Zone zurück, in: Telegraf, 18.5.1946, S. 8. Mit Schreiben v. 8.5.1946 beantragte der Magistrat außerdem bei der AK die Rückkehr von 1 200 Berliner Müttern mit 2 500 Kindern (davon 2 000 Kinder im Alter unter sechs Jahren) aus Bayern. Das Schreiben ist vorhanden in: LAB(STA), Rep. 101, Nr. 70. Die AK genehmigte diesen Antrag mit BK/O (46) 330 v. 16.8.1946; siehe: LAB(STA), Rep. 101, Nr. 70, u. LAB, Rep. 280, Nr. 13678.

88 Gemeint ist die Errichtung der „Borsig Maschinenbau GmbH" als Betriebsgesellschaft für das Borsig-Werk in Tegel. Vgl. hierzu das 46. Mag.prot. v. 16.2.1946, TOP 5, u. das 48. Mag.prot. v. 4.3.1946, TOP 7, u. das 53. Mag.prot. v. 6.4.1946, TOP 4.

89 LAB(STA), Rep. 100, Nr. 768, Bl. 80 – 82. Vgl. zur Frage der Einrichtung einer Kammer der Technik auch die Materialien in: Akademie der Künste (Berlin-Tiergarten), NL Scharoun, Mappe Mag 1/1 u. Mag 2/13; Kammer der Technik, in: Tägliche Rundschau, 22.11.1945, S. 5 (zur Vorgeschichte der Mag.vorlage Nr. 85).

90 Richtig: Nationalsozialistischer Bund Deutscher Technik.

91 Mit seinem Gesetz Nr. 2 v. 10.10.1945 hatte der Alliierte Kontrollrat alle nationalsozialistischen Organisationen, darunter den Nationalsozialistischen Bund Deutscher Technik, für aufgelöst erklärt. Das Gesetz wurde veröffentlicht in: Amtsblatt des Kontrollrats in Deutschland, Nr. 1 (2., korrigierte Aufl., 29.10.1945), S. 19 – 21; VOBl., Jg. 1 (1945), S. 118.

92 Ein Organisationsplan der geplanten Kammer der Technik für Berlin ist vorhanden in: LAB(STA), Rep. 120, Nr. 3257.

Kraft weist darauf hin, daß es sich bei den technisch-wissenschaftlichen Vereinen teilweise um Vereine mit Weltruf handelt, die über ganz Deutschland verbreitet sind, wie den *VDI*[93], den Bund Deutscher Architekten[94] und den VDE[95].

Lange erwidert auf eine Frage von Prof. Scharoun, daß für den Abschluß von Tarifverträgen nicht die Kammer der Technik zuständig sei, das sei Sache der Gewerkschaften.

Winzer glaubt, daß in den Verbänden mit berühmten Namen, wie dem VDI, heute noch reaktionäre Bestrebungen vorherrschend sind. Es sei zu hoffen, daß mit der hier beabsichtigten Bildung einer Kammer der Technik sich eine neue Zusammenfassung der technischen Intelligenz vollzieht und damit den alten Verbänden das Wasser abgegraben wird.

BESCHLUSS: Die Vorlage Nr. 85 wird unverändert angenommen.[96]

---

93 Verein Deutscher Ingenieure e.V., gegründet 1856. Durch eine Verfügung v. 16.11.1945 hatte der Magistrat den VDI für aufgelöst erklärt; vgl. hierzu den „Bericht über die politische und militärische Tätigkeit des Vereins Deutscher Ingenieure" v. März 1946, in: LAB(STA), Rep. 120, Nr. 21 u. 3234. Vgl. ferner die Materialien in: LAB, Rep. 37: OMGBS, Dir Off, 4/137-1/23; Was verbarg sich hinter dem VDI?, in: Die Freie Gewerkschaft, 9.5.1946, S. 2. Im Westteil Berlins wurde der VDI im August 1949 neu gegründet; siehe den Geschäftsbericht der Kammer der Technik, Bezirk Groß-Berlin [Ost-Berlin], für September 1949, S. 1, in: LAB(STA), Rep. 106, Nr. 150.

94 Der Bund Deutscher Architekten e.V. (BDA) war 1903 gegründet worden. Er wurde am 26.3.1947 in Hannover neu gegründet; siehe: LAB(STA), Rep. 120, Nr. 1394, Bl. 6, 15 u. 17. In Berlin wurde der BDA zuerst 1948 im amerikanischen Sektor zugelassen; siehe: a.a.O., Bl. 119.

95 Verband Deutscher Elektrotechniker e.V., gegründet 1893. Mit BK/O (46) 203 v. 6.5.1946 ordnete die AK die unverzügliche Auflösung des VDE an. Die BK/O ist vorhanden in: LAB, Rep. 280, Nr. 4844, u. LAB(STA), Rep. 101, Nr. 64. Vgl. hierzu auch zwei Schreiben der Mag.abt. für Volksbildung an die AK v. 7.5.1946 u. 7.10.1946, in: LAB(STA), Rep. 101, Nr. 64. Im Westteil Berlins wurde der VDE Anfang September 1949 neu gegründet; siehe den Geschäftsbericht der Kammer der Technik, Bezirk Groß-Berlin [Ost-Berlin], für September 1949, S. 1, in: LAB(STA), Rep. 106, Nr. 150.

96 Der hier gefaßte Mag.beschluß, ausgefertigt am 28.2.1946, ist vorhanden in: LAB(STA), Rep. 120, Nr. 20, Bl. 2 – 5. Er wurde der AK mit Schreiben v. 14.3.1946 zur Genehmigung zugeleitet; siehe: a.a.O., Bl. 1. Die AK hat den Mag.beschluß aber offenbar nicht genehmigt. Es existiert keine die geplante „Kammer der Technik für Berlin" betreffende BK/O. Anfang August 1946 wandten sich Vertreter von SPD, CDU und LDP gegen die Schaffung einer Kammer der Technik in der hier vom Magistrat beschlossenen Form. Vgl. hierzu das 22. Prot. des Einheitsausschusses Groß-Berlin v. 2.8.1946, in: BArch, Abt. Potsdam, Z-3, Nr. 4, Bl. 118; Kammer der Technik, in: Telegraf, 29.8.1946, S. 3. – Am 26.6.1946 wurde in Berlin auf Anregung des Freien Deutschen Gewerkschaftsbunds eine Kammer der Technik für die sowjetische Besatzungszone gegründet, nachdem die Sowjetische Militäradministration die Genehmigung hierfür bereits am 8.5.1946 erteilt hatte. Siehe: Organisierte oder freie Wissenschaft?, in: Der Tagesspiegel, 9.5.1946, S. 6; Kötz: Die Kammer der Technik, ein Instrument friedlichen Fortschritts, in: Tägliche Rundschau, 23.6.1946, S. 5; Kammer der Technik, in: Berliner Zeitung, 2.7.1946, [S. 5]; Kammer der Technik, in: Neues Deutschland, 20.8.1946, S. 3; Arbeitsbeginn der Kammer der Technik, in: Neues Deutschland, 20.12.1946, S. 4; Berlin. Kampf um Freiheit, S. 469 f.

Schwenk begründet weiter die Vorlage Nr. 86[97], betreffend Verordnung über die *Einsetzung treuhänderischer Geschäftsführer.*[98] Die Einsetzung derartiger Geschäftsführer hat schon in großem Umfang stattgefunden,[99] aber es besteht noch keine Rechtsgrundlage dafür, die eindeutig die Rechtsstellung dieser Treuhänder umreißt, und auch keine Rechtsgrundlage, die besagt, in welchen Fällen Treuhänder eingesetzt werden sollen.[100] Das wird in dieser Vorlage klargestellt.[101] Bei der großen Bedeutung, die die Einsetzung eines Treuhänders hat, ist es selbstverständlich, daß die Treuhänder selbst auch gewisse Garantien bieten müssen, daß nicht willkürlich von ihnen verfahren wird. Darum ist eine Beschwerdeinstanz eingerichtet, und zwar soll dies die Rechtsabteilung des Magistrats sein. Darüber hinaus ist noch eine Berufungsmöglichkeit an einen sogenannten Anfechtungsausschuß[102] vorgesehen. Die Rechtsstellung der treuhänderischen Geschäftsführer ist genau umrissen. Vielfach haben sich solche Treuhänder sozusagen als Eigentümer gefühlt. Dieser Irrtum muß ausgeräumt werden. Der treuhänderische Geschäftsführer ist eben nur Treuhänder für fremdes Eigentum. An den Besitzverhältnissen des Unternehmens wird durch Einsetzung eines Treuhänders nichts geändert.

BESCHLUSS: Die Vorlage Nr. 86 wird unverändert angenommen.[103]

---

97 LAB(STA), Rep. 100, Nr. 768, Bl. 83 – 88.

98 Vgl. zur Rechtsproblematik der Treuhänder bzw. zur Vorberatung dieses VO-Entwurfs die Protokolle der 7. Juristenbesprechung [Juristen der Mag.abteilungen u. der Bezirksämter] am 20.11.1945, TOP 3 u. Anlage 4, u. der 10. Juristenbesprechung [Juristen der Mag.abteilungen u. der Bezirksämter] am 8.1.1946, in: LAB(STA), Rep. 113, Nr. 240; das Prot. der Konferenz der Bezirksbürgermeister am 7.2.1946, TOP 2, in: LAB, Rep. 280, Nr. 3848; Materialien in: LAB(STA), Rep. 105, Nr. 251.

99 Vgl. hierzu das 43. Mag.prot. v. 26.1.1946, TOP 2.

100 In der Begründung der Mag.vorlage Nr. 86 v. 19.2.1946 ist ausgeführt, daß die Veröffentlichungen der Mag.abt. für Handel und Handwerk v. 22.5.1946, betr. „Bereinigung des Handels von faschistischen Elementen", und v. 30.8.1945, betr. „Richtlinien für die Behandlung der Gewerbeerlaubnis und das Spruchkammerverfahren", die unter anderem Vorschriften zur Einsetzung von Treuhändern in Handels- und Gewerbebetriebe enthielten, keine einwandfreien Rechtsgrundlagen darstellten. Diese Veröffentlichungen waren publiziert worden in: VOBl., Jg. 1 (1945), S. 13 f. u. 82 – 87.

101 Nach § 1 des mit der Mag.vorlage Nr. 86 eingebrachten VO-Entwurfs sollten treuhänderische Geschäftsführer für Unternehmen, Betriebe und „Vermögensmassen" insbesondere dann eingesetzt werden können, wenn deren Inhaber, Eigentümer oder sonstige vertretungsberechtigte Personen aktive Nationalsozialisten gewesen waren bzw. dauernd abwesend oder in der Ausübung ihrer geschäftlichen Tätigkeit behindert waren. Vgl. zur bisherigen Entnazifizierung der privaten Wirtschaft das 12. Mag.prot. v. 23.7.1945, TOP 2, u. das 20. Mag.prot. v. 10.9.1945, TOP 8, u. das 25. Mag.prot. v. 8.10.1945, TOP 2 (Entwurf einer VO zur Reinigung des Wirtschaftslebens von nationalsozialistischen Einflüssen); die Protokolle der Konferenzen der Bezirksbürgermeister am 14.12.1945, TOP 2, u. am 21.12.1945, TOP 2, in: LAB, Rep. 280, Nr. 1599 u. 3842.

102 Nach § 5 des VO-Entwurfs sollte sich dieser Anfechtungsausschuß aus fünf vom Magistrat ernannten Mitgliedern zusammensetzen, von denen eines die Befähigung zum Richteramt oder zum höheren Verwaltungsdienst haben mußte und zwei Mitglieder nach den Vorschlägen des Freien Deutschen Gewerkschaftsbunds zu berufen waren.

103 Der hier gefaßte Mag.beschluß, ausgefertigt am 28.2.1946, ist vorhanden in: LAB(STA), Rep. 101, Nr. 64. Er wurde der AK mit Schreiben v. 15.3.1946 zur Genehmigung zugeleitet; siehe: a.a.O. Die AK untersagte es mit BK/O (46) 191 v. 30.4.1946,

8. ARBEITSFRAGEN

Fleischmann begründet die Vorlage Nr. 90[104], betreffend das *Erlöschen der Dienstverhältnisse von Angestellten bei Auflösung von Organisationen der Wirtschaft* durch Befehl der alliierten Behörden oder des Magistrats. Die Vorlage ist entstanden, da gegenwärtig Wirtschaftsgruppen in großer Zahl aufgelöst werden, die einen großen Verwaltungsapparat haben.[105] Die Angestellten darin haben meist langfristige Verträge mit teilweise sehr hohen Gehältern. Es muß die Möglichkeit geschaffen werden, diese Personen möglichst schnell aus dem Angestelltenverhältnis entlassen zu können. Wir können es uns nicht leisten, noch für lange Zeit diese Gehälter ohne Gegenleistung zu zahlen.

Der Redner befürwortet die Annahme der Vorlage mit folgenden redaktionellen Änderungen:

1. Die Überschrift soll lauten: Verordnung über das Erlöschen von Dienstverhältnissen bei zwangsweiser Auflösung von Organisationen der Wirtschaft.

2. In § 4 soll in Zeile 3 statt des Wortes „ermächtigt" gesetzt werden: „berechtigt". Die Ziffer a) soll lauten:

> „wenn die Zahl der Angestellten mit Rücksicht auf den Umfang der Tätigkeit des Unternehmens übersetzt ist".[106]

BESCHLUSS: Die Vorlage Nr. 90 wird mit diesen Änderungen angenommen.[107]

---

die VO über die Einsetzung treuhänderischer Geschäftsführer in Kraft zu setzen. Die BK/O ist vorhanden in: LAB, Rep. 280, Nr. 4835, u. LAB(STA), Rep. 101, Nr. 64. Vgl. zur Problematik der Treuhänder auch ein Schreiben Marons an die Finanzabteilung des Magistrats v. 8.4.1946, betr. Verfügung über zentrale Einsetzung von Treuhändern und Sachwaltern, in: LAB(STA), Rep. 101, Nr. 620, Bl. 17; das 58. Mag. prot. v. 18.5.1946, TOP 8, u. das 61. Mag. prot. v. 15.6.1946, TOP 3; das Prot. der Konferenz der Bezirksbürgermeister am 8.8.1946, TOP 4, in: LAB, Rep. 280, Nr. 3864.

104 LAB(STA), Rep. 100, Nr. 768, Bl. 93.

105 Vgl. zur Organisation der gewerblichen Wirtschaft in der Zeit des NS-Regimes: Berkenkopf, S. 65 – 74; Dok. 4, Anm. 22.

106 In § 4 der Mag.vorlage Nr. 90 v. 20.2.1946 heißt es:
„Auf Antrag des Treuhänders einer Gesellschaft, eines Unternehmens oder einer Organisation, ihrer Betriebsvertretung oder der Gewerkschaft ist die Abteilung für Arbeit ermächtigt, Dienstverträge mit Angestellten der Unternehmen oder Organisationen zu lösen, wenn
a) der Angestellten-Apparat mit Rücksicht auf den Umfang der Produktion und Umfang der Tätigkeit des Unternehmens übersetzt ist und
b) die finanzielle Belastung, die damit im Zusammenhang steht, die Entwicklung der Produktion und die Zahlung tragbarer Löhne an die Belegschaft gefährdet. [...]"

107 Der hier gefaßte Mag.beschluß ist, ungezeichnet und mit dem Ausfertigungsdatum v. 26.2.1946, vorhanden in: LAB(STA), Rep. 102, Nr. 39. Er wurde nicht im VOBl. veröffentlicht, sondern als „Anordnung über das Erlöschen von Dienstverhältnissen bei zwangsweiser Auflösung von Organisationen der Wirtschaft" in: Neue Zeit, 9.3.1946, S. 3; Berliner Zeitung, 20.3.1946, [S. 4]; Die Stadtverwaltung, Jg. 1 (1946), H. 5, S. 9.

9. SPRUCHKAMMER FÜR DIE ENTNAZIFIZIERUNG

Maron empfiehlt die Verordnung über die Entlastung nomineller Mitglieder der NSDAP und ihrer Gliederungen in der Fassung der Drucksache Nr. 97 zur Annahme.[108] Es handle sich nur noch um eine formelle Beschlußfassung, nachdem die Angelegenheit seit etwa einem Vierteljahr vom Magistrat und seinem Rechtsausschuß sowohl wie von der Bezirksbürgermeister-Konferenz und dem Aktionsausschuß der vier Parteien durchberaten worden ist.[109]
BESCHLUSS: Die Vorlage wird einstimmig angenommen.[110]

---

108 Die Mag.vorlage Nr. 97 konnte nicht ermittelt werden. Der Entwurf der VO über die Entlastung nomineller Mitglieder der NSDAP und ihrer Gliederungen in der Fassung v. 12.2.1946 ist vorhanden in: LAB, Rep. 280, Nr. 3277. Dieser Entwurf ist zusammen mit einem früheren Entwurf dieser VO und dem Entwurf von Ausführungsbestimmungen hierzu auch vorhanden in: Archiv der sozialen Demokratie der Friedrich-Ebert-Stiftung, NL Ostrowski, Box 23. Vgl. zur bisherigen Entnazifizierung der Stadtverwaltung und der Wirtschaft das 9. Mag.prot. v. 2.7.1945, TOP 2, u. das 10. Mag.prot. v. 9.7.1945, TOP 2, u. das 12. Mag.prot. v. 23.7.1945, TOP 2, u. das 20. Mag.prot. v. 10.9.1945, TOP 8, u. das 25. Mag.prot. v. 8.10.1945, TOP 2; die Protokolle der Konferenzen der Bezirksbürgermeister am 14.12.1945, TOP 2, u. am 21.12.1945, TOP 2, in: LAB, Rep. 280, Nr. 1599 u. 3842.

109 In einem Schreiben an Otto Grotewohl, einen der Vorsitzenden des Zentralausschusses der SPD, v. 18.10.1945 hatte Maron unter anderem ausgeführt: „Die Entwicklung der letzten Zeit dürfte eine gewisse Klärung der Frage der Behandlung der ehemaligen PGs notwendig machen. Bisher haben wir alle sogenannten Rehabilitierungsanträge oder Ausschüsse, die sich mit der Streichung ehemaliger PGs beschäftigen, abgelehnt. Alle PGs wurden gleicherweise von den Sondermaßnahmen betroffen. Es hat sich aber in der Praxis herausgestellt, daß man Ausnahmen machen müßte. Es gibt genügend Beweise dafür, daß sich Mitglieder der NSDAP besser und anständiger betragen haben als Leute, die sich heute als große Antifaschisten aufspielen. Unter Berücksichtigung dieser Tatsachen hat sich der kürzlich geschaffene Rechtsausschuß des Magistrats, der unter meinem Vorsitz tagt, in einigen Sitzungen mit diesem Problem beschäftigt. Das Ergebnis der Aussprache war der Vorschlag auf Schaffung politischer Spruchausschüsse in den einzelnen Verwaltungsbezirken, die sich mit der Beurteilung der ehemaligen PGs beschäftigen sollen. Bekanntlich besteht bei unserer Abteilung für Handel und Gewerbe bereits eine Spruchkammer für die Geschäftsinhaber, die ehemalige PGs waren. Die Spruchkammer entscheidet, ob ein ehemaliger PG sein Geschäft behalten kann oder nicht. Ihre Arbeit hat sich nach allgemeinem Urteil bewährt. Ähnlich sollen die neu zu schaffenden politischen Spruchkammern arbeiten." Das Schreiben ist vorhanden in: LAB(STA), Rep. 101, Nr. 656. Vgl. zur Spruchkammer der Mag.abt. für Handel und Handwerk das 7. Mag.prot. v. 18.6.1945, TOP 6; VOBl., Jg. 1 (1945), S. 49–51; die Protokolle der Konferenzen der Bezirksbürgermeister am 14.12.1945, TOP 2, u. am 21.12.1945, TOP 2, in: LAB, Rep. 280, Nr. 1599 u. 3842.
In den vorangegangenen Mag.sitzungen ist der Entwurf der VO über die Entlastung nomineller Mitglieder der NSDAP und ihrer Gliederungen *nicht* behandelt worden. Sitzungsprotokolle des Rechtsausschusses des Magistrats konnten nicht ermittelt werden. Vgl. zur Beratung des VO-Entwurfs in der Konferenz der Bezirksbürgermeister und im Einheitsausschuß Groß-Berlin die Protokolle der Konferenzen der Bezirksbürgermeister am 31.1.1946, TOP 8, am 7.2.1946, TOP 1, u. am 14.2.1946, TOP 2, in: LAB, Rep. 280, Nr. 3847, 3848 u. 1600; das 6., 7. u. 8. Prot. des Einheitsausschusses Groß-Berlin v. 1.2.1946, 7.2.1946 u. 15.2.1946, in: BArch, Abt. Potsdam, Z-3, Nr. 4, Bl. 61, 63 f. u. 66.

110 Die hiermit beschlossene VO über die Entlastung nomineller Mitglieder der NSDAP

10. ALLGEMEINES

Jirak erbittet die Zustimmung zu einer Regelung, betreffend Durchführung des Schlacht- und Darmschleimerei-Prozesses auf dem *Vieh- und Schlachthof* in Berlin, und legt zu diesem Punkt unter Zurückziehung der Vorlage Nr. 92[111] eine neue Vorlage[112] vor, in der in Form einer Verfügung Einzelheiten darüber festgelegt sind, daß gemäß den Vereinbarungen durch einen Magistratsausschuß die genannte Tätigkeit ausschließlich durch städtische Organe und Bedienstete unter Ausschaltung der bisher auf dem Gebiet tätig gewesenen Privatfirmen erfolgt.

Klimpel ist mit dem Vorschlag einverstanden unter der Voraussetzung, daß das neue System der Schlachtungen sofort funktioniert und keine Schwierigkeiten in der Fleischversorgung der Bevölkerung entstehen.

Pieck möchte lieber die ursprüngliche Vorlage Nr. 92 zur Grundlage des Beschlusses genommen wissen. Eine Genehmigung dieser Verordnung durch die Alliierte Kommandantur hält er nicht für erforderlich.

Dr. Siebert hält für die Aufhebung der mit den Privatfirmen getroffenen Vereinbarungen auch eine Verordnung für notwendig.

Lange behandelt die Rechtslage gegenüber den Privatfirmen, wobei seiner Meinung nach die Hauptrolle die Mietverträge spielen, die die Stadt seinerzeit mit den Engros-Schlächtern und Darmschleimereien abgeschlossen hat.

Maron geht kurz auf die Entstehung der Angelegenheit ein. Es war seinerzeit Befehl[113] gegeben worden, die Zustände auf dem Vieh- und Schlachthof in Ordnung zu bringen, da sich in die dort tätigen Privatfirmen unlautere Elemente eingeschlichen hatten.[114] Darum wurde von einer Kommission des Magistrats beschlossen, die

---

und ihrer Gliederungen wurde durch zwei fast zeitgleich erlassene Anordnungen der AK hinfällig. Mit BK/O (46) 101 a v. 26.2.1946, betr. Entnazifizierung, und BK/O (46) 102 v. 26.2.1946, betr. Errichtung von Entnazifizierungskommissionen und Berufungsverfahren, wurde das Entnazifizierungsverfahren in der Berliner Stadtverwaltung und Wirtschaft grundlegend geregelt. Die BK/Os sind vorhanden in: LAB(STA), Rep. 101, Nr. 59; LAB, Rep. 280, Nr. 13449 u. 13450; veröffentlicht in: VOBl., Jg. 2 (1946), S. 71 – 81. Vgl. zur Durchführung der Entnazifizierung aufgrund dieser Anordnungen zwei Rundverfügungen der Mag.abt. für Personalfragen und Verwaltung v. 4.3.1946 u. 15.3.1946, in: LAB(STA), Rep. 102, Nr. 61 u. Nr. 272, Bl. 8 u. 7; die Protokolle der Konferenzen der Bezirksbürgermeister am 7.3.1946, TOP 4, u. am 14.3.1946, TOP 4, in: LAB, Rep. 280, Nr. 3850 u. 3851; das 10. Prot. des Einheitsausschusses Groß-Berlin v. 15.3.1946, in: BArch, Abt. Potsdam, Z-3, Nr. 4, Bl. 73 f.; das 50. Mag.prot. v. 16.3.1946, TOP 2.

111 LAB(STA), Rep. 100, Nr. 768, Bl. 95 – 97. Vgl. zur Vorgeschichte dieser Mag.vorlage v. 19.2.1946 den Vermerk des Justitiars der Mag.abt. für Städtische Energie- und Versorgungsbetriebe, Dr. Bruno Ziethen, v. 14.2.1946, betr. Kommunalisierung der Tätigkeiten der Großschlächterei- und Darmschleimerei-Firmen auf dem Vieh- und Schlachthof, in: LAB(STA), Rep. 115, Nr. 62, Bl. 127 f.; Materialien in: LAB, Rep. 10 B, Acc. 1580, Nr. 308.

112 Diese Mag.vorlage konnte nicht ermittelt werden.

113 Gemeint ist der Befehl Nr. 486 des sowjetischen Stadtkommandanten v. 13.12.1945. Dieser Befehl ist als Abschrift vorhanden in: LAB, Rep. 10 B, Acc. 1580, Nr. 308.

114 Vgl. zu den Mißständen auf dem zentralen Berliner Vieh- und Schlachthof an der Thaerstraße/Eldenaer Straße das 37. Mag.prot. v. 17.12.1945, TOP 8; Materialien in: LAB, Rep. 10 B, Acc. 1580, Nr. 308; Berlins Fleischversorgung, in: Berliner Zeitung, 6.1.1946, [S. 2]; Diebstähle auf dem Schlachthof, in: Berliner Zeitung, 15.1.1946, [S. 2]; Schnellgerichtsverhandlung im Zentralviehhof, in: Der Tagesspiegel, 22.1.1946, S. 6;

Schlachtungen in kommunale Regie zu übernehmen.[115] Dabei wurde die Frage der Mietverträge mit den Privatfirmen gar nicht berührt. Die privatrechtlichen Fragen wurden besonderen Übereinkommen überlassen.

Dr. Siebert empfiehlt, die Vorlage Nr. 92 zu beschließen und gleichzeitig durch den Rechtsausschuß und die Finanzabteilung überprüfen zu lassen, inwieweit die Fassung der Verordnung hinsichtlich des Schlachthofgesetzes und der Veterinärpolizeigesetze etwa noch abzuändern ist.

Pieck schlägt vor, über die Magistratsvorlage Nr. 92 abzustimmen und außerdem die neu vorgelegte Drucksache der Abteilung Städtische Betriebe in den Punkten I und II anzunehmen, worin die Verhandlungen der Kommission des Magistrats in dieser Sache bestätigt werden.

BESCHLUSS: Die Vorlage Nr. 92 wird unter der Bezeichnung „Schlachthofordnung" angenommen.[116] Außerdem wird der Ergänzungsvorlage der Abt[eilung] Städtische Energie- und Versorgungsbetriebe vom 23.2. in folgenden beiden Punkten zugestimmt:

I. Der von den Magistratsmitgliedern

1. Stellv[ertretender] Oberbürgermeister Maron,

   Stadtrat Jirak,

   Stadtrat Pieck,

   Stadtrat Klimpel

den Abteilungen für die Städtischen Energie- und Versorgungsbetriebe und für Ernährung Anfang Februar erteilte Auftrag zur Durchführung des Schlacht- und Darmschleimereiprozesses auf dem Vieh- und Schlachthof ausschließlich durch städtische Organe und Bedienstete unter Ausschaltung der bisher auf diesem Gebiet tätig gewesenen Großschlächterei- und Darmschleimerei-Privatfirmen wird bestätigt.

II. Der Magistrat billigt die von Herrn 1. Stellv[ertretenden] Oberbürgermeister Maron der Direktion des Vieh- und Schlachthofs schriftlich erteilte Zustimmung[117] zur Absendung eines Schreibens an den Verband der Schlächter, in dem die Durchführung der zu I) erwähnten Maßnahmen mit Wirkung vom 18. Februar 1946 angekündigt und den hiernach nicht mehr zugelassenen Personen das Betreten des Vieh- und Schlachthofs untersagt worden ist.

Öffentlicher Gerichtstag auf dem Schlachthof, in: Berliner Zeitung, 23.1.1946, [S. 2]; Ernst Barbknecht: Veruntreuungen auf dem Städt[ischen] Schlachtviehhof, in: Tägliche Rundschau, 24.1.1946, S. 6; Bekanntmachung Jiraks, betr. Neuregelung auf dem Vieh- und Schlachthof, in: Berliner Zeitung, 26.1.1946, [S. 4].

115 Siehe unten: Punkt I des Mag.beschlusses. Vgl. hierzu auch den Vermerk für Stadtrat Klimpel v. 17.1.1946, betr. Zustände auf dem Zentralviehhof, in: LAB, Rep. 10 B, Acc. 1580, Nr. 308; das Prot. einer Besprechung v. 18.2.1946, betr. Regelung der Zustände auf dem Zentralvieh- und Schlachthof, in: LAB(STA), Rep. 101, Nr. 585, u. Rep. 102, Nr. 43.

116 Vgl. das 49. Mag.prot. v. 9.3.1946, TOP 7 (Aufhebung der hier beschlossenen Schlachthofordnung).

117 Vgl. das Schreiben Marons an die Direktion der Vieh- und Schlachthöfe v. 16.2.1946, betr. Übernahme der Schlachtungen in städtische Regie, in: LAB, Rep. 10 B, Acc. 1580, Nr. 308.

[Von der Magistratsvorlage Nr. 95[118], betreffend Aufnahme des Ortsteils *Wilhelmruh*[119] der Gemeinde Dahlwitz-Hoppegarten in die *Berliner Lebensmittelversorgung*, wird nach kurzer Empfehlung durch Stadtrat Klimpel Kenntnis genommen.[120]][121]

Nach Erledigung der Tagesordnung beschließt der Magistrat die Absendung einer *Glückwunschadresse* an den sowjetischen Stadtkommandanten von Berlin, Herrn Generalleutnant Smirnow, aus Anlaß des *28. Jahrestages der Roten Armee.*[122]

118　LAB(STA), Rep. 100, Nr. 768, Bl. 113; auch in: Rep. 113, Nr. 133, Bl. 75.

119　Richtig: Waldesruh.

120　In der Mag.vorlage Nr. 95 v. 22.2.1946 ist der Befehl Nr. 103 des sowjetischen Stadtkommandanten von Berlin v. 5.2.1946 wiedergegeben, wonach dieser dem Antrag des Gemeindevorstehers von Waldesruh stattgegeben hatte, „die Bevölkerung dieses Ortes von 1097 Einwohnern in die Lebensmittelversorgung des Bezirks Köpenick nach Berliner Normen einzuschließen". Mit seinem Befehl Nr. 134 v. 12.2.1946 befahl der sowjetische Stadtkommandant dann, die Ortschaft Waldesruh „in den Bezirk von Groß-Berlin, vom 1.2.46 ab, einzugemeinden". Die beiden Befehle sind vorhanden in: LAB, Rep. 280, Nr. 5449/2 u. 5449/1.

121　Die hier in eckigen Klammern wiedergegebene Textstelle ist in die Originalexemplare des 47. Mag.prot. v. 23.2.1946 versehentlich nicht aufgenommen worden. Dieses Versehen wurde durch eine entsprechende Ergänzung am Schluß des 50. Mag.prot. v. 16.3.1946 korrigiert.

122　Die hier beschlossene Glückwunschadresse wurde veröffentlicht in: Berliner Zeitung, 24.2.1946, [S. 2]. – Der 23. Februar 1918 galt in der Sowjetunion als der Geburtstag der Roten Armee. Siehe: W. Wosnenko: Tag der Roten Armee. Das Werk Lenins und Stalins, in: Das Volk, 23.2.1946, [S. 1]; Zum Tag der Roten Armee, in: Berliner Zeitung, 23.2.1946, [S. 1]. Aus diesem Anlaß gab der sowjetische Stadtkommandant von Berlin, Generalleutnant Dimitrij Iwanowitsch Smirnow, am 24.2.1946 einen Empfang für „die Vertreter der demokratischen Öffentlichkeit der sowjetischen Besatzungszone Berlins"; siehe: Empfang beim sowjetischen Stadtkommandanten, in: Tägliche Rundschau, 26.2.1946, S. 6. Bei diesem Empfang hielt OB Werner eine Rede. Das eigenhändige handschriftliche Manuskript seiner Rede ist vorhanden in: LAB, NL Werner, Rep. 200, Acc. 4379, Nr. 45/125; als Abschrift in: LAB, NL Werner, Rep. 200, Acc. 4379, Nr. 20/3, S. 400 – 403. Es hat den folgenden Wortlaut:
„Die heutige festliche Veranstaltung zum 28. Jahrestag der Roten Armee gilt der Erinnerung an ein denkwürdiges geschichtliches Ereignis. Als heute vor 28 Jahren die Rote Armee geschaffen wurde, hat niemand vorausgesehen, daß damit der Grundstein für eine neue Epoche der Weltgeschichte gelegt wurde. Heute ist der Ruhm der glorreichen Roten Armee ein selbstverständlicher Bestandteil des politischen Bewußtseins der Menschheit. Die Rote Armee hat als Avant-Garde des menschlichen Fortschritts die Mächte der Finsternis und der Unterwelt siegreich geschlagen, die der mittelalterliche Tyrann und Volksbedrücker Hitler unter Mißbrauch von Gut und Blut, von Leib und Leben des deutschen Volkes gegen sie mobilisiert hatte. Dieser Triumph über das infernalische Aufgebot irregeleiteter Millionenmassen war der Roten Armee nur möglich dank ihrer zielbewußten Durchdringung mit politischem Geist und dank der weisen Führung durch eine Elite von berühmten Feldherren unter der genialen obersten Leitung durch Generalissimus Stalin. Wir Deutsche, die wir den Kampfgeist und die unerschütterliche Zähigkeit der Rot-Armisten kennen- und bewundern gelernt haben, wissen, daß die Rote Armee einer der wirksamsten, schicksalgestaltenden Faktoren der Gegenwartsgeschichte der Menschheit ist. Ohne die Rote Armee und die mit ihr verbündeten Heere wäre die braune Tyrannei Siegerin auf der blutigen Walstatt dieses

Zur Geschäftsordnung wird beschlossen, in Zukunft die Magistratssitzungen um 9 Uhr zu beginnen.

---

fürchterlichen Weltkrieges geblieben. Der Geist der Freiheit und der Menschenrechte wäre für alle kommenden Generationen nur noch der Traum von einem verlorenen Paradies gewesen. Daß dieses Absinken der Völker Europas in Tyrannei und Knechtschaft vermieden worden ist, ist nicht zuletzt das bleibende Verdienst der mutigen Kämpfer der Roten Armee. Sie haben mit wuchtigen Schlägen das Tor zur Zukunft der menschlichen Freiheit und des gesellschaftlichen Fortschritts aufgeschlagen und dadurch den Sieg des Lichtes gegen den Dämon der Finsternis herbeigeführt. Im strahlenden Glanze dieses kriegerischen Tatenruhmes feiert die Rote Armee heute mit berechtigtem Stolz die 28. Wiederkehr des Jahrestages ihrer Gründung. Wir Deutsche, die wir dem unwiderstehlichen siegreichen Vormarsch der Roten Armee das Ende des nazistischen Gewaltregimes verdanken, sehen heute voller Verehrung und mit den Gefühlen des bewundernden Dankes auf die Fahnen der Roten Armee, die in einem Krieg ohnegleichen von den Ufern der Wolga siegreich in das Herz von Europa vorgetragen worden sind. Wir hoffen von Herzen, daß die Rote Armee diesen heiß erkämpften Frieden nun viele Jahre in Ruhe genießen und eine friedliche Schutzwacht des gigantischen Wiederaufbaues des riesigen sowjetischen Reiches sein möge. In dieser Zuversicht und Hoffnung entbiete ich zu ihrem heutigen 28. Jahrestage der Roten Armee im Namen des Magistrats und der Bevölkerung der Stadt Berlin und in meinem eigenen Namen für alle Zukunft die ergebungsvollsten Glückwünsche und Grüße. [...]"
Im Originalmanuskript hat Werner jeden Satz als eigenen Absatz geschrieben und die Sätze durch zahlreiche Schrägstriche unterteilt.

Dok. 71
Rundschreiben der Rechtsabteilung des Magistrats vom 27. Februar 1946, betr. Rechtsgrundlage der Magistratstätigkeit

LAB(STA), Rep. 101, Nr. 622, Bl. 10. – Umdruck.[1]

Magistrat der Stadt Berlin　　　　　　　Berlin C 2, den 27. 2. 1946
– Rechtsabteilung –　　　　　　　　　　Parochialstr. 1 – 3, Neues Stadthaus
Dr. R / Ho

An den

　　　Herrn Oberbürgermeister

An die

　　　Herren stellv[ertretenden] Oberbürgermeister

An die

　　　Herren Stadträte

-.-

Wie bekannt geworden ist, hat die von der Alliierten Kommandantur eingesetzte Kommission zur Prüfung der bisher vom Magistrat erlassenen Verordnungen die Rechtsgültigkeit dieser Verordnungen bestritten und überhaupt das Recht des Magistrats zum Erlaß von Verordnungen in Frage gestellt.[2]

Dasselbe ist in einer kürzlichen Sitzung des Juristischen Prüfungsausschusses von seiten des Präsidenten des Bezirksverwaltungsgerichts Charlottenburg geschehen. Sogar der Inhalt und Umfang des Selbstverwaltungsrechts wird in Zweifel

---

1 Weitere Umdruckexemplare dieses Rundschreibens sind vorhanden in: LAB(STA), Rep. 115, Nr. 63, Bl. 12 u. 21.

2 Das Rechtskomitee der AK war in einer Sitzung am 20.2.1946 zu dem Ergebnis gekommen, daß es „a matter of urgency" sei, „that the Magistrat should be made to recognize it is not possessed of any legislative power and that all legislative powers within the Berlin area appertain to the Allied Kommandatura alone". Die Komiteemitglieder der alliierten Mächte waren ferner übereinstimmend der Meinung, daß diejenigen Verordnungen, Anordnungen etc., die vom Magistrat nach der Konstituierung der AK am 11.7.1945 ohne deren Genehmigung erlassen worden waren, einer Überprüfung unterzogen werden sollten. Sie vertraten aber im einzelnen unterschiedliche Auffassungen hinsichtlich der Rechtsgültigkeit der vor bzw. nach dem 11.7.1945 erlassenen Magistratsverordnungen. Vgl. den Bericht des Rechtskomitees v. 20.2.1946, der als Anlage zu BK/R (46) 90 v. 6.3.1946 vorhanden ist in: LAB, Rep. 37: OMGBS, BICO LIB, 11/148-2/4.
Die Beratungen der Alliierten über das Gesetzgebungsrecht des Magistrats resultierten in dem grundlegenden Befehl BK/O (46) 263 v. 13.6.1946. Vgl. hierzu BK/R (46) 191 v. 18.5.1946 u. BK/R (46) 200 v. 25.5.1946, in: LAB, Rep. 37: OMGBS, BICO LIB, 11/148-2/6; das 12. Prot. der stellv. Stadtkommandanten v. 8.3.1946, TOP 146, u. das 24. Prot. der stellv. Stadtkommandanten v. 21.5.1946, TOP 299, u. das 25. Prot. der stellv. Stadtkommandanten v. 28.5.1946, TOP 308, in: LAB, Rep. 37, Acc. 3971, Nr. 218 u. 219. Die BK/O (46) 263 ist vorhanden in: LAB, Rep. 280, Nr. 4868; abgedruckt in: Berlin. Quellen und Dokumente, 1. Halbbd., S. 141. Vgl. hierzu auch Teil I dieser Edition, S. 60 f.

gezogen und behauptet, daß die Stadt Berlin nur ein Recht zur Verwaltung der früher eng begrenzten rein kommunal-rechtlichen Angelegenheiten habe.[3]

Wenn auch diese Ansicht nur vereinzelt dasteht und von der überwiegenden Mehrzahl der Juristen des Juristischen Prüfungsausschusses nicht geteilt wird, so erscheint es doch zweckmäßig, die Rechtsgrundlage des Verordnungsrechts des Magistrats und überhaupt das Recht zur Selbstverwaltung ein für allemal dokumentarisch sicherzustellen.

Die Rechtsgrundlage besteht in dem Anfang Mai 1945 von Generaloberst Bersarin dem neu eingesetzten Magistrat erteilten Befehl zur Selbstverwaltung.[4]

Die Rechtsabteilung hat sich bereits verschiedentlich bemüht, eine Pressenachricht oder sonst eine schriftliche Unterlage hierfür ausfindig zu machen. Das Ergebnis war bisher negativ.[5]

---

3 Am 25.1.1946 hatte der Präsident des Bezirksverwaltungsgerichts Charlottenburg, Dr. Franz Scholz, in einem Vortrag „Über Reich und Gesetzgebung nach dem Zusammenbruch 1945" vor dem Juristischen Prüfungsausschuß unter anderem ausgeführt: „Berlin hat kein Gesetzgebungsrecht erhalten. Zwar hat die russische Kommandantur, als sie noch die alleinige Okkupationsmacht darstellte, also bis 11.7.1945 (Übergang auf die Interalliierte Kommandantur), der Stadt Auftrag zur ‚Selbstverwaltung' erteilt [...]. Aber was heißt hier ‚Selbstverwaltung'? Es wird auf den russischen Wortbegriff ankommen, falls der russische Text maßgebend ist. Solange Gegenteiliges nicht erhellt, ist ‚Selbstverwaltung' im Sinne des deutschen Kommunalrechts zu verstehen; denn es wäre unverständlich, wenn eine deutsche Gemeindebehörde diesen kommunalen Wortbegriff ohne erläuternden Zusatz hier anders verstehen würde. Wenn daher der Auftrag zur Selbstverwaltung überhaupt rechtliche Bedeutung hat, so nur die, daß der Stadt Berlin trotz Fehlens einer Stadtverordnetenversammlung das kommunale Selbstverwaltungsrecht zustehen soll, nicht dagegen ein weitergehendes Gesetzgebungsrecht." Der Vortrag ist vorhanden in: LAB(STA), Rep. 108, Nr. 21, Bl. 85 – 87, u. Nr. 57, Bl. 126 – 128; vgl. hierzu das Prot. der 11. Sitzung des Juristischen Prüfungsausschusses bei der Rechtsabteilung des Magistrats der Stadt Berlin am 25.1.1946, S. 23 – 25, in: LAB(STA), Rep. 108, Nr. 21, Bl. 115 f., u. Nr. 57, Bl. 74 f. Zwei weitere, am 14.9.1945 bzw. 15.2.1946 vor dem Juristischen Prüfungsausschuß gehaltene Vorträge des Rechtsanwalts Dr. Erich Pollack mit dem Titel „Kurze Skizze über die derzeitige staatsrechtliche Situation Deutschlands, insbesondere über die staatsrechtliche Stellung der Stadt Berlin und über die Frage der gegenwärtigen Gesetzesanwendung" und des Dezernenten für öffentliches Recht in der Rechtsabteilung des Magistrats, Dr. Karl Rabe, über „Das Selbstverwaltungsrecht der Stadt Berlin" sind vorhanden in: LAB(STA), Rep. 108, Nr. 57, Bl. 67 – 71 u. 151 – 157; vgl. hierzu das Prot. der 4. Sitzung des Juristischen Prüfungsausschusses beim Stadtgericht am 14.9.1945, S. 8 f., u. das Prot. der 12. Sitzung des Juristischen Prüfungsausschusses bei der Rechtsabteilung des Magistrats der Stadt Berlin am 15.2.1946, S. 4 f., in: LAB(STA), Rep. 108, Nr. 57, Bl. 53 f. u. 138 f. Vgl. auch das 21. Mag.prot. v. 17.9.1945, TOP 8 (Maron); LAB, Rep. 280, Nr. 14603. – Vgl. zum Juristischen Prüfungsausschuß das 75. Mag.prot. v. 14.9.1946, TOP 7 (Mittag); das von Mittag verfaßte Exposé „Der Juristische Prüfungsausschuß für Gesetzgebung und Gesetzesanwendung" (1951), in: HiKo, Bestand „Berliner SPD nach 1945", Ordner 34, Bl. 390.

4 Vgl. hierzu Teil I dieser Edition, S. 38 u. 56 f.

5 Im September 1945 hatte Mittag in einer Besprechung der Juristen der Stadtverwaltung die Frage gestellt, „worin die Ermächtigung der Stadt Berlin zur Selbstverwaltung zu erblicken sei. Ein ausdrücklicher Befehl oder andere schriftliche Unterlagen seien

Die Rechtsabteilung bittet daher alle Herren, die Näheres über den Befehl wissen und vielleicht sogar bei der Erteilung zugegen waren, dies zur Kenntnis der Rechtsabteilung zu bringen, insbesondere wäre eine kurze Schilderung des Vorganges der Erteilung des Befehls und seines Inhaltes sehr zweckmäßig.[6]

Die Rechtsabteilung hat die Absicht, diese Erklärungen in geeigneter Form zusammenzustellen und zu gegebener Zeit als vorläufige Verfassungsgrundlage der Stadt Berlin der Alliierten Kommandantur vorzulegen.[7]

Mit Rücksicht auf die Eile der Sache wird um Beschleunigung gebeten.

In Vertretung
Dr. M i t t a g

---

offenbar nicht vorhanden." Siehe das Prot. der 3. Juristenbesprechung [Juristen der Mag.abteilungen u. der Bezirksämter] am 25.9.1945, S. 1, in: LAB(STA), Rep. 113, Nr. 240, u. LAB, Rep. 203, Acc. 2128, Nr. 7473. Auch bei den Quellenrecherchen für diese Edition konnte weder ein schriftlicher Befehl des sowjetischen Stadtkommandanten Bersarin über die Einsetzung und/oder die Rechtskompetenzen des Magistrats noch ein Hinweis auf die Existenz eines solchen Dokuments ermittelt werden.

6 In seinem Antwortschreiben v. 15.3.1946 auf das hier abgedruckte Rundschreiben berichtete Stadtrat Jirak der Rechtsabteilung des Magistrats, „daß dem Unterzeichneten und seinen Mitarbeitern nichts Näheres über den Befehl bekannt ist, insbesondere nicht, ob, wann und wo erstmals eine schriftliche Niederlegung seines Wortlauts stattgefunden hat". Siehe: LAB(STA), Rep. 115, Nr. 63, Bl. 22.

7 Dies ist offensichtlich nicht geschehen.

Dok. 72
48. Magistratssitzung vom 4. März 1946

LAB(STA), Rep. 100, Nr. 769, Bl. 12 – 17. – Umdruck.[1]

Beginn: 10.15 Uhr   Schluß: 14 Uhr

Anwesend: Dr. Werner, Maron, Orlopp, Schwenk, Schulze, Dr. Landwehr, Lange,
             Dr. Siebert, Klimpel, Pieck, Scharoun, Geschke, Buchholz, Grüber,
             Jendretzky, Dr. Redeker, Dusiska, Dohmen, Dr. Haas, Kraft, Winzer,
             Karweik, Hauth, Dr. Düring, Starck, Jirak, Fleischmann.

Den Vorsitz führt: Bürgermeister Maron.

Tagesordnung: 1. Protokolle
                 2. Personalfragen und Verwaltung
                 3. Durchführung der neuen Steuergesetze
                 4. Rechtsabteilung
                 5. Handel und Handwerk
                 6. Bau- und Wohnungswesen
                 7. Städtische Betriebe
                 8. Allgemeines.

1. PROTOKOLLE
Die Niederschriften der Magistratssitzungen vom 16.2.46 und vom 23.2.46 werden
ohne Beanstandung genehmigt.

2. PERSONALFRAGEN UND VERWALTUNG
Pieck teilt mit, daß der stellvertretende Leiter der Abt[eilung] für Städtische
Energie- und Versorgungsbetriebe, *Dr. Focke*, wegen eines schweren Herzleidens
auf [sic!] Auflösung seines Dienstverhältnisses zum Magistrat der Stadt Berlin zum
15.2.46 nachgesucht hat.
BESCHLUSS: Das Gesuch von Dr. Focke wird genehmigt.[2]

---

1 Weitere Umdruckexemplare dieses Protokolls sind vorhanden in: LAB(STA), Rep. 100,
  Nr. 752, lfd. S. 92 – 102; LAB, Rep. 228, Mag.protokolle 1946, u. Rep. 280, Nr. 8501/9.
2 Dr. Ernstgünter Focke war seit 1.1.1940 Mitglied der NSDAP gewesen und hatte
  von 1942 bis 1944 verschiedene Funktionen als Untersturmführer der Waffen-SS
  innegehabt. Siehe: BArch, Außenstelle Berlin-Zehlendorf: NSDAP-Mitgliedskarte von
  Dr. Ernstgünter Focke; SSO, Akte Ernstgünter Focke; RKK, Akte Ernstgünter Focke.
  Vom LDP-Stadtverordneten Anton Schöpke wurde er im nachhinein als „die Seele
  der Abteilung" (für Städtische Energie- und Versorgungsbetriebe) bezeichnet; siehe:
  StVV, I. Wahlperiode, Stenographischer Bericht über die 7. (Ordentliche) Sitzung
  am 19.12.1946, S. 15. Nachfolger Fockes als stellvertretender Leiter der Mag.abt.
  für Städtische Energie- und Versorgungsbetriebe wurde Dr. Günter Goll; vgl. das
  53. Mag.prot. v. 6.4.1946, TOP 2.

Es liegt weiter die Vorlage Nr. 102[3] vor, betreffend Verordnung über die *beratenden Bezirksversammlungen.*

BESCHLUSS: Die Vorlage Nr. 102 wird nach kurzer Geschäftsordnungsdebatte zurückgestellt, um zunächst der Bezirksbürgermeister-Konferenz Gelegenheit zur Stellungnahme zu geben.[4]

3. DURCHFÜHRUNG DER NEUEN STEUERGESETZE

Dr. Siebert berichtet zur Information über die Maßnahmen zur Vorbereitung der Durchführung der neuen Steuergesetze (Gesetze des Alliierten Kontrollrats Nr. 12 bis 15).[5] Es handelt sich um Befehle, die durchzuführen sind. Die *Umsatzsteuer*

---

3 LAB(STA), Rep. 100, Nr. 769, Bl. 7/7a; auch in: LAB, Rep. 228, Mag.vorlagen 1946; ohne die Begründung abgedruckt in: Die Entstehung der Verfassung von Berlin, Bd. I, S. 246 – 248.

4 Vgl. das Prot. der Konferenz der Bezirksbürgermeister am 14.3.1946, TOP 3, in: LAB, Rep. 280, Nr. 3851; zur Annahme der VO über die beratenden Bezirksversammlungen durch den Magistrat das 50. Mag.prot. v. 16.3.1946, TOP 2.

5 Das Gesetz Nr. 12 des Alliierten Kontrollrats v. 11.2.1946, betr. Änderung der Gesetzgebung in bezug auf Einkommensteuer, Körperschaftsteuer und Gewinnabführung, wurde veröffentlicht in: Amtsblatt des Kontrollrats in Deutschland, Nr. 4 (28.2.1946), S. 60 – 71; Der Alliierte Kontrollrat, S. 9 – 22; VOBl., Jg. 2 (1946), S. 47 – 51; Berliner Zeitung, 23.2.1946, [S. 2], u. 24.2.1946, [S. 2], u. 26.2.1946, [S. 2]. Das Gesetz Nr. 13 des Alliierten Kontrollrats v. 11.2.1946, betr. Änderung der Vermögensteuergesetze, wurde veröffentlicht in: Amtsblatt des Kontrollrats in Deutschland, Nr. 4 (28.2.1946), S. 71 – 73. Der Alliierte Kontrollrat, S. 22 – 24; VOBl., Jg. 2 (1946), S. 51 f.; Berliner Zeitung, 26.2.1946, [S. 2], u. 27.2.1946, [S. 2]. Das Gesetz Nr. 14 des Alliierten Kontrollrats v. 11.2.1946, betr. Änderung der Kraftfahrzeugsteuergesetze, wurde veröffentlicht in: Amtsblatt des Kontrollrats in Deutschland, Nr. 4 (28.2.1946), S. 73 – 75; Der Alliierte Kontrollrat, S. 25 f.; VOBl., Jg. 2 (1946), S. 52; Berliner Zeitung, 27.2.1946, [S. 2]. Das Gesetz Nr. 15 des Alliierten Kontrollrats v. 11.2.1946, betr. Änderung der Umsatzsteuergesetze, wurde veröffentlicht in: Amtsblatt des Kontrollrats in Deutschland, Nr. 4 (28.2.1946), S. 75 f.; Der Alliierte Kontrollrat, S. 26 – 28; VOBl., Jg. 2 (1946), S. 52 f.; Berliner Zeitung, 27.2.1946, [S. 2]. Mit BK/O (46) 98 v. 20.2.1946 befahl die AK, die Gesetze Nr. 12, 13, 14 und 15 in allen Berliner Verwaltungsbezirken am 22.2.1946 durch Anschläge bekanntzugeben; siehe: LAB, Rep. 280, Nr. 12512.
Vgl. zu diesen Steuergesetzen des Alliierten Kontrollrats das 29. Mag.prot. v. 5.11.1945, TOP 2 (Siebert); Allgemeine Steuererhöhung, in: Die Neue Zeitung, 15.2.1946, S. 2; Die neuen Steuern, in: Der Morgen, 23.2.1946, S. 1 f.; Steuer-Erhöhung durchgeführt. Die Auswirkung der vier Gesetze, in: Der Berliner, 23.2.1946, S. 4; [Hermann] Schützinger: Die neuen Steuergesetze, in: Berliner Zeitung, 24.2.1946, [S. 1]; Wille zur Gesundung, in: Neue Zeit, 26.2.1946, S. 1 f.; Warum sind die Steuern so hoch?, in: Nacht-Express, 27.2.1946, [S. 1]; Die wirtschaftlichen Folgen der neuen Steuern, in: Der Tagesspiegel, 28.2.1946, S. 2; Die neuen Steuergesetze in der Praxis. Erste Stellungnahme der Zentralfinanzverwaltung, in: Der Morgen, 28.2.1946, S. 1; Die angezogene Steuerschraube. Was uns die neuen Gesetze bringen, in: Der Morgen, 1.3.1946, S. 1 f.; Die neuen Steuern, in: Der Kurier, 1.3.1946, S. 4; Die neuen Steuergesetze, in: Deutsche Volkszeitung, 2.3.1946, S. 1; Die neuen Steuerlasten. Umsatz und Vermögen, in: Der Morgen, 6.3.1946, S. 4; Erwin Meyer: Die neuen Steuergesetze, in: Das Volk, 8.3.1946, [S. 6]; „Mittlerer Lebensstandard". Private und volkswirtschaftliche Wirkungen der neuen Steuergesetze, in: Der Morgen, 16.3.1946, S. 1 f.; Was fordern die Steuergesetze?, in: Nacht-Express, 27.3.1946, [S. 1]; das Rundschreiben der Finanzabteilung des Magistrats v. 9.3.1946, betr.

erfährt eine Erhöhung um 50 %, und zwar mit Wirkung vom 1. Januar.[6] Die Frage ist, wie die Steuer für die zurückliegenden Monate Januar und Februar eingezogen werden soll, ob sie mit der Abführung der Umsatzsteuer für März am Zahlungstermin des 10. April mit erhoben werden soll. Das Aufkommen der Umsatzsteuer betrug im Januar rund 10 Millionen, mithin wären von Wirtschaft und Handel für Januar 5 Millionen nachzuleisten; für Februar ist mit 8 Millionen Aufkommen gerechnet, mithin sind für diesen Monat 4 Millionen nachzuleisten; im März würden nach der alten Regelung voraussichtlich wieder 10 Millionen anfallen, es würden also 5 Millionen nachzuleisten sein. Das ergibt zusammen eine Nachleistung von 14 Millionen. Es würden also am 10. April von Wirtschaft und Handel insgesamt 24 Millionen zu zahlen sein. Die Frage, ob das der Wirtschaft und dem Handel zugemutet werden kann, muß unter Berücksichtigung dessen, daß der Gesamtumsatz 500 Millionen ausmacht, bejaht werden. Dabei könnte man eine Schonungsfrist (ohne Zuschläge) von einer Woche zugestehen. Normalerweise werden durch diese Steuerzahlungen andere Zahlungen der Wirtschaft: an die Lieferanten, an die Sozialversicherung und ähnliche, verschoben werden.

Die schwerste Steuer stellt die neue *Vermögenssteuer* dar, nach der praktisch eine neue Vermögensbildung nicht mehr möglich ist. Hier liegen die Termine etwas später, daher braucht hier noch nichts vorbereitet zu werden.[7] Das gilt auch für die *Körperschaftssteuer*, für die ein Veranlagungstermin noch nicht feststeht.[8]

Eine Entscheidung ist zu treffen über die *Lohnsteuer*[9], und zwar auch über die Zahlung für die zurückliegenden Zeiträume Januar und Februar. Bei der Lohnsteuer ist verändert worden das Steuerklassensystem, die Berücksichtigung der Kinder und des Familienstandes und die Freigrenzen.[10] Für jeden Lohnsteuerpflichtigen ist

---

Änderung der Steuergesetze, in: LAB(STA), Rep. 101, Nr. 620, Bl. 58 f., u. Rep. 105, Nr. 418; Mai, S. 260 – 265.

Vgl. zur Entwicklung der Steuereingänge das 32. Mag.prot. v. 30.11.1945 u. das 37. Mag.prot. v. 17.12.1945, TOP 3 (Siebert), u. das 41. Mag.prot. v. 14.1.1946, TOP 3 (Siebert), u. das 61. Mag.prot. v. 15.6.1946, TOP 3 (Haas), u. das 62. Mag.prot. v. 22.6.1946, TOP 3 (Haas), u. das 65. Mag.prot. v. 13.7.1946, TOP 5 (Haas), u. das 73. Mag.prot. v. 7.9.1946, TOP 3 (Haas), u. das 79. Mag.prot. v. 12.10.1946, TOP 4 (Haas), u. das 84. Mag.prot. v. 16.11.1946, TOP 4 (Haas); die Materialien in: LAB(STA), Rep. 105, Nr. 6011 u. 6012; Steueraufkommen in Berlin, in: Berliner Zeitung, 1.10.1946, [S. 5]; Heinz Zank: Steuerquelle Berlin. Ergebnisse und Probleme – Der „Geldschleier", in: Der Sozialdemokrat, 30.10.1946, S. 3.

6 Vgl. hierzu das 41. Mag.prot. v. 14.1.1946, TOP 3 (Siebert); das Rundschreiben der Finanzabteilung des Magistrats v. 6.3.1946, betr. Änderung des Umsatzsteuergesetzes, in: LAB(STA), Rep. 101, Nr. 620, Bl. 66, u. Rep. 105, Nr. 418.

7 Vgl. die Bekanntmachungen des Magistrats v. 4.5.1946 bzw. 31.7.1946, betr. Erhebung der Vermögenssteuer bzw. Erhebung der am 10. August 1946 zu zahlenden Vorauszahlung auf die Vermögenssteuer, in: VOBl., Jg. 2 (1946), S. 165 u. 280.

8 Vgl. die Bekanntmachungen des Magistrats v. 5.3.1946 bzw. 14.3.1946, betr. Vorauszahlungen auf die Einkommensteuer und die Körperschaftssteuer, in: VOBl., Jg. 2 (1946), S. 90 u. 106.

9 Vgl. zur bisherigen Höhe des Lohnsteuersatzes das 29. Mag.prot. v. 5.11.1945, TOP 2 (insb. Anm. 17 u. 27).

10 Die Neuregelung (Erhöhung) der Lohnsteuer als einer Form der Einkommensteuer erfolgte durch das Kontrollratsgesetz Nr. 12. Vgl. hierzu Anm. 5 zu diesem Mag.prot.; ferner die Rundverfügung der Mag.abt. für Personalfragen und Verwaltung v. 11.3.1946, betr. Änderung der Lohnsteuer ab 1.1.1946, in: LAB(STA), Rep. 102, Nr. 61.

jetzt eine Veränderung seiner Steuerleistung zu erwarten. Die Steuerkarten müssen sämtlich geändert werden.

Der Redner empfiehlt hierfür folgendes Verfahren. 1. Die Änderung der Steuerklasse in den Steuerkarten hat der Arbeitgeber vorzunehmen, um damit den Finanzämtern diese Last abzunehmen. 2. Die Änderung hinsichtlich der Kinder von 16 bis 21 Jahren, für die nur noch bei schulmäßiger Ausbildung eine Steuerbegünstigung gewährt wird, wird vom Finanzamt gemacht, der Arbeitgeber hat nur die Anträge dafür bei sich aufzunehmen. Eine weitere Änderung ist der Wegfall der Freigrenze (Werbungskosten etc.); damit sind die auf den Steuerkarten eingetragenen steuerfreien Beträge ungültig. Für die wesentlich beschränkten neuen steuerfreien Beträge sind Anträge zu stellen. Es entsteht nun die Frage, wie die Abzüge vorgenommen werden sollen. Soll das Finanzamt die Einziehung der für die [zu]rückliegenden Monate fälligen Beträge jetzt gleich vornehmen oder auf eine Reihe von Monaten verteilen?

Der Redner möchte anordnen, daß die nachzuzahlenden Beträge in voller Höhe zum ersten zulässigen Termin abgeliefert werden müssen. Die Zahlungspflicht soll dem Unternehmer auferlegt werden. Das bedeutet nicht, daß er von dem gleichen Zeitpunkt an das Geld von dem Arbeitnehmer einzieht. Er schießt es gewissermaßen vor, um es später in Raten innerhalb einer bestimmten Frist vom Lohn einzubehalten. Wenn der Arbeitgeber nicht zu der Vorleistung imstande ist, hat er wie bisher das Recht, um Stundung nachzusuchen. Bei großen Betrieben, wie beispielsweise dem Magistrat, wird die Berechnung der neuen Sätze einige Zeit erfordern. Hier soll angeordnet werden, daß im Monat März die Lohn- und Gehaltszahlungen in Pauschalbeträgen, d[as] h[eißt] nach bestimmten festzusetzenden Prozentsätzen, erfolgt.

Winzer macht darauf aufmerksam, daß der Aktionsausschuß der vier Parteien beschlossen hat, einen Antrag an den Alliierten Kontrollrat zu richten, die Steuernachzahlungen für die Monate Januar und Februar wegen der großen damit verbundenen Belastung der Wirtschaft und der Bevölkerung fallenzulassen.[11] Der Vorschlag des Stadtkämmerers in bezug auf die Vorleistungen der Arbeitgeber und die Pauschalzahlung sei kompliziert und verlängere die Ungewißheit über die zu zahlende Steuersumme. Vielleicht könnte man da noch eine andere Regelung finden.

Dr. Siebert erklärt, die Finanzabteilung des Magistrats habe unabhängig von der Aktion der Parteien und der Gewerkschaften von sich aus ebenfalls bei der

---

11 Gemeint ist eine Eingabe des zentralen Einheitsfront-Ausschusses, die er in seiner 11. Sitzung am 28.2.1946 beschlossen hatte. Die Eingabe hat den folgenden Wortlaut: „Der Gemeinsame Ausschuß der Einheitsfront der vier antifaschistisch-demokratischen Parteien hat von den neuen vom Kontrollrat erlassenen Steuergesetzen Kenntnis genommen und äußert die stärksten Bedenken gegen die in diesen Steuergesetzen vorgesehenen Nachzahlungen der Steuern für Januar und Februar, weil die Durchführung dieser Bestimmung zur Folge haben würde, daß die meisten Werktätigen im Monat März ohne jedes Einkommen sein würden.
Der Gemeinsame Ausschuß bittet deshalb den Kontrollrat um die Aufhebung der Bestimmung über die Nachzahlung der Steuern für Januar und Februar." Das Sitzungsprotokoll v. 28.2.1946 und die Eingabe sind abgedruckt in: Suckut: Blockpolitik in der SBZ/DDR 1945 – 1949, S. 120 f. u. 123. Vgl. zum zentralen Einheitsfront-Ausschuß: Dok. 17, Anm. 27; Dok. 62, Anm. 2.

Alliierten Kommandantur beantragt, in Verhandlungen darüber einzutreten, ob nicht für die Stadt Berlin von der Rückwirkung der Lohnsteuer abgesehen werden könnte, weil die praktische Durchführung der Nachleistungen große Schwierigkeiten macht und weil in den ersten Monaten der Okkupation außerordentlich geringe Gehälter gezahlt worden sind.[12] Einen anderen Weg in der Abführung der Steuersummen zu gehen als vorgeschlagen sei schwerlich möglich. Eine Erleichterung würden die Berechnungstabellen, die vorbereitet werden, bringen. Die Pauschalzahlung hat den Vorzug, daß sie den Buchhaltungen erst einmal etwas Luft für ihre Berechnungen gibt.

Maron stellt die Vorschläge des Stadtkämmerers zur Erörterung und Abstimmung. Wenn auch der Befehl[13] über die neuen Steuergesetze vorliege, so ist darin nicht gesagt, wann und wie die Nachzahlungen abzuführen sind. Die Frage ist, ob die Wirtschaft finanzmäßig in der Lage ist, die Beträge zu den genannten Terminen aufzubringen. Dabei ist weiter die Frage, ob der Magistrat berechtigt ist, den Unternehmer zu verpflichten, derartige Summen vorzuschießen. Vielleicht besteht die Möglichkeit, es so zu regeln, daß bis Juni oder Juli die rückwärtigen Beträge nachgeholt werden müssen.

Dr. Landwehr glaubt, daß die Unternehmer im allgemeinen die Beträge werden aufbringen können, eventuell mit Stundung. Dabei könnte man zu den bisher üblichen Stundungsgründen noch eine Ergänzung einführen. Die Mehrzahl der Unternehmer wird froh sein, wenn sie mit einem Mal die ganze Rechnung erledigen können. Bei den kleinen und mittleren Betrieben wird es die Buchhaltung auch schaffen, nur nicht bei den größeren Betrieben mit über 200 Arbeitern.

Dr. Siebert: Man wird so verfahren können, daß die Arbeitgeber aus sozialen Gründen die anfallenden Summen als Vorschuß auszahlen.

BESCHLUSS: Der Magistrat erklärt sich mit den gemachten Vorschlägen des Stadt-
            kämmerers hinsichtlich der Durchführung der neuen Steuergesetze
            für die Umsatzsteuer und für die Lohnsteuer einverstanden.[14]

---

12 Vgl. das Schreiben der Finanzabteilung des Magistrats an das Finanzkomitee der AK v. 6.3.1946, betr. Durchführung der neuen Steuergesetze in Berlin, in: LAB(STA), Rep. 101, Nr. 635; ferner das Schreiben der Finanzabteilung des Magistrats an das Finanzkomitee der AK v. 12.4.1946, betr. Inkrafttreten der lohnsteuerlichen Bestimmungen des Gesetzes Nr. 12 des Alliierten Kontrollrats, in: LAB(STA), Rep. 101, Nr. 58. Die AK gab dem Ersuchen des Magistrats statt, die neu geregelte (erhöhte) Lohnsteuer noch nicht für die Monate Januar bis März 1946 einzuziehen; vgl. das 61. Mag.prot. v. 15.6.1946, TOP 3 (Haas).

13 Gemeint ist BK/O (46) 98 v. 20.2.1946; vgl. hierzu Anm. 5 zu diesem Mag.prot.

14 Über die Durchführung der neuen Steuergesetze des Alliierten Kontrollrats wurde auch in der Konferenz der Bezirksbürgermeister informiert und diskutiert; vgl. das Prot. der Konferenz der Bezirksbürgermeister am 7.3.1946, TOP 1, in: LAB, Rep. 280, Nr. 3850. Vgl. zur Frage der Steuernachzahlungen für Januar und Februar (und März) 1946 das 51. Mag.prot. v. 25.3.1946, TOP 2 (Haas), u. das 61. Mag.prot. v. 15.6.1946, TOP 3 (Haas). Vgl. zur Umsatzsteuer die Bekanntmachungen des Magistrats zur Vorauszahlung der Umsatzsteuer v. 27.6.1945, 25.8.1945, 28.9.1945, 27.10.1945, 30.11.1945, 18.12.1945, 23.1.1946, 16.2.1946 u. 16.3.1946, in: VOBl., Jg. 1 (1945), S. 40, 90, 114, 147, 166 u. 184, u. Jg. 2 (1946), S. 31, 56 u. 106 f.; das 55. Mag.prot. v. 29.4.1946, TOP 3 (Orlopp). Vgl. zur Lohnsteuer die Bekanntmachungen des Magistrats v. 4.3.1946 bzw. 7.6.1946, betr. Abänderung der Lohnsteuer bzw. Berechnung der Lohnsteuer für Januar bis März 1946, in: VOBl., Jg. 2 (1946), S. 89 f. u. 199.

4. RECHTSABTEILUNG

Hierzu liegt die Vorlage Nr. 100[15] vor, betreffend Richtlinien für die *Behandlung von Rechtsstreitigkeiten der Stadt Berlin.*

Lange empfiehlt die Vorlage zur Annahme, die die Zustimmung des Rechtsausschusses und der Bezirksbürgermeister-Konferenz gefunden hat.[16] Als Änderung wird noch vorgeschlagen, in II Ziff. 2 einen kleinen Zusatz zu machen, so daß es dort heißt:

> Soweit ein Bezirksamt beteiligt ist, sind eingehende Klagevorschriften[17] in den Fällen von I Ziff. 2 u n d i n a l l e n V e r w a l t u n g s s t r e i t s a c h e n der Rechtsabteilung vorzulegen.[18]

Die Einfügung des Passus über Verwaltungsstreitsachen ist mit Rücksicht darauf erforderlich, daß im britischen und amerikanischen Sektor jeder Einwohner gegen jede Verfügung des Bezirksamts das Verwaltungsstreitverfahren eröffnen kann.[19] Die Zahl der Fälle, in denen dies geschehen ist, ist vorläufig nicht erheblich. Es dürfte aber jede Abteilung des Magistrats ein Interesse daran haben, zu erfahren, was nach der Richtung in den Unterabteilungen der Bezirksverwaltungen vor sich geht. Die Rechtsabteilung wird besondere Fälle stets sofort den zuständigen Abteilungen des Magistrats zuleiten.

BESCHLUSS: Die Vorlage Nr. 100 wird mit der vorgeschlagenen Änderung angenommen.

Weiter liegt die Vorlage Nr. 98[20], betreffend Verordnung über die *Straffreiheit politischer Handlungen gegen das Naziregime,* vor.

Pieck empfiehlt die Vorlage mit folgender redaktionellen Änderung: in § 1 am Schluß statt der Worte „sind nicht strafbar" zu setzen „stellen keinen strafbaren

---

15 LAB(STA), Rep. 100, Nr. 769, Bl. 5.
16 Vgl. das Prot. der Konferenz der Bezirksbürgermeister am 14.2.1946, TOP 3, in: LAB, Rep. 280, Nr. 1600. Sitzungsprotokolle des Rechtsausschusses des Magistrats konnten nicht ermittelt werden.
17 Richtig: Klageschriften.
18 Abschnitt I der Richtlinien für die Behandlung von Rechtsstreitigkeiten der Stadt Berlin betraf Aktivprozesse, Abschnitt II betraf Passivprozesse. Absatz 1 und 2 des Abschnitts I lauteten folgendermaßen:
„Beabsichtigt eine Abteilung des Magistrats oder ein Bezirksamt die Einleitung eines Rechtsstreites, so sind sämtliche Unterlagen mit einer erschöpfenden Sachdarstellung unter Angabe aller Beweismittel dem Magistrat, Rechtsabteilung, zur Prüfung zu übersenden.
Diese Verpflichtung besteht
1.) für eine Abteilung des Magistrats ohne Rücksicht auf die Höhe des Streitwertes;
2.) für die Bezirksämter bei einem Streitwert von mehr als RM 5 000,-- und bei Klagen von grundsätzlicher Bedeutung für die Stadt."
19 Verwaltungsgerichte waren in Berlin nur im amerikanischen und britischen Sektor errichtet worden. Vgl. Dok. 35, Anm. 45.
20 LAB(STA), Rep. 100, Nr. 769, Bl. 3.

Tatbestand dar" und den ersten Halbsatz des § 3 wie folgt zu fassen: „Ein strafbarer
Tatbestand ist auch dann nicht gegeben, …".[21]
BESCHLUSS: Die Vorlage Nr. 98 wird mit diesen Änderungen angenommen.[22]

5. HANDEL UND HANDWERK

Hierzu liegt die Vorlage Nr. 87[23] vor, betreffend *Vereinigung der Großhändler für
den Bezirk Groß-Berlin*.[24]

Orlopp verweist auf die seiner Meinung nach ziemlich klare schriftliche Begründung der Vorlage.[25] Da aber einige Magistratsmitglieder der Meinung seien, die
Angelegenheit sei noch nicht reif, empfehle er die Zurückstellung der Vorlage.

---

21 Die §§ 1 bis 3 des Entwurfs einer VO über die Straffreiheit politischer Handlungen gegen
   das Naziregime hatten den im folgenden aufgeführten Wortlaut.
   § 1: „Handlungen oder Unterlassungen, die sich gegen den Bestand, die Einrichtungen
       oder Ziele des nationalsozialistischen Regimes richteten, insbesondere auch gegen
       den Krieg, sind nicht strafbar."
   § 2: „Ein strafbarer Tatbestand ist auch dann nicht gegeben, wenn solche Handlungen
       a) entweder zur Vorbereitung, Förderung, Ausführung oder Deckung der in § 1
          bezeichneten Tatbestände begangen sind oder
       b) zu dem Zwecke, um sich oder einen anderen den politischen, rassischen oder
          religiösen Verfolgungen des nationalsozialistischen Regimes zu entziehen."
   § 3: „Strafbare Handlungen, die gelegentlich oder im Zusammenhang mit der Ausführung
       von Tatbeständen der §§ 1 oder 2 begangen sind, gelten dann als straffrei, wenn der
       Täter nachweist, daß er sie zur Erhaltung des Lebens oder der Gesundheit seiner
       selbst oder eines anderen begangen hat."
22 Die hiermit beschlossene VO über die Straffreiheit politischer Handlungen gegen das
   Naziregime wurde nicht im VOBl. veröffentlicht, ist also nicht in Kraft getreten.
23 LAB(STA), Rep. 100, Nr. 769, Bl. 2; auch in: LAB(STA), Rep. 106, Nr. 139.
24 Der Beschlußtext der Mag.vorlage Nr. 87 v. 26.2.1946 lautete:
   „Der Magistrat der Stadt Berlin genehmigt die Errichtung eines Zusammenschlusses der
   im Verwaltungsbezirk Groß-Berlin ansässigen Großhändler aller Branchen.
   Der Zusammenschluß führt die Bezeichnung:
   'Vereinigung der Großhändler für den Bezirk Groß-Berlin'.
   Vorstand und Beirat der Vereinigung werden vom Magistrat der Stadt Berlin, Abteilung
   Handel und Handwerk, bestellt."
   Vgl. zum Großhandel das 47. Mag.prot. v. 23.2.1946, TOP 4 (insb. Anm. 28), u.
   das 58. Mag.prot. v. 18.5.1946, TOP 8 (Resolution des Verbands der Nahrungs- und
   Genußmittelarbeiter).
25 Die Begründung der Mag.vorlage Nr. 87 lautete: „Die Notwendigkeit einer verstärkten
   Warenzufuhr, insbesondere von Rohstoffen, nach Berlin zur Versorgung der industriellen
   und handwerklichen Produktionsstätten und der Belieferung der Berliner Bevölkerung mit
   lebensnotwendigen Verbrauchsgütern ist dringend gegeben. Es muß mit allen Mitteln
   versucht werden, ein Wiederanbahnen der wirtschaftlichen Beziehungen des Berliner
   Großhandels zu den Lieferanten in den übrigen Zonen in die Wege zu leiten. Als
   behördliches Organ für diese Aufgaben steht dem Magistrat das Berliner Handelskontor
   zur Verfügung. Zur Durchführung der vom Handelskontor getroffenen Planungsarbeiten
   bedarf es jedoch einer stärkeren Erfassungsmöglichkeit der im Warengeschäft tätigen
   Großhändler. Darüber hinaus ergibt sich durch die Begrenzung des Reiseverkehrs
   und die Schwierigkeiten eines unmittelbaren Erfahrungsaustausches der einzelnen
   Berliner Großhändler mit ihren Lieferanten in den übrigen Besatzungszonen die
   zwingende Notwendigkeit, dem Berliner Großhandel die Möglichkeit eines gegenseitigen
   Austausches seiner wirtschaftlichen Erfahrungen im Warenverkehr einzuräumen. Dieser

BESCHLUSS: Die Vorlage Nr. 87 wird zurückgestellt.[26]

6. BAU- UND WOHNUNGSWESEN

Starck begründet die Vorlage Nr. 103[27], betreffend *Errichtung einer Baustoffbeschaffungs-Gesellschaft*. Beim Aufbau Berlins hat sich gezeigt, daß ein großer Engpaß die Baustoffbeschaffung ist. Die Erfahrung hat gelehrt, daß Baustoffe, soweit sie durch Unternehmer aus der Provinz herangeschafft wurden, in Kanäle abgewandert sind, die nicht dem Wiederaufbau der Stadt dienten. Deshalb soll eine Gesellschaft errichtet werden, die in der Provinz die Baustoffe beschafft und nach Berlin transportiert und dem Aufbau zuführt. Diesem Zweck soll die Vorlage dienen.

Dr. Siebert glaubt, daß der Magistrat sicherlich bereit ist, einer solchen Gesellschaft beizutreten, nur sei der vorgelegte Beschluß- und Vertragsentwurf in der Form nicht ausreichend. Er empfiehlt zu beschließen: Der Magistrat ist grundsätzlich damit einverstanden, einer zu gründenden Gesellschaft für die Baustoffbeschaffung beizutreten; er ist weiter damit einverstanden, daß sein Anteil auf 30 000 RM bemessen wird und daß dieser Betrag bewilligt wird. Der Abschluß des Gesellschaftsvertrages müßte von der Rechtsabteilung im Benehmen mit der Abteilung für Wirtschaft und der Abteilung für Bau- und Wohnungswesen festgelegt werden.

BESCHLUSS: Der Magistrat stimmt diesem Vorschlag zu.[28]

Es folgt die erste Beratung des *Bauwirtschaftsplanes* für das *Jahr 1946* (Drucksache Nr. 93)[29].

Erfahrungsaustausch kann die weitere Gestaltung der wirtschaftlichen Beziehungen des Berliner Großhandels nur positiv beeinflussen, wenn er in einem festen, behördlich gelenkten Rahmen erfolgt. Der wichtigste Gesichtspunkt ist ferner, daß nur hierdurch zu erreichen ist, den unreellen Handel zu kontrollieren, ihm seine Tätigkeit zu unterbinden und damit auf dem Wege der Selbstkontrolle alle unsauberen Elemente auszuschalten. Zu diesem Zweck soll die vorgeschlagene Zusammenfassung der Großhändler in der ,Vereinigung der Großhändler für den Bezirk Groß-Berlin' erfolgen. Darüber hinaus bietet eine derartige Vereinigung die Gewähr für die Durchführung weitgehender betrieblicher Rationalisierungsmaßnahmen durch Auswertung der von den einzelnen Großhändlern im derzeitigen Warengeschäft gesammelten betrieblichen Erfahrungen." Vgl. zum Handelskontor das 33. Mag.prot. v. 3.12.1945, TOP 6.

26 Die Mag.vorlage Nr. 87 ist in den folgenden Mag.sitzungen nicht wieder behandelt worden. Vgl. zur Frage der Zusammenfassung der Berliner Großhandelsfirmen: Dok. 101; Hans Mummert: Monopolistische Bestrebungen im Großhandel, in: Tägliche Rundschau, 29.10.1946, S. 5; Das „monopolistische" Gemüse, in: Der Tagesspiegel, 6.11.1946, [S. 4]; Hans Mummert: Monopolistische Bestrebungen im Großhandel, in: Neues Deutschland, 26.11.1946, S. 5.

27 LAB(STA), Rep. 100, Nr. 769, Bl. 8 – 10.

28 Die von Siebert vorgeschlagene Formulierung ist als Mag.beschluß mit Ausfertigungsdatum v. 30.4.1946 vorhanden in: LAB(STA), Rep. 100, Nr. 769, Bl. 52, u. Rep. 110, Nr. 197. Vgl. zur Gründung einer Baustoffbeschaffungsgesellschaft: Baustoff-Beschaffungsgesellschaft Berlin, in: Berliner Zeitung, 19.4.1946, [S. 2]; das 55. Mag.prot. v. 29.4.1946, TOP 6.

29 LAB(STA), Rep. 100, Nr. 768, Bl. 98 – 105; auch in: LAB, Rep. 280, Nr. 17159. Vgl. zum Bauwirtschaftsplan für 1946 das 41. Mag.prot. v. 14.1.1946, TOP 4 (Einsetzung eines Ausschusses zur Ausarbeitung eines „Sofortprogramms für das Bauwesen"), u. das

Scharoun führt hierzu aus, daß die inzwischen von den Bezirken eingereichten Zahlen für den Plan sich im wesentlichen mit den Zahlen decken, die in der Abt[eilung] für Bau- und Wohnungswesen in der Vorlage Nr. 93 angenommen wurden. Die Anzahl der Arbeitskräfte, die mit 100 000 vorgesehen war, wird sogar in den Anforderungen der Bezirke nicht ganz erreicht; es werden nur 85 000 angefordert. Dabei ist zu berücksichtigen, daß in den 100 000 schon der zu erwartende Zuwachs von Arbeitskräften aus Umschulungen enthalten ist.

Dusiska ist der Meinung, daß die konkreten Bauaufgaben im Bauwirtschaftsplan nicht klar genug herausgestellt sind. Es wäre richtiger, der Öffentlichkeit zu zeigen, welche Bauvorhaben die Stadt Berlin durchzuführen gedenkt. Dabei sollte man die Zahl der instand zu setzenden Wohnungen etwas höher als auf 53 000 Wohnungen ansetzen. Das gleiche Verfahren empfehle sich auch für die anderen Bauvorhaben. Wenn das gesteckte Ziel nicht erreicht wird, kann man später darauf hinweisen, daß man durch die und die Umstände behindert worden ist.

Scharoun entgegnet, der vorgelegte Bauwirtschaftsplan hätte eigentlich für ganz Deutschland aufgestellt werden müssen, ausgehend von der Kapazität, die die Bauwirtschaft einmal gehabt hat und die sie heute noch hat. Nach 1936 betrug sie, geldmäßig ausgedrückt, rund 10 Milliarden Mark. Infolge Materialmangels, geringeren Arbeitereinsatzes, schlechterer Ernährung der Arbeitskräfte und anderer Umstände wird in diesem Jahre nur noch eine Kapazität von 2 Milliarden anzusetzen sein. Ein solcher Bauwirtschaftsplan für ganz Deutschland müßte sagen, was mit diesen 2 Milliarden in ganz Deutschland gemacht werden soll, ob es im Augenblick wichtiger ist, nur landwirtschaftliche Dinge anzupacken, oder ob zur Förderung der Ernährungslage auch der Export, d[as] h[eißt] Industrie und Wirtschaft, bis zu einem gewissen Grade mit angekurbelt werden müssen. Nach den allgemein diskutierten Plänen soll jedenfalls ein Neubau auf dem Gebiet des Wohnungswesens für ganz Deutschland erst im Jahre 1948 in Angriff genommen werden; bis dahin wären auf diesem Gebiet nur Reparaturen auszuführen.

Der Redner legt weiter dar, daß eine solche Aufgabe für ganz Deutschland seiner Abteilung nicht gestellt war, sondern die Aufgabe, einen Plan dafür aufzustellen, was für die Bedürfnisse Berlins am vordringlichsten ist: Schaffung von Wohnraum, Ausbau der städtischen Betriebe, des Verkehrs, des Schulwesens etc. Eine Konkretisierung der einzelnen Objekte ist, nachdem jetzt die Unterlagen aus den Bezirken vorliegen, durchaus möglich. Diese Dinge umfassen ein ganzes Buch. Sie werden jetzt listenmäßig mit den einzelnen Abteilungen und hinsichtlich der Sektoren abgestimmt. Über die arbeitsmäßig gegebenen Möglichkeiten in der Planung erheblich hinauszugehen, womöglich das Doppelte anzusetzen, was an Instandsetzungen in diesem Jahre möglich ist, würde eine Gefahr bedeuten. Schon der jetzt vorgelegte Plan stellt eigentlich nur ein Idealprogramm dar.

Dr. Siebert bemerkt, wenn für ganz Deutschland nur mit einer Baukapazität von 2 Milliarden gerechnet werden könnte, stehe Berlin ganz erheblich an der Spitze. Er halte aber den Bauwirtschaftsplan für Berlin, wie er vorliegt, nicht für ausreichend, wenn darin sowohl der Bedarf der Stadt Berlin als Hausherr wie der Bedarf der gesamten privaten Wirtschaft enthalten ist. Auf jeden Fall muß klar aus der Aufstellung hervorgehen, welche einzelnen Objekte, welche Schulen, welche

---

47. Mag.prot. v. 23.2.1946, TOP 5; das Prot. der Konferenz der Bezirksbürgermeister am 28.2.1946, TOP 1, in: LAB, Rep. 280, Nr. 3849.

Krankenhäuser, welche Betriebe usw., für die Stadt gebaut werden sollen, um danach die finanziellen Dispositionen treffen zu können. Zum mindesten müßten alle Objekte über 100 000 RM einzeln aufgeführt werden.

Starck meint, dieser Plan stelle nur eine Zusammenstellung auf Grund des vorhandenen Materials und der vorhandenen Arbeitskräfte dar. Darüber hinaus aber muß ein Plan mit größeren Zielen aufgestellt werden, der der Bevölkerung zeigt, welche Möglichkeiten zu erwarten sind. Es gibt viel größere Möglichkeiten, wenn man nur die Arbeiterschaft richtig mobilisiert.

Als ein Beispiel hierfür berichtet der Redner von einer Unterhaltung mit dem Betriebsrat der Leunawerke[30]. Dort hat man in einer großen Belegschaftsversammlung zum Aufbau Berlins Stellung genommen und sich bereit erklärt, durch erhöhte Produktion Berlin zu helfen.

Der Redner behandelt weiter die Frage einer Kontrolle über das, was an Material verbaut wird, und über das, was an Baumaterial nach Berlin hereinkommt. Man sollte die Beschaffung von Baumaterial nicht den privaten Unternehmern überlassen, sondern dafür eine G.m.b.H. schaffen.[31] Als ein wirksames Mittel zur finanziellen Förderung der Bautätigkeit empfiehlt der Redner die Herausgabe von Aufbauscheinen oder „Aufbausteinen", die überall vertrieben werden müßten.

Dr. Siebert glaubt, daß nach der augenblicklichen Lage Finanzierungssorgen für die Bautätigkeit nicht bestehen.

Schwenk vermißt spezialisierte Pläne aus den einzelnen Bezirken, die auch der Öffentlichkeit zeigen könnten, was an Bauten beabsichtigt ist. Es müßte eine populäre Planaufstellung erreicht werden. Das würde zugleich ein Ansporn für die Bevölkerung sein, mehr zu leisten.

Dusiska schlägt die Bildung eines erweiterten Ausschusses vor, um den Aufbau Berlins über den engen bürokratischen Rahmen hinaus gemäß den angedeuteten Vorschlägen mehr zu popularisieren und zu demokratisieren.

Maron stellt nach Abschluß der Aussprache, die zunächst nur eine vorläufige über den Bauwirtschaftsplan darstellt, fest, daß der Plan als Grundlage und erster Schritt auf dem Wege zu weiteren Schritten zwar gebilligt wird, daß es aber notwendig ist, für die Öffentlichkeit von Berlin und darüber hinaus der Sowjetzone positive Angaben über die geplanten Bauobjekte zu machen, und daß ein besonderer Ausschuß sich noch weiter mit diesen Dingen beschäftigen soll.

BESCHLUSS: Der Magistrat stimmt dem Bauwirtschaftsplan für 1946 (Drucksache Nr. 93) nach einer ersten Beratung als Grundlage zu und beauftragt einen Ausschuß mit der weiteren Behandlung der Angelegenheit.[32] Für den Ausschuß werden benannt: Maron, Scharoun,

---

30 Chemieunternehmen in der Stadt Leuna an der Saale, ca. 170 km südwestlich von Berlin.

31 Vgl. hierzu das 55. Mag.prot. v. 29.4.1946, TOP 6.

32 In der nächsten und übernächsten Mag.sitzung kam der Bauwirtschaftsplan für 1946 erneut zur Sprache; vgl. das 49. Mag.prot. v. 9.3.1946, TOP 6 (Maron), u. das 50. Mag.prot. v. 16.3.1946, TOP 8. – Mit BK/O (46) 140 v. 26.3.1946 verbot die AK „bis zur Genehmigung des Wiederaufbauplanes für Groß-Berlin" die Errichtung von Neubauten mit einem Kostenaufwand von über 200 000 RM und die Instandsetzung von Gebäuden und Baulichkeiten mit einem Kostenaufwand von mehr als 500 000 RM. Neubauten und Instandsetzungsarbeiten mit niedrigeren Kosten durften nur mit Zustimmung des Hauptamts für Planung der Mag.abt. für Bau- und Wohnungswesen und mit Genehmigung

Schwenk, Dr. Landwehr, Hauth, ein Vertreter des FDGB (Verband der Bauarbeiter) und Vertreter der Parteien. Eventuell können Architekten herangezogen werden.[33]

Schwenk berichtet über das dem Magistrat schon einmal unterbreitete Projekt, betreffend *Akademie für Städtebau* und Werkbund, worüber eine neue Vorlage Nr. 73[34] vorliegt. Ein zur Prüfung der Angelegenheit eingesetzter Ausschuß ist zu dem Ergebnis gekommen, daß es wünschenswert ist, eine Akademie für Städtebau und Landesplanung in neuer Gestalt wieder ins Leben zu rufen. Das gesamte Material der früheren Akademie war seinerzeit nach Wittenberg[35] verlagert worden. Inzwischen ist die Provinzialverwaltung von Sachsen darangegangen, dieses Material für ihre Zwecke zu verwerten. Um demgegenüber schnellstens das Material für Berlin wieder sicherzustellen, ist der Beschluß der Wiederbelebung der Akademie gefaßt worden. Herr Mächler, der einer der Gründer der früheren Akademie für Städtebau gewesen ist, soll beauftragt werden, die vorbereitenden Arbeiten durchzuführen.[36]

Die Beschlußfassung über eine Wiederbelebung des Werkbundes wurde zurückgestellt, da erst noch Besprechungen mit den Gewerkschaften stattfinden sollen, ob und in welcher Weise die Aufgaben des Werkbundes von der Kammer der Technik[37] mit übernommen werden können.[38]

BESCHLUSS: Die Vorlage Nr. 73 wird einstimmig angenommen.[39]

---

des Militärkommandanten des betreffenden Sektors durchgeführt werden. Die BK/O ist vorhanden in: LAB(STA), Rep. 101, Nr. 61, u. LAB, Rep. 280, Nr. 4994; veröffentlicht in: VOBl., Jg. 2 (1946), S. 147.

33 Der hier gebildete Ausschuß wurde in den folgenden Mag.sitzungen nicht mehr erwähnt.

34 LAB(STA), Rep. 100, Nr. 769, Bl. 18. Bei dieser Mag.vorlage handelte es sich um eine Zusatzvorlage v. 1.3.1946 zur Mag.vorlage Nr. 73 v. 12.2.1946, die in der 46. Mag.sitzung v. 16.2.1946, TOP 9, behandelt worden war. Der Beschlußtext der Zusatzvorlage lautete: „Der Magistrat hält die Wiederbelebung der Akademie für Städtebau und Landesplanung für wünschenswert und beauftragt Herrn Mächler mit den vorbereitenden Arbeiten. Herr Mächler soll insbesondere die für die Weiterberatung erforderlichen Unterlagen beschaffen und sich bemühen, das nach auswärts verlagerte Material der Akademie für Städtebau wieder nach Berlin zurückzubringen. Für diesen Zweck werden RM 20 000,-- bereitgestellt." Zur Begründung war angeführt, daß der in der Mag.sitzung v. 16.2.1946 eingesetzte Ausschuß zur Beratung der Mag.vorlage Nr. 73 zu dem Ergebnis gekommen sei, dem Magistrat zunächst nur diesen Beschlußtext vorzuschlagen. Eine endgültige Stellungnahme werde erfolgen, „sobald die zu beschaffenden Unterlagen vorliegen werden".

35 Kreisstadt in der Provinz Sachsen, ca. 120 km südwestlich von Berlin.

36 Vgl. zu Martin Mächler: Dok. 69, Anm. 107; das 50. Mag.prot. v. 16.3.1946, TOP 9 (Maron).

37 Vgl. hierzu das 47. Mag.prot. v. 23.2.1946, TOP 7.

38 Vgl. zur Neugründung von Werkbundgruppen in Deutschland in den ersten Nachkriegsjahren: Hans Eckstein: Idee und Geschichte des Deutschen Werkbundes 1907–1957, in: 50 Jahre Deutscher Werkbund. Im Auftrage des Deutschen Werkbundes hrsg. von der Landesgruppe Hessen, bearb. von Hans Eckstein, Frankfurt a.M./Berlin 1958, S. 17; ferner das 73. Mag.prot. v. 7.9.1946, TOP 6 (Scharoun).

39 Das Planungsmaterial der vormaligen Deutschen Akademie für Städtebau, Reichs- und Landesplanung bzw. der eng mit ihr verbundenen Reichsarbeitsgemeinschaft für Raumforschung wurde Ende Juni/Anfang Juli 1946 von Wittenberg nach Berlin zurücktransportiert. Vgl. hierzu: Martin Mächler – Weltstadt Berlin. Schriften und

7. STÄDTISCHE BETRIEBE

Hierzu liegt die Vorlage Nr. 101[40], betreffend *Beirat der „Berliner Ausstellungen"*, vor.

Jirak berichtet zunächst kurz über die bereits stattgehabte erste Sitzung des Beirats.[41] Die Hallen des Ausstellungskomplexes[42] sind z[um] T[eil] von der britischen Militärregierung freigegeben worden, ebenso das Freigelände. Es wird bereits daran gearbeitet, einige Hallen, die weniger beschädigt sind, wiederherzustellen. Auch das Funkturmrestaurant wird wieder ausgebaut. Für das Frühjahr wird eine Blumen- und Gemüseausstellung vorbereitet. Mit [dem] Zirkus Busch laufen Verhandlungen über die Zurverfügungstellung einer Halle. Die Berek[43], ein Eigenbetrieb, der den [„]Ausstellungen["] angegliedert ist, arbeitet schon auf vollen Touren und hat bereits einen beträchtlichen Reingewinn erzielen können. Es laufen ferner Verhandlungen über die Verpachtung von Gelände und einzelnen Hallen. Das Objekt „Deutschlandhalle" ist in den Vorbereitungsarbeiten noch nicht einbegriffen. Vielleicht kann man dort eine Radrennbahn errichten.

Die Vorlage Nr. 101 betrifft eine Änderung in der Zusammensetzung des Beirats. Bezirksbürgermeister Schönewald von Charlottenburg soll als Beiratsmitglied eingesetzt werden.[44] Da das Gelände der [„]Ausstellungen["] zum Bezirk Charlottenburg gehört, ist es der Wunsch der britischen Militärregierung, daß alle Verhandlungen darüber im engsten Einvernehmen mit dem Bezirk Charlottenburg geführt werden. BESCHLUSS: Die Vorlage Nr. 101 wird einstimmig angenommen.[45]

Dr. Siebert berichtet über den Stand der *Angelegenheit Borsig.* Bei den Verhandlungen über die Gründung der neuen Gesellschaft[46] wurde nun ein Beteiligungsverhältnis von 51 % für die Rheinmetall-Borsig A.G. und 49 % für die Stadt Berlin

---

Materialien dargestellt und herausgegeben von Ilse Balg, Berlin [West] 1986, S. 487 – 489. Die Akademie für Städtebau und Landesplanung wurde 1946 in Düsseldorf neu gegründet, ihre Berliner Landesgruppe wurde erst 1950 im Westteil Berlins gebildet. Siehe: Prager, S. 89 – 91 u. 103; Geist/Kürvers, S. 111.

40 LAB(STA), Rep. 100, Nr. 769, Bl. 6; auch in: LAB(STA), Rep. 101, Nr. 665.

41 Das Prot. der ersten Sitzung des Beirats für den städtischen Eigenbetrieb „Berliner Ausstellungen" v. 1.3.1946 ist vorhanden in: LAB(STA), Rep. 106, Nr. 387.

42 Gemeint ist das Ausstellungs- und Messegelände am Funkturm im Bezirk Charlottenburg.

43 „Berliner Ausstellungen", Abteilung Säulenreklame.

44 Vgl. zur personellen Neubesetzung des in der Zeit des NS-Regimes berufenen Beirats der „Berliner Ausstellungen" das 46. Mag.prot. v. 16.2.1946, TOP 10 (Beschluß der Mag.vorlage Nr. 66). Anstelle eines Vertreters der Berliner bildenden Künstler, wie es in der Mag.vorlage Nr. 66 v. 4.2.1946 vorgesehen war, wurde mit der Mag.vorlage Nr. 101 v. 28.2.1946 die Berufung des ersten stellvertretenden Bürgermeisters des Bezirks Charlottenburg, Erwin Schönewald (KPD), zum Mitglied des Beirats vorgeschlagen.

45 Vgl. zum Beirat der „Berliner Ausstellungen" auch das 62. Mag.prot. v. 22.6.1946, TOP 4, u. das 63. Mag.prot. v. 29.6.1946, TOP 6, u. das 67. Mag.prot. v. 27.7.1946, TOP 3.

46 Gemeint ist die Gründung einer Betriebsgesellschaft für das Borsig-Werk der Rheinmetall-Borsig AG, das sich im Stadtteil Tegel, Bezirk Reinickendorf, an der Berliner Straße befand und das der Magistrat im Oktober 1945 zum Betrieb des „Städtischen Werks Tegel" gepachtet hatte. Der Pachtvertrag mit der Rheinmetall-Borsig AG war aber von der französischen Militärregierung im Januar 1946 für nichtig erklärt worden. Der Magistrat hatte daraufhin eine für die Stadt Berlin möglichst günstige Beteiligung

festgelegt. Der Aufsichtsrat wurde auf 5 Personen festgesetzt, von denen 3 vom Treuhänder, 2 vom Magistrat gestellt werden, darunter jeweils ein Arbeitervertreter. Der Aufsichtsrat hat die Befugnis, die leitenden Angestellten bis herunter zum Ingenieur anzustellen. Neben dem Generaldirektor, Herrn Silber[47], sind noch eingesetzt als technischer Leiter Dr. Fröhlich, Honorarprofessor an der Technischen Hochschule, ein Mann vom alten Borsigstamm, der der Betriebsvertretung genehm ist, und als kaufmännisch-finanzieller Leiter Direktor Lüb[c]ke, auch ein früherer Borsigmann. Beide Herren sind vorläufig nur auf Probe eingestellt. Die Belegschaft ist dem Magistrat dankbar, daß er sich auf die neue Regelung eingelassen hat, und die Betriebsvertretung ist der Meinung, daß schon jetzt durch diese Lösung eine volle Befriedung im Werk eingetreten ist.

Als weitere Aufgabe steht noch die Regelung bei dem Restblock von Rheinmetall-Borsig, bei den Werken Alkett und Marget,[48] bevor.

---

an einer neu zu bildenden Betriebsgesellschaft für das Werk in Tegel angestrebt. Vgl. hierzu das 46. Mag.prot. v. 16.2.1946, TOP 5.

Am 22.2.1946 hatte der Magistrat dann mit dem Treuhänder Silber (vgl. die folgende Anm.) einen Vertrag über die Gründung der „Borsig Maschinenbau GmbH" abgeschlossen, an deren Stammkapital von 6 Millionen RM die Rheinmetall-Borsig AG mit 51 % und die Stadt Berlin mit 49 % beteiligt sein sollten. „Anlaß zu diesem Vertrage gab insbesondere die Notwendigkeit, neben der Erfüllung der Friedensaufgaben des Werkes Borsig, zu denen besonders die maschinellen Anlagen der Lebensmittelindustrie gehören, auch eine Großreparaturwerkstatt zur Durchführung städtischer Aufträge zur Verfügung zu haben." Ferner wurde zwischen dieser neuen Gesellschaft und der Rheinmetall-Borsig AG am 8.4.1946 ein Pachtvertrag für das Borsig-Werk geschlossen. Vgl. hierzu: LAB(STA), Rep. 115, Nr. 81, Bl. 538a; das 47. Mag.prot. v. 23.2.1946, TOP 6, u. das 53. Mag.prot. v. 6.4.1946, TOP 4; den Antrag der Finanzabteilung des Magistrats an die AK v. 5.4.1946, betr. Genehmigung zur Einzahlung des Stammkapitals in Höhe von 2,94 Millionen RM (hierin die im vorigen zit. Stelle), in: LAB(STA), Rep. 101, Nr. 635; das Schreiben der Finanzabteilung des Magistrats an die amerikanische Militärregierung v. 28.5.1946 (Bericht über die Entwicklung der Borsig-Gesellschaft), in: LAB(STA), Rep. 101, Nr. 635; Kommunalisierung der Borsigwerke, in: Der Tagesspiegel, 1.3.1946, S. 5; Umwandlung der Borsig-Werke, in: Berliner Zeitung, 14.3.1946, [S. 2]; Die Borsig GmbH., in: Das Volk, 14.3.1946, [S. 4]; Schlangestehen bei Borsig, in: Vorwärts, 11.5.1946, [S. 3]; Neugestaltung und Aufbau bei Borsig, in: Der Kurier, 20.7.1946, S. 5; Will Borsig 1 800 Arbeiter entlassen?, in: Neues Deutschland, 28.9.1946, Berliner Beilage; Der Fall Borsig. Was 3 500 Arbeiter und Angestellte wissen, in: Telegraf, 5.10.1946, S. 3; Der Fall Borsig und die „Einheizpartei", in: Spandauer Volksblatt, 7.10.1946, S. 3; Will Borsig wirklich 1 800 Arbeiter entlassen?, in: Der Kurier, 18.10.1946, S. 4; Was geht in den Borsig-Werken vor?, in: Der Morgen, 20.11.1946, [S. 2]; Berliner Maschinenbau. Friedensarbeit bei Borsig, in: Neue Zeit, 22.11.1946, S. 4.

47 Alfred Silber war von der französischen Militärregierung im November 1945 als Treuhänder der Rheinmetall-Borsig AG und des Städtischen Werks Tegel eingesetzt worden. Vgl. zu Silber das Schreiben des kaufmännischen Direktors des Städtischen Werks Tegel, Anton Schöpke, an den Generalsekretär des OB, Hans Spudich, v. 20.8.1946, in: LAB(STA), Rep. 115, Nr. 85.

48 Bei den Firmen Alkett und Maget handelte es sich um Tochterfirmen der Rheinmetall-Borsig AG. Die Altmärkische Kettenwerke GmbH (Alkett) befand sich im Ortsteil Borsigwalde, Breitenbachstraße 33 – 36, und die Maget Maschinen- und Gerätebau GmbH im Ortsteil Tegel, Eisenhammerweg 52 – 60.

Jirak sieht die geschilderte Lösung nicht für sehr günstig an. Im Aufsichtsrat sei der Magistrat nur durch ein Mitglied, Herrn Dr. Siebert, vertreten. Es seien bereits von der Belegschaft eine Anzahl entlassen worden, die der neuen Leitung nicht paßten.

Schwenk beurteilt die Situation ebenfalls etwas skeptisch. Es wäre angebracht, einen Magistratsausschuß einzusetzen, der die ganze Sache noch einmal gründlich durchspricht. Er halte es außerdem für ratsam, wenn der abgeschlossene Vertrag dem Magistrat zur Bestätigung vorgelegt würde.

Dr. Siebert ist mit der Einsetzung eines solchen Ausschusses gern einverstanden. Wenn gewünscht werde – und darüber müßte Beschluß gefaßt werden –, daß noch ein zweites Magistratsmitglied in den Aufsichtsrat hineinkommt, sei das durchaus möglich, wobei allerdings der anderen Seite ebenfalls ein weiterer Sitz im Aufsichtsrat zugebilligt werden müßte. In bezug auf die Haltung des Betriebsrats wiederholt der Redner, daß der Betriebsrat in seiner Gegenwart erklärt habe, er sei mit den beiden Direktoren einverstanden.

Dusiska schlägt für die noch ausstehende Regelung wegen der Werke Alkett und Marget[49] die Bildung einer besonderen Rechtskonstruktion vor, die einen Pachtvertrag mit Vorkaufsrecht vorsieht.

Dr. Siebert weist darauf hin, daß der neue Vertrag mit Borsig gerade ein solcher Pachtvertrag ist. Es ist eine Betriebsgesellschaft gemacht worden, die ein Vorkaufsrecht hat.

BESCHLUSS: Die weitere Behandlung der Angelegenheit Borsig wird einem Ausschuß überlassen, der dem Magistrat Bericht zu erstatten hat. Für den Ausschuß werden bestimmt die Herren: Schwenk, Dusiska, Jendretzky, Lange, Dr. Siebert, Jirak.[50]

8. ALLGEMEINES

Pieck befürwortet die Annahme der Vorlage Nr. 99[51], betreffend *Zuschuß zum warmen Mittagessen* der Bediensteten der Stadt Berlin. Es wird vorgeschlagen, täglich 30 Rpf. pro Kopf zuzubilligen. Ein solcher Zuschuß war auch früher schon üblich.

BESCHLUSS: Die Vorlage Nr. 99 wird angenommen.[52]

Klimpel befürwortet die Annahme der Vorlage Nr. 104[53] über die *Einbeziehung der Einwohner von Falkensee in die Berliner Lebensmittelversorgung* gemäß einer Vereinbarung zwischen der sowjetischen und der britischen Besatzungsmacht.[54]

---

49 Richtig: Maget; siehe die vorige Anm.

50 In den folgenden Mag.sitzungen ist eine Berichterstattung dieses Ausschusses nicht erfolgt. – Die französische Militärregierung machte ihre Zustimmung zur Beteiligung der Stadt Berlin an der Gründung einer neuen Betriebsgesellschaft für das Borsig-Werk rückgängig, und das Finanzkomitee der AK untersagte dem Magistrat, sich an der „Borsig Maschinenbau GmbH" zu beteiligen. Vgl. hierzu das 71. Mag.prot. v. 24.8.1946, TOP 5.

51 LAB(STA), Rep. 100, Nr. 769, Bl. 4; auch in: LAB(STA), Rep. 101, Nr. 620, Bl. 68.

52 Laut der Mag.vorlage Nr. 99 v. 23.2.1946 war für diesen Mag.beschluß die Genehmigung der AK nicht erforderlich.

53 LAB(STA), Rep. 100, Nr. 769, Bl. 11; auch in: LAB(STA), Rep. 113, Nr. 133, Bl. 79.

54 Der entsprechende Befehl Nr. 174 des sowjetischen Stadtkommandanten von Berlin v. 22.2.1946, wonach die Lebensmittel für die ungefähr 30 000 Einwohner der westlich des

Maron stellt mit Rücksicht darauf, daß in letzter Zeit mehrere solcher Fälle vorgekommen sind, ausdrücklich fest, daß diese Gemeinden zwar ernährungsmäßig von Berlin betreut werden, daß sie aber steuer- und verwaltungsrechtlich vorläufig weiter zu der Provinz Brandenburg gehören müssen.[55]

BESCHLUSS: Der Magistrat nimmt von der Vorlage Nr. 104 Kenntnis.

Klimpel gibt einen kurzen *Überblick über die Ernährungslage.* Die *Fleischversorgung* von Berlin ist z[ur] Z[ei]t dadurch etwas kritisch, daß die Verhandlungen mit der Alliierten Kommandantur über die Anerkennung eines angemessenen Schwundsatzes bisher zu keinem Ergebnis geführt haben. Mit einem Schwundsatz von 3 % können die Fleischer nicht auskommen. In ganz Deutschland sind die Schwundsätze, soweit sie überhaupt geregelt sind, höher als in Berlin. Die Forderungen der Fleischer von 14 % sind allerdings unter den heutigen Verhältnissen eine Illusion. Aber 7 – 8 % wird man ihnen zuerkennen müssen.[56]

In der *Kartoffelversorgung*[57] sind zwei Krisenerscheinungen zu beobachten. Es sind einmal Schwierigkeiten dadurch aufgetreten, daß die mit Wintervorräten bis zum 31. März belieferte Bevölkerung ihre Vorräte vorzeitig aufgezehrt hat, was menschlich verständlich, aber keine Entschuldigung ist. Es wird jedenfalls von den Alliierten nicht so ohne weiteres anerkannt. Ob es möglich sein wird, als zusätzliche Hilfe Trockengemüse bzw. Dörrgemüse hereinzubekommen, ist fraglich.

Berliner Verwaltungsbezirks Spandau gelegenen Gemeinde Falkensee zu einem Drittel für Rechnung der britischen Lieferungen und zu zwei Dritteln für Rechnung der sowjetischen Lieferungen auszugeben waren, ist vorhanden in: LAB, Rep. 280, Nr. 7222.

55 Vgl. zur Frage der Eingemeindung von Umlandgemeinden bzw. zu ihrer Einbeziehung in die Berliner Lebensmittelversorgung das 3. Mag.prot. v. 28.5.1945, TOP 3 (Glienicke [Nordbahn]), u. das 21. Mag.prot. v. 17.9.1945, TOP 5 (Klein-Machnow), u. das 47. Mag.prot. v. 23.2.1946, nach TOP 10 (Waldesruh), u. das 71. Mag.prot. v. 24.8.1946, TOP 6 (Maron); Berlin. Kampf um Freiheit, S. 220 (Stolpe); Hurwitz: Die Eintracht der Siegermächte, S. 57 f. (Klein-Machnow); die Eingemeindungsanträge in: LAB(STA), Rep. 101, Nr. 147.

56 Mit BK/O (45) 269 v. 15.12.1945 hatte die AK einen zulässigen Gesamtverlustsatz „bei der Behandlung von Fleisch" von 6 % festgesetzt, davon 0,5 % beim Transport aus dem Lagerhaus oder Kühlraum zu einer Verkaufsstelle und 2 % beim Wiederverkauf. Die BK/O ist vorhanden in: LAB(STA), Rep. 101, Nr. 53; LAB, Rep. 280, Nr. 12401. Vgl. auch zwei Eingaben der Mag.abt. für Ernährung v. 20.10.1945 u. 14.2.1946, betr. Einwieg-, Hau- und Schwundverluste für Fleisch und Fleischwaren, in: LAB(STA), Rep. 101, Nr. 549 u. 53. Vgl. allgemein zum Problem der Lebensmittelschwundmengen bzw. -verlustsätze: Dok. 28, 38, 88, 90, 92 u. 123; die Materialien in: LAB, Rep. 10 B, Acc. 1877, Nr. 374 u. 405.

57 Vgl. zur Kartoffelversorgung das 26. Mag.prot. v. 15.10.1945, TOP 7 (Klimpel), u. das 34. Mag.prot. v. 10.12.1945, TOP 7 (Klimpel), u. das 40. Mag.prot. v. 7.1.1946, TOP 8 (Klimpel), u. das 64. Mag.prot. v. 5.7.1946, TOP 3 (Orlopp), u. das 66. Mag.prot. v. 20.7.1946, TOP 6 (Orlopp), u. das 72. Mag.prot. v. 31.8.1946, TOP 5 (Orlopp), u. das 78. Mag.prot. v. 5.10.1946, TOP 2 (Orlopp), u. das 83. Mag.prot. v. 9.11.1946, TOP 4 (Orlopp); die Protokolle der Konferenzen der Bezirksbürgermeister am 11.1.1946, TOP 1, am 24.1.1946, TOP 5, am 7.3.1946, TOP 3 (Klimpel), am 6.6.1946, TOP 2 (Orlopp), am 4.7.1946, TOP 2 (Orlopp), am 5.9.1946, TOP 2 (Orlopp), u. am 10.10.1946, TOP 3 (Orlopp), in: LAB, Rep. 280, Nr. 3844, 3846, 3850, 3858, 3861, 3866 u. 3868; LAB(STA), Rep. 113, Nr. 8, 9, 49 u. 50.

Die Kartoffelversorgung für die Kreise der Bevölkerung, die noch einen kartenmäßigen Anspruch bis 31.3. haben, ist absolut gesichert. Für diesen Zweck sind noch Vorräte an Frischkartoffeln und an Trockenkartoffeln vorhanden. Die Trockenkartoffeln sind Erzeugnisse der amerikanischen Lebensmittelindustrie, sie sind von guter Qualität.

Bei den noch vorhandenen Lieferrückständen aus Mecklenburg, Brandenburg und Sachsen-Anhalt besteht die Schwierigkeit, daß die als sogenannte freie Spitzen[58] von Kantinen, Gastwirten usw. aufgekauften Mengen auf diese Rückstände angerechnet werden. Rechnet man theoretisch diese Rückstände mit und dazu die Trockenkartoffeln, dann ist bis Mitte April, vielleicht bis Ende April die Kartoffelversorgung gesichert. Ein Anlaß zu besonderer Besorgnis liegt im Augenblick nicht vor.

Der Redner unterstreicht erneut gerade vom Standpunkt der Lebensmittelversorgung die Notwendigkeit der Schaffung einer Zentralverwaltung für Deutschland. Zu welchen unzweckmäßigen Regelungen die Zonenzerreißung führt, zeigt besonders kraß das Beispiel der Futtermittel. Heu und Stroh müssen für den Bedarf des amerikanischen und französischen Sektors aus der amerikanischen Zone, d[as] h[eißt] aus Süddeutschland, geholt werden.

Orlopp empfiehlt, beim Fleischverkauf die *Konsumgenossenschaften*[59] einzuschalten. Dann werde man auch in der Frage des Schwundsatzes leicht feststellen können, welcher Satz angemessen ist.

Der Redner behandelt ferner die Frage der vielen *Einbrüche in Lebensmittelgeschäfte*. Wenn der Geschäftsmann als ordentlicher Kaufmann alle nötigen Vorsichtsmaßnahmen getroffen hat, sollte man nicht noch obendrein Strafen gegen die Bestohlenen selbst verhängen.

Klimpel erklärt, daß er stets ein Freund der Konsumgenossenschaften gewesen sei. Wenn jetzt jedoch die konsumgenossenschaftliche Betätigung im Großhandel zur Debatte steht, so ist die Voraussetzung dafür, daß organisatorisch und kaufmännisch die erforderlichen Garantien für eine reibungslose Abwicklung der Betätigung gegeben sind.[60]

---

58 Vgl. hierzu Dok. 63, Anm. 91.
59 Vgl. zu den Konsumgenossenschaften das 12. Mag.prot. v. 23.7.1945, TOP 7, u. das 42. Mag.prot. v. 19.1.1946, TOP 6, u. das 46. Mag.prot. v. 16.2.1946, TOP 3; das 9. u. 20. Prot. des Einheitsausschusses Groß-Berlin v. 1.3.1946 u. 17.7.1946, in: BArch, Abt. Potsdam, Z-3, Nr. 4, Bl. 70 f. u. 113; Organisierter Verbrauch. Genossenschaften und ihre Aufgaben, in: Der Tagesspiegel, 21.3.1946, S. 3; Arbeit der Konsumgenossenschaften, in: Der Morgen, 23.3.1946, S. 4; Konsumgenossenschaften im Aufstieg, in: Tägliche Rundschau, 12.4.1946, S. 5; Karl Wanner: Berliner Konsumgenossenschaften im Aufstieg, in: Tägliche Rundschau, 17.4.1946, S. 5; Konsumgenossenschaften stehen, in: Telegraf, 19.4.1946, S. 3; Ernst Oberdörster: Konsumgenossenschaften im Aufbau, in: Neues Deutschland, 26.4.1946, S. 2; Hausfrau führt Konsumgenossenschaften, in: Neues Deutschland, 12.5.1946, S. 1 f.; Handel und Konsumgenossenschaften, in: Neue Zeit, 8.6.1946, S. 3; Aufschwung der Konsumvereine. Rasche Belebung in der Sowjetzone und in Berlin, in: Telegraf, 27.6.1946, S. 4; Konsumgenossenschaft West gegründet, in: Neues Deutschland, 3.7.1946, S. 3; Verband Berliner Konsumgenossenschaften, in: Berliner Zeitung, 10.8.1946, [S. 5]; Starke Entwicklung der Konsumgenossenschaften, in: Tägliche Rundschau, 28.9.1946, S. 7; Ein Jahr Konsumgenossenschaften, in: Neues Deutschland, 20.12.1946, S. 5.
60 Vgl. zu Klimpels Position hinsichtlich der Einschaltung des Großhandels: Dok. 44, Anm. 6; das 34. Mag.prot. v. 10.12.1945, TOP 7.

Bei Einbrüchen kommt es leider vor, daß Leute bei sich selbst einbrechen oder einbrechen lassen. Darum muß jede Anzeige sorgfältig geprüft werden.

Dr. Redeker berichtet über Diebstähle, die bei einem Transport von Spenden des Roten Kreuzes vorgekommen sind. Ein deutsches Gericht soll angeblich die Angeklagten zum Teil mit der Begründung freigesprochen haben, daß verabsäumt worden sei, festzustellen, was bei den einzelnen an gestohlenem Gut gefunden wurde.

Nach kurzer Erörterung dieses Falles wird Dr. Mittag beauftragt, weitere Nachforschungen anzustellen und eventuell im Namen des Magistrats gegen das Urteil Verwahrung einzulegen.

Maron macht Mitteilung von einem Schreiben[61] des Provinzialverbandes Brandenburg an den Magistrat Berlin, worin um *Hilfe bei der Frühjahrsbestellung* durch zeitweise Überlassung von *Ackerschleppern* gebeten wird.[62] Die Abt[eilung] Verkehr hat sich in dieser Frage auf einen ablehnenden Standpunkt gestellt. Es muß aber auf diesem Gebiet alles getan werden, was möglich ist, da es um die Ernährung Berlins geht. Der Redner bittet die Abt[eilung] Verkehr, Erhebungen anzustellen, wieviel Schlepper zur Verfügung gestellt werden können.

Kraft führt aus, es seien 200 bis 300 Traktoren von über 25 PS und mit den sonstigen besonderen Bedingungen angefordert worden. Nach früheren Erfahrungen können nur Fahrzeuge aus der sowjetischen Zone gestellt werden. In den 8 Bezirken der sowjetischen Zone sind im ganzen 88 Fahrzeuge vorhanden, die in Frage kommen. Den besonderen Bedingungen für den geforderten Zweck entsprechen nur wenige. Außerdem kommt hinzu, daß die Fahrzeuge nur 10 Tage im Monat beordert werden dürfen einschließlich Hin- und Rückfahrt. Sachsen und Thüringen haben die Gestellung von Schleppern abgelehnt. In Ludwigslust[63] liegen etwa 100 Traktoren, die repariert werden könnten.

Schwenk tritt entschieden dafür ein, wenigstens den guten Willen zu zeigen. Außerdem müsse schnell gehandelt werden.

Winzer sieht nicht ein, warum man sich nur auf Fahrzeuge aus der sowjetischen Zone beschränken soll. Die anderen Sektoren wären auch Nutznießer von landwirtschaftlichen Erzeugnissen aus der sowjetischen Zone, z[um] B[eispiel] für die Schulspeisung. Nach Ludwigslust müßte man doch Reparaturkolonnen schicken können.

Dusiska empfiehlt die Bildung von sogenannten Brigaden von Traktoren mit Fahrzeugen für Reparaturwerkzeuge und Reparaturmannschaften.

Maron stellt als Meinung des Magistrats fest, daß die Abt[eilung] Verkehr beauftragt wird, alles zu tun, um der Provinz durch die Gestellung von Ackerschleppern Hilfe zu leisten und etwa notwendig werdende Maßnahmen, für die eine Rechtsgrundlage erforderlich ist, dem Magistrat zur Beschlußfassung vorzulegen.

Schwenk beantragt, [in] der nächsten Magistratssitzung einen Bericht über die getroffenen Maßnahmen zu erstatten.

---

61 Dieses Schreiben konnte nicht ermittelt werden.

62 Vgl. zur Frage der Unterstützung der Landwirtschaft in der Provinz Brandenburg das 45. Mag. prot. v. 2.2.1946, TOP 9; Berlin muß bei der Anbaukampagne helfen!, in: Tägliche Rundschau, 14.2.1946, S. 6; Berlin übernimmt Traktoren-Reparatur, in: Neues Deutschland, 1.6.1946, S. 1 f.

63 Kreisstadt in Mecklenburg, ca. 170 km nordwestlich von Berlin.

BESCHLUSS: Der Magistrat stimmt den Feststellungen von Maron und dem Antrag Schwenk zu.[64]

Kraft empfiehlt die Annahme einer Verordnung über die *mißbräuchliche Benutzung von Kraftfahrzeugen*, die nach nochmaliger Beratung im Rechtsausschuß nunmehr in neuer Fassung in der Vorlage Nr. 106[65] vorgelegt ist.[66]
BESCHLUSS: Die Vorlage Nr. 106 wird unverändert angenommen.[67]

Buchholz regt an, den *Kardinal Graf von Preysing* bei seiner zu erwartenden Rückkehr von Rom durch eine Abordnung des Magistrats *begrüßen* zu lassen.
BESCHLUSS: Der Magistrat stimmt dem Vorschlag zu und autorisiert den Oberbürgermeister Dr. Werner und Buchholz, den Kardinal im Namen der Stadt bei seiner Rückkehr aus Rom zu begrüßen.[68]

---

64 Vgl. zur Frage der leihweisen Bereitstellung von Ackerschleppern für die Provinz Brandenburg den Bericht von Kraft im 49. Mag.prot. v. 9.3.1946, TOP 7.

65 LAB(STA), Rep. 100, Nr. 769, Bl. 19 f. u. 20a-20c; auch in: LAB(STA), Rep. 101, Nr. 647.

66 Vgl. zur Beratung des ursprünglichen Entwurfs einer VO über die mißbräuchliche Benutzung von Kraftfahrzeugen das 46. Mag.prot. v. 16.2.1946, TOP 8. Sitzungsprotokolle des Rechtsausschusses des Magistrats konnten nicht ermittelt werden.

67 Die hiermit beschlossene VO über die mißbräuchliche Benutzung von Kraftfahrzeugen ist nicht in Kraft getreten. Statt dessen erließ die AK mit BK/O (46) 274 v. 20.6.1946 die folgende Anordnung: „Der Verkehr von Kraftfahrzeugen im Besitze von zivilen Unternehmen, Betrieben oder Einzelpersonen in Groß-Berlin ist mit Wirkung vom 1. Juli 1946 ohne ordnungsgemäß gestempelten und unterschriebenen amtlichen Zulassungsschein (Propusk) verboten." Die BK/O (46) 274 ist vorhanden in: LAB, Rep. 280, Nr. 4874; veröffentlicht in: VOBl., Jg. 2 (1946), S. 212. Mit BK/O (46) 301 v. 12.7.1946 regelte die AK das Antragsverfahren hinsichtlich der Zulassungsscheine (Propuske) für Kraftfahrzeuge. Zu deren Erlangung war sowohl die Genehmigung der Transportabteilung der Militärregierung des betreffenden Sektors als auch die Genehmigung der Transportabteilung der Sowjetischen Zentralkommandantur erforderlich. Die BK/O (46) 301 ist vorhanden in: LAB, Rep. 280, Nr. 4887; veröffentlicht in: VOBl., Jg. 2 (1946), S. 246 f. Vgl. auch: Schwarze Fahrer – Schwarzer Markt. Kontrollen werden verschärft, in: Der Berliner, 23.3.1946, S. 5; Bekanntmachungen des Polizeipräsidenten v. 27.6.1946 u. 11.7.1946, in: VOBl., Jg. 2 (1946), S. 224 u. 240; ferner die Anweisung des Transportkomitees der AK v. 23.7.1946, betr. notwendige Papiere und Kennzeichen für den zivilen deutschen Kraftfahrzeugverkehr, in: VOBl., Jg. 2 (1946), S. 262.

68 Am 24.3.1946 fand für den von seiner Erhebung zum Kardinal aus Rom zurückgekehrten katholischen Bischof von Berlin, Dr. Konrad Graf von Preysing-Lichtenegg-Moos, ein feierlicher Empfang in der Deutschen Staatsoper im Admiralspalast statt, bei dem er von OB Werner begrüßt und von ihm namens des Magistrats und der Bevölkerung der Stadt Berlin zu seiner neuen kirchlichen Würde beglückwünscht wurde. Vgl. hierzu das 41. Mag.prot. v. 14.1.1946, TOP 2; Romreise des Kardinals Preysing, in: Berliner Zeitung, 8.2.1946, [S. 2]; Kardinal Preysing wieder in Berlin, in: Neue Zeit, 12.3.1946, S. 2; Berlin begrüßt seinen Kardinal, in: Neue Zeit, 26.3.1946, S. 3; Berlin begrüßte den Kardinal, in: Der Berliner, 26.3.1946, S. 2; Nach der Rückkehr des Berliner Kardinals, in: Der Tagesspiegel, 26.3.1946, S. 3. Das eigenhändige handschriftliche Manuskript der Rede Werners ist vorhanden in: LAB, NL Werner, Rep. 200, Acc. 4379, Nr. 45/138; als Abschrift in: LAB, NL Werner, Rep. 200, Acc. 4379, Nr. 20/4, S. 434 – 437.

Winzer empfiehlt, das Presseamt des Magistrats zu beauftragen, aus den aus dem Westen eingehenden Zeitungen einen *Pressedienst*, der sich auf kommunalpolitische Angelegenheiten beschränkt, für die Magistratsmitglieder herauszugeben.

Dusiska schlägt vor, auch einen besonderen Pressedienst über die in den westdeutschen Zeitungen enthaltenen wirtschaftlichen Fragen zu organisieren.

BESCHLUSS: Der Magistrat ist mit der Einrichtung eines solchen Pressedienstes einverstanden.[69]

Nächste Sitzung: Sonnabend, den 9. März, vormittags *9* Uhr.

---

69 Seit Anfang März 1946 erstellte das Presseamt des Magistrats einen „Querschnitt durch die auswärtige Presse (Kommunal- und Wirtschaftspolitik)", von dem bis Ende 1946 insgesamt 55 Nummern erschienen. Vgl. die entsprechenden Umdrucke in: LAB(STA), Rep. 101, Nr. 5265.

Dok. 73
Magistratsvorlage Nr. 116 von Anfang März 1946, betr.
Vorschlag zur Entfernung von Denkmälern in Berlin

LAB(STA), Rep. 100, Nr. 769, Bl. 56 f. – Umdruck.[1]

Vorschlag zur Entfernung von Denkmälern in Berlin.

‒ ‒

I. *Bildwerke des Nationalsozialismus* sind grundsätzlich von ihren Plätzen zu entfernen und zu vernichten. Hierbei ist es gleichgültig, *was* sie darstellen. Nicht im Inhalt, sondern in der künstlerischen Form prägt sich die nazistische Gesinnung aus. Diese Bildwerke, zu denen auch die Statuen auf dem z[ur] Z[ei]t nicht zugänglichen Reichssportfeld[2] gehören, sind im einzelnen noch zu ermitteln. Die Denkmäler des Nationalsozialismus im engeren Sinne sowie die Hoheitszeichen

---

1 Am Kopfende der ersten Seite des Originals befinden sich links ein Stempelabdruck der Mag.abt. für Bau- und Wohnungswesen, rechts der Stempelabdruck „№ 116" und dazwischen die handschriftlichen Notizen „M[a]g[istrats]sitz[un]g v. 9.3." und „zurückstellen" sowie eine Paraphe (möglicherweise „Lg" für [Martha] Langer, Mitarbeiterin im Protokollbüro des Magistrats). – Zwei weitere Umdruckexemplare der Mag.vorlage Nr. 116 sind vorhanden in: LAB, Rep. 228, Mag.vorlagen 1946; LAB(STA), Rep. 110, Nr. 188. Am letzteren Exemplar ist ein Vorblatt angeklebt, dessen undatierter und als Abschrift gekennzeichneter Text mit „Kühn" gezeichnet ist. Hierbei handelte es sich offensichtlich um Dr. Margarete Kühn, die Mitarbeiterin der Abteilung für Denkmalpflege im Hauptamt für Hochbau der Mag.abt. für Bau- und Wohnungswesen war und von der offenbar im wesentlichen auch die Mag.vorlage Nr. 116 verfaßt worden ist. Im ersten Satz des Vorblattes konstatierte Kühn, daß die Vorschläge zur Behandlung der Denkmäler in einem entsprechenden Bericht der Mag.abt. für Volksbildung mit den von ihr „eingereichten" Vorschlägen „im Grundsätzlichen" übereinstimmten, und formulierte anschließend „Nachträge", die zum größten Teil in die Mag.vorlage Nr. 116 aufgenommen sind. Es konnten weder Kühns ursprüngliche Vorschläge noch der erwähnte Bericht der Mag.abt. für Volksbildung ermittelt werden. Vgl. zur Vorgeschichte der Mag.vorlage Nr. 116 das 28. Mag.prot. v. 30.10.1945, TOP 7, u. das 29. Mag.prot. v. 5.11.1945, TOP 7, u. das 46. Mag.prot. v. 16.2.1946, TOP 12, u. das 47. Mag.prot. v. 23.2.1946, TOP 5; zur weiteren Diskussion über die Behandlung der Denkmäler das 49. Mag.prot. v. 9.3.1946, TOP 7 (Zurückstellung der Mag.vorlage Nr. 116), u. das 58. Mag.prot. v. 18.5.1946, TOP 3, sowie Dok. 81. – Der Editionsbearbeiter bedankt sich bei Dr. Uta Lehnert für Hinweise, die für die Kommentierung des Dok. 73 hilfreich waren.

2 Das sogenannte Reichssportfeld im Westen des Bezirks Charlottenburg war von 1934 bis 1936 nach den Plänen des Architekten Werner March für die Olympischen Spiele 1936 in Berlin mit dem Olympiastadion und anderen Sportstätten bebaut worden. Das Gelände, das auch Bunkeranlagen aufwies, war von der britischen Besatzungsmacht beschlagnahmt worden. Vgl. hierzu: Thomas Schmidt: Das Berliner Olympiastadion. Nutzung und gesellschaftspolitische Bedeutung des Stadions zur Zeit der XI. Olympiade 1936, in: Der Bär von Berlin. Jahrbuch des Vereins für die Geschichte Berlins, Folge 32 (1983), S. 93 – 105; ders.: Das Berliner Olympiastadion und seine Geschichte, Berlin [West] 1983, S. 5 – 24; Dok. 81, Liste I, Nr. 33 u. 40.

sind meist entfernt. Das Schlageter-Denkmal im Park von Schloß Friedrichsfelde soll demnächst in einer antifaschistischen Kundgebung beseitigt werden.[3]

II. Die meisten Denkmäler Berlins entstammen der *wilhelminischen* und *vorwilhelminischen* Zeit. Diese Werke sind vielfach tendenziös, indem sie eine nationalistische Gesinnung oder ein überhebliches dynastisches Selbstbewußtsein zum Ausdruck bringen. Ihre Beseitigung ist daher zu wünschen. Andere Bildwerke dieser Zeit sind wegen ihrer starken Beschädigungen oder wegen ihrer künstlerischen Bedeutungslosigkeit nicht erhaltenswert. Von diesen Gesichtspunkten aus wird die Beseitigung folgender Denkmäler vorgeschlagen:

Siegesallee im Tiergarten.[4] Denkmäler der brandenburgischen und preußischen Herrscher von Markgraf Albrecht dem Bären bis Kaiser Wilhelm I. Verschiedene Bildhauer. 1898 – 1901. Marmor.

Aus der dynastischen Ideologie Kaiser Wilhelms II. entstanden, vergegenwärtigt diese großsprecherische Ahnenfolge nicht wirklich Geschichte, sondern zeugt nur für das Repräsentationsbedürfnis und Herrscherbewußtsein des letzten Kaisers. In der Ausführung bestehen geringe künstlerische Wertunterschiede, aber insgesamt bedeutet ihr Verschwinden künstlerisch keinen Verlust.

Denkmal Kaiser Friedrichs III. (Brütt 1903) und der *Kaiserin Friedrich* (Gerth 1903), Platz vor dem Brandenburger Tor.[5] Marmor.

In Auffassung u[nd] Anlage den Standbildern der Siegesallee verwandt und künstlerisch wertlos. Das Denkmal der Kaiserin fast völlig zerstört.

---

3 Albert Leo Schlageter, seit 1922 Mitglied der NSDAP, war während der französischen Ruhrbesetzung 1923 von der französischen Besatzungsmacht wegen Sabotage zum Tode verurteilt und hingerichtet worden. Zur Erinnerung an seinen Tod hatte der Jungdeutsche Orden im Schloßpark Friedrichsfelde 1924 einen Gedenkstein errichtet. Vgl. Dok. 81, Liste I, Nr. 25.

4 Die auf Anordnung Kaiser Wilhelms II. errichteten 32 Denkmalensembles der Siegesallee sind vollständig abgebildet in: Hermann Müller-Bohn: Die Denkmäler Berlins in Wort und Bild nebst den Gedenktafeln und Wohnstätten berühmter Männer. Ein kunstgeschichtlicher Führer, Berlin 1905, S. 48 – 64; Lehnert: Die Siegesallee, Katalogteil. Da die Denkmalensembles, die in der Allee vom Königsplatz bis zum Kemperplatz (1933 – 25.10.1946: Skagerrakplatz) aufgestellt waren, der Schaffung einer monumentalen Nord-Süd-Achse, wie sie im Rahmen der nationalsozialistischen Hauptstadtumgestaltung geplant war, im Wege standen, wurden sie 1938 in die Große Sternallee des Tiergartens versetzt; siehe: Lehnert: Die Siegesallee, S. 198 u. 201. Vgl. zur Siegesallee: Dok. 81, Liste I, Nr. 5, u. Liste II, Nr. 2; das 58. Mag.prot. v. 18.5.1946, TOP 3 (Pieck).

5 Die von Adolf Brütt (1855 – 1939) und Fritz Gerth (Lebensdaten nicht bekannt) entworfenen Denkmäler Kaiser Friedrichs III. (1831 – 1888) und seiner Frau Viktoria („Kaiserin Friedrich") (1840 – 1901) sind abgebildet in: Müller-Bohn, S. 35 u. 36; Paul Ortwin Rave / Irmgard Wirth: Die Bauwerke und Kunstdenkmäler von Berlin. Bezirk Tiergarten, Berlin [West] 1955, Tafel 267 u. 268; Cornelius Steckner: Der Bildhauer Adolf Brütt. Schleswig-Holstein · Berlin · Weimar. Autobiographie und Werkverzeichnis, Heide in Holstein 1989 (Schriften der Schleswig-Holsteinischen Landesbibliothek, Bd. 9), S. 189. Vgl. hierzu Dok. 81, Liste I, Nr. 13, u. Liste II, Nr. 3; Rave / Wirth: Bezirk Tiergarten, S. 216 f.; Steckner, S. 188 – 190.

Nationaldenkmal Kaiser Wilhelms I.[6] Schloßfreiheit. Von R. Begas 1897. Bronze.
Eine bis zur Geschmacklosigkeit gesteigerte Verherrlichung Kaiser Wilhelms I. von ausgesprochen nationalistischer Gesinnung und militaristischem Gebaren. Als dekorative Übertrumpfung des Schlosses auch städtebaulich verfehlt.

Reiterstandbild König Friedrich Wilhelms III. im Lustgarten.[7] Von A. Wolff. 1871.
Noch der Tradition des Klassizismus nahestehend, ist es nicht eigentlich tendenziös zu nennen. Aber es kündigt sich schon die anspruchsvolle Haltung des späten 19. Jahrhunderts an. Außerdem ist es stark beschädigt. Eine Wiederaufstellung des Denkmals, das in den Schloßhof verbracht ist, ist auch aus Gründen einer guten raumkünstlerischen Gestaltung des Lustgartens nicht wünschenswert.

Reiterstandbild Kaiser Friedrichs III. vor dem Kaiser-Friedrich-Museum.[8] Von R. Maison. Bronze.
Es ist dem Protektor der Staatlichen Museen errichtet. Für seine Entfernung spricht vor allem, daß es künstlerisch wertlos ist und die Sicht vom Museum aus verstellt.

Standbild des Prinzen Albrecht von Preußen am Anfang der Schloßstr[aße] vor dem Charlottenburger Schloß.[9] Von Börmel und Freyberg, 1901, Bronze. Es ist schlicht und unpathetisch, entbehrt aber einer besonderen geschichtlichen Berechtigung. Da außerdem ein Denkmal an dieser Stelle fehl am Platze ist, wäre eine Beseitigung in keiner Weise ein Verlust. Museal könnte das Standbild erhalten werden.

---

6 Das von Reinhold Begas (1831–1911) entworfene „Nationaldenkmal" für Kaiser Wilhelm I. (1797–1888) ist abgebildet in: Bloch/Grzimek, Sp. 369/370 u. Tafel 324– 326; Janos Frecot/Helmut Geisert: Berlin. Frühe Photographien Berlin 1857–1913, München 1984, Tafel 22; Ethos und Pathos. Die Berliner Bildhauerschule 1786–1914. Beiträge mit Kurzbiographien Berliner Bildhauer, hrsg. von Peter Bloch, Sibylle Einholz u. Jutta von Simson, Berlin 1990, S. 199. Vgl. hierzu Dok. 81, Liste I, Nr. 12, u. Liste II, Nr. 4.

7 Das von Albert Wolff (1814–1892) entworfene Denkmal des preußischen Königs Friedrich Wilhelm III. (1770–1840) ist abgebildet in: Müller-Bohn, S. 17; Bloch/Grzimek, Tafel 249. Vgl. hierzu Dok. 81, Liste II, Nr. 9.

8 Das von Rudolf Maison (1854–1904) entworfene und 1904 vor dem neuen Kaiser-Friedrich-Museum (seit 1956: Bode-Museum) errichtete Denkmal ist abgebildet in: Müller-Bohn, S. 23; vgl. hierzu Dok. 81, Liste I, Nr. 10. Kaiser Friedrich III. (1831– 1888) hatte die Berliner Museen stark gefördert.

9 Das von Eugen Boermel (1858–1932) und Conrad Freyberg (1842–1915) entworfene und 1901 errichtete Denkmal des Prinzen Albrecht von Preußen (1809–1872) ist abgebildet in: Müller-Bohn, S. 76; Paul Ortwin Rave/Irmgard Wirth: Die Bauwerke und Kunstdenkmäler von Berlin. Charlottenburg, 2. Teil: Stadt und Bezirk Charlottenburg, Tafelband, Berlin [West] 1961, Tafel 669; Ethos und Pathos. Beiträge, S. 452. Vgl. zu diesem Denkmal, das den jüngsten Bruder Kaiser Wilhelms I. als Reitergeneral darstellt: Dok. 81, Liste I, Nr. 16; Paul Ortwin Rave/Irmgard Wirth: Die Bauwerke und Kunstdenkmäler von Berlin. Charlottenburg, 2. Teil: Stadt und Bezirk Charlottenburg, Textband, Berlin [West] 1961, S. 497 f.

Von dem anspruchsvollen und höchst störend wirkenden *Denkmal Kaiser Friedrichs III.*[10] auf dem Luisenplatz in Charlottenburg ist die Figur des Kaisers bereits während des Krieges zur Einschmelzung entfernt worden. Der Rest des Denkmals muß noch abgetragen werden.

Standbilder der Oranier auf der Schloßterrasse am Lustgarten.[11] Von Schott, Wolff, Brütt, Haverkamp, Baucke. Bronze.

Die Figuren sind zum Teil stark beschädigt und bei einer künstlerischen Neugestaltung der Umgebung des Schlosses ohnehin entbehrlich.

Siegessäule.[12] Großer Stern. Denkmal für die Siege von 1864, 1866, 1870/71. Nach Entwurf von Strack 1871. Krönung der Säule: Viktoria[,] von Drake. Re-

---

10 In der von dem Architekten und Stadtbaumeister von Charlottenburg, Otto Schmalz, gestalteten Denkmalanlage stammte das Reiterstandbild Kaiser Friedrichs III. (1831 – 1888) von Joseph Uphues (1850 – 1911). Die Denkmalanlage, die 1905 enthüllt wurde, ist abgebildet in: Rave/Wirth: Stadt und Bezirk Charlottenburg, Tafelband, Tafel 670; Gustav Sichelschmidt: Charlottenburg in alten Ansichten, Zaltbommel 1976, Abb. 57. Vgl. hierzu: Rave/Wirth: Stadt und Bezirk Charlottenburg, Textband, S. 498 f. In einer Mitteilung des zweiten Nachkriegsmagistrats v. 18.12.1947, betr. Denkmalspflege, ist unter anderem ein „Verzeichnis der Denkmäler, Embleme usw., deren sofortige Beseitigung vorgeschlagen wird", enthalten. In diesem Verzeichnis sind auch „Reste des Denkmals Kaiser Friedrichs, Luisenplatz, Charlottenburg" aufgeführt. Die Mitteilung wurde veröffentlicht in: StVV, I. Wahlperiode, Drucksache Nr. 81, Vorlage Nr. 609; wieder abgedruckt in: Berlin. Quellen und Dokumente, 1. Halbbd., S. 490 – 497. Sie wurde von der StVV einstimmig zur Kenntnis genommen; siehe: StVV, I. Wahlperiode, Stenographischer Bericht über die 56. (Ordentliche) Sitzung am 26.2.1948, S. 8.

11 Kaiser Wilhelm II. hatte 1907 auf den nördlichen Terrassen des Berliner Schlosses fünf Standbilder von Mitgliedern der Oranier-Dynastie aus dem 16./17. Jahrhundert aufstellen lassen. Den Anlaß dafür bildete die erste Frau des Großen Kurfürsten, Luise Henriette, eine Prinzessin von Oranien. Die Standbilder stellten ihren Großvater und dessen Halbbruder sowie ihren Vater, ihren Bruder und ihren Neffen dar: Wilhelm I., genannt der Schweiger, Moritz, Friedrich Heinrich, Wilhelm II. und Wilhelm III. Die Entwürfe stammten von den Bildhauern Walter Schott (1861 – 1938), Martin Wolff (1852 – 1919), Adolf Brütt (1855 – 1939), Wilhelm Haverkamp (1864 – 1929) und Heinrich Karl Baucke (1855 – 1939). Die Denkmäler sind abgebildet in: Paul Seidel: Der Kaiser und die Kunst, Berlin 1907, S. 171 – 175; Goerd Peschken/Hans-Werner Klünner: Das Berliner Schloß. Das klassische Berlin, Frankfurt am Main/Wien/Berlin 1982, Tafel 28/29, 30, 34 u. 35; Steckner, S. 246 f. Bereits 1905 hatte Kaiser Wilhelm II. vor dem Apothekenflügel des Berliner Schlosses ein Standbild des französischen Admirals und Politikers Gaspard de Coligny, eines Urgroßvaters der Luise Henriette, errichten lassen, das Emil Friedrich Graf von Schlitz, genannt von Görtz (1851 – 1914), entworfen hatte. Dieses Denkmal ist abgebildet in: Müller-Bohn, S. 16; Peschken/Klünner, Tafel 17. Die Bearbeiterin der Mag.vorlage Nr. 116, Dr. Margarete Kühn, hat in ihren „Nachträgen" zu dem aus der Mag.abt. für Volksbildung stammenden Denkmalsbericht notiert, daß hierin offenbar die Statue des Admirals von Coligny „fälschlicherweise zu den Oraniern gerechnet" wurde: „Er gehört – als Schwiegervater Wilhelms des I. von Oranien – ideenmäßig zwar dazu, es wäre aber berechtigt, es als gesondertes Denkmal an seinem Platz vor dem Apothekenflügel (oder später an anderer Stelle) zu belassen, zumal es ganz unbeschädigt und künstlerisch wesentlich besser ist als die Oranier-Statuen." Vgl. zu Kühns „Nachträgen": Anm. 1 zu diesem Dok. 73. Vgl. zu den Standbildern der Oranier und des Admirals de Coligny: Dok. 81, Liste I, Nr. 11.

12 Die Siegessäule war von 1869 bis 1873 auf dem Königsplatz errichtet worden. Sie sollte

lieftafeln und Viktoria von Bronze. Ursprünglicher Standort ist der Königsplatz, bei Versetzung auf den Großen Stern wurde die Säule erhöht.

Wenn auch das Bedürfnis, dem Bewußtsein siegreicher Kriege sichtbar Ausdruck zu verleihen, von altersher in der Geschichte überliefert ist und die Säule die beliebteste Form ist, den Sieg zu dokumentieren, so haftet diesem Denkmal doch etwas Überhebliches und Geistig-Reaktionäres an. Auch langte die schöpferische Kraft der Zeit nicht, die Aufgabe künstlerisch zu meistern. Das Denkmal ist daher nicht geeignet, den Weg bereiten zu helfen, auf dem das Volk von dem verstiegenen Nationalismus der nazistischen Zeit zu einem natürlichen Selbstgefühl zurückfinden kann. Zumindest sollte es nicht an dieser städtebaulich betonten Stelle verbleiben, wo es den triumphalen Höhepunkt der Ost-West-Achse bildet und – in Verbindung mit den hierher versetzten Standbildern Roons und Moltkes – ausgesprochen tendenziös wirkt. Eine „Degradierung" durch Rückversetzung auf den Königsplatz unter Beseitigung der Erhöhung wäre jedoch zu erwägen.

Standbild[er] Moltkes (Uphues, Marmor) und *Roons* (Magnussen, Bronze).[13] Großer Stern.

Da der Große Stern seiner Triumphidee entkleidet werden müßte,[14] in die auch diese Denkmäler einbezogen sind, sollten sie nicht an dieser Stelle

---

an den deutschen Sieg im Krieg gegen Dänemark von 1864, den preußischen Sieg im Krieg gegen Österreich von 1866 und den deutschen Sieg im deutsch-französischen Krieg von 1870/71 erinnern und wurde schließlich als Reichsgründungsdenkmal fertiggestellt. Der Entwurf des Denkmals stammte von Johann Heinrich Strack (1805 – 1880), die Viktoria-Figur als Krönung der Säule war von Friedrich Drake (1805 – 1882) entworfen worden. Im Zuge der nationalsozialistischen Hauptstadtumgestaltung wurde die Siegessäule 1938/39 vom Königsplatz auf den Großen Stern im Tiergarten versetzt. Dabei wurde die Säule um eine Trommel erhöht und der Unterbau vergrößert. Vgl. zur Siegessäule: Rave/Wirth: Bezirk Tiergarten, S. 203 – 205 u. Tafel 228 – 235; Bloch/Grzimek, Tafel 266 u. 267; Jutta von Simson: Die Berliner Säulenmonumente, in: Berlin und die Antike. Architektur, Kunstgewerbe, Malerei, Skulptur, Theater und Wissenschaft vom 16. Jahrhundert bis heute. Katalog, hrsg. von Willmuth Arenhövel, Berlin 1979, S. 207 f.; Reinhard Alings: Die Berliner Siegessäule, Berlin 1990. Die Bearbeiterin der Mag.vorlage Nr. 116, Dr. Margarete Kühn, hat in ihren „Nachträgen" zu dem aus der Mag.abt. für Volksbildung stammenden Denkmalsbericht notiert, daß die Siegessäule hierin „zu den verbleibenden Denkmälern gerechnet" wurde. Vgl. zu Kühns „Nachträgen": Anm. 1 zu diesem Dok. 73. In der Mag.vorlage Nr. 233 v. 26.4.1946 wurde die Siegessäule dann in der Liste derjenigen Denkmäler aufgeführt, „die abzutragen und zu vernichten sind". Vgl. hierzu Dok. 81, Liste I, Nr. 6; ferner das 58. Mag.prot. v. 18.5.1946, TOP 3 (Scharoun).

13 Das Denkmal des preußischen Generalfeldmarschalls Helmuth Graf von Moltke (1800 – 1891) hatte Joseph Uphues (1850 – 1911) entworfen. Es war 1904 gleichzeitig mit dem von Harro Magnussen (1861 – 1908) entworfenen Denkmal des preußischen Generalfeldmarschalls und Kriegsministers Albrecht Graf von Roon (1803 – 1879) auf dem Königsplatz enthüllt worden. Beide Denkmäler wurden 1938/39 an den Großen Stern versetzt. Sie sind abgebildet in: Müller-Bohn, S. 67 u. 68; Bloch/Grzimek, Tafel 367 u. Sp. 286; Rave/Wirth: Bezirk Tiergarten, Tafel 269 u. 270. Vgl. hierzu Dok. 81, Liste II, Nr. 6, u. Liste I, Nr. 4; Rave/Wirth: Bezirk Tiergarten, S. 218 f.

14 Im Rahmen der nationalsozialistischen Stadtplanung sollte der Königsplatz (von 1926 bis 1933 und seit 1948: Platz der Republik) zu einem riesigen Aufmarschplatz des „Dritten

verbleiben. Eine Rückversetzung auf den Königsplatz, ihren ursprünglichen Standort, könnte erwogen werden. Aber auch eine gänzliche Beseitigung der kolossalischen Denkmäler wäre künstlerisch kein Verlust.

(Das *Bismarck-Denkmal*[15] im Hintergrund des Großen Sterns (von Begas 1901), Bronze, ist in seinem pathetischen Ausdruck und in den einzelnen thematischen Motiven aus einer ausgesprochen imperialistischen Gesinnung erwachsen und daher trotz seines kunst- und kulturgeschichtlichen Wertes fragwürdig. Da es aber an seinem jetzigen Platz – es stand vor dem Reichstagsgebäude – schon gewissermaßen beiseitegestellt ist, könnte es dort belassen werden.)

Standbild[er] Wrangels (Keil 1880) und *Brandenburgs* (Hagen 1862) auf dem Leipziger Platz.[16] Bronze.

Künstlerisch wertlos und in jeder Hinsicht entbehrlich.

Berolina.[17] Alexanderplatz. Hundrieser. In Kupfer getrieben.

Die Statue könnte später durch ein modernes, dem heutigen künstlerischen Empfinden entsprechendes Sinnbild Berlins ersetzt werden.

Reiches" umgestaltet werden. Daher wurden die Siegessäule, die Denkmalgruppen der Siegesallee und die Denkmäler Bismarcks, Moltkes und Roons vom Königsplatz zum – vergrößerten – Großen Stern versetzt, wodurch hier ein „Forum des Zweiten Reiches" entstehen sollte.

15 Das von Reinhold Begas (1831 – 1911) entworfene „Nationaldenkmal" für den Reichskanzler Otto von Bismarck (1815 – 1898) war 1901 vor dem Reichstagsgebäude auf dem Königsplatz enthüllt worden. Bei seiner Versetzung an den Großen Stern 1938/39 wurde der Unterbau weggelassen, und die Seitengruppen des Denkmals wurden näher an das Bismarck-Standbild in der Mitte herangerückt. Das Denkmal ist abgebildet in: Müller-Bohn, S. 65; Rave/Wirth: Bezirk Tiergarten, Tafel 262; Bloch/Grzimek, Tafel 327 – 330; Ethos und Pathos. Beiträge, S. 201. Vgl. hierzu Dok. 81, Liste II, Nr. 7, u. Liste III, Nr. 8; das 58. Mag.prot. v. 18.5.1946, TOP 3 (Schwenk, Pieck u. Beschluß); Rave/Wirth: Bezirk Tiergarten, S. 214.

16 Das Standbild des preußischen Generalfeldmarschalls Friedrich Heinrich Ernst Graf von Wrangel (1784 – 1877) hatte Karl Keil (1838 – 1889) entworfen, das Standbild des preußischen Generals und Politikers Friedrich Wilhelm Graf von Brandenburg (1792 – 1850) stammte von Hugo Hagen (1818 oder 1820 – 1871). Beide Denkmäler sind abgebildet in: Müller-Bohn, S. 83. In der Mitteilung des zweiten Nachkriegsmagistrats v. 18.12.1947 (vgl. Anm. 10 zu diesem Dok. 73) heißt es zu diesen Denkmälern: „Standbild des Feldmarschalls Graf Wrangel auf dem Leipziger Platz. Umgestürzt, liegt jetzt am Rande der Anlagen. Das Gegenstück, Standbild des Grafen Brandenburg, ist bereits entfernt. Beide Sockel stehen noch und müßten beseitigt werden."

17 Diese über 7 m hohe Kolossalstatue war gemeinsam von Emil Hundrieser (1846 – 1911) und Michael Lock (1848 – 1898) als Personifikation der Berliner „Schutzgöttin" geschaffen und 1895 auf dem Alexanderplatz aufgestellt worden. 1927 wurde die zum volkstümlichen Wahrzeichen gewordene Statue wegen des U-Bahnbaues beseitigt, 1933 aber vom neuen nationalsozialistischen Magistrat wieder auf dem Alexanderplatz, schräg gegenüber ihrem früheren Standort, aufgestellt. Vgl. zum Berolina-Denkmal: Müller-Bohn, S. 1 f.; Geheimnisse um die Berolina, in: Nacht-Express, 10.1.1946, [S. 5]; Berolina war immer ein Sorgenkind. Zum 100. Geburtstag ihres Vaters Emil Hundrieser, in: Der Morgen, 13.3.1946, S. 3; Was von einer Riesendame blieb, in: Tägliche Rundschau, 25.8.1946, Berliner Beilage; Hans-Werner Klünner: Die Berolina – Symbol und Denkmal

Vier Soldatengruppen im Tiergarten in der Nähe des Schlosses Bellevue.[18] *Granatwerfer.* Ebendort, dicht beim Eingang in den Schloßhof. Beides künstlerisch völlig minderwertig.

Die folgenden Hohenzollernstandbilder haben keine monarchistische oder imperialistische Tendenz und sollten daher an ihren Plätzen verbleiben:

Reiterstandbild König Friedrich Wilhelms IV. auf der großen Freitreppe der Nationalgalerie.[19] Calandrelli 1886.

Es ist dem großen Verehrer und Förderer der Kunst und Schöpfer des Baues errichtet, der, politisch bedeutungslos und unbegabt, als „Romantiker auf dem preußischen Thron" in der Geschichte des 19. Jahrhunderts einen bemerkenswerten Platz einnimmt. Außerdem gehört das Denkmal zur Architektur des Baues.

Standbild des Kurfürsten Joachim II. neben der Nikolaikirche in Spandau.[20] Von E. Encke. 1889.

Es huldigt dem Fürsten, der die Reformation in die Mark Brandenburg eingeführt hat.

---

einer Epoche, in: Jahrbuch für brandenburgische Landesgeschichte, Bd. 14 (1963), S. 79 – 86; Bloch/Grzimek, Sp. 192; Ethos und Pathos. Beiträge, S. 486.

Hinnerk Scheper, der als Leiter der im Hauptamt für Hochbau der Mag.abt. für Bau- und Wohnungswesen ressortierenden Abteilung für Denkmalpflege die Funktion des „Konservators von Berlin" wahrnahm, hat in seinem Tagebuch unter dem 31.7.1947 notiert: „[...] vor Mittag Besichtigung der auf dem Güterbahnhof Schles[ischer] B[ahn]h[o]f gefundenen Reste der Berolina (Kopf u[nd] Oberkörper). Teile des Unterkörpers sollen ebenfalls dort unter Bergen Altmetall liegen, ich fand sie bis jetzt nicht." – Der Editionsbearbeiter bedankt sich bei Dr. Dirk Scheper, der ihm Einsicht in Tagebuchaufzeichnungen seines Vaters Hinnerk Scheper aus den Jahren 1945 bis 1950 gewährte. Die Aufzeichnungen lagen dem Editionsbearbeiter zum Teil im Original, zum Teil als Abschrift (Auszüge) vor. Die vorige Eintragung v. 31.7.1947 ist nach dem Original zitiert.

18 Diese Denkmäler stellten vier Stationen des tapferen, patriotischen Soldaten dar: „Auszug des Kriegers", „Der Kampf", „Der verwundete Krieger", „Glückliche Heimkehr". Sie stammten von den Bildhauern Hermann Wittig (1819 – 1891), Rudolf Schweinitz (1839 – 1896), Ludwig Brodwolf (1839 – 1895) und Alexander Calandrelli (1834 – 1903) und waren 1874 auf der Königsbrücke aufgestellt worden. Beim Abbruch dieser Brücke 1882 wurden sie in die Nähe des Königsplatzes versetzt und 1938 in die Rüsternallee im Tiergarten. Vgl. hierzu: Dok. 81, Liste I, Nr. 7; Rave/Wirth: Bezirk Tiergarten, S. 203 u. Tafel 225; Martina Weinland: Kriegerdenkmäler in Berlin (1813/15 bis 1914/18), in: Ethos und Pathos. Beiträge, S. 283 – 285.

19 Dieses Denkmal des preußischen Königs Friedrich Wilhelm IV. (1795 – 1861) war von Alexander Calandrelli (1834 – 1903) entworfen worden. Es ist abgebildet in: Müller-Bohn, S. 21; Bloch/Grzimek, Tafel 271. Vgl. hierzu Dok. 81, Liste III, Nr. 7; das 58. Mag.prot. v. 18.5.1946, TOP 3 (Schwenk, Pieck u. Beschluß).

20 Dieses Denkmal des brandenburgischen Kurfürsten Joachim II. (1505 – 1571) war von Erdmann Encke (1843 – 1896) entworfen worden. Es ist abgebildet in: Gunther Jahn: Die Bauwerke und Kunstdenkmäler von Berlin. Stadt und Bezirk Spandau, Berlin [West] 1971, Tafel 458; Bloch/Grzimek, Sp. 194. Vgl. hierzu Dok. 81, Liste III, Nr. 10; Jahn, S. 351.

Standbild König Friedrich Wilhelms III. (Drake 1849) und der *Königin Luise* (E. Encke, 1889).[21] Tiergarten.

Beide Denkmäler stehen noch ganz in der Tradition des Klassizismus und gehören zu den wenigen bemerkenswerten Denkmälern des Tiergartens.

Standbild des jugendlichen Prinzen Wilhelm von Preußen.[22] Tiergarten. Von Brütt.

Das kleine gefällige Standbild ist schlicht und bescheiden.

Falls die Einschmelzung weiterer Bildwerke aus Bronze zur Materialgewinnung wünschenswert ist, könnten noch eine Anzahl inhaltlich belangloser, beschädigter oder künstlerisch mittelmäßiger Bildwerke entfernt werden, z[um] B[eispiel] die derb-naturalistischen *Jagdgruppen*[23], die beschädigte *Löwengruppe*[24] von A. Wolff, einige beschädigte *Tierbilder*[25] von Siemering, alle im Tiergarten, und einige weitere Denkmäler auf den Sportplätzen und in den Parks der Außenbezirke.

III. *Die Denkmäler des Barock und Klassizismus sind untendenziös.*

Wenn sie nicht demagogisch verfälscht werden, kann von ihnen keine nachteilige Wirkung ausgehen. Im Gegenteil, sie sind Schöpfungen von objektivem künstlerischen Wert und daher wie die Werke der Literatur und Musik ideelles Gut des deutschen Volkes.

Die aus Anlaß der *Befreiungskriege* von Schinkel geschaffenen Denkmäler

---

21 Die von Friedrich Drake (1805 – 1882) und Erdmann Encke (1843 – 1896) entworfenen Denkmäler des preußischen Königs Friedrich Wilhelm III. (1770 – 1840) und seiner Frau Luise (1776 – 1810) sind abgebildet in: Müller-Bohn, S. 44 u. 43; Rave/Wirth: Bezirk Tiergarten, Tafel 227 u. 242; Bloch/Grzimek, Tafel 176, 177 u. 259 – 261; Frecot/Geisert, Tafel 160; Ethos und Pathos. Beiträge, S. 443. Das Denkmal der Königin Luise wurde nicht 1889, sondern 1880 enthüllt. Vgl. zu diesen beiden Denkmälern: Dok. 81, Liste III, Nr. 9; das 58. Mag.prot. v. 18.5.1946, TOP 3 (Schwenk, Pieck u. Beschluß); Rave/Wirth: Bezirk Tiergarten, S. 202 u. 206 f.; Stefanie Endlich/Bernd Wurlitzer: Skulpturen und Denkmäler in Berlin, Berlin 1990, S. 169 f.
22 Dieses Denkmal des späteren Kaisers Wilhelm I. (1797 – 1888) war von Adolf Brütt (1855 – 1939) entworfen und 1904 auf der Luiseninsel enthüllt worden. Es ist abgebildet in: Müller-Bohn, S. 40; Rave/Wirth: Bezirk Tiergarten, Tafel 271; Steckner, S. 190. Vgl. hierzu: Rave/Wirth: Bezirk Tiergarten, S. 217; Steckner, S. 190 f.; Endlich/Wurlitzer, S. 170 f.
23 Vgl. zu diesen vier Jagdgruppen-Denkmälern, die 1904 enthüllt worden waren: Müller-Bohn, S. 72 f.; Rave/Wirth: Bezirk Tiergarten, S. 219 u. Tafel 272; Endlich/Wurlitzer, S. 174 f.
24 Die 1872 nicht von „A. Wolff", sondern von Wilhelm Wolff (1816 – 1887) geschaffene Löwengruppe war 1878 südwestlich des Brandenburger Tores aufgestellt worden. Vgl. hierzu: Müller-Bohn, S. 38; Rave/Wirth: Bezirk Tiergarten, S. 206 u. Tafel 236; Bloch/Grzimek, Tafel 193.
25 Vgl. zu den von Rudolf Siemering (1835 – 1905) um 1900 geschaffenen und im weiteren Umkreis des Floraplatzes aufgestellten Bronze-Tierbildern: Rave/Wirth: Bezirk Tiergarten, S. 211; Bloch/Grzimek, Sp. 180; Endlich/Wurlitzer, S. 172.

(Kreuzberg-Denkmal[26], Gefallenen-Denkmal[27] neben der Nikolaikirche in Spandau) bringen ein nationales Empfinden zum Ausdruck, das natürlich und maßvoll und frei von jeglichem triumphalen und militaristischen Gebaren ist. Ihre mittelalterliche Formensprache erhebt den Gedanken des Sieges und der Befreiung ins Religiöse.

Die *Standbilder der Feldherren der Freiheitskriege* von Ch. D. Rauch (neben und gegenüber der Neuen Wache) sind in der Auffassung schlicht und vornehm.[28] Auch ihre Aufstellung ist zwanglos und unaufdringlich.

Das *Denkmal des Großen Kurfürsten von Andreas Schlüter* (aufgestellt 1703) ist ein Kunstwerk von internationalem Rang, das in keinem Handbuch der europäischen Kunstgeschichte fehlt.[29] Unter den zahlreichen verwandten Reiterstandbildern der europäischen Kunst ist es eines der bedeutendsten, und der durch Johann Jacobi ausgeführte Guß ist eine vielbewunderte technische Glanzleistung. Die Natur des Denkmals ist dem Wesen der Schlüterschen Kunst entsprechend völlig unmilitärisch. Wie der Künstler in seinen Zeughausmasken[30]

---

26 Vgl. zu dem von Karl Friedrich Schinkel (1781–1841) entworfenen und von 1818 bis 1826 errichteten Kreuzberg-Denkmal: Dok. 81, Liste III, Nr. 1; Müller-Bohn, S. 103 f.; Peter Bloch: Das Kreuzberg-Denkmal und die patriotische Kunst, in: Jahrbuch Preußischer Kulturbesitz 1973, S. 142–159; Bloch/Grzimek, Sp. 76–87 u. 429/430; Michael Nungesser: Das Denkmal auf dem Kreuzberg von Karl Friedrich Schinkel, Berlin [West] 1987.

27 Vgl. zu diesem Denkmal für die Gefallenen von 1813 bis 1815, das 1816 errichtet wurde: Dok. 81, Liste III, Nr. 6; Jahn, S. 344 f. u. Tafel 454; Weinland: Kriegerdenkmäler in Berlin (1813/15 bis 1914/18), S. 282 f.

28 Bei diesen von Christian Daniel Rauch (1777–1857) geschaffenen Denkmälern handelte es sich zum einen um Standbilder der preußischen Generäle Friedrich Wilhelm Graf Bülow von Dennewitz (1755–1816) und Gerhard Johann David von Scharnhorst (1755–1813), die 1822 rechts und links neben der Neuen Wache aufgestellt wurden, welche von Karl Friedrich Schinkel als Erinnerungsstätte an die Freiheitskriege entworfen und von 1816 bis 1818 an der Straße Unter den Linden erbaut worden war. Ferner zählten hierzu die Standbilder des preußischen Generalfeldmarschalls Gebhard Leberecht Fürst Blücher von Wahlstatt (1742–1819) sowie der preußischen Feldmarschälle Hans David Ludwig Graf Yorck von Wartenburg (1759–1830) und August Wilhelm Anton Graf Neidhardt von Gneisenau (1760–1831), die 1826 bzw. 1855 gegenüber der Neuen Wache aufgestellt wurden. Diese Standbilder sind abgebildet in: Müller-Bohn, S. 24–26; Erhard Ingwersen: Standbilder in Berlin, Berlin [West] 1967 (Berlinische Reminiszenzen, Bd. 16), Abb. 5, 6, 8 u. 9; Bloch/Grzimek, Tafel 130–133; Jutta von Simson: Christian Daniel Rauch. Œuvre-Katalog, Berlin 1996, S. 124, 133, 162, 417 u. 422. Vgl. hierzu Dok. 81, Liste III, Nr. 2; Endlich/Wurlitzer, S. 304–306; von Simson: Christian Daniel Rauch, S. 123–138, 157–170 u. 416–423.

29 Das von Andreas Schlüter (um 1660–1714) entworfene Reiterstandbild des Großen Kurfürsten (1620–1688) war 1703 auf der Langen Brücke (Kurfürsten-Brücke) am Berliner Schloß enthüllt worden. Es ist abgebildet in: Müller-Bohn, S. 4; Rave/Wirth: Stadt und Bezirk Charlottenburg, Tafelband, Tafel 655–657); Peschken/Klünner, Tafel 4/5. Vgl. hierzu Dok. 81, Liste II, Nr. 1; Rave/Wirth: Stadt und Bezirk Charlottenburg, Textband, S. 485–490.

30 Das Zeughaus war von 1695 bis 1706 äußerlich fertiggestellt worden. Die von Schlüter stammenden 22 Masken sterbender Krieger bildeten die Schlußsteine über den Erdgeschoßfenstern im Innenhof, dem sogenannten Schlüterhof. Vgl. die Abbildungen

den Kriegertod jenseits von Sieg und Niederlage als menschlich ergreifenden Vorgang seelischen Kampfes und Leidens schildert, so erscheint hier auch das Imperatorische nicht als Aufruf zu Kampf und Sieg, sondern als eine in echte Menschlichkeit gegründete herrscherliche Würde schlechthin. Die Sklaven[31] sind in der Auffassung Schlüters nicht besiegte Barbaren, sondern auch sie verkörpern menschlichen Adel. Die Unterschrift auf einer zeitgenössischen Darstellung besagt sogar, daß das Standbild des Kurfürsten als „ein immer während es Denkmal seiner Frömmigkeit" aufgerichtet sei. Besser könnte sein unkriegerisches Wesen nicht bewiesen werden.

Das *Denkmal Friedrichs des Großen* von Rauch ist mit dem geistigen Leben der Stadt, die sich ein halbes Jahrhundert mit der Idee eines Friedrichsmonumentes beschäftigt hatte, eng verwachsen.[32] Daß es darum in besonderem Maße kultischen Charakter habe, kann man nicht sagen. Es steckt vielmehr ein gut Teil bürgerlicher Realismus in dem Werk, und der Berliner steht ihm keineswegs sentimental gegenüber. Aber es hat einen Platz in seinem Herzen, denn es ist für ihn ein Stück Altberliner Leben, dem er hier begegnet. Städtebaulich erfüllt das Denkmal an dieser Stelle eine funktionelle Aufgabe, indem es den Platzraum, der von der Universität, dem Opernhaus und der alten Bibliothek gebildet wird, mit dem Straßenzug der Linden verknüpft. Es zielt daher auch durch die Höhe des Sockels und die verhältnismäßige Kleinheit des Standbildes künstlerisch auf eine architektonische Wirkung ab.

Die *Standbilder der Generale der Freiheitskriege* auf dem Wilhelmplatz sind Bronzekopien von Kiss um 1860.[33] Die Marmor-Originale (Schwerin, Winter-

---

in: Die Bau- und Kunstdenkmale in der DDR. Hauptstadt Berlin I. Herausgegeben vom Institut für Denkmalpflege der DDR. Bearbeitet von einem Kollektiv der Abteilung Forschung. Gesamtredaktion Heinrich Trost, München 1983, S. 148 f.

31 Die am Sockel des Denkmals des Großen Kurfürsten angebrachten Sklaven-Figuren stammten nicht von Schlüter selbst, waren aber wahrscheinlich nach kleineren Modellen Schlüters ausgeführt worden. Vgl. hierzu: Rave/Wirth: Stadt und Bezirk Charlottenburg, Textband, S. 486 u. 487 f.; Rave/Wirth: Stadt und Bezirk Charlottenburg, Tafelband, Tafel 658 – 661.

32 Das von Christian Daniel Rauch (1777 – 1857) geschaffene Reiterstandbild des preußischen Königs Friedrich II., des Großen (1712 – 1786), war 1851 auf der Mittelpromenade der Straße Unter den Linden enthüllt worden, schräg gegenüber dem Platz am Opernhaus. Es ist abgebildet in: Müller-Bohn, S. 30; Bloch/Grzimek, Tafel 136 – 141; Die Bau- und Kunstdenkmale in der DDR. Hauptstadt Berlin I, S. 169 u. 176; von Simson: Christian Daniel Rauch, S. 300 u. 301. Vgl. hierzu Dok. 81, Liste II, Nr. 5; das 46. Mag.prot. v. 16.2.1946, TOP 12 (Jendretzky), u. das 58. Mag.prot. v. 18.5.1946, TOP 3 (Scharoun u. Beschluß); Friedrich Mielke/Jutta von Simson: Das Berliner Denkmal für Friedrich II., den Großen, Frankfurt am Main/Berlin/Wien 1975; Bloch/Grzimek, Sp. 99 – 106; von Simson: Christian Daniel Rauch, S. 300 u. 301.

33 Die hier gemeinten Denkmäler stellten nicht Generale der Freiheitskriege von 1813 bis 1815 gegen die napoleonische Herrschaft dar, sondern – mit Ausnahme Leopolds I. – preußische Feldherren des Siebenjährigen Krieges (1756 – 1763). August Kiss (1802 – 1865) hatte seine Bronzenachbildungen der ursprünglichen Marmorstandbilder von 1857 bis 1861 geschaffen, wobei er die Statuen Schwerins und Winterfeldts in Anpassung an die übrigen Denkmäler völlig neu gestaltet hatte. Die von Kiss geschaffenen Denkmäler sind abgebildet in: Müller-Bohn, S. 85 – 87; Bloch/Grzimek, Sp. 33 – 36.

feldt, Seydlitz und Keith von dem französischen Bildhauer F. G. Adam, Leopold von Dessau und Ziethen von Gottfried Schadow) sind ins Kaiser-Friedrich-Museum[34] verbracht.[35] Aus künstlerischen Gründen wäre ins Auge zu fassen, sie wieder an dieser oder anderer Stelle aufzustellen, zumal es die einzigen erhaltenen öffentlichen Bildwerke des 18. Jahrhunderts in Berlin sind. Die Bronzekopien wären dann entbehrlich und könnten eingeschmolzen werden.

---

34 Seit 1956: Bode-Museum.
35 Die ursprünglichen Marmorstandbilder waren im Zeitraum von 1769 bis 1828 auf dem Wilhelmplatz aufgestellt worden. Sie stellten die folgenden preußischen Feldherren dar: Generalfeldmarschall Kurt Christoph Graf von Schwerin (1684 – 1757), Generalleutnant Hans Karl von Winterfeldt (1707 – 1757), General Friedrich Wilhelm Freiherr von Seydlitz (1721 – 1773), Generalfeldmarschall Jakob Keith (1696 – 1758), General Hans Joachim von Zieten (1699 – 1786) und Fürst Leopold I. von Anhalt-Dessau (1676 – 1747). Der Bildhauer François Gaspard Adam (1710 – 1761) hatte nicht vier dieser Denkmäler geschaffen, sondern nur – vollendet von Sigisbert-François Michel (1728 – 1774) – das Standbild Schwerins. Das Standbild Winterfeldts stammte von den Brüdern Johann David Räntz (1729 – 1783) und Johann Lorenz Wilhelm Räntz (1735 – 1777), die Standbilder Seydlitz' und Keiths von Jean Pierre Antoine Tassaert (1727 – 1788) und die Standbilder Zietens und Leopolds I. von Johann Gottfried Schadow (1764 – 1850). Vgl. hierzu: Lothar Lambacher: Die Standbilder preußischer Feldherren im Bodemuseum. Ein Berliner Denkmalensemble des 18. Jahrhunderts und sein Schicksal, Berlin 1990.

Dok. 74
49. Magistratssitzung vom 9. März 1946

LAB(STA), Rep. 100, Nr. 769, Bl. 22 – 27. – Umdruck.[1]

Beginn: 9.25 Uhr   Schluß: 13.15 Uhr

Anwesend: Dr. Werner, Maron, Orlopp, Schulze, Lange, Dr. Landwehr, Pieck,
            Geschke, Winzer, Grommann, Dusiska, Jendretzky, Dr. Düring, Keh-
            ler, Kraft, Fleischmann, Jirak, Dr. Redeker, Grüber, Buchholz,
            Dr. Haas, Karweik, Dr. Mittag, Rumpf, Dr. Müller[2].

Den Vorsitz führt: Bürgermeister Maron, später Oberbürgermeister Dr. Werner.

Tagesordnung: 1. Protokoll
                2. Personalfragen
                3. Arbeitsfragen
                4. Volksbildung
                5. Handel und Handwerk
                6. Bau- und Wohnungswesen
                7. Allgemeines.

1. PROTOKOLL

Die Niederschrift der Magistratssitzung vom 4.3.46 konnte wegen der Kürze der Frist
nicht rechtzeitig fertiggestellt werden; die Beschlußfassung über die Genehmigung
wird vertagt.

2. PERSONALFRAGEN

Maron teilt mit, daß die Berufung von Stadtrat *Orlopp* zum *2. stellvertretenden
Oberbürgermeister* der Stadt Berlin von der Alliierten Kommandantur *bestätigt*
worden ist.[3]

Geschke macht informatorisch Mitteilung von der *Verhaftung* des Leiters des
Hauptausschusses „Opfer des Faschismus", Herrn *Raddatz*. Dieser hatte die am
letzten Sonntag stattgefundene Versammlung der Opfer des Faschismus einberufen.
Raddatz wird beschuldigt, zur Einberufung einer politischen Versammlung amtliche
Briefbogen der Stadt Berlin benutzt zu haben.[4]

---

1   Weitere Umdruckexemplare dieses Protokolls sind vorhanden in: LAB(STA), Rep. 100,
    Nr. 752, lfd. S. 103 – 113; LAB, Rep. 228, Mag.protokolle 1946, u. Rep. 280, Nr. 8501/10.
2   Dr. Werner Müller, Generalreferent und Justitiar in der Mag.abt. für Bau- und Wohnungs-
    wesen.
3   Vgl. das 42. Mag.prot. v. 19.1.1946, TOP 2 (insb. Anm. 15).
4   Vgl. zum Hauptausschuß „Opfer des Faschismus": Dok. 58, Anm. 44; das Prot. der
    Konferenz der Bezirksbürgermeister am 11.4.1946, TOP 1, in: LAB, Rep. 280, Nr. 3854;
    das Prot. über die Sitzung der Bezirksräte für Sozialwesen am 23.10.1946, in: LAB(STA),
    Rep. 118, Nr. 17, Bl. 173 – 184; Materialien in: LAB, Rep. 37: OMGBS, PAB, 4/127-1/2;
    Keiderling: Wir sind die Staatspartei, S. 375 – 379. Karl Raddatz (KPD) hatte im Februar

Maron berichtet hierzu, daß auf eine Anfrage[5] der Alliierten Kommandantur vom Oberbürgermeister erklärt worden ist:[6] 1. Beim Hauptausschuß „Opfer des Faschismus" handle es sich um eine Wohlfahrtsorganisation, d[as] h[eißt] ein Komitee, das zur sozialen Betreuung der Opfer des Faschismus bei der Stadtverwaltung geschaffen wurde und dem keinerlei politische Aufgaben gestellt wurden. 2. Der politische Charakter der Versammlung am letzten Sonntag werde vom Oberbürgermeister bzw. dem Magistrat nicht gebilligt; Herr Raddatz habe in dieser Angelegenheit eigenmächtig und ohne Befragung des Magistrats gehandelt.[7]

Der Redner macht weiter Mitteilung davon, daß 12 Angestellte des Bezirksamts Schöneberg unter der Beschuldigung verhaftet worden sind, ihre Verwaltungsarbeit mit politischer Betätigung verknüpft zu haben, indem sie Rundschreiben ihrer Partei im Bezirksamt verbreiteten.[8] Er weise aus diesem Anlaß noch einmal darauf hin,

---

1946 als Leiter des Hauptausschusses die anerkannten Opfer des Faschismus in Berlin zu einer Kundgebung am 3.3.1946 für den organisatorischen Zusammenschluß von KPD und SPD in der Deutschen Staatsoper im Admiralspalast aufgerufen. Sein Aufruf ist als Abschrift vorhanden in: LAB, Rep. 37: OMGBS, Dir Off, 4/133-1/21, u. OMGBS, PAB, 4/127-1/2. Der sowjetische Stadtkommandant Dimitrij Iwanowitsch Smirnow ließ Raddatz etwa am 6.3.1946 verhaften. Vgl. hierzu das Schreiben des amerikanischen Stadtkommandanten Ray W. Barker an den stellvertretenden amerikanischen Militärgouverneur von Deutschland v. 10.3.1946, in: LAB, Rep. 37: OMGBS, Dir Off, 4/133-1/21.

5 Gemeint ist BK/O (46) 110 v. 6.3.1946, betr. die Organisation „Opfer des Faschismus", in: LAB, Rep. 280, Nr. 12521.

6 Das Antwortschreiben von OB Werner an die AK v. 7.3.1946 ist vorhanden in: LAB(STA), Rep. 101, Nr. 60; LAB, Rep. 37: OMGBS, Dir Off, 4/133-1/21.

7 Die AK, die sich auf amerikanische Initiative mit dem „Fall Raddatz" und der Organisation „Opfer des Faschismus" befaßte, bestätigte den diesbezüglichen sowjetischen Untersuchungsbericht, wonach die einzige Amtspflichtverletzung von Raddatz darin bestanden habe, daß er seinen Aufruf auf einem amtlichen Briefbogen des Magistrats herausgegeben hatte. Raddatz verlor daher seine Position als Leiter des Hauptausschusses „Opfer des Faschismus"; er wurde aber gleichzeitig aus der sowjetischen Haft entlassen. Vgl. hierzu das 11. Prot. der stellv. Stadtkommandanten v. 5.3.1946, TOP 140, u. das 12. Prot. der stellv. Stadtkommandanten v. 8.3.1946, TOP 144, in: LAB, Rep. 37, Acc. 3971, Nr. 218; das 7. Prot. der AK v. 12.3.1946, TOP 64 u. Appendix A, in: LAB, Rep. 37, Acc. 3971, Nr. 215; das 50. Mag.prot. v. 16.3.1946, TOP 2; Hurwitz: Die Eintracht der Siegermächte, S. 192 – 194.

Dem Hauptausschuß „Opfer des Faschismus" wurde mit BK/O (46) 176 v. 18.4.1946 ausdrücklich gestattet, „sich weiterhin auf dem Gebiete rein antifaschistischer Propaganda" und in „Wohlfahrtsangelegenheiten" zu betätigen. Diese BK/O ist vorhanden in: LAB(STA), Rep. 101, Nr. 63, Bl. 96; LAB, Rep. 280, Nr. 4825. Vgl. hierzu auch das 18. Prot. der stellv. Stadtkommandanten v. 9.4.1946, TOP 230, in: LAB, Rep. 37, Acc. 3971, Nr. 219; das 11. Prot. der AK v. 12.4.1946, TOP 105, in: LAB, Rep. 37, Acc. 3971, Nr. 215.

8 Der amerikanische Verbindungsoffizier beim Bezirksamt Schöneberg, Hauptmann Paul J. Kent, hatte Ende Februar 1946 elf Angestellte der Bezirksverwaltung Schöneberg, die auch als KPD-Funktionäre tätig waren, sowie den Sekretär der KPD in Schöneberg, Gerhard Jurr, verhaften lassen. Gegen Jurr und Wilhelm Kammermeier, Leiter des Zentralbüros für die Unterbezirksverwaltungen in Schöneberg und Vorsitzender der KPD-Betriebsgruppe im Bezirksamt Schöneberg, wurde vor dem amerikanischen Militärgericht in Lichterfelde-West Anklage erhoben. Diese betraf vor allem die Herausgabe und Verbreitung eines Rundschreibens v. 19.2.1946 an kommunistische Angestellte der

daß alle Verwaltungsstellen darauf zu achten hätten, daß von Angestellten der Stadt
während ihrer Dienstzeit und in den Diensträumen keine politische Betätigung
betrieben werden darf und die Verwaltungsarbeit nicht mit Politik verknüpft werden
dürfe.

3. ARBEITSFRAGEN

Fleischmann begründet die Vorlage Nr. 107[9], betreffend Anordnung über den
Austausch von Arbeitskräften. Durch diese Anordnung soll die Möglichkeit gegeben
werden, ältere Arbeitslose, besonders Angestellte, wieder in Lohn und Brot zu
bringen, indem sie gegen jüngere ausgetauscht werden.[10] Dabei entstehende Härten
für jüngere Angestellte sollen nach Möglichkeit dadurch vermieden werden, daß sie
nach einer gewissen Zeit des Mitarbeitens am Wiederaufbau wieder, und zwar
bevorzugt, in ihre alte Stellung eingesetzt werden.

Dusiska äußert Bedenken gegen eine solche Zwangsbewirtschaftung von Arbeitskräften, die an Methoden aus der Nazizeit erinnere. Das Problem der älteren

---

Bezirksverwaltung Schöneberg. Das Rundschreiben enthielt Richtlinien für die politische
Tätigkeit der KPD-Mitglieder in der Verwaltung. Jurr und Kammermeier wurden
am 3.4.1946 zu je fünf Jahren Gefängnis verurteilt. Eine zur Prüfung der Urteile
eingesetzte amerikanische Kommission empfahl aber bereits am 20.5.1946, die Urteile
auf die verbüßte Haftzeit zu reduzieren und die beiden Verurteilten freizulassen.
Vgl. zu diesen Vorgängen: Materialien in: LAB, Rep. 37: OMGBS, PAB, 4/127-1/2;
LAB(STA), Rep. 101, Nr. 590, Bl. 101 f. u. 105 – 108, u. Rep. 102, Nr. 52, Bl. 150 – 154;
Maßnahmen gegen kleine Diktatoren, in: Die Neue Zeitung, 11.3.1946, S 5; Gericht
unter dem Sternenbanner. Der Prozeß gegen Jurr und Kammermeier, in: Telegraf,
3.4.1946, S. 2; Der Prozeß in Schöneberg, in: Berliner Zeitung, 4.4.1946, [S. 3]; Ernst
Barbknecht: Prozeß in Schöneberg. Fünf Jahre Gefängnis für die Antifaschisten Jurr
und Kammermeier, in: Tägliche Rundschau, 4.4.1946, S. 6; Der Schöneberger Prozeß,
in: Deutsche Volkszeitung, 4.4.1946, S. 1; Der Nichtachtung der Gesetze schuldig
befunden. Fünf Jahre Gefängnis für Kommunisten, in: Der Berliner, 4.4.1946, S. 2; Der
Prozeß gegen die Genossen Jurr und Kammermeier, in: Deutsche Volkszeitung, 5.4.1946,
S. 2; Der Schöneberger Prozeß, in: Das Volk, 5.4.1946, [S. 1]; Urteil im Berliner Prozeß,
in: Die Neue Zeitung, 5.4.1946, S. 5; Gerhard Jurr [–] ein Leben für den Fortschritt,
in: Berliner Zeitung, 12.5.1946, [S. 2]; Jurr und Kammermeier in Freiheit, in: Berliner
Zeitung, 29.5.1946, [S. 3]; Berlin. Kampf um Freiheit, S. 408; Hurwitz: Die Eintracht der
Siegermächte, S. 214 – 216; Keiderling: Wir sind die Staatspartei, S. 519 f.

9 LAB(STA), Rep. 100, Nr. 769, Bl. 28 f.

10 In der Begründung der Mag.vorlage Nr. 107 v. 2.3.1946 heißt es: „Die derzeitige
arbeitsmarktpolitische Situation der Angehörigen der älteren Jahrgänge, insbesondere
der Angestellten, ist in mancher Hinsicht besonders schwierig. Ein erheblicher Teil
dieses Personenkreises ist arbeitslos, ein anderer ebenfalls wesentlicher Prozentsatz
ist durch die Not gezwungen, Arbeiten zu verrichten, die älteren Leuten angesichts
ihrer körperlichen Konstitution normalerweise nicht zugemutet werden können. Dies
gilt natürlich besonders für ältere Frauen, die heute bekanntlich in großer Anzahl bei
Bau- und ähnlichen körperlich schweren Arbeiten eingesetzt sind. Auf der anderen
Seite sind z[um] B[eispiel] noch viele junge kräftige Menschen, die für produktive
Wiederaufbauarbeiten durchaus geeignet wären, in den Büros der Verwaltungsstellen oder
der privaten Wirtschaft beschäftigt. Hier gilt es, durch einen sinnvollen Austausch der
vorhandenen Kräfte Abhilfe zu schaffen." – Vgl. hierzu auch: „Und wir über fünfzig?",
in: Berliner Zeitung, 22.1.1946, [S. 2]; Gibt es ein Zurück in den alten Beruf? Das
Problem der älteren Angestellten, in: Deutsche Volkszeitung, 3.2.1946, S. 4.

Angestellten hat es früher schon gegeben. Damals hat man das Verfahren des Austausches dazu benutzt, mißliebige jüngere Arbeitskräfte auf die Straße zu setzen. Man sollte dahin streben, daß sich jedes Unternehmen die besten Kräfte für seinen Betrieb sichern kann. Das hier vorgeschlagene Verfahren schafft nur Unruhe in den Betrieben. Man sollte die Vorlage ablehnen.

Fleischmann erwidert, es bestehe heute schon eine Zwangsbewirtschaftung von Arbeitskräften im allgemeinen. Die Arbeitgeber bevorzugen jüngere Kräfte nicht aus Idealismus, um Nachwuchs heranzubilden, sondern weil die jüngeren Kräfte leistungsfähiger und billiger sind. Die älteren Angestellten finden heute nur sehr schwer eine Stellung oder nur [eine] solche, die ihnen auf Grund ihrer körperlichen Konstitution schwer zugemutet werden kann. Eine Lösung des Problems läßt sich nur durch einen Austausch der Arbeitskräfte finden. Dabei soll durchaus nicht willkürlich verfahren werden. Es ist ausdrücklich in der Verordnung gesagt, daß auf die Berufsentwicklung der auszutauschenden jüngeren Kräfte Rücksicht zu nehmen ist. Außerdem ist eine Einspruchsmöglichkeit gegeben.

Pieck befürchtet, daß die Verordnung nicht die nötige Klarheit bringt, um das Ziel zu erreichen, das angestrebt wird. Einmal werden jüngere Kräfte in der Wirtschaft wie auch in der Verwaltung, die ziemlich überaltert ist,[11] gebraucht, zum andern sollen die älteren Angestellten vor Arbeitslosigkeit bewahrt werden. Nach dieser Anordnung soll der Arbeitgeber gewissermaßen nach seinem Ermessen über einen solchen Austausch entscheiden. Das ist eine zu unklare Sprache.

Winzer weist auf die Notwendigkeit hin, in erster Linie die aus der Kriegsgefangenschaft Heimkehrenden bei Einstellungen zu berücksichtigen. Die Rücksichtnahme auf ältere Angestellte lasse sich besser als durch diese Anordnung dadurch erreichen, daß man sagt: 1. Ältere Angestellte dürfen nicht entlassen werden, wenn jüngere dafür eingestellt werden. 2. Bei Neueinstellungen muß ein bestimmter Prozentsatz älterer Angestellter berücksichtigt werden.

Fleischmann glaubt, daß man mit einer solchen Regelung den großen Kreis von etwa 150 000 älteren männlichen Angestellten nicht in Arbeit bringen wird. Es muß hier etwas Durchgreifendes geschehen, zumal auf der andern Seite der Sozialetat der Stadt durch diese älteren Arbeitslosen mit Familie stark belastet wird.

Dr. Landwehr sieht das Kernproblem darin, daß es aus der Überorganisation in den letzten 12 Jahren viel zu viel Angestellte gibt, auch gerade unter der jüngeren Generation. Man muß sich bemühen, diese Leute wieder aus der Büroarbeit in eine praktische Arbeit zu bringen. Bedenklich sei die Formulierung in § 2, wonach auf die persönlichen Verhältnisse des Auszutauschenden „weitgehend Rücksicht zu nehmen" ist. Das müßte genauer gefaßt werden. Auch der § 6 mit der „Bewährungsfrist" für die jüngeren Angestellten sei nicht schön.[12]

Jendretzky befürwortet die Annahme der Vorlage, durch die versucht werde, sowohl der Not der älteren Angestellten, einen Arbeitsplatz zu finden, wie auch dem Bedürfnis der jüngeren Kräfte nach Beschäftigung und Ausbildung gerecht zu werden. Kleine Unebenheiten und Unklarheiten in der Fassung ließen sich durch

---

11 Die städtischen Angestellten waren Anfang 1946 zu etwa 70 % älter als 40 Jahre. Vgl. hierzu: Das erste Jahr, S. 27.

12 § 6 des vorgelegten Anordnungsentwurfs hat den Wortlaut: „Hat sich der jüngere Arbeitnehmer bei einer Wiederaufbautätigkeit von mindestens 6monatlicher [sic!] Dauer bewährt, so ist er nach Möglichkeit wieder in seinen früheren Beruf einzusetzen."

Ausführungsbestimmungen noch ausgleichen. Im Rahmen des Jugendnotprogramms hat man der Jugend schon eine gewisse Hilfe gebracht.[13] Ein großer Teil derer, die in der verflossenen Kriegszeit in die Angestelltenschaft hineingedrängt worden sind, strebt heute danach, wieder als Angestellte verwandt zu werden. Dem kann nur durch ein regulierendes Eingreifen begegnet werden, sonst bleibt der gegenwärtige Zustand bestehen, daß die Arbeitsämter und die Gewerkschaften von den älteren Angestellten überlaufen werden, die sich durch die jüngeren verdrängt sehen.

Orlopp hält den vorgeschlagenen Weg für eine gewisse Übergangzeit für gangbar. Nach etwa 6 Monaten könnte man, je nachdem[, wie] dann das Bild des Arbeitsmarktes aussehe, sich erneut mit dem Problem beschäftigen.

Dusiska ist durchaus dafür, daß man versucht, Härten bei den älteren Angestellten zu mildern, aber die Form der Verordnung sei dafür nicht geeignet.

Maron befürchtet, daß man das Problem der älteren Angestellten auch mit dieser Verordnung nicht lösen wird. Andere Probleme, wie das der Frauenarbeit, das der Doppelverdiener, seien ebenso wichtig und dringlich. Die Aussprache habe ergeben, daß die Meinungen über diese Frage sehr geteilt sind. Man sollte heute nicht über die Vorlage abstimmen, sondern versuchen, die Angelegenheit in der Abteilung noch einmal unter Hinzuziehung der Gewerkschaften durchzuberaten.

Jendretzky erklärt, daß er auf Grund der Aussprache die Vorlage zu nochmaliger Durchsicht zurückziehe.

BESCHLUSS: Der Magistrat ist mit der Zurückstellung der Vorlage Nr. 107 einverstanden.[14]

4. VOLKSBILDUNG

Hierzu liegt die Vorlage Nr. 108[15] über die *Zulassung und den Betrieb von Leihbüchereien*[16] vor.

Winzer führt hierzu aus, diese Vorlage sei gegen seine Meinung auf das Drängen seiner Mitarbeiter aus der Abt[eilung] Verlage und Buchhandel[17] entstanden. Diese stützen sich darauf, daß die Besitzer der Leihbüchereien, die daneben noch ein anderes Geschäft: einen Papierladen oder Zigarrenladen betreiben, nicht die erforderliche literarische Vorbildung für den Betrieb einer Leihbücherei hätten.[18]

---

13 Vgl. hierzu das 31. Mag.prot. v. 26.11.1945, TOP 3, u. das 46. Mag.prot. v. 16.2.1946, TOP 11.

14 Die Mag.vorlage Nr. 107 ist in den folgenden Mag.sitzungen nicht wieder behandelt worden. Vgl. aber das 84. Mag.prot. v. 16.11.1946, TOP 5 (Jendretzky).

15 LAB(STA), Rep. 100, Nr. 769, Bl. 30.

16 Vgl. zu Leihbüchereien das 23. Mag.prot. v. 24.9.1945, TOP 3.

17 Gemeint ist das Referat für Verlage, Buchhandel und Leihbüchereien im Hauptamt für Presse und Aufbauwerbung der Mag.abt. für Volksbildung.

18 In dem mit der Mag.vorlage Nr. 108 v. 4.3.1946 vorgelegten Entwurf einer „Anordnung für die Eröffnung und den Betrieb von Leihbüchereien" war vorgesehen, daß die Genehmigung für „die Neu- bzw. Wiedereröffnung von Leihbüchereien, die Kontrolle ihres Buchbestandes, ihrer Bucheingänge und der kulturpolitischen Eignung der Mitarbeiter sowie die Festlegung der Betriebsbedingungen (Öffnungszeiten, Lesegebühren etc.)" durch das bezirkliche Volksbildungsamt im Einvernehmen mit der Mag.abt. für Volksbildung erfolgen sollte. Es war in dem Entwurf ferner vorgesehen, daß Leihbüchereien nicht mit anderen Gewerbezweigen gekoppelt sein durften und nicht als Filialbetriebe geführt werden durften.

Pieck glaubt, daß den Bedingungen der Vorlage etwa 90 % aller Leihbüchereien nicht entsprechen würden. Mit einer geschickten Steuerung von seiten der Abt[eilung] für Volksbildung würde man den Zweck, die Leihbüchereien nach der personellen Seite hin zu bereinigen, eher erreichen als durch diese Vorlage.

Orlopp ist an sich vom Standpunkt des Gewerbes aus gegen solche Koppelbetriebe, wie sie meist bei den Leihbüchereien zu verzeichnen sind. Aber den Leihbüchereien etwa auch den Vertrieb von Papierwaren oder Büchern wegzunehmen geht zu weit. Man sollte eine Bereinigung nur insoweit vornehmen, als es sich um betriebsfremde Waren handelt.

BESCHLUSS: Die Vorlage Nr. 108 wird abgelehnt mit dem Hinweis, daß dem Magistrat neue Vorschläge unterbreitet werden sollen.[19]

Winzer begründet die Vorlage Nr. 110[20] über die *Verlängerung der Schulpflicht für ein Jahr* als vorübergehende Maßnahme. Es handelt sich lediglich darum, für die Kinder, die jetzt zur Entlassung kommen würden, noch ein weiteres Jahr zuzulegen. Der Grund hierfür ist einmal der, daß in der zurückliegenden Kriegs- und Nazizeit mit ihren Evakuierungen, Bombardierungen usw. die Ausbildung der Kinder stark beeinträchtigt war. Ein zweiter Grund ist die große Zahl von jugendlichen Arbeitslosen, die zur Zeit in Berlin vorhanden sind. Ausnahmen sind vorgesehen für solche Kinder, die bereits über die erforderlichen Kenntnisse verfügen und einen ordnungsmäßigen Lehrvertrag aufweisen können.

BESCHLUSS: Die Vorlage Nr. 110 wird einstimmig angenommen.[21]

Winzer unterbreitet dem Magistrat einen mündlichen Vorschlag, der es ermöglichen soll, der werktätigen Bevölkerung sowie Studenten und Schülern der oberen Klassen den *Besuch von Theatern* und Konzerten zu *erleichtern*. Heute sind die Preise für diese Veranstaltungen im allgemeinen so hoch, daß es diesen Schichten unmöglich ist, die Veranstaltungen zu besuchen. Die früheren Maßnahmen: Schaffung von Besucherorganisationen, Volksbühnen usw. werden nicht für praktisch gehalten, weil dabei spezielle Arbeiter-Theater entstehen. Besser erscheint die Lösung, einen Fonds zu bilden, der es gestattet, verbilligte Theaterkarten abzugeben. Der FDGB will dafür 40 000 RM zur Verfügung stellen, und es wird erhofft, daß auch der

---

19 Die Frage der Leihbüchereien ist in den folgenden Mag.sitzungen nicht wieder behandelt worden.

20 LAB(STA), Rep. 100, Nr. 769, Bl. 32.

21 Der hier gefaßte Mag.beschluß ist mit dem Ausfertigungsdatum v. 12.3.1946 vorhanden in: LAB(STA), Rep. 120, Nr. 5, Bl. 4. Er wurde der AK mit Schreiben v. 20.3.1946 zur Genehmigung zugeleitet; siehe: a.a.O., Bl. 3. Mit BK/O (46) 278 v. 25.6.1946 genehmigte die AK den Mag.beschluß zur Verlängerung der Schulpflicht in abgeänderter Fassung; siehe: LAB, Rep. 280, Nr. 4876. Vgl. zur Vorgeschichte dieser BK/O: das Prot. des Education Committee der AK v. 15.4.1946, TOP 8, in: LAB, Rep. 37: OMGBS, ECR, 4/16-1/9; LAB(STA), Rep. 101, Nr. 63, Bl. 81 f.; die Protokolle des Education Committee der AK v. 20.5.1946, TOP 13, u. 27.5.1946, TOP 9, in: LAB, Rep. 37: OMGBS, ECR, 4/16-1/10; BK/R (46) 224 v. 22.6.1946, in: LAB, Rep. 37: OMGBS, BICO LIB, 11/148-2/6; das 17. Prot. der AK v. 25.6.1946, TOP 164, in: LAB, Rep. 37, Acc. 3971, Nr. 215.

Magistrat eine entsprechende Summe, etwa 60 000 oder 80 000 RM, für diesen
Zweck zur Verfügung stellt. Daneben sollen weiter verbilligte Vorstellungen an
Sonnabend-Nachmittagen und Montagen stattfinden.

Grüber regt an, jeden Schauspieler zu verpflichten, in jedem Monat einmal ohne
Gehalt zu spielen, um auf diese Weise ermäßigte Vorstellungen für die genannten
Kreise geben zu können.

Orlopp verspricht sich von Gratisleistungen der Schauspieler nichts. Das führt
dazu, daß sie gezwungen schlechte Leistungen geben und daß zweitrangige Kräfte
in diesen Vorstellungen auftreten.

Winzer tritt der Auffassung entgegen, daß die Schauspieler überzahlt seien. Im
Gegenteil, die Durchschnittsgagen seien gering. Es bestehe sogar die Gefahr, daß die
Künstler nach dem besser zahlenden Westen Deutschlands gehen.

Pieck, Schulze, Dr. Haas und *Maron* sprechen sich für den Vorschlag Winzer
aus.

BESCHLUSS: Der Magistrat stimmt dem Vorschlag von Stadtrat Winzer, betref-
             fend Zuschuß für verbilligte Theaterkarten, zu und erwartet eine
             entsprechende Magistratsvorlage.[22]

5. HANDEL UND HANDWERK

Orlopp begründet die Vorlage Nr. 109[23] über das *Verbot der Lehrlingshaltung von
seiten ehemaliger Pgs.* Handwerker und Gewerbetreibende, denen durch Urteile der
Spruchkammer[24] oder durch eine der Besatzungsmächte die Weiterführung ihrer
Betriebe gestattet ist, fordern Zuweisung von Lehrlingen. Die Abt[eilung] für Handel
und Handwerk ist aber der Meinung, daß solchen ehemaligen Mitgliedern der
NSDAP bis auf weiteres das Recht auf Halten und Anleiten von Lehrlingen nicht
zuerkannt werden kann. Diesem Zweck soll die Vorlage dienen.

Lange empfiehlt, in der Begründung ausdrücklich zu betonen, daß die Vorschriften
der Gewerbeordnung und des Handelsgesetzbuchs über das Halten von Lehrlingen
für diesen Fall nicht ausreichen, weil eine politische Betätigung damals nicht
als Aberkennungsgrund in Frage kam. Vielleicht könnte auch noch ein Zusatz
dahingehend gemacht werden, daß über eine spätere Wiederbewilligung der Befugnis
zur Lehrlingshaltung die Abt[eilung] für Handel und Handwerk zu entscheiden hat.

Dr. Haas weist auf die neu erschienene Anordnung der Alliierten Kommandantur
über die Entnazifizierung hin.[25] Es muß darauf gesehen werden, daß der hier zu
fassende Beschluß nicht damit in Widerspruch steht.

Orlopp schlägt mit Rücksicht hierauf vor, die Vorlage grundsätzlich anzunehmen
mit der Einschränkung, es der Prüfung des Rechtsausschusses zu überlassen, ob die

---

22 Vgl. das 51. Mag.prot. v. 25.3.1946, TOP 3.
23 LAB(STA), Rep. 100, Nr. 769, Bl. 31; auch in: LAB(STA), Rep. 106, Nr. 139.
24 Vgl. hierzu das 7. Mag.prot. v. 18.6.1945, TOP 6.
25 Die AK hatte mit BK/O (46) 101 v. 26.2.1946, BK/O (46) 101a v. 26.2.1946 und BK/O
    (46) 102 v. 26.2.1946 grundlegende Bestimmungen zur Entnazifizierung erlassen. Diese
    BK/Os sind vorhanden in: LAB(STA), Rep. 101, Nr. 59; LAB, Rep. 280, Nr. 13449 u.
    13450; veröffentlicht in: VOBl., Jg. 2 (1946), S. 71–81. Vgl. auch das 50. Mag.prot. v.
    16.3.1946, TOP 2.

Inkraftsetzung dieser Verordnung nach Erscheinen der alliierten Anordnung Nr. 101 noch notwendig ist.[26]

BESCHLUSS: Die Vorlage Nr. 109 wird in diesem Sinne grundsätzlich angenommen.[27]

Orlopp empfiehlt weiter die Vorlage Nr. 111[28] über eine *Eichgebührenordnung* zur Annahme. Sie enthält die Gebühren für das gesamte Eichwesen[29] in teilweise neuer Fassung. Das Preisamt[30] hat seine Zustimmung erteilt. Die alte Gebührenordnung tritt damit außer Kraft. Es handelt sich im ganzen genommen nicht um eine Erhöhung der Gebühren, sondern mehr um eine Abrundung und Aufrundung. Schon bisher wurde auf diesem Gebiet ohne Zuschuß gearbeitet. Die neue Gebührenordnung wird noch eine kleine Verbesserung der Einnahmen bringen.

Lange schlägt vor, in der Einleitung Bezug zu nehmen auf das Maß- und Gewichtsgesetz vom 13.12.35 (Reichsgesetzbl[att, Teil] I, Nr. 1499[31]). Auf Seite 3 oben sei die wohl infolge eines Schreibfehlers vergessene Überschrift: „§ 2" einzufügen.

BESCHLUSS: Die Vorlage Nr. 111 wird mit den vorgeschlagenen Änderungen angenommen.[32]

Orlopp empfiehlt weiter die Vorlage Nr. 115[33], wonach die *Nacheichpflicht* wieder eingeführt wird. Diese ist während des Krieges außer Kraft gesetzt worden, um Arbeitskräfte zu sparen. Die Vorlage soll dazu dienen, wieder zu einer ordnungsmäßigen Nacheichung zu kommen. In der Einleitung der Vorlage ist noch ergänzend hinzuzufügen, daß die Genehmigung der Alliierten Kommandantur erforderlich ist.

BESCHLUSS: Die Vorlage Nr. 115 wird mit dieser Ergänzung angenommen.[34]

---

26 Sitzungsprotokolle des Rechtsausschusses des Magistrats konnten nicht ermittelt werden.

27 Es konnte nicht ermittelt werden, ob der hier gefaßte Mag.beschluß in Kraft getreten ist. Nach Ziffer 4 der BK/O (46) 101a durften ehemalige Mitglieder der NSDAP, die als „aktive Nationalsozialisten" zu betrachten waren, ihrem „Handwerk als Privatperson nachgehen, vorausgesetzt, daß sie keine anderen Personen beschäftigen oder beaufsichtigen".

28 LAB(STA), Rep. 100, Nr. 769, Bl. 33 – 43; auch in: LAB(STA), Rep. 106, Nr. 139.

29 Vgl. hierzu auch das 29. Mag.prot. v. 5.11.1945, TOP 3; Gewichte werden gewogen, in: Tägliche Rundschau, 11.4.1946, S. 6.

30 Vgl. hierzu das 14. Mag.prot. v. 30.7.1945, TOP 4; Dok. 55, Anm. 43.

31 Richtig: RGBl., Jg. 1935, Teil I, Nr. 142, S. 1499 – 1508.

32 Für das Inkrafttreten der neuen Eichgebührenordnung war die Genehmigung der AK offenbar nicht erforderlich.

33 LAB(STA), Rep. 100, Nr. 769, Bl. 55; auch in: LAB(STA), Rep. 106, Nr. 139.

34 Der hier gefaßte Mag.beschluß ist mit dem Ausfertigungsdatum v. 6.4.1946 vorhanden in: LAB(STA), Rep. 101, Nr. 63, Bl. 134. Er wurde der AK mit Schreiben v. 11.4.1946 zur Genehmigung zugeleitet; siehe: a.a.O., Bl. 133 u. 135. Das Komitee für Handel und Industrie der AK teilte dem Magistrat mit Schreiben v. 25.4.1946 mit, daß für diesen Mag.beschluß eine Genehmigung der AK bzw. dieses Komitees nicht erforderlich war; siehe: a.a.O., Bl. 131 f.

6. BAU- UND WOHNUNGSWESEN

Hierzu liegt die Vorlage Nr. 112[35], betreffend die *Erste Aufbau-Verordnung* nebst ausführlicher Begründung[36], vor.

---

35 LAB(STA), Rep. 100, Nr. 769, Bl. 44–51.

36 In der Begründung der undatierten Mag.vorlage Nr. 112 heißt es:

„Um den Aufbau Berlins beschleunigt in Angriff nehmen zu können, hatte der Magistrat bereits am 13. August 1945 eine Verordnung über die Inanspruchnahme von Baustoffen und Bauresten der durch Kriegsereignisse oder durch Maßnahmen des Naziregimes betroffenen Bauwerke beschlossen. Weil eine Zustimmung der Alliierten Stadtkommandantur zu dieser Verordnung zunächst ausblieb, wurde auf der Grundlage von Übergangsmaßnahmen mit der Abräumung von zerstörten Bauwerken begonnen. Nachdem in vielen zwischenzeitlichen Verhandlungen mit Vertretern der All[iierten] Stadt-Kom[mandantur] Klarheit über die Maßnahmen und die rechtlichen Grundlagen geschaffen werden konnte, die der Stadt im Interesse des Aufbaues die Inangriffnahme einer großzügigen Abräumung aller zerstörten Bauwerke ermöglichen sollen, hat die All[iierte] Stadt-Kom[mandantur] durch die [...] Anordnung vom 23. Januar 1946 nunmehr dem Magistrat Ermächtigungen erteilt, die ihn nach den bisher geleisteten Vorarbeiten instand setzen, die erforderlichen allgemeinen Anordnungen und die Anweisungen für ihre Durchführung zu erlassen.

Die Erste Aufbauverordnung soll in Durchführung der Anordnung vom 23. Januar 1946 die erste rechtliche Handhabe schaffen. Eine im gesamten Stadtbereich vorzunehmende Schadensaufnahme soll die Art und den Umfang der Schäden zuverlässig ermitteln. Es soll festgestellt werden, bei welchen Bauwerken mehr als die Hälfte ihres Bestandes vernichtet ist (zerstörte Bauwerke) und bei welchen Bauwerken mehr als die Hälfte ihres Bestandes noch erhalten ist (beschädigte Bauwerke) und ob diese letzteren Bauwerke noch instandsetzungswürdig sind. Vom Ergebnisse dieser Schadensaufnahme hängen die Berechtigungen der Stadt im Einzelfalle ab, in welcher Weise praktisch Aufbaumaßnahmen ergriffen werden können. Soweit es sich um zerstörte Bauwerke handelt, soll die Stadt berechtigt sein, zum Zwecke des Aufbaues das Eigentum an diesen Grundstücken gegen Entschädigung in einem besonderen Verfahren, dessen Einzelheiten die Verordnung regelt, zu erwerben. Vornehmlich durch dieses Übernahmerecht wird der Stadt die Möglichkeit gegeben, ihre Aufbauabsichten in den einzelnen von Kriegsereignissen betroffenen Stadtteilen praktisch durchzusetzen. [...] Hat die Stadt von dem Recht der Grundstücksübernahme im Einzelfalle nicht oder noch keinen Gebrauch gemacht, so kann die Stadt bei allen als zerstört festgestellten Bauwerken die Abräumung der Schadensstelle (bisher Enttrümmerung genannt) anordnen. Durch diese Anordnung wird die Stadt berechtigt, alle Altbaustoffe, Trümmer, Schutt, Baureste und sonstigen Bestandteile oder Zubehör des ehemaligen Bauwerks ganz oder zum Teil zu entnehmen und zu verwerten. Die Stadt soll verpflichtet sein, über alle entnommenen und noch verwertbaren Gegenstände Buch zu führen. Für entnommene Gegenstände soll eine Entschädigung geleistet werden, wenn der Berechtigte seinen Anspruch innerhalb eines Jahres nach rechtskräftiger Feststellung, daß das Bauwerk als zerstört gilt, angemeldet hat. [...]

Ist ein Bauwerk nicht als zerstört, aber als beschädigt und als instandsetzungswürdig festgestellt worden, so soll die Stadt berechtigt sein, dem Eigentümer durch eine Aufbauauflage die Verpflichtung aufzuerlegen, das Bauwerk innerhalb einer von ihr zu bestimmenden Frist ordnungsmäßig instand zu setzen. Auf die städtebaulichen und wohnungswirtschaftlichen Erfordernisse der Aufbauplanung, auf die bauwirtschaftlichen Möglichkeiten der Bauausführung und auf die wirtschaftliche Lage des Verpflichteten soll dabei Rücksicht genommen werden. Die Kosten der Aufbaupflicht trägt der Grundstückseigentümer, der berechtigt sein soll, einen Förderungsbetrag aus dem

Dr. Müller[37] gibt einen kurzen Überblick über den Inhalt der Verordnung, die in mehreren Sitzungen des Rechtsausschusses vorberaten ist[38] und auch bereits die grundsätzliche Zustimmung der Bezirksbürgermeister-Konferenz gefunden hat[39].

Lange weist darauf hin, daß man mit dieser Verordnung allein bei den Aufbauprojekten nicht durchkomme. Die Verordnung ist da wichtig und ausreichend, wo es sich um ganz zerstörte Stadtteile handelt, hauptsächlich im Innern der Stadt Berlin, sie reicht aber da nicht aus, wo die von der Stadt zu beschlagnahmenden Grundstücke nur gewisse Baulücken darstellen. Infolgedessen wird es erforderlich sein, gemeinsam mit der Abteilung für Planungen noch den Entwurf einer Verordnung über Zwangsgenossenschaften vorzulegen, durch die die Möglichkeit geschaffen wird, die Eigentümer eines Wohnblocks für die Finanzierung des Ausbaues der Lücke zusammenzuschließen.

Der Redner hält es weiter für notwendig, daß dem Magistrat einmal vorgetragen wird, was nun eigentlich planmäßig für den Wiederaufbau Berlins beabsichtigt ist.

Maron erinnert daran, daß in der letzten Sitzung schon über den Bauwirtschaftsplan von 1946 gesprochen worden ist[40] und daß die Abt[eilung] für Bau- und Wohnungswesen damit beschäftigt ist, diesen Plan näher zu konkretisieren auf Grund der Berichte von seiten der Bezirksämter. Es soll dann eine öffentliche Diskussion darüber stattfinden.[41]

Sondervermögen der Gebäudeinstandsetzungsabgabe in Anspruch zu nehmen. Wird eine Aufbauauflage binnen der gesetzten Frist nicht erfüllt, so soll auch in diesem Falle die Stadt berechtigt sein, das Eigentum an dem Grundstück durch Grundstücksübernahme gegen Entschädigung zu erwerben. Wird eine Aufbauauflage sogar vorsätzlich nicht befolgt, so soll der Stadt diese Befugnis zur Grundstücksübernahme – und zwar in diesem Falle ohne Entschädigung – durch das Straferkenntnis im Strafverfahren zugesprochen werden können. Derjenige Grundstückseigentümer, der ein beschädigtes Bauwerk ohne Aufbauauflage aus eigenem Entschluß instand setzen will, soll das Bauvorhaben nur in der Weise ausführen dürfen, wie es den Absichten der städtischen Aufbauplanung entspricht. [...]

Diese Erste Aufbauverordnung leitet fraglos eine neue Entwicklung innerhalb des gesamten Städtebaurechts ein. Weitere Aufbauverordnungen werden folgen. Die vorliegende Verordnung gibt der Stadt weittragende Befugnisse, die es ihr zunächst ermöglichen werden, den Aufbau Berlins planmäßig vorzubereiten."

Zur Erläuterung der zit. Begründungspassagen:

– Vgl. zu dem vom Magistrat am 13.8.1945 beschlossenen Entwurf einer „Verordnung über Beschlagnahme von Baustoffen und Bauresten der durch Kriegsmaßnahmen oder durch das Naziregime zerstörten Gebäude in Berlin": Dok. 20, Anm. 24.

– Mit der Anordnung der AK v. 23.1.1946 ist die BK/O (46) 60 gemeint. Sie ist vorhanden in: LAB(STA), Rep. 101, Nr. 57, u. LAB, Rep. 280, Nr. 12483; abgedruckt in: Berlin. Quellen und Dokumente, 1. Halbbd., S. 671 f. Vgl. hierzu das 45. Mag.prot. v. 2.2.1946, TOP 6 (insb. Anm. 54 u. 57).

– Vgl. zum Sondervermögen der Gebäudeinstandsetzungsabgabe das 20. Mag.prot. v. 10.9.1945, TOP 2, u. das 26. Mag.prot. v. 15.10.1945, TOP 6, u. das 38. Mag.prot. v. 23.12.1945, TOP 3.

37 Vgl. Anm. 2 zu diesem Mag.prot.
38 Sitzungsprotokolle des Rechtsausschusses des Magistrats konnten nicht ermittelt werden.
39 Vgl. die Protokolle der Konferenzen der Bezirksbürgermeister am 21.2.1946, TOP 2, u. am 28.2.1946, TOP 1, in: LAB, Rep. 280, Nr. 1601 u. 3849.
40 Vgl. das 48. Mag.prot. v. 4.3.1946, TOP 6.
41 Vgl. das 50. Mag.prot. v. 16.3.1946, TOP 8 (Maron).

Dr. Landwehr macht auf die große volkswirtschaftliche und soziale Bedeutung aufmerksam, die in dieser Vorlage liegt und die dem Magistrat wahrscheinlich noch in späteren Zeiten besonders angerechnet werden wird.
BESCHLUSS: Die Vorlage Nr. 112 wird unverändert angenommen.[42]

Winzer empfiehlt die Vorlage Nr. 113[43], betreffend weitere Kostenbewilligung für *Instandsetzungsarbeiten an der Technischen Hochschule.*[44] Es hat sich herausgestellt, daß die bisher bewilligten Mittel nicht ausreichen und daß weitere 170 000 RM erforderlich sind. Die Finanzabteilung ist mit der Forderung einverstanden und hat bereits einen Teilbetrag zur Verfügung gestellt. Die Eröffnung der Technischen Hochschule wird am 9. April erfolgen.[45]
BESCHLUSS: Die Vorlage Nr. 113 wird einstimmig angenommen.[46]

7. ALLGEMEINES

Dr. Landwehr empfiehlt die Vorlage Nr. 114[47] zur Annahme, die für den Fall einer etwa notwendig werdenden *Auflösung einer Aktiengesellschaft oder Genossenschaft* bestimmt, wie nach den veränderten staatsrechtlichen Verhältnissen verfahren werden soll. Bisher war der Reichswirtschaftsminister ermächtigt, bei Vergehen und groben Verstößen den Antrag auf Auflösung einer Gesellschaft oder Genossenschaft zu stellen, und das Reichswirtschaftsgericht fungierte in diesem Falle als Spruchstelle. Nunmehr soll anstelle des Reichswirtschaftsministers als Antragsteller der Leiter der Abt[eilung] Wirtschaft treten und anstelle des Reichswirtschaftsgerichts als Spruchgericht das zukünftige Stadtverwaltungsgericht[48] und bis zu dessen Errichtung eine vom Magistrat zu bildende Kammer, bestehend aus einem Vertreter der Abt[eilung] Finanzen, einem Vertreter der Abt[eilung] Handel und Handwerk und einem Vertreter des FDGB.
Dr. Mittag hält es für zweckmäßig, daß auch die Rechtsabteilung eingeschaltet wird.
Maron ist damit einverstanden, die Vorlage noch einmal der Rechtsabteilung zu überweisen. Dabei könnte in dem Beschluß die Bestimmung mit eingearbeitet werden, die jetzt nur in der Begründung steht, daß zwei Vertreter der zu bildenden Kammer Volljuristen sein müssen.

---

42 Der hiermit beschlossene Entwurf der „Ersten Aufbauverordnung" wurde der AK zusammen mit detaillierten Erläuterungen mit Schreiben v. 15.3.1946 zur Genehmigung zugeleitet; siehe: LAB(STA), Rep. 101, Nr. 57. Diese Genehmigung ist nicht erteilt worden; vgl. das Prot. über die 24. (ordentliche) Mag.sitzung am 28.4.1947, TOP 1 u. S. 5, in: LAB, Rep. 228, Mag.protokolle 1947.

43 LAB(STA), Rep. 100, Nr. 769, Bl. 53.

44 Vgl. zur bisherigen Bewilligung von Instandsetzungsarbeiten an der Technischen Hochschule das 17. Mag.prot. v. 20.8.1945, TOP 4, u. das 39. Mag.prot. v. 30.12.1945, TOP 6, u. das 45. Mag.prot. v. 2.2.1946, TOP 4.

45 Vgl. hierzu Dok. 67, Anm. 35.

46 Vgl. zur weiteren Mittelbewilligung für die Technische Hochschule/Technische Universität das 51. Mag.prot. v. 25.3.1946, TOP 3, u. das 57. Mag.prot. v. 13.5.1946, TOP 2 (Haas) u. 5.

47 LAB(STA), Rep. 100, Nr. 769, Bl. 54; auch in: LAB(STA), Rep. 105, Nr. 418.

48 Vgl. hierzu Dok. 35, Anm. 45.

BESCHLUSS: Die Vorlage Nr. 114 wird unter grundsätzlicher Zustimmung an die Rechtsabteilung überwiesen.[49]

Es liegt weiter eine Vorlage Nr. 116[50] über die *Entfernung von Denkmälern* in Berlin vor.[51]

Schulze bittet mit Rücksicht darauf, daß diese Angelegenheit noch von der Abt[eilung] Volksbildung und auch in der kommenden Abt[eilung] für Kunstangelegenheiten[52] bearbeitet wird, [die Vorlage] zurückzustellen.

BESCHLUSS: Die Vorlage Nr. 116 wird zurückgestellt.[53]

Jirak macht eine Mitteilung zur Frage der *Müllabfuhrgebühren*. Mit der in der vorletzten Sitzung beschlossenen Vorlage Nr. 91[54] hat sich das alliierte Komitee nicht einverstanden erklärt. Es hat in einem Befehl[55] die zentrale Durchführung der Müllabfuhr in Berlin angeordnet und sich gleichzeitig einverstanden erklärt mit einer Erhöhung der noch aus dem Jahre 1934 stammenden Gebühr von 95 Rpf. für den Kasten, wenn diese Erhöhung entsprechend begründet wird. Nach Besprechung mit der Direktion der städtischen Müllbeseitigung hat sich die Abt[eilung] Städtische Betriebe mit der Finanzabteilung dahin geeinigt, vorläufig für ein halbes Jahr die Gebühr auf 1,75 RM festzusetzen. Dabei war der Hauptgrund der, daß die Fuhrunternehmer sich weigern, für 95 Rpf. abzufahren. Der Redner bittet, der Erhöhung zuzustimmen.

Orlopp berichtet, das Preisamt habe einer Erhöhung für Fuhrleistungen aller Art bis zu 60 % zugestimmt gehabt, doch habe die Alliierte Kommandantur die Genehmigung dafür abgelehnt. Jetzt könne die Erhöhung der Müllabfuhrgebühr nicht mit einer Erhöhung der Fuhrlöhne begründet werden.

Der Redner warnt über diesen Spezialfall hinaus allgemein vor einer Erhöhung von Gebühren bei städtischen Betrieben. Vor kurzem ist beim Preisamt der Antrag auf Erhöhung des Gaspreises von 16 auf 22 Rpf. eingegangen. Vorhergegangen sind Erhöhungen der Eisenbahntarife und der Portogebühren. Die Wirtschaft kann solche Belastungen nicht vertragen, wenn sie das bisherige Preisniveau halten soll.

---

49 Vgl. das 65. Mag.prot. v. 13.7.1946, TOP 5 (VO zur Durchführung der §§ 288 ff. des Aktiengesetzes für das Gebiet der Stadt Berlin).

50 Vgl. Dok. 73.

51 Der Magistrat hatte bereits mehrfach über die Frage der Behandlung der Denkmäler in Berlin beraten. Vgl. das 28. Mag.prot. v. 30.10.1945, TOP 7, u. das 29. Mag.prot. v. 5.11.1945, TOP 7, u. das 46. Mag.prot. v. 16.2.1946, TOP 12, u. das 47. Mag.prot. v. 23.2.1946, TOP 5.

52 Vgl. hierzu das 38. Mag.prot. v. 23.12.1945, TOP 5, u. das 54. Mag.prot. v. 17.4.1946, TOP 4.

53 Vgl. Dok. 81 sowie das 58. Mag.prot. v. 18.5.1946, TOP 3, u. das 59. Mag.prot. v. 29.5.1946, TOP 8 (Winzer u. Beschluß).

54 Vgl. das 47. Mag.prot. v. 23.2.1946, TOP 6.

55 Vgl. den entsprechenden undatierten BK/O-Entwurf des Komitees für städtische Betriebe (Public Works and Utilities Committee) der AK, den dieses mit BK/R (46) 102 v. 13.3.1946 den stellv. Stadtkommandanten vorlegte; in: LAB, Rep. 37: OMGBS, BICO LIB, 11/148-2/4. Diese nahmen den Entwurf in abgeänderter Form an und erließen diese Fassung als BK/O (46) 133 v. 16.3.1946; siehe das 13. Prot. der stellv. Stadtkommandanten v. 15.3.1946, TOP 162, in: LAB, Rep. 37, Acc. 3971, Nr. 218. Die BK/O ist vorhanden in: LAB(STA), Rep. 101, Nr. 61, u. LAB, Rep. 280, Nr. 12540.

Um jeden Prozentsatz einer Erhöhung der Preise wird heute ein Kampf geführt. Da kann man nicht bei der Müllabfuhr gleich mit einer Verdoppelung der Gebühren kommen.

Maron vertritt den gleichen Standpunkt und spricht seine Verwunderung darüber aus, daß beim Preisamt eine Gaspreiserhöhung um 6 Rpf., d[as] h[eißt] um 30 bis 40 %, beantragt ist, ohne daß der Magistrat vorher dazu Stellung genommen habe.

Rumpf bemerkt zur Frage der Müllabfuhrgebühren, die Preiserhöhung werde damit begründet, daß die Unkosten in den vergangenen Monaten sich so gesteigert hätten, daß ein Defizit von 1 286 000 RM entstanden sei. Ursprünglich sei sogar von dem betreffenden Sachbearbeiter eine Erhöhung auf 2,80 RM beantragt worden. Der Redner ist der Auffassung, daß eine kalkulatorische Unterlage für solche Erhöhungen in keiner Weise gegeben ist. Man sollte den Befehl der Alliierten zunächst einmal ohne jede Erhöhung der Gebühren durchführen und könnte dann nach etwa einem Monat auf Grund der Abrechnung noch einmal Stellung zu der Frage einer Gebührenerhöhung nehmen.

Jirak erklärt, der Vorschlag der Erhöhung sei nicht von seiner Abteilung ausgegangen, sondern von den Alliierten. Er selbst stehe auf dem Standpunkt, daß man die Gebühren überhaupt nicht erhöhen sollte. Bei der Erhöhung des Gaspreises habe es sich, wie ihm von den Gaswerken mitgeteilt worden sei, nur um einen Antrag auf Prüfung einer Preiserhöhung gehandelt. Auch hier habe er sich dagegen ausgesprochen.

Kraft macht Mitteilung von geplanten Tarifänderungen bei der BVG, bei denen es sich durchweg um Verbilligungen handle durch Einführung von Zeitkarten und Übersteigfahrkarten.[56]

BESCHLUSS: Der Magistrat beschließt, einer Erhöhung der Müllabfuhrgebühren seine Zustimmung zu versagen.[57]

Kraft erstattet Bericht über die Frage der *Ackerschlepper* für die Hilfe bei der *Frühjahrsbestellung* in der Provinz.[58] Die Ermittlungen haben ergeben, daß in ganz Berlin nur 52 Ackerschlepper vorhanden sind, von denen 44 fahrbereit sind. Diese 44 Schlepper sind sämtlich für die Landwirtschaft in den einzelnen Bezirken Berlins eingesetzt. Man wird sie schwerlich für die geplante Aktion herausziehen können. Viel würde jedenfalls dabei nicht herauskommen.

Maron möchte trotzdem, daß versucht wird, helfend für die Provinz einzugreifen und von den vorhandenen Ackerschleppern soviel wie möglich für die Frühjahrsbestellung freizugeben.

BESCHLUSS: Der Magistrat nimmt von der Mitteilung Kenntnis und erwartet weiteren Bericht.[59]

---

56 Vgl. hierzu das 41. Mag.prot. v. 14.1.1946, TOP 7, u. das 52. Mag.prot. v. 30.3.1946, TOP 7 (Kraft).
57 Vgl. allgemein zur Problematik der Erhöhung städtischer Gebühren das 54. Mag.prot. v. 17.4.1946, TOP 3; zur erneuten Beratung über die Müllbeseitigung das 54. Mag.prot. v. 17.4.1946, TOP 7.
58 Vgl. hierzu das 48. Mag.prot. v. 4.3.1946, TOP 8.
59 Vgl. zu der geplanten Ackerschlepper-Aktion auch das Prot. der Konferenz der Bezirksbürgermeister am 28.3.1946, TOP 1, in: LAB, Rep. 280, Nr. 3852. Mit BK/O (46) 212 v. 11.5.1946 befahl die AK dem Magistrat, „alle notwendigen Maßnahmen [zu] ergreifen, um zu gewährleisten, daß die jetzt in Berlin befindlichen Landwirtschafts-

Maron bringt weiter folgende Angelegenheit zur Sprache. Ihm ist zur Gegenzeichnung eine Anweisung vorgelegt worden über die *Ausgabe von 300 000 RM für den Ankauf einer Eisenkonstruktion* für eine große Markthalle mitten in Berlin, Lindenstraße Ecke Enckestraße. Die Verträge dafür sind von einem Dezernenten der Abt[eilung] Städtische Energie und Versorgung[sbetriebe] ohne Genehmigung durch den Magistrat, nur mit Zustimmung des Stadtkämmerers, getätigt worden. Der Redner ist der Meinung, daß ein solches Projekt, das abgesehen von der finanziellen Seite auch nach der städtebaulichen Seite vorher mit der Abt[eilung] für Bau- und Wohnungswesen hätte besprochen werden müssen, zum mindesten von dem zuständigen Stadtrat der Abt[eilung] Städtische Betriebe gegengezeichnet sein muß. Wegen der Höhe des Betrages hätte vorher der Magistrat gefragt werden müssen. So weit könne die Machtvollkommenheit eines Dezernenten und Stadtrats nicht gehen.

Jirak erwidert, die Angelegenheit sei mit ihm vorher durchgesprochen worden, und der Dezernent, Herr Schumacher[60], habe Vollmacht gehabt, die Verträge zu unterzeichnen. Auch der Stadtkämmerer habe sich zustimmend geäußert. Wenn der Magistrat anderer Meinung sei, möge er so beschließen.

Maron ist trotzdem grundsätzlich der Auffassung, daß Projekte von solcher Tragweite erst dem Magistrat vorgelegt werden müssen, und er stelle fest, daß sich gegen diese Auffassung kein Widerspruch erhebt.

Dr. Landwehr erörtert die etatsrechtliche Seite der Angelegenheit und bittet, einen Beschluß des Magistrats dahingehend herbeizuführen, daß der Magistrat aus Anlaß eines Sonderfalles es für richtig und notwendig hält, allen seinen Mitgliedern noch einmal die *allgemeinen Etatsvorschriften* in Erinnerung zu bringen, wonach Ausgaben nur gemacht werden dürfen, wenn sie ausdrücklich im Haushaltsplan vorgesehen sind; alle anderen Ausgaben, die nicht im Haushaltsplan vorgesehen sind, müssen, gleichgültig in welcher Höhe, vorher dem Magistrat zur Beschlußfassung vorgelegt werden.

Dr. Redeker glaubt, daß man in der jetzigen Übergangszeit nicht in jedem Fall nach diesem Grundsatz verfahren kann. Es können Situationen entstehen, wo schnell gehandelt werden muß und nicht erst eine Magistratssitzung abgewartet werden kann.

Dr. Landwehr meint, daß gerade in solch anormalen Zeiten streng auf die Innehaltung [sic!] der Etatsvorschriften gesehen werden müsse. In solchen besonderen Fällen wird es zum mindesten immer möglich sein, den Oberbürgermeister und die stellvertretenden Oberbürgermeister zu informieren und deren Einverständnis einzuholen.

Maron gibt zu, daß es Fälle geben kann, wo schnell gehandelt werden muß und wo sich über den zuständigen Abteilungsleiter, den Stadtkämmerer und den Oberbürgermeister oder einen seiner Vertreter der geeignete Weg finden läßt. In dem

---

Traktoren in der Stadt verbleiben". Die BK/O (46) 212 ist vorhanden in: LAB, Rep. 280, Nr. 12573; veröffentlicht in: VOBl., Jg. 2 (1946), S. 179. Vgl. zur Vorgeschichte dieser BK/O: BK/R (46) 169 v. 6.5.1946, in: LAB, Rep. 37: OMGBS, BICO LIB, 11/148-2/5; das 22. Prot. der stellv. Stadtkommandanten v. 10.5.1946, TOP 273, in: LAB, Rep. 37, Acc. 3971, Nr. 219.

60 Vgl. Dok. 48, Anm. 7.

vorliegenden Falle der Eisenhalle war die Sache aber nicht so dringend, es wäre
notwendig gewesen, vorher das Einverständnis des Magistrats herbeizuführen.[61]
BESCHLUSS: Der Magistrat stimmt grundsätzlich den Auffassungen von Maron
und Dr. Landwehr in bezug auf die Innehaltung [sic!] der etatsrechtlichen Vorschriften zu.

Lange berichtet über das Ergebnis der durch den Magistratsbeschluß vom 23.2.46
eingesetzten Magistratskommission über die am gleichen Tage beschlossene *Schlachthofordnung*.[62] Es wurde der Tatbestand festgestellt,[63] daß das auf den Schlachthof[64]
gelangende Vieh, gleichviel ob es durch städtische Kommissionäre oder durch
selbständig arbeitende Agenten dorthin gebracht wird, Eigentum der Stadt Berlin
ist und daß es Sache der Stadt Berlin ist, durch wen sie die Schlachtungen und das
Darmschleimen durchführen läßt. Die privaten Schlächter haben keinen Rechtsanspruch darauf, hieran beteiligt zu werden. Der Fall, daß Schlächter Eigentümer von
Schlachtvieh sind, kommt z[ur] Z[ei]t nur bei Notschlachtungen bei sogenanntem
Melkvieh vor. Hier muß einem etwaigen Verlangen, das Schlachten und Darm-
schleimen selbst vorzunehmen, nach einem alten Gesetz von 1868[65] entsprochen
werden.
Der Ausschuß unterbreitet dem Magistrat folgenden Vorschlag:
   I. Der Magistratsbeschluß vom 23. Februar 1946, betreffend Erlaß einer
      Schlachthofordnung (Vorlage Nr. 92), wird aufgehoben.
  II. Der Direktion des Vieh- und Schlachthofs wird die Weisung erteilt, die am
      18. Februar 1946 in Kraft gesetzten Maßnahmen[66] mit folgender Maßgabe
      weiter durchzuführen:
         Fordern Schlächter als private Eigentümer von Schlachtvieh, bei diesem
         den Prozeß des Schlachtens und Darmschleimens selbst durchzuführen
         (statt sich hierfür der im städtischen Dienst stehenden Kräfte zu
         bedienen), so ist ihrem Verlangen zu entsprechen. Jedoch sollen sie
         diese Tätigkeit nur auf dem Schlachthof Herzbergstraße in Lichtenberg
         oder auf dem Schlachthof Spandau innerhalb der von der Direktion
         festgesetzten Stunden ausführen. Dies ist von der Verwaltung durch
         Anschlag an allen in Betracht kommenden Stellen bekanntzugeben.

---

61 Vgl. zum Kauf der Eisenhalle das 50. Mag.prot. v. 16.3.1946, TOP 4.
62 Vgl. das 47. Mag.prot. v. 23.2.1946, TOP 10. Die erwähnte Magistratskommission
   bestand aus Jirak, Siebert und Lange; siehe das Schreiben Jiraks an das Protokollbüro
   des Magistrats v. 7.3.1946, in: LAB, Rep. 10 B, Acc. 1580, Nr. 308.
63 Vgl. den Aktenvermerk über eine Besprechung bei Stadtrat Jirak am 2.3.1946, betr.
   Zentralvieh- und Schlachthof, in: LAB, Rep. 10 B, Acc. 1580, Nr. 308.
64 Gemeint ist der zentrale Berliner Vieh- und Schlachthof an der Thaerstraße/Eldenaer
   Straße im Bezirk Prenzlauer Berg.
65 Gemeint ist das preußische Gesetz, betr. die Errichtung öffentlicher, ausschließlich zu
   benutzender Schlachthäuser, v. 18.3.1868, in: Gesetz-Sammlung für die Königlichen
   Preußischen Staaten, Jg. 1868, S. 277 – 280.
66 Vgl. das Schreiben Marons an die Direktion der Vieh- und Schlachthöfe v. 16.2.1946,
   betr. Übernahme der Schlachtungen in städtische Regie, in: LAB, Rep. 10 B, Acc. 1580,
   Nr. 308; das 47. Mag.prot. v. 23.2.1946, TOP 10 (Beschluß zur Mag.vorlage Nr. 92,
   Ergänzung II).

BESCHLUSS: Der Magistrat stimmt dem Antrag zu.[67]

Lange trägt weiter folgenden Fall vor. Nach dem BGB[68] ist in dem Fall, wo *beim Tode eines Erblassers* kein Verwandter da ist und auch kein Testament vorliegt, der Fiskus des Bundesstaates Erbe, dem der Erblasser zur Zeit des Todes angehört hat. Das Amtsgericht Tempelhof fragt an, ob der Magistrat der Auffassung beitritt, daß für diesen Fall heute die *Stadt Berlin als Fiskus* gilt.[69] Der Redner empfiehlt, dieser Auffassung beizutreten.

BESCHLUSS: Der Magistrat stimmt dem Vorschlag zu.[70]

Lange berichtet weiter über ein Ansuchen der Deutschen Zentralverwaltung für Industrie in der sowjetischen Besatzungszone, ihr für eine Ausstellung das *Zeughaus* zu überlassen,[71] wobei gleichzeitig von der Zentralverwaltung der Wunsch geäußert wird, die Stadt möge die notwendigen Renovierungsarbeiten in dem Gebäude von sich aus vornehmen lassen. Die Zentralverwaltung ist bereit, eine entsprechende Miete für Überlassung der Räumlichkeiten zu zahlen.

Die zuständigen Abteilungen für Verwaltung, für Handel und Handwerk und für Finanzen sind der Meinung, man solle die Gelegenheit ergreifen, dieses Gebäude für *Ausstellungszwecke* herzurichten in der Hoffnung, es später einmal ganz für die Stadt erwerben zu können. Gegenwärtig befindet es sich in der Verwaltung des Finanzamts für Liegenschaften. Die Kosten für die Renovierung werden auf 300 000 RM geschätzt.

Karweik hält das Zeughaus vom baulichen Standpunkt aus nicht für geeignet zu Ausstellungen im modernen Sinne.

Maron möchte nicht große Mittel und Arbeitskräfte in die Wiederherstellung dieses Gebäudes stecken, ehe nicht die Besitzverhältnisse geklärt sind.

---

67 In einem Schreiben des Magistrats an die Direktion der Berliner Vieh- und Schlachthöfe v. 30.8.1946 heißt es, daß durch die in den vergangenen Monaten durchgeführte Reorganisation „wieder normale Verhältnisse auf den Berliner Vieh- und Schlachthöfen geschaffen worden" seien. Das Schreiben ist vorhanden in: LAB(STA), Rep. 101, Nr. 664. Vgl. zu den Berliner Vieh- und Schlachthöfen auch die Tätigkeitsberichte aus den Jahren 1945 und 1946, in: LAB(STA), Rep. 115, Nr. 1, 3 u. 4; Materialien in: LAB(STA), Rep. 101, Nr. 585 u. 586.

68 Bürgerliches Gesetzbuch, am 1.1.1900 als Kodifikation des deutschen Privatrechts in Kraft getreten.

69 Vgl. zum Erbrecht an herrenlosen Nachlässen das 21. Mag.prot. v. 17.9.1945, TOP 7.

70 Vgl. die Dienstblattverfügung Nr. IV-29 v. 27.7.1946, betr. Behandlung der der Stadt Berlin zufallenden Nachlässe, in: Dienstblatt des Magistrats von Groß-Berlin, Teil IV, Jg. 1948, S. 23 – 25.

71 Im Zeughaus hatte bereits eine Ausstellung von Industrie- und Handwerkserzeugnissen aus dem sowjetischen Sektor Berlins stattgefunden, die am 23.1.1946 eröffnet worden war; vgl. das 34. Mag.prot. v. 10.12.1945, TOP 5 (insb. Anm. 34); Initiative und Improvisation. Die Leistungsschau der Berliner Bezirke im ehemaligen Zeughaus, in: Neue Zeit, 24.1.1946, S. 3; Berlin zeigt, was es kann, in: Deutsche Volkszeitung, 25.1.1946, S. 4; Improvisation – das Gebot der Stunde. Oberbürgermeister Dr. Werner eröffnet „Berlin baut auf", in: Der Kurier, 25.1.1946, S. 5; Die Schau Unter den Linden, in: Das Volk, 25.1.1946, [S. 3]; Zahlen vom Wiederaufbau Berlins, in: Das Volk, 10.2.1946, [S. 5]; Neues von der Ausstellung „Berlin baut auf", in: Berliner Zeitung, 19.3.1946, [S. 2]. Vgl. zum Zeughaus auch: Dok. 41, Anm. 64.

Dr. Landwehr tritt für den Ausbau des Gebäudes ein, um zum mindesten für eine Zwischenzeit etwas zu schaffen, was Ausstellungszwecken dienen und damit für den Gesamtgedanken „Berlin" werbend wirken kann.

Pieck hat Bedenken gegen das Projekt. Abgesehen von den Kosten würden für längere Zeit dadurch Arbeitskräfte von anderen wichtigen Aufgaben – er verweise nur auf den Ausbau des Alten Stadthauses[72] – abgezogen werden.

Lange macht darauf aufmerksam, daß die Zentralverwaltung sich dann wahrscheinlich auf andere Weise helfen würde, da die Ausstellung auf Befehl von Marschall Shukow stattfinden soll, und zwar schon in 4 Wochen.[73]

BESCHLUSS: Der Magistrat gibt den in Frage kommenden Abteilungen anheim, eine Vorlage über das Projekt vorzulegen.[74]

---

72 Vgl. hierzu Teil I dieser Edition, S. 40, Anm. 68; Dok. 1, Anm. 9.

73 Es konnten weder ein entsprechender schriftlicher Befehl Shukows noch ein Hinweis auf die Durchführung einer Ausstellung der Deutschen Zentralverwaltung der Industrie ermittelt werden. Am 19.5.1946 wurde im Zeughaus die „1. Deutsche Kunstausstellung" der Deutschen Zentralverwaltung für Volksbildung in der sowjetischen Besatzungszone eröffnet. Vgl. hierzu: Berlin. Kampf um Freiheit, S. 443; Ranke u. a.: Kultur, Pajoks und Care-Pakete, S. 123.

74 Eine entsprechende Mag.vorlage ist in den folgenden Mag.sitzungen nicht behandelt worden. – Vgl. hierzu: Schlüterbau Unter den Linden wird Messehaus, in: Der Morgen, 14.3.1946, S. 3.

Dok. 75
50. Magisstratssitzung vom 16. März 1946

LAB(STA), Rep. 100, Nr. 769, Bl. 59 – 66. – Umdruck.[1]

Beginn: 10.10 Uhr   Schluß: 14 Uhr

Anwesend: Dr. Werner, Maron, Orlopp, Schulze, Lange, Dr. Landwehr, Winzer, Klimpel, Pieck, Schmidt, Scharoun, Buchholz, Grüber, Geschke, Dr. Haas, Rumpf, Dohmen, Kraft, Knoll, Karweik, Dr. Redeker, Jirak, Fleischmann, Starck.

Den Vorsitz führt: Oberbürgermeister Dr. Werner.

Tagesordnung: 1. Protokolle
                   2. Personalien
                   3. Finanzen
                   4. Städtische Betriebe
                   5. Arbeitsfragen
                   6. Sozialwesen
                   7. Errichtung einer Rohstoffstelle
                   8. Bau- und Wohnungswesen
                   9. Allgemeines.

Dr. Werner macht vor Eintritt in die Tagesordnung Mitteilung von der *Explosionskatastrophe*, die sich kurz vor 8 Uhr im Hofe der *Polizeikaserne* in der Kleinen Alexanderstraße Ecke Münzstraße ereignet hat.[2] Durch die Unvorsichtigkeit eines Polizeianwärters ist die dort lagernde *Munition* in die Luft geflogen. In der Umgebung sind große Zerstörungen angerichtet und viele Personen verwundet worden,

---

1 Weitere Umdruckexemplare dieses Protokolls sind vorhanden in: LAB(STA), Rep. 100, Nr. 752, lfd. S. 114 – 128; LAB, Rep. 228, Mag.protokolle 1946, u. Rep. 280, Nr. 8501/11.
2 Vgl. hierzu: Explosionen am Alexanderplatz, in: Nacht-Express, 16.3.1946, [S. 1]; Großzügige Hilfe des Magistrats für die Opfer der Explosion, in: Berliner Zeitung, 17.3.1946, [S. 1]; Die Explosion am Alexanderplatz, in: Tägliche Rundschau, 17.3.1946, S. 6; Explosionskatastrophe am Alex, in: Deutsche Volkszeitung, 17.3.1946, S. 1; Schwere Explosion in der Polizeikaserne, in: Der Tagesspiegel, 17.3.1946, S. 6; Die Explosion in der Polizeikaserne, in: Der Kurier, 18.3.1946, S. 3; Das werktätige Berlin hilft den Opfern der Explosion, in: Tägliche Rundschau, 19.3.1946, S. 6; Die Explosion am Alex. Hilfsmaßnahmen laufen an, in: Das Volk, 19.3.1946, [S. 5]; Geldspenden für die Opfer des Explosionsunglücks, in: Tägliche Rundschau, 6.4.1946, S. 6; Explosion am Alex vor Gericht, in: Telegraf, 18.8.1946, S. 2; Eine Handgranate krepierte ... Die Explosionskatastrophe am Alexanderplatz vor Gericht, in: Berliner Zeitung, 18.8.1946, [S. 6]; Das Explosionsunglück am Alexanderplatz vor Gericht, in: Vorwärts, 20.8.1946, [S. 5]. Vgl. zu den entstandenen Schäden die Materialien in: LAB(STA), Rep. 105, Nr. 991, 996 – 1002 u. 7447.

wahrscheinlich sind auch Menschenleben zu beklagen.[3] Der Oberbürgermeister und der erste stellvertretende Oberbürgermeister haben sofort die Unfallstelle besichtigt und sich davon überzeugt, daß alle notwendigen Maßnahmen getroffen worden sind.

Grüber fordert eine Untersuchung darüber, wie es möglich sein konnte, daß jetzt noch eine solche Menge von schwerer Munition inmitten der Stadt lagerte.

Pieck schlägt vor, den Polizeipräsidenten zu beauftragen, erneut mit der Alliierten Kommandantur in Verbindung zu treten, damit solche Munitionslager so schnell wie möglich aus dem Stadtgebiet abtransportiert werden. In der letzten Bezirksbürgermeister-Konferenz wurde berichtet, daß sich auch in Neukölln auf dem Jahnplatz noch ein großes Munitionslager befindet,[4] möglicherweise ist dasselbe noch an anderen Stellen Berlins der Fall.

BESCHLUSS: Der Magistrat beschließt, dem Polizeipräsidenten offiziell einen entsprechenden Auftrag zu erteilen.[5]

1. PROTOKOLLE

Die Niederschriften der Magistratssitzungen vom 4.3.46 und vom 9.3.46 werden ohne Beanstandung genehmigt.

2. PERSONALIEN

Pieck gibt dem Magistrat Kenntnis von einem Schreiben des Stadtkämmerers *Dr. Siebert* vom 26.2.46[6], in dem dieser um die Genehmigung zum *Ausscheiden* aus seiner Stellung als Leiter der Finanzabteilung des Magistrats nachsucht. Auf Grund der Verordnung, betreffend Nebenbeschäftigung von Magistratsmitgliedern,[7] glaubt er, die weitere Wahrnehmung dieser Stellung nicht vereinbaren zu können mit der beabsichtigten Weiterführung seiner Firma Hansa-Druck und Verlag in Berlin. Er ist aber bereit, bis zum 1. April die noch schwebenden wichtigen Aufgaben der Finanzabteilung zum Abschluß zu bringen.

In einem weiteren Schreiben vom 13.3.46[8] bittet Dr. Siebert wegen schwerer Ruhrerkrankung um Krankheitsurlaub bis zum 31.3.46, dem Tage seines Ausscheidens. Er habe Herrn Dr. Haas[9] und Herrn Rumpf[10] mit seiner Vertretung beauftragt.

Der Redner bittet den Magistrat, den Antrag auf Ausscheiden von Dr. Siebert und das Urlaubsgesuch zur Kenntnis zu nehmen und der Alliierten Kommandantur zur Genehmigung vorzuschlagen. Die Übernahme der laufenden Geschäfte durch die beiden Stellvertreter ist in den letzten Tagen erfolgt.

---

3 Das Explosionsunglück in der Kleinen Alexanderstraße in der Nähe des Alexanderplatzes, bei dem etwa 100 t Munition explodierten, forderte zwei Tote, 17 Schwerverletzte und 130 Leichtverletzte. Siehe: Der Berliner, 19.3.1946, S. 2.

4 Vgl. das Prot. der Konferenz der Bezirksbürgermeister am 14.3.1946, TOP 5, in: LAB, Rep. 280, Nr. 3851.

5 Vgl. zum Explosionsunglück in der Kleinen Alexanderstraße auch TOP 9 in diesem Mag.prot.

6 Dieses Schreiben konnte nicht ermittelt werden.

7 Vgl. das 42. Mag.prot. v. 19.1.1946, TOP 3 (Mag.vorlage Nr. 14).

8 Dieses Schreiben konnte nicht ermittelt werden.

9 Vgl. das 37. Mag.prot. v. 17.12.1945, TOP 2.

10 Vgl. das 25. Mag.prot. v. 8.10.1945, TOP 2.

BESCHLUSS: Der Magistrat erklärt sein Einverständnis mit dem Vorschlag des
Leiters der Personalabteilung.[11]

---

11 Pieck informierte Siebert mit Schreiben v. 18.3.1946 über diesen Mag.beschluß;
siehe: LAB(STA), Rep. 101, Nr. 620, Bl. 53. Vgl. auch: Rücktritt des Kämmerers,
in: Neue Zeit, 23.3.1946, S. 3; Stadtkämmerer Dr. Siebert verläßt seinen Posten, in:
Das Volk, 26.3.1946, [S. 4]. Mit Schreiben v. 20.3.1946 bat der Magistrat die AK,
das Rücktrittsgesuch von Siebert zu genehmigen. Dieses Schreiben ist vorhanden in:
LAB(STA), Rep. 101, Nr. 63, Bl. 65, u. Nr. 620, Bl. 48. Es heißt darin: „Herr Dr. Siebert
begründet sein Entlassungsgesuch damit, daß er Besitzer von 2 Druckereien ist und diese
aus Familienrücksichten nicht aufgeben kann, sondern sie wieder aufbauen muß. Herr
Dr. Siebert hat sich nach dem Zusammenbruch des Naziregimes der Stadtverwaltung
zur Verfügung gestellt und den Neuaufbau der Finanzabteilung eingeleitet und bis zu
dem heutigen Stand durchgeführt. Dr. Siebert hat aber nach seiner Mitteilung nicht
die Absicht gehabt, dauernd in den Diensten der Stadtverwaltung zu bleiben, sondern
wollte nur in der Aufbauarbeit seine Kraft zur Verfügung stellen, um sich dann wieder
seinem Druckereiunternehmen zu widmen." Mit BK/O (46) 170 v. 17.4.1946 genehmigte
die AK den Rücktritt Sieberts als Stadtkämmerer (Leiter der Finanzabteilung des
Magistrats) und ordnete an, daß Haas und Rumpf „die Geschäfte der Stadtkämmerei
bis zur Ernennung eines Nachfolgers weiterführen" sollten. Die BK/O ist vorhanden in:
LAB(STA), Rep. 101, Nr. 63, Bl. 63; LAB, Rep. 280, Nr. 12560. Zum Nachfolger Sieberts
als Leiter der Finanzabteilung wurde Dr. Harald Heuer bestimmt, dessen Amtsantritt aber
bis zum Ende des ersten Nachkriegsmagistrats nicht mehr zustande kam. Vgl. hierzu das
58. Mag.prot. v. 18.5.1946, TOP 2, u. das 79. Mag.prot. v. 12.10.1946, TOP 2, u. das
80. Mag.prot. v. 22.10.1946, TOP 2.
In einem Schreiben des Leiters des Generalreferats Preis- und Steuerpolitik bei der
Generalsteuerdirektion, Martin Otto Glaeser, an OB Werner v. 11.4.1946, betr. Entlassung
des Herrn Stadtkämmerers Dr. Siebert, war von „dem bedauerlichen Ergebnis der
Ermittlungen" die Rede, „die schließlich zu einer plötzlichen Entlassung des Herrn
Dr. Siebert führten", und davon, „daß man der Öffentlichkeit den wirklichen Grund für
das Ausscheiden des Herrn Stadtkämmerers vorenthält". Das Schreiben ist vorhanden in:
LAB(STA), Rep. 102, Nr. 34; als Abschrift in: LAB(STA), Rep. 101, Nr. 651, Bl. 5 – 8.
Arthur Werner hat Ende der fünfziger Jahre notiert: „Wir hatten auch im Magistrat einen
Stadtrat namens Dr. Siebert, der uns verschwiegen hatte, daß er schon zwei Jahre wegen
Geldunterschlagung im Gefängnis gesessen hatte. Als wir davon erfuhren, wurde er
schnellstens entlassen." Siehe: LAB, NL Werner, Rep. 200, Acc. 4379, Nr. 20/8, S. 1120.
Siebert, der vor 1933 offenbar keiner Partei angehört hatte, war seit 1927 Stadtrat
in der thüringischen Stadt Mühlhausen gewesen. Nach der Machtübernahme durch
die Nationalsozialisten hatte er sich politisch der NSDAP zugewandt und angestrebt,
Oberbürgermeister von Mühlhausen zu werden. Er ist vermutlich nicht mehr Mitglied
der NSDAP geworden, denn er wurde bereits am 22.5.1933 wegen des Verdachts der
Untreue verhaftet und am 29.6.1933 von der Großen Strafkammer (Korruptionskammer)
des Landgerichts Erfurt wegen Amtsunterschlagungen in der Zeit von 1930 bis 1933 zu
zwei Jahren Gefängnis und fünf Jahren Verlust der bürgerlichen Ehrenrechte verurteilt.
Siehe zu diesen Vorgängen das Schreiben Sieberts an Oberregierungsrat Kurt Otto
(NSDAP) v. 17.3.1933, in: Stadtarchiv Mühlhausen, Personalakte Dr. Erich Siebert,
11/021/28, Bl. 242/242a; „Weihe-Rede" Sieberts bei der Pflanzung einer „Hitler-Eiche"
in Mühlhausen am 23.4.1933, in: Stadtarchiv Mühlhausen, Personalakte Dr. Erich
Siebert, 11/118/1703, Bl. 8 f. (Abschrift eines entsprechenden Zeitungsartikels); BArch,
Außenstelle Berlin-Zehlendorf, RKK, Akte Erich Siebert, Schreiben v. 5.10.1942
u. 12.12.1942; Vermerk des Oberbürgermeisters von Mühlhausen, Dr. Neumann, v.

Dr. Haas gibt bekannt, daß er sich mit Herrn Dr. Rumpf[12] dahin geeinigt habe, den großen Arbeitsbereich der *Finanzabteilung* in zwei größere Unterabteilungen *aufzuteilen*,[13] und schlägt demgemäß vor:

> Die Leitung der Finanzabteilung durch die beiden Stellvertreter Dr. Haas und Rumpf erfolgt ab sofort bis zur Neubesetzung der Leitung der Finanzabteilung in folgender Weise:

Abteilung A, umfassend:	1. Haushaltswirtschaft (Kämmerei),
	2. Generalsteuerdirektion,
	3. Finanzsyndikat,
	4. Kriegsschäden und Besatzungskosten,

übernimmt Dr. Haas;

Abteilung B, umfassend:	1. Preisamt,
	2. Banken,
	3. Versicherungen,
	4. Liegenschaften, Stadtgüter, Forstverwaltung,

übernimmt Herr W. Rumpf.

27.11.1945, in: Stadtarchiv Mühlhausen, Personalakte Dr. Erich Siebert, 11/118/1703, Bl. 6.

Nach seiner zweijährigen Gefängnishaft in der Strafanstalt Halle war Siebert seit 1935 Mitinhaber eines Papier- und Druckunternehmens in Berlin, seit 1937 gleichzeitig Mitinhaber einer weiteren Druckerei. Beide Betriebe lagen in der Köpenicker Straße, Bezirk Mitte, und wurden Anfang Februar 1945 ausgebombt. Siebert war in der ersten Maihälfte 1945 wenige Tage als Finanzdezernent bei der im Aufbau befindlichen Bezirksverwaltung des Bezirks Mitte tätig, bevor er – vermutlich am 16.5.1945 – zum Magistrat wechselte. Siehe hierzu Teil I dieser Edition, S. 43 f. Nachdem der Magistrat von Sieberts Verhalten in Mühlhausen Kenntnis erhalten hatte, holte Martin Schmidt als stellvertretender Leiter der Mag.abt. für Personalfragen und Verwaltung im Januar 1946 persönlich die Personalakten Sieberts und „andere einschlägige Papiere" aus Mühlhausen zur Einsichtnahme ab. Siehe: Stadtarchiv Mühlhausen, Personalakte Dr. Erich Siebert, 11/118/1703, Bl. 10–13 (zit. Stelle auf Bl. 11).

Nach Kriegsende war Siebert der SPD beigetreten. Siehe: Kommunisten, Sozialdemokraten, Demokraten und Zentrum in einheitlicher Front!, in: Deutsche Volkszeitung, 14.6.1945, S. 1; LAB, Rep. 37, Acc. 3971, Nr. 114 (Biographische Zusammenstellung „Principal Post-Nazi German Officials: Part Two", S. 17); „Gruppe Ulbricht", S. 353 u. 355; Teil I dieser Edition, S. 43, Anm. 83. Im Februar 1946 sprach er sich für eine Einheitspartei aus SPD und KPD aus; siehe das Prot. über die Versammlung der Betriebsgruppen der SPD und KPD beim Magistrat der Stadt Berlin am 15.2.1946, S. 5 f., in: SAPMO-BArch, BPA, I/2/010. Am 30.7.1947 richtete Martin Schmidt ein Schreiben, betr. Verwaltungsschule Köpenick – Vortrag Dr. Siebert –, an den SED-Kreisvorstand Berlin-Köpenick, in dem er unter anderem schrieb: „Dr. Siebert war bis zum Februar 1946 Stadtkämmerer von Berlin und war zunächst Mitglied der SPD und hat dann die Vereinigung zur SED mitgemacht. Über seine heutige politische Haltung ist nichts bekannt." Das Schreiben ist vorhanden in: LAB(STA), Rep. 102, Nr. 45.

12 Rumpf besaß *keinen* Doktortitel.

13 Diese Aufteilung ging auf die Initiative von Haas zurück; vgl.: StVV, I. Wahlperiode, Stenographischer Bericht über die 2. (Ordentliche) Sitzung am 28.11.1946, S. 9 f. (Haas). Vgl. zu vorherigen Änderungen in der Organisation der Finanzabteilung das 25. Mag.prot. v. 8.10.1945, TOP 2.

BESCHLUSS: Der Magistrat stimmt diesem Vorschlag zu.[14]

Pieck teilt weiter mit, daß inzwischen der Befehl auf *Entlassung* von Herrn *Karl Raddatz* aus der Leitung des Hauptausschusses „Opfer des Faschismus" ergangen ist.[15] Der Befehl[16] ist durchgeführt. Aus der Haft ist Raddatz wieder entlassen worden.[17]

Schmidt gibt einen Überblick über die auf Grund des Befehls der Alliierten Kommandantur *Nr. 101a*, betreffend *Entnazifizierung, eingeleiteten Maßnahmen*.[18] Die

---

14 Die hiermit beschlossene Gliederung der Finanzabteilung und die Mitteilung über die kommissarische Leitung ihrer Abteilungen A und B durch Haas und Rumpf wurden veröffentlicht in: Die Stadtverwaltung, Jg. 1 (1946), H. 3, S. 13. Vgl. auch das Rundschreiben der Mag.abt. für Personalfragen und Verwaltung v. 20.7.1946, betr. Gliederung der Finanzabteilung, in: LAB(STA), Rep. 102, Nr. 370, Bl. 248.

15 Vgl. das 49. Mag.prot. v. 9.3.1946, TOP 2.

16 Gemeint ist BK/O (46) 130 v. 14.3.1946, in: LAB, Rep. 280, Nr. 12537.

17 Der stellvertretende amerikanische Stadtkommandant, Oberst Frank L. Howley, hatte seinen alliierten Kollegen am 8.3.1946 vorgeschlagen, im Zusammenhang mit dem „Fall Raddatz" Geschke als Raddatz' Vorgesetzten und Leiter der Mag.abt. für Sozialwesen bis zum Ende der entsprechenden Untersuchung vom Amt zu suspendieren. Vgl. das 12. Prot. der stellv. Stadtkommandanten v. 8.3.1946, TOP 144, in: LAB, Rep. 37, Acc. 3971, Nr. 218. Die AK bestätigte aber den sowjetischen Untersuchungsbericht zum „Fall Raddatz", wonach Geschke in diesem Zusammenhang keine Amtspflichtverletzung begangen hatte. Vgl. das 7. Prot. der AK v. 12.3.1946, TOP 64 u. Appendix A, in: LAB, Rep. 37, Acc. 3971, Nr. 215.

18 Vgl. den Bericht über die Tätigkeit des Magistrats hinsichtlich der Entnazifizierungsanordnungen der Alliierten Kommandantur v. 20.3.1946, in: LAB(STA), Rep. 102, Nr. 272, Bl. 18.
Der Alliierte Kontrollrat hatte mit seiner Direktive Nr. 24 v. 12.1.1946, betr. „Entfernung von Nationalsozialisten und Personen, die den Bestrebungen der Alliierten feindlich gegenüberstehen, aus Ämtern und verantwortlichen Stellungen", grundlegende Bestimmungen zur Entnazifizierung erlassen. Die Direktive Nr. 24 wurde veröffentlicht in: Amtsblatt des Kontrollrats in Deutschland, Nr. 5 (31.3.1946), S. 98 – 115; Der Alliierte Kontrollrat, S. 110 – 126. Auf der Grundlage dieser Direktive erließ die AK zur Regelung des Entnazifizierungsverfahrens in der Berliner Stadtverwaltung und Wirtschaft BK/O (46) 101 u. BK/O (46) 101a v. 26.2.1946, BK/O (46) 102 v. 26.2.1946 und BK/O (46) 107 v. 27.2.1946. Die BK/Os sind vorhanden in: LAB(STA), Rep. 101, Nr. 59 u. 60; LAB, Rep. 280, Nr. 13449, 13450 u. 4802; mit Ausnahme der formalen BK/O (46) 101 veröffentlicht in: VOBl., Jg. 2 (1946), S. 71 – 82. Die Veröffentlichung in den Berliner Zeitungen erfolgte am 9.3.1946, 10.3.1946 u. 12.3.1946. Die BK/O (46) 101 umfaßte einige Bestimmungen zur Bekanntmachung und Ausführung der BK/O (46) 101a. Die BK/O (46) 101a enthielt genaue Vorschriften darüber, aufgrund welcher Funktionen oder Handlungen in der Zeit des nationalsozialistischen Regimes Personen „als aktive Nationalsozialisten, Militaristen oder als dem Vorhaben der Alliierten feindlich gesinnt zu betrachten" und zu entlassen waren. Mit der BK/O (46) 102 wurden die Errichtung von Entnazifizierungskommissionen und das vor ihnen stattfindende Berufungsverfahren geregelt. Jeder, der glaubte, „zu Unrecht entlassen oder ungerechterweise nach den Entnazifizierungsgesetzen klassifiziert zu sein", hatte das Recht zur Berufung bei den Entnazifizierungskommissionen. Diese Kommissionen waren in den Verwaltungsbezirken, in jedem Sektor und beim Magistrat zu errichten. Die höchste Berufungsinstanz stellte das Entnazifizierungskomitee der AK dar. Nach der BK/O (46) 107 war der „Personalausweis

Angelegenheit ist bereits eingehend in der Bürgermeister-Konferenz[19] besprochen worden, es hat auch eine Sitzung[20] der Dezernenten der Personalabteilungen in den Bezirken mit den Betriebsräten der Stadtverwaltung stattgefunden. Außerdem sind mehrere Rundschreiben in der Sache ergangen.[21]

Der Redner geht noch einmal die Hauptpunkte der Anordnung durch unter Hervorhebung der Auslegungsschwierigkeiten bei einzelnen Bestimmungen, die zum Teil in Zusammenarbeit mit der Alliierten Kommandantur geklärt werden konnten. Zur Diskussion steht u[nter] a[nderem] noch die Frage hinsichtlich des einfachen Arbeiters, der keinerlei Weisungsbefugnis hat. Eingeleitet ist, daß die gesamten Personalakten von den städtischen Dienststellen daraufhin noch einmal überprüft werden, ob noch Personen in der Verwaltung sind, die unter dieses Gesetz fallen und demgemäß entfernt werden müssen. Dabei ist zu erwähnen, daß diejenigen, die auf Grund des seinerzeitigen Shukow-Befehls[22] entlassen bzw. nicht eingestellt worden sind, dann, wenn sie über die Rehabilitierungskommission[23] gegangen sind und ein positives Urteil über sie ergangen ist, nicht wieder eingestellt werden müssen, sondern nur das Recht erhalten, das jedem anderen Staatsbürger auch zusteht: beim Freiwerden einer Stelle sich zu bewerben, wobei ihnen dann die Tatsache ihrer früheren Belastung nicht zum Nachteil angerechnet werden darf. Dagegen sind diejenigen, die auf Grund des Befehls Nr. 101a entlassen werden, nach ihrer Rehabilitierung ohne weiteres wieder in ihre frühere Stellung einzusetzen.

Der Redner betont ausdrücklich, daß die Entscheidungen der deutschen Entnazifizierungskommission nicht endgültig sind, sondern daß eine Wiedereinstellung erst dann erfolgen kann, wenn der Sicherheitsausschuß der Militärregierung der Rehabilitierung zugestimmt hat. Die deutschen Kommissionen leisten also nur Vorarbeit.

Für die Sitze der Sektoren-Kommissionen als Berufungsinstanzen sind Vororte für jeden einzelnen Sektor bestimmt, und zwar für den amerikanischen Sektor der Bezirk Schöneberg, für den englischen Charlottenburg, für den französischen Wedding und für den russischen Prenzlauer Berg.

---

jeder durch irgendwelche Bestimmungen der Entnazifizierungs-Anordnung der Alliierten Kommandatura betroffenen Person" mit einem Sonderstempel zu versehen.

Eine vom Magistrat geplante VO über die Entlastung nomineller Mitglieder der NSDAP und ihrer Gliederungen, nach der Spruchausschüsse in den Verwaltungsbezirken eingerichtet werden sollten, wurde mit den BK/Os zur Entnazifizierung v. 26./27.2.1946 hinfällig. Vgl. hierzu das 47. Mag.prot. v. 23.2.1946, TOP 9.

19 Vgl. die Protokolle der Konferenzen der Bezirksbürgermeister am 7.3.1946, TOP 4, u. am 14.3.1946, TOP 4, in: LAB, Rep. 280, Nr. 3850 u. 3851.

20 Ein Protokoll dieser Sitzung konnte nicht ermittelt werden. Sie hatte am 14.3.1946 stattgefunden; siehe den Bericht über die Tätigkeit des Magistrats hinsichtlich der Entnazifizierungsanordnungen der Alliierten Kommandantur v. 20.3.1946, Ziffer 8, in: LAB(STA), Rep. 102, Nr. 272, Bl. 18.

21 Vgl. die Rundverfügungen der Mag.abt. für Personalfragen und Verwaltung v. 4.3.1946 u. 15.3.1946, betr. Entnazifizierung, in: LAB(STA), Rep. 102, Nr. 61 u. Nr. 272, Bl. 8 u. 7. Vgl. auch das 10. Prot. des Einheitsausschusses Groß-Berlin v. 15.3.1946, in: BArch, Abt. Potsdam, Z-3, Nr. 4, Bl. 73 f.

22 Vgl. hierzu das 9. Mag.prot. v. 2.7.1945, TOP 2.

23 Gemeint sind die nach der BK/O (46) 102 zu errichtenden Entnazifizierungskommissionen.

Über die Frage des Verfahrens sind der Alliierten Kommandantur Vorschläge unterbreitet worden. Diese betreffen einmal die Gebührenerhebung. Es ist vorgeschlagen worden, eine Antragsgebühr von 50 RM und eine Verhandlungsgebühr von ebenfalls 50 RM festzusetzen mit etwaigen Ermäßigungen nach sozialen Gesichtspunkten.[24] Hinsichtlich der Vergütung der Kommissionsmitglieder war im amerikanischen Sektor bisher die Regelung getroffen, daß sämtliche Kommissionsmitglieder fest besoldet werden.[25] Diese Regelung erscheint deswegen nicht glücklich, weil dann die Auswahl auf den Personenkreis derer beschränkt ist, die zufällig erwerbslos sind. Darum ist vorgeschlagen worden, nur den Schriftführer fest zu besolden und den übrigen Mitgliedern Sitzungsgelder und eventuell Ersatz für Verdienstausfall zu gewähren.[26] Außerdem müssen die Kommissionen mit einem kleinen Verwaltungsapparat ausgestattet werden: einem Sachbearbeiter, 1 bis 2 Sekretärinnen und einer Hilfe für Aktenabgabe. Ferner sind ihnen Arbeitsräume zur Verfügung zu stellen. Über diese administrativen Maßnahmen hinaus darf auf die Tätigkeit der Kommissionen keinerlei Einfluß ausgeübt werden; sie sollen als unabhängige Kontrollinstanz arbeiten.

Es wird angestrebt, zu erreichen, daß zum mindesten die Schriftführer der Kommissionen aus den einzelnen Bezirken gelegentlich zusammenkommen, um eine einheitliche Spruchpraxis zu sichern.[27]

Der Befehl hat insofern noch eine Lücke, als die Nazis, die schon aus ihrer Stellung entfernt und als Arbeiter in Einsatzgruppen tätig sind, nicht die Möglichkeit haben, sich rehabilitieren zu lassen, weil sie nicht in einer solchen Arbeit stehen, aus der sie entlassen werden können. Dieser Punkt muß noch geklärt werden.[28]

Mit der Alliierten Kommandantur ist vereinbart worden, daß mit der Prüfung zuerst bei denen begonnen wird, die sich in gehobener Stellung befinden. Ferner ist

---

24 Die Prüfungsgebühren und die Verhandlungsgebühren wurden in Abhängigkeit vom bisherigen Einkommen des Antragstellers auf Beträge von jeweils 10 RM, 30 RM, 50 RM oder 100 RM festgesetzt. Siehe die entsprechende Rundverfügung der Mag.abt. für Personalfragen und Verwaltung v. 20.3.1946, in: LAB(STA), Rep. 102, Nr. 272, Bl. 7; LAB, Rep. 280, Nr. 3317.

25 Die amerikanische Militärregierung hatte für ihre Besatzungszone und den amerikanischen Sektor Berlins das am 26.9.1945 in Kraft tretende Gesetz Nr. 8 erlassen, betr. „Verbot der Beschäftigung von Mitgliedern der NSDAP in geschäftlichen Unternehmen und für andere Zwecke mit Ausnahme der Beschäftigung als gewöhnliche Arbeiter". Das Gesetz ist mit zugehöriger AusführungsVO vorhanden in: LAB, Rep. 280, Nr. 4723; veröffentlicht in: Allgemeine Zeitung, 26.9.1945, S. 3. Vgl. auch: LAB, Rep. 280, Nr. 5017. Für die von dem Gesetz Betroffenen war die Berufungsmöglichkeit bei einem Prüfungsausschuß vorgesehen. Vgl. zur Vergütung der Mitglieder dieser Ausschüsse im amerikanischen Sektor: LAB(STA), Rep. 102, Nr. 273, Bl. 347.

26 Vgl. zur Vergütung der Kommissionsmitglieder die Rundverfügung der Mag.abt. für Personalfragen und Verwaltung v. 20.3.1946, in: LAB(STA), Rep. 102, Nr. 272, Bl. 7; LAB, Rep. 280, Nr. 3317.

27 Vgl. hierzu die Notiz über die Besprechung der Entnazifizierungskommissionen des Magistrats, der Sektoren und Bezirke am 17.4.1946, in: LAB(STA), Rep. 102, Nr. 272, Bl. 25; Bericht über die Sitzung der Entnazifizierungskommission[en] am 18.6.1946, in: a.a.O., Bl. 71 f.

28 Vgl. hierzu das Rundschreiben der Mag.abt. für Arbeit v. 6.4.1946, betr. Nazi-Einsatz, in: LAB(STA), Rep. 102, Nr. 272, Bl. 13 – 16.

vereinbart worden, daß in Zweifelsfällen zunächst eine Rückfrage an die Alliierte Kommandantur ergeht, bevor die Entlassung ausgesprochen wird.

Der Redner glaubt, daß damit vorläufig alles eingeleitet ist, was notwendig ist, um den Apparat nach dem Befehl Nr. 101a in Bewegung zu setzen. Es steht zu erwarten, daß die Kommissionen längere Zeit brauchen werden, um ihre Aufgabe durchzuführen. Dabei ist die Frage, ob man mit *einer* Kommission in jedem Bezirk auskommen wird.

BESCHLUSS: Der Magistrat nimmt von diesen Mitteilungen Kenntnis.[29]

---

29 Vgl. zur Regelung des Entnazifizierungsverfahrens außer den grundlegenden BK/Os (46) 101a, (46) 102 und (46) 107 v. 26./27.2.1946 auch die folgenden ergänzenden Anordnungen der AK: BK/O (46) 146 v. 29.3.1946, in: LAB(STA), Rep. 101, Nr. 62, u. LAB, Rep. 280, Nr. 12550, u. veröffentlicht in: VOBl., Jg. 2 (1946), S. 141; BK/O (46) 192 v. 30.4.1946, in: LAB(STA), Rep. 101, Nr. 64, u. LAB, Rep. 280, Nr. 4836; BK/O (46) 193 v. 30.4.1946, in: LAB(STA), Rep. 101, Nr. 64, u. LAB, Rep. 280, Nr. 4837, u. veröffentlicht in: VOBl., Jg. 2 (1946), S. 160; BK/O (46) 194 v. 30.4.1946, in: LAB(STA), Rep. 101, Nr. 64, u. LAB, Rep. 280, Nr. 4838; BK/O (46) 196 v. 30.4.1946, in: LAB(STA), Rep. 101, Nr. 64, u. LAB, Rep. 280, Nr. 4839; BK/O (46) 197 v. 30.4.1946, in: LAB(STA), Rep. 101, Nr. 64, u. LAB, Rep. 280, Nr. 4840; BK/O (46) 288 v. 29.6.1946, in: LAB(STA), Rep. 101, Nr. 68, u. LAB, Rep. 280, Nr. 4881, u. veröffentlicht in: VOBl., Jg. 2 (1946), S. 244 – 246; BK/O (46) 355 v. 5.9.1946, in: LAB(STA), Rep. 101; Nr. 72, u. LAB, Rep. 280, Nr. 4910, u. veröffentlicht in: VOBl., Jg. 2 (1946), S. 327.

Die Mag.abt. für Personalfragen und Verwaltung erließ zahlreiche Rundschreiben, Rundverfügungen und Bekanntmachungen zur Durchführung der Entnazifizierung. Die wichtigsten dieser Einzelregelungen datieren v. 23.3.1946, 27.3.1946, 1.4./3.4.1946, 4.4.1946, 5.4.1946, 17.4.1946, 9.5.1946, 10.5.1946 u. 1.7.1946. Sie sind vorhanden in: LAB(STA), Rep. 102, Nr. 272, Bl. 5, 4, 3, 30, 29, 24, 22, 21 u. 65. Die Rundschreiben/Bekanntmachungen v. 1.4./3.4.1946 u. 10.5.1946 wurden veröffentlicht in: Berliner Zeitung, 5.4.1946, [S. 4], u. 15.5.1946, [S. 4]; VOBl., Jg. 2 (1946), S. 127 f. u. 163; die Bekanntmachung v. 4.4.1946 in: Die Stadtverwaltung, Jg. 1 (1946), H. 5, S. 9 f.

Vgl. auch das Prot. der Konferenz der Bezirksbürgermeister am 4.4.1946, TOP 6, in: LAB, Rep. 280, Nr. 3853; das 15. Prot. des Einheitsausschusses Groß-Berlin v. 7.6.1946, in: BArch, Abt. Potsdam, Z-3, Nr. 4, Bl. 90 f.; den undatierten u. ungezeichneten Bericht „Entnazifizierungskommissionen an der Arbeit" (ca. Juli 1946; vermutlich verfaßt von Dr. Karl Knoll, für die Entnazifizierung zuständiger Hauptreferent in der Mag.abt. für Personalfragen und Verwaltung), in: LAB(STA), Rep. 102, Nr. 273, Bl. 139 f.; Es geht nicht um Schuld und Strafe. Aus der Arbeit der Berliner Entnazifizierungskommissionen, in: Berliner Zeitung, 12.7.1946, [S. 6]; Gleichmäßige Behandlung der Pgs?, in: Der Kurier, 11.12.1946, S. 5; weitere Materialien zur Tätigkeit der Entnazifizierungskommissionen in Berlin (1946/47) in: LAB(STA), Rep. 102, Nr. 272, 273 u. 275. Im Einheitsausschuß Groß-Berlin wurde am 7.6.1946 konstatiert, „daß die Denazifizierungsbehörden in den einzelnen Bezirken sehr unterschiedlich arbeiten".

In einem Bericht v. 12.9.1947, betr. Entnazifizierung der Verwaltung, stellte Martin Schmidt rückblickend fest:

„Beim Aufbau der neuen Berliner Verwaltung im Jahre 1945 wurde von den deutschen Behörden, ohne daß zunächst Befehle der Besatzungsbehörde vorlagen, mit einer Reinigung des Verwaltungsapparates begonnen, soweit nicht Mitglieder der ehemaligen NSDAP und ihrer Gliederungen aufgrund ihrer größeren Belastung von vornherein dem Dienst fernblieben. Die erste Regelung durch die Besatzungsbehörde war der Befehl des Marschalls Schukow v. 30.6.45, nach welchem alle ehemaligen Mitglieder der NSDAP in

Schmidt berichtet sodann über die Vorlage Nr. 102[30], betreffend *Verordnung* über *beratende Bezirksversammlungen*, die eine Parallele zu der bereits verabschiedeten und zur Zeit noch der Alliierten Kommandantur vorliegenden Verordnung über die vorläufige Einwohnervertretung beim Magistrat darstellt[31]. Der Entwurf der Verordnung über die beratenden Bezirksversammlungen hat in der vorliegenden Fassung die Billigung des Einheitsausschusses der vier Parteien gefunden,[32] dagegen nicht die einhellige Billigung der Bezirksbürgermeister-Konferenz. Die Bezirke, die teilweise bereits eine abweichende Regelung in dieser Frage getroffen haben, möchten nicht gern ihre schon existierenden Bezirksversammlungen[33], die sich

---

der städtischen Verwaltung nicht mehr beschäftigt werden durften. Auf dieser Grundlage wurden bis Ende Juni 27 000 Personen aus den Diensten der Stadtverwaltung entfernt, eine Zahl, die sich bis Ende 1945 auf etwa 30 000 erhöhte (ohne diejenigen, die sich zum Dienst nicht wieder gemeldet hatten).
Die weitere gesetzliche Grundlage für die Bereinigung der städtischen Verwaltung war der Befehl Nr. 101a v. 26.2.46. Dieser Befehl beruht auf der Direktive Nr. 24 des Kontrollrats und gibt objektive Merkmale an, nach denen die Entlassung zu erfolgen hat, und zwar einen Personenkreis (Teil I der Anordnung 101a), der sofort entlassen werden muß, und einen weiteren Personenkreis (Teil II der Anordnung 101a), der von dem Arbeitgeber zu überprüfen ist und der nur zur Entlassung gelangt, wenn der Nachweis erbracht wurde, daß er sich mehr als nominell [in der NSDAP] betätigt hat.
Die Anordnung 101a bezieht sich jedoch nur auf leitende Personen oder Personen, die aufgrund ihrer Stellung einen Einfluß auf die Verwaltung ausüben können oder Aufsicht über Personal haben.
Soweit die Stadtverwaltung in Betracht kommt, waren die Auswirkungen des Befehls 101a geringfügig, da die grundlegende Bereinigung in der Stadtverwaltung bereits vorher stattgefunden hatte. Es kamen lediglich Fälle zur Behandlung, die bei der genauen Einzelüberprüfung als unter den Befehl 101a fallende erkannt wurden, so daß etwa 1 000 Personen noch entfernt worden [sind]. Gegen die von dem Arbeitgeber (in diesem Falle Stadtverwaltung) ausgesprochenen Maßnahmen, wie Entlassung usw., steht dem davon Betroffenen ein Berufungsrecht an die Entnazifizierungskommission zu. Diese Entnazifizierungskommissionen fällen jedoch keine endgültigen Entscheidungen. Diese liegt vielmehr bei den einzelnen Militärregierungen bzw. bei der Alliierten Kommandantur. Die Entnazifizierungskommissionen sind auch nicht Einrichtungen des Magistrats von Groß-Berlin, sondern der Militärregierungen bzw. der Alliierten Kommandantur."
Dieser Bericht ist vorhanden in: LAB(STA), Rep. 102, Nr. 29, Bl. 128 – 130. – Vgl. allgemein zur Entnazifizierung in den ersten Nachkriegsjahren: Entnazifizierung. Politische Säuberung und Rehabilitierung in den vier Besatzungszonen 1945 – 1949, hrsg. von Clemens Vollnhans in Zusammenarbeit mit Thomas Schlemmer, München 1991; Die Entnazifizierungspolitik der KPD/SED 1945 – 1948. Dokumente und Materialien, hrsg. von Ruth-Kristin Rößler, Goldbach 1994.
30 LAB(STA), Rep. 100, Nr. 769, Bl. 7/7a; auch in: LAB, Rep. 228, Mag.vorlagen 1946; ohne die Begründung abgedruckt in: Die Entstehung der Verfassung von Berlin, Bd. I, S. 246 – 248. Vgl. hierzu das 48. Mag.prot. v. 4.3.1946, TOP 2.
31 Vgl. zu der vom Magistrat geplanten VO über die vorläufige Einwohnervertretung das 40. Mag.prot. v. 7.1.1946, TOP 2, u. das 42. Mag.prot. v. 19.1.1946, TOP 5.
32 Vgl. das 5., 6., 7. u. 8. Prot. des Einheitsausschusses Groß-Berlin v. 18.1.1946, 1.2.1946, 7.2.1946 u. 15.2.1946, in: BArch, Abt. Potsdam, Z-3, Nr. 4, Bl. 56, 61 f., 64 u. 66 f.
33 Vgl. zu existierenden Bezirksversammlungen: Die Entstehung der Verfassung von Berlin, Bd. I, S. 152, Anm. 66, u. S. 157, Anm. 80, u. S. 213, Anm. 144.

bewährt haben, umbauen. Man hatte sich in der Bezirksbürgermeister-Konferenz deshalb dahin geeinigt, festzulegen, daß diese Verordnung nur als Richtlinie dienen soll für die Bezirke, die nunmehr erst neu eine beratende Bezirksversammlung einführen, während schon bestehende Gremien dieser Art in ihrer Zusammensetzung beibehalten werden könnten.[34]

Diese Stellungnahme hat nochmals dem Ausschuß der vier Parteien vorgelegen.[35] Die Partei[en]vertreter haben einhellig Wert darauf gelegt, daß die beratenden Bezirksversammlungen für alle Bezirke einheitlich auf Grund dieser Verordnung gebildet werden und daß die Verordnung der Alliierten Kommandantur vorzulegen ist. Der Ausschuß der Parteien steht außerdem auf dem Standpunkt, daß in dieser so bedeutungsvollen Frage nicht allein der Standpunkt der Bezirksbürgermeister-Konferenz maßgebend sein kann, sondern der Magistrat zu entscheiden hat. Aus diesem Grunde steht die Angelegenheit heute zur endgültigen Beschlußfassung vor dem Magistrat.

Der Redner beantragt, die Verordnung Nr. 102 in der Fassung, wie sie dem Magistrat vorliegt, der Alliierten Kommandantur zur Genehmigung zu unterbreiten.

BESCHLUSS: Die Vorlage Nr. 102 wird gemäß diesem Antrag unverändert angenommen.[36]

3. FINANZEN

Hierzu liegt die Vorlage Nr. 118[37] vor, betreffend *Bewilligung* einer überplanmäßigen Ausgabe von 750 000 RM *zur Deckung* persönlicher und sachlicher *Aufwendungen der früheren Reichsschuldenverwaltung* bis zum 31.3.46.

Dr. Haas verweist auf die schriftliche Begründung der Vorlage.[38] Es handelt sich um Übernahme der Ausgaben für die frühere Reichsschuldenverwaltung. Durch

---

34 Vgl. das Prot. der Konferenz der Bezirksbürgermeister am 14.3.1946, TOP 3, in: LAB, Rep. 280, Nr. 3851.

35 Vgl. das 10. Prot. des Einheitsausschusses Groß-Berlin v. 15.3.1946, in: BArch, Abt. Potsdam, Z-3, Nr. 4, Bl. 72 f.

36 Die hiermit beschlossene VO über die beratenden Bezirksversammlungen wurde nicht im VOBl. veröffentlicht, ist also nicht in Kraft getreten.

37 LAB(STA), Rep. 100, Nr. 769, Bl. 67; auch in: LAB(STA), Rep. 101, Nr. 620, Bl. 64.

38 In der Begründung der Mag.vorlage Nr. 118 v. 7.3.1946 heißt es unter anderem: „Durch den Befehl der Alliierten Kommandantur vom 23.1.1946 ist dem Magistrat der Stadt Berlin aufgegeben worden, zwecks Erhaltung der Bücher und Akten der früheren Reichsschuldenverwaltung aus den Reihen der früheren Angestellten eine Organisation von nicht mehr als 122 Personen zu schaffen mit monatlichen persönlichen und sächlichen Kosten von nicht mehr als 70 000,-- RM. Auch ist die Frage der rückständigen Gehälter dabei zu regeln. Die Reichsschuldenverwaltung hatte ursprünglich damit gerechnet, daß sie als eine unmittelbare Einrichtung der Alliierten anerkannt und von ihnen finanziert würde. Infolgedessen sind im städtischen Haushalt bisher Beträge für sie unter den von der Stadt betreuten ehemaligen Staatseinrichtungen nicht vorgesehen worden. Andererseits hat aber die Reichsschuldenverwaltung keine Mittel gehabt, um insbesondere den personellen Aufwand bestreiten zu können. Um die dringendste Not der Angestellten zu lindern, sind bereits 2 Vorschußzahlungen von r[un]d 59 000,-- RM seitens der Stadt geleistet worden. Der Befehl der Alliierten Kommandantur vom 23.1.1946 schafft nun für die Finanzierung der Reichsschuldenverwaltung eine Rechtsgrundlage."

einen Befehl der Alliierten Kommandantur vom 23.1.46[39] ist vorgeschrieben, für ein Restpersonal von 122 Köpfen monatlich rund 70 000 RM zu zahlen.

Maron macht darauf aufmerksam, daß der in der Begründung enthaltene Satz über eine Beschäftigung von Nazis mit Minderbezahlung nach den neueren Bestimmungen[40] nicht mehr angebracht ist und gestrichen werden muß.

BESCHLUSS: Die Vorlage Nr. 118 wird unter Streichung des beanstandeten Satzes der Begründung angenommen.[41]

Dr. Haas befürwortet die Annahme der Vorlage Nr. 120[42], betreffend die *vierte Berliner Stadtlotterie*, und gibt dazu einen kurzen Überblick über die Ergebnisse der bisherigen Lotterien. Mit der Weihnachtslotterie haben vier Lotterien stattgefunden.[43] Davon sind die 1. und 2. Stadtlotterie und die Weihnachtslotterie abgerechnet. Die Einnahme an Steuern aus diesen Lotterien beträgt 530 600 RM, der Überschuß mit den Beträgen nicht abgeholter Gewinne rund 720 000 RM. Das ergibt zusammen ein Erträgnis von 1 250 000 RM, ein recht ansehnliches Ergebnis.

---

39 Gemeint ist der Befehl FIN/I (46) 11 des Finanzkomitees der AK v. 23.1.1946. Dieser Befehl ist vorhanden in: BK/R (47) 201 v. 18.8.1947, in: LAB, Rep. 37: OMGBS, BICO LIB, 11/148-3/6; LAB, Rep. 37: OMGBS, Dir Off, 4/139-2/17.

40 Gemeint sind die Vorschriften der BK/O (46) 101a v. 26.2.1946; vgl. hierzu Anm. 18 zu diesem Mag.prot.

41 Vgl. allgemein zu den Dienststellen der ehemaligen Reichsregierung das 9. Mag.prot. v. 2.7.1945, TOP 5, u. das 10. Mag.prot. v. 9.7.1945, TOP 6. Mit BK/O (46) 155 v. 3.4.1946 ordnete die AK an, daß die Tätigkeit von zwölf genannten Abwicklungsstellen für die Ministerien und Organisationen der ehemaligen Reichsregierung einzustellen war; siehe: LAB, Rep. 280, Nr. 4809. „Ungeachtet der Anordnung BK/O (46) 155", in der die ehemalige Reichsschuldenverwaltung nicht erwähnt war, erließ die AK die BK/O (46) 351 v. 31.8.1946, nach der die Tätigkeit einiger Kassen bzw. Dienststellen der ehemaligen Reichsregierung fortzusetzen war, „insoweit sie zur Aufrechterhaltung der Archive und um den Militärregierungen Auskünfte zu erteilen" erforderlich waren. Diese BK/O war auch auf die Reichsschuldenverwaltung anzuwenden. Sie ist vorhanden in: LAB(STA), Rep. 101, Nr. 72; LAB, Rep. 280, Nr. 4906. Mit BK/O (48) 52 v. 22.3.1948 teilte die AK dem Magistrat mit, daß er die Tätigkeit der ehemaligen Reichsschuldenverwaltung gemäß entsprechenden Beschlüssen des Alliierten Kontrollrats auf bestimmte Aufgaben zu beschränken hatte. Die BK/O ist vorhanden in: LAB, Rep. 280, Nr. 5952. Vgl. zu ihrer Vorgeschichte: BK/R (47) 201 v. 18.8.1947, in: LAB, Rep. 37: OMGBS, BICO LIB, 11/148-3/6; das 35. Prot. der stellv. Stadtkommandanten v. 20.8.1947, TOP 384, in: LAB, Rep. 37: OMGBS, BICO LIB, 11/149-1/4; BK/R (48) 88 v. 6.3.1948, in: LAB, Rep. 37: OMGBS, BICO LIB, 11/149-1/8; das 10. Prot. der stellv. Stadtkommandanten v. 9.3.1948, TOP 143, in: LAB, Rep. 37: OMGBS, BICO LIB, 11/149-1/7. Vgl. auch die Materialien zur ehemaligen Reichsschuldenverwaltung in: LAB, Rep. 37: OMGBS, FIN Br, 4/86-2/5 (Materialien aus den Jahren 1945/46); LAB, Rep. 37: OMGBS, Dir Off, 4/139-2/17 (Materialien aus den Jahren 1946–1950).

42 LAB(STA), Rep. 100, Nr. 769, Bl. 69; auch in: LAB(STA), Rep. 101, Nr. 620, Bl. 67.

43 Vgl. zur ersten bis dritten Stadtlotterie und zur Weihnachtslotterie das 14. Mag.prot. v. 30.7.1945, TOP 3, u. das 17. Mag.prot. v. 20.8.1945, TOP 9, u. das 25. Mag.prot. v. 8.10.1945, TOP 8, u. das 40. Mag.prot. v. 7.1.1946, TOP 6; das Schreiben der Finanzabteilung des Magistrats an die AK v. 22.5.1946, betr. Deutsche Klassenlotterie, in: LAB(STA), Rep. 101, Nr. 635. Mitte Februar 1946 hatte der Magistrat die Durchführung einer Berliner Osterlotterie beschlossen; vgl. das 46. Mag.prot. v. 16.2.1946, TOP 5.

Maron macht den Vorschlag, die nächsten Lotterien im Zusammenhang mit den in Vorbereitung befindlichen Bauplänen[44] für das laufende Jahr Berlins[45] als Wiederaufbau-Lotterien aufzuziehen, und zwar in erweiterter Form.[46]
BESCHLUSS: Die Vorlage Nr. 120 wird unverändert angenommen.[47]

Rumpf empfiehlt die Annahme der Vorlage Nr. 119[48], betreffend *Rückkauf von zwei Trennstücken des städtischen Rieselfeldes in Marzahn.* Die Stadt mußte im Jahre 1943 einen Teil ihres Geländes in der Gemarkung Marzahn für Kriegswirtschaftszwecke abgeben. Dieses Gelände wird jetzt zum Rückkauf angeboten. Der Rückkauf liegt im Interesse der Stadt, da es noch heute brauchbares Rieselfeld ist.
BESCHLUSS: Die Vorlage Nr. 119 wird angenommen.

Rumpf begründet weiter die Vorlage Nr. 121[49], betreffend *Abgabe von städtischem Siedlungsgelände in Schulzendorf b/Eichwalde*[50] an den Kreis Teltow zur Ansiedlung von Neubauern.
Es handelt sich um einen Austausch gegen eine entsprechende Fläche des Mahlower Geländes[51], das für Zwecke der Bodenreform in Anspruch genommen war.[52]
Der Redner empfiehlt die Annahme der Vorlage, möchte aber an die Zustimmung zu dem Antrag des Kreises Teltow noch eine Bedingung geknüpft haben. In den letzten Monaten des vorigen Jahres sind größere Flächen von städtischem Gelände im Zuge der Bodenreform unrechtmäßig in Anspruch genommen worden. Daraus haben sich unliebsame Vorkommnisse ergeben. Nach vielen Verhandlungen ist schließlich zugestanden worden, 10 % der Gesamtflächen zur Verfügung zu stellen.[53] Nun befindet sich unter den vom Kreis Teltow in Anspruch genommenen Geländen auch ein solches am Rangsdorfer See[54], das für die Wasserwirtschaft Berlins von

---

44 Vgl. das 48. Mag.prot. v. 4.3.1946, TOP 6 (Bauwirtschaftsplan für das Jahr 1946).

45 Müßte wohl heißen: im Zusammenhang mit den in Vorbereitung befindlichen Bauplänen Berlins für das laufende Jahr.

46 Zwei Wochen später faßte der Magistrat den Beschluß zur Schaffung einer Klassenlotterie zugunsten des Wiederaufbaus von Berlin; vgl. das 52. Mag.prot. v. 30.3.1946, TOP 3.

47 Dem Antrag des Magistrats v. 28.3.1946 auf Genehmigung einer vierten Berliner Stadtlotterie wurde vom Finanzkomitee der AK stattgegeben; vgl. das 14. Prot. des Finanzkomitees der AK v. 10.4.1946, TOP 7, in: LAB, Rep. 37: OMGBS, FIN Br, 4/91-2/6. Mit BK/O (46) 199 v. 30.4.1946 wurde diese Entscheidung dem Magistrat als Anordnung der AK mitgeteilt; siehe: LAB, Rep. 280, Nr. 12567. Die Finanzabteilung des Magistrats teilte der AK in einem Schreiben v. Mai 1946 zur vierten Berliner Stadtlotterie mit, daß deren Erträge wie die der vorangegangenen Lotterien zugunsten von Kulturbauten verwendet würden. Dieses Schreiben ist vorhanden in: LAB(STA), Rep. 101, Nr. 64. Das Schreiben der Finanzabteilung des Magistrats an das Finanzkomitee der AK v. Juli 1946, betr. Abrechnung der 4. Berliner Stadtlotterie, ist vorhanden in: LAB(STA), Rep. 101, Nr. 636.

48 LAB(STA), Rep. 100, Nr. 769, Bl. 68; auch in: LAB(STA), Rep. 101, Nr. 620, Bl. 65.

49 LAB(STA), Rep. 100, Nr. 769, Bl. 70; auch in: LAB(STA), Rep. 101, Nr. 620, Bl. 60.

50 Südöstlich von Berlin gelegen, unmittelbar an der Stadtgrenze.

51 Südlich von Berlin gelegen, kurz hinter der Stadtgrenze.

52 Vgl. allgemein zur Bodenreform: Dok. 60, Anm. 20; Dok. 67, Anm. 67.

53 Vgl. hierzu das 29. Mag.prot. v. 5.11.1945, TOP 2.

54 Etwa 8 km südlich von Berlin.

außerordentlicher Bedeutung ist. Es haben Verhandlungen mit dem Kreise darüber stattgefunden, dieses Wasserfassungsgrundstück wieder freizugeben. Der Kreis ist auch grundsätzlich dazu bereit. Es empfiehlt sich aber, dem Antrage des Kreises Teltow über das in der Vorlage Nr. 121 bezeichnete Gelände nur unter der Bedingung zuzustimmen, daß der Kreis Teltow gleichzeitig das Wasserfassungsgrundstück am Rangsdorfer See von einer Ansiedlung freihält.

Jirak weist darauf hin, daß auch noch bei anderen Ländereien, die den Charlottenburger Wasserwerken gehören, sowie bei sonstigem städtischen Gelände der Fall ähnlich liegt. Auch für die Rückgabe dieser Ländereien müßten von den Kreisen Garantien gegeben werden. In einem Ort hätte der Bürgermeister z[um] B[eispiel] dieses Land unter dem Deckmantel der Bodenreform unter die Arbeiter einer großen Fabrik verteilt, die gar nicht in der Lage seien, diese riesigen Flächen sachgemäß zu bebauen.[55]

Maron bemerkt allgemein zu dieser Frage, daß man sich bei den der Stadt gehörigen Gütern und Ländereien in der Umgebung von Berlin, die für die Bodenreform in Anspruch genommen sind, nicht auf den rein juristischen Standpunkt stellen kann, daß dieses Gelände zurückgegeben werden muß, da die Stadt einmal unter den heutigen Verhältnissen gar nicht in der Lage ist, diese Güter in der notwendigen intensiven Weise zu bearbeiten, und da außerdem die Stadt auch das Ihrige dazu beitragen muß, den aus dem Osten kommenden Umsiedlern zu helfen. Wo es sich dagegen um Gelände handelt, das für Rieselzwecke oder für Wasserwirtschaftszwecke von Bedeutung ist, muß dafür gesorgt werden, daß es der Stadt Berlin erhalten bleibt.

Dr. Redeker teilt hierzu mit, daß er auf Befehl der Kommandantur einen Kommissar zu ernennen habe, der für den Schutz der Wassergewinnungsgebiete in hygienischer Hinsicht zu sorgen hat. Es wäre notwendig, bei der Landaufteilung auch auf diesen Gesichtspunkt Rücksicht zu nehmen.

Scharoun weist darauf hin, daß dem Grundplanungsamt[56] 400 bis 500 Anträge aus der Berliner Bevölkerung auf Landzuweisung vorliegen. Vielleicht wäre es möglich,

---

55 Am 6.3.1946 hatte eine Sitzung des Beirats der Berliner Stadtentwässerung stattgefunden. Dr. Bruno Ziethen, Leiter des Juristischen Büros der Mag.abt. für Städtische Energie- und Versorgungsbetriebe, verfaßte hierüber am 7.3.1946 einen Vermerk, in dem es unter anderem hieß:
„Nach Abschluß der Tagesordnung ergriff Herr Stadtgüterdirektor *Brückner* das Wort, um die Schwierigkeiten darzulegen, die sich bei einem großen Teil der Rieselgüter dadurch ergeben haben, daß auf Veranlassung der *örtlichen* russischen Kommandanturen die betreffenden zuständigen Bürgermeister der Stadt Berlin gehöriges Gelände im Wege einer Bodenreform aufgeteilt hätten. Hierbei sei die Zuteilung vielfach nicht an Flüchtlinge erfolgt, sondern z[um] B[eispiel] an Fabrikarbeiter (so in Rüdersdorf), die gar nicht in der Lage seien, Flächen von 5 ha zu bewirtschaften.
Alle Versuche, diese sogen[annte] wilde Bodenreform rückgängig zu machen oder wenigstens abzumildern (durch Anbietung von Pachtverträgen), zwecks formeller Aufrechterhaltung des Eigentumsanspruches der Stadt Berlin, seien bisher vergeblich geblieben, obwohl man sogar Marschall Shukow um Eingreifen gebeten hätte.
Die Flächen, um die es sich handelt, betragen 15 – 20 % der Gesamtfläche der Rieselgüter der Stadt Berlin."
Der Vermerk ist vorhanden in: LAB(STA), Rep. 115, Nr. 104.

56 Gemeint ist das Hauptamt für Planung – Abteilung Grünplanung – der Mag.abt. für Bau- und Wohnungswesen.

diesen Antragstellern zu helfen, wenn jetzt Stadtgelände wieder freigegeben wird.

Maron meint, solche Anträge könnten nur individuell behandelt werden. Die Methode, an Fabrikarbeiter, die im allgemeinen von der Bauernwirtschaft nichts verstehen, größere Landstücke zu vergeben, sei nach seiner Ansicht falsch.

BESCHLUSS: Der Vorlage Nr. 121 wird zugestimmt.[57]

4. STÄDTISCHE BETRIEBE

Hierzu liegt die Vorlage Nr. 122[58], betreffend käufliche *Erwerbung einer eisenkonstruierten Halle* durch die Berliner Markthallen zur Aufstellung auf dem Gelände der *Lindenmarkthalle*, vor.

Jirak bittet um Zustimmung zu dem Projekt, über das schon in der letzten Sitzung kurz gesprochen wurde.[59] Die Halle soll dazu dienen, den Berliner *Blumengroßhandel* am alten Platz neu aufleben zu lassen.[60]

Scharoun hat an sich gegen das Projekt nichts einzuwenden, möchte nur bitten, sich mit seiner Abteilung wegen des Standortes der Halle noch ins Benehmen zu setzen.

Maron glaubt, daß mit einem Einspruch gegen den Standort der Halle ein wesentlicher Punkt der Vorlage berührt wird. Er bezweifle aber überhaupt, ob ausgerechnet für den Blumengroßhandel ein wichtiges Gelände inmitten von Berlin freigegeben und dafür diese Halle gekauft werden solle. Es müßte auch festgestellt werden, ob der Wert der Halle wirklich dem geforderten Preis entspricht und ob die Rentabilität des Projektes gesichert sei.

Scharoun bezeichnet nach den Unterlagen den Preis für angemessen und sogar vorteilhaft.

Jirak meint, die Kosten würden in kurzer Zeit wieder eingebracht sein.

Klimpel hält eine Halle für den Blumenverkauf nicht für vordringlich, zumal durch eine Verordnung des Magistrats vom Oktober v[origen] J[ahres][61] ausdrücklich die Erzeugung von Blumen beschränkt worden ist.

Dr. Landwehr äußert ebenfalls Bedenken gegen die Vorlage mit Rücksicht darauf, daß jetzt überall dazu aufgerufen wird, jedes kleinste Stück Erde mit Gemüse zu bepflanzen und Blumen zurücktreten zu lassen. Da kann der Magistrat nicht eine große Ausgabe für eine Blumenhalle beschließen.

Jirak macht darauf aufmerksam, daß auch noch andere Interessenten für die Halle da seien.

---

57 Vgl. zur Abgabe städtischer Flächen für Siedlungszwecke auch das 60. Mag.prot. v. 5.6.1946, TOP 3.

58 LAB(STA), Rep. 100, Nr. 769, Bl. 71; auch in: LAB, Rep. 228, Mag.vorlagen 1946.

59 Vgl. das 49. Mag.prot. v. 9.3.1946, TOP 7.

60 Seit Ende des 19. Jahrhunderts hatte in der Berliner Markthalle II („Lindenhalle") an der Lindenstraße im Bezirk Kreuzberg Blumenhandel stattgefunden.

61 Gemeint ist die VO über den Anbau von Gemüse und Hackfrüchten auf den im Stadtgebiet Berlin liegenden privaten Grundstücken v. 15.10.1945. Vgl. hierzu das 26. Mag.prot. v. 15.10.1945, TOP 7; VOBl., Jg. 2 (1946), S. 7 f. Im § 5 dieser VO wurde bestimmt: „Gartenbaubetriebe innerhalb der Stadt Berlin, die bis zum Jahre 1939 auf Blumenbau eingestellt gewesen sind, dürfen nicht mehr als 15 % ihrer Gesamtanlagen mit Blumen bewirtschaften; dieses Verhältnis gilt auch für die Glasanlagen." „Betriebe des Gartenbaus und der Landwirtschaft, die bis zum Jahre 1939 keine oder nur geringfügige Mengen von Blumen angebaut haben, dürfen solche nicht zum Verkauf erzeugen."

Maron beantragt, sich die Halle zu sichern, aber prüfen zu lassen, wo man sie am besten aufstelle und für welche Zwecke sie sich am besten verwenden lasse.

Jirak zieht die Vorlage zurück.

BESCHLUSS: Der Magistrat nimmt von der Zurückziehung der Vorlage Nr. 122 Kenntnis und erklärt sein Einverständnis damit, daß der Stadt die in der Vorlage bezeichnete eisenkonstruierte Halle für andere Zwecke gesichert wird.[62]

Jirak empfiehlt die Vorlage Nr. 123[63], betreffend *Beauftragung der Behala*[64] – Abteilung Schiffahrt – *mit der Verwaltung* der von der Alliierten Kommandantur *übergebenen Kähne und Schlepper.* Es handelt sich um 30 Kähne und 5 Schlepper, die von der alliierten Transportkommission der Stadt übergeben worden sind und der Behala unterstellt werden sollen.[65] Die Behala hat eine Abteilung Schiffahrt, die in engster Zusammenarbeit mit der Transportgenossenschaft Berlin u[nd] dem Schiffahrtskontor Berlin steht. Der Magistrat wird um das Einverständnis gebeten, daß diese 30 [?] Schiffe von der Abt[eilung] Schiffahrt der Behala verwaltet werden.

Von verschiedenen Rednern wird die nötige Klarheit in der Begründung der Vorlage vermißt. Die Aussprache, an der sich Winzer, Lange, Dr. Landwehr, Dr. Haas, Kraft, Pieck und Jirak beteiligen, führt zu keinem Ergebnis.

BESCHLUSS: Der Magistrat beschließt, die Vorlage Nr. 123 einem besonderen Ausschuß, bestehend aus den Herren Orlopp, Dr. Landwehr, Dr. Haas, Kraft und Jirak, zu überweisen.[66]

5. ARBEITSFRAGEN

Fleischmann bittet den Magistrat um Kenntnisnahme von einer *Bekanntmachung über die Regelung der Arbeitszeit* (Vorlage Nr. 124[67]). Der Kontrollrat hat durch seine Anordnung Nr. 26[68] die Arbeitszeit für ganz Deutschland geregelt. Für Berlin hat die Alliierte Kommandantur die Kompetenzen klargestellt.[69] In Verfolg dieser Klarstellung soll die vorliegende Bekanntmachung erlassen werden.[70]

---

62 Vgl. hierzu die Materialien in: LAB(STA), Rep. 115, Nr. 94.

63 LAB(STA), Rep. 100, Nr. 769, Bl. 72; auch in: LAB(STA), Rep. 101, Nr. 665.

64 Berliner Hafen- und Lagerhaus-Betriebe.

65 Vgl. das Schreiben von Kraft an die AK v. 26.2.1946, betr. den monatlichen Transportplan für die der Stadt Berlin übergebenen 30 Lastkähne und fünf Schlepper, in: LAB(STA), Rep. 101, Nr. 65.

66 Die Mag.vorlage Nr. 123 v. 12.3.1946 ist in den folgenden Mag.sitzungen nicht wieder behandelt worden. Mit BK/O (46) 234 v. 25.5.1946 erließ die AK Vorschriften zur Aufsicht über die von ihr zur Verfügung gestellte „Binnenschiffahrtsflotte" der 30 Schleppkähne und fünf Schlepper. Die BK/O ist vorhanden in: LAB(STA), Rep. 101, Nr. 65; LAB, Rep. 280, Nr. 4860. Vgl. hierzu das 60. Mag.prot. v. 5.6.1946, TOP 5 (Kraft).

67 LAB(STA), Rep. 100, Nr. 769, Bl. 73 f.

68 Gemeint ist die Direktive Nr. 26 des Alliierten Kontrollrats v. 26.1.1946; vgl. hierzu das 44. Mag.prot. v. 31.1.1946, TOP 2 (insb. Anm. 11).

69 Mit BK/O (46) 123 v. 9.3.1946 hatte die AK Ausführungsvorschriften für Berlin zur Direktive Nr. 26 des Alliierten Kontrollrats erlassen; siehe: LAB, Rep. 280, Nr. 12531.

70 Ziffer 1 des Entwurfs der Bekanntmachung in der Mag.vorlage Nr. 124 v. 13.3.1946 hatte den folgenden Wortlaut:

Der Redner bittet noch um eine kleine Einfügung im Text: In Ziffer 2 wäre hinter dem Zitat der Arbeitszeitordnung vom 30.4.38 noch einzuschalten: „einschließlich der Ausführungsverordnung vom 12.12.38 (Reichsgesetzbl. I S. 1799)".[71]

Es wäre noch zu erwähnen, daß in diesen Ausführungsbestimmungen auch eine Vorschrift über die Wiedereinführung des Ladenschlusses enthalten ist.[72] Diese Bestimmung wird vorläufig von der Bekanntmachung nicht berührt, weil bestimmte Anordnungen der Alliierten Kommandantur über den Ladenschluß bestehen.[73] Es bleibt aber einer Vereinbarung zwischen den Abteilungen Handel und Handwerk und Arbeit überlassen, später, wenn die Frage einmal spruchreif werden sollte, eine Regelung darüber zu treffen.

Geschke fragt, ob die Verordnung mit den Gewerkschaften durchgesprochen sei, was bejaht wird. Es wäre zweckmäßiger gewesen, man hätte die mehrfach angezogenen Bestimmungen von Gesetzen und Verordnungen gleich im Wortlaut in die Bekanntmachung eingearbeitet, dann wäre das Ganze verständlicher. Das angekündigte Merkblatt zur Erläuterung der Bekanntmachung sollte dem Magistrat vorher zur Kenntnisnahme vorgelegt werden.

Fleischmann betont, es handle sich bei dieser Bekanntmachung nur um eine Feststellung darüber, welche Bestimmungen auf Grund des Befehls des Kontrollrats für Berlin maßgebend sind. Das Merkblatt, das noch herausgegeben werden soll, kann selbstverständlich dem Magistrat zur Kenntnisnahme vorgelegt werden.[74]

Pieck schließt sich dem Wunsche von Geschke an, nicht nur die einzelnen Paragraphen anzuführen, sondern auch ihren Inhalt, zum mindesten in einer beizugebenden Begründung oder in mündlicher Darlegung. Die Magistratsmitglieder sind nicht alle in der Lage, die zitierten Gesetze und Verordnungen nachzuschlagen.

„Durch die Anordnung Nr. 26 des Kontrollrates vom 26.1.1946 wurde die Wiedereinführung des 8-Stundentages bzw. der 48-Stundenwoche verfügt. Bestehende Gesetze, Befehle oder Bestimmungen, die mit dieser Anordnung nicht in Widerspruch stehen, sollen weiterhin in Kraft bleiben. Demgemäß sind für die Durchführung des 8-Stundentages und der 48-Stundenwoche die bisherigen einschlägigen deutschen Vorschriften maßgebend. Soweit in diesen Vorschriften besondere Aufgaben und Befugnisse dem Reichsarbeitsminister und den höheren Verwaltungsbehörden vorbehalten sind, tritt an deren Stelle die Abteilung für Arbeit des Magistrats der Stadt Berlin. Die Befugnisse des Gewerbeaufsichtsamtes werden durch das Hauptamt für Arbeitsschutz in der Abteilung für Arbeit wahrgenommen."

In den folgenden Ziffern des Bekanntmachungsentwurfs waren die gültigen deutschen Rechtsvorschriften zur Regelung der Arbeitszeit aufgeführt.

71 Der erste Satz in Ziffer 2 des Entwurfs der Bekanntmachung in der Mag.vorlage Nr. 124 lautete: „Grundsätzlich maßgebend ist demnach die Arbeitszeitordnung vom 30.4.1938 (RGBl. I S. 447) mit folgenden Änderungen: [...]." Die Arbeitszeitordnung v. 30.4.1938 und die AusführungsVO zur Arbeitszeitordnung v. 12.12.1938 waren veröffentlicht worden in: RGBl., Jg. 1938, Teil I, S. 447–452 bzw. S. 1799–1804.

72 Die Ladenschlußzeiten waren in den §§ 22 u. 23 der Arbeitszeitordnung und nicht in der AusführungsVO hierzu geregelt.

73 Mit BK/O (45) 110 v. 20.9.1945 hatte die AK die Geschäftszeiten in Berlin detailliert geregelt; siehe: LAB, Rep. 280, Nr. 12267. Die Geschäftszeiten wurden veröffentlicht in: VOBl., Jg. 1 (1945), S. 122 f.

74 Vgl. die „2. Bekanntmachung zur Direktive Nr. 26 des Kontrollrats über die Regelung der Arbeitszeit", in: VOBl., Jg. 2 (1946), S. 230; Die Stadtverwaltung, Jg. 1 (1946), H. 8, S. 10. Vgl. hierzu das 55. Mag.prot. v. 29.4.1946, TOP 7.

Lange hat sich die Mühe gegeben, alle angezogenen Gesetzesbestimmungen durchzusehen, und kann erklären, daß es sich um die jeweils neuesten Bestimmungen, die erlassen wurden, handelt und daß darin nichts enthalten ist, was wegen einer nazistischen Ideologie heute nicht mehr zeitgemäß wäre.

Fleischmann glaubt, daß man bei der Bestimmung über den Tarifvertrag die Erwähnung der Arbeitgebervereinigungen ganz streichen könne, so daß es unter Ziffer 2a heißt: „Tarifverträge, die [die Gewerkschaften] mit den Arbeitgebern über eine anderweitige Regelung der Arbeitszeit beschließen . . .".[75]

Auch in § 7 würde dann die Erwähnung der Arbeitgebervereinigungen fortfallen, so daß es dort heißt: „Die Abt[eilung] für Arbeit bildet aus Vertretern der Gewerkschaften und aus Vertretern der Großbetriebe und des Handwerks einen Ausschuß . . .".[76]

Dr. Haas empfiehlt in Ziffer 1 Abs. 1[77] statt „Abteilung für Arbeit des Magistrats der Stadt Berlin" korrekterweise zu sagen: „Magistrat der Stadt Berlin, Abt[eilung] für Arbeit".

Orlopp fragt, ob auch die Bestimmungen über Heimarbeiter und Hauspersonal in den angezogenen Paragraphen enthalten sind. – Die Anfrage wird bejaht.

BESCHLUSS: Die Vorlage Nr. 124 wird mit den vorgeschlagenen Änderungen angenommen.[78]

6. SOZIALWESEN

Geschke empfiehlt kurz die Vorlage Nr. 125[79], betreffend *Änderung des Namens* „*Heilerziehungsheim Templin*" in „Neuhof" Templin.[80]

BESCHLUSS: Die Vorlage Nr. 125 wird angenommen.

Geschke empfiehlt weiter die Annahme der Vorlage Nr. 126[81], betreffend *Änderung*

---

75 Der hier teilweise zit. Satz lautete im Entwurf der Bekanntmachung in der Mag.vorlage Nr. 124: „Tarifverträge, die die Gewerkschaften mit den Arbeitgebern oder bestehenden Arbeitgebervereinigungen über eine anderweitige Regelung der Arbeitszeit beschließen, bedürfen der Genehmigung der Abteilung für Arbeit."

76 Der hier teilweise zit. Satz lautete im Entwurf der Bekanntmachung in der Mag.vorlage Nr. 124: „Die Abteilung für Arbeit bildet aus Vertretern der Gewerkschaften und der Arbeitgebervereinigungen oder, solange solche nicht bestehen, aus Vertretern der Großbetriebe und des Handwerks einen Ausschuß, der nach Bedarf über Arbeitszeitfragen von allgemeiner oder grundsätzlicher Bedeutung zu beraten hat."

77 Müßte heißen: Ziffer 1 Abs. 2; vgl. Anm. 70 zu diesem Mag.prot.

78 Der hier gefaßte Mag.beschluß ist mit dem Ausfertigungsdatum v. 19.3.1946 vorhanden in: LAB(STA), Rep. 107, Nr. 710. Die mit ihm beschlossene „Bekanntmachung zur Anordnung Nr. 26 des Kontrollrates über die Regelung der Arbeitszeit" wurde veröffentlicht in: Berliner Zeitung, 6.4.1946, [S. 4]; VOBl., Jg. 2 (1946), S. 119 f.; Die Stadtverwaltung, Jg. 1 (1946), H. 3, S. 12.

79 LAB(STA), Rep. 100, Nr. 769, Bl. 75.

80 Dieses Heim der Stadt Berlin für schwererziehbare Kinder lag in der Kreisstadt Templin, ca. 60 km nördlich von Berlin. Vgl. hierzu die Materialien in: LAB(STA), Rep. 118, Nr. 355, Bl. 12 – 19.

81 LAB(STA), Rep. 100, Nr. 769, Bl. 76.

des Namens „Erziehungsheim Grünes Haus" in Knaben- und Lehrlingsheim „Grünes Haus".[82]

BESCHLUSS: Die Vorlage Nr. 126 wird angenommen.

7. ERRICHTUNG EINER ROHSTOFFSTELLE

Dr. Landwehr begründet die Vorlage Nr. 127[83]. Die Rohstoffbewirtschaftung, die jetzt besonders im Rahmen des Wirtschaftsplans für 1946[84] notwendig ist, verlangt, daß eine einheitliche Rechtsgrundlage für die zu treffenden Maßnahmen geschaffen wird, besonders auch mit Rücksicht darauf, daß die Rohstoffe aus anderen Besatzungszonen zu uns hereingeholt werden müssen. In § 1 ist bestimmt, daß der Rohstoffstelle die Bewirtschaftung von Rohstoffen aller Art obliegt. Welche Rohstoffe im einzelnen in Frage kommen, wird jeweils dem Magistrat vorgelegt werden. Die Bewirtschaftung soll durch Erteilung von Einkaufs- oder Bezugsrechten an die verarbeitenden Betriebe vorgenommen werden.[85]

Scharoun fragt, ob auch der Rohstoff Sand unter diese Bewirtschaftungsvorschriften fallen wird.

Dr. Landwehr erwidert, es sei nicht beabsichtigt, sämtliche Rohstoffe zu bewirtschaften, sondern jeder Rohstoff, der bewirtschaftet wird, muß erst durch eine besondere Durchführungsverordnung bezeichnet werden. Es würde Sache der Abt[eilung] für Bau- und Wohnungswesen sein, eine entsprechende Anregung wegen Sand an die Rohstoffstelle heranzubringen.

Maron empfiehlt, in die Verordnung einen Hinweis darüber aufzunehmen, auf welche Rechtsgrundlage sich das Vorhaben stützt.

Dr. Landwehr wird diese Frage noch prüfen.

Dr. Haas macht darauf aufmerksam, daß in § 5 bei der Bestimmung über das Nichterlöschen der Schweigepflicht noch eingefügt werden müßte: „mit der

---

82 Das „Grüne Haus", Waisenhaus und Erziehungsheim für Jungen, befand sich in Berlin-Tegel, Waidmannsluster Damm 21. Vgl. hierzu die Materialien in: LAB(STA), Rep. 118, Nr. 79, Bl. 14–35; Erziehungsheim mit offenen Türen, in: Telegraf, 27.7.1946, S. 8. – Vgl. auch allgemein: Berlins Kinderheime, in: Neue Zeit, 17.3.1946, S. 5.

83 LAB(STA), Rep. 100, Nr. 769, Bl. 77 f.

84 Gemeint ist der von der Mag.abt. für Wirtschaft aufgestellte Produktionsplan für die Berliner Industrie v. 14.3.1946 (Produktionsziffern für die Zeit von März bis Dezember 1946), in: LAB, Rep. 280, Nr. 5411.

85 In der Begründung der Mag.vorlage Nr. 127 v. 14.3.1946 wurde auf den großen Mangel an allen Rohstoffen hingewiesen und weiter ausgeführt:
„Für die Heranführung von Waren aus den übrigen Besatzungszonen und dem Ausland wurde kürzlich bei der Abteilung Handel und Handwerk das ,Handelskontor' gegründet. Zu seiner Ergänzung ist die Errichtung einer *Rohstoffstelle* bei der Abteilung Wirtschaft notwendig. Aufgabe der Rohstoffstelle ist es, die Heranführung der Rohstoffe, Hilfsstoffe und Halbfabrikate (Rohre, Bandeisen, Gewebe, Leder usw.) an die verarbeitenden Betriebe zu regeln.
Bisher hat die Abt[eilung] Wirtschaft ihre Bewirtschaftungsmaßnahmen im wesentlichen unmittelbar auf das Staatsnotrecht begründet, soweit nicht angenommen wurde, daß die früheren Bewirtschaftungsvorschriften noch in Kraft seien. Durch die Verordnung über die Errichtung einer Rohstoffstelle soll nunmehr eine *einheitliche Rechtsgrundlage* geschaffen werden."
Vgl. zum Handelskontor der Stadt Berlin das 33. Mag.prot. v. 3.12.1945, TOP 6; Die Aufgaben des Berliner Handelskontors, in: Tägliche Rundschau, 27.7.1946, S. 5.

Auflösung des Beschäftigungsverhältnisses".[86] – In § 7 müßte neben der allgemeinen Bestimmung, daß ein Verstoß bestraft wird, auch etwas über das Strafmaß gesagt werden. – § 10 würde besser an den Schluß gestellt werden, wobei eine entsprechende Umnumerierung der 3 letzten Paragraphen vorzunehmen wäre.

Dr. Landwehr erklärt sich mit den vorgeschlagenen Änderungen einverstanden.

BESCHLUSS: Die Vorlage Nr. 127 wird mit den vorgeschlagenen Änderungen angenommen.[87]

8. BAU- UND WOHNUNGSWESEN

Maron macht hierzu folgende Ausführungen. Vor etwa 14 Tagen hat auf Beschluß des Magistrats eine Zusammenkunft aller Bezirksbürgermeister und Bezirksbauräte stattgefunden, um über die *Arbeit der Abt[eilung] Bau- und Wohnungswesen* bzw. einiger Herren, die dort beschäftigt sind, zu sprechen.[88] Die Ursache war der Antrag einer Besprechung der Bezirksbürgermeister und Bezirksbauräte in der sowjetischen Besatzungszone.[89] In der Bürgermeister-Konferenz wurden eine Reihe schwerwiegender Vorwürfe erhoben und ein Antrag eingebracht, der dem Magistrat bisher noch nicht zur Bestätigung vorgelegen hat. Es sollte erst der Abschluß eines Untersuchungsverfahrens abgewartet werden. Von seiten des Bezirksrats Sperling vom Prenzlauer Berg ist eine Dienstaufsichtsbeschwerde gegen den Leiter des Hauptamtes für Aufbaudurchführung, Herrn *Böttcher*[90], eingereicht worden.[91] Infolge Erkrankung von Herrn Sperling ist diese Angelegenheit noch nicht zur Erledigung gekommen. Da nicht abzusehen ist, wann dies der Fall sein wird, wird es für notwendig erachtet, trotzdem schon jetzt durch den Magistrat einige Beschlüsse in der Sache zu fassen.

Die Resolution der Bezirksbürgermeister-Konferenz läuft darauf hinaus: 1. daß die Abt[eilung] Bau- und Wohnungswesen verpflichtet wird, zum mindesten alle 14 Tage eine Zusammenkunft der Bezirksbauräte durchzuführen, um über die laufenden Angelegenheiten zu sprechen; 2. daß vor Erlaß von Verfügungen und Rundschreiben

---

86 § 5 des VO-Entwurfs lautete: „Personen, die in Durchführung dieser Verordnung tätig sind oder waren, haben über Tatsachen, die ihnen durch ihre Tätigkeit bekannt werden oder bekannt geworden sind, Stillschweigen zu beobachten [sic!] und sich ihrer Verwertung zu enthalten. Die Schweigepflicht erlischt nicht mit der Auflösung der Stelle, bei der oder für die die Tätigkeit ausgeübt wurde."

87 Die hiermit beschlossene VO über die Errichtung einer Rohstoffstelle wurde nicht im VOBl. veröffentlicht, ist also nicht in Kraft getreten. Vgl. auch: Rohstoffstelle Berlin, in: Berliner Zeitung, 26.3.1946, [S. 2]; Rohstoffe für Berlin, in: Das Volk, 16.4.1946, S. 1 f.; Rohstoffe für Berlins Industrie, in: Der Morgen, 16.4.1946, S. 4; Rohstoffe kommen nach Berlin, in: Deutsche Volkszeitung, 17.4.1946, S. 4; Berlins Rohstoffaussichten, in: Neue Zeit, 17.4.1946, S. 3; Der Rohstoffmangel im amerikanischen Sektor Berlins, in: Der Tagesspiegel, 20.7.1946, [S. 3].

88 Vgl. das Prot. der Konferenz der Bezirksbürgermeister am 28.2.1946, TOP 2, in: LAB, Rep. 280, Nr. 3849.

89 Vgl. hierzu das 47. Mag.prot. v. 23.2.1946, TOP 5.

90 Karl Böttcher (parteilos).

91 Die Dienstaufsichtsbeschwerde des Bezirksrats für Bau- und Wohnungswesen im Bezirk Prenzlauer Berg, Fritz Sperling (KPD/SED), gegen Böttcher v. 23.1.1946 ist vorhanden in: LAB(STA), Rep. 101, Nr. 422, u. Rep. 102, Nr. 48 (hier mit zahlreichen Materialien zu dieser Beschwerde).

prinzipieller Natur dieses Gremium der Bezirksbauräte gehört wird, um seine Meinung dazu zu sagen.

Der Redner hat damals in der Bezirksbürgermeister-Konferenz erklärt, daß der Magistrat wahrscheinlich diesem Antrag zustimmen werde, und persönlich noch hinzugefügt, daß es seiner Meinung nach notwendig wäre, daß die Bezirksbauräte nicht nur alle 14 Tage, sondern alle 8 Tage zusammenkämen. Die entstandenen Mißhelligkeiten und Reibereien mit der Abt[eilung] Bau- und Wohnungswesen werden in der Hauptsache darauf zurückzuführen sein, daß nicht der genügende Kontakt mit den ausführenden Organen in den Bezirken vorhanden war und daß sich die Leiter der einzelnen Ämter in der Abt[eilung] Bau- und Wohnungswesen zu sehr isoliert haben.[92]

Der Redner beantragt, daß der Magistrat der Entschließung der Bürgermeister-Konferenz zustimmt und darüber hinaus auch zu den personellen Fragen Stellung nimmt.

Karweik ist auf Grund der Resolution den Ursachen der Dinge nachgegangen und dabei auf Schritt und Tritt auf den Widerstand von Herrn Böttcher gestoßen.[93] Die von ihm, dem Redner, getroffenen Anordnungen werden durch Herrn Böttcher einfach sabotiert. Ein Grund dafür ist nicht zu erkennen. Das Maß der Arbeit von Herrn Böttcher soll durchaus nicht unterschätzt werden; er ist an sich bemüht, die Dinge zu lenken. Aber es mangelt ihm der notwendige Überblick und das erforderliche Organisationstalent. Er hat nicht das Vermögen, mit seinen unteren Stellen Fühlung zu halten. Er ist blind gegen vieles, weil er einfach nicht die Zeit findet, wichtigen Dingen auf den Grund zu gehen. Anstatt für irgendwelche Aufgaben oder Probleme die in Frage kommenden Männer einmal zusammenzurufen, werden an bestimmte Personen oder bestimmte Firmen Versuchsaufträge zu großen Summen vergeben und hohe Honorare gezahlt. Der Redner führt dies an einigen konkreten Beispielen mit Bezug auf ein Sägewerk, auf Herstellung von Bindemitteln usw. näher aus. Fragt man, was mit dieser oder jener Sache los ist, bekommt man statt einer Antwort nur ein Lächeln oder die Erwiderung: „Das geht Sie nichts an." Neuen Wegen nachzugehen, z[um] B[eispiel] bei der Trümmerverwertung, wird einfach abgelehnt. Bei den Planungsarbeiten für den Wiederaufbau Berlins wird alles mit einem Geheimnis umgeben, anstatt die Bevölkerung von solchen Plänen zu unterrichten, wie es einer demokratischen Verwaltung entspräche.

---

92 In einem Schreiben an Maron v. 10.4.1946 führte Heinrich Starck (KPD/SED) aus:
„Seit 9 Wochen bin ich als 1. Stellvertreter des Herrn Professors [sic!] Scharoun vom Magistrat benannt. In diesen 9 Wochen hat, nachdem ich drei Tage im Magistrat war, eine Zusammenkunft stattgefunden, an der auch Herr Karweik teilnahm.
Trotzdem wir damals einig waren, daß Besprechungen zwischen uns drei [sic!] oft stattfinden müßten und trotzdem ich des öfteren mündlich und auch schriftlich um die Durchführung derartiger Besprechungen gebeten habe, ist eine weitere Besprechung bis heute nicht zustande gekommen. Ich bin zwar auf dem Papier 1. Stellvertreter von Herrn Professor Scharoun, bin aber über nichts orientiert."
Das Schreiben ist vorhanden in: LAB(STA), Rep. 101, Nr. 161, Bl. 38. Vgl. zu Starcks Berufung zum (ersten) stellvertretenden Leiter der Mag.abt. für Bau- und Wohnungswesen das 45. Mag.prot. v. 2.2.1946, TOP 2.

93 Vgl. zum internen Konflikt zwischen Erich Karweik (SPD) und Böttcher drei Schreiben Karweiks v. 21.3.1946, 29.3.1946 u. 17.4.1946, in: LAB(STA), Rep. 101, Nr. 161, Bl. 41 f., 37 u. 47. Vgl. zu Karweiks Berufung zum zweiten stellvertretenden Leiter der Mag.abt. für Bau- und Wohnungswesen das 33. Mag.prot. v. 3.12.1945, TOP 2.

Die Dinge sind auch nach der Resolution der Bezirksbürgermeister nicht besser geworden. Das Zusammenarbeiten mit den Bezirksbauräten stößt nach wie vor auf Schwierigkeiten. Es fehlt irgendwo an der richtigen Regie.

Scharoun berichtet, daß inzwischen schon die erste Sitzung mit den Bezirksbauräten stattgefunden hat, in der fruchtbare Arbeit geleistet und einstimmig die Meinung vertreten wurde, alle 14 Tage zusammenzukommen.[94]

Der Redner geht dann auf verschiedene Einzelheiten der Darlegungen des Vorredners ein und versucht, das kritisierte Verhalten von Herrn Böttcher zu rechtfertigen.[95] Was die Planung betrifft, so mußten zunächst die Unterlagen erarbeitet werden, ehe man damit an die Öffentlichkeit gehen konnte. Jetzt aber steht man vor dem Abschluß, so daß konkrete Fragen an die Bevölkerung gestellt werden können. In der nächsten Besprechung mit den Bezirksbauräten soll der Bauwirtschaftsplan[96] endgültig verabschiedet werden. Die einzelnen in Frage kommenden Abteilungen sind aber über den Verlauf der Planungsarbeiten dauernd ins Bild gesetzt worden, und der Abschluß der Arbeit wird ihnen jetzt noch einmal grundsätzlich vorgelegt werden, so daß die Planung durchaus nicht hinter verschlossenen Türen vor sich geht.

Auf dem Gebiet der Enttrümmerung hat Herr Böttcher sich auch nicht dagegen gestemmt, etwas Neues vorzubereiten, nur möchte er nicht Dinge im falschen Augenblick herstellen, etwa Maschinen, für die dann später kein Betriebsstoff und keine Bindemittel da sind, so daß sie verrosten müssen. Wir haben, erklärt der Redner, nach allen Seiten hin positive und praktische Arbeit geleistet, und im richtigen Moment werden auch die größeren Anlagen dasein.

Lange hat die Beobachtung gemacht, daß man bei allen Unterhaltungen mit den Bezirksämtern über den Wiederaufbau auf den Namen Böttcher als Hindernis stößt. Wenn der Leiter eines Hauptamtes, wie soeben berichtet wurde, dem Stellvertreter des Abteilungsleiters über wichtige Dinge die Auskunft verweigert, so ist das direkt ungehörig. Richtig ist, daß Privatarchitekten gegen hohe Honorare mit allerlei Plänen beschäftigt sind, daß auch an den verschiedensten Stellen Vorträge darüber gehalten werden, daß aber die eigentlich zuständigen Stellen, vor allem der Magistrat, nichts von alledem erfahren.

Orlopp meint, daß auch 14tägige Zusammenkünfte mit den Bezirksräten wenig Zweck hätten, wenn die Hauptamtsleiter in der Zentralinstanz nicht in richtiger Weise mitziehen. Nach all dem, was hier vorgetragen wurde und was man sonst hört, ist ein ordnungsmäßiges Arbeiten mit dem gegenwärtigen Leiter des Hauptamtes für Aufbaudurchführung nicht möglich.

Der Redner behandelt anschließend unter Anknüpfung an eine am Tage zuvor stattgefundene Versammlung der Handelsbeiräte[97] die Frage des *Wiederaufbaus der*

---

94 Vgl. das Prot. der entsprechenden Bezirksrätesitzung am 5.3.1946, in: LAB, Rep. 210, Acc. 1468, Nr. 608.

95 Scharoun selbst hatte seinen Architektenkollegen Böttcher, mit dem er seit 1927 persönlich bekannt war, im Mai 1945 zur Mitarbeit in der Mag.abt. für Bau- und Wohnungswesen gedrängt und dafür gesorgt, daß er den Aufbau und die Leitung des Hauptamts für Aufbaudurchführung übernahm. So Böttcher im Rückblick; siehe: Böttcher: Bericht über meine Arbeit, S. 7 – 10.

96 Vgl. hierzu das 48. Mag.prot. v. 4.3.1946, TOP 6.

97 Vgl. hierzu: Josef Orlopp: Zur Gestaltung des Handels in Berlin, in: Das Volk, 16.3.1946, [S. 1 f.]; Handelsbeiräte tagten, in: Das Volk, 16.3.1946, [S. 4]; Gerechte Preise –

Innenstadt von Berlin, insbesondere der Leipziger Straße. Auch diese Frage muß in nächster Zeit mit den Bezirken besprochen werden, damit die Wirtschaftskreise sich entsprechend darauf einrichten können.

Scharoun teilt hierzu mit, daß 18 Geschäftsinhaber der *Leipziger Straße* zu einem Zweckverband zusammengeschlossen worden sind, um die Vorarbeiten für das Wiedererstehen einer überbezirklichen Kaufstraße in der Innenstadt in die Wege zu leiten.[98] Ähnliche Pläne sind für andere Kauf- und Handelszentren der Stadt im Werden. Das ganze Gebilde der City soll neu aufgegliedert werden.[99] Die Arbeiten sind jetzt soweit gediehen, daß die Pläne nunmehr den Bezirksbauräten vorgelegt werden können.

Pieck hält die von der Abt[eilung] für Bau- und Wohnungswesen bisher verfolgte Methode für falsch, die Öffentlichkeit von jeder Informierung ihrer Pläne fernzuhalten.[100] Der größte Teil der Berliner Bevölkerung hat keine Ahnung, was in bezug auf den Wiederaufbau von Berlin beabsichtigt ist. Von nicht autorisierter Seite werden Vorträge gehalten, in den Zeitungen werden Artikel geschrieben, aber die verantwortliche Bauabteilung selbst hüllt sich in Schweigen.

Die speziellen *Klagen über Herrn Böttcher* sind so allseitig und stark, daß der Magistrat unbedingt dazu Stellung nehmen muß. Die Versuche, eine bessere Organisation in der Abt[eilung] für Bau- und Wohnungswesen durchzuführen, scheitern daran, daß Herr Böttcher einfach nicht mitmacht. Die Klagen darüber kommen nicht nur von Herrn Karweik, sondern auch von Herrn Starck sowie von den Bezirken und auch von der Finanzabteilung. Die Klagen beweisen, daß Herr Böttcher nicht der richtige Mann an seinem Platze ist.

Der Redner schlägt aus diesen Gründen vor, Herrn Böttcher von seiner Funktion zu beurlauben und auf einen anderen Posten zu versetzen.

Winzer hat nach dem, was ihm berichtet worden ist, den Eindruck, daß es in der Bauabteilung einen gewissen Klüngel gibt, der sich gegen alle neuen Kräfte, die da hineinkommen, sperrt.

Maron schließt sich den Beschwerden gegen Herrn Böttcher an und führt als Beispiele für dessen Verhalten einige Fälle an, in denen Herr Böttcher Anweisungen seines Vorgesetzten direkt sabotiert hat. Ein Hauptamtsleiter, der sich solche

---

ehrlicher Verdienst, in: Der Morgen, 16.3.1946, S. 3; Tagung der Handelsbeiräte, in: Neue Zeit, 16.3.1946, S. 3; Handel und Handwerk auf Kredite angewiesen. Tagung der Handelsbeiräte in Berlin, in: Der Berliner, 16.3.1946, S. 4; 200 000 m Webwaren für Berlin. Gestern tagte das „Wirtschafts-Parlament", in: Nacht-Express, 16.3.1946, [S. 2]; Wirtschaftspolitik auf lange Sicht. Schaffung einer Industrie- und Handelskammer, in: Spandauer Volksblatt, 16.3.1946, [S. 1]; Tagung der Handelsbeiräte, in: Berliner Zeitung, 19.3.1946, [S. 2]; Berlin plant Industrie- und Handelskammer, in: Der Tagesspiegel, 19.3.1946, S. 5.

98 Vgl. zum „Zweckverband Wiederaufbau Leipziger Straße" und allgemein zum Wiederaufbau der Innenstadt: Es regt sich wieder in der Leipziger Straße, in: Der Morgen, 7.4.1946, S. 7; die Materialien in: Akademie der Künste (Berlin-Tiergarten), NL Scharoun, Mappe Mag 2/9; ferner Dok. 60.

99 Vgl. Scharouns Vortrag „Grundlinien der Stadtplanung", Abschnitt „Die City", im Prot. über die 9. Sitzung des Bauwirtschaftsausschusses am 4.4.1946, in: LAB, Rep. 212, Acc. 2568, Nr. 4572; abgedruckt in: Geist/Kürvers, S. 232–237.

100 Vgl. zur Problematik der Durchführung und Bekanntmachung der Stadtplanungsarbeiten: Dok. 60.

Dinge erlaubt, ist untragbar, er muß von seiner Funktion abberufen werden. Den Abteilungsleitern[101] mag es überlassen bleiben, ihn an anderer Stelle zu beschäftigen.

Der Redner schlägt des weiteren vor, mit den *Bauwirtschaftsplänen für 1946*[102] so schnell wie möglich *vor die Öffentlichkeit* zu treten, und zwar im Rahmen einer großen Veranstaltung gemeinsam mit den Bezirken, den Parteien und der Presse. Die verschiedensten Städte Deutschlands haben bereits ein Aufbauprogramm veröffentlicht, nur die Hauptstadt Berlin, die beispielgebend vorangehen müßte, noch nicht.[103]

Kraft wiederholt seinen schon einmal geäußerten Wunsch, die BVG[104] bei den Vorarbeiten für die Stadtplanung einzuschalten.

Pieck stellt formell den Antrag, der Magistrat möge beschließen:
> Der Leiter des Hauptamtes für Aufbaudurchführung, Herr Böttcher, wird mit sofortiger Wirkung von seiner Tätigkeit beurlaubt; es ist der Abteilungsleitung überlassen, ihn an einer anderen, weniger wichtigen Stelle einzusetzen.

Scharoun bittet, mit einer solchen Beschlußfassung bis zur nächsten Sitzung zu warten, damit von seiner Seite ein Vorschlag unterbreitet werden könnte, der auch zum Ziele führen würde. Die Arbeit, die Herr Böttcher geleistet habe, sei ungeheuer wesentlich gewesen. Man sollte versuchen, eine andere Form für eine Neuregelung zu finden.

Pieck betont, Herr Böttcher solle nicht entlassen werden, sondern es solle lediglich entschieden werden, daß er in seiner bisherigen Funktion nicht mehr bleiben könne.

---

101 Müßte wohl heißen: Dem Abteilungsleiter.

102 Vgl. hierzu das 48. Mag.prot. v. 4.3.1946, TOP 6.

103 Vgl.: Das neue Gesicht Berlins. Feststellungen – Kalkulationen – Pläne, in: Der Tagesspiegel, 9.2.1946, S. 4; Zu wenig Maschinen – kein Material. Was die Bauindustrie zum Aufbauplan Berlins sagt, in: Der Tagesspiegel, 22.2.1946, S. 6; Was braucht Berlin für 1946?, in: Nacht-Express, 26.2.1946, [S. 5]; Die Berliner Baukosten für 1946, in: Der Berliner, 5.3.1946, S. 4; Berlin kommt wieder, in: Deutsche Volkszeitung, 22.3.1946, S. 3; Die Berliner Bauvorhaben 1946, in: Der Morgen, 27.3.1946, S. 2; „Det kommt hier alles wieder hin!", in: Deutsche Volkszeitung, 28.3.1946, S. 4; Das Berliner Bauvorhaben 1946, in: Das Volk, 28.3.1946, [S. 4]; 100 000 Mann bauen Berlin auf!, in: Nacht-Express, 28.3.1946, [S. 1]; Bauplan Berlin 1946, in: Neue Zeit, 30.3.1946, S. 3; Ernst Barbknecht: 672 Millionen Mark für Berlins Wiederaufbau, in: Tägliche Rundschau, 2.4.1946, S. 6; Erich Schnaufer: Heraus mit den Plänen für den Neuaufbau Berlins!, in: Deutsche Volkszeitung, 5.4.1946, S. 4; H. Steinmann: Berlins Wohnungsinstandsetzungs-Programm. 100 000 Wohnungen bis Jahresende repariert, in: Tägliche Rundschau, 9.4.1946, S. 6; Berlin, die Stadt der Arbeit und des Wohnens, in: Vorwärts, 29.5.1946, [S. 2]; Warum werden so wenig Wohnungen instand gesetzt?, in: Neues Deutschland, 7.7.1946, S. 4; Ernst Barbknecht: Wann werden Berlins Wohnungen winterfest gemacht?, in: Tägliche Rundschau, 11.7.1946, S. 5; Kein Halt an der Wohnungstür. Große Aufgaben der Berliner Bauwirtschaft, in: Der Kurier, 12.8.1946, S. 4; Es geht um die Wiederherstellung unserer Wohnungen und Produktionsstätten. Der zweite erfolgreiche Aussprache-Nachmittag des „Vorwärts", in: Vorwärts, 17.8.1946, [S. 3]; Erfolgreiche Bautätigkeit im britischen Sektor, in: Spandauer Volksblatt, 17.9.1946, S. 2; Heinrich Starck: Berlins Neuaufbau, in: Neues Deutschland, 6.10.1946, Berliner Beilage. Vgl. auch die interne „Lagebetrachtung, betr. das Arbeitsgebiet der Bauabteilung H Hoch C I zu Beginn der Bausaison 1946" v. 22.3.1946, in: LAB(STA), Rep. 110, Nr. 49.

104 Berliner Verkehrs-Betriebe.

Dr. Werner ist ebenfalls der Ansicht, daß die Klärung der Angelegenheit nicht mehr hinausgeschoben werden könne, nachdem Herr Böttcher schon in der vorletzten Bürgermeister-Konferenz[105] sehr stark angegriffen worden ist.

Scharoun glaubt, daß die Angriffe von bestimmter Seite ausgehen, sachlich aber nicht berechtigt seien.

BESCHLUSS: Der Antrag Pieck wird gegen eine Stimme angenommen.[106]

Maron bezeichnet es als unbedingt notwendig, daß über diesen Einzelfall hinaus der *Mitarbeiterstab in der Abt[eilung] für Bau- und Wohnungswesen durchgeprüft wird.*[107] Ihm sei z[um] B[eispiel] mitgeteilt worden, daß Herr Mächler[108] dem stellvertretenden Abteilungsleiter Starck gegenüber in einer Sitzung bei der Behandlung einer Angelegenheit erklärt hat: Dazu sind Sie viel zu jung, um diese Dinge verstehen zu können. Ein solches Verhalten könne nicht geduldet werden. Der Herr müßte sofort zur Disposition gestellt werden.

9. ALLGEMEINES

Knoll berichtet über den Stand der Frage hinsichtlich der *Lastkraftwagen,* die von der amerikanischen Militärregierung *für den amerikanischen Sektor in Berlin* angeboten

---

105 Gemeint ist die Konferenz am 28.3.1946; siehe Anm. 88 zu diesem Mag.prot.

106 Die Gegenstimme stammte von Scharoun; siehe: Böttcher: Bericht über meine Arbeit, S. 50 u. 54. Vgl. zur Abberufung Böttchers von seiner Funktion als Leiter des Hauptamts für Aufbaudurchführung: Böttcher: Bericht über meine Arbeit, S. 48 – 54; Hanauske, S. 104 – 106. Durch eine Verfügung der Mag.abt. für Personalfragen und Verwaltung v. 26.3.1946 wurde Böttcher zum Leiter einer neu zu bildenden „Bauwissenschaftlichen Forschungs- und Entwicklungsstelle" bei der Mag.abt. für Bau- und Wohnungswesen berufen. Vgl. hierzu verschiedene Schreiben in: LAB(STA), Rep. 102, Nr. 38; Vermerk v. 9.4.1946 u. Schreiben v. 16.4.1946, betr. Bauwissenschaftliche Forschungs- und Entwicklungsstelle, in: LAB(STA), Rep. 102, Nr. 403; Berliner Kleinhaus entsteht, in: Nacht-Express, 3.5.1946, [S. 5]; Fertige Häuser ab Fabrik. Bauwissenschaftliche Forschungsstelle beim Magistrat, in: Tägliche Rundschau, 15.5.1946; S. 6; Bauwissenschaft, in: Neue Zeit, 26.7.1946, S. 3; Böttcher: Bericht über meine Arbeit, S. 50 u. 55. Ein halbes Jahr später suspendierte der Magistrat Böttcher von diesem Amt; vgl. hierzu das 76. Mag.prot. v. 21.9.1946, TOP 6. – Ab 17.3.1946 wurde die Leitung des Hauptamts für Aufbaudurchführung kommissarisch von Erich Karweik wahrgenommen, der seinerseits durch einen Mag.beschluß v. 24.8.1946 aus dem Dienst des Magistrats entlassen wurde. Vgl. hierzu den Bericht der Wirtschaftsberatung AG über die Verwaltungsprüfung beim Hauptamt für Aufbaudurchführung v. 30.8.1946, S. 6, in: LAB(STA), Rep. 102, Nr. 345; Böttcher: Bericht über meine Arbeit, S. 50; das 71. Mag.prot. v. 24.8.1946, TOP 2.

107 Dem Leiter des Hauptamts für Hochbau in der Mag.abt. für Bau- und Wohnungswesen, Ernst Schulze, wurde zum 31.3.1946 gekündigt; vgl. hierzu Dok. 111, Anm. 8. Karweik wurde am 24.8.1946 von seiner Funktion als (zweiter) stellvertretender Leiter der Mag.abt. für Bau- und Wohnungswesen und kommissarischer Leiter des Hauptamts für Aufbaudurchführung abberufen; vgl. das 71. Mag.prot. v. 24.8.1946, TOP 2.

108 Vgl. zu Martin Mächler, der als Verbindungsmann zwischen der britischen Militärregierung und der Mag.abt. für Bau- und Wohnungswesen fungierte: Dok. 69, Anm. 107; Ein internationaler Städtebauer, in: Nacht-Express, 22.2.1946, [S. 5]; das 48. Mag.prot. v. 4.3.1946, TOP 6.

worden sind.[109] Es handelt sich einmal um 50 schwere Wehrmachtsfahrzeuge aus Berliner Beständen, die für eine praktische Verwendung erst auf Treibgas umgebaut werden müssen, da ihr hoher Benzinverbrauch untragbar sei. Des weiteren sind 1700 Lastkraftwagen angeboten, die in Kitzingen[110] lagern, aber erst repariert werden müssen. Auf einer Besichtigungsreise, die der Redner nach dorthin unternommen hat, wurde festgestellt, daß für Fahrzeuge aus den gleichen Beständen, die an die bayerische Regierung abgegeben werden, folgende Regelung getroffen ist. Es ist eine Gesellschaft, die Bavaria Trecker Company[111], gegründet worden, die die Fahrzeuge instand setzt und dann leihweise unter ganz annehmbaren Bedingungen abgibt. Reparaturen werden kostenlos von der Gesellschaft ausgeführt.

Es erhebt sich nun die Frage, ob man in Berlin eine ähnliche Gesellschaft gründet oder die BTC benutzt und sie hier eine Filiale begründen läßt. Dabei ist zu berücksichtigen, daß von den Amerikanern Ersatzteile nur an die BTC ausgegeben werden, und zwar aus einer großen Werkstatt in Fürth. Auch hier ist die Frage, ob die Ersatzteile für eine Berliner Gesellschaft gegeben würden oder ob ein entsprechender Vertrag mit der BTC geschlossen werden muß.

Orlopp hält es für zweckmäßig, eine eigene Gesellschaft in Berlin zu gründen und über die Lieferung der Ersatzteile Verhandlungen mit der amerikanischen Militärregierung zu führen.

Der Redner weist bei der Gelegenheit auf die Schwierigkeiten hin, die die *Magistratsmitglieder* mit den zu ihrer Verfügung stehenden *Dienstwagen* haben, die bei ihrer schlechten Beschaffenheit zum größten Teil dauernd in Reparatur sind. Vielleicht wäre es möglich, für den Magistrat 50 bis 100 neue Personenwagen zu erwerben. Man hätte dann gleichzeitig eine kleine Reserve.

Pieck befürwortet diesen Vorschlag und bittet die Abt[eilung] Verkehr, bei der Alliierten Kommandantur einen Antrag auf Überweisung von 100 Personenwagen für den Magistrat zu stellen.

In der Frage der Lastkraftwagen hält es der Redner für besser, ein Abkommen mit der bayerischen Gesellschaft zwecks Errichtung einer Filiale in Berlin zu treffen. Es sei fraglich, ob es einer Berliner Gesellschaft gelingen wird, die Ersatzteile aus Fürth zu bekommen.

Knoll hat für alle Fälle Vorsorge getroffen, mit Hilfe der Reichsbahn die Fahrzeuge von Kitzingen nach Berlin zu verfrachten. Die Frage ist nur, wer die Ersatzteile liefert und wie man sie nach Berlin bekommt. Das muß noch bei der Militärregierung in München geklärt werden.

Dohmen weist auf die *katastrophale Lage des Fuhrparkes* bei der Abt[eilung] für *Post-* und Fernmeldewesen hin. Ersatzteile sind nicht zu bekommen. Es ist nicht mehr möglich, die Post mit Kraftfahrzeugen zu den Bahnhöfen zu befördern. Wenn der verstärkte Paketverkehr demnächst dazukommt, ist es unmöglich, dem Publikum die Pakete in die Wohnung zu schaffen. Es ist in Aussicht genommen, daß die

---

109 Vgl. hierzu das 1. Prot. der stellv. Stadtkommandanten v. 4.1.1946, TOP 8, u. das 2. Prot. der stellv. Stadtkommandanten v. 11.1.1946, TOP 16, in: LAB, Rep. 37, Acc. 3971, Nr. 218.
110 Kreisstadt in Unterfranken.
111 Richtig: Bavaria Truck Company.

Auflieferung nur bei 5 Bahnhofspostämtern erfolgt; dort müssen auch die Pakete vom Publikum abgeholt werden.[112]

Kraft läßt sich ausdrücklich bestätigen, daß er die Vollmacht hat, Personenkraftwagen zu kaufen.

Maron empfiehlt die Einrichtung einer *magistratseigenen Reparaturwerkstätte.*

Dr. Landwehr beantragt formell, der Magistrat möge beschließen, daß die Abt[eilung] Verkehr beauftragt wird, alles in die Wege zu leiten, um die von amerikanischer Seite zur Verfügung gestellten Lastkraftwagen nach Berlin zu schaffen und für die gleichzeitige Beschaffung der Ersatzteile Sorge zu tragen; daß ihr aber freigestellt wird, sich dabei der Vermittlung der bayerischen Gesellschaft Bavaria Trecker Company[113] durch Errichtung einer Filiale in Berlin zu bedienen oder eine eigene Gesellschaft für diesen Zweck in Berlin aufzuziehen.

BESCHLUSS: Der Magistrat stimmt diesem Antrag zu.[114]

Starck, der kurz vorher eingetroffen ist, informiert den Magistrat über das Ausmaß der Zerstörungen der am Vormittag in der Alexanderkaserne stattgefundenen *Explosion*[115] und die durch ihn veranlaßten *Hilfsmaßnahmen*: Unterbringung der Obdachlosen, Einrichtung von Verpflegungsstellen, Beseitigung der Fensterschäden usw.

Maron schlägt vor, Herrn Starck von seiten des Magistrats mit der Organisierung der weiteren Hilfsarbeiten zu beauftragen.

BESCHLUSS: Der Magistrat beschließt, Herrn *Starck* als *Sonderbeauftragten* für
                die Durchführung der gesamten Hilfsmaßnahmen aus Anlaß der
                Explosion in der Alexanderkaserne zu bestellen.[116]

Nächste Sitzung: Montag, den 25. März, vorm[ittags] *10* Uhr.

[...][117]

---

112 Der Postverkehr war bisher auf Briefe und Postkarten beschränkt. Am 16.5.1946 wurde
    der Paket- und Päckchendienst zwischen Berlin und der sowjetischen Besatzungszone
    aufgenommen. Die Einlieferung bei den Bahnhofspostämtern war nur kurze Zeit
    erforderlich. Päckchen konnten seit dem 29.5.1946 und Pakete seit dem 1.7.1946 bei
    allen Berliner Postämtern eingeliefert werden. Siehe: Karl Dohmen: Der Wiederaufbau
    der Deutschen Post in Berlin, in: Archiv für das Post- und Fernmeldewesen, Jg. 1 (1949),
    Nr. 1, S. 12 (auch in: LAB, Rep. 280, Nr. 3806).

113 Richtig: Bavaria Truck Company.

114 Vgl. das 62. Mag.prot. v. 22.6.1946, TOP 6.

115 Vgl. vor TOP 1 in diesem Mag.prot.

116 Vgl. das 51. Mag.prot. v. 25.3.1946, TOP 6 (Starck).

117 Hier ist im Original des Protokolls eine Ergänzung zum 47. Mag.prot. v. 23.2.1946,
    TOP 10 (letzter Absatz), angegeben: Kenntnisnahme der Mag.vorlage Nr. 95, betr.
    Aufnahme des Ortsteils Waldesruh der Gemeinde Dahlwitz-Hoppegarten in die Berliner
    Lebensmittelversorgung.

Dok. 76
Vorschlag der Sachverständigenkommission für deutsches Verwaltungswesen vom 19. März 1946, betr. Vereinfachung der Zentralverwaltung der Stadt Berlin

LAB(STA), Rep. 102, Nr. 342. – Maschinenschriftliche Originalausfertigung.

Sachverständigenausschuß   Berlin, den 19. März 1946.
für die Stadt Berlin[1]

An
den Magistrat der Stadt Berlin
z.Hd. des Herrn Oberbürgermeister
Dr. Werner

Berlin C 2
Neues Stadthaus.

Dritter Vorschlag

Betr.: Vereinfachung der Zentralverwaltung der Stadt.

Der Sachverständigenausschuß erachtet es nicht als seine Aufgabe, sämtliche städtischen Verwaltungszweige in ihren Einzelheiten auf Verbesserung der Organisation und des finanziellen Ergebnisses zu prüfen und zu begutachten. Abgesehen davon, daß ein wöchentlich nur einmal zusammentretender Ausschuß in nebenamtlicher Tätigkeit dazu gar nicht in der Lage ist, muß auch darauf hingewiesen werden, daß die städtische Verwaltung laufend durch das eigene Prüfungsorgan der Stadt, das Hauptprüfungsamt, geprüft wird. Dieses Amt ist seit einiger Zeit mit der Prüfung einzelner Bezirksverwaltungen beschäftigt[2] und hat dabei festgestellt, daß zahlreiche Ämter der Bezirksverwaltungen mit Personal erheblich übersetzt

---

1 Mit BK/O (45) 226 v. 23.11.1945 hatte die AK dem Oberbürgermeister ihre Stellungnahme zum Haushalt der Stadt Berlin für das vierte Quartal 1945 übermittelt und ihm gleichzeitig die folgende Anordnung erteilt: „Um eine höhere Leistung der Verwaltung und eine Reduzierung der Ausgaben auf das absolute Minimum zu erzielen, werden Sie eine Kommission ernennen, die aus fünf befähigten Sachverständigen des deutschen Verwaltungswesens besteht und Ihnen unmittelbar verantwortlich sein wird. Die Aufgabe dieser Sachverständigen wird es sein, die Arbeitsweise der Zivilverwaltung zu prüfen und Ihnen ihre Empfehlungen schriftlich vorzulegen unter gleichzeitiger Übermittlung einer Abschrift hiervon an diese Kommandatura." Die BK/O ist vorhanden in: LAB(STA), Rep. 100, Nr. 763, Bl. 44; LAB, Rep. 280, Nr. 12362. Mit Befehl v. 1.1.1946 genehmigte das Finanzkomitee der AK die vom Magistrat vorgeschlagene Zusammensetzung dieser Sachverständigenkommission (Sachverständigenausschuß), die bis Ende 1946 sieben schriftliche „Vorschläge" zur organisatorischen Verbesserung und Ausgabensenkung der Berliner Verwaltung vorlegte. Vgl. hierzu die entsprechenden Materialien in: LAB(STA), Rep. 102, Nr. 342. Mit BK/O (47) 9 v. 14.1.1947 wurde die Sachverständigenkommission aufgelöst, da die Wahrnehmung ihrer Aufgaben auf die am 20.10.1946 gewählte StVV übergegangen war. Siehe: LAB(STA), Rep. 102, Nr. 342; LAB, Rep. 280, Nr. 10485.

2 Vgl. hierzu die Materialien in: LAB(STA), Rep. 102, Nr. 343–345.

sind, so daß wesentliche Ersparnisse erzielt werden können durch Ausscheiden der überzähligen Kräfte und durch Ersatz der für die Verwaltung nicht geeigneten Kräfte durch erfahrene Verwaltungsbeamte. Der Sachverständigenausschuß konnte aber, nachdem er sich bereits mit der Organisation der 20 Bezirksverwaltungen beschäftigt hat,[3] nicht an der Organisation der Zentralverwaltung vorbeigehen.

Zu der augenblicklichen Organisation der Zentralverwaltung von Berlin hat der Sachverständigenausschuß folgendes zu bemerken:

Nach § 11 des Gesetzes vom 27.4.1920 bestand der Magistrat aus höchstens 30 Mitgliedern, von denen mindestens 12 unbesoldet sein mußten.[4] Es gab also von da ab höchstens 18 besoldete oberste Beamte einschließlich des Oberbürgermeisters und des Bürgermeisters als seines Stellvertreters. Nach § 6 der Novelle vom 30.3.1931[5] bestand der Magistrat aus dem Oberbürgermeister, 2 Bürgermeistern, 9 weiteren hauptamtlichen besoldeten und 6 ehrenamtlichen unbesoldeten Mitgliedern (Stadträten). Es gab also jetzt 12 besoldete oberste Beamte zur Leitung der Stadt. Nach § 16 der Novelle waren die 2 Bürgermeister die ständigen Vertreter des Oberbürgermeisters, die Stadträte seine ständigen Vertreter für ihren Geschäftszweig.

Die 2 Bürgermeister haben sich in der Praxis nicht auf die Stellvertretung des Oberbürgermeisters beschränkt, sondern daneben die wichtigsten Dezernate der Verwaltung geführt. Auch die 6 ehrenamtlichen Magistratsmitglieder hatten Dezernate. So ist es möglich gewesen, daß die Stadt Berlin mit 12 besoldeten obersten Beamten ausgekommen ist.

Der Wiederaufbau des Magistrats im Jahre 1945 ist über diesen Rahmen wesentlich hinausgegangen.[6] Außer dem Oberbürgermeister sind 4 Stellvertreter des Oberbürgermeisters bestellt worden. Daneben stehen 14 Magistratsabteilungen (Dezernate),[7] die sich in die einzelnen Hauptämter und Ämter gliedern. Jeder besoldete Stadtrat als Leiter einer Magistratsabteilung hat einen oder zwei Stellvertreter, die

---

3 Vgl. das Schreiben des Sachverständigenausschusses für die Stadt Berlin an OB Werner v. 12.3.1946, betr. Zweiter Vorschlag über Vereinfachung der Verfassung der 20 Bezirksverwaltungen, in: LAB(STA), Rep. 102, Nr. 342.

4 Gemeint ist das „Gesetz über die Bildung einer neuen Stadtgemeinde Berlin" (Groß-Berlin-Gesetz) v. 27.4.1920, in: Preußische Gesetzsammlung, Jg. 1920, S. 123 – 150; wieder abgedruckt in: Die Entstehung der Verfassung von Berlin, Bd. I, S. 58 – 90. Die Bestimmung, daß von den höchstens 30 Mitgliedern des Magistrats mindestens zwölf unbesoldet sein mußten, war erst durch ein Änderungsgesetz v. 7.10.1920 in das Gesetz v. 27.4.1920 aufgenommen worden. Vgl. hierzu: Die Entstehung der Verfassung von Berlin, Bd. I, S. 64, Anm. 287.

5 Gemeint ist das „Gesetz über die vorläufige Regelung verschiedener Punkte des Gemeindeverfassungsrechts für die Hauptstadt Berlin" v. 30.3.1931, in: Preußische Gesetzsammlung, Jg. 1931, S. 39 – 44; wieder abgedruckt in: Die Entstehung der Verfassung von Berlin, Bd. I, S. 91 – 98.

6 Vgl. zur Etablierung des Magistrats: Teil I dieser Edition, S. 31 – 48.

7 Ende 1945 hatte die AK befohlen, zusätzlich zu den bereits bestehenden 14 Abteilungen des Magistrats noch eine Rechtsabteilung und eine Abteilung für Kunstangelegenheiten zu errichten. Vgl. das 37. Mag.prot. v. 17.12.1945, TOP 2 (insb. Anm. 5), u. das 38. Mag.prot. v. 23.12.1945, TOP 5 (insb. Anm. 24).

an den Magistratssitzungen teilnehmen und Stimmrecht haben, wenn das ordentliche Magistratsmitglied nicht anwesend ist.

Neben den Leitern der 14 Magistratsabteilungen und ihren Vertretern besteht noch beim Magistrat ein Beirat für kirchliche Fragen mit 2 Stellvertretern (je 1 Vertreter der evangelischen, der katholischen und der jüdischen Religion).[8] Der kirchliche Beirat hat Stimmrecht bei der Verhandlung über kirchliche Fragen. Die Mitglieder des Beirates erhalten für ihre Tätigkeit eine Vergütung.

Die Stellung der 4 Stellvertreter des Oberbürgermeisters ist verwaltungstechnisch betrachtet unklar und hat sich nicht zu einer organischen Zwischeninstanz zwischen den Abteilungsleitern und dem Oberbürgermeister entwickelt.[9] Es sind nicht die wichtigsten Verwaltungsdezernate, welche die Stellvertreter des Oberbürgermeisters erhalten haben, sondern Dezernate, die an sich nicht die Voraussetzung für eine Hebung der Amtsinhaber über die ordentlichen Magistratsmitglieder bilden. Organisatorisch schweben also diese 4 Stellvertreter des Oberbürgermeisters etwas in der Luft. Vom Standpunkt der Führung der Stadtverwaltung aus ist selbst bei Würdigung auch der politischen Aufgaben ein Bedürfnis für 4 Stellvertreter des Oberbürgermeisters kaum vorhanden. Die Einsetzung von 2 Stellvertretern des Oberbürgermeisters, wie es die Novelle von 1931 vorschrieb, erscheint für Berlin ausreichend. Zur Wahrnehmung eines Teils der politischen Funktionen könnten, wie es früher stets der Fall gewesen ist, unbesoldete Magistratsmitglieder bestellt werden.[10]

Als eine besonders unglückliche Konstruktion erscheint es, daß der 4. Stellvertreter des Oberbürgermeisters in dieser Eigenschaft über dem Leiter der Abteilung für Volksbildung steht, aber in seiner hauptamtlichen Tätigkeit als Leiter des Hauptschulamtes diesem Abteilungsleiter und sogar dessen Stellvertreter untergeordnet ist.[11]

---

8 Vgl. zum Beirat für kirchliche Fragen: Teil I dieser Edition, S. 39 f. u. 63; das 21. Mag.prot. v. 17.9.1945, TOP 8, u. das 23. Mag.prot. v. 24.9.1945, TOP 9; Dok. 49, Anm. 17; LAB(STA), Rep. 101-04, Nr. 67.

9 Vgl. zur Aufgabenabgrenzung der vier Stellvertreter des Oberbürgermeisters das 66. Mag.prot. v. 20.7.1946, TOP 6.

10 Der Magistrat hatte als AusführungsVO zum ersten Magistratsentwurf für eine vorläufige Verfassung von Berlin eine „Verordnung über die außerordentlichen Magistratsmitglieder" beschlossen, die aber mit der Ablehnung dieses Verfassungsentwurfs durch die AK gegenstandslos wurde. Vgl. das 40. Mag.prot. v. 7.1.1946, TOP 2, u. das 42. Mag.prot. v. 19.1.1946, TOP 5.

11 Der vierte Stellvertreter des Oberbürgermeisters, Karl Schulze, hatte zunächst auch das Hauptschulamt in der Mag.abt. für Volksbildung geleitet. Im Geschäftsverteilungsplan dieser Mag.abt. v. 1.10.1945 ist er als Leiter und Ernst Wildangel als stellvertretender Leiter des Hauptschulamts aufgeführt; siehe: LAB(STA), Rep. 120, Nr. 62, Bl. 69. Andererseits hat Wildangel selbst in mehreren Fragebogen angegeben, bereits seit 1.9.1945 Leiter des Hauptschulamts gewesen zu sein; siehe: LAB(STA), Rep. 102, Nr. 164, u. Rep. 124, Nr. 15458. Im Geschäftsverteilungsplan der Mag.abt. für Volksbildung v. 15.3.1946 ist Wildangel als Leiter des Hauptschulamts aufgeführt; siehe: LAB(STA), Rep. 120, Nr. 62, Bl. 225. Ein entsprechender Berufungsbeschluß des Magistrats ist aber erst im August 1946 erfolgt; vgl. das 71. Mag.prot. v. 24.8.1946, TOP 2. Schulze wurde Ende 1945 zusätzlich zu seinem Amt als vierter stellvertretender Oberbürgermeister

Ebenso erscheint die Auftrennung des Gebietes der Wirtschaft in eine Abteilung Wirtschaft und eine Abteilung Handel und Handwerk sowie die Bildung einer besonderen Abteilung für Verkehr statt der Vereinigung dieses Amtes mit der Abteilung „Städtische Betriebe" organisatorisch als eine unvollkommene Lösung und als eine Quelle von Überschneidungen und Erschwernissen.

Das System der stellvertretenden Stadträte hat dazu geführt, daß einschließlich des Oberbürgermeisters und seiner 4 Stellvertreter mehr als 30 besoldete Magistratsmitglieder vorhanden sind.[12] Diese Erweiterung der Zahl der besoldeten Magistratsmitglieder weit über den früheren Stand hinaus erklärt sich durch die Tatsache, daß 1945 ein der Stadtverordnetenversammlung entsprechendes, aus Wahlen der Bürgerschaft hervorgegangenes Beschlußorgan neben dem Magistrat fehlte und deshalb das Bestreben obwaltete, die Zahl der Magistratsmitglieder höher zu halten, als es die reine Verwaltungsarbeit erfordert hätte. Auch das Hinzutreten neuer Aufgaben mußte berücksichtigt werden. Man hat im Hinblick auf diese Verstärkung des Magistrats und zur Einsparung eines Teils der durch diese Verstärkung entstehenden Besoldungskosten die Stellen der leitenden Stadtdirektoren aufgehoben, auf der anderen Seite aber an deren Stelle andere leitende Angestellte an die Spitze der einzelnen in die Magistratsabteilungen eingegliederten Ämter gesetzt. So muß sich im Endeffekt eine finanzielle Mehrbelastung der Stadt ergeben.

Damit die oberste Stadtverwaltung straff und übersichtlich organisiert ist, damit verwaltungshemmende Instanzen vermieden und Verwaltungskosten erspart werden, empfiehlt der Sachverständigenausschuß, sobald durch kommunale Wahlen[13] ein Beschlußorgan der Bürgerschaft neben dem Magistrat gebildet ist, durch Einschränkung der Zahl der Stellvertreter des Oberbürgermeisters, durch Einsparung von Stellvertretern der Abteilungsleiter, durch Verweisung der Beiräte[14] in Deputationen oder Ausschüsse, durch Unterstellung mehrerer Magistratsabteilungen unter ein und dasselbe Magistratsmitglied und durch Zuwahl von unbesoldeten Magistratsmitgliedern die Gesamtzahl der besoldeten Magistratsmitglieder einzuschränken, allerdings unter angemessener Berücksichtigung der neu übernommenen Aufgaben.

Dr. Neikes[15]   Peters[16]   Rogowsky[17]   Winckelmann[18]
[Unterschrift]   [Unterschrift]   [Unterschrift]   [Unterschrift]

---

zum Leiter der neu zu errichtenden Mag.abt. für Kunstangelegenheiten bestellt; vgl. das 38. Mag.prot. v. 23.12.1945, TOP 5.

12 Die stellvertretenden Abteilungsleiter bzw. Stadträte waren keine Vollmitglieder des Magistratskollegiums; vgl. hierzu Teil I dieser Edition, S. 62.

13 Die ersten Nachkriegswahlen in Berlin fanden am 20.10.1946 statt.

14 Gemeint sind die Beiräte der Berliner Eigenbetriebe. In diesen Beiräten war der Magistrat jeweils durch einige seiner Mitglieder vertreten. Vgl. hierzu die Materialien in: LAB(STA), Rep. 115, Nr. 104.

15 Dr. Hans Neikes, ehemaliger Oberbürgermeister von Saarbrücken, Leiter des Hauptprüfungsamts in der Mag.abt. für Personalfragen und Verwaltung.

16 Prof. Dr. Hans Peters (CDU), Jurist, Fachmann für Staats- und Verwaltungsrecht.

17 Prof. Dr. Bruno Rogowsky, Wirtschaftsprüfer, Direktor der Wirtschaftshochschule Berlin.

18 Dr. Hans Winckelmann, Wirtschaftsprüfer, Vorstand der Wirtschaftsberatung AG – Wirtschaftsberatung Deutscher Gemeinden –.

Dok. 77
51. Magistratssitzung vom 25. März 1946

LAB(STA), Rep. 100, Nr. 769, Bl. 81 – 89. – Umdruck.[1]

Beginn: 10.10 Uhr   Schluß: 15.30 Uhr

Anwesend: Dr. Werner, Maron, Orlopp, Schulze, Schwenk, Lange, Dr. Landwehr,
             Winzer, Klimpel, Pieck, Scharoun, Buchholz, Grüber, Geschke,
             Dr. Haas, Rumpf, Kehler, Knoll, Jendretzky, Fleischmann, Dr. Mittag,
             Jirak, Starck, Dr. Redeker, Dusiska.

Den Vorsitz führt: Oberbürgermeister Dr. Werner.

Tagesordnung: 1. Protokoll
                2. Finanzfragen
                3. Volksbildung
                4. Kirchliche Fragen
                5. Ernährung
                6. Allgemeines.

1. PROTOKOLL
Die Niederschrift der Magistratssitzung vom 16.3.46 wird ohne Beanstandung
genehmigt.

2. FINANZFRAGEN
Rumpf begründet die Vorlage Nr. 134[2], betreffend teilweise *Freigabe von Kleinsparguthaben* an Einwohner der Stadt Berlin.[3] Die Bestimmungen sind denen angegli-

---

1 Weitere Umdruckexemplare dieses Protokolls sind vorhanden in: LAB(STA), Rep. 100,
  Nr. 752, lfd. S. 129 – 145; LAB, Rep. 228, Mag.protokolle 1946, u. Rep. 280, Nr. 8501/12.
2 LAB(STA), Rep. 100, Nr. 769, Bl. 97 – 100; auch in: LAB(STA), Rep. 101, Nr. 620,
  Bl. 44 – 47.
3 Die beiden ersten Ziffern der Mag.vorlage Nr. 134 v. 21.3.1946 haben den folgenden
  Wortlaut:
  „1. Allen Einwohnern der Stadt Berlin wird von ihren *Sparguthaben*, die sie bei der
  Sparkasse der Stadt Berlin, bei den geschlossenen Berliner Banken und Sparkassen
  sowie bei der Postsparkasse am 8. Mai 1945 hatten, ein Betrag bis zur Höhe von
  RM 300,-- zur Auszahlung freigegeben. Die Auszahlungen erfolgen auf Antrag
  an Sparer, deren Gesamtguthaben bei der Sparkasse der Stadt Berlin, bei den
  geschlossenen Berliner Banken und Sparkassen und der Postsparkasse am 8.5.1945
  zusammen nicht mehr als 3 000,-- RM betrugen. Die Auszahlung erfolgt in drei
  Monatsraten von je RM 100,--. [...]
  2. An arbeitsunfähige und mittellose Sparer werden RM 400,-- zur Auszahlung freigegeben. An sie erfolgt auf Antrag die Auszahlung in einer Summe. Die Auszahlung an
  Arbeitsunfähige und Mittellose erfolgt auch dann, wenn ihr Gesamtguthaben bei der
  Sparkasse der Stadt Berlin, bei den geschlossenen Berliner Banken und Sparkassen
  und bei der Postsparkasse RM 3 000,-- übersteigt."

chen, die bereits für die russische Zone eingeführt sind.[4] Die Auszahlung der Gelder erfolgt nur durch die Sparkasse der Stadt Berlin. Bei der Auszahlung ist außer dem Sparbuch und einem Personalausweis eine eidesstattliche Erklärung vorzulegen. Die Vordrucke dafür sollen von dem zuständigen Polizeirevier ausgegeben werden.

---

4 Im Januar 1946 hatte die KPD die Sowjetische Militäradministration ersucht, in ihrer Besatzungszone eine begrenzte Auszahlung von Kleinsparguthaben zuzulassen. Siehe: Was wird mit den Sparkonten? Wilhelm Pieck: „Begrenzte Auszahlung an Kleinsparer in Aussicht gestellt", in: Berliner Zeitung, 29.1.1946, [S. 3]; Wir Kommunisten fordern Hilfe für die Kleinsparer, in: Deutsche Volkszeitung, 30.1.1946, S. 1; Die Hoffnung der Sparer, in: Der Tagesspiegel, 30.1.1946, S. 5; Hilfe für die Kleinsparer, in: Deutsche Volkszeitung, 8.2.1946, S. 3; Martin Böttcher: Hilfe für die kleinen Sparer. An wen wird ausgezahlt?, in: Deutsche Volkszeitung, 19.3.1946, S. 1.
Der zentrale Einheitsfront-Ausschuß hatte dann in seiner 11. Sitzung am 28.2.1946 eine Resolution zu den Bank- und Sparguthaben beschlossen, in der es unter anderem hieß: „Der Hitlerfaschismus hat fast alles, was produziert wurde, in seinem Kriege in die Luft gehen lassen, während die Guthaben und auch die Ersparnisse aus der geldmäßigen Bezahlung der Arbeit und der zerstörten Werte sich bei den Banken und Sparkassen als scheinbarer Reichtum sammelten.
Es ist in hohem Maße fraglich, ob und inwieweit die formellen Forderungen aus alten Guthaben künftig befriedigt werden können. Die Gesamtsumme der alten Guthaben und der umlaufenden Noten beträgt etwa 300 Milliarden Mark, hiervon entfallen allein 135 Milliarden auf Spareinlagen. Die Verpflichtungen des faschistischen Staates dürften ohne Berücksichtigung der Reparationsverpflichtungen auf 700 bis 800 Milliarden geschätzt werden. Den Guthaben und Geldnoten, die ja in der Hauptsache durch Staatspapiere zum Schein ‚gedeckt' waren, steht also eine mehr als doppelt so große Verschuldung gegenüber. [...]
Die vier Parteien sind der Meinung, daß den Staatsbürgern aus dem Zusammenbruch gerettet werden muß, was wirtschaftlich möglich ist und angesichts der gewaltigen Wiederaufbauaufgaben vor der Zukunft verantwortet werden kann. Sie sind aber auch der Meinung, daß bis zur endgültigen und gesamtdeutschen Regelung in Anbetracht der Blockierung der Altguthaben in der sowjetischen Okkupationszone zunächst insbesondere denen, die zur Wiederbeschaffung verlorener Habe oder für ihr Alter einen Notgroschen zurücklegten, geholfen werden muß.
Sie werden darum die Sowjetische Administration und die Kommandantura Berlin um Genehmigung ersuchen, den Sparern, deren altes Guthaben bei Banken und Sparkassen in der sowjetischen Besatzungszone und in Berlin 3 000 Mark nicht übersteigt, gegen Vorlage des Sparbuchs einmalig bis zu 300 RM als Hilfe auszuzahlen. Arbeitsunfähige oder mittellose Personen sollen einmalig bis zu 400 RM erhalten, auch dann, wenn ihr altes Konto 3 000 [RM] übersteigt."
Das Sitzungsprotokoll und die Resolution sind abgedruckt in: Suckut: Blockpolitik in der SBZ/DDR 1945 – 1949, S. 120 f. u. 122. Die Resolution wurde unter anderem veröffentlicht in: Deutsche Volkszeitung, 6.3.1946, S. 1; Das Volk, 6.3.1946, [S. 1]; Berliner Zeitung, 7.3.1946, [S. 3]. Vgl. hierzu auch: Wann Sparkonten-Öffnung? Eine Aktion der vier Antifaschistischen Parteien, in: Das Volk, 1.2.1946, [S. 1]; J[ohann] B[aptist] Gradl: Die dringende Aufgabe, in: Neue Zeit, 7.3.1946, S. 3. Vgl. zum zentralen Einheitsfront-Ausschuß: Dok. 17, Anm. 27; Dok. 62, Anm. 2.
Mit dem Befehl Nr. 74 des Obersten Chefs der Sowjetischen Militäradministration v. 9.3.1946 war daraufhin für Kleinsparer in der sowjetischen Besatzungszone eine Summe von bis zu 300 RM bzw. 400 RM zur Auszahlung freigegeben worden. Der Befehl wurde veröffentlicht in: Berliner Zeitung, 12.3.1946, [S. 1]; Tägliche Rundschau, 12.3.1946, S. 1; Befehle des Obersten Chefs der Sowjetischen Militärverwaltung in Deutschland.

Dieses soll außerdem eine Bescheinigung über den Wohnsitz ausstellen. Für gewisse Fälle ist noch eine Bescheinigung vom Sozialamt beizubringen. Die Texte der Formulare sind der Begründung beigefügt.

Maron fragt, ob über die Einschaltung der Polizeireviere vorher mit dem Polizeipräsidenten gesprochen worden ist. – Da die Frage verneint wird, empfiehlt der Redner dies erst nachzuholen, da doch ein beträchtlicher Arbeitsanfall für die Polizeireviere mit der Sache verbunden ist.

Kehler bittet, die Konten der Postsparkassen von der vorgeschlagenen Regelung auszunehmen, wie dies seines Wissens auch in der russischen Zone geschehen sei. Wenn auch die Postsparbücher eingelöst werden müßten, würden unter Umständen in Berlin Gelder ausgezahlt werden, für die normalerweise die Stadt Berlin nicht verantwortlich sei.

Rumpf erwidert, aus den Durchführungsbestimmungen für die russische Zone gehe hervor, daß die Postsparkassen-Guthaben in der Regelung mit einbegriffen sind. Außerdem sei vorgeschrieben, daß nur auf solche Sparbücher ausgezahlt wird, die in Berlin ausgestellt sind. Dies gilt auch für die Postsparbücher. Eine Herausnahme der Postsparkonten aus dieser Anordnung würde in der Öffentlichkeit nicht verstanden werden.

Dr. Landwehr ist wie Maron der Meinung, daß wegen der Einschaltung der Polizei in das Verfahren vorher mit dem Polizeipräsidenten hätte Rücksprache genommen werden müssen. Der Redner betont grundsätzlich: Wenn durch einen Magistratsbeschluß ein Ressort mit einer Arbeit belastet wird, muß mindestens vorher eine entsprechende Informierung dieses Ressorts erfolgen, da jede solche Arbeit immerhin eines gewissen organisatorischen Anlaufs bedarf.

Lange empfiehlt, der Klarheit halber, in Ziffer 1 noch das Wort „insgesamt" einzufügen, so daß es dort heißt: „ein Betrag bis zur Höhe von insgesamt RM 300,-- zur Auszahlung freigegeben".

Rumpf ist mit der Einfügung einverstanden.

Maron schlägt vor, die Postsparguthaben in der Vorlage zu belassen und vor Beschlußfassung wegen der Einschaltung der Polizeireviere mit dem Polizeipräsidenten zu verhandeln.

BESCHLUSS: Die Vorlage Nr. 134 wird unter Einfügung des Wortes „insgesamt" vor „RM 300,--" in Ziffer 1, im übrigen unverändert angenommen unter der Voraussetzung, daß der Polizeipräsident keine Einwendungen bezüglich der Durchführungsvorschriften erhebt; mit dem Polizeipräsidenten ist über den Punkt, betreffend Einschaltung der Polizeireviere, zu verhandeln.[5]

Aus dem Stab der Sowjetischen Militärverwaltung in Deutschland. Sammelheft 2: Januar bis Juni 1946, Berlin 1946, S. 20 f. Vgl. hierzu: Der Sparkassenbefehl, in: Der Morgen, 15.3.1946, S. 4; Martin Schmidt: Auf dem richtigen Wege, in: Berliner Zeitung, 19.3.1946, [S. 1]; Die Aktion für die Kleinsparer, in: Neue Zeit, 31.3.1946, S. 1.

5 Die hiermit beschlossene Mag.vorlage wurde dem Finanzkomitee der AK mit Schreiben v. 12.4.1946 zur Genehmigung zugeleitet. Das Schreiben ist vorhanden in: LAB(STA), Rep. 101, Nr. 635. Vgl. zur weiteren Entwicklung in der Frage der teilweisen Freigabe von Kleinsparguthaben das 16. Prot. des Finanzkomitees der AK v. 24.4.1946, TOP 9, u. das 17. Prot. des Finanzkomitees der AK v. 7.5.1946, TOP 7, in: LAB, Rep. 37: OMGBS, FIN Br, 4/91-2/6; das 72. Mag.prot. v. 31.8.1946, TOP 7, u. das 73. Mag.prot. v. 7.9.1946, TOP 3.

Rumpf begründet die Vorlage Nr. 132[6], durch die der Magistrat entscheiden soll, ob dem *Antrage der Sojusintorgkino-Gesellschaft* auf *Übereignung* des zum städtischen Liegenschaftsvermögen gehörenden 12 000 qm großen *Grundstückes an der Ostseestraße* im Verwaltungsbezirk Prenzlauer Berg stattgegeben werden soll.[7] Die Finanzabteilung ist der Auffassung, daß es zur Zeit unzweckmäßig ist, städtischen Grundbesitz zu veräußern. Es ist deshalb der Gesellschaft der Vorschlag gemacht worden, das Grundstück zu pachten. Die Gesellschaft besteht aber darauf, das Grundstück käuflich zu erwerben.

Dr. Landwehr billigt den grundsätzlichen Standpunkt der Finanzabteilung, hält es aber aus taktischen Erwägungen für ratsam, in diesem Falle eine Ausnahme zu machen. Man könnte sich ja für den Fall, daß die Gesellschaft das Grundstück wieder abgeben sollte, vielleicht ein Vorkaufsrecht sichern.

Rumpf befürchtet Berufungen bei ähnlichen Fällen, wenn hier eine Ausnahme gemacht würde.

Maron tritt für Verpachtung ein.

BESCHLUSS: Der Magistrat beschließt, das in der Vorlage Nr. 132 bezeichnete Objekt nur zu verpachten.

Dr. Haas macht eine Reihe von Mitteilungen zur Frage der Finanzen. Von der alliierten Finanzkommission ist das *Ergebnis der Haushaltsfeststellung für das 1. Vierteljahr* 1946 eingegangen.[8] Die Besatzungskosten sind um 10 Millionen erhöht worden, die Ausgaben für Post- und Fernmeldewesen ebenfalls um 10 Millionen. Um das Defizit im Theaterwesen zu decken, sind für diesen Posten 1 715 000 RM hinzugesetzt worden.[9] Gestrichen wurden unter den Ausgaben insgesamt 11,5 Millionen, davon 5,9 Millionen für den Aufbau, 2 Millionen für Umschulung der Arbeitskräfte und 3,5 Millionen beim Kapitel Volksbildung. Das Defizit stellt sich

---

6 LAB(STA), Rep. 100, Nr. 769, Bl. 95; auch in: LAB(STA), Rep. 101, Nr. 620, Bl. 52.

7 Die sowjetische Filmverleihgesellschaft „Sojusintorgkino" beabsichtigte, einen auf dem genannten Grundstück befindlichen Luftschutzbunker zur Lagerung von Filmen zu nutzen. Vgl. zu dieser Gesellschaft: Berlin. Kampf um Freiheit, S. 105.

8 Gemeint ist die BK/O (46) 131 v. 15.3.1946, durch die der Etat für das erste Quartal 1946 mit einigen Abänderungen genehmigt wurde. Die BK/O ist vorhanden in: LAB(STA), Rep. 101, Nr. 61; LAB, Rep. 280, Nr. 12538. Vgl. zu diesem Etat das 32. Mag.prot. v. 30.11.1945 u. das 33. Mag.prot. v. 3.12.1945, TOP 3. Der gedruckte endgültige „Haushaltsplan der Stadt Berlin für die Zeit vom 1. Januar bis 31. März 1946. Hauptzusammenstellung" ist vorhanden in: LAB(STA), Rep. 105, Nr. H 1/1 u. 6417. Vgl. hierzu auch das Schreiben der Finanzabteilung des Magistrats an das Finanzkomitee der AK v. 27.5.1946, betr. Haushaltsplan der Stadt Berlin – Rechnungsabschnitt Januar – März 1946, in: LAB(STA), Rep. 101, Nr. 61, u. LAB, Rep. 37: OMGBS, FIN Br, 4/86-1/39 (englische Fassung); das Schreiben der Finanzabteilung des Magistrats an das Budget-Sub-Committee der AK v. 30.5.1946, betr. Einnahmen und Ausgaben für das Vierteljahr Januar/März 1946, in: LAB(STA), Rep. 101, Nr. 635; die Materialien in: LAB, Rep. 37: OMGBS, FIN Br, 4/86-2/10. – Vgl. zum Jahresetat 1946 für die Zeit ab 1.4.1946 das 55. Mag.prot. v. 29.4.1946, TOP 3, u. das 56. Mag.prot. v. 4.5.1946, TOP 4.

9 Diese zusätzliche Summe für die städtischen Theater hatte die Finanzabteilung des Magistrats mit Schreiben v. 1.2.1946 beantragt. Das Schreiben (englische Fassung) ist vorhanden in: LAB, Rep. 37: OMGBS, FIN Br, 4/86-1/36. Mit BK/O (46) 97 v. 19.2.1946 hatte die AK diesen Antrag genehmigt; siehe: LAB, Rep. 280, Nr. 12511.

danach auf rund 15 Millionen, die durch den Kredit gedeckt werden, den das Stadtkontor der Stadt gewährt.

Die beim Kapitel Volksbildung gestrichene Summe umfaßt u[nter] a[nderem] die Ausgaben für die Universität, für die Charité und für das Kaiser-Wilhelm-Institut.[10] Für die Universität und die Charité hat die Zentralverwaltung die Ausgaben zu decken.[11] Die von der Stadt Berlin hierfür bereits geleisteten Ausgaben müssen von der Zentralverwaltung zurückerstattet werden. Hinsichtlich des Kaiser-Wilhelm-Instituts[12] ist noch keine klare Regelung getroffen.

Die alliierte Finanzkommission hat bei der Gelegenheit erklärt, daß die *Sozialausgaben* in Berlin viel *zu hoch* seien und daß alles getan werden müsse, um diesen Ausgabeposten zu senken.[13]

Der Redner berichtet weiter, daß ein Antrag auf Gewährung eines *Moratoriums* für Hypothekenzinsen *abgelehnt* worden ist.[14] Das Koordinierungskomitee des Alliierten Kontrollrats hat beschlossen, Moratorien nicht mehr zu gewähren.[15]

---

10 Vgl. hierzu das Schreiben der Finanzabteilung des Magistrats an das Finanzkomitee der AK v. 27.5.1946, betr. BK/O (46) 131, in: LAB(STA), Rep. 101, Nr. 61.

11 Durch den Befehl Nr. 4 des Obersten Chefs der Sowjetischen Militärverwaltung v. 8.1.1946 war die Deutsche Zentralverwaltung für Volksbildung mit der Leitung und Verwaltung der Berliner Universität betraut worden, zu der auch die Charité gehörte. Vgl. hierzu Dok. 49, Anm. 36; das 42. Mag.prot. v. 19.1.1946, TOP 11.

12 Gemeint ist die 1911 gegründete Kaiser-Wilhelm-Gesellschaft zur Förderung der Wissenschaften, zu der zahlreiche naturwissenschaftliche Institute („Kaiser-Wilhelm-Institute") gehörten, von denen eine größere Anzahl in Berlin ansässig war. Vgl. hierzu: Berlin. Kampf um Freiheit, S. 475 u. 493; Berlin. Behauptung von Freiheit, S. 107, 355, 388, 461 u. 549 f.; Michael Engel: Geschichte Dahlems, Berlin [West] 1984, S. 96 – 136, 188 – 254 u. 265 – 279; Manfred Heinemann: Der Wiederaufbau der Kaiser-Wilhelm-Gesellschaft und die Neugründungen der Max-Planck-Gesellschaft (1945 – 1949), in: Forschung im Spannungsfeld von Politik und Gesellschaft. Geschichte und Struktur der Kaiser-Wilhelm-/Max-Planck-Gesellschaft. Aus Anlaß ihres 75jährigen Bestehens hrsg. von Rudolf Vierhaus u. Bernhard vom Brocke, Stuttgart 1990, S. 407 – 470.

13 Vgl. zu den Sozialausgaben in Berlin das Schreiben der Finanzabteilung des Magistrats an das Finanzkomitee der AK v. 12.2.1946, betr. Budget der Stadt Berlin, Kapitel VII – Sozialwesen –, in: LAB(STA), Rep. 101, Nr. 61; BK/O (46) 189 v. 27.4.1946, betr. Sozialausgaben, in: LAB(STA), Rep. 101, Nr. 64, u. LAB, Rep. 280, Nr. 4834, u. abgedruckt in: Berlin. Quellen und Dokumente, 1. Halbbd., S. 423; das Schreiben des Magistrats an die AK v. 15.5.1946, betr. BK/O (46) 189, in: LAB(STA), Rep. 101, Nr. 64. Anfang Mai 1946 beschloß der Magistrat, den Sozialetat für das Haushaltsjahr 1946 um 10 Millionen RM zu kürzen; vgl. das 56. Mag.prot. v. 4.5.1946, TOP 4.

14 Ein solches Moratorium war vom Magistrat Ende Juli 1945 beschlossen worden; vgl. das 14. Mag.prot. v. 30.7.1945, TOP 3. Im Oktober 1945 hatte der Magistrat dann noch eine VO über ein Moratorium privater Geldverpflichtungen beschlossen. Vgl. hierzu das 25. Mag.prot. v. 8.10.1945, TOP 2; das Prot. der 4. Juristenbesprechung [Juristen der Mag.abteilungen u. der Bezirksämter] am 9.10.1945, in: LAB(STA), Rep. 113, Nr. 240, u. LAB, Rep. 203, Acc. 2128, Nr. 7473. Mit Schreiben v. 26.3.1946 teilte das Finanzkomitee der AK dem Magistrat mit, daß sein Antrag auf Genehmigung dieser VO abgelehnt sei; siehe das entsprechende Bestätigungsschreiben der Finanzabteilung des Magistrats an das Finanzkomitee der AK v. 14.4.1946, in: LAB(STA), Rep. 101, Nr. 635.

15 Vgl. auch die Richtlinien v. 4.3.1946 über die Behandlung von „alten" Forderungen, in: LAB(STA), Rep. 113, Nr. 240; das 52. Mag.prot. v. 30.3.1946, TOP 3 (Haas); Heinz Meilicke: Rechtsbehelfe bei alten Schulden, in: Der Tagesspiegel, 1.3.1946, S. 5; Karl

Weiter ist mitgeteilt worden, daß auf ein Entgegenkommen hinsichtlich der Nichterhebung der *Nachzahlungen für die erhöhten Steuern für die Monate Januar und Februar* nicht zu rechnen sei,[16] die Steuergesetze seien vom Kontrollrat beschlossen worden und müßten durchgeführt werden, irgendeine Eingabe nach dieser Richtung sei zwecklos.[17]

Der Redner macht weiter einige kurze Angaben über die im Monat Februar erfolgten Ausgaben an *Besatzungskosten*.[18] Diese haben rund 23 Millionen betragen und verteilen sich auf die einzelnen Sektoren wie folgt: auf den amerikanischen Sektor entfallen rund 12 Millionen, auf den britischen Sektor 5,3 Millionen, auf den französischen Sektor 2,4 Millionen und auf den russischen Sektor 3 Millionen. BESCHLUSS: Der Magistrat nimmt von den Mitteilungen Kenntnis.

3. VOLKSBILDUNG

Hierzu liegt die Vorlage Nr. 133[19] vor, betreffend Aufteilung des am 9.3.46 bewilligten Fonds für Zwecke des *verbilligten Theaterbesuchs der werktätigen Bevölkerung* Berlins.

Winzer beantragt die Annahme der Vorlage, in der genauer fixiert ist, was der Magistrat bereits grundsätzlich beschlossen hat.[20] Die Verbilligung der einzelnen Karten soll im Durchschnitt etwa 4 RM betragen, wobei die höheren Preiskategorien einen geringeren Zuschuß erhalten sollen als die niedrigen. Man hat davon abgesehen, Einheitspreise festzusetzen und die Karten dann zu verlosen, weil das einen großen Apparat erfordert und zu Unzuträglichkeiten bei der Ausgabe der Karten führt. Bei der neu zu schaffenden Abteilung für Kunstangelegenheiten[21] soll eine besondere Vertriebsstelle für die Verteilung der verbilligten Karten eingerichtet werden. Eine Schlüsselung für die Aufteilung der Karten unter die verschiedenen Kategorien der werktätigen Bevölkerung ist in der Vorlage enthalten.

Rabe: Alte Schulden, in: Der Tagesspiegel, 26.4.1946, S. 6; Schultze-Rhonhof: Die juristische Behandlung alter Schulden, in: Der Tagesspiegel, 30.4.1946, S. 5. – Das Koordinierungskomitee des Alliierten Kontrollrats bestand aus den stellvertretenden Oberbefehlshabern der sowjetischen, amerikanischen, britischen und französischen Besatzungstruppen in Deutschland und war unter anderem für die Verbindung zur AK zuständig.

16 Vgl. hierzu das 48. Mag.prot. v. 4.3.1946, TOP 3 (insb. Anm. 11 u. 12).

17 Vgl. aber das 61. Mag.prot. v. 15.6.1946, TOP 3 (Haas).

18 Vgl. zu den Besatzungskosten: BK/O (45) 149 v. 3.10.1945, betr. Verfahren zur Finanzierung von Zahlungen betreffend Requisitionen seitens der amerikanischen Armee und der von ihr verwendeten zivilen Arbeitskräfte in Berlin, in: LAB, Rep. 280, Nr. 4665; BK/O (45) 282 v. 20.12.1945, betr. Nichtbefolgung der BK/O (45) 149, in: LAB, Rep. 280, Nr. 12411; BK/O (46) 125 v. 9.3.1946, betr. Begleichungsverfahren für Besatzungsunkosten der sowjetischen Einheiten und Organisationen, in: LAB, Rep. 280, Nr. 6666; das Prot. der Konferenz der Bezirksbürgermeister am 24.1.1946, TOP 3, in: LAB, Rep. 280, Nr. 3846; das 37. Mag.prot. v. 17.12.1945, TOP 3 (Siebert), u. das 55. Mag.prot. v. 29.4.1946, TOP 3 (Haas), u. 56. Mag.prot. v. 4.5.1946, TOP 4 (Haas).

19 LAB(STA), Rep. 100, Nr. 769, Bl. 96.

20 Vgl. das 49. Mag.prot. v. 9.3.1946, TOP 4.

21 Vgl. das 38. Mag.prot. v. 23.12.1945, TOP 5.

BESCHLUSS: Die Vorlage Nr. 133 wird ohne Aussprache einstimmig angenommen.[22]

Winzer begründet weiter die Vorlage Nr. 130[23], betreffend Bewilligung von 233 000 RM zur *Beschaffung von Apparaten*, Maschinen usw. *für die Technische Hochschule.* Die Gegenstände, die im einzelnen in der Vorlage aufgeführt sind, sollen dazu dienen, den Lehrbetrieb wiederaufnehmen zu können. Die Wiedereröffnung der TH ist für den 9. April vorgesehen.[24]

Orlopp bemängelt die hohen Preise, die in der Vorlage für einzelne Gegenstände angesetzt sind und teilweise das 10fache des normalen Preises betragen. Eine Schreibmaschine beispielsweise koste nicht 3 000 RM, sondern 300 RM, ein Schmalfilmapparat nicht 2 000 RM, sondern 650 RM, ein Reißbrett nicht 300 RM, sondern 50 RM usw.

Maron beantragt mit Rücksicht hierauf die Zurückstellung der Vorlage und nochmalige Überprüfung der mitgeteilten Preise.

BESCHLUSS: Die Vorlage Nr. 130 wird zu nochmaliger Überprüfung der darin aufgeführten Preise für die angeforderten Apparate etc. zurückgestellt.[25]

Winzer empfiehlt weiter die Annahme der Vorlagen Nr. 137[26], Nr. 138[27] und Nr. 139[28], in denen Mittel für die *Wiederherstellung von Schulen* angefordert werden. Die Anträge kommen von den betreffenden Bauämtern der Bezirke und sind von jener Seite her geprüft worden.

Scharoun weist darauf hin, daß die in den Vorlagen enthaltenen Forderungen bei der Durchsprache mit den bezirklichen Stellen ursprünglich in anderer Form gestellt worden seien, z[um] B[eispiel] in dem einen Fall nicht für eine Schule, sondern für den Gesundheitsdienst, in einem andern Falle nicht für eine Baracke, sondern für

---

22 Bei der Beratung des Etats für das Haushaltsjahr 1946 wurden bei den Mitteln für Kunst und Theater 1,8 Millionen RM gestrichen, wobei die hier beschlossene Verbilligung von Theaterkarten von dieser Streichung möglichst verschont bleiben sollte. Vgl. das 56. Mag.prot. v. 4.5.1946, TOP 4.

23 LAB(STA), Rep. 100, Nr. 769, Bl. 90 – 94.

24 Vgl. hierzu Dok. 67, Anm. 35. Vgl. zur Bewilligung von Instandsetzungsarbeiten an der Technischen Hochschule das 17. Mag.prot. v. 20.8.1945, TOP 4, u. das 39. Mag.prot. v. 30.12.1945, TOP 6, u. das 45. Mag.prot. v. 2.2.1946, TOP 4, u. das 49. Mag.prot. v. 9.3.1946, TOP 6.

25 Die hiermit zurückgestellte Vorlage wurde vom Magistrat als Mag.vorlage Nr. 224 mit einigen Preisreduzierungen angenommen; vgl. das 57. Mag.prot. v. 13.5.1946, TOP 5. Im übrigen sollte die Technische Hochschule grundsätzlich nicht mehr aus dem Haushalt der Stadt Berlin finanziert werden; vgl. das 57. Mag.prot. v. 13.5.1946, TOP 2 (Haas).

26 LAB(STA), Rep. 100, Nr. 769, Bl. 102. Diese Mag.vorlage v. 21.3.1946 betraf die Errichtung einer Schulbaracke für die Hans-Thoma-Schule im Ortsteil Hermsdorf, Olafstraße 32 – 34.

27 LAB(STA), Rep. 100, Nr. 769, Bl. 103. Diese Mag.vorlage v. 21.3.1946 betraf die Errichtung einer „Freiluftschule" im ehemaligen Fremdarbeiterlager Tegel-Süd am Krumpuhler Weg.

28 LAB(STA), Rep. 100, Nr. 769, Bl. 104. Diese Mag.vorlage v. 21.3.1946 betraf die Wiederherstellung des Gebäudes der Eichendorff-Schule im Bezirk Köpenick, Oberspreestraße 174 – 181, in dem vorübergehend ein Hilfskrankenhaus untergebracht war.

eine Schule. Durch solche nachträglichen Änderungen der Zweckbestimmung werde der Bauwirtschaftsplan[29] gestört.

Winzer erklärt, er habe die Vorlagen erst unterzeichnet, nachdem er sich vergewissert habe, daß die anderen zuständigen Instanzen – Hochbauamt usw. – zugestimmt hatten.

Scharoun schlägt vor, die einzelnen Objekte noch einmal in bezug auf das Zusammenstimmen mit dem Bauprogramm zu überprüfen und eventuell mit der Abt[eilung] für Bau- und Wohnungswesen abzustimmen.
BESCHLUSS: Die Vorlagen Nr. 137, 138 und 139 werden zu nochmaliger Überprüfung und eventueller Abstimmung mit der Abt[eilung] für Bau- und Wohnungswesen zurückgestellt.[30]

Winzer empfiehlt weiter die Annahme der Vorlage Nr. 140[31], betreffend Bewilligung von 57 300 RM für die Ausführung von *Instandsetzungsarbeiten am Gebäude der Akademie der Wissenschaften*. Die Instandsetzung erweist sich als notwendig, weil eine Besatzungsmacht beabsichtigt, in den Räumen der Akademie eine Ausstellung wissenschaftlicher Werke zu veranstalten,[32] und weil daran gedacht ist, die Akademie der Wissenschaften an sich wieder arbeitsfähig zu machen.[33]
BESCHLUSS: Die Vorlage Nr. 140 wird unverändert angenommen.

4. KIRCHLICHE FRAGEN
Hierzu liegt die Vorlage Nr. 135[34] vor, betreffend Erhebung einer *Kirchensteuer* in Berlin.[35]

---

29 Vgl. zum Bauwirtschaftsplan für 1946 das 48. Mag.prot. v. 4.3.1946, TOP 6, u. das 50. Mag.prot. v. 16.3.1946, TOP 8.

30 Die Mag.vorlagen Nr. 138 u. 139 sind in den folgenden Mag.sitzungen nicht wieder behandelt worden. Die Mag.vorlage Nr. 137 ist dem Magistrat mit einem verringerten Kostenansatz (50 000 RM statt 74 900 RM) als Mag.vorlage Nr. 250 erneut vorgelegt worden; vgl. das 59. Mag.prot. v. 29.5.1946, TOP 7.

31 LAB(STA), Rep. 100, Nr. 769, Bl. 105.

32 Die hier erwähnte Ausstellung in den Räumen der Akademie der Wissenschaften, Unter den Linden 8, wurde von der Sowjetischen Zentralkommandantur, Abteilung Wissenschaften, geplant.

33 Mit dem Befehl Nr. 187 des Obersten Chefs der Sowjetischen Militärverwaltung v. 1.7.1946 wurde die Genehmigung zur Wiedereröffnung der ehemaligen Preußischen Akademie der Wissenschaften als „Deutsche Akademie der Wissenschaften" erteilt. Der Befehl ist abgedruckt in: Um ein antifaschistisch-demokratisches Deutschland, S. 292 f. Die Wiedereröffnung fand am 1.8.1946 statt. Vgl. Dok. 55, Anm. 70; Die Akademie der Wissenschaften beginnt von neuem, in: Der Kurier, 30.7.1946, S. 3; Akademie der Wissenschaften in Berlin. Wiedereröffnung am 1. August, in: Telegraf, 31.7.1946, S. 8; Die festliche Eröffnung der Deutschen Akademie der Wissenschaften, in: Tägliche Rundschau, 2.8.1946, S. 3; Festakt der Akademie der Wissenschaften, in: Neue Zeit, 2.8.1946, S. 3; Eröffnung der Deutschen Akademie, in: Telegraf, 2.8.1946, S. 8. Das Manuskript der Ansprache von OB Werner auf der Eröffnungsfeier ist vorhanden in: LAB, NL Werner, Rep. 200, Acc. 4379, Nr. 45/216; als Abschrift in: LAB, NL Werner, Rep. 200, Acc. 4379, Nr. 20/5, S. 690 – 692.

34 LAB(STA), Rep. 100, Nr. 769, Bl. 79.

35 Vgl. das 17. Mag.prot. v. 20.8.1945, TOP 3 (Mag.beschluß zur Erhebung eines Kirchgeldes).

Grüber führt zur Begründung aus, daß über das Recht der Kirchengemeinden, Kirchensteuern einzuziehen, kein Zweifel bestehen könne. Die Vorlage sei schon deswegen notwendig und dringlich, weil die Kredite, die die Kirchengemeinden von der Stadtverwaltung erhalten haben,[36] zurückgezahlt werden müssen und weil von den Gewerkschaften gefordert wird, daß die Gemeinden die Gehälter und Löhne an ihre Angestellten und Arbeiter in vollem Umfange zahlen. Bisher war es nur möglich, 60 % der Gehälter und Löhne zu zahlen.

Die Höhe der vorgeschlagenen Kirchensteuer war nach einer Vereinbarung mit dem Stadtkämmerer Dr. Siebert auf 10 % Zuschlag zur Einkommen- bzw. Lohnsteuer vorgesehen. Nach den neuen Steuererhöhungen[37] ist dieser Satz auf 7,5 % festgelegt worden.

Die Verhandlungen mit der All[iierten] Kommandantur haben zu dem Ergebnis geführt, daß die Kirche diesen Antrag zunächst dem Magistrat vorlegen sollte. Die Kirchengemeinden werden auch mit diesen Steuereinnahmen nicht in der Lage sein, alle Ausgaben zu decken, so daß ein großer Teil der notwendigen Gelder weiterhin durch freiwillige Spenden aufgebracht werden muß. Der Berechnung der Steuer liegt ein Etat zugrunde, der von der Finanzabteilung überprüft ist.

Schulze möchte zur rechtlichen und finanzpolitischen Seite der Sache sprechen. Er habe Bedenken gegen eine Erhebung der Kirchensteuer im Wege des Lohnabzugs. Diese Regelung bedeutet, daß jeder Arbeitgeber seinem Angestellten oder Arbeiter bei der Lohn- oder Gehaltsauszahlung ohne weiteres die Kirchensteuer mit abziehen muß. Dies würde aus rein materiellen Erwägungen heraus zu zahlreichen Kirchenaustritten führen.

Der Redner ist der Auffassung, daß der Magistrat über die ganze Frage der Kirchensteuer überhaupt nicht zu befinden habe, auch nicht die All[iierte] Kommandantur, sondern nur der Kontrollrat. Der Kontrollrat hat die letzten großen Steuergesetze[38] befohlen und ist somit auch zuständig für diese zusätzliche Steuer.

Dr. Haas gibt einen kurzen historischen Rückblick über die rechtlichen Grundlagen der Kirchensteuer, ausgehend von der Weimarer Verfassung und der Reichsabgabenordnung[39]. In Preußen bestand bisher die Regelung, daß die Kirchensteuer als Zuschlagsteuer erhoben wurde, wobei als Grundlage immer die im Jahre vorher bezahlte Einkommensteuer galt. Dieser Maßstab kann heute, weil die erforderlichen Unterlagen zumeist fehlen, nicht mehr genommen werden. Daher ist es richtig, die vorgeschlagene Erhebungsform zu wählen. Der Satz von 7,5 % ist zwar sehr hoch, doch ist das eine Frage, die die Kirchen selbst zu vertreten haben.

Was den Steuerbeschluß, d[as] h[eißt] die Bestätigung der Steuer, betrifft, so war es bisher so, daß der Steuerbeschluß der kirchlichen Gemeinschaften der Genehmigung der staatlichen Stellen bedurfte. Das war bis 1933 der Oberpräsident, später

---

36 Vgl. hierzu das 17. Mag.prot. v. 20.8.1945, TOP 3 (insb. Anm. 11).

37 Vgl. das 48. Mag.prot. v. 4.3.1946, TOP 3.

38 Vgl. ebd.

39 Die Reichsabgabenordnung v. 13.12.1919 stellte das zusammenfassende Grundgesetz des allgemeinen deutschen Steuerrechts dar. Sie wurde am 22.5.1931 neugefaßt und mehrfach geändert. Siehe: RGBl., Jg. 1919, S. 1993 – 2100, u. Jg. 1931, Teil I, S. 161 – 222.

der Stadtpräsident und dann der Finanzminister.[40] Heute kommt dafür der Magistrat oder die All[iierte] Kommandantur in Frage. Da die All[iierte] Kommandantur aber keine Anträge entgegennimmt, die nicht durch den Magistrat gegangen sind, muß der Magistrat zu dem Antrag Stellung nehmen.

Grüber ist der Ansicht, daß der Magistrat über die Genehmigung zu befinden hat, da er an die Stelle des früheren Oberpräsidenten bzw. Stadtpräsidenten getreten ist. Der Kontrollrat sei seiner Ansicht nach wohl zuständig für die Frage, ob die Kirchensteuer als Werbungskosten abgezogen werden kann, und ein entsprechender Antrag sei auch im Laufen,[41] nicht aber für die Steuer selbst.

Rumpf äußert sich zur Höhe der Steuer. Bis 1933 ist der Satz 10 % für die Evangelische Kirche und 11 % für die Katholische Kirche gewesen. Damals ist aber kein Kirchengeld erhoben worden.[42] Außerdem bestand die Anrechnungsfähigkeit bei den Werbungskosten. Später wurde der Satz dauernd herabgesetzt bis auf 4,2 %, während auf der andern Seite das Kirchengeld erhoben wurde. Der Prozentsatz wurde allerdings von der Einkommensteuer einschließlich des Kriegszuschlags erhoben, so daß der Satz in Wirklichkeit 6,3 % der Einkommensteuer betrug. Wenn heute 7,5 % beantragt werden und wenn man dazu die Steuererhöhungen berücksichtigt, so wird das Kirchensteueraufkommen 50 % höher sein als 1933.

Der Redner glaubt, daß der Magistrat bei einer eventuellen Stellungnahme diesen Gesichtspunkt in Betracht ziehen müßte, wenngleich die Höhe der Steuer an sich eine Angelegenheit der kirchlichen Organisationen sei.

Grüber weist auf die hohen Verluste hin, die die kirchlichen Organisationen in den Jahren von 1933 bis 1945 gehabt haben. Der Prozentsatz sei von den Kirchengemeinden reiflich überlegt worden. Es sei selbstverständlich, daß die Kirche von sich aus keinen Anlaß zu Kirchenaustritten geben möchte.

Winzer beschäftigt sich mit der Frage der Zuständigkeit in bezug auf die Steuerbewilligung. Wenn man von dem Standpunkt ausgeht, daß Religion Privatsache und nicht Angelegenheit des Staates ist, ist auch die Frage der Aufbringung der Mittel zum Unterhalt der Kirchen eine Angelegenheit der Kirchen und nicht des Staates. Daher wäre es richtig, wenn der Magistrat sich seinerseits für unzuständig erklärte und es den kirchlichen Organisationen überließe, sich mit der Alliierten Kommandantur bzw. mit dem Kontrollrat in Verbindung zu setzen.

---

40 Bis 1933 stellte der Oberpräsident der Provinz Brandenburg und von Berlin die oberste staatliche Mittelbehörde für Berlin dar. Dessen Aufgaben gingen 1933/34 auf einen Staatskommissar und 1937 auf den Stadtpräsidenten von Berlin über (seit 1.4.1944 als Regierungspräsident bezeichnet). Vgl. hierzu die Denkschrift v. 12.6.1945, betr. „Geschäftsbereich des bisherigen Regierungspräsidenten – früher Stadtpräsident (= Oberpräsident) –", in: LAB(STA), Rep. 102, Nr. 329, Bl. 23 – 30; Christian Engeli: Berlin und die Provinz Brandenburg 1933 – 1945, in: Verwaltungsgeschichte Ostdeutschlands 1815 – 1945. Organisation – Aufgaben – Leistungen der Verwaltung, hrsg. von Gerd Heinrich, Friedrich-Wilhelm Henning u. Kurt G. A. Jeserich, Stuttgart/Berlin/Köln 1993, S. 810 – 816.

41 Vgl. hierzu zwei Schreiben der Evangelischen Kirche in Deutschland – Berliner Stelle – an den Magistrat v. 11.9.1946 u. der Finanzabteilung des Magistrats an die AK v. 31.10.1946, betr. Wiedereinführung der Abzugsfähigkeit der Kirchensteuer bei Errechnung der Einkommensteuer, in: LAB(STA), Rep. 101, Nr. 638.

42 Vgl. das 17. Mag.prot. v. 20.8.1945, TOP 3 (Mag.beschluß zur Erhebung eines Kirchgeldes).

Maron ist ebenfalls der Ansicht, daß der Magistrat in dieser Angelegenheit nicht zuständig sei, da eindeutig an Hand der gemachten Erfahrungen und Anweisungen der Alliierten Kommandantur feststehe, daß der Magistrat auf dem Gebiet der Steuergesetzgebung keine Beschlüsse zu fassen hat.[43] Darüber liege eine ausdrückliche Verlautbarung der All[iierten] Kommandantur vor. Es bleibt kein anderer Ausweg als der, daß die kirchlichen Organisationen direkt mit den alliierten Behörden verhandeln und einen entsprechenden Befehl von jener Seite herbeiführen. Wenn der Kontrollrat die Bestätigung erteilt, wird der Magistrat selbstverständlich den Apparat für die Erhebung der Steuer in der bisherigen Art zur Verfügung stellen.

Grüber betont noch einmal, daß die Kirche wegen dieser Angelegenheit bereits Fühlung mit den Alliierten genommen habe, daß aber dort erklärt worden sei, darüber habe der Magistrat zu befinden. Wenn sich nun der Magistrat nicht für zuständig erkläre, werde die Kirche erneut versuchen, die direkte Genehmigung von seiten der Alliierten zu erhalten.

BESCHLUSS: Der Magistrat erklärt sich gemäß der bisherigen Einstellung der All[iierten] Kommandantur nicht für zuständig in Steuerfragen und sieht deshalb von einer Stellungnahme zu der Vorlage Nr. 135 ab.[44]

---

43 Vgl. hierzu Dok. 32, Anm. 41, u. Dok. 45, Anm. 33; ferner das 41. Mag.prot. v. 14.1.1946, TOP 3, u. das 46. Mag.prot. v. 16.2.1946, TOP 5, u. das 47. Mag.prot. v. 23.2.1946, TOP 6, u. das 48. Mag.prot. v. 4.3.1946, TOP 3.

44 Mit Schreiben v. 20.4.1946 sandte die Finanzabteilung des Magistrats die für das Rechnungsjahr 1946 gefaßten Kirchensteuerbeschlüsse des Gesamtverbands der katholischen Kirchengemeinden Groß-Berlins v. 3.4.1946 u. des Berliner Stadtsynodalverbands der evangelischen Kirche v. 4.4.1946 an die AK. Das Schreiben der Finanzabteilung ist einschließlich der zugehörigen kirchlichen Schreiben vorhanden in: LAB(STA), Rep. 101, Nr. 635. Das Finanzkomitee der AK genehmigte mit seinem Befehl Fin/I (46) 54 v. 5.6.1946 die Kirchensteuerbeschlüsse unter Herabsetzung des Steuersatzes von 7,5 % auf 4 % der Einkommensteuer bzw. Lohnsteuer. Vgl. hierzu: LAB, Rep. 280, Nr. 3324 u. 7800; das 21. Prot. des Finanzkomitees der AK v. 4.6.1946, TOP 7, in: LAB, Rep. 37: OMGBS, FIN Br, 4/91-2/6; das Rundschreiben der Mag.abt. für Personalfragen und Verwaltung v. 16.7.1946, betr. Kirchensteuer 1946 – Einbehaltung im Lohn- und Gehaltsabzugsverfahren –, in: LAB(STA), Rep. 102, Nr. 62; Berlin. Kampf um Freiheit, S. 452 f. Vgl. auch: Berlins Kirchen in Geldnot. Wie wird die Kirchensteuer?, in: Neue Zeit, 13.6.1946, S. 3; Geldsorgen der Kirchen, in: Der Tagesspiegel, 15.6.1946, [S. 4]; Neuregelung der Kirchensteuer, in: Berliner Zeitung, 17.8.1946, [S. 4]; das 85. Mag.prot. v. 23.11.1946, TOP 3 (Frage der Staatszuschüsse an die evangelische Kirche); Bericht „Financial Support of Evangelical and Catholic Churches in Berlin" v. 20.9.1947, in: LAB, Rep. 37: OMGBS, Dir Off, 4/139-1/48. – Anträge der Finanzabteilung des Magistrats v. 6.3.1946, 24.6.1946 u. 3.7.1946 auf Rückzahlungsaufschub für die an die evangelischen und katholischen Kirchengemeinden und die Jüdische Gemeinde zu Berlin gewährten Kredite sind vorhanden in: LAB(STA), Rep. 101, Nr. 62 u. 70. Sie wurden von der AK mit BK/O (46) 149 v. 30.3.1946 bzw. BK/O (46) 334 v. 19.8.1946 genehmigt. Die BK/Os sind vorhanden in: LAB(STA), Rep. 101, Nr. 62, u. LAB, Rep. 280, Nr. 12552; LAB(STA), Rep. 101, Nr. 70, u. LAB, Rep. 280, Nr. 12633.

5. ERNÄHRUNG

Hierzu liegt die Vorlage Nr. 136[45] vor, betreffend Bildung eines *Hauptausschus-ses der Nahrungsmittel-Industrie* sowie von *Ausschüssen* für die wichtigsten Nahrungsmittel-Industrien.

Klimpel führt zur Begründung der Vorlage, die dem Magistrat lediglich zur Kennt-nisnahme vorgelegt ist, folgendes aus: Die früheren Organisationen der gewerblichen Wirtschaft sind tot und dürfen unter keinen Umständen wieder in irgendeiner Form ins Leben gerufen werden.[46] Es besteht aber das dringende Bedürfnis, für die einzel-nen Zweige der Lebensmittel-Industrie gewisse fachliche Beratungen durchzuführen. So müssen auf dem Gebiet der Produktion die zur Verfügung gestellten Rohstoffe planmäßig verarbeitet werden, der Markt muß gelenkt werden usw. Zu diesem Zweck sollen im Einvernehmen mit der Abt[eilung] Wirtschaft Fachausschüsse der einzelnen Industrien sowie ein Hauptausschuß für die gesamte Nahrungsmittel-Industrie ins Leben gerufen werden. Die Vertreter der einzelnen Gewerbezweige in den Ausschüssen werden von den beteiligten Industriegruppen gewählt. Außerdem werden Vertreter der Gewerkschaften hinzugezogen. In gleicher Weise wird der Hauptausschuß gebildet. Das Haupternährungsamt[47] hat durch dieses Verfahren die Möglichkeit, sich ständig mit den betreffenden Industriezweigen in Verbindung zu halten, ohne daß die Wirtschaftsgruppen von früher wieder in irgendeiner Form in Erscheinung treten.

Der Redner teilt im Anschluß hieran mit, daß der Beauftragte des Magistrats für die Getränke-Industrie, Herr Nadolny, der sowohl von den Brauereien wie von den Gewerkschaften als politisch nicht tragbar angegriffen wurde, seiner Funktion enthoben worden ist. Die Aufgaben des bisherigen Beauftragten werden nunmehr durch einen neugebildeten Unterausschuß für die Brauereiindustrie durchgeführt.

Orlopp bittet, die Vorlage dahingehend zu erweitern, daß im Hauptausschuß und in den Ausschüssen neben der Abt[eilung] für Wirtschaft und der Abt[eilung] für Ernährung auch die Abt[eilung] für Handel und Handwerk eine Vertretung erhält. Der Redner verspricht sich von der Arbeit der Ausschüsse einen guten Erfolg.

Klimpel hat gegen den Vorschlag keine Bedenken.

BESCHLUSS: Der Magistrat nimmt von der Vorlage Nr. 136 Kenntnis, indem er zugleich folgender Ergänzung zustimmt:

Unter den Vertretern, aus denen sich der Hauptausschuß und die Ausschüsse zusammensetzen, wird auch ein Vertreter der Abt[eilung] Handel und Handwerk aufgeführt.[48]

---

45 LAB(STA), Rep. 100, Nr. 769, Bl. 101; auch in: LAB(STA), Rep. 101, Nr. 586.
46 Vgl. zur Organisation der gewerblichen Wirtschaft in der Zeit des NS-Regimes: Berkenkopf, S. 65–74; Dok. 4, Anm. 22.
47 Gemeint ist die Mag.abt. für Ernährung.
48 Protokolle des Ausschusses bzw. Hauptausschusses Nahrungsmittelindustrie (Lebensmit-telindustrie) von Januar 1946 bis Februar 1947 sind vorhanden in: LAB, Rep. 10 B, Acc. 1888, Nr. 564. – Die von Klimpel im Februar 1946 vorgeschlagene Errichtung einer „Kammer für Ernährungswirtschaft" als eines der früheren Landwirtschaftskam-mer entsprechenden Selbstverwaltungsorgans wurde nicht verwirklicht. Vgl. hierzu die Materialien in: LAB, Rep. 10 B, Acc. 1888, Nr. 565.

Klimpel berichtet sodann über die gegenwärtige *Ernährungslage Berlins*.[49] Ob eine Kürzung der Kalorienmenge auch für Berlin eintritt, ist zur Zeit noch ungewiß.[50] Die Lebensmittelkarten konnten laut Anweisung der Kommandantur einstweilen nur für die Gruppen 3, 4 und 5 ausgegeben [werden], während die Karten für die Gruppen 1 und 2 noch zurückgehalten werden mußten.[51]

Der Redner äußert sich weiter zur Frage der *Rechtsprechung* bei Verbrechen und Vergehen *auf dem Gebiet der Lebensmittelversorgung*.[52] Die einzelnen Bezirke, die gegen Übeltäter auf dem Ernährungsgebiet Ordnungsstrafen verhängen mußten, sind vielfach von den Gerichten stark desavouiert worden. Wenn der betreffende Übeltäter gerichtliche Entscheidung beantragt, werden im allgemeinen die Strafen so niedrig festgesetzt, daß darunter das Ansehen der Verwaltung erheblich leidet.

Der Redner hat sich aus diesem Anlaß mit dem Kammergerichtspräsidenten in Verbindung gesetzt. Dieser hat auch zugesagt, auf die Richter entsprechend einzuwirken, soweit dies mit der Unabhängigkeit der Richter vereinbar ist.[53] Der Redner hat außerdem den Generalstaatsanwalt darauf hingewiesen, daß es notwendig sei, alle Staatsanwälte in Berlin anzuweisen, in solchen Fällen Berufung einzulegen.[54]

---

49 Vgl. zur Ernährungslage im März 1946 das Prot. der Konferenz der Bezirksbürgermeister am 7.3.1946, TOP 3, in: LAB, Rep. 280, Nr. 3850; den vertraulichen parteiinternen Bericht von Hans Mummert (KPD), Generalreferent in der Mag.abt. für Ernährung v. 20.3.1946, in: LAB(STA), Rep. 101, Nr. 1209; verschiedene Quellen in: LAB(STA), Rep. 101, Nr. 546 u. 586, u. LAB, Rep. 10 B, Acc. 1877, Nr. 376 u. 405; BK/R (46) 153 v. 17.4.1946: Nahrungsmittelbericht des Food Committee der AK für März 1946, in: LAB, Rep. 37: OMGBS, BICO LIB, 11/148-2/5; Stadtrat Klimpel: „Keine Veranlassung zur Panik", in: Nacht-Express, 14.3.1946, [S. 2]; Die Ernährung Berlins, in: Berliner Zeitung, 15.3.1946, [S. 2]; Berlins Ernährungslage. Stadtrat Klimpel sprach zur Berliner Presse, in: Tägliche Rundschau, 15.3.1946, S. 6; Kartoffeln und Brot gesichert. Stadtrat Klimpel über die Versorgung Berlins, in: Das Volk, 15.3.1946, [S. 5]; Berlins Ernährung soll gesichert werden, in: Der Morgen, 15.3.1946, S. 3; Die Versorgung Berlins. Ernährungsschwierigkeiten sollen überwunden werden, in: Der Kurier, 16.3.1946, S. 7.
50 Vgl. Dok. 78, Anm. 63.
51 Mit der grundlegenden BK/O (46) 148 v. 30.3.1946 nahm die AK eine allgemeine Neuklassifizierung der Lebensmittelkarten für die Berliner Bevölkerung mit Wirkung ab 1.5.1946 vor. Die BK/O ist vorhanden in: LAB(STA), Rep. 101, Nr. 62, u. LAB, Rep. 280, Nr. 1499; veröffentlicht in: VOBl., Jg. 2 (1946), S. 125–127; wieder abgedruckt in: Berlin. Quellen und Dokumente, 1. Halbbd., S. 294–297. Vgl. hierzu das 53. Mag.prot. v. 6.4.1946, TOP 5, u. das 55. Mag.prot. v. 29.4.1946, TOP 9.
52 Vgl. hierzu: [Gustav] Klimpel: Kontrollen in den Lebensmittelgeschäften, in: Berliner Zeitung, 9.1.1946, [S. 2].
53 Vgl. das Rundschreiben des Kammergerichtspräsidenten Dr. Georg Strucksberg v. 23.3.1946, betr. Schwarzhandel und Korruption, in: LAB(STA), Rep. 101, Nr. 590, Bl. 96, u. LAB, Rep. 10 B, Acc. 1877, Nr. 405; abgedruckt in: Berliner Zeitung, 26.3.1946, [S. 2], u. Neue Zeit, 26.3.1946, S. 3. Vgl. ferner: Keine falsche Nachsicht. Eine Verfügung des Kammergerichtspräsidenten, in: Neue Zeit, 9.3.1946, S. 3; Gegen Schieber und Wucherer. Kammergerichtspräsident Dr. Strucksberg an die Richter, in: Das Volk, 29.3.1946, [S. 3]. Mit BK/O (46) 229 v. 21.5.1946 befahl die AK dem Präsidenten des Kammergerichts, alle Richter anzuweisen, bei Lebensmittelvergehen „Strafen von exemplarischer Härte" zu verhängen. Die BK/O ist vorhanden in: LAB(STA), Rep. 101, Nr. 65; LAB, Rep. 280, Nr. 4856.
54 Vgl. das Rundschreiben des Generalstaatsanwalts beim Kammergericht, Dr. Wilhelm Kühnast, v. 28.2.1946, in: LAB, Rep. 10 B, Acc. 1877, Nr. 405.

Die All[iierte] Kommandantur, der der Generalstaatsanwalt unmittelbar untersteht, ist entsprechend unterrichtet worden.

Der Redner gibt weiter Kenntnis von einer Erscheinung, die er vom Standpunkt einer geordneten Verwaltung aus für bedenklich hält. Das ist die Abhaltung von *Sonderkonferenzen der Ernährungsdezernenten* in einem *einzelnen Sektor*, wie dies im amerikanischen Sektor der Fall gewesen ist. Soweit die Anregung dazu von alliierter Seite ausgeht, ist dagegen nichts zu tun. Für die Ernährungsdezernenten selbst aber muß die Richtschnur bleiben, daß es nur *eine* Ernährungswirtschaft für Berlin und nicht eine solche für jeden einzelnen Sektor geben kann. Wer dagegen verstößt, hat mit disziplinaren Strafen zu rechnen. In einer Besprechung mit allen Ernährungsdezernenten ist dieser Auffassung ausdrücklich zugestimmt worden.[55]

Der Redner bespricht sodann die schon mehrfach erörterte Frage des *Fortfalls von Zuschlägen*[56] der öffentlichen Hand zu den Preisen gewisser landwirtschaftlicher Produkte.[57] Dies hat eine *Preiserhöhung* von gewissen Lebensmitteln zur Folge. Dabei ist anzustreben, daß diese gleichmäßig in Berlin und in der Berlin umgebenden russischen Zone erfolgt. Es wäre Aufgabe des Stadtkämmerers, auf diesem Gebiet eine Klärung mit den entsprechenden Zentralverwaltungen unter Hinzuziehung der Gewerkschaften herbeizuführen.

Weiter bringt der Redner verschiedene Fälle von *Lebensmitteldiebstählen und -schiebungen* aus der letzten Zeit zur Sprache, worüber zum Teil die Untersuchung noch läuft. Es handelt sich um Diebstähle aus Zentrallägern, die sich trotz polizeilicher Überwachung ereignen. Auf dem Bahnhof Lichtenberg ist ein großes Quantum Butter gestohlen worden. In Schöneberg ist aus dem Zentralkartoffellager ein größeres Quantum Trockenkartoffeln gestohlen worden. Eine Bande von Mehlschiebern hat auf Grund einer gefälschten Zentrallieferanweisung 33 t kanadisches Weizenmehl zu verschieben versucht. Das Auftreten der Polizei ist in vielen Fällen nicht korrekt. Es wäre angezeigt, wenn der Magistrat auf den Polizeipräsidenten dahin einwirkte, daß die Organe der Polizei in geeigneter Weise angewiesen werden, den Diebstählen vorzubeugen.

Lange glaubt, daß eine Beschwerde beim Polizeipräsidenten nicht den gewünschten Erfolg bringen wird. Er empfiehlt, in solchen Fällen Strafanzeige gegen Unbekannt beim Generalstaatsanwalt zu stellen.

Dr. Mittag erklärt, daß von seiten der Rechtsabteilung mehrfach den Fällen nachgegangen worden ist, wo unverständlich milde Urteile gegen Übeltäter auf dem Gebiet der Lebensmittelversorgung gefällt wurden. Der Generalstaatsanwalt habe jeweils Berufung eingelegt und sich zu jeder Mitarbeit bereit erklärt. Gewisse Dienstanweisungen an die Richter könnten auch trotz der Unabhängigkeit der Richter erlassen werden. Leider habe ein Teil der älteren Richter noch nicht den Geist der neuen Zeit erfaßt.

Der Redner bittet die Abteilungsleiter, etwaige Vorstellungen beim Kammergerichtspräsidenten nicht direkt zu unternehmen, sondern den Weg über die Rechtsabteilung zu nehmen.

---

55 Ein Protokoll dieser Sitzung konnte nicht ermittelt werden.

56 Müßte heißen: Zuschüssen.

57 Vgl. zur Frage des Fortfalls öffentlicher Zuschüsse für landwirtschaftliche Produkte das 47. Mag.prot. v. 23.2.1946, TOP 3, u. das 53. Mag.prot. v. 6.4.1946, TOP 4, u. das 56. Mag.prot. v. 4.5.1946, TOP 4 (Haas).

Orlopp regt an, der Polizei nahezulegen, sich wieder Überfallkommandos zuzulegen. Nach Berichten aus verschiedenen Städten sind solche Kommandos gerade bei Beraubung von Lebensmittelgeschäften mit bestem Erfolg eingesetzt worden.

Grüber berichtet von Beraubungen von Liebesgabensendungen des Roten Kreuzes aus dem Ausland. Auch hier ständen die Strafen in keinem Verhältnis zu den Schädigungen der Allgemeinheit. Man sollte das von seiten des Magistrats dem Generalstaatsanwalt gegenüber klar zum Ausdruck bringen.

Dr. Landwehr betont, daß der Richter neben seiner Unabhängigkeit gerade in der heutigen Zeit auch eine sittlich-moralische Verpflichtung hat, in solchen Dingen gerecht und streng zu urteilen. Man soll das auch einmal durch einen Magistratsbeschluß den Richtern gegenüber zum Ausdruck bringen.

Maron macht den Vorschlag, einmal den Generalstaatsanwalt und den Kammergerichtspräsidenten zu einer Magistratssitzung einzuladen, um mit ihnen die hier behandelten juristischen Fragen zu besprechen.[58] Darüber hinaus habe der Magistrat in der gegenwärtigen Situation keinerlei Einfluß auf die Justiz, abgesehen davon, daß er eine entsprechende Pressekampagne über diese Frage entfachen könnte.[59] Vielleicht ließe sich auch durch Wiederherausgabe des früheren Justizministerialblattes[60] einiges in bezug auf die notwendige Informierung und Ausrichtung der Richter erreichen. – Auch mit dem Polizeipräsidenten würde auf Grund der heutigen Aussprache eine Fühlungnahme erfolgen.[61]

Zur Frage der Sonderkonferenzen von Dezernenten einzelner Sektoren vertritt der Redner den Standpunkt, daß diese nach Möglichkeit zu vermeiden wären, weil das leicht die Zersplitterung Berlins unterstützen könnte. Zum mindesten müßten in solchen Fällen die entsprechenden Abteilungen des Magistrats vorher informiert und zugezogen werden.

Winzer spricht sich auch gegen Sektoren-Konferenzen aus, die zu einer Unübersichtlichkeit in der Verwaltung führen, und empfiehlt, über den Oberbürgermeister oder in sonst geeigneter Form die All[iierte] Kommandantur zu bitten, von der Einberufung solcher Sonderkonferenzen abzusehen oder wenigstens die zuständige Abteilung des Magistrats mit einzuladen.

Dem Redner ist aufgefallen, daß sich insbesondere im Bezirk Lichtenberg größere Diebstähle bei städtischen Lagern häufen. Außer der erwähnten Butter seien große Mengen Glas sowie Mengen von Keks und Bonbons dort gestohlen worden. Man sollte einmal den Verwaltungsapparat von Lichtenberg überprüfen.

Klimpel trägt noch eine Angelegenheit, betreffend die *Spruchkammer Berlin*[62], vor. Er betont vorweg, daß die Entscheidungen der Spruchkammer als oberster Instanz für ihn selbstverständlich bindend seien. Nun ist in Köpenick der Fall vorgekommen,

---

58 Generalstaatsanwalt Kühnast nahm an der folgenden Mag.sitzung teil; vgl. das 52. Mag.prot. v. 30.3.1946, nach TOP 4.

59 Vgl.: Hans Günther: Appell an die Justiz, in: Berliner Zeitung, 26.3.1946, [S. 1].

60 Gemeint ist das bis 1933 erschienene Justiz-Ministerial-Blatt für die preußische Gesetzgebung und Rechtspflege.

61 Vgl. das Schreiben Klimpels an Polizeipräsident Markgraf v. 27.3.1946, betr. Verhütung von Lebensmitteldiebstählen, in: LAB(STA), Rep. 101, Nr. 546 u. 586.

62 Vgl. zu dieser Spruchkammer der Mag.abt. für Handel und Handwerk das 7. Mag.prot. v. 18.6.1945, TOP 6; Die Befugnisse der Spruchkammern werden erweitert, in: Der Tagesspiegel, 4.1.1946, S. 6.

daß das Bezirksamt 3 Filialgeschäfte von Großbetrieben nicht zur Verteilung von bewirtschafteten Lebensmitteln zugelassen hat. Diese Betriebe haben sich an die Spruchkammer gewandt, und die Spruchkammer hat die *Verfügung des Bezirksamts Köpenick aufgehoben* und die Filialbetriebe zugelassen.

Diese Entscheidung erscheint dem Redner deswegen bedenklich, weil man angesichts der angespannten Ernährungslage die Zahl der Lebensmittelgeschäfte, die bewirtschaftete Lebensmittel verteilen, nicht noch vergrößern dürfe; denn bei jedem Lebensmittelgeschäft besteht die Gefahr des Schwundes und des Diebstahls. Dazu kommt, daß die Mehrheit der Lebensmittelgeschäfte schon jetzt wirtschaftlich kaum existenzfähig sind. Ihre Existenzfähigkeit würde bei einer Vergrößerung der Zahl der Geschäfte noch geringer werden.

Aus diesen Gründen hat der Redner gebeten, im Wege des Wiederaufnahmeverfahrens die Entscheidung der Spruchkammer nachzuprüfen.[63] Er hoffe, daß der Magistrat diesen Standpunkt grundsätzlich billige.

Lange ist der Auffassung, daß die Abt[eilung] Ernährung in diesem Falle durch die Entscheidung der Spruchkammer nicht direkt berührt werde; denn die Spruchkammer habe zwar über die Frage der Zulassung zum Gewerbebetrieb zu entscheiden, nicht aber über die Frage, ob ein Geschäft mit bewirtschafteten Lebensmitteln zu beliefern sei; das sei Sache des Bezirksernährungsamts.

Orlopp vertritt demgegenüber die Meinung, daß die Anrufung der Spruchkammer und deren Entscheidung nur Sinn habe, wenn dem Betreffenden, dem die Gewerbeerlaubnis zugesprochen wird, auch die nötigen Materialien – in diesem Falle die bewirtschafteten Lebensmittel – an die Hand gegeben werden. Bei der Übersetzung eines Bezirks mit Lebensmittelgeschäften kommt es in erster Linie darauf an, hygienisch einwandfreie Betriebe zu bevorzugen gegenüber unhygienischen Zwergbetrieben. Als besonders vorteilhaft vom allgemein wirtschaftlichen Standpunkt aus hätten sich dabei die Geschäfte der Konsumvereine erwiesen.[64]

Der Redner betont, daß die Entscheidungen der Spruchkammer bis jetzt immer von allen Stellen anerkannt worden sind und daß auch die All[iierte] Kommandantur bisher keinen Spruch aufgehoben hat. Das Bezirksernährungsamt Köpenick kann nun nicht einen Spruch dadurch illusorisch machen, daß es die betreffenden Geschäfte nicht mit Lebensmitteln beliefert. Eine Nachprüfung des Spruches in bezug auf etwaige formale Fehler kann natürlich erfolgen. Ergibt aber die Nachprüfung keine Anstände, so muß der Spruch auch durchgeführt werden, indem die Geschäfte beliefert werden.

Dusiska unterstreicht diese Auffassung. Das Bezirksernährungsamt in Köpenick hätte sich mit der Spruchkammer vorher in Verbindung setzen und eine Norm festlegen sollen, von welcher Kundenzahl an die Genehmigung für ein Lebensmittelgeschäft zu versagen ist.

Klimpel würde es für zweckmäßig halten, wenn von Amts wegen die Frage geprüft würde, von welchem Kundenkreis an Lebensmittelgeschäfte noch als

---

63 Vgl. das Schreiben Klimpels an die Rechtsabteilung des Magistrats (Lange) v. 22.3.1946, betr. Rechtsverbindlichkeit von Beschlüssen der Spruchkammer, in: LAB(STA), Rep. 101, Nr. 546.

64 Vgl. zu den hier gemeinten Konsumgenossenschaften das 42. Mag.prot. v. 19.1.1946, TOP 6, u. das 46. Mag.prot. v. 16.2.1946, TOP 3, u. das 48. Mag.prot. v. 4.3.1946, TOP 8; Materialien in: LAB, Rep. 10 B, Acc. 1888, Nr. 564.

volkswirtschaftlich berechtigt anerkannt werden können.[65] Aber durch weitere Zulassung von neuen Geschäften andere bestehende Geschäfte zum Absterben zu bringen ist ein unhaltbarer Zustand. In diesem Falle, wo das Bezirksamt Köpenick die Bedürfnisfrage verneint hatte, wäre es zweckmäßig gewesen, wenn die Spruchkammer sich vor Fällung ihres Urteils mit dem Haupternährungsamt[66] in Verbindung gesetzt hätte. Das Haupternährungsamt kann jedenfalls in der heutigen Situation eine Zulassung von weiteren Lebensmittelgeschäften nicht verantworten.

Maron vertritt die Ansicht, die Spruchkammer hätte in diesem Fall das Haupternährungsamt vorher hören sollen. Wenn dies nicht geschehen sei, würde dies eventuell ein Grund sein, das Urteil aufzuheben und eine neue Verhandlung anzusetzen.

Orlopp betont demgegenüber, die maßgebende Stelle, die zu hören war, sei der Bezirksbürgermeister, der die Genehmigung zu erteilen hat, und diese Stelle sei ausdrücklich gefragt worden. Bei Übersetzung einer Handelssparte käme höchstens eine Schließungsaktion in Betracht, aber die lasse sich gerade auf dem Gebiet der Lebensmittelgeschäfte schlecht durchführen. Der Redner bittet um einen Beschluß dahingehend, daß den drei Geschäften in Köpenick, die auf Grund der Entscheidung der Spruchkammer wieder zugelassen sind, die bewirtschafteten Lebensmittel nicht verweigert werden dürfen.

Lange macht darauf aufmerksam, daß es sich nach dem Gehörten um drei Filialbetriebe von Großbetrieben handle, deren Zulassung dazu führen würde, daß drei andere kleine Geschäfte existenzlos werden.

Schulze glaubt, daß der Magistrat in der Angelegenheit keinen Beschluß fassen kann, da er die Voraussetzungen von sich aus nicht prüfen kann. Man sollte eine Kommission dafür einsetzen.

Orlopp will auf Grund der Debatte noch einmal selbst mit dem zuständigen Bezirksbürgermeister sprechen und glaubt, damit den Streitfall aus der Welt schaffen zu können.

Maron ist der Meinung, daß ein Beschluß des Magistrats in solcher Sache nur gefaßt werden könne, wenn zuvor durch eine Kommission oder einen Beauftragten des Magistrats die Unterlagen geprüft sind. Nach der letzten Erklärung von Orlopp könne aber die Angelegenheit vorläufig vertagt werden.[67]

BESCHLUSS: Der Magistrat nimmt von den verschiedenen Mitteilungen des Leiters der Abt[eilung] für Ernährung Kenntnis.

---

65 Vgl. das Schreiben Klimpels an Orlopp v. 28.3.1946, betr. Lebensmittel-Einzelhandelsgeschäfte, in: LAB(STA), Rep. 101, Nr. 546 u. 586; den Bericht über die gemeinsame Sitzung der Mag.abt. für Handel und Handwerk und der Mag.abt. für Wirtschaft am 24.4.1946, in: LAB, Rep. 280, Nr. 14491. Nach letzterem Bericht, Punkt 2, äußerte Orlopp am 24.4.1946: „Es sind Erwägungen im Gange, alle diejenigen Geschäfte im Lebensmittelhandel zu schließen, die nicht mindestens 250 Eintragungen aufweisen."

66 Gemeint ist die Mag.abt. für Ernährung.

67 Die Angelegenheit der drei Filialgeschäfte in Köpenick ist in den folgenden Mag.sitzungen nicht wieder behandelt worden. Vgl. zur Problematik der Spruchkammerentscheidungen: Dr. Frentzel: Wie urteilt die Spruchkammer?, in: Neue Zeit, 21.3.1946, S. 3; das Schreiben von Düring an Maron v. 16.5.1946, betr. Verbindlichkeit von Entscheidungen der Spruchkammer des Magistrats, Abteilung Handel und Handwerk, in Fragen der Zuteilung von Lebensmitteln an Einzelhandelsgeschäfte, in: LAB(STA), Rep. 101, Nr. 586; das 65. Mag.prot. v. 13.7.1946, TOP 8.

Maron bringt die *Brachlandaktion* zur Sprache, in der anscheinend viel zu wenig geschehe und die trotz ihrer großen Bedeutung und Dringlichkeit auch in der Presse viel zu wenig behandelt werde. Der Freie Deutsche Gewerkschaftsbund hat nun für die Einleitung und Durchführung der Selbsthilfemaßnahmen auf diesem Gebiet eine besondere Kommission gebildet. Diese hat sich jetzt mit einem Brief[68] an den Magistrat gewandt. Darin werden eine Reihe von Vorschlägen, zum Teil einschneidender Natur, gemacht. Es wird verlangt, daß alles bebaubare Brachland, das nicht bis zum 31. März in Bebauung genommen ist, der Beschlagnahme unterliegt; daß Verpachtungen von Kleingartengeländen, die nicht in Benutzung genommen werden, rückgängig gemacht werden; daß Gärtnereien verpflichtet werden, ihren Boden für Gemüseanbau auszunutzen; daß in den Verwaltungsbezirken besondere Bezirksstellen angewiesen werden, bestimmte Maßnahmen in bezug auf nicht ausgenutzte Anbauflächen zu treffen usw. Der Redner hält es für notwendig, über diese Frage eine Aussprache herbeizuführen.

Klimpel hält eine besondere Beschlußfassung in der Sache nicht für erforderlich. Die Rechtsgrundlage für das geforderte Vorgehen sei in der vom Magistrat beschlossenen Verordnung vom 15. Oktober 1945 bereits gegeben.[69] Diese Verordnung ist im Januar von der All[iierten] Kommandantur genehmigt worden.[70] Der Magistrat ist danach in der Lage, gegen jeden, der seine Verpflichtung in dieser Richtung vernachlässigt, rücksichtslos vorzugehen. Die Presse ist von seiten der Abt[eilung] für Ernährung schon mehrfach in Bewegung gesetzt worden, allerdings nicht mit dem gewünschten Erfolg. Leider hat die Witterung bisher nicht erlaubt, im großen Umfang die Bodenbearbeitung in der nötigen Weise in Angriff zu nehmen. In der letzten Woche sind die Bezirksbürgermeister und die Bezirksernährungsämter sowie die Gewerkschaften noch einmal ernstlich darauf hingewiesen worden, alles zu tun, um die Brachlandaktion zu fördern.[71] In fast jedem Bezirk ist ein sogenannter Produktionsausschuß[72] eingesetzt worden, außerdem sind die Gartenbauämter zu überbezirklichen Inspektionen[73] zusammengefaßt worden. Die erforderlichen Maßnahmen zur Beschaffung und Heranschaffung von Saatgut sind in die Wege geleitet worden.

Jendretzky berichtet über die Initiative der Gewerkschaften in der Brachlandaktion und empfiehlt, den von der Sonderkommission der Gewerkschaften eingereichten

---

68 Dieser Brief konnte nicht ermittelt werden. Vgl. aber: Max Reitersleben: Selbsthilfe, in: Berliner Zeitung, 3.4.1946, [S. 2].

69 Vgl. das 26. Mag.prot. v. 15.10.1945, TOP 7 (VO über den Anbau von Gemüse und Hackfrüchten auf den im Stadtgebiet Berlin liegenden privaten Grundstücken); VOBl., Jg. 2 (1946), S. 7 f.

70 Vgl. hierzu Dok. 61, Anm. 62.

71 Vgl. das entsprechende Rundschreiben Klimpels v. 18.3.1946, betr. Anbau von Gemüse und Kartoffeln auf dem Berliner Boden, in: LAB(STA), Rep. 101, Nr. 586.

72 Vgl. die Anlagen zu dem Schreiben von Klimpel an OB Werner v. 21.3.1946, in: LAB(STA), Rep. 101, Nr. 546; ferner die Anordnung von OB Werner, betr. Einsetzung von Bezirks-Kommissionen zur Förderung und Überwachung der landwirtschaftlichen oder gärtnerischen Nutzbarmachung verfügbaren Bodens, in: Berliner Zeitung, 15.3.1946, [S. 4].

73 Vgl. hierzu das 31. Mag.prot. v. 26.11.1945, TOP 6; Inspektoren helfen Kleingärtnern, in: Das Volk, 9.1.1946, [S. 3]. Protokolle der Inspektionsleitersitzungen sind vorhanden in: LAB, Rep. 214, Acc. 716, Nr. 129.

Vorschlägen zuzustimmen. Vielleicht könnte sich Stadtrat Klimpel mit den für diese Angelegenheit verantwortlichen Gewerkschaftsvertretern über die geeigneten Wege zur Durchführung der Vorschläge verständigen, um der Aktion zu einem vollen Erfolg zu verhelfen.

Klimpel betont noch einmal, daß er die Bezirksbürgermeister auf ihre Pflichten nach dieser Richtung persönlich aufmerksam gemacht habe. Er werde auch selbst feststellen, was in der Zwischenzeit speziell an solchen Maßnahmen, wie sie von den Gewerkschaften gefordert worden [sind], geschehen ist, und er werde darüber am Donnerstag in der Bezirksbürgermeister-Konferenz berichten.

Geschke empfiehlt, in der Donnerstag-Konferenz den Bezirksbürgermeistern die rechtliche Lage auseinanderzusetzen und sie zu veranlassen, ungesäumt die Bearbeitung des Brachlandes durch den Arbeitseinsatz vorzunehmen.

Maron möchte die ungünstige Witterung der letzten Zeit nicht als Entschuldigung gelten lassen. Derartige Aktionen, wie Erfassung des brachliegenden Geländes, Übertragung des Geländes an geeignete Bebauer usw., bedürfen langer Vorbereitungen. Auch die Frage der Beschaffung von Werkzeugen spielt dabei eine Rolle. Da hätte z[um] B[eispiel] zwischen den Innenbezirken, wo weniger Brachland vorhanden ist, und den Außenbezirken schon ein entsprechender Ausgleich herbeigeführt werden können. An allen diesen Vorbereitungen hat es scheinbar gefehlt.

Der Redner schlägt vor, sofort mit den Gewerkschaften in Verbindung zu treten und die Bezirksbürgermeister durch ein Rundschreiben aufzufordern, bis zum Donnerstag alles Material zu sammeln und in der BB-Konferenz darüber zu berichten,[74] sowie notwendige Anordnungen und Verfügungen rechtlicher Natur vorzubereiten.

Klimpel wiederholt erneut, daß besondere Beschlüsse nicht mehr gefaßt zu werden brauchten, da die Grundlagen für das rechtliche und organisatorische Vorgehen gegeben seien. Die Bezirksbürgermeister seien bereits mit den nötigen Anweisungen versehen, und ein überbezirklicher Ausgleich durch die Inspektionen, die mehrere Gartenbauämter umfassen, sei geschaffen. Die Vorschläge der Gewerkschaften sollen in der morgigen Sitzung der Ernährungsdezernenten behandelt werden und am Donnerstag in der BB-Konferenz noch einmal zur Sprache gebracht werden.[75] Sollten Bezirksbürgermeister in dieser Sache versagt haben, so müssen sie persönlich zur Verantwortung gezogen werden.

Jendretzky beantragt, das Schreiben des FDGB zustimmend zur Kenntnis zu nehmen und die Erledigung der Frage dem Leiter der Abt[eilung] für Ernährung zu übertragen mit dem Auftrag, in der nächsten Magistratssitzung über das Ergebnis zu berichten.[76]

BESCHLUSS: Der Magistrat nimmt in diesem Sinne von dem Schreiben des FDGB zur Brachlandaktion Kenntnis.[77]

---

74 Vgl. das Rundschreiben Klimpels an die Bezirksbürgermeister v. 25.3.1946, betr. Steigerung des Gemüseanbaues in Berlin, in: LAB(STA), Rep. 101, Nr. 586.

75 Vgl. den Bericht über die Sitzung der Ernährungsdezernenten am 26.3.1946, in: LAB(STA), Rep. 148/1, Nr. 263; das Prot. der Konferenz der Bezirksbürgermeister am 28.3.1946, TOP 1, in: LAB, Rep. 280, Nr. 3852.

76 Dies ist nicht geschehen.

77 Vgl. zur Brachlandaktion auch den Vermerk über eine Besprechung bei Stadtrat Klimpel am 26.3.1946, betr. Steigerung des Gemüseanbaues in Berlin und Durchführung der

6. ALLGEMEINES

Dr. Werner berichtet kurz von der *Fahrt* einiger Magistratsmitglieder *nach Dresden* zu der geplanten Eröffnung der *Bauausstellung.* Erst an Ort und Stelle erfuhr man, daß der Termin der Eröffnung verschoben worden ist.[78] Der Oberbürgermeister hat aber die Gelegenheit benutzt, sich die Vorarbeiten für den Wiederaufbau von Dresden anzusehen, und ist besonders beeindruckt von den schönen Gipsmodellen, die das künftige Dresden veranschaulichen. Es wäre zweckmäßig, wenn die verantwortlichen Herren der Berliner Bauabteilung sich diese Dinge ansehen würden.

Rumpf erstattet einen längeren Bericht zur Frage des
Preisamtes.[79]
Auf Grund von heftigen Angriffen, die in der Öffentlichkeit gegen das Preisamt erhoben wurden, hat eine Überprüfung des Amtes stattgefunden, die zu folgendem Ergebnis geführt hat. Seit Bestehen des Amtes sind 2 800 Fälle von Verstößen gegen die Preisordnung zur Anzeige gekommen. Davon sind durch das Preisamt 317 abgeurteilt worden. 286 Angeklagte wurden mit Geldstrafen in Höhe von insgesamt 670 000 RM bestraft, gegen 11 Personen wurde ein Tätigkeitsverbot ausgesprochen, 17 Geschäfte wurden geschlossen, zwei Herstellungsverbote wurden erlassen. Darüber hinaus hat das Preisamt in 500 Fällen die Anzeigen der Staatsanwaltschaft zur weiteren Verfolgung übergeben. Weitere 850 Fälle sind an den Polizeipräsidenten weitergeleitet worden.

Brachlandaktion, sowie weitere Materialien in: LAB, Rep. 214, Acc. 716, Nr. 129; das Prot. über die 2. Sitzung des Zentral-Ausschusses für Gemüse- und Hackfruchtanbau am 17.4.1946, in: LAB(STA), Rep. 101, Nr. 546 u. 586; das 63. Mag.prot. v. 29.6.1946, TOP 6 (Orlopp); Berliner als Brachlandbauern: in: Deutsche Volkszeitung, 11.1.1946, S. 4; Brachland und große Schwierigkeiten, in: Der Tagesspiegel, 31.1.1946, S. 4; „... wann bauen wir Gemüse?" Kreuzberg und die Gemüse-Brachlandaktion, in: Tägliche Rundschau, 13.3.1946, S. 6; Auch die kleinste Fläche wird bebaut. Grünland-Aktion in Wilmersdorf, in: Der Berliner, 14.3.1946, S. 2; Brachland-Aktion mit Verstand, in: Berliner Zeitung, 28.3.1946, [S. 2]; Berlin als Gemüsestadt, in: Der Tagesspiegel, 29.3.1946, S. 6; Gemüseanbau in Berlin, in: Berliner Zeitung, 30.3.1946, [S. 2]; Berlin greift zum Spaten. Stadtrat Klimpel sprach über die Brachlandaktion, in: Tägliche Rundschau, 31.3.1946, S. 6; Brachlandaktion im Tiergarten, in: Der Berliner, 2.4.1946, S. 5; „Der Anfang ist gemacht!", in: Tägliche Rundschau, 5.4.1946, S. 6; Helft alle mit! Aufruf zur Brachland-Bestellung, in: Berliner Zeitung, 10.4.1946, [S. 2]; Der Beitrag Spandaus zur Ernährung: 14 000 Kleingärtner am Werk, in: Nacht-Express, 11.4.1946, [S. 3]; Um die Brachlandaktion, in: Berliner Zeitung, 23.4.1946, [S. 2]; Die Berliner säen – sie wollen auch ernten, in: Neues Deutschland, 28.4.1946, S. 1 f.; Besuch bei den Asphaltagrariern, in: Vorwärts, 4.5.1946, [S. 6]; Berlin hilft sich selbst, in: Nacht-Express, 24.5.1946, [S. 1]; Kleine Reise zu den Asphaltagrariern, in: Vorwärts, 8.7.1946, [S. 4].

78 Die Ausstellung „Das neue Dresden" wurde erst am 20.7.1946 eröffnet. Vgl. hierzu das 69. Mag.prot. v. 12.8.1946, TOP 5 (Starck).

79 Vgl. zur Errichtung des Preisamts das 14. Mag.prot. v. 30.7.1945, TOP 4; ferner das 37. Mag.prot. v. 17.12.1945, TOP 3 (insb. Anm. 43), u. das 47. Mag.prot. v. 23.2.1946, TOP 4 (Maron). Vgl. zur Kritik am Preisamt die Protokolle der Konferenzen der Bezirksbürgermeister am 21.12.1945, TOP 3, am 21.2.1946, TOP 1, am 28.3.1946, TOP 2, am 2.5.1946, TOP 3, u. am 11.7.1946, TOP 1, in: LAB, Rep. 280, Nr. 3842, 1601, 3852, 3856 u. 3862; das Wortprotokoll einer Pressekonferenz von Rumpf am 26.3.1946, in: LAB(STA), Rep. 101, Nr. 142 u. 5386, u. Rep. 105, Nr. 459.

Der Prüfer hat des weiteren festgestellt, daß die bestraften Leute in keiner Weise weiter überwacht werden, daß über die Sitzungen des Preisamtes keine Protokolle angefertigt worden sind, daß der dem Preisamt übergeordnete Preisausschuß[80] seit November v[origen] J[ahres] nicht mehr getagt hat und daß über die stattgefundenen Tagungen nichts Schriftliches festgelegt ist. Die Stoppreise sind zwar festgestellt, aber nicht den Verwaltungsstellen und der Öffentlichkeit mitgeteilt worden. Nach alledem scheint die ganze Behörde außerordentlich mangelhaft geleitet zu werden und auch mangelhaft zu arbeiten.

Das gilt insbesondere von dem Strafausschuß. Der Redner hat selbst über 100 Akten durchgesehen und dabei sehr betrübliche Feststellungen gemacht. Leute, die für ein Brot 100 RM, für ein Pfund Zucker 75 RM, für ein Fleischgericht ohne Marken 24,50 RM, für den Verkauf von Lederabfällen 52 RM gefordert haben, um einige Beispiele herauszunehmen, sind mit einer kostenpflichtigen Verwarnung von 3 RM bestraft worden. In vielen Fällen von übersteuerten Verkäufen ist das Verfahren überhaupt eingestellt worden.

Es wird weiter bemängelt, daß von seiten des Preisamtes nichts geschieht, um die Presse zu informieren und Dinge, die an das Preisamt herangetragen werden, auszuwerten. Eine systematische Einsetzung der Personen, die dem Preisamt zur Verfügung stehen, u[nter] a[nderem] der Gewerbeaußendienststellen, findet nicht statt. Das Urteil des Prüfers über das Preisamt lautet abschließend dahin, daß diese Behörde nicht den modernen Anschauungen entspricht, die das werktätige Volk heute an eine solche Behörde stellen muß.

Auch in personeller Hinsicht sind Vorwürfe erhoben worden, die ebenfalls untersucht wurden und zu der Feststellung geführt haben, daß der Leiter des Amtes, Herr Resch, früher Ministerialdirektor war,[81] neuerdings also unter die Bestimmungen des Entnazifizierungsgesetzes[82] fällt. Sein Stellvertreter, Herr Waschow, der von den Gewerkschaften delegiert war, ist vom FDGB zurückgezogen worden, weil er bei seinem Auftrag, die Interessen der Gewerkschaften dort zu vertreten, offensichtlich

---

80　Mit der vom Magistrat am 30.7.1945 beschlossenen Anordnung zur Errichtung eines Preisamts beim Magistrat der Stadt Berlin war auch ein Preisausschuß geschaffen worden, über den es in den Ziffern 2 und 4 dieser Anordnung hieß: „2. Die allgemeinen Grundsätze der Preisbildung und der Preisüberwachung werden von einem Preisausschuß des Magistrats der Stadt Berlin aufgestellt, in den die Abteilungen des Magistrats für Handel und Handwerk, für Wirtschaft und für Ernährung je einen Vertreter und der Freie Deutsche Gewerkschaftsbund zwei Vertreter entsenden. Außerdem gehört der Leiter des Preisamtes dem Preisausschuß an." „4. Das Preisamt kann zur Durchführung der Preisbildung und Preisüberwachung mit Zustimmung des Preisausschusses Anordnungen erlassen." Die Anordnung zur Errichtung eines Preisamts wurde mit Datum v. 28.9.1945 veröffentlicht in: VOBl., Jg. 1 (1945), S. 122; wieder abgedruckt in: Berlin. Quellen und Dokumente, 1. Halbbd., S. 349 f.

81　Friedrich Resch war in der Zeit des NS-Regimes als Ministerialdirigent beim Reichskommissar für Preisbildung tätig gewesen; siehe das Schreiben von Martin Schmidt an die Finanzabteilung des Magistrats v. 2.4.1946, betr. Entnazifizierung beim Preisamt des Magistrats der Stadt Berlin, in: LAB(STA), Rep. 102, Nr. 34. Er übte gleichzeitig die Funktionen eines Abteilungsleiters in der Deutschen Zentralfinanzverwaltung und des Leiters des Preisamts beim Magistrat der Stadt Berlin aus.

82　Gemeint ist die Direktive Nr. 24 des Alliierten Kontrollrats v. 12.1.1946 bzw. die BK/O (46) 101a v. 26.2.1946; vgl. hierzu Dok. 75, Anm. 18.

nicht die erforderliche Tatkraft gezeigt hat. Zu bemerken ist, daß beide leitenden
Herren neben ihrer Tätigkeit im Berliner Preisamt zugleich hauptberuflich in der
Zentralverwaltung für Industrie gearbeitet haben.[83] Auch die Personalpolitik war
nicht einwandfrei. Ein großer Teil der verantwortlichen Mitarbeiter erscheint vor-
belastet. Es wird behauptet, daß die Personalzusammensetzung des Preisamtes das
Ergebnis der Personalpolitik eines Herrn Bormann ist, der bis 1945 Personaldezer-
nent beim Polizeipräsidium war und der die Berufungen gegen den Widerstand des
Hauptpersonalamtes durchgesetzt haben soll. Die Untersuchungen sind noch nicht
abgeschlossen.[84]

Der Preisausschuß hat nun in der vorigen Woche zu dem ganzen Fragenkomplex
Stellung genommen. Das Ergebnis dieser Arbeiten stellen die von der Finanzabteilung vorgelegten *Magistratsvorlagen Nr. 141*[85] *und 142*[86] dar, betreffend Errichtung
von *Bezirkspreisstellen* und Errichtung eines *Strafausschusses* und eines Berufungsausschusses beim Preisamt des Magistrats der Stadt Berlin. – Die Bezirkspreisstellen
sind notwendig, weil eine zentrale Behörde allein nicht in der Lage ist, das Preisge-
bäude zu stützen.[87]

Der Redner trägt die einzelnen Bestimmungen der vorgelegten Anordnungen vor
und beantragt deren Annahme. Darüber hinaus beantragt er, daß die gegenwärtige
Leitung des Preisamtes ihrer Funktion enthoben wird, da sie den an sie gestellten
Anforderungen nicht gerecht [ge]worden ist.

Dusiska führt weitere Beispiele dafür an, daß das Preisamt eine stark zu
beanstandende Behörde sei. Es müsse dort gründlich aufgeräumt werden. Der Redner
beantragt, das Preisamt in seiner gegenwärtigen Form aufzulösen und ein vollständig
neues Preisamt einzusetzen.

Jendretzky macht darauf aufmerksam, daß er bereits im Dezember v[origen]
J[ahres] den Magistratsmitgliedern gut fundiertes Material über die mangelhafte
Tätigkeit des Preisamtes unterbreitet hat,[88] um eine Aussprache über die Dinge
herbeizuführen. Eine gewisse Verantwortlichkeit für die Zustände trage auch der
Preisausschuß, der nur anfangs einige Male getagt hat, ohne den nicht zugegen
gewesenen Mitgliedern ein Beschlußprotokoll zuzuleiten. Der jetzige Leiter des
Preisamtes, Herr Resch, beruft sich u[nter] a[nderem] darauf, daß der Magistrat
selbst preistreibend wirke, indem er die *Gaspreise* und Holzpreise heraufgesetzt
habe. Es wird außerdem behauptet, daß für das Versagen des Preisamtes auch die
Gewerkschaften verantwortlich wären. Dies trifft nicht zu. Es hat sich lediglich
herausgestellt, daß der von den Gewerkschaften benannte Vertreter, Herr Waschow,
durch seine gleichzeitige Tätigkeit bei der Zentralverwaltung nicht imstande war,

---

83 Vgl. hierzu Anm. 81 u. 89 zu diesem Mag.prot.
84 Vgl. zu den personellen Veränderungen im Preisamt den entsprechenden Schriftverkehr
   in: LAB(STA), Rep. 102, Nr. 34.
85 LAB(STA), Rep. 100, Nr. 769, Bl. 106.
86 LAB(STA), Rep. 100, Nr. 769, Bl. 107.
87 Vgl. zu den Bezirkspreisstellen die Materialien in: LAB(STA), Rep. 105, Nr. 460 u. 462;
   Aktenvermerk über die Sitzung des Preisausschusses am 20.3.1946, betr. Einrichtung
   von Bezirkspreisstellen, in: LAB(STA), Rep. 106, Nr. 387.
88 Vgl. das 37. Mag.prot. v. 17.12.1945, TOP 3 (Jendretzky).

den großen Arbeitsanfall zu bewältigen.[89] Die Gewerkschaften haben inzwischen Herrn Waschow abberufen und fordern eine vollkommene Reorganisation des Preisamtes.

Der Redner bespricht sodann die Vorlagen Nr. 141 und 142 und macht hierzu einige Abänderungsvorschläge.

In Ziff. 6[90] sollte noch ein Passus des Wortlauts angefügt werden:

> Bei Betriebsschließungen, Gewerbe- und Konzessionsentziehungen sind die Betreffenden zum sofortigen Arbeitseinsatz der Abt[eilung] für Arbeit zu benennen.

Damit würde verhindert, daß die wegen Preisvergehens Bestraften wieder irgendwie untertauchen und aufs neue dem Schwarzhandel und Schiebungen nachgehen.

Bei der Bestimmung über die Ernennung der Beisitzer sollte man hinzufügen, daß diese im Einvernehmen mit der Abt[eilung] für Handel und Handwerk zu erfolgen hat.[91]

Der Redner regt zum Schluß an, von den Beschlüssen des Magistrats in dieser Sache alsbald der Öffentlichkeit Mitteilung zu machen.

Geschke hat das Empfinden, daß der heute mitgeteilte Bericht über das Preisamt wohl der erschütterndste Bericht sei, den der Magistrat über die Tätigkeit einer Behörde erhalten hat. Man sollte überlegen, ob nicht außer der sofortigen Absetzung der leitenden Persönlichkeiten auch eine strafrechtliche Verfolgung angezeigt erscheine.

Orlopp weist darauf hin, daß das Preisamt teilweise auch sehr hohe Strafen verhängt hat, die allerdings in einigen Fällen von den Besatzungsbehörden wieder kassiert wurden. Bei der Auswahl des Personals sind die Fragebogen ordnungsgemäß eingefordert und geprüft worden. In Herrn Resch glaubte man einen besonders tüchtigen Mann für diesen Posten gefunden zu haben, weil er sich in der Nazizeit, ohne Pg. zu sein, unter drei Reichskommissaren für die Preisbildung in seiner Stellung gehalten hatte.

Der Redner weist darauf hin, daß die bezirklichen Kontrollstellen bereits seit längerer Zeit eingerichtet sind und durch die heutigen Vorlagen gewissermaßen nur ihre Sanktion erhalten.

Dr. Landwehr gibt zur Erwägung, ob man nicht der Möglichkeit, daß die Bestraften wieder auf dem schwarzen Markt untertauchen, dadurch begegnen könne, daß man ihre Identitätskarte mit einem entsprechenden Vermerk versieht.

Maron hält eine völlige Auflösung des Preisamtes und Errichtung einer neuen Behörde nicht für zweckmäßig, weil dadurch ein zeitweiser Stillstand des ganzen

---

89 Hermann Waschow leitete die Hauptabteilung III (Technisch-konstruktive Lenkung der Industrie) der Deutschen Zentralverwaltung der Industrie in der sowjetischen Besatzungszone.

90 Ziffer 6 der Mag.vorlage Nr. 142 v. 23.3.1946 lautete: „Der Strafausschuß wird ermächtigt, alle Strafen nach den geltenden Bestimmungen einschließlich derjenigen zu verhängen, die in der Verordnung gegen Preistreiberei vom 28.9.1945 [...] angedroht sind." Vgl. zur VO gegen Preistreiberei das 14. Mag.prot. v. 30.7.1945, TOP 4; veröffentlicht in: VOBl., Jg. 1 (1945), S. 122; wieder abgedruckt in: Berlin. Quellen und Dokumente, 1. Halbbd., S. 350.

91 Nach Ziffer 3 der Mag.vorlage Nr. 142 sollte der Strafausschuß beim Preisamt aus einem Vorsitzenden und sechs Beisitzern bestehen, deren Berufung durch den Leiter des Preisamts erfolgen sollte.

Apparates eintreten würde. Es würde ausreichen, wenn die Leitung des Preisamtes neu besetzt wird. Der neuen Leitung sollte es dann überlassen bleiben, die notwendige Säuberung in ihrem Apparat durchzuführen.

Rumpf teilt mit, daß für die *Neubesetzung der Leitung des Preisamtes* in Übereinstimmung mit der Abt[eilung] für Personalfragen und Verwaltung Herr *Dr. Steiner*[92] vorgeschlagen wird. Er ist Jurist und Volkswirtschafler und hat jahrelang auf dem Gebiet des Preisrechts als selbständiger Wirtschaftsprüfer gearbeitet. Infolge Inhaftierung hat er seine Tätigkeit unterbrechen müssen. Nach der Kapitulation hat er zunächst eine Zeitlang als Staatsanwalt in Reinickendorf fungiert.[93] Er hat jetzt einen Teil der Überprüfung der Tätigkeit des Preisamtes durchgeführt. Die ganze Art, wie er die Dinge behandelt, zeigt, daß er durchaus für den Posten geeignet ist.

Maron ist in bezug auf die Vorlagen Nr. 141 und 142 der Meinung, es genüge nicht, daß der Magistrat diese Anordnungen zustimmend zur Kenntnis nimmt. Sie betreffen eine Änderung der Verwaltung der Bezirksbürgermeistereien. Dazu bedarf es auch der Zustimmung der Bezirksbürgermeister. Ferner muß angegeben werden, auf welche gesetzlichen Grundlagen sich die Anordnungen stützen. Es müsse also in der Präambel heißen: Der Magistrat beschließt auf Grund der und der Gesetze bzw. Befehle.

Rumpf glaubt, daß zwei Befehle in Betracht kommen: einmal der Befehl über die Organisation der Finanzabteilung vom 28.9.45 und zweitens ein Befehl über die Organisation des Preisamtes auf Grund eines Antrags, den Stadtrat Orlopp im Juli 1945 gestellt hatte.[94]

BESCHLUSS: Der Magistrat beschließt:

    a) den gegenwärtigen Leiter des Preisamtes, Herrn Resch, von seinem Posten abzuberufen und an seiner Stelle Herrn Dr. Steiner zu berufen.

    b) Die Vorlagen Nr. 141 und 142 werden mit den von Stadtrat Jendretzky beantragten Änderungen sowie mit einer neuen Präambel gemäß dem Vorschlag von Bürgermeister Maron vorbehaltlich genauer Formulierung und der Zustimmung der Bezirksbürgermeister angenommen.[95]

---

92 Dr. Karl Steiner (SED).

93 Steiner war am 24.4.1945 als Ortsbürgermeister von Hermsdorf im Bezirk Reinickendorf eingesetzt worden; siehe: LAB, Rep. 280, Nr. 1740.

94 Gemeint sind die BK/O (45) 130 v. 26.9.1945, betr. Finanzanordnungen, und die BK/O (45) 137 v. 28.9.1945, betr. Preiskontrolle. Sie sind vorhanden in: LAB(STA), Rep. 101, Nr. 44 bzw. 45, u. LAB, Rep. 280, Nr. 12285 bzw. 12292. Die BK/O (45) 130 ist abgedruckt in: Berlin. Quellen und Dokumente, 1. Halbbd., S. 391 – 396.

95 Vgl. zur weiteren Beratung der hier angenommenen Mag.vorlagen das Prot. der Konferenz der Bezirksbürgermeister am 28.3.1946, TOP 2, in: LAB, Rep. 280, Nr. 3852; das 52. Mag.prot. v. 30.3.1946, TOP 7, u. das 53. Mag.prot. v. 6.4.1946, TOP 7 (Lange u. Beschluß). Vgl. ferner: Endlich wurde aufgeräumt. Neuordnung des Preisamtes, in: Deutsche Volkszeitung, 27.3.1946, S. 2; Berlins Magistrat greift durch, in: Das Volk, 27.3.1946, [S. 5]; Der große Preissünder – das Preisamt, in: Der Morgen, 27.3.1946, S. 3; Aufräumen im Preisamt, in: Berliner Zeitung, 28.3.1946, [S. 2]; Ernst Barbknecht: Berliner Preisamt hat versagt. Leitung durch Magistratsbeschluß amtsenthoben, in: Tägliche Rundschau, 28.3.1946, S. 6; Die Botschaft hör' ich wohl ... Preisüberwachung wird umgestaltet, in:

Maron gibt bekannt, daß in letzter Zeit wieder mehrfach Beanstandungen von seiten der All[iierten] Kommandantur erfolgt sind, weil die vorgelegten Verfügungen, Verordnungen und Erlasse nicht sorgfältig genug durchgearbeitet waren.[96] Bei Beschlüssen ist darauf zu sehen, daß möglichst immer angeführt wird, auf welche bestehenden Gesetze oder Befehle sich der Beschluß stützt.[97] In einem engeren Ausschuß ist vereinbart worden, daß in Zukunft keine Vorlage mehr im Magistrat behandelt werden soll, die nicht vorher durch die Rechtsabteilung gegangen ist. Nach Verabschiedung der Vorlagen sollen die Beschlüsse nochmals von der Rechtsabteilung mit Unterstützung der Protokollführung durchgeprüft werden.[98] Die Presseabteilung wird angewiesen, keine Veröffentlichungen von Anweisungen oder Instruktionen vorzunehmen, die nicht durch die Rechtsabteilung gegangen sind.

Der Redner bittet, sich streng nach diesen Weisungen zu richten.

BESCHLUSS: Der Magistrat nimmt von diesen Mitteilungen Kenntnis.

Starck macht weitere Mitteilungen über die Durchführung der *Hilfsmaßnahmen* aus Anlaß des *Explosionsunglücks* in der Alexanderkaserne.[99]

BESCHLUSS: Die Mitteilungen werden zur Kenntnis genommen.

Der Kurier, 29.3.1946, S. 5; Der ‚Schwarze Markt‘ wird verschwinden. DVZ-Interview mit dem stellvertretenden Leiter der Finanzabteilung des Berliner Magistrats, in: Deutsche Volkszeitung, 10.4.1946, S. 2; Preisamt wird energisch, in: Neue Zeit, 28.4.1946, S. 3; Erste Erfolge im Kampf gegen Schieber, in: Berliner Zeitung, 17.5.1946, [S. 1].

96 Vgl. zur mangelhaften Vorbereitung von Mag.vorlagen und allgemein zu Mängeln in der Verwaltungsarbeit des Magistrats: Teil I dieser Edition, S. 67 f.

97 Vgl. hierzu die entsprechenden Bestimmungen der AK in BK/O (45) 308 v. 31.12.1945 u. BK/O (46) 263 v. 13.6.1946, in: LAB(STA), Rep. 101, Nr. 54 bzw. 66, u. LAB, Rep. 280, Nr. 7312 bzw. 4868; abgedruckt in: Berlin. Quellen und Dokumente, 1. Halbbd., S. 139 bzw. 141.

98 Vgl. hierzu Teil I dieser Edition, S. 6 f. In ihrem Rundschreiben Nr. 23 v. 24.10.1946 kritisierte die Rechtsabteilung des Magistrats, „daß sich Abteilungen und Dienststellen des Magistrates in grundlegenden Rechtsfragen, z[um] B[eispiel] über die Gültigkeit von Gesetzen aus der Zeit des Nationalsozialismus, aber auch in anderen Rechtsangelegenheiten von genereller Bedeutung, unmittelbar an die Besatzungsmächte, Gerichte und andere Behörden mit der Bitte um Auskunft oder Stellungnahme wenden", und bat darum, „in Zukunft Rechtsangelegenheiten grundsätzlicher Art nur in Zusammenarbeit mit unserer Abteilung, die hierfür die zuständige Fachabteilung ist, zu bearbeiten und insbesondere Anfragen an andere Behörden nur im Wege über die Rechtsabteilung zu richten". Das Rundschreiben ist vorhanden in: LAB(STA), Rep. 108, Nr. 25, Bl. 26.

99 Vgl. hierzu das 50. Mag.prot. v. 16.3.1946, vor TOP 1 u. TOP 9, u. das 55. Mag.prot. v. 29.4.1946, TOP 9.

Dok. 78
52. Magistratssitzung vom 30. März 1946

LAB(STA), Rep. 100, Nr. 769, Bl. 107a-107 f. – Umdruck.[1]

Beginn: 9.25 Uhr   Schluß: 13.30 Uhr

Anwesend: Dr. Werner, Maron, Schwenk, Lange, Dr. Landwehr, Pieck, Schmidt, Dr. Haas, Dr. Düring, Scharoun, Buchholz, Grüber, Geschke, Jirak, Kraft, Knoll, Dohmen, Dusiska, Fleischmann, Winzer, Hauth, Dr. Mittag, – Generalstaatsanwalt Kühnast[2].

Den Vorsitz führt: Oberbürgermeister Dr. Werner, später Bürgermeister Maron.

Tagesordnung: 1. Protokoll
2. Personal- und Verwaltungsfragen
3. Finanzfragen
4. Sozialwesen
5. Bewirtschaftung von Mineralölen
6. Ernährung
7. Allgemeines.

Dr. Werner macht vor Eintritt in die Tagesordnung Mitteilung von einer *Beschwerde der Chinesischen Militärmission* wegen einer polizeilichen Beschlagnahmeaktion gegen chinesische Staatsangehörige.[3] Eine Untersuchung der Angelegenheit ist eingeleitet.

1. PROTOKOLL
Die Beschlußfassung über die Niederschrift der letzten Sitzung wird vertagt, da das Protokoll noch nicht vorliegt.

2. PERSONAL- UND VERWALTUNGSFRAGEN
Hierzu liegt die Vorlage Nr. 131[4], betreffend *Geschäftsordnung für die Verwaltung der Stadt Berlin*, vor.

---

1 Weitere Umdruckexemplare dieses Protokolls sind vorhanden in: LAB(STA), Rep. 100, Nr. 752, lfd. S. 146–157; LAB, Rep. 228, Mag.protokolle 1946, u. Rep. 280, Nr. 8501/13.
2 Vgl. zu Dr. Wilhelm Kühnast, Generalstaatsanwalt beim Kammergericht: Der Generalstaatsanwalt erzählt, in: Nacht-Express, 21.5.1946, [S. 4]; Berlin. Kampf um Freiheit, S. 62 u. 435; Berlin. Behauptung von Freiheit, S. 237 f., 375, 578 u. 585; Scholz, S. 26, 101 u. 271 f.
3 OB Werner hatte eine nähere Beziehung zur chinesischen „Kolonie" in Berlin. Vgl. hierzu seine Schrift- und Redetexte in: LAB, NL Werner, Rep. 200, Acc. 4379, Nr. 45/34, 45/38, 45/41 u. 45/177; als Abschriften in: Nr. 20/1, S. 118 f., u. Nr. 20/2, S. 131 u. 140–142, u. Nr. 20/4, S. 573 f.
4 LAB(STA), Rep. 100, Nr. 769, Bl. 109; auch in: LAB(STA), Rep. 102, Nr. 166. Der Mag.vorlage Nr. 131 v. 18.3.1946 fehlt an beiden Orten der zugehörige Textentwurf der Geschäftsordnung für die Verwaltung der Stadt Berlin.

BESCHLUSS: Die Vorlage wird von der Tagesordnung abgesetzt, da sie noch nicht von der Bezirksbürgermeisterkonferenz vorberaten ist.[5]

Es folgt die Beratung der Vorlage Nr. 146[6], betreffend *Dienst- und Beschwerdeordnung für städtische Angestellte und Arbeiter*.[7]

Schmidt empfiehlt die Annahme der Vorlage. Die Dienst- und Beschwerdeordnung ist mit dem Hauptbetriebsrat und den beteiligten Verbänden des FDGB vereinbart worden. Ihr Sinn ist folgender: Nach dem alten Beamtengesetz gab es für Dienstverfehlungen der Beamten ein bestimmtes Strafverfahren, nicht aber für Angestellte, da diese in der Verwaltung nicht eine so große Rolle spielten und man auf dem Standpunkt stand, daß Schwierigkeiten und Differenzen mit Angestellten durch Lösung des Arbeitsverhältnisses ausgeglichen werden könnten. Heute haben wir keine Beamten mehr, sondern nur noch Angestellte.[8] Es hat sich in der Praxis herausgestellt, daß der alte Zustand nicht mehr genügt und daß die Dienststellen aus Mangel an einem formellen Verfahren nicht mehr in der Lage sind, die Zügel straff anzuziehen und Differenzen zwischen den Angestellten und der Leitung auszugleichen.

In der Dienst- und Beschwerdeordnung ist auch ein Beschwerdeausschuß vorgesehen, dessen Vorsitzender durch den Magistrat mit Zustimmung des FDGB ernannt wird. Es liegt ein Vorschlag des FDGB für eine Persönlichkeit vor. Nach Abschluß der Verhandlungen wird auch hierzu die Zustimmung des Magistrats eingeholt werden.[9] Der All[iierten] Kommandantur wäre unter Bezugnahme auf die früheren deutschen Beamtengesetze nur Kenntnis von dieser Vereinbarung zu geben; es handelt sich um eine Anpassung bereits bestehender Gesetze und Verordnungen an den heutigen Zustand.

BESCHLUSS: Die Vorlage wird ohne Aussprache angenommen.[10]

Schmidt begründet weiter die Vorlage Nr. 148[11], betreffend die *Wiedererrichtung der Verwaltungsakademie Berlin*, und führt zur Begründung aus, es bestehe zwar schon die Verwaltungsschule[12] in Köpenick, die zur Zeit dazu benutzt wird, eine

5 Vgl. zur Beratung und Annahme der Geschäftsordnung das Prot. der Konferenz der Bezirksbürgermeister am 4.4.1946, TOP 1, in: LAB, Rep. 280, Nr. 3853; das 53. Mag.prot. v. 6.4.1946, TOP 2.

6 LAB(STA), Rep. 100, Nr. 769, Bl. 110–113.

7 Vgl. hierzu das Prot. der Konferenz der Bezirksbürgermeister am 14.3.1946, TOP 2, in: LAB, Rep. 280, Nr. 3851; Materialien in: LAB(STA), Rep. 102, Nr. 46.

8 Vgl. hierzu Dok. 1, Anm. 12.

9 Dies ist in den folgenden Mag.sitzungen nicht geschehen.

10 Die Dienst- und Beschwerdeordnung für städtische Angestellte und Arbeiter ist in gedruckter Form vorhanden in: LAB(STA), Rep. 102, Nr. 61, u. Rep. 107, Nr. 694, u. Rep. 118, Nr. 1, Bl. 8; veröffentlicht in: VOBl., Jg. 2 (1946), S. 235–237.

11 LAB(STA), Rep. 100, Nr. 769, Bl. 116–118; auch in: LAB(STA), Rep. 102, Nr. 36, Bl. 123–125.

12 Die Verwaltungsschule der Stadt Berlin war am 4.3.1946 im Bezirk Köpenick, Seelenbinderstraße 99, eröffnet worden. Vgl. zu dieser Schule die Protokolle der Konferenzen der Bezirksbürgermeister am 31.1.1946, TOP 5, am 4.4.1946, TOP 2, am 5.9.1946, TOP 3, u. am 19.9.1946, TOP 2, in: LAB, Rep. 280, Nr. 3847, 3853, 3866 u. 3867; das 80. Mag.prot. v. 22.10.1946, TOP 4 (Mag.vorlage Nr. 468), u. das 82. Mag.prot. v. 2.11.1946, TOP 3 (Mag.vorlage Nr. 468); LAB, Rep. 280, Nr. 3314 u. 4266; Materialien in: LAB(STA),

Anzahl von leitenden und mittleren Angestellten der Stadt Berlin zu schulen, deren eigentlicher Zweck aber sein soll, den Nachwuchs heranzubilden und Dienstanfänger zu erziehen. Für die Weiterbildung der Angestellten über das normale Maß hinaus soll wieder eine Verwaltungsakademie errichtet werden, wie sie früher schon bestanden hat.[13] Die interessierten Zentralverwaltungen – für Industrie, Eisenbahn, Post usw. – wollen ebenfalls im Rahmen dieser Verwaltungsakademie Speziallehrgänge für ihre Angestellten durchführen. Die Beteiligung des Magistrats an dieser Verwaltungsakademie wird sich darauf beschränken, Aufsicht zu führen und einen Zuschuß zu leisten, der nach den bisherigen Schätzungen 10 [000] bis 12 000 RM im Jahre betragen wird.

Lange hat Bedenken dagegen, dieser Verwaltungsakademie die Rechte einer öffentlichen Körperschaft zu geben, da dies nur durch einen Gesetzgebungsakt geschehen könne. Die frühere Akademie war ein eingetragener Verein und dadurch rechtsfähig. Nach Ansicht des Redners ist es gar nicht notwendig, dieser Verwaltungsakademie den Charakter einer juristischen Person zu geben; sie würde auch als lose Vereinigung bestehen können.

Schmidt weist darauf hin, daß eine Vereinseintragung zur Zeit nicht möglich sei, da Vereine nicht zugelassen werden.[14] Um trotzdem der Einrichtung eine gewisse Rechtsfähigkeit zu geben, soll sie als Körperschaft des öffentlichen Rechts aufgezogen werden. Gesetzeskraft würde die Vorlage durch Zustimmung der All[iierten] Kommandantur erlangen. Die Vorlage müßte also zur Genehmigung vorgelegt werden.

Maron vermißt in der Vorlage jeden Hinweis auf die Finanzierung der Akademie.

Schmidt erwidert, die Frage der Beitragszahlung sei offengelassen worden, weil noch nicht feststeht, in welchem Ausmaß sich die einzelnen Zentralverwaltungen an der Sache beteiligen werden. Die Frage wird in Ausführungsbestimmungen geregelt werden.

Rep. 102, Nr. 246, 258 u. 259; Volksnahe Verwaltung, in: Berliner Zeitung, 17.1.1946, [S. 2]; Angestellte auf der Schulbank, in: Das Volk, 28.2.1946, [S. 3]; Die Schule der Verwaltung, in: Berliner Zeitung, 5.3.1946, [S. 2]; Referenten und Verwaltungsangestellte auf der Schulbank, in: Tägliche Rundschau, 5.3.1946, S. 6; Stadtverwaltung schult ihre Beamten. Interview mit dem stellvertretenden Stadtrat Schmidt, in: Deutsche Volkszeitung, 6.3.1946, S. 2; Verwaltungskenntnisse werden vermittelt, in: Tägliche Rundschau, 22.6.1946, S. 8; Magistrat sorgt für Verwaltungsnachwuchs, in: Berliner Zeitung, 20.10.1946, [S. 2]; Das erste Jahr, S. 37 f.; Waldo Dannenberg: Die Verwaltungsschule der Stadt Berlin, in: Die Stadtverwaltung, Jg. 1 (1946), H. 15, S. 4; Keiderling: Wir sind die Staatspartei, S. 234 f.

13 Die ursprüngliche Verwaltungsakademie Berlin war 1919 gegründet worden.

14 Vgl. allgemein zur Frage der Existenz bzw. Zulassung von Vereinen das Prot. der 9. Juristenbesprechung [Juristen der Mag.abteilungen u. der Bezirksämter] am 18.12.1945, TOP 2, in: LAB(STA), Rep. 113, Nr. 240, u. LAB, Rep. 203, Acc. 2128, Nr. 7473; LAB(STA), Rep. 102, Nr. 29, Bl. 39–50 u. 55; das Prot. der Konferenz der Bezirksbürgermeister am 13.6.1946, TOP 1, in: LAB, Rep. 280, Nr. 3859; Was aus den Berliner Vereinen wird, in: Der Morgen, 1.8.1946, S. 3; Kurt Rabe: Rechtslage der Vereine, in: Berliner Zeitung, 8.8.1946, [S. 2]; LAB(STA), Rep. 101, Nr. 621, Bl. 9 u. 10.

BESCHLUSS: Die Vorlage Nr. 148 wird mit folgenden Änderungen angenommen:[15]

1. Die Präambel erhält folgende Fassung:
    Der Magistrat wolle beschließen, die Genehmigung der All[iierten] Kommandantur zur Errichtung der Verwaltungs-Akademie Berlin und zur Bestätigung der beigefügten Satzung herbeizuführen.

2. In der beigefügten Satzung ist in § 2 das Wort Berlin ohne Anführungszeichen zu schreiben, so daß es heißt: Die Verwaltungs-Akademie Berlin ist usw.

Pieck gibt dem Magistrat Kenntnis von einem Schreiben von *Dr. Schellenberg* vom 29.3.46.[16] Darin bittet Dr. Schellenberg, ihn *von seinen gegenwärtigen Funktionen* als Leiter der Versicherungsanstalt und als Stellvertreter von Stadtrat Geschke *zu entbinden*, da er sich ganz der akademischen Lehrtätigkeit widmen möchte; auch Gesundheitsrücksichten seien für diesen Entschluß bestimmend. Als *Nachfolger* in der Leitung der Versicherungsanstalt wird von Dr. Schellenberg sein bisheriger

---

15 Der hier gefaßte Mag.beschluß, betr. die Wiedererrichtung der Verwaltungsakademie Berlin und ihre Satzung, wurde der AK mit Schreiben v. 12.4.1946 zur Genehmigung zugeleitet. Das Schreiben ist vorhanden in: LAB(STA), Rep. 101, Nr. 73. Mit BK/O (46) 397 v. 15.10.1946 teilte die AK dem Magistrat mit, daß die Satzung der von ihm vorgeschlagenen Verwaltungsakademie „wegen mangelhafter Abfassung noch nicht genehmigt werden" könne, und befahl ihm, einen neuen Satzungsentwurf vorzulegen. Die BK/O ist vorhanden in: LAB(STA), Rep. 101, Nr. 73, u. LAB, Rep. 280, Nr. 4931. Der zweite Nachkriegsmagistrat beschloß am 20.1.1947 eine geänderte Satzung der Verwaltungsakademie Groß-Berlin und übersandte sie der AK mit Schreiben v. 5.3.1947 zur Genehmigung; siehe: LAB(STA), Rep. 100, Nr. 786, Bl. 129 – 131 u. 150. Mit BK/O (47) 247 v. 24.10.1947 wurde daraufhin die Errichtung einer Verwaltungsakademie von der AK grundsätzlich genehmigt, und mit BK/O (47) 272 v. 29.11.1947 bestätigte sie die Satzung der Verwaltungsakademie in einer von ihr nochmals abgeänderten Form. Die BK/Os wurden veröffentlicht in: Amtsblatt der Alliierten Kommandatura Berlin, Nr. 10 (Oktober 1947), S. 19, u. Nr. 11 (November 1947), S. 9 f. Vgl. zur Vorgeschichte dieser beiden BK/Os: BK/R (47) 144 v. 30.5.1947, in: LAB, Rep. 37: OMGBS, BICO LIB, 11/148-3/5; das 25. Prot. der stellv. Stadtkommandanten v. 4.6.1947, TOP 267, in: LAB, Rep. 37: OMGBS, BICO LIB, 11/149-1/3; das 13. Prot. der AK v. 13.6.1947, TOP 107, in: LAB, Rep. 37: OMGBS, BICO LIB, 11/148-3/10; das 27. Prot. der stellv. Stadtkommandanten v. 19.6.1947, TOP 291, in: LAB, Rep. 37: OMGBS, BICO LIB, 11/149-1/3; BK/R (47) 230 v. 24.9.1947, in: LAB, Rep. 37: OMGBS, 11/148-3/6; das 40. Prot. der stellv. Stadtkommandanten v. 26.9.1947, TOP 442, u. das 41. Prot. der stellv. Stadtkommandanten v. 2.10.1947, TOP 455, in: LAB, Rep. 37: OMGBS, BICO LIB, 11/149-1/5; BK/R (47) 285 v. 20.11.1947; in: LAB, Rep. 37: OMGBS, BICO LIB, 11/148-3/7; das 48. Prot. der stellv. Stadtkommandanten v. 21.11.1947, TOP 531; in: LAB, Rep. 37: OMGBS, BICO LIB, 11/149-1/5. Die Verwaltungsakademie Groß-Berlin wurde am 24.5.1948 eröffnet. Vgl. hierzu: Berlin 1947, S. 157; Berlin 1948. Jahresbericht des Magistrats. Der Magistrat berichtet ..., Berlin [West] 1950, S. 133; Berlin. Behauptung von Freiheit, S. 490; ferner Materialien in: LAB(STA), Rep. 102, Nr. 230 u. 232, u. LAB, Rep. 37: OMGBS, PAB 4/127-2/22.

16 Dieses Schreiben konnte nicht ermittelt werden.

Vertreter, Herr *Köchling* [17], vorgeschlagen, der in die Geschäfte bereits eingearbeitet ist. [18]

Die Abt[eilung] für Personalfragen und Verwaltung hat unter diesen Umständen keine Bedenken, dem Rücktrittsgesuch von Dr. Schellenberg stattzugeben.

---

17 Heinz Köchling, Leiter der Generalabteilung der Versicherungsanstalt Berlin. Vgl. zur Errichtung der Versicherungsanstalt Berlin das 10. Mag.prot. v. 9.7.1945, TOP 3.

18 In einem Schreiben der SPD-Betriebsgruppe der Versicherungsanstalt Berlin (VAB) an die Parteileitung der Berliner SPD v. 19.11.1946, betr. „Sofortmaßnahmen in der Berliner Sozialversicherung", hieß es: „Die Belegschaft der VAB mit über 4 700 Angestellten hat bei den letzten Betriebsrätewahlen durch die Wahl von 13 SPD-Betriebs[rats]mitgliedern (von insgesamt 16) dank der geschickten Arbeit unserer rührigen Genossen der SPD einen überwältigenden Vertrauensbeweis entgegengebracht. Einen maßgeblichen Einfluß im Betrieb konnten wir aber bisher trotzdem nicht ausüben, weil Geschäftsführung und Vorstand der VAB aus SED-Mitgliedern bestehen und die SED auch in einzelnen Abteilungen sämtliche Schlüsselstellungen in der Hand hat. Auf Grund des Wahlergebnisses vom 20. Oktober 1946, das die politische Einstellung aller Bevölkerungsschichten – also auch die der Versicherten der VAB – widerspiegelt, steht der SED nach demokratischem Prinzip diese Machtstellung in der Leitung der VAB nicht zu. Die Funktionäre der SPD-Betriebsgruppe haben daher in einer Sitzung vom 12. November d[ieses] J[ahres], an der auch mehrere maßgebliche Vertreter des Betriebsrates teilnahmen, beschlossen, Maßnahmen zu ergreifen, um unserer Partei den ihr zustehenden bestimmenden Einfluß auch in der Leitung der VAB zu erringen und die Durchsetzung einer sozialdemokratischen Sozialpolitik in der Berliner Sozialversicherung zu sichern." Zu diesem Zweck wurde unter anderem die Ersetzung des bisherigen stellvertretenden Geschäftsführers der Versicherungsanstalt Berlin durch einen SPD-Genossen vorgeschlagen, und hierzu wurde ausgeführt: „Als Geschäftsführer bezw. stellv[ertretender] Geschäftsführer der VAB sind vom Magistrat die Herr[e]n Dr. Schellenberg und Köchling (beide SED) eingesetzt. In den Händen des K[öchling] liegt hauptsächlich die Personal- und Organisationsleitung, während sich die Arbeit von Dr. Sch[ellenberg] mehr auf die fachliche Seite des Neuaufbaus der Sozialversicherung erstreckt. Dr. Sch[ellenberg] ist politisch nicht besonders stark hervorgetreten, K[öchling] dagegen ist der geistige Führer der SED-Fraktion und erster Vertrauensmann seiner Partei im Betrieb. Durch seine einseitige, parteipolitische Personalpolitik, häufige Fehlgriffe in Organisationsfragen und eine höchst unsoziale und reaktionäre Antreibertaktik hat er sich im Betrieb äußerst unbeliebt gemacht, und zwar zum Teil sogar bei seinen eigenen Genossen. Von unseren Funktionären wird daher einstimmig die Entfernung von seinem Posten gefordert. Dagegen erscheint es uns tragbar, Dr. Sch[ellenberg] vorläufig in seiner Stellung zu belassen. Die von ihm in Berlin aufgezogene Sozialversicherung ist zwar umstritten. Dr. Sch[ellenberg] genießt aber ein gewisses Ansehen, und die Fehler seines Experiments sind noch nicht hinreichend bewiesen. Es würde daher z[ur] Z[ei]t nicht angebracht sein, ihn aus seiner Arbeit herauszureißen und die politische Verantwortung dafür zu übernehmen." Das Schreiben der SPD-Betriebsgruppe der Versicherungsanstalt Berlin ist vorhanden in: LAB(STA), Rep. 101, Nr. 657. – Es konnte kein zweifelsfreier Beleg dafür ermittelt werden, daß Schellenberg der SED als Mitglied angehörte. Er war 1929 der KPD beigetreten und wahrscheinlich 1937 aus ihr ausgeschlossen worden; siehe: Reidegeld, S. 77, Anm. 58. Im Jahr 1949 trat er der SPD bei und hat in einem SPD-internen Fragebogen v. 14.8.1957 angegeben, nach 1945 keiner anderen Partei angehört zu haben. Der Fragebogen ist vorhanden in: Archiv der sozialen Demokratie der Friedrich-Ebert-Stiftung, Sammlung Personalia (Bio-Mappe).

BESCHLUSS: Das Rücktrittsgesuch von Dr. Schellenberg wird genehmigt.[19]

Maron empfiehlt, dem Vorschlag von Dr. Schellenberg bezüglich seines Nachfolgers in der Leitung der Versicherungsanstalt zuzustimmen, diese Funktion aber nicht wie bisher mit dem Amt des Stellvertreters für den Leiter der Abteilung Sozialwesen zu verbinden. Dieser Stellvertreter wäre noch zu bestellen. Stadtrat Geschke sollte hierfür Vorschläge unterbreiten.
BESCHLUSS: Der Magistrat stimmt diesem Vorschlag zu.[20]

Pieck verweist auf die den Magistratsmitgliedern zugegangene *Verfügung* vom 29.3.46, betreffend das *technische Verfahren bei Magistratsvorlagen und Magistratsbeschlüssen*.[21] Er bittet die Magistratsmitglieder, sich an diese Verfügung zu halten.

Der Redner stellt weiter die Frage des *Urlaubs der Magistratsmitglieder* zur Diskussion und schlägt vor, den Mitgliedern des Magistrats einschließlich der stellvertretenden Abteilungsleiter Anspruch auf Urlaub von der Dauer eines Monats zu gewähren, wobei es jedem freigestellt sein soll, den Urlaub im ganzen oder geteilt zu nehmen. Eine besondere Urlaubsliste würde nach den Wünschen der einzelnen Herren von der Abt[eilung] für Personalfragen und Verwaltung im Einvernehmen mit dem Oberbürgermeister aufgestellt werden.
BESCHLUSS: Der Magistrat stimmt dem Vorschlag zu.

---

19 Tatsächlich gab Schellenberg nur sein Amt als stellvertretender Leiter der Mag.abt. für Sozialwesen auf, während er weiterhin als Geschäftsführer (Direktor) der Versicherungsanstalt Berlin tätig war. In der letzteren Funktion wurde er durch einen Befehl des Komitees für Personalfragen und Entnazifizierung der AK v. 13.11.1946 bestätigt; siehe: LAB(STA), Rep. 102, Nr. 37, Bl. 104a. Schellenberg hatte außerdem an der Universität Berlin von 1946 bis 1948 als Professor einen Lehrauftrag für Versicherungswesen und leitete dort das Institut für Sozialwesen und Versicherungswirtschaft.

20 Die CDU erhob Anspruch auf den mit Schellenbergs Rücktritt freigewordenen Posten des stellvertretenden Leiters der Mag.abt. für Sozialwesen: „Dieser Posten ist nicht stimmberechtigt, ist aber bei allen Sitzungen mit dabei. Er kann helfen, daß das Wohlfahrtswesen nicht eine einseitige kommunistische Sache wird." Zit. aus dem Prot. [Auszug] der 2. Vorstandssitzung des Landesverbands Berlin der CDU am 4.4.1946, TOP 2, in: LAB, Rep. 280, Nr. 19201/2. Vgl. ferner das Prot. [Auszug] der 9. Vorstandssitzung des Landesverbands Berlin der CDU am 23.5.1946 u. das Prot. [Auszug] der 11. Vorstandssitzung des Landesverbands Berlin der CDU am 5.6.1946, in: LAB, Rep. 280, Nr. 19201/15 u. 19201/4; das 15. Prot. des Einheitsausschusses Groß-Berlin v. 7.6.1946, in: BArch, Abt. Potsdam, Z-3, Nr. 4, Bl. 90. In seinem Beschluß zur „Umgestaltung des Groß-Berliner Magistrats" v. 15.7.1946 erklärte sich das Zentralsekretariat der SED damit einverstanden, den Posten des stellvertretenden Leiters der Mag.abt. für Sozialwesen von der CDU besetzen zu lassen; siehe das Prot. Nr. 22 der Sitzung des Zentralsekretariats der SED am 15.7.1946, TOP 15, in: SAPMO-BArch, ZPA, IV 2/2.1/19, Bl. 3. Da aber die Verhandlungen der vier politischen Parteien zur personellen Umbesetzung des Magistrats insgesamt zu keiner Übereinkunft führten (vgl. hierzu Dok. 104), blieb der Posten bis zum Ende der Amtszeit des ersten Nachkriegsmagistrats unbesetzt.

21 Diese Verfügung der Mag.abt. für Personalfragen und Verwaltung ist vorhanden in: LAB(STA), Rep. 101, Nr. 578, Bl. 142 f., u. Rep. 102, Nr. 265; SAPMO-BArch, ZPA, NL 130/81, Bl. 41–46. Vgl. hierzu Teil I dieser Edition, S. 6 f.

3. FINANZFRAGEN

Dusiska führt zur Begründung der Vorlage Nr. 153[22], betreffend Erhebung einer *Umlage der Berliner Centralen Kohlenorganisation*[23], aus: Es hat sich herausgestellt, daß die BCKO, die auf Befehl der Alliierten geschaffen wurde und die der Dienstaufsicht der Abt[eilung] für Wirtschaft untersteht, im wesentlichen die Verteilerfunktion des Kohlengroßhandels übernommen hat, ohne daß sie dafür in die Verdienstspanne des Großhandels eingeschaltet worden ist. Die Kosten der BCKO belaufen sich gegenwärtig auf ungefähr 55 000 RM im Monat. Es gibt auf dem Kohlengebiet verschiedene Handelsarten: den Werkshandel, den Streckenhandel, den Platzhandel und den Einzelhandel. Der Werkshandel, der Platzhandel und der Einzelhandel sollen durch die Vorlage nicht berührt werden; der Streckenhandel, dessen Tätigkeit nur in der Verteilung von Kontingenten besteht, soll dagegen ausgeschaltet werden. Die 20 Rpf. pro Tonne, die nach dieser Vorlage als Umlage oder Gebührensatz erhoben werden sollen, entsprechen den 20 Rpf., die dem Streckenhandel bis 1945 zustanden.

Lange macht darauf aufmerksam, daß es sich gemäß dem Kommunalabgabenge-setz[24] hier nicht um eine Umlage, sondern nur um eine Gebühr handeln kann, und zwar auch nicht um eine Verwaltungsgebühr, sondern um eine Benutzungsgebühr für eine von der Stadt zur Verfügung gestellte Einrichtung.

Auch die Präambel der Vorlage müßte etwas geändert werden, und zwar dahingehend, daß sie lautet:

> Der Magistrat wolle beschließen, die Genehmigung der All[iierten] Kom-mandantur zum Erlaß nachstehender Verordnung über die Erhebung einer Gebühr seitens der Berliner Centralen Kohlenorganisation einzuholen.

BESCHLUSS: Die Vorlage Nr. 153 wird mit den vorgeschlagenen Änderungen angenommen.[25]

---

22 LAB(STA), Rep. 100, Nr. 769, Bl. 125 f.

23 Vgl. zur Berliner Centralen Kohlenorganisation (BCKO), die zwar verwaltungsmäßig zur Mag.abt. für Wirtschaft gehörte, aber gleichzeitig direkt dem Kohlenkomitee der AK unterstand, den Organisationsplan (1946) dieser Organisation in: LAB(STA), Rep. 106, Nr. 239; die Materialien in: LAB(STA), Rep. 101, Nr. 1206, u. Rep. 106, Nr. 144; LAB, Rep. 280, Nr. 3428; U.S. Army Military Government Report. 4 July 1945 – 3 January 1946 [Six Months Report], S. 43; das 82. Mag.prot. v. 2.11.1946, TOP 4 (Dusiska).

24 Gemeint ist das preußische Kommunalabgabengesetz v. 14.7.1893 in der Fassung v. 26.8.1921; veröffentlicht in: Gesetz-Sammlung für die Königlichen Preußischen Staaten, Jg. 1893, S. 152 – 184, bzw. Preußische Gesetzsammlung, Jg. 1921, S. 495 – 500.

25 Der hier gefaßte Mag.beschluß, betr. VO über die Erhebung einer Gebühr durch die Berliner Centrale Kohlenorganisation, ist mit dem Ausfertigungsdatum v. 27.4.1946 vorhanden in: LAB(STA), Rep. 101, Nr. 66. Er wurde der AK mit Schreiben v. 11.5.1946 zur Genehmigung zugeleitet; siehe: a.a.O. Die AK lehnte den Mag.beschluß in der eingereichten Form mit BK/O (46) 251 v. 5.6.1946 ab und ordnete an, daß die VO den von ihr angegebenen Grundsätzen anzupassen und ihr erneut zu unterbreiten war. Die BK/O ist vorhanden in: LAB(STA), Rep. 101, Nr. 66; LAB, Rep. 280, Nr. 12592. Vgl. zur erneuten Beratung über die Erhebung einer Gebühr für die Berliner Centrale Kohlenorganisation das 61. Mag.prot. v. 15.6.1946, TOP 2.

Dr. Haas empfiehlt die Annahme der Vorlage Nr. 150[26], betreffend *Schaffung einer Klassenlotterie*. Die bisherigen Einzellotterien[27] zeigen einen sinkenden Ertrag, da die Spielerlust sich hierbei mindert. Dem soll durch eine Klassenlotterie in der früher bekannten Form entgegengewirkt werden, die automatisch weiterläuft. Nach dem vorgelegten Plan wird von dieser Lotterie ein Überschuß von 5 Millionen RM erwartet.

Maron wiederholt seinen schon früher gemachten Vorschlag, den nächsten Lotterien eine Zweckbestimmung zu geben, und zwar für den Wiederaufbau Berlins.[28] In der Rentabilitätsrechnung erscheint dem Redner der für Verkaufsgebühren und Reklame angesetzte Betrag, nämlich 15 % des Gesamtaufkommens, reichlich hoch.

Dr. Haas erwidert, die Ansätze seien von Fachleuten geprüft. Es bestehe die Absicht, auch in der Provinz eine große Reklame für die Lotterie zu betreiben. Das erfordere erhebliche Unkosten.

BESCHLUSS: Die Vorlage Nr. 150 wird angenommen unter Anfügung des Satzes:
Der Reingewinn der Lotterie soll ausschließlich zum Wiederaufbau Berlins verwandt werden.[29]

Dr. Haas empfiehlt weiter die Vorlage Nr. 152[30], betreffend *Darlehen an städtische Krankenanstalten*.[31] Es handelt sich bei den unter I aufgeführten Krankenhäusern darum, nachträglich die bereits früher erfolgte Gewährung der Darlehen zur Kenntnis zu nehmen, bei den übrigen handelt es sich um Neubewilligungen.

---

26 LAB(STA), Rep. 100, Nr. 769, Bl. 120; auch in: LAB(STA), Rep. 101, Nr. 620, Bl. 35.

27 Vgl. hierzu das 14. Mag.prot. v. 30.7.1945, TOP 3, u. das 17. Mag.prot. v. 20.8.1945, TOP 9, u. das 25. Mag.prot. v. 8.10.1945, TOP 8, u. das 40. Mag.prot. v. 7.1.1946, TOP 6, u. das 46. Mag.prot. v. 16.2.1946, TOP 5, u. das 50. Mag.prot. v. 16.3.1946, TOP 3.

28 Vgl. das 50. Mag.prot. v. 16.3.1946, TOP 3.

29 Der hier gefaßte Mag.beschluß zur Schaffung einer Klassenlotterie („Deutsche Klassenlotterie Berlin") wurde Anfang Juni 1946 vom Finanzkomitee der AK abgelehnt. Vgl. das 21. Prot. des Finanzkomitees der AK v. 4.6.1946, TOP 10, in: LAB, Rep. 37: OMGBS, FIN Br, 4/91-2/6; der entsprechende Befehl FIN/I (46) 56 v. 5.6.1946 ist vorhanden in: LAB, Rep. 37: OMGBS, FIN Br, 4/91-2/12. Vgl. auch: Gewinne, die nicht abgeholt werden. Kommt die Klassenlotterie wieder?, in: Neue Zeit, 3.7.1946, S. 3. Ein nochmaliger Antrag der Finanzabteilung des Magistrats v. 11.9.1946, die Berliner Stadtlotterie von Einzellotterien in eine einträglichere Mehrklassenlotterie umzuwandeln, ist vom Finanzkomitee der AK am 8.10.1946 zunächst grundsätzlich positiv beschieden und nach der Einreichung von Gewinnplan und Rentabilitätsberechnung einer „Deutschen Klassenlotterie Berlin" durch den Magistrat mit Schreiben v. 19.10.1946 am 13.11.1946 endgültig genehmigt worden. Vgl. das 56. Prot. des Finanzkomitees der AK v. 8.10.1946, TOP 12, u. das 63. Prot. des Finanzkomitees der AK v. 13.11.1946, TOP 10, in: LAB, Rep. 37: OMGBS, FIN Br, 4/91-2/7; der entsprechende Befehl FIN/I (46) 122 v. 8.10.1946 ist vorhanden in: LAB, Rep. 37: OMGBS, FIN Br, 4/91-2/12. Die Schreiben der Finanzabteilung des Magistrats v. 11.9.1946 u. 19.10.1946 sind vorhanden in: LAB(STA), Rep. 101, Nr. 637 u. 638. – Vgl. zu weiteren Berliner Einzellotterien das 57. Mag.prot. v. 13.5.1946, TOP 2, u. das 60. Mag.prot. v. 5.6.1946, TOP 3, u. das 69. Mag.prot. v. 12.8.1946, TOP 4, u. das 73. Mag.prot. v. 7.9.1946, TOP 3.

30 LAB(STA), Rep. 100, Nr. 769, Bl. 122 f.

31 In der Mag.vorlage Nr. 152 v. 27.3.1946 waren Darlehen an *nicht*städtische Krankenanstalten aufgeführt. Vgl. hierzu auch das 77. Mag.prot. v. 28.9.1946, TOP 5.

BESCHLUSS: Die Vorlage Nr. 152 wird unverändert angenommen.

Dr. Haas macht auf Grund einer Besprechung bei der Finanzkommission der All[iierten] Kommandantur weitere Mitteilungen über die *Haushaltsergebnisse* für das 1. Vierteljahr 1946[32] und die Nichtgenehmigung des Hypothekenzins-Moratoriums[33]. Es soll trotzdem versucht werden, die Gebäudeinstandsetzungsabgabe weiter zu erheben.[34]

Bei der Gelegenheit wurde von alliierter Seite das System der *Mietscheine*[35] kritisiert. Es gehe nicht an, die Einnahmen aus der Gebäudeinstandsetzungsabgabe zur Entlastung von Sozialausgaben zu benutzen. Vom 1. April ab werden daher die Mietscheine aus Mitteln des Sozialetats eingelöst werden müssen.[36]

---

32 Vgl. das 51. Mag.prot. v. 25.3.1946, TOP 2 (Haas).

33 Vgl. hierzu Dok. 77, Anm. 14. Vgl. zur Zinszahlung für von geschlossenen Banken gewährte Hypotheken das 71. Mag.prot. v. 24.8.1946, TOP 5; zum Zins- und Tilgungsdienst für Hauszinssteuerhypotheken das 81. Mag.prot. v. 26.10.1946, TOP 2 (Mag.vorlage Nr. 481), u. das 82. Mag.prot. v. 2.11.1946, TOP 3 (Mag.vorlage Nr. 481).

34 Vgl. zur Gebäudeinstandsetzungsabgabe das 9. Mag.prot. v. 2.7.1945, TOP 8. Gleichzeitig mit der Gebäudeinstandsetzungsabgabe hatte der Magistrat ein Moratorium beschlossen, das für die Zinsen und Tilgungsbeträge derjenigen Hypotheken und sonstigen dinglichen Belastungen galt, die auf den von dieser Abgabe erfaßten Grundstücken lagen. Vgl. hierzu ebd.; VOBl., Jg. 1 (1945), S. 52. Mit BK/O (46) 164 v. 12.4.1946 hob die AK die Gebäudeinstandsetzungsabgabe mit Wirkung v. 1.4.1946 auf. Die BK/O ist vorhanden in: LAB(STA), Rep. 101, Nr. 63, Bl. 29, u. LAB, Rep. 280, Nr. 4815; abgedruckt in: Berlin. Quellen und Dokumente, 1. Halbbd., S. 665 f. Vgl. zu ihrer Vorgeschichte das 10. Prot. des Finanzkomitees der AK v. 13.3.1946, TOP 6, in: LAB, Rep. 37: OMGBS, FIN Br, 4/91-2/6; das 17. Prot. der stellv. Stadtkommandanten v. 5.4.1946, TOP 210, in: LAB, Rep. 37, Acc. 3971, Nr. 219. Mit der Aufhebung der Gebäudeinstandsetzungsabgabe trat zeitgleich auch das zugehörige Moratorium außer Kraft; siehe die entsprechende AufhebungsVO v. 8.5.1946, in: VOBl., Jg. 2 (1946), S. 166. Vgl. hierzu auch [Karl] Brockschmidt: Unsere Städte im Neuaufbau. Gebäude-Instandsetzung und Neuaufbau in Berlin, in: Neues Deutschland, 23.4.1946, S. 4. – Vgl. zur Verwendung der restlichen Mittel aus dem Gebäudeinstandsetzungsfonds das 58. Mag.prot. v. 18.5.1946, TOP 5 (Haas), u. das 73. Mag.prot. v. 7.9.1946, TOP 3 (Haas), u. das 79. Mag.prot. v. 12.10.1946, TOP 4 (Haas), u. das 84. Mag.prot. v. 16.11.1946, TOP 4 (Haas).

35 Die öffentliche Mietunterstützung über Mietscheine erfolgte in der Weise, daß den entsprechend bedürftigen Mietern solche Scheine in Höhe einer bestimmten Geldsumme ausgestellt wurden, und die Mieter gaben sie anstelle eines entsprechenden Teils ihrer Barmiete an die Hauseigentümer weiter, welche sie wiederum bei der Entrichtung der Gebäudeinstandsetzungsabgabe verrechnen konnten. Vgl. hierzu die Protokolle über die Sitzungen der Bezirksräte für Sozialwesen am 13.7.1945, S. 1 f., am 27.7.1945, S. 7, am 26.9.1945, S. 3 – 5, am 21.12.1945, S. 3, am 9.1.1946, Bl. 2, u. am 24.4.1946, S. 3, in: LAB(STA), Rep. 118, Nr. 17, Bl. 16 f., 26, 56 – 58, 95, 100 u. 129; Bar-Unterstützung statt Mietscheine, in: Der Tagesspiegel, 22.2.1946, S. 6; Berlin zahlt jeden Monat 200 000 Mieten, in: Berliner Zeitung, 13.3.1946, [S. 2]; Was wird mit den Mietscheinen?, in: Neue Zeit, 8.5.1946, S. 3; Hanauske, S. 173, Anm. 368.

36 Vgl. hierzu das 56. Mag.prot. v. 4.5.1946, TOP 4 (Haas). Das Finanzkomitee der AK ordnete mit seinem Befehl FIN/I (46) 46 v. 17.5.1946 an, daß „die Mietscheine, die sich in dem aus der Gebäudeinstandsetzungsabgabe gebildeten Fonds befinden, vom Sozial-Haushalt beglichen werden". Der Befehl ist vorhanden in: LAB, Rep. 37: OMGBS, FIN Br, 4/91-2/12.

Der Redner mahnt die Magistratsmitglieder, die Unterlagen für den neuen Haushalt alsbald vorzulegen. Eine Fristverlängerung für die Einreichung des ordentlichen Haushaltsplans für 1946/47 über den 15. April hinaus ist bisher nicht zugestanden. BESCHLUSS: Die Mitteilungen werden zur Kenntnis genommen.

Dr. Haas berichtet sodann über Pläne, die Besoldung der Magistratsmitglieder auf eine andere Grundlage zu stellen mit Rücksicht auf die Auswirkung der neuen Steuern.[37] Ferner wird erwogen, den *Beitrag für die Versicherungsanstalt* etwas herabzusetzen oder eine bestimmte Grenze nach oben festzusetzen.[38]

Maron weist darauf hin, daß manche Städte wie Chemnitz und Dresden den Beitrag zur Versicherungsanstalt nach oben hin begrenzt haben. Er warne aber davor, eine Sonderregelung für die Magistratsmitglieder oder für die anderen hohen Gehälter in der Wirtschaft zu treffen.

Wegen der Sozialausgaben ist der Redner der Ansicht, daß Mittel und Wege gefunden werden müssen, um diese herabzudrücken. Berlin zahlt die höchsten Unterstützungssätze. In Sachsen z[um] B[eispiel] beträgt der Satz durchschnittlich 23 RM im Monat, ohne daß Mietunterstützungen gewährt werden. Wenn auch in Berlin die Lebensverhältnisse teurer und schwieriger sind, so müßte doch einmal von der Abteilung Sozialwesen ernstlich geprüft werden, was getan werden kann, um dem bedrohlichen Ansteigen der Sozialausgaben entgegenzuwirken.[39] Der Redner schlägt vor, daß Stadtrat Geschke in der nächsten oder übernächsten Magistratssitzung einen Bericht über die Abt[eilung] Sozialwesen mit besonderer Behandlung dieses Punktes gibt.

Geschke bemerkt, eine Herabsetzung der Unterstützungssätze könne nicht schematisch nach dem Maß vorgenommen werden, was etwa andere Provinzen und Länder zahlen. In Berlin lägen die Verhältnisse vollkommen anders. Man kann wohl noch eine gründlichere Prüfung der Anträge vornehmen, obgleich die Sozialkommissionen[40] in den einzelnen Bezirken heute schon sehr gewissenhaft arbeiten.

---

37 Vgl. zur Besoldung der Magistratsmitglieder das 32. Mag.prot. v. 30.11.1945 u. das 76. Mag.prot. v. 21.9.1946, TOP 4, u. das 83. Mag.prot. v. 9.11.1946, TOP 5; zu den Steuergesetzen des Alliierten Kontrollrats v. 11.2.1946 das 48. Mag.prot. v. 4.3.1946, TOP 3.

38 Vgl. zur Versicherungsanstalt Berlin und zum einheitlichen Beitragssatz für die gesamte Sozialversicherung (je 10 % des Bruttoarbeitsverdienstes vom Arbeitnehmer und vom Unternehmer) das 10. Mag.prot. v. 9.7.1945, TOP 3 (insb. Anm. 20); Die Leistungen unserer Sozialversicherung, in: Nacht-Express, 24.4.1946, [S. 5]; Deine Sozialversicherung 1945/1946, hrsg. von der Versicherungsanstalt Berlin, Berlin o. J. [1946], S. 15 – 17.

39 Vgl. zur Kritik an der Höhe der Sozialausgaben das 51. Mag.prot. v. 25.3.1946, TOP 2 (Haas), u. das 56. Mag.prot. v. 4.5.1946, TOP 4; das Prot. der gemeinsamen Sitzung der Sozialdezernenten und Leiter der Abteilung für Arbeit in den 20 Berliner Bezirken am 8.5.1946, in: LAB(STA), Rep. 118, Nr. 17, Bl. 133 – 138; LAB, Rep. 280, Nr. 14576.

40 Vgl. hierzu die „Grundsätze für die Bildung und Tätigkeit von Sozialkommissionen in Berlin" (ohne Datum), in: LAB(STA), Rep. 118, Nr. 1, Bl. 12 – 16; das 20. Mag.prot. v. 10.9.1945, TOP 4 (Schellenberg); die Protokolle über die Sitzungen der Bezirksräte für Sozialwesen am 28.11.1945, S. 4, am 5.12.1945, am 21.12.1945, S. 4, am 9.1.1946, Bl. 2, am 19.2.1946, Bl. 4, u. am 9.4.1946, S. 4 f., in: LAB(STA), Rep. 118, Nr. 17, Bl. 88, 91 f., 96, 100, 109 u. 124 f.; Sozialkommissionen arbeiten. Jetzt in Charlottenburg neugeschaffen, in: Der Berliner, 3.1.1946, S. 4; Frauen erobern Sozialkommissionen, in: Das Volk, 24.2.1946, [S. 3]; Nicht mehr vom Grünen Tisch. Sozialkommissionen auf

Eine unverhältnismäßig hohe Belastung stellt die Betreuung der Flüchtlinge dar.
Die Flüchtlinge leben zum Teil besser als die in Arbeit stehenden Menschen. Hier
muß eine Änderung eintreten. Der Redner ist bereit, den Bericht über die Arbeit der
Abt[eilung] für Sozialwesen zu erstatten, hält es aber für zweckmäßig, die ganze
Frage zunächst in der Bezirksbürgermeister-Konferenz zu besprechen.

Maron regt an, bei der Gelegenheit auch die Frage der Arbeitslosenunterstützung
und deren eventuelle Abtrennung vom Sozialetat zu behandeln.

BESCHLUSS: Stadtrat Geschke wird beauftragt, in der nächsten oder übernächsten
            Sitzung einen Bericht über die Abt[eilung] Sozialwesen mit beson-
            derer Behandlung der Frage der Unterstützungssätze zu erstatten,
            nachdem vorher die Bezirksbürgermeister-Konferenz damit befaßt
            worden ist.[41]

4. SOZIALWESEN

Geschke empfiehlt kurz die Annahme der Vorlage Nr. 149[42], betreffend Verordnung
über die Benutzung des *Blindenwarenzeichens*. Bisher hat der Reichsverband für das
Blindenhandwerk das Blindenwarenzeichen herausgegeben. Da der Reichsverband
nicht mehr besteht, muß an seine Stelle ein anderes Organ treten. Dies soll
für das Gebiet von Berlin der Magistrat, Abt[eilung] für Sozialwesen, Hauptamt
Berufsfürsorge für Arbeitsbehinderte, sein.

BESCHLUSS: Die Vorlage Nr. 149 wird unverändert angenommen.[43]

Es folgt außerhalb der Tagesordnung die Entgegennahme eines Berichts des
Generalstaatsanwalts über die Strafjustiz mit anschließender *Besprechung* dieser
Frage.[44]

Generalstaatsanwalt Kühnast[45] schildert kurz den Wechsel in den Anschauungen
über die Strafjustiz. Heute ist man aus dem Extrem einer überscharfen Bestrafung
in das Extrem einer zu gelinden Bestrafung verfallen. Der Oberstaatsanwalt kann
als Chef der Staatsanwaltschaften nur Anweisungen an die einzelnen Staatsanwälte
geben, bestimmte Straftaten besonders zu verfolgen und bestimmte Strafen dafür zu
beantragen und gegen zu milde Urteile Berufung einzulegen. Das ist geschehen.[46]
Die Auswirkung läßt sich noch nicht feststellen. Die Gerichte folgen nur zögernd. Es
muß aber vor der Meinung gewarnt werden, als ließen sich die Mißstände auf dem
Gebiet des Preiswuchers und des schwarzen Marktes allein durch Strafen korrigieren.

---

dem Wedding, in: Neue Zeit, 6.4.1946, S. 3; Sozialpfleger – ein neues Ehrenamt, in: Der
Tagesspiegel, 18.5.1946, [S. 4].

41 Geschke trug den Bezirksbürgermeistern einen ausführlichen Bericht über das Sozialwesen vor; vgl. das Prot. der Konferenz der Bezirksbürgermeister am 11.4.1946, TOP 1,
in: LAB, Rep. 280, Nr. 3854. In den folgenden Mag.sitzungen wurde dieser Bericht
aber nicht behandelt. Vgl. auch den Jahresbericht der Mag.abt. für Sozialwesen, in:
LAB(STA), Rep. 118, Nr. 764; Das erste Jahr, S. 185 – 194.

42 LAB(STA), Rep. 100, Nr. 769, Bl. 119.

43 Die hiermit beschlossene VO über die Benutzung des Blindenwarenzeichens wurde nicht
im VOBl. veröffentlicht, ist also nicht in Kraft getreten.

44 Vgl. hierzu: Wieder Rechtskontrolle der Verwaltung, in: Berliner Zeitung, 17.2.1946,
[S. 2]; das 51. Mag.prot. v. 25.3.1946, TOP 5.

45 Vgl. Anm. 2 zu diesem Mag.prot.

46 Vgl. Dok. 77, Anm. 54.

Auch von seiten des Kammergerichtspräsidenten ist ein allgemeiner Hinweis an die Richter ergangen.[47] Man muß abwarten, wie sich diese Maßnahmen auswirken werden.

Maron dankt dem Generalstaatsanwalt für sein Erscheinen und begrüßt dessen Bereitwilligkeit, die er schon früher und durch seine heutigen Ausführungen bewiesen habe, mit dem Magistrat zusammenzuarbeiten in dem Bemühen, durch eine geeignete Strafjustiz manche der heute bestehenden Mißstände zu beseitigen. Es wäre gut, wenn zu dem gleichen Ziel auch noch eine bessere Zusammenarbeit mit der Presse käme.

Schmidt glaubt, daß die aus vielen Urteilen sprechende Weltfremdheit der Richter ihren Grund in einer zu starken Betonung der richterlichen Unabhängigkeit hat, die teilweise zur Isolierung führt. Man sollte versuchen, die Richter in einen engeren Kontakt mit dem Leben der Bevölkerung zu bringen. Dies ließe sich vielleicht durch Zusammenkünfte der Richter und Staatsanwälte mit den Mitgliedern des Magistrats und anderen Persönlichkeiten des öffentlichen Lebens erreichen.

Dr. Düring hebt besonders die zu milde Rechtsprechung bei Delikten gegen [eine] gesicherte Lebensmittelversorgung hervor und weist auf das starke Mißverhältnis hin, das zwischen der Höhe der Ordnungsstrafen, die von den zuständigen Stellen der Bezirke gegen Verstöße auf dem Gebiet der Ernährung verhängt werden, und den Entscheidungen der Gerichte, wenn diese dagegen angerufen werden, besteht. Auf der andern Seite wird der Abt[eilung] für Ernährung von seiten der Alliierten vorgeworfen, nicht zu einem genügenden Schutz der Vorräte durch eine strenge Bestrafung von Schuldigen beizutragen. Der heutige Zustand muß beseitigt werden, daß die Übeltäter sich sagen: Ich rufe die Entscheidung der Gerichte an, da finde ich einen milden Richter. Die Betonung der Unabhängigkeit der Richter scheint heute etwas überspitzt zu sein. Selbstverständlich gilt diese Unabhängigkeit unbedingt für die Einzelentscheidung. Aber darüber hinaus gibt es zahlreiche Möglichkeiten, die Gerichte und die einzelnen Richter darüber aufzuklären, wie sie sich in bestimmten Dingen nach dem Willen der Volksmeinung zu verhalten haben. Der Staatsanwalt hat ein gewisses Erziehungsmittel der Richter in Gestalt der Rechtsmitteleinlegung in der Hand. Es wäre zu begrüßen, wenn auch hiervon der entsprechende Gebrauch gemacht würde.[48]

Kühnast betont seinerseits die Bereitwilligkeit eines engen Zusammenarbeitens mit dem Magistrat, die auch schon durch die stete Fühlungnahme zwischen Dr. Mittag und ihm garantiert sei. Ein praktischer Weg der gegenseitigen Aufklärung wäre auch der, daß gelegentlich der eine oder der andere Abteilungsleiter die Staatsanwälte zu einem Vortrag einlädt, bei dem auf die besonderen Bedrängnisse der Abteilung hingewiesen wird.

5. BEWIRTSCHAFTUNG VON MINERALÖLEN

Kraft begründet kurz die Vorlage Nr. 147[49], betreffend Verordnung über die Bewirtschaftung von Mineralölprodukten. Die Anordnung stützt sich auf einen Befehl der

---

47 Vgl. Dok. 77, Anm. 53.
48 Vgl. auch das Schreiben von Martin Schmidt an Mittag v. 3.8.1946, betr. Schwarzmarkthändler, in: LAB(STA), Rep. 100, Nr. 586.
49 LAB(STA), Rep. 100, Nr. 769, Bl. 114 f.; auch in: LAB(STA), Rep. 101, Nr. 647.

All[iierten] Kommandantur.[50] Ihre Notwendigkeit ergab sich daraus, daß es sich als unmöglich herausstellte, einen Kesselwagen mit Altöl zu beschlagnahmen, weil die Rechtsgrundlage fehlte.

Schmidt macht darauf aufmerksam, daß es in § 1 „t e c h n i s c h e Fette aller Art" heißen muß.

Dr. Landwehr empfiehlt, in § 4 die Worte „nach ihrem Ermessen" zu streichen, weil sie eine Selbstverständlichkeit darstellten.[51]

Jirak bittet, in der Aufzählung der Kraftstoffe bei Methanol und Treibgas zu vermerken: außer Methan, da ein Befehl[52] vorliege, wonach alles Methan einer besonderen Verwaltungsstelle zuzuführen ist.

Dr. Landwehr ist demgegenüber der Ansicht, daß eine solche Spezialvorschrift nicht in dieser allgemeinen Anordnung vermerkt zu werden braucht.

BESCHLUSS: Die Vorlage Nr. 147 wird mit folgenden Änderungen angenommen:[53]

1. In § 1 wird im ersten Satz vor dem Wort „Fette" eingefügt: „technische".
2. In § 4 werden die Worte „nach ihrem Ermessen" gestrichen.
3. § 6 erhält die Fassung:
   Diese Verordnung tritt mit dem Tage nach der Verkündigung in Kraft.
4. In dem beigefügten Befehl[54] der All[iierten] Kommandantur muß es statt „Petroleum" heißen: „Mineralöl".

6. ERNÄHRUNG

Hierzu liegt die Vorlage Nr. 151[55] vor, betreffend Weisung der alliierten Besatzungsmächte an die Abt[eilung] für Ernährung über *limitierte Abgabe von Lebensmitteln an [die] Bezirksernährungsämter.*

Dr. Düring bezeichnet die in der Vorlage mitgeteilte Weisung[56] der alliierten Besatzungsmächte als sehr einschneidend. Die von alliierter Seite angestellten Nachprüfungen und Nachrechnungen haben immer wieder zu Feststellungen geführt,

---

50 Gemeint ist die BK/O (46) 82 v. 4.2.1946, betr. „Bestände von Petroleum-Produkten", die vom Magistrat angeregt worden war. Die BK/O ist vorhanden in: LAB(STA), Rep. 100, Nr. 769, Bl. 115, u. Rep. 101, Nr. 58; LAB, Rep. 280, Nr. 13674.

51 § 4 der Mag.vorlage Nr. 147 v. 25.3.1946 hat den Wortlaut: „Die Kraftstoff- u[nd] Mineralölstelle ist berechtigt, nach ihrem Ermessen über die gemeldeten Bestände zu verfügen." Die Kraftstoff- und Mineralölstelle war durch einen Mag.beschluß errichtet worden. Vgl. hierzu das 37. Mag.prot. v. 17.12.1945, TOP 9; ferner: Errichtung der Kraftstoff- und Mineralölstelle beim Magistrat der Stadt Berlin, in: Berliner Zeitung, 20.2.1946, [S. 4].

52 Dieser Befehl konnte nicht ermittelt werden.

53 Die hiermit beschlossene VO über die Bewirtschaftung von Mineralölprodukten wurde veröffentlicht in: Berliner Zeitung, 19.4.1946, [S. 4]; VOBl., Jg. 2 (1946), S. 118 f. Sie stellte eine etwas erweiterte Fassung einer Anordnung der Kraftstoff- und Mineralölstelle Berlin v. 11.2.1946 dar, die bereits zuvor erlassen worden war; veröffentlicht in: Berliner Zeitung, 15.2.1946, [S. 4], u. VOBl., Jg. 2 (1946), S. 40 f.

54 Gemeint ist die BK/O (46) 82; vgl. Anm. 50 zu diesem Mag.prot.

55 LAB(STA), Rep. 100, Nr. 769, Bl. 121; auch in: LAB(STA), Rep. 101, Nr. 586.

56 In der Begründung der Mag.vorlage Nr. 151 v. 27.3.1946 heißt es, es werde „in dem Befehl Nr. 56 des Chefs der Garnison und Militär-Kommandanten im sowjetischen

daß in den einzelnen Bezirken größere Mengen an Lebensmitteln verkauft worden sind als die Mengen, die buchmäßig auf Grund der ausgegebenen Lebensmittelkarten ausgewiesen werden konnten. Es wurde versucht, aus den einzelnen Bezirken Unterlagen dafür zu gewinnen, wodurch der Mehrverbrauch an Lebensmitteln entstanden ist. Eine solche Feststellung war nicht möglich. Zum Teil lagen die Gründe des Mehrverbrauchs darin, daß örtliche Instanzen der Bezirke Anordnungen über die Bewilligung von Sonderzuteilungen erteilt hatten; zum Teil sind die Mehrverbrauche aus Schwund und aus Diebstählen entstanden. Die Alliierten haben nunmehr erklärt, daß jeder Bezirk nur noch eine ganz bestimmte Zuteilung auf Grund der ausgegebenen Lebensmittelkarten erhält, worüber bis ins kleinste abzurechnen ist.[57] Über die limitierten Mengen hinaus werden in Zukunft keinerlei Zuteilungen mehr gegeben, auch wenn der Verbrauch größer gewesen ist. Um zu erreichen, daß jeder Bezirk für seine Fehlmengen allein verantwortlich ist, soll der Lebensmitteleinkauf streng auf den Wohnbezirk des Verbrauchers beschränkt werden.[58] Zu diesem Zweck erhalten die Lebensmittelkarten durch Aufdruck der Nummer des Verwaltungsbezirks eine unterschiedliche Kennzeichnung. Die Freizügigkeit der Lebensmittelkarten für Gaststätten und Werksküchen soll jedoch nicht unterbunden werden. Der bezirkliche Ausgleich wird hier durch ein kompliziertes Abrechnungsverfahren getroffen werden.

Dr. Landwehr und *Maron* empfehlen, diese neuen Beschränkungen in richtiger Weise der Öffentlichkeit gegenüber zu begründen, vielleicht am besten auf dem Wege eines Presseempfangs.[59]

BESCHLUSS: Die Vorlage Nr. 151 wird zur Kenntnis genommen.[60]

Sektor der Stadt Berlin vom 22.1.1946 die Abgabe der Lebensmittel an die Bezirksernährungsämter nur noch monatlich limitiert zugelassen. Gleichlautende Befehle der übrigen Besatzungsmächte sind zu erwarten." Die hier erwähnten Befehle konnten nicht ermittelt werden.

57 In der Begründung der Mag.vorlage Nr. 151 heißt es, seit dem Eingang des Befehls Nr. 56 des sowjetischen Stadtkommandanten müßten von der Mag.abt. für Ernährung „die von den alliierten Besatzungsmächten als Bedarf für einen Monat bereitgestellten Lebensmittel an die Verwaltungsbezirke genau nach den von den einzelnen Bezirken ausgegebenen Lebensmittelkarten und dem vorerwähnten Sonderbedarf [für Gemeinschaftsverpflegungen, Krankenhäuser, Flüchtlinge usw.; der Bearb.] verteilt werden. Die Zuteilung von Lebensmitteln auf einer solchen Grundlage gestattet aber dem Bezirk nicht mehr die bisher noch stillschweigend geduldete Abgabe von Lebensmitteln an bezirksfremde Verbraucher." – Mit BK/O (46) 152 v. 30.3.1946 ordnete die AK an, daß die monatlichen Nahrungsmittelberichte der Bezirksbürgermeister an die Mag.abt. für Ernährung bis zum 15. jedes Monats und die monatlichen Schlußberichte der Mag.abt. für Ernährung an die AK bis zum 22. jedes Monats einzureichen waren. Die BK/O ist vorhanden in: LAB(STA), Rep. 101, Nr. 62; LAB, Rep. 280, Nr. 12555.

58 Vgl. zu dem erfolglosen Versuch des Magistrats, die AK zur Aufhebung der Bezirksgrenzen für die Lebensmittelverteilung zu bewegen, das 18. Mag.prot. v. 27.8.1945, TOP 5, u. das 27. Mag.prot. v. 22.10.1945, TOP 6 (Klimpel).

59 Vgl.: Berlins Lebensmittellage. Stadtrat Klimpel gibt Bericht, in: Berliner Zeitung, 12.4.1946, [S. 2]; Lebensmittel nur im Bezirk. Stadtrat Klimpel sagt Teenachlieferung zu, in: Das Volk, 12.4.1946, [S. 3].

60 Vgl. hierzu auch das Prot. der Konferenz der Bezirksbürgermeister am 4.4.1946, TOP 6, in: LAB, Rep. 280, Nr. 3853; Lebensmitteleinkauf an den Wohnbezirk gebunden, in: Der Berliner, 6.4.1946, S. 6; Kein Einkauf in fremden Bezirken. Neuorganisation der

Dr. Düring macht weiter Mitteilung von der Absicht der Abt[eilung] für Ernährung, die *in den Erwerbsgärtnereien anfallenden Gemüsemengen* gleichmäßig zu *verteilen*, worüber eine Anordnung in Vorbereitung ist,[61] während eine Verteilung oder Anrechnung der Ernten, die aus dem Anbau von Nichterwerbsgärtnern und Laubenkolonisten erwachsen, nicht beabsichtigt ist.

Der Redner nimmt sodann Stellung gegen die Behauptung in einer ausländischen Pressenotiz, daß in Berlin in größerem Umfang betrügerische Manipulationen auf dem Gebiet der *Karteneinstufung* zu verzeichnen seien.[62] Wenn vielleicht auch von privatwirtschaftlichen Arbeitgebern hier und da etwas großzügig in der Bewilligung der bevorzugten Gruppen verfahren [worden] sei, so sei eine solche Behauptung doch völlig unbegründet.

An diese Mitteilung schließt sich eine kurze Aussprache über die bei der Ausgabe der Aprilkarten vorgenommene Reduzierung in den oberen Gruppen[63] und verschiedene dabei vorgekommene Mißgriffe der Kartenstellen [an].

BESCHLUSS: Die Mitteilungen des stellvertretenden Leiters der Abt[eilung] für Ernährung werden zur Kenntnis genommen.

7. ALLGEMEINES

Hierzu liegen die Vorlagen Nr. 154[64] und 155[65], betreffend Errichtung von *Bezirks-preisstellen* und *Strafausschüssen*, vor.

Schmidt empfiehlt die Annahme der Vorlagen, die bereits als Vorlagen Nr. 141 und 142 dem Magistrat vorgelegen haben und in der Bezirksbürgermeister-Konferenz einige redaktionelle Änderungen erfahren haben.[66] Diese beziehen sich einmal auf erhöhte Strafermächtigungen der Strafausschüsse: Verhängung von Ordnungsstrafen bis zu 10 000 RM und von Betriebsschließungen bis zu 4 Wochen, zum andern auf die Streichung eines Paragraphen, der die personelle Unterstellung der Mitglieder der Bezirkspreisstellen unter den Bezirksbürgermeister und ihre sachliche Unterstellung unter den Magistrat regelte. Außerdem ist der Passus klargestellt worden, der davon spricht, daß die Bezirkspreisstelle einer Beschwerde abhelfen kann.

Lebensmittelverteilung, in: Der Kurier, 12.4.1946, S. 5; Lebensmittelbezug neu geregelt, in: Nacht-Express, 12.4.1946, [S. 6].

61 Vgl. das 53. Mag.prot. v. 6.4.1946, TOP 5.

62 Gemeint ist offensichtlich ein Artikel in der New York Tribune; vgl. hierzu: Die Rationierung in Berlin, in: Der Tagesspiegel, 27.3.1946, S. 2.

63 Gemeint ist die Verringerung der Anzahl der in die oberen Gruppen der Lebensmittelkarten eingestuften Bevölkerungsgruppen. Vgl. hierzu das Merkblatt für den Hausvertrauensmann zur Ausgabe der Lebensmittelkarten für April 1946 u. das Rundschreiben der Mag.abt. für Ernährung v. 26.4.1946, betr. Neueinstufung der Verbraucher in die Gruppen der Lebensmittelkarten ab 1. Mai 1946, in: LAB, Rep. 10 B, Acc. 1877, Nr. 376.

64 LAB(STA), Rep. 100, Nr. 769, Bl. 127; auch in: LAB(STA), Rep. 101, Nr. 620, Bl. 34. Die Mag.vorlage Nr. 154 v. 29.3.1946 betraf die Anordnung zur Errichtung eines Strafausschusses und eines Berufungsausschusses beim Preisamt des Magistrats der Stadt Berlin.

65 LAB(STA), Rep. 100, Nr. 769, Bl. 128; auch in: LAB(STA), Rep. 101, Nr. 620, Bl. 29. Die Mag.vorlage Nr. 155 v. 30.3.1946 betraf die Anordnung zur Errichtung von Bezirkspreisstellen und Bezirksstrafausschüssen.

66 Vgl. das 51. Mag.prot. v. 25.3.1946, TOP 6; das Prot. der Konferenz der Bezirksbürgermeister am 28.3.1946, TOP 2, in: LAB, Rep. 280, Nr. 3852.

Lange bittet, die Rechtsabteilung zu ermächtigen, die Vorlage[n] in redaktioneller Hinsicht noch einmal zu überprüfen.

BESCHLUSS: Die Vorlagen Nr. 154 und 155 werden angenommen mit der Ermächtigung der Rechtsabteilung, unklare Formulierungen redaktionell zu berichtigen.[67]

Es liegt weiter die Vorlage Nr. 156[68], betreffend *Aufteilung* der Abteilung *Städtische Energie- und Versorgungsbetriebe*, vor.[69]

Maron erhebt gegen den Inhalt und die Methode der Einbringung dieser Vorlage Einspruch. Der darin enthaltene Vorschlag soll, wie berichtet wird, bereits vorher, ehe er dem Magistrat vorgelegt wurde, der All[iierten] Kommandantur unterbreitet worden sein. Wenn das zuträfe, würde dieses Vorgehen scharf zurückzuweisen sein, zumal es sich um sehr einschneidende organisatorische Änderungen in der städtischen Verwaltung handle.

Jirak erklärt, es sei von dem Inhalt der Vorlage den Alliierten noch nichts mitgeteilt worden, es seien nur die Schreiben, die nach Annahme der Vorlage an das Komitee für öffentliche Betriebe bei der All[iierten] Kommandantur hinausgehen sollten, vorbereitet worden.

Pieck glaubt, nach seinen Informationen annehmen zu müssen, daß die Schreiben tatsächlich schon hinausgehen sollten und nur durch einen besonderen Umstand nicht abgegangen sind.

---

67 Die hiermit grundsätzlich beschlossenen Anordnungen zur Errichtung eines Strafausschusses und eines Berufungsausschusses beim Preisamt des Magistrats der Stadt Berlin bzw. zur Errichtung von Bezirkspreisstellen und Bezirksstrafausschüssen wurden veröffentlicht in: Berliner Zeitung, 26.4.1946, [S. 4], u. 25.4.1946, [S. 4]; VOBl., Jg. 2 (1946), S. 129 f.; Die Stadtverwaltung, Jg. 1 (1946), H. 4, S. 9. Zur Durchführung dieser Anordnungen erließ das Preisamt eine „Grundordnung für die Preiskontrolle und Maßnahmen gegen Preisverstöße", die veröffentlicht wurde in: VOBl., Jg. 2 (1946), S. 167 f.; Die Stadtverwaltung, Jg. 1 (1946), H. 7, S. 10. Vgl. hierzu den Vermerk über eine Besprechung der Finanzdezernenten der Verwaltungsbezirke und der Leiter der Bezirkspreisstellen beim Stellvertreter des Stadtkämmerers, Herrn Rumpf, v. 4.4.1946, in: LAB, Rep. 280, Nr. 18749; Schnelle Justiz. Bezirkspreisstellen greifen durch, in: Berliner Zeitung, 7.4.1946, [S. 2]; Die Preisausschüsse tagten, in: Berliner Zeitung, 9.4.1946, [S. 2]; Der Kampf gegen den Preiswucher. Wo bleiben die bezirklichen Preisstellen, in: Deutsche Volkszeitung, 17.4.1946, S. 4; Neues vom Preisamt. Erste Urteile in Charlottenburg, in: Berliner Zeitung, 18.4.1946, [S. 2]; Nüchterne Wirklichkeit. Aus der Praxis der Bezirks-Strafausschüsse, in: Der Morgen, 13.6.1946, S. 4; Karl Steiner: Organisation der Preiskontrolle und ihre Arbeit, in: Die Stadtverwaltung, Jg. 1 (1946), H. 3, S. 2 f.; das 53. Mag.prot. v. 6.4.1946, TOP 7 (Textstreichung im beschlossenen Entwurf der Anordnung zur Errichtung von Bezirkspreisstellen und Bezirksstrafausschüssen); das 55. Mag.prot. v. 29.4.1946, TOP 4 (Bildung des Berufungsausschusses beim Preisamt); das 81. Mag.prot. v. 26.10.1946, TOP 3 (Sitzungsgelder für die Vorsitzenden und Beisitzer der Bezirksstrafausschüsse und des Strafausschusses beim Preisamt).
68 LAB(STA), Rep. 100, Nr. 769, Bl. 124.
69 Der Beschlußtext der Mag.vorlage Nr. 156 v. 29.3.1946 hat den folgenden Wortlaut: „Die Abteilung Städtische Energie- und Versorgungsbetriebe wird wie folgt aufgeteilt:
  1.) Zusammenfassung derjenigen Betriebe, die dem Komitee für öffentliche Betriebe bei der Alliierten Kommandantur zugeteilt sind, zuzüglich der Berliner Feuerwehr.
  2.) Es wird eine neue Abteilung gebildet aus den übrigen Betrieben, bezw. diese werden entsprechend der Verteilung bei der Alliierten Kommandantur an die in Frage kommenden Magistratsabteilungen aufgeteilt."

Zur Vorlage selbst erklärt der Redner, daß er mit dem Antrag auf Aufteilung der Abteilung nicht einverstanden sei. In der Begründung wird selbst gesagt, daß alle Betriebe wiederaufgebaut sind und wieder automatisch laufen. Angesichts dessen sei es unlogisch, wenn nunmehr die Arbeit der einheitlichen Führung und Überwachung angeblich nicht mehr geleistet werden könne.[70]

Maron beanstandet die Fassung des vorliegenden Antrags. Daraus gehe nicht hervor, wie die Aufteilung vor sich gehen solle, welche Betriebe anderen Abteilungen und welchen Abteilungen zugeteilt werden sollten. Davon abgesehen sei die Notwendigkeit einer Abtrennung nicht einzusehen. Man sollte alle diese Betriebe, die alle die gleiche Form das Aufbaues haben, zusammenlassen, um sie einheitlich ausrichten und beaufsichtigen zu können. Es könne sich höchstens darum handeln, zur Entlastung des Abteilungsleiters noch einen zweiten Stellvertreter einzusetzen.

Jirak wiederholt, die Schreiben an die All[iierte] Kommandantur seien nur vorbereitet worden, um sie im gegebenen Moment absenden zu können. Bei der Aufteilung sei [daran] gedacht, die unter den N[umme]rn 1 – 4 aufgeführten Betriebe[71] nebst der Feuerwehr bei der Abteilung zu belassen und die übrigen Betriebe an andere Abteilungen zu geben.

Schmidt ist der Auffassung, daß sich die Zusammenfassung oder Aufteilung der Betriebe nach den Notwendigkeiten der Stadtverwaltung richte. Notwendig aber ist eine einheitliche Gestaltung aller technischen Eigenbetriebe der Stadt. Etwas anderes sei die Frage einer Verstärkung der Leitung der Abteilung.

Lange bespricht interne Verhältnisse bei der Leitung der Untergruppe Straßenreinigung und Müllabfuhr.[72]

Maron schlägt vor, die Vorlage Nr. 156 zurückzustellen und Stadtrat Jirak zu verpflichten, bis zur übernächsten Sitzung einen eingehenden Bericht seiner Abteilung vorzubereiten, in der Zwischenzeit aber noch einmal gemeinsam mit der Abteilung für Personalfragen und Verwaltung und der Finanzabteilung die Frage einer Aufteilung zu überprüfen und eventuell dem Magistrat entsprechende Vorschläge in einer neuen Vorlage zu unterbreiten.

---

70 In der Begründung der Mag.vorlage Nr. 156 ist unter anderem ausgeführt:
„Der Zuständigkeitsbereich der genannten Magistratsabteilung umfaßt z[ur] Z[eit]:
  1. Berliner Elektrizitätswerke (Bewag),
  2. Berliner Gaswerke (Gasag),
  3. Berliner Wasserwerke,
  4. Stadtentwässerung,
  5. Straßenreinigung und Müllabfuhr,
  6. Müll- und Abwässerverwertung,
  7. Berliner Feuerwehr,
  8. Städtische Vieh- und Schlachthöfe,
  9. Berliner Markthallen,
  10. Berliner Hafen- und Lagerhausbetriebe (Behala),
  11. Berliner Ausstellungen.
Nachdem diese 11 Betriebe mit ihrem Wiederaufbau so weit gediehen sind, daß von einer nahezu völligen Betriebsaufnahme gesprochen werden darf, ergibt sich durch die verantwortliche Beaufsichtigung für den Leiter der Abteilung Städtische Energie- und Versorgungsbetriebe ein nicht mehr zu bewältigendes Arbeitsgebiet.“
71 Vgl. die vorige Anm.
72 Vgl. hierzu Dok. 70, Anm. 84.

Der Redner macht ausdrücklich darauf aufmerksam, daß die Briefe an die All[iierte] Kommandantur bis dahin nicht abgesandt werden dürfen.

BESCHLUSS: Der Antrag Maron wird angenommen, die Vorlage Nr. 156 zurückgestellt.[73]

Maron berichtet, daß nach einer Mitteilung von seiten der All[iierten] Kommandantur der *Verfassungsentwurf* des Magistrats[74] von der All[iierten] Kommandantur abgelehnt worden ist[75] und daß der Magistrat beauftragt werden wird, einen neuen Entwurf auszuarbeiten und einzusenden, der sich im wesentlichen auf die alte Verfassung aus dem Jahre 1920[76] stützen soll unter Hineinarbeitung der demokratischen Elemente aus der Verfassung von 1931[77]. Dieser neue Vorschlag soll bis zum 1. Mai eingereicht werden.[78]

Der Redner schlägt vor, eine Kommission zu bilden, die sehr schnell und intensiv an diese Arbeit herangeht.

Schmidt macht darauf aufmerksam, daß unter den leitenden Angestellten der Verwaltung einige Herren sind, die in der Vergangenheit in Verfassungsfragen gearbeitet haben, die Herren Brell und Teufert, die unter Freistellung von ihrer laufenden Arbeit als Sachbearbeiter für die Arbeiten des Verfassungsausschusses

---

73 In den folgenden Mag.sitzungen ist weder die Mag.vorlage Nr. 156 noch eine modifizierte Fassung dieser Mag.vorlage oder ein Bericht Jiraks über die von ihm geleitete Mag.abt. behandelt worden. Vgl. aber: Berlins große Speisekammern. Zentralmarkthalle und Westhafen – „Kurier"-Gespräch mit Stadtrat Jirak, in: Der Kurier, 20.3.1946, S. 4; zu Jirak selbst: Dok. 51; Fußball spielt er am liebsten, in: Der Kurier, 27.3.1946, S. 6. – In der folgenden Mag.sitzung wurde Dr. Günter Goll zum Stellvertreter Jiraks berufen; vgl. das 53. Mag.prot. v. 6.4.1946, TOP 2. Ein zweiter Stellvertreter wurde nicht berufen; vgl. das 56. Mag.prot. v. 4.5.1946, TOP 4.

74 Vgl. zum ersten Magistratsentwurf für eine vorläufige Verfassung von Berlin das 40. Mag.prot. v. 7.1.1946, TOP 2.

75 Der Magistratsentwurf für eine vorläufige Verfassung war vom Komitee für Kommunalverwaltung (Local Government Committee) der AK am 8.2.1946 abgelehnt worden. Vgl. hierzu BK/R (46) 69 v. 16.2.1946, in: LAB, Rep. 37: OMGBS, BICO LIB, 11/148-2/4; abgedruckt in: Die Entstehung der Verfassung von Berlin, Bd. I, S. 241 f. Die Stadtkommandanten hatten diesen Beschluß bestätigt. Vgl. das 5. Prot. der AK v. 19.2.1946, TOP 44, in: LAB, Rep. 37, Acc. 3971, Nr. 215; als Auszug abgedruckt in: Die Entstehung der Verfassung von Berlin, Bd. I, S. 242 f.

76 Gemeint ist das „Gesetz über die Bildung einer neuen Stadtgemeinde Berlin" (Groß-Berlin-Gesetz) v. 27.4.1920, in: Preußische Gesetzsammlung, Jg. 1920, S. 123 – 150; wieder abgedruckt in: Die Entstehung der Verfassung von Berlin, Bd. I, S. 58 – 90.

77 Gemeint ist das „Gesetz über die vorläufige Regelung verschiedener Punkte des Gemeindeverfassungsrechts für die Hauptstadt Berlin" v. 30.3.1931, in: Preußische Gesetzsammlung, Jg. 1931, S. 39 – 44; wieder abgedruckt in: Die Entstehung der Verfassung von Berlin, Bd. I, S. 91 – 98.

78 Die von Maron hier mitgeteilten Anweisungen der AK zur Ausarbeitung eines neuen Entwurfs für eine vorläufige Verfassung von Berlin wurden dem Magistrat mit BK/O (46) 144 v. 28.3.1946 übermittelt. Die BK/O ist vorhanden in: LAB(STA), Rep. 101, Nr. 62, u. LAB, Rep. 280, Nr. 4807. Sie ist abgedruckt in: Berlin. Quellen und Dokumente, 1. Halbbd., S. 1085 f.; Die Entstehung der Verfassung von Berlin, Bd. I, S. 261.

hinzugezogen werden könnten.[79]

Maron begrüßt diesen Vorschlag und empfiehlt außerdem, zur Schlußberatung auch einige Bezirksbürgermeister hinzuzuziehen.

BESCHLUSS: Der Magistrat nimmt Kenntnis von der Mitteilung von Bürgermeister Maron zum Verfassungsausschuß und beschließt, mit der Ausarbeitung eines neuen *Verfassungsentwurfs* einen *Ausschuß* zu beauftragen, bestehend aus den Magistratsmitgliedern Dr. Haas, Dr. Landwehr, Lange, Schwenk, Maron, Schmidt, Orlopp, Dr. Mittag unter Hinzuziehung der Herren Brell und Teufert als Sachbearbeiter und unter Hinzuziehung von 4 bis 5 Bezirksbürgermeistern zur Schlußberatung der Vorlage. Die vorbereitenden Arbeiten sollen bis zum 10. April erledigt sein.[80]

Maron erinnert daran, daß am 19. Mai ein Jahr verflossen ist, seitdem der Magistrat seine Arbeit aufgenommen hat.[81] Er schlägt vor, in ähnlicher Form wie

---

79 Walter Brell leitete in der Mag.abt. für Personalfragen und Verwaltung das Standesamtswesen, Curt Teufert hatte in derselben Mag.abt. die Leitung des Organisationsamts inne. Brell war in der Zeit der Weimarer Republik als Mitverfasser von Publikationen zum Berliner Verfassungsrecht hervorgetreten. Vgl.: Walter Körner / Walter Brell: Berliner Ortsrecht, Berlin 1925; Carl Herz / Walter Brell: Berliner Stadtverfassungsrecht, Berlin 1931.

80 Anfang April 1946 fand in der Konferenz der Bezirksbürgermeister eine erste Diskussion zur Ausarbeitung des neuen Verfassungsentwurfs statt, und es wurden fünf Bezirksbürgermeister für die Teilnahme an den Beratungen des mit dem hier gefaßten Mag.beschluß zum Verfassungsausschuß erweiterten Rechtsausschusses des Magistrats benannt: Erich Böhm (KPD) aus dem Bezirk Reinickendorf, Gustav Kleine (KPD) aus dem Bezirk Köpenick, Jens Nydahl (SPD) aus dem Bezirk Tempelhof, Dr. Günter Riesebrodt (CDU) aus dem Bezirk Lichtenberg und Dr. Fritz Schloß (SPD) aus dem Bezirk Tiergarten. Vgl. das Prot. der Konferenz der Bezirksbürgermeister am 4.4.1946, TOP 5, in: LAB, Rep. 280, Nr. 3853. Am 9.4.1946 legte Haas, der schon die Beratungsgrundlage für den ersten Magistratsentwurf einer vorläufigen Verfassung erarbeitet hatte, entsprechend den Vorgaben der BK/O (46) 144 v. 28.3.1946 eine neue Beratungsgrundlage vor; vgl.: Haas: Vorläufige Verfassung von Groß-Berlin, 4. Aufl., S. 26. Dieser Entwurf wurde vom erweiterten Rechtsausschuß, vom Einheitsausschuß Groß-Berlin und von der Konferenz der Bezirksbürgermeister beraten. Vgl. hierzu: Einladung zu zwei Sitzungen des Rechtsausschusses am 12.4.1946, in: LAB(STA), Rep. 102, Nr. 29, Bl. 34; die Mag.vorlage Nr. 201 v. 23.4.1946, betr. Verfassung von Berlin, in: LAB(STA), Rep. 100, Nr. 770, Bl. 91, u. Nr. 771, Bl. 15; das 13. Prot. des Einheitsausschusses Groß-Berlin v. 23.4.1946, in: BArch, Abt. Potsdam, Z-3, Nr. 4, Bl. 83; das Prot. der Konferenz der Bezirksbürgermeister am 25.4.1946, TOP 2, in: LAB, Rep. 280, Nr. 3855. Sitzungsprotokolle des erweiterten Rechtsausschusses / Verfassungsausschusses des Magistrats konnten nicht ermittelt werden. Vgl. ferner: Breunig, S. 169 – 173; Die Entstehung der Verfassung von Berlin, Bd. I, S. 244 f. u. 255 – 260. Vgl. zur Beratung und Annahme des neuen Entwurfs einer vorläufigen Verfassung durch den Magistrat das 55. Mag.prot. v. 29.4.1946, TOP 2.

81 Am 19.5.1945 war der Magistrat in einer öffentlichen Veranstaltung im Festsaal des Gebäudes der Städtischen Feuersozietät, Parochialstraße 1 – 3, vom sowjetischen Stadtkommandanten, Generaloberst Bersarin, offiziell in sein Amt eingeführt worden. Vgl. allgemein zur Etablierung des Magistrats: Teil I dieser Edition, S. 31 – 48.

beim Ablauf des ersten Halbjahres im November[82] der Öffentlichkeit gegenüber einen *Rechenschaftsbericht* über die *Tätigkeit des Magistrats im Laufe des Jahres* abzulegen. Er empfiehlt, die Abteilungsleiter zu beauftragen, bis zum 30. April entsprechende Einzelberichte vorzubereiten.[83]

BESCHLUSS: Der Magistrat stimmt dem Vorschlag zu.[84]

Jirak bringt eine *Verfügung* der Abt[eilung] für Personalfragen und Verwaltung vom 4. März 1946, betreffend *Neuregelung der Bezüge der Direktoren und sonstigen leitenden Angestellten der städtischen Eigenbetriebe* etc.,[85] zur Sprache und beanstandet darin verschiedene Punkte: 1. die starke Abweichung der Vergütungen von den früher gezahlten Vergütungen, 2. die Bevorzugung der GeSiWo[86] gegenüber der Behala[87], indem nur jene einen ersten ordentlichen Direktor habe, 3. den Fortfall der Aufwandsentschädigung, 4. die Beschränkung der Dauer des Dienstvertrages auf ein Jahr, angemessen wäre mindestens der Abschluß für drei Jahre.

Schmidt weist darauf hin, daß für die Bestimmung über die Vertragsdauer die Erwägung maßgebend gewesen ist, eine gewisse Beweglichkeit in der Personalführung der städtischen Betriebe zu haben, es sei durchaus möglich, daß man noch zu gewissen Auswechselungen kommen müsse. Die hohen Bezüge von früher könnten heute unmöglich noch gewährt werden, selbst auf die Gefahr hin, daß die betreffenden Herren mit ihrem Fortgang drohen. Solche Bezüge wie früher: 70 000 RM, 27 000 RM usw., wozu noch Wohnungsgeld und sonstige Zuschläge kamen, sind in der heutigen Zeit gegenüber der Gesamtheit nicht zu verantworten.

Dr. Landwehr pflichtet diesem Standpunkt bei. Schon mit Rücksicht darauf, daß der Gedanke der Kommunalbetriebe eine immer größere Rolle spielen wird, ist es geboten, hier neue Wege zu gehen. Eine Berufung auf die Besoldung bei Unternehmen der Privatindustrie ist nicht haltbar. Ein leitender Angestellter der Verwaltung muß sich immer vor Augen halten, daß er im Dienst der Allgemeinheit steht.

Jirak erklärt, er werde diese Stellungnahme des Magistrats, mit der er persönlich nicht einverstanden sei, den Direktoren mitteilen. Die Folge werde wahrscheinlich sein, daß verschiedene Direktoren ausscheiden.

Dr. Haas wendet sich gegen den Einwand bezüglich der Vertragsdauer. Wir stehen immer noch im Anfang der neuen Wirtschaft, da muß die Möglichkeit für ein eventuelles Auswechseln der führenden Persönlichkeiten gegeben sein.

---

82 Vgl. zur öffentlichen Rechenschaftslegung des Magistrats aus Anlaß seiner halbjährigen Amtszeit das 27. Mag.prot. v. 22.10.1945, TOP 6, u. das 29. Mag.prot. v. 5.11.1945, TOP 7.

83 Tätigkeitsberichte der einzelnen Mag.abteilungen wurden veröffentlicht in der Broschüre: Das erste Jahr. Berlin im Neuaufbau. Ein Rechenschaftsbericht des Magistrats der Stadt Berlin, hrsg. im Auftrage des Magistrats der Stadt Berlin, Berlin 1946. Vgl. auch: Stellvertretender Oberbürgermeister Maron: Berlins Winterschlacht gewonnen, in: Nacht-Express, 9.3.1946, [S. 1].

84 Vgl. zu den Veranstaltungen aus Anlaß des Jahrestages der Amtseinführung des Magistrats das 56. Mag.prot. v. 4.5.1946, TOP 7.

85 Diese Verfügung ist vorhanden in: LAB(STA), Rep. 102, Nr. 61.

86 Gemeinnützige Siedlungs- und Wohnungsbaugesellschaft Berlin m.b.H., das größte Berliner Wohnungsunternehmen. Der Name dieser Gesellschaft wurde auch – später ausschließlich – als „GSW" abgekürzt.

87 Berliner Hafen- und Lagerhaus-Betriebe.

Bei der Eingruppierung wäre zu erwägen, ob man nicht auch die Gasag[88] und die Wasserwerke in Klasse 1[89] nehmen sollte.

Lange versteht nicht, warum man die leitenden Angestellten, wenn sie einen Zuschlag von 20 % für eine private Versicherung erhalten und von dieser Versicherungsmöglichkeit Gebrauch machen, noch unter die Sozialabgabe zwingt.

Maron äußert ebenfalls Bedenken gegen die Zweckbestimmung des 20%igen Zuschlags. Man sollte erwägen, ob diese Klausel nicht fallengelassen werden könnte.

Dr. Landwehr vertritt die gleiche Meinung.

Schmidt macht Mitteilung von Plänen für eine eventuelle Zusatzversicherung für städtische Angestellte und Arbeiter.[90]

BESCHLUSS: Der Magistrat nimmt zustimmend Kenntnis von der Verfügung der Abt[eilung] für Personalfragen und Verwaltung, betreffend Neuregelung der Bezüge der Direktoren und leitenden Angestellten der städtischen Betriebe, mit der Maßgabe, die Bestimmung unter Ziff. 6 noch einmal zu überprüfen nach der Richtung, daß die einschränkende Klausel über die Zweckbindung des 20%igen Zuschlages fallengelassen wird.[91]

Maron teilt mit, daß eine Reihe von Bezirken angefragt haben, ob aus Anlaß des *Jahrestages der Befreiung Berlins* in den ersten Maitagen eine gemeinsame Feier oder Kundgebung beabsichtigt sei. Es wird vorgeschlagen, diese Veranstaltung bezirksweise durchzuführen, da die Tage der Befreiung zu verschieden sind.[92]

BESCHLUSS: Der Magistrat stimmt dem Vorschlag zu.[93]

---

88 Berliner Gaswerke.

89 Die Vergütungsklasse 1 betraf „erste ordentliche Direktoren", die nur für die Berliner Verkehrs-Betriebe (BVG) und die Gemeinnützige Siedlungs- und Wohnungsbaugesellschaft Berlin sowie den Eigenbetrieb „Berliner Ausstellungen" vorgesehen waren, wobei die jährliche Grundvergütung dieser Direktoren bei den ersten beiden Unternehmen 16 000 RM und beim letztgenannten Eigenbetrieb 13 500 RM betrug.

90 Vgl. zur geplanten Zusatzversicherung für städtisch Bedienstete das 55. Mag.prot. v. 29.4.1946, TOP 3 (Haas), u. das 64. Mag.prot. v. 5.7.1946, TOP 2 (Haas), u. das 65. Mag.prot. v. 13.7.1946, TOP 5 (Haas).

91 Vgl. zur Neuregelung der Bezüge der Direktoren der städtischen Betriebe auch die Schreiben Krafts v. 11.4.1946 u. Marons v. 25.4.1946, in: LAB(STA), Rep. 101, Nr. 647. Darin wies Kraft auf die kurz zuvor erfolgte Gehaltserhöhung für die Direktoren der Berliner Kraft und Licht AG (Bewag) auf 30 000 RM hin und bat darum, den Direktoren der Berliner Verkehrs-Betriebe (BVG) dieselben Bezüge zuzubilligen. Maron verwies jedoch auf die Tatsache, daß die Bewag kein städtischer Eigenbetrieb war, sondern eine Aktiengesellschaft, in der die Stadt Berlin nicht die Mehrheit des Aktienbesitzes hatte, und er betonte hinsichtlich des hier gefaßten Mag.beschlusses: „In allen Betrieben oder Gesellschaften, die entweder Eigenbetriebe der Stadt Berlin sind oder in denen wir ausschlaggebenden Einfluß haben, werden wir auch den in der Magistratssitzung festgelegten Standpunkt vertreten und durchsetzen."

92 Die Eroberung Berlins durch die sowjetischen Truppen hatte sich in den Tagen vom 21. April bis 2. Mai 1945 vollzogen.

93 Vgl. zum Jahrestag des Kriegsendes: Bezirk Berlin-Mitte baut auf, in: Berliner Zeitung, 4.5.1946, [S. 2]; Ein Jahr Aufbau im Bezirk Berlin-Mitte, in: Berliner Zeitung, 7.5.1946, [S. 2].

Kraft macht noch Mitteilung über schwebende Verhandlungen bezüglich der Einführung von *Zeitkarten bei der BVG*.[94]
BESCHLUSS: Die Mitteilung wird zur Kenntnis genommen.

---

94 Mit BK/O (46) 171 v. 17.4.1946 ordnete die AK die Einführung von Monatskarten für Arbeiter und Studenten mit Wirkung ab 1.5.1946 an. Die BK/O ist vorhanden in: LAB(STA), Rep. 101, Nr. 63, Bl. 67; LAB, Rep. 280, Nr. 4821. Vgl. hierzu auch: Die BVG-Monatskarte ist da!, in: Berliner Zeitung, 24.4.1946, [S. 2]; Die Berliner haben wieder ihre Monatskarte, in: Neues Deutschland, 24.4.1946, S. 4; Wieder Monatskarten bei der BVG, in: Neue Zeit, 24.4.1946, S. 3; Ab 1. Mai wieder Zeitkarten bei der BVG, in: Der Morgen, 24.4.1946, S. 3; BVG-Monatskarten ab 1. Mai, in: Der Kurier, 24.4.1946, S. 5; BVG-Zeitkarten ab 1. Mai, in: Nacht-Express, 24.4.1946, [S. 4]; Wieder Monatskarten bei der S-Bahn, in: Telegraf, 24.10.1946, S. 8. Mit BK/O (46) 272 v. 20.6.1946 ordnete die AK die Einführung von Monatskarten für Schulkinder und Lehrlinge mit Wirkung ab 1.7.1946 an. Die BK/O ist vorhanden in: LAB(STA), Rep. 101, Nr. 67; LAB, Rep. 280, Nr. 4872. Vgl. hierzu auch: Jetzt: Zeitkarten für Jugendliche, in: Berliner Zeitung, 20.7.1946, [S. 6]; Wieder Schülerzeitkarten, in: Tägliche Rundschau, 20.7.1946, S. 6. Vgl. zu den Berliner Verkehrs-Betrieben auch das 49. Mag.prot. v. 9.3.1946, TOP 7 (Kraft), u. das 66. Mag.prot. v. 20.7.1946, TOP 6, u. das 68. Mag.prot. v. 3.8.1946, TOP 4.

Dok. 79
53. Magistratssitzung vom 6. April 1946

LAB(STA), Rep. 100, Nr. 770, Bl. 2 – 5 u. 7. – Umdruck.[1]

Beginn: 9.10 Uhr   Schluß: 13.30 Uhr

Anwesend: Dr. Werner, Maron, Orlopp, Schwenk, Schulze, Lange, Dr. Land-
            wehr, Pieck, Schmidt, Dr. Haas, Kehler, Kraft, Rumpf, Winzer, Jirak,
            Geschke, Grüber, Dr. Mittag, Scharoun, Klimpel, Dr. Düring, Jen-
            dretzky, Fleischmann, Buchholz, Starck.[2]

Den Vorsitz führt: Oberbürgermeister Dr. Werner, zeitweise Bürgermeister Ma-
                     ron.

Tagesordnung: 1. Protokolle
                2. Personalfragen
                3. Volksbildung
                4. Finanzen
                5. Ernährung
                6. Verkehrserziehung
                7. Allgemeines.

1. PROTOKOLLE
BESCHLUSS: Die Niederschriften der Magistratssitzungen vom 25.3.46 und vom
            30.3.46 werden ohne Beanstandung genehmigt.

2. PERSONALFRAGEN
Hierzu liegt die Vorlage Nr. 174[3] vor, betreffend Ernennung von *Dr. Johannes
Schaffarczyk*[4] zum *Leiter der Rechtsabteilung*[5].

Pieck empfiehlt die Annahme der Vorlage. Herr Dr. Schaffarczyk sei einem Teil
der Magistratsmitglieder bereits bekannt, er arbeite zur Zeit als juristischer Berater

---

1   Weitere Umdruckexemplare dieses Protokolls sind vorhanden in: LAB(STA), Rep. 100,
    Nr. 752, lfd. S. 158 – 166; LAB, Rep. 228, Mag.protokolle 1946.
2   In der Anwesenheitsliste sind Goll und Dusiska nicht aufgeführt, die im Text des
    Protokolls (TOP 2 bzw. TOP 4) als Redner genannt werden.
3   LAB(STA), Rep. 100, Nr. 770, Bl. 25; auch in: LAB(STA), Rep. 102, Nr. 30, Bl. 111.
4   Richtig: Dr. Herbert Schaffarczyk; siehe Schaffarczyks Lebenslauf v. 25.2./3.4.1946, in:
    LAB(STA), Rep. 102, Nr. 30, Bl. 110 u. 112 f.
5   Die Errichtung der Rechtsabteilung des Magistrats war durch einen Befehl des Rechtsko-
    mitees der AK v. 29.11.1945 angeordnet worden; siehe das Schreiben des Magistrats an
    die AK v. 8.4.1946, betr. Leiter der Rechtsabteilung, in: LAB(STA), Rep. 101, Nr. 65, u.
    Rep. 102, Nr. 30, Bl. 109. Vgl. zur Rechtsabteilung und zu dem von der AK aufgehobenen
    Mag.beschluß, mit dem Schwenk zum Leiter dieser Abteilung ernannt worden war, das
    37. Mag.prot. v. 17.12.1945, TOP 2 u. 3, u. das 39. Mag.prot. v. 30.12.1945, TOP 2, u.
    das 46. Mag.prot. v. 16.2.1946, TOP 4.

in der Finanzabteilung.[6] Der Vorschlag wurde von der Christlich-Demokratischen Union gemacht.[7] Die Personalien von Dr. Schaffarczyk sind seitens der Abteilung für Personalfragen und Verwaltung geprüft worden. Es werden von dieser Seite gegen den Vorschlag keine Einwendungen erhoben. Zunächst ist die Zustimmung der Alliierten Kommandantur einzuholen.

Lange weist darauf hin, daß die Ernennung von Magistratsmitgliedern durch die Alliierte Kommandantur selbst erfolgt. Der Eingangssatz der Vorlage wäre dementsprechend zu ändern.

Dr. Werner bestätigt, daß nach einer Weisung von General Smirnow der Magistrat nur vorschlagen, aber nicht ernennen darf.[8]

BESCHLUSS: Die Vorlage Nr. 174 wird in folgender Fassung angenommen:

Der Magistrat der Stadt Berlin wolle beschließen, der Alliierten Kommandantur folgende Ernennung vorzuschlagen:

zum Leiter der Rechtsabteilung Herrn Dr. Johannes Schaffarczyk.[9]

Weiter liegt die Vorlage Nr. 176[10] vor, betreffend Ernennung von Herrn *Dr. Bruno Harms* zum *Leiter der Abt[eilung] für Gesundheitsdienst.*

Pieck erinnert daran, daß seit dem Ausscheiden von Professor Sauerbruch die Abt[eilung] Gesundheitsdienst ohne zuständigen Leiter ist und daß Dr. Redeker die Funktion seither kommissarisch ausgeübt hat.[11] Der jetzt für die endgültige Besetzung des Postens vorgesehene Dr. Harms ist auf dem Gebiet bereits tätig gewesen und bringt dafür Erfahrung und Schulung mit.[12] Seine Personalien sind von

---

6 Schaffarczyk leitete das Hauptamt für Vermögensverwaltung und Finanzaufsicht in der Finanzabteilung des Magistrats.

7 Vgl. zur Forderung der CDU nach einer stärkeren Beteiligung am Magistrat: Dok. 62. Vgl. ferner das Schreiben des Vorsitzenden des Landesverbands Berlin der CDU, Kurt Landsberg, an Maron v. 5.4.1946, in dem er diesem unter anderem mitteilte, „daß die CDU nach reiflicher Überlegung an der Kandidatur des Herrn Dr. S c h a f f a r c z y k für den Posten des Stadtrats und Leiters der Rechtsabteilung festhält". Das Schreiben ist vorhanden in: LAB(STA), Rep. 101, Nr. 137.

8 Mit der „Weisung" ist wohl die von der AK erlassene BK/O (46) 141 v. 27.3.1946 gemeint, nach der das „Personal des Magistrats" (Oberbürgermeister, Stellvertreter des Oberbürgermeisters, Abteilungsleiter) „vom Magistrat nur mit vorheriger Zustimmung der Alliierten Kommandatura ernannt oder entlassen werden" durfte. Die BK/O ist vorhanden in: LAB(STA), Rep. 101, Nr. 61, u. LAB, Rep. 280, Nr. 8800; abgedruckt in: Berlin. Quellen und Dokumente, 2. Halbbd., S. 1166. – Im März 1946 hatte der sowjetische Stadtkommandant, Generalleutnant Dimitrij Iwanowitsch Smirnow, den Vorsitz in der AK inne.

9 Richtig: Dr. Herbert Schaffarczyk. – Der hier gefaßte Mag.beschluß ist der AK mit Schreiben v. 8.4.1946 zur Genehmigung zugeleitet worden. Das Schreiben ist vorhanden in: LAB(STA), Rep. 101, Nr. 65, u. Rep. 102, Nr. 30, Bl. 109. Die Ernennung Schaffarczyks zum Leiter der Rechtsabteilung wurde von der AK nicht genehmigt; vgl. hierzu das 58. Mag.prot. v. 18.5.1946, TOP 8.

10 LAB(STA), Rep. 100, Nr. 770, Bl. 26.

11 Vgl. das 26. Mag.prot. v. 15.10.1945, TOP 2.

12 Dr. Dr. Bruno Harms war von 1922 bis 1933 als Stadtarzt und Leiter des Gesundheitsamts im Verwaltungsbezirk Tiergarten tätig gewesen, danach als praktischer Arzt und von Ende 1941 bis Anfang 1945 als Oberstabsarzt im Heeresdienst. Seit 11.12.1945 war

der Abt[eilung] für Personalfragen und Verwaltung geprüft und in Ordnung befunden worden. Der Vorschlag ist ausgegangen von seiten der Liberal-Demokratischen Partei. Die Präambel der Vorlage muß wie bei der vorigen Vorlage geändert werden.

Dr. Werner bedauert es sehr lebhaft, daß man nicht Herrn Dr. Redeker für den Posten vorgeschlagen hat, an dessen Arbeit nichts auszusetzen sei und der das Amt nach dem Ausscheiden Geheimrat Sauerbruchs kommissarisch leitete.[13] Dr. Redeker ist parteilos, während Herr Dr. Harms der LPD[14] angehört. Man will dieser Partei, die bisher im Magistrat noch nicht vertreten ist, einen Sitz einräumen, damit sie an der Verantwortung beteiligt wird.[15]

Maron hebt zunächst hervor, daß die Beschlußfassung des Magistrats über einen Kandidaten für den Stadtratsposten noch nicht dessen Einsetzung bedeutet, sondern daß die Entscheidung bei der Alliierten Kommandantur liegt. Bei der Besetzung von Stadtratsposten kommt es gerade heute, wo beim Wiederaufbau Berlins so viel Schwierigkeiten zu überwinden sind, darauf an, alle Bevölkerungsschichten zu verantwortlicher Mitarbeit heranzuziehen und keine Richtung abzustoßen. Die Willensmeinung der Bevölkerung aber kommt, solange keine Wahlen stattgefunden haben, allein in den politischen Parteien zum Ausdruck. Und da bisher zwei Parteien sehr schwach oder überhaupt nicht im Magistrat vertreten sind, hat der Aktionsausschuß der 4 antifaschistischen Parteien, der um Vorschläge ersucht wurde, einen Vertreter der LPD[16] vorgeschlagen, der auch zugleich die fachliche Eignung für den Posten hat. Das soll durchaus kein Mißtrauensvotum gegen Dr. Redeker sein. Es wäre sehr bedauerlich, wenn er seine wertvolle Kraft nicht weiter in den Dienst der Sache stellen würde.[17]

---

er 3. Vizepräsident der Deutschen Zentralverwaltung für das Gesundheitswesen in der sowjetischen Besatzungszone. Vgl.: M[anfred] Stürzbecher: Prof. Dr. Dr. Bruno Harms †, in: Forschung. Praxis. Fortbildung, Jg. 18 (1967), S. 656 f.; ders.: Bruno Harms. Der Weg eines Sozialhygienikers in Zeugnissen, in: Berliner Ärzteblatt, Jg. 83 (1970), S. 326 – 332.

13 Von kommunistischer Seite war zunächst offenbar Redeker als Kandidat für den Posten des Leiters der Mag.abt. für Gesundheitsdienst favorisiert worden. In einer Sitzung des Einheitsausschusses Groß-Berlin hatte Maron am 1.3.1946 geäußert, daß hinsichtlich der Besetzung dieses Postens „noch nichts Endgültiges bekannt [sei]. Herr Dr. Redeker gelte als ausgezeichneter Fachmann und besitze das uneingeschränkte Vertrauen der Amerikaner. Anwürfe gegen seine Person seien durch Nachforschungen der SPD vollständig entkräftet." Siehe das 9. Prot. des Einheitsausschusses Groß-Berlin v. 1.3.1946, in: BArch, Abt. Potsdam, Z-3, Nr. 4, Bl. 71. In einem Schriftsatz Ulbrichts über „Vereinbarungen betreffend Berlin" v. 13.3.1946, der sich in seinem Schriftwechsel mit der Sowjetischen Militäradministration befindet und Personalfragen des Magistrats betrifft, heißt es unter anderem: „Gegen den Leiter der Gesundheitsabteilung werden keine Einwendungen erhoben, wenn die CDU Dr. R e d i g e r vorschlägt." Mit „Dr. Rediger" ist Redeker gemeint. Der Schriftsatz ist vorhanden in: SAPMO-BArch, ZPA, NL 182/1190, Bl. 3.

14 Die übliche Abkürzung für die Liberal-Demokratische Partei Deutschlands war LDP.

15 Vgl. zur Forderung der LDP nach einer Beteiligung am Magistrat: Dok. 62.

16 Vgl. Anm. 14 zu diesem Mag.prot.

17 Mit BK/O (46) 293 v. 8.7.1946 verfügte die AK die Entlassung Redekers als stellvertretender Leiter der Mag.abt. für Gesundheitsdienst. Die BK/O ist vorhanden in: LAB(STA), Rep. 101, Nr. 68; LAB, Rep. 280, Nr. 12613. Vgl. hierzu das 65. Mag.prot. v. 13.7.1946, TOP 8, u. das 67. Mag.prot. v. 27.7.1946, TOP 2.

Nach längerer weiterer Aussprache wird gegen eine Stimme folgender BE-SCHLUSS gefaßt:

> Die Vorlage Nr. 176 wird angenommen mit Änderung der Präambel dahingehend, daß der Alliierten Kommandantur die Ernennung von Dr. Harms vorgeschlagen wird.[18]

Es folgt die Vorlage Nr. 175[19], betreffend Ernennung von Herrn *Dr. Günter Goll* zum *stellv[ertretenden] Leiter der Abt[eilung] f[ür] Städtische Energie- und Versorgungsbetriebe.*

Pieck führt hierzu aus, nach dem Ausscheiden von Dr. Focke[20] als Stellvertreter von Stadtrat Jirak habe sich die Notwendigkeit ergeben, Herrn Jirak einen Fachmann an die Seite zu stellen, der sich besonders mit dem Aufbau und mit der Wirtschaftlichkeit der städtischen Betriebe beschäftigt.[21] Herr Goll ist auf dem Gebiet des Kommunalwesens bewandert und hat auf dem Gebiet der Wirtschaftsführung bereits große Erfahrungen hinter sich.

Dr. Goll gibt auf Wunsch einige Daten aus seinem Vorleben bekannt.[22] Er wurde 1914 in Berlin geboren, hat 8 Jahre die Volksschule besucht und ist durch eine Begabtenauslese auf die Aufbauschule in Neukölln gekommen. Er war führend in der Schülerselbstverwaltung tätig. Wegen besonderer schulischer Leistungen durfte er eine Klasse überspringen. Nach Ablegung der Reifeprüfung im Jahre 1933 wollte er studieren, wurde aber wegen seiner politischen Betätigung in der Arbeiterjugend[23] verfolgt und mußte zeitweise Berlin verlassen. In der Provinz versuchte er sich durch einen Gewerbebetrieb über Wasser zu halten. 1936 ging er nach Berlin zurück, begann 1937 das Studium der Wirtschaftswissenschaften und legte 1940 die Prüfung als Diplomkaufmann ab. Er trat bei einer Wirtschaftsprüfungsgesellschaft ein, wo er zwei Jahre im Innendienst tätig war und die Aufgabe hatte, Prüfungsberichte von Angestellten der Gesellschaft im Außendienst nachzuprüfen. Er hatte hier Gelegenheit, sich gründlich in der Wirtschaftsführung von öffentlichen Betrieben

---

18 Der hier gefaßte Mag.beschluß ist der AK mit Schreiben v. 9.4.1946 zur Genehmigung zugeleitet worden. Das Schreiben ist vorhanden in: LAB(STA), Rep. 101, Nr. 66. Als Reaktion hierauf befahl die AK dem Magistrat mit BK/O (46) 253 v. 5.6.1946, ihr „einen zusätzlichen Vorschlag für mindestens 3 Kandidaten" für den Posten des Leiters der Mag.abt. für Gesundheitsdienst bis zum 8.6.1946 zu unterbreiten. Die BK/O ist vorhanden in: LAB(STA), Rep. 101, Nr. 66; LAB, Rep. 280, Nr. 12594. Vgl. hierzu das 61. Mag.prot. v. 15.6.1946, TOP 7.

19 LAB(STA), Rep. 100, Nr. 770, Bl. 24.

20 Vgl. das 48. Mag.prot. v. 4.3.1946, TOP 2.

21 In der vorherigen Mag.sitzung war die von Jirak eingebrachte Mag.vorlage Nr. 156 zurückgestellt worden, nach der eine Aufteilung der Mag.abt. für Städtische Energie- und Versorgungsbetriebe vorgesehen war, um das vom Leiter dieser Mag.abt. zu beaufsichtigende große Arbeitsgebiet zu verkleinern. Vgl. das 52. Mag.prot. v. 30.3.1946, TOP 7 (insb. Anm. 70).

22 Vgl. hierzu: Ein neuer Vertreter Stadtrat Jiraks, in: Neue Zeit, 10.4.1946, S. 3; Abschrift von Golls Fragebogen für die Militärregierung v. 2.10.1947, in: LAB, Rep. 37: OMGBS, PAB, 4/127-2/37.

23 Goll war von 1928 bis 1933 Mitglied im Kommunistischen Jugendverband Deutschlands (KJVD) gewesen. Er gehörte seit deren Wiedergründung im Juni 1945 der KPD an und seit April 1946 der SED.

auszubilden. Nach zwei Jahren ging er selbst in den Außendienst und prüfte öffentliche Betriebe in verschiedenen Städten.

BESCHLUSS: Die Vorlage Nr. 175 wird einstimmig angenommen.[24]

Schmidt bittet um die Zustimmung zu der schon einmal vorgelegten *Geschäftsordnung für die Verwaltung der Stadt Berlin*[25] (Vorlage Nr. 131[26]). Die Bezirksbürgermeister-Konferenz hat in ihrer letzten Sitzung dazu Stellung genommen und der Geschäftsordnung mit einigen stilistischen und redaktionellen Änderungen zugestimmt.[27] Eine Genehmigung der Geschäftsordnung durch die Alliierte Kommandantur erscheint nicht notwendig, da es sich um eine Regelung des inneren Geschäftsganges der Verwaltung unter Anpassung an bereits früher bestandene Vorschriften handelt. Es empfiehlt sich jedoch, die Geschäftsordnung der Alliierten Kommandantur zur Kenntnisnahme einzureichen.

BESCHLUSS: Die Vorlage Nr. 131 (Geschäftsordnung für die Verwaltung der Stadt Berlin) wird angenommen mit der Maßgabe, die Geschäftsordnung der Alliierten Kommandantur zur Kenntnisnahme einzureichen.[28]

3. VOLKSBILDUNG

Winzer begründet die Vorlage Nr. 167[29], betreffend Bewilligung von Mitteln für die *soziale Betreuung der Berliner Studenten*.[30] Es handelt sich bei dieser Unterstützung von Studenten und Studentinnen zu 92 % um Berliner und Berlinerinnen. Das Bestreben geht dahin, möglichst auch Kindern unbemittelter Eltern das Studium

---

24 Goll übernahm Ende Juli 1946 auch kommissarisch die Leitung des städtischen Eigenbetriebs „Berliner Ausstellungen" und amtierte seit dem 31.8.1946 als kommissarischer Leiter der Mag.abt. für Städtische Energie- und Versorgungsbetriebe; vgl. das 67. Mag.prot. v. 27.7.1946, TOP 3, u. das 72. Mag.prot. v. 31.8.1946, TOP 2.

25 Vgl. das 52. Mag.prot. v. 30.3.1946, TOP 2.

26 LAB(STA), Rep. 100, Nr. 769, Bl. 109; auch in: LAB(STA), Rep. 102, Nr. 166. Der Mag.vorlage Nr. 131 v. 18.3.1946 fehlt an beiden Orten der zugehörige Textentwurf der Geschäftsordnung für die Verwaltung der Stadt Berlin.

27 Vgl. das Prot. der Konferenz der Bezirksbürgermeister am 4.4.1946, TOP 1, in: LAB, Rep. 280, Nr. 3853.

28 Der hier gefaßte Mag.beschluß, ausgefertigt am 18.4.1946, ist ohne den Text der Geschäftsordnung vorhanden in: LAB(STA), Rep. 102, Nr. 122. Ein gedrucktes Exemplar der Geschäftsordnung ist vorhanden in: LAB, Bibliothek, Ser 3/1946. Mit Schreiben v. 5.6.1946 sandte der Magistrat 14 gedruckte Exemplare an die AK. Das Schreiben ist vorhanden in: LAB(STA), Rep. 102, Nr. 265. Vgl. auch die Rundverfügung der Mag.abt. für Personalfragen und Verwaltung v. 5.6.1946, betr. neue Geschäftsordnung für die Verwaltung der Stadt Berlin (GO), in: LAB(STA), Rep. 102, Nr. 62; B[runo] Schwartinski: Verwaltungsarbeit auf neuer Basis. Die neue Geschäftsordnung für die Verwaltung der Stadt Berlin, in: Die Stadtverwaltung, Jg. 1 (1946), H. 7, S. 6.

29 LAB(STA), Rep. 100, Nr. 770, Bl. 8.

30 Bei dem Beschlußtext der Mag.vorlage Nr. 167 v. 2.4.1946 handelte es sich um einen Antrag an die AK, die von dieser am 1.3.1946 gestrichenen Mittel für die soziale Betreuung der Berliner Studenten im Haushaltsplan für das Rechnungsjahr 1946 wieder zu bewilligen. Es sollte für diesen Zweck (Gewährung von Stipendien, Ausgleich für den Erlaß von Gebühren) die Bewilligung von vierteljährlich 508 000 RM beantragt werden. Vgl. zur Mittelbewilligung für die soziale Betreuung der Berliner Studenten auch das 26. Mag.prot. v. 15.10.1945, TOP 3.

zu ermöglichen. Dabei muß berücksichtigt werden, daß heute selbst begüterte Eltern nicht in der Lage sind, die Kosten für das Studium ihrer Kinder aufzubringen, weil die Konten gesperrt sind[31]. Aus diesem Grunde ist eine schnelle Erledigung der Angelegenheit notwendig. Zu bemerken ist, daß auch an Auswärtige Unterstützungen gezahlt werden, da umgekehrt auch Berliner an Hochschulen in anderen Städten studieren und dort auch unterstützt werden müssen.

BESCHLUSS: Die Vorlage Nr. 167 wird einstimmig unverändert angenommen.[32]

Winzer empfiehlt weiter die Annahme der Vorlage Nr. 169[33], betreffend Gestaltung der Spielpläne der städtischen *Theater* sowie Verbote von *Tanzveranstaltungen* usw. am *Karfreitag*, dem 19. April.

BESCHLUSS: Die Vorlage Nr. 169 wird in dieser Fassung angenommen.[34]

---

31 Vgl. zur Kontensperre: Dok. 16, Anm. 18.
32 Der hier gefaßte Mag.beschluß ist mit dem Ausfertigungsdatum v. 12.4.1946 vorhanden in: LAB(STA), Rep. 120, Nr. 15, Bl. 12. Mit Schreiben v. 29.4.1946 wurde er der AK zur Genehmigung zugeleitet; siehe: a.a.O., Bl. 11. Das Education Committee und das Finanz-komitee der AK beschlossen befürwortende Stellungnahmen zum Bewilligungsantrag des Magistrats. Vgl. hierzu die Protokolle des Education Committee der AK v. 13.5.1946, TOP 10, u. 20.5.1946, TOP 8, u. 27.5.1946, TOP 4, in: LAB, Rep. 37: OMGBS, ECR, 4/16-1/10; das 23. Prot. des Finanzkomitees der AK v. 11.6.1946, TOP 9, in: LAB, Rep. 37: OMGBS, FIN Br, 4/91-2/6. Im Haushaltsplan für das Rechnungsjahr 1946 war im entsprechenden Kapitel 2960 für die Stipendien an die Studenten der Berliner Hochschulen eine Summe von 1 000 000 RM eingesetzt. Vgl. hierzu das Schreiben der Finanzabteilung des Magistrats an das Finanzkomitee der AK v. 27.5.1946, betr. Haushaltsplan der Stadt Berlin – Rechnungsabschnitt Januar – März 1946, in: LAB(STA), Rep. 101, Nr. 61, u. LAB, Rep. 37: OMGBS, FIN Br, 4/86-1/39 (englische Fassung); den gedruckten endgültigen „Haushaltsplan der Stadt Berlin für das Rechnungsjahr 1946. Hauptzusammenstellung. Bruttohaushalt", S. 29, in: LAB(STA), Rep. 105, Nr. H 1/2 u. 6417. Vgl. auch das 22. Prot. des Einheitsausschusses Groß-Berlin v. 2.8.1946, TOP 2, in: BArch, Abt. Potsdam, Z-3, Nr. 4, Bl. 118; die Mitteilung der Mag.abt. für Sozialwesen v. 22.10.1946, betr. Unterstützung der Familien von Studierenden, in: Die Stadtverwaltung, Jg. 2 (1947), H. 2, S. 13.
33 LAB(STA), Rep. 100, Nr. 770, Bl. 10.
34 Die Mag.vorlage Nr. 169 v. 2.4.1946 wurde *nicht* in der ursprünglichen Textfassung angenommen. Diese lautete: „Der Magistrat wolle beschließen: In die Spielpläne der städtischen Theater *am Karfreitag, dem 19. April 1946*, werden nur Darbietungen aufgenommen, die dem kirchlichen Charakter und dem Ernst dieses Tages entsprechen. Tanzveranstaltungen sowie die Durchführung von Lustbarkeiten aller Art sind an diesem Tage verboten." Nach einem Vermerk des Protokollführers Dr. Eggeling auf der Mag.vorlage wurde sie in der folgenden redaktionell geänderten Fassung angenommen: „Der Magistrat wolle beschließen, die Genehmigung der Alliierten Kommandantur zu folgender Anordnung herbeizuführen: In die Spielpläne der städtischen Theater *am Karfreitag, dem 19. April 1946*, sind nur Darbietungen aufzunehmen, die dem kirchlichen Charakter und dem Ernst dieses Tages entsprechen. Tanzveranstaltungen sowie die Durchführung von Lustbarkeiten aller Art sind an diesem Tage verboten." Nach einem weiteren Vermerk auf derselben Mag.vorlage, vorgenommen am 10.4.1946 vom Leiter des Protokollbüros, Hans Cwiklinski, wurde „auf Weisung" der Mag.abt. für Volksbildung noch das Wort „städtischen" gestrichen. Eine Reaktion der AK auf den hier gefaßten Mag.beschluß konnte nicht ermittelt werden.

4. FINANZEN

Hierzu liegt die Vorlage Nr. 170[35] vor, betreffend Genehmigung für *Güterdirektor Brückner*[36], einen *Aufsichtsratsposten* bei der Zuckerfabrik Genthin zu übernehmen.[37]

BESCHLUSS: Die Vorlage wird nach kurzer Empfehlung durch Dr. Haas angenommen.

Die weiter vorliegende Vorlage Nr. 171[38], betreffend Wahl neuer Mitglieder für den Verwaltungsrat der städtischen Sparkasse, ist vom Antragsteller Rumpf (Finanzabteilung) zurückgezogen.[39]

Klimpel trägt folgende Angelegenheit vor. In Berlin mußte ein neuer Zweig der Nahrungsmittelindustrie aufgezogen werden, der *Hafergrütze* und Hafermehl herstellt. Durch verschiedene Umstände deckt der Preis, der bisher für die Hafergrütze üblich war, 450 RM pro Tonne, bei weitem nicht die *Gestehungskosten*. Das Preisamt hat den *erhöhten Preis* abgelehnt. Die Ware eignet sich nicht zum Lagern, weil sie leicht verdirbt, daher mußte mit der Verteilung begonnen werden, wobei der Überpreis vom Haupternährungsamt getragen wurde. Dies erfordert insgesamt einen Zuschuß von rund einer Million RM für die Stadt Berlin.

Der Redner hält einen solchen Zuschuß aus öffentlichen Mitteln nicht für vertretbar, wie er allgemein auf dem schon mehrfach betonten Standpunkt steht, daß die aus der Vergangenheit für eine Reihe von Nahrungsmitteln gezahlten Zuschüsse aus öffentlichen Mitteln zwecks Preisstützung nicht weiter gezahlt werden können.[40]

Orlopp verweist auf den Befehl Nr. 67[41] für das russisch besetzte Gebiet, wonach

---

35 LAB(STA), Rep. 100, Nr. 770, Bl. 11.
36 Direktor Brückner leitete die Berliner Stadtgüter.
37 Die Begründung der Mag.vorlage Nr. 170 v. 28.3.1946 lautete:
„1. Die Berliner Stadtgüter stellen neben den Gütern der Provinzialverwaltung die einzige Großflächenbewirtschaftung dar; ein Vertreter dieser Wirtschaftsform wird als notwendig im Aufsichtsrat angesehen.
2. Die Berliner Stadtgüter liefern seit langer Zeit ein erhebliches Kontingent an Zuckerrüben nach Genthin."
Die Kreisstadt Genthin liegt ca. 80 km westlich von Berlin.
38 LAB(STA), Rep. 100, Nr. 770, Bl. 12.
39 Vgl. zum Verwaltungsrat der Berliner Stadtsparkasse das 21. Mag.prot. v. 17.9.1945, TOP 7, u. das 38. Mag.prot. v. 23.12.1945, TOP 3, u. das 61. Mag.prot. v. 15.6.1946, TOP 3.
40 Vgl. das 47. Mag.prot. v. 23.2.1946, TOP 3, u. das 51. Mag.prot. v. 25.3.1946, TOP 5.
41 Gemeint ist nicht der Befehl Nr. 67, sondern der Befehl Nr. 63 des Obersten Chefs der Sowjetischen Militärverwaltung in Deutschland v. 26.2.1946, betr. Verstärkung der Preiskontrolle. Dieser Befehl ist vorhanden in: LAB(STA), Rep. 101, Nr. 8, Bl. 186; veröffentlicht in: Befehle des Obersten Chefs der Sowjetischen Militärverwaltung in Deutschland, Sammelheft 2: Januar bis Juni 1946, S. 15–17. Ziffer 1 des Befehls Nr. 63 lautete: „Alle Eigentümer von Handels- und Industrieunternehmen, Reparaturwerkstätten und städtischen Betrieben sind zu warnen, daß der Warenverkauf und die Leistung von Diensten nach Preisen zu geschehen hat, die in Deutschland im Jahre 1944 Gültigkeit besaßen, und daß sie die persönliche strafgesetzliche Verantwortung für alle Übertretungen der festgesetzten Preise tragen." – Vgl. auch das 54. Mag.prot. v. 17.4.1946, TOP 3 (Orlopp).

die Preise vom Oktober 1944 nicht überschritten werden sollen. Das wird sich zwar schwerlich allgemein durchführen lassen, aber die erste Notwendigkeit, die Preise zu halten, besteht bei den Lebensmitteln. In diesem Falle der Hafergrütze muß man wohl oder übel die Mehrkosten auf die Stadtkasse übernehmen, da bei längerem Zuwarten, bis die Frage irgendwie geklärt ist, die Ware verdirbt.

Dr. Haas glaubt, daß diese eine Million für diesen Zweck als vorübergehende Aufgabe noch aufzubringen sei, generell aber könnten die dauernden *Zuschüsse zur Stützung der Preise*, die im Jahre einen Betrag von etwa 50 Millionen ausmachen, nicht mehr aus Etatsmitteln bestritten werden[42].

Klimpel ist der Meinung, daß diese allgemeine Frage der Preisstützung nicht für Berlin allein gelöst werden kann, denn sie spiele auch in anderen Landesteilen, z[um] B[eispiel] in Bayern, die gleiche Rolle. Das ist eine Angelegenheit, zu der einmal der Kontrollrat Stellung nehmen muß.

Dr. Landwehr meint, das heutige Problem der Preiserhöhung bei der Hafergrütze eigne sich gut als Beispiel für ein allgemeines *Memorandum an die Alliierte Kommandantur*. Das ganze Problem der Preisstützung hänge eng mit der Währungsfrage zusammen. Der Redner erinnert daran, daß schon vor Monaten auf seinen Antrag hin die Einsetzung eines kleinen Ausschusses beschlossen worden sei, der sich mit dieser Frage beschäftigen soll.[43] Der Ausschuß sei bisher noch nicht zusammengetreten. Er bitte nun, diesen bereits statuierten Währungsausschuß mit der Preisstützungsfrage zu befassen, das Ergebnis der Beratung mit den antifaschistischen Parteien und Gewerkschaften zu besprechen und dann ein Memorandum über die Frage zur Vorlegung an die Alliierte Kommandantur auszuarbeiten.

Klimpel unterstützt diesen Vorschlag. Das Problem kann nicht mehr länger hinausgeschoben werden, sonst kann es dazu kommen, daß der Befehl ergeht: Die Zuschüsse aus öffentlicher Hand sind zu streichen, die erhöhten Preise sind von den Verbrauchern zu tragen.

Orlopp bittet die Finanzabteilung, einmal eine Aufstellung zu machen, welche Zuschüsse zur Zeit für die Preisstützung geleistet werden müssen. Es handelt sich ja nicht allein um Zuschüsse auf dem Gebiet der Ernährung. Die Währungsfrage ist nicht ohne eine deutsche Zentralregierung zu lösen.

Maron bezweifelt, daß bei einer Aussprache in der Währungskommission praktisch etwas herauskommen wird. Man sollte sich vor allem hüten, über diese Probleme zuviel zu reden, wodurch nur Unruhe in der Öffentlichkeit hervorgerufen wird.

Der Redner glaubt feststellen zu können, daß in der Frage der Hafergrütze Einmütigkeit in der Hinsicht besteht, so zu verfahren, daß die einmaligen erhöhten Kosten von rund einer Million RM von der Stadtkasse übernommen werden. Auch die allgemeine Preisstützung muß einstweilen so lange fortgesetzt werden, bis eine generelle Regelung erfolgt ist. Eine finanzielle Gefahr besteht wegen dieser Ausgaben für Berlin vorläufig nicht. Es handelt sich nur darum, demnächst eine Stellungnahme der Alliierten Kommandantur zu dem Problem herbeizuführen.

---

42 Vgl. hierzu das 47. Mag.prot. v. 23.2.1946, TOP 3, u. das 51. Mag.prot. v. 25.3.1946, TOP 5 (Klimpel), u. das 56. Mag.prot. v. 4.5.1946, TOP 4 (Haas); Aktennotiz über eine Besprechung beim stellvertretenden Stadtkämmerer Dr. Haas am 15.4.1946, in: LAB, Rep. 10 B, Acc. 1877, Nr. 405.

43 Vgl. das 37. Mag.prot. v. 17.12.1945, TOP 3.

BESCHLUSS: Der Magistrat stimmt zu, die erhöhten Kosten für in Berlin hergestellte *Hafergrütze* auf die Stadtkasse zu übernehmen.
Der Magistrat beschließt ferner, zu der Frage, inwieweit in Zukunft noch für gewisse Nahrungsmittel und sonstige Produkte *Zuschüsse aus öffentlichen Mitteln* geleistet werden können, eine Stellungnahme der Alliierten Kommandantur durch Vorlage eines Memorandums herbeizuführen. Dieses Memorandum soll von Dr. Haas und Stadtrat Klimpel ausgearbeitet werden, nachdem vorher die Vertreter der vier Parteien und der Gewerkschaften dazu gehört worden sind.[44]

Dr. Haas bringt ein ihm von Stadtrat Jirak vorgelegtes *Schreiben der Bewag* zur Sprache, das zur Absendung an die Alliierte Kommandantur vorbereitet wurde.[45] Darin verlangt die Bewag eine *Erhöhung der Strompreise*, weil sie mit einem Fehlbetrag von 25 bis 30 Millionen RM im Jahre 1946 rechnet. Der Redner hat sich eine Aufstellung geben lassen, wie dieser Fehlbetrag zustande kommt. Danach sind die Einnahmen auf 127 Millionen RM geschätzt, während der Aufwand 151 Millionen RM beträgt, wozu noch ein Bauprogramm von 11 bis 12 Millionen RM kommt. In der Aufstellung sind Abschreibungen von 25 Millionen RM eingesetzt. Nach Ansicht des Redners läßt sich eine Erhöhung der Strompreise mit diesen Unterlagen nicht begründen und auch gegenüber der Bevölkerung nicht rechtfertigen.

Schwenk bezeichnet es als einen ganz ungewöhnlichen Vorgang, daß die Bewag, wie es hier beabsichtigt ist, von sich aus ein solches Schreiben an die Alliierte Kommandantur richtet.[46] Das ist Sache des Magistrats, und der Magistrat würde sich in einem solchen Falle erst einmal die Bilanz der Bewag genau ansehen müssen, ob es sich wirklich um ein echtes Defizit handelt. Die Pflicht des Magistrats ist es, die Geschäftsführung der Bewag so zu gestalten, daß eine Erhöhung der Strompreise nicht erforderlich wird.

Dr. Landwehr bittet den Kämmerer, die gesamte Wirtschaftsführung der Bewag durch einen nach modernen Gesichtspunkten arbeitenden Wirtschaftsprüfer, viel-

---

44 Ein Memorandum, wie es nach diesem Mag.beschluß ausgearbeitet werden sollte, ist offenbar nicht zustande gekommen. Ein entsprechendes Schriftstück oder Hinweise hierauf konnten nicht ermittelt werden. – Vgl. zur erneuten Diskussion einer Preissubventionierung durch öffentliche Zuschüsse das 85. Mag.prot. v. 23.11.1946, TOP 2.

45 Dieses Schreiben der Berliner Kraft- und Licht (Bewag)-Aktiengesellschaft v. 1.4.1946 konnte nicht ermittelt werden. Vgl. zu seiner Vorgeschichte die Aktennotiz des kaufmännischen Direktors der Bewag, Dr. Erich Nain, v. 11.4.1946, betr. Umgestaltung der Bewag-Tarife, in: LAB(STA), Rep. 101, Nr. 1907, u. Rep. 105, Nr. 4740.

46 Aus der Aktennotiz Nains v. 11.4.1946 (siehe die vorige Anm.) ergibt sich, daß dieses Schreiben auf eine Anweisung des Electric Sub-Committee der AK zurückging und von der Bewag „dem Magistrat zu Händen von Herrn Stadtrat Jirak zur Gegenzeichnung und Weiterleitung an das Sub-Committee übersandt" worden war. Schwenk schrieb daher in seinem Anschreiben v. 18.4.1946, mit dem er die Aktennotiz Nains an Maron schickte, daß der Direktion der Bewag „kaum ein Vorwurf gemacht werden kann, wohl aber Herrn Jirak, daß er den Magistrat nicht über diesen Sachverhalt informiert hat". Das Anschreiben ist vorhanden in: LAB(STA), Rep. 101, Nr. 1907.

leicht Herrn Dr. Goll, nachprüfen zu lassen. Gerade bei solchen Monopolunternehmen wie der Bewag müssen unter allen Umständen die Preise, in diesem Falle die Stromkosten, gehalten werden.

Schmidt schlägt vor, daß der Magistrat seine im Aufsichtsrat der Bewag sitzenden Vertreter beauftragt, wegen dieser Art des Vorgehens der Direktion energisch zu protestieren und zu verlangen, daß solche Anträge nur über den Magistrat gehen und daß den für dieses Vorgehen verantwortlichen Herren die Mißbilligung des Aufsichtsrats ausgesprochen wird.

Von dieser formellen Seite der Sache abgesehen, ist das von der Bewag aufgestellte Vorausbild für 1946 ein starkes Stück: Bei 127 Millionen RM Einnahme 25 Millionen RM, das sind rund 20 %, Abschreibungen! Ferner sind 10 Millionen RM Dubiosa[47] aufgeführt! Wenn die Bewag ein großes Aufbauprogramm durchführen will, soll sie eine Anleihe aufnehmen, aber nicht in dieser Weise manipulieren.

Dusiska macht darauf aufmerksam, daß kein Vorstandsmitglied berechtigt ist, einen derart entscheidenden Schritt ohne Anhörung des Aufsichtsrats zu unternehmen. Man muß sich fragen, welche Bedeutung denn der Aufsichtsrat, in dem Vertreter des Magistrats sitzen, noch hat, wenn er bei solchen wichtigen Fragen nicht gehört wird.

Maron stellt fest, daß der Aufsichtsrat der Bewag nicht gehört worden ist. Die Vorstandsmitglieder haben auch in Gesprächen keinerlei Andeutungen von diesem Vorhaben gemacht. Bei der Gelegenheit ist daran zu erinnern, daß die Posten der bisherigen Magistratsmitglieder Dr. Siebert und Dr. Focke im Aufsichtsrat neu besetzt werden müssen.[48] Der Magistrat sollte schon heute neue Vertreter benennen, damit der Aufsichtsrat einberufen werden und zu dem Rechnungsvorschlag Stellung nehmen kann.

Schmidt schlägt vor, in Anbetracht der Dringlichkeit der Lage sofort Ersatzwahlen für die ausgeschiedenen Aufsichtsratsmitglieder Dr. Siebert und Dr. Focke vorzunehmen. – Durch Zuruf werden hierfür die Herren Dr. Haas und Dusiska vorgeschlagen.

BESCHLUSS: Der Magistrat beschließt, in den Aufsichtsrat der Bewag anstelle der ausgeschiedenen Herren Dr. Siebert und Dr. Focke die Herren Dr. Haas und Dusiska als Magistratsmitglieder zu delegieren. Den im Aufsichtsrat der Bewag vertretenen Magistratsmitgliedern[49] wird empfohlen, eine möglichst baldige Einberufung des Aufsichtsrats herbeizuführen, um dort gegen die Pläne auf Erhöhung der Strompreise aufzutreten.[50]

---

47 Fragwürdige wirtschaftliche Forderungen, unsichere Außenstände.
48 Vgl. zur Abberufung von Siebert und Focke aus dem Magistrat das 50. Mag.prot. v. 16.3.1946, TOP 2, u. das 48. Mag.prot. v. 4.3.1946, TOP 2.
49 OB Werner, Maron, Jirak, Schwenk, Haas, Dusiska.
50 Die nächste Sitzung des Aufsichtsrats der Bewag fand am 10.5.1946 statt. Vgl. hierzu das Prot. dieser Sitzung, in: LAB(STA), Rep. 101, Nr. 666; die von Goll verfaßten „Bemerkungen zu den Tagesordnungspunkten" v. 7.5.1946, in: LAB(STA), Rep. 101, Nr. 1907, u. Rep. 105, Nr. 4740. Vgl. zur Bewag bzw. zu ihrem Aufsichtsrat auch das 4. Mag.prot. v. 31.5.1945, TOP 2, u. das 17. Mag.prot. v. 20.8.1945, TOP 9, u. das 26. Mag.prot. v. 15.10.1945, TOP 9 (Jirak), u. das 60. Mag.prot. v. 5.6.1946, TOP 5, u. das 73. Mag.prot. v. 7.9.1946, TOP 6.

Dr. Haas empfiehlt, auch gleich die *Neuwahl* für den *stellvertretenden Aufsichtsrats-vorsitzenden* bei der *Borsig GmbH*[51] anstelle von Dr. Siebert vorzunehmen.

Dusiska schlägt hierfür Herrn Rumpf vor und macht darauf aufmerksam, daß dem Magistrat zwei Vertreter im Aufsichtsrat der Borsig GmbH zugebilligt waren, von denen der eine von den Gewerkschaften gestellt werden sollte. Nun ist von seiten der Gewerkschaften Herr Tost delegiert worden, aber ohne daß der Magistrat offiziell etwas davon weiß. Korrekterweise müßte der Magistrat ihn delegieren, sonst könnte seine Berufung angefochten werden.

BESCHLUSS: Der Magistrat beschließt, in den Aufsichtsrat der Borsig GmbH anstelle von Dr. Siebert Herrn Rumpf zu delegieren und den vom FDGB entsandten Herrn Tost ebenfalls als Vertreter des Magistrats zu nominieren.

5. ERNÄHRUNG

Klimpel legt dem Magistrat eine Verordnung über die *öffentliche Bewirtschaftung von Gemüse und Obst im Gebiet der Stadt Berlin* (Vorlage Nr. 177[52]) vor.[53] Bisher besteht hierfür keine gesetzliche Grundlage. Durch die Verordnung wird diese Bewirtschaftung der Abt[eilung] für Ernährung übertragen. Auf Grund dieser Verordnung sollen durch eine Durchführungsbestimmung Bezirkserfassungsstellen geschaffen werden, auf die das Haupternährungsamt einen zentralen Einfluß nach der Richtung hat, die ganze Berliner Bevölkerung nach einem gerechten Maßstab aus dem in Berlin anfallenden Obst und Gemüse zu versorgen. Die Verordnung bedarf der Zustimmung der Alliierten Kommandantur.

BESCHLUSS: Der Magistrat stimmt dem Antrag auf Erlaß der Verordnung (Vorlage Nr. 177) zu.[54]

Klimpel bespricht die neuen Richtlinien für die *Klassifizierung der Lebensmittelkarten*,[55] woran sich eine Aussprache über einzelne unklare Punkte [an]schließt.

---

51 Vgl. zu der hier gemeinten „Borsig Maschinenbau GmbH" das 48. Mag.prot. v. 4.3.1946, TOP 7 (insb. Anm. 46), u. das 71. Mag.prot. v. 24.8.1946, TOP 5.

52 Die Mag.vorlage Nr. 177 konnte nicht ermittelt werden. Eine Mag.vorlage Nr. 172 v. 4.4.1946, betr. VO über die öffentliche Bewirtschaftung von Gemüse und Obst im Gebiet der Stadt Berlin, ist vorhanden in: LAB(STA), Rep. 100, Nr. 770, Bl. 13. Sie enthält eine frühere Textfassung des dem Magistrat mit der Mag.vorlage Nr. 177 vorgelegten VO-Entwurfs und ist auf der Vorderseite handschriftlich durchgestrichen. Der Leiter des Protokollbüros, Hans Cwiklinski, hat am Kopfende der Vorderseite mit Datum v. 6.4.1946 handschriftlich vermerkt: „Textfassung von Herrn Lange abgelehnt"; wobei mit „Herrn Lange" der stellvertretende Leiter der Rechtsabteilung des Magistrats gemeint ist.

53 Vgl. das 52. Mag.prot. v. 30.3.1946, TOP 6.

54 Der hier gefaßte Mag.beschluß ist mit dem Ausfertigungsdatum v. 11.4.1946 vorhanden in: LAB(STA), Rep. 101, Nr. 71. Er wurde der AK mit Schreiben v. 17.4.1946 zur Genehmigung zugeleitet; siehe: a.a.O. Der beschlossene VO-Entwurf sah in § 1 vor: „Obst und Gemüse, das gewerbsmäßig in landwirtschaftlichen und gärtnerischen Betrieben gewonnen wird, unterliegt der öffentlichen Bewirtschaftung." Die AK lehnte diesen VO-Entwurf ab; vgl. hierzu das 63. Mag.prot. v. 29.6.1946, TOP 6 (Orlopp u. Beschluß).

55 Gemeint ist die allgemeine Neuklassifizierung der Lebensmittelkarten für die Berliner Bevölkerung ab 1.5.1946, die von der AK mit BK/O (46) 148 v. 30.3.1946 angeordnet worden war. Die BK/O ist vorhanden in: LAB(STA), Rep. 101, Nr. 62, u. LAB, Rep. 280, Nr. 1499; veröffentlicht in: Berliner Zeitung, 3.4.1946, [S. 1 f.], u. VOBl.,

Weiter erörtert der Redner gewisse Schwierigkeiten, die sich auf dem Gebiet der Verteilung von Lebensmitteln ergeben.

BESCHLUSS: Der Magistrat nimmt von den Mitteilungen des Leiters der Abt[eilung] für Ernährung Kenntnis.[56]

6. VERKEHRSERZIEHUNG

Hierzu liegt die Vorlage Nr. 168[57] vor, betreffend Maßnahmen zur Förderung der

---

Jg. 2 (1946), S. 125 – 127; wieder abgedruckt in: Berlin. Quellen und Dokumente, 1. Halbbd., S. 294 – 297. Mit Wirkung v. 1.5.1946 verloren danach die bisherigen Einstufungsrichtlinien ihre Gültigkeit, und Personen mit Anspruch auf Lebensmittelkarten der Gruppen I, II oder III benötigten seitdem eine entsprechende Bescheinigung ihres Arbeitgebers. In einem von Klimpel unterzeichneten Rundschreiben der Mag.abt. für Ernährung v. 26.4.1946, betr. Neueinstufung der Verbraucher in die Gruppen der Lebensmittelkarten ab 1. Mai 1946, heißt es zur BK/O (46) 148: „Der Ernst der Welternährungslage ist bekannt. Die Völker schränken ihren bisherigen Verbrauch ein oder verzichten auf eine Erhöhung ihrer bisherigen Rationen. Daraus muß auch die Bevölkerung der Stadt Berlin die notwendige Schlußfolgerung ziehen. Der am ehesten gangbare Weg hierfür ist eine Einschränkung des Verbrauchs bei den bisher im Verhältnis bessergestellten Verbrauchergruppen I und II. Die Linie hierfür weist der Befehl der Alliierten Kommandantur vom 30.3.1946 auf. Diese Belastung ist für die Gesamtheit der Verbraucher, insbesondere innerhalb eines Haushalts, weniger fühlbar als etwa eine allgemeine Rationskürzung für alle Familienmitglieder. Wir können deshalb die Hoffnung haben, daß der verantwortungsbewußte Verbraucher die Notwendigkeit der jetzt getroffenen Maßnahme erkennt und in dieser Erkenntnis seine – menschlich verständlichen – Wünsche nach einer Beibehaltung bisheriger günstigerer Einstufung zurückstellt, bis die Ernährungskrise überwunden ist.“ Das Rundschreiben ist vorhanden in: LAB(STA), Rep. 101, Nr. 546; LAB, Rep. 10 B, Acc. 1877, Nr. 376. Vgl. auch ein gedrucktes „Alphabetisches Einstufungsverzeichnis für die Lebensmittelkartengruppen zur Durchführung der Direktive vom 30. März 1946“, in: LAB, Rep. 10 B, Acc. 1877, Nr. 441; das 55. Mag.prot. v. 29.4.1946, TOP 9; Das „Einstufungs-Sieb“, in: Telegraf, 10.7.1946, S. 4. Mit Wirkung v. 1.10.1946 wurde die BK/O (46) 148 durch eine grundlegende neue Direktive zur Klassifizierung der Lebensmittelkarten für die Berliner Bevölkerung ersetzt, die von der AK mit BK/O (46) 377 v. 24.9.1946 erlassen wurde. Diese BK/O ist vorhanden in: LAB(STA), Rep. 101, Nr. 72, u. LAB, Rep. 280, Nr. 4926; veröffentlicht in: VOBl., Jg. 2 (1946), S. 382 – 385. Vgl. hierzu auch das 78. Mag.prot. v. 5.10.1946, TOP 2 (Orlopp).

56 Vgl. zur Ernährungslage im April 1946 das Prot. der Konferenz der Bezirksbürgermeister am 4.4.1946, TOP 6, in: LAB, Rep. 280, Nr. 3853; verschiedene Quellen in: LAB(STA), Rep. 101, Nr. 546 u. 586, u. LAB, Rep. 10 B, Acc. 1877, Nr. 376 u. 405; BK/R (46) 233 v. 26.6.1946: Nahrungsmittelbericht des Food Committee der AK für April 1946, in: LAB, Rep. 37: OMGBS, BICO LIB, 11/148-2/6; Berlins Lebensmittellage. Stadtrat Klimpel gibt Bericht, in: Berliner Zeitung, 12.4.1946, [S. 2]; Wie steht es um Berlins Ernährungslage? Stadtrat Klimpel sprach zur Berliner Presse, in: Tägliche Rundschau, 12.4.1946, S. 6; Lebensmittel nur im Bezirk. Stadtrat Klimpel sagt Teenachlieferung zu, in: Das Volk, 12.4.1946, [S. 3]; Brotversorgung ist gesichert. Vor erneuter Ausgabe von Kunsthonig und Marmelade, in: Berliner Zeitung, 27.4.1946, [S. 1]; Fragen an das Ernährungsamt, in: Nacht-Express, 27.4.1946, [S. 4].

57 LAB(STA), Rep. 100, Nr. 770, Bl. 9; auch in: LAB(STA), Rep. 101, Nr. 253, Bl. 99. Zugehörige Anlagen mit Entwürfen für öffentlich anzubringende Bildplakate und Vorschlägen für je „10 Gebote“ für Kraftfahrer, Radfahrer und Fußgänger sind vorhanden in: LAB(STA), Rep. 101, Nr. 253, Bl. 144 – 160 u. 132 – 143.

Disziplin in verkehrspolizeilicher Hinsicht und zur Vermeidung von Unfällen.[58]

Maron empfiehlt die Annahme der Vorlage, deren Notwendigkeit und Zweckmäßigkeit für sich selbst spricht. Von Stadtrat Jendretzky ist noch angeregt worden, in Punkt 1 (Kinder-Rundfunksendung)[59] den Zusatz aufzunehmen: mit besonderem Hinweis auf die Gefahren beim Aufheben von Geschoßteilen und Spielen mit Munition.

Schwenk schlägt vor, unter Punkt 2[60] noch aufzunehmen: Vorträge von Polizeibeamten vor Lehrern und Schulkindern.

BESCHLUSS: Die Vorlage Nr. 168 wird mit den vorgeschlagenen Zusätzen angenommen.[61]

7. ALLGEMEINES

Maron erbittet eine Beschlußfassung über die *Unterbringung der neuen Abteilung für Kunstangelegenheiten*. Von seiten der Kommandantur ist der Vorschlag des Magistrats, eine besondere Kunstabteilung einzurichten, gutgeheißen worden.[62] Für die Unterbringung lagen zwei Vorschläge vor: 1. das Gebäude der bisherigen Kammer der Kunstschaffenden[63] in der Schlüterstraße in Charlottenburg, 2. ein Gebäude in der Mittelstr. 51/52. Die Alliierte Kommandantur hat nach einer bisher noch inoffiziellen Mitteilung die Regelung dieser Frage dem Magistrat überlassen. Der Redner macht den Vorschlag, die Abteilung in der Mittelstr[aße] unterzubringen,

---

58 Polizeipräsident Markgraf hatte dem Magistrat die Durchführung einer Verkehrserziehungswoche in der Zeit vom 6.5. bis 13.5.1946 vorgeschlagen; vgl. das Schreiben Marons an Polizeipräsident Markgraf v. 28.3.1946, betr. Verkehrserziehungswoche, in: LAB(STA), Rep. 101, Nr. 253, Bl. 85. Maron brachte diesen Vorschlag mit einer Aufzählung der für das entsprechende Programm vorgesehenen Maßnahmen als Mag.vorlage Nr. 168 v. 29.3.1946 im Magistrat ein.

59 Punkt 1 der vorgesehenen Verkehrserziehungsmaßnahmen lautete: „Einleitung am 5.5.46 (Vorabend der Verkehrserziehungswoche) mit einer Kinder-Rundfunksendung über das Verhalten im Straßenverkehr."

60 Punkt 2 der vorgesehenen Verkehrserziehungsmaßnahmen lautete: „Aufruf und Hinweis an die Bevölkerung durch tägliche Presseartikel und Rundfunksendungen."

61 Mit Schreiben v. 8.4.1946 teilte Maron dem Polizeipräsidenten den hier gefaßten Mag.beschluß einschließlich der Zusätze mit. Das Schreiben ist vorhanden in: LAB(STA), Rep. 101, Nr. 253, Bl. 97. Die AK genehmigte die Durchführung der geplanten Verkehrserziehungswoche mit BK/O (46) 185 v. 25.4.1946. Die BK/O ist vorhanden in: LAB(STA), Rep. 101, Nr. 63, Bl. 127; LAB, Rep. 280, Nr. 4830. Vgl. auch: 2248 Strafanzeigen gegen Kraftfahrer, in: Berliner Zeitung, 3.5.1946, [S. 2]; Mehr Verkehrsdisziplin! Eine Verkehrserziehungswoche der Polizei, in: Neues Deutschland, 3.5.1946, S. 4; Mehr Rücksicht im Verkehr! Ein Aufruf des Polizeipräsidenten, in: Berliner Zeitung, 5.5.1946, [S. 2]; Der Schupo auf dem Schulhof, in: Telegraf, 8.5.1946, S. 8; Polizeiunterricht auf dem Schulhof, in: Nacht-Express, 8.5.1946, [S. 6]; Verkehrsunterricht auf der Straße, in: Berliner Zeitung, 9.5.1946, [S. 2].

62 Vgl. das 38. Mag.prot. v. 23.12.1945, TOP 5, u. BK/O (46) 132 a v. 15.3.1946, betr. Kunstabteilung beim Magistrat der Stadt Berlin. Die BK/O ist vorhanden in: LAB(STA), Rep. 100, Nr. 765, Bl. 77, u. Rep. 101, Nr. 61; LAB, Rep. 280, Nr. 4806.

63 Vgl. zur Kammer der Kunstschaffenden das 6. Mag.prot. v. 11.6.1945, TOP 4, u. das 25. Mag.prot. v. 8.10.1945, TOP 8, u. das 28. Mag.prot. v. 30.10.1945, TOP 7.

da sie sich dann in unmittelbarer Nähe der Hauptverwaltung befindet und zentral gelegen sei.

BESCHLUSS: Der Magistrat stimmt diesem Vorschlag zu.[64]

Die Vorlage Nr. 173[65], betreffend Beteiligung an den Kosten des Instituts für Wirtschaftsforschung, wird auf Wunsch des Antragstellers Schwenk zurückgestellt.[66]

Schwenk empfiehlt, in das *Kuratorium des Deutschen Instituts für Wirtschaftsforschung*[67] in Ergänzung eines früheren Beschlusses auch Vertreter der Abteilung für Bau- und Wohnungswesen und für Arbeit zu entsenden. In einer früheren Sitzung war vereinbart worden, daß in dem Kuratorium die folgenden Abteilungen vertreten sein sollten: Wirtschaft, Handel und Handwerk, Volksbildung, Finanzen, Post, Planung und das Stadtkontor.[68]

BESCHLUSS: Der Magistrat beschließt, in das Kuratorium des Deutschen Instituts für Wirtschaftsforschung folgende Herren zu entsenden: Dusiska, Orlopp, Winzer, Rumpf, Kehler, Schwenk, Görlich[69], Scharoun und Fleischmann.[70]

---

64 Mit Schreiben v. 13.4.1946 beantragte OB Werner bei der AK, dem hier beschlossenen Vorschlag zur Unterbringung der Mag.abt. für Kunstangelegenheiten zuzustimmen. Das Schreiben ist vorhanden in: LAB(STA), Rep. 101, Nr. 61. Die Mag.abt. für Kunstangelegenheiten – ab Frühjahr 1946 meistens als Mag.abt. für Kunst bezeichnet – wurde tatsächlich in der Mittelstraße 51/52, Bezirk Mitte, untergebracht; siehe: LAB(STA), Rep. 120, Nr. 1240, Bl. 8, 38 u. 39. Vgl. zur Entwicklung dieser Mag.abt. das 54. Mag.prot. v. 17.4.1946, TOP 4.

65 LAB(STA), Rep. 100, Nr. 770, Bl. 14 u. 15.

66 Das 1925 gegründete Institut für Konjunkturforschung – seit 1941: Deutsches Institut für Wirtschaftsforschung – hatte bereits am 15.5.1945 unter der Leitung von Dr. Ferdinand Friedensburg seine Tätigkeit wiederaufgenommen. Nach der Mag.vorlage Nr. 173 v. 5.4.1946 sollten sich die Mag.abt. für Volksbildung, die Mag.abt. für Planungen, die Mag.abt. für Wirtschaft, die Mag.abt. für Handel und Handwerk, die Finanzabteilung und die Mag.abt. für Post- und Fernmeldewesen mit je 36 000 RM und das Berliner Stadtkontor mit 84 000 RM an den Kosten des Instituts beteiligen. Diese Mag.vorlage ist in den folgenden Mag.sitzungen nicht wieder behandelt worden. – Vgl. zur Neubildung des Instituts ein entsprechendes Schreiben Sieberts v. 30.1.1946, in: LAB(STA), Rep. 106, Nr. 421; Ferdinand Friedensburg: Das Deutsche Institut für Wirtschaftsforschung seit 1945, in: ders.: Politik und Wirtschaft. Aufsätze und Vorträge, Berlin [West] 1961, S. 209 – 217; ders.: Es ging um Deutschlands Einheit, S. 35 – 44. Nach seiner neuen Satzung v. 20.2.1946 führte das Institut den Namen „Deutsches Institut für Wirtschaftsforschung (Institut für Konjunkturforschung)". Die Satzung ist vorhanden in: LAB(STA), Rep. 106, Nr. 150; LAB, Rep. 37: OMGBS, Dir Off, 4/138-3/24 u. 4/138-3/25.

67 Das „Kuratorium" des als Verein organisierten Deutschen Instituts für Wirtschaftsforschung war seine Mitgliederversammlung. Als Mitglieder gehörten dem Institut neben einigen natürlichen Personen, einigen Mag.abteilungen und dem Berliner Stadtkontor unter anderem noch die vier politischen Parteien, der Freie Deutsche Gewerkschaftsbund sowie einige Industrie- und Handelskammern und Zentralverwaltungen der sowjetischen Besatzungszone an.

68 In den Mag.protokollen ist eine entsprechende Vereinbarung nicht verzeichnet.

69 Felix Görlich, geschäftsführender Direktor des Berliner Stadtkontors; vgl. das 42. Mag.prot. v. 19.1.1946, TOP 2.

70 Sitzungsprotokolle des Kuratoriums des Deutschen Instituts für Wirtschaftsforschung

Lange berichtet, daß die Rechtsabteilung im Einvernehmen mit der Finanzabteilung die Vorlage Nr. 155[71] über die Errichtung von *Bezirkspreisstellen* und Bezirksstrafausschüssen noch einmal redaktionell durchgesehen hat. Dabei hat sich noch eine Unstimmigkeit sachlicher Art herausgestellt. In dem vom Magistrat beschlossenen Entwurf heißt es:

> Verstöße auf dem Gebiet der Miets- und Grundstückspreise sind nach Abschluß der Ermittlung von der Bezirkspreisstelle an das Preisamt weiterzuleiten.[72]

Die Preisbildung auf diesen Gebieten wird aber heute schon durch besondere Stellen[73] reguliert, so daß dieser Passus nicht notwendig ist und gestrichen werden kann.

BESCHLUSS: Der Magistrat beschließt, den bezeichneten Passus in der Vorlage Nr. 155 noch nachträglich zu streichen.

Scharoun macht Mitteilung davon, daß nach einer Information von alliierter Seite[74] ein neuer Befehl hinsichtlich der *Wohnungsgesetzgebung* zu erwarten ist.[75] Danach können vorläufig die Schiedsstellen bei den Bezirkswohnungsämtern

---

aus den Jahren 1947 und 1948 sind vorhanden in: LAB(STA), Rep. 106, Nr. 389. Weitere Materialien zum rechtlichen Status und zur Tätigkeit des Instituts aus den Jahren 1946 und 1947 sind vorhanden in: LAB, Rep. 37: OMGBS, Dir Off, 4/138-3/24 u. 4/138-3/25. Vgl. hierzu auch: BK/R (46) 352 v. 27.9.1946, in: LAB, Rep. 37: OMGBS, BICO LIB, 11/148-2/8; das 44. Prot. der stellv. Stadtkommandanten v. 1.10.1946, TOP 548, in: LAB, Rep. 37, Acc. 3971, Nr. 222; das 41. Prot. der stellv. Stadtkommandanten v. 2.10.1947, TOP 462, in: LAB, Rep. 37: OMGBS, BICO LIB, 11/149-1/5; BK/R (48) 40 v. 23.1.1948, in: LAB, Rep. 37: OMGBS, BICO LIB, 11/149-1/6; das 4. Prot. der stellv. Stadtkommandanten v. 27.1.1948, TOP 47, in: LAB, Rep. 37: OMGBS, BICO LIB, 11/149-1/7; BK/O (48) 37 v. 28.2.1948, in: Amtsblatt der Alliierten Kommandatura Berlin, Nr. 2 (Februar 1948), S. 13.

71 LAB(STA), Rep. 100, Nr. 769, Bl. 128; auch in: LAB(STA), Rep. 101, Nr. 620, Bl. 29.

72 Vgl. zur grundsätzlichen Annahme der Mag.vorlage Nr. 155 v. 30.3.1946, betr. Anordnung zur Errichtung von Bezirkspreisstellen, das 52. Mag.prot. v. 30.3.1946, TOP 7. Der hier zit. Satz ist in dieser Mag.vorlage *nicht* enthalten. Vielmehr hat die entsprechende Ziffer 5 der Mag.vorlage den folgenden Wortlaut: „Die Überwachung der Mietpreise und der Grundstückspreise unterliegt der Bezirkspreisstelle nicht; diese Angelegenheiten werden durch die Abteilung Bau- und Wohnungswesen im Benehmen mit dem Preisamt geregelt."

73 Bei allen Bezirkswohnungsämtern existierten Preisstellen für Mieten.

74 Vgl. hierzu das Rundschreiben Nr. 22/46 des Hauptamts für Wohnungswesen v. 5.4.1946, in: LAB, Rep. 9, Acc. 1841, Nr. 4, u. Rep. 212, Acc. 1524, Nr. 1689.

75 Mit seinem Gesetz Nr. 18 (Wohnungsgesetz) v. 8.3.1946 hatte der Alliierte Kontrollrat eine allgemeine Regelung der öffentlichen Wohnraumbewirtschaftung für ganz Deutschland vorgenommen. Das Gesetz wurde veröffentlicht in: Amtsblatt des Kontrollrats in Deutschland, Nr. 5 (31.3.1946), S. 117–121, u. VOBl., Jg. 2 (1946), S. 96–98; wieder abgedruckt in: Berlin. Quellen und Dokumente, 1. Halbbd., S. 683–687. Das Komitee für Bau- und Wohnungswesen der AK teilte dem Magistrat in seinem – hier von Scharoun angesprochenen – Befehl v. 24.5.1946 mit, daß das Gesetz Nr. 18 seit seiner Verkündung am 16.3.1946 auch in Berlin die Rechtsgrundlage darstellte „für alle Angelegenheiten, die einen Einfluß auf das Wohnen der Bevölkerung ausüben". Außerdem kündigte das Komitee Durchführungsvorschriften für die Anwendung dieses Gesetzes in Berlin an. Der Befehl ist wiedergegeben im Rundschreiben Nr. 39/46 des Hauptamts für Woh-

weiterbestehen.[76]
BESCHLUSS: Die Mitteilung wird zur Kenntnis genommen.

---

nungswesen v. 4.6.1946, in: LAB(STA), Rep. 115, Nr. 64, Bl. 21. Die angekündigten
Durchführungsbestimmungen zum Gesetz Nr. 18 wurden von der AK als BK/O (46) 369
v. 16.9.1946 erlassen. Diese BK/O ist vorhanden in: LAB(STA), Rep. 101, Nr. 72,
u. LAB, Rep. 280, Nr. 4921; veröffentlicht in: VOBl., Jg. 2 (1946), S. 346 f.; wieder
abgedruckt in: Berlin. Quellen und Dokumente, 1. Halbbd., S. 687 – 690. Vgl. auch das
65. Mag.prot. v. 13.7.1946, TOP 2, u. das 84. Mag.prot. v. 16.11.1946, TOP 3.
76 Nach § 10 der VO über die Bewirtschaftung der Wohn- und gewerblichen Räume
v. 18.6.1945 war in jedem Verwaltungsbezirk eine Schiedsstelle gebildet worden, bei
der Beschwerde gegen behördliche Maßnahmen der Wohnraum- und Gewerberaumbewirtschaftung erhoben werden konnte. Vgl. das 7. Mag.prot. v. 18.6.1945, TOP 4, u.
das 16. Mag.prot. v. 13.8.1945, TOP 3 (Antrag g), u. das 41. Mag.prot. v. 14.1.1946,
TOP 4 (Anordnung über die Schiedsstellen für Wohn- und Geschäftsräume); VOBl.,
Jg. 1 (1945), S. 35 u. 124 f., u. Jg. 2 (1946), S. 87 – 89. Das Gesetz Nr. 18 (Wohnungsgesetz) v. 8.3.1946 (vgl. die vorige Anm.) sah in Artikel VII Absatz 3 vor, daß ein
von der Wohnraumerfassung Betroffener Beschwerde bei der Wohnungsbehörde einlegen
konnte, „welche die Erfassung angeordnet hat. Falls diese Behörde der Beschwerde
nicht abhilft, muß sie dieselbe der Aufsichtsbehörde zur Entscheidung vorlegen." Die
Mag.abt. für Bau- und Wohnungswesen bestimmte daraufhin, daß die Schiedsstellen für
Wohn- und Geschäftsräume bis auf weiteres für die Entscheidung von Beschwerden als
Rechtsmittelinstanz zuständig bleiben sollten, da sie „ihre Entscheidungen als Beauf-
tragte des Magistrats und [...] insoweit als Organ der Aufsichtsbehörde im Sinne von
Artikel VII Absatz 3 des Wohnungsgesetzes" träfen. Vgl. hierzu die Rundschreiben des
Hauptamts für Wohnungswesen Nr. 22/46 v. 5.4.1946 u. Nr. 39/46 v. 4.6.1946 (hier die
zit. Stelle), in: LAB, Rep. 9, Acc. 1841, Nr. 4, u. Rep. 212, Acc. 1524, Nr. 1689, bzw.
LAB(STA), Rep. 115, Nr. 64, Bl. 21; das Prot. der Konferenz der Bezirksbürgermeister
am 4.4.1946, TOP 4, in: LAB, Rep. 280, Nr. 3853; das Prot. der Besprechung mit den
Bezirksräten für Bau- und Wohnungswesen am 1.10.1946, TOP 2 (Dr. Müller), in:
LAB(STA), Rep. 110, Nr. 46. In ihren Durchführungsbestimmungen v. 16.9.1946 zum
Gesetz Nr. 18 (vgl. die vorige Anm.) legte die AK dann ausdrücklich fest, daß unter der
in Artikel VII Absatz 3 dieses Gesetzes erwähnten Aufsichtsbehörde die Mag.abt. für
Bau- und Wohnungswesen zu verstehen war. Diese Mag.abt. konnte daher ihre bisherige
Regelung nicht länger aufrechterhalten und bestimmte am 24./26.9.1946, daß über
Beschwerden in allen wohnungswirtschaftlichen Angelegenheiten nunmehr die Mag.abt.
für Bau- und Wohnungswesen (Hauptwohnungsamt) zu entscheiden hatte und daß die
bisherigen Schiedsstellen für Wohn- und Geschäftsräume vorläufig für die Entscheidung
über Beschwerden, die gewerbliche Räume betrafen, bestehen bleiben sollten. Vgl. hierzu
die Rundschreiben des Hauptamts für Wohnungswesen Nr. 63/46 v. 24.9.1946, Ziffer 4b,
u. Nr. 64/46 v. 26.9.1946, in: LAB(STA), Rep. 115, Nr. 65, Bl. 63 f. u. 65, u. LAB,
Rep. 212, Acc. 1524, Nr. 1689.

Dok. 80
54. Magistratssitzung vom 17. April 1946

LAB(STA), Rep. 100, Nr. 770, Bl. 17 – 23. – Umdruck.[1]

Beginn: 10.10 Uhr   Schluß: 14.30 Uhr

Anwesend: Dr. Werner, Maron, Orlopp, Schwenk, Schulze, Winzer, Dr. Düring,
            Scharoun, Buchholz, Grüber, Geschke, Lange, Dr. Landwehr, Schmidt,
            Dr. Haas, Rumpf, Dr. Redeker, Kehler, Kraft, Karweik, Jendretzky,
            Jirak, Dr. Goll, Henneberg.

Den Vorsitz führt: Oberbürgermeister Dr. Werner.

Tagesordnung: 1. Protokoll
                2. Planungen
                3. Bau- und Wohnungswesen
                4. Volksbildung
                5. Personalfragen
                6. Sozialwesen
                7. Allgemeines.

1. PROTOKOLL
BESCHLUSS: Die Niederschrift der Magistratssitzung vom 6.4.46 (die Sitzung
           vom 12.4.46[2] ist ausgefallen) wird genehmigt.

2. PLANUNGEN
Hierzu liegt die Vorlage Nr. 181[3] vor, betreffend *Bewilligungen* von Mitteln für den
Deutschen *Normenausschuß* in Form eines Kredits.

Schwenk verweist zur Begründung der Vorlage kurz auf die Bedeutung des
Normenausschusses, namentlich auch für den Aufbau der Wirtschaft.[4] Deswegen
hat der Magistrat diese Institution unter seine Obhut genommen und, soweit es
möglich war, auch finanziell unterstützt. Diese Unterstützung ist auch für die
Zukunft erforderlich, bis der Normenausschuß durch Verkauf von Normenblättern
und sonstigen Veröffentlichungen sich wieder selbst finanzieren kann, wie es früher
der Fall gewesen ist. Die zur Verfügung gestellte Summe soll daher nicht als
Zuschuß gegeben werden, sondern als Kredit, der später zurückzuzahlen ist.
BESCHLUSS: Die Vorlage Nr. 181 wird angenommen.

---

1 Weitere Umdruckexemplare dieses Protokolls sind vorhanden in: LAB(STA), Rep. 100,
  Nr. 752, lfd. S. 167 – 179; LAB, Rep. 228, Mag.protokolle 1946, u. Rep. 280, Nr. 8501/14.
2 Müßte wohl heißen: 13.4.46. Für diesen Termin sind die meisten der in dieser
  54. Mag.sitzung v. 17.4.1946 behandelten Mag.vorlagen datiert.
3 LAB(STA), Rep. 100, Nr. 770, Bl. 33 u. 34.
4 Vgl. zur Anordnung über die Verbindlichkeitserklärung der DIN-Normen für Berlin das
  23. Mag.prot. v. 24.9.1945, TOP 9.

3. BAU- UND WOHNUNGSWESEN

Hierzu liegt die Vorlage Nr. 180[5] vor, betreffend Verordnung zum *Schutze der Muttererde*.

Scharoun verweist auf die ausführliche schriftliche Begründung.[6]

Maron macht darauf aufmerksam, daß die Präambel nicht genau der Vorschrift entspricht.

BESCHLUSS: Die Vorlage Nr. 180 wird angenommen mit der Maßgabe, die Präambel der Vorschrift entsprechend zu ändern.[7]

Scharoun empfiehlt weiter die Annahme der Vorlage Nr. 182[8], betreffend Neufestsetzung der *Gebühren für das Vermessungswesen*. Diese Erhöhung war seit langem vorgesehen. Sie ist jetzt, nachdem die Katasterverwaltung in die Stadtverwaltung

---

5 LAB(STA), Rep. 100, Nr. 770, Bl. 27 – 29 u. 30 – 32.

6 Die Begründung der Mag.vorlage Nr. 180 v. 3.4.1946 hat den folgenden Wortlaut: „Die oberste Schicht des Erdbodens, allgemein unter dem Namen ‚Muttererde‘ bekannt, ist ein so wesentlicher Faktor für den Erfolg des pflanzlichen Wachstums, daß ihr Bestand vor der Zerstörung oder Vergeudung geschützt werden muß. Durch die immer stärkere Entwicklung der Zivilisation mit ihrer Industrialisierung, ihrer Bautätigkeit und ihren Verkehrsanlagen sind dem Mutterboden schwere Schäden zugefügt worden. Diese Schädigungen haben durch die Kriegsereignisse mit allen ihren Nebenerscheinungen ein besonders starkes Maß angenommen. Die Erhaltung des Mutterbodens ist heute um so notwendiger, als der noch zur Verfügung stehende Kulturboden für die Sicherung unserer Ernährung das Letzte hergeben muß. Andererseits ist er heute wieder neuen Gefahren ausgesetzt, die durch den Aufbau unserer Städte und die damit im Zusammenhang stehenden Ablagerungen von Trümmer-, Bauschutt und Baumaterialien aller Art bedingt sind. Die Notwendigkeit eines Schutzes war früher wohl schon erkannt worden; es fehlte jedoch an einer ausreichenden gesetzlichen Grundlage, die jetzt im Hinblick auf die mit dem Aufbau der Stadt Berlin im Zusammenhang stehenden künftigen Unternehmen rechtzeitig geschaffen werden soll, um zu vermeiden, daß große Mengen an Muttererde verlorengehen." Der entscheidende § 2 der geplanten VO zum Schutze der Muttererde sah vor: „(1) Wer Ausschachtungen, Auffüllungen, Abhebungen, sonstige Veränderungen der Erdoberfläche oder Erdbewegungen vornimmt oder vornehmen läßt, hat die vorhandene Muttererde in einer Tiefe von wenigstens 20 cm abzuheben, von anderer Erde getrennt in Mieten von höchstens 3 m Grundbreite und höchstens 1,20 m Höhe zu lagern und zuletzt ihrem Zweck entsprechend wieder oben aufzubringen. (2) Es ist verboten, Muttererde mit Schutt, Abfall, Müll, Asche oder dergleichen zu überdecken."

7 Der hier gefaßte Mag.beschluß ist, ohne Ausfertigungsdatum, vorhanden in: LAB(STA), Rep. 101, Nr. 234. Nach einem handschriftlichen Vermerk auf diesem Mag.beschluß wurde er der AK am 6.5.1946 zur Genehmigung zugeleitet. Die AK hat die VO zum Schutze der Muttererde nicht genehmigt; siehe den Tätigkeitsbericht des Hauptamts für Planung – Grünplanung – für Mai bis 15.8.1946 v. 19.8.1946, Ziffer A 21, in: LAB(STA), Rep. 110, Nr. 683. Die Mag.abt. für Bau- und Wohnungswesen erließ daraufhin die Rundverfügung v. 21.10.1946, betr. Schutz der Muttererde, deren Bestimmungen denjenigen der ursprünglich geplanten VO großenteils entsprachen und die durch eine Durchführungsverfügung v. 20.12.1946 ergänzt wurde. Die beiden Verfügungen sind vorhanden in: LAB(STA), Rep. 110, Nr. 118; LAB, Rep. 12, Acc. 1016, Nr. 134.

8 LAB(STA), Rep. 100, Nr. 770, Bl. 35 f. u. 37 f.

übernommen worden ist,[9] dringlich geworden, zumal auch die Materialpreise gestiegen sind. Das Preisamt hat dem Vorschlag zugestimmt.

Orlopp verweist auf den Befehl für die russisch besetzte Zone, wonach alle Preise auf den Stand vom 1.1.45 zurückgeführt werden sollen.[10] Das bedeutet eine Rückgängigmachung sämtlicher Erhöhungen, denen das Preisamt in der Zwischenzeit zugestimmt hat, auch eine Rückgängigmachung der Erhöhung sämtlicher Tarife der Handwerker usw. Bei dieser Lage ist es unmöglich, daß von der Behörde aus irgendwelche Gebührenerhöhungen vorgenommen werden. Der Redner bittet, die Vorlage abzulehnen bzw. nur insoweit anzunehmen, als die Gebühren den Stand vom 1.1.45 nicht überschreiten.[11]

Scharoun wiederholt, daß die vorgelegte Erhöhung der Gebührenordnung schon seit langer Zeit geplant war, weil die Gebühren die Selbstkosten nicht decken. Dazu ist neuerdings noch gekommen, daß sich die Materialkosten nicht unwesentlich erhöht haben.

Dr. Landwehr hält diese Begründung nicht für stichhaltig und schließt sich der Auffassung von Orlopp an.

Dr. Haas hat vom Standpunkt des Kämmerers keine Bedenken gegen die Vorlage. Die Erhöhung sei für die Beteiligten nicht so drückend.

Dr. Landwehr warnt noch einmal davor, bei Gebühren anders zu verfahren als bei den Preisen in der Wirtschaft. Der kleine Handwerker oder z[um] B[eispiel] der Photograph, der für eine Paßphotographie keinen höheren Preis als den vom 1.1.45 nehmen darf, wird kein Verständnis dafür haben, wenn der Magistrat für die Anfertigung eines Grundstücksplans[12] heute höhere Gebühren nehmen darf. Der Magistrat darf sich mit seinen Gebührenfestsetzungen nicht ausschließen bei dem Versuch, auf diesem Wege des Preisstops das Währungsproblem zu meistern.

---

9 Vgl. das 24. Mag.prot. v. 1.10.1946, TOP 3; [Edmund] Braune: Das Vermessungswesen von Groß-Berlin nach dem Zusammenbruch im Jahre 1945 (Ms., Juli 1947), in: LAB(STA), Rep. 110, Nr. 49.

10 Gemeint ist der Befehl Nr. 63 des Obersten Chefs der Sowjetischen Militärverwaltung in Deutschland v. 26.2.1946, betr. Verstärkung der Preiskontrolle; vgl. hierzu Dok. 79, Anm. 41. Die AK hatte bereits in Ziffer 11 ihrer BK/O (45) 130 v. 26.9.1945 angeordnet: „Die Preise für landwirtschaftliche Produkte und Industrieerzeugnisse, die vor Ende des Krieges in Berlin gültig waren, sind beizubehalten." Die BK/O ist vorhanden in: LAB, Rep. 280, Nr. 12285; abgedruckt in: Berlin. Quellen und Dokumente, 1. Halbbd., S. 391 – 396. Vgl. ferner die Rundverfügung der Mag.abt. für Handel und Handwerk v. 16.4.1946, betr. Festlegung der Preise auf den Stand vor der Kapitulation, in: LAB, Rep. 280, Nr. 14511; die Rundverfügung der Finanzabteilung des Magistrats v. 17.4.1946, betr. Preisdisziplin, in: LAB, Rep. 280, Nr. 3398; den Bericht über die gemeinsame Sitzung der Mag.abt. für Handel und Handwerk und der Mag.abt. für Wirtschaft am 24.4.1946, Punkt 1, in: LAB, Rep. 280, Nr. 14491; den Bericht einer Pressebesprechung von Polizeipräsident Markgraf und dem Leiter des Preisamts, Dr. Steiner, am 25.4.1946, S. 2, in: LAB(STA), Rep. 101, Nr. 142; die vom Preisamt am 4.6.1946 erlassene erste Durchführungsanordnung zur VO gegen Preistreiberei v. 28.9.1945, in: VOBl., Jg. 2 (1946), S. 198.

11 Vgl. zu Orlopps ablehnender Haltung gegenüber der Erhöhung städtischer Gebühren das 49. Mag.prot. v. 9.3.1946, TOP 7.

12 Im Originalprotokoll heißt es hier fälschlicherweise: Haushaltsplans. Dieser Fehler wurde nachträglich berichtigt; vgl. das 55. Mag.prot. v. 29.4.1946, TOP 1.

Lange meint, daß bei den Objekten, die hier in Frage kommen (Grundstückspläne etc.) die kleine Gebührenerhöhung nur eine untergeordnete Rolle spielt. Auf der anderen Seite muß bedacht werden, daß Mindereinnahmen beim Vermessungswesen wieder den Haushalt belasten.

Scharoun bittet, die Vorlage einstweilen zurückzustellen; er werde sie noch einmal dem erweiterten Magistratsausschuß seiner Abteilung vorlegen.[13]

Maron schließt sich diesem Vorschlag an. Man darf bei aller Anerkennung der Argumente von Orlopp und Dr. Landwehr nicht verkennen, daß es sich bei den seitherigen niederen Gebühren auf dem Gebiet des Vermessungswesens, die weit unter den Selbstkosten liegen, gewissermaßen um ein Geschenk an eine verhältnismäßig begüterte Schicht handelt.

Dr. Haas kennzeichnet kurz das Wesen der Verwaltungsgebühr, die früher nicht als Äquivalent der Leistung, sondern als kleiner zusätzlicher Beitrag betrachtet wurde. Heute hat sich die Anschauung gewandelt. Man sagt: Die Verwaltungsgebühr muß wenigstens in einem Verhältnis zu den gemachten Aufwendungen stehen. Nun handelt es sich hier um einen bestimmten kleinen Bevölkerungskreis, der zumeist sein Vermögen gerettet hat. Diesen Leuten durch Niedrighaltung der Gebühren ein besonderes Geschenk auf Kosten der allgemeinen Steuerzahler zu machen läßt sich nicht rechtfertigen.

Orlopp wendet sich gegen das Argument, daß es sich hier nur um einen kleinen Kreis sozial gutgestellter Leute handle, der die Erhöhung der Gebühren tragen könne. Wenn der Grundsatz aufgestellt wird, daß der Preisstand vom 1.1.45 zu halten ist, muß er für alle Gebiete gelten.

Winzer glaubt, daß in diesem Falle die Dinge doch etwas anders liegen, weil die Gebühren schon in Friedenszeiten unter den Selbstkosten lagen.

Rumpf betrachtet die allgemeine Seite der Angelegenheit in bezug auf städtische und andere Gebühren. Früher wurden Gewerbegenehmigungen, Reisebescheinigungen usw. unentgeltlich erteilt. Heute werden dafür mehr oder weniger hohe Gebühren – sie sind in den einzelnen Bezirken verschieden – genommen, teilweise mit der Begründung, daß die Ausfertigung in vier Sprachen mehr Arbeit und Kosten erfordere. Es ist die Frage, ob man alle diese in den heutigen Verhältnissen begründeten Verteuerungen auf den einzelnen abwälzen soll oder ob diese Kosten aus dem allgemeinen Steueraufkommen gedeckt werden sollen.

Der Redner ist der Auffassung, daß zunächst einmal alle diese erhöhten Gebühren auf ihren alten Stand zurückgeführt werden müssen. Gerade der Magistrat müßte bei seinen Gebühren mit gutem Beispiel vorangehen. Man sollte die Vorlage ablehnen.

Dr. Landwehr wendet sich gegen das Argument, daß diese Gebührensätze schon früher unter den Selbstkosten gelegen hätten. Man kann nicht ein lange hingeschlepptes Unrecht nun gerade in dem Augenblick wiedergutmachen, wo allgemein an das Preisproblem zur Verhütung einer Inflation herangegangen wird.

Dr. Düring tritt für eine Zurückstellung, aber nicht Ablehnung der Vorlage ein, damit das Grundsätzliche der Sache noch einmal geprüft werden kann. Man darf dabei nicht ganz das Etats-Bild aus dem Auge lassen. Bei einem ausgeglichenen Etat

---

13 Vgl. zur Bildung des erweiterten Mag.ausschusses für Bau- und Wohnungswesen das 20. Mag.prot. v. 10.9.1945, TOP 8. Die Mag.vorlage Nr. 182 v. 5.4.1946 ist von diesem Ausschuß nicht beraten worden; vgl. die Materialien des Ausschusses in: LAB(STA), Rep. 110, Nr. 26.

wurde früher nicht danach gefragt, ob bei solchen Gebühren die Selbstkosten gedeckt sind oder nicht. Heute sind aber die Etats-Mittel außerordentlich beschränkt.

Schwenk begrüßt es, daß es aus Anlaß der an sich bedeutungslosen Vorlage zu dieser *grundsätzlichen Diskussion* gekommen ist.[14] Die generelle Anordnung, daß die Preise auf den Stand vom 1.1.45 zurückgeführt werden müssen, wird zu schweren Erschütterungen der Wirtschaft führen, nachdem in der Zwischenzeit die Tarife für Eisenbahn und Post erhöht worden und andere nicht mehr rückgängig zu machende Verteuerungen eingetreten sind. Es muß unbedingt vermieden werden, daß es zu einem Zusammenbruch der Wirtschaft kommt. Aufgabe des Magistrats ist es, hier einen Ausweg zu suchen.

Der Redner schlägt vor, den Finanzausschuß[15] zu beauftragen, den gesamten Fragenkomplex, der mit der Anordnung des Preisstops zusammenhängt, zu erörtern und dann an die Alliierten mit entsprechenden Vorschlägen heranzutreten. Dabei muß auch das Augenmerk darauf gerichtet werden, daß die Sünden der Vergangenheit nicht endlos fortgesetzt werden. Das trifft für die vorliegende Verordnung zu. Die Gebühren sind zu einer Zeit beschlossen worden, als in den beschließenden Körperschaften noch die Interessenten saßen und ihren Einfluß geltend machen konnten. Heute muß auch hierin eine Änderung eintreten.

Lange hält den Vertretern der Wirtschaft entgegen, ihre Auffassung wäre richtig, wenn Gebühren und Preise identisch wären. Die Vertreter der Wirtschaft gehen von der Voraussetzung aus, daß der Preis am 1.1.45 ein der Ware angemessener Preis war. Das trifft aber auf die Gebühren nicht zu. Sie waren nur ein unbedeutender Zuschuß zu den Leistungen der Stadt, die von Interessenten gefordert wurden. Das Kommunalabgabengesetz, das noch heute maßgebend ist, fordert ausdrücklich, daß bei Benutzungsgebühren die Kosten durch die Gebühren gedeckt werden müssen.[16] Bestimmte Interessentenkreise haben es bewußt verstanden, die Erfüllung dieser Forderung zu umgehen und die Kosten aus allgemeinen Steuern decken zu lassen. Das kann aber heute nicht mehr fortgesetzt werden. Wenn die Gesamtfrage entsprechend dem Vorschlag von Schwenk geprüft wird, muß auch darauf gesehen werden, daß Benutzungs- und Verwaltungsgebühren der Stadt auf eine angemessene Höhe gesetzt werden.

Dr. Haas gibt einige *vorläufige Etats-Zahlen* – er hofft, die endgültigen Zahlen kurz vor dem 1. Mai geben zu können – bekannt.[17] Es wird mit einem Steuerauf-

---

14 Vgl. zur bisherigen Behandlung der Preis- und Geldentwertungsproblematik im Magistrat das 37. Mag.prot. v. 17.12.1945, TOP 3, u. das 47. Mag.prot. v. 23.2.1946, TOP 3, u. das 53. Mag.prot. v. 6.4.1946, TOP 4.

15 Hier ist vermutlich die Kommission bzw. der Ausschuß zum Studium des Währungsproblems gemeint, dessen Einsetzung der Magistrat am 17.12.1945 beschlossen hatte, der aber nicht aktiv geworden ist. Vgl. hierzu das 37. Mag.prot. v. 17.12.1945, TOP 3, u. das 53. Mag.prot. v. 6.4.1946, TOP 4.

16 Nach § 4 Absatz 2 des preußischen Kommunalabgabengesetzes v. 14.7.1893 waren die Gebührensätze „in der Regel so zu bemessen, daß die Verwaltungs- und Unterhaltungskosten der Veranstaltung, einschließlich der Ausgaben für die Verzinsung und Tilgung des aufgewendeten Kapitals, gedeckt werden", wobei unter „Veranstaltungen" die von den Gemeinden im öffentlichen Interesse unterhaltenen Anlagen, Anstalten und Einrichtungen zu verstehen waren. Das Kommunalabgabengesetz wurde veröffentlicht in: Gesetz-Sammlung für die Königlichen Preußischen Staaten, Jg. 1893, S. 152–184.

17 Gemeint sind die Zahlen des Etats für das Rechnungsjahr 1946. Vgl. zu diesem Etat das 55. Mag.prot. v. 29.4.1946, TOP 3, u. das 56. Mag.prot. v. 4.5.1946, TOP 4.

kommen von 700 Millionen im Jahre zu rechnen sein. Demgegenüber stehen – um nur einige Positionen zu nennen – an Besatzungskosten und Reparationsleistungen 400 Millionen, an Ausgaben für den Sozialhaushalt 200 Millionen, an Zuschüssen auf dem Gebiet der Ernährung 60 Millionen, an Zuschüssen für die Müllabfuhr 8 Millionen. Es ist mit einem Defizit von mehreren hundert Millionen zu rechnen, und es wird bei den Verhandlungen mit der alliierten Finanzkommission zu einem großen „Streich"-Konzert kommen. Man wird die Aufnahme einer Anleihe erwägen müssen.

Dazu kommt der Fortfall der Gebäudeinstandsetzungsabgabe ab 1. April.[18] Es entsteht die Frage, wie in Zukunft die Enttrümmerung, die jetzt in jedem Monat 6 Millionen RM erfordert, und die Instandsetzung der Wohnungen bezahlt werden sollen. Es ist an eine Erhöhung der Grundsteuer gedacht,[19] um das, was durch den Fortfall der Gebäudeinstandsetzungsabgabe an Einnahmen für diese Zwecke verlorengeht, wenigstens zum Teil wieder hereinzubringen. Mit dem Fortfall der Gebäudeinstandsetzungsabgabe ist auch das Hypothekenzins-Moratorium gefallen,[20] und es müssen vom 1. April ab wieder Hypothekenzinsen gezahlt werden.

Schmidt hält es für dringend notwendig, daß sich der *Finanzausschuß*[21] mit diesen allgemeinen Fragen beschäftigt, um den alliierten Stellen gegenüber, die teilweise immer nur einen bestimmten Ausschnitt sehen, das Problem in seiner Gesamtheit darzulegen.

Was die Gebühren betrifft, so haben diese niemals den Sinn gehabt, die Selbstkosten zu decken. Es ist dabei, da die Gebühren immer nur einen Teil der Bevölkerung berühren, stets ein zusätzlicher Beitrag von der allgemeinen Verwaltung geleistet worden. Wenn heute das gesamte Preisproblem nach dem Niveau vom Mai 1945 bzw. 1.1.45 orientiert werden soll, muß auch die Verwaltung diesen Weg mitgehen.

---

18 Die AK hatte mit BK/O (46) 164 v. 12.4.1946 die Gebäudeinstandsetzungsabgabe mit Wirkung v. 1.4.1946 aufgehoben. Vgl. hierzu Dok. 78, Anm. 34; das Prot. der Besprechung des erweiterten Mag.ausschusses für Bau- und Wohnungswesen am 24.4.1946, TOP 2, in: LAB(STA), Rep. 110, Nr. 26; das Rundschreiben Nr. 7 der Mag.abt. für Bau- und Wohnungswesen v. 24.4.1946, betr. Aufhebung der Gebäudeinstandsetzungsabgabe, in: LAB(STA), Rep. 110, Nr. 26; Gebäudeinstandsetzungsabgabe aufgehoben. Ein Nachruf ohne Tränen, in: Neue Zeit, 14.4.1946, S. 2; Millionen für Wohnungen. Das Ende der Gebäude-Instandsetzungsabgabe, in: Der Morgen, 18.4.1946, S. 4; [Karl] Brockschmidt: Gebäude-Instandsetzung und Neuaufbau in Berlin, in: Neues Deutschland, 23.4.1946, S. 4; Epilog auf die Gebäudeinstandsetzungsabgabe, in: Der Tagesspiegel, 25.4.1946, S. 5; J. Tomczak: Ein leichter Abschied. Nach dem Fortfall der Gebäude-Instandsetzungsabgabe, in: Der Morgen, 27.4.1946, S. 4; Mieter, Hausbesitzer, Hypothekengläubiger. Die Aufhebung der Berliner Gebäude-Instandsetzungsabgabe, in: Telegraf, 28.4.1946, S. 4; Wer trägt die Kosten?, in: Berliner Zeitung, 18.5.1946, [S. 3]; zu den Gründen für die Aufhebung der Gebäudeinstandsetzungsabgabe: Hanauske, S. 184 – 186.

19 Vgl. hierzu TOP 7 in diesem Mag.prot.

20 Die an die Dauer der Erhebung der Gebäudeinstandsetzungsabgabe gebundene VO über die vorübergehende Befreiung von der Zinszahlung für Hypotheken, Grundschulden und Abgeltungsdarlehen auf Berliner Grundstücken v. 2.7.1945 wurde durch eine AufhebungsVO v. 8.5.1946 mit Wirkung v. 1.4.1946 außer Kraft gesetzt. Vgl. hierzu Dok. 78, Anm. 34; VOBl., Jg. 1 (1945), S. 52, u. Jg. 2 (1946), S. 166.

21 Vgl. Anm. 15 zu diesem Mag.prot.

Rumpf hebt hervor, daß die bisherige Ausgeglichenheit des Etats nur eine Selbsttäuschung war. Wir werden, ebenso wie in der Wirtschaft, auf absehbare Zeit von der Substanz leben müssen. Aber die neue Preispolitik muß unter allen Umständen durchgezogen werden, auch bei der Verwaltung.

BESCHLUSS: Der Magistrat beschließt, die Vorlage Nr. 182 zurückzustellen mit der Motivierung, daß es vordringlich ist, zunächst allgemein die Frage der Preisgestaltung zu behandeln und zu regeln.[22]

4. VOLKSBILDUNG

Hierzu liegt die Vorlage Nr. 186[23] vor, betreffend Bewilligung eines Zuschusses für die Städtische *Musikschule* im Bezirk *Reinickendorf* und Unterstellung dieser Musikschule unter die Abteilung für Volksbildung beim Magistrat.[24]

Winzer empfiehlt die Annahme der Vorlage unter Hervorhebung der guten Leistungen der Musikschule in Reinickendorf und unter Hinweis auf den in der Begründung näher ausgeführten Umstand, daß der Osten und Norden Berlins gegenüber dem Westen arm an solchen Instituten ist.

Dr. Landwehr spricht sich aus grundsätzlichen Erwägungen, um mit der nötigen Sparsamkeit einmal Ernst zu machen, gegen die Annahme der Vorlage aus.

Dr. Haas bittet die Vorlage zurückzustellen, da die Frage erst in einem kleineren Kreise in bezug auf die Haushaltslage besprochen werden muß.

Winzer ist mit der Zurückstellung einverstanden, betont aber noch einmal, daß eine gerechtere Verteilung der Bildungsinstitutionen auf das Gesamtgebiet von Berlin erstrebt werden muß.

BESCHLUSS: Die Vorlage Nr. 186 wird zurückgestellt.[25]

Schulze gibt einen kurzen *Überblick* über die Entwicklung der *Abteilung für Kunstangelegenheiten* beim Magistrat der Stadt Berlin, deren Errichtung der Magistrat am 23.12.45 auf Grund eines Befehls der Alliierten Kommandantur beschlossen hatte.[26]

---

22 Die Mag.vorlage Nr. 182 ist in den folgenden Mag.sitzungen nicht wieder behandelt worden. Vgl. zur erneuten Behandlung der Preisproblematik das 59. Mag.prot. v. 29.5.1946, TOP 8, u. das 85. Mag.prot. v. 23.11.1946, TOP 2.

23 LAB(STA), Rep. 100, Nr. 770, Bl. 46.

24 Der Beschlußtext der Mag.vorlage Nr. 186 v. 26.3.1946 sah unter anderem vor, für die Städtische Musikschule im Bezirk Reinickendorf, die seit 1.8.1945 arbeitete und an der 150 Schüler studierten, einen Zuschuß in Höhe von 55 000 RM für das Etatjahr 1946 zu bewilligen.

25 In einem Schreiben v. 3.5.1946 teilte Haas dem Leiter der Mag.abt. für Kunstangelegenheiten, Karl Schulze, unter Bezugnahme auf die zurückgestellte Mag.vorlage Nr. 186 mit, daß er es „angesichts der Finanzlage der Stadt nicht verantworten" könne, „irgendwelche Mittel für die Musikschule im Bezirk Reinickendorf für das Etatjahr 1946/47 zur Verfügung zu stellen, zumal bereits die Hochschule für Musik und das Konservatorium der Stadt Berlin erhebliche Zuschüsse erfordern". Eine Abschrift dieses Schreibens ist vorhanden in: LAB(STA), Rep. 105, Nr. 418.

26 Vgl. das 38. Mag.prot. v. 23.12.1945, TOP 5; das Schreiben von Martin Schmidt an das Hauptpersonalamt v. 21.3.1946, betr. Einrichtung der Kulturabteilung, in: LAB(STA), Rep. 102, Nr. 265. Mit dem hier erwähnten Befehl der AK ist die BK/O (45) 272 v. 15.12.1945 gemeint. Diese BK/O ist vorhanden in: LAB(STA), Rep. 101, Nr. 53, u. LAB, Rep. 280, Nr. 12404; abgedruckt in: Berlin. Quellen und Dokumente, 1. Halbbd., S. 480. Vgl. hierzu Dok. 50, Anm. 33. Die von der AK befohlene Errichtung einer Mag.abt. für

In dem Befehl war auch zum Ausdruck gebracht, daß die bisherige Kammer der Kunstschaffenden[27] aufzulösen ist. Diese Kammer oder irgendwelche Ausschüsse dieser Kammer haben somit keinerlei Befugnis mehr, irgend etwas zu unternehmen.

Die Verhandlungen über die Ausgestaltung der neuen Abteilung für Kunstangelegenheiten haben, insbesondere nachdem sich eine Sonderkommission der Alliierten, das Committee of Fine Arts, eingeschaltet hat, ergeben, daß das für Dr. Alfred Werner speziell vorgesehene Arbeitsgebiet, die Museen und Schlösser, nicht mit in die neue Abteilung übernommen wird,[28] so daß vorgesehen ist, Herrn Dr. Alfred Werner in der Abteilung für Volksbildung zu belassen, während die gesamten Gebiete der Kunst: Theater, Film, Varieté usw., in der neuen Abteilung von Herrn Richard Henneberg übernommen werden.[29]

Der Redner verliest den Befehl der Alliierten Kommandantur vom 15.3.46 über die Organisation der neuen Abteilung für Kunstangelegenheiten und macht zu dem darin vorgesehenen Kulturbeirat noch ergänzende Mitteilungen.[30] Es sollte ursprünglich eine Art Kunstparlament geschaffen werden, das sich zusammensetzt aus führenden Künstlern der Berliner Bühnen und anderen führenden Künstlern sowie Vertretern

---

Kunstangelegenheiten und von bezirklichen Kunstämtern widersprach der Auffassung des Magistrats und aller Bezirksbürgermeister; vgl.: StVV, I. Wahlperiode, Stenographischer Bericht über die 2. (Ordentliche) Sitzung am 28.11.1946, S. 33 f. (Winzer).

27 Vgl. zur Kammer der Kunstschaffenden das 6. Mag.prot. v. 11.6.1945, TOP 4, u. das 25. Mag.prot. v. 8.10.1945, TOP 8, u. das 28. Mag.prot. v. 30.10.1945, TOP 7; die Materialien in: LAB, Rep. 37: OMGBS, ISB, 4/8-2/1; Keiderling: Wir sind die Staatspartei, S. 311–314.

28 Mit Schreiben v. 30.3.1946 hatte der Vorsitzende des Komitees für Kulturangelegenheiten der AK, Gardemajor Otschkin, dem Leiter der Mag.abt. für Volksbildung mitgeteilt: „Auf Grund des Beschlusses des Komitees für Kulturangelegenheiten der Alliierten Kommandantur vom 29.3.1946 bleibt das Hauptamt für bildende Künste bei der Abteilung für Volksbildung und wird nicht in die neu organisierte Kunstabteilung eingeschlossen." Das Schreiben ist vorhanden in: LAB(STA), Rep. 101, Nr. 61.

29 Vgl. das Schreiben Schulzes an Presse und Rundfunk v. 30.4.1946, betr. Bildung einer Abteilung für Kunst beim Magistrat der Stadt Berlin, in: LAB(STA), Rep. 120, Nr. 1240, Bl. 8; Abteilung für Kunst beim Magistrat. Kammer der Kunstschaffenden aufgelöst, in: Berliner Zeitung, 3.5.1946, [S. 3]; Wie steht es um Berlins Theater?, in: Nacht-Express, 30.9.1946, [S. 5].

30 Die hier gemeinte BK/O (46) 132a v. 15.3.1946 ist vorhanden in: LAB(STA), Rep. 100, Nr. 765, Bl. 77, u. Rep. 101, Nr. 61; LAB, Rep. 280, Nr. 4806. Mit dieser BK/O hatte die AK nicht nur erneut die Organisierung einer Kunstabteilung beim Magistrat der Stadt Berlin und die Schaffung von „Kunstabteilungen mit einem Personalbestand von 3–4 Personen" bei den Bezirksämtern befohlen, sondern auch die Schaffung eines aus zwölf Personen bestehenden Kunstbeirats angeordnet, der „gemeinsam mit den Herren Schulze, Dr. Alfred Werner und Henneberg einen Arbeitsplan der Kunstabteilung ausarbeiten und die Kandidaturen für die Mitarbeiter der Abteilung erörtern" sollte. Darüber hinaus hatte der Kunstbeirat „die Kandidaturen für die beratenden Gruppen bei jeder Unterabteilung der Kunstabteilung zu bestätigen". Diese „beratenden Gruppen" im Umfang von fünf bis sieben Personen sollten „aus hervorragenden Künstlern der Stadt Berlin bestehen" und „als beratende Körperschaften in den Arbeitsprozeß der Kunstabteilung eingereiht werden".

der vier politischen Parteien, des Jugendausschusses und der Gewerkschaften.[31] Das entfällt nun nach diesem Befehl.

Die Unterbringungsfrage der Abt[eilung] für Kunstangelegenheiten ist, wie schon in der letzten Sitzung berichtet wurde, dahin geregelt worden, daß das Gebäude Mittelstraße 51/52 dafür zur Verfügung gestellt wird.[32]

Der Redner führt weiter aus, daß gemäß dem Magistratsbeschluß auch bei den Bezirksämtern selbst Ämter für Kunstangelegenheiten gebildet werden, die dem Bürgermeister oder seinem Stellvertreter unterstehen.[33]

Henneberg stellt sich als stellvertretender Leiter der Abteilung für Kunstangelegenheiten dem Magistrat vor und gibt über seine bisherige Tätigkeit einige Daten bekannt.[34]

Schmidt macht auf den Widerspruch aufmerksam, der darin liegt, daß die ursprünglich vorgesehene Organisation der neuen Kunstabteilung mit je einem Arbeitsgebiet für Dr. Alfred Werner und Herrn Henneberg durch Beschluß der Alliierten Kommandantur bestätigt worden ist, daß aber durch einen Sonderbefehl einer Unterkommission dieser Organisationsplan wieder verändert wurde.

Schulze will versuchen, eine weitere Klärung dieser Frage herbeizuführen.

Winzer stellt die Frage, wie nach der nunmehrigen Regelung die Stellung von Dr. Alfred Werner sein soll. Es bestände die Möglichkeit, ihn zu seinem, des Redners, Stellvertreter in der Abt[eilung] für Volksbildung zu machen, zumal für den bisherigen Stellvertreter Erich Otto eine Neuregelung getroffen werden müsse.[35] Der Redner will hierüber in der nächsten Sitzung einen konkreten Vorschlag

---

31 Vgl. den Entwurf eines Verwaltungsstatuts für die Mag.abt. für Kunstangelegenheiten v. 21.2.1946, in: LAB(STA), Rep. 120, Nr. 1240, Bl. 2 f.

32 Vgl. das 53. Mag.prot. v. 6.4.1946, TOP 7.

33 Vgl. hierzu das Prot. der Konferenz der Bezirksbürgermeister am 20.6.1946, TOP 2, in: LAB, Rep. 280, Nr. 3860; die Liste der bezirklichen Kunstämter v. 10.7.1946, in: LAB(STA), Rep. 120, Nr. 1240, Bl. 32; das Rundschreiben der Mag.abt. für Kunst an die bezirklichen Abteilungen für Kunst v. 2.10.1946, in: LAB(STA), Rep. 120, Nr. 1240, Bl. 38.

34 Der Schauspieler Richard Henneberg ist im Geschäftsverteilungsplan der Mag.abt. für Volksbildung v. 1.10.1945 im Hauptamt „Theater, Film, Musik" als „ständiger Vertreter" der Kammer der Kunstschaffenden aufgeführt und in einer Liste leitender Mitarbeiter der Mag.abt. für Volksbildung v. 14.3.1946 als Hauptreferent in diesem Hauptamt; siehe: LAB(STA), Rep. 120, Nr. 62, Bl. 70, u. Nr. 2306, Bl. 53. Er amtierte nur bis zum 21.9.1946 als stellvertretender Leiter der Mag.abt. für Kunst/Kunstangelegenheiten. Vgl. hierzu das 76. Mag.prot. v. 21.9.1946, TOP 2; LAB(STA), Rep. 120, Nr. 1240, Bl. 9. Er war 1946 Mitglied der SED; siehe die undatierte „Liste der Wissenschaftler und Kulturschaffenden, die Mitglieder der SED sind oder mit ihr sympathisieren" [1946], in: SAPMO-BArch, BPA, IV L-2/13/435.

35 Otto betrieb parallel zu seiner Tätigkeit als stellvertretender Leiter der Mag.abt. für Volksbildung die Wiedererrichtung der Genossenschaft Deutscher Bühnen-Angehörigen. Vgl. hierzu: LAB(STA), Rep. 120, Nr. 3231, Bl. 37–43; LAB, Rep. 280, Nr. 5000; H[ugo] Gau-Hamm: Präsident Erich Otto und die Bühnengenossenschaft, in: Deutsches Bühnen-Jahrbuch 1951, S. 44–46; Schivelbusch, S. 79–81. Im Januar 1946 kam es zu einer schriftlichen Auseinandersetzung zwischen Winzer und Otto über die Entstehung, Bezeichnung und Funktion der Kammer der Kunstschaffenden; siehe: LAB(STA), Rep. 120, Nr. 3231, Bl. 64–74. Otto amtierte noch bis zum 31.5.1946 als stellvertretender Leiter der Mag.abt. für Volksbildung. Vgl. hierzu die Mag.vorlage Nr. 211 v. 2.5.1946, in: LAB(STA), Rep. 100, Nr. 772, Bl. 22; das 56. Mag.prot. v. 4.5.1946, TOP 2.

machen.[36] Heute sollte vom Magistrat die klare Weisung gegeben werden, daß die neue Abteilung für Kunstangelegenheiten sofort ihre Arbeiten unmittelbar unter der Leitung von Bürgermeister Schulze[37] aufnimmt.

Maron möchte den Antrag von Winzer auf sofortige Aufnahme der Arbeit der neuen Kunstabteilung dahin erweitern, daß die Kammer der Kunstschaffenden sofort ihre Arbeiten einstellt und alle ihre Unterlagen und Materialien der neuen Abteilung für Kunstangelegenheiten in der Mittelstraße ausliefert.

Winzer erklärt hierzu, daß er gemeinsam mit Dr. Haas bereits eine entsprechende Aufforderung an die Kammer der Kunstschaffenden gerichtet hat.

BESCHLUSS: Die Mitteilungen von Bürgermeister Schulze über die Abt[eilung] für Kunstangelegenheiten werden zur Kenntnis genommen.[38]

Schulze macht weiter Mitteilung über die inzwischen erfolgte *Neuregelung des Religionsunterrichts*, nachdem die Alliierte Kommandantur dem Magistratsbeschluß vom 31.1.46 zugestimmt hat. Der endgültige Befehl hierüber wird vom Redner verlesen.[39]

---

36 Der Magistrat beschloß in seiner übernächsten Sitzung, Ernst Wildangel als Nachfolger von Erich Otto zum stellvertretenden Leiter der Mag.abt. für Volksbildung zu berufen. Vgl. das 56. Mag.prot. v. 4.5.1946, TOP 2. Der Vorschlag Winzers, Dr. Alfred Werner zum zweiten stellvertretenden Leiter der Mag.abt. für Volksbildung zu ernennen, wurde nicht verwirklicht; statt dessen wurde Werner am 13.7.1946 zum stellvertretenden Leiter der Mag.abt. für Kunst ernannt. Vgl. hierzu das 63. Mag.prot. v. 29.6.1946, TOP 6, u. das 65. Mag.prot. v. 13.7.1946, TOP 8, u. das 66. Mag.prot. v. 20.7.1946, TOP 2.

37 In einer Notiz v. 16.2.1946 hatte Ulbricht an Oberst Tulpanow, den Chef der Verwaltung für Propaganda und Zensur in der SMAD, geschrieben: „Es wird uns mitgeteilt, daß angeblich im Auftrage von Generalleutnant Bokow Kapitän Genosse Barski gefordert habe, daß als Leiter der Abteilung Kunst in der Stadtverwaltung anstelle des Sozialdemokraten Schulze das Mitglied der Christlich-Demokratischen Union Lobedanz eingesetzt werden soll. Da die Engländer sich für die Abteilung Kunst interessieren, haben wir Zweifel, ob es richtig ist, jetzt einen Funktionär der C.D.U. für die Kunstsachen in Berlin einzusetzen." Die Notiz ist vorhanden in: SAPMO-BArch, ZPA, NL 182/1187, Bl. 27. Dr. Reinhold Lobedanz war zu diesem Zeitpunkt 3. Vorsitzender der CDU, 1. Vorsitzender des Landesverbands Mecklenburg-Vorpommern der CDU und Leiter der Präsidialabteilung beim Ministerpräsidenten von Mecklenburg-Vorpommern.

38 Vgl. zur weiteren Entwicklung der Mag.abt. für Kunst das 56. Mag.prot. v. 4.5.1946, TOP 4, u. das 62. Mag.prot. v. 22.6.1946, TOP 7 (Schulze), u. das 67. Mag.prot. v. 27.7.1946, TOP 2; den Pensenplan der Mag.abt. für Kunst, in: LAB(STA), Rep. 120, Nr. 1240, Bl. 12 – 19; das Schreiben der Mag.abt. für Kunst an das Kulturkomitee der AK v. 1.8.1946, betr. Organisierung der Abteilung für Kunst, in: LAB(STA), Rep. 120, Nr. 1240, Bl. 20 – 22; den Tätigkeitsbericht der Mag.abt. für Kunst v. 26.8.1946, in: LAB(STA), Rep. 101, Nr. 1213; die Materialien in: LAB, Rep. 37: OMGBS, ISB, 4/8-2/4 u. 4/8-2/16; Künstler sollen sich hier wohlfühlen. Ein Blick in die Abteilung Kunst beim Magistrat Berlin, in: Neues Deutschland, 9.10.1946, Berliner Beilage; Karl Schulze: Aufbau und Aufgaben der Abteilung für Kunst, in: Die Stadtverwaltung, Jg. 1 (1946), H. 10, S. 5 f.; Walter Stehr: Ein Amt für Kunst bei der Arbeit, in: Die Stadtverwaltung, Jg. 2 (1947), H. 3, S. 6 f.

39 Der in der Mag.sitzung v. 31.1.1946 gefaßte Mag.beschluß zur Regelung des Religionsunterrichts in Berlin war von der AK mit BK/O (46) 159 v. 4.4.1946 in zum Teil abgeänderter Fassung genehmigt worden. Diese hier von Schulze verlesene BK/O war aber noch nicht der „endgültige Befehl" zum Religionsunterricht, denn zwei ihrer

Der Redner fügt hinzu: Wir stehen von seiten der Schulverwaltung auf dem Standpunkt,[40] daß die Kinder, die nicht am kirchlichen Religionsunterricht teilnehmen, in diesen zwei Stunden tatsächlich beschäftigt werden, und zwar durch Unterweisung in Religionsgeschichte, um sie mit dem Geistesgut der religiösen Erscheinungen vertraut zu machen. Ein sogenannter Moralunterricht wird dagegen abgelehnt.[41]

Da der seinerzeit vorgesehene Termin für das Anmeldeverfahren durch die Kirchengemeinden und die Willenserklärungen der Eltern, nämlich die Zeit vom 1. bis 15. März,[42] inzwischen überholt ist, wird im Einvernehmen mit den Kirchengemeinschaften ein neuer Termin hierfür festgesetzt werden. Im übrigen sind durch diesen endgültigen Befehl der Alliierten Kommandantur alle umstrittenen Fragen so geregelt, daß nunmehr in dem Verhältnis zwischen Kirche und Schule Ruhe einkehren wird.

Auf eine Frage von *Maron* erklärt

Grüber, daß es in bezug auf andere als die evangelischen, katholischen und jüdischen Kirchengemeinschaften in der Praxis keine Schwierigkeiten geben wird. Wenn irgendeine Sekte oder Freikirche Wert darauf legt, ihren Kindern besonderen Religionsunterricht zuteil werden zu lassen, muß sie einen Lehrer dafür stellen, und das scheitert meistens am Geldmangel. Im allgemeinen ist es so, daß diese Kinder an dem Religionsunterricht der evangelischen oder katholischen Kirche teilnehmen.

BESCHLUSS: Die Mitteilungen von Bürgermeister Schulze über die Regelung des Religionsunterrichts werden zur Kenntnis genommen.[43]

5. PERSONALFRAGEN

Hierzu liegt die Vorlage Nr. 183[44] vor, betreffend Eintritt des Herrn *Schwanebeck*[45] vom FDGB in den *Beirat* des Eigenbetriebes Berliner *Wasserwerke.*[46]

Schmidt bittet im Einvernehmen mit Stadtrat Jirak, die Vorlage zurückzustellen, da die Leitung des FDGB zu der Angelegenheit noch einmal Stellung nehmen will.

Formulierungen wurden von der AK später wieder geändert. Vgl. zu dieser Entwicklung das 44. Mag.prot. v. 31.1.1946, TOP 1 (insb. Anm. 9). Die BK/O (46) 159 ist vorhanden in: LAB(STA), Rep. 101, Nr. 62, u. Rep. 120, Nr. 3235, Bl. 12 f., u. LAB, Rep. 280, Nr. 4812; abgedruckt in: Berlin. Quellen und Dokumente, 1. Halbbd., S. 531 f.

40 Dieser erste Satzteil wurde in der folgenden Mag.sitzung berichtigt zu: Der Redner steht auf dem Standpunkt. Vgl. das 55. Mag.prot. v. 29.4.1946, TOP 1.

41 Vgl. hierzu das Prot. der Konferenz der Bezirksbürgermeister am 31.1.1946, TOP 6, in: LAB, Rep. 280, Nr. 3847.

42 Diese Frist war im Mag.beschluß zur Regelung des Religionsunterrichts festgelegt worden; vgl. das 44. Mag.prot. v. 31.1.1946, TOP 1 (Mag.beschluß, Ziffer 5).

43 Vgl. zur weiteren Auseinandersetzung um den Religionsunterricht: Dok. 93.

44 LAB(STA), Rep. 100, Nr. 770, Bl. 39 u. 40; auch in: LAB(STA), Rep. 101, Nr. 665.

45 Erich Schwanebeck war Vorsitzender des Gesamtbetriebsrats der städtischen Betriebe und Verwaltungen. In dieser Eigenschaft nahm er seit dem 18.5.1946 an den Mag.sitzungen teil; vgl. das 58. Mag.prot. v. 18.5.1946, vor TOP 1.

46 Vgl. zum Beirat der Berliner Wasserwerke das 7. Mag.prot. v. 18.6.1945, Nachtrag. Schwanebeck sollte nach der Mag.vorlage Nr. 183 v. 8.4.1946 anstelle von Focke in diesen Beirat eintreten. Focke war als stellvertretender Leiter der Mag.abt. für Städtische Energie- und Versorgungsbetriebe am 15.2.1946 aus dem Magistrat ausgeschieden; vgl. das 48. Mag.prot. v. 4.3.1946, TOP 2.

BESCHLUSS: Die Vorlage Nr. 183 wird zurückgestellt.[47]

6. SOZIALWESEN

Hierzu liegt die Vorlage Nr. 187[48] vor, betreffend Zustimmung zur Errichtung eines städtischen *Altersheims* in Berlin-Charlottenburg, Am Holtzdamm 62, sowie Einstellung der Mittel dafür in den Haushalt.

Dr. Haas empfiehlt in zeitweiliger Abwesenheit von Stadtrat Geschke die Annahme der Vorlage.

Schwenk erinnert daran, daß der Magistrat früher schon einen Beschluß auf Einrichtung dieses Altersheims gefaßt hat.[49] Die laufenden Kosten dafür müssen im Haushaltsplan bereitgestellt werden.

BESCHLUSS: Der Magistrat beschließt: Die Vorlage Nr. 187 unterliegt nicht der Beschlußfassung des Magistrats; die Vorlage wird als Material für den Haushaltsplan zurückgestellt.[50]

Eine weitere Vorlage Nr. 188[51] behandelt die Errichtung eines städtischen *Wohnheims für gefährdete junge Mädchen* und Bewilligung der Haushaltsmittel hierfür.[52]

Buchholz begrüßt es, daß das Hauptamt für Sozialwesen sich dieses Problems annimmt, und verweist in diesem Zusammenhang auf die konfessionellen Einrichtungen dieser Art, deren Ausnutzung auch im Interesse des Magistrats liege. So gibt es allein von katholischer Seite her 5 große Heime für gefährdete weibliche Jugend in Berlin, in denen die Mädchen zu hauswirtschaftlichen und anderen Arbeiten angehalten werden. Zuweisungen von der Stadt sind in den letzten Monaten nicht erfolgt, so daß auch Mädchen aus anderen Gegenden und Flüchtlingskinder aufgenommen werden konnten.

Dr. Redeker weist auf einen Befehl für die sowjetische Besatzungszone hin, der auch für den sowjetischen Sektor von Berlin Geltung hat und wahrscheinlich auch für die übrigen Sektoren übernommen werden wird, wonach zur Bekämpfung der Geschlechtskrankheiten u[nter] a[nderem] die Unterbringung von abgleitenden

---

47 In den Beirat der Berliner Wasserwerke wurde nicht Schwanebeck, sondern ein anderer Vertreter des FDGB entsandt. Vgl. das 57. Mag.prot. v. 13.5.1946, TOP 7.

48 LAB(STA), Rep. 100, Nr. 770, Bl. 47–49.

49 Die Mag.vorlage Nr. 52 v. 29.1.1946, in der unter anderem die Errichtung eines Altersheims im Bezirk Charlottenburg am Holtzdamm vorgesehen war, hatte der Magistrat nicht beschlossen, sondern zurückgestellt. Vgl. das 45. Mag.prot. v. 2.2.1946, TOP 8.

50 In der Mag.vorlage Nr. 187 v. 15.4.1946 waren Mittel in Höhe von 108 800 RM für das geplante Altersheim vorgesehen. Vgl. auch das 79. Mag.prot. v. 12.10.1946, TOP 8 (Mittelbewilligung für die Errichtung eines Altersheims im Bezirk Steglitz).

51 LAB(STA), Rep. 100, Nr. 770, Bl. 50 f.

52 In der Mag.vorlage Nr. 188 v. 15.4.1946 waren Mittel in Höhe von 127 650 RM für die Errichtung eines städtischen Wohnheims im Bezirk Wilmersdorf, Königsallee 7, für „70 gefährdete anhanglose junge Mädchen" vorgesehen. Die Mag.vorlage Nr. 52 v. 29.1.1946, in der auch die Errichtung dieses Wohnheims bereits aufgeführt war, hatte der Magistrat Anfang Februar 1946 zurückgestellt; vgl. das 45. Mag.prot. v. 2.2.1946, TOP 8. Vgl. auch das 27. Mag.prot. v. 22.10.1945, TOP 5 (Erziehungsheim „Tannenhof").

Mädchen in Heimen vorgeschrieben ist.[53] Es hat sich herausgestellt, daß unter den bei Razzien aufgegriffenen Mädchen ein großer Prozentsatz ist, die noch nicht als völlig verloren anzusehen und durchaus wieder auf den rechten Weg zu bringen sind, wenn sie entsprechend untergebracht und behandelt werden. Die Resultate dieser Heimerziehung sind recht gut. Unter diesem Gesichtspunkt ist auch die Errichtung dieses Heims zu begrüßen. Es wäre nur wünschenswert, anstelle der Bezeichnung „Heim für g e f ä h r d e t e Mädchen" einen anderen Ausdruck zu wählen. Man sollte solche sozialen Einrichtungen nicht von vornherein durch den Namen belasten.

Dr. Landwehr schneidet die Frage an, ob auch für sittlich verwahrloste Jugendliche männlichen Geschlechts ähnliche Einrichtungen vorhanden oder geplant sind. Auch diesem Problem, das zweifellos heute besonders wichtig ist, müsse der Magistrat seine Aufmerksamkeit widmen.[54]

BESCHLUSS: Die Vorlage Nr. 188 wird wie die vorhergehende Vorlage als Material für den Haushaltsplan zurückgestellt.[55]

7. ALLGEMEINES

Hierzu liegt die Vorlage Nr. 185[56] vor, betreffend *Polizei-Verordnung über die Beseitigung von Müll* und sonstigem Haushaltungs-Unrat.[57]

Dr. Goll teilt hierzu zunächst mit, daß die der Vorlage beiliegende Verordnung in ihrem Wortlaut neu gefaßt und somit überholt sei. Gültig ist die heute neu verteilte Verordnung[58].

---

53 Gemeint ist der Befehl Nr. 030 des Obersten Chefs der Sowjetischen Militäradministration in Deutschland v. 12.2. oder 20.2.1946, betr. Maßnahmen zur Bekämpfung der Geschlechtskrankheiten. Dieser Befehl konnte nicht ermittelt werden; vgl. hierzu aber das Prot. der Besprechung der Amtsärzte am 23.5.1946, TOP 1, in: LAB, Rep. 12, Acc. 902, Nr. 5. Die AK erließ zur Bekämpfung der Geschlechtskrankheiten in Berlin die BK/O (46) 257 v. 7.6.1946, die durch die BK/O (46) 298 v. 9.7.1946 noch einige Textänderungen erfuhr. Die BK/Os sind vorhanden in: LAB(STA), Rep. 101, Nr. 66 bzw. 68, u. LAB, Rep. 280, Nr. 13838 bzw. 7315; ihr Text wurde in stilistisch überarbeiteter Form veröffentlicht in: VOBl., Jg. 2 (1946), S. 358.

54 Vgl. hierzu das 65. Mag.prot. v. 13.7.1946, TOP 6.

55 Vgl. zur erneuten Beschlußfassung über die Mittelbewilligung für die Errichtung des städtischen Wohnheims für „gefährdete junge Mädchen" im Bezirk Wilmersdorf, Königsallee 7, das 62. Mag.prot. v. 22.6.1946, TOP 5.

56 LAB(STA), Rep. 100, Nr. 770, Bl. 41 – 44; auch in: LAB(STA), Rep. 101, Nr. 665. Vgl. zur Vorgeschichte dieser Mag.vorlage: LAB(STA), Rep. 118, Nr. 243, Bl. 5 – 23.

57 Vgl. zur bisherigen Behandlung des Problems der Müllbeseitigung das 18. Mag.prot. v. 27.8.1945, TOP 6, u. das 29. Mag.prot. v. 5.11.1945, TOP 7 (Maron), u. das 38. Mag.prot. v. 23.12.1945, TOP 4, u. das 47. Mag.prot. v. 23.2.1946, TOP 6, u. das 49. Mag.prot. v. 9.3.1946, TOP 7; die Protokolle der Konferenzen der Bezirksbürgermeister am 2.11.1945, TOP 5, am 16.11.1945, TOP 1, am 31.1.1946, TOP 1, u. am 14.2.1946, TOP 4, in: LAB, Rep. 280, Nr. 3840, 1598, 3847 u. 1600; den „Rechenschaftsbericht über die Durchführung der städtischen Müllabfuhr" v. 26.2.1946, verfaßt vom Leiter des Hauptamts II in der Mag.abt. für Städtische Energie- und Versorgungsbetriebe, Erik Heikel, in: LAB(STA), Rep. 101, Nr. 61; den Bericht von OB Werner an die AK v. 23.3.1946, betr. Neuorganisierung des Müllabfuhr-Dienstes, in: LAB(STA), Rep. 101, Nr. 61.

58 Dieser VO-Entwurf konnte nicht ermittelt werden.

Der Vorlage liegt eine Anordnung der Alliierten Kommandantur vom 16.3. zugrunde.[59] Die zentrale Müllabfuhr ist leider noch nicht wieder so weit ausgebaut, daß sie in absehbarer Zeit alle Aufgaben übernehmen könnte. Nach dem jetzigen Stande ist die zentrale Müllabfuhr in der Lage, 50 bis 60 % des anfallenden Mülls aus Berlin herauszubringen. Vor einigen Tagen sind der Müllabfuhr weiter 80 Pferde zur Verfügung gestellt worden. Auch mit der Waggongestellung soll nicht mehr so engherzig wie bisher verfahren werden, so daß anzunehmen ist, daß in kurzer Frist beachtliche Fortschritte auf dem Gebiet der Müllbeseitigung erzielt werden können. Als Notmaßnahme muß aber einstweilen noch die in der Verordnung befohlene Müllbeseitigung vermittels Hofgruben vorgesehen werden. Um die Bevölkerung eindringlich auf dieses Problem hinzuweisen, sind Propagandaaktionen mit Unterstützung von Rundfunk und Presse vorbereitet.

Gegen die ursprünglich der Vorlage Nr. 185 beigegebene Verordnung, die von dem Justitiar des Polizeipräsidenten ausgearbeitet worden war, hatte das Landesgesundheitsamt Bedenken erhoben. Das Landesgesundheitsamt hat seinerseits den Entwurf einer Verordnung[60] eingereicht, der nunmehr zur Grundlage der neu vorgelegten Verordnung genommen worden ist.

Dr. Redeker schildert kurz die im Laufe der Zeit ergriffenen Maßnahmen zur Müllbeseitigung.[61] Jetzt hat die Alliierte Kommandantur Forderungen gestellt,[62] die im Prinzip auf Abfuhr des Mülls zielen und nur für dringendste Notzustände die Verbringung in Gruben mit bestimmten Bedingungen vorschreiben. Diese Bedingungen sind schwer erfüllbar. Es wird praktisch darauf hinauskommen, daß der Müll nicht mehr auf den Straßen aufgehäuft wird, sondern in Höfen oder Ruinen. Das Landesgesundheitsamt hatte in seinem Entwurf gewisse Schutzvorschriften vorgesehen. Danach sollte die Entscheidung darüber, ob die Grubenmaßnahmen ausreichen oder nicht, nicht allein von den Polizeiinspektionen getroffen werden, sondern in Verbindung mit einer Bezirksverwaltungsstelle und einem Amtsarzt. Diese Schutzbestimmungen sind aber leider aus der jetzt vorliegenden Verordnung wieder herausgestrichen.

Schwenk sieht die ganzen Schwierigkeiten in bezug auf die Müllbeseitigung darin, daß es an der genügenden Zahl von Gespannen und Zugmaschinen für die Abfuhr fehlt, während die Wagen selbst vorhanden sind. Dieser Umstand müßte der Alliierten Kommandantur einmal eindringlich vor Augen geführt werden. Außerdem sollte man sich für den Abtransport des Mülls aus der Stadt nicht nur auf Eisenbahnwaggons beschränken, sondern auch Kähne zu Hilfe nehmen. Ferner

---

59 Gemeint ist die BK/O (46) 133 v. 16.3.1946, betr. Neuorganisierung des Müllabfuhrdienstes, in: LAB(STA), Rep. 101, Nr. 61, u. LAB, Rep. 280, Nr. 12540; vgl. hierzu auch: Dok. 74, Anm. 55. In Ziffer 1 dieser BK/O ordnete die AK die zentralisierte Durchführung der Müllabfuhr an. Weiterhin wurde dem Magistrat in Ziffer 3 und 4 befohlen: „Nach Bedarf werden Sie Privattransporte für die Müllabfuhr mobilisieren. Verfügbare Transportmittel der Müllabfuhrabteilung werden bis zum äußersten ausgenützt werden, und diese Arbeit wird in 2 Schichten organisiert." „Falls die Transportmittel für die Müllabfuhr nicht ausreichen, werden Sie den Müll auf den Höfen sammeln, in Gruben von nicht weniger als 1 Meter Tiefe vergraben und mit Chlormörtel begießen lassen."

60 Dieser VO-Entwurf konnte nicht ermittelt werden.

61 Vgl. hierzu Anm. 57 zu diesem Mag.prot.

62 Gemeint sind die in der BK/O (46) 133 enthaltenen Bestimmungen; vgl. hierzu Anm. 59 zu diesem Mag.prot.

sollte man sich schon jetzt ernstlich Gedanken machen über die Möglichkeiten einer rationellen Müllverwertung unter Berücksichtigung des hohen Düngerwertes des Mülls und der Gewinnung von Kunststoffen aus Müll.[63]

Orlopp hält die Müllbeseitigung durch Anlegen von Gruben bei großen Mietskasernen mit 100 bis 150 Familien für ganz unmöglich. Es muß alles darangesetzt werden, eine Abfuhr zu bewerkstelligen. Auf weitere Sicht sollte die Müllverbrennung in Aussicht genommen werden.

Jirak schildert die vielfachen Bemühungen, Gespanne und Zugmaschinen für die Müllabfuhr zu bekommen. Der Erfolg war nur gering. Für den Abtransport des Mülls aus Berlin steht Laderaum und Kahnraum genügend zur Verfügung. Versuche der Müllverwertung werden seit langer Zeit gemacht. Dabei werden gute Düngemittel-Stoffe gewonnen. Die Propaganda-Aktion für die Müllbeseitigung hat hauptsächlich den Sinn, daß an einem oder zwei Tagen schlagartig aller Müll von Straßen, Höfen und aus Ruinen verschwindet.[64]

Der Redner betont, daß er persönlich von der Alliierten Kommandantur für die Müllbeseitigung verantwortlich gemacht worden ist. Die in der Verordnung vorgesehenen Maßnahmen müssen unbedingt durchgeführt werden.

Lange empfiehlt, die zentrale Müllabfuhr angesichts der beschränkten Möglichkeiten des Abtransportes auf die 6 Innenbezirke zu konzentrieren und die Vororte auf den Weg der Müllabladeplätze zu verweisen. Die Entscheidung darüber, ob die Grubenmaßnahmen ausreichen, kann nicht von den Polizei-Inspektionen allein getroffen werden, sondern muß, wie Dr. Redeker ausgeführt hat, von den städtischen Instanzen, den Amtsärzten usw. getroffen werden.

Dr. Landwehr vermißt in der Vorlage einen Hinweis darauf, daß die Bezirksbürgermeister in dieser Frage gehört worden sind, denn die gehe diese Frage besonders an. Man sollte die Bezirksbürgermeister ganz persönlich, nicht nur die betreffenden Referenten zu einer Besprechung dieser wichtigen Angelegenheit heranziehen.

Jirak erwidert, den Bezirksbürgermeistern sei bekannt, daß ein Befehl der Alliierten Kommandantur vorliegt, wonach die Müllabfuhr zentral durchgeführt werden soll. Für diese zentrale Durchführung ist der Magistrat verantwortlich.

Dr. Landwehr entgegnet, eine solche zentrale Durchführung lasse sich aber nicht vom grünen Tisch oder von oben herab kategorisch anordnen, sondern dabei bediene man sich zweckmäßigerweise des Rates der Besserwissenden, in diesem Falle der Bezirksbürgermeister, mit denen in gemeinsamer Besprechung solche Maßnahmen festgelegt werden müßten.

Jirak erinnert an die Anordnung des Oberbürgermeisters über die Fahrzeuggestellung durch die Bezirke, eine Anordnung, die auf einem alliierten Befehl beruhte.[65]

---

63 Vgl. zur Müllverwertung die Materialien in: Akademie der Künste (Berlin-Tiergarten), NL Scharoun, Mappe Mag 1/11 u. Mag 2/4; LAB(STA), Rep. 101, Nr. 601; ferner: [Erik] Heikel: Verwertung städtischer Abfälle im Rahmen der neuen Stadtplanung [Text eines Vortrags v. 13.9.1946], in: LAB(STA), Rep. 101, Nr. 664; Was geschieht mit dem Berliner Müll?, in: Nacht-Express, 29.11.1946, [S. 5].

64 Vgl. das 55. Mag.prot. v. 29.4.1946, TOP 9 (Maron).

65 Gemeint ist eine Anordnung des Oberbürgermeisters v. 23.1.1946; vgl. das Prot. der Konferenz der Bezirksbürgermeister am 14.2.1946, TOP 4 (Heikel), in: LAB, Rep. 280, Nr. 1600. Die Anordnung konnte nicht ermittelt werden.

Darauf sind in vier Wochen sieben Antworten von seiten der Bezirksbürgermeister eingegangen!

Maron verweist darauf, daß in der Frage der Müllabfuhr schon mehrfach von seiten der Zentrale nicht der richtige Weg eingeschlagen worden sei. Man kann nicht einfach, ohne mit den Bezirksbürgermeistern Fühlung zu nehmen, solche Anordnungen herausgeben. Auch vor Erlaß dieser Verordnung müssen unbedingt die Bezirksbürgermeister noch einmal gehört werden. Außerdem hätte man in einer solchen Frage sich auch mit den Parteien und den Gewerkschaften in Verbindung setzen und sich ihre Unterstützung sichern können.

Die Verordnung an sich könnte angenommen werden, wenn etwa in § 6 noch angefügt würde, daß der in § 3 erwähnte Müllausschuß[66], in dem alle die von Dr. Redeker gewünschten Interessenten vertreten sind, zu bestimmen hat, ob und wie lange die vorgesehenen Notmaßnahmen erforderlich sind.

Jirak ist mit einem solchen Zusatz einverstanden. Es sei von seiner Abteilung aus wegen der Müllausschüsse schon mit den einzelnen Bezirksämtern verhandelt worden, und es seien auch schon Müllausschüsse gebildet worden. Eine Verbindung zu dem Aktionsausschuß der Parteien[67] und zu den Gewerkschaften sei ebenfalls hergestellt; diese seien auf die große Seuchengefahr hingewiesen worden.

BESCHLUSS: Die Vorlage Nr. 185 wird nach der neuen Fassung der Verordnung mit dem Zusatz zu § 6:

> „wenn der Müllausschuß es für erforderlich hält"

angenommen mit der Maßgabe, daß

1. die endgültige Redaktion noch gemeinsam von den Magistratsmitgliedern Lange, Dr. Redeker und Jirak bzw. Dr. Goll besorgt wird,
2. die Verordnung vor ihrer Inkraftsetzung noch der nächsten Bezirksbürgermeister-Konferenz zu unterbreiten ist.[68]

Jirak macht Mitteilung von dem Empfang eines Schreibens von einer „Beratungsstelle für die Bedarfsdeckung der Energiewirtschaft", betreffend Rundschreiben

---

66 Vgl. hierzu auch die Dienstblattverfügung Nr. V-13 des Landesgesundheitsamts v. 22.3.1946, betr. Müllbeseitigung, in: Dienstblatt des Magistrats von Groß-Berlin, Teil V, Jg. 1948, S. 9 f.

67 Gemeint ist der Einheitsausschuß Groß-Berlin; vgl. hierzu Dok. 62, Anm. 2.

68 Die hiermit beschlossene Fassung der VO über die Beseitigung von Müll und sonstigen Haushaltsabfallstoffen ist vorhanden in: LAB(STA), Rep. 101, Nr. 665. Sie erfuhr in der nächsten Sitzung der Bezirksbürgermeister noch einige Textänderungen; vgl. das Prot. der Konferenz der Bezirksbürgermeister am 25.4.1946, TOP 1, in: LAB, Rep. 280, Nr. 3855. Die VO wurde in ihrer endgültigen Fassung veröffentlicht in: Berliner Zeitung, 17.5.1946, [S. 4], u. VOBl., Jg. 2 (1946), S. 148; Ausführungsbestimmungen zu den als Notmaßnahme auf den einzelnen Grundstücken auszuhebenden Müllgruben in: Berliner Zeitung, 17.5.1946, [S. 4], u. VOBl., Jg. 2 (1946), S. 148 f. In § 3 Absatz 2 der VO heißt es zu den „Müllausschüssen": „Der Bezirksbürgermeister hat einen Müllbeseitigungsausschuß zu bilden, dem angehören: das Gesundheitsamt, die Polizeiinspektion, die zuständige Dienststelle für Müllabfuhr, das Arbeitsamt und die Fahrbereitschaft." Vgl. zur Müllbeseitigung auch das 55. Mag.prot. v. 29.4.1946, TOP 9.

für den Warentransport in der sowjetischen Besatzungszone.[69] Darin ist mehrfach u[nter] a[nderem] gesagt: „Ich ordne im Einvernehmen mit dem Magistrat der Stadt Berlin an." Der Redner weiß hiervon nichts und fragt die Magistratsmitglieder, ob jemand von ihnen in dieser Angelegenheit eine Verhandlung mit Präsident Friedensburg oder dessen Vertreter über eine derartige Beratungsstelle geführt habe.

Maron empfiehlt, eine Anfrage dorthin zu richten, welche Dienststelle verhandelt und zugestimmt hat.

Kraft teilt mit, es sei angeregt worden, den Namen des U-Bahnhofs Klosterstraße umzuändern in „Stadthaus".[70] – Die Magistratsmitglieder sprechen sich gegen eine Namensänderung aus.

Der Redner teilt weiter mit, daß am 25. April der *Flugplatz Adlershof*[71] anstelle von Tempelhof[72] in Betrieb genommen wird.

Eine weitere Mitteilung des Redners betrifft den *neuen Anstrich der Straßenbahnwagen*.

Dr. Haas bittet den Magistrat zuzustimmen, daß auf die Erhebung der *Vergnügungssteuer* für Veranstaltungen am *1. Mai*, die mit der Maifeier im Zusammenhang stehen, verzichtet wird.

BESCHLUSS: Der Antrag, betreffend Nichterhebung der Vergnügungssteuer für Maifeier-Veranstaltungen, wird angenommen.

Dr. Haas teilt weiter mit, daß nach Aufhebung der Gebäudeinstandsetzungsabgabe[73] von der Finanzabteilung der Vorschlag gemacht worden ist, die *Grundsteuer* um ein Drittel zu *erhöhen*.[74] Das würde ein Mehraufkommen von etwa 40 Millionen im Jahr erbringen. Weitere 50 Millionen wären zu erwarten aus den Hypothekenzinsen, die nach Fortfall der Gebäudeinstandsetzungsabgabe wieder zu zahlen sind[75]. Das würde zusammen 90 Millionen im Jahr ausmachen, während die Gebäudeinstandsetzungsabgabe im Jahr 170 Millionen einbrachte.

Der Redner beantragt einen Beschluß des Magistrats über die Erhöhung der Grundsteuer um ein Drittel.

Dr. Werner macht darauf aufmerksam, daß dies eine große Belastung für unbebaute Grundstücke darstellen würde, da heute keine Möglichkeit der Bebauung besteht.

---

69 Das hier erwähnte Schreiben der Beratungsstelle für die Bedarfsdeckung der Energiewirtschaft an Jirak v. 15.4.1946, betr. „Amtliche Unterstützung zur Unterbringung von Materialbeschaffungsaufträgen der Energieversorgung", ist als Abschrift vorhanden in: LAB(STA), Rep. 101, Nr. 665. Der Präsident der Deutschen Zentralverwaltung der Brennstoffindustrie in der sowjetischen Besatzungszone, Dr. Ferdinand Friedensburg, hatte diese Beratungsstelle mit einer Anordnung v. 12.2.1946 der Aufsicht seiner Zentralverwaltung unterstellt und ihre Satzung genehmigt. Die Anordnung und die Satzung sind vorhanden in: LAB(STA), Rep. 101, Nr. 665.

70 Das Neue Stadthaus und das Alte Stadthaus befanden sich im Bezirk Mitte an der Parochialstraße Ecke Klosterstraße. Vgl. Dok. 1, Anm. 9.

71 Gemeint ist der Flugplatz Johannisthal neben dem Ortsteil Adlershof im Bezirk Treptow.

72 Gemeint ist der Flughafen Tempelhof; vgl. hierzu Dok. 81, Anm. 40.

73 Vgl. Anm. 18 zu diesem Mag.prot.

74 Vgl. zur Erhebung der Grundsteuer im Rechnungsjahr 1946 das 47. Mag.prot. v. 23.2.1946, TOP 6 (insb. Anm. 68).

75 Vgl. Anm. 20 zu diesem Mag.prot.

Scharoun glaubt, daß bei einer Erhöhung der Grundsteuer und einer Wiederaufnahme der Hypothekenzahlungen sich Mieterhöhungen nicht umgehen lassen, wenn nicht massenhaft Konkurse eintreten sollen. Vielleicht ließe sich noch eine andere Regelung treffen. Der Redner bittet daher um eine kurze Frist, um sich mit dem erweiterten Magistratsausschuß seiner Abteilung darüber unterhalten zu können.[76]

Dr. Haas ist bereit, die Beschlußfassung noch 8 Tage hinauszuschieben.[77]

Dr. Werner bittet, bei diesen Beratungen auch die Frage der unbebauten Grundstücke zu berücksichtigen.

Dr. Landwehr bittet die Abt[eilung] für Bau- und Wohnungswesen, in einer der nächsten Sitzungen darüber Vortrag zu halten, was in bezug auf die *Straßenausbesserung* geschehen könne.[78]

Scharoun sagt die Erfüllung des Wunsches zu.[79]

Nächste Sitzung[:] Sonnabend, den 27. April 1946.[80]

---

76 Vgl. das Prot. [Entwurf] der Besprechung des erweiterten Mag.ausschusses für Bau- und Wohnungswesen am 24.4.1946, TOP 2, in: LAB(STA), Rep. 110, Nr. 26. Vgl. zur Bildung dieses Mag.ausschusses das 20. Mag.prot. v. 10.9.1945, TOP 8.

77 Vgl. zur beabsichtigten Erhöhung der Grundsteuer um ein Drittel das 55. Mag.prot. v. 29.4.1946, TOP 3 (Haas) u. 4, u. das 56. Mag.prot. v. 4.5.1946, TOP 4, u. das 61. Mag.prot. v. 15.6.1946, TOP 3 (Haas).

78 In seiner 3. Sitzung hatte der Magistrat 500 000 RM für die Reparatur der Hauptstraßen bewilligt; vgl. das 3. Mag.prot. v. 28.5.1945, TOP 6 (Punkt 8). Die AK ordnete mit BK/O (46) 316 v. 31.7.1946 eine regelmäßige Berichterstattung der Mag.abt. für Bau- und Wohnungswesen über die „Erneuerung und Erhaltung von Chausseen und Brücken" an. Die BK/O ist vorhanden in: LAB(STA), Rep. 101, Nr. 69; LAB, Rep. 280, Nr. 12624.

79 Die Frage der Straßenausbesserung ist in den folgenden Mag.sitzungen nicht wieder zur Sprache gekommen. Vgl. hierzu: Berlins Straßen brauchen 100 000 t Kies, in: Der Morgen, 17.4.1946, S. 3; Straßen werden wieder Straßen, in: Nacht-Express, 6.7.1946, [S. 6]; Berliner Asphalt wird zu dünn, in: Berliner Zeitung, 22.10.1946, [S. 6].

80 Tatsächlich fand die nächste Mag.sitzung am Montag, den 29.4.1946 statt.

Dok. 81
Magistratsvorlage Nr. 233 vom 26. April 1946,
betr. Behandlung der Denkmäler in Berlin

LAB, Rep. 228, Mag.vorlagen 1946. – Umdruck.[1]

Magistrat der Stadt Berlin   Berlin, C 2, den 26. April 1946.
Abteilung für Volksbildung   Parochialstr. 1 – 3.

Streng vertraulich!

Magistratsvorlage Nr. 233

für die Sitzung am Sonnabend, dem 18. Mai 1946.

Der Magistrat beschließt, die Zustimmung der Alliierten Kommandantur zu folgenden Maßnahmen betr[effend] die nationalsozialistischen und militaristischen sowie die historisch wertvollen Denkmäler der Stadt Berlin einzuholen:

1. Die in Liste I aufgeführten Denkmäler sind abzutragen und zu vernichten.

2. Die in Liste II aufgeführten Denkmäler sind abzutragen und den Berliner Museen zur Magazinierung zu überweisen.

3. Die in Liste III aufgeführten Denkmäler können an Ort und Stelle stehen bleiben.

4. Die Durchführung dieser Maßnahmen hat bis zum 15. Juli 1946 durch die Abteilung Bau- und Wohnungswesen zu erfolgen.

Die Bezirksämter haben nach Genehmigung dieser Maßnahmen durch die Alliierte Kommandantur zu prüfen, ob außer den in Liste I und II genannten Denkmälern noch

---

1 Im Original beginnen die drei Denkmallisten der Mag.vorlage Nr. 233 jeweils auf einem neuen Blatt. Eine andere Ausfertigung dieser Mag.vorlage ist als maschinenschriftliche Durchschrift vorhanden in: LAB(STA), Rep. 100, Nr. 773, Bl. 26 – 31. Unter dem Text der Begründung weist diese Ausfertigung die Unterschriften von Winzer und Jendretzky auf, ferner Winzers handschriftliche Notiz „zur Mitzeichnung an Prof. Scharoun". In ihrem Beschlußtext sind handschriftliche Formulierungskorrekturen vorhanden, die mit dem Beschlußtext der hier zugrundegelegten Umdruck-Ausfertigung übereinstimmen. Außerdem weist sie in den Denkmallisten I und II einige handschriftliche Rechtschreibkorrekturen auf, und im Text zu Liste I, Nr. 6, ist der letzte Satz von Hand durchgestrichen (vgl. Anm. 10 zu diesem Dok. 81). Vgl. zur Vorgeschichte der Mag.vorlage Nr. 233 das 28. Mag.prot. v. 30.10.1945, TOP 7, u. das 29. Mag.prot. v. 5.11.1945, TOP 7, u. das 46. Mag.prot. v. 16.2.1946, TOP 12, u. das 47. Mag.prot. v. 23.2.1946, TOP 5, u. das 49. Mag.prot. v. 9.3.1946, TOP 7, sowie Dok. 73; zur Behandlung der Mag.vorlage Nr. 233 im Magistrat das 58. Mag.prot. v. 18.5.1946, TOP 3, u. das 59. Mag.prot. v. 29.5.1946, TOP 8. – Der Editionsbearbeiter bedankt sich bei Dr. Uta Lehnert für Hinweise, die für die Kommentierung des Dok. 81 hilfreich waren.

andere kleinere Denkmäler, Gedenksteine und Erinnerungstafeln militaristischen und nazistischen Geistes vorhanden sind, und haben für deren Entfernung Sorge zu tragen.

Begründung:

Obwohl die meisten nationalsozialistischen Denkmäler schon entfernt wurden, stehen doch noch einige Denkmäler aus der Hitlerzeit und vor allen Dingen zahlreiche militaristische Denkmäler, besonders aus der wilhelminischen Epoche, über deren Schicksal ein endgültiger Entschluß zu fassen ist. Bei der eingereichten Vorlage der Abteilung für Volksbildung, die in Zusammenarbeit mit der Abteilung für Bau- und Wohnungswesen durch eine Kommission[2] ausgearbeitet wurde, diente als Richtlinie:

Mit Energie alles Militaristische auszumerzen, ohne jedoch in den Fehler der Bilderstürmerei zu verfallen. Aus diesem Grunde ist es besonders wichtig, künstlerisch wertvolle Denkmäler, die entfernt werden müssen, museal zu magazinieren und nicht zu vernichten. Aus erzieherischen und demokratischen Gründen ist eine Entfernung der militaristischen Denkmäler als unbedingte Pflicht anzusehen. Eine kleine Gruppe historischer Denkmäler kann wohl ohne größere Bedenken an Ort und Stelle verbleiben. Bei den zu magazinierenden Kunstwerken bleibt es einer späteren Regelung vorbehalten, ob und wieweit diese Denkmäler dem Publikum gezeigt werden können oder nur als Studienobjekte für Wissenschaftler und Künstler dienen dürfen.

gez. Winzer.

mitgez[eichnet]: gez. Jendretzky.
[mitgezeichnet]: gez. Prof. Scharoun.

---

2 Es konnten weder Sitzungsprotokolle noch die personelle Zusammensetzung dieser Kommission ermittelt werden. – Der Konservator von Berlin, Hinnerk Scheper, hat in seinem Tagebuch unter dem 23.4.1946 notiert: „Um 10 Uhr ist eine Sitzung im Amt für Volksbildung, Dr. Werner, Dr. Jan[n]asch + Herr Bartels, es wurde die Magistratsvorlage über die militaristischen Denkmäler besprochen. Bis auf das Rauchsche Denkmal Friedrichs des Großen sind wir uns einig, ich möchte es unter den Linden belassen. Herr Bartels ist unbedingt für die Unterbringung an unsichtbarer Stelle. Dr. W. + Jan. fügen sich den politischen Bedenken des Herrn B. [...] Nachmittags spreche ich mit Scharoun über die Denkmalssitzung, er ist ganz meiner Ansicht." Diese Eintragung ist nach Schepers Original-Tagebuch (vgl. Dok. 73, Anm. 17) zitiert. Zum Zeitpunkt der Tagebucheintragung war Dr. Alfred Werner der Leiter des Hauptamts Wissenschaft und Forschung in der Mag.abt. für Volksbildung, Dr. Jannasch der Leiter der „Zentralstelle zur Erfassung und Pflege von Kunstwerken" in der Abteilung Museen und Sammlungen in diesem Hauptamt und der von Scheper als „Herr Bartels" bezeichnete Walter Bartel (KPD/SED) stellvertretender Leiter desselben Hauptamts und gleichzeitig Leiter der Abteilung Volkshochschulen in diesem Hauptamt (vgl. zu Bartel das 56. Mag.prot. v. 4.5.1946, TOP 2). Vgl. zu dem von Christian Daniel Rauch geschaffenen Reiterstandbild Friedrichs des Großen dieses Dok., Liste II, Nr. 5. – Es ist unklar, ob es sich bei der von Scheper beschriebenen Sitzung um eine Sitzung der in der Begründung der Mag.vorlage Nr. 233 erwähnten Kommission handelte.

LISTE I

Denkmäler, die abzutragen und zu vernichten sind:

1. Vier Marmorgruppen „Kämpfende Krieger" auf dem Franz-Mehring-Platz, früher Belle-Alliance-Platz.[3]

2. Die Lebensglocke auf dem Dönhoffplatz.[4]

3. Der Roland auf dem Kemperplatz, Werk des Bildhauers Lessing 1902.[5]

4. Überlebensgroße Bronzestatue von Roon am Großen Stern.[6] Bildwerk von Harro Magnussen 1904. Die Inschrifttafel hinter dem Denkmal ist ebenfalls zu entfernen.

5. Die *gesamte* Siegesallee.[7] Einige Statuen und Porträtbüsten, die aus künstlerischen Gründen wert sind, museal aufgehoben zu werden, sind auf Liste II angeführt.[8]

6. Die Siegessäule am Großen Stern.[9] Denkmal für die Siege 1864, 1866 und 1870/71. Entwurf von Strack 1871. Viktoria von Drake. Ursprünglicher Standort Königsplatz. Die Siegessäule ist zwar ein Wahrzeichen von Berlin, aber künstlerisch nicht bedeutend genug, um ein Stehenbleiben an so auffälliger Stelle zu rechtfertigen.[10]

---

3 Die von Ferdinand August Fischer (1805–1866) geschaffenen allegorischen Gruppen sind abgebildet in: Max Ring: Die deutsche Kaiserstadt Berlin und ihre Umgebung, Leipzig 1883, nach S. 108. Sie stellten die vier am Sieg über Napoleon bei Belle-Alliance (1815) beteiligten Staaten Preußen, England, Niederlande und Hannover dar und waren 1876 auf dem Belle-Alliance-Platz aufgestellt worden. Vgl. zur Umbenennung dieses Platzes das 46. Mag.prot. v. 16.2.1946, TOP 12.

4 In einer Mitteilung des zweiten Nachkriegsmagistrats v. 18.12.1947, betr. Denkmalspflege, ist unter anderem ein „Verzeichnis der Denkmäler, Embleme usw., deren sofortige Beseitigung vorgeschlagen wird", enthalten. In diesem Verzeichnis ist in der Teilgruppe „Nazistische Denkmäler" auch die Lebensglocke auf dem Dönhoffplatz an der Leipziger Straße aufgeführt. Die Mitteilung wurde veröffentlicht in: StVV, I. Wahlperiode, Drucksache Nr. 81, Vorlage Nr. 609; wieder abgedruckt in: Berlin. Quellen und Dokumente, 1. Halbbd., S. 490–497. Sie wurde von der StVV einstimmig zur Kenntnis genommen; siehe: StVV, I. Wahlperiode, Stenographischer Bericht über die 56. (Ordentliche) Sitzung am 26.2.1948, S. 8.

5 Der von Otto Lessing (1846–1912) geschaffene Rolandbrunnen auf dem Kemperplatz (1933–25.10.1946: Skagerrakplatz) ist abgebildet in: Müller-Bohn, S. 56; Rave/Wirth: Bezirk Tiergarten, Tafel 264; Bloch/Grzimek, Sp. 306. Vgl. hierzu: Rave/Wirth: Bezirk Tiergarten, S. 214 f.; Lehnert: Die Siegesallee, Katalogteil, S. 75–80.

6 Vgl. Dok. 73, Denkmalgruppe II.

7 Vgl. Dok. 73, Denkmalgruppe II; das 58. Mag.prot. v. 18.5.1946, TOP 3 (Pieck).

8 Vgl. unten: Liste II, Nr. 2.

9 Vgl. Dok. 73, Denkmalgruppe II; das 58. Mag.prot. v. 18.5.1946, TOP 3 (Scharoun).

10 In der maschinenschriftlichen Durchschrift der Mag.vorlage Nr. 233 (vgl. Anm. 1 zu diesem Dok. 81) folgt hier der folgende von Hand durchgestrichene Satz: „Eine Versetzung an eine andere Stelle wäre wohl zu kostspielig."

7. Vier Gruppen: Kämpfender Krieger und Abschied nehmender Krieger im Tiergarten zwischen den Zelten[11] und Schloß Bellevue.[12]

8. Marmorfigur der Kaiserin Auguste Viktoria im Rosarium des Tiergartens.[13]

9. Große Säule aus Gußeisen, Invalidenpark (Scharnhorststr[aße]), errichtet für die 1848/49 „Treu ihrer Pflicht gestorbenen Krieger".[14] Unter der Inschrift ein Relief mit dem Bildnis Friedrich Wilhelms IV. Es ist als reaktionäres und antidemokratisches Denkmal zu werten.

10. Denkmal Kaiser Friedrichs III. vor dem Kaiser-Friedrich-Museum.[15] Reiterstandbild aus Bronze von Maison.

11. Sechs Bronzestandbilder von Oraniern auf der Schloßterrasse am Lustgarten von den Bildhauern Schott, Wolff, Haverkamp, Baucke, Brütt.[16] Aufgestellt seit 1905.

---

11 Gemeint ist die Straße: In den Zelten.

12 Vgl. Dok. 73, Denkmalgruppe II („Vier Soldatengruppen im Tiergarten"). In der Mitteilung des zweiten Nachkriegsmagistrats v. 18.12.1947 (vgl. Anm. 4 zu diesem Dok. 81) sind diese Gruppen in dem „Verzeichnis der Denkmäler, Embleme usw., deren sofortige Beseitigung vorgeschlagen wird", aufgeführt und folgendermaßen charakterisiert: „4 Kriegergruppen. Ausgesprochen sentimental und künstlerisch wertlos. Keine Totenehrungen."

13 Das von Carl Begas (1845–1916) geschaffene Standbild von Auguste Viktoria (1858–1921), der Frau von Kaiser Wilhelm II., war 1909 im neu geschaffenen Rosengarten aufgestellt worden. Es ist abgebildet in: Ethos und Pathos. Die Berliner Bildhauerschule 1786–1914. Ausstellungskatalog, hrsg. von Peter Bloch, Sibylle Einholz u. Jutta von Simson, Berlin 1990, S. 25. Vgl. hierzu: Rave/Wirth: Bezirk Tiergarten, S. 220. In der Mitteilung des zweiten Nachkriegsmagistrats v. 18.12.1947 (vgl. Anm. 4 zu diesem Dok. 81) ist das Standbild in dem „Verzeichnis der Denkmäler, Embleme usw., deren sofortige Beseitigung vorgeschlagen wird", aufgeführt und folgendermaßen charakterisiert: „Standbild der Kaiserin Augusta [sic!] Viktoria von Begas im Tiergarten. Durch starke Beschädigungen (Kopf fehlt) wertlos."

14 Die von dem Architekten B. Brunkow entworfene Invalidensäule war 1854 im Invalidenpark enthüllt worden. Laut einer der Inschrifttafeln am Sockel des Denkmals handelte es sich um ein „National-Krieger-Denkmal zum Gedächtnis der in den Jahren 1848 und 1849 treu ihrer Pflicht für König und Vaterland, Gesetz und Ordnung gefallenen Brüder und Waffengenossen [...]." Vgl. hierzu: Müller-Bohn, S. 106; Paul Strauch: Das Invalidenhausviertel in Berlin, Leipzig 1912 (Berliner Heimatbücher, Bd. 3), S. 46–50 (auf S. 48 die im vorigen zit. Stelle); von Simson: Die Berliner Säulenmonumente, S. 206 f.; Laurenz Demps: Der Invalidenfriedhof. Denkmal preußisch-deutscher Geschichte in Berlin, Berlin 1996, S. 39–43. In der Mitteilung des zweiten Nachkriegsmagistrats v. 18.12.1947 (vgl. Anm. 4 zu diesem Dok. 81) sind Inschrifttafeln der Invalidensäule in der „Zusammenstellung der Denkmäler, die seit Kriegsende beseitigt worden sind", aufgeführt. Die Säule selbst wurde 1948 abgetragen.

15 Vgl. Dok. 73, Denkmalgruppe II.

16 Zu den fünf Standbildern der Oranier auf den nördlichen Schloßterrassen ist hier offensichtlich das Standbild des Admirals de Coligny hinzugerechnet worden. Vgl. hierzu Dok. 73, Denkmalgruppe II (Anm. 11). In der Mitteilung des zweiten Nachkriegsmagistrats v. 18.12.1947 (vgl. Anm. 4 zu diesem Dok. 81) sind diese Denkmäler in dem „Verzeichnis der Denkmäler, Embleme usw., deren sofortige Beseitigung vorgeschlagen wird", aufgeführt. Es heißt dort über sie: „Zum Teil stark beschädigt, historisch belang-

12. Nationaldenkmal Kaiser Wilhelms I. auf der Schloßfreiheit.[17] Errichtet 1897 nach Entwurf von Reinhold Begas. Symbol wilhelminischer Kunst und Prunkentfaltung.

Da der geniale Bildhauer August Gaul[18] an diesem Werk mitarbeitete, sind die von ihm stammenden Figuren museal aufzuheben (siehe Liste II).[19]

13. Denkmäler und Marmorbalustraden vor dem Brandenburger Tor als Abschluß des Tiergartens (Kaiser Friedrich III. von Brütt und Kaiserin Friedrich von Gerth).[20] Errichtet 1903. 3 Porträtbüsten dieser Denkmäler sind museal aufzuheben (Helmholtz, Zeller, Hofmann siehe Liste II).[21]

14. Große Kolonnade mit Bronzefiguren König Friedrichs I. und seiner Gemahlin in der Charlottenburger Chaussee (Charlottenburger Brücke).[22]

15. Marmorgruppe Kaiser Wilhelms II. als Prinz mit seinen Hunden.[23] Am Rand des Tiergartens an der Lenné-Straße von Bildhauer Brütt.

16. Standbild des Prinzen Albrecht von Preußen (Bruder Kaiser Wilhelms I.).[24] Am Anfang der Schloßstraße in Charlottenburg. Errichtet von Boermel und Freyberg 1901.

17. Bronzestandbild der Germania mit Schwert und Schild im Kleinen Tiergarten in Moabit mit Gedenktafel[n] von 1864, 1870 und 1915/18.[25]

---

los." Der Konservator von Berlin, Hinnerk Scheper, hat in seinem Tagebuch unter dem 30.8.1948 notiert, daß das Coligny-Denkmal gestohlen und eines der Standbilder der Oranier vom Sockel auf den Bürgersteig geworfen wurde. Diese Angaben beruhen auf der Abschrift aus dem Tagebuch (vgl. Dok. 73, Anm. 17).

17 Vgl. Dok. 73, Denkmalgruppe II.

18 August Gaul (1869 – 1921) galt als kompromißloser Künstler, der sich zum Beispiel auch den Wünschen Kaiser Wilhelms II. versagte. Vgl. hierzu: Ethos und Pathos. Ausstellungskatalog, S. 104 – 108.

19 Vgl. unten: Liste II, Nr. 4.

20 Vgl. Dok. 73, Denkmalgruppe II. In der Mitteilung des zweiten Nachkriegsmagistrats v. 18.12.1947 (vgl. Anm. 4 zu diesem Dok. 81) sind diese Denkmäler in dem „Verzeichnis der Denkmäler, Embleme usw., deren sofortige Beseitigung vorgeschlagen wird", aufgeführt. Es heißt dort über sie: „Reste des Denkmals Kaiser Friedrichs III., Platz vor dem Brandenburger Tor." „Von dem Gegenstück, Denkmal der Kaiserin Friedrich, ist nur noch die Büste des Chemikers von Hofmann vorhanden. Es wird vorgeschlagen, diese museal aufzuheben."

21 Vgl. unten: Liste II, Nr. 3.

22 An dem kolonnadenartigen sogenannten Charlottenburger Tor, das zusammen mit dem Neubau der Charlottenburger Brücke 1908 fertiggestellt worden war, waren die von Heinrich Baucke (1875 – 1915) entworfenen Figuren von Friedrich I. (1657 – 1713), König in Preußen, und seiner Frau Sophie Charlotte (1668 – 1705) angebracht. Vgl. hierzu: Rave/Wirth: Stadt und Bezirk Charlottenburg, Textband, S. 527 – 529; Rave/Wirth: Stadt und Bezirk Charlottenburg, Tafelband, Tafel 718 – 722; Ingwersen, Abb. 45 u. 46; Bloch/Grzimek, Sp. 215 f.; Endlich/Wurlitzer, S. 33.

23 Dieses angeblich von Adolf Brütt (1855 – 1939) geschaffene Denkmal ist im Werkverzeichnis Brütts nicht aufgeführt; siehe: Steckner.

24 Vgl. Dok. 73, Denkmalgruppe II.

25 Dieses von Richard Gustav Neumann (geboren 1848) entworfene Kriegerdenkmal war 1880 enthüllt worden. Vgl. hierzu: Rave/Wirth: Bezirk Tiergarten, S. 208; Weinland:

18. Kriegerdenkmal gegenüber dem Schloß Charlottenburg. Bronzefigur eines Soldaten mit Handgranate (1914 – 18).

19. Kriegerdenkmal am Maybachplatz in Friedenau.[26] Stein mit Emblemen.

20. Steinrelief eines Ulanen zu Pferde mit Lanze vor der Kaserne in der Lehrter Straße.[27]

21. Steinfiguren von Soldaten vor der Lichterfelder Kadettenanstalt (später SS-Kaserne).[28]

22. Bronzedenkmal des Pioniers Klinke, der 1864 eine Düppeler Schanze sprengte (in Spandau am Hohenzollernring).[29]

23. Brustschütze in Keramik im Garten des Schützenhofes in Spandau. Aufgestellt 1935 anläßlich des 500jährigen Schützenjubiläums.

24. Kriegerdenkmal in Buch für 1914/18. Aufgestellt im Park in der Nähe des russischen Friedhofs. Steinsockel mit Weltkugel, auf der Schlachtorte aufgeschrieben sind. Auf der Kugel ein Adler mit gespreizten Krallen. Der Ortsausschuß der vier antifaschistischen Parteien hat beschlossen, die Frage der Entfernung des Denkmals vorläufig zurückzustellen.[30]

Kriegerdenkmäler in Berlin (1813/15 bis 1914/18), S. 288; Weinland: Kriegerdenkmäler in Berlin 1870 bis 1930, S. 157 f.

26 Dieses Kriegerdenkmal für die im Ersten Weltkrieg gefallenen Friedenauer war 1923 auf dem Maybachplatz (seit 1961: Perelsplatz) enthüllt worden. Vgl. hierzu: Weinland: Kriegerdenkmäler in Berlin 1870 bis 1930, S. 206; Endlich/Wurlitzer, S. 98.

27 Dieses Kriegerdenkmal für die im Ersten Weltkrieg Gefallenen des 2. Garde-Ulanen-Regiments war 1922 von Josef Limburg (1874 – 1955) geschaffen und 1923 enthüllt worden. Vgl. hierzu: Rave/Wirth: Bezirk Tiergarten, S. 221 f. u. Tafel 280; Weinland: Kriegerdenkmäler in Berlin 1870 bis 1930, S. 173 u. 245. In der Mitteilung des zweiten Nachkriegsmagistrats v. 18.12.1947 (vgl. Anm. 4 zu diesem Dok. 81) ist dieser Gedenkstein in dem „Verzeichnis der Denkmäler, Embleme usw., deren sofortige Beseitigung vorgeschlagen wird", aufgeführt. Es heißt dort über ihn: „Das künstlerisch wertlose Denkmal ist nicht ausgesprochen militaristisch, erhält aber durch seine Beziehung zur Kaserne militaristische Bedeutung."

28 Vgl. zu dieser Kaserne: Klaus Konrad Weber/Joachim Ullrich: Liste der Militärbauten, in: Berlin und seine Bauten. Teil III: Bauwerke für Regierung und Verwaltung. Betreut von Robert Riedel, Berlin/München 1966, S. 110. In der Mitteilung des zweiten Nachkriegsmagistrats v. 18.12.1947 (vgl. Anm. 4 zu diesem Dok. 81) sind „2 Soldatenfiguren vor der ehemaligen SS-Kaserne" in Lichterfelde in der „Zusammenstellung der Denkmäler, die seit Kriegsende beseitigt worden sind", aufgeführt.

29 Im deutsch-dänischen Krieg von 1864 hatte der Spandauer Pionier Karl Klinke eine Bresche in das dänische Festungswerk der Düppeler Schanzen gesprengt. Das von Wilhelm Wandschneider (1866 – 1942) entworfene Kriegerdenkmal war 1908 auf dem Klinkeplatz am Hohenzollernring in Spandau enthüllt worden. Vgl. hierzu: Ingwersen, Abb. 43 u. S. 94; Jahn, S. 353 f. u. Tafel 459; Weinland: Kriegerdenkmäler in Berlin (1813/15 bis 1914/18), S. 290 f.; Weinland: Kriegerdenkmäler 1870 bis 1930, S. 161 u. 246; Endlich/Wurlitzer, S. 109 f.

30 In der Mitteilung des zweiten Nachkriegsmagistrats v. 18.12.1947 (vgl. Anm. 4 zu diesem Dok. 81) ist das Kriegerdenkmal im Schloßpark Buch in der „Zusammenstellung der Denkmäler, die seit Kriegsende beseitigt worden sind", aufgeführt.

25. Schlageterdenkmal im Schloßpark Friedrichsfelde in Lichtenberg.[31] Dieses Denkmal wird von [den] vier antifaschistischen Parteien beseitigt werden.[32]

26. Kriegerdenkmal des 5. Garderegiments zu Fuß am Askanier-Ring.[33] Pfeiler mit Adler (1914 – 1918).

27. Kriegerdenkmal in Britz, Glasgowallee.

28. Kriegerdenkmal in Rudow, Bezirk Neukölln.

29. In Wilmersdorf am Gebäude des früheren Generalkommandos große Reliefs mit marschierenden Soldaten an den Balkons, Stahlhelme, Adler und andere Embleme.[34]

30. Schloß Bellevue. Hoheitszeichen und Hakenkreuz in den Giebeln des Gäste-baues.

31. Neubau des Propagandaministeriums in der Mauerstraße. Zwei Adler mit Hakenkreuzen an den oberen Ecken des Gebäudes.[35]

32. Admiral-von-Scheer-Brücke[36], früher Hugo-Preuß-Brücke[37]. Entfernung der In-schrifttafel, die besagt, daß diese Brücke 1933 unter Adolf Hitler umbenannt wurde.

---

31 Vgl. Dok. 73, Denkmalgruppe I.

32 In der Mitteilung des zweiten Nachkriegsmagistrats v. 18.12.1947 (vgl. Anm. 4 zu diesem Dok. 81) ist das Schlageter-Denkmal im Schloßpark Friedrichsfelde in der „Zusammen-stellung der Denkmäler, die seit Kriegsende beseitigt worden sind", aufgeführt.

33 Dieses Kriegerdenkmal war 1923 enthüllt worden. Vgl. hierzu: Jahn, S. 348 u. Tafel 456; Weinland: Kriegerdenkmäler in Berlin 1870 – 1930, S. 172. In der Mitteilung des zweiten Nachkriegsmagistrats v. 18.12.1947 (vgl. Anm. 4 zu diesem Dok. 81) ist vermerkt, daß das Bezirksamt Spandau unter anderem die Entfernung dieses Kriegerdenkmals vorschlug.

34 Gemeint ist das 1936/37 errichtete Dienstgebäude für das Generalkommando des III. Armeekorps am Hohenzollerndamm/Ecke Cunostraße. Vgl. hierzu: Klaus Konrad Weber: Militärbauten, in: Berlin und seine Bauten. Teil III: Bauwerke für Regierung und Verwaltung. Betreut von Robert Riedel, Berlin/München 1966, S. 96; Weber/Ullrich, S. 99; Wolfgang Schäche: Architektur und Städtebau in Berlin zwischen 1933 und 1945. Planen und Bauen unter der Ägide der Stadtverwaltung, Berlin 1991 (Die Bauwerke und Kunstdenkmäler von Berlin, Beiheft 17), S. 295 – 298. In der Mitteilung des zweiten Nachkriegsmagistrats v. 18.12.1947 (vgl. Anm. 4 zu diesem Dok. 81) sind in dem „Verzeichnis der Denkmäler, Embleme usw., deren sofortige Beseitigung vorgeschla-gen wird", hinsichtlich der „Wehrmachtsgebäude am Hohenzollerndamm" aufgeführt: „Reliefs marschierender Soldaten und Bildnisse von Heerführern der Freiheitskriege und des Weltkrieges. Die Reliefs sind künstlerisch wertlos und charakterisieren die Gebäude als militärische Bauten."

35 Vgl. zum Erweiterungsbau des „Reichspropagandaministeriums" an der Mauerstraße: Schäche: Architektur und Städtebau, S. 212 – 217 (insb. S. 217, Abb. 175).

36 Richtig: Admiral-Scheer-Brücke; 1933 benannt nach Admiral Reinhard Scheer (1863 – 1928), von 1916 bis 1918 Chef der deutschen Hochseeflotte.

37 Die im Jahr 1928 im Zuge des Friedrich-Karl-Ufers neu errichtete Brücke über den Humboldt-Hafen war nach dem linksliberalen Politiker und Juristen Hugo Preuß (1860 – 1925) benannt worden, der maßgeblichen Anteil an der Erarbeitung der Weimarer Reichsverfassung hatte.

33. Glockenturmbrücke am Reichssportfeld.[38] Inschrift über die Errichtung unter Adolf Hitler.

34. Zerstörte Fassade des Krankenhauses Prenzlauer Berg. Ein Liktorenbündel.

35. Vorderfront des ehemaligen Arbeitsfrontgebäudes in der Potsdamer Straße 181/[1]83: ein Hakenkreuz.[39]

36. Bekrönung des Hauptbaues des Flughafens Tempelhof: Hakenkreuz mit Hoheitszeichen.[40]

37. Ehemaliges Parteigebäude in der Von-der-Heydt-Str[aße] 5: Hoheitszeichen mit Hakenkreuz.

38. Ehemaliges Luftfahrtmuseum[41] in der Nähe des Lehrter Bahnhofs: ein Hakenkreuz.

39. Fachschule in der Steinmetzstraße in Schöneberg-Friedenau.[42] Relief „Mutter mit Kind" an der Fassade des Gebäudes.

40. Reichssportfeld.[43] Das Reichssportfeld ist z[ur] Z[ei]t nicht zugänglich. Eine genaue Meldung über dort noch befindliche nationalsozialistische Denkmäler und Hoheitszeichen konnte deshalb nicht erstattet werden.[44]

41. Vor dem Schloß Bellevue: eine Kanone.[45]

---

38 Vgl. unten: Liste I, Nr. 40; Dok. 73, Denkmalgruppe I.

39 Gemeint ist das Zentralgebäude der Vermögensverwaltung der Deutschen Arbeitsfront. Vgl. hierzu: Schäche: Architektur und Städtebau, S. 241 – 245 (insb. S. 244, Abb. 187).

40 Vgl. zu dem von 1936 bis 1941 gebauten „Zentralflughafen Tempelhof": Robert Grosch: Luftverkehr, in: Berlin und seine Bauten. Teil X, Bd. B: Anlagen und Bauten für den Verkehr. (2) Fernverkehr, Berlin [West] 1984, S. 280 – 284; Peter Güttler/Ditta Ahmadi/Dagmar Westphal: Liste der Bauten und Anlagen für den Luftverkehr, in: Berlin und seine Bauten. Teil X, Bd. B: Anlagen und Bauten für den Verkehr. (2) Fernverkehr, Berlin [West] 1984, S. 294 f.; Wolfgang Schäche: Der „Zentralflughafen Tempelhof" in Berlin, in: Berlin in Geschichte und Gegenwart. Jahrbuch des Landesarchivs Berlin 1996, S. 151 – 164. In der Mitteilung des zweiten Nachkriegsmagistrats v. 18.12.1947 (vgl. Anm. 4 zu diesem Dok. 81) ist das Hakenkreuz am Flughafengebäude in der „Zusammenstellung der Denkmäler, die seit Kriegsende beseitigt worden sind", aufgeführt.

41 Gemeint ist die Ausstellungshalle auf dem sogenannten ULAP-Gelände (Universum-Landesausstellungspark), das seit 1936 die „Deutsche Luftfahrtsammlung" beherbergte.

42 Gemeint ist die Viktoria-Fachschule in der Steinmetzstraße 79 im Bezirk Schöneberg (*nicht* im Stadtteil Friedenau; vgl. Dok. 6, Anm. 2).

43 Vgl. oben: Liste I, Nr. 33; Dok. 73, Denkmalgruppe I.

44 In der Mitteilung des zweiten Nachkriegsmagistrats v. 18.12.1947 (vgl. Anm. 4 zu diesem Dok. 81) sind „Gedenksteine und Inschriften im Bereich des Reichssportfeldes" in dem „Verzeichnis der Denkmäler, Embleme usw., deren sofortige Beseitigung vorgeschlagen wird", aufgeführt. Es heißt dort: „Da das Reichssportfeld nicht zugänglich ist, konnte nicht festgestellt werden, welche nazistischen Erinnerungszeichen hier im einzelnen noch vorhanden sind."

45 In der Mitteilung des zweiten Nachkriegsmagistrats v. 18.12.1947 (vgl. Anm. 4 zu diesem Dok. 81) ist ein „Granatwerfer" vor dem Schloß Bellevue in der „Zusammenstellung der Denkmäler, die seit Kriegsende beseitigt worden sind", aufgeführt.

42. Trommelnder Junge.[46] Bronzebildwerk vor dem Rathaus Zehlendorf.

43. Kriegerdenkmal auf dem Sportplatz am Bahnhof Gesundbrunnen (Hertha-Platz).

LISTE II

Denkmäler, die abzutragen und den Berliner
Museen zur Magazinierung zu überweisen sind:

1. Reiterstandbild des Großen Kurfürsten[47], Hauptwerk von Andreas Schlüter,
   dem größten Barockbildhauer Berlins. Z[ur] Z[ei]t evakuiert[48], bleibt vorläufig
   magaziniert.

2. Siegesallee:[49] A Büsten von Bismarck und Moltke (Nebenfiguren zu Wil-
                        helm I., Werke von Reinhold Begas)[50]
                     B Friedrich Wilhelm IV. und die beiden Seitenfiguren Alexander
                        von Humboldt und Rauch,[51] Werke von Karl Begas

---

46 Die von Walther Schmarje (1872–1921) entworfene Bronzefigur „Trommler" war
   1923 vor dem Rathaus Zehlendorf aufgestellt worden. Vgl. hierzu: Ethos und Pathos.
   Ausstellungskatalog, S. 289; Endlich/Wurlitzer, S. 220. In der Mitteilung des zweiten
   Nachkriegsmagistrats v. 18.12.1947 (vgl. Anm. 4 zu diesem Dok. 81) ist dieses Denkmal
   in der „Zusammenstellung der Denkmäler, die seit Kriegsende beseitigt worden sind",
   aufgeführt.

47 Vgl. Dok. 73, Denkmalgruppe III.

48 Hierzu heißt es bei: Rave/Wirth: Stadt und Bezirk Charlottenburg, Textband, S. 487:
   „Während des Zweiten Weltkrieges wurde das Denkmal auf einen Prahm zu Wasser nach
   Ketzin bei Paretz geborgen. Am 16. Oktober 1945 stellte Professor Scheper, Konservator
   von Berlin, fest, daß das Reiterbild den Krieg unbeschädigt überstanden hatte, so daß im
   Januar 1946 der Prahm nach Berlin geschleppt und im Borsig-Hafen vertäut werden
   konnte. Ein tragfähiger Kran für das 6 t schwere Erzstück (ohne die Sklaven, diese
   etwa insgesamt 3 t) war nicht vorhanden, es verblieb daher am Bergungsort. Im Winter
   1947 sank der Prahm auf den flachen Ufergrund, doch konnte ein weiteres Absinken
   verhindert werden. Hebung und Bergung des Denkmals am 20. November 1949,
   anschließend Reinigung und Wiederherstellung in der Bildgießerei Noack. Als geeigneter
   würdiger Platz für das Reiterstandbild in Westberlin wurde der Ehrenhof des Schlosses
   Charlottenburg vorgeschlagen, vom Magistrat beschlossen am 18. Dezember 1950.
   Aufstellung des Reiterbildes am 28./29. August 1951 zunächst auf einem Holzgerüst
   (für den Deutschen Kunsthistorikertag, 3. bis 6. September 1951). Für den nicht mehr
   vorhandenen Sockel Nachbildung des Originals aus Beton in der ersten Form ohne die
   Stufenerhöhung von 1896. Endgültige Aufstellung im Juli 1952."

49 Vgl. oben: Liste I, Nr. 5; Dok. 73, Denkmalgruppe II; das 58. Mag.prot. v. 18.5.1946,
   TOP 3 (Pieck).

50 Vgl. zu dem von Reinhold Begas (1831–1911) entworfenen Denkmalensemble mit der
   Hauptfigur Kaiser Wilhelms I. (1797–1888) und den Büsten des Reichskanzlers Otto
   von Bismarck (1815–1898) und des Generalfeldmarschalls Helmuth Graf von Moltke
   (1800–1891): Müller-Bohn, S. 64; Lehnert: Die Siegesallee, Katalogteil, S. 157–161.

51 Vgl. zu dem von Carl (Karl) Begas (1845–1916) entworfenen Denkmalensemble mit der
   Hauptfigur des preußischen Königs Friedrich Wilhelm IV. (1795–1861) und den Büsten

C   Friedrich Wilhelm I. und Seitenfigur des Ministers von Ilgen.[52]
    Werke von Siemering
D   Markgraf Otto II.[53] (ohne die Seitenfiguren). Werk von
    Uphues
E   Büste des Wedigo von Plathow[54], Nebenfigur von Heinrich
    dem Kind (diese Büste trägt die Züge von Heinrich Zille).[55]
    Werk von August Kraus.

3. Drei Marmorbüsten, Seitenfiguren zu den Denkmälern Kaiser Friedrichs III. und
    der Kaiserin Friedrich vor dem Brandenburger Tor,[56] und zwar die Büsten von
    Helmholtz (Bildwerk von Brütt), des Philosophen Zeller und des Chemikers
    W. von Hofmann (diese beiden Bildwerke von Gerth).[57]

4. Vom Nationaldenkmal Wilhelms I.[58] auf der Schloßfreiheit sind museal auf-
    zuheben die Arbeiten des jungen Bildhauers August Gaul[59]: [die] Steingruppe
    „Bayern" auf der Attika des Denkmals und zwei der Bronzelöwen.

5. Denkmal Friedrichs des Großen von Rauch Unter den Linden vor der Universi-
    tät.[60] Das Denkmal ist wohl am besten dem schon bestehenden Rauchmuseum[61]
    in Berlin zu überweisen.

---

des Naturforschers Alexander von Humboldt (1769 – 1859) und des Bildhauers Christian
Daniel Rauch (1777 – 1857): Müller-Bohn, S. 64; Lehnert: Die Siegesallee, Katalogteil,
S. 153 – 156.

52 Vgl. zu dem von Rudolf Siemering (1835 – 1905) entworfenen Denkmalensemble
    mit der Hauptfigur des preußischen Königs Friedrich Wilhelm I. (1688 – 1740), des
    „Soldatenkönigs", und den Büsten des preußischen Außenministers Heinrich Rüdiger
    von Ilgen (1654 – 1718) und des Fürsten Leopold I. von Anhalt-Dessau (1676 – 1747):
    Müller-Bohn, S. 62; Lehnert: Die Siegesallee, Katalogteil, S. 132 – 136.

53 Vgl. zu dem von Joseph Uphues (1850 – 1911) entworfenen Denkmalensemble mit der
    Hauptfigur des brandenburgischen Markgrafen Otto II. (Regierungszeit: 1184 – 1205):
    Müller-Bohn, S. 49; Lehnert: Die Siegesallee, Katalogteil, S. 12 – 17.

54 Richtig: Plotho.

55 Vgl. zu dem von August Kraus (1868 – 1934) entworfenen Denkmalensemble mit der
    Hauptfigur von Heinrich dem Kind, Markgraf von Brandenburg (Regierungszeit: 1319 –
    1320), und den Büsten des Ritters Wedigo von Plotho (1317 erwähnt) und des Herzogs
    Wartislaw IV. von Pommern (gestorben: 1326): Müller-Bohn, S. 52; Bloch/Grzimek,
    Sp. 282; Peter Bloch: Die Berliner Bildhauerschule des 19. Jahrhunderts. Ein Überblick,
    in: Ethos und Pathos. Beiträge, S. 47; Lehnert: Die Siegesallee, Katalogteil, S. 40 – 43.

56 Vgl. zu diesen Denkmälern des Kaisers Friedrich III. (1831 – 1888) und seiner Frau
    (1840 – 1901): Liste I, Nr. 13, in diesem Dok. 81; Dok. 73, Denkmalgruppe II.

57 Die Büste des Naturwissenschaftlers Hermann von Helmholtz (1821 – 1894) war von
    Adolf Brütt (1855 – 1939) als Seitenfigur zum Denkmal Kaiser Friedrichs III. geschaffen
    worden. Die Büsten des Theologen und Philosophen Eduard Zeller (1814 – 1908) und des
    Chemikers August Wilhelm von Hofmann (1818 – 1892) hatte Fritz Gerth (Lebensdaten
    nicht bekannt) als Seitenfiguren zum Denkmal der „Kaiserin Friedrich" entworfen. Vgl.
    hierzu: Müller-Bohn, S. 35 f.; Rave/Wirth: Bezirk Tiergarten, S. 216 f. u. Tafel 267 u.
    268; Steckner, S. 188 – 190.

58 Vgl. oben: Liste I, Nr. 12; Dok. 73, Denkmalgruppe II.

59 Vgl. Anm. 18 zu diesem Dok. 81.

60 Vgl. Dok. 73, Denkmalgruppe III; das 46. Mag.prot. v. 16.2.1946, TOP 12 (Jendretzky),
    u. das 58. Mag.prot. v. 18.5.1946, TOP 3 (Scharoun u. Beschluß).

61 Das 1860 gegründete Rauch-Museum war seit 1929 in der Orangerie des Schlosses

6. Moltke-Denkmal am Großen Stern, überlebensgroße Statue von Uphues 1905.[62] Dieses Werk ist ausschließlich aus künstlerischen Gründen als gelungene bildhauerische Lösung zu magazinieren.

7. Reste des Bismarck-Denkmals[63] vor dem Reichstag: Steinfiguren vom Rande des Denkmals, die bei der Versetzung des Denkmals an Ort und Stelle blieben, Werke von Reinhold Begas.

8. Reste der Schadowschen Viktoria mit dem Viergespann auf dem Brandenburger Tor.[64] Die Quadriga und die Viktoria sind so zerstört, daß eine Wiederherstellung wohl nicht in Frage kommt. Da die alten Gußformen erhalten sind, könnte die Quadriga entweder durch eine Kopie ersetzt werden. Ernsthaft zu erwägen wäre aber der Gedanke, eine neue Figur oder Gruppe als Symbol des Wiederaufbaues auf das Brandenburger Tor als Bekrönung zu setzen.[65] Diese Aufgabe ist nur unter Wahrung der gesamten architektonischen Proportionen auszuführen und setzt überragendes plastisches Können voraus. Vielleicht könnte ein Wettbewerb unter den größten Plastikern veranstaltet werden.[66]

Charlottenburg untergebracht. Vgl. zu diesem Museum: Ethos und Pathos. Ausstellungskatalog, S. 361.

62 Vgl. Dok. 73, Denkmalgruppe II.

63 Vgl. unten: Liste III, Nr. 8; Dok. 73, Denkmalgruppe II.

64 Auf dem von 1788 bis 1791 nach einem Entwurf von Carl Gotthard Langhans (1732 – 1808) erbauten Brandenburger Tor war 1793 die von Johann Gottfried Schadow (1764 – 1850) entworfene Quadriga angebracht worden. Vgl. zur Quadriga und ihrer Geschichte: Staatliche Museen Preußischer Kulturbesitz: Die Quadriga auf dem Brandenburger Tor in Berlin. Vom Entwurf bis zur Wiederherstellung 1958 [Ausstellungskatalog], Berlin [West] 1982; Die Quadriga auf dem Brandenburger Tor. Zwischen Raub, Revolution und Frieden, hrsg. von Ulrike Krenzlin, Berlin 1991.

65 Vgl.: Günther Herkt: Wiederherstellungsvorschlag für das Brandenburger Tor, in: Der Bauhelfer, Jg. 1 (1946), Nr. 1, S. 1 – 3; Das neue Brandenburger Tor, in: Nacht-Express, 14.9.1946, [S. 7].

66 Die Bearbeiterin der Mag.vorlage Nr. 116 von Anfang März 1946, betr. Vorschlag zur Entfernung von Denkmälern in Berlin (Dok. 73), hatte „Nachträge" zu einem aus der Mag.abt. für Volksbildung stammenden Denkmalsbericht von Ende Februar / Anfang März 1946 formuliert. Vgl. zu diesen „Nachträgen" der Bearbeiterin Dr. Margarete Kühn: Dok. 73, Anm. 1. In dem Denkmalsbericht aus der Mag.abt. für Volksbildung werde, so Kühn in ihren „Nachträgen", hinsichtlich der Quadriga „wegen ihrer starken Beschädigung Entfernung und museale Aufstellung, als neue Bekrönung ein modernes Kunstwerk (Symbol des Wiederaufbaus) vorgeschlagen. Es haben sich aber die Gipsformen, die anläßlich einer Restaurierung abgenommen worden sind, im Magazingebäude des Völkerkundemuseums in Dahlem erhalten. Unter diesen Umständen würde ich doch eine Kopie der Schadowschen Gruppe vorschlagen, um die historische und künstlerische Einheit des Monumentes als des eineinhalb Jahrhunderte alten Wahrzeichens Berlins zu erhalten. Der Viktoria liegt überdies kein militaristischer Gedanke zugrunde, und sie ist aus keinem konkreten Anlaß entstanden. Sie ist ein allgemeines Symbol aus der Antike. In dem Relief des Unterbaues ist sie als die Göttin interpretiert, in deren Gefolge die Gestalten der Künste und Wissenschaften als Symbole für die Segnungen des Friedens erscheinen. Berlin – Schadow – Brandenburger Tor: Begriffe, die nicht auseinandergerissen werden dürfen." Dieser „Nachtrag" war nicht in die Mag.vorlage Nr. 116 aufgenommen worden. – Im Jahr 1950 wurden die Überreste der Quadriga vom Brandenburger Tor entfernt. Sie wurde 1957/58 mit Hilfe der 1942 abgenommenen

9. Reiterstandbild Friedrich Wilhelms III. im Lustgarten aus Bronze.[67] Werk von A. Wolff 1871. Das Denkmal ist schon entfernt. Die Einzelfiguren werden im Schloßhof aufgehoben.

10. Kriegerdenkmal vor dem Verkehrs- und Baumuseum in der Invalidenstraße 51.[68] Gestalt eines nackten Kriegers, Kunstwerk von Emil Cauer.

11. Kriegerdenkmal, Stabholzgarten Spandau, 1914/18. Nackter Krieger.[69]

LISTE III

Denkmäler, die an Ort und Stelle stehen bleiben können:

1. Denkmal der Befreiungskriege auf dem Kreuzberg, Hauptwerk von Friedrich Schinkel, im gotischen Stil ausgeführt. Wichtiges historisches Denkmal.[70]

2. Fünf Standbilder von Feldherren aus den Befreiungskriegen Unter den Linden vor dem Opernhaus und neben der Schinkelschen Wache:

    A　Blücher
    B　Gneisenau
    C　Yor[c]k (augenblicklich im Museum aufbewahrt)
    D　Bülow
    E　Scharnhorst.

Gipsformen sowie von Fotografien und vorhandenen Maßskizzen nachgebildet und im September 1958 auf dem Tor montiert.

67 Vgl. Dok. 73, Denkmalgruppe II.

68 Das von Emil Cauer dem Jüngeren (1867 – 1946) entworfene Denkmal für die im Ersten Weltkrieg gefallenen Eisenbahner war 1928 vor dem ehemaligen Hamburger Bahnhof enthüllt worden, der 1905/06 zum Verkehrs- und Baumuseum umgebaut worden war. Es ist abgebildet in: Holger Steinle: Ein Bahnhof auf dem Abstellgleis. Der ehemalige Hamburger Bahnhof in Berlin und seine Geschichte, Berlin [West] 1983, S. 61, 76, 77 u. 81; Ethos und Pathos. Ausstellungskatalog, S. 70. Vgl. hierzu: Rave/Wirth: Bezirk Tiergarten, S. 221; Weinland: Kriegerdenkmäler in Berlin 1870 bis 1930, S. 183; Endlich/Wurlitzer, S. 155.

69 Gemeint ist das von August Schreitmüller (geboren 1871) entworfene und 1922 enthüllte Denkmal des Garde-Grenadier-Regiments Nr. 5. Vgl. hierzu: Jahn, S. 349; Weinland: Kriegerdenkmäler in Berlin 1870 bis 1930, S. 170.

70 Vgl. Dok. 73, Denkmalgruppe III. Der Konservator von Berlin, Hinnerk Scheper, hat in seinem Tagebuch unter dem 1.11.1948 über eine Besprechung mit zwei Vertretern des Bezirksamts Kreuzberg „am Schinkelschen Denkmal auf dem Kreuzberg" notiert: „Der Unterbau ist durch einen Bombeneinschlag stark beschädigt, fast sämtliche Granitstufen u[nd] viele Platten sind aus ihrer Lage verschoben, zum Teil liegen sie zerstört unten. Die Pfeiler u[nd] Bögen sind bis auf zwei fast unbeschädigt. Das Geländer (Eisen) ist stark angeschlagen. Das Denkmal selbst zeigt nur geringe Schäden, die sämtlich mit verhältnismäßig geringen Mitteln zu beheben sind. Vorläufig sollen nur die allernotwendigsten Sicherungsarbeiten ausgeführt werden [...]." Diese Eintragung ist nach Schepers Original-Tagebuch (vgl. Dok. 73, Anm. 17) zitiert.

Diese fünf Standbilder sind Meisterwerke von Rauch und bedeutende Beispiele Berliner Bildhauerkunst.[71]

3. Friedenssäule von 1840 auf dem Franz-Mehring-Platz (früher Belle-Alliance-Platz).[72] Auf der Friedenssäule: „Viktoria" von Rauch.

4. Zwei marmorne Frauengestalten am südlichen Rand des Franz-Mehring-Platzes (früher Belle-Alliance-Platz)[:]

    A der Frieden, Bildwerk von Albert Wolff 1879[73]

    B die Geschichtsschreibung mit dem Buch von 1813 – 1815 in der Hand. Bildwerk von O. Hartzer 1868.[74]

5. Kriegerdenkmal aus der Zeit der Befreiungskriege im Friedrichshain.[75]

6. Erinnerungsdenkmal an 1813 in Spandau mit allegorischen Darstellungen.[76]

7. Denkmal Friedrich Wilhelms IV. auf der Freitreppe der Nationalgalerie.[77] Dieses Denkmal wird man aus künstlerischen Gründen am besten stehen lassen, da es mit der Architektur untrennbar verknüpft ist. Der riesige Treppenpodest vor der Nationalgalerie ist nur mit einem Denkmal sinnvoll und schön. Es wird vorgeschlagen, das Denkmal so lange stehen zu lassen, bis es durch ein geeignetes anderes Denkmal ersetzt werden kann.

8. Bismarck-Denkmal von Reinhold Begas am Großen Stern.[78] Trotz seiner pathetischen Ausdruckssprache ist es doch als Hauptwerk der Berliner Bildhauerkunst

---

71 Vgl. Dok. 73, Denkmalgruppe III.

72 Für die von Christian Gottlieb Cantian entworfene Friedenssäule zur Erinnerung an den Frieden von 1815 nach den Befreiungskriegen gegen Napoleon war 1839 der Grundstein gelegt worden. Die 1843 enthüllte Säule aus Granit trug eine von Christian Daniel Rauch (1777 – 1857) modellierte Viktoria-Figur aus Bronze. Vgl. zu diesem Denkmal: Müller-Bohn, S. 100; Bloch/Grzimek, Tafel 111; von Simson: Die Berliner Säulenmonumente, S. 204 – 206; Endlich/Wurlitzer, S. 48; von Simson: Christian Daniel Rauch, S. 378 f. Vgl. zur Umbenennung des Belle-Alliance-Platzes das 46. Mag.prot. v. 16.2.1946, TOP 12. Fotos des Platzes von 1886 bzw. 1895 sind abgebildet in: Kreuzberg, hrsg. von Helmut Engel, Stefi Jersch-Wenzel u. Wilhelm Treue, Berlin 1994 (Geschichtslandschaft Berlin. Orte und Ereignisse, Bd. 5), S. XXXI; Frecot/Geisert, Tafel 140.

73 Dieses von Albert Wolff (1814 – 1892) geschaffene Denkmal ist abgebildet in: Peter Bloch: Anmerkungen zu Berliner Skulpturen des 19. Jahrhunderts, in: Jahrbuch Preußischer Kulturbesitz 1970, Abb. 37.

74 Dieses von Ferdinand Carl Emmanuel (nicht: O.) Hartzer (1838 – 1906) geschaffene Denkmal ist abgebildet in: Klaus-Dieter Wille: Spaziergänge in Kreuzberg, Berlin [West] 1986 (Berliner Kaleidoskop. Schriften zur Berliner Kunst- und Kulturgeschichte, Bd. 32), S. 61.

75 Gemeint ist vermutlich das von Otto Kuhlmann (geboren 1873) im Jahr 1913 geschaffene Monument für den in den Befreiungskriegen gefallenen Alexander Freiherr von Blomberg (1788 – 1813). Vgl. hierzu: Endlich/Wurlitzer, S. 232 – 234.

76 Vgl. Dok. 73, Denkmalgruppe III (Schinkel).

77 Vgl. Dok. 73, Denkmalgruppe II; das 58. Mag.prot. v. 18.5.1946, TOP 3 (Schwenk, Pieck u. Beschluß).

78 Vgl. oben: Liste II, Nr. 7; Dok. 73, Denkmalgruppe II; das 58. Mag.prot. v. 18.5.1946, TOP 3 (Schwenk, Pieck u. Beschluß).

des 19. Jahrhunderts anzusprechen. Zwischen den Bäumen des Tiergartens steht es nicht allzu auffällig.

9. Marmorstatue[n] König Friedrich Wilhelms III. von Drake und der Königin Luise von E[n]cke.[79] Am Südrand des Tiergartens, nicht weit von der Tiergartenstraße. Zwei unauffällige ruhige Bildhauerarbeiten.

10. Denkmal Joachims II. vor der Nikolaikirche in Spandau.[80] Es steht dort, weil Joachim II. 1539 in Spandau zur Reformation übertrat; von Encke 1889.

---

79 Vgl. Dok. 73, Denkmalgruppe II; das 58. Mag.prot. v. 18.5.1946, TOP 3 (Schwenk, Pieck u. Beschluß).
80 Vgl. Dok. 73, Denkmalgruppe II.

Dok. 82
55. Magistratssitzung vom 29. April 1946

LAB(STA), Rep. 100, Nr. 770, Bl. 55 – 62. – Umdruck.[1]

Beginn: 10.05 Uhr   Schluß: 17.15 Uhr

Anwesend: Dr. Werner, Maron, Orlopp, Schwenk, Schulze, Lange, Dr. Landwehr,
            Pieck, Dr. Haas, Winzer, Dr. Düring, Scharoun, Buchholz, Grüber,
            Geschke, Jirak, Dr. Goll, Dr. Mittag, Dr. Redeker, Kehler, Kraft,
            Dusiska, Karweik, Henneberg, Starck, Fleischmann, Rumpf.[2]

Den Vorsitz führt: Oberbürgermeister Dr. Werner, zeitweise Bürgermeister Ma-
                     ron.

Tagesordnung: 1. Protokoll
                2. Verfassung
                3. Haushaltsplan für 1946
                4. Finanzfragen
                5. Rechtsfragen
                6. Bau- und Wohnungswesen
                7. Abteilung für Arbeit
                8. Volksbildung
                9. Allgemeines.

1. PROTOKOLL

Zur Beschlußfassung steht die Niederschrift der Magistratssitzung vom 17.4.46.

Winzer stellt zu den auf Seite 7 im vorletzten Absatz[3] verzeichneten Ausführungen
von Bürgermeister Schulze: „Wir stehen von seiten der Schulverwaltung auf dem
Standpunkt, daß die Kinder, die nicht am kirchlichen Religionsunterricht teilnehmen,
in diesen zwei Stunden durch Unterweisung in Religionsgeschichte beschäftigt
werden" fest, daß nach Mitteilungen der Schulverwaltung diese nicht insgesamt
diesen Standpunkt einnimmt.

Schulze erklärt, er hätte richtiger sagen müssen, daß er persönlich und weite Kreise
der Lehrerschaft auf diesem Standpunkt stehen.

Der Satz ist dahin zu berichtigen, daß es heißt: Der Redner steht auf dem
Standpunkt usw.

---

1 Weitere Umdruckexemplare dieses Protokolls sind vorhanden in: LAB(STA), Rep. 100,
  Nr. 752, lfd. S. 180 – 195; LAB, Rep. 228, Mag.protokolle 1946.
2 In der Anwesenheitsliste ist Wildangel nicht aufgeführt, der im Text des Protokolls
  (TOP 8) als Redner genannt wird.
3 Die hier genannte Stellenangabe trifft in dieser Form nur auf das Originalprotokoll zu,
  nicht aber auf seine Wiedergabe in dieser Edition. Vgl. das 54. Mag.prot. v. 17.4.1946,
  TOP 4 (Schulze).

Ferner ist ein Schreibfehler auf Seite 2, sechste Zeile von unten, zu berichtigen.[4] Statt „Haushaltsplan" muß es heißen: „Grundstücksplan". Mit diesen Änderungen wird die Niederschrift vom 17.4.46 genehmigt.

2. VERFASSUNG

Hierzu liegt die Vorlage des Rechtsausschusses Nr. 201[5], betreffend den Entwurf einer Verfassung von Berlin, vor.[6]

Schwenk erstattet einen ausführlichen Bericht über die Ausschußberatungen nebst Erläuterungen der einzelnen Artikel des Entwurfs.

Der erste Verfassungsentwurf, den der Magistrat im Dezember v[origen] J[ahres] der Alliierten Kommandantur eingereicht hatte[7], fand nicht die Zustimmung der Kommandantur.[8] Dem Magistrat wurde auferlegt, einen neuen Entwurf auszuarbeiten unter Zugrundelegung des Verfassungsgesetzes von 1920 und der Novelle von 1931.[9] Der Rechtsausschuß des Magistrats hat sich in mehreren Sitzungen mit der Materie beschäftigt,[10] außerdem sind die vier antifaschistisch-demokratischen Parteien[11] und die Bezirksbürgermeister dazu gehört worden. Da als Termin für die Einreichung des neuen Entwurfs der 1. Mai gesetzt ist, bedurfte es großer Anstrengungen, den Entwurf so rechtzeitig fertigzustellen, daß er am letzten Donnerstag der Bezirksbürgermeister-Konferenz[12] und heute dem Magistrat vorgelegt werden konnte.

Der Redner geht alsdann ausführlich die einzelnen Artikel durch.

---

4 Die hier genannte Stellenangabe trifft in dieser Form nur auf das Originalprotokoll zu, nicht aber auf seine Wiedergabe in dieser Edition. Vgl. das 54. Mag.prot. v. 17.4.1946, TOP 3, 10. Absatz.

5 LAB(STA), Rep. 100, Nr. 770, Bl. 90 – 99, u. Nr. 771, Bl. 14 – 23.

6 Vgl. zur Einsetzung des zum Verfassungsausschuß erweiterten Rechtsausschusses des Magistrats das 52. Mag.prot. v. 30.3.1946, TOP 7.

7 OB Werner hatte den ersten Magistratsentwurf für eine vorläufige Verfassung von Berlin nicht im Dezember 1945, sondern mit Schreiben v. 16.1.1946 der AK zur Genehmigung zugeleitet; vgl.: Breunig, S. 162, Anm. 45.

8 Vgl. Dok. 78, Anm. 75.

9 Die AK hatte den Magistrat mit BK/O (46) 144 v. 28.3.1946 angewiesen, bis zum 1.5.1946 einen Entwurf einer vorläufigen Verfassung von Berlin auszuarbeiten, wobei das Groß-Berlin-Gesetz v. 27.4.1920 mit den Änderungen der Novelle v. 30.3.1931 als Basis dienen mußte. Vgl. hierzu Dok. 78, Anm. 76 – 78.

10 Die Sitzungen des erweiterten Rechtsausschusses fanden am 12.4., 16.4. und 18.4.1946 statt; vgl.: LAB(STA), Rep. 100, Nr. 770, Bl. 91, u. Rep. 102, Nr. 29, Bl. 34. Die Beratungsgrundlage für diese Sitzungen bildete ein von Haas erarbeiteter Entwurf v. 9.4.1946; vgl.: Haas: Vorläufige Verfassung von Groß-Berlin, 4. Aufl., S. 26. Protokolle des zum Verfassungsausschuß erweiterten Rechtsausschusses des Magistrats konnten nicht ermittelt werden.

11 Gemeint ist der Einheitsausschuß Groß-Berlin, auf dessen Verlangen der Artikel 12 des neuen Verfassungsentwurfs dahingehend ergänzt wurde, daß dem Magistrat auch acht ehrenamtliche Mitglieder angehören sollten. Vgl. das 13. Prot. des Einheitsausschusses Groß-Berlin v. 23.4.1946, in: BArch, Abt. Potsdam, Z-3, Nr. 4, Bl. 83.

12 Die Bezirksbürgermeister hatten dem neuen Verfassungsentwurf in der ihnen vorgelegten Fassung einstimmig zugestimmt; vgl. das Prot. der Konferenz der Bezirksbürgermeister am 25.4.1946, TOP 2, in: LAB, Rep. 280, Nr. 3855.

Der Redner bittet zum Schluß um die einmütige Zustimmung zu dem Verfassungsentwurf, dessen Fertigstellung in der kurzen Zeit viel Mühe und Arbeit gemacht
habe.

Scharoun befürchtet, daß die Bestimmung, wonach die Amtsdauer der Magistratsmitglieder der Wahlperiode entsprechen soll,[13] sich ungünstig auf die Kontinuität der
Arbeiten in den einzelnen Abteilungen, denen die Magistratsmitglieder vorstehen,
auswirken wird.

Dr. Haas weist auf den besonderen Charakter von Berlin als eines „Stadtstaates"
hin, bei dem der Magistrat gewissermaßen die Regierung darstellt.[14] Nach parla-
mentarischem System sei es selbstverständlich, daß nach jeder Neuwahl auch die
Regierungsmitglieder, in diesem Fall die Magistratsmitglieder, neu bestimmt werden
müssen. Eine Dauer der Wahl der besoldeten Magistratsmitglieder von 12 Jahren, wie
es früher der Fall war,[15] sei unter der heutigen neuen Demokratie ganz unmöglich.

Winzer beanstandet zunächst die *geschäftliche Behandlung der Vorlage*. Der
vorliegende Verfassungsentwurf sei den Magistratsmitgliedern erst am Sonnabend[16]
nachmittag zugestellt worden. Die Magistratsmitglieder hätten auf diese Weise nicht
die Möglichkeit gehabt, sich mit den Problemen dieser wichtigen Vorlage eingehend
vertraut zu machen.

Der Redner ist in bezug auf die *Mandatsdauer der Magistratsmitglieder* der
Ansicht, daß diese nicht nur auf die Wahlperiode der Abgeordnetenversammlung
beschränkt sein dürfe, sondern daß es in einer demokratischen Institution jederzeit
möglich sein müsse, einen unfähigen Beamten abzuberufen. Diese Möglichkeit
komme in dem Entwurf nicht klar zum Ausdruck.

Maron gibt zu, daß ein derartig wichtiges Dokument wie dieser Verfassungsentwurf den Magistratsmitgliedern so rechtzeitig zugehen muß, daß sie die Möglichkeit
zu genauem Studium haben. Aber durch die kurze Frist, die von seiten der Alliierten
für die Ausarbeitung der Verfassung gestellt wurde, haben sich die Vorarbeiten so eng
zusammengedrängt, daß es nicht möglich war, den Text, der bei den Vorberatungen
immer wieder Änderungen erfuhr, den Magistratsmitgliedern früher vorzulegen.

Der Redner kennzeichnet noch einmal die heutige Rolle Berlins in staatsrechtlicher
Hinsicht. Der jetzige Magistrat steht auf der gleichen Stufe wie eine Länderregierung,
die nach den jeweiligen politischen Verhältnissen auf Grund stattgehabter Wahlen
zusammengesetzt werden muß. Es ist darum nicht mehr wie früher angängig,
bestimmte Stadträte, auch wenn sie parteilos sind, für längere Zeit anzustellen.
Selbstverständlich aber muß es auch möglich sein, Magistratsmitglieder, die in ihrer

---

13 Scharoun bezieht sich hier auf Artikel 3 Absatz 3 des mit der Mag.vorlage Nr. 201
   vorgelegten Verfassungsentwurfs. Dieser Absatz hat den Wortlaut: „Die Mitglieder des
   Magistrats werden von der Abgeordnetenversammlung für die Dauer der Wahlzeit
   der Abgeordnetenversammlung gewählt. Sie bleiben jedoch bis zum Amtsantritt der
   neugewählten in ihrer Tätigkeit."

14 Vgl. zum „Stadtstaat"-Charakter Berlins das 28. Mag.prot. v. 30.10.1945, TOP 2 (insb.
   Anm. 24); LAB(STA), Rep. 108, Nr. 57, Bl. 67 – 71, 126 – 128 u. 151 – 157; Teil I dieser
   Edition, S. 59.

15 Nach § 12 Absatz 1 des Groß-Berlin-Gesetzes v. 27.4.1920 bzw. § 9 Absatz 1 der Novelle
   v. 30.3.1931 wurden die besoldeten Mitglieder des Magistrats für die Dauer von zwölf
   Jahren gewählt. Vgl. zu den beiden Gesetzen: Dok. 78, Anm. 76 u. 77.

16 Das war der 27.4.1946.

Tätigkeit irgendwie versagt haben, schon vor Ablauf der Wahlzeit abzuberufen. Ein entsprechender Passus müßte vielleicht noch in den Text der Verfassung aufgenommen werden.

Lange erinnert daran, daß sich unter der früheren Verfassung, nach der die Magistratsmitglieder auf 12 Jahre gewählt wurden[17], gelegentlich die Notwendigkeit ergab, ein Magistratsmitglied vorzeitig auszuschalten. Das hat auch ohne eine ausdrückliche Bestimmung in der Verfassung keine Schwierigkeiten gemacht. Der Abgeordnetenversammlung das absolute Recht der *Abberufung von Magistratsmitgliedern* zu geben erscheint doch etwas gefährlich.

Dr. Werner vermißt in dem ganzen Verfassungsentwurf eine klare Festlegung der *Rechte des Oberbürgermeisters.* Es seien eigentlich nur rein formelle Dinge, die in verschiedenen Artikeln über die Stellung des Oberbürgermeisters gesagt werden. In sachlicher Hinsicht sei lediglich die Dienstaufsicht über die übrigen Magistratsmitglieder und die Bezirksbürgermeister festgelegt. Es fehle aber eine weitergehende Bestimmung dahingehend, daß der Oberbürgermeister das Recht hat, den Geschäftsgang der Stadtverwaltung zu überwachen und sich jederzeit von irgendeiner Verwaltungsstelle über bestimmte Dinge informieren zu lassen.

Der Redner beantragt im Anschluß an Art. 14, wo die Dienstaufsicht des Oberbürgermeisters festgelegt ist,[18] folgenden Zusatz:

> ... und *beaufsichtigt den ganzen Geschäftsgang* der städtischen Verwaltung. Er ist der *Dienstvorgesetzte* der Magistratsmitglieder, der Bezirksbürgermeister und sämtlicher Bediensteten derjenigen Dienststellen, Anstalten und Betriebe, die vom Magistrat verwaltet werden.

Der Redner führt weiter aus, daß nach der bestehenden Rechtslage, d[as] h[eißt] nach dem Verfassungsgesetz von 1920 bzw. 1931, auf dem der neue Verfassungsentwurf aufgebaut ist, gewisse Bestimmungen der alten Städteordnung von 1853 weiter gelten, darunter auch der § 57 über das *Beanstandungsrecht des Oberbürgermeisters.*

Im § 32 des Gesetzes von 1920 ist ausdrücklich darauf hingewiesen, daß verschiedene Paragraphen der alten Städteordnung keine Anwendung auf die neue Stadtgemeinde haben[19]. Dagegen müßten die nicht genannten Paragraphen der Städteordnung Anwendung auf die neue Stadtgemeinde Berlin finden. Dazu gehört der § 57, in welchem es u[nter] a[nderem] wörtlich heißt:

> „... ebenso ist der Vorsitzende verpflichtet, wenn ein Beschluß des Magistrats das Staatswohl oder das Gemeindeinteresse verletzt, die Ausführung

---

17 Vgl. Anm. 15 zu diesem Mag.prot.

18 Artikel 14 des mit der Mag.vorlage Nr. 201 vorgelegten Verfassungsentwurfs hat den Wortlaut:

> „(1) Der Oberbürgermeister und die Bürgermeister bilden das Bürgermeisterkollegium. Das Bürgermeisterkollegium hat in dringenden Fällen die dem Magistrat obliegenden Aufgaben vorläufig allein zu besorgen. Dem Magistrat ist die Angelegenheit in der darauffolgenden Sitzung zur endgültigen Beschlußfassung vorzulegen.

> (2) Jedes Magistratsmitglied leitet innerhalb der nach Artikel 13 aufgestellten Richtlinien die ihm durch die Wahl der Vertretungskörper übertragenen Aufgaben selbständig und unter eigener Verantwortung.

> (3) Der Oberbürgermeister führt die Dienstaufsicht über die übrigen Magistratsmitglieder.“

19 Müßte heißen: finden.

eines solchen Beschlusses zu beanstanden und die Entscheidung des Bezirksausschusses einzuholen ..."[20]

Er beantragt als weiteren Zusatz:

Der Oberbürgermeister ist verpflichtet, wenn ein Beschluß des Magistrats dessen Befugnisse überschreitet, gesetz- oder rechtswidrig ist oder gegen Anordnungen der Besatzungsbehörden verstößt, diesen mit aufschiebender Wirkung unter Angabe der Gründe zu beanstanden und die Entscheidung der Alliierten Kommandantur in Berlin einzuholen.

Lange wendet dagegen ein, Dr. Werner verkenne etwas die Stellung des Oberbürgermeisters unter den heute veränderten Verhältnissen. Es sei ein Irrtum, daß der Oberbürgermeister der Dienstvorgesetzte der Bezirksbürgermeister und Magistratsmitglieder ist, er sei nur der Disziplinarvorgesetzte und habe im übrigen unter den Stadtratsmitgliedern nur die Stellung eines primus inter pares.

Dr. Haas schildert noch einmal kurz die Entstehungsgeschichte des vorliegenden Verfassungsentwurfs, wobei es sich im wesentlichen darum handelte, die bestehenden Vorschriften aus den Verfassungen von 1920 und 1931 unter dem Gesichtswinkel der neuen Zeit zu „mischen". Die in die Novelle von 1931 aufgenommenen Bestimmungen aus der rheinischen Bürgermeisterei-Verfassung[21] mit den weitgehenden Weisungsrechten für den Oberbürgermeister konnten nicht übernommen werden. Durch die Dienstaufsicht über die Bezirksbürgermeister und Magistratsmitglieder hat der Oberbürgermeister das, was er nach dem Gesetz von 1920 auch gehabt hat. Es hat damals weder ein Beanstandungsrecht des Oberbürgermeisters noch eine Bestimmung darüber gegeben, daß er der Dienstvorgesetzte des Magistrats ist.

Geschke spricht sich entschieden gegen das von Dr. Werner geforderte Beanstandungsrecht aus. Wenn dies zugestanden würde, könnte der Grundsatz nicht mehr aufrechterhalten werden, daß die Magistratsmitglieder selbständig und unter eigener Verantwortung arbeiten.

---

20 Dieses Zitat ist nicht korrekt. In der „Städte-Ordnung für die sechs östlichen Provinzen der Preußischen Monarchie" v. 30.5.1853 heißt es an der entsprechenden Stelle im § 57 über den Magistrat: „Den Vorsitz führt der Bürgermeister oder sein Stellvertreter. Der Vorsitzende ist verpflichtet, wenn ein Beschluß des Magistrats dessen Befugnisse überschreitet, gesetz- oder rechtswidrig ist, das Staatswohl oder das Gemein-Interesse verletzt, die Ausführung eines solchen Beschlusses zu beanstanden und die Entscheidung der Regierung einzuholen." Die ursprüngliche Fassung der Städteordnung wurde veröffentlicht in: Gesetz-Sammlung für die Königlichen Preußischen Staaten, Jg. 1853, S. 261 – 290. Nach dem Stand von 1927 lautete die entsprechende Formulierung: „Den Vorsitz führt der Bürgermeister oder sein Stellvertreter. Der Vorsitzende ist verpflichtet, wenn ein Beschluß des Magistrats dessen Befugnisse überschreitet, gesetz- oder rechtswidrig ist, das Staatswohl oder das Gemein-Interesse verletzt, die Ausführung eines solchen Beschlusses – und zwar in den erstgenannten beiden Fällen auch auf Anweisung des Regierungspräsidenten – mit aufschiebender Wirkung zu beanstanden. Gegen die Verfügung des Bürgermeisters steht dem Magistrat die Klage im Verwaltungsstreitverfahren binnen zwei Wochen beim Bezirksausschusse zu." Zit. nach: Die Städteordnung für die östlichen Provinzen Preußens nach dem Rechtszustande vom 1. Februar 1927, hrsg. von Edmund Barz, 2. Aufl., Berlin-Halensee o. J. [1927], S. 25. Die als staatliche Behörden für die preußischen Regierungsbezirke bestehenden Bezirksausschüsse übten unter anderem verwaltungsgerichtliche Funktionen aus.

21 Vgl. hierzu: Die Entstehung der Verfassung von Berlin, Bd. I, S. 281, Anm. 309.

Schwenk hält eine Berufung auf die *Städteordnung von 1853* in der heutigen Zeit nicht mehr für angebracht. Das in jener Städteordnung niedergelegte Vetorecht des Oberbürgermeisters war ein ausgesprochener Ausfluß des damaligen Polizeistaates.

Das andere Verlangen, die Beaufsichtigung des ganzen Geschäftsganges der Stadtverwaltung, würde dem Oberbürgermeister eine Verantwortung aufbürden, die er gar nicht tragen kann. Jeder Fehler, der von irgendeinem Angestellten der städtischen Verwaltung gemacht wird, würde letzten Endes auf den Oberbürgermeister zurückfallen.

Pieck ist ebenfalls der Ansicht, daß es, abgesehen vom verfassungsrechtlichen Gesichtspunkt, aus politischen Gründen unmöglich ist, heute überholte Bestimmungen aus der Städteordnung von 1853 wieder in Kraft zu setzen. Heute handelt es sich darum, eine neue Demokratie zu schaffen. Da ist das Vetorecht eines einzelnen nicht mehr am Platze. Nach Auffassung des Redners sind die Rechte des Oberbürgermeisters in dem Verfassungsentwurf genügend umrissen.[22]

Der Redner beschäftigt sich sodann mit dem Vorschlag von Winzer, in der Verfassung positiv festzulegen, daß gewählte Stadtratsmitglieder auch innerhalb der Wahlperiode abberufen werden können. Das sei ein Problem, das noch genauer von Fachleuten studiert werden müßte, was aber eine Hinausschiebung der Verabschiedung der Vorlage über den festgesetzten Termin bedingen würde. Vielleicht könnte dieser Punkt in einer Wahlordnung besonders geregelt werden.

Dr. Landwehr ist der Meinung, daß das Abberufungsrecht ohne weiteres aus Art. 3 Abs. 3[23] zu folgern sei. Dort sei gesagt, daß die Magistratsmitglieder unter einer ganz bestimmten Auflage gewählt werden, nämlich ihre Arbeit im Sinne der Abgeordnetenversammlung zu leisten. Erfüllen sie diese Aufgabe nicht, wird auch ihre Wahl hinfällig.

Zur Frage der Zuständigkeiten des Oberbürgermeisters ist der Redner der Auffassung, daß auch der Oberbürgermeister sich an die allgemein in einer geordneten Verwaltung üblichen Grundsätze zu halten hat, wonach der Chef einer Verwaltung nicht über den Kopf der Sachbearbeiter hinweg unmittelbar an Untergebene Befehle geben oder Verweise erteilen kann.

Winzer vertritt die gleiche Auffassung und führt als Beispiel einen bestimmten Fall an, wo von einem seiner Herren ein Bericht über die Arbeit der Berliner Volkshochschulen gefordert wurde, ohne daß er, der Abteilungsleiter, etwas davon wußte.

Der Redner möchte die *Abberufbarkeit der Magistratsmitglieder* doch irgendwie positiv in den Entwurf aufgenommen haben, zum mindesten sollte man nicht ausdrücklich sagen, daß die Magistratsmitglieder für die Dauer der Wahlzeit der Abgeordnetenversammlung gewählt werden.

Dr. Haas bemerkt, daß der Passus „für die Dauer der Wahlzeit" absichtlich eingefügt worden sei als eine Begrenzung nach oben gegenüber dem Verlangen von einer Partei[24], eine längere Amtsdauer festzulegen. Aber rechtlich bestehe nach der vorliegenden Fassung kein Zweifel, daß derjenige, der gewählt ist, so lange im

---

22 Vgl. zu Piecks Bewertung der von OB Werner gestellten Anträge zu den Rechten des Oberbürgermeisters auch: Teil I dieser Edition, S. 55 f.

23 Der Wortlaut dieses Absatzes ist zitiert in Anm. 13 zu diesem Mag.prot.

24 Es konnte nicht ermittelt werden, welche Partei hier gemeint ist.

Amt bleibt, wie die betreffende Abgeordnetenversammlung selber im Amt bleibt. Er kann hiernach nur ausscheiden, wenn er freiwillig geht oder wenn er wegen Dienstvergehen entlassen wird. Anders wäre es schon, wenn man die Worte „für die Dauer der Wahlzeit" wegließe.

Maron möchte doch durch irgendeine Formulierung zum Ausdruck gebracht haben, daß die Magistratsmitglieder jederzeit durch die Abgeordnetenversammlung abberufbar sind. Hinsichtlich der Stellung des Oberbürgermeisters ist der Redner der Auffassung, daß der Oberbürgermeister auch nach der vorliegenden Verfassung, wie auch heute schon, genügend Machtvollkommenheiten hat, daß dagegen die beantragten Zusätze, insbesondere das Vetorecht, zu unerfreulichen Ergebnissen führen könnten.

Schwenk macht zur Frage der Abberufbarkeit der Magistratsmitglieder den Vermittlungsvorschlag, in Art. 3 Abs. 3[25] im ersten Satz nur zu sagen: „Die Mitglieder des Magistrats werden von der Abgeordnetenversammlung gewählt", und dann einen zweiten Satz mit folgendem Wortlaut anzuhängen: „Sie bleiben, falls sie nicht vorher von der Abgeordnetenversammlung abberufen werden, bis zum Amtsantritt der neugewählten in ihrer Tätigkeit." Damit würde die Möglichkeit, daß eine Abberufung durch die Abgeordnetenversammlung erfolgen kann, gegeben sein.

Dr. Haas möchte den neuen Satz dahin formuliert haben: „Die Gewählten bleiben bis zur Verpflichtung der neugewählten Abgeordneten und der Mitglieder des Magistrats in ihrer Tätigkeit."

Dieser neue Satz würde sich dann sowohl auf die Abgeordneten wie auf die Magistratsmitglieder beziehen; denn auch die Abgeordneten mußten früher so lange weiter tätig sein, bis die neue Stadtverordnetenversammlung da war. Als nächster Satz würde dann noch kommen: „Das Nähere wird in der Wahlordnung geregelt."

Orlopp tritt dafür ein, ausdrücklich zu sagen, daß die Mitglieder des Magistrats von der Abgeordnetenversammlung gewählt und abberufen werden.

Dusiska schlägt die Fassung vor: „Die Magistratsmitglieder werden von der Abgeordnetenversammlung gewählt und bedürfen zu ihrer Tätigkeit des Vertrauens der Abgeordnetenversammlung."

Nach weiterer Aussprache über diesen Punkt, an der sich noch die Magistratsmitglieder Dr. Haas, Rumpf, Pieck, Maron, Orlopp und Winzer beteiligen, ergibt sich als übereinstimmende Meinung, daß die Möglichkeit gegeben sein muß, ein Magistratsmitglied auch innerhalb der Wahlperiode abzuberufen, nur über die Formulierung herrschen Meinungsverschiedenheiten.

Durch *Abstimmung* wird zunächst festgestellt, daß die ausdrückliche Hereinnahme des Wortes „Abberufung" von der Mehrheit nicht gewünscht wird. Dagegen wird eine Umgestaltung des Art. 3 in der Formulierung des nachstehenden Beschlusses gegen zwei Stimmen bei einer Enthaltung beschlossen.

Alsdann wird über die von Dr. Werner beantragten Zusätze zu Art. 14 abgestimmt. Die Zusätze werden gegen eine Stimme abgelehnt.

Hierauf wird über die Vorlage im ganzen mit den beschlossenen Änderungen abgestimmt. Die Abstimmung ergibt die Annahme der Vorlage gegen eine Stimme.

---

25 Der Wortlaut dieses Absatzes ist zitiert in Anm. 13 zu diesem Mag.prot.

BESCHLUSS: Der Magistrat stimmt dem Verfassungsentwurf nach der Vorlage Nr. 201 mit der Änderung zu, daß in Art. 3 die Absätze 3 und 4[26] als Absätze 3, 4 und 5 in folgender Fassung gestaltet werden:

(3) Die Mitglieder des Magistrats werden von der Abgeordnetenversammlung gewählt.

(4) Die Gewählten bleiben bis zur Verpflichtung der neugewählten Abgeordneten und der Mitglieder des Magistrats in Tätigkeit.

(5) Das Nähere wird in der Wahlordnung[27] geregelt.[28]

---

26 Der Wortlaut des Artikels 3 Absatz 3 ist zitiert in Anm. 13 zu diesem Mag.prot. Der Absatz 4 desselben Artikels lautete nach der Mag.vorlage Nr. 201: „Das Nähere über die Wahlen wird in der Wahlordnung geregelt."

27 Vgl. hierzu das 63. Mag.prot. v. 29.6.1946, TOP 3.

28 Der hiermit beschlossene Verfassungsentwurf ist abgedruckt in: Haas: Vorläufige Verfassung von Groß-Berlin, 4. Aufl., S. 115 – 126. Der Magistrat übermittelte der AK diesen seinen zweiten Entwurf einer vorläufigen Verfassung mit Schreiben v. 30.4.1946. Dieses Begleitschreiben ist abgedruckt in: Haas: Vorläufige Verfassung von Groß-Berlin, 4. Aufl, S. 126 f.; Die Entstehung der Verfassung von Berlin, Bd. I, S. 295. Die Beratungen der Alliierten über die endgültige Fassung der vorläufigen Verfassung dauerten vom Juni bis in den August 1946. Vgl. hierzu: Breunig, S. 183 – 225; Die Entstehung der Verfassung von Berlin, Bd. I, S. 299 – 320 u. 334 – 339. Am 9.8.1946 verabschiedeten die Stadtkommandanten den deutschen Text der „Vorläufigen Verfassung von Groß-Berlin", die dem Oberbürgermeister mit BK/O (46) 326 v. 13.8.1946 übermittelt wurde. Die BK/O einschließlich Verfassungstext und Begleitschreiben der Stadtkommandanten ist vorhanden in: LAB(STA), Rep. 101, Nr. 70, u. Rep. 101, Nr. 1214, Bl. 80 – 94, u. LAB, Rep. 280, Nr. 4895; veröffentlicht in: VOBl., Jg. 2 (1946), S. 294 – 300; wieder abgedruckt in: Berlin. Quellen und Dokumente, 1. Halbbd., S. 1100 – 1111; Die Entstehung der Verfassung von Berlin, Bd. I, S. 320 – 334. Die Vorläufige Verfassung v. 13.8.1946 trat am 20.10.1946, dem Tag der ersten Nachkriegswahlen in Berlin, in Kraft. Nach Breunig, S. 209, war sie trotz zahlreicher Änderungen, die von den Alliierten am Magistratsentwurf v. 29.4.1946 vorgenommen worden sind, „nicht das Produkt der vier Besatzungsmächte, vielmehr läßt sich das Dokument als deutsches, von den alliierten Mächten mehr oder weniger behutsam modifiziertes Werk bezeichnen. Mit dem ersten Magistratsentwurf vom Januar 1946 hatte der neue Verfassungstext freilich kaum noch etwas gemein." Vgl. zu den wichtigsten Regelungen und zur Bewertung der Vorläufigen Verfassung die zeitgenössischen Zeitungsartikel hierzu in: LAB(STA), Rep. 101, Nr. 1214, Bl. 5 – 18; ferner: Breunig, S. 225 – 235. Haas betonte die aufgrund der Entstehungsgeschichte im Verfassungstext vorhandenen Widersprüche und Unklarheiten; siehe: [Friedrich] Haas: Die Entstehung der Vorläufigen Verfassung von Groß-Berlin. Auszug aus der Niederschrift der 2. Sitzung des Verfassungsausschusses vom 8. Januar 1947 [gedruckter Auszug], in: LAB(STA), Rep. 101, Nr. 1208. Vgl. zu Marons Vorschlag einer Zuordnung der Mag.abteilungen zu den vier stellvertretenden Oberbürgermeistern („Ressortverteilung") zwecks Beratung und Aufsichtsführung das 66. Mag.prot. v. 20.7.1946, TOP 6; zu Marons SED-internen Ausführungen über die Vorläufige Verfassung: Dok. 107.

3. HAUSHALTSPLAN FÜR 1946

Hierzu liegt die Vorlage Nr. 202[29] vor.[30]

Dr. Haas führt aus: Zum erstenmal in der Nachkriegszeit haben wir die Aufgabe, einen Jahreshaushalt aufzustellen.[31] Früher hatten wir für eine so wichtige Aufgabe reichlich Zeit. Es bestand die Möglichkeit, in Ausschußberatungen alles gründlich vorzubereiten, die Wirtschaftsvorgänge konnten einigermaßen überblickt werden usw. Heute ist das alles anders geworden. Der Krieg ist zwar vorbei, aber wir haben noch keinen Frieden. Die wirtschaftlichen Verhältnisse sind so, daß man nur tasten kann, was im kommenden Etatsjahr, das vom 1. April 1946 bis zum 31. März 1947 läuft, sein wird.

Nach einem Befehl der Alliierten Kommandantur soll der Haushaltsplan am 1. Mai vorliegen.[32] Eine Fristverlängerung war leider nicht zu erreichen. Sie wäre notwendig gewesen, um die Zahlen möglichst nach allen Seiten hin abzustimmen und um vor allem das Ergebnis für die vorangegangene Zeit genau festzustellen.

Die *abgelaufene Etatsperiode* vom 1. Juni 1945 bis zum 31. März 1946 schließt mit einem rechnerischen Fehlbetrage von 250 Millionen RM ab. Dieser Fehlbetrag ist nicht erst in den letzten Wochen entstanden; er betrug Ende 1945 bereits 200 Millionen. Er ist folgendermaßen gedeckt worden. Einmal hatten sich bestimmte Kassenbestände angefunden, deren Höhe rund 98 Millionen beträgt. Wir mußten zur Deckung des Defizits nur 150 Millionen Kredite in Anspruch nehmen. Der eine große Kreditgeber war – und ist es heute noch – unser Stadtkontor.[33] Es hat uns einen Kredit von 57 Millionen gewährt. Die übrigen Millionen haben wir uns bei

---

29 LAB(STA), Rep. 100, Nr. 770, Bl. 100 u. 101; auch in: LAB(STA), Rep. 100, Nr. 771, Bl. 24, u. Rep. 101, Nr. 620, Bl. 2 u. 5.

30 Der Beschlußtext der Mag.vorlage Nr. 202 v. 26.4.1946 hat den Wortlaut:
   „Der Magistrat nimmt zustimmend Kenntnis

   1.) von dem Bericht über die vorläufige Abrechnung über das verflossene Haushaltsjahr 1945, die mit einem Fehlbetrag von 250 Millionen abschließt;

   2.) von dem vorläufig aufgestellten Gesamthaushaltsplan für das Rechnungsjahr 1946 und beauftragt den Stadtkämmerer, den Fehlbetrag durch Herabsetzung der Ausgaben und Erhöhung der Einnahmen auf mindestens 450 Millionen herabzudrücken, zur Deckung des Fehlbetrages ein kurzfristiges Darlehen vom Berliner Stadtkontor über mindestens 250 Millionen zu nehmen und die erforderlichen Verhandlungen für die Genehmigung des Haushaltsplans mit der Alliierten Kommandantur zu führen."

   Vgl. zur Haushaltsentwicklung bis zum 31.3.1946 das 41. Mag.prot. v. 14.1.1946, TOP 3 (Siebert), u. das 51. Mag.prot. v. 25.3.1946, TOP 2 (Haas), u. das Prot. der Konferenz der Bezirksbürgermeister am 25.4.1946, TOP 3, in: LAB, Rep. 280, Nr. 3855; zur Aufstellung des Haushaltsplans für das Rechnungsjahr 1946 das 54. Mag.prot. v. 17.4.1946, TOP 3 (Haas), u. das Prot. der Konferenz der Bezirksbürgermeister am 25.4.1946, TOP 3, in: LAB, Rep. 280, Nr. 3855.

31 Vgl. hierzu Dok. 57, Anm. 14.

32 Ein solcher Befehl ist nicht in Form einer BK/O erlassen worden. Das Finanzkomitee der AK hatte die Finanzabteilung des Magistrats mit seinem Befehl FIN/I (46) 23 v. 28.2.1946 angewiesen, ihr den Haushaltsplanentwurf 1946 spätestens bis zum 15.4.1946 zu übersenden. Dieser Befehl ist vorhanden in: LAB, Rep. 37: OMGBS, FIN Br, 4/91-2/12.

33 Vgl. zur Entwicklung des Berliner Stadtkontors (bis Herbst 1945: Berliner Stadtbank) das 46. Mag.prot. v. 16.2.1946, TOP 5.

eigenen Einrichtungen und Betrieben geholt. Eine genaue Aufstellung darüber wird erst Ende Mai gegeben werden können.

Der Fehlbetrag ist hauptsächlich dadurch entstanden, daß die Besatzungskosten sich erheblich erhöht haben. Des weiteren sind die Sozialausgaben beträchtlich über die seinerzeit festgelegten Ansätze gestiegen. Es ist ein Befehl zu erwarten, der uns verpflichtet, in kürzester Frist genau die Gründe anzugeben, durch die dieser Unterschied zwischen dem Soll und dem Ist verursacht wurde.[34]

Der Redner legt sodann den *neuen Haushaltsplan für 1946/47* vor.[35] Die schon in der letzten Bezirksbürgermeister-Konferenz[36] am Donnerstag mitgeteilten Zahlen haben sich inzwischen auf der Ausgabenseite noch um 80 Millionen erhöht. Der vorliegende erste Entwurf nach dem Stand vom 25.4. schließt mit einer Einnahme von rund 1,1 Milliarden und einer Ausgabe von 1,9 Milliarden, d[as] h[eißt] mit einem Fehlbetrag von 805 Millionen, ab. Inzwischen sind am letzten Sonnabend die Einnahmeposten noch einmal durchgesehen und die Schätzungen für das Steueraufkommen auf Grund der Ergebnisse der vergangenen Monate noch etwas erhöht worden, und zwar um 293 Millionen, so daß heute der Fehlbetrag nur noch 512 Millionen beträgt.

Unter den Ausgaben stehen an erster Stelle die Mittel für das Sozialwesen mit rund 306 Millionen. Wir sind dabei von einer ganz bestimmten Anzahl von Unterstützungsempfängern ausgegangen und glauben, daß dieser Betrag noch etwas herabgedrückt werden kann.[37] Der zweite große Posten sind die Besatzungskosten.[38] Wir mußten auf Grund der Erfahrungen der letzten Monate davon ausgehen, daß an reinen Besatzungskosten im nächsten Jahre etwa 300 Millionen entstehen werden. Dazu kommen 60 Millionen für Reparationsleistungen, so daß der Bedarf hier 360 Millionen ausmacht.

Die Versorgungsbetriebe, die früher erhebliche Überschüsse brachten, sind heute nicht mehr in der Lage, diese Überschüsse zu erwirtschaften. Sie haben durch den Krieg schwere Verluste erlitten, die irgendwie ausgeglichen werden müssen. Zum Teil sind die Betriebe nicht in der Lage, ihre volle Kapazität auszunutzen, sondern gezwungen, die Produktion zu drosseln. Die rein städtischen Betriebe Gas- und

---

34 Vgl. hierzu BK/O (46) 189 v. 27.4.1946, betr. Sozialausgaben, in: LAB(STA), Rep. 101, Nr. 64, u. LAB, Rep. 280, Nr. 4834; abgedruckt in: Berlin. Quellen und Dokumente, 1. Halbbd., S. 423. Vgl. zu den gestiegenen Sozialausgaben auch das 56. Mag.prot. v. 4.5.1946, TOP 4 (Haas, Maron u. Geschke). Vgl. ferner BK/O (46) 195 v. 30.4.1946, betr. allgemeine Verwaltungsausgaben, in: LAB(STA), Rep. 101, Nr. 64, u. LAB, Rep. 280, Nr. 12566.

35 Der Haushaltsplanentwurf 1946 nach dem Stand v. 25.4.1946 ist in Form einer Grobübersicht vorhanden in: LAB(STA), Rep. 101, Nr. 620, Bl. 5, u. Rep. 105, Nr. 418. Vgl. auch die Haushaltsplanentwürfe für das Rechnungsjahr 1946 von einzelnen Magistratsabteilungen und -dienststellen, in: LAB(STA), Rep. 105, Nr. 302–304.

36 Vgl. das Prot. der Konferenz der Bezirksbürgermeister am 25.4.1946, TOP 3, in: LAB, Rep. 280, Nr. 3855.

37 Der Sozialetat wurde um 10 Millionen RM gekürzt; vgl. das 56. Mag.prot. v. 4.5.1946, TOP 4.

38 Vgl. zu den Besatzungskosten das 51. Mag.prot. v. 25.3.1946, TOP 2 (Haas), u. das 56. Mag.prot. v. 4.5.1946, TOP 4 (Haas).

Wasserwerke schließen für 1946 mit einem Überschuß von 7,9 Millionen ab, während sie im Jahre 1938 einen Überschuß von rund 24 Millionen erbrachten. Von den Verkehrsbetrieben ist die BVG mit einem Überschuß von 5,6 Millionen angesetzt, während die Behala einen Unterschuß von 427 000 RM ergibt. Die Ausstellungen[39] haben ebenfalls einen Unterschuß von 376 000 RM, die Stadtgüter einen solchen von 2,9 Millionen und die Stadtbank von 6,2 Millionen. Die Stadtbank fordert für die [zu]rückliegende Zeit noch rund 3 Millionen, die sie an noch nicht gedeckten Ausgaben gehabt hat.

Die sogenannten Gebühren-Anstalten[40] schließen ab mit einer Einnahme von 20,3 Millionen und einer Ausgabe von 33,5 Millionen. Nur zwei Anstalten haben keinen ausgeglichenen Wirtschaftsplan; das sind die Müllbeseitigungsanstalt und die Sparkasse. Die erstere verlangt einen Zuschuß von rund 8,5 Millionen, die Sparkasse von 4,7 Millionen. Bei den übrigen Anstalten halten sich Aufwand und Ertrag ungefähr die Waage.

Die Polizei kostet die Stadt bei 15 000 Mann uniformierter Polizei, 1 050 Verwaltungsangestellten und 950 Arbeitskräften rund 80 Millionen. Bei der Justiz – den Zivil- und Strafgerichten – mit rund 1 500 beschäftigten Personen beträgt die Einnahme 6,1 Millionen, wobei die Strafen und Gebühren eingeschlossen sind, die Ausgabe 7,4 Millionen, mithin der Bedarf 1,3 Millionen. Bei der Staatsanwaltschaft und dem Strafvollzug mit 1 342 beschäftigten Personen beträgt der Bedarf 7,7 Millionen.

Die Staatssteuerverwaltung[41] hat bei rund 5 600 Beschäftigten eine Einnahme von 8 Millionen und eine Ausgabe von 37 Millionen, mithin einen Bedarf von 29 Millionen; die Stadtsteuerverwaltung mit 1 050 Beschäftigten hat eine Einnahme von 0,5 [und] eine Ausgabe von 6,5 Millionen, mithin einen Bedarf von 5,9 Millionen.

Bemerkenswert sind noch die Zahlen auf dem Gebiet der Ernährung. Wir haben zwei große Hauptämter: das Hauptamt für Verbrauchsregelung und das Hauptamt für Bedarfsdeckung. Das erstere hat ein Personal von 800 Kräften und kostet 4,3 Millionen, das letztere hat ein Personal von 440 Kräften und kostet 2,4 Millionen. Die Bedarfsdeckung arbeitet mit einem Ertrag von 336 Millionen und einem Aufwand von 406 Millionen. Darin sind die bekannten 70 Millionen Stützungsgelder[42] enthalten.

Für Ruhegelder sind 86 Millionen angesetzt,[43] und zwar 30 Millionen für die sogenannten Neupensionäre. Es ist die Einführung einer Zusatzruhegeldversicherung

---

39 Gemeint ist der städtische Eigenbetrieb „Berliner Ausstellungen".

40 Gemeint sind wohl „öffentliche Einrichtungen mit kaufmännischer Buchführung"; siehe: LAB(STA), Rep. 105, Nr. 299, Bl. 45.

41 Der Magistrat hatte die Verwaltung der ehemaligen Reichs- und Landessteuern übernommen; vgl. hierzu Dok. 45, Anm. 30, u. das 37. Mag.prot. v. 17.12.1945, TOP 3.

42 Vgl. zu den Stützungsgeldern für die Preise landwirtschaftlicher Produkte das 47. Mag.prot. v. 23.2.1946, TOP 3, u. das 51. Mag.prot. v. 25.3.1946, TOP 5 (Klimpel), u. das 53. Mag.prot. v. 6.4.1946, TOP 4, u. das 56. Mag.prot. v. 4.5.1946, TOP 4 (Haas); Dok. 88, Punkt 3b.

43 Vgl. zur Wiederaufnahme der Zahlung von Versorgungsbezügen das 64. Mag.prot. v. 5.7.1946, TOP 2.

beabsichtigt, über die demnächst eine Vorlage gemacht werden wird.[44] 56 Millionen sind für die Altpensionäre vorgesehen, wobei eine Zahl von 45 000 Altpensionären zugrunde gelegt ist. Dadurch soll der Sozialhaushalt entlastet werden. Es bekommt natürlich nur derjenige der Anspruchsberechtigten eine Rente, der arbeitsunfähig ist und ein bestimmtes Alter erreicht hat. Außerdem ist Voraussetzung, daß er nicht unter die Bestimmungen des Entnazifizierungsgesetzes[45] fällt.

Schließlich ist noch zu bemerken, daß in diesen Millionenziffern auch die einmaligen Ausgaben enthalten sind, und zwar in Höhe von rund 205 Millionen.[46] Darunter fallen auch die Enttrümmerungskosten.

Der Redner hält es für möglich, den Fehlbetrag von 450 Millionen noch auf 400 Millionen herunterzudrücken, wenn noch Streichungen vorgenommen werden, sich die wirtschaftliche Entwicklung etwas bessert und die geplante Grundsteuererhöhung[47] in Kraft tritt. Die Frage ist, wie das Verbleibende dieses Defizits ausgeglichen werden soll. In der Vorlage wird der Magistrat gebeten, dem Kämmerer die Ermächtigung zu geben, ein kurzfristiges Darlehn von dem Stadtkontor über mindestens 250 Millionen zu nehmen. Die Verhandlungen darüber sind im Gange. Dabei spielt auch die Frage des Zinssatzes eine Rolle.

Der Redner betont zum Schluß noch einmal, daß die ganze Rechnung im Galopptempo aufgestellt werden mußte. Dabei mag da und dort ein Fehler unterlaufen sein. In den nächsten Tagen werden noch einmal die einzelnen Verwaltungen durchgesprochen, um zu sehen, was noch gekürzt werden kann. Dadurch, daß Dr. Siebert eine neue Gliederung des Haushalts eingeführt hat,[48] hat sich eine erhebliche Mehrarbeit ergeben. Die Positionen haben sich teilweise vervierfacht. Es sind im ganzen 30 [000] – 40 000 Positionen.[49] Der Redner dankt seinen Mitarbeitern für ihre besondere Arbeitsleistung und spricht die Bitte aus, ihn zu bevollmächtigen, die Verhandlungen mit dem Stadtkontor und alliierten Stellen weiterzuführen, damit der Haushaltsplan bis zum nächsten Montag der Alliierten Kommandantur vorgelegt werden kann.

Orlopp hält es für schwierig, zu den ganzen Haushaltsfragen Stellung zu nehmen, da so gut wie jede Unterlage und jeder feste Anhalt für die kommende Wirtschaftsentwicklung fehlen. Es läßt sich deshalb auch nicht sagen, ob mit einem weiteren Absinken oder Ansteigen der Steuern, insbesondere der erhöhten

---

44 Eine solche Vorlage ist in den folgenden Mag.sitzungen nicht beraten worden. Vgl. aber zur geplanten Zusatzversicherung für städtisch Bedienstete das 52. Mag.prot. v. 30.3.1946, TOP 7 (Schmidt), u. das 64. Mag.prot. v. 5.7.1946, TOP 2 (Haas), u. das 65. Mag.prot. v. 13.7.1946, TOP 5 (Haas).

45 Vgl. zur rechtlichen Regelung der Entnazifizierung das 50. Mag.prot. v. 16.3.1946, TOP 2 (insb. Anm. 18).

46 Die Mittel für außergewöhnliche einmalige Anforderungen wurden um 55 Millionen RM gekürzt; vgl. das 56. Mag.prot. v. 4.5.1946, TOP 4.

47 Vgl. TOP 4 in diesem Mag.prot.

48 Vgl. das 37. Mag.prot. v. 17.12.1945, TOP 3 (Siebert); das Prot. der Konferenz der Bezirksbürgermeister am 11.1.1946, TOP 2 (Siebert), in: LAB, Rep. 280, Nr. 3844; das Rundschreiben der Finanzabteilung des Magistrats v. 2.2.1946, betr. Gliederung des Haushaltsplans der Stadt Berlin für das Rechnungsjahr 1946, in: LAB(STA), Rep. 105, Nr. 301, Bl. 3 – 9.

49 Vgl. das Exemplar des Haushaltsplans der Stadt Berlin für das Rechnungsjahr 1946 in: LAB(STA), Rep. 105, Nr. 430.

Umsatzsteuer[50], zu rechnen sein wird. Ungeklärt ist bei den Verbrauchssteuern die Frage der Branntweinmonopolabgabe[51]. Dazu kommt die geplante Erhöhung der Grundsteuer,[52] bei der noch nicht klar ist, ob sie eine Mieterhöhung mit sich bringt.

Rumpf macht mit Rücksicht auf die hohen Besatzungskosten darauf aufmerksam, daß sich darunter auch solche befinden, die nicht allein auf die Rechnung von Berlin, sondern auf die Rechnung von ganz Deutschland gehen. Man sollte versuchen, durch Verhandlungen mit der Alliierten Kommandantur zu erreichen, daß diese Kosten auch auf die anderen Landesteile Deutschlands umgelegt werden.

In bezug auf das Steueraufkommen in den künftigen Monaten ist der Redner nicht so optimistisch wie der Kämmerer. Die erhöhten Einnahmen bei der Umsatzsteuer und der Einkommensteuer in den letzten Monaten spiegeln die unerhörten Preissteigerungen im Großhandel und Kleinhandel wider. Nachdem aber jetzt diese Preissteigerungen radikal beseitigt werden sollen,[53] wird ein großes Absinken in den Steuern eintreten.

Maron hält unter den gegebenen Umständen eine Stellungnahme zu dem Haushaltsplan für fast unmöglich. Man kann nur dem Kämmerer das Vertrauen schenken, daß er sehen wird, einigermaßen hinzukommen. Wahrscheinlich wird das ganze Steueraufkommen etwas zu pessimistisch geschätzt sein. Bei einzelnen Positionen auf der Ausgabenseite wird man vielleicht noch zu Einsparungen kommen können, wenn die Etats der Abteilungen noch einmal gründlich durchgegangen werden. Der Anregung von Rumpf, die Besatzungskosten, die für ganz Deutschland geleistet werden, irgendwie hereinzubekommen, sollte man folgen.

Der Redner empfiehlt, die Beschlußfassung über den Haushaltsplan noch bis zur nächsten Sitzung zu vertagen und den Magistratsmitgliedern in der Zwischenzeit noch weitere Unterlagen zu übermitteln.

Dr. Haas macht noch ergänzende Ausführungen über die beabsichtigte *Erhöhung der Grundsteuer*[54] um ein Drittel. Eine Erhöhung der Mieten soll dadurch nicht eintreten dürfen. Verursacht ist die Maßnahme durch den Fortfall der Gebäudeinstandsetzungsabgabe, womit auch das Hypothekenzins-Moratorium gefallen ist.[55] Es müssen wieder erhöhte Hypothekenzinsen gezahlt werden, und da soll die erhöhte Grundsteuer gewissermaßen dazwischengeschaltet werden. Die Steuererhöhung soll zu Lasten der Hypothekengläubiger gehen. Der Hauseigentümer muß eventuell die Vertragshilfe[56] in Anspruch nehmen, um zwecks Zahlung dieser Grundsteuer die Hypothekenzinsen herabzumildern.

---

50 Vgl. das 48. Mag.prot. v. 4.3.1946, TOP 3.
51 Vgl. das 7. Mag.prot. v. 18.6.1945, TOP 8 (Noortwyck).
52 Vgl. TOP 4 in diesem Mag.prot.
53 Vgl. das 51. Mag.prot. v. 25.3.1946, TOP 6; das Wortprotokoll der Pressekonferenz von Rumpf am 26.3.1946, in: LAB(STA), Rep. 101, Nr. 142 u. 5386; den Bericht über die Pressebesprechung von Polizeipräsident Markgraf und dem Leiter des Preisamts, Dr. Steiner, am 25.4.1946, in: LAB(STA), Rep. 101, Nr. 142.
54 Vgl. TOP 4 in diesem Mag.prot.
55 Vgl. hierzu Dok. 80, Anm. 18 u. 20.
56 Nach der „Verordnung über die Vertragshilfe des Richters aus Anlaß des Krieges" v. 30.11.1939 konnten Schuldner beim Amtsgericht die Regelung ihrer Zahlungsverpflichtungen entsprechend ihrer Leistungsfähigkeit beantragen (Teilzahlungen, Stundungen usw.). Die VertragshilfeVO wurde veröffentlicht in: RGBl., Jg. 1939, Teil I, S. 2329 – 2338. Vgl. auch: Heinz Meilicke: Rechtsbehelfe bei alten Schulden, in: Der Tagesspiegel, 1.3.1946, S. 5; Karl Rabe: Alte Schulden, in: Der Tagesspiegel, 26.4.1946, S. 6; Alte

Der Redner gibt anschließend noch eine Übersicht über das Aufkommen der einzelnen Steuern.[57]

Orlopp knüpft an die auf 200 Millionen geschätzte Einnahme aus der Umsatzsteuer an und berechnet, daß diese Summe auf Grund der bisherigen Aufkommen und unter Berücksichtigung der 50%igen Erhöhung[58] dieser Steuer sicher erreicht wird, auch wenn die Wirtschaft auf ihrem Tiefstand bleiben oder gar noch mehr absinken sollte. Bei einer Besserung der Wirtschaftslage würde mithin hier eine Reserve von mindestens 80 bis 90 Millionen gegeben sein. Es wäre erwünscht, wenn die Magistratsmitglieder noch das genaue Zahlenmaterial in die Hand bekommen könnten.

BESCHLUSS: Die Beschlußfassung über den Haushaltsplan (Vorlage Nr. 202) wird bis zur nächsten Sitzung vertagt.[59]

(Mittagspause von 14.10 Uhr bis 15.15 Uhr.)

4. FINANZFRAGEN

Hierzu liegt die Vorlage Nr. 196[60] vor, betreffend Erhöhung der *Grundsteuer* für das Rechnungsjahr 1946.

Dr. Haas verweist zur Begründung auf die bereits gemachten Mitteilungen[61] und fügt hinzu, daß der frühere Beschluß des Magistrats auf Änderung der Erhebungsform der Grundsteuer – Umstellung vom Schätzungswert auf den Ertragswert – in der Zwischenzeit von der Alliierten Kommandantur genehmigt worden ist[62]. Der Hauseigentümer muß also die erhöhte Grundsteuer von seinem Mieteinkommen zahlen, er darf aber die Erhöhung nicht auf die Mieter abwälzen.

Maron möchte noch eine ausdrückliche Sicherung dagegen eingebaut haben, daß keine Mietsteigerung stattfinden darf.

Schulden. Das umstrittene Tilgungsproblem, in: Der Morgen, 19.5.1946, S. 7; Die alten Schulden, in: Berliner Zeitung, 17.7.1946, [S. 5]; Die alten Schulden. Kein Gegenstand für Verallgemeinerungen, in: Der Kurier, 24.7.1946, S. 3; Karl Rabe: Alte Schulden und Rechtsnachfolge, in: Berliner Zeitung, 4.9.1946, [S. 5]; Verjährung 1946. Anwendungsmöglichkeiten der Vertragshilfe-Verordnung, in: Der Kurier, 23.12.1946, S. 5.

57 Vgl. zur Entwicklung der Steuereingänge: Dok. 72, Anm. 5.
58 Vgl. das 48. Mag.prot. v. 4.3.1946, TOP 3.
59 Vgl. zur weiteren Beratung und Annahme des Haushaltsplans für 1946 das 56. Mag.prot. v. 4.5.1946, TOP 4.
60 LAB(STA), Rep. 100, Nr. 770, Bl. 73 u. 74; auch in: LAB(STA), Rep. 100, Nr. 771, Bl. 10, u. Rep. 101, Nr. 620, Bl. 4.
61 Vgl. TOP 3 (Haas) in diesem Mag.prot. u. das 54. Mag.prot. v. 17.4.1946, TOP 7 (Haas).
62 Der Magistrat hatte am 23.2.1946 die hier gemeinte VO über die Erhebung und Zahlung der Grundsteuer in den Rechnungsjahren 1946 und 1947 beschlossen; vgl. das 47. Mag.prot. v. 23.2.1946, TOP 6. Das Finanzkomitee der AK billigte diese VO am 3.4.1946; vgl. das 13. Prot. des Finanzkomitees der AK v. 3.4.1946, TOP 2, in: LAB, Rep. 37: OMGBS, FIN Br, 4/91-2/6. Die offizielle Genehmigung erfolgte erst mit BK/O (46) 254 v. 6.6.1946. Die BK/O ist vorhanden in: LAB(STA), Rep. 101, Nr. 66; LAB, Rep. 280, Nr. 12595. Auf Antrag des Magistrats trat die VO allerdings nicht in Kraft; vgl. Dok. 70, Anm. 68.

Dr. Haas: Die Sicherung ist dadurch gegeben, daß auch für Mieten der Preisstop[63] gilt.

Grüber befürwortet, nicht bebaute oder total zerbombte Grundstücke, die nichts einbringen, von der Erhöhung der Grundsteuer auszunehmen.

Dr. Haas erinnert daran, daß in dem neuen Grundsteuergesetz[64] auch für unbebaute Grundstücke ein Mindestsatz festgelegt ist, erklärt sich aber mit einer Ausnahme für die unbebauten Grundstücke einverstanden.

BESCHLUSS: Die Vorlage Nr. 196 wird mit der Änderung angenommen, daß hinter den Worten „um ein Drittel" noch eingefügt wird: „mit Ausnahme der unbebauten Grundstücke".[65]

Es liegt weiter die Vorlage Nr. 197[66] vor, betreffend *Verzicht* auf die Erhebung der *Grundsteuer* für *anerkannte Arbeiterwohnstätten*[67] für die Zeit vom 1.4. bis 30.9.46.[68]

BESCHLUSS: Die Vorlage wird nach kurzer Empfehlung durch Dr. Haas angenommen.[69]

Dr. Haas erklärt zu der Vorlage Nr. 193[70], betreffend Erwerb des Grundstücks Berlin-Tegel, Egellsstraße 56, durch die Stadt Berlin, er habe in bezug auf den Erwerb nachträglich gewisse Bedenken bekommen und bitte, die Vorlage zurückzustellen.

---

63 Vgl. zum Mietpreisstop: Hanauske, S. 34 u. 171; allgemein zum Preisstop: Dok. 80, Anm. 10.

64 Gemeint ist die VO über die Erhebung und Zahlung der Grundsteuer in den Rechnungsjahren 1946 und 1947; vgl. hierzu Anm. 62 zu diesem Mag.prot.

65 Der hiermit gefaßte Beschluß zur Erhöhung der Grundsteuer für das Rechnungsjahr 1946 um ein Drittel wurde der AK mit Schreiben v. 2.5.1946 zur Genehmigung zugeleitet. Das Schreiben ist vorhanden in: LAB(STA), Rep. 101, Nr. 66. Das Budget-Sub-Committee und das Finanzkomitee der AK lehnten eine solche Erhöhung ab. Vgl. hierzu das 22. Prot. des Finanzkomitees der AK v. 7.6.1946, TOP 2, u. das 30. Prot. des Finanzkomitees der AK v. 2.7.1946, TOP 7, in: LAB, Rep. 37: OMGBS, FIN Br, 4/91-2/6 u. 4/91-2/7; der entsprechende Befehl FIN/IT (46) 57 v. Juni 1946 ist vorhanden in: LAB, Rep. 37: OMGBS, FIN Br, 4/91-2/12. Vgl. zur beabsichtigten Erhöhung der Grundsteuer um ein Drittel auch das 56. Mag.prot. v. 4.5.1946, TOP 4, u. das 61. Mag.prot. v. 15.6.1946, TOP 3 (Haas).

66 LAB(STA), Rep. 100, Nr. 770, Bl. 75; auch in: LAB(STA), Rep. 100, Nr. 771, Bl. 10a, u. Rep. 101, Nr. 620, Bl. 3.

67 Vgl. zur rechtlichen Definition der „Arbeiterwohnstätten": Dok. 67, Anm. 75.

68 Nach einem Mag.beschluß v. 16.2.1946 hatten die Eigentümer von Arbeiterwohnstätten, soweit sie der Gebäudeinstandsetzungsabgabe unterlagen, die Grundsteuer ab 1.10.1945 zu zahlen. Vgl. das 46. Mag.prot. v. 16.2.1946, TOP 5; VOBl., Jg. 2 (1946), S. 99. Durch die Aufhebung der Gebäudeinstandsetzungsabgabe mit Wirkung v. 1.4.1946 entfiel die Voraussetzung für die Erhebung der Grundsteuer für Arbeiterwohnstätten. Vgl. zur Aufhebung dieser Abgabe: Dok. 80, Anm. 18.

69 Der hier gefaßte Mag.beschluß wurde mit dem Ausfertigungsdatum v. 29.4.1946 veröffentlicht in: VOBl., Jg. 2 (1946), S. 165. Am 21.9.1946 beschloß der Magistrat, auch für die Zeit vom 1.10.1946 bis 31.3.1947 von der Erhebung der Grundsteuer für anerkannte Arbeiterwohnstätten abzusehen. Vgl. das 76. Mag.prot. v. 21.9.1946, TOP 5; VOBl., Jg. 2 (1946), S. 391.

70 LAB(STA), Rep. 100, Nr. 770, Bl. 67 u. 68; auch in: LAB(STA), Rep. 100, Nr. 771, Bl. 6, u. Rep. 101, Nr. 620, Bl. 12.

BESCHLUSS: Die Vorlage Nr. 193 wird zurückgestellt.[71]

Es folgt die Vorlage Nr. 198[72], betreffend Bildung des *Berufungsausschusses* auf Grund der Anordnung zur Errichtung eines Strafausschusses und eines Berufungsausschusses *beim Preisamt* des Magistrats der Stadt Berlin vom 23.3.46.[73]
BESCHLUSS: Die Vorlage wird ohne Erörterung angenommen.

5. RECHTSFRAGEN
Die Beratung der Vorlage Nr. 194 wird wegen Abwesenheit des Antragstellers vertagt.[74]

6. BAU- UND WOHNUNGSWESEN
Hierzu liegt die Vorlage Nr. 184[75], betreffend Eröffnung der *„Kesselwärterschule* der Stadt Berlin", vor.[76]
BESCHLUSS: Die Vorlage wird nach kurzer Empfehlung durch Karweik angenommen.

Weiter liegt die Vorlage Nr. 192[77], betreffend Anordnung über *Kleingartenschiedsgerichte*, vor.

Karweik empfiehlt die Vorlage zur Annahme. Es handelt sich um die Wiedereinführung einer früheren Einrichtung, die von den Beteiligten allgemein für zweckmäßig gehalten wird.

Schwenk schlägt vor, die Vorlage dem Rechtsausschuß zu überweisen, da einige Unklarheiten darin enthalten seien, die noch einmal überprüft werden müßten.

---

71 Vgl. zur erneuten Beratung über den Erwerb des Grundstücks in Berlin-Tegel, Egellsstraße 56, das 69. Mag.prot. v. 12.8.1946, TOP 4, u. das 71. Mag.prot. v. 24.8.1946, TOP 5.

72 LAB(STA), Rep. 100, Nr. 770, Bl. 76; auch in: LAB(STA), Rep. 100, Nr. 771, Bl. 12, u. Rep. 101, Nr. 620, Bl. 6.

73 Vgl. zur Anordnung zur Errichtung eines Strafausschusses und eines Berufungsausschusses beim Preisamt des Magistrats der Stadt Berlin das 51. Mag.prot. v. 25.3.1946, TOP 6, u. das 52. Mag.prot. v. 30.3.1946, TOP 7; VOBl., Jg. 2 (1946), S. 129 f. Die Mag.vorlage Nr. 198 v. 24.4.1946 enthielt Vorschläge für die personelle Besetzung des Berufungsausschusses beim Preisamt.

74 In der Übersicht „Zusammenstellung der Vorlagen für die Magistratssitzung am Montag, dem 29. April 1946" ist für die Rechtsabteilung unter Nr. 194 der folgende Betreff angegeben: „Entscheidungen des Bezirksverwaltungsgerichts – Britischer Sektor von Berlin – (ohne schriftliche Vorlage)". Die Übersicht ist vorhanden in: LAB(STA), Rep. 100, Nr. 770, Bl. 54, u. Nr. 771, Bl. 1. Eine schriftliche Mag.vorlage mit der Ordnungsnummer 194 konnte nicht ermittelt werden. Vgl. zur Praxis der Verwaltungsgerichte im britischen und amerikanischen Sektor Berlins das 67. Mag.prot. v. 27.7.1946, TOP 3. Im sowjetischen und französischen Sektor wurden bis zur Spaltung Berlins keine Verwaltungsgerichte errichtet; vgl. Dok. 35, Anm. 45.

75 LAB(STA), Rep. 100, Nr. 770, Bl. 63, u. Nr. 771, Bl. 2.

76 Die Mag.vorlage Nr. 184 v. 27.3.1946 sah vor, in den Räumen der Städtischen Berufsschule Lichtenberg, Schlichtallee, eine „Kesselwärterschule der Stadt Berlin" zu eröffnen, um dort Lehrgänge für „Kesselwärter" (geschulte Heizer) an städtischen Brennkesselanlagen durchzuführen.

77 LAB(STA), Rep. 100, Nr. 770, Bl. 65 f.; auch in: LAB(STA), Rep. 102, Nr. 29.

BESCHLUSS: Die Vorlage Nr. 192 wird an den Rechtsausschuß überwiesen.[78]

Es folgt die Vorlage Nr. 199[79], betreffend Gründung einer *Baustoffbeschaffungsgesellschaft mbH.*

Dusiska begründet die Vorlage, die auf einen Magistratsbeschluß vom 4.3.46 zurückgeht.[80] Es hat sich auf dem Baumarkt herausgestellt, daß verschiedene Baustoffe, hauptsächlich Zement, durch den privaten Baustoffhandel nach Berlin gekommen sind, die der Kontrolle des Magistrats entzogen waren. Dazu kommt, daß die Kontingentsträger in der Provinz – Deutsche Zentralverwaltung für Industrie und die Provinziallandesverwaltungen – den Wunsch haben, in Berlin nur mit einer Stelle zu verhandeln. Es wurde nicht für zweckmäßig gehalten, dafür eine behördliche Stelle zu schaffen. Diese wirtschaftliche Aufgabe sollte einer beweglicheren Stelle überlassen bleiben. So ist man zu der Gründung einer Baustoffbeschaffungsstelle gekommen. Dabei sind die Interessen der privaten Baustoffindustrie insofern gewahrt, als 2/5 des Gesellschaftskapitals vom Baustoffgroßhandel übernommen werden sollen, während 3/5 die Stadt Berlin, vertreten durch den Magistrat für seine Abteilungen Wirtschaft, Bau- und Wohnungswesen sowie Handel und Handwerk, übernimmt. Die Satzung ist im Einvernehmen mit allen Beteiligten zustande gekommen. Es wäre nur noch § 18[81] dahin zu ändern, daß er lautet:

Die Bekanntmachungen der Gesellschaft erfolgen im Verordnungsblatt der Stadt Berlin.

Maron macht darauf aufmerksam, daß aus Kreisen des Baustoffgroßhandels Einwendungen nach der Richtung erhoben sind, es handle sich hier um eine Monopolisierung. Dieser Eindruck scheine aber falsch zu sein. Auf der anderen Seite steht die Frage, ob durch die Baustoffgesellschaft die notwendige Kontrolle über die Privatfirmen gewährleistet ist.

Dusiska erwidert, diese Gesellschaft sei sozusagen der Großhändler erster Hand. Alle Kontingente, die nach Berlin hereinkommen, gehen erst durch die Gesellschaft. Die Gesellschaft macht entweder das Geschäft selbst oder verteilt das Kontingent auf private Firmen. Auf jeden Fall weiß die Gesellschaft, wer etwas bekommen hat. Die Kontrolle ist durchaus gewährleistet. Dazu kommt, daß im sowjetischen Sektor auf Grund des Befehls Nr. 67[82] für die einzelnen Branchen der Industrie gewisse Leitfirmen bestimmt sind.

---

78 Vgl. zur erneuten Beratung und Beschlußfassung über die Mag.vorlage Nr. 192 v. 17.4.1946 das 60. Mag.prot. v. 5.6.1946, TOP 5.

79 LAB(STA), Rep. 100, Nr. 770, Bl. 77 – 83 u. 84 – 87.

80 Vgl. das 48. Mag.prot. v. 4.3.1946, TOP 6. Während die in der Mag.sitzung am 4.3.1946 behandelte Mag.vorlage zur Gründung einer Baustoffbeschaffungsgesellschaft (Mag.vorlage Nr. 103 v. 27.2.1946) in der Mag.abt. für Bau- und Wohnungswesen erstellt und von Starck und Karweik unterzeichnet worden war, stammte die Mag.vorlage Nr. 199 v. 25.4.1946 aus der Mag.abt. für Wirtschaft und war von Dusiska unterzeichnet.

81 § 18 des mit der Mag.vorlage Nr. 199 vorgelegten Gesellschaftsvertrags der Baustoffbeschaffung GmbH hat den Wortlaut: „Die Bekanntmachungen der Gesellschaft erfolgen, solange ein amtliches Verkündungsorgan der Stadt Berlin nicht besteht, in den für die Veröffentlichung der vom Magistrat der Stadt Berlin erlassenen Verordnungen bestimmten Berliner Zeitungen." Das Verordnungsblatt hatte bereits seit dem 1.2.1946 offiziell den Status des amtlichen Verkündungsblatts der Stadt Berlin; vgl. Dok. 64, Anm. 53.

82 Der Befehl Nr. 67 des Obersten Chefs der Sowjetischen Militäradministration v. 6.3.1946, betr. die Verbrauchsordnung für Waren und Materialien aus den Beständen

Karweik verweist auf die Bestrebungen, auch aus der amerikanischen und englischen Zone Baumaterialien nach Berlin heranzuschaffen. Bei den Verhandlungen dreht es sich um die Frage, ob die Materialien über ganz Berlin gestreut werden oder nur dem entsprechenden Sektor zugeteilt werden sollen.

Dr. Haas bittet, in der Satzung die Überschriften mit den römischen Ziffern zu streichen und in § 9 am Ende des ersten Satzes[83] das Wort „auszuüben" als überflüssig wegzulassen.

Dusiska erklärt sich mit diesen Änderungen einverstanden.

BESCHLUSS: Die Vorlage Nr. 199 wird mit den vorgeschlagenen Änderungen angenommen.[84]

Dusiska macht im Anschluß hieran Vorschläge für die in der Satzung der Gesellschaft vorgesehenen *Aufsichtsratsmitglieder* aus dem Kreise des Magistrats. Vorgeschlagen werden als Vertreter der Abt[eilung] für Bau- und Wohnungswesen Karweik, als Vertreter der Abt[eilung] Wirtschaft Dusiska und als Vertreter der Abt[eilung] Handel und Handwerk der Fachamtsleiter Benke[85].

BESCHLUSS: Der Nominierung der genannten Herren für den Aufsichtsrat der neugegründeten Baustoffbeschaffungsgesellschaft wird zugestimmt.

7. ABTEILUNG FÜR ARBEIT

Hierzu liegt die Vorlage Nr. 191[86] vor, betreffend Zweite *Bekanntmachung* zur Anordnung Nr. 26 des Kontrollrats über die Regelung der *Arbeitszeit*.[87]

---

der sowjetischen Besatzungszone Deutschlands, ist mit drei Anlagen vorhanden in: LAB(STA), Rep. 101, Nr. 8, Bl. 187–201, u. Rep. 106, Nr. 217.

83 Der erste Satz im § 9 des mit der Mag. vorlage Nr. 199 vorgelegten Gesellschaftsvertrags der Baustoffbeschaffung GmbH hat den Wortlaut: „Die Tätigkeit der Aufsichtsratsmitglieder ist ehrenamtlich auszuüben."

84 Der hier gefaßte Mag.beschluß ist mit dem Ausfertigungsdatum v. 29.4.1946 vorhanden in: LAB(STA), Rep. 100, Nr. 771, Bl. 26–29, u. Rep. 110, Nr. 197. Vgl. zur Baustoffbeschaffung GmbH, die ihre Tätigkeit faktisch nur im sowjetischen Sektor Berlins aufnahm, das 63. Mag.prot. v. 29.6.1946, TOP 4, u. das 71. Mag.prot. v. 24.8.1946, TOP 2, u. das 72. Mag.prot. v. 31.8.1946, TOP 3, u. das 73. Mag.prot. v. 7.9.1946, TOP 6; die Materialien in: LAB(STA), Rep. 110, Nr. 197 u. 197/1; Akademie der Künste (Berlin-Tiergarten), NL Scharoun, Mappe Mag 1/15; Baustoff-Beschaffungsgesellschaft Berlin, in: Berliner Zeitung, 19.4.1946, [S. 2]; Hinter den Kulissen des Bauwesens, in: Vorwärts, 5.7.1946, [S. 1]; „Hinter den Kulissen des Bauwesens", in: Der Sozialdemokrat, 10.7.1946, S. 3; Planen und Bauen. Zwei Stimmen zur Rohstoff-Frage, in: Der Tagesspiegel, 20.8.1946, [S. 4]; Zement mit Schwundsucht. Die Quellen des schwarzen Baustoffmarktes, in: Neues Deutschland, 21.8.1946, S. 4; Schwund und Reklame im Baustoffhandel. Baustoffbeschaffungs-G.m.b.H. in Idealkonkurrenz mit SED, in: Der Sozialdemokrat, 29.8.1946, S. 3; Die Magistrats-Baustoff-GmbH. „Schwund"-Geschäfte, die dringend einer Untersuchung bedürfen, in: Telegraf, 30.11.1946, S. 3; Ernst Barbknecht: Die Wahrheit über die Baustoff-Beschaffungs-Gesellschaft, in: Tägliche Rundschau, 5.12.1946, S. 5; Warum Baustoffbeschaffungs-GmbH?, in: Vorwärts, 24.12.1946, S. 4; Hanauske, S. 214 f.

85 Paul Benke, Leiter des Fachamts Möbel und Holz.

86 LAB(STA), Rep. 100, Nr. 770, Bl. 64, u. Nr. 771, Bl. 3.

87 Der Alliierte Kontrollrat hatte mit seiner Direktive Nr. 26 v. 26.1.1946 für ganz Deutschland die Einführung des regelmäßigen Achtstundenarbeitstags bzw. der regelmäßigen

Maron schlägt mit Rücksicht darauf, daß die beantragende Abteilung zur Zeit nicht vertreten ist, und wegen der Unklarheit, ob es sich um eine Ausführungsvorschrift oder nur um die Wiedergabe eines Befehls handelt, vor, die Vorlage zurückzustellen.

BESCHLUSS: Die Vorlage Nr. 191 wird zurückgestellt.[88]

8. VOLKSBILDUNG

Winzer kommt zunächst auf die bereits erledigte Vorlage Nr. 184[89], betreffend Errichtung einer Kesselwärter-Schule in Berlin-Lichtenberg, zurück und möchte Einspruch dagegen erheben, daß Herr Guhl, der sich in der Behandlung der Schulen in dem Bezirk Lichtenberg als ungeeignet erwiesen habe, die Verfügung über das in der Vorlage bezeichnete Berufsschulgebäude bekommt.

Dem Redner wird durch Zurufe entgegnet, aus der Vorlage, die bereits verabschiedet sei, gehe gar nicht hervor, daß der genannte Herr über die ganze Berufsschule verfügen solle; über die Angelegenheit müßten sich die betreffenden Abteilungen verständigen.

Es folgt die Beratung der Vorlage Nr. 195[90], betreffend *Prüfungsordnung für Dolmetscher*, Übersetzer und Wirtschaftskorrespondenten.

Wildangel führt zur Begründung aus, daß in Berlin noch keine städtische Dolmetscherschule bestehe und daß die Ausbildung nur in privaten Schulen erfolge. Diese Schulen haben das Interesse, den bei ihnen ausgebildeten Dolmetschern ein Zeugnis auszustellen. Dieses Zeugnis soll in Zukunft durch eine amtliche Kommission und nach bestimmten Grundsätzen ausgestellt werden. Nur derjenige, der ein solches Zeugnis erworben hat, darf dann in seiner Berufsbezeichnung den Zusatz „amtlich geprüft" führen.

Dusiska empfiehlt, in der Präambel genau den Zweck der Vorlage zum Ausdruck zu bringen, nämlich eine Prüfungsordnung für die in Berlin existierenden Dolmetscher-Schulen aufzustellen. Der Redner findet die Bestimmungen der Prü-

---

48-Stunden-Arbeitswoche verfügt; vgl. das 44. Mag.prot. v. 31.1.1946, TOP 2 (insb. Anm. 11). Die AK hatte hierzu mit BK/O (46) 123 v. 9.3.1946 Ausführungsvorschriften für Berlin erlassen; siehe: LAB(STA), Rep. 101, Nr. 61, u. LAB, Rep. 280, Nr. 12531. Vgl. zur ersten Bekanntmachung des Magistrats zur Direktive Nr. 26 das 50. Mag.prot. v. 16.3.1946, TOP 5; VOBl., Jg. 2 (1946), S. 119 f. Der mit der Mag.vorlage Nr. 191 v. 23.4.1946 vorgelegte Entwurf einer zweiten Bekanntmachung zur Direktive Nr. 26 enthält den Text dieser Direktive (Anordnung) in der für Berlin gültigen Fassung.

88 Die Mag.vorlage Nr. 191 ist in den folgenden Mag.sitzungen nicht wieder zur Sprache gekommen. In einer gegenüber dieser Mag.vorlage stark geänderten Textfassung wurde die „2. Bekanntmachung zur Direktive Nr. 26 des Kontrollrates über die Regelung der Arbeitszeit" v. 4.7.1946 veröffentlicht in: VOBl., Jg. 2 (1946), S. 230; Die Stadtverwaltung, Jg. 1 (1946), H. 8, S. 10. – Vgl. auch: Schutz des Achtstundentages, in: Vorwärts, 19.7.1946, [S. 2]; zur Frage der Aufteilung der Wochenarbeitszeit auf fünf oder sechs Wochentage die Protokolle der Besprechungen mit den Wirtschaftsdezernenten der Bezirksämter am 24.7.1946, S. 4, u. am 7.8.1946, S. 1 – 4, in: LAB(STA), Rep. 106, Nr. 188.

89 Vgl. Anm. 75 u. 76 zu diesem Mag.prot.

90 LAB(STA), Rep. 100, Nr. 770, Bl. 69 – 72, u. Nr. 771, Bl. 7 – 9 u. 11. Vgl. zur Vorgeschichte dieser Mag.vorlage: LAB(STA), Rep. 120, Nr. 1647, Bl. 50 – 61.

fungsordnung sehr hart, jedenfalls härter als die der früher einmal bestandenen Prüfungsordnung.

Wildangel erwidert, die Bestimmungen gründeten sich auf die früher in Geltung gewesene Prüfungsordnung. Allzu leicht dürfte die Prüfung nicht sein, denn wenn sich jemand amtlich geprüfter Dolmetscher nennen will, muß er auch wirklich die betreffende Sprache gut beherrschen.

Dr. Werner empfiehlt, gleich in § 1 zu sagen: Wer den Zusatz „amtlich geprüft" führen will, muß folgende Bedingungen erfüllt haben. Dann werde von vornherein der Sinn der Vorlage klar zum Ausdruck gebracht.

In der weiteren Aussprache werden gegen die in § 3 der Prüfungsordnung aufgezählten Erfordernisse des Bewerbers, wie „Kenntnis der Umgangsformen des fremden Landes" usw., allerlei Einwände erhoben.[91]

Dr. Landwehr betont, daß von einem Dolmetscher etwas anderes als von einem Übersetzer oder Korrespondenten verlangt werden müsse und daß gerade eine solche Prüfungsordnung juristisch einwandfrei und sprachlich korrekt abgefaßt sein müßte. Er beantragt, die Beschlußfassung über die Vorlage zu vertagen und der Abt[eilung] für Volksbildung aufzugeben, gemeinsam mit der Rechtsabteilung die Vorlage noch einmal durchzusehen unter Berücksichtigung dessen, was in der Diskussion zum Ausdruck gekommen ist.

BESCHLUSS: Die Vorlage Nr. 195 wird zurückgestellt mit dem Anheimgeben an die Abt[eilung] für Volksbildung, gemeinsam mit der Rechtsabteilung eine neue Formulierung der beanstandeten Punkte zu wählen.[92]

9. ALLGEMEINES

Maron empfiehlt die Vorlage Nr. 200[93], in der beantragt wird, anläßlich des ersten Jahrestages der Befreiung Berlins zur Ehrung des ersten Kommandanten der Stadt Berlin[94] den Küstriner Platz im Bezirk Friedrichshain in *Bersarinplatz* und den Braunen Weg im Bezirk Mitte/Friedrichshain in *Bersarinstraße* umzubenennen.

Der Bezirk Friedrichshain habe im Prinzip die Umbenennung schon festgelegt. Es handle sich darum, daß der Magistrat noch ausdrücklich einen Beschluß hierzu faßt.

---

91 Der hier gemeinte Absatz des § 3 der mit der Mag.vorlage Nr. 195 v. 25.4.1946 vorgelegten Prüfungsordnung hat den Wortlaut: „Verlangt wird für alle Leistungsstufen neben der Kenntnis der Umgangsformen des fremden Landes eine einwandfreie Aussprache, geläufiges, fehlerfreies Sprechen, gewandtes, sicheres Auftreten und die Fähigkeit, sich in der betreffenden Sprache frei auszudrücken und auch dem gebildeten Ausländer über wichtige, Deutschland betreffende Dinge der Gegenwart Auskunft geben zu können."

92 Vgl. zur erneuten Beratung und Beschlußfassung über die Prüfungsordnung für Dolmetscher, Übersetzer und Wirtschaftskorrespondenten das 57. Mag.prot. v. 13.5.1946, TOP 5.

93 LAB(STA), Rep. 100, Nr. 770, Bl. 88 u. 89, u. Nr. 771, Bl. 13.

94 Vgl. zum ersten sowjetischen Stadtkommandanten von Berlin, Generaloberst Nikolai Erastowitsch Bersarin, der am 16.6.1945 tödlich verunglückte: Klaus-Peter Zoellner: N. E. Bersarin – erster sowjetischer Kommandant von Berlin, in: Militärgeschichte, Jg. 19 (1980), S. 323–331.

Dr. Werner würde es bedauern, wenn der Grüne Weg (zuletzt Brauner Weg), der ein Stück alter Berliner Geschichte verkörpere, wieder erneut umgetauft würde.[95]

BESCHLUSS: Nach kurzer Aussprache wird beschlossen, für die Umbenennung in Bersarinplatz und Bersarinstraße den Baltenplatz und die Petersburger Straße zu wählen, vorbehaltlich der Zustimmung des zuständigen Bezirks.[96]

Dr. Düring macht einige Mitteilungen zur Frage der neuen *Klassifizierung für die Lebensmittelkarten-Einstufung*.[97] Die Verhandlungen mit der Alliierten Kommandantur zur Klärung von Einzelfragen haben in der Hauptsache nur das Ergebnis gehabt, daß der dortige Standpunkt noch einmal scharf betont wurde, es müsse im weiten Umfang eine Herabsetzung in der Eingruppierung durchgeführt werden und es dürften im Zweifelsfall die Richtlinien nicht wohlwollend ausgelegt werden.

Der Redner behandelt verwaltungsmäßige Schwierigkeiten, die durch die neue Regelung aufgetreten sind, und bespricht einige Sonderfälle. Einige Kartenstellen sind insofern etwas rigoros vorgegangen, als sie Leuten, die in der [zu]rückliegenden Zeit zu günstig eingestuft waren, als „Ausgleich" die Marken der ersten Maidekade abgeschnitten haben.

Dieses Verfahren wird von mehreren Rednern außerordentlich mißbilligt. Es wird ein sofortiges Einschreiten gegen die verantwortlichen Stellen gefordert.

Auf die Frage, wie es mit den Referenten stehe, erwidert *Dr. Düring*: Auf Grund der Unterhaltungen mit den Alliierten ist festgelegt, daß diejenigen, die nach Gruppe 3 der TO.A[98] besoldet werden, die Kartengruppe 3 erhalten, diejenigen, die bis 2 einschließlich eingestuft sind, die Kartengruppe 2 bekommen.

Grüber tritt für eine Höherstufung der in der Tuberkulose-Fürsorge, einem gesundheitsgefährdeten Beruf, tätigen Mädchen von 3 nach 2 ein.

Geschke äußert die gleichen Wünsche für die Fürsorgerinnen, die von Haus zu Haus gehen, sowie für die Betreuer in den Flüchtlings- und Umsiedlerlagern.

Winzer kritisiert die Praxis des Haupternährungsamts in bezug auf die Kartenzuteilung an die Teilnehmer an Lehrerausbildungskursen.[99]

Dr. Düring sagt Nachprüfung der geäußerten Wünsche und Beschwerden zu.[100]

---

95 Der Grüne Weg (seit 5.5.1926: Paul-Singer-Straße; seit 25.10.1933: Brauner Weg) wurde am 31.7.1947 in Singerstraße umbenannt, also wieder nach dem sozialdemokratischen Politiker Paul Singer (1844–1911) benannt. Vgl. hierzu: Horst Fritzsche: Wegweiser zu Berlins Straßennamen. Mitte, Berlin 1995, S. 89, 166 f., 331 f. u. 391.

96 Dieser Umbenennungsbeschluß des Magistrats wurde unter anderem mitgeteilt in: Der Morgen, 1.5.1946, S. 3; Telegraf, 1.5.1946, S. 8; Der Tagesspiegel, 4.5.1946, S. 6. Die offizielle Bekanntmachung über die Umbenennung des Baltenplatzes und der Petersburger Straße im Bezirk Friedrichshain in Bersarinplatz und Bersarinstraße erfolgte durch eine Veröffentlichung des Magistrats von Groß-Berlin v. 31.7.1947. Siehe: VOBl., Jg. 3 (1947), S. 218; Dagmar Girra: Friedrichshain, Berlin 1993, S. 39 u. 168.

97 Gemeint ist die allgemeine Neuklassifizierung der Lebensmittelkarten für die Berliner Bevölkerung ab 1.5.1946, die von der AK mit BK/O (46) 148 v. 30.3.1946 angeordnet worden war. Vgl. hierzu Dok. 79, Anm. 55.

98 Tarifordnung A für Angestellte; vgl. hierzu das 41. Mag.prot. v. 14.1.1946, TOP 3 (insb. Anm. 13).

99 Vgl. das 42. Mag.prot. v. 19.1.1946, TOP 7.

100 Änderungs- und Ergänzungsanträge des Magistrats zu den von der AK mit BK/O

Maron bringt ein Rundschreiben der Abt[eilung] Städtische Betriebe bezüglich der *Müllbeseitigungs-Aktion* zur Sprache.[101] Darin wird gefordert, daß die ausgehobenen Gruben[102] mit einer Chlorkalkschicht und Kalkmilch übergossen werden und daß für die Durchführung die Hauswarte verantwortlich sind. Ein solches Verlangen könne man unmöglich stellen. Wo sollen die Hauswarte den Chlorkalk hernehmen? Der Aufruf müsse geändert werden. Es genüge auch nicht ein Tag für eine solche Aktion, es müßte eine ganze Woche dafür angesetzt werden.

Jirak erklärt sich bereit, die geforderten Änderungen vorzunehmen.[103]

Karweik stellt namens der Abteilung für Bau- und Wohnungswesen den Antrag, Herrn *Starck* als *Kommissar für Sprengschäden* zu ernennen, nachdem er sich schon als Kommissar für die Maßnahmen aus Anlaß des Explosionsunglücks[104] in der Alexanderkaserne bewährt habe.

Dr. Haas macht bei der Gelegenheit die Mitteilung, daß aus Anlaß des Explosionsunglücks zahlreiche Anträge auf Schadensersatz bei der Stadt eingelaufen sind. Diesen Anträgen könne leider nicht stattgegeben werden. Die Stadt hat Hilfe in erster Not geleistet, kann aber keine Haftpflicht anerkennen.

BESCHLUSS: Herr Starck wird zum Beauftragten für die Verhütung von Sprengungsschäden bestellt.[105]

---

(46) 148 erlassenen Einstufungsbestimmungen für die Lebensmittelkartengruppen sind vorhanden in: LAB(STA), Rep. 101, Nr. 62.

101 Dieses Rundschreiben konnte nicht ermittelt werden. Vgl. zur Müllbeseitigung das 54. Mag.prot. v. 17.4.1946, TOP 7; VOBl., Jg. 2 (1946), S. 148 f.

102 Die AK hatte mit BK/O (46) 133 v. 16.3.1946 die zentralisierte Durchführung der Müllabfuhr angeordnet. Soweit die bis zum äußersten auszunutzenden verfügbaren Transportmittel für die Abfuhr des Mülls nicht ausreichten, sollte er auf den Höfen in Gruben vergraben werden. Vgl. hierzu Dok. 80, Anm. 59.

103 Vgl.: Weg mit dem Müll. Ein Aufruf des Berliner Magistrats, in: Berliner Zeitung, 3.5.1946, [S. 2].

104 Vgl. hierzu das 50. Mag.prot. v. 16.3.1946, vor TOP 1 u. TOP 9, u. das 51. Mag.prot. v. 25.3.1946, TOP 6 (Starck).

105 Vgl. zum Explosionsunglück in der Alexanderkaserne und zu Sprengungsschäden auch das 78. Mag.prot. v. 5.10.1946, TOP 6.

Dok. 83
56. Magistratssitzung vom 4. Mai 1946

LAB(STA), Rep. 100, Nr. 772, Bl. 2 – 11. – Umdruck.[1]

Beginn: 9 Uhr   Schluß: 15.15 Uhr

Anwesend: Dr. Werner, Maron, Orlopp, Schwenk, Schulze, Lange, Dr. Landwehr,
             Pieck, Schmidt, Dr. Haas, Dr. Redeker, Kehler, Kraft, Jirak, Winzer,
             Dr. Düring, Scharoun, Buchholz, Grüber, Geschke, Rumpf, Jendretzky,
             Dr. Goll, Henneberg, Dusiska, Starck.[2]

Den Vorsitz führt: Oberbürgermeister Dr. Werner.

Tagesordnung: 1. Protokoll
               2. Personalfragen
               3. Bau- und Wohnungswesen
               4. *Haushalt 1946*
               5. Volksbildung
               6. Handel und Handwerk
               7. Allgemeines.

1. PROTOKOLL

Die Niederschrift der letzten Sitzung vom 29.4.46 liegt noch nicht vor; die
Beschlußfassung wird vertagt.

2. PERSONALFRAGEN

Hierzu liegt die Vorlage Nr. 211[3] vor, betreffend *Ausscheiden* des Herrn *Otto*[4]
aus seiner Stellung als stellvertretender Leiter der Abt[eilung] Volksbildung und
Berufung des Herrn *Wildangel*[5] zum stellvertretenden Leiter dieser Abteilung.[6]

---

1 Weitere Umdruckexemplare dieses Protokolls sind vorhanden in: LAB(STA), Rep. 100,
  Nr. 752, lfd. S. 196 – 216; LAB, Rep. 228, Mag.protokolle 1946, u. Rep. 280, Nr. 8501/15.
2 In der Anwesenheitsliste ist Wildangel nicht aufgeführt, der im Text des Protokolls
  (TOP 4 u. 5) als Redner genannt wird.
3 LAB(STA), Rep. 100, Nr. 772, Bl. 22.
4 Vgl. zu Otto: Dok. 80, Anm. 35.
5 Vgl. zu Wildangel: Dok. 64, Anm. 28, u. Dok. 76, Anm. 11; das 71. Mag.prot. v.
  24.8.1946, TOP 2; die biographischen Materialien in: LAB(STA), Rep. 120, Nr. 62;
  Friedrich Kindel: Ernst Wildangels Kampf für die demokratische Umgestaltung des
  Berliner Schulwesens (Phil. Diss.), Greifswald 1963.
6 Die Entbindung des Schauspielers und Funktionärs der Genossenschaft Deutscher
  Bühnen-Angehörigen, Erich Otto, von seiner bisherigen Funktion als stellvertretender
  Leiter der Mag.abt. für Volksbildung, der auch das Hauptamt für Theater, Film und
  Musik geleitet hatte, wurde in der Mag.vorlage Nr. 211 v. 2.5.1946 mit Hinweis auf die
  Bildung der Mag.abt. für Kunstangelegenheiten begründet, „die von der Abteilung für
  Volksbildung die Betreuung des gesamten Gebietes der darstellenden Kunst übernimmt".
  Vgl. hierzu das 54. Mag.prot. v. 17.4.1946, TOP 4.

BESCHLUSS: Die Vorlage wird nach kurzer Empfehlung durch den Leiter der Abt[eilung] für Personalfragen und Verwaltung angenommen.

Weiter liegt die Vorlage Nr. 212[7] vor, betreffend *Ausscheiden* des Herrn *Bartel*[8] als Leiter der Berliner Volkshochschulen und *Berufung* der *Frau Eva Altmann*[9] zu seiner Nachfolgerin.[10]

BESCHLUSS: Die Vorlage wird nach kurzer Empfehlung durch den Leiter der Abt[eilung] für Personalfragen und Verwaltung zur Kenntnis genommen.

3. BAU- UND WOHNUNGSWESEN

Hierzu liegt die Vorlage Nr. 206[11] vor, betreffend *Verordnung über das Berliner Wohnsiedlungsgebiet.*

Scharoun begründet die Vorlage. Das bestehende Gesetz über Wohnsiedlungsgebiete[12] sieht die Möglichkeit vor, bestimmte Gebiete zu Wohnsiedlungsgebieten zu erklären, in denen eine besondere Wohnsiedlungstätigkeit zu erwarten ist, um dort eine Steuerung der Bautätigkeit vornehmen zu können. Für Berlin war nur das Gebiet außerhalb der Ringbahn zum Wohnsiedlungsgebiet erklärt worden,[13] weil in den Innenbezirken eine Wohnsiedlungstätigkeit nicht mehr erwartet wurde. Das hat sich nun geändert,[14] und infolgedessen ist eine zusätzliche Verordnung erforderlich, durch die das ganze Stadtgebiet von dem Gesetz erfaßt wird.

BESCHLUSS: Die Vorlage Nr. 206 wird angenommen.[15]

---

7 LAB(STA), Rep. 100, Nr. 772, Bl. 23.

8 Walter Bartel (KPD/SED) hatte bisher nicht nur die Abteilung Volkshochschulen im Hauptamt Wissenschaft und Forschung der Mag.abt. für Volksbildung geleitet, sondern war gleichzeitig auch stellvertretender Leiter dieses Hauptamts gewesen; siehe den Geschäftsverteilungsplan der Mag.abt. für Volksbildung v. 1.10.1945, in: LAB(STA), Rep. 120, Nr. 62, Bl. 69. Bartel wurde persönlicher Referent von Wilhelm Pieck, der seit der Gründung der SED am 22.4.1946 als deren Vorsitzender fungierte (neben Otto Grotewohl als gleichberechtigtem zweiten Vorsitzenden).

9 Eva Altmann (KPD/SED) hatte bisher die Abteilung für Volksbildung im Bezirk Köpenick geleitet.

10 Vgl. zu den Berliner Volkshochschulen das 61. Mag.prot. v. 15.6.1946, TOP 6, u. das 71. Mag.prot. v. 24.8.1946, TOP 3, u. das 73. Mag.prot. v. 7.9.1946, TOP 5.

11 LAB(STA), Rep. 100, Nr. 772, Bl. 13–16; LAB, Rep. 228, Mag.vorlagen 1946.

12 Gemeint ist das Gesetz über die Aufschließung von Wohnsiedlungsgebieten v. 22.9.1933 in der Fassung v. 27.9.1938, in: RGBl., Jg. 1933, Teil I, S. 659–661, u. RGBl., Jg. 1938, Teil I, S. 1246.

13 Vgl. die „Erste Verordnung über Wohnsiedlungsgebiete" v. 4.11.1933, in: Preußische Gesetzsammlung, Jg. 1933, S. 394–397. Die Ringbahn war 1877 als ein etwa 36 km langer Eisenbahnring um die Innenstadtgebiete Berlins fertiggestellt worden. Er diente zunächst nur dem Güterverkehr, wurde aber bis 1902 auch für den Personenverkehr ausgebaut.

14 In der Begründung der Mag.vorlage Nr. 206 v. 2.5.1946 heißt es unter anderem: „Durch die Zerstörung gerade der inneren Stadtteile innerhalb der Ringbahn und die dadurch bedingte Aufbauplanung ist eine Einbeziehung auch der noch fehlenden Teile des Stadtgeländes in das Wohnsiedlungsgebiet notwendig geworden, um einen Einfluß auf den Grundstücksverkehr und eine geordnete Planung zu gewährleisten."

15 Der hier gefaßte Mag.beschluß, betr. VO über das Berliner Wohnsiedlungsgebiet, ist mit

4. HAUSHALT 1946[16]

Hierzu liegt außer der Vorlage Nr. 214[17] über den Deckungsplan[18] den Magistratsmitgliedern als Material der Entwurf des Generaletats[19] mit den Einzelplänen vor sowie eine Aufstellung[20] über Veränderungsvorschläge, betreffend Abstriche an einer Reihe von Positionen.

Dr. Haas berichtet über die in den letzten Tagen weitergeführten Verhandlungen und Beratungen, um das Defizit auf 400 Millionen RM herunterzudrücken. Auf der Einnahmeseite ist noch eine Steigerung dadurch erzielt worden, daß der Voranschlag bei der Lohnsteuer um 20 Millionen, bei der veranl[agten] Einkommensteuer um 1 Million, bei der Gewerbesteuer um 3 Millionen und bei der Vergnügungssteuer um 2 Millionen hinaufgesetzt wurde. Es ist damit bezüglich der Steuern das Letzte an Optimismus aufgebracht worden.[21] Dadurch ist die Einnahmeseite auf 1 430 Millionen gestiegen. Auf der Ausgabenseite sind weitere Streichungen vorgeschlagen worden, die aus der vorgelegten Aufstellung ersichtlich sind.

---

dem Ausfertigungsdatum v. 14.5.1946 vorhanden in: LAB(STA), Rep. 101, Nr. 234. Er wurde der AK mit Schreiben v. 14.6.1946 zur Genehmigung zugeleitet; siehe: a.a.O. Diese Genehmigung ist nicht erteilt worden; vgl. das Prot. über die 24. (ordentliche) Mag.sitzung am 28.4.1947, TOP 1 u. S. 5, in: LAB, Rep. 228, Mag.protokolle 1947.

16 Vgl. zur Aufstellung des Haushaltsplans für das Rechnungsjahr 1946 das 54. Mag.prot. v. 17.4.1946, TOP 3 (Haas), u. das 55. Mag.prot. v. 29.4.1946, TOP 3; die Protokolle der Konferenzen der Bezirksbürgermeister am 25.4.1946, TOP 3, u. am 2.5.1946, TOP 1, in: LAB, Rep. 280, Nr. 3855 u. 3856. Vgl. ferner die Materialien in: LAB, Rep. 37: OMGBS, FIN Br, 4/86-1/39 u. 4/91-2/3 (Protokolle des Budget Sub-Committee der AK von Dezember 1945 bis Mai 1946).

17 LAB(STA), Rep. 100, Nr. 772, Bl. 26; LAB, Rep. 228, Mag.vorlagen 1946.

18 Mit der Mag.vorlage Nr. 214 v. 3.5.1946 beantragte Haas beim Magistrat
   – die zustimmende Kenntnisnahme von dem Bericht über die vorläufige Abrechnung über das verflossene Haushaltsjahr 1945 (1.6.1945 bis 31.3.1946), die mit einem Fehlbetrag von 250 Millionen RM abschloß;
   – die Festsetzung des Haushaltsplans für das Rechnungsjahr 1946 (1.4.1946 bis 31.3.1947) bei den Einnahmen auf rund 1 430 Millionen RM und bei den Ausgaben auf rund 1 830 Millionen RM;
   – die Annahme der Deckungsvorschläge für den Fehlbetrag von rund 400 Millionen RM;
   – die Ermächtigung für den Stadtkämmerer, „die für die Genehmigung und zum Ausgleich des Haushalts erforderlichen Verhandlungen mit der Alliierten Kommandantur und dem Stadtkontor zu führen".

19 Der „Generaletat der Stadt Berlin. Für die Zeit vom 1. April 1946 bis 31. März 1947. Stand für die Magistratsberatung am 4.5.1946" ist vollständig vorhanden in: LAB, Rep. 228, Mag.vorlagen 1946; unvollständig in: LAB(STA), Rep. 105, Nr. 301, Bl. 10 – 28, u. Nr. 418 (Teil B bis E).

20 Diese undatierte Aufstellung für die Magistratsberatung am 4.5.1946 ist vorhanden in: LAB(STA), Rep. 105, Nr. 418; LAB, Rep. 228, Mag.vorlagen 1946.

21 Vgl. zur Entwicklung der Steuereingänge das 32. Mag.prot. v. 30.11.1945 u. das 37. Mag.prot. v. 17.12.1945, TOP 3 (Siebert), u. das 41. Mag.prot. v. 14.1.1946, TOP 3 (Siebert), u. das 61. Mag.prot. v. 15.6.1946, TOP 3 (Haas), u. das 62. Mag.prot. v. 22.6.1946, TOP 3 (Haas), u. das 65. Mag.prot. v. 13.7.1946, TOP 5 (Haas), u. das 73. Mag.prot. v. 7.9.1946, TOP 3 (Haas), u. das 79. Mag.prot. v. 12.10.1946, TOP 4 (Haas), u. das 84. Mag.prot. v. 16.11.1946, TOP 4 (Haas).

Der Redner geht die *Einzelpläne* durch, und zwar zunächst *für die Bezirksverwaltungen*[22]. Für die Allgemeine Verwaltung waren hier von den Bezirksämtern insgesamt 38 Millionen angefordert worden, darunter teilweise Ausgaben für einmalige Zwecke, die in diesen Plan nicht hineingehören. Die Summe ist auf 22,3 Millionen heruntergestrichen worden. Ein Vergleich mit dem Jahr 1939, wie er verlangt wird, zeigt, daß hier immer noch eine Steigerung von 16,8 auf 22,3 Millionen vorliegt. Die Bezirke erklären hierzu, daß seither eine Reihe von neuen Aufgaben für die Bezirksämter hinzugekommen sind, woraus sich die Erhöhung zum Teil erklärt; weitere Streichungen seien nicht mehr angängig.

Das *Schulwesen* weist auf der Einnahmeseite 10,7 Millionen auf, von denen 8 Millionen Schulgelder[23] sind. Die Zahl der Schulkinder beträgt in den Volksschulen rund 262 000 gegenüber 260 000 im Jahre 1939, in den Mittelschulen 15 000 gegenüber 12 000, in den höheren Schulen 32 000 gegenüber 52 000. Es ist somit eine Abnahme von 20 000 Schülern an den höheren Schulen zu verzeichnen. An Volksschul-Lehrkräften einschließlich der Hilfskräfte und der Neulehrer in der Ausbildung sind heute rund 8 000 tätig, während es im Jahre 1939 6 700 Volksschullehrer gab. An Mittelschullehrern gab es 1939 465, während es heute 408 sind. An den höheren Schulen betrug 1939 die Zahl 2 747, heute beträgt sie 1 665.

Es wird vorgeschlagen, bei den Kosten für die Volksschullehrer 2 Millionen zu streichen. Rechnet man im Durchschnitt für einen Lehrer 3 000 RM, so würden damit 700 bis 800 Lehrkräfte wegfallen müssen. Die jetzige hohe Zahl von 8 000 wird sich nicht halten lassen. – Zu bemerken ist hier noch, daß das 9. Schuljahr, wenn es genehmigt wird, die Stadt im Jahre 4 Millionen kosten wird.[24] Diese Summe ist im Etat vorgesehen.

Bei dem Einzelplan *Volksbildung – Kunst* betragen die Ausgaben in den Bezirken 8,8 Millionen gegenüber 2,4 Millionen im Jahre 1939. Das ist eine außerordentliche Steigerung. Obwohl hier schon früher stark gestrichen worden ist, sollten noch weitere 2 Millionen bei den Bezirks-Volksbildungsämtern gestrichen werden. Die Verteilung der Streichung auf die einzelnen Bezirke kann später erfolgen. In der Bezirksbürgermeister-Konferenz wurde gegen diesen Vorschlag kein besonderer Widerspruch erhoben.[25]

Der Einzelplan *Sozialwesen – Arbeit* weist eine Ausgabe von 245 Millionen auf. Darin stecken an Barunterstützungen 131,5 Millionen, wobei von einer Zahl von 239 000 Hauptunterstützten ausgegangen [worden] ist. Ende März betrug diese Zahl 221 000. Würde man diese Märzzahl zugrunde legen, käme man auf 121,5 Millionen Barunterstützung. Dadurch ließe sich eine Senkung der Ausgaben um 10 Millionen erzielen. Es wird vorgeschlagen, diesen Abstrich vorzunehmen.[26]

---

22 Die Einzelpläne der Bezirksämter sind aufgeführt im Teil A des „Generaletats" (vgl. Anm. 19 zu diesem Mag.prot.).

23 Vgl. zum Schulgeld: Dok. 26, Anm. 15.

24 Vgl. zum Mag.beschluß zur Verlängerung der Schulpflicht um ein Jahr das 49. Mag.prot. v. 9.3.1946, TOP 4. Der Beschluß wurde von der AK in abgeänderter Fassung mit BK/O (46) 278 v. 25.6.1946 genehmigt; siehe: LAB, Rep. 280, Nr. 4876.

25 Vgl. das Prot. der Konferenz der Bezirksbürgermeister am 2.5.1946, TOP 1, in: LAB, Rep. 280, Nr. 3856.

26 Vgl. zur Kritik an der Höhe der Sozialausgaben das 51. Mag.prot. v. 25.3.1946, TOP 2 (Haas), u. das 52. Mag.prot. v. 30.3.1946, TOP 3.

Bei den *Arbeitsämtern*, deren Personalkosten auch in diesem Einzelplan enthalten sind, besteht in den Bezirken ein erheblicher Unterschied in der Zahl der Arbeitskräfte und der Zahl der Registrierten. Im allgemeinen rechnet man mit 600 Registrierten auf einen Angestellten. Diese Ziffer hat auch die Abt[eilung] Arbeit vorgeschrieben. In den Bezirken liegen die Zahlen teilweise über, teilweise unter diesem Durchschnitt. Wenn hier die Durchschnittsziffer überall durchgeführt wird, ließe sich eine Million an Ausgaben für Personal ersparen. Dieser Vorschlag findet sich auch in der Aufstellung, so daß insgesamt bei diesem Einzelplan ein Abstrich von 11 Millionen vorgesehen ist.

Beim *Gesundheitswesen* ist nichts gestrichen worden. Hier ist lediglich zu sagen, daß wir heute rund 35 000 Krankenbetten in den städtischen Krankenhäusern haben, während die Zahl 1933 26 000 betrug.

Beim *Bau- und Wohnungswesen* ist ebenfalls nichts gestrichen worden.[27] Hier sind die Ausgaben gegenüber 1939 um 10 Millionen geringer, was mit dem Baustoffmangel[28] zusammenhängt.

Der Einzelplan *Wirtschaft* umfaßt zugleich Handel und Handwerk sowie Ernährung. Hier gibt es keine Vergleichszahlen mit 1939. Auf der Einnahmeseite stehen 17,8 Millionen, von denen 14,4 Millionen durch die 40 Pf.-Gebühr für die Lebensmittelkarten[29] aufgebracht werden. Die übrigen Einnahmen kommen aus Gebühren für Gewerbebescheinigungen, Fahrbereitschaften usw. Auf der Ausgabenseite stehen 32,5 Millionen. Darunter sind 9,2 Millionen Verwaltungskosten für die Ernährungsämter. Die Lebensmittelkarten-Gebühren decken also die Kosten nicht vollständig. Eine Einsparung würde noch möglich sein, wenn in allen Bezirken die verschiedenen Bezugscheinstellen für Textilien, Kohle usw. mit den Kartenstellen zusammengelegt würden, wie es in einigen Bezirken schon geschehen ist. Eine entsprechende Rundverfügung ist in Vorbereitung.[30]

Bei den Verwaltungskosten für öffentliche Einrichtungen und wirtschaftliche Unternehmen ist nichts gestrichen worden.

Bei der Finanz- und Steuerverwaltung sind die Beträge ziemlich gleich geblieben. Die kleine Erhöhung erklärt sich in der Hauptsache aus dem Hinzukommen von Treuhandstellen.

Der Redner geht dann die *Einzelpläne der Hauptverwaltung* durch.[31]

Hier steht unter der Allgemeinen Verwaltung ein Posten für Besondere Personal- und Sachausgaben mit einer Ausgabe von 11,5 Millionen. Darin stecken 10 Millionen sogenannte Urlaubsgelder, die dafür bestimmt sein sollten, denjenigen Angestellten,

---

27 Vgl. zu den Baumitteln im Rechnungsjahr 1946 die Materialien in: Akademie der Künste (Berlin-Tiergarten), NL Scharoun, Mappe Mag 3/3.

28 Vgl. zur Baustoffbeschaffung das 63. Mag.prot. v. 29.6.1946, TOP 4, u. das 72. Mag.prot. v. 31.8.1946, TOP 3; das Prot. der Konferenz der Bezirksbürgermeister am 4.7.1946, TOP 3, in: LAB, Rep. 280, Nr. 3861.

29 Die Einführung dieser Gebühr hatte die AK mit BK/O (45) 212 v. 12.11.1945 angeordnet. Die BK/O ist vorhanden in: LAB, Rep. 280, Nr. 12348; abgedruckt in: Berlin. Quellen und Dokumente, 1. Halbbd., S. 293. Vgl. auch das Rundschreiben der Finanzabteilung des Magistrats v. 22.11.1945, betr. Erhebung einer Gebühr bei Ausgabe der Lebensmittelkarten, in: LAB(STA), Rep. 101, Nr. 583.

30 Eine solche Rundverfügung konnte nicht ermittelt werden.

31 Die Einzelpläne der Hauptverwaltung sind aufgeführt im Teil B des „Generaletats" (vgl. Anm. 19 zu diesem Mag.prot.).

denen mehr als 21 Tage Urlaub zustehen, für die überschießenden Tage eine Entschädigung in bar zu geben. Diese Maßnahme läßt sich unter den heutigen Verhältnissen nicht recht vertreten, zumal bei den hohen Steuerabzügen die Entschädigungssumme pro Tag für den einzelnen nur gering sein würde. Deshalb sollen von dieser Summe 5 Millionen gestrichen und die restlichen 5 Millionen dazu verwandt werden, notwendige Urlaubsvertretungen zu bezahlen.

Beim Einzelplan *Schulwesen* sind hier keine Streichungen vorgesehen. Es ist nur eine Frage bezüglich der *Schulspeisung*[32] zu erörtern. Hierfür stehen auf der Einnahmeseite 11,2 Millionen, auf der Ausgabeseite 19,6 Millionen. Es werden zur Zeit für jedes Frühstück eines Kindes 15 Rpf. erhoben. Würde man diesen Satz auf 20 Rpf. erhöhen, so würden 2,5 Millionen mehr aufkommen. Man hätte dann die Möglichkeit, mit dieser Summe an einer anderen Stelle einen Ausgleich zu schaffen.

Dann kommt *Volksbildung – Kunst*. Hier ist bei der Zentrale der Abt[eilung] für Volksbildung und beim Zentralamt für Kunstangelegenheiten[33] zusammengenommen ein Abstrich von 500 000 RM vorgesehen, da die angesetzten Beträge als zu hoch erscheinen.

Beim Einzelplan *Sozialwesen – Arbeit* sind als Barleistungen in offener Fürsorge 41,1 Millionen angesetzt. Darin sind 22 Millionen für die *Mietscheine*[34] enthalten. Die Mietscheine selbst gibt es seit dem 1. April nicht mehr. Die Mietunterstützungen werden jetzt unmittelbar an den Hauseigentümer bezahlt. Die Erfahrung hat gelehrt, daß die Mietscheine bisher recht großzügig gegeben worden sind. Darum können hier 2 Millionen gestrichen werden.

Sodann soll bei den sogenannten Spitzenbeträgen, die unter den Barleistungen mit 4,2 Millionen angesetzt sind, im Einverständnis mit der Sozialabteilung 1 Million gestrichen werden. Diese Spitzenbeträge rühren daher, daß einzelne Rentner nach ihrem Anspruch unter dem Mindestsatz von 35 RM[35] bleiben und dann der Unterschiedsbetrag von der Sozialabteilung an die Versicherungsanstalt zurückvergütet wird. Es wird geschätzt, daß sich diese Unterschiedsbeträge jetzt nicht mehr so hoch auswirken werden.

Bei dem Kapitel *Arbeit* ist nach eingehenden Verhandlungen mit der Abt[eilung] Arbeit ein Abstrich von 2 Millionen vorgesehen zur Verringerung der *Personalkosten* der *Allgemeinen Arbeitsverwaltung* der Zentrale und der Mittel für Arbeitseinsatz und Berufsberatung. Es ist festgestellt worden, daß für die Ansätze bei den Gehältern nicht immer der Durchschnittssatz, sondern vielfach der Höchstsatz zugrunde gelegt worden ist.

Beim Einzelplan Wirtschaft weist die Abt[eilung] *Ernährung* mit 7,2 Millionen eine sehr große Verwaltungsausgabe auf. Bei den Verhandlungen war es angesichts der Kürze der Zeit nicht möglich, hier sicher gestützte Streichungen vorzunehmen. Die Summe ist unangetastet gelassen worden.

---

32 Vgl. hierzu das 42. Mag.prot. v. 19.1.1946, TOP 11, u. das 78. Mag.prot. v. 5.10.1946, TOP 2; ferner TOP 5 in diesem Mag.prot. (Mag.vorlage Nr. 208).
33 Gemeint ist die Mag.abt. für Kunstangelegenheiten/Kunst; vgl. hierzu das 54. Mag.prot. v. 17.4.1946, TOP 4.
34 Vgl. hierzu Dok. 78, Anm. 35.
35 Vgl. das 1. Mag.prot. v. 20.5.1945, TOP 2 (Renten).

Zum Kapitel Ernährung gehören auch die bekannten 70 Millionen *Stützungsgelder* für die Deckung der erhöhten Einkaufspreise bei einer Reihe von Nahrungsmitteln.[36] Es soll versucht werden, zum Ausgleich dieser Ausgabe einen Anteil an dem Aufkommen aus der Branntweinmonopolabgabe[37] zu erhalten.

Beim Einzelplan 8 sind zur Verringerung der Kosten der Allgemeinen *Verwaltung der städtischen Energie- und Versorgungsbetriebe* 100 000 RM abgesetzt worden. Es ist festgestellt worden, daß in dem Büro dieser Abteilung 4 neue Ingenieure mit einem Ansatz von 29 000 RM eingestellt worden sind, daß zwei stellvertretende Leiter mit Sondergehältern und die Kosten für Unterhaltung und Bedienung von 10 Kraftwagen vorgesehen sind. Ein Stellvertreter und 5 Kraftwagen sind gestrichen worden.

Unter den öffentlichen Einrichtungen und Betrieben figuriert die *Müllbeseitigung* mit einem Fehlbetrag von 8,5 Millionen. Hier haben alle Verhandlungen, um den Betrag herabzusetzen, zu keinem Ergebnis geführt.

Bei der *Sparkasse*, die einen Aufwand für die Personalkosten von 4,7 Millionen erfordert, hat eine Prüfung ergeben, daß diese Kosten von der Sparkasse nicht selbst getragen werden können, solange nicht die Einlagen mit entsprechenden Zinsen wieder ausgeliehen werden können[38]. Hier muß der Zuschuß einstweilen noch von der Stadt getragen werden.

Bei der *Stadtbank*[39] glauben wir, von dem ziemlich hohen Zuschußbedarf von 6,2 Millionen die Summe von 3,2 Millionen streichen zu können.

Im Einzelplan 9 stehen als außergewöhnliche *einmalige Anforderungen* 205 Millionen. Hierin stecken die Enttrümmerungskosten sowie andere wichtige Instandsetzungsarbeiten und die Mittel, die unbedingt gebraucht werden, um gewisse notwendige Bauten durchführen zu können. Auf Grund sorgfältiger Prüfungen, bei denen nur das Allernotwendigste belassen worden ist, wird hier eine Streichung von 55 Millionen vorgeschlagen.

Nach allen diesen Streichungen würde der Fehlbetrag auf 400 Millionen herunterkommen.[40]

Die *Deckung dieses Fehlbetrags* soll gemäß der Vorlage 214 erfolgen durch eine Beteiligung der Stadt Berlin an der Branntweinmonopolabgabe in Höhe der 70 Millionen Stützungsgelder plus der 10 Millionen, die bei der Lebensmittelverteilung an zusätzlichen Kosten entstehen, ferner durch die beantragte Erhöhung der Grundsteuer um ein Drittel[41] in Höhe von 40 Millionen und durch die Aufnahme eines Darlehens beim Berliner Stadtkontor in Höhe von 280 Millionen.

---

36 Vgl. zu diesen Stützungsgeldern das 47. Mag.prot. v. 23.2.1946, TOP 3, u. das 51. Mag.prot. v. 25.3.1946, TOP 5 (Klimpel), u. das 53. Mag.prot. v. 6.4.1946, TOP 4; Aktennotiz über eine Besprechung beim stellvertretenden Stadtkämmerer Dr. Haas am 15.4.1946, in: LAB, Rep. 10 B, Acc. 1877, Nr. 405; Dok. 88, Punkt 3b.
37 Vgl. das 7. Mag.prot. v. 18.6.1945, TOP 8 (Noortwyck).
38 Vgl. zur Kreditgewährung der Sparkasse: Dok. 57, Anm. 15; das Schreiben der Finanzabteilung des Magistrats an das Finanzkomitee der AK v. 17.7.1946, betr. Gewährung von Krediten seitens der Stadtsparkasse, in: LAB(STA), Rep. 101, Nr. 636.
39 Vgl. zur Entwicklung des Berliner Stadtkontors (bis Herbst 1945: Berliner Stadtbank) das 46. Mag.prot. v. 16.2.1946, TOP 5.
40 Vgl. zum veranschlagten Defizit im Haushaltsplan für das Rechnungsjahr 1946 das 57. Mag.prot. v. 13.5.1946, TOP 2, u. das 65. Mag.prot. v. 13.7.1946, TOP 5 (Haas).
41 Vgl. das 55. Mag.prot. v. 29.4.1946, TOP 4.

Es findet zunächst eine

Generalaussprache

statt.

Rumpf möchte die Etatsposten einmal unter dem Gesichtspunkt der Verteilung auf die einzelnen Bezirke unter Berücksichtigung der Bevölkerungsziffer betrachten. Beim *Schulwesen* kommt von den Gesamtausgaben, umgerechnet nach der Einwohnerzahl der Stadt Berlin, auf den Kopf der Bevölkerung eine Ausgabe von rund 25 RM. Dagegen ergeben sich für die einzelnen Bezirke unter Berücksichtigung der Einwohnerzahl ganz unterschiedliche Beträge. In ausgesprochenen Arbeitervierteln, wie Wedding, Prenzlauer Berg, Neukölln, Pankow usw., liegen die Beträge weit unter dem Durchschnitt: mit 18, 21 RM usw., während sie in anderen Bezirken erheblich darüber liegen; sie betragen z[um] B[eispiel] in Charlottenburg 29 RM, Tiergarten 32 RM, Wilmersdorf 34 RM, Zehlendorf 40 RM.

Ähnlich ist es bei der *Volksbildung*. Hier beträgt der Durchschnitt der Ausgaben auf den Kopf der Bevölkerung 2,87 RM. In Wedding, Prenzlauer Berg, Friedrichshain, Neukölln liegen die Zahlen weit unter diesem Durchschnitt: 1,64, 1,70, 1,67 usw.; dagegen liegen sie in anderen Bezirken weit über dem Durchschnitt[:] in Wilmersdorf mit 3,74, Zehlendorf 3,64, Tempelhof 4,16 usw.

Beim *Bau- und Wohnungswesen* ist der Durchschnitt pro Kopf der Bevölkerung 7,24 [RM]. Auch hier liegen die Aufwendungen in den Arbeiterbezirken Wedding, Prenzlauer Berg, Neukölln usw. unter dem Durchschnitt [–] sie betragen teilweise die Hälfte [–], dagegen in Charlottenburg, Zehlendorf, Steglitz weit über dem Durchschnitt.

Der gleiche unsoziale Zug kommt auch in einer Reihe von anderen Positionen zum Ausdruck. Für Theater- und Bühnenwesen werden 8,8 Millionen aufgewendet, dagegen für *Jugendfürsorge* nur 1,1 Million, ein Viertel der im Jahre 1939 dafür aufgewendeten Summe. Eine so ungleichmäßige Verteilung der Mittel ist in der gegenwärtigen Situation nicht vertretbar. Es ist in manchen Bezirken nicht möglich, auch nur geringfügige Jugendveranstaltungen oder Veranstaltungen des Frauenausschusses zu finanzieren.

Der ganze Etat müßte nach dieser Richtung einer Korrektur unterzogen werden. Genauso ist es bei der Abteilung Arbeit. Anstatt hier, wie vorgesehen, an den Mitteln für Arbeitseinsatz und Berufsberatung etwas zu streichen, sollte, namentlich für den Arbeitseinsatz der Jugendlichen, eher noch etwas zugesetzt werden.

Bei der *Müllbeseitigung* mit einem Defizit von 8,5 Millionen scheint es erforderlich, die Finanzgebarung und die Kostengestaltung noch einmal einer Nachprüfung zu unterziehen.[42]

Bei der *Steuerverwaltung* müßte es möglich sein, noch einige Einsparungen vorzunehmen.

Beim *Preisamt* werden sich nach Schätzung des Redners erheblich höhere Einnahmen ergeben, als hier angesetzt sind. Man wird sicher mit 3 Millionen rechnen können, so daß 2,7 Millionen zugesetzt werden könnten.

Bei den Ausgaben für *Kunstsammlungen* mit 1,6 Millionen müßte es auch möglich sein, noch etwas zu streichen.

---

42 Vgl. zur Kürzung des Zuschusses für die Müllbeseitigung um 5 Millionen RM das 65. Mag.prot. v. 13.7.1946, TOP 5.

Dagegen sollte man bei der *Schulspeisung* angesichts des allgemeinen Absinkens in den Einkommen nicht noch eine Erhöhung des Satzes für das Frühstück vornehmen.

Die *Verbilligung der Theaterkarten* sollte man nicht fallenlassen. Lieber sollte man statt dessen einen Teil der städtischen Theater schließen, um die Zuschüsse dafür zu sparen.

Maron führt aus, daß er dem Vorredner in verschiedenen Punkten nur zustimmen könne. Schon bei der letzten Etatsberatung[43] wurde kritisiert, daß der ganze Etat eine unsoziale Tendenz aufweise, daß er gewisse Bezirke außerordentlich reichhaltig dotiert, während andere Bezirke für die gleichen Aufgaben weniger Mittel zugewiesen erhalten. Das zeigt sich insbesondere beim *Schulwesen*, wo die Bezirke mit vorwiegend[er] Arbeiterbevölkerung weit schlechter gestellt sind als die wohlhabenderen westlichen Bezirke. Der Vergleich gegenüber 1939 in bezug auf die Lehrerzahl gibt insofern ein ganz falsches Bild, als unter den 8 000 Lehrern von heute sämtliche Hilfs- und Neulehrer mit eingerechnet sind, die nicht als vollwertig zu betrachten sind und von denen man nicht weiß, ob sie im Schuldienst bleiben werden.

Auch auf anderen Gebieten sind völlig unverständliche Unterschiede zwischen den Anforderungen bzw. Aufwendungen der einzelnen Bezirke festzustellen. Das Gebiet Volksbildung wurde schon von Rumpf behandelt. Ähnlich liegt es auf dem Gebiet der Wirtschaft. Hier fordert z[um] B[eispiel] der Bezirk Wedding einen Zuschuß von 73 000 RM, dagegen der Bezirk Wilmersdorf, der industriell weit hinter Wedding zurücksteht, 1,129 Millionen. Charlottenburg und Spandau fordern ebenfalls weit über eine Million, während ausgesprochene Arbeiterbezirke in dieser Hinsicht weit zurückstehen, obwohl sie industriemäßig mehr Bedarf hätten.

Man muß hier noch einmal eine sorgfältige Durchprüfung vornehmen und einen Ausgleich schaffen. Man sollte einen Generaldurchschnitt errechnen, nach dem sich die Bezirke richten müssen.

Eine weitere wichtige Angelegenheit ist das *Sozialwesen*. Die Kosten hierfür bilden einen der größten Posten im Etat. Von der Alliierten Kommandantur ist gestern ein Befehl eingegangen, in dem darauf hingewiesen wird, daß die Art unserer Sozialunterstützung dazu führt, daß ein großer Teil der Berliner Bevölkerung kein Interesse mehr an der Arbeit hat.[44] Der Redner verliest den Befehl im Wortlaut. Es wird darin angeführt, daß ein Verheirateter mit zwei Kindern an Unterstützung pro Monat einschließlich Kinderzulage und Mietvergütung insgesamt 130 RM erhält, während ein in Beschäftigung stehender Arbeiter mit zwei Kindern nach den Steuerabzügen etwa 120 RM im Monat erhält, wobei, wie der Redner hinzufügt, noch berücksichtigt werden muß, daß er Miete bezahlen muß, Unkosten für Fahrgelder zur Arbeitsstätte hat und nicht, wie der Arbeitslose, Hamsterfahrten machen kann.[45]

---

43 Vgl. das Prot. der Konferenz der Bezirksbürgermeister am 2.5.1946, TOP 1, in: LAB, Rep. 280, Nr. 3856.

44 Gemeint ist BK/O (46) 189 v. 27.4.1946, betr. Sozialausgaben. Die BK/O ist vorhanden in: LAB(STA), Rep. 101, Nr. 64, u. LAB, Rep. 280, Nr. 4834; abgedruckt in: Berlin. Quellen und Dokumente, 1. Halbbd., S. 423.

45 Außer den von Maron wiedergegebenen Einkommensbeispielen enthielt die BK/O (46) 189 eine generelle Kritik der AK an den hohen Sozialausgaben der Stadt Berlin in den Monaten Januar und Februar 1946. Die eigentliche Anordnung in Ziffer 4 der

Man kann uns, führt der Redner weiter aus, nicht den Vorwurf machen, daß wir nicht genügend sozial eingestellt sind, aber man muß zugeben, daß ein solcher Zustand unmöglich ist. Hier muß unter allen Umständen eine grundlegende Änderung vorgenommen werden, durch die die Sozialunterstützung irgendwie begrenzt und damit die Ausgabe für das Sozialwesen herabgesetzt wird. Die Gewerkschaften und die Parteien werden sicherlich dieses Bestreben unterstützen, wenn sie wirklich an einem Wiederaufbau mitarbeiten wollen. An den Einnahmen der arbeitenden Bevölkerung läßt sich ja, zur Zeit wenigstens, nichts ändern. Es ist nicht möglich, die Löhne zu erhöhen.[46] Darum ist es ungerechtfertigt, durch die Sozialbetreuung eine solche Lage zu schaffen, bei der ein Teil der Bevölkerung direkt von der Arbeit abgedrängt wird, indem sich die Leute sagen: Wir leben besser, wenn wir nicht arbeiten. In welcher Form man eine solche Reorganisation macht, läßt sich im Moment nicht sagen, das muß noch näher überlegt werden. Bei den Ledigen wird man nichts abziehen können, aber bei Verheirateten mit Kindern, wo sich durch die Staffelung eine zu hohe Summe ergibt, müßte man irgendeine Herabsetzung vornehmen. Die Mittel, die dadurch eingespart werden, könnten dann für andere wichtige Zwecke wie Tuberkulosenfürsorge, Jugendbetreuung usw. verwandt werden.

Schmidt macht zunächst einige Ausführungen über das *technische Verfahren der Haushaltsbehandlung*. Es wird heute nicht möglich sein, alle Posten im einzelnen durchzuarbeiten und Ausgleiche herbeizuführen. Man sollte deshalb auch nach Überreichung des Etats an die Alliierte Kommandantur die Nachprüfung durch den Magistrat fortsetzen.

Der Redner erörtert sodann die Frage eines gewissen *Lastenausgleichs* unter dem Gesichtspunkt, daß eine Reihe von Institutionen, die von der Stadt Berlin betreut und bezahlt werden müssen, für das ganze Reichsgebiet bestimmt sind.[47] Diese Lasten müßten von Rechts wegen auf die übrigen deutschen Länder und Provinzen umgelegt werden. Dies bezieht sich auch auf einen Teil der Besatzungsleistungen, denn in Berlin residiert nicht nur die Berliner Besatzung, sondern auch eine Reihe von alliierten Stellen, die für ganz Deutschland oder große Teile von Deutschland tätig sind. Es ist nicht einzusehen, warum ausgerechnet Berlin alle diese Lasten für die zentrale Verwaltung tragen soll, während die übrigen Gebiete nicht damit belastet werden. Zum mindesten wird dadurch offenkundig, warum gerade Berlin ein so hohes Defizit in seinem Etat aufweist.

Auch auf dem Gebiet der Post wäre ein Lastenausgleich unbedingt notwendig.

Bei einer *Umrechnung der Verwaltungsausgaben auf den Kopf der Bevölkerung* kommt man in der Tat zu Zahlen, die unverständlich sind. Der Durchschnitt für den Aufwand der Allgemeinen Verwaltung in den Bezirken beträgt 7,40 RM pro Kopf und Jahr. Demgegenüber stellt sich beispielsweise der Satz für den Bezirk

---

BK/O besagte: „Eine unverzügliche Zerlegung der Sozialausgaben in deren einzelne Rubriken ist vorzunehmen und die wachsende Anzahl der Unterstützungsempfänger ist einer Überprüfung zu unterziehen." Vgl. hierzu Anm. 60 zu diesem Mag.prot.

46 Die Alliierten hatten die Beibehaltung des vorhandenen Lohnniveaus angeordnet; vgl. hierzu Dok. 61, Anm. 13 u. 20.

47 Die Einzelpläne der vom Magistrat betreuten Reichs- und Staatsbehörden und -einrichtungen sind aufgeführt im Teil C des „Generaletats" (vgl. Anm. 19 zu diesem Mag.prot.).

Prenzlauer Berg auf 4,40 RM, für Neukölln auf 5 RM, während auf der anderen
Seite Bezirke stehen, bei denen die Sätze erheblich über dem Durchschnitt liegen,
wie z[um] B[eispiel] beim Bezirk Köpenick, der allerdings der ausgedehnteste Bezirk
ist, mit 11,70 RM. Für Pankow beträgt der Satz 10,60 RM, während er für das
fast gleich große Lichtenberg nur 7,40 RM beträgt. Das zeigt, daß im Rahmen der
Allgemeinen Verwaltung noch manches zu klären und durchzuorganisieren ist. Das
läßt sich nicht von heute auf morgen machen. Das ist einer der Punkte, wo man der
Alliierten Kommandantur sagen kann: Wir legen zwar den Etat vor, möchten uns
aber vorbehalten, noch weitere Sonderprüfungen vorzunehmen.

Auch bei den Einnahmen der Allgemeinen Verwaltung ist noch manches aufzuklären. Woher kommen z[um] B[eispiel] solche Differenzen wie zwischen Wilmersdorf
mit einer halben Million Einnahme und dem Bezirk Mitte mit 82 000 RM, Friedrichshain mit 41 000 RM?

Winzer möchte in bezug auf das *Schulwesen* eine *Rechnung* aufmachen, die nicht
auf die Zahl der Einwohner, sondern *auf die Zahl der Kinder* in einem Bezirk
abgestellt ist. Danach ergibt sich, daß unter Zusammenfassung der Kosten für
die Volks-, Mittel- und höheren Schulen im Bezirk Wedding für ein Schulkind
durchschnittlich 179 RM ausgegeben werden, im Bezirk Wilmersdorf dagegen
460 RM. Niemand wird behaupten wollen, daß das sozial gerechtfertigt ist, wenn
man die Zusammensetzung der Bevölkerung in diesen Bezirken in Betracht zieht.
Für Zehlendorf beträgt der Satz 376 RM, für Steglitz 357 RM, dagegen für Kreuzberg
175 RM, für Neukölln 191 RM. Wenn man hier bei den Bezirken, die pro Schulkind
einen Aufwand von über 300 RM haben, 5 % und bei denen mit über 350 RM 10 %
abstreichen würde, könnte man bequem 4 Millionen einsparen.

Eine solche Maßnahme wäre schon deswegen angebracht und gerechtfertigt, um
in den westlichen Bezirken endlich zu einer systematischen *Zusammenlegung der
höheren Schulen* zu kommen. Denn nach den Berechnungen des Schulamts kommen
bei den Volksschulen auf einen ordentlichen Lehrer 88 Kinder, auf eine Lehrkraft
47 Kinder. Dabei muß berücksichtigt werden, daß gerade in den Volksschulen ein
hoher Prozentsatz von solchen Lehrkräften tätig ist, die als Hilfslehrer eingestellt
worden sind und noch einer ständigen weiteren Ausbildung bedürfen, die also
nicht mit der vollen Stundenzahl anzusetzen sind. Sie können höchstens als halbe
Lehrkräfte gerechnet werden. An den Mittelschulen kommen auf einen ordentlichen
Lehrer 45 Kinder, auf eine Lehrkraft 35; an den höheren Schulen kommen auf einen
ordentlichen Lehrer 25, auf eine Lehrkraft 21 Kinder. Da in den westlichen Bezirken
die Zahl der höheren Schüler [auf] bis zu 35 % aller Schulkinder ansteigt, während
in den Bezirken, die vorwiegend Arbeiterbevölkerung haben, nur eine Zahl von
5 % erreicht wird, ist es klar, daß ein Abstrich der Mittel in den westlichen Bezirken
zugleich den Zwang bedeuten würde, bei den höheren Schulen eine Zusammenlegung
vorzunehmen, wodurch Lehrkräfte und Räume gespart würden.

Bei der Gesamtzahl der Lehrer ist, abgesehen davon, daß die 2 400 Lehrkräfte,
die noch in der Ausbildung begriffen sind, eigentlich überhaupt nicht mitgerechnet
werden können, weiter zu berücksichtigen, daß das Alter der ordentlichen Lehrer im
Durchschnitt 59 Jahre beträgt, daß also der natürliche Abgang hier in den nächsten
Jahren sehr stark sein wird.

Der Redner hält jede Einsparung bei den Ausgaben für die Volksschul-Lehrer für
unsozial und nicht im Interesse der allgemeinen Politik in der Richtung auf eine
Demokratisierung liegend.

Auch bei den einmaligen *Ausgaben für die Instandsetzung der Schulen* zeigen sich erhebliche Unterschiede unter den einzelnen Bezirken. Das mag zum Teil auch an einem Versagen der Schulabteilung[48] liegen, die nicht das genügende Personal hat, um sich selbst ein Bild von den baulichen Zuständen der Schulen in den Bezirken zu machen. Eine Verstärkung des Personals ist seit langem gefordert worden, leider ohne Ergebnis. Es müssen unbedingt eine Reihe von Inspektoren bei der Schulabteilung eingestellt werden, die die Aufgabe haben, nicht nur die baulichen, sondern auch die hygienischen Zustände der Schulen zu kontrollieren. Die Ausgabe hierfür würde sich zweifellos lohnen.

Der Redner macht weitere Ausführungen über die *Schulspeisung*[49]. Diese hat durch Zuwendung von seiten der Besatzungsmächte wesentlich verbessert werden können und dadurch einen erheblichen Zustrom an Teilnehmern gehabt. Jetzt den Preis, den jedes Kind zu zahlen hat, heraufzusetzen wäre falsch. Außerdem hat sich ergeben, daß im letzten Quartal des vorigen Jahres und dem ersten Quartal d[ieses] J[ahres] die Gesamtausgaben für die Schulspeisung beträchtlich unter der dafür bewilligten Summe geblieben sind. Man wird von der veranlagten Summe mindestens die Hälfte des Zuschusses absetzen können, ohne den Preis erhöhen zu müssen.

Schwenk führt aus: Der Etat eines Gemeinwesens soll den Geist widerspiegeln, der in seiner Verwaltung herrscht. Wenn man den vorliegenden Etat der Öffentlichkeit zur Kritik unterbreiten würde, würde der Magistrat wahrscheinlich eine sehr schlechte Zensur erhalten. Die Bevölkerung würde mit Recht sagen: An dem Etat merkt man nicht viel davon, daß ein neuer Geist bei uns eingezogen ist. Eine *systematische Durcharbeitung* und eine den neuen Verhältnissen entsprechende Ausgestaltung *des Etats* ist noch nicht versucht worden. Die einzige Änderung, die vorgenommen wurde, war die Einführung des Dezimalsystems in der Kapitelanordnung,[50] eine rein bürokratische Maßnahme, die sich nicht einmal als zweckmäßig erwiesen hat. An dem Inhalt des Etats ist jedoch wenig geändert worden.

Wie müßte nun die *Etatsaufstellung* gehandhabt werden? Bisher ist dies im wesentlichen das Werk des Kämmerers und seiner Mitarbeiter gewesen. Es ließ sich unter den obwaltenden Umständen vielleicht nicht anders machen. Man ist allerdings bei früheren Etatsberatungen im Finanzausschuß[51] zusammengetreten und hat gemeinsam mit den einzelnen Abteilungen den Etat durchgearbeitet. Aber das war nur summarisch und ganz unzulänglich, da die Zeit dafür immer zu kurz war. Dennoch hatte man dadurch schon einen etwas genaueren Einblick in den Etat. Die Zahlen, die hier stehen, haben ja ganz verschiedene Bedeutung, je nachdem, aus welcher Voraussetzung sie gewonnen sind. Eine Zahl, die hier groß aussieht, erweist sich unter Umständen als gerade angemessen, während umgekehrt eine niedrige Zahl viel zu hoch sein kann. Wir müssen unbedingt dazu kommen, den Etat ganz systematisch durchzuarbeiten. Das erfordert natürlich eine längere Arbeit und kann jetzt, bevor der Etat an die Alliierte Kommandantur eingereicht

---

48 Gemeint ist das Hauptschulamt in der Mag.abt. für Volksbildung.
49 Vgl. Anm. 32 zu diesem Mag.prot.
50 Vgl. das 37. Mag.prot. v. 17.12.1945, TOP 3 (Siebert); das Prot. der Konferenz der Bezirksbürgermeister am 11.1.1946, TOP 2 (Siebert), in: LAB, Rep. 280, Nr. 3844.
51 Gemeint ist der Haushaltsausschuß des Magistrats; vgl. hierzu das 15. Mag.prot. v. 6.8.1945, TOP 6.

wird, nicht mehr geschehen. Aber unmittelbar im Anschluß daran müssen wir uns zusammensetzen und den ganzen Etat noch einmal gründlich durcharbeiten und eventuell Umstellungen vornehmen.[52]

Dazu kommt etwas anderes. Dr. Siebert hatte seinerzeit schon versichert, er würde die *Finanzgebarung der Bezirke* einmal gründlich *durchleuchten* lassen,[53] weil es sich schon früher herausgestellt hatte, daß ganz enorme Unterschiede in den Ausgaben der einzelnen Bezirke vorhanden waren. Das muß nun endlich durchgeführt werden. Es ist bekannt, daß in manchen Bezirken Ausgaben bewilligt und Einrichtungen getroffen [sic!] werden, die sich später als Defizit-Unternehmen herausstellen. Das sind unhaltbare Zustände.

Auch die *Hauptverwaltung* muß einmal *durchgeprüft* werden, weniger in bezug auf ihre Finanzgebarung als in bezug *auf ihren Personalbestand*. Wir müssen zu einer Rationalisierung auch bei der Hauptverwaltung kommen.

(Pieck: Drei Abteilungen sind schon geprüft.)

Weiter ist es notwendig, unsere sämtlichen *städtischen Betriebe* einmal daraufhin *nachzuprüfen*, ob sie alle auf das rationellste arbeiten.

(Maron: Dr. Goll beschäftigt sich bereits damit.)

Das muß mit Beschleunigung und Energie durchgeführt werden. Es wird sich wahrscheinlich ergeben, daß die städtischen Werke erhebliche Überschüsse abwerfen können.

Jendretzky: Die bisherige Aussprache hat gezeigt, daß die vorgenommenen Kürzungen mehr oder weniger nach Gutdünken gemacht worden sind. Das trifft insbesondere zu auf die *Abstriche bei* den Mitteln für den *Arbeitseinsatz und* die *Berufsberatung*. Diese Ausgaben sind in höchstem Maße produktiver Art, wohingegen wahrscheinlich manche unproduktive Ausgabe im Etat enthalten ist. Man braucht nur an die vielen Abwicklungsstellen zu denken, die vom Finanzamt für Liegenschaften noch verwaltet werden. Die Arbeitsämter sind jetzt dabei, hier eine Nachprüfung und Kontrolle vorzunehmen. Dabei hat sich z[um] B[eispiel] herausgestellt, daß die Technische Nothilfe[54] immer noch in Form einer Abwicklungsstelle mit mehreren Leuten existiert. Diese Art *Abwicklungsstellen* bilden zugleich einen Unterschlupf für Elemente mit reaktionären Bestrebungen. Es ist unverständlich, warum gerade bei der Abt[eilung] Arbeit, die im Gegensatz zu anderen Abteilungen, die schon abgeschlossene Gebilde sind, noch ständig wächst – es braucht nur an die Arbeitsgerichte[55] erinnert zu werden –, an den Personalkosten gestrichen werden soll.

---

52 Vgl. das 59. Mag.prot. v. 29.5.1946, TOP 3 (Schwenk).

53 Vgl. das 18. Mag.prot. v. 27.8.1945, TOP 3, u. das 29. Mag.prot. v. 5.11.1945, TOP 2, u. das 32. Mag.prot. v. 30.11.1945.

54 Die Technische Nothilfe war 1919 als freiwillige Organisation zur Beseitigung von Notständen in lebenswichtigen Betrieben und zur Hilfeleistung bei Katastrophenfällen gegründet und 1939 in eine Körperschaft des öffentlichen Rechts umgewandelt worden. Vgl. zur Abwicklung dieser Organisation: LAB(STA), Rep. 101, Nr. 644, Bl. 98 f. u. 103; die Materialien in: LAB, Rep. 37: OMGBS, EconBr Ind, 4/66-1/11.

55 Vgl. zur Errichtung der Arbeitsgerichte in Berlin: Dok. 37, Anm. 67; das Prot. der 9. Juristenbesprechung [Juristen der Mag.abteilungen u. der Bezirksämter] am 18.12.1945, TOP 3, in: LAB(STA), Rep. 113, Nr. 240, u. LAB, Rep. 203, Acc. 2128, Nr. 7473; Materialien in: LAB(STA), Rep. 107, Nr. 9, 656 u. 658; Errichtung von Arbeitsgerichten, in: Berliner Zeitung, 13.2.1946, [S. 4]; Berlin bekommt sein Arbeitsgericht, in: Neues Deutschland, 16.5.1946, S. 4; Arbeitsgericht Berlin dem Magistrat

Dr. Haas geht auf die gemachten Ausführungen zum *Schulwesen* ein. Die unterschiedlichen Verhältnisse bei den einzelnen Bezirken sind schon vor 1933 Gegenstand der Kritik gewesen, und man hat schon damals versucht, etwas daran zu ändern. Heute hängen die Unterschiede auch zum Teil damit zusammen, daß die Gebäude der Schulen, insbesondere der höheren Schulen, in den westlichen Bezirken besser erhalten geblieben sind als vor allem in der Innenstadt. Bei den Schullehrern würde die Aussicht, daß von den 2 400 Neulehrern nur ein Teil im Schuldienst verbleiben wird, die Möglichkeit eröffnen, auf eine Zahl von 7 000 Volksschullehrern herunterzukommen und damit bedeutende Mittel einzusparen. Zu berücksichtigen ist aber bei den vorgetragenen Vergleichen auch die *Klassenzahl*. Dabei kommt man zu anderen Ergebnissen für die Tätigkeit einer Lehrkraft. Man braucht nur an die geringe Besetzung der oberen Klassen in den höheren Schulen zu denken. Richtig ist, daß hier eine völlige Neuplanung vorgenommen werden muß. Aber das ist in erster Linie eine Aufgabe der Schulverwaltung.

Beim *Sozialetat* kommen im Durchschnitt auf einen Hauptunterstützten 46 RM. Über 100 RM im Monat darf an einen Hauptunterstützten, auch wenn er mit Frau und Kindern zu einem höheren Satz kommen würde, nicht gezahlt werden. Es scheint, daß hier bei der Berechnung der Alliierten Kommandantur ein Irrtum vorliegt.

An *Besatzungskosten*[56] stecken im Haushalt die reinen Requisitionen mit 300 Millionen und die Reparationen mit 60 Millionen; dazu kommen noch Nachkriegskosten, so daß diese Belastung insgesamt rund 400 Millionen ausmacht.[57] Es ist richtig, daß diese Belastung zum Teil Leistungen umfaßt, die nicht nur Berlin, sondern auch die übrigen Teile Deutschlands betreffen. Bei Besprechungen mit den Alliierten ist auf diesen Punkt schon hingewiesen worden, worauf erklärt wurde, das müsse später geregelt werden, wenn eine deutsche Zentralverwaltung geschaffen sei. Aber auf Grund der heutigen Aussprache soll das Gespräch darüber noch einmal aufgenommen werden.

Geschke teilt mit, der *Sozialetat* werde demnächst noch eine Erweiterung dadurch erfahren müssen, daß nach Ankündigung von seiten der Alliierten der Abt[eilung] für Sozialwesen die Verlustlisten[58] zur Bearbeitung übertragen werden. Auch das ist eine Arbeit, die über den Rahmen von Berlin hinaus für ganz Deutschland zu leisten ist. Des weiteren bilden die heimkehrenden Kriegsgefangenen zunächst eine Belastung des Sozialetats. Wenn man dazu noch berücksichtigt, daß im Sommer für

---

unterstellt. Feierliche Eröffnung in der Invalidenstraße, in: Berliner Zeitung, 4.6.1946, [S. 2]; Arbeitsgericht Berlin feierlich eröffnet, in: Neues Deutschland, 4.6.1946, S. 1; Arbeitsgerichtsbarkeit in Berlin, in: Neue Zeit, 4.6.1946, S. 3; Berliner Arbeitsrichter vereidigt, in: Telegraf, 4.6.1946, S. 8; Wieder Arbeitsgerichte, in: Nacht-Express, 4.6.1946, [S. 5]; Ein Berliner Gericht ohne Juristen, in: Vorwärts, 12.9.1946, S. 4; „Wenig Akten und wenig Termine", in: Telegraf, 10.10.1946, S. 8.

56 Vgl. hierzu das Schreiben der Finanzabteilung des Magistrats an das Finanzkomitee der AK v. 4.5.1946, betr. Bezahlung von Besatzungskosten, in: LAB(STA), Rep. 101, Nr. 635; das 51. Mag.prot. v. 25.3.1946, TOP 2 (insb. Anm. 18), u. das 73. Mag.prot. v. 7.9.1946, TOP 3 (Haas).

57 Die hier gemeinten „Außerordentlichen Verpflichtungen" sind aufgeführt im Teil D des „Generaletats" (vgl. Anm. 19 zu diesem Mag.prot.).

58 Gemeint sind vermutlich Listen vermißter Deutscher. Vgl. zur Zusammenfassung der Such- und Meldedienste das 21. Mag.prot. v. 17.9.1945, TOP 8, u. das 23. Mag.prot. v. 24.9.1945, TOP 9, u. das 24. Mag.prot. v. 1.10.1945, TOP 6.

Kinderspielplätze gesorgt werden muß, um die Kinder aus Gesundheitsgründen nicht auf den Schutthalden spielen zu lassen, dann ist nicht einzusehen, wo auch nur im geringsten beim Sozialetat gespart werden kann.

Nun soll nach dem Vorschlag des Kämmerers der Posten für Barunterstützungen durch einen niedrigeren Ansatz der Hauptunterstützten um 10 Millionen gesenkt werden. Darin liegt gewissermaßen die auch von alliierter Seite vertretene Ansicht, daß bei der Bewilligung der Unterstützungen zu weitherzig verfahren werde. Das ist aber nicht der Fall. Die Sozialkommissionen[59] in den Verwaltungsbezirken führen ständig eine strenge und gewissenhafte Prüfung durch.

Der Redner geht sodann auf den von Bürgermeister Maron erwähnten Befehl der Alliierten Kommandantur wegen der *Höhe der Barunterstützungen* ein und gibt hierzu folgende Ausführungen zu Protokoll:[60]

Durch die Maßnahmen des Hauptsozialamtes ist es gelungen, die Zahl der Unterstützungsempfänger in Berlin laufend zu verringern. Im Monat Oktober 1945 wurden in Berlin aus öffentlichen Mitteln rund 397 000 Personen unterstützt, mit Einschluß der Familienangehörigen 656 000 Personen. Diese Zahl hat sich in den folgenden Monaten mit kleinen Schwankungen ständig verringert. Im März 1946 betrug die Zahl der Unterstützungsempfänger 226 000 und einschließlich der Angehörigen insgesamt 402 000. Es ist also eine planmäßige und systematische Verringerung der Unterstützungszahlungen erfolgt. Die Zahl der aus öffentlichen Mitteln Unterstützten einschließlich der Familienangehörigen hat sich im letzten halben Jahr um über 250 000 verringert.

Die *Zahl der Unterstützungsempfänger* in Berlin ist dank der Maßnahmen des Sozialamtes heute weit niedriger als 1932, wo sie sich – ohne Familienangehörige – auf rund 550 000 stellte. Am 31. Dezember 1937 betrug die Zahl der Unterstützungsempfänger in Berlin 321 000 ohne Familienangehörige, so daß sich die augenblickliche Zahl noch um rund 100 000 niedriger stellt als damals, wobei noch hinzukommt, daß der Sozialetat heute die Zahl der Kriegsbeschädigten, Pensionäre und alle sonstigen Personen zu betreuen hat, die durch Krieg und Faschismus ihre Existenz verloren haben.

Auch die Höhe der gezahlten Unterstützung konnte systematisch verringert werden. Während im Monat Oktober einschließlich der Mietunterstützungen rund 25 Millionen an Unterstützungen ausgegeben wurden, betrugen die Unterstützungen im Monat März 1946 rund 17 Millionen, sie wurden also um 8 Millionen monatlich gesenkt.

Es entspricht auch nicht den Tatsachen, daß die Höhe der Unterstützung so bemessen ist, daß sie als Konkurrenz zum normalen Arbeitsverdienst steht. Das Sozialamt hat beispielsweise am 28. November eingehende Richtlinien über die Unterstützung Hilfsbedürftiger herausgegeben, in denen sehr eingehende Bestimmungen darüber getroffen worden sind, daß jeder auch nur teilweise Arbeitsfähige seine volle Arbeitskraft einsetzen muß, bevor er öffentliche Unterstützung erhalten kann.[61] Das gilt auch für Frauen mit Kindern. Selbst wenn es sich um kinderreiche

---

59 Vgl. hierzu Dok. 78, Anm. 40.

60 Vgl. das Schreiben des Magistrats an die AK v. 15.5.1946, betr. BK/O (46) 189, in: LAB(STA), Rep. 101, Nr. 64.

61 Die Rundverfügung der Mag.abt. für Sozialwesen an die bezirklichen Sozialämter v. 28.11.1945, betr. Unterstützung Hilfsbedürftiger, ist vorhanden in: LAB(STA), Rep. 101, Nr. 648.

Familien handelt, ist festgelegt worden, daß in jedem Fall, in dem die Unterstützung den Betrag von 100 RM übersteigen soll, die Verhältnisse besonders streng geprüft werden müssen, was auch geschieht. Derartige Unterstützungen werden praktisch nur dann gezahlt, wenn sowohl ernsthafte Erkrankung – z[um] B[eispiel] Tuberkulose – und hohe Kinderzahl vorhanden ist.

Auch bezüglich der Gewährung der *Mietunterstützung* werden die strengsten Maßstäbe angelegt, so daß beispielsweise schon in der Tagespresse die Maßnahmen des Sozialamtes wegen der Prüfung der Hilfsbedürftigkeit als unsozial angegriffen worden sind.

Im übrigen ist darauf aufmerksam zu machen, daß auf diese Entwicklung schon bei der Etatsberatung in der Magistratssitzung vom 12. November v[origen] J[ahres] ausdrücklich hingewiesen und laut Magistratsprotokoll erklärt wurde, daß der Sozialetat mit den ihm zur Verfügung stehenden Mitteln unmöglich auskommen kann.[62] Wenn heute Etatsüberschreitungen vorliegen, so trifft die Verantwortung jedenfalls dafür nicht das Sozialamt, weil das Sozialamt von vornherein erklärt hat, welche Beträge es benötigt.

Der Redner geht sodann noch auf einige weitere Punkte des Haushalts für 1946 ein. Auffällig ist der geringe Ansatz für *Jugendfürsorge*, für die nur 1,1 Million ausgeworfen ist gegenüber 4,3 Millionen im Jahre 1939. Die Not der Jugend ist doch nicht geringer geworden. Es liegt im Gegenteil gerade hier heute ein ganz besonders schwieriges Problem vor.

Schulze findet, daß die *neue Abteilung für Kunst*[63] am schlechtesten bedacht worden ist.[64] Man ist anscheinend von der Annahme ausgegangen, daß die neue Kunstabteilung einfach die Befugnisse und Tätigkeit der bisherigen Kammer der Kunstschaffenden[65], für die im bisherigen Etat 25 000 RM monatlich ausgeworfen waren, übernommen hat. Das ist nicht der Fall. Die neue Abteilung für Kunst hat auch noch eine Reihe von Aufgaben (Bühne, Film, bildende Künste, Volkskunst) übertragen bekommen, die bisher von der Abt[eilung] Volksbildung betreut wurden. Unter Einrechnung der hierfür bisher aus dem Volksbildungsetat bezahlten Mittel würde die neue Kunstabteilung monatlich 40 [000] bis 45 000 RM benötigen. Die Abteilung hat von sich aus schon eine Kürzung vorgenommen, sie soll aber nun nach dem Antrag des Kämmerers einfach noch um 50 bis 55 % gekürzt werden. Das ist bisher bei keiner Abteilung in diesem Umfange geschehen. Das ist absolut untragbar. Unter diesen Umständen ist es einfach unmöglich, eine solche Abteilung mit hochqualifizierten Kräften aufzubauen.

Der Redner beanstandet ferner die Streichung für die verbilligten Theaterkarten.

Henneberg wendet sich gegen die Streichung der *Zuschüsse für die städtischen*

---

62 Gemeint ist nicht die Mag.sitzung v. 12.11.1945, sondern v. 5.11.1945. Vgl. das 29. Mag.prot. v. 5.11.1945, TOP 2 (Schellenberg).

63 Vgl. hierzu das 54. Mag.prot. v. 17.4.1946, TOP 4.

64 In der Aufstellung über Veränderungsvorschläge (vgl. Anm. 20 zu diesem Mag.prot.) waren beim Einzelplan 3 (Volksbildung – Kunst) der Hauptverwaltung folgende Abstriche vorgesehen: ein gemeinsamer Abstrich von 500 000 RM bei den allgemeinen Mitteln für die Mag.abt. für Volksbildung und die Mag.abt. für Kunst, der Wegfall der Verbilligung von Theaterkarten (720 000 RM) und eine Verringerung der Zuschüsse für die städtischen Theater um 500 000 RM.

65 Vgl. hierzu das 6. Mag.prot. v. 11.6.1945, TOP 4, u. das 25. Mag.prot. v. 8.10.1945, TOP 8, u. das 28. Mag.prot. v. 30.10.1945, TOP 7.

Theater und insbesondere gegen die angedeutete Möglichkeit, die *Staatsoper*[66] – eine der Berliner Opern – einfach zu schließen. Die Folge würde sein, daß Hunderte von künstlerisch tätigen Menschen der Sozialfürsorge zur Last fielen. Ehe man so rigoros vorgehe, sollte man lieber versuchen, gemeinsam mit den Leitern der Theater Abstriche innerhalb der Institute vorzunehmen. Die Aufrechterhaltung unserer großen Theater ist nicht nur kulturpolitisch, sondern auch politisch von großer Bedeutung. Denn eine demokratische Erneuerung des Volkes ist nur möglich, wenn es auch geistig entsprechend umgewandelt wird. Der größte Einfluß nach dieser Richtung läßt sich auf dem Gebiet von Theater und Kunst erzielen. Berlin darf nicht auf das Niveau einer Provinzstadt herabsinken.

Der Redner spricht sich des weiteren auch gegen den Wegfall der verbilligten Theaterkarten aus und führt auch hierfür soziale Argumente an.

Wildangel geht noch einmal auf die geplante Kürzung der Ausgaben für die Volksschulen ein und vertritt die Auffassung, daß, wenn schon gekürzt werden müsse, am ehesten *an den höheren Schulen Streichungen* vorgenommen werden könnten. Damit ließe sich zugleich erreichen, das Niveau an diesen Schulen wieder zu heben, das heute beklagenswert niedrig ist. Bei der Zulassung zu den höheren Schulen muß ein strenger Maßstab angelegt werden. Wird die Schülerzahl an den höheren Schulen geringer, dann lassen sich dort auch Lehrer einsparen zugunsten der Aufrechterhaltung der Lehrerzahl an den Volksschulen.

Orlopp hält ebenfalls einen Abstrich bei den Volksschulen für unmöglich. Wenn der Zuschuß für die *höheren Schulen* unverhältnismäßig höher ist als für die Volksschulen, so liegt das hauptsächlich daran, daß keine *Begabtenauslese* stattfindet. Diesen Zustand haben wir schon vor 1933 gehabt. Wir müssen endlich dazu kommen, daß nicht das Einkommen und der Stand der Eltern dafür maßgebend sind, daß das Kind in die höhere Schule kommt, sondern die Begabung. Der Redner bittet darum, bei den Sozialrentnern nichts zu streichen. Unterstützungsempfänger mit Frau und zwei Kindern, worauf in dem Schreiben der Alliierten Kommandantur Bezug genommen ist, gibt es nur in der Minderzahl. In der Hauptsache handelt es sich um überalterte Leute.

Notwendig ist eine *Reorganisation der einzelnen Verwaltungen*. Es geht z[um] B[eispiel] nicht an, daß man in allen möglichen Abteilungen besondere Planungsämter hat. Die Aufgaben überschneiden sich zum Teil. Es werden eine Menge Menschen für dieselbe Arbeit doppelt angesetzt. Es wird überhaupt zuviel nebeneinandergearbeitet. Man muß hier nach und nach zu einer Bereinigung und damit zu einer Verbilligung der ganzen Apparatur kommen. Daß die Dinge in den Bezirken hier nicht in Ordnung sind, beweisen am besten die Zahlen bei der Wirtschaft. Es ist ein unmöglicher Zustand, daß in Bezirken, wo eine ausgesprochen wirtschaftliche Tätigkeit vorherrscht, die Sätze um das Zehnfache kleiner sind als in Bezirken, wo von einer Wirtschaft so gut wie keine Rede ist. Das muß in aller Ruhe einmal nachgeprüft werden.

Wieweit es möglich sein wird, die Aufwendungen für die vom Reich und von Preußen übernommenen Aufgaben auch auf die übrigen Reichsteile umzulegen und von dort hereinzuholen, läßt sich heute noch schwer sagen, aber den Versuch sollte man immerhin schon machen.

---

66 Vgl. zur Deutschen Staatsoper: Dok. 20, Anm. 49; Dok. 32, Anm. 16; das 78. Mag.prot. v. 5.10.1946, TOP 6.

Dr. Redeker spricht sich aus sozial-hygienischen Gründen gegen einen *Abstrich bei den Lehrergehältern* der Volksschulen aus. Wenn heute 80 Kinder auf einen Lehrer kommen, so ist das ein unhaltbarer Zustand. Die Schulkinder können nicht in einem seelischen Gleichgewicht bleiben, wenn ein überreizter Lehrer da ist. Früher bestand einmal ein Richtsatz, wonach der Magistrat für 60 Kinder einen Lehrer bezahlte. Für die speziellen Berliner Verhältnisse dürften vom medizinischen Standpunkt aus nicht mehr als 40 bis 50 Kinder auf einen Lehrer entfallen.

Scharoun macht einige Ausführungen darüber, daß auf verschiedenen Gebieten seiner Abteilung schon seit Monaten daran gearbeitet wird, einen gewissen *Ausgleich unter den Bezirken* nach der Kopfzahl der Bevölkerung herbeizuführen. Auch in der Einstufung der leitenden Kräfte in den verschiedenen Bezirken ist eine Gleichstellung erforderlich.

Maron schlägt vor, daß die einzelnen Abteilungen in kürzester Frist dem Kämmerer ihre Vorschläge auf Grund der Diskussion einreichen und daß möglichst auch die Bezirkshaushalte entsprechend kontrolliert werden. Der Redner glaubt, daß es noch keine Etatsdiskussion gegeben hat, bei der die einzelnen Abteilungsleiter nicht mit aller Energie für die Aufrechterhaltung jeder Position gekämpft haben. Wenn nicht allen Wünschen Rechnung getragen werden kann, so muß die allgemeine Situation berücksichtigt werden. Wir haben die Folgen des verlorenen Krieges zu tragen und befinden uns in einem beispiellosen Abgrund, aus dem wir uns erst langsam wieder herausarbeiten müssen.

Damit schließt die Generaldebatte. Es folgt die *Einzelbesprechung* und Beschlußfassung über die gemachten Änderungsvorschläge:

Dem Abstrich von 2 Millionen bei[m] Kapitel Schulwesen wird zugestimmt, jedoch mit dem ausdrücklichen Hinweis, daß die Abstriche nicht bci den Gehältern der Volksschullehrer erfolgen dürfen. Das Schulamt soll Vorschläge für die Verteilung unterbreiten.[67]

Zu dem Vorschlag, einen *Personalabstrich bei den Bezirks-Volksbildungsämtern* von 2 Millionen vorzunehmen, tritt
Winzer mit großer Eindringlichkeit für die ungekürzte Aufrechterhaltung dieser Position ein. Es stecken darin die notwendigsten Einrichtungen für Volksbildungsangelegenheiten in den Bezirken, z[um] B[eispiel] die Volksbüchereien. Die Bibliothekare arbeiten heute mit einer sehr minimalen Bezahlung und sind durchaus nicht über[be]setzt. Es muß teilweise eine ganz neue Katalogisierung geschaffen werden. Das ist die Grundlage, damit sich Schüler und Fortbildungsschüler in den Volksbüchereien das notwendige Rüstzeug holen können. Weiter stecken darin die Mittel für die Volkshochschulen, die heute eine ganz andere Bedeutung und eine ungleich höhere Hörerzahl haben als 1939. Zum Teil müssen auf dem Gebiet der Volksbildung auch ganz neue Einrichtungen geschaffen werden, wie z[um] B[eispiel] Heime für die Jugendausschüsse.

Rumpf macht den Vorschlag, die *Einnahmen beim Preisamt* (Etatsposition 9230) um 2 1/2 Millionen zu erhöhen und dafür bei der Volksbildung nichts zu streichen.

Dr. Haas will sich höchstens dazu entschließen, beim Preisamt noch eine Million bei den Einnahmen zuzusetzen. Sollte wirklich mehr aufkommen, so liegt hier eine stille Reserve, die auch sehr erwünscht ist. Damit würde sich der Personalabstrich bei

---

67 Vgl. zu den Haushaltsmitteln für das Schulwesen das 62. Mag.prot. v. 22.6.1946, TOP 3.

den Bezirksvolksschulämtern[68] auf eine Million verringern. Einer vollen Aufhebung dieses Abstrichs könne er nicht zustimmen. Die Bezirke haben die Ausgaben auf diesem Gebiet außerordentlich ungleichmäßig angesetzt.

Maron hält es nach den Argumenten von Winzer doch für angebracht, bei der Volksbildung nichts zu kürzen. Es könne sich höchstens darum handeln, die ungleichmäßige Verteilung der Mittel auf ein gerechteres Maß zurückzuführen.

BESCHLUSS: Es wird beschlossen, die Haushaltsmittel bei den Bezirks-Volksbildungsämtern nicht zu kürzen und beim Preisamt die Einnahmen um zwei Millionen höher anzusetzen.

Es folgt der Antrag auf Streichung von 10 Millionen bei den Ausgaben für *Barunterstützungen im Sozialetat.*

Orlopp bittet, nach den in der Generaldebatte hierzu gemachten Ausführungen die Streichung abzulehnen.

Dr. Haas wiederholt noch einmal, daß sich der Streichungsantrag darauf stützt, daß die Zahl der Hauptunterstützten nicht über die Märzzahl hinauswächst.

Maron verweist noch einmal auf das Schreiben[69] der Alliierten Kommandantur, an dem man nicht einfach vorbeigehen kann. Es muß eine ganz bestimmte Regelung mit Höchstsätzen eingeführt werden, die verhindert, daß sich jemand bei der Unterstützung besser steht, als wenn er arbeitet. Die Unterstützung darf in keinem Fall mehr als die Hälfte bis allerhöchstens – in einigen Sonderfällen – 2/3 des Durchschnittseinkommens eines Arbeiters betragen.

Geschke stellt noch einmal fest, daß ein Richtsatz festgelegt ist, der eine Überschreitung von 100 RM als Gesamtunterstützung einer Familie nicht zuläßt. Er verweise im übrigen darauf, daß in den Sommermonaten viele Heimkehrer und Umsiedler nach Berlin kommen werden, meist kranke Menschen, die zunächst dem Sozialetat zur Last fallen. Der Redner kann unter diesen Umständen nicht seine Zustimmung zu einer Streichung von 10 Millionen geben.

Dr. Haas: Wenn die Verhältnisse sich erheblich ändern, muß eine Nachforderung beantragt werden.

In der *Abstimmung* wird die Streichung von 10 Millionen beim Sozialetat gegen drei Stimmen angenommen.[70]

Den nächsten Anträgen auf Streichung von 1 Million bei den *Personalkosten der Bezirksarbeitsämter* und auf Streichung von 5 Millionen bei den *Mitteln für Urlaubsvertretungen* wird ohne weitere Aussprache zugestimmt.

Die nächsten drei Anträge werden zusammen behandelt:
    Abstrich bei der Abt[ei]l[ung] für Volksbildung und bei der Abteilung für *Kunst-Angelegenheiten* von 500 000 RM;
    Wegfall der *Verbilligung von Theaterkarten*[71] mit 720 000 RM und
    Verringerung der *Zuschüsse der städtischen Theater* um 500 000 RM.

---

68 Müßte heißen: Bezirksvolksbildungsämtern.

69 Gemeint ist BK/O (46) 189; vgl. hierzu Anm. 44 u. 45 in diesem Mag.prot.

70 Vgl. den „Bericht für den Haushaltsplan des Rechnungsjahres 1946 in Tausend RM. Einzelplan B 4 – Sozialwesen" v. 18.5.1946, in: LAB(STA), Rep. 105, Nr. 364, Bl. 100.

71 Vgl. zu dem erst im März 1946 geschaffenen „Fonds für Zwecke des verbilligten Theaterbesuchs der werktätigen Bevölkerung Berlins" das 49. Mag.prot. v. 9.3.1946, TOP 4, u. das 51. Mag.prot. v. 25.3.1946, TOP 3.

Schulze wendet sich erneut gegen einen Abstrich bei der Kunstabteilung.

Dr. Haas erklärt, es komme ihm bei diesen drei Posten darauf an, daß insgesamt für Theater und Kunst 1,720 Millionen abgestrichen werden.

Maron macht nach dieser Erklärung den Vorschlag, generell der Streichung von 1,8 Millionen beim Kunst- und Kulturetat zuzustimmen und es den Beteiligten zu überlassen, wo sie im einzelnen die Abstriche vornehmen. Er persönlich sei der Meinung, daß man die Streichung in der Hauptsache auf die Zuschüsse der Theater verlagern solle, dagegen die verbilligten Theaterkarten und die Kunstabteilung möglichst verschonen sollte.

Der Magistrat stimmt diesem Vorschlag zu.[72]

Ohne weitere Aussprache wird ferner zugestimmt den Anträgen auf

Herabsetzung der Mittel für *Mietzuschüsse* um 2 Millionen,

Verringerung der Mittel zur Zahlung von Spitzenbeträgen für Sozialrentner um 1 Million,

Verringerung der Personalkosten der *Allgemeinen Arbeitsverwaltung* der Zentrale und der Mittel für Arbeitseinsatz und Berufsberatung um 2 Millionen.

Gegen den Antrag auf Verringerung der Kosten der Allgemeinen *Verwaltung der städt[ischen] Energie- und Versorgungsbetriebe* um 100 000 RM wird von *Jirak* Einspruch erhoben. Der Etat der Verwaltung seiner Abteilung sei schon scharf eingeschränkt, auf der anderen Seite seien der Abteilung von alliierter Seite bestimmte Aufgaben wie Stromüberwachung und Gasüberwachung aufgezwungen [worden]. Es könnten höchstens noch 50 000 RM abgesetzt werden mit Rücksicht darauf, daß von den zwei stellvertretenden Leitern, die vorgesehen sind,[73] tatsächlich nur einer existiere und von den 10 Kraftwagen, die angesetzt sind, nur 8 vorhanden seien.

Nach kurzer Debatte wird gegen eine Stimme beschlossen, dem Abstrich von 100 000 RM zuzustimmen.

Der Verringerung des Zuschußbedarfs der Berliner *Stadtbank* um 3,200 Millionen sowie der

Verringerung der Mittel für außergewöhnliche *einmalige Anforderungen* um 55 Millionen wird zugestimmt.[74]

Vor der Gesamtabstimmung über den Etat stellt
Rumpf noch einige neue Anträge. Im Sozialetat sei der Betrag für die *Jugendfürsorge* gegenüber 4,30 Millionen im Jahre 1939 mit nur 1,1 Million angesetzt. Hier müßten unbedingt weitere Mittel bereitgestellt werden. Er schlage vor, diesen Posten um 3 Millionen zu erhöhen. Der Ausgleich könnte dadurch gefunden werden, daß bei der Steuerverwaltung der Ausgabebetrag von 43,6 Millionen, in dem auch die Posten

---

72 Vgl.: Das teure Theater, in: Telegraf, 13.9.1946, S. 4; das Schreiben der Finanzabteilung des Magistrats an das Finanzkomitee der AK v. 25.9.1946, betr. Zuschußbetrag für die städtischen Theater, in: LAB(STA), Rep. 101, Nr. 637.

73 Vgl. das 52. Mag.prot. v. 30.3.1946, TOP 7 (Maron).

74 Vgl. zu den hier von 205 Millionen RM auf 150 Millionen RM gekürzten außergewöhnlichen einmaligen Anforderungen/Ausgaben für Bau- und Instandsetzungsarbeiten das 61. Mag.prot. v. 15.6.1946, TOP 3 (Haas).

für das Finanzamt für Liegenschaften stecken, um 20 % gekürzt wird. Dann bliebe zugleich noch eine hübsche Summe für Ausgleiche an anderen Stellen.

Dusiska weist darauf hin, daß in der Position 9150 (frühere Staatssteuerverwaltung) auch die Ausgaben enthalten sind für Aufgaben, die auf Weisung der Alliierten ausgeführt werden und die eigentlich unter Besatzungskosten geführt werden müßten. Hier könnten ruhig 20 % abgestrichen werden.

Dr. Haas ist einverstanden, bei der Jugendfürsorge (Position 4600) 2 Millionen zuzusetzen und bei dem Amt für Liegenschaften (Position 9150) dafür 2 Millionen zu streichen.

Der Magistrat beschließt entsprechend diesem Vorschlag des Kämmerers.

Nunmehr folgt die *Gesamtabstimmung* über den Haushaltsplan mit den beschlossenen Änderungen. Sie ergibt die einstimmige Annahme des Haushalts 1946.[75]

Zu dem *Deckungsplan* auf der Vorlage Nr. 214[76] bemerkt
Maron, es werde behauptet, daß die Durchführung des Beschlusses auf *Erhöhung der Grundsteuer*[77], die hier als Deckung mit 40 Millionen vorgesehen ist, nicht ohne Abwälzung auf die Mieten durchführbar sei. In diesem Falle müßte der Beschluß rückgängig gemacht werden, und die erhöhte Grundsteuer könnte nicht als Deckungssumme eingesetzt werden. Vielleicht könnte man den ausfallenden Betrag ersetzen durch den von Schmidt vorgeschlagenen Lastenausgleich bei den allgemeinen Besatzungskosten.

Dr. Haas möchte es trotzdem bei dem vorliegenden Vorschlag belassen. Er sei sich klar, daß man mit der Erhöhung der Grundsteuer um ein Drittel hier bis ans letzte gegangen sei. Voraussetzung für die Durchführung sei allerdings, daß die Erhöhung auf Kosten der Hypothekengläubiger und nicht der Mieter geschieht. Wenn diese Voraussetzung nicht erfüllt wird, muß der Ausgleich durch eine Erhöhung des Darlehens gefunden werden. Über einen Lastenausgleich bei den Besatzungskosten kann der Magistrat von sich aus nicht beschließen.

Rumpf meint, das Bestreben, die Erhöhung der Grundsteuer zu Lasten der Hypothekengläubiger gehen zu lassen, könnte unter Umständen nicht zum Erfolg führen, und dann würde zwangsläufig diese Erhöhung der Grundsteuer zu einer Mieterhöhung führen. Nach dem alten Grundsteuerrecht gab es die Billigkeitsrichtlinien[78], wonach die Grundsteuer ermäßigt wird, wenn sie nicht mehr durch das Mietaufkommen getragen wird. Mit der kürzlich beschlossenen Umwandlung der Berechnungsgrundlage bei der Grundsteuer,[79] die noch nicht genehmigt ist, werden diese Billigkeitsrichtlinien aufgehoben. Es könnte also der Fall eintreten, daß mit der Genehmigung des neuen Grundsteuerrechts die Billigkeitsrichtlinien wegfallen und

---

75 Der „Generaletat der Stadt Berlin. Für die Zeit vom 1. April 1946 bis 31. März 1947. Stand gemäß Magistratsbeschluß vom 4.5.1946" ist vorhanden in: LAB(STA), Rep. 105, Nr. 301, Bl. 29 – 41 (Teil A), u. Nr. 299, Bl. 35 – 54 (Teil B bis E). Vgl. hierzu auch: Der Haushalt Berlins, in: Neue Zeit, 10.5.1946, S. 1 f.; Berliner Etat wieder ganzjährig, in: Berliner Zeitung, 16.5.1946, [S. 2]; 1,8 Milliarden Ausgaben für Berlin. Der Entwurf des neuen Haushaltsplanes, in: Neues Deutschland, 26.5.1946, S. 4.
76 Vgl. Anm. 17 u. 18 zu diesem Mag.prot.
77 Vgl. das 55. Mag.prot. v. 29.4.1946, TOP 4 (insb. Anm. 65).
78 Gemeint sind die Richtlinien für Billigkeitsmaßnahmen auf dem Gebiete der Grundsteuer v. 19.4.1938, in: Reichssteuerblatt, Jg. 1938, S. 409 – 418.
79 Vgl. das 47. Mag.prot. v. 23.2.1946, TOP 6 (insb. Anm. 68).

dann bei allen Bauten, die nach 1920 errichtet [worden] sind, die erhöhte Grundsteuer zu Lasten der Mieter geht. Trotzdem sollte man die angesetzten 40 Millionen für die Erhöhung der Grundsteuer in der Deckungsvorlage belassen, zugleich aber das Augenmerk der Alliierten auf den von Schmidt vorgeschlagenen *Lastenausgleich* richten.

Dr. Haas empfiehlt, in die Vorlage einen weiteren Absatz folgenden Inhalts aufzunehmen:

3. Es wird festgestellt, daß der größte Teil des Fehlbetrages aus Leistungen der Stadt Berlin stammt, die sowohl für deutsche Einrichtungen als auch für Besatzungseinrichtungen, die ganz Deutschland betreffen, bestimmt sind.

BESCHLUSS: Die Vorlage Nr. 214 wird mit diesem Zusatz angenommen.[80]

Steuerverwaltungsanordnung.

Es folgt die Beratung der Vorlage Nr. 213[81], betreffend Erlaß einer Steuerverwaltungsanordnung für Berlin.[82]

Dr. Haas berichtet hierzu, daß die Bezirksbürgermeister-Konferenz sich bereits mit dieser Vorlage beschäftigt hat und ihr nach anfänglichem Widerstand zugestimmt hat.[83] Es handelt sich um eine Neuorganisation auf dem Gebiet der Steuerverwaltung, indem die Finanzämter und Bezirkssteuerämter zusammengefaßt werden, so daß es in Zukunft nur noch Finanzämter gibt.

BESCHLUSS: Die Vorlage Nr. 213 wird angenommen.[84]

---

80 Der hier gefaßte Mag.beschluß ist mit dem Ausfertigungsdatum v. 5.5.1946 in englischer Übersetzung vorhanden in: LAB, Rep. 37: OMGBS, FIN Br, 4/86-1/39. Er wurde der AK vermutlich am 6.5.1946 zugeleitet. Mit BK/O (46) 295 v. 9.7.1946 ermächtigte die AK den Magistrat, in der Rechnungsperiode vom 1.4. bis 31.7.1946 ein Viertel der im Haushaltsplanentwurf für das Rechnungsjahr 1946 angeführten Summen auszugeben; abgesehen von einzeln aufgeführten Ausnahmen, für die abweichende Regelungen vorgeschrieben wurden. Die BK/O (46) 295 ist vorhanden in: LAB(STA), Rep. 101, Nr. 68, u. LAB, Rep. 280, Nr. 4884; abgedruckt in: Berlin. Quellen und Dokumente, 1. Halbbd., S. 424. Sie wurde ersetzt durch BK/O (46) 350 v. 31.8.1946, mit der der Haushalt der Stadt Berlin für das Rechnungsjahr vom 1.4.1946 bis 31.3.1947 unter Vornahme einiger in einer Anlage aufgeführten Änderungen genehmigt wurde. Die BK/O (46) 350 ist vorhanden in: LAB(STA), Rep. 101, Nr. 72, u. Rep. 105, Nr. 301, Bl. 82–85; ohne Anlage abgedruckt in: Berlin. Quellen und Dokumente, 1. Halbbd., S. 425 f. Vgl. zu den von der AK vorgenommenen Änderungen das 73. Mag.prot. v. 7.9.1946, TOP 3. Der gedruckte „Haushaltsplan der Stadt Berlin für das Rechnungsjahr 1946. Hauptzusammenstellung. Bruttohaushalt" in der mit der BK/O (46) 350 genehmigten Fassung ist vorhanden in: LAB(STA), Rep. 105, Nr. H 1/2, 304 u. 6417. Vgl. zu weiteren Haushaltsberatungen über die Etats der Bezirke das 61. Mag.prot. v. 15.6.1946, TOP 3, u. das 62. Mag.prot. v. 22.6.1946, TOP 3, u. das 79. Mag.prot. v. 12.10.1946, TOP 4, u. das Prot. der Konferenz der Bezirksbürgermeister am 8.8.1946, TOP 3, in: LAB, Rep. 280, Nr. 3864; zur Beratung über nachträgliche Änderungsvorschläge zum Haushaltsplan 1946 das 65. Mag.prot. v. 13.7.1946, TOP 5.

81 LAB(STA), Rep. 100, Nr. 772, Bl. 24 f.; auch in: LAB(STA), Rep. 101, Nr. 644, Bl. 177 f.

82 Vgl. zur Neuorganisation der Steuerverwaltung: Dok. 45, Anm. 30; das 37. Mag.prot. v. 17.12.1945, TOP 3.

83 Vgl. das Prot. der Konferenz der Bezirksbürgermeister am 2.5.1946, TOP 2, in: LAB, Rep. 280, Nr. 3856.

84 Die Steuerverwaltungsanordnung für Berlin wurde veröffentlicht in: VOBl., Jg. 2 (1946), S. 180 f.; wieder abgedruckt in: Berlin. Quellen und Dokumente, 1. Halbbd., S. 436 f.

5. VOLKSBILDUNG

Hierzu liegt die Vorlage Nr. 205[85] vor, betreffend *Instandsetzungsarbeiten im Schlosse Treskow*, Friedrichsfelde, und Bewilligung von 57 500 RM dafür.

Winzer begründet die Vorlage. Das aus dem Nachlaß des verstorbenen Herrn von Treskow stammende Schloß ist von der sowjetischen Besatzungsmacht dem Volksbildungsamt mit der Weisung übergeben worden, es für die Jugend zu verwenden. Das Schloß befindet sich aber in einem Zustand, der eine Reparatur unbedingt notwendig macht. Das Rechtsreferat des Volksbildungsamts steht mit den Erben des früheren Besitzers noch in Verhandlung, ob das Besitztum durch Pacht oder durch Kauf auf die Stadt Berlin übergehen soll.

Dusiska ist der Ansicht, daß das ganze Besitztum auf Grund des Befehls Nr. 124[86] einfach beschlagnahmt werden könnte. Die Treskows hätten zu den reaktionärsten Geschlechtern Deutschlands gezählt, und besonders der letzte Treskow[87] von Friedrichsfelde sei ein großer Volksfeind gewesen.

Winzer entgegnet, der Versuch einer Beschlagnahme sei schon gemacht worden, doch sei die Anwendung des Befehls Nr. 124 auf diesen Fall noch nicht genehmigt worden.

BESCHLUSS: Die Vorlage Nr. 205 wird angenommen.[88]

Es folgt die Vorlage Nr. 210[89], betreffend Verbot *baulicher Veränderungen* an zur Zeit von *Krankenhäusern* besetzten *Schulgebäuden*, die diese für Schulzwecke unbrauchbar machen.

Wildangel empfiehlt die Vorlage unter Hinweis auf die schriftliche Begründung.[90] Es soll unterbunden werden, daß in einzelnen Schulen Veränderungen durchgeführt werden, die von vornherein die Möglichkeit nehmen, die Schule wieder für Schulzwecke nutzbar zu machen. Es muß bei der Entscheidung über bauliche Veränderungen eines Schulgebäudes für Krankenhauszwecke nicht allein der Gesichtspunkt des bezirklichen Gesundheitsamtes maßgebend sein, sondern es muß auch die Zustimmung des Hauptschulamts eingeholt werden. Die Entscheidung darüber, wieweit Schulen, die schon seit Jahren für Krankenhauszwecke umgebaut sind, wieder für Schulzwecke hergerichtet werden, soll Sache des Baudezernats sein.

Welche unleidlichen Verhältnisse auf diesem Gebiet bisher entstanden sind,

---

Vgl. auch: Berlin vereinfacht den Steuerapparat, in: Berliner Zeitung, 5.6.1946, [S. 2]; Zusammenlegung der Stadtsteuerämter und Finanzämter, in: Neue Zeit, 6.6.1946, S. 3; Neuorganisation des Berliner Steuerwesens, in: Neue Zeit, 2.7.1946, S. 3; Neuorganisation des Berliner Steuerwesens, in: Der Tagesspiegel, 3.7.1946, [S. 4].

85 LAB(STA), Rep. 100, Nr. 772, Bl. 12, u. Nr. 771, Bl. 25.

86 Gemeint ist der Befehl Nr. 124 des Obersten Chefs der Sowjetischen Militärverwaltung v. 30.10.1945, betr. die Beschlagnahme und provisorische Übernahme einiger Eigentumskategorien in Deutschland. Vgl. hierzu Dok. 64, Anm. 8.

87 Gemeint ist Sigismund von Treskow, geboren am 1.10.1864, von 1898 bis 1906 Landrat des Kreises Niederbarnim, gestorben am 23.5.1945.

88 Der hier gefaßte Mag.beschluß ist mit dem Ausfertigungsdatum v. 10.5.1946 vorhanden in: LAB(STA), Rep. 120, Nr. 25, Bl. 2.

89 LAB(STA), Rep. 100, Nr. 772, Bl. 21.

90 In der Begründung der Mag.vorlage Nr. 210 v. 24.4.1946 ist angegeben: „Zur Zeit sind in Berlin 35 Schulgebäude vollständig und 8 teilweise (205 Räume) von Krankenhäusern besetzt." Vgl. hierzu auch das 23. Mag.prot. v. 24.9.1946, TOP 9.

schildert der Redner an einem Beispiel: der Schule Mariendorfer Weg. Der Dezernent[91] des Gesundheitsamts Neukölln habe hierbei Methoden angewandt, die unbedingt abgelehnt werden müssen.

Dr. Redeker kann diesen Vorwurf nicht als berechtigt anerkennen. Der betreffende Beamte müsse bei den Umbaudispositionen auch auf die Wünsche der Besatzungsmacht Rücksicht nehmen.

BESCHLUSS: Die Vorlage wird angenommen.[92]

Die Vorlage Nr. 208[93], betreffend Einstellung von 400 Hilfskräften für die Durchführung der Schulspeisung etc.,[94] wird auf Wunsch des Antragstellers Winzer zurückgestellt.[95]

6. HANDEL UND HANDWERK

Hierzu liegt die Vorlage Nr. 207[96] vor, betreffend *Verordnung über* die Erteilung und Versagung der *Gewerbeerlaubnis*.[97]

---

91 Der Leiter des Gesundheitsamtes Neukölln, Dr. Wilhelm Brandt (SPD), hatte offenbar bei der amerikanischen Militärregierung die Beschlagnahme des Schulgebäudes am Mariendorfer Weg für Krankenhauszwecke bewirkt. Siehe: LAB(STA), Rep. 120, Nr. 3, Bl. 20 u. 21.

92 Der hier gefaßte Mag.beschluß ist mit dem Ausfertigungsdatum v. 10.5.1946 vorhanden in: LAB(STA), Rep. 120, Nr. 3, Bl. 6. Er wurde der AK mit Schreiben v. 27.5.1946 zur Genehmigung zugeleitet; siehe: a.a.O., Bl. 5. Das Education Committee der AK genehmigte den Mag.beschluß am 3.6.1946; vgl. das Prot. des Education Committee der AK v. 3.6.1946, TOP 5, in: LAB, Rep. 37: OMGBS, ECR, 4/16-1/11. – Vgl. zur Rückgabe zweckentfremdeter Schulen und Schulräume an die Schulverwaltung das 57. Mag.prot. v. 13.5.1946, TOP 5, u. das 58. Mag.prot. v. 18.5.1946, TOP 3, u. das 84. Mag.prot. v. 16.11.1946, TOP 5; das Prot. der Konferenz der Bezirksbürgermeister am 16.5.1946, TOP 2, in: LAB, Rep. 280, Nr. 3857.

93 LAB(STA), Rep. 100, Nr. 772, Bl. 19.

94 Nach dem Beschlußtext der Mag.vorlage Nr. 208 v. 26.4.1946 sollten Ausgaben von monatlich 100 000 RM für die Einstellung von ca. 400 Hilfskräften bewilligt werden, die an den Schulen „verantwortlich" die Schulspeisung durchführen und als Schreibhilfen für die Schulleiter tätig sein sollten. Die Begründung für das erstere Aufgabengebiet lautete: „Es hat sich bei der Schulspeisung gezeigt, daß die vom Ernährungsamt geforderte korrekte Einsammlung und Abrechnung der Lebensmittelmarken und Gelder nicht gewährleistet ist, wenn sie von neben- und ehrenamtlich tätigen Personen durchgeführt wird. Es ist deshalb notwendig, einen Angestellten an jeder Schule zu haben, der verantwortlich die ordnungsgemäße Durchführung der Schulspeisung übernimmt." Vgl. zur Schulspeisung das 42. Mag.prot. v. 19.1.1946, TOP 11, u. das 78. Mag.prot. v. 5.10.1946, TOP 2. – Die britische Militärregierung (Economics Branch) hatte in einem Schreiben an den Magistrat v. 14.3.1946 organisatorische Mängel bei der Durchführung der Schulspeisung kritisiert. Das Schreiben ist vorhanden in: LAB(STA), Rep. 120, Nr. 1340, Bl. 162 f. Vgl. auch das diesbezügliche Schreiben Klimpels an Winzer v. 15.3.1946, in: LAB(STA), Rep. 113, Nr. 133, Bl. 89.

95 Die Mag.vorlage Nr. 208 ist in den folgenden Mag.sitzungen nicht wieder zur Sprache gekommen.

96 LAB(STA), Rep. 100, Nr. 772, Bl. 17.

97 Vgl. zur Gewerbeerlaubnis: Dok. 3, Anm. 15; das 7. Mag.prot. v. 18.6.1945, TOP 6, u. das 12. Mag.prot. v. 23.7.1945, TOP 7; VOBl., Jg. 1 (1945), S. 49 – 52 u. 82 – 87; das Rundschreiben Orlopps v. 11.1.1946, betr. Richtlinien für die Behandlung der Gewerbeerlaubnis, in: LAB, Rep. 280, Nr. 5144.

Orlopp empfiehlt unter kurzem Hinweis auf die schriftliche Begründung die Vorlage zur Annahme.[98]

Dusiska bemängelt, daß die Rechtsabteilung der Abt[eilung] Wirtschaft bei der Ausarbeitung dieser Vorlage nicht zugezogen worden ist, obwohl es zunächst so besprochen war. Er bitte, die Vorlage um eine Woche zurückzustellen, damit das Versäumte nachgeholt werden könne.

Orlopp widerspricht einer solchen Verzögerung.

Maron macht den Vermittlungsvorschlag, daß der Magistrat der Vorlage im Prinzip zustimmt unter der Voraussetzung, daß die Abt[eilung] Wirtschaft keine Einwendungen erhebt, die eventuell dem Magistrat vorgetragen werden müssen.

BESCHLUSS: Die Vorlage wird mit diesem Vorbehalt angenommen.[99]

7. ALLGEMEINES

Maron unterbreitet dem Magistrat das *Programm* für die Veranstaltungen aus

---

98 Der zentrale § 1 des mit der Mag.vorlage Nr. 207 v. 26.4.1946 vorgelegten Entwurfs einer VO über die Erteilung und Versagung der Gewerbeerlaubnis hat den Wortlaut: „Wer innerhalb des Stadtbezirks von Berlin ein selbständiges Gewerbe betreiben will, bedarf hierzu der Erlaubnis.
Die Erlaubnis ist zu versagen, wenn
  1. der Antragsteller die für die Ausübung des Gewerbes erforderliche persönliche Zuverlässigkeit nicht besitzt oder
  2. ein Bedürfnis für die beabsichtigte Gewerbetätigkeit nicht nachgewiesen wird.
Die Erlaubnis kann versagt werden, wenn der Antragsteller nicht im Besitz der für die Gewerbeausübung geeigneten Räume ist." Der Entwurf stellte eine erweiterte Neufassung der von der Mag.abt. für Handel und Handwerk herausgegebenen Anordnung zur „Bereinigung der Handels- und Handwerksbetriebe" v. 17.5.1945 dar; siehe: VOBl., Jg. 1 (1945), S. 49. In der Begründung der Mag.vorlage Nr. 207 heißt es hierzu: „Die Notwendigkeit der Neufassung ergibt sich aus den gesetzestechnischen und inhaltlichen Unzulänglichkeiten dieser Anordnung sowie daraus, daß die Verwaltungsgerichte ihr den Charakter einer Rechtsnorm abgesprochen und sie lediglich als innerdienstliche Verwaltungsanweisung angesehen haben." „Die Verordnung bezweckt sachlich eine planvolle Gestaltung des gewerblichen Lebens durch umfassende behördliche Steuerung desselben. Der Grundsatz der Gewerbefreiheit [...] ist durch sie nicht aufgehoben, sondern nur vorläufig suspendiert. Die Notwendigkeit hierfür liegt in der gegenwärtigen Wirtschaftslage begründet, die eine freie Konkurrenz der Kräfte mit Rücksicht auf die weitgehende Verknappung aller Bedarfsgüter nicht zuläßt. Die freie und durch keine Erlaubnispflicht eingeschränkte Gewerbetätigkeit führt unter den derzeitigen Verhältnissen außerdem zu dem unerwünschten Ergebnis, daß unzuverlässige und asoziale Elemente unter dem Deckmantel einer Gewerbetätigkeit volkswirtschaftlich unerwünschte Geschäfte – insbes[ondere] Belieferung des sog[enannten] ,Schwarzen Markts' – betreiben und den Grundsatz der Gewerbefreiheit dafür benutzen, um ein behördliches Einschreiten unmöglich zu machen oder zu erschweren. Schließlich birgt das Fehlen einer ausreichenden behördlichen Kontrolle der Gewerbeausübung die Gefahr in sich, daß eine große Zahl von Personen eine auf die Dauer nicht tragfähige Gewerbetätigkeit nur aus dem Grunde entfaltet, um damit eine bessere Eingruppierung bei der Verteilung von Lebensmittelkarten oder eine Freistellung vom Arbeitseinsatz zu erreichen."

99 Vgl. zur erneuten Beratung der VO über die Erteilung und Versagung der Gewerbeerlaubnis das 58. Mag.prot. v. 18.5.1946, TOP 7; ferner das 57. Mag.prot. v. 13.5.1946, TOP 6.

Anlaß *des Jahrestages der Arbeiten des Magistrats*:[100]
1. Jahresbericht des Magistrats in Form einer Broschüre. –
Die Abteilungsleiter werden um beschleunigte Fertigstellung der einzelnen Berichte gebeten.[101]
2. Festsitzung im großen Saal des Neuen Stadthauses am 20. Mai.[102]
3. Geschlossene Vorstellungen in den städtischen Theatern für die Aktivisten des Wiederaufbaues am 24. Mai.[103]
4. Ausstellung: Ein Jahr Wiederaufbau.[104]

---

100 Vgl. das 52. Mag.prot. v. 30.3.1946, TOP 7 (Maron); Ein Jahr Magistrat Berlin, in: Berliner Zeitung, 4.5.1946, [S. 2]; die Materialien in: LAB(STA), Rep. 120, Nr. 1403.

101 Die Tätigkeitsberichte der einzelnen Mag.abteilungen wurden veröffentlicht in der Broschüre: Das erste Jahr. Berlin im Neuaufbau. Ein Rechenschaftsbericht des Magistrats der Stadt Berlin, hrsg. im Auftrage des Magistrats der Stadt Berlin, Berlin 1946. Ausführlichere Berichte als in dieser gedruckten Broschüre finden sich in: LAB(STA), Rep. 113, Nr. 295 (Mag.abt. für Handel und Handwerk), u. Rep. 118, Nr. 764 (Mag.abt. für Sozialwesen); Akademie der Künste (Berlin-Tiergarten), NL Scharoun, Mappe Mag 1/17 (Mag.abt. für Bau- und Wohnungswesen). Ergänzende Berichte der Mag.abteilungen für die Zeit von Mai bis Juli/August 1946 sind vorhanden in: LAB(STA), Rep. 101, Nr. 1213. Vgl. auch: Karl Maron über Gegenwart und Zukunft Berlins, in: Tägliche Rundschau, 11.5.1946, S. 5; Karl Maron: Das neue Gesicht der Hauptstadt, in: Berliner Zeitung, 14.5.1946, [S. 1 u. 3]; Ein Jahr städtische Betriebe, in: Berliner Zeitung, 17.5.1946, [S. 2]; Berlin steigt aus den Trümmern, in: Neues Deutschland, 17.5.1946, S. 3; Ein Jahr erfolgreicher Aufbauarbeit in Berlin, in: Neues Deutschland, 17.5.1946, S. 4; Betreuung der 3 Millionen. Statistische Schlaglichter aus dem Jahresbericht des Magistrats, in: Neue Zeit, 17.5.1946, S. 3; Ein Jahr Berliner Post, in: Berliner Zeitung, 18.5.1946, [S. 2]; Berliner Wirtschaft braucht Rohstoffe. ND-Interview mit dem stellvertretenden Leiter der Abteilung Wirtschaft des Berliner Magistrats, in: Neues Deutschland, 18.5.1946, S. 4; Gespräch mit Stadtrat Kehler. Post im Eiltempo, in: Nacht-Express, 18.5.1946, [S. 2]; Der industrielle Aufbau Berlins. Gespräch mit E. Dusiska, in: Berliner Zeitung, 21.5.1946, [S. 7]; Josef Orlopp: Leistungen des Berliner Handwerks, in: Berliner Zeitung, 21.5.1946, [S. 7]; Die lindernde Hand einer Großstadt. Aus der Betreuungsarbeit der Sozialfürsorge Berlins, in: Berliner Zeitung, 22.5.1946, [S. 2]; Paul Markgraf: Ein Jahr Polizei, in: Neues Deutschland, 22.5.1946, S. 4; 64 000 Familien suchen eine Wohnung. Aus der Arbeit der Berliner Wohnungsämter, in: Berliner Zeitung, 24.5.1946, [S. 2]; Otto Winzer: „Geistige Enttrümmerung" und Neugestaltung, in: Neues Deutschland, 24.5.1946, S. 3; Ein Jahr Abteilung für Volksbildung, in: Neues Deutschland, 26.5.1946, S. 3; Otto Winzer: Auf dem Wege zur demokratischen Schulreform. Stand und Aufgaben des Berliner Schulaufbaus, in: Tägliche Rundschau, 28.5.1946, S. 5; Berliner Finanzwirtschaft, in: Berliner Zeitung, 30.5.1946, [S. 2]; Hans Günther: Ein Jahr Berliner Justiz, in: Berliner Zeitung, 1.6.1946, [S. 3]; 10 700 Ehescheidungen. Ein Jahr Neubau der Justiz, in: Neue Zeit, 2.6.1946, S. 5; Jahresfeier der Berliner Polizei, in: Tägliche Rundschau, 4.6.1946, S. 6.

102 Vgl.: Ein Jahr Berliner Magistrat, in: Berliner Zeitung, 21.5.1946, [S. 1]; Ein Jahr neues Berlin. Jubiläumssitzung der Berliner Stadtverwaltung, in: Tägliche Rundschau, 21.5.1946, S. 1; Die Stadt Berlin gibt Rechenschaft. Die erste Sitzung der gesamten Stadt- und Bezirksverwaltung, in: Neues Deutschland, 21.5.1946, S. 1 f.; Berliner Magistrat ein Jahr im Amt, in: Der Morgen, 21.5.1946, S. 3.

103 Vgl.: Dank an Aktivisten, in: Berliner Zeitung, 26.5.1946, [S. 2]; Berlins Dank, in: Neues Deutschland, 26.5.1946, S. 4; Ehrengäste der Kunst, in: Tägliche Rundschau, 26.5.1946, S. 6; Berlin. Kampf um Freiheit, S. 445.

104 Vgl. hierzu das 69. Mag.prot. v. 12.8.1946, TOP 5.

Die Gesamtkosten für das Programm werden sich auf 65 [000] bis 70 000 RM belaufen.

Gegen den Vorschlag werden keine Einwendungen erhoben.[105]

Dr. Werner schlägt vor, die nächste Sitzung nicht am Sonnabend, dem 11. Mai, sondern am Montag, dem 13. Mai, abzuhalten, da an diesem Tage vor einem Jahre der Magistrat zum erstenmal zusammengetreten ist.[106]

Orlopp macht noch einige *Mitteilungen über den Stand der Wirtschaft.*[107] In einer Besprechung mit den Obermeistern des Handwerks ist festgestellt worden, daß für das ganze Handwerk in Berlin so gut wie keine Rohmaterialien und keine Halbfabrikate mehr da sind.[108] Der Handel kann nichts mehr hereinholen. Es fehlen auf der einen Seite die Waren, und auf der anderen Seite sind die Transportschwierigkeiten zu groß. Es hat sich folgender Zustand entwickelt:

Im *Glaserhandwerk* verfügt kaum noch ein Glaser über Glas, auch fehlen Kitt und Öl, so daß die arbeitenden Betriebe sowohl wie die Bevölkerung ohne verglaste Räume bleiben müssen. Im *Klempnerhandwerk* fehlt es für die Reparatur der Dächer an den notwendigen Blechen aller Art und insbesondere an Zinn[109]. Die vom Klempnerhandwerk gesammelten Altzinkbleche können von der einzigen bestehenden Zinkhütte in Reinickendorf nicht verarbeitet werden, da es hierfür wieder an Rohzink fehlt, welches vornehmlich in Oberschlesien und im Westen des Reiches hergestellt wird. Im Zusammenhang damit steht auch die besondere Mangellage auf dem Gebiet der Versorgung des *Dachdeckerhandwerks* mit Ziegeln und Dachpappe. Transportschwierigkeiten müssen hierbei insbesondere überwunden werden.

---

105 Maron informierte die AK mit Schreiben v. 10.5.1946 über die beabsichtigten Veranstaltungen am 20.5. und 24.5.1946 und bat um deren Genehmigung. Das Schreiben ist vorhanden in: LAB(STA), Rep. 101, Nr. 65. Die AK erteilte die Genehmigung mit BK/O (46) 223 v. 16.5.1946. Die BK/O ist vorhanden in: LAB(STA), Rep. 101, Nr. 65; LAB, Rep. 280, Nr. 12580.

106 Die erste *offizielle* Arbeitssitzung des Magistrats hatte am 20.5.1945 stattgefunden; vgl. hierzu Teil I der Edition, S. 38, 42 f. u. 46.

107 Vgl. zur Situation im Berliner Handwerk das 46. Mag.prot. v. 16.2.1946, TOP 3; den „Tätigkeitsbericht des Ressorts Handwerk der Abteilung Handel – Handwerk beim Magistrat der Stadt Berlin" v. 15.4.1946, in: LAB, Rep. 280, Nr. 14454.

108 Vgl. hierzu: Josef Orlopp: Rohstoffe für das Handwerk, in: Berliner Zeitung, 10.5.1946, [S. 2]. Wirtschaftskrise in Berlin, in: Die Neue Zeitung, 13.5.1946, S. 4; Rohstoffe rollen an, in: Nacht-Express, 15.5.1946, [S. 1 f.]; Berliner Wirtschaft braucht Rohstoffe. ND-Interview mit dem stellvertretenden Leiter der Abteilung Wirtschaft des Berliner Magistrats, in: Neues Deutschland, 18.5.1946, S. 4; Planmäßige Lenkung der Berliner Wirtschaft durch Leitfirmen, in: Vorwärts, 18.7.1946, [S. 4]; Der Rohstoffmangel im amerikanischen Sektor Berlins, in: Der Tagesspiegel, 20.7.1946, [S. 3]; In zwei Monaten steht alles still, in: Neues Deutschland, 26.7.1946, S. 3; Die Nöte von Handel und Handwerk, in: Der Sozialdemokrat, 18.9.1946, S. 3; Berlins Rohstoffversorgung, in: Der Sozialdemokrat, 21.9.1946, S. 3; Gebrauchsgüter für Berlin, in: Berliner Zeitung, 19.10.1946, [S. 5]. Vgl. ferner das 50. Mag.prot. v. 16.3.1946, TOP 7.

109 Müßte wohl heißen: Zink. Vgl. hierzu: Wo kommt das Zinkblech her?, in: Berliner Zeitung, 2.7.1946, [S. 5]; Die Zinkerzeugung, in: Der Kurier, 1.8.1946, S. 4; Zinkwirtschaft, in: Neue Zeit, 19.9.1946, S. 3.

Im *Elektrohandwerk* besteht eine besondere Notlage bei der Beschaffung von Kabeln und elektrischem Zubehör.

Der Vertreter des *Tischlerhandwerks* hat darauf hingewiesen, daß die Herstellung von Möbeln, Särgen und Innenausbauten nicht mehr möglich ist, da es an dem notwendigen Holz fehlt. Das in Berlin vorhandene Bauholz ist für die Verarbeitung nicht brauchbar, da es fast ausschließlich verrottet ist. Das *Kraftfahrzeughandwerk* steht nach den Ausführungen des Obermeisters vor der Unmöglichkeit, ausreichende Reifen für die Instandsetzung und Umarbeitung von Kraftfahrzeugen zu verwenden. Die Notlösung, Altreifen in irgendeiner Form für Reparaturen zu verwenden, ist erschöpft. Die Aufnahme von Verbindungen mit der Firma Continental[110] in Hannover ist dringend notwendig. Im *Bürsten- und Pinselmacherhandwerk* fehlen rund 70 % Faserstoffe. Bei einem täglichen Verschleiß von rund 30 000 Bürsten muß die Herstellungskapazität von 2 000 Stück als absolut unzureichend angesehen werden. Besonders tragisch liegen die Dinge im *Orthopädiemechanikerhandwerk*. Für die Herstellung künstlicher Gliedmaßen fehlt es an den notwendigen Paßteilen, die vornehmlich im Ruhrgebiet, im Rheinland sowie in Süddeutschland hergestellt werden.

Bei den Schuhen ist es besonders schwierig, da beim *Schuhmacherhandwerk* die Rohstoffe fast gänzlich fehlen.[111] Soweit die Kunden nicht selbst Materialreste zur Verfügung stellen, lassen sich die notwendigen Reparaturen kaum noch durchführen. Es fehlt nicht nur an Leder und Gummi, sondern auch an Nägeln und Teksen[112], die in normalen Zeiten hauptsächlich aus dem westlichen Deutschland kamen.

Der Redner fügt dieser Darstellung hinzu, daß von seiten der Abteilung alles getan worden ist, was getan werden konnte. Es ist mit den einzelnen Kommandanturen verhandelt worden, der ganze Handel ist im letzten Halbjahr mobil gemacht worden, hat zum Teil auch Erfolge gehabt, aber auch das wenige, was herangekommen ist, ist nun erschöpft. Wir kommen in die allerschwierigste Notlage.[113]

Starck erklärt, daß auch auf dem Gebiete des *Baumarktes* die Dinge ähnlich liegen.[114] Die Abteilung habe dem Oberbürgermeister vorgeschlagen, einen *Aufruf* zu unterzeichnen, der sich *an die großen Betriebe* in der Sowjetzone und in den übrigen Besatzungszonen wendet, daß sie der Hauptstadt des Reiches helfen möchten. Die Erfahrung hat gezeigt, daß die Arbeiter immer noch am ehesten bereit und in der Lage sind zu helfen, wenn andere Hilfe nicht mehr zu erlangen ist.

110　Continental Gummi-Werke AG, führendes Unternehmen zur Herstellung von Gummireifen.

111　Vgl. zu den Problemen der Schuhreparaturen und -herstellung eine Serie von Artikeln, die seit dem 12.5.1946 in der Berliner Zeitung erschienen. Vgl. zum Problem der Schuhpreise das 85. Mag.prot. v. 23.11.1946, TOP 2.

112　Richtig: Tacks (englisch) oder Täcks(e); Stahlstifte, die bei Schuhen das Oberleder und die Sohle verbinden.

113　Vgl. zum Problem des Rohstoffmangels auch die Protokolle der Besprechungen mit den Wirtschaftsdezernenten der Bezirksämter am 20.3.1946, S. 1 – 4, u. am 15.5.1946, S. 2, in: LAB(STA) Rep. 106, Nr. 188; das 57. Mag.prot. v. 13.5.1946, TOP 7 (Orlopp), u. das 70. Mag.prot. v. 17.8.1946, TOP 5.

114　Vgl. zu den Schwierigkeiten der Baustoffbeschaffung das 63. Mag.prot. v. 29.6.1946, TOP 4, u. das 72. Mag.prot. v. 31.8.1946, TOP 3; das Prot. der Konferenz der Bezirksbürgermeister am 4.7.1946, TOP 3, in: LAB, Rep. 280, Nr. 3861.

Dem Vorschlag wird durch Zurufe zugestimmt.[115]

    Nächste Sitzung: Montag, den 13. Mai 1946, vorm[ittags] 10 Uhr.

---

115 Vgl. den Aufruf von OB Werner: Eine Einladung. An die Betriebsräte aller Großbe-
    triebe der sowjetischen Zone, in: Berliner Zeitung, 15.6.1946, [S. 2]; vgl. ferner das
    72. Mag.prot. v. 31.8.1946, TOP 3 (Starck).

Dok. 84
57. Magistratssitzung vom 13. Mai 1946

LAB(STA), Rep. 100, Nr. 772, Bl. 28 – 32. – Umdruck.[1]

Beginn: 10.15 Uhr   Schluß: 13.35 Uhr

Anwesend: Dr. Werner, Maron, Orlopp, Schwenk, Lange, Pieck, Dr. Haas,
              Dusiska, Dr. Redeker, Kehler, Jendretzky, Rumpf, Kraft, Schulze,
              Winzer, Wildangel, Dr. Düring, Scharoun, Buchholz, Grüber, Geschke,
              Jirak, Henneberg, Karweik.[2]

Den Vorsitz führt: Oberbürgermeister Dr. Werner, zeitweise Bürgermeister Ma-
                    ron.

Tagesordnung: 1. Protokolle
               2. Finanzfragen
               3. Bericht über eine Tagung in Oeynhausen
               4. Sozialwesen
               5. Volksbildung
               6. Handel und Handwerk
               7. Allgemeines.

Vor Eintritt in die Tagesordnung gedenkt Oberbürgermeister *Dr. Werner* der *ersten
Magistratssitzung vor einem Jahre*[3] und richtet aus diesem Anlaß folgende *Ansprache*
an den Magistrat:[4]

Meine sehr verehrten Herren Kollegen!
Der heutige Tag ist für den Magistrat der Stadt Berlin von besonderer
Bedeutung; denn an ihm jährt sich jener für die Geschichte der Stadt Berlin
denkwürdige 13. Mai 1945, an dem wir von dem ersten Kommandanten von
Berlin, dem leider zu früh verstorbenen Generaloberst Bersarin[5], feierlich
in unser Amt eingeführt und als erster Magistrat der Stadt Berlin nach
dem Zusammenbruch des Hitler-Reiches bestätigt worden sind.[6] Zugleich

---

1 Weitere Umdruckexemplare dieses Protokolls sind vorhanden in: LAB(STA), Rep. 100,
  Nr. 752, lfd. S. 217 – 226; LAB, Rep. 228, Mag.protokolle 1946, u. Rep. 280, Nr. 8501/16.
2 In der Anwesenheitsliste ist Major Lindsay nicht aufgeführt, der nach dem Text des
  Protokolls (TOP 3) zeitweilig an der Mag.sitzung teilnahm.
3 Die erste *offizielle* Arbeitssitzung des Magistrats hatte am 20.5.1945 stattgefunden; vgl.
  hierzu Teil I der Edition, S. 38, 42 f. u. 46.
4 Das eigenhändige handschriftliche Manuskript dieser Ansprache von OB Werner ist
  vorhanden in: LAB, NL Werner, Rep. 200, Acc. 4379, Nr. 45/161; als Abschrift in:
  LAB, NL Werner, Rep. 200, Acc. 4379, Nr. 20/4, S. 514 – 517; größtenteils abgedruckt
  in: Das erste Arbeitsjahr der deutschen Selbstverwaltung in Berlin, in: Berliner Zeitung,
  14.5.1946, [S. 1].
5 Bersarin war am 16.6.1945 mit seinem Motorrad tödlich verunglückt; siehe: Berlin.
  Kampf um Freiheit, S. 87.
6 Vgl. hierzu Teil I der Edition, S. 38.

jährt sich heute der Tag, an dem wir damals unsere erste Magistratssitzung abgehalten haben.[7] Wir alle blicken heute in dankbarer Erinnerung zurück auf jene Fügung des Schicksals, die uns das Vertrauen der damals allein zuständigen russischen Besatzungsmacht geschenkt und es uns dadurch ermöglicht hat, in schwerer Zeit das Steuer des Schicksals der Stadt und der Bevölkerung von Berlin in unsere Hände zu nehmen. Unser dankbares Gedenken gilt aber besonders auch der verehrungswürdigen Person des Generalobersten Bersarin, der uns in den Bedrängnissen jener schicksalvollen Zeit stets ein wahrer Freund und wohlwollender Gönner und Betreuer gewesen ist. Er hat uns durch sein edles menschliches Wesen mit vollem Vertrauen zur Zusammenarbeit mit der russischen Besatzungsmacht erfüllt und uns dadurch das wichtigste Unterpfand des Erfolges für unsere Amtsführung gegeben.

Meine sehr verehrten Herren Kollegen! Dieses eine Jahr kann nicht nur mit dem Maßstab des Kalenders gemessen und gewürdigt werden. Dazu war es zu sehr erfüllt von der gewaltigen Dynamik großen weltgeschichtlichen Geschehens. Wir leben hier in Berlin im spannungsreichen Kraftfeld der Weltpolitik, und wir spüren täglich, daß Berlin das Gesicht einer internationalen Stadt angenommen hat. Wir leben hier nicht mehr in der nationalstaatlichen Enge der ehemaligen deutschen Hauptstadt, sondern sind mit unserer Viermächtebesatzung ein Abbild der politischen Konstellation der Welt. Diese Tatsache gibt der Stadt Berlin ihren eigentümlichen Reiz und ihre besondere Atmosphäre. Das spüren auch wir in der Verwaltungsarbeit von Tag zu Tag aufs neue. Alle Probleme, die sich daraus ergeben, sind jedoch von uns bisher dank dem Wohlwollen und der Fürsorge der Besatzungsmächte stets glücklich gelöst worden, und wir können daher im Rückblick auf das erste Jahr unserer Amtstätigkeit mit stolzer Freude feststellen, daß unser Wirken von vielfältigen Erfolgen gekrönt war. Wir wollen hieraus die Zuversicht und das Vertrauen schöpfen, daß wir auch weiterhin in gemeinsamer harmonischer Arbeit zum Wohle und zum Gedeihen der uns anvertrauten Bevölkerung von Berlin wirken können.

1. PROTOKOLLE
Die Niederschriften der Magistratssitzungen vom 29.4.46 und 4.5.46 werden ohne Beanstandung genehmigt.

2. FINANZFRAGEN
Hierzu liegt die Vorlage Nr. 219[8] vor, betreffend Durchführung der *5. Berliner Stadtlotterie*.

Dr. Haas empfiehlt kurz die Vorlage. Zu der vom Magistrat vorgeschlagenen Einführung einer Deutschen Klassenlotterie[9] liegt die Genehmigung der Alliierten Kommandantur noch nicht vor. Inzwischen sind mit der Zonenverwaltung[10] und mit einigen Landesregierungen Verhandlungen in der Richtung gepflogen worden, die

---

7 Vgl. Anm. 3 zu diesem Mag.prot.
8 LAB(STA), Rep. 100, Nr. 772, Bl. 34; auch in: LAB(STA), Rep. 101, Nr. 644, Bl. 176.
9 Vgl. das 52. Mag.prot. v. 30.3.1946, TOP 3.
10 Gemeint ist die Deutsche Zentralfinanzverwaltung.

Klassenlotterie auf die gesamtsowjetische Zone einschließlich Berlin auszudehnen. Einstweilen muß aber, um die Entwicklung nicht abreißen zu lassen, die Berliner Stadtlotterie fortgesetzt werden. Mit Rücksicht darauf, daß diese Lotterie nicht mehr so zugkräftig ist wie im Anfang, soll die Zahl der Doppellose von 150 000 auf 100 000 und damit auch der Gewinnplan entsprechend verringert werden. Der Lospreis bleibt unverändert.

Maron hält es durchaus für möglich, den Absatz der Lose bei richtiger Reklame und Organisation des Absatzes beträchtlich zu steigern.[11] Er beantrage deshalb, die Zahl der Lose wieder auf die bisherige Zahl von 150 000 heraufzusetzen.

Dr. Haas gibt zu, daß die Berliner Stadtlotterie bisher nur mit einer bescheidenen Geschäftsstelle ohne großen Aufwand an Werbung gearbeitet habe, dagegen seien für die Klassenlotterie erhebliche Mittel für Werbungszwecke vorgesehen. Wenn die Zahl der Lose wieder auf 150 000 heraufgesetzt wird, müsse auch der Gewinnplan entsprechend geändert, d[as] h[eißt] wie bei der 4. Stadtlotterie[12] festgesetzt werden.

BESCHLUSS: Die Vorlage Nr. 219 wird mit der Änderung angenommen, daß die Zahl der Lose statt auf 100 000 auf 150 000 heraufgesetzt und der Gewinnplan gemäß der 4. Stadtlotterie festgesetzt wird.[13]

Es folgt die Vorlage Nr. 222[14], betreffend einen Vierten Nachtrag zur Vergnügungssteuerordnung der Stadt Berlin.[15]

Dr. Haas begründet die Vorlage. Darin ist vorgesehen, die *Vergnügungssteuer für die Eintrittskarten bei Pferderennen*, die zur Zeit 15 % beträgt, *auf 30 % zu erhöhen*, d[as] h[eißt] auf die gleiche Höhe wie bei Berufsbox- oder [-]ringkämpfen. Der rege Besuch der Rennen in Karlshorst[16] hat diesen Vorschlag nahegelegt.

Orlopp beantragt, diese Steuererhöhung auf alle Amüsierlokale Berlins (Kabaretts und dergl[eichen]) auszudehnen.

Dr. Haas empfiehlt, diesen Plan erst noch einmal genauer im kleineren Kreise durchzuberaten und einstweilen dem geforderten Vierten Nachtrag zur Vergnügungssteuerordnung zuzustimmen.

BESCHLUSS: Die Vorlage Nr. 222 wird mit diesem Bemerken angenommen.[17]

---

11 Vgl. das 58. Mag.prot. v. 18.5.1946, TOP 5.

12 Vgl. das 50. Mag.prot. v. 16.3.1946, TOP 3.

13 Anfang Juni 1946 genehmigte das Finanzkomitee der AK die Durchführung einer fünften Berliner Stadtlotterie. Vgl. das 21. Prot. des Finanzkomitees der AK v. 4.6.1946, TOP 10, in: LAB, Rep. 37: OMGBS, FIN Br, 4/91-2/6; der entsprechende Befehl FIN/I (46) 56 v. 5.6.1946 ist vorhanden in: LAB, Rep. 37: OMGBS, FIN Br, 4/91-2/12. Das Schreiben der Finanzabteilung des Magistrats an das Finanzkomitee der AK v. 26.8.1946, betr. Abrechnung der 5. Berliner Stadtlotterie, ist vorhanden in: LAB(STA), Rep. 101, Nr. 637. – Vgl. zur 6. u. 7. Berliner Stadtlotterie das 60. Mag.prot. v. 5.6.1946, TOP 3.

14 LAB(STA), Rep. 100, Nr. 772, Bl. 37 u. 38; auch in: LAB(STA), Rep. 101, Nr. 644, Bl. 175.

15 Vgl. zum Dritten Nachtrag zur Vergnügungssteuerordnung der Stadt Berlin das 19. Mag.prot. v. 3.9.1945, TOP 6; VOBl., Jg. 1 (1945), S. 137 – 140.

16 Vgl. zur Rennbahn Karlshorst das 73. Mag.prot. v. 7.9.1946, TOP 3 (Haas u. Beschluß).

17 Mit Schreiben v. 15.6.1946 leitete Haas der AK den hier angenommenen Vierten Nachtrag zusammen mit einem vom Magistrat Ende Mai 1946 beschlossenen Fünften Nachtrag zur Vergnügungssteuerordnung der Stadt Berlin zur Genehmigung zu. Das Schreiben,

Es folgt die Vorlage Nr. 221[18], betreffend *Zusammensetzung des Verwaltungsrats der Berliner Stadtbank*.[19]
BESCHLUSS: Der Magistrat stimmt der Vorlage zu.

Dr. Haas macht Mitteilung von Plänen, die auf seiten der amerikanischen Besatzungsbehörden bestehen, *beschlagnahmte Wohnungseinrichtungen*, für die jetzt Miete gezahlt wird, durch Kauf zu erwerben. Es handelt sich um etwa 3 000 Wohnungseinrichtungen in Zehlendorf und mehrere tausend Wohnungseinrichtungen in den übrigen Bezirken des *amerikanischen Sektors*. Der Kauf dieser Einrichtungen würde auf Kosten der Stadt Berlin gehen und den Haushalt mit etwa 100 Millionen RM belasten. Auf der anderen Seite würden die Besitzer der Einrichtungen mit dem Kaufgeld heute nicht viel anfangen können, und die Folge würde wahrscheinlich sein, daß das Geld zum größten Teil auf den schwarzen Markt wandert. Auf alle diese Schwierigkeiten ist sofort hingewiesen worden. Es steht zu hoffen, daß die Amerikaner von ihrem Vorhaben wieder Abstand nehmen werden.[20]

Orlopp möchte wissen, wie die falsche Notiz in die Presse gekommen ist, daß der *Etat der Stadt Berlin* mit 50 Millionen [RM] Defizit abschließt.[21]

Dr. Haas erklärt, er habe der Presse keine Zahlen, abgesehen von dem Steueraufkommen, genannt. Das Defizit betrage in Wirklichkeit 400 Millionen, für die ein Deckungsplan vorgesehen ist.[22] Die Verhandlungen mit der Alliierten Kommandantur über den Abschluß des Haushalts haben noch nicht begonnen. Einen Hauptpunkt wird dabei das Verlangen des Magistrats auf Beteiligung an der Branntweinmonopolabgabe[23] bilden.

Von seiten der Engländer ist mitgeteilt worden, daß sie die Gesamtkosten für die *Technische Hochschule* aus der britischen Besatzungszone erstatten wollen.[24]

---

in dem die beschlossenen Erhöhungen der Vergnügungssteuersätze mit dem Hinweis auf den Fehlbetrag im städtischen Haushalt 1946 begründet wurden, ist vorhanden in: LAB(STA), Rep. 101, Nr. 69. Vgl. zum Fünften Nachtrag das 59. Mag.prot. v. 29.5.1946, TOP 3; zur Höhe der Vergnügungssteuersätze das 58. Mag.prot. v. 18.5.1946, TOP 5. Mit BK/O (46) 318 v. 31.7.1946 genehmigte die AK die beantragten Steuererhöhungen, die zusammengefaßt unter der Einheitsbezeichnung „Vierter Nachtrag zur Vergnügungssteuerordnung der Stadt Berlin" veröffentlicht wurden in: VOBl., Jg. 2 (1946), S. 313 – 315. Die BK/O (46) 318 ist vorhanden in: LAB(STA), Rep. 101, Nr. 69; LAB, Rep. 280, Nr. 12625.

18 LAB(STA), Rep. 100, Nr. 772, Bl. 36; auch in: LAB(STA), Rep. 101, Nr. 620, Bl. 1.

19 Zusätzlich zu den vom Magistrat bereits am 26.1.1946 benannten Mitgliedern des Verwaltungsrats der Berliner Stadtbank (Berliner Stadtkontor) sah die Mag.vorlage Nr. 221 v. 30.4.1946 die Berufung der folgenden „an der Sparkassenarbeit besonders interessierte[n] Bürger" vor: die Herren Dr. Wilhelm Thomas, Boche, Dr. Schnur und Heinrich Schüßler als Vertreter der privaten Wirtschaft, Herbert Überfeldt als Vertreter des FDGB und Erich Schwanebeck als Vertreter des Betriebsrats. Vgl. das 43. Mag.prot. v. 26.1.1946, TOP 5.

20 Die amerikanische Militärregierung erließ einen Befehl zum Kauf der beschlagnahmten Wohnungseinrichtungen; vgl. das 73. Mag.prot. v. 7.9.1946, TOP 3 (Haas).

21 Vgl.: Der Haushalt Berlins, in: Neue Zeit, 10.5.1946, S. 1 f.

22 Vgl. zum Haushaltsplan 1946 das 56. Mag.prot. v. 4.5.1946, TOP 4, u. das 65. Mag.prot. v. 13.7.1946, TOP 5.

23 Vgl. das 7. Mag.prot. v. 18.6.1945, TOP 8 (Noortwyck).

24 Die Technische Hochschule im Bezirk Charlottenburg war am 9.4.1946 als „Technische Universität" wiedereröffnet worden; vgl. hierzu Dok. 67, Anm. 35. Mit BK/O (46) 214 v.

Ebenso haben Verhandlungen begonnen wegen einer *Erstattung der Mittel* für die im amerikanischen Sektor gelegenen wissenschaftlichen Institute aus der Kasse der amerikanischen Besatzungszone.[25]

3. BERICHT ÜBER EINE TAGUNG IN OEYNHAUSEN

Jendretzky erstattet einen kurzen Bericht über seine Teilnahme an der Konferenz der Präsidenten der Landesarbeitsämter in der britischen Besatzungszone in Bad Oeynhausen[26].

An den Bericht schließt sich eine kurze Aussprache [an], die in Vergleiche zwischen der Wiederaufbauarbeit in anderen Orten und den Fortschritten in Berlin ausmündet.

Dr. Werner begrüßt den in der Sitzung erschienenen und für kurze Zeit verweilenden Vertreter der alliierten Besatzungsmächte, Major Lindsay[27].

4. SOZIALWESEN

Hierzu liegt die Vorlage Nr. 220[28] vor, betreffend Auflösung der *Stiftung Pestalozzi-Fröbel-Haus.*[29]

Geschke führt zur Begründung aus, die Vorlage knüpfe an einen Beschluß des Magistrats vom 22.10.45 an, durch den die Stiftung auf die Stadt übernommen wurde.[30] Eine Prüfung der Rechtslage hat ergeben, daß ein Magistratsbeschluß zur Übernahme der Stiftung nicht erforderlich ist. Die Auflösung der Stiftung erfolgt nach der Urkunde über die Errichtung des Pestalozzi-Fröbel-Hauses durch einen einfachen Beschluß des Vorsitzenden des Kuratoriums,[31] doch bedarf dieser Beschluß der Genehmigung des Magistrats. Diese Genehmigung wird mit der Vorlage nachgesucht.

Dr. Haas charakterisiert die frühere und jetzige Rechtsform des Pestalozzi-Fröbel-Hauses. Die Einrichtung war, ähnlich wie das Lette-Haus[32], bis 1943 ein Verein. Als Vereinsmitglieder so gut wie nicht mehr da waren, wurde die Einrichtung von

---

11.5.1946 hatte die AK angeordnet, daß diese Hochschule rückwirkend ab 1.4.1946 nicht mehr aus dem Haushalt der Stadt Berlin zu finanzieren war. Die BK/O ist vorhanden in: LAB(STA), Rep. 101, Nr. 64; LAB, Rep. 280, Nr. 12575. Vgl. auch TOP 5 in diesem Mag.prot.

25 Mit diesen Instituten dürften vor allem „Kaiser-Wilhelm-Institute" gemeint sein. Vgl. hierzu Dok. 77, Anm. 12; Berlin. Quellen und Dokumente, 1. Halbbd., S. 361 – 363.

26 Kurort im Weserbergland.

27 Vermutlich ein britischer Offizier.

28 LAB(STA), Rep. 100, Nr. 772, Bl. 35/35a.

29 Beim Pestalozzi-Fröbel-Haus handelte es sich um eine Einrichtung zur Ausbildung von Frauen für sozialpädagogische Berufe.

30 Vgl. das 27. Mag.prot. v. 22.10.1945, TOP 5.

31 Diese Urkunde v. 15.10./18.12.1943, die auch die Satzung der Stiftung umfaßt, ist als Abschrift vorhanden in: LAB(STA), Rep. 118, Nr. 138, Bl. 22 f.

32 Gemeint ist der Lette-Verein. Diese 1866 von Wilhelm Adolph Lette als „Verein für die Erwerbsfähigkeit des weiblichen Geschlechts" gegründete und nach seinem Tod in „Lette-Verein" umbenannte berufliche Ausbildungsstätte für Frauen war 1943 in eine Stiftung des öffentlichen Rechts umgewandelt worden.

städtischen und staatlichen Zuschüssen abhängig. Es wurde daher die Stiftungsform gewählt. Nach der auf dem Führerprinzip aufgebauten Satzung von 1943 genügt ein Beschluß des Vorsitzenden des Kuratoriums zur Auflösung. Es empfehle sich aber bei dieser Sachlage, vorsichtig zu sein und lieber die Genehmigung der Alliierten Kommandantur einzuholen.

Grüber bedauert, daß ein Institut wie das Pestalozzi-Fröbel-Haus, das eine große Pionierarbeit geleistet habe, durch diese Entwicklung von einer freien Einrichtung auf eine behördlich gelenkte städtische Einrichtung übergeht.

Dusiska gibt zu, daß die Wirkung einer freien Stiftung vielleicht größer ist als die einer städtischen Einrichtung, aber nachdem alle Unterlagen[33], die für die Stiftung ehemals maßgebend waren, weggefallen sind, muß eben die Stadt als Geldgeber einspringen.

Lange ist an sich dafür, bestehende Stiftungen als freie Einrichtungen nach Möglichkeit zu erhalten. Aber der Fall liegt hier anders insofern, als es sich um gar keine Stiftung mehr handelt, sondern eine gewissermaßen herrenlos gewordene Einrichtung, die ohne finanzielle Mitwirkung der Stadt längst konkursreif geworden wäre. Der Zustand, der heute formell herbeigeführt wird, entspricht nur der tatsächlichen Lage. Es wird jetzt eine klare Rechtslage geschaffen.

Winzer würde es für gut halten, wenn bei solchen Einrichtungen eine festere Führung durch die Stadt garantiert wird. In derartigen Instituten sind zum Teil noch Fürsorgerinnen tätig, die keine Gewähr für antifaschistische Erziehung bilden.
BESCHLUSS: Die Vorlage Nr. 220 wird angenommen.[34]

5. VOLKSBILDUNG
Hierzu liegt die Vorlage Nr. 224[35], betreffend Bewilligung von Mitteln für die *Technische Hochschule* zur *Beschaffung von Apparaten*, Maschinen usw., vor.

Winzer erinnert daran, daß die Vorlage schon einmal dem Magistrat vorgelegen hat, aber wegen Beanstandung der darin aufgeführten Preise einiger der zu beschaffenden Instrumente zurückgestellt wurde.[36] Die Vorlage ist daraufhin von der Preisstelle überprüft worden. Die Preise konnten nur für einige der aufgeführten Artikel, wie Tabellenschreibmaschinen, Reiseschreibmaschinen, reduziert werden. Bei den übrigen Artikeln ist die Preisherabsetzung eine Frage von Verhandlungen mit

---

33 Müßte wohl heißen: Grundlagen.
34 Eine Abschrift des hier gefaßten Mag.beschlusses ist vorhanden in: LAB(STA), Rep. 100, Nr. 772, Bl. 54 f.; vgl. hierzu auch: LAB(STA), Rep. 118, Nr. 138, Bl. 9. Am 17.6.1946 befahl das Sozialkomitee (Public Welfare Committee) der AK dem Magistrat, keine Veränderungen in der Verwaltung des Pestalozzi-Fröbel-Hauses vorzunehmen, bis die Genehmigung der AK hierzu vorliege. Siehe: LAB(STA), Rep. 118, Nr. 138, Bl. 27. Der zweite Nachkriegsmagistrat beschloß im April 1947, daß das Pestalozzi-Fröbel-Haus „im Hinblick auf seinen besonderen Charakter" Stiftung des öffentlichen Rechts bleiben sollte, traf aber gleichzeitig Maßnahmen „für die Wahrung eines ausschlaggebenden städtischen Einflusses". Vgl. hierzu das Prot. über die 20. (ordentliche) Mag.sitzung am 10.4.1947, TOP 2, in: LAB, Rep. 228, Mag.protokolle 1947. Mit BK/O (47) 167 v. 16.7.1947 genehmigte die AK diesen Mag.beschluß. Die BK/O wurde veröffentlicht in: Amtsblatt der Alliierten Kommandatura Berlin, Nr. 7 (Juli 1947), S. 9.
35 LAB(STA), Rep. 100, Nr. 772, Bl. 46 – 51.
36 Vgl. das 51. Mag.prot. v. 25.3.1946, TOP 3.

den Lieferfirmen. Die angeforderte Summe ist um 10 000 RM niedriger als die ursprünglich geforderte Summe.

Schwenk stellt die Frage, ob und wie die Vorlage in Einklang zu bringen sei mit der beabsichtigten Übernahme der Kosten der Technischen Hochschule durch die englische Besatzungszone.[37]

Dr. Haas erwidert, nach den Besprechungen über die Angelegenheit würden die jetzt aufgewandten Kosten mit unter die Summe fallen, die von der britischen Besatzungszone für die Technische Hochschule erstattet werden.

Maron ist der Meinung, daß es sich nach diesem Tatbestand eigentlich nur um einen Vorschuß für eine vorübergehende Zeit handele. In dem Antrag könnten zum mindesten die letzten Worte: „die in den Haushaltsplan einzusetzen sind" gestrichen werden.[38]

BESCHLUSS: Die Vorlage Nr. 224 wird mit Streichung der Worte „die in den Haushaltsplan einzustellen[39] sind" angenommen.

Es folgt die Vorlage Nr. 223[40], betreffend *Prüfungsordnung für Dolmetscher*, Übersetzer und Wirtschaftskorrespondenten.

Wildangel empfiehlt kurz die Vorlage mit dem Bemerken, daß die ursprüngliche Vorlage hinsichtlich der vom Magistrat beanstandeten Punkte umgearbeitet worden ist.[41]

Lange ist der Ansicht, daß das Ganze nicht als Prüfungsordnung bezeichnet werden kann, sondern als Verordnung herausgehen müsse, und zwar als: Verordnung über die Berechtigung zur Führung der Berufsbezeichnung „amtlich geprüfter Dolmetscher" usw. Demgemäß müßte § 1 lauten:

> Für Dolmetscher, Übersetzer und Wirtschaftskorrespondenten wird die Berechtigung zur Führung der Berufsbezeichnung „amtlich geprüft" von dem Bestehen einer Prüfung abhängig gemacht, deren Zweck es ist, festzustellen, ob der Bewerber diejenigen Kenntnisse in einer fremden Sprache besitzt, die zur haupt- oder nebenberuflichen Ausübung der Tätigkeit eines Dolmetschers, Übersetzers oder Wirtschaftskorrespondenten erforderlich sind.

Auch die Präambel wäre entsprechend dahin zu ändern, daß gesagt wird:

> Der Magistrat wolle beschließen, den nachstehenden Entwurf einer Verordnung über die Berechtigung zur Führung der Berufsbezeichnung „amtlich geprüft" für Dolmetscher, Übersetzer und Wirtschaftskorrespondenten der Alliierten Kommandantur zur Genehmigung vorzulegen.

Ferner empfehle es sich, die Überschriften bei den einzelnen Paragraphen zu streichen.

---

37 Vgl. TOP 2 (Haas) in diesem Mag.prot.

38 Der Beschlußtext der Mag.vorlage Nr. 224 v. 9.5.1946 hat den Wortlaut: „Der Technischen Hochschule in Berlin-Charlottenburg werden zur Beschaffung von Apparaten, Maschinen, Instrumenten und sonstigen Lehrmitteln RM 222 800,- bewilligt, die in den Haushaltsplan einzusetzen sind."

39 Müßte heißen: einzusetzen.

40 LAB(STA), Rep. 100, Nr. 772, Bl. 39–44; auch in: LAB(STA), Rep. 120, Nr. 1647, Bl. 39–44.

41 Vgl. das 55. Mag.prot. v. 29.4.1946, TOP 8.

BESCHLUSS: Die Vorlage wird mit den von Lange vorgeschlagenen Änderungen angenommen.[42]

Es folgt die Vorlage Nr. 226[43], betreffend *Rückgabe von Schulen und Schulräumen, die durch ortsfremde Einrichtungen belegt sind.*[44]

Wildangel führt hierzu aus, daß in den Berliner Schulgebäuden, abgesehen von den durch Krankenhäuser und Besatzungsbehörden benutzten Gebäuden, 703 Räume durch schulfremde Einrichtungen, wie Verwaltungsstellen der Bezirksämter, Bauämter, Sozialämter, Polizeidienststellen etc., belegt sind. In diesen 703 Räumen würden 30 000 Kinder unterrichtet werden können, für die jetzt und erst recht in der nächsten Zeit Unterrichtsräume fehlen. Zum Teil muß heute in den Schulen in mehreren Schichten unterrichtet werden. Diese Räume werden daher dringend gebraucht. Freiwillig ist die Rückgabe nicht zu erreichen; es ist daher ein Magistratsbeschluß notwendig.

Schwenk empfiehlt, die Angelegenheit zunächst vor die Bezirksbürgermeister zu bringen.

Geschke bittet, das Hauptwaisenhaus[45], das jetzt in einer Schule in der Greifswalder Straße untergebracht ist, einstweilen dort zu belassen, da andere Unterbringungsmöglichkeiten zur Zeit nicht gegeben sind. Dr. Redeker hat zwar in Neuglienicke[46] ein Objekt dafür angeboten, aber dort müssen erst bauliche Veränderungen vorgenommen werden.

Winzer ist der Ansicht, daß, bevor die Sache den Bezirksbürgermeistern vorgelegt wird, der Magistrat sich zum mindesten grundsätzlich dazu äußern sollte. Nur wenn die Autorität des Magistrats hinter dieser Forderung stehe, werde es möglich sein, die Bezirksämter dazu zu bringen, die in Anspruch genommenen Schulräume wieder freizugeben.

---

42 Die hiermit beschlossene VO über die Berechtigung zur Führung der Berufsbezeichnung „amtlich geprüft" für Dolmetscher, Übersetzer und Wirtschaftskorrespondenten ist mit dem Ausfertigungsdatum v. 20.5.1946 (ohne die von Lange vorgeschlagene Textänderung im § 1) vorhanden in: LAB(STA), Rep. 120, Nr. 32, Bl. 1 – 6. Das Education Committee der AK genehmigte die VO am 1.7.1946 und bestätigte die Genehmigung am 31.10.1946; vgl. die Protokolle des Education Committee der AK v. 1.7.1946, TOP 6, u. 31.10.1946, TOP 10, in: LAB, Rep. 37: OMGBS, ECR, 4/16-1/12 u. 4/16-1/15. Das entsprechende Genehmigungsschreiben des Komitees an den Magistrat v. 31.10.1946 ist als Abschrift vorhanden in: LAB(STA), Rep. 120, Nr. 1647, Bl. 9. Die VO wurde veröffentlicht in: VOBl., Jg. 2 (1946), S. 464 – 466. Weitere Materialien zum Dolmetscher- und Übersetzerwesen sind vorhanden in: LAB(STA), Rep. 120, Nr. 1647. Vgl. auch: Dolmetscherklasse besucht Militärgerichte, in: Telegraf, 9.7.1946, S. 8.
43 LAB(STA), Rep. 100, Nr. 772, Bl. 45 u. 53.
44 Vgl. das 23. Mag.prot. v. 24.9.1945, TOP 9, u. das 56. Mag.prot. v. 4.5.1946, TOP 5.
45 Vgl. hierzu Dok. 21, Anm. 41; die Materialien in: LAB(STA), Rep. 118, Nr. 342; Not und Hilfe der Kinder, in: Neue Zeit, 18.8.1946, S. 2; Besuch in der Magistrats-Kinderstube, in: Berliner Zeitung, 7.9.1946, [S. 6]; Berlin braucht wieder ein Waisenhaus, in: Neue Zeit, 20.11.1946, S. 7.
46 Eine historische Siedlung im Stadtteil Alt-Glienicke, Bezirk Treptow. Da die Bezeichnung „Neuglienicke" amtlicherseits seit Ende des 19. Jahrhunderts nicht mehr verwendet worden ist, kann hier auch die Schloß- und Parkanlage Kleinglienicke im Südwesten des Bezirks Zehlendorf gemeint sein.

Maron würde es für besser halten, zunächst eine Liste derjenigen Schulen aufzustellen, die nach Meinung des Schulamts geräumt werden müssen, und erst dann einen entsprechenden Beschluß des Magistrats herbeizuführen. Im andern Fall würde man vielleicht hier und da mit der Forderung zu weit gehen und hinterher erleben, daß es nicht möglich ist, die Schulgebäude zu räumen.

Pieck tritt für die Vorlage ein. Nur wenn ein Beschluß des Magistrats dahintersteht, würden die Bezirksverwaltungen sich bemühen, die Schulräume frei zu machen. Da, wo wirklich große Schwierigkeiten bestehen, Ersatzräume zu gewinnen, könnten ja Ausnahmebewilligungen nachgesucht werden.

Wildangel befürchtet von der Vorlegung einer Liste über die einzelnen Räume Rangordnungsstreitigkeiten und langwierige Verhandlungen. Man komme nur zum Ziel, wenn ein energischer Druck auf die Bezirksbürgermeister ausgeübt werde.

Maron rät noch einmal davon ab, die Bezirksbürgermeister zu übergehen. Man sollte die Vorlage noch eine Woche zurückstellen, damit am nächsten Donnerstag die Bezirksbürgermeister-Konferenz damit befaßt werden kann.[47]

BESCHLUSS: Die Vorlage Nr. 226 wird gemäß diesem Vorschlag zurückge-
          stellt.[48]

Es folgt die Vorlage Nr. 225[49], betreffend *Instandsetzungsarbeiten im Schloß Charlottenburg.*[50]

Winzer motiviert das Einbringen der Vorlage mit dem von englischer Seite stammenden Wunsche, im Schloß Charlottenburg ein Museum einzurichten. Inzwischen seien ihm jedoch hinsichtlich der Zweckmäßigkeit der Umbauten Bedenken gekommen, nachdem er gesehen habe, wieviel Mittel und Material bei den Wiederherstellungsarbeiten des *Weißen Saales im Berliner Schloß* aufgewandt werden[51], die zu nutzbringenderen Zwecken hätten verwandt werden können. Er empfehle deshalb, daß die Abt[eilung] für Bau- und Wohnungswesen zunächst eine Prüfung vornehme, ob die in Aussicht genommenen Arbeiten im Schloß Charlottenburg auch wirklich Sinn und Zweck haben.

Schwenk bittet, hinsichtlich des Weißen Saales eine Aufstellung darüber zu geben, was bereits an Instandsetzungsarbeiten aufgewandt ist und was noch an weiteren Arbeiten und Kosten zu erwarten steht.

BESCHLUSS: Die Vorlage Nr. 225 wird zurückgezogen.
          Der mündlich gestellte Antrag, die Abt[eilung] für Bau- und
          Wohnungswesen möge bis zur nächsten Sitzung eine Aufstellung
          der Kosten vorlegen, die bisher für den Umbau des Weißen Saales
          im Berliner Schloß aufgewandt sind, wird angenommen.[52]

---

47 Vgl. das Prot. der Konferenz der Bezirksbürgermeister am 16.5.1946, TOP 2, in: LAB, Rep. 280, Nr. 3857.

48 Vgl. zur Annahme der Mag.vorlage Nr. 226 v. 6.5.1946 das 58. Mag.prot. v. 18.5.1946, TOP 3.

49 LAB(STA), Rep. 100, Nr. 772, Bl. 52.

50 Die Mag.vorlage Nr. 225 v. 10.5.1946 sah die Bewilligung von 72 000 RM zur Durchführung von Instandsetzungsarbeiten vor, durch welche die historischen Räume des Schlosses Charlottenburg vor Witterungseinflüssen geschützt werden sollten.

51 Vgl. das 24. Mag.prot. v. 1.10.1945, TOP 3.

52 Vgl. hierzu das 58. Mag.prot. v. 18.5.1946, TOP 4, u. das 59. Mag.prot. v. 29.5.1946, TOP 5.

6. HANDEL UND HANDWERK

Hierzu liegt die Vorlage Nr. 218[53], betreffend Verordnung über das *Verbot der Errichtung von Gewerbebetrieben*, vor.[54]

Orlopp führt aus, es handele sich darum, dem Beschluß des Magistrats vom 30. Juni 1945 Rechtskraft zu geben,[55] der dahin geht, bis auf weiteres die Erlaubnis zur Errichtung von Gewerbebetrieben nicht mehr zu erteilen, weil die notwendigen Rohstoffe usw. für neue Gewerbebetriebe nicht zur Verfügung stehen. Einzelne von diesem Verbot Betroffene haben sich an das Verwaltungsgericht gewandt, und das Verwaltungsgericht hat in mehreren Fällen den Klägern Recht gegeben mit der Begründung, der damalige Beschluß sei keine Verordnung im Sinne einer Magistratsverordnung gewesen; die Verordnung sei nur von der Abt[eilung] Handel und Handwerk unterzeichnet und habe deswegen nicht die erforderliche Rechtskraft. Um nun für die Zukunft diese Rechtskraft zu schaffen, ist es notwendig, erneut einen Beschluß des Magistrats über dieses Verbot zu fassen.

Zu dem Inhalt der Vorlage ist von einigen Seiten der Wunsch ausgesprochen worden, in § 1 eine kleine Einschränkung zu machen und zu sagen: „Selbständige Gewerbebetriebe dürfen *bis auf weiteres* innerhalb des Stadtbezirks von Berlin nicht errichtet werden." Mit dieser Änderung kann man ohne weiteres einverstanden sein.

Dusiska würde es für zweckmäßig halten, einen Rechtszug der Beschwerde einzulegen und den Betroffenen ein Einspruchsrecht zu gewähren.

Der Redner schlägt eine entsprechende Formulierung für § 3 vor.

Dr. Haas schlägt vor, bei einem neuen Beschluß über die Verordnung diese gleich den heutigen Zeitumständen entsprechend umzugestalten und dabei auch die Bestimmungen des Denazifizierungsgesetzes[56] zu berücksichtigen.

Orlopp hält es nach den verschiedenen Einwendungen für richtiger, die Verordnung noch nicht zu verabschieden, sondern zunächst in einem kleinen Ausschuß noch einmal durchzuberaten.

BESCHLUSS: Die Vorlage Nr. 218 wird einer Kommission, bestehend aus den Herren Orlopp, Dusiska, Dr. Haas und Lange, überwiesen.[57]

7. ALLGEMEINES

Orlopp gibt aus Anlaß eines in einer Berliner Zeitung erschienenen Aufsatzes: „Freier Markt – der Magistrat hat das Wort"[58] eine aktenmäßige Darstellung über

---

53 LAB(STA), Rep. 100, Nr. 772, Bl. 33; auch in: LAB(STA), Rep. 106, Nr. 139.

54 Vgl. zur VO über die Erteilung und Versagung der Gewerbeerlaubnis das 56. Mag.prot. v. 4.5.1946, TOP 6, u. das 58. Mag.prot. v. 18.5.1946, TOP 7.

55 Gemeint ist hier offenbar die Anordnung der Mag.abt. für Handel und Handwerk v. 16.7./23.7.1945, betr. „Warenhäuser, Filialgeschäfte, Konsumgenossenschaften und Großhandelsfirmen". Vgl. das 12. Mag.prot. v. 23.7.1945, TOP 7; VOBl., Jg. 1 (1945), S. 51 f.

56 Gemeint ist vermutlich die BK/O (46) 101a v. 26.2.1946; vgl. hierzu das 50. Mag.prot. v. 16.3.1946, TOP 2 (Schmidt).

57 Die Mag.vorlage Nr. 218 v. 30.4.1946 ist in den folgenden Mag.sitzungen nicht wieder behandelt worden.

58 Gemeint ist der Artikel: „Freier Markt" ohne Frischgemüse. Mißerfolg in Pankow/Der Magistrat hat das Wort, in: Neues Deutschland, 12.5.1946, S. 4.

die Bemühungen, *freie Märkte* für den Verkauf von bäuerlichen Erzeugnissen *in Berlin* zu errichten.[59] Wenn jetzt auf den befehlsgemäß eröffneten freien Märkten in Pankow[60] und Köpenick keine Bauern aus der Umgegend mit ihren Produkten erschienen seien, so habe das seinen Grund darin, daß zur Zeit die Pflichtlieferungen noch nicht abgeführt und die Bauern noch mitten in der Bestellungsarbeit begriffen sind. Auch die Transportschwierigkeiten spielen eine große Rolle. Von seiten der öffentlichen Hand und von seiten der Bezirksämter sei dagegen alles Erforderliche getan worden.

Dem Magistrat könne in dieser Angelegenheit keinerlei Vorwurf gemacht werden.

Jirak kommt auf die in der Sitzung vom 17. April[61] zurückgestellte Magistratsvorlage Nr. 183[62], betreffend die Mitglieder des *Beirats* des Eigenbetriebes *Berliner Wasserwerke*[63], zurück und teilt mit, daß von seiten des FDGB vorgeschlagen worden ist, Herrn Fritz Kamin in den Beirat zu entsenden[64], so daß dieser sich nunmehr aus folgenden Mitgliedern zusammensetzt:

1. Herrn erstem stellvertretenden Oberbürgermeister Maron,
2. Herrn drittem stellvertretenden Oberbürgermeister Schwenk,
3. Herrn Stadtrat Jirak, als Vorsitzendem des Beirats,
4. Herrn Stadtkämmerer Dr. Haas – als stellvertretendem Vorsitzenden des Beirats –,
5. Herrn Kamin vom Freien Deutschen Gewerkschaftsbund.

BESCHLUSS: Der Magistrat erklärt sein Einverständnis mit der Benennung dieser Beiratsmitglieder.[65]

Dusiska macht Mitteilung über eine Anzahl von zugestandenen *Rohstoffkontingenten* in verschiedenen *Metallen* aus der sowjetischen Zone für den sowjetischen Sektor

---

59 Mit seinem Befehl Nr. 122 v. 30.10.1945 hatte der Oberste Chef der Sowjetischen Militäradministration befohlen, in den Städten und Ortschaften der sowjetischen Besatzungszone und im sowjetischen Sektor Berlins Märkte einzurichten für den freien Verkauf der den Bauern nach ihren Pflichtablieferungen verbleibenden Lebensmittelüberschüsse. Der Befehl ist vorhanden in: LAB(STA), Rep. 101, Nr. 5, Bl. 93 f. u. 106 f., u. LAB, Rep. 280, Nr. 4684; abgedruckt in: Berlin. Quellen und Dokumente, 1. Halbbd., S. 286 f. Vgl. hierzu auch das 29. Mag.prot. v. 5.11.1946, TOP 2 (Orlopp); das Prot. der Konferenz der Bezirksbürgermeister am 24.1.1946, TOP 2, in: LAB, Rep. 280, Nr. 3846. Mit BK/O (46) 113 v. 6.3.1946 hatte die AK dann in Übereinstimmung mit dem Befehl Nr. 122 die Eröffnung freier Lebensmittelmärkte für alle Sektoren Berlins angeordnet. Die BK/O ist vorhanden in: LAB, Rep. 280, Nr. 4803; abgedruckt in: Berlin. Quellen und Dokumente, 1. Halbbd., S. 289 f.

60 Vgl.: Heute „Freier Markt" in Pankow, in: Berliner Zeitung, 11.5.1946, [S. 2].

61 Vgl. das 54. Mag.prot. v. 17.4.1946, TOP 5.

62 LAB(STA), Rep. 100, Nr. 770, Bl. 39 u. 40; auch in: LAB(STA), Rep. 101, Nr. 665.

63 Vgl. den Bericht von Bruno Ziethen v. 23.4.1946 über die Geschichte der Berliner Wasserwerke, in: LAB(STA), Rep. 115, Nr. 91, Bl. 35 – 39.

64 Nach der Mag.vorlage Nr. 183 v. 8.4.1946 sollte ursprünglich nicht Fritz Kamin (KPD/SED), sondern der Vorsitzende des Gesamtbetriebsrats der städtischen Betriebe und Verwaltungen, Erich Schwanebeck, als Vertreter des FDGB in den Beirat der Berliner Wasserwerke entsandt werden.

65 Vgl. zu dem hier gefaßten Mag.beschluß: LAB(STA), Rep. 115, Nr. 64, Bl. 10 – 12.

in Berlin.[66] Es wird der Geschicklichkeit des Handels und der Berliner Industrie bedürfen, diese Rohstoffe auch wirklich nach Berlin hereinzubringen.

Der Redner wendet sich sodann gegen ein Rundschreiben der Abt[eilung] für Personalfragen und Verwaltung, in dem gefordert werde, daß bei *statistischen Erhebungen* immer erst die Zustimmung des Statistischen Zentralamts[67] eingeholt werde.[68] Dies lasse sich gar nicht durchführen. Die Erhebungen erfolgten meist auf Befehl der Alliierten mit sehr kurzen Fristen, wobei es unmöglich sei, erst umständlich mit dem Statistischen Zentralamt darüber zu verhandeln. In derselben Lage befänden sich auch die Abt[eilung] Handel und Handwerk wie die Abt[eilung] für Gesundheitswesen. Der Redner bittet, sich vor dem Erlaß solcher Verfügungen erst mit den in Frage kommenden Abteilungen in Verbindung zu setzen.

Orlopp vertritt in bezug auf die statistischen Erhebungen den gleichen Standpunkt und weist wegen der angekündigten *Anlieferungen von Rohmaterialien* auf die Schwierigkeiten hin, diese Mengen nicht über ganz Berlin streuen zu können, sondern nur über den betreffenden Sektor.

Über Anlieferungen aus der sowjetischen Zone sind bisher drei Befehle ergangen.[69] Der erste konnte bis zu 50 % erfüllt werden, d[as] h[eißt] die Hälfte der Waren konnte hereingeholt werden. Der zweite Befehl ist bis zu 70 % erfüllt worden. Der dritte Befehl, der noch läuft, sieht u[nter] a[nderem] eine Million Meter Tuch vor. Bisher sind 300 000 m, d[as] h[eißt] ungefähr 30 %, hereingeholt worden. Das Hereinholen macht außerordentliche Schwierigkeiten. Es sind ständig einige Leute unterwegs, die versuchen, die Waren nach Sammelstellen zusammenzubringen.[70]

In den letzten Wochen sind auch Verhandlungen wegen Anlieferung von Waren aus der englischen Besatzungszone angebahnt worden. Dabei hat sich leider auch die Tendenz herausgestellt, nur den eigenen Sektor zu beliefern. Die Bemühungen, eine Gesamtversorgung von Berlin zu erreichen, werden fortgesetzt.

Dr. Redeker geht auch auf das Rundschreiben wegen der Statistik ein. Auf dem Gebiet des Medizinalwesens werden fast täglich eilige Statistiken angefordert. Dabei ist es unmöglich, sich jedesmal erst an das zentrale Statistische Amt der Stadt Berlin zu wenden.

---

66 Vgl.: Rohstoffe für Berlin! Sowjetische Militärverwaltung hilft die akute Rohstoffnot überwinden, in: Berliner Zeitung, 16.5.1946, [S. 1]; Berliner Wirtschaft braucht Rohstoffe. ND-Interview mit dem stellvertretenden Leiter der Abteilung Wirtschaft des Berliner Magistrats, in: Neues Deutschland, 18.5.1946, S. 4.

67 Gemeint ist das Statistische Amt der Stadt Berlin.

68 Das Rundschreiben der Mag.abt. für Personalfragen und Verwaltung v. 3.5.1946, betr. statistische Erhebungen, ist vorhanden in: LAB(STA), Rep. 102, Nr. 62.

69 Gemeint sind die auch als Shukow-Pläne bezeichneten Befehle des Obersten Chefs der Sowjetischen Militäradministration Nr. 55 v. 8.9.1945, Nr. 121 v. 30.10.1945 u. Nr. 1 v. 2.1.1946. Diese Befehle stellten Pläne zur Versorgung der sowjetischen Besatzungszone (einschließlich des sowjetischen Sektors von Berlin) mit Lebensmitteln und Industriewaren für September/Oktober 1945, November/Dezember 1945 und das erste Quartal 1946 dar. Sie sind vorhanden in: LAB(STA), Rep. 101, Nr. 3, Bl. 13–23 u. 56, u. Nr. 5, Bl. 49–58 u. 60–67, u. Nr. 7, Bl. 5–11 u. 19–24. Vgl. hierzu Dok. 48, Anm. 53 u. 55; Dok. 67, Anm. 12.

70 Vgl. zum Problem des Rohstoffmangels auch das 56. Mag.prot. v. 4.5.1946, TOP 7, u. das 70. Mag.prot. v. 17.8.1946, TOP 5.

Pieck schildert, wie es zu dem Rundschreiben gekommen ist. Es hat sich ergeben, daß außerordentlich viel Drucksachen für Statistiken angefordert werden, und zwar auch von untergeordneten Dienststellen, die selbständig Erhebungen durchführen. Dabei kommt das statistische Material nur unzulänglich zusammen, wird teilweise der Presse übergeben und erweckt dort falsche Bilder. Auf der anderen Seite fällt dieses Material von kleineren Dienststellen für die Auswertung im Gesamtrahmen aus.

Um nun etwas Ordnung in dieses ganze Gebiet der Statistik zu bringen, ist in dem Rundschreiben eine Fühlungnahme mit dem Statistischen Amt der Stadt Berlin verlangt worden. Damit sollte nicht gesagt werden, daß das Statistische Amt selbst eine Statistik durchführen will. Das Rundschreiben mag nach der Richtung ungeschickt abgefaßt sein, und es wird einer entsprechenden Revision unterzogen werden.[71] Aber festgehalten werden muß an der Forderung, daß das Statistische Amt der Stadt Berlin von allen statistischen Erhebungen, die die einzelnen Abteilungen und Dienststellen machen, informiert wird und daß die statistischen Dienststellen der einzelnen Abteilungen in ständiger Fühlungnahme mit dem Statistischen Amt bleiben, damit auch das Material, das dort anfällt, zentral ausgenutzt werden kann.

---

71 Ein entsprechend revidiertes Rundschreiben konnte nicht ermittelt werden.

Dok. 85
58. Magistratssitzung vom 18. Mai 1946

LAB(STA), Rep. 100, Nr. 773, Bl. 2a – 2 f. – Umdruck.[1]

Beginn: 9.15 Uhr   Schluß: 12.55 Uhr

Anwesend: Maron, Orlopp, Schwenk, Schulze, Winzer, Wildangel, Scharoun,
             Buchholz, Grüber, Geschke, Lange, Pieck, Schmidt, Dr. Haas, Kehler,
             Kraft, Dr. Redeker, Dr. Düring, Fleischmann, Henneberg, Hauth,
             Schwanebeck, Dr. Goll. – Vorübergehend Dr. Werner.

Den Vorsitz führt: Bürgermeister Maron.

Tagesordnung: 1. Protokoll
                2. Personalfragen
                3. Volksbildung
                4. Bau- und Wohnungswesen
                5. Finanzwesen
                6. Verkehr
                7. Handel und Handwerk
                8. Allgemeines.

Vor Eintritt in die Tagesordnung macht *Pieck* Mitteilung von einem Schreiben[2]
des FDGB, in dem gebeten wird, daß der Vorsitzende des Hauptbetriebsrats der
Arbeiter und Angestellten der Stadt Berlin, Herr *Schwanebeck*[3], *an den Sitzungen*
des Magistrats ohne Stimmrecht teilnehmen und zu allen Fragen, die das Interesse
der Arbeiter und Angestellten berühren, das Wort ergreifen kann. – Gegen diesen
Wunsch erhebt sich kein Widerspruch.
BESCHLUSS: Der Magistrat erteilt seine Zustimmung dazu, daß der Vorsitzende
             des Hauptbetriebsrats, Herr Schwanebeck, an den Sitzungen des
             Magistrats ohne Stimmrecht teilnimmt.

1. PROTOKOLL
Die Niederschrift der Magistratssitzung vom 13.5.46 wird ohne Beanstandung
genehmigt.

---

1 Weitere Umdruckexemplare dieses Protokolls sind vorhanden in: LAB(STA), Rep. 100,
  Nr. 752, lfd. S. 227 – 239; LAB, Rep. 228, Mag.protokolle 1946, u. Rep. 280, Nr. 8501/17.
2 Dieses Schreiben konnte nicht ermittelt werden. Vgl. hierzu: LAB(STA), Rep. 102,
  Nr. 29, Bl. 104.
3 Erich Schwanebeck (SED), stellvertretender Personalleiter in der Mag.abt. für Städtische Energie- und Versorgungsbetriebe und Vorsitzender des Gesamtbetriebsrats der
  städtischen Betriebe und Verwaltungen. Vgl.: Wir stellen vor: Erich Schwanebeck, in:
  Vorwärts, 5.10.1946, S. 7.

2. PERSONALFRAGEN

Hierzu liegt die Vorlage Nr. 237[4] vor, betreffend *Vorschläge für die Besetzung* der Stelle des Stadtrats für Finanzwesen *(Stadtkämmerer)*.

Pieck führt zur Begründung aus, daß seit dem Ausscheiden von Dr. Siebert[5] die Stelle des Leiters der Abt[eilung] für Finanzwesen noch nicht besetzt worden ist und daß nunmehr die Alliierte Kommandantur den Magistrat aufgefordert hat, eine Reihe von Vorschlägen für die Besetzung dieses Postens einzureichen[6]. Demgemäß werden in der Vorlage drei Herren vorgeschlagen. An erster Stelle ist Dr. Harald *Heuer* genannt. Dieser war schon früher im Finanzwesen der Stadt Berlin tätig, eine Reihe von Jahren auch als Stadtkämmerer in Magdeburg.[7] Er besitzt somit die nötigen Voraussetzungen für die Ausübung dieser Funktion. Die weiteren Vorschläge betreffen die gegenwärtigen stellvertretenden Leiter der Finanzabteilung, Dr. Friedrich *Haas* und Willi *Rumpf*.[8]

BESCHLUSS: Die Vorlage Nr. 237 wird einstimmig angenommen.[9]

3. VOLKSBILDUNG

Maron macht hierzu zunächst die Mitteilung, daß die Vorlage Nr. 226[10], betreffend *Rückgabe von Schulen und Schulräumen*, die durch schulfremde Einrichtungen belegt sind,[11] in der Zwischenzeit der Bürgermeister-Konferenz vorgelegen und dort keinerlei Einwendungen erfahren hat,[12] so daß der Magistrat heute abschließend dazu Stellung nehmen kann.

BESCHLUSS: Die Vorlage Nr. 226 wird einstimmig angenommen.[13]

---

4 LAB(STA), Rep. 100, Nr. 773, Bl. 24; auch in: LAB, Rep. 80, Acc. 4594, Nr. 750.

5 Vgl. hierzu das 50. Mag.prot. v. 16.3.1946, TOP 2.

6 Mit BK/O (46) 215 v. 13.5.1946 hatte die AK dem Magistrat befohlen, ihr „einige qualifizierte Personen" für den durch Sieberts Rücktritt frei gewordenen Posten des Stadtkämmerers vorzuschlagen. Die BK/O ist vorhanden in: LAB(STA), Rep. 101, Nr. 64; LAB, Rep. 280, Nr. 12576.

7 Dr. Harald Heuer (SPD, seit 1946: SED), Leiter der Finanzabteilung der Deutschen Zentralverwaltung des Verkehrs in der sowjetischen Besatzungszone, war von 1931 bis 1933 als Stadtrat in Berlin und Magdeburg tätig gewesen.

8 Rumpf und Haas hatten seit dem 8.10.1945 bzw. 17.12.1945 die Position von stellvertretenden Leitern der Finanzabteilung inne. Vgl. hierzu das 25. Mag.prot. v. 8.10.1945, TOP 2, u. das 37. Mag.prot. v. 17.12.1945, TOP 2, u. das 50. Mag.prot. v. 16.3.1946, TOP 2.

9 Der hier gefaßte Mag.beschluß ist mit dem Ausfertigungsdatum v. 23.5.1946 vorhanden in: LAB(STA), Rep. 101, Nr. 636. Mit BK/O (46) 386 v. 30.9.1946 ordnete die AK an, Dr. Harald Heuer „unverzüglich zum Stadtkämmerer (Stadtrat für Finanzwesen) zu ernennen". Die BK/O ist vorhanden in: LAB(STA), Rep. 101, Nr. 73; LAB, Rep. 280, Nr. 12660. Der Amtsantritt Heuers kam aber bis zum Ende des ersten Nachkriegsmagistrats nicht mehr zustande; vgl. hierzu das 79. Mag.prot. v. 12.10.1946, TOP 2, u. das 80. Mag.prot. v. 22.10.1946, TOP 2.

10 LAB(STA), Rep. 100, Nr. 772, Bl. 45 u. 53.

11 Vgl. zur erstmaligen Beratung der Mag.vorlage Nr. 226 v. 6.5.1946 das 57. Mag.prot. v. 13.5.1946, TOP 5.

12 Vgl. das Prot. der Konferenz der Bezirksbürgermeister am 16.5.1946, TOP 2, in: LAB, Rep. 280, Nr. 3857.

13 Der hier gefaßte Mag.beschluß ist mit dem Ausfertigungsdatum v. 24.5.1946 vorhanden in: LAB(STA), Rep. 100, Nr. 773, Bl. 25. Er wurde von der AK mit BK/O (46) 314 v.

Die Vorlage Nr. 234[14], betreffend „Kunstschule des Nordens", wird, da sie nicht rechtzeitig eingegangen ist, zurückgestellt.[15]

Es folgt die Vorlage Nr. 233[16], betreffend *Maßnahmen bezüglich* der nationalsozialistischen und militaristischen sowie der historisch wertvollen *Denkmäler der Stadt Berlin.*

Winzer erinnert an die mehrmaligen Erörterungen dieser Angelegenheit im Magistrat,[17] auf Grund deren die Abt[eilung] für Volksbildung in Zusammenarbeit mit der

---

31.7.1946 bestätigt. Die BK/O ist vorhanden in: LAB(STA), Rep. 101, Nr. 69; Rep. 280, Nr. 13677. Vgl. zur Rückgabe zweckentfremdeter Schulen und Schulräume an die Schulverwaltung auch das 23. Mag.prot. v. 24.9.1945, TOP 9, u. das 56. Mag.prot. v. 4.5.1946, TOP 5, u. das 84. Mag.prot. v. 16.11.1946, TOP 5; ferner die Materialien in: LAB(STA), Rep. 118, Nr. 130, u. Rep. 120, Nr. 3.

14 LAB(STA), Rep. 100, Nr. 773, Bl. 12 – 19.

15 Nach dem Beschlußtext der undatierten Mag.vorlage Nr. 234 sollte die Genehmigung der AK dafür eingeholt werden, daß die „Kunstschule des Nordens" im Bezirk Weißensee „als Kunstschule anerkannt und durch einen Zuschuß von 80 000 RM jährlich unterstützt wird". In der Begründung der Mag.vorlage heißt es unter anderem, daß die Hochschule für Bildende Künste im westlichen Berlin nicht genüge, „um alle begabten Nachwuchskräfte zu erfassen und auszubilden. Während die Hochschule der Bildenden Künste die frühere Tradition einer hochqualifizierten Kunsthochschule unter Zusammenfassung der besten Berliner Künstler wieder zu erneuern bestrebt ist, will die Weißenseer Kunstschule versuchen, aus dem großen Menschenreservoir der nördlichen und östlichen Vororte Berlins, vor allem aus dem unverbildeten Arbeiterstand, die wirklich Befähigten nach strengster Auslese dem Künstlerberuf zuzuführen."
Die „Kunstschule des Nordens", seit dem Frühsommer 1946 als „Hochschule für angewandte Kunst" bezeichnet, hatte ihre Arbeit bereits aufgenommen. Im Mai 1946 ging die verwaltungsmäßige Zuständigkeit für diese Schule vom Magistrat auf die Deutsche Zentralverwaltung für Volksbildung in der sowjetischen Besatzungszone über. Die offizielle Genehmigung für den Schulbetrieb erfolgte erst durch einen Befehl der Abteilung für Volksbildung der SMAD v. 24.4.1947, und die offizielle Eröffnung der Hochschule fand daraufhin am 14.6.1947 statt. Vgl. hierzu: Kunstschule in Weißensee, in: Berliner Zeitung, 9.1.1946, [S. 2]; Kunstschule des Nordens, in: Nacht-Express, 1.3.1946, [S. 5]; Kunstschule des Nordens, in: Tägliche Rundschau, 5.3.1946, S. 3; Kunst aus dem Geiste des Handwerks. Blick in die „Hochschule für angewandte Kunst", in: Tägliche Rundschau, 10.7.1946, S. 3; Ausbau der „Kunstschule des Nordens", in: Tägliche Rundschau, 21.8.1946, S. 3; Berlins erste Staatliche Hochschule für angewandte Kunst, in: Der Morgen, 24.8.1946, S. 2; Drei Kapitel Weißensee. Dokumente zur Geschichte der Kunsthochschule Berlin-Weißensee 1946 bis 1957. Hrsg. u. kommentiert von Hiltrud Ebert, Berlin 1996, S. 12 – 17 u. 29 – 54; Hiltrud Ebert: Von der „Kunstschule des Nordens" zur sozialistischen Hochschule. Das erste Jahrzehnt der Kunsthochschule Berlin-Weißensee, in: Kunstdokumentation SBZ/DDR 1945 – 1990. Aufsätze · Berichte · Materialien, hrsg. von Günter Feist, Eckhart Gillen u. Beatrice Vierneisel, Köln 1996, S. 160 – 190.
Die Mag.vorlage Nr. 234 ist in den folgenden Mag.sitzungen nicht wieder zur Sprache gekommcn.

16 Vgl. Dok. 81.

17 Vgl. das 28. Mag.prot. v. 30.10.1945, TOP 7, u. das 29. Mag.prot. v. 5.11.1945, TOP 7, u. das 46. Mag.prot. v. 16.2.1946, TOP 12, u. das 47. Mag.prot. v. 23.2.1946, TOP 5, u. das 49. Mag.prot. v. 9.3.1946, TOP 7, sowie Dok. 73; ferner: Berliner aus Stein und Erz, in: Neue Zeit, 24.3.1946, S. 5.

Abt[eilung] für Bau- und Wohnungswesen durch eine Kommission[18] den vorliegenden Vorschlag ausgearbeitet hat. Man hat die Denkmäler in drei Gruppen eingeteilt: solche, die abzutragen und zu vernichten sind, solche, die abzutragen und in Museen zu magazinieren sind, und solche, die stehen bleiben können. Die Richtlinie bei der Auswahl war, Berlin von allen nazistischen und allen militaristischen Denkmälern [zu befreien], gleichzeitig aber die künstlerisch wertvollen Denkmäler zu erhalten, um nicht eine blinde Bilderstürmerei zu betreiben.

Der Redner bemerkt, daß die drei Listen, die der Vorlage beigefügt sind, keinen Anspruch auf Vollständigkeit erheben, weshalb ausdrücklich gesagt ist, daß die Bezirksämter prüfen sollen, ob noch weitere Denkmäler in eine der Listen aufzunehmen wären. In der Kommission gab es eine Diskussion über die Frage, ob bei Kriegerdenkmälern auch die Erinnerungstafeln an Gefallene entfernt werden sollen. Man ist übereingekommen, die Tafeln, die einen ausgesprochen nazistischen oder militaristischen Text enthalten, zu beseitigen.

Scharoun erklärt, daß nach überschlägigen Feststellungen seiner Abteilung die Entfernung der bezeichneten Denkmäler eine Arbeit von etwa 90 000 Tagewerken, d[as] h[eißt] die Beschäftigung von 300 Arbeitskräften in einem Jahre, erfordern und einen Kostenaufwand von etwa 2,3 Millionen RM verursachen würde. Dabei ist an die Aufstellung großer Gerüste und die Verwendung von Spezialmaschinen gedacht. Bei Sprengungen würde sich der Aufwand etwas verringern. Für die Siegessäule z[um] B[eispiel] ist von vornherein eine Sprengung vorgesehen.[19] Die in der Vorlage genannte Frist bis zum 15. Juli wird sich angesichts dieses Umfangs der Arbeiten nicht einhalten lassen.

Der Redner hat in bezug auf die Verteilung der Denkmäler auf die verschiedenen Listen nichts zu bemerken, möchte nur empfehlen, von dem Denkmal Friedrichs des Großen[20] Unter den Linden den Sockel mit den unteren Pferdegruppen stehen zu lassen, da diese Gruppen ein beliebtes Anschauungsmaterial städtebaulicher Natur darstellen.

Grüber bittet, auch das Kriegerdenkmal in Kaulsdorf mit der Inschrift „unbesiegt!" in die Liste I aufzunehmen.

---

18 Es konnten weder Sitzungsprotokolle noch die personelle Zusammensetzung dieser Kommission ermittelt werden. Vgl. aber Dok. 81, Anm. 2.

19 Vgl. zur Siegessäule: Dok. 73, Denkmalgruppe II; Dok. 81, Liste I, Nr. 6. Die Frage der Beseitigung der Siegessäule wurde im November 1946 von der AK behandelt. Diese traf aber keine Entscheidung, sondern überwies die Frage an den Alliierten Kontrollrat. Vgl. hierzu: BK/R (46) 401 v. 20.11.1946, in: LAB, Rep. 37: OMGBS, BICO LIB, 11/148-2/9; das 50. Prot. der stellv. Stadtkommandanten v. 22.11.1946, TOP 617, in: LAB, Rep. 37, Acc. 3971, Nr. 222; das 32. Prot. der AK v. 26.11.1946, TOP 279, in: LAB, Rep. 37, Acc. 3971, Nr. 216; ferner: Ferdinand Friedensburg: Denkmäler [Leserbrief], in: Der Tagesspiegel, 13.6.1971, S. 25.

20 Vgl. das 46. Mag.prot. v. 16.2.1946, TOP 12 (Jendretzky); Dok. 73, Denkmalgruppe III; Dok. 81, Liste II, Nr. 5. – Der Berliner CDU-Politiker Karl Brammer berichtete in einer Vorstandssitzung seiner Partei nach der Unterredung mit einem Vertreter der sowjetischen Besatzungsmacht: „Übrigens seien die Russen unserer Meinung, was die Bilderstürmerei betreffe (Friedrich der Große, Siegessäule etc.); seitens der CDU müsse entschieden dagegen Stellung genommen werden." Siehe das Prot. [Auszug] der 9. Vorstandssitzung des Landesverbands Berlin der CDU am 23.5.1946, in: LAB, Rep. 280, Nr. 19201/15.

Dr. Haas macht Bedenken dagegen geltend, eine so große Summe für die Zerstörung der Denkmäler auszuwerfen in einer Zeit, wo kaum die notwendigsten Mittel für die Instandsetzung von Wohnungen aufgebracht werden können. Jedenfalls bitte er, die Kosten auf ein Mindestmaß herabzudrücken.

Schmidt meint demgegenüber, die Bevölkerung von Berlin würde trotzdem volles Verständnis für die vorgeschlagenen Maßnahmen haben.

Schwenk vertritt die gleiche Ansicht. Er möchte außerdem einige der in der Liste III aufgeführten Denkmäler nicht erhalten wissen, auch wenn künstlerische oder städtebauliche Gründe dafür angeführt werden. Das betrifft einmal das Denkmal Friedrich Wilhelms IV.[21] auf der Freitreppe der Nationalgalerie, zum andern das Bismarckdenkmal[22] am Großen Stern und ferner die Marmorstatue[n][23] des Königs Friedrich Wilhelm III. und der Königin Luise am Südrand des Tiergartens. Nach der Meinung des ausschlaggebenden Teiles des Volkes verdienen diese Personen keine besondere Ehrung durch Denkmäler.

Pieck glaubt, daß sich die Kosten für die Beseitigung der Denkmäler erheblich verringern ließen, wenn man nicht überall mit der Zertrümmerung auch gleich den Abtransport der Schuttmassen vornähme. Im Tiergarten z[um] B[eispiel] könnte der Schutt der Siegesallee ruhig eine Zeitlang liegenbleiben.[24] Dasselbe gelte für

---

21 Vgl. Dok. 73, Denkmalgruppe II; Dok. 81, Liste III, Nr. 7.

22 Vgl. Dok. 73, Denkmalgruppe II; Dok. 81, Liste II, Nr. 7, u. Liste III, Nr. 8.

23 Vgl. zu diesen beiden Denkmälern: Dok. 73, Denkmalgruppe II; Dok. 81, Liste III, Nr. 9.

24 Vgl. zur Siegesallee: Dok. 73, Denkmalgruppe II; Dok. 81, Liste I, Nr. 5, u. Liste II, Nr. 2; Todesurteil für die Puppen, in: Der Sozialdemokrat, 24.6.1946, S. 3. Die Frage der Beseitigung der Siegesallee wurde im November 1946 von der AK behandelt. Diese wies ihr Monuments and Fine Arts Committee an, einen Vorschlag bezüglich der Denkmäler der Siegesallee zu unterbreiten. Vgl. hierzu: BK/R (46) 401 v. 20.11.1946, in: LAB, Rep. 37: OMGBS, BICO LIB, 11/148-2/9; das 50. Prot. der stellv. Stadtkommandanten v. 22.11.1946, TOP 617, in: LAB, Rep. 37, Acc. 3971, Nr. 222; das 32. Prot. der AK v. 26.11.1946, TOP 279, in: LAB, Rep. 37, Acc. 3971, Nr. 216. Über den Vorschlag des Monuments and Fine Arts Committee, die teilweise zerstörten Denkmäler der Siegesallee mit sechs Ausnahmen zu beseitigen, berieten die stellvertretenden Stadtkommandanten am 15.4.1947 und wiesen dieses Komitee an, erstens „to discuss the matter informally with the appropriate German agencies" und zweitens „to submit a new report in the light of the foregoing discussion". Vgl. hierzu: BK/R (47) 23 v. 12.4.1947, in: LAB, Rep. 37: OMGBS, BICO LIB, 11/148-3/3; das 18. Prot. der stellv. Stadtkommandanten v. 15.4.1947, TOP 195, in: LAB, Rep. 37: OMGBS, BICO LIB, 11/149-1/3. Weder von den stellvertretenden Stadtkommandanten noch von der AK ist diese Angelegenheit dann noch einmal behandelt worden. Der zweite Nachkriegsmagistrat beschloß im Juli 1947, „die Standbilder der ehemaligen Siegesallee vollständig abzubrechen und aus dem Berliner Tiergarten zu entfernen", wobei zwei Statuen und fünf Büsten dem Märkischen Museum zur musealen Aufbewahrung übergeben werden sollten. Der entsprechende Mag.beschluß Nr. 288 v. 7.7.1947 wurde veröffentlicht in: StVV, I. Wahlperiode, Drucksache Nr. 81, Vorlage Nr. 609; wieder abgedruckt in: Berlin. Quellen und Dokumente, 1. Halbbd., S. 487 f. Von der StVV wurde der Beschluß einstimmig bestätigt; siehe: StVV, I. Wahlperiode, Stenographischer Bericht über die 56. (Ordentliche) Sitzung am 26.2.1948, S. 8. Vgl. zur weiteren Geschichte der Denkmäler der Siegesallee: Lehnert: Die Siegesallee, S. 199 f.; Uta Lehnert: Gefährliche Denkmäler – Denkmäler in Gefahr? Die ehemalige „Siegesallee" im Berliner Tiergarten, in: Berlin in Geschichte und Gegenwart. Jahrbuch des Landesarchivs Berlin 1996, S. 47–73.

eine Reihe von anderen Denkmälern auf freien Plätzen. Der Redner schließt sich den Vorschlägen von Schwenk in bezug auf die unter Nr. 7, 8 und 9 in Liste III aufgeführten Denkmäler an. Die dort gegebene Begründung für eine Erhaltung dieser Denkmäler sei nicht stichhaltig.

Geschke empfiehlt, zur Ersparung von Kosten für den Stadtsäckel einen Aufruf an die Berliner Arbeiter und an die Gewerkschaften zu erlassen, in freiwilligen Arbeitsstunden an der Beseitigung dieser Denkmäler mitzuhelfen. Der Redner ist überzeugt, daß die Arbeiter sich gern freiwillig daran beteiligen würden.

Schwenk ergänzt diesen Vorschlag dahin, daß man auch den Schülern der Kunstakademie[25] gestatten könnte, sich von den zertrümmerten Denkmälern den Marmor und sonstige Werkstoffe, die sie zu Übungszwecken brauchen können, zu holen.

Dr. Haas glaubt, daß man vielleicht aus der anfallenden Bronze durch Verkauf noch einen gewissen Erlös erzielen könnte.

Maron erinnert daran, daß auch Stadtrat Jendretzky schon früher einen Vorschlag nach der Richtung gemacht hat, die Arbeiter zu freiwilliger Mitarbeit an der Beseitigung von Denkmälern aufzurufen.[26] Der Redner hofft, daß eine ganze Menge von wertvollem Material: Metalle, Marmor und sonstige Baustoffe, bei der Gelegenheit geborgen und anderweiter Verwertung zugeführt werden könnte. Dadurch würden die Kosten etwas gesenkt werden. Dem Bedenken von Stadtrat Scharoun wegen der kurzen Frist ließe sich dadurch Rechnung tragen, daß der angesetzte Termin etwas hinausgeschoben wird.

BESCHLUSS: Die Vorlage Nr. 233 wird mit folgenden Änderungen angenommen:

1. In die Liste I wird noch das Kriegerdenkmal in Kaulsdorf aufgenommen;
2. bei dem in Liste II unter Nr. 5 aufgeführten Denkmal Friedrichs des Großen Unter den Linden soll der Sockel mit den unteren Pferdegruppen stehen bleiben;
3. das in Liste III unter Nr. 7 aufgeführte Denkmal Friedrich Wilhelms IV. vor der Nationalgalerie wird in Liste I aufgenommen;
4. die in Liste III unter Nr. 8 und 9 aufgeführten Denkmäler (Bismarckdenkmal am Großen Stern, Friedrich Wilhelm III. und Königin Luise an der südlichen Tiergartenseite) werden in Liste II aufgenommen.
5. Ziffer 4 des Beschlusses erhält die Fassung:
   Die Durchführung dieser Maßnahmen hat so schnell wie möglich, spätestens bis zum 15. August 1946, durch die Abt[eilung] Bau- und Wohnungswesen zu erfolgen.

---

25 Hier kann die im Juni 1945 eröffnete Hochschule für Bildende Künste im Bezirk Wilmersdorf gemeint sein oder die seit Anfang 1946 im Aufbau befindliche „Kunstschule des Nordens" im Bezirk Weißensee, die im Frühsommer 1946 in „Hochschule für angewandte Kunst" umbenannt wurde. Vgl. hierzu Anm. 15 zu diesem Mag.prot.; Berlin. Kampf um Freiheit, S. 91 u. 474.

26 In den Mag.protokollen ist ein solcher Vorschlag Jendretzkys nicht verzeichnet.

Über das Ergebnis der Durchführung ist dem Magistrat
Bericht zu erstatten.[27]

4. BAU- UND WOHNUNGSWESEN

Maron erinnert an das Verlangen des Magistrats, ihm eine Aufstellung darüber zu
geben, welcher Aufwand an Material und Kosten bisher bei den *Wiederherstellungsarbeiten im Weißen Saal* des Berliner Schlosses entstanden ist.[28]

Scharoun bittet um Aufschub der Berichterstattung, da infolge Arbeitsüberlastung
seiner Abteilung diese Angaben noch nicht zusammengestellt werden konnten.

BESCHLUSS: Der Magistrat spricht erneut den Wunsch aus, die Abt[eilung] Bau-
und Wohnungswesen möge eine Aufstellung der für die Instandsetzung des Weißen Saales im Berliner Schloß bisher durchgeführten
Arbeiten und aufgewandten Kosten vorlegen.[29]

Pieck bringt den überaus schleppenden Fortgang der *Bauarbeiten im Neuen Stadthaus*[30] zur Sprache. Es scheine hier an einer wirksamen Kontrolle seitens der
Abt[eilung] Bau- und Wohnungswesen zu fehlen.

Dr. Haas kritisiert ebenfalls die unrationelle Art der Bau[aus]führung im Hause.
Unter solchen Umständen sollte man die Arbeit lieber ganz unterbrechen. So würden
die Kosten nur unnötig erhöht. 600 000 RM seien bereits ausgegeben worden.

Scharoun führt die mehrfachen Unterbrechungen und den schleppenden Gang
der Arbeiten im Neuen Stadthaus darauf zurück, daß immer wieder für dringende
Bauobjekte der Besatzungsbehörden Arbeitskräfte, besonders Führungskräfte, und
Material abgezogen werden mußten.

Winzer wirft die Frage auf, ob es organisatorisch richtig sei, solche Arbeiten der
Stadtverwaltung an einzelne Firmen zu übertragen; denn die gleiche Planlosigkeit
in der Bauausführung zeige sich auch bei anderen Bauten der Stadt. Es müßte doch
möglich sein, das Material und die Arbeitskräfte unter einer einheitlichen Leitung
zweckmäßiger auszunutzen, als es heute geschieht.

Maron glaubt, daß es trotz aller Schwierigkeiten möglich sein müsse, bei richtiger
Durchorganisierung die Arbeiten etwas mehr zu fördern. Daß es möglich sei, zeige
das Beispiel des Ausbaues des Weißen Saales. Das Material und die Arbeitskräfte,
die dort mit einem hohen Kostenaufwand angesetzt werden, sollte man lieber dazu
verwenden, um notwendigere Dinge, wie das Stadthaus, auszubauen.

Scharoun entgegnet, im Weißen Saal seien größere Arbeiten nicht geleistet
worden.

---

27 In der nächsten Mag.sitzung wurde eine Überarbeitung des hier gefaßten Mag.beschlusses
beschlossen; vgl. das 59. Mag.prot. v. 29.5.1946, TOP 8 (Winzer u. Beschluß). Eine
Meldung über diesen Mag.beschluß wurde in der Presse veröffentlicht. Vgl.: Die Siegess-
säule wird abgetragen, in: Berliner Zeitung, 21.5.1946, [S. 1]; Siegessäule verschwindet,
in: Neues Deutschland, 21.5.1946, S. 1; Berliner Magistrat will Denkmäler entfernen,
in: Der Kurier, 21.5.1946, S. 2; Siegessäule soll verschwinden, in: Der Tagesspiegel,
22.5.1946, [S. 4].

28 Vgl. das 57. Mag.prot. v. 13.5.1946, TOP 5.

29 Vgl. das 59. Mag.prot. v. 29.5.1946, TOP 5.

30 Vgl. hierzu Teil I dieser Edition, S. 40 u. 45; Dok. 1, Anm. 9.

BESCHLUSS: Die Abt[eilung] Bau- und Wohnungswesen wird beauftragt, die Ausbauarbeiten im Neuen Stadthaus unter Zurückstellung aller im Augenblick nicht vordringlichen Bauten mit Beschleunigung durchzuführen.[31]

5. FINANZWESEN

Die Vorlage Nr. 231[32], betreffend Anerkennung des Berliner Stadtkontors als Hinterlegungsstelle für Mündelvermögen, wird auf Wunsch der Finanzabteilung zurückgestellt.[33]

Dr. Haas kommt noch einmal auf die *Lotterie*-Debatte der letzten Sitzung[34] zurück und teilt mit, daß sich die Werbung heute nur auf einige Plakate an den Anschlagsäulen, auf den Bahnhöfen, in Lichtspieltheatern usw. beschränkt. Eine Erweiterung der Reklame stößt auf Schwierigkeiten wegen Papiermangel.

Maron empfiehlt eine stärkere Werbung für die Lotterie durch Anbieten von Losen in den Betrieben. Dabei könnte man auch die Gewerkschaften mit heranziehen und sich mit den einzelnen Betriebsräten verständigen.

BESCHLUSS: Zur verstärkten Werbung für die Stadtlotterie wird der Finanzabteilung empfohlen, den Verkauf von Losen direkt in den Betrieben zu organisieren.[35]

Dr. Haas teilt weiter mit, eine Prüfung des Vorschlages auf *Erhöhung der Vergnügungssteuer für Lustbarkeiten*[36] habe folgendes ergeben. Die Vergnügungssteuer beträgt heute für Kinovorführungen 15 %, für Theatervorstellungen 5 bezw. 10 %, je nach dem künstlerischen Wert, für Zirkusvorführungen 15 %. Die städtischen Theater bezahlen keine Vergnügungssteuer. Für Konzerte beträgt der Satz 5 % und 10 %, weiter steigend bis zu 25 %, je nachdem, ob mit oder ohne Verzehr, einfachem oder

---

31 Mit Schreiben v. 18.5.1946 beantragte die Finanzabteilung des Magistrats bei der AK die Bewilligung von 192 000 RM für die Instandsetzung des Neuen Stadthauses. In der Begründung heißt es unter anderem: „Auf Befehl des damaligen Stadtkommandanten Generaloberst Bersarin wurde unmittelbar nach der Okkupation mit der Instandsetzung des Gebäudes begonnen. Hierfür wurden bis jetzt r[un]d 375 000 RM verwandt. Zur restlosen Beseitigung der Kriegsschäden und für notwendige Ausbauarbeiten werden voraussichtlich weitere 192 000 RM benötigt." Das Schreiben ist vorhanden in: LAB(STA), Rep. 101, Nr. 635. Der Antrag wurde vom Finanzkomitee der AK genehmigt. Vgl. das 21. Prot. des Finanzkomitees der AK v. 4.6.1946, TOP 3, in: LAB, Rep. 37: OMGBS, FIN Br, 4/91-2/6; der entsprechende Befehl FIN/I (46) 52 v. 5.6.1946 ist vorhanden in: LAB, Rep. 37: OMGBS, FIN Br, 4/91-2/12. Vgl. auch: Magistrats-Geplauder, in: Nacht-Express, 17.5.1946, [S. 5]; Walter Busse: Viel Steine gab's .../Idylle und der Magistrat in der Parochialstraße, in: Der Kurier, 27.6.1946, S. 3. – Vgl. zum Umbau des großen Sitzungssaales im Neuen Stadthaus das 78. Mag.prot. v. 5.10.1946, TOP 6 (Pieck), u. das 84. Mag.prot. v. 16.11.1946, TOP 2 (Starck).

32 LAB(STA), Rep. 100, Nr. 773, Bl. 9.

33 Der Magistrat faßte drei Monate später einen Beschluß zur Anerkennung des Berliner Stadtkontors als Hinterlegungsstelle für Mündelvermögen; vgl. das 70. Mag.prot. v. 17.8.1946, TOP 4.

34 Vgl. das 57. Mag.prot. v. 13.5.1946, TOP 2.

35 Vgl. zu den nächsten Berliner Stadtlotterien das 60. Mag.prot. v. 5.6.1946, TOP 3.

36 Vgl. das 57. Mag.prot. v. 13.5.1946, TOP 2.

teurem Verzehr. Für Pferderennen ist die Erhöhung von 15 auf 30 % beschlossen worden.[37] Für Straßenrennen beträgt die Steuer 30 %, für Ring- und Boxkämpfe 30 %. Die Finanzabteilung beabsichtigt, dem Magistrat eine Erhöhung der Steuer für Kinovorführungen auf 15 bis 20 % und für Varietés und Kabaretts auf einen noch höheren Satz, aber erst im Winter, vorzuschlagen.

Der Redner berichtet in dem Zusammenhang, daß der zur Zeit im Bezirk Prenzlauer Berg gastierende *Zirkus Barlay*[38] um eine Ermäßigung der Vergnügungssteuer auf 8 bis 10 % gebeten hat. Dieses Verlangen kann nicht erfüllt werden.

Henneberg tritt dafür ein, es hinsichtlich der städtischen Theater bei dem bisherigen Zustand zu belassen. Sie würden in eine noch größere Etatnot kommen, da den Bühnenangehörigen nach dem Tarifrecht schon für das ganze laufende Etatsjahr Zusagen gemacht worden seien. Im übrigen müsse auch die künstlerische Höhe gerade dieser Unternehmen berücksichtigt werden.

Maron erklärt, es sei seines Wissens niemals ein Magistratsbeschluß gefaßt worden, die Vergnügungssteuer für die städtischen Theater zu streichen.[39] Diese Angelegenheit müsse so schnell wie möglich in Ordnung gebracht werden. Der künstlerischen Qualität entsprechend würde für die städtischen Theater natürlich nur der niedrigste Steuersatz in Frage kommen. Bei den Varietés und Kabaretts könnte man, trotzdem sie schon mit 25 bis 30 % hoch besteuert sind, ruhig noch etwas höher gehen, vielleicht bis zu 50 %; es sei aber zweckmäßig, hierzu die Vorschläge der Finanzabteilung abzuwarten.

BESCHLUSS: 1. Der Finanzabteilung wird aufgegeben, die Befreiung der städtischen Theater von der Vergnügungssteuer alsbald rückgängig zu machen.[40]

2. Die Finanzabteilung wird beauftragt, dem Magistrat Vorschläge für eine weitere Erhöhung der Vergnügungssteuer für Lustbarkeiten (Varietés, Kabaretts, Tanzveranstaltungen) zu unterbreiten.[41]

Dr. Haas teilt mit, daß von der Alliierten Kommandantur die Freigabe der restlichen 34 Millionen RM aus den Eingängen der Gebäudeinstandsetzungsabgabe zur Verwendung in der beantragten Weise, d[as] h[eißt] für die Enttrümmerung und die Instandsetzung von Wohnungen, erfolgt ist.[42]

---

37 Vgl. das 57. Mag.prot. v. 13.5.1946, TOP 2.
38 Vgl. hierzu die Reden (undatiert) von OB Werner in: LAB, NL Werner, Rep. 200, Acc. 4379, Nr. 20/5, S. 698 f., u. Nr. 20/7, S. 925 – 928. Vgl. ferner: Der Zirkus ist da! „Barlay-Expreß 1946" in der Schönhauser Allee, in: Tägliche Rundschau, 19.5.1946, S. 6; Wolf Durian: Vier Elefanten auf einem Bein. Circus Barlay eröffnete in der Schönhauser Allee, in: Tägliche Rundschau, 21.5.1946, S. 6; Warum der Tiger nicht zum „Telegraf" kam, in: Telegraf, 23.5.1946, S. 8; Ein Mann kam aus Jugoslawien. Besuch bei den Artisten des Zirkus Barlay, in: Berliner Zeitung, 21.7.1946, [S. 6].
39 Ein solcher Mag.beschluß ist in den Mag.protokollen nicht aufgeführt.
40 Vgl. das 59. Mag.prot. v. 29.5.1946, TOP 3.
41 Vgl. das 59. Mag.prot. v. 29.5.1946, TOP 3.
42 Vgl. zur Aufhebung der Gebäudeinstandsetzungsabgabe durch die BK/O (46) 164 mit Wirkung v. 1.4.1946: Dok. 78, Anm. 34; Dok. 80, Anm. 18. Mit Schreiben v. 25.4.1946 hatte die Finanzabteilung des Magistrats das Finanzkomitee der AK gebeten, die durch

6. VERKEHR

Hierzu liegt die Vorlage Nr. 232[43] vor, betreffend Registrierung und *technische Untersuchung aller Kraftfahrzeuge* und Anhänger im Gebiet der Stadt Berlin.

Kraft begründet kurz die Vorlage. Gemäß einem alliierten Befehl[44] ist die Abt[eilung] für Verkehr verpflichtet, im Laufe des Mai alle Kraftfahrzeuge in Berlin, sowohl die fahrfähigen wie die nichtfahrfähigen, zu überprüfen. Die entsprechende Bekanntmachung dazu ist in der Presse, im Rundfunk und im Verordnungsblatt ergangen.[45] Für die Bekanntmachung im Verordnungsblatt ist aber die Genehmigung des Magistrats erforderlich. Diese Genehmigung wird durch die Vorlage nachträglich erbeten.

Der Redner gibt kurz den Inhalt der Verordnung wieder und teilt mit, daß sich schon bei der bisherigen Prüfung herausgestellt hat, daß in Berlin eine große Anzahl von Kraftfahrzeugen versteckt gehalten werden, die entgegen den Vorschriften früher nicht angemeldet worden sind.

Schmidt fragt, ob bei dieser Überprüfung der Fahrzeuge auch die Besitzverhältnisse festgestellt würden. Gerade unter den versteckt gehaltenen Fahrzeugen werde vermutlich ein großer Prozentsatz solcher Fahrzeuge sein, die nicht dem gehören, der sie in Gewahrsam hat. Vielleicht könnte mit der Aktion auch eine zeitweilige Sperre der Freigabe durch die Bergungsämter[46] verbunden werden, bis die Registrierung durchgeführt ist. Dadurch könnte vermieden werden, daß während dieser Zeit noch schnell ein Besitztitel ausgestellt wird. Der Redner würde es begrüßen, wenn die

---

die BK/O (46) 164 gesperrten restlichen Mittel der Gebäudeinstandsetzungsabgabe freizugeben. Das Schreiben ist vorhanden in: LAB(STA), Rep. 101, Nr. 65. Die AK genehmigte diesen Antrag offiziell mit BK/O (46) 239 v. 29.5.1946, wobei die Mittel aus der Gebäudeinstandsetzungsabgabe ungefähr zu zwei Dritteln für die Instandsetzung von Wohnhäusern und zu einem Drittel für „Aufräumungsarbeiten" zu verwenden waren. Die BK/O ist vorhanden in: LAB(STA), Rep. 101, Nr. 65; LAB, Rep. 280, Nr. 12586. Vgl. auch das Prot. über die Besprechung im Hauptamt für Hochbau am 12.11.1945, betr. Bewilligungsverfahren bei der Gebäudeinstandsetzungsabgabe, in: LAB(STA), Rep. 110, Nr. 43; Wohnungsbau-Kreditanstalt der Stadt Berlin: Überschlag über den Geldbestand des Gebäudeinstandsetzungsfonds und die für Gebäudeinstandsetzungen noch verfügbaren Restmittel (Stand vom 15. Juni 1946), in: LAB(STA), Rep. 110, Nr. 26; das Schreiben der Finanzabteilung des Magistrats an das Finanzkomitee der AK v. 18.6.1946, betr. Gebäudeinstandsetzungsfonds, in: LAB(STA), Rep. 101, Nr. 636 (englische Fassung in: LAB, Rep. 37: OMGBS, FIN Br, 4/86-1/36). Vgl. zur Verwendung der restlichen Mittel aus dem Gebäudeinstandsetzungsfonds das 73. Mag.prot. v. 7.9.1946, TOP 3 (Haas), u. das 79. Mag.prot. v. 12.10.1946, TOP 4 (Haas), u. das 84. Mag.prot. v. 16.11.1946, TOP 4 (Haas).

43 LAB(STA), Rep. 100, Nr. 773, Bl. 10 f.

44 Gemeint ist BK/O (46) 162 v. 10.4.1946, in: LAB(STA), Rep. 101, Nr. 63, Bl. 4 – 6; LAB, Rep. 280, Nr. 4814.

45 Die Bekanntmachung der Mag.abt. für Verkehr v. 15.4.1946, betr. Registrierung und technische Untersuchung aller Kraftfahrzeuge und Anhänger im Gebiet der Stadt Berlin, wurde veröffentlicht in: Berliner Zeitung, 27.4.1946, [S. 4]; VOBl., Jg. 2 (1946), S. 143 f. Die entsprechende Veröffentlichungsgenehmigung des Transportation Committee der AK v. 20.4.1946 ist vorhanden in: LAB(STA), Rep. 101, Nr. 64. Vgl. auch: Warum klappt der Transport nicht?, in: Neues Deutschland, 14.5.1946, S. 2.

46 Vgl. zu den bezirklichen Bergungsämtern das Prot. der Konferenz der Bezirksbürgermeister am 6.6.1946, TOP 1, in: LAB, Rep. 280, Nr. 3858.

Abt[eilung] Verkehr bis zur nächsten Sitzung eine zusätzliche Magistratsvorlage einbringen würde, die diese beiden Punkte enthält.

Kraft sagt dies zu.[47]

An eine Frage von Schwenk, wie es mit der Reparatur der nicht fahrfähigen Fahrzeuge steht, ob genügend Ersatzteile vorhanden sind, um sie in kurzer Frist fahrfähig zu machen, schließt sich eine kurze Erörterung über das nicht immer korrekte Verhalten der *Reparaturwerkstätten* [an]. Ein Versuch, den Innungsmeistern des Gewerbes größere Machtvollkommenheiten gegenüber den Reparaturwerkstätten zu geben, hat nicht zum Ziele geführt.

[BESCHLUSS: Die Vorlage Nr. 232 wird angenommen.[48]][49]

7. HANDEL UND HANDWERK

Hierzu liegt die Vorlage Nr. 230[50], betreffend Verordnung über *Führung einer Drogerie*, vor.

Orlopp schildert unter Bezugnahme auf die schriftliche Begründung kurz die bisherige Rechtslage. In einer Verordnung vom 30.8.45 wurde die fachliche Eignung als Richtlinie für die Erteilung oder Versagung der Gewerbeerlaubnis gefordert.[51] Diese allgemeine Richtlinie reicht aber zur Führung von Drogerien nicht aus, besonders dann nicht, wenn auf dem Wege über die Erbfolge oder durch Kauf eine Drogerie von einer Hand in die andere übergeht. Da der Drogist zu einem erheblichen Teil an der Arzneimittelversorgung der Bevölkerung beteiligt ist, müssen besondere Anforderungen an ihn gestellt werden. Diese sind in der vorgelegten Verordnung enthalten.[52]

Schwenk hält es für notwendig, gewisse Übergangsbestimmungen für die alten Inhaber von Drogerien zu schaffen, zum mindesten für diejenigen, die schon vor 1933 eine Drogerie innegehabt haben.

---

47 Vgl. das 59. Mag.prot. v. 29.5.1946, TOP 4.

48 Der hier gefaßte Mag.beschluß ist mit dem Ausfertigungsdatum v. 24.5.1946 vorhanden in: LAB(STA), Rep. 100, Nr. 773, Bl. 35f/35g. Die hiermit beschlossene Bekanntmachung wurde veröffentlicht in: Berliner Zeitung, 27.4.1946, [S. 4]; VOBl., Jg. 2 (1946), S. 143 f.

49 Die hier in eckigen Klammern wiedergegebene Textzeile ist in die Originalexemplare des 58. Mag.prot. v. 18.5.1946 versehentlich nicht aufgenommen worden. Dieses Versehen wurde durch eine entsprechende Ergänzung im folgenden Mag.prot. berichtigt; vgl. das 59. Mag.prot. v. 29.5.1946, TOP 1.

50 LAB(STA), Rep. 100, Nr. 773, Bl. 8.

51 Gemeint sind die „Richtlinien für die Behandlung der Gewerbeerlaubnis und das Spruchkammerverfahren" v. 30.8.1945; veröffentlicht in: VOBl., Jg. 1 (1945), S. 82 – 87. Vgl. zur Problematik der Gewerbeerlaubnis auch das 56. Mag.prot. v. 4.5.1946, TOP 6, u. TOP 7 in diesem Mag.prot.

52 § 1 des mit der Mag.vorlage Nr. 230 v. 24.4.1946 vorgelegten Entwurfs einer „Verordnung betr. Führung einer Drogerie" hat den Wortlaut:
„Voraussetzung für die selbständige Führung einer Drogerie ist:
1. Ableistung einer dreijährigen Lehrzeit,
2. Ablegung einer Gehilfen- und Giftprüfung,
3. Nachweis einer fünfjährigen Tätigkeit als Drogistengehilfe und
4. Ablegung einer Drogisten-Abschlußprüfung."

Dr. Redeker begrüßt die Verordnung, zumal es medizinalpolizeilich keine Vorschrift gibt, die die Errichtung von Drogerien ähnlich wie die von Apotheken unter bestimmte Bedingungen stellt. Es sind lediglich gewisse Revisionen in hygienischer Hinsicht vorgeschrieben. Wenn jetzt eine bestimmte Ausbildung der Drogisten garantiert werden soll, ist das nur zu begrüßen. Die u[nter] a[nderem] geforderte fünfjährige Tätigkeit als Gehilfe sei vielleicht etwas zu lang. Eine Übergangsvorschrift wäre durchaus angebracht. Es ergibt sich bei solchen Neuregelungen immer eine Periode, in der man liberal sein muß, sonst kommt es leicht zu ärgerlichen Unzuträglichkeiten und Ungerechtigkeiten.

Orlopp stellt fest, daß nach den geforderten Vorschriften jemand schon mit 23 bis 25 Jahren die Möglichkeit hat, eine Drogerie zu übernehmen. Darum sei es nicht zuviel verlangt, wenn eine fünfjährige Gehilfenzeit gefordert wird. Um die Bedenken wegen der Übergangszeit auszuräumen, schlägt der Redner einen Zusatz des Inhalts vor: Inhaber von Drogerien, die länger als 5 Jahre ihr Geschäft betrieben haben und obige Bestimmungen nicht erfüllen, haben eine sachkundige Prüfung vor der Industrie- und Handelskammer abzulegen.

Dr. Haas empfiehlt, den Eingangssatz der Verordnung entsprechend der allgemeinen Regel folgendermaßen zu fassen: Wer innerhalb des Stadtgebiets von Berlin selbständig eine Drogerie führen will, bedarf hierzu der Erlaubnis.

Schmidt empfiehlt, die Überschrift dem allgemeinen Sprachgebrauch entsprechend dahin zu ändern: Verordnung über Führung von Drogerien.

Orlopp erklärt sein Einverständnis mit diesen Änderungen und äußert sich noch auf eine Anfrage von Dr. Redeker über die Gemischtwarengeschäfte, die Drogeriewaren nur nebenbei führen. Sie kommen hauptsächlich nur am Stadtrand von Berlin vor. Der Redner glaubt, daß die Interessen dieser Geschäfte mit der neu einzuführenden Übergangsbestimmung genügend gewahrt werden.

BESCHLUSS: Die Vorlage Nr. 230 wird mit folgenden Änderungen angenommen:

1. Die Überschrift erhält die Fassung: Verordnung über Führung von Drogerien.

2. Der Einleitungssatz von § 1 erhält die Fassung:
   Wer innerhalb des Stadtgebiets von Berlin selbständig eine Drogerie führen will, muß folgende Voraussetzungen erfüllen: ...

3. Hinter § 1 wird folgender Zusatz eingefügt:
   Inhaber von Drogerien, die länger als 5 Jahre ihr Geschäft betrieben haben und die obigen Voraussetzungen nicht erfüllen, haben eine sachkundige Prüfung vor der Industrie- und Handelskammer abzulegen.[53]

---

53 Durch eine Anordnung des Trade & Industry Committee der AK v. 9.9.1946 erhielt dieser Absatz die folgende Form: „Der Eigentümer einer Drogerie, der seine Tätigkeit länger als 5 Jahre ausgeübt und die oben erwähnten Bedingungen nicht erfüllt hat, muß eine Fachprüfung vor einem zuständigen, vom Magistrat ernannten und geleiteten Ausschuß ablegen." In dieser abgeänderten Fassung wurde die hier beschlossene VO über Führung von Drogerien dem Trade & Industry Committee der AK von der Mag.abt. für Handel und Handwerk mit Schreiben v. 20.9.1946 zur Genehmigung zugeleitet. Das Schreiben einschließlich der VO in abgeänderter Fassung ist vorhanden in: LAB(STA),

Es folgt die Vorlage Nr. 235[54], betreffend *Verordnung über* die Erteilung und Versagung der *Gewerbeerlaubnis*.[55]

Orlopp begründet die Vorlage,[56] die an sich nur eine erweiterte Neufassung der Verordnung vom 17.5.45[57] darstellt. Mit dieser Verordnung wurde damals die Gewerbeerlaubnis eingeführt, um zu verhindern, daß die aus amtlichen Stellungen oder sonstigen Berufen entfernten Nazis in übergroßer Zahl in das Gewerbe einströmten. Die Verordnung hat ihren Zweck auch erfüllt und würde heute noch gute Dienste leisten, wenn nicht die Verwaltungsgerichte sich auf den Standpunkt stellten, daß die Verordnung keine ordnungsmäßige Magistratsverordnung sei, sondern nur eine Verordnung der Abt[eilung] Handel und Handwerk, die damals allein die Verordnung gezeichnet hat.[58] Durch die vorliegende neue Verordnung soll dieser Rechtsmangel behoben werden. Die Verordnung vom 30.5.45[59] über die Gewerbesperre, die in der Öffentlichkeit soviel Kritik erfahren hat, verliert damit ihre Gültigkeit. Zu bemerken ist noch, daß unter die vorliegende Verordnung alle Gewerbebetriebe fallen, gleichgültig, ob es sich um konzessionierte Betriebe

---

Rep. 106, Nr. 140. Die VO wurde nicht im VOBl. veröffentlicht, ist also nicht in Kraft getreten. Mit BK/O (47) 60 v. 8.3.1947 ordnete die AK an, daß sich alle „Personen und Firmen, die Medikamente und pharmazeutische Präparate irgendwelcher Art herstellen oder verkaufen", beim Landesgesundheitsamt registrieren lassen mußten. Die BK/O ist vorhanden in: LAB(STA), Rep. 101, Nr. 78; veröffentlicht in: VOBl., Jg. 3 (1947), S. 83. Die entsprechende Bekanntmachung der Mag.abt. für Gesundheitswesen v. 13.3.1947, betr. Registrierung der Hersteller und Verkäufer von Medikamenten und pharmazeutischen Präparaten, wurde veröffentlicht in: VOBl., Jg. 3 (1947), S. 85.

54 LAB(STA), Rep. 100, Nr. 773, Bl. 20 f.

55 Die Mag.vorlage Nr. 235 v. 15.5.1946 stellte eine abgeänderte Fassung der Mag.vorlage Nr. 207 v. 26.4.1946 dar, die der Magistrat zwei Wochen zuvor prinzipiell angenommen hatte. Vgl. hierzu das 56. Mag.prot. v. 4.5.1946, TOP 6; ferner das 57. Mag.prot. v. 13.5.1946, TOP 6. Der zentrale § 1 des mit der Mag.vorlage Nr. 235 vorgelegten Entwurfs einer VO über die Erteilung und Versagung der Gewerbeerlaubnis hat den Wortlaut: „Wer innerhalb des Stadtgebietes von Berlin ein selbständiges Gewerbe betreiben will, bedarf hierzu der Erlaubnis.
Die Erlaubnis ist nur zu versagen, wenn
    1. der Antragsteller die für die Ausübung des Gewerbes erforderliche persönliche Zuverlässigkeit und fachliche Eignung nicht besitzt od[er]
    2. die Rohstofflage die Durchführung der Gewerbetätigkeit voraussichtlich nicht zuläßt oder
    3. die erforderlichen Räumlichkeiten, wirtschaftlichen Betriebsmittel und technischen Einrichtungen nicht oder noch nicht vorhanden sind oder
    4. die Lage auf dem Arbeitsmarkt den Abzug von Arbeitskräften auf dem betreffenden oder verwandten Gebiet nicht zuläßt oder
    5. ein Bedürfnis für die Errichtung des Gewerbebetriebes nicht nachgewiesen wird."

56 Die Begründung der Mag.vorlage Nr. 235 ist identisch mit derjenigen der Mag.vorlage Nr. 207; vgl. hierzu Dok. 83, Anm. 98.

57 Gemeint ist die von der Mag.abt. für Handel und Handwerk herausgegebene Anordnung zur „Bereinigung der Handels- und Handwerksbetriebe" v. 17.5.1945; siehe: VOBl., Jg. 1 (1945), S. 49. Diese Anordnung war vom Magistrat am 24.5.1945 pauschal gebilligt worden; vgl. das 2. Mag.prot. v. 24.5.1945, TOP 3.

58 Vgl. zur Spruchpraxis der Berliner Verwaltungsgerichte das 67. Mag.prot. v. 27.7.1946, TOP 3.

59 Müßte heißen: 17.5.45.

oder sonstige handelt. Die Verordnung ist mit der Abt[eilung] Wirtschaft und den zuständigen Stellen der Rechtsberatung durchgesprochen worden.

BESCHLUSS: Die Vorlage Nr. 235 wird angenommen.[60]

Es folgt die Vorlage Nr. 236[61], betreffend Verordnung über die *Errichtung einer Industrie- und Handelskammer der Stadt Berlin.*[62]

Orlopp begründet ausführlich die Vorlage, die in mehreren Sitzungen mit dem Aktionsausschuß der antifaschistischen Parteien vorbesprochen worden ist und auch bereits der Bezirksbürgermeister-Konferenz vorgelegen hat und von dieser gebilligt worden ist.[63] Die neue Kammer hat nach dieser Vorlage außer den Aufgaben, die die Industrie- und Handelskammern vor 1933 hatten, wichtige Aufgaben zu erfüllen. Sie ersetzt einmal die früheren Wirtschaftsgruppen und Fachgruppen, in denen allein rund 2 000 Angestellte vorhanden waren.[64] Außerdem hat die Kammer die wichtigen Planungsaufgaben zu erfüllen hinsichtlich der Produktion und hinsichtlich der Verteilung der Rohstoffe, Halb- und Fertigfabrikate aller Art.[65]

---

60 Der hier gefaßte Mag.beschluß ist mit dem Ausfertigungsdatum v. 24.5.1946 vorhanden in: LAB(STA), Rep. 101, Nr. 72. Er wurde der AK mit Schreiben v. 12.6.1946 zur Genehmigung zugeleitet; siehe: a.a.O. Mit BK/O (46) 356 v. 5.9.1946 ordnete die AK an, daß die VO über die Erteilung und Versagung der Gewerbeerlaubnis mit bestimmten Abänderungen neu zu entwerfen und der AK nochmals zur Zustimmung vorzulegen war. Die BK/O ist vorhanden in: LAB(STA), Rep. 101, Nr. 72; LAB, Rep. 280, Nr. 4911. Ein unter Berücksichtigung der Änderungsvorgaben der AK neu formulierter Entwurf der VO wurde vom Magistrat am 21.9.1946 angenommen; vgl. das 76. Mag.prot. v. 21.9.1946, TOP 7.

61 LAB(STA), Rep. 100, Nr. 773, Bl. 22 f. (ohne Schaubild zum Aufbau der geplanten Industrie- und Handelskammer); LAB, Rep. 228, Mag.vorlagen 1946 (einschließlich Schaubild zum Aufbau der geplanten Industrie- und Handelskammer).

62 Vgl. das 46. Mag.prot. v. 16.2.1946, TOP 3 (Beschluß zur Errichtung einer Handwerkskammer für Berlin); Kurt Zabel: Neue Industrie- und Handelskammer. Aufbau einer fachlich gegliederten Organisation, in: Das Volk, 7.4.1946, [S. 6].

63 Vgl. das 12., 13. u. 14. Prot. des Einheitsausschusses Groß-Berlin v. 12.4.1946, 23.4.1946 u. 7.5.1946, in: BArch, Abt. Potsdam, Z-3, Nr. 4, Bl. 79, 83 u. 85; das Prot. der Konferenz der Bezirksbürgermeister am 16.5.1946, TOP 1, in: LAB, Rep. 280, Nr. 3857.

64 Vgl. zur Organisation der gewerblichen Wirtschaft in der Zeit des NS-Regimes: Berkenkopf, S. 65 – 74; Dok. 4, Anm. 22.

65 In der gemeinsam von der Mag.abt. für Handel und Handwerk und der Mag.abt. für Wirtschaft vorgelegten Mag.vorlage Nr. 236 v. 29.4.1946 ist im § 1 des Entwurfs einer VO über die Errichtung einer Industrie- und Handelskammer der Stadt Berlin allgemein ausgeführt:
„Zur Förderung der Teilnahme aufbauwilliger demokratischer Kräfte an einem gesunden und schnellen Neuaufbau der Wirtschaft wird für den Bereich der Stadt Berlin eine Industrie- und Handelskammer mit dem Sitz in Berlin errichtet.
Angeschlossen sind alle nicht in die Handwerksrolle eingetragenen öffentlichen und privaten Unternehmungen und Betriebe ohne Rücksicht auf die Betriebsart, Betriebsgröße und Rechtsform, mit Ausnahme der Eisenbahn- und Postbetriebe und der landwirtschaftlichen Betriebe.
Die Industrie- und Handelskammer erhält ihre Weisungen vom Magistrat der Stadt Berlin, sie ist an diese Weisungen gebunden und führt sie nach den ihr gegebenen Richtlinien aus."
§ 2 des Entwurfs hat den folgenden Wortlaut:

Dem Zweck dieser Aufgaben ist der ganze Aufbau der Kammer angepaßt. Aus einem vorliegenden Schaubild[66] ergibt sich, wie dieser Aufbau im einzelnen gedacht ist.

Die vorgesehenen 20 Fachausschüsse entsprechen ungefähr dem, was heute in der Abt[eilung] Handel und Handwerk die Handelsbeiräte[67] darstellen. Die Zahl der Fachausschüsse ist auf 20 angenommen; es können aber auch einige mehr oder einige weniger werden: 18 oder 22 oder 24. Jeder Fachausschuß soll sich aus 20 Vertretern der Unternehmungen und 10[68] Vertretern der Gewerkschaften zusammensetzen. Das bedeutet, daß 600 ehrenamtlich tätige Personen an der Kammer beteiligt sind. Die einzelnen Vertreter der Unternehmungen sollen in den Bezirken gewählt werden, die Gewerkschaftler von den Gewerkschaften. Diese 600 Personen bilden die Mitgliederversammlung der Kammer. Sie wählen die Hauptausschüsse. Es wird aber zunächst nur der Hauptausschuß für Handel und der Hauptausschuß für Industrie gebildet werden. Der Hauptausschuß für Banken und Versicherungen soll vorläufig nicht gebildet werden, weil auf Grund der Beschlüsse der Alliierten Kommandantur Banken und Versicherungen bei der Finanzabteilung geführt werden[69]. Auch für den Hauptausschuß für Import und Export ist die Zeit noch nicht gekommen, weil ein Außenhandel vom Kontrollrat noch nicht genehmigt ist.

Das Präsidium besteht aus dem Präsidenten, der vom Magistrat ernannt wird, 4 Vertretern der Unternehmungen, 4 Vertretern der Gewerkschaften und 4 Vertretern der Stadtverwaltung. Präsidium einschließlich Präsident und Beirat[70] sind ehren-

---

„Die Aufgabe der Industrie- und Handelskammer ist die Vertretung und Betreuung der Berliner Wirtschaft. Die Kammer hat die Gesamtbelange der Berliner Wirtschaft zu fördern, für ihre einheitliche Lenkung zu sorgen und die Interessen abzustimmen und auszugleichen.

Im besonderen erstreckt sich das Aufgabengebiet der Industrie- und Handelskammer auf:
a) die Ausarbeitung von Vorschlägen und Gutachten für alle wirtschaftlichen Aufgaben und Probleme und die Durchführung der vom Magistrat der Stadt Berlin bzw. von den übergeordneten Behörden angeordneten wirtschaftlichen Maßnahmen,
b) die Beratung der angeschlossenen gewerblichen Unternehmungen in betriebstechnischen Fragen, in Finanzierungsangelegenheiten und in täglichen Rechtsfragen,
c) die Wahrnehmung des Vorschlagsrechtes bei Ernennung von Sachverständigen in Wirtschaftsfragen,
d) die Mitwirkung bei der Aufstellung neuer Kalkulationsgrundsätze und die Beteiligung bei der Preisbildung und Preisüberwachung,
e) die revisionstechnische Beratung der Industrie und des Handels,
f) die Vertretung und Mitwirkung bei Gesamtvereinbarungen über Lohn- und Arbeitsbedingungen."

66 Vgl. Anm. 61 zu diesem Mag.prot.
67 Vgl. hierzu das 11. Mag.prot. v. 16.7.1945, TOP 7 (Orlopp).
68 Im Originalprotokoll heißt es hier fälschlicherweise: 20. Dieser Fehler wurde nachträglich berichtigt; vgl. das 59. Mag.prot. v. 29.5.1946, TOP 1.
69 Vgl. hierzu BK/O (45) 130 v. 26.9.1945 u. das 25. Mag.prot. v. 8.10.1945, TOP 2. Die BK/O ist vorhanden in: LAB, Rep. 280, Nr. 12285; abgedruckt in: Berlin. Quellen und Dokumente, 1. Halbbd., S. 391–396.
70 Der Beirat der geplanten Industrie- und Handelskammer, in dem der Mag.vorlage Nr. 236 beigefügten Schaubild als „erweitertes Präsidium" bezeichnet, sollte dem Präsidium zur Seite stehen und sich aus 20 Vertretern der angeschlossenen Unternehmungen und Betriebe und aus 20 Vertretern der Gewerkschaften zusammensetzen.

amtliche Instanzen. Das Präsidium beruft den Hauptgeschäftsführer, dem wiederum Geschäftsführer für die 4 Abteilungen Handel, Industrie, Banken und Versicherungen, Außenwirtschaft unterstehen[71]. Als Nebenorganisation gehören noch dazu die Rechtsabteilung und die Abteilung Verwaltung und Organisation. Außerdem sind Arbeitsausschüsse verschiedenster Art vorgesehen, die auch von den jeweiligen Gruppen, die für das Arbeitsgebiet in Frage kommen, gewählt werden. Das Ganze ist somit ein absolut demokratischer Aufbau, der geeignet ist, das Wirtschaftsleben zu führen.

Schmidt vermißt in der Vorlage eine Bemerkung über die Rechtsform der Kammer. Es wäre zweckmäßig, ausdrücklich zu sagen: Die Industrie- und Handelskammer ist eine Körperschaft des öffentlichen Rechts. Wenn die Alliierte Kommandantur die Verordnung genehmigt, wird die Kammer ohnehin diese Rechtseigenschaft haben.

Dusiska weist darauf hin, daß die Industrie- und Handelskammer früher nicht immer eine Körperschaft des öffentlichen Rechts gewesen ist, sondern teilweise auch ein eingetragener Verein. Es sei zweckmäßig, nicht ausdrücklich etwas über die Rechtsform in die Verordnung hineinzuschreiben, was vielleicht nachher nicht die Genehmigung fände.

Hauth hat auch Bedenken dagegen, die Kammer ausdrücklich zu einer Körperschaft des öffentlichen Rechts zu erklären. Sie hat dann besondere Befugnisse und kann unter Umständen dem Einfluß des Magistrats leicht entgleiten.

Der Redner ergänzt in einigen Punkten die Ausführungen von Orlopp über die Vorlage selbst. Bei den Verhandlungen mit den Parteien wurde von einigen Seiten gewünscht, daß der Präsident der Kammer auch vom Beirat gewählt werde und nicht vom Magistrat.[72]

BESCHLUSS: Die Vorlage Nr. 236 wird unverändert angenommen.[73]

---

71 Wie der Hauptgeschäftsführer, so sollten auch die Geschäftsführer der vorgesehenen vier Abteilungen der Industrie- und Handelskammer vom Präsidium angestellt und entlassen werden.

72 Dies hatte zum Beispiel die LDP im Einheitsausschuß Groß-Berlin angeregt; vgl. das 14. Prot. des Einheitsausschusses Groß-Berlin v. 7.5.1946, in: BArch, Abt. Potsdam, Z-3, Nr. 4, Bl. 85.

73 Der hier gefaßte Mag.beschluß ist mit dem Ausfertigungsdatum v. 24.5.1946 vorhanden in: LAB(STA), Rep. 106, Nr. 138. Vgl. hierzu: Das Parlament der Berliner Wirtschaft. Aufgaben und Statut der neuen Berliner Industrie- und Handelskammer, in: Berliner Zeitung, 22.5.1946, [S. 1]; Das Führerprinzip von heute. Zum Verfassungsentwurf für eine Berliner Handelskammer, in: Der Kurier, 12.6.1946, S. 3; Selbstverwaltung oder Verwaltungsorgan? Zur Neuordnung des Handelskammerwesens, in: Der Tagesspiegel, 19.6.1946, [S. 3]; Parlament des Berliner Handels und der Industrie, in: Vorwärts, 18.9.1946, S. 5; Diskussion zwischen Handel und Magistrat, in: Der Tagesspiegel, 19.9.1946, [S. 4]; Orlopp: Zusammenbruch, S. 62 f. Die für eine Sitzung der Bezirksräte für Wirtschaft in der Mag.abt. für Handel und Handwerk am 12.6.1946 vorgesehene Aussprache zu der hier vom Magistrat beschlossenen VO über die Errichtung einer Industrie- und Handelskammer der Stadt Berlin wurde mit der Begründung von der Tagesordnung abgesetzt, „daß bereits durch die Presse ein Sturm der Entrüstung entfacht worden ist, während auf der anderen Seite die Behandlung des Entwurfes durch die Alliierte Kommandantur zurückgestellt wurde. Grund hierfür sollen die im Herbst stattfindenden Wahlen sein." Zit. nach einem entsprechenden Sitzungsbericht v. 13.6.1946, in: LAB, Rep. 280, Nr. 14594.

8. ALLGEMEINES

Maron gibt bekannt, daß der Vorschlag des Magistrats, betreffend Ernennung von

Am 11.7.1946 gab Hauth den Bezirksbürgermeistern den folgenden Bericht:
„Der Aufbau der Industrie- und Handelskammer und auch der vorgesehene Wahlmodus sind in der Bezirksbürgermeister-Konferenz und auch mit dem Einheitsausschuß der vier Parteien besprochen worden, wobei es bis auf einen Punkt zu einer Einigung gekommen war. Dieser Punkt betraf die Frage: Wahl des Präsidiums [?] durch den Beirat oder Ernennung durch den Magistrat. Die SED [?] und die CDU hatten sich dafür ausgesprochen, daß der Präsident nach Möglichkeit gewählt werden solle. Bürgermeister Orlopp hatte die Gründe dargelegt, weshalb bei der heutigen Wirtschaftsstruktur es zweckmäßiger sei, eine Ernennung des Präsidenten durch den Magistrat vorzusehen, damit die Garantie gegeben ist, daß die Industrie- und Handelskammer auch eine wirkliche Planungsarbeit im Sinne des Magistrats durchführt. Der Magistrat hatte sich dann auch in diesem Sinne entschieden. Daraufhin wurde die Magistratsvorlage der Alliierten Kommandantur eingereicht. Ungefähr 4 Wochen später wurde von der LDP, die inzwischen ihren Berliner Parteitag abgehalten hatte, gegen die Magistratsvorlage protestiert; sie verlangte eine Selbstverwaltung der Industrie- und Handelskammer, wie sie vor 1933 bestand, und sie verlangte eine reine Unternehmerkammer. Es wurde dann in einer Sitzung der vier Parteien darüber gesprochen und von seiten des Magistrats darauf aufmerksam gemacht, daß ein Anknüpfen an die Verhältnisse vor 1933 unmöglich sei, weil einmal die Unternehmerverbände verboten seien und man nicht auf dem Umweg über die Industrie- und Handelskammer neue Unternehmervereinigungen schaffen könnte. Der zweite Einwand war, daß wir in der nächsten Zukunft und wahrscheinlich noch länger nicht mit einer freien Wirtschaft im liberalen Sinne zu rechnen haben. Eine Planwirtschaft setzt aber voraus, daß die Verwaltungsinstanzen in der Lage sind, die Organe, deren sie sich dabei bedienen, auch in der Hand zu haben und mit ihnen gemeinsam die Dinge zu machen, nicht aber Organe zu schaffen, die gegen Maßnahmen der Verwaltung sein könnten. Als drittes Moment kam hinzu, daß wir insofern keine freie Wirtschaft haben, als Befehle der alliierten Besatzungsmächte auch auf dem Gebiet der Wirtschaft sinngemäß durchgeführt werden müssen. Diese Gründe wurden auch in der Sitzung der vier Parteien im großen und ganzen anerkannt, auch von der CDU.
Vor ungefähr 3 Tagen kam nun ein Brief der CDU an die Abt[eilung] Handel und Handwerk, worin die CDU sich plötzlich gegen die Vorlage des Magistrats aussprach, und zwar deswegen, weil nach dieser Vorlage der Präsident nicht gewählt wird. Weiter ging aus dem Schreiben hervor, daß sie sich in der Hauptsache dieselben Argumente zu eigen macht, wie sie die LDP vertreten hat, d[as] h[eißt] auch eine Industrie- und Handelskammer wünscht, die im wesentlichen von Unternehmern beschickt wird und die eine freie Selbstverwaltung haben soll."
Zit. nach dem Prot. der Konferenz der Bezirksbürgermeister am 11.7.1946, TOP 2, in: LAB, Rep. 280, Nr. 3862. Im zweiten Satz müßte es statt „Wahl des Präsidiums" wohl heißen: Wahl des Präsidenten; im dritten Satz müßte es statt „SED" wohl heißen: LDP. Eine Abschrift des erwähnten Briefs des Landesverbands Berlin der CDU v. 5.7.1946 vorhanden in: LAB(STA), Rep. 106, Nr. 139. Vgl. auch das Prot. der 14. Vorstandssitzung des Landesverbands Berlin der CDU am 4.7./5.7.1946, S. 22 – 24 u. 28 – 30, in: ACDP, Bestand CDU-Landesverband Berlin, III-012-391. Auf S. 22 f. dieses Protokolls ist der Text des im vorigen Zitat erwähnten Protestschreibens des Landesverbands Berlin der LDP an den Einheitsausschuß Groß-Berlin v. 27.5.1946 wiedergegeben.
Die AK hat die VO über die Errichtung einer Industrie- und Handelskammer der Stadt Berlin nicht genehmigt. Vgl. zu den Auseinandersetzungen um die Kammerorganisation der Berliner Wirtschaft im Jahr 1947 und in den folgenden Jahren: Fijalkowski u. a., S. 189 – 194 u. 301 – 306; Schlegelmilch: Hauptstadt im Zonendeutschland, S. 417 – 431.

Dr. Schaffarczyk zum Leiter der Rechtsabteilung,[74] *nicht genehmigt* worden ist.[75] Es muß somit ein neuer Vorschlag unterbreitet werden. Vorher wird mit dem Aktionsausschuß der Parteien Fühlung zu nehmen sein.[76]

Lange weist darauf hin, daß sich bei der Rechtsabteilung die Fälle mehren, in denen gegen die Stadt *Regreßansprüche* wegen falscher *Geschäftsführung von Betrieben durch Treuhänder* erhoben werden.[77] Die Treuhänder sind seinerzeit auf Grund von Richtlinien, die die Abt[eilung] Handel und Handwerk herausgegeben hatte, eingesetzt worden, und zwar als Verwalter fremden Vermögens.[78] Es hat sich aber herausgestellt, daß die Bezirksämter vielfach die betreffenden Geschäfte einfach den Treuhändern mehr oder weniger übergeben haben, die dann diese Geschäfte als ihr Eigentum betrachtet haben. Es ist festgestellt worden, daß einige Treuhänder das Einkommen aus diesen Geschäften als ihr Einkommen versteuert haben. In den Richtlinien war ausdrücklich festgelegt: Die Treuhänder haben Inventuren aufzustellen, Bilanzen zu machen, alle drei Monate einen Rechnungsabschluß zu machen und den Überschuß an den Verfügungsberechtigten abzuführen.[79] Dies scheint nur in den seltensten Fällen geschehen zu sein. Es ist daher damit zu rechnen, daß weitere Schadensersatzansprüche gestellt werden. Unter Dr. Siebert waren von der Finanzabteilung am 1.3.46 Richtlinien für die treuhänderische Verwaltung von Vermögen herausgegangen, die in ihrer Formulierung unzweckmäßig sind.[80]

Der Redner schlägt daher vor, daß die Finanzabteilung gemeinsam mit der Abt[eilung] Wirtschaft und der Abt[eilung] Handel und Handwerk dem Magistrat

---

74 Vgl. das 53. Mag.prot. v. 6.4.1946, TOP 2.

75 Mit BK/O (46) 224 v. 16.5.1946 hatte die AK die Ernennung Schaffarczyks abgelehnt und angeordnet, ihr baldmöglichst die Namen „weiterer Anwärter" für die Leitung der Rechtsabteilung des Magistrats vorzuschlagen. Die BK/O ist vorhanden in: LAB(STA), Rep. 101, Nr. 65, u. Rep. 102, Nr. 27, Bl. 66; LAB, Rep. 280, Nr. 12581. Die Ablehnung Schaffarczyks für die Position des Leiters der Rechtsabteilung beruhte auf der Bewertung des Rechtskomitees der AK, „that Dr. Schaffarczyk does not possess the experience in municipal law nor the professional qualifications required to insure the satisfactory performance of this high office". Vgl. hierzu BK/R (46) 180 v. 11.5.1946, in: LAB, Rep. 37: OMGBS, BICO LIB, 11/148-2/6; das 23. Prot. der stellv. Stadtkommandanten v. 14.5.1946, TOP 288, in: LAB, Rep. 37, Acc. 3971, Nr. 219.

76 Maron und Martin Schmidt forderten den Landesverband Berlin der CDU in zwei Schreiben v. 25.5.1946 auf, dem Magistrat nach der Ablehnung Schaffarczyks neue Personalvorschläge für die Stelle des Leiters der Rechtsabteilung zu unterbreiten. Die Schreiben sind vorhanden in: LAB(STA), Rep. 101, Nr. 137, u. Rep. 102, Nr. 45. Am 22.6.1946 beschloß der Magistrat, der AK zwei entsprechende von der CDU benannte Kandidaten zur Genehmigung vorzuschlagen; vgl. das 62. Mag.prot. v. 22.6.1946, TOP 2.

77 Vgl. zur treuhänderischen Geschäftsführung beschlagnahmter Betriebe das 43. Mag.prot. v. 26.1.1946, TOP 2, u. das 47. Mag.prot. v. 23.2.1946, TOP 7.

78 Die Mag.abt. für Handel und Handwerk hatte mit ihrer Anordnung zur „Bereinigung des Handels von faschistischen Elementen" v. 22.5.1945 den Bezirksverwaltungen empfohlen, unter bestimmten Bedingungen vorläufige Treuhänder in Einzelhandelsgeschäfte einzusetzen. Siehe: VOBl., Jg. 1 (1945), S. 13 f. In entsprechenden Richtlinien v. 30.8.1945 hatte sie dann die Aufgaben der vorläufigen Treuhänder für Gewerbebetriebe festgelegt. Siehe: VOBl., Jg. 1 (1945), S. 84 f. u. 87.

79 Siehe: VOBl., Jg. 1 (1945), S. 87.

80 Diese gedruckten Richtlinien sind vorhanden in: LAB, Rep. 280, Nr. 3395; LAB(STA), Rep. 105, Nr. 268.

bestimmte Vorschläge darüber unterbreitet, in welcher Form in Zukunft die Bezirke die Kontrolle über die treuhänderisch verwalteten Unternehmen und die Tätigkeit der Treuhänder selbst ausüben sollen bezw. in welchem Umfang die Hauptverwaltung des Magistrats an dieser Kontrolle beteiligt werden soll. So wie bisher geht es auf diesem Gebiet unmöglich weiter.

Dusiska berichtet, daß von der Abt[eilung] Wirtschaft die Überprüfung der treuhänderischen Betriebe, die von den Industrieabteilungen der Bezirke betreut werden, bereits vorgenommen wird. Von 650 treuhänderischen Verwaltungen sind bereits 500 einer Überprüfung unterzogen worden durch beauftragte Wirtschaftsprüfer. Es ist anzunehmen, daß die gesamte Überprüfung in etwa 14 Tagen beendet sein wird, so daß auf dem industriellen Sektor die Verhältnisse dann bereinigt sind. Das Rundschreiben von Dr. Siebert in dieser Angelegenheit hat erhebliche Unklarheiten bei den Bezirksämtern hervorgerufen. Darum wird es gut sein, wenn ein kleiner Ausschuß diese Dinge noch einmal überprüft und klarstellt.

Orlopp tritt ebenfalls für eine Überprüfung der ganzen Verhältnisse auf dem Gebiet der Treuhänder von einer zentralen Stelle aus ein.

BESCHLUSS: Der Magistrat beschließt, einen Ausschuß, bestehend aus den Herren Lange, Orlopp, Dusiska und Dr. Haas, zu beauftragen, dem Magistrat Vorschläge wegen Überprüfung der von Treuhändern geleiteten Betriebe und wegen der Einsetzung neuer Treuhänder zu unterbreiten.[81]

Dusiska gibt dem Magistrat von folgender Angelegenheit Kenntnis. Die Siemens & Halske AG hat in *Marienfelde* einen Sonderbetrieb: die *Siemens Apparate und Maschinen GmbH*.[82] Dieser Betrieb ist zum Teil zerbombt, zum Teil demontiert, verblieben ist aber eine technologische Ausrüstung und ein Rohstoffbestand[83], der 400 bis 500 Arbeitern für zwei Jahre Beschäftigung sichert. Durch das Bezirksamt Tempelhof ist in diesen Betrieb seinerzeit ein Treuhänder eingewiesen worden. Die Siemens & Halske AG möchte diesen Betrieb abstoßen. Sie ist der Meinung, daß dieser Betrieb, der sich vorwiegend mit der Herstellung von marinenachrichtentechnischen Geräten befaßt hat, heute von ihr nicht mehr produktiv gehalten werden kann. Sie möchte die vorhandenen Maschinen wie auch die Rohstoffbestände wie auch die Arbeiter auf das Stammwerk in Siemensstadt zurückführen. Das Bezirksamt Tempelhof hat durch die Militärregierung einen Befehl erwirkt, wonach der Abtransport der Maschinen und des Materials in einen anderen Sektor untersagt ist. Die Belegschaft in Marienfelde ist der Ansicht, daß dort

---

81 Vgl. zur Überprüfung bzw. Ein- und Absetzung von Treuhändern die Protokolle der Besprechungen mit den Wirtschaftsdezernenten der Bezirksämter am 3.4.1946, S. 1 – 4 u. Anlage, u. am 2.10.1946, S. 1 – 3, in: LAB(STA), Rep. 106, Nr. 188; das 61. Mag.prot. v. 15.6.1946, TOP 3; das Prot. der Konferenz der Bezirksbürgermeister am 8.8.1946, TOP 4, in: LAB, Rep. 280, Nr. 3864. Vgl. zur Sequestrierung bzw. Kommunalisierung von Betrieben das 69. Mag.prot. v. 12.8.1946, TOP 5; das 18. u. 23. Prot. des Einheitsausschusses Groß-Berlin v. 3.7.1946 u. 30.8.1946, in: BArch; Abt. Potsdam, Z-3, Nr. 4, Bl. 101 – 103 u. 123; Dok. 115.

82 Das Apparatewerk Marienfelde der Siemens Apparate und Maschinen GmbH befand sich in der Wilhelm-von-Siemens-Straße 44/45.

83 Im Originalprotokoll heißt es hier fälschlicherweise: Rohstoffbedarf. Dieser Fehler wurde nachträglich berichtigt; vgl. das 59. Mag.prot. v. 29.5.1946, TOP 1.

eine Produktion von landwirtschaftlichen Geräten und Radioapparaten aufzubauen ist. Sie hatte sich dieserhalb bereits an den Stadtkämmerer Dr. Siebert wegen eines Kredits gewandt. Daraufhin war von Dr. Siebert mitgeteilt worden, daß die Stadt Berlin ein Interesse an der Übernahme des Werkes hätte. Weitere Verhandlungen haben ergeben, daß die Siemens & Halske AG grundsätzlich bereit ist, dieses Werk abzustoßen. Es entsteht nun die Frage, ob der Magistrat an der Übernahme dieses Werkes ein Interesse hat. Es liegt bereits ein Bericht eines Wirtschaftsprüfers vor, wonach das Objekt auf rund 3 1/2 Millionen RM geschätzt wird.

Der Redner schlägt vor, aus der Mitte des Magistrats einen Ausschuß zu wählen, der dieses Angebot durchprüft und dem Magistrat darüber Bericht erstattet.

BESCHLUSS: Der Magistrat beschließt, einen Ausschuß, bestehend aus den Herren Dusiska, Dr. Haas, Kehler, Dr. Goll und Schwenk, einzusetzen zur Prüfung der Frage, ob der Magistrat die Apparatewerke Marienfelde der Siemens Apparate und Maschinen GmbH erwerben soll.[84]

Orlopp berichtet über eine *Resolution des Verbandes der Nahrungs- und Genußmittelarbeiter*,[85] worin es heißt, daß der Verband mit Entrüstung davon Kenntnis genommen habe, daß in dem Haupternährungsamt[86] und in der Abt[eilung] Handel und Handwerk Bestrebungen vorhanden seien, dem *Großhandel* eine monopolistische Stellung zuzuweisen. Der Redner erklärt, daß ihm von derartigen Bestrebungen nichts bekannt sei.[87]

Dr. Düring gibt dieselbe Erklärung für das Haupternährungsamt ab. Es werde nach wie vor die Haltung eingenommen, die Stadtrat Klimpel wiederholt im Magistrat zu dieser Frage vertreten habe.[88]

Maron meint, man sollte den Gewerkschaftsverband um Mitteilung konkreter Angaben bitten.

BESCHLUSS: Zu der Resolution des Gewerkschaftsverbandes der Nahrungs- und Genußmittelarbeiter wegen Monopolisierung des Großhandels bei Verteilung der Lebensmittel durch bestimmte Stellen im Magistrat wird festgestellt, daß der Magistrat seine Stellungnahme in dieser Frage nicht geändert hat.[89]

Nächste Sitzung: Sonnabend, den 25.5.46, vorm[ittags] 9 Uhr.[90]

---

84 Vgl. zur erneuten Beratung dieser Frage das 75. Mag.prot. v. 14.9.1946, TOP 7; ferner: Siemens und der Magistrat, in: Der Kurier, 1.7.1946, S. 4.

85 Diese Resolution konnte nicht ermittelt werden.

86 Gemeint ist die Mag.abt. für Ernährung.

87 Vgl. zur Position von Orlopp hinsichtlich der Wiedereinschaltung des Großhandels: Dok. 44 u. 101 u. das 48. Mag.prot. v. 4.3.1946, TOP 5 (insb. Anm. 25); zur Diskussion über den Großhandel im Magistrat das 47. Mag.prot. v. 23.2.1946, TOP 4.

88 Vgl. zur Position von Klimpel hinsichtlich der Wiedereinschaltung des Großhandels: Dok. 44, Anm. 6; das 33. Mag.prot. v. 3.12.1945, TOP 3, u. das 34. Mag.prot. v. 10.12.1945, TOP 7 (Beschluß zur Einschaltung des Großhandels), u. das 47. Mag.prot. v. 23.2.1946, TOP 4.

89 Die Resolution des Verbands der Nahrungs- und Genußmittelarbeiter beruhte auf falschen Voraussetzungen; vgl. das 59. Mag.prot. v. 29.5.1946, TOP 4 (Düring).

90 Tatsächlich fand die nächste Mag.sitzung am Mittwoch, den 29.5.1946 statt.

Dok. 86
59. Magistratssitzung vom 29. Mai 1946

LAB(STA), Rep. 100, Nr. 773, Bl. 33a–33g. – Umdruck.[1]

Beginn: 10.10 Uhr   Schluß: 15 Uhr

Anwesend: Dr. Werner, Maron, Orlopp, Schwenk, Schulze, Dr. Landwehr, Pieck, Dr. Haas, Kehler, Dr. Mittag, Schmidt, Winzer, Dr. Düring, Scharoun, Buchholz, Jirak, Geschke, Kraft, Henneberg, Fleischmann, Wildangel, Starck, Grüber. – Schwanebeck.[2]

Den Vorsitz führt: Oberbürgermeister Dr. Werner, zeitweise Bürgermeister Maron.

Tagesordnung: 1. Protokoll
               2. Ernährung
               3. Finanzwesen
               4. Verkehr
               5. Bau- und Wohnungswesen
               6. Sozialwesen
               7. Volksbildung
               8. Allgemeines.

1. PROTOKOLL

Die Niederschrift der Magistratssitzung vom *18.5.46* wird mit folgenden *Berichtigungen* angenommen.

a) Auf Seite 7[3] ist am Schluß von Punkt 6 die ausgefallene Zeile einzufügen:
     BESCHLUSS: Die Vorlage Nr. 232 wird angenommen.

b) Auf Seite 9 muß es in der vorletzten Zeile[4] richtig heißen:
     Jeder Fachausschuß soll sich aus 20 Vertretern der Unternehmungen und *10* Vertretern der Gewerkschaften zusammensetzen.

c) Auf Seite 11 muß es in der letzten Zeile[5] statt „Rohstoffbedarf" heißen: „Rohstoffbestand".

---

1 Weitere Umdruckexemplare dieses Protokolls sind vorhanden in: LAB(STA), Rep. 100, Nr. 752, lfd. S. 240 – 252; LAB, Rep. 228, Mag.protokolle 1946, u. Rep. 280, Nr. 8501/18.

2 In der Anwesenheitsliste sind die Vertreter der britischen Militärregierung nicht aufgeführt, die nach dem Text des Protokolls (TOP 1, 2 u. 4) zeitweilig an der Mag.sitzung teilnahmen.

3 Die hier genannte Seitenzahl trifft nur auf das Originalprotokoll zu, nicht aber auf seine Wiedergabe in dieser Edition. Vgl. das 58. Mag.prot. v. 18.5.1946, TOP 6.

4 Die hier genannte Stellenangabe trifft in dieser Form nur auf das Originalprotokoll zu, nicht aber auf seine Wiedergabe in dieser Edition. Vgl. das 58. Mag.prot. v. 18.5.1946, TOP 7, 16. Absatz.

5 Die hier genannte Stellenangabe trifft in dieser Form nur auf das Originalprotokoll zu, nicht aber auf seine Wiedergabe in dieser Edition. Vgl. das 58. Mag.prot. v. 18.5.1946, TOP 8, 7. Absatz.

Dr. Werner begrüßt zwei Vertreter der britischen Militärregierung, die inzwischen erschienen sind und eine Zeitlang als Gäste an der Magistratssitzung teilnehmen.

2. ERNÄHRUNG

Hierzu liegt die Vorlage Nr. 240[6] vor, betreffend Verordnung zur *Bekämpfung des Kartoffelkäfers* im Stadtgebiet Berlin.

Dr. Düring begründet die Vorlage, die sich an die bisherige Pflanzenschutzgesetzgebung anschließt. Die Verordnung ist einmal aus materiellen Gründen wegen der allgemein bekannten Schädlichkeit des Kartoffelkäfers notwendig, zum andern aus einem formellen Grunde: Nachdem der Kartoffelkäfer nunmehr auch die Gebiete östlich der Elbe bedroht, muß für das Stadtgebiet Berlin entsprechend den veränderten staatsrechtlichen Verhältnissen eine besondere Verordnung erlassen werden. Durch sie werden die bisher schon in Geltung befindlichen Vorschriften speziell auf Berlin zugeschnitten. Der Redner bittet unter nochmaligem Hinweis auf die große Wichtigkeit dieser Schädlingsbekämpfung um Annahme der Vorlage.

Auf eine Frage von Maron, ob wegen Beschaffung der Bekämpfungsmittel Schwierigkeiten bestehen, erwidert der Redner, unter den gegenwärtigen Umständen beständen zwar gewisse Schwierigkeiten, aber von den Besatzungsmächten werde das größte Entgegenkommen in dieser Hinsicht gezeigt.

Ein *Vertreter der britischen Militärregierung* erklärt, die in Aussicht genommenen Maßnahmen fänden die volle Zustimmung der englischen Militärregierung, die der Sache ihre bestmögliche Unterstützung leihen werde. Es handele sich bei der Bekämpfung des Kartoffelkäfers um eine sehr ernste Angelegenheit, und es sei von größter Bedeutung, der Gefahr einer weiteren Ausbreitung dieses Schädlings so schnell wie möglich zu begegnen.

BESCHLUSS: Die Vorlage Nr. 240 wird angenommen.[7]

3. FINANZWESEN

Hierzu liegt die Vorlage Nr. 246[8] vor, betreffend *5. Nachtrag zur Vergnügungssteuerordnung.*

Dr. Haas begründet die Vorlage, die auf einen Wunsch des Magistrats zurückgeht[9]. Die Verordnung sieht einmal eine Erhöhung des Steuersatzes für *Vorführungen von Bildstreifen* vor, und zwar von 15 auf 20 %. Bei *Varieté-Vorstellungen* ist die Steuer abgestuft, je nachdem es sich um Vorstellungen in Lokalen ohne Verzehr, mit billigem Verzehr oder mit teurem Verzehr handelt. Die Sätze sind hier erhöht von 15 % auf 20 %, von 20 % auf 25 % und von 25 % auf 30 %. Das gleiche gilt auch für die *Kabarett-Vorstellungen.* Bei *Volksbelustigungen* ist lediglich für Karusselle,

---

6 LAB(STA), Rep. 100, Nr. 773, Bl. 34; auch in: LAB(STA), Rep. 101, Nr. 586.

7 Die hiermit beschlossene VO zur Bekämpfung des Kartoffelkäfers im Stadtgebiet Berlin wurde von der AK mit Schreiben v. 8.6.1946 genehmigt; siehe: VOBl., Jg. 2 (1946), S. 213. Sie wurde veröffentlicht in: VOBl., Jg. 2 (1946), S. 213 f. Vgl. auch: 700 000 Zentner Kartoffeln in Gefahr. Polizei und Schulen auf Käferjagd, in: Der Tagesspiegel, 14.7.1946, [S. 4].

8 LAB(STA), Rep. 100, Nr. 773, Bl. 41; auch in: LAB(STA), Rep. 101, Nr. 644, Bl. 168.

9 Vgl. das 57. Mag.prot. v. 13.5.1946, TOP 2, u. das 58. Mag.prot. v. 18.5.1946, TOP 5.

Lebensräder[10] usw. der Pauschsteuersatz vom 20fachen auf das Vierzigfache erhöht worden.

Noch weitergehende Erhöhungen auf dem Gebiet der Vergnügungssteuer sind von erfahrenen Fachleuten nicht gutgeheißen worden. Die Erhöhungen sollen schon am 1. Juli in Kraft treten, nicht erst, wie von einer Seite angeregt wurde, im Winter.

Der Redner gibt weiter Kenntnis von der inzwischen erfolgten Aufhebung der Befreiung der *städtischen Theater* von der Vergnügungssteuer.[11] Es ist festgestellt worden, daß durch Verfügung des früheren Stadtkämmerers Dr. Siebert vom 15.11.45 die städtischen Theater von der Zahlung der Vergnügungssteuer befreit worden sind.[12] Der Redner hat auf Grund des Magistratsbeschlusses der letzten Sitzung[13] diese Verfügung unter dem 23.5.46 aufgehoben,[14] und zwar, um eine kurze Übergangszeit zu lassen, ab 1.7.46. Die städtischen Theater sind der Qualität ihrer Darbietungen entsprechend in die niedrigste Steuerstufe, mit 5 %, eingereiht. Damit ist für den Haushalt Klarheit geschaffen. An den Einnahmen und Ausgaben ändert sich im Ergebnis dadurch nichts, da das, was auf der einen Seite eingeht, auf der anderen Seite als Zuschuß zugesetzt werden muß.

Dr. Werner fragt, ob nicht zu befürchten sei, daß durch die Steuererhöhungen die Eintrittspreise insbesondere für die Kinos sich erhöhen würden.

Dr. Haas: Der Kinobesitzer ist nicht berechtigt, die Kartensteuer auf die Besucher abzuwälzen, sondern die Steuer geht auf Kosten seines Gewinnes.

Orlopp ist mit den neuen Steuersätzen für Vorführungen von Bildstreifen und für Volksbelustigungen einverstanden. Das Preisamt werde eine Erhöhung der Preise für diese Veranstaltungen nicht zulassen. Eine Preiserhöhung sei hier auch gar nicht notwendig, da die Kinos und die Rummelplätze immer überfüllt seien.

Nicht einverstanden ist der Redner dagegen mit den vorgeschlagenen Sätzen für Veranstaltungen, die reinen Luxuscharakter haben. Hier sei eine noch stärkere Erhöhung der Steuer am Platze, auch wenn die Unternehmungen dann nicht mehr ihre bisherige Rendite behalten. Eine Abwälzung auf die Besucher kann hier ruhig stattfinden. Der Redner beantragt für Lokale mit Varieté- und Kabarett-Vorstellungen, die zugleich Speisen und Getränke verabfolgen, eine Erhöhung des Steuersatzes bis auf 25 % und bei Lokalen mit teurem Verzehr bis auf 40 %.

Henneberg bedauert, daß die Vorlage nicht vorher der Abt[eilung] für Kunst zur Mitzeichnung vorgelegt worden ist, damit sie sich über die Auswirkungen rechtzeitig informieren konnte. Der Redner äußert Bedenken gegen die erhöhte Besteuerung von Filmvorführungen. Vom Standpunkt der geistigen Erneuerung des Volkes habe gerade der Film eine besondere Aufgabe. Bei einer Steuererhöhung sei doch ein Aufschlag auf die Preise oder eine Beeinträchtigung der Qualität der Filme zu befürchten.

Schwenk verweist noch einmal auf die Erklärung, daß das Preisamt auf dem Standpunkt stehe, daß Steuererhöhungen nicht auf die Preise abgewälzt werden

---

10 Optische Geräte, die beim Hineinschauen den Eindruck eines Bewegungsablaufs vermitteln.
11 Vgl. hierzu das 58. Mag.prot. v. 18.5.1946, TOP 5.
12 Die Verfügung von Siebert v. 15.11.1945 konnte nicht ermittelt werden.
13 Vgl. das 58. Mag.prot. v. 18.5.1946, TOP 5.
14 Die Aufhebungsverfügung von Haas v. 23.5.1946 konnte nicht ermittelt werden.

dürfen. Die Kinobesitzer könnten ruhig eine kleine Belastung tragen, denn die Kinos seien immer überfüllt.

Maron vertritt auch den Standpunkt, daß bei Lichtspieltheatern und Volksbelustigungen unter keinen Umständen eine Erhöhung der Eintrittspreise stattfinden darf. Nachdem das Preisamt erklärt hat, es werde eine Preiserhöhung nicht zulassen, und auch die Fachleute behaupten, daß eine Preiserhöhung nicht zu befürchten sei, fielen Bedenken nach dieser Richtung fort.

Der Redner sieht in der jetzt bekannt gewordenen Verfügung von Dr. Siebert über die Streichung der Kartensteuer für die städtischen Theater das Beispiel eines unzulässigen Vorgehens eines Magistratsmitgliedes und stellt erneut fest, daß solche grundsätzlichen Maßnahmen nicht ohne Informierung bzw. Beschlußfassung des Magistrats angeordnet werden dürfen.

Dr. Haas betont noch einmal, daß die Kino- und Karussellsteuer sich nicht auf die Eintrittspreise auswirken solle, daß sie dagegen von den Inhabern der Betriebe sehr wohl getragen werden könne. Bei Einnahme der von Orlopp vorgeschlagenen Erhöhung für die Stufen 2 und 3 der Kartensteuer für Varieté- und Kabarett-Vorstellungen müßten dann auch die in der Vorlage vorgesehenen Mindeststeuerbeträge entsprechend geändert werden.

BESCHLUSS: Die Vorlage Nr. 246 wird mit folgenden Änderungen angenommen:[15]

    a) Art. I Ziffer 2b erhält die Fassung, daß
        in § 39 (Varieté-Vorstellungen usw.) Abs. 2
        der Kartensteuersatz geändert wird von 20 %
        in 30 %,
        der Mindeststeuerbetrag von 0,20 in 0,40 RM.

    b) Art. I Ziffer 2c erhält die Fassung, daß
        in § 39 Abs. 3 der Kartensteuersatz geändert
        wird von 25 % in 40 %,
        der Mindeststeuerbetrag von 0,30 auf 0,50 RM.

    c) Art. I Ziffer 3b soll lauten:
        In § 43 (Kabarettvorstellungen usw.) Abs. 3
        wird der Kartensteuersatz von 20 % in 30 %,
        der Mindeststeuerbetrag von 0,20 in 0,40 RM
        geändert.

---

15 Mit Schreiben v. 15.6.1946 leitete Haas der AK den hier angenommenen Fünften Nachtrag zur Vergnügungssteuerordnung der Stadt Berlin zusammen mit einem vom Magistrat Mitte Mai 1946 beschlossenen Vierten Nachtrag zur Vergnügungssteuerordnung zur Genehmigung zu. Das Schreiben, in dem die beschlossenen Erhöhungen der Vergnügungssteuersätze mit dem Hinweis auf den Fehlbetrag im städtischen Haushalt 1946 begründet wurden, ist vorhanden in: LAB(STA), Rep. 101, Nr. 69. Vgl. zum Vierten Nachtrag das 57. Mag.prot. v. 13.5.1946, TOP 2; zur Höhe der Vergnügungssteuersätze das 58. Mag.prot. v. 18.5.1946, TOP 5. Mit BK/O (46) 318 v. 31.7.1946 genehmigte die AK die beantragten Steuererhöhungen, die zusammengefaßt unter der Einheitsbezeichnung „Vierter Nachtrag zur Vergnügungssteuerordnung der Stadt Berlin" veröffentlicht wurden in: VOBl., Jg. 2 (1946), S. 313–315. Die BK/O (46) 318 ist vorhanden in: LAB(STA), Rep. 101, Nr. 69; LAB, Rep. 280, Nr. 12625.

d) Art. I Ziffer 3c soll lauten:
   In § 43 Abs. 4 wird der Kartensteuersatz von
   25 % in 40 %,
   der Mindeststeuerbetrag von 0,30 in 0,50 RM
   geändert.
   Die Mitteilung des Stadtkämmerers über die Wiedereinführung der
   Vergnügungssteuer für die städtischen Theater wird zur Kenntnis
   genommen.

Schwenk erinnert an die anläßlich der eiligen Durchberatung des *Haushaltsplans* von
ihm gegebene Anregung[16], den Finanzausschuß[17] einzuberufen, um noch einmal
in Ruhe die *einzelnen Positionen durchzuprüfen* und sich insbesondere darüber
schlüssig zu werden, wie die Streichungen im einzelnen am besten zu verteilen
seien, sowohl bei den Bezirksverwaltungen wie innerhalb der Hauptverwaltung.
Der Finanzausschuß sei bisher zu diesem Zweck nicht einberufen worden, wohl
aber hätten seines Wissens inzwischen weitere Verhandlungen mit den Alliierten
in dieser Richtung stattgefunden. Es wäre erwünscht, wenn der Magistrat über die
dabei erzielten Resultate unterrichtet werden könnte.
   Dr. Haas erwidert, die Besprechungen mit den Alliierten hätten sich bisher nur
auf einzelne Fragestellungen seitens der alliierten Verbindungsoffiziere beschränkt,
eigentliche Verhandlungen in dem angedeuteten Sinne hätten noch nicht stattgefunden. Die Finanzabteilung ist jetzt damit beschäftigt, den Haushalt für die Bezirke so
aufzugliedern, wie er für die Hauptverwaltung aufgegliedert ist, d[as] h[eißt] nach
den einzelnen Abteilungen. Der Anfang ist mit Reinickendorf gemacht worden.
Sobald hier irgendein greifbares Ergebnis sichtbar ist, wird der Magistrat informiert
bzw. vorher der Finanzausschuß einberufen werden.[18]

Der Redner teilt weiter mit, daß den Bezirken und auch der Hauptverwaltung in
den nächsten Tagen eine Bekanntmachung über die von den Alliierten gegebenen
Vorschriften, betreffend Haushaltsüberschreitungen, zugehen wird.[19] Danach dürfen
vom Kämmerer nur Überschreitungen bis zu 5 % bei einer Einzelposition des Etats
oder insgesamt höchstens 75 000 RM zugestanden werden; darüber hinausgehende
Überschreitungen müssen der Alliierten Kommandantur zur Genehmigung vorgelegt
werden.[20] Leider kommen die Bezirke immer erst nachträglich mit ihren Überschreitungen heraus, die teilweise sehr erheblich sind und meist dadurch entstehen,
daß sorglos Verpflichtungen eingegangen werden, die sich hinterher finanziell stark
auswirken. Eine Zusammenstellung dieser Überschreitungen in den Bezirken wird

16 Vgl. das 56. Mag.prot. v. 4.5.1946, TOP 4.
17 Gemeint ist der Haushaltsausschuß des Magistrats; vgl. hierzu das 15. Mag.prot. v.
   6.8.1945, TOP 6.
18 Vgl. das 61. Mag.prot. v. 15.6.1946, TOP 3. Hinweise auf eine tatsächliche Einberufung
   des Haushaltsausschusses, wie hier von Haas angekündigt, konnten nicht ermittelt
   werden.
19 Diese von Maron und Haas unterzeichnete Bekanntmachung der Finanzabteilung v.
   28.5.1946 ist vorhanden in: LAB(STA), Rep. 101, Nr. 644, Bl. 165, u. Rep. 105, Nr. 418.
20 Diese Vorschriften hatte die AK mit BK/O (46) 139 v. 21.3.1946 erlassen. Die BK/O
   ist vorhanden in: LAB(STA), Rep. 101, Nr. 61, u. LAB, Rep. 280, Nr. 12546; abgedruckt
   in: Berlin. Quellen und Dokumente, 1. Halbbd., S. 421 f.

demnächst dem Magistrat in einer Sammelvorlage zur Genehmigung vorgelegt werden.[21]

Winzer gibt Klagen aus den Bezirken über plötzliche *Sperrung der Mittel für angefangene Schulbauten*, bei denen die Etatsansätze überschritten sind, wieder. Von den Bezirksbürgermeistern werde darauf hingewiesen, daß gerade jetzt die gute Jahreszeit zum Bauen ausgenutzt werden müßte,[22] zumal die Schulen dringend zum Herbst gebraucht werden. Es müßte doch eine Möglichkeit gefunden werden, solche dringend notwendigen Schulbauten ebenso wie Krankenhausbauten noch in der gegenwärtigen Bauperiode zu finanzieren. Von der Bevölkerung würde sonst mit Recht der Vorwurf erhoben werden, daß die Bauten zu der Zeit, wo sie hätten ausgeführt werden können, nicht ausgeführt wurden.

Dr. Haas erklärt hierzu, der Grund für die Nichtfinanzierung von Bauten liege meist darin, daß die vorgeschriebenen Unterlagen für diese Bauten nicht beigebracht wurden.

Winzer entgegnet, von einem den Bezirk Schöneberg betreffenden Fall wisse er, daß die Unterlagen eingereicht, aber aus irgendwelchen Gründen bei der Finanzabteilung nicht bearbeitet worden seien. Aber selbst wenn die Unterlagen nicht alle rechtzeitig vorlägen, sollte man die Mittel für die Fortführung der Bauten nicht einfach sperren, sondern eine gewisse Frist für die Beibringung der Unterlagen setzen, damit wenigstens die gute Bauzeit ausgenützt werden könne.[23]

Schmidt fragt, ob bei den *Einzeletats der allgemeinen Verwaltung der Bezirksämter* eine *Ausgleichsmöglichkeit* besteht zwischen den Bezirken, die mit ihren Einnahmen oder Ausgaben unter dem Durchschnitt liegen, und solchen, die über dem Durchschnitt liegen.

Dr. Haas bejaht dies. Es sei auch bereits ein besonderer Fonds geschaffen worden, um diesen Ausgleich zu ermöglichen. Leider sind die Einnahmen der Bezirke vielfach nicht so hoch, wie sie vorgeschätzt sind, so daß es da zu unangenehmen

---

21 Mit Schreiben v. 9.8.1946 übersandte die Finanzabteilung des Magistrats dem Finanz-komitee der AK eine Zusammenstellung zur Kenntnisnahme, in der die von ihr bis zum 1.8.1946 genehmigten Haushaltsüberschreitungen der Bezirksverwaltungen und der Hauptverwaltung in Höhe von bis zu 5 % des Etatansatzes oder höchstens 75 000 RM aufgeführt waren. In einem weiteren Schreiben v. 9.8.1946 beantragte sie beim Fi-nanzkomitee der AK die Genehmigung einer Reihe von Haushaltsüberschreitungen von über 5 % des Etatansatzes bzw. von mehr als 75 000 RM. Die Schreiben sind vorhanden in: LAB(STA), Rep. 101, Nr. 61. Weitere Mitteilungen zur Kenntnisnahme und Genehmigungsanträge zu Haushaltsüberschreitungen, die dem Finanzkomitee der AK von der Finanzabteilung des Magistrats in der Folgezeit zugeleitet wurden, sind vorhanden in: LAB(STA), Rep. 101, Nr. 61 u. 637–639. In den Mag.sitzungen sind diese Aufstellungen und Anträge nicht behandelt worden.

22 Vgl. die Protokolle der Konferenzen der Bezirksbürgermeister am 6.6.1946, TOP 5, u. am 13.6.1946, TOP 2, in: LAB, Rep. 280, Nr. 3858 u. 3859; das 61. Mag.prot. v. 15.6.1946, TOP 3 (Haas).

23 Vgl. zu Baumaßnahmen an Schulbauten das 51. Mag.prot. v. 25.3.1946, TOP 3, u. TOP 7 in diesem Mag.prot., u. das 61. Mag.prot. v. 15.6.1946, TOP 3 (Haas) u. 6, u. das 62. Mag.prot. v. 22.6.1946, TOP 3.

Rückschlägen kommen wird. Aber es ist zu hoffen, daß auf der anderen Seite bei den „teuren" Bezirken noch etwas herauszuholen sein wird.[24]

4. VERKEHR

Dr. Werner begrüßt einen Herrn und eine Dame von der britischen Transportabteilung, die eine Zeitlang als Gäste an der Magistratssitzung teilnehmen.

Kraft begründet die Vorlage Nr. 241[25], betreffend Prüfung der *Eigentumsverhältnisse* sämtlicher im Stadtgebiet Berlin vorhandenen und noch nicht zugelassenen *Kraftfahrzeuge.* Diese Maßnahme, die einem in der letzten Sitzung des Magistrats geäußerten Wunsche entspricht[26], steht im Zusammenhang mit der zur Zeit im Gange befindlichen technischen Überprüfung aller Kraftfahrzeuge. Bei dieser Überprüfung sind bis zum 25.5. insgesamt 53 000 Fahrzeuge erfaßt worden, und zwar 22 311 zugelassene und 30 646 versteckt gehaltene, eine Zahl, die alle Schätzungen weit übertrifft. Diese Fahrzeuge sollen nun auf ihr Eigentumsverhältnis überprüft werden.

Schwenk empfiehlt, in der Vorlage gleich festzulegen, durch wen diese Prüfung erfolgen soll. Man würde dabei wohl am besten die Erfahrungen nutzbar machen, die beim Bewirtschaftungsamt für Bergungsgut[27] in dieser Hinsicht gemacht worden sind.

Schmidt schlägt vor, die Bergungsämter[28] mit der Prüfung zu betrauen. Der Magistrat müßte dann durch eine Verordnung, die mit dem alliierten Transportkomitee zu besprechen wäre, festlegen, was mit den Fahrzeugen, bei denen die Eigentumsverhältnisse nicht geklärt sind, geschehen soll.

Kraft: Wenn die technische Untersuchung aller Kraftfahrzeuge abgeschlossen ist, beabsichtigen wir, uns von dem alliierten Komitee das Verfügungsrecht über alle Fahrzeuge geben zu lassen, die nicht wieder fahrfähig gemacht werden können, damit wir sie „ausschlachten" und die brauchbaren Teile für solche Fahrzeuge verwenden können, die wieder in einen fahrfähigen Zustand gebracht werden können.

BESCHLUSS: Die Vorlage Nr. 241 wird nach weiterer Erörterung technischer Einzelheiten mit der Änderung angenommen, daß zu Beginn der dritten Zeile die Worte eingefügt werden: durch die Bergungsämter.[29]

Kraft begründet weiter die Vorlage Nr. 243[30], betreffend *Einrichtung einer Reisestelle*

---

24 Vgl. zu den Etats der Bezirksämter das 61. Mag.prot. v. 15.6.1946, TOP 3, u. das 62. Mag.prot. v. 22.6.1946, TOP 3, u. das 79. Mag.prot. v. 12.10.1946, TOP 4.

25 LAB(STA), Rep. 100, Nr. 773, Bl. 35 u. 35a; auch in: LAB(STA), Rep. 101, Nr. 647.

26 Vgl. das 58. Mag.prot. v. 18.5.1946, TOP 6.

27 Vgl. zu diesem Amt das 7. Mag.prot. v. 18.6.1945, TOP 8, u. das 61. Mag.prot. v. 15.6.1946, TOP 5; Dok. 109.

28 Vgl. zu den bezirklichen Bergungsämtern das Prot. der Konferenz der Bezirksbürgermeister am 6.6.1946, TOP 1, in: LAB, Rep. 280, Nr. 3858.

29 Der hier gefaßte Mag.beschluß ist mit dem Ausfertigungsdatum v. 1.6.1946 vorhanden in: LAB(STA), Rep. 100, Nr. 773, Bl. 35e; veröffentlicht in: VOBl., Jg. 2 (1946), S. 189. Er hat den Wortlaut: „Der Magistrat hat beschlossen, die Eigentumsverhältnisse sämtlicher im Stadtgebiet Berlin vorhandenen und *noch nicht zugelassenen* Kraftfahrzeuge durch die Bergungsämter zu prüfen, gleichgültig, ob die Kraftfahrzeuge fahrbereit sind oder nicht. Die Bergungsämter dürfen mit sofortiger Wirkung als herrenlos gemeldete Fahrzeuge oder Fahrzeugwracks bis auf weiteres nicht mehr freigeben."

30 LAB(STA), Rep. 100, Nr. 773, Bl. 37 u. 37a; auch in: LAB(STA), Rep. 101, Nr. 647.

in der Abteilung für Verkehr – Transportzentrale[31] –.[32] Die nach Einführung des Zwischenzonenpasses[33] eingetretenen Verhältnisse lassen es angezeigt erscheinen, eine zentrale Stelle einzurichten, bei der alle hierbei in Frage kommenden Dinge bearbeitet werden.

Orlopp ist mit der Schaffung einer solchen zentralen Stelle einverstanden, glaubt aber, daß die bestehenden Reisestellen einzelner Abteilungen, besonders der Abt[eilung] für Handel und Handwerk und der Abt[eilung] für Wirtschaft, weiter in Funktion bleiben müssen; sie würden dann gewissermaßen Zweigstellen der zentralen Stelle. Der Redner schildert kurz, wie bei der Abt[eilung] Handel und Handwerk die Prüfung und Genehmigung von Anträgen auf Reisegenehmigungen für die Hereinholung von Waren usw. vor sich geht. Diese Arbeit könnte von einer zentralen Stelle gar nicht übernommen werden. Wenn diese Stelle aber als eine Art zentrales Reisebüro gedacht sei und für die übrigen Reisestellen gewissermaßen federführend sein solle, sei nichts dagegen einzuwenden.

Kraft bestätigt diese Auffassung. Die bestehenden Reisestellen der Abteilungen für Wirtschaft und Handel sollen durch diese Vorlage nicht berührt werden. Für die Befürwortung von Fernfahrten muß aber eine allein zuständige Stelle dasein.

Auf eine Anfrage von *Pieck* erklärt der Redner weiter, daß mit den in der Vorlage genannten Angehörigen der Magistratshauptverwaltung die leitenden Mitglieder des Magistrats gemeint seien, nicht die große Zahl der Angestellten. Diese müßten sich für private Reisen die notwendigen Bescheinigungen über ihre zuständigen Bezirksstellen besorgen.

Maron beantragt, den letzten Absatz[34] der Vorlage zu streichen, nachdem erklärt worden ist, daß die bei den Abteilungen Wirtschaft und Handel bestehenden Reisestellen erhalten bleiben sollen.

BESCHLUSS: Die Vorlage Nr. 243 wird unter Streichung des letzten Absatzes angenommen.[35]

Nach einer kurzen Pause wird noch einmal der Punkt

ERNÄHRUNG

aufgenommen.

---

31 Die Transportzentrale stellte ein Dezernat in der Mag.abt. für Verkehr dar. Vgl. den Organisationsplan der Mag.abt. für Verkehr v. 15.12.1945 und die Übersicht „Arbeitsgebiete der Abteilung für Verkehr" v. 29.11.1946, in: LAB, Rep. 280, Nr. 5658 u. 13996.

32 Vgl. zu Reise-Lebensmittelmarken das 24. Mag.prot. v. 1.10.1945, TOP 7. Vgl. zu Reisegenehmigungen das 29. Mag.prot. v. 5.11.1945, TOP 3; Wenn einer eine Reise tut... Einheitliche Richtlinien des Magistrats für Reisegenehmigungen, in: Berliner Zeitung, 30.3.1946, [S. 2].

33 Vgl. hierzu die Bekanntmachung der Mag.abt. für Personalfragen und Verwaltung, betr. Interzonenreiseverkehr, in: Berliner Zeitung, 2.4.1946, [S. 4]; Berlin. Kampf um Freiheit, S. 292, 405 u. 422.

34 Dieser Absatz lautete: „Dienststellen der Magistratshauptverwaltung, die bisher Fragen des Reiseverkehrs bearbeitet haben, überführen ihre Arbeiten in die Transportzentrale."

35 Der hier gefaßte Mag.beschluß ist mit dem Ausfertigungsdatum v. 4.6.1946 vorhanden in: LAB(STA), Rep. 100, Nr. 773, Bl. 37c; veröffentlicht in: Die Stadtverwaltung, Jg. 1 (1946), H. 9, S. 10. Vgl. zur erneuten Beratung über das Zentrale Reiseamt des Magistrats das 83. Mag.prot. v. 9.11.1946, TOP 3.

Dr. Düring berichtet hierzu kurz über die Ernährungslage[36] und verschiedene das Haupternährungsamt[37] betreffende Fragen: u[nter] a[nderem] den neuen Befehl über den Schwund,[38] die Auswirkungen der Neuregelung für die Lebensmittelkarteneinstufung,[39] die Resolution[40] des Verbandes der Nahrungs- und Genußmittelarbeiter wegen angeblicher Monopolisierung des Großhandels. In letzterem Punkte ist nach Rücksprache mit dem FDGB festgestellt worden, daß man bei der Entschließung von falschen Voraussetzungen ausgegangen war.

Der Redner berichtet im Zusammenhang hiermit von Plänen, die dahin gehen, den ganzen kaufmännischen Betrieb in dem Hauptamt für Bedarfsdeckung bei der Abt[eilung] Ernährung in die Form einer selbständigen Gesellschaft umzuwandeln, an der neben dem Magistrat als Hauptgesellschafter auch die Gewerkschaften und die Konsumgenossenschaften zu beteiligen wären.[41]

In der Aussprache über diese Fragen schneidet *Maron* als Hauptproblem die *Neubesetzung der Leitung der Abt[eilung] für Ernährung* an. Stadtrat Klimpel wird vermutlich nach seinem Urlaub nicht auf seinen Posten zurückkehren[42]; der zu seinem Nachfolger vorgesehene Herr Grommann ist bisher nicht bestätigt worden[43]; einer der stellvertretenden Leiter ist seit Monaten

---

36 Vgl. zur Ernährungslage im Mai 1946 verschiedene Quellen in: LAB(STA), Rep. 101, Nr. 547 u. 586, u. LAB, Rep. 10 B, Acc. 1877, Nr. 376 u. 405; BK/R (46) 262 v. 20.7.1946: Nahrungsmittelbericht des Food Committee der AK für Mai 1946, in: LAB, Rep. 37: OMGBS, BICO LIB, 11/148-2/7; Blick in den Kochtopf einer Großstadt. Berliner Lebensmittelverbrauch im Spiegel der Zahlen, in: Berliner Zeitung, 18.5.1946, [S. 2].

37 Gemeint ist die Mag.abt. für Ernährung.

38 Gemeint ist BK/O (46) 233 v. 25.5.1946, mit der die AK die ab 1.6.1946 zulässigen Lebensmittelverlustsätze festsetzte. Die BK/O ist vorhanden in: LAB(STA), Rep. 101, Nr. 65; LAB, Rep. 280, Nr. 12583. Vgl. hierzu Dok. 92 u. 123.

39 Gemeint ist die allgemeine Neuklassifizierung der Lebensmittelkarten für die Berliner Bevölkerung ab 1.5.1946, die von der AK mit BK/O (46) 148 v. 30.3.1946 angeordnet worden war. Vgl. hierzu Dok. 79, Anm. 55.

40 Vgl. hierzu das 58. Mag.prot. v. 18.5.1946, TOP 8.

41 Das Hauptamt für Bedarfsdeckung ist nicht in eine selbständige Gesellschaft umgewandelt worden; vgl. das 79. Mag.prot. v. 12.10.1946, TOP 7 (Mag.vorlage Nr. 452). Es hatte aber innerhalb der Stadtverwaltung eine Sonderstellung. Vgl. hierzu das Schreiben von Martin Schmidt an das Ernährungskomitee der AK v. 7.12.1946, betr. Haushaltsplan der Abteilung für Ernährung des Magistrats von Groß-Berlin, in: LAB, Rep. 10 B, Acc. 1877, Nr. 406. Hierin führte Schmidt aus: „Innerhalb der Abteilung für Ernährung gibt es [...] einen Geschäftszweig, dessen Aufgabe der Einkauf (Beschaffung), Lagerung und Verkauf (Verteilung) von Lebensmitteln ist – das ‚Hauptamt für Bedarfsdeckung'. Dieses Hauptamt für Bedarfsdeckung ist eine geschlossene Einheit innerhalb der Abteilung für Ernährung. Es hat ein eigenes Rechnungswesen auf der Basis der doppelten Buchführung (im Gegensatz zur kameralistischen Buchführung der Stadtverwaltung) und legt durch Erstellung von Bilanzen Rechenschaft über seine finanzielle Entwicklung ab."

42 Der Magistrat hatte bereits ein Vierteljahr zuvor den Beschluß zur Abberufung Klimpels von seiner Funktion als Leiter der Mag.abt. für Ernährung gefaßt. Klimpel hatte letztmalig am 6.4.1946 an einer Mag.sitzung teilgenommen und war dann krank geschrieben. Vgl. das 47. Mag.prot. v. 23.2.1946, TOP 2 (insb. Anm. 4 u. 5).

43 Zugleich mit der Abberufung Klimpels hatte der Magistrat beschlossen, Artur Grommann (SPD/SED) zu seinem Nachfolger als Leiter der Mag.abt. für Ernährung zu berufen. Dieser Mag.beschluß erhielt aber nicht die Bestätigung der AK. Vgl. das 47. Mag.prot. v. 23.2.1946, TOP 2 (insb. Anm. 7).

aus der Arbeit ausgeschieden[44]. Unter diesen Umständen erscheint es angezeigt, eine sofortige Entscheidung darüber zu treffen, wie bis zur Klärung der Situation die Leitung der Abteilung besetzt werden soll.

Der Redner schlägt vor, den zweiten Stellvertreter des Oberbürgermeisters, Bürgermeister Orlopp, der durch seine Arbeit in der Abt[eilung] für Handel und Handwerk in die ganze Materie einigermaßen eingeweiht ist, mit der kommissarischen Leitung der Abt[eilung] für Ernährung zu beauftragen und ihm für das Gebiet der Personalfragen Herrn Martin Schmidt, ebenfalls kommissarisch, beizugeben.

Jirak trägt *Beschwerden gegen einzelne Hauptreferenten des Haupternährungsamtes*[45] vor, die anscheinend noch nach Methoden aus ihrer früheren Tätigkeit im Reichsnährstand[46] arbeiteten. So werde von den Herren Wurthmann[47], Wank[48] und Kockegey[49] ein systematischer Kampf gegen die Geschäftsleitung der Behala[50], gegen Direktor Schlegel[51] und gegen Direktor Plate[52] vom Westhafen, betrieben. Es werde versucht, über die zuständige Abteilung Städtische Betriebe hinweg Verhandlungen über die Einsetzung eines neuen Generaldirektors für den Westhafen zu führen. Alles das seien Quertreibereien, durch die das Gesamtinteresse der Berliner Bevölkerung berührt werde. Auch auf dem Vieh- und Schlachthof hätten sich durch die Tätigkeit des Bevollmächtigten des Haupternährungsamtes, Herrn Herz[53], Ereignisse abgespielt, die zur Zeit Gegenstand von kriminalpolizeilichen Ermittlungen seien.[54]

Dr. Düring vermag auf die Einzelheiten der vorgebrachten Beschwerden nicht einzugehen, da ihm nur die grundlegenden Tatsachen bekannt seien, und diese erklärten sich daraus, daß die Alliierten das Haupternährungsamt für alles verantwortlich machen, was das Ernährungsgebiet betrifft, gleichgültig ob es in der Behala, auf dem Vieh- und Schlachthof oder sonstwo vor sich geht. Nur aus diesem Grunde hätten sich die einzelnen Stellen des Haupternährungsamts mit den Zuständen in der Behala usw. befaßt. Die Leitung der Abt[eilung] Städtische Betriebe sei auch mehrfach von der Abt[eilung] für Ernährung darauf aufmerksam gemacht und gebeten worden, gewisse Dinge in der Behala in Ordnung zu bringen. Der Vorwurf,

---

44 Gemeint ist Gustav Heinricht (KPD/SED), der am 31.1.1946 von der amerikanischen Besatzungsmacht verhaftet worden war. Vgl. das 45. Mag.prot. v. 2.2.1946, TOP 2.

45 Gemeint ist die Mag.abt. für Ernährung.

46 In der Zeit des nationalsozialistischen Regimes die öffentlich-rechtliche Gesamtkörperschaft der deutschen Ernährungswirtschaft.

47 Diederich-August Wurthmann, Referent für Spedition, Lagerwesen und Lagerbuchhaltung in der Mag.abt. für Ernährung. Vgl. zu Wurthmann auch: Dok. 88, Punkt 4b.

48 Adolf Wank, Generalreferent für Getreide, Getreideerzeugnisse, Hülsenfrüchte und Futtermittel in der Mag.abt. für Ernährung. Vgl. zu Wank auch: Dok. 88, Punkt 4c.

49 Heinz Kockegey, Leiter des Außendienstes der Mag.abt. für Ernährung.

50 Berliner Hafen- und Lagerhaus-Betriebe. Vgl. den Bericht von Bruno Ziethen v. 26.4.1946 über die Geschichte der Behala, in: LAB(STA), Rep. 115, Nr. 91, Bl. 40–43.

51 Gerhard Schlegel.

52 Richtig: (Hans) Plat.

53 Walter Herz, Referent für Vieh- und Fleischwirtschaft in der Mag.abt. für Ernährung. Vgl. zu Herz auch: Dok. 88, Punkt 4c.

54 Vgl. das Schreiben von Goll an den Leiter der Mag.abt. für Ernährung v. 17.5.1946, betr. Zentralschlachthof Thaerstraße, in: LAB(STA), Rep. 101, Nr. 586. Vgl. zu Mißständen auf dem zentralen Vieh- und Schlachthof das 37. Mag.prot. v. 17.12.1945, TOP 8, u. das 47. Mag.prot. v. 23.2.1946, TOP 10, u. das 49. Mag.prot. v. 9.3.1946, TOP 7.

daß aus irgendwelcher Einstellung aus der Vergangenheit heraus eine planmäßige Intrige gegen die Geschäftsführung der Behala betrieben würde, sei unberechtigt.

Anders liege es mit den Vorwürfen hinsichtlich der Vorgänge auf dem Vieh- und Schlachthof. Der Hauptreferent für Vieh und Fleisch, Herr Herz – der sich, allerdings aus ganz anderen Gründen, seit einiger Zeit in Haft befindet[55] –, habe sich hier um Dinge gekümmert, für die er nicht zuständig war und für die er keinen Auftrag hatte.

Kraft führt ebenfalls Beschwerde über das Verhalten von Herrn Wurthmann vom Haupternährungsamt, der bei den Verhandlungen über die Frage der Fahrgemeinschaften[56] eine eigenartige Rolle gespielt habe.

Orlopp erklärt sich zur Übernahme des ihm angetragenen Postens der kommissarischen Leitung der Abt[ei]l[un]g für Ernährung bereit. Er verhehle sich nicht die großen Schwierigkeiten dieser Mission, halte sich aber im Interesse der Berliner Bevölkerung für verpflichtet, diese Bürde auf sich zu nehmen. Er werde versuchen, mit Hilfe von Herrn Schmidt eine Reorganisation der Verwaltung im Haupternährungsamt durchzuführen, und rechne bei seinen Maßnahmen auf die Unterstützung des Magistrats und besonders auch der Bezirke. Die verantwortliche Leitung der Abt[eilung] für Handel und Handwerk werde er daneben beibehalten, indem allerdings die beiden eingearbeiteten Stellvertreter[57] dann hauptamtlich die Arbeiten mit übernehmen würden, die er bisher persönlich ausgeführt habe.

BESCHLUSS: Der Magistrat beschließt: Mit der kommissarischen Leitung der Abt[eilung] für Ernährung wird Herr Bürgermeister Orlopp beauftragt und zu seinem Stellvertreter, soweit Personalfragen in Betracht kommen, Herr Martin Schmidt, ebenfalls kommissarisch, bestellt.[58] – Die neue Leitung der Abt[eilung] für Ernährung einschließlich Dr. Düring erhält Vollmacht, entscheidende Maßnahmen

---

55 Vgl. das Schreiben von Düring an die Mag.abt. für Personalfragen und Verwaltung v. 24.5.1946, betr. Festnahme des Hauptreferenten für die Vieh- und Fleischwirtschaft Herz durch die Russische Zentralkommandantur, in: LAB(STA), Rep. 101, Nr. 586.

56 Müßte heißen: Fahrbereitschaften. Vgl. hierzu das 8. Mag.prot. v. 25.6.1945, TOP 7, u. das 12. Mag.prot. v. 23.7.1945, TOP 7, u. das 17. Mag.prot. v. 20.8.1945, TOP 9, u. das 18. Mag.prot. v. 27.8.1945, TOP 5.

57 Artur Grommann u. Wilhelm Hauth; vgl. das 7. Mag.prot. v. 18.6.1945, TOP 3, u. das 47. Mag.prot. v. 23.2.1946, TOP 2.

58 Die hier gefaßten vorläufigen Personalentscheidungen wurden den alliierten Militärregierungen mitgeteilt, die hiergegen keine Einwände erhoben. Vgl. hierzu das Schreiben des Magistrats an die amerikanische bzw. französische Militärregierung v. 29.5.1946, betr. Ernährungsamt des Magistrats Berlin, in: LAB(STA), Rep. 102, Nr. 43; entsprechendes Antwortschreiben der britischen Militärregierung v. 6.6.1946, in: LAB(STA), Rep. 102, Nr. 27, Bl. 38. Vgl. auch: Der Wechsel im Haupternährungsamt. Gespräch mit dem neuen kommissarischen Leiter, Bürgermeister Orlopp, in: Der Kurier, 1.6.1946, S. 7. Zusätzlich zum bisherigen stellvertretenden Abteilungsleiter Düring (parteilos) und dem hier zum kommissarischen stellvertretenden Abteilungsleiter bestellten Martin Schmidt (KPD/SED) wurde bald darauf noch Greta Kuckhoff (KPD/SED) zur stellvertretenden Leiterin der Mag.abt. für Ernährung ernannt; vgl. das 62. Mag.prot. v. 22.6.1946, TOP 2. Der Mag.beschluß v. 20.7.1946, das CDU-Mitglied Carl-Otto Flohr als endgültigen Leiter dieser Mag.abt. zu benennen, wurde durch dessen Rückzug hinfällig. Vgl. hierzu das 66. Mag.prot. v. 20.7.1946, TOP 2, u. das 67. Mag.prot. v. 27.7.1946, TOP 2. Daraufhin beschloß der Magistrat Anfang August, der AK die Ernennung des bisher schon als

in der Verwaltung des Haupternährungsamtes durchzuführen;[59] bei grundsätzlichen Fragen ist vorher der Magistrat zu informieren bezw. eine Beschlußfassung herbeizuführen.

5. BAU- UND WOHNUNGSWESEN

Hierzu liegt die Vorlage Nr. 244[60] vor, betreffend *Ausführungsanweisung* zu § 7 des Ortsgesetzes der Stadt Berlin vom 30.4.1924 zur Ausführung des *Fluchtliniengesetzes* vom 2.7.1875[61].

BESCHLUSS: Die Vorlage wird nach kurzer Empfehlung durch Scharoun mit der Korrektur eines Schreibfehlers (unter C[62] muß es heißen: 1.6.46) angenommen.[63]

Es folgt die Vorlage Nr. 242[64], betreffend Angliederung eines eigenen *städtischen Baubetriebes* an die *Arbeitsbauschule*[65] und Bewilligung von 50 000 RM als Betriebskapital.

BESCHLUSS: Die Vorlage wird nach kurzer Empfehlung durch Starck angenommen.[66]

Die Vorlage Nr. 251[67], betreffend Nachtrag zur Bauordnung der Stadt Berlin, wird, da erst kurz vor der Sitzung eingegangen, zurückgestellt.[68]

---

kommissarischer Abteilungsleiter amtierenden Josef Orlopp (SPD/SED) zum endgültigen Leiter der Mag.abt. für Ernährung vorzuschlagen. Diese Ernennung wurde von der AK am 17.9.1946 genehmigt. Vgl. das 68. Mag.prot. v. 3.8.1946, TOP 2.

59 Vgl. hierzu Dok. 88; das Prot. über die Sitzung der Ernährungsdezernenten am 4.6.1946, in: LAB, Rep. 280, Nr. 5459; das Prot. der Konferenz der Bezirksbürgermeister am 13.6.1946, TOP 3, in: LAB, Rep. 280, Nr. 3859.

60 LAB(STA), Rep. 100, Nr. 773, Bl. 38 f.

61 Das preußische Fluchtliniengesetz v. 2.7.1875 war als „Gesetz, betreffend die Anlegung und Veränderung von Straßen und Plätzen in Städten und ländlichen Ortschaften" veröffentlicht worden in: Gesetz-Sammlung für die Königlichen Preußischen Staaten, Jg. 1875, S. 561–566. Das erwähnte Ortsgesetz v. 30.4.1924 wurde veröffentlicht in: Dienstblatt, Jg. 1924, Teil II–VIII, S. 107 f. Der erste Absatz seines § 7 lautete: „In Ausnahmefällen können mit Zustimmung des Magistrats Straßenkosten wegen besonderer Härte der Kostenpflicht ganz oder teilweise erlassen werden."

62 Teil C der Mag.vorlage Nr. 244 v. 16.5.1946 hat den Wortlaut: „Die Ausführungsanweisung tritt am 1.4.46 für eine Dauer von 2 Jahren in Kraft und gilt für alle während dieser Zeit entstehenden Forderungen auf Zahlung von Straßenkosten."

63 Die hiermit beschlossene Ausführungsanweisung diente der Regelung der anteiligen Straßenkosten (Anliegerbeiträge) für die Eigentümer von Eckgrundstücken und bewohnbaren Lauben. Nach dem Beschlußtext der Mag.vorlage Nr. 244 war die Zustimmung der AK zu dieser Ausführungsanweisung nicht erforderlich.

64 LAB(STA), Rep. 100, Nr. 773, Bl. 36.

65 Die der Aufsicht des Hauptschulamts unterstehende Arbeitsbauschule der Stadt Berlin diente der Berufsausbildung für die Bauhauptberufe. Vgl.: Vom Bauhilfsarbeiter zum Architekten. Die „Universalschule" des Bauhandwerks in Berlin, in: Berliner Zeitung, 23.5.1946, [S. 2]; Probleme der Umschulung, in: Berliner Zeitung, 1.6.1946, [S. 2]; Eine Schule, die ihre Schüler bezahlt, in: Vorwärts, 15.7.1946, [S. 4].

66 Vgl. das 77. Mag.prot. v. 28.9.1946, TOP 7 (Beschluß zur Überlassung der Gebäude am Steinplatz an die Arbeitsbauschule).

67 LAB(STA), Rep. 100, Nr. 773, Bl. 46–55.

68 Vgl. zur Annahme der hier zurückgestellten Mag.vorlage Nr. 251 v. 16.5.1946 das 60. Mag.prot. v. 5.6.1946, TOP 5.

Scharoun gibt dem Magistrat Kenntnis von dem Aufwand an Kosten und Material für den *Ausbau des Weißen Saales* im Berliner Schloß.[69] Die bisher aufgewandten Kosten betragen 35 000 RM, es müssen noch aufgewandt werden etwa 20 000 RM; verbraucht sind bisher 4 t Zement, 30 cbm Holz und 150 qm Fensterglas.

Schwenk erinnert daran, daß er seinerzeit bei der Vorlage für die Arbeiten im Berliner Schloß schon Bedenken dagegen geäußert habe, in eine solche Ruine noch Geld hineinzustecken.[70] Damals handelte es sich aber nur darum, künstlerisch wertvolle Dinge gegen Witterungseinflüsse zu schützen, während die jetzigen Arbeiten darauf hinausliefen, einen Raum für Ausstellungszwecke herzurichten. Die Mittel würden somit für einen ganz anderen Zweck verwandt, als der Magistrat früher beschlossen habe. Gegen ein solches Vorgehen müsse Einspruch erhoben werden.

Scharoun weist darauf hin, daß die Arbeiten im Berliner Schloß darauf abgestellt waren, zwei Geschosse mit erhalten gebliebenen Sammlungen zu schützen, und daß bei diesen Wiederherstellungsarbeiten gewissermaßen zufällig noch der Weiße Saal als Ausstellungsraum gewonnen wurde.

Starck ist mit Schwenk der Meinung, daß es nicht angebracht war, in einem so zerstörten Gebäudekomplex einige Teile wiederherzurichten.

Winzer findet, daß der hier verbrauchte Zement für andere, wichtigere Dinge besser angewandt gewesen wäre.

Maron meint, daß der Magistrat zum Teil selbst die Schuld an dieser Sachlage trage, da er seinerzeit den Beschluß gefaßt habe, bei den Wiederherstellungsarbeiten im Schloß auch den Weißen Saal wiederherzurichten, um einen Raum für repräsentative Veranstaltungen zu haben.[71] Jetzt bleibe angesichts dessen, daß die Arbeiten schon so weit vorgeschritten sind, nichts weiter übrig, als den angefangenen Ausbau fertigzustellen, nur müsse streng darauf gesehen werden, so wenig Material wie möglich zu verwenden. Man solle aber aus dieser Sache die Lehre ziehen, bei weiteren Objekten vorher genau zu überlegen, ob sie wirklich lebensnotwendig seien.

BESCHLUSS: Die Mitteilung des Leiters der Abt[eilung] für Bau- und Wohnungswesen über den Aufwand von Kosten und Material für den Weißen Saal im Berliner Schloß wird mit der Bemerkung zur Kenntnis genommen, bei der weiteren Fertigstellung des Ausbaues so wenig Material wie möglich zu verwenden.[72]

6. SOZIALWESEN

Die Vorlage Nr. 245[73], betreffend Errichtung eines Lehrlingsheims im Bezirk Pankow, wird auf Wunsch des Stadtkämmerers zurückgestellt.[74]

---

69 Vgl. das 57. Mag.prot. v. 13.5.1946, TOP 5, u. das 58. Mag.prot. v. 18.5.1946, TOP 4.

70 Vgl. das 17. Mag.prot. v. 20.8.1945, TOP 4.

71 Vgl. das 24. Mag.prot. v. 1.10.1945, TOP 3.

72 Im hergerichteten Weißen Saal des Berliner Schlosses wurde vom 22.8.1946 bis 15.10.1946 die städtebauliche Ausstellung „Berlin plant. Erster Bericht" der Mag.abt. für Bau- und Wohnungswesen gezeigt. Vgl. hierzu das 69. Mag.prot. v. 12.8.1946, TOP 5, u. das 73. Mag.prot. v. 7.9.1946, TOP 6; Geist/Kürvers, S. 180 – 221.

73 LAB(STA), Rep. 100, Nr. 773, Bl. 40.

74 Vgl. zur Errichtung bzw. Übernahme des hier gemeinten Lehrlingsheims im Ortsteil Niederschönhausen, Kaiserin-Augusta-Straße 4 das 45. Mag.prot. v. 2.2.1946, TOP 8, u. das 62. Mag.prot. v. 22.6.1946, TOP 5.

Geschke begründet die Vorlage Nr. 247[75], betreffend *Errichtung einer Gedenkhalle zu Ehren der Opfer des Faschismus im Alten Museum.*[76] Es ist geplant, im Alten Museum – nicht im „Neuen Museum", wie irrtümlich in der Vorlage steht – die Kuppelhalle als die eigentliche Gedenkstätte auszugestalten und die umliegenden Räume hinzuzunehmen, um dort ein gemeinsames internationales Museum einzurichten. Das Ganze soll nicht nur eine Gedenkstätte für deutsche KZler und durch den Faschismus Vernichtete sein, sondern auch den internationalen Mitkämpfern gewidmet sein. Die Abt[eilung] Volksbildung hatte zunächst gewisse Bedenken wegen der Freigabe des Museums. Sollten diese behoben sein, so bitte er um Annahme der Vorlage.

Winzer macht darauf aufmerksam, daß die Museen den jeweiligen Besatzungen[77] unterstehen; es müßte in diesem Fall demnach eine Einigung mit der sowjetischen Besatzungsmacht herbeigeführt werden.

Die Bedenken von seiten einiger Mitarbeiter seiner Abteilung gingen dahin, daß die Räume des Alten Museums für ganz spezielle, einzigartige griechische und andere Altertümer eingerichtet seien und für die Wiederaufnahme dieser Sammlung reserviert werden müßten. Dem stehe aber die Meinung von Sachverständigen entgegen, daß sich die Räume gerade für den hier in Aussicht genommenen Zweck besonders eigneten. Der Redner hat seinerseits keinerlei Einwendungen gegen die Vorlage.

BESCHLUSS: Die Vorlage Nr. 247 wird mit der Änderung angenommen, daß es im Eingang heißt: die Genehmigung der *zuständigen* Kommandantur. Außerdem ist „Neues Museum" zu ändern in „Altes Museum".[78]

7. VOLKSBILDUNG

Die hierzu vorliegenden Vorlagen Nr. 248[79], 249[80] und 250[81], betreffend Wieder-

---

75 LAB(STA), Rep. 100, Nr. 773, Bl. 42.
76 Ende Mai 1945 hatte der Magistrat beschlossen, einen Ehrenhain zur „Ehrung aller toten Vorkämpfer" zu errichten; vgl. das 3. Mag.prot. v. 28.5.1945, TOP 4. Vgl. ferner: Vorarbeiten für Berlins Weihestätte beginnen, in: Der Morgen, 7.3.1946, S. 3; Gedenkstätte für die Opfer des Faschismus, in: Neue Zeit, 23.5.1946, S. 3.
77 Müßte heißen: Besatzungsmächten.
78 Nach dem ursprünglichen Beschlußtext der Mag.vorlage Nr. 247 v. 23.5.1946 wurde der Magistrat gebeten, die „Genehmigung der Alliierten Kommandantur zur Errichtung einer Gedenkhalle zu Ehren der gefallenen Opfer des Faschismus im Gebäude des Neuen Museums am Lustgarten einzuholen". Der hier gefaßte Mag.beschluß ist mit dem Ausfertigungsdatum v. 4.6.1946 vorhanden in: LAB(STA), Rep. 118, Nr. 1139, Bl. 4. Er wurde dem sowjetischen Stadtkommandanten, General Kotikow, mit Schreiben v. 11.6.1946 zur Genehmigung zugeleitet; siehe: a.a.O., Bl. 3. Eine Reaktion von sowjetischer Seite konnte nicht ermittelt werden.
79 LAB(STA), Rep. 100, Nr. 773, Bl. 43. Diese Mag.vorlage v. 28.5.1946 betraf die Instandsetzung der Droste-Hülshoff-Schule im Bezirk Zehlendorf, Schönower Straße 8.
80 LAB(STA), Rep. 100, Nr. 773, Bl. 44. Diese Mag.vorlage v. 28.5.1946 betraf die Instandsetzung der Volksschule in der Scherenbergstraße 7, Bezirk Prenzlauer Berg.
81 LAB(STA), Rep. 100, Nr. 773, Bl. 45. Diese Mag.vorlage v. 28.5.1946 betraf die Errichtung einer Schulbaracke für die Hans-Thoma-Schule im Ortsteil Hermsdorf, Olafstraße 32/34. Sie war als Mag.vorlage Nr. 137 mit einem höheren Kostenansatz (74 900 RM statt 50 000 RM) bereits vom Magistrat beraten worden; vgl. das 51. Mag.prot. v. 25.3.1946, TOP 3.

instandsetzung von Schulen, werden, da sie erst während der Sitzung eingegangen sind, zurückgestellt.[82]

8. ALLGEMEINES

Geschke wendet sich gegen die mehrfach erfolgte Verschiebung der Sitzung des Magistrats[83] und bittet, in Zukunft die festgesetzten Tage der Magistratssitzungen einzuhalten, sofern nicht ganz besondere Umstände dies verhinderten.

Maron erklärt die Verlegung der Sitzung mit persönlichen Behinderungen des Oberbürgermeisters und seiner Person, teilt aber im übrigen den Standpunkt, nach Möglichkeit die festgesetzten Termine einzuhalten.

Orlopp macht einige Mitteilungen, betreffend die Arbeiten des Preisamtes. Durch die energische *Aktion des Preisstops* wurde zunächst die Wirtschaft erheblich erschüttert.[84] Der Handel mußte teilweise seine Tätigkeit einstellen, da er nicht mehr die Möglichkeit hatte, die hereingeholte Ware zu den vorgeschriebenen Preisen abzusetzen. Nach eingehenden Verhandlungen zwischen Industrie und Handel auf der einen Seite und Preisamt auf der anderen Seite ist nunmehr zur Zufriedenheit beider Teile ein sogenannter *Burgfrieden* geschlossen worden. Das Preisamt hat Zugeständnisse gemacht, und Handel und Wirtschaft werden sich wieder mit voller Kraft für die Belieferung der Bevölkerung mit Waren einsetzen. Die ganze Preispolitik wird nunmehr von der Produktionsseite aus angefaßt. Es ist zum Teil

---

82 Die Mag.vorlagen Nr. 248, 249 u. 250 sind in den folgenden Mag.sitzungen nicht wieder behandelt worden. Vgl. zu weiteren Mag.vorlagen, betr. Instandsetzung einzelner Schulen, das 61. Mag.prot. v. 15.6.1946, TOP 6.

83 Der Termin dieser Mag.sitzung war dreimal verschoben worden: vom 25.5.1946 auf den 27.5.1946, vom 27.5.1946 auf den 28.5.1946 und vom 28.5.1946 auf den 29.5.1946.

84 Vgl. zur Problematik der Preissenkungen und der Bekämpfung der Schwarzmarktpreise: Dok. 78, Anm. 67; das 54. Mag.prot. v. 17.4.1946, TOP 3; den Bericht einer Pressebesprechung von Polizeipräsident Markgraf und dem Leiter des Preisamts, Dr. Steiner, am 25.4.1946, in: LAB(STA), Rep. 101, Nr. 142; Der ‚Schwarze Markt' wird verschwinden. DVZ-Interview mit dem stellvertretenden Leiter der Finanzabteilung des Berliner Magistrats, in: Deutsche Volkszeitung, 10.4.1946, S. 2; Große Aktion gegen Schwarzhandel, in: Vorwärts, 27.4.1946, [S. 4]; Letzte Warnung an die Wucherer, in: Berliner Zeitung, 27.4.1946, [S. 2]; Großaktion gegen Wucherer und Schieber, in: Tägliche Rundschau, 27.4.1946, S. 6; Schwarzer Markt zu 80 Prozent liquidiert, in: Neues Deutschland, 27.4.1946, S. 4; Tod dem Schwarzen Markt!, in: Vorwärts, 3.5.1946, [S. 2]; Preisbildung, in: Neue Zeit, 9.6.1946, S. 7; Schwierige Preispolitik, in: Der Tagesspiegel, 13.6.1946, [S. 3]; das Prot. der Konferenz der Bezirksbürgermeister am 2.5.1946, TOP 3, in: LAB, Rep. 280, Nr. 3856; das 14. Prot. des Einheitsausschusses Groß-Berlin v. 7.5.1946, in: BArch, Abt. Potsdam, Z-3, Nr. 4, Bl. 85; 10 „Preisgebote" des Preisamts v. 15.5.1946 [Plakat], in: LAB, Rep. 280, Nr. 1323, u. abgedruckt in: VOBl., Jg. 2 (1946), S. 198 f. Am 16.5.1946 hatte das Preisamt eine öffentliche Kundgebung unter dem Motto „Herunter mit den Preisen – Kampf dem Preiswucher und dem Schiebertum" veranstaltet. Vgl. hierzu: LAB, Rep. 280, Nr. 14546 (Einlaßkarte); Erste Erfolge im Kampf gegen Schieber, in: Berliner Zeitung, 17.5.1946, [S. 1]; Ernst Barbknecht: Preiswucher ist Betrug am schaffenden Volk. Großkundgebung des Berliner Preisamtes im „Palast", in: Tägliche Rundschau, 17.5.1946, S. 6; Preiskampf im Saal, in: Der Tagesspiegel, 17.5.1946, [S. 4]; Preiswucher und Schwarzer Markt, in: Neue Zeit, 18.5.1946, S. 3; Berlin. Kampf um Freiheit, S. 440.

der Weg von Subventionen gewählt worden.[85] Die Waren aus Sachsen, Thüringen usw. werden mit einem Stempel versehen, der ihre Preisauszeichnung gegen Beanstandungen durch die Preisprüfer schützt.

BESCHLUSS: Die Mitteilungen werden zur Kenntnis genommen.[86]

Winzer bittet um die Ermächtigung, den vom Magistrat in seiner Sitzung vom 18.5. gefaßten *Beschluß über* die Entfernung bestimmter *Denkmäler*[87] zunächst nicht an die Alliierte Kommandantur weiterzuleiten, da inzwischen ein Kontrollratsbeschluß in dieser Frage ergangen ist. Dieser Beschluß[88] sieht einmal eine Frist bis zum 1. Januar 1947 vor und enthält zum andern gewisse einschränkende Bestimmungen. Unter diesen Umständen ist es erforderlich, den Magistratsbeschluß noch einmal zu überarbeiten und einen neuen Vorschlag vorzulegen.

BESCHLUSS: Stadtrat Winzer wird bevollmächtigt, den Beschluß des Magistrats vom 18.5.46 über die Denkmäler dem neuerlichen Kontrollratsbe-

---

85 Vgl. zur Problematik der Preissubventionierung das 47. Mag.prot. v. 23.2.1946, TOP 3, u. das 51. Mag.prot. v. 25.3.1946, TOP 5 (Klimpel), u. das 53. Mag.prot. v. 6.4.1946, TOP 4, u. das 85. Mag.prot. v. 23.11.1946, TOP 2.

86 Vgl. zur weiteren Tätigkeit des Preisamts seine beiden Anordnungen v. 4.6.1946, in: VOBl., Jg. 2 (1946), S. 198; das Prot. der Konferenz der Bezirksbürgermeister am 11.7.1946, TOP 1, in: LAB, Rep. 280, Nr. 3862; die Protokolle der Besprechungen mit den Wirtschaftsdezernenten der Bezirksämter am 26.6.1946, S. 3 – 5, am 10.7.1946, S. 1 – 3, u. am 4.9.1946, S. 2 f., in: LAB(STA), Rep. 106, Nr. 188; Materialien in: LAB(STA), Rep. 105, Nr. 459 – 464; Das Preisamt geht in die Provinz, in: Berliner Zeitung, 7.6.1946, [S. 2]; Der Kampf gegen den Preiswucher in Berlin, in: Vorwärts, 18.9.1946, S. 4; Demokratische Preisbildung. Verantwortliche Einschaltung der Wirtschaft, in: Der Morgen, 21.9.1946, S. 4; Karl Steiner: Berliner Perspektive zur Preispolitik, in: Tägliche Rundschau, 3.10.1946, S. 6; Ein Jahr Preisamt Berlin, in: Berliner Zeitung, 8.10.1946, [S. 5].

87 Vgl. das 58. Mag.prot. v. 18.5.1946, TOP 3.

88 Gemeint ist die Direktive Nr. 30 des Alliierten Kontrollrats v. 13.5.1946, betr. Beseitigung deutscher Denkmäler und Museen militärischen und nationalsozialistischen Charakters. Sie wurde veröffentlicht in: Amtsblatt des Kontrollrats in Deutschland, Nr. 7 (31.5.1946), S. 154 f.; Der Alliierte Kontrollrat, S. 138 f. Nach dieser Direktive waren solche Gedenksteine, Denkmäler, Plakate, Statuen, Bauwerke, Straßenschilder, Wahrzeichen, Gedenktafeln und Abzeichen bis zum 1.1.1947 vollständig zu zerstören und zu beseitigen, „die darauf abzielen, die deutsche militärische Tradition zu bewahren und lebendig zu erhalten, den Militarismus wachzurufen oder die Erinnerung an die nationalsozialistische Partei aufrechtzuerhalten, oder ihrem Wesen nach in der Verherrlichung von kriegerischen Ereignissen bestehen". „Gegenstände von wesentlichem Nutzen für die Allgemeinheit oder von großem architektonischem Wert" sollten nicht zerstört oder sonstwie beseitigt werden. Am 12.7.1946 beschloß das Koordinierungskomitee des Alliierten Kontrollrats, daß Grabsteine und „Gedenksteine, die lediglich zum Andenken an verstorbene Angehörige regulärer militärischer Einheiten errichtet worden sind, mit Ausnahme paramilitärischer Verbände der SS und Waffen-SS", nicht der Zerstörung und Beseitigung unterworfen waren. Dies galt allerdings nur unter der Voraussetzung, daß „die Architektur, die Ausschmückung oder die Inschriften" dieser Grab- und Gedenksteine „weder militärischen Geist widerspiegeln noch das Gedächtnis an die nationalsozialistische Partei bewahren". Der Beschluß des Koordinierungskomitees v. 12.7.1946 stellte den Artikel 4 der veröffentlichten Fassung der Direktive Nr. 30 dar. Vgl. hierzu auch: Berlin. Kampf um Freiheit, S. 477.

schluß entsprechend nochmals zu überprüfen und in neuer Fassung vorzulegen.[89]

Winzer berichtet weiter über die Pläne für [die] *Unterbringung der Kinder während der Schulferien* im Sommer.[90] Sie sollen aus dem zerstörten Innern der Stadt auf Spiel- und Sportplätze in den Außenbezirken gebracht werden. Das erfordert Kosten für die Herrichtung dieser Plätze und für den Transport hin und zurück. Außerdem soll die Schulspeisung auch draußen gegen Zahlung von 25 Rpf. fortgeführt werden. Um die Mittel für diese Zwecke zu gewinnen, ist an die Durchführung einer Sammlung gedacht, zu der ein Aufruf an die Berliner Bevölkerung für eine Ferienspende ergehen müßte. Der Redner erbittet die Genehmigung, sich dieserhalb an die Alliierte Kommandantur wenden zu können.

Orlopp empfiehlt, falls aus der Aktion „Rettet die Kinder"[91] noch Mittel vorhanden sind, diese hierfür zu verwenden oder die bisherige Sammelaktion für diesen Zweck fortzusetzen.

Grüber hält bei den geplanten Ferienmaßnahmen besonders das Problem des Transportes der Kinder für sehr wichtig, weil durch jede körperliche Anstrengung Kräfte verbraucht werden. Man sollte darauf bedacht sein, die Grünflächen in der Stadt für diesen Zweck auszubauen. Liege- und Ruhekuren sind vor allem notwendig. Möglichst kein Sport!

Geschke legt die Pläne für die Betreuung der noch nicht schulpflichtigen Kinder von 3 bis 6 Jahren dar. Auch das erfordert erhebliche Kosten. Die Mittel aus der Aktion „Rettet die Kinder" reichen dafür nicht aus. Die Aktion müßte unter dem Motto: Hilfe für das Kind! weitergeführt werden.

BESCHLUSS: Für die von der Abt[eilung] für Volksbildung und der Abt[eilung] für Sozialwesen geplanten Maßnahmen zur Unterbringung der Kinder während der Ferien erklärt der Magistrat sein Einverständnis damit, eine Sammlung für diesen Zweck zu veranstalten, ferner noch vorhandene Mittel aus der Aktion „Rettet die Kinder" hierfür zu verwenden; außerdem wird der Stadtkämmerer beauftragt, soweit es im Rahmen des Möglichen liegt, weitere Mittel für diesen Zweck zur Verfügung zu stellen.[92] Der Magistrat spricht die Erwartung

---

89 Die Frage der Behandlung der Denkmäler ist in den folgenden Mag.sitzungen nicht wieder zur Sprache gekommen. Vgl. zu dieser Frage: Wilde Einfälle. Der Magistrat macht Denkmalvorschläge, in: Der Kurier, 3.6.1946, S. 3; das 15. Prot. des Einheitsausschusses Groß-Berlin v. 7.6.1946, in: BArch, Abt. Potsdam, Z-3, Nr. 4, Bl. 89 f.; Mitteilung des zweiten Nachkriegsmagistrats v. 18.12.1947, betr. Denkmalspflege. Die letztere Mitteilung wurde veröffentlicht in: StVV, I. Wahlperiode, Drucksache Nr. 81, Vorlage Nr. 609; wieder abgedruckt in: Berlin. Quellen und Dokumente, 1. Halbbd., S. 490–497. Sie wurde von der StVV einstimmig zur Kenntnis genommen; siehe: StVV, I. Wahlperiode, Stenographischer Bericht über die 56. (Ordentliche) Sitzung am 26.2.1948, S. 8.

90 Vgl. hierzu das Prot. der Konferenz der Bezirksbürgermeister am 16.5.1946, TOP 2, in: LAB, Rep. 280, Nr. 3857; Raus aus den Trümmern! Ferienerholung für die Berliner Kinder, in: Berliner Zeitung, 11.5.1946, [S. 2]; Ferienpläne für Berliner Kinder. Ein Gespräch mit Stadtrat Geschke, in: Neues Deutschland, 2.6.1946, S. 4.

91 Vgl. zu dieser Aktion: Dok. 35, Anm. 48; Dok. 48, Anm. 52.

92 In seiner übernächsten Sitzung beschloß der Magistrat formell einen Plan für die Durchführung der Aktion „Ferienfreude für die Berliner Kinder". Vgl. das 61. Mag.prot. v. 15.6.1946, TOP 6.

aus, daß die BVG in der Lage ist, den Transport der Ferienkinder möglichst kostenlos zu bewerkstelligen.[93]

Schwenk erinnert an die von ihm anläßlich der Beratung des Verfassungsentwurfs gemachten Vorschläge, einen engeren Kontakt zwischen dem Magistrat und den Bezirksämtern herbeizuführen,[94] damit mehr Einheitlichkeit in der Gesamtverwaltung erreicht wird und eine Kontrolle darüber gesichert ist, ob und wie die Beschlüsse des Magistrats in den Bezirken durchgeführt werden. Dem Oberbürgermeister obliegt an sich die Dienstaufsicht, aber es wäre zweckmäßig, jemand besonders damit zu beauftragen, ständig diese *Fühlung zwischen Magistrat und Bezirken* aufrechtzuerhalten.

Geschke schlägt vor, Bürgermeister Schwenk mit dieser Aufgabe zu betrauen.

Schwenk wäre dazu bereit, wenn er andererseits von den Arbeiten für die Planung entlastet würde.

Maron würde diese Lösung für die beste halten und schlägt vor, Bürgermeister Schwenk zu beauftragen, gemeinsam mit der Abt[eilung] für Personalfragen und Verwaltung einen konkreten Vorschlag in der angeregten Richtung zu machen.

BESCHLUSS: Bürgermeister Schwenk wird beauftragt, gemeinsam mit der Abt[eilung] für Personalfragen und Verwaltung dem Magistrat einen formellen Vorschlag über die Bestellung eines Verbindungsmannes zwischen Magistrat und Bezirksämtern zu unterbreiten.[95]

Maron gibt Kenntnis von einem Schreiben des Intendanten von Wangenheim an den Magistrat,[96] worin um Zustimmung dazu gebeten wird, anläßlich einer für den 16. Juni geplanten Max-Reinhardt-Feier im Deutschen Theater die *Karlstraße* in *Max-Reinhardt-Straße* umzubenennen und im Deutschen Theater ein Max-Reinhardt-Denkmal aufzustellen.[97] – Der Redner glaubt, daß für Denkmalaufstellungen gegenwärtig nicht die rechte Zeit sei und außerdem Mittel dafür nicht zur Verfügung gestellt werden könnten. Mit der Straßenumbenennung könne man vorbehaltlich der Zustimmung des betreffenden Bezirksamts einverstanden sein.

Der Redner teilt ferner mit, daß sich die Arbeiten für die Straßenumbenennungen, die sich durch das Fehlen des Materials aus manchen Bezirken immer wieder verzögert haben, dem Abschluß nähern. Es wird alsdann ein allgemeiner Magistratsbeschluß herbeigeführt werden,[98] worauf auch an die Schaffung eines neuen Stadtplans herangegangen werden könne.

---

93 Vgl. hierzu das 66. Mag.prot. v. 20.7.1946, TOP 5, u. das 72. Mag.prot. v. 31.8.1946, TOP 7 (Kraft).

94 In den Mag.protokollen und den Protokollen der Konferenzen der Bezirksbürgermeister sind entsprechende Vorschläge Schwenks nicht verzeichnet.

95 Vgl. das 60. Mag.prot. v. 5.6.1946, TOP 2.

96 Dieses Schreiben des Intendanten des Deutschen Theaters, Gustav von Wangenheim, konnte nicht ermittelt werden. Vgl. aber das Schreiben von Wangenheims an Bürgermeister Schulze v. 1.6.1946, in dem er diesen um seinen Beitritt zu einem Ehrenkomitee für die geplante Max-Reinhardt-Feier bat; in: LAB(STA), Rep. 120, Nr. 1372, Bl. 1.

97 Der Regisseur Max Reinhardt (1873–1943) hatte von 1905 bis 1920 und von 1924 bis 1933 als Direktor das Deutsche Theater geleitet.

98 Vgl. das 77. Mag.prot. v. 28.9.1946, TOP 7.

BESCHLUSS: Mit der Umbenennung der Karlstraße in Max-Reinhardt-Straße
erklärt sich der Magistrat, vorbehaltlich der Zustimmung des
zuständigen Bezirksamts, einverstanden.[99]

Nächste Sitzung: Mittwoch, den 5. Juni 1946, vorm[ittags] 10 Uhr.
Übernächste Sitzung: Sonnabend, den 15. Juni 1946, vorm[ittags] 9 Uhr.

---

99 Am 16.6.1946 fand im Deutschen Theater, das im Bezirk Mitte an der Schumannstraße
gelegen war, eine Gedenkfeier zu Ehren von Max Reinhardt statt, der am 31.10.1943 in
New York gestorben war. Im Anschluß an die Feier nahm OB Werner die Umbenennung
der nahe dem Deutschen Theater verlaufenden Karlstraße in Max-Reinhardt-Straße
vor. Vgl. hierzu: Max-Reinhardt-Gedenkfeier, in: Neue Zeit, 17.6.1946, S. 4; Friedrich
Schwerdfeger: Max Reinhardt zu Ehren. Gedenkfeier im Deutschen Theater, in: Berliner
Zeitung, 18.6.1946, [S. 3]; Zum Sehen geboren, zum Schauen bestellt. Feierstunden aus
dem Geiste Max Reinhardts, in: Tägliche Rundschau, 18.6.1946, S. 6; Max-Reinhardt-
Feier, in: Telegraf, 19.6.1946, S. 5. Das Manuskript der Ansprache von OB Werner
anläßlich der Straßenumbenennung ist vorhanden in: LAB, NL Werner, Rep. 200,
Acc. 4379, Nr. 45/192; als Abschrift in: LAB, NL Werner, Acc. 4379, Nr. 20/5, S. 618–
621.
Am 31.7.1947 wurde die Max-Reinhardt-Straße in Reinhardtstraße umbenannt. Siehe:
VOBl., Jg. 3 (1947), S. 218. Vgl. hierzu auch ein Schreiben von Bürgermeister Ferdinand
Friedensburg an die Redaktion der Zeitung „Der Tagesspiegel" v. 7.11.1947, in:
LAB(STA), Rep. 101, Nr. 784.

Dok. 87
60. Magistratssitzung vom 5. Juni 1946

LAB(STA), Rep. 100, Nr. 774, Bl. 2 – 6. – Umdruck.[1]

Beginn: 10.10 Uhr   Schluß: 12.40 Uhr

Anwesend: Dr. Werner, Orlopp, Schwenk, Schulze, Lange, Grommann, Pieck,
            Dr. Haas, Kehler, Knoll, Dusiska, Schmidt, Jirak, Kraft, Winzer,
            Scharoun, Starck, Buchholz, Geschke, Dr. Goll, Dr. Redeker, Rumpf,
            Grüber, Fleischmann. – Schwanebeck.

Den Vorsitz führt: Oberbürgermeister Dr. Werner.

Tagesordnung: 1. Protokoll
                2. Personalfragen
                3. Finanzfragen
                4. Vertrag Methan-Vertriebs-GmbH
                5. Allgemeines.

1. PROTOKOLL
Die Beschlußfassung über das Protokoll der letzten Sitzung wird, da das Protokoll
erst kurz vor der Sitzung verteilt worden ist, vertagt.

2. PERSONALFRAGEN
Hierzu liegt die Vorlage Nr. 259[2] vor, betreffend Bestellung von Mitgliedern für den
Aufsichtsrat der „Magistratsdruckerei GmbH".
BESCHLUSS: Die Vorlage wird nach kurzer Begründung durch den Leiter der
             Abt[eilung] f[ür] Personalfragen und Verwaltung, Pieck, angenom-
             men.[3]

Weiter liegt die Vorlage Nr. 263[4] vor, betreffend *Entbindung* des dritten stellvertretenden Oberbürgermeisters, Herrn *Schwenk, von der Leitung der Abt[eilung] für*

---

1 Weitere Umdruckexemplare dieses Protokolls sind vorhanden in: LAB(STA), Rep. 100,
   Nr. 752, lfd. S. 253 – 261; LAB, Rep. 228, Mag.protokolle 1946, u. Rep. 280, Nr. 8501/19
   (ohne das letzte Blatt).
2 LAB(STA), Rep. 100, Nr. 774, Bl. 7 f. u. 9 f.; auch in: LAB(STA), Rep. 101, Nr. 578,
   Bl. 112.
3 Die aus der Reichsnährstand Verlags-GmbH hervorgegangene Magistratsdruckerei in der
   Linienstraße 139/140 im Bezirk Mitte war zunächst als formlose Gesellschaft geführt
   worden, bevor am 19.3.1946 die „Magistratsdruckerei GmbH" gegründet wurde. Vgl.
   hierzu den Bericht über die Entstehung und Entwicklung der „Magistratsdruckerei
   G.m.b.H." v. 28.1.1948, in: LAB(STA), Rep. 102, Nr. 45. Mit dem hier gefaßten
   Mag.beschluß wurde die Übernahme des Betriebs der Druckerei durch diese GmbH
   bestätigt, und außerdem wurden Arthur Pieck, Schwenk, Winzer und Haas sowie der
   Betriebsratsvorsitzende der Magistratsdruckerei zu Aufsichtsratsmitgliedern der GmbH
   bestellt.
4 LAB(STA), Rep. 100, Nr. 774, Bl. 17 u. 18.

Planungen und Ernennung von Herrn Professor *Dr. Joachim Tiburtius* zum Leiter der Abt[eilung] für Planungen.

Pieck erinnert an den Beschluß der letzten Magistratssitzung[5], eine engere Verbindung zwischen Magistrat und Bezirksverwaltungen durch einen besonders hierfür beauftragten Herrn des Magistrats herzustellen. Hierfür wurde Herr Schwenk vorgeschlagen,[6] der dafür von anderen Aufgaben entlastet werden sollte. Herr Schwenk hat demgemäß durch Schreiben vom 31. Mai um Entbindung von der Leitung der Abt[eilung] für Planungen gebeten.[7] Für die frei werdende Stelle wird Herr Professor Dr. Tiburtius vorgeschlagen, der auf Grund seiner Vorbildung und seiner bisherigen Tätigkeit die notwendige fachliche Eignung dafür besitzt.

Der Redner gibt die wichtigsten Daten aus dem Lebenslauf von Dr. Tiburtius[8] bekannt. Dr. Tiburtius ist Mitglied der CDU.[9]

Scharoun erachtet es für zweckmäßig, sich vor der Bestellung eines neuen Leiters der Abt[eilung] für Planungen darüber klar zu sein, welches Arbeitsgebiet ihm zugeteilt werden soll, da die Planungsarbeiten zum größten Teil von anderen Dienststellen besorgt würden. Es würde sich hier nurmehr um eine zentrale Verwaltungsstelle handeln. Jedenfalls müsse der Aufgabenkreis umgrenzt werden, damit nicht bei Dr. Tiburtius falsche Vorstellungen von seinem Wirkungskreis erweckt werden.

Pieck gibt zu, daß bei den Arbeiten der Abt[eilung] für Planungen sich eine Reihe von Überschneidungen mit den entsprechenden Arbeiten in anderen Abteilungen ergeben können und daß eine genaue Abgrenzung des Aufgabenbereiches getroffen werden muß. Der Redner schlägt zu diesem Zweck vor, daß sich in der nächsten Zeit die beteiligten Abteilungen: Wirtschaft, Handel und Handwerk, Bau- und Wohnungswesen, gemeinsam mit der Abt[eilung] für Personalfragen und Verwaltung und Herrn Schwenk bzw. einem anderen Herrn der Abt[eilung] für Planungen über diese Abgrenzung verständigen.

Starck ist der Meinung, daß das Aufgabengebiet der Abt[eilung] für Planungen nur sehr klein sein wird, wenn die ganzen Bauplanungen wegfallen, die in erster Linie der entsprechenden Dienststelle[10] der Abt[eilung] für Bau- und Wohnungswesen zukämen.

5　Vgl. das 59. Mag.prot. v. 29.5.1946, TOP 8.

6　Schwenk hatte bereits am 3.6.1946 an einer Sitzung des Bezirksamts Mitte teilgenommen. Vgl. hierzu das entsprechende Sitzungsprotokoll, in: LAB(STA), Rep. 102, Nr. 101.

7　Das Schreiben Schwenks v. 31.5.1946 konnte nicht ermittelt werden.

8　Der von Prof. Dr. Joachim Tiburtius verfaßte Lebenslauf ist als undatierte Abschrift vorhanden in: LAB(STA), Rep. 102, Nr. 29, Bl. 67, u. Nr. 265. Vgl. auch Tiburtius' Fragebogen für die Militärregierung v. 1947, in: LAB, Rep. 37: OMGBS, PAB, 4/127-2/37.

9　Der 1. Vorsitzende des Landesverbands Berlin der CDU, Kurt Landsberg, hatte Maron mit Schreiben v. 5.4.1946 den Vorschlag übermittelt, „die uns angebotene Stelle des Stadtrats und Leiters der Abteilung Planung" mit Tiburtius zu besetzen. Das Schreiben ist vorhanden in: LAB(STA), Rep. 101, Nr. 137. Vgl. zur Frage der Beteiligung der CDU am Magistrat: Dok. 62, 97, 99 u. 104.

10　Hier kann sowohl das für die allgemeine Stadtplanung zuständige Hauptamt für Planung als auch das für die Durchführung von Baumaßnahmen zuständige Hauptamt für Hochbau gemeint sein, und auch das Hauptamt für Aufbaudurchführung wies eine Abteilung „Bauplanung" auf. Vgl. hierzu die entsprechenden Organigramme in: LAB, Rep. 207, Acc. 2552, Nr. 3969.

Pieck entgegnet, daß es sich nicht nur um Planungen auf dem Gebiet des Bauwesens handele, sondern auch um eine allgemeine Wirtschafts- und Finanzplanung. Es müsse für Einheitlichkeit aller Planungsarbeiten in einer zentralen Stelle gesorgt werden, und es müsse das, was in den einzelnen Abteilungen planungsmäßig erarbeitet wird, von dieser zentralen Stelle aus koordiniert werden.[11]

Starck und *Scharoun* erklären sich unter diesen Bedingungen mit der Vorlage einverstanden.

BESCHLUSS: Die Vorlage Nr. 263 wird mit dem Bemerken angenommen, daß in nächster Zeit eine genaue Abgrenzung des Aufgabenbereichs der Abt[eilung] für Planungen erfolgt, indem die beteiligten Abteilungen für Wirtschaft, für Handel und Handwerk, für Bau- und Wohnungswesen gemeinsam mit der Abt[eilung] für Personalfragen und Verwaltung und der Abt[eilung] für Planungen sich hierüber verständigen.[12]

Schmidt unterbreitet dem Magistrat Vorschläge für die Besetzung des Aufsichtsrats der De-Ge-Wo, der Deutschen Gesellschaft zur Förderung des Wohnungsbaues. In der Magistratssitzung vom 16.2.46 waren hierfür bereits die Herren Orlopp, Kinkel-Schott[13] (vom Bezirksamt Zehlendorf), Schwenk, Böttcher, Jirak, Bernhard Göring[14] und Martin Schmidt benannt [worden].[15] In der Zwischenzeit sind durch Einzelbesprechungen und Verfügungen einige Umbesetzungen vorgenommen worden: Nach dem Ausscheiden von Herrn Kinkel-Schott[16] aus dem Bezirksamt Zehlendorf ist an dessen Stelle Dr. Duhmer[17] von der Wohnungsbau-Kredit-Gesellschaft getreten; nach dem Ausscheiden von Herrn Böttcher[18] aus dem Amt für Aufbau-Durchführung ist an dessen Stelle Herr Karweik[19] benannt worden.

---

11 Vgl. hierzu Dok. 95.

12 Der hier gefaßte Mag.beschluß über die Entbindung Schwenks von der Leitung der Mag.abt. für Planungen und die Ernennung von Tiburtius zum neuen Leiter dieser Mag.abt. wurde der AK mit Schreiben v. 7.6.1946 zur Genehmigung zugeleitet. Das Schreiben ist vorhanden in: LAB(STA), Rep. 102, Nr. 29, Bl. 66, u. Nr. 265. Die AK hat den Mag.beschluß nicht bestätigt. Vgl. zu diesem Mag.beschluß auch: Dok. 95. – Vgl. zur Abgrenzung des Aufgabenbereichs der Mag.abt. für Planungen das 45. Mag.prot. v. 2.2.1946, TOP 3 (insb. Anm. 22), u. das 71. Mag.prot. v. 24.8.1946, TOP 2.

13 Im Bezirksamt Zehlendorf existierte kein Mitglied „Kinkel-Schott". Vielmehr hatte Dr. Walter Erich Kinkel (KPD) vom 15.9.1945 bis 28.2.1946 die Position des ersten stellvertretenden Bürgermeisters in Zehlendorf inne, während Carl Schott (SPD) vom 20.9.1945 bis 28.2.1946 als zweiter stellvertretender Bürgermeister und seit dem 1.3.1946 als (einziger) stellvertretender Bürgermeister in diesem Bezirk amtierte. Vgl. hierzu: LAB(STA), Rep. 102, Nr. 52, Bl. 47 – 49, 59, 61 – 69 u. 88.

14 Bernhard Göring (SPD/SED) war 2. Vorsitzender des Bundesvorstands des Freien Deutschen Gewerkschaftsbunds.

15 Vgl. das 46. Mag.prot. v. 16.2.1946, TOP 9.

16 Vgl. Anm. 13 zu diesem Mag.prot.

17 Dr. Wilhelm Duhmer, Vorstand der Wohnungsbau-Kreditanstalt Berlin (nicht: Wohnungsbau-Kredit-Gesellschaft).

18 Karl Böttcher, bis zum 16.3.1946 Leiter des Hauptamts für Aufbaudurchführung in der Mag.abt. für Bau- und Wohnungswesen; vgl. das 50. Mag.prot. v. 16.3.1946, TOP 8.

19 Erich Karweik (SPD) amtierte vom 3.12.1945 bis 24.8.1946 als zweiter stellvertretender Leiter der Mag.abt. für Bau- und Wohnungswesen; vgl. das 33. Mag.prot. v. 3.12.1945, TOP 2, u. das 71. Mag.prot. v. 24.8.1946, TOP 2.

Bei der kürzlich stattgefundenen Gesellschaftsversammlung[20], in der sich diese Unstimmigkeiten mit dem früheren Magistratsbeschluß herausgestellt haben, ist außerdem Herr Dr. Dzyck[21] von der Gemeinnützigen Siedlungs- und Wohnungsgesellschaft mbH in den Aufsichtsrat hineingewählt worden, da beabsichtigt ist, zur Vermeidung von Doppelarbeit die De-Ge-Wo demnächst mit der Gemeinnützigen Siedlungs- und Wohnungsgesellschaft mbH zusammenzulegen[22].

Der Redner beantragt, diese Wahl von Dr. Dzyck nachträglich zu billigen und zu entscheiden, ob an die Stelle von Herrn Böttcher Herr Karweik oder Herr Starck[23], der nach seinem Arbeitsgebiet hierfür am besten in Frage käme, treten soll. Die gleichen Herren würden dann auch in den Aufsichtsrat der Gemeinnützigen Beamten-Siedlungsgesellschaft[24] treten.

BESCHLUSS: Der Magistrat billigt die Wahl der Herren Dr. Dzyck und Starck in den Aufsichtsrat der De-Ge-Wo neben der schon früher beschlossenen Entsendung der Herren Orlopp, Schwenk, Bernhard Göring und Martin Schmidt.
Der Magistrat ist ferner mit der Wahl der Herren Dr. Dzyck und Starck in den Aufsichtsrat der Gemeinnützigen Beamten-Siedlungsgesellschaft einverstanden.

3. FINANZFRAGEN

Hierzu liegt die Vorlage Nr. 260[25] vor, betreffend *Überlassung von Teilen städtischer Güter* im Kreise Niederbarnim *an die Provinzialverwaltung Brandenburg* für Siedlungszwecke.

Dr. Haas erinnert an die mehrfach besprochene Abgabe städtischer Güter für Bodenreformzwecke.[26] Nach einer jetzt vorliegenden Zusammenstellung handelt es sich dabei um rund 2 600 ha. Durch langwierige Verhandlungen der Leitung der Stadtgüter ist es möglich geworden, von der Provinzialverwaltung Brandenburg zu

---

20 Vgl. das Prot. der außerordentlichen Hauptversammlung der De-Ge-Wo am 31.5.1946, in: LAB, Rep. 280, Nr. 14484.

21 Fritz Dzyck (KPD), der *keinen* Doktortitel besaß, war von Ende Mai 1945 bis 1947 Erster Direktor der Gemeinnützigen Siedlungs- und Wohnungsbaugesellschaft Berlin mbH (GSW), des größten Wohnungsunternehmens in Berlin. Als Ortsbürgermeister des Berliner Stadtteils Biesdorf hatte Dzyck die „Gruppe Ulbricht" im Mai 1945 nicht nur auf den dann als Oberbürgermeister eingesetzten Arthur Werner, sondern offenbar auch auf Scharoun als möglichen Stadtrat für Bau- und Wohnungswesen aufmerksam gemacht. Siehe: „Gruppe Ulbricht", S. 63 u. 683; Teil I dieser Edition, S. 38; Böttcher: Bericht über meine Arbeit, S. 9.

22 Die De-Ge-Wo wurde zunächst von den Baubüros der GSW mitbetreut. Die Absicht einer Fusionierung dieser beiden Wohnungsunternehmen wurde aber fallengelassen. Vgl. hierzu: Hanauske, S. 273.

23 Heinrich Starck (KPD/SED) amtierte seit dem 2.2.1946 als (erster) stellvertretender Leiter der Mag.abt. für Bau- und Wohnungswesen; vgl. das 45. Mag.prot. v. 2.2.1946, TOP 2.

24 Die Gemeinnützige Beamten-Siedlungsgesellschaft mbH war ein wohnungswirtschaftlich bedeutungsloses Tochterunternehmen der De-Ge-Wo.

25 LAB(STA), Rep. 100, Nr. 774, Bl. 11 f.; auch in: LAB(STA), Rep. 101, Nr. 644, Bl. 166 f.

26 Vgl. das 29. Mag.prot. v. 5.11.1945, TOP 2, u. das 50. Mag.prot. v. 16.3.1946, TOP 3; allgemein zur Bodenreform: Dok. 60, Anm. 20, u. Dok. 67, Anm. 67.

erreichen, daß sie der Stadt Berlin Ersatzland gibt, soweit dies von der sowjetischen Besatzung freigegeben wird. Welche Flächen dabei in Frage kommen, muß den Verhandlungen, mit denen die Provinzialverwaltung den Oberlandrat in Bernau[27] beauftragt hat, überlassen bleiben. Über weitere Einzelheiten ist auf die Begründung der Vorlage zu verweisen. Die Verträge über die auf die Stadt zu übernehmenden Güter werden zu gegebener Zeit durch besondere Vorlage mitgeteilt werden. BESCHLUSS: Der Magistrat erklärt sein Einverständnis mit der Vorlage Nr. 260.[28]

Es folgt die Vorlage Nr. 264[29], betreffend Durchführung einer *6. und 7. Berliner Stadtlotterie.*[30]

Dr. Haas teilt hierzu mit, daß für die beabsichtigte Einführung einer Klassenlotterie[31] bisher noch keine Genehmigung vorliegt. Um die Entwicklung nicht abreißen zu lassen und immer rechtzeitig eine neue Lotterie auflegen zu können, für die die Vorbereitungen immer geraume Zeit in Anspruch nehmen, wird vorgeschlagen, die Durchführung einer 6. und 7. Stadtlotterie in der bisherigen Weise zu genehmigen, und zwar mit der gleichen Loszahl und dem gleichen Gewinnplan. Die Einnahme aus jeder Lotterie beträgt durchschnittlich rund 500 000 RM. BESCHLUSS: Die Vorlage Nr. 264 wird angenommen.[32]

Es folgt die Vorlage Nr. 262[33], betreffend fristlose *Entlassung von Magistratsbediensteten* wegen Tätigung von *Schwarzmarktgeschäften.*

Rumpf begründet die Vorlage, die mit dem Hauptbetriebsrat der Betriebe und Verwaltungen der Stadt Berlin und dem Vorstand des FDGB abgesprochen worden ist. Sämtliche Beteiligten sind sich darüber einig, daß die Durchführung einer solchen Maßnahme den Kampf gegen Schiebertum und Schwarzhandel unterstützen und dazu beitragen wird, die Verwaltung von allen nicht korrekt arbeitenden Elementen zu säubern.

---

27 Kreisstadt, ca. 15 km nordöstlich von Berlin.
28 Die Problematik der Überlassung städtischer Flächen an die Provinzialverwaltung Brandenburg für Siedlungszwecke und eines entsprechenden Flächenausgleichs durch die Provinzialverwaltung ist in den folgenden Mag.sitzungen nicht wieder behandelt worden. Vgl. hierzu die entsprechenden Materialien in: LAB(STA), Rep. 105, Nr. 4596 – 4600.
29 LAB(STA), Rep. 100, Nr. 774, Bl. 19 u. 20; auch in: LAB(STA), Rep. 101, Nr. 644, Bl. 160.
30 Vgl. zur 5. Berliner Stadtlotterie das 57. Mag.prot. v. 13.5.1946, TOP 2.
31 Vgl. das 52. Mag.prot. v. 30.3.1946, TOP 3.
32 Der hier gefaßte Mag.beschluß ist mit dem Ausfertigungsdatum v. 14.6.1946 vorhanden in: LAB(STA), Rep. 101, Nr. 635. Er wurde der AK mit Schreiben v. 26.6.1946 zur Genehmigung zugeleitet; siehe: a.a.O. Anfang Juli 1946 genehmigte das Finanzkomitee der AK die Durchführung einer sechsten und siebten Berliner Stadtlotterie. Vgl. das 30. Prot. des Finanzkomitees der AK v. 2.7.1946, TOP 3, in: LAB, Rep. 37: OMGBS, FIN Br, 4/91-2/7; der entsprechende Befehl FIN/I (46) 68 v. 2.7.1946 ist vorhanden in: LAB, Rep. 37: OMGBS, FIN Br, 4/91-2/12. Die Schreiben der Finanzabteilung des Magistrats an das Finanzkomitee der AK v. 9.9.1946 bzw. v. 15.10.1946, betr. Abrechnung der 6. Berliner Stadtlotterie bzw. der 7. Berliner Stadtlotterie, sind vorhanden in: LAB(STA), Rep. 101, Nr. 637 bzw. Nr. 638. – Vgl. zur 8. Berliner Stadtlotterie das 69. Mag.prot. v. 12.8.1946, TOP 4.
33 LAB(STA), Rep. 100, Nr. 774, Bl. 15 u. 16; auch in: LAB(STA), Rep. 101, Nr. 644, Bl. 161.

Schwanebeck empfiehlt, in dem Text der Vorlage die Bezugnahme auf die allgemeine Tarifordnung[34] fortzulassen, da diese noch Anklänge aus der Nazigesetzgebung enthalte. Es genüge, wenn gesagt werde: Angestellte oder Arbeiter
der Stadt Berlin. Ferner müsse der letzte Absatz geändert werden.[35] So, wie er
jetzt laute, bedeute er, daß ein Angestellter, der beispielsweise von irgend jemand
ein paar Zigaretten einhandelt, fristlos entlassen werden müsse. Gewollt sei aber,
daß nur dann, wenn jemand wegen einer solchen Handlung verurteilt worden ist, die
Konsequenz gezogen wird.

Rumpf bestätigt diese Auffassung und schlägt einen entsprechend geänderten Text
vor.

BESCHLUSS: Die Vorlage Nr. 262 wird in folgender Fassung angenommen:
Der Magistrat wolle beschließen:
Angestellte und Arbeiter der Stadt Berlin sind fristlos zu entlassen, wenn sie Schwarzmarktgeschäfte – aktiv oder passiv –
tätigen und wegen eines solchen Vergehens rechtskräftig verurteilt worden sind.

4. VERTRAG METHAN-VERTRIEBS-GMBH

Schwenk begründet die Vorlage Nr. 261[36], betreffend Anfechtung des Gesellschaftsvertrages der Berliner Methan-Vertriebs-GmbH vom 3.11.1942 etc. Die Berliner
Gaswerke[37] wurden im Jahre 1942 gezwungen, mit dem Benzin-Benzol-Verband
eine Berliner Methan-Vertriebs-GmbH[38] zu bilden. Unter den damaligen Umständen
war diese Gründung nicht zu vermeiden. Nachdem [es] durch einen Befehl der SMA
untersagt ist, dieser Vertriebsgesellschaft Gas in irgendeiner Form abzugeben,[39] hat
sie keine Existenzmöglichkeit mehr. Diesen Umstand möchten die Gaswerke ausnutzen, um sich von dem Vertrage mit der Vertriebsgesellschaft zu lösen. Der Benzin-
Benzol-Verband, der seinen Sitz im Westen hat, sträubt sich dagegen. Infolgedessen
waren die Berliner Gaswerke genötigt, den Vertrag vorsorglich zu kündigen. Hierzu
wird durch die Vorlage die Zustimmung des Magistrats erbeten. Gleichzeitig soll die
Ermächtigung dazu ausgesprochen werden, daß weitere Versuche gemacht werden,

---

34 Gemeint ist die „Allgemeine Tarifordnung für Gefolgschaftsmitglieder im öffentlichen
   Dienst" (ATO) v. 1.4.1938, in: Reichsarbeitsblatt, Jg. 1938, Teil VI, S. 471 – 475 (mit
   verschiedenen Änderungen in den Folgejahren).
35 Nach dem Beschlußtext der Mag.vorlage Nr. 262 v. 1.6.1946 sollte ein Angestellter oder
   Arbeiter des Magistrats fristlos entlassen werden, wenn er „Schwarzmarktgeschäfte – sei
   es aktiv oder passiv – tätigt" oder (so der letzte Absatz) „wegen eines solchen Vergehens
   von dem Strafausschuß des Preisamts oder einer Bezirkspreisstelle rechtskräftig bestraft
   wird".
36 LAB(STA), Rep. 100, Nr. 774, Bl. 13 u. 14; auch in: LAB(STA), Rep. 101, Nr. 664.
37 Vgl. den Bericht von Bruno Ziethen v. 15.4.1946 über die Geschichte der Berliner
   Gaswerke, in: LAB(STA), Rep. 115, Nr. 91, Bl. 2 – 15.
38 Vgl. das Prot. über die Sitzung des Aufsichtsrats der Berliner Methan-Vertriebs-GmbH
   am 19.2.1946, in: LAB(STA), Rep. 115, Nr. 104; den Bericht von Bruno Ziethen v.
   20.4.1946 über die Geschichte der Berliner Methan-Vertriebs-GmbH, in: LAB(STA),
   Rep. 115, Nr. 91, Bl. 30 – 34.
39 Der hier erwähnte Befehl der Sowjetischen Militäradministration v. 29.3.1946 konnte
   nicht ermittelt werden.

die Gesellschaft zur Auflösung des Vertrages zu bringen, bevor der ordnungsmäßige Kündigungstermin am 31.12.47 abgelaufen ist.

BESCHLUSS: Die Vorlage Nr. 261 wird angenommen.

5. ALLGEMEINES

Orlopp erstattet einen längeren Bericht über seine bisherige Tätigkeit als kommissarischer Leiter[40] der Abt[eilung] für *Ernährung*.[41] Er gibt zunächst Kenntnis von der Absicht der Amerikaner, in ihrem Sektor die bisherige Tätigkeit der Ernährungsoffiziere auf die deutsche Zivilverwaltung zu übertragen. Sie wünschen, daß der Betreffende, dem diese Funktion verantwortlich übertragen wird, direkt dem Haupternährungsamt[42] unterstellt und ihm eine gehobene Stellung im Range eines Stadtrat-Stellvertreters gegeben wird. Er wird seinen Sitz im Haupternährungsamt haben und 3 bis 4 Mitarbeiter zur Verfügung gestellt bekommen. Vorschläge für die Besetzung dieses Postens werden von der amerikanischen Militärregierung gemacht werden, während die Einsetzung selbst durch den Magistrat erfolgt, ähnlich wie seinerzeit im englischen Sektor die Einsetzung des Vertrauensmannes für die einheitliche Führung der Wirtschaftsabteilungen in den britisch besetzten Verwaltungsbezirken erfolgt ist[43].

Pieck begrüßt an sich diesen weiteren Schritt zur Selbstverwaltung, macht aber darauf aufmerksam, daß zu den Aufgaben der amerikanischen Ernährungsoffiziere auch die Sicherung der Lebensmitteltransporte aus der amerikanischen Zone gehörte. Die Verantwortung für die Durchführung dieser Aufgabe würde ein Beauftragter des Magistrats schwerlich übernehmen können. Bedenken wären auch dagegen zu erheben, diesen Herrn zum stellvertretenden Stadtrat zu machen.[44] In dem Fall des Vertrauensmannes für die Wirtschaft im englischen Sektor habe man sich dahin

---

40 Orlopp war in der vorangegangenen Mag.sitzung mit der kommissarischen Leitung der Mag.abt. für Ernährung beauftragt worden; vgl. das 59. Mag.prot. v. 29.5.1946, TOP 4.

41 Einen entsprechenden Bericht erstattete Orlopp auch vor den Bezirksbürgermeistern; vgl. das Prot. der Konferenz der Bezirksbürgermeister am 6.6.1946, TOP 2, in: LAB, Rep. 280, Nr. 3858. – Vgl. zur Ernährungslage im Juni 1946 verschiedene Quellen in: LAB(STA), Rep. 101, Nr. 547 u. 586, u. LAB, Rep. 10 B, Acc. 1877, Nr. 405; das Prot. über die Sitzung der Ernährungsdezernenten am 4.6.1946, in: LAB, Rep. 280, Nr. 5459; BK/R (46) 295 v. 16.8.1946: Nahrungsmittelbericht des Food Committee der AK für Juni 1946, in: LAB, Rep. 37: OMGBS, BICO LIB, 11/148-2/7; Berlins Versorgung mit frischem Gemüse, in: Berliner Zeitung, 1.6.1946, [S. 2]; Vorgriff auf die II. Dekade, in: Berliner Zeitung, 7.6.1946, [S. 2]; Neuer Kurs im Ernährungsamt, in: Der Morgen, 7.6.1946, S. 3; Zusätzliche Versorgung mit freiem Gemüse, in: Telegraf, 7.6.1946, S. 8; In zwei Tagen 86 Waggons Gemüse für Berlin, in: Berliner Zeitung, 21.6.1946, [S. 2]; Wie steht es um Berlins Ernährung. Bürgermeister Orlopp vor den Berliner Frauenausschüssen, in: Neues Deutschland, 21.6.1946, S. 4; Berliner Rationen bleiben unverändert. Bürgermeister Orlopp berichtet über die Lebensmittellage, in: Der Tagesspiegel, 22.6.1946, [S. 2].

42 Gemeint ist die Mag.abt. für Ernährung.

43 Gemeint ist offensichtlich Dr. Emil Guckes, der Leiter der in der zweiten Julihälfte 1945 eingerichteten Wirtschaftsstelle im britischen Sektor. Vgl. Dok. 44, Anm. 1.

44 Ein entsprechender stellvertretender Leiter der Mag.abt. für Ernährung ist nicht eingesetzt worden.

geeinigt, ihn in die höchste Stufe der Angestellten, die Stufe 1 b der TO.A[45] (leitende Direktoren), einzustufen. Dieselbe Regelung würde zweckmäßigerweise auch hier zu treffen sein. Der Redner empfiehlt, in diesem Sinne die weiteren Verhandlungen zu führen.

BESCHLUSS: Der Magistrat nimmt von der Mitteilung über die Einsetzung eines Beauftragten für die Durchführung der Ernährungsfragen im amerikanischen Sektor Kenntnis und erklärt sich mit dem von Stadtrat Pieck hierzu gemachten Vorschlag einverstanden.[46]

Orlopp gibt weiter Kenntnis von einer im englischen Sektor auf Grund einer Anordnung[47] der englischen Kommandantur veranlaßten Maßnahme: über eine Befragung der Bevölkerung über den Erwerb von Lebensmitteln aus Nebenquellen.

Der Redner berichtet sodann über seine Besprechungen mit dem Ernährungsbeirat, der sich zusammensetzt aus Vertretern der Verbraucher, der Konsumgenossenschaften, des Großhandels und des Kleinhandels.[48] Dabei haben die Vertreter des Handels auf Befragung ausdrücklich erklärt, daß sie einen Fehlbetrag von 29 000 t – darunter 22 000 t Kartoffeln – bei einem Gesamtumsatz von 800 000 t für absolut handelsüblich halten. Die Untersuchung über die durch die Presse gegangene Nachricht von den großen Fehlmengen ist noch nicht abgeschlossen.[49] Zu klaren Ergebnissen wird man erst kommen, wenn nach der ersten Bestandsaufnahme vom 31. Januar[50] eine weitere Bestandsaufnahme, die für den 30. Juni vorgesehen ist,[51] erfolgt ist. Bis

---

45 Tarifordnung A für „Gefolgschaftsmitglieder" im öffentlichen Dienst v. 1.4.1938, in: Reichsarbeitsblatt, Jg. 1938, Teil VI, S. 475 – 488 (mit verschiedenen Änderungen in den Folgejahren).

46 Die Frage der Einsetzung eines Beauftragten für die Ernährungsfragen im amerikanischen Sektor ist in den folgenden Mag.sitzungen nicht wieder zur Sprache gekommen.

47 Diese Anordnung konnte nicht ermittelt werden.

48 Vgl. zur Einsetzung des Ernährungsbeirats das 26. Mag.prot. v. 15.10.1946, TOP 7.

49 Vgl. hierzu: 28 700 Tonnen Lebensmittel fehlen. Große Unterschlagungen in Berlin aufgedeckt, in: Telegraf, 23.5.1946, S. 2; Pressemitteilung des Magistrats v. 24.5.1946, in: LAB, Rep. 10 B, Acc. 1877, Nr. 405; Ein vereitelter Anschlag. Erklärung des Oberbürgermeisters der Stadt Berlin aus Anlaß einer böswilligen Irreführung, in: Berliner Zeitung, 26.5.1946, [S. 1]; Wie wird die Lebensmittelverteilung in Berlin kontrolliert?, in: Berliner Zeitung, 26.5.1946, [S. 1]; Die verschwundenen Lebensmittel, in: Telegraf, 28.5.1946, S. 3; „Geschäft mit dem Hunger – eine Infamie schlimmster Art", in: Berliner Zeitung, 28.5.1946, [S. 1]; Das Ende einer Verleumdung. Wie groß darf der Schwundverlust sein?, in: Berliner Zeitung, 29.5.1946, [S. 2]; Die Wahrheit setzt sich durch, in: Berliner Zeitung, 29.5.1946, [S. 2]; Johannes Puhlmann: Kritik oder Giftmischerei?, in: Neues Deutschland, 19.7.1946, S. 4.

50 Vgl. hierzu das 38. Mag.prot. v. 23.12.1946, TOP 9; zwei Rundverfügungen der Mag.abt. für Ernährung v. 15.1.1946 u. 26.1.1946, in: LAB, Rep. 10 B, Acc. 1877, Nr. 374.

51 Die am 29./30.6.1946 durchgeführte körperliche Bestandsaufnahme der bewirtschafteten Lebensmittel war von der AK angeordnet worden, aber nicht in Form einer BK/O, sondern durch Befehle ihres Ernährungskomitees. Vgl. hierzu eine entsprechende Rundverfügung Orlopps v. 14.6.1946, zwei Befehle des Ernährungskomitees der AK v. 22.6.1946 u. 29.6.1946 sowie ein Schreiben Orlopps an den sowjetischen Stadtkommandanten v. 8.7.1946, in: LAB, Rep. 10 B, Acc. 1877, Nr. 374; LAB, Rep. 280, Nr. 14557; Berlin. Kampf um Freiheit, S. 466. Mit BK/O (46) 394 v. 8.10.1946 teilte die AK dem Magistrat mit, daß die durch die Bestandserhebung v. 30.6.1946 ermittelten Verluste

dahin sind die bis jetzt herausgekommenen *Zahlen über Fehlmeldungen* mehr oder weniger anfechtbar. Es wird eine vollkommen neue Abrechnung eingeführt werden mit einheitlichen Abrechnungslisten. Die Abrechnung in den Bezirken muß von wirklichen Fachleuten gemacht werden.

Auf die Frage, ob die Ernährung für die nächste Zukunft überhaupt durchzuhalten ist, läßt sich noch kein endgültiges Urteil abgeben. Der jetzt vorhandene Bestand reicht immerhin, abgesehen von Fleisch, für 14 Tage aus. Der Anschluß an die neue Ernte scheint nach allen Anzeichen gesichert.

In der *Gemüseversorgung* liegt es so, daß bis jetzt 4 900 t herangebracht worden sind, und zwar ausschließlich aus der russischen Zone. Während früher Berlin beliefert wurde aus den Niederlanden, dem Rheinland, Westfalen, Schleswig-Holstein, Sachsen, Brandenburg, fallen heute diese Gebiete entweder ganz aus oder die Transportschwierigkeiten sind so groß, daß praktisch von dort nichts hereinkommt. Durch Verhandlungen mit der Zentralverwaltung des Verkehrs[52] ist es gelungen, einen Pendel-Zugverkehr mit schnell fahrenden Zügen für die Heranbringung von Gemüse aus Sachsen einzurichten.

Besondere Schwierigkeiten bereitet auch die Versorgung mit *Frischobst*. Von russischer Seite ist die Einfuhr von 500 t aus Brandenburg und von 1 000 t aus Sachsen zugestanden worden. Davon ist ein geringer Teil eingetroffen. Es ist zu hoffen, daß sich schon in den nächsten Tagen der Eingang bessern wird. Diese Mengen sind aber zunächst nur für den russischen Sektor bestimmt. Es sind Verhandlungen aufgenommen, um zu erreichen, daß dieses Obst auf das Gesamtgebiet von Berlin verteilt werden kann.[53] Weitere Verhandlungen sind nach der Richtung angebahnt, auch wieder aus den westlichen Zonen Gemüse und Obst zu bekommen.

In den letzten Tagen ist erreicht worden, daß in der russischen Zone *konzessionierte Einkäufer* eingesetzt werden dürfen, um die *freien Spitzen*, die von den Bauern bisher nur direkt an den Verbraucher verkauft werden durften,[54] nach Berlin hereinzuschaffen. Diese Ware, für die der Preis nicht höher als das 3- bis 4fache des gebundenen Preises sein wird, soll in die Massenverpflegung eingebracht werden: für Kinderheime, Krankenhäuser und Werkskantinen. Die konzessionierten Einkäufer, die nicht zugleich mit den bewirtschafteten Lebensmitteln zu tun haben dürfen, werden unter die Kontrolle der Bezirke gestellt werden. Diese Spitzen, über die nunmehr verfügt werden darf, werden auf 30 % der Gesamtproduktion geschätzt.

Lange gibt eine Mitteilung von Betriebsratsmitgliedern verschiedener Gerichte Berlins wieder,[55] wonach dort Wurst markenfrei an die Angestellten abgegeben

---

an Lebensmitteln durch Lieferungen der Alliierten ausgeglichen würden. Die BK/O ist vorhanden in: LAB(STA), Rep. 101, Nr. 73; LAB, Rep. 280, Nr. 4929.

52 Gemeint ist die Deutsche Zentralverwaltung des Verkehrs in der sowjetischen Besatzungszone.

53 Vgl. hierzu das 64. Mag.prot. v. 5.7.1946, TOP 3 (Orlopp).

54 Mit seinem Befehl Nr. 122 v. 30.10.1945 hatte der Oberste Chef der Sowjetischen Militäradministration die Einrichtung von Märkten in der sowjetischen Besatzungszone und im sowjetischen Sektor Berlins angeordnet. Auf diesen Märkten konnten die Bauern nach der Erfüllung ihrer Ablieferungspflichten alle Überschüsse („freie Spitzen") an landwirtschaftlichen Erzeugnissen frei verkaufen. Der Befehl ist vorhanden in: LAB(STA), Rep. 101, Nr. 5, Bl. 93 f. u. 106 f., u. Rep. 120, Nr. 1340, Bl. 20 f.

55 Diese Mitteilung konnte nicht in schriftlicher Form ermittelt werden.

wurde, die anscheinend aus beschlagnahmten Beständen stammt. Auch von der Staatsanwaltschaft beschlagnahmte Zigaretten würden an „bewährte Beamte" verteilt.

Orlopp erwidert, diese Dinge seien in den letzten Tagen bereits abgestoppt [worden]. Nach einer neuerlichen Verfügung muß alle *beschlagnahmte Ware* in den allgemeinen Verkehr gegeben werden.[56]

Lange weist ferner darauf hin, daß die Bevölkerung mit Recht über die Frage beunruhigt sei, wo die von der Polizei beschlagnahmten Lebensmittel blieben.

Orlopp erklärt: Soweit es sich um bewirtschaftete Ware handelt, muß sie selbstverständlich in den Verkehr gebracht werden.

Schwenk trägt eine Angelegenheit, betreffend die *Bewag*[57], vor, die noch vor der am 28. Juni stattfindenden Generalversammlung geklärt werden müsse. Der Magistrat muß für die Generalversammlung einen Herrn bevollmächtigen, der das Aktienkapital der Stadt dort vertritt und das Stimmrecht für die Stadt ausübt. Der Redner schlägt vor, diese Aufgabe Herrn Dr. Goll zu übertragen und ihm eine entsprechende Vollmacht auszustellen.

Ferner muß sich der Magistrat darüber schlüssig werden, wen er für den Aufsichtsrat der Gesellschaft, der in der Hauptversammlung neu gewählt wird, vorschlägt. Die Aktien zerfallen in zwei Gruppen: die Gruppe B mit doppeltem, die Gruppe A mit einfachem Stimmrecht. In der Gruppe B besitzt die Stadt von 100 Millionen RM 47,5 Millionen RM. Die Aufsichtsratsposten, die ihr demzufolge zustehen, waren bisher auch schon vom Magistrat besetzt, und zwar durch Oberbürgermeister Dr. Werner, Bürgermeister Maron, Bürgermeister Schwenk, Stadtrat Jirak, den stellvertretenden Stadtkämmerer Dr. Haas und den stellvertretenden Stadtrat Dusiska. Es wird vorgeschlagen, diese Herren zur Wiederwahl zu stellen.

Bei der Gruppe der A-Aktien besteht ein *Pool-Vertrag*, in dem in § 3 gesagt ist, daß bei Benennung der Aufsichtsratsmitglieder durch die Gruppe A Großaktionäre, die nicht der öffentlichen Hand angehören, tunlichst entsprechend ihrer Kapitalsbeteiligung berücksichtigt werden sollen; in der Praxis ist dies so ausgelegt worden, daß die Aktionäre der öffentlichen Hand in der Gruppe A überhaupt nicht vertreten sein sollen, und so ist es auch gehandhabt worden. Die Stadt Berlin hat nun von den 200 Millionen Aktien der Gruppe A 105,8 Millionen in ihrem Besitz, also mehr als die Hälfte, und sie ist trotzdem nach dieser Auslegung des Vertrages im Aufsichtsrat nicht vertreten. Man hat diesen Grundsatz allerdings insofern schon durchbrochen, als man nach dem Mai v[origen] J[ahres] zugestanden hat, daß die Stadt Berlin

---

56 Die hier erwähnte Verfügung konnte nicht ermittelt werden.

57 Vgl. zur Berliner Kraft- und Licht (Bewag)-Aktiengesellschaft bzw. zu ihrem Aufsichtsrat das 4. Mag.prot. v. 31.5.1945, TOP 2, u. das 17. Mag.prot. v. 20.8.1945, TOP 9, u. das 26. Mag.prot. v. 15.10.1945, TOP 9 (Jirak), u. das 53. Mag.prot. v. 6.4.1946, TOP 4; Bewag unter dem Druck von Kriegsfolgen, in: Der Sozialdemokrat, 1.7.1946, S. 3. Vgl. zur komplizierten Rechtssituation bei der Bewag den grundlegenden Bericht von Bruno Ziethen v. 18.4.1946 über die Geschichte der Bewag, in: LAB(STA), Rep. 115, Nr. 91, Bl. 16–29; ferner Materialien in: LAB(STA), Rep. 101, Nr. 604, u. Rep. 105, Nr. 4739 u. 4740, u. Rep. 115, Nr. 63, Bl. 59 f., u. Rep. 115, Nr. 64, Bl. 67.

an Stelle der verhinderten Vertreter des Auslandskapitals[58] einige Vertreter in die A-Gruppe entsendet, und zwar die Herren Schwanebeck[59] vom Hauptbetriebsrat, Bernhard Göring[60] vom FDGB sowie Müller[61] und Lukas[62] vom Betriebsrat. Dieses Zugeständnis kann aber nicht länger aufrechterhalten werden, weil damit zu rechnen ist, daß nunmehr das Auslandskapital seinen Anspruch auf die Sitze im Aufsichtsrat wieder geltend machen wird. Es muß also deshalb jetzt dafür gesorgt werden, daß die Stadt Berlin entsprechend ihrem Aktienbesitz auch in der A-Gruppe vertreten ist. Es liegt eine Erklärung der Stadt Berlin vom 21.12.37 vor, die damals von dem Oberbürgermeister Lippert[63] der Bewag gegeben worden ist und die dahin lautet:

> Die Bewag ist als gemischtwirtschaftliches Unternehmen unter dem Grundsatz der Gleichberechtigung der öffentlichen und Privataktionäre hinsichtlich des Stimmrechts und der Besetzung des Aufsichtsrats gegründet worden. Auf Grund des bestehenden Pool-Vertrags von 1931/33[64] und im Hinblick auf den Beitrag der A-Aktionäre zur Neuordnung des Unternehmens im Jahre 1937 erklärt die Stadt Berlin, daß sie auf Grund eines Besitzes an A-Aktien keinen Anspruch auf Vertretung im Aufsichtsrat oder auf Aufnahme in die Gruppe A erheben wird.

Das bedeutet nicht mehr und nicht weniger, als daß damals der Nazi-Oberbürgermeister Lippert einfach auf dieses Recht der Stadt Berlin, im Aufsichtsrat vertreten zu sein, verzichtet hat. Danach würde die Stadt Berlin, auch wenn sie eine noch so große Mehrheit des Aktienkapitals hätte, im Aufsichtsrat immer in der Minderheit bleiben. Das ist ein unmöglicher Zustand. Deswegen wird vorgeschlagen, diese Erklärung von Dr. Lippert für ungültig zu erklären. Es wird damit der normale Rechtszustand wiederhergestellt, und die Stadt Berlin würde für die Gruppe der A-Aktien 7 Mitglieder im Aufsichtsrat zu stellen haben. Es wird vorgeschlagen, hierfür zu benennen die Herren: stellvertretender Stadtrat Dr. Goll, stellvertretender Oberbürgermeister Orlopp, Stadtrat Kraft und die jetzt provisorisch für die Vertreter des Auslandskapitals schon im Aufsichtsrat sitzenden Herren Schwanebeck, Göring, Müller u[nd] Lukas[65].

Als Großaktionäre sind an der Bewag noch beteiligt die Reichselektrowerke und die Preußische Elektrizitäts-AG, die zusammen über 7 Sitze im Aufsichtsrat verfügen. Es soll durch Verhandlungen mit den Sachwaltern dieser Gesellschaften über die Generalsteuerdirektion versucht werden, zu einer Verständigung über die Besetzung der ihnen zustehenden Aufsichtsratsposten nach der Richtung zu kommen, daß dabei die Interessen der Stadt und nicht die Interessen des Privatkapitals in

---

58 Vgl. hierzu zwei Schreiben von OB Werner v. 23.7.1946 an die Schweizer Militärmission und v. 25.7.1946 an die Belgische Militärmission, betr. die schweizerische bzw. belgische Beteiligung an der Bewag, in: LAB(STA), Rep. 101, Nr. 604, u. Rep. 105, Nr. 4740.

59 Erich Schwanebeck, Vorsitzender des Gesamtbetriebsrats der städtischen Betriebe und Verwaltungen.

60 Bernhard Göring war 2. Vorsitzender des Bundesvorstands des Freien Deutschen Gewerkschaftsbunds.

61 Bernhard Müller.

62 Richtig: (Paul) Lucas.

63 Dr. Julius Lippert (NSDAP), von Januar 1937 bis Juli 1940 Oberbürgermeister von Berlin.

64 Müßte heißen: 1931/32.

65 Richtig: (Paul) Lucas.

den Vordergrund gestellt werden. Konkrete Vorschläge werden sich erst aus den Verhandlungen ergeben.

Der Redner bittet um die Zustimmung zu einem Beschluß über die Ungültigkeit der Erklärung von Oberbürgermeister Lippert, über die Zustimmung zur Bevollmächtigung von Dr. Goll für die Generalversammlung und zu den Vorschlägen für die Besetzung des Aufsichtsrats.

Dr. Haas schildert aus seiner Kenntnis aus der Vergangenheit[66] die Schwierigkeiten dieser ganzen Angelegenheit mit dem Pool-Vertrag und rät, so vorzugehen, daß jeder Vorwurf, einen einmal geschlossenen Vertrag verletzen zu wollen, vermieden wird.

Lange empfiehlt, unmittelbar nach der Generalversammlung die Verbindung mit den Auslandsaktionären aufzunehmen, um zu einer friedlichen Verständigung zu kommen.

BESCHLUSS: Der Magistrat stimmt folgendem Antrag zu:
                      Der Magistrat wolle beschließen:
                      Die von Oberbürgermeister Lippert am 21. Dezember 1937 der
                      Berliner Kraft- und Licht-AG abgegebene Erklärung, daß die
                      Stadt Berlin „auf Grund eines Besitzes an A-Aktien keinen
                      Anspruch auf Vertretung im Aufsichtsrat oder auf Aufnahme
                      in die Gruppe A erheben wird", wird für die Stadt als
                      nicht verbindlich betrachtet. Die Stadt Berlin erhebt in vollem
                      Umfang Anspruch auf alle Rechte, die ihr auf Grund ihres
                      Aktienbesitzes an der Berliner Kraft- und Licht-AG zustehen.
                      Weiter beschließt der Magistrat:
                      Für den Aufsichtsrat der Bewag sollen als Vertreter der B-
                      Aktien erneut vorgeschlagen werden die Herren Dr. Werner,
                      Maron, Schwenk, Jirak, Dr. Haas, Dusiska; als Vertreter der
                      A-Aktien sollen neu vorgeschlagen werden die Herren Orlopp,
                      Kraft, Dr. Goll, Schwanebeck sowie Bernhard Göring (FDGB)
                      und Müller und Lukas[67] (Betriebsrat der Bewag).
                      Mit der Vertretung des Aktienkapitals der Stadt Berlin und der
                      Ausübung des Stimmrechts für die Stadt in der bevorstehenden
                      Generalversammlung der Bewag wird Herr Dr. Goll bevollmächtigt.[68]

---

66 Haas war seit 1931 als höherer Verwaltungsbeamter in der Hauptverwaltung der Stadt
     Berlin tätig gewesen, seit 1940 als Finanzdezernent in der Stadtkämmerei und gleichzeitig
     seit Mitte 1943 als stellvertretender Leiter des Hauptamts für Kriegssachschäden.
67 Richtig: (Paul) Lucas.
68 Vgl. zur Hauptversammlung (Generalversammlung) der Bewag am 28.6.1946 einen
     Besprechungsvermerk von Dr. Ziethen v. 25.6.1946 und ein Schreiben von Goll an
     die Sowjetische Zentralkommandantur v. 26.6.1946, in: LAB(STA), Rep. 101, Nr. 1907.
     Ein kurzes Prot. von Haas v. 28.6.1946 über diese Hauptversammlung und die sich
     anschließende Aufsichtsratssitzung der Bewag ist vorhanden in: LAB(STA), Rep. 105,
     Nr. 4739 u. 4740; das offizielle Beschlußprotokoll der Aufsichtsratssitzung v. 28.6.1946
     in: LAB(STA), Rep. 101, Nr. 1907, u. Rep. 105, Nr. 4740. Vgl. auch: Machtkampf um
     die Bewag, in: Neues Deutschland, 30.6.1946, S. 4; Bewag unter dem Druck von
     Kriegsfolgen, in: Der Sozialdemokrat, 1.7.1946, S. 3. In der Hauptversammlung kam es

Orlopp gibt Kenntnis davon, daß ihm der Vorsitz im Aufsichtsrat der *Wirtschaftlichen Vereinigung Deutscher Gaswerke* angetragen worden sei, die jenseits der Elbe in der englischen Zone ihre Tätigkeit wiederaufgenommen hat. Ob diese Organisation auch in der russischen Zone gleichfalls genehmigt worden ist, muß noch geklärt werden. Aus diesem Grunde möchte er eine Stellungnahme zu der an ihn ergangenen Aufforderung noch zurückstellen.[69]

Kraft bringt zur Kenntnis des Magistrats, daß auf Anordnung der Alliierten Kommandantur die *Aufsicht über die Binnenschiffahrtsflotte* der Abt[eilung] für Verkehr übertragen worden ist.[70] Es handelt sich um 30 Kähne und 5 Schlepper sowie zwei Angestellte.

Scharoun kommt auf die Vorlage Nr. 192[71], betreffend Anordnung über *Kleingarten-Schiedsgerichte*, zurück, die in der Sitzung vom 29. April zu nochmaliger Prüfung an den Rechtsausschuß überwiesen worden war[72]. Es sollte noch geklärt werden, ob eine Verbindung zwischen den Kleingarten-Schiedsgerichten und der früheren Organisation der Kleingartenverbände[73] bestände. Es ist festgestellt worden, daß eine solche Verbindung nicht besteht. Der Rechtsausschuß hat keinerlei Bedenken gegen die Vorlage.[74] Der Redner bittet um Annahme der Vorlage.

Schwenk empfiehlt nach der stattgefundenen Prüfung ebenfalls die Vorlage zur Annahme, und zwar, da eine Zustimmung der Alliierten Kommandantur nicht erforderlich ist, weil die Anordnung lediglich in Ausübung einer gesetzlichen Ermächtigung[75] erlassen werden soll, in folgender Fassung:

> Der Magistrat wolle beschließen:
> Der anliegenden Anordnung über Kleingartenschiedsgerichte wird zugestimmt.

BESCHLUSS: Die Vorlage Nr. 192 wird in dieser Fassung angenommen.[76]

---

zwischen den Vertretern der nichtstädtischen Aktionäre und den städtischen Vertretern zu keiner Einigung über die Besetzung der Aufsichtsratsposten für die Gruppe der A-Aktien. Diese Frage wurde für drei Monate vertagt. Würde in dieser Zeit keine Einigung zustande kommen, sollte am 30.9.1946 eine außerordentliche Hauptversammlung der Bewag zur Wahl der Aufsichtsratsmitglieder der A-Aktionäre stattfinden. Vgl. hierzu das 73. Mag.prot. v. 7.9.1946, TOP 6.

69 Die hier von Orlopp erwähnte Aufforderung ist in den folgenden Mag.sitzungen nicht wieder zur Sprache gekommen.

70 Vgl. hierzu das 50. Mag.prot. v. 16.3.1946, TOP 4; Eine „Flotte" unter Berlins Flagge, in: Nacht-Express, 3.7.1946, [S. 5]; Berliner Magistratsflotte, in: Neue Zeit, 19.7.1946, S. 3. Mit der erwähnten Anordnung der AK ist die BK/O (46) 234 v. 25.5.1946 gemeint. Sie ist vorhanden in: LAB(STA), Rep. 101, Nr. 65; LAB, Rep. 280, Nr. 4860.

71 LAB(STA), Rep. 100, Nr. 770, Bl. 65 f.; auch in: LAB(STA), Rep. 102, Nr. 29.

72 Vgl. das 55. Mag.prot. v. 29.4.1946, TOP 6.

73 Vgl. zu den Organisationen der Kleingärtner das 31. Mag.prot. v. 26.11.1945, TOP 6, u. das 42. Mag.prot. v. 19.1.1946, TOP 8.

74 Sitzungsprotokolle des Rechtsausschusses des Magistrats konnten nicht ermittelt werden.

75 Die Rechtsgrundlagen für den Erlaß der hier beratenen Anordnung sind in deren Präambel angegeben.

76 Die hiermit beschlossene Anordnung über Kleingartenschiedsgerichte wurde veröffentlicht in: VOBl., Jg. 2 (1946), S. 190.

Scharoun empfiehlt weiter die schon zur letzten Sitzung[77] vorgelegte Vorlage Nr. 251[78], betreffend *Bauordnung für die Stadt Berlin*. Es handelt sich um eine neue Bauordnung,[79] die den gänzlich veränderten Verhältnissen angepaßt ist und die gröbsten Mißstände, die sich ergeben würden, wenn nach der alten Bauordnung weitergearbeitet werden müßte, beseitigen soll. Der Vorlage ist eine ausführliche Begründung beigefügt, auf die verwiesen wird.[80]

BESCHLUSS: Die Vorlage Nr. 251 wird angenommen.[81]

Nächste Sitzung: Sonnabend, den 15. Juni, vorm[ittags] 9 Uhr.

---

77 Vgl. das 59. Mag.prot. v. 29.5.1946, TOP 5.
78 LAB(STA), Rep. 100, Nr. 773, Bl. 46 – 55.
79 Die Mag.vorlage Nr. 251 v. 16.5.1946 umfaßte *keinen* Gesamtentwurf einer neuen Berliner Bauordnung, sondern den Entwurf einer „Polizeiverordnung betreffend Nachtrag 29 zur Bauordnung für die Stadt Berlin vom 9. November 1929". Mit dieser PolizeiVO sollte das Maß der möglichen baulichen Ausnutzung von Grundstücken für bestimmte Fälle vermindert werden. Vgl. auch Dok. 60, Anm. 38.
80 In der Begründung der von der Mag.abt. für Bau- und Wohnungswesen vorgelegten Mag.vorlage Nr. 251 heißt es:
    „Für den Aufbau zerstörter Stadtteile und die Schaffung neuer Stadtteile bedarf es einer Bauordnung, die die Fehler früherer Bauordnungen und ihre Folgen von vornherein ausschließt oder im Laufe der Zeit wiedergutmacht. Infolge zu starker Ausnutzung der Grundstücke in der Fläche und in der Höhe ergaben sich zwar sehr viele, aber schlecht belichtete und schlecht belüftete Wohnungen ohne ausreichende Besonnung, also eine Zusammenballung vieler Bewohner auf engem Raum unter gesundheitlich schlechtesten Bedingungen.
    Die Abteilung beabsichtigt, eine neue Bauordnung zu schaffen, die als grundsätzliche Forderungen eine nicht zu überschreitende Wohndichte, eine gute Belichtung und Belüftung aller Aufenthaltsräume sowie eine hinreichende Besonnung jeder Wohnung zur Bedingung macht und in einem Plan, der als Bestandteil der Bauordnung gilt, die zulässige Ausnutzung in den einzelnen Grundstücken, Baublöcken oder auch ganzen Stadtteilen erkennen läßt. Die Vorarbeiten für eine solche Bauordnung, insbesondere die Fertigung des genannten Planes, werden naturgemäß noch längere Zeit in Anspruch nehmen, so daß mit einem Inkrafttreten der neuen Bauordnung in naher Zukunft noch nicht zu rechnen ist.
    Damit nicht in der Zwischenzeit noch Bauausführungen erfolgen, die dem erstrebten Ziele zuwiderlaufen, ist es erforderlich, einige Bestimmungen der geltenden Bauordnung vom 9. Nov[ember] 1929 baldigst zu ändern. Dieser Notwendigkeit soll mit dem hiermit im Entwurf vorgelegten ‚Nachtrag 29 zur Bauordnung' [...] genügt werden [...]."
81 Die hiermit beschlossene PolizeiVO betr. Nachtrag 29 zur Bauordnung für die Stadt Berlin v. 9.11.1929 ist als Mag.beschluß vorhanden in: LAB(STA), Rep. 101, Nr. 234. Sie wurde der AK mit Schreiben v. 25.7.1946 zur Genehmigung zugeleitet; siehe: a.a.O. Sie trat aber erst am 22.10.1949, und zwar in einer abgeänderten Fassung v. 6.10.1949 und nur in West-Berlin, in Kraft; siehe: VOBl., Jg. 5 (1949), Teil I, S. 369 f. Vgl. hierzu: Jaeckel, S. 22.

Dok. 88
Parteiinterner Bericht des stellvertretenden Stadtrats Schmidt vom 5. Juni 1946, betr. die Abteilung für Ernährung des Magistrats

LAB(STA), Rep. 101, Nr. 1212. – Maschinenschriftliche Durchschrift.

Berlin, den 5. Juni 1946

Bericht über die Abteilung für Ernährung des Magistrats der
Stadt Berlin[1]

1) *Entwicklung und heutiger Stand*

Die Abteilung für Ernährung des Magistrats der Stadt Berlin wurde im Mai 1945 zunächst durch Dr. Hermes (damaliger Leiter der CDU[2] in der sowj[etischen] Zone) aufgebaut. Im Juli 1945 mußte Dr. Hermes[3] ausscheiden, sein Nachfolger als Leiter der Abteilung für Ernährung wurde Klimpel[4] (Sozialdemokrat), der zu seinen Stellvertretern Heinricht (Kommunist) und Dr. Düring (parteilos) machte[5].

Bald nach der Errichtung der Alliierten Kommandatura begannen innerhalb des Ernährungskomitees der Alliierten Kommandatura und mit der Abteilung für Ernährung des Magistrats Auseinandersetzungen über die bisher gelieferten Lebensmittelmengen, über die am 30.9.45 vorhanden gewesenen Lebensmittelbestände und über die zur Anrechnung zu bringenden Schwundsätze. Gegen den Rat aller seiner Mitarbeiter ließ sich Klimpel durch das Drängen des Ernährungskomitees der Alliierten Kommandatura dazu verleiten, ein Protokoll über die am 30.9.45 vorhanden gewesenen Lebensmittelbestände zu unterzeichnen.[6] Diese Bestände wurden rein rechnerisch festgestellt, ohne daß genügend Unterlagen vorhanden waren und ohne daß eine körperliche Bestandsaufnahme erfolgte. Daß dieses Protokoll falsch war,

---

1 Der Verfasser dieses Berichts war Martin Schmidt, Mitglied der SED (bis April 1946 der KPD) und seit Mai 1945 stellvertretender Leiter der Mag.abt. für Personalfragen und Verwaltung. Er war Ende Mai 1946 zusätzlich zum kommissarischen stellvertretenden Leiter der Mag.abt. für Ernährung bestellt worden (mit der Aufgabenbeschränkung auf Personalfragen); vgl. das 59. Mag.prot. v. 29.5.1946, TOP 4. Aus dem Inhalt des Berichts ist erkennbar, daß er nur für interne Zwecke der SED gedacht war.

2 Dr. Andreas Hermes war im Juni 1945 als Gründungsvorsitzender der CDU in Berlin hervorgetreten. Der Gründungsaufruf der Partei datierte vom 26.6.1945. Am 19.12.1945 war Hermes durch die Sowjetische Militärverwaltung als Vorsitzender der CDU abgesetzt worden; vgl.: Berlin. Kampf um Freiheit, S. 297 f.

3 Vgl. hierzu Teil I dieser Edition, S. 70 f.; das 13. Mag.prot. v. 27.7.1945.

4 Vgl. das 14. Mag.prot. v. 30.7.1945, TOP 7, u. das 15. Mag.prot. v. 3.8.1945, TOP 2.

5 Dr. Georg Düring amtierte seit dem 31.8.1945 als erster Stellvertreter des Leiters der Mag.abt. für Ernährung, Gustav Heinricht faktisch bereits seit dem 12.6.1945 als dessen zweiter Stellvertreter. Vgl. hierzu das 20. Mag.prot. v. 10.9.1945, TOP 6; Dok. 67, Anm. 10.

6 Vgl. die diesbezügliche Aktennotiz Klimpels v. 11.10.1945, in: LAB(STA), Rep. 101, Nr. 545.

ergibt sich schon daraus, daß bei der körperlichen Bestandsaufnahme am 31.1.46[7] neben Fehlmengen bei einer Reihe von Waren Plusmengen sich auch ergaben, also mehr Ware zum Teil vorhanden war, als nach der Abrechnung hätte vorhanden sein dürfen.

Außerdem hat das Ernährungskomitee versäumt, der Abteilung für Ernährung des Magistrats vernünftige Schwundmengen zuzugestehen. Die westlichen Mächte haben zunächst darauf bestanden, bei einer Reihe von Waren (z[um] B[eispiel] Mehl) überhaupt keine Schwundmengen zuzugestehen. Sie verlang[t]en, daß das Bruttogewicht (also einschließlich Verpackung) als Grundlage für die Verteilung genommen werden mußte, trotzdem bei Mehl das Gewicht des Sacks allein 1 % ausmachte. Dazu kamen die unvermeidlichen Verluste beim Transport, Lagern und Verteilen, dazu die gegenüber früher wesentlich größeren Diebstähle, die schon beim Transport einsetzten.

Klimpel hat es nicht gewagt, diese Frage ernsthaft zur Entscheidung zu stellen, trotzdem er wiederholt von seinen Mitarbeitern dazu gedrängt wurde. Er ließ die entstandenen Verluste, die in normalen Zeiten schon zwangsläufig sind und für die im Handel immer bestimmte Sätze einkalkuliert wurden, von Monat zu Monat übertragen.[8] Die Verlustsummen wurden immer bedeutender. Aus Furcht vor den Schwierigkeiten, die er kommen sah, beantragte Klimpel im Januar seine Abberufung.[9] Als die Entscheidung der Alliierten Kommandantur sich hinauszögerte, meldete er sich – bezeichnenderweise nach einer Aussprache unbekannten Inhalts mit den Amerikanern – Ende März 1946 krank und verschwand sofort aus Berlin.[10] Sein Aufenthaltsort ist unbekannt.[11]

Da sein I. Vertreter Heinricht im Januar 1946 von den Amerikanern verhaftet wurde[12], blieb als II. Vertreter und damit zeitweiliger Leiter noch Dr. Düring im Amt. Dr. Düring ist alter Beamter, seit 1920 im Ernährungsministerium – Getreidedezernat – als Verwaltungsfachmann auf diesem Gebiet erfahren, aber kein Kaufmann, nicht genügend energisch, ohne eigene Initiative und ohne besondere Fähigkeit, sich durchzusetzen. Er ist als Vertreter und Verwaltungsspezialist gut brauchbar, zum Leiter nicht geeignet.

Der Vorschlag des Magistrats, Grommann als neuen Leiter zu bestellen, wurde seit etwa Januar 1946 in der Kommandantur nicht behandelt.[13] Es ist zu überlegen, ob dieser Verzögerung nicht eine gewisse Absicht zugrunde lag (s[iehe] auch Teil 2).

---

7 Vgl. hierzu das 38. Mag.prot. v. 23.12.1945, TOP 9; zwei Rundverfügungen der Mag.abt. für Ernährung v. 15.1.1946 u. 26.1.1946, in: LAB, Rep. 10 B, Acc. 1877, Nr. 374.

8 Vgl. hierzu das Prot. der Konferenz der Bezirksbürgermeister am 13.6.1946, TOP 3, in: LAB, Rep. 280, Nr. 3859.

9 Der Magistrat hatte am 23.2.1946 beschlossen, Gustav Klimpel von seiner Funktion als Leiter der Mag.abt. für Ernährung abzuberufen; vgl. das 47. Mag.prot. v. 23.2.1946, TOP 2.

10 Klimpel hatte letztmalig am 6.4.1946 an einer Mag.sitzung teilgenommen und war dann krank geschrieben.

11 Klimpel übte ab 5.7.1946 das Amt des Oberstadtdirektors in Duisburg aus.

12 Vgl. hierzu das 45. Mag.prot. v. 2.2.1946, TOP 2.

13 Der Magistrat hatte erst am 23.2.1946 beschlossen, der AK Artur Grommann als neuen Leiter der Mag.abt. für Ernährung vorzuschlagen. Vgl. das 47. Mag.prot. v. 23.2.1946, TOP 2.

Erst auf Drängen des Magistrats wurde Ende Mai darüber beraten, Grommann wurde von der Alliierten Kommandantur abgelehnt.[14]

Da die Lage immer unhaltbarer wurde, beschloß der Magistrat Ende Mai 1946, die Leitung *zeitweilig* (bis zur Ernennung eines neuen Leiters durch die Kommandantur) durch vorhandene Magistratsmitglieder zu verstärken.[15] Es wurden ab 3.6.46 in die Abteilung für Ernährung abkommandiert:

als kommissarischer Leiter:	Joh.[16] Orlopp, stellv[ertretender] Oberbürgermeister und Leiter der Abteilung für Handel und Handwerk – früher SPD, jetzt SED
als stellv[ertretender) Leiter:	Martin Schmidt (*der Verfasser dieses Berichtes*), stellv[ertretender] Leiter der Abteilung für Personalfragen und Verwaltung – früher KPD, jetzt SED.

Außerdem verbleibt Dr. Düring als stellv[ertretender] Leiter.[17]

2) *Politische Bedeutung*

Rückschauend ist es nicht schwierig zu zeigen, daß dieser Entwicklung bestimmte Maßnahmen der Westmächte zu politischen Zwecken zugrunde lagen. Ende 1945 wurden sich die westlichen Mächte, besonders die Amerikaner, klar darüber, daß sie in ihrer Zone ohne eine scharfe Kürzung der Lebensmittelrationen nicht auskommen würden. Sie versuchten, diese Kürzungen im Gegensatz zu den übernommenen Verpflichtungen auch auf Berlin auszudehnen, was aber am Widerspruch der Sowjetvertreter scheiterte.

Im Januar 1946 wurde nun Heinricht, damals stellv[ertretender] Leiter der Abteilung für Ernährung, verhaftet. Heinricht war besonders wichtig, weil er im November/Dezember mit rücksichtsloser Energie die Anlieferung der Mengen des Shukowplans aus der sowjetischen Zone organisiert hatte[18] – trotzdem ihm ungeheure Schwierigkeiten entgegenstanden. Sein Ausfall (er kann heute noch nicht wieder ins Amt) war ein schwerer Schlag, seine Vorarbeiten waren aber im wesentlichen geleistet, so daß Stockungen nach seiner Verhaftung nicht auftraten.

Der nächste Vorstoß kam über das Treibstoffkomitee der Alliierten Kommandantur. Von hier aus wurde dem Magistrat der Vorwurf gemacht, daß er Lastwagen und Benzin, die lediglich für den inneren Verkehr Berlins bestimmt seien, zu Fahrten außerhalb Berlins einsetzte, um die sowjetischen Lieferungen heranzuholen. Auch dieser Vorstoß ging von den Amerikanern aus.

Besonders ab Februar 1946 wurde nun die Frage der Verlustmengen herangezogen.[19] Hier wurde nun von unserer Seite viel zu spät erkannt, daß es sich nicht um eine fachliche Diskussion über gerechtfertigte oder überhöhte Schwundsätze handelt.

---

14 Grommann wurde erst am 2.7.1946 endgültig von den stellv. Stadtkommandanten als Nachfolger Klimpels abgelehnt; vgl. Dok. 70, Anm. 7.

15 Vgl. das 59. Mag.prot. v. 29.5.1946, TOP 4.

16 Müßte heißen: Josef.

17 Düring wurde von der AK mit BK/O (46) 381 v. 24.9.1946 seines Amtes enthoben; vgl. hierzu das 77. Mag.prot. v. 28.9.1946, TOP 2.

18 Vgl. Dok. 48, Anm. 55; Dok. 67, Anm. 12.

19 Vgl. zur Problematik der Lebensmittelverluste: Dok. 28, 38 u. 90; das 48. Mag.prot. v. 4.3.1946, TOP 8, u. das 51. Mag.prot. v. 25.3.1946, TOP 5, u. das 52. Mag.prot. v. 30.3.1946, TOP 6, u. das 60. Mag.prot. v. 5.6.1946, TOP 5 (Orlopp).

Rein fachlich ist zu sagen: Jeder Lebensmittelfachmann weiß, daß beim Umsatz von Lebensmitteln vom Großeinkauf bis zum Verbraucher in normalen Zeiten Schwund entsteht, für den es in Deutschland immer handelsübliche Sätze gab und noch gibt. Unter den heutigen Umständen (statt gedeckter plombierter Waggons zum Teil offene Waggons und Lastkraftwagen, statt guter neuer Verpackung schlechte, vielfach geflickte Säcke und schlechte Kisten, schlechter Zustand der Lagerhäuser, gesunkene Moral des Personals, Diebstähle aus den Reihen der Wachmannschaften und der Bevölkerung) sind diese Verluste zwangsläufig noch höher. Daß die Schwundsätze in Berlin trotzdem noch nicht anormal sind, beweist, daß die Versammlung der Lebensmittelgroß- und -kleinhändler, trotzdem diese geschworene Feinde des Magistrats sind, am 4.6.46 auf eine Anfrage Orlopps ausdrücklich bestätigte, daß gegen die Verluste in der durch die Presse bekanntgegebenen Höhe fachlich nichts einzuwenden sei.[20] Auch den Ernährungsfachleuten der Westmächte ist das bekannt.

Der Streit um die entstandenen Verluste hat daher einen anderen[,] politischen Grund. Es wird versucht, die aufgesammelten Verlustmengen nicht anzuerkennen, sie (mindestens zum Teil) von den noch bestehenden Lieferverpflichtungen in Abzug zu bringen und so eine Herabsetzung der Lebensmittelrationen zu erzwingen. Einen Schritt in dieser Richtung bedeutet auch der Befehl der Kommandantur, daß in Zukunft Verluste aus Diebstählen usw. nicht ersetzt werden.[21] Außerdem verstärken die von der Kommandantur festgelegten, bei den meisten Waren absolut ungenügenden Schwundsätze die gleiche Richtung.[22]

Wenn die früheren Vorstöße der Westmächte Erfolg gehabt hätten und die jetzt noch laufenden gelingen, vor allem eine Kürzung der Rationen, begründet durch die großen Verluste, dann bedeutet das eine schwere politische Belastung für den Magistrat und die SED, aber auch eine Diskreditierung der *sowjetischen* Besatzungsbehörde. Die Folgen für die jetzt für Oktober festgesetzten Wahlen[23] brauchen nicht besonders hervorgehoben zu werden.

Ich möchte nochmals betonen, daß es sich schon seit langem nicht mehr um ein fachlich-technisches, sondern um ein politisches Problem handelt. Aus dieser Erkenntnis werden die nachstehenden Vorschläge gemacht, die eine entscheidende Besserung der Lage bringen können.

3) *Vorschläge grundsätzlicher Art*
a) *Zur Frage der Verlustmengen und Schwundsätze*
    Die bisher entstandenen Verlustmengen müssen anerkannt werden. Es muß eine

---

20 Zu der hier erwähnten Versammlung der Lebensmittelhändler am 4.6.1946 konnten keine weiteren Informationen ermittelt werden.

21 Mit dem hier erwähnten Befehl der AK ist die BK/O (46) 242 v. 29.5.1946 gemeint. Deren Ziffer 2 lautete: „Unter keinen Umständen werden für Berlin bestimmte Lebensmittellieferungen über die seitens der Alliierten Mächte vereinbarten Zuteilungen hinaus erhöht." Die BK/O ist vorhanden in: LAB(STA), Rep. 101, Nr. 65; LAB, Rep. 280, Nr. 4864.

22 Mit BK/O (46) 233 v. 25.5.1946 hatte die AK Lebensmittelverlustsätze festgesetzt, die am 1.6.1946 in Kraft traten. Die BK/O ist vorhanden in: LAB(STA), Rep. 101, Nr. 65; LAB, Rep. 280, Nr. 12583. Vgl. hierzu Dok. 92.

23 Die ersten Nachkriegswahlen in Berlin fanden am 20.10.1946 statt. Die Festsetzung der Wahlen auf den Monat Oktober hatte das Koordinierungskomitee des Alliierten Kontrollrats am 3.6.1946 beschlossen. Vgl. hierzu: Der Alliierte Kontrollrat, S. 141; Berlin. Kampf um Freiheit, S. 452; Breunig, S. 174–183.

saubere, einwandfreie Ausgangsbasis gewonnen werden, um von da aus in Zukunft korrekt abrechnen zu können. Da am 30.6.46 eine neue körperliche Bestandsaufnahme aller in Berlin vorhandenen Lebensmittel erfolgt, sollte diese Bestandsaufnahme als Grundlage dienen.[24] Die bis zum 30.6.46 entstandenen Verluste wären ohne Anrechnung auf die Lieferverpflichtungen abzuschreiben. Dabei müßte festgestellt werden, daß in Anbetracht der ungeheuren Schwierigkeiten die Arbeit des Magistrats im allgemeinen korrekt war, daß aber bei bestimmten Einzelerscheinungen (Diebstählen, schlechte und falsche Dispositionen usw.) noch energischer vom Magistrat eingegriffen werden muß.

Außerdem müssen für die Zukunft brauchbare Schwundsätze zugestanden werden.[25] Bleiben die jetzt von der Kommandantur vor kurzem festgesetzten Sätze[26], dann entsteht wegen ihrer Unerfüllbarkeit (außer bei Kaffee-Ersatz, wo der erlaubte Schwundsatz zu hoch ist) in kurzer Zeit die gleiche Situation. So erzieherisch knapp bemessene Schwundsätze für die mit Recht verlangte sparsamste Bewirtschaftung erscheinen mögen, so müssen sie doch noch im Rahmen des Handelsüblichen liegen.

b) *Budget-Zuschuß von 70 Millionen*

Ein weiterer günstiger Angriffspunkt wird sich für die Westmächte wahrscheinlich bei der Beratung des Budgets der Stadt Berlin für 1946 ergeben. Der Magistrat hat in das Budget 70 Millionen RM zur Stützung der Lebensmittelpreise eingesetzt.[27] Der Grund dafür ist folgender: Um den Erzeugern (den Großgrundbesitzern und Bauern) bessere Preise zu gewähren, hat schon die Weimarer Republik, in viel stärkerem Maße aber das Hitlerregime aus Steuermitteln Zuschüsse geleistet. In der westlichen Zone, vor allem in Bayern, werden diese Zuschüsse nicht mehr gezahlt, man hat daher die Erzeugerpreise vor allem für Fleisch und Getreide erhöht, dementsprechend auch die Kleinverkaufspreise. Hinzu kommen viel höhere Transportkosten als früher. Außerdem sind die Einkaufspreise für direkte alliierte Lieferungen (Lieferungen ausländischer Ware) viel höher als die deutschen Preise. In Berlin sollen und dürfen aber (wiederum aus *politischen* Gründen) die Verkaufspreise nicht erhöht werden. Zur Deckung der so entstehenden Differenzen werden die im Budget von Berlin vorgesehenen 70 Millionen unbedingt benötigt, sonst würden die Kosten für die auf Karten abgegebenen Lebensmittel, grob gerechnet, um 4,- RM pro Kopf und Monat höher liegen. Da die Preise der Lebensmittel der Karte I bei 22,12 RM, [der] Karte II bei 16,62 RM, III bei 12,81 RM und V bei 12,- RM liegen, das Einkommen durch die Steuererhöhung[28] auch stark abgesunken ist, ist eine solche Erhöhung aus *politischen* und sozialen (stärkere relative Belastung der arbeitenden Schichten) Gründen nicht vertretbar.

c) *Gleichmäßige Verteilung über Berlin*

Bei Waren, die nicht auf Karten abgegeben werden, vor allem Gemüse, Obst usw., hat die sowjetische Kommandantur häufig angeordnet, daß solche Waren nur für den sowjetischen Sektor Berlins ausgegeben werden. In der Vergangenheit

---

24 Vgl. zur körperlichen Bestandsaufnahme der bewirtschafteten Lebensmittel am 29./30.6.1946: Dok. 87, Anm. 51.
25 Vgl. hierzu Dok. 92 u. 123.
26 Vgl. Anm. 22 zu diesem Dok.
27 Vgl. hierzu Dok. 83, Anm. 36.
28 Vgl. hierzu das 48. Mag.prot. v. 4.3.1946, TOP 3.

ist das richtig gewesen, jetzt schlägt das in das Gegenteil um. Der größte Teil der Bevölkerung denkt aus dem Magen, nicht aus dem Kopf und macht daher, vor allem in den westlichen Sektoren, dem Magistrat und indirekt den sowjetischen Militärbehörden den Vorwurf, daß man sich nicht um sie kümmere, trotzdem in der Provinz genügend Gemüse vorhanden, zum Teil schon wegen mangelnden Absatzes verdorben sei (was übrigens in einigen Fällen stimmt).

Man muß also von dem bisherigen Verfahren abgehen. Man muß in der Öffentlichkeit feststellen, daß Berlin früher immer Gemüse und Obst aus allen Teilen Deutschlands bezog, daß jetzt die westlichen Liefergebiete zum größten Teil ausfallen und daß durch die Rückwanderer der Bedarf der sowjetischen Provinzen und Länder viel größer geworden ist, daß aber trotzdem die sowjetischen Behörden, die an sich nicht dazu verpflichtet sind, *allen* Berlinern zu helfen versuchen werden. Die für *ganz* Berlin gelieferten Mengen müssen von Zeit zu Zeit besonders aufgemacht in der Presse erscheinen.[29] Das würde *politisch* eine große Wirkung haben. Eine gewisse Bevorzugung der sowjetischen Bezirke wird von jedem verstanden, nicht verstanden wird ihre alleinige Belieferung mit zusätzlichen Lebensmitteln.[30]

4) *Einfluß der Westmächte auf die Abteilung für Ernährung und einzelne Leute*
Der Schreiber dieses Berichtes (Martin Schmidt) kann infolge der Kürze seiner Tätigkeit bei der Abteilung für Ernährung noch keinen umfassenden Bericht in diesem Punkt geben. Sicher ist folgendes:

Die Westmächte versuchen, mit allen Mitteln auf die Abteilung für Ernährung als Ganzes und auf einzelne Mitarbeiter einen starken Einfluß auszuüben. Die Einflußnahme geschieht zunächst durch die von der Abteilung für Ernährung eingerichteten sogenannten Verbindungsstellen zu den Besatzungsmächten. Diese sind besetzt:

a) *Verbindungsstelle zur sowjetischen Besatzungsbehörde*
Leiter Tömmler[31] – Tömmler ist ehemaliges Mitglied der NSDAP seit 1932,

---

29 Vgl.: In zwei Tagen 86 Waggons Gemüse für Berlin. Alle Bezirke werden beliefert, in: Berliner Zeitung, 21.6.1946, [S. 2]; Gemüse und Früchte für Berlin, in: Tägliche Rundschau, 21.6.1946, S. 6; Warum gibt es so wenig Gemüse?, in: Berliner Zeitung, 28.7.1946, [S. 6]; Um Berlins Gemüseversorgung. Aus dem sowjetischen Besatzungsgebiet rollten 20 582 t nach Berlin, in: Berliner Zeitung, 4.8.1946, [S. 1].

30 Vgl. zur Belieferung der vier Berliner Sektoren mit Lebensmitteln das 64. Mag.prot. v. 5.7.1946, TOP 3 (Orlopp), u. das 66. Mag.prot. v. 20.7.1946, TOP 6 (Orlopp), u. das 72. Mag.prot. v. 31.8.1946, TOP 5 (Orlopp); das Prot. der Konferenz der Bezirksbürgermeister am 5.9.1946, TOP 2 (Orlopp), in: LAB, Rep. 280, Nr. 3866. Mit BK/O (46) 361 v. 11.9.1946 ordnete die AK an, daß sowohl das in den vier Sektoren Berlins erzeugte Gemüse als auch das in die Stadt eingeführte Gemüse „als Ganzes zu behandeln und ohne Rücksicht auf die einzelnen Sektoren an die Bevölkerung der Stadt Berlin zu verteilen" war. Die BK/O ist vorhanden in: LAB(STA), Rep. 101, Nr. 72, u. LAB, Rep. 280, Nr. 12643; abgedruckt in: Berlin. Quellen und Dokumente, 1. Halbbd., S. 283.

31 Fritz Tömmler, in einem Verzeichnis der führenden Angestellten der Mag.abt. für Ernährung v. 16.10.1945 als „Chef-Dolmetscher und Verbindungsmann zur sowj[etischen] Besatzungsmacht" bezeichnet. Das Verzeichnis ist vorhanden in: LAB, Rep. 10 B, Acc. 1877, Nr. 404.

wurde wegen seiner ausgezeichneten russischen Sprachkenntnisse und guten Verhandlungsfähigkeit herangezogen und beherrscht im wesentlichen die Verhandlungen zu den verschiedenen russischen Dienststellen. Er spricht außerdem Englisch, wohnt im amerikanischen Sektor, und es muß angenommen werden, daß er Verbindungen nach der englischen und amerikanischen Seite hat. Konkrete Beweise liegen dafür nicht vor. Die überragende Stellung Tömmlers in den Verbindungen zur sowjetischen Besatzungsmacht gibt ihm aber eine außerordentlich große Machtvollkommenheit.

b) *Verbindungsstelle zur englischen Besatzungsbehörde*

Leiter dieser Verbindungsstelle Wurthmann, zeitweilig auch von Winterfeldt.[32] Wurthmann wohnt im Westen Berlins, hat ausgezeichnete Verbindungen zu Engländern und Amerikanern, hauptsächlich zu Amerikanern, und ist in Verhandlungen mit anderen Magistratsabteilungen schon in Begleitung eines englischen Offiziers dagewesen. Er hat im Auftrage der Engländer diese Abteilungen heftig angegriffen (Beispiel: Abteilung für Verkehr wegen der Gestellung von Fahrzeugen). Von Winterfeldt (ehemaliger Offizier), OdF[33], ebenfalls gute Beziehungen zu den Engländern und Amerikanern, war von der Abteilung für Ernährung als Verbindungsmann zum Länderrat[34] nach Stuttgart gesandt worden. Im Augenblick ist Wurthmann zum Länderrat nach Stuttgart gefahren.

Auch diese beiden stehen im täglichen Kontakt mit der Besatzungsbehörde, übermitteln Befehle, Anordnungen usw. und haben dadurch eine große Machtstellung.

c) *Verbindungsstelle zur amerikanischen Besatzungsbehörde*

Zur Zeit ist diese Verbindungsstelle zur amerikanischen Besatzungsbehörde von kleinerer Bedeutung, da die Amerikaner einen eigenen Verbindungsmann dafür eingesetzt haben, einen Herrn Conrad. Conrad ist Angestellter der Amerikaner, hat in der Abteilung für Ernährung sein eigenes ständiges Dienstzimmer und übermittelt alle wesentlichen Aufträge der Amerikaner, soweit sie durch den zuständigen Ernährungsoffizier nicht selbst bearbeitet werden. Er hat Fühlung mit allen Fachreferenten der Abteilung für Ernährung, mit denen er täglich Einzelbesprechungen durchführt. Ein Mitarbeiter der Abteilung für Ernährung beschreibt die Lage so, daß alle maßgebenden Leute bei dem Namen Conrad zittern. Neben Conrad ist fast täglich noch im Hause anwesend ein amerikanischer Beamter, Mr. Diepold[35].

Die Angestellten der Abteilung für Ernährung fühlen sich dauernd unter einem Druck von seiten der Besatzungsmächte. Wie weit dieser Druck geht, dafür folgende Beispiele:

Am 15. Mai waren in der Abteilung für Ernährung Neuwahlen der Betriebsräte. In der amerikanischen Presse wurden darüber zunächst folgende Ergebnisse veröffentlicht:

---

32 In dem Verzeichnis v. 16.10.1945 (siehe die vorige Anm.) ist Diederich-August Wurthmann als Referent für Spedition, Lagerwesen und Lagerbuchhaltung bezeichnet und Hans-Detlef von Winterfeldt als „Verbindungsmann zur englischen Besatzungsmacht". Vgl. zu Wurthmann auch das 59. Mag.prot. v. 29.5.1946, TOP 4.

33 Opfer des Faschismus.

34 Vgl. hierzu Dok. 70, Anm. 12.

35 Richtig: (Peter B.) Diebold.

2 SED
5 SPD
4 Parteilose.

Die DANA[36] Amerikanische Nachrichtenagentur bekam davon Kenntnis, daß diese Nachrichten nicht stimmten, da einige SPD-Leute sich für die SED erklärten. Es erfolgten an einem Tage über 10 Anrufe der DANA, um festzustellen, welche der SPD-Mitglieder sich für die SED erklärt hatten. Die Anrufe erfolgten bei den verschiedensten Personen der Abteilung für Ernährung. Als die Auskunft verweigert wurde, wurde damit gedroht, daß die DANA doch, wie bekannt, die amerikanische Militärregierung darstelle und daß man sich diese Angaben auch notfalls auf andere Weise beschaffen würde. Das Ergebnis war, daß von den zwei SPD-Mitgliedern, die sich zur SED bekannt hatten, einer seine Unterschrift wieder zurückzog, nachdem ihm das deutliche Interesse der Amerikaner für seine Anschrift bekannt geworden war. Das Wahlergebnis war also ursprünglich

4 SED
3 SPD
4 Parteilose.

Zur Zeit ist das Ergebnis

3 SED
4 SPD
4 Parteilose.

Die politische Zusammensetzung der Abteilung für Ernährung ist stark abweichend von der aller anderen Magistratsabteilungen. Das beruht darauf, daß der Apparat seinerzeit von Dr. Hermes aufgebaut und von Klimpel kaum verändert worden ist[37]. Es wurde eine große Anzahl Mitarbeiter des ehemaligen Reichsnährstandes[38] übernommen, die, wenn sie auch nicht Mitglieder der NSDAP waren, doch einen starken Prozentsatz Menschen reaktionärer Meinung enthielten.

Die Abteilung für Ernährung beschäftigt zur Zeit etwa 780 Angestellte, die SED-Gruppe hat etwa 60 Mitglieder, die SPD-Gruppe wird auf die gleiche Zahl geschätzt. Eine Übersicht über die CDU-Gruppe konnte nicht erhalten werden, da sie innerhalb der Abteilung für Ernährung nur selten in Erscheinung tritt.

Gewerkschaftlich sind 500 Angestellte organisiert. Als besondere Gruppe tritt [sic!] noch in Erscheinung die früheren Mitarbeiter der Reichsgetreidestelle. An ihrer Spitze steht der Dezernent Wank[39], der auch in der Abteilung für Ernährung für Getreide verantwortlich ist. Für das geschlossene Auftreten der Gruppe folgendes Beispiel:

14 Tage vor der letzten Betriebsrätewahl ging beim Betriebsrat ein Schreiben mit ungefähr 50 Unterschriften ein, an der Spitze Wank, daß man sich mit einer Wahl von freigewerkschaftlichen Betriebsräten einverstanden erklärt. Einige Tage vor der

---

36 Deutsche Allgemeine Nachrichtenagentur. Vgl. hierzu: Hurwitz: Die Stunde Null, S. 196–201.

37 Klimpel hatte eine „Anzahl leitender, unfähiger Mitarbeiter" entlassen; vgl. Dok. 38. Vgl. zur Personalpolitik der KPD in der Mag.abt. für Ernährung: Dok. 38, Anm. 21.

38 In der Zeit des nationalsozialistischen Regimes die öffentlich-rechtliche Gesamtkörperschaft der deutschen Ernährungswirtschaft.

39 Vgl. zu Adolf Wank, Generalreferent für Getreide, Getreideerzeugnisse, Hülsenfrüchte und Futtermittel, auch das 59. Mag.prot. v. 29.5.1946, TOP 4 (Jirak).

Wahl wurde mit den gleichen Unterschriften dieses Schreiben zurückgezogen, da man, wie das Schreiben besagte, durch eine Erklärung des FDGB in der Presse erfahren habe, daß dieser sich mit den Zielen der SED identifiziere. Ansätze zu einer weiteren geschlossenen Gruppe gibt es im Sachgebiet Fleisch. Bisheriger Leiter Herz.[40] Diese Gruppe ist etwa 50 Mann stark. Sie sind fast ausnahmslos aus der früheren Viehverwertungsgesellschaft[41] hervorgegangen. [Ein] Auftreten in der Form der Gruppe Wank ist bis jetzt noch nicht erfolgt.

Über einige leitende wichtige Leute kann zunächst folgendes gesagt werden (die Aufzählung beschränkt sich bewußt auf das wichtigste Arbeitsgebiet der Abteilung für Ernährung, auf die Bedarfsdeckung):

Bisheriger Leiter des *Hauptamtes für Bedarfsdeckung: Heinricht* (Kommunist), von den Amerikanern verhaftet gewesen[42], kann zunächst nicht in sein Amt zurückkehren. Zur Zeit stellv[ertretender] Leiter: *Mummert* (Kommunist), von Heinricht herangezogen,[43] wohnhaft im amerikanischen Sektor in Steglitz. Mummert ist anscheinend ein Kommunist, der erst nach 1945 der Partei beigetreten ist; OdF[44], sehr arbeitseifrig, auch aktiv, etwa 35 Jahre alt, seinen Dezernenten nicht in dem Maße gewachsen, wie es Heinricht war. Gründe, eine Beeinflussung durch die Westmächte bei ihm anzunehmen, liegen nicht vor. Doch ist bei ihm auf Grund seiner politischen Unerfahrenheit häufig taktisch falsches Vorgehen festzustellen.

Wank, Leiter des Referats Getreide. Früher in verantwortlicher Funktion bei der Reichsgesellschaft für Getreide[45], angeblich parteilos, wohnt im Westen, Einzelheiten siehe oben unter der Gruppe Wank.

Grell, Leiter der Abrechnung (Buchhaltung, Abrechnungskontrolle),[46] Dipl.-Kaufmann, etwa 45 Jahre alt, wohnt im Westen, SPD, bis 1933 Geschäftsführer der Deutschen Volkspartei, gehört zu den eifrigsten Verfechtern der Zehlendorfer Richtung[47]. Ob seine fachliche Arbeit völlig ausreicht, wird von verschiedenen Mitarbeitern bezweifelt, ein stärkerer Mann ist aber zur Zeit bei der Abteilung für

---

40 Walter Herz, Referent für Vieh- und Fleischwirtschaft, war im Mai 1946 in der Sowjetischen Zentralkommandantur verhaftet worden. Vgl. hierzu das 59. Mag.prot. v. 29.5.1946, TOP 4 (insb. Anm. 55).

41 Gemeint ist vermutlich die Reichsstelle für Tiere und tierische Erzeugnisse.

42 Vgl. hierzu das 45. Mag.prot. v. 2.2.1946, TOP 2.

43 Gustav Heinricht und Hans Mummert hatten die KPD-Gruppe in der Mag.abt. für Ernährung geleitet. Vgl. Dok. 15, Anm. 28 u. 32; Dok. 16, Anm. 42; Dok. 38, Anm. 21; Dok. 44, Anm. 3; Dok. 52, Anm. 56. Parteiinterne Berichte von Heinricht und Mummert über die Arbeiten und Vorgänge in dieser Mag.abt. sind vorhanden in: LAB(STA), Rep. 101, Nr. 1212.

44 Opfer des Faschismus.

45 Gemeint ist vermutlich die Reichsstelle für Getreide, Futtermittel und sonstige landwirtschaftliche Erzeugnisse.

46 Richard Grell war von Klimpel als Generalreferent für betriebswirtschaftliche und kaufmännische Angelegenheiten eingesetzt worden; vgl. Dok. 38.

47 Mit dieser „Richtung" sind diejenigen Berliner Sozialdemokraten gemeint, die eine ablehnende Haltung gegenüber der organisatorischen Vereinigung ihrer Partei mit der KPD zur SED einnahmen. Die Vereinigungsgegner in der SPD hatten nach der entsprechenden Urabstimmung, die am 31.3.1946 in den Westsektoren Berlins stattgefunden hatte, am 7.1.1946 einen SPD-Bezirksparteitag in der Zinnowwaldschule im Bezirk Zehlendorf abgehalten.

Ernährung nicht vorhanden. Bei der Sitzung des Ernährungskomitees der Komman-
dantur am 4.6.[48] zeigte er sich in den Verhandlungen zum Teil ungeschickt, zum
Teil zögernd, so daß die Stellung der Abteilung für Ernährung in dieser schwierigen
Lage keineswegs glücklich war. Starke Verbindung zu den Engländern.

Ergänzende Berichte über weitere Persönlichkeiten in der Abteilung für
Ernährung nach weiterer Einarbeitung.[49]

5) *Propaganda*

Wie sehr die Ernährungslage zum Gegenstand einer antikommunistischen und
aber auch antisowjetischen Propaganda gemacht wird, dafür aus Spandau aus den
letzten Tagen folgendes Beispiel:

In Spandau wird öffentlich erzählt und diskutiert, daß die amerikanischen und
englischen Lebensmittelzüge vor Lichterfelde[50] von Russen angehalten, ausgeräumt
und die Lebensmittel verschoben werden. Ebenso wird stark diskutiert, insbesondere
im Hinblick auf den Gemüsemangel, daß in den an Spandau angrenzenden Gebieten
der Provinz Brandenburg Gemüse, insbesondere Spinat, nicht abgesetzt werden
konnte, sondern umgepflügt werden mußte.[51] Außerdem sei Spargel umgekommen,
weil nicht genügend Transportmittel vorhanden waren und außerdem russische bzw.
deutsche Dienststellen den Versand des Spargels aufgehalten bzw. nicht genehmigt
hätten.[52] Einen weiteren Diskussionspunkt bildet das Schicksal des Obstes aus
Werder[53]. Auch hier wird diskutiert, ob es denselben Weg nehmen wird wie der
Spinat bzw. der Spargel.

---

48 Ein Protokoll dieser Sitzung konnte nicht ermittelt werden.
49 Solche Berichte konnten nicht ermittelt werden.
50 Ortsteil im Bezirk Steglitz, an der südlichen Stadtgrenze Berlins.
51 Vgl.: Gemüse verkommt vor den Toren Berlins, in: Neues Deutschland, 16.5.1946, S. 2.
52 Vgl.: Wo bleibt das Frühgemüse? Etwas vom Beelitzer Spargel, in: Neues Deutschland,
   19.5.1946, S. 4; Wo blieb der Spargel?, in: Der Kurier, 20.5.1946, S. 5; Wie kommt
   Berlin zu Gemüse?, in: Vorwärts, 21.5.1946, [S. 3].
53 Kleinstadt, ca. 20 km südwestlich von Berlin, Zentrum des havelländischen Obstbauge-
   biets. Vgl.: Wohin gehen Werders Kirschen?, in: Neues Deutschland, 19.5.1946, S. 1 f.;
   Berliner sagen: „Nie wieder Werder!", in: Telegraf, 23.6.1946, S. 8; Nochmals: Die
   Kirschen aus Werder, in: Nacht-Express, 3.7.1946, [S. 6].

Dok. 89
Bericht des Generalsekretärs Spudich vom 5. Juni 1946, betr. ein Interview mit Oberbürgermeister Dr. Werner am 4. Juni 1946

SAPMO-BArch, ZPA, NL 130/81, Bl. 112. – Maschinenschriftliche Originalausfertigung.[1]

Berlin, den 5. Juni 1946

B e r i c h t

über das Interview der französischen Journalistin[2] der France Press[3] am
4.6.1946 von 16^{00} bis 16^{45} beim Oberbürgermeister der Stadt Berlin

– –

Das Interview wurde bewußt immer wieder auf die politische Basis gebracht und stellte die Journalistin zum Teil recht plumpe, andererseits auch wieder sehr geschickte und verfängliche Fragen.

Vor allen Dingen legte die Journalistin starken Wert darauf, die Stellungnahme des Oberbürgermeisters zu den Russen zu erkennen, wie er die Besatzung aufnimmt und insbesondere, ob er eine russische Besatzung schwerer empfindet als die der Westmächte. All diese Fragen wurden vom Oberbürgermeister sehr ausweichend beantwortet, indem er betonte, daß alle 4 Besatzungsmächte in gleicher Weise ihre Besatzung durchführen, man ihm großes Verständnis entgegenbringt und er keine Veranlassung hätte, eine Besatzung mehr oder weniger als schwer zu empfinden.

Die Journalistin verlangte eine präzise Antwort auf die Frage, wie er die Entwicklung der deutschen Politik ansieht und welche Meinung er in der Weiterentwicklung vertritt, ob er mit einer Mehrheit der Kommunisten, Sozialdemokraten oder der Reaktionären rechnet. Hierauf antwortete der Oberbürgermeister, daß er sich heute dazu noch nicht äußern könnte, daß jedoch von seiner Seite aus eine Friedenspolitik auf demokratischer Grundlage verfolgt wird und daß diese Politik auch von allen 4 antifaschistischen Parteien, die zugelassen sind, mit aller Energie durchgeführt wird. Er betonte, daß er selbst parteilos ist.

Ferner schnitt die Journalistin immer wieder die Frage an, wie er sich zu einer Teilung in die Ost- und Westzone stellt. Hierauf erwiderte der Oberbürgermeister, daß er eine solche Maßnahme nicht erwartet und aus diesem Grunde sich auch noch nicht mit einem solchen Problem näher beschäftigt habe.

---

1 Hanns Spudich, der Generalsekretär des Oberbürgermeisters und Verfasser dieses Berichts, hat oben auf der Vorderseite des Berichts handschriftlich notiert: „Herrn Pieck zur Information". Vgl. zu Spudich: Teil I dieser Edition, S. 55 f.

2 Es konnte nicht ermittelt werden, welche Journalistin das Interview mit OB Werner geführt hat.

3 Gemeint ist die 1944 gegründete französische Nachrichtenagentur Agence France Presse.

Die Frage, wie er sich zur Abtrennung der Ruhr[4] stellt, lehnte er entschieden mit den Worten ab, daß dies auf keinen Fall in Frage kommen darf.

Ferner stellte die Journalistin die Frage, wie er sich zu dem Kampf zwischen Amerika und Rußland stelle. Der Oberbürgermeister entgegnete hierauf, daß [er] hier nicht einen Kampf sehe, sondern nur eine ev[en]t[uel]l[e] Meinungsverschiedenheit, die sich immer bei mehreren Parteien ergibt, die jedoch zum Schluß immer wieder zur Einigung führt. Er ist davon überzeugt, daß sich hier auf keinen Fall ein ernster Konflikt entwickeln wird.

Auf die Frage, ob er von den Russen erwarte, daß auch sie die Zonengrenze öffnen, im Falle, wenn dies die Westmächte tun würden, wurde erwidert, daß er dies nicht erwartet, sondern weiß und daß die Russen nur auf das Öffnen der westlichen Zonen warten, um einen Warenaustausch der Zonen untereinander vornehmen zu können.

Die Journalistin stellte die Frage, ob die 4fache Besatzung Berlins zu irgendwelchen Konflikten geführt hätte, erwiderte der Oberbürgermeister, daß er mit allen 4 Mächten gut arbeitet und kein Geheimnis vor irgendeiner Besatzungsmacht hätte.[5]

Die Journalistin stellt[e] ferner die Frage, ob er die Meinung vertritt, daß der Nationalsozialismus noch in Deutschland zu merken sei oder nicht. Der Oberbürgermeister erwiderte hierauf, daß dies leider noch der Fall sei und er um strengere Maßnahmen gegen die Nazisten bittet; er betonte, daß der Prozeß in Nürnberg zu lange dauert und somit die Nationalisten wieder eine gewisse Sicherheit verspüren. Er betonte, daß man den Prozeß in Nürnberg so schnell wie möglich seinem Ende zuführen müßte, um somit die Leute ihrer gerechten Strafe zuzuführen.[6]

[Als] die Journalistin fragte, ob er eine zentrale Verwaltung anstrebt, antwortete der Oberbürgermeister, daß er diese so schnell wie möglich nach Fallen der Zonengrenzen erhofft, spätestens zum nächsten Jahr. Ferner bat die Journalistin um die Stellungnahme des Oberbürgermeisters, wie er sich die zentrale Verwaltung vorstelle. Hierauf erklärte er, daß er eine zentrale Verwaltung von deutscher Seite aus über ganz Deutschland erhoffe einschl[ießlich] Ruhrgebiet, ev[en]t[uel]l müßte man auf Ostpreußen verzichten, und [daß] die gefaßten Beschlüsse zunächst den Alliierten zur Genehmigung vorzulegen sind, ehe sie durchgeführt werden.

Die Journalistin stellte noch die Frage, wie er die Gewähr dafür geben könnte, daß der Militarismus in Deutschland nicht mehr groß wird, da Frankreich bereits 3mal von seiten der Deutschen eine Invasion erlebt hat. Der Oberbürgermeister betonte nochmals, daß er eine reine Friedenspolitik auf demokratischer Grundlage

---

4 Auf der Konferenz der Außenminister der Sowjetunion, der USA, Großbritanniens, Frankreichs und Chinas, die vom 10.9. bis 2.10.1945 in London stattgefunden hatte, war von französischer Seite gefordert worden, das Ruhrgebiet und das Rheinland von Deutschland abzutrennen und unter internationale Kontrolle zu stellen.
5 Die Satzstellung so im Original.
6 Der Nürnberger Prozeß gegen die deutschen Hauptkriegsverbrecher fand vom 20.11.1945 bis 1.10.1946 statt.

anstrebe, er selbst parteilos sei und ein alter Freund Stresemanns. Er verfolge diese Politik Stresemanns[7] weiter und legt größten Wert auf eine Freundschaft mit dem Nachbarn Frankreich.

Die Journalistin stellte zuletzt die Frage, welche Politik er zwischen den Westmächten und Rußland verfolge. Ob er sich zu einer bestimmten Macht entscheiden wird oder ob er Deutschland mehr als Ausgleich zwischen diesen beiden Mächten ansieht. Der Oberbürgermeister erwiderte hierauf, daß doch Frankreich mit Rußland verbündet sei und daß er es als günstig ansieht, wenn Deutschland zwischen diesen beiden Mächten als Bindeglied zu betrachten ist.

Spudich
[Unterschrift]

---

7 Gustav Stresemann hatte als Reichsaußenminister (1923 – 1929) eine Verständigungspolitik gegenüber Frankreich betrieben.

Dok. 90
Schreiben von Stadtrat Orlopp an die Alliierte
Kommandantur vom 12. Juni 1946, betr. Lebensmittelverluste

LAB, Rep. 10 B, Acc. 1877, Nr. 374. – Maschinenschriftliche Durchschrift.[1]

An die
Alliierte Kommandantur

Berlin-Dahlem
Kaiserswertherstr. 16/18

                                                    O/Gf.   12.6.46

Befehl vom 21. Mai 1946 – Ref.Nr. BK/O (46) 228[2] und
[Befehl vom] 29. Mai 1946 – Ref.Nr. BK/O (46) 242[3] –
Lebensmittelverluste.[4]

– – – – – –

Die in oben angeführten Befehlen entstandenen Verluste an Lebensmitteln sind
verursacht:

---

1 Eine weitere maschinenschriftliche Durchschrift dieses Schreibens ist vorhanden in: LAB,
   Rep. 10 B, Acc. 1877, Nr. 405. Sie ist unterzeichnet mit der Paraphe Orlopps und enthält
   oben auf der ersten Seite den Vermerk, daß das Originalschreiben am 17.6. „direkt
   nach Dahlem" abgesandt worden ist. – Die hier zugrundegelegte Durchschrift weist
   oben auf der ersten Seite die handschriftliche Angabe „Herrn Bürgermeister Orlopp"
   auf und unten auf der letzten Seite die Paraphe von Richard Grell zusammen mit
   der Datumsangabe „15/6". Grell war Generalreferent für betriebswirtschaftliche und
   kaufmännische Angelegenheiten in der Mag.abt. für Ernährung. Die Durchschrift weist
   ferner oben links auf der ersten Seite die maschinenschriftliche Abkürzung „komm." auf.
   Hierbei dürfte es sich um die Durchschreibung einer Ergänzung handeln, die vermutlich
   im gedruckten Briefkopf des Originalschreibens in der Angabe „Der Leiter" (der Mag.abt.
   für Ernährung) eingefügt worden ist: Orlopp amtierte nur als *kommissarischer* Leiter
   der Mag.abt. für Ernährung; vgl. das 59. Mag.prot. v. 29.5.1946, TOP 4. – Ein auf den
   6.6.1946 datierter Entwurf für das hier abgedruckte Schreiben, der von diesem textlich
   teilweise stark abweicht, befindet sich in: LAB, Rep. 10 B, Acc. 1877, Nr. 374.
2 Die BK/O (46) 228 v. 21.5.1946 ist vorhanden in: LAB(STA), Rep. 101, Nr. 65; LAB,
   Rep. 280, Nr. 4855. Sie hat den folgenden Inhalt:
   „1. Empfindliche Verluste an seitens der Alliierten nach Berlin gelieferten Lebensmitteln
       entstehen entweder durch Diebstahl oder durch Nachlässigkeit der Deutschen.
    2. Sie haben sofortige Maßnahmen zu ergreifen, um mittels einer strengeren Kontrolle
       über die amtlichen Verteilungswege diese durch Diebstahl und Nachlässigkeit
       verursachten Verluste an Lebensmitteln zu verhindern.
    3. Ferner haben Sie baldmöglichst der Alliierten Kommandatura einen Plan zu
       unterbreiten, aus dem die Methode hervorgeht, wie Sie diese Lebensmittelverluste,
       die auf Diebstahl, Gewichtsschwund oder Verderb (über die seitens der Alliierten
       Kommandatura festgesetzten Sätze hinaus) oder auf unerlaubte Lebensmittelausgabe
       durch deutsche Stellen zurückzuführen sind, auszugleichen gedenken."
3 Die BK/O (46) 242 v. 29.5.1946 ist vorhanden in: LAB(STA), Rep. 101, Nr. 65; LAB,
   Rep. 280, Nr. 4864. Sie hat den folgenden Inhalt:
   „1. Wie bereits festgestellt, gehen von den Alliierten Mächten für die Berliner Bevölke-

a) durch Eintrocknen, Einwiegeverluste und nicht erreichtes Ausbacksoll[5],

b) durch Verluste bei Eisenbahntransporten, Schiffsverfrachtung und bei Fernfahrten mit Lkws,

c) beim Transport vom Zentrallager zu den Bezirkslägern bzw. [zum] Großhandel, beim Transport vom Bezirkslager zum Einzelhandel,

d) durch Einbrüche in Zentral- und Bezirksläger sowie beim Einzel- und Großhandel,

e) durch Diebstähle und Unterschlagungen bereits belieferter Kartenabschnitte durch ungetreues Personal in den Kleinhandelsgeschäften und in den Abrechnungsstellen,

f) durch Abgabe von Lebensmitteln auf gefälschte Kartenabschnitte.

In Ausführung der obengenannten Befehle beabsichtigen wir, über unsere bisherigen Anordnungen hinaus folgende Maßnahmen durchzuführen:

Zu a) Die unter a) angeführten Verluste können nur ausgeglichen werden, wenn uns die Alliierte Kommandantur die Absetzung der auch im Kriege handelsüblichen Schwundsätze gestattet.[6]

Zu b) Mit den zuständigen deutschen Stellen wird darüber verhandelt, daß eine Verstärkung des Bahnschutzes für die rollenden und für die auf den Bahnhöfen einlaufenden Güterzüge sowie für die Überwachung der Entladungen der Waggons und der Schiffe erreicht wird. Da den städtischen Polizeiorganen das Betreten der bahneigenen Betriebsanlagen nicht gestattet ist, wird die Deutsche Verwaltung für Verkehr[7] ersucht werden, für die Güterbahnhöfe diese Bestimmungen aufzuheben, um der städtischen Polizei die Möglichkeit der Überwachung der Waggonentladungen zu geben.

Ferner haben wir die Deutsche Verwaltung für Verkehr gebeten, die Eisenbahnverwaltungen anzuweisen, die mit Lebensmittel[n] beladenen eingehenden Waggons nicht im freien Bahngelände längere Zeit stehen zu lassen, sondern sie sofort an die Ausladerampen zu rangieren.

---

rung angelieferte Lebensmittel entweder durch illegalen Verbrauch oder infolge von Diebstählen oder Nachlässigkeit bei der Lagerung verloren.

2. Unter keinen Umständen werden für Berlin bestimmte Lebensmittellieferungen über die seitens der Alliierten Mächte vereinbarten Zuteilungen hinaus erhöht.

3. Sie haben unverzüglich Maßnahmen zu ergreifen, um die Erhaltung und den rationellen Verbrauch der seitens der Alliierten Mächte angelieferten Lebensmittel zu gewährleisten.

4. Sie werden dieser Kommandatura mitteilen, wie Sie vorzugehen gedenken, und die Art und Weise, wie Sie etwaige Verluste ersetzen wollen, im Falle derartige Verluste wieder vorkommen sollten."

4 Vgl. zur Problematik der Lebensmittelverluste: Dok. 28, 38, 88 u. 101; LAB, Rep. 280, Nr. 7212; das 48. Mag.prot. v. 4.3.1946, TOP 8, u. das 51. Mag.prot. v. 25.3.1946, TOP 5, u. das 52. Mag.prot. v. 30.3.1946, TOP 6, u. das 60. Mag.prot. v. 5.6.1946, TOP 5 (Orlopp).

5 Vgl. hierzu das 16. Mag.prot. v. 13.8.1945, TOP 9, u. das 17. Mag.prot. v. 20.8.1945, TOP 5.

6 Vgl. hierzu Dok. 92 u. 123.

7 Gemeint ist die Deutsche Zentralverwaltung des Verkehrs in der sowjetischen Besatzungszone.

Durch die Prüfer der Bezirksernährungsämter werden mit den Polizeiorganen die Ausfallstraßen streng überwacht, um die von auswärts unrechtmäßig herangeschafften Lebensmittel, die auf dem schwarzen Markt verwertet werden sollen, der allgemeinen Versorgung der Stadt zuzuführen. Zum Transport von Lebensmitteln sollen, soweit noch vorhanden, geschlossene und plombierte Waggons Verwendung finden.

Zu c) Der Polizeipräsident von Berlin ist ersucht worden, sämtliche Polizeiorgane anzuweisen, bei der Ausübung ihres Dienstes besonders auf den Güterverkehr in den Straßen Berlins zu achten und bei Feststellungen verdächtiger Entladungen von Lebensmitteln, insbesondere vor Großgaragen und Gaststättenbetrieben u[nd] a[nderen] [Gebäuden][,] sofort die Richtigkeit der Anlieferungen zu klären und g[e]g[ebenen]f[alls] dem Ernährungsamt die Ausladung zu melden. Die Zentral-, Bezirks-, Ortsläger und die Lebensmittelkleinhandelsgeschäfte sowie Gaststätten werden von unseren Prüfungsorganen laufend geprüft. Zu den Prüfungen der Kleinverkaufsstellen und der Gaststätten sollen Vertreter der Gewerkschaft und der Frauenausschüsse[8] mit herangezogen werden.

Zu d) Der Polizeipräsident von Berlin ist ferner ersucht worden, die Bewachung der Zentral-, Bezirks- und Ortsläger durch die Polizei zu verstärken und bei der Alliierten Kommandantur eine ausreichende Bewaffnung der Schutz- und Kriminalpolizei zu beantragen[9], eine Verstärkung der Schutzpolizei für den Nachtstreifendienst und eine weitere schnellfahrende [sic!] Motorisierung der Polizei durchzuführen, um die Einbruchsdiebstähle in den Kleinhandelsgeschäften weitgehendst zu verhindern.

Die Kleinverteiler und Bezirksläger sind veranlaßt worden, die Sicherheitsanlagen zu schaffen, die notwendig sind, [um] einen Einbruchdiebstahl in ihren Geschäftsräumen möglichst zu erschweren. Auch soll von ihnen verlangt werden, für eine ausreichende Bewachung zu sorgen, g[e]g[ebenen]f[alls] durch den Abschluß von Kollektivverträgen mit einer Wach- und Schließgesellschaft.

Den Kleinverteilern wird aufgegeben werden, daß im Falle eines Einbruchdiebstahls in ihrem Geschäft der Weiterverkauf der Waren erst nach Prüfung und Feststellung der Tatumstände zu dem Einbruch durch die Kriminalpolizei und die Prüfer der Ernährungsämter erfolgen darf. Diese Maßnahme erscheint uns wegen der Feststellung, ob ein fingierter Einbruch oder ein Mitverschulden des Kleinverteilers vorliegt, von großer Bedeutung. Die Kleinverteiler werden in Zukunft für die von ihnen behaupteten Schwundsätze in vollem Umfange verantwortlich gemacht werden, soweit die normalerweise entstehenden Schwundsätze überschritten werden.

Zu e) Ein unrechtmäßiger Verbrauch von Lebensmitteln wird auch dadurch herbeigeführt, daß bei Einbrüchen in den Kleinhandelsgeschäften bereits einmal zu Recht belieferte Lebensmittelmarken entwendet und neu in den Verkehr gebracht werden

---

8 Vgl. hierzu das 7. Mag.prot. v. 18.6.1945, TOP 8 (Frauenausschuß), u. das 45. Mag.prot. v. 2.2.1946, TOP 7; Dok. 43, Anm. 12.

9 Mit BK/O (46) 35 v. 12.1.1946 hatte die AK eine beschränkte Bewaffnung der Berliner Polizei mit Pistolen, Revolvern und Knüppeln gestattet, nicht jedoch mit „vollständig automatischen" Waffen. Die BK/O ist vorhanden in: LAB(STA), Rep. 101, Nr. 57, u. LAB, Rep. 280, Nr. 12464; abgedruckt in: Berlin. Quellen und Dokumente, 1. Halbbd., S. 263 f. Eine weitere BK/O zur Bewaffnung der Berliner Polizei hat die AK nicht erlassen.

oder daß durch ungetreue Angestellte des Kleinhandels oder durch ungetreue Angestellte in den Abrechnungsstellen Marken nochmals in den Verkehr gebracht werden.
Soweit Einbrüche und Unterschlagungen in den Kleinhandelsgeschäften vorkommen,
gelten die vorhergehenden und folgenden Ausführungen (zu d) und zu f)[)] auch
hierfür. Soweit die eigenen Verwaltungsdienststellen in Betracht kommen, werden
wir bemüht sein, durch verschärfte Überwachungs- und Organisationsmaßnahmen
eine Veruntreuung auszuschließen.

Zu f) Den Kleinverteilern ist die Annahme loser Lebensmittelkartenabschnitte in der
Regel verboten; sie werden von uns ferner darauf hingewiesen, daß – soweit unver-
meidlicherweise lose Abschnitte bei der Belieferung mit Lebensmittel[n] entstehen –
diese sorgfältig vor der Annahme zu prüfen sind und daß insbesondere darauf zu
achten ist, daß die echten Lebensmittelkarten auf Wasserzeichenpapier gedruckt
sind, während die bisher von uns festgestellten Falschdrucke ein Wasserzeichen
nicht haben. Bei Annahme von gefälschten Lebensmittelkartenabschnitten soll der
Kleinverteiler künftig zur Verantwortung gezogen und für den Schaden haftpflichtig
gemacht werden.
Der Handel auf dem schwarzen Markt und den Tauschmärkten wird zusammen mit
der Polizei von unsern Prüfungsorganen ständig überwacht. Zu den Polizeirazzien
sollen unsere Prüfer mit herangezogen werden, um die Möglichkeit zu haben, den
Handel mit gefälschten und echten Lebensmittelkartenabschnitten zu beobachten und
festzustellen, aus welchen Quellen die zum Verkauf oder Tausch angebotenen Waren
herrühren. Es wird von uns auch die Frage geprüft, ob die Möglichkeit besteht, für
die Benachrichtigung der Groß- und Kleinverteiler ein fachliches Mitteilungsblatt
herauszubringen,[10] womit diesem Personenkreis die nötige Anleitung für eine
ordnungsgemäße Bewirtschaftung der ihnen anvertrauten Lebensmittel gegeben
wird.

In der Erkenntnis, daß auch mit der Durchführung aller Kontroll- und Prüfungs-
maßnahmen eine Erhaltung der angelieferten Lebensmittel in der jetzigen Notzeit
vom Haupternährungsamt[11] allein nicht restlos gewährleistet werden kann, werden
wir in Übereinstimmung mit den politischen Parteien und dem Freien Deutschen Gewerkschaftsbund die gesamte Berliner Bevölkerung darüber aufklären, daß durch den
illegalen Verbrauch oder infolge von Verlusten von Lebensmitteln durch Diebstähle
die ausreichende Versorgung der Verbraucher unserer Stadt ernstlich gefährdet wird.
Die gesamte Öffentlichkeit soll aufgefordert werden, in ihrem eigenen Interesse an
der Abwehraktion gegen die Lebensmittelverluste teilzunehmen und ihre Wahrneh-
mungen über verdächtige Lagerung von Lebensmitteln in Großgaragen, Gaststätten
oder sonstigen Abstellräumen und über den Schwarzhandel den Ernährungsämtern
oder den Polizeiorganen mitzuteilen.[12]

Was die Bestrafung der Verstöße gegen die Vorschriften der Lebensmittelbewirt-
schaftung angeht, so ist bereits von den Berliner zentralen Justizbehörden im Einvernehmen mit uns Vorsorge dahin getroffen worden, daß Zuwiderhandlungen gegen

---

10 Ein solches Mitteilungsblatt konnte nicht ermittelt werden.
11 Gemeint ist die Mag.abt. für Ernährung.
12 Vgl.: Lebensmittelverluste müssen vermieden werden, in: Neues Deutschland, 12.7.1946,
   S. 4.

die Bewirtschaftungsvorschriften mit der erforderlichen Strenge und Beschleunigung bestraft werden.[13]

Wir sind der Auffassung, daß nach Durchführung der von uns geplanten Maßnahmen die Verluste an Lebensmitteln, die auf Veruntreuung, Einbruchsdiebstahl, unbegründeten Gewichtsschwund, Verderb oder auf unerlaubte Lebensmittelkartenausgabe zurückzuführen sind, auf ein Mindestmaß herabgedrückt werden können.

Genaue Angaben über die tatsächlich eingetretenen Verluste können erst nach Durchführung der am 30. Juni geplanten Bestandsaufnahme[14] gemacht werden; bis dahin bitten wir die bisher gemeldeten Verlustziffern als vorläufig zu betrachten.

gez. Orlopp

(Orlopp)
2. Stellvertreter d[es] Oberbürgermeisters

[...]¹⁵

---

13 Vgl. hierzu das 52. Mag.prot. v. 30.3.1946, TOP 4.

14 Vgl. hierzu Dok. 87, Anm. 51.

15 Hier ist in der für den Abdruck zugrundegelegten Durchschrift der verwaltungsinterne Verteilungsschlüssel für Orlopps Schreiben angegeben, ferner das Wort „Wiedervorlage" ohne Datumsangabe.

Dok. 91
61. Magistratssitzung vom 15. Juni 1946

LAB(STA), Rep. 100, Nr. 774, Bl. 21 – 25. – Umdruck.[1]

Beginn: 9.12 Uhr   Schluß: 12.08 Uhr

Anwesend: Dr. Werner, Maron, Schwenk, Schulze, Lange, Grommann, Pieck, Dr. Haas, Dr. Mittag, Kehler, Kraft, Jirak, Dr. Goll, Winzer, Scharoun, Buchholz, Geschke, Hauth, Knoll, Fleischmann.[2]

Den Vorsitz führt: Oberbürgermeister Dr. Werner.

Tagesordnung: 1. Protokolle
                2. Centrale Kohlenorganisation
                3. Finanzfragen
                4. Städtische Betriebe
                5. Personalfragen und Verwaltung
                6. Volksbildung
                7. Allgemeines.

1. PROTOKOLLE
Die Niederschriften der Magistratssitzungen vom 29.5.46 und vom 5.6.46 werden genehmigt.

2. CENTRALE KOHLENORGANISATION
Wolf[f][3] (Abt[eilung] für Wirtschaft) vertritt die Magistratsvorlage Nr. 282[4], betreffend Verordnung über die *Erhebung einer Gebühr* für die Berliner Centrale Kohlenorganisation[5], und führt zur Begründung aus: Im Frühjahr war ein Magistratsbeschluß über die Finanzierung der Verwaltungskosten der Berliner Centralen Kohlenorganisation herbeigeführt worden.[6] Dabei war vorgesehen, im wesentlichen nur den Großverbrauch mit einer Gebühr zu belasten. Die Alliierte Kommandantur hat den Magistratsbeschluß in dieser Form nicht gutgeheißen, sondern den Grundsatz aufgestellt, daß die Gebühr von allen Verbrauchern getragen werden müsse.[7] Mit der Erhebung einer Gebühr an sich hat sie sich einverstanden erklärt, auch mit dem vorgeschlagenen Satz von 20 Rpf. pro Tonne. Die Erhebung der Gebühr soll derart

---

1 Weitere Umdruckexemplare dieses Protokolls sind vorhanden in: LAB(STA), Rep. 100, Nr. 752, lfd. S. 262 – 271; LAB, Rep. 228, Mag.protokolle 1946.

2 In der Anwesenheitsliste sind Wolff und Orlopp nicht aufgeführt, die im Text des Protokolls (TOP 2 bzw. TOP 7) als Redner genannt werden.

3 Eberhard Wolff, Leiter des Hauptamts IV (Holz-, Bau- und sonstige Industrie) und des Hauptamts VII (Allgemeine Wirtschaftsfragen) in der Mag.abt. für Wirtschaft.

4 LAB(STA), Rep. 100, Nr. 774, Bl. 49/49a u. 50 f.

5 Vgl. zur Berliner Centralen Kohlenorganisation (BCKO): Dok. 78, Anm. 23.

6 Vgl. das 52. Mag.prot. v. 30.3.1946, TOP 3.

7 Vgl. BK/O (46) 251 v. 5.6.1946, in: LAB(STA), Rep. 101, Nr. 66; LAB, Rep. 280, Nr. 12592.

erfolgen, daß die Kohlenverrechnungsstellen[8] in Berlin mit der Erhebung beauftragt werden. Die Alliierte Kommandantur hat verlangt, daß auf dieser Grundlage eine neue Verordnung vorzulegen sei, und zwar bis zum 15. Juni. Diesem Befehl entsprechend ist die Vorlage Nr. 282 ausgearbeitet worden. Da gleichzeitig vom interalliierten Kohlenkomitee verlangt worden ist, neben den bestehenden Kohlenverrechnungsstellen auch *für Berlin* ein Kohlenkontor zu errichten, ist auch dieses gleich mit vorgesehen worden. Der Wunsch der SMA geht dahin, die Kohlenkontore als Körperschaften des öffentlichen Rechts aufzuziehen. Dementsprechend war in einer Nachtragsvorlage das zu gründende Berliner Verkaufskontor in dieser Form vorgesehen. Da aber nach Ansicht der Rechtsabteilung dies die Vorwegnahme eines Beschlusses, dem die Alliierte Kommandantur erst zustimmen muß, bedeuten würde, wird vorgeschlagen: den § 4 b nunmehr folgendermaßen zu fassen:
Die Erhebung der Gebühr erfolgt:

> b) für Kohlen aller Art aus der sowjetisch besetzten Zone Deutschlands durch die Verkaufskontore in der sowjetischen Besatzungszone Deutschlands, und zwar durch das Ostelbische Verkaufskontor in Senftenberg, durch das Mitteldeutsche Verkaufskontor in Leipzig, durch das Sächsische Verkaufskontor in Zwickau, nach Gründung des Berliner Kohlenkontors durch dieses.

Die Frage, ob das Berliner Kohlenkontor als eine GmbH, wie es vielleicht zweckmäßig wäre, oder als Eigenbetrieb der Stadt errichtet wird, ist vorläufig offengelassen.[9]

Hauth fragt, ob mit der Erhebung der Gebühr von 20 Rpf. eine Preiserhöhung für die Verbraucher verbunden sei.

Wolf[f] erwidert: Auf den Zentner gerechnet beträgt die Gebühr einen Pfennig. Theoretisch tritt, soweit die Kohle direkt an die Verbraucher geht, eine Verteuerung um diesen Pfennig ein. Soweit der Absatz über den Handel erfolgt, wird eine Verteuerung voraussichtlich nicht eintreten. Dem Kohlenhandel war gerade vor einer Woche eine Erhöhung seiner Handelsspanne genehmigt worden, und zwar u[nter] a[nderem] deswegen, weil die Reichsbahn die Form des Versandes geändert hatte. Nachdem inzwischen die Reichsbahn wieder zur alten Form des Versandes übergegangen ist, sind die Gründe für die Erhöhung zum Teil weggefallen. Deshalb ist anzunehmen, daß die Gebühr von 20 Rpf. für die Tonne vom Handel getragen werden kann.

Maron findet in der Vorlage insofern einen Widerspruch, als in § 3 die Gebühr auf 20 Rpf. festgelegt ist, gleichzeitig aber in § 7 Abs. 2 die Möglichkeit offengelassen wird, diesen Satz auf 30 Rpf. zu erhöhen. Diese Fassung sei bedenklich und könne eventuell von der Alliierten Kommandantur beanstandet werden, der ja ein Satz von 20 Rpf. vorgeschlagen wurde. Der Absatz 2 von § 7 sollte deshalb gestrichen werden, so daß der Höchstsatz auf 20 Rpf. bleibe.

Wolf[f] weist darauf hin, daß diese Möglichkeit einer Erhöhung bereits in der früheren Vorlage vorgesehen gewesen sei und daß dieser Punkt von der Alliierten Kommandantur nicht beanstandet wurde. Praktisch sei auch nicht damit zu rechnen, daß eine Erhöhung notwendig wird.

---

8 Vgl. hierzu § 4 des VO-Entwurfs in der Mag.vorlage Nr. 282 v. 14.6.1946.
9 Der Magistrat beschloß, das Berliner Kohlenkontor in der Form einer GmbH zu errichten. Vgl. das 71. Mag.prot. v. 24.8.1946, TOP 4.

Pieck tritt gleichfalls für Streichung des Abs. 2 von § 7 ein und möchte in Abs. 1, wo die Möglichkeit vorgesehen ist, daß nach einer Erniedrigung der Gebühr wieder eine Heraufsetzung auf den ursprünglichen Betrag erfolgt, diese Wiederheraufsetzung von der Zustimmung des Magistrats abhängig machen und nicht von der Zustimmung der Abt[eilung] für Wirtschaft.

BESCHLUSS: Die Vorlage Nr. 282 wird mit folgenden Änderungen angenommen:[10]

    1. § 4 b erhält die oben vorgeschlagene Fassung.

    2. In § 7 Abs. 1 werden in der vorletzten Zeile die Worte „Abteilung für Wirtschaft" gestrichen.

    3. § 7 Abs. 2 wird gestrichen.

3. FINANZFRAGEN

Hierzu liegt die Vorlage Nr. 269[11], betreffend *Überprüfung bezw. Ein- und Absetzung von Treuhändern*, vor.[12]

Dr. Haas: Fehleinsetzungen von Treuhändern haben es als dringend notwendig erscheinen lassen, nicht nur die Treuhänder selbst zentral zu überprüfen, sondern auch die Ein- und Absetzung von Teuhändern zentral vorzunehmen. Diese Ein- und Absetzung soll durch die Finanzabteilung des Magistrats auf Vorschlag der betreffenden Fachabteilung oder des in Frage kommenden Bezirksamtes erfolgen, für Industriebetriebe soll die Abt[eilung] Wirtschaft zuständig sein. Diese Frage konnte aber bisher mit der Abt[eilung] Wirtschaft noch nicht besprochen werden. Außerdem erscheint es ratsam, die ganze Vorlage erst noch mit den Bezirksbürgermeistern durchzusprechen. Aus diesen Gründen empfiehlt sich eine Zurückstellung der Erledigung der Vorlage bis zur nächsten Sitzung.

Lange erinnert daran, daß seinerzeit ein Ausschuß, bestehend aus Dr. Haas, Dusiska, Orlopp und Lange, für die Formulierung einer Regelung der Treuhänderfrage vorgesehen war.[13] Diese Formulierung ist zunächst provisorisch erfolgt, sagt aber Herrn Dusiska, der nicht an der Besprechung beteiligt war, nicht zu. Da sich Herr Dusiska zur Zeit auf Dienstreise befindet, empfiehlt es sich, mit der Erledigung der Angelegenheit noch zu warten.

Hauth glaubt, daß sich die Herren Orlopp und Dusiska dahin einig geworden sind, den Abs. 2 in seinem ersten Teil[14] so zu fassen:

---

10 Der hier gefaßte Mag.beschluß ist mit dem Ausfertigungsdatum v. 18.6.1946 vorhanden in: LAB(STA), Rep. 106, Nr. 144. Er wurde der AK mit Schreiben v. 25.6.1946 zur Genehmigung zugeleitet; siehe: a.a.O. Die AK genehmigte die VO über die Erhebung einer Gebühr der Berliner Centralen Kohlenorganisation mit BK/O (46) 429 v. 26.11.1946. Die BK/O ist vorhanden in: LAB(STA), Rep. 101, Nr. 74; LAB, Rep. 280, Nr. 10156. Die VO wurde veröffentlicht in: VOBl., Jg. 3 (1947), S. 9 f.

11 LAB(STA), Rep. 100, Nr. 774, Bl. 28; auch in: LAB(STA), Rep. 101, Nr. 644, Bl. 116.

12 Vgl. zur treuhänderischen Geschäftsführung beschlagnahmter Betriebe das 43. Mag.prot. v. 26.1.1946, TOP 2, u. das 47. Mag.prot. v. 23.2.1946, TOP 7, u. das 58. Mag.prot. v. 18.5.1946, TOP 8; ferner das Schreiben Marons an die Finanzabteilung des Magistrats v. 8.4.1946, betr. Verfügung über zentrale Einsetzung von Treuhändern und Sachwaltern, in: LAB(STA), Rep. 101, Nr. 620, Bl. 17.

13 Vgl. das 58. Mag.prot. v. 18.5.1946, TOP 8.

14 Gemeint ist der erste Satz im Absatz 2 des Beschlußtextes der Mag.vorlage Nr. 269 v. 11.6.1946. Er hat den Wortlaut: „Die Ein- und Absetzung von Treuhändern erfolgt in

Die Ein- und Absetzung von Treuhändern erfolgt in Zukunft durch die Finanzabteilung des Magistrats auf Vorschlag der Bezirksämter. Diese Vorschläge sind von den Bezirksämtern zwecks Weiterleitung bzw. Zustimmung den zuständigen Abteilungen des Magistrats: Abt[eilung] Wirtschaft oder Abt[eilung] Handel und Handwerk, einzureichen.

Maron meint, daß auch dann noch offenbleibt, wer entscheiden soll, wenn die Finanzabteilung etwas gegen die Vorschläge der anderen Abteilungen einzuwenden hat. Seiner Meinung nach müsse für diesen Fall das Gewicht der zuständigen Fachabteilung verstärkt werden.

Schulze macht darauf aufmerksam, daß auch Treuhänder für ehemalige Reichs- und Staatsbehörden eingesetzt worden sind, und zwar durch die Volksbildungsabteilung,[15] und daß diese auch dabei beteiligt werden müßte.

BESCHLUSS: Die Vorlage Nr. 269 wird bis zur nächsten Sitzung zurückgestellt.[16]

Dr. Haas macht einige die Finanzen betreffende Mitteilungen. Die Magistratsbeschlüsse über die veränderte *Erhebung der Grundsteuer*[17] – nicht mehr nach dem Meßbetrag, sondern nach dem Ertrag – und über die Erhebung der Gewerbesteuer im Rechnungsjahr 1946[18] sind von der Alliierten Kommandantur genehmigt worden.[19] Der beantragten *Erhöhung der Grundsteuer* um ein Drittel[20] ist nicht in vollem Umfang zugestimmt worden: Die Erhöhung um ein Drittel ist vorläufig zurückgestellt worden.[21]

Zukunft durch die Finanzabteilung des Magistrats auf Vorschlag der Fachabteilung bzw. Bezirksämter."

15 Vgl. hierzu den Haushaltsplan der Stadt Berlin für das Rechnungsjahr 1946, Teil C (Vom Magistrat betreute ehemalige Reichs- und Staatseinrichtungen), Einzelplan 2 (Schulwesen) und 3 (Volksbildung – Kunst), in: LAB(STA), Rep. 105, Nr. 299, Bl. 49 f., u. Nr. H 1/2, S. 29 f.; ferner das 9. Mag.prot. v. 2.7.1945, TOP 5, u. das 10. Mag.prot. v. 9.7.1945, TOP 6.

16 Die Mag.vorlage Nr. 269 ist in den folgenden Mag.sitzungen nicht wieder behandelt worden und auch nicht in den Konferenzen der Bezirksbürgermeister. Vgl. aber zur Problematik der Treuhänder das Prot. der Konferenz der Bezirksbürgermeister am 8.8.1946, TOP 4, in: LAB, Rep. 280, Nr. 3864; ferner entsprechende Materialien in: LAB(STA), Rep. 105, Nr. 268; Christoph Czwiklitzer: Die Pflichten und Rechte der Treuhänder. Wie weit geht ihre Verantwortung?, in: Der Kurier, 23.12.1946, S. 6.

17 Gemeint ist die VO über die Erhebung und Zahlung der Grundsteuer in den Rechnungsjahren 1946 und 1947; vgl. das 47. Mag.prot. v. 23.2.1946, TOP 6.

18 Vgl. zur VO über die Erhebung der Gewerbesteuer im Rechnungsjahr 1946 das 47. Mag.prot. v. 23.2.1946, TOP 6.

19 Vgl. Dok. 70, Anm. 68 u. 74. Die bereits genehmigte VO über die Erhebung und Zahlung der Grundsteuer in den Rechnungsjahren 1946 und 1947 wurde noch vor ihrem Inkrafttreten auf Antrag der Finanzabteilung des Magistrats von der AK wieder aufgehoben; vgl. Dok. 70, Anm. 68.

20 Vgl. hierzu das 54. Mag.prot. v. 17.4.1946, TOP 7, u. das 55. Mag.prot. v. 29.4.1946, TOP 3 (Haas) u. 4, u. das 56. Mag.prot. v. 4.5.1946, TOP 4.

21 Vgl. Dok. 82, Anm. 65.

Die Veranstaltung einer *Deutschen Klassenlotterie* ist vorerst nicht genehmigt worden, so daß weiter eine Stadtlotterie nach der anderen aufgelegt werden muß.[22]

Erfreulicherweise ist jetzt die Zustimmung zu dem Antrag ergangen, die neue *Lohnsteuer* nicht für die zurückliegenden Monate Januar, Februar und März einzuziehen.[23] Die bereits eingezogenen Beträge werden zurückerstattet werden.

Die *Steuereingänge* in den Monaten April und Mai sind verhältnismäßig recht gut gewesen. Es sind, alle Steuern zusammengerechnet, jeweils über 100 Millionen eingegangen.[24]

In einer am Vortage stattgefundenen Besprechung mit dem alliierten Finanzkomitee über den *Haushalt* ist die Genehmigung erteilt worden, die in den einmaligen Ausgaben von 150 Millionen enthaltenen *Bauten*, soweit sie bereits angefangen [worden] sind, weiterzuführen.[25]

BESCHLUSS: Die Mitteilungen des Kämmerers werden zur Kenntnis genommen.

Schwenk bezieht sich auf eine Aussprache in der letzten Konferenz der Bezirksbürgermeister[26] und erinnert daran, daß bei der Etatsberatung Anfang Mai der Magistrat seine Meinung dahin geäußert hatte, daß bei der nachträglichen Durchberatung der *Etatspositionen* die großen *Differenzen zwischen den einzelnen Bezirken* ausgeglichen werden möchten[27]. Nun hat sich aber herausgestellt, daß bei den Streichungen, die vorgenommen worden sind, gerade die verhältnismäßig günstig dastehenden westlichen Bezirke am wenigsten betroffen sind, teilweise sogar Erhöhungen erfahren haben, während die an sich schon schlecht gestellten Bezirke mit vorwiegend[er] Arbeiterbevölkerung zum Teil sogar noch herabgesetzt worden sind. Dieses

---

22 Der Magistrat hatte am 30.3.1946 den Beschluß zur Schaffung einer Klassenlotterie gefaßt, der vom Finanzkomitee der AK am 4.6.1946 abgelehnt wurde. Vgl. hierzu und zur weiteren Entwicklung dieser Frage: Dok. 78, Anm. 29.

23 Vgl. hierzu das 48. Mag.prot. v. 4.3.1946, TOP 3 (insb. Anm. 11 u. 12), u. das 51. Mag.prot. v. 25.3.1946, TOP 2 (Haas).

24 Vgl. zur Entwicklung der Steuereingänge: Dok. 72, Anm. 5.

25 Vgl. zu den einmaligen Ausgaben von 150 Millionen RM für Bau- und Instandsetzungsarbeiten die „Nachweisung der Einmaligen Anforderungen zum Generaletat der Stadt Berlin für das Rechnungsjahr 1946", in: LAB(STA), Rep. 101, Nr. 644, Bl. 120–154, u. Rep. 105, Nr. 301, Bl. 42–76; ein diesbezügliches Rundschreiben von Haas v. 26.6.1946, in: LAB(STA), Rep. 101, Nr. 644, Bl. 111. Diese „Nachweisung" wurde dem Finanzkomitee der AK mit Schreiben v. 25.6.1946 zur Genehmigung zugeleitet; siehe: LAB(STA), Rep. 101, Nr. 636. Vgl. zur Reaktion der AK das 73. Mag.prot. v. 7.9.1946, TOP 3 (Haas u. Maron). Vgl. ferner die Protokolle der Konferenzen der Bezirksbürgermeister am 6.6.1946, TOP 5, u. am 13.6.1946, TOP 2, in: LAB, Rep. 280, Nr. 3858 u. 3859; das 56. Mag.prot. v. 4.5.1946, TOP 4, u. das 59. Mag.prot. v. 29.5.1946, TOP 3, u. das 62. Mag.prot. v. 22.6.1946, TOP 3 (Haas).

26 Vgl. das Prot. der Konferenz der Bezirksbürgermeister am 13.6.1946, TOP 2, in: LAB, Rep. 280, Nr. 3859.

27 Vgl. das 56. Mag.prot. v. 4.5.1946, TOP 4; ferner die von Maron und Haas unterzeichnete Rundverfügung der Finanzabteilung des Magistrats v. 10.5.1946, betr. Notwendigkeit einer geordneten Finanzwirtschaft, in: LAB(STA), Rep. 105, Nr. 418, u. LAB, Rep. 10 B, Acc. 1877, Nr. 405.

merkwürdige Verfahren steht im Widerspruch zu dem Beschluß, den der Magistrat seinerzeit gefaßt hat.[28]

Der Redner führt als Beispiele die *Ausgaben für das Schulwesen* an. Ähnlich liegen die Verhältnisse auf dem Gebiet der Volksbildung, des Bau- und Wohnungswesens, der Allgemeinen Verwaltung. Der Bezirk Zehlendorf hat fast bei allen Positionen noch eine Erhöhung erfahren.

Dr. Haas möchte zunächst die vorgetragenen Zahlen, die erst gestern von Herrn Rumpf vorgelegt worden sind, nachprüfen. Man muß wissen, wie sie zustande gekommen sind. Auf dem Gebiet des Schulwesens wurden ja summarisch soundso viele Millionen gestrichen. Die Verteilung dieser zu streichenden Summe im einzelnen ist in erster Linie Aufgabe der Hauptschulverwaltung, die Kämmerei kann von sich aus nicht bestimmen, wie die Schulen besetzt werden sollen, welche Schulen geschlossen werden sollen, wie der Stellenplan, die Schülerzahl usw. festzulegen sind. Für die Kämmerei handelt es sich nur darum, die von den Bezirken gegebenen Zahlen auf Grund der vorhandenen Einrichtungen einigermaßen nach den vorgetragenen Grundsätzen so abzustimmen, daß die Gesamtstreichung erfüllt wird. Die Aufteilung im einzelnen wird von der Kämmerei nur ganz roh gemacht. Verantwortlich dafür sind die Fachabteilungen. Es war vorgesehen, zusammen mit den einzelnen Bezirken und Fachabteilungen noch dieses und jenes zu ändern. Daran wird noch ständig gearbeitet.

Winzer hat den Eindruck, daß in der Kämmerei teilweise etwas schematisch gearbeitet werde, und führt als Beispiel eine Anweisung über rigorose Schulgeldeintreibung an.[29] So etwas müsse mit der zuständigen Fachabteilung vereinbart werden. Ein anderes Beispiel betrifft die Volksbüchereien. Hier sollte in den Bezirken ein Ausgleich, auch bei der Stellenbesetzung, vorgenommen werden. So wurde es von der Fachabteilung vorgeschlagen. Aber in den revidierten Haushaltszahlen sieht das Bild wieder ganz anders aus. Offensichtlich sind die *Unterlagen der Abteilung nicht berücksichtigt* worden. So ist zum Beispiel bei der Volksbücherei Neukölln, die die wichtigste Basis für alle Volksbüchereien bildet und als eine Art Ausbildungsstätte von Bibliothekaren gelten kann, der Stellenplan gekürzt worden, anstatt einen gewissen Ausgleich mit Charlottenburg oder anderen Bezirken vorzunehmen. Es erheben sich bereits einzelne Stimmen, die sagen: Wir haben in Berlin eine versteckte Finanzdiktatur. Darum sollten diese Dinge heute nicht abschließend behandelt, sondern in der nächsten Sitzung noch einmal besprochen werden und der Kämmerer verpflichtet werden, in der Zwischenzeit auch von dieser Seite her die Dinge noch einmal zu überprüfen.

BESCHLUSS: Der Leiter der Finanzabteilung, Dr. Haas, wird beauftragt, zur nächsten Sitzung die Unterlagen für die vorgenommenen Streichungen an den Haushaltsvoranschlägen vorzulegen, soweit sie die Dotierungen der Bezirke und deren einzelne Abteilungen betreffen.[30]

---

28 Vgl. das 29. Mag.prot. v. 5.11.1945, TOP 2, u. das 32. Mag.prot. v. 30.11.1945 u. das 56. Mag.prot. v. 4.5.1946, TOP 4 (Schwenk).

29 Die hier erwähnte Anweisung konnte nicht ermittelt werden. Vgl. allgemein zum Schulgeld: Dok. 26, Anm. 15; zu den Schulgeldeinnahmen im Jahr 1946 das 56. Mag.prot. v. 4.5.1946, TOP 4 (Haas), u. das 84. Mag.prot. v. 16.11.1946, TOP 4 (Haas).

30 Vgl. das 62. Mag.prot. v. 22.6.1946, TOP 3.

Es folgt die Vorlage Nr. 279[31], betreffend Neuwahl von Mitgliedern für den *Verwaltungsrat der Berliner Stadtsparkasse.*[32]
BESCHLUSS: Die Vorlage wird nach kurzer Empfehlung durch Dr. Haas angenommen.

4. STÄDTISCHE BETRIEBE

Hierzu liegt die Vorlage Nr. 277[33], betreffend Veränderungen im Beirat der Berliner *Gaswerke*, vor, die auf Wunsch von Dr. Goll zurückgestellt wird, da noch eine Änderung beabsichtigt ist.[34]

Ferner liegt die Vorlage Nr. 278[35] vor, betreffend Änderung der Firmenbezeichnung „Berliner Städtische Wasserwerke" in *„Berliner Wasserwerke".*
 Dr. Goll bemerkt, es handele sich um eine formelle Angelegenheit. Früher gab es die Städtischen und die Charlottenburger Wasserwerke, jetzt gibt es nach der stattgefundenen Fusion[36] nur noch die Berliner Wasserwerke. Um dem Einspruch eines Aktionärs wegen der Firmierung vorzubeugen, soll die Namensänderung durch Magistratsbeschluß festgelegt werden.
BESCHLUSS: Die Vorlage Nr. 278 wird angenommen.[37]

5. PERSONALFRAGEN UND VERWALTUNG

Pieck empfiehlt die Vorlage Nr. 274[38], betreffend Unterstellung des *Bewirtschaftungsamts für Bergungsgut*[39] unter die Abteilung für Personalfragen und Verwaltung.

---

31 LAB(STA), Rep. 100, Nr. 774, Bl. 44 u. 45; auch in: LAB(STA), Rep. 101, Nr. 644, Bl. 117.
32 Der Beschlußtext der Mag.vorlage Nr. 279 v. 11.6.1946 sah unter anderem vor, daß grundsätzlich der jeweilige „Stadtkämmerer bezw. sein Vertreter" zum Vorsitzenden des Verwaltungsrats der Berliner Stadtsparkasse zu wählen war. Vgl. zu diesem Verwaltungsrat das 8. Mag.prot. v. 25.6.1945, TOP 3, u. das 18. Mag.prot. v. 27.8.1945, TOP 3, u. das 21. Mag.prot. v. 17.9.1945, TOP 7, u. das 38. Mag.prot. v. 23.12.1945, TOP 3, u. das 53. Mag.prot. v. 6.4.1946, TOP 4.
33 Diese Mag.vorlage konnte nicht ermittelt werden.
34 Die hier zurückgestellte Vorlage wurde in der folgenden Mag.sitzung als Mag.vorlage Nr. 287 angenommen; vgl. das 62. Mag.prot. v. 22.6.1946, TOP 4.
35 LAB(STA), Rep. 100, Nr. 774, Bl. 42 u. 43; auch in: LAB(STA), Rep. 101, Nr. 664.
36 Am 30.8.1945 hatte die Hauptversammlung der Charlottenburger Wasser- und Industriewerke AG die Auflösung dieser AG und ihre Vereinigung mit dem Eigenbetrieb „Berliner Städtische Wasserwerke" beschlossen. Die Problematik der schwachen Rechtsposition der Stadt Berlin bezüglich dieses Beschlusses wurde von Haas in einem entsprechenden Vermerk v. 11.7.1946 dargelegt. Der Vermerk ist vorhanden in: LAB(STA), Rep. 101, Nr. 664.
37 Vgl. zur Charlottenburger Wasser- und Industriewerke AG in Liquidation das 81. Mag.prot. v. 26.10.1946, TOP 3.
38 LAB(STA), Rep. 100, Nr. 774, Bl. 34 u. 35.
39 Vgl. zu diesem Amt das 7. Mag.prot. v. 18.6.1945, TOP 8 (insb. Anm. 31), u. das 16. Mag.prot. v. 13.8.1945, TOP 6, u. das 82. Mag.prot. v. 2.11.1946, TOP 3 (Mag.vorlage Nr. 487); die Protokolle der Konferenzen der Bezirksbürgermeister am 16.5.1946, TOP 3, u. am 6.6.1946, TOP 1, in: LAB, Rep. 280, Nr. 3857 u. 3858; die Materialien in: LAB(STA), Rep. 102, Nr. 33; Dok. 109.

Die Praxis hat ergeben, daß die Unterstellung des Bergungsamtes unter das Planungs-
amt[40], wie es bisher der Fall war, unzweckmäßig ist, da das Bergungsamt keinerlei
Beziehungen zu den Aufgaben des Planungsamtes hat. Bei Unterstellung unter die
Abt[eilung] für Personalfragen und Verwaltung kann durch eine Zusammenarbeit mit
dem Berliner Beschaffungsamt eher eine fruchtbare Tätigkeit entfaltet werden.
BESCHLUSS: Der Inhalt der Vorlage Nr. 274 wird zur Kenntnis genommen.

Pieck empfiehlt weiter die Vorlage Nr. 275[41], betreffend Anordnung über die
Wiedereinführung der Abführungspflicht bei den *Aufsichtsratsvergütungen* und
Einstellung der Zahlung von Aufwandsentschädigungen in den Beiräten, unter
Bezugnahme auf die ausführliche schriftliche Begründung.[42]

Hauth findet, daß die Frage der Sitzungsgelder etwas zu engherzig behandelt
worden sei, und schlägt vor, Ziffer V dahin zu ändern, daß nur Sitzungsgelder über
20,- RM abzuführen sind.

Der Redner empfiehlt ferner eine Änderung in Ziffer VIII dahingehend, daß etwaige Abstimmungsanweisungen für Aufsichtsratsmitglieder nicht von der „Stadtverwaltung" erteilt werden, sondern vom Magistrat, da es sich hier um Haftungsan-
gelegenheiten handele, die mitunter von großer Bedeutung sein könnten.
BESCHLUSS: Die Vorlage Nr. 275 wird mit folgenden Änderungen angenom-
             men:[43]
             1. Ziffer V erhält die Fassung:
                Sitzungsgelder über 20,- RM, die an Mitglieder von Aufsichts-
                räten, Beiräten und ähnlichen Einrichtungen gezahlt werden
                sollen, dürfen von besoldeten Bediensteten der Stadt, die ihnen
                angehören, nicht angenommen oder müssen von ihnen an die
                Stadtkasse abgeführt werden.
             2. In Ziffer VIII wird in Zeile 2 anstelle der Worte „von der
                Stadtverwaltung" gesetzt: „vom Magistrat schriftlich".

6. VOLKSBILDUNG

Hierzu liegt die Vorlage Nr. 270[44] vor, betreffend *Verleihung von Titeln an Lehrkräfte
der Hochschulen* und Ausbildungsstätten mit Hochschulcharakter.[45]

---

40 Gemeint ist die Mag.abt. für Planungen.
41 LAB(STA), Rep. 100, Nr. 774, Bl. 36 f.; auch in: LAB(STA), Rep. 115, Nr. 64, Bl. 16 f.
    Vgl. zur Vorgeschichte der Mag.vorlage Nr. 275 v. 3.6.1946: LAB(STA), Rep. 115,
    Nr. 63, Bl. 121, 134 – 137, 146 f. u. 153 – 160, u. Nr. 64, Bl. 17a.
42 Vgl. hierzu: LAB(STA), Rep. 102, Nr. 29, Bl. 19; das 43. Mag.prot. v. 26.1.1946, TOP 2
    (Lange u. Siebert).
43 Die hiermit beschlossene Anordnung über die Wiedereinführung der Abführungspflicht
    bei den Aufsichtsratsvergütungen und Einstellung der Zahlung von Aufwandsentschä-
    digungen in den Beiräten wurde veröffentlicht in: VOBl., Jg. 2 (1946), S. 213; Die
    Stadtverwaltung, Jg. 1 (1946), H. 8, S. 10. Vgl. hierzu auch: LAB(STA), Rep. 115, Nr. 64,
    Bl. 22 u. 43a – 45b.
44 LAB(STA), Rep. 100, Nr. 774, Bl. 29 u. 30.
45 Die Mag.vorlage Nr. 270 v. 11.6.1946 bezog sich auch auf die *Wieder*verleihung von
    Titeln. Der Absatz 3 ihres Beschlußtextes lautete: „Titel, die unter dem Hitlerregime
    in Berlin an Dozenten der in Frage kommenden Hochschulen und sonstigen Aus-
    bildungsstätten mit Hochschulcharakter verliehen wurden, dürfen nicht mehr geführt

Winzer begründet die Vorlage. Es besteht zur Zeit Unklarheit über die Ernennung von Professoren an den Hochschulen in Berlin. Einzelne Hochschulen sind hier etwas selbstherrlich vorgegangen, woraus sich Unzuträglichkeiten ergeben haben. Früher war die Regelung so, daß der Leiter einer Hochschule die Vorschläge für derartige Ernennungen machte und daß sie dann vom Ministerium bestätigt wurden. Dieser Regelung entsprechend wird vorgeschlagen, daß der Direktor einer Hochschule die Vorschläge macht und der Magistrat als zur Zeit höchste Behörde in Berlin die Bestätigung vornimmt. Dies erstreckt sich nicht auf die Universität, die der Zentralverwaltung untersteht[46].

Hauth empfiehlt, ausdrücklich den Ausdruck „Professortitel" in die Vorlage aufzunehmen, da unter „Titel" auch etwas anderes verstanden werden könnte.
BESCHLUSS: Die Vorlage Nr. 270 wird mit folgender Änderung angenommen:[47]

> Im Absatz 1 erhält der erste Halbsatz die Fassung:
> > Der Magistrat wird ermächtigt, den Titel „Professor" an Lehrkräfte zu verleihen ...

Winzer behandelt die Vorlagen Nr. 271[48], 272[49] und 273[50], betreffend Instandsetzungen von Schulen.[51] Nachdem im Haushaltsausschuß festgelegt wurde, daß alle Beträge bis zu 75 000 RM, soweit sie im allgemeinen Haushalt vorgesehen sind, nicht besonders bewilligt zu werden brauchen,[52] kann die Vorlage Nr. 272 zurückgezogen werden. Bei den Vorlagen Nr. 271 und 273 handelt es sich dagegen um Summen über 75 000 RM.

Maron bemerkt, es sei doch anzunehmen, daß diese Schulbauten mit unter dem im Etat aufgeführten Posten von 19 Millionen für Schulausbesserungen

---

werden. Der Magistrat der Stadt Berlin kann jedoch eine erneute Verleihung vornehmen, wenn nach Prüfung der zu Beleihende als würdig befunden wurde." – Vgl. zur Frage der Titelverleihungen das 30. Mag.prot. v. 12.11.1945, TOP 3, u. das 40. Mag.prot. v. 7.1.1946, TOP 8.

46 Vgl. Dok. 49, Anm. 36.

47 Der hier gefaßte Mag.beschluß ist mit dem Ausfertigungsdatum v. 19.6.1946 vorhanden in: LAB(STA), Rep. 120, Nr. 15, Bl. 3. Er wurde der AK mit Schreiben v. 12.7.1946 zur Genehmigung zugeleitet; siehe: a.a.O., Bl. 2. Das Education Committee der AK befaßte sich mit dem Mag.beschluß am 10.10.1946 und entschied, vom Magistrat zusätzliche Unterlagen zur Frage der Verleihung akademischer Titel anzufordern. Vgl. das Prot. des Education Committee der AK v. 10.10.1946, TOP 7, in: LAB, Rep. 37: OMGBS, ECR, 4/16-1/15. In den folgenden Mag.sitzungen ist diese Frage nicht wieder behandelt worden.

48 LAB(STA), Rep. 100, Nr. 774, Bl. 31. Diese Mag.vorlage v. 29.5.1946 betraf die Instandsetzung der Friedrichswerderschen Schule in der Weinmeisterstraße 15, Bezirk Mitte.

49 LAB(STA), Rep. 100, Nr. 774, Bl. 32. Diese Mag.vorlage v. 29.5.1946 betraf die Instandsetzung der 3. Volksschule Berlin-Pankow, Eschengraben.

50 LAB(STA), Rep. 100, Nr. 774, Bl. 33. Diese Mag.vorlage v. 29.5.1946 betraf die Instandsetzung der Hauswirtschaftlichen Berufsschule Berlin-Lichtenberg, Fischerstraße 34.

51 Vgl. zu weiteren Mag.vorlagen, betr. Instandsetzung einzelner Schulen, das 51. Mag.prot. v. 25.3.1946, TOP 3, u. das 59. Mag.prot. v. 29.5.1946, TOP 7.

52 Vgl. das 59. Mag.prot. v. 29.5.1946, TOP 3 (Haas); zum Haushaltsausschuß des Magistrats das 15. Mag.prot. v. 6.8.1945, TOP 6.

einbegriffen seien; dann brauche eine besondere Bewilligung nicht zu erfolgen. Die Abt[eilung] Volksbildung möge dies noch einmal mit dem Kämmerer klarstellen.

BESCHLUSS: Die Vorlagen Nr. 271, 272 und 273 werden zurückgestellt.[53]

Winzer begründet weiter die Vorlage Nr. 280[54], betreffend Errichtung einer *zentralen Volkshochschule*.[55] Es gibt heute in Berlin 25 Volkshochschulen, in jedem Verwaltungsbezirk eine, in einigen ausgedehnten Bezirken zwei, außerdem noch eine besondere Volkshochschule der BVG[56]. Alle sind gut besucht. Die günstige Entwicklung auf diesem Gebiet ist auf die Initiative der Verwaltungsbezirke zurückzuführen. Während früher, d[as] h[eißt] im Jahre 1932, die damaligen zentralen Volkshochschulen im ganzen 18 000 Hörer im Jahre hatten, hatten die jetzigen Volkshochschulen in den zwei Semestern des vergangenen Herbst[es]/Winter[s] und dem ersten Semester d[ieses] J[ahres] allein schon 70 000 Hörer. Der Bezirk Prenzlauer Berg hat allein in seiner Volkshochschule mehr als 6 000 Hörer. Dabei ist außerdem hervorzuheben, daß 52 % der Hörer Jugendliche bis zu 25 Jahren sind und mehr als 50 % der Hörer Frauen und Mädchen. Diese erfreuliche Entwicklung verdient jede Förderung. Dabei muß berücksichtigt werden, daß die Jugendlichen in ihrem Bildungsstand außerordentliche Lücken aufweisen als Folge der falschen Erziehung unter dem Hitler-Regime und der Ausfälle durch den Krieg.

Nun besteht, wie es immer der Fall ist, wenn eine Bewegung gewissermaßen Massencharakter annimmt, bei diesen Volkshochschulen die Gefahr der Verflachung. Durch die geplante Errichtung einer zentralen Volkshochschule sollen insbesondere folgende Aufgaben gelöst werden: erstens Schulung neuer Dozenten für die bezirklichen Volkshochschulen, zweitens Weiterbildung der besten Hörer und Hörerinnen aus den bezirklichen Volkshochschulen, drittens Errichtung einer Oberschule für Berufstätige zur Vorbereitung auf das Abitur und das Hochschulstudium. Es ist geplant, schon im September mit dieser Arbeit zu beginnen.

Für die Finanzierung dieser zentralen Volkshochschule waren 20 000 RM angesetzt worden. Der Kämmerer hat diese Summe auf 10 000 RM herabgesetzt. Insgesamt sind für die Volkshochschulen 222 000 RM an Zuschüssen vorgesehen. Es wird

---

53 Die Mag.vorlagen Nr. 271, 272 u. 273 sind in den folgenden Mag.sitzungen nicht wieder behandelt worden.

54 LAB(STA), Rep. 100, Nr. 774, Bl. 46 u. 47.

55 Vgl. hierzu das Exposé von Walter Bartel v. 4.2.1946, betr. Zentrale Volkshochschule, in: LAB(STA), Rep. 120, Nr. 3262, Bl. 12 f.; vgl. zu Bartel: Dok. 83, Anm. 8. Vgl. zu den Volkshochschulen ferner: Berlins Volkshochschulen – statistisch geröntgt, in: Tägliche Rundschau, 16.4.1946, S. 6; Die neuen Volkshochschulen. Übersicht des Wiederaufbaus, in: Die Neue Zeitung, 22.4.1946, S. 3; Wolfgang Schimming: Auf dem Weg zu neuen Zielen. Von den Aufgaben der Volkshochschule, in: Der Tagesspiegel, 10.5.1946, S. 4; Die Volkshochschulen der Allgemeinheit, in: Neues Deutschland, 16.7.1946, S. 3; Ein Jahr Volkshochschulen Berlins, in: Tägliche Rundschau, 17.7.1946, S. 6; Wolfgang Schimming: Erwachsene auf der Schulbank. Zur Berliner Volkshochschultagung, in: Der Tagesspiegel, 19.7.1946, [S. 5]; Was die Volkshochschulen leisteten, in: Berliner Zeitung, 1.8.1946, [S. 6]; Zentrale Volkshochschule für Berlin, in: Der Tagesspiegel, 14.8.1946, [S. 4]; Volkshochschulen rüsten zu neuer Arbeit, in: Vorwärts, 13.9.1946, S. 5; Mehr als 45 000 Hörer. Aufwärtsentwicklung der Volkshochschulen, in: Berliner Zeitung, 17.11.1946, [S. 8]; Berlin. Kampf um Freiheit, S. 117, 157 u. 480.

56 Berliner Verkehrsbetriebe.

möglich sein, aus dieser Summe die Mittel zu nehmen, die vorerst für das Anlaufen der zentralen Volkshochschule notwendig sind. Es bestand ursprünglich der Plan, für die zentrale Volkshochschule und für die zentrale Volksbücherei ein besonderes Haus herzurichten. Der Stadtkämmerer hat die Mittel dafür abgelehnt, und man wird sich damit bescheiden müssen. Aber 20 000 RM müßten doch für diese wichtige Angelegenheit bereitgestellt werden können. Leider hat sich gezeigt, daß bei dem zuständigen Finanzdezernenten ein völliges Unverständnis für diese Frage besteht.

Der Redner bittet, der Vorlage prinzipiell zuzustimmen und es den weiteren Arbeiten zu überlassen, ein endgültiges Statut und einen Vorschlag für den verantwortlichen Leiter und Geschäftsführer auszuarbeiten und später dem Magistrat zur Beschlußfassung vorzulegen.

BESCHLUSS: Die Vorlage Nr. 280 wird angenommen.[57]

Winzer erläutert sodann die Vorlage Nr. 276[58] mit dem Plan für die *Durchführung der Aktion „Ferienfreude für die Berliner Kinder".*[59] Er bittet insbesondere um die Zustimmung zu folgenden Maßnahmen: 1. daß aus den dichtbesiedelten und besonders zerstörten Innenbezirken doppelt soviel Kinder zu dieser Ferienfürsorge herangezogen werden als [sic!] aus den Außenbezirken; 2. daß in Anlehnung an die gleichen Sätze wie zur Zeit der Weimarer Republik täglich 25 Rpf. für

---

57 Der hier gefaßte Mag.beschluß ist mit dem Ausfertigungsdatum v. 18.6.1946 vorhanden in: LAB(STA), Rep. 120, Nr. 11, Bl. 10. Er wurde der AK mit Schreiben v. 12.7.1946 zur Genehmigung zugeleitet; siehe: a.a.O., Bl. 9. Das Education Committee der AK befaßte sich wiederholt mit diesem Mag.beschluß und lehnte die Errichtung einer zentralen Volkshochschule schließlich ab. Vgl. die Protokolle des Education Committee der AK v. 31.7.1946, TOP 3, u. 16.9.1946, TOP 20, u. 23.9.1946, TOP 14, u. 31.10.1946, TOP 7, u. 14.11.1946, TOP 7, u. 16.12.1946, TOP 6, u. 30.12.1946, TOP 12, u. 13.1.1947, TOP 11, in: LAB, Rep. 37: OMGBS, ECR, 4/16-1/12 u. 4/16-1/14 u. 4/16-1/15 u. 4/16-1/16 u. 4/16-1/17 u. 4/16-1/18. – Vgl. zu den Berliner Volkshochschulen auch das 71. Mag.prot. v. 24.8.1946, TOP 3, u. das 73. Mag.prot. v. 7.9.1946, TOP 5.
58 LAB(STA), Rep. 100, Nr. 774, Bl. 38–41.
59 Vgl. hierzu das 59. Mag.prot. v. 29.5.1946, TOP 8; das Prot. der Konferenz der Bezirksbürgermeister am 13.6.1946, TOP 3 (Winzer), in: LAB, Rep. 280, Nr. 3859. Zur Begründung ist in der Mag.vorlage Nr. 276 v. 11.6.1946 ausgeführt: „Aufgabe und Ziel der Aktion soll sein, möglichst vielen Berliner Schulkindern während der großen Ferien (26. Juli bis 3. September) eine Erholungsfürsorge angedeihen zu lassen. [...] Die Erholungsfürsorge soll ferner den berufstätigen Frauen während der Ferien weitgehendst die Sorge um die Beaufsichtigung und Verpflegung ihrer schulpflichtigen Kinder abnehmen." – Vgl. auch: Erholungsstätten für unsere Kinder, in: Berliner Zeitung, 7.6.1946, [S. 2]; Frohe Ferien für 50 000 Kinder, in: Berliner Zeitung, 16.6.1946, [S. 2]; Ferienfreude für 50 000 Berliner Kinder, in: Tägliche Rundschau, 16.6.1946, S. 6; Frohe Ferien für Fünfzigtausend, in: Neues Deutschland, 16.6.1946, S. 4; Ferienfreude für 50 000 Kinder. Aufruf des Berliner Magistrats zur Ferienhilfsaktion, in: Tägliche Rundschau, 20.6.1946, S. 6; Stadtrat Otto Winzer erklärt: Täglich 50 000 Berliner Kinder ins Freie! Mit zusätzlichen Lebensmitteln, in: Nacht-Express, 28.6.1946, [S. 1]; Nur noch vier Wochen!, in: Tägliche Rundschau, 2.7.1946, S. 6; Wieder Berliner Ferienspiele, in: Vorwärts, 2.7.1946, [S. 3]; Hinaus in die frische Luft!, in: Berliner Zeitung, 3.7.1946, [S. 6]; Die Ferienaktion für Berliner Kinder, in: Neues Deutschland, 3.7.1946, S. 4; Der Sprung ins Ferienparadies, in: Berliner Zeitung, 30.7.1946, [S. 6]; Der erste Ferientag war schön, in: Tägliche Rundschau, 30.7.1946, S. 6; Ferien am Stadtrand, in: sie, Nr. 36 (11.8.1946), S. 3; Bilanz der Ferienfreude 1946, in: Berliner Zeitung, 11.9.1946, [S. 6].

das erste Kind, 15 Rpf. für das zweite Kind jeder Familie zu zahlen sind, während weitere Kinder der gleichen Familie kostenlos an der Aktion teilnehmen sollen; 3. daß die Ernährungsämter verpflichtet werden, die Kinderkarten[60] für den Monat August spätestens bis zum 23./24. Juli auszuhändigen, damit die notwendigen Vorbereitungen getroffen werden können;[61] 4. daß den Lehrern eine Unkostenvergütung von 1.-- RM für den Tag für [die] Betreuung der Kinder gewährt wird und den freiwilligen Helfern 2.-- RM und daß außerdem das Aufsichtspersonal an der Schulspeisung gegen Abgabe der entsprechenden Marken teilnehmen kann.
BESCHLUSS: Die Vorlage Nr. 276 wird zur Kenntnis genommen.[62]

7. ALLGEMEINES
Maron bringt folgende Angelegenheit zur Sprache. Der Magistrat hat das Bestreben, mit dem bestehenden *Einheitsausschuß der vier Parteien* ersprießlich *zusammenzuarbeiten* und alle Fragen grundsätzlicher Natur vorher mit dem Einheitsausschuß zu besprechen und der Meinung des Ausschusses nach Möglichkeit Rechnung zu tragen. Denn solange keine Abgeordnetenwahlen stattgefunden haben, ist der Einheitsausschuß gewissermaßen das Sprachrohr der Bevölkerung. Nun war für den gestrigen Tag eine Sitzung des Einheitsausschusses angesetzt, auf dessen Tagesordnung Fragen des Wiederaufbaues Berlins standen.[63] Es war um das Erscheinen einiger Magistratsvertreter gebeten worden, die zu diesem Thema über verschiedene Punkte Aufklärung geben sollten. Die Abt[eilung] für Bau- und Wohnungswesen hat dazu aber einen Vertreter entsandt, der seiner Aufgabe in keiner Weise gerecht wurde und

---

60 Gemeint sind die Lebensmittelkarten für die Kinderspeisung.
61 Vgl. die Rundverfügung der Mag.abt. für Ernährung v. 4.7.1946, betr. Versorgung von Schulkindern auf Ferienspielplätzen während der Schulferien, in: LAB(STA), Rep. 101, Nr. 586; LAB(STA), Rep. 120, Nr. 1340, Bl. 65, 129, 140 u. 142.
62 Der hier zur Kenntnis genommene Plan für die Durchführung der Aktion „Ferienfreude für die Berliner Kinder" wurde von der AK mit BK/O (46) 296 v. 9.7.1946 genehmigt. Die BK/O ist vorhanden in: LAB(STA), Rep. 101, Nr. 68; LAB, Rep. 280, Nr. 4885. Vgl. zu ihrer Vorgeschichte die Protokolle des Education Committee der AK v. 11.6.1946, TOP 7, u. 17.6.1946, TOP 5, in: LAB, Rep. 37: OMGBS, ECR, 4/16-1/11; BK/R (46) 246 v. 3.7.1946, in: LAB, Rep. 37: OMGBS, BICO LIB, 11/148-2/6; das 31. Prot. der stellv. Stadtkommandanten v. 6.7.1946, TOP 382, in: LAB, Rep. 37, Acc. 3971, Nr. 220. Mit BK/O (46) 311 v. 29.7.1946 ermächtigte die AK den Magistrat, in den Sommerferien zusätzliche Lebensmittel an 40 866 Berliner Schulkinder nach bestimmten angegebenen Normen auszugeben. Die BK/O ist vorhanden in: LAB(STA), Rep. 101, Nr. 69; LAB, Rep. 280, Nr. 12623. Vgl. zu ihrer Vorgeschichte: BK/R (46) 259 v. 20.7.1946; in: LAB, Rep. 37: OMGBS, BICO LIB, 11/148-2/7; das 33. Prot. der stellv. Stadtkommandanten v. 23.7.1946, TOP 396, in: LAB, Rep. 37, Acc. 3971, Nr. 220. Vgl. zum kostenlosen Transport der Kleinkinder und Schulkinder das 66. Mag.prot. v. 20.7.1946, TOP 5, u. das 72. Mag.prot. v. 31.8.1946, TOP 7 (Kraft). Nach einem Bericht über die Aktion „Ferienfreude der Berliner Kinder" v. 1.12.1946 nahmen etwa 45 000 Kinder an dieser Aktion teil, die auf 90 Ferien- und Schulplätzen durchgeführt wurde. Der Bericht ist vorhanden in: LAB(STA), Rep. 120, Nr. 2, Bl. 45 – 50. Vgl. ferner die Pressemitteilungen des Magistrats v. 15.6.1946, 19.6.1946, 3.7.1946 u. 15.7.1946, in: LAB(STA), Rep. 101, Nr. 5295; Materialien in: LAB(STA), Rep. 120, Nr. 2065; Berlin. Kampf um Freiheit, S. 464 u. 490.
63 Vgl. das 16. Prot. des Einheitsausschusses Groß-Berlin v. 14.6.1946, in: BArch, Abt. Potsdam, Z-3, Nr. 4, Bl. 93 – 95.

dem Einheitsausschuß gegenüber ein merkwürdiges Verhalten an den Tag legte.[64] Der Magistrat sei deswegen in eine peinliche Lage gekommen.

Der Redner erklärt, er wolle nicht den Leiter der Abt[eilung] für Bau- und Wohnungswesen deswegen angreifen, möchte aber diesen Fall zum Anlaß nehmen, um die Bitte an alle Abteilungsleiter zu richten, in Zukunft solche Mißgriffe zu vermeiden.

Scharoun erwidert, er habe die Absicht gehabt, selbst zu der Sitzung zu gehen, und er hätte das entsprechende Material dafür auch schon vorbereitet gehabt. Er sei aber durch eine für die gleiche Zeit angesetzte Besprechung bei der englischen Militärregierung verhindert worden. Da auch sein Vertreter Karweik zu derselben Zeit zur russischen Zentralkommandantur bestellt war, habe er Herrn Nölte[65], der an sich mit den Dingen sachlich beschäftigt und vertraut sei, beauftragt und ihm außerdem das vorbereitete Material schriftlich übergeben und noch mündlich erläutert. Er bedaure, daß die Angelegenheit trotzdem diesen Verlauf genommen habe.

Pieck macht die Mitteilung, daß wegen *Besetzung des Postens des Leiters der Abt[eilung] für Gesundheitswesen* von der Alliierten Kommandantur das Verlangen gestellt worden ist, zu dem schon gemachten Vorschlag[66] noch zusätzlich zwei weitere Vorschläge zu unterbreiten.[67] Die auf unsere Veranlassung daraufhin von den Parteien, und zwar von der LDP in diesem Falle, benannten Kandidaten Dr. Dudzus und Dr. Hahn sind nach den eingereichten Fragebogen scheinbar nicht ausreichend. Es sei die Frage, ob man diese *Kandidaturen* von seiten des Magistrats aus weiterreichen könne. Leider sei nur eine ganz kurze Frist für die Einreichung der Vorschläge gestellt.

Der Redner teilt weiter mit, daß für die Leitung der Kunstabteilung von seiten der LDP ein Herr Franz Gensicke[68] vorgeschlagen worden sei[69], der nach dem vorliegenden Lebenslauf bisher mit Kunstfragen überhaupt keine Verbindung gehabt hat. Es sei anheimgegeben worden, eine andere Kandidatur einzureichen.[70]

---

64 Aus dem Prot. (siehe die vorige Anm.) geht ein solches „merkwürdiges Verhalten" nicht hervor.

65 Richtig: (Wilhelm) Noelte; stellvertretender Leiter des Hauptamts für Aufbaudurchführung in der Mag.abt. für Bau- und Wohnungswesen.

66 Der Magistrat hatte Anfang April 1946 beschlossen, der AK die Ernennung von Dr. Dr. Bruno Harms (LDP) zum Leiter der Mag.abt. für Gesundheitsdienst vorzuschlagen. Vgl. das 53. Mag.prot. v. 6.4.1946, TOP 2.

67 Mit BK/O (46) 253 v. 5.6.1946 hatte die AK dem Magistrat befohlen, ihr bis zum 8.6.1946 „einen zusätzlichen Vorschlag für mindestens 3 Kandidaten" für den Posten des Leiters der Mag.abt. für Gesundheitsdienst zu unterbreiten. Die BK/O ist vorhanden in: LAB(STA), Rep. 101, Nr. 66; LAB, Rep. 280, Nr. 12594.

68 Richtig: Franz Gensecke; 1948 1. Vorsitzender der LDP-Arbeitsgemeinschaft, aus der 1949 der Landesverband Berlin [Ost] der LDP wurde.

69 In einem Schriftsatz Ulbrichts über „Vereinbarungen betreffend Berlin" v. 13.3.1946, der sich in seinem Schriftwechsel mit der Sowjetischen Militäradministration befindet und Personalfragen des Magistrats betrifft, heißt es unter anderem: „Der Liberal-Demokratischen Partei wird anheimgestellt, einen Leiter für die Kunstabteilung sowie eventuell auch für die Planabteilung vorzuschlagen." Der Schriftsatz ist vorhanden in: SAPMO-BArch, ZPA, NL 182/1190, Bl. 3. Vgl. zur Leitungsposition der hier von Ulbricht erwähnten Mag.abt. für Planungen das 60. Mag.prot. v. 5.6.1946, TOP 2.

70 Vgl. das 67. Mag.prot. v. 27.7.1946, TOP 2.

Nach kurzer Aussprache wird die Personalabteilung bevollmächtigt, die von den Parteien [?][71] benannten Kandidaten nur unter Vorbehalt an die Alliierte Kommandantur weiterzureichen.[72]

Orlopp macht Mitteilung über einige laufende Angelegenheiten bei der Abt[eilung] für Ernährung und berichtet kurz über den gegenwärtigen Stand der Gemüse- und Obstversorgung[73]. Bei den Alliierten ist offiziell beantragt worden, auch aus dem West[en] Obst und Gemüse heranzuschaffen.

Nächste Sitzung[:] Sonnabend, den 22. Juni, vorm[ittags] 9 Uhr.

---

71 Es handelte sich nur um die LDP.

72 Mit Schreiben v. 15.6.1946 gab Pieck der AK die beiden zusätzlichen Personalvorschläge der LDP für den Posten des Leiters der Mag.abt. für Gesundheitsdienst, Dr. Otto Hahn und Dr. Max Dudzus, bekannt. Ergänzend merkte er an: „Wir gestatten uns, darauf aufmerksam zu machen, daß der Magistrat der Stadt Berlin zu diesen Vorschlägen der Liberal-Demokratischen Partei infolge Zeitmangels keine Stellung nehmen und sich deshalb auch nicht mit ihnen identifizieren konnte." Das Schreiben ist vorhanden in: LAB(STA), Rep. 101, Nr. 66.
Mit BK/O (46) 293 v. 8.7.1946 ordnete die AK die Entlassung Redekers als stellvertretender Leiter der Mag.abt. für Gesundheitsdienst an, der seit dem 15.10.1945 die kommissarische Leitung dieser Mag.abt. innehatte, und genehmigte gleichzeitig die vom Magistrat vorgeschlagene Ernennung von Harms zum Leiter dieser Mag.abt. Die BK/O ist vorhanden in: LAB(STA), Rep. 101, Nr. 68; LAB, Rep. 280, Nr. 12613. Vgl. hierzu das 65. Mag.prot. v. 13.7.1946, TOP 8 (Maron), u. das 67. Mag.prot. v. 27.7.1946, TOP 2.

73 Vgl. zur Gemüse- und Obstversorgung das 60. Mag.prot. v. 5.6.1946, TOP 5 (Orlopp), u. das 64. Mag.prot. v. 5.7.1946, TOP 3 (Orlopp).

Dok. 92
Schreiben von Stadtrat Orlopp an das
Ernährungskomitee der Alliierten Kommandantur
vom 18. Juni 1946, betr. Lebensmittelverlustsätze

LAB(STA), Rep. 101, Nr. 65. – Maschinenschriftliche Durchschrift.[1]

18.6.1946

Der Leiter[2]

An die
Alliierte Kommandantur Berlin
Ernährungs-Komitee

Berlin-Dahlem
– – – – – – –
Kaiserswertherstr. 18

Mo/Au.

Lebensmittelverlustsätze:
Befehl REF BK/O (46) 233 vom 25. Mai 1946[3]

– –

Die Alliierte Kommandantur Berlin hat mit Befehl vom 25. Mai 1946 Lebensmittelverlustsätze mit Wirkung vom 1. Juni 1946 festgesetzt, die die Verluste
an Lebensmitteln decken sollen, mit denen normalerweise nach Freigabe an das
Haupternährungsamt[4] gerechnet werden muß.[5] Diese Verlustsätze liegen weit unter den Sätzen, die handelsüblich sind und auch in der Kriegswirtschaft gewährt
wurden.
Nach unseren praktischen Erfahrungen ist mit den angeordneten Prozentsätzen auch
bei sorgsamster Wirtschaftsführung nicht auszukommen. Wir bitten daher, die in
der beigefügten Liste ersichtlichen Verlustprozente zu bewilligen, die unbedingt
erforderlich sind, um in Zukunft eine richtige Abrechnung zu gewährleisten.

Wir gestatten uns, darauf hinzuweisen, daß es uns leider nicht möglich ist, nach den
angeordneten Verlustsätzen zu wirtschaften. Es würden dann immer wieder Verluste

---

1 Eine von Orlopp unterzeichnete Durchschrift einer anderen maschinenschriftlichen
  Ausfertigung dieses Schreibens ist vorhanden in: LAB, Rep. 10 B, Acc. 1877, Nr. 374.
2 Hier ist der Leiter der Mag.abt. für Ernährung gemeint. Orlopp amtierte allerdings offiziell
  nur als *kommissarischer* Leiter dieser Mag.abt.; vgl. das 59. Mag.prot. v. 29.5.1946,
  TOP 4.
3 Die BK/O (46) 233 v. 25.5.1946 ist vorhanden in: LAB(STA), Rep. 101, Nr. 65; LAB,
  Rep. 280, Nr. 12583.
4 Gemeint ist die Mag.abt. für Ernährung.
5 Die mit der BK/O (46) 233 festgesetzten Lebensmittelverlustsätze sind größtenteils in
  der Anlage zu diesem Schreiben aufgeführt.

eintreten, die uns den Vorwurf einer unkorrekten Wirtschaftsführung nicht ersparen würden.

Die von uns angegebenen, genau berechneten Sätze beziehen sich auf Verluste, die normalerweise nach Freigabe der Lebensmittel an uns auftreten. Verluste oder Ausfälle, die auf höhere Gewalt zurückzuführen sind (außergewöhnliche Beraubung, Vernichtung oder Beschädigung durch Feuer und Wasser in größerem Maßstabe, außergewöhnlicher Verderb, der in der Beschaffenheit der Ware begründet ist, usw.), sind in diesen Sätzen nicht enthalten.

Wir haben das Vertrauen, daß die Alliierte Kommandantur sich unserem Antrage nicht verschließen wird. Wir nehmen dieserhalb Bezug auf die mündlichen Darlegungen des unterzeichneten kommissarischen Leiters der Abteilung für Ernährung.[6]

gez. O r l o p p

2. Stellvertreter des Oberbürgermeisters.

Anlage.

Warenart:	Schwundsätze gemäß Befehl	Handelsübliche Schwundsätze
Mehl		
hiesiges　　　）		3 %
ausländisches　）	0,5 %	4 1/2 %
Nährmittel		
hiesige, lose　　　　）		3 %
hiesige, gepackt　　　）		1,5 %
ausländische, lose　　）	0,5 %	4,5 %
ausländische, gepackt ）		2,25 %
Brot		
Weißbrot　　）		2,5 %
Roggenbrot　）	0,6 %	2 %
Fett		2 %
Öl	0,6 %	2 %
Zucker		
Raffinade　）		3 %
Rohzucker　）	0,5 %	4 %
Marmelade	0,7 %	5 %
Salz	1,5 %	1,5 – 2 %
Kaffee-Ersatz	2 %	2 %

6　Da die AK auf den hier abgedruckten Antrag Orlopps nicht reagierte, wandte sich die Mag.abt. für Ernährung in der Frage der Lebensmittelverlustsätze ein halbes Jahr später erneut an die AK. Vgl. Dok. 123.

Kaffee	–	1,5 %
Tee	0,5 %	0,5 %
Fleisch[7]		10 – 12 %
Fleischwaren		5 %
Frischkartoffeln		
Provinzgewicht)	6 %	12 %
Berliner Gewicht)		10 %
Trockenkartoffeln		
in Originalpackungen)	0,5 %	1 %
gepackte Ware)		3 %

B e m e r k u n g e n
-.-.-.-.-.-.-.-.-.-.-.-.-.-.-

Butter:	bei dem starken Wassergehalt sind 2 % unbedingt erforderlich.
Öl:	ebenfalls 2 % Schwund, da starker Verlust durch Anhaften an den Gefäßwandungen.
Zucker:	bei dem schlechten Sackmaterial[8] größere Transportverluste.
Rohzucker:	angesichts des großen Feuchtigkeitsgehaltes 4 % Schwund erforderlich, zumal auch der feuchte Zucker an den Sackwandungen anhaftet.
Fleisch:	der Anfall an A-Tieren ist so außerordentlich gering, daß hierdurch die Verluste kaum beeinflußt werden. Der handelsübliche Schwundsatz ist durchaus angemessen. Zum Teil sind auch vor der Besetzung bis zu 14 % Schwund gewährt worden.
Frischkartoffeln:	die angegebenen Prozentsätze von 10 bezw. 12 % beziehen sich auf durchlaufende Ware. Bei Einlagerung trat nach einem Gutachten der biologischen Zentralanstalt für Land- und Forstwirtschaft[9] in Dahlem Lagerschwund nach folgender Tabelle ein. Dabei ist

---

7 In der BK/O (46) 233 waren keine Verlustsätze für Fleisch und Fleischwaren angegeben. Die AK hatte bereits mit BK/O (45) 269 v. 15.12.1945 „bei der Behandlung von Fleisch" einen Gesamtverlustsatz von 6 % festgesetzt, davon 0,5 % beim Transport aus dem Lagerhaus oder Kühlraum zu einer Verkaufsstelle und 2 % beim Wiederverkauf. Die BK/O (45) 269 ist vorhanden in: LAB(STA), Rep. 101, Nr. 53; LAB, Rep. 280, Nr. 12401. Vgl. auch zwei Eingaben der Mag.abt. für Ernährung v. 20.10.1945 u. 14.2.1946, betr. Einwieg-, Hau- und Schwundverluste für Fleisch und Fleischwaren, in: LAB(STA), Rep. 101, Nr. 549 u. 53; das 48. Mag.prot. v. 4.3.1946, TOP 8 (Klimpel); das Prot. der Konferenz der Bezirksbürgermeister am 7.3.1946, TOP 3 (Klimpel), in: LAB, Rep. 280, Nr. 3850.

8 Vgl. das 23. Mag.prot. v. 24.9.1945, TOP 6.

9 Die hier gemeinte Biologische Reichsanstalt für Land- und Forstwirtschaft hatte ihren Sitz in der Königin-Luise-Straße 19.

Voraussetzung, daß keine starke Fäulniserscheinung vorhanden ist.[10]

im 1. Monat	4 %
[im] 2. [Monat]	5 %
[im] 3. [Monat]	6 %
[im] 4. [Monat]	8 %
[im] 5. [Monat]	10 %
[im] 6. [Monat]	12 %
[im] 7. [Monat]	15 %.

Berlin, den 8. Juni 1946

gez. M o r a w s k i[11]

---

10 Vgl. zur Kartoffelversorgung: Dok. 72, Anm. 57.
11 Georg Morawski, ständiger Stellvertreter des Generalreferenten Hans Mummert in der Mag.abt. für Ernährung.

Dok. 93
Schreiben von Pfarrer Lokies an den Leiter des Hauptschulamts, Wildangel, vom 18. Juni 1946, betr. Elternbefragung zum evangelischen Religionsunterricht in den Schulen

LAB(STA), Rep. 120, Nr. 655, Bl. 250. – Maschinenschriftliche Originalausfertigung.

Der Evangelische Bischof von Berlin
Kirchliche Erziehungskammer

Berlin-Friedenau, am 18. Juni 1946
Stubenrauchstraße 12
Telefon: 24 78 94   Lo/Dr.

An das

H a u p t s c h u l a m t Berlin
z. Hd. des Herrn Dr. W i l d a n g e l [1],
B e r l i n.

Sehr verehrter Herr Doktor!

Wie ich Ihnen bereits am Schluß unserer letzten Unterredung[2] mitteilte, haben auch wir von der Kirche aus über mancherlei Widerstände gegen die Einführung des Religionsunterrichts, nicht nur aus Anlaß der Elternbefragung, sondern auch schon vorher während des ganzen letzten Arbeitsjahres, zu klagen.[3] Ich möchte nun, ehe Sie am Donnerstag zu den Herren Schulräten sprechen[4], Sie bitten, wenigstens stichprobenweise von einigen bezeichnenden Vorgängen Kenntnis zu nehmen. Ausdrücklich bitte ich Sie darum, diese Fälle nicht weiter zu verfolgen, sondern nur als Material entgegenzunehmen. In jeder unserer größeren Zusammenkünfte hören wir immer wieder von solchen Vorgängen. Ich hoffe aber, daß ein gutes Wort des Hauptschulamts künftig solche Akte der Gegenpropaganda

---

1 Ernst Wildangel besaß *keinen* Doktortitel; vgl. zu seiner Biographie: Dok. 83, Anm. 5.

2 Gemeint ist eine Verhandlung im Hauptschulamt am 15.6.1946. Siehe: Gerhardt Giese: Die Kirche in der Berliner Schule. Ein Arbeitsbericht über den Aufbau des Religionsunterrichts im Auftrage der Kirche seit 1945. Mit drei schulpolitischen Denkschriften von D. Hans Lokies, Berlin [West] 1955, S. 63.

3 Vgl. zu den bisherigen Auseinandersetzungen um den Religionsunterricht das 6. Mag.prot. v. 11.6.1945, TOP 4, u. das 26. Mag.prot. v. 15.10.1945, TOP 3, u. das 43. Mag.prot. v. 26.1.1946, TOP 3, u. das 44. Mag.prot. v. 31.1.1946, TOP 1, u. das 54. Mag.prot. v. 17.4.1946, TOP 4; Dok. 33, 36, 39 u. 68; das Prot. der Sitzung der Schuldezernenten (Schulräte) am 6.6.1946, in: LAB(STA), Rep. 120, Nr. 130, Bl. 63 – 66. In einem Schreiben an OB Werner v. 1.3.1946 hatte sich der Generalsuperintendent Gerhard Jacobi über bezirkliche Verbote an die Schulen beklagt, die Adressen von Schülereltern an die Kirchen herauszugeben: „Der Gedankengang ist der: Die Kirche kann sich an die Eltern wenden; wer aber die Eltern sind, das wird nicht verraten. In der Weise soll der Religionsunterricht systematisch unmöglich gemacht werden." Das Schreiben ist vorhanden in: LAB(STA), Rep. 101, Nr. 240.

4 Gemeint ist die Sitzung der Schuldezernenten (Schulräte) am 20.6.1946; vgl. Anm. 10 zu diesem Dok.

gegen den Religionsunterricht ausräumen wird, und ebendarum richte ich die Bitte an Sie, die beigefügten Unterlagen[5] nicht als Anzeigen zu betrachten, sondern nur als Material zu Ihrer persönlichen Orientierung.

Bemerken möchte ich nur noch, daß uns die Erfassung der Schulanfänger bis zu dem vereinbarten Termin[6] einige Sorge macht. Die Schwierigkeiten, die Anschriften der Eltern lückenlos zu erfassen – ohne Einsichtnahme in die Listen der Schulen –, sind, wie ich Ihnen bereits andeutete, soweit es sich um die evangelische Kirche handelt, außerordentlich groß. Ich komme dabei immer wieder auf den Gedanken, daß es doch eigentlich im Interesse sowohl der Schulen wie vor allem auch der Besatzungsmächte liegen müßte, alle Eltern der eingeschulten Kinder auch wirklich zu befragen. Bis jetzt sehe ich noch keine Garantie dafür, daß dies lückenlos durchgeführt werden kann. Um nur eine Schwierigkeit zu nennen: In den besonders zerstörten Stadtbezirken und Gemeinden, wo aus Gründen des Raummangels mehrere verschiedene Schulen in einem Schulgebäude untergebracht sind und schichtweise Unterricht haben, wissen die meisten Eltern die genaue Bezeichnung der Schule nicht. In solchen Gebieten gehören die Schüler ein und derselben Schule drei bis vier, ja in einzelnen Fällen bis sieben verschiedenen Kirchengemeinden an. Stößt man auf diese rein technischen Schwierigkeiten, die eine Unsumme von Kleinarbeit notwendig machen, dann legt sich der Gedanke einem immer wieder nahe, warum denn eigentlich das schon als eine propagandistische Beteiligung der Schulen für den Religionsunterricht bezeichnet werden müßte, wenn uns, der Kirche, ganz objektiv die Namenlisten der Schüler zum Zwecke der Elternbefragung zur Kenntnisnahme zur Verfügung stehen. Der Sinn des Kommandanturbefehls[7] wird nicht erfüllt, wenn wir aus den genannten formalen Gründen in vielen Fällen einfach nicht in der Lage sind, die Frage an die Eltern überhaupt heranzubringen. Selbstverständlich sollte kein Schulleiter und kein aktiver Lehrer bei der Befragung selbst beteiligt werden; aber niemand von uns kann darin schon eine Beteiligung der Schule an der

---

5 Vgl. Anm. 11 zu diesem Dok.

6 Der Abschlußtermin für die schriftliche Befragung der Eltern über die Teilnahme ihrer Kinder am Religionsunterricht (Verteilen entsprechender Anmeldezettel) war von der Schulverwaltung zunächst auf den 30.6.1946 und dann auf den 15.7.1946 festgesetzt worden, bevor er endgültig auf den 26.7.1946 gelegt wurde. Siehe: Giese, S. 64.

7 Gemeint ist die BK/O (46) 159 v. 4.4.1946 zur Regelung des Religionsunterrichts in den Berliner Schulen. Sie ist vorhanden in: LAB(STA), Rep. 101, Nr. 62, u. LAB, Rep. 280, Nr. 4812; abgedruckt in: Berlin. Quellen und Dokumente, 1. Halbbd., S. 531 f. Ziffer 1 der BK/O bestimmte grundsätzlich: „Religionsunterricht ist in allen Schulen der Stadt Berlin an die Kinder zu erteilen, deren Eltern oder Erziehungsberechtigte den Religionsunterricht verlangen. Das Verlangen hat durch Abgabe einer schriftlichen Erklärung bei den zuständigen Kirchengemeinden zu erfolgen." Ziffer 5 der BK/O sah vor: „Zur ordnungsgemäßen Durchführung dieser Neuregelung sind alle Kinder, die in Berlin am Religionsunterricht teilnehmen sollen, durch die zuständigen Kirchengemeinden bei den betreffenden Schulen anzumelden. Der Anmeldung sind die schriftlichen Willenserklärungen beizufügen, die von den Eltern oder Erziehungsberechtigten bei der Kirchengemeinde eingereicht wurden. Künftig sind diese Willenserklärungen in den von der Schulverwaltung für die Anmeldung zum Schulunterricht festgesetzten Fristen abzugeben. Die Anmeldung gilt für die Dauer des Besuches ein und derselben Schule, sofern nicht eine Abmeldung erfolgt." Vgl. zur Vorgeschichte der BK/O (46) 159 das 43. Mag.prot. v. 26.1.1946, TOP 3, u. das 44. Mag.prot. v. 31.1.1946, TOP 1.

von der Kommandantur angeordneten Elternbefragung sehen, wenn die Kirche die Elternanschriften aus den Schülerverzeichnissen der Schulen entnimmt.

Ich wäre sehr dankbar, wenn Sie sich noch einmal ein Urteil über diese Frage bilden und uns entsprechend Bescheid geben wollten.

Die Schwierigkeiten, von denen ich schreibe, bestehen nicht in allen Stadtbezirken, aber die bisher im Zuge der Elternbefragung gemachten Erfahrungen zeigen jetzt schon, daß es einige Stadtbezirke gibt, in denen wir wahrscheinlich sogar am 15. Juli[8] werden feststellen müssen: Hier hat aus den und den Gründen, so sehr wir uns Mühe gaben, eine Befragung der Eltern nicht vollständig durchgeführt werden können, weil wir von außen her an die und die Schule einfach nicht herankommen konnten.

Ich werde mir gestatten, dem Hauptschulamt rechtzeitig mitzuteilen, wo und warum die Elternbefragung in Ausnahmefällen nicht abgeschlossen werden konnte. Außerdem werden wir ja auch immer mit Nachanmeldungen, die allerdings begründet sein müssen, zu rechnen haben. Allerdings wird es sich dabei immer um Einzelfälle handeln.

Ich habe den Auftrag, Ihnen auch im Namen von Bischof D.[9] Dr. Dibelius den Dank für das uns entgegengebrachte Verständnis auszusprechen.[10]

Mit ergebenstem Gruß

Anlagen.[11]

L o k i e s[12]
[Unterschrift]

---

8 Vgl. Anm. 6 zu diesem Dok.

9 D.: ehrenhalber verliehener Doktortitel der evangelischen Theologie.

10 Vgl. zur Durchführung der schriftlichen Elternbefragung das Prot. einer entsprechenden Verhandlung zwischen Wildangel, Buchholz und Pfarrer Lokies am 19.6.1946, in: LAB(STA), Rep. 120, Nr. 655, Bl. 241 u. 242. Das Ergebnis der Befragung war, daß 86 % der evangelischen Schulkinder in Berlin zum Religionsunterricht in den Schulen angemeldet wurden; siehe: Giese, S. 65. Vgl. zu den Auseinandersetzungen um die Elternbefragung und den Religionsunterricht auch die Protokolle der Sitzungen der Schuldezernenten (Schulräte) am 20.6.1946, 18.7.1946, 22.8.1946 u. 19.9.1946, in: LAB(STA), Rep. 120, Nr. 130, Bl. 72 – 74, 94, 140 u. 141; weitere Materialien in: LAB(STA), Rep. 120, Nr. 655 u. 3235. Auf ihrer ersten Nachkriegstagung vom 6.10. bis 9.10.1946 beschloß die Berlin-Brandenburgische Provinzialsynode Forderungen zur christlichen Erziehung und zum Religionsunterricht. Vgl. hierzu: Berlin. Kampf um Freiheit, S. 547; Berlin. Quellen und Dokumente, 1. Halbbd., S. 540 – 544.

11 Bei diesen Anlagen handelt es sich um Abschriften von Berichten über Zwischenfälle und Auseinandersetzungen beim Verteilen der Anmeldezettel für den evangelischen Religionsunterricht. Sie sind vorhanden in: LAB(STA), Rep. 120, Nr. 655, Bl. 231, 232, 236, 237, 238, 245 u. 246.

12 Pfarrer Hans Lokies, Missionsdirektor und Leiter der Kirchlichen Erziehungskammer beim Evangelischen Bischof von Berlin.

Dok. 94
62. Magistratssitzung vom 22. Juni 1946

LAB(STA), Rep. 100, Nr. 775, Bl. 8 – 14. – Umdruck.[1]

Beginn: 9.15 Uhr   Schluß: 13.25 Uhr

Anwesend: Dr. Werner, Maron, Orlopp, Schwenk, Schulze, Lange, Pieck, Schmidt, Dr. Haas, Dusiska, Winzer, Wildangel, Grüber, Scharoun, Geschke, Hauth, Jirak, Dr. Goll, Starck, Dr. Redeker, Dohmen, Knoll, Frau Kuckhoff, Schwanebeck, Henneberg, Kraft, Fleischmann.

Den Vorsitz führt: Oberbürgermeister Dr. Werner, zeitweise Bürgermeister Maron.

Tagesordnung: 1. Protokoll
2. Personalangelegenheiten
3. Finanzfragen
4. Städtische Betriebe
5. Sozialwesen
6. Verkehr
7. Allgemeines.

1. PROTOKOLL
Das Protokoll der 61. Sitzung vom 15. Juni 1946 wird genehmigt.

2. PERSONALANGELEGENHEITEN
Hierzu liegt die Vorlage Nr. 291[2] vor, betreffend *Vorschläge für den Posten des Leiters der Rechtsabteilung.*

Schmidt erinnert daran, daß der Magistrat aufgefordert wurde, neue Vorschläge für die Einsetzung eines Leiters der Rechtsabteilung zu machen, nachdem der seinerzeitige Vorschlag, Dr. Schaffarczyk einzusetzen, nicht gebilligt worden ist.[3] Die Abt[eilung] für Personalfragen und Verwaltung hat gemäß der Absprache[4] mit den Parteien die CDU um Unterbreitung geeigneter Vorschläge gebeten unter besonderem Hinweis darauf, daß die Alliierte Kommandantur Wert darauf legt, Fachleute auf dem Gebiet des Staats- und Verwaltungsrechts zu erhalten.[5] Die CDU hat zwei Vorschläge

---

1 Weitere Umdruckexemplare dieses Protokolls sind vorhanden in: LAB(STA), Rep. 100, Nr. 752, lfd. S. 272 – 285; LAB, Rep. 228, Mag.protokolle 1946, u. Rep. 280, Nr. 8501/20.
2 LAB(STA), Rep. 100, Nr. 775, Bl. 54; auch in: LAB(STA), Rep. 101, Nr. 578, Bl. 208.
3 Vgl. hierzu das 53. Mag.prot. v. 6.4.1946, TOP 2, u. das 58. Mag.prot. v. 18.5.1946, TOP 8.
4 Vgl. Dok. 62; das 15. Prot. des Einheitsausschusses Groß-Berlin v. 7.6.1946, in: BArch, Abt. Potsdam, Z-3, Nr. 4, Bl. 90.
5 Vgl. das Schreiben von Martin Schmidt an den Landesverband Berlin der CDU v. 25.5.1946, betr. Leiter der Rechtsabteilung beim Magistrat der Stadt Berlin, in: LAB(STA), Rep. 102, Nr. 45.

gemacht:[6] 1. Herrn Dr. Wilhelm Friede, Geschäftsführer des Kaiser-Wilhelm-Instituts für ausländisches öffentliches Recht und Völkerrecht[7]; 2. Herrn Dr. Helmut Brandt, Syndikus beim Bezirksamt Spandau. Beide Persönlichkeiten genügen nach den vorliegenden Angaben den Anforderungen, die gestellt werden. Es wird beantragt, sie der Alliierten Kommandantur als Leiter der Rechtsabteilung vorzuschlagen.

BESCHLUSS: Die Vorlage Nr. 291 wird angenommen: Dr. Friede und Dr. Brandt werden als Kandidaten für den Posten des Leiters der Rechtsabteilung der Alliierten Kommandantur zur Genehmigung vorgeschlagen.[8]

Es folgt die Vorlage Nr. 292[9], betreffend Ernennung von *Frau* Greta *Kuckhoff* zur *stellvertretenden Leiterin der Abt[eilung] für Ernährung.*

Schmidt begründet die Vorlage mit dem Hinweis darauf, daß die Prüfung der Lage bei der Abt[eilung] für Ernährung ergeben hat, daß es notwendig ist, nicht nur eine Verstärkung der Leitung dieser Abteilung herbeizuführen,[10] sondern auch eine Frau in die Leitung zu berufen, da gerade die Fragen der Ernährung für die Berliner Frauen von besonderer Bedeutung sind. Vorgeschlagen wird dafür Frau Kuckhoff, die die entsprechenden fachlichen Voraussetzungen für diesen Posten besitzt. Sie ist Diplom-Volkswirtin und arbeitet seit August 1945 in der Abt[eilung] für Ernährung.[11]

---

6 Auf der Vorstandssitzung der Berliner CDU am 28.5.1946 war die Frage der Benennung von Kandidaten für die Leitung der Rechtsabteilung des Magistrats erörtert worden: „Wirklich hervorragende Menschen, mit denen der Vorsitzende dieserhalb gesprochen hat, hätten ihn nur angelächelt, daß er ihnen zumutete, das Amt im Magistrat anzunehmen." Zit. aus dem Prot. [Auszug] der 10. Vorstandssitzung des Landesverbands Berlin der CDU am 28.5.1946, TOP 4, in: LAB, Rep. 280, Nr. 19201/3. Der Vorsitzende des Landesverbands Berlin der CDU, Kurt Landsberg, hatte dann mit Schreiben v. 11.6.1946 der Mag.abt. für Personalfragen und Verwaltung die Kandidaten Dr. Wilhelm Friede und Dr. Dr. Helmut Brandt vorgeschlagen. Das Schreiben ist vorhanden in: LAB(STA), Rep. 102, Nr. 30, Bl. 90.

7 Vgl. zu den Kaiser-Wilhelm-Instituten: Dok. 77, Anm. 12.

8 Mit Schreiben v. 22.6.1946 unterbreitete der Magistrat der AK die hier angenommenen Personalvorschläge. Das Schreiben ist zusammen mit den Fragebogen für die Militärregierung und den Lebensläufen von Friede und Brandt vorhanden in: LAB(STA), Rep. 101, Nr. 65, u. Rep. 102, Nr. 30, Bl. 80 – 89 u. 91 f. Das Rechtskomitee der AK und die stellvertretenden Stadtkommandanten konnten sich auf keinen der beiden Kandidaten einigen, so daß die stellvertretenden Stadtkommandanten am 10.9.1946 beschlossen, angesichts der kurz bevorstehenden Berliner Wahlen am 20.10.1946 den Posten des Leiters der Rechtsabteilung des Magistrats unbesetzt zu lassen. Vgl. hierzu: BK/R (46) 287 v. 8.8.1946, in: LAB, Rep. 37: OMGBS, BICO LIB, 11/148-2/7; das 36. Prot. der stellv. Stadtkommandanten v. 13.8.1946, TOP 437, in: LAB, Rep. 37: OMGBS, BICO LIB, 11/148-2/1; BK/R (46) 315 v. 4.9.1946, in: LAB, Rep. 37: OMGBS, BICO LIB, 11/148-2/8; das 40. Prot. der stellv. Stadtkommandanten v. 10.9.1946, TOP 486, in: LAB, Rep. 37: OMGBS, BICO LIB, 11/148-2/1.

9 LAB(STA), Rep. 100, Nr. 775, Bl. 34; auch in: LAB(STA), Rep. 102, Nr. 43.

10 Vgl. zur personellen Neubesetzung der Leitung der Mag.abt. für Ernährung das 59. Mag.prot. v. 29.5.1946, TOP 4.

11 Margareta (Greta) Kuckhoff (KPD/SED) leitete seit August 1945 die Betreuungsstelle für die kommissarisch geleiteten Betriebe der Ernährungswirtschaft. Im Februar 1946

Frau Kuckhoff wird den Magistratsmitgliedern vorgestellt und macht einige Angaben über ihren Werdegang und ihre bisherige Tätigkeit.[12]

BESCHLUSS: Die Vorlage Nr. 292 wird angenommen: Frau Kuckhoff wird zum stellvertretenden Leiter der Abt[eilung] für Ernährung ernannt.[13]

Schmidt führt zur Begründung der Vorlage Nr. 290[14], betreffend Erlaß einer *Geschäftsanweisung für die „Städtische Brennstoff-Versorgung"* (SBV), aus: Die SBV ist bis zur Mitte des vorigen Jahres eine Geschäftsabteilung der Gasag gewesen, ist dann als selbständige Dienststelle von der Abt[eilung] für Städtische Betriebe übernommen worden[15] und dann auf Grund eines Magistratsbeschlusses[16] zur Abt[eilung] für Personalfragen und Verwaltung gekommen. Es ist notwendig, ihr eine Geschäftsanweisung zu geben, für die die Zustimmung des Magistrats erbeten wird. In dieser Geschäftsanweisung ist abgegrenzt, was der SBV im normalen Geschäftsverkehr überlassen bleibt und was der Entscheidung des Magistrats bzw. der zuständigen Fachabteilung unterliegt.

Lange hat Bedenken gegen die rechtliche Konstruktion der Gesellschaft. Sie wird einmal als Dienststelle des Magistrats bezeichnet, zum anderen werden eine Reihe von Angelegenheiten aufgeführt, die der Entscheidung des Magistrats unterliegen. Darunter z[um] B[eispiel] die Übernahme von Beteiligungen. Eine solche neue Rechtsform kann leicht zu unklaren Kompetenzen führen.

Schmidt entgegnet, es sei absichtlich nicht die Form des Eigenbetriebes gewählt worden. Die SBV sei kein Betrieb im eigentlichen Sinne des Wortes, sondern eine

---

hatte sie nach dem Willen der KPD das Amt des ersten bzw. dritten stellvertretenden Bürgermeisters im Bezirk Zehlendorf übernehmen sollen. Dies war aber von der amerikanischen Militärregierung abgelehnt worden. Vgl. hierzu: LAB(STA), Rep. 102, Nr. 52, Bl. 59, 61 – 65 u. 69; ferner Dok. 87, Anm. 13.

12 Vgl. zur Biographie von Greta Kuckhoff ihren undatierten Lebenslauf (ca. Juni 1946) in: LAB(STA), Rep. 102, Nr. 43. Vgl. ferner: Gustav Leuteritz: Adam Kuckhoff – sein Werk, sein Kampf, sein Tod. Gespräch mit der Witwe des Dichters, in: Tägliche Rundschau, 11.9.1945, S. 2; Wir besuchen Frau Greta Kuckhoff. Eine Frau wacht über die Ernährung, in: Berliner Zeitung, 17.7.1946, [S. 6]; Auch sie sorgt für unseren Tisch. Ein Besuch bei Frau Greta Kuckhoff im Magistrat, in: Nacht-Express, 19.7.1946, [S. 6]; Eine Frau sorgt für unser täglich Brot. Greta Kuckhoff berichtet aus ihrem Leben, in: Neues Deutschland, 3.10.1946, Berliner Beilage; O. Pfefferkorn: Greta Kuckhoff. Von der „Roten Kapelle" zur „Notenbank der DDR", in: SBZ-Archiv, Jg. 3 (1952), S. 9; Ruth Werner: Greta Kuckhoff, in: Die erste Stunde. Porträts, hrsg. von Fritz Selbmann, Berlin [Ost] 1969, S. 274 – 284.

13 Greta Kuckhoff trat ihr Amt als stellvertretende Leiterin der Mag.abt. für Ernährung unter der Bedingung an, es nur bis zur Neubildung des Magistrats nach den Wahlen v. 20.10.1946 auszuüben. Vgl. hierzu ihr schriftliches Entlassungsgesuch v. 11.12.1946 u. das entsprechende Genehmigungsschreiben Martin Schmidts v. 13.12.1946, in: LAB(STA), Rep. 102, Nr. 43.

14 LAB(STA), Rep. 100, Nr. 775, Bl. 28 – 30 u. 31 – 33.

15 Die „Städtische Brennstoff-Versorgung" war Ende Juli 1945 (damals als „Brennstoffverteilung") durch einen Mag.beschluß nicht der Mag.abt. für Städtische Betriebe, sondern dem Heiz- und Maschinenamt der Mag.abt. für Bau- und Wohnungswesen angegliedert worden; vgl. das 14. Mag.prot. v. 30.7.1945, TOP 7. Vgl. hierzu ferner das 27. Mag.prot. v. 22.10.1945, TOP 3, u. das 33. Mag.prot. v. 3.12.1945, TOP 7; Materialien in: LAB(STA), Rep. 106, Nr. 148.

16 Vgl. das 39. Mag.prot. v. 30.12.1945, TOP 3.

Versorgungsstelle, die die Aufgabe hat, die städtischen Stellen mit Brennstoff zu versorgen. Es ist auch davon abgesehen worden, der SBV die Rechtsform einer G.m.b.H. zu geben. Man wollte ihr die Form einer städtischen Dienststelle geben, aber mit kaufmännischer Buchführung, um die Gewähr zu haben, daß sie nach kaufmännischen Gesichtspunkten arbeitet.

Maron würde an sich nichts gegen eine neue Rechtsform haben, man könne ruhig mit althergebrachten Gewohnheiten brechen, nur müsse darauf gesehen werden, daß diese neue Konstruktion nicht dazu führt, daß der Geschäftsführer sich etwa als einen Generaldirektor betrachtet, entsprechende Gehaltsforderungen stellt usw.

Dr. Haas schlägt vor, die SBV nicht als eine Dienststelle des Magistrats, sondern als eine Einrichtung des Magistrats zu bezeichnen. Damit komme gleichzeitig zum Ausdruck, daß es sich hier um etwas Neues handelt.

BESCHLUSS: Die Vorlage Nr. 290 wird mit der Änderung angenommen, daß in der Geschäftsanweisung in § 1 Abs. 1 anstelle von „Dienststelle des Magistrats" gesetzt wird: „Einrichtung des Magistrats".[17]

3. FINANZFRAGEN

Dr. Haas gibt den gewünschten *Bericht über die Haushaltsaufstellung*.[18] Nach einem kurzen historischen Rückblick über die Entstehung der Haushaltspläne im vorigen Jahr[19] führt er aus: Wir hatten für die Aufstellung des Haushaltsplanes für das neue Etatsjahr nur wenig Zeit.[20] Es war nicht möglich, von den Bezirken wie von der Hauptverwaltung überall genaue Angaben zu bekommen. Es mußte im großen Stil improvisiert werden. Dadurch traten hier und da Unebenheiten auf.

Ordnungsgemäß hätte der Gang so sein müssen: Jeder Bezirk stellt fest, welche Bedürfnisse er hat und was er an Geld braucht. Diese Einzelpläne gehen hier an die Hauptverwaltung. Diese setzt sich mit den Bezirken auseinander. Dann kommt das Ganze an die Kämmerei, die versuchen muß, die Einnahmen und Ausgaben ins Gleichgewicht zu bringen. Dabei war es diesmal notwendig, rücksichtslos zu streichen, und da die Zeit drängte, mußte in die Zuständigkeiten der einzelnen Bezirke wie auch der Hauptverwaltung vielfach eingegriffen werden.

Bezüglich der *Personalausgaben*, so führt der Redner weiter aus, haben wir uns nach Vereinbarung mit der Personalabteilung auf den Standpunkt gestellt, daß wir von den Zahlen für März 1946 auszugehen hätten. Alles, was darüber war, wurde gestrichen. Es wurde den einzelnen Bezirken überlassen, sich dagegen zu wehren und ihren Standpunkt durchzusetzen. Wir waren uns darüber einig,

---

17 Der hier gefaßte Mag.beschluß ist mit dem Ausfertigungsdatum v. 25.6.1946 vorhanden in: LAB(STA), Rep. 100, Nr. 775, Bl. 21 – 23. Seine Genehmigung durch die AK war laut dem Beschlußtext nicht erforderlich.

18 Vgl. zur Haushaltsaufstellung für die Bezirke das 61. Mag.prot. v. 15.6.1946, TOP 3; die Protokolle der Konferenzen der Bezirksbürgermeister am 13.6.1946, TOP 2, u. am 8.8.1946, TOP 3, in: LAB, Rep. 280, Nr. 3859 u. 3864.

19 Vgl. das 9. Mag.prot. v. 2.7.1945, TOP 3, u. das 19. Mag.prot. v. 3.9.1945, TOP 3, u. das 24. Mag.prot. v. 1.10.1945, TOP 10, u. das 29. Mag.prot. v. 5.11.1945, TOP 2, u. das 32. Mag.prot. v. 30.11.1945 u. das 33. Mag.prot. v. 3.12.1945, TOP 3.

20 Vgl. das 55. Mag.prot. v. 29.4.1946, TOP 3 (Haas).

daß die Unterbezirksverwaltungen[21] abzubauen sind, um allmählich die Verwaltung organisatorisch wieder auf den Stand zu bringen, auf dem sie vor 1933 war.

Nun sind in der letzten Magistratssitzung *Durchschnittszahlen* vorgetragen worden, indem man die Einzelausgaben für Schulen usw. umgerechnet hat auf die Bevölkerungszahl. In dieser Methode liegen große Fehler. Ich habe demgegenüber, so fährt der Kämmerer fort, erklärt: Wie die Schulen[22] verteilt werden, wie die Lehrer verteilt werden, wie die Lernmittel verteilt werden usw., können nicht wir bestimmen, sondern das ist Aufgabe der Schulverwaltung. Eine möglichst gleiche Verteilung auf alle Bezirke läßt sich nicht von heute auf morgen durchführen. Schulgebäude, Krankenanstalten, Theater usw., die in einem Bezirk stehen, kann man nicht ohne weiteres in einen anderen Bezirk bringen. Das heutige Berlin ist aus einer Anzahl von früher selbständigen Gemeinden und Städten entstanden, wobei jede Stadt einen ganz bestimmten Charakter gehabt hat. Seit 1920 wird versucht, diese Verschiedenheiten etwas auszugleichen und eine gleichmäßige Streuung der verschiedenen Einrichtungen, vor allem der Sozial- und Bildungseinrichtungen, auf ganz Berlin zu erreichen. Nach 1933 trat auf diesem Gebiet ein Stillstand ein.

Das Verfahren, die Ausgaben in den Bezirken einfach auf die Bevölkerung umzulegen, ergibt ein völlig schiefes Bild. Wenn ich z[um] B[eispiel] bei der Schulverwaltung einen Durchschnittssatz haben will, muß ich neben der Zahl der Schulen die Klassenfrequenz, die Zahl der Lehrer pro Klasse und andere Umstände berücksichtigen. Bei der bisherigen Prüfung, die noch nicht ganz durchgeführt werden konnte, ist schon festgestellt worden, daß die Zahlen, die hier vorgelegt worden sind, in vielen Punkten nicht stimmen und daß somit dieser Vergleich zu keinem Ergebnis führen kann.

Der Redner hat sich von den Haushaltsdezernenten der einzelnen Fachabteilungen[23] Berichte geben lassen und geht an Hand dieser Berichte einzelne Verwaltungen durch.

Bei der *Allgemeinen Verwaltung* war es bisher nicht möglich, zu Durchschnitts- oder Richtzahlen zu kommen. Nur auf dem Gebiet der Arbeitsämter konnte eine Schlüsselzahl gefunden werden. Auf etwa 600 Registrierte soll danach ein Angestellter kommen. Beim Durchrechnen der einzelnen Ausgaben für die Bezirke sind unter Zugrundelegung dieser Norm schon Einsparungen von 226 Kräften erreicht worden.

Beim *Schulwesen*[24] sind auch einige bestimmte Schlüsselzahlen gewonnen worden. Im Magistrat selbst wurde schon die Klassenfrequenz mit folgenden Zahlen

---

21 Nach § 7 des Bezirksverfassungsstatuts v. 26.9.1945 konnten in den Verwaltungsbezirken Ortsamtsbezirke mit Ortsamtsstellen als Unterbezirksverwaltungen errichtet werden. Vgl. hierzu das 14. Mag.prot. v. 30.7.1945, TOP 6; das Prot. der Konferenz der Bezirksbürgermeister am 1.8.1945, TOP 1 u. 2, in: LAB, Rep. 280, Nr. 3834; VOBl., Jg. 1 (1945), S. 104; Berlin. Quellen und Dokumente, 1. Halbbd., S. 1077; ferner das Schreiben von Haas an die Finanzverwaltung des Bezirksamts Berlin-Mitte v. 8.6.1946, betr. Abwicklung der Unterbezirksverwaltungen (Straßenobleute), in: LAB(STA), Rep. 101, Nr. 644, Bl. 118.

22 Im Originalprotokoll heißt es hier fälschlicherweise: Schulden. Dieser Fehler wurde am Schluß des 63. Mag.prot. v. 29.6.1946 berichtigt.

23 Im Originalprotokoll heißt es hier fälschlicherweise: Bezirke. Dieser Fehler wurde am Schluß des 63. Mag.prot. v. 29.6.1946 berichtigt.

24 Vgl. zur Haushaltsaufstellung für das Schulwesen das 56. Mag.prot. v. 4.5.1946, TOP 4.

angegeben: bei höheren Schulen 30, bei Mittelschulen 35, bei Volksschulen 40. Es bestehen sodann auf Grund der Erfahrungen ganz bestimmte Sätze für Unterrichtsmittel, für Lehrbücher, für den Werkunterricht, für Fachzeitschriften usw. Je nachdem, ob es sich um eine höhere Schule, um eine Volksschule, um eine Berufsschule, eine Fachschule handelt, hat man bestimmte Sätze errechnet, die nun zugrunde gelegt werden. Diese Sätze stammen aus der Erfahrung und werden nach den vorhandenen Schulen umgelegt. Man kann nicht einfach sagen: [„]Diese höheren Schulen streiche ich[."] Sondern es ist Aufgabe der Schulverwaltung, zu sagen: [„]In Zehlendorf oder Wilmersdorf brauchen wir die und die höheren Schulen nicht, wir werden sie zumachen und in das Gebäude eine Volksschule hineinlegen.["] Das kann aber die Kämmerei von sich aus nicht machen.

Für [die] Unterhaltung der Gebäude sind auf Grund der Erfahrungen ebenfalls genaue Sätze errechnet, und zwar für Heizung, Reinigung usw.

Es ist nicht möglich, die Schulausgaben einfach auf die Bevölkerungszahl umzulegen, sondern die Schulausgaben kann man nur auf die Schülerzahl umlegen.

Noch schwieriger ist es beim *Sport*; denn es gibt Bezirke, die überhaupt keine Sportanlagen haben, während andere ausgedehnte Anlagen gerade für den Sport haben. Wenn man die Ausgaben hierfür schematisch auf die Bevölkerung umlegt, kommt man zu einem völlig schiefen Bild.

Auch bei den Volkshochschulen z[um] B[eispiel] sind in den Ausgaben und Einnahmen bei den einzelnen Bezirken ganz große Unterschiede, was teilweise davon abhängt, ob ein tüchtiger und reger Leiter da ist oder nicht, ob gute Räume da sind oder nicht.

Beim *Sozialwesen* ist dasselbe zu sagen: Man kann nicht von der Bevölkerungszahl ausgehen, sondern nur von den vorhandenen Einrichtungen und von der Zahl der Hauptunterstützten. Die Innenbezirke z[um] B[eispiel] haben gewisse Einrichtungen nicht. Wenn man sie vergleicht mit anderen Bezirken, ergeben sich ganz eigenartige Zahlen. Die Bezirke Tiergarten, Zehlendorf und Treptow fallen dabei völlig aus dem Rahmen. Im Bezirk Tiergarten befinden sich 4 der größten Flüchtlingslager, für die 2,3 Millionen bereitgestellt sind.[25] Legt man diesen Betrag um auf die Bevölkerung, so kommt für den Bezirk Tiergarten eine unheimliche Zahl heraus.

Beim *Gesundheitswesen* sind die Unterschiede auch nicht so leicht aus der Welt zu schaffen. Die Krankenhäuser liegen fest und können nicht von einem Bezirk in den anderen transportiert werden. Eine Umrechnung der Ausgaben auf die Einwohnerzahl ist hier gänzlich falsch. Hier muß man umrechnen auf die Bettenzahl und dann festlegen: Bei einem Krankenhaus von soundso viel Betten dürfen die und die Ausgaben gemacht werden. Hier spielt wieder eine Rolle, ob es sich um ein Seuchenkrankenhaus oder ein sonstiges Krankenhaus handelt. Dementsprechend sind die Einrichtungen wieder verschieden, was sich auch wieder auf die Gesamtausgaben auswirkt. Die Bezirke Steglitz, Tempelhof hatten früher überhaupt keine Krankenhäuser. Es ist Sache der Gesundheitsverwaltung, da den Ausgleich vorzunehmen. Die Kämmerei kann weder die Betten noch die Krankenhäuser verschieben.

---

25 Vgl.: 20 000 Flüchtlinge betreut. Riesenlager in Tiergarten kochen täglich 10 000 Portionen, in: Das Volk, 2.4.1946, [S. 3]; Durchgangsstation Berlin-Kruppstraße, in: Telegraf, 3.5.1946, S. 8.

Beim *Bau- und Wohnungswesen* sind die Wohnungsämter ziemlich verschieden besetzt, und wir hatten eine Durchschnittszahl genommen, wobei wir davon ausgingen, auf 2 000 Einwohner einen Angestellten im Wohnungsamt anzusetzen. Wir haben leider feststellen müssen, daß in Zehlendorf die Zahl erheblich höher ist, und wir sind dabei, hier noch abzustreichen. Aber nun wird wieder erklärt: [„]Dieses Personal wird gebraucht, da in Zehlendorf die ganze amerikanische Besatzung ist.["]

Bei der *Wirtschaft*, die ein völlig neues Gebiet im Berliner Haushalt ist, liegt es so, daß sie zum Teil ihre Ausgaben mit eigenen[26] Einnahmen deckt. Bei den Ämtern für Wirtschaft besteht organisatorisch ein erheblicher Unterschied in Berlin. Die Bezugscheinstellen für Holz, Kohlen usw. sind in manchen Bezirken zusammengelegt mit den Kartenstellen[27], in anderen Bezirken nicht. Es ist versucht worden, hier eine Einheitlichkeit zu erreichen, bisher ist es aber noch nicht ganz gelungen. Wir hoffen da auf die Unterstützung der Hauptverwaltung, denn die Bezirksbürgermeister wehren sich stark dagegen. Die Unterschiede sind hier ziemlich erheblich.

Auf dem Gebiet der Verwaltungskosten für die *Ernährung* sind wir allmählich ebenfalls zu einigen Schlüsselzahlen gekommen, z[um] B[eispiel] bezüglich der Prüfer in dem Amt für Verbrauchsregelung. Wir sind da auf 2 bis 3 Prüfer für je 10 Kartenstellen gekommen und auf 15 Prüfer für 1 000 Kleinhandelsgeschäfte. Bei den Kartenstellen sind wir für die Bezirke ohne Hausobmänner[28] auf 10 Stammkräfte (ohne Aushilfen) gekommen, für die Bezirke mit Hausobmännern auf 7 bis 8 Stammkräfte. Bei den Abrechnungsstellen für den Markenrücklauf[29] sind wir auf eine Kraft für 25 bis 20 Kleinverkäufer gekommen. So werden allmählich Erfahrungen gesammelt, um zu Durchschnittssätzen zu kommen.

Der Redner äußert sich noch zu den *Schulbauten* und führt aus: Da haben wir verlangt – es handelt sich in der Hauptsache um die Instandsetzung der Schulbauten[30] –, daß die Kostenüberschläge eingereicht werden, damit wir ungefähr wissen, was nun an Mitteln notwendig ist. Leider haben manche Bezirke überhaupt nichts eingereicht. Schöneberg hatte bis jetzt überhaupt noch keine einmaligen Mittel für Schulhauszwecke angemeldet. Erst gestern sind 6 Kostenanschläge auf einmal eingegangen, die nun erst geprüft werden müssen. Seit der Haushaltssitzung des

---

26 Im Originalprotokoll heißt es hier fälschlicherweise: einigen. Dieser Fehler wurde am Schluß des 63. Mag.prot. v. 29.6.1946 berichtigt.

27 Gemeint sind die Stellen für Lebensmittelkarten. Vgl. hierzu die gedruckte Rundverfügung der Mag.abt. für Ernährung v. 28.11.1945, betr. Organisation und Geschäftsführung in den Kartenstellen, in: LAB(STA), Rep. 106, Nr. 424, Bl. 12 f.; Ly Einhorn: Debatten um die richtige Karte. Ein Besuch auf einer Kartenstelle, in: Berliner Zeitung, 7.5.1946, [S. 2]; „Wir haben eine falsche Karte bekommen!" Hochbetrieb auf der Kartenstelle, in: Tägliche Rundschau, 11.5.1946, S. 6.

28 Die Einrichtung der Hausobmänner bzw. Hausobleute, zu deren wichtigsten Aufgaben die Ausgabe der Lebensmittelkarten an die Bevölkerung gehörte, war im amerikanischen Sektor am 21.8.1945 und im britischen Sektor am 12.10.1945 verboten worden. Ab 1.8.1946 waren die Hausobleute auch im französischen Sektor abgeschafft. Vgl. hierzu Dok. 22 u. das 20. Mag.prot. v. 10.9.1945, TOP 4 (insb. Anm. 20).

29 Gemeint ist der Rücklauf der Lebensmittelmarken von den Lebensmittelgeschäften.

30 Vgl. hierzu das 51. Mag.prot. v. 25.3.1946, TOP 3, u. das 59. Mag.prot. v. 29.5.1946, TOP 3 u. 7, u. das 61. Mag.prot. v. 15.6.1946, TOP 6.

Magistrats[31] sind 38 Bauvorhaben für Schulbauten genehmigt worden. Es sind jetzt täglich Mittelbewilligungen für Schulinstandsetzungen zu unterschreiben. Bei der Alliierten Kommandantur ist erreicht worden, daß kein Bau, für den Baustoffe und Arbeitskräfte zur Verfügung stehen, eingestellt zu werden braucht, daß jedes Bauvorhaben weitergeführt werden kann, gleichgültig ob eine Genehmigung schon vorliegt oder nicht.[32] Nur müssen wir es sofort gemeldet bekommen.

Der Redner macht weiter noch einige allgemeine Mitteilungen über die *Finanzen.* Der Kredit beim Stadtkontor ist abgedeckt. Die Steuereinnahmen sind verhältnismäßig gut.[33] Im Mai sind an Reichs- und Gemeindesteuern zusammen über 120 Millionen eingegangen, im April war es noch etwas mehr. Wenn es bei diesen Einnahmen bleibt, wird sich das Defizit vielleicht auf 150 Millionen ermäßigen.

Die Tabaksteuer[34] wird voraussichtlich auch noch mehr Einnahmen bringen.

Auf der anderen Seite treten jetzt Schwierigkeiten mit den anderen Ländern auf, die eine Beteiligung an den Einnahmen aus *Betrieben* verlangen, die ihren Sitz in Berlin haben, teilweise aber draußen *in dem Bereich der Länder* Niederlassungen haben. Siemens z[um] B[eispiel] hat Anlagen in ganz Deutschland, und das Land Bayern verlangt für die dortigen Anlagen einen Anteil an der Vermögen- und Körperschaftsteuer, die der Konzern hier in Berlin zahlt. In Sachsen wird es schon so gemacht; die Betriebe, die in Sachsen liegen, müssen dort ihre Steuern zahlen, obwohl der Geschäftssitz in Berlin ist. Beim Kontrollrat ist angeregt worden, die frühere Regelung, wie sie in der Reichsabgabenordnung vorgesehen ist, wieder einzuführen.[35]

Maron erkennt an, daß auf Grund der Besonderheiten und Strukturverschiedenheiten gewisse Unterschiede in den einzelnen Bezirken berücksichtigt werden müssen. Trotzdem sei er der Meinung, daß die *Abt[eilung] für Finanzen* bei der Feststellung des Etats etwas *zu schematisch* vorgegangen sei. Wenn man z[um] B[eispiel] höre, daß im Bezirk Prenzlauer Berg der Schularzt bei einer Zahl von 40 000 Kindern gestrichen worden ist, weil er formell im Etat nicht an der richtigen Stelle gestanden hatte, dann ist das höchster Bürokratismus. Oder wenn von der Abt[eilung] Handel und Handwerk ein Stellenplan vorgeschlagen wird für unbedingt notwendige Arbeiten, der aber noch nicht voll besetzt werden konnte, weil die entsprechenden Leute noch nicht gefunden waren, und dann von der Kämmerei die noch nicht besetzten Stellen einfach gestrichen werden, dann ist das ebenfalls ein Schematismus, der

---

31 Vgl. das 56. Mag.prot. v. 4.5.1946, TOP 4.

32 Vgl. zu den einmaligen Ausgaben von 150 Millionen RM für Bau- und Instandsetzungsarbeiten das 61. Mag.prot. v. 15.6.1946, TOP 3 (Haas), u. das 73. Mag.prot. v. 7.9.1946, TOP 3 (Haas u. Maron).

33 Vgl. zur Entwicklung der Steuereingänge: Dok. 72, Anm. 5.

34 Vgl. Anm. 47 zu diesem Mag.prot.

35 Vgl. ein entsprechendes Schreiben von Haas an die AK v. 23.5./24.6.1946, in: LAB(STA), Rep. 101, Nr. 636. – Die Reichsabgabenordnung v. 13.12.1919 stellte das zusammenfassende Grundgesetz des allgemeinen deutschen Steuerrechts dar. Sie wurde am 22.5.1931 neugefaßt und mehrfach geändert. Siehe: RGBl., Jg. 1919, S. 1993–2100, u. Jg. 1931, Teil I, S. 161–222. Nach § 72 der Reichsabgabenordnung in der Fassung v. 22.5.1931 war für die Besteuerung inländischer gewerblicher Betriebe das Finanzamt zuständig, in dessen Bezirk sich „die Betriebsleitung (der Mittelpunkt der geschäftlichen Oberleitung)" befand. Eine entsprechende Regelung ist vom Alliierten Kontrollrat nicht getroffen worden.

nicht gebilligt werden kann. Ähnlich liegt es bei der Abt[eilung] für Wirtschaft, und ähnlich liegt es auf vielen anderen Gebieten, wie aus Berichten von den Bezirken hervorgeht.

Auf den Hauptpunkt der Angriffe gegen die Festlegung des Etats, der sowohl in der Bezirksbürgermeister-Konferenz wie auch in früheren Magistratssitzungen eine Rolle spielte,[36] ist von Dr. Haas nicht eingegangen worden. Er hat Gebiete angeführt, auf denen man nicht nivellieren kann. Die angegebenen Ziffern aus dem Gebiet des Gesundheitswesens, des Sports usw. sind selbstverständlich einleuchtend. Aber die Kritik richtete sich hauptsächlich dagegen, daß bei den Abänderungen im Zuge der Streichungen nicht versucht worden ist, einen *Ausgleich bei den Schulen* zwischen den westlichen und östlichen Bezirken vorzunehmen. Es ist doch unbestritten, daß in dem Bezirk Prenzlauer Berg auf den Kopf der Bevölkerung für Schulzwecke 17 RM Ausgaben entfallen, dagegen in Zehlendorf 41 RM. Ähnlich liegt es auf dem Gebiet der Finanzverwaltung. Auch hier sind die Unterschiede nicht zu begreifen, die so hoch liegen, daß in einem Bezirk pro Kopf der Bevölkerung das Dreifache von dem ausgegeben wird, was in einem anderen Bezirk aufgewandt wird. Auch auf dem Gebiet der Allgemeinen Verwaltung sind solche krassen Unterschiede zu verzeichnen. Man muß hier nach bestimmten Richtsätzen gehen. Aus einzelnen Bezirken sind bereits *Protestresolutionen* eingegangen, so aus dem Bezirk Prenzlauer Berg von einer Versammlung, in der 1500 Personen anwesend waren, die eine Etatsrevision nach der Richtung gefordert haben, daß für die östlichen Bezirke die gleichen Mittel eingesetzt werden wie für die westlichen.[37] Der Magistrat muß mit diesen Stimmungen in der Bevölkerung rechnen.

Dr. Redeker glaubt, daß die Änderung in der etatsrechtlichen Technik[38] noch nicht in allen Bezirken durchgedrungen ist, so daß manche Posten in den Bezirken gar nicht miteinander vergleichbar sind. Es wird mit Recht verlangt, daß gewisse Richtsätze erarbeitet werden, wonach auf soundso viel Einwohner soundso viel Fürsorgerinnen, auf soundso viel Kinder soundso viel Schulärzte kommen usw. Aber ein gewisser Spielraum muß darüber hinaus gelassen werden, sonst erstickt man jede persönliche Initiative.

Der Redner bespricht sodann die Frage der *Verteilung der Krankenhäuser* auf die westlichen und östlichen Bezirke. Seit dem vorigen Jahre ist durch ganz bewußte Einflußnahme von der Zentrale aus erreicht worden, daß in bezug auf [die] Bettenzahl pro Kopf der Bevölkerung eine gewisse *Parität in den Bezirken* herrscht. Wenn dies in den Feststellungen des Kämmerers nicht so zum Ausdruck gekommen ist, so liegt das daran, daß dabei nur die städtischen Krankenhäuser berücksichtigt worden sind, während es darüber hinaus noch eine Reihe von karitativen und Rotkreuz-Krankenhäusern gibt.

Finanztechnisch ist die merkwürdige Tatsache zu verzeichnen, daß etwa 10[000] bis 12000 Betten zuviel gemeldet sind. Das wird seinen Grund darin haben, daß die Gehaltseinstufung der Krankenhausinspektoren sich nach der Bettenzahl

---

36 Vgl. das Prot. der Konferenz der Bezirksbürgermeister am 13.6.1946, TOP 2, in: LAB, Rep. 280, Nr. 3859; das 56. Mag.prot. v. 4.5.1946, TOP 4, u. das 61. Mag.prot. v. 15.6.1946, TOP 3.

37 Die Protestresolution aus dem Bezirk Prenzlauer Berg konnte nicht ermittelt werden.

38 Vgl. das 37. Mag.prot. v. 17.12.1945, TOP 3 (Siebert); das Prot. der Konferenz der Bezirksbürgermeister am 11.1.1946, TOP 2 (Siebert), in: LAB, Rep. 280, Nr. 3844.

richtet, und da liegt es nahe, daß mehr Betten gemeldet werden, als tatsächlich vorhanden sind. Bei der gleichmäßigen Verteilung der Krankenhäuser auf die Bezirke ist noch der Punkt zu berücksichtigen, daß die früheren Provinzialanstalten: die Siechenhäuser und sogenannten Hospitäler, die früher zentral verwaltet wurden und auch im Zentraletat standen, dann aber den Bezirken überwiesen wurden, für ganz Berlin zur Verfügung stehen. Dasselbe gilt z[um] B[eispiel] auch für das große Rudolf-Virchow-Krankenhaus mit seiner Riesenbettenzahl.[39] Eine *Verschiedenheit* bei den einzelnen Bezirken liegt *in den Ausgaben* vor, was wohl mit den vorhandenen Einrichtungen und mit der Initiative der einzelnen Persönlichkeiten, die auf diesem Gebiet verantwortlich tätig sind, zusammenhängt. Das Ziel muß dahin gehen, diese Verschiedenheiten zu beseitigen.

Winzer wiederholt zunächst seine schon früher geäußerte Ansicht, daß bei den *Ausgaben für die Schulen* eine Rechnung auf den Kopf der Bevölkerung kein richtiges Bild gibt, sondern daß man die Summen auf die Zahl der Kinder umlegen muß.[40] Dann bleibt immer noch eine durch nichts zu rechtfertigende *Ungleichheit zwischen den einzelnen Bezirken.* Wenn es im Westen Bezirke gibt, in denen 35 % von der Gesamtzahl der Schüler auf die höheren Schulen entfallen und in denen der einzelne höhere Schüler die Stadt Berlin 750 RM kostet, während es Bezirke im Osten gibt, in denen nur 3 bis 5 % der Gesamtzahl der Schüler die höhere Schule besuchen und in denen für einen Volksschüler 145 RM ausgegeben werden, so ist es sozial gerechtfertigt, wenn man in den westlichen Bezirken durch Streichungen erzwingt, daß die höheren Schulen auf das notwendige und vertretbare Maß zurückgeführt werden. Das aber ist nicht geschehen, sondern man hat die vom Magistrat beschlossene Kürzung der Etatssumme für das Schulwesen um 2 Millionen so vorgenommen, daß man einfach in jedem Bezirk 100 000 RM gestrichen hat, obwohl eine solche *schematische Streichung* im Widerspruch mit den ausdrücklich geäußerten Wünschen des Magistrats stand.

Die Prüfungen an den höheren Schulen im Westen haben, wie Herr Wildangel berichtet, gerade in den letzten Tagen gezeigt, daß manche Abiturienten höherer Schulen ein erschreckend niedriges Niveau an Kenntnissen aufweisen. Unter solchen Umständen ist es nicht zu verantworten, daß die Stadt Berlin *für jeden höheren Schüler 750 RM* ausgibt. Hier muß eine Durchkämmung vorgenommen werden, und es müssen zum mindesten einige der höheren Schulen im Westen zusammengelegt werden. Dadurch werden Räume und Lehrer frei. Dies läßt sich am besten durch finanzielle Maßnahmen erzwingen, und hier ist zweifellos von der Kämmerei nicht richtig gehandelt worden. Die Mitarbeiter in der Kämmerei gehen da mitunter etwas selbstherrlich vor, weil sie glauben, eine lange Erfahrung zu haben, in Wirklichkeit aber die Dinge nicht richtig sehen.

Das hat sich auch jetzt wieder bei der Finanzierung der Volkshochschulen gezeigt.[41] Es wird ganz übersehen, daß heute der Jugend, die durch 6 Jahre Krieg und Hitler-Jugend in ihrem Bildungsniveau stark zurückgeblieben ist, die Möglichkeit

---

39 Das städtische Rudolf-Virchow-Krankenhaus befand sich am Augustenburger Platz im Bezirk Wedding.
40 Vgl. das 56. Mag.prot. v. 4.5.1946, TOP 4.
41 Vgl. zu den Berliner Volkshochschulen das 61. Mag.prot. v. 15.6.1946, TOP 6, u. das 71. Mag.prot. v. 24.8.1946, TOP 3, u. das 73. Mag.prot. v. 7.9.1946, TOP 5; Berlin. Kampf um Freiheit, S. 117, 157 u. 480.

gegeben werden muß, ihre Lücken auf den Volkshochschulen auszufüllen. Dafür sind selbstverständlich auch gewisse Mittel erforderlich. Es ist falsch, hier die These aufzustellen: Volkshochschulen müssen sich selber tragen. Der Dezernent in der Finanzabteilung aber will dies nicht einsehen.

Wildangel gibt zu, daß die Zusammenlegung von Schulen nicht Sache der Kämmerei ist, daß aber der Hauptschulverwaltung diese Arbeit sehr erschwert wird, wenn die *Abstriche am Schuletat schematisch* ganz gleichmäßig auf die Bezirke verteilt werden. Ein westlicher Bezirk verträgt die Streichung von 100 000 RM leicht, während ein östlicher in solcher Lage nicht mehr weiß, wie er arbeiten soll. Der Bezirk Prenzlauer Berg z[um] B[eispiel] hat 45 Volksschulen und 7 höhere und Mittelschulen, Zehlendorf dagegen hat 9 Volksschulen und 9 höhere und Mittelschulen; Prenzlauer Berg [hat] 23 900 Schulkinder, von denen 1 878 auf höheren Schulen sind, Zehlendorf dagegen hat 8 300 Schulkinder, von denen 3 000 die höhere Schule besuchen. Das ist ein ganz krasses Mißverhältnis.

In Charlottenburg, wo auch die Zahl der höheren Schulen und der höheren Schüler unverhältnismäßig hoch ist, wurde kürzlich in einer Elternversammlung über Sparmaßnahmen gesprochen. Dabei haben sich die Eltern der höheren Schüler auf das lebhafteste dagegen gewehrt, die Zahl der höheren Schulen herabzusetzen. Bei einer Abiturientenprüfung hat der Redner festgestellt, daß von 300 Abiturienten mit einer Ausnahme alle den Wunsch geäußert haben, zur Universität zu gehen. Unter den heutigen Verhältnissen bedeutet das die Entstehung eines akademischen Proletariats, das zu einer großen Gefahr werden kann. Es müssen unbedingt vorbeugende Maßnahmen dagegen ergriffen werden. Eine solche wäre z[um] B[eispiel] die, daß die Vorschrift, wonach zweimalige Repetenten[42] die Schule verlassen müssen, dahin abgeändert wird, daß schon ein einmaliger Repetent die Schule verlassen muß.

Solche Maßnahmen, ebenso wie die *Zusammenlegung von Schulen*, lassen sich aber nur durchführen, wenn ein entsprechender finanzieller Zwang dazu gegeben ist. Darum muß die Finanzverwaltung die Schulverwaltung nach dieser Richtung unterstützen und den Bezirken, in denen diese Maßnahmen notwendig sind, mehr Mittel entziehen als den anderen Bezirken.

Der Redner behandelt weiter die Frage der *Instandsetzung der Schulen* und führt eine Reihe von Beispielen an, wo die Arbeiten völlig brachliegen. Irgendwie scheine hier die Sache nicht in Ordnung zu gehen. Es sei dringend notwendig, wenigstens die Bewilligung und Durchführung der wichtigsten Bauvorhaben zu beschleunigen.

Dusiska möchte grundsätzlich festgelegt wissen, daß der Kämmerer von sich aus nicht berechtigt ist, Abstriche an einzelnen Positionen entgegen den Wünschen der zuständigen Abteilungsleiter vorzunehmen. Wenn auf Magistratsbeschluß zur Ausbalancierung des Etats Streichungen vorgenommen werden müssen, beispielsweise zwei Millionen beim Schuletat, dann hat der Leiter der Abteilung zu bestimmen, wo im einzelnen diese Streichungen erfolgen sollen, aber nicht die Kämmerei. Der einzelne Stadtrat kann sich in seiner Arbeit, die er zu verantworten hat, nicht nach Direktiven richten, die ihm ein Sachbearbeiter in der Kämmerei gibt. Die einzelnen *Sachbearbeiter in der Kämmerei* sind nur gewissermaßen Hilfsbremser der Fachabteilung, aber die Entscheidung darüber, in welcher Form die Gelder

---

42 Schüler, die eine Schulklasse noch einmal durchlaufen müssen („Sitzenbleiber").

verteilt werden, kann nur der Leiter der Fachabteilung selbst treffen. Dieser ist allerdings verpflichtet, dem Stadtkämmerer die nötigen Vorschläge zu machen, und der Stadtkämmerer ist verpflichtet, als Sprecher der einzelnen Abteilungen bei den Alliierten aufzutreten.

Dr. Haas nimmt in seiner Erwiderung zunächst Bezug auf die Ausführungen von Herrn Wildangel, die gezeigt hätten, wie schwierig diese Dinge sind. Als seinerzeit die Streichung von 2 Millionen beim Schulwesen beschlossen wurde,[43] mußte die Durchführung der Verteilung dieser Summe im einzelnen innerhalb einer Stunde vorgenommen werden. Es wurde deshalb zunächst rein schematisch mit dem Bemerken aufgeteilt, diese *Aufteilung später*, wenn sich die Hauptschulverwaltung mit den Bezirken zur Ausgleichung zusammengesetzt hat, noch einmal *zu ändern*. Auf diese andere Verteilung von seiten der Schulverwaltung wartet die Kämmerei noch. Die Angaben müßten aber bald erfolgen. Die Kämmerei ist froh, wenn sie die Verantwortung für diese Dinge abgeben kann. Es ist durchaus nicht so, daß die Kämmerei über die Höhe der Positionen im einzelnen bestimmen will. Sie muß nur rechtzeitig die Wünsche erfahren, damit sie sie bei der Kommandantur vertreten kann.

Scharoun äußert die Bitte an den Kämmerer, die Dezernenten der Kämmerei möchten sich mit der Fachabteilung auch wirklich in Verbindung setzen, wenn sie darum gebeten werden, damit nicht, wie es vorgekommen ist, in einer Position des Haushalts plötzlich eine ganz andere Summe steht, was in den Aufbau und die Organisation der Abteilung stark eingreift.

Maron stellt zusammenfassend fest, daß der Magistrat durchaus die Schwierigkeiten, die sich in der heutigen Situation bei der Etatsaufstellung ergeben, würdigt, daß aber trotzdem der Eindruck besteht, daß von einigen Sachbearbeitern in der Kämmerei den Wünschen des Magistrats nicht Rechnung getragen wird, und daß es notwendig ist, diese Herren noch einmal auf ihre Pflicht hinzuweisen, daß sie sich insbesondere vor wichtigen Maßnahmen mit den entsprechenden Fachabteilungen ins Benehmen setzen müssen.

Bei der Frage der *Bauvorhaben* scheinen die Schwierigkeiten nicht mehr so sehr bei der Finanzierung als vielmehr bei der Beschaffung der Baumaterialien zu liegen. Es wird deshalb zweckmäßig sein, in einer der nächsten Sitzungen über diese Frage ausführlich zu sprechen.

BESCHLUSS: Der Bericht von Dr. Haas über die Haushaltsaufstellung wird zur Kenntnis genommen.[44]

Es wird beschlossen, auf die Tagesordnung der nächsten Sitzung die Frage der Beschaffung der Baumaterialien zu setzen und dazu Berichte der Abt[eilung] für Bau- und Wohnungswesen und der Abt[eilung] für Wirtschaft entgegenzunehmen.[45]

Es folgt die Vorlage Nr. 293[46], betreffend Bestimmungen über die *Preise*, die Herstellung und den Absatz *von Tabakwaren* in Berlin.

---

43 Vgl. das 56. Mag.prot. v. 4.5.1946, TOP 4.
44 Vgl. zur Problematik der Ausgabenverteilung auf die Bezirke auch das 73. Mag.prot. v. 7.9.1946, TOP 3 (Haas), u. das 79. Mag.prot. v. 12.10.1946, TOP 4.
45 Vgl. das 63. Mag.prot. v. 29.6.1946, TOP 4.
46 LAB(STA), Rep. 100, Nr. 775, Bl. 35 – 38.

Dr. Haas begründet die Vorlage. Die neuen Preise, die auf Grund der neuen Tabaksteuer[47] festgesetzt werden mußten, sind denen angeglichen, die bereits für die sowjetische Zone von der Zentralverwaltung[48] bestimmt worden sind.[49] Offen ist noch die Frage, ob von dieser erhöhten Tabaksteuer noch einmal die Umsatzsteuer zu zahlen ist.[50] Die steuerlichen Durchführungsbestimmungen sind im übrigen bereits von der Kommandantur genehmigt worden.[51]

Dusiska bemerkt auf Anfrage, daß die Preisfestsetzungen für Zigaretten und Zigarren nicht rein steuerliche Festsetzungen sind, sondern zugleich auf Grund der Preise der neuen Rohstoffe, die aus dem Ausland importiert werden, errechnet sind.

BESCHLUSS: Die Vorlage Nr. 293 wird angenommen.[52]

4. STÄDTISCHE BETRIEBE

Hierzu liegt die Vorlage Nr. 287[53], betreffend Veränderungen im *Beirat der Berliner*

---

47 Mit seinem Gesetz Nr. 26 v. 10.5.1946 hatte der Alliierte Kontrollrat eine Neuregelung der Tabaksteuer angeordnet. Das Gesetz wurde veröffentlicht in: Amtsblatt des Kontrollrats in Deutschland, Nr. 7 (31.5.1946), S. 146–148; VOBl., Jg. 2 (1946), S. 160 f.; Der Alliierte Kontrollrat, S. 86–88. Mit BK/O (46) 216 v. 13.5.1946 befahl die AK dem Magistrat, dieses Gesetz zu veröffentlichen und den in Frage kommenden Behörden bekanntzugeben. Die BK/O ist vorhanden in: LAB(STA), Rep. 101, Nr. 65; LAB, Rep. 280, Nr. 12577. Vgl. auch die Anordnung der Mag.abt. für Handel und Handwerk v. 18.5.1946, betr. Verkauf von Tabakwaren, in: VOBl., Jg. 2 (1946), S. 172.

48 Gemeint ist die Deutsche Verwaltung für Handel und Versorgung in der sowjetischen Besatzungszone.

49 Die im Gesetz Nr. 26 festgesetzten Steuersätze führten zu einer sehr starken Erhöhung der Verbraucherpreise für Tabakwaren. In der Begründung der Mag.vorlage Nr. 293 v. 19.6.1946 heißt es hierzu: „In Zukunft wird die bisher mit 4 Pfg. das Stück (ohne Kriegszuschlag) abgegebene Zigarette 16 Pfg. das Stück, die bisher mit 5 und 6 Pfg. abgegebene Zigarette 19 Pfg. das Stück und die bisher mit mehr als 6 Pfg. (ohne Kriegszuschlag) abgegebene Zigarette 45 Pfg. das Stück kosten."

50 Vgl. hierzu: VOBl., Jg. 2 (1946), S. 391.

51 Vgl. den entsprechenden Antrag von Haas v. 24.5.1946, in: LAB(STA), Rep. 101, Nr. 65; das 23. Prot. des Finanzkomitees der AK v. 11.6.1946, TOP 4, in: LAB, Rep. 37: OMGBS, FIN Br, 4/91-2/6; den entsprechenden undatierten Befehl FIN/I (46) 63 des Finanzkomitees der AK, in: LAB, Rep. 37: OMGBS, FIN Br, 4/91-2/12.

52 Die hiermit beschlossenen Bestimmungen über die Preise, die Herstellung und den Absatz von Tabakwaren in Berlin wurden veröffentlicht in: VOBl., Jg. 2 (1946), S. 227–229. Vgl. auch: Das Rauchen wird sehr teuer, in: Der Sozialdemokrat, 26.6.1946, S. 3. Mit Schreiben v. 26.8.1946 bat Haas die AK, zur „Vermeidung wirtschaftlicher Schwierigkeiten" beim Alliierten Kontrollrat eine Senkung der durch das Gesetz Nr. 26 festgesetzten Tabaksteuersätze anzuregen. Das Schreiben ist vorhanden in: LAB(STA), Rep. 101, Nr. 65. Der Kontrollrat nahm mit seinem Gesetz Nr. 41 v. 30.11.1946 eine Ermäßigung dieser Steuersätze vor. Das Gesetz Nr. 41 zur Änderung des Gesetzes Nr. 26 wurde veröffentlicht in: Amtsblatt des Kontrollrats in Deutschland, Nr. 12 (30.11.1946), S. 229 f.; VOBl., Jg. 2 (1946), S. 462. Neue Bestimmungen über Preise, Herstellung und Absatz von Tabakwaren in Berlin erließ der zweite Nachkriegsmagistrat mit Datum v. 10.10.1947. Sie wurden veröffentlicht in: VOBl., Jg. 3 (1947), S. 237 f. – Vgl. zum Umtausch der Tabakernte der Kleinpflanzer das 75. Mag.prot. v. 14.9.1946, TOP 5.

53 LAB(STA), Rep. 100, Nr. 775, Bl. 24 u. 25; auch in: LAB(STA), Rep. 101, Nr. 664. Vgl. hierzu das 61. Mag.prot. v. 15.6.1946, TOP 4.

Gaswerke, vor.[54]

BESCHLUSS: Die Vorlage wird nach kurzer Empfehlung durch Stadtrat Jirak angenommen.[55]

Es folgt die Vorlage Nr. 288[56], betreffend Veränderungen in den *Beiräten der "Berliner Ausstellungen" und der Behala*.[57]

Nach kurzen Bemerkungen von Dusiska, Maron und Pieck wird vorgeschlagen, bei den Beiräten für die Behala unter Ziffer I und II einzusetzen:[58]

  I. Zweiter stellvertretender Oberbürgermeister,
      Bürgermeister Orlopp,
  II. die stellvertretende Leiterin der Abt[eilung] Ernährung,
      Frau Kuckhoff.

BESCHLUSS: Die Vorlage Nr. 288 wird mit dieser Änderung angenommen.[59]

5. SOZIALWESEN

Hierzu liegt die Vorlage Nr. 285[60], betreffend Übernahme des *Lehrlingsheims* Berlin-Niederschönhausen, Kaiserin-Augusta-Str. 4, in die Hauptverwaltung, und die Vorlage Nr. 286[61], betreffend Errichtung eines städtischen *Wohnheims für gefährdete junge Mädchen* in Berlin-Grunewald, Königsallee 7, vor.

---

54 Nach der Mag.vorlage Nr. 287 v. 12.6.1946 sollte Haas anstelle von Siebert in den Beirat der Berliner Gaswerke (Gasag) eintreten. Siebert war als Leiter der Finanzabteilung am 31.3.1946 aus dem Magistrat ausgeschieden; vgl. das 50. Mag.prot. v. 16.3.1946, TOP 2. Außerdem sollte Fritz Kamin (KPD/SED) als Vertreter des FDGB zusätzlich in diesen Beirat eintreten.

55 In der übernächsten Mag.sitzung wurde Haas zum stellvertretenden Vorsitzenden des Beirats der Berliner Gaswerke ernannt; vgl. das 64. Mag.prot. v. 5.7.1946, TOP 2 (Mag.vorlage Nr. 305).

56 LAB(STA), Rep. 100, Nr. 775, Bl. 26 u. 27; auch in: LAB(STA), Rep. 101, Nr. 664. Vgl. zur Vorgeschichte der Mag.vorlage Nr. 288 v. 14.6.1946: LAB(STA), Rep. 115, Nr. 63, Bl. 133, u. Nr. 64, Bl. 35.

57 Nach der Mag.vorlage Nr. 288 sollte Haas anstelle von Siebert in die Beiräte der "Berliner Ausstellungen" und der Berliner Hafen- und Lagerhaus-Betriebe (Behala) als stellvertretender Vorsitzender eintreten; vgl. Anm. 54 zu diesem Mag.prot. Vgl. zum Beirat des städtischen Eigenbetriebs "Berliner Ausstellungen" das 46. Mag.prot. v. 16.2.1946, TOP 10, u. das 48. Mag.prot. v. 4.3.1946, TOP 7, u. das 63. Mag.prot. v. 29.6.1946, TOP 6, u. das 67. Mag.prot. v. 27.7.1946, TOP 3. Vgl. zum Beirat der Behala die Mag.vorlage v. 7.6.1945, betr. Kenntnisnahme der Bestätigung des Geschäftsleiters der Behala, Schlegel, durch Stadtrat Jirak und die Ernennung eines neuen Beirats der Behala, in: LAB(STA), Rep. 115, Nr. 104; das 6. Mag.prot. v. 11.6.1945, TOP 6, u. das 26. Mag.prot. v. 15.10.1945, TOP 9; zur Kritik an der Behala das 82. Mag.prot. v. 2.11.1946, TOP 5.

58 In der Mag.vorlage Nr. 288 war beim Beirat der Behala unter Ziffer I und II aufgeführt: "I. Zweiter stellv[ertretender] Oberbürgermeister, Bürgermeister Orlopp, in seiner Eigenschaft als Leiter der Abteilung für Ernährung, II. der Leiter der Abteilung Handel und Handwerk oder dessen Vertreter".

59 Der hier gefaßte Mag.beschluß ist als undatierter Entwurf vorhanden in: LAB(STA), Rep. 115, Nr. 64, Bl. 57 f. Vgl. auch das 64. Mag.prot. v. 5.7.1946, TOP 2 (Mag.vorlage Nr. 305).

60 LAB(STA), Rep. 100, Nr. 775, Bl. 15 f.

61 LAB(STA), Rep. 100, Nr. 775, Bl. 17 f. u. 19 f.

Dr. Haas begründet die beiden Vorlagen, die schon einmal auf der Tagesordnung des Magistrats standen und zurückgestellt wurden, um die finanzielle Seite noch einmal zu klären.[62] Das ist inzwischen geschehen. Es bestehen keine Bedenken.
BESCHLUSS: Die Vorlagen Nr. 285 und 286 werden angenommen.

6. VERKEHR

Hierzu liegt die Vorlage Nr. 289[63] vor, betreffend Errichtung der „*Berliner Kraftwagen-Gesellschaft* mit beschränkter Haftung".[64]

Knoll begründet die Vorlage. Die amerikanische Militärregierung will für den amerikanischen Sektor in Berlin eine größere Anzahl von Lastkraftwagen zur Verfügung stellen, die aber erst instand gesetzt werden müssen. Für diese Instandsetzung und für die Weitergabe der Fahrzeuge an die Wirtschaft soll eine Gesellschaft gegründet werden ähnlich der Bavaria Truck Company und der Hessia T.C. Die einzelnen Fahrzeuge werden verliehen oder vermietet, verbleiben aber im Eigentum der US-Militärregierung. Während der Leihzeit erfolgt die Reparatur der Fahrzeuge in dem Werk der Gesellschaft. Auch Ersatzteile können nur von der Gesellschaft geliefert werden.

Die Abt[eilung] für Verkehr hat sich wegen der Durchführung dieser Angelegenheit mit der B.T.C. in München und der H.T.C. in Kassel in Verbindung gesetzt. Es ist beabsichtigt, sich dem hessischen Verfahren anzuschließen und zu versuchen, die Fahrzeuge durch Einbau von Dieselmotoren[65] für die deutschen Wirtschaftszwecke brauchbar zu machen. Es war schwer, in Berlin eine geeignete Werkstätte für diese Arbeiten zu finden. Das einzige Werk, das noch greifbar war, ist das ehemalige Henschel-Werk[66]. Dieses soll neben der Stadt Berlin als Gesellschafter der neuen Firma fungieren.

Hauth bittet zu erwägen, ob es nicht möglich sei, die Fahrzeuge in den eigenen Fuhrpark der Stadt Berlin zu übernehmen, anstatt sie nur leihweise zu empfangen. Außerdem wäre es erwünscht, die Transportabteilung[67] der Abt[eilung] für Handel und Handwerk bei der Sache einzuschalten.

Knoll erwidert, Verhandlungen wegen Übernahme der Fahrzeuge in das Eigentum der Stadt hätten leider nicht zum Ziele geführt. Die Wagen sollen amerikanisches Eigentum bleiben. Wer einen Wagen von der Gesellschaft entleiht, hat eine Kaution zu zahlen und monatlich 200 RM Miete. Davon gelten 155 RM als Amortisationsbeitrag, 35 RM bekommen die Amerikaner als Verwaltungsanteil, und 10 RM erhält die Kraftwagen-Gesellschaft als Verwaltungsanteil.

---

62 Vgl. zur Übernahme des Lehrlingsheims im Ortsteil Niederschönhausen das 45. Mag.prot. v. 2.2.1946, TOP 8, u. das 59. Mag.prot. v. 29.5.1946, TOP 6; zur Errichtung des städtischen Wohnheims für „gefährdete junge Mädchen" im Ortsteil Grunewald das 54. Mag.prot. v. 17.4.1946, TOP 6.

63 Die Mag.vorlage Nr. 289 v. 18.6.1946 ist vorhanden in: LAB(STA), Rep. 101, Nr. 647.

64 Vgl. das 50. Mag.prot. v. 16.3.1946, TOP 9.

65 Im Originalprotokoll heißt es hier fälschlicherweise: Generatoren. Dieser Fehler wurde am Schluß des 63. Mag.prot. v. 29.6.1946 berichtigt.

66 Vgl. zu diesem Werk, das sich im Bezirk Tempelhof, Großbeerenstraße 54–58, befand, die entsprechenden Materialien in: LAB, Rep. 37: OMGBS, Econ Br/Trans Sec, 4/83-2/13.

67 Vgl. hierzu: Das erste Jahr, S. 101.

Dusiska: Ist dazu eine besondere Gesellschaft nötig? Kann das nicht die Abt[eilung] für Verkehr mit übernehmen?

Knoll: Dann müssen wir uns mit dem umständlichen Verrechnungsverfahren abgeben. Es ist einfacher, eine Gesellschaft zu gründen, als die Sache in eigene Regie zu nehmen.

Dusiska: Dann müßte wenigstens in dem Vertrag stehen, daß das Unternehmen nach den Weisungen der Abt[eilung] Verkehr des Magistrats der Stadt Berlin zu arbeiten hat.

Pieck beanstandet, daß in dem Gesellschaftsvertrag in § 7 der Name des Geschäftsführers der Gesellschaft aufgeführt ist. Dasselbe gilt für den letzten Satz der Begründung. Außerdem sei es üblich, bei Vorlegung eines Gesellschaftsvertrages auch gleich eine Vorlage darüber einzureichen, wer in den Aufsichtsrat gewählt werden soll.

BESCHLUSS: Die Vorlage Nr. 289 wird mit folgenden Änderungen angenommen:[68]

    a) In § 7 wird der Name des Geschäftsführers gestrichen, so daß der erste Satz lautet: „Die Gesellschaft hat einen Geschäftsführer, der durch Beschluß des Aufsichtsrats bestellt und abberufen wird."

    b) In der Begründung wird der letzte Satz gestrichen.

7. ALLGEMEINES

Orlopp macht einige Mitteilungen über Fragen auf dem Ernährungsgebiet.[69] Es ist beabsichtigt, in Anbetracht der erschwerten Lage auf dem Lebensmittelmarkt in nächster Zeit ein *Mischbrot* auf den Markt zu bringen, das zu 66 % aus Weizenmehl und zu 34 % aus anderen Mehlen verschiedenster Art bestehen wird. Eine schwierige Frage war die Regelung des Preises für dieses Brot, da der größere Weizenanteil eine erhebliche Verteuerung mit sich bringt. Durch Verhandlungen mit den Getreidelieferanten sowie mit den Bäckern und Brotfabrikanten ist erreicht worden, daß diese bereit sind, auf einen Teil ihrer Gewinne zu verzichten, damit das Brot zu dem alten Preise verkauft werden kann. Es handelt sich nur um eine Übergangszeit.

Der Redner behandelt sodann an Hand von statistischen Unterlagen die Frage einer etwaigen anderen Gruppeneinteilung der Lebensmittelkarten. Aus der Aufstellung, die den Magistratsmitgliedern vorliegt,[70] ist ersichtlich, wie weit die einzelnen Gruppen in den täglichen Mengen der Nahrungsmittel und in den täglichen Kalorien auseinandergehen. Zum Vergleich ist rechnungsmäßig festgestellt, wieviel auf eine *Einheitskarte*[71] entfallen würde. Den Kalorien nach würde eine Einheitskarte

---

68 Der hier gefaßte Mag.beschluß ist mit dem Ausfertigungsdatum v. 25.6.1946 vorhanden in: LAB(STA), Rep. 102, Nr. 42. Vgl. zur Benennung von Aufsichtsratsmitgliedern und zur Frage einer Änderung der Firmenbezeichnung der Berliner Kraftwagen-GmbH das 65. Mag.prot. v. 13.7.1946, TOP 7.

69 Vgl. zur Ernährungslage im Juni 1946: Dok. 87, Anm. 41.

70 Diese Aufstellung konnte nicht ermittelt werden.

71 Vgl. zur Frage der Einführung einer Einheitslebensmittelkarte bzw. allgemein zum Stufensystem der Lebensmittelkarten das 18. Mag.prot. v. 27.8.1945, TOP 5, u. das 27. Mag.prot. v. 22.10.1945, TOP 6 (Klimpel); Um die Kartenstufen. Ist die Einheitskarte

ohne Berücksichtigung von Schwer- und Schwerstarbeiter-Zulagen 1780 Kalorien enthalten, während die Gruppe V 1607 Kalorien, die Gruppe III 1685 und die Gruppe II 2070 Kalorien bedeutet.

Der Redner setzt auseinander, daß bei den vielen Einsprüchen gegen die jetzige Art der Eingruppierung und bei den Wünschen nach einer Einheitskarte vor allem eins nicht übersehen werden darf: daß nur ein bestimmtes Gesamtquantum zur Verfügung steht und daß man das, was man an einer Stelle zulegt, an der anderen Stelle wegnehmen muß. Wollte man eine Einheitskarte einführen, so müßte man unbedingt zum mindesten auch Schwer- und Schwerstarbeiter-Zulagen geben. Nimmt man nur einmal Zulagen für 100 000 Schwerarbeiter nach Gruppe I, dann sinkt die Einheitskarte unter die Rationen der Gruppe III.[72]

Wollte man nur die Gruppen III und V zusammenlegen, so würde das Ergebnis sein, daß diejenigen, die nicht arbeiten, dasselbe bekommen wie diejenigen, die heute nach Gruppe III in Arbeit stehen, und das sind 80 % aller Angestellten. Die Folge würde sein, daß diese nicht mehr den Trieb haben würden, zur Arbeit zu gehen. Darum ist auch eine solche Lösung nicht möglich. Alle Überlegungen über eine gerechtere Verteilung haben bisher zu keinem Ergebnis geführt. Um aber überhaupt zu neuen Verhandlungen auf diesem Gebiet zu kommen, bittet der Redner den Magistrat, dem folgenden Vorschlag zuzustimmen.

> Der Magistrat bittet die Alliierte Kommandantur, dem Magistrat, Abt[eilung] Haupternährungsamt[73], zu gestatten und zu ermöglichen, die notwendigen Lebensmittel auszugeben, um im Interesse des Wiederaufbaues der Stadt Berlin und mit Rücksicht auf den geschwächten Gesundheitszustand der Bevölkerung alle Schwerstarbeiter in die Gruppe I der Lebensmittelkarten einzugruppieren.

BESCHLUSS: Der Vorschlag wird einstimmig angenommen.[74]

---

wirklich wünschenswert?, in: Neue Zeit, 22.6.1946, S. 3; Das „Einstufungs-Sieb", in: Telegraf, 10.7.1946, S. 4; Kurt Nemitz: Einheits-Lebensmittelkarte?, in: Telegraf, 28.7.1946, S. 4; Gerechte Verteilung, in: Telegraf, 31.7.1946, S. 4; Gerechte Verteilung!, in: Telegraf, 30.8.1946, S. 4.

72 Am Vortag hatte Orlopp in einer Sitzung des Landesvorstands Groß-Berlin der SED geäußert: „Unser Wahlkampf hängt von der Beeinflussung der Bevölkerung ab, wir müssen für die Ernährung, wetterfeste Wohnungen, Kleidung und Schuhwerk sorgen. [...] Es liegen eine Unmenge Anträge auf die Einführung der Einheitskarte vor. Aber auch hierbei würde sich eine Schwer- und Schwerstarbeiter-Zusatzkarte notwendig machen. Wenn wir in Berlin die Einheitskarte einführen wollten, dann kämen wir mit der Ration so tief, daß diese von der Bevölkerung glatt abgelehnt würde." Auf Antrag Orlopps beschloß der Landesvorstand der SED, „den Antrag zu stellen, daß alle Geistesarbeiter von [Gruppe] I in die Gruppe II kommen und dafür die Schwerarbeiter, die bis zum Mai 1946 die Gruppe I erhielten, wieder die letztere erhalten". Vgl. das entsprechende Prot. der Landesvorstandssitzung der SED am 21.6.1946, S. 8 f., in: SAPMO-BArch, BPA, IV L-2/1/007, Bl. 8 f.

73 Gemeint ist die Mag.abt. für Ernährung.

74 Mit BK/O (46) 148 v. 30.3.1946 hatte die AK eine allgemeine Neuklassifizierung der Lebensmittelkarten für die Berliner Bevölkerung ab 1.5.1946 angeordnet. Diese BK/O wurde mit Wirkung v. 1.10.1946 durch die BK/O (46) 377 v. 24.9.1946 ersetzt, die eine grundlegende neue Direktive zur Klassifizierung der Lebensmittelkarten brachte. Vgl. hierzu Dok. 79, Anm. 55. Vgl. zur Frage der Einstufung in die Lebensmittelkartengruppen

Dusiska führt Beschwerde über die langsame *Arbeit des Organisationsamtes*[75]. Nach einer neuerlichen Anordnung[76] bedarf die Bewilligung neuer Planstellen der vorherigen Überprüfung durch das Organisationsamt. Das ist an sich zu begrüßen, aber es darf nicht dazu führen, daß dieses Amt ein Weisungsrecht über die Fachabteilungen bekommt, indem es über die Notwendigkeit der Einstellung eines Angestellten entscheidet. Über diese prinzipielle Frage müsse einmal besonders gesprochen werden. Nach den bisherigen Erfahrungen dauert die Prüfung beim Organisationsamt viel zu lange. Für die Abt[eilung] für Wirtschaft hat sich die Notwendigkeit ergeben, für die Ausführung einer dringenden statistischen Arbeit auf Grund des Befehls Nr. 67[77] 15 Kräfte einzustellen. Die Bewilligung dieser Kräfte durch das Organisationsamt würde nach eigener Angabe der dortigen Herren 6 Wochen beanspruchen. Bis dahin aber müsse der Befehl längst ausgeführt sein. Der Redner bittet daher den Magistrat, von sich aus die Zustimmung zur Einstellung dieser 15 Angestellten zu erteilen.

Pieck stellt fest, daß das Organisationsamt mit seiner bisherigen Tätigkeit schon große Erfolge aufzuweisen hat. Jede Nachprüfung einer Anforderung erfordert selbstverständlich eine gewisse Zeit. Aber eilige Befehle von seiten der Alliierten, für deren Ausführung neues Personal benötigt wird, kündigen sich gewöhnlich schon eine Zeitlang vorher an, so daß die betreffende Abteilung die Möglichkeit hat, rechtzeitig entsprechende Anträge zu stellen. Das Organisationsamt ist in seiner Tätigkeit noch neu und arbeitet selbst mit wenig Personal. Es wird aber immer Verständnis zeigen, wenn es sich darum handelt, in kürzester Zeit Personal einzustellen. Der Redner bittet sich notfalls an ihn oder an Herrn Schmidt zu wenden.

Hauth hat die gleichen Beschwerden wie die Abt[eilung] Wirtschaft auch für die Abt[eilung] Handel und Handwerk. Es sei ein unmöglicher Zustand, daß einige Wochen vergehen, ehe eilige Anforderungen bewilligt werden.

Schmidt erklärt die Verzögerung in den Arbeiten des Organisationsamtes mit einer vorübergehenden Überlastung durch eine mißverstandene Anordnung[78] der Kämmerei über die Streichung von Personal, das über den Stand des alten Rechnungsjahres hinausgeht. Den Wünschen der Herren Dusiska und Hauth könne in der Weise entsprochen werden, daß erklärt wird: Für die Durchführung des Befehls könnt ihr die Leute einstellen, nur müssen die Mittel dafür bereitstehen.

Schulze klagt über gleiche Schwierigkeiten durch das Organisationsamt bei der *Kunstabteilung*. Von der Kämmerei wurde zugestanden, daß diese Abteilung mit

---

auch das 31. Mag.prot. v. 26.11.1945, TOP 6, u. das 65. Mag.prot. v. 13.7.1946, TOP 8 (Orlopp); das Prot. der Konferenz der Bezirksbürgermeister am 5.9.1946, TOP 2 (Orlopp), in: LAB, Rep. 280, Nr. 3866.

75 Dieses Amt gehörte zur Mag.abt. für Personalfragen und Verwaltung.

76 Die hier gemeinte Rundverfügung der Mag.abt. für Personalfragen und Verwaltung v. 5.6.1946, betr. Bewilligung neuer Planstellen für Angestellte und neuer Personalmittel für Arbeiter im Haushaltsjahr 1946, ist vorhanden in: LAB(STA), Rep. 102, Nr. 62.

77 Der hier gemeinte Befehl Nr. 67 des Obersten Chefs der Sowjetischen Militäradministration v. 6.3.1946, betr. die Verbrauchsordnung für Waren und Materialien aus den Beständen der sowjetischen Besatzungszone Deutschlands, ist mit drei Anlagen vorhanden in: LAB(STA), Rep. 101, Nr. 8, Bl. 187–201, u. Rep. 106, Nr. 167 u. 217.

78 Diese Anordnung (Verfügung) konnte nicht ermittelt werden.

60 Personen aufgebaut werden könnte.[79] Vom Organisationsamt sind aber *nur 40*
bewilligt worden. Damit lasse sich eine Kunstabteilung nicht aufbauen. Der Redner
erklärt, daß er unter diesen Umständen seine Aufgabe nicht durchführen könnte und
seinen Auftrag zurückgeben müßte.

Maron bittet die Aussprache über diesen Punkt wie überhaupt die grundsätzliche
Frage des Organisationsamtes bis zu einer ruhigeren Stunde zu vertagen und
einstweilen nur den Beschluß zu fassen, der Abt[eilung] Wirtschaft für den
bezeichneten Zweck die Einstellung von 15 Angestellten zu gestatten.

BESCHLUSS: Der Magistrat ermächtigt Herrn Dusiska, für die Durchführung des
             russischen Befehls Nr. 67 15 Angestellte für statistische Arbeiten
             einzustellen.
             Über die Arbeit des Organisationsamtes soll demnächst eine grund-
             sätzliche Aussprache stattfinden.[80]

Dusiska erstattet einen kurzen Bericht über seine *Verhandlungen mit dem Länderrat*[81]
in Stuttgart am 17. und 18. Juni.[82] Es handelte sich um die Versorgung Berlins mit
Verbrauchsgütern aus der amerikanischen Zone. Bei den Verhandlungen ist zugestanden worden, daß ein Vertreter der Abt[eilung] Wirtschaft wie auch ein Vertreter
der Abt[eilung] Handel und Handwerk jeweils an den Unterausschußsitzungen des
Länderrats teilnehmen kann. Berlin wird aber erst frühestens im IV. Quartal des
Jahres 1946 in die Belieferung mit Stahl, Eisen, Chemikalien und Rohstoffen für das
Handwerk einbezogen werden können, abgesehen von gelegentlichen Geschäften, die
im Interzonenverkehr frei sind.

---

79 Vgl. zur Einrichtung der Mag.abt. für Kunst(angelegenheiten) das 38. Mag.prot. v.
    23.12.1945, TOP 5, u. das 54. Mag.prot. v. 17.4.1946, TOP 4, u. das 56. Mag.prot. v.
    4.5.1946, TOP 4 (Schulze).
80 Eine Aussprache über die Arbeit des Organisationsamts hat in den folgenden Mag.sit-
    zungen nicht stattgefunden.
81 Vgl. zum Länderrat des amerikanischen Besatzungsgebiets in Deutschland das
    47. Mag.prot. v. 23.2.1946, TOP 3 (insb. Anm. 12), u. das 86. Mag.prot. v. 30.11.1946,
    TOP 2 (Dusiska); Materialien in: LAB(STA), Rep. 113, Nr. 136; Der Länderrat baut an,
    in: Neue Zeit, 24.7.1946, S. 2.
82 Ein ausführlicherer Bericht Dusiskas über seine Verhandlungen mit dem Länderrat
    ist wiedergegeben im Prot. der Besprechung mit den Wirtschaftsdezernenten der
    Bezirksämter am 26.6.1946, S. 1 – 3, in: LAB(STA), Rep. 106, Nr. 188. Vgl. auch das
    Prot. der Besprechung mit den Wirtschaftsdezernenten der Bezirksämter am 21.8.1946,
    S. 1, in: LAB(STA), Rep. 106, Nr. 188; Berlin. Kampf um Freiheit, S. 456; Akten zur
    Vorgeschichte der Bundesrepublik Deutschland 1945 – 1949, Bd. 1, S. 559 u. 794 f.

Dok. 95
Parteiinternes Exposé des Dezernenten Katz vom 25. Juni 1946, betr. die Abteilung für Planungen des Magistrats

LAB(STA), Rep. 102, Nr. 29, Bl. 61 – 64. – Maschinenschriftliche Durchschrift.

Iwan K a t z [1]   Berlin-Wannsee, den 25. Juni 1946
Dezernent der Abteilung   Bismarckstr. 42
für Planungen beim Magistrat
der Stadt Berlin
Berlin NW 7, Unter d[en] Linden 36

V e r t r a u l i c h !

Werte Genossen!

In tiefer Besorgnis bitte ich Euch, Eure volle Aufmerksamkeit den bedenklichen Zuständen und Entwicklungstendenzen in der für uns Sozialisten so besonders bedeutsamen Abteilung für Planungen des Magistrats der Stadt Berlin zuzuwenden. Schon jetzt ist die wertvolle Arbeit der Abteilung durch reaktionäre Machenschaften

---

1 Iwan Katz, geboren 1889, hatte bis 1925 führende Funktionen in der KPD ausgeübt, unter anderem als Leiter der Kommunalabteilung beim Zentralkomitee und als Präsidiumsmitglied des Exekutivkomitees der Komintern in Moskau. Von 1921 bis 1924 war er Mitglied des Preußischen Landtags, von 1924 bis 1928 Mitglied des Reichstags. Anfang 1926 wurde er als „Ultralinker" aus der Partei ausgeschlossen. Seit 1928 war er wieder Mitglied der KPD, seit 1946 der SED, ohne aber nochmals Parteiämter innezuhaben. Am 14.3.1949 erklärte er seinen Austritt aus der SED und trat am 12.5.1949 der SPD bei. Seit dem 1.8.1945 war Katz in der Mag.abt. für Planungen als Dezernent für die Wirtschaftsplanung und als Schwenks „ständiger Vertreter in allen Fragen der Planungsarbeiten" tätig. Siehe das Schreiben des Leiters der Mag.abt. für Planungen, Paul Schwenk, an das Hauptpersonalamt v. 19.3.1946, in: LAB(STA), Rep. 102, Nr. 29, Bl. 24; ferner die Organisationspläne der Mag.abt. für Planungen v. 26.9.1945 u. 4.2.1946, in: LAB, Rep. 10 A, Acc. 410, Nr. 1, u. Rep. 280, Nr. 4156. Vgl. zu Katz' Biographie die von ihm verfaßte „Punktation der Gründe für meine Übernahme in die Dienste des Magistrats von Groß-Berlin" v. Mai 1949, in: LAB, Rep. 10 A, Acc. 410, Nr. 3; ferner: LAB(STA), Rep. 102, Nr. 29, Bl. 25, u. Rep. 118, VdN-Akte Nr. A 8402; Hermann Weber: Die Wandlung des deutschen Kommunismus. Die Stalinisierung der KPD in der Weimarer Republik, Frankfurt a. M. 1969, Bd. 1, S. 139 – 142, u. Bd. 2, S. 177 – 179. In den Organisationsplänen der Mag.abt. für Planungen ist Iwan Katz als „Dr. Katz" aufgeführt. Er selbst hat in mehreren Lebensläufen angegeben, „Promotionen als Dr. jur. et rer. pol., Dr. med. und Dr. phil." abgelegt zu haben. Siehe: LAB(STA), Rep. 102, Nr. 29, Bl. 25, u. Rep. 118, VdN-Akte Nr. A 8402 (hier die zit. Stelle in einem undatierten Lebenslauf von Mitte 1945). Tatsächlich ist in den in Frage kommenden Bänden 25 (1909/1910) bis 49 (1933) des Jahresverzeichnisses der an den Deutschen Universitäten (und Technischen Hochschulen) erschienenen Schriften keine Dissertation von Iwan Katz verzeichnet. Er besaß also keinen in Deutschland erworbenen Doktortitel.
Katz' Kurzexposé „Planung" v. August 1945 ist vorhanden in: LAB, Rep. 280, Nr. 8146; der Text seines Vortrags „Grundfragen kommunaler Planung" v. 18.11.1947 in: LAB, Rep. 10 A, Acc. 410, Nr. 2; vgl. auch: Die Planungen des Jahres 1946, in: Tägliche Rundschau, 2.2.1946, S. 3.

und mangelndes Verständnis der verantwortlichen Genossen sehr beeinträchtigt, und es besteht große Gefahr, daß die Abteilung dem Druck der Konterrevolution demnächst erliegt.

Die Abteilung für Planungen verdankt ihre Entstehung der Befreiung Berlins durch die Rote Armee und den Erfahrungen einiger Genossen, die mit der Roten Armee aus der UdSSR heimkehrten, dem Vaterlande der Arbeiter, wo Planung das Fundament des sozialistischen Staates und der sozialistischen Wirtschaft ist.

Die Abteilung für Planungen war das ganz Besondere der neuen Berliner Verwaltung. Alle anderen Abteilungen hatte es auch früher schon gegeben. Eine besondere Abteilung für Planungen, die alle Aufgaben der Verwaltung und Wirtschaft nach dem sozialistischen Ziel hin planmäßig vorzubereiten, zu lenken und zu lösen hatte, welche die Pläne aller anderen Abteilungen zu einheitlicher Gesamtplanung abzustimmen und zusammenzufassen hatte, aber war etwas ganz Neues. Dieses Neue entsprang der allgemeinen, in fast allen Ländern nach dem zweiten Weltkriege zur Gestaltung drängenden neuen Plangesinnung, die das abgewirtschaftete Willkürhandeln des Privatkapitalismus abzulösen berufen war. Planung war daher unsere zentrale Parole und die Abteilung für Planungen die Erfüllung lang gehegter Wünsche aller bewußten Berliner Sozialisten. Sie war das Kernstück des demokratischen Verwaltungsneubaus, das Symbol der großen sozialistischen Zukunft schlechthin.

Die Errichtung einer Abteilung für Planungen war aber auch ein Gebot der Not. Aus dem Chaos, das vom zusammengebrochenen Hitler-Regime hinterlassen war, gab es nur e i n e n Ausweg zu neuen Lebens-, Wirtschafts- und Kulturmöglichkeiten für unsere Stadt: alle noch vorhandenen Arbeitskräfte, Arbeitsmittel und Arbeitsstätten, alle noch vorhandenen Behörden, Verkehrsanstalten, Betriebe und Kultureinrichtungen *planmäßig* rationell für den Neuaufbau einzusetzen. Schon der rein technische Mangel an allen Lebens-, Arbeits-, Betriebs- und Verwaltungsmitteln zwang zu sparsamster Planarbeit der Verwaltung. Dazu kam, daß im erfreulichen Übereifer der ersten Wochen und Monate mehrere Behörden bisweilen das gleiche Arbeitsgebiet zu betreuen begannen, während andere Aufgabengebiete vernachlässigt oder unbearbeitet blieben. Um hier ausgleichend und anregend zu wirken, bedurfte der Magistrat seiner Abteilung für Planungen als der dafür geeigneten Ausgleichstelle. Ideologische und eminent praktische Zielsetzungen haben so gleicherweise die Abteilung für Planungen geboren.

In der Sowjet-Union ist die Planungsbehörde die höchste Behörde des Staates nach der Regierung selbst: der Oberste Volkswirtschaftsrat. Überall, wo auch in Deutschland unter der Einwirkung sowjetischer und allgemein sozialistischer Gedankengänge am Übergang aus der kapitalistischen Planlosigkeit zur künftigen Sozialisierung gearbeitet wird, rangiert die Planungsbehörde vor allen anderen. In Thüringen sowohl wie im Land Sachsen, in Mecklenburg wie in der Provinz Sachsen ist das *Landesplanungsamt*, wie der einheitliche Name der zentralen Planungsbehörden in ganz Deutschland jetzt lautet, dem Landes- oder Provinzialpräsidenten unmittelbar unterstellt. Ja sogar in den Ländern und Provinzen der noch mehr kapitalistisch orientierten westlichen und südlichen Zonen, in Groß-Hessen, in Bayern, in den beiden Rheinprovinzen[2], im Ruhrbezirk[3], in Hannover und in Schleswig-Holstein,

---

2 Die aus den Regierungsbezirken Köln, Aachen und Düsseldorf am 21.6.1945 gebildete

gilt das Landesplanungsamt als höchste Verwaltungsbehörde, unmittelbar bei den Ministerpräsidenten und Provinzialchefs ressortierend. Und a l l e Landesplanungsämter (außer [im] Land Sachsen, wo die Wirtschaftsplanung einstweilen noch beim Ministerium für Wirtschaft und Arbeit liegt, und [in] Berlin) haben das *Gesamtgebiet* der Planungen zu bearbeiten, also sowohl die Siedlungs- und Bauplanung wie die von ihr logisch und sachlich untrennbaren Wirtschafts-, Handels-, Verkehrsplanungen usw. Überall genießt daher die Planungsbehörde höchste Wertschätzung. Überall werden ihre Kompetenzen erweitert. Überall wird sie Zentralpunkt der Verwaltung.

Nur in Berlin ist das anders. Hier ist die Abteilung für Planungen das Stiefkind der Verwaltung. Hier steht sie dank einer sträflichen Verständnislosigkeit der verantwortlichen Genossen nicht an erster Stelle, sondern genau an letzter. Seit Beginn der neuen Verwaltung arbeitet die Abteilung, und sie hat sicherlich – das erweist ihr Tätigkeitsbericht[4] – vieles, Bedeutsames und Wertvolles geleistet. Aber alles, was sie leistete, mußte sie gegen den unablässigen passiven oder gar aktiven Widerstand der Spezialabteilungen des Magistrats leisten und fast ohne jegliche sachliche oder persönliche Unterstützung der verantwortlichen Genossen. Bis heute – nach einem Jahre – hat der Magistrat das Aufgabengebiet seiner Abteilung für Planungen noch nicht festgelegt. Seit vielen Monaten liegt – nach erfolgreicher Abstimmung mit allen Spezialabteilungen, mit den Zentralverwaltungen[5] und dem FDGB[6] – das Statut[7] der Abteilung dem Magistrat zur Genehmigung und Veröffentlichung vor.[8] Der Magistrat hat aber dafür noch keine Zeit gehabt. Unter Ausnutzung dieses Schwebezustands planen die Spezialabteilungen ohne Zentralplanung nebeneinander her, stellen sie sich ihre Planungsaufgaben selber oder arbeiten planlos je nach der Not des Tages. Die Raumplanung wird von der Abteilung für Bau- und Wohnungswesen ausgeführt, die Wirtschaftsplanung von der Abteilung

---

Nordrheinprovinz und die Provinz Westfalen wurden durch die britische Militärregierung am 23.8.1946 zum neuen Land Nordrhein-Westfalen zusammengefaßt. Vgl. zu den dortigen regionalen Planungsinstitutionen: Die Kabinettsprotokolle der Landesregierung von Nordrhein-Westfalen 1946 bis 1950, Teil 1, S. 55 f.

3 Im Ruhrgebiet existierte seit 1920 der Siedlungsverband Ruhrkohlenbezirk als Raumplanungsbehörde.

4 Vgl. den Tätigkeitsbericht des Referats VI B (Industrie und Handwerk) der Mag.abt. für Planungen v. 10.4.1946, in: LAB(STA), Rep. 101, Nr. 236; Ein Jahr Planung, in: Das erste Jahr, S. 195–200.

5 Gemeint sind die deutschen Zentralverwaltungen in der sowjetischen Besatzungszone.

6 Vgl. das Schreiben von Schwenk an das Vorstandsmitglied des FDGB, Roman Chwalek, v. 1.4.1946, in: LAB(STA), Rep. 101, Nr. 235.

7 Die hier gemeinten Richtlinien über „Aufgaben und Aufbau der Dienststellen und Beiräte für Planungen" v. April 1946 waren von der Mag.abt. für Planungen mit der Mag.abt. für Wirtschaft, der Mag.abt. für Handel und Handwerk, der Mag.abt. für Bau- und Wohnungswesen und dem FDGB vereinbart und den übrigen Mag.abteilungen und Bezirksämtern am 13.5.1946 zur schriftlichen Stellungnahme zugeleitet worden; siehe: LAB, Rep. 280, Nr. 4160. Die Richtlinien sind auch vorhanden in: LAB(STA), Rep. 101, Nr. 235, u. Rep. 107, Nr. 6; LAB, Rep. 280, Nr. 4158.

8 Vgl. zur Abgrenzung der Aufgaben der Mag.abt. für Planungen das 60. Mag.prot. v. 5.6.1946, TOP 2, u. das 71. Mag.prot. v. 24.8.1946, TOP 2; ferner die Protokolle der Konferenzen der Bezirksbürgermeister am 19.10.1945, TOP 1, u. am 29.8.1946, TOP 1, in: LAB, Rep. 280, Nr. 3839 u. 3865.

für Wirtschaft, und um die Bauwirtschaftsplanung zerren sich die Abteilungen für Bau- und Wohnungswesen, für Wirtschaft und für Handel und Handwerk noch untereinander[9]. Die Abteilung für Planungen, berufen, hier einheitlich zu planen, wird eben noch zur Planung am Rande geduldet. Diese Beiseiteschiebung der Abteilung für Planungen in Berlin spiegelt sich natürlich auch in der Bewertung ihrer Arbeitskräfte wider. Die z[um] T[eil] hervorragenden Fachkräfte der Abteilung, auch die von hohem Rufe, werden schlechter besoldet als Durchschnittskräfte anderer Abteilungen.[10] Zu wichtigen Tagungen und Institutionen mit Planaufgaben hat der Magistrat Vertreter aller möglichen Abteilungen delegiert, nur nicht solche aus der Abteilung für Planungen. Es sieht so aus, als ob der Magistrat seine Abteilung für Planungen überhaupt nicht mehr kennt.

Sind schon diese Äußerlichkeiten für die Minderbewertung der Planungsarbeit in Berlin im Vergleich zu der hohen Einschätzung aller Planungsbehörden im übrigen Deutschland charakteristisch, so noch mehr die sachlichen Zustände und Vorgänge.

Während in der gesamten sowjetischen Zone und weitgehend auch schon in Hessen, im Ruhrgebiet, in Hannover und im Bereich des süddeutschen Länderrats[11] den wichtigeren Industriebetrieben nach einheitlichem Wirtschaftsplan feste Produktionsauflagen gemacht werden, herrscht im Bereiche der Stadt Berlin mit Ausnahme der 8 östlichen Bezirke, wo nicht die Stadt Berlin, sondern die SMA in Karlshorst planend eingreift, noch volle Produktionsanarchie. Die Berliner Betriebe produzieren noch nach Unternehmerwillkür oder überhaupt nicht. Trotz vielfachen energischen Verlangens der Gewerkschaften, insbesondere des Metallarbeiterverbandes, ist der durch einen von der Abteilung für Planungen sorgfältig ausgearbeiteten Bedarfsplan vorbereitete Produktionsplan für das Jahr 1946[12] bis zum heutigen Tage nicht veröffentlicht, weil die Abteilung für Wirtschaft diese Aufgabe an sich gezogen hat, ohne sachlich und persönlich zu ihrer Lösung imstande zu sein. Leidtragende sind die Berliner Industrie und die Berliner Arbeiterschaft, welche die neue Wesensaufgabe der Gewerkschaften, die Mitwirkung an der Durchführung des Produktionsplanes,

---

9 Vgl. hierzu das 45. Mag.prot. v. 2.2.1946, TOP 3.

10 Vgl. Schwenks Antrag an das Hauptpersonalamt v. 19.3.1946 auf eine höhere Gehaltseinstufung des „Dezernenten Dr. Iwan Katz", in: LAB(STA), Rep. 102, Nr. 29, Bl. 24 f.
   Dieser Antrag wurde von Martin Schmidt mit Schreiben v. 8.4.1946 abgelehnt; siehe:
   a.a.O., Bl. 26.

11 Vgl. zum Länderrat des amerikanischen Besatzungsgebiets in Deutschland das
   47. Mag.prot. v. 23.2.1946, TOP 3 (insb. Anm. 12).

12 Vgl. zur Vorbereitung des Wirtschaftsplans bzw. Produktionsplans für das Jahr 1946:
   Niederschrift eines entsprechenden Rundfunkinterviews mit den Referatsleitern Kanger
   und Schnaufer von der Mag.abt. für Planungen v. 14.11./17.11.1945, in: LAB(STA),
   Rep. 107, Nr. 219, Bl. 13 f.; Exposé von Katz v. 29.1.1946, in: LAB(STA), Rep. 101,
   Nr. 236; Schreiben der Referatsleiter Kanger und Schnaufer an Schwenk v. 18.2.1946,
   betr. Wirtschaftsplan 1946, in: LAB(STA), Rep. 101, Nr. 236; Materialien in: LAB(STA),
   Rep. 107, Nr. 220; Wirtschaftsplan 1946, in: Berliner Zeitung, 8.11.1945, [S. 2]; Pro-
   duktionsplan 1946, in: Berliner Zeitung, 13.11.1945, [S. 2]; Produktionsplan 1946, in:
   Neue Zeit, 13.11.1945, S. 3; Hermann Baum: Gedanken zum Wirtschaftsplan 1946, in:
   Tägliche Rundschau, 22.11.1945, S. 5; Keine Wirtschaftsplanung ohne Gewerkschaften,
   in: Deutsche Volkszeitung, 10.2.1946, S. 2.

nicht durchführen kann, weil dieser Produktionsplan Monat auf Monat auf sich warten läßt. Auch die Abteilung für Planungen ist außerstande, den Nettobedarf Berlins für die Bezüge von außerhalb zu errechnen, weil vergleichbare Produktionsziffern zum Abzug vom errechneten Gesamtbedarf ihr von der Planabteilung[13] der Abteilung für Wirtschaft bis heute nicht gegeben [worden] sind.

Überall werden in Berlin planlos Bars, Kabaretts, Tingeltangels, Luxusgeschäfte ausgebaut, während Wohnungen kinderreicher Familien vielfach ohne Fenster und Dach sind. Überall in Berlin werden Baustoffe, Zement, Dachpappe, Fensterglas, Nägel, Ziegelsteine planlos frei gehandelt, die Trümmerbeseitigung ohne einheitlichen Plan unrationell durchgeführt und unter Millionengewinnen für Privatunternehmer den Kapitalisten überlassen, statt sie planmäßig Genossenschaften zu übertragen oder in städtische Regie zu nehmen. Der planmäßige Einsatz rationeller Großmaschinen mit einem Höchstbetrage von 200 000 RM aber wurde abgelehnt, weil keine Geldmittel dafür vorhanden seien, so daß Berlin, anfangs weit voran in Deutschland, jetzt nicht nur hinter Magdeburg, Leipzig, Dresden und Hamburg, sondern auch hinter Städtchen wie Dessau[14] und Halberstadt[15] zurückzubleiben beginnt. Verbotslisten für unerwünschte Schundwaren, Dringlichkeitslisten für erwünschte Produktionsgruppen, die überaus wichtige, von hervorragenden Fachkennern ausgearbeitete Zementsparverordnung[16] und viele ähnliche Planarbeiten sind steckengeblieben, weil der Magistrat die organisatorische Vorbedingung für ihre Verwirklichung, die nötige Kompetenzgabe an die Abteilung für Planungen, nicht gewährt hat. Immer dringlicher rufen die Planstellen der Berliner Verwaltungsbezirke nach Anweisungen. Aber die Abteilung für Planungen kann sie ihnen nicht geben, weil sie selber noch kein Recht zu solchen Anweisungen bekommen hat.

Diese Hemmung der Planarbeit in Berlin verbreitet hier ihre zerstörende Kraft zu der gleichen Zeit, wo die Landesplaner aller Länder und Provinzen Deutschlands, auch der westlichen und südlichen Zonen, auf der ersten Interzonentagung der deutschen Landesplaner[17] in Weimar und auf der Wartburg in der Woche vom 23. – 28. Mai d[ieses] J[ahres] wegen der Vordringlichkeit der Planungsarbeit für den Wiederaufbau Deutschlands, insbesondere für den Industrieplan der Alliierten[18], als

---

13 Gemeint ist vermutlich das Referat Industrieplanung im Hauptamt VII (Allgemeine Wirtschaftsfragen) der Mag.abt. für Wirtschaft. Vgl. den undatierten Organisationsplan (1946) der Mag.abt. für Wirtschaft und den gedruckten Geschäftsverteilungsplan dieser Mag.abt. v. 25.3.1946, in: LAB(STA), Rep. 106, Nr. 239, u. Rep. 115, Nr. 63, Bl. 162.

14 Kreisstadt in der Provinz Sachsen, ca. 150 km südwestlich von Berlin, knapp 100 000 Einwohner.

15 Kreisstadt in der Provinz Sachsen, ca. 190 km südwestlich von Berlin, knapp 50 000 Einwohner.

16 Vgl. das 64. Mag.prot. v. 5.7.1946, TOP 5.

17 Vgl. zu dieser Tagung die Materialien in: Akademie der Künste (Berlin-Tiergarten), NL Scharoun, Mappe Mag 2/1; Interzonen-Tagung der Landesplaner, in: Telegraf, 1.6.1946, S. 3; Interzonentagung deutscher Landesplaner, in: Vorwärts, 14.6.1946, [S. 2]. Die Tagung wurde von Katz geleitet; siehe: Martin Mächler – Weltstadt Berlin, S. 487.

18 Der Industrieplan („Plan für Reparationen und für den Nachkriegsstand der deutschen Wirtschaft entsprechend den Beschlüssen der Berliner Konferenz") war vom Alliierten Kontrollrat am 26.3.1946 bestätigt worden. Er wurde veröffentlicht in: VOBl., Jg. 2 (1946), S. 112 – 117; Der Alliierte Kontrollrat, S. 58 – 70; Der Berliner, 30.3.1946, S. 4.

erste Behördengruppe sich zu einer Reichsorganisation zusammengeschlossen haben, zunächst mit Thüringen als „beauftragter Zentralstelle", ab Oktober aber, nachdem bis dahin noch eine Interzonentagung der Landesplaner in Wiesbaden und dann in Berlin stattgefunden haben wird, unter ausdrücklicher Würdigung der theoretischen und praktischen Arbeit des Unterzeichneten, mit Berlin als beauftragter Zentralstelle für die Zukunft!

Ist es nicht kennzeichnend, daß der Magistrat der Stadt Berlin in den 5 Wochen seit der Interzonentagung der Landesplaner in Weimar noch keine Zeit gefunden hat, den Bericht seiner Vertreter[19] über die Ergebnisse, die gerade für Berlin von hoher und erfreulicher Bedeutung sind (einstimmige Erklärung Berlins als Reichshauptstadt, Wahl Berlins zum übernächsten Tagungsort, einheitliche Richtlinien über Organisation und Aufgaben der Planungsbehörden, Bereitschaft Hessens zu weitgehender Versorgung Berlins mit überschüssigem Zement gegen Belieferung mit Berliner Exportware usw.), auch nur anzuhören!

Um so kennzeichnender, als sich das Land Sachsen, das Land Thüringen seither von der Abteilung für Planungen der Stadt Berlin mit Ratschlägen und Arbeitsmaterialien haben versorgen lassen, als der Abteilung im Auftrage aller deutschen Landesplanungsämter einige vordringliche Arbeiten für die Reichsplanung aufgegeben wurden und als die Provinzialverwaltung Brandenburg sich von den beiden Delegierten des Magistrats der Stadt Berlin über die Interzonenkonferenz der deutschen Landesplaner in Weimar und auf der Wartburg bereits hat Bericht erstatten lassen! Aber der eigene Magistrat noch nicht!

Worauf ist diese Verständnislosigkeit des Berliner Magistrats für Aufgaben der Planung, für seine eigene Abteilung für Planungen, vor allem für die Erkenntnis der logischen Notwendigkeit einheitlicher Planung als Zentralaufgabe der künftigen Verwaltung zurückzuführen?

Zu erheblichem Teil naturgemäß auf die feindselige Einstellung aller reaktionären Elemente, für die eine Abteilung für Planungen den Ludergeruch der Revolution an sich trägt, die in ihr den leibhaftigen Bolschewismus erblicken. Alle, die dem „freien Spiel der Kräfte", lies: dem ungehemmten Privatkapitalismus, wieder schrankenlos Raum geben möchten, sind der selbstverständlichen Überzeugung, daß eine Abteilung für Planungen zwar 1945 genauso notwendig gewesen ist wie die Sowjet-Union für die westlichen Alliierten oder die Betriebsarbeiter und ihre Betriebsobleute für den Wiederaufbau der zerstörten Betriebe, daß aber 1946 nach dem Motto: „Der Mohr hat seine Schuldigkeit getan, der Mohr kann gehen" die

---

Vgl. hierzu auch die Materialien in: LAB(STA), Rep. 101, Nr. 205; Berlin. Kampf um Freiheit, S. 398 f.; Neuplanung der deutschen Industrie, in: Die Neue Zeitung, 1.4.1946, S. 1; Währungsreform und Industrieplan. Dr. Gleitze über die Voraussetzungen für den Wiederaufbau, in: Berliner Zeitung, 14.5.1946, [S. 2]; Aufbau oder Abbau der Wirtschaft. Absichten und Gefahren des Wirtschaftsplans, in: Der Sozialdemokrat, 11.6.1946, S. 3; Ein Vierteljahr Kontrollrat-Plan, in: Telegraf, 7.7.1946, S. 4; Mai, S. 312–327.

19 Auf der Tagung der Landesplaner war Berlin außer durch Katz noch durch Martin Mächler vertreten. Dessen Bericht über diese Tagung ist vorhanden in: Akademie der Künste (Berlin-Tiergarten), NL Scharoun, Mappe Mag 2/1. Vgl. zu Mächler das 48. Mag.prot. v. 4.3.1946, TOP 6; Dok. 69, Anm. 107; Dok. 75, Anm. 108.

Sowjet-Union in ihre Schranken zurückgewiesen werden müsse, die Betriebsarbeiter die wieder in Gang gebrachten Betriebe ihren früheren Besitzern zurückzugeben haben und auch die Abteilung für Planungen dem freien Spiel der Kräfte Raum geben müsse. Darüber denkt Byrnes[20] wahrscheinlich genau wie Böttcher[21] oder Landwehr[22].

Alles das wirkt sich aber doch auch in den anderen Ländern und Provinzen aus. Warum aber dort ohne so wirksame Beeinträchtigung der Planungsarbeit wie in Berlin? Weil hier in Berlin verantwortliche Genossen durch Verständnislosigkeit oder Ressortpartikularismus der Reaktion von innen her zu Hilfe kommen! Die einfachste Logik besagt, daß Planung gerade *einheitliche* Planung bedeutet, daß gerade nur *einheitliche* Planung Chaos und Mangel zu überwinden vermag, daß zersplitterte Planung aber niemals Planung, sondern nur Planlosigkeit ergeben kann. Dieser simplen Logik zum Trotz haben hier in Berlin die Abteilungsleiter, eifersüchtig bedacht, daß die Abteilung für Planungen ihnen nicht in ihr Gebiet hineinwirken könne, eine Planungsaufgabe nach der andern an sich genommen und der Abteilung für Planungen vorenthalten. So plant jede Abteilung jetzt darauf los, nebeneinander und gegeneinander. Die Abteilung für Bau- und Wohnungswesen mit noch weiter aufgesplitterten Unterplanstellen[23] und vor allem die Abteilung für Wirtschaft. Deren Leiter, der Genosse Dusiska[24], zweifellos von anerkennenswerter Aktivität, betätigt diese Aktivität, seine kräftigen Ellenbogen und seine besondere Begabung, sich durchzusetzen, leider weniger, um die Berliner Wirtschaft im Rahmen einer Gesamtplanung zu organisieren, zu versorgen und zu kontrollieren, sondern um die Funktionen der Abteilung für Planungen selber zu übernehmen, der berufenen Abteilung für Planungen nach und nach die gesamte Wirtschaftsplanung zu entreißen und durch Verzögerungstaktiken ihre Arbeit zu lähmen. Es ist klar, daß Dusiska kein Reaktionär ist. Durch seine führende Aktivität bei der Verstümmelung der Abteilung für Planungen und der Hemmung der Planarbeit in Berlin überhaupt hat er sich objektiv zum Führer der privatkapitalistischen Reaktion im Kampfe gegen die gehaßte Abteilung für Planungen entwickelt.

Der Magistrat hat diese verderbliche Entwicklung nicht gehemmt. Er hat, geblendet durch Dusiskas Aktivität, ihn gewähren lassen. Das Ergebnis ist die „planlose Planung", wie der „Telegraf" den Planungszustand in Berlin wohl zutreffend

---

20 James F. Byrnes, von Juli 1945 bis Januar 1947 Außenminister der USA.
21 Gemeint ist vermutlich Karl Böttcher, bis 16.3.1946 Leiter des Hauptamts für Aufbaudurchführung in der Mag.abt. für Bau- und Wohnungswesen, danach bis 21.9.1946 Leiter der Bauwissenschaftlichen Forschungs- und Entwicklungsstelle bei dieser Mag.abt. Vgl. hierzu das 50. Mag.prot. v. 16.3.1946, TOP 8, u. das 76. Mag.prot. v. 21.9.1946, TOP 6.
22 Dr. Hermann Landwehr, Leiter der Mag.abt. für Wirtschaft.
23 Das Hauptamt für Planung in der Mag.abt. für Bau- und Wohnungswesen war untergliedert in das Hauptamt für Planung I, das Hauptamt für Planung II und das Hauptamt für Grünplanung. Außerdem wies das Hauptamt für Aufbaudurchführung in derselben Mag.abt. eine Abteilung „Bauplanung" auf. Vgl. hierzu die entsprechenden Organigramme in: LAB, Rep. 207, Acc. 2552, Nr. 3969.
24 Emil Dusiska amtierte nicht als Leiter der Mag.abt. für Wirtschaft, sondern seit dem 1.12.1945 als *stellvertretender* Leiter dieser Mag.abt. Vgl. hierzu das 34. Mag.prot. v. 10.12.1945, TOP 2.

benennt[25], das Fehlen einer festen Planung auf allen Gebieten des öffentlichen Lebens in Berlin, die Diskriminierung des effektiv wichtigsten Amtes für den künftigen sozialistischen Aufbau, ein Gespött, ein Gelächter, ein Triumph der Reaktion.

Die Reaktion ist bei der für sie so günstig vorbereiteten Lage natürlich weiter vorgestoßen. Sie ist klüger als wir. Sie weiß genau, worauf es ankommt. Und so hat sie denn, unter kluger Ausnutzung der künstlich herbeigeführten Schwächung der Abteilung für Planungen, dieser Tage die Leitung der Abteilung für Planungen unserem Genossen Schwenk zu nehmen verstanden. An seiner Stelle soll der CDU-Mann Professor Dr. Tiburtius die Leitung der Abteilung für Planungen übernehmen.[26] Ein entsprechender Entschluß des Magistrats liegt bereits der Alliierten Kommandantur zur Genehmigung vor.[27] Es ist richtig: die Alliierten haben die Überlassung einer von uns verwalteten Abteilung an die CDU verlangt.[28] Aber wenn eine Abteilung auf diesen Wunsch hin der CDU überantwortet werden mußte: *jede* andere Abteilung hätte man ihr überlassen dürfen, nur gerade die Abteilung für Planungen nicht! Gerade die Abteilung für Planungen verkörpert unsere ganze Vorarbeit für die sozialistische Zukunft. Sie gehört immer in die Hand eines wirklichen Sozialisten. Gerade sie kann logischerweise sinnvoll immer nur von einem Sozialisten geleitet werden, niemals aber von einem Gegner des Sozialismus wie Tiburtius, der als langjähriger besoldeter Syndikus der Berliner Einzelhändler[29] im Kampf gegen Konsumvereine und Warenhäuser, gegen Genossenschaften und Kommunalregie dem Gedanken gemeinwirtschaftlicher Planung ablehnend gegenüberstehen *muß*! Die Übertragung der Leitung der Abteilung für Planungen an Prof. Tiburtius ist daher für alle Sozialisten in Berlin ein Signal. Sie bedeutet für die Existenz der Abteilung eine tödliche Drohung.

Es ist durchaus folgerichtig, wenn im Anschluß an die Berufung [von] Tiburtius im Magistrat gleich auch die Frage aufgeworfen wurde, ob denn die Abteilung für Planungen überhaupt noch eine Existenzberechtigung habe. Und schon ist daraufhin vom Magistrat eine Kommission eingesetzt worden, die das Aufgabengebiet der Abteilung für Planungen „neu abgrenzen" soll.[30] Es besteht also höchste Gefahr,

---

25 Vgl.: Planwirtschaft ohne Plan? Ein Streitgespräch über Fragen der Planwirtschaft, in: Telegraf, 5.6.1946, S. 4.

26 Vgl. das 60. Mag.prot. v. 5.6.1946, TOP 2.

27 Der Mag.beschluß v. 5.6.1946, Schwenk von der Leitung der Mag.abt. für Planungen zu entbinden und Tiburtius zum neuen Leiter dieser Mag.abt. zu ernennen, ist von der AK nicht bestätigt worden, so daß Schwenk bis zum Ende der Amtszeit des ersten Nachkriegsmagistrats als Leiter der Mag.abt. für Planungen amtierte.

28 Hinweise auf ein solches Verlangen der Alliierten konnten nicht ermittelt werden. Vgl. aber zur Frage der Beteiligung der CDU am Magistrat: Dok. 62, 97, 99 u. 104.

29 Prof. Dr. Joachim Tiburtius war von 1925 bis 1933 geschäftsführendes Vorstandsmitglied der Hauptgemeinschaft des deutschen Einzelhandels gewesen.

30 Vgl. das 60. Mag.prot. v. 5.6.1946, TOP 2. In einem Schreiben v. 27.6.1946 an den 1. Vorsitzenden des Landesverbands Berlin der CDU, Kurt Landsberg, erläuterte Maron den Beschluß zur Einsetzung eines Mag.ausschusses zur Abgrenzung der Aufgaben der Mag.abt. für Planungen. Dieser Mag.beschluß sei erfolgt, „weil es sich herausgestellt hatte, daß sich bezüglich der Planungen die Arbeiten einiger Abteilungen des Magistrats überschneiden, da sowohl bei der Abteilung für Wirtschaft als auch

daß die Abteilung für Planungen, Hort und Symbol sozialistischer Aufbauarbeit, statt zu einer umfassenden Landesplanungsbehörde hinaufgehoben zu werden, dem Ansturm der kapitalistischen Konterrevolution geopfert wird. Und das zu gleicher Zeit, wo selbst in den kapitalistischen Ländern, bei den Schumacher-Leuten[31], bei den westlichen Besatzungsmächten, ja sogar in England, der Planungsgedanke, geboren sowohl aus der neuen Planungsgesinnung der Welt nach Hitler wie aus der Not und dem Mangel, sich mit Naturgewalt überall sieghaft durchzusetzen beginnt!

Genossen, das darf so nicht weitergehen! Diese Schande darf über unser Berlin nicht hereinbrechen! Es muß klar ausgesprochen werden, daß jeder, der die Existenz der Abteilung für Planungen antastet, sich am Sozialismus versündigt! Alle verantwortlichen Genossen innerhalb und außerhalb des Magistrats müssen sich um die Abteilung für Planungen scharen wie um ihr Palladium[32], wie um ihr Banner! Es müssen unbedingt jetzt in letzter Minute wenigstens noch gegen die Abbruchstendenzen in der Abteilung für Planungen Sicherungen geschaffen werden. Diese Sicherungen müssen formale, persönliche und vor allem sachliche sein.

1) Formale Sicherungen.
Die Abt[eilung] f[ür] Planungen muß sofort wie alle anderen Planungsbehörden Deutschlands gemäß der einstimmig angenommenen Entschließung der Weimarer Interzonenkonferenz der deutschen Landesplaner und zur Verdeutlichung ihres umfassenden und unteilbaren Aufgabenkreises die Bezeichnung *„Landesplanungsamt Berlin"* erhalten, ihre leitenden Angestellten die Dienstbezeichnung „Landesplaner".

Dieses Landesplanungsamt muß wie in den anderen deutschen Ländern und Provinzen dem Verwaltungschef, hier also dem Oberbürgermeister, oder seinem Stellvertreter direkt unterstellt werden.[33]

Die seit Monaten fertiggestellten, bereits allseits abgestimmten Statuten über Aufgaben und Aufbau der Dienststellen und Beiräte für Planungen müssen ohne Verzug veröffentlicht und in Kraft gesetzt werden.[34]

2) Persönliche Sicherungen.
Wenn Gen[osse] Schwenk für die Leitung der Abteilung im Magistrat nicht mehr zu retten ist und der Nichtsozialist Tiburtius an seine Stelle treten soll, so muß minde-

---

bei der Abteilung für Bau- und Wohnungswesen Unterabteilungen für die Planung bestehen und teilweise doppelte Arbeit geleistet wird. Um das Nebeneinanderarbeiten und überflüssige Vergeudung von Arbeitskraft zu vermeiden, sollen die Planungsarbeiten besser aufeinander abgestimmt werden." Das Schreiben ist vorhanden in: LAB(STA), Rep. 102, Nr. 29, Bl. 105 f.

31 Gemeint sind die Anhänger des 1. Vorsitzenden der SPD in den Westzonen, Kurt Schumacher, der eine scharfe antikommunistische Politik betrieb.

32 Bild der griechischen Göttin Pallas Athene als Schutzbild; schützendes Heiligtum.

33 Im zweiten Nachkriegsmagistrat gab es keine Mag.abt. für Planungen mehr, sondern ein Dezernat „Allgemeine Planungen" wurde zunächst direkt dem Oberbürgermeister unterstellt, ab Mai 1947 dem Verwaltungsbereich des für Verkehr und Versorgungsbetriebe zuständigen Stadtrats Ernst Reuter zugeordnet und am 20.11.1947 in ein „Hauptamt für Gesamtplanung" umgewandelt. Vgl. hierzu die entsprechenden Materialien in: LAB(STA), Rep. 101, Nr. 237; Hanauske, S. 100.

34 Vgl. zu den hier gemeinten Richtlinien v. April 1946: Anm. 7 zu diesem Dok.; das 71. Mag.prot. v. 24.8.1946, TOP 2.

stens der *Stellvertreter* des Leiters im Magistrat ein Sozialist sein. Die Stellvertretung, die ich außerhalb des Magistrats faktisch von vornherein innegehabt habe (Herr Lange, der formale Vertreter im Magistrat, hat sich um die Abt[eilung] f[ür] Planungen niemals gekümmert, sondern ausschließlich Rechtssachen bearbeitet[35]), muß daher zu einer *festen* Stellvertretung auch de jure *innerhalb* des Magistrats ausgebaut werden, *ehe* Tiburtius sein Amt antritt und sich wer weiß wen als seinen Vertreter mitbringt. Diese feste Stellvertretung im Magistrat ist mir bereits mehrfach versprochen, aber immer noch nicht gegeben worden. Soll es dafür nicht zu spät werden, muß es jetzt sofort geschehen. Daß ich für ein stellvertr[etendes] Magistratsmitglied hinreichend qualifiziert bin, brauche ich wohl näher nicht zu begründen. Fast 40jährige kommunalpolitische Tätigkeit als leitender Beamter in fast allen Zweigen städtischer Verwaltung, als langjähriger Stadtverordneter, Bürgervorsteher, Bürgermeister, Landrat, Mitglied des Deutschen und Preußischen Städtetages, als langjähriger Leiter der Kommunalabteilungen der SPD, der USPD und der KPD, als Verfasser des Kommunalprogramms, des Siedlungs-, Bau- und Wohnungsprogramms, des Gesundheitsprogramms usw. der KPD, als Dozent der Kommunalwissenschaften an der Universität Berlin bis 1933 und Professor der Kommunalwissenschaften an der gleichen Universität vom kommenden Wintersemester ab – kurz[:] als Senior unserer Partei auf dem Gebiete der theoretischen und praktischen Kommunalpolitik habe ich wohl die persönliche, fachliche und politische Qualifikation zu einem stellvertr[etenden] Magistratsmitgliede hinreichend erbracht.[36] Meine wissenschaftliche und organisatorische Autorität auf dem Gebiete der Planung, nicht zuletzt in der Mitarbeit beim ersten Fünfjahresplan in Moskau erworben, aber ist wohl in ganz Deutschland, auch bei den politischen Gegnern, ohne Einschränkung anerkannt.
Ich glaube: wenn ich die feste Stellvertretung des Leiters der Abt[eilung] f[ür] Planungen im Magistrat bekomme, kann ich für die Wiederingangbringung, die Verbesserung und die Vollendung unserer Planarbeit in Berlin, auch unter einer Leitung durch Tiburtius, mich einigermaßen verbürgen.[37]

3) Sachliche Sicherungen.
Es muß sofort damit aufgehört werden, der Abt[eilung] f[ür] Planungen ressortmäßige Planungsaufgaben zu entreißen. Im Gegenteil: Wie überall sonst in Deutschland und nach den ausdrücklichen Entschließungen der deutschen Landesplaner in Weimar muß auch das Landesplanungsamt Berlin wieder Planungsbehörde für *alle* Planungen werden, sowohl für alle Fragen der Siedlungs-, Bau- und Wohnungsplanungen wie für alle Wirtschafts-, Verkehrs-, Handels- und Versorgungsplanungen und alle Verwaltungsplanungen überhaupt. Planung kann immer nur eine einheitliche Planung sein. *Alle Abteilungen des Magistrats müssen ihre Planungsarbeiten daher an die Abt[eilung] f[ür] Planungen abgeben resp. wieder zurückgeben.* Wie alle Verkehrsfragen der Abteilung für Verkehr, alle Bildungs- und Schulfragen der Abtei-

---

35 Friedrich Lange (SPD) war im August 1945 als stellvertretender Leiter der Mag.abt. für Planungen eingesetzt und Mitte Dezember 1945 zu einem der beiden stellvertretenden Leiter der neu eingerichteten Rechtsabteilung des Magistrats ernannt worden. Vgl. das 17. Mag.prot. v. 20.8.1945, TOP 2, u. das 37. Mag.prot. v. 17.12.1945, TOP 2.
36 Vgl. zu Katz' Biographie: Anm. 1 zu diesem Dok.
37 Wegen der ausbleibenden Bestätigung durch die AK trat die Ernennung von Tiburtius zum neuen Leiter der Mag.abt. für Planungen nicht in Kraft. Katz wurde nicht zum stellvertretenden Leiter dieser Mag.abt. ernannt.

lung für Volksbildung, alle Gesundheitsfragen der Abteilung für Gesundheitswesen zugehören, so muß auch jegliche Planarbeit der Abteilung für Planungen überlassen bleiben. Nirgendwo ist eine Zersplitterung sinnloser und gefährlicher als gerade bei der Planung.

Ohne die vorgenannten formalen, persönlichen und sachlichen Sicherungen kann die Abt[eilung] f[ür] Planungen, das Landesplanungsamt Berlin, seine große Aufgabe, den planmäßigen Neuaufbau Berlins im Rahmen planmäßigen gesamtdeutschen Neuaufbaus, nicht erfüllen. Mit diesen Sicherungen aber wird Berlin in der Lage sein, den Rückstand, in den es durch fahrlässige und bewußte Hemmung seiner Planungsarbeit geraten ist, wieder aufzuholen. Sie werden die Gewähr dafür bieten, daß, wenn Berlin im Winter auch mit der Führung der gesamtdeutschen Planung betraut wird, die Reichshauptstadt Berlin sich dieses Führungsauftrags würdig zeigt.

Ich bitte daher, daß die Landesleitung möglichst sofort eine Sitzung aller beteiligten Genossen anberaumt, die den Ernst der Lage erkennbar macht, die maßgebenden Genossen aber auch zur Durchführung der wirksamen Sicherungsmaßnahmen anhält.[38]

Mit Parteigruß

Iwan Katz
[Unterschrift]

[...][39]

---

38 Hinweise auf eine SED-interne Sitzung, wie sie hier von Katz erbeten wurde, konnten nicht ermittelt werden.

39 Hier ist im Original der Verteiler für das Exposé von Katz angegeben. Demnach wurde dieses Schreiben elf führenden Politikern der SED zugesandt, neben den beiden Parteivorsitzenden Wilhelm Pieck und Otto Grotewohl unter anderem auch den Magistratsmitgliedern Arthur Pieck, Maron, Schwenk und Orlopp sowie Martin Schmidt.

Dok. 96
63. Magistratssitzung vom 29. Juni 1946

LAB(STA), Rep. 100, Nr. 775, Bl. 39a–39g. – Umdruck.[1]

Beginn: 9.08 Uhr   Schluß: 13.50 Uhr

Anwesend: Dr. Werner, Maron, Orlopp, Schwenk, Schulze, Lange, Pieck, Dr. Haas,
            Schmidt, Dohmen, Frau Kuckhoff, Henneberg, Starck, Knoll, Wild-
            angel, Scharoun, Grüber, Hauth, Grommann, Karweik, Rumpf, Jirak,
            Schwanebeck, Dr. Goll[, Dusiska].[2]

Den Vorsitz führt: Oberbürgermeister Dr. Werner.

Tagesordnung: 1. Protokoll
                2. Personalfragen und Verwaltung
                3. Wahlordnung
                4. Bericht über die Beschaffung von Baumaterial
                5. Verordnung über Heilmittelproduktion
                6. Allgemeines.

1. PROTOKOLL
Die Niederschrift der 62. Sitzung vom 22.6.46 wird genehmigt.

2. PERSONALFRAGEN UND VERWALTUNG
Pieck legt *Entwürfe* für das in der Verfassung vorgesehene neue *Stadtwappen* sowie
für andere städtische Symbole vor.[3]
BESCHLUSS: Nach kurzer Aussprache wird beschlossen, eine Kommission mit
             der Ausschreibung eines Wettbewerbes für das Stadtwappen zu
             beauftragen.[4] In die Kommission werden gewählt die Magistrats-
             mitglieder Pieck, Dr. Haas, Dusiska, Schulze, Scharoun.[5]

---

1   Weitere Umdruckexemplare dieses Protokolls sind vorhanden in: LAB(STA), Rep. 100,
    Nr. 752, lfd. S. 286 – 299; LAB, Rep. 228, Mag.protokolle 1946.
2   In der Anwesenheitsliste ist „Dr. Klausnik" (richtig: Klausnitz) nicht aufgeführt, der
    im Text des Protokolls (TOP 5) als Redner genannt wird. Der Name des ebenfalls
    nicht aufgeführten, aber im Text des Protokolls mehrfach als Redner genannten
    stellvertretenden Stadtrats Dusiska wurde am Schluß des 65. Mag.prot. v. 13.7.1946
    nachträglich in der Anwesenheitsliste ergänzt.
3   Die hier erwähnten Entwürfe konnten nicht ermittelt werden. Vgl. aber den Entwurf
    eines neuen Berliner Wappens in: Berliner Zeitung, 10.7.1946, [S. 6]. Dieser Entwurf
    ist auch abgebildet auf dem vorderen Umschlagdeckel des gedruckten Jahresberichts:
    Das erste Jahr. Berlin im Neuaufbau. Ein Rechenschaftsbericht des Magistrats der Stadt
    Berlin, hrsg. im Auftrage des Magistrats der Stadt Berlin, Berlin 1946. Vgl. zur Frage
    des Berliner Wappens das 40. Mag.prot. v. 7.1.1946, TOP 2.
4   Vgl.: Muß der Bär die Krallen zeigen? Ein Wettbewerb um das Berliner „Stadtzeichen"
    geplant, in: Berliner Zeitung, 10.7.1946, [S. 6]; Der Bär bleibt im Wappen, in: Berliner
    Zeitung, 9.10.1946, [S. 6].
5   Die Frage des Berliner Wappens ist in den folgenden Mag.sitzungen nicht wieder

3. WAHLORDNUNG

Hierzu liegt die Vorlage Nr. 304[6] vor, betreffend Wahlordnung für die Wahlen der Abgeordneten und der Bezirksverordneten der Berliner Verwaltungsbezirke.[7]

Schmidt erläutert den vorliegenden Entwurf, der auf kurzfristigen Befehl der Alliierten Kommandantur dieser bis zum 4. Juli zu unterbreiten ist[8]. Er beruht auf der Grundlage der früheren Wahlordnung von 1929[9], ist im Rechtsausschuß durchberaten worden[10] und hat bereits der Bezirksbürgermeister-Konferenz und zweimal dem Einheitsausschuß der Parteien vorgelegen.[11] Dabei sind noch eine Reihe von Änderungen vorgenommen worden.

Grundsätzliche Fragen, über die noch eine Entscheidung zu treffen wäre, betreffen die Wahlberechtigung und die Wählbarkeit. Wegen der *Wahlberechtigung* von ehemaligen Mitgliedern der NSDAP ist man zu der Lösung gekommen, lediglich

---

behandelt worden. Vgl. zur weiteren Entwicklung dieser Frage: Reichhardt: Der Berliner Bär, S. 35 – 48.

6 LAB(STA), Rep. 100, Nr. 775, Bl. 42 – 53 u. 57 – 66.

7 In seinem zweiten Entwurf einer vorläufigen Verfassung hatte der Magistrat bereits Bezug auf eine noch zu erstellende Wahlordnung genommen; vgl. das 55. Mag.prot. v. 29.4.1946, TOP 2 (Beschluß). Was den Termin der ersten Nachkriegswahlen in Berlin betraf, so hatte das Koordinierungskomitee des Alliierten Kontrollrats laut dem Kommuniqué seiner Sitzung v. 3.6.1946 „einen Erlaß der Alliierten Kommandantur herausgegeben, in Berlin im Oktober 1946 Wahlen durchzuführen". Vgl. hierzu: Der Alliierte Kontrollrat, S. 141 (hier die zit. Stelle); Berlin. Kampf um Freiheit, S. 452; Breunig, S. 174 – 183 (Die Auseinandersetzungen auf alliierter Seite um den Termin erster Wahlen). Die AK ordnete daraufhin mit BK/O (46) 283 v. 28.6.1946 an: „Die Gemeindewahlen werden in Berlin im Laufe des Monats Oktober 1946 stattfinden." Die BK/O ist vorhanden in: LAB(STA), Rep. 101, Nr. 67, u. LAB, Rep. 280, Nr. 4878; abgedruckt in: Berlin. Quellen und Dokumente, 1. Halbbd., S. 1115. Maron hatte bereits am 14.6.1946 im Einheitsausschuß Groß-Berlin angekündigt: „Als Wahltermin wird der Magistrat den 20. Oktober der Kommandantur gegenüber in Vorschlag bringen." Siehe das 16. Prot. des Einheitsausschusses Groß-Berlin v. 14.6.1946, in: BArch, Abt. Potsdam, Z-3, Nr. 4, Bl. 93. Im § 69 der Wahlordnung in der Fassung der Mag.vorlage Nr. 304 v. 25.6.1946 wurde ebenfalls der 20.10.1946 als Wahltag genannt. Die AK bestätigte diesen Wahltag mit BK/O (46) 310 v. 25.7.1946, betr. „Grundsätze der Wahlordnung für die im Oktober 1946 in Groß-Berlin stattzufindenden Wahlen". Die BK/O ist vorhanden in: LAB(STA), Rep. 101, Nr. 69, u. LAB, Rep. 280, Nr. 4890; abgedruckt in: Berlin. Quellen und Dokumente, 1. Halbbd., S. 1116 f.

8 Die AK hatte mit BK/O (46) 268 v. 19.6.1946 unter Bezugnahme auf den zweiten Magistratsentwurf einer vorläufigen Verfassung angeordnet, ihr binnen 14 Tagen „einen Entwurf für das Wahlverfahren in Form einer Wahlordnung" zu unterbreiten. Die BK/O ist vorhanden in: LAB(STA), Rep. 101, Nr. 66; LAB, Rep. 280, Nr. 4870.

9 Gemeint ist die Wahlordnung für die Wahlen der Stadtverordneten und der Bezirksverordneten in Berlin v. 26.8.1925 mit den Änderungen v. 11.8.1929, in: Ministerial-Blatt für die Preußische innere Verwaltung, Jg. 86 (1925), Sp. 911 – 924, u. Jg. 90 (1929), Sp. 747.

10 Sitzungsprotokolle des Rechtsausschusses des Magistrats konnten nicht ermittelt werden.

11 Vgl. das Prot. der Konferenz der Bezirksbürgermeister am 20.6.1946, TOP 1, in: LAB, Rep. 280, Nr. 3860; das 16. u. 17. Prot. des Einheitsausschusses Groß-Berlin v. 14.6.1946 u. 28.6.1946, in: BArch, Abt. Potsdam, Z-3, Nr. 4, Bl. 93 f. u. 97 f.; ferner das Prot. der Sitzung des Landesvorstands Groß-Berlin der SED am 25.6.1946, S. 8 f., in: SAPMO-BArch, BPA, IV L-2/1/007, Bl. 21 f.

zu sagen: Wahlberechtigt ist nicht, wer unter den Personenkreis des I. Teiles der alliierten Entnazifizierungsanordnung[12] fällt.

(Der Magistrat stimmt dieser Lösung zu.)

Eine weitere Änderung betrifft die Frage der *Ansässigkeit in Berlin*. Früher waren 6 Monate als Mindestansässigkeit vor dem Wahltag vorgeschrieben. Dieser Zeitraum ist auf 3 Monate verkürzt worden, um möglichst wenige von den heimkehrenden Kriegsgefangenen und sonstigen Rückkehrern vom Wahlrecht auszuschließen. § 2 Abs. 1 soll jetzt folgendermaßen formuliert werden:

> Wahlberechtigt sind alle am Wahltag über 20 Jahre alten Männer und Frauen, die die deutsche Staatsangehörigkeit besitzen und spätestens 3 Monate vor dem Wahltag gemäß den geltenden Bestimmungen in Berlin wohnberechtigt waren.

(Der Magistrat stimmt der Formulierung zu.)[13]

Die *Wählbarkeit* soll nach den übereinstimmenden Wünschen der antifaschistischen Parteien und der Bezirksbürgermeister-Konferenz von einer längeren Dauer der Anwesenheit in Berlin abhängig gemacht werden. Darum soll der § 2 Abs. 2 lauten:

> Wählbar sind diejenigen Wahlberechtigten, die am Wahltage das 23. Lebensjahr vollendet haben, seit 6 Monaten vor dem Wahltag gemäß den geltenden Bestimmungen in Berlin wohnberechtigt waren und niemals Mitglied der NSDAP oder ihrer Gliederungen waren.

Über die Frage der Herabsetzung des Alters für die Wählbarkeit vom 25. auf das *23. Lebensjahr* hat es längere Diskussionen gegeben. Eine einheitliche Stellungnahme der Parteien ist in diesem Punkte nicht erzielt worden. Der Magistrat muß hierüber besonders entscheiden.

Maron tritt für das 23. Jahr ein.[14] Staatspolitische Klugheit hänge nicht immer vom Alter ab. Im übrigen stehe es durchaus im Belieben der Parteien, Kandidaten mit höherem Lebensalter aufzustellen. Aber bei der gegenwärtigen Überalterung unseres Volkes müsse die Möglichkeit bestehen, so schnell wie möglich jugendliche Kräfte zur Mitarbeit heranzuziehen.

BESCHLUSS: *Der Magistrat beschließt, das passive Wahlrecht auf 23 Jahre festzusetzen.*

Grüber wirft die Frage auf, ob wegen der *Staatsangehörigkeit* nicht eine besondere Bestimmung für diejenigen angebracht sei, denen auf Grund der Nürnberger Gesetze[15] unberechtigterweise die deutsche Staatsangehörigkeit abgesprochen wurde,

---

12 Gemeint ist die BK/O (46) 101a v. 26.2.1946. Sie ist vorhanden in: LAB(STA), Rep. 101, Nr. 59, u. LAB, Rep. 280, Nr. 13449; veröffentlicht in: VOBl., Jg. 2 (1946), S. 71 – 78. Vgl. hierzu auch das 50. Mag.prot. v. 16.3.1946, TOP 2 (Schmidt).

13 Vgl. zur Frage der Befreiung der heimkehrenden Kriegsgefangenen von der hier beschlossenen Wohnsitzklausel das 68. Mag.prot. v. 3.8.1946, TOP 4.

14 Vgl. auch: Friedel Hoffmann: Wählbar mit 23 Jahren?, in: Vorwärts, 15.7.1946, [S. 4].

15 Als „Nürnberger Gesetze" wurden zwei Gesetze bezeichnet, die anläßlich des Reichsparteitages der NSDAP in Nürnberg am 15.9.1935 verabschiedet worden waren: das „Reichsbürgergesetz" und das „Gesetz zum Schutze des deutschen Blutes und der deutschen Ehre" (RGBl., Jg. 1935, Teil I, S. 1146 f.). Diese Gesetze hatten eine zentrale rechtliche Grundlage für die Diskriminierung und Verfolgung der jüdischen Bevölkerung bis zum Ende des NS-Regimes gebildet.

die aber jetzt wegen des Fehlens einer hierfür zuständigen administrativen Stelle nicht die deutsche Staatsangehörigkeit wieder verliehen bekommen können.

Dusiska meint, in dieser Frage sei bereits eine Klarstellung durch den Kontrollrat erfolgt.[16]

Schmidt will dies nachprüfen. Wenn es klar ist, daß diese Frage bereits in einem Gesetz des Kontrollrats geregelt ist, braucht in der Wahlordnung nichts darüber gesagt zu werden. Es wird dann lediglich durch eine Anweisung an die Wahlämter noch einmal ausdrücklich darauf aufmerksam gemacht werden.

BESCHLUSS: Der Magistrat stimmt dem Abs. 2 des § 2 in der vorgeschlagenen Fassung zu.

Schmidt berichtet weiter über den Entwurf und die vorgenommenen Änderungen.

Dr. Haas macht darauf aufmerksam, daß es in § 10 Abs. 1[17] richtig heißen muß:
    In die Liste sind alle Wahlberechtigten einzutragen, die im Gebiet von Berlin 3 Monate vor dem Wahltag wohnberechtigt sind.

Der Redner beantragt ferner, überall das Wort „Wahlgeschäft" oder „Wahlhandlung" durch das Wort „Wahl" zu ersetzen.

    (Den Vorschlägen wird zugestimmt.)

Nicht klar genug kommt in der Wahlordnung zum Ausdruck, daß für die Wahl der Abgeordneten von Berlin jeder Wahlbezirk[18] einen Wahlkreis bildet. Dies gehe nur aus einem Relativsatz in § 7 Abs. 1 hervor.

    (Nach kurzer Erörterung wird beschlossen, § 7 Abs. 1 umzuformulieren, so daß der Relativsatz ein Hauptsatz wird und lautet: „Die Wahlkreise decken sich stets mit den Verwaltungsbezirken.")

Schmidt fährt fort: In § 23 Abs. 2 ist die Ziffer 2)[19] dahin umzuändern, daß die Bestimmung lautet:
    Mit dem Wahlvorschlage sind einzureichen:
    2) die polizeiliche Bescheinigung, daß die Bewerber am Wahltage das 23. Lebensjahr vollendet haben, deutsche Staatsangehörige sind, seit 6 Monaten in Berlin wohnberechtigt sind, vom Wahlrecht nicht ausgeschlossen und niemals Mitglieder der NSDAP oder ihrer Gliederungen gewesen sind.
    (Den Vorschlägen wird zugestimmt.)

---

16 Der Alliierte Kontrollrat hatte mit seinem Gesetz Nr. 1 v. 20.9.1945 grundlegende Gesetze des NS-Regimes aufgehoben, darunter auch die sogenannten Nürnberger Gesetze. Das Gesetz Nr. 1 wurde veröffentlicht in: Amtsblatt des Kontrollrats in Deutschland, Nr. 1 (2., korrigierte Aufl., 29.10.1945), S. 6–8; Die Berliner Konferenz, S. 52 f.; VOBl., Jg. 1 (1945), S. 102.

17 Dieser Absatz hat in der Textfassung der Mag.vorlage Nr. 304 den Wortlaut: „In die Liste sind alle Wahlberechtigten einzutragen, die im Gebiet von Berlin seit 3 Monaten ihren Wohnsitz haben."

18 Müßte heißen: Verwaltungsbezirk.

19 Diese Ziffer hat in der Textfassung der Mag.vorlage Nr. 304 den Wortlaut:
    „Mit dem Wahlvorschlage sind einzureichen:
    [...]
    2) die polizeiliche Bescheinigung, daß die Bewerber am Wahltage das 25. Lebensjahr vollendet haben, deutsche Staatsangehörige sind, seit 3 Monaten in Berlin wohnen und vom Wahlrecht nicht ausgeschlossen sind."

Die Absätze 4 und 5 in § 23 überschneiden sich;[20] sie sind in dem Entwurf eigentlich nur zur Auswahl aufgenommen. Die Bezirksbürgermeister-Konferenz und die Parteien haben nach einer Diskussion über diesen Punkt beschlossen, den Abs. 4 zu streichen mit Ausnahme des letzten Satzes. Der Abs. 5 bekommt die N[umme]r 4. Der letzte Nebensatz in dem bisherigen Abs. 5: „die dann von der Bestimmung der Ziffer 4 befreit sind" fällt fort; an diese Stelle kommt der letzte Absatz[21] von dem bisherigen Abs. 4: „Die Wahlvorschläge können eine beliebige Anzahl von Bewerbern enthalten."

§ 32 Abs. 2 besagt, daß die Reihenfolge für die Wahlvorschläge bei dieser ersten Wahl durch das Los bestimmt werden soll. Hier wurde von einer der politischen Parteien[22] gewünscht, die Numerierung nach der Stärke der Mitgliederzahl der Parteien vorzunehmen. Dies ist aber technisch nicht gut möglich, deshalb solle es bei der vorliegenden Fassung bleiben.

(Der Magistrat stimmt dieser Meinung zu.)

In § 33 ist rein stilistisch zu ändern, daß es statt „6 Uhr nachmittags" heißen muß: „18 Uhr".

In § 36 Abs. 2 ist zu ändern, daß aus Gründen der Materialersparnis die Größe der Wahlurne nicht mindestens 90 cm, sondern nur mindestens 65 cm betragen soll und daß der Abstand der Wände mindestens 20 cm statt 35 cm sein soll.

In § 37 Abs. 2[23] sind die Worte „von dem Kreiswahlleiter" zu streichen. Die Stimmzettel sollen wegen der Verbilligung zentral hergestellt werden.

In § 48 Abs. 2[24] muß der letzte Halbsatz lauten: „ist auch der Umschlag der Niederschrift anzuschließen und mit der Anlage-Nummer zu versehen."

20 Diese Absätze haben in der Textfassung der Mag.vorlage Nr. 304 den Wortlaut:
„4. Die für die Wahl der Abgeordneten von Berlin einzureichenden Kreiswahlvorschläge müssen von wenigstens 500 im Wahlkreise, die Stadtwahlvorschläge von wenigstens 2 000 in dem Gebiet der Stadt Berlin zur Ausübung des Wahlrechts berechtigten Personen unterzeichnet sein. Für Wahlvorschläge bei den Wahlen der Bezirksverordneten (Bezirkswahlvorschläge) genügen 500 Unterschriften von im Verwaltungsbezirk zur Ausübung des Wahlrechts berechtigten Personen. Die Wahlvorschläge können eine beliebige Anzahl von Bewerbern enthalten.
5. Berechtigt zur Einreichung von Bezirkswahlvorschlägen sowie von Kreis- und Stadtwahlvorschlägen sind lediglich die für das Stadtgebiet von Berlin beim Magistrat der Stadt Berlin registrierten und von der Alliierten Kommandantur zugelassenen politischen Parteien, die dann von der Bestimmung der Ziffer 4 befreit sind."
21 Müßte heißen: Satz.
22 Gemeint ist die SED; vgl. das Prot. der Sitzung des Landesvorstands Groß-Berlin der SED am 25.6.1946, S. 8, in: SAPMO-BArch, BPA, IV L-2/1/007, Bl. 21.
23 Der erste Satz von § 37 Absatz 2 hat in der Textfassung der Mag.vorlage Nr. 304 den Wortlaut: „Die Stimmzettel, gesondert für Abgeordneten- und Bezirksverordnetenwahlen, werden für jeden Wahlkreis von dem Kreiswahlleiter amtlich hergestellt und den Bezirksämtern zur Weitergabe an die Wahlvorsteher überwiesen."
24 Der § 48 hat in der Textfassung der Mag.vorlage Nr. 304 den Wortlaut:
„1. Die Stimmzettel, über deren Gültigkeit oder Ungültigkeit der Wahlvorstand Beschluß fassen muß, sind mit fortlaufenden Nummern zu versehen und der Niederschrift beizufügen.
In der Niederschrift sind die Gründe anzugeben, aus denen die Stimmzettel für gültig oder ungültig erklärt worden sind.
2. Wenn ein Stimmzettel wegen der Beschaffenheit des Umschlages für ungültig erklärt worden ist, ist auch der Umschlag anzuschließen."

In § 49[25] sind die Worte „in Papier einzuschlagen" zu streichen und dafür zu setzen: „getrennt nach den für die Parteien abgegebenen Stimmen einzuschlagen".

In § 53[26] sind aus stilistischen Gründen die Worte „so ein, daß sie" zu streichen; statt der Worte „bei ihm eingeht" ist das Wort „ein" zu setzen. Der Satz wird dadurch vereinfacht.

In § 60 wird die Ersetzung des Wortes „schleunigst" durch „unverzüglich" gewünscht.

In § 63 soll ein neuer Abs. 3 anstelle des bisherigen Abs. 3, der die Nummer 4 erhalten soll, mit folgendem Wortlaut eingeschaltet werden:

Tritt ein Abgeordneter oder Bezirksverordneter aus der Partei, auf deren Wahlvorschlag er gewählt ist, aus oder wird er von seiner Partei ausgeschlossen, so scheidet er aus der Abgeordnetenversammlung bzw. Bezirksverordnetenversammlung aus, und der Magistrat hat nach § 63 Abs. 1[27] seinen Ersatzmann zu bestimmen.

Maron bittet, diese Formulierung genau zu überlegen. Es werde hier, wie auch schon in der Besprechung mit den Parteivertretern ausgeführt wurde[28], mit einem alten, aber stets umkämpften Prinzip gebrochen. Bisher war der Abgeordnete, wenn er gewählt war, für die Zeit der Legislaturperiode in seinem Mandat gesichert, auch wenn er aus der Partei, als deren Angehöriger er gewählt worden war, ausschied oder sich politisch sozusagen zur Ruhe setzte. Demgegenüber hat sich in der neueren Demokratie der Gedanke durchgesetzt, daß der Abgeordnete als Vertreter einer bestimmten Partei und eines bestimmten Programms und nicht als Person gewählt ist, und da der Abgeordnete nicht jederzeit seinen Wählern gegenüber verantwortlich sein kann, muß er zum mindesten das Verantwortungsbewußtsein gegenüber der Partei haben, und die Partei muß die Möglichkeit haben, ihn auszuscheren oder abzuberufen.

Der Redner vertritt darüber hinaus die Auffassung, daß auch der Magistrat jederzeit dem Gremium gegenüber, das ihn gewählt hat, verantwortlich sein müsse; d[as] h[eißt]: Wenn ein Magistratsmitglied nicht mehr das Vertrauen der Abgeordnetenversammlung besitzt, muß er [sic!] von seinem Posten zurücktreten.

Dusiska verweist auf die englischen Verhältnisse, wo es ungeschriebenes Gesetz sei, daß sich ein Abgeordneter, der während der Legislaturperiode die Parteizugehörigkeit wechselt, freiwillig zur Neu- bzw. Wiederwahl stellt.

---

25 Der § 49 hat in der Textfassung der Mag.vorlage Nr. 304 den Wortlaut: „Alle Stimmzettel, die nicht nach § 48 der Wahlniederschrift beizufügen sind, hat der Wahlvorsteher in Papier einzuschlagen, zu versiegeln und dem Bezirksamt zu übergeben, das sie verwahrt, bis die Wahl endgültig für gültig erklärt worden oder eine Neuwahl angeordnet ist."

26 Der erste Satz des § 53 hat in der Textfassung der Mag.vorlage Nr. 304 den Wortlaut: „Die Wahlniederschrift mit sämtlichen zugehörigen, als Anlagen mit fortlaufenden Nummern bezeichneten Schriftstücken reicht der Wahlvorsteher dem Kreiswahlleiter so ein, daß sie spätestens bis zum Mittag des auf den Wahltag folgenden Tages bei ihm eingeht."

27 Dieser Absatz hat in der Textfassung der Mag.vorlage Nr. 304 den Wortlaut: „Wenn ein Abgeordneter oder ein Bezirksverordneter die Wahl ablehnt, so hat der Magistrat nach der bestehenden Reihenfolge festzustellen, wer als Ersatzmann in die Stelle einzurücken hat und diesen zur Einnahme des Sitzes aufzufordern."

28 Vgl. das 17. Prot. des Einheitsausschusses Groß-Berlin v. 28.6.1946, in: BArch, Abt. Potsdam, Z-3, Nr. 4, Bl. 98.

[*Dr. Haas* hält die Änderung gegenüber dem bis 1933 in Deutschland geltenden Wahlrecht angesichts der heutigen unsicheren parteipolitischen Verhältnisse für verfrüht.][29]

Hauth betont, daß wir heute keine Personenwahl mehr haben, sondern eine Verhältniswahl, bei der sich der Wähler für eine bestimmte Liste, für das Programm einer Partei entscheidet, daher müsse von dem Gewählten verlangt werden, daß er auch das Programm der Partei durchführt. Die beantragte Einschränkung sei deshalb durchaus gerechtfertigt.

(Der Magistrat stimmt der von Schmidt vorgeschlagenen Formulierung zu.)

Schmidt begründet weiter eine Änderung zu § 65, betreffend die Wiederholungs- und Nachwahlen. Nach früheren Bestimmungen mußten diese von derselben Wahlleitung durchgeführt werden. Von Fachleuten wird aber eingewandt, es sei nicht angängig, daß, wenn eine Wahl wegen eines Fehlers für ungültig erklärt worden ist, nun automatisch dieselben Personen wieder die Wahl leiten. Daraus ergibt sich in § 65 die Änderung, daß es in der sechsten Zeile heißen soll: „in denselben Räumen, aber unter einer neugewählten Wahlleitung", und daß in der neunten Zeile die Worte „und der Wahlleitung" zu streichen sind. Damit steht fest, daß die Wahlleitung unter allen Umständen neu gebildet werden muß. Sie kann natürlich dieselben Personen enthalten.

Aus demselben Gedankengang ergeben sich einige Änderungen in § 66 Abs. 2. Es muß dort unter Streichung des Wortes „Wahlvorsteher" heißen: „Abstimmungsbezirke und Wahlräume bleiben unverändert". Und im nächsten Satz: „Der Kreiswahlleiter und die Wahlvorsteher müssen neu ernannt, der Kreiswahlausschuß und die Wahlleitungen müssen neu gebildet werden." Im letzten Satz ist statt „ortsüblich" zu setzen „wie üblich".

In § 66 Abs. 3[30] ist der größeren Klarheit wegen hinter „Wahltag" einzufügen: „für die Wiederholungs- und Nachwahlen".

In § 67[31] ist in der vorletzten Zeile statt „und" das Wort „oder" zu setzen.

In § 69 muß es in der letzten Zeile statt „§ 59 Nr. 1" heißen: „§ 64".

Der Redner bittet, nunmehr der gesamten Wahlordnung unter Berücksichtigung der vorgetragenen Änderungen bzw. der Änderungen, über die bereits abgestimmt worden ist, zuzustimmen.

BESCHLUSS: Die Wahlordnung (Vorlage Nr. 304) wird mit den vorgeschlagenen
           Änderungen angenommen.[32]

---

29 Die hier in eckigen Klammern wiedergegebene Textstelle ist in die Originalexemplare des 63. Mag.prot. v. 29.6.1946 versehentlich nicht aufgenommen worden. Dieses Versehen wurde durch eine entsprechende Ergänzung im folgenden Mag.prot. berichtigt; vgl. das 64. Mag.prot. v. 5.7.1946, TOP 1.

30 Dieser Absatz hat in der Textfassung der Mag.vorlage Nr. 304 den Wortlaut: „Den Wahltag bestimmt so bald wie möglich der Magistrat."

31 Der § 67 hat in der Textfassung der Mag.vorlage Nr. 304 den Wortlaut: „Wähler im Sinne dieser Wahlordnung sind auch Wählerinnen; sie können zu Wahlleitern, Wahlvorstehern, Schriftführern und Beisitzern ernannt und berufen werden." Das hier zweimal vorkommende Wort „und" steht in der Mag.vorlage Nr. 304 in beiden Fällen in der vorletzten Zeile.

32 Der hiermit beschlossene Entwurf der Wahlordnung wurde der AK vom Magistrat

4. BERICHT ÜBER DIE BESCHAFFUNG VON BAUMATERIALIEN

Starck erstattet folgenden Bericht:[33] Bei der Beschaffung von Baustoffen hat sich im letzten Monat eine ganze Reihe von *Schwierigkeiten* ergeben, die zum großen

mit einem auf den 25.6.1946 [!] datierten Schreiben zugeleitet. Der Entwurf und das Schreiben sind vorhanden in: LAB(STA), Rep. 101, Nr. 66. Außerdem übersandte der Magistrat der AK mit Schreiben v. 29.6.1946 Aufstellungen über den für die Durchführung der Wahlen erforderlichen Personal- und Sachaufwand (veranschlagte Gesamtkosten: ca. 1,85 Millionen RM) mit der Bitte um Genehmigung. Dieses Schreiben einschließlich der Aufstellungen ist vorhanden in: LAB(STA), Rep. 101, Nr. 66. Die AK erließ zunächst mit BK/O (46) 310 v. 25.7.1946 „Grundsätze der Wahlordnung für die im Oktober 1946 in Groß-Berlin stattzufindenden Wahlen", insbesondere zum aktiven und passiven Wahlrecht. Sie setzte unter anderem die Altersgrenze für das aktive Wahlrecht auf das 21. Lebensjahr und die Altersgrenze für das passive Wahlrecht auf das 25. Lebensjahr fest. Die BK/O (46) 310 ist vorhanden in: LAB(STA), Rep. 101, Nr. 69, u. LAB, Rep. 280, Nr. 4890; abgedruckt in: Berlin. Quellen und Dokumente, 1. Halbbd., S. 1116 f. Mit BK/O (46) 328 v. 14.8.1946 erließ die AK dann die Wahlordnung zusammen mit einer Grundsatzerklärung zu den Wahlen. Die BK/O ist vorhanden in: LAB(STA), Rep. 101, Nr. 70, u. LAB, Rep. 280, Nr. 4897; mit Auslassungen in der Wahlordnung abgedruckt in: Berlin. Quellen und Dokumente, 1. Halbbd., S. 1117 – 1123. Die Wahlordnung wurde veröffentlicht in: Berliner Zeitung, 11.8.1946, [S. 1 f.], u. VOBl., Jg. 2 (1946), S. 300 – 308; die Grundsatzerklärung zu den Wahlen in: Berliner Zeitung, 22.9.1946, [S. 8], u. VOBl., Jg. 2 (1946), S. 350. Die Wahlordnung in der von der AK erlassenen Fassung wies eine Reihe von Änderungen gegenüber dem vom Magistrat eingereichten Entwurf auf. Es waren nicht nur die Altersgrenzen für das aktive und passive Wahlrecht entsprechend der BK/O (46) 310 heraufgesetzt, sondern es fehlte insbesondere auch der vom Magistrat zusätzlich aufgenommene Absatz 3 zum § 63 seines Entwurfs. Mit BK/O (46) 360 v. 10.9.1946 bestimmte die AK noch, „daß kein Kandidat eine amtliche Tätigkeit im Zusammenhang mit der Wahl ausüben" durfte und daß die Kandidaten von ihr nicht vor den Wahlen bestätigt würden, sondern eine Überprüfung seitens der AK nach den Wahlen stattfinden werde. Die BK/O (46) 360 ist vorhanden in: LAB(STA), Rep. 101, Nr. 72, u. LAB, Rep. 280, Nr. 4917; abgedruckt in: Berlin. Quellen und Dokumente, 1. Halbbd., S. 1125 f. – Vgl. zur Vorbereitung der Berliner Wahlen am 20.10.1946 auch die Protokolle der Konferenzen der Bezirksbürgermeister am 11.7.1946, TOP 3 (Schmidt), am 25.7.1946, TOP 3, am 29.8.1946, TOP 2, u. am 19.9.1946, TOP 4, in: LAB, Rep. 280, Nr. 3862, 3863, 3865 u. 3867; das 66. Mag.prot. v. 20.7.1946, TOP 3, u. das 68. Mag.prot. v. 3.8.1946, TOP 2 u. 4, u. das 70. Mag.prot. v. 17.8.1946, TOP 5, u. das 71. Mag.prot. v. 24.8.1946, TOP 6, u. das 73. Mag.prot. v. 7.9.1946, TOP 2 u. 6, u. das 74. Mag.prot. v. 12.9.1946, TOP 1, u. das 75. Mag.prot. v. 14.9.1946, TOP 7 (Maron), u. das 77. Mag.prot. v. 28.9.1946, TOP 7 (Maron), u. das 78. Mag.prot. v. 5.10.1946, TOP 6.

33 Dieser Bericht war in der vorangegangenen Mag.sitzung angefordert worden; vgl. das 62. Mag.prot. v. 22.6.1946, TOP 3. Vgl. zur Baustoffbeschaffung auch das 16. Prot. des Einheitsausschusses Groß-Berlin v. 14.6.1946 (Bericht von Noelte), in: BArch, Abt. Potsdam, Z-3, Nr. 4, Bl. 94; das Prot. der Sitzung der Handelsbeiräte am 17.7.1946, in: LAB(STA), Rep. 110, Nr. 197/1; das 45. Mag.prot. v. 2.2.1946, TOP 3, u. das 56. Mag.prot. v. 4.5.1946, TOP 7, u. das 72. Mag.prot. v. 31.8.1946, TOP 3; die entsprechenden Materialien in: LAB(STA), Rep. 110, Nr. 184 u. 683; Hinter den Kulissen des Bauwesens, in: Vorwärts, 5.7.1946, S. 1; Im Sommer für den Winter sorgen, in: Vorwärts, 6.7.1946, [S. 2]; „Hinter den Kulissen des Bauwesens", in: Der Sozialdemokrat, 10.7.1946, S. 3; Steigende Baustoff-Produktion. Eine Zwischenbilanz in der Sowjet-Zone, in: Der Morgen, 10.7.1946, S. 4; Umwälzung auf dem Baustoffmarkt, in: Vorwärts, 25.7.1946, [S. 2].

Teil ihren Grund in dem Verhalten der in Frage kommenden *provinziellen Stellen* hatten. Man ist dort der Auffassung, daß die Produktionsstätten in der Provinz nur für diese da seien und daß Berlin zusehen könne, woher es seine Baustoffe bekomme. Von einer Thüringer Stelle wurde kürzlich erklärt, daß sie die Anweisungen der Zentralverwaltung[34] und Bescheinigungen des Magistrats der Stadt Berlin nicht interessierten, daß sie nicht gewillt sei, nach Berlin Material abzugeben. Hinzu kommt, daß im letzten Quartal durch einen neuen Befehl der SMA Nr. 67[35] das ganze Verteilungssystem der Baustoffe neu geregelt worden ist und daß sich dieses neue System erst einlaufen mußte.

Trotz dieser Schwierigkeiten ist die Menge der nach Berlin hereingeschafften Baumaterialien doch ziemlich erheblich. So gelang es, vom 1. April ab 2 350 t *Zement* nach Berlin einzuführen. Über das, was in den englischen Sektor von seiten der Engländer hereingekommen ist, liegen keine zahlenmäßigen Angaben vor. Zur Zeit sind für den russischen Sektor noch einige Kähne unterwegs, so daß sich die Zahl auf rund 3 000 t erhöhen wird.

Bezüglich des Kalks war ursprünglich festgelegt [worden], daß 80 % der Rüdersdorfer Produktion nach Berlin kommen sollten. Nach einem neueren Befehl dürften nur 21 % herein. Rüdersdorf hat eine Reihe von Reparationsleistungen übernehmen müssen, die vorgehen. Nach einem Befehl der SMA waren für das II. Quartal 800 t Kalk aus Rüdersdorf für Berlin zugesagt worden. Tatsächlich sind aber bisher rund 1 750 t hereingeschafft worden.[36]

Als Ersatz für Kalk stand bisher noch eine gewisse Menge *Karbidschlamm* zur Verfügung, aber dieser Vorrat geht jetzt zur Neige.

Der Redner setzt weiter auseinander, daß die im Augenblick anfallenden Kalk-mengen höchstens für 3 000 Neubauwohnungen im Jahre reichen würden, während in den besten Baujahren vor dem Kriege, 1928 und 1929, etwa 30 000 Wohnungen im Jahr gebaut worden sind[37].

---

34 Hier ist vermutlich die Deutsche Zentralverwaltung der Industrie in der sowjetischen Besatzungszone gemeint.

35 Der Befehl Nr. 67 des Obersten Chefs der Sowjetischen Militäradministration v. 6.3.1946, betr. die Verbrauchsordnung für Waren und Materialien aus den Beständen der sowjetischen Besatzungszone Deutschlands, ist mit drei Anlagen vorhanden in: LAB(STA), Rep. 101, Nr. 8, Bl. 187 – 201, u. Rep. 106, Nr. 217.

36 Die in diesem Absatz erwähnten Befehle konnten nicht ermittelt werden. Vgl. zur Zement- und Kalkproduktion in der ca. 20 km östlich von Berlin gelegenen Kleinstadt Rüdersdorf das 45. Mag.prot. v. 2.2.1946, TOP 3; Materialien v. Juli / August 1945 in: LAB(STA), Rep. 101, Nr. 13; den Aktenvermerk über eine Besprechung betr. Rüdersdorf beim Magistrat der Stadt Berlin, Abt. für Planungen, am 14.5.1946, in: LAB(STA), Rep. 101, Nr. 235; Warum gibt es so wenig Zement?, in: Der Sozialdemokrat, 29.7.1946, S. 3; Bezirk Mitte rief zur „Kalkaktion", in: Berliner Zeitung, 13.8.1946, [S. 6]; So arbeitet Rüdersdorf für Berlin, in: Vorwärts, 29.8.1946, [S. 4]; Böttcher: Bericht über meine Arbeit, S. 36 – 38, 40 u. 43 f. Vgl. ferner: 8 Millionen Tonnen Zement. Nach dem Plan des Kontrollrats, in: Der Morgen, 10.4.1946, S. 4; G[ustav] Schneevoigt: Um die Zementversorgung Berlins, in: Neue Bauwelt, Jg. 1 (1946), H. 4, S. 10.

37 Im Zeitraum von 1919 bis 1945 wurden die höchsten Wohnungsfertigstellungszahlen in Groß-Berlin in den Jahren 1930 und 1931 erreicht. Nach der amtlichen Statistik wurden fertiggestellt: 19 821 Wohnungen im Jahr 1928, 24 393 Wohnungen im Jahr 1929, 44 364 Wohnungen im Jahr 1930 und 32 180 Wohnungen im Jahr 1931; siehe: Hanauske, S. 1235.

Der Redner berichtet weiter über die Dachstein- und *Dachpappenfabrikation*. Für die letztere hat Berlin eine Kapazität von etwa 2 Millionen qm im Quartal. Im laufenden Quartal sind aber nur knapp 1 Million hergestellt worden. Es fehlt hier an dem Rohmaterial. Würden genügend Altstoffe zusammengebracht, so könnte die Fabrikation auf das Doppelte gesteigert werden.

Ähnlich steht es mit den *Dachsteinen*. Auch hier konnte wegen der mangelnden Zufuhr von Zement die Kapazität der Werke nicht voll ausgenutzt werden. Im ganzen wurden im letzten Quartal über 2 Millionen Zementdachsteine hergestellt, die 200 000 qm Dachfläche ausmachen. Bedenkt man, daß in Berlin 200 bis 250 Millionen Dachsteine gebraucht werden, um die Dächer nur einigermaßen winterfest zu machen, daß aber nur 2 Millionen Dachsteine im Quartal hergestellt werden konnten, so bedeutet das, daß viele Jahre vergehen werden, ehe nur der dringendste Bedarf befriedigt ist.

Es war ferner auch nur möglich, im Quartal 400 000 *Tonziegel* nach Berlin hereinzubringen. Früher wurde Berlin mit Tonziegeln aus Schlesien und dem Rheinland versorgt. In Brandenburg gibt es nur zwei Tonziegelwerke, von denen heute nur eins, das erst vor kurzem wieder angelaufen ist, Berlin beliefern kann.

Der Redner behandelt sodann die *Verteilung* der hereingebrachten Baustoffe *auf die einzelnen Sektoren* in Berlin und zeigt an Hand von Zahlenangaben, daß die vielfach verbreitete Ansicht, daß die nichtrussischen Sektoren nichts bekommen hätten, nicht zutrifft. So sind z[um] B[eispiel] von 35 000 cbm Kalk, die nach Berlin gekommen sind, im russischen Sektor 21 000 cbm verblieben, während 8 000 cbm in den amerikanischen Sektor, 4 000 in den britischen und 2 000 cbm in den französischen gegangen sind. Ähnlich sieht es beim Bauholz aus. Erstrebt wird eine gleichmäßige Verteilung aller Baumaterialien über ganz Berlin. Bisher ist das leider noch nicht gelungen.

Mit der *Glasversorgung* sieht es leider recht betrüblich aus.[38] Es ist zwar aus der russischen Zone eine ganze Menge Glas hereingekommen, aber dieses Quantum ist hauptsächlich im russischen Sektor verteilt worden, nur eine kleine Menge ist in andere Sektoren gegangen. Für den zivilen Bedarf ist bis auf eine größere Bereitstellung von 13 000 qm für die Beseitigung der Schäden aus Anlaß des Explosionsunglücks[39] am Alexanderplatz eigentlich nichts hereingekommen.

Augenblicklich liegen in Berlin nur etwa 12 000 qm Glas. Das ist für den ungeheuren Bedarf der Stadt Berlin eine verschwindend kleine Menge. Es ist

---

38 Vgl.: Ohne Soda kein Glas. Die Engpässe in der Glasindustrie, in: Der Kurier, 15.5.1946, S. 6; Das Glas und der Magistrat, in: Der Tagesspiegel, 24.5.1946, [S. 4]; Deutschlands Glaserzeugung, in: Die Neue Zeitung, 24.5.1946, S. 4; Glas und Bruch, in: Der Tagesspiegel, 28.5.1946, [S. 4]; Stolze Bilanz der Torgauer Glasarbeiter, in: Vorwärts, 29.5.1946, [S. 4]; Fensterglas-Pläne, in: Neue Zeit, 30.5.1946, S. 3; Berlin braucht 20 Millionen qm Glas, in: Berliner Zeitung, 4.6.1946, [S. 2]; L. Malmendier: Die Kapazität der Flachglasindustrie, in: Der Tagesspiegel, 8.6.1946, [S. 3]; Efrick: Warum noch keine Fensterscheiben?, in: Der Sozialdemokrat, 31.7.1946, S. 3; Fensterglas aus Berlin, in: Der Morgen, 3.8.1946, S. 4; Hilferuf der Glaser, in: Der Tagesspiegel, 11.8.1946, [S. 4]; Stralauer Glashütte, in: Der Kurier, 15.8.1946, S. 4; In Zehlendorf wird Glas hergestellt, in: Neues Deutschland, 4.10.1946, Berliner Beilage.

39 Vgl. hierzu das 50. Mag.prot. v. 16.3.1946, vor TOP 1 u. TOP 9, u. das 51. Mag.prot. v. 25.3.1946, TOP 6 (Starck), u. das 55. Mag.prot. v. 29.4.1946, TOP 9, u. das 78. Mag.prot. v. 5.10.1946, TOP 6.

nicht möglich, mehr hereinzubringen, da die Kapazität der Werke, die in der sowjetischen Zone liegen, nicht besonders groß ist und diese Werke nicht ausschließlich für Berlin arbeiten können. Es ist im Laufe des Jahres mit einer Anfuhr von höchstens 250 000 qm zu rechnen.

In einer Besprechung ist kürzlich der Vorschlag gemacht worden, die Bevölkerung aufzufordern, verglaste *Doppelfenster*, soweit solche noch vorhanden sind, an diejenigen *abzugeben*, die gar keine Fensterscheiben in ihren Wohnungen haben. Es ist noch näher zu prüfen, ob und in welcher Form sich dieser Plan verwirklichen läßt.

Die Frage ist nun, was mit dem wenigen Baumaterial, das nach Berlin hereinkommt, zu schaffen ist. In dem Bauwirtschaftsplan[40] für dieses Jahr ist die Instandsetzung von 53 000 Wohnungen vorgesehen. Diese Zahl wird wahrscheinlich erreicht werden. Es sind vom 1. Januar bis jetzt rund 89 000 Wohnräume wieder bewohnbar gemacht worden. Das kommt ungefähr einer Zahl von *25 [000] bis 30 000 Wohnungen* gleich, die also bisher schon in der ersten Hälfte dieses Jahres *wiederhergestellt* werden konnten.

Der Redner behandelt weiter die Frage, wie neue Baustoffe für Berlin erschlossen werden können. Ein Plan nach dieser Richtung ist die Gewinnung von *Zement aus Asche* in Klingenberg[41]. Die Vorarbeiten sind soweit gediehen, daß noch in diesem Jahre mit einem Anlaufen der Produktion gerechnet werden kann.[42]

Ein zweiter Vorschlag betrifft die *Ausbeutung eines Gipsvorkommens* in der Nähe von Berlin, etwa 40 km entfernt.[43] Der Plan geht dahin, gemeinsam mit der Provinzialverwaltung Potsdam[44] den Gips zu gewinnen, der durch Zusätze von chemischen Mitteln als Kalkersatz verwendbar sein soll.

Die Frage der *Verteilung der Baustoffe* ist in letzter Zeit vielfach Gegenstand von Diskussionen gewesen. Erst gestern stand in der Zeitung „Der Telegraf" eine Notiz, wonach die Verteilung der Baustoffe hinter verschlossenen Türen vor sich gehe[45]. Richtig ist, daß bei der Verteilung nicht alles so läuft, wie es sollte. Die Mengen sind zu gering, um sie so verteilen zu können, daß man jedem gerecht wird. Dennoch wird es notwendig sein, das wenige, was da ist, aufzuschlüsseln und die Verteilung an die Bezirke, die Industrie, die Hochbauämter und die Kommandanturbauten generell von vornherein festzulegen. Außerdem soll in Zukunft mit Hilfe des FDGB eine öffentliche Kontrolle über die Verteilung durchgeführt werden.

---

40 Vgl. hierzu das 48. Mag.prot. v. 4.3.1946, TOP 6, u. das 49. Mag.prot. v. 9.3.1946, TOP 6 (Maron). u. das 50. Mag.prot. v. 16.3.1946, TOP 8 (insb. Anm. 103).

41 Gemeint ist das Großkraftwerk Klingenberg im Ortsteil Rummelsburg, Bezirk Lichtenberg. Vgl. hierzu: Wenn in Klingenberg eine Maschine ausfällt, in: Der Morgen, 23.4.1946, S. 3; Klingenberg wieder voll einsatzfähig, in: Neue Zeit, 12.6.1946, S. 3.

42 Vgl. hierzu Karweik, Haas und Beschluß am Ende dieses TOP 4; Braunkohlen-Flugasche. Austauschwerkstoff gegen Baukalk, in: Berliner Zeitung, 18.1.1946, [S. 2]; Ausweg aus der Baustoffnot, in: Telegraf, 18.6.1946, S. 8; Bauplatten aus Flugasche, in: Der Tagesspiegel, 6.7.1946, [S. 3]; Das Bauamt im Wettlauf mit der Zeit, in: Der Morgen, 8.8.1946, S. 3; Neue Baustoffe und Bindemittel, in: Berliner Zeitung, 21.8.1946, [S. 6]; Asche als Baumaterial, in: Nacht-Express, 3.9.1946, [S. 4]; Häuser, gebaut aus Schutt und Asche, in: Tägliche Rundschau, 25.9.1946, S. 6.

43 Gemeint ist das Gipsvorkommen bei der Ortschaft Sperenberg südlich von Berlin.

44 Gemeint ist die Provinzialverwaltung Mark Brandenburg mit Sitz in Potsdam.

45 Vgl.: Zementverteilung hinter verschlossenen Türen, in: Telegraf, 28.6.1946, S. 3.

Um das wenige Material, das hereinkommt, auch für die notwendige Arbeit zu sichern und richtig zu verwenden, sind eine Reihe von Verfügungen und Verordnungen herausgegeben worden, die dem sogenannten wilden Bauen steuern sollten.[46] Man wird jedoch nie ganz verhindern können, daß schwarz gebaut wird. Aber durch Kontrollorgane und durch die Mitarbeit der Bevölkerung und vor allem durch die Bestimmung, daß jeder, der bauen will, eine Lizenz haben muß, ist es gelungen, [die] unzulässige Verwendung von Baustoffen einzuschränken.

Der Redner erklärt abschließend: Wir müssen versuchen, uns neue Produktionsquellen zu erschließen, und werden darüber zu gegebener Zeit dem Magistrat Vorlagen unterbreiten. Im übrigen können wir uns mit den hereingebrachten Baumaterialien und den damit ausgeführten Arbeiten ruhig sehen lassen. 30 000 winterfest gemachte Wohnungen in noch nicht 6 Monaten bedeutet immerhin eine anständige Leistung!

Dusiska geht speziell auf die Frage der Hereinholung und Verteilung der Baustoffe ein. Es gibt in der Provinz und in den Ländern der russischen Zone verschiedene lokale Stellen, die sich entgegen den Plänen der SMA und der Zentralverwaltung[47] gegen eine Belieferung Berlins mit Baumaterialien wehren. Angesichts dieses Zustandes sollten die Berliner Stellen, die an der Hereinholung und Verwertung beteiligt sind, an einem Strange ziehen. Das ist aber leider nicht der Fall. Nach den getroffenen Regelungen unterliegt die Beschaffung von Rohstoffen der Abt[eilung] Wirtschaft. Das findet seinen Ausdruck auch darin, daß alle Kontingente auf diesem Gebiet der Abt[eilung] Wirtschaft übergeben werden. Das Bestreben, zu einer sachgemäßen Verteilung zu kommen, hat zu der Gründung der Baustoffbeschaffungsgesellschaft geführt.[48] Schon dabei hat sich gezeigt, daß einige *Herren der Abt[eilung] für Bau- und Wohnungswesen* mit dieser Gründung nicht einverstanden waren. Nun kommen die Kontingente der verschiedensten Art auf Grund des Befehls Nr. 67[49] an die Abt[eilung] für Wirtschaft. Herren der Abt[eilung] für Wirtschaft reisen daraufhin in die Provinz, treffen dort aber zu ihrer peinlichen Überraschung bereits Beauftragte der Abt[eilung] für Bau- und Wohnungswesen. So etwas macht bei den Provinzialstellen einen schlechten Eindruck und schädigt das Ansehen und die Interessen des Magistrats.

Der Redner trägt an Hand einer Aktennotiz[50] aus der Abt[eilung] für Handel und Handwerk einen weiteren Fall vor, bei dem von seiten einer Gruppe von Baustoffindustriellen gegen die Baustoffbeschaffungsgesellschaft gearbeitet wurde und wobei sich herausgestellt hat, daß diese Industriellen von Herren der Abteilung für Bau- und Wohnungswesen in dieser Richtung beraten worden sind.

Aus allen diesen Gründen fordert der Redner eine *Untersuchung* gegen die auf dem Gebiet der Baustoffbeschaffung verantwortlichen Personen in der Abt[eilung] für Bau- und Wohnungswesen.

---

46 Vgl. das 18. Mag.prot. v. 27.8.1945, TOP 7, u. das 40. Mag.prot. v. 7.1.1946, TOP 3 (VO-Entwurf zur Verhinderung ungenehmigter Bauarbeiten); Hanauske, S. 217 – 219.

47 Hier ist vermutlich die Deutsche Zentralverwaltung der Industrie in der sowjetischen Besatzungszone gemeint.

48 Vgl. das 55. Mag.prot. v. 29.4.1946, TOP 6.

49 Vgl. Anm. 35 zu diesem Mag.prot.

50 Diese Aktennotiz konnte nicht ermittelt werden.

Grommann klagt ebenfalls darüber, daß von seiten der Abt[eilung] für Bau- und Wohnungswesen bei der Hereinholung von Materialien aus Thüringen und Sachsen sonderbare Wege gegangen würden, wodurch bei den Verwaltungen draußen der Eindruck entstehen müsse, als wenn der Magistrat der Stadt Berlin eine Körperschaft wäre, deren einzelne Abteilungen untereinander gar keine Verbindung haben. Gerade weil gegen Lieferungen nach Berlin draußen eine starke Abneigung bestehe, sei es um so notwendiger, einheitlich vorzugehen.

Der Redner berichtet sodann noch über einen Plan, in Thüringen fabriziertes *Hohlglas*, das ursprünglich für Christbaumschmuck gedacht war, zur Verwendung *als Fensterglas* umzuarbeiten.

Maron stellt fest, daß die Aussprache einen aufschlußreichen Einblick in die Lage auf dem Baustoffmarkt gebracht habe, und bittet Herrn Starck, seinen Bericht auch vor der nächsten Bürgermeister-Konferenz vorzutragen[51]. Denn es ist eine der wichtigsten Fragen, ob wir bis zum Winter imstande sein werden, wenigstens etwas auf dem Baugebiet zu leisten. Die mitgeteilten Zahlen zeigen, daß immerhin eine ganze Menge Baustoffe nach Berlin gekommen sind, aber im Verhältnis zu dem, was benötigt wird, ist es doch nur ein kleiner Bruchteil. In der Bevölkerung besteht der Eindruck, der Magistrat tue nicht genügend, um die Notlage auf diesem Gebiet zu mildern. Man kann demgegenüber auf das hinweisen, was tatsächlich geleistet worden ist, und die Schwierigkeiten, die bestehen, hervorheben. Auf der anderen Seite muß sich aber auch der Magistrat bemühen, wirklich alles zu tun, was möglich ist.

Den Plan, noch vorhandene Doppelfenster auszuwerten, sollte man in die Tat umsetzen, und zwar sollte man versuchen, diese Maßnahme nicht nur innerhalb einzelner Bezirke oder Sektoren, sondern im Austausch über ganz Berlin vorzunehmen.

Sodann erscheint es notwendig, einige organisatorische Maßnahmen zu ergreifen, um den geschilderten Mißständen bei der Baustoffbeschaffung zu begegnen und dem Verhalten der in Frage kommenden Herren in der Abt[eilung] für Bau- und Wohnungswesen nachzugehen. Der Vorschlag, eine Kommission einzusetzen, die sich mit diesen Dingen beschäftigt, sollte vom Magistrat angenommen werden. Festlegen könnte man aber heute schon folgendes:

1. eine *Aufschlüsselung* aller nach Berlin hereinkommenden Baustoffe, soweit sie für den zivilen Bedarf zur Verfügung stehen, *auf die einzelnen Bezirke*, damit nicht irgendwelche Interessentengruppen sich Sondervorteile verschaffen können;

2. eine nochmalige *Bestätigung* der Vorrechte *der Baustoffbeschaffungsgesellschaft* gegenüber unkontrollierbaren Einzelfirmen;

3. Herrn Starck zu beauftragen, den Magistrat über die Möglichkeiten der Verwendung von Doppelfenstern für fensterlose Wohnungen zu unterrichten[52];

4. Herrn Starck zu bevollmächtigen, die notwendigen Schritte zur Erschließung des Gipsvorkommens in der Nähe von Berlin zu unternehmen[53].

---

51 Vgl. das Prot. der Konferenz der Bezirksbürgermeister am 4.7.1946, TOP 3, in: LAB, Rep. 280, Nr. 3861.

52 Diese Frage ist in den folgenden Mag.sitzungen nicht wieder zur Sprache gekommen.

53 Vgl. zur Ausbeutung des Gipsvorkommens bei Sperenberg das 71. Mag.prot. v. 24.8.1946, TOP 6 (Starck), u. das 72. Mag.prot. v. 31.8.1946, TOP 3 (Starck), u. das

BESCHLUSS: Die Vorschläge von Bürgermeister Maron werden angenommen. In die Kommission zur Untersuchung der Vorwürfe gegen einzelne Personen innerhalb der Abt[eilung] für Bau- und Wohnungswesen werden gewählt die Magistratsmitglieder Schwenk (Vorsitz), Lange, Pieck, Rumpf und Grommann.[54]

Karweik berichtet anschließend über die Vorarbeiten der Gewinnung *von Zement aus Asche* in dem Klingenberger Werk[55]. Es ist ein Projekt ausgearbeitet worden, welches rund 500 t Zement – Hydrobinder genannt – als tägliche Leistung vorsieht. Es soll zunächst klein angefangen werden, um dann zu einer Steigerung zu kommen. Es werden ganz primitive Maschinen mit einfacher Holzverkleidung im Freien aufgestellt. Für den eigentlichen Aufbau des Werkes wird später dem Magistrat noch eine Vorlage unterbreitet werden.[56] Im Oktober könne mit dem ersten Anfall von Bindemitteln gerechnet werden.

Dr. Haas macht hierzu Mitteilung von den *Patentansprüchen des Herrn Böttcher* an dieser Idee der Gewinnung eines neuen Bindemittels. Nach den eingeholten Gutachten müssen diese Ansprüche abgelehnt werden.[57]

BESCHLUSS: Die Mitteilungen von Herrn Karweik über die Gewinnung von Zement aus Asche in Klingenberg werden zur Kenntnis genommen, ebenso die Ablehnung von Patentansprüchen von seiten des Herrn Böttcher in dieser Angelegenheit.

5. VERORDNUNG ÜBER HEILMITTELPRODUKTION
Hierzu liegt die Vorlage Nr. 306[58] vor, betreffend Verordnung über Arzneimittel und Schönheitsmittel.[59]

---

76. Mag.prot. v. 21.9.1946, TOP 6 (Starck); die Materialien in: LAB(STA), Rep. 110, Nr. 202.

54 Vgl. zum Bericht der hiermit eingesetzten Kommission und zu den daraus erwachsenden Beschlüssen das 71. Mag.prot. v. 24.8.1946, TOP 2.

55 Vgl. Anm. 41 zu diesem Mag.prot.

56 Vgl. das 85. Mag.prot. v. 23.11.1946, TOP 2 (Mag.vorlage Nr. 500); vgl. zum Bau eines Werkes für die Produktion des neuen Bindemittels auch das 72. Mag.prot. v. 31.8.1946, TOP 3 (Starck), u. das 76. Mag.prot. v. 21.9.1946, TOP 6 (Starck).

57 Vgl. das Schreiben von Haas an Karl Böttcher v. 28.6.1946, betr. Schlacke- und Ascheverwertung, in: LAB(STA), Rep. 101, Nr. 644; Bl. 107; ferner die Mag.vorlage Nr. 500 v. 12.11.1946, betr. Bau des Hydromentwerkes Rummelsburg (Begründung, Teil II), in: LAB(STA), Rep. 100, Nr. 784, Bl. 6 – 31, u. LAB, Rep. 228, Mag.vorlagen 1946. Böttcher hatte bis März 1946 das Hauptamt für Aufbaudurchführung geleitet und fungierte vom 26.3.1946 bis 21.9.1946 als Leiter der Bauwissenschaftlichen Forschungs- und Entwicklungsstelle bei der Mag.abt. für Bau- und Wohnungswesen; vgl. das 50. Mag.prot. v. 16.3.1946, TOP 8, u. das 76. Mag.prot. v. 21.9.1946, TOP 6.

58 LAB(STA), Rep. 100, Nr. 775, Bl. 56 u. 67 – 70.

59 Vgl. zur Arzneimittelversorgung Berlins den vom Hauptgesundheitsamt aufgestellten „Plan für die Versorgung der Stadt Berlin mit Arzneimitteln, Verbandstoffen und Pflastern" v. 1.7.1945, in: LAB(STA), Rep. 118, Nr. 140, Bl. 20 – 26. Als Teilabschrift ist dieser Plan vorhanden in: LAB, Rep. 280, Nr. 13967; abgedruckt in: Berlin. Quellen und Dokumente, 1. Halbbd., S. 614 – 616. Vgl. ferner das 11. Mag.prot. v. 16.7.1945, TOP 7 (Redeker), u. das 47. Mag.prot. v. 23.2.1946, TOP 4 (Maron u. Redeker); Wie steht es mit den Medikamenten?, in: Nacht-Express, 15.7.1946, [S. 5]; Was fehlt an Heilmitteln?, in:

Dr. Klausnik[60] begründet in Vertretung des erkrankten stellvertretenden Abteilungsleiters Dr. Redeker die Vorlage. Die Verordnung stützt sich auf einen Befehl der Alliierten Kommandantur.[61] Das frühere Reichsgesetz[62] auf diesem Gebiet, das schon längst revisionsbedürftig war, berücksichtigt nicht genügend die Tatsache, daß sich die Herstellung der Arzneimittel im Laufe der Zeit immer mehr von den Apotheken zur Fabrik verlagert hat. Noch heute kann jedermann lediglich auf Grund der Gewerbefreiheit eine Arzneimittelfabrik errichten, ohne die fachlichen Voraussetzungen nachweisen zu müssen. Darin liegt eine große Gefahr für die Bevölkerung, indem geschäftstüchtige Leute durch geschickte Reklame Mittel in den Verkehr bringen, bei denen gesundheitsschädigende Stoffe verwandt [worden] sind. Dazu kommt heute der Zwang, bei der Rohstoffknappheit auch auf diesem Gebiet die vorhandenen Rohstoffe nur für die unbedingt notwendigen Arzneimittel zu verwenden. Auch Schönheitsmittel, auf die sich in neuerer Zeit viele geschäftstüchtige Leute geworfen haben, unterlagen bis jetzt kaum der Kontrolle. Aus allen diesen Gründen soll die vorliegende Verordnung erlassen werden. Der Entwurf ist mit den Abteilungen für Handel und Handwerk und für Ernährung sowie mit der Rechtsabteilung abgestimmt worden.

Dusiska beantragt einige kleine Änderungen. Aus dem zweiten Absatz des § 6 müsse die Bestimmung heraus, daß die Abt[eilung] für Gesundheitsdienst über eine Betriebsschließung entscheiden kann. § 6 Abs. 2 sollte deshalb lauten:

> Die Abteilung für Gesundheitsdienst bestimmt die Voraussetzungen, unter denen die Erlaubnis erteilt wird und unter denen sie zurückgenommen werden kann.

In § 10 sei einzufügen:

> im Benehmen mit der Abt[eilung] für Wirtschaft und der Abteilung für Handel und Handwerk,

ebenso in § 11.[63]

Der Tagesspiegel, 1.8.1946, [S. 4]; Heilmittel unter Kontrolle, in: Der Morgen, 6.9.1946, S. 4; Arzneimittel unter die Lupe genommen, in: Vorwärts, 26.9.1946, S. 4.

60 Diese Namensangabe ist falsch. Es handelte sich um den Dezernenten der Abteilung C (Arzneiversorgung, Arzneimittelherstellung, Zentralarzneimittellager) im Hauptamt I der Mag.abt. für Gesundheitsdienst, Hans Klausnitz. Vgl. den Organisationsplan der Mag.abt. für Gesundheitsdienst v. 28.1.1946, in: LAB, Rep. 12, Acc. 1641, Nr. 277, u. Rep. 280, Nr. 14112.

61 Gemeint ist die BK/O (46) 260 v. 13.6.1946, mit der die AK angeordnet hatte, „Gesetze oder Verordnungen zur Kontrolle über Herstellung, Handel und Verteilung von pharmazeutischen, biologischen und kosmetischen Erzeugnissen auszuarbeiten". Der BK/O waren Musterbestimmungen beigefügt, an denen sich der Magistrat zu orientieren hatte. Sie ist vorhanden in: LAB(STA), Rep. 101, Nr. 66; LAB, Rep. 280, Nr. 12600.

62 Hier ist vermutlich die „Verordnung, betreffend den Verkehr mit Arzneimitteln" v. 22.10.1901 gemeint; in: RGBl., Jg. 1901, S. 380 – 390. Vgl. zur Arzneimittelgesetzgebung seit dem Ende des 19. Jahrhunderts: Wolfgang Wimmer: „Wir haben fast immer was Neues". Gesundheitswesen und Innovationen der Pharma-Industrie in Deutschland, 1880 – 1935, Berlin 1994 (Schriften zur Wirtschafts- und Sozialgeschichte, Bd. 43), S. 47 – 74.

63 § 10 des mit der Mag.vorlage Nr. 306 v. 27.6.1946 vorgelegten Entwurfs einer VO über Arzneimittel und Schönheitsmittel hat den Wortlaut: „Das Landesgesundheitsamt kann anordnen, daß bestimmte Arzneimittel oder ihnen gleichstehende oder gleichgestellte

BESCHLUSS: Die Vorlage Nr. 306 wird mit diesen Änderungen angenommen.[64]

6. ALLGEMEINES

Henneberg begründet die Vorlage Nr. 301[65] der Abt[eilung] für Kunst, betreffend Übernahme des *Theaters am Schiffbauerdamm* in die Verwaltung der Stadt Berlin.[66] Dieses Theater war bereits im Sommer 1945 für die Übernahme in städtische Verwaltung vorgesehen.[67] Durch besondere Umstände kam es aber in andere Hände. Am 1. August wird es wieder frei. Dieser Umstand soll benutzt werden, um das Theater aus dem Niveau eines reinen Geschäftsunternehmens herauszuziehen und ihm ein künstlerisches Gesicht zu geben. Die geeignete Persönlichkeit für eine Leitung des Theaters in diesem Sinne ist in Herrn Fritz Wisten gefunden, der sich durch seine bisherigen Inszenierungen – Professor Mamlock, Nathan der Weise – in die erste Reihe der Spielleiter aufgeschwungen hat.[68] Er glaubt, das Theater

---

Stoffe und Zubereitungen (§§ 4, 5) von ihm bewirtschaftet werden. Die Rohstoffe werden von der Abteilung für Wirtschaft im Benehmen mit dem Landesgesundheitsamt bewirtschaftet."

§ 11 des Entwurfs hat den Wortlaut: „Das Landesgesundheitsamt kann für bestimmte Arzneimittel oder ihnen gleichstehende oder gleichgestellte Stoffe und Zubereitungen (§§ 4, 5) eine Anmeldung verlangen, die Einfuhr, den Erwerb und die Abgabe verbieten, beschränken oder an bestimmte Bedingungen knüpfen."

64 Die hiermit beschlossene VO über Arzneimittel und Schönheitsmittel wurde von der AK unter Vornahme einiger Abänderungen mit BK/O (47) 95 v. 16.4.1947 genehmigt. Die BK/O ist vorhanden in: LAB(STA), Rep. 101, Nr. 80; LAB, Rep. 280, Nr. 10527. Vgl. zu ihrer Vorgeschichte: BK/R (47) 79 v. 29.3.1947, in: LAB, Rep. 37: OMGBS, BICO LIB, 11/148-3/4; das 16. Prot. der stellv. Stadtkommandanten v. 1.4.1947, TOP 176, in: LAB, Rep. 37: OMGBS, BICO LIB, 11/149-1/3. Die genehmigte VO wurde mit Datum v. 10.5.1947 veröffentlicht in: VOBl., Jg. 3 (1947), S. 130 f.
Zuvor waren bereits mehrere andere Anordnungen hinsichtlich der Arzneimittel ergangen. Eine vom Magistrat mit Datum v. 21.11.1946 erlassene Anordnung über die Herstellung von Arzneifertigwaren wurde veröffentlicht in: VOBl., Jg. 2 (1946), S. 431. Die BK/O (47) 60 der AK v. 8.3.1947 betraf die „Kontrolle über die Herstellung von gefährlichen oder wertlosen pharmazeutischen Präparaten". Sie ist vorhanden in: LAB(STA), Rep. 101, Nr. 78; veröffentlicht in: VOBl., Jg. 3 (1947), S. 83. Mit BK/O (47) 84 v. 31.3.1947 ordnete die AK „Maßnahmen zur Durchführung einer sofortigen Kontrolle über vorhandene Bestände an sehr knappen Apothekerwaren" an. Die BK/O ist vorhanden in: LAB(STA), Rep. 101, Nr. 79; abgedruckt in: Berlin. Quellen und Dokumente, 1. Halbbd., S. 617 f.

65 LAB(STA), Rep. 100, Nr. 775, Bl. 40 u. 41.

66 Vgl. das 6. Mag.prot. v. 11.6.1945, TOP 4, u. das 8. Mag.prot. v. 25.6.1945, TOP 7, u. das 23. Mag.prot. v. 24.9.1945, TOP 3.

67 Vgl. die nicht beschlossene Mag.vorlage der Mag.abt. für Finanz- und Steuerwesen v. 17.7.1945, betr. Übernahme der Theater, in: LAB(STA), Rep. 105, Nr. 684, u. LAB, Rep. 280, Nr. 8500/7; zum größten Teil abgedruckt in: Berlin. Quellen und Dokumente, 1. Halbbd., S. 498 – 501. Vgl. hierzu das 12. Mag.prot. v. 23.7.1945, TOP 4.

68 Fritz Wisten hatte das Drama „Nathan der Weise" von Gotthold Ephraim Lessing am Deutschen Theater inszeniert (Premiere: 7.9.1945), das Schauspiel „Professor Mamlock" von Friedrich Wolf am Hebbel-Theater (Premiere: 9.1.1946) und die Komödie „Der Snob" von Carl Sternheim am Deutschen Theater (Premiere: 3.5.1946). Vgl. hierzu: Berlin. Kampf um Freiheit, S. 171, 318 u. 431; 75mal Lessings „Nathan", in: Berliner Zeitung, 27.4.1946, [S. 3]; Paul Rilla: Carl Sternheim: „Der Snob". Gustav Gründgens

ohne Zuschuß führen zu können, wenn die Vorbedingungen dazu geschaffen sind: Anschaffung eines Fundus, für den 200 000 RM benötigt werden, und bauliche Instandsetzungen, die etwa 100 000 RM erfordern. Der Redner bittet um Zustimmung zu der Vorlage, die wohl der Genehmigung der Alliierten Kommandantur bedürfe.

Maron glaubt, daß der Magistrat ohne Genehmigung der Alliierten Kommandantur befugt ist, über die Übernahme eines Theaters und die Einsetzung eines Intendanten zu beschließen. Die Genehmigung sei nur erforderlich für die Bewilligung der Haushaltsmittel. Es empfehle sich vielleicht, beide Punkte in der Vorlage zu trennen.

Dr. Haas macht darauf aufmerksam, daß die Übernahme des Theaters und die Bewilligung der Mittel eng miteinander zusammenhängen und sich nicht trennen ließen. Es könne kein Vertrag mit dem Intendanten abgeschlossen werden, wenn nicht auch die Ausgaben dafür genehmigt seien. Aller Voraussicht nach werde die Genehmigung in diesem Falle erfolgen.

Maron macht den Vorschlag, um zunächst jede Komplikation zu vermeiden, nur über den ersten Punkt der Vorlage, zu dem die Genehmigung der Alliierten Kommandantur nicht erforderlich sei, zu beschließen und die Mittelbewilligung später nachzuholen.

BESCHLUSS: Die Vorlage Nr. 301 wird unter Streichung von Ziffer 2[69] und unter Streichung des Genehmigungsvermerks in der Präambel in folgender Fassung angenommen:
Der Magistrat wolle beschließen[:]
Der Übernahme des Theaters am Schiffbauerdamm in die Verwaltung der Stadt Berlin und der Bestellung von Herrn Fritz Wisten zum Intendanten dieses Theaters wird zugestimmt.[70]

Orlopp legt einen Antrag[71] der Abt[eilung] für Ernährung vor, wonach die *Versuchs- und Forschungsanstalt für Gartenbau* und höhere Gartenbauschule in *Berlin-Dahlem* aus der Betreuung der Abt[eilung] Ernährung herausgenommen und verwaltungsmäßig der Universität Berlin[72] angegliedert wird.
BESCHLUSS: Der Magistrat stimmt diesem Antrag zu.[73]

---

im Deutschen Theater, in: Berliner Zeitung, 5.5.1946, [S. 3]; Enno Kind: Sternheims „Snob" im Deutschen Theater, in: Neues Deutschland, 5.5.1946, S. 3. Vgl. zu Wisten das 8. Mag.prot. v. 25.6.1945, TOP 7; Chamberlin, S. 48; Wer ist wer? Das deutsche Who's Who. XIII. Ausgabe von Degeners Wer ist's?, hrsg. von Walter Habel, Berlin-Grunewald 1958, S. 1386; Schivelbusch, S. 75.

69 Diese Ziffer betraf die Bewilligung der Mittel für das Theater am Schiffbauerdamm.

70 Vgl. zur Übernahme des Theaters am Schiffbauerdamm in die Verwaltung der Stadt Berlin auch die Materialien in: LAB(STA), Rep. 105, Nr. 6196; Berliner Theater ziehen um, in: Berliner Zeitung, 2.7.1946, [S. 3]; Neues Schauspielhaus in Berlin. Fritz Wisten als Intendant des Schiffbauerdamm-Theaters lizenziert, in: Tägliche Rundschau, 12.7.1946, S. 3; Wisten am Schiffbauerdamm, in: Nacht-Express, 31.7.1946, [S. 5].

71 Dieser Antrag konnte nicht ermittelt werden.

72 Die Berliner Universität unterstand seit Anfang 1946 der Deutschen Zentralverwaltung für Volksbildung in der sowjetischen Besatzungszone; vgl. Dok. 49, Anm. 36.

73 Der hier gefaßte Mag.beschluß ist mit dem Ausfertigungsdatum v. 29.6.1946 vorhanden in: LAB(STA), Rep. 102, Nr. 43. Die Versuchs- und Forschungsanstalt für Gartenbau befand sich in der Königin-Luise-Straße 22.

Schwenk bringt folgende Angelegenheit vor. Von dem stellvertretenden Direktor der „Berliner Ausstellungen"[74], Herrn Wiemer, ist gegen den ersten Direktor dieses Betriebes, Herrn Schumacher, eine *Dienstaufsichtsbeschwerde* eingereicht worden, in der *gegen Herrn Schumacher* eine Reihe von Anschuldigungen erhoben werden; er sei bei verschiedenen Geschäftsabschlüssen nicht korrekt verfahren.[75] Die Abt[eilung] für Personalfragen hat darauf den Beirat für die [„]Berliner Ausstellungen["] einberufen,[76] um dort die Angelegenheit zu besprechen und zu untersuchen. Diese Untersuchung ist noch nicht abgeschlossen. Sobald sie abgeschlossen ist, wird der Magistrat von dem Ergebnis in Kenntnis gesetzt werden.

In dieser Beiratssitzung – und nur deswegen möchte der Redner diese Sache heute vortragen – hat sich Stadtrat Jirak anderen Magistratsmitgliedern gegenüber in einer Weise benommen, die man nur als völlig ungewöhnlich bezeichnen könne.[77] Der Magistrat sollte demgegenüber zum Ausdruck bringen, daß ein Beirat, den der Magistrat zur Überwachung städtischer Einrichtungen geschaffen hat, ein Organ ist, das man nicht so nichtssagend behandeln könne, wie es hier geschehen ist.

Dr. Haas hat an der erwähnten Beiratssitzung teilgenommen und bestätigt die Angaben von Bürgermeister Schwenk. Es wurde allein eine Stunde debattiert, ob man zur Tagesordnung kommen solle oder nicht. Dabei war das *Verhalten von Stadtrat Jirak* in der Tat sehr eigenartig.

Hauth bestätigt ebenfalls diesen Eindruck. Herr Jirak wollte mit allen Mitteln verhindern, daß die auf der Tagesordnung stehenden Dinge vom Beirat verhandelt würden. Dabei hat er sich Magistratsmitgliedern[78] gegenüber in einer Weise benommen, die [als] außerordentlich peinlich empfunden wurde. Der Direktor Schumacher stellte sich auf den Standpunkt, daß der Beirat nur beratende Stimme hätte,[79] und er wurde in dieser Ansicht von Stadtrat Jirak unterstützt.[80]

Der Redner schlägt vor, der Magistrat möge von sich aus einmal diese Dinge weiter untersuchen.

---

74 Städtischer Eigenbetrieb.
75 Die Dienstaufsichtsbeschwerde von Gerhard Wiemer gegen Hans-Carl Schumacher v. 21.6.1946 ist vorhanden in: LAB(STA), Rep. 106, Nr. 387, u. Rep. 115, Nr. 123; ein ergänzendes Schreiben Wiemers v. 15.7.1946 zu seiner Dienstaufsichtsbeschwerde in: LAB(STA), Rep. 115, Nr. 123; Schumachers Erwiderung v. 19.7.1946 in: LAB(STA), Rep. 106, Nr. 387, u. Rep. 115, Nr. 122. Schumacher hatte bis zum 28.2.1946 das Hauptamt III der Mag.abt. für Städtische Energie- und Versorgungsbetriebe geleitet; siehe: LAB(STA), Rep. 115, Nr. 63, Bl. 59 u. 95. Seit 1.3.1946 war er als 1. ordentlicher Direktor der „Berliner Ausstellungen" tätig; siehe das entsprechende Ernennungsschreiben der Mag.abt. für Personalfragen und Verwaltung v. 18.3.1946, in: Rep. 115, Nr. 123.
76 Vgl. zu diesem Beirat das 46. Mag.prot. v. 16.2.1946, TOP 10, u. das 48. Mag.prot. v. 4.3.1946, TOP 7, u. das 62. Mag.prot. v. 22.6.1946, TOP 4.
77 Vgl. das Prot. über die (zweite) Sitzung des Beirats für den Eigenbetrieb „Berliner Ausstellungen" v. 27.6.1946, in: LAB(STA), Rep. 115, Nr. 104.
78 Im Originalprotokoll heißt es hier fälschlicherweise: Stadtratsmitgliedern. Dieser Fehler wurde nachträglich berichtigt; vgl. das 64. Mag.prot. v. 5.7.1946, TOP 1.
79 Im Originalprotokoll lautet dieser Nebensatz fälschlicherweise: daß der Beirat überhaupt nichts zu sagen hätte. Dieser Fehler wurde nachträglich berichtigt; vgl. das 64. Mag.prot. v. 5.7.1946, TOP 1.
80 Vgl. zu Schumacher, der vor 1945 der „Pflegevater" von Jirak gewesen war: Dok. 48, Anm. 7.

Maron findet es zunächst sonderbar, daß Herr Jirak nach dem Vorbringen dieser Angelegenheit durch Herrn Schwenk die Sitzung verlassen hat, ohne seinerseits zu den Angriffen gegen ihn Stellung zu nehmen.[81] Der Magistrat habe sich schon mehrfach mit den Methoden, wie Stadtrat Jirak seine Geschäfte führe, befassen müssen.[82] Aus den letzten Tagen liegt wieder ein solcher Fall vor. Er betrifft die Berliner Müllabfuhr. Diese mußte 500 l Benzin an die Berliner Ausstellungen abgeben, die zurückgegeben werden sollten, aber bis heute, nachdem inzwischen 6 Wochen vergangen sind, noch nicht zurückgegeben worden sind.[83]

Der Redner ist der Meinung, daß einmal die ganze Arbeitsweise von Herrn Jirak einer Prüfung unterzogen werden müßte, indem man eine Kommission des Magistrats mit dieser Aufgabe betraut.

Pieck teilt hierzu mit, er habe im vergangenen Jahre 6- bis 7mal Veranlassung nehmen müssen, innerhalb der Abteilung von Herrn Jirak einzugreifen, und zwar immer in Fällen, die irgendwie mit Herrn Schumacher zusammenhingen.

Der Redner ist ebenfalls dafür, einen *Untersuchungsausschuß* für diese Angelegenheit einzusetzen. Vielleicht könnte das Bürgermeister-Kollegium[84] als die vorgesetzte Instanz von Herrn Jirak damit betraut werden.

Orlopp möchte wegen der Überlastung des Bürgermeister-Kollegiums lieber eine besondere Kommission dafür bestellt haben, die vom Magistrat beauftragt wird, eine Untersuchung [durchzuführen] und über das Ergebnis dem Magistrat Bericht zu erstatten. Als Mitglieder für die Kommission schlage er vor die Magistratsmitglieder: Schwenk (Vorsitz), Schulze, Lange, Pieck, Dr. Haas und Hauth.

BESCHLUSS: Der Magistrat stimmt diesem Vorschlag zu.[85]

Orlopp teilt mit, daß die am 6.4.46 beschlossene Verordnung über die *Abgabe von Obst und Gemüse im Bereich der Stadt Berlin*[86] von der Alliierten Kommandantur mit dem Bemerken abgelehnt worden ist, daß den Besitzern landwirtschaftlicher Betriebe über 5 ha ein gewisser Anteil ihrer Ernte zur Eigennutzung verbleiben müßte.[87] Demgemäß ist eine neue Verordnung ausgearbeitet worden[88], die diesen Wünschen Rechnung trägt und sich eng anlehnt an den Befehl der SMA vom 27.5.46 über die

---

81 Vgl. hierzu das 66. Mag.prot. v. 20.7.1946, TOP 6.

82 Vgl. Dok. 51, Anm. 13.

83 Vgl. hierzu zwei diesbezügliche Schreiben v. 4.6.1946 u. 28.6.1946, in: LAB(STA), Rep. 101, Nr. 632.

84 Vgl. hierzu Dok. 82, Anm. 18; das 66. Mag.prot. v. 20.7.1946, TOP 6.

85 Der hiermit eingesetzte „Ausschuß zur Nachprüfung von Vorgängen in der Abteilung Städtische Energie- und Versorgungsbetriebe" befaßte sich in zwei Sitzungen mit solchen „Vorgängen" und verfaßte zwei entsprechende Teilberichte v. 23.7.1946 und 29.7.1946. Vgl. zum Verlauf der Untersuchungen des Ausschusses die Ausführungen von Hauth in: StVV, I. Wahlperiode, Stenographischer Bericht über die 54. (Ordentliche) Sitzung am 29.1.1948, S. 92 f. Die beiden Teilberichte sind vorhanden in: LAB(STA), Rep. 101, Nr. 632. Der erste Teilbericht wurde dem Magistrat am 27.7.1946 erstattet; vgl. das 67. Mag.prot. v. 27.7.1946, TOP 3. Vgl. ferner das 66. Mag.prot. v. 20.7.1946, TOP 6, u. das 72. Mag.prot. v. 31.8.1946, TOP 2 (unbefristete Beurlaubung von Jirak).

86 Vgl. das 53. Mag.prot. v. 6.4.1946, TOP 5.

87 Die Ablehnung des am 6.4.1946 vom Magistrat beschlossenen VO-Entwurfs durch die AK ist nicht in Form einer BK/O erfolgt, sondern vermutlich durch einen Befehl ihres Ernährungskomitees.

88 Dieser VO-Entwurf konnte nicht ermittelt werden.

Ablieferung von Obst und Gemüse in der sowjetischen Besatzungszone[89]. Danach unterliegen Flächen von über 5 ha nicht voll der öffentlichen Bewirtschaftung, sondern nur zu einem Teil, und zwar beträgt die Pflichtabgabe 120 dz je ha Anbaufläche für Gemüse und 60 % des tatsächlich geernteten Ertrages an Obst. Der Redner bittet, die bisherige Verordnung vom 6.4.46[90] mit dieser Ergänzung neu zu beschließen und der Alliierten Kommandantur zur Genehmigung vorzulegen.

BESCHLUSS: Der Magistrat stimmt diesem Antrag zu.[91]

Orlopp berichtet weiter: Bei der *Brachlandaktion*[92] im Frühjahr wurde den Inhabern der Flächen versprochen, daß sie den Ertrag der Arbeit für sich behalten könnten. Nun ist von einem Teil der Bevölkerung das Verlangen gestellt worden, daß diejenigen, die über 1000 qm besitzen, in die Pflichtablieferung einbezogen werden. Nach Besprechungen im Ernährungsamt[93] und nach Rücksprache mit dem Zentralverband der Kleingärtner ist man zu der Auffassung gekommen, daß man nicht nachträglich eine solche Pflichtablieferung verlangen könne. Dagegen ist vereinbart worden, durch einen Appell an die Volkssolidarität die Kleingärtner zur *freiwilligen Abgabe* an

---

89 Der hier gemeinte Befehl Nr. 163 des Obersten Chefs der Sowjetischen Militäradministration v. 27.5.1946, betr. Pflichtabgabe von Getreide, Ölsaaten, Kartoffeln und Gemüse
   aus der Ernte 1946, wurde veröffentlicht in: Tägliche Rundschau, 8.6.1946, S. 1.
90 Der am 6.4.1946 vom Magistrat beschlossene Entwurf einer „Verordnung über die
   öffentliche Bewirtschaftung von Gemüse und Obst im Gebiet der Stadt Berlin" ist
   vorhanden in: LAB(STA), Rep. 101, Nr. 71.
91 Der hiermit beschlossene VO-Entwurf wurde von der AK nicht genehmigt. Diese
   erließ statt dessen drei diesbezügliche detailliertere Anordnungen:
   – Die BK/O (46) 339/339a v. 21.8.1946, betr. Gemüseabgabequoten aus der Ernte des
     Jahres 1946 zur Belieferung der Berliner Bevölkerung, ist vorhanden in: LAB(STA),
     Rep. 101, Nr. 71, u. LAB, Rep. 280, Nr. 4899; veröffentlicht in: VOBl., Jg. 2 (1946),
     S. 312 f. u. 338. Vgl. zur Vorgeschichte dieser BK/O: BK/R (46) 278 v. 31.7.1946,
     in: LAB, Rep. 37: OMGBS, BICO LIB, 11/148-2/7; das 35. Prot. der stellv.
     Stadtkommandanten v. 2.8.1946, TOP 427, in: LAB, Rep. 37, Acc. 3971, Nr. 220; das
     36. Prot. der stellv. Stadtkommandanten v. 13.8.1946, TOP 435; in: LAB, Rep. 37:
     OMGBS, BICO LIB, 11/148-2/1; BK/R (46) 297 v. 17.8.1946, in: LAB, Rep. 37:
     OMGBS, BICO LIB, 11/148-2/7; das 37. Prot. der stellv. Stadtkommandanten v.
     20.8.1946, TOP 450, in: LAB, Rep. 37: OMGBS, BICO LIB, 11/148-2/1.
   – Die BK/O (46) 352/352a v. 31.8.1946, betr. den öffentlichen Verkauf von Getreide,
     Ölsaaten und Kartoffeln der 1946er Ernte innerhalb des Berliner Stadtgebietes, ist
     vorhanden in: LAB(STA), Rep. 101, Nr. 72, u. LAB, Rep. 280, Nr. 4908; veröffent-
     licht in: VOBl., Jg. 2 (1946), S. 326 f. Vgl. zur Vorgeschichte dieser BK/O: BK/R
     (46) 309 v. 28.8.1946, in: LAB, Rep. 37: OMGBS, BICO LIB, 11/148-2/7; das
     39. Prot. der stellv. Stadtkommandanten v. 30.8.1946, TOP 482, in: LAB, Rep. 37,
     Acc. 3971, Nr. 220.
   – Die BK/O (46) 366/366a v. 14.9.1946, betr. Pflichtabgabe von Beeren, Obst und
     Nüssen aus der 1946er Ernte im Berliner Stadtgebiet, ist vorhanden in: LAB-
     (STA), Rep. 101, Nr. 72, u. LAB, Rep. 280, Nr. 12647; veröffentlicht in: VOBl.,
     Jg. 2 (1946), S. 338. Vgl. zur Vorgeschichte dieser BK/O: BK/R (46) 318 v. 5.9.1946,
     in: LAB, Rep. 37: OMGBS, BICO LIB, 11/148-2/8; das 40. Prot. der stellv.
     Stadtkommandanten v. 10.9.1946, TOP 496, in: LAB, Rep. 37: OMGBS, BICO LIB,
     11/148-2/1.
92 Vgl. hierzu das 51. Mag.prot. v. 25.3.1946, TOP 5.
93 Gemeint ist die Mag.abt. für Ernährung.

Krankenhäuser, Waisenhäuser, Altersheime aufzurufen. Plakate mit einem solchen Aufruf sollen in den Laubenkolonien angebracht werden. Außerdem sind mit dem Verband weitere Maßnahmen zur Durchführung einer solchen freiwilligen Abgabe vereinbart worden.

BESCHLUSS: Der Magistrat nimmt von der Mitteilung Kenntnis.

Winzer kommt auf die mehrfach besprochene Frage der Verwendung von *Dr. Alfred Werner* zurück,[94] der bisher die Leitung des Hauptamtes Wissenschaft und Forschung in der Abt[eilung] Volksbildung innehat. Er schlägt vor, Dr. Werner zum *zweiten Stellvertreter in der Abt[eilung] für Volksbildung* zu ernennen.

BESCHLUSS: Die Abt[eilung] für Personalfragen und Verwaltung wird beauftragt, dem Magistrat eine Vorlage zu unterbreiten, betreffend Ernennung von Dr. Alfred Werner zum stellvertretenden Leiter der Abt[eilung] für Volksbildung.[95]

Nächste Sitzung: Sonnabend, den 6. Juli,[96] vorm[ittags] 9 Uhr.

[...][97]

---

94 Vgl. das 38. Mag.prot. v. 23.12.1945, TOP 5, u. das 54. Mag.prot. v. 17.4.1946, TOP 4.

95 In einem Schreiben an Winzer v. 2.7.1946 äußerte Dr. Alfred Werner den Wunsch, als stellvertretender Stadtrat in die Mag.abt. für Kunst versetzt zu werden. Das Schreiben ist vorhanden in: LAB(STA), Rep. 120, Nr. 3257, Bl. 64. In seiner übernächsten Sitzung faßte der Magistrat einen entsprechenden Ernennungsbeschluß; vgl. das 65. Mag.prot. v. 13.7.1946, TOP 8.

96 Tatsächlich fand die nächste Mag.sitzung am Freitag, den 5.7.1946 statt.

97 Hier folgen im Original des Protokolls Berichtigungen einzelner Wörter im vorherigen Mag.prot.; vgl. das 62. Mag.prot. v. 22.6.1946, Anm. 22, 23, 26 u. 65.

Dok. 97
14. Vorstandssitzung des Landesverbands
Berlin der CDU am 4./5. Juli 1946

ACDP, CDU-LV Berlin, III-012-391. – Maschinenschriftliche Originalausfertigung.[1]

P r o t o k o l l der 14. Vorstandssitzung am Donnerstag, dem 4. Juli 1946, 15.00 Uhr im Union-Haus[2]

Anwesend:[3]	Landsberg	Günther	*Heinze* fehlt ent-
	Even	Pflamm	schuldigt
	Brammer	Riesebrodt	*Brammer* erscheint
	Dienwiebel	Rübel	verspätet
	v[on] d[er] Gablentz	Lorenz	*es fehlen:*
		Wille	Voss, Maxsein

Tagesordnung:	1. Sequestrierungen im russischen Sektor Berlins
	2. Beteiligung am Magistrat
	3. Propaganda
	4. Angelegenheiten der Kreisverbände

[...]

Nun zu der Frage: Besetzung von Posten im Magistrat bzw. in den Bezirksämtern:[4]

Es sollen auf Befehl der Kommandantur Kandidaten für den Leiter des Ernährungs-amtes[5] beim Magistrat benannt werden.[6] Es ergeben sich nun folgende Fragen:

---

1 Die hier in die Edition aufgenommenen Teile dieses Protokolls sind als Abschrift vorhanden in: LAB, Rep. 280, Nr. 19201/7.

2 Sitz der CDU in der Jägerstraße 59 – 60, Bezirk Mitte.

3 Der Vorstand des Landesverbands Berlin der CDU bestand seit dem ersten Parteitag dieses Landesverbands am 16./17.3.1946 aus dem 1. Vorsitzenden Prof. Kurt Landsberg, den stellvertretenden Vorsitzenden Peter Even, Albert Voss und Dr. Agnes Maxsein sowie den Beisitzern Karl Brammer, Dr. Anni Dienwiebel, Wilhelm Dumstrey, Hilde von der Gablentz, Josef-Otto Günther, Franz Heinze, Erika Pflamm, Max Riesebrodt, Walter Rübel, Alfred Sagner und Lothar C. Wille. Peter Lorenz löste Alfred Sagner als Sprecher der Jungen Union Berlin ab und nahm seit dem 26.6.1946 an den Vorstandssitzungen des Landesverbands Berlin der CDU teil.

4 Bei dem hier nicht genannten Redner handelte es sich vermutlich um Kurt Landsberg. – Vgl. zur Frage der Besetzung von Magistratsposten auch das Prot. [Auszug] der 2. Vorstandssitzung des Landesverbands Berlin der CDU am 4.4.1946, TOP 2, u. das Prot. [Auszug] der 9. Vorstandssitzung des Landesverbands Berlin der CDU am 23.5.1946 u. das Prot. [Auszug] der 10. Vorstandssitzung des Landesverbands Berlin der CDU am 28.5.1946, TOP 4, u. das Prot. [Auszug] der 11. Vorstandssitzung des Landesverbands Berlin der CDU am 5.6.1946, in: LAB, Rep. 280, Nr. 19201/2, 19201/15, 19201/3 u. 19201/4.

5 Gemeint ist die Mag.abt. für Ernährung.

6 Vgl. Dok. 70, Anm. 7.

Soll aus taktischen Gründen abgelehnt werden, den Posten zu besetzen und bis zu den Wahlen[7] zu warten[?][8] ... dann könnte man uns vorwerfen, wir drückten uns vor einer Verantwortung.

Soll man vorschlagen, der SPD diesen Posten anzubieten, und angeben, man hätte keinen geeigneten Mann? Das ginge nicht, da uns der Magistrat dann selbst geeignete Personen nennt.

Ferner würde die SED den Posten annehmen und könnte dann sagen: Keiner wollte annehmen, *wir* tun es, *wir* übernehmen die Verantwortung. Diese Tatsache würde für die Wahlpropaganda ausgenutzt werden.

H a m p e l berichtet aus seiner Rücksprache mit Orlopp.[9] Ihm wurde gesagt: Wir haben Generalinventur gemacht[10] – wenn heute ein Mann der CDU in dieses Amt einsteigt, könnte er nie mit zurückliegenden Dingen belastet werden. Es ginge nicht an, daß sich die CDU um die Verantwortung herumdrückt.

E v e n gibt noch einmal eine Entwicklung dieser ganzen Angelegenheit. Daß uns damals *jeder* frei werdende Posten angeboten werden sollte (CDU und LDP) – daraufhin wurde der Posten von K l i m p e l besetzt.[11] Wir haben Krach geschlagen und gefragt, warum uns dieser Posten nicht angeboten wurde – worauf wir die Mitteilung erhielten, das sei keine *Neu*besetzung gewesen, sondern nur eine *U m -* besetzung. Dann kam der Krach zwischen KPD und SPD, und seit dieser Zeit hätte sich die Angelegenheit geändert. Wir verlangten auch die Besetzung eines Bürgermeisterpostens[12] – das ist bis heute nicht geschehen –, jetzt wolle man uns das Ernährungsamt *zuschieben*.

---

7 Die ersten Nachkriegswahlen in Berlin waren vom Koordinierungskomitee des Alliierten Kontrollrats am 3.6.1946 für Oktober 1946 angeordnet worden und fanden dann am 20.10.1946 statt. Vgl. hierzu Dok. 96, Anm. 7.

8 Dieser Satz müßte dem gemeinten Sinn nach heißen: Soll aus taktischen Gründen abgelehnt werden, den Posten zu besetzen, und bis zu den Wahlen gewartet werden?

9 Max Hampel war seit dem 1.12.1945 Geschäftsführer des Landesverbands Berlin der CDU. – Orlopp war vom Magistrat Ende Mai 1946 mit der kommissarischen Leitung der Mag.abt. für Ernährung beauftragt worden; vgl. das 59. Mag.prot. v. 29.5.1946, TOP 4.

10 Vgl. Dok. 86, Anm. 59.

11 Andreas Hermes (CDU), der als Leiter der Mag.abt. für Ernährung und zweiter stellvertretender Oberbürgermeister amtiert hatte, war Anfang August 1945 aus dem Magistrat ausgeschieden. Die Leitung der Mag.abt. für Ernährung hatte daraufhin Gustav Klimpel (SPD) übernommen. Dessen Rücktritt von diesem Amt hatte der Magistrat am 23.2.1946 angenommen. Vgl. das 13. Mag.prot. v. 27.7.1945 u. das 14. Mag.prot. v. 30.7.1945, TOP 7, u. das 15. Mag.prot. v. 6.8.1945, TOP 2, u. das 47. Mag.prot. v. 23.2.1946, TOP 2.

Der zentrale Einheitsfront-Ausschuß hatte am 30.8.1945 einstimmig einen „Paritäts-beschluß" gefaßt, nach dem vom „Grundsatz der gleichmäßigen Behandlung" beim Einsatz der Angehörigen der vier zugelassenen politischen Parteien in der öffentlichen Verwaltung und den öffentlichen Betrieben ausgegangen werden sollte. Vgl. hierzu Dok. 62, Anm. 10. Der Einheitsausschuß Groß-Berlin hatte in Hinsicht auf die personelle Besetzung des Magistrats am 18.1.1946 beschlossen, daß „die nächsten freiwerdenden Stadtratsposten zuerst den bürgerlichen Parteien angeboten" werden sollten. Vgl. hierzu Dok. 62.

12 Vgl. Dok. 62.

L a n d s b e r g gibt bekannt, daß er D e r t i n g e r [13] zu dieser wichtigen Frage gebeten habe, um auch die Ansicht der Reichsgeschäftsstelle zu hören. K a i s e r [14] steht auf dem Standpunkt, daß wir im gegenwärtigen Augenblick keine Veranlassung haben, das Dezernat zu übernehmen. Der Standpunkt der Reichsgeschäftsstelle sei, daß, solange keine Wahlen in Aussicht standen, uns jede planmäßige Beteiligung verweigert worden ist. Alle Offerten, die gemacht wurden, waren *Schein*offerten. Landsberg stellt fest, daß dies sachlich falsch ist. Es wurden uns Posten angeboten[15], wenn dieser Mann[16] nun bei der Alliierten Kommandantur durchgefallen ist, so sei das nicht Schuld des Magistrats.

W i l l e gibt dem Ausdruck, daß, wenn eine Wahl kommt, man nicht von heut auf morgen einen 23köpfigen Magistrat umbesetzen kann. Er sieht eine große Gefahr, wenn der Posten jetzt nicht besetzt wird, man könnte uns den Vorwurf der Unaufrichtigkeit machen, und die SED wird sagen: Keiner wollte den Posten haben, *wir* sind wieder einmal da.

Es wird vorgeschlagen, daß wir mitteilen, da wir nach wie vor Wert darauf legen, daß im Magistrat *sämtliche* Parteien vertreten sind, [daß] wir uns im Augenblick nicht in der Lage sehen, einen weiteren Posten zu besetzen.

... Es kann keine Einigung erzielt werden – die Vorstandssitzung soll morgen, also am 6. Juli[17], weiter fortgesetzt werden.

[...]

Fortsetzung der 14. Vorstandssitzung am Freitag, dem 6. Juli[18], 11 Uhr im Union-Haus[19]

Anwesend:[20] Landsberg, Even,
          Brammer, Dumstrey,
          v[on] d[er] Gablentz, Günther,
          Heinze, Pflamm,

---

13 Georg Dertinger, seit Januar 1946 Generalsekretär der „Reichsgeschäftsstelle" der CDU.
14 Jakob Kaiser, seit dem 20.12.1945 1. Vorsitzender der CDU (in der sowjetischen Besatzungszone und Berlin).
15 Der Magistrat hatte am 6.4.1946 beschlossen, der AK Dr. Herbert Schaffarczyk (CDU) als Leiter seiner Rechtsabteilung vorzuschlagen. Nach der Ablehnung Schaffarczyks durch die AK hatte der Magistrat zwei andere CDU-Mitglieder (Dr. Wilhelm Friede und Dr. Dr. Helmut Brandt) für diesen Posten benannt. Vgl. hierzu das 53. Mag.prot. v. 6.4.1946, TOP 2, u. das 58. Mag.prot. v. 18.5.1946, TOP 8, u. das 62. Mag.prot. v. 22.6.1946, TOP 2. Der Magistrat hatte der AK außerdem für die Leitung seiner Finanzabteilung neben zwei der SED angehörenden Kandidaten auch Dr. Friedrich Haas (CDU) und für die Leitung der Mag.abt. für Planungen den CDU-Politiker Prof. Dr. Joachim Tiburtius vorgeschlagen. Vgl. hierzu das 58. Mag.prot. v. 18.5.1946, TOP 2, u. das 60. Mag.prot. v. 5.6.1946, TOP 2.
16 Gemeint ist Schaffarczyk; vgl. die vorige Anm.
17 Müßte heißen: am 5. Juli.
18 Müßte heißen: am 5. Juli.
19 Vgl. Anm. 2 zu diesem Dok.
20 Vgl. Anm. 3 zu diesem Dok.

Riesebrodt, Rübel,
Lorenz, Wille

[...]

Zur Frage der Besetzung des Ernährungspostens trägt B u t k e [21] die Stellungnahme
von V o s s vor:
V o s s steht auf dem Standpunkt, daß grundsätzlich abgelehnt werden muß, in den
Magistrat zu gehen. Er bittet auch, daß in den Bezirken in keiner Weise von jetzt ab
noch irgendein Posten besetzt wird. Er wird alle Hebel in Bewegung setzen, daß keine
Posten besetzt werden. Die Bezirksräte, die jetzt eingesetzt werden, können später
das Vertrauen nicht haben. Aus diesem Grunde müssen wir alles daransetzen, uns
zurückzuziehen.

L a n d s b e r g: Die Stellungnahme eines Vorstandsmitgliedes, das unsere
Verhandlungen nicht mitgemacht hat, kann nicht von Bedeutung sein. Man kann
keinen Standpunkt einnehmen, wenn man die Dinge nicht aus den Verhandlungen,
die hier geführt wurden, kennt. Es ist z[um] B[eispiel] im russischen Sektor so,
daß der Kommandant sagt: Wir wünschen, daß Sie den und den Posten annehmen.
Dort, wo Kommandanten Einfluß nehmen, ist dieser Standpunkt von Voss völlig
unmöglich.

W i l l e : [22] Ich kämpfe seit Wochen, Voss zu bitten, jemanden zu benennen, der
das Wirtschaftsamt in Tempelhof übernimmt. Wenn Herr Voss diesen Standpunkt
vertritt, wird eben die SED in Tempelhof diesen Posten besetzen.

Es soll nun über die Besetzung im Magistrat gesprochen werden. Es ist folgendes
zu überlegen: Wo liegt die schwerere Belastung für den Wahlkampf, wenn wir jetzt
dort einstimmen oder wenn wir nicht einstimmen[?] Wir wissen ja alle, daß nur das
Beste für die Partei gewollt ist.

H a m p e l berichtet vorweg von einem Gespräch, das er mit dem Magistrat führte:
Dort habe man mit einem gewissen Herrn R o h r [23], der ein ausgezeichneter
Ernährungsfachmann sei, gesprochen – wir könnten ihn doch als Kandidaten
vormerken und hätten so schon einen Mann mehr.
Dies Anerbieten wird grundsätzlich abgelehnt.

D u m s t r e y spricht sich dahin aus, daß er dafür ist, den Posten anzunehmen.
Es würde in der Bevölkerung nicht verstanden werden, wenn wir uns vor einer
Verantwortung drücken wollten.
Es würde gesagt werden, wir wagen es nicht, vor der Wahl ein Amt anzunehmen.
Wenn wir aber sagen, daß wir *trotz* dieser Dinge zugefaßt haben, weil wir an das
Wohl der Bevölkerung von Berlin denken, dann kann dies nur gut für uns sein.
Grundsätzlich davon ausgehen: Alle Parteien sollten an der Verantwortung gleich

---

21 Carl-Leo Butke, Mitarbeiter des Vorstands des Landesverbands Berlin der CDU.
22 Lothar C. Wille, seit dem 5.11.1945 zweiter stellvertretender Bürgermeister im Bezirk
   Tempelhof.
23 Gemeint ist vermutlich Carl-Otto Flohr; vgl. Dok. 99, Anm. 15, u. das 66. Mag.prot. v.
   20.7.1946, TOP 2, u. das 67. Mag.prot. v. 27.7.1946, TOP 2.

tragen. Wo seid Ihr? Wenn Ihr nicht wollt, so übernehmen wir trotzdem vor der Wahl den Posten. Wir müssen eine Partei sein, die beweist, daß wir trotz der Belastungen, die man uns anhängen will, hier die Verantwortung tragen.

E v e n : Wir müssen eine einheitliche Linie wahren. Vor einigen Wochen haben wir beschlossen: Zurückhaltung.[24] Gestern hat Landsberg offiziell erklärt, wir lehnen ab.[25] Wie können wir heute die Meinung wieder ändern?

L a n d s b e r g erwidert, daß er im Einheitsausschuß sagte, daß den Entschluß der Landesvorstand treffen soll.[26]

E v e n : Ich würde dringend raten: Hände weg! Die Mitglieder werden sagen: Gerade das Ernährungsamt[!] Was meinen Sie, was sich in der nächsten Zeit, in den nächsten Wochen und Monaten, tut in bezug auf die Verteilung von Gemüse und Obst[!] Die Bevölkerung wird nichts bekommen, es wird weiter schwarz gekauft werden.

R ü b e l ist für Annahme dieses Postens. Der Mann, der dieses Amt übernimmt, könnte ja so vieles vorfinden, was er in den Wahlen günstig für uns verwerten kann. Wir haben uns bemüht, andere wesentliche Ämter zu bekommen, die Kandidaturen laufen noch.[27] Es wird lange dauern, bis dieser Mann mit dem Amt betraut wird.

v [o n] d [e r] G a b l e n t z : Die Abteilungsleiter im Ernährungsamt sind doch alle SED-Leute[28] – müssen diese nicht mit verschwinden?

Landsberg will diese Forderung an M a r o n richten.

R i e s e b r o d t spricht sich gegen eine Annahme des Postens aus. Klimpel[29] war gar nicht so untüchtig. Wir werden diese Schwierigkeiten als CDU in erhöhtem Maße haben. Man wird so viel auf uns abladen, daß wir es schwer haben. In den Wahlkämpfen wird es uns sehr gut möglich sein, zu erklären, warum wir es notwendig hatten, abzulehnen.

H a m p e l : M a r o n sagte vorwurfsvoll: Es ist ja Euer Dezernat! Übernehmen Sie es nicht, werden wir uns nicht scheuen, auch auszusprechen, daß Sie die Verantwortung nicht tragen wollen.

B r a m m e r : Wir müssen diese Dinge von folgenden Gesichtspunkten sehen:
Was will die SED?– Was will der Magistrat? –
Was will die sowjetische Zentralverwaltung?
Sie wollen eine Sowjetisierung und versuchen es mit allen Mitteln. Wir haben

---

24 Vgl. das Prot. [Auszug] der 11. Vorstandssitzung des Landesverbands Berlin der CDU am 5.6.1946, in: LAB, Rep. 280, Nr. 19201/4.

25 Diese Aussage bezieht sich auf die 18. Sitzung des Einheitsausschusses Groß-Berlin am 3.7.1946.

26 Vgl. das 18. Prot. des Einheitsausschusses Groß-Berlin v. 3.7.1946, in: BArch, Abt. Potsdam, Z-3, Nr. 4, Bl. 106.

27 Vgl. Anm. 15 zu diesem Dok.

28 Von den drei stellvertretenden Leitern der Mag.abt. für Ernährung, die hier vermutlich gemeint sind, gehörten zwei der SED an (Martin Schmidt und Greta Kuckhoff). Vgl. hierzu das 59. Mag.prot. v. 29.5.1946, TOP 4, u. das 62. Mag.prot. v. 22.6.1946, TOP 2.

29 Vgl. Anm. 11 zu diesem Dok.

91 KPD-Leute, 91 SPD-, 24 Parteilose und ganze 23 CDU-Leute in den Bezirksämtern zu sitzen.[30] Auch wenn wir alle parteilosen Posten bekämen, wären wir noch
immer in einer hoffnungslosen Minderheit. Richten wir doch unseren Blick auf
die LDP. Sie hält sich zurück, und diese Zurückhaltung wird ihr nicht schlecht
bekommen. Das ist die neue Form der Politik.
Der Fall H e r m e s wird für uns eine Rolle spielen.[31] Es ist nicht so, daß alle Schuld
Hermes trifft. Berlin ist die besternährte Stadt in Deutschland. Wäre Hermes im
Magistrat geblieben, hätte er die Angriffe verhindern können. Er hat einen taktischen
Fehler begangen.
Ich bin für Ablehnung – aber wir wollen es taktisch tun.

E v e n gibt eine Aufklärung über K l i m p e l. Er stünde absolut sauber da, ist ein
Freund von Even. Er war der einzige SPD-Mann, der nicht der KPD[32] beigetreten
ist,[33] und aus diesem Grunde sein Weggang. Es kommt auf die Form an, wie wir
unsere Zurückhaltung und Ablehnung begründen. Ferner gibt die Zurückhaltung der
SPD zu denken.

Es wird abgestimmt:
                9 Vorstandsmitglieder sind für Annahme,
                3 dagegen, es fehlen drei Vorstandsmitglieder.
Es wird beschlossen, das Dezernat anzunehmen.[34] Die Kandidaten sind
                1. Bürgermeister W i l l e[35],
                2. Bezirksrat S u d e c k[36].

[...]

---

30 Nach einer internen Übersicht „Analysis of Political Affiliations of Berlin City Officials"
   der amerikanischen Militärregierung waren am 1.4.1946 von den insgesamt 235
   Bezirksamtsposten in den 20 Berliner Verwaltungsbezirken 99 Posten mit KPD-
   Mitgliedern, 81 mit SPD-Mitgliedern, 24 mit CDU-Mitgliedern, 8 mit LDP-Mitgliedern
   und 23 mit Parteilosen besetzt. Die Übersicht ist vorhanden in: LAB, Rep. 37: OMGBS,
   PHB, 4/22-1/1.
31 Vgl. zu dem hier gemeinten Ausscheiden von Andreas Hermes aus dem Magistrat das
   13. Mag.prot. v. 27.7.1945.
32 Gemeint ist die durch die Vereinigung von KPD und SPD im April 1946 gebildete SED.
33 Von den drei bis April 1946 der SPD angehörenden Magistratsmitgliedern waren Orlopp
   und Schulze der neugebildeten SED beigetreten, während Kraft Mitglied der SPD
   blieb. Von den bis April 1946 der SPD angehörenden stellvertretenden Leitern von
   Mag.abteilungen hatten sich Grommann, Hauth und Fleischmann der SED angeschlossen,
   während Knoll, Karweik und Lange in der SPD blieben.
34 Vgl. zur erneuten Beratung des Landesvorstands Berlin der CDU über die Frage der
   Beteiligung der Partei am Magistrat: Dok. 99.
35 Vgl. Anm. 22 zu diesem Dok.
36 Hans Sudeck, Bezirksrat für Ernährung im Bezirk Zehlendorf. Vgl. zur Biographie
   Sudecks seinen Fragebogen für die Militärregierung v. 8.7.1946, in: LAB(STA), Rep. 102,
   Nr. 52, Bl. 95.

Dok. 98
64. Magistratssitzung vom 5. Juli 1946

LAB(STA), Rep. 100, Nr. 776, Bl. 3 – 7. – Umdruck.[1]

Beginn: 15.10 Uhr   Schluß: 18.45 Uhr

Anwesend: Dr. Werner, Maron, Orlopp, Schwenk, Schulze, Lange, Dr. Landwehr,
             Pieck, Dr. Haas, Dr. Mittag, Kehler, Dr. Goll, Jendretzky, Buchholz,
             Dr. Redeker, Henneberg, Schwanebeck, Hauth, Dusiska, Rumpf,
             Scharoun, Wildangel, Frau Kuckhoff, Knoll, Schmidt.

Den Vorsitz führt: Oberbürgermeister Dr. Werner.

Tagesordnung: 1. Protokoll
                 2. Personalfragen und Verwaltung
                 3. Ernährung
                 4. Finanzen
                 5. Bau- und Wohnungswesen
                 6. Allgemeines.

1. PROTOKOLL
Das Protokoll der 63. Sitzung vom 29.6.46 wird mit folgenden Berichtigungen
genehmigt.
1. Auf Seite 4[2] ist hinter den Ausführungen von Dusiska einzufügen:
   Dr. Haas hält die Änderung gegenüber dem bis 1933 in Deutschland geltenden Wahlrecht angesichts der heutigen unsicheren parteipolitischen
   Verhältnisse für verfrüht.
2. Auf Seite 11[3] muß es in den Ausführungen von *Hauth* richtig heißen:
   „Der Direktor Schumacher stellte sich auf den Standpunkt, daß der
   Beirat nur beratende Stimme hätte." – In demselben Absatz ist anstelle
   von „Stadtratsmitgliedern" zu setzen: „Magistratsmitgliedern".

2. PERSONALFRAGEN UND VERWALTUNG
Hierzu liegt die Vorlage Nr. 303[4], betreffend *Wiederaufnahme der Zahlung von
Versorgungsbezügen*, vor.[5]

---

1 Weitere Umdruckexemplare dieses Protokolls sind vorhanden in: LAB(STA), Rep. 100,
  Nr. 752, lfd. S. 300 – 308; LAB, Rep. 228, Mag.protokolle 1946, u. Rep. 280, Nr. 8501/21.
2 Die hier genannte Seitenzahl trifft nur auf das Originalprotokoll zu, nicht aber auf seine
  Wiedergabe in dieser Edition. Vgl. das 63. Mag.prot. v. 29.6.1946, TOP 3.
3 Die hier genannte Seitenzahl trifft nur auf das Originalprotokoll zu, nicht aber auf seine
  Wiedergabe in dieser Edition. Vgl. das 63. Mag.prot. v. 29.6.1946, TOP 6.
4 LAB(STA), Rep. 100, Nr. 776, Bl. 9; auch in: LAB(STA), Rep. 101, Nr. 644, Bl. 112. Vgl.
  zur Vorgeschichte der Mag.vorlage Nr. 303 v. 21.6.1946 die Materialien in: LAB(STA),
  Rep. 102, Nr. 37, Bl. 153 – 174; das Schreiben von Martin Schmidt an den FDGB v.
  27.5.1946, betr. Bezahlung von Pensionen an Altpensionäre und Hinterbliebene, in:
  LAB(STA), Rep. 102, Nr. 46.
5 Vgl. zur Frage der Sozialleistungen bzw. Pensionen für die aufgrund eines öffentlich-

Pieck begründet die Vorlage, die ihrem Grundsatz nach bereits früher vom Magistrat beschlossen wurde[6]. Demgemäß sind auch im Haushalt schon 66 Millionen RM für diesen Zweck vorgesehen. Die Regelung soll in der gleichen Weise erfolgen, wie sie in der sowjetischen Zone Deutschlands seit dem 1. April 1946 vorgesehen ist.[7] Auch die näheren Richtlinien, die zur Ausführung der vorliegenden Verordnung von der Abt[eilung] für Personalfragen im Einvernehmen mit der Finanzabteilung und unter Hinzuziehung des FDGB noch getroffen werden sollen, werden sich an das Verfahren in der sowjetischen Zone anschließen.

Dr. Haas führt ergänzend aus: Das Wiederaufleben der Versorgungsbezüge kann nur im begrenzten Rahmen geschehen. Wollte man die Versorgungsbezüge im vollen Umfang wie früher zahlen, so würde dies im Jahre einen Betrag von 180 Millionen erfordern; denn es handelt sich nicht nur um frühere Beamte der Stadt Berlin, sondern auch der Reichs- und Staatsbehörden, der Gemeindeverbände und der Körperschaften des öffentlichen Rechts. Voraussetzung für die Versorgungsberechtigung ist einmal, daß der Betreffende in Berlin wohnt oder dauernden Aufenthalt hier hat, zweitens, daß er erwerbsunfähig und ohne ausreichendes Einkommen ist, drittens, daß er nicht unter die Entnazifizierungsanordnung[8] fällt, und viertens, daß er nicht als Berufssoldat oder Beamter nach 1933 der deutschen Wehrmacht mit Versorgungsberechtigung angehört hat.

Die Höhe der Versorgungsbezüge wird sich im Rahmen der Renten für Versicherte der Angestelltenversicherung halten. Es werden dabei also nicht große Pensionen herauskommen, sondern im Höchstfall unter Berücksichtigung der Familienverhältnisse usw. etwa 170 RM monatlich. Die Durchführung der Zahlungen geschieht durch die Versicherungsanstalt, mit der die Stadt einen entsprechenden Vertrag abschließt. Ein Rentenanspruch auf diese Versorgungsbezüge besteht nicht.

Geplant ist außerdem noch eine Zusatzversicherung für die bei der Stadt Berlin Beschäftigten. Darüber wird, wenn die Verhandlungen positiv ausgehen, noch eine besondere Vorlage unterbreitet werden.[9]

---

rechtlichen Dienstverhältnisses Versorgungsberechtigten das 17. Mag.prot. v. 20.8.1945, TOP 6, u. das 33. Mag.prot. v. 3.12.1945, TOP 4 u. 8, u. das 41. Mag.prot. v. 14.1.1946, TOP 3; Wo bleiben die Pensionen?, in: Neue Zeit, 5.5.1946, S. 5; Berlin will Ruhegehälter zahlen, in: Der Morgen, 2.6.1946, S. 3; Berlin und die Beamtenpensionen, in: Berliner Zeitung, 19.7.1946, [S. 6].

6 Vgl. das 33. Mag.prot. v. 3.12.1945, TOP 4.

7 In der Begründung der Mag.vorlage Nr. 303 heißt es: „Da sowohl in der amerikanischen wie in der britischen Zone von Anfang an und nunmehr in der sowjetischen Zone Deutschlands seit dem 1. April 1946 Versorgungsbezüge gezahlt werden, ist es notwendig, auch in Berlin im Rahmen der vorhandenen Mittel mit der Zahlung wieder zu beginnen." Vgl. die Anordnung des Präsidenten der Deutschen Zentralfinanzverwaltung in der sowjetischen Besatzungszone v. 20.5.1946, betr. Auszahlung von Pensionen und Renten aus Haushaltsmitteln, in: Arbeit und Sozialfürsorge, Jg. 1 (1946), S. 163 – 165; die Anweisung des Amtes für Arbeit und Sozialwesen der Provinzialverwaltung Mark Brandenburg v. 5.6.1946 zur vorigen Anordnung, in: Verordnungsblatt der Provinzialverwaltung Mark Brandenburg, Jg. 2 (1946), S. 216 f.; Pensionen in der Sowjet-Zone, in: Neues Deutschland, 30.5.1946, S. 2.

8 Gemeint ist die BK/O (46) 101a v. 26.2.1946. Sie ist vorhanden in: LAB(STA), Rep. 101, Nr. 59, u. LAB, Rep. 280, Nr. 13449; veröffentlicht in: VOBl., Jg. 2 (1946), S. 71 – 78. Vgl. hierzu auch das 50. Mag.prot. v. 16.3.1946, TOP 2 (Schmidt).

9 Vgl. zur geplanten Zusatzversicherung für städtisch Bedienstete das 52. Mag.prot. v.

Hauth hat gegen einige Bestimmungen der Vorlage Bedenken, und zwar einmal gegen die Bestimmung unter 1 c), wonach unter den Kreis der Versorgungsberechtigten auch frühere Beamte von Körperschaften des öffentlichen Rechts fallen. Zu den Körperschaften des öffentlichen Rechts gehörten u[nter] a[nderem] auch zahlreiche Organisationen der NSDAP, Reichsgruppen der Wirtschaft[10] usw., und es waren unter den Angehörigen dieser Körperschaften viele Parteigenossen, die vielleicht heute unter die Entnazifizierungsanordnung[11] fallen; andererseits waren auch Beamte darunter, die einfach als Dienstverpflichtete auf diese Posten gekommen waren. Deshalb müßte diese Bestimmung noch einmal überprüft werden.

Ein weiteres Bedenken betrifft den Ausschluß der Berufssoldaten und Beamten der deutschen Wehrmacht, die dieser nach 1933 angehört haben. Darunter würden auch solche fallen, die seinerzeit in die republikanische Reichswehr eingetreten sind und 1933 noch nicht ihre 12 Jahre abgedient hatten. Außerdem sind auch hier vielfach Beamte berufsverpflichtet in diese Stellungen gekommen, namentlich bei der Organisation Todt[12].

Der Redner beantragt aus diesen Gründen eine nochmalige Überprüfung der Vorlage durch die Rechtsabteilung.

Dr. Haas betont, daß es sich hier zunächst nur um eine Art Rahmengesetz handele. Man sei sich klar darüber, daß sich bei der Durchführung der Verordnung allerlei Schwierigkeiten ergeben würden. Die Einzelheiten der Durchführung sollen in Verhandlungen zwischen der Versicherungsanstalt, der Personalabteilung und der Kämmerei noch geklärt und festgelegt werden. Außerdem ist beabsichtigt, nach Genehmigung der Vorlage durch die Alliierte Kommandantur mit der Zentralverwaltung[13] und mit den Regierungen der übrigen Zonen über weitere Punkte zu verhandeln, insbesondere darüber, den Versorgungsberechtigten ihre Bezüge auch unabhängig vom Wohnsitz zukommen zu lassen. Der Beginn der Auszahlungen ist für den 1. August in Aussicht genommen. Hinsichtlich der Wehrmacht waren die Ausnahmebestimmungen zunächst nur für Offiziere vorgesehen, es ist aber vorauszusehen, daß man damit nicht durchkommen wird.

Schwanebeck meint, daß auch die Frage der Versorgung derjenigen, die schon irgendwie im öffentlichen Dienst der Stadt standen und jetzt noch ganz oder halb tätig sind, geregelt werden müsse. Es werde sich nicht um große Summen handeln. Die erwähnte Höchstsumme von 170 RM werde nur in seltenen Fällen herauskommen. In Wirklichkeit würden sich die Auszahlungen zwischen 52 und 80 RM bewegen.

Hauth wiederholt seine Bedenken wegen der Ausnahmen für Berufssoldaten. Diese Bestimmung stelle eine große Ungerechtigkeit dar.

30.3.1946, TOP 7 (Schmidt), u. das 55. Mag.prot. v. 29.4.1946, TOP 3 (Haas), u. das 65. Mag.prot. v. 13.7.1946, TOP 5 (Haas). Eine entsprechende Vorlage ist in den folgenden Mag.sitzungen nicht behandelt worden.

10 Vgl. zur Organisation der gewerblichen Wirtschaft in der Zeit des NS-Regimes: Berkenkopf, S. 65 – 74.

11 Vgl. Anm. 8 zu diesem Mag.prot.

12 Diese nach ihrem Leiter Fritz Todt benannte staatliche Organisation war 1938 für den Bau militärischer Anlagen errichtet und nach dem Beginn des Zweiten Weltkriegs vor allem für den Wiederaufbau zerstörter Straßen, Brücken und Eisenbahnlinien eingesetzt worden.

13 Gemeint ist die Deutsche Zentralfinanzverwaltung in der sowjetischen Besatzungszone.

Dr. Haas wendet sich gegen einen Aufschub der Erledigung der Vorlage durch nochmalige Verweisung an die Rechtsabteilung.

Maron bezweifelt, ob eine bessere Formulierung gefunden werden könnte. Man werde dann wieder auf Ungerechtigkeiten nach anderer Richtung hin stoßen. Man könnte höchstens die Worte „nach 1933" streichen und einfach sagen: „Berufssoldaten oder Beamte der deutschen Wehrmacht".

Hauth zieht mit Rücksicht auf diesen Vorschlag seinen Einspruch zurück.

BESCHLUSS: Die Vorlage Nr. 303 wird mit der beantragten Streichung der Worte „nach 1933" in der Bestimmung über die Berufssoldaten angenommen.[14]

Pieck begründet weiter die Vorlage Nr. 305[15], betreffend Bestellung *neuer Vertreter der Finanzabteilung für den Aufsichts- bezw. Beirat* verschiedener *städtischer Gesellschaften* und Eigenbetriebe anstelle des ausgeschiedenen Stadtkämmerers Dr. Siebert.[16]

Dusiska macht darauf aufmerksam, daß der Magistrat nicht einen Vorsitzenden des Aufsichtsrats und auch nicht Mitglieder des Aufsichtsrats „bestellen", sondern ledig-

---

14 Der hier gefaßte Mag.beschluß ist, ohne Ausfertigungsdatum, vorhanden in: LAB(STA), Rep. 102, Nr. 37, Bl. 150. Am 21.9.1946 beschloß der Magistrat Durchführungsbestimmungen zu diesem Mag.beschluß; vgl. das 76. Mag.prot. v. 21.9.1946, TOP 4. Mit BK/O (47) 57 v. 28.2.1947 genehmigte die AK den Mag.beschluß und die zugehörigen Durchführungsbestimmungen (diese in abgeänderter Fassung). Die BK/O ist vorhanden in: LAB(STA), Rep. 101, Nr. 78; LAB, Rep. 280, Nr. 5854. Die Durchführungsbestimmungen über die Auszahlung von Versorgungsbezügen wurden veröffentlicht in: VOBl., Jg. 3 (1947), S. 69 f.; mit einigen Ergänzungen der Mag.abt. für Sozialwesen in: Die Stadtverwaltung, Jg. 2 (1947), H. 5, S. 12. Vgl. auch das von Martin Schmidt verfaßte Exposé „Altersversorgung für Arbeiter und Angestellte des Magistrats von Groß-Berlin" v. 12.3.1947, in: LAB(STA), Rep. 102, Nr. 36, Bl. 75 f.

15 LAB(STA), Rep. 100, Nr. 775, Bl. 55, u. Nr. 776, Bl. 10; auch in: LAB(STA), Rep. 101, Nr. 644, Bl. 110. Vgl. zur Vorgeschichte der Mag.vorlage Nr. 305 v. 26.6.1946: LAB(STA), Rep. 115, Nr. 63, Bl. 133, u. Nr. 64, Bl. 35.

16 Siebert war als Leiter der Finanzabteilung am 31.3.1946 aus dem Magistrat ausgeschieden; vgl. das 50. Mag.prot. v. 16.3.1946, TOP 2. Seine Stelle in verschiedenen Aufsichtsräten und Beiräten städtischer Gesellschaften und Eigenbetriebe sollten nach der Mag.vorlage Nr. 305 die kommissarischen Leiter der Finanzabteilung, Haas und Rumpf, einnehmen: Haas sollte zum Aufsichtsratsvorsitzenden der Niederbarnimer Eisenbahn AG, zum Aufsichtsratsmitglied der Gemeinnützigen Siedlungs- und Wohnungsbaugesellschaft Berlin mbH (GSW) und der Berliner Wohn- und Geschäftshaus GmbH (BeWoGe) sowie zum stellvertretenden Vorsitzenden der Beiräte der Berliner Verkehrs-Betriebe (BVG), der Berliner Gaswerke (Gasag) und der Berliner Wasserwerke bestellt werden, Rumpf zum Aufsichtsratsvorsitzenden der Generatorkraft AG, zum Aufsichtsratsmitglied der Berliner Methan-Vertriebs-GmbH und zum Mitglied des Beirats der Berliner Stadtentwässerung. Vgl. zu personellen Veränderungen im Beirat der Berliner Wasserwerke das 57. Mag.prot. v. 13.5.1946, TOP 7 (Mag.vorlage Nr. 183); zu personellen Veränderungen in den Beiräten der Berliner Gaswerke (Gasag), der „Berliner Ausstellungen" und der Berliner Hafen- und Lagerhaus-Betriebe (Behala) das 62. Mag.prot. v. 22.6.1946, TOP 4; zur personellen Besetzung des Beirats der Berliner Verkehrs-Betriebe (BVG) das 14. Mag.prot. v. 30.7.1945, TOP 7, u. das 79. Mag.prot. v. 12.10.1946, TOP 2. Vgl. ferner die Übersicht über die Zusammensetzung der Beiräte und Aufsichtsräte der städtischen Betriebe (Stand: 16.12.1946), in: LAB(STA), Rep. 115, Nr. 65, Bl. 150.

lich Vorschläge für die Vertretung des Magistrats in den betreffenden Gesellschaften machen könne.

Pieck schlägt vor, anstelle des Wortes „bestellt" zu sagen: „benennen".

BESCHLUSS: Die Vorlage Nr. 305 wird mit dieser Änderung angenommen.[17]

3. ERNÄHRUNG

Orlopp bittet zunächst die Vorlage Nr. *302*[18], betreffend statistische Planung für die Lebensmittelindustrie, bis zur nächsten Sitzung *zurückzustellen*, womit sich der Magistrat *einverstanden* erklärt.[19]

Der Redner macht sodann Mitteilungen zum *gegenwärtigen Stand der Ernährungslage*.[20] Die Frühkartoffelernte hat in diesem Jahre früher beginnen können, so daß bereits seit gestern die ersten Transporte von *Frühkartoffeln* aus der sowjetischen Zone nach Berlin hereinkommen.[21] Das Kontingent beträgt zunächst 40 000 t, kann aber täglich erhöht werden, so daß für 5 bis 6 Wochen die Kartoffelzufuhr nach Berlin gesichert ist. Außerdem hat die englische Kommandantur mitgeteilt, daß ab 1. August auch eine Einfuhr von Kartoffeln aus dem Westen über die Durchgangsstation Hannover beginnt. Zu diesem Zweck errichtet die Abt[eilung] Ernährung einen neuen Stützpunkt in Hannover. Die Kartoffeln, die zur Zeit aus der russischen Zone kommen, werden über ganz Berlin gestreut. Ebenso werden später die Kartoffeln aus dem Westen über ganz Berlin verteilt werden können. Während in früheren Jahren bei Frühkartoffeln nur die Hälfte der Rationssätze ausgeteilt wurde, werden

---

17 Der hier gefaßte Mag.beschluß ist mit dem Ausfertigungsdatum v. 5.7.1946 vorhanden in: LAB(STA), Rep. 115, Nr. 64, Bl. 140.

18 LAB(STA), Rep. 100, Nr. 776, Bl. 8; auch in: LAB(STA), Rep. 101, Nr. 586. Nach der Mag.vorlage Nr. 302 v. 27.6.1946 sollte, in Auswirkung eines Befehls der Sowjetischen Militäradministration, die statistische Planung und die Kontrolle der Planzahlen für die inhaltlich sehr weit gefaßte „Lebensmittelindustrie" im sowjetischen Sektor Berlins der Mag.abt. für Ernährung übertragen werden. Vgl. hierzu auch die entsprechenden Materialien in: LAB, Rep. 10 B, Acc. 1888, Nr. 564.

19 Die Mag.vorlage Nr. 302 ist in den folgenden Mag.sitzungen nicht behandelt worden.

20 Vgl. zur Ernährungslage im Juli 1946 verschiedene Quellen in: LAB(STA), Rep. 101, Nr. 547 u. 586, u. LAB, Rep. 10 B, Acc. 1877, Nr. 405; das Prot. der Konferenz der Bezirksbürgermeister am 4.7.1946, TOP 2, in: LAB, Rep. 280, Nr. 3861; das 66. Mag.prot. v. 20.7.1946, TOP 6 (Orlopp); BK/R (46) 345 v. 25.9.1946: Nahrungsmittelbericht des Food Committee der AK für Juli 1946, in: LAB, Rep. 37: OMGBS, BICO LIB, 11/148-2/8; Ernst Barbknecht: Berlins Verpflegung im Juli, in: Tägliche Rundschau, 26.6.1946, S. 6; Was werden wir zu essen haben?, in: Vorwärts, 4.7.1946, [S. 1 f.]; Wir holten Gemüse für Berlin, in: Berliner Zeitung, 9.7.1946, [S. 6]; Das Ernährungsamt gibt Auskunft, in: Berliner Zeitung, 11.7.1946, [S. 6]; Orlopp zur Ernährungslage Berlins: Anschluß an die Ernte ist gesichert, in: Neues Deutschland, 11.7.1946, S. 4; Kartoffeln, Brot, Krankenversorgung, in: Neue Zeit, 11.7.1946, S. 3; Brot und Kartoffeln sind ausreichend vorhanden, in: Der Morgen, 11.7.1946, S. 4; Neues über die Ernährung, in: Der Tagesspiegel, 11.7.1946, [S. 4]; Fragen der Berliner Versorgung, in: Der Kurier, 11.7.1946, S. 5; „Wo drückt uns der Schuh?", in: Telegraf, 11.7.1946, S. 8; Ernst Barbknecht: Die Bevölkerung will wissen... Das Haupternährungsamt steht Rede und Antwort, in: Tägliche Rundschau, 12.7.1946, S. 6; Was kosten unsere Kalorien? Berliner Ernährungskosten zu amtlichen und zu Schwarzmarktpreisen, in: Der Sozialdemokrat, 15.7.1946, S. 3; Um die Berliner Normen, in: Berliner Zeitung, 18.7.1946, [S. 1]; Der „Vorwärts" spricht mit seinen Lesern, in: Vorwärts, 29.7.1946, [S. 3].

21 Vgl. zur Kartoffelversorgung: Dok. 72, Anm. 57.

in diesem Jahre die neuen Kartoffeln zu den gleichen Rationssätzen verteilt werden wie die alten. Die Anfuhr der Kartoffeln geht glatt vonstatten. Die Züge werden nach Möglichkeit bis zu den Bahnhöfen der einzelnen Bezirke umgeleitet.

Auch bei Getreide ist der Anschluß an die neue Ernte soweit sichergestellt, daß zwar das *Brot* in der jetzigen Zusammensetzung nicht durchgehalten werden kann, daß aber mit einem sogenannten Kriegsbrot auf keinen Fall zu rechnen ist. Es wird, wie schon mitgeteilt[22], ein Mischbrot herauskommen, das zu 2/3 aus Weizenmehl und zu 1/3 aus dem Mehl anderer Getreidearten besteht. Dieses Brot wird qualitätsmäßig noch besser sein als das zur Zeit auf dem Markt befindliche Mischbrot. Um auch bei diesem Mischbrot den Preis in der alten Höhe zu halten, ist eine Vereinbarung mit den Brotfabrikanten und den Bäckerinnungen getroffen worden.

Auch bei der *Gemüseversorgung* gehen die zugesagten Lieferungen ohne Schwierigkeiten vonstatten.[23] Die 9 500 t, die aus Brandenburg und Sachsen zugestanden wurden, konnten zwar bisher nicht ganz bewältigt werden, der Endtermin der Hereinholung ist aber bis auf Ende Juli verlängert worden. Bis gestern abend waren 8 000 t angeliefert worden. Insgesamt sind seit Beginn der Gemüseaktion 14 000 t in Berlin verteilt worden.

Eine ausreichende Versorgung der Berliner Bevölkerung mit Gemüse wie in früheren normalen Zeiten ist trotz allen Entgegenkommens der Besatzungsmächte deswegen nicht möglich, weil der größte Teil der Gemüseeinfuhr – 70 % – früher aus den westlichen Provinzen bzw. aus dem Ausland: Holland, Italien, Frankreich, Belgien, stammte, d[as] h[eißt] aus Gebieten, die heute naturgemäß völlig ausfallen.

Noch schwieriger liegen die Verhältnisse bei der *Obstversorgung.* Auch Obst kam in der Hauptsache aus dem Westen und Süden Europas, zum Teil auch aus Übersee. Die Anfuhr aus der sowjetischen Zone geht zur Zeit, nachdem anfänglich die Ernte des Beerenobstes unter dem regenreichen Wetter zu leiden hatte, normal vor sich. Bis gestern abend konnten 300 000 kg verteilt werden. Die Verteilung erfolgt gemäß einer Vereinbarung mit der russischen Kommandantur auch hier über ganz Berlin, aber wegen der beschränkten Menge nur an Kinder bis zu 18 Jahren. Erstmalig sind alle Bezirke bis auf Wedding, der jetzt an die Reihe kommt, versorgt worden.

Erstaunlich ist, was an Gemüse und Obst in Berlin selbst erzeugt wird. Es wird aus den Randgebieten der Stadt ungefähr die gleiche Menge angefahren wie aus der Provinz. Dabei zeichnen sich besonders die Bezirke Pankow und Weißensee aus. Auch die Brachlandaktion[24] hat sich bisher schon recht günstig ausgewirkt.

Heute morgen ist die Mitteilung gekommen, daß wir nunmehr auch *freies Gemüse nach Berlin* hereinholen dürfen. Von der Bestimmung, daß der Bauer nur an den Verbraucher verkaufen darf,[25] ist für die Stadt Berlin eine Ausnahme genehmigt

---

22 Vgl. das 62. Mag.prot. v. 22.6.1946, TOP 7 (Orlopp).
23 Vgl. zur Gemüse- und Obstversorgung das 60. Mag.prot. v. 5.6.1946, TOP 5 (Orlopp), u. das 61. Mag.prot. v. 15.6.1946, TOP 7 (Orlopp), u. das 66. Mag.prot. v. 20.7.1946, TOP 6 (Orlopp); Obst und Gemüse auf Reisen. Wie arbeitet die Berliner Fernversorgung?, in: Neue Zeit, 30.6.1946, S. 5.
24 Vgl. hierzu das 51. Mag.prot. v. 25.3.1946, TOP 5.
25 Mit seinem Befehl Nr. 122 v. 30.10.1945 hatte der Oberste Chef der Sowjetischen Militäradministration die Einrichtung von Märkten in der sowjetischen Besatzungszone

worden. Daraufhin ist mit der Provinz Sachsen ein Rahmenvertrag abgeschlossen worden, daß zunächst 2 000 t freies Gemüse nach Berlin geliefert werden. In den Landkreisen, die der Stadt zugewiesen sind, dürfen von anderer Seite Aufkäufe nicht mehr erfolgen. Das bedeutet praktisch, daß hier der Preis in annehmbaren Grenzen gehalten werden kann. Es ist beabsichtigt, dieses hereinkommende freie Gemüse in erster Linie den Inhabern der Lebensmittelkarten 5 und 4 zugute kommen zu lassen. Seither wurde die freie Ware, soweit solche hereinkam, den Volksgaststätten[26] zugeführt. Das wird auch fernerhin geschehen, aber darüber hinaus wird es möglich sein, auch der übrigen Bevölkerung etwas zuzuführen.

Weitere Verhandlungen sind mit den Kreisen Osthavelland, Teltow und Beeskow wegen einer Austauschaktion auf dem Gebiet der Ernährung im Gange.[27]

Ferner sind uns von amerikanischer Seite 250 t *Fruchtsäfte*, die zum großen Teil mit Zucker gesüßt sind, zur Verfügung gestellt worden. Diese sollen an die Ferienkinder[28] verteilt werden. Mit Großmolkereien in der Provinz laufen zur Zeit Verhandlungen, um auch *Buttermilch* nach Berlin hereinzubringen, die für die Schulspeisung[29], für Altersheime und Waisenhäuser verwandt werden soll.

Der Redner macht sodann nähere Angaben über die bereits in der Presse kurz mitgeteilte Neuregelung der *Ausgabe zusätzlicher Nahrungsmittel an Kranke*.[30] Die Alliierte Kommandantur hat fast restlos den von der Abt[eilung] für Ernährung beantragten Sätzen zugestimmt.

Die näheren Ausführungsbestimmungen zu dieser Regelung werden vom Haupternährungsamt gemeinsam mit dem Landesgesundheitsamt ausgearbeitet.[31] Voraus-

---

und im sowjetischen Sektor Berlins angeordnet. Auf diesen Märkten konnten die Bauern nach der Erfüllung ihrer Ablieferungspflichten alle Überschüsse an landwirtschaftlichen Erzeugnissen frei verkaufen, wobei der An- und Wiederverkauf dieser Erzeugnisse allerdings grundsätzlich verboten war. Der Befehl ist vorhanden in: LAB(STA), Rep. 101, Nr. 5, Bl. 93 f. u. 106 f., u. Rep. 120, Nr. 1340, Bl. 20 f.

26 Vgl. zu den Volksgaststätten das 20. Mag.prot. v. 10.9.1945, TOP 8, u. das 24. Mag.prot. v. 1.10.1945, TOP 8, u. das 26. Mag.prot. v. 15.10.1945, TOP 7, u. das 39. Mag.prot. v. 30.12.1945, TOP 5; BK/R (46) 253 v. 10.7.1946, in: LAB, Rep. 37: OMGBS, BICO LIB, 11/148-2/7; das 32. Prot. der stellv. Stadtkommandanten v. 12.7.1946, TOP 387, in: LAB, Rep. 37, Acc. 3971, Nr. 220; Volksgaststätten billiger und besser, in: Berliner Zeitung, 24.7.1946, [S. 6]; Mittagessen mit oder ohne Marken, in: Vorwärts, 24.7.1946, [S. 3].

27 Die hier genannten Landkreise grenzten im Westen, Süden und Südosten an Berlin.

28 Vgl. zur Aktion „Ferienfreude für die Berliner Kinder" das 59. Mag.prot. v. 29.5.1946, TOP 8, u. das 61. Mag.prot. v. 15.6.1946, TOP 6.

29 Vgl. zur Schulspeisung das 40. Mag.prot. v. 7.1.1946, TOP 8 (Winzer), u. das 42. Mag.prot. v. 19.1.1946, TOP 11, u. das 56. Mag.prot. v. 4.5.1946, TOP 5, u. das 78. Mag.prot. v. 5.10.1946, TOP 2.

30 Auf einen entsprechenden Antrag der Mag.abt. für Ernährung hatte die AK mit BK/O (46) 282 v. 28.6.1946 die Ausgabe zusätzlicher Nahrungsmittel an bestimmte Gruppen von Kranken, Schwangere und Blutspender genehmigt, wobei der Umfang der hiervon begünstigten Personengruppen jeweils zahlenmäßig festgelegt war. Die BK/O ist vorhanden in: LAB(STA), Rep. 101, Nr. 67; LAB, Rep. 280, Nr. 1446. Vgl. hierzu: Nahrungszulage für Tbc-Kranke?, in: Telegraf, 29.6.1946, S. 6; Neue Hoffnung für Berliner Kranke, in: Vorwärts, 3.7.1946, [S. 3]; Neue, höhere Rationen für Kranke, in: Berliner Zeitung, 4.7.1946, [S. 6]; Sonderzuteilungen für Kranke, in: Neues Deutschland, 5.7.1946, S. 4.

31 Vgl. die drei Rundverfügungen des Hauptamts für Verbrauchsregelung der Mag.abt. für

setzung für die Inanspruchnahme dieser Vergünstigungen ist ein ärztliches Attest. Atteste können von Privatärzten ausgestellt werden, müssen aber von den Amtsärzten nachgeprüft werden.

Der Redner stellt abschließend fest, daß, im ganzen gesehen, die Ernährungslage in Berlin bis zur nächsten Ernte als gesichert anzusehen ist.

Hauth fragt, ob die erhöhten Rationen für die Kranken zusätzlich zur jetzigen Gesamtmenge der Nahrungsmittel sind oder eine Herabsetzung bei anderen Rationen bedingen.

Orlopp: Die Mehrleistung auf Grund der erhöhten Rationen wird genau berechnet, und es darf entsprechend mehr verbraucht werden. Es handelt sich also um eine zusätzliche Leistung. Es sollen auch entsprechende Zusatzkarten gedruckt werden.

Dr. Redeker weist auf die schwierige Aufgabe der Gesundheitsämter und der Amtsärzte hin, die darüber zu wachen haben, daß die Zusatzkarten nur in der angegebenen beschränkten Anzahl ausgegeben werden. Nach den erfolgten Ankündigungen sei mit 5 [00 000] bis 600 000 Anträgen zu rechnen. Wenn da so stark gesiebt werden muß, daß für die Hauptgruppen der Kranken nur 105 000 berücksichtigt werden können, werden zweifellos viele Beschwerden kommen. Der Redner möchte auf diesen zu erwartenden Sturm der beteiligten Kreise schon jetzt aufmerksam machen.

BESCHLUSS: Die Mitteilungen des komm[issarischen] Leiters der Abt[eilung] für Ernährung werden zur Kenntnis genommen.[32]

4. FINANZEN

Rumpf bringt folgende Angelegenheit zur Sprache:[33] Laut Befehl der Alliierten Kommandantur vom 13.6.46[34] sind alle Entschlüsse, Anweisungen und Bestimmungen von gesetzgebender Beschaffenheit, die vom Magistrat, vom Polizeipräsidenten und vom Leiter des Preisamtes herausgegeben werden, vor Erlaß der Verfügung der Alliierten Kommandantur zur Genehmigung vorzulegen. Es sind *Zweifel aufgetaucht*, was unter dem *Ausdruck „gesetzgebender Beschaffenheit"* zu verstehen ist. Bezüglich des der Finanzabteilung unterstehenden *Preisamtes* ist zu sagen, daß dieses täglich unter Bezug auf die Verordnungen vom 28. September 1945 – Verordnung

---

Ernährung an die Bezirksernährungsämter v. 8.7.1946, 15.7.1946 u. 23.7.1946, betr. Zusatzversorgung für werdende Mütter bzw. für Kranke, werdende Mütter, Blutspender und Frauenmilchspenderinnen, in: LAB(STA), Rep. 101, Nr. 547; Mehr Lebensmittel für Kranke, in: Berliner Zeitung, 16.7.1946, [S. 6]; Wer erhält Zusatzernährung?, in: Neues Deutschland, 16.7.1946, S. 4; Die Zusatzversorgung für Kranke, in: Vorwärts, 16.7.1946, [S. 3]; Den Kranken wird geholfen. Weitere Durchführung der Krankenzusatzversorgung, in: Berliner Zeitung, 28.7.1946, [S. 6]; Die Verbesserung der Krankenernährung, in: Vorwärts, 29.7.1946, [S. 5].

32 In der übernächsten Mag.sitzung gab Orlopp einen Bericht über die Gemüse-, Obst- und Kartoffelversorgung der Berliner Bevölkerung; vgl. das 66. Mag.prot. v. 20.7.1946, TOP 6.

33 Die entsprechende Vorlage Rumpfs v. 5.7.1946 ist vorhanden in: LAB(STA), Rep. 101, Nr. 644, Bl. 104 f.; auch in: LAB(STA), Rep. 105, Nr. 418.

34 Die hier gemeinte BK/O (46) 263 v. 13.6.1946 ist vorhanden in: LAB, Rep. 280, Nr. 4868; abgedruckt in: Berlin. Quellen und Dokumente, 1. Halbbd., S. 141. Vgl. hierzu Teil I dieser Edition, S. 60 f.

gegen die Preistreiberei und Verordnung über die Errichtung eines Preisamtes[35] – eine große Anzahl von Einzelverfügungen, und zwar in der Hauptsache *Ausnahmegenehmigungen*, erläßt. In diesen Einzelverfügungen sind Gebote enthalten, deren Verletzung nach der allgemeinen Preisstrafrechtsverordnung aus dem Jahre 1944[36], also einem Reichsgesetz, mit Strafe bedroht wird. Es ist die Frage zu prüfen, ob diese Einzelverfügungen (Ausnahmegenehmigungen) als Entschlüsse oder Anweisungen oder Bestimmungen von gesetzgebender Beschaffenheit zu betrachten sind.

Wenn tatsächlich jede Ausnahmegenehmigung noch einmal der Alliierten Kommandantur vorgelegt werden müßte, so bedeutet dies ein sofortiges Stocken des Preisbildungsgeschäfts mit allen Folgen, d[as] h[eißt] einen Stillstand der Wirtschaft wegen Ungewißheit in der Preisgestaltung. Nachdem so umfangreiche Vorbereitungen mit den 20 Verwaltungsbezirken im Preisbildungsgeschäft getroffen worden sind und täglich etwa 30 bis 50 Ausnahmegenehmigungen ausgesprochen werden müssen, ist es klar, daß eine Zurückhaltung dieser Entscheidungen, d[as] h[eißt] ein Abwarten der Genehmigung, große Gefahren für die Berliner Wirtschaft mit sich bringen würde.

Die Rechtsabteilung hat Anordnungen, welche vom Preisausschuß des Magistrats[37] vor Erhalt dieses Befehls beschlossen wurden, im Verordnungsblatt nicht mehr verkündet, wodurch wichtige Anordnungen des Preisamtes, wie Festlegung der Gemüsepreise und der Blumenpreise, die sich immer kurzfristig wiederholen, nicht mehr zur Wirksamkeit gelangen können. Dieser Gefahr muß unbedingt begegnet werden.

Dr. Mittag vertritt die Ansicht, daß das, was gemäß dem Befehl vom 13.6.46 unter „Entschlüssen, Anweisungen und Bestimmungen von gesetzgebender Beschaffenheit, die vom Magistrat herausgegeben werden", zu verstehen ist, sich erst aus der Praxis der Alliierten Kommandantur ergeben muß. Die bisherige Praxis hat gelehrt, daß es ratsam ist, hier vorsichtig zu sein. An sich hat sich die Rechtsabteilung nicht geweigert, die betreffenden Preisamtsanordnungen im Verordnungsblatt zu veröffentlichen, sondern nur Bedenken wegen der zweifelhaften Rechtslage erhoben.

Hauth bemerkt, die Abt[eilung] Handel und Handwerk stehe auf dem Standpunkt, daß die Einzelverfügungen des Preisamtes in bezug auf Ausnahmebewilligungen keine Neuschaffung von Recht darstellen, sondern nur die Anwendung oder

---

35 Die VO gegen Preistreiberei und die Anordnung zur Errichtung eines Preisamtes waren Ende Juli 1945 vom Magistrat beschlossen worden; vgl. das 14. Mag.prot. v. 30.7.1945, TOP 4. Die AK hatte sie mit BK/O (45) 137 v. 28.9.1945 genehmigt. Die BK/O ist vorhanden in: LAB(STA), Rep. 101, Nr. 45; LAB, Rep. 280, Nr. 12292. Die VO und die Anordnung wurden veröffentlicht in: VOBl., Jg. 1 (1945), S. 122; wieder abgedruckt in: Berlin. Quellen und Dokumente, 1. Halbbd., S. 349 f.

36 Gemeint ist die VO über Strafen und Strafverfahren bei Zuwiderhandlungen gegen Preisvorschriften (Preisstrafrechtsverordnung) v. 3.6.1939 in der Fassung v. 26.10.1944, in: RGBl., Jg. 1944, Teil I, S. 264 – 272.

37 Der Preisausschuß des Magistrats war aufgrund der Ziffer 2 der Anordnung zur Errichtung eines Preisamtes v. 28.9.1946 gebildet worden. Diese Ziffer hat den Wortlaut: „Die allgemeinen Grundsätze der Preisbildung und der Preisüberwachung werden von einem Preisausschuß des Magistrats der Stadt Berlin aufgestellt, in den die Abteilungen des Magistrats für Handel und Handwerk, für Wirtschaft und für Ernährung je einen Vertreter und der Freie Deutsche Gewerkschaftsbund zwei Vertreter entsenden. Außerdem gehört der Leiter des Preisamtes dem Preisausschuß an."

Durchführung eines von der Alliierten Kommandantur bereits genehmigten Rechtes in bezug auf die Tätigkeit des Preisamtes. Es wäre zweckmäßig, wenn der Magistrat, falls er diese Rechtsauffassung teile, eine entsprechende Feststellung träfe, um dadurch eine Beruhigung in der Wirtschaft herbeizuführen. Dem stehe nicht entgegen, daß die Rechtsabteilung sich alsbald mit der Alliierten Kommandantur wegen einer Bestätigung dieser Auffassung in Verbindung setzt.

Dr. Landwehr vertritt die gleiche Auffassung. Das Preisamt ist mit Genehmigung der Alliierten Kommandantur geschaffen worden, um auf dem Preisgebiet regelnd zu wirken. Wenn es nun in dieser Weise in Tätigkeit tritt, so liegt diese Tätigkeit im Rahmen der einmal erteilten Grundgenehmigung.

Maron macht darauf aufmerksam, daß außer dem Befehl, in dem die Grundlagen für die Tätigkeit des Preisamtes festgelegt sind, noch nachträglich der Befehl über den Preisstop ergangen ist[38]. Es könnte also möglicherweise die Meinung vertreten werden – er teile sie nicht –, daß nach dieser Preisstopverordnung keine Ausnahmegenehmigungen erteilt werden dürften.

Rumpf zählt eine Reihe von Einzelverfügungen des Preisamtes auf, deren Veröffentlichung bisher zurückgehalten worden ist und bei denen eine weitere Verzögerung der Veröffentlichung, wie sie durch das Abwarten einer Genehmigung naturnotwendig entsteht, zu wirtschaftlichen Schäden führen muß; sie betreffen u[nter] a[nderem]: Ausschankpreise für Bier, Höchstpreise für Obst und Gemüse, Höchstpreise für Blumen und Zierpflanzen, Höchstpreise für das Friseurgewerbe, Tankholzpreise[39] usw. Zweifelhaft könnte man bei einer Anordnung über Maßnahmen, betreffend Ermittlungen im Ordnungsstrafverfahren, sein.

Orlopp verweist darauf, daß in der letzten Verordnung über den Preisstop, die nach der Verordnung über die Errichtung des Preisamtes ergangen ist, eigentlich nur das Datum über den Preisstop eine Änderung erfahren hat,[40] daß somit alles andere, was durch die Verordnung über die Errichtung des Preisamtes festgelegt ist, bestehen geblieben ist. Danach sei der Standpunkt von Rumpf durchaus gerechtfertigt.

Maron verliest die entscheidenden Stellen aus den Anordnungen vom 28.9.45 über die Befugnisse des Preisamtes.[41] Daraus gehe klar hervor, daß Einzelverfügungen, wie die erwähnten Ausnahmegenehmigungen, ohne besondere Genehmigung erlassen werden können.

---

38 Die AK hatte in Ziffer 11 ihrer BK/O (45) 130 v. 26.9.1945 angeordnet: „Die Preise für landwirtschaftliche Produkte und Industrieerzeugnisse, die vor Ende des Krieges in Berlin gültig waren, sind beizubehalten." Die BK/O ist vorhanden in: LAB(STA), Rep. 101, Nr. 44, u. LAB, Rep. 280, Nr. 12285; abgedruckt in: Berlin. Quellen und Dokumente, 1. Halbbd., S. 391 – 396. Vgl. hierzu auch: Dok. 80, Anm. 10.

39 Tankholz wurde für Fahrzeuge mit Generatorantrieb benötigt. Vgl. hierzu Dok. 11, Anm. 32; Berliner Generatoren, in: Berliner Zeitung, 3.3.1946, [S. 2].

40 Vgl. Anm. 38 zu diesem Mag.prot.

41 § 3 der VO gegen Preistreiberei hat den Wortlaut: „Für lebenswichtige Gegenstände des täglichen Bedarfs oder lebenswichtige Leistungen zur Befriedigung des täglichen Bedarfs dürfen die Preise und Entgelte nicht über den am 1. April 1945 zulässigen Stand erhöht werden, soweit nicht etwas anderes bestimmt wird." Ziffer 4 der Anordnung zur Errichtung eines Preisamtes hat den Wortlaut: „Das Preisamt kann zur Durchführung der Preisbildung und Preisüberwachung mit Zustimmung des Preisausschusses Anordnungen erlassen."

Schwenk ist ebenfalls der Ansicht, daß das Recht des Preisamtes, derartige Preisfestsetzungen vorzunehmen, in dem Grundbefehl ausdrücklich stipuliert[42] ist. Die Rechtsabteilung sei hinsichtlich der Veröffentlichung solcher Preisanordnungen im Verordnungsblatt durchaus gedeckt.

Maron schlägt vor, in einer der nächsten Sitzungen des Magistrats und in der Bürgermeister-Konferenz über die Arbeit des Preisamtes einen Bericht entgegen-zunehmen,[43] da nach Mitteilungen aus den Bezirken die Arbeiten der einzelnen Preisstellen[44] sehr unterschiedlich durchgeführt werden und es notwendig erscheint, hier eine Einheitlichkeit zu erreichen.

Rumpf begrüßt diesen Vorschlag und möchte schon heute bemerken, daß nach seinen Beobachtungen die ganze Frage der Preispolitik seit einiger Zeit unter parteipolitischen Betrachtungen stehe. Der Redner nimmt Bezug auf einen Artikel im „Telegraf" vom gestrigen Tage.[45] Dort habe ein namhafter Magistratsangestellter[46], der dauernd an den Preisausschußsitzungen teilnimmt, die Arbeiten des Preisamtes unter einer ganz falschen Darstellung der Dinge kritisiert. Weiter bezieht sich der Redner auf die Stellungnahme des Beauftragten für die Brennholzbeschaffung, Herrn Lipschütz,[47] im Preisausschuß in bezug auf die von den Sägewerken geforderten Preise. Der Magistrat sollte einmal seine Meinung dahin äußern, daß die bestehenden gesetzlichen Bestimmungen auch auf dem Preisgebiet von allen Stellen des Magistrats und der Bezirke einzuhalten sind.

Nach weiteren Bemerkungen von Dusiska und Dr. Landwehr zu dieser Angelegenheit wird die Aussprache über diesen Punkt geschlossen.

5. BAU- UND WOHNUNGSWESEN
Hierzu liegt die Vorlage Nr. 311[48] vor, betreffend *Richtlinien* zur Verordnung über baupolizeiliche Maßnahmen zur Einsparung von Baustoffen über die *Verwendung von Zement*.[49]

Scharoun begründet die Vorlage, die sich mit Rücksicht auf den außerordentlichen Mangel an Zement als notwendig ergeben hat. Die Verordnung schreibt vor, daß Zement nur für solche Bauarbeiten und Bauteile verwendet werden darf, bei denen andere Bindemittel den Anforderungen nicht genügen.

---

42 Stipulieren: rechtlich vereinbaren.

43 Vgl. das Prot. der Konferenz der Bezirksbürgermeister am 11.7.1946, TOP 1, in: LAB, Rep. 280, Nr. 3862. In den folgenden Mag.sitzungen wurde *kein* Bericht über die Arbeit des Preisamts gegeben.

44 Vgl. zur Errichtung der Bezirkspreisstellen das 52. Mag.prot. v. 30.3.1946, TOP 7.

45 Vgl.: Irrweg der Preispolitik. Hohe Kosten, stabile Preise, Verlustgeschäfte und Subventionen, in: Telegraf, 4.7.1946, S. 4.

46 Gemeint ist Eberhard Wolff (SPD), Leiter der Hauptämter IV und VII in der Mag.abt. für Wirtschaft.

47 Vgl. zur Zentralstelle für die Holzbeschaffung und zu ihrem Geschäftsführer Dagobert Lipschütz das 27. Mag.prot. v. 22.10.1945, TOP 3, u. das 34. Mag.prot. v. 10.12.1945, TOP 4, u. das 38. Mag.prot. v. 23.12.1945, TOP 7, u. das 83. Mag.prot. v. 9.11.1946, TOP 5 (Dusiska).

48 LAB(STA), Rep. 100, Nr. 776, Bl. 11 – 13.

49 Vgl. zur Gewinnung von Zement aus Asche das 63. Mag.prot. v. 29.6.1946, TOP 4, u. das 72. Mag.prot. v. 31.8.1946, TOP 3 (Starck), u. das 76. Mag.prot. v. 21.9.1946, TOP 6 (Starck), u. das 85. Mag.prot. v. 23.11.1946, TOP 2 (Mag.vorlage Nr. 500).

Schwenk begrüßt die Vorlegung dieser Verordnung, die schon viel früher hätte erlassen werden müssen. Vorschläge nach dieser Richtung seien bereits vor vielen Monaten gemacht worden. Es wäre erwünscht, wenn in der Abt[eilung] für Bau- und Wohnungswesen etwas rascher gearbeitet würde.

BESCHLUSS: Die Vorlage Nr. 311 wird angenommen.[50]

6. ALLGEMEINES

Maron trägt eine Angelegenheit, betreffend *Grundstücksverkäufe in Zehlendorf*, vor. Es handelt sich um zwei Luxusobjekte, die nach Meinung des Bezirksamtes Zehlendorf zu stark überhöhten Preisen verkauft worden sind.[51] Das Bezirksamt Zehlendorf hat gegen diese Preisfestsetzungen Einspruch erhoben mit dem Hinweis, daß so starke Preiserhöhungen zu einer Inflation auf dem Grundstücksmarkt und zu Mieterhöhungen führen könnten. Von seiten der Beteiligten ist in Gutachten dargelegt worden, daß es sich, namentlich bei den mitverkauften Mobilien, um Luxusobjekte von einem gewissen Seltenheitswert handele, die nicht unter die Preisregelung fielen. Bezirksbürgermeister Dr. Wittgenstein glaubt, sich damit nicht einverstanden erklären zu können, und hat einstweilen die Wohnsiedlungsgenehmigung[52] versagt. Er beantragt nun, daß der Magistrat sich mit der Angelegenheit beschäftigen und eine Entscheidung darüber treffen möge.

Orlopp vertritt die Auffassung, daß die enormen Preiserhöhungen bei diesen Objekten nicht zu billigen seien. Die Begründung, daß gleichzeitig mit den Grundstücken besondere Liebhaberwerte: Gemälde und Skulpturen, veräußert worden sind, sei nicht durchschlagend, weil diese Dinge schon früher in den Häusern waren, als sie zu den niedrigeren Preisen gehandelt wurden.

Scharoun ist anderer Meinung. Die in den Objekten steckenden Mobilien und Kunstgegenstände hätten Seltenheitswert. Nach Ansicht der Abt[eilung] für Bau- und Wohnungswesen müsse die Wohnsiedlungsgenehmigung in diesen Fällen erteilt werden.

Schwenk meint, für den Magistrat könne es sich nur darum handeln, ob lebenswichtige Interessen der Allgemeinheit durch diese Verkäufe berührt würden. Das scheine aber nicht der Fall zu sein. Daher könne dem Bezirksbürgermeister von Zehlendorf von seiten des Magistrats nur geraten werden, ohne Rücksicht auf die Preisgestaltung die Wohnsiedlungsgenehmigung zu erteilen. Vom rein fiskalischen Standpunkt aus könne es zudem nur erwünscht sein, wenn eine hohe Wertzuwachssteuer[53] dabei abfällt.

Hauth sieht auch keinen Grund für ein Eingreifen des Magistrats gegenüber den in Frage stehenden Preisfestsetzungen. Es handele sich um keine Gebrauchsgüter, sondern um Kunstgegenstände und Luxuswerke, bei denen in preislicher Hinsicht auch sonst nicht eingegriffen werde. Für den Verkäufer würde bei den hohen

---

50 Die hiermit beschlossenen Richtlinien über die Verwendung von Zement wurden veröffentlicht in: VOBl., Jg. 2 (1946), S. 238 f; Neue Bauwelt, Jg. 1 (1946), H. 5, S. 11 f.

51 Bei dem einen der beiden Luxusgrundstücke handelte es sich um das Grundstück im Ortsteil Wannsee, Am Sandwerder 1. Vgl. hierzu zwei Schreiben des Hauptamts für Vermessung an das Bezirksamt Zehlendorf v. 5.4.1946 u. 31.5.1946, in: LAB(STA), Rep. 101, Nr. 797.

52 Vgl. hierzu das 56. Mag.prot. v. 4.5.1946, TOP 3.

53 Vgl. hierzu das 30. Mag.prot. v. 12.11.1945, TOP 4.

Steuersätzen von heute wahrscheinlich auch trotz des hohen Preises nicht viel mehr als die frühere Kaufsumme herauskommen.

Dr. Haas tritt der Ansicht von Schwenk bei. Man sollte dem Bezirksbürgermeister Dr. Wittgenstein anheimgeben, die Wohnsiedlungsgenehmigung zu erteilen.

Maron hält grundsätzlich den Standpunkt von Orlopp für richtig: Vom kommunalpolitischen Standpunkt aus müsse der Magistrat darauf sehen, die Bodenpreise in angemessenen Grenzen zu halten. In den vorliegenden Fällen spielten aber eine ganze Reihe anderer Gesichtspunkte mit eine Rolle. Darum sollte die Wohnsiedlungsgenehmigung erteilt werden.

Schmidt ist der Meinung, daß vom Magistrat nicht verlangt werden könne, taxenmäßig nachzuprüfen, ob der Preis für ein Grundstück nebst Gebäude und Einrichtung gerechtfertigt sei. Nach Schätzung der Abt[eilung] für Bau- und Wohnungswesen sei in diesem Falle der Preis gerechtfertigt. Der Käufer selbst habe sich damit einverstanden erklärt. Der Kauf an sich sei auch perfekt geworden. Es handele sich lediglich noch um die formale Wohnsiedlungsgenehmigung, die in diesem Falle unter Umständen auch auf andere Weise zustande kommen könne. Der Redner beantragt, Bezirksbürgermeister Dr. Wittgenstein zu beauftragen, die Wohnsiedlungsgenehmigung zu erteilen.

BESCHLUSS: Der Magistrat stimmt diesem Antrag zu.

Wildangel trägt den *Fall* des Schulleiters *Muchall*[54] in Steglitz und die damit zusammenhängenden Vorkommnisse vor.[55]

Dr. Werner gibt seinerseits eine Darstellung der Vorgänge, soweit sein persönliches Eingreifen in Frage kommt.

Maron empfiehlt mit Rücksicht darauf, daß hier eine Reihe von Mißverständnissen vorzuliegen scheinen, die in dem Rahmen einer Magistratssitzung nicht geklärt werden können, die Angelegenheit zu vertagen und sie im Kreise des Bürgermeister-Kollegiums unter Hinzuziehung von Herrn Wildangel weiterzubesprechen.[56]

BESCHLUSS: Der Magistrat erklärt sich mit dieser Behandlung der Angelegenheit einverstanden.

Nächste Sitzung: Sonnabend, den 13. Juli, vorm[ittags] 9 Uhr.

---

54 Dr. Walter S. Muchall, seit 1.6.1945 Schulleiter an der Lichterfelder Oberschule für Jungen.
55 Es konnte nicht ermittelt werden, welche „Vorkommnisse" hier gemeint sind.
56 Die hier behandelte „Angelegenheit" ist in den Konferenzen der Bezirksbürgermeister nicht zur Sprache gebracht worden.

Dok. 99
15. Vorstandssitzung des Landesverbands
Berlin der CDU am 9. Juli 1946

ACDP, CDU-LV Berlin, III-012-391. – Maschinenschriftliche Durchschrift.[1]

P r o t o k o l l der 15. Vorstandssitzung am Dienstag, dem 9. Juli 1946, 15.30 Uhr im Unionhaus Jägerstraße 59 – 60

Anwesend: Sämtliche Vorstandsmitglieder[2] mit Ausnahme von Herrn Heinze [und] Frau Dr. Dienwiebel; Herr VP Voss[3] erscheint um 17.35 Uhr.

Tagesordnung: 1. Verschiedenes
2. Unterredung mit Major D e m i d o w von der Sowjetischen Zentralkommandantur
3. Vorschlag der SED im Einheitsausschuß „Der Neuaufbau Berlins"
4. Beteiligung der CDU am Magistrat.

[...]

Punkt 4 der Tagesordnung (Besetzung im Magistrat)
Der Vorsitzende:[4] Wir hatten nach der heutigen Zusammenkunft nicht die Absicht, am Donnerstag dieser Woche noch einmal zusammenzukommen. Ich würde jedoch dringend zu einer Zusammenkunft raten, da die Besetzung im Magistrat dringend behandelt werden muß und wir erst Donnerstag mittag von Maron Bescheid bekommen werden.
R ü b e l: Die Frage war doch auf der letzten Vorstandssitzung mit 9 : 3 Stimmen entschieden worden.[5]
Der Vorsitzende: Nachdem am letzten Freitag unsere Sitzung beendet war, hatte K a i s e r[6] gebeten, diese Dinge mit mir zu besprechen. Herr V o s s war dabei. Kaiser teilte uns mit, daß er im Anschluß an unsere Besprechungen vom

---

1 Der hier in die Edition aufgenommene Teil dieses Protokolls ist als Abschrift vorhanden in: LAB, Rep. 280, Nr. 19201/8.
2 Vgl. zur personellen Zusammensetzung des Vorstands des Landesverbands Berlin der CDU: Dok. 97, Anm. 3.
3 Albert Voss war einer der drei stellvertretenden Vorsitzenden des Landesverbands Berlin der CDU und hatte die Position des 3. Vizepräsidenten (VP) der Deutschen Verwaltung für Arbeit und Sozialfürsorge in der sowjetischen Besatzungszone inne.
4 Prof. Kurt Landsberg.
5 Die Frage der Beteiligung der CDU am Magistrat war in der hier gemeinten 14. Vorstandssitzung des Landesverbands Berlin der CDU am Donnerstag bzw. Freitag, den 4./5.7.1946 behandelt worden. Vgl. Dok. 97.
6 Jakob Kaiser, seit dem 20.12.1945 1. Vorsitzender der CDU (in der sowjetischen Besatzungszone und Berlin).

Donnerstag mit einer westlichen Besatzungsmacht (Amerikaner) diese Dinge besprochen habe. Diese habe ihm gesagt, daß die Ablehnung des Postens im Ernährungsamt[7] unmöglich sei, daß die Bevölkerung den Parteien jetzt mißtraue. Und wenn nun mitgeteilt werden würde, daß die Annahme dieses Amtes abgelehnt würde, weil man sich nicht vor den Wahlen[8] belasten wolle, so würde das den denkbar schlechtesten Eindruck machen. Sie empfehlen uns, die Dinge so zu gestalten, daß, wenn wir jetzt das Ernährungsamt übernehmen, wir über das Ernährungsamt hinaus versuchen sollten, in die entscheidenden Stellungen des Magistrats vorzudringen: 1. Volksbildungsabteilung, 2. Amt für Wirtschaft und Industrie,[9] das bisher von Landwehr verwaltet wurde. Kaiser bat mich dringend, bei den Verhandlungen diesen Standpunkt einzunehmen. Ich habe mich sofort mit M a r o n in Verbindung gesetzt und ihm hiervon Mitteilung gemacht, daß wir nach eingehender Beratung zu der Auffassung gekommen wären, daß uns eine möglichst starke Einflußnahme im Magistrat gegeben werden müsse. – In meiner heutigen Rücksprache mit K a i s e r war seine Auffassung, daß die Frage der Wahlen in Berlin etwas ist, auch bei der Besetzung im Magistrat, das über die kommunalen Belange weit hinausgeht. Ich hatte die drei stellvertretenden Vorsitzenden zu dieser Besprechung bei Kaiser ebenfalls gebeten (Even, Voss, Maxsein). Wir sind dann gemeinsam zu Maron gefahren, wo wir in einer längeren Unterredung unseren Standpunkt eingehend vertreten haben. – Bei den Beratungen bei Kaiser machte Even den Gedanken geltend, daß es zweckmäßig sei, die SPD nicht allein zu lassen. – Die Besetzung im Volksbildungsamt durch uns hielt M a r o n für unmöglich, da diese Position jetzt vor den Wahlen nicht aufgegeben werden würde. Bei der Wirtschaft sei er anderer Meinung, da es möglich sei, Landwehr zu bewegen, daß er jetzt zurücktrete, da er seit längerer Zeit leidend sei. S c h m i d t [10] wies jedoch mit aller Offenheit darauf hin, daß wir, wenn wir diesen Posten besetzen, wir ihn vermutlich bis zu den Wahlen nicht bestätigt bekommen.[11] Er bat Dr. H a a s hinzu, der ebenfalls diese Auffassung bestätigte und mitteilte, daß sogar beim Stadtkämmererposten die Bestätigung nicht stattfinden würde.[12] Man

---

7 Gemeint ist die Mag.abt. für Ernährung.

8 Die ersten Nachkriegswahlen in Berlin waren vom Koordinierungskomitee des Alliierten Kontrollrats am 3.6.1946 für Oktober 1946 angeordnet worden und fanden dann am 20.10.1946 statt. Vgl. hierzu Dok. 96, Anm. 7.

9 Gemeint ist die Mag.abt. für Wirtschaft.

10 Martin Schmidt (SED), stellvertretender Leiter der Mag.abt. für Personalfragen und Verwaltung und seit dem 29.5.1946 gleichzeitig kommissarischer stellvertretender Leiter (für Personalfragen) der Mag.abt. für Ernährung.

11 Nach der BK/O (46) 141 v. 27.3.1946 durfte das „Personal des Magistrats" (Oberbürgermeister, Stellvertreter des Oberbürgermeisters, Abteilungsleiter) „vom Magistrat nur mit vorheriger Zustimmung der Alliierten Kommandantur ernannt oder entlassen werden". Die BK/O ist vorhanden in: LAB(STA), Rep. 101, Nr. 61, u. LAB, Rep. 280, Nr. 8800; abgedruckt in: Berlin. Quellen und Dokumente, 2. Halbbd., S. 1166.

12 Der Magistrat hatte am 18.5.1946 beschlossen, der AK für den Posten des Stadtkämmerers (Leiter der Finanzabteilung) Dr. Harald Heuer (SED) sowie die beiden stellvertretenden Leiter der Finanzabteilung, Dr. Friedrich Haas (CDU) und Willi Rumpf (SED), vorzuschlagen. Die AK ordnete zwar mit BK/O (46) 386 v. 30.9.1946 an,

stände offenbar nach Dr. Haas auf dem Standpunkt, daß die Besetzung der übrigen Dezernate nicht so dringlich sei, daß die bisherigen Stadträte sie weiterführen könnten. Lediglich für das Ernährungsamt verlangten Engländer und Amerikaner eine Besetzung. Die Engländer hätten wörtlich erklärt, der Posten des Ernährungsdezernenten sei der wichtigste Posten nach dem Oberbürgermeister. Es gab eine Diskussion hin und her. Es liege im Interesse des Magistrats und der anderen Parteien, daß die SPD sich nicht ganz aus der Verantwortung heraushalten könne. Wir haben daraufhin offiziell M a r o n gebeten, in dieser Frage mit der SPD Fühlung zu nehmen und uns zu berichten, wie die Situation am Freitag sei. Insofern ist in der Beschlußfassung für uns eine andere Situation gegeben. – Die LDP hat das Gesundheitsamt[13] besetzt und will die Kunstabteilung besetzen.[14] Bis Donnerstag will Maron von uns Antwort haben. Es ist also wünschenswert, unsere Stellung klarzustellen.

E v e n : Ich glaubte, wir waren bei K a i s e r darüber einig, daß wir erklären, wir übernehmen das Ernährungsamt nur dann, falls uns ein weiteres Dezernat[,] Volksbildung oder Wirtschaft[,] gegeben wird. Zweitens fordern wir, daß der SPD der Posten angeboten werden muß. Wenn M a r o n uns mitteilt, die SPD lehnt ab und man könne uns weder Volksbildung noch Wirtschaft geben, fällt unser Vorschlag fort.

Der Vorsitzende: Es ist also notwendig, daß wir Donnerstag nachmittag hier wieder zusammenkommen.

R ü b e l stimmt dem zu, was Even sagte.

B r a m m e r : Wir fallen auf folgendes herein. Die Amerikaner und Engländer haben zweifellos aus bestimmten Gründen ein Interesse daran, uns drin zu haben oder auch die SPD. Es wird darauf hinauskommen, daß wir das Ernährungsamt kriegen, Volksbildung wird uns die SED verweigern und Wirtschaft die Alliierten.

Heuer „unverzüglich zum Stadtkämmerer (Stadtrat für Finanzwesen) zu ernennen", sein Amtsantritt kam aber nicht mehr zustande. Vgl. hierzu das 58. Mag.prot. v. 18.5.1946, TOP 2.

13 Gemeint ist die Mag.abt. für Gesundheitsdienst.

14 Der Magistrat hatte am 6.4.1946 beschlossen, der AK Dr. Dr. Bruno Harms (LDP) als Leiter der Mag.abt. für Gesundheitsdienst vorzuschlagen. Mit BK/O (46) 293 v. 8.7.1946 genehmigte die AK die Ernennung von Harms zum Leiter dieser Mag.abt. Vgl. hierzu das 53. Mag.prot. v. 6.4.1946, TOP 2; Dok. 91, Anm. 72.
Ein von der LDP eingereichter Personalvorschlag für die Leitung der Kunstabteilung war vom Magistrat abgelehnt worden; vgl. das 61. Mag.prot. v. 15.6.1946, TOP 7. Ein weiterer Personalvorschlag der LDP für diesen Magistratsposten, Paul Eschert, wurde vom Magistrat akzeptiert, aber von der AK mit BK/O (46) 365 v. 12.9.1946 „angesichts der bevorstehenden Berliner Wahlen" abgelehnt. Vgl. hierzu das 67. Mag.prot. v. 27.7.1946, TOP 2.

Der Vorsitzende: Das hat Schmidt ganz offen gesagt. – –
Ich schlage vor, daß wir Donnerstag (11. Juli) um 16.30 Uhr zu einer Vorstands-
sitzung zusammenkommen.[15]

[...]

---

15 In seiner nächsten Sitzung am 11.7.1946 sprach sich der Landesvorstand Berlin der
CDU nach einer langen, kontroversen Debatte mit 9 zu 3 Stimmen dafür aus, die
Leitung der Mag.abt. für Ernährung auch dann zu übernehmen, wenn die CDU *nicht*
einen weiteren wichtigen Leitungsposten im Magistrat bekommen würde. In diesem
Fall sollten dem Magistrat als Kandidaten für die Leitung der Mag.abt. für Ernährung
Lothar C. Wille, Hans Sudeck und Carl-Otto Flohr vorgeschlagen werden. Vgl. das
Prot. der 16. Vorstandssitzung des Landesverbands Berlin der CDU am 11.7.1946,
TOP 1, in: ACDP, CDU-LV Berlin, III-012-391; als Abschrift in: LAB, Rep. 280,
Nr. 19201/9. Entgegen dem Beschluß des Landesvorstands vom 11.7.1946 beschloß der
Landesausschuß der CDU am 16.7.1946, den Posten des Leiters der Mag.abt. für
Ernährung nur dann zu besetzen, wenn der CDU ein weiterer wichtiger Magistratsposten
zur Verfügung gestellt würde. Am nächsten Tag forderte die CDU dementsprechend im
Einheitsausschuß Groß-Berlin „noch einmal die Freigabe eines zweiten Magistratspostens
von maßgeblicher politischer Bedeutung, wie z[um] B[eispiel] den Stadtrat für Handel,
Wirtschaft oder Volksbildung, wenn sie die Leitung des Ernährungsamts übernehmen
solle. Nachdem festgestellt worden ist, daß der Magistrat und die SED als diejenige
Partei, die die meisten Stellen besetzt hat, keinen entsprechenden Posten frei machen
zu können glauben, verzichtet die CDU auf die Besetzung des Ernährungsamts." Vgl.
zu dieser Entwicklung das Prot. [Auszug] der 17. Vorstandssitzung des Landesverbands
Berlin der CDU am 25.7.1946, TOP 2, in: LAB, Rep. 280, Nr. 19201/10; das 19. u.
20. Prot. des Einheitsausschusses Groß-Berlin v. 12.7.1946 u. 17.7.1946, in: BArch,
Abt. Potsdam, Z-3, Nr. 4, Bl. 110 u. 113 (hier die zit. Stelle); Dok. 104. Trotz der
ablehnenden Haltung der CDU zur personellen Besetzung der Leitung der Mag.abt. für
Ernährung erklärte der der CDU angehörende Carl-Otto Flohr seine Bereitschaft zur
Kandidatur für diesen Posten, und der Magistrat beschloß am 20.7.1946, ihn der AK
als neuen Leiter der Mag.abt. für Ernährung vorzuschlagen. Kurz darauf intervenierten
führende CDU-Politiker bei Flohr, und dieser zog seine Bereitschaft zur Kandidatur
in einem Schreiben v. 24.7.1946 zurück. Vgl. hierzu das 66. Mag.prot. v. 20.7.1946,
TOP 2; das Prot. [Auszug] der 17. Vorstandssitzung des Landesverbands Berlin der CDU
am 25.7.1946, TOP 2, in: LAB, Rep. 280, Nr. 19201/10; das 67. Mag.prot. v. 27.7.1946,
TOP 2. Nach dem Rückzug von Flohr beschloß der Magistrat Anfang August 1946, der
AK die Ernennung des seit Ende Mai 1946 kommissarisch die Mag.abt. für Ernährung
leitenden Josef Orlopp (SED) zum endgültigen Leiter dieser Mag.abt. vorzuschlagen.
Die AK genehmigte die Ernennung am 17.9.1946. Vgl. das 68. Mag.prot. v. 3.8.1946,
TOP 2.

Dok. 100
65. Magistratssitzung vom 13. Juli 1946

LAB(STA), Rep. 100, Nr. 776, Bl. 14 – 17. – Umdruck.[1]

Beginn: 9.20 Uhr   Schluß: 12.55 Uhr

Anwesend: Dr. Werner, Maron, Orlopp, Schwenk, Schulze, Lange, Dr. Landwehr,
             Pieck, Haas, Kehler, Kraft, Knoll, Fleischmann, Grüber, Buchholz,
             Scharoun, Wildangel, Dr. Goll, Starck, Grommann, Schwanebeck.

Den Vorsitz führt: Bürgermeister Maron, später Oberbürgermeister Dr. Werner.

Tagesordnung: 1. Protokoll
                 2. Abteilung für Bau- und Wohnungswesen
                 3. Volksbildung
                 4. Abteilung für Arbeit
                 5. Finanzen
                 6. Sozialwesen
                 7. Verkehr
                 8. Allgemeines.

1. PROTOKOLL
Die Niederschrift der 64. Sitzung vom 5.7.46 wird ohne Beanstandung genehmigt.

2. ABTEILUNG FÜR BAU- UND WOHNUNGSWESEN
Scharoun begründet die Vorlage Nr. 312[2], betreffend Gewährung von *Zuschüssen
für die Teilung von Wohnungen und den Umbau* sonstiger Räume in Wohnungen.
Auf Grund des Gesetzes Nr. 18 des Alliierten Kontrollrats sind wir gehalten,
neuen Wohnraum zu schaffen.[3] Eine Möglichkeit liegt darin, gewerblichen Raum
in Wohnraum zurückzuverwandeln und große Wohnungen in kleinere Wohnungen
aufzuteilen. Im Etat sind bereits unter den einmaligen Ausgaben 1,5 Millionen für
diese Zwecke bereitgestellt worden. Es ist in Aussicht genommen, einen Zuschuß von
50 % pro Wohnungsteilung bzw. 1 500 RM für jede neue Teilwohnung zu gewähren.
Man hofft, damit in der Lage zu sein, in diesem Jahre 1 000 Wohnungen neu zu
schaffen.
Schwenk beantragt, in den Vorschriften über die Vorauszahlung der Zuschußge-
währung die Bestimmungen unter 3 a) und 3 e) zu streichen, in denen es heißt,
daß ein Zuschuß nicht zulässig ist für die Vollendung eines angefangenen Neubaues
und in dem Falle, wenn zur Erlangung des Zuschusses absichtlich unrichtige Angaben gemacht worden sind. Beide Bestimmungen seien nach den vorher schon
aufgeführten Voraussetzungen selbstverständlich.

---

1 Weitere Umdruckexemplare dieses Protokolls sind vorhanden in: LAB(STA), Rep. 100,
   Nr. 752, lfd. S. 309 – 316; LAB, Rep. 228, Mag.protokolle 1946, u. Rep. 280, Nr. 8501/22.
2 LAB(STA), Rep. 100, Nr. 776, Bl. 19 – 23.
3 Vgl. hierzu Dok. 61, Anm. 27; Dok. 79, Anm. 75; das 84. Mag.prot. v. 16.11.1946, TOP 3.

Scharoun ist mit der Streichung einverstanden.

BESCHLUSS: Die Vorlage Nr. 312 wird mit der Änderung angenommen, daß in den beigefügten Bestimmungen die Punkte 3 a) und 3 e) gestrichen werden.[4]

3. VOLKSBILDUNG

Wildangel begründet die Vorlage 313[5], betreffend Übernahme der *Sternwarte Berlin-Treptow* in die Verwaltung der Abt[eilung] für Volksbildung beim Magistrat der Stadt Berlin. Die Vorlage soll ermöglichen, daß die Treptower Sternwarte wieder in ihrer von früher bekannten Weise arbeiten kann.[6]

BESCHLUSS: Die Vorlage Nr. 313 wird angenommen.

Es folgt die Vorlage Nr. 314[7], betreffend *sozialpädagogische Ausbildung der Kindergärtnerinnen, Hortnerinnen, Fürsorgerinnen* usw.[8]

Wildangel empfiehlt die Vorlage, weist aber darauf hin, daß die Abt[eilung] für Gesundheitswesen, die heute nicht vertreten ist, in bezug auf die Ausbildung der Gesundheitsfürsorger und -fürsorgerinnen den Standpunkt vertritt, daß deren Ausbildung alleinige Angelegenheit der Gesundheitsverwaltung sei. Die Abt[eilung] für Volksbildung möchte aber die rein fachliche Ausbildung durch eine sozialpädagogische Ausbildung untermauern, wodurch die Gesundheitsfürsorger erst befähigt werden, dem sozialen Zweck ihres Berufes in vollem Umfang gerecht zu werden. Den

---

4 Die hiermit beschlossenen Bestimmungen über die Gewährung von Zuschüssen für die Teilung von Wohnungen und den Umbau sonstiger Räume zu Wohnungen wurden der AK am 14.8.1946 zur Genehmigung zugeleitet; siehe das Schreiben des Generalsekretärs des Oberbürgermeisters an den Leiter der Mag.abt. für Bau- und Wohnungswesen v. 4.1.1947, in: LAB(STA), Rep. 101, Nr. 234. Vom zweiten Nachkriegsmagistrat wurden sie Mitte Mai 1947 erneut beschlossen; vgl. die Mag.vorlage Nr. 228 v. 18.4.1947 u. das Prot. über die 26. (Ordentliche) Mag.sitzung am 12.5.1947, TOP 11, in: LAB, Rep. 228, Mag.vorlagen 1947 u. Mag.protokolle 1947. Die Bestimmungen wurden mit dem Ausfertigungsdatum v. 23.9.1947 und einigen redaktionellen Änderungen veröffentlicht in: VOBl., Jg. 3 (1947), S. 226.

5 LAB(STA), Rep. 100, Nr. 776, Bl. 24.

6 Nach dem Beschlußtext der Mag.vorlage Nr. 313 v. 11.6.1946 sollte die Sternwarte Berlin-Treptow aus der Verwaltung des Bezirksamts Treptow in die Verwaltung der Mag.abt. für Volksbildung überführt werden, und für ihre Instandsetzung sollte ein Betrag von 20 000 RM zur Verfügung gestellt werden. In der Begründung der Mag.vorlage heißt es: „Die Treptower Sternwarte, die seit 1936 Eigentum der Stadt Berlin ist und am 19. August 1946 auf ihr 50jähriges Bestehen zurückblicken kann, galt immer als volkstümliches Institut, das durch sein zielbewußtes Arbeiten sich großer Beliebtheit in allen Volksschichten erfreute, was am besten durch den starken Besuch der Veranstaltungen (Vorlesungen, Übungen, Vorführungen, Vorträge, Sternbeobachtungen etc.) zum Ausdruck kam." Vgl. zur Umbenennung der Sternwarte das 71. Mag.prot. v. 24.8.1946, TOP 3 (Mag.vorlage Nr. 377).

7 LAB(STA), Rep. 100, Nr. 776, Bl. 25 f. u. 27–29.

8 Nach dem Beschlußtext der Mag.vorlage Nr. 314 v. 5.7.1946 sollte für die Durchführung der sozialpädagogischen Ausbildung der genannten Berufsgruppen und für den Einsatz der Lehrpersonen das Hauptschulamt in der Mag.abt. für Volksbildung zuständig sein und ein Hauptreferat „Sozialpädagogische Ausbildung" gebildet werden, das unmittelbar dem Leiter des Hauptschulamts unterstehen sollte. Die Mag.abteilungen für Gesundheitsdienst und Sozialwesen sollten „mitverantwortlich" für die sozialpädagogische Ausbildung sein.

medizinischen Bedürfnissen ist insofern Rechnung getragen, als bei den Prüfungen der Gesundheitsfürsorger die Abt[eilung] für Gesundheitswesen federführend ist.

Lange hält es für unbedenklich, auch in Abwesenheit der Abt[eilung] für Gesundheitswesen über die Vorlage zu verhandeln; der angedeutete Streit über diese Frage sei schon so alt wie die Einrichtung selbst. – Der Redner macht darauf aufmerksam, daß eine der Ausbildungsanstalten immer noch als Krankenhaus benutzt wird; er bitte die Schulverwaltung, dafür zu sorgen, daß diesem Zustand bald ein Ende gemacht wird.

BESCHLUSS: Die Vorlage Nr. 314 wird unverändert angenommen.[9]

Es folgt die Beratung der Vorlage *Nr. 322*[10], betreffend Aufenthaltserlaubnis für Studenten während der Ferien usw. – Die Vorlage wird nach kurzer Erörterung als gegenstandslos *zurückgezogen*.

4. ABTEILUNG FÜR ARBEIT

Hierzu liegen die Vorlagen Nr. 315[11] und 316[12] vor, betreffend Verordnung über die *Ergänzung* des Gesetzes über die *Heimarbeit* und über eine neue *Durchführungsverordnung*.[13]

Fleischmann gibt zur Begründung zunächst einen kurzen Überblick über die Bedeutung der Heimarbeit in Berlin. Es gibt zur Zeit rund 55 000 Heimarbeiter und -arbeiterinnen in Berlin. Davon sind allein in der Bekleidungsindustrie 40 000 tätig, in der Textilindustrie 9 000 und in den übrigen Industrien ungefähr 7 000. Die beiden Vorlagen bezwecken, die gesetzlichen Bestimmungen über die Heimarbeit in eine Form zu bringen, die es ermöglicht, die Kontrolle über die Heimarbeit unter den veränderten behördlichen Zuständigkeiten wieder streng durchzuführen. Einige Bestimmungen in der Durchführungsverordnung sind zum Schutze der Heimarbeiter neu gefaßt worden. Beide Vorlagen sind im engsten Einvernehmen mit den Gewerkschaften ausgearbeitet worden.

BESCHLUSS: Die Vorlagen Nr. 315 und 316 werden unverändert angenommen.[14]

---

9 Der hier gefaßte Mag.beschluß mit dem Ausfertigungsdatum v. 13.7.1946 ist als Abschrift vorhanden in: LAB(STA), Rep. 100, Nr. 776, Bl. 30 – 32.

10 LAB(STA), Rep. 100, Nr. 776, Bl. 55 u. 56.

11 LAB(STA), Rep. 100, Nr. 776, Bl. 33 f. u. 35 f.

12 LAB(STA), Rep. 100, Nr. 776, Bl. 37 f. u. 39 – 45.

13 Die mit den Mag.vorlagen Nr. 315 u. 316 v. 24.6.1946 vorgelegten Entwürfe einer „Verordnung über Ergänzung des Gesetzes über die Heimarbeit" und einer „Verordnung zur Durchführung des Gesetzes über die Heimarbeit vom 30.10.1939 und der Verordnung über Ergänzung des Gesetzes über die Heimarbeit" sollten der Anpassung des Gesetzes über die Heimarbeit v. 23.3.1934 in der Fassung v. 30.10.1939 und der zugehörigen DurchführungsVO v. 30.10.1939 an die Nachkriegsverhältnisse, insbesondere die geänderten Verwaltungsverhältnisse, dienen. Das Gesetz über die Heimarbeit in der Fassung v. 30.10.1939 und die zugehörige DurchführungsVO waren veröffentlicht in: RGBl., Jg. 1939, Teil I, S. 2145 – 2151 bzw. S. 2152 – 2162.

14 Die beiden hiermit beschlossenen Verordnungen wurden mit wenigen Änderungen und zusammengefaßt als „Verordnung zur Durchführung des Gesetzes über die Heimarbeit" mit dem Ausfertigungsdatum v. 1.6.1947 veröffentlicht in: VOBl., Jg. 3 (1947), S. 163 – 166. Damit wurde gleichzeitig die bereits am 31.12.1945 vorgenommene Neufassung einiger Schutzvorschriften der DurchführungsVO zum Gesetz über die

5. FINANZEN

Hierzu liegt die Vorlage Nr. 317[15] vor, betreffend Verordnung zur *Durchführung* der §§ 288 ff. *des Aktiengesetzes* für das Gebiet der Stadt Berlin.[16]

Dr. Haas weist zur Begründung darauf hin, daß es sich nur um eine kleine Änderung handelt, die durch die inzwischen erfolgte Errichtung der Verwaltungsgerichte[17] in Berlin notwendig wird.

BESCHLUSS: Die Vorlage Nr. 317 wird unverändert angenommen.[18]

Dr. Haas gibt dem Magistrat Kenntnis von einigen nachträglich noch vorgenommenen *Änderungsvorschlägen zum Haushaltsplan 1946.*[19]

Der Haushaltsplan selbst liegt zur Zeit noch bei der Alliierten Kommandantur. Man ist dort geneigt, noch weitere Streichungen vorzunehmen, u[nter] a[nderem] auch bei der Abt[eilung] für Kunst. Auf der anderen Seite haben sich in der Zwischenzeit weitere Anforderungen ergeben, die noch nachträglich in den Haushalt aufgenommen werden müssen. Zugleich hat die Entwicklung des ersten Vierteljahres einen genaueren Überblick über die voraussichtlichen Eingänge an Steuern gebracht. Danach kann das Steueraufkommen[20] jetzt so viel höher angesetzt werden, daß [das] voraussichtliche Defizit von 400 Millionen auf 250 Millionen RM herabsinkt.[21]

Der Redner führt im einzelnen an Hand von vorgelegten Unterlagen[22] an, was die

Heimarbeit v. 30.10.1939 ersetzt; siehe: VOBl., Jg. 2 (1946), S. 15 – 17. Die AK hatte die VO v. 1.6.1947 mit BK/O (47) 124 v. 23.5.1947 genehmigt. Die BK/O ist vorhanden in: LAB(STA), Rep. 101, Nr. 81; LAB, Rep. 280, Nr. 10540. Vgl. auch die Anordnung des Komitees für Arbeit der AK v. 5.3.1946, betr. das Gesetz über die Heimarbeit, in: LAB(STA), Rep. 107, Nr. 486.

15 LAB(STA), Rep. 100, Nr. 776, Bl. 46; auch in: LAB(STA), Rep. 101, Nr. 644, Bl. 108.

16 Der mit der Mag.vorlage Nr. 317 vorgelegte VO-Entwurf sah in § 1 vor: „Die Rechte eines Antragstellers auf Auflösung einer Aktiengesellschaft im Sinne der §§ 288 ff. des Aktiengesetzes nimmt der Leiter der Abteilung Wirtschaft des Magistrats der Stadt Berlin wahr." Entscheidungen über entsprechende Anträge sollten nach § 2 des VO-Entwurfs durch die Verwaltungsgerichte getroffen werden. Einen Grundsatzbeschluß im Sinne dieses VO-Entwurfs hatte der Magistrat bereits vier Monate zuvor gefaßt; vgl. das 49. Mag.prot. v. 9.3.1946, TOP 7 (Mag.vorlage Nr. 114). Allerdings hatte er damals als Entscheidungsinstanz nicht die Verwaltungsgerichte, sondern eine beim Magistrat zu bildende Kammer vorgesehen.

17 Tatsächlich wurden bis zur Spaltung Berlins Verwaltungsgerichte nur im amerikanischen und britischen Sektor errichtet; vgl. Dok. 35, Anm. 45.

18 Die hiermit beschlossene VO zur Durchführung der §§ 288 ff. des Aktiengesetzes für das Gebiet der Stadt Berlin ist als Mag.beschluß ohne Ausfertigungsdatum vorhanden in: LAB(STA), Rep. 101, Nr. 637. Sie wurde der AK mit Schreiben v. 2.8.1946 zur Genehmigung zugeleitet; siehe: a.a.O. Die VO wurde nicht im VOBl. veröffentlicht, ist also nicht in Kraft getreten.

19 Vgl. zur Aufstellung des Haushaltsplans 1946 das 54. Mag.prot. v. 17.4.1946, TOP 3 (Haas), u. das 55. Mag.prot. v. 29.4.1946, TOP 3, u. das 56. Mag.prot. v. 4.5.1946, TOP 4, u. das 61. Mag.prot. v. 15.6.1946, TOP 3, u. das 62. Mag.prot. v. 22.6.1946, TOP 3.

20 Vgl. zur Entwicklung der Steuereingänge: Dok. 72, Anm. 5.

21 Vgl. zum veranschlagten Defizit im Haushaltsplan 1946 das 56. Mag.prot. v. 4.5.1946, TOP 4 (Haas), u. das 57. Mag.prot. v. 13.5.1946, TOP 2, u. das 73. Mag.prot. v. 7.9.1946, TOP 3 (Haas).

22 Vgl. die Übersicht zum geschätzten Steueraufkommen im Rechnungsjahr 1946, in: LAB(STA), Rep. 105, Nr. 301, Bl. 81.

verschiedenen Steuern im ersten Vierteljahr erbracht haben. Das Gesamtaufkommen war im April auf 918,3 Millionen[23] geschätzt worden, nach dem jetzigen Stande beträgt die Schätzung 1 140,9 Millionen. Diese Erhöhung erlaubt es, den Fehlbetrag um 150 Millionen herunterzudrücken.

Der Redner bespricht sodann ebenfalls an Hand einer vorgelegten Zusammenstellung die in den Einzeletats gemachten Zusätze bezw. Abstriche.[24] Darunter befinden sich u[nter] a[nderem] 2,3 Millionen für die Durchführung der Gemeindewahlen[25], 5 Millionen für den Personalbedarf der Justiz und 22 Millionen für Gewährung von Mietunterstützungen, deren Ansatz erheblich unterschätzt war. Auch die Personalmittelreserve mußte um 5 Millionen erhöht werden, da fast alle Abteilungen erklären, daß sie mit den angesetzten Mitteln nicht auskommen, zumal zur Durchführung von Anordnungen von alliierter Seite immer wieder neue Dienststellen eingerichtet werden müssen. Bei den Ruhegeldern (Versorgungsbezüge[26] und Zusatzversicherung[27]) ist der Ansatz um 32 Millionen verringert worden, da der Termin für die Wiederaufnahme der Leistungen für Altpensionäre auf den 1.8.46 und für die Zusatzversicherung auf den 1.10. hinausgeschoben worden ist. Auch bei der Müllbeseitigung ist ein Abstrich von 5 Millionen vorgesehen.[28] Bei der Kapitalwirtschaft, die mit 25 Millionen angesetzt war, sind 10 Millionen hinzugesetzt worden, um die Möglichkeit zu haben, Grundstückskäufe bei günstigen Gelegenheiten tätigen zu können. So ist beispielsweise kürzlich das Angebot aufgetaucht, ein Gut für die Einrichtung als Landschulheim zu erwerben. Eine Reihe von kleineren Posten betreffen Bauvorhaben, die noch neu aufgenommen worden sind.

Der Redner bittet um Genehmigung der vorgetragenen Haushaltsänderungen, um sie fristgemäß der Alliierten Kommandantur vorlegen zu können.

Orlopp nimmt zu verschiedenen Positionen Stellung. Er hält u[nter] a[nderem] die Streichung von 5 Millionen bei der Müllbeseitigung mit Rücksicht auf die Volksgesundheit für bedenklich. Die Streichung wird dazu führen, daß irgendwie in der Abfuhr gespart wird, was in eng besiedelten Gebieten, wie Wedding, Reinickendorf usw., zu bösen Folgen führen kann. Den Eingang aus Strafen für Preisverstöße kann man nach den bisherigen Ergebnissen ruhig noch erhöhen.

Scharoun weist darauf hin, daß die Abt[eilung] für Bau- und Wohnungswesen eine ganze Reihe von neuen Aufgaben zugewiesen bekommen hat, für die seit Januar neues Personal eingestellt werden mußte, für das die Anforderungen aber teilweise wieder gestrichen wurden. Manche Planungsämter z[um] B[eispiel] sind

---

23 Müßte heißen: 961,7 Millionen; siehe die in der vorigen Anm. zit. Übersicht.

24 Die hier gemeinte Zusammenstellung der nachträglichen Änderungsvorschläge zum Haushaltsplan 1946 ist vorhanden in: LAB(STA), Rep. 105, Nr. 301, Bl. 77–80.

25 Gemeint sind die ersten Nachkriegswahlen in Berlin am 20.10.1946; vgl. hierzu Dok. 96, Anm. 7. Vgl. ferner das Schreiben der Mag.abt. für Personalfragen und Verwaltung an die AK v. 29.6.1946, betr. Durchführung der Wahl in Berlin im Oktober 1946, in: LAB(STA), Rep. 102, Nr. 31.

26 Vgl. zu den Versorgungsbezügen der Pensionäre des öffentlichen Dienstes das 33. Mag.prot. v. 3.12.1945, TOP 4, u. das 64. Mag.prot. v. 5.7.1946, TOP 2, u. das 76. Mag.prot. v. 21.9.1946, TOP 4.

27 Vgl. zur geplanten Zusatzversicherung für städtisch Bedienstete das 52. Mag.prot. v. 30.3.1946, TOP 7 (Schmidt), u. das 55. Mag.prot. v. 29.4.1946, TOP 3 (Haas), u. das 64. Mag.prot. v. 5.7.1946, TOP 2 (Haas); Berlin 1948, S. 134.

28 Vgl. das 56. Mag.prot. v. 4.5.1946, TOP 4.

jetzt von Kräften fast entblößt, obwohl der Arbeitsanfall erheblich gewachsen ist. Dasselbe gilt für das Hauptamt für Wohnungswesen. Der Redner bittet deshalb, in den Erläuterungen zu den Neuanforderungen der Personalmittelreserven auch seine Abteilung besonders mit anzuführen.

Schulze bittet, bei Verhandlungen mit dem alliierten Finanzkomitee über den Kunstetat die Abt[eilung] für Kunst mit einzuschalten, ebenso die Kulturkommission der Alliierten, die den größten Wert auf den Aufbau der neuen Abteilung lege.

Dr. Haas will dies, soweit es möglich ist, gern tun, macht aber darauf aufmerksam, daß sich nicht immer voraussehen läßt, wann solche Dinge zur Sprache kommen.

Bei der Müllbeseitigung besteht die Aussicht, daß der Betrieb, nachdem er allmählich in Gang gekommen ist,[29] etwas abwerfen wird, so daß nach Ansicht der Fachleute hier mit einer Einsparung gerechnet werden kann. Bei den Strafgeldern erscheint es nicht sicher, ob die gegenwärtigen Eingänge im weiteren Verlauf des Jahres so bleiben werden. Die Hauptsache ist hier, daß sich die neuen Preisstellen[30], die nicht unerhebliches Personal, besonders an Preisprüfern, beanspruchen, einigermaßen selbst tragen. Auf die Wichtigkeit der Personalreserve wird bei jeder Gelegenheit hingewiesen, zumal, wie gesagt, immer wieder neue Dienststellen, wie z[um] B[eispiel] durch Einführung der Arbeitsgerichte[31], eingerichtet werden müssen.

Dr. Goll bestätigt, daß der Betrieb der Müllabfuhr sich so gestaltet, daß bei den veranschlagten Kosten für die Müllabfuhr ein Abstrich vorgenommen werden kann.

Maron stellt fest, daß das Verfahren der Etatberatung unter normalen Umständen untragbar sei, sich aber unter den gegebenen Umständen für den Magistrat kein anderer Ausweg ergibt, als sich mit den vom Kämmerer vorgetragenen Vorschlägen einverstanden zu erklären.

BESCHLUSS: Die Mitteilungen des Kämmerers über nachträgliche Änderungsvorschläge zum Haushaltsplan 1946 werden zur Kenntnis genommen.[32]

6. SOZIALWESEN

Maron empfiehlt kurz die Vorlage Nr. 318[33], betreffend Einrichtung eines *Knabenwohnheimes in Berlin-Charlottenburg*, Lyck-Allee 6. Die Einrichtung dieses

---

29 Vgl. zur Organisation der Berliner Müllabfuhr das 18. Mag.prot. v. 27.8.1945, TOP 6, u. das 47. Mag.prot. v. 23.2.1946, TOP 6, u. das 49. Mag.prot. v. 9.3.1946, TOP 7, u. das 54. Mag.prot. v. 17.4.1946, TOP 7, u. das 55. Mag.prot. v. 29.4.1946, TOP 9.

30 Vgl. zur Errichtung der Bezirkspreisstellen das 52. Mag.prot. v. 30.3.1946, TOP 7.

31 Vgl. zur Errichtung der Arbeitsgerichte in Berlin: Dok. 83, Anm. 55.

32 Die hier zur Kenntnis genommenen nachträglichen Änderungsvorschläge zum Haushaltsplan 1946 wurden dem Finanzkomitee der AK von der Finanzabteilung des Magistrats mit Schreiben v. 15.7.1946 zur Genehmigung zugeleitet. Das Schreiben ist vorhanden in: LAB, Rep. 37: OMGBS, FIN Br, 4/86-1/39. Vgl. auch: Günstige Entwicklung des Berliner Haushalts, in: Neue Zeit, 17.7.1946, S. 3; Berlins Finanzen günstig, in: Nacht-Express, 17.7.1946, [S. 1 f.]; Berliner Nachtragsetat, in: Berliner Zeitung, 18.7.1946, [S. 5]. Am 7.9.1946 gab Haas einen ausführlichen Bericht über das Zustandekommen des Haushaltsplans 1946 in seiner endgültigen, von der AK mit BK/O (46) 350 v. 31.8.1946 genehmigten Fassung; vgl. das 73. Mag.prot. v. 7.9.1946, TOP 3.

33 LAB(STA), Rep. 100, Nr. 776, Bl. 47 f. u. 49 f.

Wohnheimes wird von der Abt[eilung] für Sozialwesen als dringendes Bedürfnis bezeichnet.[34]

Buchholz weist darauf hin, daß für die Aufnahme von Jugendlichen in derartigen städtischen Heimen wie auch in ähnlichen Heimen konfessionellen Charakters insofern Schwierigkeiten auftreten, als Insassen, die aus anderen Bezirken als dem, in dem sich das betreffende Heim befindet, kommen, die Zuzugsgenehmigung verweigert wird.

Schwenk betont, daß dies dem Sinn einer zentralen Verwaltung solcher Heime widersprechen würde, die gerade in überbezirklicher Weise die Jugendlichen zusammenfassen sollen, die wegen Erziehungsschwierigkeiten in öffentliche Betreuung genommen werden.

Maron empfiehlt, die Abt[eilung] für Sozialwesen damit zu beauftragen, wegen einer generellen Zuzugsgenehmigung für die Insassen solcher Heime die erforderlichen Verhandlungen zu führen.

BESCHLUSS: Die Vorlage Nr. 318 wird mit diesem Bemerken angenommen.

7. VERKEHR

Hierzu liegt die Vorlage Nr. 319[35] vor, betreffend Ernennung von Aufsichtsratsmitgliedern der *Berliner Kraftwagen-GmbH* und Änderung der Firmenbezeichnung dieser Gesellschaft.

Knoll führt hierzu aus, daß die durch Magistratsbeschluß vom 22.6.46[36] beschlossene Berliner Kraftwagen-GmbH auf Wunsch der amerikanischen Militärregierung die Firmenbezeichnung Berlin-Truck-Transport G.m.b.H. erhalten soll, um sie den Bezeichnungen der entsprechenden Gesellschaften in Bayern und Hessen anzugleichen. Im übrigen ist die Benennung von zwei Magistratsmitgliedern für den Aufsichtsrat der Gesellschaft vorgesehen. Es werden dafür die Herren Hauth und Knoll in Vorschlag gebracht.

Schwenk äußert Bedenken gegen die neue Firmenbezeichnung, die keine deutsche Bezeichnung sei. Da es sich außerdem hier um eine Berliner Organisation handele, sei nicht eine einzelne Besatzungsmacht zuständig, sondern die Alliierte Kommandantur.

Maron glaubt, daß der frühere Magistratsbeschluß in bezug auf diese Gesellschaft noch das Transport-Komitee der Alliierten beschäftigen wird. Man sollte eine Namensänderung heute nicht beschließen, sondern sich auf die Festlegung der Aufsichtsratsmitglieder beschränken und hierbei nicht von Ernennung, sondern von Benennung sprechen.

BESCHLUSS: Die Vorlage Nr. 319 wird unter Streichung des zweiten Absatzes in folgender Fassung angenommen:

> Der Magistrat wolle beschließen, daß Herr Hauth, stellvertretender Leiter der Abt[eilung] für Handel und Handwerk, zum Aufsichtsratsmitglied und Herr Knoll, stellvertretender Leiter der Abt[eilung] für Verkehr, zum Aufsichtsratsvorsitzenden der Berliner Kraftwagen-G.m.b.H. benannt werden.[37]

---

34 Vgl. hierzu das 54. Mag.prot. v. 17.4.1946, TOP 6 (Landwehr).
35 LAB(STA), Rep. 100, Nr. 776, Bl. 51 u. 51a; auch in: LAB(STA), Rep. 101, Nr. 647.
36 Vgl. das 62. Mag.prot. v. 22.6.1946, TOP 6.
37 Der hier gefaßte Mag.beschluß ist mit dem Ausfertigungsdatum v. 13.7.1946 vorhanden

8. ALLGEMEINES

Hierzu liegen die Vorlagen 320[38] und 321[39] vor, durch die für die bevorstehenden außerordentlichen *Gesellschafterversammlungen* der Gemeinnützigen Siedlungs- und Wohnungsbaugesellschaft Berlin m.b.H. und der Berliner Wohn- und Geschäftshaus G.m.b.H. als *Vertreter* der Stadt Berlin *Bürgermeister Schwenk* bestimmt werden soll.[40]

BESCHLUSS: Die Vorlagen werden nach einer kurzen Befürwortung durch Maron angenommen.[41]

Maron gibt dem Magistrat Kenntnis von dem Befehl der Alliierten Kommandantur über den Wechsel in der Leitung der Abteilung für Gesundheitswesen.[42] In einem weiteren Befehl wird für den Posten des Leiters der Abt[eilung] für Ernährung die Benennung eines weiteren Kandidaten gefordert.[43] Über diesen Punkt schweben bereits Verhandlungen mit den Parteien.[44]

Pieck bringt die *Papierfrage* zur Sprache.[45] Die offiziellen Druckereien der Stadtverwaltung, die Verwaltungsdruckerei und die Magistratsdruckerei[46], haben bisher die Aufträge für die Stadtverwaltung aus vorhandenen Beständen ausführen können. Nunmehr ist der Zustand eingetreten, daß diese Bestände erschöpft sind und daß städtische Aufträge an Privatdruckereien weitergegeben werden müssen. Die Versuche der städtischen Druckereien, sich über das Beschaffungsamt[47] und die Abt[eilung] Wirtschaft Papier zu beschaffen, waren bisher vergeblich. Seit Januar sind nach dieser Richtung Verhandlungen geführt worden ohne jeden Erfolg. Weder im ersten noch im zweiten Quartal ist es gelungen, Papier zu bekommen. Die Papiernot ist so groß geworden, daß nicht einmal Vordrucke zur Erlangung der Lebensmittelkarten, die die Angestellten benötigen, gedruckt werden konnten. Es

---

in: LAB(STA), Rep. 102, Nr. 42. Die Gesellschaft hatte ihre Tätigkeit bereits unter der Bezeichnung „Berlin Truck Transport GmbH" aufgenommen; vgl. hierzu die Materialien in: LAB, Rep. 37: OMGBS, Econ Br/Trans Sec, 4/83-2/13.

38 LAB(STA), Rep. 100, Nr. 776, Bl. 52 u. 53.

39 LAB(STA), Rep. 100, Nr. 776, Bl. 54.

40 Die außerordentlichen Gesellschafterversammlungen der Gemeinnützigen Siedlungs- und Wohnungsbaugesellschaft Berlin mbH (GSW) und der Berliner Wohn- und Geschäftshaus GmbH (BeWoGe) sollten dazu dienen, die Satzungen dieser Unternehmen an die rechtlichen Nachkriegsverhältnisse anzupassen.

41 Schwenk war schon einmal zum Vertreter des Magistrats für eine Gesellschafterversammlung der GSW bestimmt worden; vgl. das 28. Mag.prot. v. 30.10.1945, TOP 7.

42 Die hier gemeinte BK/O (46) 293 v. 8.7.1946 ist vorhanden in: LAB(STA), Rep. 101, Nr. 68; LAB, Rep. 280, Nr. 12163. Vgl. hierzu Dok. 103, Anm. 19.

43 Die hier gemeinte BK/O (46) 294 v. 8.7.1946 ist vorhanden in: LAB(STA), Rep. 101, Nr. 68; LAB, Rep. 280, Nr. 12614. Vgl. hierzu Dok. 70, Anm. 7.

44 Vgl. Dok. 97, 99 u. 104.

45 Vgl. zum Problem des Papiermangels das Prot. der Konferenz der Bezirksbürgermeister am 11.7.1946, TOP 4, in: LAB, Rep. 280, Nr. 3862; das 68. Mag.prot. v. 3.8.1946, TOP 4 (Landwehr), u. das 70. Mag.prot. v. 17.8.1946, TOP 5, u. das 83. Mag.prot. v. 9.11.1946, TOP 5, u. das 84. Mag.prot. v. 16.11.1946, TOP 5; monatliche Tätigkeitsberichte der Verwaltungsdruckerei, in: LAB(STA), Rep. 102, Nr. 33.

46 Vgl. hierzu das 60. Mag.prot. v. 5.6.1946, TOP 2.

47 Dienststelle der Mag.abt. für Personalfragen und Verwaltung; vgl. hierzu Dok. 109, Anm. 15.

fehlt aber jetzt vor allem das Papier für die bevorstehenden Wahlen[48], ferner für die Volkszählung[49] und andere dringende Sachen. Die ganze Verwaltungsarbeit gerät ins Stocken.

Der Redner hat den Eindruck, daß die zuständigen Herren in der Abt[eilung] für Wirtschaft dieser Entwicklung etwas zu hilflos gegenüberstehen. Andererseits sollte auch der Magistrat einmal versuchen, durch einen Antrag an die Alliierte Kommandantur etwas zu erreichen.

Dr. Landwehr legt dar, daß von seiner Abteilung aus alles getan worden ist, was zu tun möglich war, um Papier aus der sowjetischen Zone hereinzubringen. Die Zuteilungen aus der sowjetischen Zone erfolgen nur langsam und in unzureichendem Maße, während aus anderen Zonen bisher überhaupt nichts hereingekommen ist. Der Redner ist bereit, für einen Antrag an die Alliierte Kommandantur die erforderlichen Unterlagen beizubringen.

Pieck richtet angesichts der schwierigen Situation auf dem Gebiet der Papierfrage an die Abteilungsleiter die Bitte, in ihren Bereichen den Papierverbrauch für Drucksachen nach Möglichkeit einzuschränken und selbst darüber zu entscheiden, was gedruckt werden soll. Der Redner erbittet vom Magistrat das Einverständnis für eine Verfügung, wonach Drucksachen nur dann in Auftrag gegeben werden dürfen, wenn der zuständige Abteilungsleiter oder sein Stellvertreter die Anforderung gegengezeichnet hat.

Dr. Landwehr begrüßt diesen Vorschlag und möchte die Zustimmung des Magistrats hierzu noch dahin erweitert haben, daß der Leiter der Abt[eilung] für Verwaltung auch das Recht hat, Anträge von Abteilungsleitern auf Druckgenehmigung zu beanstanden.

---

48 Die ersten Nachkriegswahlen in Berlin fanden am 20.10.1946 statt; vgl. hierzu Dok. 96, Anm. 7.

49 Am 22.3.1946 hatte das Koordinierungskomitee des Alliierten Kontrollrats beschlossen, die geplante Zählung der deutschen Bevölkerung, die für den 1.6.1946 vorgesehen war, auf den 1.11.1946 zu verschieben. Siehe: Der Alliierte Kontrollrat, S. 134. Die AK hatte mit BK/O (46) 202 v. 4.5.1946 die Durchführung einer Volkszählung in Berlin für den 29.10.1946 angeordnet. Die BK/O ist vorhanden in: LAB(STA), Rep. 101, Nr. 64; LAB, Rep. 280, Nr. 4843. Mit seinem Gesetz Nr. 33 v. 20.7.1946 befahl dann der Alliierte Kontrollrat, daß die Zählung der deutschen Gesamtbevölkerung in den vier Besatzungszonen und in Berlin einheitlich nach dem Stand v. 29.10.1946 zu erfolgen hatte. Das Gesetz Nr. 33 wurde veröffentlicht in: Amtsblatt des Kontrollrats in Deutschland, Nr. 9 (31.7.1946), S. 166 – 169; VOBl., Jg. 2 (1946), S. 260 f. Die am 29.10.1946 als Volks- und Berufszählung in Berlin durchgeführte Zählung ergab einen Bevölkerungsstand von 3 187 470 Einwohnern. Die statistischen Ergebnisse dieser Zählung wurden veröffentlicht in: Die Ergebnisse der Volkszählung vom 29. Oktober 1946 für Groß-Berlin, Berlin 1948 (Berliner Statistik. Sonderheft 6); Die Ergebnisse der Berufszählung vom 29. Oktober 1946 für Groß-Berlin, Berlin [West] 1949 (Berliner Statistik. Sonderheft 7); Berlin in Zahlen 1947, S. 74 – 89. Vgl. auch: [Oskar] Kürten: Die ortsanwesende Bevölkerung Groß-Berlins nach der Volkszählung vom 29. Oktober 1946, in: Berliner Statistik, Jg. 1 (1947), S. 7 – 11; [Oskar] Kü[rten]: Die Bevölkerungsentwicklung Groß-Berlins in den Jahren 1945 und 1946, in: Berliner Statistik, Jg. 1 (1947), S. 11 – 15; [Josef] Glowinski: Die Bevölkerungsverhältnisse Berlins in der Nachkriegszeit. Ergebnisse der Bevölkerungs- und Wahlstatistik, in: Berliner Statistik, Jg. 11 (1957), S. 3 – 24. – Vgl. zur Volkszählung v. 12.8.1945 in Berlin das 14. Mag.prot. v. 30.7.1945, TOP 5 (insb. Anm. 48).

BESCHLUSS: Der Magistrat erklärt sich damit einverstanden, daß die Abt[eilung] für Personalfragen und Verwaltung eine Verfügung erläßt, wonach Drucksachen nur dann in Auftrag gegeben werden dürfen, wenn der zuständige Abteilungsleiter oder sein Stellvertreter die Anforderung gegengezeichnet hat.[50]

Schulze berichtet, daß das alliierte Kulturkomitee sich neuerlich wieder für die Hereinnahme von *Dr. Alfred Werner* in die Leitung der *Kunstabteilung* ausgesprochen habe und nunmehr kein Hindernis mehr vorliege, den schon früher gefaßten Beschluß des Magistrats[51] zu bestätigen, Herrn Dr. Werner zum stellvertretenden Abteilungsleiter in der Kunstabteilung zu ernennen.[52] Dr. Werner ist Kunsthistoriker und erfahrener Verwaltungsfachmann, er war Bürgermeister in einer mecklenburgischen Stadt[53], wurde 1933 abgebaut und hat jetzt einen Lehrauftrag an der Universität für Kunsterziehung inne.[54]

BESCHLUSS: Der Magistrat beschließt, Herrn Dr. Alfred Werner zum stellvertretenden Leiter der Abt[eilung] Kunst zu ernennen.[55]

Dr. Haas bringt die von dem Bezirksbürgermeister Dr. Wittgenstein[56] in *Zehlendorf geplante Siedlung im Grunewald*, das sogenannte „Wald-Dorf", zur Sprache. Diese Planung ist auf dem Papier schon ziemlich weit gediehen. Es sind auch schon über die Finanzierung Verhandlungen gepflogen worden. Der Magistrat müßte nun einmal zu dieser Angelegenheit Stellung nehmen, und zwar besonders zu der Frage, ob die Stadt bereit ist, das Waldgelände für eine solche Siedlung herzugeben[57]. Es handelt sich um den Teil des Grunewaldes zwischen Schlachtensee und der Avus[58]. Dieses Waldgelände ist ein Dauerwald, der auf Grund eines Vertrages seinerzeit von Preußen zum Preise von 0,50 RM pro qm erworben worden ist.[59] Nach einer Bedingung dieses Vertrages ist die Stadt verpflichtet, dieses Gelände als Wald

---

50 Vgl. die Verfügung der Mag.abt. für Personalfragen und Verwaltung v. 10.10.1946, betr. Druckaufträge, in: LAB(STA), Rep. 102, Nr. 63.

51 Vgl. das 38. Mag.prot. v. 23.12.1945, TOP 5.

52 Winzer hatte vorgeschlagen, Dr. Alfred Werner zum zweiten stellvertretenden Leiter der Mag.abt. für Volksbildung zu ernennen. Vgl. das 54. Mag.prot. v. 17.4.1946, TOP 4, u. das 63. Mag.prot. v. 29.6.1946, TOP 6.

53 Werner hatte von 1921 bis 1933 als Bürgermeister der kreisfreien Stadt Friedland amtiert.

54 Vgl. zur Biographie von Alfred Werner die Personalakten in: LAB(STA), Rep. 01 – 06, Nr. 411; LAB, Rep. 80, Acc. 4594, Nr. 733.

55 Der hier gefaßte Mag.beschluß ist mit dem Ausfertigungsdatum v. 13.7.1946 vorhanden in: LAB(STA), Rep. 01 – 06, Nr. 411, 1. Teilakte, Bl. 29. Vgl. auch das 66. Mag.prot. v. 20.7.1946, TOP 2 (OB Werner).

56 Dr. Werner Wittgenstein (CDU).

57 Vgl. die entsprechenden ablehnenden Stellungnahmen des Hauptamts für Grünplanung in der Mag.abt. für Bau- und Wohnungswesen v. 25.2.1946 u. der Finanzabteilung des Magistrats v. 7.3.1946, in: LAB, Rep. 280, Nr. 5402 u. 5403.

58 Die „Automobilverkehrs- und Übungsstraße" (Avus) war von 1913 bis 1921 als kreuzungsfreie Straße durch den Grunewald gebaut worden.

59 Am 27.3.1915 war zwischen dem Staat Preußen und dem Zweckverband Groß-Berlin als der Vorgängerinstitution der 1920 gebildeten neuen großen Stadtgemeinde Berlin („Groß-Berlin") der sogenannte Dauerwaldvertrag abgeschlossen worden, mit dem der Grunewald und weitere Waldflächen an den Zweckverband verkauft worden waren.

zu erhalten, andernfalls eine Nachzahlung zu leisten ist. Abgesehen von diesem Punkte sind noch andere Momente dabei zu berücksichtigen. Durch den Bau einer Siedlung würde das Waldgelände seinen Charakter völlig verlieren. Auch auf die von Dr. Wittgenstein angebotene Beschaffung eines anderen Waldstückes als Ersatz kann nicht eingegangen werden. Auf der anderen Seite gibt es in Zehlendorf noch größere unvollendete Häuserblocks in der Sundgauer Straße, deren Ausbau vordringlicher erscheint.[60]

Eine weitere Frage ist die, ob die Stadt bereit ist, sich finanziell an dieser Sache zu beteiligen. Dr. Wittgenstein will eine G.m.b.H. von privaten Geldgebern zustande bringen, an der auch die Stadt beteiligt werden soll. – Der Kämmerer spricht sich gegen eine solche finanzielle Beteiligung der Stadt aus.

Kraft wendet sich aus Gründen der Bodenkultur entschieden gegen eine Freigabe des Waldes zu Siedlungszwecken. Es ist in den letzten Jahren schon viel zu viel Holz in den Wäldern geschlagen worden, was die nachteiligsten Folgen haben wird.

Scharoun schildert die historische Entwicklung der Planung, bei der dem Bezirksbürgermeister von Zehlendorf wohl zunächst vorgeschwebt hat, diese Siedlung auf amerikanischen Befehl durchführen zu können. Es ist ja beabsichtigt, dort in der Hauptsache Offiziere der Besatzungstruppen und ihre Familien unterzubringen, um dadurch beschlagnahmte Wohnungen wieder freizubekommen. Der Redner hat sich aus drei Gründen gegen den Plan gewandt: 1. aus Gründen des Allgemeinwohles, die es nicht erlauben, den Wald dafür in Anspruch zu nehmen, 2. wegen der vorgesehenen Haustypen, 3. aus rein siedlungspolitischen Gründen. Bei den Verhandlungen ist dann ein Kompromiß vorgeschlagen worden, daß 1. die Zerstörung des Waldes so gering wie möglich gehalten werden soll, 2. die Häuser so gebaut werden sollen, daß sie später teilbar sind, 3. die ganze Siedlung so gestaltet wird, daß sie später zur Unterbringung für gesundheitlich zu betreuende Menschen benutzt werden kann. Aber auch trotz dieser Zugeständnisse steht der Redner nach wie vor auf dem Standpunkt, daß die Siedlung nicht auf den vorgesehenen Platz hingehört. Er hat als Ersatz dafür das Gelände von Düppel[61] empfohlen.

Starck sieht voraus, daß es nur eine Siedlung für Besitzende werden wird, die von der arbeitenden Bevölkerung Berlins nicht ausgenutzt werden könnte. Der erstrebte Ausgleich zwischen Ost und West in Berlin würde dadurch noch mehr erschwert. Schon aus diesem Grunde sollte man das Projekt ablehnen. Aber davon abgesehen hat Berlin jetzt schon so viel Wald opfern müssen, daß man den Rest unbedingt erhalten sollte.

Maron ist der Ansicht, daß man noch nicht endgültig über das Projekt entscheiden sollte, sondern Dr. Wittgenstein, der sehr rührig in dieser Angelegenheit sei, noch die Möglichkeit geben sollte, seine Pläne zu verteidigen, auch in bezug auf die zu schaffende Gesellschaft, auf die besondere Art der Finanzierung und in bezug auf die Lösung der Baumaterialfrage. Für den Magistrat handele es sich augenblicklich nur um die Frage des Waldes. Hier sprechen allerdings alle Gründe dafür, der Bevölkerung nicht noch mehr Wald zu entziehen. Der Magistrat sollte heute schon

---

60 Vgl. zu diesen Häuserblocks: Berlin und seine Bauten, Teil IV: Wohnungsbau, Bd. A: Die Voraussetzungen. Die Entwicklung der Wohngebiete, Berlin / München / Düsseldorf 1970, S. 314 f.; Dittmar Machule: Mehrfamilienhäuser 1945–1972, in: Berlin und seine Bauten, Teil IV: Wohnungsbau, Bd. B: Die Wohngebäude – Mehrfamilienhäuser, Berlin / München / Düsseldorf 1974, S. 75, Abb. 96.

61 Das Gelände eines ehemaligen Ritterguts westlich des alten Ortskerns von Zehlendorf.

beschließen, daß der Wald für diesen Zweck nicht hergegeben wird. Über das Projekt der Siedlung an sich dagegen könnte erst später entschieden werden, wenn die Pläne noch genauer nachgeprüft sind. – Eine Frage für sich wäre noch das in Zehlendorf bestehende besondere Planungsbüro.

Scharoun schildert kurz die Entstehungsgeschichte dieses Planungsbüros, das noch neben dem gewöhnlichen Bezirksbaubüro in Zehlendorf eingerichtet worden ist und an sich wertvolle Arbeiten über Raumuntersuchungen und Lösung von Verkehrsproblemen geleistet hat. Es wird aber jetzt aufgelöst bezw. von der Zentrale übernommen.[62]

BESCHLUSS: Nach weiterer Erörterung beschließt der Magistrat, die Genehmigung zur Hergabe des Waldgeländes für die geplante Siedlung im Grunewald zu versagen und im übrigen die Entscheidung über die Frage der Zehlendorfer Siedlung selbst zu vertagen, bis noch nähere Unterlagen darüber vorliegen.[63]

Orlopp berichtet über den Stand der *Eingruppierungsfrage*.[64] Neue Richtlinien[65] wurden der Alliierten Kommandantur übergeben.[66] Es ist festgestellt worden, daß von den rund 68 000 Personen, die in Gruppe 1 eingestuft sind, 12 000 Geistesarbeiter und der Rest körperlich schwer arbeitende Menschen sind.

Lange bringt folgenden Fall erneut zur Sprache: Im Bezirk Friedrichshain ist der Inhaberin eines Lebensmittelgeschäfts die *Belieferung mit markenpflichtigen Waren* entzogen worden. Sie hat die Entscheidung der Spruchkammer[67] angerufen, die entschieden hat, sie sei wieder zu beliefern.[68] Das Bezirksamt weigert sich trotzdem, die Belieferung wieder aufzunehmen. Nun droht eine Klage vor dem Verwaltungsgericht, bei der sich zwei städtische Stellen gegenüberstehen würden.

Orlopp erklärt, der Bezirksbürgermeister Saar[69] habe ihm gesagt: Wenn angeordnet

---

62 Vgl. zu der vom Bezirksbürgermeister Wittgenstein eingerichteten Zehlendorfer Planungsgruppe den Bericht dieser Planungsgruppe v. 30.5.1945 in: Akademie der Künste (Berlin-Tiergarten), NL Scharoun, Mappe Mag 1/16; das 40. Mag.prot. v. 7.1.1946, TOP 3 (Scharoun); Ringen um Berlins Neugestaltung. Für und wider den Zehlendorfer Plan, in: Neue Zeit, 4.7.1946, S. 3; Geist/Kürvers, S. 230 f.; Hanauske, S. 117 f. u. 129 f.

63 Vgl. zu dem vom Bezirksbürgermeister Wittgenstein verfolgten Projekt einer Großsiedlung „Walddorf" das 66. Mag.prot. v. 20.7.1946, TOP 6 (Haas u. Beschluß), u. das 67. Mag.prot. v. 27.7.1946, vor TOP 1; LAB, Rep. 280, Nr. 5199.

64 Vgl. zur Frage der Einstufung in die Lebensmittelkartengruppen das 62. Mag.prot. v. 22.6.1946, TOP 7 (Orlopp).

65 Diese Richtlinien konnten nicht ermittelt werden.

66 Mit BK/O (46) 148 v. 30.3.1946 hatte die AK eine allgemeine Neuklassifizierung der Lebensmittelkarten für die Berliner Bevölkerung ab 1.5.1946 angeordnet. Diese BK/O wurde mit Wirkung v. 1.10.1946 durch eine grundlegende neue Direktive zur Klassifizierung der Lebensmittelkarten ersetzt, die von der AK mit BK/O (46) 377 v. 24.9.1946 erlassen wurde. Vgl. hierzu Dok. 79, Anm. 55.

67 Vgl. zur Spruchkammer der Mag.abt. für Handel und Handwerk das 7. Mag.prot. v. 18.6.1945, TOP 6; Die Befugnisse der Spruchkammern werden erweitert, in: Der Tagesspiegel, 4.1.1946, S. 6.

68 Vgl. zur Problematik der Spruchkammerentscheidungen das 51. Mag.prot. v. 25.3.1946, TOP 5.

69 Fritz Saar (SED, vormals SPD).

werde, daß der Entscheidung der Spruchkammer Rechnung getragen werden solle, würde das Geschäft wieder beliefert werden. Damit dürfte der Fall erledigt sein.

Der Redner bespricht im Anschluß hieran einige *Urteile der Verwaltungsgerichte* und bedauert das Fehlen einer Berufungsinstanz.[70]

Zu der gleichen Frage äußern sich noch Dr. Landwehr, Grommann und Dr. Haas.

BESCHLUSS: Die Frage der Rechtsprechung der Verwaltungsgerichte wird dem Rechtsausschuß zur weiteren Behandlung überwiesen.[71]

Nächste Sitzung: Sonnabend, den 20. Juli, vorm[ittags] 9 Uhr.

[...][72]

---

70 Bis zur Spaltung Berlins wurden Verwaltungsgerichte nur im amerikanischen und britischen Sektor errichtet; vgl. Dok. 35, Anm. 45. Vgl. zur Spruchpraxis dieser Gerichte: LAB(STA), Rep. 108, Nr. 30, u. Rep. 115, Nr. 87.

71 Sitzungsprotokolle des Rechtsausschusses des Magistrats konnten nicht ermittelt werden. Vgl. zur erneuten Behandlung der Spruchpraxis der Verwaltungsgerichte im Magistrat das 67. Mag.prot. v. 27.7.1946, TOP 3 (insb. Anm. 62).

72 Hier folgt im Original des Protokolls als Nachtrag zum 63. Mag.prot. v. 29.6.1946 die Ergänzung des Namens von Dusiska in der Anwesenheitsliste dieses Mag.prot.

Dok. 101
Schreiben des Magistrats an die Sowjetische Militäradministration vom 19. Juli 1946, betr. Neuregelung der Warenbelieferung Berlins

LAB(STA), Rep. 101, Nr. 586. – Maschinenschriftliche Durchschrift.

Magistrat der Stadt Berlin   Berlin C 2,
  Abteilung für Ernährung   Wallstr. 23/24

        und
Abteilung für Handel u[nd] Handwerk   ·   Berlin NW 7,
                                        Dorotheenstr. 8

An die
Sowjetische Militäradministration,
zu H[än]d[en] d[es] Herrn Generals B o k o f f [1]

Berlin-Karlshorst
=============

                               Dr. D[2]/Hy   19.7.46

Neuregelung der Warenbelieferung Berlins.
================================

Der Magistrat der Stadt Berlin, und zwar

          1.) die Abteilung für Ernährung und
          2.) die Abteilung für Handel und Handwerk

sind von der sowjetischen Militäradministration und der Zentralkommandantur[3] aufgefordert worden, die Warenversorgung Berlins auf eine neue Grundlage zu stellen.[4] Nach den Eröffnungen, die uns gemacht worden sind, soll für jede Warenart eine einzige Firma benannt werden, die die Waren aus den Provinzen oder Ländern nach Berlin schafft oder sie in Berlin übernimmt, wenn die Heranschaffung durch Firmen der Provinzen oder Länder erfolgt. Diese ausgewählten Firmen sollen die Waren dann entweder über den Großhandel oder direkt an die Einzelhändler verteilen, soweit die Waren von der sowjetischen Zentralkommandantur zur Weiterleitung freigegeben worden sind. Diese neue Organisation ist uns gegenüber damit begründet worden,

---

1 Generalleutnant Fjodor Jefimowitsch Bokow, Mitglied des Kriegsrats/Militärrats der SMAD.

2 Dr. Georg Düring, (erster) stellvertretender Leiter der Mag.abt. für Ernährung. Düring war der Verfasser dieses von Orlopp und Martin Schmidt unterzeichneten Schreibens.

3 Die Militärregierung für den sowjetischen Sektor Berlins wurde als (Sowjetische) Zentralkommandantur bezeichnet.

4 Vgl. hierzu die „Notiz" von Martin Schmidt v. 16.7.1946, betr. Besprechung in der SMA Karlshorst am 15.7.1946, in: LAB(STA), Rep. 101, Nr. 586.

daß nach den vorliegenden Erfahrungen die Abwicklung des Warenverkehrs soweit wie nur irgend möglich vereinfacht und die Kontrolle wesentlich verbessert werden muß.

Gegen dieses Verfahren müssen die beteiligten Abteilungen des Magistrats der Stadt Berlin die schwersten Bedenken erheben, und zwar aus wirtschaftlichen und aus politischen Gründen.

    1.) *Wirtschaftliche Bedenken.*
    Die Warenversorgung der Berliner Bevölkerung umfaßt auch für die rationierten Waren noch derartig große Mengen, daß eine einzelne Firma nicht in der Lage ist, die verschiedenen sich daraus ergebenden Aufgaben (Transport, Finanzierung, Verteilung und Abrechnung) zu lösen. Sie müßte sich in irgendeiner Form der Mithilfe anderer Firmen bedienen. Diese Mithilfe würde sich aber völlig unkontrollierbar vollziehen.

    Die für das einzelne Warengebiet allein verantwortliche Firma erhält auf diese Weise ein absolutes Monopol. Sie kann wohl zunächst bis zu einem gewissen Grade kontrolliert und überwacht werden. Es ist aber eine feststehende wirtschaftspolitische Erfahrung, daß derartige Monopole unter allen Umständen dazu benutzt werden, die eigene wirtschaftliche Stellung zu festigen und zur Erzielung privater Gewinne auszunutzen. Bei den für Berlin in Frage kommenden Mengen handelt es sich dabei zum Teil um Millionen-Beträge, die einer einzigen Firma zufallen würden, ohne daß sie die volle handelsmäßige Arbeit überhaupt leistet.

    2.) *Politische Bedenken.*
    Die Verleihung derartiger Monopole an einige wenige Firmen ist aus politischen Gründen völlig untragbar. Dadurch wird nicht nur eine verhältnismäßig große Anzahl von Großhandelsfirmen ausgeschaltet; vielmehr wird auch der gesamte Kleinhandel in eine direkte Abhängigkeit von einer einzigen Firma gebracht. Die Konsequenzen, die sich hieraus gegen eine gesunde Mittelstandspolitik ergeben, brauchen nicht näher erörtert zu werden.

    Es ist aber auch untragbar, die Monopole der Industrie zu bekämpfen und zu zerschlagen und sie gleichzeitig für das Gebiet des Handels, wo es sie früher nicht oder kaum gegeben hat, neu einzuführen. Der Handel war stets das Gebiet, auf dem die freie Konkurrenz noch einen einigermaßen großen Spielraum hatte.

Die beiden beteiligten Abteilungen des Magistrats der Stadt Berlin verschließen sich aber nicht den Gründen, aus denen heraus die russische Militärverwaltung fordert, daß für jedes Warengebiet künftig nur noch eine einzige Stelle tätig wird. Abgesehen von der oben geschilderten Erteilung eines Monopols an eine beschränkte Anzahl von Firmen ließen sich aber noch folgende Wege denken:

1.) *Die Kommunalisierung des gesamten Großhandels.*[5]
Dieser Weg würde bedeuten, daß die kommunale Selbstverwaltung, also der Magistrat, die Waren selbst empfängt und sie über eigene Läger direkt an die Kleinverteiler abgibt. Der Magistrat würde dann die bisher vom Handel erfüllten Aufgaben (wie Transport, Lagerung, Finanzierung, Verteilung) mit allen ihren Risiken selbst übernehmen müssen. Auch dieser Weg würde aber eine gesunde Mittelstandspolitik unmöglich machen. Außerdem könnten die kommunalen Selbstverwaltungen diese Aufgaben nicht erfüllen. Es kann auch nicht Aufgabe der kommunalen Selbstverwaltungen sein, Handel zu treiben.

2.) *Bildung von Arbeitsgemeinschaften.*[6]
Der nach unserer Auffassung gangbarste Weg ist die Zusammenfassung aller oder wenigstens der geeignetsten oder entwicklungsfähigsten Großhandelsfirmen eines Fachgebietes zu einer Arbeitsgemeinschaft. Solche Arbeitsgemeinschaften sind bereits auf verschiedenen Gebieten des Großhandels tätig und haben sich im großen und ganzen bewährt. Allerdings besteht die Gefahr, daß die Arbeitsgemeinschaften sich zu reinen Interessenvertretungen des Handels entwickeln und dabei das Bewußtsein verlieren, daß sie dem Interesse der Gesamtbevölkerung zu dienen haben. Daher dürfen sie sich nicht selbst überlassen werden. Sie müssen vielmehr eine Organisation erhalten, die diese unerwünschten Entwicklungsmöglichkeiten von vornherein unterbindet. Deswegen wird folgendes vorgeschlagen:

Die fachlich geeigneten und politisch einwandfreien Großhändler eines Handelsgebietes oder in manchen Fällen auch mehrerer Handelsgebiete werden auf genossenschaftlicher Grundlage zusammengeschlossen. Für diesen Zusammenschluß wird ein Vorstand gebildet, in den Vertreter der Konsumgenossenschaften[7] und Gewerkschaften entsandt werden. Auf diese Weise sind die Verbraucher durch ihre vorhandenen Organisationen in der Leitung der Arbeitsgemeinschaft wirksam vertreten. Über die von ihnen übernommenen Waren verfügt die sowjetische Zentralkommandantur. Diese gibt je nach Bedarf die Waren zugunsten des Magistrats frei, der für die weitere Lenkung bis zum Einzelhandel zu sorgen hat.

Auf diese Weise würden die bisher zutage getretenen Mängel der Arbeitsgemeinschaften vermieden werden; denn hierdurch würde der Kontrolle durch die Magistratsstellen, die naturgemäß nur von außen erfolgen kann, auch eine wirksame Überwachung von innen beigegeben werden. Außerdem würde dem Standpunkt der sowjetischen Behörden

---

5 Vgl. zu den Auseinandersetzungen um den Großhandel: Dok. 44; das 33. Mag.prot. v. 3.12.1945, TOP 3, u. das 34. Mag.prot. v. 10.12.1945, TOP 7, u. das 47. Mag.prot. v. 23.2.1946, TOP 4, u. das 58. Mag.prot. v. 18.5.1946, TOP 8.
6 Vgl. hierzu das 48. Mag.prot. v. 4.3.1946, TOP 5.
7 Vgl. zu den Konsumgenossenschaften: Dok. 63, Anm. 49; Dok. 72, Anm. 59.

Rechnung getragen werden, daß sie nur noch mit einer Stelle zu tun haben wollen.

Die beiden beteiligten Abteilungen des Magistrats der Stadt Berlin glauben, daß nur der zuletzt beschriebene Weg unter den *heutigen* Umständen wirtschaftlich und politisch durchführbar und tragbar ist.

Das gleiche Schreiben haben wir der sowjetischen Zentralkommandantur, zu Händen des Herrn Generals Kotikoff[8], überreicht.

Abschriften des Schreibens haben wir Herrn Oberstleutnant Schumilin[9] und Herrn Gardeoberst Kalinitschenko[10] übersandt.

Magistrat der Stadt Berlin

Abteilung für Handel und Handwerk	Abteilung für Ernährung In Vertretung:
gez. O r l o p p	gez. S c h m i d t

---

8 Generalmajor Alexandr Georgewitsch Kotikow, vom 2.4.1946 bis 7.6.1950 sowjetischer Stadtkommandant von Berlin.

9 Stellvertretender Chef der Abteilung für Handel und Versorgung der SMAD.

10 Chef der Ernährungsabteilung der Militärregierung für den sowjetischen Sektor Berlins (Sowjetische Zentralkommandantur).

Dok. 102
66. Magistratssitzung vom 20. Juli 1946

LAB(STA), Rep. 100, Nr. 777, Bl. 2 – 6. – Umdruck.[1]

Beginn: 9.10 Uhr   Schluß: 11.30 Uhr

Anwesend: Dr. Werner (OB), Maron, Orlopp, Schwenk, Schulze, Scharoun, Buchholz, Grüber, Geschke, Knoll, Kraft, Lange, Dr. Landwehr, Pieck, Dr. Haas, Kehler, Dr. Alfred Werner, Henneberg, Dr. Mittag, Jirak, Dr. Harms.[2]

Den Vorsitz führt: Oberbürgermeister Dr. Werner.

Tagesordnung: 1. Protokoll
                      2. Personalangelegenheiten
                      3. Benennung eines Stadtwahlleiters
                      4. Aufhebung eines Tauschvertrages mit Zeiss-Ikon
                      5. Kostenlose Beförderung von 6 000 Kleinkindern
                      6. Allgemeines.

1. PROTOKOLL

Die Niederschrift der 65. Sitzung vom 13.7.46 wird ohne Beanstandung genehmigt.

2. PERSONALANGELEGENHEITEN

OB Dr. Werner begrüßt als *neuen Mitarbeiter Dr. Alfred Werner*, den stellvertretenden Leiter der Kunstabteilung.[3]

Pieck empfiehlt die Annahme der Vorlage Nr. 325[4], durch die dem Magistrat vorgeschlagen wird, als *Kandidaten* für den Posten des Leiters der *Abt[eilung] für Ernährung* Herrn Carl-Otto *Flohr* zu benennen.

Maron berichtet kurz über die *Vorgeschichte der Kandidatur*[5] mit Rücksicht auf einen hierauf bezüglichen Angriff gegen den Magistrat in der Zeitung „Der Sozialdemokrat"[6]. Nachdem Stadtrat Klimpel schon vor längerer Zeit sein Rücktritts-

---

1 Weitere Umdruckexemplare dieses Protokolls sind vorhanden in: LAB(STA), Rep. 100, Nr. 752, lfd. S. 317 – 325; LAB, Rep. 228, Mag.protokolle 1946, u. Rep. 280, Nr. 8501/23.

2 In der Anwesenheitsliste ist Carl-Otto Flohr nicht aufgeführt, der im Text des Protokolls (TOP 2) als Redner genannt wird.

3 Vgl. zur Ernennung von Dr. Alfred Werner zum stellvertretenden Leiter der Kunstabteilung des Magistrats das 65. Mag.prot. v. 13.7.1946, TOP 8.

4 LAB(STA), Rep. 100, Nr. 777, Bl. 9 u. 10.

5 Vgl. zur Vorgeschichte dieser Kandidatur: Dok. 97 u. 99.

6 Die Zeitung „Der Sozialdemokrat", die seit dem 3.6.1946 als Organ der Berliner SPD erschien, hatte einen Bericht über eine gemeinsame Sitzung des Parteiausschusses und der Kreisleitungen der Berliner SPD am 18.7.1946 gebracht. Siehe: Was will die Berliner

gesuch eingereicht hatte[7], war als sein Nachfolger Herr Grommann vorgeschlagen
worden, der aber nicht die Bestätigung erhielt[8]. Als dann Stadtrat Klimpel plötzlich
in Urlaub ging[9], wurde zunächst als kommissarischer Leiter der Abt[eilung] für
Ernährung Bürgermeister Orlopp bestimmt[10]. Für die endgültige Besetzung des
Postens mußte nun, zumal dies von der Alliierten Kommandantur ausdrücklich
gefordert wurde[11], ein neuer Vorschlag gemacht werden. Nach einer Verabredung
mit dem Einheitsausschuß der vier antifaschistischen Parteien werden Kandidaten
für frei werdende Magistratsposten von den Parteien präsentiert.[12] Demgemäß wurde
auch die Frage der Besetzung dieser Stelle des Leiters der Abteilung für Ernährung
dem Einheitsausschuß unterbreitet. Dies hat dort zu einer Erörterung grundsätzlicher
Natur geführt, die sich über eine Anzahl von Sitzungen, d[as] h[eißt] über mehrere
Wochen, erstreckte.[13] Von seiten der SED wurde der CDU vorgeschlagen, einen
Kandidaten zu benennen. Die CDU erklärte, daß die SPD nicht im Magistrat
vertreten sei und daß diese eine Kandidatur benennen solle. Daraufhin wurde von
dem Vertreter der SPD erklärt, daß sie nicht daran denke, eine „Portierstelle" im
Magistrat zu übernehmen, sondern daß sie eine Besetzung entsprechend ihrer Stärke

---

Sozialdemokratie?, in: Der Sozialdemokrat, 19.7.1946, S. 1. Danach hatte sich der
Vorsitzende des Landesverbands Groß-Berlin der SPD, Franz Neumann, in dieser Sitzung
folgendermaßen geäußert: „Die SPD sei vom ersten Tage an bereit, beim Aufbau die
Mitverantwortung zu tragen. Sie müsse es aber ablehnen, jetzt kurz vor der Wahl
mit der Übernahme irgendeines Portierpostens die Verantwortung für die verfehlte
Politik des Magistrats zu übernehmen." Die Versammlung der führenden Funktionäre
der Berliner SPD am 18.7.1946 hatte dann einstimmig die folgende Entschließung zur
Ämterbesetzung in der Berliner Verwaltung angenommen:
„Die Sozialdemokratische Partei hat seit ihrem Bestehen ihre Bereitwilligkeit erklärt, die
Verantwortung für die Verwaltung Groß-Berlins mit zu übernehmen und entsprechend
Ämter zu besetzen. Sie stellt fest, daß sie bisher daran gehindert worden ist.
Es würde ein Novum bedeuten und allen demokratischen Gepflogenheiten widersprechen,
wenn jetzt – k u r z v o r d e n W a h l e n – die Verwaltungskörperschaften neu
zusammengesetzt würden.
Die Sozialdemokratische Partei ist bereit, n a c h d e n W a h l e n die volle Verantwor-
tung zu übernehmen und ihre ganze Kraft für die Schaffung einer neuen, sauberen,
sparsamen und volkstümlichen Gemeindeverwaltung einzusetzen. Sie lehnt es jedoch
ab, unmittelbar vor der Wahl denen die Verantwortung a b z u n e h m e n , die bisher die
Verwirklichung demokratischer Machtverteilung verhindert und sich aller einflußreichen
Ämter bemächtigt haben."
Diese Entschließung wurde ebenfalls veröffentlicht in: Der Sozialdemokrat, 19.7.1946,
S. 1 (die Wortsperrungen im Original).
7 Vgl. das 47. Mag.prot. v. 23.2.1946, TOP 2.
8 Vgl. Dok. 70, Anm. 7.
9 Vgl. Dok. 70, Anm. 5.
10 Vgl. das 59. Mag.prot. v. 29.5.1946, TOP 4.
11 Vgl. Dok. 70, Anm. 7, u. das 65. Mag.prot. v. 13.7.1946, TOP 8 (Maron).
12 Vgl. Dok. 62.
13 Vgl. hierzu das 15., 18., 19. u. 20. Prot. des Einheitsausschusses Groß-Berlin v. 7.6.1946,
   3.7.1946, 12.7.1946 u. 17.7.1946, in: BArch, Abt. Potsdam, Z-3, Nr. 4, Bl. 90, 105, 110
   u. 113; ferner Dok. 104.

verlangen müsse.[14] Die LDP wollte ebenfalls jetzt kurz vor der Wahl nicht mehr in den Magistrat hineingehen und erklärte, daß sie dieses Angebot als Wahlmanöver betrachte.

In der letzten Sitzung des Einheitsausschusses am vorigen Mittwoch[15] hat die CDU weiter erklärt, sie sei nunmehr, nachdem SPD und LDP abgelehnt hätten, bereit, das Amt zu übernehmen, wenn man ihr gleichzeitig andere Ämter wichtiger Art gäbe, und zwar entweder Wirtschaft, Handel und Handwerk oder Volksbildung.

Der Redner führt weiter aus, daß er in den Sitzungen des Einheitsausschusses energisch den Vorwurf zurückgewiesen habe, der Magistrat versuche, Wahlmanöver zu machen.[16] Dabei habe er noch einmal auf die historische Entwicklung der Angelegenheit hingewiesen: daß der Magistrat seinerzeit von den Besatzungsbehörden eingesetzt worden ist, als es noch keine Parteien gab, und zwar in dem offenbaren Bestreben, den Magistrat aus allen Schichten der Bevölkerung zusammenzusetzen.[17] Erst später wurden die Parteien geschaffen,[18] und die Magistratsmitglieder schlossen sich zum Teil einer der entstandenen Parteien an, zum anderen Teil blieben sie parteilos. Davon abgesehen hat der Magistrat nicht die Möglichkeit, eines seiner Mitglieder zum Rücktritt zu zwingen, wenn nicht triftige Gründe dafür vorliegen; es besteht höchstens die Möglichkeit, daß einzelne Parteien auf dem Wege der politischen Einwirkung eines ihrer Mitglieder dazu veranlassen, freiwillig aus dem Magistrat auszuscheiden.

Die SED erklärte im Einheitsausschuß, sie sähe ihrerseits keine Veranlassung, einen der genannten Posten frei zu machen, da die Inhaber dieser Posten viele Monate hindurch ihre Arbeit gut geführt hätten und es bei der Bevölkerung und der Alliierten Kommandantur einen sonderbaren Eindruck machen würde, wenn diese Herren jetzt zum Rücktritt veranlaßt würden. Darauf erfolgte im Einheitsausschuß die nochmalige Erklärung der CDU, daß sie auch den Posten des Leiters der Abt[eilung] für Ernährung nicht zu besetzen gedenke. Dasselbe wurde erneut von der SPD und der LDP erklärt. Gleichzeitig erschien in der Zeitung „Der Sozialdemokrat" eine Auslassung, in der es so dargestellt wurde, als scheue der Magistrat die Verantwortung,[19] eine Darstellung, die entschieden zurückgewiesen werden muß.

Der Redner berichtet weiter, daß der Magistrat nunmehr von sich auch[20] zu einem Vorschlag kommen mußte. Es hatten schon Verhandlungen mit einigen Herren stattgefunden, darunter auch mit Herrn Flohr, der von dem Präsidenten der Zentralverwaltung für Handel und Versorgung[21] für den in Frage stehenden Posten

---

14 Vgl. zur ablehnenden Haltung der SPD hinsichtlich einer Beteiligung am Magistrat: Dok. 104, Anm. 7.

15 Vgl. das 20. Prot. des Einheitsausschusses Groß-Berlin v. 17.7.1946, TOP 1, in: BArch, Abt. Potsdam, Z-3, Nr. 4, Bl. 113.

16 Vgl. hierzu auch: Karl Maron: Wahlmanöver, in: Berliner Zeitung, 24.7.1946, [S. 2]; ders.: In eigener Sache, in: Vorwärts, 27.7.1946, [S. 2].

17 Vgl. zur Etablierung des Magistrats: Teil I dieser Edition, S. 31–48.

18 Vgl. hierzu das 6. Mag.prot. v. 11.6.1945, TOP 3; Teil I dieser Edition, S. 27–31.

19 Vgl. Anm. 6 zu diesem Mag.prot.

20 Müßte wohl heißen: von sich aus.

21 Dr. Hugo Buschmann (SED, vormals SPD).

empfohlen worden war. Herr Flohr gehört zwar zufällig auch der CDU an, hat aber erklärt, daß er die Angelegenheit nicht politisch betrachte, sondern aus sachlicher Notwendigkeit heraus bereit sei, die Funktion zu übernehmen.

Flohr (der nunmehr dem Magistrat vorgestellt wird) gibt auf Wunsch einige Daten aus seinem bisherigen Lebensablauf bekannt.[22] Er ist 1902 in Hamburg geboren, hat den Kaufmannsberuf erlernt, ist im Speditionsgewerbe in Holland und Danzig tätig gewesen, hat dann im Import- und Exportgeschäft, speziell im Zuckerhandel, gearbeitet, wiederum viel im Ausland, zuletzt als Prokurist. Auch das hiesige Platzgeschäft mit Zucker hat er kennengelernt. Im vorigen Jahre wurde ihm der Posten eines Referenten für Zucker in der Zentralverwaltung für Handel und Versorgung angeboten. Diese Stellung hat er bis heute inne. Politisch hat er sich vor einigen Monaten der CDU angeschlossen.

BESCHLUSS: Der Magistrat beschließt (nach kurzer Beratung in Abwesenheit von Herrn Flohr), Herrn Flohr der Alliierten Kommandantur als Leiter der Abt[eilung] für Ernährung vorzuschlagen.[23]

Maron macht noch darauf aufmerksam, daß von der Alliierten Kommandantur im allgemeinen mehrere Kandidaten gefordert werden. Es werde zweckmäßig sein, der Alliierten Kommandantur gleich mitzuteilen, daß es auf Grund der Verhältnisse bisher nur möglich war, *einen* Kandidaten zu benennen, daß aber in den nächsten Tagen weitere Kandidaten namhaft gemacht werden sollen[24].

Der Magistrat stimmt dem zu.

3. BENENNUNG EINES STADTWAHLLEITERS

Maron schlägt unter Berufung auf die Mitteilungen in der Presse über die erfolgte Genehmigung der wichtigsten Punkte der Wahlordnung[25] vor, nunmehr einen Stadtwahlleiter zu bestimmen, der nach § 7 der Wahlordnung ein Magistratsmitglied sein soll[26]. An sich würde dafür zweckmäßigerweise ein Parteiloser in Frage kommen. Da aber die geeignetste Persönlichkeit für diese Funktion, Herr Dr. Haas,

---

22 Vgl. zu Flohr auch das Prot. der 16. Vorstandssitzung des Landesverbands Berlin der CDU am 11.7.1946, TOP 1, in: ACDP, CDU-LV Berlin, III-012-391; als Abschrift in: LAB, Rep. 280, Nr. 19201/9.

23 Flohr zog wenige Tage später seine Bereitschaft zur Kandidatur für den Posten des Leiters der Mag.abt. für Ernährung zurück; vgl. das 67. Mag.prot. v. 27.7.1946, TOP 2.

24 Dies ist nicht geschehen.

25 Der Magistrat hatte Ende Juni 1946 den Entwurf einer Wahlordnung für die Berliner Wahlen im Oktober 1946 beschlossen; vgl. das 63. Mag.prot. v. 29.6.1946, TOP 3. Die Stadtkommandanten hatten in ihrer Sitzung am 19.7.1946 grundlegenden Bestimmungen dieser Wahlordnung zugestimmt. Vgl. hierzu das 19. Prot. der AK v. 19.7.1946, TOP 176, in: LAB, Rep. 37, Acc. 3971, Nr. 216; Berliner Verfassung genehmigt. Bestimmungen der Wahlordnung dem Oberbürgermeister übergeben, in: Berliner Zeitung, 20.7.1946, [S. 1]; Vorläufige Verfassung für Berlin bewilligt, in: Tägliche Rundschau, 20.7.1946, S. 1 f. Die von den Stadtkommandanten am 19.7.1946 beschlossenen „Grundsätze der Wahlordnung für die im Oktober 1946 in Groß-Berlin stattzufindenden Wahlen" wurden dem Magistrat mit BK/O (46) 310 v. 25.7.1946 offiziell übermittelt; vgl. hierzu Dok. 96, Anm. 32.

26 § 7 des vom Magistrat am 29.6.1946 beschlossenen Entwurfs einer Wahlordnung bestimmte lediglich, daß der Stadtwahlleiter vom Magistrat zu ernennen war, nicht jedoch, daß er ein Magistratsmitglied sein sollte. Der Entwurf ist vorhanden in: LAB(STA), Rep. 101, Nr. 66.

erklärt hat, daß er als Angehöriger der CDU im Wahlkampf nicht hervortreten werde, empfiehlt es sich, ihn zu benennen. Er besitzt auf diesem Gebiet die besten Erfahrungen, ist ein alter Verwaltungsjurist und hat bereits als Wahlleiter fungiert.[27]

Als Stellvertreter, der ebenfalls zu benennen ist, wird der Leiter des Statistischen Amtes der Stadt Berlin, Herr Dr. Treitschke, vorgeschlagen.

BESCHLUSS: Als Stadtwahlleiter wird das Magistratsmitglied Dr. Haas, als sein Stellvertreter der Leiter des Statistischen Amtes, Dr. Treitschke, der Alliierten Kommandantur zur Bestätigung vorgeschlagen.[28]

4. AUFHEBUNG EINES TAUSCHVERTRAGES MIT ZEISS-IKON

Hierzu liegt die Vorlage Nr. 323[29] vor, betreffend Aufhebung des Grundstücksvertrages vom 7.8.42/20.5.43 zwischen der Stadt Berlin und der Zeiss-Ikon AG[30].

Dr. Haas verweist auf die schriftliche Begründung. Es handelt sich um einen Tauschvertrag, der im Jahre 1943 abgeschlossen wurde. Zeiss-Ikon wollte günstig gelegenes Gelände in Zehlendorf an der Goerzallee durch Tausch erwerben, um dort eine Werkssiedlung zu errichten. Eine Auflassung[31] hat nicht stattgefunden, grundbuchrechtlich ist dieser Vertrag nicht durchgeführt worden. Da zur Zeit nicht gebaut werden kann, erscheint es angezeigt, den Vertrag wieder rückgängig zu machen.

BESCHLUSS: Die Vorlage Nr. 323 wird angenommen.

5. KOSTENLOSE BEFÖRDERUNG VON 6000 KLEINKINDERN

Geschke begründet die Vorlage Nr. 324[32], in der von der Abt[eilung] für Sozialwesen beantragt wird, für den Transport von ca. 6000 Berliner Kleinkindern zu Erholungsplätzen in und um Berlin die unentgeltliche Beförderung mit der Straßenbahn und U-Bahn auf die Dauer von 10 Wochen zu genehmigen. Es handelt sich nicht nur um Kinder der städtischen Heime, sondern allgemein um die Klein-

---

27 Vgl. zur Biographie von Haas seine Personalakte in: LAB, Rep. 80, Acc. 4594, Nr. 750; Dok. 41, Anm. 9.

28 Der hier gefaßte Mag.beschluß ist ohne Ausfertigungsdatum vorhanden in: LAB(STA), Rep. 102, Nr. 31. Er wurde der AK mit Schreiben v. 26.7.1946 zur Genehmigung zugeleitet; siehe: a.a.O. Er wurde außerdem gleichzeitig öffentlich bekanntgemacht; siehe: Berliner Magistrat trifft Wahlvorbereitungen, in: Berliner Zeitung, 26.7.1946, [S. 6]. Haas wurde aber von der AK als Stadtwahlleiter abgelehnt, da er einer politischen Partei angehörte; statt dessen wurde Landwehr zum Stadtwahlleiter ernannt. Vgl. hierzu das 71. Mag.prot. v. 24.8.1946, TOP 8 (Maron u. Beschluß), u. das 74. Mag.prot. v. 12.9.1946, TOP 1.

29 LAB(STA), Rep. 100, Nr. 777, Bl. 7; auch in: LAB(STA), Rep. 101, Nr. 644, Bl. 102.

30 Großes Unternehmen der optischen Industrie. Hier sind das Berliner Zweigwerk (Goerzwerk) des Unternehmens im Ortsteil Friedenau, Rheinstraße 44–46, und die Zeiss-Ikon Siedlungs-GmbH gemeint. Vgl. zum Goerzwerk die Materialien in: LAB, Rep. 37: OMGBS, Econ Br, 4/64-3/3 bis 4/64-3/5.

31 Die Einigung des Verkäufers und des Käufers über die Übertragung des Eigentums an einem Grundstück in Form einer Erklärung vor dem Notar oder dem Grundbuchamt.

32 LAB(STA), Rep. 100, Nr. 777, Bl. 8.

kinder, die imstande sind, an solchen Fahrten zu Spielplätzen im Grünen teilzunehmen.[33]

Knoll erklärt, daß die BVG bereit ist, dieses Hilfswerk zu übernehmen.

BESCHLUSS: Die Vorlage Nr. 324 wird angenommen.

6. ALLGEMEINES

Orlopp berichtet im Anschluß an seinen letzten Bericht über die *Gemüse- und Obstversorgung der Bevölkerung Berlins*,[34] welche Mengen seit dem 1. Mai bis zum 18. Juli eingegangen und verteilt worden sind. An Gemüse sind eingegangen aus dem Berliner Anbaugebiet 9 761 t, aus der Provinz Brandenburg 2 999 t, aus der Provinz Sachsen 10 205 t. Das sind insgesamt 22 965 t, und das ergibt, umgerechnet auf die Berliner Bevölkerung mit 3,2 Millionen Einwohnern, eine Gemüsebelieferung von 7 kg pro Kopf.

Die Obstbelieferung war in diesem Jahre aus den schon früher angegebenen Gründen[35] besonders niedrig. Es sind an Frühobst angefallen aus dem Anbaugebiet Berlin 3,8 t, aus Brandenburg 294 t, aus Sachsen 229 t. Das sind insgesamt 527 t Frühobst. Es wurde damals festgelegt, daß dieses Obst in erster Linie an Krankenhäuser und an Kinderheime und darüber hinaus an Kinder unter 18 Jahre verteilt werden sollte. Nimmt man 500 000 Kinder in Berlin als Rechnungsmaßstab an, so ergibt sich pro Kind rund 1 kg Obst, das nach Berlin geschafft und verteilt werden konnte.

In der Zwischenzeit ist nun eine neue Situation entstanden. Von der russischen Kommandantur ist ein Befehl gekommen, der die Mengen angibt, die *für das III. Quartal* d[ieses] J[ahres] aus der sowjetischen Zone nach Berlin hereingeführt werden sollen,[36] und zwar an *Gemüse* aus der Provinz Brandenburg 6 600 t, aus Mecklenburg 5 000 t, zusammen 11 600 t. Außerdem ist ein Plan zur Beschaffung von 5 000 t Gemüse für den sowjetischen Sektor der Stadt Berlin aufgestellt worden, so daß uns zusammen für das III. Quartal 16 600 t Gemüse in Berlin zur Verfügung stehen.

An Obst sollen im III. Quartal folgende Mengen hereingebracht werden: aus Brandenburg 1 000 t, aus Mecklenburg 2 500 t, aus Thüringen 2 000 t, insgesamt 5 500 t.

Diese einzuführenden Mengen an Gemüse und Obst sind laut Befehl der russischen Kommandantur von gestern[37] mit sofortiger Wirkung wie folgt zu

---

33 Vgl. zu der die *Schul*kinder betreffenden Aktion „Ferienfreude für die Berliner Kinder" das 59. Mag.prot. v. 29.5.1946, TOP 8, u. das 61. Mag.prot. v. 15.6.1946, TOP 6, u. das 72. Mag.prot. v. 31.8.1946, TOP 7 (Kraft).

34 Vgl. das 64. Mag.prot. v. 5.7.1946, TOP 3; Warum gibt es so wenig Gemüse?, in: Berliner Zeitung, 28.7.1946, [S. 6].

35 Vgl. das 64. Mag.prot. v. 5.7.1946, TOP 3 (Orlopp).

36 Gemeint ist der Befehl Nr. 179 des Obersten Chefs der Sowjetischen Militäradministration v. 15./19.6.1946, der einen Plan zur Versorgung der sowjetischen Besatzungszone (einschließlich des sowjetischen Sektors von Berlin) mit Nahrungsgütern und einer Reihe sonstiger Verbrauchsgüter für das dritte Quartal 1946 darstellte. Der Befehl ist (mit Erläuterungen und Auszügen aus einigen der zugehörigen Anlagen) vorhanden in: BArch, Abt. Potsdam, DX 1, 179/1946.

37 Dieser Befehl der Zentralkommandantur für den sowjetischen Sektor Berlins v. 19.7.1946 konnte nicht ermittelt werden.

verteilen: zur Versorgung der Bevölkerung des sowjetischen Sektors der Stadt Berlin 12 600 t Gemüse und 2 500 t Obst, zur Verarbeitung an die Unternehmungen der Nahrungsmittelindustrie gemäß genehmigtem Plan 4 000 t Gemüse und 2 900 t Obst und als Reserve für die SMA 100 t Obst.

Dieser Befehl bedeutet, daß ab gestern morgen die Gemüsezufuhren in die Bezirke des englischen, des amerikanischen und des französischen Sektors mit sofortiger Wirkung gestoppt werden mußten.[38]

Der Redner berichtet weiter über Besprechungen mit dem Vertreter der britischen Besatzungsmacht. Es wurde darauf aufmerksam gemacht, daß durch diese Anordnung ein Mangel in den nicht belieferten Bezirken entsteht, und es wurde gebeten, die etwa vorhandenen Bestände an Trockengemüse und an Konservengemüse an die Bevölkerung zu verteilen oder frisches Gemüse aus dem Westen heranzuschaffen.

Bei der *Kartoffelversorgung*[39] liegt es so, daß die zugesagten 40 000 t aus dem sächsischen Raum seit 14 Tagen anrollen. Bis gestern abend waren rund 10 000 t angeliefert. Neu sind uns 25 000 t aus Mecklenburg zugewiesen worden. Heute nacht sind auch die ersten drei Züge aus dem Hannoverschen Gebiet angerollt, so daß die Versorgung der Berliner Bevölkerung mit Kartoffeln als gesichert angesehen werden kann.

Die Kartoffeln werden wie alle auf den Lebensmittelkarten verzeichneten Lebensmittel aus einem Topf über ganz Berlin gleichmäßig verteilt. Die Liefersperre für einen Teil der Bezirke bezieht sich ausschließlich auf Obst und Gemüse.

Der Redner deutet an, daß zur Zeit heftige Differenzen mit dem Kartoffelgroßhandel bestehen. Die Verhandlungen sind noch nicht abgeschlossen. Näheres wird darüber später berichtet werden.[40]

BESCHLUSS: Die Mitteilungen des kommissarischen Leiters der Abt[eilung] für Ernährung werden zur Kenntnis genommen.[41]

Grüber teilt mit, daß die Evangelische Kirche beabsichtigt, im Herbst wieder wie in früheren Jahren *eine Haussammlung für die Wohlfahrtseinrichtungen der Kirche* zu veranstalten. Da diese Sammlung der Genehmigung der Alliierten Kommandantur bedarf, stelle er die Frage, ob ein entsprechender Antrag von seiten der Kirche direkt an die Alliierte Kommandantur gerichtet werden kann.

BESCHLUSS: Der Magistrat stimmt dieser Auffassung zu.

Maron unterbreitet dem Magistrat den Plan einer *Ressortverteilung der stellvertretenden Oberbürgermeister.* Die bisherige Arbeit hat gezeigt, wie berechtigt es war, die Stellvertretung des Oberbürgermeisters der Stadt Berlin in vierfacher Besetzung vorzunehmen;[42] denn die Aufgaben, die der Stadt Berlin gestellt sind, sind viel größer

---

38 Vgl. hierzu die Protokolle der Konferenzen der Bezirksbürgermeister am 25.7.1946, TOP 1, u. am 8.8.1946, TOP 2 (Schmidt), in: LAB, Rep. 280, Nr. 3863 u. 3864; Berlin ist ohne Gemüse, in: Spandauer Volksblatt, 3.8.1946, S. 2. Vgl. zur Aufhebung dieses sowjetischen Befehls das 72. Mag.prot. v. 31.8.1946, TOP 5 (Orlopp).

39 Vgl. hierzu Dok. 72, Anm. 57.

40 Dies ist in den folgenden Mag.sitzungen nicht geschehen.

41 Vgl. zu weiteren Mitteilungen Orlopps über die Lebensmittelversorgung der Berliner Bevölkerung das 71. Mag.prot. v. 24.8.1946, TOP 6, u. das 72. Mag.prot. v. 31.8.1946, TOP 5.

42 Einen anderen Standpunkt hatte die Sachverständigenkommission für deutsches Verwaltungswesen eingenommen; vgl. Dok. 76.

und umfassender, als sie jemals einer Stadtverwaltung von Berlin gestellt gewesen sind. Bisher bestand jedoch keine genaue Abgrenzung der Aufgabengebiete, die dem einzelnen stellvertretenden Oberbürgermeister zufallen; es wurde jeweils vom Magistrat darüber Beschluß gefaßt. Nunmehr erscheint es an der Zeit, etwas mehr Ordnung in diese Dinge zu bringen und eine Aufteilung in der Weise vorzunehmen, daß jedem der vier stellvertretenden Oberbürgermeister bestimmte Sachgebiete entsprechend den vorhandenen Magistratsabteilungen zugewiesen werden. Jeder der stellvertretenden Oberbürgermeister hat dann gewissermaßen als beratendes und aufsichtführendes Element innerhalb des Bürgermeisterkollegiums die ihm zugewiesenen Fachabteilungen zu betreuen. Der Institution des Bürgermeisterkollegiums, das bisher nur selten zusammengetreten ist, wird auf diese Weise auch etwas mehr Leben eingehaucht.[43] Dem Oberbürgermeister selbst, der praktisch alles leiten und führen soll, werden keine einzelnen Abteilungen unterstellt; ihm unterstehen gewissermaßen alle Abteilungen zusammen.

Der Redner hat nach Rücksprache mit einigen Magistratskollegen einen entsprechenden Plan ausgearbeitet und schlägt folgende Verteilung vor:

I. Stellvertretender Oberbürgermeister M a r o n :
   Abteilung Personalfragen und Verwaltung
   [Abteilung] Finanzen
   [Abteilung] Sozialwesen
   [Abteilung] Post- und Fernmeldewesen
   [Abteilung] Polizei

II. Stellvertretender Oberbürgermeister O r l o p p :
   Abteilung Versorgungsbetriebe
   [Abteilung] Ernährung
   [Abteilung] Wirtschaft
   [Abteilung] Handel und Handwerk

III. Stellvertretender Oberbürgermeister S c h w e n k :
   Abteilung Bau- und Wohnungswesen
   [Abteilung] Rechtsabteilung
   [Abteilung] Verkehr
   [Abteilung] Planung
   [Abteilung] Verbindungsstelle mit den Bezirksverwaltungen[44]

IV. Stellvertretender Oberbürgermeister S c h u l z e :
   Abteilung Volksbildung
   [Abteilung] Kunst
   [Abteilung] Gesundheit
   [Abteilung] Kirchenfragen.

---

43 Das im ersten und zweiten Magistratsentwurf einer vorläufigen Verfassung v. 16.1.1946 bzw. 29.4.1946 vorgesehene Gremium des Bürgermeisterkollegiums, bestehend aus dem Oberbürgermeister und seinen Stellvertretern, wurde von den Alliierten nicht in die endgültige Fassung der Vorläufigen Verfassung v. 13.8.1946 übernommen. Vgl. hierzu das 55. Mag.prot. v. 29.4.1946, TOP 2 (insb. Anm. 18); Breunig, S. 216; Die Entstehung der Verfassung von Berlin, Bd. I, S. 235 f. u. 288.

44 Vgl. hierzu das 59. Mag.prot. v. 29.5.1946, TOP 8, u. das 60. Mag.prot. v. 5.6.1946, TOP 2.

Das Streben geht im übrigen im Gegensatz zu der bisherigen Praxis dahin, die stellvertretenden Oberbürgermeister nicht gleichzeitig mit der Leitung von Abteilungen zu beschweren. Es sind Vorarbeiten im Gange, sowohl Bürgermeister Schwenk wie Bürgermeister Schulze von der Leitung der Fachabteilungen, die sie jetzt innehaben, zu entlasten, indem dafür neue Abteilungsleiter vorgeschlagen wurden.[45]

Dr. Haas macht darauf aufmerksam, daß nach der neuen Verfassung nur drei stellvertretende Oberbürgermeister vorgesehen sind.[46] Aber praktisch werde diese Bestimmung der neuen Verfassung erst nach der Wahl, voraussichtlich erst gegen Ende des Jahres, werden. Bis dahin übe der alte Magistrat die Aufgaben und Pflichten auf Grund der neuen Verfassung aus.

OB Dr. Werner möchte die Abteilung Polizei dem Oberbürgermeister unterstellt sehen. Nach dem von Maron vorgelegten Plan könne der Oberbürgermeister sich nicht direkt von der Polizei Bericht erstatten lassen. (Widerspruch)

Pieck empfiehlt, den Oberbürgermeister ebenso wie die verantwortlichen Bürgermeister in den Bezirken von Fachabteilungen völlig freizuhalten.

Maron betont noch einmal, daß dem Oberbürgermeister alle Abteilungen unterstehen und daß er sich jederzeit von jeder Abteilung direkt Bericht erstatten lassen kann.

Grüber meint, es müsse eine Stelle dasein, die völlig objektiv über allen Abteilungen steht und von jedem Referat freigehalten ist.

Dr. Haas erörtert die Möglichkeit, nach Inkrafttreten der Verfassung eine Neuaufteilung der Abteilung[en] vorzunehmen. Nach seiner Meinung soll insbesondere der Oberbürgermeister keine Abteilung leiten, sondern, wie es in der neuen Verfassung heißt, Leiter des Magistrats, Leiter der Sitzungen usw. sein.[47] Wenn der Oberbürgermeister neben den Repräsentationsaufgaben überhaupt noch ein Amt haben solle, so könne es höchstens die Leitung des Hauptprüfungsamtes[48] sein.

Maron kommt auf den vorgeschlagenen Abteilungsplan zurück. Ein wichtiger Grund für diese Aufteilung der Aufgabengebiete sei auch der, daß in Zukunft nicht mehr, wie es heute leider in großem Umfang der Fall ist, jede kleine Angelegenheit gleich vor den Oberbürgermeister gebracht wird, teilweise von Dienststellenleitern unter Umgehung des zuständigen Stadtrats. Dieser Zustand müsse unter allen Umständen aufhören. Die neue Einrichtung solle dazu dienen, Schwierigkeiten in den einzelnen Abteilungen leichter zu überwinden und etwaige Streitigkeiten zwischen verschiedenen Abteilungen zu schlichten, ehe sie an den Magistrat direkt gebracht werden.

---

45 Vgl. das 60. Mag.prot. v. 5.6.1946, TOP 2, u. das 61. Mag.prot. v. 15.6.1946, TOP 7 (Pieck), u. das 67. Mag.prot. v. 27.7.1946, TOP 2.

46 Vgl. Artikel 12 Absatz 1 des zweiten Magistratsentwurfs einer vorläufigen Verfassung v. 29.4.1946, in: Breunig, S. 214; Die Entstehung der Verfassung von Berlin, Bd. I, S. 287.

47 In Artikel 12 Absatz 1 des zweiten Magistratsentwurfs einer vorläufigen Verfassung v. 29.4.1946 war der Oberbürgermeister als „Vorsitzender" des Magistrats bezeichnet, und nach Artikel 14 Absatz 3 sollte er die Dienstaufsicht über die übrigen Magistratsmitglieder führen. Siehe: Breunig: S. 214 u. 217; Die Entstehung der Verfassung von Berlin, Bd. I, S. 287 f.

48 Dienststelle in der Mag.abt. für Personalfragen und Verwaltung.

Der Redner bittet, der Neuregelung bis zum Inkrafttreten der Verfassung[49] zuzustimmen.

Dr. Landwehr begrüßt den Vorschlag. Es werde dadurch eine Art Zwischeninstanz geschaffen, durch die dem Magistrat unter Umständen viel Arbeit abgenommen werden kann.

Der Redner knüpft sodann an die Ausführungen von Dr. Haas an, daß nach Inkrafttreten der neuen Verfassung vielleicht eine neue Einteilung der Abteilungen vorgenommen werden müßte. Für diesen Fall möchte er im Einvernehmen mit Bürgermeister Orlopp schon heute den Vorschlag machen, die Abt[eilung] für Wirtschaft und die Abt[eilung] für Handel und Handwerk zu einer einheitlichen Wirtschaftsabteilung zusammenzufassen.[50] Die jetzige Trennung sei unnatürlich und habe zu vielen Verwaltungsschwierigkeiten geführt.

Geschke hat den gleichen Wunsch auf Zusammenlegung hinsichtlich der Abteilungen für Arbeit und für Sozialwesen.[51] Auch hier gäbe es viel Überschneidungen, namentlich auf dem Gebiet der Arbeiterschutzbestimmungen. Früher seien beide Aufgabengebiete im Reichsarbeitsministerium vereint gewesen, und auch heute seien sie für die russische Zone in der Zentralverwaltung für Arbeit und Sozialwesen[52] wieder zusammengefaßt.

BESCHLUSS: Der von Bürgermeister Maron vorgelegte Plan einer Ressortverteilung der stellvertretenden Oberbürgermeister wird vom Magistrat angenommen.

Dr. Haas kommt auf die in der letzten Sitzung erörterte Angelegenheit, betreffend Schaffung eines *„Walddorfes"* in *Zehlendorf* zurück.[53] Bezirksbürgermeister Dr. Wittgenstein[54] hat den Wunsch geäußert, seinen Plan einmal selbst im Magistrat vortragen zu können. Vielleicht ließe sich dieser Wunsch durch Entgegennahme eines Vortrages von Dr. Wittgenstein zu Beginn der nächsten Sitzung erfüllen.

BESCHLUSS: Der Magistrat beschließt, Herrn Bezirksbürgermeister Dr. Wittgenstein für die nächste Sitzung zu einem Vortrag außerhalb der Tagesordnung zu laden.[55]

Geschke stellt den Antrag, die Magistratssitzungen von Sonnabend auf Mittwoch zu verlegen, da an den Sonnabenden häufig Konferenzen stattfinden, die die Anwesenheit von Magistratsmitgliedern erfordern.[56]

Der Antrag wird nach kurzer Aussprache gegen 4 Stimmen abgelehnt.

---

49 Vgl. hierzu Dok. 82, Anm. 28.

50 Dies war auch von der Sachverständigenkommission für deutsches Verwaltungswesen vorgeschlagen worden; vgl. Dok. 76. Im zweiten Berliner Nachkriegsmagistrat war die entsprechend vergrößerte Mag.abt. für Wirtschaft auch für Handel und Handwerk zuständig.

51 Im zweiten Berliner Nachkriegsmagistrat blieben diese beiden Mag.abteilungen als getrennte Ressorts erhalten.

52 Offizielle Bezeichnung: Deutsche Verwaltung für Arbeit und Sozialfürsorge.

53 Vgl. das 65. Mag.prot. v. 13.7.1946, TOP 8.

54 Dr. Werner Wittgenstein (CDU).

55 Vgl. das 67. Mag.prot. v. 27.7.1946, vor TOP 1.

56 Den Beschluß, seine Sitzungen sonnabends abzuhalten, hatte der Magistrat Anfang Januar 1946 gefaßt. Vgl. das 40. Mag.prot. v. 7.1.1946, TOP 2.

Kraft macht einige Mitteilungen zum *Berliner Verkehr*.[57] Nachdem vor einigen Tagen eine Verlängerung des Spätverkehrs der Straßenbahnen erfolgt ist, wird am kommenden Montag der U-Bahn-Verkehr eine Ausdehnung bis 23 Uhr abends erfahren mit Anschlußmöglichkeiten an die letzten Straßenbahnen nach den Außenbezirken.[58] Der Umsteigefahrschein wird vorläufig nicht wieder eingeführt werden können, da dies monatlich einen Einnahmeausfall von 5 Millionen bedeuten würde.

Auf Grund einer Verfügung[59] der russischen Zentralkommandantur wird die südliche Seite der Frankfurter Allee schnellstens wieder in Ordnung gebracht werden, und zwar möglichst bis zum 12. August. Es sind hierfür 100 t Zement zur Verfügung gestellt worden.

Auch für die Wiederherstellung der noch fehlenden U-Bahnstrecke Gleisdreieck – Bülowstraße – Wittenbergplatz ist jetzt der erforderliche Zement bereitgestellt worden.

Der Omnibus 34 fährt jetzt wieder bis Kladow. Der Dampferverkehr auf dem Wannsee mußte eingestellt werden.[60]

Der Ausbau der Straßenbahn hat einstweilen seinen Höhepunkt erreicht; eine weitere Fortsetzung der Arbeiten erscheint aus Gründen der Materialbeschaffung ausgeschlossen.[61]

Der Redner berichtet weiter von einem Besuch der BVG-Werkstätten durch englische Gäste, die sich daraufhin anderen Engländern gegenüber dahin geäußert haben, es sei geradezu unvorstellbar, was für ein Verkehr in Berlin mit den primitivsten Einrichtungen bewältigt würde.

Orlopp und *Maron* treten entschieden für [die] Wiedereinführung der *Umsteigefahrscheine* ein, um den Wünschen der arbeitenden Bevölkerung Rechnung zu tragen.[62]

Dr. Haas empfiehlt, sich einmal die Bilanz der BVG daraufhin anzusehen, und schlägt vor, die Abt[eilung] für Verkehr zu beauftragen, in der nächsten oder übernächsten Sitzung dem Magistrat einen Bericht über die finanzielle Lage der BVG zu erstatten.

BESCHLUSS:　Der Magistrat nimmt die Mitteilungen von Stadtrat Kraft über den Verkehr zur Kenntnis und beauftragt ihn, dem Magistrat in 14 Tagen einen Bericht über die finanzielle Lage der BVG vorzulegen unter

---

57 Vgl. zum jeweiligen Stand der Verkehrsverbindungen der Berliner Verkehrsbetriebe (BVG) in der Zeit seit dem Kriegsende: LAB, Rep. 280, Nr. 1327, 3017 u. 3167.

58 Vgl. hierzu: Spätverkehr auch bei der U-Bahn, in: Tägliche Rundschau, 20.7.1946, S. 6; Verbesserter BVG-Verkehr, in: Vorwärts, 20.7.1946, [S. 3]; Auch U-Bahn fährt länger, in: Telegraf, 20.7.1946, S. 8.

59 Diese Verfügung konnte nicht ermittelt werden.

60 Vgl. hierzu: Verbesserter BVG-Verkehr, in: Vorwärts, 20.7.1946, [S. 3]; Auch U-Bahn fährt länger, in: Telegraf, 20.7.1946, S. 8.

61 Vgl. zu Wiederherstellungsarbeiten der BVG von Mai bis Dezember 1945 den ausführlichen undatierten Bericht der BVG-Leitung in: LAB, Rep. 280, Nr. 13865; abgedruckt in: Berlin. Quellen und Dokumente, 1. Halbbd., S. 692 – 707. Vgl. ferner: 50 Jahre BVG. Ein Rückblick auf ein Stück Berliner Verkehrsgeschichte, Berlin [West] 1979, S. 28/31.

62 Vgl. zu geplanten Tarifänderungen bei der BVG das 41. Mag.prot. v. 14.1.1946, TOP 7, u. das 49. Mag.prot. v. 9.3.1946, TOP 7 (Kraft), u. das 52. Mag.prot. v. 30.3.1946, TOP 7 (Kraft); Sammelkarten bei der BVG, in: Berliner Zeitung, 30.7.1946, [S. 6].

besonderer Berücksichtigung der Frage, ob die Wiedereinführung verbilligter Umsteigefahrscheine möglich ist.[63]

Schulze wendet sich aus Anlaß eines bestimmten Falles dagegen, daß das Preisamt *Pressenotizen an das Presseamt* zur Weitergabe an die Tagespresse gibt, ohne sich vorher mit den betreffenden Magistratsabteilungen, deren Arbeitsgebiet dadurch berührt wird, in Verbindung zu setzen. In dem bestimmten Fall handelte es sich um eine Notiz über Theaterpreise. In der Notiz wurde darauf hingewiesen, daß auch für Theater, Lichtspielhäuser und Kabaretts der Preisstand vom 1. April 1945 verbindlich sei.[64] Eine Veröffentlichung dieser Notiz hätte für die städtischen Theater praktisch die Folge gehabt, daß sie ihre Preise herabsetzen mußten[65], was wiederum eine Erhöhung des Zuschusses aus den Mitteln der Stadt erfordert hätte.

Dr. Haas bestätigt, daß in diesem Falle die Zuschüsse erhöht werden oder die städtischen Theater geschlossen werden müßten.

Lange, der die erwähnte Pressenotiz angehalten hat, gibt die Anregung, daß in Zukunft Pressenotizen, die von irgendeiner Dienststelle an das Presseamt gegeben werden, von dem zuständigen Abteilungsleiter oder dessen Stellvertreter unterzeichnet sein müssen.

BESCHLUSS: Der Magistrat stimmt dieser Anregung zu.

Jirak wünscht eine Berichtigung zum Protokoll der 63. Sitzung vom 29.6.46.[66] Die in diesem Protokoll verzeichnete Bemerkung, daß er, Redner, die Sitzung verlassen hätte, nachdem Bürgermeister Schwenk eine bestimmte Angelegenheit vorgebracht hatte, entspreche in dieser Form nicht den Tatsachen. Er habe an jenem Tage, wie er vorher mit Dr. Goll vereinbart hatte, nur 20 Minuten an der Sitzung teilnehmen können, weil er zu einer Besprechung bei den Alliierten mußte. Als Bürgermeister Schwenk geendet hatte und dann Bürgermeister Orlopp zu einer anderen Sache sprach,[67] habe er, da seine Zeit um war, die Sitzung verlassen.

Maron sieht keine Notwendigkeit ein, das Protokoll zu ändern. Tatsache sei, daß Stadtrat Jirak in jener Sitzung es nicht für nötig befunden habe, auf die Ausführungen von Bürgermeister Schwenk, in denen Stadtrat Jirak persönlich angegriffen wurde, zu antworten, sondern den Sitzungssaal verlassen habe, ein Verhalten, das auch von anderen Magistratsmitgliedern als sehr eigenartig empfunden worden sei.

OB Dr. Werner stellt fest, daß das fragliche Protokoll bereits durch Abstimmung genehmigt ist, eine Berichtigung also nicht mehr erfolgen kann. Die heutigen Bemerkungen von Stadtrat Jirak seien aber zu Protokoll genommen.

Dr. Haas erinnert daran, daß der Ausgangspunkt der fraglichen Erörterung in jener Sitzung die Streitsache zwischen dem 1. und 2. Direktor der „Berliner Ausstellungen"

---

63 Vgl. das 68. Mag.prot. v. 3.8.1946, TOP 4.
64 Vgl. Dok. 80, Anm. 10.
65 Müßte heißen: hätten herabsetzen müssen.
66 Vgl. das 63. Mag.prot. v. 29.6.1946, TOP 6.
67 Laut dem Protokoll der Mag.sitzung v. 29.6.1946 hatte im Anschluß an Schwenk nicht Orlopp, sondern Haas gesprochen.

war.[68] In dieser Angelegenheit müsse jetzt bald eine Entscheidung getroffen werden, da der ganze Geschäftsgang in diesem Betrieb unter dem Streit leide.

Aus der anschließenden Aussprache ergibt sich, daß der eingesetzte Untersuchungsausschuß[69] sowie der Beirat[70] sich demnächst mit der Angelegenheit befassen werden.[71]

Nächste Sitzung: Sonnabend, den 27. Juli 1946, vorm[ittags] 9 Uhr.

---

68 Der zweite Direktor des städtischen Eigenbetriebs „Berliner Ausstellungen", Gerhard Wiemer, hatte eine Dienstaufsichtsbeschwerde gegen den ersten Direktor der „Berliner Ausstellungen", Hans-Carl Schumacher, eingereicht, in der er gegen diesen eine Reihe von Beschuldigungen erhob. Vgl. Dok. 96, Anm. 75.

69 Vgl. zur Einsetzung des hier gemeinten „Ausschusses zur Nachprüfung von Vorgängen in der Abteilung Städtische Energie- und Versorgungsbetriebe" das 63. Mag.prot. v. 29.6.1946, TOP 6.

70 Vgl. zum Beirat für den Eigenbetrieb „Berliner Ausstellungen" das 46. Mag.prot. v. 16.2.1946, TOP 10, u. das 48. Mag.prot. v. 4.3.1946, TOP 7, u. das 62. Mag.prot. v. 22.6.1946, TOP 4.

71 Vgl. hierzu das 67. Mag.prot. v. 27.7.1946, TOP 3.

Dok. 103
67. Magistratssitzung vom 27. Juli 1946

LAB(STA), Rep. 100, Nr. 777, Bl. 12 – 16. – Umdruck.[1]

Beginn: 9.10 Uhr   Schluß: 11.35 Uhr

Anwesend: Dr. Werner, Schwenk, Orlopp, Schulze, Lange, Dr. Landwehr, Pieck,
             Kehler, Rumpf, Dr. Haas, Knoll, Grommann, Kraft, Starck, Buchholz,
             Grüber, Jirak, Schwanebeck, Dr. Goll, Hauth, Fleischmann, Scharoun,
             Dr. Harms. – Bezirksbürgermeister Dr. Wittgenstein (Zehlendorf).[2]

Den Vorsitz führt: Oberbürgermeister Dr. Werner, am Schluß Bürgermeister Or-
                      lopp.

Vor der Tagesordnung: Vortrag über den Plan einer Großsiedlung in Zehlendorf.

Tagesordnung: 1. Protokoll
                 2. Personalien
                 3. Allgemeines.

Vor Eintritt in die Tagesordnung erhält Bezirksbürgermeister Dr. Wittgenstein[3]
(Zehlendorf) das Wort zu folgenden Ausführungen über den

Plan einer Großsiedlung (Walddorf) in Zehlendorf:[4]

Ich danke dem Magistrat, daß er mir Gelegenheit gibt, mich noch einmal zu dem
Projekt einer Großsiedlung in Zehlendorf zu äußern. Ich verstehe durchaus den
Beschluß des Magistrats, das Waldgelände im Grunewald zwischen Schlachtensee –
Krumme Lanke und Avus[5] hierfür nicht zur Verfügung stellen zu wollen.[6] Aber die
besonderen Verhältnisse in Zehlendorf rechtfertigen doch eine andere Einstellung zu
der Frage. Es ist vorauszuschicken, daß von den 12 195 Gebäuden in Zehlendorf,
von denen 9 949 benutzbar sind, 2 772 beschlagnahmt sind. Es sind also 25 %
aller bewohnbaren Häuser einschließlich der Verwaltungsgebäude beschlagnahmt.[7]
Die Bevölkerung lebt in ständiger Angst und Sorge vor weiteren Beschlagnahmen.

---

1 Weitere Umdruckexemplare dieses Protokolls sind vorhanden in: LAB(STA), Rep. 100,
   Nr. 752, lfd. S. 326 – 335; LAB, Rep. 228, Mag.protokolle 1946, u. Rep. 280, Nr. 8501/24.
2 In der Anwesenheitsliste ist Paul Eschert nicht aufgeführt, der im Text des Protokolls
   (TOP 2) als Redner genannt wird.
3 Dr. Werner Wittgenstein (CDU).
4 Vgl. hierzu das 65. Mag.prot. v. 13.7.1946, TOP 8, u. das 66. Mag.prot. v. 20.7.1946,
   TOP 6 (Haas u. Beschluß).
5 Die „Automobilverkehrs- und Übungsstraße" (Avus) war von 1913 bis 1921 als
   kreuzungsfreie Straße durch den Grunewald gebaut worden.
6 Vgl. das 65. Mag.prot. v. 13.7.1946, TOP 8.
7 Vgl. zur Problematik der Beschlagnahme von Häusern durch die amerikanische Militärregierung im Bezirk Zehlendorf: LAB, Rep. 280, Nr. 14558.

Die Leute kommen oft zu mir und klagen. Ich habe die Leute damit zu trösten versucht, daß ich ihnen sagte: in 2 bis 3 Jahren würde ich ihnen wieder ein Heim beschaffen können. Ich darf ohne Übertreibung sagen, daß ich manche Mitbürger vom Selbstmord abgehalten habe, indem ich ihnen die Hoffnung machte, durch die Schaffung einer Großsiedlung neuen Wohnraum für die Besatzung zu beschaffen, damit sie ihr Häuschen wieder freibekämen.

Diese Siedlung mußte nun so geplant werden, daß sie für die Amerikaner annehmbar ist. Wir haben daher diese Ecke des Dauerwaldes im Grunewald dafür ausgesucht. Sie ist einmal landschaftlich sehr schön und verkehrsmäßig außerordentlich günstig gelegen: Der U-Bahnhof Krumme Lanke ist in der Nähe, der längst vorgesehene Bahnhof an der Alten Fischerhütte[8] würde die Siedlung direkt mit der S-Bahn in Verbindung bringen, auch die Stationen Zehlendorf-West, Schlachtensee und Zehlendorf-Mitte liegen nicht allzu weit entfernt. Verloren geht dabei zwar in gewissem Sinne ein Stück Dauerwald, aber durchaus nicht landschaftlich, denn die Bebauung ist so vorgesehen, daß höchstens 10 % des ganzen Geländes bebaut wird, indem jedes Grundstück 2 000 qm umfassen soll. Die Zehlendorfer wollen lieber ein Stück Wald verlieren, wenn sie dadurch die Möglichkeit sehen, einmal wieder in ihre Wohnungen zurückkehren zu können.

Der Redner zeigt an Hand eines Modelles die vorgesehene Art der Bebauung sowie ein Probehaus in Gestalt eines bungalowartigen Einfamilienhauses, wobei für den Bau selbst nach einem neuen Verfahren Trümmerbeton verwandt wird.[9]

Bevor wir an den Dauerwald herangingen, haben wir uns auch nach anderem Gelände umgesehen. Aber ein anderes gleichwertiges Gelände ist in Zehlendorf nicht ausfindig zu machen. Das Gelände bei Düppel[10] kann man den Amerikanern für diesen Zweck nicht anbieten. Dagegen haben sich die Amerikaner, insbesondere auch General Keating[11], über dieses Walddorf-Projekt sehr anerkennend ausgesprochen. Die Häuser sind in ihren Größenausmaßen so gestaltet, daß sie den Anforderungen eines Kleinhauses entsprechen, später aber auch bequem in Kleinsthäuser unterteilt werden können. Dies war namentlich eine Forderung von Professor Scharoun, der mit Recht sagte: Wenn später diese Siedlung von den Amerikanern verlassen wird, muß sie den arbeitenden Schichten der deutschen Bevölkerung zugute kommen können. Die Kleinsthäuser können also nachher von Werkmeistern und sonstigen Angehörigen der werktätigen Bevölkerung bezogen werden.

Für die Durchführung der Siedlung soll eine Gesellschaft gegründet werden. Der Vorschlag geht dahin, daß dieser Teil des Dauerwaldes auf eine gewisse Zeit, rund 50 Jahre, dieser Gesellschaft verpachtet wird. Die Finanzierung ist so gedacht, daß die Stadt nicht direkt in Anspruch genommen wird. Die erforderlichen Gelder werden von privater Seite gegeben, wobei es selbstverständlich ist, daß die

---

8 Die Alte Fischerhütte befand sich am östlichen Ende des Schlachtensees.
9 Vgl.: [Werner] Wittgenstein: Eine Großsiedlung an der Krummen Lanke in Zehlendorf, in: Neue Bauwelt, Jg. 1 (1946), H. 1, S. 8 f.; ferner: Berliner Wiederaufbau-Ausstellung, in: Neue Zeit, 12.5.1946, S. 5; Die Stadt aus Schutt, in: Der Tagesspiegel, 28.6.1946, [S. 4].
10 Ehemaliges Rittergut westlich des alten Ortskerns von Zehlendorf.
11 Generalmajor Frank A. Keating, vom 1.5.1946 bis 13.5.1947 amerikanischer Stadtkommandant von Berlin.

Gesellschaft auf rein gemeinnütziger Grundlage aufgebaut wird, daß also auch für die Spitzengelder[12] eine Verzinsung nur in angemessenen Grenzen erfolgt.

Das Projekt bietet, praktisch gesehen, nur Vorteile. Der Hauptvorteil liegt darin, daß die Bevölkerung von der Beschlagnahme ihrer Wohnungen befreit wird und daß später Kleinsthäuser in schöner Lage zur Verfügung stehen. Ein Nachteil steht dem eigentlich nicht gegenüber; denn der Waldcharakter des Geländes bleibt erhalten.

Der Redner betont noch einmal, welchen Schlag es für die Bevölkerung von Zehlendorf bedeuten würde, wenn die Möglichkeit, weitere Beschlagnahmen abzulenken, sich nicht verwirklichen ließe. Es sind bravste Leute, die ihre Wohnungen oder Häuschen haben verlassen müssen, zum Teil Leute, die jahrelang gegen den Nationalsozialismus gekämpft bezw. unter ihm gelitten haben. Es ist vielfach so, daß Nazis noch in ihren Häusern sind, während Antifaschisten aus ihren Häusern herausmußten. In der letzten Zeit ist glücklicherweise erreicht worden, daß vor der Beschlagnahme durch die Besatzungsbehörden eine Befragung des Bezirksbürgermeisters stattfindet, so daß in vielen Fällen Personen geschützt werden konnten, die des Schutzes wirklich würdig waren.

Scharoun hebt hervor, daß es sich bei dieser Erörterung nur darum handelt, die Frage des Geländes noch einmal zu besprechen. Das ganze Bild der Sache hat sich inzwischen insofern verschoben, als von der zuständigen Stelle der Amerikaner jetzt erklärt wird, daß sie keine geschlossene Siedlung wünschten, sondern Wert darauf legten, daß sich die Angehörigen der Besatzung unter das deutsche Volk mischen. Es wird infolgedessen anheimgestellt, um die Initiative von Dr. Wittgenstein auszunutzen, etwas zu schaffen, was sogleich[13] als Ersatz an Wohnraum für die deutsche Bevölkerung dient. Somit hat das Argument, bei der Auswahl des Geländes den Wünschen der Amerikaner zu entsprechen, nicht mehr das Gewicht. Wenn aber die Notwendigkeit nicht mehr gegeben ist, für die Amerikaner in einer bestimmten schönen Gegend eine Art Luxussiedlung zu errichten, die später umgestaltet werden kann zu einer Siedlung für gesundheitlich gefährdete Leute, dann sollte man bei einer Neusiedlung in erster Linie darauf sehen, sie näher an den Arbeitsstandort heranzubringen. In der Beziehung gibt es sicher Gelände, das günstiger liegt als das Waldgelände im Grunewald. Es ist früher schon auf Düppel hingewiesen worden,[14] ebenso auf Reststücke der Domäne Dahlem[15] und auf das Gelände nach Klein-Machnow zu.

Der Redner erörtert noch die Frage des Vertrages über das Waldgelände; der in Frage kommende Wald ist seinerzeit als Dauerwald mit ganz bestimmten Auflagen von der preußischen Regierung erworben worden.[16]

---

12 Hier sind vermutlich nicht die sogenannten Rest- oder Spitzenfinanzierungsmittel gemeint, die bei der Wohnungsbaufinanzierung zusätzlich zu den erst- und zweitstelligen Hypothekarkrediten eingesetzt werden, sondern es dürften die „zweiten Hypotheken" (zweitstellige, nachrangige Hypothekarkredite) gemeint sein, deren Zinssätze wegen ihrer größeren Risikobehaftetheit stets höher sind als bei „ersten Hypotheken" (erststelligen, erstrangigen Hypothekarkrediten).

13 Müßte wohl heißen: zugleich.

14 Vgl. das 65. Mag.prot. v. 13.7.1946, TOP 8 (Scharoun).

15 Die Domäne Dahlem befand sich an der Königin-Luise-Straße im Ortsteil Dahlem.

16 Vgl. Dok. 100, Anm. 59.

Dr. Wittgenstein bezweifelt, daß es die vorherrschende Meinung der Amerikaner sei, nicht unter sich leben zu wollen. Die Tatsachen sprechen jedenfalls dagegen. Im allgemeinen besteht nicht der Wunsch, mit der deutschen Bevölkerung zusammenzuleben. Darum wurde der Plan der Siedlung auch von amerikanischer Seite begeistert aufgenommen. Wenn zur Zeit in der amerikanischen Bauabteilung durch einen Personenwechsel eine andere Auffassung vorherrscht, so mag dies seinen Grund darin haben, daß der neue Herr mit der ganzen Vorgeschichte der Angelegenheit noch nicht vertraut ist. Ein anderes Gelände in Zehlendorf für eine solche Siedlung zu finden, das auch nur einigermaßen gleichwertig ist, ist unmöglich. Das Düppeler Gelände ist räumlich zu beschränkt, und die Gegend am Teltowkanal ist auch nicht annähernd so gut dafür geeignet. Die Forderung hinsichtlich der Nähe der Arbeitsstätte wird bei dieser Waldsiedlung durch die günstigen Verkehrsverbindungen am besten erfüllt. Sicher werden zahlreiche Amerikaner gern in einer solchen Siedlung wohnen wollen, so daß eine Entlastung der Beschlagnahme auf alle Fälle dadurch erfolgt. Der Hinweis auf die alten Verträge erscheint heute, wo so viele Verträge von früher gar nicht mehr eingehalten werden können, nicht so durchschlagend. Man könnte als Ersatz für den in Frage kommenden Teil des Grunewaldes vielleicht ein wenig schöneres[17] Gelände am Teltowkanal aufforsten oder das Düppeler Gelände für eine Bebauung sperren. Aber es muß nochmals betont werden, daß der Waldcharakter durch die Siedlung in keiner Weise leidet.

Dr. Harms bezeichnet als die negative Seite dieses Projektes den Verlust eines der schönsten Teile des Grunewaldes, der dadurch der Bevölkerung für ihre Erholung entzogen wird, was um so schwerer wiegt, als die Leute heute nicht mehr weiter hinausfahren können und darauf angewiesen sind, für ihre Erholung näher gelegene Plätze aufzusuchen.

Demgegenüber steht die positive Seite, daß den Zehlendorfern die Aussicht geboten wird, vor weiteren Beschlagnahmen gesichert zu sein. Der Redner wohnt selbst in Zehlendorf und kennt die Unruhe und Furcht unter der Bevölkerung, die sich vor plötzlichen Evakuierungen aus ihren Wohnungen nicht mehr sicher fühlt. Das zerrt an den Nerven der schon durch die Ereignisse des Krieges und der Nachkriegszeit so stark mitgenommenen deutschen Menschen und macht sie für Krankheiten anfällig.

Wenn man diese beiden Seiten des Projektes gegeneinander abwägt, muß man dazu kommen, dem Plan von Dr. Wittgenstein zuzustimmen.

Damit ist die Besprechung dieses Punktes vor der Tagesordnung abgeschlossen.[18] Es wird in die Tagesordnung eingetreten.

1. PROTOKOLL
Die Niederschrift der 66. Sitzung vom 20. Juli 1946 wird ohne Beanstandung genehmigt.

---

17 Müßte wohl heißen: weniger schönes.

18 Das Projekt des Baues einer Großsiedlung „Walddorf" auf dem Gelände des Grunewalds zwischen Schlachtensee/Krumme Lanke und der Avus ist nicht verwirklicht worden. Erst von 1951 bis 1959 wurde am Hüttenweg im Bezirk Zehlendorf eine Siedlung mit ca. 1200 Wohnungen für die amerikanische Besatzungsmacht errichtet. Vgl. hierzu: Jan Rave: Die Wohngebiete 1945–1967, in: Berlin und seine Bauten, Teil IV, Bd. A, S. 204 f. u. 211; ferner: Berlin und seine Bauten, Teil IV, Bd. A, S. 415 f.

2. PERSONALIEN

OB *Dr. Werner* begrüßt als *neuen Mitarbeiter Dr. Harms*, den Leiter der Abteilung für Gesundheitswesen.

Pieck teilt mit, daß *Dr. Redeker* seinen Posten bereits vor Eingang des Befehls[19] der Alliierten Kommandantur über den Wechsel in der Leitung der Abt[eilung] für Gesundheitswesen in einem Schreiben an den Magistrat gekündigt hatte[20] und daß ihm nach Annahme der Kündigung der Dank für die geleistete Arbeit übermittelt worden ist.

Der Redner begründet sodann die *Vorlage Nr. 326*[21], durch die ein Beschluß des Magistrats darüber erbeten wird, der Alliierten Kommandantur die Ernennung von Herrn *Paul Eschert* zum *Leiter der Abt[eilung] für Kunst* vorzuschlagen.[22] Der Vorschlag geht zurück auf ein Übereinkommen in dem Einheitsausschuß der antifaschistischen Parteien.[23] Dort wurde am 7. Juli von der LDP Herr Eschert

---

19 Die hier gemeinte BK/O (46) 293 v. 8.7.1946 ist vorhanden in: LAB(STA), Rep. 101, Nr. 68; LAB, Rep. 280, Nr. 12163. Mit dieser BK/O hatte die AK die Entlassung Redekers als stellvertretender Leiter der Mag.abt. für Gesundheitsdienst angeordnet, der seit dem 15.10.1945 die kommissarische Leitung dieser Mag.abt. innehatte, und gleichzeitig die vom Magistrat vorgeschlagene Ernennung von Harms zum Leiter dieser Mag.abt. genehmigt. Vgl. hierzu das 10. Mag.prot. v. 9.7.1945, TOP 6, u. das 26. Mag.prot. v. 15.10.1945, TOP 2, u. das 53. Mag.prot. v. 6.4.1946, TOP 2, u. das 61. Mag.prot. v. 15.6.1946, TOP 7, u. das 65. Mag.prot. v. 13.7.1946, TOP 8 (Maron), u. das 79. Mag.prot. v. 12.10.1946, TOP 2; Neuer Leiter im Landesgesundheitsamt, in: Telegraf, 8.8.1946, S. 8.
Vgl. zur Vorgeschichte der BK/O (46) 293: BK/R (46) 189 v. 17.5.1946, in: LAB, Rep. 37: OMGBS, BICO LIB, 11/148-2/6; das 24. Prot. der stellv. Stadtkommandanten v. 21.5.1946, TOP 297, u. das 25. Prot. der stellv. Stadtkommandanten v. 28.5.1946, TOP 307, u. das 26. Prot. der stellv. Stadtkommandanten v. 4.6.1946, TOP 318, u. das 29. Prot. der stellv. Stadtkommandanten v. 28.6.1946, TOP 355, u. das 30. Prot. der stellv. Stadtkommandanten v. 2.7.1946, TOP 376, in: LAB, Rep. 37, Acc. 3971, Nr. 219 u. 220. Redeker wurde wegen seiner hohen Verwaltungsposition in der Zeit des NS-Regimes entlassen. Er hatte seit 1933 das Medizinaldezernat beim Polizeipräsidium in Berlin geleitet. Vom stellvertretenden amerikanischen Stadtkommandanten, Oberst Howley, wurde er als „an active and important Nazi" bezeichnet; vgl. das 29. Prot. der stellv. Stadtkommandanten v. 28.6.1946, TOP 355, in: LAB, Rep. 37, Acc. 3971, Nr. 219. Vgl. aber Dok. 79, Anm. 13; M[anfred] Stürzbecher: Franz Redeker zum 100. Geburtstag, in: Bundesgesundheitsblatt, Jg. 34 (1991), S. 379. Aus Redekers Karteikarte der Reichsärztekammer geht hervor, daß er weder der NSDAP noch dem Nationalsozialistischen Deutschen Ärztebund angehört hat. Die Karteikarte ist vorhanden in: BArch, Außenstelle Berlin-Zehlendorf, Ärztekartei. – Vgl. zum Nachfolger Redekers als *stellvertretender* Leiter der Mag.abt. für Gesundheitsdienst das 75. Mag.prot. v. 14.9.1946, TOP 2 (Berufung von Dr. Dr. Paul Piechowski).

20 Vgl. das Schreiben Piecks an die AK v. 24.7.1946, betr. Ernennung des Chefs der Abteilung für Gesundheitsdienst beim Magistrat der Stadt Berlin, in: LAB(STA), Rep. 101, Nr. 68.

21 LAB(STA), Rep. 100, Nr. 777, Bl. 17.

22 Ein erster Personalvorschlag der LDP für den Posten des Leiters der Mag.abt. für Kunst war vom Magistrat abgelehnt worden; vgl. das 61. Mag.prot. v. 15.6.1946, TOP 7.

23 Vgl. Dok. 62; das 15., 19. u. 20. Prot. des Einheitsausschusses Groß-Berlin v. 7.6.1946, 12.7.1946 u. 17.7.1946, in: BArch, Abt. Potsdam, Z-3, Nr. 4, Bl. 90, 110 u. 113.

als Kandidat für die Kunstabteilung benannt.[24] Herr Eschert hat inzwischen seine Bewerbungspapiere eingereicht, die geprüft worden sind. Die Abt[eilung] für Personalfragen und Verwaltung hat gegen die Kandidatur keine Einwendungen zu erheben.

Schulze weist auf den Umstand hin, daß über die beabsichtigte Besetzung des Postens des Leiters der Kunstabteilung die *Kulturkommission der Alliierten*[25] vorher *nicht informiert* worden ist. Er halte eine solche Informierung unbedingt für angezeigt und bitte deshalb darum, die Erledigung der Vorlage einstweilen zurückzustellen. Ihm sei zwar bekannt, daß vor einiger Zeit mit dem Einheitsausschuß der politischen Parteien Vereinbarungen dahin getroffen worden sind, frei werdende Stadtratsposten mit Vertretern bestimmter Parteien zu besetzen, und daß insbesondere der LDP in dieser Hinsicht Zusicherungen gemacht worden sind.[26] Die Stelle des Leiters der Kunstabteilung sei aber in Wirklichkeit nicht frei.[27] Es sei vielleicht auch nicht ratsam, gerade jetzt, nachdem die Künstlerschaft eben das Vertrauen zu dieser neuen Institution gewonnen habe, schon wieder eine Umbesetzung in der Leitung vorzunehmen. Der Redner erklärt, er halte sich aus Loyalität gegenüber der Kulturkommission der Alliierten für verpflichtet, diese Ausführungen hier zu machen.

Eschert wird nunmehr dem Magistrat *vorgestellt* und gibt auf Wunsch einige Daten aus seinem bisherigen Lebenslauf bekannt. Er stammt, 1890 in Blankenhain bei Weimar geboren, aus einfachen Verhältnissen, hat Mittelschulbildung genossen, eine Fachschule und die Kunstschule besucht und sich durch Teilnahme an Vorlesungen an Hochschulen weitergebildet. Er hat sich hauptsächlich als freischaffender Künstler betätigt und ist von der Bildhauerei später zur Malerei hinübergewechselt. Er hat am ersten Weltkrieg teilgenommen und damals ausdrücklich die Annahme von Orden und Ehrenzeichen abgelehnt. Im letzten Krieg ist er noch 1944 eingezogen worden, in Gefangenschaft geraten und im Juli 1945 entlassen worden. Er gehört der LDP an.

BESCHLUSS: Die Vorlage Nr. 326 wird gegen eine Stimme angenommen.[28]

---

24 Am 7.7.1946 fand keine Sitzung des Einheitsausschusses Groß-Berlin statt. In den Sitzungsprotokollen dieses Ausschusses ist der Vorschlag der LDP, Paul Eschert als Leiter der Mag.abt. für Kunst zu benennen, nicht aufgeführt.

25 Gemeint ist das Komitee für kulturelle Angelegenheiten der AK.

26 Vgl. Anm. 23 zu diesem Mag.prot.

27 In seinem Beschluß zur Schaffung einer Mag.abt. für Kunst(angelegenheiten) hatte der Magistrat den vierten stellvertretenden Oberbürgermeister Karl Schulze zum Leiter dieser Mag.abt. bestellt; vgl. das 38. Mag.prot. v. 23.12.1945, TOP 5. Vgl. auch das 54. Mag.prot. v. 17.4.1946, TOP 4 (Winzer).

28 Mit Schreiben v. 31.7.1946 schlug der Magistrat der AK die Ernennung von Paul Eschert zum neuen Leiter der Mag.abt. für Kunst vor und teilte in bezug auf deren bisherigen Leiter Schulze mit: „Aufgrund von Besprechungen im Einheitsausschuß der vier antifaschistischen demokratischen Parteien erklärte sich die Sozialistische Einheitspartei Deutschlands (SED), deren Mitglied Herr Bürgermeister Schulze ist, dazu bereit, Herrn Schulze zum Rücktritt von der Leitung der Kunstabteilung zu veranlassen, um an seine Stelle einen Vertreter der Liberal-Demokratischen Partei einzusetzen, da diese Partei bisher im Magistrat nur schwach vertreten ist." Das Schreiben ist vorhanden in: LAB(STA), Rep. 101, Nr. 53. Die AK ordnete mit BK/O (46) 365 v. 12.9.1946 an, daß „angesichts der bevorstehenden Berliner Wahlen" von der vorgeschlagenen

Pieck gibt zu dem Beschluß der letzten Magistratssitzung vom 20. Juli, Herrn *Karl-Otto Flohr* der Alliierten Kommandantur als Kandidaten für den Posten des Leiters der Abt[eilung] für Ernährung zu benennen,[29] folgendes bekannt. In einem vom 24. Juli datierten Brief[30] hat Herr Flohr den Magistrat gebeten, seine Benennung gegenüber der Alliierten Kommandantur zurückzuziehen, da die Leitung der CDU ihm gegenüber den Wunsch geäußert habe, er möge von der Übernahme des Postens Abstand nehmen. Dieser Wunsch ist von der CDU damit begründet worden, daß der Magistrat nicht in der Lage gewesen sei, den Vorschlägen der CDU in bezug auf Besetzung von Posten mit wirklicher Verantwortung zu entsprechen.[31]

Der Redner erinnert hierzu an die in der letzten Sitzung gemachten Ausführungen von Bürgermeister Maron zu dieser Angelegenheit und bemerkt, daß der Magistrat Herrn Flohr vorher über den Stand der Dinge in bezug auf die Haltung der CDU in der Kandidatenfrage ins Bild gesetzt hatte und daß Herr Flohr trotzdem bereit war, die ihm angebotene Funktion zu übernehmen. Nachdem nunmehr Herr Flohr seine *Bereitschaft zur Kandidatur zurückgezogen* hat, wird der Alliierten Kommandantur diese Tatsache mit der Bitte mitgeteilt werden, die Frist für die Benennung eines neuen Kandidaten zu verlängern.

BESCHLUSS: Der Magistrat nimmt von diesen Mitteilungen Kenntnis.[32]

Ernennung Escherts abzusehen war und Schulze „bis auf weiteres" als Leiter der Mag.abt. für Kunst im Amt bleiben sollte. Die BK/O ist vorhanden in: LAB(STA), Rep. 101, Nr. 72; LAB, Rep. 280, Nr. 12646.

29 Vgl. das 66. Mag.prot. v. 20.7.1946, TOP 2.

30 Dieser Brief ist als Abschrift vorhanden in: LAB(STA), Rep. 101, Nr. 138, Bl. 99. Der Text ist auch wiedergegeben im Prot. [Auszug] der 17. Vorstandssitzung des Landesverbands Berlin der CDU am 25.7.1946, TOP 2, in: LAB, Rep. 280, Nr. 19201/10.

31 Vgl. hierzu Dok. 99, Anm. 15; das 20. Prot. des Einheitsausschusses Groß-Berlin v. 17.7.1946, TOP 1, in: BArch, Abt. Potsdam, Z-3, Nr. 4, Bl. 113; Dok. 104. Nachdem die CDU in der Sitzung des Einheitsausschusses Groß-Berlin am 17.7.1946 auf die Besetzung der Leitungsposition in der Mag.abt. für Ernährung verzichtet hatte, war es aus der Sicht des 1. Vorsitzenden des Landesverbands Berlin der CDU, Kurt Landsberg, ein „peinliches Mißgeschick", daß der Magistrat trotzdem drei Tage später den Beschluß gefaßt hatte, der AK das CDU-Mitglied Flohr als Leiter der Mag.abt. für Ernährung vorzuschlagen. Die Verzichtserklärung der CDU war Flohr, so Landsberg, in einer solchen Form übermittelt worden, „daß Herr Flohr mit Recht annehmen konnte, daß er zwar nicht als Vertreter der Union, jedoch als Persönlichkeit Carl[-]Otto Flohr befugt sei, nunmehr den Posten als Privatperson zu führen, da ja mit ihm Verhandlungen über diesen Posten von Oberbürgermeister W e r n e r und O r l o p p geführt worden waren; bevor die Sache an die Union herankam, war Flohr von der Zentralverwaltung vorgeschlagen worden und hatte sich bereit erklärt, das Amt anzunehmen". Siehe das Prot. [Auszug] der 17. Vorstandssitzung des Landesverbands Berlin der CDU am 25.7.1946, TOP 2, in: LAB, Rep. 280, Nr. 19201/10 (die Wortsperrungen im Original).

32 In seiner nächsten Sitzung beschloß der Magistrat, der AK die Ernennung des seit Ende Mai 1946 kommissarisch die Mag.abt. für Ernährung leitenden Josef Orlopp zum endgültigen Leiter dieser Mag.abt. vorzuschlagen. Vgl. das 68. Mag.prot. v. 3.8.1946, TOP 2.

3. ALLGEMEINES

Schwenk erstattet einen ersten *Teilbericht* des vom Magistrat in der Sitzung vom 27. Juli[33] eingesetzten besonderen *Ausschusses* zur *Nachprüfung von Vorgängen in der Abteilung Städtische Energie- und Versorgungsbetriebe*.[34]

Dieser erste Teilbericht beschäftigt sich in der Hauptsache mit der Person des Herrn Schumacher, der früher Hauptamtsleiter der Abteilung III für Energie und Versorgung war und dann zum leitenden Direktor der „Berliner Ausstellungen" ernannt wurde.[35]

Der Ausschuß hat in seiner Sitzung am 23. Juli Stellung genommen zu der *Dienstaufsichtsbeschwerde*, die von Herrn Wiemer, dem zweiten Direktor in den [„]Berliner Ausstellungen["], *gegen Herrn Schumacher* erhoben worden war.[36] Dabei wurde festgestellt, daß aus dem *Personalfragebogen* von Schumacher kein vollständiger Aufschluß über die Person Schumachers zu erhalten ist.[37]

Der Ausschuß hält eine so nachlässige, wenn nicht bewußt lückenhafte Ausfüllung eines so wichtigen Dokumentes, wie es der Personalfragebogen ist, durch einen leitenden Angestellten der Stadt für absolut unzulässig.

Bei der Überprüfung der Tätigkeit Schumachers hat sich der Ausschuß auf die wichtigsten Punkte konzentriert. Einer dieser Punkte ist der *Vertrag mit der Curt Meißner Gaststätten-Betriebs-GmbH*, die auf dem Gelände der [„]Ausstellung[en]["] etabliert ist. Mit dieser Gesellschaft ist ein Pachtvertrag auf 20 Jahre abgeschlossen worden, obwohl von Stadtrat Jirak wie auch von Dr. Haas vom Finanzsyndikat[38] ausdrücklich und wiederholt Herrn Schumacher gesagt worden ist: Ein Vertragsabschluß auf eine so lange Zeit kommt nicht in Frage, das höchste ist eine Dauer von 10 Jahren.

Ein weiterer Mangel des Vertrages ist, daß eine jährliche Pachtsumme von nur 8 % des Umsatzes festgesetzt worden ist, während der frühere Pächter 12 % und 1 % für Strom und Heizung gezahlt hat. Auch wenn man in Betracht zieht, daß heute die Verhältnisse ungünstiger liegen als früher, muß doch eine solche Pachtsumme als zu niedrig angesehen werden. Der Ausschuß erblickt in diesem Verfahren eines Vertragsabschlusses eine Handlungsweise, die sehr zum Schaden der Stadt ist.

Es sind ferner bei de[n] [„]Berliner Ausstellung[en]["] wesentliche Unregelmäßigkeiten insofern vorgekommen, als der Pächterin, also der Meißner GmbH, Geschirr unter eigenartigen Umständen zur Verfügung gestellt worden ist, wobei man einen unteren Angestellten zu bestechen versucht hat. Schumacher hat das

---

33 Müßte heißen: 29. Juni.

34 Vgl. das 63. Mag.prot. v. 29.6.1946, TOP 6, u. das 66. Mag.prot. v. 20.7.1946, TOP 6. Der erste Teilbericht des „Ausschusses zur Nachprüfung von Vorgängen in der Abteilung Städtische Energie- und Versorgungsbetriebe" v. 23.7.1946 ist vorhanden in: LAB(STA), Rep. 101, Nr. 632; auch in: LAB(STA), Rep. 106, Nr. 387, u. Rep. 115, Nr. 123.

35 Vgl. zu Hans-Carl Schumacher, vor 1945 der „Pflegevater" von Jirak und seit 1.3.1946 erster Direktor des städtischen Eigenbetriebs „Berliner Ausstellungen": LAB(STA), Rep. 115, Nr. 123; Dok. 48, Anm. 7; Dok. 96, Anm. 75.

36 Vgl. zu dieser Dienstaufsichtsbeschwerde: Dok. 96, Anm. 75.

37 Der Personalfragebogen Schumachers v. 18.6.1946 ist vorhanden in: LAB(STA), Rep. 115, Nr. 123. Danach war Schumacher vor 1933 Mitglied der DNVP.

38 Dienststelle der Finanzabteilung des Magistrats.

disziplinwidrige Verhalten des Angestellten nicht nur nicht verurteilt, sondern in seiner Erwiderungsschrift[39] sogar noch belobigt.

Weiter muß in diesem Zusammenhang die *Angelegenheit Bühler* betrachtet werden. Bühler ist nicht städtischer Angestellter, er ist ein Makler, der, wie Schumacher selbst angibt, seit Jahrzehnten in engsten freundschaftlichen Beziehungen zu Schumacher steht. Er war bei dem Abschluß des Vertrages mit der Meißner GmbH beteiligt, und zwar gegen eine entsprechende Provision.

Der Redner behandelt weiter den *Fall Loesch*. Diese Firma hat durch Schumacher den Auftrag erhalten, 3 Tanzflächen zum Preise von insgesamt 20 000 RM herzustellen. Nach Fertigstellung der ersten Tanzfläche, die mit 7 200 RM berechnet wurde, ist an Hand einer Nachkalkulation festgestellt worden, daß dafür nur 1 516 RM hätten gefordert werden können. Schumacher hat die Bewilligung eines so exorbitanten Überpreises damit begründet, daß er dadurch die Gewißheit gehabt hätte, daß die Tanzfläche auch wirklich errichtet würde, und damit, daß das zu erwartende Geschäft die hohen Ausgaben in kürzester Frist abdecken würde. Der Ausschuß hält eine derartige Geschäftsmoral für ganz unmöglich, namentlich für einen städtischen Eigenbetrieb.

Bei den Nachprüfungen hat sich weiter herausgestellt, daß die Firma Loesch an einen Angestellten der [„]Ausstellung[en][‘] namens Kaiser, der dort das Transportwesen unter sich hat, den Betrag von 5 000 RM für ein sogenanntes Gefälligkeitsgeschäft, das in Wirklichkeit ein Korruptionsgeschäft war, bezahlt hat. Die näheren Umstände dieses Falles werden noch weiter untersucht.

Schumacher hat sich weiter der *Preisgabe von Dienstangelegenheiten an Dritte* schuldig gemacht. Aus der Entgegnung Schumachers auf die Dienstaufsichtsbeschwerde Wiemers ist zu ersehen, daß Schumacher sowohl Schubath[40] als auch Loesch von dem Inhalt der Dienstaufsichtsbeschwerde Kenntnis gegeben hat.

Der Ausschuß erblickt darin einen so groben Vertrauensbruch, daß dadurch allein schon ein ausreichender Grund zur sofortigen fristlosen Entlassung Schumachers gegeben wäre.

Der vom Redner vorgetragene Ausschußbericht behandelt weitere mit dem Fall Bühler im Zusammenhang stehende Fälle, auf Grund deren der Ausschuß der Meinung ist, daß Schumacher dem Bühler in ganz unzulässiger Weise Einblick und Einwirkungsmöglichkeiten in Dienstangelegenheiten gewährt und damit Privatinteressen mit städtischen Interessen zum Schaden der Stadt verquickt hat.

Eine besondere Rolle hat hierbei auch der *Einkaufschef Wolf* der [„]Berliner Ausstellungen[‘] gespielt. Wolf hat Ende Juni d[ieses] J[ahres] dem Stellvertreter von Schumacher, Herrn Wiemer, eine Holzrechnung in Höhe von 711 RM vorgelegt und gleichzeitig eine Quittung über 2 100 RM. Wiemer hat die Sache an Schumacher herangebracht und gefordert, die Sache dem Preisamt zu übergeben. Schumacher hat sich aber auf den Standpunkt gestellt, daß das nicht zweckmäßig wäre, man sollte lieber die Einreichung dieser Quittung als Druckmittel benutzen, um von der Firma soviel wie möglich Holz herauszuholen. Wiemer hat mit Recht eine derartige Methode, die an Erpressungen [ge]mahnt, abgelehnt.

---

39 Die hier gemeinte schriftliche Erwiderung Schumachers v. 19.7.1946 auf die Dienstaufsichtsbeschwerde Wiemers v. 21.6.1946 ist vorhanden in: LAB(STA), Rep. 106, Nr. 387, u. Rep. 115, Nr. 122.

40 Gesellschafter der Curt Meißner Gaststätten-Betriebs-GmbH.

Der Ausschuß ist der Auffassung, daß Leute mit derartigen Geschäftsmaximen wie Wolf und Schumacher auf keinen Fall in der städtischen Verwaltung oder einem Eigenbetrieb der Stadt geduldet werden dürfen.

Dann spielt noch ein *Vertrag mit dem Architekten Krug* eine Rolle.[41] Krug hatte sich an Stadtrat Jirak und Direktor Schumacher gewandt, um Beschäftigung zu erhalten. Am 25.10.45 wurde er von Schumacher mit der fachmännischen Beratung und treuhänderischen Erledigung aller Aufgaben betraut, „die in das Gebiet der Wiederherstellungs- und Bauarbeiten im Dienstbereich des Hauptamts III der Abteilung Energie und Versorgung fallen".[42] Dieser ohne genauere Abgrenzung erteilte Auftrag wurde noch dahin ergänzt, daß sich die Tätigkeit des Architekten Krug auch auf die „Wiederherstellung der Berliner Markthallen sowie der privaten mit der Abteilung Energie und Versorgung in Arbeitsgemeinschaft stehenden Lagerhäuser" erstrecken solle. Schumacher erweiterte mithin den Auftrag auf Objekte, für die er keinerlei Autorisation hatte.

Die Folge dieser unverantwortlich leichtfertigen Auftragserteilung waren hohe Honorarforderungen des Architekten Krug. Diese veranlaßten Schumacher schließlich, den Auftrag am 23.1.46 zu kündigen. Er sah sich jedoch gezwungen, 17 000 RM an Krug auszahlen zu lassen, und zwar ausschließlich für private Bauvorhaben, für die die Stadt gar nicht einzustehen hatte. Wie teuer der Stadt diese Affäre letzten Endes zu stehen kommen wird, läßt sich noch nicht beurteilen.

Der Ausschuß ist nach diesem Belastungsmaterial zu folgendem *ersten Teilergebnis* gekommen:

1. dem Beirat[43] der [„]Berliner Ausstellungen[''] vorzuschlagen, Herrn Schumacher sofort fristlos zu entlassen;
2. den Pachtvertrag mit der Curt Meißner Gaststätten-Betriebs-GmbH zu lösen;
3. alle Geschäftsverbindungen mit der Firma Loesch zu lösen, wobei alle Regreßansprüche vorbehalten bleiben;
4. alle Beziehungen zu Bühler abzubrechen;
5. den Einkaufschef Wolf sowie den Angestellten Kaiser sofort fristlos zu entlassen.

Außerdem hat der Ausschuß dem Beirat vorgeschlagen, daß dem Magistrat anheimgestellt werden soll, das gesamte Material der Staatsanwaltschaft zu übergeben.

Der Beirat hat in seiner Sitzung am letzten Mittwoch diesen Vorschlägen des Magistratsausschusses zugestimmt und bittet den Magistrat, das Material der Staatsanwaltschaft zuzuleiten.[44]

---

41 Vgl. hierzu: LAB(STA), Rep. 115, Nr. 124 u. 125.

42 Schumacher hatte bis März 1946 das Hauptamt III der Mag.abt. für Städtische Energie- und Versorgungsbetriebe geleitet.

43 Vgl. zu diesem Beirat das 46. Mag.prot. v. 16.2.1946, TOP 10, u. das 48. Mag.prot. v. 4.3.1946, TOP 7, u. das 62. Mag.prot. v. 22.6.1946, TOP 4.

44 Vgl. das Prot. über die (dritte) Sitzung des Beirats für den Eigenbetrieb „Berliner Ausstellungen" v. 24.7.1946, in: LAB(STA), Rep. 102, Nr. 41, Bl. 88–100, u. Rep. 106, Nr. 387.

Der Ausschuß sieht seine Tätigkeit damit noch nicht als beendet an, sondern wird noch weitere Angelegenheiten nachprüfen, worüber dem Magistrat später Bericht erstattet werden wird.[45]

Pieck teilt ergänzend mit, daß Herr Schumacher inzwischen fristlos entlassen worden ist, nachdem er vorher noch versucht hatte, der Entlassung durch eine Kündigung zuvorzukommen mit dem Verlangen, ihm bis zum 30. September noch das Gehalt zu zahlen. Der Magistrat hat auf dieses Kündigungsschreiben nicht geantwortet, sondern die Entlassung ausgesprochen.[46] Auch die beiden Angestellten Wolf und Kaiser sind fristlos entlassen worden.

Der Redner schlägt weiter vor, dem Antrag des Beirats stattzugeben, die ganze Angelegenheit durch die Rechtsabteilung der Staatsanwaltschaft zur gerichtlichen Untersuchung zu übergeben.

BESCHLUSS: Der Magistrat nimmt von dem ersten Teilbericht des Magistratsausschusses zur Nachprüfung von Vorgängen in der Abteilung Energie und Versorgung Kenntnis.

Der inzwischen erfolgten fristlosen Entlassung des Direktors der [„]Berliner Ausstellungen[‟], Schumacher, sowie der Angestellten Wolf und Kaiser wird zugestimmt.

Dem Vorschlag des Beirats der [„]Berliner Ausstellungen[‟], das Material über die ganze Angelegenheit durch die Rechtsabteilung der Staatsanwaltschaft zur gerichtlichen Untersuchung zu übergeben, wird zugestimmt.

OB Dr. Werner gibt dem Magistrat Kenntnis von einer *Einladung* von englischer Seite zu einem Vortrag über Sozialfragen am Sonntag, dem 4.8.46.[47]

Dr. Landwehr teilt mit, daß der Leiter der Berliner Centrale[n] Kohlenorganisation, Herr *Rinke*, fristlos *entlassen* werden mußte, nachdem er erst jetzt seine bisher verschwiegene Zugehörigkeit zur NSDAP bekannt hat.[48]

---

45 In seiner Sitzung am 26.7.1946 hatte der „Ausschuß zur Nachprüfung von Vorgängen in der Abteilung Städtische Energie- und Versorgungsbetriebe" schwere Vorwürfe gegen Jirak und seine Amtsführung als Leiter dieser Mag.abt. erhoben. Vgl. den diesbezüglichen zweiten Teilbericht des Ausschusses v. 29.7.1946 und Jiraks Stellungnahme hierzu v. 13.11.1946, in: LAB(STA), Rep. 101, Nr. 632. In den folgenden Mag.sitzungen ist dieser Teilbericht nicht behandelt worden. Ende August 1946 wurde Jirak auf eigenen Antrag von seiner Stadtratstätigkeit unbefristet beurlaubt; vgl. das 72. Mag.prot. v. 31.8.1946, TOP 2.

46 Das Kündigungsschreiben Schumachers v. 23.7.1946 und das Entlassungsschreiben der Mag.abt. für Personalfragen und Verwaltung v. 25.7.1946 sind vorhanden in: LAB(STA), Rep. 115, Nr. 123.

47 Vgl. das 68. Mag.prot. v. 3.8.1946, TOP 4 (OB Werner).

48 Guntram Rinke war am 23.7.1946 aus dem städtischen Dienst entlassen worden. Am 3.8.1946 wurde er wegen der falschen Angabe in seinem Fragebogen von einem britischen Militärgericht zu einer sechsmonatigen Gefängnisstrafe verurteilt. Vgl. hierzu das 21. Prot. der AK v. 9.8.1946, TOP 202, in: LAB, Rep. 37: OMGUS, CO, Hist Br, 5/36-1/5; das 36. Prot. der stellv. Stadtkommandanten v. 13.8.1946, TOP 444, in: LAB, Rep. 37: OMGBS, BICO LIB, 11/148-2/1; das Schreiben von Landwehr an die AK v. 1.10.1946, betr. Leiter der Berliner Centralen Kohlenorganisation, in: LAB(STA), Rep. 101, Nr. 61. Vgl. zur Neubesetzung des Leiterpostens bei dieser verwaltungsmäßig

Dr. Harms weist auf die ab 10. August im Berliner Zeughaus stattfindende *Ausstellung zur Bekämpfung der Geschlechtskrankheiten*, die vom Deutschen Hygiene-Museum in Dresden veranstaltet wird, hin.[49]

Fleischmann klagt darüber, daß von seiten der Rechtsabteilung (Dr. Mittag) der Entwurf zu einer einfachen Magistratsvorlage über Arbeitsschutz mehrfach aus kleinlichen Gründen beanstandet und zurückgegeben worden sei, so daß es der Abt[eilung] für Arbeit bisher nicht möglich war, die Zustimmung des Magistrats zu der Vorlage herbeizuführen.

Pieck empfiehlt dem Vorredner, diese Angelegenheit Bürgermeister Maron zur direkten Erledigung zu übermitteln. – Der Magistrat stimmt dieser Auffassung zu.[50]

Hauth berichtet, daß der Beirat[51] der *[„]Berliner Ausstellungen[“]* dem Magistrat vorschlägt, nach dem Ausscheiden[52] von Direktor Schumacher ein Magistratsmitglied *kommissarisch* mit der *Leitung* dieses Betriebes zu beauftragen. Der Redner schlägt hierfür Herrn *Dr. Goll* vor.
BESCHLUSS: Der Magistrat beschließt: Mit der kommissarischen Leitung der [„]Berliner Ausstellungen[“] wird Dr. Goll beauftragt.

---

zur Mag.abt. für Wirtschaft gehörenden Dienststelle das 76. Mag.prot. v. 21.9.1946, TOP 9.
49 Vgl.: Hygiene-Ausstellung eröffnet, in: Berliner Zeitung, 11.8.1946, [S. 6]; „Vorbeugen besser als heilen", in: Tägliche Rundschau, 11.8.1946, S. 8; R. Neubert: Die Wanderausstellung zur Bekämpfung der Geschlechtskrankheiten, in: Das deutsche Gesundheitswesen, Jg. 1 (1946), S. 354 f. Vgl. ferner zur Bekämpfung der Geschlechtskrankheiten: BK/O (45) 61 v. 6.9.1945, in: LAB(STA), Rep. 101, Nr. 41, u. LAB, Rep. 280, Nr. 12226, u. abgedruckt in: Berlin. Quellen und Dokumente, 1. Halbbd., S. 608; BK/O (45) 151 v. 6.10.1945, in: LAB(STA), Rep. 101, Nr. 46, u. LAB, Rep. 280, Nr. 12303; BK/O (46) 257 v. 7.6.1946, in: LAB(STA), Rep. 101, Nr. 66, u. LAB, Rep. 280, Nr. 13838; BK/O (46) 298 v. 9.7.1946, in: LAB(STA), Rep. 101, Nr. 68, u. LAB, Rep. 280, Nr. 7315, u. veröffentlicht in: VOBl., Jg. 2 (1946), S. 358; Befehl Nr. 25 des Obersten Chefs der Sowjetischen Militäradministration v. 7.8.1945, in: Das deutsche Gesundheitswesen, Jg. 1 (1946), S. 31 f., u. in: Verordnungsblatt der Provinzialverwaltung Mark Brandenburg, Jg. 2 (1946), S. 19; Jugend braucht einen Lebenszweck, in: Telegraf, 11.7.1946, S. 8; Ärzte wenden sich an die Öffentlichkeit. Die Geschlechtskrankheiten – eine akute Gefahr, in: Der Kurier, 12.7.1946, S. 5; Geißel der Menschheit. Geschlechtskrankheiten nur noch ein gesellschaftliches Problem, in: Vorwärts, 17.7.1946, [S. 3]; Geschlechtskrankheiten ernstes Problem, in: Telegraf, 12.9.1946, S. 8; das 82. Mag.prot. v. 2.11.1946, TOP 5; die Materialien in: LAB(STA), Rep. 118, Nr. 421 u. 1084. Der Befehl Nr. 030 des Obersten Chefs der Sowjetischen Militäradministration v. 12.2.1946, betr. Maßnahmen zur Bekämpfung der Geschlechtskrankheiten, wurde auszugsweise veröffentlicht in: Das deutsche Gesundheitswesen, Jg. 1 (1946), S. 389; vgl. hierzu das Prot. der Besprechung der Amtsärzte am 23.5.1946, TOP 1, in: LAB, Rep. 12, Acc. 902, Nr. 5.
50 Vgl. zur Annahme der den Arbeitsschutz betreffenden Mag.vorlage das 69. Mag.prot. v. 12.8.1946, TOP 3.
51 Vgl. Anm. 43 u. 44 zu diesem Mag.prot.
52 Vgl. Anm. 46 zu diesem Mag.prot.

Hauth lenkt das Augenmerk des Magistrats erneut darauf, welche Auswirkungen sich aus der *Praxis der neuen Verwaltungsgerichte* ergeben.[53] Nachdem sich die Entscheidungen teilweise gegen bisherige Maßnahmen des Magistrats richten, hat die Abt[eilung] für Handel und Handwerk Veranlassung genommen, sich bei den Verwaltungsgerichten über die Grundsätze der Rechtsprechung zu unterrichten.[54] Bei den Besprechungen hat sich der Präsident der Verwaltungsgerichte im englischen Sektor, Dr. Schrader[55], auf den Standpunkt gestellt, es sei ein großer Irrtum des Magistrats der Stadt Berlin gewesen, daß beim Zusammenbruch eine Rechtlosigkeit eingetreten sei. Dr. Schrader erklärte, es sollten nicht die Schwierigkeiten des Magistrats zu Beginn seiner Tätigkeit verkannt werden, zumal eine Rechtsgrundlage in der ersten Zeit nicht ersichtlich war, es sei aber jetzt Aufgabe der Verwaltungsgerichte, wieder zu normalen Verhältnissen zu kommen und korrigierend in die ersten Entscheidungen des Magistrats einzugreifen.

Der Redner führt als Beispiele einige Entscheidungen an, um zu illustrieren, wie diese „Korrekturen" aussehen.

Das Bezirksamt Charlottenburg hatte im Mai v[origen] J[ahres] einem Werkstättenbetrieb eine vorläufige Gewerbegenehmigung erteilt. Bei späterer Nachprüfung stellte sich heraus, daß der Inhaber keinerlei handwerkliche Prüfungen abgelegt hatte. Die Gewerbegenehmigung wurde ihm daraufhin entzogen. Trotzdem hat jetzt das Verwaltungsgericht entschieden, daß ihm die Gewerbegenehmigung für den Werkstättenbetrieb wie auch für den Einzelhandel zu gewähren sei, und zwar mit der Begründung, daß er jetzt einen Fachmann bei sich habe. Nach dieser Praxis könnte jeder Unqualifizierte sich durch Engagierung eines Fachmannes eine Gewerbegenehmigung erlisten.

In einem anderen Fall handelt es sich um einen Arzneimittel-Großhändler Kurt Riedel.[56] Dieser hatte die Genehmigung als Handelsvertreter und verlangte seine

---

53 Ende 1945 waren für alle Bezirke des amerikanischen Sektors „Stadtverwaltungsgerichte" errichtet worden sowie als Berufungsinstanz für diesen Sektor ein „Bezirksverwaltungsgericht" und als alleiniges Verwaltungsgericht für den gesamten britischen Sektor ebenfalls ein „Bezirksverwaltungsgericht". Vgl. hierzu Anm. 59 zu diesem Mag.prot.; das 21. Mag.prot. v. 17.9.1945, TOP 8, u. das 25. Mag.prot. v. 8.10.1945, TOP 7 (insb. Anm. 45), u. das 33. Mag.prot. v. 3.12.1945, TOP 3 (Mittag u. Maron), u. das 65. Mag.prot. v. 13.7.1946, TOP 8. Vgl. zur Spruchpraxis der Verwaltungsgerichte die Materialien in: LAB(STA), Rep. 108, Nr. 30, u. Rep. 115, Nr. 87; das Schreiben von Starck an den Präsidenten des Bezirksverwaltungsgerichts im britischen Sektor Berlins v. 2.7.1946, betr. Spruchpraxis des Bezirksverwaltungsgerichts in wohnungswirtschaftlichen Angelegenheiten, in: LAB(STA), Rep. 101, Nr. 234; Die neuen Verwaltungsgerichte in der Praxis, in: Der Tagesspiegel, 13.2.1946, S. 6; H[ans] W. Schrader: Für die Gesetzmäßigkeit der Verwaltung, in: Der Tagesspiegel, 7.5.1946, S. 3; Die Zuständigkeit der Verwaltungsgerichte. Gelten Entscheidungen in allen Sektoren?, in: Der Tagesspiegel, 14.5.1946, [S. 4]; Karl Rabe: Verwaltungsgerichtsbarkeit, in: Berliner Zeitung, 2.8.1946, [S. 2].

54 Vgl. hierzu das „Protokoll über die am 25. Juli 1946 beim Präsidenten des Verwaltungsgerichts Charlottenburg, Hardenbergstraße 31, stattgefundene Sitzung", in: LAB, Rep. 280, Nr. 14603; das Prot. der Juristenbesprechung [Juristen der Mag.abteilungen u. der Bezirksämter] am 3.9.1946, TOP 1, in: LAB(STA), Rep. 113, Nr. 240.

55 Dr. Hans W. Schrader, Vizepräsident des Bezirksverwaltungsgerichts für den britischen Sektor Berlins. Es gab nur dieses eine Verwaltungsgericht im britischen Sektor.

56 Die Firma Kurt Riedel befand sich im Bezirk Tiergarten, Agricolastraße 5.

Einreihung in die Liste der pharmazeutischen Großhändler. Dies mußte aus sachlichen Erwägungen abgelehnt werden. Trotzdem hat das Verwaltungsgericht ihm die Großhandelsgenehmigung gegeben und außerdem verlangt, daß die Abt[eilung] Handel und Handwerk diesen Großhandel auch mit Arzneimitteln beliefert. Dabei ist zu bemerken, daß die Arzneimittel stark rationiert sind und daß im ganzen nur 28 von 410 Firmen dafür eingeschaltet sind.[57] Würde diese Praxis der Verwaltungsgerichte Schule machen, würden die gesamten Maßnahmen der Verwaltung auf diesem Gebiet illusorisch gemacht werden. Der Wunsch der Abt[eilung] Handel und Handwerk geht deshalb dahin, eine *Berufungsinstanz* gegen derartige Entscheidungen der Verwaltungsgerichte zu schaffen.

Orlopp führt ergänzend hierzu aus, daß sich der Magistrat seinerzeit im Juni 45 [?] genötigt sah, eine Gewerbesperre zu verhängen,[58] weil die erforderliche Warenmenge, um alle Firmen beschäftigen zu können, nicht vorhanden war und auch in absehbarer Zeit nicht vorhanden sein wird. Würde nun nach dieser Praxis der Verwaltungsgerichte diese Sperre praktisch wieder aufgehoben werden, so würde das zu unmöglichen Zuständen führen, beispielsweise auf dem Gebiet des Großhandels für Fische, wo von 200 Großhändlern jetzt nur 7 eingeschaltet sind. Im Buttergroßhandel sind von vielen Hunderten von Firmen nur etwa 10 bis 12 eingeschaltet, bei Gemüse ist ungefähr die Hälfte der Großhändler eingeschaltet. Würden nun in Konsequenz der Urteile der Verwaltungsgerichte alle die jetzt nicht belieferten Firmen wieder eingeschaltet werden müssen, dann würde das neben der Übersetzung in diesen Handelssparten, wobei der einzelne gar nicht mehr existenzfähig wäre, auch eine gewaltige Vermehrung des Kontrollapparates mit sich bringen. Darum ist es unbedingt notwendig, daß alsbald eine Revisionsinstanz eingesetzt wird.

Grommann führt für die Dringlichkeit der Forderung einer Berufungsinstanz noch die Tatsache an, daß jetzt die Verwaltungsgerichte für ihre Zuständigkeit die Generalklausel in Anspruch nehmen, wonach gegen jeden Verwaltungsakt die Klage beim Verwaltungsgericht zulässig ist, während früher genau festgelegt war, in welchen Fällen die Verwaltungsgerichtsbarkeit in Anspruch genommen werden konnte.[59]

---

57 Vgl. zum Arzneimittel-Großhandel das 11. Mag.prot. v. 16.7.1945, TOP 7 (Redeker), u. das 47. Mag.prot. v. 23.2.1946, TOP 4 (Maron u. Redeker).

58 Nach der von der Mag.abt. für Handel und Handwerk mit Datum v. 17.5.1945 herausgegebenen Anordnung zur „Bereinigung der Handels- und Handwerksbetriebe" war die „Zulassung zum Handel und Handwerk" abhängig gemacht worden von „der politischen Zuverlässigkeit", „der fachlichen Eignung" und „der Bedürfnisfrage"; siehe: VOBl., Jg. 1 (1945), S. 49. Die Anordnung war vom Magistrat am 24.5.1945 pauschal gebilligt worden; vgl. das 2. Mag.prot. v. 24.5.1945, TOP 3. Vgl. zur Erteilung und Versagung der Gewerbeerlaubnis auch das 7. Mag.prot. v. 18.6.1945, TOP 6, u. das 12. Mag.prot. v. 23.7.1945, TOP 7, u. das 56. Mag.prot. v. 4.5.1946, TOP 6 (insb. Anm. 98), u. das 57. Mag.prot. v. 13.5.1946, TOP 6, u. das 58. Mag.prot. v. 18.5.1946, TOP 7, u. das 76. Mag.prot. v. 21.9.1946, TOP 7.

59 Vgl. zur „Generalklausel" die Ziffer 4 der Anordnung der amerikanischen Militärregierung v. 19.11.1945 zur Wiedererrichtung von Verwaltungsgerichten und die Ziffer 11 des Befehls der britischen Militärregierung v. 19.12.1945, betr. VO über Wiedereröffnung von Verwaltungsgerichten. Die beiden Befehle sind vorhanden in: LAB, Rep. 280, Nr. 2720 u. 1197; abgedruckt in: Berlin. Quellen und Dokumente, 1. Halbbd., S. 337 u. 338 f.

Der Redner bespricht weiter Rechtsauffassungen der Verwaltungsgerichte, die seiner Ansicht nach zu einer Rechtsunsicherheit im Bereich der gewerblichen Wirtschaft führen. Hier sei eine grundlegende Klärung durch ein Oberverwaltungsgericht am Platze.

Lange macht auf den Unterschied aufmerksam, der zwischen den Verwaltungsgerichten im amerikanischen und im englischen Sektor zu machen ist. Die amerikanischen Stadtverwaltungsgerichte, die bereits eine Berufungsinstanz haben, vertreten nicht die geschilderten Anschauungen. Sie haben z[um] B[eispiel] ausdrücklich die erwähnte Verordnung vom Juni 45 [?][60] über die Gewerbesperre als rechtswirksam anerkannt. Anders ist es bei den britischen Bezirksverwaltungsgerichten.[61] Der dortige Vizepräsident Dr. Schrader steht in einem ausgesprochen feindseligen Verhältnis zum Magistrat.

Der Redner empfiehlt, den Einzelfall aus dem Gebiet des Arzneimittelhandels dem englischen Hauptquartier zu unterbreiten.

Dr. Haas erinnert daran, daß er seinerzeit schon einmal einen Entwurf für die Verwaltungsgerichtsbarkeit in Berlin aufgestellt hatte, der in jedem Sektor ein Verwaltungsgericht und darüber ein Oberverwaltungsgericht als Berufungsinstanz vorsah.[62] Auf diesen Entwurf sollte man jetzt noch einmal zurückkommen, sobald die neue Verfassung in Kraft tritt, in der ausdrücklich festgelegt ist, daß die Stadt Berlin in ihrem Bereich die einzige staatliche Autorität ist.[63]

Rumpf hat aus dem Protokoll der Besprechung mit Präsident Schrader entnommen, daß dessen Bestrebungen auch dahin gehen, das gesamte Preisrecht seiner Zuständigkeit zu unterstellen.[64] Gegen eine derartige Auffassung möchte der Redner schon jetzt Einspruch erheben, denn dadurch würde alles, was auf diesem Gebiet in den letzten Monaten erreicht worden ist, wieder illusorisch gemacht werden.

Hauth betont noch einmal, daß sehr bald etwas geschehen müsse, um solche Urteile wie das hinsichtlich des Arzneimittel-Großhandels zu vermeiden. Er bittet die Rechtsabteilung darum, die Abt[eilung] Handel und Handwerk nach der Richtung

---

60 Vgl. Anm. 58 zu diesem Mag.prot.

61 Es gab nur ein „Bezirksverwaltungsgericht" für den gesamten britischen Sektor Berlins.

62 Der Rechtsausschuß des Magistrats befaßte sich am 13.8.1946 und 6.9.1946 mit der Verwaltungsgerichtsbarkeit; siehe: LAB(STA), Rep. 101, Nr. 621, Bl. 17, u. Rep. 102, Nr. 29, Bl. 76. Sitzungsprotokolle dieses Ausschusses konnten nicht ermittelt werden. Den Beratungen des Rechtsausschusses lag ein Gesetzentwurf über die Verwaltungsgerichtsbarkeit in Berlin und ein VO-Entwurf über das Verfahren vor den Verwaltungsgerichten zugrunde. Die beiden Entwürfe sind vorhanden in: LAB(STA), Rep. 101, Nr. 621, Bl. 25 – 28 u. 18 – 24. Ob es sich bei dem ungezeichneten Gesetzentwurf um den von Haas verfaßten und hier erwähnten Entwurf handelt, konnte nicht geklärt werden.

63 Artikel 1 Absatz 1 des zweiten Magistratsentwurfs einer vorläufigen Verfassung v. 29.4.1946 lautete: „Berlin ist die für das Gebiet der Stadtgemeinde Berlin ausschließlich berufene öffentliche Gebietskörperschaft und steht unmittelbar unter der Zentralgewalt Deutschlands." In der von den Alliierten erlassenen endgültigen Fassung der Vorläufigen Verfassung v. 13.8.1946, die am 20.10.1946 in Kraft trat, lautete dieser Absatz dann: „Groß-Berlin ist die für das Gebiet der Stadtgemeinde Berlin alleinige berufene öffentliche Gebietskörperschaft." Vgl. hierzu: Dok. 82, Anm. 28; Breunig, S. 210.

64 Vgl. das „Protokoll über die am 25. Juli 1946 beim Präsidenten des Verwaltungsgerichts Charlottenburg, Hardenbergstraße 31, stattgefundene Sitzung", S. 6, in: LAB, Rep. 280, Nr. 14603.

zu unterstützen, daß diese Angelegenheit einmal bei der Alliierten Kommandantur zur Sprache gebracht wird.

BESCHLUSS: Der Magistrat beschließt: Die Rechtsabteilung wird beauftragt, zusammen mit der Abt[eilung] für Handel und Handwerk und der Abt[eilung] für Wirtschaft Verhandlungen mit der Alliierten Kommandantur dahingehend zu führen, daß gegen Urteile der Verwaltungsgerichte eine Berufungsinstanz geschaffen wird und daß insbesondere Urteile vermieden werden wie das bezüglich der Einschaltung einer weiteren Großhandelsfirma auf dem Gebiet der Arzneimittel-Versorgung.[65]

Kraft berichtet über die Beschlagnahme von 17 Personendampfern, was zur Folge habe, daß eine ganze Reihe von Ferienfahrten für die Berliner Bevölkerung ausfallen müssen.

BESCHLUSS: Der Magistrat beschließt, den Leiter der Abt[eilung] für Verkehr zu beauftragen, die russische Militärregierung auf die Schwierigkeiten hinzuweisen, die durch die neuerlich erfolgte Beschlagnahme von Personendampfern für die Berliner Bevölkerung entstehen.[66]

Nächste Sitzung: Sonnabend, den 3. August 1946, vorm[ittags] 9 Uhr.

---

65 Bis zur Spaltung Berlins wurden im sowjetischen und französischen Sektor keine Verwaltungsgerichte errichtet, und es wurde bis dahin auch weder im britischen Sektor noch auf Gesamtberliner Ebene eine Berufungsinstanz für die Urteile der bestehenden Verwaltungsgerichte gebildet; siehe: Scholz, S. 49. Vgl. auch: Behörden ohne Kontrolle, in: Der Tagesspiegel, 29.9.1946, [S. 4]; Berliner verklagen den Magistrat, in: Der Tagesspiegel, 5.11.1946, [S. 4]; Kurt Zweigert: Die Kontrolle der Verwaltung. Ein Jahr Verwaltungsgericht im britischen Sektor – Ergebnisse seiner Arbeit, in: Der Tagesspiegel, 19.12.1946, [S. 4]; Edith Henning: Überfälliger Rechtsschutz. Zuständigkeit und Verfahren der Verwaltungsgerichte, in: Der Kurier, 23.12.1946, S. 5 f.
66 Vgl. das 68. Mag.prot. v. 3.8.1946, TOP 4 (Kraft).

Dok. 104
Schreiben des Landesvorstands Groß-Berlin der SED an die anderen Berliner Parteien vom 2. August 1946, betr. Umbesetzung des Magistrats

BArch, Abt. Potsdam, Z-3, Nr. 4, 2. Foliierung,
Bl. 84. – Maschinenschriftliche Durchschrift.

Sozialistische Einheitspartei   Berlin W 8, den 2.8.1946,
     Deutschlands   Behrenstraße 35 – 39.
Landesvorstand Groß-Berlin   Li./Th.

Gesandt an:[1]
Liberal-Demokratische Partei Deutschlands, W 15, Kurfürstendamm 52,
Christlich-Demokratische Union Deutschlands, W 8, Jägerstr. 59 – 60,
Sozialdemokratische Partei Deutschlands, W 35, Zietenstr. 18.

Betrifft: Umbesetzung des Magistrats.[2]

Auf Antrag der SED beschäftigte sich die 19. Sitzung des Einheitsausschusses

---

1 Dieser Vermerk über die Versendung des Schreibens an die LDP, CDU und SPD ist auf
 der Durchschrift in Originalmaschinenschrift vorgenommen worden.

2 Das hier abgedruckte Schreiben der SED geht zurück auf einen Beschluß des Einheitsausschusses Groß-Berlin. Im Protokoll über dessen 21. Sitzung am 25.7.1946 heißt es
 über seine vorherige Sitzung: „Da die Fassung des Protokolls über die Sitzung am 17.7.
 hinsichtlich des ersten Punkts der Tagesordnung ‚Besetzung des Ernährungsamts' zu
 kurz zusammengefaßt und dadurch ungenau ist, wird beschlossen, daß jede Partei ihre
 Auffassung über den Inhalt dieser Besprechung in einer eigenen Erklärung niederlegt
 und in einem Schreiben dem Verbindungsbüro mitteilt. Diese Schreiben werden dann als
 Anhang dem Protokoll beigefügt." Entsprechende Erklärungen bzw. Schreiben der SPD,
 CDU oder LDP konnten nicht ermittelt werden. Vgl. das 21. Prot. des Einheitsausschusses
 Groß-Berlin v. 25.7.1946, in: BArch, Abt. Potsdam, Z-3, Nr. 4, Bl. 115. Vgl. zur Frage
 der parteipolitischen Umbesetzung von Magistratsposten auch: Dok. 62, 97 u. 99.
 In einem Schriftsatz über „Vereinbarungen betreffend Berlin" hatte Ulbricht bereits am
 13.3.1946 eine Reihe möglicher personeller Veränderungen im Magistrat festgehalten.
 Der Schriftsatz ist vorhanden in: SAPMO-BArch, ZPA, NL 182/1190, Bl. 3. Am
 15.7.1946 hatte dann das Zentralsekretariat der SED den folgenden Beschluß zur
 „Umgestaltung des Groß-Berliner Magistrats" gefaßt:
 „Das Zentralsekretariat stimmt zu, bei den Verhandlungen mit den anderen Parteien
 folgende Vorschläge zu machen:
 CDU und SPD erhalten je einen stellvertretenden Oberbürgermeister;
 die CDU erhält die Stadträte für Ernährung und Planung;
 die LDP erhält die Stadträte für Kunst und Gesundheitswesen;
 die SPD erhält den Stadtrat für Wirtschaft;
 die LDP erhält den stellvertretenden Stadtrat für Volksbildung;
 die CDU erhält den stellvertretenden Stadtrat für das Sozialwesen;
 vom Ortsausschuß des FDGB ist ein Vorschlag für den Posten des Stadtrats für Arbeit
 anzufordern."
 Siehe das Prot. Nr. 22 der Sitzung des Zentralsekretariats der SED am 15.7.1946, TOP 15,
 in: SAPMO-BArch, ZPA, IV 2/2.1/19, Bl. 3.

Groß-Berlin am 12.7.1946 mit der Besetzung des Haupternährungsamtes.[3]
Der stellv[ertretende] Oberbürgermeister M a r o n hatte ebenfalls auf die besondere
Dringlichkeit der Besetzung des Haupternährungsamtes hingewiesen.

In der Diskussion verlangte Herr L i t k e[4] von der SED, daß die CDU das
Haupternährungsamt mit einem ihrer Fachleute besetzen soll. Im Verlaufe der
Diskussion wurde auch der SPD die Position des Leiters des Haupternährungsamtes
angeboten.

Nach dem Protokoll über die Sitzung vom 12.7.1946 stellten die Parteien,
d[as] h[eißt] die CDU, SPD und LDP, wiederholt die Forderung nach gerechter
Verteilung der Magistratsposten. Die Parteien vertraten die Ansicht, daß die Position
des Leiters des Haupternährungsamtes nicht ohne gleichzeitige Zurverfügungstellung
eines anderen wichtigen Postens im Magistrat angenommen werden könnte.

Herr Litke von der SED hat vorgeschlagen, daß die CDU neben dem Posten
des Haupternährungsamtes noch einen stellv[ertretenden] Oberbürgermeisterposten
übernehmen sollte und daß die SED bereit sei, einen ihrer Vertreter aus einer solchen
Position zurückzurufen.

In der darauffolgenden Sitzung des Einheitsausschusses[5] erklärte die CDU zunächst,
daß die SPD eine Erklärung abzugeben hätte, ob sie bereit ist, den Leiter des
Haupternährungsamtes zu stellen. Die SPD gab die Erklärung ab, daß sie dazu nicht
bereit sei, sie wolle vor den Wahlen[6] keine Verantwortung übernehmen.[7] Eine gleiche

---

3 Vgl. das 19. Prot. des Einheitsausschusses Groß-Berlin v. 12.7.1946, in: BArch, Abt.
  Potsdam, Z-3, Nr. 4, Bl. 110.
4 Karl Litke (bis April 1946: SPD), neben Hermann Matern (bis April 1946: KPD)
  gleichberechtigter Vorsitzender und Mitglied des Sekretariats des Landesvorstands Groß-
  Berlin der SED.
5 Vgl. das 20. Prot. des Einheitsausschusses Groß-Berlin v. 17.7.1946, TOP 1, in: BArch,
  Abt. Potsdam, Z-3, Nr. 4, Bl. 113.
6 Die ersten Nachkriegswahlen in Berlin waren vom Koordinierungskomitee des Alliierten
  Kontrollrats am 3.6.1946 für Oktober 1946 angeordnet worden und fanden dann am
  20.10.1946 statt. Vgl. hierzu Dok. 96, Anm. 7.
7 Der Vorsitzende des Landesverbands Groß-Berlin der SPD, Franz Neumann, hatte dem
  Parteiausschuß der Berliner SPD am 18.6.1946 über eine Besprechung mit der SED
  zur Kommunalpolitik berichtet. In der anschließenden eingehenden Debatte wurden
  im Parteiausschuß „verschiedene Vorschläge für die künftige Zusammenarbeit in der
  Kommunalpolitik gemacht": „Auf der einen Seite wird die Auffassung vertreten, bis
  zu den Wahlen überhaupt keinen Personalveränderungen mehr zuzustimmen, auf der
  anderen Seite wird der Grundsatz vertreten, sich nur dann bei der Neubesetzung der
  Stellen zu beteiligen, wenn mindestens die Hälfte aller Stellen von der SPD besetzt
  ist, weil nur dadurch die Verantwortung übernommen werden könne." Am 24.6.1946
  gab es im Parteiausschuß der Berliner SPD „eine lebhafte Diskussion über die Frage
  der Beteiligung an frei werdenden Ämtern der Bezirksverwaltungen": „Es bestand
  allgemeine Übereinstimmung darüber, daß die SPD kein Interesse daran haben könne,
  vor den Wahlen irgendwelche Posten noch zu übernehmen. Andererseits will sich aber
  die SPD der Verantwortung nicht entziehen. Sie kann die Verantwortung jedoch nur
  übernehmen, wenn ihr maßgebende Schlüsselstellungen eingeräumt werden. In diesem
  Sinne sollen künftig die Verhandlungen geführt werden." Siehe die Protokolle der

Erklärung wurde von der LDP abgegeben. Darauf richtete Herr S u h r [8] von der SPD an die CDU die Frage, „ob sie angesichts der negativen Haltung der beiden Parteien (SPD und LDP) noch bereit sei, eine verantwortliche Position zu übernehmen".
Herr L a n d s b e r g [9] erklärte für die CDU auf diese Frage, daß die CDU sich auf diese negative Haltung nicht einstellen könnte, sondern daß sie verlange, wenn sie das Haupternährungsamt übernehme, daß ihr die Position des verantwortlichen Leiters der Abteilung Wirtschaft, der Abteilung Handel, Handwerk oder der Abteilung Volksbildung zur Verfügung gestellt werden müßte. Die SED müßte sich erklären, ob sie bereit sei, eine dieser Positionen frei zu machen.

Von der SED wurde dazu erklärt, daß die SED auf den Leiter der Abteilung Wirtschaft, Herrn Dr. L a n d w e h r , keinen Einfluß habe, da derselbe nicht der SED angehöre.
Die Abteilungen Handel, Handwerk und Volksbildung können von der SED nicht freigegeben werden, weil die verantwortlichen Leiter, Herr stellv[ertretender] Ober-bürgermeister O r l o p p und Herr Stadtrat W i n z e r , seit 14 Monaten unter all-seitiger Anerkennung eine vorbildliche und verantwortliche Arbeit im Interesse des Handels, des Handwerks und der Berliner Bevölkerung geleistet haben. Die SED könne also unter keinen Umständen auf diese Positionen Verzicht leisten. Der CDU wurde nochmals einer der stellv[ertretenden] Oberbürgermeisterposten neben der verantwortlichen Leitung des Haupternährungsamtes angeboten. Von der CDU wurde dieses Angebot der SED abgelehnt.[10]

Sitzungen des Parteiausschusses des Landesverbands Groß-Berlin der SPD am 18.6.1946, TOP 6, u. am 24.6.1946, TOP 1, in: HiKo, Bestand „Berliner SPD nach 1945", Ord-ner 2, Bl. 180 u. 177. Im Anschluß an einen Bericht über „die Angebote der SED" beschloß dann der Landesvorstand der Berliner SPD am 16.7.1946 nach „eingehender Debatte", „aus grundsätzlichen Erwägungen heraus abzulehnen, sich vor der Wahl an einer Umbesetzung des Magistrates zu beteiligen". Dieser Beschluß wurde am selben Tag vom Parteiausschuß der Berliner SPD bestätigt. Siehe das Prot. der Vorstandssitzung des Landesverbands Groß-Berlin der SPD am 16.7.1946, TOP 3, in: HiKo, Bestand „Berliner SPD nach 1945", Ordner 1, Bl. 285; das Prot. der Sitzung des Parteiausschusses des Landesverbands Groß-Berlin der SPD am 16.7.1946, TOP 2, in: HiKo, Bestand „Berliner SPD nach 1945", Ordner 2, Bl. 161. – Vgl. zur ablehnenden Haltung der SPD hinsichtlich einer Beteiligung am Magistrat auch das 66. Mag.prot. v. 20.7.1946, TOP 2 (Maron); Was will die Berliner Sozialdemokratie?, in: Der Sozialdemokrat, 19.7.1946, S. 1; Karl Maron: Wahlmanöver, in: Berliner Zeitung, 24.7.1946, [S. 2]; Wahlmanöver? Antwort an Herrn Maron, stellv[ertretender] Oberbürgermeister in Berlin, in: Der Sozialdemokrat, 26.7.1946, S. 2; „Wahlmanöver", in: Telegraf, 26.7.1946, S. 3; Karl Maron: In eigener Sache, in: Vorwärts, 27.7.1946, [S. 2]; die Pressemitteilung Nr. 8 des Landesverbands Groß-Berlin der SPD v. 31.7.1946, betitelt „In Sachen Maron", in: HiKo, Bestand „Berliner SPD nach 1945", Ordner 5. Die Pressemitteilung wurde veröffentlicht als: In Sachen des Herrn Maron, in: Der Sozialdemokrat, 31.7.1946, S. 2; Nochmals: „Wahlmanöver", in: Telegraf, 31.7.1946, S. 3.

8 Dr. Otto Suhr, Generalsekretär des Landesverbands Groß-Berlin der SPD.

9 Prof. Kurt Landsberg, 1. Vorsitzender des Landesverbands Berlin der CDU.

10 Maron hatte in der hier von Litke referierten Sitzung des Einheitsausschusses noch die Frage gestellt, „ob der Magistrat nunmehr für die Zukunft von der Abmachung entbunden sein solle, wonach frei werdende Posten zunächst den sogenannten bürgerlichen Parteien und jetzt auch der SPD anzubieten seien. Die Parteien beschließen, der Magistrat

Die SED erklärte, daß sie außerordentlich bedauere, daß die Umbildung des Magistrats durch die Stellungnahme der CDU, der SPD und der LDP unterbunden worden ist. Ferner hat die SED darauf hingewiesen, daß es nicht richtig sei, daß der Magistrat nur aus SED-Leuten bestehe, da die 21 Positionen der verantwortlichen Leiter des Magistrats von 8 SED-Vertretern, 2 CDU-Vertretern, 1 LDP-Vertreter und 10 Parteilosen zusammengesetzt sind.[11]

Karl Litke [Unterschrift]

Sozialistische Einheitspartei Deutschlands
Landesvorstand Groß-Berlin

---

möge auch weiterhin nach diesem Abkommen verfahren." Siehe das 20. Prot. des Einheitsausschusses Groß-Berlin v. 17.7.1946, TOP 1, in: BArch, Abt. Potsdam, Z-3, Nr. 4, Bl. 113. Vgl. zu der von Maron erwähnten Abmachung: Dok. 62.

11 Zum Zeitpunkt der 20. Sitzung des Einheitsausschusses Groß-Berlin am 17.7.1946 gehörten dem Magistrat acht SED-Mitglieder an (Maron, Orlopp, Schwenk, Schulze, Pieck, Winzer, Geschke, Jendretzky), die insgesamt elf Magistratspositionen einnahmen. Außerdem leitete Orlopp kommissarisch die Mag.abt. für Ernährung und Rumpf (SED) zusammen mit Haas (CDU) kommissarisch die Finanzabteilung. Je ein Magistratsmitglied gehörte der SPD und der LDP an (Kraft bzw. Harms). Sechs Magistratsmitglieder waren parteilos (OB Werner, Jirak, Kehler, Landwehr, Scharoun, Buchholz), wobei Kehler der SED sehr nahestand und Pfarrer Buchholz CDU-nah war.

Dok. 105
68. Magistratssitzung vom 3. August 1946

LAB(STA), Rep. 100, Nr. 778, Bl. 2 – 6. – Umdruck.[1]

Beginn: 9.08 Uhr   Schluß: 12.55 Uhr

Anwesend: OB Dr. Werner, Maron, Schwenk, Lange, Dr. Landwehr, Schmidt,
            Pieck, Dr. Alfred Werner, Dr. Haas, Kehler, Rumpf, Kraft, Fleisch-
            mann, Dr. Goll, Schwanebeck, Jirak, Winzer, Hauth, Geschke, Buch-
            holz, Scharoun, Starck, Dr. Harms, Frau Kuckhoff.

Den Vorsitz führt: Oberbürgermeister Dr. Werner, zeitweise Bürgermeister Ma-
            ron.

Tagesordnung: 1. Protokoll
                2. Personal- und Verwaltungsfragen
                3. Finanzabteilung
                4. Allgemeines.

1. PROTOKOLL
Die Niederschrift der 67. Magistratssitzung vom 27.7.46 wird ohne Beanstandung
genehmigt.

2. PERSONAL- UND VERWALTUNGSFRAGEN
Hierzu liegt die Vorlage Nr. 340[2] vor, betreffend *Einrichtung eines Dienstblattes* zur
Bekanntmachung von Anordnungen an städtische Dienststellen.[3]
   Schmidt begründet die Vorlage. Die bisherige Bekanntgabe von Anordnungen
der einzelnen Abteilungen durch Rundschreiben im Wege des Umdrucks hat den
Nachteil, daß sehr viel Papier dabei beansprucht wird und daß die Anordnungen für
das Nachschlagen schwer greifbar sind. Die geplante Beschaffung eines gedruckten
Dienstblattes ist lediglich die Wiederaufnahme einer alten Einrichtung. Die Auflage
wird schätzungsweise 1 200 bis 1 500 betragen.[4]
BESCHLUSS: Die Vorlage Nr. 340 wird angenommen.[5]

---

1 Weitere Umdruckexemplare dieses Protokolls sind vorhanden in: LAB(STA), Rep. 100,
   Nr. 752, lfd. S. 336 – 339/341 – 346; LAB, Rep. 228, Mag.protokolle 1946, u. Rep. 280,
   Nr. 8501/25.
2 LAB(STA), Rep. 100, Nr. 778, Bl. 9.
3 Vgl. das 28. Mag.prot. v. 30.10.1945, TOP 6.
4 Vgl. zur Einrichtung eines Dienstblattes die Materialien in: LAB(STA), Rep. 102, Nr. 72;
   das entsprechende Rundschreiben der Mag.abt. für Personalfragen und Verwaltung v.
   16.7.1946, in: LAB(STA), Rep. 102, Nr. 62.
5 Der hier gefaßte Mag.beschluß wurde von der AK mit BK/O (47) 75 v. 28.3.1947
   genehmigt. Die BK/O ist vorhanden in: LAB(STA), Rep. 101, Nr. 79; LAB, Rep. 280,
   Nr. 10514. Das Dienstblatt des Magistrats von Groß-Berlin wurde ab Januar 1948
   herausgegeben.

Schmidt begründet weiter die Vorlage Nr. 341[6], betreffend Zahlung einer monatlichen *Aufwandsentschädigung* an die 8 Mitglieder des *Gesamtbetriebsrates* der städtischen Betriebe und Verwaltung[en]. Die Mitglieder des Gesamtbetriebsrates, die rund 150 000 städtische Arbeiter und Angestellte vertreten, haben durch die Besuche, die sie machen müssen, und durch die Teilnahme an Versammlungen eine Reihe von Aufwendungen, die die Zuweisung einer Aufwandsentschädigung in Höhe von 50 RM monatlich gerechtfertigt erscheinen lassen. Die Mittel sind im Haushalt 1946 bereits eingesetzt.

BESCHLUSS: Die Vorlage Nr. 341 wird angenommen.[7]

Maron teilt mit, daß es bisher vor allem wegen der Weigerung einiger Parteien, Kandidaten zu benennen, nicht möglich war, für den Posten des Leiters der Abt[eilung] für Ernährung einen neuen Kandidaten benannt zu bekommen.[8] Unter diesen Umständen hat sich Bürgermeister *Orlopp* bereit erklärt, bis zu den Wahlen die *Leitung der Abt[eilung] für Ernährung* offiziell zu übernehmen, unter der Voraussetzung, daß er von seiner Funktion als Leiter der Abt[eilung] f[ür] Handel und Handwerk für diese Zeit befreit wird.[9] Es wird die Zustimmung des Magistrats erbeten, diesen Vorschlag der Alliierten Kommandantur zu machen.

OB Dr. Werner bemerkt, Bürgermeister Orlopp habe sich in der kurzen Zeit, in der er kommissarisch die Leitung der Abt[eilung] f[ür] Ernährung verwaltet habe, so ausgezeichnet bewährt, daß der Vorschlag wohl allseitige Zustimmung finden werde.

BESCHLUSS: Der Magistrat beschließt, der Alliierten Kommandantur die Ernennung von Bürgermeister Orlopp zum Leiter der Abt[eilung] f[ür] Ernährung vorzuschlagen.[10]

Maron erbittet weiter die Zustimmung des Magistrats zu der Bildung des *Wahlausschusses*, der verfassungsgemäß dem Wahlleiter zur Vorbereitung und Leitung

---

6 LAB(STA), Rep. 100, Nr. 778, Bl. 10.

7 Der hier gefaßte Mag.beschluß ist mit dem Ausfertigungsdatum v. 8.8.1946 vorhanden in: LAB(STA), Rep. 102, Nr. 46.

8 Vgl. hierzu Dok. 99, Anm. 15; das 66. Mag.prot. v. 20.7.1946, TOP 2, u. das 67. Mag.prot. v. 27.7.1946, TOP 2; Dok. 104.

9 Orlopp war Ende Mai 1946 mit der kommissarischen Leitung der Mag.abt. für Ernährung beauftragt worden; vgl. das 59. Mag.prot. v. 29.5.1946, TOP 4. – Nach dem Entwurf für eine Mag.vorlage Nr. 375 v. 21.8.1946 sollte Orlopp von seinem Amt als Leiter der Mag.abt. für Handel und Handwerk entbunden und Martin Schmidt mit der kommissarischen Leitung dieser Mag.abt. beauftragt werden. Der Entwurf ist vorhanden in: LAB(STA), Rep. 100, Nr. 778, Bl. 70. Im Magistrat ist eine solche Mag.vorlage Nr. 375 nicht zur Sprache gekommen, und Orlopp wurde bis zum Ende der Amtszeit des ersten Nachkriegsmagistrats nicht von seiner Funktion als Leiter der Mag.abt. für Handel und Handwerk befreit.

10 Der hier gefaßte Mag.beschluß ist der AK mit Schreiben v. 6.8.1946 zur Genehmigung zugeleitet worden. Das Schreiben ist vorhanden in: LAB(STA), Rep. 101, Nr. 68. Mit BK/O (46) 371 v. 17.9.1946 genehmigte die AK die Ernennung Orlopps zum Leiter der Mag.abt. für Ernährung. Die BK/O ist vorhanden in: LAB(STA), Rep. 101, Nr. 72; LAB, Rep. 280, Nr. 4923. Vgl. zur Vorgeschichte dieser BK/O: BK/R (46) 335 v. 14.9.1946, in: LAB, Rep. 37: OMGBS, BICO LIB, 11/148-2/8; das 41. Prot. der stellv. Stadtkommandanten v. 17.9.1946, TOP 504, in: LAB, Rep. 37: OMGBS, BICO LIB, 11/148-2/1.

der Wahlen zur Seite stehen soll.[11] Dieser Wahlausschuß soll laut der Wahlordnung aus Vertretern der zugelassenen Parteien bestehen. Auf schriftliche Aufforderung hin haben die Parteien Vorschläge eingereicht, die als Vorschläge des Magistrats nunmehr der Alliierten Kommandantur zur Bestätigung vorzulegen sind. Es werden für den Wahlausschuß vorgeschlagen:

von der SED: Karl Elgaß, Abteilungsleiter, Berlin-Niederschöneweide[12],
als Stellvertreter: Paul Judrian, stellv[ertretender] Abteilungsleiter, Berlin-Niederschönhausen[13];

von der SPD: Friedrich[-]Wilhelm Lucht, Rechtsanwalt, Charlottenburg,
als Stellvertreter: Dr. Ernst Strassmann, Vorstandsmitglied der Bewag, Charlottenburg;

von der CDU: Professor Arthur Jung, Leiter des Instituts für antinazistische Propaganda, Grünau[14],
als Stellvertreter: Georg von Broich-Oppert, Legationssekretär a. D., Friedenau;

von der LDP: Karl Trucksaess, Hauptgeschäftsführer des Landesverbandes der LDP Berlin, Steglitz,
als Stellvertreter: Helmut Kaaten[15], Makler, Berlin-Lichtenrade[16].

BESCHLUSS: Der Magistrat beschließt, der Alliierten Kommandantur die genannten Herren als Mitglieder des Wahlausschusses vorzuschlagen.[17]

Hauth fragt unter Bezugnahme auf eine neuere Verfügung der Abteilungen für Finanzen und für Personal, betreffend *Einstellungssperre für Angestellte* mit dem

---

11 Der Magistrat hatte Ende Juni 1946 den Entwurf einer Wahlordnung für die Berliner Wahlen im Oktober 1946 beschlossen; vgl. das 63. Mag.prot. v. 29.6.1946, TOP 3. Der Entwurf ist vorhanden in: LAB(STA), Rep. 101, Nr. 66. Der § 8 dieses Entwurfs enthielt die Bestimmungen zum Stadtwahlausschuß, der den Stadtwahlleiter bei der Durchführung seiner Aufgaben unterstützen sollte. In der von der AK mit BK/O (46) 328 v. 14.8.1946 erlassenen Fassung der Wahlordnung entsprach die Ziffer 15 – mit einigen redaktionellen Änderungen – dem § 8 des Magistratsentwurfs. Diese genehmigte Fassung der Wahlordnung wurde veröffentlicht in: Berliner Zeitung, 11.8.1946, [S. 1 f.], u. VOBl., Jg. 2 (1946), S. 300 – 308; mit Auslassungen abgedruckt in: Berlin. Quellen und Dokumente, 1. Halbbd., S. 1118 – 1123. – Vgl. zur Ernennung des Stadtwahlleiters das 66. Mag.prot. v. 20.7.1946, TOP 3, u. das 71. Mag.prot. v. 24.8.1946, TOP 8 (Maron u. Beschluß), u. das 74. Mag.prot. v. 12.9.1946, TOP 1.
12 Stadtteil im Bezirk Treptow.
13 Stadtteil im Bezirk Pankow.
14 Stadtteil im Bezirk Köpenick.
15 Richtig: Helmut Kasten.
16 Stadtteil im Bezirk Tempelhof.
17 Tatsächlich setzte sich der Stadtwahlausschuß aus den folgenden Mitgliedern zusammen: Walter Reinhold und Paul Judrian von der SED, Adolf Oppel und Dr. Ernst Strassmann von der SPD, Fred (Alfred) Sagner und Joachim Wolff von der CDU, Karl Trucksaess und Helmut Kasten von der LDP. Sie wurden am 16.9.1946 zu ihrem Amt verpflichtet. Siehe: Stadtwahlausschuß verpflichtet, in: Berliner Zeitung, 17.9.1946, [S. 6]. – Vgl. zu weiteren Wahlvorbereitungen TOP 4 in diesem Mag.prot. und den Bericht von Haas im 73. Mag.prot. v. 7.9.1946, TOP 6.

Stichtag des 30.6.,[18] ob darunter auch die Kräfte fallen, die kürzlich durch Magistratsbeschluß den Abteilungen für Wirtschaft und für Handel und Handwerk für dringende Arbeiten auf Grund von alliierten Befehlen zugestanden worden sind[19].

Dr. Haas legt die Verfügung dahin aus, daß Stellen, die am 30.6. bereits genehmigt sind, auch wenn sie noch nicht besetzt sind, nicht unter die Sperre fallen. Außerdem gilt der Stichtag des 30.6. nur für solche Aufgaben, die nicht auf Befehle zurückzuführen sind.

3. FINANZABTEILUNG

Hierzu liegt die Vorlage Nr. 339[20] vor, betreffend Erweiterung der Befugnisse des *Stiftungs-Aufsichtsamts*[21] und Bildung eines Beirats beim Stiftungs-Aufsichtsamt.

Dr. Haas begründet die Vorlage, die bezweckt, daß das bestehende Aufsichtsamt für selbständige Stiftungen im Berliner Stadtgebiet auch die Aufsicht über unselbständige Stiftungen[22] mit übernimmt.

Geschke empfiehlt die in der Begründung der Vorlage vorgesehene Bildung eines Beirats, der dem Aufsichtsamt zur Seite stehen soll. In diesem Beirat sollen vertreten sein die Abt[eilung] f[ür] Sozialwesen, das Hauptgesundheitsamt und der Beirat für kirchliche Angelegenheiten.

BESCHLUSS: Die Vorlage Nr. 339 wird angenommen.[23]

Es folgt die Vorlage Nr. 342[24], betreffend Aufhebung des Erbbauvertrages über die *Deutschlandhalle*.

Dr. Haas begründet die Vorlage. Die bekannte Halle ist 1935 auf Betreiben der NSDAP für Versammlungen und für Sportzwecke errichtet worden, indem ein der Stadt gehöriges Gelände einer speziell hierfür gegründeten Deutschlandhalle AG

---

18 Die Rundverfügung der Finanzabteilung und der Mag.abt. für Personalfragen und Verwaltung v. 29.7.1946, betr. Einstellungssperre, ist vorhanden in: LAB(STA), Rep. 102, Nr. 62; LAB, Rep. 280, Nr. 14583. In dieser Rundverfügung heißt es: „Die Alliierte Kommandantur hat am 9.7. d[ieses] J[ahres] – BK/O (46) 295 – angeordnet, daß bis zur Genehmigung des Haushaltsplans 1946 Gehälter in den im Entwurf des Haushaltsplans vorgesehenen Grenzen nur für die am *30.6. d[ieses] J[ahres]* vorhanden gewesenen Angestellten gezahlt werden dürfen. In Ausführung dieser Anordnung wird daher mit sofortiger Wirkung jede Einstellung von Personal, soweit sie über den Stand am 30.6. d[ieses] J[ahres] hinausgeht, gesperrt." Die BK/O (46) 295 v. 9.7.1946 ist vorhanden in: LAB(STA), Rep. 101, Nr. 68, u. LAB, Rep. 280, Nr. 4884; abgedruckt in: Berlin. Quellen und Dokumente, 1. Halbbd., S. 424. Vgl. zu der mit BK/O (46) 350 v. 31.8.1946 erteilten Genehmigung für den Haushaltsplan 1946: Dok. 83, Anm. 80.
19 Vgl. das 62. Mag.prot. v. 22.6.1946, TOP 7.
20 LAB(STA), Rep. 100, Nr. 778, Bl. 7 u. 8; auch in: LAB(STA), Rep. 101, Nr. 644, Bl. 97.
21 Die Errichtung dieses Aufsichtsamts hatte der Magistrat Ende November 1945 beschlossen; vgl. das 31. Mag.prot. v. 26.11.1945, TOP 8.
22 Hier sind städtische und von der Stadt Berlin verwaltete Stiftungen gemeint.
23 Der hier gefaßte Mag.beschluß ist mit dem Ausfertigungsdatum v. 8.8.1946 als Abschrift vorhanden in: LAB(STA), Rep. 105, Nr. 245.
24 LAB(STA), Rep. 100, Nr. 778, Bl. 11 f; auch in: LAB(STA), Rep. 101, Nr. 644, Bl. 94 f. – Vgl. zur Deutschlandhalle auch: LAB(STA), Rep. 115, Nr. 93.

im Erbbaurecht übergeben wurde.[25] Die Stadt übernahm neben der Partei eine Bürgschaft für eine Baugeldhypothek. Im Kriege wurde die Halle schwer beschädigt, so daß sie für die gedachten Zwecke nicht mehr verwendbar war. Die Deutschlandhalle AG gab die Halle ab an die Reichsrundfunk-Gesellschaft[26], die dort Büros usw. einrichten wollte. Der Umbau kam aber nicht mehr zustande. Die Halle liegt heute noch als Ruine und Trümmerstätte da. Es soll nun, da der Zweck des Erbbauvertrages nicht mehr durchgeführt werden kann, erreicht werden, daß der Heimfall des dringlichen[27] Rechtes an die Stadt eintritt. Nach dem Vertrag sollte dieser Heimfall erst 1983 eintreten. Durch Rechtsgutachten ist festgestellt worden, daß unter den gegebenen Umständen der Heimfall schon jetzt erfolgen kann. Die Reichsrundfunk-Gesellschaft hat seit dem 1.4.45 die Erbpacht nicht mehr bezahlt. Diese rückständige Pachtsumme soll verrechnet werden mit dem, was die Ruinen noch an Werten bergen. Da die Reichsrundfunk-Gesellschaft dem Gesetz Nr. 52[28] unterliegt, ist für die beabsichtigte Vereinbarung die Zustimmung der britischen Militärregierung erforderlich. Wird diese erteilt, kann der Heimfall stattfinden, und die Stadt kann dann wieder über das Gelände und die Ruinen verfügen. Es ist beabsichtigt, später wieder eine Sportstätte dort zu errichten.

Maron beantragt, den Punkt 2 der Vorlage, in dem die Absicht ausgesprochen ist, auf den Ruinen wieder eine Sportstätte aufzubauen, zu streichen. In absehbarer Zeit sei doch nicht daran zu denken, Baumaterial dafür zur Verfügung zu stellen. Später könne man weitersehen, deshalb brauche man sich aber heute noch nicht festzulegen.

Schwenk vertritt die gleiche Ansicht und fordert auch die Streichung von Punkt 2.

BESCHLUSS: Die Vorlage Nr. 342 wird unter Streichung des Punktes 2 angenommen.[29]

---

25 Die Deutschlandhalle war 1935 aus Anlaß der Olympischen Spiele von 1936 in Berlin am Messedamm im Bezirk Charlottenburg errichtet worden.

26 Die Reichsrundfunk-Gesellschaft war 1925 als Dachorganisation der deutschen Rundfunkgesellschaften mit Sitz in Berlin gegründet worden.

27 Müßte heißen: dinglichen.

28 Gemeint ist das von den westalliierten Militärregierungen erlassene Gesetz Nr. 52, betr. Sperre und Kontrolle von Vermögen, das in Berlin am 24.8.1945 (amerikanischer und britischer Sektor) bzw. am 10.9.1945 (französischer Sektor) in Kraft getreten war; abgedruckt in: Military Government Gazette Germany. Amtsblatt der Militärregierung Deutschland, Nr. 1 [1945], S. 24–27; LAB, Rep. 280, Nr. 3261/1, S. 23–26; Berlin. Quellen und Dokumente, 1. Halbbd., S. 375–378. Vgl. hierzu: Berlin. Kampf um Freiheit, S. 154 u. 173.

29 Die britische Militärregierung gab die dem Gesetz Nr. 52 unterliegende Deutschlandhalle erst im Oktober 1949 frei. Nachdem die Halle am 20.10.1949 in die Verwaltung des Bezirksamts Charlottenburg übergegangen war, faßte der Magistrat am 18.11.1949 einen Grundsatzbeschluß zu ihrem Wiederaufbau, der aber erst 1956/57 verwirklicht werden konnte. Vgl. hierzu die Mag.vorlage Nr. 809 v. 9.11.1949, das 50. Mag.prot. v. 18.11.1949, TOP 4, u. den Mag.beschluß Nr. 809 v. 18.11.1949, in: LAB, Rep. 228, Mag.vorlagen u. Mag.beschlüsse 1949, u. Rep. 228, Mag.protokolle 1949; 50 Jahre Deutschlandhalle, hrsg. von der Ausstellungs-Messe-Kongress-GmbH, Berlin o. J. [1985], S. 8 f., 50 f. u. 84 f.

Dr. Harms empfiehlt im Anschluß hieran, an die Reichsbahn mit der Bitte heranzutreten, der S-Bahnstation „Deutschlandhalle" wieder den alten Namen „Eichkamp" zu geben.

BESCHLUSS: Stadtrat Kraft wird beauftragt, dieserhalb mit der Hauptverwaltung der Deutschen Reichsbahn zu verhandeln.[30]

4. ALLGEMEINES

Dr. Haas bittet als vorgeschlagener Wahlleiter[31], einen Zeitpunkt festzulegen, von dem an *Straßenumbenennungen*[32] einstweilen nicht mehr vorgenommen werden dürfen, damit in den Wahllisten keine Unklarheiten hinsichtlich der Straßennamen entstehen[33].

Maron berichtet kurz über den Stand der Vorarbeiten für die Straßenumbenennungen. Es sind etwa 900 bis 1 000 Vorschläge auf Umbenennungen von den einzelnen Bezirken gekommen. Bei dem größten Teil dieser Vorschläge handelt es sich um die Beseitigung des Doppelvorkommens ein und desselben Straßennamens in Groß-Berlin; zum kleineren Teil handelt es sich um die Beseitigung von faschistischen und militaristischen Namen. Die Beseitigung von Doppelnamen erfordert immer langwierige Verhandlungen mit den beteiligten Bezirken. In 10 bis 15 Fällen steht die Entscheidung noch aus. Es ist damit zu rechnen, daß in 8 bis 14 Tagen die ganze Arbeit erledigt ist. Dann kann die Sanktionierung der Liste durch den Magistrat erfolgen und festgelegt werden, daß von dem Zeitpunkt an neue Umbenennungen nicht mehr vorgenommen werden.

Lange meint, es drehe sich hauptsächlich darum, zu verhindern, daß von jetzt an bis zur Wahl noch Veränderungen vorgenommen werden.

Maron empfiehlt, es dann bei dem Zustand zu belassen, wie er am 1. August war. Das würde bedeuten, daß die von manchen Bezirken schon selbständig vorgenommenen Umbenennungen, die teilweise vom Magistrat noch nicht bestätigt sind, vorläufig belassen werden, allgemein aber die neuen Straßennamen erst ab 1. November nach eingeholter Genehmigung durch die Alliierte Kommandantur eingeführt werden.

BESCHLUSS: Der Magistrat beschließt mit Rücksicht auf die ordnungsmäßige Aufstellung der Wahllisten:
Straßennamen werden vorerst nicht geändert; Änderungen, die bis zum 1. August erfolgen, aber noch nicht endgültig genehmigt sind, bleiben in Kraft.[34]

---

30 Die von Harms vorgeschlagene Rückbenennung der S-Bahnstation ist am 1.10.1946 vorgenommen worden; siehe: Neues Deutschland, 17.10.1946, S. 6.

31 Vgl. das 66. Mag.prot. v. 20.7.1946, TOP 3.

32 Vgl. hierzu das 7. Mag.prot. v. 18.6.1945, TOP 8, u. das 59. Mag.prot. v. 29.5.1946, TOP 8 (Maron); 1 800 Straßenumbenennungen. Die Kartei der unerwünschten Straßennamen, in: Vorwärts, 17.5.1946, [S. 6].

33 Der Magistrat hatte Ende Juni 1946 den Entwurf einer Wahlordnung für die Berliner Wahlen im Oktober 1946 beschlossen; vgl. das 63. Mag.prot. v. 29.6.1946, TOP 3.

34 Der hier gefaßte Mag.beschluß ist mit dem Ausfertigungsdatum v. 6.8.1946 vorhanden in: LAB(STA), Rep. 100, Nr. 752, lfd. S. 340; mit dem Ausfertigungsdatum v. 7.8.1946 in: LAB(STA), Rep. 101, Nr. 1921, Bl. 4. Vgl. zur erneuten Behandlung der Straßenumbenennungen das 77. Mag.prot. v. 28.9.1946, TOP 7.

Winzer möchte eine Meinungsäußerung des Magistrats zu der Frage haben, was aus der *Wirtschaftshochschule Berlin* werden soll.[35] Mit Beginn des neuen Lehrjahres wird an der Universität Berlin eine umfangreiche wirtschaftswissenschaftliche Fakultät eingerichtet werden. Nach Ansicht der Männer, die ein fachliches Interesse an dieser Sache haben, wird es schwierig sein, daneben dann noch eine Wirtschaftshochschule in Berlin zu unterhalten, schon weil es an den nötigen Lehrkräften mangeln würde, wenn zwei solcher Ausbildungsstätten hier nebeneinanderlaufen. Der Rektor der Wirtschaftshochschule, Professor Rogowsky, schlägt deshalb vor, die gesamten Einrichtungen, Institute, Bibliothek usw. der Wirtschaftshochschule zu einer Stiftung zusammenzufassen und diese der neu zu schaffenden wirtschaftswissenschaftlichen Fakultät der Universität anzugliedern. Vielleicht wäre dies unter den obwaltenden Umständen die beste Lösung.

Nach längerer Aussprache, an der sich Hauth, Dr. Landwehr, Dr. Harms, Dr. Alfred Werner, Lange, Maron, Dr. Goll und Scharoun beteiligen, schlägt *Winzer* als Ergebnis der Aussprache vor, weitere Besprechungen über die Angelegenheit mit den beiden Rektoren Professor Rogowsky und Professor Stroux[36] durchzuführen und dann dem Magistrat eine annehmbare Lösung zur Beschlußfassung vorzulegen.

BESCHLUSS: Über die Frage einer eventuellen Angliederung der Wirtschaftshochschule Berlin an die Universität gibt der Magistrat seine Meinungsäußerung dahin kund, daß Stadtrat Winzer mit den Rektoren der
Universität und der Wirtschaftshochschule noch weitere Besprechungen über die Angelegenheit führen soll.[37]

OB Dr. Werner erinnert an den am nächsten Sonntag in einem Saal in Neukölln statt-
findenden Vortrag von Lord Beveridge, des berühmten englischen Sozialpolitikers.[38] Er bittet die Magistratsmitglieder um rege Teilnahme an der Veranstaltung.

---

35 Vgl. zur Wirtschaftshochschule Berlin die Protokolle des Education Committee der
   AK v. 6.5.1946, TOP 12, u. 13.5.1946, TOP 9, in: LAB, Rep. 37: OMGBS, ECR,
   4/16-1/10; Wer darf auf die Wirtschafts-Hochschule?, in: Nacht-Express, 11.6.1946,
   [S. 5]; „Internationalisierung" der Berliner Universität? Um die Selbständigkeit der
   Wirtschaftshochschule und die Angliederung einer Verwaltungsakademie, in: Telegraf,
   30.8.1946, S. 3. Vgl. zu der geplanten Gründung eines Instituts für Wirtschaftsführung
   an der Wirtschaftshochschule das 43. Mag.prot. v. 26.1.1946, TOP 2 (Dusiska), u. das
   46. Mag.prot. v. 16.2.1946, TOP 7.
36 Der Philosoph Prof. Dr. Johannes Stroux amtierte seit dem 12.10.1945 als Rektor
   der Berliner Universität, die der Deutschen Zentralverwaltung für Volksbildung in
   der sowjetischen Besatzungszone unterstand. Vgl. hierzu Dok. 49, Anm. 36; Dok. 50,
   Anm. 47.
37 Vgl. zur erneuten Behandlung dieser Angelegenheit das 79. Mag.prot. v. 12.10.1946,
   TOP 5.
38 Vgl. das 67. Mag.prot. v. 27.7.1946, TOP 3 (OB Werner); Lord Beveridge in Berlin. „Telegraf"-Interview mit dem Schöpfer des britischen Sozialplanes, in: Telegraf,
   3.8.1946, S. 3; „Kurz-Protokoll zum Vortrag des Lord Beveridge ‚Soziale Sicherung und
   Arbeit' am 4. August 1946 in der Kindl-Brauerei, Berlin-Neukölln", in: LAB(STA),
   Rep. 118, Nr. 45; Lord Beveridge sprach in Berlin, in: Der Sozialdemokrat, 5.8.1946,
   S. 1; Beveridge für Erhaltung der Industrie. Er verneint die Kollektivschuld. Gespräch des
   „Kurier" mit dem englischen Sozialpolitiker, in: Der Kurier, 5.8.1946, S. 1; Walter Busse:
   Lord Beveridge in Neukölln, in: Der Kurier, 5.8.1946, S. 3; Die Neue Zeitung, 5.8.1946,
   S. 6; Beveridge sprach als Privatmann, in: Berliner Zeitung, 6.8.1946, [S. 2]; „Ein Mann
   ohne Arbeit ist ein Mensch ohne Heimat". Lord Beveridge in der Volkshochschule, in:

Maron erörtert verschiedene Punkte zu den *bevorstehenden Wahlen*.[39] In der letzten Bezirksbürgermeister-Konferenz wurde von einigen Seiten angeregt, die *Wahlplakate* zwecks Papierersparnis in ihrer Größe zu begrenzen und zur Sauberhaltung der Stadt das Bemalen von Wänden und Mauern mit Wahlparolen zu untersagen.[40] Der Redner hat dazu gleich erklärt, daß der Magistrat in eine sonderbare Lage kommen würde, wenn er solche Maßnahmen einer gewissen Beschränkung der Wahlpropaganda von sich aus ergreifen würde. In der gestrigen Sitzung des Einheitsausschusses der vier Parteien wurden denn auch gerade entgegengesetzte Anträge gestellt: der Magistrat sollte möglichste Freiheit für die Wahlpropaganda lassen, der Polizeipräsident sollte dahin beeinflußt werden, daß er die bestehenden Bestimmungen über das Verbot des Beklebens und Bemalens von Häusern und Zäunen für die Wahlzeit aufhebt und für den Plakataushang in jeder Weise Erleichterungen schafft.[41]

Der Redner empfiehlt als Mittelweg die Zurverfügungstellung bestimmter Plätze und Flächen an die Parteien für ihre Wahlpropaganda. Dieser Weg ist in Charlottenburg bereits beschritten [worden], indem dort 50 Plätze mit umgrenzter Fläche von der englischen Kommandantur für die Wahlpropaganda angewiesen worden sind. Auch im amerikanischen Sektor sollen Maßnahmen ähnlicher Art geplant sein. Vielleicht könnte auch der Magistrat diesen Gedanken aufgreifen.

Ein weiterer Wunsch der Parteien geht dahin, eine höhere *Benzinzuteilung* für die Wahlzeit zu erhalten. Die Parteien wollen selbst einen entsprechenden Antrag an die Alliierte Kommandantur richten. Der Redner ist der Ansicht, daß auch der Magistrat diese Bestrebungen von sich aus unterstützen sollte, um den Parteien für den Wahlkampf zu helfen.

Schwenk berichtet zur Ergänzung noch, daß im amerikanischen Sektor die Absicht besteht, die Wahlpropaganda insofern unter einen besonderen Schutz zu stellen, als das Entfernen oder Überkleben von Wahlplakaten unter Strafe gestellt werden soll. Einzelne Parteien haben außerdem den Wunsch geäußert, bei der Alliierten Kommandantur für die Wahlzeit die Erleichterung zu erwirken, daß die Zensur in den Zeitungen aufgehoben wird.

Der Redner würde auch die Regelung für zweckmäßig halten, daß bestimmte Flächen, etwa an Bahnhofszugängen, ausgesucht und gleichmäßig den vier Parteien zu Propagandazwecken zur Verfügung gestellt werden.

Kraft erklärt sich bereit, ein Sonderkontingent an Benzin für die Parteien zu Wahlzwecken zu beantragen.

Dr. Landwehr stellt, um keine Mißverständnisse aufkommen zu lassen, fest, daß irgendwelche Vorräte an Papier für Wahlzwecke bei der Abt[eilung] für Wirtschaft nicht vorhanden sind.[42]

Telegraf, 6.8.1946, S. 3; „Sieg über die Not". Der britische Sozialpolitiker Lord Beveridge sprach in Neukölln, in: Der Tagesspiegel, 7.8.1946, [S. 2].

39 Vgl. zur Vorbereitung der Berliner Wahlen am 20.10.1946 das 63. Mag.prot. v. 29.6.1946, TOP 3 (insb. Anm. 32).

40 Vgl. das Prot. der Konferenz der Bezirksbürgermeister am 25.7.1946, TOP 3, in: LAB, Rep. 280, Nr. 3863.

41 Vgl. das 22. Prot. des Einheitsausschusses Groß-Berlin v. 2.8.1946, in: BArch, Abt. Potsdam, Z-3, Nr. 4, Bl. 118 f.

42 Vgl. zum Problem des Papiermangels das 65. Mag.prot. v. 13.7.1946, TOP 8, u. das 70. Mag.prot. v. 17.8.1946, TOP 5, u. das 83. Mag.prot. v. 9.11.1946, TOP 5, u. das 84. Mag.prot. v. 16.11.1946, TOP 5; BK/O (46) 323 v. 3.8.1946, betr. Freigabe von

Dr. Haas bespricht die Auslegung verschiedener Punkte der Wahlordnung unter Bezugnahme auf persönliche Unterredungen über diese Punkte mit den alliierten Stellen.[43]

Der Redner teilt ferner mit, daß alle Vordrucke und Bekanntmachungen für die Wahlen einheitlich von einer Zentralstelle aus in Druck gegeben werden sollen, um zu vermeiden, daß jeder Bezirk für sich seine Bekanntmachungen erläßt.

Maron weist auf die Änderung der *Wahlordnung* für die Sowjetzone mit Bezug auf die *heimkehrenden Kriegsgefangenen* hin.[44] Für diese wird dort von der Forderung des dreimonatigen Aufenthalts am Wohnsitz abgesehen. Der Redner schlägt vor, den Wahlleiter zu beauftragen, mit der zuständigen alliierten Kommission darüber zu verhandeln, daß diese Vergünstigung auch den nach Berlin zurückkehrenden Kriegsgefangenen gewährt wird.[45]

Dr. Haas hebt hervor, daß es sich hierbei nur um das aktive, nicht um das passive Wahlrecht handelt. Der betreffende Heimkehrer muß natürlich über die Aufenthaltsgenehmigung für Berlin verfügen. Er bekommt dann einen Wahlschein, und zwar bis zu dem Termin, wo Wahlscheine ausgegeben werden. Der Redner ist bereit, in diesem Sinne die Verhandlungen zu führen.

BESCHLUSS: Dr. Haas wird beauftragt, mit der zuständigen alliierten Kommission Verhandlungen wegen Gewährung der Wahlmöglichkeit für die

---

Papier, Pappe und Karton sowie anderer zur Durchführung der Wahlen notwendiger Materialien, in: LAB(STA), Rep. 101, Nr. 70, u. LAB, Rep. 280, Nr. 4893.

43 Der Magistrat hatte am 29.6.1946 den Entwurf einer Wahlordnung für die Berliner Wahlen im Oktober 1946 beschlossen, der durch die AK eine Reihe von Änderungen erfuhr, bevor er von ihr mit BK/O (46) 328 v. 14.8.1946 als genehmigte Fassung der Wahlordnung erlassen wurde. Vgl. hierzu das 63. Mag.prot. v. 29.6.1946, TOP 3 (insb. Anm. 32).

44 Nach einer Bekanntgabe der Sowjetischen Militäradministration v. 19.6.1946 sollten in den Provinzen und Ländern der sowjetischen Besatzungszone am 1.9.1946, 8.9.1946 und 15.9.1946 Gemeindewahlen stattfinden. Vgl. hierzu: Günter Braun: Wahlen und Abstimmungen, in: SBZ-Handbuch. Staatliche Verwaltungen, Parteien, gesellschaftliche Organisationen und ihre Führungskräfte in der Sowjetischen Besatzungszone Deutschlands 1945–1949, hrsg. von Martin Broszat u. Hermann Weber, München 1990, S. 383–388, 396 u. 398–417. Die Wahlordnung für die Gemeindewahlen in der sowjetischen Besatzungszone Deutschlands v. 28.6.1946 wurde veröffentlicht in: Berliner Zeitung, 28.6.1946, [S. 2]; Neues Deutschland, 28.6.1946, S. 1/4; Verordnungsblatt der Provinzialverwaltung Mark Brandenburg, Jg. 2 (1946), S. 180–184. Nach § 2 Absatz 1 dieser Wahlordnung war vorgesehen, daß alle Männer und Frauen stimmberechtigt sein sollten, „die das 21. Lebensjahr erreicht haben und mindestens seit drei Monaten vor dem Wahltag ihren Wohnsitz im Gemeindegebiet haben". Auf Antrag der SED hatte die Sowjetische Militäradministration dann aber Ende Juli 1946 bestimmt, daß für ehemalige Kriegsgefangene die Dreimonatsklausel als Bedingung für das aktive Wahlrecht nicht galt. Siehe: Hilfe und Gleichberechtigung unseren Heimkehrern, in: Neues Deutschland, 31.7.1946, S. 1; Erläuterungen zu den Gemeindewahlen in der sowjetischen Besatzungszone Deutschlands, in: Neues Deutschland, 1.8.1946, S. 2; Hilfe für unsere Heimkehrer, in: Berliner Zeitung, 1.8.1946, [S. 2].

45 Vgl. hierzu das 63. Mag.prot. v. 29.6.1946, TOP 3, u. das 73. Mag.prot. v. 7.9.1946, TOP 6 (Haas).

heimkehrenden Kriegsgefangenen durch Befreiung von der Wohnsitzklausel zu führen.[46]

Pieck lenkt die Aufmerksamkeit auf die in einigen Abteilungen bestehenden *Einkaufs- und Beschaffungszentralen*, die kaufmännisch nicht immer in richtiger Weise geführt würden. Es ist der Plan aufgetaucht, für den Magistrat eine einheitliche Einkaufszentrale zu schaffen, die alle Dinge, die der Magistrat benötigt – vom Bürobedarf bis zu Baumaterialien –, besorgt. Darunter würde auch das jetzt existierende Beschaffungsamt sowie das Bergungsamt fallen.[47] Der Redner schlägt vor, am Donnerstag, dem 8.8., um 10 Uhr in seinem Amtszimmer eine vorbereitende Sitzung über diese Frage abzuhalten, und lädt die Leiter der Abteilungen, die bereits über derartige Einrichtungen verfügen, zur Teilnahme an dieser Besprechung ein.

Jirak bringt den Befehl der Alliierten Kommandantur wegen Bildung einer Gruppe beim Magistrat, die die *effektiven Normen des Verbrauchs an Strom, Gas usw. in den einzelnen Industrien und für bestimmte Produkte errechnen soll*, zur Sprache.[48] Aus den inzwischen geführten Besprechungen mit dem alliierten Komitee für öffentliche Betriebe hat sich ergeben, daß diese Gruppe dem Redner unterstellt und die Anzahl der dafür benötigten Fachkräfte ihm überlassen werden soll.[49] Der Redner schätzt, daß ein Personal von 60 Angestellten erforderlich sein wird, um die gewünschten Normen zu errechnen, wofür unter Einschluß der Unterkunftsmöglichkeiten eine Ausgabe von einer Million RM im Jahr aufzuwenden sein würde. Diese Summe etwa aus den von der Gasag und Bewag erhobenen Strafgeldern zu nehmen ist nicht möglich, da sich herausgestellt hat, daß die Einnahmen aus Strafgeldern bei der Gasag restlos verbraucht sind.[50] Bei der Bewag ist noch ein kleiner Bestand vorhanden. Die Frage der Finanzierung müßte also durch den Magistrat geregelt werden. Wie lange die Arbeit dauern wird, ist nicht abzusehen. Man muß mit zwei bis

---

46 Eine Abänderung der Wahlordnung zugunsten heimkehrender Kriegsgefangener im Sinne des hier gefaßten Mag.beschlusses wurde von der AK mit BK/O (46) 362 v. 11.9.1946 abgelehnt. Die BK/O ist vorhanden in: LAB(STA), Rep. 101, Nr. 72; LAB, Rep. 280, Nr. 12644.

47 Beim Beschaffungsamt und dem Bewirtschaftungsamt für Bergungsgut (Bergungsamt) handelte es sich um Dienststellen der Mag.abt. für Personalfragen und Verwaltung. Vgl. zum Bewirtschaftungsamt für Bergungsgut das 7. Mag.prot. v. 18.6.1945, TOP 8, u. das 16. Mag.prot. v. 13.8.1945, TOP 6, u. das 61. Mag.prot. v. 15.6.1946, TOP 5; Dok. 109. Im Mai 1947 wurden das Beschaffungsamt und das Bewirtschaftungsamt für Bergungsgut zum „Beschaffungsamt Groß-Berlin" zusammengelegt; vgl. das Mag.prot. v. 12.5.1947, TOP 6, in: LAB, Rep. 228, Mag.protokolle 1947.

48 Die hier gemeinte BK/O (46) 306 v. 19.7.1946, betr. Bildung einer Gruppe beim Magistrat für die Rationierung von Strom und Gas, ist vorhanden in: LAB(STA), Rep. 101, Nr. 69, u. LAB, Rep. 280, Nr. 4889; abgedruckt in: Berlin. Quellen und Dokumente, 1. Halbbd., S. 729 f. Einen grundlegenden Befehl zur Verbrauchskontrolle und Rationierung von elektrischem Strom hatte die AK als BK/O (46) 72 v. 29.1.1946 erlassen. Diese BK/O ist vorhanden in: LAB(STA), Rep. 101, Nr. 58, u. LAB, Rep. 280, Nr. 12491; abgedruckt in: Berlin. Quellen und Dokumente, 1. Halbbd., S. 726–728.

49 Vgl. das Schreiben Jiraks an das Komitee für öffentliche Betriebe der AK v. 24.7.1946, betr. Bildung einer Gruppe beim Magistrat für die Rationierung von Strom und Gas, in: LAB(STA), Rep. 101, Nr. 69.

50 Vgl. zu den Berliner Gaswerken (Gasag): LAB(STA), Rep. 115, Nr. 108.

drei Jahren rechnen. Die Arbeitsgemeinschaft zur Förderung der Elektrowirtschaft (A.F.E.) hat bisher schon ähnliche Erhebungen gemacht, ohne daß ein positiver Erfolg dabei erzielt wurde. Das gleiche ist auch jetzt zu befürchten. Unter diesen Umständen empfiehlt es sich, von seiten des Magistrats die Alliierte Kommandantur zu bitten, von dieser Normenerhebung abzusehen.

Schwenk ist der Meinung, daß eine solche Errechnung in der gegenwärtigen Zeit, wo alles im Fluß ist, sich gar nicht durchführen läßt. Es würde eine reine Sisyphusarbeit sein.

Pieck gibt der Meinung Ausdruck, daß anscheinend bei den Vorverhandlungen über diese Angelegenheit nicht mit genügendem Nachdruck Vorstellungen dagegen erhoben worden sind.

Jirak erklärt demgegenüber, daß während der ganzen Vorbesprechungen, die sich schon über ein halbes Jahr lang hingezogen haben, von den leitenden Herren der Bewag und Gasag nachdrücklichst betont worden ist, daß eine solche Normenerhebung unmöglich durchzuführen sei. Von seiten der Abt[eilung] Energie und Versorgung sei ebenfalls den Alliierten gegenüber immer der Standpunkt vertreten worden, daß die ganze Arbeit völlig nutzlos sei und daß überdies der nötige Fachapparat dafür nicht vorhanden wäre.

Dr. Goll bestätigt diese Ausführungen und weist noch einmal darauf hin, daß schon die A.F.E. bisher ohne jedes positive Ergebnis an dieser Aufgabe gearbeitet hat. Es ist ihr gelungen, für ihre Tätigkeit eine Million RM von der Stadt zu bekommen, ohne einen genaueren Nachweis darüber zu erbringen, wie diese Gelder im einzelnen verwandt worden sind. Der Leiter dieser Organisation A.F.E., ein Dr.-Ing. Mueller[51], ist der geistige Urheber dieses Gedankens der Normenerhebung. Auf sein Betreiben ist vermutlich der neue Befehl der Alliierten Kommandantur auf Einsetzung einer solchen Gruppe für die Verbrauchserrechnung zustande gekommen. Die Abt[eilung] für Energie und Versorgung und die Abteilung von Professor Scharoun haben bisher einen vergeblichen Kampf gegen diese A.F.E., die eng mit dem Amt für Aufbau-Durchführung[52] zusammenhängt, geführt.

Der Redner verweist darauf, daß für die Kontrolle des Stromverbrauchs bereits 16 Herren und für die Kontrolle des Gasverbrauchs 9 bis 10 Herren bei der alliierten Kommission tätig sind, die einen Kostenaufwand von 300 000 RM verursachen. Zu all diesen Ausgaben würde jetzt noch für die befohlene Normenerrechnung die Summe von einer Million RM kommen. Dabei sind weder die Gasag noch die Bewag rentable Unternehmen.

Der Redner bittet den Magistrat, einmal von sich aus in dieser Sache bei der Alliierten Kommandantur vorstellig zu werden, um die Durchführung dieses Befehls abzuwenden.

---

51 Dr. Herbert F. Mueller, Vorstandsmitglied der Arbeitsgemeinschaft zur Förderung der Elektrowirtschaft (AFE), die 1934 von den Spitzenverbänden der Elektrizitätswirtschaft gegründet worden war.

52 Beim Hauptamt für Aufbaudurchführung handelte es sich um eine Dienststelle der Mag.abt. für Bau- und Wohnungswesen. Vgl. zur Kritik an diesem Hauptamt das 40. Mag.prot. v. 7.1.1946, TOP 3, u. das 71. Mag.prot. v. 24.8.1946, TOP 2, u. das 76. Mag.prot. v. 21.9.1946, TOP 6.

BESCHLUSS: Der Magistrat beschließt, wegen der Undurchführbarkeit der geplanten Maßnahme hinsichtlich Normenerrechnung für Stromverbrauch etc. bei der Alliierten Kommandantur vorstellig zu werden.[53]

Schwenk beantragt, den Ausschuß, der für die Untersuchung gewisser Dinge in der Abt[eilung] für Energie und Versorgung eingesetzt ist,[54] zu beauftragen, auch die Arbeitsgemeinschaft zur Förderung der Elektrowirtschaft in seine Untersuchung einzubeziehen.
BESCHLUSS: Der Magistrat stimmt dem Antrag zu.[55]

Dr. Landwehr charakterisiert kurz die A.F.E. als eine frühere Reichsorganisation, die sich bisher jeder Auflösung zu entziehen gewußt hat. Er beantragt, einen Beschluß dahingehend zu fassen, daß alle Abteilungen des Magistrats angewiesen werden, an diese Organisation A.F.E. keine neuen Aufträge irgendwelcher Art und Form mehr zu geben, und daß alle Aufträge, die bereits gegeben sind, zurückgezogen und alle Zahlungen, die aus solchen Aufträgen erwachsen, storniert werden, bis die angeordnete Untersuchung durchgeführt ist.
Starck befürwortet diesen Antrag.
BESCHLUSS: Der Magistrat stimmt dem Antrag zu.

Kraft macht verschiedene Mitteilungen über einzelne den Verkehr betreffende Fragen: Reifenversorgung der einzelnen Sektoren, Einspruch gegen die Beschlagnahme von Personendampfern[56], Betankung von Lastzügen im Zwischenzonenverkehr, Verstärkung des Personenverkehrs Berlin – Erkner[57], Anfall von Wagen aus der freigegebenen Produktion des Volkswagenwerks[58].
Sodann berichtet der Redner über die Frage der *Einführung eines Umsteigefahrscheins* im Bereich der BVG.[59] Bei Kriegsende bestand der Einheitstarif zu

---

53 Vgl. zu den Problemen der Stromversorgung das 71. Mag.prot. v. 24.8.1946, TOP 2, u. das 72. Mag.prot. v. 31.8.1946, TOP 4, u. das 79. Mag.prot. v. 12.10.1946, TOP 3, u. das 82. Mag.prot. v. 2.11.1946, TOP 4.

54 Vgl. zu dem „Ausschuß zur Nachprüfung von Vorgängen in der Abteilung Städtische Energie- und Versorgungsbetriebe" das 63. Mag.prot. v. 29.6.1946, TOP 6, u. das 67. Mag.prot. v. 27.7.1946, TOP 3.

55 Tatsächlich wurden die Geschäftsführung und das Rechnungswesen der Arbeitsgemeinschaft zur Förderung der Elektrowirtschaft von der Wirtschaftsprüfungsgesellschaft „Wirtschaftsberatung AG" (vgl. Dok. 34, Anm. 43) geprüft, wobei sich „Anhaltspunkte für unredliche Handlungen" nicht ergaben. Vgl. den entsprechenden Prüfungsbericht der Wirtschaftsberatung AG v. 15.11.1946, in: LAB(STA), Rep. 102, Nr. 345 (die zit. Stelle auf S. 2).

56 Die Sowjetische Militäradministration hatte 17 Personendampfer beschlagnahmt; vgl. das 67. Mag.prot. v. 27.7.1946, TOP 3.

57 Vorort südöstlich von Berlin.

58 Das Volkswagenwerk war 1938 auf dem Gebiet der späteren Stadt Wolfsburg, Regierungsbezirk Lüneburg, gegründet worden.

59 Vgl. hierzu das 66. Mag.prot. v. 20.7.1946, TOP 6; Bitten der Berliner an die BVG, in: Berliner Zeitung, 10.8.1946, [S. 6]; Die Wochenkarte ist da! Begrüßenswerter Magistratsbeschluß, in: Tägliche Rundschau, 27.9.1946, S. 6. – Vgl. allgemein zur BVG den Bericht „Wiederaufbau der BVG seit Kriegsende (Auszug aus den Ausführungen von Direktor Dr. Schneider auf der ersten Beiratssitzung der BVG am 25.6.1947)", in: LAB(STA), Rep. 105, Nr. 4581.

20 Pfg. ohne Umsteigeberechtigung, der ganz allgemein durchgeführt wurde, auch da, wo der Fahrgast eine Straßenbahn verlassen und hinter einer Baulücke wieder einsteigen mußte. Diese Maßnahme wurde am 22.8.45 aufgehoben. Seither gilt auch bei Verkehrslücken innerhalb einer Linie der einmal gelöste Fahrschein weiter. Am 3.12.45 wurden die Fahrscheinhefte eingeführt, aber ohne Verbilligung. Am 1.5.46 kamen die Zeitkarten für berufstätige Erwachsene,[60] und zwar für eine Linie zum Preise von 9 RM, für zwei Linien mit Umsteigen zu 12,50 RM, für das U-Bahnnetz zu 14 RM, für das Straßenbahnnetz zu 27 RM und für U-Bahn- und Straßenbahnnetz zusammen zu 32 RM. Im ganzen werden monatlich 100 000 Zeitkarten verkauft, davon nur 41 000 Übersteigkarten. Der Übersteigverkehr kommt also nicht in dem Maße zur Anwendung, wie man angenommen hatte. Dabei ist zu beachten, daß bei einem Monatskartenpreis von 12,50 RM die Umsteigfahrt von 40 Pfg. auf 24 Pfg. sinkt bei einem Ansatz von 52 Berufsfahrten im Monat.

Am 1.10.46 sollen auch Wochenkarten eingeführt werden, die zwar keine Verbilligung gegenüber den Monatskarten bringen werden, aber insofern eine Erleichterung darstellen werden, als auch derjenige, der weniger verdient, sich eine Wochenkarte lösen kann.[61]

Am 1.8.46 ist jetzt die Sammelkarte für 5 Fahrten zu 1 RM wieder eingeführt worden.[62] Dies bedeutet zwar keine Vergünstigung für die Fahrgäste, aber eine Erleichterung der Abfertigung. Ebenfalls sind am 1.8. Zeitkarten für Lehrlinge zu RM 6 im Monat eingeführt worden. Am 1.9. werden Zeitkarten für Schüler zu 6 RM eingeführt werden.[63] Leider wird diese Ermäßigung nur für Schüler bis zum vollendeten 14. Lebensjahr gelten. Es war nicht möglich, die Genehmigung zu erhalten, die Altersgrenze etwas höherzusetzen.[64]

Es fehlen somit zur Zeit nur noch die Umsteigefahrscheine für Erwachsene und Schüler, die es früher zu 25 und 15 Pfg. gab.

Bei einer Betrachtung dieser Frage sind drei Gesichtspunkte zu beachten: 1. die einfache Abfertigung, 2. die Vermeidung einer weiteren Überlastung der Fahrzeuge, 3. die finanziellen Auswirkungen. Führt man einen Umsteigefahrschein ein, so ist die Frage, ob man den Einzelfahrschein zu 20 Pfg. und daneben die Sammelkarte für 5 Fahrten zu 1 RM beläßt oder ob man neben der Sammelkarte zu 5 x 20 Pfg. für einen Einzelfahrschein 25 Pfg. nimmt, der sowohl für eine Geradeausfahrt wie für Umsteigen gilt. Eine zweite Lösung wäre die, daß man die Sammelkarte zu 5 x 20 Pfg. beläßt und daneben den Einzelfahrschein für Geradeausfahrt wie für Umsteigen auf 30 Pfg. festsetzt.

60 Vgl. Dok. 78, Anm. 94.
61 Vgl.: Wochenkarten bei der BVG, in: Berliner Zeitung, 28.9.1946, [S. 6]; Nun auch Wochenkarten bei der BVG, in: Vorwärts, 28.9.1946, S. 4; BVG-Wochenkarten, in: Der Kurier, 28.9.1946, S. 7.
62 Vgl.: Sammelkarten bei der BVG, in: Berliner Zeitung, 30.7.1946, [S. 6].
63 Vgl.: Zeitkarten der BVG, in: Der Sozialdemokrat, 28.8.1946, S. 3.
64 Mit Schreiben v. 25.11.1946 beantragte das Hauptschulamt beim Education Committee der AK, die Ausgabe von verbilligten Schülermonatskarten der BVG auf die Schüler der höheren Schulen sowie der Berufs- und Fachschulen auszudehnen. Das Schreiben ist vorhanden in: LAB(STA), Rep. 120, Nr. 2, Bl. 6. Eine entsprechende Genehmigung ist zumindest bis Mitte 1947 nicht erfolgt; vgl. das 6. Prot. des Finanzkomitees der AK v. 28.1.1947, TOP 4, u. das 36. Prot. des Finanzkomitees der AK v. 3.6.1947, TOP 7, in: LAB, Rep. 37: OMGBS, FIN Br, 4/91-2/8.

Hält man sich kurz die Einnahmen und Ausgaben vor Augen, so ergibt sich: Die Einnahmen der BVG betrugen im ersten Halbjahr 1946 rund 83,3 Millionen RM, die Ausgaben 81,7 Millionen RM einschließlich Rückstellungen in Höhe von 22,5 Millionen RM. Zu normalen Zeiten betrug die Rückstellung bei der BVG im Jahre 15 Millionen RM. Das würde für ein halbes Jahr 7,5 Millionen RM ausmachen. Verhandelt wird zur Zeit noch über die Frage der Körperschaftssteuer. Es ist angeblich der BVG zugesagt worden, daß die dreifache Rücklage von der Körperschaftssteuer frei ist. 3 x 7 1/2 [Millionen] würde 22 1/2 Millionen ergeben. Wenn allerdings diese 22 1/2 Millionen weggesteuert werden – außer der Körperschaftssteuer spielt noch die Gewerbeertragssteuer eine Rolle –, würde es zweckmäßiger sein, sie für eine Tarifermäßigung zu verwenden.

In den Ausgaben von 81,7 Millionen sind nun aber folgende Ausgaben noch nicht berücksichtigt: 11,7 Millionen für rückständige Löhne und Gehälter aus der Zeit vor Beendigung des Krieges sowie für Lieferungen und Leistungen aus der Zeit vor Kriegsende; ferner eine halbe Million für Verpflichtungen aus der Haftpflicht sowie 22 Millionen für Amortisation und Zinsendienst für früher getätigte Anleihen, die zum Teil in ausländischen Händen sind. Die Möglichkeit eines Wiederauflebens des augenblicklich ruhenden Zinsendienstes ist durchaus gegeben. Man muß da immerhin vorsorglich sein. Ungeklärt ist schließlich die Zahlung der Körperschaftssteuer für 1945. Auch hier ist unter Umständen eine Nachforderung zu erwarten. Die Kriegsschäden haben bisher der [sic!] BVG 135 Millionen gekostet; sie sind aus den laufenden Einnahmen gedeckt worden.

Nun ist für die Beurteilung der Wirkungen des Umsteigefahrscheins nicht die Vergangenheit, sondern die künftige Entwicklung des Unternehmens maßgebend. Eine Abschätzung der zu erwartenden Einnahmen ergibt folgendes Bild: Je Barfahrt ist im Juni 46 eine Einnahme von 18,5 Pfg. erzielt worden. Wenn jetzt die Wochenkarte und Zeitkarte für Schüler eingeführt wird, wird sich der Satz auf 18,0 Pfg. senken. Bei Einführung des Umsteigefahrscheins für Erwachsene zu 25 Pfg. und für Schüler zu 15 Pfg. dürfte schätzungsweise der Einnahmesatz je Barfahrt auf 13,5 Pfg. fallen. Das würde einen monatlichen Einnahmeverlust von 4 1/2 Millionen bedeuten.

Als Argument für den Vorschlag von 30 Pfg. wird von der BVG noch angeführt, daß man dann jederzeit auf 25 Pfg. heruntergehen könnte, während es umgekehrt nachher schwer möglich sein würde, von 25 auf 30 Pfg. heraufzugehen. Man muß ferner bedenken, daß der 20-Pfg.-Tarif ein Kriegstarif war, der von oben vorgeschrieben wurde, wobei hauptsächlich die vereinfachte Abfertigung mit Rücksicht auf die als Schaffnerinnen tätigen Frauen maßgebend war.

Winzer tritt für eine Beibehaltung des 20-Pfg.-Tarifs für Einzelfahrten ein.

Rumpf möchte den Preis für den Umsteigefahrschein so niedrig wie möglich gehalten haben, schon mit Rücksicht darauf, daß der Prozentsatz der arbeitenden Bevölkerung, die heute bei Bau- und Trümmerarbeiten beschäftigt ist und ihre Arbeitsstätte häufig wechseln muß, somit von der Zeitkartenvergünstigung keinen Gebrauch machen kann, sehr groß ist. Aber auch die Zeitkarten für Berufstätige sollte man nach Möglichkeit noch herabsetzen, da ein erheblicher Teil der Bevölkerung heute wieder buchstäblich mit dem Pfennig rechnen muß.

Dr. Haas tritt für den 25-Pfg.-Fahrschein für Umsteigen und Einzelfahrten ein. – Die Rücklage von 22 1/2 Millionen werde vermutlich weggesteuert werden.

Kraft betont noch einmal die Notwendigkeit, Rückstellungen für künftige Erneuerungen der Bahnanlagen vorzusehen.

Dr. Landwehr ist der Meinung, daß in der heutigen Zeit die Schäden der Kriegs- und Nazizeit nicht aus laufenden Einnahmen gedeckt werden könnten.

Maron hält die Befürchtung, daß etwa durch einen verbilligten Umsteigefahrschein sich der Verkehr noch wesentlich verstärken würde, nicht für gerechtfertigt. Unter den heutigen Verhältnissen benutzt niemand ein Verkehrsmittel, der es nicht unbedingt tun muß.

Die weitere Aussprache endet mit folgendem

BESCHLUSS: Der Magistrat beschließt die Einführung eines Umsteigefahrscheins bei der BVG zum 1. Oktober zum Preise von 25 Pfg. für Erwachsene und 15 Pfg. für Schüler; dieselben Preise sollen auch für Einzelfahrscheine gelten unter Beibehaltung der Sammelkarten für 5 Fahrten zu 1 RM.[65]

Scharoun berichtet von Plänen auf alliierter Seite, die Ausbildungszeit für Lehrlinge im Bauhandwerk erheblich zu beschränken, wogegen große Bedenken geltend zu machen seien.[66]

Fleischmann glaubt, daß diese Pläne mit einem Befehl der SMA für die sowjetische Zone zusammenhängen, der zum Ziel hat, so schnell wie möglich qualifizierte Fachkräfte heranzubilden.[67]

Die weitere Aussprache ergibt, daß Näheres über die Pläne noch nicht bekannt ist. Von einer Stellungnahme zu der Angelegenheit wird vorerst abgesehen.[68]

Nächste Sitzung: Sonnabend, den 10. August 1946,[69] vorm[ittags] 9 Uhr.

---

65 Vgl. das gemeinsame Schreiben der BVG und Krafts an die AK v. 20.9.1946, in dem Angaben übermittelt wurden „über die voraussichtlichen finanziellen Auswirkungen der Einführung von Umsteigefahrscheinen, welche vom Magistrat der Stadt Berlin beschlossen war und um deren Genehmigung wir nachgesucht hatten". Das Schreiben ist vorhanden in: LAB(STA), Rep. 101, Nr. 647. Die vom Magistrat beantragte Einführung des Umsteigefahrscheins bei der BVG wurde vom zuständigen Komitee der AK abgelehnt; vgl. das 80. Mag.prot. v. 22.10.1946, TOP 5 (Kraft).

66 Vgl. zur Beschäftigung Jugendlicher im Baugewerbe das 46. Mag.prot. v. 16.2.1946, TOP 11.

67 Der hier gemeinte Befehl Nr. 140 des Obersten Chefs der Sowjetischen Militäradministration v. 10.5.1946, betr. Heranbildung eines qualifizierten Stammes und Umschulung von Arbeitern der Massenberufe für die deutschen Hauptindustriezweige der sowjetischen Besatzungszone Deutschlands, ist vorhanden in: LAB(STA), Rep. 101, Nr. 8, Bl. 211; veröffentlicht in: Arbeit und Sozialfürsorge, Jg. 1 (1946), S. 149 f.

68 In den folgenden Mag.sitzungen ist diese Angelegenheit nicht wieder zur Sprache gekommen.

69 Tatsächlich fand die nächste Mag.sitzung am Montag, den 12.8.1946 statt.

Dok. 106
69. Magistratssitzung vom 12. August 1946

LAB(STA), Rep. 100, Nr. 778, Bl. 14 – 18. – Umdruck.[1]

Beginn: 10.05 Uhr   Schluß: 12.30 Uhr

Anwesend: OB Dr. Werner, Maron, Schwenk, Schulze, Lange, Dr. Landwehr,
Pieck, Dusiska, Dr. Goll, Kehler, Knoll, Kraft, Fleischmann, Winzer,
Grommann, Rumpf, Starck, Scharoun, Hauth, Geschke, Dr. Düring,
Buchholz, Dr. Harms, Schwanebeck. – Wegen Krankheit entschuldigt:
Jirak.

Den Vorsitz führt: Oberbürgermeister Dr. Werner.

Tagesordnung: 1. Protokoll
                    2. Personal- und Verwaltungsfragen
                    3. Abteilung für Arbeit
                    4. Finanzabteilung
                    5. Allgemeines.

1. PROTOKOLL
Die Niederschrift der 68. Magistratssitzung vom 3.8.46 wird ohne Beanstandung
genehmigt.

2. PERSONAL- UND VERWALTUNGSFRAGEN
Hierzu liegt die Vorlage Nr. 353[2] vor, betreffend *organisatorische Angliederung des
Sozialversicherungsamtes an die Ab[teilung] f[ür] Arbeit.*[3]

Pieck begründet die Vorlage, die sich auf eine Verordnung der Alliierten
Kommandantur vom 8.4.46 stützt,[4] worin es in § 1 heißt: „Der Magistrat der Stadt
Berlin wird ein Versicherungsamt errichten, das von der Abt[eilung] für Sozialwesen
und von der Versicherungsanstalt unabhängig sein wird." Es ist nicht gesagt,
welcher Abteilung es angeschlossen sein soll. Seitens der Rechtsabteilung und der
Abteilung für Personalfragen und Verwaltung besteht nur ein loser Zusammenhang
mit den Fragen des Versicherungsamtes. Eine sachliche Beziehung besteht aber zu
der Abteilung für Arbeit. Demgemäß wird die Angliederung an diese Abteilung
vorgeschlagen. Dies würde auch der früheren Regelung entsprechen, bei der das
Reichsversicherungsamt unmittelbar dem Reichsarbeitsministerium unterstellt war.

---

1 Weitere Umdruckexemplare dieses Protokolls sind vorhanden in: LAB(STA), Rep. 100,
Nr. 752, lfd. S. 347 – 355; LAB, Rep. 228, Mag.protokolle 1946, u. Rep. 280, Nr. 8501/26.
2 LAB(STA), Rep. 100, Nr. 778, Bl. 19 u. 20.
3 Vgl. zur Errichtung des Sozialversicherungsamts das 37. Mag.prot. v. 17.12.1945, TOP 7
(insb. Anm. 81); die entsprechende Verfügung von Martin Schmidt v. 26.7.1946, in:
LAB(STA), Rep. 102, Nr. 37, Bl. 180 – 183.
4 Die BK/O (46) 160 v. 8.4.1946, betr. Sozialversicherungsamt und das gesetzmäßige
Verfahren dieses Amtes, ist vorhanden in: LAB(STA), Rep. 101, Nr. 62, u. LAB,
Rep. 280, Nr. 4813; veröffentlicht in: VOBl., Jg. 2 (1946), S. 159 f.; wieder abgedruckt
in: Berlin. Quellen und Dokumente, 1. Halbbd., S. 625 f.

Als Tag der Errichtung des neuen Versicherungsamtes ist der 1. August 1946 in Aussicht genommen.

Geschke macht darauf aufmerksam, daß seines Wissens der FDGB mit der Alliierten Kommandantur nach der Richtung in Verhandlungen steht, die Aufgaben des Versicherungsamtes den Arbeitsgerichten[5] zu übertragen. Vielleicht sollte man erst das Ergebnis dieser Verhandlungen abwarten.

Lange ist der Ansicht, daß eine Angliederung des Versicherungsamtes an die Arbeitsgerichte eine völlig neue organisatorische Regelung darstellen würde. Ungewohnt und neu sei auch die Bezeichnung Sozialversicherungsamt. Der alte technische Begriff sei „Versicherungsamt". Der Zusatz sei offenbar gewählt worden, um Verwechselungen mit dem Aufsichtsamt für die Privatversicherungsanstalten[6] zu vermeiden.

Schwenk meint, daß man die Aufsichtsbefugnisse des Versicherungsamtes an sich nicht gut den Arbeitsgerichten übertragen könne, die Frage sei höchstens, ob man aus Zweckmäßigkeitsgründen die Berufung in Beschwerdefällen einer besonderen Spruchkammer bei den Arbeitsgerichten überträgt. Der Name Sozialversicherungsamt sei in der Tat mit Vorbedacht gewählt worden, um Verwechselungen mit dem Aufsichtsamt für Privatversicherungsgesellschaften zu vermeiden.

Pieck glaubt, aus einem vorliegenden Schreiben des Organisationsamtes[7] schließen zu können, daß auf seiten einiger Besatzungsmächte eine Verbindung des Sozialversicherungsamtes mit den Arbeitsgerichten nicht für erwünscht gehalten wird. Man sollte deshalb die Vorlage in der vorgesehenen Form zunächst ruhig annehmen.

Fleischmann gibt zur Klärung des Sachverhalts bekannt, daß auf Grund eines Einspruchs von seiten der Gewerkschaften[8] gegen den geplanten Aufbau des Sozialversicherungsamtes die Alliierte Kommandantur Verhandlungen mit der Abt[eilung] f[ür] Arbeit nach der Richtung gepflogen hat, ob nicht die Aufgaben des Versicherungsamtes, die in der Schlichtung von Streitigkeiten in Angelegenheiten der Sozialversicherung bestehen, einer besonderen Spruchkammer des Arbeitsgerichts – Arbeitsgerichte erster und zweiter Instanz – übertragen werden könnten. Diese Verhandlungen haben sich so weit verdichtet, daß die Alliierte Kommandantur eine Erklärung von der Abt[eilung] für Arbeit, der Abt[eilung] für Sozialwesen und der Versicherungsanstalt Berlin[9] verlangt hat, ob die drei genannten Stellen mit dieser Übertragung der Aufgaben des Versicherungsamtes an das Arbeitsgericht einverstanden sind. Bei dieser Sachlage würde es sich empfehlen, die Erledigung der Vorlage noch zurückzustellen.

BESCHLUSS: Die Vorlage Nr. 353 wird zurückgestellt.[10]

---

5 Vgl. zur Errichtung der Arbeitsgerichte in Berlin: Dok. 37, Anm. 67; Dok. 83, Anm. 55.

6 Vgl. zu dem hier gemeinten Aufsichtsamt für das Versicherungswesen der Stadt Berlin das 20. Mag.prot. v. 10.9.1945, TOP 7, u. das 73. Mag.prot. v. 7.9.1946, TOP 3 (Rumpf); Dok. 50, Anm. 13.

7 Dienststelle der Mag.abt. für Personalfragen und Verwaltung. Das erwähnte Schreiben des Organisationsamts konnte nicht ermittelt werden.

8 Vgl. das Schreiben des FDGB Groß-Berlin an die AK v. 31.5.1946, betr. Sozialversicherungsamt, in: LAB(STA), Rep. 101, Nr. 62.

9 Vgl. zur Errichtung der Versicherungsanstalt Berlin das 10. Mag.prot. v. 9.7.1945, TOP 3 (insb. Anm. 20).

10 Vgl. zur Beschlußfassung über die hier zurückgestellte Mag.vorlage das 71. Mag.prot. v. 24.8.1946, TOP 2 (Schmidt u. Beschluß).

3. ABTEILUNG FÜR ARBEIT

Hierzu liegt die Vorlage Nr. 359[11] vor, betreffend Anordnung des Magistrats über die *betriebliche Organisation des Arbeitsschutzes* für das Stadtgebiet Berlin.[12]

Fleischmann begründet die Vorlage. Sie enthält eine Zusammenfassung von Anordnungen, die in der Gewerbeordnung[13] und in verschiedenen Unfallverhütungsvorschriften verstreut sind. Es soll damit erreicht werden, daß auch im Betrieb selbst der Arbeitsschutz so organisiert wird, daß jeder Betriebsangehörige weiß, wohin er sich zu wenden hat. Der Inhalt der Vorlage ist mit den Gewerkschaften durchgesprochen und abgestimmt worden.

BESCHLUSS: Die Vorlage Nr. 359 wird angenommen.[14]

4. FINANZABTEILUNG

Hierzu liegt die Vorlage Nr. 354[15], betreffend *Erwerb eines Geländes in Berlin-Tegel, Straße 144, für Krankenhauszwecke*, vor.

Rumpf begründet die Vorlage. Es handelt sich um ein Nachbargrundstück des früheren Kurhauses Tegel. In dem Kurhaus ist während des Krieges von der Luftwaffe ein Reservelazarett und später ein städtisches Krankenhaus eingerichtet worden. Auf dem Nachbargrundstück sind nach der Kapitulation im Zusammenhang mit dem Krankenhaus Seuchenbaracken errichtet worden. Die Stadt möchte jetzt den gesamten Komplex für die Fortführung des Krankenhausbetriebes erwerben. Der Erwerb des Kurhauses, das als früheres Reichseigentum unter dem Gesetz 52[16] steht, ist eingeleitet worden. Das Nachbargrundstück soll durch Kaufvertrag aus der Hand der Eigentümerin erworben werden. Hierzu dient die Vorlage. Der angebotene Preis ist angemessen. Die Mittel sind im Etat vorgesehen.

BESCHLUSS: Die Vorlage Nr. 354 wird angenommen.

Rumpf begründet weiter die Vorlage Nr. 355[17], betreffend die *Berliner Feuersozietät*. Im Dezember v[origen] J[ahres] hatte der Magistrat den Beschluß gefaßt, die alte Städtische Feuersozietät von Berlin zu liquidieren, nachdem inzwischen die

---

11 LAB(STA), Rep. 100, Nr. 778, Bl. 30 f. u. 32 f.

12 Vgl. zur Regelung des Arbeitsschutzes das 12. Mag.prot. v. 23.7.1945, TOP 3, u. das 17. Mag.prot. v. 20.8.1945, TOP 8 (insb. Anm. 51), u. das 42. Mag.prot. v. 19.1.1946, TOP 8 (Jendretzky), u. das 67. Mag.prot. v. 27.7.1946, TOP 3 (Fleischmann); Ernst Barbknecht: Arbeitsschutz in den Betrieben, in: Tägliche Rundschau, 17.2.1946, S. 6; [Dionys] Kremer: Unfallverhütung, in: Telegraf, 14.6.1946, S. 4.

13 Die 1869 als Kodifikation der gesetzlichen Bestimmungen zur Regelung der Gewerbe erlassene Gewerbeordnung des Norddeutschen Bundes war in der Folgezeit als Reichsrecht vielfach geändert und ergänzt worden.

14 Die hiermit beschlossene Anordnung zur betrieblichen Organisation des Arbeitsschutzes wurde veröffentlicht in: VOBl., Jg. 2 (1946), S. 328 f. Vgl. zum Arbeitsschutz auch die Materialien in: LAB(STA), Rep. 107, Nr. 661–663.

15 LAB(STA), Rep. 100, Nr. 778, Bl. 21; auch in: LAB(STA), Rep. 101, Nr. 644, Bl. 90.

16 Vgl. Dok. 105, Anm. 28.

17 LAB(STA), Rep. 100, Nr. 778, Bl. 22 u. 23; auch in: LAB(STA), Rep. 101, Nr. 644, Bl. 83.

Städtische Feuerversicherungsanstalt gegründet worden war.[18] Man wollte nicht die Verpflichtungen, die noch bei der Feuersozietät laufen, in die Geschäfte der neuen Feuerversicherungsanstalt hinübernehmen. Die alte Feuersozietät hat noch Verpflichtungen in Höhe von 4 Millionen RM zu erfüllen. Dies sind Verpflichtungen aus solchen Schäden, die in den Jahren 1935 bis 1943 entstanden sind und die nach der besonderen Gepflogenheit der Sozietäten erst dann bezahlt werden, wenn die beschädigten Gebäude wieder errichtet oder repariert werden. Dies war in jenen Jahren aber nicht möglich, und deshalb bestanden die Verpflichtungen noch. Auf der anderen Seite hatte die Sozietät Aktiva in Höhe von 8 Millionen, von denen aber nur rund eine Million als reell gesichert zu betrachten ist; die übrigen 7 Millionen sind in Papieren angelegt, deren Bewertung und Realisierung einstweilen sehr zweifelhaft ist.

Es wird trotzdem vorgeschlagen, den früheren Liquidationsbeschluß aufzuheben, und zwar aus folgenden Gründen. Die Feuersozietät ist ein Institut, das mit alten Rechten hinsichtlich der Gebäudeversicherung in Alt-Berlin ausgestattet ist. Es sind gegenwärtig Bestrebungen im Gange, diese alten Rechte zu beseitigen. Demgegenüber soll eine Regelung getroffen werden, die der Stadt die Möglichkeit gibt, die alten verbrieften Rechte weiter auszuüben. Dies kann aber nicht durch die neugegründete Städtische Feuerversicherungsanstalt geschehen, da es eine neue Anstalt wäre, die nicht einfach die alten Rechte erhält, sondern nur durch die alte Feuersozietät. Daher der Antrag auf Aufhebung des früheren Liquidationsbeschlusses.

Satzungsgemäß muß für die wieder in Gang gesetzte Feuersozietät eine Deputation gewählt werden, die aus Vertretern von gewählten Körperschaften der Stadt besteht. Da dies gegenwärtig noch nicht möglich ist, wird diese Bildung der Deputation bis nach den Wahlen[19] zurückgestellt. Dafür wird eine vorläufige Deputation bestellt, für die die in der Vorlage genannten vier Herren vorgeschlagen werden. Diese Herren sind identisch mit dem gegenwärtigen Vorstand der Feuerversicherungsanstalt Berlin.[20]

Lange erinnert daran, daß die seinerzeitige Liquidierung der Feuersozietät mit Rücksicht auf die rein buchmäßig vorhandenen 4 Millionen Passiva, denen nur eine Million Aktiva gegenüberstanden, erfolgt ist. Dabei habe der frühere Stadtkämmerer aber nicht die verbrieften Rechte in Rechnung gestellt, die einen erheblichen Wert darstellen. Es bestehe alle Veranlassung, den damals gemachten Fehler wiedergutzumachen.

---

18 Vgl. hierzu das 17. Mag.prot. v. 20.8.1945, TOP 3, u. das 33. Mag.prot. v. 3.12.1945, TOP 3. Vgl. ferner zwei Schreiben der Finanzabteilung des Magistrats an die AK v. 16.3.1946 u. 12.6.1946, betr. Städtische Feuerversicherungsanstalt Berlin, in: LAB(STA), Rep. 101, Nr. 635 u. 636; den Geschäftsbericht der Städtischen Feuerversicherungsanstalt Berlin für die Zeit vom 1.10.1945 bis 30.6.1946 mit dem Ausfertigungsdatum v. 14.8.1946, in: LAB, Rep. 37: OMGBS, FIN Br, 4/87-1/11.

19 Gemeint sind die ersten Nachkriegswahlen in Berlin am 20.10.1946; vgl. hierzu Dok. 96, Anm. 7.

20 Generaldirektor Dr. Willy Müller-Wieland sowie die Vorstandsmitglieder George, Thäle und Wilke.

BESCHLUSS: Die Vorlage Nr. 355 wird angenommen.[21]
Die Vorlagen Nr. 356[22] und 357[23] werden zurückgestellt.[24]

Es folgt die Vorlage Nr. 358[25], betreffend Durchführung einer *8. Berliner Stadtlotterie* im Monat Oktober 1946.[26]

---

21 Hiermit wurde der Mag.beschluß v. 3.12.1945 zur Liquidierung der Städtischen Feuersozietät von Berlin aufgehoben und die vorgeschlagene personelle Besetzung der nach der Satzung der Städtischen Feuersozietät von Berlin zur Führung ihrer Geschäfte vorgesehenen Deputation bestätigt. Diese Deputation beschloß am 26.8.1946 eine Reihe von Bestimmungen, wonach insbesondere die bisher von der Städtischen Feuerversicherungsanstalt Berlin bearbeiteten Gebäudefeuerversicherungen in den Verwaltungsbezirken 1 bis 6 (den Innenstadtbezirken Mitte, Tiergarten, Wedding, Prenzlauer Berg, Friedrichshain und Kreuzberg) von der Städtischen Feuersozietät von Berlin übernommen werden sollten und gleichzeitig deren Tätigkeit auf die Gebäudefeuerversicherung in diesen Verwaltungsbezirken beschränkt werden sollte. Die Bestimmungen wurden als Bekanntmachung der Deputation für die Städtische Feuersozietät mit dem Ausfertigungsdatum v. 3.9.1946 veröffentlicht in: VOBl., Jg. 2 (1946), S. 336. Vgl. zur Städtischen Feuersozietät von Berlin und zur Städtischen Feuerversicherungsanstalt Berlin auch zwei Schreiben der Finanzabteilung des Magistrats an die AK v. 1.10.1946 u. 6.11.1946, in: LAB(STA), Rep. 101, Nr. 638. Mit Wirkung v. 1.10.1946 nahm die Städtische Feuerversicherungsanstalt Berlin neben der Gebäudefeuerversicherung und einer Reihe weiterer Versicherungszweige auch das Lebensversicherungsgeschäft auf. Vgl. hierzu ein entsprechendes Schreiben der Finanzabteilung des Magistrats an die AK v. 9.10.1946, in: LAB(STA), Rep. 101, Nr. 638; ferner: LAB, Rep. 280, Nr. 4532.
Mit BK/O (47) 48 v. 19.2.1947 ordnete die AK an, daß die bisherigen Geschäftsfelder der Städtischen Feuerversicherungsanstalt mit Ausnahme der Lebensversicherung unverzüglich auf die Städtische Feuersozietät zu übertragen waren. Das Lebensversicherungsgeschäft sollte einer neu zu gründenden städtischen Lebensversicherungsanstalt überhändigt werden, und nach der Durchführung dieser Maßnahmen war die Städtische Feuerversicherungsanstalt zu liquidieren. Die BK/O ist vorhanden in: LAB(STA), Rep. 101, Nr. 78; LAB, Rep. 280, Nr. 10330. Vgl. zu ihrer Vorgeschichte: BK/R (46) 392 v. 27.11.1946, in: LAB, Rep. 37: OMGBS, BICO LIB, 11/148-2/9; das 51. Prot. der stellv. Stadtkommandanten v. 29.11.1946, TOP 625, in: LAB, Rep. 37, Acc. 3971, Nr. 222; BK/R (47) 43 v. 12.2.1947, in: LAB, Rep. 37: OMGBS, BICO LIB, 11/148-3/4; das 8. Prot. der stellv. Stadtkommandanten v. 14.2.1947, TOP 79, in: LAB, Rep. 37: OMGBS, BICO LIB, 11/149-1/2. Vgl. zur Feuersozietät Groß-Berlin und zur Lebensversicherungsanstalt Groß-Berlin in den Jahren 1947/48: Berlin 1947, S. 198 f.; Berlin 1948, S. 76 f.; Berlin 1949. Jahresbericht des Magistrats. Der Magistrat berichtet..., Berlin [West] 1950, S. 114–116.

22 LAB(STA), Rep. 100, Nr. 778, Bl. 24 u. 25; auch in: LAB(STA), Rep. 101, Nr. 644, Bl. 84. Der Beschlußtext dieser Mag.vorlage Nr. 356 v. 7.8.1946 hat den Wortlaut: „Die Städtische Feuerversicherungsanstalt Berlin wird aufgelöst. Ihre Aktiven und Passiven übernimmt die Städtische Feuersozietät von Berlin. Der Aufgabenkreis der Städtischen Feuerversicherungsanstalt Berlin geht auf die Städtische Feuersozietät von Berlin über."

23 LAB(STA), Rep. 100, Nr. 778, Bl. 26 u. 27; auch in: LAB(STA), Rep. 101, Nr. 644, Bl. 85. Der Beschlußtext dieser Mag.vorlage Nr. 357 v. 7.8.1946 hat den Wortlaut: „Die Städtische Feuersozietät von Berlin führt künftig die Bezeichnung ‚Städtische Feuerversicherungsanstalt Berlin'."

24 Die hier zurückgestellten Mag.vorlagen sind in den folgenden Mag.sitzungen nicht wieder behandelt worden.

25 LAB(STA), Rep. 100, Nr. 778, Bl. 28 f.; auch in: LAB(STA), Rep. 101, Nr. 644, Bl. 91.

26 Vgl. zur 6. u. 7. Berliner Stadtlotterie das 60. Mag.prot. v. 5.6.1946, TOP 3.

Rumpf empfiehlt die Vorlage, die eine Fortsetzung der bisherigen Stadtlotterien bedeutet, nachdem die Genehmigung für die Einführung einer „Klassenlotterie" nicht erteilt worden ist.[27] Der neue Gewinnplan enthält insofern einige Änderungen gegenüber der letzten Lotterie, als die Anzahl der höheren Gewinne zugunsten der Anzahl der kleineren Gewinne reduziert und die Gewinnquote von 12,7 % auf 22,6 % erhöht worden ist. Diese Maßnahme erscheint erforderlich, da sich die Lage auf dem Lotteriemarkt nach der negativen Seite hin geändert hat und man einen höheren Anreiz für den Kauf der Lose schaffen muß, wenn der gleiche Erfolg wie bisher gesichert werden soll.

BESCHLUSS: Die Vorlage Nr. 358 wird angenommen.[28]

Es folgt die Vorlage Nr. 360[29], betreffend Erwerb eines Grundstücks in Berlin-Tegel, Egellsstr. 56.

Rumpf führt hierzu aus: Es handelt sich um ein Grundstück, das direkt in das Gelände der früheren Borsigwerke einschneidet. Mit Rücksicht darauf, daß die Besitzverhältnisse bei den Borsigwerken noch ungeklärt sind,[30] ist die Vorlage, die früher schon einmal dem Magistrat vorgelegen hat,[31] seinerzeit zurückgestellt worden. Dr. Haas, der die Vorlage eingebracht hat, befindet sich zur Zeit in Urlaub. Der Redner würde es seinerseits für empfehlenswert halten, wenn das fragliche Gelände nicht von der Stadt Berlin, sondern von den Borsigwerken erworben würde, sobald dort die Besitz- und sonstigen juristischen Verhältnisse geklärt sind. Er bittet deshalb, die Vorlage noch einmal zurückzustellen.

BESCHLUSS: Die Vorlage Nr. 360 wird zurückgestellt.[32]

5. ALLGEMEINES

Starck berichtet über die geplante Eröffnung der *Bauausstellung*. Die Abt[eilung] für Bau- und Wohnungswesen beabsichtigt schon seit längerer Zeit eine Bauausstellung, die nun endlich am 22. August gemeinsam mit der Ausstellung „1 Jahr Wiederaufbau Berlin" im großen Saale des Neuen Stadthauses eröffnet werden soll.[33] In

---

27 Der Magistrat hatte am 30.3.1946 den Beschluß zur Schaffung einer Klassenlotterie gefaßt, der vom Finanzkomitee der AK am 4.6.1946 abgelehnt worden war. Vgl. hierzu und zur weiteren Entwicklung dieser Frage: Dok. 78, Anm. 29.

28 Am 10.9.1946 genehmigte das Finanzkomitee der AK die Durchführung einer achten Berliner Stadtlotterie. Vgl. das 49. Prot. des Finanzkomitees der AK v. 10.9.1946, TOP 7, in: LAB, Rep. 37: OMGBS, FIN Br, 4/91-2/7; der entsprechende Befehl FIN/I (46) 106 v. September 1946 ist vorhanden in: LAB, Rep. 37: OMGBS, FIN Br, 4/91-2/12. Das Schreiben der Finanzabteilung des Magistrats an das Finanzkomitee der AK v. 9.12.1946, betr. Abrechnung der 8. Berliner Stadtlotterie, ist vorhanden in: LAB(STA), Rep. 101, Nr. 639. – Vgl. zur „Großen Berliner Weihnachtslotterie 1946" das 73. Mag.prot. v. 7.9.1946, TOP 3.

29 LAB(STA), Rep. 100, Nr. 778, Bl. 34 u. 35; auch in: LAB(STA), Rep. 101, Nr. 644, Bl. 80 f.

30 Vgl. zum Borsig-Werk (Städtisches Werk Tegel; Borsig Maschinenbau GmbH) das 46. Mag.prot. v. 16.2.1946, TOP 5, u. das 47. Mag.prot. v. 23.2.1946, TOP 6, u. das 48. Mag.prot. v. 4.3.1946, TOP 7, u. das 71. Mag.prot. v. 24.8.1946, TOP 5.

31 Vgl. das 55. Mag.prot. v. 29.4.1946, TOP 4.

32 Vgl. zur Beschlußfassung über die Mag.vorlage Nr. 360 v. 30.7.1946 das 71. Mag.prot. v. 24.8.1946, TOP 5.

33 Mit Schreiben v. 25.2.1946 hatte Scharoun die AK um Genehmigung für die hier als „Bauausstellung" bezeichnete Ausstellung gebeten: „Für den Monat Mai beabsichtige

dieser Bauausstellung wird von dem Hauptplanungsamt der Abt[eilung] Bau- und Wohnungswesen ein Plan gezeigt werden, wie man sich die Ausgestaltung Berlins in Zukunft denkt.[34] Dieser Vorschlag der Ausgestaltung soll durch die Ausstellung zur öffentlichen Diskussion gestellt werden. Die Ausstellung soll die Grundlage bilden für Anregungen aller interessierten Kreise. Aus der Diskussion und den Anregungen soll sich dann erst der eigentliche Plan für die Gestaltung Berlins ergeben.

Der Redner glaubt, daß hier im Gegensatz zu der kürzlich in Dresden stattgefundenen Ausstellung[35] etwas wirklich Neues auch für Fachkreise gezeigt werden kann. Zur Eröffnung sind eine Reihe von auswärtigen Gästen eingeladen worden: die Oberbürgermeister und Bauräte der größeren Städte, die Präsidenten und Regierungsbauräte der Länder und Provinzen, im ganzen etwa 150 Herren. Es ist beabsichtigt, in Verbindung mit der Eröffnung der Ausstellung auch eine Reihe von Fachvorträgen zu bieten sowie allgemeinere Vorträge für die Bevölkerung, z[um] B[eispiel] Aufklärungsvorträge darüber, welche Rechte die Mieter und welche Pflichten die Hausbesitzer als Vermieter besonders bei der Instandsetzung von Wohnungen haben.

Der Redner glaubt, daß die Ausstellung zusammen mit der Ausstellung „1 Jahr Wiederaufbau Berlin" äußerst anregend wirken wird, vor allem auch auf die betei-

---

ich, Planmaterial zur Ausstellung zu bringen und zur Disposition zu stellen, das sich im wesentlichen mit der Strukturforschung Berlins befaßt und die Unterlage für eine Wiederherstellung Berlins, soweit diese erforderlich sein wird, bilden soll. Dabei soll auf Standortfragen, Änderungen der Verkehrslinien usw. sowie auf Fragen der gesünderen Gestaltung der Wohnungen eingegangen werden." Als „geeigneter Ort für die Ausstellung" komme die Neue Reichskanzlei in der Wilhelmstraße/Voßstraße in Frage, die 1938 für Adolf Hitler erbaut worden war. Das Schreiben Scharouns ist vorhanden in: LAB(STA), Rep. 101, Nr. 234. In dem Exposé „Ausstellung des Hauptamtes für Planung – Mai 1946" v. 15.3.1946 gab Scharoun folgende Begründung für den in seinem Genehmigungsantrag vorgeschlagenen Ausstellungsort: „An die Verwendung der ehemaligen Reichskanzlei als Ausstellungsraum ist deshalb gedacht, um mit der ersten, richtunggebenden Ausstellung für den Neuaufbau dort zu beginnen, wo die Zerstörung Berlins symbolhaft ihren Abschluß fand. Außerdem sind die Räume umfangmäßig und dem Zustand nach für die Aufnahme einer solchen Ausstellung geeignet." Das Exposé ist vorhanden in: Akademie der Künste (Berlin-Tiergarten), NL Scharoun, Mappe Mag 2/3; LAB(STA), Rep. 101, Nr. 234. Mit BK/O (46) 186 v. 25.4.1946 ermächtigte die AK den Magistrat, „im Schloß eine Ausstellung zu veranstalten, die den Wiederaufbauplan der Stadt Berlin zur Schau bringt", und untersagte die Benutzung der ehemaligen (Neuen) Reichskanzlei zu diesem Zweck. Die BK/O ist vorhanden in: LAB(STA), Rep. 101, Nr. 63, Bl. 129; LAB, Rep. 280, Nr. 6668. – Vgl. ferner zur Vorgeschichte der hier als „Bauausstellung" bezeichneten Ausstellung „Berlin plant": Dok. 60, Anm. 16; Das neue Gesicht Berlins. Feststellungen – Kalkulationen – Pläne, in: Der Tagesspiegel, 9.2.1946, S. 4; Geist/Kürvers, S. 180–185 u. 429–437.

34 Vgl. hierzu Dok. 60.
35 Vgl. hierzu das 51. Mag.prot. v. 25.3.1946, TOP 6 (OB Werner); LAB(STA), Rep. 110, Nr. 107, Bl. 4; Bericht von Heinrich Starck v. 23.7.1946, in: Akademie der Künste (Berlin-Tiergarten), NL Scharoun, Mappe Mag 2/2; Rudolf Reinhardt: Dresden übertrifft sich selbst, in: Tägliche Rundschau, 23.7.1946, S. 4; Otto Schubert: Brief aus Dresden, in: Neue Bauwelt, Jg. 1 (1946), H. 9, S. 4 f.; Baunachrichten aus Dresden, in: Baumeister, Jg. 43 (1946), H. 2, Rundschau, S. 13; Ausstellung „Das neue Dresden", in: Baumeister, Jg. 43 (1946), H. 3, Rundschau, S. 29 f.

ligten Fachkreise, und den ganzen Aufbaufragen einen neuen Impuls geben wird.
Der Magistrat wird gebeten, sein Einverständnis mit dieser Art der Durchführung
und mit der Einladung der Gäste zu erklären.

OB Dr. Werner möchte empfehlen, mit Rücksicht auf die zahlreichen Gäste einen
etwas größeren Raum für die Eröffnungsfeier zu wählen, vielleicht ein Theater.

Starck entgegnet, daß ein anderer geeigneter Raum nicht zu bekommen war. Der
Admiralspalast wird zur Zeit umgebaut[36] und andere Theater sind nicht frei.

Scharoun schildert die Schwierigkeiten, die der Durchführung des ganzen Aus-
stellungsprojektes gegenüberstanden. Nun ist die Sache so aufgezogen, daß keine
Beschränkung auf Berlin erfolgt, sondern die städtebaulichen Elemente, aus denen
eine große Stadt sich zusammensetzt, gezeigt werden. Dabei werden auch das
vorfabrizierte Haus[37] und sonstige Modelle vorgeführt werden. Es ist vorgeschlagen,
mit der Ausstellung einen *Wettbewerb* zu verbinden, der sich an die Allgemeinheit
wendet, um zu Teilproblemen Stellung zu nehmen und Anregungen zu geben. Für
den Wettbewerb sind Barpreise in der Gesamthöhe von 25 000 RM – für den
einzelnen Preis durchschnittlich 500 RM mit der Möglichkeit für die Preisrichter,
Erhöhungen vorzunehmen – vorgesehen. Eine besondere Vorlage darüber wird dem
Magistrat noch zugehen.[38]

Schwenk würde es für zweckmäßig halten, wenn für den Wettbewerb ein etwas
detaillierterer Plan vorgelegt würde, in dem genau die Themen bestimmt werden, auf
die sich der Wettbewerb beziehen soll. Seiner Ansicht nach würden für einen solchen
Wettbewerb 25 000 RM nicht ausreichen. Es würden voraussichtlich auch Vorschläge
kommen, die mit erheblich höheren Preisen als mit 500 RM ausgezeichnet werden
müßten.

Dr. Landwehr ist auch der Meinung, daß man für einen solchen Wettbewerb
mindestens 100 000 RM auswerfen müßte.

Maron weist darauf hin, daß ursprünglich die Eröffnung der beiden Ausstellungen
schon für den 15. August vorgesehen war und daß insbesondere für die Ausstellung
„1 Jahr Wiederaufbau Berlin" alle Vorbereitungen mit Presseempfang usw. für diesen
Tag schon getroffen sind. Durch die Verschiebung der Eröffnung der Bauausstellung
auf den 22. August sei eine etwas mißliche Lage entstanden. Bedauerlicherweise
sei der Magistrat von dem Termin für die Bauausstellung etwas sehr kurzfristig
informiert worden. Der Magistrat hätte mit den ganzen Vorbereitungen, Einladungen
usw. für diese Ausstellung schon viel eher befaßt werden müssen.

Scharoun zählt eine Reihe von Gründen auf, aus denen es nicht möglich war, den
Termin früher anzusetzen. Auch die Art, in welchem Rahmen die Ausstellung, bei der
es sich übrigens nur um eine Arbeitsausstellung ohne dekorative Entfaltung handelt,
aufgezogen werden sollte und wen man dazu bitten wollte, hat sich erst langsam
herausgebildet und erst in den letzten Wochen greifbare Formen angenommen.

---

36 Vgl. das 16. Mag.prot. v. 13.8.1945, TOP 8 (insb. Anm. 49), u. das 78. Mag.prot. v.
   5.10.1946, TOP 6.
37 Vgl. hierzu Dok. 60; das 45. Mag.prot. v. 2.2.1946, TOP 6; die Materialien des
   Internationalen Komitees für Bau- und Wohnungswesen, in: Akademie der Künste
   (Berlin-Tiergarten), NL Scharoun; Geist/Kürvers, S. 206 f., 217 u. 423–438; Böttcher:
   Bericht über meine Arbeit, S. 45–47, 49, 52, 56, 58–60 u. 104.
38 Vgl. das 70. Mag.prot. v. 17.8.1946, TOP 3.

Es entspinnt sich eine längere Erörterung über die Frage, ob die Ausstellung „1 Jahr Wiederaufbau Berlin" schon am 15. eröffnet werden und am 22. noch einmal die gemeinsame Eröffnung beider Ausstellungen vor geladenen Gästen stattfinden soll oder ob beide Ausstellungen erst am 22. August eröffnet werden sollen. Die Mehrheit entscheidet sich im weiteren Verlauf der Aussprache für die letztere Lösung.

Starck wirft mit Rücksicht auf die Einladung der Gäste die Frage auf, ob nicht die Stadt Berlin in irgendeiner Form ein *Gästehaus* einrichten könnte. Es hat sich jetzt bei den organisatorischen Vorbereitungen für die Ausstellung gezeigt, daß es nicht einmal möglich ist, in Berlin 150 Gäste würdig unterzubringen. Es war bisher nur eine Zusage für 60 Hotelbetten zu erreichen, so daß man sich noch um Privatquartiere bemühen muß. Ebenso schwierig ist die Frage der Verpflegung für die Gäste. Das Haupternährungsamt[39] lehnt jeden Zuschuß für diesen Zweck ab. Es ist ein wenig erfreulicher Zustand, daß Berlin als größte Stadt Deutschlands nicht einmal in der Lage ist, wie es jede andere Stadt sich zur Ehre anrechnet, geladene Gäste zu bewirten.

Dusiska ist der gleichen Ansicht. Es fehle in Berlin ein *Gästeamt*. Wenn z[um] B[eispiel] die Abt[eilung] für Wirtschaft Besuch vom Länderrat[40] in Stuttgart bekommt, erhebt sich die Frage: Wo bekommt man für die Gäste Zimmer, Verpflegung, Wagen für Besichtigungen usw.? Der Redner möchte die Diskussion dieser Frage benutzen, um den Antrag zu stellen, die Abt[eilung] für Personalfragen und Verwaltung zu beauftragen, ein Gästeamt in Berlin einzurichten und es mit den erforderlichen technischen Möglichkeiten zu versehen. – Die Notwendigkeit einer solchen Maßnahme wird von dem Redner noch weiter in eindringlichster Weise begründet.

Dr. Düring erklärt, daß das Haupternährungsamt über keinerlei Reserven für die Bewirtung auswärtiger Gäste verfüge; es sei dem Amt sogar von allen Besatzungsmächten ausdrücklich unter strengster Strafandrohung verboten worden, für irgendwelche Sonderzwecke irgendwelche Nahrungsmittel zur Verfügung zu stellen.

Pieck würde an sich die Einrichtung eines Gästeamtes begrüßen, wenn dies so leicht möglich wäre, wie es einigen Vorrednern erscheine. Schon bei einem Plan des Bezirks Lichtenberg, ein kleines Gästehotel einzurichten, hat sich ergeben, daß von keiner Seite, weder von Handel und Handwerk noch Wirtschaft noch Ernährung, eine Unterstützung in bezug auf Materialien usw. zu erhalten war. Ohne Unterstützung der Besatzungsmächte ist die Durchführung eines solchen Beschlusses auf Errichtung eines Gästeamtes oder gar Gästehauses einfach nicht möglich. Es sind auch schon Vorschläge aufgetaucht, ein *Reise- oder Fremdenverkehrsamt* von seiten der Stadt aufzumachen. Das könnte man eventuell machen, aber in möglichst bescheidenem Rahmen: nur für gebetene Gäste und leitende Magistratsangestellte, kein allgemeines Fremdenverkehrsamt, das dann von allen Seiten bestürmt wird. Vielleicht läßt sich aus solchen kleinen Anfängen allmählich eine größere Institution entwickeln.

---

39 Gemeint ist die Mag.abt. für Ernährung.
40 Vgl. zum Länderrat des amerikanischen Besatzungsgebiets in Deutschland: Dok. 70, Anm. 12.

Grommann weist in bezug auf die Unterbringung von Gästen darauf hin, daß das Fachamt[41] für Gaststätten und Beherbergungsbetriebe durchaus in der Lage ist, auch größeren Anforderungen zu entsprechen, wenn rechtzeitig der Bedarf an Betten angemeldet wird. Die Schaffung eines Verkehrsamtes, wo die Gäste von außerhalb alles Notwendige über Unterkunft, Verkehrsmöglichkeiten, Reisemarken[42] usw. erfahren können, wäre sehr erwünscht. Das ließe sich sicher auch leicht verwirklichen, während die Schaffung eines Gästehauses allerdings etwas schwieriger wäre.

Dusiska konkretisiert noch einmal seine Anregungen hinsichtlich eines Gästeamtes. Es soll eine Zentralstelle sein für alle organisatorischen Fragen, die bei dem Besuch von Gästen auftauchen. Auch die Besatzungsmächte würden, wenn man das Problem an sie heranbrächte, Verständnis dafür haben. Der Redner hält diese Angelegenheit im Hinblick auf die künftige Stellung Berlins zum Reich für außerordentlich wichtig und bittet, recht schnell an die Durchführung heranzugehen.

Maron hält den Gedanken der Schaffung eines Gästeamtes oder Verkehrsamtes für durchaus erwägenswert. Ein amtliches Reisebüro etwa für die Erleichterung von Reisen der leitenden Magistratsangestellten in die Provinz und für die Betreuung von Gästen aus der Provinz würde sich leicht schaffen lassen, dagegen sei von der Einrichtung eines Gästehauses abzuraten. Man könnte vielleicht die Situation dadurch verbessern, daß man entsprechenden Einfluß auf die Hotels nimmt, um Gäste der Stadt gut unterzubringen. An sich könnte die Unterbringung von 150 Gästen in Berlin bei richtiger Organisation nicht so schwer sein; es haben schon wieder Kongresse in Berlin stattgefunden, bei denen erheblich mehr Menschen untergebracht worden sind. Vorbedingung sei nur die rechtzeitige Anmeldung des Bedarfs. Hinsichtlich der Verpflegung von Gästen könnten die Schwierigkeiten auch nicht so groß sein, da die Gäste ja von ihrem Entsendungsort Reisemarken mitbekämen.

Kraft macht darauf aufmerksam, daß beim Magistrat bereits ein Reisebüro besteht,[43] das noch weiter ausgebaut werden könnte.

Dr. Harms setzt sich für die Schaffung eines Fremdenverkehrsamtes ein. Der heutige Zustand, daß keinerlei Auskunftsstelle für Besucher von auswärts vorhanden ist, sei für eine Stadt wie Berlin unwürdig.

Nach weiterer Aussprache stellt *Dusiska* noch einmal offiziell den Antrag auf Schaffung eines Gäste- und Verkehrsamtes.

BESCHLUSS: 1. Der Magistrat erklärt sich mit der gemeinsamen Eröffnung der beiden Ausstellungen „1 Jahr Wiederaufbau Berlin" und „Die Planungsarbeiten für den Neuaufbau Berlins" am 22. August in Anwesenheit von auswärtigen Gästen einverstanden.[44]

---

41 Dienststelle (Fachamt 9) der Mag.abt. für Handel und Handwerk.

42 Lebensmittelmarken für Reisende; vgl. hierzu Dok. 34, Anm. 29.

43 Vgl. das 59. Mag.prot. v. 29.5.1946, TOP 4.

44 Der hier gefaßte Mag.beschluß ist mit dem Ausfertigungsdatum v. 12.8.1946 vorhanden in: LAB(STA), Rep. 110, Nr. 107, Bl. 3. Die beiden Ausstellungen fanden nicht unter den hier genannten Bezeichnungen statt. Die von der Mag.abt. für Volksbildung organisierte Ausstellung „Berlin im Aufbau", in der die Aufbauleistungen seit dem Kriegsende als „illustrierter Rechenschaftsbericht des Magistrats" dokumentiert wurden, war im Schweizer Haus, Unter den Linden 28, zu sehen. Die von der Mag.abt. für Bau- und

2. Der Magistrat beschließt: Die Abteilung für Personalfragen und Verwaltung wird beauftragt, die Vorarbeiten zur Schaffung für ein Gäste- und Verkehrsamt in der Stadt Berlin aufzunehmen.[45]

Wohnungswesen im Weißen Saal des Berliner Schlosses eingerichtete Ausstellung, in der die umfangreichen Planungsarbeiten dieser Mag.abt. präsentiert wurden, trug den Titel „Berlin plant" bzw. „Berlin plant. Erster Bericht". Auf der Eröffnungsveranstaltung für beide Ausstellungen, die am 22.8.1946 im großen Sitzungssaal des Neuen Stadthauses durchgeführt wurde, sprachen OB Werner, Maron, Scharoun und der 1. Vorsitzende der Industriegewerkschaft Bau, Nikolaus Bernhard. Das eigenhändige handschriftliche Manuskript der Eröffnungsansprache von OB Werner ist vorhanden in: LAB, NL Werner, Rep. 200, Acc. 4379, Nr. 45/224; als Abschrift in: LAB, NL Werner, Rep. 200, Acc. 4379, Nr. 20/5, S. 718 – 723. Die Rede Marons wurde in Auszügen veröffentlicht in: Tägliche Rundschau, 23.8.1946, S. 1. Der Vortrag Scharouns wurde veröffentlicht in: Der Bauhelfer, Jg. 1 (1946), Nr. 5, S. 1 – 5; mit Kürzungen in: Neues Deutschland, 23.8.1946, S. 2, u. 24.8.1946, S. 2, u. in: Neue Bauwelt, Jg. 1 (1946), H. 10, S. 3 – 6. Vgl. zur Eröffnungsveranstaltung auch: LAB, Rep. 280, Nr. 14461; „Berlin plant". Eröffnung der Ausstellung am 22. August, in: Berliner Zeitung, 14.8.1946, [S. 6]; „Ein neues Berlin wollen wir bauen", in: Berliner Zeitung, 23.8.1946, [S. 6]; „Ein neues Berlin wollen wir bauen", in: Neues Deutschland, 23.8.1946, S. 4; Der Aufbau unserer Stadt, in: Der Sozialdemokrat, 23.8.1946, S. 3; An der Schwelle der produktiven Planung, in: Neue Zeit, 23.8.1946, S. 3; Großartige Leistungsschau des schaffenden Berlin, in: Vorwärts, 23.8.1946, [S. 1]; Erneuerung der Stadt Berlin, in: Der Kurier, 23.8.1946, S. 5; Wolf Nagel: „Berlin plant". Zur Eröffnung der Berliner Ausstellung, in: Der Bauhelfer, Jg. 1 (1946), Nr. 4, S. 1 f.; Ausstellungen: „Berlin plant" und „Berlin im Aufbau", in: Neue Bauwelt, Jg. 1 (1946), H. 10, S. 1; Geist/Kürvers, S. 183.

Vgl. zu den Ausstellungen selbst: Erste Umrisse einer neuen Stadt, in: Berliner Zeitung, 1.8.1946, [S. 6]; „Berlin plant", in: Neue Zeit, 9.8.1946, S. 3; „Berlin im Aufbau", in: Berliner Zeitung, 21.8.1946, [S. 6]; Wie Berlin dem Leben zurückgegeben wurde, in: Vorwärts, 21.8.1946, [S. 5]; Der Magistrat im Bilderbuch, in: Der Kurier, 21.8.1946, S. 5; Aufbauleistung und Planung, in: Neue Zeit, 21.8.1946, S. 3; Illustrierte Rechenschaft, in: Der Tagesspiegel, 21.8.1946, [S. 4]; Berlin, wie es war und wie es wird, in: Berliner Zeitung, 22.8.1946, [S. 6]; Eine Ausstellung weist den Weg, in: Neues Deutschland, 22.8.1946, S. 4; H. Schröder: Berlins Bilanz in Bildern, in: Tägliche Rundschau, 23.8.1946, S. 6; Großstadt der Zukunft. Pläne zum Wiederaufbau Berlins, in: Die Neue Zeitung, 23.8.1946, S. 4; Vorträge über Berliner Aufbauprobleme, in: Neue Zeit, 23.8.1946, S. 3; Edwin Redslob: Rettung der Großstadt. Ausstellung im Weißen Saal des Schlosses, in: Der Tagesspiegel, 23.8.1946, [S. 6]; Wie wird das Berlin der Zukunft aussehen?, in: Tägliche Rundschau, 30.8.1946, S. 6. Die Bauausstellung des Magistrats, in: Der Sozialdemokrat, 26.9.1946, S. 3; „Berlin plant" im Lichte der Kritik. Die SPD lehnt die städtebaulichen Pläne des Berliner Magistrats ab, in: Telegraf, 26.9.1946, S. 3; Berlin hat geplant, in: Telegraf, 16.10.1946, S. 5; Ein Haufen Baupläne? Zum Streit um die Ausstellung „Berlin plant", in: Der Kurier, 23.10.1946, S. 3.

Eine ausführliche Dokumentation der Ausstellung „Berlin plant" ist zusammengestellt in: Geist/Kürvers, S. 186 – 217. Vgl. zu dieser Ausstellung auch die Materialien in: Akademie der Künste (Berlin-Tiergarten), NL Scharoun, Mappe Mag 2/3; die Materialien in: LAB(STA), Rep. 110, Nr. 107 u. 684; das 70. Mag.prot. v. 17.8.1946, TOP 3, u. das 73. Mag.prot. v. 7.9.1946, TOP 6 (Scharoun); Ausstellung „Berlin plant", in: Der Bauhelfer, Jg. 1 (1946), Nr. 4, S. 27; Hanauske, S. 119 – 130.

45 Vgl. das 82. Mag.prot. v. 2.11.1946, TOP 3 (Mag.vorlage Nr. 490), u. das 83. Mag.prot. v. 9.11.1946, TOP 3.

Lange gibt eine Einladung des Kulturbundes zur demokratischen Erneuerung Deutschlands[46] bekannt zu einem Vortrage von Professor Peters am 23.8. über das Thema: Die heutige staatsrechtliche Stellung Berlins.[47]

Dusiska trägt folgende Angelegenheit vor. Im Oktober v[origen] J[ahres] ist für die sowjetische Zone und für den sowjetischen Sektor von Berlin der *Befehl 124/126* ergangen,[48] nach dem bestimmte Kategorien von Besitz unter Sequester zu stellen sind.[49] Mit der Durchführung dieser *Sequestrierung* wurden die 8 Bezirksämter des sowjetischen Sektors beauftragt. In Unkenntnis der Sachlage gelangten Beschwerden gegen die Anwendung des Befehls auch an den Magistrat. Der Magistrat mußte sich für die Beantwortung dieser Beschwerden als nicht kompetent erklären, denn die SMA bedient sich nur der Bezirksämter als ausführender Organe.

In der Zwischenzeit wurde dann durch den Befehl 97 eine zentrale deutsche Kommission für die gesamte Sowjetzone geschaffen,[50] deren Wirkungsbereich auch

---

46 Vgl. zu dem am 8.8.1945 gegründeten Kulturbund zur demokratischen Erneuerung Deutschlands: LAB(STA), Rep. 120, Nr. 2386 u. 2518; LAB, Rep. 37: OMGBS, ISB, 4/8-3/1; Berlin. Kampf um Freiheit, S. 95, 106, 140, 199, 355, 473 u. 496; Magdalena Heider: Kulturbund zur demokratischen Erneuerung Deutschlands, in: SBZ-Handbuch. Staatliche Verwaltungen, Parteien, gesellschaftliche Organisationen und ihre Führungs-kräfte in der Sowjetischen Besatzungszone Deutschlands 1945–1949, hrsg. von Martin Broszat u. Hermann Weber, München 1990, S. 714–733; Keiderling: Wir sind die Staatspartei, S. 314–316.

47 Vgl. zu diesem Vortrag von Prof. Dr. Hans Peters (CDU): LAB(STA), Rep. 101, Nr. 621, Bl. 13; Berlin heute. Seine staatsrechtliche Stellung, in: Telegraf, 25.8.1946, S. 3; Staat oder Reichshauptstadt? Berlin bleibt Zentrum des deutschen Gesamtstaates, in: Berliner Zeitung, 27.8.1946, [S. 6].

48 Der Befehl Nr. 124 des Obersten Chefs der Sowjetischen Militäradministration v. 30.10.1945, betr. die Beschlagnahme und provisorische Übernahme einiger Eigentums-kategorien in Deutschland, ist mit Anlagen und zugehörigem Schriftverkehr vorhanden in: LAB(STA), Rep. 101, Nr. 5, Bl. 112–161; auch in: LAB(STA), Rep. 105, Nr. 264. Er wurde veröffentlicht in: Berliner Zeitung, 2.11.1945, [S. 1]; Befehle des Obersten Chefs der Sowjetischen Militärverwaltung in Deutschland, Sammelheft 1: 1945, S. 20–22; wie-der abgedruckt in: Um ein antifaschistisch-demokratisches Deutschland, S. 189–193. Der Befehl Nr. 126 des Obersten Chefs der Sowjetischen Militäradministration v. 31.10.1945, betr. die Beschlagnahme des Eigentums der NSDAP, ihrer Organe und der ihr angeglie-derten Organisationen, ist vorhanden in: LAB(STA), Rep. 101, Nr. 6, Bl. 1 f. u. 3 f.; auch in: LAB(STA), Rep. 105, Nr. 264; abgedruckt in: Um ein antifaschistisch-demokratisches Deutschland, S. 194–197. Vgl. zu den Befehlen Nr. 124 u. 126 die entsprechenden Materialien in: LAB(STA), Rep. 105, Nr. 267 u. 271.

49 Vgl. zur Sequestrierung und treuhänderischen Geschäftsführung bzw. zur Kommunali-sierung von Betrieben das 43. Mag.prot. v. 26.1.1946, TOP 2, u. das 47. Mag.prot. v. 23.2.1946, TOP 7, u. das 58. Mag.prot. v. 18.5.1946, TOP 8, u. das 61. Mag.prot. v. 15.6.1946, TOP 3; Dok. 115.

50 Der Befehl Nr. 97 des Obersten Chefs der Sowjetischen Militäradministration v. 29.3.1946, betr. Errichtung einer zentralen deutschen Kommission in Angelegenheiten der Sequestrierung (Zwangsverwaltung) und der Konfiskation (Beschlagnahmung) in der sowjetischen Besatzungszone Deutschlands, ist mit zugehörigen Ausführungsbestim-mungen als Abschrift vorhanden in: LAB(STA), Rep. 102, Nr. 45, u. LAB, Rep. 280, Nr. 5052; abgedruckt in: Um ein antifaschistisch-demokratisches Deutschland, S. 252–256. Vgl. hierzu auch das 18. Prot. des Einheitsausschusses Groß-Berlin v. 3.7.1946, S. 1–3, in: BArch, Abt. Potsdam, Z-3, Nr. 4, Bl. 101–103.

auf den Raum des sowjetischen Sektors von Berlin ausgedehnt wurde. Diese *Zentrale Kommission* erhielt als erste Aufgabe den Auftrag, als *Instanz für alle Beschwerden* hinsichtlich der ordnungsmäßigen Durchführung des Befehls 124/126 zu dienen.

Bei der *Sondervermögensverwaltung*[51] der Finanzabteilung des Magistrats bestand demgegenüber das Bestreben, diese Kommission für Berlin auszuschalten und ihre Funktionen für den Bereich Berlins zu übernehmen.

Der Redner setzt weiter auseinander, wie durch eine Aktennotiz[52] von seiten der Sondervermögensverwaltung an verschiedene Rechtsreferate von Magistratsabteilungen dieses Bestreben bekannt wurde und wie im weiteren Verlauf der Dinge von seiten der Rechtsabteilung der russischen Zentralkommandantur kategorisch erklärt worden ist, daß für Einsprüche gegen Sequestrierungsmaßnahmen die Zentrale Kommission für Sequestrierung auch im sowjetischen Sektor Berlins zuständig sei. Trotzdem hat sich hinterher die Sondervermögensverwaltung auf den Standpunkt gestellt, daß gegen diesen Charakter der Zentralen Kommission für Sequestrierung bei der Zentralkommandantur Einspruch erhoben werden sollte, weil dadurch das Prinzip des Selbstverwaltungsrechts der Stadt Berlin durchbrochen würde.[53]

Der Redner verweist darauf, daß diese Dinge mit der Selbstverwaltung überhaupt nichts zu tun hätten, sie seien rein in das Ermessen der Besatzungsmächte gestellt, und der Magistrat sollte sich nicht verleiten lassen, irgendwie dagegen anzugehen. Der Magistrat müsse aber zu dem Verhalten der Sondervermögensverwaltung Stellung nehmen und ihr bedeuten, sich in dieser Frage nun zufriedenzugeben.

Schwenk möchte einmal festgestellt haben, mit welcher Autorisation die Herren der Sondervermögensverwaltung derartige Schritte, von denen dem Magistrat keine Kenntnis gegeben worden sei, unternommen haben. Sie hätten offenbar in dieser Sache eigenmächtig gehandelt.

Maron ist auch der Auffassung, daß die Herren der Sondervermögensverwaltung auf das Unnormale ihres Vorgehens aufmerksam gemacht werden müßten. Bevor aber der Magistrat eine Entscheidung treffe, sollte man noch die Stellungnahme von seiten der Sondervermögensverwaltung abwarten.

BESCHLUSS: Der Magistrat nimmt die Mitteilungen von Dusiska über das Verhalten der Sondervermögensverwaltung in der Sequestrierungsfrage einstweilen zur Kenntnis mit der Meinungsäußerung, eine Entscheidung des Magistrats erst zu fällen, wenn die Äußerung der Herren von der Sondervermögensverwaltung in der Angelegenheit vorliegt.[54]

Nächste Sitzung: Sonnabend, den 17.8.46, vorm[ittags] 9 Uhr.

---

51 Ein undatierter Geschäftsplan dieser Dienststelle ist vorhanden in: LAB(STA), Rep. 105, Nr. 250.
52 Diese Aktennotiz konnte nicht ermittelt werden.
53 Ein entsprechender Notizentwurf v. Mai 1946 ist vorhanden in: LAB(STA), Rep. 105, Nr. 265.
54 Das Verhalten der Sondervermögensverwaltung in der Sequestrierungsfrage ist in den folgenden Mag.sitzungen nicht wieder zur Sprache gekommen.

Dok. 107
Bericht des ersten stellvertretenden Oberbürgermeisters Maron in der Vorstandssitzung des Landesverbands Groß-Berlin der SED am 16. August 1946

SAPMO-BArch, BPA, IV L-2/1/009, Bl. 1–12. – Maschinenschriftliche Durchschrift.

P r o t o k o l l
der Landesvorstands-Sitzung am Freitag, den 16.8.46, 10 Uhr.

– –

Der Gen[osse] Hermann Matern[1] eröffnet die Sitzung und gibt die Tagesordnung bekannt:

1. Bericht unserer Mitglieder im Magistrat über 15 Monate Tätigkeit Stellungnahme und Diskussion
2. Vorbereitungen zu den Wahlen[2] und Kandidatenaufstellung.

[...][3]

Genosse Maron:[4]

Es ist nicht möglich, und ich glaube, es ist auch nicht Euer Wunsch, daß ich einen ausführlichen Bericht über alle praktischen Arbeiten, die in den 15 Monaten seit dem Zusammenbruch geleistet wurden, gebe. Das würde stundenlang dauern, einen Zahlenrausch geben und würde nicht der Notwendigkeit unserer Sitzung entsprechen. Dieses Material wird demnächst in Form von Broschüren[5], Ausstellungen[6] usw. an die Öffentlichkeit kommen. Heute werde ich mich auf einige politische Probleme und Fragen beschränken, die in der Vergangenheit eine Rolle spielten und für die Zukunft eine noch größere Rolle spielen werden. Wir haben heute unsere Genossen aus den hauptsächlichsten Abteilungen des Magistrats eingeladen, damit sie in der Diskussion zu auftauchenden Unklarheiten Stellung nehmen und dieselben klarstellen können.[7]

---

1 Hermann Matern (bis April 1946: KPD) war neben Karl Litke (bis April 1946: SPD) gleichberechtigter Vorsitzender und Mitglied des Sekretariats des Landesvorstands Groß-Berlin der SED.

2 Gemeint sind die ersten Nachkriegswahlen in Berlin am 20.10.1946; vgl. hierzu Dok. 96, Anm. 7.

3 Hier folgt im Original des Protokolls die Eröffnungsrede von Matern.

4 Diese Rednerangabe ist im Original des Protokolls handschriftlich vorgenommen. Im Original befindet sich ferner auf Bl. 5, 10 u. 12 oberhalb des Redetextes die Angabe „Gen(osse) Maron, Fortsetzung" (zweimal maschinenschriftlich, einmal handschriftlich). Diese Angabe ist hier jeweils weggelassen worden.

5 Vgl.: Das erste Jahr. Berlin im Neuaufbau. Ein Rechenschaftsbericht des Magistrats der Stadt Berlin, hrsg. im Auftrage des Magistrats der Stadt Berlin, Berlin 1946.

6 Vgl. Dok. 106, Anm. 44.

7 Vgl. hierzu Anm. 65 zu diesem Dok.

Zunächst noch einmal einen Hinweis auf die besondere Lage in Berlin. Es ist notwendig, immer wieder darauf hinzuweisen, daß der Magistrat kein SED-Magistrat ist. Trotzdem versuchen unsere Gegner alles auf uns abzuschieben, was negativ ist, während bei den positiven Dingen gesagt wird, daß die Allgemeinheit dieselben erreicht hat.

Von den 18 Magistratsmitgliedern sind nur 9 SED-Genossen[8], also im besten Falle die Hälfte des Magistrats. Der Vorsitzende[9] ist kein SED-Mann. Man kann also sagen, daß die SED in der Minderheit im Magistrat vertreten ist.[10]

Das zweite Moment ist, daß der Magistrat nicht frei und selbständig in seinen Entschlüssen ist, er ist nur vorschlagendes und ausführendes Organ. Die Entscheidung liegt allein bei der Alliierten Kommandantur, und zu behaupten, daß diese SED-Politik betreibt, ist wohl auch etwas abwegig.

Die SED-Mitglieder im Magistrat tun alles, was in ihren Kräften steht, um die Interessen des Volkes zu vertreten und soviel wie möglich herauszuholen. Alle unsere Arbeit und Politik muß unter solchen Voraussetzungen betrachtet werden. Wir müssen auch die besondere Lage in der Kommandantur berücksichtigen, die Ansichten der verschiedenen Besatzungsmächte zu den politischen Fragen, die Meinungsverschiedenheiten, die sich auf uns auswirken.

Wenn wir diese besondere Lage in Berlin berücksichtigen und daß von der Kommandantur oft eine feindliche Stellung gegen die SED eingenommen wird, so haben wir doch auch unter diesen Umständen einige Erfolge erzielt. Ich spreche nicht von den praktischen, sondern von den politischen Erfolgen und muß dabei feststellen, daß sich diese Erfolge im wesentlichen auf die Zeit beschränken, als in Berlin nur eine Besatzungsmacht war,[11] als es noch keine Parteien gab[12] und auch keine Parteiprogramme. Die Mitglieder des Magistrats, die damals parteilos waren, mußten sich eigentlich ihren Weg allein suchen. Sie waren zwar Sozialisten, mußten aber unter den besonders schwierigen Verhältnissen versuchen, sich allein

---

8 Zum Zeitpunkt des mündlichen Berichts von Maron in der Sitzung des Landesvorstands Groß-Berlin der SED am 16.8.1946 gehörten die folgenden neun Magistratsmitglieder der SED an: Maron, Orlopp, Schwenk, Schulze, Pieck, Winzer, Geschke, Rumpf und Jendretzky. Der parteilose Leiter der Mag.abt. für Post- und Fernmeldewesen, Ernst Kehler, stand der SED sehr nahe. Der ebenfalls parteilose, aber SED-nahe Walter Jirak wurde von seiner Funktion als Leiter der Mag.abt. für Städtische Energie- und Versorgungsbetriebe am 31.8.1946 unbefristet beurlaubt, und die kommissarische Leitung dieser Mag.abt. übernahm das SED-Mitglied Günter Goll; vgl. das 72. Mag.prot. v. 31.8.1946, TOP 2.

9 Gemeint ist OB Werner (parteilos).

10 Vgl. aber Anm. 8 zu diesem Dok. u. Teil I dieser Edition, S. 48 – 56. Vgl. zur parteipolitischen Zusammensetzung des Magistrats auch: Karl Maron: Welche Partei „beherrscht" Berlins Verwaltung?, in: Tägliche Rundschau, 10.10.1946, S. 5.

11 Vom Kriegsende bis Anfang Juli 1945, als die ersten Besatzungstruppen der westlichen Siegermächte in Berlin einzogen, hatte die sowjetische Besatzungsmacht die alleinige Herrschaft in der Stadt ausgeübt.

12 Die vier politischen Parteien KPD, SPD, CDU und LDP waren in der Zeit vom 11.6.1945 bis 5.7.1945 gegründet worden. Vgl. hierzu Teil I dieser Edition, S. 27 f.; Gerhard Keiderling: Scheinpluralismus und Blockparteien. Die KPD und die Gründung der Parteien in Berlin 1945, in: Vierteljahrshefte für Zeitgeschichte, Jg. 45 (1997), S. 257 – 296.

durchzuringen. Wir haben in dieser Zeit einige vorbildliche Leistungen vollbringen können.

Nun zunächst einiges über die Zusammenarbeit der SED-Mitglieder im Magistrat. Abgesehen von einigen kleinen Zwistigkeiten bilden wir doch politisch einen geschlossenen Block. Obwohl in der ersten Zeit die SPD- und KPD-Genossen noch durch die beiden Parteien getrennt waren, so waren sie in ihrer Arbeit beim Magistrat keine Gegner, und alle Genossen, die die Vereinigung[13] mitgemacht haben, zeigten immer ein einheitliches Auftreten. Außerdem muß man feststellen, daß noch niemals in der Geschichte eine Verwaltung nach einem derartigen Zusammenbruch ohne große Veränderung[14] 15 Monate lang die Arbeit im Magistrat führte, wobei noch zu berücksichtigen ist, daß diese Genossen zum größten Teil keine Verwaltungsfachleute sind. Von ihnen wurden Arbeiten verlangt, die sie aus eigener Initiative und aus ihrem politischen Bewußtsein heraus bewältigen mußten. Die wesentlichsten Dinge sind u[nter] a[nderem] der Aufbau unseres Sozialwesens. In dieser Hinsicht konnte der Magistrat etwas Vorbildliches schaffen. Das ist selbst in der sowjetischen Zone nicht erreicht worden. Neben der allgemeinen Fürsorge, für die Hunderte von Millionen Mark ausgegeben wurden, wurde die Vereinheitlichung des Sozialversicherungswesens teilweise unter den größten Schwierigkeiten und schlimmsten Prophezeihungen durchgeführt.[15] Unsere Sozialversicherung leistet heute gute Arbeit.

Als zweiten Punkt möchte ich den Versuch, den Wiederaufbau Berlins zu finanzieren, hervorheben. Auch das geschah in den ersten Wochen unserer Arbeit neben dem Aufbau des Verwaltungsapparates durch die Einführung der Gebäudeinstandsetzungsabgabe[16], die von der Sowjetzone als gut anerkannt und als beispielhaft hingestellt wurde. Wir versuchten damit, trotzdem es ein sozialpolitisches Programm noch nicht gab, einen Weg zu finden, um diejenigen Schichten, die am besten [dazu] in der Lage sind, zur Schaffung der finanziellen Mittel heranzuziehen. Wenn uns die Möglichkeit gegeben worden wäre, diesen Weg weiter zu beschreiten, glauben wir, daß wir den Aufbau Berlins zum größten Teil hätten finanzieren können.

---

13 Auf dem zentralen Vereinigungsparteitag am 21./22.4.1946 in Berlin war die Bildung der Sozialistischen Einheitspartei Deutschlands mit gesamtdeutschem Anspruch beschlossen worden. Für die Ebene Berlins war bereits auf dem Vereinigungsparteitag der Berliner KPD und eines Teils der Berliner SPD am 14.4.1946 der Landesverband Groß-Berlin der SED gegründet worden. Vgl. hierzu die entsprechenden Ausführungen im ersten Abschnitt der historischen Einleitung zu diesem Teil II der vorliegenden Edition.

14 Vgl. zu den personellen Veränderungen im Magistrat und bei den stellvertretenden Abteilungsleitern die entsprechenden Übersichten im Teil I dieser Edition, S. 767–771.

15 Vgl. zur Regelung der verschiedenen Sozialversicherungszweige das 3. Mag.prot. v. 28.5.1945, TOP 4 (Abschnitt f), u. das 7. Mag.prot. v. 18.6.1945, TOP 5, u. das 8. Mag.prot. v. 25.6.1945, TOP 7 (Schellenberg u. Beschluß), u. das 9. Mag.prot. v. 2.7.1945, TOP 10, u. das 10. Mag.prot. v. 9.7.1945, TOP 3, u. das 17. Mag.prot. v. 20.8.1945, TOP 6, u. das 28. Mag.prot. v. 30.10.1945, TOP 7 (Schellenberg u. Beschluß), u. das 29. Mag.prot. v. 5.11.1945, TOP 4, u. das 33. Mag.prot. v. 3.12.1945, TOP 4, u. das 41. Mag.prot. v. 14.1.1946, TOP 3, u. das 64. Mag.prot. v. 5.7.1946, TOP 2.

16 Vgl. zur Einführung dieser Abgabe das 8. Mag.prot. v. 25.6.1945, TOP 3, u. das 9. Mag.prot. v. 2.7.1945, TOP 8, u. das 14. Mag.prot. v. 30.7.1945, TOP 3 (Stundung von Hypothekenzins- und -tilgungsbeträgen), u. das 20. Mag.prot. v. 10.9.1945, TOP 2, u. das 26. Mag.prot. v. 15.10.1945, TOP 6, u. das 38. Mag.prot. v. 23.12.1945, TOP 3.

Aber hier haben wir ein Beispiel, wie von der Alliierten Kommandantur unsere Linie durchkreuzt wurde. Diese schaffte die Gebäudeinstandsetzungsabgabe ab.[17] Wir haben nun noch keinen Weg gefunden, einen Ersatz zu schaffen. Es wurde zwar beschlossen, eine Erhöhung der Grundsteuer um 30 % durchzuführen, aber die Bestätigung durch die Kommandantur ist noch nicht erfolgt.[18]

Damit will ich gleich zur Frage des Wiederaufbaus von Berlin übergehen. Wir können heute sagen, trotzdem die finanziellen Mittel nicht sicher sind, daß unsere Schwierigkeiten nicht so sehr auf diesem Gebiete liegen, auch nicht auf dem Gebiet der Arbeitskräfte, sondern auf dem Gebiet des Baustoffmangels.[19]

Wir hatten gemäß der Forderung der Partei und dem Beispiel in anderen Städten ebenfalls einen Wiederaufbauplan Berlins[20] fertiggestellt, und zwar am Anfang des Jahres stand dieser kurz vor der Veröffentlichung. Heute müssen wir sagen, daß es gut war, ihn nicht veröffentlicht zu haben,[21] da wir nicht imstande gewesen wären, ihn zu verwirklichen. Wir hätten durch die Veröffentlichung einen Optimismus erweckt, den wir hätten enttäuschen müssen. Das hätte sich unbedingt gegen uns auswirken müssen. Wir haben zwar, und das muß man unterstreichen, auf dem Gebiete der Wohnungsreparatur diesen Teil des Planes durchsetzen können. Von 53 000 Wohnungen sind 30 000 instand gesetzt. In diesem Jahr wird es uns gelingen, 1 000 neue Wohnungen herzustellen aus Rohbauten, die jetzt fertiggestellt werden.

Im Verhältnis zum Gesamtplan ist das nur ein kleiner Teil und im Verhältnis zur Zerstörung Berlins ein Tropfen auf den heißen Stein. Wir sehen aber im Moment keine Möglichkeit, entscheidend weiterzukommen. Wir hoffen, daß es uns gelingt, durch die Unterstützung einer Besatzungsmacht Baumaterial zu bekommen. Wir können aber noch nicht sagen, wie weit wir damit kommen werden.[22]

Ich glaube, das ist einer unserer wesentlichsten Mängel, die wir aufzuweisen haben, daß es uns nicht gelingt, diesen Hauptfaktor unserer Arbeit durchzusetzen.

---

17 Die AK hatte mit BK/O (46) 164 v. 12.4.1946 die Gebäudeinstandsetzungsabgabe mit Wirkung v. 1.4.1946 aufgehoben. Vgl. hierzu Dok. 78, Anm. 34; Dok. 80, Anm. 18.

18 Der Magistrat hatte Ende April 1946 beschlossen, die Grundsteuer für das Rechnungsjahr 1946 um ein Drittel zu erhöhen; von der AK wurde eine solche Grundsteuererhöhung aber abgelehnt. Vgl. hierzu das 55. Mag.prot. v. 29.4.1946, TOP 4 (insb. Anm. 65). Vgl. ferner: Wer bezahlt die Wohnungsinstandsetzung?, in: Neues Deutschland, 4.7.1946, S. 4.

19 Vgl. zur Baustoffbeschaffung das 45. Mag.prot. v. 2.2.1946, TOP 3, u. das 63. Mag.prot. v. 29.6.1946, TOP 4, u. das 72. Mag.prot. v. 31.8.1946, TOP 3.

20 Gemeint ist der Bauwirtschaftsplan für 1946; vgl. hierzu das 48. Mag.prot. v. 4.3.1946, TOP 6.

21 Vgl. aber Dok. 75, Anm. 103.

22 Vgl.: „Wir wollen 50 000 Wohnungen instandsetzen". Bitte der SED an die Alliierte Kommandantur der Stadt Berlin, in: Berliner Zeitung, 7.8.1946, [S. 1]; Ein Brief der SED an die Alliierte Kommandantur der Stadt Berlin mit der Bitte um Bewilligung von Baustoffen, in: Neues Deutschland, 7.8.1946, S. 1; Gegen die Wohnungsnot. Wahlpropaganda und sachliche Arbeit, in: Der Sozialdemokrat, 9.8.1946, S. 3; Baumaterial für Berlin. Sowjetische Militärverwaltung überweist 8 800 Tonnen Zement und 1 200 Tonnen Kalk, in: Berliner Zeitung, 16.8.1946, [S. 1]; Baumaterialien für Berlin. General Kotikow zu dem Brief der SED über Wohnungswiederherstellung, in: Berliner Zeitung, 20.8.1946, [S. 1]; Zusätzliches Baumaterial für Berlin, in: Neues Deutschland, 20.8.1946, S. 1; Das Notprogramm kann erfüllt werden, in: Tägliche Rundschau, 20.8.1946, S. 6; Berlin erhält zusätzliche Baustoffe. Die sowjetische Besatzungszone hilft, in: Berliner Zeitung, 19.10.1946, [S. 6]. Vgl. ferner das 77. Mag.prot. v. 28.9.1946, TOP 7 (Maron).

Selbstkritisch können wir sagen, daß wir unserer Meinung nach alles versucht haben, was in unserer Macht steht, diese Schwierigkeiten zu überwinden. Wir haben nicht rechtzeitig genug angefangen, die Wege zu beschreiten, die uns möglich sind. Im Moment sind wir dabei, neue Baumaterialquellen zu erschließen. Ich erinnere an die Versuche, zur Verwertung von Flugasche in Klingenberg als Bindemittel Gips zu gewinnen[23], den Versuch, Kalk durch Lehm zu ersetzen[24]. Wir hätten früher daran denken sollen und wären dann in diesen Fragen heute schon weitergekommen.

Die Frage des Wiederaufbaus von Berlin ist eine der wichtigsten Fragen, die wir in der Zukunft vor uns haben.

Die Kommunalwahl-Richtlinien[25] sehen vor, daß der Grund und Boden in die öffentliche Hand übernommen werden soll, weil man einfach schlecht planen kann, wenn man mit privatwirtschaftlichen Interessen in einer Stadt wie Berlin rechnen muß. Dazu müssen wir feststellen, daß es nicht gelungen ist, diesen Plan zu lösen, aus der Besonderheit der Lage in Berlin heraus. Man kann sagen, daß es uns nicht gelungen ist, auch nicht [mit] Hilfe unserer Parteigenossen, die auf dem Gebiet des Bauwesens arbeiten, daß unsere Meinung die richtige ist. [?] Ich erinnere an Scharoun, der versucht hat, von sich aus vorzustoßen und die Frage des Grund und Bodens der Lösung näherzubringen. Er hatte einen Scheinerfolg, es war ihm im wesentlichen gelungen, einen Befehl der Alliierten Kommandantur zu erreichen, daß die Stadt Berlin die Trümmerstätten beschlagnahmen durfte.[26] Vorher durfte jeder Einspruch des Besitzers des betreffenden Grundstücks uns verhindern [sic!], an die Enttrümmerung heranzugehen. Wir erhielten einen Befehl, allerdings mit der besonderen Auflage, eine besondere Verordnung auszuarbeiten;[27] so daß diejenigen, die eine beinahe revolutionäre Tat vollbracht hatten, nicht zum vollen Erfolg kamen, das ist inhibiert worden. Es ist noch nicht vorauszusehen, ob wir die Frage des Grund und Bodens lösen können.

Ebenfalls damit in Zusammenhang steht die Frage der kommunalen Baubetriebe.

---

23 Vgl. zu den Versuchen, unter Verwendung der Steinkohlenflugasche des Großkraftwerks Klingenberg im Ortsteil Rummelsburg, Bezirk Lichtenberg, ein neues Bindemittel („Hydroment") herzustellen, das 63. Mag.prot. v. 29.6.1946, TOP 4, u. das 72. Mag.prot. v. 31.8.1946, TOP 3 (Starck), u. das 76. Mag.prot. v. 21.9.1946, TOP 6 (Starck), u. das 85. Mag.prot. v. 23.11.1946, TOP 2 (Mag.vorlage Nr. 500).

24 Vgl. das 85. Mag.prot. v. 23.11.1946, TOP 2 (Mag.vorlage Nr. 501).

25 Die hier gemeinten Kommunalpolitischen Richtlinien, die der Parteivorstand der SED am 17.7.1946 beschlossen hatte, sind abgedruckt in: Dokumente der Sozialistischen Einheitspartei Deutschlands. Beschlüsse und Erklärungen des Zentralsekretariats und des Parteivorstandes, Bd. I, 3. Aufl., Berlin [Ost] 1952, S. 66 – 77. Vgl. auch die kommunalpolitischen Materialien in: SAPMO-BArch, BPA, IV L-2/13/428; Erste Kommunalkonferenz der SED, in: Neues Deutschland, 3.7.1946, S. 1; Die Kommunalpolitik der SED. Aus der Rede von Max Fechner, gehalten auf der kommunalpolitischen Tagung der SED am 1. Juli 1946, in: Neues Deutschland, 3.7.1946, S. 2; Die kommunalpolitische Konferenz der SED. Walter Ulbricht hält das Schlußwort, in: Neues Deutschland, 4.7.1946, S. 2.

26 Gemeint ist die BK/O (46) 60 v. 23.1.1946, betr. Inbesitznahme von Baumaterialien aus zerstörten Gebäuden. Sie ist vorhanden in: LAB(STA), Rep. 101, Nr. 57, u. LAB, Rep. 280, Nr. 12483; abgedruckt in: Berlin. Quellen und Dokumente, 1. Halbbd., S. 671 f. Vgl. hierzu das 45. Mag.prot. v. 2.2.1946, TOP 6.

27 Hier ist vermutlich die vom Magistrat am 9.3.1946 beschlossene „Erste Aufbauverordnung" gemeint, die von der AK nicht genehmigt wurde. Vgl. hierzu das 49. Mag.prot. v. 9.3.1946, TOP 6 (insb. Anm. 36 u. 42).

Hier komme ich auf ein Gebiet, das meiner Meinung nach ungeheuer wichtig ist in der Frage der gesamten Wirtschaft.

Unser Parteiprogramm[28] sieht vor, daß wir im Wiederaufbau unter Ausnutzung der Privatinitiative besonders auch kommunale Baubetriebe schaffen und für den Wieder-aufbau benutzen. Wir haben in Berlin noch nicht einen einzigen, der erste Versuch in dieser Hinsicht einer zumindest unter starkem kommunalen Einfluß stehenden Baustoff-Beschaffungsgesellschaft[29] hat einen Sturm im Wasserglas hervorgerufen, der uns noch starke Kämpfe kosten wird.

Neben der Tatsache, daß wir in der Verwaltung selbst reaktionäre Elemente haben, die mit aller Macht versuchen, diese kommunalen Betriebe zu unterhöhlen und untergraben, geht natürlich die Privatwirtschaft mit Unterstützung bestimmter Kreise der Alliierten Kommandantur ebenfalls mit allen möglichen und unmöglichen Mitteln gegen uns vor und versucht, diese Betriebe zu beseitigen. Ich glaube aber, daß wir [uns] zumindest in dieser Geschichte der Baustoff-Beschaffungsgesellschaft durchsetzen können.

Aber jetzt kommen wir damit schon zur Frage des Einflusses auf die allgemeine Wirtschaft. Wir befinden uns hier ebenfalls in einem schwierigen Kampf gegen die Auffassungen in den bürgerlichen Parteien und auch gegen Auffassungen in der Alliierten Kommandantur. Bei jeder Gelegenheit, bei jedem Versuch, den wir unternehmen, wird uns vorgeworfen, wir versuchen kalt die Sozialisierung durchzuführen, und es wird uns gesagt, wir müßten diese Dinge unterlassen. Wir müssen uns alle, ich glaube, das ist wichtig in der Parteidiskussion, in der nächsten Zeit eingehend mit diesen Dingen beschäftigen. Wir werden diesen Kampf nicht ohne Schwierigkeiten durchführen können. Ihr kennt die Dinge, die bereits im Einheitsausschuß der Parteien eine Rolle spielten, die Frage der Handelskammern, Handwerkskammern,[30] das sind die Anfänge des Kampfes, der sich abzeichnet. Die Frage der Enteignung der Nazibetriebe, die auch in der übrigen Sowjetzone nicht ohne Reibungen abgeht, spitzt sich in Berlin stark zu.[31] Im Einheitsausschuß der vier Parteien hat es bereits schwere Anwürfe gegeben, Angriffe auf die Politik des Magistrats, schwere Angriffe auf die Politik der russischen Besatzungsmacht.[32] Bisher ist die Frage noch nicht ganz an uns herangekommen, bisher ist dem Magistrat, [sind] der kommunalen Selbstverwaltung in Berlin [...] noch nicht Betriebe überantwortet worden, sie werden bisher von Treuhändern unter Anweisung der

28 Hier sind offenbar die Kommunalpolitischen Richtlinien der SED v. 17.7.1946 gemeint; vgl. Anm. 25 zu diesem Dok.

29 Vgl. zur Gründung der Baustoffbeschaffung GmbH das 48. Mag.prot. v. 4.3.1946, TOP 6, u. das 55. Mag.prot. v. 29.4.1946, TOP 6.

30 Mitte Februar 1946 hatte der Magistrat beschlossen, eine Handwerkskammer für Berlin zu errichten. Dieser Beschluß wurde von der AK nicht genehmigt. Vgl. hierzu das 46. Mag.prot. v. 16.2.1946, TOP 3 (insb. Anm. 30).
Mitte Mai 1946 hatte der Magistrat die VO über die Errichtung einer Industrie- und Handelskammer der Stadt Berlin beschlossen, die von der AK nicht genehmigt wurde. Vgl. hierzu das 58. Mag.prot. v. 18.5.1946, TOP 7 (insb. Anm. 73). Vgl. zu den Auseinandersetzungen um diese VO zwischen den politischen Parteien das 12., 13. u. 14. Prot. des Einheitsausschusses Groß-Berlin v. 12.4.1946, 23.4.1946 u. 7.5.1946, in: BArch, Abt. Potsdam, Z-3, Nr. 4, Bl. 79, 83 u. 85.

31 Vgl. Dok. 115.

32 Vgl. das 18. u. 21. Prot. des Einheitsausschusses Groß-Berlin v. 3.7.1946 u. 25.7.1946, in: BArch, Abt. Potsdam, Z-3, Nr. 4, Bl. 101 – 103 u. 115.

Besatzungsmacht selbst geführt,[33] aber wir werden zweifellos in der nächsten Zeit diese Frage lösen müssen. Und, Genossen, ich möchte dabei sagen, daß wir noch nicht einmal gelöst haben Dinge, die eigentlich selbstverständlicher wären.

Hiermit komme ich auf ein Gebiet, das vielleicht als einziges die SED-Mitglieder des Magistrats zu verschiedenartigen Auffassungen führte. In dem Programm, den Richtlinien ist enthalten die Kommunalisierung der öffentlichen Versorgungsbetriebe und derjenigen Betriebe, die für das Leben unserer Stadt besondere Bedeutung haben, die Frage der Lebensmittel- und Brennstoff-Versorgung.[34] Besonders wichtig ist die Frage der Lebensmittelversorgung; wir sind hier nicht nur in schwere Kämpfe mit dem Großhandel verwickelt, der versucht, sich mit allen Mitteln seine Positionen wieder zu erobern, sondern es gelang uns nicht einmal, bei uns selbst genügend Klärung zu schaffen.[35] Natürlich ist es nicht leicht, diese Frage zu entscheiden, wir müssen uns vor Experimenten hüten, die unsere Versorgung in Frage stellen und uns politisch zurückwerfen können. Aber wir müssen bisher erobertes Terrain halten, und wir müssen feststellen, daß wir auf diesem Gebiet Terrain verloren haben, also Positionen, die wir uns in der ersten Zeit erobert hatten, wieder aufgeben mußten. Das hängt ebenfalls wieder zusammen mit der besonderen Lage in Berlin, dem Einfluß der Besatzungsmächte, die hier ihre Linie besetzen, und auch natürlich mit Auffassungen, die wir klären müssen.

---

33 Vgl. hierzu das 43. Mag.prot. v. 26.1.1946, TOP 2, u. das 47. Mag.prot. v. 23.2.1946, TOP 7, u. das 58. Mag.prot. v. 18.5.1946, TOP 8, u. das 61. Mag.prot. v. 15.6.1946, TOP 3, u. das 69. Mag.prot. v. 12.8.1946, TOP 5.

34 In dem als Programm der SED anzusehenden Dokument „Grundsätze und Ziele der Sozialistischen Einheitspartei Deutschlands", das der zentrale Vereinigungsparteitag am 22.4.1946 einstimmig beschlossen hatte, heißt es im Abschnitt „Gegenwartsforderungen" unter Ziffer 5: „Überführung aller öffentlichen Betriebe, der Bodenschätze und Bergwerke, der Banken, Sparkassen und Versicherungsunternehmungen in die Hände der Gemeinden, Provinzen und Länder oder der gesamtdeutschen Regierung." Das Dokument ist vorhanden in: LAB(STA), Rep. 101, Nr. 66; abgedruckt in: Dokumente der Sozialistischen Einheitspartei Deutschlands, Bd. I, S. 5 – 10; Dokumente und Materialien, Reihe III, Bd. 1, S. 623 – 627.
In den Kommunalpolitischen Richtlinien der SED v. 17.7.1946 (vgl. Anm. 25 zu diesem Dok.) heißt es im Abschnitt „Gemeindewirtschaft": „Erweiterung des Rechts der Gemeinden und Gemeindeverbände auf Kommunalisierung wirtschaftlicher Unternehmen. Keine Beschränkung dieses Rechts zugunsten der Provinzen beziehungsweise Länder ohne Zustimmung der betroffenen Gemeinde und des Gemeindeverbandes oder ohne ihre Beteiligung an der Verwaltung. Die Kommunalisierung erstreckt sich besonders auf die Regelung der öffentlichen Bedarfsversorgung (Gas, Wasser, Elektrizität), der Lebensmittel- und Brennstoffversorgung, des Wohnungswesens, der Verkehrsmittel, des Anschlag- und Anzeigenwesens, der Baustoffe (kommunale Bauhöfe), auf die Förderung der Volkswohlfahrt (Heilanstalten, Badewesen, Apotheken, Reinigungswesen, Bestattungswesen), auf Einrichtungen des Bildungswesens."

35 Orlopp (SED, bis April 1946: SPD) hatte sich wiederholt für die Wiedereinschaltung des Großhandels bei der Lebensmittelverteilung ausgesprochen. Vgl. das 9. Mag.prot. v. 2.7.1945, TOP 3, u. das 11. Mag.prot. v. 16.7.1945, TOP 7, u. das 12. Mag.prot. v. 23.7.1945, TOP 7, u. das 23. Mag.prot. v. 24.9.1945, TOP 7, u. das 47. Mag.prot. v. 23.2.1946, TOP 4; Dok. 44. Dagegen hatte sich die KPD-Gruppe in der Mag.abt. für Ernährung unter Führung von Heinricht und Mummert prinzipiell gegen die Einschaltung des privaten Großhandels gewandt. Vgl. zu ihrer Position: Dok. 15, Anm. 28 u. 32; Dok. 44, Anm. 3; Dok. 52, Anm. 56; Dok. 70, Anm. 28.

Es gibt also bei uns Stimmungen [sic!], die sagen, man kann in dieser Zeit unter keinen Umständen auskommen ohne den Großhandel, man muß ihm mehr Einfluß und mehr Arbeit übertragen, als er bisher hatte. Dabei also, Genossen, kommen Mitteilungen, daß man versucht hat zu kommunalisieren, daß Schwierigkeiten aufgetreten sind, daß es sich gezeigt hatte, daß die Privatinitiative, der alte Familienbesitz, wieder zu arbeiten versteht, gerade in Berlin. Gerade gestern wurde mir aus Liebenwalde[36] berichtet, wie man angeblich eine Molkereigenossenschaft auflösen mußte und in Privathand zurückgeben mußte, weil die Privatwirtschaft 16 Pfennig pro Liter Milch bezahlte, während die Molkereigenossenschaft nur 12 Pfennig zahlen konnte oder bedeutender kommunaler Zuschüsse bedurfte. Ich führe dieses Beispiel an, weil es in Berlin auch in der Diskussion eine Rolle spielt. Ich denke, daß dies eine der wichtigsten Fragen ist, über die in der nächsten Zeit eine endgültige Klarheit und eine allgemeine Linie bei uns geschaffen werden muß.

Selbstverständlich ist es so, daß wir mit den besonderen Schwierigkeiten rechnen müssen. Bei dieser Gelegenheit verweise ich auf ein anderes Gebiet, in dem wir versucht haben, die politische Linie der Partei durchzuführen, und eine Niederlage erlitten haben, das ist die Frage der Privatversicherung. Ich habe vorhin gesprochen über die Sozialversicherung; wir hatten dabei, als wir die Dinge in Angriff nahmen, die Absicht, die Frage der Privatversicherungen in Berlin auszuschalten und alles auf kommunale Basis abzustellen. Die ersten Schritte führten bereits dazu, daß wir von der Alliierten Kommandantur energisch zurückgepfiffen wurden, Befehle erhielten, daß wir hier nicht weiter-, sondern sogar zurückgehen mußten.[37] Heute ist die Situation so, daß wir nur auf Umwegen versuchen können, diese Frage zu lösen, wobei es uns schlecht gelingt, unsere Verordnungen so zu machen, daß der Pferdefuß nicht hervorschaut. Zuerst einmal werden alle unsere Vorschläge sofort als äußerst verdächtig angesehen. Ich führe diese Dinge an, um aufzuzeigen, daß wir wahrscheinlich auch hier versuchen müssen, neue Wege zu beschreiten, auch das ist manchmal sehr schwierig.

Gen[osse] Maron führt weiter aus: In der Frage des Handels kann man also auch andersherum, indem man zwar nicht offen gegen den Großhandel vorgeht, aber die Konsum-Genossenschaften besonders unterstützt.[38] Doch hier erleben wir die Tatsache, daß uns bereits zum Vorwurf gemacht wird, auch hier eine Sozialisierung

---

36 Kleinstadt ca. 30 km nördlich von Berlin.
37 Vgl. zur Regelung des privaten Versicherungswesens das 17. Mag.prot. v. 20.8.1945, TOP 3, u. das 18. Mag.prot. v. 27.8.1945, TOP 8, u. das 20. Mag.prot. v. 10.9.1945, TOP 7, u. das 25. Mag.prot. v. 8.10.1945, TOP 2, u. das 30. Mag.prot. v. 12.11.1945, TOP 4, u. das 73. Mag.prot. v. 7.9.1946, TOP 3; Dok. 50, Anm. 13. Bei den erwähnten Befehlen der AK handelte es sich um BK/O (45) 130 v. 26.9.1945, betr. Finanzangelegenheiten (Punkt 4, 9 u. 13), in: LAB(STA), Rep. 101, Nr. 44, u. LAB, Rep. 280, Nr. 12285, u. abgedruckt in: Berlin. Quellen und Dokumente, 1. Halbbd., S. 391–396; BK/O (45) 143 v. 29.9.1945, betr. Versicherungswesen, in: LAB(STA), Rep. 101, Nr. 45, u. LAB, Rep. 280, Nr. 12298; BK/O (46) 18 v. 9.1.1946, betr. Widerrufung eines Versicherungserlasses des Magistrats, in: LAB(STA), Rep. 101, Nr. 56, u. LAB, Rep. 280, Nr. 12450.
38 Vgl. zu den Konsumgenossenschaften: Dok. 44, Anm. 3; das von Heinricht und Mummert (vgl. Anm. 35 zu diesem Dok.) gemeinsam verfaßte Exposé v. 5.1.1946: „Grundsätzliche Darlegung zur Frage der Konsumgenossenschaften und des Lebensmittelgroßhandels für den Aktionsausschuß der SPD und KPD im Haupternährungsamt der Stadt Berlin",

zu betreiben, daß uns nicht nur von seiten des Handels in Berlin, sondern auch von seiten der Interalliierten Kommandantur in die Parade gefahren wird. Vielleicht wird uns also die Wahl in dieser Hinsicht etwas weiterhelfen; denn bisher ist es ja so, daß allen unseren Maßnahmen die Legitimation fehlt. Der Magistrat braucht zur Durchführung seiner Arbeit die Unterstützung der Partei und der Massen. Meiner Meinung nach ist hier nur die Mobilisierung der Massen die richtige Lösung.

Noch einige andere besonders wichtige Fragen: die Frage des schwarzen Marktes, das Verhältnis von Preisen und Löhnen.[39] Unser Preisamt steht unter einem doppelten Druck. Es steht unter dem Druck der Werktätigen und der Gewerkschaften, und es steht unter dem Druck der Wirtschaft, der Unternehmer. Es ist manchmal nicht leicht zu entscheiden, wie und wohin gehen. Es ist selbstverständlich, daß bei einem Lohnstop der Preisstop dasein muß, selbstverständlich, daß die Massen, bei denen ja streng der Lohnstop durchgeführt wird, im Recht sind, wenn sie auf der anderen Seite keine Erhöhung der Preise fordern.

Aber wir haben besondere Schwierigkeiten in dieser Frage, weil ev[en]t[uel]l die Gefahr besteht, daß wir wirtschaftlich zurückgeworfen werden, besonders wenn wir Betriebe lahmlegen. Auch in dieser Hinsicht werden wir ebenfalls angegriffen, teilweise sogar von denjenigen, die unter dem Druck des Lohnstops stehen. Selbstverständlich ist, daß wir unter den gegebenen Bedingungen teilweise wirklich die Tatsache zu verzeichnen haben, daß bestimmte Produkte nicht mehr zu den alten Preisen hergestellt sind, daß bestimmte Verteuerungsmomente eintreten.

Wir werden aber nicht mehr den beschrittenen Weg fortsetzen, und ich glaube, behaupten zu dürfen, daß wir gegenüber den westlichen Gebieten Deutschlands in der Frage des Ausgleichs der Preise und Löhne bestimmte Fortschritte zu verzeichnen haben; das heißt nicht, daß wir alle Fragen gelöst haben, aber wir befinden uns hier auf positivem Wege.

Noch notwendig wäre wahrscheinlich, über einige Dinge zu sprechen, besonders über die Schulreform. Aber vielleicht ist es besser, ich lasse diese Dinge für die entsprechenden Genossen, die das Notwendige dazu sagen können.[40]

Zwei besonders wichtige Fragen sind: 1. die Frage der Durchsetzung der Demokratisierung der Verwaltung und 2. die Frage unserer Verfassung. Ich will darüber sprechen, wieweit es uns gelungen ist, die Demokratisierung der Verwaltung – wie wir sie verstehen – durchzusetzen. Hierbei möchte ich feststellen: Wir haben Boden verloren. Wir haben schon mehr gehabt als im Moment. Wir haben begonnen, Ausschüsse zu bilden (siehe Ernährungsausschüsse), die in der ersten Zeit fruchtbare Arbeit geleistet haben.[41] In der letzten Zeit haben wir festzustellen, daß von ihrer

in: LAB(STA), Rep. 101, Nr. 1212; das 12. Mag.prot. v. 23.7.1945, TOP 7, u. das 42. Mag.prot. v. 19.1.1946, TOP 6, u. das 46. Mag.prot. v. 16.2.1946, TOP 3, u. das 48. Mag.prot. v. 4.3.1946, TOP 8 (Orlopp u. Klimpel).

39 Vgl. zur Lohn- und Preisproblematik und zur Bekämpfung des Schwarzmarkts das 37. Mag.prot. v. 17.12.1945, TOP 3, u. das 47. Mag.prot. v. 23.2.1946, TOP 3, u. das 51. Mag.prot. v. 25.3.1946, TOP 5 u. 6, u. das 52. Mag.prot. v. 30.3.1946, TOP 7, u. das 53. Mag.prot. v. 6.4.1946, TOP 4, u. das 54. Mag.prot. v. 17.4.1946, TOP 3, u. das 59. Mag.prot. v. 29.5.1946, TOP 8, u. das 85. Mag.prot. v. 23.11.1946, TOP 2.

40 Vgl. zur Schulreform den Redebeitrag von Winzer in der Sitzung des Landesvorstands Groß-Berlin der SED am 16.8.1946, in: SAPMO-BArch, BPA, IV-L 2/1/009, Bl. 33–36.

41 Vgl. zu den seit Juni 1945 tätigen Frauenausschüssen und Jugendausschüssen das 7. Mag.prot. v. 18.6.1945, TOP 8, u. das 45. Mag.prot. v. 2.2.1946, TOP 7; Dok. 43,

Arbeit fast nichts mehr zu merken ist. Ähnlich liegt es auf anderen Gebieten. D[as] h[eißt], Ausschüsse, die schon gearbeitet haben, lassen nach in ihrer Arbeit. Zweifellos tragen zu diesen Dingen die allgemeinen Verhältnisse bei. Zweifellos hat dazu beigetragen der Kampf um die Einheit.[42] Aber trotzdem ist das nicht entscheidend. Ich glaube, daß unsere Genossen in den Verwaltungen, sowohl in der Zentrale als [auch] in den Bezirken, dieser Frage nicht genügend Aufmerksamkeit geschenkt haben. Das ist eine der wesentlichsten und wichtigsten Aufgaben, die vor uns stehen.

Wir haben zwar in der letzten Zeit neue Anfänge zu leisten: Kreiskommissionen, Bauausschüsse usw. Aber das ist nicht genug. Diese Frage steht im Zusammenhang mit den Wahlen und der Verfassung. In der Verfassung sind Dispositionsausschüsse vorgesehen; allerdings nur aus den Reihen der gewählten Vertreter des Volkes.[43] Es wird notwendig sein, nach den Wahlen dafür zu sorgen, daß diese Ausschüsse nicht nur aus den Abgeordneten bestehen, sondern aus der Masse und von seiten der Gewerkschaften erweitert werden. Auch auf diesem Gebiet werden wir mit großen Schwierigkeiten rechnen müssen, da starker Gegendruck zu verzeichnen ist. Ich erinnere nur an den französischen Sektor, in dem die Hausobleute verboten worden sind,[44] die einerseits Instrument der Verwaltung waren, andererseits ein Kontrollorgan der Verwaltung darstellten. Wir sehen auch hierin Bestrebungen, diese Dinge zu verhindern. Wir werden versuchen müssen, hier Boden zu gewinnen.

Als nächste Frage die Frage der Verfassung: Ich glaube, daß sie gerade heute bei der Berichterstattung eine gewisse Rolle zu spielen hat; denn zweifellos war die Ausarbeitung der Verfassung eines der wesentlichsten politischen Momente in der letzten Zeit.[45] Wir standen praktisch bei der Ausarbeitung dieser Verfassung im

---

Anm. 12 u. 16; Dok. 59, Anm. 16. Im September 1945 hatte der Magistrat den Beschluß zur Bildung bezirklicher Ernährungsausschüsse gefaßt; vgl. das 23. Mag.prot. v. 24.9.1946, TOP 7.

42 Gemeint sind die politischen Auseinandersetzungen um die Bildung der Sozialistischen Einheitspartei Deutschlands; vgl. Anm. 13 zu diesem Dok.

43 Nach Artikel 7 Absatz 2 der Vorläufigen Verfassung von Groß-Berlin v. 13.8.1946 (vgl. Anm. 45 zu diesem Dok.) konnte die Stadtverordnetenversammlung „zur Beratung bestimmter allgemeiner wie einzelner Aufgaben" Ausschüsse bilden.

44 Mit Befehl v. 2.8.1946 hatte die französische Militärregierung mit Wirkung ab 1.8.1946 für ihren Sektor die Institution der Haus- und Straßenobleute abgeschafft. Siehe: LAB, Rep. 280, Nr. 4508; Französischer Sektor ohne Obleute, in: Der Kurier, 9.8.1946, S. 5; Undemokratische Einrichtung, in: Telegraf, 15.8.1946, S. 3. Die Organisation der Block-, Straßen- und Hausobleute, die im sowjetischen Sektor bestehenblieb, war im amerikanischen und britischen Sektor bereits am 21.8.1945 bzw. 12.10.1945 aufgelöst worden. Vgl. zum System der Obleute das 14. Mag.prot. v. 30.7.1945, TOP 6, u. das 20. Mag.prot. v. 10.9.1945, TOP 4; Dok. 22 u. 31; Dok. 32, Anm. 51 u. 52.

45 Vgl. zur Entstehung der Vorläufigen Verfassung von Groß-Berlin das 28. Mag.prot. v. 30.10.1945, TOP 2, u. das 40. Mag.prot. v. 7.1.1946, TOP 2, u. das 41. Mag.prot. v. 14.1.1946, TOP 7 (Maron u. Beschluß), u. das 42. Mag.prot. v. 19.1.1946, TOP 5, u. das 50. Mag.prot. v. 16.3.1946, TOP 2 (Schmidt u. Beschluß), u. das 52. Mag.prot. v. 30.3.1946, TOP 7, u. das 55. Mag.prot. v. 29.4.1946, TOP 2. Der zweite Magistratsentwurf einer vorläufigen Verfassung v. 29.4.1946 erfuhr zahlreiche Änderungen durch die Alliierten, bevor die AK ihn dem Oberbürgermeister mit BK/O (46) 326 v. 13.8.1946 in endgültiger Fassung als „Vorläufige Verfassung von Groß-Berlin" übermittelte. Vgl. hierzu: Breunig, S. 183 – 225; Die Entstehung der Verfassung von

Kampf gegen die Meinung von 3 anderen Parteien und von 3 Besatzungsmächten. Was nun nach 6 Monaten herausgekommen ist, ist zwar ziemlich verworren und teilweise geradezu im Gegensatz zueinander stehend. Aber das ist eben das Zeichen des Kampfes, der um diese Verfassung geführt wurde. Auch in der Presse gab es in den letzten Tagen eine ziemliche Diskussion.[46] Notwendig wird sein, daß wir uns darüber klar werden, wie wir diese Verfassung einsetzen wollen. Von unserer Seite sind ebenfalls Stellungnahmen erfolgt, z[um] T[eil] Artikel vom Gen[ossen] Fechner im „Neuen Deutschland"[47]. Ich persönlich möchte sagen, daß ich die Meinung des Gen[ossen] Fechner nicht ganz teile. Wenn schon jemand sich eines Erfolges auf Grund des Inhalts der Verfassung rühmen kann, dann sind es eigentlich wir. Zunächst ist es ein Fortschritt, daß wir überhaupt eine Verfassung bekommen haben, daß wir überhaupt erst mal eine Grundlage haben, auf der der Magistrat existieren

---

Berlin, Bd. I, S. 299 – 320 u. 334 – 339. Die BK/O einschließlich Verfassungstext und Begleitschreiben der Stadtkommandanten ist vorhanden in: LAB(STA), Rep. 101, Nr. 70, u. Rep. 101, Nr. 1214, Bl. 80 – 94, u. LAB, Rep. 280, Nr. 4895; veröffentlicht in: VOBl., Jg. 2 (1946), S. 294 – 300; wieder abgedruckt in: Berlin. Quellen und Dokumente, 1. Halbbd., S. 1100 – 1111; Die Entstehung der Verfassung von Berlin, Bd. I, S. 320 – 334. Maron bezieht sich im folgenden auf den endgültigen Verfassungstext in der Fassung v. 13.8.1946, der am 20.10.1946, dem Tag der ersten Nachkriegswahlen in Berlin, in Kraft trat.

46 Vgl. hierzu: Die neue Berliner Verfassung, in: Tägliche Rundschau, 11.8.1946, S. 1; Die Berliner Stadtverordneten. Eine demokratische Stadtrepublik, in: Neue Zeit, 11.8.1946, S. 1 f.; Die neue Stadtverfassung, in: Der Sozialdemokrat, 12.8.1946, S. 2; Hermann Matern: Ein geschichtlicher Akt. Die neue Verfassung der Hauptstadt Deutschlands in Kraft, in: Vorwärts, 12.8.1946, [S. 2]; Die Diskussion beginnt, in: Der Kurier, 12.8.1946, S. 2; Wird Berlin ein Stadtstaat?, in: Nacht-Express, 13.8.1946, [S. 5]; [Otto] Ostrowski: Stadtstaat Berlin, in: Der Sozialdemokrat, 14.8.1946, S. 1; Der neue Magistrat, in: Neue Zeit, 14.8.1946, S. 1 f.; Zur Verfassung, in: Telegraf, 15.8.1946, S. 3. Vgl. ferner: Neues Stadtrecht, in: Der Morgen, 22.8.1946, S. 1 f.; Grundgesetz eines Stadtstaates, in: Der Tagesspiegel, 23.8.1946, [S. 2].

47 Vgl.: Die Kommunalpolitik der SED. Aus der Rede von Max Fechner, gehalten auf der kommunalpolitischen Tagung der SED am 1. Juli 1946, in: Neues Deutschland, 3.7.1946, S. 2; Max Fechner: Berlins neue Verfassung, in: Neues Deutschland, 11.8.1946, S. 2. Fechner, bis April 1946 Mitglied des geschäftsführenden Vorstands der SPD, war Mitglied des Zentralsekretariats und neben Ulbricht stellvertretender Parteivorsitzender der SED. Er hatte sich auf der kommunalpolitischen Tagung der SED am 1.7.1946 in Übereinstimmung mit den bald danach beschlossenen Kommunalpolitischen Richtlinien der SED (vgl. Anm. 25 zu diesem Dok.) für ein „Einkammersystem" in den Gemeindeverfassungen ausgesprochen: „Durch das Einkammersystem erfolgt die Aufhebung der Trennung zwischen dem beschlußfassenden und ausführenden Körper in der Verwaltung. Die Trennung der Gewalten, die Trennung der Legislative und Exekutive ist nur ein verfassungsrechtliches Überbleibsel aus der Zeit des Kampfes des liberalen Bürgertums gegen die allgewaltige Feudalherrschaft." Dementsprechend kritisierte er in seinem Kommentar v. 11.8.1946 die Vorläufige Verfassung von Groß-Berlin v. 13.8.1946: „Wir müssen feststellen, daß die von uns an eine moderne demokratische Verfassung zu stellenden Forderungen nicht in vollem Maße erfüllt sind. Während wir das Einkammersystem erstreben, tagt der Magistrat und die Stadtverordnetenversammlung noch getrennt. Die Rechte des Magistrats mit dem Oberbürgermeister an der Spitze sind im allgemeinen die gleichen geblieben, wie wir sie aus früherer Zeit kennen. Die Rechte der Stadtverordnetenversammlung sind nur um wenige erweitert."

kann. Und es gab auch genügend Strömungen, die keine Verfassung ausarbeiten wollten. Die Verfassung ist meiner Meinung nach bei allen Fehlern, die sie hat, doch ein demokratischer Fortschritt gegen früher. Ich habe neulich die Behauptung aufgestellt, daß es die demokratischste Verfassung ist, die Berlin jemals hatte,[48] läßt die Verfassung bei aller Verworrenheit doch deutlich erkennen, daß sich unsere Meinung am stärksten durchgesetzt hat.

Welche Forderungen werden erhoben in der Frage der Selbstverwaltung und der Verfassung?

In der Verfassung haben wir mehr ein Ein- als ein Zweikammersystem.[49] Es gibt grundsätzlich gesagt keine Verschmelzung zwischen Exekutive und Legislative. Bei einem Parlament von 130 Mitgliedern diesem die Befugnisse der Exekutive zu übertragen geht nicht.

Entscheidend ist das Verhältnis zwischen Exekutive und Legislative. Die Rechte des Magistrats sind entscheidend eingeschränkt worden. Im Artikel 11 ist festgelegt worden, daß die höchste entscheidende Instanz die Stadtverordneten-Versammlung ist.[50]

Verwässert wird dieses allerdings durch den Artikel 13, in dem dem Magistrat ein gewisses Vetorecht eingeräumt wird.[51] Wir müssen diese Dinge aber im Zusammenhang mit den anderen Artikeln und Paragraphen der Verfassung sehen. Gefährlich wäre die Situation, wenn das alte Prinzip, daß der Magistrat auf 12 Jahre gewählt werden würde,[52] aufrechterhalten geblieben wäre, d[as] h[eißt], der Magistrat hätte dann einmal eine andere politische Zusammensetzung bekommen können als die

---

48 Vgl.: Karl Maron: Berlins neue Verfassung – ein Werk der Demokratie, in: Berliner Zeitung, 11.8.1946, [S. 1]; auch in: LAB(STA), Rep. 101, Nr. 1214, Bl. 10. In diesem Artikel führte Maron unter anderem aus: „Zum Inhalt der vorläufigen Verfassung ist zu sagen, daß sie die demokratischste und fortschrittlichste Verfassung ist, die Berlin bisher erhalten hat. Die Fortschritte bestehen vor allem darin, daß die Rechte des Magistrats gegenüber der Stadtverordnetenversammlung – dem Stadtparlament –, das aus 130 Abgeordneten bestehen soll, erheblich eingeschränkt werden. In der Vorhitlerzeit stellte der Magistrat eine Art zweiter Kammer dar, welche die Beschlüsse der Stadtverordnetenversammlung praktisch zu Fall bringen, d. h. die Durchführung verhindern konnte." „Die neue Berliner Verfassung bringt deutlich das Einkammersystem. Das entscheidende Organ des Volkswillens ist in jedem Fall die Stadtverordnetenversammlung. Sie wählt den Magistrat als oberstes leitendes und vollziehendes Organ, das ihr unbeschränkt verantwortlich ist und lediglich die Exekutive hat."

49 Vgl. hierzu auch: Breunig, S. 227 f.

50 Artikel 11 Ziffer 1 Absatz 1 der Vorläufigen Verfassung von Groß-Berlin hat den Wortlaut: „Der Magistrat ist das oberste, leitende und vollziehende Organ Groß-Berlins und vertritt Groß-Berlin nach außen. Er ist der Stadtverordnetenversammlung unbeschränkt verantwortlich und untersteht ihren Anweisungen."

51 Artikel 13 der Vorläufigen Verfassung von Groß-Berlin sah vor, daß die Beschlüsse der Stadtverordnetenversammlung und des Magistrats nur dann bindend waren, wenn sie von beiden Vertretungskörpern „in Übereinstimmung gefaßt worden sind. Kommt eine Übereinstimmung nicht zustande, so findet zur Herbeiführung einer Verständigung eine gemeinsame Beratung zwischen dem Magistrat und der Stadtverordnetenversammlung statt. Wenn eine Verständigung bei dieser gemeinsamen Beratung nicht erzielt wird, so entscheidet die Stadtverordnetenversammlung mit Zweidrittelmehrheit ihrer Mitglieder."

52 Nach § 12 Absatz 1 des Groß-Berlin-Gesetzes v. 27.4.1920 bzw. § 9 Absatz 1 der Novelle v. 30.3.1931 waren die besoldeten Mitglieder des Magistrats für die Dauer von zwölf

Stadtverordneten-Versammlung. Es würde dann gegensätzliche Auffassungen geben, und der Magistrat hätte die Möglichkeit, zu torpedieren und aufzuschieben. Jetzt wird er auch nur auf die Dauer der Stadtverordneten-Versammlung gewählt, so daß beide Institutionen immer die gleiche Zusammensetzung haben werden. Das ist ein entscheidender Punkt, um Befürchtungen zu beseitigen.

Es ist jetzt so, daß der Magistrat auch während der Dauer seiner Wahl zwischenzeitlich abgesetzt werden kann.[53] Das heißt, daß wir hier schon Formen einer Regierung haben. Bis jetzt gab es das nicht, daß der Magistrat durch ein Mißtrauensvotum abgesetzt werden konnte. Gerade in diesem Punkt haben wir einen völligen Sieg über alle anderen Parteien errungen, gerade hier wurde mit großer Hartnäckigkeit gekämpft.

Wir hatten auch die Frage der Absetzbarkeit der Stadtverordneten gestellt, falls diese aus ihrer Partei ausscheiden oder ausgeschlossen werden. Das wäre ein weiterer Schritt vorwärts in demokratischer Richtung gewesen. Diesen Punkt hat aber die Alliierte Kommandantur gestrichen.[54]

Zusammenfassend ist zu sagen, daß wir wohl in einigen Fragen unsere Meinung nicht haben durchsetzen können, z[um] B[eispiel] in der Frage des Volksentscheides[55], aber im großen und ganzen entspricht die Verfassung der Parteilinie.

Größere Rechte der Gemeinde[56], Beseitigung der Zwischeninstanzen[57], Frage der politischen Betätigung der Magistrats-Angestellten[58]. Alle diese Dinge werden nicht

---

Jahren gewählt worden; vgl. zu den beiden Gesetzen: Dok. 78, Anm. 76 u. 77. Diese zwölfjährige Amtszeit ging zurück auf die preußische Städteordnung v. 19.11.1808; vgl.: Breunig, S. 31 u. 228.

53 Diese Absetzungsmöglichkeit wurde in Artikel 11 Ziffer 1 Absatz 4 der Vorläufigen Verfassung von Groß-Berlin geregelt: „Die Stadtverordnetenversammlung kann durch Beschluß mit zweidrittel Stimmenmehrheit des gesamten Bestandes der Stadtverordnetenversammlung den Rücktritt des Magistrats verlangen. Dieser Beschluß ist unter Angabe der Gründe der Alliierten Kommandatura zwecks deren Zustimmung zu unterbreiten. Wird diese Zustimmung erteilt, so hat der Magistrat unverzüglich zurückzutreten."

54 Die hier von Maron erwähnte Bestimmung hatte der Magistrat als Absatz 3 in den § 63 seines Entwurfs der Wahlordnung für die Wahlen am 20.10.1946 aufgenommen; vgl. das 63. Mag.prot. v. 29.6.1946, TOP 3.

55 In den Kommunalpolitischen Richtlinien der SED v. 17.7.1946 (vgl. Anm. 25 zu diesem Dok.) ist im Abschnitt „Gemeindeverfassung" unter anderem die Forderung enthalten: „Einführung von Volksbegehren und Volksentscheid über die Auflösung der Gemeindevertretung und über ortsgesetzlich zu regelnde Gemeindeangelegenheiten. Volksbegehren und Volksentscheid sind nicht zulässig über Gemeindehaushalt, Abgaordnungen und Besoldungsordnungen." Die Möglichkeit von Volksbegehren und Volksentscheiden wurde weder in die Magistratsentwürfe noch in die endgültige Fassung der Vorläufigen Verfassung von Groß-Berlin aufgenommen.

56 Vgl. hierzu: Breunig, S. 227 f. u. 232–234.

57 In den Kommunalpolitischen Richtlinien der SED v. 17.7.1946 (vgl. Anm. 25 zu diesem Dok.) ist im Abschnitt „Gemeindeverfassung" unter anderem die Forderung enthalten: „Minderung der Zwischeninstanzen zwischen Gemeinden und Staat."

58 In den Kommunalpolitischen Richtlinien der SED v. 17.7.1946 (vgl. Anm. 25 zu diesem Dok.) heißt es im Abschnitt „Gemeindeverwaltung": „Jeder Verwaltungsangestellte hat das Recht, außerhalb und innerhalb der Verwaltung am demokratisch-antifaschistischen Gesellschaftsleben aktiv teilzunehmen und, wie jeder andere Deutsche, bei der Demokratisierung des gesamten Lebens mitzuwirken." In seinen ersten Entwurf einer vorläufigen

ausdrücklich unterstrichen, aber da sie nicht verboten sind, sind sie erlaubt. Ein Beweis unseres Erfolges liegt allein darin, daß alle alten Beamten sehr sauer auf den Text der Verfassung reagierten und alle möglichen Gründe gegen diese anführen.

Es kommt also darauf an, den beschrittenen Weg fortzusetzen und bei der Ausarbeitung der endgültigen Verfassung dann unsere Politik durchzusetzen.[59]

Abschließend zusammenfassend ist zu sagen, daß wir nach den wenigen Beispielen auch in politischer Hinsicht einige Erfolge aufzuweisen haben. Dies darf uns aber absolut nicht befriedigen. Wir hätten mehr von uns verlangen und durchsetzen müssen. In vielen Fragen liegen wir noch weit zurück. Dabei müssen wir teilweise auch noch Klarheit in unseren eigenen Reihen schaffen. Es sind einige Fragen, die besonders in Berlin sehr schwer zu lösen sind, noch nicht geklärt, manchmal handelt es sich nur um taktische Fragen, aber auch diese müssen geklärt werden.

Ich möchte unterstreichen, daß die allgemeine Situation in Berlin für die Zukunft nicht leichter, sondern schwieriger sein wird. Wir stehen im Moment vor der Gefahr der Zerreißung Berlins in 4 Sektoren. Diese Entwicklung sehen wir in der Frage der Gemüseversorgung[60] und auf allen anderen ähnlichen Gebieten. Der Zeitung „Der Morgen" vom 15.8.46 können wir entnehmen, daß die amerikanische Behörde den Industriebetrieben in ihrem Sektor verbietet, für andere Sektoren zu arbeiten. Sie müssen dafür besondere Lizenzen bekommen.[61]

Auf dem Gebiete der Ernährung ist zu erwarten, daß in der nächsten Zeit jeder Sektor auf sich allein gestellt [sein] wird.[62] Das bringt politische Entwicklungen mit sich, die wir teilweise nicht beeinflussen können. Wir müssen aber trotzdem versuchen einzugreifen, da die Zerreißung Berlins in Sektoren außerordentlich ungünstig ist. Die Bestrebungen gehen dahin, den Einfluß des Magistrats möglichst einzuschränken, das heißt also, in den westlichen Sektoren selbständige Leitungen einzusetzen, die unter bestimmtem Einfluß stehen.

Was können wir dagegen tun? Der Magistrat kann bei jeder Gelegenheit, bei jeder Diskussion hinweisen auf die Gefahren dieser Entwicklung, notwendig ist aber

---

Verfassung hatte der Magistrat den folgenden Passus aufgenommen: „Alle Personen, die im Dienste von Berlin stehen, haben das Recht, sich wie jeder Einwohner politisch und gewerkschaftlich zu organisieren." Vgl. hierzu das 40. Mag.prot. v. 7.1.1946, TOP 2, u. das 41. Mag.prot. v. 14.1.1946, TOP 7 (Maron u. Beschluß). In den zweiten Magistrats-entwurf und die endgültige Fassung der Vorläufigen Verfassung von Groß-Berlin wurde kein entsprechender Passus aufgenommen.

59 Die Alliierten hatten in die Vorläufige Verfassung von Groß-Berlin die Bestimmung aufgenommen, daß die zukünftige Stadtverordnetenversammlung den Entwurf einer neuen Verfassung für Groß-Berlin auszuarbeiten und den alliierten Mächten bis zum 1.5.1948 zur Genehmigung vorzulegen hatte (Artikel 35 Ziffer 2). Vgl. zur Entstehung dieser „endgültigen" Verfassung von Berlin: Breunig, S. 236–425; Die Entstehung der Verfassung von Berlin, Bd. I, S. 341–1267, u. Bd. II, S. 1289–2364.

60 Vgl. das 66. Mag.prot. v. 20.7.1946, TOP 6 (Orlopp).

61 Die hier gemeinte Zeitungsmeldung erschien nicht am 15.8.1946, sondern einen Tag zuvor in: Der Morgen, 14.8.1946, S. 4. Sie hat den Wortlaut: „Die amerikanische Militärregierung hat deutschen Firmen im amerikanischen Sektor Berlins verboten, Aufträge für Rechnung anderer Besatzungsbehörden anzunehmen. Doch können Firmen hierfür eine Lizenz beantragen."

62 Vgl. aber Dok. 111, Anm. 46.

hierbei ebenfalls ein Druck, der Kampf von unten, um diese Zerteilung Berlins in vier Städte zu verhindern.

Nun komme ich zum Letzten, zum Abschluß, und zwar über das Verhältnis, die Zusammenarbeit der Verwaltung mit der Partei. Ich muß auch hier feststellen, daß Verbesserungen eintreten müssen. Es hat leider in diesen 15 Monaten nicht immer geklappt, d[as] h[eißt], die enge Verbindung zwischen Partei und Verwaltungen fehlte, es wurde nebeneinanderher gearbeitet. Die Schuld daran liegt selbstverständlich und zum großen Teil an unseren Genossen in den Verwaltungen, aber auch zum Teil an der Partei, sie hat aber auch objektive Gründe. Es war selbstverständlich, daß in dieser Zeit des Kampfes um die Vereinigung[63], des Auftürmens von Aufgaben an die Parteileitungen diese Dinge in den Hintergrund traten. Für die Zukunft muß man versuchen, auch diese Dinge auszumerzen und wirklich die einheitliche Arbeit herbeizuführen.

Klar ist doch, Genossen, daß die Arbeit der Selbstverwaltungen das Fundament für die zukünftige Entwicklung darstellt, unsere Idee des Aufbaus des neuen Staates geht ja davon aus, daß nicht von oben nach unten, sondern von unten nach oben aufgebaut wird, von der Gemeinde, von der kleinsten Zelle aus.[64] So sind die Gemeinden das Fundament, aus denen die Staatsgefüge entstehen sollen, und wenn es nicht homogen, nicht tragfähig ist, wird das Gebäude darauf schwanken. Ich glaube also, daß der kommunalen Arbeit nicht nur die gleiche Bedeutung wie bisher, sondern noch größere Bedeutung zugemessen werden muß. Damit möchte ich meinen Bericht abschließen und noch einmal darauf hinweisen, daß es nicht möglich war, eingehend auf alle Fragen einzugehen, und außerdem sowohl die Zeit der Vorbereitung als auch die Zeit der für den Vortrag zur Verfügung stehenden Zeit es nicht dazu kommen lassen konnte, weitere Ausführungen zu machen.

Ich möchte hervorheben, daß Ihr besonders scharf Eure Meinung sagen solltet. Was wir Positives geleistet haben, wissen wir, das braucht man nicht zu unterstreichen. Notwendig ist Eure Hilfe, Ihr seht die Dinge anders und teilweise besser, als wir sie sehen können, es kommt darauf an, durch Eure Hilfe zu einer noch besseren Arbeit und vor allem Zusammenarbeit zu gelangen.

[...][65]

---

63 Gemeint sind die politischen Auseinandersetzungen um die Bildung der Sozialistischen Einheitspartei Deutschlands; vgl. Anm. 13 zu diesem Dok.

64 In den Kommunalpolitischen Richtlinien der SED v. 17.7.1946 (vgl. Anm. 25 zu diesem Dok.) lautet der erste Satz im ersten Abschnitt „Gemeindeverfassung": „Die Gemeinden sind die Grundzellen des demokratischen Staates, der sich auf sie aufbaut und alle deutschen Gemeinden, Provinzen und Länder zur einheitlichen deutschen demokratischen Republik zusammenfaßt."

65 Hier folgen im Original des Protokolls unter anderem Redebeiträge der folgenden SED-Mitglieder des Magistrats: Orlopp, Schulze, Pieck, Dusiska, Winzer, Rumpf und noch einmal Maron; siehe: SAPMO-BArch, BPA, IV L-2/1/009, Bl. 13–15, 22, 23–27, 29–32, 33–36, 37 f. u. 39 f. Anschließend faßte der Landesvorstand Groß-Berlin der SED im Hinblick auf die Wahlen in Berlin am 20.10.1946 einstimmig eine Entschließung, die veröffentlicht wurde in: Vorwärts, 19.8.1946, [S. 1]. Darin heißt es unter anderem:

     „Die von den Mitgliedern der SED seit den Maitagen des vergangenen Jahres in der Berliner Verwaltung geleistete Arbeit hat Berlin vor dem Untergang bewahrt und der Bevölkerung das Leben ermöglicht. Sie ist in ihrer ganzen Bedeutung heute noch nicht erkannt. Spätere Zeiten, die einen Abstand von dem Geschehen nach der beispiellosen Katastrophe ermöglichen, werden der ganzen Bedeutung der Leistungen in den hinter uns liegenden 15 Monaten völlig gerecht werden. [...]

Wenn in den 15 Monaten das Leben in Berlin verhältnismäßig normal wurde, wenn der Aufbau mit solcher Energie in Angriff genommen wurde, wenn Berlin heute bereits eine provisorische Verfassung hat, um darauf die Selbstverwaltungsorgane demokratisch weiter zu entwickeln,

dann hat unsere Partei und ihre Menschen in der Verwaltung einen entscheidenden Teil dazu beigetragen.

Wir erkennen an, daß nur in der gemeinsamen Arbeit der antifaschistisch-demokratischen Parteien, der Gewerkschaften, der Jugend- und Frauenausschüsse, des Kulturbundes und aller aufbauwilligen Kräfte, insbesondere der Arbeiter und Arbeiterinnen, diese schweren und gewaltigen Aufgaben gelöst werden konnten.

Das muß auch in Zukunft so bleiben! [...]

Soweit es im Bereich unserer Möglichkeiten lag, wurden Fehler korrigiert und schwach oder falsch besetzte Stellen mit neuen Menschen besetzt.

Wo Krankheitsherde, Korruption und anderes sich zeigten, haben wir ohne Rücksicht auf die Person zu unserem Teil zur Bereinigung beigetragen.

Es ist aber kein Zufall, daß trotz der vierfachen Besatzung, der scharfen Kontrolle und Befehle der Interalliierten Kommandantur auf den verantwortlichen Stellen noch unsere gleichen Menschen stehen, die in den Maitagen 1945 die riesige Verantwortung auf ihre Schultern nahmen.

Wenn die Verwaltung in ihren Entscheidungen völlig frei wäre und unsere Partei ihre Politik hätte durchführen können, sähe in Berlin vieles anders aus.

Die Betriebs- und Wirtschaftsleitungen wären frei von Nazi- und Kriegsverbrechern. Die Betriebe, Unternehmungen und Konzerne der Kriegs- und Naziverbrecher wären längst in die Hände der öffentlichen Verwaltung

und damit in das Eigentum des Volkes

übergegangen.

Die demokratische Schulreform, die bis jetzt nicht möglich war, wäre längst durchgeführt worden. Die Hochschulen wären stärker mit Studenten aus der arbeitenden Bevölkerung besetzt. Ein gerechter Lastenausgleich zwischen denen, die nichts, und denen, die alles haben, hätte stattgefunden. Größere Mittel für den Aus- und Aufbau der Wohnungen könnten frei gemacht werden. Die volle Gleichberechtigung der Frau auf allen Gebieten des Lebens wäre längst Tatsache. Die Jugend hätte ihre eigene Organisation, die Freie Deutsche Jugend.

Das Leben wäre leichter und besser, wenn Berlin und Deutschland eine politische und wirtschaftliche Einheit wären,

an der wir unermüdlich arbeiten.

Wir treten in den Wahlkampf ein und rufen die Berliner Bevölkerung auf, auch in den Wahlen mit der SED zu gehen in dem tiefen Bewußtsein,

daß wir für die Interessen der arbeitenden Bevölkerung unsere Kräfte nicht geschont haben."

Der eigentliche Wahlaufruf der SED v. 7.10.1946 wurde veröffentlicht in: Neues Deutschland, 9.10.1946, S. 1, u. Vorwärts, 9.10.1946, [S. 1]; wieder abgedruckt in: Dokumente der Sozialistischen Einheitspartei Deutschlands, Bd. I, S. 100–103, u. Berlin. Quellen und Dokumente, 1. Halbbd., S. 1132–1134.

Dok. 108
70. Magistratssitzung vom 17. August 1946

LAB(STA), Rep. 100, Nr. 778, Bl. 37 – 40. – Umdruck.[1]

Beginn: 9.10 Uhr   Schluß: 11.45 Uhr

Anwesend: OB Dr. Werner, Maron, Orlopp, Schwenk, Schulze, Lange, Dr. Land-
             wehr, Dr. Alfred Werner, Pieck, Kehler, Dusiska, Rumpf, Fleischmann,
             Starck, Schwanebeck, Hauth, Geschke, Grüber, Scharoun, Winzer,
             Dr. Harms, Knoll, Jirak.[2]

Den Vorsitz führt: Oberbürgermeister Dr. Werner.

Tagesordnung: 1. Protokoll
               2. Museumsangelegenheit
               3. Bau- und Wohnungswesen
               4. Finanzfragen
               5. Allgemeines.

1. PROTOKOLL
Die Niederschrift der 69. Magistratssitzung vom 12.8.46 wird ohne Beanstandung
genehmigt.

2. MUSEUMSANGELEGENHEIT
Hierzu liegt die Vorlage Nr. 368[3] vor, betreffend *Berufung des Professors Dr. Gustav*[4]
Justi zum *Generaldirektor* der ehemaligen Staatlichen *Museen*.[5]

Winzer begründet die Vorlage und berichtet dabei kurz über die Vorgeschichte
dieses Antrages. Schon Ende des vorigen Jahres war beabsichtigt, Herrn Geheimrat
Justi wieder zum Generaldirektor der Museen zu berufen. Nachdem diese Absicht
bekannt geworden war, erfolgten Einsprüche. Neuerdings sollen diese Einwendungen
nicht mehr bestehen. Diese Tatsache sowie der Wunsch, in die ganzen Museumsan-
gelegenheiten ein wenig Ordnung zu bringen, war die Veranlassung, weshalb der

---

1 Weitere Umdruckexemplare dieses Protokolls sind vorhanden in: LAB(STA), Rep. 100,
   Nr. 752, lfd. S. 356 – 362; LAB, Rep. 280, Nr. 8501/27.
2 In der Anwesenheitsliste ist Prof. Dr. Ludwig Justi nicht aufgeführt, der im Text des
   Protokolls (TOP 2) als Redner genannt wird.
3 LAB(STA), Rep. 100, Nr. 778, Bl. 50.
4 Richtig: Ludwig.
5 Ludwig Justi hatte seit 1909 als Direktor die Nationalgalerie geleitet, seit 1930 auch
   das Rauch-Museum (vgl. Dok. 81, Anm. 61) und das Beuth-Schinkel-Museum. Er hatte
   sich sehr für die moderne Kunst eingesetzt und war 1933 von seinen Leitungsfunktionen
   abgesetzt worden. Vgl.: „Museumsstaub erhält jung!", in: Berliner Zeitung, 23.8.1946,
   [S. 3]; Neugestaltung der Berliner Museen, in: Tägliche Rundschau, 10.10.1946, S. 8;
   Der Museumsgedanke lebt wieder auf. Geheimrat Justi über Pläne und neue Formen
   der Ausstellungen, in: Der Morgen, 10.10.1946, S. 3; Geheimrat Justi spricht. Die
   Aktivierung der Berliner Museen, in: Nacht-Express, 10.10.1946, [S. 5].

Magistrat jetzt um sein Einverständnis gebeten wird, der Berufung von Geheimrat Justi zuzustimmen. Geheimrat Justi ist zwar schon 72 Jahre alt, aber noch äußerst lebendig und tatkräftig.[6]

Dr. Justi wird dem Magistrat vorgestellt und äußert sich auf Wunsch kurz über die Bedeutung der Museen in Vergangenheit und Gegenwart. Heute ist der ehemals reiche Bestand der Museen durch die Kriegsereignisse mit ihren Zerstörungen und Verlagerungen äußerst verringert. Eine wichtige Aufgabe neben der Wiedergewinnung verstreuter Kunstgegenstände ist, das Vorhandene dem Volke nahezubringen. Dies kann einmal geschehen durch Einrichtung einer Schausammlung, getrennt von der Studiensammlung. Die Schausammlung müßte öfter wechseln. Zum anderen könnte es geschehen durch die leihweise Hergabe von besonderen Sammlungen, die auch immer wechseln müßten, und ihre Aufstellung in öffentlichen Gebäuden, vor allem in kleinen Kunsthallen in den einzelnen Bezirken, namentlich den Außenbezirken. Durch solche kleinen örtlichen Sammlungen wird die Bevölkerung angeregt, sich mit künstlerischen Dingen zu beschäftigen und den künstlerischen Wert der Gegenstände zu erleben, so daß ihnen diese Kunst ein Teil ihres geistigen Daseins wird.

Der Redner gibt noch auf einige Fragen Auskunft. Von den seinerzeit verlagerten Kunstschätzen ist ein Teil von den amerikanischen Besatzungsbehörden beschlagnahmt worden, doch besteht die Hoffnung, diese Sachen wieder zurückzubekommen.

In Abwesenheit von Professor Justi wird über seine Berufung beraten. – *Maron* begrüßt es, daß die frühere Gepflogenheit, nicht nur die Magistratsmitglieder, sondern auch die leitenden Angestellten des Magistrats bei Neuberufungen diesem vorzustellen und von ihm bestätigen zu lassen, mit dieser Vorlage wiederaufgenommen worden ist. Zudem sieht die neue Verfassung vor, daß in Zukunft alle leitenden Beamten der Stadt Berlin von der Alliierten Kommandantur bestätigt werden müssen, so daß nach Inkrafttreten der Verfassung stets der Magistrat mit diesen Angelegenheiten befaßt werden muß.[7]

BESCHLUSS: Die Vorlage Nr. 368 wird einstimmig angenommen; Professor Dr. Justi wird zum Generaldirektor der ehemaligen Staatlichen Museen berufen.[8]

---

6 Justi, der am 14.3.1876 geboren worden war, war zum Zeitpunkt dieser Mag.sitzung am 17.8.1946 nicht 72, sondern 70 Jahre alt. Vgl.: Edwin Redslob: Ein Künder neuen Sehens. Zu Ludwig Justis siebzigstem Geburtstag, in: Der Tagesspiegel, 14.3.1946, S. 3; Walther G. Oschilewski: Ein Leben für die Kunst. Zum 70. Geburtstag von Ludwig Justi, in: Das Volk, 16.3.1946, [S. 2]. Eine negative persönliche Charakterisierung Justis durch den Dienststellenleiter der ehemaligen Staatlichen Museen v. 22.11.1947 ist vorhanden in: LAB(STA), Rep. 102, Nr. 36, Bl. 29.

7 Die Alliierten hatten in Ergänzung des entsprechenden Magistratsentwurfs in die Vorläufige Verfassung von Groß-Berlin v. 13.8.1946, die am 20.10.1946 in Kraft trat, die Bestimmung aufgenommen, daß die „Ernennung und Entlassung leitender Personen der Stadtverwaltung" nur mit Genehmigung der AK vorgenommen werden durfte (Artikel 36 Absatz 2). Vgl. Dok. 82, Anm. 28.

8 Den hier gefaßten Mag.beschluß brachte Winzer der AK mit Schreiben v. 2.10.1946 zur Kenntnis. Das Schreiben ist vorhanden in: LAB(STA), Rep. 120, Nr. 18. Bl. 7. Darin begründete Winzer die Berufung Justis einerseits nicht nur mit dessen hoher fachlicher Qualifikation, sondern auch als einen Akt der Wiedergutmachung, da Justi

3. BAU- UND WOHNUNGSWESEN

Hierzu liegt die Vorlage Nr. 367[9] vor, betreffend Bewilligung von 60 000 RM für die *Studiengesellschaft für Kulturlandschaftsplanung e.V.*[10]

Scharoun begründet die Vorlage. Es ist geplant, für die gärtnerische Auswertung tief gelegener Grundstücke auf Berliner Gebiet und in der Provinz Brandenburg eine Studiengesellschaft zu gründen. Die Kosten dafür sollen zu 40 % von der Stadt Berlin und zu je 15 % von den anderen Beteiligten: der [...] Zentralverwaltung für Land- und Forstwirtschaft[11], dem FDGB, der V.d.g.B.[12] und der Provinzialverwaltung der Provinz Brandenburg, getragen werden. Die Gesellschaft wird aus einem

---

seine Direktorenstelle an der Nationalgalerie „auf Befehl Hitlers" habe aufgeben müssen. Andererseits bedürfe die Haltung des bisherigen kommissarischen Leiters der ehemaligen Staatlichen Museen, Prof. Dr. Carl Weickert, „noch einer kritischen Untersuchung": „Prof. Dr. Weickert wurde 1936 von München nach den Staatlichen Museen berufen, von Hitler persönlich empfangen und mit der Erwerbung von Kunstwerken in Italien beauftragt. Nach Aussagen seiner Mitarbeiter stand während der Nazizeit auf seinem Schreibtisch eine Fotografie Hitlers mit eigenhändiger Unterschrift des ‚Führers', worauf er seine damaligen Besucher selbstzufrieden hinzuweisen pflegte." Winzer hatte bereits in einem Schreiben v. 1.6.1946 an Alfred Werner, damals Leiter des Hauptamts Wissenschaft und Forschung in der Mag.abt. für Volksbildung, heftige Kritik an Weickert geübt, ihm „reaktionäre Verleumdungen des Magistrats" vorgeworfen und abschließend geäußert, „daß in der Leitung unserer Museumsabteilung wie auch der Museen selbst möglichst bald eine Änderung erfolgen muß". Das Schreiben ist vorhanden in: LAB(STA), Rep. 120, Nr. 3237, Bl. 32. Weickert blieb laut dem hier gefaßten Mag.beschluß mit der Leitung der Antiken-Abteilung im Pergamon-Museum betraut.

Im Monuments and Fine Arts Committee der AK befürwortete nur der sowjetische Vertreter die Berufung Justis zum Generaldirektor der ehemaligen Staatlichen Museen, während sich die Vertreter der drei westlichen Besatzungsmächte unter anderem deswegen gegen Justis Berufung aussprachen, weil er „personally unpopular with the great majority of his colleagues" sei. Vgl.: BK/R (46) 365 v. 9.10.1946, in: LAB, Rep. 37: OMGBS, BICO LIB, 11/148-2/8. Die stellvertretenden Stadtkommandanten, denen die Angelegenheit vorgelegt wurde, trafen keine Entscheidung zu dieser Personalfrage. Vgl. das 46. Prot. der stellv. Stadtkommandanten v. 11.10.1946, TOP 565, in: LAB, Rep. 37, Acc. 3971, Nr. 222.

9 LAB(STA), Rep. 100, Nr. 778, Bl. 48

10 Vgl. hierzu auch: Dok. 60. Die Satzung der geplanten „Studiengesellschaft" v. 1.8.1946 ist vorhanden in: Akademie der Künste (Berlin-Tiergarten), NL Scharoun, Mappe Mag 2/13.

11 Gemeint ist die Deutsche Verwaltung für Land- und Forstwirtschaft in der sowjetischen Besatzungszone.

12 Die „Vereinigung der gegenseitigen Bauernhilfe" wurde im Rahmen der seit der ersten Septemberhälfte 1945 in der sowjetischen Besatzungszone durchgeführten Bodenreform als Organisation für die „Neubauern" gebildet. Die Gründung der Vereinigung der gegenseitigen Bauernhilfe (VdgB) auf zentraler Ebene erfolgte am 9.5.1946 in Berlin. Vgl.: Die Organisation der Bauernschaft, in: Berliner Zeitung, 19.3.1946, [S. 3]; Gegenseitige Bauernhilfe, in: Neue Zeit, 23.3.1946, S. 3; Dietrich Staritz: Vereinigung der gegenseitigen Bauernhilfe (VdgB), in: SBZ-Handbuch. Staatliche Verwaltungen, Parteien, gesellschaftliche Organisationen und ihre Führungskräfte in der Sowjetischen Besatzungszone Deutschlands 1945–1949, hrsg. von Martin Broszat u. Hermann Weber, München 1990, S. 760–766. Vgl. zur Bodenreform: Dok. 60, Anm. 20; Dok. 67, Anm. 67; das 50. Mag.prot. v. 16.3.1946, TOP 3, u. das 60. Mag.prot. v. 5.6.1946, TOP 3.

Geschäftsführer, einem Chemiker, einem Landwirt, einem Techniker und drei weiteren Angestellten bestehen. Diese in Aussicht genommene Gruppe hatte bereits eine ähnliche Aufgabe beim Tegeler Fließ[13] in Angriff genommen, wobei man auf sie gestoßen ist. Die Gesellschaft soll sich nur mit den Planungsarbeiten befassen, während die praktische Auswertung der Studien später einer Erwerbsgesellschaft übertragen werden müßte. Das Arbeitsgebiet erstreckt sich nicht nur auf die Gemüsebeschaffung von Berlin in dem 60-km-Radius, sondern auch auf Aufgaben in der Provinz: das Havelländische Luch[14], das Rhin-Luch, das Oderbruch usw.

Schwenk befürwortet die Annahme der Vorlage. Es handele sich um eine sehr bedeutungsvolle Aufgabe. In der näheren Umgebung Berlins könnte erheblich mehr Gemüse erzeugt werden, wenn an eine systematische Kultivierung der Ländereien herangegangen würde. Dabei spielt die Abwässerverwertung und die Müllverwertung[15] eine große Rolle. Die Ausgaben, die für Studienarbeiten dieser Art gemacht werden, werden sich in einigen Jahren reichlich bezahlt machen. Es besteht alle Ursache, die vorgeschlagenen Maßnahmen zu unterstützen.

BESCHLUSS: Die Vorlage Nr. 367 wird angenommen.[16]

Scharoun begründet weiter die Vorlage Nr. 371[17], in der beantragt wird, für einen *Wettbewerb* im Rahmen der Ausstellung „*Berlin plant*" der Abt[eilung] Bau- und Wohnungswesen 50 000 RM zur Verfügung zu stellen.[18] Über diesen Plan ist

---

13 Vgl. Dok. 60, Anm. 27.

14 Luch: Sumpf, Bruch.

15 Vgl. Dok. 70, Anm. 85.

16 Der hier gefaßte Mag.beschluß wurde der AK am 11.9.1946 zur Genehmigung zugeleitet; siehe das Schreiben des Generalsekretariats des Oberbürgermeisters an Scharoun v. 13.11.1946, betr. nicht genehmigte Magistratsbeschlüsse, in: LAB(STA), Rep. 101, Nr. 234. Die Finanzabteilung des Magistrats bat die AK mit Schreiben v. 25.9.1946 um die Genehmigung für die im Mag.beschluß vorgesehene außerplanmäßige Ausgabe von 60 000 RM. Das Schreiben ist vorhanden in: LAB(STA), Rep. 101, Nr. 637. Das Finanzkomitee der AK ermächtigte den Magistrat mit seinem Befehl FIN/I (46) 145 v. 28.11.1946 zur Zahlung der beschlossenen Summe, die aber nur für Studien innerhalb Berlins verwendet werden durfte. Der Befehl ist vorhanden in: LAB, Rep. 37: OMGBS, FIN Br, 4/91-2/12. Die geplante „Studiengesellschaft" wurde tatsächlich unter der Bezeichnung „Gesellschaft zur Förderung des Gemüsebaues" am 1.10.1946 ins Leben gerufen. Vgl. hierzu den „Bericht über die Gesellschaft zur Förderung des Gemüsebaues" v. 11.12.1947, verfaßt von deren Geschäftsführer Georg Hennig, in: LAB(STA), Rep. 101, Nr. 237. Vgl. auch: Gemüseland für Berlin, in: Neue Zeit, 20.8.1946, S. 3; Gemüseland wird geschaffen! Gründung einer Berliner Studiengesellschaft für Land- und Gartenbau, in: Tägliche Rundschau, 28.8.1946, [S. 5]; Oderbruch will Berlins Gemüsegarten werden, in: Tägliche Rundschau, 3.10.1946, S. 8; 60 km Gemüsegürtel um Berlin, in: Der Abend, 25.10.1946, [S. 2].

17 LAB(STA), Rep. 100, Nr. 778, Bl. 55 – 58.

18 Die Mag.vorlage Nr. 371 v. 10.8.1946 enthält als Anlage den Ausschreibungstext des in Aussicht genommenen Wettbewerbs „Berlin plant". In der Präambel dieses Textes heißt es über die Zielsetzung des Wettbewerbs:
„Der Magistrat der Stadt Berlin – Abteilung für Bau- und Wohnungswesen – bittet die Allgemeinheit – Laien und Fachmänner –, Berliner und die, die an Berlin interessiert und an der Gestaltung der Stadt im antifaschistischen Geiste mitzuarbeiten gewillt sind, sich zu den in der Ausstellung dargelegten Problemen zu äußern.
Die Aufgabe ist, aus den natürlichen Gegebenheiten, Resten vergangener Gesellschafts-

bereits in der letzten Magistratssitzung gesprochen worden.[19] Durch den Wettbewerb sollen eine Reihe von Einzelproblemen städtebaulicher Art, die in der Vorlage aufgezählt sind, zur Diskussion gestellt werden. Die Themen können im Interesse der Bewerber noch beliebig erweitert werden. Der Zweck des Wettbewerbs ist, die interessierten Kreise anzuregen, sich mit diesen Problemen zu beschäftigen. Die Preise sollen mindestens 500 und höchstens 3 000 RM im einzelnen betragen. Das Preisgericht soll sich zusammensetzen aus: Mitgliedern des Magistrats, Mitgliedern der Freien Gewerkschaften, freien Architekten, freien Wissenschaftlern und aus Referenten der Abt[eilung] für Bau- und Wohnungswesen, die gleichzeitig Vorprüfer für die eingereichten Entwürfe sind. Vielleicht könnte man auch noch Vertreter der antifaschistischen Parteien hinzunehmen; sie sind zunächst aus der Vorlage herausgelassen worden, um das Preisgericht nicht zu umfangreich werden zu lassen.

Schwenk hält die vorgesehene Summe für die Preise für zu niedrig, da man damit rechnen müsse, daß sehr viele brauchbare Vorschläge kommen würden, und da manche Probleme eine eingehende Bearbeitung und dementsprechend auch eine höhere Prämiierung erfordern. Der Redner schlägt vor, einen Betrag von 100 000 RM einzusetzen. Für das Preisgericht würde es sich allerdings empfehlen, auch die politischen Parteien zu berücksichtigen.

Pieck schlägt vor, die Gesamtsumme der Preise auf 75 000 RM und die Einzelpreise auf mindestens 500 und höchstens 5 000 RM festzusetzen. Es könnten dann besonders epochemachende Einsendungen höher ausgezeichnet werden. Des weiteren beantragt der Redner, in das Preisgericht noch Herrn Stadtrat Winzer aufzunehmen, da sich der Wettbewerb auch mit einer Reihe von Kultur- und Bildungsangelegenheiten zu beschäftigen haben werde.

Hauth empfiehlt, auch Herrn Stadtrat Geschke in das Preisgericht aufzunehmen, da auch Baulichkeiten für soziale Einrichtungen als Objekte des Wettbewerbs in Frage kämen.

OB Dr. Werner bedauert, daß die Vorlage erst so spät eingegangen ist, so daß sich die Magistratsmitglieder nicht mit allen Einzelheiten vertraut machen konnten. Vielleicht könnte die Erledigung noch um eine Woche zurückgestellt werden.

Maron würde aus dem gleichen Grunde auch für eine Zurückstellung sein, wenn nicht der Termin der Ausstellung schon so nahe bevorstünde.[20] Man könnte die Vorlage heute im Prinzip annehmen und die Einzelheiten über die Zusammensetzung des Preisgerichts einer späteren Beschlußfassung überlassen.

Dr. Landwehr glaubt, daß es für die Öffentlichkeit doch von Interesse sein würde, schon von vornherein wenigstens die Gruppen kennenzulernen, aus denen sich das Preisgericht zusammensetzen soll. Die einzelnen Mitglieder könnten dann immer noch später benannt werden. Dabei könnte auch die Möglichkeit offenbleiben, dem Preisgericht zu gestatten, noch diesen oder jenen Herrn hinzuzuwählen.

---

und Wirtschaftsepochen, Werken der modernen Zeit und neuesten wissenschaftlichen städtebaulichen Erkenntnissen die Lage der Stadt vorteilhaft auszubauen und in ihrer Wirkung zu steigern."

19 Vgl. zur Ausstellung „Berlin plant" und zu dem hier behandelten gleichnamigen Wettbewerb das 69. Mag.prot. v. 12.8.1946, TOP 5.

20 Die Ausstellung „Berlin plant" wurde am 22.8.1946 eröffnet.

BESCHLUSS: Die Vorlage Nr. 371 wird mit folgenden Änderungen in dem eigentlichen Antrag und in der Begründung angenommen:

1. Als Betrag für den Wettbewerb werden statt 50 000 RM eingesetzt: 75 000 RM;
2. die Einzelpreise sollen mindestens 500 RM und höchstens 5 000 RM betragen;
3. unter den Gruppen, aus denen das Preisgericht sich zusammensetzt, ist noch aufzuführen: Vertreter der vier antifaschistisch-demokratischen Parteien;
4. in dem Text des Wettbewerbs selbst sind über die Zusammensetzung des Preisgerichts einstweilen nur die in der Begründung aufgeführten Gruppen aufzuzählen, nicht die Namen der Preisrichter.[21]

Starck kommt noch einmal auf die Einladungen für die bevorstehende *Bau-Ausstellung*[22] zurück und wirft die Frage auf, wie das Programm für die auswärtigen Gäste gestaltet werden soll.

Nach einer Aussprache hierüber wird beschlossen, für die Unterhaltung der Gäste durch einen Theaterbesuch und einen schlichten Bierabend die Höchstsumme von 10 000 RM zur Verfügung zu stellen. Für die notwendigen Vorbereitungen zur Betreuung der Gäste soll unter Führung von Herrn Starck eine kleine Kommission gebildet werden, in die folgende Abteilungen je einen Vertreter entsenden sollen: Abteilung für Personalfragen und Verwaltung, Abteilung für Bau- und Wohnungswesen, Abteilung für Handel und Handwerk und Abteilung für Kunst.[23]

4. FINANZFRAGEN

Hierzu liegt die Vorlage Nr. 364[24] vor, betreffend *Bestätigung von Schecks durch das Berliner Stadtkontor.*

Rumpf begründet die Vorlage. Dem Stadtkontor soll das Recht zugestanden werden, bestätigte Schecks auszustellen. Diese Funktion ist früher von der Reichsbank ausgeübt worden. Da das Stadtkontor nicht Rechtsnachfolger der Reichsbank ist, muß ihm diese Funktion durch eine besondere Verordnung übertragen werden. Auch die Landes- und Provinzialbanken in der sowjetischen Zone sind mit Genehmigung der SMA dazu übergegangen, solche bestätigten Schecks auszustellen. Die Schecks bekommen durch diese Bestätigung den Charakter von Bargeld. Die Vorlage bedarf der Genehmigung der Alliierten Kommandantur.

---

21 Mit den durch diesen Mag.beschluß vorgenommenen Änderungen wurde der Ausschreibungstext für den Wettbewerb „Berlin plant" veröffentlicht in: Der Bauhelfer, Jg. 1 (1946), Nr. 4, S. 24–26; in gekürzter Form in: Neue Bauwelt, Jg. 1 (1946), H. 10, S. 2. Vgl. auch: Berliner planen für Berlin. Preiswettbewerb des Magistrats, in: Berliner Zeitung, 22.8.1946, [S. 6]; Preiswettbewerb des Magistrats Berlin, in: Neues Deutschland, 22.8.1946, S. 4; Kurd Slawik: Planunterlagen für einen Wettbewerb um Berlin, in: Neue Bauwelt, Jg. 1 (1946), H. 8, S. 1 f.; das 73. Mag.prot. v. 7.9.1946, TOP 6 (Scharoun).
22 Vgl. hierzu das 69. Mag.prot. v. 12.8.1946, TOP 5.
23 Der hier gefaßte Mag.beschluß ist mit dem Ausfertigungsdatum v. 17.8.1946 vorhanden in: LAB(STA), Rep. 110, Nr. 107, Bl. 11.
24 LAB(STA), Rep. 100, Nr. 778, Bl. 44 f.; auch in: LAB(STA), Rep. 101, Nr. 644, Bl. 77 f.

BESCHLUSS: Die Vorlage Nr. 364 wird angenommen.[25]

Es folgt die Vorlage Nr. 365[26], betreffend *Annahme einer Erbschaft durch die Stadt Berlin.*
Rumpf begründet die Vorlage. Das Lindenblattsche Ehepaar hatte 1914 sich gegenseitig als Universalerben und die Stadtgemeinde Köpenick als Nacherbin eingesetzt. Nach dem Tode der Eheleute ist jetzt dieses Erbe der Stadt Berlin als Rechtsnachfolgerin der Stadtgemeinde Köpenick zugefallen. Es handelt sich um ein Grundstück und ein zur Zeit gesperrtes Bankguthaben. Verpflichtungen entstehen der Stadt durch die Übernahme der Erbschaft, abgesehen von der Steuerzahlung, nicht. Der Magistrat wird gebeten, der Annahme der Erbschaft zuzustimmen.
BESCHLUSS: Die Vorlage Nr. 365 wird angenommen.

Rumpf begründet weiter die Vorlage Nr. 366[27], betreffend Anerkennung des *Berliner Stadtkontors* als *Hinterlegungsstelle für Wertpapiere* nach Maßgabe des § 27 der Reichshinterlegungsordnung von 1937[28]. Es handelt sich nur um die Wiederherstellung eines früheren Zustandes unter Anpassung an die jetzige staatsrechtliche Struktur.
BESCHLUSS: Die Vorlage Nr. 366 wird angenommen.[29]

5. ALLGEMEINES

Dr. Harms bittet die *Bezeichnung „Abt[eilung] für Gesundheitsdienst"* umzuändern in „Abteilung für Gesundheitswesen". Die jetzige Bezeichnung ist irreführend, da man unter Gesundheitsdienst im allgemeinen Gesundheitsfürsorge versteht.

Pieck hat an sich nichts gegen eine solche Namensänderung, hält es aber aus ökonomischen Gründen für empfehlenswert, mit dieser Umänderung noch einige

---

25 Der hier gefaßte Mag.beschluß ist mit dem Ausfertigungsdatum v. 17.8.1946 vorhanden in: LAB(STA), Rep. 101, Nr. 637; LAB, Rep. 37: OMGBS, FIN Br, 4/86-1/36 (englische Fassung). Er wurde der AK mit Schreiben v. 11.9.1946 zur Genehmigung zugeleitet; siehe: a.a.O. Mit BK/O (47) 83 v. 31.3.1947 genehmigte die AK die VO über die Bestätigung von Schecks durch das Berliner Stadtkontor. Die BK/O ist vorhanden in: LAB(STA), Rep. 101, Nr. 79; LAB, Rep. 280, Nr. 10521. Die VO wurde mit Datum v. 15.4.1947 veröffentlicht in: VOBl., Jg. 3 (1947), S. 118.

26 LAB(STA), Rep. 100, Nr. 778, Bl. 46; auch in: LAB(STA), Rep. 101, Nr. 644, Bl. 86.

27 LAB(STA), Rep. 100, Nr. 778, Bl. 47; auch in: LAB(STA), Rep. 101, Nr. 644, Bl. 79. Die entsprechende Mag.vorlage Nr. 231 v. 11.5.1946 hatte der Magistrat drei Monate zuvor zurückgestellt; vgl. das 58. Mag.prot. v. 18.5.1946, TOP 5.

28 Gemeint ist die Hinterlegungsordnung v. 10.3.1937, in: RGBl., Jg. 1937, Teil I, S. 285–291.

29 Der hier gefaßte Mag.beschluß ist mit dem Ausfertigungsdatum v. 17.8.1946 vorhanden in: LAB(STA), Rep. 101, Nr. 637. Er wurde der AK mit Schreiben v. 11.9.1946 zur Genehmigung zugeleitet; siehe: a.a.O. Das Finanzkomitee der AK bestätigte den Mag.beschluß am 24.9.1946 und teilte dies der Finanzabteilung des Magistrats in seinem Befehl FIN/I (46) 111 v. 30.9.1946 mit. Vgl. das 53. Prot. des Finanzkomitees der AK v. 24.9.1946, TOP 6, in: LAB, Rep. 37: OMGBS, FIN Br, 4/91-2/7. Der Befehl ist vorhanden in: LAB(STA), Rep. 101, Nr. 638; LAB, Rep. 37: OMGBS, FIN Br, 4/91-2/12.

Zeit zu warten, da nach Inkrafttreten der neuen Verfassung[30] ohnehin die meisten Titel der einzelnen Abteilungen der Stadtverwaltung geändert werden müßten. *Dr. Harms* ist mit dieser Hinausschiebung einverstanden.[31]

Hauth kommt auf die *Handwerkerversammlungen* zu sprechen, die von der Abt[eilung] für Handel und Handwerk jetzt durchgeführt werden, um den ständigen scharfen Angriffen[32] aus Kreisen der Handwerker gegen die Abteilung entgegenzutreten. Man macht für den Rohstoffmangel die städtischen Behörden verantwortlich, obwohl diese das Menschenmögliche getan haben, um dem Handwerk zu helfen.

Die Absicht, die Gemüter durch eine sachliche Aufklärung zu beruhigen, wurde in einer vorgestern abgehaltenen Versammlung im Metropol-Theater leider dadurch erschwert, daß in einer *Begrüßungsansprache* eines Vertreters des Magistrats dort Worte gewählt wurden, die als eine *Kritik an den Arbeiten der städtischen Behörden* aufgefaßt werden mußten. Es wurde von Entschlußlosigkeit gesprochen und an alle Dienststellen und Behörden appelliert, keine Mittel und Wege unversucht zu lassen, um dem Handwerk Rohstoffe und neuzeitliche Geräte zu beschaffen.[33]

Durch diese Worte wurde es den nachfolgenden Sprechern schwer gemacht, sich in der aufgeregten Versammlung durchzusetzen.[34]

---

30 Die Vorläufige Verfassung von Groß-Berlin v. 13.8.1946 trat am 20.10.1946 in Kraft; vgl. Dok. 82, Anm. 28.

31 Der zweite Nachkriegsmagistrat beschloß am 6.1.1947, die bisherige Bezeichnung „Magistrat von Groß-Berlin, Abteilung für Gesundheitsdienst" zu ändern in „Magistrat von Groß-Berlin, Abteilung Gesundheitswesen". Der entsprechende Mag.beschluß Nr. 22 v. 6.1.1947 ist vorhanden in: LAB(STA), Rep. 100, Nr. 786, Bl. 45.

32 Vgl.: Berlin braucht 20 Millionen qm Glas. Ungerechtfertigte Angriffe gegen die Verteilungsstellen, in: Berliner Zeitung, 4.6.1946, [S. 2].

33 Vgl. zu der „ersten großen Handwerkerversammlung", die am 15.8.1946 im Metropol-Theater, Schönhauser Allee 123, stattgefunden hatte: Vermerk v. 15.8.1946, in: LAB, Rep. 280, Nr. 5027; Handwerk und Magistrat. Öffentlicher Rechenschaftsbericht des Magistrats, in: Neue Zeit, 16.8.1946, S. 3; Handwerkerversammlung, in: Der Kurier, 16.8.1946, S. 5; Handwerker wollen eigene Kammer, in: Der Tagesspiegel, 16.8.1946, [S. 4]; Erregte Handwerkerversammlung, in: Telegraf, 16.8.1946, S. 8; Die Handwerker tagten, in: Tägliche Rundschau, 17.8.1946, S. 5. Mit dem von Hauth kritisierten Vertreter des Magistrats war OB Werner gemeint, der in seiner Begrüßungsansprache auf der Handwerkerversammlung unter anderem ausgeführt hatte: „[...] die realistische Erkenntnis, daß wir das Schicksal nicht von heute auf morgen wenden und auch nicht über Nacht das Arbeitsmaterial und technische Gerät herbeizaubern können, das unsere Berliner Handwerker so nötig haben, darf uns nicht in lähmende Entschlußlosigkeit versetzen, sondern muß uns umgekehrt dazu veranlassen, alles zu tun, um so schnell wie möglich die materialmäßigen und technischen Voraussetzungen für eine solide und beständige Aufbauarbeit der Berliner Handwerker zu schaffen. Hier appelliere ich vor allem an alle Dienststellen und Behörden, in unser aller Interesse kein Mittel und keinen Weg unversucht zu lassen, um den Berliner Handwerkern die Rohstoffe und das sonstige Material und neuzeitliche technische Geräte herbeizuschaffen, ohne die der Wiederaufbau der zertrümmerten Riesenstadt Berlin eine ewige Sisyphusarbeit ist." Das eigenhändige handschriftliche Manuskript der Ansprache von OB Werner ist vorhanden in: LAB, NL Werner, Rep. 200, Acc. 4379, Nr. 45/223; als Abschrift in: LAB, NL Werner, Rep. 200, Acc. 4379, Nr. 20/5, S. 712–718.

34 Vgl. zu den Ausführungen Hauths auf dieser Versammlung: LAB, Rep. 280, Nr. 5027, S. 3–6.

Der Redner würde es für erwünscht halten, wenn künftighin der Magistrat nach außen hin möglichst geschlossen und einheitlich aufträte und eine etwa notwendige Kritik gegen einzelne Abteilungen im Magistrat selbst zur Sprache gebracht würde.

Dr. Landwehr meint, aus den vielen Erörterungen im Magistrat über die leidige Rohstofffrage[35] hätte jedem Magistratsmitglied bekannt sein müssen, daß diese Frage von seiten der deutschen Behörden allein gar nicht zu lösen ist. Durch die Ausführungen in der Versammlung konnte der Eindruck entstehen, als sei ein Appell in der Öffentlichkeit notwendig, um die beteiligten Behörden, namentlich die verantwortlichen Magistratsmitglieder, zu größerer Anstrengung zu bringen. In Wirklichkeit werde diesen Stellen angesichts der vorhandenen Situation, daß eben überhaupt keine Rohstoffe da seien, ihre Arbeit nur noch mehr erschwert.

Orlopp erinnert daran, daß er vor etwa 4 Wochen im Magistrat die ganze schwierige Situation auf dem Gebiet des Handwerks hinsichtlich der fehlenden Rohstoffe geschildert habe.[36] Auch in einem Aufsatz in der Berliner Zeitung, betitelt „In banger Sorge",[37] habe er dieses Problem erörtert und den Handwerksmeistern gesagt: Solange es in Deutschland keine Zentralregierung gibt, sind alle Versuche einer Regelung der *Rohstofffrage* zum Scheitern verurteilt. – Tatsächlich sei es so, daß es buchstäblich an allem fehlt. Es wird verzweifelt daran gearbeitet, das wenige, was in der Provinz noch vorhanden ist, nach Berlin hereinzubringen. Aber alte Vorräte sind heute alle aufgebraucht. Es ist verständlich, wenn bei den Handwerkern und bei der übrigen Bevölkerung eine große Enttäuschung und Verärgerung herrscht. Angesichts dieser Lage war es verfehlt, den Eindruck hervorzurufen, als müßten die einzelnen Abteilungen des Magistrats noch besonders angetrieben werden.

Dr. Landwehr geht noch speziell auf die als Beispiel angeführte Frage des Mangels an Glas ein und versichert, daß die Abt[eilung] Wirtschaft sich wirklich die erdenklichste Mühe gegeben habe, Glas für den zivilen Bedarf zu bekommen, aber ohne Erfolg.[38] Genauso liege es auch bei anderen Warengattungen.

Der Redner weist noch einmal auf den großen Mangel an Papier und die Schwierigkeiten, etwas von draußen hereinzubringen, hin und äußert die Besorgnis, daß der Ablauf der Wahlen durch das Fehlen von Papier beeinträchtigt werden könnte.[39]

Dusiska berichtet über Maßnahmen der Abt[eilung] f[ür] Wirtschaft auf dem Gebiet der Rohstoffbeschaffung. Die Referenten der Abteilung fahren seit 14 Tagen

---

35 Vgl. hierzu das 50. Mag.prot. v. 16.3.1946, TOP 7, u. das 56. Mag.prot. v. 4.5.1946, TOP 7, u. das 57. Mag.prot. v. 13.5.1946, TOP 7 (Orlopp).

36 Vgl. das 56. Mag.prot. v. 4.5.1946, TOP 7.

37 Gemeint ist offensichtlich der Artikel: Josef Orlopp: Rohstoffe für das Handwerk, in: Berliner Zeitung, 10.5.1946, [S. 2].

38 Vgl. zur Glasversorgung: Dok. 96, Anm. 38.

39 Vgl. zum Problem des Papiermangels das 65. Mag.prot. v. 13.7.1946, TOP 8, u. das 68. Mag.prot. v. 3.8.1946, TOP 4 (Landwehr), u. das 83. Mag.prot. v. 9.11.1946, TOP 5, u. das 84. Mag.prot. v. 16.11.1946, TOP 5; den Bericht über die Dezernenten-Sitzung der Mag.abt. für Handel und Handwerk v. 4.9.1946, TOP 1, in: LAB, Rep. 280, Nr. 14517. Mit BK/O (46) 323 v. 3.8.1946 hatte die AK dem Magistrat für die Durchführung der Berliner Wahlen am 20.10.1946 bestimmte Mengen an Papier, Pappe und Karton freigegeben. Die BK/O ist vorhanden in: LAB(STA), Rep. 101, Nr. 70; LAB, Rep. 280, Nr. 4893.

mit besonders dafür bereitgestellten Verbindungsoffizieren der russischen Zentral-kommandantur in der sowjetischen Zone herum, um die bewilligten Kontingente zu realisieren. Dabei hat sich herausgestellt, daß mit großen Schwierigkeiten bei den Länder- und Provinzialverwaltungen zu kämpfen ist. Mit der amerikanischen Zone hat nach den Verhandlungen im Stuttgarter Länderrat[40] ein ständiger Brief-verkehr über Rohstofflieferungen eingesetzt. Die Omgus[41] hat einen besonderen Verbindungsoffizier für Verhandlungen zwischen Berlin und Stuttgart zur Verfügung gestellt. U[nter] a[nderem] ist erreicht worden, daß von der amerikanischen Zone monatlich ein bestimmtes Kontingent von Papier bereitgestellt wird. Ferner ist aus der amerikanischen Zone die Lieferung von monatlich 20 000 qm Glas zugesagt worden.

Der Redner legt weiter dar, daß auch in der russischen und in der amerikanischen Zone nicht etwa große Vorräte aufgespeichert liegen. Es sei leicht, zu sagen: Die Behörden müssen für die und die Zwecke Rohstoffe hergeben. Zunächst einmal müßten die Behörden selbst die Rohstoffe haben, und das sei eben leider nicht der Fall.

Maron erbittet eine Meinungsäußerung des Magistrats zu der Frage, ob die *Verkehrsmittel der BVG* – Straßenbahn und U-Bahn – für die *Wahlpropaganda*, d[as] h[eißt] für die Anbringung von Wahlplakaten, zur Verfügung gestellt werden sollen, wie es von seiten der Parteien beantragt worden ist. Bisher habe es der Magistrat grundsätzlich abgelehnt, die städtischen Verkehrsmittel für die politische Propaganda freizugeben. In diesem Falle, wo es sich speziell um die Zeit vor den Wahlen[42] handele, neige er, Redner, aber doch dazu, den Wünschen der Parteien Rechnung zu tragen.

Grüber glaubt, daß um so mehr Papier für die Wahlpropaganda verbraucht wird, je mehr man Propaganda-Möglichkeiten gibt.

Orlopp meint, auf den jetzt bevorstehenden Wahlkampf in Berlin sehe die ganze Welt. Da sollte man auch an den Verkehrsmitteln zum Ausdruck bringen, daß Berlin vor einer großen Entscheidung steht.

Maron stellt den formellen Antrag, die Verkehrsmittel der BVG den zugelassenen Parteien für die Zeit der Wahlen zu Propagandazwecken (Anbringung von Plakaten) zur Verfügung zu stellen.

BESCHLUSS: Der Magistrat stimmt diesem Antrag zu.[43]

---

40 Vgl. hierzu Dok. 70, Anm. 12.

41 Office of Military Government of (for) Germany, United States (Amerikanische Mi-litärregierung für Deutschland). Vgl. hierzu: Josef Henke/Klaus Oldenhage: Office of Military Government for Germany (US), in: OMGUS-Handbuch. Die amerikanische Militärregierung in Deutschland 1945–1949, hrsg. von Christoph Weisz, München 1994 (Quellen und Darstellungen zur Zeitgeschichte, Bd. 35), S. 1–142.

42 Gemeint sind die ersten Nachkriegswahlen in Berlin am 20.10.1946; vgl. hierzu Dok. 96, Anm. 7.

43 Mit Schreiben v. 19.8.1946 teilte Maron der Direktion der BVG den hier gefaßten Mag.beschluß mit, „daß die in den städtischen Verkehrsmitteln (Straßenbahn, Untergrund-bahn und Omnibus) noch freien Reklameflächen sowie auch bei den Straßenbahnen und Omnibussen die Rumpfflächen für die Zeit des Wahlkampfes den vier antifaschistisch-demokratischen Parteien Berlins (SED, SPD, LDP und CDU) in gleichem Umfange zur Verfügung gestellt werden sollen, natürlich gegen Bezahlung der üblichen Kosten".

Außerhalb der Tagesordnung berichtet Propst Grüber über Reiseeindrücke von seiner Teilnahme an der Oxforder Konferenz [„]Christen und Juden[“].[44]

Nächste Sitzung: Sonnabend, den 24. August 1946, vorm[ittags] 9 Uhr.

Das Schreiben ist vorhanden in: LAB(STA), Rep. 101, Nr. 647. Ein entsprechender Genehmigungsantrag der Mag.abt. für Verkehr an das Transportkomitee der AK v. 21.8.1946 ist vorhanden in: LAB, Rep. 37: OMGBS, Econ Br, Trans Sec, 4/84-2/22. Vgl. zum *unerlaubten* Plakatieren von Fahrzeugen der Müllabfuhr und der BVG das 77. Mag.prot. v. 28.9.1946, TOP 7.

44 Vgl.: Um die Sicherung der Menschenrechte. Internationale Konferenz in Oxford, in: Neue Zeit, 18.8.1946, S. 2; Jenseits der Konfessionen. Ein Besuch bei Propst Grüber, in: Der Kurier, 6.9.1946, S. 3.

Dok. 109
Schreiben von Stadtrat Pieck an die Alliierte Kommandantur vom 19. August 1946, betr. herrenloses und verlassenes bewegliches Gut

LAB(STA), Rep. 101, Nr. 52. – Maschinenschriftliche Durchschrift.[1]

Magistrat der Stadt Berlin
Abteilung für Personalfragen und Verwaltung

Anschrift: Magistrat der Stadt Berlin	Fernruf: 42 00 51
Abteilung für Personalfragen und Verwaltung	Hausanschluß Nr. . . . .
Berlin C 2, Stadthaus, Parochialstraße 1 – 3	

An die
Alliierte Kommandantura

B e r l i n

.-.-.-.-.-.-.-.-.-.-.-.-.-.-.-.-.-

Ihr Zeichen:	Ihre Nachricht vom:	Unser Zeichen:	Tag:
BK/O (45) 248[2]		Rie/Sta.	19.8.1946

Betrifft: *Herrenloses und verlassenes bewegliches Gut.*

Der Magistrat der Stadt Berlin hat in seiner Sitzung vom 13.8.45 die Verordnung über das Aneignungsrecht des Magistrats an herrenlosem oder verlassenem beweglichen Volksgut im Stadtgebiet Berlin beschlossen.[3] Diese Verordnung ist im September 1945 der Alliierten Kommandantura Berlin zur Genehmigung vorgelegt worden.[4] Mit Schreiben vom 28.12.1945[5] sandte uns die Kommandantur die Verordnung zurück

---

1 Die Durchschrift einer anderen maschinenschriftlichen Ausfertigung dieses Schreibens findet sich in: LAB(STA), Rep. 101, Nr. 74. In englischer Fassung ist es vorhanden in: LAB, Rep. 37: OMGBS, FIN Br, 4/86-1/36. – Das Original dieses Schreibens weist auf der ersten Seite sowohl den amtlichen Briefkopf der Mag.abt. für Personalfragen und Verwaltung als auch zwei Angaben am Fußende in vorgedruckter Form auf. Die letzteren Angaben („Anlagen"; „Bei Antwort wird um Angabe unseres Geschäftszeichens gebeten.") werden hier bei der Textwiedergabe des Schreibens weggelassen. Auf der letzten Seite des Originals befindet sich links neben der Unterschrift Piecks ein Abdruck des Dienststempels der Mag.abt. für Personalfragen und Verwaltung, der hier ebenfalls nicht wiedergegeben wird.
2 Vgl. Anm. 5 zu diesem Dok.
3 Vgl. das 16. Mag.prot. v. 13.8.1945, TOP 6.
4 Der hier erwähnte VO-Entwurf war der AK mit Schreiben v. 14.8.1945 zur Genehmigung zugeleitet worden. Das Schreiben ist vorhanden in: LAB(STA), Rep. 101, Nr. 97, Bl. 29.
5 Gemeint ist die BK/O (45) 248 v. 28.12.1945, mit der die AK einen detaillierteren, verständlicheren und genaueren Text der „Verordnung über das Aneignungsrecht des Magistrats an herrenlosem oder verlassenem beweglichen Volksgut im Stadtgebiet Berlin"

und verlangte hierzu noch einige Klarstellungen, die jedoch die den wesentlichen Gegenstand der Verordnung bildenden Maßnahmen nicht berührten. Hieraus durfte hergeleitet werden, daß die Alliierte Kommandantur sich mit dem Inhalt der Verordnung im Grundsatz einverstanden erklärt hatte.

Unter dem 29.1.1946 legte der Magistrat eine nunmehr allen Wünschen der Alliierten Kommandantur gerecht werdende neue Verordnung vor.[6] Ende März 1946 verlangte die Kommandantur nochmals eine zusammenfassende Darstellung der Aufgaben des Bewirtschaftungsamtes für Bergungsgut unter Angabe der Gründe, die Veranlassung zu der Verordnung gegeben haben. Diesem Ersuchen ist im April entsprochen worden.[7]

Die wiederholten Bemühungen des Magistrats, nunmehr eine endgültige Genehmigung der Verordnung zu erhalten, haben bisher zu keinem Erfolg geführt. Hierdurch ist im gewissen Sinne ein Schwebezustand entstanden, der zur Folge hatte, daß die Gerichte bereits Entscheidungen trafen, die den im Interesse der notleidenden Bevölkerung getroffenen Maßnahmen entgegenstanden. Darüber hinaus lassen die Veröffentlichungen der Gerichtsurteile in der Presse befürchten, daß der Gedanke, der Magistrat handle rechtswidrig, in den Kreisen der Bevölkerung allgemein Eingang findet, was zur Folge haben könnte, daß die gesamte soziale Arbeit des Bewirtschaftungsamtes für Bergungsgut sowie seine Mithilfe beim Aufbau der Wirtschaft hinfällig wird.

Wir erlauben uns daher, die Angelegenheit erneut zum Vortrag zu bringen, und fügen Abdrücke der seinerzeit bereits vorgelegten Verordnung mit Erläuterungen der einzelnen Paragraphen bei.[8] Nachstehend kurz die Grund-Idee des Bergungsamtes:

1. *Allgemeines.*

   Das Bewirtschaftungsamt für Bergungsgut ist aufgrund eines Beschlusses des Magistrats der Stadt Berlin vom 18.6.1945 gebildet worden.[9] Es hat die Aufgabe,

---

forderte und für deren Neuformulierung sie gleichzeitig eine Reihe von Vorgaben machte. Die BK/O ist vorhanden in: LAB(STA), Rep. 101, Nr. 52; LAB, Rep. 280, Nr. 10149.

6 Das Schreiben des Magistrats v. 29.1.1946 ist zusammen mit dem neuen Entwurf einer „Verordnung über herrenloses und verlassenes Gut" vorhanden in: LAB(STA), Rep. 101, Nr. 52.

7 Die hier erwähnten Schreiben v. Ende März und April 1946 konnten nicht ermittelt werden.

8 Der VO-Entwurf v. 29.1.1946 mit den zusätzlichen Erläuterungen zu den einzelnen Paragraphen ist vorhanden in: LAB(STA), Rep. 101, Nr. 52 u. 74.

9 Vgl. das 7. Mag.prot. v. 18.6.1945, TOP 8. Mitte Juni 1946 wurde das Bewirtschaftungsamt für Bergungsgut, das bisher der Mag.abt. für Planungen unterstanden hatte, der Mag.abt. für Personalfragen und Verwaltung unterstellt; vgl. das 61. Mag.prot. v. 15.6.1946, TOP 5. Vgl. zur Tätigkeit des Bewirtschaftungsamts für Bergungsgut die Materialien in: LAB(STA), Rep. 102, Nr. 33; das Prot. der Juristenbesprechung [Juristen der Mag.abteilungen u. der Bezirksämter] am 12.3.1946, TOP 5a, in: LAB(STA), Rep. 113, Nr. 240, u. LAB, Rep. 203, Acc. 2128, Nr. 7473; den Bericht „Kurzer Überblick über die Tätigkeit des Bewirtschaftungsamtes für Bergungsgut" v. 5.7.1946, in: LAB, Rep. 280, Nr. 5405; das Prot. der Arbeitsbesprechung der Mag.abt. für Sozialwesen am 5.11.1946, in: LAB(STA), Rep. 118, Nr. 17, Bl. 186; Geborgen – und wieder verborgt. Das Bergungsamt des Magistrats als Treuhänder für sichergestelltes Gut, in: Der Morgen,

herrenloses und verlassenes Volksgut zu erfassen, zu verwalten und zu verwerten. Die Veranlassung zu dem Beschluß gab der allgemeine Notstand, der die Errichtung dieser Amtsstelle aus Gründen des öffentlichen Wohls unumgänglich notwendig machte. Ein Wiederaufbau der Wirtschaft von Groß-Berlin nach Einstellung der Kampfhandlungen war nur möglich, wenn sofort damit begonnen wurde, alle vorhandenen Bestände an Rohstoffen, Hilfsstoffen, Fertigerzeugnissen, Maschinen, Geräten, Fahrzeugen, Einrichtungsgegenständen usw. zu erfassen und diese den allgemeinen Zwecken zuzuführen. Der Magistrat *mußte* es unter diesen Umständen für seine Pflicht halten, sich des herrenlosen und verlassenen Volksgutes anzunehmen, um es durch eine behördliche Einrichtung den bedürftigen Volkskreisen und der notleidenden Wirtschaft nutzbar zu machen. Dieser Aufgabe hat sich das Amt seit seinem Bestehen unterzogen. Ihm ist es durch seine Initiative gelungen, Handwerksbetriebe (Tischlereien, Schlossereien, Schuhmachereien, mechanische Werkstätten usw.) mit fehlendem Werkzeug usw., Fabrikbetriebe mit Maschinen zu versehen, Lebensmittelgeschäfte und Fleischereien mit Kühlanlagen und sonstigen Einrichtungsgegenständen auszustatten, ferner Ärzte, Apotheken, Drogerien und Krankenhäuser mit Einrichtungsinstrumenten und Medikamenten zu versorgen, Dienststellen und öffentlichen Betrieben Büromaterial und Inventar zuzuführen und nicht zuletzt Tausende von Haushaltungen mit Möbeln, Geschirr und sonstigen Gegenständen des täglichen Bedarfs auszustatten. Selbstverständlich werden die Rechte der seitherigen Eigentümer bzw. [von] deren Erben oder Bevollmächtigten in jeder Weise gewahrt.

2. *Durchführung der Aufgaben.*

Zur Durchführung seiner Aufgaben hat das B.f.B. in jedem Berliner Verwaltungsbezirk einen Beauftragten nebst Mitarbeitern eingesetzt, die der unmittelbaren Dienstaufsicht der Zentrale unterstehen, von welcher sie auch ihre Anweisungen erhalten.[10]

Zu den Aufgaben des Beauftragten gehört lediglich die Sicherstellung von herrenlosem und verlassenem Volksgut. Die Freigabe dieser sichergestellten Gegenstände ist Aufgabe der Zentrale und wird von folgenden Voraussetzungen abhängig gemacht:
   a) Vorlegung der Gewerbegenehmigung
   b) Befürwortung der zuständigen Behörde oder Organisation des zuständigen Wohnbezirks (Handel und Handwerk, Abt[eilung] Wirtschaft, Haupternährungsamt, Fahrbereitschaft usw.).

Durch diese Vorprüfungen wird verhindert, daß Gegenstände in die Hand Unbefugter gelangen, und der Gedanke verwirklicht, die wichtigsten Wirtschaftszweige der Stadt Berlin so schnell wie möglich wieder in Gang zu setzen.

20.9.1946, S. 3; Geborgen – und wieder verborgt. Der Magistrat als Treuhänder für sichergestelltes Gut, in: Berliner Zeitung, 6.10.1946, [S. 8].
10 Vgl. hierzu zwei Rundschreiben Schwenks v. 27.6.1945 bzw. 26.7.1945, in: LAB(STA), Rep. 100, Nr. 759, Bl. 41 – 45, bzw. LAB(STA), Rep. 101, Nr. 235, u. LAB, Rep. 280, Nr. 4154.

3. *Verwertung des angefallenen Gutes.*

Bei der Verwertung des anfallenden Gutes ist vor allem zunächst darauf
Bedacht zu nehmen, daß die Gegenstände innerhalb des betreffenden Bezirks
verbleiben. Ist eine Verwertung in dem Bezirk nicht möglich und besteht in
einem anderen Bezirk des gleichen Sektors ein dringender Bedarf, dann können
die Gegenstände auch Interessenten aus anderen Bezirken angeboten werden;
entscheidend ist hierfür das Ziel, der Industrie und Wirtschaft zu dienen, diese in
Groß-Berlin so schnell wie möglich wieder aufzubauen und daher eine Hortung
von Gegenständen unter allen Umständen zu vermeiden.

Für die Verwertung der Möbel sind besondere Bestimmungen maßgebend. Mit
den Interessenten wird ein Mietvertrag abgeschlossen, der es ihnen gestattet, die
vermieteten Gegenstände lediglich zum eigenen Gebrauch und demjenigen ihrer
Hausgenossen zu nutzen. Im Falle der Rückkehr des rechtmäßigen Eigentümers
werden diesem nach genauer Prüfung seiner Eigentumsansprüche und der
Bedürfnisfrage die Gegenstände wieder zur Verfügung gestellt.

Die durch das B.f.B. im Auftrage des Magistrats der Stadt Berlin ausgeübte
Tätigkeit ist für weite Kreise der Bevölkerung von großem Nutzen. Insbeson-
dere konnte hierdurch anerkannten Opfern des Faschismus und der Nürnberger
Gesetzgebung[11], denen es in fast allen Fällen an den notwendigsten Einrich-
tungsgegenständen fehlte, ferner Heimkehrern, Evakuierten oder sonst in großer
Not befindlichen Bevölkerungsteilen geholfen werden.

Die Bevölkerung würde es anderenfalls nicht verstehen, wenn die Behörden
nicht dem allgemeinen Notstand Rechnung tragen und es zulassen würden,
daß Möbel und andere Einrichtungsgegenstände gehortet werden und nutzlos
herumstehen.

Die Notlage der Bevölkerung fordert gerade in diesen Fällen gebieterisch eine
Lenkung durch die öffentliche Hand, die als Treuhänder für die Abwesenden
auftritt. Wird diese treuhänderische Verwaltung Abwesenheitspflegern oder
sonstigen Bevollmächtigten übertragen und unterbleibt somit jede behördliche
Aufsicht, so ist keinerlei Gewähr für eine ordnungsgemäße Verwertung und
Verwaltung des Volksgutes gegeben. Es steht vielmehr zu befürchten, daß die
Einrichtungsgegenstände unter Ausnutzung des Notstandes Kreisen zugänglich
gemacht werden, die sich nicht in einer Notlage befinden oder welche die
Gegenstände am schwarzen Markt handeln und die hierbei zu beklagenden
unliebsamen Erscheinungen unerwünscht verstärken.

Darüber hinaus ist durch die Sicherstellung das Eigentum des abwesenden
Eigentümers erhalten geblieben, die in zahlreichen Fällen dem B.f.B. ihren Dank
hierüber zum Ausdruck gebracht haben.

Es ist nicht vereinzelt, daß auswärts wohnende Eigentümer das Amt bitten, die
Sicherstellung ihres Eigentums vorzunehmen, um es vor dem Zugriff unbefugter

---

11 Die sogenannten Nürnberger Gesetze von 1935 hatten eine zentrale rechtliche Grundlage
    für die Diskriminierung und Verfolgung der jüdischen Bevölkerung im nationalsozialis-
    tischen Deutschland gebildet. Vgl. hierzu Dok. 11, Anm. 44.

Dritter zu bewahren. Die Verordnung stellt klar heraus, daß die Eigentumsrechte unter allen Umständen gewahrt werden und verlassenes Gut nur aus Gründen des öffentlichen Wohles zur Behebung eines dringenden Notstandes benutzt werden darf.

Schlußbemerkung.

Bei allen Sicherstellungen und Freigaben werden die Verordnungen der alliierten Militärbehörde[n] in jeder Weise berücksichtigt und beachtet. Dies gilt insbesondere für die Bestimmungen des Gesetzes Nr. 52[12] und den Befehl des Obersten Chefs der Sowjetischen Militärverwaltung Nr. 124[13]. Soweit festgestellt wird, daß die sichergestellten Gegenstände unter diese Bestimmungen fallen, wird der Treuhandstelle für Sondervermögen[14] von der Sicherstellung in jedem Einzelfalle Kenntnis gegeben.

In diesem Zusammenhang bedarf es kaum der Erwähnung, daß es auch in Zukunft zu den vornehmsten Aufgaben des Bewirtschaftungsamtes für Bergungsgut gehören wird, sich jeglicher Sicherstellung zu enthalten, welche den Bestimmungen der alliierten Militärbehörden zuwiderlaufen. Es ist jedoch aus den dargelegten Gründen und den in der Verordnung gegebenen Erläuterungen dringend erforderlich, den Maßnahmen des B.f.B. die erforderliche Rechtsgrundlage zu geben.[15]

Magistrat der Stadt Berlin
Abt[eilung] für Personalfragen und
Verwaltung

Pieck [Unterschrift]
(Stadtrat P i e c k)

---

12 Vgl. zum Gesetz Nr. 52 der Westalliierten v. 24.8./10.9.1945, betr. Sperre und Kontrolle von Vermögen: Dok. 105, Anm. 28.

13 Vgl. zum Befehl Nr. 124 des Obersten Chefs der Sowjetischen Militärverwaltung v. 30.10.1945, betr. die Beschlagnahme und provisorische Übernahme einiger Eigentumskategorien: Dok. 106, Anm. 48.

14 Für die Durchführung der Befehle der Alliierten zur Vermögenskontrolle waren besondere Treuhandstellen für Sondervermögen eingerichtet worden; vgl. das Schreiben der Mag.abt. für Personalfragen und Verwaltung an die AK v. 14.12.1946, betr. herrenloses und verlassenes bewegliches Gut, in: LAB(STA), Rep. 101, Nr. 74.

15 Der mit diesem Schreiben der AK erneut unterbreitete Magistratsentwurf einer „Verordnung über herrenloses und verlassenes Gut" wurde von dieser in ihrer BK/O (46) 411 v. 25.10.1946 als „unannehmbar" bezeichnet, weil er dem Gesetz Nr. 52 der Westalliierten und dem Befehl Nr. 124 des Obersten Chefs der Sowjetischen Militärverwaltung widerspreche. Mit Schreiben v. 14.12.1946 bat die Mag.abt. für Personalfragen und Verwaltung die AK daraufhin nochmals um Genehmigung für ihren VO-Entwurf, dem sie den folgenden Paragraphen eingefügt hatte: „Bei allen Sicherstellungen und Freigaben sind das Gesetz Nr. 52 der Alliierten Kontrollbehörde sowie das sowjetische Gesetz Nr. 124 über Eigentumskontrolle zu beachten. Sicherstellungen und Freigaben, die gegen diese Gesetze verstoßen, sind unwirksam." Die AK stufte aber mit BK/O (47) 52 v. 28.2.1947 auch den ergänzten VO-Entwurf des Magistrats als „unannehmbar" ein. Zur Begründung

führte sie wiederum an, daß die „Aneignung und Ausnutzung" von herrenlosem oder
verlassenem Gut den Bestimmungen des Gesetzes Nr. 52 bzw. des Befehls Nr. 124
widersprächen. Die genannten BK/Os und das Schreiben v. 14.12.1946 sind vorhanden
in: LAB(STA), Rep. 101, Nr. 74; die beiden BK/Os auch in: LAB, Rep. 280, Nr. 10155
u. 5851.
Der zweite Nachkriegsmagistrat vertrat die Auffassung, daß die entsprechenden Bestimmungen des Reichsleistungsgesetzes (Gesetz über Sachleistungen für Reichsaufgaben) v.
1.9.1939, das „als noch in Kraft befindlich zu betrachten" sei, „die genügende gesetzliche
Grundlage für die Tätigkeit des Bewirtschaftungsamtes für Bergungsgut" darstellten.
Vgl. den diesbezüglichen Vermerk v. 21.3.1947, in: LAB(STA), Rep. 102, Nr. 33; das
Reichsleistungsgesetz in: RGBl., Jg. 1939, Teil I, S. 1645 – 1654; Das militaristische
„Reichsleistungsgesetz", in: Der Tagesspiegel, 20.10.1946, [S. 3]. – Im Mai 1947 wurde
das Bewirtschaftungsamt für Bergungsgut mit dem Beschaffungsamt, ebenfalls eine
Dienststelle der Mag.abt. für Personalfragen und Verwaltung, zum „Beschaffungsamt
Groß-Berlin" zusammengelegt. Vgl. hierzu die Mag.vorlage Nr. 223 v. 6.5.1947 u. das
Prot. über die 26. (Ordentliche) Mag.sitzung am 12.5.1947, TOP 6, in: LAB, Rep. 228,
Mag.vorlagen 1947 u. Mag.protokolle 1947. Der erste Nachkriegsmagistrat hatte eine
entsprechende Mag.vorlage v. 25.10.1946, betr. Errichtung eines Eigenbetriebs „Berliner
Beschaffungs- und Bewirtschaftungsamt", Anfang November 1946 zurückgestellt; vgl.
das 82. Mag.prot. v. 2.11.1946, TOP 3 (Mag.vorlage Nr. 487).

Dok. 110
71. Magistratssitzung vom 24. August 1946

LAB(STA), Rep. 100, Nr. 778, Bl. 63 – 69. – Umdruck.[1]

Beginn: 9.07 Uhr   Schluß: 13.40 Uhr

Anwesend: OB Dr. Werner, Maron, Orlopp, Schwenk, Schulze, Lange, Dr. Land-
            wehr, Pieck, Schmidt, Dr. Haas, Kehler, Knoll, Dr. Mittag, Schwa-
            nebeck, Karweik, Scharoun, Starck, Geschke, Grüber, Dusiska,
            Dr. Harms, Wildangel, Winzer, Jirak, Fleischmann, Rumpf, Grom-
            mann, Dr. Goll.[2]

Den Vorsitz führt: Oberbürgermeister Dr. Werner.

Tagesordnung: 1. Protokoll
                2. Personal- und Verwaltungsfragen
                3. Abteilung für Volksbildung
                4. Abteilung für Wirtschaft
                5. Finanzfragen
                6. Allgemeines.

1. PROTOKOLL
Die Niederschrift der 70. Magistratssitzung vom 17.8.46 wird ohne Beanstandung
genehmigt.

2. PERSONAL- UND VERWALTUNGSFRAGEN
Schmidt kommt auf die zurückgestellte Vorlage Nr. 353[3], betreffend organisatorische
Angliederung des Sozialversicherungsamtes an die Abteilung für Arbeit, zurück.[4] Es
haben noch einmal zwischen den drei beteiligten Abteilungen: für Sozialwesen, für
Arbeit und für Personalfragen und Verwaltung, Besprechungen stattgefunden, die
dazu geführt haben, dem Magistrat die Annahme der Vorlage mit einer kleinen
Änderung vorzuschlagen. Der Text des Beschlusses soll nunmehr lauten:[5]

---

1 Weitere Umdruckexemplare dieses Protokolls sind vorhanden in: LAB(STA), Rep. 100,
  Nr. 752, lfd. S. 363 – 376; LAB, Rep. 228, Mag.protokolle 1946, u. Rep. 280, Nr. 8501/28.
2 In der Anwesenheitsliste ist Hermann Bachmann nicht aufgeführt, der im Text des
  Protokolls (TOP 2) als Redner genannt wird.
3 LAB(STA), Rep. 100, Nr. 778, Bl. 19 u. 20.
4 Vgl. zur erstmaligen Behandlung der Mag.vorlage Nr. 353 v. 6.8.1946 das 69. Mag.prot.
  v. 12.8.1946, TOP 2.
5 Der entsprechende Beschlußtext der Mag.vorlage Nr. 353 hat den Wortlaut: „Das
  Sozialversicherungsamt der Stadt Berlin, das nach der Anordnung der Alliierten
  Kommandantur vom 8.4.1946 – BK/O (46) 160 – ‚von der Abteilung für Sozialwesen
  und von der Versicherungsanstalt unabhängig‘ sein soll, wird der Abteilung für Arbeit
  angegliedert." Vgl. zur BK/O (46) 160: Dok. 106, Anm. 4.

Das Sozialversicherungsamt der Stadt Berlin usw. wird v e r w a l t u n g s - u n d h a u s h a l t s r e c h t l i c h z u n ä c h s t der Abteilung für Arbeit angegliedert. (Die gesperrten Worte sind neu eingefügt.)
Die Zurückstellung der Vorlage erfolgte mit Rücksicht darauf, daß ein Antrag des FDGB bei der Alliierten Kommandantur vorliegt, die Spruchkammer des Sozialversicherungsamtes den Arbeitsgerichten[6] anzugliedern.[7] Man hat dabei nicht in Betracht gezogen, daß das Sozialversicherungsamt eine doppelte Tätigkeit ausübt: es ist einmal Spruchbehörde und andererseits Aufsichtsbehörde. Die Spruchtätigkeit kann einer neu zu bildenden Kammer bei den Arbeitsgerichten übertragen werden, während die Aufsichtstätigkeit einer Abteilung, d[as] h[eißt] der Abteilung für Arbeit, unterstellt werden muß. Wenn also der Antrag der Gewerkschaften durchgeht, würde sich im wesentlichen an der bisherigen Zuständigkeit nichts ändern. Es ist nur eine Umorganisation innerhalb der Abt[eilung] für Arbeit erforderlich. Dies soll durch den vorgeschlagenen Zusatz zum Ausdruck kommen.
BESCHLUSS: Die Vorlage Nr. 353 wird mit der vorgeschlagenen Einschaltung angenommen.[8]

Schmidt begründet weiter die Vorlage Nr. 379[9], betreffend einheitliche *Sprechzeiten der städtischen Dienststellen* für den Verkehr mit der Bevölkerung. Der vorgeschlagenen Regelung liegt eine ausgedehnte Untersuchung des Organisationsamtes[10] über die Sprechzeiten in den einzelnen Bezirken und Dienststellen der Hauptverwaltung zugrunde. Die Bezirksbürgermeister-Konferenz hat sich eingehend mit der Vorlage beschäftigt und ihr in der vorgelegten Fassung zugestimmt.[11]
BESCHLUSS: Die Vorlage Nr. 379 wird angenommen.[12]

Schmidt begründet weiter die Vorlage Nr. 380[13], betreffend Magistratsbeschluß über die *Aufgaben der Abt[eilung] für Planungen* sowie die *Bildung eines Planungsausschusses* und von *Bezirksplanungsausschüssen*. In der Vergangenheit ist es verschiedentlich zu Reibungen und organisatorischen Überschneidungen zwischen der Abt[eilung] für Planungen und den Planungsstellen der Fachabteilungen, vor allem der Abteilungen für Bau- und Wohnungswesen, für Wirtschaft und für Handel

---

6 Vgl. zur Errichtung der Arbeitsgerichte in Berlin: Dok. 37, Anm. 67; Dok. 83, Anm. 55.
7 Vgl. das Schreiben des FDGB Groß-Berlin an die AK v. 31.5.1946, betr. Sozialversicherungsamt, in: LAB(STA), Rep. 101, Nr. 62.
8 Der hier gefaßte Mag.beschluß ist mit dem Ausfertigungsdatum v. 24.8.1946 vorhanden in: LAB(STA), Rep. 100, Nr. 778, Bl. 41. Dem Antrag des FDGB Groß-Berlin, die Spruchtätigkeit in Streitfällen der Sozialversicherung den Arbeitsgerichten zu übertragen, wurde von der AK nicht stattgegeben. Vgl. zur Spruchtätigkeit des der Dienstaufsicht der Mag.abt. für Arbeit unterstellten Sozialversicherungsamts: Berlin 1947, S. 56; Berlin 1948, S. 127.
9 LAB(STA), Rep. 100, Nr. 778, Bl. 77.
10 Dienststelle der Mag.abt. für Personalfragen und Verwaltung.
11 Vgl. das Prot. der Konferenz der Bezirksbürgermeister am 8.8.1946, TOP 2, in: LAB, Rep. 280, Nr. 3864.
12 Der hier gefaßte Mag.beschluß wurde veröffentlicht in: Die Stadtverwaltung, Jg. 1 (1946), H. 12, S. 12.
13 LAB(STA), Rep. 100, Nr. 778, Bl. 78 – 80; auch in: LAB(STA), Rep. 101, Nr. 578, Bl. 295 – 297.

und Handwerk, gekommen[14]. Darum sollte das Aufgabengebiet der Abteilung für Planungen genau umrissen werden, wobei gleichzeitig dieser Abteilung für die Fortsetzung ihrer Arbeiten gewisse Hilfsmittel an die Hand gegeben [werden sollten] und erreicht werden sollte, daß die Arbeit der Abteilung auf eine breitere Basis gestellt wird. Die beteiligten Fachabteilungen haben eine Reihe von Beratungen über diese Frage geführt.[15] Das Ergebnis der Beratungen ist der vorliegende Entwurf. Darin werden die Aufgaben der Abt[eilung] für Planungen genau umrissen[16] und die Zusammenarbeit der Abteilung mit den übrigen Magistratsabteilungen festgelegt. Weiter ist die Bildung eines Planungsausschusses mit speziellen Aufgaben vorgesehen.[17] Der gleiche Gedanke soll für die Bezirke in den Bezirksplanungsausschüssen durchgeführt werden.[18] Der Redner erläutert die Bestimmungen des Entwurfs im einzelnen.

Dr. Harms bittet, in den Planungsausschuß auch einen Vertreter des Gesundheitswesens hineinzunehmen.

Maron hält es für notwendig, daß die Vorlage, die eine gewisse Umorganisation einer Magistratsabteilung darstellt, die auch die Bezirke berührt, auch den Bezirksbürgermeistern zur Meinungsäußerung vorgelegt wird. Man könnte heute der Vorlage

---

14 Vgl. zur Abgrenzung der Aufgaben der Mag.abt. für Planungen das Prot. der Konferenz der Bezirksbürgermeister am 19.10.1945, TOP 1, in: LAB, Rep. 280, Nr. 3839; das 45. Mag.prot. v. 2.2.1946, TOP 3 (insb. Anm. 22), u. das 60. Mag.prot. v. 5.6.1946, TOP 2; Dok. 95.

15 Nach der Begründung der Mag.vorlage Nr. 380 v. 16.8.1946 hatten über die Frage der Aufgabenabgrenzung der Mag.abt. für Planungen am 2.7.1946 und 1.8.1946 eingehende Besprechungen zwischen den Mag.abteilungen für Personalfragen und Verwaltung, für Planungen, für Bau- und Wohnungswesen, für Wirtschaft, für Handel und Handwerk und für Arbeit stattgefunden. Vgl. auch die beiden Entwürfe zur Mag.vorlage Nr. 380 v. 8.7.1946 u. 17./18.7.1946, in: LAB(STA), Rep. 101, Nr. 236.

16 Im § 1 der Mag.vorlage Nr. 380 sind die Aufgaben der Mag.abt. für Planungen folgendermaßen bestimmt:
„(1) Die Abteilung für Planungen des Magistrats hat die Aufgabe:
   a) Grundlagen über die Gesamtstruktur Berlins in soziologischer, ökonomischer und städtebaulicher Hinsicht zu beschaffen,
   b) Richtlinien für alle Planungsarbeiten der Stadt Berlin aufzustellen,
   c) alle Planungsarbeiten der Fachabteilungen des Magistrats der Stadt Berlin aufeinander abzustimmen und sie zu einem organischen Ganzen zusammenzufassen,
   d) das gesamte Messe- und Ausstellungswesen zu lenken,
   e) Vorschriften und Richtlinien über Normung und Rationalisierung zu geben,
   f) Erfinder und Erfindungen zu betreuen und
   g) Einrichtungen für Grundlagenforschung zu unterstützen.
(2) Für Verhandlungen, die über Grundfragen der Berliner Planungsarbeiten mit Provinzial-, Länder- und Zonenverwaltungen, den Landesplanungsämtern oder Besatzungsmächten zu führen sind, ist die Abteilung für Planungen zuständig."

17 Zu den Aufgaben dieses Ausschusses, der sich aus 46 Personen zusammensetzen sollte, heißt es im entsprechenden § 3 der Mag.vorlage Nr. 380 lediglich: „Für die Aufstellung von Richtlinien auf dem Gebiete der Planung und zur Überwachung ihrer Einhaltung wird bei der Abteilung für Planungen ein Planungsausschuß gebildet."

18 Zu den Aufgaben dieser bezirklichen Ausschüsse heißt es im entsprechenden § 4 der Mag.vorlage Nr. 380: „Zur Unterstützung und Durchführung bei den Planungsarbeiten der Abteilung für Planungen innerhalb der Verwaltungsbezirke sind bei den Bezirksämtern Bezirksplanungsausschüsse einzurichten."

im Prinzip zustimmen unter der Voraussetzung, daß von seiten der Bezirksbürgermeister nicht Einwendungen erhoben oder noch Änderungen gewünscht werden.
Schmidt ist mit beiden Vorschlägen einverstanden.
BESCHLUSS: Die Vorlage Nr. 380 wird angenommen[19]

    a) mit der Änderung, daß in dem beigefügten Entwurf über die Bildung eines Planungsausschusses unter 2 c die Abteilung für Gesundheitsdienst mit aufgeführt wird;

    b) unter der Voraussetzung, daß von der Bezirksbürgermeister-Konferenz keine wesentlichen Änderungen mehr gewünscht werden[20].

Winzer begründet die Vorlage Nr. 370[21], betreffend Bestellung der Herren Ernst *Wildangel*[22] zum *Leiter des Hauptschulamtes* und Erich *Schneider*[23] zum *stellvertretenden Leiter*[24] *des Hauptschulamtes*.
BESCHLUSS: Die Vorlage Nr. 370 wird angenommen.

Winzer begründet weiter die Vorlage Nr. 378[25], betreffend Bestellung des Herrn Hermann *Bachmann* zum *stellvertretenden Direktor der Pädagogischen Hochschule der Stadt Berlin*. Im Herbst v[origen] J[ahres] hat der Magistrat beschlossen, ein

---

19 Der hier gefaßte Mag.beschluß wurde durch ein Rundschreiben v. 18.10.1946 verwaltungsintern bekanntgemacht. Das Rundschreiben ist vorhanden in: LAB(STA), Rep. 102, Nr. 29, Bl. 80 f., u. Nr. 370, Bl. 226 f; auch in: LAB(STA), Rep. 115, Nr. 65, Bl. 81 f. Der Mag.beschluß wurde veröffentlicht in: Die Stadtverwaltung, Jg. 1 (1946), H. 14, S. 2 f. Die Aufstellung „Durchführungsmaßnahmen für die Wirtschaftsplanung auf Grund des Magistratsbeschlusses vom 24.8.1946" v. 24.9.1946 ist vorhanden in: LAB(STA), Rep. 101, Nr. 237; LAB, Rep. 280, Nr. 5148. Vgl. zur weiteren Tätigkeit der Mag.abt. für Planungen die Tätigkeitsberichte verschiedener Referate dieser Mag.abt. in: LAB(STA), Rep. 101, Nr. 236; das Manuskript „Arbeit im stillen: Planungen. So wirkt Bürgermeister Schwenk" (ca. September 1946), in: LAB(STA), Rep. 101, Nr. 5385.

20 In der nächsten Konferenz der Bezirksbürgermeister wurde lediglich der Wunsch geäußert, die Bezirksbürgermeister auch am zentralen Planungsausschuß zu beteiligen. Vgl. das Prot. der Konferenz der Bezirksbürgermeister am 29.8.1946, TOP 1, in: LAB, Rep. 280, Nr. 3865.

21 LAB(STA), Rep. 100, Nr. 778, Bl. 54.

22 Wildangel (SED) hatte faktisch schon seit längerem das Hauptschulamt geleitet und war außerdem Anfang Mai 1946 zum stellvertretenden Leiter der Mag.abt. für Volksbildung berufen worden. Vgl. hierzu Dok. 76, Anm. 11; das 56. Mag.prot. v. 4.5.1946, TOP 2.

23 Gemeint ist Hans R. Schneider (parteilos), der bisher als stellvertretender Bezirksbürgermeister in Reinickendorf amtiert hatte. Siehe: LAB, Rep. 280, Nr. 14860 u. Nr. S/302, I. Teil, S. 28.

24 Die Stelle eines stellvertretenden Leiters des Hauptschulamts wurde geschaffen, „weil sich bei dem außerordentlichen Umfang der Obliegenheiten des Hauptschulamtes, dem das gesamte Schulwesen Groß-Berlins, d[as] h[eißt] die Sorge für etwa 450 000 Schüler und etwa 12 000 Lehrer, untersteht, die Entlastung des Leiters des Hauptschulamtes, der unter den heutigen besonderen Verhältnissen besonders belastet und z[um] B[eispiel] durch die alliierten Dienststellen stark in Anspruch genommen ist, als zwingende Notwendigkeit erwies". Vgl. das Schreiben Wildangels an Haas v. 4.3.1947, betr. Einstufung des stellvertretenden Leiters des Hauptschulamts, in: LAB(STA), Rep. 102, Nr. 36, Bl. 82.

25 Diese Mag.vorlage v. 21.8.1946 ist vorhanden in: LAB, Rep. 228, Mag.vorlagen 1946.

Pädagogisches Institut zu errichten.[26] Dieser Beschluß wurde im Januar 46 von der Alliierten Kommandantur bestätigt.[27] Zum Direktor des Instituts wurde Herr Dr. Karl Schröder[28] bestellt. Sein Gesundheitszustand erlaubt ihm aber nicht, sich den Arbeiten so zu widmen, wie es erforderlich ist. Um die dringend notwendige Aufnahme der ordentlichen Lehrerausbildung nicht noch weiter zu verzögern, wird vorgeschlagen, Herrn Bachmann, bisher Schulrat im Bezirk Spandau, zum stellvertretenden Direktor der „Pädagogischen Hochschule"[29] zu berufen.

Bachmann wird dem Magistrat vorgestellt und berichtet auf Wunsch kurz von seinem Entwicklungsgang und seiner bisherigen Tätigkeit. Nach Absolvierung des Seminars in Dresden hat er in Leipzig und später in Berlin Pädagogik studiert, hat dann am Zentralinstitut für Erziehung und Unterricht gearbeitet und daneben wissenschaftliche Vorlesungen an der Musikhochschule, an der Kunsthochschule und an der Handelshochschule gehalten. Von 1918 bis 1933 ist er in der Lehrerbildung eingesetzt gewesen und hat in dieser Zeit rund 15 000 Hospitanten – Lehrer und Schulleiter – gehabt. Auf Auslandsreisen hat er das Schulwesen und die Lehrerausbildung in den verschiedensten Ländern kennengelernt. 1933 wurde er aus dem Amt entlassen. Im letzten Jahr konnte er unter Herrn Wildangel seine früheren Pläne und Ideen in bezug auf Lehrerausbildung wieder aufgreifen. Er hofft, in der neuen Stellung eine Lehrerausbildung durchführen zu können, die sowohl den wirtschaftlichen wie den ideellen Bedingungen gerecht wird, die an einen Lehrer zu stellen sind.

BESCHLUSS: Herr Hermann Bachmann wird einstimmig zum stellvertretenden Direktor der Pädagogischen Hochschule der Stadt Berlin bestellt.[30]

Schwenk erstattet *Bericht* über die Arbeiten des in der Sitzung vom 29.6.46 eingesetzten Magistratsausschusses zur *Nachprüfung von Vorgängen bei der Baustoffbeschaffung.*[31]

Der Ausschuß hat sich in drei Sitzungen mit den Differenzen beschäftigt, die sich zwischen der Abteilung für Wirtschaft und dem Hauptamt für Aufbau-

---

26 Vgl. das 21. Mag.prot. v. 17.9.1945, TOP 3; ferner TOP 3 in diesem Mag.prot.

27 Mit BK/O (46) 54 v. 23.1.1946 hatte die AK die Eröffnung eines Pädagogischen Instituts in Berlin grundsätzlich gebilligt. Die BK/O ist vorhanden in: LAB(STA), Rep. 101, Nr. 57; LAB, Rep. 280, Nr. 12479.

28 Vgl. zur Biographie Schröders: Schuppan, S. 57 f., Anm. 112.

29 Das Pädagogische Institut der Stadt Berlin wurde offiziell ab 1.10.1946 unter dem Namen „Pädagogische Hochschule der Stadt Berlin" weitergeführt. Vgl. hierzu TOP 3 in diesem Mag.prot.; die Begründung der Mag.vorlage Nr. 376 v. 19.8.1946, in: LAB(STA), Rep. 100, Nr. 778, Bl. 71; Schuppan, S. 78 f.

30 Vgl.: Für die Einheitsschule, in: Berliner Zeitung, 12.9.1946, [S. 6]; Professor Hermann Bachmann Schulreformator, in: Vorwärts, 19.9.1946, S. 3; Vom Kindergarten zur Hochschule, in: Telegraf, 21.9.1946, S. 5. – Mitte Oktober 1946 wurde Wilhelm Blume anstelle von Dr. Karl Schröder zum Direktor der Pädagogischen Hochschule berufen; vgl. das 79. Mag.prot. v. 12.10.1946, TOP 2.

31 Vgl. das 63. Mag.prot. v. 29.6.1946, TOP 4; ferner: Ernst Barbknecht: Wie kam es zur Gründung der Baustoff-Beschaffungsgesellschaft?, in: Tägliche Rundschau, 15.10.1946, S. 6.

Durchführung³² hinsichtlich der Baustoffbeschaffungs[-]GmbH (BBG) ergeben haben. Das Ergebnis seiner Nachprüfungen hat der Ausschuß in einem ausführlichen acht Seiten langen Bericht niedergelegt, der vom Berichterstatter verlesen wird.³³ Der Bericht schließt mit folgenden Empfehlungen an den Magistrat:

1) Auf Grund der Tatsache, daß die Angestellten im Hauptamt für Aufbau-Durchführung Giessmann³⁴, Pfeiffer³⁵ und Johannsohn die am 2.6.46 und am 24.4.46 gefaßten Beschlüsse des Magistrats auf Bildung einer Baustoffbeschaffungs[-]GmbH³⁶ und die Übertragung der Baustoffbeschaffung auf diese Gesellschaft wiederholt zu durchkreuzen versucht haben, beauftragt der Magistrat die Abteilung für Personalfragen und Verwaltung, die drei genannten Angestellten sofort fristlos zu entlassen.

Giessmann, Pfeiffer und Johannsohn haben durch ihre Quertreibereien nicht nur das Ansehen des Magistrats geschädigt, sondern auch den Aufbau Berlins beeinträchtigt. Sie haben einem Befehl der SMA zuwidergehandelt, der die BBG zur Leitfirma für Baustoffe erklärte,³⁷ und haben bestimmte Privatfirmen in unzulässiger Weise begünstigt.

2) Herrn Karweik³⁸ ist vorzuwerfen, daß er das schädliche Treiben dieser in Ziffer 1 genannten Angestellten geduldet und die von ihnen entworfenen, zum Teil in dem Ausschuß-Bericht wörtlich zitierten Briefe unterzeichnet und damit die

---

32 Vgl. zur Kritik an diesem Hauptamt der Mag.abt. für Bau- und Wohnungswesen das 40. Mag.prot. v. 7.1.1946, TOP 3, u. das 76. Mag.prot. v. 21.9.1946, TOP 6.

33 Dieser Bericht konnte nicht ermittelt werden.

34 Vgl. zu diesem Angestellten das Schreiben Karweiks an Starck v. 21.6.1946, in: Akademie der Künste (Berlin-Tiergarten), NL Scharoun, Mappe Mag 1/15.

35 Vgl. zu Hans Pfeiffer, dem stellvertretenden Leiter des Hauptamts für Aufbaudurchführung, das Schreiben des Dienststellenleiters in diesem Hauptamt, Herbert von Bessel, an Karweik v. 26.8.1946 und das Schreiben Pfeiffers an von Bessel v. 2.9.1946, in: Akademie der Künste (Berlin-Tiergarten), NL Scharoun, Mappe Mag 1/15; ferner: Böttcher: Bericht über meine Arbeit, S. 46 u. 48.

36 Die hier angegebenen Daten hinsichtlich der Bildung einer Baustoffbeschaffung GmbH sind unzutreffend. Vgl. hierzu das 48. Mag.prot. v. 4.3.1946, TOP 6, u. das 55. Mag.prot. v. 29.4.1946, TOP 6.

37 Gemeint ist offenbar der Befehl Nr. 26 des sowjetischen Stadtkommandanten v. 18.6.1946, mit dem in Übereinstimmung mit dem Befehl Nr. 67 des Obersten Chefs der Sowjetischen Militäradministration v. 6.3.1946 (vgl. Dok. 94, Anm. 77) bestimmte Großfirmen als „verantwortlich" für die rechtzeitige Einfuhr der Rohstoffe aus der sowjetischen Besatzungszone in den sowjetischen Sektor Berlins eingesetzt wurden. Der Befehl ist vorhanden in: LAB(STA), Rep. 106, Nr. 219. Die Baustoffbeschaffung GmbH ist in ihm allerdings nicht aufgeführt. Einen entsprechenden Ausweis als „Leitfirma" (Großbeschaffungs- und -versorgungsfirma) erhielt sie erst Anfang November 1946 durch einen speziellen Befehl Kotikows; vgl. das Prot. einer Besprechung beim sowjetischen Stadtkommandanten Kotikow am 2.11.1946, betr. Baustoffbeschaffung und Baustoffverteilung im sowjetischen Sektor der Stadt Berlin, in: LAB(STA), Rep. 110, Nr. 197/1.

38 Erich Karweik hatte seit dem 3.12.1945 die Funktion des zweiten stellvertretenden Leiters der Mag.abt. für Bau- und Wohnungswesen inne und leitete gleichzeitig seit dem 17.3.1946 kommissarisch das Hauptamt für Aufbaudurchführung. Vgl. das 33. Mag.prot. v. 3.12.1945, TOP 2; Dok. 75, Anm. 106.

volle Verantwortung für den Inhalt übernommen hat.[39] Seine im Ausschuß vorgetragene Entschuldigung ist nur als Selbstanklage zu werten. Der Ausschuß ist der Auffassung, daß an so entscheidend wichtiger Stelle, wie es das Hauptamt für Aufbau-Durchführung ist, nur eine Kraft stehen kann, die gewillt ist, mit allen Magistratsabteilungen vorbehaltlos am Aufbau unserer Stadt zu arbeiten und auch auf seine Angestellten in dieser Richtung seinen ganzen Einfluß geltend zu machen.

Der Berichterstatter Schwenk führt im Anschluß an diesen Bericht noch weiter aus: Nachdem der Magistratsausschuß seine Arbeit abgeschlossen hatte, hat Herr Karweik gefordert, der Ausschuß möchte seine Untersuchungen fortsetzen und ihm Gelegenheit geben, sich zu den einzelnen Punkten zu äußern, obwohl ihm diese Gelegenheit schon während der Untersuchung gegeben worden war. Herr Karweik verlangte außerdem eine Erweiterung des Magistratsausschusses durch Vertreter der vier zugelassenen Parteien, was selbstverständlich eine Unmöglichkeit ist, da der Magistrat seine Angelegenheiten allein zu regeln hat. Herr Karweik hat ferner in einem längeren Exposé[40] darzulegen versucht, daß die BBG ausschließlich zur Zuständigkeit der Abteilung für Bau- und Wohnungswesen, Hauptamt für Aufbau-Durchführung, gehöre, obgleich der Magistrat wiederholt zum Ausdruck gebracht hat, es sei ein unmöglicher Zustand, daß das Hauptamt für Aufbau-Durchführung sich mit der Baustoffbeschaffung befasse[41]. Die zuständige Dienststelle hierfür sei die Abteilung für Wirtschaft.

In dem Exposé von Herrn Karweik wird weiter behauptet, bei der Schaffung der BBG durch den Magistrat habe es sich um eine Sozialisierungsmaßnahme gehandelt, was gleichfalls den Tatsachen vollkommen widerspricht.

Der Berichterstatter hebt noch einmal hervor, daß die BBG ausdrücklich deswegen ins Leben gerufen wurde, weil sich auf dem Baustoffmarkt ganz unerhörte Zustände herausgebildet hatten. Es war wirklich die höchste Zeit, Ordnung auf diesem Gebiet zu schaffen. Der Unwille der Bevölkerung darüber, daß Baustoffe immer wieder in dunkle Kanäle verschwinden und für die Errichtung von Bars, Vergnügungsstätten usw. verwendet werden anstatt für notwendige Bauvorhaben und Wohnungsinstandsetzungen, ist derart groß, daß hier endlich einmal aufgeräumt werden muß und eine

---

39 Vgl. das von Karweik unterzeichnete Schreiben an die Baustoffbeschaffung GmbH v. 25.7.1946, das als Abschrift vorhanden ist in: Akademie der Künste (Berlin-Tiergarten), NL Scharoun, Mappe Mag 1/15. Der Geschäftsführer der Baustoffbeschaffung GmbH, Rudolf Welskopf, äußerte in einem Schreiben an Dusiska v. 5.8.1946, „daß das Hauptamt für Aufbaudurchführung unter der Leitung von Herrn Karweik von Anfang an gegen unsere Firma gearbeitet hat". Welskopf kam in seinem Schreiben zu folgendem Schluß: „Wir können es nicht verantworten, mit Herrn Karweik und den in seinem Sinne arbeitenden Referenten, die in böswilliger, wirrer und den Verordnungen der Kommandantur und dem Beschlusse des Magistrats zuwiderlaufender Weise unsere Tätigkeit hemmen, noch weiter zusammenzuarbeiten. Die Versicherung des Herrn Karweik, daß er seine Einstellung geändert habe, hat sich leider nicht bewahrheitet. Wir sehen uns daher gezwungen, um der Sache und der verantwortlichen Ausführung unserer Pflichten willen, die Zusammenarbeit mit ihm abzubrechen [...]." Das Schreiben ist vorhanden in: Akademie der Künste (Berlin-Tiergarten), NL Scharoun, Mappe Mag 1/15.
40 Dieses Exposé konnte nicht ermittelt werden.
41 Vgl. das 27. Mag.prot. v. 22.10.1945, TOP 3 (Scharoun), u. das 40. Mag.prot. v. 7.1.1946, TOP 3 (Schwenk), u. das 63. Mag.prot. v. 29.6.1946, TOP 4 (Dusiska).

Organisation geschaffen werden muß, die diese Aufgabe auch wirklich erfüllen kann.
Wenn demgegenüber vom Hauptamt für Aufbau-Durchführung Firmen eingeschaltet
werden, gegen die der berechtigte Verdacht vorliegt, daß sie den wilden Baustoffhandel begünstigen, so ist das eine Handlungsweise, die der Magistrat im Interesse der
Bevölkerung und auch im Interesse seines eigenen Ansehens nicht dulden kann.

Karweik erklärt in seiner Erwiderung: Ich stehe nicht an, das Ergebnis dieser
Untersuchungskommission anzuzweifeln. Ich bin unvorbereitet dazugerufen worden.
Ich hatte nicht Zeit, mich mit dem Thema genau zu beschäftigen. Man hätte
mich bei den Untersuchungen hinzuziehen und Material von mir verlangen sollen.
Ich gebe zu, daß die Untersuchungskommission einiges festgestellt hat, was ich
nicht sah. Ich gebe zu, daß mir das verwaltungsmäßige Wissen fehlt. Ich habe
nicht übersehen, daß Durchstechereien bzw. Fehllenkungen bestehen könnten. Ich
bedaure außerordentlich, daß mir das entgangen ist. Herr Bürgermeister Schwenk
hat sich große Mühe gegeben, die Wahrheit zu finden, und hat sie auch gefunden.
Die Feststellungen, die die Kommission gemacht hat, sind bestimmt aktenkundig und
beweiskräftig. Nur sieht die Sache von meiner Seite etwas anders aus. Ich war erregt
darüber, daß man mich nicht bei den Untersuchungen herangezogen hat. Nur so ist
der Brief zu verstehen, den ich an Herrn Bürgermeister Schwenk geschrieben habe.[42]
Ich war über das Ergebnis der Kommission bestürzt, denn meine ganze Arbeit von
3/4 Jahren in dem Hauptamt für Aufbau-Durchführung sah ich damit zerschlagen.
Ich habe auch einen Brief an Herrn Bürgermeister Maron geschrieben,[43] ebenfalls aus
der Erregung heraus. Ich bedaure heute außerordentlich, daß ich einen unbedachten
Schritt gerade Herrn Bürgermeister Maron gegenüber unternommen habe, denn ihm
gegenüber habe ich allen Grund zu ehrlicher Hochachtung, da er mich in meinen
Arbeitsplänen sehr unterstützte. Ich stehe nicht an, mich hier vor diesem hohen
Gremium bei Ihnen zu entschuldigen, soweit das noch möglich ist.

Pieck teilt mit, daß das Hauptpersonalamt auf Grund des Vorschlages der
Kommission zunächst die drei Angestellten Pfeiffer, Giessmann und Johannsohn aus
dem Hauptamt für Aufbau-Durchführung mit sofortiger Wirkung von ihrer Tätigkeit
suspendiert hat.

Der Redner schlägt dem Magistrat vor zu beschließen, diese drei Angestellten
fristlos zu entlassen, da das vorgetragene Material hinreichend genüge, um diese
Maßnahme zu begründen.

Der Redner schlägt weiter vor, Herrn Karweik, der als Leiter des Hauptamtes für
Aufbau-Durchführung die Verantwortung für die ganzen Vorgänge trage, ordnungsmäßig zu kündigen und ihn mit sofortiger Wirkung von seiner Tätigkeit im Magistrat
zu beurlauben.

Maron hebt noch einmal die Tatsache hervor, daß auf dem Baustoffmarkt in den
letzten Monaten Dinge geschehen sind, die mit Recht von der Bevölkerung als
ungehörig und empörend empfunden werden. Herr Karweik mußte als Leiter der
verantwortlichen Stelle schon durch die fortgesetzten Angriffe in der Presse von
diesen Dingen wissen. Die durch den Magistrat beschlossene Schaffung der BBG
sollte dazu dienen, eine gewisse Kontrolle auf dem Baustoffmarkt auszuüben. Auch
diese Maßnahme ist von Herrn Karweik und gewissen Interessentenkreisen, die von

---

42 Dieser Brief ist vermutlich identisch mit dem von Schwenk erwähnten Exposé Karweiks;
   vgl. Anm. 40 zu diesem Mag.prot.
43 Dieser Brief konnte nicht ermittelt werden.

ihm begünstigt wurden, torpediert worden. Herr Karweik hat in einem Schreiben[44] an den Magistratsausschuß dem Magistrat vorgeworfen, die Beschlüsse des Magistrats über die Schaffung der BBG stellten eine Verletzung der Gewerbefreiheit dar, sie wären eine Sozialisierungsmaßnahme, für die keine gesetzliche Grundlage bestände. Alle diese törichten Behauptungen stellt[e] Herr Karweik auf, obgleich ihm bekannt sein mußte und auch bekannt war, daß ein Befehl[45] der Zentralkommandantur vorliegt, auf Grund dessen die BBG als Leitfirma eingesetzt worden ist. (Auf eine direkte Frage an Herrn Karweik bestätigt dieser, daß ihm diese Tatsache bekannt war.) In den letzten Tagen hat auch die amerikanische Besatzungsbehörde erklärt, sie möchte die Beschaffung der Baustoffe über die BBG durchführen. Diese Tatsachen beweisen, daß die BBG gut gearbeitet und die Anerkennung der Besatzungsbehörden gefunden hat. Die in dem Untersuchungsergebnis festgestellten Tatsachen, nach denen von städtischen Dienststellen versucht worden ist, die Arbeiten der BBG zu untergraben, sind alle unter der Autorisation und mit Zustimmung des verantwortlichen Leiters dieser Dienststelle, d[as] h[eißt] des Herrn Karweik, geschehen.

Der Redner kommt dann auf den an ihn gerichteten Brief[46] von Herrn Karweik zu sprechen, von dem dieser zwar heute mit Bedauern abgerückt ist, der aber bezeichnend für seine ganze Einstellung zu diesen Dingen ist. In diesem Brief bringt Herr Karweik offen sein Mißtrauen gegen die Tätigkeit der Untersuchungskommission zum Ausdruck und droht, er werde, wenn der Magistrat dem Beschluß des Ausschusses zustimmen würde, die ganze Angelegenheit der Alliierten Kommandantur zur Entscheidung vorlegen. Herr Karweik versucht damit, die Angelegenheit auf das politische Gebiet zu schieben und den Magistrat unter Druck zu setzen. Er irrt aber, bemerkt der Redner, wenn er glaubt, daß der Magistrat sich durch solche Drohungen beeinflussen lasse.

Der Redner schließt, er müsse sich nach alledem dem Antrag von Stadtrat Pieck in vollem Umfange anschließen.

Karweik wiederholt noch einmal, er habe da in seiner Erregung etwas geschrieben, was einfach nicht vertretbar sei. Er bedaure, daß er als Mann eines freien Berufes[47] verwaltungsmäßig versagt habe. Er bitte aber, auch seine geleistete Arbeit anzusehen.

Dusiska stellt fest, daß er als stellvertretender Leiter der Abt[eilung] für Wirtschaft in der Angelegenheit der BBG nur einige Male mit Herrn Karweik verhandelt habe und daß dieser in einer Besprechung am 23. Mai[48] ausdrücklich erklärt habe, daß er mit der Gründung der BBG vollkommen einverstanden sei und daß er zufrieden sei, daß das schwierige Gebiet der Baustoffbeschaffung ihm abgenommen und ausschließlich der Abt[eilung] für Wirtschaft übertragen worden sei. Als trotzdem immer wieder gegen die BBG quergeschossen wurde, sei von Herrn Karweik nicht ein einziges Mal der Versuch unternommen worden, von der

---

44 Dieses Schreiben ist vermutlich identisch mit dem von Schwenk erwähnten Exposé Karweiks bzw. dem von Karweik erwähnten Brief an Schwenk; vgl. Anm. 40 u. 42 zu diesem Mag.prot.

45 Vgl. Anm. 37 zu diesem Mag.prot.

46 Vgl. Anm. 43 zu diesem Mag.prot.

47 Karweik war gelernter Architekt.

48 Es konnte nicht ermittelt werden, was für eine Besprechung hier gemeint ist.

Abt[eilung] für Wirtschaft Aufklärung über die Tätigkeit der BBG und über den Stand der Baustoffbeschaffung selbst zu bekommen.

Auf Aufforderung des Oberbürgermeisters verläßt Herr Karweik den Sitzungssaal, und die weitere Beratung wird in seiner Abwesenheit geführt.

Scharoun schildert die Schwierigkeit des Zusammenarbeitens mit Herrn Karweik, der häufig nach mündlichen Absprachen, in denen anscheinend volles Einverständnis über eine Sache erzielt war, am nächsten Tag einen Brief schrieb, in dem das Gegenteil von dem stand, was am Tage vorher abgemacht worden war. Er stand gewissermaßen nicht zu seinem Wort. Dadurch gestaltete sich das Zusammenarbeiten wenig fruchtbar. Viele Dinge wurden durch Herrn Karweik einfach verschleppt. Auf der anderen Seite muß anerkannt werden, daß Herr Karweik seine Arbeitskraft für die ihm obliegenden Aufgaben nach bestem Wissen und Können eingesetzt hat. Er ist aber anscheinend nicht gut beraten gewesen, besonders von seiten des Herrn Pfeiffer, der, von ungeheurem Ehrgeiz beseelt, glaubte, sich mit Herrn Karweik zusammen eine besondere Position innerhalb der Verwaltung schaffen zu können.

Maron weist darauf hin, daß der Magistrat vor einer folgenschweren Entscheidung stehe, da es wohl das erste Mal sei, daß gegen ein Magistratsmitglied der Antrag auf Kündigung und sofortige Beurlaubung gestellt worden ist.[49] Aber nach all den Dingen, die heute zum Vortrag gekommen sind, bleibt kein anderer Ausweg. Herr Karweik ist einfach nicht fähig, die Aufgaben eines leitenden Mitgliedes der Stadtverwaltung organisatorisch zu bewältigen. Dazu kommt die auch in diesem ganzen Verfahren mehrfach zutage getretene Charaktereigenschaft, daß er nicht zu seinen Worten steht. Überdies ist der in seinen Briefen gemachte Versuch, den Magistrat unter Druck zu setzen und durch Drohungen zu beeinflussen sowie die ganze Angelegenheit auf das politische Gleis zu schieben, völlig ungehörig.

Pieck sieht ein besonders verschärfendes Moment in dem Verhalten von Herrn Karweik in seiner Drohung, sich an die Alliierte Kommandantur wenden zu wollen. Das könne sich der Magistrat keinesfalls gefallen lassen.

Die weitere Aussprache, an der sich noch Dr. Haas, Winzer, OB Dr. Werner, Geschke, Schwenk, Dr. Mittag, Starck, Schwanebeck und Dr. Landwehr beteiligen und in der besonders noch die Frage erörtert wird, ob Herr Karweik sowohl wie die Angestellten Giessmann, Pfeiffer und Johannsohn fristlos zu entlassen oder mit sofortiger Beurlaubung zu kündigen seien, führt zu folgendem

BESCHLUSS: Der Magistrat stellt fest, daß der stellvertretende Leiter der Abt[eilung] für Bau- und Wohnungswesen, Herr Karweik, auf Grund der von der Magistratskommission untersuchten Vorgänge über Einkauf und Verteilung von Baustoffen und auf Grund seiner eigenen Erklärung auf der heutigen Magistratssitzung nicht mehr stellvertretender Leiter der Abt[eilung] für Bau- und Wohnungswesen sein kann.

---

49 Marons Aussage ist unzutreffend, denn der Magistrat hatte Ende Juli 1945 auf Marons eigenen Antrag den Beschluß gefaßt, die „Besatzungsbehörden" um die Abberufung von Hermes als Leiter der Mag.abt. für Ernährung zu bitten; vgl. das 13. Mag.prot. v. 27.7.1945. Im übrigen war Karweik als zweiter stellvertretender Leiter einer Magistratsabteilung kein Mitglied des Magistratskollegiums im engeren Sinne.

Herr Karweik wird daher zum nächstzulässigen Zeitpunkt bei sofortiger Beurlaubung aus dem Dienst des Magistrats der Stadt Berlin entlassen.

Ebenfalls sind die drei Angestellten des Hauptamtes für Aufbau-Durchführung Pfeiffer, Giessmann und Johannsohn zum nächstzulässigen Zeitpunkt bei sofortiger Beurlaubung aus dem Dienst des Magistrats der Stadt Berlin zu entlassen.[50]

(Stadtrat Pieck berichtet kurz darauf, daß er diesen Beschluß des Magistrats Herrn Karweik übermittelt hat und daß dieser sich damit einverstanden erklärt hat.[51])

Der Magistrat *beschließt* des weiteren,

Herrn Karweik aus dem Aufsichtsrat der Baustoff-Beschaffungs[-] GmbH abzuberufen; die Beschlußfassung über die Frage, wer an seiner Stelle in den Aufsichtsrat zu delegieren ist, wird auf eine spätere Sitzung vertagt.[52]

Jirak berichtet zwischendurch, daß er vom Elektro-Subkomitee der Alliierten aufgefordert worden ist, sofort einen *Plan* einzureichen, nach welchem ein Teil der *Berliner Industrie* ihre [sic!] *Arbeitszeit auf die Abend- bezw. Nachtstunden verlegt* oder auf Sonntagsarbeit übergeht, *um* dadurch die Überbelastung der Kraftwerke und die zeitweise *Abschaltung* ganzer Stadtteile *von der Stromzufuhr zu vermeiden.*[53]

Der Redner bemerkt dazu, daß die gegenwärtige beschränkte Leistung der Kraftwerke verursacht sei durch den Ausfall an Kesseln in Zschornewitz[54] und den Ausfall von zwei Turbinen in Klingenberg[55]. Mit der Fertigstellung der Reparaturen sei in etwa 14 Tagen zu rechnen, so daß dann von größeren Abschaltungen Abstand genommen werden könne.

Der Redner hat dem Elektro-Subkomitee zunächst mitgeteilt, daß er die gewünschten Pläne und Vorschläge nicht machen könne, ohne den Gesamt-Magistrat gehört zu haben, und daß er der Ansicht sei, daß für Maßnahmen der gewünschten Art, die das gesamte Stadtgebiet Berlins betreffen, ein Befehl der Alliierten Kommandantur vorliegen müsse.

Maron stimmt dieser Auffassung von Stadtrat Jirak zu. Ein solcher Plan einer völligen Umstellung der Arbeitszeit der Industrie berge unübersehbare Konsequenzen in sich. Es bedürfe dazu eingehender Beratungen mit der Abteilung für Wirtschaft, der Industrie und den Gewerkschaften. Der Magistrat könne sich nur mit dem Plan beschäftigen, falls er von seiten der Alliierten Kommandantur aufgefordert werde.

Dr. Landwehr und *Dusiska* vertreten die gleiche Meinung. Es handele sich hier um eine so wichtige, das ganze Stadtgebiet betreffende Angelegenheit, daß der

---

50 Vgl. hierzu das 73. Mag.prot. v. 7.9.1946, TOP 2.
51 Vgl. zu zwei Schreiben Karweiks an den Magistrat das 73. Mag.prot. v. 7.9.1946, TOP 2, u. das 75. Mag.prot. v. 14.9.1946, TOP 6 (Pieck).
52 Vgl. das 76. Mag.prot. v. 21.9.1946, TOP 6.
53 Vgl. zum Problem der Stromrationierung das 68. Mag.prot. v. 3.8.1946, TOP 4.
54 Großkraftwerk in der Nähe von Bitterfeld in der Provinz Sachsen.
55 Gemeint ist das Großkraftwerk Klingenberg im Ortsteil Rummelsburg, Bezirk Lichtenberg.

Magistrat gemäß den Weisungen der Alliierten Kommandantur einen solchen
Auftrag nur entgegennehmen könne, wenn diese Anfrage von seiten der Alliierten
Kommandantur und nicht nur von einem Subkomitee gestellt werde.
BESCHLUSS: Der Magistrat stimmt insgesamt dieser Auffassung zu.[56]

3. ABTEILUNG FÜR VOLKSBILDUNG
Hierzu liegt die Vorlage Nr. 377[57] vor, betreffend *Umbenennung der Treptower
Sternwarte* in *Archenhold-Sternwarte Berlin-Treptow*.[58]
BESCHLUSS: Die Vorlage wird nach kurzer Befürwortung durch Stadtrat Winzer
                  angenommen.

Es folgt die Vorlage Nr. 374[59], betreffend *Statut für die Berliner Bezirksvolkshochschulen*.[60]
Winzer begründet die Vorlage. Die Volkshochschulen sind nach dem Zusammenbruch in anderer Weise wiedererstanden, als sie vor 1933 bestanden. Ihre Neuent-
stehung war auf die Initiative der einzelnen Bezirke zurückzuführen. Die Folge war,
daß die Leitung und die Organisation der Volkshochschulen in den einzelnen Bezirken sich sehr unterschiedlich gestaltete[n]. Es erschien deshalb notwendig, ein einheitliches Statut für diese Bezirksvolkshochschulen aufzustellen. Die Ausarbeitung
des Entwurfs hat verschiedene Stadien durchlaufen und langwierige Verhandlungen
erfordert. Die Beteiligten haben sich schließlich auf die vorliegende Fassung geeinigt,

---

56 Vgl. zu den Problemen der Stromversorgung, insbesondere der häufigen und unregel-
   mäßigen Stromabschaltungen, das 72. Mag.prot. v. 31.8.1946, TOP 4, u. das 79. Mag.prot.
   v. 12.10.1946, TOP 3, u. das 82. Mag.prot. v. 2.11.1946, TOP 4.
57 LAB(STA), Rep. 100, Nr. 778, Bl. 75.
58 Vgl. zur Überführung der Sternwarte Berlin-Treptow aus der Verwaltung des Bezirksamts
   Treptow in die Verwaltung der Mag.abt. für Volksbildung das 65. Mag.prot. v. 13.7.1946,
   TOP 3 (Mag.vorlage Nr. 313). Die Sternwarte war 1896 von dem jüdischen Astronomen
   Friedrich Simon Archenhold (1861–1939) gegründet worden. In der Begründung der
   Mag.vorlage Nr. 377 v. 21.8.1946 heißt es unter anderem: „Im Jahre 1936 wurde die
   Übernahme der Sternwarte in die Verwaltung der Stadt Berlin zum Anlaß genommen, den
   Sohn des Gründers der Sternwarte aus seiner Stellung zu entfernen und die Erinnerung an
   Archenhold aus der Geschichte der Sternwarte auszulöschen. Es erscheint als eine Dan-
   kesschuld gegenüber Professor Dr. Archenhold, der Sternwarte nunmehr seinen Namen
   zu verleihen, damit seine Verdienste zu würdigen und öffentlich wiedergutzumachen, was
   der Rassenwahnsinn an der Familie Archenhold verbrochen hat." Vgl. auch: In Treptow,
   zwischen Park und Spree, in: Telegraf, 15.8.1946, S. 8; Ein Fernrohr hat Geburtstag,
   in: Tägliche Rundschau, 17.8.1946, S. 6; A. Landherr: 50 Jahre Treptower Sternwarte,
   in: Neues Deutschland, 17.8.1946, S. 3; Durch das Riesenfernrohr ins Weltall, in: Der
   Morgen, 17.8.1946, S. 3; 50 Jahre Treptower Sternwarte, in: Berliner Zeitung, 18.8.1946,
   [S. 3]; Pforte zur Unendlichkeit. Zum fünfzigsten Geburtstage der Treptower Sternwarte,
   in: Der Tagesspiegel, 18.8.1946, [S. 4]; Archenhold-Sternwarte Treptow, in: Telegraf,
   18.8.1946, S. 8.
59 LAB(STA), Rep. 100, Nr. 778, Bl. 59–61. Vgl. auch: Aufgaben der Volkshochschulen.
   Entwurf zu einem Statut angenommen, in: Berliner Zeitung, 15.8.1946, [S. 6].
60 Vgl. zu den Berliner Volkshochschulen das 56. Mag.prot. v. 4.5.1946, TOP 2, u. das
   61. Mag.prot. v. 15.6.1946, TOP 6, u. das 73. Mag.prot. v. 7.9.1946, TOP 5; Berlin.
   Kampf um Freiheit, S. 117, 157 u. 480.

die auch von den Vertretern der antifaschistischen Parteien gebilligt worden ist. Von einer Seite wurde bei den Beratungen auch die Beteiligung privater Gesellschaften an den Volkshochschulen gefordert. Dies wurde aber mit der Begründung abgelehnt, daß die Fortbildung junger Menschen eine öffentliche Angelegenheit sei und es nicht angehe, privaten Gesellschaften irgendeinen Einfluß auf die Volkshochschulen einzuräumen.

Der Redner bittet, in der Vorlage ein kleines Versehen zu berichtigen. In dem Antrag muß hinter dem Wort „Entwurf" eingefügt werden: „eines Statuts für die Berliner Bezirksvolkshochschulen". Der gleiche Zusatz ist in dem ersten Satz der Begründung zu machen.

Dr. Haas empfiehlt, den § 2 des Entwurfs dahingehend abzuändern:

Träger der Volkshochschulen ist die Stadt Berlin. Zuständig in allen grundsätzlichen Fragen ist die Abteilung für Volksbildung beim Magistrat der Stadt Berlin (Amt für Volkshochschulen), in den Verwaltungsbezirken die Abteilung für Volksbildung beim Bezirksamt.

Der Redner schlägt weiter vor, für den § 5, den Passus über die Berechtigung zur Teilnahme für jeden, unabhängig von Geschlecht, Beruf usw., die Formulierung in der neuen Verfassung: „unabhängig von Rasse, Geschlecht, Glaubensbekenntnis und Vermögen" zu nehmen.[61]

Grüber beantragt, in § 4 Ziffer 3 des Statuts unter den Vertretern, aus denen sich der Beirat zusammensetzen soll, auch einen Vertreter der Kirche aufzuführen, da auch die Kirchen einen Teil der Dozenten stellen.

Winzer erklärt sich mit den vorgeschlagenen Änderungen einverstanden.

Lange empfiehlt, die neue Fassung von § 2 mit dem Vorbehalt anzunehmen, daß sie einer nochmaligen Stilisierung durch die Abteilung für Volksbildung im Einvernehmen mit der Rechtsabteilung unterzogen wird.

BESCHLUSS: Die Vorlage Nr. 374 wird mit den vorgeschlagenen Änderungen, die redaktionell noch einmal zu prüfen sind, angenommen.[62]

---

61 Der erste Satz im § 5 des mit der Mag.vorlage Nr. 374 v. 14.8.1946 vorgelegten Entwurfs eines Statuts für die Berliner Bezirksvolkshochschulen lautete: „Hörer der Volkshochschule kann jeder Erwachsene oder Jugendliche werden, unabhängig von Geschlecht, Beruf, Rasse oder Konfession." Artikel 2 Absatz 2 der Vorläufigen Verfassung von Groß-Berlin v. 13.8.1946 lautete: „Alle Bürger von Groß-Berlin sind im Rahmen der geltenden Gesetze gleichberechtigt, unabhängig von Rasse, Geschlecht, Glaubensbekenntnis und Vermögen." Zit. nach: Breunig, S. 210/442. Vgl. zur Entstehung dieses Verfassungstextes: Dok. 82, Anm. 28.

62 Der hier gefaßte Mag.beschluß ist mit dem Ausfertigungsdatum v. 24.8.1946 vorhanden in: LAB(STA), Rep. 120, Nr. 11, Bl. 6–8. Er wurde der AK mit Schreiben v. 16.10.1946 zur Genehmigung zugeleitet; siehe: a.a.O., nach Bl. 5. Das Education Committee der AK stimmte dem „Statut der Bezirksvolkshochschulen von Groß-Berlin" mit einigen Textänderungen Mitte November 1946 zu. Vgl. die Protokolle des Education Committee der AK v. 31.10.1946, TOP 7, u. 14.11.1946, TOP 6, in: LAB, Rep. 37: OMGBS, ECR, 4/16-1/15 u. 4/16-1/16. Das Statut wurde veröffentlicht in: VOBl., Jg. 3 (1947), S. 8 f. In seiner endgültigen Fassung hat § 2 den Wortlaut: „Träger der Bezirksvolkshochschulen ist die Stadt Berlin. Die Verwaltung erfolgt in allen grundsätzlichen Fragen (Lehrplan, Dozentenschulung usw.) durch die Abteilung für Volksbildung beim Magistrat (Amt für Volkshochschulen), im übrigen durch die Abteilung für Volksbildung bei den Bezirksämtern." Im § 4 ist kein Hinweis auf einen Vertreter der Kirche(n) enthalten.

Es folgt die Vorlage Nr. 376[63], betreffend den *Etat der Pädagogischen Hochschule der Stadt Berlin* für die Zeit vom 1.10.1946 bis 31.3.1947.

Wildangel begründet die Vorlage. Durch Magistratsbeschluß vom 17.9.45, dem die Alliierte Kommandantur zugestimmt hat, wurde das Pädagogische Institut der Stadt Berlin errichtet.[64] Das Statut[65] hat seine Arbeiten aufgenommen und soll nunmehr unter dem Namen „Pädagogische Hochschule der Stadt Berlin" weiter ausgebaut werden, um die Lehrerausbildung noch intensiver fördern zu können. Nachdem in der sowjetischen Zone die Lehrerausbildung durch ein Gesetz[66] dahin geregelt ist, daß sie an der Universität zu erfolgen hat, ist es aus praktischen Gesichtspunkten angezeigt, auch für Berlin die Ausbildung der Lehrerschaft an einer Hochschule vorzunehmen, um zu einheitlichen Verhältnissen zu kommen. Die Lehrerausbildung an einer Hochschule ist zudem eine alte pädagogische Forderung; es soll damit der Unterschied zwischen den Volksschullehrern und den Lehrern der höheren Schulen allmählich ausgeglichen werden. – Die Struktur der Pädagogischen Hochschule ist der Struktur der Universität nachgebildet. Demgemäß ist auch der vorgelegte Etat, um dessen Genehmigung gebeten wird, gestaltet.

Grüber ist mit der Vorlage einverstanden, möchte aber bezüglich der Stipendien die Formulierung „von durchschnittlich 100 RM" durch „bis zu 100 RM" geändert haben.[67] Bei den heutigen Verhältnissen stellten 100 RM monatlich schon einen ansehnlichen Betrag dar. Viele ältere Ehepaare hätten heute nicht soviel zur Verfügung.

Wildangel und *Winzer* bitten, es bei dem Durchschnittssatz zu belassen, da es Fälle gäbe (ältere Studierende, die schon Familie haben), wo über 100 RM hinausgegangen werden müsse.

Der erste Satz im § 5 hat den endgültigen Wortlaut: „Hörer der Volkshochschule kann jeder Erwachsene oder Jugendliche werden, unabhängig von Geschlecht, Beruf, Rasse oder Bekenntnis."

63 LAB(STA), Rep. 100, Nr. 778, Bl. 71–74.

64 Vgl. das 21. Mag.prot. v. 17.9.1945, TOP 3 (insb. Anm. 9); ferner die Protokolle des Education Committee der AK v. 6.5.1946, TOP 9, u. 13.5.1946, TOP 6, u. 27.5.1946, TOP 6, u. 3.6.1946, TOP 6, in: LAB, Rep. 37: OMGBS, ECR, 4/16-1/10 u. 4/16-1/11. Vgl. zur personellen Besetzung der Leitung der Pädagogischen Hochschule der Stadt Berlin das 79. Mag.prot. v. 12.10.1946, TOP 2 (Direktor: Wilhelm Blume), u. TOP 2 in diesem Mag.prot. (stellvertretender Direktor: Hermann Bachmann).

65 Müßte heißen: Institut.

66 Gemeint ist offenbar der Befehl Nr. 205 des Obersten Chefs der Sowjetischen Militäradministration v. 12.7.1946, betr. Gründung von pädagogischen Fakultäten bei den Universitäten der sowjetischen Besatzungszone Deutschlands. Der Befehl ist vorhanden in: BArch, Abt. Potsdam, DX 1, 205/1946; abgedruckt in: Dokumente zur Geschichte des Schulwesens in der Deutschen Demokratischen Republik. Teil 1: 1945–1955. Ausgewählt von Gottfried Uhlig. Eingeleitet von Karl-Heinz Günther u. Gottfried Uhlig, Berlin [Ost] 1970 (Monumenta Paedagogica, Reihe C, Bd. VI/1), S. 214.

67 In der Begründung der Mag.vorlage Nr. 376 v. 19.8.1946 heißt es unter anderem: „Der Lehrbetrieb soll am 1.10.1946 mit 300 Studenten aufgenommen werden. Da die Auswahl der Studierenden allein nach fachlichen Gesichtspunkten erfolgen soll, sind für 250 Studenten Wirtschaftsbeihilfen von durchschnittlich RM 100,-- vorgesehen." Vgl. hierzu: Hilfe für arme Studenten. Eröffnung der Pädagogischen Akademie, in: Berliner Zeitung, 18.9.1946, [S. 6].

Maron schlägt vor, in dem vorgelegten Haushaltsplan der Hochschule unter Titel I, Kap. 1 anstatt „Besoldung der planmäßigen Beamten" zu sagen: „Besoldung der planmäßigen Verwaltungsangestellten".[68]
BESCHLUSS: Die Vorlage Nr. 376 wird mit dieser von Maron vorgeschlagenen Änderung angenommen.[69]

4. ABTEILUNG FÜR WIRTSCHAFT

Dr. Landwehr begründet die Vorlage Nr. 369[70], betreffend *Errichtung der Berliner Kohlenkontor GmbH*.[71] Wie in der schriftlichen Begründung dargelegt ist, soll mit Rücksicht darauf, daß in der sowjetischen Zone organisatorische Änderungen auf dem Gebiet des Kohlenvertriebs stattgefunden haben, auch für Berlin eine ähnliche Ein- und Verkaufsorganisation geschaffen werden, und zwar in der Form einer GmbH. Der Gesellschaftsvertrag ist der Vorlage beigefügt. Die Vorlage ist mit der Abteilung für Handel und Handwerk und mit der Finanzabteilung abgesprochen worden. Der Magistrat wird um seine Zustimmung gebeten.
BESCHLUSS: Die Vorlage Nr. 369 wird angenommen.[72]

5. FINANZFRAGEN

Dr. Haas kommt auf die schon zweimal zurückgestellte Vorlage Nr. 360[73] (früher Nr. 193[74]), betreffend *Erwerb des Grundstücks* in *Berlin-Tegel*, Egellsstraße 56,

---

68 Durch eine Verfügung der Mag.abt. für Personalfragen und Verwaltung v. 8.6.1945 war das Beamtentum in Berlin abgeschafft worden; vgl. Dok. 1, Anm. 12.

69 Der hier gefaßte Mag.beschluß ist mit dem Ausfertigungsdatum v. 24.8.1946 vorhanden in: LAB(STA), Rep. 120, Nr. 4, Bl. 75 – 78. Er wurde der AK mit Schreiben v. 11.9.1946 zur Genehmigung zugeleitet; siehe: a.a.O., Bl. 74. Die zuständigen Komitees der AK stimmten dem Mag.beschluß zu. Vgl. das Prot. des Education Committee der AK v. 23.9.1946, TOP 5, u. das 55. Prot. des Finanzkomitees der AK v. 3.10.1946, nach TOP 9, in: LAB, Rep. 37: OMGBS, ECR, 4/16-1/14, u. OMGBS, FIN Br, 4/91-2/7; der entsprechende Befehl FIN/I (46) 117 des Finanzkomitees der AK v. 3.10.1946 ist vorhanden in: LAB, Rep. 37: OMGBS, FIN Br, 4/91-2/12. Im Oktober 1946 beschloß der Magistrat, der Pädagogischen Hochschule ein Berufspädagogisches Institut anzugliedern; vgl. das 80. Mag.prot. v. 22.10.1946, TOP 4 (Mag.vorlage Nr. 472).
Am 21.11.1946 wurde die Pädagogische Hochschule im Rahmen einer Feier offiziell eröffnet. Vgl. hierzu das Schreiben von Winzer an das Education Committee der AK v. 12.11.1946, betr. Eröffnung der Pädagogischen Hochschule, in: LAB(STA), Rep. 120, Nr. 4, Bl. 73; den Bericht über die Eröffnungsfeier v. 21.11.1946 in: LAB(STA), Rep. 101, Nr. 5295; Fortschrittliche Volkslehrer. Eröffnung der Pädagogischen Hochschule von Groß-Berlin, in: Berliner Zeitung, 22.11.1946, [S. 6]; Schuppan, S. 91 – 95. Vgl. zur Tätigkeit der Pädagogischen Hochschule die Materialien in: LAB(STA), Rep. 120, Nr. 4, 371, 2131 u. 3226; das Prot. des Education Committee der AK v. 22.11.1946, TOP 7, in: LAB, Rep. 37: OMGBS, ECR, 4/16-1/16; Schuppan, S. 104 ff.

70 LAB(STA), Rep. 100, Nr. 778, Bl. 51 – 53.

71 Die Errichtung eines Kohlenkontors für Berlin war vom Kohlenkomitee der AK verlangt worden; vgl. das 61. Mag.prot. v. 15.6.1946, TOP 2. Vgl. auch: Kohlenkontore, in: Berliner Zeitung, 25.10.1946, [S. 5].

72 Unterlagen über die Geschäftstätigkeit der Berliner Kohlenkontor GmbH konnten nicht ermittelt werden.

73 LAB(STA), Rep. 100, Nr. 778, Bl. 34 u. 35; auch in: LAB(STA), Rep. 101, Nr. 644, Bl. 80 f.

74 LAB(STA), Rep. 100, Nr. 770, Bl. 67 u. 68; auch in: LAB(STA), Rep. 100, Nr. 771, Bl. 6, u. Rep. 101, Nr. 620, Bl. 12.

zurück.[75] Die ursprüngliche Vorlage ist in bezug auf den Modus für die Zahlung des Kaufpreises umgearbeitet worden, so daß sie nunmehr den Wünschen des Magistrats wie denen des Verkäufers, eines alten Ehepaares in Blankenfelde, entspricht. Das Angebot ist so günstig, daß es auch unabhängig von dem Schicksal der Borsig GmbH[76], in dessen [sic!] Gelände das Grundstück einschneidet, angenommen werden sollte.

BESCHLUSS: Die Vorlage Nr. 360 wird angenommen.

Dr. Haas macht weiter Mitteilung von einem Schreiben des alliierten Finanzkomitees, betreffend die *Borsig Maschinenbau GmbH*, wonach die an die Stadt ergangene Einladung zur Beteiligung an der Gründung einer neuen Betriebsgesellschaft von der französischen Militärregierung zurückgezogen worden ist.[77] Die Stadt wird angewiesen, sich nicht mehr an irgendeinem Plan für den Betrieb dieser Gesellschaft zu beteiligen. In dem Schreiben wird weiter mitgeteilt, daß die Stadt ermächtigt ist, einen Pachtvertrag mit dem Eigentümer des Besitztums abzuschließen für den Teil des Besitztums an Maschinen, der erforderlich ist, um die Bedürfnisse der Stadt zu befriedigen. Die Stadt wird außerdem angewiesen, Schritte zu unternehmen, um die für die Wiederinstandsetzung der Gebäude usw. geleisteten Vorschüsse von 5 Millionen RM zurückzuverlangen.

Der Redner erinnert an die seinerzeitigen Verhandlungen von Dr. Siebert über die Gründung einer Borsig Maschinenbau GmbH, wobei der Stadt 49 % und der unter einem Treuhänder stehenden Rheinmetall-Borsig AG 51 % zugestanden wurde[n].[78] Die Angelegenheit mußte der Alliierten Kommandantur vorgelegt werden. Nach langen Verhandlungen ist nunmehr der mitgeteilte Bescheid ergangen. Es muß nun versucht werden, wenigstens die hineingesteckten 5 Millionen[79] wieder herauszubekommen.

---

75 Vgl. das 55. Mag.prot. v. 29.4.1946, TOP 4, u. das 69. Mag.prot. v. 12.8.1946, TOP 4.

76 Vgl. den folgenden Beratungsgegenstand in diesem Mag.prot.

77 Mit dem hier erwähnten Schreiben des Finanzkomitees der AK ist dessen Befehl FIN/I (46) 84 v. 6.8.1946 gemeint; siehe die entsprechende Notiz v. 22.8.1946, in: LAB(STA), Rep. 105, Nr. 265. Der Befehl ist vorhanden in: LAB, Rep. 37: OMGBS, FIN Br, 4/91-2/12. Die in ihm mitgeteilten Beschlüsse hatte das Finanzkomitee am Tag der Befehlsausstellung gefaßt; vgl. das 43. Prot. des Finanzkomitees der AK v. 6.8.1946, TOP 6, in: LAB, Rep. 37: OMGBS, FIN Br, 4/91-2/7.
Am 22.2.1946 hatte der Magistrat mit dem Treuhänder der Rheinmetall-Borsig AG einen Vertrag über die Gründung der „Borsig Maschinenbau GmbH" als Betriebsgesellschaft für das Borsig-Werk der Rheinmetall-Borsig AG abgeschlossen, das sich im Stadtteil Tegel, Bezirk Reinickendorf, an der Berliner Straße befand. Vgl. hierzu Dok. 72, Anm. 46. Obwohl es nicht zur Eintragung der „Borsig Maschinenbau GmbH" in das Handelsregister kam, diese GmbH somit also gar keine handelsrechtliche Existenz erlangte, übernahm sie faktisch bereits am 1.3.1946 die Geschäfte der auch danach de jure noch weiterbestehenden „Städtisches Werk Tegel, Großreparaturwerkstatt GmbH". Vgl. hierzu: LAB(STA), Rep. 115, Nr. 23, Bl. 486, u. Nr. 81, Bl. 538a; zur „Städtisches Werk Tegel, Großreparaturwerkstatt GmbH" das 7. Mag.prot. v. 18.6.1945, Nachtrag, u. das 30. Mag.prot. v. 12.11.1945, TOP 4, u. das 46. Mag.prot. v. 16.2.1946, TOP 5.

78 Vgl. hierzu das 46. Mag.prot. v. 16.2.1946, TOP 5, u. das 47. Mag.prot. v. 23.2.1946, TOP 6, u. das 48. Mag.prot. v. 4.3.1946, TOP 7, u. das 53. Mag.prot. v. 6.4.1946, TOP 4.

79 Vgl. hierzu das Schreiben der Finanzabteilung des Magistrats an das Finanzkomitee der französischen Militärregierung v. 26.8.1946, betr. Zahlungen an den Borsig-Betrieb, in: LAB(STA), Rep. 101, Nr. 637.

Dusiska rät, sich wegen der Rückzahlung der 5 Millionen an den jetzigen Treuhänder der Gesellschaft zu halten und sich außerdem an die Zentralverwaltung für Finanzen[80] zu wenden, die seinerzeit den Treuhänder für die Rheinmetall-Borsig AG zu bestellen gehabt hat.[81]
BESCHLUSS: Die Mitteilung des Kämmerers wird zur Kenntnis genommen.[82]

Rumpf legt den Entwurf[83] eines Schreibens an das Finanzkomitee der Alliierten Kommandantur vor, betreffend *Eintreibung der Zinsen für von geschlossenen Banken gewährte Hypotheken.*[84] In dem Schreiben wird ausgeführt, daß auf Grund des Befehls vom 31. Juli 1946[85] mit den Leitern der Berliner Sparkasse und einer Reihe von stillgelegten Hypothekenbanken Besprechungen stattgefunden haben. In diesen Besprechungen haben die Vertreter der genannten Banken und die Vertreter der Finanzabteilung des Magistrats der Stadt Berlin die von dem Finanzkomitee gestellten Fragen eingehend diskutiert und sind übereingekommen, mit der Bitte an das Finanzkomitee heranzutreten, den genannten Instituten auf Grund einer dringend vorhandenen Notwendigkeit die Aufnahme einer beschränkten Verwaltungstätigkeit zuzugestehen. Es soll ihnen die Entgegennahme von Zinsen auf Hypotheken gestattet werden. Die Ermächtigungen werden im einzelnen aufgezählt.[86] Eine Reihe von Rechtsgeschäften werden ausdrücklich von der Genehmigung ausgenommen.

Der Redner erläutert die einzelnen Punkte des Vorschlages und bittet den Magistrat um Zustimmung zu diesem Vorschlag.

In der Aussprache hierüber wird einmal die Frage aufgeworfen, auf welche Weise in Zukunft Bauvorhaben finanziert werden sollen, nachdem die GIA nicht mehr in

---

80 Gemeint ist die Deutsche Zentralfinanzverwaltung in der sowjetischen Besatzungszone.

81 Vgl. zu den Treuhändern für die Rheinmetall-Borsig AG das 46. Mag.prot. v. 16.2.1946, TOP 5.

82 Vgl. zur weiteren Entwicklung des Borsig-Werks (Städtisches Werk Tegel) das 73. Mag.prot. v. 7.9.1946, TOP 6 (Goll u. Beschluß), u. das 75. Mag.prot. v. 14.9.1946, TOP 3, u. das 76. Mag.prot. v. 21.9.1946, TOP 5 (Haas). u. das 78. Mag.prot. v. 5.10.1946, TOP 6.

83 Dieser Entwurf ist vorhanden in: LAB(STA), Rep. 101, Nr. 644, Bl. 69 f. u. 92, u. Rep. 106, Nr. 248, Bl. 12 f.

84 Vgl. zu einem vom Magistrat beschlossenen, aber von der AK abgelehnten Moratorium hinsichtlich der Hypothekenzins- und -tilgungsbeträge für die Zeit vom 1.1.1945 bis 30.6.1945 das 14. Mag.prot. v. 30.7.1945, TOP 3, u. das 51. Mag.prot. v. 25.3.1946, TOP 2 (Haas); u. das 52. Mag.prot. v. 30.3.1946, TOP 3 (Haas).

85 Gemeint ist der Befehl FIN/I (46) 78 des Finanzkomitees der AK v. 31.7.1946, mit dem die Finanzabteilung des Magistrats aufgefordert wurde, der AK ihre Ansicht bezüglich der Wiedererlangung der von geschlossenen Banken gewährten Darlehen und Hypotheken zu unterbreiten, wobei ihr gestattet wurde, die hiervon betroffenen Personen zu konsultieren. Der Befehl ist vorhanden in: LAB, Rep. 37: OMGBS, FIN Br, 4/91-2/12. Die in ihm mitgeteilten Beschlüsse hatte das Finanzkomitee eine Woche vor der Befehlsausstellung gefaßt; vgl. das 37. Prot. des Finanzkomitees der AK v. 24.7.1946, TOP 8, in: LAB, Rep. 37: OMGBS, FIN Br, 4/91-2/7. – Vgl. zur Schließung der alten Banken das 5. Mag.prot. v. 4.6.1945, TOP 3; Dok. 6 u. 8.

86 Außer der Entgegennahme von Hypothekenzinsen sollte den Banken unter anderem auch die Entgegennahme von Kapitalrückzahlungen gestattet werden.

Kraft ist,[87] zum andern die Frage, ob es nicht möglich ist, für die geschlossenen Banken eine zentralisierte Verwaltungsstelle, eine Art Treuhandstelle oder eine Notgemeinschaft der vorhandenen Bankinstitute mit eventueller Übertragbarkeit von Rechten[,] zu schaffen. Eine Vertiefung dieser Probleme wird für später in Aussicht genommen.[88]

BESCHLUSS: Der Magistrat nimmt von dem vorgelegten Schreiben zustimmend Kenntnis.[89]

---

87 Vgl. zur Aufhebung der Gebäudeinstandsetzungsabgabe (GIA) durch die AK mit Wirkung v. 1.4.1946: Dok. 78, Anm. 34.

88 Diese Probleme sind in den folgenden Mag.sitzungen nicht wieder behandelt worden.

89 Das hier zur Kenntnis genommene Schreiben der Finanzabteilung des Magistrats, betr. Eintreibung der von geschlossenen Banken gewährten Darlehen und Hypothekenschulden, wurde dem Finanzkomitee der AK mit Ausfertigungsdatum v. 13.9.1946 zugesandt. Es ist vorhanden in: LAB(STA), Rep. 101, Nr. 637. Als Antwort auf dieses Schreiben beschloß das Finanzkomitee der AK einige Anweisungen an die Finanzabteilung des Magistrats, die ihr als Befehl FIN/I (46) 129 v. 22.10.1946 zugeleitet wurden; vgl. das 59. Prot. des Finanzkomitees der AK v. 22.10.1946, TOP 2, in: LAB, Rep. 37: OMGBS, FIN Br, 4/91-2/7. Der Befehl ist als Bestandteil von BK/R (46) 410 vorhanden in: LAB, Rep. 37: OMGBS, BICO LIB, 11/148-2/9; in deutscher Fassung in: LAB(STA), Rep. 101, Nr. 623, Bl. 40. Vgl. hierzu auch: Hilfe für die kleinen Sparer, in: Tägliche Rundschau, 8.11.1946, S. 4; Fällige Bankschulden. Einziehung in Berlin durch ein Zentralamt, in: Der Morgen, 8.11.1946, Beiblatt; Berliner Banken-Zentralamt, in: Telegraf, 8.11.1946, S. 3; Die Einziehung alter Bankschulden, in: Der Tagesspiegel, 9.11.1946, [S. 3]; „Ruhende" Banken in Unruhe, in: Telegraf, 9.11.1946, S. 4; Um das Schicksal der Berliner Hypothekenbanken, in: Der Kurier, 6.12.1946, S. 5. Die zentralen Bestimmungen des Befehls besagten, daß die Wiedererlangung der von geschlossenen Banken gewährten Darlehen und Hypotheken frühestmöglich verwirklicht werden sollte und daß zu diesem Zweck ein Zentralamt („central office") beim Magistrat oder beim Berliner Stadtkontor zu errichten war, das sich aus Vertretern aller betroffenen Banken zusammensetzen sollte. Die Finanzabteilung des Magistrats wurde angewiesen, gemeinsam mit Vertretern dieser Banken einen entsprechenden Arbeitsplan auszuarbeiten und dem Finanzkomitee der AK vorzulegen. Die Finanzabteilung konnte sich jedoch mit den Bankenvertretern nicht auf einen gemeinsamen Plan einigen und übersandte daher dem Finanzkomitee mit Schreiben v. 14.12.1946 sowohl den von ihr erstellten Entwurf einer „Verordnung betreffend die Errichtung eines Bankenzentralamtes von Groß-Berlin" als auch den andersgearteten Plan der Berliner Realkreditinstitute zur Einziehung von Darlehen und Hypotheken. Während die Banken die Einzugstätigkeit im Prinzip selbst vornehmen wollten, sollte diese Tätigkeit nach dem VO-Entwurf der Finanzabteilung das zu bildende Zentralamt ausüben. Das Schreiben der Finanzabteilung v. 14.12.1946 ist vorhanden in: LAB(STA), Rep. 101, Nr. 639. Das Finanzkomitee der AK stimmte keinem der beiden eingereichten Vorschläge zu; vgl. das 3. Prot. des Finanzkomitees der AK v. 14.1.1947, TOP 5, in: LAB, Rep. 37: OMGBS, FIN Br, 4/91-2/8. Auf der obersten Ebene der AK war es in der Zwischenzeit, ausgelöst durch den sowjetischen Stadtkommandanten Kotikow, über den Befehl FIN/I (46) 129 des Finanzkomitees zu Auseinandersetzungen zwischen den Vertretern der sowjetischen Besatzungsmacht auf der einen Seite und den Vertretern der drei westlichen Besatzungsmächte auf der anderen Seite gekommen, wobei in den Debatten auch die Grundsatzproblematik der generellen Regelung des Bankenwesens in Berlin eine Rolle spielte. Vgl. hierzu das 32. Prot. der AK v. 26.11.1946, TOP 285, in: LAB, Rep. 37, Acc. 3971, Nr. 216; BK/R (46) 410 v. 28.11.1946, in: LAB, Rep. 37: OMGBS, BICO LIB, 11/148-2/9; das 51. Prot.

6. ALLGEMEINES

Orlopp gibt folgende Mitteilungen zur Kenntnis:

1. Wir haben an *Lebensmitteln aus amerikanischen Importen* für ca. 110 Millionen RM bekommen. Davon liegen noch für 30 Millionen auf Lager. In Verbrauch gegeben sind bis jetzt für rund 80 Millionen. Die Bezahlung dieser Waren erfolgt auf Grund der deutschen amtlichen Preise, so daß wir in Zukunft wissen, wenn die Ware hereinkommt, was sie uns kostet, um sie sofort auf den Markt werfen zu können. Die Verbuchung der eingezahlten 80 Millionen RM soll auf Sonderkonte[n] entweder in Berlin oder in Frankfurt a/M. erfolgen.

2. Pro Quartal werden im russischen Sektor jeweilig ca. 1 200 t *Butter aus der sowjetischen Zone* an die Bevölkerung Berlins zur Verteilung gebracht. Für diese Butter wurde bis Ende Juni d[ieses] J[ahres] je Tonne ein Stützungsbetrag an die Lieferprovinz in Höhe von 500 RM gezahlt. Durch Verhandlungen werden ab Juli 1946 keine Stützungsbeträge mehr gezahlt, sondern dafür die den Provinzen und Ländern entstehenden Unkosten für Transport, Kühlung, Lagerung usw. erstattet, und zwar betragen diese Unkosten durchschnittlich je Tonne ca. 130 RM. Dieser Durchschnittssatz erhöht sich durch *Erfassungsunkosten* des Handels ab 1. September 1946 um 60 RM je Tonne, also auf 190 RM je Tonne, wodurch auf die angenommene Menge von 1 200 t Spesen und Erfassungsunkosten in Höhe von insgesamt 228 000 RM entstehen. Hieraus ergibt sich für den Magistrat gegenüber den vorhergegangenen Quartalen eine Minderausgabe von ca. 372 000 RM.

BESCHLUSS: Die Mitteilungen werden zur Kenntnis genommen.

Dusiska bittet um eine Meinungsäußerung des Magistrats in folgender Angelegenheit. Bei Aufträgen auf Reparationskonto ist für den Transport der Lieferungen eine Versicherung erforderlich. In der sowjetischen Zone ist durch Befehl[90] der SMA festgelegt, daß die *Versicherung solcher Transporte von Reparationslieferungen* bei

---

der stellv. Stadtkommandanten v. 29.11.1946, TOP 622, in: LAB, Rep. 37, Acc. 3971, Nr. 222; das 33. Prot. der AK v. 6.12.1946, TOP 293, in: LAB, Rep. 37, Acc. 3971, Nr. 216. Die Stadtkommandanten beschlossen am 6.12.1946 eine Anweisung an das Finanzkomitee, nach der dieses den stellvertretenden Stadtkommandanten einen neuen Vorschlag unterbreiten sollte. Das Finanzkomitee einigte sich nach langen Verhandlungen am 1.4.1947 auf eine Beschlußvorlage, in der die Bildung einer „Inkasso-Kommission" („Collection Commission") vorgesehen war zur Einziehung der „loans and mortgages held by presently closed or inactive banks from debtors residing in Berlin". Die Kommission sollte aus vier von den Besatzungsmächten ausgewählten deutschen Fachleuten bestehen, die von der AK ernannt werden und nur ihr unterstehen und verantwortlich sein sollten. Die stellvertretenden Stadtkommandanten stimmten diesem Vorschlag zu und beauftragten das Finanzkomitee mit der Umsetzung ihres Beschlusses. Vgl. hierzu das 21. Prot. des Finanzkomitees der AK v. 1.4.1947, TOP 9, in: LAB, Rep. 37: OMGBS, FIN Br, 4/91-2/8; BK/R (47) 99 v. 16.4.1947, in: LAB, Rep. 37: OMGBS, BICO LIB, 11/148-3/4; das 19. Prot. der stellv. Stadtkommandanten v. 18.4.1947, TOP 200, in: LAB, Rep. 37: OMGBS, BICO LIB, 11/149-1/3. Vgl. zur Bildung und Tätigkeit der Inkasso-Kommission das 27. Prot. des Finanzkomitees der AK v. 29.4.1947, TOP 4, u. das 28. Prot. des Finanzkomitees der AK v. 6.5.1947, TOP 3, u. das 30. Prot. des Finanzkomitees der AK v. 13.5.1947, TOP 2, u. das 33. (außerordentliche) Prot. des Finanzkomitees der AK v. 16.5.1947, in: LAB, Rep. 37: OMGBS, FIN Br, 4/91-2/8; A Four Year Report, S. 82 f.; Federau, S. 25 f.

90 Dieser Befehl konnte nicht ermittelt werden.

den Versicherungsanstalten der Länder und Provinzen vorzunehmen ist. In Berlin laufen gegenwärtig für rund 70 Millionen RM Aufträge auf Reparationskonto. Um die Versicherung dieser Lieferungen sind private Kreise sehr stark bemüht. Der Redner würde es für zweckmäßig halten, wenn analog dem Verfahren in der Zone diese Versicherungen bei der städtischen Versicherungsanstalt⁹¹ abgeschlossen würden.

BESCHLUSS: Der Magistrat stimmt dieser Auffassung des Redners zu.

Dr. Harms kommt auf die *Paratyphus-Epidemie in Schöneiche*⁹² am Rande des Berliner Stadtgebiets zu sprechen und erklärt, daß von seiten der Abteilung für Gesundheitsdienst alles getan worden ist, um Aufklärung über die Quelle der Infektionen zu erlangen und die Erkrankungen auf den Ort Schöneiche zu beschränken. Eine Gefahr der Ausbreitung der Seuche auf Berlin besteht nicht.

Geschke moniert, daß nach Ausbruch der Seuche die Quarantäne über den Ort nur sehr schwach gehandhabt worden sei. Es konnten außerdem Leute an vier verschiedenen Stellen unangefochten in den Ort hinein- und herausgelangen.

Dr. Harms weist darauf hin, daß Schöneiche zum Kreise Niederbarnim gehört und daß die Provinzialverwaltung Brandenburg für die Absperrmaßnahmen zuständig ist.

Maron macht auf die Eventualität aufmerksam, daß die Bestätigung der Ernennung von Dr. Haas zum *Stadtwahlleiter*⁹³ auf Schwierigkeiten stoßen könnte, weil verlangt werden könnte, daß der Inhaber dieses Amtes keiner politischen Partei angehören darf. Es würde sich daher empfehlen, vorsorglich für den Fall, daß der Magistrat den Auftrag erhält, einen parteilosen Stadtwahlleiter zu benennen, schon heute jemand dafür vorzusehen. Der Redner schlägt vor, Herrn Dr. Landwehr hierfür in Aussicht zu nehmen.

BESCHLUSS: Der Magistrat stimmt diesem Vorschlag zu.⁹⁴

Maron bringt weiter die Frage der *Eingemeindung von benachbarten Ortschaften nach Berlin* zur Sprache.⁹⁵ Derartige Wünsche sind früher auf Anweisung der Alliierten Kommandantur abgelehnt worden, weil sie meist wegen der günstigeren Lebensmittelversorgung kamen. Inzwischen haben sich die Verhältnisse auf diesem Gebiet zwischen Berlin und der Zone etwas ausgeglichen. Trotzdem kommen weitere

---

91 Gemeint ist die Städtische Feuerversicherungsanstalt Berlin bzw. die Städtische Feuersozietät von Berlin; vgl. Dok. 106, Anm. 21.

92 Kleinstadt im Südosten Berlins, nördlich an den Bezirk Köpenick angrenzend.

93 Der Magistrat hatte am 20.7.1946 beschlossen, der AK Haas als Stadtwahlleiter für die Berliner Wahlen im Oktober 1946 vorzuschlagen; vgl. das 66. Mag.prot. v. 20.7.1946, TOP 3.

94 Das CDU-Mitglied Haas wurde von der AK als Stadtwahlleiter abgelehnt, und statt dessen wurde der parteilose Landwehr zum Stadtwahlleiter ernannt. Vgl. hierzu das 74. Mag.prot. v. 12.9.1946, TOP 1.

95 Vgl. zur Frage der Eingemeindung von Umlandgemeinden bzw. zu ihrer Einbeziehung in die Berliner Lebensmittelversorgung: Dok. 72, Anm. 55; Stadtstaat ohne Hinterland. Das Problem der Randgebiete, in: Neue Zeit, 8.8.1946, S. 3; den vom Zentralverteilungsamt des zweiten Nachkriegsmagistrats erstellten „Bericht über die Erweiterung des Stadtgebietes von Groß-Berlin unter besonderer Berücksichtigung des Osthavellandes" v. 10.6.1947, in: LAB(STA), Rep. 101, Nr. 784.

Anträge auf Eingemeindungen. Es entsteht nun die rechtliche Frage, wie heute, wo die staatsrechtliche Struktur eine andere ist als früher, solche Eingemeindungen vorgenommen werden sollen. Der Redner steht auf dem Standpunkt, daß die Stadt Berlin von sich aus keine Einwendungen gegen derartige Wünsche erheben sollte; es werde aber notwendig sein, die Einwilligung der Provinzialverwaltung und der Besatzungsmächte jeweils dazu einzuholen. Jedenfalls sollte der Verfahrensmodus für Eingemeindungsanträge einmal grundsätzlich festgelegt werden.

BESCHLUSS: Der Vorschlag wird, nachdem er von Dr. Haas unterstützt worden ist, zur Kenntnis genommen.[96]

Starck teilt informatorisch mit, daß die Ausbeutung des *Gipsvorkommens bei Sperenberg*, die für Berlin in Aussicht genommen war, neuerdings von der Provinzialverwaltung beansprucht wird.[97]

Nächste Sitzung: Sonnabend, den 31.8.1946, vorm[ittags] 9 Uhr.

---

96 Die Frage des Verfahrensmodus für Eingemeindungsanträge ist in den folgenden Mag.sitzungen nicht wieder zur Sprache gekommen.
97 Vgl. zur Ausbeutung des Gipsvorkommens bei der Ortschaft Sperenberg ca. 40 km südlich von Berlin das 63. Mag.prot. v. 29.6.1946, TOP 4, u. das 72. Mag.prot. v. 31.8.1946, TOP 3 (Starck), u. das 76. Mag.prot. v. 21.9.1946, TOP 6 (Starck).

Dok. 111
72. Magistratssitzung vom 31. August 1946

LAB(STA), Rep. 100, Nr. 778, Bl. 82 – 89. – Umdruck.[1]

Beginn: 9.15 Uhr   Schluß: 13.35 Uhr

Anwesend: OB Dr. Werner, Maron, Orlopp, Schwenk, Schulze, Lange, Dr. Land-
            wehr, Pieck, Dr. Haas, Kraft, Knoll, Dohmen, Frau Kuckhoff, Henne-
            berg, Schwanebeck, Fleischmann, Grüber, Dr. Goll, Geschke, Starck,
            Scharoun, Dusiska, Dr. Harms, Dr. Alfred Werner.[2]

Den Vorsitz führt: Oberbürgermeister Dr. Werner.

Tagesordnung: 1. Protokoll
                2. Personalfragen
                3. Baustoffbeschaffung
                4. Energie-Belieferung
                5. Ernährung
                6. Versorgungsbetriebe
                7. Allgemeines.

Vor Eintritt in die Tagesordnung begrüßt Oberbürgermeister Dr. Werner Herrn *Major
Dix* von der britischen Militärverwaltung, der als Gast mit besonderem Interesse für
den Punkt 3 der Tagesordnung eine Zeitlang an der Sitzung teilnimmt.

1. PROTOKOLL
Die Niederschrift der 71. Magistratssitzung vom 24.8.46 wird ohne Beanstandung
genehmigt.

2. PERSONALFRAGEN
Pieck teilt mit, daß Stadtrat Jirak mit Brief vom 26. August[3] gebeten hat, ihn zu
beurlauben; er sei aus gesundheitlichen Gründen z[ur] Z[ei]t nicht in der Lage,
seinen Dienst zu versehen.

   Der Redner hat, das Einverständnis des Magistrats voraussetzend, Herrn Stadtrat
Jirak bereits mitgeteilt, daß sein Krankheitsurlaub genehmigt ist. Des weiteren hat

---

1 Weitere Umdruckexemplare dieses Protokolls sind vorhanden in: LAB(STA), Rep. 100,
   Nr. 752, lfd. S. 377 – 391; LAB, Rep. 228, Mag.protokolle 1946, u. Rep. 280, Nr. 8501/29.
2 In der Anwesenheitsliste ist Major Dix nicht aufgeführt, der nach dem Text des Protokolls
   (vor TOP 1) zeitweilig an der Mag.sitzung teilnahm. Ferner sind Witte und Schlimme
   nicht aufgeführt, die im Text des Protokolls (TOP 4) als Redner genannt werden.
3 Dieses Schreiben ist vorhanden in: LAB(STA), Rep. 102, Nr. 373.

der Redner Herrn *Dr. Goll*[4] gebeten, die Obliegenheiten des *Leiters der Abteilung* Städtische Energie und Versorgung zu übernehmen.

Maron schlägt vor, mit Rücksicht darauf, daß das Urlaubsgesuch von Stadtrat Jirak nicht befristet ist, Herrn Dr. Goll kommissarisch mit der Leitung der Abteilung zu beauftragen.

BESCHLUSS: Der Magistrat erklärt sich mit den getroffenen Maßnahmen der Abteilung für Personalfragen und Verwaltung einverstanden.[5]

---

4 Goll amtierte seit Anfang April 1946 als stellvertretender Leiter der Mag.abt. für Städtische Energie- und Versorgungsbetriebe und seit Ende Juli 1946 auch als kommissarischer Leiter des städtischen Eigenbetriebs „Berliner Ausstellungen"; vgl. das 53. Mag.prot. v. 6.4.1946, TOP 2, u. das 67. Mag.prot. v. 27.7.1946, TOP 3.

5 Vgl. zur vielfachen Kritik an Jiraks Amtsführung als Leiter der Mag.abt. für Städtische Energie- und Versorgungsbetriebe: Dok. 51 (insb. Anm. 13); das 52. Mag.prot. v. 30.3.1946, TOP 7, u. das 63. Mag.prot. v. 29.6.1946, TOP 6, u. das 66. Mag.prot. v. 20.7.1946, TOP 6, u. das 67. Mag.prot. v. 27.7.1946, TOP 3 (insb. Anm. 45). Der vom Magistrat am 29.6.1946 eingesetzte „Ausschuß zur Nachprüfung von Vorgängen in der Abteilung Städtische Energie- und Versorgungsbetriebe" war in seinem zweiten Teilbericht v. 29.7.1946 zu dem Ergebnis gekommen, „daß Stadtrat Jirak vielfach seine Aufsichtspflicht gegenüber den leitenden Angestellten der ihm unterstellten Betriebe vernachlässigt und die Durchführung der von ihm gegebenen Anweisungen nicht kontrolliert hat. Dadurch konnten in einzelnen Betrieben Mißstände einreißen, die geeignet sind, das Ansehen der Stadt und ihrer Verwaltung schwer zu schädigen, das Vertrauen der Bevölkerung zur Verwaltung zu erschüttern und die Bemühungen des Magistrats, Ordnung und Sauberkeit in das gesamte öffentliche Leben zu bringen, zunichte zu machen." Dieser schwere Vorwurf müsse „gegen Stadtrat Jirak auch dann erhoben werden, wenn die Tatsache in vollem Umfange gewürdigt wird, daß Stadtrat Jirak verhältnismäßig jung und in Verwaltungssachen unerfahren mit einem der umfangreichsten Arbeitsgebiete betraut worden ist, dessen Arbeitslast gerade in dem hinter uns liegenden Jahr unter den erschwerenden Umständen ungewöhnlich groß war". Jirak nahm zu dem Bericht des Magistratsausschusses in einem Schreiben v. 13.11.1946 Stellung. Er äußerte hierin unter anderem, daß er sich in seiner „Abteilungsführung immer korrekt und einwandfrei benommen" und sich „nie eines Vergehens schuldig gemacht" habe. Der Bericht und Jiraks Stellungnahme sind vorhanden in: LAB(STA), Rep. 101, Nr. 632. Vgl. auch: „Politischer Strom" und Kurzschlüsse. SED gegen SED – Weshalb wurde Stadtrat Jirak beurlaubt?, in: Telegraf, 13.10.1946, S. 3.

Auf Antrag der LDP beschloß die neugewählte StVV am 19.12.1946 die Einsetzung eines „Spezialuntersuchungsausschusses über die Angelegenheit Städtisches Werk Tegel GmbH und Borsig Maschinenbau GmbH". Hinsichtlich der Amtsführung von Jirak stellte dieser Ausschuß in seinem Beschluß v. 14.6.1947 drei Gruppen von Tatbeständen fest: erstens „Tatbestände, aus denen sich eine Vernachlässigung der Aufsichtspflicht Jiraks gegenüber den leitenden Angestellten der seiner Verwaltung unterstehenden Betriebe und eine völlig fehlende oder mangelhafte Kontrolle der Durchführung der von ihm nach seiner Behauptung gegebenen Anweisungen ergibt"; zweitens „Tatbestände, die eine Strafanzeige gegen Jirak rechtfertigen"; drittens „Tatbestände als Unterlage für die Geltendmachung zivilrechtlicher Ansprüche gegen Jirak". Auf Empfehlung des Ausschusses beauftragte die StVV am 29.1.1948 den Magistrat, gegen Jirak ein Strafverfahren einzuleiten, und beschloß außerdem die folgende vom Ausschuß vorgeschlagene Stellungnahme: „Gegen den alten Magistrat wird mit Recht der Vorwurf erhoben, daß er trotz Kenntnis der schweren Beschuldigung gegen den ehemaligen Stadtrat Jirak diesen nur aus Gesundheitsgründen beurlaubt und keinen

Pieck befürwortet die Annahme der Vorlage Nr. 389[6], die dahin geht, den bisherigen Bezirksrat Hans *Bock*[7] vom Bezirksamt Wedding mit Wirkung vom 15. August zum *Hauptamtsleiter des Hauptamtes für Hochbau* zu berufen. Die Stelle ist frei geworden, nachdem der bisherige Inhaber auf Grund des Entnazifizierungsgesetzes ausgeschieden ist.[8] Sowohl Herr Starck als der zuständige Dezernent für das Hochbauamt wie auch das Hauptpersonalamt sind der Meinung, daß Herr Bock für diesen Posten geeignet ist.

BESCHLUSS: Die Vorlage Nr. 389 wird angenommen.[9]

Strafantrag gestellt hat." Am 25.8.1948 erstattete der Magistrat Strafanzeige gegen Jirak wegen Untreue und Bestechung. Vgl. zu diesen Vorgängen: StVV, I. Wahlperiode, Drucksache Nr. 1, Vorlage Nr. 3 v. 4.12.1946, u. Drucksache Nr. 46, Vorlage Nr. 321 v. 14.6.1947, u. Drucksache Nr. 145, Vorlage Nr. 1088 v. 2.11.1948; StVV, I. Wahlperiode, Stenographische Berichte über die 7. (Ordentliche) Sitzung am 19.12.1946, S. 14 – 23, u. die 54. (Ordentliche) Sitzung am 29.1.1948, S. 89 – 100, u. die 89. (Ordentliche) Sitzung am 18.11.1948, S. 7. Vgl. ferner: Jirak antwortet, in: Nacht-Express, 14.1.1947, [S. 2]; Erste Vernehmung Jiraks, in: Die Neue Zeitung. Berliner Blatt, 15.4.1947, S. 3. – Hinweise auf einen Prozeß gegen Jirak konnten nicht ermittelt werden.

6 LAB(STA), Rep. 100, Nr. 778, Bl. 92.

7 Hans Bock (SPD) hatte im Bezirk Wedding als Bezirksrat für Bau- und Wohnungswesen amtiert.

8 Der vormalige Leiter des Hauptamts für Hochbau in der Mag.abt. für Bau- und Wohnungswesen, Ernst Schulze, war bereits am 31.3.1946 aufgrund der Entnazifizierungsvorschriften der Alliierten (vgl. Dok. 75, Anm. 18) aus dieser Funktion entlassen worden. In einem Schreiben an OB Werner v. 9.4.1946 äußerte der stellvertretende Hauptamtsleiter Gustav Genz über seinen bisherigen Vorgesetzten Schulze, daß dieser „in seinem Amtszimmer, in dem er bis Anfang März d[ieses] J[ahre]s auch schlief, unzählige verstaubte Aktenstücke in Form von Umlaufmappen mit Einlage stapelweise – größtenteils seit Juni 45 – laufend unbearbeitet zu liegen hatte. [...] Nachdem der Vorgenannte am 31.3.46 ausscheiden mußte, erschien er am Nachmittag des 3.4. in seinem bisherigen Dienstzimmer, um angeblich laufende Arbeiten zu erledigen. Hierbei hat er die auf einem Ablagetisch noch frei liegenden ca. 4 Stück mindestens 30 cm hohen Stapel vorbezeichneter Akten aufgearbeitet (sage gesichtet), indem er diese kurzerhand bei Einsicht durch Zerreißen vernichtete und diese eigenhändig so lange verfeuerte, daß auch nicht ein einziger Rest übrigblieb, mit Ausnahme der Asche und verkohlter Reste im Ofen, der bis oben voll war." Genz stellte „mit aller Deutlichkeit fest, daß eine Übergabe irgendwelcher Akten oder laufender Dienstgeschäfte von Herrn Schulze bisher in keiner Weise erfolgt ist, geschweige denn eine ordnungsgemäße Abwicklung vorgenommen wurde. Ich hatte vielmehr am 1. u[nd] 2.4.46 einen Teil der Aktenstapel sofort in Bearbeitung genommen und vorher vom Büropersonal besonders stempeln lassen. Diese Teile der Akten sind der Vernichtung entgangen [...]." Das Schreiben ist vorhanden in: Akademie der Künste (Berlin-Tiergarten), NL Scharoun, Mappe Mag 1/15; LAB(STA), Rep. 101, Nr. 234.

9 In der Mag.abt. für Bau- und Wohnungswesen waren bereits mehrere leitende Personen von ihren Funktionen abberufen worden: Friedrich Sommer als stellvertretender Leiter der Mag.abt., Karl Böttcher als Leiter des Hauptamts für Aufbaudurchführung sowie Erich Karweik als (zweiter) stellvertretender Leiter der Mag.abt. und kommissarischer Leiter des Hauptamts für Aufbaudurchführung. Vgl. hierzu das 45. Mag.prot. v. 2.2.1946, TOP 2, u. das 50. Mag.prot. v. 16.3.1946, TOP 8, u. das 71. Mag.prot. v. 24.8.1946, TOP 2; Berliner Bau- und Wohnungswesen, in: Telegraf, 27.9.1946, S. 3.

3. BAUSTOFFBESCHAFFUNG

Starck berichtet ausführlich über die Lage auf dem Baustoffmarkt und schildert, welche Mengen der verschiedenen Baustoffe für die nächste Zeit aus den verschiedenen Zonen zu erwarten sind.[10]

Aus dem russischen Sektor hat der Magistrat für das 3. Quartal 9 800 t *Zement* angewiesen bekommen. Davon wurden bisher 2 500 t realisiert. Diese Zementmengen kommen teilweise aus Rüdersdorf[11], teilweise aus Sachsen und Thüringen. Ob die Zementmengen aus Thüringen hereinkommen werden, ist fraglich, da die Transportmittel nicht zur Verfügung stehen. Der Zement aus Rüdersdorf in einer Menge von 6 800 t wird voll realisiert werden können, was bedeutet, daß gegenüber dem vorigen Quartal die doppelte Menge nach Berlin hereingeschafft werden kann.

Bei der Hereinschaffung von *Gips* haben sich insofern größere Schwierigkeiten ergeben, als eine deutsche Firma, die nicht im russischen Sektor liegt, die aber über fast alle Gipswerke im Harz verfügt, versucht, die ganze Verteilung an sich zu reißen. Es ist aber jetzt erreicht worden, diese Schwierigkeiten zu überwinden, und es wird jetzt eine größere Menge von Gips nach Berlin geschafft werden. Dem Magistrat sind 2 700 t zugewiesen worden. Davon sind 200 t medizinische Gipse. Wir werden diese Mengen nicht ganz realisieren können, weil die kleinen Werke, auf die wir Anweisung haben, kein Tütenmaterial besitzen und der Gips von dort nicht lose verfrachtet werden kann. Auch die russische Kommandantur war nicht in der Lage, uns Tüten oder Anweisungen auf Papier zu geben.

Für *Kalk* hatten wir ursprünglich eine Anweisung von 34 000 t. Es hat sich aber gezeigt, daß die Zentralverwaltung[12] bei der Einteilung des Materials von falschen Voraussetzungen ausgegangen war. Sie hatte sowohl Rohkalk wie auch gebrannten Kalk und Düngekalk unter einer Rubrik geführt. Es hat sich bei einer Aussprache der Provinzen und Länder mit den Herren, die die Baustoffe dort verteilen, herausgestellt, daß der Baukalk in verhältnismäßig geringer Menge anfällt. Entscheidende Mengen von Kalk werden in diesem Quartal für Zuckerfabriken gebraucht. Allein Rüdersdorf muß 44 000 t Kalk für die Zuckerindustrie in Brandenburg und Mecklenburg liefern. Diese Mengen fallen praktisch für den Baukalk aus. Im nächsten oder übernächsten

---

10 Vgl. zur Baustoffbeschaffung auch das 45. Mag.prot. v. 2.2.1945, TOP 3, u. das 56. Mag.prot. v. 4.5.1946, TOP 7, u. das 63. Mag.prot. v. 29.6.1946, TOP 4; den „Bericht über die Tätigkeit des Hauptamtes für Aufbau-Durchführung ab 1.4.46" v. 23.8.1946, S. 1 – 4, in: LAB(STA), Rep. 110, Nr. 683; die Materialien in: LAB(STA), Rep. 110, Nr. 193 – 196; Baustoffproduktion als Schlüsselindustrie, in: Berliner Zeitung, 14.8.1946, [S. 4]; Heinrich Starck: Zement – Kalk – Glas. Berlin braucht Baustoffe aus ganz Deutschland, in: Neues Deutschland, 14.9.1946, Berliner Beilage; Berlin braucht 250 Millionen Dachsteine. Wie sieht es mit der Berliner Baustoff-Beschaffung aus?, in: Neues Deutschland, 20.9.1946, S. 4; E[rich] Schnaufer: Unsere Wohnungen, Arbeitsstätten, Schulen. Zentrale Baustoffbewirtschaftung ist notwendig, in: Neues Deutschland, 26.9.1946, Berliner Beilage; Baumaterialien für Berlin, in: Nacht-Express, 26.9.1946, [S. 4]; Wie bekommt Berlin seine Baustoffe?, in: Neues Deutschland, 3.10.1946, Berliner Beilage; Um Planung und Baustoffe. Aufbau in Berlins Sektoren, in: Neues Deutschland, 4.10.1946, Berliner Beilage.

11 Kleinstadt, ca. 20 km östlich von Berlin gelegen, ein Zentrum der Kalk- und Zementproduktion.

12 Hier ist vermutlich die Deutsche Zentralverwaltung der Industrie in der sowjetischen Besatzungszone gemeint.

Quartal werden diese großen Mengen an Kalk wieder für den Bausektor zur Verfügung stehen. Somit sind von den 34 000 t für uns 2 400 t übriggeblieben. Davon kommt der größte Teil aus Rüdersdorf, ein Teil aus Sachsen und ein Teil aus Förderstedt[13]. Bisher sind rund 800 t realisiert worden. In Förderstedt bestehen Verladeschwierigkeiten. Sie werden aber überwunden werden, da die Reichsbahndirektion Halle Waggons zugesagt hat.

Für *Dachsteine* haben wir eine ganze Reihe von Anweisungen. Sie belaufen sich auf etwa 1 300 000 Stück Dachsteine, die von 8 Werken kommen. Größtenteils liegen diese Werke in Thüringen, eins in Sachsen. Das Werk in Sachsen ist das einzige Werk, das im vorigen Monat 140 000 Stück geliefert hat und mit dem wir eine feste Vereinbarung haben, daß die Restmenge von 160 000 Stück im Laufe des September hereinkommen soll. Aus Thüringen werden wahrscheinlich nicht die uns zugewiesenen Mengen herangebracht werden können. Hierbei steht wieder die Frage der Waggongestellung im Vordergrund, da wir aus Thüringen nicht per Kahn verladen können.

Bei Dachsteinen ist es bisher möglich gewesen, daß private Firmen auf Grund alter Verträge Dachsteine nach Berlin hereingebracht und auf dem schwarzen Markt verkauft haben. Wir haben im vorigen Quartal den Zustand gehabt, daß die Firma Pflaume & Baum[14] einen Kahn Dachsteine nach Berlin hereinbekam und die Dachsteine auf dem privaten Markt zu einem Preise von 1,50 bis 1,90 RM pro Stück verkauft hat. Das ist das 8- bis 10fache des normalen Preises für Dachsteine. Wir haben Schritte gegen diese Firma unternommen, und alle vertraglichen Verpflichtungen, die die Firma mit Werken in Sachsen eingegangen war, sind annulliert. Einen zweiten Kahn, den die Firma bekommen sollte und dessen Ladung wahrscheinlich wieder auf dem schwarzen Markt verschwunden wäre, haben wir rechtzeitig abgebremst und die Lieferung der Baustoffbeschaffungs[-]GmbH[15] übertragen. Die Steine werden dann mit 19 Pf. pro Stück verkauft. Hieraus ist zu ersehen, wie notwendig und wichtig es war, die Verteilung von Baustoffen in unsere Hände zu nehmen, d[as] h[eißt] durch die von uns geschaffene Gesellschaft zu kontrollieren.

Wir haben in Berlin bisher im ganzen Jahre in allen Sektoren 4 Millionen Zementdachsteine hergestellt, und wir werden noch im Laufe der kommenden Monate etwa 2 Millionen herstellen. Die Zementmengen, die dafür notwendig sind, sind im russischen Sektor bereits angewiesen, ebenso im englischen, so daß hier keine Stockung eintreten wird. Aber diese Mengen, auf die wir Anweisung haben, reichen bei weitem nicht aus. Der Bedarf, um unsere Dächer winterfest zu machen, macht 250 Millionen Dachsteine aus. Wir werden also nur beschränkt in der Lage sein, unsere Dächer zu decken.

Es sind auch eine Reihe von anderen Wegen beschritten worden, um behelfsmäßig die Häuser zu decken. Der Bezirk Reinickendorf, dem es besonders schlecht geht, weil in die französische Zone fast kein Baumaterial hereinkommt, wird

---

13 Gemeinde in der Provinz Sachsen, ca. 25 km südlich von Magdeburg gelegen.

14 Gemeint ist vermutlich die Firma Pohl & Baum im Bezirk Schöneberg, Bamberger Straße 41.

15 Vgl. zur Baustoffbeschaffung GmbH weiter unten in diesem TOP 3 u. das 55. Mag.prot. v. 29.4.1946, TOP 6.

auf Anweisung des Haupternährungsamtes[16] einige Hunderttausend Blechdosen bekommen, um 260 Dächer in seinem Bezirk mit Blech abdecken zu können.

Weiter haben sich besondere Gemeinschaften von Firmen gebildet, die aus alten Blechbüchsen Dachplatten herstellen, die mindestens 2 oder 3 oder 4 Jahre liegenbleiben können. In anderen Bezirken sind diese Dinge ebenfalls angelaufen. Wir glauben, im Interesse der Bevölkerung zu handeln, wenn wir die Bezirke, die in der Heranschaffung von festem Baumaterial besondere Schwierigkeiten haben, bevorzugt mit diesen Hilfsmitteln beliefern.

An *Dachpappe* werden für Berlin schätzungsweise 20 Millionen qm gebraucht. Hergestellt werden könnten in Berlin im Quartal 2 Millionen qm, wenn genügend Rohmaterial vorhanden wäre. Wir könnten also im Jahre 8 Millionen qm herstellen, d[as] h[eißt], wir könnten erst in 2 bis 2 1/2 Jahren auf Grund unserer eigenen Fertigproduktion ganz Berlin mit der nötigen Pappe versorgen. Aber Voraussetzung wäre, daß das genügende Rohmaterial hereinkommt. Im letzten Quartal haben wir so viel Rohstoffe nach Berlin bekommen, daß wir unsere Werke nur zur Hälfte ausnutzen konnten. In diesem Quartal wird die Anlieferung von Rohpappe niedriger sein als im vorigen, da im Augenblick große Schwierigkeiten hinsichtlich der Herstellung von Papier bestehen. Wir haben seinerzeit einen Appell an die Bevölkerung auf Sammlung von Altpapier gerichtet. Mit dem, was da zusammenkommt, werden wir unseren Bestand etwas auffüllen können, aber mit erheblichen Mengen ist aus solchen Sammlungen nicht zu rechnen.

Der Redner berichtet weiter, daß die Gewerkschaften an den Oberbürgermeister mit der Bitte herangetreten waren, sich an die anderen Besatzungsmächte zu wenden, um zu versuchen, auch aus den anderen Zonen einiges Material für den Wohnungsbau und die Instandsetzung von Wohnungen zu bekommen. Der Oberbürgermeister hat an Hand von Unterlagen, die ihm die Abteilung für Bau- und Wohnungswesen zur Verfügung gestellt hat, eine solche Aktion unternommen.[17]

Die Herren der *englischen Militärregierung* haben, wie der Redner weiter ausführt, zu diesen Vorschlägen positiv Stellung genommen und zugesagt, daß die von uns angeforderten Mengen zum größten Teil dem zivilen Sektor zugeführt werden sollen, mit Ausnahme von Glas, Sperrholz und Tischlerholz, das die englische Militärregierung nur beschränkt liefern kann, da sie selbst in ihrer Zone nicht über die genügenden Kapazitäten in ihren Werken verfügt. Aber auch von diesen Baustoffen werden wir einen Teil bekommen. Es ist uns eine Lieferung von etwa 60 % der angeforderten Menge zugesagt worden. Wir haben z[um] B[eispiel] 91 000 qm Glas für den britischen Sektor angefordert, um die notwendigsten Verglasungen durchführen zu können. Der zuständige Offizier der englischen Militärregierung hat uns zugesagt, diese Anforderung zu 60 % zu realisieren. Bei Zement und Kalk dagegen hat er die volle Lieferung der angeforderten 1200 t Zement und 2000 t Kalk zugesagt.

Die *französische Militärregierung* hat in ihrem Sektor eine Firma beauftragt, 200 t Zement aus der französischen Zone nach Berlin hereinzuschaffen. Es bleibt abzuwarten, ob es der Firma gelingt, diese wenn auch geringe Menge nach Berlin zu bringen.

---

16 Gemeint ist die Mag.abt. für Ernährung.
17 Vgl. das 56. Mag.prot. v. 4.5.1946, TOP 7 (Starck).

Auch mit den Vertretern der *amerikanischen Militärregierung* sind auf Grund der von dem Oberbürgermeister vorgetragenen Bitte Verhandlungen wegen Beschaffung von Baumaterial und wegen Einschaltung unserer Baustoffbeschaffungs[-]GmbH in Gang gekommen. Diese Verhandlungen sind bisher noch nicht zu einem Abschluß gelangt.

Der Redner weist nach diesem Überblick über die Aussichten der Baustoffbeschaffung für das kommende Quartal auf zwei besondere Schwierigkeiten hin, die dabei noch zu beachten sind. Die eine ist die *Frage des Transports*, der unzureichenden Waggongestellung. Es ist wiederholt mit der Zentralverwaltung für Verkehr[18] verhandelt worden, und es wurden auch Zusagen gemacht, nur werden diese Zusagen dann leider meist nicht gehalten, weil andere notwendige Transporte dazwischenkommen. – Der Redner bittet alle Herren, die mit diesen Fragen zu tun haben, sich ebenfalls dafür einzusetzen, daß in Zukunft mehr Transportraum für die Hereinschaffung von Baumaterial zur Verfügung gestellt wird.

Die andere Schwierigkeit liegt darin, daß die *deutschen Verwaltungsstellen in den Provinzen und Ländern* sehr oft die getroffenen Dispositionen durch ihre Maßnahmen stören.

Der Redner schildert sodann die Möglichkeiten und Versuche, die geringen Kapazitäten für die Produktion von Baumaterial in der sowjetischen Zone zu erhöhen. Die *Zementwerke* in der Zone haben z[um] B[eispiel] nur eine *Kapazität* von 600 000 t Zement, wenn sie voll laufen. Diese Menge reicht nicht aus, um die zerstörten Städte in der sowjetischen Zone wieder wohnfähig [sic!] zu machen. Die Kapazität aller deutschen Werke beträgt bei Zement, wenn sie voll laufen, etwa 6 Millionen t. Diese Zahl reicht aus, um Deutschland mit dem notwendigen Bindematerial zu beliefern. Der Magistrat der Stadt Berlin sollte nun alle Maßnahmen unterstützen, um in der sowjetischen Zone mehr Baumaterial produzieren zu können.

Über den Plan der *Ausbeutung des Gipsvorkommens in Sperenberg* ist mehrfach berichtet worden.[19] Die Mengen, die dort oberirdisch zum Abbau bereitliegen, würden ausreichen, um 15 bis 20 Jahre Berlin und die Provinz Brandenburg mit Gips zu versorgen. Die Abt[eilung] für Bau- und Wohnungswesen hat der Provinzialverwaltung Brandenburg konkrete Vorschläge für einen Abbau dieser Lager mit genauer Rentabilitätsrechnung gemacht. Während die Provinzialverwaltung noch vor 3 Monaten gegen den ganzen Plan war, hat sie nunmehr, nachdem wir ihr die Vorschläge unterbreitet haben, mitteilen lassen, daß wir uns dort heraushalten sollten. Irgendwelche Schritte, die zu einer rationellen Ausbeutung dieser Lager führen könnten, hat aber die Provinzialverwaltung bisher noch nicht unternommen. Es taucht bei diesem Projekt wieder, wie auch sonst häufig, die Kompetenzfrage auf. Der Magistrat von Berlin ist wohl in der Lage, auf Möglichkeiten hinzuweisen, natürliche Baustoffvorkommen lohnend auszubeuten, aber er hat nicht die Mittel, sich mit seinen Plänen in der Provinz durchzusetzen.

Ein weiteres Vorkommen ist das von *Wiesenkalk bei Neuruppin*[20], das durchaus

---

18 Gemeint ist die Deutsche Zentralverwaltung des Verkehrs in der sowjetischen Besatzungszone.

19 Vgl. zur Ausbeutung des Gipsvorkommens bei der Ortschaft Sperenberg ca. 40 km südlich von Berlin das 63. Mag.prot. v. 29.6.1946, TOP 4, u. das 71. Mag.prot. v. 24.8.1946, TOP 6 (Starck), u. das 76. Mag.prot. v. 21.9.1946, TOP 6 (Starck).

20 Kreisstadt, ca. 50 km nordwestlich von Berlin.

abbauwürdig ist. Der Abbau würde die Errichtung von 1 oder 2 Schachtöfen notwendig machen. Da gleichzeitig in der Nähe ein Torflager ist, würde auch genügend Brennmaterial vorhanden sein. Der gewonnene Kalk würde zwar nicht hochwertig sein, aber ausreichend für den Ausbau unserer Wohnungen. Ein weiterer Vorteil bei diesem Projekt wäre der, daß auf die Niederungen, auf denen der Torf gestochen werden könnte, Schutt aus Berlin gebracht werden könnte. Die Kähne, die den Kalk nach Berlin brächten, könnten also auf dem Rückweg Schutt mitnehmen. Auch bei diesem Projekt zeigt sich die Provinzialverwaltung zunächst noch zurückhaltend. Wir werden aber unsere Bemühungen auch nach dieser Richtung fortsetzen.

Das Projekt der *Auswertung der Steinkohlenasche in Klingenberg* wird weiter gefördert.[21] Die Fundamente für die Fabrikanlagen sind zum Teil schon erstellt, und ein Teil der Maschinen ist auch schon unterwegs. Es ist zu hoffen, daß das Werk noch in diesem Jahre in Gang kommt. Es ist bisher unterlassen worden, einen Vertrag mit den Rüdersdorfer Kalkwerken abzuschließen. Zur Herstellung des hydraulischen Bindemittels aus der Steinkohlenasche ist nämlich eine gewisse Beimischung von Kalk erforderlich. Dieser Lieferungsvertrag muß noch nachgeholt werden.

Der Redner betont zum Schluß, daß wir unbedingt dazu kommen müssen, Rohstoffe, die irgendwo in der Provinz liegen, auch wirklich nutzbringend aus[zu]werten, und daß alles versucht werden sollte, in dieser Richtung gemeinsam mit der Provinzialverwaltung vorzugehen.

OB Dr. Werner berichtet kurz von seinen Besuchen bei den Herren Stadtkommandanten wegen ihrer Unterstützung für die Baustoffbeschaffung. Er sei überall – der Besuch bei dem französischen Kommandanten steht noch bevor – auf größtes Entgegenkommen gestoßen.

Dr. Landwehr glaubt, daß Dachpappe bei dem großen Mangel an Vormaterial nicht in genügendem Umfang zu gewinnen sein werde. Man müsse sich daher nach weiteren Hilfsmitteln für die Deckung der Häuser umsehen. Der Redner kommt auf seine schon im vorigen Jahre vorgebrachte Anregung zurück, das *Trümmerholz* in den zerstörten Häusern, das immer noch in großem Umfang in Form von Balken und Brettern, die inzwischen schon stark verwittert sind, herumhängt, zu verwerten. Seinerzeit habe seine Anregung dem Brennholz gegolten.[22] Jetzt möchte er empfehlen, aus diesem Trümmerholz *Preßholzplatten* als Dachdeckungsmaterial zu machen. Wenn man nicht mit einem gewissen Schwung an die Bergung dieses Trümmerholzes herangehe, werde es weiter verwittern und verfaulen. Unter Heranziehung geeigneter Fachleute müßte es unter den notwendigen Vorsichtsmaßregeln möglich sein, dieses Holz aus den Ruinen zu bergen.

Der Redner empfiehlt, solche Rohstoffvorkommen in der Provinz wie die von Kalk, Gips usw. in Form von Gemeinschaftswerken zusammen mit der Provinzialverwaltung auszubeuten.

---

21 Gemeint ist der Bau eines Werkes für die Produktion eines neuen „hydraulischen" Bindemittels mit der Bezeichnung „Hydroment". Dieses Werk sollte neben dem Großkraftwerk Klingenberg im Ortsteil Rummelsburg, Bezirk Lichtenberg, entstehen. Vgl. hierzu das 63. Mag.prot. v. 29.6.1946, TOP 4, u. das 76. Mag.prot. v. 21.9.1946, TOP 6 (Starck), u. das 85. Mag.prot. v. 23.11.1946, TOP 2 (Mag.vorlage Nr. 500).
22 Vgl. das 18. Mag.prot. v. 27.8.1945, TOP 9, u. das 27. Mag.prot. v. 22.10.1945, TOP 3.

Schwenk stellt fest, daß die Ausführungen von Starck gezeigt haben, wie notwendig es gewesen ist, daß der Magistrat sich energisch mit der Baustofffrage beschäftigt und sich insbesondere auch mit der Baustoffbeschaffungs[-]GmbH befaßt hat. Der Redner befürwortet die von Starck behandelten Projekte in Sperenberg und Neuruppin und empfiehlt auch seinerseits ein engeres Zusammenarbeiten mit der Provinzialverwaltung Brandenburg. Die altüberkommene *Gegensätzlichkeit zwischen der Provinzialverwaltung und der Stadt Berlin* müßte heute unter der neuen Situation in Deutschland endlich einmal aus der Welt geschafft werden können. Der Gedanke von Dr. Landwehr, Gemeinschaftswerke zu schaffen, sei gut. Vielleicht käme man durch eine gemeinsame Besprechung von Vertretern der Stadt mit Vertretern der Provinzialverwaltung unter Hinzuziehung von Vertretern der Zentralverwaltung zu einer ersprießlichen Regelung. Er bitte den Oberbürgermeister, einmal eine solche gemeinsame Besprechung zur Klärung von strittigen Fragen in die Wege zu leiten.[23]

Maron glaubt, daß man nach dem Bericht von Starck auf dem Gebiet der Instandsetzung von Wohnungen und Schulen etwas optimistischer in die Zukunft sehen kann. Der Magistrat hat alle Veranlassung, den alliierten Besatzungsmächten seinen Dank für die tatkräftige Hilfe auszusprechen, die sie dem Magistrat hier im Interesse der Berliner Bevölkerung gewähren. Es muß nun versucht werden, in der knappen Zeit, die noch bis zum Eintritt des Winters zur Verfügung steht, die herankommenden Baustoffe so rationell wie möglich auszunutzen. Diese Frage wird man insbesondere auch mit den Gewerkschaften besprechen müssen. Besondere Aufmerksamkeit wird auch weiter der *Arbeit der Baustoffbeschaffungsgesellschaft*[24] zu widmen sein, damit in Zukunft kein Gramm Zement und kein qm Dachpappe mehr auf dem schwarzen Markt untertauchen kann. Es wird nötig sein, die BBG noch weiter auszubauen. Die zuständige Abteilung des Magistrats sollte beauftragt werden, bis zur nächsten Magistratssitzung eine entsprechende Vorlage auszuarbeiten, in der die BBG verpflichtet wird, alle Baustoffe zu verwalten und den privaten Baustoffhandel soweit wie möglich einzuschalten. Auch über die Besetzung des Aufsichtsrats der BBG muß in der nächsten Sitzung Beschluß gefaßt werden.

Des weiteren wird entsprechend der Anregung von Herrn Starck den Fragen des Transports besondere Aufmerksamkeit zu widmen sein. Die BBG benötigt z[um] B[eispiel] einige Lastwagen. Die Abt[eilung] Verkehr des Magistrats sollte verpflichtet werden, auf irgendeine Weise so schnell wie möglich einige Lastwagen oder einen Lastzug für die BBG zur Verfügung zu stellen.

In bezug auf die Erschließung neuer Rohstoffquellen auf dem Gebiete des Baumaterials sollte sich der Magistrat den Vorschlägen von Herrn Starck anschließen. Mit den vorhandenen Kapazitäten werden die vor uns stehenden Aufgaben nicht zu

---

23 Hinweise auf eine solche Besprechung konnten nicht ermittelt werden. Vgl. aber das Prot. einer Besprechung beim sowjetischen Stadtkommandanten Kotikow am 2.11.1946, betr. Baustoffbeschaffung und Baustoffverteilung im sowjetischen Sektor der Stadt Berlin, in: LAB(STA), Rep. 110, Nr. 197/1. An dieser Besprechung nahmen Vertreter des Magistrats, der Deutschen Zentralverwaltung der Industrie und der Baustoffbeschaffung GmbH teil.

24 Vgl. zur Gründung der Baustoffbeschaffung GmbH das 48. Mag.prot. v. 4.3.1946, TOP 6, u. das 55. Mag.prot. v. 29.4.1946, TOP 6; zur Behinderung der Tätigkeit dieser GmbH das 63. Mag.prot. v. 29.6.1946, TOP 4, u. das 71. Mag.prot. v. 24.8.1946, TOP 2.

lösen sein. Der Magistrat sollte seiner Meinung dahin Ausdruck geben, daß die Abt[eilung] für Bau- und Wohnungswesen, insonderheit Herr Starck beauftragt werden, mit aller Energie die Verhandlungen auf diesem Gebiet weiterzuführen.

Dr. Haas betont, wie schon früher, die große Bedeutung der Baustoffe in der gegenwärtigen Situation und vertritt die Meinung, daß im Magistrat eine Stelle geschaffen werden muß, die allein verantwortlich ist für die Hereinholung und die Verteilung von Baustoffen. Im Zusammenhang damit steht der organisatorische und kapitalmäßige Ausbau der Baustoffbeschaffungsgesellschaft. Diese ganzen Probleme werden in einer entsprechenden Vorlage zusammengefaßt werden, die dem Magistrat demnächst vorgelegt werden wird.

Starck trägt noch nach, die Praxis habe gezeigt, daß die Schwundsätze bei der Hereinholung von Baustoffen nach Berlin bei Privatfirmen erheblich höher sind, nämlich bei 16 bis 18 % liegen, als bei der BBG, wo sie nur 2 % betragen und auch bei loser Hereinbringung des Materials nicht über 10 % kommen.

Ein Gedanke, um Ersatz für Dachpappe zu gewinnen, ist die *Auswertung* eines Stoffes *Zilit*, der bei dem Abbau *im Senftenberger Kohlenrevier*[25] anfällt. Das sind Stämme, die noch nicht verkohlt sind, die in ihren Fasern noch voll erhalten sind, die somit kein Brennmaterial darstellen und bisher als Abraumprodukte wieder in die Gruben verfüllt wurden. Versuche nach dieser Richtung sind im Gange.

Der Redner schlägt weiter vor, in den *Aufsichtsrat der BBG* anstelle des ausgeschiedenen Herrn Karweik[26] einen Vertreter der Gewerkschaften zu berufen, und zwar Herrn Gustav *Kalinke* vom Bauarbeiterverband.[27] Dadurch würde zugleich den Gewerkschaften eine gewisse Mitverantwortung auferlegt werden, und es würde das Vertrauen einer gerechten Verteilung der Baustoffe durch die BBG in der Berliner Arbeiterschaft gestärkt werden.

Dusiska kommt auf die Schaffung eines *Beirats für die BBG* zurück, der schon bei Gründung der Gesellschaft in Aussicht genommen war. Er schlägt vor, die Abteilung Wirtschaft zu beauftragen, gemeinsam mit der Abteilung für Bau- und Wohnungswesen und dem Stadtkämmerer einen Vorschlag für die Zusammensetzung eines solchen Beirats auszuarbeiten und dem Magistrat vorzulegen. Seiner Meinung nach müßten darin vertreten sein: die Gewerkschaften, die Bezirksbauräte oder Bürgermeister, zum mindesten einer aus jedem Sektor, und der private Baustoffhandel.

BESCHLUSS: Die Aussprache dieses Punktes schließt, indem die vorgebrachten Anregungen und Vorschläge zustimmend zur Kenntnis genommen werden.[28]

---

25 Braunkohlegebiet in der Niederlausitz.

26 Der Magistrat hatte in seiner vorherigen Sitzung beschlossen, Karweik aus dem Dienst der Stadt Berlin zu entlassen und ihn aus dem Aufsichtsrat der Baustoffbeschaffung GmbH abzuberufen; vgl. das 71. Mag.prot. v. 24.8.1946, TOP 2.

27 Anstelle von Karweik wurde nicht Gustav Kalinke von der Industriegewerkschaft Bau in den Aufsichtsrat der Baustoffbeschaffung GmbH berufen, sondern der Leiter der Abteilung Baustoffindustrie und Bauwirtschaft in der Deutschen Zentralverwaltung der Industrie, Willi Stoph (SED, vormals KPD); vgl. das 76. Mag.prot. v. 21.9.1946, TOP 6.

28 Vgl. zur Frage einer Kapitalerhöhung bei der Baustoffbeschaffung GmbH das 73. Mag.-prot. v. 7.9.1946, TOP 6; zur Schaffung eines Beirats dieser Gesellschaft das 75. Mag.prot. v. 14.9.1946, TOP 5, u. das 77. Mag.prot. v. 28.9.1946, TOP 6.

4. ENERGIE-BELIEFERUNG

An diesem Punkt der Tagesordnung nehmen auf Einladung des Magistrats teil: Herr Prof. Dr. Witte, Direktor der Bewag,[29] und Herr Schlimme[30], Vertreter der Gewerkschaften.

Nach kurzen Einführungsworten von Dr. Goll über die Notwendigkeit, das *Problem der Stromabschaltungen*[31] einmal vor dem Magistrat zu erörtern, erhält

Dr. Witte das Wort zu folgenden Ausführungen:[32] Die freie Entfaltung und Entwicklung der Berliner Stromversorgung wird z[ur] Z[ei]t durch eine Anzahl von Ereignissen und Tatsachen beeinträchtigt und gehemmt, die noch als unmittelbare Folgen des Krieges zu werten sind. Es ist bekannt, daß wir gleich nach dem Zusammenbruch die Berliner Stromversorgung verhältnismäßig schnell wieder in Gang bringen konnten. Die uns nach den Ausbauten und Beschlagnahmungen noch verbliebene Leistung schien immerhin noch so groß zu sein, daß wir glaubten, ohne Schwierigkeiten über größere Belastungsspitzen besonders während der Winterzeit hinwegkommen zu können. Aber es war notwendig, daß wir alle unsere Maschinen und Kessel und unsere gesamten Anlagen in einer Weise in Anspruch nehmen mußten, wie das technisch einfach nicht mehr vertretbar war. Die früher übliche

---

In einem Schreiben Starcks an das Zentralsekretariat der SED v. 30.9.1946, betr. Baustoffbeschaffung für Berlin, heißt es unter anderem: „Es ist richtig, daß die Sowjetische Zentralkommandantur dem Magistrat der Stadt Berlin eine bestimmte Menge von Baumaterialien pro Quartal zur Verfügung stellt. Es stimmt nicht, wenn behauptet wird, daß in jedem Vierteljahr von diesen Materialien beträchtliche Mengen verfallen. Leider erweisen sich die Zuteilungen in den Werken zahlenmäßig als zu hoch. Das Ist der Werke liegt meistens bedeutend unter dem Soll. [...] Die Kalkproduktion in Rüdersdorf betrug bisher nur 17 % des Solls. Es ist uns gelungen, gerade in den letzten Wochen erhebliche Mengen, namentlich Zement, nach Berlin heranzuschaffen. Die Verteilung und das Verfügungsrecht über die Baumaterialien bleibt jedoch der Russischen Zentralkommandantur überlassen. [...] Wir haben von uns aus alles Mögliche versucht, bis zum Eintritt des Winters einigermaßen wohnliche Verhältnisse in Berlin zu schaffen. Wenn dies nicht überall durchführbar war, so ist dies größtenteils auf die geringe Kapazität der Baustoffwerke in der sowjetischen Zone, zum andern Teil auf Transportschwierigkeiten zurückzuführen." Das Schreiben ist als Abschrift vorhanden in: LAB(STA), Rep. 101, Nr. 161, Bl. 57.

29 Im Vorstand der Berliner Kraft- und Licht (Bewag)-Aktiengesellschaft war Prof. Dr. Hans Witte für die Stromverteilung zuständig.

30 Hermann Schlimme (SED, vormals SPD) war 2. Vorsitzender des FDGB Groß-Berlin.

31 Vgl. zum Problem der Stromrationierung und -abschaltungen das 68. Mag.prot. v. 3.8.1946, TOP 4, u. das 71. Mag.prot. v. 24.8.1946, TOP 2; Woher kommen die Stromsperren?, in: Telegraf, 12.4.1946, S. 2; Hoffnung auf mehr Strom, in: Der Sozialdemokrat, 8.7.1946, S. 3; Um die Stromversorgung Berlins, in: Vorwärts, 2.8.1946, [S. 5]; Warum die Stromsperren?, in: Der Kurier, 29.8.1946, S. 7; Das Wort hat die Bewag, in: Berliner Zeitung, 1.9.1946, [S. 8]; Ab Montag weniger Stromabschaltungen!, in: Tägliche Rundschau, 1.9.1946, S. 8; Die Bewag antwortet: Stromabschaltungen nicht zu vermeiden, in: Der Sozialdemokrat, 2.9.1946, S. 5; das Prot. der Besprechung mit den Wirtschaftsdezernenten der Bezirksämter am 4.9.1946, S. 1 f., in: LAB(STA), Rep. 106, Nr. 188, u. ein Bericht über diese Besprechung in: LAB, Rep. 280, Nr. 14516; die Wochenberichte der Bewag aus dem Jahr 1946, in: LAB(STA), Rep. 114, Nr. 153.

32 Vgl. auch die Ausführungen Wittes im Prot. der Konferenz der Bezirksbürgermeister am 5.9.1946, TOP 4, in: LAB, Rep. 280, Nr. 3866.

Maschinenreserve von 15 – 20 % war nicht mehr da, die Turbinen und Generatoren mußten ununterbrochen in Betrieb sein, die Kessel ebenfalls, und so stellten sich allmählich Schäden heraus, die bei einer solchen Betriebsweise überhaupt nicht zu vermeiden sind.

Infolge der damaligen Kohlenknappheit wurde verlangt, daß unsere kleineren Kraftwerke mit Ausnahme von Klingenberg[33] mit Braunkohle beheizt wurden. Die Leistung fiel dadurch auf ungefähr 50 %. Außerdem haben die ganzen Kohlenförderungsanlagen und Kesselanlagen unter diesem Betrieb mit Braunkohle sehr gelitten.

So kamen wir allmählich in eine Situation, in der wir nicht mehr in der Lage waren, unseren Strombedarf allein aus eigener Kraft und durch Fernstrombezug von den Elektrowerken zu decken. Wir mußten uns in den größeren Verbundbetrieb einschalten, der jetzt bereits die ganze russische Zone umfaßt und, sofern genügend Wasser vorhanden ist, auch mit Bayern parallel fährt. Die Gesamtleistung dieses Verbundbetriebes reicht nun infolge der immer wieder auftretenden *Maschinenstörungen und Kesselkalamitäten* und des fehlenden Instandsetzungsmaterials nicht aus, um den Strombedarf zu decken. Hervorgerufen ist dieser Leistungsmangel neuerdings ganz besonders durch Maschinenschäden. Wir haben besonders in Klingenberg ganz erhebliche Störungen durch Ausfall von Turbo-Generatoren.

Der Redner bemerkt hierzu, die Vermutung, daß es sich bei diesen Störungen um Sabotageakte handele, könne nicht zutreffen, da solche Sabotage bei der Eigenart der Anlagen nur mit Kenntnis eines größeren Teils der Belegschaft durchzuführen wäre.

Wir haben ferner, fährt der Redner fort, einen gewissen Ausfall, weil es uns einfach nicht gelingt, für die Kessel *Rostguß*[34] heranzuschaffen. Wir haben schon seit einem halben Jahr die größten Anstrengungen gemacht, Rostguß zu bekommen, der nur aus Westdeutschland zu beziehen ist. Rund 50 % unserer Kessel in den kleinen Kraftwerken liegen wegen Mangel an Rostguß still.

Unsere eigene Leistung ist infolgedessen kolossal zurückgegangen. Wir benötigen zur Zeit etwa 240 000 kW in der Spitze. Wir haben aber nur zur Verfügung in Klingenberg und den anderen kleineren Werken in Moabit, Charlottenburg, Steglitz, Wilmersdorf, Spandau usw. 112 000 kW. Dazu kommen noch 20 000 kW Speicherleistung in Charlottenburg, so daß wir in der Spitze 132 000 kW haben. Wir müssen deshalb, um unseren augenblicklichen Strombedarf zu decken, aus Zschornewitz[35] oder aus dem Verbundbetrieb mindestens 100 000 kW beziehen. Das ist aber nicht möglich, weil einmal zuviel Leistung ausgebaut worden ist und weil die verbliebene Leistung durch Maschinenschäden und Kesselstillstand noch reduziert wird. Gerade dann, wenn in Berlin auch viel Leistung verlangt wird, wenn die Industrien morgens anfangen zu arbeiten und die Haushaltungen anfangen zu kochen, kann uns der Fernstrom die Leistung nicht geben, und wir helfen uns dann dadurch, daß wir mit der Frequenz etwas heruntergehen. Wir fahren im allgemeinen mit der Frequenz 50; wenn wir mit der Frequenz unter 48 kommen, dürfen wir nicht

---

33 Großkraftwerk im Ortsteil Rummelsburg, Bezirk Lichtenberg.
34 Mit dem hier erwähnten Material ist Roststabguß gemeint. Vgl. hierzu: Neue Roste für Berlins Kraftwerkfeuerung, in: Berliner Zeitung, 27.10.1946, [S. 8]; Berlin. Quellen und Dokumente, 1. Halbbd., S. 731, Anm. 14.
35 Großkraftwerk in der Nähe von Bitterfeld in der Provinz Sachsen.

mehr weiter heruntergehen, dann haben wir den Befehl abzuschalten. Wir können aber auch aus eigenem Interesse heraus mit der Frequenz nicht tiefer gehen. Wir müssen also unsere Zuflucht zu Abschaltungen nehmen.

Wir haben nun diese *Planabschaltungen* immer so durchgeführt, wie wir sie aus den unseligen Kriegszeiten gewohnt waren, nämlich nach ca. 80 Plannummern, die auf ganz Berlin verteilt sind.[36] Es werden regelmäßig soundso viel Plannummern abgeschaltet, wobei es bei einer Absenkung um 63 000 kW, wie gestern, praktisch so ist, daß alle Plannummern abgeschaltet werden müssen, mit Ausnahme der Dienststellen der Alliierten, der Krankenhäuser und der Bahnen.

Die Situation hat sich in der letzten Woche noch insofern verschärft, als in dem mitteldeutschen Kraftwerk große Ausfälle durch Maschinenschäden und auch in anderen Kraftwerken Störungen aufgetreten sind. Die Situation ist zur Zeit denkbar ungünstig.

Auf der anderen Seite konnte vorgestern die Turbine I in Klingenberg wieder in Betrieb genommen werden. Das bedeutet, daß wir mit den abendlichen Abschaltungen sehr stark zurückgehen können, vorausgesetzt, daß nicht in dem Verbundbetrieb gesagt wird: Wir müssen wegen der Anforderung für den Drusch Berlin etwas drosseln. Wir hoffen weiter, auch die Turbine II in 14 Tagen wieder voll in Betrieb nehmen zu können, so daß wir dann in Klingenberg statt 40 000 kW, die wir z[ur] Z[ei]t als Leistung haben, 100 000 kW haben werden. Das würde bedeuten, sofern der Fernstrom uns in gleicher Weise geliefert wird, daß wir mit den Planabschaltungen bei dem augenblicklichen Strombedarf Berlins aufhören könnten. Das würde etwa Mitte September sein.

Der Redner macht noch weitere technische Ausführungen zu dem Vorschlag, die Lasten möglichst so zu verschieben, daß ausgesprochene Spitzen nicht auftreten. Er zeigt an Hand von Kurven-Bildern, daß z[ur] Z[ei]t eine *gleichmäßige Tagesbelastung* besteht. Eine weitere Verlagerung von Industriearbeit auf die Nachtzeit würde danach kaum einen Vorteil bieten.[37]

Schlimme (FDGB) gibt die *Notrufe* wieder, die wegen der zahlreichen Stromabschaltungen *aus den verschiedensten Betrieben* gekommen sind. Es wird besonders darüber geklagt, daß die *Abschaltungen so plötzlich und so unregelmäßig* kommen. Das ergibt z[um] B[eispiel] bei den Gießereien die große Schwierigkeit, daß ein angefangener Guß nicht zu Ende geführt werden kann. Es ist eingehend die Frage erörtert worden, ob es möglich ist, in weiterem Umfang auf *Nachtarbeit* überzugehen, was aber wiederum erhöhte Stromanforderungen an Licht, beim Verkehr usw. mit sich bringt. Die erforderlichen Reparaturen in den Kraftwerken könnten vielleicht beschleunigt durchgeführt werden. Der Metallarbeiterverband[38] hat seine Mithilfe zu einer Gemeinschaftsarbeit in Aussicht gestellt. Auch sonst sind die Gewerkschaften zu jeder Mithilfe, um irgendwelche Schwierigkeiten zu beheben, bereit.

---

36 Vgl. hierzu: Berlin. Quellen und Dokumente, 1. Halbbd., S. 731, Anm. 15.

37 Das Subkomitee für Elektrizitätsfragen (Electric Sub-Committee) der AK hatte Jirak als Leiter der Mag.abt. für Städtische Energie- und Versorgungsbetriebe aufgefordert, ihr einen Plan einzureichen, nach dem ein Teil der Berliner Industrie seine Arbeitszeit auf die Abend- bzw. Nachtstunden verlegen oder auf Sonntagsarbeit übergehen sollte. Vgl. das 71. Mag.prot. v. 24.8.1946, TOP 2 (Jirak).

38 Gemeint ist die Industriegewerkschaft Metall.

Schwenk gibt Klagen wegen ungleichmäßiger und plötzlicher Stromabschaltungen wieder, die in der letzten Bezirksbürgermeister-Konferenz vorgetragen wurden.[39] Aus Schöneberg wurde berichtet, daß der Netzteil, in dem das Rathaus liegt, häufig unter sehr langen Abschaltungen zu leiden hat, während ein benachbarter Wohnblock nur für kurze Zeit von der Stromsperre betroffen wird. Man sollte überlegen, ob es nicht möglich ist, ein *besseres System der Abschaltungen mit Voranmeldungen* einzuführen.

Dusiska kann angesichts der Tatsache, daß Störungen und Maschinenschäden in mehreren Kraftwerken gleichzeitig auftreten, sich nicht des Eindrucks erwehren, daß hier vielleicht doch Kräfte am Werk sind, die ein gefährliches Spiel treiben. – An Rostguß müßte nach Ansicht des Redners auch in Berlin noch genügend aufzutreiben sein, um den Bedürfnissen der Bewag zu entsprechen.

Der Redner unterstreicht ebenfalls die schweren *Schädigungen*, die *in der Industrie* dadurch entstehen, daß die Abschaltungen so plötzlich und scheinbar ganz willkürlich vorgenommen werden. – Eine Regelung müßte getroffen werden wegen etwaiger Lohnausfälle durch Schließung der Betriebe wegen Stromsperre. Auch der Gedanke, Feierschichten einzulegen und den Urlaub darauf abzugelten, müßte vielleicht überlegt werden.

Dr. Witte setzt auseinander, daß die scheinbare Planlosigkeit der Abschaltungen eine Folge der Unregelmäßigkeit des Fernstroms ist. Es ist nicht vorher abzusehen, wenn plötzlich ein Einbruch in der Fernstromlieferung von, sagen wir, 30 000 kW kommt. Der Grund dafür ist, daß irgendwo in dem großen Verbundbetrieb eine Störung eingetreten ist. Das kann niemand vorher wissen. Der Industrie zu helfen, ist die Bewag dauernd bemüht. Mit einigen größeren Werken, wie dem Osramwerk[40], ist ein Abkommen dahin getroffen worden, daß sie vorher angerufen werden, damit sie disponieren können.

Was den Fall des Schöneberger Rathauses betrifft, so werden auf Veranlassung von Herrn Dr. Goll gerade jetzt Besprechungen geführt, um mit Rücksicht auf die Wahlvorbereitungen[41] Verwaltungsgebäude der Bezirksämter von den Abschaltungen auszunehmen. Wenn in einem benachbarten Wohnblock die Stromsperren nur für kürzere Zeit eintreten, so hat wahrscheinlich dieser Block das Glück, daß sich in ihm ein Krankenhaus oder eine alliierte Besatzungsbehörde befindet.

Der Rostguß, der benötigt wird, ist ein Spezialguß, den die Gießereien in Berlin nicht herstellen können.

Maron beantragt, als Abschluß der Aussprache eine kleine *Kommission zu bilden*, die sich näher mit den von den einzelnen Rednern empfohlenen Maßnahmen und Vorschlägen befaßt, insbesondere mit der Frage, ob und wie eine planvollere Abschaltung und eine vorherige Benachrichtigung der Bevölkerung und der Industrie durchgeführt werden kann. Man könnte dieser Kommission auch die Vollmacht geben, die Maßnahmen, die sie beschließt, im Namen des Magistrats zu veröffentlichen, um damit zu einer Beruhigung in der Bevölkerung beizutragen.

---

39 Vgl. das Prot. der Konferenz der Bezirksbürgermeister am 29.8.1946, TOP 3, in: LAB, Rep. 280, Nr. 3865.

40 Die Osram GmbH KG betrieb als großes Unternehmen der Glühlampenindustrie mehrere Werke in Berlin.

41 Vgl. zur Vorbereitung der Berliner Wahlen am 20.10.1946 das 63. Mag.prot. v. 29.6.1946, TOP 3 (insb. Anm. 32).

BESCHLUSS: Der Magistrat stimmt dem Vorschlag auf Bildung einer solchen
Kommission zu. In die Kommission werden gewählt die Magistratsmitglieder Dr. Goll (Vorsitz), Dusiska, Fleischmann, Knoll, ferner
Frl. Brüss[42] von der Abt[eilung] für Planungen, Prof. Dr. Witte von
der Bewag und Herr Schlimme vom FDGB.[43]

5. ERNÄHRUNG

Frau Kuckhoff begründet die Vorlage Nr. 387[44], betreffend Bereitstellung von Mitteln
zur Einrichtung von *hauswirtschaftlichen Beratungsstellen* in den vier Sektoren
Berlins. Die Abt[eilung] für Ernährung hält es für ihre Pflicht, hauswirtschaftliche
Beratungsstellen einzurichten, um die Hausfrauen über die beste Ausnutzung der
Nahrungsmittel zu belehren. Diese Beratungsstellen haben einen großen Widerhall
in der Bevölkerung gefunden. Leider ist es bisher nur möglich gewesen, in
Zusammenarbeit mit der Gasag und der Bewag einige solcher Stellen auszubauen.
Es wird jetzt aber für notwendig gehalten, in jedem der vier Sektoren 1 bis 2 solcher
Beratungsstellen einzurichten. Es wird gebeten, die dafür erforderlichen Ausgaben
in Höhe von monatlich 8 775 RM und eine einmalige Ausgabe von 11 000 RM zu
bewilligen.
BESCHLUSS: Die Vorlage Nr. 387 wird angenommen.

Orlopp macht einige Mitteilungen auf dem Gebiet der Ernährung.[45] *Die Belieferung
der vier Sektoren* Berlins mit bewirtschafteten Lebensmitteln erfolgt jetzt *wieder
gleichmäßig* von einer Stelle aus.[46] Bei der *Gemüseverteilung* ist die Regelung so

---

42 Liselotte Brüss, Referentin für Energiewirtschaft in der Mag.abt. für Planungen.

43 Vgl. zu der mit diesem Mag.beschluß gebildeten Kommission (Ausschuß) das 76. Mag.-
prot. v. 21.9.1946, TOP 10 (Dusiska u. Beschluß), u. das 79. Mag.prot. v. 12.10.1946,
TOP 3 (Goll), u. das 82. Mag.prot. v. 2.11.1946, TOP 4 (Goll). Vgl. zu den Stromsperren
mit Vorwarnung (Stromabschaltungen nach Plangruppen) ab 1.10.1946: Stromabschaltungen nach Plangruppen, in: Der Kurier, 21.9.1946, S. 7; Stromsperren wieder ohne
Voraussage, in: Der Kurier, 14.10.1946, S. 6; Noch einmal: Warum Stromabschaltung?,
in: Der Kurier, 17.10.1946, S. 7; Berliner Zeitung, 11.9.1946, [S. 6], u. 24.9.1946, [S. 6],
u. 25.9.1946, [S. 6], u. 26.9.1946, [S. 6], u. 27.9.1946, [S. 6], u. 28.9.1946, [S. 6], u.
1.10.1946, [S. 6], u. 18.10.1946, [S. 6], u. 7.12.1946, [S. 6].

44 LAB(STA), Rep. 100, Nr. 778, Bl. 90 f.; auch in: LAB(STA), Rep. 101, Nr. 586.

45 Vgl. zur Ernährungslage im August 1946 verschiedene Quellen in: LAB(STA), Rep. 101,
Nr. 547 u. 586, u. Rep. 113, Nr. 149 u. 150, u. LAB, Rep. 10 B, Acc. 1877, Nr. 405;
das 71. Mag.prot. v. 24.8.1946, TOP 6 (Orlopp); BK/R (46) 373 v. 16.10.1946:
Nahrungsmittelbericht des Food Committee der AK für August 1946, in: LAB, Rep. 37:
OMGBS, BICO LIB, 11/148-2/9; Ernst Barbknecht: Die Lebensmittelzuteilungen im
August, in: Tägliche Rundschau, 30.7.1946, S. 6; Josef Orlopp: Offene Worte über unsere
Ernährung, in: Vorwärts, 6.8.1946, [S. 3].

46 Mit einem Befehl v. 19.7.1946 hatte die Zentralkommandantur für den sowjetischen
Sektor Berlins angeordnet, daß das aus der sowjetischen Besatzungszone nach Berlin
gelieferte Obst und Gemüse nur noch in ihrem Sektor verteilt werden durfte; vgl. das
66. Mag.prot. v. 20.7.1946, TOP 6 (Orlopp). Daraufhin kam es in der Alliierten Kommandantur zwischen den Vertretern der westlichen Militärregierungen und der Sowjetischen
Zentralkommandantur zu Auseinandersetzungen über die Frage einer gemeinsamen oder
sektorenweisen Versorgung Berlins mit Gemüse und sonstigen Lebensmitteln. Nachdem
die westlichen Stadtkommandanten ihre Bereitschaft bekundet hatten, Lebensmittellie-

getroffen, daß alles Gemüse, das in Berlin wächst, gleichmäßig über ganz Berlin verteilt wird, während das Gemüse, das aus der russischen Zone kommt, konserviert wird, soweit es dafür geeignet ist. Es soll als Vorrat für den Winter dienen. Soweit es nicht zur Konservierung geeignet ist, werden durch die russischen Kommandanturen Lieferanweisungen gegeben, nach denen die Verteilung vor sich gehen soll. Für die notwendigen Gläser zur Konservierung ist gesorgt.

Der Redner berichtet weiter über den Stand der Verhandlungen in der *Eingruppierungsfrage* hinsichtlich der Lebensmittelkarten. Es besteht die Hoffnung, in Kürze eine Regelung zu erreichen, nach der wieder eine Reihe von Personen in die Gruppen 1 und 2 aufgenommen werden dürfen.[47]

Das *Haupternährungsamt*[48] hat weiter bei den Besatzungsbehörden einen Antrag[49] eingereicht, die *Herstellung von Kleingebäck*, von Brötchen usw. zu gestatten. Durch Ausbackversuche ist festgestellt worden, daß ein Brötchen, das 45 g wiegt, für eine 50-g-Marke abgegeben werden kann.

Es liegt ein weiterer Antrag[50] bei der Alliierten Kommandantur vor, zu gestatten, daß das *Brot* etwas *verbessert* wird durch Herabgehen des Ausbacks von 150 auf 147,

---

ferungen aus der sowjetischen Besatzungszone durch die Einfuhr anderer Güter zu kompensieren, erklärte der sowjetische Stadtkommandant Kotikow am 23.8.1946, „that the City of Berlin should be supplied with food on the same basis as previously. The Soviet Authorities would turn over to the Magistrat all food in fulfillment of their commitments as they had previously done." Diese Verständigung resultierte in der BK/O (46) 361 v. 11.9.1946, betr. Gemüseverteilung in Berlin. Ziffer 1 dieser BK/O hat den Wortlaut: „Gemüse, das in den vier Sektoren Berlins erzeugt sowie solches, das in die Stadt eingeführt wird, ist als Ganzes zu behandeln und ohne Rücksicht auf die einzelnen Sektoren an die Bevölkerung der Stadt Berlin zu verteilen. Die Abteilung für Ernährung beim Magistrat übernimmt die Verantwortung für die Verteilung solcher Gemüsezufuhr nach eigenem Ermessen und in gerechter Weise an alle Sektoren der Stadt, unter Berücksichtigung des Bedarfes von Verbrauchern, die ihre Lebensmittel in Geschäften kaufen, und auch des Bedarfes der Krankenhäuser und anderer Stellen der Gemeinschaftsspeisung." Die BK/O (46) 361 ist vorhanden in: LAB(STA), Rep. 101, Nr. 72, u. LAB, Rep. 280, Nr. 12643; abgedruckt in: Berlin. Quellen und Dokumente, 1. Halbbd., S. 283. Vgl. zu ihrer Vorgeschichte das 34. Prot. der stellv. Stadtkommandanten v. 26.7.1946, TOP 418, in: LAB, Rep. 37: OMGBS, BICO LIB, 11/148-2/1; BK/R (46) 271 v. 27.7.1946, in: LAB, Rep. 37: OMGBS, BICO LIB, 11/148-2/7; das 20. Prot. der AK v. 30.7.1946, TOP 185, in: LAB, Rep. 37: OMGUS, CO, Hist Br, 5/36-1/5; das 37. Prot. der stellv. Stadtkommandanten v. 20.8.1946, TOP 451, in: LAB, Rep. 37: OMGBS, BICO LIB, 11/148-2/1; BK/R (46) 298 v. 21.8.1946, in: LAB, Rep. 37: OMGBS, BICO LIB, 11/148-2/7; das 22. Prot. der AK v. 23.8.1946, TOP 209 (hier die oben zit. Erklärung von Kotikow), in: LAB, Rep. 37: OMGUS, Hist Br, 5/36-1/5; BK/R (46) 325 v. 9.9.1946, in: LAB, Rep. 37: OMGBS, BICO LIB, 11/148-2/8; das 40. Prot. der stellv. Stadtkommandanten v. 10.9.1946, TOP 487, in: LAB, Rep. 37: OMGBS, BICO LIB, 11/148-2/1. – Vgl. ferner Dok. 88, Punkt 3c; die Notiz Orlopps über eine Verhandlung mit Stabschef Dalada und Gardeoberst Kalinitschenko am 28.8.1946, in: LAB, Rep. 10 B, Acc. 1877, Nr. 376.

47 Vgl. hierzu das Prot. der Konferenz der Bezirksbürgermeister am 5.9.1946, TOP 2 (Orlopp), in: LAB, Rep. 280, Nr. 3866; das 78. Mag.prot. v. 5.10.1946, TOP 2 (Orlopp).

48 Gemeint ist die Mag.abt. für Ernährung.

49 Dieser Antrag konnte nicht ermittelt werden.

50 Dieser Antrag konnte nicht ermittelt werden.

d[as] h[eißt], daß für 100 kg Mehl 147 kg Roggenbrot hergestellt werden kann.[51]

Der Redner stellt zu den in einem Teil der Presse erschienenen Notizen, wonach gewisse Organisationen resp. Verlage *besondere Zuwendungen von Nahrungsmitteln* erhalten hätten,[52] fest, daß von seiten des Haupternährungsamtes, also von seiten der Stadt Berlin, weder Organisationen noch irgendwelche Verlage Lebensmittelzuwendungen, die über die normalen Rationen hinausgehen, bekommen haben.

Weiter bespricht der Redner die *Frage der evakuierten Berliner.*[53] Es leben Tausende von Müttern mit ihren Kindern in Berlin, die hier nicht eingewiesen sind. Sie haben sich seinerzeit, als sie evakuiert wurden, in Berlin nicht abgemeldet und in ihrem Bestimmungsort nicht angemeldet. Deswegen werden sie jetzt dort ausgewiesen und kommen nach hier zurück. Sie können aber wegen der bestehenden Zuzugssperre nicht eingewiesen werden.[54] Sie sind hier in Flüchtlingslagern

---

51 Vgl. zum Ausbackverhältnis beim Brot das 17. Mag.prot. v. 20.8.1945, TOP 5, u. das 31. Mag.prot. v. 26.11.1945, TOP 6 (Klimpel), u. das 78. Mag.prot. v. 5.10.1946, TOP 2 (Orlopp).

52 Vgl.: Der „Klassenkampf" der SED. Sonderzuteilungen für SED-Funktionäre, in: Der Sozialdemokrat, 28.8.1946, S. 2; „Partei-Rationskarten", in: Telegraf, 28.8.1946, S. 3; Parteirationen bestätigt, in: Telegraf, 30.8.1946, S. 3. Vgl. zur SED-internen Kritik an zusätzlichen Lebensmitteln für führende SED-Funktionäre das Prot. der Landesvorstandssitzung der SED Groß-Berlin am 4.9.1946, Bl. 5 f., 12 f., 25 u. 31, in: SAPMO-BArch, BPA, IV L-2/1/010.

53 Vgl. hierzu die Protokolle der Konferenzen der Bezirksbürgermeister am 13.6.1946, TOP 3, u. am 5.9.1946, TOP 2 (Orlopp), in: LAB, Rep. 280, Nr. 3859 u. 3866. – Vgl. allgemein zur bisherigen Entwicklung der Problematik der Heimkehrer und Flüchtlinge das 17. Mag.prot. v. 20.8.1945, TOP 4, u. das 20. Mag.prot. v. 10.9.1945, TOP 8, u. das 21. Mag.prot. v. 17.9.1945, TOP 5, u. das 30. Mag.prot. v. 12.11.1945, TOP 5; Dok. 70, Anm. 87; Ost-West-Passage von Millionen. Berlin als Durchgangslager, in: Der Berliner, 18.4.1946, S. 2; Ein Menschenstrom zog durch Berlin. 1,7 Millionen Umsiedler, Flüchtlinge und Kriegsgefangene, in: Telegraf, 18.5.1946, S. 8; Flüchtlinge finden neue Heimat, in: Vorwärts, 12.7.1946, [S. 2]; Sorgen und Nöte der Umsiedler, in: Neue Zeit, 14.7.1946, S. 3; 237 000 Berliner kehrten heim. Rund 400 000 Heimkehrer werden noch erwartet, in: Berliner Zeitung, 18.7.1946, [S. 6]; Umsiedler und Heimkehrer. Berliner Lager werden leer, in: Neue Zeit, 23.7.1946, S. 3; Heimkehrer in Berlin, in: Berliner Zeitung, 24.7.1946, [S. 2]; Eine Viertelmillion Heimkehrer, in: Der Sozialdemokrat, 24.7.1946, S. 3; Kriegsgefangene werden Zivilisten, in: Neue Zeit, 24.7.1946, S. 3; Wenn Heimkehrer nach Berlin kommen, in: Vorwärts, 26.7.1946, [S. 5]; An die Berliner Bevölkerung! Helft den heimkehrenden Kriegsgefangenen!, in: Berliner Zeitung, 31.7.1946, [S. 2].

54 Mit BK/O (45) 91 v. 13.9.1945 hatte die AK angeordnet, daß alle nach dem 30.9.1945 in Berlin ankommenden Personen keinen Anspruch auf eine Lebensmittelkarte hatten; vgl. Dok. 23, Anm. 4. Mit BK/O (46) 240 v. 29.5.1946 teilte sie dann dem Magistrat mit, daß sie den Alliierten Kontrollrat gebeten habe, „gegen die Rückkehr von ehemaligen Einwohnern Berlins aus den 4 Besetzungszonen Deutschlands zu warnen". Gleichzeitig bestätigte sie die BK/O (45) 91, nahm allerdings Studenten und aus Berlin evakuierte Kinder, deren Eltern eine Aufenthaltsgenehmigung für Berlin besaßen, von ihr aus. Die BK/O (46) 240 ist vorhanden in: LAB(STA), Rep. 101, Nr. 65; LAB, Rep. 280, Nr. 4863. Wie von der AK mit BK/O (46) 264 v. 14.6.1946 angeordnet, erließ der Magistrat am 18.6.1946 einen Aufruf unter der Überschrift „Kein Zuzug nach Berlin. Wohnungsnot und Lebensmittelknappheit lassen Ausnahmen nicht zu", mit dem die Zuzugsbeschränkungen noch einmal öffentlich bekanntgemacht wurden. Die BK/O (46) 264 ist vorhanden in:

untergebracht und werden dort verpflegt. Zum Teil sind sie bei Verwandten und Bekannten oder in ihren eigenen Wohnungen untergekommen, holen sich aber täglich ihre Rationen aus dem Lager ab. Diese Rationen werden nach Karte 5 gegeben.[55] Es handelt sich hierbei um rund 8 000 ehemalige Berliner. Auf die Dauer läßt sich dieser Zustand natürlich nicht aufrechterhalten. Der Redner bitten den Magistrat, ihn zu beauftragen:

1) einen Bericht an die Alliierte Kommandantur zu erstatten, daß trotz entsprechender Anweisung des Alliierten Kontrollrats die Gemeinden außerhalb Berlins in allen Zonen die Ausweisung von evakuierten Berlinern vornehmen, und die Bitte an die Alliierte Kommandantur auszusprechen, über den Kontrollrat die einzelnen Zonenverwaltungen nochmals strikt auf die Zuzugssperre nach Berlin und das Verbot der Ausweisung von evakuierten Berlinern hinzuweisen;

2) einen Beschluß der Alliierten Kommandantur herbeizuführen, daß diejenigen Berliner, die sich zur Zeit in den Flüchtlingslagern befinden, als Ausnahmen von der allgemeinen Zuzugssperre nach Berlin hereingelassen werden, die Flüchtlingslager demzufolge weitgehendst einzuschränken und nur diejenigen Personen dort aufzunehmen, die nicht Berliner Flüchtlinge sind und aus irgendwelchen Gründen sich auf der Durchreise in Berlin befinden.[56]

Der Redner teilt schließlich noch mit, daß für die Winterversorgung der Bevölkerung die ersten *Winterkartoffeln* angerollt sind.[57] Es ist beabsichtigt, wieder wie im vorigen Jahre der Bevölkerung die Kartoffeln gleich für den ganzen Winter,

---

LAB(STA), Rep. 101, Nr. 66, u. LAB, Rep. 280, Nr. 12603; der Text des Aufrufs in: LAB(STA), Rep. 101, Nr. 66.

Vgl. zur Vorgeschichte der BK/O (46) 240 v. 29.5.1946 u. der BK/O (46) 264 v. 14.6.1946: BK/R (46) 173 v. 7.5.1946, in: LAB, Rep. 37: OMGBS, BICO LIB, 11/148-2/6; das 22. Prot. der stellv. Stadtkommandanten v. 10.5.1946, TOP 275, in: LAB, Rep. 37, Acc. 3971, Nr. 219; BK/R (46) 188 v. 16.5.1946, in: LAB, Rep. 37: OMGBS, BICO LIB, 11/148-2/6; das 24. Prot. der stellv. Stadtkommandanten v. 21.5.1946, TOP 293, in: LAB, Rep. 37, Acc. 3971, Nr. 219; BK/R (46) 193 v. 23.5.1946, in: LAB, Rep. 37: OMGBS, BICO LIB, 11/148-2/6; das 25. Prot. der stellv. Stadtkommandanten v. 28.5.1946, TOP 305, u. das 27. Prot. der stellv. Stadtkommandanten v. 7.6.1946, TOP 339, in: LAB, Rep. 37, Acc. 3971, Nr. 219; BK/R (46) 217 v. 12.6.1946, in: LAB, Rep. 37: OMGBS, BICO LIB, 11/148-2/6; das 16. Prot. der AK v. 14.6.1946, TOP 154, in: LAB, Rep. 37, Acc. 3971, Nr. 215.

55 Das Food Committee der AK ordnete mit einem Befehl v. 23.9.1946 an, daß die Lebensmittelzuteilung an Kinder in den Berliner Flüchtlingslagern nach den Lebensmittelkartengruppen IV A bis IV C zu erfolgen hatte. Vgl. hierzu das entsprechende Rundschreiben des Hauptamts für Bedarfsdeckung in der Mag.abt. für Ernährung v. 1.10.1946, in: LAB(STA), Rep. 101, Nr. 547 u. 586. Die nach dem Alter der Kinder differenzierten Kartengruppen IV A bis IV C waren mit BK/O (46) 65 v. 25.1.1946 eingeführt worden. Diese BK/O ist vorhanden in: LAB(STA), Rep. 101, Nr. 57; LAB, Rep. 280, Nr. 4799.

56 Vgl. das Schreiben Orlopps an die AK v. 10.9.1946, betr. Rückkehr evakuierter Berliner, in: LAB(STA), Rep. 101, Nr. 547 u. 586; das 80. Mag.prot. v. 22.10.1946, TOP 4 (Mag.vorlage Nr. 470).

57 Vgl. zur Kartoffelversorgung: Dok. 72, Anm. 57.

d[as] h[eißt] bis Ende April, zur *Einkellerung* zu liefern.[58] Die Verhandlungen darüber sind noch im Gange.

Geschke macht darauf aufmerksam, daß sich unter den zurückgekehrten Evakuierten in den Flüchtlingslagern ein großer Teil von solchen Personen befindet, die nicht mehr transportfähig sind und nun hier in Altersheimen und Siechenhäusern untergebracht werden müssen. Es finden wegen dieser Frage dauernd Verhandlungen mit der Sozialkommission der Alliierten Kommandantur statt.

Maron berichtet, daß sich mit der Frage der evakuierten Berliner gestern auch der Einheitsausschuß der vier Parteien beschäftigt hat und daß dort ebenfalls beschlossen worden ist, wegen einer Lösung dieser Frage einen Brief an die Alliierte Kommandantur zu richten.[59] Darin soll um eine *Lockerung des Zuzugsverbots nach Berlin* für die Fälle gebeten werden, wo der Mann einer Familie in Berlin arbeitet und die Frau mit den Kindern draußen ist oder wo umgekehrt die Frau hier tätig ist und der Mann draußen ist. Vorgeschlagen wird ferner eine allgemeine *Amnestie für die unerlaubt Zurückgekehrten*, die sich in den Flüchtlingslagern befinden. Dabei ist zu bemerken, daß die Zahl der in Berlin Anwesenden, die keine Aufenthaltsgenehmigung haben, die sich also ohne Lebensmittelkarten hier aufhalten, d[as] h[eißt] vom schwarzen Markt leben, schätzungsweise 20 [000] – 30 000 beträgt. Auch diese Frage müßte einmal geregelt werden, um diese Leute unter Kontrolle zu bekommen.[60]

Schwanebeck bringt eine Verfügung zur Sprache, wonach die *Hospitaliten* nicht mehr die *Karte 2*, sondern die *Karte 5* bekommen sollen. Diese Maßnahme habe in den beteiligten Kreisen große Unruhe hervorgerufen.

Dr. Harms erläutert den Begriff der Hospitaliten und schildert ihre unterschiedliche Behandlung in bezug auf Lebensmittelkarten in den verschiedenen Bezirken. In einer Sitzung der Amtsärzte ist diese Angelegenheit besprochen und ein Vorschlag an das Haupternährungsamt beschlossen worden, über den noch nicht entschieden ist.[61] Der Redner bittet aus diesem Grunde, diese Angelegenheit noch zurückzustellen.

Geschke weist auf das Bestreben der Krankenhäuser hin, Alte und Sieche, die nicht mehr direkt einer ärztlichen Behandlung bedürfen, aus den Krankenhäusern abzuschieben, wobei es sich um etwa 6 000 Menschen handle. Die Abteilung Sozialwesen sei nicht in der Lage, Unterkunft für diese Menschen zu [be]schaffen.

Dr. Harms erklärt, daß die Krankenhäuser alle Leute, die nicht akut krank sind oder bei weiterer Behandlung keine Aussicht auf Erfolg bieten, nicht behalten

---

58 Vgl. das 26. Mag.prot. v. 15.10.1945, TOP 7, u. das 78. Mag.prot. v. 5.10.1946, TOP 2 (Orlopp), u. das 83. Mag.prot. v. 9.11.1946, TOP 4 (Orlopp); das Rundschreiben des Hauptamts für Verbrauchsregelung in der Mag.abt. für Ernährung an die Bezirkser-nährungsämter v. 25.9.1946, betr. Beginn der Wintereinkellerung von Kartoffeln, in: LAB(STA), Rep. 101, Nr. 547 u. 586.

59 Vgl. das 23. u. 24. Prot. des Einheitsausschusses Groß-Berlin v. 30.8.1946 u. 6.9.1946, in: BArch, Abt. Potsdam, Z-3, Nr. 4, Bl. 122 f., 127 u. 129.

60 Vgl. zur weiteren Entwicklung der Problematik der evakuierten Berliner und zurückkehrenden Kriegsgefangenen das 77. Mag.prot. v. 28.9.1946, TOP 7, u. das 79. Mag.prot. v. 12.10.1946, TOP 8, u. das 80. Mag.prot. v. 22.10.1946, TOP 4, u. daß 82. Mag.prot. v. 2.11.1946, TOP 3.

61 Vgl. das Prot. der Dienstbesprechung der Amtsärzte am 29.8.1946, S. 2, in: LAB, Rep. 12, Acc. 902, Nr. 5; ferner: Greift der Oberbürgermeister ein?, in: Der Kurier, 8.8.1946, S. 5.

können und sie in Hospitäler und Siechenhäuser überführen müssen. Es fehlen z[ur] Z[ei]t für diese Hospitaliten 4 000 Betten, und es ist eine wichtige Aufgabe der Gesundheitsämter, diese Betten in der nächsten Zeit zu beschaffen. Ernährungsmäßig hat das Landesgesundheitsamt für diese Hospitaliten eine Regelung vorgeschlagen, wie sie etwa der in Irrenanstalten entspricht, wo die Arbeitsfähigen die Karte 3, die Nichtarbeitsfähigen die Karte 5 erhalten. Die Verhandlungen hierüber schweben noch.[62]

6. VERSORGUNGSBETRIEBE

Hierzu liegt die Vorlage Nr. 388[63] vor, betreffend Anpassung der Begriffsbestimmung über *Kälber* in der *Gebührenordnung* für die Berliner Vieh- und Schlachthöfe an die des Reichsfleischbeschaugesetzes.[64]

Dr. Goll begründet die Vorlage. Es handele sich im wesentlichen um eine Vereinfachung für die Buchhaltung.

Orlopp bittet, die Vorlage noch einmal eine Woche zurückzustellen, da noch eine andere Regelung bezüglich der Gebührenordnung in Vorbereitung sei.

BESCHLUSS: Die Vorlage wird zurückgestellt.[65]

Dr. Goll macht Mitteilung von einer Absicht der städtischen Müllabfuhr, *auf der Inselbrücke*[66] eine *Müllverladestelle* einzurichten, um vorübergehend dort Müll auf Kähne zu verfrachten.

Dr. Harms hat gegen eine Verladung von Müll mitten in der Stadt aus sanitären Gründen Bedenken.

Starck spricht sich ebenfalls gegen die beabsichtigte Maßnahme aus, bevor nicht das Brückenbauamt dazu gehört worden sei.[67]

Dr. Goll trägt weiter ein Schreiben[68] des Eigenbetriebes *„Berliner Ausstellungen"* vor, in dem der Betrieb mitteilt, daß geplant ist, gegen einen leitenden Angestellten eine *Haussuchung* zu beantragen. Da aufgrund eines Magistratsbeschlusses[69] solche Haussuchungen nur veranlaßt werden können, wenn vorher der Magistrat zugestimmt hat, bitte er um Stellungnahme. Der Sachverhalt wird kurz dargelegt.

---

62 Vgl. die gedruckte Rundverfügung des Hauptamts für Verbrauchsregelung in der Mag.abt. für Ernährung an die Bezirksernährungsämter v. 13.10.1946, betr. Versorgung der Anstalten des Gesundheitswesens und der sonstigen Einrichtungen mit Gemeinschaftsverpflegung. Diese Rundverfügung, die am 1.11.1946 in Kraft trat, ist vorhanden in: LAB(STA), Rep. 101, Nr. 547 u. 548.

63 Die Mag.vorlage Nr. 388 v. 23.8.1946 ist vorhanden in: LAB(STA), Rep. 101, Nr. 664.

64 Die hier gemeinte Gebührenordnung für die städtischen Vieh- und Schlachthöfe Berlin v. 4.4.1942 ist veröffentlicht in: Amtsblatt der Reichshauptstadt Berlin, Jg. 83 (1942), S. 260 – 266; das Fleischbeschaugesetz v. 29.10.1940 in: RGBl., Jg. 1940, Teil I, S. 1463 – 1467.

65 Vgl. zur erneuten Behandlung der Mag.vorlage Nr. 388 das 75. Mag.prot. v. 14.9.1946, TOP 4.

66 Brücke in Verlängerung der Inselstraße über den Spreekanal im Bezirk Mitte.

67 Die Frage einer Müllverladestelle auf der Inselbrücke ist in den folgenden Mag.sitzungen nicht wieder zur Sprache gekommen.

68 Dieses Schreiben konnte nicht ermittelt werden.

69 Es ist unklar, welcher Mag.beschluß hier gemeint ist.

BESCHLUSS: Der Magistrat erteilt seine Zustimmung zu der geplanten Haussuchung, äußert aber zugleich auf Vorschlag von Stadtrat Pieck die Meinung, daß solche Angelegenheiten nicht dem Gesamtmagistrat unterbreitet zu werden brauchen, sondern daß es genüge, wenn damit die stellvertretenden Oberbürgermeister und der Leiter der Abteilung für Personalfragen und Verwaltung befaßt werden.

7. ALLGEMEINES

Henneberg macht Mitteilung von dem schon in der Presse bekanntgegebenen *Wechsel in der Leitung des Deutschen Theaters.*[70] Intendant *von Wangenheim*[71] ist auf seinen Wunsch von den organisatorischen Aufgaben, die mit der Intendanz zusammenhängen, entbunden worden, bleibt aber als Regisseur und Darsteller. Zum Intendanten ist der bisherige Generalintendant von Düsseldorf, *Langhoff*[72], verpflichtet worden. Der Redner bittet um Zustimmung zu diesem Personalwechsel.

BESCHLUSS: Der Magistrat nimmt von der Mitteilung zustimmend Kenntnis.[73]

Henneberg berichtet weiter, daß die s[einer]z[ei]t erfolgte Beschlagnahme des *Renaissance-Theaters,* das als städtisches Theater vorgesehen war, wieder aufgehoben ist und daß das Theater der Stadt wieder zur Verfügung steht.[74] Im Einvernehmen mit den Herren der britischen Militärregierung bestand zunächst die Meinung, das Theater wieder als städtisches Theater zu führen. Neuerdings geht aber auf englischer Seite die Meinung dahin, das Theater als freies Theater zu führen, wobei daran gedacht ist, die Leitung Herrn Dr. Reck[75] zu übertragen. Dieser erwartet allerdings, daß ihm die Mitbenutzung der städtischen Werkstätten gestattet wird. Der Redner hat gegen diesen Plan Bedenken und möchte gern die Meinung des Magistrats in dieser Frage hören.

Dr. Haas vertritt die Ansicht, daß die Stadt das Renaissance-Theater wieder wie früher in Pacht nehmen und als städtisches Theater betreiben sollte.

---

70 Die entsprechende Pressemitteilung Hennebergs v. 28.8.1946 ist vorhanden in: LAB(STA), Rep. 120, Nr. 1467, Bl. 22. Siehe z. B.: Rücktritt von Wangenheims, in: Berliner Zeitung, 29.8.1946, [S. 3].

71 Gustav von Wangenheim (SED, vormals KPD), seit 1.8.1945 Intendant des Deutschen Theaters. Vgl.: Neuer Intendant des „Deutschen Theaters", in: Tägliche Rundschau, 2.8.1945, S. 4.

72 Wolfgang Langhoff (SED, vormals KPD). Vgl.: Theater über den Zonen. Intendant Wolfgang Langhoff und die Zukunft des Deutschen Theaters, in: Berliner Zeitung, 7.9.1946, [S. 3]; Wolfgang Harich: Vielfalt bei klarer Linie. Wolfgang Langhoffs Pläne für das Deutsche Theater, in: Tägliche Rundschau, 7.9.1946, S. 3; Enno Kind: Wolfgang Langhoff stellt sich vor. Presse-Empfang des Deutschen Theaters im Klubhaus des Kulturbundes, in: Neues Deutschland, 7.9.1946, S. 3. Vgl. zu Langhoffs Berufung als Intendant des Deutschen Theaters: Schivelbusch, S. 112 f. u. 309 f.

73 Zum stellvertretenden Intendanten des Deutschen Theaters wurde Richard Henneberg berufen; vgl. das 76. Mag.prot. v. 21.9.1946, TOP 2. Vgl. zum Deutschen Theater auch das 8. Mag.prot. v. 25.6.1945, TOP 7, u. das 23. Mag.prot. v. 24.9.1945, TOP 3, u. das 85. Mag.prot. v. 23.11.1946, TOP 3; die Materialien in: LAB(STA), Rep. 120, Nr. 1467.

74 Vgl. das 8. Mag.prot. v. 25.6.1945, TOP 7; Freigabe des Renaissance-Theaters, in: Berliner Zeitung, 2.7.1946, [S. 3].

75 Richtig: Dr. (Kurt) Raeck.

Pieck ist der gleichen Meinung und bittet um einen ausdrücklichen Beschluß nach dieser Richtung.

BESCHLUSS:　Der Magistrat beschließt, das Renaissance-Theater wieder als städtisches Theater betreiben zu wollen.[76]

Schulze gibt Kenntnis von einer geplanten Veranstaltung der Kunstabteilung zu Ehren von *Gerhart Hauptmann* im Beisein von Frau Hauptmann.[77] Der Redner teilt die Einzelheiten des Programms dieser für den 8. September im großen Saal des Funkhauses[78] vorgesehenen *Gedenkfeier* mit und lädt die Magistratsmitglieder dazu ein.[79]

Starck macht darauf aufmerksam, daß nach Zuschriften aus der Bevölkerung die *Kleine Krampe*[80] *im Müggelsee* auf Veranlassung der Wasserstraßendirektion[81] durch Schutt *zugeschüttet* werden soll.[82] Der Redner tritt dafür ein, diesen schönen Ruhe- und Rastplatz, der auch einen reichen Fischgrund darstelle, der Bevölkerung Berlins zu erhalten. Für Schuttablagerung gäbe es im Osten andere Plätze.

76　Das im Bezirk Charlottenburg, Hardenbergstraße 6 gelegene Renaissance-Theater wurde *nicht* als städtisches Theater betrieben; vgl. das 85. Mag.prot. v. 23.11.1946, TOP 3 (Haas).

77　Gerhart Hauptmann war am 6.6.1946 in Agnetendorf im Riesengebirge gestorben. Sein Leichnam wurde über Berlin auf die Ostseeinsel Hiddensee übergeführt, wo er am 28.7.1946 beigesetzt wurde. Vgl. hierzu: Gerhart Hauptmann siedelt um, in: Berliner Zeitung, 8.6.1946, [S. 1]; Gerhart Hauptmann †, in: Berliner Zeitung, 12.6.1946, [S. 3]; Gerhart Hauptmann gestorben, in: Tägliche Rundschau, 12.6.1946, S. 4; Gerhart Hauptmann †. Deutschlands repräsentativer Dichter, in: Der Morgen, 12.6.1946, S. 1 f.; Wolfgang Goetz: Gerhart Hauptmann †, in: Der Kurier, 12.6.1946, S. 2; Herbert Pfeiffer: Der letzte Magier ist tot, in: Der Tagesspiegel, 12.6.1946, [S. 6]; Gerhart Hauptmanns letztes Interview, in: Berliner Zeitung, 22.6.1946, [S. 3]; Gerhart Hauptmann nach Berlin überführt, in: Berliner Zeitung, 23.7.1946, [S. 3]; Gustav Leuteritz: Die Heimführung Gerhart Hauptmanns, in: Tägliche Rundschau, 23.7.1946, S. 3; Gerhart Hauptmanns Leiche nach Berlin übergeführt, in: Neues Deutschland, 23.7.1946, S. 3; Hiddensee – Hauptmanns letzte Ruhestätte, in: Der Morgen, 23.7.1946, S. 1; Abschied von Gerhart Hauptmann, in: Neue Zeit, 28.7.1946, S. 1; Gustav Leuteritz: Feierliche Bestattung Gerhart Hauptmanns, in: Tägliche Rundschau, 30.7.1946, S. 3; „Der Prophet der Demokratie und Humanität". Die Trauerfeier für Gerhart Hauptmann im Stralsunder Rathaus, in: Neues Deutschland, 30.7.1946, S. 3; Am Grabe Gerhart Hauptmanns, in: Der Morgen, 30.7.1946, S. 2; Alfred Werner: Abschied von Gerhart Hauptmann, in: Vorwärts, 31.7.1946, [S. 2]; Berlin. Kampf um Freiheit, S. 486.

78　Gemeint ist das Haus des Rundfunks im Bezirk Charlottenburg, Masurenallee 8 – 14.

79　Vgl. zu dieser Gedenkfeier am 8.9.1946: Friedrich Schwerdfeger: Hauptmann-Gedenkfeier, in: Berliner Zeitung, 10.9.1946, [S. 3]; Gustav Leuteritz: Ausklang der Gerhart-Hauptmann-Trauer, in: Tägliche Rundschau, 10.9.1946, S. 4; Herbert Pfeiffer: Hauptmann und wir. Bemerkungen zu einer Totenfeier, in: Der Tagesspiegel, 10.9.1946, [S. 6]; Berlin. Kampf um Freiheit, S. 527.

80　Ausläufer der Dahme (nicht des Müggelsees) am Städtischen Forst Köpenick.

81　Vgl. hierzu Dok. 11, Anm. 37; Reorganisation der Deutschen Wasserstraßendirektion und Errichtung der Arbeitsgemeinschaft der Schiffahrtsgesellschaften, in: Berliner Zeitung, 12.2.1946, [S. 2].

82　Vgl. hierzu die Wochenberichte der Transportzentrale in der Mag.abt. für Verkehr über die Transportlage für die Zeit v. 5.7.–11.7.1946 u. für die Zeit v. 8.8.–14.8.1946, in: LAB(STA), Rep. 101, Nr. 647.

BESCHLUSS: Der Magistrat stimmt dieser Auffassung zu.[83]

Kraft teilt mit, daß die BVG während der gegenwärtigen Ferienzeit täglich 11 000 Schulkinder und 3 000 Jugendliche unentgeltlich befördert.[84]

Orlopp erbittet von der Finanzabteilung Auskunft darüber, wie es mit der *Freigabe kleiner Beträge aus* den *gesperrten Guthaben* für ältere Leute stehe.[85]

Maron teilt hierzu mit, daß von Herrn Rumpf namentlich in der letzten Zeit in verstärktem Maße Schritte unternommen worden sind, um diese Angelegenheit einer positiven Lösung zuzuführen. Von der Alliierten Kommandantur sind verschiedene Fragen gestellt worden, die erst noch beantwortet werden müßten. Gearbeitet wird von seiten des Magistrats ständig an diesem Problem.

Nächste Sitzung: Sonnabend, den 7. September 1946, 9 Uhr.

---

83 Vgl. hierzu auch das Prot. über die 64. (Außerordentliche) Mag.sitzung am 10.12.1947, TOP 5c, u. das Prot. über die 95. (Ordentliche) Mag.sitzung am 9.6.1948, TOP 1d, in: LAB, Rep. 228, Mag.protokolle 1947 u. Mag.protokolle 1948.

84 Vgl. zur Aktion „Ferienfreude für die Berliner Kinder" und zum kostenlosen Transport der Kinder das 59. Mag.prot. v. 29.5.1946, TOP 8, u. das 61. Mag.prot. v. 15.6.1946, TOP 6, u. das 66. Mag.prot. v. 20.7.1946, TOP 5.

85 Vgl. zur Frage der teilweisen Freigabe von Sparguthaben das 51. Mag.prot. v. 25.3.1946, TOP 2, u. das 73. Mag.prot. v. 7.9.1946, TOP 3.

Dok. 112
73. Magistratssitzung vom 7. September 1946

LAB(STA), Rep. 100, Nr. 779, Bl. 2 – 9. – Umdruck.[1]

Beginn: 9.05 Uhr   Schluß: 13 Uhr

Anwesend: OB Dr. Werner, Maron, Schwenk, Schulze, Lange, Dr. Landwehr,
            Pieck, Schmidt, Dr. Haas, Rumpf, Geschke, Fleischmann, Kehler,
            Dr. Goll, Scharoun, Dr. Mittag, Kraft, Knoll, Dr. Harms, Grüber,
            Schwanebeck.

Den Vorsitz führt: Oberbürgermeister Dr. Werner,
                     zeitweilig Bürgermeister Maron.

Tagesordnung: 1. Protokoll
                2. Personalfragen
                3. Finanzfragen
                4. Ernährung
                5. Volksbildung
                6. Allgemeines.

1. PROTOKOLL
Die Niederschrift über die 72. Sitzung konnte noch nicht fertiggestellt werden;
die Beschlußfassung über das Protokoll wird bis zur nächsten Magistratssitzung
zurückgestellt.

2. PERSONALFRAGEN
Pieck legt die Liste der Kreiswahlleiter und deren Stellvertreter, darunter zwei
Frauen, vor und empfiehlt, da keine Beanstandungen zu erheben sind, Bestätigung
der Liste nach der Wahlordnung.[2]

---

1 Weitere Umdruckexemplare dieses Protokolls sind vorhanden in: LAB(STA), Rep. 100,
   Nr. 752, lfd. S. 392 – 407 u. 408 – 423 (englische Fassung); LAB, Rep. 228, Mag.proto-
   kolle 1946, u. Rep. 280, Nr. 8501/30.
2 Die hier erwähnte Liste der Kreiswahlleiter und ihrer Stellvertreter konnte nicht ermittelt
   werden. Vgl. zur Wahlordnung v. 17.8.1946 für die Berliner Wahlen am 20.10.1946 das
   63. Mag.prot. v. 29.6.1946, TOP 3; VOBl., Jg. 2 (1946), S. 300 – 308. Absatz II und III
   der Ziffer 14 der Wahlordnung haben den Wortlaut:
   „II. Zur einheitlichen Leitung der Vorbereitung und Durchführung der Wahlen in Groß-
   Berlin ernennt der Magistrat einen Stadtwahlleiter und dessen Stellvertreter; für die
   gleichen Obliegenheiten in den Wahlkreisen ernennt der Magistrat auf Vorschlag des
   zuständigen Bezirksamtes je einen Kreiswahlleiter und dessen Stellvertreter.
   III. Die Ernennung der Wahlleiter und ihrer Stellvertreter unter Angabe von Namen
   und Anschrift hat der Magistrat unverzüglich im Verordnungsblatt der Stadt Berlin zu
   veröffentlichen."

BESCHLUSS: Auf Vorschlag des Bürgermeisters Maron wird die Abteilung für
Personalfragen und Verwaltung beauftragt, die Prüfung und Bestätigung der Kreiswahlleiter und deren Stellvertreter vorzunehmen.[3]

Pieck teilt sodann mit, daß Herr *Karweik* durch Schreiben vom 6.9.46[4] gegen den
Kündigungsbeschluß des Magistrats vom 24.8.46 protestiert habe.[5] Ebenso erhebe
der Betriebsrat der Abteilung für Bau- und Wohnungswesen gegen die vom Magistrat
in der gleichen Sitzung ausgesprochene fristgemäße Entlassung dreier Angestellten
des Hauptamtes für Aufbaudurchführung Einspruch mit der Begründung, daß er
vorher nicht gehört worden sei.[6]

Die diesbezüglichen Schreiben werden verlesen.

Redner erklärt, er habe dem Vorsitzenden des Betriebsrats der Abteilung Bau- und
Wohnungswesen das Protokoll der Magistratssitzung vom 24. August auszugsweise
mitgeteilt und zum Ausdruck gebracht, daß der Magistrat zu fristloser Entlassung
in allen vier Fällen berechtigt gewesen wäre, aber in seinem Beschluß große Milde
habe walten lassen, daß er aber bei einem Einspruch der Angestellten gegen ihre
Entlassung seinen Beschluß überprüfen werde und die Angelegenheit eventuell
der Staatsanwaltschaft übergeben würde, wodurch sowohl der Betriebsrat als
auch die Beschwerdekommission[7] bis zur gerichtlichen Entscheidung ausgeschaltet
würden.

BESCHLUSS: Nach einer längeren Aussprache, in der die rechtliche Seite der
Frage erörtert wird und an der sich die Herren Lange, Dr. Mittag,
Geschke, Maron, Dr. Landwehr, Schmidt und Pieck beteiligen, beschließt der Magistrat auf Vorschlag des Bürgermeisters Maron:
1. das Protestschreiben des Herrn Karweik zur Kenntnis zu nehmen, ohne irgendwelche Schlußfolgerungen daraus zu ziehen,
2. wegen der drei anderen Angestellten ein Disziplinarverfahren
beim Beschwerdeausschuß anhängig zu machen.[8]

---

3 Vgl. zur endgültigen Ernennung der Kreiswahlleiter und ihrer Stellvertreter das
74. Mag.prot. v. 12.9.1946, TOP 1.

4 Dieses Schreiben konnte nicht ermittelt werden.

5 Vgl. zur Dienstentlassung von Karweik und drei Angestellten des Hauptamts für
Aufbaudurchführung (Pfeiffer, Giessmann, Johannsohn) das 71. Mag.prot. v. 24.8.1946,
TOP 2.

6 Das entsprechende Schreiben des Betriebsrats der Mag.abt. für Bau- und Wohnungswesen
v. 31.8.1946 ist als Abschrift vorhanden in: Akademie der Künste (Berlin-Tiergarten),
NL Scharoun, Mappe Mag 1/15.

7 Vgl. zur Dienst- und Beschwerdeordnung für städtische Angestellte und Arbeiter v.
1.4.1946, in der auch die Zusammensetzung und die Rechte des Beschwerdeausschusses
festgelegt waren, das 52. Mag.prot. v. 30.3.1946, TOP 2; VOBl., Jg. 2 (1946), S. 235 –
237.

8 Der Beschwerdeausschuß für städtische Angestellte und Arbeiter wies am 30.11.1946
die Beschwerde der drei Angestellten Pfeiffer, Giessmann und Johannsohn gegen
ihre Kündigung zurück. Vgl. hierzu die entsprechenden Schreiben der Mag.abt. für
Personalfragen und Verwaltung v. 22.11.1946 u. 30.11.1946, in: LAB(STA), Rep. 102,
Nr. 38.

Pieck teilt weiter mit, daß der Beirat für kirchliche Angelegenheiten durch sein Mitglied Wendland[9] darum ersuche, die beim Magistrat, in den Bezirksämtern und bei der Polizei beschäftigten *jüdischen Glaubensgenossen* auf Antrag an den jüdischen Feiertagen, und zwar am 26. und 27. September 1946 (Neujahrsfest) sowie am 5. Oktober 1946 (Versöhnungsfest), vom Dienst zu befreien.

BESCHLUSS: Der Magistrat nimmt nach kurzer Erörterung folgenden Antrag an:

> Jüdische Glaubensgenossen, die Angestellte beim Magistrat, bei den Bezirksämtern oder bei der Polizei sind, werden auf Antrag und unter Nachweis ihrer Zugehörigkeit zur jüdischen Glaubensgemeinschaft an den jüdischen Feiertagen (26. und 27. September sowie 5. Oktober 1946) von der Arbeit befreit.[10]

3. FINANZFRAGEN

Dr. Haas behandelt zunächst die Vorlage Nr. 396[11] über Durchführung der *Kassen- und Rechnungsprüfung*, in der beantragt wird, der Magistrat wolle beschließen:

> Die Kassenprüfungen und die Rechnungsprüfung sind so schnell wie möglich in einem Umfang aufzunehmen, der die Ordnungsmäßigkeit und Sicherheit der Geschäftsführung auf dem Gebiete des Kassen- und Rechnungswesens gewährleistet.

Die Vorlage enthält eine eingehende Begründung des Antrages. Zweck der Maßnahme ist, die früheren genauen Vorschriften über die Rechnungs- und Kassenprüfung wieder restlos durchzuführen.

Schmidt verweist zur Begründung des Antrags auf die kassentechnischen Schwierigkeiten, die durch die starke Verringerung des Personals im Hauptprüfungsamt[12] von 200 auf ursprünglich 8, dann 10, jetzt 25 Kräfte und durch die Abwanderung der nach Säuberung von ehemaligen Nazis noch verfügbaren qualifizierten Kräfte in andere Stellen entstanden seien. Den Bezirksämtern gegenüber müsse wieder eine größere Autorität der Stadtverwaltung geschaffen werden. Redner ersucht um Annahme der Vorlage und schlägt außerdem vor, sie in der nächsten Sitzung der Bezirksbürgermeister durchzusprechen.

BESCHLUSS: Die Vorlage Nr. 396 wird darauf mit der Maßgabe angenommen, daß sie noch auf der nächsten Bezirksbürgermeister-Konferenz zur Erörterung gelangen soll.[13]

---

9 Gemeint ist der Referent für jüdische Angelegenheiten im Beirat für kirchliche Angelegenheiten des Magistrats, Siegmund Weltlinger. Vgl. zu Weltlinger: Dok. 32, Anm. 59; 60. Geburtstag Siegmund Weltlingers, in: Berliner Zeitung, 31.3.1946, [S. 2].

10 Vgl. zur Frage einer Dienstbefreiung für evangelische bzw. katholische Angestellte der Stadtverwaltung am Reformationstag bzw. Allerseelentag das 78. Mag.prot. v. 5.10.1946, TOP 6.

11 LAB(STA), Rep. 100, Nr. 779, Bl. 14 f.; auch in: LAB(STA), Rep. 101, Nr. 644, Bl. 63 f. – Vgl. auch das Rundschreiben der Finanzabteilung des Magistrats v. 3.6.1946, betr. Kassen- und Rechnungsprüfung, in: LAB(STA), Rep. 105, Nr. 365, Bl. 161–167, u. Nr. 418.

12 Dienststelle der Mag.abt. für Personalfragen und Verwaltung.

13 Vgl. das Prot. der Konferenz der Bezirksbürgermeister am 19.9.1946, TOP 3, in: LAB, Rep. 280, Nr. 3867.

Dr. Haas empfiehlt weiter Annahme der Vorlage Nr. 393[14] über den Erwerb von 6 auf dem städtischen Grundstück in Spandau-Haselhorst (ehemalige Pulverfabrik an der Daumstraße) im Rahmen eines Pachtvertrages von der Bayerischen Motorenwerke AG. errichteten *Steinbaracken*. Diese Baracken würden notwendig gebraucht. Der Kaufpreis sei denkbar günstig, und zwar sei der Friedenswert der Baracken zugrunde gelegt worden. Der Treuhänder habe zugestimmt, und die Baracken würden bereits von der Stadt benutzt.

Lange ersucht das Hauptgrundstücksamt[15], bei der Preisbemessung zu beachten, daß die ehemaligen Rüstungsbetriebe in den Verträgen verpflichtet worden seien, nach Beendigung des Krieges die von ihnen auf städtischem Gelände errichteten Baracken auf ihre Kosten wieder zu entfernen und das Gelände einzuebnen.
BESCHLUSS: Die Vorlage Nr. 393 wird angenommen.

Dr. Haas begründet sodann die Magistratsvorlage Nr. 394[16] über die Durchführung der „Großen Berliner *Weihnachtslotterie* 1946".[17] Die bisherigen 8 Lotterien hätten an Steuern 1 074 000 RM erbracht. Der Ertrag belaufe sich im ganzen auf ungefähr 1 010 000 RM. Die Erträge wiesen allerdings eine fallende Tendenz auf, da die Stadtverwaltung mit dem System der Klassenlotterie nicht durchgedrungen sei.[18] Man wolle es jetzt noch einmal mit den Losbriefen versuchen. Erschwerend beim Absatz der Lose wirke, daß der Losabnehmer gleich das Ergebnis erfahren wolle und eine Zeit von 4 Wochen ihm als zu lang erscheine, so daß er sich lieber der Rennbahn zuwende. Die Verwaltung werde jetzt nochmals eine Klassenlotterie beantragen.[19]

Maron bezeichnet die bisherige Propaganda für den *Losabsatz* als völlig ungenügend. Dabei komme es nicht so sehr auf die Säulenpropaganda oder Zeitungspropaganda an, sondern der Vertrieb der Lose müsse besser organisiert werden, z[um] B[eispiel] systematisch auch in den städtischen Betrieben unter Aufrufung der Betriebsräte organisiert werden. Dann werde man wahrscheinlich allein auf den städtischen Verwaltungsstellen und in den Betrieben 150 000 Lose, auf den Straßen, Plätzen, bei Veranstaltungen usw. das Drei- bis Vierfache der bisherigen Menge absetzen können.
BESCHLUSS: Der Magistrat stimmt der Anregung Marons zu und genehmigt mit dieser Maßgabe die Vorlage Nr. 394.[20]

---

14 LAB(STA), Rep. 100, Nr. 779, Bl. 10; auch in: LAB(STA), Rep. 101, Nr. 644, Bl. 60.
15 Dienststelle der Finanzabteilung des Magistrats.
16 LAB(STA), Rep. 100, Nr. 779, Bl. 11; auch in: LAB(STA), Rep. 101, Nr. 644, Bl. 61.
17 Vgl. zur 8. Berliner Stadtlotterie das 69. Mag.prot. v. 12.8.1946, TOP 4.
18 Der Magistrat hatte Ende März den Beschluß zur Schaffung einer Klassenlotterie gefaßt, der vom Finanzkomitee der AK am 4.6.1946 abgelehnt worden war; vgl. das 52. Mag.prot. v. 30.3.1946, TOP 3.
19 Der entsprechende Antrag der Finanzabteilung des Magistrats v. 11.9.1946 wurde vom Finanzkomitee der AK am 13.11.1946 genehmigt; vgl. Dok. 78, Anm. 29.
20 Der hier gefaßte Mag.beschluß ist mit dem Ausfertigungsdatum v. 11.9.1946 vorhanden in: LAB(STA), Rep. 101, Nr. 637. Er wurde der AK mit Schreiben v. 20.9.1946 zur Genehmigung zugeleitet; siehe: a.a.O. Das Finanzkomitee der AK forderte am 8.10.1946 zunächst detaillierte Informationen zur geplanten „Großen Berliner Weihnachtslotterie" an und genehmigte sie dann am 5.11.1946, nachdem ihr die Finanzabteilung des Magistrats mit Schreiben v. 18.10.1946 die Rentabilitätsberechnung für diese Lotterie zugesandt hatte. Vgl. das 56. Prot. des Finanzkomitees der AK v. 8.10.1946, TOP 13,

Dr. Haas macht in diesem Zusammenhang einige Mitteilungen über die *Rennbahn Karlshorst*.[21] Diese Rennbahn habe bisher dem Rennverein Karlshorst gehört, der heute noch bestehe. Augenblicklich werde die Rennbahn von einer losen Gemeinschaft betrieben. Die Stadtverwaltung werde aber demnächst bei der Zentralverwaltung[22] beantragen, den Rennverein unter das Gesetz Nr. 124[23] zu stellen und einen Treuhänder einzusetzen. Dieser Treuhänder solle ein Herr Höhne von der Generalsteuerdirektion[24] sein, der die Anlagen im Auftrage der russischen Besatzungsmacht geprüft habe. Gleichzeitig werde die Stadtverwaltung den Vorschlag machen, ihr das Eigentum zu übertragen. Dann soll eine GmbH mit etwa 100 000 RM Kapital gegründet werden, in der die Stadt Berlin die Mehrheit besitzt. Die 2 oder 3 Herren, die bisher im Einverständnis mit der russischen Besatzungsmacht die Anlagen betrieben, würden dann entsprechend beteiligt werden.

Vom 1. Juli bis 31. Dezember 1945 habe die Rennbahn Karlshorst einen Bruttoumsatz von 95 Millionen RM gehabt. Das Eintrittsgeld habe 600 000 RM betragen. Im ersten halben Jahr 1946 sei der Bruttoumsatz auf 96 Millionen RM, das Eintrittsgeld auf 680 000 RM gestiegen. Die Steuer belaufe sich auf 25 % des Bruttoumsatzes und 30 % des Eintrittsgeldes.[25] Die Finanzabteilung werde die Überführung dieser Rennbahn in das städtische Eigentum betreiben und die Anlagen dann an die für den Sport zuständige Abteilung[26] abgeben. Das Grundstücksvermögen des Rennvereins mit den Aufbauten betrage etwas über 3 Millionen RM, und es sei bisher ein Reingewinn von ebenfalls 3 Millionen RM erzielt worden. Da eine Rechtsperson nicht bestehe, habe die Steuerbehörde bisher nicht an die Sache herankommen können, sie werde aber in kurzer Zeit mindestens 1 650 000 RM fordern.

---

u. das 62. Prot. des Finanzkomitees der AK v. 5.11.1946, TOP 5, in: LAB, Rep. 37: OMGBS, FIN Br, 4/91-2/7; die entsprechenden Befehle FIN/I (46) 123 v. 8.10.1946 u. FIN/I (46) 137 v. 5.11.1946 sind vorhanden in: LAB, Rep. 37: OMGBS, FIN Br, 4/91-2/12. Das Schreiben der Finanzabteilung des Magistrats v. 18.10.1946 ist vorhanden in: LAB(STA), Rep. 101, Nr. 638. Das Schreiben der Finanzabteilung des Magistrats an das Finanzkomitee der AK v. 20.1.1947, betr. Abrechnung der Großen Berliner Weihnachtslotterie, ist vorhanden in: LAB(STA), Rep. 101, Nr. 639. – Vgl. auch: Ernst Barbknecht: Zweieinhalb Millionen Mark erbrachte die Berliner Stadtlotterie, in: Tägliche Rundschau, 29.10.1946, S. 5.

21 Vgl. hierzu das Schreiben der Finanzabteilung des Magistrats an die Sowjetische Zentralkommandantur v. 29.4.1946, betr. Rennbahn Karlshorst, in: LAB(STA), Rep. 101, Nr. 635.

22 Gemeint ist vermutlich die Zentrale Deutsche Kommission für Sequestrierung und Beschlagnahme in der sowjetischen Besatzungszone, die aufgrund des Befehls Nr. 97 des Obersten Chefs der Sowjetischen Militäradministration v. 29.3.1946 gebildet worden war. Der Befehl ist abgedruckt in: Um ein antifaschistisch-demokratisches Deutschland, S. 252 f.

23 Vgl. zum Befehl Nr. 124 des Obersten Chefs der Sowjetischen Militäradministration v. 30.10.1945, betr. die Beschlagnahme und provisorische Übernahme einiger Eigentumskategorien: Dok. 106, Anm. 48.

24 Dienststelle der Finanzabteilung des Magistrats; vgl. hierzu Dok. 45, Anm. 30.

25 Vgl. zur Erhöhung der Vergnügungssteuer für die Eintrittskarten bei Pferderennen das 57. Mag.prot. v. 13.5.1946, TOP 2.

26 Das Hauptsportamt gehörte zur Mag.abt. für Volksbildung.

Früher habe eine *oberste Rennbehörde* bestanden, an die jede Rennbahn vom Totoumsatz 1 1/2 % habe abführen müssen. Die Finanzabteilung beabsichtige, diese Rennbehörde beim Magistrat zu bilden, schon um das Sportamt zu finanzieren, und zwar wolle man bis zu einer Abgabe von 2 % gehen. Ein dahin gehender Antrag werde an die Zentralverwaltung[27] gerichtet werden.

Neben Karlshorst gebe es noch die Rennbahn Mariendorf, die leider erst sehr spät in Betrieb genommen worden sei. Auch sie erziele bereits erhebliche Umsätze.

BESCHLUSS: Der Magistrat erklärt sich mit den vorgeschlagenen Maßnahmen einverstanden.

Dr. Haas macht im Anschluß daran folgende Ausführungen zum *Haushaltsplan*.[28] Am 31. August hat die Alliierte Kommandantur den Haushaltsplan, den wir am 4. Mai vorlegten, mit vielen Änderungen genehmigt.[29] Der Befehl zur Aufstellung des Haushaltsplans kam etwa im März.[30] Wir hatten nur rund 6 Wochen Zeit, um dieses schwierige Werk zustande zu bringen. Ich habe damals betont, daß dieses Werk natürlich wegen der Kürze der Zeit allerlei Mängel zeige. Der vom Magistrat am 4. Mai bestätigte Haushaltsplan ergab auf der Einnahmeseite 1 431 000 000 RM und auf der Ausgabeseite 1 831 000 000 RM, also einen Fehlbedarf von rund 400 000 000.[31] Der Haushalt zerfällt in die Bezirkshaushalte und den Haushalt für die Hauptverwaltung. In dem Haushalt waren auch die sogenannten außerordentlichen Aufwendungen sowie die Besatzungskosten im engeren und weiteren Sinne enthalten, vor allem die 150 Millionen [für] einmalige Aufwendungen[32], die besonders für Instandsetzung von Gebäuden, Enttrümmerung usw.

---

27 Gemeint ist die Deutsche Zentralfinanzverwaltung in der sowjetischen Besatzungszone.

28 Einige der Zahlenangaben in den folgenden Ausführungen von Haas sollten nachträglich berichtigt werden; dies ist aber nicht geschehen. Vgl. das 75. Mag.prot. v. 14.9.1946, TOP 1.

29 Vgl. zur Aufstellung des Haushaltsplans für das Rechnungsjahr 1946 vom 1.4.1946 bis 31.3.1947 das 54. Mag.prot. v. 17.4.1946, TOP 3 (Haas), u. das 55. Mag.prot. v. 29.4.1946, TOP 3, u. das 56. Mag.prot. v. 4.5.1946, TOP 4, u. das 61. Mag.prot. v. 15.6.1946, TOP 3, u. das 62. Mag.prot. v. 22.6.1946, TOP 3, u. das 65. Mag.prot. v. 13.7.1946, TOP 5. Der vom Magistrat am 4.5.1946 beschlossene Haushaltsplanentwurf wurde von der AK mit BK/O (46) 350 v. 31.8.1946 – unter Vornahme einer Reihe von Änderungen – prinzipiell genehmigt. Die BK/O ist vorhanden in: LAB(STA), Rep. 101, Nr. 72, u. Rep. 105, Nr. 301, Bl. 82–85; ohne Anlage (Änderungen des Haushaltsplanentwurfs) abgedruckt in: Berlin. Quellen und Dokumente, 1. Halbbd., S. 425 f. Der gedruckte „Haushaltsplan der Stadt Berlin für das Rechnungsjahr 1946. Hauptzusammenstellung. Bruttohaushalt" in der mit der BK/O (46) 350 genehmigten Fassung ist vorhanden in: LAB(STA), Rep. 105, Nr. H 1/2, 304 u. 6417. Vgl. auch: Vom Haushaltsplan 1946/47, in: Berliner Zeitung, 10.9.1946, [S. 5]; Berlins Haushalt, in: Neue Zeit, 11.9.1946, S. 1.

30 Mit BK/O (46) 139 v. 21.3.1946 hatte die AK angeordnet, ihr für die Zeit ab 1.4.1946 anstelle der bisherigen vierteljährlichen Haushaltspläne ein Jahresbudget zur Genehmigung vorzulegen. Die BK/O ist vorhanden in: LAB(STA), Rep. 101, Nr. 61, u. LAB, Rep. 280, Nr. 12546; abgedruckt in: Berlin. Quellen und Dokumente, 1. Halbbd., S. 421 f. Vgl. auch Dok. 82, Anm. 32.

31 Vgl. das 56. Mag.prot. v. 4.5.1946, TOP 4.

32 Vgl. zu den außergewöhnlichen einmaligen Ausgaben von 150 Millionen RM für Bau- und Instandsetzungsarbeiten das 61. Mag.prot. v. 15.6.1946, TOP 3 (Haas), u. das

gedacht waren. Bei den Einnahmen stellten die Steuern den Hauptteil dar. Das Steueraufkommen war in unserem Haushaltsentwurf bei den städtischen Steuern auf 221,5 Millionen RM, bei den Besitz- und Verkehrssteuern auf 708 Millionen RM und bei den Verbrauchssteuern auf 31,10 Millionen RM, also zusammen auf 961 Millionen RM geschätzt worden.[33] Nach einem Vierteljahr haben wir auf Grund der praktischen Erfahrungen Mitte Juli einen Nachtrag eingebracht.[34] Dieser Nachtrag ergab eine Einnahmesteigerung auf 1 610 000 000 RM und eine Ausgabesteigerung auf 1 845 000 000 RM, so daß der Fehlbedarf nur noch 235 Millionen betrug. Das Steueraufkommen war auf Grund der Steuereingänge des ersten Vierteljahres (wir hatten bei den Besitz- und Verkehrssteuern, also den Reichssteuern, eine höhere Veranlagung, nämlich von 795,5 Millionen RM statt 708 Millionen RM und bei den Verbrauchssteuern auf 122,8 Millionen, vorgenommen) auf 1 141 000 000 RM geschätzt worden.[35] Bei den Ausgaben wurden ebenfalls gewisse Verstärkungen vorgenommen.

Inzwischen gingen die Verhandlungen weiter. Sie dauerten von Mitte Mai bis Ende August. Erst am 31. August ist endlich die Entscheidung gefallen,[36] und zwar dahin, daß die Einnahmen noch etwas höher, nämlich auf 1 684 000 000 RM angesetzt, die Ausgaben auf 1 689 000 000 RM herabgesetzt wurden, so daß ein Fehlbedarf von 5 Millionen vorliegt.

Die Einnahmesteigerung kommt folgendermaßen zustande. Man hat die Steuereingänge noch höher veranschlagt, und zwar die städtischen Steuern um 10 Millionen und die Reichssteuern um 30 Millionen[37] auf 939 Millionen. Das Steueraufkommen ist insgesamt von 1 141 000 000 RM auf 1 171 700 000 RM erhöht worden. Bei den augenblicklichen Steuereingängen werden wir das wahrscheinlich auch erreichen können. Wir haben im Juli an Steuern rund 165 Millionen RM eingenommen. Sodann hat man die Abgabe der BVG um 28 Millionen erhöht, die Abgabe der Post um 15 Millionen. Die Besatzungsmächte kamen dann zu der Überzeugung, daß gewisse Reserven vorhanden seien, die nicht in Erscheinung träten. Diese Reserven wurden gestrichen. Die 150 Millionen außergewöhnliche Ausgaben[38] hat man aus dem Haushalt herausgenommen und hat gesagt: Diese 150 Millionen sind zu einem großen Teil langfristige Investitionen; denn es handelt sich um die Beseitigung von Kriegsschäden. Dann sind in diesen 150 Millionen enthalten 42 Millionen für Enttrümmerung, 5 Millionen für Aufräumung auf öffentlichen Straßen und Plätzen usw. Diese 150 Millionen wurden herausgenommen und dafür 157 Millionen[39] aus dem vergangenen Haushaltsjahr hereingenommen. Bekanntlich wird nach der Haushaltsordnung das Ergebnis eines Wirtschaftsjahres erst im folgenden Herbst

62. Mag.prot. v. 22.6.1946, TOP 3 (Haas), u. das 76. Mag.prot. v. 21.9.1946, TOP 5 (Haas).

33 Vgl. die Übersicht zum geschätzten Steueraufkommen im Rechnungsjahr 1946, in: LAB(STA), Rep. 105, Nr. 301, Bl. 81.

34 Vgl. hierzu das 65. Mag.prot. v. 13.7.1946, TOP 5 (insb. Anm. 24 u. 32).

35 Vgl. zur Entwicklung der Steuereingänge: Dok. 72, Anm. 5.

36 Vgl. Anm. 29 zu diesem Mag.prot.

37 Mit der BK/O (46) 350 waren die früheren Staatssteuern nicht um 30 Millionen RM, sondern um 200 Millionen RM höher veranschlagt worden (auf 939,1 Millionen RM).

38 Vgl. Anm. 32 zu diesem Mag.prot.

39 Bei diesen 157 Millionen RM handelte es sich um die Summe der von Haas im folgenden aufgeschlüsselten Kredite.

festgestellt. Es ist erst im Oktober möglich, das wirkliche Defizit des vergangenen Jahres festzustellen, und erst im kommenden Haushaltsjahr wird dieses Defizit gedeckt oder verrechnet. Wir hatten am 1. April d[ieses] J[ahres] eine genaue Aufstellung über unsere Lage geben müssen.[40] Diese Aufstellung ergab, daß wir ein Defizit von ungefähr 250 Millionen RM haben werden. Wir wurden nun gedrängt, genau anzugeben, wie wir diese 250 Millionen decken wollen. Wir sind damals mit geretteten Kassenbeständen von 80,3 Millionen in das Etatjahr hineingegangen. Die übrigen Beträge haben wir durch Kredite beim Stadtkontor gedeckt. Der Kämmerer hat das Recht, bis 100 Millionen Kredit beim Stadtkontor in Anspruch zu nehmen. Am 1. April 1946 hatten wir ungefähr 57 Millionen Kredit beim Stadtkontor. Wir haben an anderen Stellen geborgt: bei der Sparkasse 5,5 Millionen, bei der Post 9 Millionen, bei der BVG 30 Millionen, bei den Wasserwerken 2,6 Millionen und bei der Bewag 2,2 Millionen. Das sind zusammen 106,2 Millionen. Außerdem haben wir die nicht verwandten Gelder von der Gebäudeinstandsetzungsabgabe[41] mit 50,7 Millionen in Anspruch genommen. Nun hat man gesagt: Wir ziehen die 80 Millionen Kassenbestand ab, und der Rest ist wahres Defizit. Dieses Defizit muß in diesem Haushaltsjahr gedeckt werden. Das hörte sich sehr schlimm an. Aber wir haben nicht nur den Kredit beim Stadtkontor zurückgezahlt, sondern haben auch ein Guthaben von 120 Millionen beim Stadtkontor. Die anderen Kredite können wir jederzeit zurückzahlen, wenn es sein muß; denn es sind reine Kassenkredite. Ich brauche bloß darauf hinzuweisen, daß der Kassenbestand heute morgen 127 Millionen RM war. Die Kommandantur hat ferner die 150 Millionen[42] herausgenommen und hat gesagt: Das sind außergewöhnliche Ausgaben, die durch eine Anleihe gedeckt werden sollen. Ich habe darauf erklärt: Es hat keinen Sinn, eine Anleihe aufzunehmen und sich 5 Jahre zu binden, wenn man in der Lage ist, das Geld anderwärts aufzubringen.

An den Ausgaben hat man außerdem bei den Bezirken 43,7 Millionen, bei der Hauptverwaltung 144,7 Millionen, insgesamt 188,4 Millionen RM gestrichen, bei der Schulverwaltung 5 Millionen, beim Sozialwesen rund 34 Millionen[43]. Die Zahlungen an Nazis, die im Haushalt erscheinen, sind folgendermaßen zu erklären: Die Versicherungsanstalt[44] hat an die Nazis, obwohl sie versicherungsberechtigt waren, keine Leistungen gewährt. Die Alliierte Kommandantur hat erklärt: Das geht nicht. Der Betrag von 3,5 Millionen wird nun von der Versicherungsanstalt ersetzt.

Wir werden die gestrichenen 31,2 Millionen allgemein auf den Sozialhaushalt der Bezirke umlegen. So ist es wenigstens besprochen worden. Wenn wir nicht auskommen, müssen wir eine Nachforderung einreichen.[45] Beim Gesundheitswesen sind

---

40 Die hier erwähnte Aufstellung konnte nicht ermittelt werden.
41 Vgl. Dok. 85, Anm. 42.
42 Vgl. Anm. 32 zu diesem Mag.prot.
43 Vgl. zu den Streichungen von Sozialausgaben: LAB(STA), Rep. 105, Nr. 365, Bl. 219 – 244.
44 Vgl. zur Versicherungsanstalt Berlin das 10. Mag.prot. v. 9.7.1945, TOP 3, u. das 18. Mag.prot. v. 27.8.1945, TOP 9.
45 Vgl. den Antrag des Magistrats an das Finanzkomitee der AK v. 26.11.1946 auf Erhöhung der Haushaltsansätze beim Sozialhaushalt für 1946 um insgesamt 33 Millionen RM, in: LAB(STA), Rep. 101, Nr. 638. Von der beantragten Summe in Höhe von 33 Millionen RM genehmigte das Finanzkomitee der AK mit seinem Befehl FIN/I (47) 12

4 Millionen gestrichen worden. Wir wollen im übrigen innerhalb der einzelnen Unterabschnitte so verteilen, daß wir durchkommen. Wir brauchen nur im Endergebnis mit der vorgesehenen Summe auszukommen; wie wir sie verteilen, ist unsere Sache. Bei den Ruhegeldern[46] sind rund 41,6 Millionen gestrichen worden. Wir hatten auf Grund einer Berechnung der Versicherungsanstalt und des Personalamts[47] rund 81 Millionen für die sogenannten Altpensionäre und für die jetzt zu Pensionierenden eingesetzt.[48] Nun hat man uns die Ausgabe für das erste halbe Jahr gestrichen, und wir wären in der Lage, ab 1. Oktober zu zahlen, wenn nicht in der neuen Entscheidung stände, daß darüber noch befunden wird.[49] Wahrscheinlich wird am nächsten Sonnabend den Magistrat eine neue Vorlage über die Durchführung von Ruhegeldbezahlung usw. beschäftigen.[50] Beim Ernährungswesen sind 19 Millionen gestrichen worden. Der Post wurden 29,6 Millionen gestrichen. Ferner wurden auf der einen Seite Kapitalmittel im Betrage von 25 Millionen gestrichen, [man] hat aber auf der anderen Seite gleich 26 Millionen Zinsen eingesetzt, so daß sich das aufhebt. Bei den Personalmittelreserven sind 50 % gestrichen worden, bei den Schulkinderspeisungen[51] 3 Millionen. Beim Volksbildungswesen waren in einem allgemeinen Titel 600 000 RM enthalten, die wir für den Fall vorgesehen hatten, daß die Lehrergehälter angepaßt oder erhöht würden. Dieser Betrag ist gestrichen worden. Bei der Müllbeseitigung ist der Ertrag heraufgesetzt bzw. der Zuschuß um 3,5 Millionen RM herabgesetzt worden.

Auf der Ausgabenseite wurden also insgesamt gestrichen 188,4 Millionen RM. Die 150 Millionen[52] bleiben dabei unberücksichtigt, mit ihnen sind es 339 Millionen. Sodann sind bei den Ausgaben 40,8 Millionen hinzugesetzt worden, vor allem bei der Justiz erhebliche Mittel, ferner auch beim Theater am Schiffbauerdamm auf Grund unseres Antrages[53]. 2 Millionen sind zugesetzt worden für die Verwaltungsgerichte[54]. Ferner sind dabei 25 000 RM Prämien für die Lehrer, die wir beantragt hatten.[55]

---

v. 16.1.1947 einen Betrag von 12 Millionen RM, die restlichen 21 Millionen RM sollten durch Einsparungen erbracht werden. Der Befehl ist vorhanden in: LAB, Rep. 37: OMGBS, FIN Br, 4/91-2/16.

46　Vgl. zu den Ruhegeldern für die aufgrund eines öffentlich-rechtlichen Dienstverhältnisses Versorgungsberechtigten das 64. Mag.prot. v. 5.7.1946, TOP 2.

47　Gemeint ist das Hauptpersonalamt der Mag.abt. für Personalfragen und Verwaltung.

48　Vgl. die Anlage „Ruhegelder für Angestellte und Arbeiter sowie frühere Beamte" zum Schreiben der Finanzabteilung des Magistrats an die Finanzabteilung der amerikanischen Militärregierung v. 4.6.1946, betr. Budget 1946, in: LAB(STA), Rep. 101, Nr. 636.

49　In der Anlage zur BK/O (46) 350 war zum Haushaltskapitel für die Ruhegelder angemerkt: „Noch nicht genehmigt. Rücklage von 50 % gebildet"; wobei diese Rücklage mit 40 Millionen RM angesetzt war.

50　Vgl. hierzu das 76. Mag.prot. v. 21.9.1946, TOP 4.

51　Vgl. hierzu Dok. 83, Anm. 94.

52　Vgl. Anm. 32 zu diesem Mag.prot.

53　Dieser Antrag konnte nicht ermittelt werden. Vgl. zum Theater am Schiffbauerdamm das 63. Mag.prot. v. 29.6.1946, TOP 6.

54　Vgl. hierzu Dok. 35, Anm. 45; das 67. Mag.prot. v. 27.7.1946, TOP 3.

55　Mit BK/O (46) 313 v. 31.7.1946 hatte die AK den Magistrat ermächtigt, Prämien in einer Gesamthöhe von 25 000 RM zu vergeben, „die den besten Lehrern und Mitarbeitern in der Volksbildung zugute kommen sollen, die bei dem Ausmerzen des Nazismus, der Neugestaltung des Bildungswesens sowie bei der Erziehung und Aufziehung von Kindern

Wir müssen in Zukunft in jedem Monat eine Abrechnung machen. Wir haben schon einmal versucht zu erreichen, daß diese Abrechnung vierteljährlich gemacht wird; denn sie verursacht eine ungeheure Arbeit. Es ist leider so, daß im ersten Vierteljahr die Bestellungen gemacht werden und im nächsten Vierteljahr die Rechnungen kommen. Das ergibt ein schiefes Bild. Aber unser Hinweis darauf hat nicht allzuviel genützt.

Bei den Bezirken hatten wir nach unserem ursprünglichen Voranschlag an Einnahmen 53 Millionen vorgesehen. In Wirklichkeit haben wir bei den Bezirken nur 31 Millionen eingenommen. An Ausgaben waren bei den Bezirken für 4 Monate 181 Millionen vorgesehen. In Wirklichkeit haben wir ausgegeben 156,7 Millionen. Bei der Hauptverwaltung hatten wir an Einnahmen vorgesehen 46,2 Millionen. Die Einnahme ist in Wirklichkeit 50 Millionen gewesen, und zwar ohne Steuern, reine Verwaltungseinnahmen. Die Ausgaben sollten 253 Millionen betragen. Sie betrugen in Wirklichkeit 108 Millionen. Bei den Steuern hatten wir vorgesehen an Einnahmen 380 Millionen. In Wirklichkeit kamen 506 Millionen ein. Wir hatten für die 4 Monate einen Fehlbedarf vorgesehen. In Wirklichkeit kam eine Besserung von 278,8 Millionen heraus. Die Alliierte Kommandantur hat nun die Aufrechnungen, die wir in jedem Monat liefern müssen, zu Rate gezogen und gesagt: Die Ausgaben sind zu hoch eingeschätzt und die Einnahmen zu niedrig. Das hat dann leider zu diesen Streichungen geführt. Haushaltsmäßig ist es selbstverständlich, daß viele Ausgaben erst am Ende des Jahres verrechnet werden.

Die Besatzungskosten[56] sind im Monat Juli etwas gestiegen. Sie betrugen rund 34,4 Millionen, und zwar im amerikanischen Sektor 15,8 Millionen, im britischen Sektor 7,1 Millionen, im französischen Sektor 2 Millionen und im sowjetischen Sektor 9,5 Millionen. Diese Ausgaben werden weiter steigen; denn sowohl im britischen wie im amerikanischen Sektor müssen jetzt die beschlagnahmten Wohnungseinrichtungen gekauft werden.[57] Im amerikanischen Sektor liegt der Befehl schon vor, und im englischen Sektor wird er in einigen Tagen kommen.[58] Wir streiten uns nur noch etwas über den Preis. Wir werden selbstverständlich Friedenspreise ansetzen. Es hat nichts genützt, daß wir sagten: Die Sache kommt im Grunde genommen einer Enteignung nahe; für den reichen Villenbesitzer macht es nicht so viel aus, im Gegenteil, er ist froh, wenn er seine 200 000 RM bekommt; er kann sich vielleicht dann sonst irgendwo ansiedeln; der andere geht, wenn er 10 000 RM bekommt, damit auf den schwarzen Markt, er kann sich keine neue Wohnungseinrichtung dafür kaufen. Wir wollten wie bei der Kriegssachschädenregelung[59] die Auszahlung davon abhängig machen, ob es sich um lebensnotwendige Güter handelt und ob

---

und Jugendlichen im Geiste der wahren Demokratie und der Humanität mustergültige Arbeit leisteten". Die BK/O ist vorhanden in: LAB(STA), Rep. 101, Nr. 69; LAB, Rep. 280, Nr. 4892. Vgl. zu den Prämien das 80. Mag.prot. v. 22.10.1946, TOP 5.

56 Vgl. hierzu das 51. Mag.prot. v. 25.3.1946, TOP 2, u. das 83. Mag.prot. v. 9.11.1946, TOP 5; ferner die grundlegende Überblicksdarstellung „Die Regelung der Besatzungskosten nach dem Stande vom 1. April 1947", in: LAB(STA), Rep. 105, Nr. 298, Bl. 48 – 52, u. LAB, Rep. 280, Nr. 8491.

57 Vgl. hierzu Teil C.II.3 der in der vorigen Anm. zit. Überblicksdarstellung; das 57. Mag.prot. v. 13.5.1946, TOP 2 (Haas).

58 Die hier erwähnten Befehle konnten nicht ermittelt werden.

59 Vgl. hierzu das 24. Mag.prot. v. 1.10.1945, TOP 9, u. das 42. Mag.prot. v. 19.1.1946, TOP 10.

der Betreffende in der Lage ist, sie sich zu beschaffen. Es hat alles nichts genützt; wir müssen die Luxusyacht im Wannsee genauso bezahlen wie das einfache Bett. Wir haben 100 Millionen veranschlagt. Sodann laufen im britischen Sektor die Mietsvergütungen für die beschlagnahmten Häuser und Wohnungen an. Das sind erhebliche Beträge. Ich habe mich mit Händen und Füßen dagegen gewehrt. Im August habe ich einen Verordnungsentwurf[60] vorgelegt, der bis zum Kontrollrat ging. Es ist nichts dabei herausgekommen.

Dr. Harms fragt, ob gegen die Streichungen nicht noch irgendwie protestiert werden könne. Auf dem Gebiete des Gesundheitswesens sei die Lage infolge der Streichungen geradezu katastrophal. Dabei ergingen dauernd Anordnungen der Alliierten Kommandantur auf Ausbau des Gesundheitswesens, sowohl der Krankenanstalten wie der offenen Gesundheitsfürsorge. Beispielsweise werde dringend eine Intensivierung der Bekämpfung der Geschlechtskrankheiten[61] verlangt, ferner ein Ausbau der Fürsorgestellen und eine weitere Anstellung von Fürsorgerinnen. Nach Ansicht der Russen solle jede Fürsorgestelle 30 Fürsorgerinnen haben, während augenblicklich kaum 4 vorhanden seien.

Kehler erklärt, daß die vorgesehenen Streichungen bei der Post undurchführbar seien, weil durch sie ein Viertel des Personalhaushalts in Wegfall kommen würde.[62] Dabei hätten die Postangestellten eine halbjährige Kündigungsfrist. Die Ersparnis könne sich also sowieso erst im nächsten Rechnungsjahr auswirken. Bei der Durchführung der Streichungen würden verschiedene Zweige der Post stillgelegt werden müssen. Die Erhöhung der Einnahmen um 15 Millionen sei durch nichts begründet. Die Finanzergebnisse des ersten halben Jahres zeigten, daß die Schätzungen wahrscheinlich zu hoch gewesen seien. Im übrigen hätten die alliierten Offiziere auf Anfragen immer wieder erklärt, die Post solle zunächst so weiterarbeiten wie bisher, nach ein bis zwei Monaten könnten Nachtragsforderungen gestellt werden.[63]

Geschke betont in gleichem Sinne, daß die Abt[eilung] für Sozialwesen bei Aufrechterhaltung der Haushaltskürzungen ihre Verpflichtungen nicht erfüllen könne.[64] Auch blieben eine Reihe von Fragen ungeklärt. Die Nachbewilligung für Mietsbeihilfen im Betrage von 22 Millionen[65] und für Kindertagesstätten im Betrage von

---

60 Dieser Entwurf konnte nicht ermittelt werden.

61 Vgl. hierzu Dok. 103, Anm. 49.

62 Vgl. zum Haushalt der Mag.abt. für Post- und Fernmeldewesen das 25. Mag.prot. v. 8.10.1945, TOP 8.

63 Mit Schreiben v. 26.9.1946 beantragte Kehler bei der AK, im Haushaltsplan der Mag.abt. für Post- und Fernmeldewesen die veranschlagten Einnahmen nicht um 15 Millionen RM höher zu veranschlagen, sondern bei 125 Millionen RM zu belassen und die Ausgaben lediglich von 125 Millionen RM auf 110 Millionen (statt auf ca. 97 Millionen RM) zu senken. Das Schreiben ist vorhanden in: LAB(STA), Rep. 101, Nr. 72. Das Finanzkomitee der AK beschloß daraufhin am 10.12.1946, die Ausgaben im Postbudget von ca. 97 Millionen RM auf 100 Millionen RM zu erhöhen. Vgl. das 69. Prot. des Finanzkomitees der AK v. 10.12.1946, TOP 3, in: LAB, Rep. 37: OMGBS, FIN Br, 4/91-2/7; der entsprechende Befehl FIN/I (46) 154 v. 10.12.1946 ist vorhanden in: LAB, Rep. 37: OMGBS, FIN Br, 4/91-2/12.

64 Vgl. Anm. 45. zu diesem Mag.prot.

65 Im Originalprotokoll heißt es hier fälschlicherweise: 21 Millionen. Dieser Fehler wurde nachträglich berichtigt; vgl. das 75. Mag.prot. v. 14.9.1946, TOP 1.

3 Millionen sei abgelehnt worden,[66] so daß insgesamt 53 200 000 RM fehlten. Für den Lebensunterhalt seien rund 121 400 000 RM, für Mietsbeihilfen einschließlich Nachforderung 47 Millionen, also zusammen 168 400 000 RM vorgesehen gewesen. Allein in den Monaten April bis September habe die Ausgabe rund 76 Millionen betragen. Fielen von den restlichen 92 400 000 RM noch 53 Millionen weg, so verblieben nur 39 400 000 RM, die knapp für die Monate Oktober bis Dezember ausreichten. Auch bei allergrößter Einschränkung werde eine Fürsorge mit diesen Mitteln nicht durchgeführt werden können. Dabei müßte man auch die Herabsetzung der vorgeschlagenen Reserve von 800 000 RM um 50 % mit berücksichtigen.

Dr. Haas bemerkt hierzu, daß nach dem Befehl alle nachträglich gestellten Anträge abgelehnt seien.[67] Bei den Repräsentationsausgaben habe man 10 % gestrichen, bei den sächlichen Ausgaben im Titel „Allgemeines" 900 000 RM, beim Personalmehrbedarf für Entnazifizierung 500 000 RM, bei den Mietsunterstützungen 22 Millionen, für Opfer des Faschismus 2,7 Millionen, für Einrichtung und Ausbau von Kindertagesstätten usw. die nachträglich beantragten 3 Millionen, für stationäre Behandlung in Krankenhäusern 300 000 RM, für Arzneimittel eine Million, bei den außergewöhnlichen Anforderungen 5,2 Millionen. Dabei seien in diesem Falle schon 5 Millionen ausgegeben; denn von den 150 Millionen für Instandsetzungsarbeiten[68] habe man schon vieles bewilligt, so daß die Verwaltung in eine schwierige Situation geraten könne. Man müsse bezüglich der einzelnen Haushaltskapitel erneut verhandeln und Nachtragsforderungen einreichen. In einem der Befehle habe gestanden, daß alle Instandsetzungsausgaben von der Finanzabteilung genehmigt werden könnten.[69] In dem neuesten Befehl heiße es aber bezüglich der 150 Millionen: „Die unter dieses Kapitel fallenden Ausgaben unterliegen der Zustimmung des Finanzkomitees der Alliierten Kommandantur."[70] Man könne alles in allem nur so weiterwirtschaften wie bisher.

---

66 Vgl. die Zusammenstellung der nachträglichen Änderungsvorschläge zum Haushaltsplan 1946 in: LAB(STA), Rep. 105, Nr. 301, Bl. 77.

67 Vgl. zur Beratung der nachträglichen Änderungsvorschläge zum Haushaltsplan 1946 das 65. Mag.prot. v. 13.7.1946, TOP 5.

68 Vgl. Anm. 32 zu diesem Mag.prot.

69 Eine solche Bestimmung konnte nicht ermittelt werden. Vielleicht ist hier die Bestimmung in Ziffer 4 der BK/O (46) 139 v. 21.3.1946 gemeint, mit der der Stadtkämmerer ermächtigt wurde, zusätzliche Ausgaben der einzelnen Mag.abteilungen „bis zu einem Betrage zu bewilligen, der 5 % der für die Budgetperiode für die betreffende Abteilung vorgesehenen Summe oder die Summe von 75 000 RM, je nachdem welche Summe die niedrigere ist, nicht übersteigt". Die BK/O ist vorhanden in: LAB(STA), Rep. 101, Nr. 61, u. LAB, Rep. 280, Nr. 12546; abgedruckt in: Berlin. Quellen und Dokumente, 1. Halbbd., S. 421 f. Es könnte auch die Bestimmung in Ziffer 2 der BK/O (46) 295 v. 9.7.1946 gemeint sein, nach welcher der Magistrat ermächtigt war, die bis zum 30.6.1946 begonnenen Bau- und Instandsetzungsarbeiten fortzusetzen. Die BK/O ist vorhanden in: LAB(STA), Rep. 101, Nr. 68, u. LAB, Rep. 280, Nr. 4884; abgedruckt in: Berlin. Quellen und Dokumente, 1. Halbbd., S. 424.

70 Der hier gemeinte Satz in Ziffer 4 Absatz 2 der BK/O (46) 350 (vgl. Anm. 29 zu diesem Mag.prot.) hat den Wortlaut: „Die unter dieses Kapitel fallenden Ausgaben unterliegen der Prüfung und Zustimmung des Finanzkomitees der Alliierten Kommandatura." Das Finanzkomitee der AK korrigierte diesen Satz mit seinem Befehl FIN/I (46) 124 v. 15.10.1946 dahin gehend, daß das Wort „Finanzkomitee" durch „competent Committee" zu ersetzen war, worunter zum Beispiel das Building and Housing Committee oder das

Einen Vorzug stelle die Genehmigung des Haushalts für ein Jahr dar.[71] Nach wie vor erweise sich aber eine Aufteilung auf die einzelnen Bezirke unter gegenseitiger Deckungs- und Ausgleichsmöglichkeit, die bisher nicht genehmigt worden sei, als erforderlich.[72] Eine dahin gehende Vorschrift werde in den nächsten Tagen ergehen.[73] Die Finanzabteilung werde einen entsprechenden Antrag an die alliierte Kommission richten,[74] um vor allem die unterschiedlichen Repräsentationsausgaben der Bezirke untereinander nach der Größe ausgleichen zu können.

Maron stellt fest, daß zwischen den einzelnen Kommissionen der Alliierten Kommandantur und dem Finanzkomitee offensichtlich kein Zusammenhang bestehe. Das Finanzkomitee betrachtet die Dinge schematisch, während die anderen Komitees ihre Forderungen stellten, ohne sich um die finanziellen Belange zu kümmern. Es müsse jetzt die Hilfe der einzelnen Kommissionen der Alliierten Kommandantur erbeten werden, um auf das Finanzkomitee einzuwirken. Dann müsse man versuchen, in Form von Nachträgen diese Dinge zu bereinigen, notfalls unter Zuziehung der Kommandanten selbst.

Redner ist der Meinung, daß bezüglich der 150 Millionen für Instandsetzungsarbeiten und Bauten ein Ausweg geschaffen werden müsse, da sonst der Neuaufbauplan[75] für Berlin undurchführbar werde. Vielleicht empfehle es sich, die Ermächtigung der Kommandantur, eine Anleihe in bestimmter Höhe aufzunehmen, auszunutzen. Baldige konkrete Vorschläge des Stadtkämmerers nach dieser Richtung hin seien angebracht.

Dr. Haas erwidert, er habe einen dahin gehenden Befehl zu erwirken versucht. Bis dieser Befehl eingelaufen sei, werde er in der bisherigen Weise verfahren.[76]

Public Works Committee zu verstehen sein konnte. Der Befehl ist vorhanden in: LAB, Rep. 37: OMGBS, FIN Br, 4/91-2/12.

71 Für die Zeit bis zum 31.3.1946 hatte der Magistrat vierteljährliche Haushaltspläne aufgestellt und der AK zur Genehmigung vorgelegt; vgl. Anm. 30 zu diesem Mag.prot.

72 Vgl. zur Mittelaufteilung auf die Bezirkshaushalte das 62. Mag.prot. v. 22.6.1946, TOP 3, u. das 79. Mag.prot. v. 12.10.1946, TOP 4.

73 Vgl. das von Maron und Haas unterzeichnete Rundschreiben der Finanzabteilung des Magistrats an die Magistratsmitglieder und die Hauptfachverwaltungen v. 25.9.1946, betr. Nachprüfung der den Verwaltungsbezirken durch den Haushaltsplan für 1946 zugewiesenen Mittel, in: LAB(STA), Rep. 101, Nr. 644, Bl. 46 u. 47.

74 Ein solcher Antrag konnte nicht ermittelt werden.

75 Vgl. zum Bauwirtschaftsplan für 1946 das 48. Mag.prot. v. 4.3.1946, TOP 6.

76 Mit Schreiben v. 18.9.1946 beantragte Haas beim Finanzkomitee der AK hinsichtlich der außergewöhnlichen einmaligen Ausgaben für Bau- und Instandsetzungsarbeiten, „weiterhin nach der von Ihnen ausgesprochenen Vollmacht handeln zu dürfen, nämlich die im Gange befindlichen baulichen Maßnahmen (Instandsetzung öffentlicher Gebäude und Enttrümmerung) [...] fortzusetzen und über die einmaligen Anforderungen bis zu 75 000 RM zu verfügen". Das Schreiben ist vorhanden in: LAB(STA), Rep. 101, Nr. 72; vgl. auch Anm. 69 zu diesem Mag.prot. Als Antwort auf diesen Antrag ermächtigte das Finanzkomitee der AK die Finanzabteilung des Magistrats mit ihrem Befehl FIN/I (46) 124 v. 15.10.1946, auch weiterhin Ausgaben bis zur Höhe von 75 000 RM zu bewilligen und dem Finanzkomitee der AK hierüber regelmäßig zu berichten. Der Befehl ist vorhanden in: LAB, Rep. 37: OMGBS, FIN Br, 4/91-2/12.

BESCHLUSS: Der Magistrat nimmt die Mitteilungen des Stadtkämmerers zur Kenntnis.[77]

Rumpf empfiehlt die Annahme der Magistratsvorlage Nr. 397[78] über die *teilweise Freigabe von Sparguthaben* der Sparkasse der Stadt Berlin.[79] Im März d[ieses] J[ahres] habe der Magistrat eine Vorlage bezüglich Auszahlung der kleinen Sparguthaben in Höhe von 300 bis 400 RM genehmigt, mit der sich auch die antifaschistischen Parteien einverstanden erklärt hätten.[80] Von der Stadtkommandantur sei aber diese Vorlage aus verschiedenen Gründen bis heute nicht gebilligt worden. Schon mit Rücksicht auf die Bankensperre[81] sei mit einer Genehmigung der Vorlage in absehbarer Zeit nicht zu rechnen. Sowohl der FDGB wie die antifaschistischen Parteien hätten sich nun in der letzten Woche mit dieser Frage beschäftigt.[82] Der Vorstand des FDGB habe eine Resolution angenommen, in der eine sofortige Auszahlung an die Kleinsparer verlangt werde.[83] Der Block der antifaschistischen Parteien habe gestern in einem Beschluß gefordert, daß zunächst denjenigen, die ein Sparbuch bei der Sparkasse der Stadt Berlin in Händen hätten, ein Betrag von 100 RM ausgezahlt werde.[84]

---

77 Vgl. zum Haushalt für das Rechnungsjahr 1946 auch das 76. Mag.prot. v. 21.9.1946, TOP 5, u. das 79. Mag.prot. v. 12.10.1946, TOP 4, u. das 84. Mag.prot. v. 16.11.1946, TOP 4. Vgl. ferner das Schreiben von Haas an das Presseamt des Magistrats v. 30.9.1946, betr. die Finanzlage Berlins, in: LAB(STA), Rep. 101, Nr. 1213; Erich Achterberg: Berliner Etat einst und jetzt, in: Deutsche Finanzwirtschaft, Jg. 1, Nr. 3 (Juni 1947), S. 17–21.

78 LAB(STA), Rep. 100, Nr. 779, Bl. 16 f. u. 18; auch in: LAB(STA), Rep. 101, Nr. 644, Bl. 59. Vgl. zur Vorgeschichte dieser Mag.vorlage den Entwurf eines Schreibens an das Finanzkomitee der AK v. August 1946, in: LAB(STA), Rep. 101, Nr. 644, Bl. 65–68 u. 71–73; auch in: LAB(STA), Rep. 106, Nr. 248, Bl. 8–11 u. 14–16.

79 Der Beschlußtext der Mag.vorlage Nr. 397 v. 4.9.1946 hat den Wortlaut:
    „Die Sparkasse der Stadt Berlin wird ermächtigt, an die Inhaber von alten Sparkonten zunächst einmalig einen Betrag bis zur Höhe von RM 100,-- zur Auszahlung zu bringen. Für die Auszahlung werden in Anspruch genommen die alten Aktiven der Berliner Sparkasse.
    Die Sparkasse wird ermächtigt, bis zu 40 % der Neueinlagen für die Auszahlung an die alten Sparkonteninhaber zu verwenden, sofern die Barmittel aus den alten Aktiven der Sparkasse hierfür nicht ausreichen. Erforderlichenfalls wird das Berliner Stadtkontor ermächtigt, den darüber hinaus benötigten Betrag zur Verfügung zu stellen. Als Sicherheit für die auszuschüttenden alten Sparguthaben dienen die im Besitz der Sparkasse befindlichen alten Hypotheken und Grundstücke."
    Vgl. auch: Kleinsparer melden sich zum Wort, in: Berliner Zeitung, 14.8.1946, [S. 6]; Gerechtigkeit!, in: Der Abend, 24.10.1946, [S. 4].

80 Vgl. das 51. Mag.prot. v. 25.3.1946, TOP 2; ferner das 72. Mag.prot. v. 31.8.1946, TOP 7.

81 Vgl. zur Sperrung der Bank- und Sparguthaben in Berlin: Dok. 16, Anm. 18.

82 Vgl. das 23. Prot. des Einheitsausschusses Groß-Berlin v. 30.8.1946, TOP 8, in: BArch, Abt. Potsdam, Z-3, Nr. 4, Bl. 124.

83 Die hier erwähnte Resolution des Vorstands des FDGB Groß-Berlin v. 2.9.1946 wurde veröffentlicht in: Die Freie Gewerkschaft, 5.9.1946, S. 1.

84 Vgl. das 24. Prot. des Einheitsausschusses Groß-Berlin v. 6.9.1946, TOP 2 u. Anlage VI, in: BArch, Abt. Potsdam, Z-3, Nr. 4, Bl. 127 u. 129.

Die Sparkasse der Stadt Berlin habe augenblicklich ein realisierbares Vermögen von ungefähr 200 Millionen, dem Verpflichtungen von 3 Milliarden gegenüberständen. Wenn nun eine Ausschüttung an alle Sparkonteninhaber erfolge, könne jedem Kontoinhaber ein Betrag bis 100 RM ausgezahlt werden, wofür 180 bis 190 Millionen benötigt würden.

Redner glaubt, daß der neue Vorschlag die Genehmigung der Stadtkommandantur erhalten werde, weil die früheren Bedenken[85] nicht mehr geltend gemacht werden könnten und die Steuermittel nicht benötigt würden. Man könne feststellen, daß heute mindestens 80 % der Berliner Bevölkerung von Einkommen aus Arbeitslohn oder von gewerblichem Einkommen bezw. Rente leben müßten und nur noch ein geringer Teil im Besitz von Barmitteln sei, was durch die Berichte der Sozialämter bestätigt werde. Wenn man berücksichtige, daß 2,5 Millionen Berliner ein Sparkonto bei der Sparkasse der Stadt Berlin besäßen, werde die vorgeschlagene Regelung für eine große Schicht eine gewisse Erleichterung bringen.

Mit den Großbanken seien Verhandlungen darüber gepflogen worden, inwieweit die bei diesen Banken vorhandenen Konteninhaber eine Auszahlung erhalten könnten.[86] Auch mit der Sparkasse Teltow seien derartige Verhandlungen im Gange. Die Großbanken hätten sich bereit erklärt, die Frage zu untersuchen, inwieweit aus ihren eigenen Mitteln eine Auszahlung an die Berliner Konteninhaber stattfinden könne. Es bestehe Aussicht, in absehbarer Zeit auch bezüglich der anderen Konten eine Regelung zu finden. Redner ersucht um Annahme der Magistratsvorlage Nr. 397.

Grüber hält es für unbillig, die Randgemeinden wieder auszuschließen. In diesen Randgebieten säßen die Köpenicker Volksbank, die Teltower Sparkasse, die Kreissparkasse Niederbarnim usw. Wenn die Berliner Sparkasse dort keine Filialen errichtet habe, liege das nicht an der Bevölkerung. Diese Bevölkerung benötige gleichfalls eine Auszahlung ihres Sparguthabens. Eine Regelung für sie müsse baldigst versucht werden. Hinzu komme, daß auch die Postsparkasse von den kleinen Leuten in großem Umfange benutzt worden sei. Redner tritt dafür ein, auch die Banken und Kreditinstitute in den Randbezirken mit heranzuziehen.

Rumpf bemerkt zu den Ausführungen des Vorredners, daß bei der Volksbank Köpenick nur noch 4 % der vorhandenen Verpflichtungen für Sparkonten gedeckt seien. Allerdings liefen Verhandlungen mit sämtlichen Volksbanken, und es werde versucht, innerhalb der Volksbanken eine Haftungsgemeinschaft zu bilden.[87] Dann

---

85 Die hier erwähnten Bedenken seitens der AK betrafen zum einen die Aufbringung der erforderlichen Finanzmittel und zum andern den Umstand, daß die teilweise Freigabe von Sparguthaben, wie sie in dem entsprechenden Mag.beschluß v. 25.3.1946 vorgesehen war, nur Sparern mit einem Gesamtguthaben von nicht mehr als 3000 RM zugute kommen sollte. Vgl. hierzu Dok. 77, Anm. 3; das 16. Prot. des Finanzkomitees der AK v. 24.4.1946, TOP 9, u. das 17. Prot. des Finanzkomitees der AK v. 7.5.1946, TOP 7, in: LAB, Rep. 37: OMGBS, FIN Br, 4/91-2/6; den Entwurf eines Schreibens an das Finanzkomitee der AK v. August 1946, S. 1, in: LAB(STA), Rep. 101, Nr. 644, Bl. 66, u. Rep. 106, Nr. 248, Bl. 9.

86 Vgl. das Schreiben der Finanzabteilung des Magistrats an das Finanzkomitee der AK v. 7.9.1946, betr. die teilweise Auszahlung von Sparguthaben der Großbanken, in: LAB(STA), Rep. 101, Nr. 637.

87 Vgl. zu den Volksbanken das 43. Mag.prot. v. 26.1.1946, TOP 2.

werde vielleicht auch bei den Volksbanken die Möglichkeit gegeben sein, einen Betrag von etwa 100 bis 130 RM zur Ausschüttung zu bringen. Die Verhandlungen dürften in den nächsten 8 bis 10 Tagen zum Abschluß kommen.

Bezüglich der Sparkasse Teltow seien die Verhandlungen gleichfalls aufgenommen worden. Die Schwierigkeit liege darin, daß nach den Erklärungen der Stadtkommandantur Steuermittel für die Ausschüttung nicht bereitgestellt werden dürften und infolgedessen die Lage der einzelnen Institute eingehend untersucht werden müsse, wobei man nur auf die tatsächlich vorhandenen Barmittel bzw. auf reale Werte zurückgreifen könne.

Auf einen Einwurf Grübers, daß die Köpenicker Volksbank über sehr viel Grundbesitz verfüge, erwidert Redner, daß durch die verschiedene Finanzierung sich das Verhältnis bei der Köpenicker Volksbank stark verschoben habe, so daß die Köpenicker Volksbank wesentlich ungünstiger dastehe als etwa die Volksbank Friedrichstadt[88], die, weil sie die Hypotheken nicht an die Innenstadt, sondern an Randbezirke gegeben habe, 27 % ausschütten könne.

Dr. Haas weist noch darauf hin, daß auf Grund der gestrigen Aussprache bei den Parteien[89] die Höhe des Guthabens keine Rolle spiele und auch die Bedürftigkeit nicht geprüft werde.

BESCHLUSS: Die Vorlage Nr. 397 wird darauf angenommen.[90]

---

88 Gemeint ist die Volksbank Berlin-Friedrichstadt im Bezirk Schöneberg, Nollendorfstraße 21.

89 Gemeint ist die Sitzung des Einheitsausschusses Groß-Berlin am 6.9.1946; vgl. Anm. 84 zu diesem Mag.prot.

90 Die hier angenommene Mag.vorlage wurde dem Finanzkomitee der AK mit Schreiben v. 7.9.1946 zugeleitet und um Genehmigung für die darin vorgesehene teilweise Auszahlung von Sparguthaben gebeten; vgl. auch ein Ergänzungsschreiben zu diesem Antrag v. 24.9.1946. Die beiden Schreiben sind vorhanden in: LAB(STA), Rep. 101, Nr. 637; LAB, Rep. 37: OMGBS, FIN Br, 4/86-1/36. Die StVV stimmte der Mag.vorlage Nr. 397 v. 4.9.1946 am 20.3.1947 einstimmig zu und beauftragte den zweiten Nachkriegsmagistrat, mit der AK wegen der Auszahlung eines Betrags bis zu 100 RM an die Inhaber der alten Sparkonten im Sinne dieser Mag.vorlage zu verhandeln. Vgl. hierzu: StVV, I. Wahlperiode, Drucksache Nr. 19, Vorlage Nr. 125; StVV, I. Wahlperiode, Stenographischer Bericht über die 21. (Ordentliche) Sitzung am 20.3.1947, S. 70 f.
Nach langwierigen Verhandlungen im Finanzkomitee der AK und zwischen den stellvertretenden Stadtkommandanten, bei denen sich jeweils unterschiedliche Auffassungen der Vertreter der westlichen Besatzungsmächte auf der einen Seite und der sowjetischen Besatzungsmacht auf der anderen Seite gegenüberstanden, einigten sich die stellvertretenden Stadtkommandanten am 9.12.1947 auf den Befehl BK/O (47) 282 an den Magistrat zur einmaligen Auszahlung aus alten Konten der Sparkasse der Stadt Berlin. Vgl. hierzu das 51. Prot. des Finanzkomitees der AK v. 17.9.1946, TOP 8, u. das 53. Prot. des Finanzkomitees der AK v. 24.9.1946, TOP 11, in: LAB, Rep. 37: OMGBS, FIN Br, 4/91-2/7; BK/R (46) 369 v. 15.10.1946, in: LAB, Rep. 37: OMGBS, BICO LIB, 11/148-2/8; das 47. Prot. der stellv. Stadtkommandanten v. 22.10.1946, TOP 579, in: LAB, Rep. 37, Acc. 3971, Nr. 222; das 97. Prot. des Finanzkomitees der AK v. 25.11.1947, TOP 7, u. das 99. Prot. der stellv. Stadtkommandanten v. 2.12.1947, TOP 3, in: LAB, Rep. 37: OMGBS, FIN Br, 4/91-2/9; BK/R (47) 297 v. 6.12.1947, in: LAB, Rep. 37: OMGBS, BICO LIB, 11/148-3/8; das 51. Prot. der stellv. Stadtkommandanten v. 9.12.1947, TOP 563, in: LAB, Rep. 37: OMGBS, BICO LIB, 11/149-1/5. Mit der BK/O (47) 282 v. 11.12.1947 wurde die vom Magistrat am 7.9.1946 angenommene Mag.vorlage Nr. 397 grundsätzlich

Rumpf gibt dem Magistrat Kenntnis von einer Umbesetzung in der *Leitung des Aufsichtsamtes für Versicherungswesen*. Laut Kommandanturbefehl vom 29. September 1945[91] sei die Aufsicht über das Versicherungswesen der Finanzabteilung bezw. einem zu bildenden Versicherungsausschuß übertragen worden. In Durchführung dieses Beschlusses habe man das frühere Aufsichtsamt für Privatversicherungen zur Büroorganisation dieses Ausschusses bestimmt.[92] Der seinerzeit von den Gewerkschaften vorgeschlagene Direktor Flügge[93] besitze nun nicht die erforderliche Qualifikation, und der Versicherungsausschuß habe daraufhin Herrn Flügge[94] gebeten, von seinem Amt zurückzutreten. Nunmehr sei auf Beschluß des Versicherungsausschusses Dipl.-Kaufmann Giese[95] mit der Leitung des Aufsichtsamtes betraut worden. Redner macht nähere Angaben über die persönlichen Verhältnisse des Dipl.-Kaufmanns Giese[96].

---

bestätigt und um einige Anweisungen ergänzt, mit denen die Aufbringung der Mittel für die genehmigte Barauszahlung geregelt wurde. Außerdem wurde mit der BK/O angeordnet, „aktiven Nazis, Kriegsverbrechern, Nazi-Instituten und Nazi-Organisationen" diese Auszahlung nicht zu gewähren. Die BK/O wurde veröffentlicht in: Amtsblatt der Alliierten Kommandatura Berlin, Nr. 12 (Dezember 1947), S. 3; wieder abgedruckt in: Berlin. Quellen und Dokumente, 1. Halbbd., S. 472.
Die von der AK erst Ende 1947 genehmigte Auszahlungsaktion bedeutete für die Sparkasse der Stadt Berlin nach Federau, S. 33, „einen außerordentlich starken zusätzlichen Arbeitsanfall, der nur durch die Einstellung einer großen Zahl von Hilfskräften bewältigt werden konnte. Die Durchführung der Aktion, bei der die beiden anderen in Berlin bestehenden Kreditinstitute (Stadtkontor und Volksbank) die Sparkasse in uneigennütziger Weise unterstützten, erstreckte sich hauptsächlich auf die zweite Dezemberhälfte 1947 und die ersten Monate des Jahres 1948." – Vgl. zur teilweisen Freigabe von Sparguthaben auch die Zeitungsartikel und sonstigen Materialien in: LAB(STA), Rep. 105, Nr. 3507 u. 3508.

91 Die hier gemeinte BK/O (45) 143 v. 29.9.1945 ist vorhanden in: LAB(STA), Rep. 101, Nr. 45; LAB, Rep. 280, Nr. 12298.

92 Vgl. hierzu das 20. Mag.prot. v. 10.9.1945, TOP 7, u. das 25. Mag.prot. v. 8.10.1945, TOP 2; Dok. 50, Anm. 13. Vgl. ferner zur Aufsicht über das private Versicherungswesen in Berlin die Schreiben der Finanzabteilung des Magistrats an die AK v. 28.2.1946, 7.3.1946, 18.4.1946, 27.5.1946 u. 14.8.1946, in: LAB(STA), Rep. 101, Nr. 634, 635 u. 637.
Auf Antrag der SPD beschloß die StVV am 29.5.1947 eine „Verordnung über die Versicherungsaufsicht in Groß-Berlin", mit der die Tätigkeit des Aufsichtsamts für das Versicherungswesen neu geregelt wurde. Vgl. hierzu: StVV, I. Wahlperiode, Drucksache Nr. 20, Vorlage Nr. 135, u. Drucksache Nr. 34, Vorlage Nr. 223; StVV, I. Wahlperiode, Stenographische Berichte über die 22. (Ordentliche) Sitzung am 27.3.1947, S. 27–34, u. die 31. (Ordentliche) Sitzung am 29.5.1947, S. 19. Die VO wurde von der AK mit BK/O (47) 217 v. 27.9.1947 genehmigt, trat aber erst im März 1948 in Kraft. Die BK/O wurde veröffentlicht in: Amtsblatt der Alliierten Kommandatura Berlin, Nr. 9 (September 1947), S. 16; die VO über die Versicherungsaufsicht in Groß-Berlin in: VOBl., Jg. 4 (1948), S. 141 u. 189.

93 Richtig: Plügge.

94 Richtig: Plügge.

95 Richtig: (Gerhard) Giesen.

96 Richtig: Giesen.

BESCHLUSS: Der Magistrat stimmt der Berufung des Dipl.-Kaufmanns Giese[97] zu.[98]

4. ERNÄHRUNG

Schwenk bittet in Abwesenheit des Berichterstatters Orlopp um Annahme der Vorlage Nr. 398[99] über Erweiterung des Ernährungsbeirats mit der Abänderung, daß die Konsumgenossenschaften[100] 2 Vertreter in den Beirat entsenden können.[101]

Grüber beantragt, auch den Kranken- und Wohlfahrtsanstalten als Großkonsumenten einen Vertreter zuzubilligen.

Dr. Landwehr widerspricht diesem Antrage aus organisatorischen Gründen, weil sonst auch Industrie und Handwerk im Beirat vertreten sein müßten. Anstalten in diesem Sinne seien als Verbraucher alle Fabrikbetriebe, die Kantinen unterhielten.

Schwenk bemerkt dazu, die Betriebe, die Kantinen unterhielten, seien im wesentlichen auf den Bezug der freien Ware angewiesen, so daß das Verteilungsproblem nicht eine so große Rolle spiele. Bei den Krankenhäusern und Wohlfahrtsanstalten handele es sich zum überwiegenden Teil um Anstalten, die vom Magistrat aus betreut würden, so daß also der Magistrat seinen Einfluß geltend machen könne. Man wolle durch die Erweiterung des Ernährungsbeirats gerade die Verbraucher selber heranziehen, die nicht dem Magistrat, einer städtischen Verwaltung oder einer Körperschaft öffentlichen Rechts angehörten. Redner schlägt daher vor, es bei der Vorlage zu belassen.

Maron ist auch der Ansicht, daß die Berücksichtigung der Bedürfnisse der Krankenhäuser und Wohlfahrtsanstalten direkt über die Abteilung Sozialwesen und die Abt[eilung] Ernährung erfolgen könne.

BESCHLUSS: Die Vorlage Nr. 398 wird unter Ablehnung des Zusatzantrages Grüber in der vorgeschlagenen Form angenommen.[102]

5. VOLKSBILDUNG

Hierzu ist die Magistratsvorlage Nr. 395[103] mit *Richtlinien für Hörergebühren und Dozentenhonorare der Berliner Volkshochschulen*[104] eingereicht worden. Da

---

97 Richtig: Giesen.

98 Das Finanzkomitee der AK nahm diesen Berufungsbeschluß des Magistrats mit seinem Befehl FIN/I (46) 144 v. 22.11.1946 zustimmend zur Kenntnis. Der Befehl ist vorhanden in: LAB, Rep. 37: OMGBS, FIN Br, 4/91-2/12.

99 LAB(STA), Rep. 100, Nr. 779, Bl. 19 u. 20; auch in: LAB, Rep. 10 B, Acc. 1877, Nr. 399.

100 Vgl. hierzu Dok. 72, Anm. 59.

101 Vgl. zur Bildung und bisherigen Zusammensetzung des Ernährungsbeirats (Beirat bei der Mag.abt. für Ernährung) das 26. Mag.prot. v. 15.10.1945, TOP 7. Nach dem Beschlußtext der Mag.vorlage Nr. 398 v. 3.9.1946 sollte der Ernährungsbeirat um je einen Vertreter des Bäckerhandwerks, des Schlächterhandwerks, der Gastwirte, der Konsumgenossenschaften und des Hauptfrauenausschusses erweitert werden. Sitzungsprotokolle des Ernährungsbeirats sind vorhanden in: LAB(STA), Rep. 113, Nr. 1 u. 7.

102 Vgl. auch das 79. Mag.prot. v. 12.10.1946, TOP 7 (Erweiterung der Ernährungsausschüsse).

103 LAB(STA), Rep. 100, Nr. 779, Bl. 12 f.

104 Vgl. zu den Berliner Volkshochschulen das 56. Mag.prot. v. 4.5.1946, TOP 2, u. das 61. Mag.prot. v. 15.6.1946, TOP 6, u. das 71. Mag.prot. v. 24.8.1946, TOP 3; Berlin. Kampf um Freiheit, S. 117, 157 u. 480.

sowohl der Berichterstatter Winzer wie sein Stellvertreter Wildangel dienstlich am Erscheinen verhindert sind, wird auf einen Bericht verzichtet.

Lange beantragt, die „Vorbemerkung" und die Überschrift „Gebühren und Honorare" als überflüssig zu streichen, ferner in dem Abschnitt I überall das Wort „Bezirk" durch das Wort „Bezirksamt" zu ersetzen und schließlich in Abschnitt II Nr. 3 folgendermaßen zu formulieren:

> Für Kurse, die nur elementare Anforderungen an den Dozenten stellen, oder in sonstigen Fällen, in denen es angebracht erscheint, können die Volkshochschulen ein Honorar von 12 RM für die Doppelstunde festsetzen.[105]

BESCHLUSS: Die Vorlage Nr. 395 findet mit diesen Änderungen die Billigung des Magistrats.[106]

6. ALLGEMEINES

Schwenk gibt Kenntnis von einer *Beschwerde des Bezirksbürgermeisters Jochem*[107] *(Steglitz)*, vorgetragen in der Bezirksbürgermeister-Konferenz vom 29. August 1946, gegen den Leiter[108] des Presseamts des Magistrats, schildert die näheren Einzelheiten und legt einen Beschlußantrag [vor].[109]

BESCHLUSS: Nach kurzer Erörterung, an der sich Maron, Dr. Haas, Schwanebeck und Schwenk beteiligen, wird der Beschlußantrag in folgender Form angenommen:

> Der Magistrat bedauert den Vorfall zwischen dem Presseamt des Magistrats und dem Presseamt des Bezirksamtes Steglitz.
> Der Leiter des Presseamts des Magistrats hatte die Pflicht, beleidigende Äußerungen gegen eine Zeitung einer Besatzungsmacht zurückzuweisen. Im übrigen hatte er sich jeder Stellungnahme in der Kontroverse zwischen dem Bezirksamt Steglitz und der „Täglichen

---

105   Dieser Satz wies in der Fassung der Mag.vorlage Nr. 395 v. 26.8.1946 anstelle des Wortes „nur" das Wort „besonders" auf.

106   Der hier gefaßte Mag.beschluß ist mit dem Ausfertigungsdatum v. 7.9.1946 vorhanden in: LAB(STA), Rep. 120, Nr. 11, Bl. 12 f. Er wurde der AK mit Schreiben v. 25.9.1946 zur Kenntnisnahme zugeleitet; siehe: a.a.O., Bl. 11. Die „Richtlinien für Hörergebühren und Dozentenhonorare der Berliner Volkshochschulen" wurden mit Datum v. 13.8.1946 und in der ursprünglichen Fassung von Abschnitt II Nr. 3 abgedruckt in: Dienstblatt des Magistrats von Groß-Berlin, Jg. 1948, Teil III, S. 4.

107   Vgl. zu Arthur Jochem: Dok. 18, Anm. 44.

108   Johannes Puhlmann (SED, vormals KPD).

109   Im Prot. der Konferenz der Bezirksbürgermeister am 29.8.1946, TOP 3, ist die Beschwerde Jochems folgendermaßen wiedergegeben: „*Jochem (Steglitz)* trägt eine das *Magistratspresseamt* betreffende Angelegenheit vor. Im Zusammenhang mit Presseangriffen gegen die Bezirksverwaltung Steglitz hat sich zwischen dem Presseamt des Bezirks und dem Hauptpresseamt des Magistrats ein Schriftwechsel wegen einer Berichtigung ergeben. Der Redner verliest aus diesem Schriftwechsel ein Antwortschreiben des Magistratspresseamtes, das seiner Meinung nach nur als unmöglich bezeichnet werden könne. Dieselbe Auffassung habe auch das Bezirksamt, dem das Schreiben vorgelegt worden sei, vertreten." Das Prot. ist vorhanden in: LAB, Rep. 280, Nr. 3865. Das erwähnte Antwortschreiben des Magistratspresseamts konnte nicht ermittelt werden.

Rundschau" zu enthalten.[110] Ganz besonders aber ist die Form zu rügen, in welcher der Leiter des Presseamtes des Magistrats gegen das Presseamt des Bezirksamts Steglitz ohne Wissen des Magistrats Stellung genommen hat. Keine Magistratsdienststelle darf Äußerungen gebrauchen, die mißverstanden und als beleidigend empfunden werden könnten.

Der Magistrat verwarnt den Leiter des Presseamtes und verpflichtet ihn, sich gegenüber dem Bezirksamt Steglitz schriftlich zu entschuldigen.[111]

Dr. Haas berichtet sodann über die *Baustoffbeschaffungs-GmbH*.[112] Die GmbH werde mit den einzelnen Baustoffirmen in den Sektoren Fühlung nehmen. Man beabsichtige, in jedem Sektor Filialen der GmbH zu gründen und das Kapital von 50 000 RM auf vielleicht eine Million zu erhöhen.[113] Davon sollten auf die Stadt 510 000 RM, auf die Firmen 490 000 RM [ent]fallen. Nach Abschluß der Verhandlungen, die von der Baustoffbeschaffungsgesellschaft in Zusammenhang mit der Abteilung Wirtschaft und nach neueren Informationen mit den Besatzungsmächten geführt würden, würden neue Vorschläge gemacht werden.

Maron ist auch der Ansicht, man solle die Abteilung Wirtschaft zuziehen und dann dem Magistrat eine Vorlage unterbreiten. Man frage sich allerdings, ob ein Kapital von 1 Million notwendig sei.

Scharoun hält entsprechend den Aufgaben der Gesellschaft ein Kapital von 1 Million für durchaus erwünscht. Man müsse berücksichtigen, daß die bestehenden Produktions- und Konsumtions-Komitees bereits in der amerikanischen und englischen Zone tätig seien. Sie bekämen Geld mit, um dort Materialien zu kaufen.

Dr. Landwehr weist darauf hin, daß die Gesellschaft, wenn neue Wege der Finanzierung beschritten würden, auch mit dem bisherigen Kapital von 50 000 RM auskommen und die vor ihr stehenden Aufgaben bewältigen könne. Man müsse fragen, ob bei einer Gesellschaft, die zu 60 % städtisch, zu 40 % privat sei, eine

---

110 Der Ausgangspunkt der hier erwähnten Kontroverse war offenbar ein Artikel in der als Organ der Sowjetischen Militäradministration in Deutschland erscheinenden „Täglichen Rundschau"; vgl.: Ernst Barbknecht: Nazigeist in der Bezirksverwaltung Steglitz. Wer Pg. war, hat Glück auf dem Rathaus, in: Tägliche Rundschau, 6.8.1946, S. 6. Eine als „Berichtigung" bezeichnete und von Jochem unterzeichnete Gegendarstellung des Bezirksamts Steglitz wurde nicht als solche in dieser Zeitung abgedruckt, sondern lediglich in Teilen in einem weiteren Artikel desselben Redakteurs kommentierend zitiert bzw. referiert und als „eine Anhäufung von Lügen" bezeichnet; vgl.: Ernst Barbknecht: Das „Braune Haus" von Steglitz. Herr Jochem „dementiert" . . ., in: Tägliche Rundschau, 15.8.1946, S. 6.
111 Vgl. hierzu das Prot. der Konferenz der Bezirksbürgermeister am 19.9.1946, TOP 4, in: LAB, Rep. 280, Nr. 3867.
112 Vgl. zur Gründung der Baustoffbeschaffung GmbH das 48. Mag.prot. v. 4.3.1946, TOP 6, u. das 55. Mag.prot. v. 29.4.1946, TOP 6; ferner das 72. Mag.prot. v. 31.8.1946, TOP 3.
113 Nach § 3 des vom Magistrat beschlossenen Gesellschaftsvertrags der Baustoffbeschaffung GmbH betrug das Stammkapital dieser GmbH 50 000 RM, wovon die Stadt Berlin als Mehrheitsgesellschafterin 30 000 RM und fünf private Baustoffirmen als weitere Gesellschafter je 4 000 RM als Stammeinlagen zu leisten hatten. Der entsprechende Mag.beschluß v. 29.4.1946 ist vorhanden in: LAB(STA), Rep. 100, Nr. 771, Bl. 26 – 29, u. Rep. 110, Nr. 197.

Kapitalerhöhung unbedingt nötig erscheine, um die vielen Einkaufsaufgaben zu erfüllen. Da durch die 60%ige Beteiligung der Stadt das große Interesse der Stadt Berlin an dieser Angelegenheit sich auch geldlich manifestiere, könne man sich sehr wohl vorstellen, daß die Kreditaufnahme ohne weiteres möglich sei. Redner empfiehlt daher, unter Anwendung neuer Finanzierungsmethoden den Kreditweg zu beschreiten.

Schwenk stellt fest, daß die Gesellschaft schon seit Monaten arbeite, daß die russische Militäradministration bereits mit ihr zusammenarbeite und daß die amerikanische Administration ihre Bereitwilligkeit zur Mitarbeit zugesagt habe. Selbst wenn die Kapitalerhöhung auf 1 Million vorgenommen werde, würden die Mittel nicht ausreichen, um die erforderliche Baustoffinanzierung durchzuführen. Die Gesellschaft müsse also sowieso Gelder aufnehmen. Die Möglichkeit, beim Stadtkontor oder sonstwo Gelder aufzunehmen, sei für die Gesellschaft auch dann gegeben, wenn das Gesellschaftskapital auf der bisherigen Höhe bleibe.

Redner schlägt vor, es einem sowieso einzusetzenden Ausschuß zu überlassen, alle diese Fragen unter Zuziehung eines Vertreters der Abt[eilung] Wirtschaft zu entscheiden. Der Magistrat könne dann in einer der nächsten Sitzungen dazu Stellung nehmen.

Dr. Landwehr hält es für notwendig, neue Überlegungen auf diesem Gebiete anzustellen, weil sonst bei der Kapitalknappheit in Deutschland der Aufbau von Gesellschaften unendlich erschwert werde. Gerade weil die städtischen Unternehmungen und Einrichtungen in Zukunft als Gemeinschaftseinrichtungen eine viel größere Rolle spielen würden als bisher, müsse man gleich zu Anfang versuchen, den angedeuteten neuen Weg einzuschlagen.

Dr. Haas führt als Hauptgrund für das Verlangen nach Kapitalerhöhung die Notwendigkeit einer Stärkung der Gesellschaft an. Wenn die Baustoffbeschaffungsgesellschaft in einem der Sektoren auftrete, werde sofort gefragt werden, was dahinter stehe, und da seien 50 000 RM keine große Summe. Natürlich werde die Finanzabteilung so weit gehen, wie es möglich sei, ohne den Betrieb zu gefährden. Vielleicht empfehle es sich, stückweise vorzugehen. Wenn jetzt die Firmen aus dem britischen und amerikanischen Sektor kämen, werde man ihnen wieder 4 000-Mark-Anteile geben und den Anteil der Stadt immer wieder erhöhen, um wenigstens die 51 % zu behalten. Inzwischen werde das Finanzkomitee[114] oder die städtische Finanzabteilung einen Weg finden.

Rumpf meint, das Stadtkontor werde mit Freuden bereit sein, der Baustoffbeschaffungsgesellschaft einen unbegrenzten Kredit zu niedrigen Sätzen zu gewähren, da die benötigten Mittel durch die Einkäufe dinglich gesichert seien und schnell umgeschlagen würden. Aber diese Frage werde am besten in dem Ausschuß besprochen.

Scharoun betont den psychologischen Gesichtspunkt, daß es vor allem darauf ankomme, der Gesellschaft ein starkes Gewicht zu geben, weil jetzt im Interesse des Wiederaufbaues Berlins eine günstige Gelegenheit vorliege.

Dr. Goll schließt sich der Auffassung des Dr. Landwehr an. Man brauche das Kapital nicht deshalb zu erhöhen, weil man irgendwelchen Platz für neue Mitglieder benötige. Die ganze Frage sei wirtschaftlicher Natur, wobei berücksichtigt

---

114 Hier kann das Finanzkomitee der AK oder der von Schwenk vorgeschlagene Ausschuß gemeint sein.

werden müsse, daß, wenn ein Kredit aufgenommen werde, die Zinsen sich als Kosten in der Gesellschaft niederschlügen. Nur die Gesellschaftsmitglieder selbst könnten beurteilen, in welchem Umfange sie einen solchen Kredit aufzunehmen wünschten.

BESCHLUSS: Der Magistrat stellt die Entscheidung über diese Frage zunächst auf zwei Wochen zurück.[115]

Dr. Goll berichtet über die Vertretung der städtischen Interessen bei der *Bewag*[116] und schlägt auf Grund der neuesten Entwicklung, die er im einzelnen schildert,[117] vor, die für den 30. September 1946 in Aussicht genommene außerordentliche Hauptversammlung der Bewag nicht stattfinden zu lassen, sondern die Wahl der Aufsichtsratmitglieder der Aktionärgruppe A auf die nächste ordentliche Hauptversammlung zu verschieben, die nach Auskunft des Vorstandes der Bewag im November oder Dezember stattfinden solle.

BESCHLUSS: Der Magistrat beschließt, dem Vorstande der Bewag einen Bescheid gemäß diesem Antrage zugehen zu lassen.[118]
             Außerdem wählt der Magistrat auf Vorschlag Maron/Pieck anstelle des zurückgetretenen Aufsichtsratmitglieds Schumacher[119] in den Aufsichtsrat der Bewag Dr. Goll.

---

115 Die Frage einer Kapitalerhöhung bei der Baustoffbeschaffung GmbH ist in den folgenden Mag.sitzungen nicht wieder behandelt worden. Mit Schreiben v. 13.9.1946 beantragte der Geschäftsführer dieser Gesellschaft, Rudolf Welskopf, beim Aufsichtsrat eine Erhöhung des Gesellschaftskapitals auf 125 000 RM (Magistratsanteil: 75 000 RM). Das Schreiben ist vorhanden in: LAB(STA), Rep. 110, Nr. 197/1. In der Gesellschafterversammlung am 4.11.1946 und der Sitzung des Aufsichtsrats der Gesellschaft am selben Tag wurde dieser Antrag zurückgestellt, weil noch grundsätzliche Verhandlungen mit den Besatzungsmächten notwendig seien; vgl. die entsprechenden Protokolle in: LAB(STA), Rep. 110, Nr. 197/1. – Vgl. zur Schaffung eines Beirats der Baustoffbeschaffung GmbH das 75. Mag.prot. v. 14.9.1946, TOP 5, u. das 77. Mag.prot. v. 28.9.1946, TOP 6.
116 Vgl. hierzu das 60. Mag.prot. v. 5.6.1946, TOP 5.
117 In einem Schreiben an Haas v. 2.9.1946 hatte Goll ausgeführt: „In der Hauptversammlung der Bewag vom 28. Juni 1946 war die Wahl der auf die Aktien der Gruppe A entfallenden Aufsichtsratmitglieder bis zu einer neuen, auf den 30. September 1946 anzuberaumenden außerordentlichen Hauptversammlung vertagt worden, damit in der Zwischenzeit die Vertreter der privaten Aktionäre der Gruppe A [...] Gelegenheit hätten, sich auf [sic!] den Standpunkt der Stadt bezüglich ihres Rechtes zur Entsendung von Vertretern für die ihr gehörenden A-Aktien in den Aufsichtsrat zu erklären." Solche Erklärungen seien aber bisher nicht eingegangen. Das Schreiben ist vorhanden in: LAB(STA), Rep. 105, Nr. 4740. Vgl. auch: Was wird aus der Bewag? Das Schicksal einer vertagten Generalversammlung, in: Neues Deutschland, 31.10.1946, S. 6.
118 Die Frage der Vertretung der städtischen Interessen im Aufsichtsrat der Bewag ist in den folgenden Mag.sitzungen nicht wieder zur Sprache gekommen. Vgl. zur weiteren Entwicklung der Bewag die entsprechenden Materialien in: LAB(STA), Rep. 105, Nr. 4739 u. 4740 u. Rep. 115, Nr. 110.
119 Hans-Carl Schumacher, zunächst Leiter des Hauptamts III der Mag.abt. für Städtische Energie- und Versorgungsbetriebe und seit 1.3.1946 erster ordentlicher Direktor des städtischen Eigenbetriebs „Berliner Ausstellungen", war vom Magistrat am 25.7.1946 fristlos entlassen worden. Vgl. hierzu das 67. Mag.prot. v. 27.7.1946, TOP 3; LAB(STA), Rep. 115, Nr. 123.

Dr. Goll beantragt weiter, in den Aufsichtsrat der städtischen *Großreparaturwerk-statt Tegel GmbH* [120] für die ausgeschiedenen Aufsichtsratsmitglieder Dr. Siebert, Dr. Focke und Schumacher [121] nun Dr. Haas, Rumpf und Dr. Goll zu entsenden, um diesen Aufsichtsrat wieder arbeitsfähig zu machen.

BESCHLUSS: Der Magistrat stimmt diesem Antrage zu. [122]

Dr. Haas berichtet sodann über die Wahlvorbereitungen. [123] Am 25. Juli seien durch Befehl der Alliierten die Grundsätze über die Wahlordnung erlassen worden. [124] Am 1. August habe Bürgermeister Maron um Bestätigung für den Stadtwahlaus-schuß nachgesucht. [125] Am 6. August sei der erste Antrag über eine Erweiterung der Wahlordnung für die heimkehrenden Kriegsgefangenen eingereicht worden. [126] Am 23. August seien der Alliierten Kommandantur Zweifelsfragen vorgelegt worden. [127] Allgemein habe der Wunsch bestanden, die Wahlzeit nicht von 8 bis 20 Uhr festzule-gen, sondern von 8 bis 18 Uhr. Ein dahin gehender Antrag sei abgelehnt worden. [128] Auf die Frage, wie bezüglich der Bestätigung der Kreiswahlausschüsse verfahren werden solle, da [?] die Wahlvorstände unmöglich bestätigt werden könnten, [129]

---

120 Gemeint ist die „Städtisches Werk Tegel, Großreparaturwerkstatt GmbH"; vgl. hierzu das 7. Mag.prot. v. 18.6.1945, Nachtrag, u. das 30. Mag.prot. v. 12.11.1945, TOP 4, u. das 46. Mag.prot. v. 16.2.1946, TOP 5. Vgl. zur Vorgeschichte von Golls Antrag: LAB(STA), Rep. 115, Nr. 81, Bl. 512 u. 520 f.

121 Vgl. zum Ausscheiden von Siebert, Focke und Schumacher aus dem Dienst des Magistrats das 50. Mag.prot. v. 16.3.1946, TOP 2, u. das 48. Mag.prot. v. 4.3.1946, TOP 2, u. das 67. Mag.prot. v. 27.7.1946, TOP 3.

122 Der hier gefaßte Mag.beschluß ist mit dem Ausfertigungsdatum v. 7.9.1946 vorhanden in: LAB(STA), Rep. 115, Nr. 81, Bl. 584. Vgl. zur weiteren Entwicklung des Borsig-Werks (Städtisches Werk Tegel) das 75. Mag.prot. v. 14.9.1946, TOP 3, u. das 76. Mag.prot. v. 21.9.1946, TOP 5 (Haas), u. das 78. Mag.prot. v. 5.10.1946, TOP 6.

123 Der Magistrat hatte Ende Juni 1946 den Entwurf einer Wahlordnung für die Berliner Wahlen am 20.10.1946 beschlossen. Die von der AK mit BK/O (46) 328 v. 14.8.1946 erlassene Fassung dieser Wahlordnung wies dann eine Reihe von Änderungen gegenüber dem Magistratsentwurf auf. Vgl. hierzu das 63. Mag.prot. v. 29.6.1946, TOP 3 (insb. Anm. 32); zu den weiteren bisherigen Vorbereitungen für die Wahlen das 66. Mag.prot. v. 20.7.1946, TOP 3, u. das 68. Mag.prot. v. 3.8.1946, TOP 2 u. 4, u. das 70. Mag.prot. v. 17.8.1946, TOP 5, u. das 71. Mag.prot. v. 24.8.1946, TOP 6, u. TOP 2 in diesem Mag.prot.

124 Die hier gemeinte BK/O (46) 310 v. 25.7.1946 ist vorhanden in: LAB(STA), Rep. 101, Nr. 69, u. LAB, Rep. 280, Nr. 4890; abgedruckt in: Berlin. Quellen und Dokumente, 1. Halbbd., S. 1116 f.

125 Vgl. das 68. Mag.prot. v. 3.8.1946, TOP 2.

126 Vgl. das 68. Mag.prot. v. 3.8.1946, TOP 4; Anm. 140 zu diesem Mag.prot.

127 Ein entsprechendes Schreiben konnte nicht ermittelt werden.

128 Dieser Antrag konnte nicht ermittelt werden. In § 33 des Magistratsentwurfs der Wahlordnung v. 29.6.1946 war die Wahlzeit auf 9 Uhr bis 18 Uhr terminiert worden, in Ziffer 40 der endgültigen, von der AK erlassenen Fassung der Wahlordnung v. 17.8.1946 auf 8 Uhr bis 20 Uhr; vgl. Dok. 96, Anm. 32.

129 Der Sinn dieses Teilsatzes ist unklar. Während die Kreiswahlausschüsse nach Ziffer 15 der Wahlordnung für die mit den Verwaltungsbezirken identischen Wahlkreise zu bilden waren, waren die Wahlvorstände nach Ziffer 12 der Wahlordnung für die einzelnen Stimmbezirke in den Wahlkreisen zu bilden. Über die Bildung des Stadtwahlausschusses und der Kreiswahlausschüsse heißt es in Ziffer 15 Absatz I der Wahlordnung: „Zur

sei bis jetzt keine Antwort erfolgt und werde auch keine erfolgen.[130] Was das Zusammenfallen mehrerer Ämter in einer Hand anlange, so stehe in der Wahlordnung, daß ein Bewerber auf dem Wahlvorschlag nicht Mitglied des Wahlvorstandes sein könne.[131] An einer anderen Stelle heiße es, daß der Vertrauensmann und der Unterzeichner nicht Mitglieder eines Wahlausschusses sein dürften.[132] Andererseits könne natürlich der Vertrauensmann oder Unterzeichner zugleich Wahlkandidat sein. Um einige Unklarheiten zu beseitigen, sollte man eine Auslegung nach der Richtung hin versuchen, daß Kreiswahlleiter und Stadtwahlleiter sowie deren Stellvertreter nicht kandidieren dürften, wenn darin auch ein gewisser Widerspruch liege. Denn es frage sich, warum die Vertreter einer Partei im Kreiswahlausschuß oder Stadtwahlausschuß nicht gleichzeitig Kandidaten sein könnten. Aber beim Vorsitzenden und seinem Stellvertreter könne man sich wohl auf diese Auslegung einigen. Damit werde der Sinn dessen getroffen, was die Kommandantur wolle. Redner schlägt vor, folgende Fassung zu wählen: „Bewerber dürfen nicht Mitglied eines Wahlvorstandes und nicht Kreiswahlleiter, Stadtwahlleiter und deren Stellvertreter sein."[133] Darunter fielen also Wahlvorsteher, Stellvertreter und die 4 Beisitzer.[134]

Bildung des Wahlausschusses beruft der Stadtwahlleiter vier bis sechs Wähler aus beliebigen Wahlkreisen der Stadtgemeinde, der Kreiswahlleiter vier bis sechs Wähler aus seinem Wahlkreis, und verpflichtet sie durch Handschlag als Beisitzer. Für jeden Beisitzer wird je ein weiterer Wähler in gleicher Art als Stellvertreter berufen und verpflichtet; er hat bei Behinderung oder beim Ausscheiden des Beisitzers für diesen einzutreten." Für jeden Stimmbezirk hatte das zuständige Bezirksamt einen Wahlvorsteher und dessen Stellvertreter zu ernennen (Ziffer 13 Absatz I der Wahlordnung). Zur Bildung des Wahlvorstandes hatte der jeweilige Wahlvorsteher „unter Berücksichtigung der teilnehmenden politischen Parteien aus den Wählern seines Stimmbezirkes vier bis sechs Beisitzer und aus den Wählern seines oder eines benachbarten Stimmbezirkes einen Schriftführer" zu berufen (Ziffer 12 Absatz II Satz 1 der Wahlordnung). Siehe: VOBl., Jg. 2 (1946), S. 301 f.

130 Mit Ziffer 4 ihrer BK/O (46) 363 v. 11.9.1946 teilte die AK dem Magistrat mit, daß ihr die Namen der von den politischen Parteien als Mitglieder der Wahlausschüsse vorgeschlagenen Personen nicht zur Zustimmung unterbreitet zu werden brauchten. Die BK/O ist vorhanden in: LAB(STA), Rep. 101, Nr. 72, u. LAB, Rep. 280, Nr. 4918; abgedruckt in: Berlin. Quellen und Dokumente, 1. Halbbd., S. 1123.

131 Gemeint ist Ziffer 12 Absatz II Satz 2 der Wahlordnung.

132 Gemeint ist Ziffer 15 Absatz IV der Wahlordnung, wo es in bezug auf den Stadtwahlausschuß und die Kreiswahlausschüsse heißt: „Beisitzer oder ihre Stellvertreter können in den Wahlvorschlägen nicht auch Vertrauensmänner oder deren Stellvertreter sein." Nach Ziffer 31 Absatz II der Wahlordnung mußte in jedem Wahlvorschlag „ein Vertrauensmann und sein Stellvertreter genannt sein, die als Vertreter der politischen Partei, die die Liste einbringt, zur Abgabe von Erklärungen gegenüber dem Wahlleiter und dem Wahlausschuß ermächtigt sind. Mangels dieser Nennung gilt der erste Unterzeichner als Vertrauensmann, der zweite als dessen Stellvertreter." Siehe: VOBl., Jg. 2 (1946), S. 302 u. 303.

133 Vgl. die entsprechende Bekanntmachung des Magistrats v. 7.9.1946, betr. Einreichung der Wahlvorschläge, in: VOBl., Jg. 2 (1946), S. 330. Mit BK/O (46) 360 v. 10.9.1946 legte die AK für alle Mitglieder der Wahlausschüsse (und nicht nur für deren Leiter und ihre Stellvertreter) fest, daß sie nicht gleichzeitig Wahlkandidaten sein durften. Vgl. hierzu Dok. 113, Anm. 7.

134 Diese Aufzählung bezieht sich auf den Wahlvorstand.

Zur Frage der Nichtwählbarkeit wegen Zugehörigkeit zur NSDAP oder einer ihrer Gliederungen lasse sich auf Grund der Entnazifizierungsanordnung[135] und der Grundsätze der Wahlordnung[136] eine schlüssige Auslegung geben, die auch, um sicherzugehen, der Kommandantur vorgelegt worden sei. Diese Auslegung habe bereits in den Zeitungen gestanden.[137] Die Kommandantur werde dazu erklären, daß die Entscheidung hierüber nach den ergangenen Befehlen[138] Sache der Verwaltung sei.[139]

Bezüglich der heimkehrenden Kriegsgefangenen liege die Mitteilung vor, daß die vorgeschlagene Regelung[140] abgelehnt werde, weil die Wahlordnung in keinem Punkte geändert werden könne.[141]

Zur Frage der Bestätigung der Bewerber auf den Wahlvorschlägen solle nach einer Mitteilung die Antwort lauten, daß die Kandidaten keine Bestätigung benötigten, daß aber die Gewählten von der Kommandantur geprüft würden.[142]

---

135 Gemeint ist die BK/O (46) 101a v. 26.2.1946. Sie ist vorhanden in: LAB(STA), Rep. 101, Nr. 59, u. LAB, Rep. 280, Nr. 13449; veröffentlicht in: VOBl., Jg. 2 (1946), S. 71 – 78. Vgl. hierzu auch das 50. Mag.prot. v. 16.3.1946, TOP 2 (Schmidt).

136 Hier sind die Ziffern 4 und 5 der Wahlordnung gemeint; siehe: VOBl., Jg. 2 (1946), S. 300 f.

137 Hier ist offenbar die Bekanntmachung des Magistrats über Einreichung der Wahlvorschläge v. 3.9.1946 gemeint; vollständig veröffentlicht in: Tägliche Rundschau, 6.9.1946, S. 6, u. Neues Deutschland, 7.9.1946, S. 3, u. VOBl., Jg. 2 (1946), S. 316 – 318. Vgl. auch: Anlauf der Wahlvorbereitungen in Berlin, in: Neue Zeit, 5.9.1946, S. 3; Kandidatenlisten für die Wahl, in: Berliner Zeitung, 6.9.1946, [S. 6].

138 Gemeint sind die BK/O (46) 310 v. 25.7.1946 u. die BK/O (46) 328 v. 14.8.1946; vgl. hierzu Anm. 124 zu diesem Mag.prot. u. Dok. 96, Anm. 32.

139 In Ziffer 2 ihrer BK/O (46) 360 v. 10.9.1946 stellte die AK hierzu lediglich fest: „Die Begriffsbestimmungen der Nichtwählbarkeit und Nichtwahlberechtigung sind in der Wahlordnung enthalten und sind zu beachten." Die BK/O ist vorhanden in: LAB(STA), Rep. 101, Nr. 72, u. LAB, Rep. 280, Nr. 4917; abgedruckt in: Berlin. Quellen und Dokumente, 1. Halbbd., S. 1125 f.

140 Haas hatte bei der AK beantragt, für die heimkehrenden Kriegsgefangenen von der Dreimonatsklausel (dreimonatiger Aufenthalt am Wohnsitz) als Bedingung für die Ausübung des aktiven Wahlrechts abzusehen; vgl. das 68. Mag.prot. v. 3.8.1946, TOP 4.

141 Die Dreimonatsklausel (vgl. die vorige Anm.) war in Ziffer 3 der Wahlordnung statuiert, und die AK lehnte mit BK/O (46) 362 v. 11.9.1946 eine Abänderung der Wahlordnung ab. Die BK/O ist vorhanden in: LAB(STA), Rep. 101, Nr. 72; LAB, Rep 280, Nr. 12644. Vgl. auch: Wer darf wählen? Wahlrecht der Heimkehrer, in: Berliner Zeitung, 14.9.1946, [S. 6].

142 In Ziffer 3 ihrer BK/O (46) 360 (vgl. Anm. 139 zu diesem Mag.prot.) stellte die AK fest: „Eine Bestätigung der Kandidaten vor der Wahl wird seitens der Alliierten Kommandatura nicht erfolgen. Kandidaten werden von den politischen Parteien vorgeschlagen und müssen laut Paragraph 30 der Wahlordnung im Besitz einer polizeilichen Bescheinigung sein. Eine Überprüfung seitens der Alliierten Kommandatura findet nach den Wahlen statt." Die polizeiliche Bescheinigung laut Ziffer 30 der Wahlordnung mußte ausweisen, „daß die Bewerber am Wahltage das 25. Lebensjahr vollendet haben, deutsche Staatsangehörige sind, am 20. April 1946 ihren angemeldeten Wohnsitz in Groß-Berlin hatten, vom Wahlrecht nicht ausgeschlossen und niemals Mitglieder der NSDAP oder einer ihrer Gliederungen gewesen sind". Siehe: VOBl., Jg. 2 (1946), S. 303.

Im übrigen seien 162 Stadtverordnete[143] auf die einzelnen Bezirke nach ihrer Größe aufgeteilt worden, und man sei dabei eigentlich schon weitergegangen, als man dürfe. Natürlich könne man nicht jeder Partei in jedem Bezirk 162 Stadtwahlverordnete[144] zubilligen.

Nun heiße es in der Wahlordnung: „Ist ein Stadtverordneter zugleich auf einem Kreiswahlvorschlag und einem Stadtwahlvorschlag gewählt, gilt stets die Wahl als auf den Kreiswahlvorschlag gefallen."[145] Hier sei die Auslegung wünschenswert, daß dann der Betreffende nur die Möglichkeit habe zu entscheiden, auf welcher Kreiswahlliste er als gewählt gelten wolle. Die Parteien hätten die Bestimmung so auslegen wollen, daß der Betreffende auch noch die Wahl zwischen Stadt und Kreis habe. Nach dem Wortlaut der Wahlordnung sei das nicht möglich.

Redner teilt zur technischen Vorbereitung der Wahlen mit, daß am Donnerstag eine Besprechung der Kreiswahlleiter und Dienststellenleiter der einzelnen Bezirke stattgefunden habe. Nach den Berichten seien die Wählerlisten im großen und ganzen fertig, teils gedruckt, teils mit der Hand, teils mit dem Adremaverfahren[146] hergestellt. Es fehle aber an Bleistiften, Benzin und Holzschrauben. Die Wählerlisten würden vom 22. September bis 29. September von 8 bis 18 Uhr ausliegen. Eine Reihe von Bekanntmachungen werde noch erfolgen.[147]

Maron schlägt zur Erleichterung des Wahlgeschäfts für die Wahlleiter folgende drei Maßnahmen vor:

1) am Wahltage (20. Oktober) die Beschränkung der Sonntagsfahrten aufzuheben,[148]

2) für Sonntag, den 22. September, und Sonntag, den 29. September 1946, jedem Bezirk die Genehmigung für die Benutzung von einem Privatwagen zu erteilen und den einzelnen Bezirken die Anweisung zu geben, die in Frage kommenden Wagennummern anzumelden,

3) jedem Bezirk ein Kontingent von 75 l Benzin für die gesamte Wahlarbeit der Wahlämter zur Verfügung zu stellen.

BESCHLUSS: Der Magistrat beschließt gemäß diesem Vorschlage.[149]

---

143 Gemeint sind die für jeden Wahlvorschlag zugelassenen 162 Bewerber für die 130 Stadtverordnetensitze in der StVV.

144 Vgl. die vorige Anm.

145 Ziffer 69 Absatz II der Wahlordnung; siehe: VOBl., Jg. 2 (1946), S. 307.

146 Verfahren zum Drucken von Anschriften oder Kurztexten mit Hilfe von Adressiermaschinen („Adrema").

147 Vgl. die die Wahlen am 20.10.1946 betreffenden Bekanntmachungen des Magistrats v. 7.9.1946, 12.9.1946, 17.9.1946, 20.9.1946, 26.9.1946 u. 1.10.1946, in: VOBl., Jg. 2 (1946), S. 330, 339 f., 350 u. 385.

148 Nach Ziffer 1 der BK/O (46) 198 v. 30.4.1946 durften zivile Kraftfahrzeuge zwischen 21 Uhr sonnabends und 5 Uhr montags ohne besondere schriftliche Erlaubnis nicht verkehren. Die BK/O (46) 198 ist vorhanden in: LAB(STA), Rep. 101, Nr. 64; LAB, Rep. 280, Nr. 4841. Auf Antrag des Magistrats v. 12.9.1946 wurde diese Verkehrseinschränkung von der AK mit BK/O (46) 389 v. 3.10.1946 für den Wahlsonntag außer Kraft gesetzt. Die BK/O (46) 389 ist vorhanden in: LAB(STA), Rep. 101, Nr. 73; LAB, Rep. 280, Nr. 9246.

149 Vgl. zu den weiteren Vorbereitungen für die Berliner Wahlen am 20.10.1946 das 74. Mag.prot. v. 12.9.1946, TOP 1, u. das 75. Mag.prot. v. 14.9.1946, TOP 7 (Maron), u. das 77. Mag.prot. v. 28.9.1946, TOP 7 (Maron), u. das 78. Mag.prot. v. 5.10.1946, TOP 6.

Scharoun teilt noch mit, daß die *Ausstellung „Berlin plant"* großem Interesse begegne und über den 3. September hinaus wahrscheinlich bis Ende des Monats verlängert werden müsse.[150] Eine englische Parlamentsabordnung habe den Wunsch, am 17. September die Ausstellung zu besuchen, und auch aus dem russischen Gebiet kämen noch Kommissionen. Die Wettbewerbsergebnisse[151] liefen jetzt zum Teil ein, und es werde ein erhebliches Material zusammenkommen. Man beabsichtige, die gesamte Arbeit Anfang des nächsten Jahres auf eine Schau- und Versuchssiedlung zu konzentrieren.[152] Zu diesem Zwecke sei es am besten, wenn als Träger eines solchen Unternehmens der als Sektion des Kulturbundes[153] gegründete Werkbund[154] herangezogen werde, desgleichen die Gehag[155] oder die Gesiwo[156].

Vgl. hierzu ferner die folgenden BK/Os: BK/O (46) 359 v. 9.9.1946, in: LAB(STA), Rep. 101, Nr. 72, u. LAB, Rep. 280, Nr. 4916, u. veröffentlicht in: VOBl., Jg. 2 (1946), S. 337 f., u. wieder abgedruckt in: Berlin. Quellen u. Dokumente, 1. Halbbd., S. 1124 f.; BK/O (46) 374 v. 18.9.1946, in: LAB(STA), Rep. 101, Nr. 72, u. LAB, Rep. 280, Nr. 4924, u. veröffentlicht in: VOBl., Jg. 2 (1946), S. 385, u. wieder abgedruckt in: Berlin. Quellen und Dokumente, 1. Halbbd., S. 1124; BK/O (46) 395 v. 10.10.1946, in: LAB(STA), Rep. 101, Nr. 73, u. LAB, Rep. 280, Nr. 4930, u. abgedruckt in: Berlin. Quellen und Dokumente, 1. Halbbd., S. 1136 f.; BK/O (46) 401 v. 18.10.1946, in: LAB(STA), Rep. 101, Nr. 73, u. LAB, Rep. 280, Nr. 4933; BK/O (46) 402 v. 18.10.1946, in: LAB(STA), Rep. 101, Nr. 73, u. LAB, Rep. 280, Nr. 4934, u. abgedruckt in: Berlin. Quellen und Dokumente, 1. Halbbd., S. 1137 f.; BK/O (46) 403 v. 19.10.1946, in: LAB(STA), Rep. 101, Nr. 73, u. LAB, Rep. 280, Nr. 10950, u. abgedruckt in: Berlin. Quellen und Dokumente, 1. Halbbd., S. 1138 f.

150 Vgl. zur Ausstellung „Berlin plant", die im Weißen Saal des Berliner Schlosses veranstaltet wurde und mit zweimaliger Verlängerung bis zum 15.10.1946 geöffnet blieb, das 69. Mag.prot. v. 12.8.1946, TOP 5.

151 Gemeint sind Arbeiten und Vorschläge, die im Rahmen des parallel zur Ausstellung „Berlin plant" durchgeführten stadtplanerischen und bautechnischen Wettbewerbs „Berlin plant" an das Hauptamt für Planung der Mag.abt. für Bau- und Wohnungswesen eingesandt wurden. Vgl. zu diesem Wettbewerb das 69. Mag.prot. v. 12.8.1946, TOP 5, u. das 70. Mag.prot. v. 17.8.1946, TOP 3.

152 Vgl. zur Durchführung des Wettbewerbs „Berlin plant" die Materialien in: LAB(STA), Rep. 110, Nr. 109 – 119. Die preisgekrönten Wettbewerbsarbeiten wurden erst vom 22.10.1947 bis 4.11.1947 im Weißen Saal des Berliner Schlosses ausgestellt. Vgl. hierzu: Ausstellung „Berlin plant", in: Berliner Zeitung, 21.10.1947, [S. 6]; Erich Karweik: Berlin plant – plant es richtig?, in: Der Sozialdemokrat, 21.10.1947, S. 4; Neue Bauwelt, Jg. 2 (1947), S. 370, 498 u. 674.

153 Vgl. zum Kulturbund zur demokratischen Erneuerung Deutschlands: Dok. 106, Anm. 46.

154 Vgl. zum Werkbund das 46. Mag.prot. v. 16.2.1946, TOP 9, u. das 48. Mag.prot. v. 4.3.1946, TOP 6.

155 Gemeinnützige Heimstätten-Aktiengesellschaft; vgl. hierzu: Hanauske, S. 261 – 266.

156 Gemeinnützige Siedlungs- und Wohnungsbaugesellschaft Berlin mbH; vgl. hierzu: Hanauske, S. 249 – 261.

Dok. 113
74. (außerordentliche) Magistratssitzung vom 12. September 1946

LAB(STA), Rep. 100, Nr. 779, Bl. 20a. – Umdruck.[1]

Beginn: 10.40 Uhr   Schluß: 10.55 Uhr

Anwesend: OB Dr. Werner, Maron, Schwenk, Schulze, Lange, Dr. Landwehr, Pieck, Dr. Haas, Rumpf, Geschke, Kehler, Dr. Goll, Hauth, Starck, Kraft, Dr. Harms.

Den Vorsitz führt: Oberbürgermeister Dr. Werner.

Tagesordnung: 1. Ernennung eines neuen Wahlleiters
               2. Allgemeines.

1. ERNENNUNG EINES NEUEN WAHLLEITERS

OB Dr. Werner gibt zur Kenntnis, daß der bisherige Stadtwahlleiter Dr. Haas[2] von der Alliierten Kommandantur abgelehnt werde, und beantragt, den bereits in einer früheren Magistratssitzung[3] vorsorglich ausersehenen Stadtrat Dr. Landwehr für das Amt des Stadtwahlleiters in Vorschlag zu bringen.

Maron schließt sich diesem Antrage an und betont, daß der bisherige Stadtwahlleiter Dr. Haas durch den Befehl der Alliierten Kommandantur vom 11.9.46 nicht wegen seiner Person abgelehnt werde, sondern lediglich deshalb, weil der Wahlleiter keiner Partei angehören dürfe.[4]

Auf Grund des Befehls ergäbe sich auch eine neue Situation bezüglich der Kreiswahlleiter, die gleichfalls nicht Mitglieder einer Partei sein sollen.[5] Von den 40 genannten Kreiswahlleitern und deren Stellvertretern seien etwa 29 Mitglied einer Partei und müßten in den nächsten Tagen ersetzt werden. Heute nachmittag finde

---

1 Weitere Umdruckexemplare dieses Protokolls sind vorhanden in: LAB(STA), Rep. 100, Nr. 752, lfd. S. 424 f.; LAB, Rep. 228, Mag.protokolle 1946, u. Rep. 280, Nr. 8501/31.

2 Der Magistrat hatte am 20.7.1946 beschlossen, der AK Haas als Stadtwahlleiter für die Berliner Wahlen am 20.10.1946 vorzuschlagen; vgl. das 66. Mag.prot. v. 20.7.1946, TOP 3.

3 Vgl. das 71. Mag.prot. v. 24.8.1946, TOP 8 (Maron u. Beschluß).

4 Mit BK/O (46) 363 v. 11.9.1946 hatte die AK angeordnet, daß das Prinzip der Gleichheit für alle an den Wahlen teilnehmenden politischen Parteien gewährleistet sein müsse. Dieses Prinzip sei am zweckmäßigsten zu wahren, wenn der Stadtwahlleiter und die Kreiswahlleiter sowie ihre Stellvertreter keiner Partei angehörten. Da Haas einer Partei (der CDU) angehörte, sei seine Wahl zum Stadtwahlleiter durch den Magistrat „keine passende" Wahl. Die BK/O (46) 363 ist vorhanden in: LAB(STA), Rep. 101, Nr. 72, u. LAB, Rep. 280, Nr. 4918; abgedruckt in: Berlin. Quellen und Dokumente, 1. Halbbd., S. 1123.

5 Vgl. hierzu die vorige Anm. u. das 73. Mag.prot. v. 7.9.1946, TOP 2.

eine Besprechung der Wahlleiter statt, in der man diese Schwierigkeit zu beheben hoffe.[6]

Auch in den Wahlausschüssen müßte nunmehr eine Änderung eintreten, da nach dem Kommandanturbefehl entgegen dem Magistratsbeschluß vom 7. September 1946 kein Kandidat eine amtliche Tätigkeit im Zusammenhang mit der Wahl ausüben dürfe.[7]

Redner teilt in diesem Zusammenhang mit, daß die Meldung in der letzten Nummer der Zeitung „Der Sozialdemokrat", wonach der neue Stadtwahlleiter Dr. Landwehr bereits in der letzten Sitzung der Alliierten Kommandantur bestätigt worden sei,[8] den Tatsachen nicht entspreche und nicht aus Magistratskreisen stamme. Es treffe allerdings zu, daß die Alliierte Kommandantur sich in ihrem Befehl ausdrücklich die Bestätigung des Stadtwahlleiters vorbehalte.[9] Diese Bestätigung werde hoffentlich in der kommenden Freitagsitzung der Alliierten Kommandantur erfolgen. Dies sei schon aus dem Grunde wünschenswert, da am Montag der nächsten Woche die Verpflichtung der Wahlleiter durch den Oberbürgermeister, die Verpflichtung der Ausschußmitglieder durch den Stadtwahlleiter und die Auslosung

---

6 Die Veröffentlichung von Namen und Anschrift der endgültig ernannten Kreiswahlleiter und ihrer Stellvertreter erfolgte durch Bekanntmachungen des Magistrats v. 17.9.1946 u. 28.9.1946, in: Berliner Zeitung, 20.9.1946, [S. 6], u. 28.9.1946, [S. 6]; VOBl., Jg. 2 (1946), S. 339 f. u. 385.

7 Nach dem entsprechenden Mag.beschluß wäre es für Wahlkandidaten möglich gewesen, als Beisitzer eines Wahlausschusses tätig zu sein; vgl. das 73. Mag.prot. v. 7.9.1946, TOP 6 (Haas). In Ziffer 1 ihrer BK/O (46) 360 v. 10.9.1946, betr. Wahlbestimmungen, hatte die AK aber gegenüber dem Magistrat angeordnet: „Die Bestimmung, nach welcher den Wahlkandidaten nicht gestattet wird, Mitglieder eines Wahlvorstandes zu sein, bezweckt die Verhinderung einer unmittelbaren Berührung zwischen Kandidaten und Wählern zur Zeit der Stimmabgabe. Dieser Vorbehalt trifft bei den Wahlausschüssen nicht zu, obgleich es nicht üblich ist, daß irgendein Kandidat bei den Wahlen in einer amtlichen Eigenschaft tätig ist. Die Ernennung irgendeines Kandidaten zu irgendeinem Amt bei einem Wahlausschuß würde im Falle der Berliner Wahlen zu einer Beeinträchtigung der Unparteilichkeit führen. Es wird Ihnen daher zur Kenntnis gebracht, daß kein Kandidat eine amtliche Tätigkeit im Zusammenhang mit der Wahl ausüben darf." Die BK/O ist vorhanden in: LAB(STA), Rep. 101, Nr. 72, u. LAB, Rep. 280, Nr. 4917; abgedruckt in: Berlin. Quellen und Dokumente, 1. Halbbd., S. 1125 f. Vgl. auch die entsprechende Bekanntmachung des Magistrats v. 12.9.1946, betr. Besetzung der Wahlausschüsse, in: VOBl., Jg. 2 (1946), S. 339.

8 Vgl.: Neuer Wahlleiter für Berlin, in: Der Sozialdemokrat, 12.9.1946, S. 3.

9 In Ziffer 3 ihrer BK/O (46) 363 (vgl. Anm. 4 zu diesem Mag.prot.) hatte die AK den Magistrat angewiesen, ihr den Namen eines parteilosen Stadtwahlleiters zur Zustimmung vorzuschlagen.

der Reihenfolge der Parteien in einer öffentlichen Sitzung durchgeführt werden sollten.[10]

BESCHLUSS: Der Magistrat beschließt, Stadtrat Dr. Landwehr für das Amt des Stadtwahlleiters in Vorschlag zu bringen.[11]

2. ALLGEMEINES

Die Behandlung dieses Tagesordnungspunktes wird auf die nächste Sitzung vertagt.

---

10 Vgl. hierzu das 75. Mag.prot. v. 14.9.1946, TOP 7 (Maron).
11 Der hiermit beschlossene Vorschlag wurde der AK mit Schreiben v. 12.9.1946 unter Beifügung von Abschriften des Personalfragebogens und des Lebenslaufs von Landwehr zur Bestätigung zugeleitet. Das Schreiben ist vorhanden in: LAB(STA), Rep. 102, Nr. 265. Am folgenden Tag bestätigte die AK Landwehr als Stadtwahlleiter; vgl. das 24. Prot. der AK v. 13.9.1946, TOP 232, in: LAB, Rep. 37, Acc. 3971, Nr. 216. Die entsprechende BK/O (46) 367 v. 14.9.1946 ist vorhanden in: LAB(STA), Rep. 101, Nr. 72; LAB, Rep. 280, Nr. 12648. Vgl. zur Verpflichtung Landwehrs als Stadtwahlleiter am 16.9.1946: Dok. 114, Anm. 60. Der Magistrat veröffentlichte Landwehrs Ernennung zum Stadtwahlleiter mit seiner Bekanntmachung über die Wahlleiter und deren Stellvertreter v. 17.9.1946, in: Berliner Zeitung, 20.9.1946, [S. 6]; VOBl., Jg. 2 (1946), S. 339 f.

Dok. 114
75. Magistratssitzung vom 14. September 1946

LAB(STA), Rep. 100, Nr. 779, Bl. 22 – 25a. – Umdruck.[1]

Beginn: 9.08 Uhr   Schluß: 11 Uhr

Anwesend: OB Dr. Werner, Maron, Orlopp, Schwenk, Schulze, Pieck, Geschke,
             Kehler, Rumpf, Dr. Goll, Dr. Landwehr, Dusiska, Hauth, Scharoun,
             Starck, Dr. Mittag, Lange, Kraft, Wildangel, Dr. Harms, Grüber,
             Schwanebeck.[2]

Den Vorsitz führt: Oberbürgermeister Dr. Werner,
                     zeitweilig Bürgermeister Maron.

Tagesordnung: 1. Protokolle
                2. Personalfragen
                3. Finanzfragen
                4. Städtische Energie- und Versorgungsbetriebe
                5. Wirtschaft
                6. Bau- und Wohnungswesen
                7. Allgemeines.

1. PROTOKOLLE

Die Niederschrift über die 72. Magistratssitzung vom 31.8.46 wird genehmigt.

In dem Protokoll über die 73. Magistratssitzung vom 7.9.46 muß es auf Seite 8[3] in den Ausführungen von Geschke statt „21 Millionen" heißen[:] „22 Millionen". Einige weitere Zahlenberichtigungen in den Darlegungen des Stadtkämmerers zum Haushaltsplan will der durch Krankheit am Erscheinen verhinderte Stadtkämmerer Dr. Haas bis zur nächsten Sitzung nachreichen.[4] Unter diesem Vorbehalt stimmt der Magistrat der Niederschrift über die 73. Sitzung zu.

Das Protokoll über die 74. (außerordentliche) Magistratssitzung vom 12.9.46 ist noch nicht fertiggestellt.

2. PERSONALFRAGEN

Pieck begründet die Vorlage Nr. 409[5], betreffend die *Berufung des Herrn Dr. med.*

---

1 Weitere Umdruckexemplare dieses Protokolls sind vorhanden in: LAB(STA), Rep. 100, Nr. 752, lfd. S. 426 – 434; LAB, Rep. 228, Mag.protokolle 1946, u. Rep. 280, Nr. 8501/32.

2 In der Anwesenheitsliste ist Piechowski nicht aufgeführt, der im Text des Protokolls (TOP 2) als Redner genannt wird.

3 Die hier genannte Stellenangabe trifft in dieser Form nur auf das Originalprotokoll zu, nicht aber auf seine Wiedergabe in dieser Edition. Vgl. das 73. Mag.prot. v. 7.9.1946, TOP 3 (Geschke).

4 In den Protokollen der folgenden Mag.sitzungen sind solche Zahlenberichtigungen nicht enthalten.

5 LAB(STA), Rep. 100, Nr. 779, Bl. 30.

Lic. theol. Dr. phil. Paul Piechowski zum stellvertretenden Leiter der Abteilung für Gesundheitsdienst.[6]

Dr. Harms stellt Dr. Piechowski sowohl vom ärztlichen wie vom rein menschlichen Gesichtspunkt das beste Zeugnis aus und rühmt vor allem seine soziale Einstellung.

Dr. Piechowski wird darauf dem Magistrat vorgestellt und macht nähere Angaben über seine bisherige ärztliche Tätigkeit, über seinen Bildungsgang sowie über seine soziale und politische Einstellung.[7]

BESCHLUSS: Der Magistrat beschließt einstimmig gemäß der Vorlage Nr. 409.[8]

Rumpf befürwortet Annahme der Vorlage Nr. 411[9], betreffend die endgültige *Ernennung* des Dipl.-Kaufmanns Felix *Görlich* zum *Direktor des Berliner Stadtkontors*.[10]

BESCHLUSS: Der Magistrat tritt auf Vorschlag des Bürgermeisters Schwenk einstimmig dem Beschlußantrag in folgender Form bei:
Der derzeitige vorläufige Leiter des Berliner Stadtkontors, Herr Dipl.-Kaufmann Felix Görlich, wird endgültig zum Direktor des Berliner Stadtkontors ernannt.[11]

3. FINANZFRAGEN

Rumpf bittet um Erteilung der Vollmacht, mit der französischen Kommandantur und dem Werk *Rheinmetall-Borsig* Verhandlungen zwecks Gewährung eines neuen

---

6 Vgl. zur Entlassung Redekers als stellvertretender Leiter der Mag.abt. für Gesundheitsdienst: Dok. 103, Anm. 19.

7 Vgl. zur Biographie von Piechowski (SED, vormals SPD): Anlage („Werdegang") zur Mag.vorlage Nr. 855 v. 3.4.1948, in: LAB, Rep. 228, Mag.vorlagen 1948; Manfred Stürzbecher: Paul Piechowski. Theologe, Sozialist und Arzt, in: Medizinische Monatsschrift, Jg. 22 (1968), S. 211–213; Ulrich Peter: Der ‚Bund der religiösen Sozialisten' in Berlin von 1919 bis 1933. Geschichte – Struktur – Theologie und Politik, Frankfurt a. M./Berlin/Bern/New York/Paris/Wien 1995 (Europäische Hochschulschriften. Reihe XXIII, Bd. 532), S. 425–428 u. 684–686.

8 Vgl. zur Berufung Piechowskis zum stellvertretenden Leiter der Mag.abt. für Gesundheitsdienst auch das 79. Mag.prot. v. 12.10.1946, TOP 2.

9 LAB(STA), Rep. 100, Nr. 779, Bl. 31 u. 32; auch in: LAB(STA), Rep. 101, Nr. 644, Bl. 55.

10 Nachdem der bisherige Leiter des Berliner Stadtkontors, Hermann Meister, auf Befehl der AK im Januar 1946 hatte entlassen werden müssen, war Felix Görlich vom Magistrat mit der vorläufigen Geschäftsführung dieser Bank beauftragt worden. Vgl. das 42. Mag.prot. v. 19.1.1946, TOP 2. Eine von der AK angeforderte Vorschlagsliste mit drei Kandidaten für den *Dauer*posten des Direktors des Stadtkontors, die der Magistrat der AK mit Schreiben v. 24.7.1946 übersandte, ist vorhanden in: LAB(STA), Rep. 101, Nr. 636. Das Finanzkomitee der AK empfahl dem Magistrat mit seinem Befehl FIN/I (46) 88 v. 16.8.1946, den auf der Liste aufgeführten Görlich zum Direktor zu ernennen. Der Befehl ist vorhanden in: LAB, Rep. 37: OMGBS, FIN Br, 4/91-2/12.

11 Diese Ernennung wurde von der AK mit BK/O (46) 400 v. 17.10.1946 bestätigt und trat mit Eingang der BK/O beim Magistrat am 18.10.1946 in Kraft. Die BK/O ist vorhanden in: LAB(STA), Rep. 101, Nr. 73; LAB, Rep. 280, Nr. 10949. Vgl. auch den vorangegangenen Befehl FIN/I (46) 116 des Finanzkomitees der AK v. 3.10.1946, in: LAB, Rep. 37: OMGBS, FIN Br, 4/91-2/12; Direktor Görlich bestätigt, in: Neue Zeit, 18.9.1946, S. 3; Er verwaltet 2,3 Milliarden, in: Der Abend, 9.11.1946, [S. 6].

Kredits von 1 1/2 Millionen an Rheinmetall-Borsig durch das Berliner Stadtkontor unter der Bedingung zu führen, daß dieser Kredit ebenso wie die bisher gegebenen Kredite in Höhe von 5 Millionen[12] durch Eintragung einer Sicherheitshypothek zugunsten der Stadt Berlin gesichert wird. Wenn das Borsigwerk[13] nicht neue Geldmittel erhalte, werde in den nächsten Wochen die Belegschaft auf 300 bis 400 Mann reduziert werden müssen. Die französische Kommandantur habe dem Werk die Erlaubnis gegeben, einen neuen Kredit in Höhe von 1 1/2 Millionen aufzunehmen; sie habe auch ihre Zustimmung dazu gegeben, daß für diesen neuen Kredit eine Sicherungshypothek eingetragen werde. Im übrigen würden für Borsig noch weitere beträchtliche Mittel benötigt werden. Zwei Drittel der bis jetzt zur Verfügung gestellten Gelder seien reine Investierungsausgaben, so daß der reelle Wert des Grund und Bodens sowie der Gebäude ständig wachse.

Maron spricht sich für den Antrag Rumpf aus, soweit er sich auf die abgelaufene Zeit und auf die Gegenwart erstrecke, hält aber eine weitergehende Vollmacht für unzweckmäßig und ist der Meinung, daß auch in Zukunft von Fall zu Fall entschieden werden solle.

Hauth macht den Vorschlag, die Sicherungshypothek nicht zugunsten der Stadt, sondern zugunsten des Stadtkontors für den gesamten Kreditbetrag eintragen zu lassen.

Schwenk hält diesen Vorschlag nicht für annehmbar, da ja die Stadt die Ausfallbürgschaft zu tragen habe und sich sichern müsse.

Rumpf widerspricht gleichfalls dem Vorschlag Hauth.

BESCHLUSS: Der Magistrat beschließt:

Die Stadt Berlin übernimmt die Bürgschaft für einen weiteren Kredit von 1 1/2 Millionen bei dem Werk Rheinmetall-Borsig unter der Bedingung, daß für die bereits gegebenen Kredite und den neuen Kredit eine Sicherheitshypothek zugunsten der Stadt Berlin eingetragen wird.[14]

4. STÄDTISCHE ENERGIE- UND VERSORGUNGSBETRIEBE

Dr. Goll ersucht um nochmalige Zurückstellung der Vorlage Nr. 388[15] über die *Anpassung der Begriffsbestimmung über Kälber* in der Gebührenordnung für die Berliner Vieh- und Schlachthöfe an die des Reichsfleischbeschaugesetzes,[16] da sich

---

12 Vgl. hierzu das Schreiben der Finanzabteilung des Magistrats an das Finanzkomitee der französischen Militärregierung v. 26.8.1946, betr. Zahlungen an den Borsig-Betrieb, in: LAB(STA), Rep. 101, Nr. 637.

13 Vgl. zum Borsig-Werk (Städtisches Werk Tegel) das 7. Mag.prot. v. 18.6.1945, Nachtrag, u. das 30. Mag.prot. v. 12.11.1945, TOP 4, u. das 46. Mag.prot. v. 16.2.1946, TOP 5, u. das 47. Mag.prot. v. 23.2.1946, TOP 6, u. das 48. Mag.prot. v. 4.3.1946, TOP 7, u. das 53. Mag.prot. v. 6.4.1946, TOP 4, u. das 71. Mag.prot. v. 24.8.1946, TOP 5, u. das 73. Mag.prot. v. 7.9.1946, TOP 6 (Goll u. Beschluß).

14 Vgl. zur Sicherung der städtischen Kredite für das Borsig-Werk (Städtisches Werk Tegel) das 76. Mag.prot. v. 21.9.1946, TOP 5 (Haas), u. das 78. Mag.prot. v. 5.10.1946, TOP 6.

15 Die Mag.vorlage Nr. 388 v. 23.8.1946 ist vorhanden in: LAB(STA), Rep. 101, Nr. 664.

16 Die hier gemeinte Gebührenordnung für die städtischen Vieh- und Schlachthöfe Berlin v. 4.4.1942 ist veröffentlicht in: Amtsblatt der Reichshauptstadt Berlin, Jg. 83 (1942), S. 260–266; das Fleischbeschaugesetz v. 29.10.1940 in: RGBl., Jg. 1940, Teil I, S. 1463– 1467.

die Meinungsverschiedenheiten zwischen der Abteilung für Ernährung und der Abteilung für Städtische Energie- und Versorgungsbetriebe, die schon zur Vertagung der Vorlage in der Sitzung vom 31.8.[17] geführt hatten, noch nicht hätten klären lassen. Es handele sich vor allem um die Feststellung, ob tatsächlich eine nennenswerte Gebührenerhöhung durch die Annahme dieser Vorlage eintrete oder nicht.
BESCHLUSS: Die Beratung der Vorlage Nr. 388 wird zurückgestellt.[18]

5. WIRTSCHAFT

Dr. Landwehr befürwortet die Vorlage Nr. 408[19], betreffend Anordnung über den Umtausch der *Tabakernte der Kleinpflanzer*.[20] Die Vorlage sei von der Abteilung für Wirtschaft gemeinsam mit der Abteilung für Handel und Handwerk ausgearbeitet worden, und die Abteilung für Finanzen habe ihr Einverständnis erklärt. Auch die Rechtsabteilung habe die Anordnung überprüft und mit unterzeichnet. Die Anordnung ergebe sich auf Grund des Gesetzes Nr. 26 der Alliierten Kommandantur.[21]
BESCHLUSS: Der Magistrat stimmt der in der Vorlage Nr. 408 enthaltenen Anordnung über Umtausch der Tabakernte der Kleinpflanzer zu und stellt fest, daß die Genehmigung der Alliierten Kommandantur hierzu nicht erforderlich ist.[22]

Dusiska ersucht um Annahme der Magistratsvorlage Nr. 412[23] über *Errichtung eines Beirates der Baustoffbeschaffungs-GmbH*.[24] Es habe sich gerade im Zusammenhang mit der Affäre Karweik[25] als zweckmäßig erwiesen, der Baustoffbeschaffungs-GmbH neben dem Aufsichtsrat ein beratendes Organ für die Fragen der Heranschaffung und Verteilung der Baustoffe, das möglichst von allen interessierten Stellen besetzt ist, zur Seite zu stellen.

Lange stellt fest, daß die Vorlage der Rechtsabteilung nicht zugegangen sei und juristische Mängel aufweise. Die Errichtung eines Beirats sei natürlich nicht ohne Beispiel, aber der Ernährungsbeirat[26], auf den in der Begründung verwiesen werde, stelle doch etwas anderes dar als der Beirat einer GmbH. Redner empfiehlt, da es sich ja um Zusatzbestimmungen zum Gesellschaftsvertrag[27] handele, eine Formulierung

---

17 Vgl. das 72. Mag.prot. v. 31.8.1946, TOP 6.
18 Die Mag.vorlage Nr. 388 ist in den folgenden Mag.sitzungen nicht wieder behandelt worden.
19 LAB(STA), Rep. 100, Nr. 779, Bl. 28 f.
20 Vgl.: Berlin wurde eine Tabakstadt, in: Vorwärts, 1.6.1946, [S. 2]; Berlins Tabakernte wie noch nie, in: Neue Zeit, 22.8.1946, S. 3.
21 Gemeint ist das Gesetz Nr. 26 des Alliierten Kontrollrats (nicht der Alliierten Kommandantur) v. 10.5.1946, mit dem dieser eine Neuregelung der Tabaksteuer angeordnet hatte. Vgl. hierzu Dok. 94, Anm. 47 u. 49.
22 Die hiermit beschlossene Anordnung über den Umtausch der Tabakernte der Kleinpflanzer wurde mit dem Ausfertigungsdatum v. 14.9.1946 veröffentlicht in: VOBl., Jg. 2 (1946), S. 348.
23 LAB(STA), Rep. 100, Nr. 779, Bl. 33.
24 Vgl. zur Baustoffbeschaffung GmbH das 48. Mag.prot. v. 4.3.1946, TOP 6, u. das 55. Mag.prot. v. 29.4.1946, TOP 6, u. das 72. Mag.prot. v. 31.8.1946, TOP 3, u. das 73. Mag.prot. v. 7.9.1946, TOP 6.
25 Vgl. hierzu das 71. Mag.prot. v. 24.8.1946, TOP 2.
26 Vgl. hierzu das 26. Mag.prot. v. 15.10.1945, TOP 7.
27 Der Gesellschaftsvertrag für die Baustoffbeschaffung GmbH bildet den wesentlichen

zu wählen, die als Ganzes in den Gesellschaftsvertrag aufgenommen werden könne. Unter Ziffer 1 müsse man sagen:[28]

> Zur Beratung und Unterstützung der Geschäftsführung der Gesellschaft in grundsätzlichen und wichtigen Fragen der Baustoffverteilung wird ein Beirat gebildet, der besteht aus ...

Die Bestimmung über den Vorsitzenden und seinen Stellvertreter gehöre in die Ziffer 1.[29] Zu Ziffer 2 schlägt Redner folgende Fassung vor:[30]

> Der Beirat faßt seine Beschlüsse in Form von Empfehlungen in Sitzungen, zu denen ...

Wenn unter Ziffer 2 von „Willenserklärungen des Beirates" gesprochen werde,[31] so sei offenbar gemeint, daß die Empfehlungen des Beirates vom Vorsitzenden oder seinem Stellvertreter an den Aufsichtsratsvorsitzenden weitergeleitet werden sollten.

> (Wird bejaht.)

Die Vorschrift des vorletzten Absatzes der Ziffer 2, nach der vom Beirat angenommene Empfehlungen für die Geschäftsführung bindend sein sollen, wenn ihnen nicht innerhalb einer Frist von acht Tagen vom Aufsichtsratsvorsitzenden widersprochen werde, werde der Registerrichter schwerlich aufnehmen. Im übrigen lasse sich das intern in Form einer Anweisung an die Geschäftsführung regeln.

Redner beantragt daher zu beschließen:

> Der Magistrat stimmt den vorgeschlagenen Zusatzbestimmungen zum Gesellschaftsvertrag der Baustoffbeschaffungs-GmbH zu. Die redaktionelle Überarbeitung hat im Einvernehmen mit der Rechtsabteilung zu erfolgen.

Dusiska erkennt die Berechtigung dieser Einwendungen an und befürwortet gleichfalls eine redaktionelle Überprüfung der Vorlage.

Schwenk äußert auch mit Bezug auf den materiellen Inhalt der Vorlage Bedenken, und zwar gegen die Formulierung unter Ziffer 2, daß der Beirat die Geschäftsführung der Gesellschaft in grundsätzlichen und wichtigen Fragen der Baustoffverteilung zu beraten und zu unterstützen habe. Die Verteilung der Baustoffe sei nicht die Aufgabe der Baustoffbeschaffungs-GmbH, sondern nach wiederholten Meinungsäußerungen des Magistrats solle die Baustoffverteilung bei der Abteilung für Bau- und

---

Bestandteil des Mag.beschlusses zur Gründung dieser GmbH v. 29.4.1946. Dieser Mag.beschluß ist vorhanden in: LAB(STA), Rep. 100, Nr. 771, Bl. 26 – 29, u. Rep. 110, Nr. 197.

28 Der erste Satz in Ziffer 1 des Beschlußtextes der Mag.vorlage Nr. 412 v. 11.9.1946 hat den Wortlaut: „Der Beirat der Gesellschaft besteht aus zehn Mitgliedern."

29 Gemeint ist die folgende Stelle in Ziffer 2 Absatz 7 des Beschlußtextes der Mag.vorlage: „Der Vorsitzende bzw. dessen Stellvertreter werden auf Beschluß des Aufsichtsrates vom Aufsichtsratsvorsitzenden für die Dauer eines Geschäftsjahres bestellt. Wiederbestellung ist zulässig."

30 Die hier vorgeschlagene Änderung betrifft den folgenden Satz in Ziffer 2 Absatz 3 des Beschlußtextes der Mag.vorlage: „Der Beirat faßt seine Empfehlungen in Sitzungen, zu denen die Mitglieder des Beirates und gegebenenfalls die Vertreter der Bezirksämter unter Angabe der Tagesordnung von der Geschäftsführung innerhalb einer Frist von acht Tagen schriftlich einzuladen sind."

31 Hier ist der erste Satz in Ziffer 2 Absatz 7 des Beschlußtextes der Mag.vorlage gemeint: „Willenserklärungen des Beirates werden von dem Vorsitzenden oder bei dessen Verhinderung von dem Stellvertreter abgegeben."

Wohnungswesen liegen.[32] Aufgabe der Baustoffbeschaffungs-Gesellschaft sei die Baustoffbeschaffung. Die Baustoffverteilung hänge von Faktoren ab, die allein in der zuständigen Abteilung für Bau- und Wohnungswesen bearbeitet werden könnten.

Dusiska erwidert, es solle selbstverständlich keineswegs in die Kompetenz der Abteilung für Bau- und Wohnungswesen eingegriffen werden.

BESCHLUSS: Die weitere Beratung der Vorlage wird zurückgestellt. Die Vorlage soll von der Abteilung für Wirtschaft zusammen mit der Rechtsabteilung und der Abteilung für Bau- und Wohnungswesen redaktionell noch einmal überprüft werden.[33]

6. BAU- UND WOHNUNGSWESEN

Scharoun bittet um Annahme der Vorlage Nr. 410[34], betreffend Bewilligung der Kosten für den Transport und den *Aufbau von 800 Nissenhütten* im britischen Sektor Berlins, die von der englischen Militärregierung zur Verfügung gestellt worden seien.[35]

Auf eine Anfrage *Marons* nach dem Eigentumsrecht antwortet Redner, daß die Hütten gekauft würden und damit wohl in deutsches Eigentum übergingen.

Schwenk hält es für unbedingt notwendig, diese Frage vorher einwandfrei zu klären. Sonst sei die ganze Sache sehr teuer. Man könne auch noch im Zweifel darüber sein, ob die Hütten geeignete Unterkünfte für die Bevölkerung darstellten.

Dr. Harms fragt, ob die Hütten vom hygienischen Standpunkte aus geprüft worden seien und ob sie eine wesentliche Verbesserung darstellten.

Scharoun bemerkt dazu, die Hütten seien gegen Witterungseinflüsse gut isoliert. Anfänglich habe sich die Bevölkerung etwas gegen die Hütten gewehrt und sie als Negerhütten bezeichnet. Nachher aber habe sie sich um die Hütten gerissen.

Grüber teilt mit, daß er in London solche Hütten gesehen habe. Die Hütten könnten nett und wohnlich eingerichtet werden. Allerdings handele es sich um Behelfshütten; aber sie bildeten einen sehr guten Schutz gegen die Witterung.

Dr. Harms ersucht, die Angelegenheit dem Gesundheitsamt zur Überprüfung zu überweisen.

Scharoun erwidert, vom hygienischen Standpunkte aus sei gegen die Hütten nichts einzuwenden. Sie würden im übrigen auch von den Engländern benutzt. Nur einen Fußboden hätten sie nicht, und darin liege das Problem.

---

32 Vgl. hierzu das 27. Mag.prot. v. 22.10.1945, TOP 3 (Scharoun), u. das 40. Mag.prot. v. 7.1.1946, TOP 3 (Schwenk), u. das 63. Mag.prot. v. 29.6.1946, TOP 4 (Dusiska).

33 Vgl. zur Beschlußfassung über die redaktionell berichtigte Mag.vorlage Nr. 412 das 77. Mag.prot. v. 28.9.1946, TOP 6.

34 LAB(STA), Rep. 100, Nr. 779, Bl. 26.

35 Die Kosten waren je Nissenhütte mit 2 000 RM für den Transport und 3 000 RM für den Aufbau angesetzt, so daß die Gesamtkosten für 800 Nissenhütten mit 4 Millionen RM veranschlagt wurden. Es handelte sich bei diesen Hütten um Wellblechbaracken mit halbkreisförmigem Querschnitt, die nach dem Hersteller in England benannt waren. Vgl. hierzu: Hans Schoszberger: Was sind eigentlich Nissen-Hütten?, in: Neue Bauwelt, Jg. 1 (1946), H. 25, S. 6 – 8; Behelfsheime im Bezirk Tiergarten, in: Spandauer Volksblatt, 16.5.1946, [S. 1]; Tiergarten schafft Notunterkünfte, in: Telegraf, 12.6.1946, S. 8; Heimat Wullenweberwiese, in: Telegraf, 4.7.1946, S. 8; Baracken im Grünen als Behelf, in: Der Kurier, 4.7.1946, S. 5; Einfamilien-Hütten in Wilmersdorf, in: Der Abend, 22.11.1946, [S. 2].

Auf eine Frage Orlopps, ob die Aufstellung der Hütten erheblich billiger sei als der Bau von Wohnungen, antwortet Redner, man komme alles in allem etwa auf die früheren Friedenspreise, während heute die Baupreise als 150 % höher anzusehen seien. Insofern sei also die Aufstellung der Nissenhütten billiger.

Grüber bittet zu überlegen, ob diese Hütten später in den Eigenbesitz der Bewohner übergehen könnten. In den Randgebieten seien sicherlich manche für eine solche Gelegenheit, zu einem Eigenheim zu kommen, dankbar, vor allem, wenn man an die heutigen Lauben usw. denke.

Dr. Landwehr hält in erster Linie eine Klärung der Eigentumsfrage für notwendig, um unliebsame Überraschungen zu vermeiden. Auch müsse einmal eine genaue Aufstellung über die Kosten und die Inneneinrichtung im Vergleich mit einem Siedlungshäuschen vorgelegt werden.

Orlopp vertritt die Auffassung, daß die ganze Angelegenheit nicht vom geldlichen Standpunkt aus beurteilt werden könne. Selbstverständlich könnte man mit demselben Geld den gleichen oder noch mehr Raum an Wohnungen erstellen, aber es fehle eben an Rohstoffen. Infolgedessen müsse man zu dieser Notlösung greifen.

Es kämen immerhin 4 000 Menschen in Frage. Notwendig sei aber, festzustellen, ob die Engländer für die Hütten bezahlt haben wollten.

Redner schlägt vor, eine Kommission zu bilden, bestehend aus einem oder zwei Vertretern der Abteilung für Bau- und Wohnungswesen, einem Vertreter des Sozialamts, einer Vertreterin des Frauenausschusses[36], einem Vertreter des FDGB, einem Vertreter des Gesundheitsamts und einem Vertreter der Finanzabteilung.

Schwenk wirft die Frage nach der Lebensdauer der Hütten auf. Würde man die vorgesehenen Gelder für die Instandsetzung von Wohnungen verwenden, dann hätte man Wohnraum auf mindestens 30 bis 50 Jahre, während die Hütten vielleicht schon in 10 Jahren unbrauchbar seien. In 10 Jahren müßten dann also die Hütten amortisiert sein; das könnten die Bewohner nicht tragen. Diese Frage müsse also genau geprüft werden.

Dr. Landwehr meint, da die Mittel zusätzlich im Etat anzufordern seien, müsse der Stadtkämmerer die Genehmigung des Finanzkomitees der Alliierten Kommandantur einholen, und da könnten sich wieder die bekannten Schwierigkeiten ergeben. Daher müsse vorher eine Klärung erfolgen.

Maron schließt sich dieser Meinung an.

BESCHLUSS: Der Magistrat beschließt, daß eine Kommission, bestehend aus je einem Vertreter der Finanzabteilung, der Abteilung für Bau- und Wohnungswesen, der Abteilung für Gesundheitswesen, des FDGB und des Frauenausschusses, zur Vorberatung der Vorlage Nr. 410 gebildet werden soll.[37]

Starck beanstandet das *eigenmächtige Vorgehen des Bezirksrats Bonatz*[38] *(Steglitz)* in der Frage der Umorganisation der Abteilung für Bau- und Wohnungswesen. Die Abteilung für Bau- und Wohnungswesen habe den Bezirksräten einen Vorschlag zur

---

36 Vgl. hierzu Dok. 67, Anm. 59.

37 Vgl. zu den Beratungen der hier gebildeten Kommission und zur Annahme der die Nissenhütten betreffenden Mag.vorlage (Mag.vorlage Nr. 488) das 82. Mag.prot. v. 2.11.1946, TOP 3.

38 Karl Bonatz (SPD), Bezirksrat für Bau- und Wohnungswesen im Bezirk Steglitz; im zweiten Nachkriegsmagistrat Leiter der Mag.abt. für Bau- und Wohnungswesen.

Umorganisierung vorgelegt und in einer Sitzung mit ihnen darüber beraten.[39] Ohne den Magistrat zu verständigen, habe nun der Bezirksrat Bonatz alle Bezirksräte Berlins zu einer Sitzung zusammenberufen, und in dieser Sitzung sei der Beschluß gefaßt worden, daß die Umorganisation nicht stattfinden dürfe.[40] Ein solches Verfahren richte sich nicht nur gegen die Abteilung für Bau- und Wohnungswesen, sondern gegen den gesamten Magistrat.

Pieck bemerkt dazu, der angeführte Beschluß könne auf Grund des Bezirksverfassungsstatuts aufgehoben werden, weil er sich gegen die Interessen der Allgemeinheit richte.[41] Redner schlägt vor, nicht nur in der Bezirksbürgermeister-Konferenz energisch gegen dieses Verfahren zu protestieren, sondern auch disziplinarische Maßnahmen gegen den Bezirksrat Bonatz in Anwendung zu bringen. Zum mindesten sei eine sehr scharfe Verwarnung am Platze. Der Magistrat habe in solchen Fällen das Recht, über die Kommandantur den betreffenden Bezirksrat abzuberufen.[42]

Maron hält es für notwendig, auch die anderen Bezirksräte, die an der Sitzung teilgenommen und für den Beschluß gestimmt hätten, zur Verantwortung zu ziehen. Gewiß sei nichts dagegen einzuwenden, wenn die Bezirksräte untereinander Besprechungen durchführten; aber die Anberaumung einer offiziellen Sitzung, auf der ohne Zuziehung des Magistrats über Maßnahmen des Magistrats gesprochen werde, dürfe der Magistrat nicht durchgehen lassen. Redner schlägt daher vor:

1. sowohl in der heutigen Magistratssitzung als auch auf der nächsten Bezirksbürgermeister-Konferenz einen Beschluß darüber herbeizuführen, daß bei der alliierten Militärregierung die Entlassung des Bezirksrats Bonatz beantragt wird,
2. den übrigen Bezirksräten, die für den gegen den Magistrat gerichteten Beschluß gestimmt haben, eine Verwarnung zu erteilen.

Das Verfahren dieser Bezirksräte widerspreche dem Bezirksverfassungsstatut und

---

39 Ein Protokoll der hier erwähnten Sitzung konnte nicht ermittelt werden; vgl. aber das Prot. der Besprechung mit den Bezirksräten für Bau- und Wohnungswesen am 30.4.1946, TOP 1 (Besetzung der Ämter für Bau- und Wohnungswesen in den Bezirken), in: LAB(STA), Rep. 110, Nr. 46, u. LAB, Rep. 210, Acc. 1468, Nr. 608.

40 Eine Abschrift des hier erwähnten Beschlusses v. 12.9.1946 ist vorhanden in: Akademie der Künste (Berlin-Tiergarten), NL Scharoun, Mappe Mag 1/6. Der an Scharoun gesandte Beschluß hat den Wortlaut: „Die Versammlung der Bezirksräte für Bau- und Wohnungswesen, die am 12.9.1946 zur Besprechung der Reorganisation der Abteilungen für Bau- und Wohnungswesen in Steglitz zusammentrat, bittet Sie, von einer Änderung der Organisation in den Bezirken und in der Zentrale vor den Wahlen Abstand zu nehmen und später bei der Beratung einer Umstellung Vertreter der Bezirke im voraus zuzuziehen."

41 Vgl. zum Bezirksverfassungsstatut v. 26.9.1945 das 14. Mag.prot. v. 30.7.1945, TOP 6. Nach § 3 Absatz 1 dieses Statuts waren die Bezirksämter „ausführende Organe des Magistrats" und hatten „nach den vom Magistrat aufgestellten Grundsätzen die Geschäfte zu führen"; sie unterstanden „der Kontrolle des Magistrats". Der Magistrat hatte nach § 4 Absatz 7 des Statuts das Recht, „Beschlüsse der Bezirksämter aufzuheben, wenn die Beschlüsse nicht den Anordnungen des Magistrats oder der Besatzungsmächte" entsprachen. Siehe: VOBl., Jg. 1 (1945), S. 104.

42 Nach § 2 Absatz 4 des Bezirksverfassungsstatuts (vgl. die vorige Anm.) wurden die Bezirksräte „vom Magistrat mit Zustimmung der zuständigen Militärregierung ernannt und entlassen" und konnten „von derselben in dringenden Fällen ihres Amtes enthoben werden". Siehe: VOBl., Jg. 1 (1945), S. 104.

der Verfassung der Stadt Berlin, die zwar erst im Oktober in Kraft trete, aber doch die Meinung der Alliierten Kommandantur zum Ausdruck bringe.[43]

Starck teilt noch mit, daß nur der Bezirksrat Krause[44] (Friedrichshain) gegen den Beschluß, den Leiter der Abteilung für Bau- und Wohnungswesen aufzufordern, die Umorganisation bis nach den Wahlen[45] zurückzustellen, protestiert habe.

Dusiska weist auf ähnliche Bestrebungen in der Abteilung Wirtschaft hin (Angelegenheit Benzkow[46] – Kreuzberg, Vorgehen Karweiks[47]). Der Magistrat werde sein Ansehen bei den Besatzungsmächten nur stärken, wenn er gegen diese Methoden vorgehe.

OB Dr. Werner erklärt, daß auch er für Bestrafung der Bezirksräte in der vorgeschlagenen Weise sei, daß aber der Magistrat vor seiner Beschlußfassung auf alle Fälle den Bezirksrat Bonatz hören solle.

Dusiska hält den Magistrat nicht für das geeignete Gremium, um den Bezirksrat Bonatz zu verhören, weil das viel zu viel Ehre für diesen Bezirksrat wäre. Nur die Abteilung für Personalfragen komme hierfür in Betracht.

Maron beantragt, gegen den Bezirksrat Bonatz (Steglitz) ein Disziplinarverfahren mit dem Ziel der Dienstentlassung zu eröffnen und zu diesem Verfahren die Abteilung für Bau- und Wohnungswesen sowie die Rechtsabteilung zuzuziehen. Bezüglich der anderen Bezirksräte, die für den Beschluß gestimmt hätten, könne die Beschlußfassung des Magistrats schon heute in dem Sinne erfolgen, daß eine Verwarnung ausgesprochen und der Bezirksbürgermeister-Konferenz davon Kenntnis gegeben werde. Die Bezirksbürgermeister würden sicherlich ohne Ausnahme den Standpunkt des Magistrats billigen.

BESCHLUSS: Der Magistrat beschließt gemäß diesem Antrage des Bürgermeisters Maron.[48]

Pieck macht im Anschluß hieran Mitteilung von einem Schreiben *des Herrn Karweik*[49] an die Abt[eilung] für Personalfragen u[nd] Verwaltung, in dem von Karweik auf eine Kokszuteilung für den kommenden Winter Anspruch erhoben wird. Die Abt[eilung] für Personalfragen und Verwaltung werde dieses Schreiben unbeantwortet lassen.

---

43 Vgl. zur Vorläufigen Verfassung von Groß-Berlin v. 13.8.1946, die am 20.10.1946 in Kraft trat, das 55. Mag.prot. v. 29.4.1946, TOP 2 (insb. Anm. 28).

44 Alfred Krause, Bezirksrat für Bau- und Wohnungswesen im Bezirk Friedrichshain.

45 Gemeint sind die ersten Nachkriegswahlen in Berlin am 20.10.1946; vgl. hierzu Dok. 96, Anm. 7.

46 Richtig: (Werner) Bendzko (SPD), Bezirksrat für Wirtschaft im Bezirk Kreuzberg. Bendzko war Ende Juli 1946 von der deutschen Polizei verhaftet worden; vgl.: Verhaftungen beim Bezirksamt Kreuzberg, in: Berliner Zeitung, 3.8.1946, [S. 6].

47 Vgl. zum „Fall Karweik": Anm. 49 zu diesem Mag.prot.

48 Vgl. zur weiteren Entwicklung der „Angelegenheit Bonatz" die Protokolle der Besprechungen mit den Bezirksräten für Bau- und Wohnungswesen am 17.9.1946, S. 6, u. am 1.10.1946, TOP 1, in: LAB(STA), Rep. 110, Nr. 46, u. LAB, Rep. 210, Acc. 1468, Nr. 608; die Protokolle der Konferenzen der Bezirksbürgermeister am 19.9.1946, TOP 4, u. am 10.10.1946, TOP 4, in: LAB, Rep. 280, Nr. 3867 u. 3868; das 77. Mag.prot. v. 28.9.1946, TOP 7 (Schwenk u. Beschluß), u. das 78. Mag.prot. v. 5.10.1946, TOP 6; Hanauske, S. 110 f.

49 Karweik war am 24.8.1946 vom Dienst beurlaubt bzw. entlassen worden; vgl. das 71. Mag.prot. v. 24.8.1946, TOP 2, u. das 73. Mag.prot. v. 7.9.1946, TOP 2.

7. ALLGEMEINES

Dr. Mittag lenkt die Aufmerksamkeit des Magistrats auf den schon seit über einem Jahr bestehenden Juristischen Prüfungsausschuß[50], dessen Aufgabe die Prüfung der vielen juristischen Zweifelsfragen sei. Ursprünglich habe der Ausschuß zu je einem Drittel aus Staatsanwälten, Richtern und Rechtsanwälten bestanden. Der Ausschuß arbeite seit einem Jahr und versende seine Protokolle an die juristisch interessierten Kreise.[51] Seine Tätigkeit sei jetzt in ein neues Stadium eingetreten. Der Kontrollrat, der ja z[ur] Z[ei]t das Organ der Reichsgesetzgebung darstelle, habe den Juristischen Prüfungsausschuß zur Mitarbeit in den Fragen des deutschen Strafgesetzbuches herangezogen,[52] und zwar habe der Arbeitsausschuß des Kontrollrats dem Juristischen Prüfungsausschuß seine Vorschläge betreffend Änderung des deutschen Strafgesetzbuches mit der Bitte um Stellungnahme übergeben. Die Beratungen würden in 14 Tagen beginnen. Gestern sei bereits eine längere Generaldebatte vor sich gegangen.[53] Man habe einen Strafrechtsausschuß gebildet und werde nunmehr zu den einzelnen Fragen Stellung nehmen.[54] Es handele sich hierbei nicht

---

50 Dieser Ausschuß war am 27.7.1945 erstmals als „Prüfungsausschuß beim Stadtgericht zu Berlin" zusammengetreten, hatte später unter der Bezeichnung „Prüfungsausschuß beim Rechtsamt des Magistrats der Stadt Berlin" (November 1945) bzw. „Prüfungsausschuß bei der Rechtsabteilung des Magistrats der Stadt Berlin" (Dezember 1945 bis März 1946) getagt und führte seit Mai 1946 den Namen „Juristischer Prüfungsausschuß bei der Rechtsabteilung des Magistrats der Stadt Berlin". Vgl. zu diesem Ausschuß und seinen Aufgaben: Berlin. Kampf um Freiheit, S. 92 u. 129; das Rundschreiben des Stadtgerichts zu Berlin v. 20.7.1945, betr. Prüfungsausschuß beim Stadtgericht zu Berlin, in: LAB, Rep. 280, Nr. 5298; das Prot. der 15. Sitzung des Juristischen Prüfungsausschusses bei der Rechtsabteilung des Magistrats der Stadt Berlin am 17.5.1946, in: LAB(STA), Rep. 108, Nr. 21, Bl. 127–130; das Prot. der 41. Sitzung des Juristischen Prüfungsausschusses bei der Abteilung für Rechtswesen des Magistrats von Groß-Berlin am 11.4.1947 (Geschäftsordnungsprotokoll), in: LAB(STA), Rep. 108, Nr. 21, nach Bl. 329; das von Mittag verfaßte Exposé „Der Juristische Prüfungsausschuß für Gesetzgebung und Gesetzesanwendung" (1951), in: HiKo, Bestand „Berliner SPD nach 1945", Ordner 34, Bl. 390; das undatierte Schreiben von Mittag an den Vorstand des Landesverbands Berlin der SPD, betr. seine Bewerbung um die Stelle des Vorsitzenden eines Spruchausschusses für Uraltkonten [1951], in: HiKo, Bestand „Berliner SPD nach 1945", Ordner 34, Bl. 386–389.

51 Die Sitzungsprotokolle des Juristischen Prüfungsausschusses sind vorhanden in: LAB(STA), Rep. 108, Nr. 21 u. 57.

52 Mittag unterstrich am 27.9.1946 „noch einmal die Bedeutung der gar nicht hoch genug einzuschätzenden Tatsache, daß der Kontrollrat den Juristischen Prüfungsausschuß als erstes deutsches Organ zur Mitarbeit heranzieht". Siehe das Prot. der 18. Sitzung des Juristischen Prüfungsausschusses bei der Rechtsabteilung des Magistrats der Stadt Berlin am 27.9.1946, S. 3, in: LAB(STA), Rep. 108, Nr. 21, Bl. 160.

53 Vgl. das Prot. der 17. Sitzung des Juristischen Prüfungsausschusses bei der Rechtsabteilung des Magistrats der Stadt Berlin am 13.9.1946, in: LAB(STA), Rep. 108, Nr. 21, Bl. 133–136.

54 Der Juristische Prüfungsausschuß beriet bis zum März 1947 fast ausschließlich den Kontrollratsentwurf eines Strafgesetzbuches; vgl. die Protokolle seiner 17. bis 40. Sitzung vom 13.9.1946 bis 28.3.1947, in: LAB(STA), Rep. 108, Nr. 21.

nur um die Reinigung des deutschen Strafrechts von nazistischen Bestimmungen, sondern zu einem großen Teile auch um Reformbestrebungen. Natürlich komme keine Neukodifikation in Frage; denn sie würde Jahre oder Jahrzehnte dauern. Trotzdem dürfe man nicht vergessen, daß es in Deutschland z[ur] Z[ei]t noch keine Parlamente, keine Reichsregierung oder Länderregierungen gebe,[55] daß noch keine Möglichkeit der Einflußnahme auf die Gesetzgebung bestehe. Der Juristische Prüfungsausschuß biete nun eine Gelegenheit, auf diesem Gebiete etwas zu tun. Seitdem der Prüfungsausschuß vom Kontrollrat zur Mitarbeit herangezogen wurde, sei er erweitert worden, und zwar bestehe er z[ur] Z[ei]t aus 10 Richtern, 7 Staatsanwälten, 10 Juristen aus der Verwaltung, einigen Mitgliedern der Universität, einem Mitglied der Gewerkschaften sowie 4 Zonenvertretern.[56] Zu der gestrigen Sitzung seien auch 4 Juristen der politischen Parteien geladen worden, von denen sich aber niemand eingefunden habe. Die Sitzungen fänden gewöhnlich freitags um 14 Uhr statt. Die nächste Sitzung sei in 14 Tagen. Vielleicht könne der Magistrat den einen oder anderen als Beobachter hinschicken, wenn bestimmte Themen zur Beratung ständen.

Hauth schlägt vor, in den Zeitungen jeweils die Tagesordnung bekanntzugeben.

Dr. Mittag erwidert, daß den Magistratsmitgliedern sowohl die Tagesordnung wie die Protokolle zugestellt würden.[57]

Starck spricht den Wunsch aus, daß der Abt[eilung] f[ür] Bau- u[nd] Wohnungswesen in der nächsten Magistratssitzung Gelegenheit gegeben werde, über einige geschäftliche Dinge Mitteilung zu machen, die nicht in dem erwünschten Sinne gelaufen seien.[58]

Maron teilt mit, daß am Montag, dem 16. September 1946, 11 Uhr im Saal 207 die Verpflichtung des Stadtwahlleiters und der Mitglieder des Stadt[wahl]ausschusses,[59] außerdem die Auslosung der Numerierung der Parteien bei der Wahl stattfänden.[60] Die Magistratsmitglieder würden dazu eingeladen.

Dr. Goll bringt die Angelegenheit des *Kaufs der Siemens Apparate [und] Maschinen GmbH* durch die Stadt Berlin zur Sprache. Der zur Überprüfung der Gesellschaft

---

55 Es gab im September 1946 in allen deutschen Ländern deutsche Landesregierungen bzw. -verwaltungen, die allerdings nicht aus Wahlen hervorgegangen, sondern von den Besatzungsmächten eingesetzt worden waren.

56 Vgl. hierzu die Protokolle der 15. u. 16. Sitzung des Juristischen Prüfungsausschusses bei der Rechtsabteilung des Magistrats der Stadt Berlin am 17.5.1946 u. am 19.7.1946, in: LAB(STA), Rep. 108, Nr. 21, Bl. 127–132.

57 Mit BK/O (46) 398 v. 16.10.1946 befahl die AK dem Magistrat, ihr die Protokolle aller bisherigen und der zukünftigen Sitzungen des Juristischen Prüfungsausschusses zuzusenden. Die BK/O ist vorhanden in: LAB(STA), Rep. 101, Nr. 73; LAB, Rep. 280, Nr. 10948.

58 Vgl. das 76. Mag.prot. v. 21.9.1946, TOP 6.

59 Vgl. zur Ernennung des Stadtwahlleiters für die Wahlen am 20.10.1946 das 74. Mag.prot. v. 12.9.1946, TOP 1; zur personellen Besetzung des Stadtwahlausschusses das 68. Mag.-prot. v. 3.8.1946, TOP 2.

60 Vgl. zu den hier genannten Amtshandlungen, die nicht im Raum 207, sondern im Kleinen Sitzungssaal (Raum 110) des Neuen Stadthauses stattfanden: Stadtwahlausschuß verpflichtet, in: Berliner Zeitung, 17.9.1946, [S. 6]; Die Woche im Bild. Illustrierte Beilage der Berliner Zeitung, Nr. 4 (22.9.1946), [S. 1].

eingesetzte Ausschuß[61] habe festgestellt, daß der Betrieb auf solider Grundlage beruhe, Maschinen und Vorräte für mehrere Millionen vorhanden seien, ein Produktionsplan bestehe, die geforderten Preise als sehr günstig bezeichnet werden müßten und im übrigen die Rechtslage völlig klar sei. Die Besatzungsbehörden warteten auf die Entscheidung des Magistrats.

Dusiska bestätigt als Mitglied des Prüfungsausschusses die Darlegungen des Dr. Goll. Der Beauftragte der amerikanischen Militärregierung dränge nun auf eine Entscheidung des Magistrats darüber, ob er in die Verkaufs[ver]handlungen eintreten wolle oder nicht. Dieser Beschluß, der heute gefaßt werden müsse, unterscheide sich grundsätzlich von einem Ankaufsbeschluß; denn der Ankaufsbeschluß hänge von den Verhandlungen mit den Siemenswerken ab. Wenn der Prüfungsausschuß durch Beschluß des Magistrats die Vollmacht zur Aufnahme von Kaufsverhandlungen erhalte, verpflichte das den Magistrat noch keineswegs zum Kauf.

BESCHLUSS: Auf Vorschlag des Bürgermeisters Maron erteilt der Magistrat dem Prüfungsausschuß die Vollmacht, weitere Verhandlungen zur Vorbereitung des Kaufs der Siemens Apparate [und] Maschinen GmbH zu führen.[62]

---

61 Vgl. hierzu das 58. Mag.prot. v. 18.5.1946, TOP 8.
62 Die Frage des Kaufs der Siemens Apparate und Maschinen GmbH ist in den folgenden Mag.sitzungen nicht wieder behandelt worden.

Dok. 115
25. Sitzung des Einheitsausschusses
Groß-Berlin vom 20. September 1946

BArch, Abt. Potsdam, Z-3, Nr. 4, Bl. 132 f. – Maschinenschriftliche Durchschrift.[1]

Niederschrift über die 25. Sitzung des Einheitsausschusses Groß-Berlin der antifaschistisch-demokratischen Parteien Deutschlands am 20.9.1946, vormittags 11 Uhr im Neuen Stadthaus.

Anwesend: Von der SED die Herren Litke, Matern, Schmidt, Reuter, Baum und Brandt,[2]

von der SPD die Herren Neumann, Dr. Suhr und Dr. Ostrowski,[3]

von der CDU die Herren Landsberg, Even, Rübel, Hampel,[4]

von der LDP die Herren Schwennicke, Schöpke, Pasch und Trucksaess,[5]

vom Magistrat der Stadt Berlin die Herren Bürgermeister Maron und Dusiska.

Protokoll: Geiler[6].

Der Vorsitzende der Berliner Liberal-Demokratischen Partei beschwert sich zu Beginn der Sitzung darüber, daß das Verlangen seiner Partei, die letzte Sitzung

---

1 Am Kopfende der ersten Seite des Originals steht in maschinenschriftlicher Durchschrift die Bezeichnung „Protokoll-Entwurf". Ein anderes Exemplar des hier teilweise wiedergegebenen Protokolls konnte nicht ermittelt werden.   .

2 Karl Litke (bis April 1946: SPD) und Hermann Matern (bis April 1946: KPD) waren gleichberechtigte Vorsitzende und Mitglieder des Sekretariats des Landesvorstands Groß-Berlin der SED; Waldemar Schmidt (bis April 1946: KPD), Mitglied des Parteivorstands der SED und Mitglied des Sekretariats des Landesvorstands Groß-Berlin der SED; Fritz Reuter (bis April 1946: KPD), Mitglied des Sekretariats des Landesvorstands Groß-Berlin der SED; Bruno Baum (bis April 1946: KPD), Mitglied des Sekretariats des Landesvorstands Groß-Berlin der SED; Heinz Brandt (bis April 1946: KPD).

3 Franz Neumann, Vorsitzender des Landesverbands Groß-Berlin der SPD; Dr. Otto Suhr, Generalsekretär des Landesverbands Groß-Berlin der SPD; Dr. Otto Ostrowski, seit Mai 1946 Bezirksbürgermeister von Wilmersdorf, von Dezember 1946 bis April 1947 Oberbürgermeister von Berlin.

4 Prof. Kurt Landsberg, seit März 1946 1. Vorsitzender des Landesverbands Berlin der CDU; Peter Even, seit November 1945 stellvertretender Vorsitzender des Landesverbands Berlin der CDU; Walter Rübel, Beisitzer des Landesvorstands Berlin der CDU; Max Hampel, Geschäftsführer des Landesverbands Berlin der CDU.

5 Carl-Hubert Schwennicke, seit dem 8.8.1946 1. Vorsitzender des Landesverbands Berlin der LDP; Anton Schöpke, seit dem 8.8.1946 stellvertretender Vorsitzender des Landesverbands Berlin der LDP; Paul Pasch, Schatzmeister des Landesverbands Berlin der LDP; Karl Trucksaess, Geschäftsführer des Landesverbands Berlin der LDP.

6 Dr. Annemarie Geiler, Leiterin des Verbindungsbüros des zentralen Einheitsfront-Ausschusses und des Einheitsausschusses Groß-Berlin.

um 2 Tage zu verlegen, da die leitenden Herren am Sitzungstage durch anderweitige Verpflichtungen verhindert waren, in der Presse als ein politisches Rückzugsmanöver frisiert worden sei.[7] Andere Parteien hätten schon häufiger um eine Verlegung gebeten, ohne daß dies in der Presse ausgeschlachtet worden sei.

Es wird festgestellt, daß auch die parteilose Presse sich der Sache bemächtigt habe, auf die keine der Parteien Einfluß hat.

Sodann wird in die Behandlung des Antrags der SED über die Enteignung der Kriegs- und Naziverbrecher eingetreten. Der Wortlaut des Antrags ist als Anlage I dem Protokoll beigefügt.[8]

Herr Dusiska, stellvertretender Leiter der Abteilung Wirtschaft im Magistrat, berichtet, die Liste der sequestrierten Betriebe sei nicht vom Magistrat aufgestellt. Die Sequestrierung sei im russischen Sektor durch die Bezirksämter auf Anordnung der russischen Kommandantur erfolgt. Im westlichen Sektor sei die Sequestrierung auf Befehl der Amerikaner und Engländer durch private Juristen vorgenommen worden.[9]

---

7 Vgl.: Farbe bekennen!, in: Berliner Zeitung, 19.9.1946, [S. 2]; Berliner Konzerne, in: Berliner Zeitung, 20.9.1946, [S. 1].

8 Der Antrag der SED ist vorhanden in: BArch, Abt. Potsdam, Z-3, Nr. 4, Bl. 134. Er hat den Wortlaut:
„Im Interesse des demokratischen Aufbaus – der Herstellung einer demokratischen Ordnung – erachten wir für notwendig, mit den nach dem Gesetz 52 der amerikanischen, nach dem Befehl 124 der sowjetischen, nach dem Gesetz 52 der englischen und nach dem Gesetz 52 der französischen Besatzungsbehörde beschlagnahmten wirtschaftlichen Unternehmungen wie folgt zu verfahren:

    a) Wirtschaftliche Unternehmungen – Betriebe, Banken –, die im Besitz von Kriegsverbrechern, Kriegsinteressenten, Kriegsgewinnlern und Naziaktivisten waren, werden entschädigungslos enteignet und in den Besitz des deutschen Volkes – der demokratischen Selbstverwaltungen – überführt.

    b) Unternehmungen – Betriebe, die keinen wesentlichen Einfluß auf die Wirtschaft ausüben und im Besitz von Kriegsverbrechern, Kriegsinteressenten, Kriegsgewinnlern und Naziaktivisten waren, werden entschädigungslos enteignet und in den Besitz des deutschen Volkes – der demokratischen Selbstverwaltungen – überführt.

    c) Bei Unternehmungen – Betrieben, bei denen es sich herausgestellt hat, daß ihre Besitzer keine Kriegsverbrechen oder Verbrechen gegen die Menschlichkeit begangen haben, sie sich auch nicht aktiv faschistisch betätigt haben, soll Rückgabe an die alten Besitzer erfolgen.

Die antifaschistischen Parteien fordern daher den Magistrat auf, eine dementsprechende Eingabe auszuarbeiten und der Alliierten Stadtkommandantur vorzulegen."
Vgl. zum Gesetz Nr. 52 der Westalliierten v. 24.8./10.9.1945, betr. Sperre und Kontrolle von Vermögen: Dok. 105, Anm. 28; zum Befehl Nr. 124 des Obersten Chefs der Sowjetischen Militäradministration v. 30.10.1945, betr. die Beschlagnahme und provisorische Übernahme einiger Eigentumskategorien: Dok. 106, Anm. 48.
Vgl. zur Auseinandersetzung in der Presse um den Antrag der SED: Kriegsverbrecherbetriebe. Die SED entdeckt ihr sozialistisches Herz, in: Der Sozialdemokrat, 18.9.1946, S. 2; Enteignungs-Wahlmanöver, in: Der Tagesspiegel, 18.9.1946, [S. 5]; Die Berliner fordern Übereignung der Kriegsverbrecherbetriebe, in: Neues Deutschland, 19.9.1946, S. 1; F. Albin: Kriegsverbrecher-Betriebe in die Hand des Volkes!, in: Vorwärts, 19.9.1946, S. 2.

9 Vgl. zur Sequestrierung und treuhänderischen Geschäftsführung von Berliner Betrieben

Dem Magistrat seien 650 sequestrierte Betriebe bekannt mit einer Belegschaft von 35 000 Arbeitern. Der unbereinigte Produktionswert dieser Betriebe betrage 16 Mill[iarden RM], während der Gesamtwert aller Berliner Betriebe 170 Mill[iarden RM] ausmache. Es seien also nicht einmal 10 % des Produktionswerts und nur etwa 15 – 17 % der Beschäftigten von der Sequestrierung erfaßt. Im russischen Sektor würden die Betriebe durch Treuhänder verwaltet, die auf Vorschlag der Bezirksämter eingesetzt worden seien. Die Ernennungen erfolgten im Einvernehmen mit der Belegschaft. Im westlichen Sektor seien als Treuhänder entweder alte Vorstandsmitglieder eingesetzt oder in kleineren Betrieben sonstige Angestellte, Rechtsanwälte oder Außenstehende. Der Magistrat habe versuchen wollen, eine gewisse Betreuung der sequestrierten Betriebe vorzunehmen. Er habe deshalb Vorbereitungen für Schulungskurse der Treuhänder an der Wirtschaftshochschule getroffen. Diese Pläne hätten sich leider nicht realisieren lassen, da eine Entscheidung über das Schicksal der Wirtschaftshochschule lange Zeit nicht gefallen sei.[10]

Herr Dr. Suhr stellt die Frage, ob in den von Herrn Dusiska gegebenen Zahlen auch die AEG und Siemens enthalten seien. Dann könne es sich bei den sequestrierten Betrieben im Durchschnitt nur um Acht-Mann-Betriebe handeln.

Der Referent stellt fest, daß AEG und Siemens, soweit deren Betriebe im englischen Sektor gelegen sind, nicht mit eingerechnet seien und daß man durchschnittlich von Fünfzig-Mann-Betrieben sprechen könne. Genaue Auskünfte könne der Magistrat besonders über die im englischen Sektor gelegenen Betriebe nicht erhalten. Dem Magistrat sei bekannt, daß seine Listen unvollständig sein müßten. Herr Gugges[11], der Leiter der Wirtschaftsstelle bei der britischen Militärverwaltung, werde zwar vom Magistrat bezahlt, seine Tätigkeit sei aber vollständig selbständig.

Die SPD möchte vor allem wissen, welche Betriebe von Bedeutung sich in der Liste der sequestrierten Betriebe befinden, wieviel Betriebe in jedem Sektor in Frage kommen und welcher Betriebsart sie entsprechen.

Herr Litke ist demgegenüber der Ansicht, daß zunächst die Parteien prinzipiell zu dem Antrag Stellung nehmen sollten, d[as] h[eißt], sie sollten sich äußern, ob sie mit einer entschädigungslosen Enteignung der Kriegs- und Naziverbrecher einverstanden seien.

Die LDP hat ihrerseits einen Antrag formuliert, dessen Wortlaut sich aus Anlage II ergibt.[12] Der Antrag sieht vor, daß die zur Zeit unter Sequester stehenden Berliner

---

das 43. Mag.prot. v. 26.1.1946, TOP 2, u. das 47. Mag.prot. v. 23.2.1946, TOP 7, u. das 58. Mag.prot. v. 18.5.1946, TOP 8, u. das 61. Mag.prot. v. 15.6.1946, TOP 3, u. das 69. Mag.prot. v. 12.8.1946, TOP 5. Anfang Juli 1946 hatte im Einheitsausschuß Groß-Berlin bereits eine ausführliche Debatte zur Frage der Behandlung der sequestrierten Betriebe stattgefunden; vgl. das 18. Prot. des Einheitsausschusses Groß-Berlin v. 3.7.1946, S. 1 – 3, in: BArch, Abt. Potsdam, Z-3, Nr. 4, Bl. 101 – 103.

10 Vgl. hierzu das 43. Mag.prot. v. 26.1.1946, TOP 2 (Dusiska), u. das 46. Mag.prot. v. 16.2.1946, TOP 7, u. das 68. Mag.prot. v. 3.8.1946, TOP 4, u. das 79. Mag.prot. v. 12.10.1946, TOP 5.

11 Richtig: (Dr. Emil) Guckes; vgl. Dok. 44, Anm. 1.

12 Der Antrag der LDP ist vorhanden in: BArch, Abt. Potsdam, Z-3, Nr. 4, Bl. 134. Er hat den Wortlaut:
   „Die vier antifaschistisch-demokratischen Parteien bitten die Alliierte Kommandantur, die zur Zeit unter Sequester stehenden Betriebe dem Magistrat der Stadt Berlin zur

Betriebe dem Magistrat zunächst zur vorläufigen Verwaltung übergeben werden sollen. Über das endgültige Schicksal der Betriebe solle jedoch erst die künftige Stadtverordnetenversammlung entscheiden. Herr Schöpke, der den Antrag vertritt, führt aus, es käme seiner Partei darauf an, die baldige Ingangsetzung der sequestrierten Betriebe zu ermöglichen und die Frage der Naziaktivisten zu lösen. Es liege aber nicht in der Absicht und entspreche nicht dem Programm seiner Partei, private Kartelle, Trusts und Konzerne durch Staatstrusts oder -kartelle zu ersetzen. Die Frage der großen Konzerne, die über Berlin hinausreichten, könne sowieso von Berlin allein nicht entschieden werden. Hierzu sei der Ausschuß der vier Berliner Parteien nicht autorisiert. Über diese Konzerne könne nur eine spätere Reichsregierung entscheiden. Er wolle aber ausdrücklich betonen, daß sich die LDP nicht schützend vor die anonymen Drahtzieher der Nazis stellen wolle, und er verwahre sich schon jetzt gegen entsprechende Angriffe in der Presse.

Herr Rübel schließt sich im wesentlichen den Ausführungen von Herrn Schöpke an. Man dürfe nicht in letzter Minute vor der Wahl[13] eine Angelegenheit übers Knie brechen, für die man gar nicht kompetent sei. Die Enteignung der Kriegs- und Naziverbrecher, die die CDU selbstverständlich gutheiße, müsse durch ein klares Rechtsverfahren erfolgen.[14] Die Prüfung, wer Aktivist oder Kriegsverbrecher sei, müsse sehr behutsam vorgenommen werden. Eine solche Instanz und ein solches Verfahren könne aber erst durch das neue Stadtparlament beschlossen werden.

Herr Matern stellt die innerstädtische Zerrissenheit Berlins in den Vordergrund seiner Betrachtungen. Diese könne man auch damit beseitigen, daß man endlich für die sequestrierten Betriebe klare Eigentumsverhältnisse schaffe. Außerdem müsse man der Überfremdung der deutschen Wirtschaft entgegenarbeiten und versuchen zu verhindern, daß durch ausländisches Kapital große Ausverkäufe stattfänden.

Herr Dr. Suhr stellt fest, daß seine Partei damals, als die SED den Antrag einbrachte, ihre grundsätzliche Zustimmung dazu erklärt habe.[15] Für den Antrag

---

vorläufigen Verwaltung zu übergeben, und zwar mit der Maßgabe, daß Betriebe, die sich im Privateigentum von Naziaktivisten und Kriegsverbrechern, deren entsprechendes Verhalten durch einen interparteilichen Ausschuß einwandfrei nachgewiesen ist, befinden, entschädigungslos zu enteignen sind, daß ferner die neu zu wählende Stadtverordnetenversammlung den Auftrag erhält zu entscheiden, wie über die enteigneten Betriebe weiter verfügt [werden soll] und in welcher Form an die nicht belasteten Eigentümer eine Rückgabe erfolgen kann."

13 Gemeint sind die ersten Nachkriegswahlen in Berlin am 20.10.1946; vgl. hierzu Dok. 96, Anm. 7.

14 Vgl. hierzu das Prot. [Auszug] der 13. Vorstandssitzung des Landesverbands Berlin der CDU am 26.6.1946, TOP 1, in: LAB, Rep. 280, Nr. 19201/6; das Prot. der 14. Vorstandssitzung des Landesverbands Berlin der CDU am 4.7.1946, TOP 1, in: ACDP, CDU-LV Berlin, III-012-391.

15 Die SED hatte in der 23. Sitzung des Einheitsausschusses Groß-Berlin am 30.8.1946 die „Übereignung der Betriebe von Kriegs- und Naziverbrechern auf die Selbstverwaltungsorgane Berlins" beantragt. In einer anschließenden Sitzung des Parteiausschusses der SPD berichtete Suhr über diesen „Antrag der SED im Antifa-Ausschuß über die Enteignung und Kommunalisierung der in Berlin beschlagnahmten Betriebe. Es wurde festgestellt, daß die von den alliierten Mächten aus politischen Gründen beschlagnahmten Betriebe nach unserer Auffassung im allgemeinen nicht wieder in die Hände von Privatkapitalisten überführt werden dürfen. Im Unterschied zur SED halten wir an den grundsätzlichen

sprächen 2 Gründe, einmal seien die treuhänderisch verwalteten Betriebe nicht so leistungsfähig, außerdem aber müßte für die Konzerne in den verschiedenen Sektoren eine einheitliche Praxis gefunden werden. Er habe jedoch laut Protokoll über die 23. Sitzung vom Magistrat einen Bericht verlangt, wie dieser mit den enteigneten Betrieben verfahren wolle.[16] Der Antrag der SED umfasse weit mehr Betriebe als nur die von Herrn Dusiska aufgezählten Industriebetriebe. Die SED spreche von wirtschaftlichen Unternehmungen – Betrieben, Banken – allgemein. Der Antrag der SED, wonach diese Betriebe in den Besitz des deutschen Volkes – der demokratischen Selbstverwaltung – überführt werden sollten, enthalte keine praktischen Vorschläge. Sollten diese Betriebe auf den Magistrat, Abt[eilung] Wirtschaft, übergehen? Oder wie habe man sich das gedacht? Darauf sei man immer noch eine Antwort schuldig geblieben.

Herr Schwennicke antwortet Herrn Matern, die Zerrissenheit Berlins bedauerten alle gleichermaßen. Die Enteignungsfrage werde daran aber nichts Grundsätzliches ändern. Selbstverständlich begrüße er jede Klärung der Eigentumsverhältnisse. Aber eine generelle Kommunalisierung widerspreche den Auffassungen seiner Partei. Bei Versorgungsbetrieben, Banken, eventuell auch bei Versicherungsbetrieben ließe sich darüber sprechen, aber nicht im allgemeinen. Der Vorschlag der SED bewirke nichts

---

Sozialisierungsforderungen [...] fest. Da jedoch nicht zu erwarten ist, daß in absehbarer Zeit eine deutsche Zentralverwaltung die Einigungsfrage regeln kann, wird es Aufgabe der Partei sein, Vorschläge für eine Überführung dieser Betriebe in die Hand der Länder (einschl[ießlich] Berlin) zu machen." Siehe das Prot. der außerordentlichen Sitzung des Parteiausschusses des Landesverbands Groß-Berlin der SPD am 30.8.1946, TOP 3, in: HiKo, Bestand „Berliner SPD nach 1945", Ordner 2, Bl. 128. Vgl. auch: Kriegsverbrecherbetriebe. Die SED entdeckt ihr sozialistisches Herz, in: Der Sozialdemokrat, 18.9.1946, S. 2.

16 Im Prot. der 23. Sitzung des Einheitsausschusses Groß-Berlin ist zum Antrag der SED festgehalten:
„Als sechster Punkt steht auf der Tagesordnung die ‚Übereignung der Betriebe von Kriegs- und Naziverbrechern auf die Selbstverwaltungsorgane Berlins'. Die SED beantragt die Übereignung dieser Betriebe und damit eine Erledigung der Sequestration. Die LDP führt aus, über diese Frage sei bereits schon einmal ausführlich in diesem Gremium verhandelt worden. Damals sei beschlossen worden, in den Bezirken Ausschüsse mit je 2 Parteivertretern einzusetzen. Es sei aber wohl richtiger, bis nach der Wahl zu warten. Dann solle die Stadtverordnetenversammlung Vorschläge ausarbeiten, nach welchen Richtlinien die Enteignungen vorgenommen werden sollten. Gerade in Berlin gebe es viele Unternehmungen mit ausländischem Kapital, weshalb die Dinge besonders kompliziert lägen.
Die SED hebt demgegenüber hervor, Treuhänderschaften seien unpraktisch und unwirtschaftlich. Man solle dafür sorgen, die sequestrierten Betriebe möglichst schnell wieder endgültig in deutsches Eigentum übergehen zu lassen.
Auf Antrag der SPD wird beschlossen, auf der nächsten Sitzung von dem zuständigen Magistratsvertreter einen Überblick zu verlangen, welche Berliner Betriebe in Betracht kommen und auf welche Weise der Wunsch nach Aufhebung der Sequestrierung realisiert werden könne."
Siehe das 23. Prot. des Einheitsausschusses Groß-Berlin v. 30.8.1946, S. 2, in: BArch, Abt. Potsdam, Z-3, Nr. 4, Bl. 123. Vgl. zu der von seiten der LDP erwähnten Verhandlung das 18. Prot. des Einheitsausschusses Groß-Berlin v. 3.7.1946, S. 1–3, in: BArch, Abt. Potsdam, Z-3, Nr. 4, Bl. 101–103.

anderes als eine Verlagerung der Eigentumsverhältnisse, die den Interessen des deutschen Volkes nicht dienlich sei.

Herr Dusiska glaubt, daß man in anderen Zonen Deutschlands heute die Berliner Regelungen schon als vorbildlich empfinde und daß man von hier aus Entscheidungen treffen könne, ohne erst die Schaffung eines gesamtdeutschen Parlaments abzuwarten.

Herr Litke stellt fest, daß es keinen Grund gebe, warum man gegen die Kommunalisierung sein könne, da bekanntlich die Verkehrsbetriebe in dieser Form vorbildlich und rentabel arbeiteten. Im übrigen dürfe man nicht vergessen, daß es sich hier um eine politische Klarstellung handle, die in den Ländern der russischen Zone bereits erfolgt sei. Berlin stehe hier noch zurück.

Herr Schwennicke erklärt sich zu der Frage noch einmal dahin gehend, daß der Antrag der SED zu allgemein gefaßt sei. Man wisse z[um] B[eispiel] nicht, was mit solchen Betrieben geschehen solle, deren Anteil an der Kriegsproduktion wie etwa bei Siemens-Schuckert[17] nur 4 – 18 % der Gesamtproduktion des Werkes betragen habe. Auch seien die Begriffe [„]Kriegsinteressenten[“] und [„]Kriegsgewinnler[“] nicht präzisiert.

Herr Rübel hebt noch einmal hervor, daß nur ein gewählter Magistrat den Antrag verbescheiden [sic!] könne.

Herr Dr. Suhr erklärt, daß die SPD, obwohl die in der 23. Sitzung einstimmig angenommene Voraussetzung vom Magistrat nicht erfüllt wäre, dem Antrag der SED mit dem Vorbehalt zustimme, daß der Magistrat die Eingabe an die Alliierte Kommandantur vor ihrer Absendung noch einmal dem Einheitsausschuß zur Stellungnahme zuleite.

Die Vertreter des Magistrats erklären sich bereit, die Eingabe innerhalb 10 – 14 Tagen dem Einheitsausschuß vorzulegen.

Inzwischen tritt die CDU mit einem neuen Antrag hervor, dessen Wortlaut sich aus Anlage III ergibt.[18] Die CDU ist darin einverstanden, daß der Magistrat innerhalb

---

17 Schwennicke war seit 1936 als Personalreferent bei der Leitung der Siemens-Schuckertwerke AG, einem großen Unternehmen der Starkstromtechnik, tätig.

18 Der Antrag der CDU ist vorhanden in: BArch, Abt. Potsdam, Z-3, Nr. 4, Bl. 134. Er hat den Wortlaut:
„Die vier antifaschistisch-demokratischen Parteien beschließen, an den Magistrat folgendes Ersuchen zu richten:
  1. In einer Frist von 10 Tagen stellt der Magistrat der Stadt Berlin eine Liste der in Frage kommenden Betriebe mit Angabe der Höhe der Belegschaft auf.
  2. In der gleichen Frist schlägt der Magistrat eine Verfahrensordnung vor, nach der – etwa in der Art der Verfahrensordnung vor den Entnazifizierungsausschüssen – auf dem Rechtswege entschieden werden soll, welche Betriebe im Besitz von Kriegsverbrechern und Naziaktivisten gewesen sind. In dieser Verfahrensordnung muß auch die Möglichkeit einer Berufung gegeben sein.
  3. Die Vorlage des Magistrats soll unmittelbar nach ihrer Übergabe an die vier Parteien im Einheitsausschuß beraten werden.
  4. Die Beschlußfassung darüber muß jedoch der von der Bevölkerung gewähl-

10 Tagen eine Ausarbeitung vorlegt. Der Einheitsausschuß solle die Vorlage des Magistrats, die auch eine Verfahrensordnung umfassen müsse, dann beraten, eine Beschlußfassung über diese Frage könne jedoch nur von der Stadtverordnetenversammlung vorgenommen werden.

Hiermit ist die SED nicht einverstanden.

Obwohl Herr Dr. Ostrowski noch einen Vermittlungsvorschlag macht, indem er den Antrag der SED vereinfacht, kommt eine Einigung nicht zustande, da die LDP und CDU die Formulierung der SED nicht zu übernehmen wünschen.

Der Antrag muß deshalb zunächst zurückgestellt werden.[19]

[...]

---

ten Vertretung, der Stadtverordnetenversammlung, nach ihrem Zusammentritt vorbehalten sein."
Vgl. zum Verfahren vor den Entnazifizierungskommissionen das 50. Mag.prot. v. 16.3.1946, TOP 2.

19 In den folgenden Sitzungen des Einheitsausschusses Groß-Berlin, der bis zum 22.11.1946 bestand, ist die Frage der Entscheidung über die sequestrierten Berliner Betriebe bzw. der Enteignung der „Kriegs- und Naziverbrecher" nicht wieder inhaltlich behandelt worden. Allerdings protestierten die Vertreter der LDP und der CDU in der folgenden Sitzung des Einheitsausschusses heftig gegen den anläßlich der Beratung dieser Frage in der 25. Sitzung entfachten „Pressekampf", die „unrichtige Berichterstattung in der Presse" und die „bewußte Mißdeutung der Ausführungen anderer Parteien", wobei sie für den Fall der Wiederholung einer solchen „Pressekampagne" mit dem Austritt ihrer Parteien aus dem Einheitsausschuß drohten. Vgl. das 26. Prot. des Einheitsausschusses Groß-Berlin v. 4.10.1946, vor TOP 1, in: BArch, Abt. Potsdam, Z-3, Nr. 4, 2. Foliierung, Bl. 2. Vgl. zum „Pressekampf": Verteidiger des Monopolbesitzes. Die gestrige Sitzung des Einheitsausschusses der vier Parteien, in: Berliner Zeitung, 21.9.1946, [S. 2]; Was sagen die Wähler dazu?, in: Neues Deutschland, 21.9.1946, S. 1; Heinz Brandt: Schluß jetzt mit den Kriegsverbrechern in Berlin!, in: Vorwärts, 21.9.1946, S. 2; Es war alles ganz anders. Die LDP und der Antifa-Ausschuß in Berlin, in: Der Morgen, 22.9.1946, S. 2; Herr Schöpke und die Konzerne, in: Berliner Zeitung, 24.9.1946, [S. 2]; Antwort an Direktor Schöpke von der LDP Berlin, in: Neues Deutschland, 24.9.1946, Berliner Beilage; Spennrath lacht sich ins Fäustchen, in: Vorwärts, 24.9.1946, S. 1 f.; Mißglückte Rechtfertigung, in: Vorwärts, 24.9.1946, S. 2; Wer bekommt die Kriegsverbrecher-Betriebe?, in: Berliner Zeitung, 25.9.1946, [S. 2]; Dokumente über die Kriegsverbrecher. Eine Pressekonferenz des Landesvorstandes Groß-Berlin der SED, in: Vorwärts, 25.9.1946, S. 1; Schafft klare Eigentumsverhältnisse!, in: Neues Deutschland, 26.9.1946, S. 2; Kriegsverbrecher, die die LDP nicht enteignen will, in: Neues Deutschland, 26.9.1946, Berliner Beilage; Enteignung von Betrieben, in: Der Sozialdemokrat, 26.9.1946, S. 2; Mißglückte Polemik. Vertrauensvotum für die LDP-Vertreter, in: Der Morgen, 26.9.1946, S. 2; Enteignung der Kriegsverbrecher, in: Berliner Zeitung, 27.9.1946, [S. 2]; LDP weicht aus, in: Vorwärts, 27.9.1946, S. 2; Sozialisierung?, in: Telegraf, 27.9.1946, S. 3; Zur Enteignung der Großbetriebe. SPD-Richtlinien gegen Monopole und Konzerne, in: Der Sozialdemokrat, 28.9.1946, S. 2; CDU-Spennraths neue Konzernpläne, in: Neues Deutschland, 29.9.1946, Berliner Beilage; Die LDP zur Enteignung der Kriegsverbrecher, in: Der Morgen, 29.9.1946, S. 2; Entschließung über Berliner Konzerne, in: Der Sozialdemokrat, 30.9.1946, S. 2; Was sagen Berliner Handwerker zur Kriegsverbrecher-Enteignung?, in: Neues Deutschland, 1.10.1946, Berliner Beilage; Siemensbelegschaft zur Konzernfrage, in: Der Sozialdemokrat, 1.10.1946, S. 2; Wirksamer Schutz des Eigentums, in: Berliner

Zeitung, 3.10.1946, [S. 4]; Kampf um die Elektrokonzerne, in: Telegraf, 3.10.1946, S. 4;
Konzernherr Spennrath läßt die Katze aus dem Sack, in: Vorwärts, 4.10.1946, S. 2.
Der Landesvorstand Groß-Berlin der SED übersandte dem Magistrat am 23.9.1946 den
Entwurf einer „Verordnung zur Enteignung von Vermögenswerten der Kriegsverbrecher,
Kriegsgewinnler, Kriegsinteressenten und Naziaktivisten im Stadtgebiet von Berlin", und
zwar mit der Bitte, „daß der Magistrat der Stadt Berlin eine dementsprechende Vorlage
ausarbeitet und der Alliierten Kommandantur der Stadt Berlin zur Entscheidung zuleitet".
Der VO-Entwurf und seine Begründung (hierin die im vorigen zit. Stelle) wurden
veröffentlicht in: Vorwärts, 12.10.1946, S. 1. In den Mag.sitzungen ist dieser VO-Entwurf
nicht behandelt worden. – Vgl. zur Sozialisierungsgesetzgebung der StVV ab Dezember
1946: Fijalkowski u. a., S. 183 – 189; Schlegelmilch: Hauptstadt im Zonendeutschland,
S. 399 – 417.

Dok. 116
76. Magistratssitzung vom 21. September 1946

LAB(STA), Rep. 100, Nr. 780, Bl. 2 – 6. – Umdruck.[1]

Beginn: 9.08 Uhr   Schluß: 12.15 Uhr

Anwesend: OB Dr. Werner, Maron, Schwenk, Schulze, Pieck, Geschke, Kehler,
            Kraft, Dr. Harms, Dr. Haas, Buchholz, Grüber, Schmidt, Fleischmann,
            Dr. Goll, Dusiska, Starck, Knoll, Wildangel, Grommann, Lange,
            Schwanebeck.

Den Vorsitz führt: Oberbürgermeister Dr. Werner.

Tagesordnung: 1. Protokolle
                2. Personalfragen
                3. Volksbildung
                4. Ruhegelder
                5. Finanzen
                6. Bau- und Wohnungswesen
                7. Handel und Handwerk
                8. Verkehr
                9. Wirtschaft
               10. Allgemeines.

1. PROTOKOLLE
Die Niederschriften über die 74. (außerordentliche) Magistratssitzung und über die
75. Magistratssitzung werden genehmigt.

2. PERSONALFRAGEN
Pieck teilt mit, daß die Alliierte Kommandantur die Ernennung des Bürgermeisters
Orlopp zum Leiter der Abteilung für Ernährung bestätigt habe.[2]

Redner macht weiter Mitteilung von einem Schreiben[3] des bisherigen stellvertretenden Leiters der Abt[eilung] für Kunst und Leiters des Hauptamts für Theater, Film
und Musik, *Henneberg*, in dem dieser um *Entbindung von seinen Ämtern* ersucht, um
einer Berufung zum stellvertretenden Intendanten des Deutschen Theaters (Berlin)

---

1 Weitere Umdruckexemplare dieses Protokolls sind vorhanden in: LAB(STA), Rep. 100,
  Nr. 752, lfd. S. 435 f./439 – 446 u. 447 – 456 (englische Fassung); LAB, Rep. 228,
  Mag.protokolle 1946, u. Rep. 280, Nr. 8501/33.
2 Der Magistrat hatte Anfang August 1946 beschlossen, der AK die Ernennung von
  Orlopp zum Leiter der Mag.abt. für Ernährung vorzuschlagen, die er seit Ende Mai
  1946 bereits kommissarisch leitete. Mit BK/O (46) 371 v. 17.9.1946 genehmigte die
  AK die vorgeschlagene Ernennung. Vgl. hierzu das 68. Mag.prot. v. 3.8.1946, TOP 2
  (insb. Anm. 9 u. 10).
3 Dieses Schreiben konnte nicht ermittelt werden.

Folge leisten zu können, und schlägt vor, dem Ersuchen stattzugeben und Bürgermeister Schulze mit der Wahrnehmung der bisher von Henneberg innegehabten Funktionen zu betrauen.[4]
BESCHLUSS: Nach kurzer Erörterung beschließt der Magistrat in diesem Sinne.[5]

3. VOLKSBILDUNG

Wildangel begründet die Vorlage Nr. 413[6], betreffend Schaffung der *Zentralstelle für Zeitgeschichte*.[7] Schon kurz nach dem Einmarsch der Alliierten habe man damit begonnen, in Verfolg eines dahin gehenden Befehls[8] das nazistische Druckmaterial zu vernichten und die wichtigen politischen Äußerungen der führenden Nationalsozialisten zu sammeln, um sie für die historische Forschung zu erhalten, vor allem theoretische Unterlagen und sonstige Dokumente, die nebenbei die Möglichkeit bieten, die Tätigkeit bestimmter Personen im Bedarfsfalle nachzuprüfen. Auch die Alliierten seien der Ansicht, daß man dieses urkundliche Material aus der nationalsozialistischen Zeit unter gewissen Vorsichtsmaßregeln sammeln und aufbewahren solle. Die erforderlichen Mittel für die Zentralstelle sind im Etat vorgesehen.
BESCHLUSS: Die Vorlage Nr. 413 wird angenommen.[9]

---

4 Vgl. zur Berufung von Schulze zum Leiter der Mag.abt. für Kunst(angelegenheiten) und zur Berufung von Henneberg zum stellvertretenden Leiter dieser Mag.abt. das 38. Mag.prot. v. 23.12.1945, TOP 5, u. das 54. Mag.prot. v. 17.4.1946, TOP 4.

5 Vgl. zur kommissarischen Leitung des Hauptamts für Theater, Film und Musik durch Schulze das 81. Mag.prot. v. 26.10.1946, TOP 3, u. das 82. Mag.prot. v. 2.11.1946, TOP 5.

6 LAB(STA), Rep. 100, Nr. 779, Bl. 34 – 36, u. Nr. 780, Bl. 10 – 12.

7 Vgl. zur Vorgeschichte der Mag.vorlage Nr. 413 v. 12.9.1946 und zu der bereits seit Anfang März 1946 tätigen Zentralstelle für Zeitgeschichte, die nach dieser Mag.vorlage offiziell als Dienststelle der Mag.abt. für Volksbildung geschaffen werden sollte, die Materialien in: LAB(STA), Rep. 120, Nr. 3258 (insb. Bl. 46 u. 92 – 94), u. Nr. 3262, Bl. 26 – 33; das Prot. der 14. Vorstandssitzung des Landesverbands Berlin der CDU am 6.7.1946 [richtig: 5.7.1946], S. 27 f., in: ACDP, CDU-LV Berlin, III-012-391; Ein Institut für politische Gedächtnisauffrischung. Aus der Arbeit der „Zentralstelle für Zeitgeschichte", in: Vorwärts, 5.7.1946, [S. 3]; Die Bibliothek der Wahrheit, in: Nacht-Express, 6.7.1946, [S. 5]; „Zentralstelle für Zeitgeschichte", in: Tägliche Rundschau, 18.7.1946, S. 6; Fundgrube zur Erforschung der Wahrheit, in: Der Kurier, 19.7.1946, S. 5. Vgl. zur „Gesellschaft zeitgenössischer Dokumente": Dok. 34, Anm. 40.

8 Vgl. den Befehl (ohne Nummer) des Obersten Chefs der Sowjetischen Militärverwaltung v. 16.9.1945, betr. Ausschaltung der nazistischen und militärischen Literatur, in: Befehle des Obersten Chefs der Sowjetischen Militärverwaltung in Deutschland, Sammelheft 1: 1945, S. 37 f.; Befehl Nr. 4 des Alliierten Kontrollrats v. 13.5.1946, betr. Einziehung von Literatur und Werken nationalsozialistischen und militaristischen Charakters, in: Amtsblatt des Kontrollrats in Deutschland, Nr. 7 (31.5.1946), S. 151 f., u. VOBl., Jg. 2 (1946), S. 172; Abänderung des Befehls Nr. 4 des Alliierten Kontrollrats v. 10.8.1946, in: Amtsblatt des Kontrollrats in Deutschland, Nr. 10 (31.8.1946), S. 172.

9 Der hier gefaßte Mag.beschluß ist mit dem Ausfertigungsdatum v. 21.9.1946 vorhanden in: LAB(STA), Rep. 100, Nr. 780, Bl. 7 – 9. Im April 1947 wurden die Unterlagen der Zentralstelle für Zeitgeschichte von der sowjetischen Militärregierung konfisziert, woraufhin die Vertreter der westlichen Besatzungsmächte verlangten, diese Materialien der Viermächtekontrolle der AK zu unterstellen. Dies lehnten die sowjetischen Vertreter ab, denn die Materialien seien bereits im Juni 1945 von sowjetischer Seite konfisziert und

Wildangel befürwortet sodann Annahme der Vorlage Nr. 423[10], betreffend die *Einrichtung von Aufbauklassen* für besonders begabte Volksschüler. Man sei in Berlin dabei, begabten Kindern aller Volksschichten den Zugang zu sämtlichen Bildungsstätten zu öffnen. Bis diese Schulreform[11] sich praktisch auswirke, vergingen 4 Jahre.

---

nie dem Magistrat übereignet worden. Ferner habe die AK die Tätigkeit der Zentralstelle für Zeitgeschichte nicht genehmigt und auch nicht die Kontrolle über deren Unterlagen übernommen. In der AK kam keine Einigung über diese Frage zustande. Vgl. hierzu das 21. Prot. der stellv. Stadtkommandanten v. 6.5.1947, TOP 226, u. das 25. Prot. der stellv. Stadtkommandanten v. 4.6.1947, TOP 271, in: LAB, Rep. 37: OMGBS, BICO LIB, 11/149-1/3; BK/R (47) 197 v. 2.8.1947, in: LAB, Rep. 37: OMGBS, BICO LIB, 11/148-3/6; das 34. Prot. der stellv. Stadtkommandanten v. 6.8.1947, TOP 367, in: LAB, Rep. 37: OMGBS, BICO LIB, 11/149-1/4; das 18. Prot. der AK v. 12.8.1947, TOP 144, in: LAB, Rep. 37: OMGBS, BICO LIB, 11/148-3/10.

10 LAB(STA), Rep. 100, Nr. 780, Bl. 27 f. Entwürfe zur Mag.vorlage Nr. 423 v. 11.9.1946 sind vorhanden in: LAB(STA), Rep. 120, Nr. 168, Bl. 1 – 7 u. 9 – 12.

11 Zur Frage der Schulreform hatte Winzer in der Sitzung des Landesvorstands Groß-Berlin der SED am 16.8.1946 unter anderem ausgeführt: „Man wirft uns vor, wir wollten auf kaltem Wege eine Schulreform durchschleusen. Das stimmt sogar bis zu einem gewissen Grade. [...] Soll die Volksschule den bisherigen Charakter der Klassenschule der Minderbemittelten beibehalten oder soll die Volksschule die Grundschule für alle sein, auf der sich dann die Oberschule aufbaut? Darum geht der Kampf. [...] Die Grundforderung unserer Partei muß sein und bleiben die Orientierung auf die Einheitsschule, auf die 8jährige Grundschule mit ausgebauter Berufsschule. In dieser Frage kann es für die Partei, soweit sie die Forderungen der Massen des Volkes vertritt, keine Konzessionen geben. Wir haben heute in Berlin 35 000 Oberschüler, aber 400 000 Volks- und Hochschüler [sic!]. Machen wir Politik für die 35 000 im Westen oder machen wir Politik in Berlin für die 400 000 Schulkinder in den Arbeitervierteln Berlins? Unser Kampf muß ausgerichtet sein auf die systematische Hebung der Grundschule. [...] Es ist doch klar, der Stadtkämmerer ist ein CDU-Mann. Diese Leute torpedieren uns, indem sie uns die Mittel sperren. Es ist eine Tatsache, daß eine ganze Reihe von Maßnahmen, die für die Schule in Angriff genommen wurden, durch den Stadtkämmerer verhindert worden sind. Es ist aus politischen Gründen manchmal notwendig, darauf hinzuweisen, daß nicht für alle Maßnahmen beim Magistrat die SED die Verantwortung trägt." Siehe: SAPMO-BArch, BPA, IV L-2/1/009, Bl. 33 – 35.
Vgl. zur Schulreform in Berlin auch das 18. Prot. des Einheitsausschusses Groß-Berlin v. 3.7.1946, S. 4 f., in: BArch, Abt. Potsdam, Z-3, Nr. 4, Bl. 104 f.; die stenographische Niederschrift über die Pressekonferenz der Mag.abt. für Volksbildung am 26.7.1946, in: LAB(STA), Rep. 120, Nr. 157, Bl. 75 – 95; die BK/O (46) 340 v. 21.8.1946, betr. Pläne zur Neugestaltung und Verbesserung des Schulwesens, in: LAB(STA), Rep. 101, Nr. 71, u. LAB, Rep. 280, Nr. 12637; die Protokolle der Sitzungen der Schuldezernenten [Schulräte] 1945 und 1946, in: LAB(STA), Rep. 120, Nr. 130; die Materialien in: LAB(STA), Rep. 120, Nr. 110 – 112; Otto Winzer: Auf dem Wege zur demokratischen Schulreform. Stand und Aufgaben des Berliner Schulaufbaus, in: Tägliche Rundschau, 28.5.1946, S. 5; Für und wider die Einheitsschule, in: Der Tagesspiegel, 18.7.1946, [S. 7]; Lehrer schlagen vor: Aufbauschule statt Einheitsschule. Diskussion um die Schulreform in Charlottenburg, in: Der Tagesspiegel, 20.7.1946, [S. 4]; Für und wider die Einheitsschule, in: Der Tagesspiegel, 23.7.1946, [S. 5]; Die Einheitsschule, in: Der Tagesspiegel, 26.7.1946, [S. 5]; Chamäleon Berlin, in: Der Kurier, 26.7.1946, S. 3; Bilanz nach einem Jahr demokratischer Schulreform, in: Tägliche Rundschau, 27.7.1946, S. 6; Hauptschulamt und erstes Schuljahr, in: Der Tagesspiegel, 27.7.1946, [S. 2]; Sorgen der Eltern, in: Der Kurier, 31.7.1946, S. 5; Bruno Baum: Auf dem

Während dieser Zeit müsse eine Überbrückungsmöglichkeit geschaffen werden, um begabte Kinder auch jetzt schon fördern zu können. Insgesamt sind 3 Aufbauklassen mit zusammen 100 Schülern vorgesehen.

Grüber meint, man müsse zu einem weiteren Ausbau kommen und in jedem Bezirk eine Aufbauklasse schaffen.

Wildangel hält das nicht für zweckmäßig. Man könne nicht in jedem Bezirk eine solche Klasse aufziehen. Vielmehr müsse man sich auf die Hochbegabten beschränken, deren Zahl sowieso nicht sehr groß sei.

BESCHLUSS: Die Vorlage Nr. 423 findet die Billigung des Magistrats.[12]

4. RUHEGELDER

Schmidt empfiehlt Annahme der Vorlage Nr. 421[13], betreffend Durchführungsbestimmungen zum Magistratsbeschluß Nr. 305[14] über die Wiederaufnahme der *Auszahlung von Versorgungsbezügen* für ehemalige staatliche oder städtische Beamte unter folgender Hinzufügung in § 1 Abs. 1: „und sofern diese Versorgungsträger im Gebiet von Groß-Berlin nicht vertreten sind".[15]

BESCHLUSS: Die Vorlage Nr. 421 wird mit dieser Ergänzung angenommen.[16]

Wege zur Berliner Schulreform, in: Vorwärts, 3.8.1946, [S. 3]; Rechenexempel um die Schulen. Eine unsoziale Benachteiligung der Volksschulen, in: Berliner Zeitung, 7.8.1946, [S. 6]; Provisorium im Berliner Schulwesen, in: Berliner Zeitung, 15.8.1946, [S. 2]; Paul Hildebrandt: Lage der Schulreform in Berlin, in: Telegraf, 15.8.1946, S. 5; Höhere Schule oder Einheitsschule?, in: Der Tagesspiegel, 30.8.1946, [S. 4]; Reformpläne im deutschen Schulwesen, in: Die Neue Zeitung, 2.9.1946, S. 6; Wie steht es in den Schulen?, in: Der Tagesspiegel, 3.9.1946, [S. 4]; Berlins Beitrag zur Schulreform, in: Telegraf, 4.9.1946, S. 5; Die neue Schule: Deutschlands Schicksal, in: Vorwärts, 18.9.1946, S. 3; Vorschlag für Einheitsschule, in: Die Neue Zeitung, 23.9.1946, S. 2; Was geht in unseren Schulen vor?, in: Vorwärts, 26.9.1946, S. 2; Berlin. Kampf um Freiheit, S. 482 f. u. 520 f.; Klewitz, S. 23 – 155.

12 Der hier gefaßte Mag.beschluß ist mit dem Ausfertigungsdatum v. 21.9.1946 vorhanden in: LAB(STA), Rep. 120, Nr. 11, Bl. 4. Er wurde der AK mit Schreiben v. 3.10.1946 zur Genehmigung zugeleitet; siehe: a.a.O., Bl. 3. Eine Entscheidung der AK zu diesem Genehmigungsantrag konnte nicht ermittelt werden.

13 LAB(STA), Rep. 100, Nr. 780, Bl. 20 – 23.

14 LAB(STA), Rep. 102, Nr. 37, Bl. 150. Vgl. zur Beratung und Beschlußfassung über die Wiederaufnahme der Auszahlung von Versorgungsbezügen das 64. Mag.prot. v. 5.7.1946, TOP 2.

15 In der Fassung der Mag.vorlage Nr. 421 v. 16.9.1946 hat der § 1 der Durchführungsbestimmungen für die Auszahlung von Versorgungsbezügen den folgenden Wortlaut: „Versorgung (Wartegeld, Ruhegehalt, Witwen- und Waisengeld) wird an alle auf Grund eines öffentlich-rechtlichen Dienstverhältnisses zum Bezug von Versorgungsbezügen Berechtigte[n] gewährt, sofern sie einen Anspruch gegen nachstehend aufgeführte Pensionsträger haben:
    a) Stadt Berlin, ihre Gesellschaften und Eigenbetriebe,
    b) Deutsches Reich in den Grenzen vom 31.12.1937, die Länder, Gemeinden, Gemeindeverbände und gemeindlichen Zweckverbände,
    c) Körperschaften, Anstalten und Stiftungen des öffentlichen Rechts."

16 Die hiermit beschlossenen Durchführungsbestimmungen wurden der AK mit Schreiben v. 21.9.1946 zur Genehmigung zugeleitet. Das Schreiben ist vorhanden in: LAB(STA), Rep. 101, Nr. 72; in englischer Fassung in: LAB, Rep. 37: OMGBS, FIN Br, 4/86-1/36.

Schmidt ersucht weiter um Zustimmung zu der Vorlage Nr. 422[17], betreffend *Überführung von städtischen Bediensteten in den Ruhestand und ihre Versorgung.* Der Angestelltenapparat der Stadtverwaltung sei überaltert.[18] Wegen der ungeklärten Rechtslage habe bisher nicht die Möglichkeit bestanden, Angestellte der Stadt in den Ruhestand zu überführen. Die Abteilung für Personalfragen und Verwaltung schlage nunmehr in Übereinstimmung mit der Finanzabteilung und den Gewerkschaften vor, den bei Erreichung des 65. Lebensjahres oder bei Eintritt der Erwerbsunfähigkeit ausscheidenden städtischen Bediensteten eine Übergangszahlung ihres bisherigen Gehalts für 3 Monate zu leisten, um ihnen den Anschluß an die Rentenversorgung zu erleichtern. Eine neue gesetzliche Regelung trete dadurch nicht ein; es sei lediglich wegen der Freigabe der entsprechenden Mittel mit der Alliierten Kommandantur zu verhandeln.

BESCHLUSS: Der Magistrat stimmt der Vorlage Nr. 422 zu.[19]

Schmidt weist in diesem Zusammenhang darauf hin, daß die Gehälter der leitenden Mitarbeiter der Stadtverwaltung, der Mitglieder des Magistrats und der Bezirksämter, in der bisherigen äußerst sparsamen Höhe gegenüber den Gehältern der Direktoren und sonstigen leitenden Angestellten der städtischen Betriebe nicht mehr verantwortet werden könnten. Es werde daher vorgeschlagen, ab 1. April 1946 an die Mitglieder des Magistrats und der Bezirksämter ebenso wie bei den Direktoren ein *Wohnungsgeld* zur Auszahlung zu bringen. Redner beantragt, die Abteilung für Personalfragen und Verwaltung sowie die Finanzabteilung mit der Durchführung einer entsprechenden Regelung zu betrauen.

Vgl. auch: Auszahlung von Versorgungsbezügen, in: Neues Deutschland, 22.9.1946, S. 4. Mit BK/O (47) 57 v. 28.2.1947 genehmigte die AK die Durchführungsbestimmungen in abgeänderter Fassung. Die BK/O ist vorhanden in: LAB(STA), Rep. 101, Nr. 78; LAB, Rep. 280, Nr. 5854. Die Durchführungsbestimmungen über die Auszahlung von Versorgungsbezügen wurden veröffentlicht in: VOBl., Jg. 3 (1947), S. 69 f. Mit einigen Ergänzungen der Mag.abt. für Sozialwesen wurden sie als Dienstblattverfügung Nr. IV-10 v. 13.3.1947 veröffentlicht in: Dienstblatt des Magistrats von Groß-Berlin, Teil IV, Jg. 1948, S. 7 f.; auch in: Die Stadtverwaltung, Jg. 2 (1947), H. 5, S. 12.

17 LAB(STA), Rep. 100, Nr. 780, Bl. 24 – 26.

18 Vgl. hierzu: Das erste Jahr, S. 27.

19 Der hier gefaßte Mag.beschluß wurde der AK mit Schreiben v. 21.9.1946 zugesandt, in dem der Magistrat um die Freigabe der entsprechenden Mittel bat, „um jedem ausscheidenden städtischen Arbeiter oder Angestellten als Übergangsgeld noch für 3 Monate die Vergütung in der bisherigen Höhe zahlen zu können". Das Schreiben ist vorhanden in: LAB(STA), Rep. 102, Nr. 37, Bl. 148. Das Finanzkomitee der AK stellte nach wiederholter Beratung des Magistratsantrags eine Entscheidung in dieser Angelegenheit zurück, um eine entsprechende allgemeine Regelung durch den Alliierten Kontrollrat abzuwarten. Eine solche Regelung kam aber bis zur Auflösung des Kontrollrats im März 1948 nicht mehr zustande. Vgl. hierzu das 56. Prot. des Finanzkomitees der AK v. 8.10.1946, TOP 10, u. das 67. Prot. des Finanzkomitees der AK v. 4.12.1946, TOP 11, in: LAB, Rep. 37: OMGBS, FIN Br, 4/91-2/7; FIN/I (46) 151 v. 4.12.1946, in: LAB, Rep. 37: OMGBS, FIN Br, 4/91-2/12; das 16. Prot. des Finanzkomitees der AK v. 11.3.1947, TOP 15, in: LAB, Rep. 37: OMGBS, FIN Br, 4/91-2/8; FIN/I (47) 41 v. März 1947, in: LAB, Rep. 37: OMGBS, FIN Br, 4/91-2/16; das 27. Prot. des Finanzkomitees der AK v. 29.4.1947, TOP 2, u. das 28. Prot. des Finanzkomitees der AK v. 6.5.1947, TOP 2, in: LAB, Rep. 37: OMGBS, FIN Br, 4/91-2/8; Amtsblatt des Kontrollrats in Deutschland, Nr. 15 (31.5.1947) – 19 (31.8.1948).

Dr. Haas gibt Kenntnis davon, daß bereits bei der Generalsteuerdirektion[20] angeregt worden sei, einen Teil des Gehalts der Magistratsmitglieder als steuerfreien Aufwand festzulegen. Das Wohnungsgeld berechne sich nach dem Grundeinkommen.
Das Gehalt werde also dann bestehen aus dem Grundgehalt, dem Wohnungsgeld und
der Aufwandsentschädigung.

BESCHLUSS: Der Magistrat ermächtigt nach kurzer Erörterung die Abteilung
            für Personalfragen und Verwaltung sowie die Finanzabteilung, die
            vorgeschlagene Gehaltsregelung durchzuführen.[21]

5. FINANZEN

Dr. Haas bittet um Annahme der Magistratsvorlage Nr. 414[22], betreffend *Grundsteuer für Arbeiterwohnstätten*.[23]

BESCHLUSS: Die Vorlage Nr. 414 wird genehmigt.[24]

Dr. Haas macht weitere *Mitteilungen über Finanzfragen*. Bezüglich des Haushalts-
postens von 150 Millionen für außerordentliche Aufwendungen[25] seien die Verhandlungen inzwischen weitergegangen. In dem Befehl der Kommandantur wurde
mitgeteilt, daß die Bauaufgaben noch einmal vorgelegt und vom Finanzkomitee
genehmigt werden müßten.[26] Inzwischen sei festgestellt worden, daß die bisher
in Angriff genommenen Bauten weitergeführt und jeweils 75 000 RM gewährt
werden dürften.[27] Aber alle diese Dinge müssen den Fachkommissionen noch einmal
vorgelegt werden. Redner bittet die Abteilungen um nähere Angaben, damit ein
Nachtrag eingereicht werden könne.[28] Der Nachtrag muß von der betreffenden
Fachkommission und dem Finanzkomitee genehmigt werden.[29]

---

20 Dienststelle der Finanzabteilung des Magistrats; vgl. hierzu Dok. 45, Anm. 30.
21 Vgl. zur Gehaltsregelung für die Magistrats- und Bezirksamtsmitglieder das 32. Mag.prot.
    v. 30.11.1945 (Siebert), u. das 52. Mag.prot. v. 30.3.1946, TOP 3 (Haas), u. das
    83. Mag.prot. v. 9.11.1946, TOP 5; zur Regelung der Bezüge der Direktoren und
    sonstigen leitenden Angestellten der städtischen Betriebe: LAB, Rep. 280, Nr. 14521.
22 LAB(STA), Rep. 100, Nr. 780, Bl. 13; auch in: LAB(STA), Rep. 101, Nr. 644, Bl. 56.
23 Nach dem Beschlußtext der Mag.vorlage Nr. 414 v. 7.9.1946 sollte von der Erhebung
    der Grundsteuer für anerkannte Arbeiterwohnstätten für die Zeit vom 1.10.1946 bis
    31.3.1947 abgesehen werden. Ende April 1946 hatte der Magistrat bereits beschlossen,
    auf die Erhebung der Grundsteuer für anerkannte Arbeiterwohnstätten für die Zeit vom
    1.4.1946 bis 30.9.1946 zu verzichten. Vgl. das 55. Mag.prot. v. 29.4.1946, TOP 4; VOBl.,
    Jg. 2 (1946), S. 165. Vgl. zur rechtlichen Definition der „Arbeiterwohnstätten": Dok. 67,
    Anm. 75.
24 Der hier gefaßte Mag.beschluß wurde mit dem Ausfertigungsdatum v. 5.10.1946
    veröffentlicht in: VOBl., Jg. 2 (1946), S. 391.
25 Vgl. zu den außergewöhnlichen einmaligen Ausgaben von 150 Millionen RM für Bau-
    und Instandsetzungsarbeiten im Haushalt für das Rechnungsjahr 1946 das 61. Mag.prot.
    v. 15.6.1946, TOP 3 (Haas), u. das 62. Mag.prot. v. 22.6.1946, TOP 3 (Haas), u. das
    73. Mag.prot. v. 7.9.1946, TOP 3 (Haas u. Maron).
26 Vgl. zu der hier gemeinten Bestimmung in Ziffer 4 Absatz 2 der BK/O (46) 350 v.
    31.8.1946: Dok. 112, Anm. 70.
27 Vgl. hierzu Dok. 112, Anm. 69 u. 76.
28 Vgl. hierzu Dok. 112, Anm. 73.
29 Mit Schreiben v. 24.9.1946 beantragte die Finanzabteilung des Magistrats beim Fi-
    nanzkomitee der AK die Genehmigung von zehn Haushaltsüberschreitungen von über
    5 % des Etatansatzes bzw. von mehr als 75 000 RM. Das Schreiben ist vorhanden

Für die von der Roten Armee zur Verfügung gestellten Lebensmittel sei nunmehr nach langen Verhandlungen ein Preis von 45 Millionen festgelegt worden, die auf das Stadtkontor eingezahlt wurden und nun zum Teil zur Bezahlung von Bestellungen freigegeben würden. Es handele sich dabei um Aufträge, die an Berliner Firmen gegeben worden seien und die nach Anweisungen der Wirtschaftsstelle und der Finanzstelle der Zentralkommandantur bezahlt werden.

Dusiska bemerkt dazu, in Betracht kämen der Lebensmittelkredit und die 25 Millionen, die seinerzeit von den Russen gegeben worden seien.[30] Der Kredit von 25 Millionen sei durch Warenlieferungen oder Aufträge schon bis zu 23 Millionen abgedeckt.

Dr. Haas erwidert, das seien andere Kredite. Die 45 Millionen lägen im Grunde seit August 1945 fest. Im übrigen hätten die drei Besatzungsmächte beim Stadtkontor ein Guthaben von 75 Millionen. Gestern sei mitgeteilt worden, daß rückwirkend auf die Verzinsung verzichtet werde.[31]

Schwanebeck weist auf die Notlage des *Krankenhauses Pankow* hin, das dem Verfall

in: LAB(STA), Rep. 101, Nr. 637. Das Finanzkomitee der AK genehmigte diesen Antrag mit seinem Befehl FIN/I (46) 126 v. 15.10.1946, in: LAB, Rep. 37: OMGBS, FIN Br, 4/91-2/12. Weitere Mitteilungen zur Kenntnisnahme und Genehmigungsanträge zu Haushaltsüberschreitungen, die dem Finanzkomitee der AK von der Finanzabteilung des Magistrats in der Folgezeit zugeleitet wurden, sind vorhanden in: LAB(STA), Rep. 101, Nr. 61 u. 637–639.

30 Vgl. zum ersten sowjetischen Kredit v. Juni 1945 in Höhe von 25 Millionen RM und zu seiner Abgeltung das 5. Mag.prot. v. 4.6.1945, TOP 3, u. das 26. Mag.prot. v. 15.10.1945, TOP 6, u. das 32. Mag.prot. v. 30.11.1945 (Siebert), u. das 37. Mag.prot. v. 17.12.1945, TOP 3, u. das 38. Mag.prot. v. 23.12.1945, TOP 3.

31 Über die Behandlung der sowjetischen, amerikanischen und britischen Guthaben beim Berliner Stadtkontor sowie des sowjetischen Kredits v. Juni 1945 in Höhe von 25 Millionen RM fanden Verhandlungen zwischen den Vertretern der sowjetischen Besatzungsmacht auf der einen Seite und den Vertretern der westlichen Besatzungsmächte auf der anderen Seite statt. Vgl. hierzu: BK/R (46) 242 v. 28.6.1946, in: LAB, Rep. 37: OMGBS, BICO LIB, 11/148-2/6; das 30. Prot. der stellv. Stadtkommandanten v. 2.7.1946, TOP 374, in: LAB, Rep. 37, Acc. 3971, Nr. 220; BK/R (46) 385 v. 26.10.1946, in: LAB, Rep. 37: OMGBS, BICO LIB, 11/148-2/9; das 49. Prot. der stellv. Stadtkommandanten v. 12.11.1946, TOP 603, in: LAB, Rep. 37, Acc. 3971, Nr. 222; BK/R (47) 26 v. 22.1.1947, in: LAB, Rep. 37: OMGBS, BICO LIB, 11/148-3/3; das 5. Prot. der stellv. Stadtkommandanten v. 28.1.1947, TOP 53, in: LAB, Rep. 37: OMGBS, BICO LIB, 11/149-1/2; ferner Materialien in: LAB, Rep. 37: OMGBS, Dir Off, 4/139-2/19.
Die Finanzabteilung der Sowjetischen Zentralkommandantur gab gegenüber dem Finanzkomitee der AK die folgende Stellungnahme zu dem sowjetischen Kredit von 25 Millionen RM ab:
„The Magistrat of Berlin was granted a loan of 25 million marks in June, 1945, and undertook to repay this amount in goods. In view of the serious food position in Berlin, in the summer of 1945 the Soviet Command issued food products to this amount from stocks belonging to the Soviet Union.
The money realized from the sale of this food was made available to the Magistrat of Berlin on condition that it be in future similarly repaid in goods.
Consequently, this is not a matter of an ordinary financial credit but one dealing merely with the repayment of material assets granted by the Soviet Union to the City of Berlin.
The Soviet Military Authorities therefore consider that repayment of this credit made

preisgegeben sein würde, wenn nichts geschähe. Die für dieses Krankenhaus mit 200 Betten vorgesehenen 110 000 RM seien gestrichen worden.

Dr. Harms stellt einen dahin gehenden neuen Antrag in Aussicht.[32]

Dr. Haas erklärt, sofort 75 000 RM für diesen Zweck zur Verfügung stellen zu können. Im übrigen würden diese Anforderungen aus Krediten gedeckt. Neue Projekte müßten der Alliierten Kommandantur vorgelegt werden, wenn sie über 75 000 RM hinausgingen.[33]

Redner berichtet sodann über die mit *Borsig* wegen der dinglichen Sicherung der gewährten Kredite geführten Verhandlungen.[34] Es gehe in der Hauptsache darum, festzustellen, was von den 5 Millionen[35] wirkliche Anlagewerte seien. Man habe sich schließlich auf 4 Millionen geeinigt. Es sei schon wertvoll, wenn die Stadt wenigstens für 4 Millionen eine dingliche Sicherung erhalte. Die jetzt noch für die Aufrechterhaltung des Betriebes erforderlichen Mittel wolle das Stadtkontor gegen diese dingliche Sicherung zur Verfügung stellen. Es hänge davon ab, ob die französische Militärregierung sich damit einverstanden erkläre.[36]

6. BAU- UND WOHNUNGSWESEN

Starck befürwortet Annahme der Vorlage Nr. 418[37], betreffend Berufung des Herrn *Willi Stoph*[38] in den Aufsichtsrat der Baustoffbeschaffungs-GmbH[39] anstelle des Herrn Karweik[40].

---

in kind should not be made on the same terms as the credit in money later granted by the Allies."

Die hier zit. englische Fassung dieser Stellungnahme v. 19.12.1946 ist als Anlage zu BK/R (47) 26 v. 22.1.1947 vorhanden in: LAB, Rep. 37: OMGBS, BICO LIB, 11/148-3/3; auch in: LAB, Rep. 37: OMGBS, FIN Br, 4/91-2/7. Der Vorschlag der westlichen Vertreter im Finanzkomitee der AK, die Frage der Zulässigkeit einer Abgeltung des sowjetischen Kredits v. Juni 1945 in Form von Gütern dem Alliierten Kontrollrat vorzulegen, erledigte sich, als der stellvertretende sowjetische Stadtkommandant Jelissarow den stellvertretenden westlichen Stadtkommandanten am 28.1.1947 erklärte: „The Soviet Authorities had no intention of demanding repayment in goods of the loan made to the Magistrat." Vgl.: BK/R (47) 26 v. 22.1.1947, in: LAB, Rep. 37: OMGBS, BICO LIB, 11/148-3/3; das 5. Prot. der stellv. Stadtkommandanten v. 28.1.1947, TOP 53, in: LAB, Rep. 37: OMGBS, BICO LIB, 11/149-1/2.

32 Ein solcher Antrag ist in den folgenden Mag.sitzungen nicht behandelt worden.

33 Diese Bestimmung hatte die AK mit BK/O (46) 139 v. 21.3.1946 erlassen; vgl. hierzu Dok. 112, Anm. 69.

34 Vgl. das 75. Mag.prot. v. 14.9.1946, TOP 3.

35 Vgl. hierzu das Schreiben der Finanzabteilung des Magistrats an das Finanzkomitee der französischen Militärregierung v. 26.8.1946, betr. Zahlungen an den Borsig-Betrieb, in: LAB(STA), Rep. 101, Nr. 637.

36 Vgl. zur Sicherung der städtischen Kredite für das Borsig-Werk (Städtisches Werk Tegel) das 78. Mag.prot. v. 5.10.1946, TOP 6.

37 LAB(STA), Rep. 100, Nr. 780, Bl. 14.

38 Willi Stoph (SED, vormals KPD) leitete die Abteilung Baustoffindustrie und Bauwirtschaft der Deutschen Zentralverwaltung der Industrie in der sowjetischen Besatzungszone.

39 Vgl. zur Baustoffbeschaffung GmbH das 55. Mag.prot. v. 29.4.1946, TOP 6, u. das 72. Mag.prot. v. 31.8.1946, TOP 3.

40 Der Magistrat hatte am 24.8.1946 beschlossen, Karweik aus dem Dienst der Stadt Berlin

BESCHLUSS: Der Vorlage Nr. 418 wird zugestimmt.[41]

Starck macht sodann *Mitteilungen über einige geschäftliche Angelegenheiten* des Hauptamtes für Aufbaudurchführung in *der Abteilung für Bau- und Wohnungswesen*, bei dem durch das Organisationsamt eine Prüfung stattgefunden habe und Unregelmäßigkeiten festgestellt worden seien.[42] Der erste Fall betreffe das *Hydrimentwerk in Klingenberg*.[43] Weder sei ein Vertrag über das Gelände abgeschlossen noch eine Verhandlung mit dem zuständigen Gartenbauamt gepflogen worden. Mit dem Werk Klingenberg, das während der Kriegszeit diesen städtischen Besitz zur Ablagerung der Flugasche benutzt habe, sei ebenfalls kein Vertrag geschlossen und keine Verhandlung geführt worden, desgleichen nicht mit Rüdersdorf[44], obschon man zur Erzeugung des neuen Bindemittels täglich 125 t hochwertigen Kalksteins brauche. Praktisch hänge also die Produktion völlig in der Luft, obgleich dieser Fragenkomplex den Magistrat bereits seit über 6 Monaten beschäftige. Mit keinem der in dem

---

zu entlassen und ihn aus dem Aufsichtsrat der Baustoffbeschaffung GmbH abzuberufen; vgl. das 71. Mag.prot. v. 24.8.1946, TOP 2.

41 Der hier gefaßte Mag.beschluß ist mit dem Ausfertigungsdatum v. 21.9.1946 vorhanden in: LAB(STA), Rep. 100, Nr. 779, Bl. 27. Die Gesellschafterversammlung der Baustoffbeschaffung GmbH beschloß am 4.11.1946, Stoph anstelle von Karweik zum Mitglied des Aufsichtsrats der GmbH zu bestellen; vgl. die beiden Protokolle dieser Gesellschafterversammlung in: LAB(STA), Rep. 110, Nr. 197/1.

42 Ein entsprechender Prüfungsbericht des Organisationsamts der Mag.abt. für Personalfragen und Verwaltung konnte nicht ermittelt werden. Es ist vermutlich die von der Wirtschaftsberatung AG im Auftrag der Mag.abt. für Personalfragen und Verwaltung durchgeführte Prüfung gemeint; vgl. den Bericht der Wirtschaftsberatung AG über die Verwaltungsprüfung beim Hauptamt für Aufbaudurchführung v. 30.8.1946, in: LAB(STA), Rep. 102, Nr. 345. Unter Hinweis auf diesen Prüfungsbericht und die darin aufgeführten Fälle von durch das Hauptamt für Aufbaudurchführung eingegangenen fragwürdigen finanziellen Verpflichtungen hatte Martin Schmidt am 11.9.1946 an die Mag.abt. für Bau- und Wohnungswesen, die Finanzabteilung des Magistrats sowie das Organisationsamt und das Hauptprüfungsamt in der Mag.abt. für Personalfragen und Verwaltung geschrieben: „Ich halte es unbedingt für notwendig, daß spätestens am 10.10.46 dieser gesamte Fragenkomplex endgültig geklärt ist, gegebenenfalls durch einen Magistratsbeschluß." Das Schreiben ist vorhanden in: LAB(STA), Rep. 102, Nr. 38. Vgl. zur Kritik am Hauptamt für Aufbaudurchführung auch das 40. Mag.prot. v. 7.1.1946, TOP 3 (Schwenk), u. das 71. Mag.prot. v. 24.8.1946, TOP 2. – Die von Starck im folgenden dargelegten Fälle von „Unregelmäßigkeiten" wurden einen Monat später in der Zeitung „Der Tagesspiegel", dem dieses Mag.prot. vorlag, veröffentlicht. Siehe: Geld, Material und eine Magistratsbesprechung. Hinter den Kulissen des Hauptamtes für Aufbau-Durchführung, in: Der Tagesspiegel, 22.10.1946, [S. 4]. Vgl. ferner: Ernst Barbknecht: Endlich Kontrolle über die Baustoffe, in: Tägliche Rundschau, 20.9.1946, S. 5.

43 Gemeint ist der Bau eines Werkes für die Produktion des neuen Bindemittels „Hydroment" (nicht: Hydriment) neben dem Großkraftwerk Klingenberg im Ortsteil Rummelsburg, Bezirk Lichtenberg. Die in diesem Kraftwerk anfallende Steinkohlenflugasche sollte als Rohmaterial für das neue Bindemittel dienen. Vgl. hierzu das 63. Mag.prot. v. 29.6.1946, TOP 4, u. das 72. Mag.prot. v. 31.8.1946, TOP 3 (Starck), u. das 85. Mag.prot. v. 23.11.1946, TOP 2 (Mag.vorlage Nr. 500).

44 Kleinstadt, ca. 20 km östlich von Berlin gelegen, ein Zentrum der Kalk- und Zementproduktion.

Hydrimentwerk[45] Tätigen bestehe ein Vertrag. Nicht einmal die Kostenanschläge seien vom Hochbauamt geprüft worden. Man habe auch keinerlei Verhandlungen gepflogen, um zu einer fruchtbaren und schnellen Arbeit zu kommen und um aus dem Hydrimentwerk[46] eine städtische GmbH oder dergl[eichen] zu gestalten. Als merkwürdig müsse auch bezeichnet werden, daß der Bau noch gar keine Lizenz habe.

Ein zweiter Fall betreffe einen *schienenlosen Straßenzug* für Enttrümmerung, der von einem Ingenieur an Hand zeichnerischer Unterlagen vorgeführt worden sei. Dieser Ingenieur habe ohne Kenntnis des Magistrats und der anderen Beteiligten aus Etatmitteln des Hauptamts für Aufbau-Durchführung ohne einen Vertrag und ohne Sicherheit bisher 30 000 RM bekommen. Versprochen seien ihm 70 000 RM. Soweit man übersehen könne, seien zwar inzwischen die Arbeiten angelaufen, aber einen Wert von 30 000 RM hätten sie keineswegs.

Ein anderer Fall sei der der *Firma Schürmann* am Weinbergsweg[47], die zu Enttrümmerungsarbeiten eingesetzt worden sei und gleichzeitig eine Dachsteinproduktion durchgeführt habe. Dieser Firma sei gestattet worden, fingierte Rechnungen einzureichen, die dann honoriert worden seien. Mit diesen bevorschußten Rechnungen für noch gar nicht geleistete Arbeiten habe sich die Firma finanziert. Die Beträge gingen in die Zehntausende. Bis jetzt lasse sich noch nicht feststellen, ob die Beträge verrechnet worden seien. Die Abteilung Wirtschaft habe nun auf Wunsch der Abteilung für Bau- und Wohnungswesen einen Treuhänder eingesetzt, weil die Firma die in der Dachsteinfabrikation beschäftigten Arbeiter immer wieder auf die Enttrümmerungsrechnung gesetzt habe. Inzwischen sei Schürmann unter Hinterlassung eines Testamentes verschwunden, und der Treuhänder habe die ganze Angelegenheit nunmehr der Staatsanwaltschaft übergeben. Redner teilt mit, daß er angeordnet habe, die Untersuchung über den Fall der heute zahlungsunfähigen Firma Schürmann hinaus auch auf die verantwortlichen Angestellten auszudehnen. Für die Unterzeichnung der fingierten Rechnungen müsse Herr Böttcher verantwortlich gemacht werden.[48]

Ein weiterer Fall beziehe sich auf das *Sägewerk im Grunewald* am Teufelssee, das unter den Kriegsereignissen schwer gelitten habe, aber wieder aufgebaut worden sei, und zwar unter Aufwand einer Summe von rund 115 000 RM, einschließlich

---

45 Richtig: Hydromentwerk.
46 Richtig: Hydromentwerk.
47 Die Firma Max Schürmann hatte ihr Baubüro am Weinbergsweg 16–18, Bezirk Mitte.
48 Karl Böttcher war im März 1946 von der Leitung des Hauptamts für Aufbaudurchführung abberufen und als Leiter einer neu gebildeten „Bauwissenschaftlichen Forschungs- und Entwicklungsstelle" bei der Mag.abt. für Bau- und Wohnungswesen eingesetzt worden. Vgl. hierzu das 50. Mag.prot. v. 16.3.1946, TOP 8 (insb. Anm. 106). In seinem Schreiben v. 11.9.1946, betr. den Bericht der Wirtschaftsberatung AG über die Verwaltungsprüfung beim Hauptamt für Aufbaudurchführung (vgl. Anm. 42 zu diesem Mag.prot.), hatte Martin Schmidt ausgeführt: „Von dem Unterzeichneten ist Herrn Prof. Scharoun schon einmal mündlich der Rat gegeben worden, den früheren Leiter des Hauptamtes für Aufbaudurchführung, Herrn Böttcher, wegen der mangelnden Verwaltungs- und kaufmännischen Erfahrung von jeder Möglichkeit, über städtische Gelder zu verfügen, zu entbinden." Aufgrund des Prüfungsberichts müsse „dieser Rat nochmals dringend wiederholt werden, da sonst zu befürchten ist, daß weitere Schwierigkeiten auch aus der neuen Tätigkeit des Herrn Böttcher erwachsen".

der Personalausgaben. Nunmehr stelle das Hauptamt für Aufbau-Durchführung fest, daß man ein Objekt der städtischen Forstverwaltung instand gesetzt habe und daß man daher gar nicht in der Lage sei, dieses Werk zu verpachten. Der ganze Wiederaufbau müsse als überflüssig bezeichnet werden, da weder ein Bahnanschluß noch ein Wasseranschluß vorhanden sei, noch Holz sich in der Nähe befinde. Infolgedessen wolle man jetzt dieses Werk an denjenigen verpachten, der bisher im Auftrage der Stadt die betriebliche Betreuung durchgeführt habe.[49]

Der *Firma Groß* am Flensburger Ufer[?][50] habe man 90 000 RM als Vorschuß für die Schaffung einer Enttrümmerungsanlage gegeben, und zwar aus Etatsmitteln, versprochen seien der Firma 150 000 RM. Aber nicht einmal eine abschließende Verhandlung zwischen [sic!] den Firmenvertretern habe bisher stattgefunden, obschon diese größte Anlage Berlins seit Monaten laufe. Redner stellt für die nächste Magistratssitzung einen ausführlichen Bericht über alle diese Fälle in Aussicht.[51] Für diese Dinge, die zum Teil bereits 9, 10 und 11 Monate liefen, seien in der Hauptsache die Herren Böttcher und Karweik[52] verantwortlich zu machen.

In *Sperenberg* laufe die Produktion von Gips an.[53] Die Provinzialverwaltung beschäftige jetzt 100 Arbeiter. In einer Rücksprache mit der Provinzialverwaltung sei erklärt worden, daß in zwei Monaten mit dem ersten Gips aus Sperenberg gerechnet werden könne. Berlin werde dann bevorzugt mit Gips beliefert werden.

Pieck beantragt, eine Kommission einzusetzen, die gemeinsam mit Herrn Starck prüfen solle, inwieweit der Magistrat Böttcher und Karweik gerichtlich zur Verantwortung ziehen könne. Redner schlägt außerdem vor, Böttcher als den Hauptverantwortlichen mit sofortiger Wirkung von seinem Amt zu suspendieren.

Schwenk empfiehlt, den seinerzeit für die Angelegenheit Karweik eingesetzten Prüfungsausschuß[54] mit der Weiterverfolgung dieser Angelegenheit zu betrauen.

Dusiska äußert aus formellen Gründen Bedenken gegen die sofortige Suspendierung Böttchers ohne vorherige Untersuchung. Ein Präzedenzfall dieser Art könne sich unter Umständen ungünstig auswirken.

Schwenk hält diese Bedenken nicht für stichhaltig. Wenn begründeter Verdacht gegen einen städtischen Angestellten vorliege, habe der Magistrat sogar die Pflicht,

---

49 Vgl. zum Verkauf des Sägewerks im Grunewald und zur Verpachtung des entsprechenden Grundstücks die Mag.vorlage Nr. 279 v. 9.6.1947 u. das Prot. über die 31. (Ordentliche) Mag.sitzung am 16.6.1947, TOP 13, in: LAB, Rep. 228, Mag.vorlagen 1947 u. Mag.protokolle 1947.

50 Vgl. zu der am Schleswiger Ufer nahe der Flensburger Straße im Bezirk Tiergarten gelegenen Trümmerverwertungsanlage der Firma Max Groß: Geist/Kürvers, S. 470.

51 Vgl. das 77. Mag.prot. v. 28.9.1946, TOP 4.

52 Erich Karweik hatte seit dem 3.12.1945 die Funktion des zweiten stellvertretenden Leiters der Mag.abt. für Bau- und Wohnungswesen innegehabt und seit dem 17.3.1946 gleichzeitig kommissarisch das Hauptamt für Aufbaudurchführung geleitet, war aber durch einen Mag.beschluß v. 24.8.1946 aus dem Dienst des Magistrats entlassen worden. Vgl. das 33. Mag.prot. v. 3.12.1945, TOP 2, u. das 71. Mag.prot. v. 24.8.1946, TOP 2; Dok. 75, Anm. 106.

53 Vgl. zur Ausbeutung des Gipsvorkommens bei der Ortschaft Sperenberg ca. 40 km südlich von Berlin das 63. Mag.prot. v. 29.6.1946, TOP 4, u. das 71. Mag.prot. v. 24.8.1946, TOP 6 (Starck), u. das 72. Mag.prot. v. 31.8.1946, TOP 3 (Starck).

54 Vgl. hierzu das 63. Mag.prot. v. 29.6.1946, TOP 4, u. das 71. Mag.prot. v. 24.8.1946, TOP 2.

diesen Angestellten zu suspendieren, d[as] h[eißt] vorläufig vom Amt zu beurlauben. Die endgültige Entscheidung werde ja erst nach abgeschlossener Untersuchung gefällt.

Lange hat gleichfalls keine Bedenken gegen die sofortige Beurlaubung Böttchers. Jeder, gegen den ein begründeter Verdacht vorliege, müsse sich eine vorläufige Beurlaubung gefallen lassen. Damit sei eine Diffamierung zunächst keineswegs ausgesprochen. Die Stadt müsse sich aber dagegen schützen, daß in der Zwischenzeit neue Schäden entständen.

Pieck beantragt, daß der Ausschuß sich auch mit der Geschäftsführung Böttchers in seiner jetzigen Dienststelle[55] beschäftigen möge.

Starck führt weiter aus, im übrigen seien mehr als hundert sogenannte *Rahmenverträge* als Lieferungsverträge mit verschiedenen Firmen abgeschlossen worden. Die Durchführung dieser und den Abschluß weiterer Verträge habe die Abt[eilung] für Bau- und Wohnungswesen jetzt unterbunden. Der Magistrat trete ja nicht als Verkäufer, sondern höchstens als Vermittler auf, um die Käufe in die richtigen Bahnen zu lenken. Es frage sich, ob aus solchen Rahmenverträgen Ansprüche an die Stadt geltend gemacht werden könnten.

Schwenk weist darauf hin, daß beispielsweise ein Vertrag auf Lieferung von 1 000 Abputzmaschinen[56] abgeschlossen worden sei, die an die Enttrümmerungsfirmen hätten verkauft werden sollen. Nachträglich habe sich die Unbrauchbarkeit der Maschinen herausgestellt. Ein Teil der Maschinen lagere bei der Firma, die den Verkauf übernommen habe, ein anderer Teil bei der Herstellerfirma, die jetzt von der Stadt Abnahme und Bezahlung der Maschinen verlange. Ähnlich lägen die Dinge in anderen Fällen, wie sich aus dem Bericht des Organisationsamts ergebe[57].

Lange bezeichnet es als eine unglückselige Regelung, daß in den Abteilungen die Sachbearbeiter Verträge abschlössen, ohne überhaupt den juristischen Dezernenten damit zu befassen. Zu einer Änderung in dieser Hinsicht werde es wohl erst kommen, wenn einmal ein Beteiligter persönlich regreßpflichtig gemacht werde.

Dusiska erinnert daran, daß Dr. Landwehr schon vor längerer Zeit der Abt[eilung] für Bau- und Wohnungswesen das Recht bestritten habe, mit der Wirtschaft irgendwelche Rahmenverträge abzuschließen.[58] Das Recht der Produktionsauflage stehe lediglich der Abteilung für Wirtschaft zu, und sie erteile solche Produktionsauflagen nur im Rahmen der bestehenden Befehle der Besatzungsmächte. Die Abt[eilung] für Bau- und Wohnungswesen müsse nunmehr schleunigst alle Rahmenverträge feststellen und den Firmen mitteilen, daß die Rahmenverträge von den damaligen Sachbearbeitern auf Grund falscher Voraussetzungen abgeschlossen worden seien und daß sie nicht realisiert werden könnten. Redner regt an, den Justitiar der Abt[eilung] für Bau- und Wohnungswesen, Dr. Müller[59], zu beauftragen, sich mit

---

55 Gemeint ist die „Bauwissenschaftliche Forschungs- und Entwicklungsstelle"; vgl. Anm. 48 zu diesem Mag.prot.
56 Gemeint sind Maschinen zum Abputzen von bei der Enttrümmerung gewonnenen Ziegelsteinen.
57 Vgl. Anm. 42 zu diesem Mag.prot.
58 Vgl. das 41. Mag.prot. v. 14.1.1946, TOP 4.
59 Dr. Werner Müller, Generalreferent und Justitiar in der Mag.abt. für Bau- und Wohnungswesen.

der Rechtsabteilung ins Benehmen zu setzen, um die Rahmenverträge rückgängig zu machen.

Starck bemerkt noch, daß die Rahmenverträge von dem Leiter des Hauptamts für Aufbau-Durchführung unterschrieben worden sei[en], und zwar in der ersten Zeit von Böttcher, später von Karweik.

Dusiska hält eine genaue Aktendurchsicht für unbedingt erforderlich. Jeder Beteiligte müsse sich darum bemühen und eine schriftliche Erklärung darüber abgeben. Dann werde sicherlich noch mancherlei gefunden werden. Redner schlägt vor, die Abt[eilung] für Bau- und Wohnungswesen und die Rechtsabteilung zu beauftragen, die Möglichkeiten einer Aufhebung und Rückgängigmachung der Rahmenverträge zu prüfen. Die Stadt Berlin sei nicht so ohne weiteres verpflichtet, jeden Rahmenvertrag zu erfüllen. Die Rahmenverträge enthielten meistens nichts über Termine, Preis und andere Modalitäten. Es sei auch fraglich, ob nach dem Vertragsrecht Verträge vorlägen. Die meisten Firmen hätten die Verträge lediglich dazu benutzt, um Ende 1945 und Anfang 1946 irgendwelche Erleichterungen bei den Besatzungsmächten usw. herauszuholen. Aber es müsse auf alle Fälle scharf durchgegriffen werden.

BESCHLUSS: Der Magistrat beschließt:
1. Herrn Böttcher von seinem Amt zu suspendieren,[60]
2. die im Fall Karweik gebildete Untersuchungskommission[61] mit der Prüfung der Geschäftsgebarung des Hauptamts für Aufbau-Durchführung zu betrauen,[62]
3. der Abt[eilung] für Bau- und Wohnungswesen und der Rechtsabteilung den Auftrag zu erteilen, die vom Hauptamt für Aufbau-Durchführung abgeschlossenen Rahmenverträge zu überprüfen und aufzuheben.

7. HANDEL UND HANDWERK
Grommann ersucht um Annahme der Vorlage Nr. 419[63], betreffend eine Verordnung über die *Erteilung und Versagung der Gewerbeerlaubnis*.[64]

---

60 Vgl. zu Böttchers eigener nachträglicher Sicht seiner Suspendierung als Leiter der „Bauwissenschaftlichen Forschungs- und Entwicklungsstelle": Böttcher: Bericht über meine Arbeit, S. 54 f.
61 Vgl. Anm. 54 zu diesem Mag.prot.
62 Entsprechende Untersuchungsmaterialien konnten nicht ermittelt werden.
63 LAB(STA), Rep. 100, Nr. 780, Bl. 15–17; auch in: LAB(STA), Rep. 106, Nr. 139.
64 Vgl. zur bisherigen Behandlung dieser VO das 56. Mag.prot. v. 4.5.1946, TOP 6, u. das 58. Mag.prot. v. 18.5.1946, TOP 7. In der hier vorgelegten Fassung ging der Verordnungstext auf die von der AK mit BK/O (46) 356 v. 5.9.1946 gemachten Vorgaben zurück. Die BK/O ist vorhanden in: LAB(STA), Rep. 101, Nr. 72; LAB, Rep. 280, Nr. 4911. Entsprechend diesen Vorgaben hat der zentrale § 1 des mit der Mag.vorlage Nr. 419 v. 16.9.1946 vorgelegten Entwurfs einer VO über die Erteilung und Versagung der Gewerbeerlaubnis den folgenden Wortlaut:
„Wer innerhalb des Stadtgebietes von Berlin ein selbständiges Gewerbe betreiben will, bedarf hierzu der Erlaubnis.
Die Erlaubnis ist nur zu versagen, wenn
1. der Antragsteller die für die Ausübung des Gewerbes erforderliche persönliche Zuverlässigkeit und fachliche Eignung nicht besitzt. Die persönliche Zuverlässigkeit liegt nicht vor

Lange schlägt vor, den Satz der Begründung[65] „Der Grundsatz der Gewerbefreiheit ist durch die Verordnung nicht aufgehoben, sondern nur vorläufig suspendiert" dahingehend abzuändern, daß „sondern nur vorläufig suspendiert" gestrichen wird.[66]
BESCHLUSS: Die Vorlage Nr. 419 wird mit dieser Änderung angenommen.[67]

8. VERKEHR

Kraft begründet die Vorlage Nr. 420[68], betreffend Errichtung einer Frachtenkontrolle

---

a) bei Personen, die von der Entnazifizierungsanordnung der Alliierten Kommandantur Berlin BK/O (46) 101a betroffen werden,

b) bei Strafgefangenen, aus der Haft vorübergehend Entlassenen oder unter Bewährungsfrist gestellten Personen,

c) bei Personen, denen die Bürgerrechte aberkannt sind,

d) bei Personen, die unter Anklage stehen oder ihre Aburteilung erwarten,

2. die Rohstofflage die Durchführung der Gewerbetätigkeit voraussichtlich nicht zuläßt oder

3. die erforderlichen Räumlichkeiten, wirtschaftlichen Betriebsmittel und technischen Einrichtungen nicht oder noch nicht vorhanden sind oder

4. ein Bedürfnis für die Errichtung des Gewerbebetriebes nicht nachgewiesen wird."
Vgl. zur Entnazifizierungsanordnung BK/O (46) 101a v. 26.2.1946 das 50. Mag.prot. v. 16.3.1946, TOP 2 (Schmidt).

65 Die Begründung der Mag.vorlage Nr. 419 ist identisch mit derjenigen der Mag.vorlage Nr. 207 v. 26.4.1946 und der Mag.vorlage Nr. 235 v. 15.5.1946; vgl. hierzu Dok. 83, Anm. 98, u. Dok. 85, Anm. 56.

66 In dem hier zugrunde gelegten Umdruckexemplar dieses Protokolls findet sich nach diesem Absatz die handschriftliche Formulierung „daß statt ‚suspendiert' geschrieben wird ‚eingeschränkt'" und hierzu am Fußende der entsprechenden Protokollseite die handschriftliche Anmerkung „so im vorläufigen Beschlußauszug". Auf den sonstigen ermittelten Umdruckexemplaren dieses Protokolls (vgl. Anm. 1 zu diesem Mag.prot.) sind solche handschriftlichen Zusätze nicht vorhanden.

67 Die hiermit beschlossene VO über die Erteilung und Versagung der Gewerbeerlaubnis wurde mit Zustimmung des Trade and Industry Committee der AK v. 12.12.1947 veröffentlicht in: VOBl., Jg. 3 (1947), S. 21 f. Sie trug das Ausfertigungsdatum v. 16.1.1947 und sollte am 19.2.1947 in Kraft treten. Ebenfalls vom 19.2.1947 datierte aber die BK/O (47) 47, mit der die AK anordnete, daß der hier gefaßte Mag.beschluß der StVV „zur nochmaligen Prüfung" und anschließend erneut der AK zur Genehmigung vorzulegen war. Die BK/O ist vorhanden in: LAB(STA), Rep. 101, Nr. 78; LAB, Rep. 280, Nr. 10505. Daraufhin wurde die bereits im VOBl. veröffentlichte VO vom zweiten Nachkriegsmagistrat am 24.3.1947 und von der StVV am 29.4.1947 nochmals beschlossen. Vgl. hierzu die Mag.vorlage Nr. 146 v. 24.3.1947 u. das Prot. über die 18. (Ordentliche) Mag.sitzung am 24.3.1947, S. 3, in: LAB, Rep. 228, Mag.vorlagen 1947 u. Mag.protokolle 1947; StVV, I. Wahlperiode, Drucksache Nr. 26, Vorlage Nr. 176 v. 31.3.1947, u. Stenographischer Bericht über die 27. (Ordentliche) Sitzung am 29.4.1947, S. 10–12. Die nun auch von der StVV angenommene VO wurde von seiten der AK nicht bestätigt. Vielmehr regelte diese die Erteilung und Versagung der Gewerbeerlaubnis durch ihre gegenüber dem Verordnungstext abgeänderte BK/O (47) 229 v. 16.10.1947. Diese BK/O wurde veröffentlicht in: Amtsblatt der Alliierten Kommandatura Berlin, Nr. 10 (Oktober 1947), S. 3–5, u. VOBl., Jg. 3 (1947), S. 246; wieder abgedruckt in: Berlin. Quellen und Dokumente, 1. Halbbd., S. 359–361. Zur Durchführung der BK/O (47) 229 erließ der Magistrat Ausführungsbestimmungen v. 14.1.1948, in: VOBl., Jg. 4 (1948), S. 102.

68 LAB(STA), Rep. 100, Nr. 780, Bl. 18; auch in: LAB(STA), Rep. 101, Nr. 647.

und Abrechnungsstelle bei der Hauptfahrbereitschaft. Zweck der Vorlage sei, wieder Ordnung im Tarifwesen des Güterfernverkehrs mit Kraftfahrzeugen zu schaffen. Der Güternahverkehr habe dabei nicht berücksichtigt werden können. Hier sei keine Abrechnungspflicht vorgesehen, sondern es solle bei dem heutigen Zustand verbleiben. Die Gebühr setze sich zusammen aus 6,542 % der Bruttofracht für die Beförderungssteuer, 3,5 % der Bruttofracht für die Versicherung und 1,9 % Verwaltungsgebühr. Im Juli habe die Beförderungssteuer bei einem Umsatz von 640 000 RM 42 000 RM betragen. Die vorgeschlagene Neuregelung des Tarifwesens finde die Zustimmung sowohl des Preisamts als auch des Versicherungsamts der Stadt Berlin.

Lange empfiehlt, da es sich ja nur um eine Stelle und nicht um 2 Stellen handele, von „Frachtenkontroll- und Abrechnungsstelle" zu sprechen.

BESCHLUSS: Die Vorlage Nr. 420 findet mit dieser Änderung die Zustimmung des Magistrats.[69]

Kraft macht weiter Mitteilungen über die im Mai 1945 von der Roten Armee übernommenen 1 142 Lastkraftwagen und 50 Personenkraftwagen. Diese Wagen habe die Stadt im Frühjahr 1946 mit 2 Millionen bezahlt. Die Fahrzeuge seien seinerzeit verteilt worden. Einen Teil habe man ausschlachten müssen, ein Teil sei später von den Besatzungsmächten wieder beschlagnahmt worden, andere wurden den eigenen Betrieben der Stadt gegeben. Der größte Teil dieser Wagen, nämlich 385 Fahrzeuge, sind aber an die Abteilung für Ernährung gegangen. Gegenwärtig befänden sich bei der Fahrbereitschaft Ernährung[70] noch 185 Lastkraftwagen. Die Fahrbereitschaft Ernährung habe die Wagen einzelnen Fuhrunternehmern mit der Verpflichtung übergeben, sie fahrfähig zu halten und für die Fahrbereitschaft Ernährung zu verwenden. Das sei auch geschehen. Inzwischen seien im englischen Sektor bereits 3 000 fabrikneue Lastkraftwagen eingeführt worden, und im amerikanischen Sektor beginne man auch schon mit der Einfuhr. Redner schlägt vor, die alten Wagen, die die Stadtverwaltung auf ihren ursprünglichen Wert habe schätzen lassen, an die Fuhrunternehmer zu verkaufen. Die Stadt habe seinerzeit 1 650 RM für diese Wagen an die Russen bezahlt und errechne jetzt einen Wert von etwa 1 530 RM.

Dusiska wendet sich gegen den allgemeinen Verkauf der Wagen an die jetzigen Benutzer. Das Bergungsamt[71] habe im Jahre 1945 sehr viele herrenlose Wagen an irgendwelche Benutzer, die die Wagen instand gesetzt hatten, übergeben. Heute müssen nun diese Wagen sehr oft an die ursprünglichen Eigentümer zurückgegeben werden, und der bisherige Benutzer, der viele Reparaturen habe vornehmen müssen und teilweise beträchtliche Geldsummen aufwenden mußte, stehe vor dem Nichts oder vor einem Verlust. Deshalb müsse geprüft werden, ob nicht ein Ausgleich zwischen den divergierenden Interessen erfolgen könne. Die Stadt sollte die Gelegenheit benutzen, um einiges gutzumachen.

---

69 Der hier gefaßte Mag.beschluß ist mit dem Ausfertigungsdatum v. 21.9.1946 vorhanden in: LAB(STA), Rep. 100, Nr. 780, Bl. 18b.

70 Vgl. zum Verhältnis von Fahrbereitschaft Ernährung und Hauptfahrbereitschaft das 8. Mag.prot. v. 25.6.1945, TOP 7, u. das 12. Mag.prot. v. 23.7.1945, TOP 7, u. das 17. Mag.prot. v. 20.8.1945, TOP 9, u. das 18. Mag.prot. v. 27.8.1945, TOP 5.

71 Vgl. zu dem hier gemeinten Bewirtschaftungsamt für Bergungsgut: Dok. 109 (insb. Anm. 9).

Kraft erwidert, es handele sich um Fahrzeuge, die die Rote Armee an die Stadt verkauft habe, und der Magistrat sei Eigentümer. Im Gegensatz zu den Fahrzeugen, die 1945 irgendwo auf der Straße gelegen hätten, sei hier die Rechtslage klar. Selbstverständlich könne man, um dem Wunsche Dusiskas zu entsprechen, das Bewirtschaftungsamt mit dem Verkauf der Wagen betrauen.

Lange spricht sich dafür aus, es bei dem Vorschlag Krafts zu belassen. Wenn vom Bergungsamt ein Wrack für 400 bis 500 RM gekauft und dann von irgend jemand vielleicht mit Kosten von 8 000 bis 10 000 RM umgebaut worden sei, liege Spezifikation[72] im Sinne des BGB vor; der Benutzer sei dann Eigentümer geworden. Es empfehle sich daher, über die Wagen, bei denen nur geringe Umbaukosten hätten aufgewandt werden müssen, eventuell im Einvernehmen mit dem Bewirtschaftungsamt für Bergungsgut zu verfügen, aber diejenigen Wagen, bei denen die Umbaukosten einen erheblichen Prozentsatz des Gesamtwertes darstellten, billigerweise den bisherigen Benutzern zu belassen.

Kraft bittet auch zu berücksichtigen, daß die jetzigen Wagenbenutzer mit großem Fleiß die Wagen in Ordnung gebracht und sie für die Ernährung der Stadt Berlin verwandt hätten.

Maron unterstützt den Vorschlag Krafts zum mindesten für die ausländischen Wagen, für die es ja keine Ersatzteile gebe. Vielleicht bestehe die Möglichkeit, neue Wagen hereinzubekommen und die betroffenen Kraftfahrzeughalter auf eine Vormerkliste für den Bezug neuer Wagen zu setzen.

Kraft bittet um die Ermächtigung für die Verkehrsabteilung, sich mit dem Bewirtschaftungsamt für Bergungsgut wegen dieser Frage in Verbindung zu setzen und die Einzelfälle zu prüfen, um Ungerechtigkeiten zu vermeiden.
BESCHLUSS: Der Magistrat beschließt gemäß dem Antrage Kraft.

Pieck fragt, wie es mit den *Fahrgenehmigungen nach auswärts* stehe.

Knoll bemerkt dazu, gestern nachmittag sei von der Zentralkommandantur die Mitteilung eingegangen, daß nach wie vor der Stadtfahrbefehl bis zu 50 km um Berlin Geltung habe und daß darüber hinaus ein Fernfahrbefehl erforderlich sei. Zur Zeit werde vom Polizeipräsidenten wegen des weißen Ausweises verhandelt.[73]

---

72 Der Rechtsbegriff der „Spezifikation" bezeichnet die Herstellung einer neuen beweglichen Sache durch Bearbeitung oder Umbildung eines oder mehrerer Stoffe. In § 950 Absatz 1 des Bürgerlichen Gesetzbuchs (BGB) heißt es hierzu: „Wer durch Verarbeitung oder Umbildung eines oder mehrerer Stoffe eine neue bewegliche Sache herstellt, erwirbt das Eigentum an der neuen Sache, sofern nicht der Wert der Verarbeitung oder der Umbildung erheblich geringer ist als der Wert des Stoffes." Andererseits kann derjenige, der durch diese Vorschrift einen entsprechenden Rechtsverlust erleidet, nach § 951 Absatz 1 des BGB von demjenigen, zu dessen Gunsten die Rechtsänderung eintritt, Vergütung in Geld fordern.
73 Im Wochenbericht der Transportzentrale in der Mag.abt. für Verkehr über die Transportlage für die Zeit v. 29.8.–4.9.1946 heißt es im Abschnitt „Kraftverkehr": „Durch Verhandlungen der Provinzialverwaltung der Mark Brandenburg mit der SMAD Potsdam konnte der bis vor kurzem bestehende Zustand wiederhergestellt werden, daß die Berliner Bezirksfahrbereitschaften für die 50-km-Zone um Berlin wieder Fahrbefehle selbst erteilen dürfen. Ebenso hat die Berliner Hauptfahrbereitschaft durch entsprechende Verhandlungen mit der Russischen Zentralkommandantur erreicht, daß für Fernfahrten von Berlin, also für Fahrten über die 50-km-Zone, nicht Einzelgenehmigungen der Rus-

Kraft bringt zur Kenntnis, daß er einen Vordruck habe anfertigen lassen, der, mit den nötigen Unterschriften versehen, die Berechtigung zum Betrieb eines Personenkraftwagens gebe und von den russischen Posten anerkannt werde.[74]

9. WIRTSCHAFT

Dusiska befürwortet Annahme der Vorlage Nr. 424[75], betreffend Bestellung des Herrn Hermann Weißbach[76] zum Leiter der Berliner *Centralen Kohlenorganisation*.[77]
BESCHLUSS: Die Vorlage Nr. 424 wird angenommen.[78]

10. ALLGEMEINES

Geschke macht nähere Angaben über die [am] Sonntag, den 22. September 1946 im Berliner Lustgarten stattfindende *Kundgebung* zum Gedenken an die *Opfer des Faschismus*[79] und beanstandet die Einstellung des Sportamts, das für denselben Tag

---

sischen Zentralkommandantur erforderlich sind, sondern wie bisher der weiße Propusk für Fernfahrten berechtigt." Der Wochenbericht ist vorhanden in: LAB(STA), Rep. 101, Nr. 647.
Vgl. auch die Rundschreiben der Hauptfahrbereitschaft Nr. 72 v. 13.9.1946 u. Nr. 89 v. 19.11.1946, in: LAB, Rep. 280, Nr. 4335 u. 4336; ferner das Rundschreiben der Mag.abt. für Verkehr an alle Mag.abteilungen v. 20.9.1946, in: LAB(STA), Rep. 101, Nr. 647. Das letztere Rundschreiben hat den Wortlaut:
„Der Einsatz von Kraftfahrzeugen ist in der sowjetischen Zone durch den Befehl 252, gültig ab 15.9.46, neu geregelt worden.
Die Dienststellen der Provinz sind über die Behandlung der Berliner Fahrzeuge, insbesondere Personenkraftwagen, nicht eindeutig unterrichtet.
Jeder Personenkraftwagen, der über die Weichbildgrenze Berlins hinausfährt, muß mit einer Beschlagnahme rechnen.
Wir bitten dringend, bis auf weiteres und bis zur Klärung der Angelegenheit, von Fahrten mit Pkws über die Berliner Grenze hinaus abzusehen."
Der Befehl Nr. 252 des Obersten Chefs der Sowjetischen Militäradministration v. 17.8.1946, betr. Abschaffung von Passierscheinen für Kraftfahrzeuge für den Verkehr von Kraftfahrzeugen innerhalb der Provinzen und zwischen den Provinzen der Sowjetischen Besatzungszone Deutschlands, ist vorhanden in: BArch, Abt. Potsdam, DX 1, 252/1946.

74 Vgl. zu den Schwierigkeiten bei Fahrten in die Provinz Mark Brandenburg das 77. Mag.prot. v. 28.9.1946, TOP 7 (Knoll).

75 LAB(STA), Rep. 100, Nr. 780, Bl. 29.

76 Hermann Weißbach war bisher als stellvertretender Abteilungsleiter in der Deutschen Zentralverwaltung der Brennstoffindustrie tätig.

77 Vgl. zur Berliner Centralen Kohlenorganisation das 52. Mag.prot. v. 30.3.1946, TOP 3 (insb. Anm. 23), u. das 61. Mag.prot. v. 15.6.1946, TOP 2. Der bisherige Leiter dieser Dienststelle, Guntram Rinke, war am 23.7.1946 aus dem städtischen Dienst entlassen worden; vgl. Dok. 103, Anm. 48.

78 Der hier gefaßte Mag.beschluß wurde der AK von Landwehr mit Schreiben v. 1.10.1946 mitgeteilt. Das Schreiben ist vorhanden in: LAB(STA), Rep. 101, Nr. 61. Vgl. auch: Neuer Leiter der Zentralen Kohlenorganisation, in: Berliner Zeitung, 24.9.1946, [S. 6]; Neuer Leiter der Zentralen Kohlenorganisation, in: Berliner Zeitung, 29.9.1946, [S. 8].

79 Der Hauptausschuß „Opfer des Faschismus" (vgl. hierzu Dok. 74, Anm. 4 u. 7) hatte bei der AK mit Schreiben v. 25.6.1946 die Genehmigung für diese Kundgebung beantragt. Das Schreiben ist vorhanden in: LAB(STA), Rep. 101, Nr. 72. Die AK hatte die Kundgebung mit BK/O (46) 372 v. 17.9.1946 genehmigt. Die BK/O ist vorhanden in: LAB(STA), Rep. 101, Nr. 72; LAB, Rep. 280, Nr. 12649.

sportliche Veranstaltungen anberaumt habe. Redner behält sich nähere Ausführungen hierzu für die nächste Magistratssitzung vor.[80]

Maron bemerkt dazu, daß in diesem Falle den Magistrat vielleicht auch ein Teil der Schuld treffe, da er es unterlassen habe, sämtliche Magistratsstellen zu verpflichten, von Veranstaltungen an diesem Tage abzusehen. Außerdem wäre es angebracht gewesen, bei der Alliierten Kommandantur ein Verbot oder eine Einschränkung der Veranstaltungen an diesem Tage zu beantragen.

Geschke weist darauf hin, daß bereits im vergangenen Jahr feierlichst dokumentiert worden sei, man wolle jedes Jahr im September eine solche Kundgebung durchführen.[81] Ferner wurde ein Appell an die Öffentlichkeit gerichtet, von anderen Veranstaltungen an diesem Tage abzusehen. Jedenfalls könne man die Maßnahmen des Sportamts nicht als ein Zeugnis politischer Reife ansehen.[82]

Pieck gibt Kenntnis davon, daß nach Rücksprachen mit Fachleuten die *Bezeichnung „Magistrat von Groß-Berlin"* als zweckmäßig angesehen werde, und bittet um Genehmigung dieser Aufschrift.

BESCHLUSS: Der Magistrat stimmt der Bezeichnung „Magistrat von Groß-Berlin" zu.[83]

Dusiska bittet um die Ermächtigung für den in einer früheren Magistratssitzung[84] gebildeten Ausschuß, bestehend aus Dr. Goll, Schlimme[85], Fleischmann, Knoll und Dusiska, die von der Alliierten Kommandantur bis zum 24. September 1946 angeforderten Vorschläge über die Maßnahmen zur Überwindung der Stromkrise abzugeben.[86]

BESCHLUSS: Die Ermächtigung wird erteilt.[87]

---

80 Geschke hat keine entsprechenden Ausführungen in der nächsten Mag.sitzung gemacht.
81 Vgl. zur Kundgebung für die Opfer des Faschismus am 9.9.1945 das 20. Mag.prot. v. 10.9.1945, TOP 3.
82 Vgl. zur Kundgebung zu Ehren der Opfer des Faschismus im Berliner Lustgarten am 22.9.1946 und zu den am 21.9.1946 in den Berliner Schulen durchgeführten Feierstunden: Niemals wieder Faschismus, in: Berliner Zeitung, 11.9.1946, [S. 6]; Am Sonntag: Kundgebung im Lustgarten, in: Berliner Zeitung, 19.9.1946, [S. 6]; Berlin. Kampf um Freiheit, S. 536 (dort in Anm. 58 Quellenhinweise zu diesen Veranstaltungen).
83 Vgl. hierzu das 78. Mag.prot. v. 5.10.1946, TOP 6 (Pieck u. Beschluß).
84 Vgl. das 72. Mag.prot. v. 31.8.1946, TOP 4.
85 Hermann Schlimme (SED, vormals SPD) war 2. Vorsitzender des FDGB Groß-Berlin.
86 Mit BK/O (46) 376 v. 19.9.1946 hatte die AK angeordnet, ihr bis zum 24.9.1946 Maßnahmen „zum Zwecke eines gleichmäßigeren Stromverbrauchs" vorzuschlagen. Insbesondere sollten „die Arbeitsstunden gewisser Unternehmen, die in einer oder zwei Schichten arbeiten, auf die Mindestbelastungsstunden des Tages" verlegt werden. Die BK/O ist vorhanden in: LAB(STA), Rep. 101, Nr. 72; LAB, Rep. 280, Nr. 12652.
87 Vgl. zu dem Mag.ausschuß für die Stromversorgung das 79. Mag.prot. v. 12.10.1946, TOP 3 (Goll), u. das 82. Mag.prot. v. 2.11.1946, TOP 4 (Goll).

Dok. 117
77. Magistratssitzung vom 28. September 1946

LAB(STA), Rep. 100, Nr. 780, Bl. 31 – 37. – Umdruck.[1]

Beginn: 9.07 Uhr   Schluß: 12.10 Uhr

Anwesend: OB Dr. Werner, Maron, Schwenk, Schulze, Pieck, Geschke, Kehler,
            Dr. Landwehr (zu Anfang), Dr. Harms, Knoll, Schmidt, Dr. Haas,
            Dr. Goll, Hauth, Starck, Rumpf, Frau Kuckhoff, Lange, Werner,
            Buchholz, Grüber, Schwanebeck, Dr. Piechowski, Winzer.[2]

Den Vorsitz führt: OB Dr. Werner.

Tagesordnung: 1. Protokoll
                2. Personalfragen
                3. Finanzen
                4. Bau- und Wohnungswesen
                5. Gesundheitswesen
                6. Wirtschaft
                7. Allgemeines.

Vor Eintritt in die Tagesordnung begrüßt OB Dr. Werner den Verbindungsoffizier der
englischen Militärregierung, Oberstleutnant Mander, der an einem Teil der Sitzung
teilnimmt.

1. PROTOKOLL
Die Niederschrift über die 76. Magistratssitzung vom 21.9.46 wird genehmigt.

2. PERSONALFRAGEN
Schmidt unterbreitet die Vorlage Nr. 426[3], betreffend *Rentenzahlung an Opfer des
Faschismus,*[4] die eine Ehrenschuld der Stadtverwaltung gegenüber den Opfern des
Faschismus und deren Hinterbliebenen darstelle.[5] Die Vorlage sieht eine Rente für

---

1 Weitere Umdruckexemplare dieses Protokolls sind vorhanden in: LAB(STA), Rep. 100,
  Nr. 752, lfd. S. 457 – 469; LAB, Rep. 228, Mag.protokolle 1946, u. Rep. 280, Nr. 8501/34.
2 In der Anwesenheitsliste ist Oberstleutnant Mander nicht aufgeführt, der im Text des
  Protokolls (vor TOP 1 u. TOP 7) erwähnt bzw. als Redner genannt wird.
3 LAB(STA), Rep. 100, Nr. 780, Bl. 43 u. 86.
4 Nach der 3. Anordnung zur Ingangsetzung der Sozialversicherung in Berlin v. 25.10.1945
  erhielten anerkannte Opfer des Faschismus „ohne Rücksicht darauf, ob sie sozialversi-
  chert sind oder nicht, die gleichen Leistungen wie Versicherte der Versicherungsanstalt
  Berlin". Vgl. hierzu das 28. Mag.prot. v. 30.10.1945, TOP 7; VOBl., Jg. 1 (1945), S. 162.
5 In der Begründung der Mag.vorlage Nr. 426 v. 23.9.1946 heißt es: „Nachdem jetzt die
  Wiederaufnahme der Ruhegehaltszahlungen an ehemalige Beamte eingeleitet worden ist,
  ist eine Regelung für die Opfer des Faschismus über den Rahmen der bisherigen Fürsorge
  [hinaus] eine zwingende Notwendigkeit." Vgl. zu der hier erwähnten Wiederaufnahme
  der Zahlung von Versorgungsbezügen das 64. Mag.prot. v. 5.7.1946, TOP 2, u. das
  76. Mag.prot. v. 21.9.1946, TOP 4.

die anerkannten Opfer des Faschismus bei Arbeitsunfähigkeit oder Erreichung des 65. Lebensjahres sowie an ihre Witwen und Waisen vor. Gezahlt werden sollen die Endsätze der Angestelltenversicherung, die zur Zeit 170 RM bezw. für Witwen 85 RM und für Waisen 68 RM monatlich betrügen. In Berlin gebe es augenblicklich 8 500 anerkannte Opfer des Faschismus, von denen sich der größte Teil in Arbeit befinde. Für die Stadt Berlin kämen nur die Differenzbeträge zwischen den jeweiligen Sätzen der Angestelltenversicherung und den Endsätzen in Betracht. Für das Etatjahr 1946 seien 125 000 RM in Ansatz zu bringen.
BESCHLUSS: Die Vorlage Nr. 426 wird angenommen.[6]

Pieck teilt mit, daß auf Befehl der Alliierten Kommandantur der bisherige stellvertretende Leiter der Abt[eilung] für Ernährung, Dr. Düring, mit sofortiger Wirkung entlassen worden sei, weil er unter den Teil des Entnazifizierungsgesetzes falle, der sich auf ehemalige hohe Beamte der Ministerien beziehe. Herr Dr. Düring war Ministerialdirektor.[7]

3. FINANZEN
Dr. Haas begründet die Vorlage Nr. 425[8], betreffend den *Erwerb des Parkgeländes an der Straße Alt-Kaulsdorf*[9] in Größe von etwa 13 680 qm und *Mietung des*

---

6 Der hier gefaßte Mag.beschluß wurde der AK mit Schreiben v. 28.9.1946 zur Genehmigung zugeleitet. Das Schreiben ist vorhanden in: LAB(STA), Rep. 102, Nr. 37, Bl. 49 f. Die AK genehmigte die VO über Rentenzahlung an Opfer des Faschismus mit BK/O (47) 39 v. 10.2.1947. Die BK/O ist vorhanden in: LAB(STA), Rep. 101, Nr. 77; LAB, Rep. 280, Nr. 5849. Die VO wurde mit dem Ausfertigungsdatum v. 18.2.1947 veröffentlicht in: VOBl., Jg. 3 (1947), S. 51 f. Vgl. zur Rentenzahlung und zur Fürsorge für die Opfer des Faschismus auch die Materialien in: LAB, Rep. 37: OMGBS, Dir Off, 4/139-1/1; Rente oder Wiedergutmachung? Zum Problem „Opfer des Faschismus", in: Telegraf, 21.9.1946, S. 3; die Dienstblattverfügung Nr. IV-8 v. 7.11.1946, in: Dienstblatt des Magistrats von Groß-Berlin, Teil IV, Jg. 1948, S. 6.
Vgl. zur Vorgeschichte der BK/O (47) 39: BK/R (46) 388 v. 6.11.1946, in: LAB, Rep. 37: OMGBS, BICO LIB, 11/148-2/9; das 49. Prot. der stellv. Stadtkommandanten v. 12.11.1946, TOP 605, in: LAB, Rep. 37, Acc. 3971, Nr. 222; das 5. Prot. des Finanzkomitees der AK v. 21.1.1947, TOP 2, in: LAB, Rep. 37: OMGBS, FIN Br, 4/91-2/8; FIN/I (47) 16 v. 21.1.1947, in: LAB, Rep. 37: OMGBS, FIN Br, 4/91-2/16; BK/R (47) 34 v. 5.2.1947, in: LAB, Rep. 37: OMGBS, BICO LIB, 11/148-3/3; das 7. Prot. der stellv. Stadtkommandanten v. 7.2.1947, TOP 71, in: LAB, Rep. 37: OMGBS, BICO LIB, 11/149-1/2.
7 Dr. Georg Düring (parteilos) hatte seit dem 31.8.1945 als erster Stellvertreter des Leiters der Mag.abt. für Ernährung amtiert; vgl. das 20. Mag.prot. v. 10.9.1945, TOP 6. Mit BK/O (46) 381 v. 24.9.1946 hatte die AK angeordnet, ihn dieses Amtes unverzüglich zu entheben, da er als Ministerialdirigent im Reichsministerium für Ernährung und Landwirtschaft tätig gewesen war und damit zu einer Personengruppe gehörte, die nach Artikel 10 Ziffer 53 der Direktive Nr. 24 des Alliierten Kontrollrats v. 12.1.1946 aus öffentlichen Ämtern und verantwortlichen Stellungen „zwangsweise zu entfernen" war. Die BK/O (46) 381 ist vorhanden in: LAB(STA), Rep. 101, Nr. 73; LAB, Rep. 280, Nr. 12656. Vgl. zur Direktive Nr. 24: Dok. 75, Anm. 18. Das Entlassungsschreiben Piecks an Düring v. 27.9.1946 ist vorhanden in: LAB(STA), Rep. 101, Nr. 73, u. Rep. 113, Nr. 93. Vgl. zu Düring auch: Dok. 88, Punkt 1.
8 LAB(STA), Rep. 100, Nr. 780, Bl. 42 u. 85; auch in: LAB(STA), Rep. 101, Nr. 644, Bl. 48.
9 Straße im Ortsteil Kaulsdorf, Bezirk Lichtenberg.

angrenzenden Wirtschaftshofes des ehemaligen Gutes Kaulsdorf. Zur Zeit werde der Wirtschaftshof im wesentlichen noch von der sowjetischen Besatzung in Anspruch genommen. Der Park weise einen alten Baumbestand auf, der unter Naturschutz stehe. Da das umliegende Gelände sowohl im Süden wie im Westen städtischer Besitz sei, würde die Stadt das Parkgelände wahrscheinlich sowieso einmal ankaufen müssen. Die Stadt zahle jetzt nur die Miete von 300 RM monatlich. Sobald der Wirtschaftshof von der russischen Besatzung nicht mehr beansprucht werde, könne er als Fuhrpark oder für andere Zwecke benutzt werden. Das während des Krieges erheblich beschädigte Gutsgebäude soll instand gesetzt werden, und man könne dann dort eine Dienststelle unterbringen. Die Voigtschen Erben vermieteten den Wirtschaftshof an die Stadt unter Einräumung eines dringlichen[10] Vorkauf[s]rechts zunächst auf die Dauer von 5 Jahren. Sobald die Besatzung das Gelände freigibt, werde die Stadt es kaufen können.

Grüber befürwortet auf Grund eigener Kenntnis des Grundstücks Annahme der Vorlage und regt an, die beiden dazugehörigen Insthäuser mitzuerwerben.[11]

Geschke schließt sich dieser Anregung an und empfiehlt, das ganze Gelände für soziale Zwecke (Alters- oder Kinderheime) zu verwenden.

Dr. Harms unterstützt wärmstens den Vorschlag Geschkes. Es fehle vor allem an Altersheimen. Die Krankenhäuser seien mit alten Leuten überbelegt, und die Hospitäler reichen nicht aus.

BESCHLUSS: Auf Antrag Geschkes wird die Vorlage Nr. 425 mit folgendem Zusatz angenommen:[12]
Die Gebäude sind für soziale Zwecke zu verwenden.

OB Dr. Werner teilt in diesem Zusammenhang mit, daß der dänische Pastor Engdal[13], der sich auf sozialem Gebiet große Verdienste erworben habe und bei den Alliierten eine ziemliche Rolle spiele, in nächster Zeit die Hilfe der Abteilung für Bau- und Wohnungswesen und gegebenenfalls der Finanzabteilung in Anspruch nehmen wolle.

4. BAU- UND WOHNUNGSWESEN

Starck ersucht um Zustimmung zu der Vorlage Nr. 429[14], betreffend die Genehmigung zum *Abschluß eines Vertrages für eine Trümmerverwertungsanlage*.[15]

---

10 Müßte heißen: dinglichen.

11 Grüber hatte in Kaulsdorf seit dem 22.4.1945 für einige Wochen die Funktion des Ortsbürgermeisters ausgeübt; siehe: Grüber: Erinnerungen aus sieben Jahrzehnten, S. 219–228.

12 Vgl.: Gutspark Kaulsdorf in städtischem Besitz, in: Berliner Zeitung, 22.10.1946, [S. 6].

13 Gemeint ist Pastor Hans-William Engdahl-Thygesen.

14 LAB(STA), Rep. 100, Nr. 780, Bl. 76–78 u. 119–121.

15 Die Mag.vorlage Nr. 429 v. 10.9.1946 enthält den Textentwurf eines Vertrags zwischen der Firma Max Groß am Schleswiger Ufer, Bezirk Tiergarten, und der Stadt Berlin, vertreten durch die Mag.abt. für Bau- und Wohnungswesen. Vgl. zur Firma Groß das 76. Mag.prot. v. 21.9.1946, TOP 6 (Starck); allgemein zur Enttrümmerung das 41. Mag.prot. v. 14.1.1946, TOP 4. In der Begründung der Mag.vorlage heißt es: „Die Fa. Groß hat sich bereit erklärt, Splitt aus dem bei der Enttrümmerung gewonnenen Ziegelbruch herzustellen und dem Magistrat zur Zuweisung an die Verbraucher zu überlassen. Auf Grund wiederholter mündlicher Verhandlungen sind der Firma im Laufe

Schwenk spricht sich für Annahme der Vorlage aus, schlägt aber vor, in der Begründung und in dem Vertrag für [eine] Trümmerverwertungsanlage statt von „Baustelleneinrichtungskosten" immer von „Werkeinrichtungskosten" zu sprechen, überhaupt das Wort „Baustellen" durch „Werk" zu ersetzen, um Mißverständnisse zu vermeiden. Außerdem müsse es unter Ziffer 4 des Vertrages statt „jetzt" heißen[:] „je t".[16] BESCHLUSS: Die Vorlage Nr. 429 findet mit diesen Änderungen die Zustimmung des Magistrats.

5. GESUNDHEITSWESEN

Dr. Harms befürwortet die Vorlage Nr. 427[17], betreffend Bewilligung von *Darlehen für eine Reihe nichtstädtischer Krankenanstalten*.[18] Die Stadt habe an der Förderung nichtstädtischer Krankenanstalten ein großes Interesse, weil sie eine wesentliche Unterstützung in der Krankenbetreuung darstellten.

Schwenk äußert Bedenken gegen die sofortige Verabschiedung der Vorlage. In der Begründung sei angedeutet, daß die Stadt wahrscheinlich das Oskar-Helene-Heim übernehmen müsse.[19] Da bereits Verhandlungen im Gange seien, empfehle es sich, den Ausgang dieser Verhandlungen abzuwarten, ehe man einen Kredit beschließe. Ferner sei es auch nicht zweckmäßig, schon in der Vorlage die etwaige Umwandlung der Darlehen in verlorene Zuschüsse von Fall zu Fall vorzusehen. Die betreffende Anstalt sollte an das Stadtkontor herantreten. Gegebenenfalls müsse die Stadt die Bürgschaft übernehmen. Dadurch werde auf die Anstalten ein moralischer Druck im Sinne der Rückzahlung ausgeübt. Wenn die Stadt diesen Anstalten schon Geld gebe, müsse sie vor allen Dingen auch einen entsprechenden Einfluß haben.

Dr. Haas erwidert, daß das Stadtkontor nach den bestehenden Bestimmungen in diesen Fällen nicht in der Lage sei, Kredite zu geben, weil die Krankenhäuser

---

des letzten Jahres insgesamt RM 90 000,-- an Baustelleneinrichtungskosten für das Aufstellen der Maschinen, Transporteinrichtungen usw. gezahlt worden. Zur Sicherung dieser bereits gegebenen Beträge und zur Erfüllung unserer Zusage ist die Zahlung von weiteren RM 60 000,-- erforderlich."

16 Der erste Satz in Ziffer 4 des Vertragsentwurfs lautet fälschlicherweise: „Zur Abdeckung der von der Stadt übernommenen Baustelleneinrichtungskosten führt die Firma jetzt ausgelieferten Splitt einen Betrag von RM 1.-- an die Stadt ab."

17 LAB(STA), Rep. 100, Nr. 780, Bl. 44 f. u. 87 f.

18 Vgl. hierzu das 52. Mag.prot. v. 30.3.1946, TOP 3 (Mag.vorlage Nr. 152); Ernst Barbknecht: Krankenhäuser – auf sich selbst gestellt. Unverantwortliche Passivität verantwortlicher Dienststellen, in: Tägliche Rundschau, 27.7.1946, S. 6.

19 Das Oskar-Helene-Heim – orthopädische Klinik und Unfallkrankenhaus – befand sich an der Kronprinzenallee 229 (seit 1.6.1949: Clayallee 229) im Ortsteil Dahlem, Bezirk Zehlendorf. In der Begründung der Mag.vorlage Nr. 427 v. 18.9.1946 heißt es zu dieser Einrichtung: „Das Bezirksamt Zehlendorf beantragt für die Beseitigung von Kriegsschäden die Freigabe von Mitteln, die im Generaletat 1946, Einzelplan A 5, mit 275 000.-- RM eingesetzt sind. Das Heim befindet sich im Eigentum des Brandenburgischen Krüppel-, Heil- und Pflegevereins, der keinen vertretungsfähigen Vorstand besitzt. Die gesundheitlichen Belange der in großer Anzahl vorhandenen Körperbehinderten erfordern dringend die Ausführung der notwendigen Instandsetzungsarbeiten. Die Übernahme der Anstalt in städtischen Besitz erscheint geboten [...]." Anfang November 1946 teilte Harms dem Magistrat mit, daß das Oskar-Helene-Heim in die Treuhandschaft der Mag.abt. für Gesundheitsdienst übernommen worden sei; vgl. das 82. Mag.prot. v. 2.11.1946, TOP 5.

nicht die erforderlichen Sicherheiten geben könnten. Bürgschaften lehne die Finanzabteilung im allgemeinen ab und ziehe den Kreditweg vor. Bei den Verhandlungen mit den Krankenhäusern werde immer entscheidender Wert darauf gelegt, bis
zur Rückzahlung der Darlehen der Stadt den größtmöglichen Einfluß zu sichern.
Selbstverständlich werde bei jedem Darlehen eine dingliche Sicherung verlangt,
um, wenn es zur Zwangsversteigerung komme, den Kredit zu retten. Im übrigen
würden die Darlehen stets nur unter bestimmten Bedingungen der Verzinsung und
der Verpflichtung zur Rückzahlung gewährt.

Schwenk ist der Ansicht, daß der letzte Satz unter Nr. 3 des Beschlußentwurfs „Die
Umwandlung der Darlehen oder eines Teiles derselben in Beihilfen bleibt späteren
Beschlüssen vorbehalten" unter allen Umständen gestrichen werden müsse. Der
vorhergehende Satz, nach dem von der Verzinsung und Sicherstellung der Darlehen
zunächst Abstand genommen werden solle, müsse folgende Fassung erhalten:
„Die Frage der Verzinsung und Sicherstellung dieser Darlehen bleibt späterer
Beschlußfassung vorbehalten". Im übrigen könne man sich nach der Erklärung des
Stadtkämmerers über die Sicherung eines entsprechenden Einflusses der Stadt mit
der Vorlage einverstanden erklären.

Dr. Harms stellt fest, daß das Planungsamt der Abteilung für Gesundheitsdienst die
in Frage kommenden Anstalten eingehend geprüft habe. Gerade beim Oskar-Helene-
Heim brauche man das Darlehen, um bei den Verhandlungen mit dieser Anstalt einen
stärkeren Einfluß ausüben zu können. Selbstverständlich sichere die Stadtverwaltung
sich den nötigen Einfluß auf die Anstalten in bezug auf die Einrichtung der Betten
usw. Dieser schon jetzt vorhandene Einfluß werde durch Gewährung der Kredite
noch verstärkt.

Geschke ersucht um Aufklärung über die Position d „Erholungsheim Biesdorf-
Süd".[20] Auf dem dortigen Grundstück, auf dem sich eine Kindertagesstätte der Stadt
Berlin befinde, würden von der Kirche bezw. von ihr nahestehenden Gesellschaften
ebenfalls Kindertagesstätten errichtet, wodurch die Gefahr einer langsamen Hinaus-
drängung der kommunalen Einrichtungen entstehe.

Lange spricht sich dafür aus, das Darlehen an das Oskar-Helene-Heim noch
nicht zu bewilligen. Es handele sich hier um einen eingetragenen rechtsfähigen
Verein. Man sei gerade damit beschäftigt, die Zahl der Mitglieder des Vereins
zu ermitteln. Nach der Satzung könne der Verein nur durch einen Beschluß der
Mitgliederversammlung mit Dreiviertelmajorität aufgelöst werden.

Dr. Harms entgegnet, die Bewilligung bedeute doch nur, daß die Abt[eilung)
für Gesundheitsdienst die Summe ausgeben könne. Ob das Oskar-Helene-Heim
das Darlehen erhalte und in welcher Höhe, hänge von der Entscheidung der
Abt[eilung] für Gesundheitsdienst ab. Dasselbe treffe auch bei dem Erholungsheim
Biesdorf-Süd zu.

Hauth erklärt, daß die bisherigen Einflußmöglichkeiten der Stadt nicht genügten,
und bittet um Auskunft darüber, inwieweit die Stadt bei dieser Gelegenheit einen
tatsächlichen Einfluß auf die Gestaltung der Krankenhäuser zu nehmen gedenke.

---

20 Über dieses Heim heißt es in der Begründung der Mag.vorlage Nr. 427 unter Ziffer d:
„Das Erholungsheim Biesdorf-Süd der Gesellschaft Erholung m.b.H. beantragt einen
Zuschuß zur Beseitigung von Kriegsschäden. Das Gesundheitsamt Lichtenberg befür-
wortet einen Zuschuß von 10 000.- RM. Die im Heim als Hilfskrankenhaus eingerichtete
Abteilung umfaßt 56 Betten für Infektionskrankheiten."

Dr. Harms antwortet, daß die Abt[eilung] für Gesundheitsdienst ständig bemüht sei, ihren Einfluß geltend zu machen. Sie sei überall in den Kuratorien der betreffenden Krankenanstalten vertreten. Zunächst handele es sich um die Beschaffung von Betten. Die privaten Krankenanstalten arbeiten zumeist wirtschaftlicher und billiger als die städtischen Anstalten. Für die Stadtverwaltung sei es gerade vom Gesichtspunkt der Krankenhausplanung wichtig, die Anstalten zu kontrollieren und die Verwendung der Betten zu bestimmen. Wie die Anstalten ihren inneren Betrieb regelten, bleibe ihre Sache.

Grüber verweist noch darauf, daß durch die Inbetriebnahme der gemeinnützigen Krankenanstalten der Stadt viel Geld erspart werde. Sogar die Nazis hätten trotz aller Bekämpfung der Kirchen ihre Angehörigen im Krankheitsfalle in die konfessionellen und gemeinnützigen Krankenanstalten geschickt.

BESCHLUSS: Nach weiterer redaktioneller Erörterung wird die Vorlage Nr. 427 mit folgenden Änderungen genehmigt:[21]

  a) Abs. 2 des Beschlußentwurfs soll lauten:[22]

      Die Abt[eilung] f[ür] Gesundheitswesen wird ermächtigt, im Einvernehmen mit der Finanzabteilung zur Durchführung von Wiederinstandsetzungsarbeiten folgende Darlehen an die nachstehend aufgeführten gemeinnützigen Krankenanstalten zu gewähren.

  b) Der vorletzte Absatz des Beschlußentwurfs erhält folgende Fassung:[23]

      Die Frage der Verzinsung und Sicherstellung dieser Darlehen bleibt späterer Beschlußfassung vorbehalten.

  c) Der letzte Absatz des Beschlußentwurfs wird gestrichen.[24]

---

21 Der hier gefaßte Mag.beschluß ist, ohne namentliche Unterzeichnung, mit dem Ausfertigungsdatum v. 28.9.1946 vorhanden in: LAB(STA), Rep. 100, Nr. 780, Bl. 40 f. Der vorletzte Absatz der Begründung hat in diesem Beschluß – so wie in der Mag.vorlage Nr. 427 – den Wortlaut: „Wenn später feststeht, daß die gemeinnützigen Anstalten nicht in der Lage sein sollten, die Beträge aus eigenen Betriebseinnahmen zurückzuzahlen, müßten die Darlehen nach Prüfung von Fall zu Fall in verlorene Zuschüsse umgewandelt werden." Hierzu hat der Leiter des Protokollbüros, Cwiklinski, auf der letzten Seite des Mag.beschlusses am 7.10.1946 handschriftlich die folgende „Bitte um Klärung" an den Protokollführer Dr. Eggeling notiert: „Nach Angaben des persönlichen Referenten von Dr. Harms ist im Handexemplar von Dr. Harms dieser Passus gestrichen. Das Protokoll bringt über diese Streichung nichts."

22 Absatz 2 des Beschlußentwurfs der Mag.vorlage Nr. 427 hat den Wortlaut: „Für die nachstehend aufgeführten gemeinnützigen Krankenanstalten werden zur Durchführung von Wiederinstandsetzungsarbeiten folgende Darlehen genehmigt".

23 Der vorletzte Absatz des Beschlußentwurfs der Mag.vorlage Nr. 427 hat den Wortlaut: „Von der Verzinsung und Sicherstellung dieser Darlehen wird zunächst Abstand genommen."

24 Der letzte Absatz des Beschlußentwurfs der Mag.vorlage Nr. 427 hat den Wortlaut: „Die Umwandlung der Darlehen oder eines Teiles derselben in Beihilfen bleibt späteren Beschlüssen vorbehalten."

6. WIRTSCHAFT

Starck tritt in Abwesenheit des Berichterstatters Dusiska für Annahme der in der Magistratssitzung am 14. September[25] zurückgestellten Vorlage Nr. 412[26], betreffend *Schaffung eines Beirates der Baustoffbeschaffungs-GmbH*, ein. Die Vorlage habe inzwischen der Rechtsabteilung vorgelegen, desgleichen der Abt[eilung] für Handel und Handwerk. Die in der genannten Magistratssitzung beanstandeten Stellen seien nunmehr berichtigt worden.

BESCHLUSS: Die Vorlage Nr. 412 wird genehmigt.[27]

7. ALLGEMEINES

OB Dr. Werner weist darauf hin, daß am 7. Oktober 1946 *700 Kriegsgefangene aus England* in Berlin einträfen, für deren Unterkommen, Arbeitsunterbringung und gesundheitliche Betreuung gesorgt werden müsse.[28] Oberstleutnant Mander von der englischen Militärregierung habe sich bereit erklärt, diesbezügliche Vorschläge entgegenzunehmen.

Geschke bezeichnet als erstes Erfordernis die Feststellung seitens der englischen Militärregierung, ob die *Heimkehrer* durch die Quarantänestation gegangen seien, also in einwandfreiem Gesundheitszustand nach Berlin zurückkommen. Zweites Erfordernis sei die Befürwortung der Heimkehrer bei den Arbeitsämtern durch die Betreuungsstellen[29], gegebenenfalls nach einer Erholungszeit von 14 Tagen. Beson-

---

25 Vgl. das 75. Mag.prot. v. 14.9.1946, TOP 5.

26 LAB(STA), Rep. 100, Nr. 780, Bl. 38 f.; auch in: LAB(STA), Rep. 110, Nr. 197/1. Diese Mag.vorlage Nr. 412 v. 24.9.1946 stellte die redaktionell berichtigte Fassung der in der Mag.sitzung am 14.9.1946 behandelten ursprünglichen Mag.vorlage Nr. 412 v. 11.9.1946 dar.

27 Der hier gefaßte Mag.beschluß ist mit dem Ausfertigungsdatum v. 28.9.1946 vorhanden in: LAB(STA), Rep. 100, Nr. 779, Bl. 37 f., u. Rep. 110, Nr. 197/1. Die Gesellschafterversammlung der Baustoffbeschaffung GmbH beschloß Anfang November 1946 die Errichtung des Beirats, indem sie dem vom Magistrat mit seinem Beschluß vorgeschlagenen diesbezüglichen Nachtrag zum Gesellschaftsvertrag v. 17.6.1946 zustimmte; vgl. die beiden Protokolle der Gesellschafterversammlung am 4.11.1946, in: LAB(STA), Rep. 110, Nr. 197/1. – Vgl. zur weiteren Entwicklung der Baustoffbeschaffung GmbH das 84. Mag.prot. v. 16.11.1946, TOP 3 (Mag.vorlage Nr. 495); die Materialien in: LAB(STA), Rep. 110, Nr. 197 u. 197/1; Berlin. Behauptung von Freiheit, S. 86, 111, 223, 228, 232 u. 278; Hanauske, S. 214 f.

28 Vgl. hierzu das Rundschreiben Nr. 44 der Abteilung für Umsiedler und Heimkehrer in der Mag.abt. für Sozialwesen v. 7.10.1946, betr. Entlassung von Kriegsgefangenen aus englischer Kriegsgefangenschaft, in: LAB(STA), Rep. 118, Nr. 46, Bl. 73, u. Nr. 868; 600 Heimkehrer aus England, in: Spandauer Volksblatt, 14.10.1946, S. 3; Geschke begrüßt Heimkehrer. 619 Mann aus englischer Kriegsgefangenschaft, in: Neues Deutschland, 16.10.1946, S. 6; zur Problematik der evakuierten Berliner das 72. Mag.prot. v. 31.8.1946, TOP 5. Vgl. allgemein zur Problematik der zurückkehrenden Kriegsgefangenen die entsprechenden Mitteilungen des Magistratspresseamts, in: LAB(STA), Rep. 118, Nr. 181; die Rundschreiben und Monatsberichte der Abteilung für Umsiedler und Heimkehrer in der Mag.abt. für Sozialwesen, in: LAB(STA), Rep. 118, Nr. 46 u. 47.

29 Vgl. zu den im März 1946 eingerichteten Betreuungsstellen das undatierte Exposé „Heimkehrerfürsorge. Heimkehrerbetreuungsstellen in den Verwaltungsbezirken", in: LAB(STA), Rep. 118, Nr. 45 u. 175, Bl. 4 – 9; das Rundschreiben Nr. 17 der Abteilung für Umsiedler in der Mag.abt. für Sozialwesen v. 15.3.1946, betr. Rückkehr entlassener Kriegsgefangener, in: LAB(STA), Rep. 118, Nr. 46, Bl. 44.

ders fehle es an Zivilanzügen und Schuhen. Vielleicht könne die englische Militärregierung bei der Umfärbung alter Uniformröcke usw. helfen.[30] Ein überparteilicher
Ausschuß veranstalte bereits in Berlin Kleidersammlungen.[31] Schwierig sei die Frage
der Einweisung.[32] Bisher würden die Heimkehrer in den Bezirk zurückgeführt, aus
dem sie zum Militär eingezogen worden seien, auch wenn die ausgebombte Familie
jetzt in einem anderen Bezirk wohne. Das ergebe allerhand Unzuträglichkeiten.
Die Trennung der Familien führe auch zu weiteren Unannehmlichkeiten auf dem
Gebiet der Ernährung; denn der Heimkehrer erhalte seine Lebensmittelkarten nur
für einen bestimmten Bezirk, während seine Familie die Lebensmittelkarten unter
Umständen aus einem anderen Bezirk beziehe. Bisher habe man sich mit den
Heimkehrerlagern geholfen, in denen die Leute Verpflegung erhielten.[33] Die gesamte
Alliierte Kommandantur sei an einer Bereinigung dieser Frage interessiert. Daher
werde man es nur begrüßen können, wenn die von der Abt[eilung] für Ernährung, der
Abt[eilung] für Wohnungswesen, der Sozialabteilung und der Gesundheitsabteilung
bei der Alliierten Kommandantur eingereichten Vorschläge in den zuständigen Kommissionen einer gründlichen Aussprache mit Vertretern der einzelnen Abteilungen
unterzogen würden.

Frau Kuckhoff sieht die Hauptschwierigkeit darin, daß der Heimkehrer erst
eingewiesen sein müsse, ehe er die Lebensmittelkarten erhalte. Dazu brauche er
vor allem eine Wohnung.

Dr. Piechowski bittet um jedesmalige vorherige Mitteilung darüber, wie viele
Kranke sich in einem Heimkehrertransport befänden, damit alle Maßnahmen zur
Einweisung der Kranken getroffen werden könnten.

Geschke macht weiter auf die Schwierigkeiten in der Frage der Zusammenführung
der Familien aufmerksam. Auch in dieser Hinsicht sei die Stellungnahme der
Alliierten noch nicht bekannt. Man wisse nicht, ob alle evakuierten Kinder und
mit den Kindern auch die Mütter zurückkommen dürften oder ob nur ein Teil die
Erlaubnis zur Rückkehr erhalte. Dabei könne es vorkommen, daß Kinder zu einem
Vater zurückkehrten, der noch keine Wohnung in Berlin habe, während für die Mutter
erst wieder eine besondere Zuzugsgenehmigung erforderlich sei.

Maron ersucht die Alliierte Kommandantur dringend, eine einheitliche Regelung
für Berlin durchzuführen. Nach den Berichten aus den Bezirken werde zur Zeit die
Sache nicht nur in den einzelnen Besatzungssektoren, sondern auch sogar innerhalb
des einzelnen Besatzungssektors je nach der Ansicht der betreffenden Kommandanten verschieden gehandhabt. Im französischen Sektor z[um] B[eispiel] erhielten

---

30 Vgl. zum Uniformverbot für die ehemaligen deutschen Soldaten: Dok. 24.
31 Vgl. den entsprechenden Aufruf v. September 1946, in: LAB(STA), Rep. 118, Nr. 45, 59
   u. 175, Bl. 2, u. abgedruckt in: Neues Deutschland, 26.9.1946, S. 4; die Rundschreiben Nr. 1–5 des Heimkehrer-Ausschusses Groß-Berlin v. 12.9.1946–1.11.1946, in:
   LAB(STA), Rep. 118, Nr. 59; das Rundschreiben Nr. 38 der Abteilung für Umsiedler
   und Heimkehrer in der Mag.abt. für Sozialwesen v. 8.8.1946, betr. Berliner Heimkehrer
   (entlassene Kriegsgefangene), in: LAB(STA), Rep. 118, Nr. 46, Bl. 69; Berlin. Kampf um
   Freiheit, S. 542.
32 Vgl. das Schreiben Geschkes an Maron v. 24.7.1946, betr. Einweisung zurückgekehrter
   entlassener Kriegsgefangener, in: LAB(STA), Rep. 118, Nr. 100, Bl. 25.
33 Vgl. hierzu das 72. Mag.prot. v. 31.8.1946, TOP 5, u. das 80. Mag.prot. v. 22.10.1946,
   TOP 4.

ehemalige Berliner, die immer in Berlin gewohnt hätten und auch in Berlin zum Militär eingezogen worden seien, keine Zuzugsgenehmigung, wenn sie keine Angehörigen in Berlin besäßen, so daß junge Leute nach dem Tode ihrer Eltern nicht nach Berlin zurückkönnten.[34]

Oberstleutnant Mander (von der britischen Militärregierung) schlägt vor, einen Magistratsausschuß für diese Fragen zu bilden und einen zusammenfassenden Vorschlag bei der Alliierten Kommandantur einzureichen.

Maron erwidert, es bestehe bereits ein Heimkehrerausschuß[35], der gemeinsam mit den Parteien und den Gewerkschaften alle diese Fragen klären soll. Der Ausschuß könne mit der Ausarbeitung eines zusammenfassenden Vorschlages beauftragt werden.

Geschke bittet um die Ermächtigung, den Sekretär[36] des Heimkehrerausschusses mit der Zusammenstellung entsprechender Vorschläge für die Alliierte Kommandantur zu betrauen.

BESCHLUSS: Durch Vermittlung des Stadtrats Geschke soll der Sekretär des Heimkehrerausschusses beauftragt werden, unter Hinzuziehung der Abt[eilung] für Gesundheitsdienst einen zusammenfassenden Vorschlag über die Behandlung der Heimkehrer und ihrer Familien auszuarbeiten und der Alliierten Kommandantur einzureichen.[37]

---

34 Vgl. das Schreiben Scharouns an die französische Militärregierung v. 7.9.1946, betr. Rückkehr von Kriegsgefangenen, in: LAB(STA), Rep. 101, Nr. 65.

35 Vgl. zur Zusammensetzung des am 10.9.1946 konstituierten Heimkehrer-Ausschusses Groß-Berlin den Bericht über die bisherige Tätigkeit dieses Ausschusses v. 22.11.1946, S. 2, in: LAB(STA), Rep. 118, Nr. 59. Vgl. zum Heimkehrer-Ausschuß Groß-Berlin auch: Dok. 47, Anm. 59; den Bericht des Hauptprüfungsamts v. 14.4.1947, betr. Prüfung der Kasse des Heimkehrerausschusses, in: LAB(STA), Rep. 102, Nr. 37, Bl. 29 – 31; die Materialien in: LAB(STA), Rep. 118, Nr. 45; Volkssolidarität für die Heimkehrer, in: Tägliche Rundschau, 25.9.1946, S. 6; „Heimkehrerausschuß Groß-Berlin" gebildet, in: Vorwärts, 25.9.1946, S. 5; Keiderling: Wir sind die Staatspartei, S. 409 – 412.

36 Gemeint ist der Leiter der Abteilung für Umsiedler und Heimkehrer in der Mag.abt. für Sozialwesen, Karl Baier (SED), der zum Geschäftsführer des Heimkehrer-Ausschusses Groß-Berlin bestellt worden war. Vgl. den Bericht „Kurzer Überblick über das Aufgabengebiet der Abt. IV/B Umsiedler und Heimkehrer" v. 13.12.1946, in: LAB(STA), Rep. 118, Nr. 45; Flüchtlinge finden neue Heimat, in: Vorwärts, 12.7.1946, [S. 2]; LAB(STA), Rep. 118, Nr. 47, Bl. 108.

37 Vgl. das 79. Mag.prot. v. 12.10.1946, TOP 8 (Mag.vorlage Nr. 461); das Schreiben Geschkes an Oberstleutnant Mander v. 30.9.1946, betr. Rückkehr deutscher Kriegsgefangener aus der britischen Gefangenschaft, in: LAB(STA), Rep. 118, Nr. 100, Bl. 23. Vgl. zur Problematik der Heimkehrer auch: Alfred Reinert: In der Heimat heimatlos, in: Neues Deutschland, 6.9.1946, S. 4; Christian Ernst: Gedanken eines Berliner Heimkehrers, in: Berliner Zeitung, 10.10.1946, [S. 6]; Ursula Schmitz: Alle müssen helfen! Gespräch mit dem Vorsitzenden des Heimkehrer-Ausschusses für Groß-Berlin, in: Neues Deutschland, 10.10.1946, S. 4; Hilfe den Heimkehrern, in: Nacht-Express, 14.10.1946, [S. 5]; Erschütterndes Wiedersehen mit Heimkehrern, in: Telegraf, 15.10.1946, S. 8; Heimkehrer-Ausschüsse an der Arbeit, in: Vorwärts, 15.10.1946, S. 2; „Heimkehrer", die an unsere Tür klopfen, in: Berliner Zeitung, 24.10.1946, [S. 6]; Heimkehr in ein neues Leben. Die Betreuung anhangloser Heimkehrer, in: Neue Zeit, 5.11.1946, S. 3; Ernst Barbknecht: Berliner Heimkehrer erwarten Hilfe. Menschen, die vor dem Nichts stehen, in: Tägliche Rundschau, 9.11.1946, S. 4; Was wurde für die Heimkehrer getan?,

Geschke legt sodann zur Frage der *Rückführung evakuierter Kinder* folgende zahlenmäßige Zusammenstellung der Berliner Kinder und Mütter, die sich noch in der Evakuierung befänden, vor:[38]

Britische Zone:	2 970	Kinder
	1 630	Mütter
Amerikanische Zone:	2 000	Kinder
	1 000	Mütter
Französische Zone:	300	Kinder
	130	Mütter
Russische Zone:	3 170	Kinder
	2 090	Mütter
Österreich:	300	Kinder
	30	Mütter
Polen:	1 570	Kinder
	530	Mütter
Tschechoslowakei:	2 000	Kinder
	300	Mütter
Dänemark:	1 200	Kinder
	250	Mütter
insgesamt:	13 510	Kinder
	5 960	Mütter

Wenn diese Mütter und Kinder dort bleiben sollten, wo sie seien, müßten die Militärregierungen entsprechende Anweisungen an die deutschen Behörden geben, damit endlich die Ausweisungen aus den verschiedenen Zonen Deutschlands nach Berlin aufhörten.

Der andere Weg sei die Wiederzusammenführung der Familien, wenn die Wohnungsverhältnisse sie ohne weitere Inanspruchnahme von Wohnraum gestatteten. Diese Frage müsse vom Magistrat geklärt werden. Jedenfalls werde das Hauptjugendamt beim Sozialamt[39] mit Briefen von Frauen überschüttet, die mit ihren Kindern nach Berlin zurückkehren möchten, andererseits mit Bitten von Vätern bzw. Müttern, ihre Kinder aus den verschiedensten Teilen Deutschlands zurückzuerhalten.

---

in: Neues Deutschland, 9.11.1946, S. 6; Kurt Ziegenhagen: Berlin und die Heimkehrer, in: Berliner Zeitung, 10.11.1946, [S. 2]; Es waren immerhin anderthalb Millionen, in: Der Morgen, 17.11.1946, [S. 7].

38 Vgl. zur Rückkehr der während des Krieges nach Bayern evakuierten Berliner Kinder, Mütter und Lehrer das 47. Mag.prot. v. 23.2.1946, TOP 6 (insb. Anm. 87); allgemein zur Problematik der evakuierten Berliner Kinder und Mütter die Materialien in: LAB(STA), Rep. 118, Nr. 52.

39 Gemeint ist die Mag.abt. für Sozialwesen.

In Dänemark befänden sich nach Mitteilungen von Lehrern deutsche Kinder hinter Stacheldraht unter militärischer Bewachung in kümmerlichen, gesundheitsschädlichen Baracken.[40] Hier müßte der Kontrollrat durch eine generelle Anweisung eingreifen, damit den Kindern in Dänemark, in der Tschechoslowakei, in Polen usw. die Möglichkeit der Rückkehr gegeben werde. In manchen Fällen wüßten die Eltern nicht einmal, wo sich ihre in der Hitlerperiode evakuierten Kinder befänden.

Grüber hält es für dringend geboten, daß der Magistrat an den Kontrollrat mit dem Ersuchen herantrete, zum mindesten in Härtefällen einzugreifen. Beispielsweise werde die Rückkehr von Müttern und Kindern aus Dänemark auch dann abgelehnt, wenn der Vater im Konzentrations- oder Arbeitslager gewesen sei.

Maron schließt sich dem Wunsche Geschkes an und weist darauf hin, daß der englische Verbindungsoffizier[41] bereits um Stellungnahme des Magistrats bezüglich der Rückkehr der evakuierten Kinder zwecks Weitergabe an die Alliierte Kommandantur gebeten habe. Hierbei seien zwei Gesichtspunkte zu berücksichtigen, erstens der Gesichtspunkt, daß die Kinder aus Gründen der Erziehung und der Familie bei ihren Eltern sein müßten, zweitens der Gesichtspunkt, daß unter Umständen die Kinder draußen besser über die heutige Notzeit gebracht werden könnten als gerade in Berlin. Redner empfiehlt eine Meinungsäußerung des Magistrats des Inhalts, daß in den Fällen, in denen sich die Eltern oder ein Elternteil in Berlin befänden, die evakuierten Kinder nach Berlin zurückkehren sollten, in den Fällen, in denen die Mütter mit den Kindern sich außerhalb Berlins aufhielten und die Wohnungsfrage in Berlin nicht geregelt sei, sie zunächst für den kommenden Winter draußen belassen werden sollten.

Winzer teilt mit, daß auf der am 2. September 1946 aufgrund eines Beschlusses der Alliierten Kommandantur[42] durchgeführten Schulkonferenz die Frage der nach Dänemark Evakuierten eine große Rolle gespielt habe und daß die dort versammelten Lehrer und Schulleiter in einem Beschluß die Rückführung gefordert hätten.[43] Das

---

40 Vgl. zur Rückführung evakuierter Berliner Kinder aus Dänemark zwei entsprechende Anträge der Mag.abt. für Sozialwesen an die AK v. 22.6.1946 u. 23.8.1946 sowie weitere Materialien in: LAB(STA), Rep. 118, Nr. 52; Berliner Schüler hinter Stacheldraht. 613 Kinder warten sehnlichst auf ihre Heimführung, in: Berliner Zeitung, 24.8.1946, [S. 2]; Berliner Schulkinder in Dänemark, in: Neue Zeit, 13.11.1946, S. 5; Schickt die Kinder heim! 2 000 Mütter erbitten ihre Kinder zum Weihnachtsfest, in: Der Abend, 18.11.1946, [S. 2]; Berliner Mütter fordern Rückkehr der nach Dänemark zwangsverschleppten Kinder, in: Der Abend, 30.11.1946, [S. 2]; Die Kinder in Dänemark, in: Der Kurier, 3.12.1946, S. 5; die Mag.vorlage Nr. 50 v. 5.2.1947, in: LAB, Rep. 228, Mag.vorlagen 1947; das Prot. über die 10. (Ordentliche) Mag.sitzung am 10.2.1947, TOP 5, u. das Prot. über die 16. (Ordentliche) Mag.sitzung am 10.3.1947, TOP 5a, in: LAB, Rep. 228, Mag.protokolle 1947.

41 Gemeint ist der an dieser Mag.sitzung zeitweise teilnehmende Oberstleutnant Mander.

42 Vgl. die Protokolle des Education Committee der AK v. 19.8.1946, TOP 12, u. 26.8.1946, TOP 2, in: LAB, Rep. 37: OMGBS, ECR, 4/16-1/13; BK/O (46) 340 v. 21.8.1946, in: LAB(STA), Rep. 101, Nr. 71, u. LAB, Rep. 280, Nr. 12637.

43 Vgl.: Otto Winzer/Ernst Wildangel: Ein Jahr Neuaufbau des Berliner Schulwesens. Bericht von der Konferenz der Lehrer an den öffentlichen Schulen der Stadt Berlin. 2. September 1946, Berlin 1946, S. 48; Das neue Schuljahr in Berlin, in: Berliner Zeitung, 3.9.1946, [S. 6]; Vor dem neuen Schuljahr, in: Neues Deutschland, 3.9.1946, S. 2; Wie steht es in den Schulen?, in: Der Tagesspiegel, 3.9.1946, [S. 4]; Am Beginn

Sozialamt habe Briefe von Lehrern aus Dänemark erhalten, die ein offensichtliches Interesse daran hätten, in Dänemark bleiben zu können, und die nun die rosigsten Schilderungen über die Zustände in Dänemark gäben. Diese Schilderungen ehemaliger Nazis ständen in Gegensatz zu den Wünschen der Eltern. Die Wiederherstellung der Einheit der Familien sei in allen Fällen dringend geboten.

BESCHLUSS: Der Magistrat beschließt, die Alliierte Kommandantur zu ersuchen, den evakuierten Kindern, deren Väter oder Mütter in Berlin wohnen, die Rückkehr zu gestatten.[44]

Maron macht sodann einige Mitteilungen zu der Magistratsvorlage Nr. 428[45], betreffend *Umbenennung von Berliner Straßen und Plätzen.*[46] Die Beratung dieser Vorlage müsse schon wegen ihrer verspäteten Einbringung zurückgestellt werden. Trotzdem seien einige Hinweise angebracht. Der Magistrat beschäftige sich bereits seit dem 20. Juni 1945 mit dieser Frage,[47] weil in den Bezirken weitgehend Straßenumbenennungen vorgenommen worden seien und eine zentrale Regelung sich als notwendig erwiesen habe. Grundsatz sei dabei, erstens faschistische, zweitens militaristische und imperialistische Straßennamen verschwinden zu lassen und drittens eine allgemeine Bereinigung vorzunehmen, um mehrfach vorkommende Namen zu vermeiden. Nach Überwindung vieler Schwierigkeiten liege nunmehr ein Verzeichnis der Straßenumbenennungen vor, das aber noch nicht als einwandfrei angesehen werden könne. Sowohl von seiten der Alliierten Kommandantur wie der Post und der Verkehrsgesellschaften werde immer dringender der Wunsch nach einer endgültigen Regelung laut, schon damit neue Stadtpläne, Straßenführer und dergl[eichen] gedruckt werden könnten. Der Magistrat habe vor einigen Wochen beschlossen, bis zur Durchführung der Wahl keine Straßenumbenennungen vorzunehmen.[48] Redner regt an, vielleicht zum 1. November eine endgültige Regelung zu treffen. Die Vorlage Nr. 428 enthalte lediglich die in den Bezirksämtern

---

des neuen Schuljahres, in: Vorwärts, 4.9.1946, S. 2; Berlins Schulen nach einem Jahr. Ein Bericht des Hauptschulamtes, in: Der Tagesspiegel, 9.11.1946, [S. 4]. Der von der Lehrerkonferenz am 2.9.1946 gefaßte Beschluß ist abgedruckt in: Winzer/Wildangel, S. 51; die nach Dänemark evakuierten Kinder und Lehrer sind darin nicht erwähnt.

44 Vgl. das 79. Mag.prot. v. 12.10.1946, TOP 8 (Mag.vorlage Nr. 462); ferner das 82. Mag.prot. v. 2.11.1946, TOP 3 (Mag.vorlage Nr. 489). Die AK hatte bereits mit BK/O (46) 240 v. 29.5.1946 die Ausgabe von Lebensmittelkarten an evakuierte Berliner Kinder gestattet, „deren Eltern Aufenthaltsgenehmigung für Berlin erhalten haben". Die BK/O ist vorhanden in: LAB(STA), Rep. 101, Nr. 65; LAB, Rep. 280, Nr. 4863.

45 LAB(STA), Rep. 100, Nr. 780, Bl. 46 – 75 u. 89 – 118.

46 Nach dem Beschlußentwurf der von Maron eingebrachten Mag.vorlage Nr. 428 v. 25.9.1946 sollte der Magistrat beschließen, diejenigen Straßen und Plätze in Berlin ab 1.11.1946 umzubenennen, die in dem dieser Mag.vorlage als Anlage beigefügten Verzeichnis der von den Bezirksämtern bereits umbenannten Straßen und Plätze in den Verwaltungsbezirken aufgeführt waren. Vgl. auch das 15. Prot. des Einheitsausschusses Groß-Berlin v. 7.6.1946, S. 2, in: BArch, Abt. Potsdam, Z-3, Nr. 4, Bl. 90; zu einzelnen Straßen- und Platzumbenennungen durch den Magistrat das 46. Mag.prot. v. 16.2.1946, TOP 12, u. das 55. Mag.prot. v. 29.4.1946, TOP 9, u. das 59. Mag.prot. v. 29.5.1946, TOP 8.

47 Vgl. das 7. Mag.prot. v. 18.6.1945, TOP 8; am 20.6.1945 hat keine Mag.sitzung stattgefunden.

48 Vgl. das 68. Mag.prot. v. 3.8.1946, TOP 4.

bereits beschlossenen Umbenennungen. Von den in Berlin vorhandenen rund 9 000 Straßen, Plätzen usw. sollten danach 1 795 Straßen, 89 Plätze, 9 Parks, 17 Brücken und eine Siedlung andere Namen erhalten. Von den neuen Vorschlägen seien 536 geographische Namen, 95 Namen allgemeiner Art, 346 Namen von Wissenschaftlern, Künstlern usw., 242 politische Namen, 41 Rückbenennungen und 485 neutrale Namen. Außerdem sollten 171 Straßennamen auf Grund einheitlicher Benennungen von Straßenzügen wegfallen. Redner bittet bis zur nächsten Magistratssitzung um Mitteilung etwaiger Abänderungsvorschläge.

BESCHLUSS: Nach einer längeren Aussprache, in der die Mängel der vorgeschlagenen Straßenumbenennungen beleuchtet werden und vor allem die Schaffung einheitlicher Viertel angeregt wird, beschließt der Magistrat, eine Kommission, bestehend aus Winzer (als Vorsitzendem), Maron, Dr. Harms, Pieck und Dr. Alfred Werner, zur Vorbereitung der Straßenumbenennungen zu wählen.[49]

Schwenk kommt auf die *Angelegenheit Bonatz (Steglitz)* zurück[50] und teilt mit, daß er in der Bezirksbürgermeister-Konferenz vom 19. September 1946 Kenntnis gegeben habe von dem Beschluß des Magistrats, gegen Bezirksbaurat Bonatz ein Disziplinarverfahren mit dem Ziel der Dienstentlassung einzuleiten und den übrigen beteiligten Bezirksbauräten eine Verwarnung zu erteilen.[51] Mehrere Bezirksbürgermeister hätten sich nun dahin ausgesprochen, daß an dem Vorgehen des Bezirksbaurats Bonatz nichts auszusetzen sei, daß die Bezirksräte das Recht hätten, sich über schwebende Fragen auszusprechen, um zu einer Stellungnahme zu kommen. Die in der Magistratssitzung vom 14.9.46 in Aussicht genommene Vernehmung des Bezirksbaurats Bonatz habe aus Zeitmangel noch nicht erfolgen können und solle am kommenden Montag vor sich gehen. Redner beantragt zu beschließen, daß je nach dem Verlauf der Besprechung mit Bonatz nicht auf Dienstentlassung, sondern auf eine andere Disziplinarstrafe, etwa Verwarnung, erkannt werden darf.

BESCHLUSS: Der Magistrat schließt sich diesem Vorschlage an.[52]

Pieck bringt ein Schreiben des Vorstandes der Jüdischen Gemeinde zu Berlin zur Verlesung,[53] in dem die sofortige *Suspendierung des Bürgermeisters Even*[54] *und des Stadtinspektors Oelkers*[55] verlangt werde. Redner beantragt, in beiden Fällen ein Untersuchungsverfahren einzuleiten.

---

49 Die Frage der Umbenennung von Berliner Straßen und Plätzen ist in den folgenden Mag.sitzungen nicht wieder behandelt worden. Vgl. hierzu: Magistrat und Straßennamen, in: Neue Zeit, 7.11.1946, S. 5.

50 Vgl. das 75. Mag.prot. v. 14.9.1946, TOP 6.

51 Vgl. das Prot. der Konferenz der Bezirksbürgermeister am 19.9.1946, TOP 4, in: LAB, Rep. 280, Nr. 3867.

52 Vgl. zur weiteren Entwicklung der „Angelegenheit Bonatz" das Prot. der Besprechung mit den Bezirksräten für Bau- und Wohnungswesen am 1.10.1946, TOP 1, in: LAB(STA), Rep. 110, Nr. 46, u. LAB, Rep. 210, Acc. 1468, Nr. 608; das 78. Mag.prot. v. 5.10.1946, TOP 6; das Prot. der Konferenz der Bezirksbürgermeister am 10.10.1946, TOP 4, in: LAB, Rep. 280, Nr. 3868.

53 Dieses Schreiben v. 20.9.1946 ist vorhanden in: LAB(STA), Rep. 102, Nr. 47.

54 Peter Even, einer der stellvertretenden Vorsitzenden des Landesverbands Berlin der CDU und seit 1.2.1946 zweiter stellvertretender Bürgermeister im Bezirk Tiergarten.

55 Karl Oelkers, Dienststellenleiter beim Wohnungsamt Charlottenburg.

Maron macht darauf aufmerksam, daß im Falle Even das gerichtliche Verfahren noch nicht abgeschlossen sei. Bürgermeister Even habe in einer Erklärung die ihm zur Last gelegte antisemitische Äußerung bestritten.[56] Im Falle Oelkers müsse man, wenn die Schilderung den Tatsachen entspreche, zu einem Disziplinarverfahren kommen.[57]

Winzer hält die Forderung der Jüdischen Gemeinde für berechtigt. Even setzte sich sehr gerne für nazistisch belastete Elemente ein. Er (Redner) habe selbst mit Even heftige Auseinandersetzungen gehabt, weil Even die Wiedereinstellung eines ehemaligen Angestellten der Preußischen Staatsbibliothek verlangt habe, der offenkundig trotz seiner Nichtparteizugehörigkeit als aktiver Nazi bewertet werden müsse. Es empfehle sich daher zum mindesten, den zuständigen Justizstellen Abschrift des Briefes der Jüdischen Gemeinde zuzuleiten und namens des Magistrats um Beschleunigung des Verfahrens zu bitten. Ferner sei es im Falle Oelkers notwendig, seitens des Magistrats ein Untersuchungsverfahren durchzuführen, zumal sich gerade in letzter Zeit immer häufiger nazistisch belastete Elemente vorwagten. Zum Beispiel habe man im Bezirk Charlottenburg als Leiter des Volksbildungsamtes einen Mann einsetzen wollen, über den aus Lehrerkreisen mitgeteilt worden sei, daß er sich in offiziellen nazistischen Zeitschriften stark geopolitisch betätigt habe.

Geschke bedauert, daß ein gewisser Teil der deutschen Bevölkerung schon wieder antisemitischen Strömungen nachgehe. Die nazistische Rasselehre sei auch heute noch nicht aus den Köpfen mancher Deutschen, sogar mancher Berliner Beamten entfernt. Es kommt sogar schon wieder vor, daß an Juden gehörenden Geschäften durch Bubenhände der Judenstern oder das Wort „Jude" angemalt werde. An sämtliche Angestellten der Stadt sollte ein Rundschreiben des Inhalts gerichtet werden, sich jeglicher herabsetzenden Äußerung über jüdische Mitbürger zu enthalten.

Maron spricht sich dahin aus, daß der Magistrat im Falle Even den Ausgang des gerichtlichen Verfahrens abwarten müsse. Im übrigen schließt sich Redner den Ausführungen Geschkes an. Beamte oder Angestellte, die antisemitische Äußerungen von sich gäben, müßten sofort entlassen werden.

---

56 Der „Fall Even" betraf eine angebliche antisemitische Äußerung Evens im Zusammenhang mit einer Wohnungszuweisung im Bezirk Tiergarten und den sich hieraus ergebenden Rechtsstreit. Vgl. hierzu die entsprechenden Schriftstücke v. 1.3.1946–29.8.1946 in: LAB(STA), Rep. 101, Nr. 789; zwei Schriftstücke v. 21.9.1946 u. 27.9.1946 in: LAB(STA), Rep. 102, Nr. 47; Bürgermeister als Antisemit. Es geschah im Bezirksamt Tiergarten, in: Berliner Zeitung, 3.8.1946, [S. 6]; Ungerechtfertigter Angriff, in: Neue Zeit, 8.8.1946, S. 2; Antisemitismus noch heute?, in: Berliner Zeitung, 13.8.1946, [S. 2]; Ernst Barbknecht: Antisemitischer Bürgermeister für den Bezirk Tiergarten. Die Bezirksverwaltung zieht keine Konsequenzen, in: Tägliche Rundschau, 21.8.1946, S. 6; Nazimethoden im Wahlkampf. Aus dem Tiergarten – Bürgermeister Even streut Gerüchte aus, in: Neues Deutschland, 25.9.1946, S. 4; das Prot. der 19. Vorstandssitzung des Landesverbands Berlin der CDU am 8.8.1946, TOP 2g, in: ACDP, CDU-LV Berlin, III-012-391.

57 Der „Fall Oelkers" ergab sich aus dem Vorwurf, daß Oelkers als Stadtinspektor 1944 und 1945 das Parteiabzeichen der NSDAP getragen habe – was dieser bestritt. Vgl. hierzu ein entsprechendes Beschuldigungsschreiben an OB Werner v. 19.9.1946, in: LAB(STA), Rep. 102, Nr. 47; Schriftstücke v. 10.9.1946–8.10.1946 in: LAB(STA), Rep. 102, Nr. 50/1.

Pieck teilt aufgrund eines Berichts[58] des Zentralamtes der Feuerwehr noch mit, daß in einer Betriebsversammlung der Feuerwehr am 23. September 1946 in Kliems Festsälen in der Hasenheide[59] ein *Oberfeuerwerker Schulze* den Ausdruck gebraucht habe: „Die KZ-Leute, mit denen ich zusammengekommen bin, waren alle Strolche." Darin liege eine Beleidigung der Opfer des Faschismus, und es werde daher auch sofortige Entlassung des Oberfeuerwerkers Schulze sowie Einleitung eines Strafverfahrens wegen Beleidigung der Opfer des Faschismus gefordert. Redner spricht sich für fristlose Entlassung aus.

Geschke erklärt hierzu, daß der Hauptausschuß für Opfer des Faschismus[60] sich in seiner nächsten Sitzung mit dieser Angelegenheit beschäftigen und entsprechend den Erhebungen Piecks Klage gegen den betreffenden Feuerwehrmann erheben werde.[61]

Pieck schlägt im Falle Even gleichfalls vor, das gerichtliche Verfahren abzuwarten und von der Oberstaatsanwaltschaft die Akten des ersten Prozesses[62] anzufordern, im Falle Oelkers die Untersuchung durchzuführen.

BESCHLUSS: Der Magistrat beschließt demgemäß.[63]

Starck weist darauf hin, daß der *Beschwerdeausschuß*[64] *in der Abt[eilung] für Bau- und Wohnungswesen* die Wiedereinsetzung eines wegen falscher Angabe im Fragebogen entlassenen Angestellten befürworte. Auch hier müsse nach dem Rechten gesehen werden.

Pieck bestätigt die letztere Mitteilung des Vorredners. Der betreffende Angestellte der Abt[eilung] für Bau- und Wohnungswesen habe in 3 Fragebogen seine fördernde Mitgliedschaft bei der SS verschwiegen und sei daraufhin fristlos entlassen worden. Dagegen habe sich der Betriebsrat der Abt[eilung] für Bau- u[nd] Wohnungswesen gewandt, der es auch verstanden habe, den Beschwerdeausschuß davon zu überzeugen, daß die falsche Ausfüllung des Magistratsfragebogens keinen Grund zur fristlosen Entlassung abgebe, weil im Fragebogen nicht ausdrücklich gefragt werde, ob der Betreffende auch förderndes Mitglied der NSDAP oder einer ihrer angeschlossenen Organisationen gewesen sei. Der Beschwerdeausschuß habe daraufhin aus formaljuristischen Gründen die fristlose Entlassung abgelehnt und eine

---

58 Dieser Bericht des im Hauptamt III der Mag.abt. für Städtische Energie- und Versorgungsbetriebe ressortierenden Zentralamts der Feuerwehr konnte nicht ermittelt werden.

59 Kliems Festsäle befanden sich in der Hasenheide 13–15 im Bezirk Kreuzberg.

60 Vgl. zum Hauptausschuß „Opfer des Faschismus" das 49. Mag.prot. v. 9.3.1946, TOP 2.

61 Vgl. zum Fall des Oberfeuerwehrmanns Hermann Schulze: LAB(STA), Rep. 102, Nr. 41, Bl. 43–51.

62 Das entsprechende Urteil des Landgerichts Berlin v. 2.8.1946 ist als Abschrift vorhanden in: LAB(STA), Rep. 102, Nr. 47. Gegen den hiermit ergangenen Freispruch für die Angeklagte, von der Even beschuldigt worden war, legte Even Revision ein. Das Revisionsverfahren wurde aber eingestellt. Vgl. hierzu: CDU-Bürgermeister Even doch ein Antisemit, in: Vorwärts, 30.11.1946, S. 1; Anklage gegen Bürgermeister Even?, in: Neues Deutschland, 1.12.1946, S. 6; ferner: Angriffe gegen Even gegenstandslos, in: Neue Zeit, 11.12.1946, S. 5; Zu den Angriffen gegen Peter Even, in: Telegraf, 11.12.1946, S. 3.

63 Vgl. die gemäß diesem Mag.beschluß von Pieck verfaßten Schreiben v. 1.10.1946, in: LAB(STA), Rep. 102, Nr. 47.

64 Vgl. das 52. Mag.prot. v. 30.3.1946, TOP 2 (Dienst- und Beschwerdeordnung für städtische Angestellte und Arbeiter).

Strafversetzung in eine andere Dienststelle beschlossen. Schritte dagegen würden bereits unternommen. Es werde beabsichtigt, den Angestellten, der augenblicklich erkrankt sei, nach seiner Rückkehr wegen Abgabe einer falschen eidesstattlichen Versicherung bei der Staatsanwaltschaft zur Anzeige zu bringen und auf diese Weise seine fristlose Entlassung durchzusetzen. Allerdings entstehe dadurch eine Schwierigkeit, daß der betreffende Angestellte behaupte, bei der Ausfüllung des ersten Fragebogens einige Kollegen seiner Dienststelle gefragt zu haben, ob ein förderndes Mitglied ein Mitglied sei, worauf ihm 10 Mitarbeiter eine verneinende Antwort erteilt hätten. Das werde nun als eine offizielle Stellungnahme des Magistrats ausgelegt. Im übrigen sprächen politische Gründe mit. Der Fall müsse prinzipiell geklärt werden.

Frau Kuckhoff teilt in diesem Zusammenhang mit, daß eine frühere Krankenwärterin in Charlottenburg vom britischen Militärgericht bestraft worden sei, weil sie ihre fördernde Mitgliedschaft bei einer Naziorganisation in einem Magistratsfragebogen nicht angegeben habe.

Winzer berichtet über eine Beschwerde des Leiters der Hochschule für bildende Künste, Prof. Hofer, der Anspruch auf den der Arbeitsbauschule[65] überwiesenen Gebäudekomplex am Steinplatz zugunsten der Hochschule für bildende Künste erhebe.[66] Redner bringt einen dahin zielenden Brief[67] des Prof. Hofer zur Verlesung und bittet um Zustimmung des Magistrats zu der im Einvernehmen mit der britischen Militärregierung getroffenen Entscheidung, das betreffende Gebäude der Arbeitsbauschule zu übergeben.

OB Dr. Werner erklärt dazu, er könne nach genauem Studium der Akten die vorgenommene Entscheidung nur billigen.

Schwenk schließt sich dem an. Der Hochschule für bildende Künste ständen zwei Gebäude zur Verfügung;[68] sie sei also sehr wohl in der Lage zu arbeiten. Die Arbeitsbauschule habe zweifellos die vordringlichere Aufgabe zu erfüllen. Mit der Überweisung der Gebäude am Steinplatz an die Arbeitsbauschule sei im übrigen über das Rechtsverhältnis keineswegs entschieden. Wenn die Hochschule für bildende Künste einen Rechtsanspruch auf diese Gebäude zu haben glaube, könne später immer noch darüber entschieden werden.

Winzer bemerkt noch dazu, daß die Gebäude am Steinplatz ziemlich stark beschädigt seien, so daß nur einige große Ateliers als brauchbar bezeichnet werden

---

65 Vgl. Dok. 86, Anm. 65.

66 Die Hochschule für bildende Künste war am 18.6.1945 unter der Leitung des Malers Karl Hofer wiedereröffnet worden; siehe: Berlin. Kampf um Freiheit, S. 91. Vgl. zu dem erwähnten Gebäudekomplex der ehemaligen „Königlichen akademischen Hochschule für die bildenden Künste" an der Hardenbergstraße 33 gegenüber dem Steinplatz im Bezirk Charlottenburg: Marie-Luise Kreuter: Königlich akademische Hochschule für die bildenden Künste und Nachfolgeinstitutionen. Hardenbergstraße 33, in: Charlottenburg. Teil 1: Die historische Stadt, Berlin [West] 1986 (Geschichtslandschaft Berlin. Orte und Ereignisse, Bd. 1), S. 554–585; Der Campus. Ein Architekturführer durch das Gelände der Hochschule der Künste und der Technischen Universität Berlin. Hrsg. von Michael Bollé, Berlin 1994, S. 8 u. 20–27.

67 Dieser Brief konnte nicht ermittelt werden.

68 Gemeint sind das Gebäude der Staatlichen Hochschule für Kunsterziehung (vormals „Königliche Kunstschule") in der Grunewaldstraße 2–5, Bezirk Schöneberg, und das Gebäude Kaiserallee 57 (seit 1950: Bundesallee 57), Bezirk Wilmersdorf.

könnten. Im übrigen würden die Räume z[ur] Z[ei]t noch von der russischen Militärbehörde benutzt. Die Arbeitsbauschule sei die geeignete Körperschaft, die ganzen Gebäude wiederherzustellen.

BESCHLUSS: Der Magistrat billigt unter Ablehnung des Einspruches der Hochschule für bildende Künste die Überlassung der Gebäude am Steinplatz an die Arbeitsbauschule.[69]

Knoll berichtet in Vertretung des zur Zentralkommandantur gerufenen Stadtrats Kraft über neu aufgetretene *Schwierigkeiten im Transportwesen.* Die Stadt Berlin solle für den Winter eine Million Festmeter Holz aus Brandenburg, Thüringen und Mecklenburg erhalten.[70] Die Verhandlungen mit der Reichsbahn und der Schiffahrt hätten ergeben, daß etwa 10 % dieser Menge per Bahn und per Schiff nach Berlin gebracht werden könnten, so daß 90 % durch Lastkraftwagen transportiert werden müßten. Für Oktober sei der Abtransport von 400 000 Festmetern, für November von 400 000 Festmetern und für Dezember von 200 000 Festmetern vorgesehen. Erforderlich seien hierfür täglich 450 bis 600 Lastzüge. An Treibstoff benötige man 800 t monatlich. Das gesamte Berliner Kontingent betrage aber nur 1 250 t. Generatorfahrzeuge[71] könnten für den Holztransport wegen der Brandgefahr nur in Ausnahmefällen eingesetzt werden. Die Verhandlungen mit dem alliierten Treibstoffkomitee zwecks Bewilligung zusätzlicher Treibstoffmengen seien noch nicht abgeschlossen. Falls kein zusätzlicher Treibstoff bewilligt werde, müsse der Berliner Lastkraftwagenverkehr rigoros gedrosselt werden. Allerdings fielen die Ernährungstransporte nicht unter die 1 250 t; denn für die aus der Sowjetzone kommenden Lebensmittel werde von den Russen gesondert Treibstoff mit Ausnahme der Transporte innerhalb Berlins gegeben. Eine Stillegung der Hälfte der in Berlin zugelassenen PKWs ergebe nur eine Treibstoffersparnis von 10 t im Monat. Man hoffe, zu einer Lösung der Transportfrage zu kommen.

Redner schildert sodann die neu aufgetretenen Schwierigkeiten bei Fahrten in die Provinz. Gestern seien alle Fahrbereitschaften angewiesen worden, keine Fahrten in die Provinz mehr zu unternehmen.[72] Der Befehl Nr. 252[73] werde in der Provinz verschieden ausgelegt, ohne daß die Zentralkommandantur im einzelnen Kenntnis davon habe. Man bemühe sich jetzt um Klarstellung.

Auf Antrag Piecks bemerkt Redner, daß die Anweisung an die Fahrbereitschaften im Einvernehmen mit der Kommandantur erfolgt sei.

Hauth weist nachdrücklich darauf hin, daß bei weiterer Einschränkung des Benzinverbrauchs die Versorgung der Berliner Bevölkerung und der Wirtschaft mit

---

69 Der zweite Nachkriegsmagistrat beschloß im November 1947, den Gebäudekomplex an der Hardenbergstraße 33 wieder der Hochschule für bildende Künste zur Verfügung zu stellen. Vgl. hierzu die Mag.vorlage Nr. 544 v. 7.11.1947 u. das Prot. über die 58. (Ordentliche) Mag.sitzung am 20.11.1947, TOP 6, in: LAB, Rep. 228, Mag.vorlagen 1947 u. Mag.protokolle 1947.
70 Vgl. hierzu das 78. Mag.prot. v. 5.10.1946, TOP 6.
71 Vgl. Dok. 11, Anm. 32; Berliner Generatoren, in: Berliner Zeitung, 3.3.1946, [S. 2].
72 Vgl. das 76. Mag.prot. v. 21.9.1946, TOP 8 (insb. Anm. 73).
73 Gemeint ist der Befehl Nr. 252 des Obersten Chefs der Sowjetischen Militäradministration v. 17.8.1946, betr. Abschaffung von Passierscheinen für Kraftfahrzeuge für den Verkehr von Kraftfahrzeugen innerhalb der Provinzen und zwischen den Provinzen der Sowjetischen Besatzungszone Deutschlands, in: BArch, Abt. Potsdam, DX 1, 252/1946.

Rohstoffen zum Erliegen kommen müsse. Redner bittet die Abteilung für Verkehr dringend, diese Frage bei der SMA zu klären.

Pieck bringt eine Mitteilung des Leiters des Stadtfuhrparks[74] zur Sprache, nach der von der Hauptfahrbereitschaft[75] angeordnet sein solle, 30 % des Treibstoffs für die Magistratswagen einzusparen.

Knoll bemerkt dazu, augenblicklich sei die Lage in der Treibstoffversorgung schwieriger als je zuvor. Trotz fortwährender Hinweise auf die Notwendigkeit der Gewährung zusätzlicher Mengen werde die Verwaltung immer wieder abschlägig beschieden. Im übrigen würden sowohl im französischen wie im amerikanischen und britischen Sektor von den Kommandanten schon Fahrzeuge eingezogen. Die Amerikaner hätten die Absicht bekundet, die Fahrzeuge, vorwiegend die PKWs, zu entnummern und stillzusetzen. Im englischen Sektor solle dasselbe erfolgen. An den Stadtfuhrpark habe die Abt[eilung] für Verkehr keine Anweisung auf Einsparung von 30 % des Treibstoffs bei den Magistrats-PKWs erlassen.

Maron stellt als allgemeine Meinung des Magistrats fest, erstens daß von der Abt[eilung] für Verkehr die verfügte Benzineinschränkung bezüglich der Magistratswagen schon mit Rücksicht auf die Wahlen[76] zum mindesten für den Monat Oktober rückgängig gemacht werden müsse, zweitens daß die Holztransporte ohne Bewilligung zusätzlicher Treibstoffmengen nicht durchgeführt werden könnten.

Knoll fügt hinzu, daß die Abt[eilung] für Verkehr der Alliierten Kommandantur ihre Stellungnahme schriftlich unterbreiten werde. Auf keinen Fall könne man eine völlige Lahmlegung der Berliner Wirtschaft verantworten. Für die Wahlen werde in einem Sonderkontingent Benzin sowohl für die Zentrale wie für die Bezirksämter bereitgestellt.

BESCHLUSS: Der Magistrat beschließt gemäß dem Antrage Maron.

Maron stellt fest, daß eine ordnungsmäßige Durchführung der Berliner Wahlen gesichert sei. Allerdings kämen immer wieder Dinge vor, die zu Beschwerden Anlaß gäben. In der vorigen Woche seien von einem Kleber Plakate kopfgestellt worden. Gestern seien im Süden Berlins Wagen der Müllabfuhr mit *Plakaten einer Partei* durch die Straßen gefahren, worüber sich die anderen Parteien beschwerten.[77]

Rumpf bemerkt dazu, daß diese Wagen nachts ohne Aufsicht auf der Straße ständen und leicht beklebt werden könnten. An die Berek[78] sei längst die Anweisung

---

74 Der Stadtfuhrpark (Fahrbereitschaft Magistrat) ressortierte in der Mag.abt. für Personalfragen und Verwaltung. Sein Betriebsleiter war Karl Hahn.

75 Bei der Hauptfahrbereitschaft handelte es sich um eine Dienststelle der Mag.abt. für Verkehr, der die Fahrbereitschaften der Verwaltungsbezirke unterstellt waren.

76 Gemeint sind die ersten Nachkriegswahlen in Berlin am 20.10.1946; vgl. hierzu Dok. 96, Anm. 7.

77 Vgl. das Schreiben des Kreisverbands Tempelhof der CDU an Bezirksbürgermeister Nydahl v. 8.10.1946, betr. Plakat-Propaganda an den Müllwagen der Müllabfuhr, in: LAB(STA), Rep. 101, Nr. 1921, Bl. 26. Mitte August 1946 hatte der Magistrat beschlossen, für die Zeit des Wahlkampfes den vier politischen Parteien „in gleichem Umfange" bestimmte Flächen der städtischen Verkehrsmittel zur Anbringung von Plakaten zur Verfügung zu stellen; vgl. das 70. Mag.prot. v. 17.8.1946, TOP 5.

78 „Berliner Ausstellungen", Abteilung Säulenreklame.

gegeben worden, die zur Verfügung stehenden Reklameflächen möglichst demokratisch zu verteilen. Natürlich dürften Angestellte nun nicht dazu übergehen, die Müllwagen gegen Vergütung einer bestimmten Partei zur Verfügung zu stellen. Aber es werde sich nicht verhindern lassen, daß Mitglieder oder Funktionäre dieser oder jener Partei die Gelegenheit benützten, stillstehende Fuhrwerke zu bekleben.

Maron ist der Auffassung, daß man diesen Vorfall zum Anlaß nehmen solle, um alle städtischen Dienststellen und Betriebe durch *Rundschreiben* unter Androhung exemplarischer Strafen nochmals darauf hinzuweisen, daß sie sich jedes Eingriffs in die Wahl und jeder einseitigen Wahlpropaganda zu enthalten hätten.

Dr. Goll glaubt nicht, daß man durch ein Rundschreiben die Benutzung von Müllwagen als Werbemittel verhindern könne.

Pieck schließt sich der Anregung Marons an, ein allgemeines Rundschreiben des Inhalts herausgehen zu lassen, daß alle städtischen Angestellten sich innerhalb ihres Dienstes der parteipolitischen Neutralität zu befleißigen hätten.

Knoll teilt mit, daß die Fahrzeuge der BVG tagtäglich mit Wahlplakaten beklebt würden und daß Kolonnen unterwegs seien, um immer wieder diese Plakate zu entfernen.[79] In einem U-Bahnwagen habe man neulich 28 Plakate einer Partei gefunden.

BESCHLUSS: Der Magistrat beschließt die Absendung eines entsprechenden Rundschreibens an die städtischen Dienststellen und Betriebe.[80]

Maron gibt weiter Kenntnis von einem Schreiben, das die SED zwecks *Gewährung gleichen Lohnes für gleiche Arbeit und Leistung an Jugendliche* dem Magistrat zur Weitergabe an die Alliierte Kommandantur übermittelt habe.[81] Ein dahin gehender Antrag der SED sei im Einheitsausschuß der Parteien von den Vertretern der CDU und der LDP mit der Begründung abgelehnt worden, daß man bei Durchführung dieser Forderung eine völlig neue Tarifordnung schaffen müsse.[82] Dieser Einwand sei nicht stichhaltig. Der Magistrat selbst habe zu Beginn seiner Tätigkeit in verhältnismäßig kurzer Zeit eine neue Besoldungsordnung ausgearbeitet und der Alliierten Kommandantur vorgelegt, in der dieser Gesichtspunkt berücksichtigt werde.[83] Außerdem arbeite man im FDGB bereits seit einiger Zeit an der Aufstellung

---

79 Hier ist unerlaubtes Plakatieren gemeint, das durch den Plakatierungsbeschluß des Magistrats v. 17.8.1946 nicht abgedeckt war; vgl. Anm. 77 zu diesem Mag.prot.

80 Das hiermit beschlossene Rundschreiben an alle Arbeiter und Angestellten der Stadt Berlin über das Verbot von Wahlpropaganda während des Dienstes ist, unterzeichnet von OB Werner u. Pieck und mit dem Ausfertigungsdatum v. 10.10.1946, vorhanden in: LAB(STA), Rep. 102, Nr. 63, u. LAB, Rep. 280, Nr. 3332; abgedruckt in: Berlin. Quellen und Dokumente, 1. Halbbd., S. 1135 f. Zeitungsartikel zum Wahlkampf und zu den am 20.10.1946 stattfindenden Wahlen selbst finden sich in: LAB(STA), Rep. 120, Nr. 3245, Bl. 65 – 102.

81 Dieses Schreiben konnte nicht ermittelt werden. Vgl. hierzu den Befehl Nr. 253 des Obersten Chefs der Sowjetischen Militäradministration v. 17.8.1946, betr. gleichmäßige Bezahlung der Arbeit von Frauen, Jugendlichen und erwachsenen Männern für geleistete Arbeit, in: Um ein antifaschistisch-demokratisches Deutschland, S. 328 f. Vgl. ferner: Gleicher Lohn für gleiche Leistung, in: Berliner Zeitung, 15.9.1946, [S. 4]; Gleicher Lohn für gleiche Arbeit, in: Vorwärts, 16.9.1946, [S. 2].

82 Vgl. das 24. Prot. des Einheitsausschusses Groß-Berlin v. 6.9.1946, [S. 1], in: BArch, Abt. Potsdam, Z-3, Nr. 4, Bl. 127.

83 Vgl. das 14. Mag.prot. v. 30.7.1945, TOP 3 (Besoldungsordnung).

einer neuen Gehaltsregelung für die Angestellten. Demzufolge könne der Magistrat den Antrag der SED bei der Kommandantur ruhig befürworten.

BESCHLUSS: Der Magistrat beschließt im Sinne dieser Anregung.[84]

Maron bittet sodann um Zustimmung des Magistrats zu einem bereits an die Alliierte Kommandantur weitergeleiteten Ersuchen der SED um Gewährung von 5 000 [t] Zement für die Dachdeckungsaktion, von 120 000 qm Glas, 1 000 t Gips, 25 [000] cbm Bauholz, 3 Millionen qm Fensterpappe, 50 t Nägeln usw. für die Instandsetzung von 50 000 Wohnungen und Reparatur von 10 000 Dächern.[85] Die erbetenen Materialien würden nach der Berechnung von Fachleuten dazu ausreichen.

BESCHLUSS: Der Magistrat erteilt auch hierzu seine Genehmigung.

---

84 Vgl. zur Angleichung der Lohnsätze für Jugendliche bei gleicher Arbeit und Leistung an das Lohnniveau der Männer: Dok. 61, Anm. 19; ferner: Eine gerechte Forderung der Jugend, in: Neues Deutschland, 21.9.1946, Berliner Beilage; Auch in Berlin gleicher Lohn, in: Neues Deutschland, 15.10.1946, S. 1; Berlin. Kampf um Freiheit, S. 544.
85 Der hier erwähnte Antrag der SED v. 6.8.1946 war veröffentlicht worden in: Berliner Zeitung, 7.8.1946, [S. 1]; Neues Deutschland, 7.8.1946, S. 1. Vgl. hierzu Dok. 107, Anm. 22.

Dok. 118
78. Magistratssitzung vom 5. Oktober 1946

LAB(STA), Rep. 100, Nr. 781, Bl. 2 – 6. – Umdruck.[1]

Beginn: 9.10 Uhr   Schluß: 13.30 Uhr

Anwesend: OB Dr. Werner, Maron, Orlopp, Schwenk, Lange, Dr. Landwehr,
           Pieck, Dr. Haas, Kehler, Dr. Alfred Werner, Dr. Mittag, Kraft,
           Winzer, Dr. Piechowski, Starck, Buchholz, Grüber, Dr. Goll, Rumpf,
           Fleischmann.[2]

Den Vorsitz führt: Oberbürgermeister Dr. Werner.

Tagesordnung: 1. Protokoll
               2. Ernährung
               3. Sozialwesen
               4. Pflichtfeuerwehr
               5. Volksbildung
               6. Allgemeines.

1. PROTOKOLL
Die Niederschrift über die 77. Magistratssitzung vom 28.9.46 wird genehmigt.

2. ERNÄHRUNG
Orlopp begründet die Vorlage Nr. 435[3], betreffend Verordnung über die *Meldepflicht von Lebens-, Genuß- und Futtermitteln.* Es handelt sich darum, auch bisher als frei angesehene Nahrungsmittel, die aus neuen Rohstoffen gewonnen werden, wie entbittertes Kastanien- oder Lupinen-Mehl, in die Bewirtschaftung einzubeziehen. Dadurch soll verhindert werden, daß Händler solche Erzeugnisse in die bewirtschafteten Waren einstreuen und dafür bewirtschaftete Waren, wie Mehl und andere Stoffe, zurückbehalten und dem schwarzen Markt zuleiten. Nach den bisherigen gesetzlichen Bestimmungen besteht keine Möglichkeit, den Verkehr mit diesen Rohstoffen im Rahmen der öffentlichen Bewirtschaftung zu überwachen. Diese Möglichkeit soll durch die vorliegende Verordnung geschaffen werden.
BESCHLUSS: Die Verordnung Nr. 435 wird angenommen.[4]

---

1 Weitere Umdruckexemplare dieses Protokolls sind vorhanden in: LAB(STA), Rep. 100, Nr. 752, lfd. S. 470 – 479; LAB, Rep. 228, Mag.protokolle 1946 (letzte Seite fehlt), u. Rep. 280, Nr. 8501/35.

2 In der Anwesenheitsliste ist Oberbranddirektor Karl Feierabend nicht aufgeführt, der im Text des Protokolls (TOP 4) als Redner genannt wird.

3 LAB(STA), Rep. 100, Nr. 781, Bl. 7 f. u. 9 f.; auch in: LAB(STA), Rep. 101, Nr. 586.

4 Die hiermit beschlossene VO über die Meldepflicht betreffend Lebens-, Genuß- und Futtermittel wurde nicht im VOBl. veröffentlicht, ist also nicht in Kraft getreten.

Orlopp macht einige Mitteilungen über die in den letzten Wochen getroffenen sowie in Vorbereitung befindlichen *Maßnahmen auf dem Ernährungsgebiet*.[5]

Für den Anschluß an die diesjährige Ernte waren Schwierigkeiten entstanden durch das Fehlen von Weizenmehl für Kinder und Kranke. Diese Schwierigkeiten sind behoben. Die Brotgetreideernte ist sehr gut ausgefallen, so daß die gesamte Bevölkerung wieder mit *Weißbrot* beliefert werden kann. Es können zunächst im Durchschnitt 20 % Weißbrot oder Kleingebäck abgegeben werden. Es besteht aber begründete Aussicht, daß im Dezember der Anteil des Weißbrotes für die Gesamtbevölkerung auf 50 % gebracht werden kann. Die Versorgung der Kinder und Kranken mit Weißbrot kann wieder restlos durchgeführt werden. In den nächsten Tagen wird eine Anordnung ergehen, nach der auf sämtliche Kleinabschnitte und zwei 500-Gramm-Abschnitte der Brotkarten Weizenmehl oder Weizenmehlbrot abgegeben wird.[6] Außerdem kann mit sofortiger Wirkung auf alle Brotmarken Mehl bezogen werden. Die Bestrebungen, die Ausbackquote beim Brot von 150

---

5 Vgl. zur Ernährungslage im September und Oktober 1946 verschiedene Quellen in: LAB(STA), Rep. 101, Nr. 547, 548 u. 586, u. Rep. 113, Nr. 149 u. 150, u. LAB, Rep. 10 B, Acc. 1877, Nr. 406; die Protokolle der Konferenzen der Bezirksbürgermeister am 5.9.1946, TOP 2, u. am 10.10.1946, TOP 3, in: LAB, Rep. 280, Nr. 3866 u. 3868; BK/R (46) 409 v. 27.11.1946: Nahrungsmittelbericht des Food Committee der AK für September 1946, in: LAB, Rep. 37: OMGBS, BICO LIB, 11/148-2/9; BK/R (46) 435 v. 27.12.1946: Nahrungsmittelbericht des Food Committee der AK für Oktober 1946, in: LAB, Rep. 37: OMGBS, BICO LIB, 11/148-2/10; Es soll wieder Schrippen geben. Sorgen und Pläne des Haupternährungsamtes, in: Berliner Zeitung, 6.9.1946, [S. 6]; Ernst Barbknecht: „Die Lebensmittelversorgung geht ihren geregelten Weg". Bürgermeister Orlopp sprach zur Berliner Presse, in: Tägliche Rundschau, 6.9.1946, S. 8; Berlins Ernährung in nächster Zeit, in: Neues Deutschland, 6.9.1946, S. 4; Ernährungslage „etwas hoffnungsvoller", in: Neue Zeit, 6.9.1946, S. 3; Optimismus und Anträge. Das Haupternährungsamt zur Versorgungslage, in: Der Tagesspiegel, 6.9.1946, [S. 4]; Die Frage der Berliner Rationen, in: Der Kurier, 6.9.1946, S. 5; Brötchen, Schusterjungs und Salzstangen – und andere Leckerbissen des Haupternährungsamts für die kommenden Monate, in: Vorwärts, 6.9.1946, S. 5; Was gibt es für Lebensmittel im Oktober?, in: Tägliche Rundschau, 29.9.1946, S. 8; Hunderttausend werden höher eingestuft, in: Berliner Zeitung, 4.10.1946, [S. 6]; Ernst Barbknecht: Das Haupternährungsamt ist zuversichtlich. Bürgermeister Orlopp sprach zur Berliner Presse, in: Tägliche Rundschau, 4.10.1946, S. 6; 100 000 Berliner kommen in eine höhere Kartengruppe, in: Neues Deutschland, 4.10.1946, S. 4; 100 000 Berliner erhalten höhere Lebensmittelkarten, in: Neue Zeit, 4.10.1946, S. 3; Bessere Lebensmittelkarte für 100 000 Berliner, in: Der Morgen, 4.10.1946, S. 3; Hunderttausend besser eingestuft, in: Der Tagesspiegel, 4.10.1946, [S. 4]; Hunderttausend Berliner höher eingestuft, in: Der Kurier, 4.10.1946, S. 5; 100 000 Berliner erhalten höhere Karten, in: Telegraf, 4.10.1946, S. 8; Höhere Kartenstufe für 100 000 Berliner, in: Vorwärts, 4.10.1946, S. 5; Etwa 100 000 erhalten Rationserhöhungen, in: Nacht-Express, 4.10.1946, [S. 5]; Kartoffeln und Gemüse für Berlin, in: Berliner Zeitung, 8.10.1946, [S. 1]; Die Berliner Hausfrau wird sich freuen. Prima Weizenmehl, Weiß-Kleingebäck, Kartoffeln, Wintergemüse, in: Vorwärts, 9.10.1946, S. 5; Berlins Ernährung gesichert. 95 000 Waggons Lebensmittel, in: Nacht-Express, 16.10.1946, [S. 1 f.].

6 Vgl.: Verteilung von Weizenmehl. Neue Anordnung des Magistrats, in: Berliner Zeitung, 8.10.1946, [S. 6]; Gerechte Verteilung der Weizenmehle, in: Neues Deutschland, 8.10.1946, S. 4. Vgl. ferner: Mehl oder Brot. Erfüllte Wünsche der Bevölkerung, in: Berliner Zeitung, 24.9.1946, [S. 6].

für Roggenbrot und 140 für Weizenbrot herabzusetzen, um ein besseres Brot zu erzielen, werden unermüdlich fortgesetzt.[7] Vom nächsten Monat ab wird als weitere Neuerung eingeführt werden, daß die *Mehllieferung* an die Bäcker in der Menge *des Markenrücklaufs erfolgt*, d[as] h[eißt], die Bäcker bekommen jeweils so viel Mehl, wie sie Marken abliefern. Gleichzeitig wird die Freizügigkeit wieder hergestellt, so daß eine Anmeldung der Kunden beim Bäcker nicht mehr erforderlich ist. Durch diese Maßnahmen wird wieder eine gesunde Konkurrenz im Bäckergewerbe entstehen, die auch zur Verbesserung des Brotes beitragen wird.

Die *Kartoffelanfuhren* sind zur Zeit so stark, daß sie kaum bewältigt werden können.[8] Außer dem gesamten Fuhrpark des Kartoffelgroßhandels ist auch ein Teil der Spediteure für diese Aufgabe eingespannt worden. Insgesamt werden in den nächsten Wochen 364 t Kartoffeln, das sind 36 000 Waggons, anrollen. Die Belieferung der Bevölkerung mit Kartoffeln für die Einkellerung soll zunächst bis zum 31. Mai erfolgen. Es ist aber beabsichtigt, falls nicht vorzeitig Frost eintritt, die Belieferung bis Ende Juli 1947, d[as] h[eißt] bis zum Anschluß an die nächste Ernte, vorzunehmen. Die Besatzungsmächte legen den größten Wert darauf, daß die Bevölkerung die Kartoffeln für die gesamte Zeit einkellert.[9] Soweit die Lagerhäuser in Berlin ausreichen, wird auch dort ein Vorrat bis Ende Juli angesammelt werden.

Die Kartoffeln kommen aus den Ländern der russischen Zone, ferner aus Bayern, aus dem Saargebiet und aus der Tschechoslowakei. Bei der Anfuhr aus Bayern und dem Saargebiet entstehen durch den langen Transportweg erhebliche Unkosten. Da die Preise deswegen nicht erhöht werden können, müssen diese Unkosten aus Etatsmitteln gedeckt werden, die für solche Stützungszwecke vorgesehen sind.[10] Bis jetzt sind schon 1,7 Millionen RM an Stützungsgeldern ausgegeben worden. Die weiteren Anfuhren werden schätzungsweise noch 1 Million RM erfordern, so daß mit 2,7 Millionen an Stützungsausgaben zu rechnen ist. Außer Frischkartoffeln werden von amerikanischer Seite allerdings auch 6 500 Büchsen konservierte Kartoffeln übernommen werden müssen, die von den Hausfrauen nicht gern genommen werden, weil eine angebrochene Büchse schnell aufgebraucht werden muß. Die Büchsen werden daher möglichst an Krankenhäuser und für sonstige Massenverpflegung abgegeben werden.

---

7 Ein entsprechender Antrag der Mag.abt. für Ernährung wurde von der AK abgelehnt; vgl. das 86. Mag.prot. v. 30.11.1946, TOP 2 (Orlopp). Vgl. zum Ausbackverhältnis beim Brot das 17. Mag.prot. v. 20.8.1945, TOP 5, u. das 31. Mag.prot. v. 26.11.1945, TOP 6 (Klimpel), u. das 72. Mag.prot. v. 31.8.1946, TOP 5 (Orlopp); zur Brotversorgung das 83. Mag.prot. v. 9.11.1946, TOP 4 (Orlopp). Vgl. auch: Wir puhlen und puhlen ...! Mehl und Brot im „Staatsexamen" der Versuchsanstalt, in: Berliner Zeitung, 1.10.1946, [S. 6].

8 Vgl. zur Kartoffelversorgung: Dok. 72, Anm. 57; Anhaltende Kartoffelzufuhren, in: Berliner Zeitung, 9.10.1946, [S. 6]; Wettlauf mit dem ersten Frost, in: Berliner Zeitung, 15.10.1946, [S. 6].

9 Vgl. zur Wintereinkellerung der Kartoffel: Dok. 111, Anm. 58; das Prot. der Konferenz der Bezirksbürgermeister am 10.10.1946, TOP 3, in: LAB, Rep. 280, Nr. 3868; Jetzt: Kartoffeln einkellern. Bevorratung mit Winterkartoffeln kann sofort beginnen, in: Berliner Zeitung, 28.9.1946, [S. 6]; Beginn der Wintereinkellerung von Kartoffeln, in: Neues Deutschland, 29.9.1946, S. 4.

10 Vgl. zu den Mitteln für die Preisstützung landwirtschaftlicher Produkte das 47. Mag.prot. v. 23.2.1946, TOP 3, u. das 51. Mag.prot. v. 25.3.1946, TOP 5 (Klimpel), u. das 53. Mag.prot. v. 6.4.1946, TOP 4, u. das 56. Mag.prot. v. 4.5.1946, TOP 4 (Haas).

Bei der bisherigen Anlieferung von Kartoffeln für November sind teilweise schlechte Kartoffeln aus Mecklenburg gekommen, die der Großhandel dort aufgekauft hatte. Soweit diese nur für Industriezwecke vorgesehenen Kartoffeln bereits an die Verbraucher abgegeben worden sind, werden sie nach einer Vereinbarung mit der SMA umgetauscht werden.

Der Redner berichtet weiter über die nach langwierigen Verhandlungen mit der Alliierten Kommandantur erreichten *Verbesserungen bei der Lebensmittelkarten-Einstufung.*[11] Von dieser ab 1. Oktober in Kraft getretenen Maßnahme werden ungefähr 100 000 Personen erfaßt; rund 25 000 kommen aus der Gruppe II in die Gruppe I, rund 50 000 aus III nach II und etwa 25 000 von V nach III. Die Verhandlungen hierüber haben sich über 10 Wochen hingezogen. Die Bemühungen, weitere Verbesserungen auf diesem Gebiet zu erzielen, werden fortgesetzt.[12]
BESCHLUSS: Die Mitteilungen des Leiters der Abteilung für Ernährung werden zur Kenntnis genommen.

Winzer bringt die Kostenfrage für die auf Befehl[13] der russischen Besatzungsmacht erfolgende morgendliche *Ausgabe eines Brötchens und einer Tasse Kaffee an die Schulkinder* im russischen Sektor zur Sprache.[14] Die Kosten betragen 200 000 RM pro Monat. Es ist der Vorschlag gemacht worden, 5 Pfg. pro Tag von den Eltern der Kinder dafür zu erheben, wobei man die Kinder der Sozialunterstützungsempfänger ausnehmen müßte. Erwünscht wäre es, wenn diese zusätzliche Schulkinderspeisung auf alle Sektoren Berlins ausgedehnt werden könnte. Die Frage ist nur, wer das Mehl dafür liefert. Der Redner bittet Bürgermeister Orlopp um seine Unterstützung für einen entsprechenden Antrag an die Alliierte Kommandantur.
Orlopp erklärt sich bereit, die Vorverhandlungen darüber zu führen. Der Preis für die Schrippe und die Tasse Kaffee müßte genau errechnet werden.

---

11 Diese Aussage bezieht sich auf die BK/O (46) 377 v. 24.9.1946, mit der die AK anstelle der BK/O (46) 148 v. 30.3.1946 (vgl. hierzu Dok. 79, Anm. 55) eine grundlegende neue Direktive zur Klassifizierung der Lebensmittelkarten ab Oktober 1946 für die Berliner Bevölkerung erlassen hatte. Die BK/O ist vorhanden in: LAB(STA), Rep. 101, Nr. 72, u. LAB, Rep. 280, Nr. 4926; veröffentlicht in: VOBl., Jg. 2 (1946), S. 382–385; ohne die Direktive wieder abgedruckt in: Berlin. Quellen und Dokumente, 1. Halbbd., S. 298. In einer für den Dienstgebrauch innerhalb der Magistratsverwaltung bestimmten gedruckten Fassung, die erstens um Erläuterungen zu den gegenüber der BK/O (46) 148 vorgenommenen Veränderungen und zweitens um Hinweise auf von der AK bisher nicht genehmigte Einstufungsvorschläge ergänzt wurde, ist die BK/O (46) 377 vorhanden in: LAB, Rep. 10 B, Acc. 1877, Nr. 376 u. 441. Vgl. zur Klassifizierung der Lebensmittelkarten auch das 55. Mag.prot. v. 29.4.1946, TOP 9, u. das 62. Mag.prot. v. 22.6.1946, TOP 7 (Orlopp), u. das 65. Mag.prot. v. 13.7.1946, TOP 8 (Orlopp), u. das 72. Mag.prot. v. 31.8.1946, TOP 5 (Orlopp).
12 Vgl. zu weiteren Anträgen des Magistrats an die AK auf Verbesserung der Lebensmittelversorgung einzelner Bevölkerungsgruppen das 80. Mag.prot. v. 22.10.1946, TOP 5, u. das 86. Mag.prot. v. 30.11.1946, TOP 2 (Orlopp).
13 Dieser vermutlich vom 16.9.1946 datierende Befehl der Sowjetischen Zentralkommandantur konnte nicht ermittelt werden.
14 Vgl. hierzu: LAB(STA), Rep. 120, Nr. 1340, Bl. 25–27 u. 106. Vgl. allgemein zur Schulspeisung das 42. Mag.prot. v. 19.1.1946, TOP 11; Dok. 83, Anm. 94.

Eine kurze Aussprache über die Kostendeckung ergibt als überwiegende Meinung des Magistrats, wöchentlich 30 Pfg. von den Kindern, die diese zusätzliche Beköstigung erhalten, einzuziehen.[15]

Winzer teilt weiter mit, daß aus der *Schweizer Spende*[16] Lebensmittel zur Verfügung gestellt werden, um den *Jugendlichen in den Berufsschulen* an den Schultagen ein warmes Essen zu verabfolgen. Diese Maßnahme wird durchgeführt.[17] Sie hat eine erhebliche Steigerung der Zahl der Berufsschüler zur Folge gehabt.

Dr. Goll bittet die Abt[eilung] für Ernährung, sich für eine bessere Einstufung der Feuerwehr in der Lebensmittel-Eingruppierung einzusetzen, und überreicht Herrn Orlopp einen entsprechenden Antrag.[18]

3. SOZIALWESEN

Hierzu liegt die Vorlage Nr. 436[19] vor, betreffend Gleichstellung der *Kriegsbeschädigten und Kriegshinterbliebenen* mit den Personen, die *Rechtsansprüche an die Sozialversicherung* erworben haben.[20]

BESCHLUSS: Die Vorlage wird nach kurzer Befürwortung durch Maron und Grüber angenommen.[21]

---

15 Mit Schreiben v. 7.11.1946 beantragte Winzer bei der AK, die im sowjetischen Sektor praktizierte Ausgabe eines Schulfrühstücks in Form eines Brötchens und einer Tasse Kaffee für die Schulkinder auf alle Sektoren Berlins auszudehnen. Das Schreiben ist vorhanden in: LAB(STA), Rep. 120, Nr. 2, Bl. 24. Dieser Antrag ist offenbar nicht genehmigt worden. Vgl. hierzu die BK/O (47) 130 v. 29.5.1947, mit der die AK dem Magistrat befahl, eine einheitliche Schulspeisung in ganz Berlin durchzuführen. Die BK/O ist vorhanden in: LAB(STA), Rep. 101, Nr. 82; LAB, Rep. 280, Nr. 5870. Vgl. ferner: Berlin 1947, S. 60 u. 71.

16 Vgl. zu Lebensmittelspenden aus der Schweiz die entsprechenden Materialien in: LAB(STA), Rep. 118, Nr. 26, 223 u. 597, u. Rep. 120, Nr. 1340, Bl. 30, 35 f., 46 u. 139; Abschluß der „Schweizer Spende", in: Berliner Zeitung, 1.10.1946, [S. 6]; Hilfe durch das Rote Kreuz, in: Neues Deutschland, 17.11.1946, S. 6; Der Gabentisch für die Berliner, in: Der Tagesspiegel, 24.12.1946, [S. 4].

17 Vgl. hierzu: LAB(STA), Rep. 120, Nr. 1340, Bl. 40, 43, 57 f. u. 115.

18 Der hier erwähnte Antrag konnte nicht ermittelt werden. Nach der BK/O (46) 377 v. 24.9.1946 (vgl. hierzu Anm. 11 zu diesem Mag.prot.) erhielten „Berufsfeuerwehrleute, die in Dauerbeschäftigung sind", lediglich Lebensmittelkarten der Gruppe II. Mit BK/O (47) 253 v. 27.10.1947 ordnete die AK dann an, „daß in Zukunft berufsmäßige Feuerwehrleute, die dauernd im Außendienst stehen, Lebensmittelkarte I das ganze Jahr hindurch zu empfangen haben". Diese BK/O wurde veröffentlicht in: Amtsblatt der Alliierten Kommandatura Berlin, Nr. 10 (Oktober 1947), S. 23.

19 LAB(STA), Rep. 100, Nr. 781, Bl. 11.

20 Der Beschlußtext der Mag.vorlage Nr. 436 v. 25.9.1946 sah in Ziffer 1 vor: „Kriegsbeschädigte und Kriegshinterbliebene erhalten mit Wirkung vom 1. Oktober 1946 die gleichen gesundheitlichen und wirtschaftlichen Leistungen wie Personen, die Rechtsansprüche an die Sozialversicherung erworben haben. Zivilpersonen, die durch Kriegshandlungen beschädigt worden sind bzw. hierdurch ihren Ernährer verloren haben, werden in gleicher Weise behandelt." – Vgl. zu den Versicherungsleistungen für Kriegsbeschädigte und -hinterbliebene das 17. Mag.prot. v. 20.8.1945, TOP 6, u. das 29. Mag.prot. v. 5.11.1945, TOP 4.

21 Der hier gefaßte Mag.beschluß wurde der AK mit Schreiben v. 26.10.1946 zur Genehmi-

4. PFLICHTFEUERWEHR

Hierzu liegt die Vorlage Nr. 440[22], betreffend Erlaß einer Verordnung über die Organisation der Pflichtfeuerwehr im Stadtgebiet von Groß-Berlin, vor.[23] Der Entwurf ist das Ergebnis von Beratungen in den Bezirksbürgermeister-Konferenzen vom 5.9. und 19.9.46.[24]

Oberbranddirektor Feierabend[25], der zu diesem Punkte geladen ist, führt aus, es habe sich als notwendig erwiesen, vorbeugend eine solche Verordnung zu erlassen, um den Feuerschutz zu sichern. In Wannsee[26] ist es z[um] B[eispiel] nicht gelungen, eine freiwillige Feuerwehr zu bilden, weil sich aus der Einwohnerschaft niemand dazu bereit erklärt hat. Es wird jetzt versucht, mit Hilfe der antifaschistischen Parteien und der Gewerkschaften trotzdem eine freiwillige Feuerwehr dort aufzuziehen, aber es besteht nicht die Gewähr, daß dies gelingt. Es könnte sein, daß auch in anderen Stadtteilen von Groß-Berlin ein solcher Notstand auftritt. Die Einrichtung einer Berufsfeuerwehr ist in ländlichen Bezirken und den schwach bebauten Teilen des Stadtgebietes aus finanziellen Gründen nicht angängig. Darum erscheint es notwendig, eine gesetzliche Grundlage für die Schaffung einer Pflichtfeuerwehr zu schaffen.

In der Vorlage ist genau festgelegt, wer zu dieser Dienstpflicht herangezogen werden kann. Dabei sind die Altersklassen zwischen 17 und 50 Jahren vorgesehen.

Lange bezeichnet die Bemerkung in der Vorlage, daß eine Rechtsgrundlage für die vorgeschlagene Verordnung bisher nicht vorhanden sei, als irrig. Pflichtfeuerwehren

---

gung zugeleitet und in der Presse veröffentlicht. Vgl.: Renten an alle Kriegsbeschädigten, in: Berliner Zeitung, 29.10.1946, [S. 6]; Kriegsbeschädigte erhalten Renten, in: Der Sozialdemokrat, 29.10.1946, S. 3; Rentenzahlung an Kriegsbeschädigte erweitert, in: Nacht-Express, 29.10.1946, [S. 5]; ferner: Das Los der Kriegsbeschädigten, in: Der Sozialdemokrat, 24.9.1946, S. 3. Das Finanzkomitee der AK teilte dem Magistrat mit dem Befehl FIN/I (47) 39 v. März 1946 zwar seine grundsätzliche Billigung des Mag.beschlusses mit, dieser ist aber nicht wirksam geworden, da keine entsprechende VO oder Bekanntmachung im VOBl. veröffentlicht wurde. Der Befehl FIN/I (47) 39 ist vorhanden in: LAB, Rep. 37: OMGBS, FIN Br, 4/91-2/16. Vgl. auch den Befehl FIN/I (47) 108 des Finanzkomitees der AK v. 19.8.1947, in: a.a.O.

22 LAB(STA), Rep. 100, Nr. 781, Bl. 12 – 15 u. 16 – 19; auch in: LAB(STA), Rep. 101, Nr. 664.

23 Vgl. zur Feuerwehr in Berlin 1945/46 die Materialien in: LAB(STA), Rep. 101, Nr. 2042, u. Rep. 102, Nr. 349 – 354, u. Rep. 115, Nr. 75, 78, 79 u. 89; Feuerwehr wieder gerüstet, in: Nacht-Express, 26.2.1946, [S. 4]; Vom Aufbau der Feuerwehr. Zahlen aus dem Tätigkeitsbericht, in: Der Tagesspiegel, 5.3.1946, S. 6; Wenn es brennt ..., in: Neue Zeit, 13.3.1946, S. 3; Feuerwehrmänner im Examen, in: Berliner Zeitung, 4.10.1946, [S. 6]; Hans Brauer: Neuaufbau der Berliner Feuerwehr, in: Die Stadtverwaltung, Jg. 1 (1946), H. 12, S. 3 – 6; Berlin. Kampf um Freiheit, S. 44, 67 f., 147, 196, 200, 288, 303, 465, 522 f. u. 534.

24 Vgl. die Protokolle der Konferenzen der Bezirksbürgermeister am 5.9.1946, TOP 1, u. am 19.9.1946, TOP 1, in: LAB, Rep. 280, Nr. 3866 u. 3867; vgl. zur Vorgeschichte der Mag.vorlage Nr. 440 v. 30.9.1946 auch die entsprechenden Materialien in: LAB(STA), Rep. 115, Nr. 77.

25 Vgl. zum Oberbranddirektor Karl Feierabend (SED, vormals KPD): Dok. 59, Anm. 62.

26 Ortsteil im Bezirk Zehlendorf.

bestehen seit über 40 Jahren. Ein Gesetz vom Jahre 1904[27] hat schon die Gemeinden ausdrücklich ermächtigt, durch Ortsstatut oder besondere Verordnung die Einwohner zur Hilfeleistung bei Bränden und zum Eintritt in eine Pflichtfeuerwehr zu verpflichten. Was hier von dem Sachbearbeiter vorgelegt worden ist, ist fast wörtlich der Inhalt der 4. Durchführungsverordnung zu dem Reichsgesetz über Feuerlöschwesen vom Jahre 1938[28]. Die militaristische Fassung, die schon in der Bezirksbürgermeister-Konferenz beanstandet wurde, ist zwar beseitigt worden, aber trotzdem eignet sich dieses Reichsgesetz, das speziell auf die Schaffung einer Polizeitruppe für den Luftschutz abgestellt war, nicht als Rechtsgrundlage für die heutigen Verhältnisse. Eher kann man schon auf das Gesetz über Feuerlöschwesen vom Jahr 1933[29] zurückgreifen.

Der Redner empfiehlt, die ganze Verordnung noch einmal in materieller wie stilistischer Hinsicht von der Rechtsabteilung überprüfen zu lassen.

Dr. Haas betont, daß bei dieser Überprüfung insbesondere auch auf die neuen verfassungsrechtlichen Verhältnisse von Groß-Berlin Rücksicht genommen werden müsse.[30]

Nach weiteren Bemerkungen zu der Überprüfungsfrage von Dr. Goll, Dr. Mittag, Dr. Landwehr, Maron und Pieck ergeht folgender

BESCHLUSS: Die Vorlage Nr. 440 wird mit der Maßgabe zurückgestellt, nach Überarbeitung durch die Rechtsabteilung eine neue Vorlage bis zur nächsten Magistratssitzung einzureichen.[31]

5. VOLKSBILDUNG

Die hierzu vorliegende Vorlage Nr. 441[32] über einen Vertrag des Magistrats der Stadt Berlin mit der Universität Berlin über die Wirtschaftshochschule Berlin wird, weil nicht rechtzeitig eingereicht, zurückgestellt.[33]

Winzer berichtet über die im Gange befindliche Aktion, *Schuhe und Kleidung für die Schulkinder* zu beschaffen. Da die Gefahr besteht, daß in den jetzt beginnenden Schlechtwettermonaten zahlreiche Kinder die Schule nicht besuchen können, weil es

---

27 Gemeint ist das preußische „Gesetz, betreffend die Befugnis der Polizeibehörden zum Erlasse von Polizeiverordnungen über die Verpflichtung zur Hilfeleistung bei Bränden" v. 21.12.1904, in: Gesetz-Sammlung für die Königlichen Preußischen Staaten, Jg. 1904, S. 291.

28 Das Gesetz über das Feuerlöschwesen v. 23.11.1938 wurde veröffentlicht in: RGBl., Jg. 1938, Teil I, S. 1662 f.; die Vierte Durchführungsverordnung zum Gesetz über das Feuerlöschwesen (Organisation der Pflichtfeuerwehr) v. 24.10.1939 in: RGBl., Jg. 1939, Teil I, S. 2100 – 2102.

29 Gemeint ist das preußische Gesetz über das Feuerlöschwesen v. 15.12.1933, in: Preußische Gesetzsammlung, Jg. 1933, S. 484 – 489.

30 Vgl. zur Vorläufigen Verfassung von Groß-Berlin v. 13.8.1946, die am 20.10.1946 in Kraft trat: Dok. 82, Anm. 28.

31 Der Entwurf einer überarbeiteten Fassung der Mag.vorlage Nr. 440 ist, versehen mit dem Sichtvermerk Mittags v. 18.10.1946, vorhanden in: LAB(STA), Rep. 115, Nr. 77. Die Mag.vorlage Nr. 440 ist in den folgenden Mag.sitzungen nicht wieder behandelt worden.

32 LAB(STA), Rep. 100, Nr. 781, Bl. 20 f.

33 Vgl. zur Behandlung der Mag.vorlage Nr. 441 v. 2.10.1946 das 79. Mag.prot. v. 12.10.1946, TOP 5.

ihnen an dem nötigen Schuhzeug und warmer Kleidung fehlt,[34] ist schon vor längerer Zeit diese Frage in Schulkonferenzen sowie im Hauptfrauenausschuß erörtert und in einem Brief[35] an die vier Stadtkommandanten darauf hingewiesen worden, daß die ganze Wiederaufbauarbeit in den Schulen hinfällig würde, wenn die Kinder nicht imstande wären, die Schule zu besuchen. Daraufhin ist zunächst von General Kotikoff ein Befehl über die Anlieferung von 60 000 Paar Schuhen, 26 000 Mänteln und 20 000 Hosen zur Versorgung der Schulkinder ergangen.[36] Gleichzeitig ist versucht worden, auch die anderen Besatzungsmächte zu ähnlichen Maßnahmen zu veranlassen. Hierauf ist zunächst ein Nachweis der erforderlichen Mengen gefordert worden. Die gewünschten Angaben sind in den letzten Tagen gemacht worden.

Des weiteren berichtet der Redner über das *Fehlen der Einrichtungen für die baulich wiederhergestellten Schulen*. Die Wiederinstandsetzung von 23 Schulen im russischen Sektor, die von General Kotikoff im Mai befohlen worden war,[37] ist jetzt im großen und ganzen abgeschlossen. Nach einem neuen Befehl[38] sollen weitere 10 Schulen instand gesetzt werden. Es fehlt aber an Bänken und Kathedern für die leeren Schulräume trotz der Bemühungen von Dr. Landwehr, Behelfsschulbänke herstellen zu lassen.

Dr. Landwehr schildert kurz, daß die nach seinen Ideen von einem Spezialisten konstruierten Schulbänke sich leicht aus vorhandenem Material herstellen lassen. Eine Anzahl Musterbänke sind bereits fertiggestellt und stehen für Interessenten zur Ansicht bereit. Ein großer Auftrag ist schon an eine Fabrik vergeben worden. Der Redner betont aber, daß er den Wunsch ausgesprochen habe, es möchte nicht an einzelne Firmen ein Monopol für die Herstellung gegeben werden. Die Konstruktion sei so, daß jeder kleine Betrieb sie durchführen könne. Leider sei von dieser Möglichkeit, solche Schulbänke innerhalb des Bezirks bauen zu lassen, von den zuständigen Bezirksämtern bisher wenig Gebrauch gemacht worden. Geschieht dies – und die Hauptschulverwaltung sollte eine entsprechende Mahnung an die Bezirksämter richten –, dann wird die Kalamität auf diesem Gebiet bald behoben sein.

Starck bringt zur Sprache, daß nach Mitteilungen aus Elternkreisen in den verschiedensten Bezirken bei der Ausgabe der Lebensmittelkarten für Kinder eine *Bescheinigung* gefordert werde, daß die *Kinder regelmäßig am Schulunterricht teilgenommen* haben. Die Eltern erklären, daß sie ihre Kinder bei schlechter Witterung aus Mangel an festem Schuhzeug nicht immer zur Schule schicken könnten. Der Redner bittet

---

34 Vgl. den Bericht des Hauptschulamts v. 22.11.1945, betr. Bekleidungszustand der Berliner Schulkinder, in: LAB(STA), Rep. 120, Nr. 2, Bl. 2.

35 Dieser Brief des Hauptfrauenausschusses beim Magistrat der Stadt Berlin wurde veröffentlicht in: Berliner Zeitung, 1.8.1946, [S. 2]; Neues Deutschland, 1.8.1946, S. 4.

36 Der hier erwähnte Befehl des sowjetischen Stadtkommandanten konnte nicht ermittelt werden. Vgl. aber: Schuhe und Kleider für Schüler, in: Berliner Zeitung, 9.10.1946, [S. 1]; Schuhe und Kleider für Berliner Kinder, in: Tägliche Rundschau, 9.10.1946, S. 1; Stoffe und Schuhe für Berlin, in: Tägliche Rundschau, 13.10.1946, S. 8; Für unsere Berliner Kinder. 270 000 m Stoff und 23 000 Paar Lederschuhe, in: Vorwärts, 15.10.1946, S. 7.

37 Der hier gemeinte Befehl Nr. 14 des sowjetischen Stadtkommandanten v. 29.4.1946 ist vorhanden in: LAB(STA), Rep. 101, Nr. 17, Bl. 37 u. 38.

38 Dieser Befehl konnte nicht ermittelt werden.

um Aufklärung, von welcher Stelle das Verlangen nach einer solchen Bescheinigung ausgegangen sei.

Winzer glaubt nicht, daß von seiten der Schulverwaltung generell eine solche Anweisung herausgegeben worden ist. Ihm sei nur bekannt, daß in der amerikanischen Zone eine solche Anweisung[39] ergangen ist, und zwar wohl aus dem Grunde, weil vielfach Kinder von ihren Eltern für den schwarzen Markt mißbraucht werden und dabei die Schule schwänzen. Redner ist persönlich gegen eine Erzwingung des Schulbesuches, schon mit Rücksicht auf den schlechten Gesundheitszustand der Kinder und das Fehlen von Schuhzeug.[40]

Orlopp erklärt, daß von seiten des Haupternährungsamtes[41] etwas Derartiges nicht verordnet worden ist. Er werde feststellen, von welcher Seite dies geschehen ist.[42]

6. ALLGEMEINES

Dr. Landwehr berichtet als Stadtwahlleiter über den *Stand der Wahlvorbereitungen.*[43] Die Papier- und Druckfrage ist zufriedenstellend gelöst, so daß alle erforderlichen

---

39 Diese Anweisung konnte nicht ermittelt werden.

40 Das Education and Religious Affairs Committee der AK stellte am 20.12.1946 fest, daß in vielen Berliner Schulen nur 80 bis 90 % der Schüler am Unterricht teilnähmen: „Absenteeism and the lowered standard of education contribute to the growth of juvenile delinquency. The children frequent restaurants and deal in the black market." Siehe: BK/R (47) 5 v. 8.1.1947, in: LAB, Rep. 37: OMGBS, BICO LIB, 11/148-3/3. Die AK erließ daher die BK/O (47) 6 v. 13.1.1947, betr. Maßnahmen zur Erhöhung des Erziehungsstandards und des Schulbesuchs in Berlin, mit der sie unter anderem anordnete, zur Erzwingung des Schulbesuchs das preußische Schulpflichtgesetz v. 15.12.1927 anzuwenden. Die BK/O ist vorhanden in: LAB(STA), Rep. 101, Nr. 76, u. LAB, Rep. 280, Nr. 4988; abgedruckt in: Berlin. Quellen und Dokumente, 1. Halbbd., S. 544 f. Das Schulpflichtgesetz war veröffentlicht worden in: Preußische Gesetzsammlung, Jg. 1927, S. 207–209; seine wichtigsten Vorschriften erneut bekanntgemacht in: VOBl., Jg. 3 (1947), S. 241 f.

41 Gemeint ist die Mag.abt. für Ernährung.

42 Vgl. das 79. Mag.prot. v. 12.10.1946, TOP 7 (Orlopp).

43 Vgl. zu den bisherigen Vorbereitungen für die Berliner Wahlen am 20.10.1946 das 63. Mag.prot. v. 29.6.1946, TOP 3, u. das 66. Mag.prot. v. 20.7.1946, TOP 3, u. das 68. Mag.prot. v. 3.8.1946, TOP 2 u. 4, u. das 70. Mag.prot. v. 17.8.1946, TOP 5, u. das 71. Mag.prot. v. 24.8.1946, TOP 6, u. das 73. Mag.prot. v. 7.9.1946, TOP 2 u. 6, u. das 74. Mag.prot. v. 12.9.1946, TOP 1, u. das 75. Mag.prot. v. 14.9.1946, TOP 7 (Maron), u. das 77. Mag.prot. v. 28.9.1946, TOP 7; 700 Mann arbeiten für die Wahl, in: Neue Zeit, 4.8.1946, S. 5; 4 000 Wahlzellen werden benötigt, in: Berliner Zeitung, 7.9.1946, [S. 6]; Ernst Barbknecht: Die Bevölkerung sieht die Wählerlisten ein. Die Auslegestellen sind gut vorbereitet, in: Tägliche Rundschau, 24.9.1946, S. 5.
Vgl. zu den weiteren Wahlvorbereitungen: Prüfungsergebnis des Stadtwahlausschusses, in: Neue Zeit, 8.10.1946, S. 2; Berliner Wahlvorschläge endgültig, in: Berliner Zeitung, 9.10.1946, [S. 2]; Gestrichene Kandidaten, in: Tägliche Rundschau, 9.10.1946, S. 6; Überaus fehlerhafte Wählerlisten!, in: Neue Zeit, 9.10.1946, S. 3; Etwa 75 % aller Berliner werden wählen, in: Berliner Zeitung, 12.10.1946, [S. 6]; Barometer des staatsbürgerlichen Interesses, in: Neue Zeit, 12.10.1946, S. 3; 400 000 Berliner wählen zum erstenmal!, in: Neue Zeit, 12.10.1946, S. 3; Berlin eine Woche vor den Wahlen, in: Berliner Zeitung, 15.10.1946, [S. 6]; Die Wahlen stehen vor der Tür, in: Tägliche Rundschau, 16.10.1946, S. 6; Wer wird gewählt?, in: Neue Zeit, 17.10.1946, S. 3.

Drucksachen pünktlich zur Verfügung stehen werden. Die Auslegung der Wahllisten zur Kontrolle der Eintragungen hat überall stattgefunden. In einigen Bezirken waren die Listen nicht vollständig, was auf die vorgekommenen Zerstörungen zurückzuführen ist. Der Redner hatte in einer Pressebesprechung die Presse um ihre Mitwirkung gebeten, die Bevölkerung auf die Pflicht zur Einsichtnahme in die Listen hinzuweisen, und die Presse ist dieser Bitte auch bereitwillig nachgekommen.[44] Eine abschließende Statistik darüber, wie groß die Zahl derjenigen ist, die auf Grund der Errechnung der Wahllisten als wahlberechtigt in Frage kommen, wieviel Leute die Wahllisten eingesehen haben und wieviel Einsprüche erfolgt sind, liegt noch nicht vor. Interessant war, daß die Zahl derer sehr groß war, die die Listen eingesehen haben, um festzustellen, ob ein Dritter nicht unberechtigterweise darin stehe.

Die Feststellung der Kandidaten wird in den Sitzungen der Kreiswahlausschüsse[45] und des Stadtwahlausschusses[46] am nächsten Montag erfolgen. Es hat mehrfacher Mahnungen an die Parteien zur Einreichung der Kandidatenlisten bedurft. Nach Feststellung der Kandidaten wird ein besonderes Verordnungsblatt herausgegeben werden, das die Namen aller Kandidaten enthält.[47] Gleichzeitig werden die Wahlzettel in Druck gegeben werden. Es müssen 3 1/2 Millionen Stück gedruckt werden. Es wird hoffentlich trotz der Stromsperren gelingen, auch diese Arbeit rechtzeitig zu bewältigen. Auch die Herrichtung der Wahlzellen wird weiter mit Eifer betrieben.

Der Redner betont, daß die Alliierten den größten Wert darauf legen, daß die Freiheit der Wahl weitgehend gesichert ist. Besondere Inspizierungskommissionen der Alliierten werden am Wahltage in Tätigkeit treten.[48]

Pieck informiert den Magistrat über den Fortgang der Arbeiten an dem *Umbau des großen Sitzungssaales im Neuen Stadthaus* für die Abhaltung der Sitzungen der *Stadtverordnetenversammlung* sowie über die Freimachung von Zimmern in der oberen Etage für das Präsidium und die Fraktionen und für die Presse.[49]

---

44 Vgl.: „Ich möchte schon wählen, aber . . .!", in: Berliner Zeitung, 26.9.1946, [S. 6]; Berlin zur Wahl bereit, in: Der Kurier, 26.9.1946, S. 7; Wählerlisten bis Sonntag einsehen, in: Der Tagesspiegel, 26.9.1946, [S. 4].

45 Vgl. hierzu Dok. 112, Anm. 2 u. 129.

46 Vgl. hierzu das 68. Mag.prot. v. 3.8.1946, TOP 2; Dok. 112, Anm. 129.

47 Vgl.: VOBl., Jg. 2 (1946), Sonderheft Nr. 1 (10.10.1946), in: LAB(STA), Rep. 102, Nr. 163 u. 164/1.

48 Die Tätigkeit dieser insgesamt zehn Viermächte-Wahlinspizierungsgruppen der AK hatte die AK mit BK/O (46) 359 v. 9.9.1946 angeordnet. Die BK/O ist vorhanden in: LAB(STA), Rep. 101, Nr. 72, u. LAB, Rep. 280, Nr. 4916; veröffentlicht in: VOBl., Jg. 2 (1946), S. 337 f.; wieder abgedruckt in: Berlin. Quellen und Dokumente, 1. Halbbd., S. 1124 f. Vgl. hierzu auch die BK/O (46) 395 v. 11.10.1946, betr. Viermächte-Wahlkontrolle, in: LAB(STA), Rep. 101, Nr. 73, u. LAB, Rep. 280, Nr. 4930; abgedruckt in: Berlin. Quellen und Dokumente, 1. Halbbd., S. 1136 f.

49 Vgl. zum Neuen Stadthaus: Teil I dieser Edition, S. 40 u. 45, u. Dok. 1, Anm. 9; zu seiner Instandsetzung das 58. Mag.prot. v. 18.5.1946, TOP 4. Mit Schreiben v. 23.9.1946 hatte die Finanzabteilung des Magistrats beim Finanzkomitee der AK die Bewilligung von 250 000 RM für den Umbau des großen Vortragssaales im Neuen Stadthaus zum Stadtverordnetensitzungssaal beantragt. Das Schreiben ist vorhanden in: LAB(STA), Rep. 101, Nr. 72; in englischer Fassung in: LAB, Rep. 37: OMGBS, FIN Br, 4/86-1/36. Der Antrag wurde vom Finanzkomitee der AK genehmigt. Vgl. das 56. Prot. des Finanzkomitees der AK v. 8.10.1946, TOP 9, in: LAB, Rep. 37:

Für die *Bekanntgabe und Auswertung der Wahlresultate* am Wahltage selbst sind nach vorangegangener Besprechung mit der Presse alle Vorbereitungen getroffen: Anlage von Telephonen, Fernschreibereinrichtungen, Erleichterungen im Telegrammverkehr, Möglichkeit von Ferngesprächen usw.[50]

Der Redner erklärt weiter, es müsse jetzt eine generelle Anweisung für das Inkrafttreten des neuen Titels „Magistrat von Groß-Berlin"[51] gegeben werden, und schlägt als Termin des Inkrafttretens den 1. November vor.

BESCHLUSS: Der Magistrat erklärt sein Einverständnis mit diesem Vorschlag.[52]

Schwenk erstattet zur *Angelegenheit des Bezirksbaurats Bonatz* folgenden Bericht: Stadtrat Pieck und ich hatten Herrn Bonatz hergebeten, damit er sich über die ihn betreffende Angelegenheit äußere.[53] Herr Bonatz gab dabei die Erklärung ab, daß mit der bekannten Besprechung keineswegs ein Affront gegen den Magistrat oder die Abt[eilung] für Bau- und Wohnungswesen beabsichtigt gewesen sei;[54] Prof. Scharoun habe selbst in einer allgemeinen Besprechung[55] der Bezirksbauräte den Wunsch geäußert, daß sich ein Ausschuß mit der Frage der Reorganisation der Abt[eilung] für Bau- und Wohnungswesen noch einmal beschäftigen solle. Man sei dann aber zu der Überzeugung gekommen, daß es zweckmäßiger wäre, gleich von vornherein nicht nur die Ausschußmitglieder dabei zu beteiligen, sondern sämtliche Bezirksbauräte

---

OMGBS, FIN Br, 4/91-2/7; der entsprechende Befehl FIN/I (46) 121 v. 8.10.1946 ist vorhanden in: LAB, Rep. 37: OMGBS, FIN Br, 4/91-2/12. Vgl. zum Umbau des großen Sitzungssaales im Neuen Stadthaus auch das 84. Mag.prot. v. 16.11.1946, TOP 2; Wo wird das Stadtparlament tagen? Sitzungssaal im Neuen Stadthaus soll am 1. November fertiggestellt sein, in: Berliner Zeitung, 24.9.1946, [S. 6].

50 Vgl. zum Wahlablauf und zu den Wahlfeststellungen das 80. Mag.prot. v. 22.10.1946, TOP 3, u. das 82. Mag.prot. v. 2.11.1946, TOP 2.

51 Vgl. das 76. Mag.prot. v. 21.9.1946, TOP 10 (Pieck u. Beschluß). Der erste Nachkriegsmagistrat hatte der neuen Berliner Verwaltung bzw. sich selbst in seiner ersten Sitzung die Bezeichnung „Magistrat der Stadt Berlin" gegeben; vgl. das 1. Mag.prot. v. 20.5.1946, TOP 1. Demgegenüber machte die Vorläufige Verfassung von Groß-Berlin v. 13.8.1946, die am 20.10.1946 in Kraft trat, eine Umbenennung notwendig. Ihr Artikel 1 Absatz 1 lautete: „Groß-Berlin ist die für das Gebiet der Stadtgemeinde Berlin alleinige berufene öffentliche Gebietskörperschaft." Vgl. zur Vorläufigen Verfassung: Dok. 82, Anm. 28.

52 Der hier gefaßte Mag.beschluß ist mit dem Ausfertigungsdatum v. 5.10.1946 vorhanden in: SAPMO-BArch, ZPA, NL 130/81, Bl. 141; eine entsprechende Verfügung der Mag.abt. für Personalfragen und Verwaltung v. 10.10.1946 in: LAB(STA), Rep. 102, Nr. 63, u. Rep. 115, Nr. 65, Bl. 71. Vgl. auch: Der Bär bleibt im Wappen. Neue Firmierung des Berliner Magistrats, in: Berliner Zeitung, 9.10.1946, [S. 6].

53 Vgl. zur „Angelegenheit Bonatz" das 75. Mag.prot. v. 14.9.1946, TOP 6, u. das 77. Mag.prot. v. 28.9.1946, TOP 7 (Schwenk u. Beschluß); die Protokolle der Besprechungen mit den Bezirksräten für Bau- und Wohnungswesen am 17.9.1946, S. 6, u. am 1.10.1946, TOP 1, in: LAB(STA), Rep. 110, Nr. 46, u. LAB, Rep. 210, Acc. 1468, Nr. 608; das Prot. der Konferenz der Bezirksbürgermeister am 19.9.1946, TOP 4, in: LAB, Rep. 280, Nr. 3867; Hanauske, S. 110 f.

54 Mit der hier erwähnten Besprechung ist eine Besprechung der Bezirksräte für Bau- und Wohnungswesen am 12.9.1946 gemeint, in der diese die Bitte an Scharoun formuliert hatten, von einer Änderung der Organisation der Bezirks- und Magistratsverwaltung für Bau- und Wohnungswesen vor den ersten Nachkriegswahlen in Berlin am 20.10.1946 Abstand zu nehmen. Vgl. hierzu Dok. 114, Anm. 40.

55 Ein Protokoll dieser Besprechung konnte nicht ermittelt werden.

zu einer Besprechung zu bitten, um eine Klärung über diese Frage herbeizuführen. Es sei keineswegs beabsichtigt gewesen, dadurch etwa die Absichten des Magistrats zu durchkreuzen, sondern man wollte Herrn Prof. Scharoun die Arbeit durch diese Besprechung erleichtern. Herr Bonatz selbst habe es lediglich auf sich genommen, zu dieser Besprechung einzuladen, und er habe auch gleich zu Beginn der Besprechung ausdrücklich darauf hingewiesen, daß eine Beschlußfassung keineswegs in Betracht komme, sondern nur ein Meinungsaustausch über die beabsichtigte Reorganisation der Abteilung. Man habe auch davon Abstand genommen, irgendwelche Beschlüsse zu fassen, sondern sei nur zu der Auffassung gekommen, man solle die Frage der Reorganisation noch bis nach den Wahlen zurückstellen.

Der Redner fährt fort: Wir haben uns große Mühe geben müssen, Herrn Bonatz davon zu überzeugen, daß sein Vorgehen trotzdem mit der Disziplin, die von allen städtischen Angestellten gefordert werden müsse, nicht im Einklang stünde. Er hat auch schließlich eingesehen, daß es so, wie er vorgegangen ist, nicht geht, daß es insbesondere nicht angängig ist, eine solche Besprechung durchzuführen, ohne die zuständige Abteilung davon in Kenntnis zu setzen. Er hat auch, nachdem er von uns über die Auffassung des Magistrats ins Bild gesetzt worden ist, die Zusicherung gegeben, daß er in Zukunft zu derartigen Besprechungen nicht mehr einladen werde. Daraufhin haben wir geglaubt, im Interesse des Friedens in der Verwaltung dem Magistrat den Vorschlag machen zu sollen, daß sich der Magistrat damit begnügt, Herrn Bonatz eine Verwarnung auszusprechen, und daß diese Tatsache dann auf der nächsten Bezirksbürgermeister-Konferenz den Bezirksbürgermeistern mitgeteilt wird, damit sie ihren Bezirksbauräten davon Kenntnis geben.

Der Redner bittet abschließend, zugleich im Namen von Stadtrat Pieck, Herrn Bezirksbaurat Bonatz (Steglitz) seitens des Magistrats eine Verwarnung auszusprechen und diese Verwarnung den Bezirksbürgermeistern mit der Auflage mitzuteilen, diese Tatsache ihren Bezirksbauräten zur Kenntnis zu bringen.

Lange hat gegen dieses Vorgehen rechtliche Bedenken mit Rücksicht auf das Bezirksverfassungsstatut.[56] Der Bezirksbürgermeister sei der Disziplinarvorgesetzte des Bezirksrats,[57] und das Aussprechen einer Disziplinarstrafe gegen einen Bezirksrat habe durch den Disziplinarvorgesetzten, d[as] h[eißt] den Bezirksbürgermeister, zu geschehen.

Dr. Goll fragt, ob vor Aussprechen einer Verwarnung durch den Magistrat der Gesamtbetriebsrat gehört werden müsse.

Pieck verneint dies.

Pieck schlägt vor, daß der Magistrat im Prinzip beschließt, die Disziplinarmaßnahme durch eine Verwarnung zur Anwendung zu bringen und mit der Durchführung den Leiter der Abt[eilung] für Personalfragen und Verwaltung gemeinsam mit dem Leiter der Rechtsabteilung zu beauftragen.

Dr. Haas erklärt, es bestehe kein Zweifel, daß der Dienstvorgesetzte des Bezirksrats der Bezirksbürgermeister sei. Auf der anderen Seite habe der Magistrat, da er die Verwaltung zu überwachen habe,[58] das Recht, Disziplinarmaßnahmen

---

56 Vgl. zum Bezirksverfassungsstatut v. 26.9.1945 das 14. Mag.prot. v. 30.7.1945, TOP 6.

57 Nach § 6 Absatz 1 des Bezirksverfassungsstatuts führte der Bezirksbürgermeister die Aufsicht über die von den Bezirksräten geleiteten Bezirksabteilungen. Siehe: VOBl., Jg. 1 (1945), S. 104.

58 Nach § 3 Absatz 1 des Bezirksverfassungsstatuts unterstanden die Bezirksämter der „Kontrolle des Magistrats". Siehe: VOBl., Jg. 1 (1945), S. 104.

zu beschließen. Der Redner schlägt vor zu beschließen: Der Magistrat sieht das Verhalten des Bezirksbaurats Bonatz (Steglitz) als einen Verstoß gegen die Dienstvorschriften an und hält es für notwendig, dienststrafrechtlich eine Verwarnung auszusprechen.

Dieser Beschluß [wäre] dann dem Bezirksamt zur Durchführung zu übergeben.

BESCHLUSS: Der Magistrat beschließt gemäß dem letzten Vorschlag von Dr. Haas.[59]

Orlopp macht folgende Mitteilung: Der Leiter des Ressorts Handwerk[60], Herr Haarfeldt, steht zur Zeit in einem Disziplinarverfahren.[61] Die Obermeister der Berliner Innungen haben in einer Sitzung beschlossen, mit der *vorläufigen Geschäftsführung des Ressorts Handwerk* den Obermeister der Schmiedeinnung, Herrn Jakob *Raukopf*[62], zu beauftragen.[63] Herr Raukopf betreibt eine eigene Schmiede. Nach einem Magistratsbeschluß ist das Ausüben einer Nebenbeschäftigung für Magistratsangestellte nicht zulässig.[64] Der Redner bittet darum, in diesem Falle eine Ausnahme zu machen und damit einverstanden zu sein, daß Herr[n] Raukopf entsprechend dem Wunsch der Obermeister die Leitung des Ressorts Handwerk übertragen wird. Nach Errichtung einer Handwerkskammer, die in der nächsten Zeit bevorsteht,[65] wird eine Neuregelung stattfinden.

Pieck bemerkt dazu, die gleiche Angelegenheit habe auch seine Abteilung schon beschäftigt; er sei mit dem gemachten Vorschlag einverstanden.

BESCHLUSS: Der Magistrat erklärt sein Einverständnis mit der Bestellung von Obermeister Raukopf zum vorläufigen Geschäftsführer des Ressorts Handwerk.[66]

---

59 Der hier gefaßte Mag.beschluß wurde den Bezirksbürgermeistern am 10.10.1946 von Schwenk bekanntgegeben. Der Bezirksbürgermeister von Steglitz, Arthur Jochem, äußerte daraufhin, daß er die Erledigung dieses Beschlusses „in einer möglichst milden Form vornehmen" wolle, „da er nach wie vor auf dem Standpunkt stehe, daß kein Disziplinbruch vorliege". Vgl. das Prot. der Konferenz der Bezirksbürgermeister am 10.10.1946, TOP 4, in: LAB, Rep. 280, Nr. 3868.

60 Gemeint ist das Ressort Handwerk in der Mag.abt. für Handel und Handwerk. Vgl. hierzu den Geschäftsverteilungsplan der Mag.abt. für Handel und Handwerk v. 30.8.1946, in: LAB, Rep. 280, Nr. 17134; das undatierte Exposé „Die Organisation des Handwerks in Berlin" (1946), in: LAB(STA), Rep. 106, Nr. 447.

61 Vgl.: Mißstände bei der Handwerkskammer, in: Telegraf, 29.9.1946, S. 3; Ein unwürdiger Stadtbeamter, in: Spandauer Volksblatt, 2.10.1946, S. 7.

62 Richtig: Willi Raukopf (SED). Vgl.: Willi Raukopf: Handwerk will selbständig bleiben, in: Vorwärts, 3.8.1946, [S. 2]; ders.: Das Schmiedehandwerk hat eine Zukunft, in: Neues Deutschland, 26.9.1946, Berliner Beilage; Wir stellen vor: Schmiedemeister Willi Raukopf, in: Vorwärts, 14.10.1946, S. 4.

63 Vgl. das Prot. über die außerordentliche Vorstandssitzung des Ressorts Handwerk am 1.10.1946, in: LAB(STA), Rep. 106, Nr. 447.

64 Vgl. das 42. Mag.prot. v. 19.1.1946, TOP 3; VOBl., Jg. 2 (1946), S. 84 f.; Die Stadtverwaltung, Jg. 1 (1946), H. 1, S. 14.

65 Die vom Magistrat im Februar 1946 beschlossene Errichtung einer Handwerkskammer wurde von der AK *nicht* genehmigt; vgl. das 46. Mag.prot. v. 16.2.1946, TOP 3 (insb. Anm. 30).

66 Vgl. zu diesem Mag.beschluß das Prot. über die 2. Vorstandssitzung des Ressorts Handwerk am 9.10.1946, TOP 1, in: LAB(STA), Rep. 106, Nr. 447; LAB, Rep. 280,

Buchholz erbittet mit Rücksicht auf den kürzlich gefaßten Magistratsbeschluß, den jüdischen Angestellten des Magistrats und der Bezirksämter für die jüdischen Feiertage *dienstfrei* zu geben,[67] dieselbe Vergünstigung auch den evangelischen Angestellten *am Reformationstag* (31. Oktober) und den katholischen Angestellten *am Allerseelentag* (1. November) zu gewähren.

Pieck äußert gegen diesen Wunsch sachliche Bedenken. Die genannten Tage seien von der Alliierten Kommandantur nicht als gesetzliche Feiertage anerkannt worden, und es sei fraglich, ob der Magistrat das Recht habe, von sich aus weitere Feiertage einzuführen.

Fleischmann vertritt die gleiche Ansicht; ohne Anhörung der Alliierten Kommandantur könne nicht ein weiterer Feiertag festgelegt werden.

Orlopp und *Dr. Haas* verweisen auf die frühere Regelung, nach der für den Kirchgang an den genannten Tagen eine Beurlaubung erbeten und im allgemeinen auch gewährt wurde.

Buchholz erklärt, mit einer solchen Regelung zufrieden zu sein.

Starck behandelt die Frage der *Schäden infolge von Bunkersprengungen*.[68] Nach vorläufigen Schätzungen beliefen sich die baulichen Schäden an benachbarten Häusern auf 68 000 RM, die Schäden durch Zerstörung von Einrichtungsgegenständen der anliegenden Bewohner auf 80 000 RM; im ganzen werde der bisher entstandene Schaden auf 200 000 RM geschätzt. Das Hauptamt für Besatzungsschäden hat die Übernahme der Kosten abgelehnt.[69] Es fragt sich nun, wie diese Schäden gedeckt werden sollen. Aus dem Fonds, der seinerzeit nach dem Explosionsunglück in der Alexanderkaserne angesammelt wurde,[70] ist nichts mehr verfügbar.

Dr. Haas hat mit den Besatzungsbehörden bereits über diese Frage gesprochen. Jede Besatzungsmacht lehnt irgendeine Haftung für solche Sprengungsschäden ab. Es handelt sich auch nicht um Besatzungsschäden im eigentlichen Sinne, sondern um Kriegsfolgen. Deshalb kann auch ein Rechtsanspruch auf Entschädigung nicht anerkannt werden. Bei dem Explosionsunglück in der Alexanderkaserne ist eine Ausnahme gemacht worden, indem ein Verschulden konstruiert wurde. Es bleibt nur übrig, bei ganz besonderen Härten aus dem Sozialhaushalt zu helfen.

Winzer gibt der Meinung Ausdruck, man solle von seiten des Magistrats einen Brief mit einem begründeten Antrag auf Anerkennung der Sprengungsschäden als Besatzungsschäden an die Stadtkommandanten richten, in deren Bereich solche Schäden durch unsachgemäße Sprengungen verursacht worden sind.

Ein Beschluß wird in der Angelegenheit, da ein formeller Antrag nicht vorliegt, nicht gefaßt.

Nr. 9265. Der bisherige Leiter des Ressorts Handwerk, Hans Haarfeldt (SED), wurde vom Magistrat wegen dienstlicher Verfehlungen, die insbesondere finanzielle Angelegenheiten betrafen, fristlos entlassen. Vgl. hierzu: Der Fall Haarfeldt, in: Telegraf, 16.11.1946, S. 3.

67 Vgl. das 73. Mag.prot. v. 7.9.1946, TOP 2.

68 Starck war im April 1946 zum „Beauftragten für die Verhütung von Sprengungsschäden" bestellt worden; vgl. das 55. Mag.prot. v. 29.4.1946, TOP 9.

69 Vgl. die vom Hauptamt für Kriegsschäden und Besatzungskosten versandten Rundschreiben Nr. 38 v. 12.9.1946, Punkt 3, u. Nr. 40 v. 16.10.1946, Punkt 2g, in: LAB(STA), Rep. 101, Nr. 644, Bl. 53 u. 31 f.

70 Vgl. hierzu das 50. Mag.prot. v. 16.3.1946, vor TOP 1 u. TOP 9, u. das 51. Mag.prot. v. 25.3.1946, TOP 6 (Starck), u. das 55. Mag.prot. v. 29.4.1946, TOP 9.

Starck gibt weiter zur Kenntnis, daß den Bezirksämtern eine *Benutzung der Bunker nicht mehr gestattet* ist, auch wenn besondere Einbauten für Vermietungszwecke erfolgt sind. Die Bemühungen, bei der Alliierten Kommandantur zu erreichen, gewisse Bunker für Wohnzwecke freizubekommen, waren erfolglos.

Rumpf kommt auf die *Angelegenheit Borsig* zurück.[71] Die Verhandlungen sind inzwischen weitergeführt worden. Die Sachlage ist jetzt folgende: Die Stadt hat in das Werk Tegel 2 1/2 Millionen gesteckt, außerdem hat das Stadtkontor zusätzlich Kredite in Höhe von 2,2 Millionen gegeben, so daß insgesamt 4,7 Millionen dort investiert worden sind. Es stand jetzt gelegentlich der Bewilligung eines neuen Kredits durch das Stadtkontor zur Debatte, in welcher Form die bisher gegebenen 4,7 Millionen sichergestellt werden können. Es sind Verhandlungen geführt worden mit dem Vertreter der Rheinmetall-Borsig AG und mit der französischen Kommandantur. Nachdem die französische Kommandantur darüber aufgeklärt worden ist, daß das Vermögen von Rheinmetall-Borsig nicht beraubt [sic!] worden ist, sondern durch die Leistungen des Städtischen Werkes Tegel zusätzliche Werte bekommen hat, geht der Streit darum, wie hoch die Leistungen des Städtischen Werks Tegel zu bewerten sind. Die Vertreter von Rheinmetall-Borsig hatten sich nach manchem Hin und Her bereit erklärt, der französischen Kommandantur gegenüber den Standpunkt zu vertreten, daß die Leistungen des Werkes Tegel mit rund 4 Millionen zu bewerten sind, und sie wollten sich dafür einsetzen, daß diese 4 Millionen durch Eintragung einer Grundschuld gesichert und in ein langfristiges Darlehen umgewandelt werden. Die französische Kommandantur hat jetzt mitteilen lassen, daß sie prinzipiell erlauben wird, eine Hypothek einzutragen, aber nur in der Höhe von 3 Millionen. Danach würden 1,7 Millionen zunächst noch weiter in der Luft hängen.

Strittig ist noch folgendes. Rheinmetall-Borsig steht auf dem Standpunkt, daß mit der Eintragung der 3 Millionen die Stadt Berlin bzw. das Stadtkontor auf alle weiteren Ansprüche verzichtet. Dieser Standpunkt kann nach Auffassung des Redners von dem Magistrat der Stadt Berlin nicht akzeptiert werden. Es kann gegenüber der Öffentlichkeit nicht verantwortet werden, daß 1,7 Millionen städtische Gelder nicht als gesichert anerkannt werden. Nun hatte Rheinmetall-Borsig beim Stadtkontor einen neuen Kredit von 1 1/2 Millionen beantragt. Auf diesen Kredit, der durch eine Hypothek gesichert werden sollte, sind bereits 100 000 RM gegeben worden.

Der Redner schlägt angesichts der geschilderten Sachlage im Einvernehmen mit Dr. Haas, der ebenfalls an den Verhandlungen teilgenommen hat, vor,

die Verhandlungen mit der Rheinmetall-Borsig AG in der Richtung fortzuführen, daß einer hypothekarischen Eintragung von 3 Millionen der durch die Stadt Berlin in das Werk Tegel investierten Gelder zugestimmt wird unter Aufrecht- erhaltung des Rechtsanspruchs der Stadt Berlin auf eine weitere Million und daß bis zur Erledigung dieser Angelegenheit dem Stadtkontor eine weitere Kreditgebung an Rheinmetall-Borsig untersagt wird.

---

71 Vgl. zu dem hier gemeinten Problem der Sicherung der städtischen Kredite für das Borsig-Werk (Städtisches Werk Tegel) der Rheinmetall-Borsig AG das 75. Mag.prot. v. 14.9.1946, TOP 3, u. das 76. Mag.prot. v. 21.9.1946, TOP 5 (Haas); LAB(STA), Rep. 115, Nr. 81, Bl. 525, 526, 530, 533 u. 543.

Dr. Goll ist mit diesem Vorschlag einverstanden, möchte aber noch nachtragen, daß auf Grund der Verhältnisse, die sich beim Werk Tegel gezeigt haben, der neue Aufsichtsrat[72] sich nicht in der Lage gesehen hat, den früheren Aufsichtsratsmitgliedern Dr. Siebert und Jirak[73] Entlastung zu erteilen.

Dr. Haas berichtet über die am Tage zuvor stattgefundene Aufsichtsratssitzung im Werk Tegel,[74] in der beschlossen worden sei, den früheren Direktor Reimann[75] zu entlassen und das Städtische Werk Tegel zu liquidieren[76]. Es sei festgestellt worden, daß die Borsigleute mit dem von der Stadt Berlin in das Werk hineingesteckten Gelde Dinge gemacht haben, die nicht zu vertreten sind. Anstatt, wie es von der Stadt Berlin geplant war, lediglich Reparaturwerkstätten einzurichten, ist versucht worden, das große Werk Borsig wieder aufzuziehen, wieder eine Lokomotivfabrik in Gang zu bringen usw. Nunmehr werden neue Kreditmittel gefordert mit der Drohung, daß andernfalls der Betrieb geschlossen werden müßte und 3 000 Arbeiter brotlos würden.

BESCHLUSS: Nach kurzer Aussprache, an der sich noch Dr. Landwehr und Maron beteiligen, wird dem Vorschlag zugestimmt.[77]

---

72 Vgl. hierzu das 73. Mag.prot. v. 7.9.1946, TOP 6 (Goll u. Beschluß).

73 Siebert war zum 31.3.1946 aus dem Magistrat ausgeschieden, und Jirak war Ende August 1946 von seiner Stadtrattätigkeit unbefristet beurlaubt worden; vgl. das 50. Mag.prot. v. 16.3.1946, TOP 2, u. das 72. Mag.prot. v. 31.8.1946, TOP 2. Der LDP-Stadtverordnete Anton Schöpke äußerte Anfang 1948, daß Sieberts „Zusammenarbeit mit Jirak offensichtlich sehr eng und herzlich war"; siehe: StVV, I. Wahlperiode, Stenographischer Bericht über die 54. (Ordentliche) Sitzung am 29.1.1948, S. 97.

74 Das notarielle Prot. der Aufsichtsratssitzung der „Städtisches Werk Tegel, Großreparaturwerkstatt GmbH" am 4.10.1946 ist als beglaubigte Abschrift vorhanden in: LAB(STA), Rep. 115, Nr. 81, Bl. 565 – 569; vgl. hierzu auch: a.a.O., Bl. 546 f.

75 Vgl. zum ehemaligen Direktor des Städtischen Werks Tegel, Walter Reimann, das 46. Mag.prot. v. 16.2.1946, TOP 5; LAB(STA), Rep. 115, Nr. 81, Bl. 537a; das Schreiben des kaufmännischen Direktors des Städtischen Werks Tegel, Anton Schöpke, an den Generalsekretär des OB, Hans Spudich, v. 20.8.1946 und weitere Materialien in: LAB(STA), Rep. 115, Nr. 85.

76 Die Liquidation der „Städtisches Werk Tegel, Großreparaturwerkstatt GmbH" war von der französischen Militärregierung befohlen worden; siehe: LAB(STA), Rep. 115, Nr. 81, Bl. 538a. Das notarielle Prot. der Gesellschafterversammlung der „Städtisches Werk Tegel, Großreparaturwerkstatt GmbH" am 4.10.1946, auf der die Auflösung dieser GmbH beschlossen wurde, ist als beglaubigte Abschrift vorhanden in: LAB(STA), Rep. 115, Nr. 81, Bl. 570 f.

77 Vgl. zu den weiteren Verhandlungen über die Sicherung der städtischen Kredite für das Borsig-Werk (Städtisches Werk Tegel) der Rheinmetall-Borsig AG: LAB(STA), Rep. 115, Nr. 81, Bl. 590 u. 592. – Auf Antrag der LDP beschloß die neugewählte StVV am 19.12.1946 die Einsetzung eines „Spezialuntersuchungsausschusses über die Angelegenheit Städtisches Werk Tegel GmbH und Borsig Maschinenbau GmbH". In seinem Beschluß v. 14.6.1947 stellte dieser Ausschuß fest: „Die Neugründung des Städtischen Werkes Tegel (Groß-Reparaturwerkstatt) erfolgte in einwandfreier Weise. Ein Vorwurf könnte nur insoweit erhoben werden, als der alte Magistrat sich vor der Investierung der Mittel nicht bei den Besatzungsmächten vergewissert hat, daß der Betrieb durch die Stadt Berlin ungehindert fortgeführt werden kann." „Die Verluste, die der Stadt Berlin entstanden sind, belaufen sich auf ca. 1,5 bis 1,7 Mill[ionen] Reichsmark. Diese Verluste sind nicht durch den Betrieb oder während des Betriebes entstanden.

Dr. Haas trägt weiter eine Angelegenheit vor, die die *Staatsoper im ehemaligen Admiralspalast* betrifft.[78] Die Oper wurde dort im Juni v[origen] J[ahres] auf Befehl der russischen Besatzungsmacht durch die Stadt Berlin eingerichtet. Hierzu waren verschiedene bauliche Veränderungen und Instandsetzungsarbeiten erforderlich, die einen Aufwand von 620 000 RM erfordert haben. Für einen weiteren Ausbau werden noch rund 2 Millionen hineingesteckt werden müssen. Das Grundstück gehört der Admiralspalast AG, die dort früher ein großes Kino, ein Café, ein Bad usw. betrieben hat. Der Eigentümer möchte nun dort wieder seine früheren Betriebe einrichten, die ihm, wie er sagt, mehr Nutzen brächten als die Pacht für die Oper. Von seiten der Stadt ist versucht worden, mit dem Eigentümer in ein gütliches Vertragsverhältnis zu kommen. Dies ist aber bis jetzt nicht gelungen. Nachdem die Stadt schon erhebliche Mittel für das Objekt aufgewandt hat, soll unter allen Umständen versucht werden, zu erreichen, daß die Stadt die Zweckbestimmung des Grundstücks allein in der Hand hat. Sollte der Eigentümer damit nicht einverstanden sein, so wird die Stadt den Antrag auf Enteignung, und zwar gegen angemessene Entschädigung, stellen müssen. Der Redner erbittet hierzu die Zustimmung des Magistrats.

Winzer charakterisiert die Forderungen des Vertreters der Admiralspalast AG als eine Unverschämtheit; denn es wird von der Gesellschaft voller Ersatz aller der Schäden verlangt, die ihr durch den Hitlerkrieg zugefügt worden sind. Nach Ansicht des Redners wäre hier eine Enteignung auf Grund des Befehls Nr. 124[79] angebracht.

BESCHLUSS: Der Magistrat ermächtigt Dr. Haas, bei den Verhandlungen mit der Admiralspalast AG wegen der Zweckbestimmung des Grundstücks für die Staatsoper nötigenfalls so weit zu gehen, einen Antrag auf Enteignung zu stellen.[80]

Es wären wahrscheinlich keine Verluste entstanden, wenn der Betrieb ungehindert hätte fortgeführt werden können." Vgl. hierzu: StVV, I. Wahlperiode, Drucksache Nr. 1, Vorlage Nr. 3 v. 4.12.1946, u. Drucksache Nr. 46, Vorlage Nr. 321 v. 14.6.1947 (hier die zit. Stellen); StVV, I. Wahlperiode, Stenographische Berichte über die 7. (Ordentliche) Sitzung am 19.12.1946, S. 14 – 23, u. die 54. (Ordentliche) Sitzung am 29.1.1948, S. 89 – 100.

Vgl. zur weiteren Entwicklung des Borsig-Werks (Demontage durch die französische Besatzungsmacht): Berlin. Behauptung von Freiheit, S. 72, 165, 167, 180, 193, 210, 255, 260, 261, 329, 424, 432, 606, 657, 659, 661 u. 686; Cyril Buffet: Die Borsig-Affäre 1945 – 1950. Ein Beispiel der französischen Reparationspolitik, in: Berlin in Geschichte und Gegenwart. Jahrbuch des Landesarchivs Berlin 1991, S. 243 – 262.

78 Vgl. zur Deutschen Staatsoper im Admiralspalast an der Friedrichstraße das 16. Mag.prot. v. 13.8.1945, TOP 8 (Scharoun), u. das 56. Mag.prot. v. 4.5.1946, TOP 4 (Henneberg); Dok. 32, Anm. 16; die Materialien in: LAB(STA), Rep. 120, Nr. 1272, 1465, 1486, 1639 u. 1676; Ernst Legal: Deutsche Staatsoper 1946 – 1947, in: Tägliche Rundschau, 21.8.1946, S. 3; Realitäten in der Welt des Scheins, in: Der Tagesspiegel, 15.9.1946, [S. 4].

79 Vgl. zum Befehl Nr. 124 des Obersten Chefs der Sowjetischen Militäradministration v. 30.10.1945, betr. die Beschlagnahme und provisorische Übernahme einiger Eigentumskategorien: Dok. 106, Anm. 48.

80 Vgl. zu den weiteren Vertragsverhandlungen mit der Admiralspalast AG, die dann im April 1950 enteignet wurde, die Materialien in: LAB(STA), Rep. 105, Nr. 43453.

Dr. Haas erörtert weiter im Anschluß an die in der letzten Sitzung behandelte Vorlage über Rentenzahlungen an Opfer des Faschismus[81] die Frage der *Wiedergutmachung von Schäden*, die *Opfer des Faschismus* und *Opfer der Nürnberger Gesetze*[82] erlitten haben.

BESCHLUSS: Nach kurzer Besprechung wird Dr. Haas beauftragt, eine entspre-
                       chende Vorlage auszuarbeiten.[83]

Kraft kommt auf die Frage der *Heranschaffung von Brennholz nach Berlin* zurück.[84] Die russische Zentralkommandantur hat sich bereit erklärt, im Umkreis von 170 km von Berlin 500 000 Raummeter Brennholz für den britischen und amerikanischen Sektor in Berlin bereitzustellen. Das Holz liegt noch in den Wäldern, muß also erst an die Straße gerückt werden und kann nur mit Lastkraftwagen nach Berlin gebracht werden. Es wird praktisch nicht durchführbar sein, die benötigte Menge Lastzüge einzusetzen.

Maron glaubt, daß nach dem Abkommen zwischen den Besatzungsmächten über einen Ausgleich von Eisen und Kohle die Kohlenlage für Berlin etwas rosiger aussieht,[85] so daß das Problem des Brennholzes nicht mehr so vordringlich sei. Trotzdem müsse versucht werden, soviel Frachtraum wie möglich für den Transport des Holzes einzusetzen.

---

81 Vgl. das 77. Mag.prot. v. 28.9.1946, TOP 2.

82 Die sogenannten Nürnberger Gesetze von 1935 hatten eine zentrale rechtliche Grundlage für die Diskriminierung und Verfolgung der jüdischen Bevölkerung im nationalsozialistischen Deutschland gebildet. Vgl. hierzu Dok. 11, Anm. 44.

83 Vgl. zur Beratung dieser Vorlage das 79. Mag.prot. v. 12.10.1946, TOP 4.

84 Vgl. hierzu das 77. Mag.prot. v. 28.9.1946, TOP 7; das Prot. der Konferenz der Bezirksbürgermeister am 10.10.1946, TOP 2, in: LAB, Rep. 280, Nr. 3868; Brennholz für den US-Sektor wird geholt, in: Der Sozialdemokrat, 22.10.1946, S. 3.

85 Bei dem hier erwähnten Abkommen handelte es sich um eine Handelsvereinbarung zwischen der sowjetischen Besatzungsmacht und der britischen und amerikanischen Besatzungsmacht von Anfang Oktober 1946, wonach unter anderem im letzten Quartal 1946 zusätzlich 180 000 t Braunkohlebriketts aus der sowjetischen Besatzungszone in den britischen und amerikanischen Sektor Berlins geliefert werden sollten. Vgl. hierzu das Prot. der Konferenz der Bezirksbürgermeister am 10.10.1946, TOP 1, in: LAB, Rep. 280, Nr. 3868; Six Months Report. 4 July 1946 to 1 January 1947, S. 100.

Dok. 119
79. Magistratssitzung vom 12. Oktober 1946

LAB(STA), Rep. 100, Nr. 781, Bl. 23 – 29. – Umdruck.[1]

Beginn: 9.07 Uhr   Schluß: 14.25 Uhr

Anwesend: OB Dr. Werner, Maron, Schwenk, Orlopp, Lange, Dr. Landwehr, Pieck, Schmidt, Dr. Haas, Kehler, Kraft, Hauth, Rumpf, Starck, Schwanebeck, Dr. Goll, Geschke, Grüber, Buchholz, Scharoun, Dusiska, Wildangel, Dr. Piechowski, Winzer, Fleischmann, Dr. Alfred Werner.[2]

Den Vorsitz führt: Oberbürgermeister Dr. Werner.

Tagesordnung: 1. Protokoll
                       2. Personalfragen
                       3. Elektrizitätsversorgung der Stadt Berlin
                       4. Finanzfragen
                       5. Wirtschaftshochschule
                       6. Bau- und Wohnungswesen
                       7. Ernährung
                       8. Sozialwesen
                       9. Allgemeines.

1. PROTOKOLL
Die Niederschrift der 78. Magistratssitzung vom 5.10.46 wird genehmigt.

2. PERSONALFRAGEN
Pieck gibt bekannt, daß die Alliierte Kommandantur gemäß dem vom Magistrat am 18. Mai gemachten Vorschlag[3] die Ernennung von Dr. Harald Heuer zum Stadtrat für Finanzwesen (Stadtkämmerer) angeordnet hat.[4] Eine Annahme-Erklärung von seiten Dr. Heuers steht noch aus.[5]

Der Redner bittet sodann den Magistrat um eine Entscheidung in einer *Meinungsverschiedenheit* mit Stadtrat Kraft *über die Besetzung leitender Posten* in dessen

---

1 Weitere Umdruckexemplare dieses Protokolls sind vorhanden in: LAB(STA), Rep. 100, Nr. 752, lfd. S. 480 – 495; LAB, Rep. 228, Mag.protokolle 1946, u. Rep. 280, Nr. 8501/36.

2 In der Anwesenheitsliste ist Wilhelm Blume nicht aufgeführt, der im Text des Protokolls (TOP 2) als Redner genannt wird.

3 Vgl. das 58. Mag.prot. v. 18.5.1946, TOP 2.

4 Mit der hier erwähnten Anordnung ist die BK/O (46) 386 v. 30.9.1946 gemeint. Sie ist vorhanden in: LAB(STA), Rep. 101, Nr. 73; LAB, Rep. 280, Nr. 12660.

5 Vgl. hierzu das 80. Mag.prot. v. 22.10.1946, TOP 2. Der Amtsantritt Heuers als Leiter der Finanzabteilung des ersten Nachkriegsmagistrats kam nicht mehr zustande.

Abteilung.[6] Stadtrat Kraft hat von sich aus Herrn Direktor Schöpke[7], den früheren Direktor des Städtischen Werkes Tegel, zum stellvertretenden Direktor der BVG ernannt. Gegen diese Ernennung ist eine Protestresolution[8] von 400 Betriebsräten und Funktionären der BVG eingegangen, in der es heißt, die Einstellung des Direktors sei ohne Anhören der Personalverwaltung und des Betriebsausschusses erfolgt und stelle eine Verletzung des Mitbestimmungsrechts der Betriebsräte dar; die Einstellung von Direktor Schöpke müsse um so mehr abgelehnt werden, als geeignete Bewerber aus dem Betriebe selbst für diese Stellung vorhanden seien. – Der Redner hat Herrn Stadtrat Kraft daraufhin mitgeteilt, daß er sich dem Protest gegen diese unverständliche Handlungsweise anschließen müsse, zumal auch die Abteilung für Personalfragen und Verwaltung in diesem Falle ebenso wie vor kurzem bei der Besetzung des Postens des Leiters der Hauptfahrbereitschaft vor eine vollendete Tatsache gestellt worden sei. Der Magistrat habe zudem mehrfach betont, daß die Besetzung von wichtigen Posten bei den städtischen Betrieben auch der Zustimmung des Magistrats bedürfe.

Kraft führt aus, daß von den Bewerbern für den frei gewordenen Posten des kaufmännischen Direktors der BVG keiner so geeignet gewesen sei wie Herr Schöpke, wobei hinzukam, daß nach einer Mitteilung von Dr. Haas Herr Schöpke als bisheriger Direktor des Städtischen Werks Tegel[9] zur Zeit ohne Arbeit ist, aber noch einen 5-Jahres-Vertrag hat, der ihm ein Einkommen von monatlich RM 1 500 zusichert. Die Auswahl von Schöpke unter den Kandidaten sei nach rein sachlichen Gesichtspunkten und im Interesse des Magistrats erfolgt. Die Geschäftsführung der BVG sei nicht übergangen worden, sondern der erste Direktor sei bei allen Verhandlungen zugegen gewesen und habe sich damit einverstanden erklärt. Seines Wissens sei die Zustimmung des Betriebsrats in solchen Fällen nicht erforderlich.

Pieck erklärt demgegenüber, daß dem Betriebsrat sehr wohl das Recht zustehe, bei solchen Einstellungen um seine Meinung gehört zu werden. Der Magistrat müsse ganz besonders auf die Innehaltung [sic!] dieses Mitbestimmungsrechtes der Gewerkschaften sehen.

Dr. Haas bestätigt, daß Herr Schöpke noch einen 5-Jahres-Vertrag mit der Stadt Berlin hat, der ihm erhebliche Gehaltsbezüge zusichert. Der Vertrag ist unterschrieben von Dr. Siebert und Jirak.[10]

Maron erklärt es für unverständlich, wie derartige Verträge ohne Kenntnis des Magistrats, zum mindesten des Leiters der Personalabteilung, abgeschlossen werden können. Man sollte solche Fälle einmal gründlich untersuchen und die Schuldigen

---

6 Vgl. das diesbezügliche Schreiben Piecks an Kraft v. 10.10.1946, in: LAB(STA), Rep. 101, Nr. 647.

7 Vgl. zu Schöpke, seit dem 8.8.1946 stellvertretender Vorsitzender des Landesverbands Berlin der LDP: LAB(STA), Rep. 102, Nr. 164/2, Bl. 101; Anton Schöpke. Kandidat der Berliner LDP, in: Der Morgen, 19.10.1946, [S. 3]; Anlage („Werdegang") zur Mag.vorlage Nr. 958 v. 26.5.1948, in: LAB, Rep. 228, Mag.vorlagen 1948; Wer ist wer? Das deutsche Who's Who. XII. Ausgabe von Degeners Wer ist's? Hrsg. von Walter Habel, Berlin-Grunewald 1955, S. 1071.

8 Diese Resolution konnte nicht ermittelt werden.

9 Vgl. zur Liquidation der „Städtisches Werk Tegel, Großreparaturwerkstatt GmbH": Dok. 118, Anm. 76.

10 Vgl. Dok. 118, Anm. 73.

noch nachträglich haftbar machen. – Die Tatsache, daß die Besetzung leitender Posten bei den städtischen Betrieben nicht selbstherrlich von einer Fachabteilung ohne Zustimmung des Magistrats vorgenommen werden darf, hätte auch dem Leiter der Abt[eilung] Verkehr bekannt sein müssen. Keineswegs könne aber der Magistrat jetzt an dem Protest des Betriebsausschusses der BVG achtlos vorbeigehen. Aus diesem Grunde sollte man die Einsetzung von Direktor Schöpke rückgängig machen und versuchen, ihn anderswo unterzubringen.

Schmidt weist auf die verwaltungsjuristische Seite der Sache hin. Für das Mitbestimmungsrecht der Betriebsräte sei das Kontrollratsgesetz Nr. 24[11] maßgebend, das für die städtische Verwaltung und die städtischen Betriebe noch durch Sonderabmachungen[12] ergänzt worden sei. Gerade die BVG habe in dieser Hinsicht weitgehende Sonderabmachungen mit der Direktion getroffen. Die Leitung der BVG habe sich also in diesem Falle über ihre eigenen Abmachungen mit ihrer Belegschaft hinweggesetzt.

Kraft geht auf die Vorgänge bei [der] Besetzung des Postens des Hauptfahrbereitschaftsleiters ein. Herr Zander sei einstweilen nur provisorisch eingesetzt,[13] bis die Zustimmung des Personalamts vorliegt.

Pieck betont noch einmal die grundsätzliche Seite der ganzen Frage. Bei der Besetzung wichtiger Posten müsse unbedingt die Personalabteilung die Möglichkeit einer Lenkung und Kontrolle haben.

Nach weiterer Aussprache ergeht folgender

BESCHLUSS: Aus Anlaß der Neubesetzung der Stellen des stellvertretenden Direktors der BVG und des Leiters der Hauptfahrbereitschaft durch den Leiter der Abt[eilung] für Verkehr stellt der Magistrat fest, daß hierbei nicht das richtige Verfahren beobachtet [sic!] worden ist. In solchen Fällen ist zunächst mit der Abt[eilung] für Personalfragen und Verwaltung Rücksprache zu nehmen. Die Stadträte für Verkehr und für Personalfragen werden beauftragt, zur nächsten Sitzung noch einmal Vorschläge für die Besetzung der genannten Posten auszuarbeiten und dem Magistrat zur Beschlußfassung vorzulegen.[14]

---

11 Gemeint ist das Kontrollratsgesetz Nr. 22 (Betriebsrätegesetz) v. 10.4.1946; veröffentlicht in: Amtsblatt des Kontrollrats in Deutschland, Nr. 6 (30.4.1946), S. 133–135; VOBl., Jg. 2 (1946), S. 139 f.

12 Vgl. hierzu die entsprechenden Materialien in: LAB(STA), Rep. 102, Nr. 46.

13 Der bisherige Leiter der Hauptfahrbereitschaft, Wilhelm Stiehl, der die Leitung am 1.7.1946 übernommen hatte, war am 21.9.1946 gestorben; siehe: Berliner Zeitung, 24.9.1946, [S. 6]. Mit Schreiben v. 5.10.1946 hatte Kraft bei der AK beantragt, Georg Zander zum neuen Leiter der Hauptfahrbereitschaft ernennen zu dürfen. Das Schreiben ist vorhanden in: LAB, Rep. 37: OMGBS, Econ Br, Trans Sec, 4/84-2/22; LAB, Rep. 37, Acc. 3971, Nr. 192.

14 Die Frage der Besetzung des Postens des stellvertretenden kaufmännischen Direktors der BVG ist in den folgenden Mag.sitzungen nicht wieder behandelt worden. Anton Schöpke ist nicht auf diesen Posten berufen worden. Vgl. zur personellen Besetzung der Geschäftsleitung der BVG das Prot. über die Sitzung des Beirats der BVG am 25.6.1947, S. 3, in: LAB(STA), Rep. 105, Nr. 4581. – Vgl. zur Einsetzung von Georg Zander als Leiter der Hauptfahrbereitschaft das 80. Mag.prot. v. 22.10.1946, TOP 5, u. das 81. Mag.prot. v. 26.10.1946, TOP 3, u. das 83. Mag.prot. v. 9.11.1946, TOP 2.

Pieck bringt zur Sprache, daß im *Aufsichtsrat*[15] *der BVG* noch der im vorigen Jahre hineingewählte Herr Friedrich Spennrath, Regierungsbaurat a. D., sitzt. Dieser Herr sei heute als Aufsichtsratsmitglied[16] nicht mehr tragbar, und zwar einmal aus politischen Gründen,[17] außerdem deswegen, weil er zur AEG gehöre,[18] an die von der Bewag Aufträge vergeben werden.

BESCHLUSS: Der Magistrat beschließt, Herrn Friedrich Spennrath aus dem Aufsichtsrat[19] der BVG abzuberufen. Eine Neubenennung wird später erfolgen.[20]

Winzer beantragt, zum *Leiter der Pädagogischen Hochschule* der Stadt Berlin *Herrn Dr. Blume*[21] zu berufen, nachdem der bisherige Direktor Dr. Karl Schröter[22], der schon seit längerer Zeit wegen Erkrankung seine Funktion nicht ausüben konnte, jetzt sein Rücktrittsgesuch eingereicht hat. Mit Rücksicht darauf, daß der Beginn des Wintersemesters dicht bevorsteht, bittet der Redner um Annahme des Antrages ohne formelle Vorlage.[23]

Wildangel befürwortet den Antrag, indem er Herrn Dr. Blume als eine in pädagogischer Hinsicht markante Persönlichkeit bezeichnet; er sei besonders durch die Gründung und Leitung der Schulfarm Scharfenberg[24] bekannt geworden.

Dr. Blume wird dem Magistrat vorgestellt und gibt selbst eine kurze Schilderung seines bisherigen Wirkens und seiner pädagogischen Ideen, die er als Rektor der Pädagogischen Hochschule weiter in die Wirklichkeit umzusetzen hofft.

BESCHLUSS: Nach kurzer Beratung beschließt der Magistrat, Herrn Dr. Blume zum Leiter der Pädagogischen Hochschule der Stadt Berlin zu berufen.

Buchholz macht dem Magistrat Mitteilung davon, daß er voraussichtlich Mitte November aus seinem Amt ausscheiden werde; sein Heimatbischof, der Kardinal

---

15 Müßte heißen: Beirat. Eine entsprechende Korrektur ist in dem hier zugrundegelegten Exemplar dieses Mag.prot. handschriftlich vorgenommen. – Vgl. zum Beirat der Berliner Verkehrs-Betriebe (BVG) das 14. Mag.prot. v. 30.7.1945, TOP 7, u. das 64. Mag.prot. v. 5.7.1946, TOP 2 (Mag.vorlage Nr. 305); die Protokolle dieses Beirats in: LAB(STA), Rep. 105, Nr. 4581, u. Rep. 114, Nr. 30.

16 Müßte heißen: Beiratsmitglied.

17 Vgl.: CDU-Spennraths neue Konzernpläne, in: Neues Deutschland, 29.9.1946, Berliner Beilage; Konzernherr Spennrath läßt die Katze aus dem Sack, in: Vorwärts, 4.10.1946, S. 2.

18 Friedrich Spennrath (CDU) leitete seit 1931 bei der Allgemeinen Elektricitäts-Gesellschaft (AEG) als Vorstandsmitglied die Abteilung Bahnen.

19 Müßte heißen: Beirat. Eine entsprechende Korrektur ist in dem hier zugrundegelegten Exemplar dieses Mag.prot. handschriftlich vorgenommen.

20 In den restlichen Sitzungen des ersten Nachkriegsmagistrats ist die Frage dieser Neubenennung nicht wieder behandelt worden.

21 Vgl. zu Wilhelm Blume, der *nicht* promoviert war: Schuppan, S. 50, Anm. 92, u. S. 78, Anm. 173.

22 Richtig: Dr. Karl Schröder; vgl.: Schuppan, S. 57 f., Anm. 112.

23 Vgl. zur Pädagogischen Hochschule der Stadt Berlin das 21. Mag.prot. v. 17.9.1945, TOP 3, u. das 71. Mag.prot. v. 24.8.1946, TOP 2 u. 3, u. das 80. Mag.prot. v. 22.10.1946, TOP 4 (Angliederung eines Berufspädagogischen Instituts).

24 Die von Blume 1921/22 gegründete Schulfarm „Insel Scharfenberg" befand sich auf der gleichnamigen Insel im Tegeler See.

von Köln, habe ihn dazu ausersehen, in seinem Bistum die Gefängnisseelsorge zu übernehmen.[25]

OB Dr. Werner drückt namens des Magistrats schon jetzt das Bedauern über den bevorstehenden Fortgang von Domkapitular Buchholz aus.

Hauth bittet um Aufklärung wegen einer Pressenotiz, nach der Herr Dr. Piechowski zum Leiter des *Landesgesundheitsamts* ernannt worden sei.[26] Der Magistrat habe seinerzeit Herrn Dr. Harms zum Leiter der Abt[eilung] für Gesundheitsdienst berufen[27] und später Herrn Dr. Piechowski zum stellvertretenden Leiter dieser Abteilung ernannt[28].

Durch die Pressenotiz sei nunmehr der Eindruck entstanden, als ob Dr. Harms ausgeschieden und Dr. Piechowski sein Nachfolger geworden sei.

Nach kurzer Erörterung dieser Angelegenheit, an der sich Pieck, Dr. Piechowski und Dr. Haas beteiligen, wird als *Meinung des Magistrats* festgestellt, daß nach dem gegenwärtigen Stand das Landesgesundheitsamt als selbständige Dienststelle nicht besteht, sondern daß seine Funktionen von der Abteilung für Gesundheitsdienst mit ausgeübt werden, bis eine Reorganisation dieser Abteilung durchgeführt ist.[29]

Dr. Piechowski teilt mit, daß die amerikanische Kommandantur die frühere Reichs-luftschutzschule Wannsee der Abteilung für Gesundheitsdienst zum Zwecke der Errichtung einer *Musteranstalt für Tuberkulosebekämpfung* zugewiesen hat.[30]
BESCHLUSS: Der Magistrat nimmt von dieser Mitteilung Kenntnis.[31]

---

25 Vgl. das 84. Mag.prot. v. 16.11.1946, TOP 5.
26 Vgl.: Neuer Leiter des Landesgesundheitsamtes, in: Der Kurier, 9.10.1946, S. 5.
27 Vgl. das 53. Mag.prot. v. 6.4.1946, TOP 2, u. das 67. Mag.prot. v. 27.7.1946, TOP 2.
28 Vgl. das 75. Mag.prot. v. 14.9.1946, TOP 2.
29 Vgl. zur Stellung des Landesgesundheitsamts in der Mag.abt. für Gesundheitsdienst den Organisationsplan dieser Mag.abt. v. 28.1./1.2.1946, in: LAB, Rep. 12, Acc. 1641, Nr. 277, u. Rep. 280, Nr. 14112; ferner das undatierte Organigramm (1946) dieser Mag.abt. in: LAB, Rep. 280, Nr. 5661.
30 Die AK hatte dem Magistrat in Ziffer 8 ihrer BK/O (46) 375 v. 18.9.1946, betr. Maßnahmen zur Bekämpfung der Tuberkulose, die Anweisung erteilt, die Anzahl der Betten für Tuberkulosepatienten auf 7 000 zu erhöhen (bisher: ca. 3 000). Die BK/O ist vorhanden in: LAB(STA), Rep. 101, Nr. 72, u. LAB, Rep. 280, Nr. 12651; abgedruckt in: Berlin. Quellen und Dokumente, 1. Halbbd., S. 610 f. Um den Magistrat bei der Erhöhung der Bettenanzahl zu unterstützen, stellte ihm die amerikanische Militärregierung die Anlage der ehemaligen Reichsluftschutzschule, Am Großen Wannsee 80, zur Verfügung, die am 18.10.1946 als Tuberkulose-Krankenhaus in Betrieb genommen wurde. Vgl. hierzu: Die Neue Zeitung, 14.10.1946, S. 1; Akten zur Vorgeschichte der Bundesrepublik Deutschland 1945–1949, Bd. 1, S. 1102 f. Ebenfalls zur Einrichtung eines Tuberkulose-Krankenhauses stellte die britische Militärregierung dem Magistrat am 2.10.1946 die Gebäude der ehemaligen Luftkriegsakademie im Ortsteil Kladow, Bezirk Spandau, zur Verfügung; siehe: LAB, Rep. 280, Nr. 8628. Der zweite Nachkriegsmagistrat beschloß am 30.12.1946 den Ausbau dieser beiden Krankenhäuser und gab dem Krankenhaus am Wannsee am 11.8.1947 die Bezeichnung „Städtisches Tuberkulose-Krankenhaus ‚Heckeshorn‘". Vgl. hierzu die Mag.beschlüsse Nr. 12 u. 13 v. 30.12.1946, in: LAB(STA), Rep. 100, Nr. 785, Bl. 90 f. u. 93 f.; die Mag.vorlage Nr. 367 v. 24.7.1947 u. das Prot. über die 41. (Ordentliche) Mag.sitzung am 11.8.1947, TOP 4, in: LAB, Rep. 228, Mag.vorlagen 1947 u. Mag.protokolle 1947.
31 Vgl. zur Tuberkulosebekämpfung auch das 82. Mag.prot. v. 2.11.1946, TOP 5.

Hauth erbittet für die *Abt[eilung] Handel und Handwerk* die Zubilligung von *weiterer Hilfskräfte für Mehrarbeit*, die sich daraus ergibt, daß allen vier Sektoren in Berlin jetzt größere Warenkontingente[32] zugeteilt worden sind. Dem Magistrat wird in nächster Zeit eine Aufstellung dessen zugehen, was an Waren hereinkommen und zur Verteilung gelangen soll.[33] Die Militärregierungen verlangen eine schnelle und prompte Durchführung dieser Aufgabe. Außerdem haben einige Kommandanten eine verstärkte Kontrolle der Läger und des Verteilungsapparates gefordert. Es müssen zu diesem Zweck eine Reihe von Prüfern eingestellt werden. Für diese Fülle von Mehrarbeit werden rund 30 neue Angestellte gebraucht, deren Bewilligung hiermit beantragt wird.

Pieck unterstützt den Antrag vorbehaltlich der Stellungnahme des Kämmerers.

Dr. Haas hofft, die dafür erforderlichen Ausgaben aus der Personalmittelreserve, deren Erhöhung beantragt ist,[34] bestreiten zu können.

Schmidt meint, daß bei der großen Warenbewegung, die jetzt einsetzt, eine scharfe Kontrolle notwendig sein wird. Auch die mengenmäßige und finanzielle Abrechnung dieser Waren gegenüber den Alliierten, wofür letztlich der Magistrat verantwortlich gemacht wird, erfordert eine große Verwaltungsarbeit, die mit dem bestehenden Apparat nicht zu schaffen ist. Aus diesem Grunde sei der von Hauth gestellte Antrag durchaus berechtigt.

BESCHLUSS: Dem Antrag der Abt[eilung] für Handel und Handwerk auf Neu-
einstellung von 30 Angestellten zur Bewältigung der Mehrarbeiten
infolge stärkeren Warenanfalls wird zugestimmt.

3. ELEKTRIZITÄTSVERSORGUNG DER STADT BERLIN

Dusiska weist auf den Ernst der Lage auf dem Gebiet der Elektrizitätsversorgung hin.[35] Das vor einiger Zeit von Herrn Direktor Witte von der Bewag im Magistrat

---

32 Vgl.: Die Versorgung Berlins, in: Tägliche Rundschau, 18.10.1946, S. 8; Die Versorgung
    Berlins, in: Der Sozialdemokrat, 18.10.1946, S. 3; Was es alles gibt, in: Der Tagesspiegel,
    18.10.1946, [S. 4]; Verbrauchsgüter für Berlin, in: Telegraf, 18.10.1946, S. 2; Gebrauchs-
    güter für Berlin. Versorgung der Hauptstadt im Steigen begriffen, in: Berliner Zeitung,
    19.10.1946, [S. 5]; Stoffe, Trikotagen und Schuhe. Bürgermeister Orlopp berichtet über
    die Versorgung der Berliner Bevölkerung, in: Neues Deutschland, 19.10.1946, S. 3;
    Berlins Versorgung weiter knapp, in: Neue Zeit, 19.10.1946, S. 3.
33 Eine solche Warenaufstellung ist in den restlichen Sitzungen des ersten Nachkriegsma-
    gistrats nicht zur Sprache gekommen.
34 Vgl. Anm. 67 zu diesem Mag.prot.
35 Vgl. hierzu die Wochenberichte der Berliner Kraft und Licht (Bewag)-Aktiengesellschaft
    in: LAB(STA), Rep. 114, Nr. 153; das Rundschreiben der Mag.abt. für Städtische
    Energie- und Versorgungsbetriebe v. 25.9.1946, betr. Verbot der Inbetriebnahme von
    elektrischen Heizkörpern, in: LAB(STA), Rep. 101, Nr. 664; Nachtarbeit kann vermieden
    werden, in: Berliner Zeitung, 27.9.1946, [S. 6]; Rätsel der Verdunkelung, in: Der
    Morgen, 6.10.1946, S. 1; Die Ursachen der plötzlichen Stromabschaltungen, in: Der
    Kurier, 10.10.1946, S. 7; Warum haben wir so wenig Strom?, in: Spandauer Volksblatt,
    11.10.1946, S. 3; Um die Berliner Stromversorgung, in: Berliner Zeitung, 12.10.1946,
    [S. 2]; Maßnahmen zur Verbesserung der Berliner Stromversorgung, in: Tägliche
    Rundschau, 12.10.1946, S. 8; Bewag-Direktion und Stromabschaltungen. Aufsichtsrat
    prüft verschiedene Vorwürfe, in: Tägliche Rundschau, 15.10.1946, S. 8.

entworfene Bild[36] stimmt, wie sich herausgestellt hat, mit der Wirklichkeit nicht überein. Die Schwierigkeiten in der Stromversorgung sind immer größer geworden. Es sind geradezu unleidliche Zustände eingetreten. Bei der Rechtslage, in der sich die Stadtverwaltung gegenüber der Bewag befindet,[37] werden weitere Erörterungen im Schoße des Magistrats nicht zu greifbaren Ergebnissen führen. Der Redner schlägt unter diesen Umständen vor, der Magistrat möge seine Vertreter im Aufsichtsrat der Bewag beauftragen, die sofortige Einberufung einer Aufsichtsratssitzung zu fordern und sich dort von den leitenden Vorstandsmitgliedern einen verantwortlichen Bericht über den Zustand der Berliner Elektrizitätsversorgung geben zu lassen, und zwar einmal über den Zustand der Elektrizitätswerke selbst, zweitens über das, was geschehen ist, um den bestehenden Zustand zu verbessern.

Dr. Goll unterstützt diesen Vorschlag. Die von der Bewag in der Presse[38] und anderswo angegebenen Gründe für die Krise in der Stromversorgung widersprechen einander. Darum muß ein authentischer Bericht von dem Vorstand der Bewag gefordert werden. Dies kann wirksam nur in einer Aufsichtsratssitzung geschehen.

Der Redner berichtet anschließend von der Tätigkeit des vom Magistrat eingesetzten Ausschusses für die Fragen der Stromversorgung.[39] Der Ausschuß hat in mehreren Sitzungen ernsthafte Arbeit geleistet. Es handelt sich um zwei Probleme: Beschaffung von Reparaturmaterial und Lieferung von Fernstrom. Um Reparaturmaterial – es fehlt bekanntlich hauptsächlich an Rostguß[40] – hat sich die Abt[eilung] Wirtschaft und der Vertreter der Gewerkschaften, Herr Schlimme[41], gekümmert. Um Fernstrom hat sich der Redner selbst bemüht. Bei den amerikanischen und englischen Besatzungsbehörden ist ihm erklärt worden, die Stromschwierigkeiten seien kein Berliner Problem, sondern ein gesamtdeutsches Problem, und der Kontrollrat habe deshalb einen Ausschuß eingesetzt, der die Stromerzeugungs- und Stromverteilungsmöglichkeiten für Deutschland überprüfen und Vorschläge ausarbeiten soll, nach denen auch die Berliner Kommandanturen die Stromversorgung Berlins regeln können.[42]

Verhandlungen mit der Zentralverwaltung für Brennstoffindustrie[43] haben den Erfolg gebracht, daß die Zentralverwaltung zugesagt hat, soweit die Möglichkeit besteht, schon in der allernächsten Zeit [eine] Erhöhung der Fernstromlieferungen vorzunehmen. Dies wird hoffentlich eine fühlbare Erleichterung bringen. Wenn

---

36 Vgl. das 72. Mag.prot. v. 31.8.1946, TOP 4. Im Vorstand der Bewag war Prof. Dr. Hans Witte für die Stromverteilung zuständig.

37 Vgl. zu den Beteiligungsverhältnissen beim Aktienkapital der Bewag das 60. Mag.prot. v. 5.6.1946, TOP 5.

38 Vgl.: Wird es genügend Strom geben?, in: Tägliche Rundschau, 8.10.1946, S. 8; Klingenberg in großen Schwierigkeiten, in: Telegraf, 10.10.1946, S. 8.

39 Vgl. zu dem hier erwähnten Ausschuß das 72. Mag.prot. v. 31.8.1946, TOP 4, u. das 76. Mag.prot. v. 21.9.1946, TOP 10 (Dusiska u. Beschluß).

40 Mit dem hier erwähnten Material ist Roststabguß gemeint. Vgl. hierzu: Neue Roste für Berlins Kraftwerkfeuerung, in: Berliner Zeitung, 27.10.1946, [S. 8]; Rostgußstahl für Klingenberg kommt, in: Tägliche Rundschau, 20.10.1946, S. 8; Berlin. Quellen und Dokumente, 1. Halbbd., S. 731, Anm. 14.

41 Hermann Schlimme (SED, vormals SPD) war 2. Vorsitzender des FDGB Groß-Berlin.

42 Vgl. hierzu: Six Months Report. 4 July 1946 to 1 January 1947, S. 100 f.

43 Gemeint ist die Deutsche Zentralverwaltung der Brennstoffindustrie in der sowjetischen Besatzungszone.

außerdem die Turbine II in Klingenberg[44] wirklich, wie es in Aussicht steht, zu Anfang des nächsten Monats wieder in Betrieb kommt, werden sich so tief einschneidende Stromabschaltungen wie gegenwärtig vermeiden lassen.

Dr. Piechowski schildert die großen Schwierigkeiten, die durch Stromabschaltungen in Krankenhäusern und ähnlichen Anstalten entstehen, und berichtet über seine Bemühungen bei der Bewag, mehr Rücksichtnahme auf diese Anstalten zu erwirken.

Maron berichtet, daß in der letzten Bezirksbürgermeister-Konferenz in eindringlichster Weise auf die Gefahren hingewiesen worden ist, die durch die Stromabschaltungen, namentlich durch die plötzlichen Stromsperren in Krankenhäusern, entstanden sind.[45] Die Krankenhäuser werden trotz der ausdrücklichen Erklärung von Dr. Witte, die er im Magistrat abgegeben hat, und trotz mehrfacher Versicherungen der Bewag nicht von den Stromsperren verschont. Die Bewag hält sich in keiner Weise an die getroffenen Abmachungen. Der einzige Weg, sich der Bewag gegenüber durchzusetzen, ist die Einberufung einer Aufsichtsratssitzung, um dort vom Vorstand Rechenschaft zu fordern.

Dr. Landwehr und *Schmidt* weisen auf die weitgehenden Befugnisse hin, die nach dem Aktiengesetz[46] dem Aufsichtsrat in einer Aktiengesellschaft wie der Bewag zustehen. Man sollte von diesen Rechten auch Gebrauch machen.

Kehler schildert, welche Schwierigkeiten auch besonders für die Post und die Nachrichtenversorgung durch die vielen und langdauernden Stromsperren entstehen. Das Haupttelegraphenamt und viele wichtige Fernsprechämter werden davon betroffen, wodurch sich die Sperren für ganz Deutschland auswirken. Der Redner hat aus seinen Verhandlungen mit der Bewag den Eindruck, daß diese nicht den ernstlichen Willen hat, alle technischen Möglichkeiten – Verlegung von Kabeln und Anbringung von Sonderleitungen – auszunutzen, um wichtige Einrichtungen wie Krankenhäuser, Fernsprechämter usw. von den Abschaltungen auszunehmen. Auch dieser Punkt müßte in der Aufsichtsratssitzung behandelt werden.

Orlopp meint, alle gemischtwirtschaftlichen Betriebe, zu denen auch die Bewag zähle, krankten daran, daß alle Vollmacht bei den eingesetzten Direktoren liegt. Bei Regiebetrieben sei dies anders.

Die Aussprache endet mit folgendem

BESCHLUSS: In der Frage der Elektrizitätsversorgung beschließt der Magistrat, seine im Aufsichtsrat der Bewag vertretenen Mitglieder[47] zu beauftragen, zu dem frühestmöglichen Termin (Mittwoch nächster Woche) eine Aufsichtsratssitzung der Bewag zu verlangen und dort vom Vorstand Aufklärung hinsichtlich der Stromversorgung

---

44 Großkraftwerk im Ortsteil Rummelsburg, Bezirk Lichtenberg. Vgl.: Kraftwerk Klingenberg. Der Stolz aller Lichtenberger, in: Vorwärts, 8.10.1946, S. 3; ferner die Fotos in: Die Woche im Bild. Illustrierte Beilage der Berliner Zeitung, Nr. 9 (27.10.1946), [S. 1].

45 Vgl. das Prot. der Konferenz der Bezirksbürgermeister am 10.10.1946, TOP 1, in: LAB, Rep. 280, Nr. 3868.

46 Gemeint ist das Gesetz über Aktiengesellschaften und Kommanditgesellschaften auf Aktien (Aktiengesetz), v. 30.1.1937, in: RGBl.; Jg. 1937, Teil I, S. 107 – 165.

47 OB Werner (Vorsitzender des Aufsichtsrats der Bewag), Maron, Jirak, Goll, Dusiska, Schwenk und Haas.

Berlins zu fordern und die notwendigen Maßnahmen beschließen zu lassen.[48]

4. FINANZFRAGEN

Hierzu liegt die Vorlage Nr. 446[49] vor, betreffend *Veräußerung eines* in Berlin-Zehlendorf, Potsdamer Chaussee Ecke Kurstraße gelegenen 5 000 qm großen *Grundstücks* an den Baumeister Richard Haendschke in Berlin-Schmargendorf.

Dr. Haas begründet die von der Abt[eilung] für Post- und Fernmeldewesen eingereichte Vorlage. Es handelt sich um die Veräußerung eines Grundstückes, das die frühere Reichspostverwaltung zur Errichtung von Wohnbauten für ihre Angestellten erworben, aber während des Krieges wieder abgegeben hatte. Das Grundstück wird von dem Eigentümer des anschließenden Geländes begehrt, der die Verpflichtung übernehmen will, auf dem Grundstück Wohnungen für Postangestellte zu errichten und einen Teil davon zu reservieren.

Schwenk erinnert an den vom Magistrat bisher immer vertretenen Standpunkt, Grundstücke, die sich in der Hand der Stadt befinden, nicht zu verkaufen. Es sei nicht einzusehen, warum im vorliegenden Falle von diesem Grundsatz abgegangen werden soll. Es sei offenbar, daß der Bauunternehmer das Grundstück braucht, um seinen Grundbesitz abzurunden, der dadurch eine erhebliche Wertsteigerung erfahren würde. Der Magistrat hat keine Veranlassung, ein solches Spekulationsgeschäft zu unterstützen. Der Redner beantragt die Ablehnung der Vorlage.

Kehler bemerkt, es handele sich in diesem Falle darum, ein Grundstück aus dem der Post gehörigen reichen Grundbesitz abzugeben, für das die Post zur Zeit absolut keine Verwertungsmöglichkeit hat.

Dr. Haas weist darauf hin, daß die Verhandlungen über dieses Objekt schon zu der Zeit von Dr. Siebert eingeleitet worden sind. Der Veräußerungspreis mit 7 RM pro qm müsse als recht niedrig bezeichnet werden, wobei allerdings berücksichtigt werden müsse, daß in Zehlendorf das Bestreben bestehe, die Grundstückspreise nicht in die Höhe zu treiben.

Lange schildert die Rechtslage. Die Abt[eilung] für Post- und Fernmeldewesen verwalte als Treuhänder das Eigentum der früheren Reichspostverwaltung. Zu diesem Eigentum gehöre das hier in Frage stehende Grundstück. Es sei somit

---

48 In der entsprechend diesem Mag.beschluß einberufenen außerordentlichen Sitzung des Aufsichtsrats der Bewag am 16.10.1946 berichtete der Vorstand der Bewag über die ernste Lage der Stromversorgung in Berlin. Der Aufsichtsrat nahm diesen Bericht ohne Formulierung einer Kritik am Vorstand entgegen und beauftragte seinen Arbeitsausschuß und Finanzausschuß mit der „Klärung der Ursachen, die zu der gegenwärtigen Situation geführt haben". Das Prot. dieser Sitzung ist vorhanden in: LAB(STA), Rep. 101, Nr. 664, u. Rep. 105, Nr. 4740; vgl. hierzu auch das Schreiben Golls an das Subkomitee für Elektrizitätsfragen (Electric Sub-Committee) der AK v. 29.10.1946, in: LAB(STA), Rep. 115, Nr. 104. Auch die Mitglieder des Arbeitsausschusses und des Bilanz- und Finanzausschusses des Aufsichtsrats der Bewag stellten in einer gemeinsamen Sitzung beider Ausschüsse am 5.11.1946 kein schuldhaftes Verhalten des Vorstands der Bewag in Hinsicht auf die entstandene Stromversorgungssituation Berlins fest; vgl. das Prot. dieser Sitzung in: LAB(STA), Rep. 101, Nr. 664, u. Rep. 105, Nr. 4740. Vgl. zur erneuten Beratung über die Stromversorgung im Magistrat das 82. Mag.prot. v. 2.11.1946, TOP 4.

49 LAB(STA), Rep. 100, Nr. 781, Bl. 35 u. 36 f.; auch in: LAB(STA), Rep. 101, Nr. 644, Bl. 40 f.

auch, so merkwürdig es klingen möge, denkbar, daß die Abteilung für Post- und Fernmeldewesen das Grundstück an die Stadt verkaufe.

Dusiska ist der Meinung, daß es sich bei dem Wunsche des Käufers um eine Bodenspekulation handele. Dem dürfe von seiten des Magistrats nicht Vorschub geleistet werden.

BESCHLUSS: Die Vorlage Nr. 446 wird mit wenigen Stimmenthaltungen abge-
lehnt. – Ein Antrag, daß die Stadt Berlin sich selbst für den Erwerb des Grundstückes aus der Treuhänderschaft der Post interessieren möge, wird angenommen.

Es folgt die Beratung der Vorlage Nr. 453[50], betreffend *Soforthilfe für die anerkann-
ten Opfer des Faschismus und Juden* im Sinne der Nürnberger Gesetze[51] im Wege einer Gewährung von Krediten und Unterstützungen.[52]

Dr. Haas führt hierzu aus, die Vorlage sei so, wie sie von der Generalsteuerdirektion[53] in Besprechungen mit dem Hauptausschuß der OdF[54] ausgearbeitet sei, einge-
bracht worden, um die Meinung des Magistrats darüber zu hören. In der schriftlichen Begründung ist eingehend dargelegt, um welche Arten von Schäden es sich handelt und was bisher auf diesem Gebiet geschehen ist. Bereits im September 1945[55] hat der damalige Stadtkämmerer Dr. Siebert nach mündlichem Vortrag im Magistrat eine Soforthilfe eingeleitet, die folgende Maßnahmen umfaßt: mietfreie Überlassung von Möbeln, monatliche Renten und Mietzuschüsse, Wiederaufbauvorschüsse für die Neueinrichtung von Gewerbebetrieben. Für diese Maßnahmen sind schon erhebliche Beträge ausgegeben worden, trotzdem hat sich die bisherige Soforthilfe als völlig unzureichend erwiesen. Es werden daher als weitere Maßnahmen vorgeschlagen: die Wiedergutmachung von Schäden, die entstanden sind durch Beeinträchtigung der Gesundheit, Entlassung, Verlust des Gewerbes, Einziehung des Vermögens[56] usw. Wie die Hilfsmaßnahmen für diese Schäden gedacht sind, ist im einzelnen in der Vorlage dargelegt. Die Höhe der hierfür benötigten Mittel wird auf 4 1/2 Millionen geschätzt.

Der Redner erklärt: Wir sind uns bewußt, daß wir mit dieser Wiedergutmachung ein Problem aufgreifen, das nicht nur große finanzielle, sondern auch politische Bedeutung hat. Es ist anzunehmen, daß sich nicht nur die Alliierte Kommandantur,

---

50 LAB(STA), Rep. 100, Nr. 781, Bl. 74 – 76; auch in: LAB(STA), Rep. 101, Nr. 644, Bl. 43 – 45.

51 Die sogenannten Nürnberger Gesetze von 1935 hatten eine zentrale rechtliche Grundlage für die Diskriminierung und Verfolgung der jüdischen Bevölkerung im nationalsoziali-stischen Deutschland gebildet. Vgl. hierzu Dok. 11, Anm. 44.

52 Vgl. zu der hier beratenen Soforthilfe-Vorlage das 78. Mag.prot. v. 5.10.1946, TOP 6 (Haas u. Beschluß); das Prot. der Juristenbesprechung [Juristen der Mag.abteilungen u. der Bezirksämter] am 12.3.1946, TOP 5b, in: LAB(STA), Rep. 113, Nr. 240, u. LAB, Rep. 203, Acc. 2128, Nr. 7473; Die Lage der Juden. Die wirtschaftlichen Nöte der Juden in Berlin, in: Telegraf, 25.5.1946, S. 4.

53 Dienststelle der Finanzabteilung des Magistrats; vgl. hierzu Dok. 45, Anm. 30, u. Dok. 55, Anm. 20.

54 Vgl. zum Hauptausschuß „Opfer des Faschismus": Dok. 58, Anm. 44; Dok. 74, Anm. 4 u. 7.

55 Müßte heißen: Dezember 1945; vgl. das 39. Mag.prot. v. 30.12.1945, TOP 6.

56 Vgl. hierzu das 46. Mag.prot. v. 16.2.1946, TOP 5 (Mag.vorlage Nr. 80).

sondern auch der Kontrollrat mit dieser Angelegenheit beschäftigen wird, denn auch in anderen Zonen ist eine ähnliche Regelung in die Wege geleitet worden.

Maron meint, so dankenswert das Einbringen dieser Vorlage sei, so sei es bei dem Umfang der Materie doch unmöglich, schon heute zu einer Beschlußfassung zu kommen. Das ganze Problem sei so weitreichend, daß die Vorschläge sorgfältig durchgeprüft werden müßten. Der Redner schlägt vor, die Vorlage dem Rechtsausschuß zur gründlichen Vorberatung zu überweisen.

Geschke kann sich den Gründen für eine gründliche Beratung der Vorlage nicht verschließen, spricht aber sein Bedauern darüber aus, daß es nicht möglich sei, schon jetzt die Soforthilfsmaßnahmen einzuleiten. Die Notlage bei den Opfern des Faschismus sei nach mancher Richtung tatsächlich katastrophal.

Für die weitere Behandlung der Angelegenheit empfiehlt der Redner, für die Entscheidung über die Bewilligung und Verwendung der Mittel neben der Generalsteuerdirektion, die dafür in der Vorlage vorgesehen ist, noch einen besonderen Ausschuß heranzuziehen, der vielleicht von der neuen Stadtverordnetenversammlung gebildet werden könnte.

Schmidt hebt noch einmal ausdrücklich hervor, daß gewisse Maßnahmen schon laufen: mietfreie Überlassung von Möbeln, monatliche Renten und Mietszuschüsse, Steuerstundung; außerdem ist durch Gesetz der Alliierten Kommandantur Nr. 209[57] die Gleichstellung der Personen, die durch ihre Verfolgung gesundheitliche Schäden erlitten haben, mit Schwerbeschädigten hinsichtlich bevorrechtigter Einstellung geregelt; ferner läuft für die OdF[58] allgemein die gesundheitliche Betreuung und Rentenzahlung über die Versicherungsanstalt in der Höhe der Endsätze.[59] Man könne also sagen, daß, soweit es in der Macht des Magistrats steht, von ihm eine Reihe von Hilfsmaßnahmen durchgeführt werden. Dabei sei es durchaus möglich, im Wege von Durchführungsbestimmungen den Personenkreis für diese Hilfe noch zu erweitern.

Schwenk schließt sich dem Antrag auf Verweisung der Vorlage an den Rechtsausschuß an, da sich die Tragweite der Vorschläge nicht übersehen lasse.

Grüber bittet, zu den Beratungen des Rechtsausschusses über diese Materie auch Vertreter der Organisation der Rasseverfolgten[60] hinzuzuziehen.

Dr. Haas möchte den Verweisungsantrag dahin präzisiert haben, daß die Vorlage im Rechtsausschuß unter Hinzuziehung von Vertretern der betroffenen Organisationen beraten wird, daß aber die bisher schon in die Wege geleiteten Maßnahmen weitergeführt werden.

Lange erinnert daran, daß Dr. Siebert im Dezember 1945 die Inangriffnahme der Hilfsmaßnahmen im Magistrat vorgetragen habe und daß der Magistrat die Ermächtigung zur Durchführung ausgesprochen habe.[61]

---

57 Gemeint ist die BK/O (46) 209 v. 10.5.1946, betr. Bevorzugung bei der Anstellung von Arbeitskräften. Die BK/O ist vorhanden in: LAB(STA), Rep. 101, Nr. 64, u. LAB, Rep. 280, Nr. 4848; veröffentlicht in: VOBl., Jg. 2 (1946), S. 212.

58 Gemeint sind die anerkannten Opfer des Faschismus.

59 Vgl. das 77. Mag.prot. v. 28.9.1946, TOP 2.

60 Hier ist vermutlich die Hilfsstelle für politische Flüchtlinge und rassisch Verfolgte gemeint, die ihren Sitz im Bezirk Charlottenburg, Pestalozzistraße 14/15 hatte.

61 Vgl. das 39. Mag.prot. v. 30.12.1945, TOP 6.

BESCHLUSS: Die Vorlage Nr. 453 wird dem Rechtsausschuß zur weiteren Beratung überwiesen.[62]

Dr. Haas berichtet sodann über die finanzielle Lage. Das *Steueraufkommen im ersten Halbjahr 1946* hat eine beträchtliche Steigerung über den Voranschlag hinaus ergeben.[63] An Einnahmen aus früheren Reichssteuern waren vorgesehen 408 Millionen, tatsächlich eingegangen sind 556 Millionen[64], also 118 Millionen mehr. Von diesen Mehreinnahmen entfallen auf die Einkommensteuer 74 Millionen, die Körperschaftssteuer 15 Millionen, die Umsatzsteuer 5 Millionen. Die Rennwettsteuer hat 12 Millionen eingebracht. Bei Zöllen und Verbrauchssteuern ist ein leichter Rückgang festzustellen: 61 Millionen waren vorgesehen, 56,5 Millionen sind eingegangen. Das liegt zum Teil daran, daß die erhöhte Tabaksteuer[65] erst später zu laufen begonnen hat, weil die Feststellung der Preise so lange gedauert hat. Bei den ehemaligen Gemeindesteuern ist ein Plus von 27 Millionen erzielt worden. Insgesamt beträgt das Mehraufkommen aus Steuern 140,5 Millionen RM.

Der Redner beabsichtigt, mit Rücksicht auf diese Tatsache sich von der Alliierten Kommandantur die Ermächtigung geben zu lassen, einige Ausgabeposten, die stark herabgesetzt worden waren,[66] wieder zu erhöhen, insbesondere die Personalmittel-

---

62 Sitzungsprotokolle des Rechtsausschusses des Magistrats konnten nicht ermittelt werden. In den restlichen Sitzungen des ersten Nachkriegsmagistrats ist die Mag.vorlage Nr. 453 v. 9.10.1946 nicht wieder behandelt worden. Vgl. hierzu aber die Dienstblattverfügung Nr. IV-9 v. 5.12.1946, betr. Soforthilfe für Vermögensgeschädigte der Nazi-Gesetzgebung, in: Dienstblatt des Magistrats von Groß-Berlin, Teil IV, Jg. 1948, S. 6 f.
   Im Dezember 1947 beschlossen der zweite Nachkriegsmagistrat und die StVV eine „Soforthilfe für die anerkannten Opfer des Faschismus und Juden im Sinne der Nürnberger Gesetzgebung". Vgl. hierzu die Mag.vorlage Nr. 266 v. 18.4.1947, in: LAB, Rep. 228, Mag.vorlagen 1947; das Prot. über die 30. (Ordentliche) Mag.sitzung am 10.6.1947, TOP 5, u. das Prot. der 66. (Ordentlichen) Mag.sitzung am 23.12.1947, TOP 4, in: LAB, Rep. 228, Mag.protokolle 1947; StVV, I. Wahlperiode, Drucksache Nr. 47, Vorlage Nr. 345 v. 23.6.1947, u. Drucksache Nr. 72, Vorlage Nr. 533 v. 31.10.1947; StVV, I. Wahlperiode, Stenographische Berichte über die 10. (Ordentliche) Sitzung am 16.1.1947, S. 13 – 19, u. die 49. (Ordentliche) Sitzung am 4.12.1947, S. 9.
   Ein vom zweiten Nachkriegsmagistrat am 25.2.1948 beschlossenes „Wiedergutmachungsgesetz für Groß-Berlin" kam bis zur Spaltung Berlins über die Beratungen in einem hierfür gebildeten Sonderausschuß der StVV nicht hinaus. Vgl. hierzu die Mag.vorlage Nr. 740 v. 29.1.1948 u. das Prot. über die 78. (Ordentliche) Mag.sitzung am 25.2.1948, TOP 1, in: LAB, Rep. 228, Mag.vorlagen 1948 u. Mag.protokolle 1948; StVV, I. Wahlperiode, Drucksache Nr. 103, Vorlage Nr. 755 v. 19.3.1948; StVV, I. Wahlperiode, Stenographische Berichte über die 69. (Ordentliche) Sitzung am 25.5.1948, S. 34 – 47, u. die 72. (Ordentliche) Sitzung am 17.6.1948, S. 3 f. u. 16 – 20; StVV, I. Wahlperiode, Protokolle des Sonderausschusses zur Beratung des Wiedergutmachungsgesetzes, in: LAB, Rep. 228, Amtsdrucksachen (StVV).
63 Vgl. zur Entwicklung der Steuereingänge im letzten Vierteljahr 1945 das 41. Mag.prot. v. 14.1.1946, TOP 3 (Siebert), u. zum geschätzten Steueraufkommen im zweiten Halbjahr 1946 das 84. Mag.prot. v. 16.11.1946, TOP 4 (Haas); allgemein zur Entwicklung der Steuereingänge: Dok. 72, Anm. 5.
64 Müßte heißen: 526 Millionen.
65 Vgl. Dok. 94, Anm. 47.
66 Vgl. zu den von der AK vorgenommenen Kürzungen im Haushaltsplan der Stadt Berlin für das Rechnungsjahr 1946 das 73. Mag.prot. v. 7.9.1946, TOP 3.

reserve um 5 Millionen[67], die Ausgaben für die Schulen um 4,5 Millionen[68], ferner die Ausgaben für Krankenhäuser[69] und andere wichtige Einrichtungen.

Der Redner gibt weiter einen Überblick über die Verwendung der aus der Gebäudeinstandsetzungsabgabe eingegangenen Gelder.[70] Zur Zeit sind davon für Baudarlehen noch 48,8 Millionen zur Verfügung. Bei der seinerzeitigen Einführung der GIA wurde eine dringliche[71] Sicherung verlangt, die nicht im Grundbuch vorgenommen werden sollte, sondern in dem sogenannten Stadtforderungsbuch.[72] Dieser Antrag ist bisher von der Alliierten Kommandantur nicht genehmigt worden.[73] Es fragt sich nun, ob das Verlangen nach einem Stadtforderungsbuch aufrechterhalten

---

67 Mit Schreiben v. 25.9.1946 u. 19.11.1946 beantragte die Finanzabteilung des Magistrats beim Finanzkomitee der AK eine Erhöhung der Personalmittelreserve um zunächst 5 Millionen RM und dann um 16 Millionen, wovon das Finanzkomitee der AK mit seinem Befehl FIN/I (46) 157 v. 19.12.1946 ca. 11 Millionen RM bewilligte. Die Schreiben sind vorhanden in: LAB(STA), Rep. 101, Nr. 637 bzw. Nr. 638; der Befehl in: LAB, Rep. 37: OMGBS, FIN Br, 4/91-2/12.

68 Mit Schreiben v. 11.10.1946 beantragte die Finanzabteilung des Magistrats bei der AK für den Haushalt 1946 eine Mehrausgabe für das Schulwesen (Lehrergehälter) in Höhe von 4,5 Millionen RM und mit Schreiben v. 6.12.1946 weitere Mehrausgaben für das Schulwesen von ca. 3 Millionen RM. Von diesen insgesamt ca. 7,5 Millionen RM bewilligte das Finanzkomitee der AK mit seinem Befehl FIN/I (47) 7 v. 16.1.1947 ca. 6,7 Millionen RM. Die Schreiben sind vorhanden in: LAB(STA), Rep. 101, Nr. 638 bzw. Nr. 639; der Befehl in: LAB, Rep. 37: OMGBS, FIN Br, 4/91-2/16.

69 Mit Schreiben v. 8.10.1946 beantragte die Finanzabteilung des Magistrats bei der AK, die von dieser verfügten Kürzungen der Ausgaben für das Gesundheitswesen im Haushaltsplan 1946 in Höhe von insgesamt 5,5 Millionen RM um ca. 3,1 Millionen RM zu vermindern, und mit Schreiben v. 12.11.1946 beantragte sie bei der AK die Genehmigung von überplanmäßigen Ausgaben für das Gesundheitswesen in Höhe von 1,7 Millionen RM. Auf diese Anträge reagierte das Finanzkomitee der AK, indem es den ersten Antrag unbeantwortet ließ und von den beantragten 1,7 Millionen RM mit ihren Befehlen FIN/I (47) 22 v. 6.2.1947 und FIN/I (47) 38 v. 13.3.1947 insgesamt 1,4 Millionen RM bewilligte. Die Schreiben sind vorhanden in: LAB(STA), Rep. 101, Nr. 638; die Befehle in: LAB, Rep. 37: OMGBS, FIN Br, 4/91-2/16.

70 Vgl. die Übersichten zur Gebäudeinstandsetzungsabgabe v. 20.4.1946, 26.4.1946 u. 20.8.1946, in: LAB(STA), Rep. 110, Nr. 49; das Schreiben der Finanzabteilung des Magistrats an das Finanzkomitee der AK v. 16.10.1946, betr. Gebäudeinstandsetzungsfonds, in: LAB(STA), Rep. 101, Nr. 638; die Materialien zur Sitzung des erweiterten Mag.ausschusses für Bau- und Wohnungswesen am 16.10.1946, in: LAB(STA), Rep. 110, Nr. 26; Um die Wohnungsinstandsetzung, in: Berliner Zeitung, 21.7.1946, [S. 5]; Die Gebäudeinstandsetzung, in: Berliner Zeitung, 27.9.1946, [S. 5]. Vgl. zur Verwendung der restlichen Mittel aus dem Gebäudeinstandsetzungsfonds das 58. Mag.prot. v. 18.5.1946, TOP 5 (Haas), u. das 73. Mag.prot. v. 7.9.1946, TOP 3 (Haas), u. das 84. Mag.prot. v. 16.11.1946, TOP 4 (Haas).

71 Müßte heißen: dingliche.

72 Vgl. das 9. Mag.prot. v. 2.7.1945, TOP 8, u. das 26. Mag.prot. v. 15.10.1945, TOP 6; Dok. 85, Anm. 42.

73 Mit Schreiben v. 1.11.1945 hatte die Finanzabteilung des Magistrats bei der AK die Genehmigung für die „Verordnung über die Errichtung des Stadtforderungsbuches der Stadt Berlin" beantragt; siehe: LAB, Rep. 37: OMGBS, FIN Br, 4/86-2/11. Diese Genehmigung ist nicht erfolgt, denn die VO ist nicht im VOBl. veröffentlicht worden, also nicht in Kraft getreten.

werden soll. Es würde vielleicht genügen, einfach ein besonderes Schuldverhältnis zu schaffen, ohne das Stadtforderungsbuch einzurichten.

Schmidt kündigt die Vorlegung einer Aufstellung über die Entwicklung des Personalhaushalts im ersten Vierteljahr an.[74] Es ergibt sich daraus, daß der Stellenplan in manchen Bezirken nicht richtig konstruiert zu sein scheint. Es sind Vorarbeiten im Gange, um bis zur Aufstellung des neuen Etats wieder zu einem geregelten Stellenplan zu kommen.

Wegen des Stadtforderungsbuches vertritt der Redner die Ansicht, man solle sich mit der normalen dinglichen Sicherung im Grundbuch begnügen.

Scharoun bittet, die Angelegenheit zunächst noch einmal dem erweiterten Magistratsausschuß für Wohnungswesen[75] zu unterbreiten und heute noch keinen Beschluß darüber zu fassen.[76]

Dr. Haas teilt weiter mit: Bis zum 30. September sollten wir der Alliierten Kommandantur Vorschläge über eine *sozialere Verteilung der Ausgaben an die Bezirke* für Schulen, Bau- und Wohnungswesen, Gesundheitswesen usw. einreichen.[77] Wir haben die einzelnen Fachabteilungen gebeten, uns Vorschläge zu machen.[78] Die Abt[eilung] für Volksbildung hat darauf am 2. Oktober mitgeteilt, daß eine anderweite Verteilung der Mittel jetzt noch nicht möglich sei, weil die notwendigen organisatorischen Maßnahmen eine gewisse Zeit erforderten und nur allmählich durchgeführt werden könnten.[79]

Rumpf kann diese Mitteilung der Abt[eilung] für Volksbildung nicht verstehen. Es handele sich bei der Aufstellung des Etats doch auch um Posten, die durchaus nicht durch das Vorhandensein bestimmter Einrichtungen bedingt sind, z[um] B[eispiel] die Arbeit der Frauen- und Jugendausschüsse[80]. Der Redner stellt fest, daß bei den Ausgaben für diese Ausschüsse auf den Kopf der Bevölkerung in dem Bezirk Neukölln 4 Pfg. entfallen, im [Bezirk] Prenzlauer Berg 11 Pfg., im [Bezirk] Tiergarten 17 Pfg., in Zehlendorf 33 Pfg. Wenn hiernach ein Bezirk beinahe

---

74 Eine solche Aufstellung ist in den folgenden Mag.sitzungen nicht zur Sprache gekommen.
75 Vgl. zum erweiterten Mag.ausschuß für Bau- und Wohnungswesen das 20. Mag.prot. v. 10.9.1945, TOP 8 (Scharoun u. Beschluß).
76 Der erweiterte Mag.ausschuß für Bau- und Wohnungswesen beschloß in seiner Sitzung am 14.11.1946 die Empfehlung an den Magistrat, bei der AK nochmals die Zustimmung zu dem ihr bereits am 1.11.1945 zugeleiteten Entwurf einer „Verordnung über die Errichtung des Stadtforderungsbuches der Stadt Berlin" zu erbitten; das Prot. dieser Sitzung ist vorhanden in: LAB(STA), Rep. 110, Nr. 26. Vgl. aber Anm. 73 zu diesem Mag.prot.
77 Die hier erwähnte Anordnung der AK hatte diese dem Magistrat in Ziffer 6 ihrer BK/O (46) 350 v. 31.8.1946 erteilt. Die BK/O ist vorhanden in: LAB(STA), Rep. 101, Nr. 72, u. Rep. 105, Nr. 301, Bl. 82–85; ohne Anlage abgedruckt in: Berlin. Quellen und Dokumente, 1. Halbbd., S. 425 f. Vgl. zur Problematik der Ausgabenverteilung auf die Bezirke das 62. Mag.prot. v. 22.6.1946, TOP 3, u. das 73. Mag.prot. v. 7.9.1946, TOP 3 (Haas).
78 Vgl. das von Maron und Haas unterzeichnete Rundschreiben der Finanzabteilung des Magistrats an die Magistratsmitglieder und die Hauptfachverwaltungen v. 25.9.1946, betr. Nachprüfung der den Verwaltungsbezirken durch den Haushaltsplan für 1946 zugewiesenen Mittel, in: LAB(STA), Rep. 101, Nr. 644, Bl. 46 u. 47.
79 Das hier erwähnte Schreiben der Mag.abt. für Volksbildung konnte nicht ermittelt werden.
80 Vgl. hierzu Dok. 59, Anm. 16.

das 10fache von dem bekommt wie ein anderer Bezirk, so liegt das zweifellos nicht nur an der betreffenden Abteilung, sondern auch an der Lenkung durch die Kämmerei. Ebenso ist es bei den Volksbüchereien[81] und Lesehallen[82]. Auch das sind Einrichtungen, die man durch Umrechnung auf die Bevölkerungszahl gleichmäßig in allen Bezirken dotieren kann. Heute entfallen für diese Zwecke in Wedding 38 Pfg. auf den Kopf der Bevölkerung, in Neukölln 47 Pfg., in Prenzlauer Berg 43 Pfg., in Tiergarten 79 Pfg., in Wilmersdorf 54 Pfg. Dasselbe Bild zeigt sich bei den Volkshochschulen[83]. Ein kleiner Bezirk wie Steglitz erhält für diesen Zweck ebensoviel wie z[um] B[eispiel] der stark bevölkerte Bezirk Friedrichshain.

Der Redner führt die Vergleiche weiter für Sport, Jugendpflege, Gesundheitspflege, Wöchnerinnenfürsorge. Diese Ungleichheiten müßten unbedingt beseitigt werden. Der Redner schlägt vor, aus den Reihen des Magistrats eine Kommission einzusetzen, die gemeinsam mit der Kämmerei Richtlinien ausarbeitet, um eine gleichmäßigere Verteilung der Mittel für die einzelnen Bezirke zu gewährleisten.

Winzer erklärt, das zitierte Schreiben von der Abt[eilung] für Volksbildung sei ohne sein Wissen herausgegangen und werde von ihm nicht gebilligt. Die von Herrn Rumpf gezogenen Vergleiche seien in manchen Punkten nicht ganz zutreffend. So müsse z[um] B[eispiel] bei den Frauenausschüssen berücksichtigt werden, daß durch besondere Regelung den Bezirken nur ganz bestimmte Hilfskräfte zugebilligt sind und im übrigen die Arbeit durch freiwillige Hilfe der Bevölkerung geleistet wird. Bei den Volkshochschulen hänge der Zuschußbedarf von der verschieden großen Zahl der Hörer ab. Grundsätzlich aber sei der Auffassung von Herrn Rumpf zuzustimmen.

Dr. Haas betont, daß es seit langem sein Wunsch sei, Richtlinien für die Verteilung der Mittel aufzustellen. Im übrigen bitte er noch einmal die Abteilungen, ihre Vorschläge einzureichen.

Maron ist der Meinung, daß der bestehende Finanzausschuß[84] das geeignete Gremium sei, um sich mit der Frage einer sozialeren Verteilung der Mittel zu beschäftigen und der Kämmerei bestimmte Richtlinien dafür an die Hand zu geben.

BESCHLUSS: Die Mitteilungen des komm[issarischen] Stadtkämmerers über die finanzielle Lage und die Frage der Verteilung der Ausgaben an die einzelnen Bezirke für Schulwesen, Gesundheitswesen usw. werden mit der Maßgabe zur Kenntnis genommen, daß von der Kämmerei gemeinsam mit dem bestehenden Finanzausschuß Richtlinien für die Verteilung dieser Ausgaben nach sozialen Gesichtspunkten aufgestellt werden sollen.[85]

---

81 Vgl. hierzu das 41. Mag.prot. v. 14.1.1946, TOP 5.
82 Vgl. hierzu das 27. Mag.prot. v. 22.10.1945, TOP 4.
83 Vgl. zu den Berliner Volkshochschulen das 61. Mag.prot. v. 15.6.1946, TOP 6, u. das 71. Mag.prot. v. 24.8.1946, TOP 3, u. das 73. Mag.prot. v. 7.9.1946, TOP 5.
84 Vgl. zu dem hier vermutlich gemeinten Haushaltsausschuß des Magistrats das 15. Mag.-prot. v. 6.8.1945, TOP 6 (Siebert).
85 Die Problematik der Ausgabenverteilung auf die Bezirke ist in den restlichen Sitzungen des ersten Nachkriegsmagistrats nicht mehr zur Sprache gekommen.

Rumpf begründet die Vorlage Nr. 448[86], betreffend eine *Verordnung über Mietzins-minderung* für Wohn- und gewerbliche Räume.[87] Die bisherige Regelung auf diesem Gebiet ist ungenügend.[88] Breite Bevölkerungskreise haben sich darüber beschwert, daß sie ihre Miete fortlaufend in alter Höhe weiter zu zahlen haben, auch wenn die Wohnung durch Kriegseinwirkungen an Gebrauchsfähigkeit verloren hat. Deswegen ist diese Verordnung ausgearbeitet worden, die den Grundsätzen des BBG[89] entspricht, wonach der Minderung der Tauglichkeit der Räume eine Minderung des Mietzinses gegenüberstehen muß.[90]

Der Redner erläutert die einzelnen Bestimmungen der Verordnung, die im Grunde genommen nichts anderes bedeuteten als eine Interpretation bestehender Gesetze. Es war zunächst versucht worden, diese Regelung in Form von Richtlinien durch das Preisamt herauszugeben.[91] Da aber der Zensuroffizier für das Verordnungsblatt auf dem Standpunkt steht, daß eine solche Regelung genehmigungspflichtig ist, muß sie als Verordnung publiziert werden.

Dr. Haas erinnert an die frühere Regelung über Mietminderung infolge von Fliegerschäden, die ähnliche Bestimmungen aufwies.[92] Die letzte Entscheidung habe damals immer bei der städtischen Dienststelle gelegen. In der vorliegenden

---

86 LAB(STA), Rep. 100, Nr. 781, Bl. 40 – 45 u. 46 – 49; auch in: LAB(STA), Rep. 101, Nr. 644, Bl. 35 – 38.

87 Vgl. zur Problematik der Mietzinsminderung: Geringere Mieten bei Bombenschaden?, in: Vorwärts, 18.9.1946, S. 4; Zerstörte Wohnungen zum alten Preis. Um die Mietzins-minderung, in: Neue Zeit, 8.11.1946, S. 5; Fragen der Mietzinsminderung, in: Berliner Zeitung, 20.11.1946, [S. 5]; Die angemessenen Mietpreise, in: Nacht-Express, 4.12.1946, [S. 5].

88 Eine vorläufige Regelung zur Mietenzahlung hatte der Magistrat bereits Mitte Juni 1945 getroffen; vgl. das 7. Mag.prot. v. 18.6.1945, TOP 4. Mitte September 1945 hatte er dann die „Verordnung über Minderung des Mietzinses für Wohn- und gewerbliche Räume" beschlossen; vgl. das 21. Mag.prot. v. 17.9.1945, TOP 4. Diese VO wurde de facto ab 1.10.1945 angewandt, auch wenn ihre Rechtskraft sehr fragwürdig war. Sie wurde ohne Unterschrift und laut ihrer Präambel „mit Zustimmung der Alliierten Kommandantur" veröffentlicht in: Berliner Zeitung, 17.10.1945, [S. 4]. (Die in Dok. 29, Anm. 11 gemachte Aussage, daß diese VO weder im VOBl. noch in der Berliner Zeitung veröffentlicht worden sei, ist insoweit unzutreffend.) Tatsächlich wurde sie erst am 7.11.1945 der AK zur Genehmigung zugeleitet, die hierüber aber keine Entscheidung traf. Vgl. hierzu das Prot. über die 24. (Ordentliche) Mag.sitzung am 28.4.1947, TOP 1 u. S. 5, in: LAB, Rep. 228, Mag.protokolle 1947; Dok. 29, Anm. 11; Verordnungen mit Bluff. Ein Kapitel aus der Gesetzgebung des alten Magistrats, in: Der Tagesspiegel, 20.12.1946, [S. 4].

89 Müßte heißen: BGB.

90 Hier wird Bezug genommen auf § 537 des Bürgerlichen Gesetzbuchs (BGB).

91 Vgl. hierzu: Auch leichtere Schäden anerkannt. Niedrigere Mieten für beschädigte Wohnungen, in: Berliner Zeitung, 2.10.1946, [S. 8]; Wer wird billiger wohnen?, in: Nacht-Express, 2.10.1946, [S. 5]; Wann kann die Miete herabgesetzt werden?, in: Der Tagesspiegel, 3.10.1946, [S. 3]; Wohnungsschäden und Miete, in: Der Tagesspiegel, 3.10.1946, [S. 4]; Mietsenkungen bei Bombenschäden, in: Vorwärts, 3.10.1946, S. 4; SED erkämpft Mietsenkung. Mietminderung für beschädigte Wohnungen, in: Neues Deutschland, 4.10.1946, Berliner Beilage.

92 Vgl. die Richtlinien für die Festsetzung von Mietminderungen bei Wohnungen v. 10.12.1943/10.3.1944, in: Amtsblatt der Reichshauptstadt Berlin, Jg. 85 (1944), S. 152 – 155.

Verordnung sei noch eine weitere Instanz vorgesehen, die vielleicht nicht notwendig sei.[93]

Maron hat an sich gegen den Inhalt der Vorlage nichts einzuwenden, er sei nur etwas erstaunt darüber, daß die Vorbereitungen dafür durch das Preisamt und nicht durch die Abt[eilung] für Bau- und Wohnungswesen getroffen worden seien. Das Preisamt könne höchstens eingeschaltet werden, um die Einhaltung der Bestimmungen zu überwachen.

Rumpf hält die Zuständigkeit des Preisamts in diesem Fall für gegeben. Die ursprünglichen Richtlinien seien im übrigen in Zusammenarbeit mit der Abt[eilung] für Bau- und Wohnungswesen ausgearbeitet worden.

BESCHLUSS: Die Vorlage Nr. 448 wird unverändert angenommen.[94]

5. WIRTSCHAFTSHOCHSCHULE

Hierzu liegt die Vorlage Nr. 441[95] vor, betreffend Vertrag des Magistrats der Stadt Berlin mit der Universität Berlin über die Wirtschaftshochschule Berlin.[96]

---

93 Der in Ziffer I.3 u. I.4 des hier behandelten VO-Entwurfs bei Beschwerdefällen vorgesehene dreistufige Instanzenweg sollte über die bezirkliche Preisstelle für Mieten, die Hauptpreisstelle für Mieten beim Hauptamt für Wohnungswesen und das Preisamt des Magistrats verlaufen.

94 Die hiermit beschlossene VO über Mietzinsminderung für Wohn- und gewerbliche Räume ist mit dem Ausfertigungsdatum v. 12.10.1946 vorhanden in: LAB(STA), Rep. 100, Nr. 781, Bl. 30–33, u. Rep. 101, Nr. 637. Die VO wurde der AK mit Schreiben v. 29.10.1946 zur Genehmigung zugeleitet; siehe: LAB(STA), Rep. 101, Nr. 637. Die AK hat eine solche Genehmigung nicht erteilt; vgl. das Prot. über die 24. (Ordentliche) Mag.sitzung am 28.4.1947, TOP 1 u. S. 5, in: LAB, Rep. 228, Mag.protokolle 1947. Der zweite Nachkriegsmagistrat und die StVV beschlossen am 23.6.1947/21.1.1948 bzw. am 18.12.1947 eine abgeänderte Fassung der VO über Mietzinsminderung für Wohn- und gewerbliche Räume. Vgl. hierzu die Mag.vorlagen Nr. 267 v. 9.5.1947 u. Nr. 670 v. 9.1.1948, in: LAB, Rep. 228, Mag.vorlagen 1947 u. Mag.vorlagen 1948; das Prot. über die 30. (Ordentliche) Mag.sitzung am 10.6.1947, TOP 6, u. das Prot. über die 32. (Ordentliche) Mag.sitzung am 23.6.1947, TOP 1, u. das Prot. über die 71. (Ordentliche) Mag.sitzung am 21.1.1948, TOP 11, in: LAB, Rep. 228, Mag.protokolle 1947 u. Mag.protokolle 1948; StVV, I. Wahlperiode, Drucksache Nr. 50, Vorlage Nr. 360 v. 14.7.1947, u. Drucksache Nr. 67, Vorlage Nr. 464 v. 1.10.1947; StVV, I. Wahlperiode, Stenographische Berichte über die 43. (Außerordentliche) Sitzung am 19.9.1947, S. 4, u. die 51. (Ordentliche) Sitzung am 18.12.1947, S. 30, 38 f. u. 42–46. Mit BK/O (49) 74 v. 11.4.1949 genehmigte die AK die vom zweiten Nachkriegsmagistrat und der StVV beschlossene VO. Die BK/O ist vorhanden in: LAB, Rep. 280, Nr. 6005. Vgl. zur weiteren Entwicklung des Mietsenkungsrechts in West-Berlin: Hanauske, S. 855–857; vgl. zu Ost-Berlin die „Verordnung über Mietzinsminderung für Wohn- und gewerbliche Räume wegen vorhandener Mängel" v. 14.11.1949, in: VOBl. [Ost-Berlin], Jg. 5 (1949), Teil I, S. 470 f.

95 LAB(STA), Rep. 100, Nr. 781, Bl. 20 f.

96 Vgl. hierzu: „Internationalisierung" der Berliner Universität? Um die Selbständigkeit der Wirtschaftshochschule und die Angliederung einer Verwaltungsakademie, in: Telegraf, 30.8.1946, S. 3; Berliner Wirtschaftshochschule vor Eröffnung, in: Vorwärts, 27.9.1946, S. 4; Eröffnungsfeier an der Universität, in: Berliner Zeitung, 15.10.1946, [S. 5]; Wirtschaftswissenschaftliche Fakultät, in: Der Sozialdemokrat, 15.10.1946, S. 3; „Vergeistigung des Wirtschaftslebens". Eröffnung der Wirtschaftswissenschaftlichen Fakultät der

Winzer erinnert daran, daß über diese Angelegenheit schon einmal im Magistrat verhandelt worden ist.[97] Man stand vor der Frage, ob es angängig ist, in Berlin zwei gleichgeartete Einrichtungen dieser Art, eine wirtschaftswissenschaftliche Fakultät bei der Universität und eine besondere Wirtschaftshochschule, zu unterhalten, wobei ins Gewicht fiel, daß die Zentralverwaltung für Volksbildung als für die Universität zuständige Behörde[98] schon mit einer Reihe von Dozenten der Wirtschaftshochschule vorher verhandelt hatte und die Herren sich für die Arbeit an der Universität entschieden hatten. Die Lösung des Problems soll nun durch einen Vertrag mit der Universität erfolgen, nach dem die Stadt Berlin der Universität die Gebäude und Einrichtungen der Berliner Wirtschaftshochschule zur Verfügung stellt und andererseits die Universität sich verpflichtet, in dem bisher üblichen Ausmaß Handelslehrer und Betriebswirte auszubilden.

Der Redner empfiehlt die Annahme der Vorlage mit einem von Herrn Lange vorgeschlagenen Zusatz zu § 5 des Vertrages, durch den die Rechte der Stadt Berlin noch weiter gesichert werden. Der Zusatz lautet:

> (3) Über Streitigkeiten in Auslegung der Vereinbarung und über deren Aufhebung entscheidet ein gemäß §[§] 1025 ff. ZPO[99] zu bestellendes Schiedsgericht, bestehend aus je einem Vertreter der Stadt Berlin und der Universität Berlin, unter dem Vorsitz des Präsidenten des Kammergerichts oder eines von ihm zu bestellenden Mitglieds dieses Gerichts.

Grüber bedauert, daß der Magistrat sich durch diesen Vertrag wieder eines Rechtes auf dem Gebiet des Hochschulwesens begebe und nun auch hier wie bei der Universität selbst keinen Einfluß mehr auf Dinge nehmen könne wie die einseitige Auswahl bei Zulassung der Studenten. Die hierbei jetzt geübte Praxis beschwöre seiner Meinung nach die Gefahr herauf, daß die abgewiesenen jungen Menschen in ihrer Verbitterung auf unheilvolle Wege gedrängt werden wie in den Jahren 1918 bis 1925.

Dr. Alfred Werner tritt für die Vorlage ein. Durch die vorgesehene Regelung sei ein viel großzügigeres Arbeiten auch auf dem Gebiet der Wirtschaftswissenschaft möglich, als wenn die Stadt Berlin daneben noch eine eigene Wirtschaftshochschule unterhalte.

Dr. Haas vertritt die Meinung, daß die Wirtschaftshochschule nur vorübergehend abgegeben werden könne und daß die Stadt sich nach allen Seiten das Recht sichern müsse, dieses Bildungsinstitut wieder zurückzuerhalten.

Dusiska wendet sich gegen den „Partikularismus", wie er aus den Worten von Dr. Haas und Propst Grüber spreche. Warum solle nicht die wirtschaftswissenschaftliche Fakultät der Universität dieselben Leistungen hervorbringen, wie die Wirtschaftshochschule von Berlin sie bis zum Jahre 1945 hervorgebracht habe? Der Redner ist überzeugt, daß nach dem ausgezeichneten Vertrag, der hier vorliege, die bisherige Tradition der Wirtschaftshochschule im Rahmen der Universität fortgesetzt wird.

Nach weiteren Ausführungen von Grüber, Winzer und Scharoun ergeht als

---

Universität Berlin, in: Neue Zeit, 15.10.1946, S. 3; Scheinstudenten wurden examiniert, in: Nacht-Express, 15.10.1946, [S. 5].

97 Vgl. das 68. Mag.prot. v. 3.8.1946, TOP 4.

98 Vgl. hierzu Dok. 49, Anm. 36; Dok. 50, Anm. 46; das 42. Mag.prot. v. 19.1.1946, TOP 11.

99 Zivilprozeßordnung.

BESCHLUSS: Die Vorlage Nr. 441 wird mit der beantragten Zusatzvereinbarung zu § 5 angenommen.[100]

6. BAU- UND WOHNUNGSWESEN

Hierzu liegt die Vorlage Nr. 447[101] vor, betreffend Bildung und Zusammensetzung des *Ausschusses für das Wohnungswesen* beim Magistrat.[102]

Scharoun begründet die Vorlage, die lediglich die Durchführung einer Ausführungsanordnung der Alliierten Kommandantur vorsieht.[103] Die Art der Zusammensetzung des Ausschusses entspricht den alliierten Vorschriften. Die Dauer der Mitgliedschaft ist auf 2 Jahre festgesetzt.

Maron beantragt eine kleine Änderung in dem zweiten Absatz des Beschlußentwurfs, der lautet:

> Den Organisationen zu a) bis c) und e) ist aufzugeben, solche Personen zu bevorzugen, die dem Naziregime Widerstand leisteten oder unter ihm Nachteile erlitten haben.[104]

---

100 Der zweite Nachkriegsmagistrat war bestrebt, den hier gebilligten Vertrag mit der Universität Berlin über die Wirtschaftshochschule Berlin möglichst bald wieder aufzulösen. Vgl. hierzu die Mag.vorlage Nr. 67 v. 8.2.1947, in: LAB(STA), Rep. 102, Nr. 37, Bl. 63, u. LAB, Rep. 228, Mag.vorlagen 1947; das Prot. über die 12. (Ordentliche) Mag.sitzung am 17.2.1947, TOP 11, in: LAB, Rep. 228, Mag.protokolle 1947. Im Gebäude der früheren Wirtschaftshochschule Berlin im Bezirk Mitte, Neue Friedrichstraße 53–56, wurde unabhängig von der Wirtschaftswissenschaftlichen Fakultät der Universität Berlin am 12.5.1947 als städtische Einrichtung das Hochschul-Institut für Wirtschaftskunde eröffnet, das der wissenschaftlichen Fortbildung von Wirtschaftspraktikern (Betriebsräte, Treuhänder, Behördenangestellte) dienen sollte. Vgl. hierzu: Hochschulinstitut für Wirtschaftskunde wird eröffnet, in: Tribüne, 5.5.1947, S. 2; Berliner Akademie der Arbeit, in: Der Sozialdemokrat, 13.5.1947, S. 2; Berlin. Behauptung von Freiheit, S. 226 f.

101 LAB(STA), Rep. 100, Nr. 781, Bl. 39/39a.

102 Vgl. zu dem bereits existierenden erweiterten Mag.ausschuß für Bau- und Wohnungswesen das 20. Mag.prot. v. 10.9.1945, TOP 8 (Scharoun u. Beschluß).

103 Nach Artikel II Ziffer 1b des Kontrollratsgesetzes Nr. 18 (Wohnungsgesetz) v. 8.3.1946 waren die übergeordneten deutschen Behörden „ermächtigt und, falls sie von der Militärregierung dazu angewiesen werden, verpflichtet, beratende Ausschüsse einzusetzen, die ihnen bei der Ausführung ihrer Aufgaben zur Seite stehen". Das Kontrollratsgesetz Nr. 18 wurde veröffentlicht in: Amtsblatt des Kontrollrats in Deutschland, Nr. 5 (31.3.1946), S. 117–121, u. VOBl., Jg. 2 (1946), S. 96–98; wieder abgedruckt in: Berlin. Quellen und Dokumente, 1. Halbbd., S. 683–687. Die AK erließ mit BK/O (46) 369 v. 16.9.1946 Anweisungen und Begriffsbestimmungen zu diesem Gesetz, worin sie unter anderem die Bildung eines siebenköpfigen Wohnungsausschusses in jedem Berliner Verwaltungsbezirk und die Bildung eines aus zehn Personen bestehenden Ausschusses für das Wohnungswesen beim Magistrat anordnete. Die Aufgaben des letzteren Ausschusses wurden dahin gehend bestimmt, „den Beamten der Abteilung für Bau- und Wohnungswesen als Berater beizustehen" und gegebenenfalls „richtunggebende Vorschläge allgemeiner Natur" zu unterbreiten. Die BK/O (46) 369 ist vorhanden in: LAB(STA), Rep. 101, Nr. 72, u. LAB, Rep. 280, Nr. 4921; veröffentlicht in: VOBl., Jg. 2 (1946), S. 346 f.; wieder abgedruckt in: Berlin. Quellen und Dokumente, 1. Halbbd., S. 687–690. Vgl. auch: Ehrenamtliche Wohnungsausschüsse. Berliner Ausführungsbestimmungen zum Wohnungsgesetz, in: Neue Zeit, 19.9.1946, S. 3; Hanauske, S. 101 f. u. 164.

104 Der Beschlußentwurf der Mag.vorlage Nr. 447 v. 24.9.1946 sah vor, daß die zehn Mitglieder des beim Magistrat zu bildenden Ausschusses für das Wohnungswesen von den

Danach würden die unter d) aufgeführten Mitglieder (2 in der Baukunst erfahrene Personen) nicht unter diese Bestimmung fallen. Man sollte einfach die Worte „zu a) bis c) und e)" streichen.

BESCHLUSS: Die Vorlage Nr. 447 wird mit der beantragten Streichung angenommen.[105]

Scharoun teilt mit, die britische Militärregierung verlange die Einbringung einer Vorlage im Magistrat über die *Wiederaufforstung des Tiergartens*.[106] Im Etat seien für derartige Zwecke noch Mittel vorhanden, so daß sich eine besondere Vorlage erübrige.

BESCHLUSS: Der Inangriffnahme einer Wiederaufforstung des Tiergartens aus vorhandenen Etatsmitteln wird zugestimmt.[107]

7. ERNÄHRUNG

Orlopp begründet die Vorlage Nr. 449[108], betreffend *Erweiterung der Ernährungs-*

---

folgenden Organisationen benannt werden sollten: je ein Mitglied von den vier politischen Parteien, ein Mitglied vom FDGB, zwei weibliche Mitglieder vom Hauptfrauenausschuß, zwei „in der Baukunst erfahrene Personen (möglichst Hochbautechniker)" von der Mag.abt. für Bau- und Wohnungswesen und eine Person als Vertreter der Vermieter vom Verband Berliner Wohnungsunternehmen.

105 Als „in der Baukunst erfahrene Personen" schlug Scharoun für den Ausschuß für das Wohnungswesen die beiden Architekten Johannes Bartschat und Theo Effenberger vor; siehe das entsprechende Schreiben v. 2.11.1946, in: LAB(STA), Rep. 110, Nr. 26. Der zweite Nachkriegsmagistrat faßte Mitte Mai 1947 einen neuen Beschluß zur personellen Besetzung des beim Magistrat zu bildenden Ausschusses für das Wohnungswesen; vgl. das Prot. über die 26. (Ordentliche) Mag.sitzung am 12.5.1947, vor TOP 1 (Punkt 3).

106 Vgl. zum Berliner Tiergarten das 9. Mag.prot. v. 2.7.1945, TOP 6, u. das 45. Mag.prot. v. 2.2.1946, TOP 10; LAB, Rep. 280, Nr. 5098 u. 14569; das Schreiben der Finanzabteilung des Magistrats an die AK v. 11.4.1946, betr. Mittel für die Durchführung eines Notprogramms im Berliner Tiergarten, in: LAB(STA), Rep. 101, Nr. 635; die Materialien zur Durchführung dieses Notprogramms in: LAB(STA), Rep. 110, Nr. 169, Bl. 80– 195; Was wird aus dem Tiergarten?, in: Nacht-Express, 12.3.1946, [S. 3]; Karl Korn: Baumstümpfe und graue Wiesen/Tiergarten 1946, in: Der Kurier, 30.3.1946, S. 5; Brachlandaktion im Tiergarten. Aufteilung in Parzellen, in: Der Berliner, 2.4.1946, S. 5; Gartenschutz im Bezirk Tiergarten, in: Berliner Zeitung, 5.5.1946, [S. 2]; Kartoffelfelder im Stadtinnern, in: Spandauer Volksblatt, 28.5.1946, [S. 1]; 1948 Tiergarten-Aufforstung, in: Telegraf, 2.7.1946, S. 8; Kartoffelernte im Berliner Tiergarten, in: Die Neue Zeitung, 14.10.1946, S. 4; Werner Fiedler: Berlins grüne Zuflucht. Neuaufbau des Tiergartens beginnt, in: Neue Zeit, 3.11.1946, S. 3.

107 Eine Ergänzung des hier gefaßten Mag.beschlusses beschloß der zweite Nachkriegsmagistrat Mitte Februar 1947. Vgl. hierzu die Mag.vorlage Nr. 56 v. 28.1.1947, in: LAB, Rep. 228, Mag.vorlagen 1947; das Prot. über die 12. (Ordentliche) Mag.sitzung am 17.2.1947, TOP 3, in: LAB, Rep. 228, Mag.protokolle 1947. Vgl. auch das vom Leiter des Hauptamts für Grünplanung und Gartenbau, Reinhold Lingner, verfaßte Exposé „Die Zukunft des Tiergartens, ein städtebauliches Problem" (Juni 1947), in: LAB(STA), Rep. 101, Nr. 5276; das Prot. einer Diskussionsveranstaltung über einen entsprechenden Vortrag Lingners am 20.6.1947, in: LAB(STA), Rep. 101, Nr. 784.

108 LAB(STA), Rep. 100, Nr. 781, Bl. 52; auch in: LAB, Rep. 10 B, Acc. 1877, Nr. 399. Vgl. zu dieser Mag.vorlage v. 7.10.1946 zwei Vermerke für Greta Kuckhoff v. 4.10.1946 u. 11.10.1946, in: LAB(STA), Rep. 113, Nr. 149.

ausschüsse.[109] Die bestehenden Ernährungsausschüsse beim Haupternährungsamt[110], die eine demokratische Mitarbeit der Bevölkerung darstellen, sollen erweitert werden um Vertreter der Konsumgenossenschaften[111] und des Lebensmittelhandwerks.
BESCHLUSS: Die Vorlage Nr. 449 wird mit der Änderung angenommen, in Ziffer 2 anstatt „Bezirksbürgermeister" zu setzen: „Bezirksamt".[112]

Orlopp begründet weiter die Vorlage Nr. 450[113], betreffend *Umlage von den Volksgaststätten.*[114] Der Magistrat hat seinerzeit beschlossen, von den Volksgaststätten eine Umlage von 10 Pfg. je Essen zu erheben, um damit die Kosten für den Ankauf sogenannter freier Spitzen abzudecken.[115] Das Aufkommen aus dieser Umlage seit November 1945 beträgt rund 1,5 Millionen RM. Aus diesem Fonds sind jetzt 500 000 RM für besondere Zwecke zur Verfügung gestellt worden, und zwar 200 000 RM für Rentner, 200 000 RM für Heimkehrer und 100 000 RM für die Arbeiter und Angestellten in den Küchen der Gaststätten. Nunmehr soll der Satz der Umlage auf 5 Pfg. pro Essen ermäßigt werden. Bei dieser Gelegenheit muß klargestellt werden, daß die aus der Umlage eingehenden Mittel [nicht] der Allgemeinheit

---

109 Vgl. zur Bildung der Ernährungsausschüsse bei den Bezirksernährungsämtern das 23. Mag.prot. v. 24.9.1945, TOP 7. Diese Ausschüsse, die aus mindestens 9 Mitgliedern bestanden, hatten sich bisher aus Verbrauchern („in der Regel" zwei Drittel der Mitglieder), Lebensmitteleinzelhändlern und dem Bezirksrat für Ernährung zusammengesetzt; siehe: VOBl., Jg. 1 (1945), S. 105. – Sitzungsprotokolle der Ernährungsausschüsse aller Bezirke von Juni/August 1946 bis Dezember 1946 sind vorhanden in: LAB(STA), Rep. 113, Nr. 149 u. 150. Vgl. auch Greta Kuckhoffs Pressemitteilung „Ernährungsausschüsse und Ernährungsbeirat" v. 12.9.1946, in: BArch, Abt. Potsdam, NL Kuckhoff, W-Ku 6, Bl. 208; LAB(STA), Rep. 113, Nr. 149.

110 Müßte heißen: bei den Bezirksernährungsämtern.

111 Vgl. hierzu Dok. 72, Anm. 59.

112 Nach Ziffer 2 des Beschlußtextes der Mag.vorlage Nr. 449 sollte der Vertreter der Konsumgenossenschaften in den Ernährungsausschüssen von den bezirklichen Konsumgenossenschaften vorgeschlagen und vom Bezirksbürgermeister ernannt werden. – Vgl. zur Erweiterung des Ernährungsbeirats bei der Mag.abt. für Ernährung das 73. Mag.prot. v. 7.9.1946, TOP 4.

113 LAB(STA), Rep. 100, Nr. 781, Bl. 54; auch in: LAB(STA), Rep. 101, Nr. 586.

114 Vgl. zu den Volksgaststätten: BK/R (46) 253 v. 10.7.1946, in: LAB, Rep. 37: OMGBS, BICO LIB, 11/148-2/7; das 32. Prot. der stellv. Stadtkommandanten v. 12.7.1946, TOP 387, in: LAB, Rep. 37, Acc. 3971, Nr. 220; Das Berliner Volksgaststättenwerk – eine soziale Großtat, in: Berliner Zeitung, 14.4.1946, [S. 2]; Ernst Barbknecht: Gastwirteinnung gegen Volksgaststätten. Preiswucherer im Innungsvorstand, in: Tägliche Rundschau, 24.7.1946, S. 6; Mittagessen mit oder ohne Marken?, in: Vorwärts, 24.7.1946, [S. 3]; Das Duell Gastwirte – Magistrat, in: Der Kurier, 26.7.1946, S. 5; Ein Jahr Volksgaststätten, in: Berliner Zeitung, 11.10.1946, [S. 6]; Der Fonds in eigener Regie, in: Der Tagesspiegel, 11.10.1946, [S. 4]; Die Verwendung des Volksgaststätten-Fonds, in: Der Kurier, 11.10.1946, S. 5; Friede zwischen Magistrat und Gastwirteinnung. Die Volksgaststätten haben sich bewährt, in: Tägliche Rundschau, 12.10.1946, S. 5; Der Siegeszug der Volksgaststätte. Magistrat und Gastwirte-Innung haben das Kriegsbeil begraben, in: Neues Deutschland, 12.10.1946, S. 6.

115 Vgl. das 39. Mag.prot. v. 30.12.1945, TOP 5; VOBl., Jg. 2 (1946), S. 98. Als „freie Spitzen" (Freihandelsware) wurden die Überschüsse an landwirtschaftlichen Erzeugnissen bezeichnet, welche die Bauern nach der Erfüllung ihrer Ablieferungsfristen frei verkaufen durften.

gehören, sondern der Vereinigung der Volksgaststätten. Verfügungsberechtigt darüber soll der Beirat sein.[116]

Dr. Haas hat Bedenken dagegen, daß der Beirat allein das Verfügungsrecht hat. In erster Linie müßte die Abt[eilung] für Ernährung verfügungsberechtigt sein.

BESCHLUSS: Die Vorlage Nr. 450 wird mit der Änderung angenommen, daß der letzte Satz in Abs. 3 des Beschlußentwurfs lautet:

Die Abteilung für Ernährung verfügt nach Anhören des Beirats über die Verwendung der durch die Umlage eingehenden Mittel.[117]

Orlopp kommt sodann auf die in der letzten Sitzung angeschnittene Frage zurück, daß in manchen Bezirken die *Belieferung* der *Lebensmittelkarten für Schulkinder* von einer Bescheinigung über den Schulbesuch abhängig gemacht wird.[118] Die getroffenen Feststellungen haben ergeben, daß tatsächlich in einigen Bezirken dahin gehende Befehle von seiten der Kommandanten ergangen sind. Das Haupternährungsamt[119] hat nunmehr eine Anordnung[120] an die Bezirksämter herausgegeben, in der vorgesehen ist, daß bei Beginn eines jeden Schuljahres, erstmals zum 20. Oktober, an Volksschüler für ein Jahr die Bescheinigung ausgestellt wird, an Schüler der mittleren und höheren Schulen für ein Vierteljahr, so daß die monatliche Meldung dadurch überflüssig wird.

BESCHLUSS: Die Mitteilung wird zur Kenntnis genommen.

Schmidt legt mit der Vorlage Nr. 452[121] die *Bilanz* sowie die *Gewinn- und Verlustrechnung* der *Abt[eilung] für Ernährung*, Hauptamt für Bedarfsdeckung, für die Monate September 1945 bis März 1946 vor.[122] In der Vorlage sind folgende Druckfehler zu berichtigen:

[...]

---

116 In Abänderung des Mag.beschlusses v. 30.12.1945 zur Bildung eines Beirats zum Volksgaststättenvorhaben (vgl. die vorige Anm.) sah der Beschlußentwurf der Mag.vorlage Nr. 450 v. 7.10.1946 vor:

„Von den Volksgaststätten wird eine Umlage von 0,05 RM je Essen erhoben. Sie ist vom Gastwirt zu tragen und darf nicht durch eine Preiserhöhung für das Essen auf den Verbraucher abgewälzt werden. Die auf diese Weise eingehenden Gelder sollen für den Einkauf von Freihandelsware und für soziale Zwecke verwendet werden.

Bei der Abteilung für Ernährung wird ein Beirat für Volksgaststätten gebildet. Er soll die Entwicklung des Volksgaststättenvorhabens überwachen und fördern. Der Beirat verfügt über die durch die Umlage nach Absatz 1 eingehenden Mittel."

117 Der hier gefaßte Mag.beschluß ist, ohne namentliche Unterzeichnung, mit dem Ausfertigungsdatum v. 12.10.1946 vorhanden in: LAB(STA), Rep. 100, Nr. 781, Bl. 34; veröffentlicht in: VOBl., Jg. 2 (1946), S. 415 f. Für die drei westlichen Sektoren Berlins wurde die Umlage der Volksgaststätten ab 1.12.1946 von 0,05 RM auf 0,01 RM je Essen herabgesetzt. Vgl. hierzu die Mag.vorlage Nr. 114 v. 19.2.1947 u. das Prot. über die 17. (Ordentliche) Mag.sitzung am 17.3.1947, TOP 1, in: LAB, Rep. 228, Mag.vorlagen 1947 u. Mag.protokolle 1947.

118 Vgl. das 78. Mag.prot. v. 5.10.1946, TOP 5.

119 Gemeint ist die Mag.abt. für Ernährung.

120 Diese Anordnung konnte nicht ermittelt werden.

121 LAB(STA), Rep. 100, Nr. 781, Bl. 69 – 73; auch in: LAB(STA), Rep. 101, Nr. 586.

122 In der Begründung der Mag.vorlage Nr. 452 v. 9.10.1946 heißt es:

„Nach der Bildung der neuen Stadtverwaltung im Mai 1945 mußte der Magistrat der Stadt Berlin neben den bisher auf dem Ernährungssektor für die Verwaltung üblichen

Der Redner gibt zum Verständnis der Bilanz einen kurzen Überblick über die geschäftliche Tätigkeit des Haupternährungsamts[123]. Die Abrechnung ist auf absolut kaufmännischer Grundlage erfolgt. Die Bilanzierung ist nach den Vorschriften des Aktienrechts vorgenommen.

Der Redner erläutert die einzelnen Posten und verweist insbesondere auf die notwendigen Rückstellungen, die so vorgenommen sind, daß voraussichtlich eine Inanspruchnahme der Stadt für die Periode bis zum 31.3.46 nicht mehr stattfinden wird.

Der Redner schlägt vor, dem Beschlußentwurf[124] noch folgenden Zusatz anzufügen:

> Die Einzelprüfung durch das Hauptprüfungsamt[125] oder eine vom Magistrat beauftragte Wirtschaftsprüfungsgesellschaft bleibt vorbehalten.

BESCHLUSS: Die Vorlage Nr. 452 wird mit dem beantragten Zusatz sowie mit der Druckfehlerberichtigung angenommen.[126]

8. SOZIALWESEN

Geschke empfiehlt die Annahme der Vorlage Nr. 451[127], in der die Bewilligung von 114 400 RM für die Errichtung eines Altersheims in Berlin-Steglitz, Rückertstr. 11/12 gefordert wird.[128]

Kontrollaufgaben auch direkte Verteilungsaufgaben übernehmen. Befehle der Sowjetischen Militärverwaltung übereigneten dem Magistrat der Stadt Berlin sämtliche beschlagnahmten Lebensmittel, die zunächst direkt von Dienststellen der Stadtverwaltung, später zum Teil auch durch Einschaltung des Großhandels an die Kleinverteiler zur Weitergabe an die Bevölkerung abgegeben wurden. Bis zum 31.8.1945 waren die Kleinverteiler verpflichtet, 80 % ihrer Einnahmen auf ein Sonderkonto des Magistrats einzuzahlen, das von der Stadtkämmerei verwaltet wurde.

Durch gemeinsame Verfügungen der Stadtkämmerei und der Abteilung für Ernährung übernahm ab 1. September 1945 die Abteilung für Ernährung auch die gesamte finanzielle Abwicklung. Die Abrechnung und Buchführung wurde für das direkt mit dieser Aufgabe betraute Hauptamt für Bedarfsdeckung der Abteilung für Ernährung auf kaufmännischer Grundlage eingerichtet.

Mit Wirkung vom 30.9.1945 [Müßte heißen: 1.9.1945; der Bearb.] übergaben auch die Alliierten durch protokollarische Festlegung sämtliche in Berlin vorhandenen Lebensmittel, soweit sie bewirtschaftet waren und auf Marken zur Ausgabe gelangten, dem Magistrat der Stadt Berlin, Abteilung für Ernährung, und übertrugen ihm auch alle damit zusammenhängenden finanziellen Verpflichtungen.

Für die Zeit vom 1. September 1945 – 31. März 1946 ist nunmehr die Abteilung für Ernährung – Hauptamt für Bedarfsdeckung – in der Lage, über die finanzielle Entwicklung dieser ihr übertragenen Aufgabe Rechenschaft abzulegen."

Vgl. zum Hauptamt für Bedarfsdeckung auch: Dok. 86, Anm. 41.

123 Gemeint ist das Hauptamt für Bedarfsdeckung.

124 Der Beschlußentwurf der Mag.vorlage Nr. 452 hat den Wortlaut: „Die Bilanz sowie die Gewinn- und Verlustrechnung der Abteilung für Ernährung – Hauptamt für Bedarfsdeckung – für die Monate September 1945 – März 1946 wird genehmigt; der Abteilung für Ernährung wird Entlastung erteilt."

125 Dienststelle der Mag.abt. für Personalfragen und Verwaltung.

126 Vgl. auch das 83. Mag.prot. v. 9.11.1946, TOP 4 (Schmidt).

127 LAB(STA), Rep. 100, Nr. 781, Bl. 58 u. 68.

128 Vgl. zur Errichtung eines Altersheims im Bezirk Charlottenburg das 45. Mag.prot. v. 2.2.1946, TOP 8, u. das 54. Mag.prot. v. 17.4.1946, TOP 6.

BESCHLUSS: Die Vorlage Nr. 451 wird ohne Aussprache angenommen.

Es folgt die Vorlage Nr. 461[129], betreffend Zuzugsgenehmigung für Berliner Heimkehrer.

Geschke empfiehlt die Vorlage unter Hinweis auf die kürzlich im Magistrat über die Angelegenheit gepflogene Aussprache[130]. Durch die Vorlage soll eine einheitliche Regelung für alle Verwaltungsbezirke Berlins getroffen werden.[131] Die einzelnen Bestimmungen sind mit dem Heimkehrerausschuß[132] durchgesprochen worden.

Dr. Piechowski äußert sich zu den Punkten f) und g) der Vorlage in bezug auf die Quarantäne.[133] Alle aus dem Westen kommenden Heimkehrer müssen sich einer Quarantäne unterziehen, während die aus dem Osten kommenden schon in Frankfurt a/O. einer Quarantäne unterzogen werden. Darüber hinaus aber werden alle Heimkehrer, die das Stadtgebiet Berlins betreten, noch einmal gründlich entlaust. Diese sanitäre Schleuse hat sich bewährt.

Maron beantragt, mit Rücksicht darauf, daß zahlreichen wohnungsuchenden Familien, die bereits in Berlin ansässig sind, kein Wohnraum nachgewiesen werden kann, den Satz 2 in Punkt b) des Beschlußentwurfs etwas anders zu fassen,[134] und zwar dahin lautend:

---

129 LAB(STA), Rep. 100, Nr. 781, Bl. 83 – 85 u. 86.
130 Vgl. das 77. Mag.prot. v. 28.9.1946, TOP 7.
131 Die Begründung der Mag.vorlage Nr. 461 v. 10.10.1946 hat den Wortlaut:
   „Die Aufnahme der Berliner entlassenen Kriegsgefangenen stößt in den Berliner Verwaltungsbezirken auf verschiedenste Schwierigkeiten, z[um] B[eispiel]:
   Heimkehrer, deren Familien noch evakuiert sind,
   ledige Heimkehrer, die bei ihren in Berlin ansässigen Angehörigen Wohnung erhalten
   könnten,
   Heimkehrer, deren Angehörige noch evakuiert oder verstorben sind oder die keinen
   Anhang haben,
   Heimkehrer, die mit einem provisorischen Entlassungsschein, der mit Genehmigung
   des Herrn Polizeipräsidenten ausgefertigt wird, ausgestattet sind (in verschiedenen
   Verwaltungsbezirken),
   heimatlose Heimkehrer, deren Familien aus ihrer Heimat geflüchtet sind und in Berlin vor
   dem 30.9.1945 ansässig wurden, hier Wohnung und Lebensmittelkarten erhalten haben,
   werden nicht eingewiesen, erhalten auch keine Lebensmittelkarten und können nicht in
   Arbeit vermittelt werden.
   Da Berliner Bürger in keinem anderen Gebiet Deutschlands aufgenommen werden und
   die bisherige Regelung in den verschiedenen Verwaltungsbezirken Berlins unhaltbar ist,
   muß eine generelle Regelung durchgeführt werden."
132 Vgl. zum Heimkehrer-Ausschuß Groß-Berlin: Dok. 117, Anm. 35.
133 Die Punkte f und g im Beschlußentwurf der Mag.vorlage Nr. 461 haben den Wortlaut:
   „Von einer besonderen Quarantäne für alle Sektoren Berlins ist Abstand zu nehmen,
   wenn die Quarantäne bereits im Gefangenen-Entlassungslager durchgeführt wurde."
   „Die örtlichen Gesundheitsstellen in den Verwaltungsbezirken werden angewiesen,
   genügend Maßnahmen zu treffen, um eine Einschleppung von Seuchenkrankheiten zu
   verhindern. Nach der ärztlichen Untersuchung und Entlausung erhält der Heimkehrer
   den Gesundheitspaß, ohne den er nicht in die Wohnung eingewiesen werden kann."
134 Satz 2 im Punkt b des Beschlußentwurfs der Mag.vorlage Nr. 461 hat den Wortlaut:
   „Ist die Wohnung des Heimkehrers infolge Kriegsereignisse [sic!] zerstört, so muß der
   Verwaltungsbezirk, in dem die Wohnung gelegen war, neuen Wohnraum dem Heimkehrer
   nachweisen."

Ist die Wohnung des Heimkehrers infolge von Kriegsereignissen zerstört, so hat der Heimkehrer in dem Verwaltungsbezirk, in dem die Wohnung gelegen war, Anspruch auf Wohnraum.

BESCHLUSS: Die Vorlage Nr. 461 wird mit dieser Änderung angenommen.[135]

Geschke empfiehlt weiter die Annahme der Vorlage Nr. 462[136], betreffend *Rückführung von Berliner Kindern* nach Berlin.[137] Auch diese Vorlage ist auf Grund der vor kurzem stattgefundenen Aussprache, an der Oberstleutnant Mander teilnahm,[138] ausgearbeitet worden.

Maron weist darauf hin, daß die Absätze a) und b) insofern überholt sind, als bereits ein entsprechender Befehl vom 7. September darüber vorliegt.[139]

---

135 Der hier gefaßte Mag.beschluß ist, ohne namentliche Unterzeichnung, mit dem Ausfertigungsdatum v. 12.10.1946 vorhanden in: LAB(STA), Rep. 118, Nr. 47, Bl. 121; sinngemäß veröffentlicht in: Tägliche Rundschau, 15.10.1946, S. 8, u. in: Neues Deutschland, 16.10.1946, S. 4. Als Antwort auf den entsprechenden Genehmigungsantrag des Magistrats erließ die AK zunächst die BK/O (47) 80 v. 31.3.1947, mit der sie unter anderem anordnete, daß die bestehende Regelung, nach der die Aufenthaltsgenehmigung für zurückkehrende Kriegsgefangene von den Sektorenkommandanten erteilt wurde, unverändert bleiben sollte und daß nach Berlin heimgekehrte Kriegsgefangene, denen der Aufenthalt in Berlin gestattet war, auch für ihre Familien eine Aufenthaltsgenehmigung erhalten konnten. Die BK/O ist vorhanden in: LAB(STA), Rep. 101, Nr. 79; LAB, Rep. 280, Nr. 10518. Vgl. zur Vorgeschichte dieser BK/O: LAB(STA), Rep. 118, Nr. 868, Bl. 24 – 27; BK/R (47) 70 v. 12.3.1947, in: LAB, Rep. 37: OMGBS, BICO LIB, 11/148-3/4; das 13. Prot. der stellv. Stadtkommandanten v. 14.3.1947, TOP 139, in: LAB, Rep. 37: OMGBS, BICO LIB, 11/149-1/2.
Mit BK/O (47) 125 v. 23.5.1947 erließ die AK dann die folgende Anordnung:
„Kriegsgefangenen, im Besitze von gültigen Entlassungsscheinen, sind [sic!] auf Antragstellung an den Sektor- oder Bezirkskommandanten und nach Anstellung entsprechender Ermittlungen Aufenthaltsgenehmigung in der Stadt Berlin zu erteilen, vorausgesetzt, daß
(i) vor ihrer Repatriierung Berlin der letzte Ort war, wo sie gesetzmäßiges Wohnrecht in Deutschland besaßen, und daß sie sich hinreichende Wohngelegenheit in Berlin gesichert haben oder
(ii) ihre Familien in Berlin wohnen und daselbst polizeilich gemeldet sind."
Die BK/O ist vorhanden in: LAB(STA), Rep. 101, Nr. 81; LAB, Rep. 280, Nr. 10541. Vgl. zur Vorgeschichte dieser BK/O: das 13. Prot. der stellv. Stadtkommandanten v. 14.3.1947, TOP 139, in: LAB, Rep. 37: OMGBS, BICO LIB, 11/149-1/2; BK/R (47) 127 v. 13.5.1947, in: LAB, Rep. 37: OMGBS, BICO LIB, 11/148-3/5; das 22. Prot. der stellv. Stadtkommandanten v. 16.5.1947, TOP 233, in: LAB, Rep. 37: OMGBS, BICO LIB, 11/149-1/3.
136 LAB(STA), Rep. 100, Nr. 781, Bl. 87 – 89 u. 90.
137 Im Beschlußentwurf der Mag.vorlage Nr. 462 v. 11.10.1946 heißt es unter anderem: „Durch die Kriegsereignisse waren sehr viele Berliner Schulen mit Kindern evakuiert, ebenso waren viele Mütter mit Kleinkindern in anderen Teilen Deutschlands untergebracht. Die Rückführung des größten Teiles der Schulkinder ist erfolgt; die Rückführung weiterer Kinder und Mütter ist im Interesse der Zusammenführung der Familien zwingend notwendig."
138 Vgl. das 77. Mag.prot. v. 28.9.1946, TOP 7.
139 Die Absätze a und b im Beschlußentwurf der Mag.vorlage Nr. 462 haben den Wortlaut: „Um die Rückführung organisieren zu können, wird der Zuzug nachstehender Personen nach Berlin genehmigt:

BESCHLUSS: Die Vorlage Nr. 462 wird unter Streichung der Absätze a) und b) angenommen.[140]

---

a) alle schulpflichtigen Kinder und Jugendlichen bis zu 18 Jahren, deren beide Elternteile in Berlin wohnen und Lebensmittelkarten erhalten,

b) schulpflichtige Kinder bezw. Jugendliche bis zu 18 Jahren, bei denen ein Elternteil (Vater oder Mutter) oder andere Angehörige (Großeltern, Geschwister der Eltern usw.) in Berlin wohnen, [...]."

Mit dem erwähnten Befehl ist die BK/O (46) 357 v. 5.9.1946 (nicht: 7.9.1946) gemeint. Sie ist vorhanden in: LAB(STA), Rep. 101, Nr. 72; LAB, Rep. 280, Nr. 4912. Mit dieser BK/O hatte die AK angeordnet: „Jugendlichen bis zum Alter von 18 Jahren, deren beide Eltern oder ein Elternteil bezw. der Vormund rechtmäßig in Berlin wohnen, ist zu gestatten, zum Zwecke eines Daueraufenthaltes in Berlin nach der Stadt zurückzukehren." „Solchen Personen sind Lebensmittelkarten zuzuteilen." Vgl. zur Frage der Rückführung von evakuierten Jugendlichen im Alter von 19 bis 21 Jahren das 82. Mag.prot. v. 2.11.1946, TOP 3 (Mag.vorlage Nr. 489).

140 Der hier gefaßte Mag.beschluß ist, ohne namentliche Unterzeichnung, mit dem Ausfertigungsdatum v. 12.10.1946 vorhanden in: LAB(STA), Rep. 100, Nr. 781, Bl. 55 f., u. Rep. 118, Nr. 52; veröffentlicht in: Berliner Zeitung, 17.10.1946, [S. 6]. Er wurde der AK am 30.10.1946 zur Genehmigung zugeleitet; siehe die entsprechende handschriftliche Notiz auf dem Beschlußexemplar in: LAB(STA), Rep. 118, Nr. 52. Vgl. auch: Laßt die Jugend heimkehren, in: Berliner Zeitung, 13.11.1946, [S. 6].
Die stellvertretenden Stadtkommandanten diskutierten am 12.11.1946 ausführlich die Problematik der Rückkehr der evakuierten Berliner Kinder und Mütter und beschlossen insbesondere, deren Rückführung aus den Besatzungszonen Deutschlands nach Berlin grundsätzlich zu genehmigen und das Welfare and Refugees Committee der AK anzuweisen, einen Plan für diese Rückführung auszuarbeiten. Vgl. zu diesen von den Stadtkommandanten bestätigten Beschlüssen: BK/R (46) 389 v. 9.11.1946, in: LAB, Rep. 37: OMGBS, BICO LIB, 11/148-2/9; das 49. Prot. der stellv. Stadtkommandanten v. 12.11.1946, TOP 600, in: LAB, Rep. 37, Acc. 3971, Nr. 222; 20 000 Berliner kehren heim, in: Berliner Zeitung, 22.11.1946, [S. 6].
Am 13.12.1946 beschlossen die stellvertretenden Stadtkommandanten, den Alliierten Kontrollrat darum zu ersuchen, allen während des Krieges ins Ausland evakuierten Berliner Kindern und Müttern die Rückkehr nach Berlin zu gestatten. Vgl. zu diesem von den Stadtkommandanten bestätigten Beschluß: BK/R (46) 424 v. 11.12.1946, in: LAB, Rep. 37: OMGBS, BICO LIB, 11/148-2/9; das 53. Prot. der stellv. Stadtkommandanten v. 13.12.1946, TOP 651, in: LAB, Rep. 37, Acc. 3971, Nr. 222; Weihnachts-Zuteilung für Berlin. Rückkehr ins Ausland evakuierter Kinder beantragt, in: Berliner Zeitung, 20.12.1946, [S. 1].
Am 10.1.1947 billigten die stellvertretenden Stadtkommandanten den vom Welfare and Refugees Committee der AK vorgelegten Plan für die Rückführung der evakuierten Berliner Kinder und Mütter aus den Besatzungszonen Deutschlands. Mit seinem Befehl WERE/I (47) 11 v. 31.1.1947 übermittelte dieses Komitee den Plan an die Mag.abt. für Sozialwesen. Der Plan schrieb vor,
„1) daß Mütter und Kinder, die aus Berlin in die Besatzungszonen evakuiert waren, nach Berlin zurückkehren: die Art der Rückführung wird von dem jeweiligen Sektor-Kommandanten entschieden,
2) daß der Magistrat die Verantwortung übernimmt, um sicherzustellen, daß nur Müttern und Kindern gestattet wird zurückzukehren, für die Wohnmöglichkeiten in der Stadt vorhanden sind,
3) daß alle zurückkehrenden Kinder in den Altersgruppen von 9 Monaten bis 15 Jahren gegen Diphtherie geimpft werden, alle zurückkehrenden Personen über 1 Jahr gegen

9. ALLGEMEINES

Geschke bringt die ungleiche *Verteilung von Zigaretten und Spirituosen* für Männer und Frauen zur Sprache und beantragt, die [der] Stadt Berlin zur Verteilung überwiesenen Zigaretten und Spirituosen gleichmäßig an Männer und Frauen zu verteilen.

Orlopp erklärt, daß er bereits Schritte unternommen habe, um den bisherigen Verteilungsplan, der immer von den Kommandanturen genehmigt werden muß, umändern zu lassen.

BESCHLUSS: Als Meinung des Magistrats wird festgestellt, daß bei Verteilung von Zigaretten und Spirituosen an die Bevölkerung die Frauen in gleicher Weise bedacht werden sollen wie die Männer; eine entsprechende Bitte[141] wird an die Alliierte Kommandantur gerichtet werden.

Fleischmann erbittet eine Stellungnahme des Magistrats zu einer geplanten *Unterstützung des „Werkes der Jugend"*, einer Einrichtung, die der Berufsförderung dienen soll.[142] Eine Vorlage darüber ist ausgearbeitet worden, liegt aber noch bei der Rechtsabteilung. Es handelt sich um 500 000 RM, die im Rahmen der Haushaltsmittel für diesen Zweck bewilligt werden sollen. Der Redner bittet für eine bevorstehende Verhandlung in der Angelegenheit um das grundsätzliche Einverständnis des Magistrats, den Betrag aus Haushaltsmitteln zur Verfügung zu stellen.

Pocken geimpft werden und die Impfungen durch die deutschen Gesundheitsbehörden in den Besatzungszonen angefangen werden,
4) daß die folgende Reihenfolge der Rückkehr beachtet wird:
    a) Kinder ohne Begleitung
    b) Schulkinder mit ihren Müttern
    c) Kinder mit ihren Müttern."
Vgl. hierzu: LAB(STA), Rep. 118, Nr. 47, Bl. 148; BK/R (47) 4 v. 4.1.1947, in: LAB, Rep. 37: OMGBS, BICO LIB, 11/148-3/3; das 2. Prot. der stellv. Stadtkommandanten v. 10.1.1947, TOP 17, in: LAB, Rep. 37: OMGBS, BICO LIB, 11/149-1/2; WERE/I (47) 11 v. 31.1.1947, als Abschrift in: LAB(STA), Rep. 118, Nr. 52.
141 Eine solche schriftliche Bitte konnte nicht ermittelt werden.
142 Vgl. zum geplanten „Werk der Jugend": LAB, Rep. 280, Nr. 4462; Was sollen sie werden? Schulentlassene vor der Berufswahl, in: Tägliche Rundschau, 30.6.1946, S. 6; Werk der Jugend, in: Der Sozialdemokrat, 3.7.1946, S. 3; Annemarie Schuckar: „Werk der Jugend"/Der Plan für künftige Jugendarbeit in Berlin, in: Tägliche Rundschau, 14.7.1946, S. 6; Wir rufen die Jugend. „Werk der Jugend" ins Leben gerufen, in: Berliner Zeitung, 13.8.1946, [S. 2]; Berlins „Werk der Jugend" endlich organisiert, in: Tägliche Rundschau, 22.8.1946, S. 6; Das Werk der Jugend läuft an. Wann wird auch der Berliner Jugend geholfen?, in: Berliner Zeitung, 24.8.1946, [S. 2]; Jugend braucht tätige Hilfe! Was geschieht zur Aktivierung des „Werks der Jugend" in Berlin?, in: Tägliche Rundschau, 4.9.1946, S. 6; Ernst Grimm: Was ist mit dem „Werk der Jugend"?, in: Die Freie Gewerkschaft, 2.10.1946, S. 8; Das wird ein vorbildliches Jugendwerk!, in: Tägliche Rundschau, 12.10.1946, S. 5; Kein „Werk der Jugend" für Berlin. Hilfsaktion für die Jugend scheitert an Sabotage von SPD und CDU, in: Berliner Zeitung, 15.10.1946, [S. 2]; Das „Werk der Jugend" wird sabotiert, in: Vorwärts, 15.10.1946, S. 3; Jugend wirkt am Aufbau. Erfolge des „Werkes der Jugend" in den Ländern und Provinzen, in: Berliner Zeitung, 3.11.1946, [S. 5].

BESCHLUSS: Der Magistrat erklärt sein grundsätzliches Einverständnis damit, für das „Werk der Jugend" (Berufsförderung) 500 000 RM aus Haushaltsmitteln zur Verfügung zu stellen vorbehaltlich der Entscheidung über eine darüber noch einzubringende Vorlage.[143]

Nächste Sitzung: Montag, den 21. Oktober,[144] nachm[ittags] 16 Uhr.

---

143 Die entsprechende Mag.vorlage Nr. 460 v. 7.10.1946 wurde vom Magistrat zurückgestellt; vgl. das 80. Mag.prot. v. 22.10.1946, TOP 4, u. das 82. Mag.prot. v. 2.11.1946, TOP 3.

144 Tatsächlich fand die nächste Mag.sitzung am Dienstag, den 22.10.1946 statt.

Dok. 120
80. Magistratssitzung vom 22. Oktober 1946

LAB(STA), Rep. 100, Nr. 782, Bl. 2 – 4. – Umdruck.[1]

Beginn: 16.08 Uhr   Schluß: 17.35 Uhr

Anwesend: OB Dr. Werner, Maron, Orlopp, Schwenk, Dr. Landwehr, Pieck, Keh-
              ler, Rumpf, Dusiska, Fleischmann, Knoll, Kraft, Dr. Mittag, Dr. Goll,
              Dr. Alfred Werner, Schwanebeck, Hauth, Starck, Scharoun, Geschke,
              Buchholz, Dr. Piechowski, Wildangel, Winzer, Frau Kuckhoff.

Den Vorsitz führt: Oberbürgermeister Dr. Werner.

Tagesordnung: 1. Protokoll
                2. Personalien
                3. Bericht über den Wahlverlauf
                4. Beschlußfassung über die Vorlagen
                5. Allgemeines.

OB Dr. Werner eröffnet die Sitzung mit folgenden Worten:[2]

Meine Herren! Wir treten nun zum erstenmal nach dem großen Ereignis der
Berliner Wahlen zu einer Magistratssitzung zusammen, und wir alle empfinden,
daß der 20. Oktober eine entscheidende Zäsur in unserer amtlichen Arbeit darstellt.
Seit unserer Berufung durch die sowjetische Besatzungsmacht und unsere[r] spätere[n] Bestätigung durch die übrigen alliierten Behörden haben wir uns jederzeit
als Treuhänder der Allgemeinheit betrachtet. Daß wir unser Mandat nicht nach demokratischen Grundsätzen aus einer Wahl der Bevölkerung, sondern aus den Händen
der siegreichen alliierten Besatzungsmächte erhielten, war in der zeitgeschichtlichen
Lage nach dem totalen Zusammenbruch begründet.[3] Unserer inneren demokratischen
Einstellung und unserem Verantwortungsbewußtsein gegenüber allen Schichten der
Bevölkerung hat das jedoch keinen Abbruch getan. Mit Recht nehmen wir daher für
uns in Anspruch, daß auch der erste Berliner Magistrat in nachfaschistischer Zeit
ein wahrhaft demokratischer Magistrat ist.

---

1 Weitere Umdruckexemplare dieses Protokolls sind vorhanden in: LAB(STA), Rep. 100,
  Nr. 752, lfd. S. 496 – 501; LAB, Rep. 228, Mag.protokolle 1946 (S. 2 fehlt), u. Rep. 280,
  Nr. 8501/37.
2 Das eigenhändige handschriftliche Manuskript dieser Ansprache von OB Werner ist
  vorhanden in: LAB, NL Werner, Rep. 200, Acc. 4379, Nr. 45/252; als Abschrift in:
  LAB, NL Werner, Rep. 200, Acc. 4379, Nr. 20/6, S. 792 – 794; veröffentlicht in: Für
  Aufhebung der Karte V. Erste Magistratssitzung nach den Wahlen, in: Berliner Zeitung,
  23.10.1946, [S. 6]. Im letzteren Zeitungsartikel sind auch die wichtigsten Beschlüsse
  dieser Mag.sitzung aufgeführt. Vgl. als kritischen Kommentar zur Ansprache Werners:
  Der Herr Oberbürgermeister, in: Der Sozialdemokrat, 24.10.1946, S. 3.
3 Vgl. zur Etablierung des ersten Berliner Nachkriegsmagistrats: Teil I dieser Edition,
  S. 31 – 48.

Wir alle sind Söhne des Volkes und sind aus den verschiedenen[4] sozialen Schichten und Berufen in unser Amt berufen worden und kannten als obersten Leitstern unserer Arbeitsführung[5] nur das Wohl des Volkes. Die Verdienste, die wir uns als Bahnbrecher und Pioniere der ersten Nachkriegszeit erworben haben, wird erst eine spätere Zeit objektiv würdigen können. Einstweilen muß jedem der Kompaß in der eigenen Brust sagen, daß wir in der Wirrnis des Schicksals den richtigen Weg gegangen sind. Wir haben deshalb auch für die noch vor uns liegende Übergangszeit bis zur Bildung des neuen Magistrats keinen Anlaß, von den bewährten Grundsätzen unserer bisherigen harmonischen Zusammenarbeit abzuweichen.

Ich heiße Sie daher zu unserer heutigen *ersten Sitzung nach der Wahl* herzlichst willkommen und bitte Sie, in der gewohnten, bewährten Weise auch für den Rest unserer Amtszeit weiter vertrauensvoll und in kameradschaftlicher Harmonie die Amtsgeschäfte fortzuführen.

Vor Eintritt in die Tagesordnung stellt OB Dr. Werner zunächst einige *Pressemeldungen* richtig. Die ihm als Äußerung in einem Interview nach den Wahlen in den Mund gelegten Worte von einem „Staatsbegräbnis 1. Klasse des Magistrats" seien nicht in einem Interview gesagt worden, sondern im Privatgespräch so en passant gefallen. Von einem „Staatsbegräbnis der SED" habe er überhaupt nicht gesprochen.[6]

Der Redner *dementiert* ferner eine als Reutermeldung bezeichnete Nachricht des „Nacht-Express", wonach Oberbürgermeister Dr. Werner seinen Rücktritt nebst dem der übrigen Magistratsmitglieder der Alliierten Kommandantur angeboten habe.[7] Diese Meldung sei eine reine Erfindung.

1. PROTOKOLL
Die Niederschrift der 79. Sitzung vom 12. Oktober 1946 wird genehmigt.

2. PERSONALIEN
Pieck gibt ein Antwortschreiben des zum *Stadtkämmerer* ernannten Herrn *Dr. Heuer* bekannt, in dem dieser die *Annahme des Postens* erklärt, aber gleichzeitig mitteilt, daß er das Amt erst in etwa 4 bis 6 Wochen nach Abwicklung der von ihm gegenwärtig noch bearbeiteten Aufgaben in der Zentralverwaltung des Verkehrs übernehmen könne.[8]

---

4 Im eigenhändigen Manuskript Werners heißt es an dieser Stelle: verschiedensten.
5 Im eigenhändigen Manuskript Werners heißt es an dieser Stelle: Amtsführung.
6 Vgl.: SED berät, in: Der Abend, 22.10.1946, [S. 1]; Kein „Begräbnis der SED", in: Der Abend, 25.10.1946, [S. 2].
7 Gemeint ist die folgende Meldung der Nachrichtenagentur Reuter: Wer wird Oberbürgermeister?, in: Nacht-Express, 22.10.1946, [S. 1]. Vgl. hierzu: Um den Berliner Magistrat. Kein Rücktrittsangebot des Oberbürgermeisters, in: Berliner Zeitung, 24.10.1946, [S. 2]; Kein Rücktrittsangebot des Oberbürgermeisters, in: Tägliche Rundschau, 24.10.1946, S. 6; Um den Oberbürgermeister. Kein Rücktrittsangebot Dr. Werners, in: Der Morgen, 24.10.1946, [S. 3].
8 Vgl. das 58. Mag.prot. v. 18.5.1946, TOP 2, u. das 79. Mag.prot. v. 12.10.1946, TOP 2. Das erwähnte Schreiben Heuers v. 15.10.1946 ist als Abschrift vorhanden in: LAB(STA), Rep. 102, Nr. 265; in englischer Fassung in: LAB, Rep. 37: OMGBS, FIN Br, 4/86-1/36. Heuer leitete die Finanzabteilung der Deutschen Zentralverwaltung des Verkehrs in der sowjetischen Besatzungszone.

BESCHLUSS: Der Magistrat nimmt von der Mitteilung Kenntnis.[9]

3. BERICHT ÜBER DEN WAHLABLAUF

Dr. Landwehr gibt als Stadtwahlleiter einen kurzen Bericht über den Ablauf der Berliner Wahlen.[10] Es kann gesagt werden, daß sich während der Wahl alles glatt und ruhig abgespielt hat, daß sich nirgends Zwischenfälle nennenswerter Art ereignet haben und alle mit den Wahlaufgaben betrauten Personen ihre nicht leichte Pflicht ordentlich und gut erfüllt haben.[11]

Der Redner gibt die Ziffern der letzten Gesamtaufstellung, wie sie bis zum 21.10., 12 Uhr nachts ermittelt und der Öffentlichkeit übermittelt worden sind, bekannt. Die Bekanntgabe des vorläufigen Gesamtergebnisses konnte wegen des Wunsches der Alliierten nach Klarstellung einiger Zweifelsfragen hinsichtlich der Zahl der benutzten Wahllokale noch nicht erfolgen. Eine Zusammenstellung des vorläufigen Gesamtergebnisses wird den Magistratsmitgliedern noch zugehen.[12] Dieses vorläufige Ergebnis unterliegt dann noch der Nachprüfung durch die Kreiswahlleiter[13] und den Stadtwahlausschuß[14].

Der Redner verweist auf die weiteren Prozeduren, die gemäß der Wahlordnung[15] noch vorzunehmen sind, bis die Bekanntgabe der gewählten Stadtverordneten und Bezirksverordneten erfolgen kann.[16]

---

9 Mit Schreiben v. 24.10.1946 sandte der Magistrat eine Abschrift von Heuers Schreiben an die AK; siehe: LAB(STA), Rep. 102, Nr. 265, u. LAB, Rep. 37: OMGBS, FIN Br, 4/86-1/36. Der Amtsantritt Heuers als Leiter der Finanzabteilung des ersten Nachkriegsmagistrats kam nicht mehr zustande.

10 Vgl. zur Durchführung der Berliner Wahlen am 20.10.1946 das 78. Mag.prot. v. 5.10.1946, TOP 6; die Materialien in: LAB(STA), Rep. 102, Nr. 163 u. 165.

11 Die vier Stadtkommandanten stellten in ihrer Sitzung am 5.11.1946 übereinstimmend fest, daß zwar einige kleinere Unregelmäßigkeiten beim Wahlverfahren vorgekommen seien, daß die Berliner Wahlen aber insgesamt auf zufriedenstellende Weise durchgeführt worden seien. Vgl. hierzu: BK/R (46) 380 v. 2.11.1946, in: LAB, Rep. 37: OMGBS, BICO LIB, 11/148-2/9; das 30. Prot. der AK v. 5.11.1946, TOP 268, in: LAB, Rep. 37: OMGUS, CO, Hist Br, 5/36-1/5; Berlin. Behauptung von Freiheit, S. 70.

12 Die endgültigen amtlichen Ergebnisse der Stadtverordneten- und Bezirksverordnetenwahlen wurden veröffentlicht in: Die Berliner Wahlen am 20. Oktober 1946, Berlin 1947 (Berliner Statistik. Sonderheft 4); Berlin in Zahlen 1947, S. 423–427; vgl. auch: Telegraf, 22.10.1946, S. 3–6 (Einzelergebnisse aus den etwa 2 300 Stimmbezirken). Von den 2 307 122 Wahlberechtigten beteiligten sich 92,3 % an den Wahlen. Bei der Stadtverordnetenwahl erhielt die SPD 48,7 % der Stimmen, die CDU 22,2 %, die SED 19,8 % und die LDP 9,3 %. Von den 130 Sitzen der StVV entfielen damit 63 Sitze auf die SPD, 29 Sitze auf die CDU, 26 Sitze auf die SED und 12 Sitze auf die LDP. Bei den Wahlen zu den zwanzig Bezirksverordnetenversammlungen errang die SPD von den insgesamt 805 Sitzen 394 Sitze, die CDU 184, die SED 154 und die LDP 73.

13 Vgl. hierzu das 73. Mag.prot. v. 7.9.1946, TOP 2, u. das 74. Mag.prot. v. 12.9.1946, TOP 1.

14 Vgl. hierzu das 68. Mag.prot. v. 3.8.1946, TOP 2; Dok. 112, Anm. 129.

15 Vgl. hierzu das 63. Mag.prot. v. 29.6.1946, TOP 3.

16 Vgl. das 81. Mag.prot. v. 26.10.1946, TOP 3, u. das 82. Mag.prot. v. 2.11.1946, TOP 2; ... was geschieht nun?, in: Der Abend, 21.10.1946, [S. 2]; Die Veränderungen nach der Wahl, in: Der Tagesspiegel, 23.10.1946, [S. 4].

Der Redner hebt zum Schluß hervor, daß alle an der Wahlarbeit beteiligten Angestellten in angestrengter Tages- und Nachtarbeit in aufopferndster Weise ihre Pflicht erfüllt haben, und bittet den Magistrat, diesen Angestellten den besonderen Dank für ihre Arbeit auszusprechen.

BESCHLUSS: Der Magistrat nimmt von dem Bericht des Stadtwahlleiters Kenntnis und schließt sich dem Dank für die bei den Wahlarbeiten tätig gewesenen Angestellten für ihre vorbildliche Pflichterfüllung an.

Maron beantragt, den besonderen Dank des Magistrats auch dem Stadtwahlleiter Dr. Landwehr selbst nebst seinem Stellvertreter Dr. Treitschke und den übrigen Mitgliedern des Stadtwahlausschusses für die geleistete Arbeit auszusprechen.

BESCHLUSS: Der Magistrat stimmt diesem Antrag zu.

4. BESCHLUSSFASSUNG ÜBER DIE VORLAGEN

Es liegen der Magistratssitzung zur Beschlußfassung eine Reihe von Vorlagen vor.[17]

Maron führt hierzu aus, der Ausgang der Berliner Wahlen bringe es mit sich, daß der Magistrat in seiner Arbeit eine gewisse Änderung eintreten lassen müsse. Nach der Verfassung habe der augenblickliche Magistrat bis zur Zusammensetzung des neuen Magistrats im Amte zu bleiben.[18] Das dürfte mindestens noch 4 Wochen dauern. Da nach dem Wahlausgang[19] der Magistrat in seiner jetzigen Zusammensetzung nicht der augenblicklichen Meinung der Bevölkerung entspreche, sei es angebracht, daß *in der Zwischenzeit wichtige prinzipielle Entscheidungen nicht mehr getroffen*, sondern der Stadtverordnetenversammlung überlassen würden, d[as] h[eißt], daß der Magistrat in dieser Zeit nur Beschlüsse über wichtige und lebensnotwendige Dinge fasse, deren Nichterledigung eine Gefahr bedeuten würde.[20]

Der Redner beantragt unter diesem Gesichtspunkt, die vorliegenden Vorlagen Nr. 460, 463, 468, 471, 472 und 473 zurückzustellen und der kommenden Stadtverordnetenversammlung zur Beschlußfassung vorzulegen. Bei den Vorlagen Nr. 469 und 470 halte er dagegen die Dringlichkeit für gegeben. Er beantrage daher, diese beiden Vorlagen heute zu erledigen.

Wildangel beantragt, auch die Vorlage Nr. 472 als dringlich schon jetzt zu erledigen. Die Vorlage sehe eine berufstechnische Regelung auf dem Gebiet des Berufsschulunterrichts vor, die nicht länger hinausgeschoben werden könne.

---

17 Über die im folgenden gefaßten Mag.beschlüsse berichtete Maron dem Einheitsausschuß Groß-Berlin; vgl. das 27. Prot. des Einheitsausschusses Groß-Berlin v. 25.10.1946, in: BArch, Abt. Potsdam, Z-3, Nr. 4, 2. Foliierung, Bl. 11.

18 Artikel 34 der Vorläufigen Verfassung von Groß-Berlin v. 13.8.1946 hat den Wortlaut: „Die beim Inkrafttreten dieser Verfassung bestellten oder zugelassenen Organe der Stadtgemeinde Groß-Berlin in der Hauptverwaltung wie in den Bezirksverwaltungen üben als Organe von Groß-Berlin die verfassungsmäßigen Befugnisse bis zur Bestellung der Neuorgane aus." Siehe: VOBl., Jg. 2 (1946), S. 300; Berlin. Quellen und Dokumente, 1. Halbbd., S. 1110; Die Entstehung der Verfassung von Berlin, Bd. I, S. 333.

19 Vgl. Anm. 12 zu diesem Mag.prot.

20 Vgl. zum Verfahren bei der Behandlung von Mag.vorlagen in der Zeit bis zur Konstituierung der StVV das 81. Mag.prot. v. 26.10.1946, TOP 2.

BESCHLUSS: Der Magistrat beschließt gemäß diesen Vorschlägen, die Vorlagen Nr. 469, 470 und 472 zu behandeln, die Erledigung der übrigen Vorlagen dagegen der kommenden Stadtverordnetenversammlung zu überlassen.[21]

Zunächst wird die Vorlage Nr. 469[22] zur Beratung gestellt. Sie betrifft die Übernahme der *Fährbrücke* über die Havel *bei Heiligensee*[23] in die städtische Verwaltung sowie die *Erhebung eines Brückengeldes* für die Benutzung der Fährbrücke.

Scharoun bittet, die Vorlage noch um eine Woche zurückzustellen, da noch einige Bedenken aufgetaucht seien, die eine Neufassung der Vorlage nötig machten.

Maron hält es trotzdem für angebracht, schon jetzt zu der in der Vorlage behandelten Angelegenheit Stellung zu nehmen. Es handele sich um eine Brücke, die zur Zeit noch ausgeschwenkt werden muß, wozu eine besondere Bedienung erforderlich ist, deren Kosten durch ein Fährgeld aufgebracht werden sollen. In Reinickendorf befände sich noch eine weitere derartige Brücke, bei der auch ein Fährgeld erhoben werde. Der Redner ist der Meinung, daß das Erheben von Fährgeld oder Brückengeld eine Sonderbesteuerung der Bevölkerung in den betreffenden Bezirken darstelle, die heute nicht mehr angebracht sei. Die erforderlichen Kosten sollten von der Stadt übernommen werden.

Schwenk schließt sich dieser Auffassung an und weist noch besonders darauf hin, daß von Kraftwagen und Lastkraftwagen ohnehin kein Fähr- oder Brückengeld erhoben werden könne, weil bei Einführung der Kraftfahrzeugsteuer seinerzeit durch einen Finanzausgleich jede Doppelbesteuerung dieser Fahrzeuge für unzulässig erklärt worden sei.

Starck tritt ebenfalls für Nichterhebung von Brückengeld und Übernahme der Kosten auf die Stadt ein und empfiehlt, eine solche Regelung auch für die Brücke in Reinickendorf gleich in die neue Vorlage mit hineinzuarbeiten.

BESCHLUSS: Der Magistrat spricht seine Meinung dahin aus, daß etwaige Kosten für die Bedienung von Fähren von der Allgemeinheit zu tragen und die Erhebung von Fährgeld bzw. Brückengeld grundsätzlich abzulehnen ist. – Die Vorlage Nr. 469 wird zwecks Neubearbeitung zurückgestellt.[24]

---

21 Vgl. zur Mag.vorlage Nr. 460 v. 7.10.1946, betr. Mitgliedschaft der Stadt Berlin im „Werk der Jugend e.V.", das 79. Mag.prot. v. 12.10.1946, TOP 9 (Fleischmann u. Beschluß), u. das 82. Mag.prot. v. 2.11.1946, TOP 3; zur Mag.vorlage Nr. 463 v. 11.10.1946, betr. Vermögensübertragungsvertrag zwischen der Charlottenburger Wasser- und Industriewerke AG in Liquidation und der Stadt Berlin, das 81. Mag.prot. v. 26.10.1946, TOP 3; zur Mag.vorlage Nr. 468 v. 7.10.1946, betr. Satzung über die Verwaltungsschule der Stadt Berlin, u. zur Mag.vorlage Nr. 471 v. 10.10.1946, betr. Wiedererrichtung der Sozialhygienischen Akademie, u. zur Mag.vorlage Nr. 473 v. 16.9.1946, betr. Einrichtung eines Hauptausschusses für die Berufs- und Fachschulen, das 82. Mag.prot. v. 2.11.1946, TOP 3.
22 LAB(STA), Rep. 100, Nr. 782, Bl. 25.
23 Ortsteil im Nordwesten des Bezirks Reinickendorf.
24 Die Mag.vorlage Nr. 469 ist in den restlichen Sitzungen des ersten Nachkriegsmagistrats nicht wieder behandelt worden.

Es folgt die Vorlage Nr. 470[25], betreffend *Zuzugsgenehmigung für 5 521 zurückge-kehrte Berliner Evakuierte,* die seit Wochen auf ihre Einweisung warten.[26]

Geschke begründet die Vorlage. Die Zurückgekehrten sind in verschiedenen La-gern der Stadt Berlin untergebracht, haben sich teilweise auch in ihren eigenen oder anderen Privatwohnungen niedergelassen; sie erhalten jedoch keinen Einweisungs-schein und damit keine Lebensmittelkarten. Ihre Verpflegung erfolgt in den Lagern nach Karte 5. Sie können auch nicht in Arbeit eingewiesen werden, was zur Folge hat, daß sie auf den schwarzen Markt abgedrängt werden.

Der Redner bittet den Magistrat, die Genehmigung der Alliierten Kommandantur für die Erteilung der Zuzugsgenehmigung für diese Personen einzuholen. Es sei im Interesse der Betroffenen wie auch der Allgemeinheit dringend notwendig, dieses Problem einer Lösung zuzuführen.

Der Redner weist weiter darauf hin, daß nach Gewährung der Zuzugsgenehmigung an diese Heimgekehrten eine große Zahl anderer Evakuierter, die noch außerhalb Berlins sind, das Bedürfnis haben werden zurückzukehren. Einzelne Gemeindebe-hörden gehen bereits dazu über, den Leuten mit der Verweisung nach Berlin die Wohnungen zu nehmen, um diese neuen Flüchtlingen aus der Tschechoslowakei und aus Südeuropa zu geben. Da manche der Evakuierten draußen nicht mehr die Mittel haben, um die Mieten zu bezahlen, ergibt sich ferner die Situation, daß die Gemeinden an das Hauptsozialamt[27] der Stadt Berlin das Ansinnen stellen, die Kosten für die Unterbringung dieser Leute zu erstatten.

Dr. Landwehr weist darauf hin, daß derartige Ansprüche von Gemeinden nach Außerkraftsetzung des Fürsorgepflichtgesetzes[28] nicht mehr gestellt werden könnten. Die Rechtslage auf diesem Gebiet müßte einmal nachgeprüft werden.

BESCHLUSS: Die Vorlage Nr. 470 wird angenommen.[29] Der Rechtsabteilung wird aufgegeben, die Rechtslage hinsichtlich der Kostenerstattungsfor-

---

25 LAB(STA), Rep. 100, Nr. 782, Bl. 27 f.

26 Vgl. hierzu das 72. Mag.prot. v. 31.8.1946, TOP 5, u. das 77. Mag.prot. v. 28.9.1946, TOP 7.

27 Im Originalprotokoll heißt es hier fälschlicherweise: Hauptschulamt. Dieser Fehler wurde nachträglich berichtigt; vgl. das 81. Mag.prot. v. 26.10.1946, TOP 1.

28 Gemeint ist die VO über die Fürsorgepflicht v. 14.2.1924, in: RGBl., Jg. 1924, Teil I, S. 100 – 107. Vgl. zu der vom Magistrat beschlossenen Nichterfüllung von Erstattungsansprüchen auswärtiger Fürsorgeverbände das 37. Mag.prot. v. 17.12.1945, TOP 7, u. das 42. Mag.prot. v. 19.1.1946, TOP 11 (Mag.vorlage Nr. 27).

29 Der hier gefaßte Mag.beschluß ist mit dem Ausfertigungsdatum v. 22.10.1946 vorhanden in: LAB(STA), Rep. 100, Nr. 781, Bl. 57. Er wurde der AK am 30.10.1946 zur Genehmigung zugeleitet; siehe: BK/O (47) 122 v. 22.5.1947, in: LAB(STA), Rep. 101, Nr. 81, u. LAB, Rep. 280, Nr. 10538. Als Antwort auf diesen Genehmigungsantrag erließ die AK die BK/O (47) 200 v. 17.9.1947, nach der die Aufenthaltsgenehmigung an „6 202 ehemalige rechtmäßige Berliner Einwohner" zu erteilen war, die sich am 25.4.1947 ohne Aufenthaltserlaubnis in Berlin aufhielten. Die BK/O wurde veröffentlicht in: Amtsblatt der Alliierten Kommandatura Berlin, Nr. 9 (September 1947), S. 6. Vgl. zur Vorgeschichte dieser BK/O: BK/R (47) 220 v. 9.9.1947, in: LAB, Rep. 37: OMGBS, BICO LIB, 11/148-3/6; das 38. Prot. der stellv. Stadtkommandanten v. 12.9.1947, TOP 426, in: LAB, Rep. 37: OMGBS, BICO LIB, 11/149-1/4.

derungen für Unterbringung von evakuierten Berlinern in anderen Gemeinden zu prüfen.[30]

Wildangel begründet die Vorlage Nr. 472[31], betreffend Angliederung eines *Berufs-pädagogischen Instituts* an die Pädagogische Hochschule[32]. Der Redner wiederholt noch einmal, daß es sich hier um eine dringende Angelegenheit ganz unpolitischer Natur handelt, nämlich die Ausbildung der Hilfslehrer und der ordentlichen Lehrer an den Berliner Berufs- und Fachschulen. Es müssen ungefähr 15 000 erwerbslose Jugendliche untergebracht werden, die sonst auf der Straße liegen würden. Dafür müssen die nötigen Lehrkräfte vorhanden sein. Die bisher durchgeführte behelfs-mäßige Ausbildung von Hilfslehrern[33] genügt für diesen Zweck nicht.

Pieck schlägt vor, den Antrag anzunehmen, aber gleichzeitig dabei vorzusehen, daß nachträglich die Zustimmung der Stadtverordnetenversammlung für diese Maßnahme einzuholen ist.

Maron vertritt die Ansicht, daß, wenn die Angelegenheit so dringend sei, daß sie noch vor der Stadtverordnetenversammlung erledigt werden müsse, dies ohne Einschränkung geschehen sollte. Als Eröffnungstermin des Instituts müßte in der Vorlage statt des 1.10.46 wohl der 1.11.46 gesetzt werden.

BESCHLUSS: Die Vorlage wird mit der vorgeschlagenen Datumsänderung ange-nommen.[34]

5. ALLGEMEINES

Geschke bringt zur Sprache, daß die rund 250 000 *Sozialunterstützungsempfänger* in Berlin nicht imstande sind, die *Ausgaben für die Einkellerung der Winterkartoffeln*[35] im voraus zu leisten. Es wäre deshalb angezeigt, wenn durch Magistratsbeschluß der Stadtkämmerer angewiesen würde, dem Amt für Sozialwesen[36] eine entsprechende Summe für diesen Zweck – 2 1/2 Millionen RM – als Vorschuß zur Verfügung zu stellen, um den Sozialunterstützungsempfängern die Möglichkeit zu geben, sich die Winterkartoffeln kaufen zu können. Andernfalls könnten sie sich nur dekadenweise die Kartoffeln holen, was mit Rücksicht auf die Gefahren des Verderbens durch Frost unerwünscht sei.

---

30 Diese Rechtsfrage ist in den restlichen Sitzungen des ersten Nachkriegsmagistrats nicht wieder zur Sprache gekommen.

31 LAB(STA), Rep. 100, Nr. 782, Bl. 30 – 32.

32 Vgl. zur Pädagogischen Hochschule der Stadt Berlin das 19. Mag.prot. v. 3.9.1945, TOP 4, u. das 21. Mag.prot. v. 17.9.1945, TOP 3, u. das 71. Mag.prot. v. 24.8.1946, TOP 3.

33 Vgl. das 38. Mag.prot. v. 23.12.1945, TOP 6.

34 Der hier gefaßte Mag.beschluß ist mit dem Ausfertigungsdatum v. 22.10.1946 vorhanden in: LAB(STA), Rep. 120, Nr. 4, Bl. 67 – 70. Er wurde der AK mit Schreiben v. 31.10.1946 zur Genehmigung zugeleitet; siehe: a.a.O., Bl. 66. Das Education Committee und das Finanzkomitee der AK stimmten diesem Mag.beschluß im Dezember 1946/Januar 1947 zu. Vgl. hierzu das Prot. des Education Committee der AK v. 2.12.1946, TOP 2, in: LAB, Rep. 37: OMGBS, ECR, 4/16-1/17; das 3. Prot. des Finanzkomitees der AK v. 14.1.1947, TOP 2 u. 8, in: LAB, Rep. 37: OMGBS, FIN Br, 4/91-2/8; Schuppan, S. 88 f.

35 Vgl. zur Kartoffelversorgung: Dok. 72, Anm. 57; speziell zur Einkellerung der Winterkar-toffeln das 72. Mag.prot. v. 31.8.1946, TOP 5 (Orlopp), u. das 78. Mag.prot. v. 5.10.1946, TOP 2 (Orlopp), u. das 83. Mag.prot. v. 9.11.1946, TOP 4 (Orlopp).

36 Gemeint ist die Mag.abt. für Sozialwesen.

Orlopp stellt zur Erwägung, den Unterstützungsempfängern die Winterkartoffeln ohne Bezahlung, d[as] h[eißt] gewissermaßen als Zuschuß zu ihrer Sozialunterstützung, zu verabfolgen.

Maron wäre an sich für diese Regelung, möchte aber darauf aufmerksam machen, daß dazu die Zustimmung der Alliierten Kommandantur erforderlich sei. Um schnell helfen zu können, empfehle sich doch der Weg der Bevorschussung der erforderlichen Mittel durch die Stadt. Man könnte eventuell später bei der Alliierten Kommandantur vorstellig werden, [um] diesen Vorschuß in einen Zuschuß umzuwandeln.

BESCHLUSS: Der Magistrat stimmt dem Antrag Geschke zu, aus Mitteln der Stadt dem Amt für Sozialwesen[37] 2 1/2 Millionen RM zur Verfügung zu stellen zur Gewährung von Vorschüssen an die Sozialunterstützungsempfänger für den Einkauf von Winterkartoffeln.

Maron trägt ein Schreiben der SED an den Magistrat, datiert vom 13. Oktober 1946,[38] vor, in dem der Magistrat gebeten wird, an die Alliierte Kommandantur die Bitte weiterzuleiten, bestimmten Personengruppen eine *bessere Lebensmittelversorgung als nach Karte V* zukommen zu lassen, und zwar den *Hausfrauen*, die den arbeitenden Personen gleichzustellen seien, sowie den Invaliden, Rentnern, Ruhegehaltsempfängern und älteren nicht arbeitsfähigen Personen.[39]

Der Redner beantragt, der Bitte stattzugeben und den Antrag mit dem Bemerken an die Alliierte Kommandantur weiterzuleiten, daß der Magistrat diesen Antrag unterstützt.

Entgegen Pressemitteilungen[40] sei festzustellen, daß dieser Antrag nicht eine völlige Aufhebung der Lebensmittelkarte V bedeute.[41]

Frau Kuckhoff bittet, unter die genannten Personengruppen auch noch die Kranken für die Zeit ihrer Rekonvaleszenz aufzunehmen.[42]

BESCHLUSS: Der Magistrat beschließt,

　　　　　1. das Schreiben der SED mit dem Bemerken an die Alliierte Kommandantur weiterzuleiten, daß der Magistrat den darin enthaltenen Antrag auf eine bessere Lebensmittelver-

---

37　Vgl. die vorige Anm.

38　Dieses Schreiben wurde veröffentlicht in: Vorwärts, 15.10.1946, S. 1; Neues Deutschland, 16.10.1946, S. 3.

39　Vgl. zu den grundlegenden Direktiven der AK zur Klassifizierung der Lebensmittelkarten für die Berliner Bevölkerung: Dok. 79, Anm. 55, u. Dok. 118, Anm. 11.

40　Vgl. Anm. 38 zu diesem Mag.prot.; Fällt die Karte V? Antrag der SED an die Alliierte Kommandantur, in: Berliner Zeitung, 15.10.1946, [S. 6]; Später Wahltrick der Verantwortlichen. Karte V – die Hungerkarte der SED, in: Der Sozialdemokrat, 18.10.1946, S. 3.

41　Die Lebensmittelkarten der Gruppe V wurden von der AK mit BK/O (47) 55 v. 28.2.1947 für die Berliner Bevölkerung abgeschafft. Die BK/O ist vorhanden in: LAB(STA), Rep. 101, Nr. 78, u. LAB, Rep. 280, Nr. 6677; abgedruckt in: Berlin. Quellen und Dokumente, 1. Halbbd., S. 298 f.

42　Vgl. zur Ausgabe zusätzlicher Nahrungsmittel an bestimmte Gruppen von Kranken die BK/O (46) 282 v. 28.6.1946. Die BK/O ist vorhanden in: LAB(STA), Rep. 101, Nr. 67; LAB, Rep. 280, Nr. 1446.

sorgung der Hausfrauen und anderer Personengruppen unterstützt;[43]

2. den von Frau Kuckhoff geäußerten Wunsch hinsichtlich besserer Versorgung der Rekonvaleszenten gesondert der Alliierten Kommandantur zu unterbreiten.[44]

Wildangel bittet den Magistrat, bei der Alliierten Kommandantur zu beantragen, daß die einer Anzahl von *Lehrern* gewährte *Prämie* von 250 RM *ohne Steuerabzug* ausbezahlt wird.[45]

BESCHLUSS: Der Magistrat stimmt dem Antrag zu.[46]

Kraft teilt mit, daß die *Einführung des Umsteigefahrscheines* bei der BVG von dem zuständigen Komitee der Alliierten Kommandantur *abgelehnt* worden ist.[47] Als Begründung ist angegeben worden, das Komitee stehe zwar grundsätzlich auch auf dem Standpunkt, daß der Umsteigefahrschein wieder eingeführt werden müsse, halte jedoch den Ausfall von 3,4 Millionen RM, der dadurch verursacht würde, zur Zeit nicht für tragbar; außerdem würde eine solche Fahrpreisermäßigung einen Mehrverkehr mit sich bringen, der zur Zeit nicht erwünscht sei.

Der Redner deutet ferner an, daß man in diesem Winter gezwungen sein werde, wegen Strommangels eine Verkehrseinschränkung um 20 % vorzunehmen.

BESCHLUSS: Die Mitteilungen werden zur Kenntnis genommen.

Kraft bittet um die Zustimmung des Magistrats, als *Hauptfahrbereitschaftsleiter* der Alliierten Kommandantur Herrn *Zander* zu benennen.[48]

Pieck empfiehlt, die Angelegenheit zunächst noch mit ihm zu besprechen.[49]

Nächste Sitzung: Sonnabend, den 26.10.46, vorm[ittags] 9 Uhr.

---

43 Der Antrag der SED wurde von der AK abgelehnt; vgl. das 86. Mag.prot. v. 30.11.1946, TOP 2 (Orlopp).

44 Ein entsprechender Antrag an die AK konnte nicht ermittelt werden.

45 Vgl. zu der hier erwähnten Prämienvergabe an verdiente Lehrer: Dok. 112, Anm. 55; Berlin. Kampf um Freiheit, S. 520.

46 Dieser Antrag wurde vom Finanzkomitee der AK am 10.4.1947 genehmigt. Vgl. das 23. Prot. des Finanzkomitees der AK v. 10.4.1947, TOP 6, in: LAB, Rep. 37: OMGBS, FIN Br, 4/91-2/8; der entsprechende Befehl FIN/I (47) 55 v. 10.4.1947 ist vorhanden in: LAB, Rep. 37: OMGBS, FIN Br, 4/91-2/16.

47 Vgl. zur Frage der Einführung eines Umsteigefahrscheins im Bereich der Berliner Verkehrsbetriebe (BVG) das 68. Mag.prot. v. 3.8.1946, TOP 4.

48 Vgl. hierzu das 79. Mag.prot. v. 12.10.1946, TOP 2.

49 Vgl. das 81. Mag.prot. v. 26.10.1946, TOP 3.

Dok. 121
81. Magistratssitzung vom 26. Oktober 1946

LAB(STA), Rep. 100, Nr. 782, Bl. 35 – 37. – Umdruck.[1]

Beginn: 9.10 Uhr   Schluß: 10.15 Uhr

Anwesend: OB Dr. Werner, Maron, Orlopp, Schwenk, Lange, Dr. Landwehr,
            Kehler, Rumpf, Dr. Goll, Kraft, Dusiska, Dr. Alfred Werner, Schwane-
            beck, Hauth, Geschke, Grüber, Starck, Dr. Harms, Winzer, Scharoun,
            Buchholz.

Den Vorsitz führt: Oberbürgermeister Dr. Werner.

Tagesordnung: 1. Protokoll
                2. Beschlußfassung über die eingereichten Vorlagen
                3. Allgemeines.

1. PROTOKOLL
Die Niederschrift der 80. Sitzung vom 22.10.46 wird mit der Berichtigung eines
Schreibfehlers auf Seite 4 (in den Ausführungen von Stadtrat Geschke muß es in
der drittletzten Zeile statt „Hauptschulamt" heißen: „Hauptsozialamt")[2] genehmigt.

2. BESCHLUSSFASSUNG ÜBER DIE EINGEREICHTEN VORLAGEN
Es sind folgende Vorlagen eingereicht[:]
    Nr. 481, betr[effend]:   Zinsen- und Tilgungsdienst für die von der Stadt Berlin
                             gewährten Hauszinssteuerhypotheken usw.,
    Nr. 482, betr[effend]:   Pachtvertrag zwischen der Provinz Mark Brandenburg
                             und der Stadt Berlin über die Amylon-Werke (Ölmühle)
                             Velten/M[ark].[3]
Maron teilt mit, daß in einer Sitzung des Einheitsausschusses der vier Parteien am
gestrigen Tage die Frage der *Behandlung von Magistratsvorlagen in der Übergangszeit* bis zum Zusammentritt der Stadtverordnetenversammlung erörtert worden sei.[4]
Man sei dabei übereingekommen, in dieser Übergangszeit den Einheitsausschuß gewissermaßen als eine Art vorläufigen Ersatzes der Stadtverordnetenversammlung
gelten zu lassen und demgemäß die Magistratsvorlagen dort vorher durchzuberaten,
um sie dann mit der Meinungsäußerung der Parteien dem Magistrat zu übermitteln.

---

1 Weitere Umdruckexemplare dieses Protokolls sind vorhanden in: LAB(STA), Rep. 100,
   Nr. 752, lfd. S. 502 – 506; LAB, Rep. 280, Nr. 8501/38.
2 Die hier genannte Seitenzahl und die Zeilenangabe treffen nur auf das Originalprotokoll
   zu, nicht aber auf seine Wiedergabe in dieser Edition. Vgl. das 80. Mag.prot. v.
   22.10.1946, TOP 4, 14. Absatz.
3 Vgl. zur Mag.vorlage Nr. 481 v. 21.10.1946 u. zur Mag.vorlage Nr. 482 v. 14.10.1946
   das 82. Mag.prot. v. 2.11.1946, TOP 3.
4 Vgl. das 27. Prot. des Einheitsausschusses Groß-Berlin v. 25.10.1946, in: BArch, Abt.
   Potsdam, Z-3, Nr. 4, 2. Foliierung, Bl. 10 f.; ferner das 80. Mag.prot. v. 22.10.1946, TOP 4
   (Maron).

Der Magistrat würde dann formell die letzte Beschlußfassung darüber vorzunehmen haben.

Soweit für die Vorbehandlung der Vorlagen im Einheitsausschuß Spezialberichte der betreffenden Fachabteilungen erforderlich sind, sollen die zuständigen Stadträte zu diesen Vorberatungen zugezogen werden.

Da der Einheitsausschuß an jedem Freitag nachmittag tagt, könnte der Magistrat jeweils am folgenden Sonnabend[5] die Beschlußfassung über die Vorlagen vollziehen. Zur Beschleunigung des Durchlaufs der Vorlagen wäre es erforderlich, daß die Vorlagen spätestens am Mittwoch abend in den Händen der Parteien sind.

Der Redner schlägt vor, in dieser Weise zu verfahren.

BESCHLUSS: Der Magistrat stimmt diesem Vorschlag über die Behandlung der Magistratsvorlagen in der Übergangszeit zu.

3. ALLGEMEINES

OB Dr. Werner macht folgende Mitteilung:

Der 1. *Vorsitzende der SPD*, Herr Franz Neumann, bat mich um eine Unterredung am Freitag, dem 25. Oktober, die nachmittags 4 Uhr stattfand. In seiner Begleitung erschien Dr. Ostrowski[6], Bezirksbürgermeister von Wilmersdorf. An der Besprechung nahm auch Herr Generalsekretär Spudich[7] teil. Die Herren erkundigten sich, wie weit die Vorbereitungen zur Einberufung der Stadtverordnetenversammlung gediehen seien. Wir brachten zum Ausdruck, daß das Endergebnis von dem Stadtwahlleiter noch nicht eingegangen sei und daß nach erfolgter Prüfung der Magistrat die neue Stadtverordnetenversammlung innerhalb 14 Tagen einberufen werde.

Die Herren brachten den *Wunsch* vor, *bei der Vorbereitung für die Einberufung der Stadtverordnetenversammlung eingeschaltet* zu werden, da nach ihrer Ansicht die SPD im Magistrat keine Vertretung hätte. Wir erklärten, daß die SPD durch Herrn Stadtrat Kraft vertreten sei. Trotzdem wünschten sie rechtzeitig benachrichtigt zu werden, damit ein Vertreter von ihnen an den Besprechungen zur Einberufung der Stadtverordnetenversammlung teilnehmen könnte. Ich versprach ihnen, den Herren des Magistrats hiervon Mitteilung zu machen und ihnen im entscheidenden Augenblick entsprechende Nachricht zugehen zu lassen.

Dr. Landwehr spricht seine Verwunderung darüber aus, daß solche Fragen an den Oberbürgermeister gestellt worden seien, da in der Wahlordnung[8] und in der Verfassung[9] der Gang der Dinge, die bis zur Einberufung der Stadtverordnetenversammlung noch zu geschehen haben, genau festgelegt sei.

Der Redner wiederholt noch einmal kurz die schon in der letzten Magistratssitzung mitgeteilten *Prozeduren*, die *nach der Wahl* bereits erfolgt sind und weiter zu erfolgen

---

5 Der Magistrat hatte Anfang Januar 1946 beschlossen, seine Sitzungen sonnabends abzuhalten. Vgl. hierzu das 40. Mag.prot. v. 7.1.1946, TOP 2; ferner das 66. Mag.prot. v. 20.7.1946, TOP 6 (Geschke u. Beschluß).

6 Dr. Otto Ostrowski (SPD), seit Mai 1946 Bezirksbürgermeister von Wilmersdorf, am 5.12.1946 von der StVV zum neuen Oberbürgermeister Berlins gewählt.

7 Vgl. zu Hanns Spudich, Generalsekretär des Oberbürgermeisters: Teil I dieser Edition, S. 55 f.

8 Vgl. hierzu das 63. Mag.prot. v. 29.6.1946, TOP 3.

9 Vgl. zur Vorläufigen Verfassung von Groß-Berlin v. 13.8.1946: Dok. 82, Anm. 28.

haben.[10] Der Stadtwahlausschuß[11] hat inzwischen das endgültige Wahlergebnis[12] festgestellt und den Wahlquotienten ermittelt, der auf 16 041 festgesetzt worden ist.[13] Nunmehr haben die Kreiswahlleiter[14] mit dem Kreiswahlausschuß[15] zusammen festzustellen, wieviel Abgeordnete von jeder einzelnen Partei auf die einzelnen Bezirke entfallen und welche Abgeordneten dies sind. Eine entsprechende Mitteilung ist dem Stadtwahlleiter bis zum Mittwoch, dem 30. Oktober, 12 Uhr zuzuleiten. Gleichzeitig ist anzugeben, wieviel Stimmen bei der Dividierung nicht aufgebraucht worden sind, und zwar getrennt für jede einzelne Partei. Diese Reststimmen werden vom Stadtwahlleiter für sämtliche 20 Bezirke nach Parteien getrennt addiert. Der Stadtwahlausschuß wird dann am Donnerstag, dem 31. Oktober, um 15 Uhr feststellen, wie die Reststimmen auf den Stadtwahlvorschlag zu verteilen sind. Nach der Wahlordnung gilt dafür das Höchstzahlensystem[16], nach dem sich dann ergibt, welche Abgeordneten des Stadtwahlvorschlages als gewählt bezeichnet werden können. Am Freitag abend oder Sonnabend früh wird dann die Liste dem Magistrat übergeben, womit praktisch die Aufgabe des Stadtwahlausschusses und des Stadtwahlleiters beendet ist. Der Magistrat hat alsdann eine Nachprüfung des Ergebnisses vorzunehmen, die gewählten Stadtverordneten und Bezirksverordneten zu benachrichtigen und sie aufzufordern, sich binnen einer Woche über die Annahme der Wahl zu erklären. Darauf folgt die amtliche Bekanntgabe der gewählten Abgeordneten durch den Magistrat, die nach Meinung des Redners am besten durch eine Sonderausgabe des Verordnungsblattes[17] und gleichzeitige Übermittlung an die Presse zu geschehen hätte. Innerhalb von zwei Wochen nach der Veröffentlichung hat dann der Magistrat die Stadtverordnetenversammlung einzuberufen. Vorgesehen ist noch eine Überprüfung der Abgeordneten durch die Alliierte Kommandantur. Durch Nachfrage müßte festgestellt werden, ob diese noch vor Einberufung der Stadtverordnetenversammlung abgeschlossen sein muß oder nebenher erfolgen soll. Der alte Magistrat hat nach der Verfassung seine Befugnisse bis zur Bestellung der neuen Organe auszuüben.[18]

Geschke würde es angesichts mancher irreführenden Meldungen in einem Teil der Presse für angezeigt halten, wenn Dr. Landwehr als Stadtwahlleiter noch einmal eine

---

10 Vgl. zur Ermittlung und Feststellung der Ergebnisse der Berliner Wahlen am 20.10.1946 das 80. Mag.prot. v. 22.10.1946, TOP 3; Abschnitt IX u. X der Wahlordnung v. 17.8.1946, in: VOBl., Jg. 2 (1946), S. 306 f.

11 Vgl. hierzu das 68. Mag.prot. v. 3.8.1946, TOP 2; Dok. 112, Anm. 129.

12 Vgl. Dok. 120, Anm. 12.

13 Der Wahlquotient wurde ermittelt, indem die Anzahl der abgegebenen gültigen Stimmen der Stadtverordnetenwahl (2 085 338 Stimmen) dividiert wurde durch die Anzahl der Stadtverordnetensitze (130 Sitze). Vgl. hierzu: 1 Stadtverordneter: 16 041 Stimmen, in: Berliner Zeitung, 26.10.1946, [S. 2]; Das endgültige Wahlergebnis. Stadtwahlausschuß ermittelt Wahlquotienten, in: Tägliche Rundschau, 26.10.1946, S. 6; Die Berliner Wahlen am 20. Oktober 1946, S. 18.

14 Vgl. hierzu das 73. Mag.prot. v. 7.9.1946, TOP 2, u. das 74. Mag.prot. v. 12.9.1946, TOP 1.

15 Vgl. hierzu Dok. 112, Anm. 2 u. 129.

16 Vgl. hierzu: Die Berliner Wahlen am 20. Oktober 1946, S. 18 f.

17 Vgl.: VOBl., Jg. 2 (1946), Sonderheft Nr. 2 (16.11.1946), in: LAB(STA), Rep. 102, Nr. 163.

18 Vgl. Dok. 120, Anm. 18.

chronologische Darstellung der einzelnen Prozeduren, wie er sie soeben geschildert habe, der Presse zugehen ließe.

Dr. Landwehr sagt dies zu; er werde eine entsprechende Pressenotiz mit einer Art Terminkalender veranlassen.[19]

Maron ist der Meinung, daß nach der vorgesehenen Einschaltung des Einheitsausschusses der vier Parteien als Ersatzorgan der Stadtverordnetenversammlung für die Übergangszeit bis zum Zusammentritt der Stadtverordneten keine Veranlassung besteht, den Vorstand der SPD noch besonders bei den Arbeiten zur Einberufung der Stadtverordnetenversammlung einzuschalten. Unklar sei auch, in welcher Form dies geschehen solle. Von seiten des Magistrats werde alles, was in seiner Macht stehe, getan werden, um so schnell wie möglich die Stadtverordnetenversammlung in Funktion treten zu lassen und den neuen Magistrat einzusetzen. Der Einheitsausschuß werde laufend über den Fortgang der Arbeiten unterrichtet werden.

Der Redner schlägt vor, die dem Magistrat noch obliegende Überprüfung der Wahlergebnisse sowie die Benachrichtigung der gewählten Abgeordneten durch besondere Boten und die Entgegennahme ihrer Antworten federführend dem Rechtsausschuß zu übertragen. Der Redner schließt sich ferner dem Vorschlag von Dr. Landwehr an, durch Nachfrage bei der Alliierten Kommandantur festzustellen, ob die Überprüfung der Abgeordneten durch die Alliierte Kommandantur noch vor dem Zusammentritt der Stadtverordnetenversammlung abgeschlossen sein müsse oder ob dies nebenher geschehen solle. Das letztere würde im Interesse der Beschleunigung vorzuziehen sein.

BESCHLUSS: Der Magistrat stimmt diesen Vorschlägen von Maron zu.[20]

Dr. Goll kommt auf die in der letzten Magistratssitzung[21] zurückgestellte und der Stadtverordnetenversammlung zur Erledigung überlassene Vorlage Nr. 463[22] zurück. Sie betrifft den Vermögensübertragungsvertrag zwischen [der] Charlottenburger Wasser- und Industriewerke AG in Liquidation und der Stadt Berlin.[23] Der Redner macht darauf aufmerksam, daß die Vorlage einen Punkt enthält, der einen so langen Aufschub nicht verträgt. Die Generalversammlung der Gesellschaft, die für den 1. November angesetzt ist, kann aus nachrichtentechnischen Gründen nicht gut verschoben werden, da aus allen Teilen Deutschlands Anmeldungen dafür vorliegen. Die Abwickler der Gesellschaft haben daher gebeten, die *Generalversammlung* an dem vorgesehenen Termin stattfinden zu lassen und auf ihr wenigstens die Punkte 3 und 4 der Tagesordnung zu erledigen: Entlastung der Abwickler und des Aufsichtsrats für das erste Abwicklungsjahr sowie die Bestellung eines Abschlußprüfers.

Wie der Redner erfahren hat, soll als Abschlußprüfer die Wirtschaftsprüfungsgesellschaft Treuverkehr vorgeschlagen werden. Diese Gesellschaft sei aber bei Aufstellung der Abwicklungsbilanz schon als Gutachter mit tätig gewesen. Es erscheine deshalb nicht zweckmäßig, diese Gesellschaft als Prüfer zu bestellen.

---

19 Vgl.: Der Weg zum neuen Stadtparlament, in: Tägliche Rundschau, 29.10.1946, S. 8.

20 Vgl. zu den weiteren Vorbereitungsarbeiten für die Einberufung der StVV das 82. Mag.prot. v. 2.11.1946, TOP 2, u. das 84. Mag.prot. v. 16.11.1946, TOP 2.

21 Vgl. das 80. Mag.prot. v. 22.10.1946, TOP 4.

22 LAB(STA), Rep. 100, Nr. 782, Bl. 9 – 12 u. 13 – 16.

23 Vgl. hierzu Dok. 48, Anm. 38; das 61. Mag.prot. v. 15.6.1946, TOP 4; LAB(STA), Rep. 115, Nr. 64, Bl. 40.

Deshalb müßte dem Vertreter der Stadt die Abstimmungsanweisung erteilt werden, für einen anderen Vorschlag einzutreten.

Nach kurzer Aussprache ergeht hierzu folgender

BESCHLUSS: Der Magistrat beschließt, für die bevorstehende Hauptversammlung der Charlottenburger Wasser- und Industriewerke AG i. L. Herrn Dr. Goll mit der Vertretung der Stadt Berlin zu beauftragen und ihn anzuweisen, bezüglich der Punkte 1 und 2 der Tagesordnung (Genehmigung des Abschlusses der Vermögensübertragung und Wahl von Aufsichtsratsmitgliedern) für eine Vertagung einzutreten, dem Punkt 3 (Entlastung der Abwickler) zuzustimmen und für Punkt 4 (Bestellung eines Abschlußprüfers) einen von der Finanzabteilung des Magistrats im Benehmen mit der Personalabteilung des Magistrats zu benennenden Prüfer vorzuschlagen.[24]

Rumpf erbittet die Stellungnahme des Magistrats zu einem Vorschlag, den das Preisamt an die Finanzabteilung wegen Regelung der *Sitzungsgelder* für die Vorsitzenden und Beisitzer der *Bezirksstrafausschüsse und des Strafausschusses beim Preisamt* gerichtet hat.[25] Nach der bisherigen Regelung erhielten die Beisitzer bei den Bezirksstrafausschüssen nur dann Sitzungsgelder, wenn sie nachweisen konnten, daß sie durch die Sitzungen einen Lohn- oder Gehaltsausfall hatten. Dies hat insofern zu Unzuträglichkeiten geführt, als ein erheblicher Teil der Beisitzer in der gewerblichen Wirtschaft tätig ist; sie sind durch die Teilnahme an den Sitzungen in ihrer Arbeit erheblich beeinträchtigt, ohne einen bestimmten Lohnausfall nachweisen zu können.

Nunmehr ist vorgeschlagen worden, den Beisitzern unabhängig davon, ob sie Lohn- oder Gehaltsausfall haben oder nicht, pro Sitzungstag 10 RM zu gewähren. Dabei ist vergleichsweise darauf hinzuweisen, daß die Beisitzer in den Entnazifizierungskommissionen[26] und die Mitglieder in den Spruchausschüssen bei den Verwaltungsgerichten[27] 12 RM Sitzungsgeld, die Schöffen beim Amtsgericht 20 RM, beim Landgericht 25 RM Tagegeld erhalten. – Für die Beisitzer in der Berufungsinstanz sind 12 RM vorgeschlagen worden, für die Vorsitzenden der Strafausschüsse beim

---

24 Vgl. hierzu das Prot. über die Sitzung des Aufsichtsrats der Charlottenburger Wasser- und Industriewerke AG in Liquidation am 1.11.1946, in: LAB(STA), Rep. 101, Nr. 664. Der zweite Nachkriegsmagistrat billigte am 1.10.1947 den Vermögensübertragungsvertrag zwischen der Charlottenburger Wasser- und Industriewerke AG in Liquidation und Groß-Berlin, durch den das gesamte Vermögen dieser Gesellschaft auf den städtischen Eigenbetrieb „Berliner Wasserwerke" überging, und die StVV nahm den Abschluß dieses Vertrags am 4.12.1947 zur Kenntnis. Vgl. hierzu die Mag.vorlage Nr. 152 v. 24.3.1947 u. die Mag.vorlage Nr. 445 v. 6.8.1947, in: LAB, Rep. 228, Mag.vorlagen 1947; das Prot. über die 19. (Ordentliche) Mag.sitzung am 31.3.1947, TOP 3, u. das Prot. über die 49. (Ordentliche) Mag.sitzung am 1.10.1947, TOP 6, in: LAB, Rep. 228, Mag.protokolle 1947; StVV, I. Wahlperiode, Drucksache Nr. 73, Vorlage Nr. 550 v. 24.11.1947, u. Stenographischer Bericht über die 49. (Ordentliche) Sitzung am 4.12.1947, S. 7.

25 Vgl. zur Errichtung der Bezirksstrafausschüsse und des Strafausschusses beim Preisamt des Magistrats das 51. Mag.prot. v. 25.3.1946, TOP 6, u. das 52. Mag.prot. v. 30.3.1946, TOP 7, u. das 53. Mag.prot. v. 6.4.1946, TOP 7.

26 Vgl. hierzu das 50. Mag.prot. v. 16.3.1946, TOP 2 (insb. Anm. 18 u. 26).

27 Vgl. hierzu das 67. Mag.prot. v. 27.7.1946, TOP 3.

Preisamt 50 RM pro Sitzungstag. Dabei ist zu berücksichtigen, daß dies Volljuristen sein müssen und daß sie zur Vorbereitung und Aktendurchsicht noch mindestens einen weiteren vollen Arbeitstag benötigen.

Es ist notwendig, diese Regelung alsbald vorzunehmen, da sonst nicht die erforderlichen Mitarbeiter zu gewinnen sind. Eine Belastung des städtischen Haushalts tritt durch diese Bewilligung nicht ein, da die entstehenden Kosten auf die Personen, deren Straftaten behandelt werden, umgelegt werden.

BESCHLUSS: Der Magistrat erhebt gegen die vorgeschlagene Regelung der Sitzungsgelder keine Einwendungen.

Kraft bittet um die Zustimmung des Magistrats, Herrn *Zander* zum *Leiter der Hauptfahrbereitschaft* einzusetzen, nachdem der Leiter der Abteilung für Personalfragen und Verwaltung keine Einwendungen erhoben hat.[28]

Maron richtet an die Leiter der Fachabteilungen die Bitte, in der gegenwärtigen Übergangszeit keine Neubesetzungen von leitenden Posten mehr vorzunehmen. Im vorliegenden Falle handele es sich um einen Herrn, der schon vor der Wahl im Kreise des Magistrats benannt worden sei. Trotzdem empfehle es sich, auch zu dieser Angelegenheit erst noch einmal die Meinung des Einheitsausschusses der Parteien einzuholen.

Kraft erklärt sich mit diesem Vorgehen einverstanden.[29]

Dr. Alfred Werner bringt zur Sprache, daß der zur Zeit erkrankte Leiter der Abteilung für Kunst, Herr Bürgermeister Schulze, beabsichtige, sich selbst zum Hauptamtsleiter in der Abteilung einzusetzen. Dies stehe nicht im Einklang mit dem Magistratsbeschluß, wonach Herrn Schulze nur die kommissarische Wahrnehmung dieser Funktion übertragen worden sei.[30] Außerdem beeinflußt Herr Schulze aus dem Krankenhaus heraus weiter die Geschäfte der Abteilung, indem er z[um] B[eispiel] einen Stellenplan zurückhalte. Der Redner bittet um eine Meinungsäußerung des Magistrats hierzu.

Maron stellt unwidersprochen fest, daß ein solches Vorgehen, wenn die Schilderung den Tatsachen entspricht, nicht gutgeheißen werden könne. Ein stellvertretender Oberbürgermeister könne nicht zugleich Hauptamtsleiter sein, und wenn jemand krank sei, müsse er die Geschäfte seinem Stellvertreter überlassen.[31]

Nächste Sitzung: Sonnabend, den 2. November, vorm[ittags] *10* Uhr.

---

28 Vgl. zu dieser Personalfrage das 79. Mag.prot. v. 12.10.1946, TOP 2, u. das 80. Mag.prot. v. 22.10.1946, TOP 5.
29 Vgl. das 83. Mag.prot. v. 9.11.1946, TOP 2.
30 Schulze war vom Magistrat am 21.9.1946 mit der Wahrnehmung der Leitung des Hauptamts für Theater, Film und Musik betraut worden; vgl. das 76. Mag.prot. v. 21.9.1946, TOP 2.
31 Vgl. zu der diesbezüglichen Auseinandersetzung zwischen Schulze und Alfred Werner das 82. Mag.prot. v. 2.11.1946, TOP 5.

Dok. 122
82. Magistratssitzung vom 2. November 1946

LAB(STA), Rep. 100, Nr. 783, Bl. 2 – 6. – Umdruck.[1]

Beginn: 10.05 Uhr   Schluß: 13.55 Uhr

Anwesend: OB Dr. Werner, Maron, Orlopp, Schwenk, Schulze, Lange, Dr. Land-
            wehr, Pieck, Kehler, Dr. Harms, Dr. Goll, Dr. Alfred Werner,
            Schwanebeck, Hauth, Geschke, Buchholz, Dusiska, Starck, Scharoun,
            Winzer.[2]

Den Vorsitz führt: Oberbürgermeister Dr. Werner.

Tagesordnung: 1. Protokoll
                2. Bericht des Stadtwahlleiters
                3. Beschlußfassung über die eingereichten Vorlagen
                4. Kohlen- und Stromlage in Berlin
                5. Allgemeines.

1. PROTOKOLL

Die Niederschrift der 81. Magistratssitzung vom 26.10.46 wird genehmigt, nachdem
Bürgermeister Schulze angekündigt hat, daß er zu den in dem Protokoll enthaltenen
Ausführungen von Dr. Alfred Werner nachher unter dem Punkt „Allgemeines"
zurückkommen werde.[3]

2. BERICHT DES STADTWAHLLEITERS

Dr. Landwehr berichtet über die letzten Arbeiten des Stadtwahlausschusses[4] und die
abschließenden zahlenmäßigen Feststellungen der in den 20 Wahlkreisen gewählten
Abgeordneten und der Reststimmen.[5] Das Ergebnis ist in öffentlicher Sitzung des
Stadtwahlausschusses verkündet worden.[6] Das Zahlenmaterial[7] und eine Liste mit
der namentlichen Zusammenstellung der auf die Kreis- und Stadtwahlvorschläge
gewählten Abgeordneten liegt den Magistratsmitgliedern vor. Es sei nun, führt der

---

1 Weitere Umdruckexemplare dieses Protokolls sind vorhanden in: LAB(STA), Rep. 100,
   Nr. 752, lfd. S. 507 – 515; LAB, Rep. 228, Mag.protokolle 1946, u. Rep. 280, Nr. 8501/39.
2 In der Anwesenheitsliste ist Mr. Oliver von der britischen Militärregierung nicht
   aufgeführt, der im Text des Protokolls (TOP 3) als zeitweise anwesend erwähnt wird.
3 Vgl. TOP 5 in diesem Mag.prot.
4 Vgl. hierzu das 68. Mag.prot. v. 3.8.1946, TOP 2; Dok. 112, Anm. 129.
5 Vgl. die Übersichten in: LAB(STA), Rep. 102, Nr. 165. Vgl. ferner zur Ermittlung und
   Feststellung der Ergebnisse der Berliner Wahlen am 20.10.1946 das 80. Mag.prot. v.
   22.10.1946, TOP 3, u. das 81. Mag.prot. v. 26.10.1946, TOP 3.
6 Vgl.: Stadtparlament endgültig. In fünf Wochen erste Stadtverordnetensitzung, in: Berliner Zeitung, 1.11.1946, [S. 6]; Ende November tagt die erste Berliner Stadtverordnetenversammlung, in: Tägliche Rundschau, 1.11.1946, S. 8; Stadtwahlausschuß schloß seine
   Arbeit ab, in: Neue Zeit, 2.11.1946, S. 3.
7 Vgl. Dok. 120, Anm. 12.

Redner aus, die Aufgabe des Vorsitzenden[8] des Rechtsausschusses als dem vom Magistrat hierzu Beauftragten, die weiteren Maßnahmen bis zur Einberufung der Stadtverordnetenversammlung und der Wahl des neuen Magistrats durchzuführen.

Der Redner hat auf Wunsch des Magistrats die Ansicht des Wahlkomitees der Alliierten wegen der Überprüfung der gewählten Abgeordneten durch die Alliierte Kommandantur eingeholt und die Auskunft erhalten, daß diese Prüfung nebenherlaufen und den alsbaldigen Zusammentritt der Stadtverordnetenversammlung nicht aufhalten werde. Eine entsprechende Mitteilung werde dem Magistrat noch zugehen.[9]

Maron berichtet über eine Besprechung, die er mit Bürgermeister Schwenk und Stadtrat Pieck über die Durchführung der dem Magistrat bis zum Zusammentritt der Stadtverordnetenversammlung noch obliegenden Arbeiten gehabt hat. Dies ist einmal die Überprüfung der Wahlergebnisse,[10] dann die in der Wahlordnung vorgeschriebene Benachrichtigung der gewählten Abgeordneten und die Einholung ihrer Zustimmungs- oder Ablehnungserklärungen. Man hofft, mit diesen Arbeiten bis zum 15. oder 16. November fertig zu werden. Um bei Verzichterklärungen von gewählten Abgeordneten durch die dann notwendige Berufung von Ersatzmännern möglichst keine Verzögerung eintreten zu lassen, ist mit den Parteien vereinbart worden, daß diese schon vorher diejenigen Abgeordneten, die ablehnen werden, zur Einreichung ihrer Ablehnungserklärung veranlassen. Alsdann könnte möglichst kurzfristig die Stadtverordnetenversammlung einberufen werden. Der Termin des Zusammentritts würde hiernach voraussichtlich um den 25. November herum liegen.[11] Die Tagesordnung für die erste Sitzung ist verfassungsmäßig vorgeschrieben: Verpflichtung der Abgeordneten, Übernahme der Leitung durch den Alterspräsidenten, Wahl des Präsidiums und des Vorstandes.[12] Die Wahl des neuen Magistrats würde dann in einer weiteren Sitzung erfolgen, die vermutlich Ende November oder Anfang Dezember stattfinden wird.[13]

OB Dr. Werner spricht im Namen des Magistrats Herrn Dr. Landwehr den besonderen Dank für die von ihm als Stadtwahlleiter geleistete große Arbeit aus.

3. BESCHLUSSFASSUNG ÜBER DIE EINGEREICHTEN VORLAGEN
Maron teilt hierzu mit, daß der Einheitsausschuß der vier Parteien am Tage zuvor zu den noch unerledigten Magistratsvorlagen, die sich inzwischen angesammelt

---

8 Vorsitzender des Rechtsausschusses des Magistrats war ursprünglich Maron und seit Dezember 1945 Schwenk; vgl. das 23. Mag.prot. v. 24.9.1945, TOP 2, u. das 37. Mag.prot. v. 17.12.1945, TOP 2 u. 3.

9 Abschriften der von den gewählten Stadtverordneten im November 1946 ausgefüllten Fragebogen sind vorhanden in: LAB(STA), Rep. 102, Nr. 164/1 u. 164/2.

10 Vgl. hierzu das 84. Mag.prot. v. 16.11.1946, TOP 2.

11 Die konstituierende erste Sitzung der StVV fand am 26.11.1946 statt; vgl.: StVV, I. Wahlperiode, Stenographischer Bericht über die 1. (Ordentliche) Sitzung am 26.11.1946.

12 Vgl. Artikel 6 Absatz 1 u. 2 der Vorläufigen Verfassung von Groß-Berlin v. 13.8.1946, in: VOBl., Jg. 2 (1946), S. 295 f.; Berlin. Quellen und Dokumente, 1. Halbbd., S. 1103; Die Entstehung der Verfassung von Berlin, Bd. I, S. 323.

13 Vgl. zur Wahl des zweiten Nachkriegsmagistrats: StVV, I. Wahlperiode, Stenographischer Bericht über die 3. (Ordentliche) Sitzung am 5.12.1946.

haben, kurz Stellung genommen hat.[14] Der Einheitsausschuß empfiehlt, die folgenden Vorlagen als nicht besonders dringlich bis zum Zusammentritt der Stadtverordnetenversammlung zurückzustellen:

Nr. 460 (Werk der Jugend)[15],

Nr. 468 (Verwaltungsschule)[16],

---

14 Vgl. das 28. Prot. des Einheitsausschusses Groß-Berlin v. 1.11.1946, TOP 3, in: BArch, Abt. Potsdam, Z-3, Nr. 4, 2. Foliierung, Bl. 17 f.

15 Die Mag.vorlage Nr. 460 v. 7.10.1946, betr. Mitgliedschaft der Stadt Berlin im „Werk der Jugend e.V.", ist vorhanden in: LAB(STA), Rep. 100, Nr. 782, Bl. 5 – 8. Vgl. hierzu das 79. Mag.prot. v. 12.10.1946, TOP 9 (Fleischmann u. Beschluß), u. das 80. Mag.prot. v. 22.10.1946, TOP 4. Nach dem Beschlußantrag der Mag.vorlage Nr. 460 sollte die Stadt Berlin dem „in Gründung befindlichen überparteilichen, gemeinnützigen ,Werk der Jugend e.V.'" als Mitglied beitreten, und aus Etatmitteln der Mag.abt. für Arbeit sollten 500 000 RM für diesen Verein bereitgestellt werden. Zur Begründung für die Schaffung eines „Werks der Jugend" heißt es in der Mag.vorlage: „Um die Not der Berliner Jugend namentlich auf dem Gebiet der arbeitsmäßigen Unterbringung und Berufsausbildung zu überwinden, sind zusätzliche Maßnahmen notwendig zur Schaffung von Arbeits- und Ausbildungsstätten und hierfür erforderlichem Material. Hiermit sollen Hilfsmaßnahmen für [die] soziale und kulturelle Betreuung der Jugend verbunden werden. Als Organ und Träger soll ein Gemeinschaftsunternehmen geschaffen werden, an dem die breiteste Öffentlichkeit (antifaschistische Parteien, Kirchen, Verwaltungsbehörden) teilhat." Die bisherigen Bestrebungen zur Gründung eines „Werks der Jugend" kamen im zweiten Nachkriegsmagistrat und in der StVV nicht mehr zur Sprache. Statt dessen beauftragte die StVV den Magistrat auf Antrag der SED und der SPD, eine Reihe von „Sofortmaßnahmen zur Behebung der Not der berufsfähigen und berufslosen Jugendlichen durchzuführen". Vgl. hierzu: StVV, I. Wahlperiode, Drucksache Nr. 4, Vorlage Nr. 34 v. 7.1.1947, u. Drucksache Nr. 4, Vorlage Nr. 44 v. 7.1.1947, u. Drucksache Nr. 10, Vorlage Nr. 74 v. 1.2.1947 (hier die zit. Formulierung), u. Drucksache Nr. 34, Vorlage Nr. 207 v. 26.4.1947; StVV, I. Wahlperiode, Stenographische Berichte über die 11. (Außerordentliche) Sitzung am 21.1.1947, S. 41 – 46, u. die 14. (Ordentliche) Sitzung am 6.2.1947, S. 34, u. die 23. (Ordentliche) Sitzung am 3.4.1947, S. 21 – 23, u. die 31. Ordentliche Sitzung am 29.5.1947, S. 4.

16 Die Mag.vorlage Nr. 468 v. 7.10.1946, betr. Satzung über die Verwaltungsschule der Stadt Berlin, ist vorhanden in: LAB(STA), Rep. 100, Nr. 782, Bl. 17 – 24. Vgl. hierzu Dok. 78, Anm. 12; das 80. Mag.prot. v. 22.10.1946, TOP 4. In der Begründung der Mag.vorlage Nr. 468 heißt es, die Aufgaben der öffentlichen Verwaltung seien „in einem Umfange gewachsen, der dazu zwingt, die Aus- und Fortbildung der im öffentlichen Dienst stehenden Kräfte in jeder Weise zu fördern, wenn diese Kräfte in der Lage sein sollen, die an sie herantretenden Probleme zu meistern". Es seien daher bereits seit März 1946 vierwöchige Fortbildungskurse für leitende Angestellte abgehalten worden. Durch die mit der Mag.vorlage vorgelegte Satzung und die zugehörigen Ausführungsbestimmungen, Zulassungsbestimmungen und Lehrpläne werde die bisher geleistete Arbeit „nunmehr auf eine breitere Basis gestellt und für den gesamten Zuständigkeitsbereich Berlins nach einheitlichen Richtlinien in den Ausbildungs- und Aufbaulehrgängen sowie Sonderlehrgängen der Verwaltungsschule durchgeführt. Der Absolvierung der Verwaltungsschule soll sich der spätere Besuch der Verwaltungsakademie anschließen. Die Aufgabe dieser Verwaltungsschule besteht also in der einheitlichen Aus- und Weiterbildung von Angestellten der Stadtverwaltung Berlin." Vgl. zur Verwaltungsakademie das 52. Mag.prot. v. 30.3.1946, TOP 2. – Die Satzung der Verwaltungsschule Groß-Berlin wurde vom zweiten Nachkriegsmagistrat am 20.1.1947 beschlossen; siehe: LAB(STA), Rep. 100, Nr. 785, Bl. 79 – 86, u. Nr. 786, Bl. 170.

Nr. 481 (Zinsen- und Tilgungsdienst)[17],

Nr. 487 (Beschaffungs- und Bewirtschaftungsamt)[18]. Die Vorlagen

Nr. 471 (Sozialhygienische Akademie)[19] und

Nr. 473 (Hauptausschuß für Berufs- und Fachschulen)[20]

sind von den zuständigen Abteilungsleitern mit der Maßgabe zurückgezogen worden, sie der Stadtverordnetenversammlung vorlegen zu wollen.[21] – Die Vorlage

---

17 Die Mag.vorlage Nr. 481 v. 21.10.1946, betr. Zinsen- und Tilgungsdienst für die von der Stadt Berlin in den vergangenen Jahren gewährten Hauszinssteuerhypotheken, ist vorhanden in: LAB(STA), Rep. 100, Nr. 782, Bl. 38, u. Rep. 101, Nr. 644, Bl. 25. Vgl. hierzu das 81. Mag.prot. v. 26.10.1946, TOP 2. Vgl. zu dem vom Magistrat beschlossenen, aber von der AK abgelehnten Moratorium hinsichtlich der Hypothekenzins- und -tilgungsbeträge für die Zeit vom 1.1.1945 bis 30.6.1945 das 14. Mag.prot. v. 30.7.1945, TOP 3, u. das 51. Mag.prot. v. 25.3.1946, TOP 2 (Haas), u. das 52. Mag.prot. v. 30.3.1946, TOP 3 (Haas); zu dem mit der Gebäudeinstandsetzungsabgabe verbundenen Moratorium: Dok. 78, Anm. 34; zur Hauszinssteuer: Dok. 1, Anm. 16. Nach dem Beschlußentwurf der Mag.vorlage Nr. 481 sollten „den Schuldnern der aus städtischen, staatlichen und Reichsmitteln in den vergangenen Jahren für Wohnungsbauten gewährten Hypothekendarlehen, soweit solche von der Wohnungsbau-Kreditanstalt der Stadt Berlin verwaltet werden, bis zu einer gesamtdeutschen Regelung" bestimmte Erleichterungen für ihre Zins- und Tilgungsleistungen gewährt werden. Diese Erleichterungen beschloß der zweite Nachkriegsmagistrat am 17.2.1947; vgl. die Mag.vorlage Nr. 71 v. 12.2.1947 u. das Prot. über die 12. (Ordentliche) Mag.sitzung am 17.2.1947, TOP 9, in: LAB, Rep. 228, Mag.vorlagen 1947 u. Mag.protokolle 1947.

18 Die Mag.vorlage Nr. 487 v. 25.10.1946, betr. Errichtung eines Eigenbetriebs „Berliner Beschaffungs- und Bewirtschaftungsamt" und Genehmigung der Betriebssatzung dieses Eigenbetriebs, ist vorhanden in: LAB(STA), Rep. 100, Nr. 783, Bl. 7 – 18 u. 19 – 30. Vgl. zum Bewirtschaftungsamt für Bergungsgut das 7. Mag.prot. v. 18.6.1945, TOP 8, u. das 61. Mag.prot. v. 15.6.1946, TOP 5; Dok. 109. Am 12.5.1947 beschloß der zweite Nachkriegsmagistrat, das Berliner Beschaffungsamt und das Bewirtschaftungsamt für Bergungsgut zum „Beschaffungsamt Groß-Berlin" zusammenzulegen. Vgl. hierzu die Mag.vorlage Nr. 223 v. 6.5.1947 u. das Prot. über die 26. (Ordentliche) Mag.sitzung am 12.5.1947, TOP 6, in: LAB, Rep. 228, Mag.vorlagen 1947 u. Mag.protokolle 1947.

19 LAB(STA), Rep. 100, Nr. 782, Bl. 26.

20 LAB(STA), Rep. 100, Nr. 782, Bl. 33.

21 Die Mag.vorlage Nr. 471 v. 10.10.1946, betr. Wiedererrichtung der Sozialhygienischen Akademie, und die Mag.vorlage Nr. 473 v. 16.9.1946, betr. Einrichtung eines Hauptausschusses für die Berufs- und Fachschulen, waren vom Magistrat bereits zurückgestellt worden; vgl. das 80. Mag.prot. v. 22.10.1946, TOP 4.

Nach der Begründung der Mag.vorlage Nr. 471 sollte die geplante Sozialhygienische Akademie der „Heranbildung von geeignetem Nachwuchs für den ärztlichen Dienst im öffentlichen Gesundheitswesen" dienen. Der zweite Nachkriegsmagistrat beschloß ihre Errichtung unter der neuen Bezeichnung „Akademie für öffentliche Gesundheitspflege" am 31.3./23.6.1947. Vgl. hierzu die Mag.vorlage Nr. 155 v. 25.3.1947 u. die Mag.vorlage Nr. 236 v. 14.5.1947, in: LAB, Rep. 228, Mag.vorlagen 1947; das Prot. über die 19. (Ordentliche) Mag.sitzung am 31.3.1947, TOP 6, u. das Prot. über die 32. (Ordentliche) Mag.sitzung am 23.6.1947, TOP 2, in: LAB, Rep. 228, Mag.protokolle 1947.

Nach der Begründung der Mag.vorlage Nr. 473 sollte der Hauptausschuß für die Berufs- und Fachschulen eingerichtet werden, „um alle an den Berufs- und Fachschulen interessierten Kreise zusammenzufassen". Im zweiten Nachkriegsmagistrat und in der StVV ist die Einrichtung eines solchen Hauptausschusses nicht wieder zur Sprache gekommen. Vgl. zur Regelung des beruflichen Ausbildungswesens: Dok. 35, Anm. 60; VOBl., Jg. 3 (1947), S. 22 f.

Nr. 482 (Pachtvertrag über Ölmühle Velten[22])
wurde vom Einheitsausschuß behandelt und gebilligt, so daß der Magistrat darüber
beschließen könnte. Gegen eine Erledigung der Vorlagen
    Nr. 488 (Nissenhütten) und
    Nr. 489 (Rückführung von Jugendlichen bis zu 21 Jahren) wurde kein
Einspruch erhoben. Die Vorlage
    Nr. 490 (Zentrales Reiseamt beim Magistrat) ist bis zur nächsten Sitzung
des Einheitsausschusses zurückgestellt worden, da sie erst im Laufe der Sitzung
verteilt wurde.[23]

Orlopp bemerkt bezüglich der Vorlage Nr. 482[24], daß nach seinem Eindruck die
Stellungnahme des Einheitsausschusses die war, man solle die Vorlage zurückstellen,
um später den Vertrag über die Ölmühle dem neuen Magistrat zur Beschlußfassung
vorzulegen.[25]

BESCHLUSS: Der Magistrat beschließt, von den unerledigten Vorlagen nur die
              Vorlagen Nr. 488 und 489 zu behandeln, alle übrigen zurückzustel-
              len.

Die Vorlage Nr. 488[26] betrifft den Transport und Aufbau von 800 *Nissenhütten* im
britischen Sektor Berlins.[27]

---

22 Kleinstadt ca. 15 km nordwestlich von Berlin.
23 Vgl. hierzu das 83. Mag.prot. v. 9.11.1946, TOP 3.
24 Die Mag.vorlage Nr. 482 v. 14.10.1946 ist vorhanden in: LAB(STA), Rep. 100, Nr. 782,
    Bl. 39 – 41, u. Rep. 101, Nr. 586. Nach dem Beschlußentwurf dieser Mag.vorlage sollte
    der Magistrat einen Pachtvertrag v. 18.9.1946 zwischen der Provinz Mark Brandenburg
    und der Stadt Berlin bezüglich einer für die Fettversorgung Berlins sehr wichtigen
    Ölmühle in Velten (Amylon-Werke) genehmigen.
25 Nach dem Text des Protokolls hatte sich der Einheitsausschuß damit einverstanden
    erklärt, „daß der neue Magistrat dem Vertrage nachträglich zustimme"; vgl. das 28. Prot.
    des Einheitsausschusses Groß-Berlin v. 1.11.1946, TOP 3, in: BArch, Abt. Potsdam, Z-3,
    Nr. 4, 2. Foliierung, Bl. 17. Am 16.12.1946 genehmigte der zweite Nachkriegsmagistrat
    den Pachtvertrag bezüglich der Ölmühle Velten (Amylon-Werke). Die Ölmühle sollte
    durch die Mag.abt. für Ernährung betreut werden und die Rechtsform eines städtischen
    Eigenbetriebs erhalten. Durch einen Befehl der Sowjetischen Zentralkommandantur,
    Abteilung für Handel und Beschaffungen, v. 23.5.1947 wurde der Pachtvertrag v.
    18.9.1946 aber für ungültig erklärt. Der Vertrag wurde daraufhin aufgelöst und die
    Ölmühle von der Provinzialregierung der Mark Brandenburg übernommen. Vgl. hierzu
    den Mag.beschluß Nr. 5 v. 16.12.1946, in: LAB(STA), Rep. 100, Nr. 785, Bl. 18 f. u.
    20 – 22; die Mag.vorlage Nr. 41 v. 25.1.1947 u. die Mag.vorlage Nr. 134 v. 6.3.1947 u.
    die Mag.vorlage Nr. 287 v. 5.6.1947, in: LAB, Rep. 228, Mag.vorlagen 1947; das Prot.
    über die 9. (Ordentliche) Mag.sitzung am 3.2.1947, TOP 1 der Nachtrags-TO, u. das
    Prot. über die 17. (Ordentliche) Mag.sitzung am 17.3.1947, TOP 15, u. das Prot. über die
    32. (Ordentliche) Mag.sitzung am 23.6.1947, TOP 5, in: LAB, Rep. 228, Mag.protokolle
    1947; LAB, Rep. 280, Nr. 7250 (Befehl Nr. 677 der Sowjetischen Zentralkommandantur,
    Abteilung für Handel und Beschaffungen, v. 23.5.1947).
26 LAB(STA), Rep. 100, Nr. 783, Bl. 31 – 34 u. 35 – 37a.
27 Nach dem Beschlußentwurf der Mag.vorlage Nr. 488 v. 24.10.1946 sollte der Magistrat
    die Aufstellung von 800 Nissenhütten in den vier Bezirken des britischen Sektors
    (Tiergarten, Spandau, Charlottenburg, Wilmersdorf) und die Bereitstellung der hierfür
    noch erforderlichen Haushaltsmittel in Höhe von 6,52 Millionen RM beschließen. Die

OB Dr. Werner begrüßt den zu diesem Punkt erschienenen Mr. Oliver von der britischen Militärregierung.

Scharoun berichtet über die Verhandlungen des Ausschusses, an den die Vorlage am 16. September[28] vom Magistrat verwiesen worden war.[29] Der Ausschuß hat einmütig beschlossen, dem Magistrat die Annahme der Vorlage vorzuschlagen. Es wurden zwar nach der wohnungshygienischen Seite hin gewisse Bedenken erhoben, andererseits [wurde] aber darauf hingewiesen, daß heute ein großer Teil der Bevölkerung unter wesentlich schlechteren Bedingungen leben müsse. In finanzieller Hinsicht wurde hervorgehoben, daß für das zum Bau der Nissenhütten erforderliche Geld heute auch nicht mehr Wohnungen instand gesetzt werden könnten, als die Hütten Unterkunft bieten. Außerdem soll das für die Hütten erforderliche Material von der britischen Militärregierung zur Verfügung gestellt werden. Die Parteien haben in der gestrigen Einheitsausschußsitzung ebenfalls dem Plan zugestimmt.[30]

Maron teilt ergänzend mit, daß es in der gestrigen Sitzung des Einheitsausschusses zu einer lebhaften Aussprache über dieses Projekt gekommen sei. Es wurde von einigen Herren darauf hingewiesen, daß die bisher aufgestellten Nissenhütten im Bezirk Tiergarten nicht den notwendigen Anforderungen entsprächen, die man an eine einigermaßen hygienische Wohnung zu stellen habe, da die Dächer nicht regendicht hielten und die Hütten schwer heizbar seien, so daß ein Wohnen in diesen Hütten im Winter Gefahren in gesundheitlicher Hinsicht mit sich brächte.[31] Ferner wurde berichtet, daß für die Kosten, die durch den Transport und die Aufstellung einer Hütte entstehen, zwei Wohnungen ausgebaut werden könnten. Allerdings sei der Wohnungsausbau in erster Linie keine finanzielle, sondern eine Materialfrage, die bei diesen Hütten keine Rolle spiele. Von Prof. Scharoun wurde erklärt, daß bei den Hütten, die jetzt erstellt werden sollen, die bisher im Bezirk Tiergarten aufgetretenen Mängel nicht mehr auftreten würden, weil es sich um eine verbesserte Konstruktion handele. Daraufhin ist der Einheitsausschuß dazu gekommen, die Annahme der Vorlage zu empfehlen.

BESCHLUSS: Die Vorlage Nr. 488 wird angenommen.[32]

---

britische Militärregierung lieferte die Nissenhütten als Ersatzwohnraum zum Ausgleich für die für ihre Zwecke frei zu machenden Wohnungen.

28 Müßte heißen: 14. September.

29 Vgl. zur erstmaligen Beratung des Magistrats über die Frage der Nissenhütten und zur Bildung des hier erwähnten Ausschusses das 75. Mag.prot. v. 14.9.1946, TOP 6.

30 Vgl. hierzu das 28. Prot. des Einheitsausschusses Groß-Berlin v. 1.11.1946, TOP 3, in: BArch, Abt. Potsdam, Z-3, Nr. 4, 2. Foliierung, Bl. 17 f.

31 Vgl.: Wohnkatastrophe in Berlin-Tiergarten. Hunderte gesundheitlich schwer gefährdet, in: Vorwärts, 27.12.1946, S. 5.

32 Der hier gefaßte Mag.beschluß ist mit dem Ausfertigungsdatum v. 2.11.1946 vorhanden in: LAB(STA), Rep. 110, Nr. 234. Er wurde der AK mit Schreiben v. 12.11.1946 zur Genehmigung zugeleitet; siehe: a.a.O. Gleichzeitig beantragte die Finanzabteilung des Magistrats beim Finanzkomitee der AK die Bewilligung von außerplanmäßigen Ausgaben in Höhe von 6,4 Millionen RM für Erwerb, Transport und Herrichtung der 800 aufzustellenden Nissenhütten. Das entsprechende Antragsschreiben v. 11.11.1946 ist vorhanden in: LAB(STA), Rep. 101, Nr. 638. Die AK regelte mit BK/O (47) 108 v. 29.4.1947 die Art der Finanzierung der Nissenhütten und begrenzte ihre Anzahl auf höchstens 650 Hütten. Die BK/O ist vorhanden in: LAB(STA), Rep. 101, Nr. 81; LAB, Rep. 280, Nr. 10533. Vgl. zu ihrer Vorgeschichte: BK/R (47) 68 v. 12.3.1947, in: LAB,

Es folgt die Vorlage Nr. 489[33], betreffend *Rückführung von evakuierten Jugendlichen bis zu 21 Jahren.*[34]

Geschke begründet die Vorlage, bei der es sich um eine Ergänzung des früheren Beschlusses Nr. 450 über die Rückführung von evakuierten Kindern und Jugendlichen über 18 Jahre bis zu 21 Jahren handelt.[35] Es befinden sich noch eine ganze Menge von evakuierten Jugendlichen in diesem Alter in den verschiedenen Zonen und auch im Ausland, bei denen die Gefahr der Verwahrlosung groß ist. Es ist deshalb dringend geboten, ihre Rückkehr nach jeder Weise zu erleichtern. BESCHLUSS: Die Vorlage Nr. 489 wird angenommen.[36]

4. KOHLEN- UND STROMLAGE IN BERLIN

Dr. Goll macht hierzu längere Ausführungen, indem er zunächst eine chronologische Darstellung des ganzen Problems der Stromversorgung Berlins seit dem Mai d[ieses] J[ahres] gibt.[37] Der Redner schildert, wie es sich zuerst um ein Leistungsproblem

---

Rep. 37: OMGBS, BICO LIB, 11/148-3/4; das 13. Prot. der stellv. Stadtkommandanten v. 14.3.1947, TOP 137, u. das 14. Prot. der stellv. Stadtkommandanten v. 21.3.1947, TOP 144, in: LAB, Rep. 37: OMGBS, BICO LIB, 11/149-1/2; das 21. Prot. des Finanzkomitees der AK v. 1.4.1947, TOP 8, in: LAB, Rep. 37: OMGBS, FIN Br, 4/91-2/8; BK/R (47) 107 v. 21.4.1947, in: LAB, Rep. 37: OMGBS, BICO LIB, 11/148-3/5; das 20. Prot. der stellv. Stadtkommandanten v. 25.4.1947, TOP 205, in: LAB, Rep. 37: OMGBS, BICO LIB, 11/149-1/3. Vgl. zur Aufstellung der Nissenhütten die Materialien in: LAB(STA), Rep. 110, Nr. 186; Hanauske, S. 197–199.

33 LAB(STA), Rep. 100, Nr. 783, Bl. 38.

34 Der Beschlußentwurf der Mag.vorlage Nr. 489 v. 28.10.1946 sah vor, daß „die Rückführung von Jugendlichen bis zu 21 Jahren nach Berlin gestattet [wird], wenn Eltern oder andere Angehörige (Großeltern, Geschwister der Eltern usw.) in Berlin wohnen". „Auch für die Rückkehr von Jugendlichen bis zu *21* Jahren, die durch den Tod ihrer Angehörigen zu Waisen geworden sind und aus zwingenden Gründen nicht bei fremden Familien außerhalb Berlins verbleiben können, wird die Erlaubnis erteilt."

35 Vgl. zur Rückführung von evakuierten Berliner Kindern und Jugendlichen im Alter bis zu 18 Jahren das 79. Mag.prot. v. 12.10.1946, TOP 8 (Mag.vorlage Nr. 462).

36 Mit Schreiben v. 6.11.1946 beantragte Geschke bei der AK die Genehmigung für den hier gefaßten Mag.beschluß. Das Schreiben ist vorhanden in: LAB(STA), Rep. 118, Nr. 52. Mit BK/O (47) 32 v. 31.1.1947 lehnte die AK den Mag.beschluß vorläufig ab. Die BK/O ist vorhanden in: LAB(STA), Rep. 101, Nr. 77; LAB, Rep. 280, Nr. 10495. Vgl. zu ihrer Vorgeschichte: BK/R (47) 15 v. 11.1.1947, in: LAB, Rep. 37: OMGBS, BICO LIB, 11/148-3/3; das 3. Prot. der stellv. Stadtkommandanten v. 14.1.1947, TOP 30, in: LAB, Rep. 37: OMGBS, BICO LIB, 11/149-1/2. Mit BK/O (47) 127 v. 27.5.1947 gestattete die AK dann unter bestimmten Voraussetzungen die Rückkehr von Jugendlichen im Alter von 19 und 20 Jahren nach Berlin. Die BK/O ist vorhanden in: LAB(STA), Rep. 101, Nr. 82; LAB, Rep. 280, Nr. 5866. Vgl. zu ihrer Vorgeschichte: BK/R (47) 133 v. 17.5.1947, in: LAB, Rep. 37: OMGBS, BICO LIB, 11/148-3/5; das 23. Prot. der stellv. Stadtkommandanten v. 20.5.1947, TOP 251, in: LAB, Rep. 37: OMGBS, BICO LIB, 11/149-1/3.

37 Vgl. zu den Problemen der Stromversorgung das 68. Mag.prot. v. 3.8.1946, TOP 4, u. das 71. Mag.prot. v. 24.8.1946, TOP 2, u. das 72. Mag.prot. v. 31.8.1946, TOP 4, u. das 79. Mag.prot. v. 12.10.1946, TOP 3; das Prot. der Besprechung mit den Wirtschaftsdezernenten der Bezirksämter am 30.10.1946, S. 2–6, in: LAB(STA), Rep. 106, Nr. 188; die Wochenberichte der Berliner Kraft und Licht (Bewag)-Aktiengesellschaft aus dem Jahr 1946, in: LAB(STA), Rep. 114, Nr. 153.

wegen des fehlenden Materials zur Reparatur der Maschinen und gleichzeitig um ein Problem der Schaffung von genügendem Fernstrom handelte. Weiter berichtet der Redner über die Arbeiten des vom Magistrat für diese Frage eingesetzten Ausschusses[38] und gibt noch einmal einen Überblick über die von dem Ausschuß gemachten Vorschläge, die der Alliierten Kommandantur unterbreitet worden sind.[39]

Nunmehr ist, führt der Redner weiter aus, seit einigen Tagen das Kohlenproblem in den Vordergrund getreten. Dies ist dadurch akut geworden, daß die Kohlen für die Berliner Elektrizitätswerke nicht mehr in der Menge und vor allem in der Sortierung geliefert werden, wie es für den Betrieb der Werke erforderlich ist. Von den Berliner Elektrizitätswerken kann nur das große Werk Klingenberg[40] mit seiner Staubfeuerung die jetzt hauptsächlich gelieferte Förderkohle verwerten; dieses Werk hat infolgedessen auch noch einen relativ hohen Kohlenvorrat, der für 50 bis 60 Tage ausreicht. Die anderen kleineren Werke dagegen, die Rostfeuerung haben, benötigen Nußkohle aus [sic!] der Ruhr, die seit einiger Zeit in nicht ausreichender Menge geliefert wird. Der vorhandene Vorrat reicht nur noch für 8 bis 10 Tage. Dieser Zustand, daß die Kohlen für die Elektrizitätswerke nicht in genügender Menge und vor allem nicht in der erforderlichen Sortierung hereinkommen, zwingt nunmehr die Bewag dazu, vorsichtig zu wirtschaften und zu Maßnahmen überzugehen, wie sie in der gestrigen Sitzung des Einheitsausschusses bereits angekündigt worden sind: daß demnächst in der Zeit von 6 Uhr morgens bis 20 Uhr abends für einen Teil der Stadt nur noch für eine Stunde Strom geliefert werden könne.[41] Zur Zeit wird über neue Abschaltpläne, die der Alliierten Kommandantur eingereicht sind, verhandelt, um dadurch mittels einer besseren Abschaltmethode zu einer Verkürzung der Abschaltzeiten zu kommen. Im Augenblick ist aber die Lage noch so trostlos, daß die angekündigten rigorosen Maßnahmen in Aussicht genommen werden müssen. Es bleibt abzuwarten, welche Maßnahmen die Alliierte Kommandantur in der nächsten Woche beschließen und befehlen wird und ob Sortierungen hereinkommen werden, die es ermöglichen, daß unsere eigene Leistungskapazität ausgewertet werden kann.

Dusiska drückt sein Erstaunen darüber aus, daß in der letzten außerordentlichen Aufsichtsratssitzung der Bewag kurz vor dem 20. Oktober[42] der Vorstand mit keinem Wort von dieser bedrohlichen Kohlenkalamität, die damals schon bekannt sein mußte, gesprochen habe.[43] Direktor Wissell[44] habe dort auf ausdrückliche Anfrage

---

38 Vgl. zu diesem Ausschuß das 72. Mag.prot. v. 31.8.1946, TOP 4, u. das 76. Mag.prot. v. 21.9.1946, TOP 10 (Dusiska u. Beschluß), u. das 79. Mag.prot. v. 12.10.1946, TOP 3 (Goll).

39 Diese Vorschläge zur Einschränkung des Stromverbrauchs konnten nicht ermittelt werden.

40 Großkraftwerk im Ortsteil Rummelsburg, Bezirk Lichtenberg.

41 Vgl. das 28. Prot. des Einheitsausschusses Groß-Berlin v. 1.11.1946, TOP 1 u. 2, in: BArch, Abt. Potsdam, Z-3, Nr. 4, 2. Foliierung, Bl. 15 – 17, 19 u. 22 – 24.

42 Am 20.10.1946 hatten die ersten Nachkriegswahlen in Berlin stattgefunden.

43 Vgl. das Prot. der außerordentlichen Sitzung des Aufsichtsrats der Berliner Kraft und Licht (Bewag)-Aktiengesellschaft am 16.10.1946, in: LAB(STA), Rep. 101, Nr. 664, u. Rep. 105, Nr. 4740.

44 Rudolf Wissell (SPD), Sohn des ehemaligen Reichswirtschafts- und Reichsarbeitsmi-

erklärt, der Eingang der Kohlenmenge wäre zwar knapp, aber für einige Monate wäre die Kohlenversorgung immerhin gesichert. Das Verschweigen der Tatsache, daß das Ausbleiben der Ruhrkohle sich jetzt als das schwierigste Problem erweise, zeige, daß die Stromversorgung Berlins von seiten der Bewag nach undurchsichtigen Gründen gesteuert werde.

Der Redner bedauert, daß es nicht zu der von ihm schon in der Aufsichtsratssitzung geforderten Einsetzung eines Untersuchungsausschusses gekommen sei. Die ganze Kohlenfrage hätte von der Bewag-Direktion schon viel früher in Angriff genommen werden müssen. Statt dessen sei durch Veröffentlichungen in verschiedenen Presseorganen versucht worden, die Schuld an den gegenwärtigen katastrophalen Zuständen in der Stromversorgung dem Magistrat zuzuschieben.[45] Dagegen sollte sich der Magistrat wehren und in irgendeiner Form mit einer Klarstellung der Dinge vor die Öffentlichkeit treten.

Orlopp vertritt die Ansicht, es sei zu untersuchen, wie es von einem Tag zum anderen zu dieser katastrophalen Wendung in der Frage der Stromversorgung kommen konnte, indem plötzlich die Schwierigkeiten nicht auf die mangelnde

---

nisters Dr. Rudolf Wissell, war im Vorstand der Bewag für das Arbeitsgebiet der Stromerzeugung zuständig.

45 Vgl.: Bricht die Stromversorgung zusammen?, in: Der Sozialdemokrat, 9.10.1946, S. 3; Klingenberg in großen Schwierigkeiten, in: Telegraf, 10.10.1946, S. 8; Stromsperren und Magistrat. Das „Neue Deutschland" sucht abzulenken, in: Der Sozialdemokrat, 11.10.1946, S. 3; „Politischer Strom" und Kurzschlüsse, in: Telegraf, 13.10.1946, S. 3; Der SED-Wechselstrom, in: Spandauer Volksblatt, 14.10.1946, S. 3; Demagogie um Stromsperren, in: Der Sozialdemokrat, 15.10.1946, S. 3; Die Wahrheit über den „politischen Strom", in: Der Sozialdemokrat, 16.10.1946, S. 2; Der politische Strom. Berliner Licht- und Kraftsperre, in: Der Tagesspiegel, 18.10.1946, [S. 4]; Mangelhafter Kontakt, in: Der Kurier, 19.10.1946, S. 7. Vgl. als Gegenartikel hierzu: Die Wahrheit über die Stromsperren, in: Neues Deutschland, 10.10.1946, S. 4; Albert Bergholz: Elektro-Energie oder Elektro-Demagogie, in: Neues Deutschland, 12.10.1946, S. 2. Vgl. ferner: Strom entscheidet Schicksal Berlins, in: Der Abend, 2.11.1946, [S. 2]; Warum ist es dunkel in Berlin?, in: Tägliche Rundschau, 3.11.1946, S. 8; Eberhard Wolff: Stromkrise in Berlin, in: Telegraf, 3.11.1946, S. 4; Zusammenbruch der Stromversorgung, in: Der Tagesspiegel, 3.11.1946, [S. 4]; Warum hat Berlin keinen Strom?, in: Vorwärts, 4.11.1946, S. 1 f.; Berlin ruft SOS, in: Der Abend, 4.11.1946, [S. 2]; Bricht die Stromversorgung zusammen?, in: Spandauer Volksblatt, 4.11.1946, S. 3; Licht ins Dunkel der Stromsperren, in: Berliner Zeitung, 5.11.1946, [S. 1]; Wann bekommt Berlin mehr Strom?, in: Tägliche Rundschau, 5.11.1946, S. 6; Stromnot und Kohlenzufuhr, in: Der Sozialdemokrat, 5.11.1946, S. 4; Die neue Sparordnung der Bewag, in: Neue Zeit, 5.11.1946, S. 3; Hier Licht – dort Dunkelheit, in: Der Morgen, 5.11.1946, [S. 3]; Kein Ausweg aus der Berliner Stromnot?, in: Der Kurier, 5.11.1946, S. 5; Berlin muß mehr Strom haben! Die vier politischen Parteien an die Alliierte Kommandantur, in: Telegraf, 5.11.1946, S. 1; Fernstrom half gestern, in: Der Abend, 5.11.1946, [S. 2]; Neue Phase in der Stromversorgung, in: Neue Zeit, 6.11.1946, S. 3; Turbine II heute angelaufen, in: Der Abend, 6.11.1946, [S. 2]; Aufklärung über Berlins Stromversorgung, in: Spandauer Volksblatt, 6.11.1946, S. 3; Stromknappheit und Nachtschichten, in: Der Tagesspiegel, 7.11.1946, [S. 3]; Bewag schlägt Stromeinsparungen vor, in: Spandauer Volksblatt, 8.11.1946, S. 3; Warum und wie lange Stromkrise?, in: Neue Zeit, 10.11.1946, S. 6; Drei Millionen Berliner brauchen Strom, in: Spandauer Volksblatt, 11.11.1946, S. 3; In Klingenberg laufen jetzt beide Turbinen, in: Der Morgen, 12.11.1946, [S. 5]; Die Stromnöte von Berlin, in: Telegraf, 12.11.1946, S. 4.

Leistung, sondern auf die fehlende Nußkohle zurückgeführt werden. Es frage sich, ob hinsichtlich der Kohlenversorgung mit der notwendigen Sorgfalt an die Dinge herangegangen worden sei, ob insbesondere von der zuständigen Organisation[46] rechtzeitig versucht worden sei, die notwendige Menge Nußkohle zu bekommen. Selbst wenn dies in den Plänen vorgesehen gewesen sein sollte, so hätte man sich nicht auf die Pläne allein verlassen, sondern sich durch Beauftragte an Ort und Stelle vergewissern sollen, ob auch die Durchführung in der gewünschten Weise vor sich gehe.

Geschke hält es für notwendig, die in dieser Frage völlig irregeleitete Öffentlichkeit umfassend zu informieren und zu diesem Zweck eine kleine Kommission einzusetzen.

Dusiska entgegnet Bürgermeister Orlopp, daß die Berliner Centrale Kohlenorganisation keine Schuld an dem gegenwärtigen Zustand trage. Nach der ganzen Konstruktion dieser Einrichtung, die nur einen deutschen Annex einer alliierten Verwaltung darstelle, könne diese keine Weisungen vom Magistrat entgegennehmen, sie sei an die Weisungen der alliierten Kohlenkommission gebunden. Die Centrale Kohlenorganisation habe z[um] B[eispiel] auch kein Recht, etwa Beauftragte ins Ruhrrevier zu senden, um dort irgendwelchen Einfluß auf die Sortenlieferung zu nehmen. Die Funktion der deutschen Verwaltung auf diesem Gebiet fange erst an, wenn die Kohle hier eingetroffen ist.

Maron hält die Einsetzung einer Untersuchungskommission im jetzigen Stadium der Dinge für wenig aussichtsreich. Die Tatsachen lägen ziemlich klar. Bedauerlich sei nur die Irreführung der Öffentlichkeit, die hier offensichtlich getrieben worden sei. Es würden von bestimmter Seite in einer gewissen Presse bewußt falsche Vorwürfe gegen eine Seite erhoben, die an den Dingen unschuldig sei. Das Zweckmäßigste wäre, in einer Pressekonferenz die ganze Lage ohne jede Kritik an irgendeiner Besatzungsmacht darzulegen und dabei die Maßnahmen zu erwägen, die jetzt notwendig seien, um möglichst ohne allzu große Opfer über die Krise hinwegzukommen. Wahrscheinlich werde man eine allgemeine Kontingentsherabsetzung über ganz Berlin hinweg durchführen müssen.

Nach weiteren Bemerkungen von Dr. Goll, Orlopp, Dusiska, Scharoun, Winzer und nachdem Geschke seinen Antrag auf Einsetzung einer Kommission zugunsten des Vorschlags von Maron zurückgezogen hat, schließt die Aussprache.

BESCHLUSS: Der Magistrat beschließt, in einer alsbald abzuhaltenden Pressekonferenz die Öffentlichkeit über den wahren Stand der Dinge in der Stromversorgungsfrage aufzuklären.[47]

---

46 Gemeint ist die Berliner Centrale Kohlenorganisation; vgl. hierzu Dok. 78, Anm. 23.

47 Die hiermit beschlossene Pressekonferenz wurde am 6.11.1946 abgehalten. Vgl. hierzu: Auch Gasversorgung gefährdet?, in: Berliner Zeitung, 7.11.1946, [S. 2]; Berlins Stromsorgen, in: Tägliche Rundschau, 7.11.1946, S. 16; Aussichten der Stromversorgung, in: Der Sozialdemokrat, 7.11.1946, S. 2; Die Bewag hat das Wort, in: Neue Zeit, 7.11.1946, S. 5; Magistrat und Bewag in der Abwehr, in: Der Morgen, 7.11.1946, [S. 5]; Möglichkeiten und Planungen, in: Der Tagesspiegel, 7.11.1946, [S. 4]; Kraft und Licht, in: Telegraf, 7.11.1946, S. 4; Bewag kündigt weitere Einschränkungen an, in: Der Kurier, 7.11.1946, S. 5; Ohne Ruhrkohle kein Strom, in: Vorwärts, 7.11.1946, S. 1 f.; Pressekonferenz bei der Bewag, in: Spandauer Volksblatt, 7.11.1946, S. 3. Vgl. zur weiteren Entwicklung der Stromversorgungsprobleme die Protokolle der gemeinsamen Sitzungen

5. ALLGEMEINES

Orlopp wendet sich *gegen* die *falsche Berichterstattung* über verschiedene Vorkommnisse der letzten Zeit, die das Ernährungsgebiet berühren. Dies betrifft einmal den großen Mehlschieberprozeß Pieschel.[48] Der Vorgang hat sich im März

---

des Arbeitsausschusses und des Bilanz- und Finanzausschusses des Aufsichtsrats der Bewag am 5.11.1946, 5.12.1946 u. 17.1.1947, in: LAB(STA), Rep. 105, Nr. 4740; das 29. u. 30. Prot. des Einheitsausschusses Groß-Berlin v. 8.11.1946 u. 15.11.1946, in: BArch, Abt. Potsdam, Z-3, Nr. 4, 2. Foliierung, Bl. 26 u. 32; das Prot. über die Sitzung des Strom-Komitees beim Berliner Magistrat am 12.11.1946, in: SAPMO-BArch, BPA, IV L-2/15/472.

Mit BK/O (46) 425 v. 22.11.1946 teilte die AK dem Magistrat mit, welche Einrichtungen von Stromabschaltungen auszunehmen waren und in welcher Rangfolge auch diese, sollte der äußerste Notfall eintreten, der Stromabschaltung unterliegen sollten. Die BK/O ist vorhanden in: LAB(STA), Rep. 101, Nr. 74; LAB, Rep. 280, Nr. 4944. Durch die grundlegende BK/O (46) 433 v. 30.11.1946 ordnete die AK dann die Herabsetzung der vom Magistrat für die verschiedenen Verbrauchergruppen festgesetzten Stromhöchstverbrauchsmengen an, ferner weitere Maßnahmen wie die Herabsetzung des Spitzenverbrauchs im städtischen Verkehrswesen um 20 % und Nachtarbeit bei einem Teil der Industriebetriebe. Die BK/O ist vorhanden in: LAB(STA), Rep. 101, Nr. 74, u. LAB, Rep. 280, Nr. 4948; abgedruckt in: Berlin. Quellen und Dokumente, 1. Halbbd., S. 733 f. Vgl. hierzu: Radikale Drosselung des Stromverbrauchs, in: Der Sozialdemokrat, 14.12.1946, S. 2; Die neuen Stromeinschränkungen, in: Neue Zeit, 14.12.1946, S. 5; Noch weniger Strom für Berlin, in: Der Morgen, 14.12.1946, [S. 5]; Erhebliche Kürzung der Stromrationen, in: Der Tagesspiegel, 14.12.1946, [S. 4]; Die neuen Stromkürzungen, in: Der Kurier, 14.12.1946, S. 5. Mit zwei Anordnungen v. 31.12.1946 erließ der zweite Nachkriegsmagistrat in Ausführung der BK/O (46) 433 Bestimmungen zur Beschränkung des Stromverbrauchs, die am 1.1.1947 in Kraft traten; siehe: VOBl., Jg. 3 (1947), S. 7 f. u. 50 f. Hierzu heißt es in einem „Bericht über die Maßnahmen der BEWAG zur Deckung des voraussichtlichen Strombedarfs 1946/1947" v. 13.1.1947: „Theoretisch dürften die angeordneten Einschränkungen, die eine weitgehende Lähmung des Berliner Wirtschaftslebens zur Folge haben, in der Größenordnung von etwa 400[000] bis 500 000 kWh/Tag liegen. Es ist aber zu bedenken, daß infolge der das erträgliche Maß unterschreitenden Lebensbedingungen und der starken Kälte die Bevölkerung am Rande der Verzweiflung steht und von einem sehr großen Teil die Einschränkung nicht im vollen Maße beachtet wird, selbst auf die Gefahr hin, empfindliche Strafen hinnehmen zu müssen, die von den meisten Abnehmern ohnehin nicht aufgebracht werden können." „Ferner ist der alliierte Strombedarf den Einschränkungsmaßnahmen entzogen. Feststellungen haben ergeben, daß diese Stromabnehmergruppe in den Wintermonaten und insbesondere in der letzten Zeit ihren Stromverbrauch sprunghaft gesteigert hat." Der Bericht ist vorhanden in: LAB(STA), Rep. 101, Nr. 77, u. Rep. 105, Nr. 4739. Mit BK/O (47) 43 v. 15.2.1947 stellte die AK fest, daß ihre BK/O (46) 433 „in keiner Weise befolgt wurde" und forderte vom Oberbürgermeister disziplinarische Maßnahmen gegen die hierfür Verantwortlichen. Die BK/O ist vorhanden in: LAB(STA), Rep. 101, Nr. 77, u. LAB, Rep. 280, Nr. 10501; abgedruckt in: Berlin. Quellen und Dokumente, 1. Halbbd., S. 735 f. Detaillierte Materialien zu den von Magistratsseite von Dezember 1946 bis Mitte März 1947 ergriffenen Maßnahmen zur Durchführung der BK/O (46) 433, die der AK als Antwort auf ihre BK/O (47) 43 übersandt wurden, sind vorhanden in: LAB(STA), Rep. 101, Nr. 77. Vgl. hierzu auch: Berlin. Quellen und Dokumente, 1. Halbbd., S. 736, Anm. 18.

48 Vgl. hierzu: Brotration für 80 000 Berliner verschoben, in: Der Tagesspiegel, 27.10.1946, [S. 4]; Blauer Dunst um Weizendunst, in: Berliner Zeitung, 29.10.1946, [S. 6]; Lebensmit-

d[ieses] J[ahres] abgespielt. Es wurde damals eine Lieferanweisung in Höhe von 35 kg Weizendunst[49] für die chinesische Militärmission ausgestellt. Diese gab den Lieferschein zurück, weil sie die Ware nicht brauchte. Die Sache wurde ordnungsmäßig storniert. Die an der betreffenden Stelle beschäftigte Angestellte hat dann aus den Akten die Lieferanweisung herausgenommen, den Stornierungsvermerk sowie die Angabe „35 kg Weizendunst" ausradiert und von sich aus hineingetippt: 33 975 kg kanadisches Weizenmehl. Außerdem hat sie „Humboldtmühle"[50] umgeändert in „Behala"[51]. Es war eine ganz plumpe Fälschung, die eigentlich hätte sofort erkannt werden müssen. Trotzdem hat die Behala auf diese falsche Lieferanweisung das Mehl ausgeliefert. Die dort sitzende Angestellte hat erklärt, bei der schlechten Beleuchtung wäre ihr an der Anweisung nichts aufgefallen. Auch bei der Nachkontrolle ist die Fälschung nicht entdeckt worden. So sind dann diese ungeheuren Mengen ausgeliefert und verschoben worden.

Von der Zeitung „Der Tagesspiegel" ist nun in dem Prozeßbericht[52] die Sache so dargestellt worden, als lägen im Haupternährungsamt die Lieferanweisungen nur so herum, und es sei leicht, derartige Betrügereien zu machen. Das ist selbstverständlich nicht richtig. Die betreffende Abteilung war und ist vollkommen einwandfrei besetzt. Alles, was büromäßig an Kontrolle geschehen kann, geschieht. Außerdem ist inzwischen noch eingeführt worden, daß den Lieferanweisungen eine Lieferliste beigegeben wird und Lieferanweisungen nur in Verbindung mit der Liste beliefert werden können. Jedenfalls ist in bezug auf Kontrolle alles, was menschenmöglich ist, getan worden.

Ein zweiter Prozeß, der sich zur Zeit abspielt, betrifft Schiebungen, die im Ernährungsamt Mitte im April d[ieses] J[ahres] vorgekommen sind.[53] Angestellte, die mit der Markenabrechnung befaßt waren, haben abgelieferte Marken an einen Kaufmann gegeben, der darauf neue Waren bezogen hat. Auch hier wird es im Prozeßbericht des „Tagesspiegel"[54] so dargestellt, als treffe den Leiter des

---

telschiebungen en gros, in: Telegraf, 29.10.1946, S. 8; Diabolus aus dem Mehlkasten, in: Berliner Zeitung, 30.10.1946, [S. 6]; Mehlschiebungen leicht gemacht, in: Der Tagesspiegel, 30.10.1946, [S. 4]; Behala contra Ernährungsamt, in: Der Tagesspiegel, 31.10.1946, [S. 4]; Zuchthausstrafen beantragt, in: Berliner Zeitung, 1.11.1946, [S. 6]; Hintergründe der Schiebungen, in: Der Tagesspiegel, 1.11.1946, [S. 4]; 2 000 kg Mehl – für mich ist das gar nichts, in: Telegraf, 1.11.1946, S. 8; Zuchthaus für die Mehlpiraten, in: Berliner Zeitung, 2.11.1946, [S. 6]; Selbst für heutige Zeiten ungewöhnlich, in: Der Tagesspiegel, 2.11.1946, [S. 4]; Hohe Zuchthausstrafen für Mehlschieber, in: Telegraf, 2.11.1946, S. 8; Mißglückte Ehrenrettung, in: Berliner Zeitung, 6.11.1946, [S. 6].

49 Gemahlene Weizenkörner, feiner als Grieß, aber gröber als Mehl.

50 Die Humboldtmühle befand sich im Ortsteil Tegel, Bezirk Reinickendorf.

51 Berliner Hafen- und Lagerhaus-Betriebe.

52 Vgl.: Mehlschiebungen leicht gemacht, in: Der Tagesspiegel, 30.10.1946, [S. 4]; Behala contra Ernährungsamt, in: Der Tagesspiegel, 31.10.1946, [S. 4]; Hintergründe der Schiebungen, in: Der Tagesspiegel, 1.11.1946, [S. 4].

53 Vgl. hierzu: Brotration für 80 000 Berliner verschoben, in: Der Tagesspiegel, 27.10.1946, [S. 4]; Schiebungen amtlich bescheinigt, in: Der Tagesspiegel, 29.10.1946, [S. 4]; Lebensmittelschiebungen en gros, in: Telegraf, 29.10.1946, S. 8; Hintergründe der Schiebungen, in: Der Tagesspiegel, 1.11.1946, [S. 4]; 2 000 kg Mehl – für mich ist das gar nichts, in: Telegraf, 1.11.1946, S. 8; Fehlbesetzungen im Ernährungsamt, in: Telegraf, 3.11.1946, S. 2; Der Graue Markt, in: Der Sozialdemokrat, 4.11.1946, S. 5.

54 Vgl.: Hintergründe der Schiebungen, in: Der Tagesspiegel, 1.11.1946, [S. 4].

Haupternährungsamts – der übrigens damals wie auch in dem ersten Fall noch der Vorgänger des Redners war[55] – eine Versäumnisschuld an den Dingen. Nach dem Zeitungsbericht soll einer der im Prozeß vernommenen Angestellten zu seiner Entlastung ausgesagt haben, bei dem Hauptangeklagten Weimann sei der Leiter des Haupternährungsamtes und sogar der Oberbürgermeister Dr. Werner ein und aus gegangen, letzterer habe sich „väterlich mit Weimann unterhalten". Der Redner versichert, daß er selbst weder den Angeklagten Weimann noch einen der anderen Angeklagten dieser Schiebungssache kenne, also auch nicht dort ein und aus gegangen sein könne; er glaube auch nicht, daß sein Vorgänger dies getan habe.

Der Redner brandmarkt weiter eine falsche Berichterstattung der Zeitung „Der Abend"[56] über angebliche Äußerungen von ihm in einer Pressekonferenz im FDGB[57]. Fast jeder Satz in dieser Darstellung sei falsch. Auch die Angelegenheit der Kartoffelversorgung, speziell die Austauschaktion hinsichtlich der faulen Kartoffeln, sei in diesem Bericht völlig auf den Kopf gestellt worden. Der Redner will der Presse eine Berichtigung übersenden, von deren Wirkung er sich allerdings nach den gemachten Erfahrungen nicht viel verspreche. Aus all den Vorfällen ergebe sich immer die gleiche Tendenz: verleumderische Vorwürfe gegen den Magistrat zu erheben.

OB Dr. Werner weist seinerseits die ihn betreffenden Behauptungen im „Tagesspiegel" und im „Telegraf" zurück.[58] Der Angeklagte Weimann aus dem Schieberprozeß sei ihm in keiner Weise persönlich bekannt, geschweige denn könne dieser sich seiner „väterlichen Freundschaft" rühmen. Der Redner hat ebenfalls eine Berichtigung veranlaßt.[59]

Schwenk und *Hauth* empfehlen, bei derartigen falschen Berichterstattungen Zug um Zug klare und präzise Richtigstellungen vorzunehmen. Beide Redner halten es andererseits für erforderlich, bei der Behala einmal nach dem Rechten zu sehen. Es scheine da ein Organisationsmangel vorzuliegen. Auch bei dem Fall Schumacher[60] seien dort, speziell bei der Einkaufszentrale, eine Reihe von Dingen festgestellt worden, die nicht in Ordnung gewesen sind.

Orlopp erwidert, daß bei der Behala und anderen Lagern jetzt alle Sicherungsmaßnahmen gegen Unterschleife getroffen worden seien, soweit das Haupternährungsamt Einfluß darauf habe. An sich unterständen diese Läger nicht dem Haupt-

---

55 Gemeint ist Gustav Klimpel (SPD), der durch einen Mag.beschluß v. 23.2.1946 von seiner Funktion als Leiter der Mag.abt. für Ernährung befreit worden war, am 6.4.1946 letztmalig an einer Mag.sitzung teilgenommen hatte und dann krank geschrieben war. Vgl. hierzu das 47. Mag.prot. v. 23.2.1946, TOP 2 (insb. Anm. 4 u. 5). Orlopp war vom Magistrat am 29.5.1946 mit der kommissarischen Leitung der Mag.abt. für Ernährung beauftragt worden und amtierte seit dem 17.9.1946 als endgültiger Leiter dieser Mag.abt.; vgl. hierzu Dok. 86, Anm. 58.

56 Vgl.: Kartoffel-Krieg. Erregte Debatten um die Berliner Ernährung, in: Der Abend, 19.10.1946, [S. 2].

57 Gemeint ist vermutlich der Sitz des Freien Deutschen Gewerkschaftsbunds in der Wallstraße 61 – 65, Bezirk Mitte.

58 Vgl.: Hintergründe der Schiebungen, in: Der Tagesspiegel, 1.11.1946, [S. 4]; 2 000 kg Mehl – für mich ist das gar nichts, in: Telegraf, 1.11.1946, S. 8.

59 Vgl.: Nochmals: Der Graue Markt, in: Der Sozialdemokrat, 9.11.1946, S. 5.

60 Vgl. hierzu das 63. Mag.prot. v. 29.6.1946, TOP 6, u. das 67. Mag.prot. v. 27.7.1946, TOP 3.

ernährungsamt, weil dort außer Lebensmitteln auch andere Waren untergebracht sind. Im Augenblick bestehe für ihn keine Möglichkeit, noch größere Sicherungen einzubauen.

Der Redner betont noch einmal, er habe mit seinen Ausführungen nur erreichen wollen, im Magistrat darüber Klarheit zu schaffen, daß die jetzt aufgedeckten Schiebungen mit einer mangelnden Kontrolle seitens der Leitung des Haupternährungsamtes nichts zu tun haben.

BESCHLUSS: Die Ausführungen von Bürgermeister Orlopp über falsche Berichterstattungen in der Presse werden zur Kenntnis genommen.[61]

Pieck bringt einen *Konflikt der Personalabteilung mit der Abteilung für Gesundheitsdienst* zur Sprache. Der stellvertretende Leiter der Abt[eilung] für Gesundheitsdienst, Dr. Piechowski, hat am 26. Oktober ein Zirkular[62] herausgegeben, wonach das Landesgesundheitsamt beabsichtige, zur Bekämpfung der Tuberkulose[63] und der Geschlechtskrankheiten[64] ein besonderes Hauptamt zu schaffen, und wonach bis zur endgültigen Genehmigung dieses Hauptamtes der Amtsarzt von Tiergarten, *Dr. med. Schröder*[65], im Einvernehmen mit dem Gesundheitsausschuß der Alliierten Kommandantur mit der Leitung dieses Hauptamtes beauftragt worden sei. Diese Mitteilung erschien auch in der Presse.[66] Der Redner hat daraufhin bei Dr. Piechowski gegen diese Maßnahmen protestiert unter Hinweis darauf, daß es nicht angängig sei, ohne Fühlungnahme mit dem Organisationsamt[67] und der Abteilung für Personalfragen und Verwaltung ein *neues Hauptamt* einzurichten und zugleich einen Leiter dafür einzusetzen, ohne daß die Personalabteilung die Möglichkeit hatte, vorher die betreffende Persönlichkeit zu überprüfen. Gegen Dr. Schröder beständen die schwersten Bedenken: er sei alter Pg. und deshalb auch als Bezirksrat im Bezirk Tiergarten abgelehnt und lediglich als Amtsarzt zugelassen worden.[68]

Auch der Betriebsrat des Landesgesundheitsamts hat gegen die kommissarische Einsetzung von Dr. Schröder protestiert. Trotzdem ist Dr. Schröder gestern durch Dr. Harms in sein Amt eingeführt worden. Gegen ein solches Vorgehen, erklärt der Redner, müsse er Protest einlegen und verlangen, daß Dr. Schröder mit sofortiger Wirkung wieder aus dieser Stellung entfernt werde.

---

61 Vgl. hierzu auch das 30. Prot. des Einheitsausschusses Groß-Berlin v. 15.11.1946, TOP 1 (Orlopp), in: BArch, Abt. Potsdam, Z-3, Nr. 4, 2. Foliierung, Bl. 30.

62 Dieses Rundschreiben konnte nicht ermittelt werden.

63 Vgl. hierzu Dok. 119, Anm. 30.

64 Vgl. hierzu Dok. 103, Anm. 49.

65 Vgl.: Manfred Stürzbecher: Erich Schröder (1893–1968) und die Sozialhygiene in Berlin, in: Zeitschrift für ärztliche Fortbildung, Jg. 88 (1994), S. 823–830; ders.: Erich Schröder (1893–1968) und die Sozialpädiatrie, in: Landesgeschichtliche Vereinigung für die Mark Brandenburg e.V. Mitteilungsblatt, Jg. 96 (1995), S. 7–10 u. 28–34.

66 Vgl.: Bekämpfung von Volkskrankheiten, in: Der Tagesspiegel, 29.10.1946, [S. 4]; Fachamt gegen Volksseuchen, in: Vorwärts, 29.10.1946, S. 5; Maßnahmen gegen Volksseuchen, in: Der Kurier, 31.10.1946, S. 5.

67 Dienststelle der Mag.abt. für Personalfragen und Verwaltung.

68 Dr. Erich Schröder hatte im Mai/Juni 1945 als Generaldezernent im Hauptgesundheitsamt gearbeitet. Vgl. hierzu: VOBl., Jg. 1 (1945), S. 7; Stürzbecher: Erich Schröder (1893–1968) und die Sozialpädiatrie, S. 31. Vgl. zur Einsetzung Schröders als leitender Amtsarzt im Bezirk Tiergarten (ab 1.10.1945) entsprechende Schriftstücke v. Oktober/November 1945 in: LAB(STA), Rep. 102, Nr. 47.

Dr. Harms führt in seiner Erwiderung zunächst aus, wie notwendig es sei, zur wirksameren Bekämpfung der Tuberkulose und der Geschlechtskrankheiten eine besondere Abteilung im Landesgesundheitsamt einzurichten, da die bisherige Organisation dafür nicht ausreiche. Für die Leitung dieses neuen Amtes kam von allen zur Verfügung stehenden Ärzten Dr. Schröder als der einzige mit den nötigen Erfahrungen auf diesem Gebiet in Frage. Dr. Schröder sei nicht „alter Pg.", sondern 1940 zwangsmäßig der Partei beigetreten, als er im Roten Kreuz führend tätig war, nachdem er vorher im Rheinland als führendes Mitglied der Christlichsozialen Volkspartei[69] gegen den Nazismus gekämpft hatte.[70] Die neue Stelle sei ihm noch gar nicht endgültig übertragen, sondern er sei nur mit der vorläufigen Wahrnehmung der Geschäfte beauftragt worden. Das alliierte Gesundheitskomitee habe sich mit dieser vorläufigen Beauftragung einverstanden erklärt. Das Hauptpersonalamt werde selbstverständlich benachrichtigt werden, sobald es sich um eine endgültige Einsetzung handele.

Pieck betont, es handele sich weniger darum, daß ohne vorherige Genehmigung ein neues Hauptamt eingerichtet worden sei – über die Berechtigung dieser Maßnahme ließe sich diskutieren –, als darum, daß ein Herr in dieses Amt eingesetzt worden sei, von dem auch die Leitung der Abteilung Gesundheitsdienst wissen mußte, daß er schon einmal vom Magistrat in einer anderen Funktion, nämlich als leitender Mitarbeiter des Landesgesundheitsamtes und später als Bezirksrat in Tiergarten, abgelehnt worden war. Über die Parteimitgliedschaft von Dr. Schröder hätte seines Wissens seinerzeit schwerwiegenderes Material vorgelegen. Der Leiter einer Fachabteilung habe nicht das Recht, einen Herrn in ein wichtiges Amt einzusetzen, nachdem von seiten der Personalabteilung ausdrücklich dagegen protestiert worden ist.

Der Redner weist ferner darauf hin, daß nach der neuen Verfassung die Einsetzung von leitenden Beamten nur mit Genehmigung der Alliierten Kommandantur erfolgen darf,[71] daß die Billigung eines Unterkomitees nicht genüge.

Dr. Harms hebt noch einmal hervor, es handele sich nur um eine vorläufige Wahrnehmung der Geschäfte. Eine große Auswahl bestehe bei dem großen Ärztemangel in Berlin nicht. In manchen Bezirken seien 90 % der Ärzte ehemalige Pgs.

Schwanebeck meint, es wäre für Dr. Harms leicht gewesen, mit dem Betriebsrat vorher eine Verständigung über die zu berufende Persönlichkeit zu erzielen. Nachdem aber hier auch gegen das Mitbestimmungsrecht der Betriebsräte verstoßen worden sei, könne auch von einer vorläufigen Einsetzung des betreffenden Herrn keine Rede sein.

---

69 Gemeint ist der Christlich-Soziale Volksdienst, eine 1929 gegründete und bis zu ihrer Auflösung 1933 unbedeutend gebliebene politische Partei. Vgl. hierzu: Sigmund Neumann: Die Parteien der Weimarer Republik, 4. Aufl., Stuttgart/Berlin/Köln/Mainz 1977 (Urban-Taschenbücher, Bd. 175) (Originalausgabe: Berlin 1932), S. 70–72 u. 130.

70 Vgl. zu Schröders Verhalten in der Zeit des nationalsozialistischen Regimes entsprechende Unterlagen in: LAB(STA), Rep. 102, Nr. 47.

71 Artikel 36 der Vorläufigen Verfassung von Groß-Berlin v. 13.8.1946 bestimmte, daß „Ernennung und Entlassung leitender Personen der Stadtverwaltung" nur mit Genehmigung der AK vorgenommen werden konnten. Siehe: VOBl., Jg. 2 (1946), S. 300; Berlin. Quellen und Dokumente, 1. Halbbd., S. 1111; Die Entstehung der Verfassung von Berlin, Bd. I, S. 334.

Maron erklärt, das selbstherrliche Vorgehen einer einzelnen Abteilung, wie es hier erneut zutage getreten sei, könne nicht gebilligt werden, nachdem im Magistrat schon mehrfach Diskussionen über dieses Thema stattgefunden hätten. Der Redner schließt sich nach dem dargestellten Sachverhalt dem Antrag an, Herrn Dr. Schröder wieder abzuberufen.

Nach weiteren Bemerkungen von Dr. Harms und Pieck schließt die Aussprache über diese Angelegenheit.

BESCHLUSS: Der Magistrat beschließt, die von dem Leiter der Abteilung für Gesundheitsdienst ohne vorherige Fühlungnahme mit der Personalabteilung vorgenommene und bereits veröffentlichte Beauftragung von Dr. med. Schröder mit der Wahrnehmung der Geschäfte eines neuen Hauptamtes für Bekämpfung der Tuberkulose und der Geschlechtskrankheiten rückgängig zu machen.[72]

Dr. Harms gibt dem Magistrat Kenntnis davon, daß in den letzten Tagen in Pankow, Köpenick und Oberschöneweide[73] *Ärzte* zur Polizei bestellt worden seien, dort in Gegenwart *von russischen Offizieren* ihren Lebenslauf schreiben mußten und von diesen *registriert* wurden.[74] Eine Überführung von Ärzten nach Rußland habe bisher nicht stattgefunden. Trotzdem hätten diese Maßnahmen unter der Ärzteschaft eine gewisse Beunruhigung hervorgerufen.[75]

---

72 Im Januar 1947 unternahm Harms, der auch im zweiten Nachkriegsmagistrat als Stadtrat das Gesundheitsressort leitete, einen erneuten und wiederum erfolglosen Versuch, Schröder als Fachmann für Seuchenbekämpfung in das Landesgesundheitsamt zu holen. Vgl. hierzu entsprechende Schreiben v. 30.1.1947 u. 12.2.1947 in: LAB(STA), Rep. 102, Nr. 47. Am 12.5.1948 beschloß der Magistrat, Schröder ab 1.6.1948 „vorläufig" die Stelle des Leiters des Hauptamts II (Seuchenbekämpfung) im Landesgesundheitsamt zu übertragen. Aber auch dieser Mag.beschluß wurde nicht verwirklicht, weil Schröder nach Göttingen übersiedelte. Vgl. hierzu die Mag.vorlage Nr. 927 v. Mai 1948 u. das Prot. über die 92. (Ordentliche) Mag.sitzung am 12.5.1948, TOP 8, in: LAB, Rep. 228, Mag.vorlagen 1948 u. Mag.protokolle 1948; Stürzbecher: Erich Schröder (1893 – 1968) und die Sozialhygiene in Berlin, S. 829; ders.: Erich Schröder (1893 – 1968) und die Sozialpädiatrie, S. 32.

73 Ortsteil im Bezirk Köpenick.

74 Vgl. hierzu: Ärzte packten die Koffer, in: Telegraf, 3.11.1946, S. 3; Strommangel in Berlin. Registrierung von Ärzten in der russischen Zone, in: Die Neue Zeitung, 8.11.1946, S. 2.

75 Diese Beunruhigung ist auch vor dem Hintergrund der sowjetischen Aktion „Ossawakim" zu sehen, durch die am 21./22.10.1946 zahlreiche deutsche Experten (Naturwissenschaftler, Ingenieure, Techniker) und Facharbeiter aus der sowjetischen Besatzungszone und dem sowjetischen Sektor Berlins zur Arbeit in der Sowjetunion zwangsverpflichtet und mit ihren Familien dorthin abtransportiert worden waren. Vgl. hierzu das 29. Prot. der AK v. 25.10.1946, TOP 261, u. das 31. Prot. der AK v. 18.11.1946, TOP 276, in: LAB, Rep. 37, Acc. 3971, Nr. 216; Berlin. Behauptung von Freiheit, S. 58, 59, 61, 63, 64, 67 f. u. 69 f.; Hurwitz: Die Eintracht der Siegermächte, S. 148 – 153; Naimark, S. 220 – 228; Johannes Bähr: Die Betriebe Sowjetischer Aktiengesellschaften (SAG) in Berlin 1945/46 – 1953, in: Berlin in Geschichte und Gegenwart. Jahrbuch des Landesarchivs Berlin 1996, S. 197 f.

Der Redner teilt weiter mit, daß das Oskar-Helene-Heim in Dahlem im Einvernehmen mit der Rechtsabteilung in die Treuhänderschaft der Abt[eilung] für Gesundheitsdienst übernommen worden ist.[76]

BESCHLUSS: Die Mitteilungen von Dr. Harms werden zur Kenntnis genommen.

Schulze kommt auf die in der letzten Magistratssitzung *von Dr. Alfred Werner vorgebrachten Behauptungen* zurück, er, Redner, wolle sich selbst zum Hauptamtsleiter in der Abt[eilung] für Kunst machen und versuche außerdem, aus dem Krankenhaus heraus die Geschäfte der Abteilung zu beeinflussen, indem er einen Stellenplan zurückhalte.[77]

Der Redner bezeichnet es als eine sehr eigenartige Methode, gegen jemand, der todkrank im Krankenhaus liege, in einer Magistratssitzung Beschuldigungen vorzubringen, ohne daß der Betreffende sich sogleich dagegen wehren könne.

Was die erste Behauptung angehe, so wisse er nicht, woher Dr. Werner diese Information bezogen habe. Sie entspreche jedenfalls nicht den Tatsachen. Er, Redner, sei in Verwaltungssachen erfahren genug, um zu wissen, daß er sich nicht selbst zum Hauptamtsleiter in seiner eigenen Abteilung machen könne. Tatsächlich lägen die Dinge so, daß ihm nach dem Ausscheiden von Herrn Henneberg durch einen Beschluß des Magistrats die kommissarische Leitung des Hauptamtes[78] übertragen worden sei.[79] Das Kulturkomitee der Alliierten habe diesem Beschluß zugestimmt. Weiter sei in dieser Angelegenheit nichts geschehen.

Was die Zurückhaltung des Stellenplans angehe, so habe er bewußt diesen Plan, der ihm vom Organisationsamt[80] zugeschickt worden sei, zurückgehalten, weil er der Vereinbarung widersprach, die bezüglich der Besetzung von bestimmten Stellen getroffen war. Der Stellenplan sei von ihm vor zwei Tagen bearbeitet und auf das vertretbare Maß zurückgeführt worden.

Der Redner wendet sich noch einmal auf das schärfste gegen das Vorgehen von Dr. Werner. Dieses Vorgehen sei vom moralischen und menschlichen Standpunkt aus um so häßlicher, als er, Redner, sich mehrfach für Dr. Werner eindringlich eingesetzt habe.

Dr. Alfred Werner entgegnet, er würde die ganze Sache gar nicht zur Sprache gebracht haben, wenn er gewußt hätte, daß Herr Bürgermeister Schulze schon sobald wieder seine Tätigkeit aufnehmen und nicht, wie es zunächst hieß, nach seiner Entlassung aus dem Krankenhaus noch 4 Wochen als Rekonvaleszent ans Haus gefesselt sein würde. Die Erledigung des Stellenplans sei deswegen so

---

76 Vgl. zum Oskar-Helene-Heim das 77. Mag.prot. v. 28.9.1946, TOP 5 (insb. Anm. 19); Oskar-Helene-Heim in städtischer Hand, in: Neue Zeit, 13.11.1946, S. 5; Das Haus, das verlorene Hände ersetzt. Oskar-Helene-Heim in Dahlem, in: Berliner Zeitung, 17.11.1946, [S. 4]; Ausbau des Oskar-Helene-Heims, in: Der Morgen, 29.11.1946, [S. 5]; die Mag.vorlage Nr. 712 v. 26.1.1948 u. die Mag.vorlage Nr. 851 v. 13.3.1948, in: LAB, Rep. 228, Mag.vorlagen 1948; das Prot. über die 73. (Ordentliche) Mag.sitzung am 4.2.1948, TOP 15, u. das Prot. über die 86. (Ordentliche) Mag.sitzung am 7.4.1948, TOP 8, in: LAB, Rep. 228, Mag.protokolle 1948; Berlin. Behauptung von Freiheit, S. 67.
77 Vgl. das 81. Mag.prot. v. 26.10.1946, TOP 3.
78 Gemeint ist das Hauptamt für Theater, Film und Musik.
79 Vgl. das 76. Mag.prot. v. 21.9.1946, TOP 2.
80 Dienststelle der Mag.abt. für Personalfragen und Verwaltung.

dringend gewesen, weil eine große Zahl von kleineren Angestellten infolge der Nichtgenehmigung des Planes immer nur kleine Abschlagszahlungen erhielten. Deswegen habe er geglaubt, es nicht verantworten zu können, daß der Plan so lange bei Bürgermeister Schulze liegenblieb.

Die Tatsache, daß Bürgermeister Schulze die Absicht habe, sich selbst zum Hauptamtsleiter zu machen, habe er von Angestellten aus der allernächsten Umgebung von Herrn Schulze erfahren. Aber selbst wenn dies nicht der Fall sein sollte, so liege doch in der Behauptung einer solchen Absicht nichts, was dem anderen an die Ehre greife. Es sei doch durchaus menschlich, wenn jemand sich überlege, wie er später selbst Hauptamtsleiter bleiben könne.

Schulze erklärt, daß diese Dinge noch an anderer Stelle ihre Erledigung finden würden. Hier müsse er sich nur dagegen wenden, daß, während er todkrank im Krankenhaus liege, hinterhältige Angriffe gegen ihn erhoben würden.

OB Dr. Werner rügt den letzten Ausdruck als unparlamentarisch.[81]

Nächste Sitzung: Sonnabend, den 9. November, vorm[ittags] 10 Uhr.

---

81 In einem Schreiben v. 6.11.1946 richtete Dr. Alfred Werner an OB Werner die Bitte, Schulze zu veranlassen, seine beleidigenden Äußerungen, die er ihm gegenüber bei einem Dienstgespräch am 31.10.1946 und in der Mag.sitzung am 2.11.1946 gemacht habe, mit dem Ausdruck des Bedauerns in einer Mag.sitzung zurückzunehmen. Ausweislich der Mag.protokolle der restlichen Sitzungen des ersten Nachkriegsmagistrats ist dies nicht geschehen. Das Schreiben ist vorhanden in: LAB(STA), Rep. 01-06, Nr. 411 (Personalakte Dr. Alfred Werner), 1. Teilakte, Bl. 36.

Dok. 123
Schreiben von Stadtrat Orlopp und dem stellvertretenden Stadtrat Schmidt an das Ernährungskomitee der Alliierten Kommandantur vom 6. November 1946, betr. Lebensmittelverlustsätze

LAB, Rep. 10 B, Acc. 1877, Nr. 374. – Maschinenschriftliche Durchschrift.[1]

An die

Alliierte Kommandantur,
Ernährungs-Komitee,

Berlin-Dahlem
– – – – – –
Kaiserswerther Str. 18

Schm./P. 6.11.1946

Lebensmittelverlustsätze.
Befehl REF. BK/O (46) 233 vom 25. Mai 1946.[2]

Sofort nach Übernahme der kommissarischen Leitung der Abteilung für Ernährung des Magistrats der Stadt Berlin haben die beiden Unterzeichneten[3] in der Frage der Schwundsätze für rationierte Lebensmittel sich am 18.6.46 an die Alliierte Kommandantur mit der Bitte gewandt, die für rationierte Lebensmittel durch Befehl[4] festgesetzten Schwundsätze den handelsüblichen Schwundsätzen anzupassen.[5] Auf

---

1 Diese Durchschrift weist einige handschriftliche Zusätze der Sekretärin Pötke des Generalreferenten in der Mag.abt. für Ernährung, Hans Mummert, auf. Auf der ersten Seite hat die Sekretärin unter dem Text fünf weitere Empfänger des Schreibens (neben der AK als offizieller Adressatin) notiert, und oben auf der Seite hat sie vermerkt, daß das Schreiben am 14.11.1946 an die Verbindungsstelle zu den Alliierten im Neuen Stadthaus abgesandt worden ist. Auf der letzten Seite hat sie die handschriftlichen Ergänzungen „gez. Orlopp" und „gez. Schmidt" vorgenommen und den Text insgesamt mit „F.d.R." (Für die Richtigkeit) und ihrem Namen unterschrieben. – Ein Exemplar der russischen Übersetzung des Schreibens ging mit einem Anschreiben von Orlopp und Schmidt v. 6.11.1946 an den Chef der Abteilung für Handel und Beschaffungen der Sowjetischen Zentralkommandantur der Stadt Berlin, Oberst Kalinitschenko. In diesem Anschreiben wurde die Sowjetische Zentralkommandantur um Hilfe in der Frage der Lebensmittelverlustsätze gebeten und um „Verständnis für die außerordentlich schwierige Lage", „in der sich der Magistrat der Stadt Berlin und die Leitung der Abteilung für Ernährung befinden, wenn die Schwundsätze den tatsächlichen Gegebenheiten nicht angepaßt werden". Eine Durchschrift des Anschreibens ist vorhanden in: LAB, Rep. 10 B, Acc. 1877, Nr. 374.
2 Die BK/O (46) 233 v. 25.5.1946 ist vorhanden in: LAB(STA), Rep. 101, Nr. 65; LAB, Rep. 280, Nr. 12583.
3 Orlopp und Schmidt waren Ende Mai 1946 kommissarisch zum Leiter bzw. stellvertretenden Leiter der Mag.abt. für Ernährung bestellt worden; vgl. das 59. Mag.prot. v. 29.5.1946, TOP 4.
4 Gemeint ist BK/O (46) 233. Vgl. Anm. 2 zu diesem Dok.
5 Vgl. Dok. 92.

diese Bitte ist eine Stellungnahme der Alliierten Kommandantur noch nicht erfolgt, und wir gehen wohl nicht fehl in der Annahme, daß die Alliierte Kommandantur zunächst die Bestandsaufnahme zum 30.6.46[6] und die Aufteilung der Verluste abwarten wollte. Durch Befehl BK/O (46) 394 vom 8.10.46 ist die Aufteilung der eingetretenen Verluste zum 30.6.46 nunmehr vorgenommen worden,[7] und die Unterzeichneten halten es daher für ihre Pflicht, die Frage der Schwundsätze bei Lebensmitteln nochmals der Alliierten Kommandantur zu unterbreiten. Wir dürfen dazu folgendes bemerken:

1.) Die Gewährung ausreichender Schwundsätze bildet die Grundlage für eine saubere und ordnungsgemäße Verwaltung der dem Magistrat der Stadt Berlin anvertrauten Lebensmittel. Schwundsätze, die den tatsächlichen Möglichkeiten nicht entsprechen, führen nicht nur zwangsläufig dazu, daß Differenzen zwischen Buch- und Effektivbeständen entstehen, sondern haben auch die Demoralisierung des gesamten Verteilerapparates zur Folge. Ein Lagerhalter oder Händler, der von vornherein weiß, daß die ihm zugestandenen Schwundsätze nicht ausreichen und der dementsprechend notwendigerweise Bestrafung erwarten muß, hat nur den Ausweg, die Bevölkerung in irgendeiner Form zu betrügen. Da er in ständiger Gefahr der Bestrafung steht, ist er, wie die Erfahrung zeigt, eher geneigt, sich wegen größerer Differenzen, von denen er einen Teil für seine eigenen Zwecke verbraucht, bestrafen zu lassen als für kleinere.

2.) Bei ungenügenden Schwundsätzen steht auch die gesamte Verwaltung unter einem fortwährenden Druck, entweder gegenüber ihren vorgesetzten Stellen oder den alliierten Behörden unehrlich zu sein, d[as] h[eißt] Fehlbestände zu verschleiern zu versuchen (eine Lage, der sich die Leitung in der letzten Zeit verschiedentlich gegenübersah), oder aber zur Verantwortung gezogen zu werden für Versäumnisse, deren Strafbarkeit der einzelne Angestellte innerlich nicht anerkennt, weil er weiß, daß praktisch die Sätze nicht eingehalten werden können.

3.) Auch die Leitung der Abteilung für Ernährung ist in einer Lage, die es ihr nicht gestattet, die Verantwortung für den Umfang der ihr anvertrauten Lebensmittel und ihre ordnungsgemäße Verteilung zu übernehmen, während sie jederzeit wegen Abweichung von Befehlen der Alliierten Kommandantur zur Rechenschaft gezogen werden kann.

Nun ist sich die Abteilung für Ernährung über den außerordentlichen Ernst und die großen Schwierigkeiten der Lebensmittelversorgung Berlins durchaus im klaren. Es ist keineswegs ihre Absicht, übertriebene Schwundsätze zu fordern

---

6 Vgl. Dok. 87, Anm. 51.
7 Die BK/O (46) 394 v. 8.10.1946 ist vorhanden in: LAB(STA), Rep. 101, Nr. 73; LAB, Rep. 280, Nr. 4929. Mit ihr nahm die AK das Ergebnis der Bestandsaufnahme der bewirtschafteten Lebensmittel v. 30.6.1946 zur Kenntnis und teilte dem Magistrat mit, daß die ermittelten Lebensmittelverluste durch Lieferungen der Alliierten ausgeglichen würden. Weiter hieß es in der BK/O: „Diese großmütige Tat seitens der Alliierten Kommandatura wird nicht wiederholt." „Sie haben Ihre Organisation zu verstärken und scharfe Maßnahmen zu ergreifen, um zu sichern, daß künftighin die Verluste an Lebensmittel[n] die Sätze des zugelassenen Schwundes nicht überschreiten."

oder aber übertriebene Schwundsätze den Groß- und Kleinhändlern zuzugestehen. Sie will lediglich eine Lage schaffen, die es ihr erlaubt, verantwortlich die Bewirtschaftung der ihr anvertrauten Lebensmittel durchzuführen und Differenzen zwischen Buchbestand und Effektivbestand soweit wie irgend menschenmöglich zu vermeiden.

Aus diesen Gründen erlaubt sich die Abteilung für Ernährung des Magistrats der Stadt Berlin zusätzlich zum Antrag vom 18.6.46 folgendes auszuführen:

a) Die damals vorgesehenen Schwundsätze[8] sind handelsübliche Schwundsätze, die in einer normalen Wirtschaft als durchaus tragbar bezeichnet wurden. In einer solchen normalen Wirtschaft wird unter geordneten Übernahme- und Transportbedingungen gearbeitet, sind Transportmittel und Transportmaterialien in einwandfreiem Zustand und braucht nicht mit einem übermäßigen Verlust durch Diebstahl und Unterschlagung gerechnet zu werden. Trotzdem diese Voraussetzungen nicht zutreffen und heute mit einer außerordentlich stark demoralisierten Bevölkerung gerechnet werden muß, die in vielen Fällen jede, auch nur die geringste Möglichkeit benutzt, um sich, gleichviel auf welchem Wege, Lebensmittel zusätzlich zu beschaffen, dürfte es nicht nötig sein, die Maximalsätze in Anspruch zu nehmen. Die Abteilung für Ernährung glaubt in der Lage zu sein, durch den inzwischen aufgebauten Überwachungs- und Abrechnungsapparat in der Nähe der Minimalsätze bleiben zu können.

b) Schwundsätze müssen für die verschiedenen Verteilungsstufen aufgeteilt werden. In der Praxis der Abteilung für Ernährung wird von dem genehmigten Gesamtschwund ein Teil in Anspruch genommen für die Großläger des Magistrats, ein Teil für die Bezirksläger der Bezirksernährungsämter oder den Großhandel und ein weiterer Teil für den Kleinhandel. Auch bei handelsüblichen Schwundsätzen muß diese Aufgliederung erfolgen. Es ist jedoch nicht daran gedacht, den einzelnen Verteilungsstufen die Berechtigung zu geben, diese aufgeteilten Schwundsätze voll in Anspruch zu nehmen, sondern diese Schwundsätze stellen lediglich die Ermächtigung für die überwachenden Magistratsdienststellen dar, bis zu dieser Höhe Verluste anzuerkennen. Eventuelle Unterschreitungen der Verluste gelten nicht als Gewinnmenge, sondern sind stets in dem Bestand weiterzuführen und ordnungsgemäß zur Verteilung zu bringen.

c) Bei der Abteilung für Ernährung des Magistrats der Stadt Berlin besteht eine besondere Stelle zur Überwachung der Schwunde.[9] Diese Stelle ist seit 4 Monaten eingerichtet worden, erfaßt statistisch alle

---

8 Vgl. Dok. 92 (Anlage).

9 Gemeint ist offenbar das Referat VII/5 im Hauptamt für Bedarfsdeckung der Mag.abt. für Ernährung, das zuständig war für „Warenübernahme und -übergabe, Qualitätsprüfungen, Überwachung und Kontrolle aller Zentralläger, Mühlen- und Verarbeitungsbetriebe". Vgl. den entsprechenden Stellenplan v. 16.12.1946, in: LAB, Rep. 10 B, Acc. 1877, Nr. 406. Nach einer Anmerkung zur Sachgebietsbezeichnung dieses Referats gab es Ende 1946 in Berlin 207 Zentralläger, Mühlenbetriebe und Verarbeitungsbetriebe; siehe: a.a.O.

entstehenden Schwunde und wertet das so gewonnene Material zur Kontrolle der einzelnen Verteilungsstufen aus. Verteilungsstufen, die von den Schwundsätzen abweichen, werden sofort darauf aufmerksam gemacht bzw. zur Rechenschaft gezogen. Durch diese Schwundstelle sind in den letzten Monaten schon zweifellos einige Fortschritte erzielt worden. Es ist daran gedacht, dieses System weiter auszubauen.

d) Am 30.6.1946 ist eine körperliche Bestandsaufnahme erfolgt.[10] Anhand der dabei gewonnenen Erfahrungen soll eine neue Bestandsaufnahme zum 31.12.1946 erfolgen,[11] die wiederum verbesserte Ergebnisse liefern dürfte. Da durch die Aufteilung der Verluste am 30.6.1946 im wesentlichen eine Übereinstimmung der Buch- und Effektivbestände erzielt wurde,[12] kann sich die Alliierte Kommandantur für das zweite Halbjahr 1946 davon überzeugen, wie sich die Schwundsätze in der Praxis entwickelt haben.
Die Ergebnisse dieser Bestandsaufnahme zum 31.12.1946 dürften etwa Mitte Februar 1947 vorliegen.[13]

e) Bei der Gewährung der Schwundsätze müßte eine Definition des Begriffs Schwund gegeben werden, damit in der Auslegung keine Schwierigkeiten sich ergeben. Die Abteilung für Ernährung erlaubt sich, dafür folgenden Vorschlag zu unterbreiten:

I) Die gewährten Schwundsätze sollen diejenigen Warenverluste decken, die aus natürlichen Ursachen entstehen (Feuchtigkeitsverluste usw.) oder im Verlauf der Warenbewegung und -verteilung (Transportverluste, Schnittverluste usw.) unvermeidlich sind.

II) Die Schwundsätze enthalten nicht Verluste durch höhere Gewalt, wie Naturkatastrophen, Raub, schwerer Diebstahl, soweit sie durch Protokolle belegt werden können.

III) Waren, die beschädigt wurden, mengenmäßig erfaßbar sind und einem anderen Verwendungszweck als der menschlichen Ernährung zugeführt werden können, sind nicht in den Schwundsätzen enthalten.

Die beiden Unterzeichneten halten es für ihre Pflicht, der Alliierten Kommandantur offen ihre Meinung über die Lage und die zu erwartende Entwicklung zu sagen. Sie sehen es als unvermeidlich an, daß bei Beibehaltung der jetzigen Schwundsätze sich zum 31.12.1946[14] wiederum Differenzen zwischen Buch- und Effektivbeständen

---

10 Vgl. Dok. 87, Anm. 51.
11 Tatsächlich fand die nächste körperliche Bestandsaufnahme der bewirtschafteten Lebensmittel in Berlin am 31.1.1947 statt. Vgl. hierzu die entsprechende Rundverfügung der Mag.abt. für Ernährung v. 10.12.1946, in: LAB, Rep. 10 B, Acc. 1877, Nr. 374.
12 Vgl. Anm. 7 zu diesem Dok.
13 Vgl. zu den Ergebnissen der Bestandsaufnahme v. 31.1.1947 das Schreiben des Leiters der Mag.abt. für Ernährung, Paul Füllsack, an das Ernährungskomitee der AK v. 22.9.1947, in: LAB, Rep. 10 B, Acc. 1877, Nr. 374.
14 Vgl. Anm. 11 zu diesem Dok.

ergeben werden, wenn nicht eine Anpassung der durch Befehl festgesetzten Schwundsätze an die handelsüblichen Schwundsätze erfolgt. Sie bitten deshalb die Alliierte Kommandantur, die Abteilung für Ernährung des Magistrats der Stadt Berlin in ihrem Bemühen um eine saubere, wahrheitsgetreue und gerechte Verwaltung der für die Bevölkerung bestimmten Lebensmittel zu unterstützen und sich mit dem schwierigen Problem der zu gewährenden Schwundsätze noch einmal im Sinne des heutigen Schreibens und unseres Antrages vom 18.6.1946 zu beschäftigen.[15]

gez. Orlopp[16]   gez. Schmidt[17]

(Orlopp)   (M. Schmidt)

2. Stellvertreter des Oberbürgermeisters

---

15 Die AK hat keine BK/O zu Lebensmittelverlustsätzen mehr erlassen.
16 Handschriftliche Ergänzung; vgl. Anm. 1 zu diesem Dok.
17 Handschriftliche Ergänzung; vgl. Anm. 1 zu diesem Dok.

Dok. 124
83. Magistratssitzung vom 9. November 1946

LAB(STA), Rep. 100, Nr. 783, Bl. 45 – 47. – Umdruck.[1]

Beginn: 10.05 Uhr   Schluß: 11.55 Uhr

Anwesend: OB Dr. Werner, Maron, Orlopp, Schwenk, Schulze, Lange, Dr. Land-
            wehr, Schmidt, Dr. Haas, Kehler, Knoll, Kraft, Dr. Alfred Werner,
            Dr. Goll, Hauth, Dusiska, Geschke, Buchholz, Starck, Scharoun,
            Dr. Harms, Schwanebeck.

Den Vorsitz führt: Oberbürgermeister Dr. Werner.

Tagesordnung: 1. Protokoll
                2. Personalien
                3. Beschlußfassung über Vorlagen
                4. Ernährungslage
                5. Allgemeines.

1. PROTOKOLL
Die Niederschrift der 82. Magistratssitzung vom 2.11.46 wird genehmigt.

2. PERSONALIEN
Schmidt beantragt die Zustimmung des Magistrats zu der Einsetzung des Herrn
Georg Zander als *Leiter der Hauptfahrbereitschaft*. Mit der Angelegenheit hatte
sich der Magistrat bereits in einer früheren Sitzung beschäftigt.[2] Es sollte nur noch
die Billigung des Einheitsausschusses der vier Parteien eingeholt werden. Dies ist
geschehen; der Einheitsausschuß hat keine Bedenken gegen die Einsetzung von
Herrn Zander erhoben.[3]
BESCHLUSS: Der Magistrat stimmt der Einsetzung von Herrn Georg Zander zum
             Leiter der Hauptfahrbereitschaft zu.

3. BESCHLUSSFASSUNG ÜBER VORLAGEN
Maron berichtet, daß dem Einheitsausschuß der Parteien in seiner letzten Sitzung die
beiden Vorlagen Nr. 490 (Zentrales Reiseamt) und Nr. 494 (Vollzug des Wohnungsgesetzes) vorgelegen haben.[4] Gegen eine Behandlung der Vorlage Nr. 490 durch den
alten Magistrat wurden keine Bedenken erhoben. Die Vorlage Nr. 494 wurde, da sie
wegen des verspäteten Eingangs von den Vertretern der Parteien noch nicht studiert
werden konnte, zunächst einem kleinen Ausschuß, bestehend aus je einem Vertreter

---

1 Weitere Umdruckexemplare dieses Protokolls sind vorhanden in: LAB(STA), Rep. 100,
  Nr. 752, lfd. S. 516 – 521; LAB, Rep. 228, Mag.protokolle 1946, u. Rep. 280, Nr. 8501/40.
2 Vgl. das 81. Mag.prot. v. 26.10.1946, TOP 3.
3 Vgl. das 28. u. 29. Prot. des Einheitsausschusses Groß-Berlin v. 1.11.1946 u. 8.11.1946,
  in: BArch, Abt. Potsdam, Z-3, Nr. 4, 2. Foliierung, Bl. 17 u. 25.
4 Vgl. das 29. Prot. des Einheitsausschusses Groß-Berlin v. 8.11.1946, in: BArch, Abt.
  Potsdam, Z-3, Nr. 4, 2. Foliierung, Bl. 25.

der vier Parteien, zur Vorberatung überwiesen.[5] Somit wäre in der heutigen Sitzung nur die Vorlage Nr. 490 zu behandeln.

Schmidt begründet die Vorlage Nr. 490[6], die zum Gegenstand hat: Genehmigung der Kosten für das *Zentrale Reiseamt des Magistrats von Groß-Berlin*. Es handelt sich um die Ausführung eines früheren Magistratsbeschlusses, aufgrund dessen ein solches Zentrales Reiseamt gegründet werden sollte.[7] Die Kosten dafür beziffern sich gemäß dem Voranschlag auf 105 000 RM für das Etatsjahr. Davon braucht für den Rest des laufenden Rechnungsjahres nur ein Teilbetrag in Anspruch genommen zu werden. Man hofft mit insgesamt 60 000 RM auszukommen, für die die Bewilligung nachgesucht wird. Der Redner beantragt, der Magistrat möge damit einverstanden sein, daß der Stadtkämmerer aus eigenen Verfügungsmitteln 20 000 RM für diese Einrichtung bereitstellt und sich für weitere 40 000 RM die Genehmigung der Alliierten Kommandantur geben läßt.

Lange empfiehlt noch eine Ergänzung zu diesem Antrag. Im Einheitsausschuß der Parteien sei der Wunsch ausgesprochen worden, es möchten keine Neueinstellungen im Zentralen Reiseamt mehr vorgenommen, sondern mit dem jetzigen Personalbestand weitergearbeitet werden.[8] Es soll dadurch vermieden werden, daß bei Auflösung der Reisestellen bei den Bezirksämtern vorhandene Kräfte entlassen werden müssen.

Schmidt ist mit einer solchen Ergänzung einverstanden und formuliert den Antrag entsprechend.

BESCHLUSS: Die Vorlage Nr. 490 wird mit der Modifizierung angenommen:

1. daß 20 000 RM aus eigenen Verfügungsmitteln des Stadtkämmerers für die neue Einrichtung bewilligt [werden] und die Bewilligung von weiteren 40 000 RM von der Alliierten Kommandantur erbeten wird;

2. daß bis auf weiteres keine Personaleinstellungen für das Reiseamt erfolgen, sondern mit dem vorhandenen Personal weitergearbeitet wird.[9]

4. ERNÄHRUNGSLAGE

Orlopp macht Mitteilungen über den Stand der Winterbevorratung und sonstige Maßnahmen auf dem Ernährungsgebiet.[10] Er führt aus:

---

5 Vgl. zur Behandlung der Mag.vorlage Nr. 494 v. 4.11.1946 im Magistrat das 84. Mag.prot. v. 16.11.1946, TOP 3.

6 LAB(STA), Rep. 100, Nr. 783, Bl. 40–43. Vgl. hierzu das 82. Mag.prot. v. 2.11.1946, TOP 3.

7 Vgl. das 59. Mag.prot. v. 29.5.1946, TOP 4; zu den Aufgaben des Zentralen Reiseamts auch das 24. Mag.prot. v. 1.10.1945, TOP 7, u. das 29. Mag.prot. v. 5.11.1945, TOP 3.

8 Vgl. das 28. u. 29. Prot. des Einheitsausschusses Groß-Berlin v. 1.11.1946 u. 8.11.1946, in: BArch, Abt. Potsdam, Z-3, Nr. 4, 2. Foliierung, Bl. 18 u. 25.

9 Der zweite Nachkriegsmagistrat beschloß am 17.3.1947, das bisher der Mag.abt. für Personalfragen und Verwaltung unterstehende Zentrale Reiseamt mit Wirkung v. 1.4.1947 der Mag.abt. für Verkehr und Versorgungsbetriebe zu unterstellen. Vgl. hierzu die Mag.vorlage Nr. 125 v. 7.3.1947 u. das Prot. über die 17. (Ordentliche) Mag.sitzung am 17.3.1947, TOP 6, in: LAB, Rep. 228, Mag.vorlagen 1947 u. Mag.protokolle 1947.

10 Vgl. zur Ernährungslage im November 1946 verschiedene Quellen in: LAB(STA), Rep. 101, Nr. 548 u. 586, u. Rep. 113, Nr. 149 u. 150, u. LAB, Rep. 10 B, Acc. 1877, Nr. 406; das 30. Prot. des Einheitsausschusses Groß-Berlin v. 15.11.1946, TOP 1,

In der Sitzung vom 5. Oktober 1946 habe ich schon darauf hingewiesen, daß in diesem Jahre die *Belieferung der Bevölkerung mit Kartoffeln* aus den Ländern der russischen Zone, ferner aus Bayern, aus dem Saargebiet, aus Hannover, aus dem Rheinland und der Tschechoslowakei erfolgt.[11] Die *erhöhten Frachtkosten* können aus dem Verkaufspreis nicht getragen werden, ohne denselben erheblich zu erhöhen. Bis jetzt sind schon 1,7 Millionen RM *Stützungsgelder* für diesen Zweck ausgegeben worden, und die weiteren Anfuhren werden schätzungsweise noch 1 Million erfordern.[12] Infolge der Qualitätsbeanstandungen hat die Lieferfreudigkeit aus den einzelnen Ländern und Provinzen erheblich nachgelassen. Damit die Kartoffelanfuhr nicht restlos zum Stocken kommt, haben wir Minderwerte bis zu 10 % nicht mehr telegraphisch beanstandet. Die Beanstandungen häuften sich so, daß sie nicht mehr telegraphisch durchgegeben werden konnten.

Die *Qualität der Kartoffeln* ist im allgemeinen in diesem Jahre nicht gut. Nach den Kartoffelgeschäftsbedingungen können aber bei Nichtbeanstandungen Regreßansprüche irgendwelcher Art an die Lieferanten nicht gestellt werden, wenn die vorgeschriebene Rügefrist nicht eingehalten wird. Wir werden in Zukunft Mängel über 10 % den Verladern in Abständen von 14 Tagen mit dem Gutachten der Sachverständigen vorlegen. Dabei ist es sehr fraglich, ob wir in der Lage sein werden, die Regreßansprüche erfolgreich durchzufechten. Rechnen wir 10 % Minderwert bei einer Menge von 250 000 t und zu einem Durchschnittspreis von 70 RM pro Tonne, dann müßte ein Betrag von rund 1,4 Millionen RM aus öffentlichen Mitteln übernommen werden. Ich mache deshalb schon heute darauf aufmerksam, daß außer den erhöhten Frachtkosten auch dieser Betrag aus Etatsmitteln gedeckt werden muß, die für solche Stützungszwecke vorgesehen sind.

Zu der *Kartoffeleinkellerung*[13] selbst ist folgendes zu sagen: Bis zur nächsten Ernte braucht Berlin rund 440 000 t Kartoffeln, von denen bis jetzt zunächst 230 000 t in Berlin sind. Die Einfuhr weiterer Kartoffelmengen geht ununterbrochen weiter. Für die Zeit bis zum 20. März 1947 ist die Kartoffelversorgung sichergestellt. Rund 90 % der Bevölkerung haben für diese Zeit eingekellert. Außerdem sind größere Mengen auf Lager genommen worden, um auch für diejenigen Bevölkerungskreise Kartoffeln zur Verteilung zu bringen, die keine Einkellerungsmöglichkeit haben.

Zur *Brotversorgung*[14] ist folgendes zu sagen: Die Getreideernte war qualitätsmäßig

---

in: BArch, Abt. Potsdam, Z-3, Nr. 4, 2. Foliierung, Bl. 30 f. (Bericht von Orlopp); BK/R (47) 13 v. 15.1.1947: Nahrungsmittelbericht des Food Committee der AK für November 1946, in: LAB, Rep. 37: OMGBS, BICO LIB, 11/148-3/3; Der Speisezettel für den Monat November, in: Tägliche Rundschau, 1.11.1946, S. 6; Berlins Ernährung gesichert, in: Der Morgen, 16.11.1946, [S. 2]; Josef Orlopp: Berliner Ernährungssorgen, in: Berliner Zeitung, 17.11.1946, [S. 4]; Berlins Ernährung gesichert! Ein Gespräch mit Bürgermeister Orlopp, in: Neues Deutschland, 19.11.1946, S. 6; Zauber der Kalorien, in: Der Tagesspiegel, 26.11.1946, [S. 4]; Wie lebt der Berliner auf Karten?, in: Telegraf, 28.11.1946, S. 8.

11 Vgl. das 78. Mag.prot. v. 5.10.1946, TOP 2.

12 Vgl. zu den Mitteln für die Preisstützung landwirtschaftlicher Produkte das 47. Mag.prot. v. 23.2.1946, TOP 3, u. das 51. Mag.prot. v. 25.3.1946, TOP 5 (Klimpel), u. das 53. Mag.prot. v. 6.4.1946, TOP 4, u. das 56. Mag.prot. v. 4.5.1946, TOP 4 (Haas).

13 Vgl. zur Kartoffelversorgung: Dok. 72, Anm. 57; zur Wintereinkellerung der Kartoffeln: Dok. 118, Anm. 9.

14 Vgl. hierzu auch das 78. Mag.prot. v. 5.10.1946, TOP 2 (Orlopp).

gut, und wir haben große Mehlmengen auf Lager genommen, darunter auch kanadisches Weizenmehl. Die derzeitige Zuteilung an Weizenmehl beträgt 30 % der auf der Brotkarte vorgesehenen Mehlmenge. Im Monat Dezember werden rund 50 % Weizenmehl an die Bevölkerung abgegeben. Die zur Zeit in Berlin vorhandenen Mehl- und Getreidemengen reichen insgesamt bis einschließlich der ersten Dekade Februar 1947. Bis dahin ist die Brotversorgung gesichert. Weitere Getreide- und Mehlmengen werden täglich hereingenommen, so daß für Berlin Befürchtungen in dieser Richtung ebenfalls nicht bestehen. Der monatliche Verbrauch für die gesamte Berliner Bevölkerung beträgt rund 30 000 t.

Der *Nährmittelbedarf* für Groß-Berlin beträgt ca. 4 400 t monatlich einschließlich 350 t Kindernährmittel. Die Bezirke werden weiterhin laufend mit Nährmitteln aus der Berliner Industrie versorgt, zu deren Herstellung unsere Hafer- bezw. Gerstenbestände herangezogen werden.

Beim *Fleisch* liegen die Dinge so, daß auch für die weitere Zukunft für einen Teil des Monats Fisch anstatt Fleisch ausgegeben werden muß, um die Viehbestände zu schonen. 2 000 Rinder kommen jetzt aus Irland herein.

Beim *Fett* dürfte in diesem Winter hauptsächlich Margarine ausgegeben werden, während für Kranke und Kinder die hereingekommene Butter zur Verteilung kommt.

Die Belieferung mit *Zucker* wird kaum Schwierigkeiten machen.

An *Gemüse* gibt es zur Zeit außer dem rationierten Gemüse auch eine kleine Menge freies Gemüse. Freie Kartoffeln dagegen gibt es noch nicht. Sobald die Kartoffelernte abgeschlossen ist und die Bauern ihr Soll erfüllt haben, kann damit gerechnet werden, daß für die Gemeinschaftsverpflegung sicherlich auch freie Kartoffeln zur Verteilung kommen können.

Die Berliner Bevölkerung kann also damit rechnen, daß alles geschieht, was möglich ist, um die Lebensmittelversorgung zu sichern und weiter zu verbessern.

Schmidt teilt, anknüpfend an die vor kurzem vorgelegte Bilanz des Hauptamtes für Bedarfsdeckung,[15] mit, daß die Abteilung für Ernährung glaubt, im ersten Halbjahr dieses Rechnungsjahres ohne Zuschüsse auskommen zu können, daß dagegen für das zweite Halbjahr mit stärkeren Belastungen des Stadtsäckels zu rechnen sei. Die Gründe hierfür liegen einmal in den schon erwähnten erhöhten Frachtkosten für Kartoffeln und andere Nährmittel, sodann in einer Preiserhöhung für Zucker sowie in Zuschüssen für den Ankauf von Arktis-Dosen[16] für die Schul- und Kinderspeisung.
BESCHLUSS: Die Mitteilungen von Bürgermeister Orlopp und Stadtrat Schmidt werden zustimmend zur Kenntnis genommen.

5. ALLGEMEINES

Dr. Haas gibt Kenntnis von einem Befehl der Alliierten, wonach *bei beschlagnahmten Gebäuden* und Grundstücken die Instandsetzungs-, Umbau- und Ausbaukosten nicht mehr als Besatzungskosten verbucht werden dürfen, sondern zu Lasten des Grundstückseigentümers gehen sollen, und zwar rückwirkend vom 1. August 1945

---

15 Vgl. das 79. Mag.prot. v. 12.10.1946, TOP 7.
16 Dosen mit Lebensmitteln, die von der britischen Militärregierung zur Verfügung gestellt wurden. Vgl. hierzu: LAB, Rep. 280, Nr. 4519 – 4524, 7026, 7028, 8301 u. 8328; Berlin 1947, S. 71; Berlin. Behauptung von Freiheit, S. 133.

ab.[17] Demgemäß sind größere *Umbuchungen* vorzunehmen. Sofern der Grundstücks-eigentümer nicht in der Lage ist, die Kosten zu tragen, was meist der Fall sein wird, wird die Stadt diese Kosten übernehmen müssen, und zwar in der Weise, daß die Kostenvorschüsse von der Miete wieder einbehalten werden. Auch bei Grundstücken, die früher dem Deutschen Reich oder der NSDAP oder einer ihrer Gliederungen gehörten, darf die bisher angerechnete Miete nicht mehr auf Besatzungskosten gehen. Da, wo bisher die Besatzung selbst die Instandsetzungskosten getragen hat, müssen nunmehr die Kosten erstattet werden, und zwar auch rückwirkend vom 1.8.45 ab. Hier tritt nicht eine Umbuchung ein, sondern eine tatsächliche Erhöhung der Ausgaben.

Der Redner behandelt weiter die besonderen Schwierigkeiten, die nach dieser neuen Regelung bei den Eigenwohnhäusern entstehen. Hier werden, da die Entschä-digungen der Besitzer nicht mehr auf Besatzungskosten verbucht werden dürfen, sondern direkt bezahlt werden müssen, die bisher gewährten Mietvergütungen in Wegfall kommen, was unter Umständen Belastungen des Sozialetats zur Folge haben wird.

Der Redner trägt dann noch einen anderen Punkt vor: die Regelung der Dienstbezüge für die Mitglieder des Magistrats und der Bezirksämter, die auf Grund der Neuwahlen demnächst aus ihrem Amt ausscheiden werden.[18] Der Redner hat einen Vorschlag[19] für diese Regelung ausgearbeitet, zu dem die neue Stadtverordnetenversammlung noch Stellung nehmen müßte.

In der Aussprache hierüber, an der sich Dr. Landwehr, Schmidt und Schwanebeck beteiligen, kommt zum Ausdruck, daß bei dieser Regelung die in der Tarifordnung[20] vorgesehenen Schutzbestimmungen Berücksichtigung zu finden hätten. Der gegen-wärtige geschäftsführende Magistrat könne in dieser Frage keine Beschlüsse fassen, dies sei Aufgabe der neuen Vertretungskörper.[21]

BESCHLUSS: Die Mitteilungen von Dr. Haas werden zur Kenntnis genommen.

---

17 Gemeint ist die BK/O (46) 409 v. 24.10.1946, betr. Entgelt für die seitens der Militärregierung benutzten Gebäude und Immobilien. Sie ist vorhanden in: LAB(STA), Rep. 101, Nr. 73, u. LAB, Rep. 280, Nr. 10952; veröffentlicht in: VOBl., Jg. 3 (1947), S. 205 f. Vgl. hierzu auch das Rundschreiben Nr. 41 des Hauptamts für Kriegsschäden und Besatzungskosten v. 13.11.1946, TOP 2a, in: LAB(STA), Rep. 101, Nr. 644, Bl. 13 f., u. Rep. 105, Nr. 6433.

18 Vgl. zu den Bezügen der Magistrats- und Bezirksamtsmitglieder das 32. Mag.prot. v. 30.11.1945 (Siebert) u. das 52. Mag.prot. v. 30.3.1946, TOP 3 (Haas), u. das 76. Mag.prot. v. 21.9.1946, TOP 4; zur beschränkten Wiederaufnahme der Zahlung von Versorgungsbezügen an alle aufgrund eines öffentlich-rechtlichen Dienstverhältnisses Berechtigten das 64. Mag.prot. v. 5.7.1946, TOP 2.

19 Dieser Vorschlag konnte nicht ermittelt werden.

20 Vgl. hierzu Dok. 47, Anm. 5.

21 Der zweite Nachkriegsmagistrat faßte am 23.12.1946 einen Beschluß zur Regelung der Versorgung der Magistrats- und Bezirksamtsmitglieder, der am 28.4.1947 noch eine Ergänzung erfuhr. Vgl. hierzu den Mag.beschluß Nr. 6 v. 23.12.1946, in: LAB(STA), Rep. 100, Nr. 785, Bl. 39 f.; die Mag.vorlage Nr. 89 v. 20.2.1947 u. die Mag.vorlage Nr. 202 v. 18.4.1947, in: LAB, Rep. 228, Mag.vorlagen 1947; das Prot. über die 13. (Ordentliche) Mag.sitzung am 24.2.1947, TOP 11, u. das Prot. über die 24. (Ordent-liche) Mag.sitzung am 28.4.1947, TOP 9, in: LAB, Rep. 228, Mag.protokolle 1947.

Dr. Haas erstattet sodann einen kurzen *Bericht über* seine Teilnahme an einer *Tagung der Finanzfachleute* aus den einzelnen Zonen *in Bad Teinach* (Württemberg) und gibt dabei ein Stimmungsbild von seinen Eindrücken in Süddeutschland.[22] Es hat sich gezeigt, wie wertvoll es ist, wenn bei solchen Gelegenheiten persönliche Verbindungen mit amtlichen Stellen in den anderen Zonen angeknüpft werden.

Dr. Harms unterstreicht diese Feststellung unter Hinweis auf seine Erfahrungen bei einer Reise nach Schleswig-Holstein. Der Redner hat dort die Unterkunftsverhältnisse für die von Berlin dorthin verschickten 700 Tuberkulosekranken besichtigt.[23] Er hat den Eindruck gewonnen, daß über die Zustände in Berlin draußen immer noch ganz falsche Vorstellungen herrschen.

Dusiska weist erneut auf die ernste Lage auf dem Gebiete der *Papierversorgung* von Berlin hin.[24] Das ganze Papier für Berlin kam bis vor kurzem im wesentlichen aus der russischen Zone und wurde von der Abt[eilung] Wirtschaft dem zuständigen Großhandel zugeleitet und durch ihn verteilt. Seit einer Reihe von Monaten hat die Sowjetische Zentralkommandantur die Verteilung der nach Berlin hereinkommenden Papiermengen sich selbst vorbehalten. Die Abteilung Wirtschaft hat keinerlei Einfluß mehr auf diese Verteilung. Die Bemühungen, auch aus anderen Zonen Papier nach Berlin hereinzubekommen, haben wenig Erfolg gehabt. Über das Papier, das aus der englischen Zone hereinkommt, verfügt die englische Militärregierung selbst. Von der amerikanischen Militärregierung ist ein bestimmtes Kontingent zugestanden, bisher aber noch nicht realisiert worden, da in Süddeutschland selbst Schwierigkeiten aufgetreten sind.

Die vorhandenen Papiervorräte in Berlin nähern sich, namentlich auch bei

---

22 Die Tagung in Bad Teinach vom 28. bis 30.10.1946 diente der Beratung der folgenden Fragen: Erfassung kriegswirtschaftlicher Forderungen; Forderungen und Verbindlichkeiten gegenüber der öffentlichen Hand und der früheren NSDAP; Anmeldung von Ostforderungen und Ostverbindlichkeiten; Schlußregelung der Kriegssachschäden. Vgl. hierzu das Rundschreiben Nr. 41 des Hauptamts für Kriegsschäden und Besatzungskosten v. 13.11.1946, TOP 3, in: LAB(STA), Rep. 101, Nr. 644, Bl. 14 f., u. Rep. 105, Nr. 6433.

23 Vgl. zur Tuberkulosebekämpfung das 82. Mag.prot. v. 2.11.1946, TOP 5; Dok. 119, Anm. 30.

24 Vgl. zum Problem des Papiermangels das 65. Mag.prot. v. 13.7.1946, TOP 8, u. das 68. Mag.prot. v. 3.8.1946, TOP 4 (Landwehr), u. das 70. Mag.prot. v. 17.8.1946, TOP 5. Scharoun hatte in einem Schreiben an das Komitee für Bau- und Wohnungswesen der AK v. 8.11.1946 den dringenden Antrag auf Bewilligung von Papier für Vordrucke der Wohnungsämter gestellt und auf die Gefahr hingewiesen, „daß die Bezirkswohnungsämter infolge des Fehlens der Vordrucke in absehbarer Zeit nicht mehr arbeitsfähig sein werden". Das Schreiben ist vorhanden in: LAB(STA), Rep. 101, Nr. 234. Maron hatte im Einheitsausschuß Groß-Berlin mitgeteilt, die „Papierkrise in Berlin habe sich in den letzten Tagen verschärft. Die Funktionen einer Reihe von Behörden seien durch den Mangel an Papier bereits jetzt ernsthaft in Frage gestellt. So sei es z[um] B[eispiel] im Augenblick nicht möglich, das Verordnungsblatt herauszubringen. Lediglich der Druck von Lebensmittelkarten sei noch gesichert. Auf allen anderen Gebieten würden die Krisenbereiche stündlich größer." Siehe das 29. Prot. des Einheitsausschusses Groß-Berlin v. 8.11.1946, in: BArch, Abt. Potsdam, Z-3, Nr. 4, 2. Foliierung, Bl. 26 f. Vgl. auch die BK/O (46) 336 v. 19.8.1946, betr. Papierbedarf der Mag.abt. für Arbeit und des Gerichtswesens in Berlin, u. die BK/O (46) 378 v. 21.9.1946, betr. Papierbedarf für die Formulare „Anmeldung von Vermögenswerten und Verbindlichkeiten"; vorhanden in: LAB, Rep. 280, Nr. 12635 u. 12653.

der Stadtverwaltung selbst, bedrohlich dem Ende. Der Redner hat rechtzeitig bei allen Besatzungsmächten auf den Ernst der Lage hingewiesen und auch vor einigen Tagen noch einmal einen Bittgang zur Zentralkommandantur unternommen, aber leider ohne Erfolg.

Hauth bestätigt von seiten der Abt[eilung] für Handel und Handwerk diese Darlegungen. Es sei nicht einmal mehr genügend Papier vorhanden, um die Bezugscheine zu drucken. Die Abt[eilung] Handel und Handwerk hat versucht, aus der französischen Zone Zellulose zu erhalten, um diese hier weiter zu verarbeiten, aber auch ohne Erfolg. Der Redner bittet alle Abteilungsleiter, die von der Abt[eilung] Wirtschaft unternommenen Schritte dadurch zu unterstützen, daß sie ihrerseits jede Gelegenheit wahrnehmen, bei den Alliierten auf die große Notlage in der Papierversorgung hinzuweisen.

Kehler schildert die Papiernot bei der Abt[eilung] für Post- und Fernmeldewesen und befürwortet eine zentrale Verteilung der Papiermengen, damit wenigstens diejenigen Stellen, deren Bedarf unbedingt gedeckt werden muß, vordringlich berücksichtigt werden.

Dusiska hält eine zentrale Regelung ebenfalls für erstrebenswert, aber der Verwirklichung dieses Wunsches steht entgegen, daß der Modus der Verteilung durch die Besatzungsmächte in den einzelnen Sektoren verschieden ist.

Dr. Alfred Werner beklagt, daß es, abgesehen von Papier, auch an sonstigen Büromaterialien für die Verwaltung, z[um] B[eispiel] an Farbbändern, mangelt.

Dr. Landwehr erinnert daran, daß er mehrfach auf die ernste Lage in bezug auf die Papierversorgung und dabei auch auf die Notwendigkeit, sparsamer mit den vorhandenen Papiervorräten umzugehen, hingewiesen habe.[25] Der Redner richtet an alle Abteilungen nochmals die Mahnung, sich hier der größten Sparsamkeit zu befleißigen.

BESCHLUSS: Die Mitteilungen über die Papierversorgungslage werden zur Kenntnis genommen.[26]

Kraft gibt einen Wunsch der Betriebsvertretung der BVG wieder, den *alten Tarifvertrag* von vor 1933 wieder in Kraft treten zu lassen.

Orlopp bezeichnet eine derartige Forderung, die wohl allgemein erhoben werden dürfte, für durchaus berechtigt, meint aber, daß es Sache der Gewerkschaften sei, Anträge in dieser Richtung an den Magistrat bzw. an die Alliierte Kommandantur zu richten.

Dusiska bringt zur Sprache, daß die seinerzeit beschlossene Errichtung einer *Zentralstelle für Holzbeschaffung*[27] bisher noch nicht von der Alliierten Kommandantur

---

25 Vgl. die vorige Anm.

26 Vgl. zur erneuten Beratung über das Problem des Papiermangels das 84. Mag.prot. v. 16.11.1946, TOP 5.

27 Vgl. zur Errichtung der Zentralstelle für die Holzbeschaffung das 38. Mag.prot. v. 23.12.1945, TOP 7. Vgl. zur Tätigkeit dieser Stelle die graphische Übersicht „Plan für die Versorgung der Bevölkerung v[on] Groß-Berlin mit Koch- u[nd] Heizholz im Zeitraum v[om] 1.4.46 bis 31.3.47", in: Neues Deutschland, 23.6.1946, S. 3; die Protokolle der Besprechungen mit den Wirtschaftsdezernenten der Bezirksämter am 15.5.1946, S. 2, u. am 21.8.1946, S. 2 f, in: LAB(STA), Rep. 106, Nr. 188; das Prot. der „Gemeinsamen Besprechung mit den Bezirksräten der Abt[eilungen] für Bau- u[nd] Wohnungswesen" am 17.9.1946, TOP 2, in: LAB(STA), Rep. 110, Nr. 46.

bestätigt worden ist. Die der Zentralstelle vorläufig gewährten Kredite sind inzwischen verbraucht, und es fragt sich, wie weiter verfahren werden soll.

Dr. Haas vermag im Augenblick hierauf keine Antwort zu geben.[28]

Nächste Sitzung: Sonnabend, den 16. November, vorm[ittags] 10 Uhr.

---

28 Die AK genehmigte mit BK/O (47) 88 v. 10.4.1947 die Errichtung eines „Hauptamts für Nutzholzbeschaffung". Die BK/O ist vorhanden in: LAB(STA), Rep. 101, Nr. 80; LAB, Rep. 280, Nr. 13682. Vgl. zu ihrer Vorgeschichte: BK/R (46) 412 v. 30.11.1946, in: LAB, Rep. 37: OMGBS, BICO LIB, 11/148-2/9; das 52. Prot. der stellv. Stadtkommandanten v. 3.12.1946, TOP 636, in: LAB, Rep. 37, Acc. 3971, Nr. 222; das 67. Prot. des Finanzkomitees der AK v. 4.12.1946, TOP 5, u. das 70. Prot. des Finanzkomitees der AK v. 19.12.1946, TOP 6, in: LAB, Rep. 37: OMGBS, FIN Br, 4/91-2/7; FIN/I (46) 148 (amended) v. 19.12.1946, in: LAB, Rep. 37: OMGBS, FIN Br, 4/91-2/12; BK/R (47) 85 v. 28.3.1947, in: LAB, Rep. 37: OMGBS, BICO LIB, 11/148-3/4; das 16. Prot. der stellv. Stadtkommandanten v. 1.4.1947, TOP 172, in: LAB, Rep. 37: OMGBS, BICO LIB, 11/149-1/3.
Der zweite Nachkriegsmagistrat und die StVV beschlossen am 28.7.1947 bzw. 29.1.1948 noch eine besondere VO über die Errichtung der Zentralstelle für die Holzbeschaffung, die am 18.3.1948 in Kraft trat. Vgl. hierzu die Mag.vorlage Nr. 345 v. Juli 1947, in: LAB, Rep. 228, Mag.vorlagen 1947; das Prot. über die 38. (Ordentliche) Mag.sitzung am 21.7.1947, TOP 5, u. das Prot. über die 39. (Ordentliche) Mag.sitzung am 28.7.1947, TOP 2, in: LAB, Rep. 228, Mag.protokolle 1947; StVV, I. Wahlperiode, Drucksache Nr. 61, Vorlage Nr. 423 v. 14.8.1947, u. Drucksache Nr. 77, Vorlage Nr. 587 v. 9.12.1947; StVV, I. Wahlperiode, Stenographische Berichte über die 44. (Ordentliche) Sitzung am 2.10.1947, S. 36 f., u. die 54. (Ordentliche) Sitzung am 29.1.1948, S. 9–12; VOBl., Jg. 4 (1948), S. 141, 157 u. 340.

Dok. 125
84. Magistratssitzung vom 16. November 1946

LAB(STA), Rep. 100, Nr. 783, Bl. 54 – 58. – Umdruck.[1]

Beginn: 10.05 Uhr   Schluß: 12.55 Uhr

Anwesend: OB Dr. Werner, Maron, Orlopp, Schwenk, Schulze, Dr. Landwehr,
           Dr. Haas, Kehler, Dr. Alfred Werner, Dr. Goll, Jendretzky, Kraft,
           Scharoun, Starck, Hauth, Geschke, Grüber, Buchholz, Wildangel,
           Winzer, Dr. Harms, Schwanebeck.

Den Vorsitz führt: Oberbürgermeister Dr. Werner,
                    zeitweise Bürgermeister Maron.

Tagesordnung: 1. Protokoll
               2. Bestätigung des Wahlergebnisses
               3. Beschlußfassung über die eingegangenen Vorlagen
               4. Finanzlage
               5. Allgemeines.

1. PROTOKOLL
Die Niederschrift der 83. Magistratssitzung vom 9.11.46 wird genehmigt.

2. BESTÄTIGUNG DES WAHLERGEBNISSES
Schwenk berichtet, daß der Rechtsausschuß auftragsgemäß das Wahlergebnis nachgeprüft hat;[2] er hat insbesondere noch einmal die Unterlagen für die gewählten
Stadtverordneten sorgfältig durchgesehen und alles in Ordnung befunden. Auch die
Protokolle der Kreiswahlausschüsse[3] sind geprüft worden, und es ist auch dort festgestellt worden, daß bis auf einige nebensächliche Dinge, die für das Wahlergebnis
selbst keinerlei Bedeutung haben, alles in Ordnung gegangen ist. Daraufhin ist die
Benachrichtigung der gewählten Stadtverordneten erfolgt, damit sie ihre Zustimmung erklären. Einige haben verzichtet; an deren Stelle sind dann die Ersatzleute
benachrichtigt worden. Seit vorgestern liegen nunmehr sämtliche Zustimmungser-
klärungen für die 130 zu wählenden Mitglieder der Stadtverordnetenversammlung
von Groß-Berlin vor. Das Verzeichnis ist vom Rechtsausschuß offiziell festgestellt,
von Oberbürgermeister Dr. Werner unterzeichnet und für das Verordnungsblatt in
Druck gegeben worden.[4]

---

1 Weitere Umdruckexemplare dieses Protokolls sind vorhanden in: LAB(STA), Rep. 100,
   Nr. 752, lfd. S. 522 – 531; LAB, Rep. 228, Mag.protokolle 1946, u. Rep. 280, Nr. 8501/41.
2 Vgl. zur Feststellung der Ergebnisse der Berliner Wahlen am 20.10.1946 das 82. Mag.prot.
   v. 2.11.1946, TOP 2. Sitzungsprotokolle des Rechtsausschusses des Magistrats konnten
   nicht ermittelt werden.
3 Vgl. hierzu Dok. 112, Anm. 2 u. 129.
4 Vgl.: VOBl., Jg. 2 (1946), Sonderheft Nr. 2 (16.11.1946), in: LAB(STA), Rep. 102,
   Nr. 163.

Ebenso sind die Benachrichtigungen für die gewählten Bezirksverordneten herausgegangen.[5]

Der Redner macht sodann einige statistische Angaben über die Zusammensetzung der Stadtverordnetenversammlung[6] und umreißt das Programm für die erste Sitzung der Stadtverordnetenversammlung am 26. November, nachmittags 16 Uhr.[7] Alle technischen Vorbereitungen für den Zusammentritt und die Abhaltung der Sitzung sind getroffen. Die Tribünenkarten werden an die Parteien gemäß ihrer Stärke ausgegeben werden. 40 Plätze sind für die Presse reserviert, 130 für Zuhörer.

BESCHLUSS: Das Wahlergebnis wird vom Magistrat bestätigt.

Starck macht noch einige Mitteilungen über den erfolgten *Ausbau des Sitzungssaales für die Stadtverordneten*.[8] Trotz aller Schwierigkeiten ist es gelungen, in der kurzen zur Verfügung stehenden Zeit diese Aufgabe durchzuführen. Den beteiligten Architekten und Arbeitern gebührt für diese Leistung volle Anerkennung.

Geschke empfiehlt, den beteiligten Arbeitern den besonderen *Dank des Magistrats* für die schnelle Förderung der Arbeiten auszusprechen.

BESCHLUSS: Der Magistrat beschließt, den am schnellen Umbau des Sitzungssaales für die Stadtverordnetenversammlung Beteiligten den besonderen Dank des Magistrats, verbunden mit einer Prämie von je 100 RM an jeden Arbeiter, auszusprechen.

Maron erörtert die Schwierigkeiten wegen der knappen Anzahl von Plätzen im Zuhörerraum. Mit den Parteien sei vereinbart worden, daß jede Partei so viel Zuhörerkarten erhalten soll, wie sie Abgeordnete zählt. Die Tribüne umfaßt aber nur 100 Plätze, von denen fast die Hälfte für die Presse zur Verfügung gestellt werden muß. Vielleicht ließen sich noch in dem unteren Raum hinter dem Saal durch Öffnen der Verbindungstüren einige Plätze gewinnen.

Der Redner stellt fest, daß nach den bisherigen Dispositionen damit zu rechnen sei, daß der neue Magistrat Mitte Dezember seine Geschäfte übernimmt.[9] Die einzelnen Abteilungen möchten rechtzeitig alle Vorbereitungen treffen, um ordnungsmäßig die Geschäfte an die neuen Abteilungsleiter übergeben zu können.

Von einigen Rednern wird die Frage aufgeworfen, ob der neue Magistrat vor seinem Amtsantritt erst noch der Genehmigung der Alliierten Kommandantur bedarf und *ob das Abtreten des alten Magistrats* auch noch ausdrücklich von der Alliierten Kommandantur *genehmigt werden muß*.

---

5 Die Bekanntmachung über die am 20.10.1946 gewählten Bezirksverordneten wurde veröffentlicht in: VOBl., Jg. 2 (1946), S. 448 – 460.

6 Vgl. zur Alters- und Berufsgliederung der gewählten Stadtverordneten: Die Berliner Wahlen am 20. Oktober 1946, S. 22.

7 Vgl. hierzu das 85. Mag.prot. v. 23.11.1946, TOP 3 (Maron); StVV, I. Wahlperiode, Stenographischer Bericht über die 1. (Ordentliche) Sitzung am 26.11.1946.

8 Vgl. zum Ausbau des großen Vortragssaales im Neuen Stadthaus zum Stadtverordnetensitzungssaal: Dok. 118, Anm. 49; Letzte Arbeiten am Sitzungssaal, in: Tägliche Rundschau, 30.10.1946, S. 6; Das neue Heim der Stadtväter, in: Neues Deutschland, 30.10.1946, S. 6; Heim des Stadtparlaments, in: Vorwärts, 31.10.1946, S. 5; Die letzten Vorbereitungen, in: Berliner Zeitung, 26.11.1946, [S. 2].

9 Vgl. hierzu das 82. Mag.prot. v. 2.11.1946, TOP 2, u. das 86. Mag.prot. v. 30.11.1946, TOP 2, u. das 87. Mag.prot. v. 6.12.1946.

BESCHLUSS: Der Magistrat beschließt, diese Zweifel durch eine Rückfrage bei der Alliierten Kommandantur zu klären.[10]

3. BESCHLUSSFASSUNG ÜBER DIE EINGEGANGENEN VORLAGEN

Der Einheitsausschuß der Parteien hat die Vorlagen Nr. 494 und 496 vorberaten und seine Billigung dazu gegeben; die Vorlage Nr. 495[11] ist zurückgestellt worden.[12]

---

10 Ein von Haas verfaßtes Schreiben an die AK v. 19.11.1946, betr. Amtsübernahme durch die neugewählten Magistrats- und Bezirksamtsmitglieder, ist als Abschrift vorhanden in: LAB(STA), Rep. 101, Nr. 75. Es hat den Wortlaut:
„Angesichts der Durchführung der Vorläufigen Verfassung von Groß-Berlin ist die Frage aufgetaucht, wann die neugewählten Mitglieder des Magistrats und der Bezirksämter ihre Ämter übernehmen können. Der Magistrat steht auf dem Standpunkt, daß dies im Interesse einer demokratischen Verwaltung so bald als möglich geschehen muß.
Nach der Vorläufigen Verfassung kann als Mitglied des Magistrats nur tätig sein, wer
   a) von der Stadtverordnetenversammlung in öffentlicher Sitzung mit einfacher Stimmenmehrheit gewählt ist (Artikel 3 Ziffer 2, Artikel 7 Ziffer 3) und
   b) vor der Stadtverordnetenversammlung den in Artikel 9 Ziffer 2 vorgesehenen Eid geleistet hat.
Die Verfassung schreibt in Artikel 3 Ziffer 2 vor, daß im Magistrat Vertreter aller anerkannten politischen Parteien sein müssen, sofern die betreffenden Parteien es verlangen, und daß bei den Mitgliedern des Magistrats die Voraussetzungen zur Erfüllung ihres Amtes vorhanden sein müssen.
In Verbindung mit Artikel 36 der Vorläufigen Verfassung, wonach die Selbstverwaltung von Groß-Berlin der Alliierten Kommandantur untersteht und in gewissen Fällen eine Genehmigung der Besatzungsmacht notwendig ist, vertritt der Magistrat die Auffassung, daß die Alliierte Kommandantur bei den gewählten Mitgliedern des Magistrats wie bei den gewählten Stadtverordneten berechtigt ist, die Erfüllung der vorgesehenen Voraussetzungen zu prüfen und bei Beanstandungen den Gewählten abzulehnen.
Es erscheint rechtlich und insbesondere aus Verwaltungsgründen zweckmäßig, daß das gewählte Magistratsmitglied erst dann den vorgeschriebenen Amtseid leistet und sein Amt antritt, wenn die Alliierte Kommandantur zu erkennen gegeben hat, daß eine Beanstandung nicht erfolgt. Im Interesse einer reibungslosen Verwaltung liegt es, daß die Prüfung und die entsprechende Erklärung der Alliierten Kommandantur nicht zuviel Zeit in Anspruch nimmt. Es wäre sehr [zu] begrüßen, wenn im allgemeinen innerhalb von 2 Wochen nach der Wahl eine Erklärung der Alliierten Kommandantur vorliegen würde.
Das gleiche gilt entsprechend für die Mitglieder der Bezirksämter.
Wir bitten, in obiger Sache eine baldige Entscheidung treffen zu wollen."
Vgl. zur Vorläufigen Verfassung von Groß-Berlin v. 13.8.1946: Dok. 82, Anm. 28. Das im vorigen zit. Schreiben ist vom Magistrat *nicht* an die AK gesandt worden; siehe: Verfassungswidrig, in: Telegraf, 7.12.1946, S. 3. Es wurde aber von Maron größtenteils in der StVV verlesen; siehe: StVV, I. Wahlperiode, Stenographischer Bericht über die 4. (Außerordentliche) Sitzung am 9.12.1946, S. 11. – Vgl. zur Frage der Genehmigung der AK für den Rücktritt des ersten Nachkriegsmagistrats und die Übergabe der Geschäfte an den zweiten Nachkriegsmagistrat das 86. Mag.prot. v. 30.11.1946, TOP 2, u. das 87. Mag.prot. v. 6.12.1946.
11 LAB(STA), Rep. 100, Nr. 783, Bl. 59. Nach dem Beschlußentwurf dieser Mag.vorlage v. 21.10.1946 sollte der Magistrat beschließen, ab 1.11.1946 die Baustoffbeschaffung GmbH

Scharoun begründet die Vorlage Nr. 494[13], die zum Gegenstand hat:

Anordnung zum *Vollzug* des Gesetzes Nr. 18 des Alliierten Kontrollrats vom 8.3.1946 *(Wohnungsgesetz)* und der Anordnung der Alliierten Kommandantur der Stadt Berlin vom 16.9.1946.[14]

Die Vorlage füllt eine Lücke des Wohnungsgesetzes des Kontrollrats und der zusätzlichen Anordnung der Alliierten Kommandantur aus. Ein kleiner Ausschuß aus Vertretern der Parteien hat die Vorlage bereits vorberaten[15] und ihr mit folgenden kleinen Änderungen zugestimmt:

§ 3 behandelt die Umwandlung von Wohnräumen in Räume anderer Art. Hierzu waren einige neue Vorschriften erforderlich. Hier hat der Ausschuß im letzten Absatz eine kleine Änderung vorgenommen hinsichtlich der Bezahlung für die Rückwandlung von Räumen in Wohnräume. Der letzte Absatz soll im ersten Satz lauten:

Sind ohne die erforderliche Zustimmung Wohnräume ihrem Zwecke entfremdet oder Wohnungen vereinigt worden, so hat der Hauseigentümer usw. die Kosten der Rückwandlung zu Wohnräumen zu tragen.

Durch diese Umstellung des Wortlautes der ursprünglichen Fassung[16] soll klargestellt werden, daß, falls eine Genehmigung gegeben wurde, Wohnraum seinem Zwecke zu entfremden, und die Kosten hierfür durch den Hauswirt aufgebracht worden sind, dieser nachher, wenn eine Rückwandlung vorgenommen werden muß, nicht noch

---

„mit der Bergung von Installationsmaterial, Gerätschaften, Apparaten und sonstigen Einrichtungsgegenständen für den Strom-, Gas- und Wasserverbrauch sowie mit der Instandsetzung, Lagerung und Verwaltung des Materials zu beauftragen". Dieser Auftrag war bis zum 30.9.1946 von der Arbeitsgemeinschaft zur Förderung der Elektrowirtschaft (AFE) durchgeführt worden. Vgl. zur AFE das 68. Mag.prot. v. 3.8.1946, TOP 4; zur Baustoffbeschaffung GmbH das 55. Mag.prot. v. 29.4.1946, TOP 6, u. das 73. Mag.prot. v. 7.9.1946, TOP 6, u. das 77. Mag.prot. v. 28.9.1946, TOP 6. Die Mag.vorlage Nr. 495 bzw. eine entsprechende neue Vorlage ist weder vom zweiten Nachkriegsmagistrat noch von der StVV behandelt worden.

12 Vgl. das 30. Prot. des Einheitsausschusses Groß-Berlin v. 15.11.1946, TOP 2 u. 3, in: BArch, Abt. Potsdam, Z-3, Nr. 4, 2. Foliierung, Bl. 31 f.

13 LAB(STA), Rep. 100, Nr. 783, Bl. 48 – 52.

14 Mit seinem Gesetz Nr. 18 (Wohnungsgesetz) hatte der Alliierte Kontrollrat eine allgemeine Regelung der öffentlichen Wohnraumbewirtschaftung für ganz Deutschland vorgenommen. Vgl. zu diesem Gesetz und den von der AK hierzu als BK/O (46) 369 v. 16.9.1946 erlassenen Durchführungsbestimmungen: Dok. 79, Anm. 75; das 65. Mag.prot. v. 13.7.1946, TOP 2, u. das 79. Mag.prot. v. 12.10.1946, TOP 6. Nach der Mag.vorlage Nr. 494 v. 4.11.1946 bestand für den Erlaß der mit ihr vorgelegten Vollzugsanordnung „eine Notwendigkeit, weil verschiedene Erfordernisse der Wohnungswirtschaft weder im Wohnungsgesetz noch in der Ausführungsanordnung der Alliierten Kommandantur ihre Lösung gefunden haben". Vgl. zum Entwurf einer zweiten entsprechenden Vollzugsanordnung das 85. Mag.prot. v. 23.11.1946, TOP 2 (Mag.vorlage Nr. 502).

15 Der Parteienausschuß zur Vorberatung der Mag.vorlage Nr. 494 war vom Einheitsausschuß Groß-Berlin eingesetzt worden; vgl. das 83. Mag.prot. v. 9.11.1946, TOP 3.

16 Im Entwurf der Vollzugsanordnung in der Mag.vorlage Nr. 494 lautet der erste Satz im letzten Absatz von § 3: „Sind Wohnräume ihrem Zweck entfremdet oder Wohnungen ohne die erforderliche Zustimmung vereinigt worden, so hat der Hauseigentümer, Inhaber oder sonstige Verfügungsberechtigte die Kosten der Rückwandlung zu Wohnräumen zu tragen."

einmal die Kosten dafür tragen soll, sondern er soll nur dann dazu verpflichtet sein, wenn er die anfängliche Umwandlung ohne Genehmigung vorgenommen hat.

§ 4 beschäftigt sich mit der Erfassung des Wohnraumes. Hier war man sich im Ausschuß darüber einig, daß der erste Absatz fallen könnte, da sein Inhalt in dem Wohnungsgesetz und auch in der Anordnung der Alliierten Kommandantur genügend zum Ausdruck kommt.[17] Dagegen soll Absatz 2 bestehenbleiben, in dem ausdrücklich festgelegt ist, daß der Eingewiesene zur Mietzahlung verpflichtet ist.

§ 6, der bestimmt, daß als Wohnungen auch solche, die mit Geschäftsräumen verbunden sind, gelten, wurde in seiner Fassung dahin geändert, daß er nunmehr lautet:

> Als Wohnungen gelten auch solche, die räumlich mit Geschäftsräumen verbunden sind; Wohnraum und Geschäftsraum gelten als Einheit.

Durch den Zusatz am Schluß soll zum Ausdruck kommen, daß bei Ladenwohnungen die Inhaber gewisse Auflagen zwecks Sicherungen nur durchführen können, wenn sie sowohl über die Geschäftsräume wie über die Wohnräume verfügen.

BESCHLUSS: Die Vorlage Nr. 494 wird mit den vom Berichterstatter vorgetragenen Änderungen in den §§ 3, 4 und 6 angenommen.[18]

---

17 Im Entwurf der Vollzugsanordnung in der Mag.vorlage Nr. 494 lautet der erste Absatz im § 4: „Wohnraum darf auch erfaßt werden, wenn Maßnahmen nach Art. VI des Wohnungsgesetzes angeordnet werden und zur Durchführung dieser Maßnahmen eine Erfassung notwendig ist." In Artikel VI des Wohnungsgesetzes war eine Reihe von Maßnahmen aufgeführt, die von den deutschen Behörden „zwecks Vermehrung des vorhandenen Wohnraumes" ergriffen werden konnten.

18 Die hiermit beschlossene Erste Anordnung zum Vollzug des Gesetzes Nr. 18 des Alliierten Kontrollrats vom 8.3.1946 – Wohnungsgesetz – und der Anordnung der Alliierten Kommandantur der Stadt Berlin vom 16.9.1946 – BK/O (46) 369 – ist mit dem Ausfertigungsdatum v. 16.11.1946 vorhanden in: LAB(STA), Rep. 101, Nr. 234. Sie wurde der AK vom zweiten Nachkriegsmagistrat mit Schreiben v. 31.12.1946 zur Genehmigung zugeleitet; siehe: a.a.O. Mit BK/O (47) 106 v. 30.4.1947 lehnte die AK die Vollzugsanordnung ab, da sie in der eingereichten Form „nicht im Geiste des Gesetzes Nr. 18 entworfen" sei, und befahl ihre Wiedervorlage in einer neuen Fassung, für die verschiedene der BK/O beigefügte Textvorgaben berücksichtigt werden sollten. Die BK/O ist vorhanden in: LAB(STA), Rep. 101, Nr. 81; LAB, Rep. 280, Nr. 10332. Mittlerweile hatte die StVV mit der Beratung eines von der SPD eingebrachten Entwurfs zu einer VO zum Vollzuge des Kontrollratsgesetzes Nr. 18 und der BK/O (46) 369 begonnen. Sie beschloß diese VollzugsVO am 24.6.1947 in einer Textfassung, in der die Vorgaben der BK/O (47) 106 nur zum Teil berücksichtigt waren. Vgl. hierzu: StVV, I. Wahlperiode, Drucksache Nr. 7, Vorlage Nr. 59 v. 20.1.1947, u. Drucksache Nr. 34, Vorlage Nr. 225 v. 30.4.1947, u. Drucksache Nr. 44, Vorlage Nr. 306 v. 4.6.1947; StVV, I. Wahlperiode, Stenographische Berichte über die 14. (Ordentliche) Sitzung am 6.2.1947, S. 8–31, u. die 31. (Ordentliche) Sitzung am 29.5.1947, S. 19, u. die 36. (Ordentliche) Sitzung am 24.6.1947, S. 26–30. Am 1.10.1947 stimmte der zweite Nachkriegsmagistrat der von der StVV beschlossenen VollzugsVO zu und hob zugleich die vom ersten Nachkriegsmagistrat am 16.11.1946 beschlossene Erste Vollzugsanordnung auf. Vgl. hierzu die Mag.vorlage Nr. 432 v. 15.7.1947 u. das Prot. über die 49. (Ordentliche) Mag.sitzung am 1.10.1947, TOP 2, in: LAB, Rep. 228, Mag.vorlagen 1947 u. Mag.protokolle 1947.
Die von der StVV und vom Magistrat am 24.6./1.10.1947 beschlossene VollzugsVO sah umfassende Regelungen sowohl für die Erfassung und Vergabe freien Wohnraums und

Es folgt die Beratung der Vorlage Nr. 496[19], betreffend *Erwerb des Grundstücks Buckower Chaussee 59/75* in Berlin-Marienfelde (Bezirksamt Tempelhof) von der Firma Daimler-Benz A.G.

Dr. Haas begründet die Vorlage, die die Zustimmung des Einheitsausschusses der Parteien gefunden hat[20]. Es handelt sich dabei um folgendes. Auf einem größeren Gelände in Marienfelde, das der Daimler-Benz A.G. gehört, wurden während des Krieges Stein- und Holzbaracken zur Unterbringung ausländischer Arbeiter errichtet. Gleich nach dem Zusammenbruch wurden diese Baracken von dem Bezirk Tempelhof zu Notwohnungen für Flüchtlinge ausgebaut. Dafür wurden bisher 100 000 RM aufgewendet, weitere Mittel sind für den weiteren Ausbau noch erforderlich. Da das Eigentum an dem Grund und Boden aber der Stadt nicht gehört, erscheint es zur Klärung der Verhältnisse geboten, das Grundstück käuflich zu erwerben. Die Verhandlungen mit der Besitzerin, der Daimler-Benz A.G., haben zu einem annehmbaren Kaufpreis geführt.[21] Die Einzelheiten darüber sind in der Vorlage dargelegt.

BESCHLUSS: Die Vorlage Nr. 496 wird angenommen.

---

unterbelegter Wohnungen als auch für die Erhaltung und Gewinnung von Wohnraum vor. Sie wurde von der AK unter Vornahme einiger Änderungen mit BK/O (48) 13 v. 31.1.1948 bestätigt. Die Änderungen betrafen vor allem die Regelung der Inanspruchnahme sogenannter Naziwohnungen. Die BK/O ist vorhanden in: LAB, Rep. 228, Mag.vorlagen 1948 (Anlage zur Mag.vorlage Nr. 806 v. 26.2.1948); ohne den geänderten VO-Text veröffentlicht in: Amtsblatt der Alliierten Kommandatura Berlin, Nr. 1 (Januar 1948), S. 8. Der Magistrat beantragte am 15.4.1948 bei der AK, die VollzugsVO möglichst in der von StVV und Magistrat beschlossenen Fassung wiederherzustellen. Daraufhin wiesen die drei westlichen Militärregierungen den Magistrat in gleichlautenden Befehlen v. 10.8.1948 bzw. 11.8.1948 an, die VollzugsVO in der Fassung der BK/O (48) 13 in den westlichen Sektoren Berlins sofort in Kraft zu setzen. Gleichzeitig erließen sie aber für ihre Sektoren weitere gleichlautende Befehle zur Wohnungswirtschaft – insbesondere zur Inanspruchnahme der sogenannten Naziwohnungen –, die Abweichungen zur VollzugsVO in der Fassung der BK/O (48) 13 aufwiesen. Vgl. hierzu die Mag.vorlage Nr. 806 v. 26.2.1948 u. die Mag.vorlage Nr. 1011 v. 24.8.1948, in: LAB, Rep. 228, Mag.vorlagen 1948; das Prot. über die 81. (Ordentliche) Mag.sitzung am 10.3.1948, TOP 17, und das Prot. über die 123. (Ordentliche) Mag.sitzung am 15.9.1948, TOP 4, in: LAB, Rep. 228, Mag.protokolle 1948. Die Befehle der westlichen Militärregierungen zur Wohnungswirtschaft wurden veröffentlicht in: VOBl., Jg. 4 (1948), S. 414 f. Die VollzugsVO in der Fassung der BK/O (48) 13 v. 31.1.1948 wurde mit Datum v. 2.9.1948 veröffentlicht in: VOBl., Jg. 4 (1948), S. 416 – 418.
Vgl. zu vom zweiten Nachkriegsmagistrat beschlossenen Durchführungsvorschriften zur VollzugsVO die Mag.vorlage Nr. 898 v. 22.3.1948 u. die Mag.vorlage Nr. 930 v. 26.4.1948 u. die Mag.vorlage Nr. 1265 v. 1.12.1948, in: LAB, Rep. 228, Mag.vorlagen 1948; das Prot. über die 91. (Ordentliche) Mag.sitzung am 5.5.1948, TOP 2, u. das Prot. über die 93. (Ordentliche) Mag.sitzung am 26.5.1948, TOP 3, u. das Prot. über die 143. (Ordentliche) Mag.sitzung am 29.12.1948, TOP 5, in: LAB, Rep. 228, Mag.protokolle 1948.

19 LAB(STA), Rep. 100, Nr. 783, Bl. 60 f.; auch in: LAB(STA), Rep. 101, Nr. 644, Bl. 18 u. 19.

20 Vgl. das 30. Prot. des Einheitsausschusses Groß-Berlin v. 15.11.1946, TOP 2, in: BArch, Abt. Potsdam, Z-3, Nr. 4, 2. Foliierung, Bl. 31.

21 Der Kaufpreis für das Grundstück Buckower Chaussee 59/75 belief sich laut Begründung der Mag.vorlage Nr. 496 v. 6.11.1946 auf 560 000 RM.

4. FINANZLAGE

Dr. Haas erstattet einen Bericht über das *finanzielle Ergebnis im ersten Halbjahr des Haushaltsjahres 1946*.[22] Die allgemeinen Einnahmen sollten in dieser Zeit bei den Bezirken rund 79,5 Millionen betragen, tatsächlich eingenommen worden sind aber nur 50,6 Millionen. An Ausgaben waren rund 250 Millionen vorgesehen, sie haben nur 228 Millionen betragen. Bei der Hauptverwaltung sollten die allgemeinen Einnahmen sich auf 83 Millionen belaufen, sie haben nur 76,3 Millionen ergeben. Die Ausgaben waren auf 338 Millionen veranschlagt, es sind aber nur 163 Millionen ausgegeben worden. Die Einnahmen aus Steuern in dieser Zeit sollten sich auf 585,8 Millionen belaufen, der wirkliche Eingang beträgt jedoch 726,5 Millionen. Es ist also ein erhebliches Mehr an Steuern zu verzeichnen.[23]

Der Redner erklärt an einzelnen Beispielen, wie sich die Unterschiede zwischen dem Voranschlag und dem tatsächlichen Abschluß ergeben. Bei der Schulverwaltung sind z[um] B[eispiel] die Einnahmen dadurch erheblich zurückgegangen, daß vielfach das Schulgeld[24] nicht bezahlt werden konnte. Der Ausfall an Schulgeld beträgt 5 Millionen, bei einer veranschlagten Gesamtsumme von 11 Millionen.

Der Redner gibt weiter einen Überblick über Aufkommen und Verwendung aus der Gebäudeinstandsetzungsabgabe.[25] Hier verbleiben nach dem Stande vom 1. November noch 36 Millionen.

Der Kassenbestand der Stadthauptkasse zeigt folgendes Bild: Am 15. März 1946, als der Berichterstatter die Geschäfte übernahm,[26] bestanden rund 50 Millionen Schulden, am 15. Mai war bereits ein Bestand von 6 Millionen vorhanden, im Juni von 20 Millionen, im August von 90 Millionen, im Oktober von 131 Millionen und im November von 228 Millionen.

Die *Aussichten für das zweite Halbjahr* des laufenden Haushaltsjahres sind so, daß mit einem Steueraufkommen von 1,4 Milliarden zu rechnen ist. Die übrigen Einnahmen aus Verwaltung, Gebühren usw. sind auf 350 Millionen zu schätzen, so daß mit einer Gesamteinnahme von 1,750 Milliarden gerechnet werden kann. Dieser Betrag wird ausreichen zur Deckung der ordentlichen Ausgaben einschließlich des Fehlbetrages aus dem letzten Jahr. Dabei ist zu berücksichtigen, daß aus fast allen Abteilungen Anträge auf notwendige Personalverstärkungen vorliegen, daß die voraussichtliche Aufnahme der Pensionszahlungen[27] erhebliche Mittel beanspruchen

---

22 Vgl. zum Haushaltsplan für das Rechnungsjahr 1946 vom 1.4.1946 bis 31.3.1947 das 56. Mag.prot. v. 4.5.1946, TOP 4, u. das 61. Mag.prot. v. 15.6.1946, TOP 3, u. das 62. Mag.prot. v. 22.6.1946, TOP 3, u. das 65. Mag.prot. v. 13.7.1946, TOP 5, u. das 73. Mag.prot. v. 7.9.1946, TOP 3, u. das 79. Mag.prot. v. 12.10.1946, TOP 4.

23 Vgl. zur Entwicklung der Steuereingänge: Dok. 72, Anm. 5.

24 Vgl. hierzu Dok. 26, Anm. 15; Dok. 91, Anm. 29.

25 Vgl. hierzu Dok. 85, Anm. 42; Dok. 119, Anm. 70; Gebäudeinstandsetzungsabgabe, in: Berliner Zeitung, 29.11.1946, [S. 5]; die Protokolle über die Besprechungen mit den GIA-Sachbearbeitern der einzelnen Bezirke im Hauptamt für Hochbau am 29.11.1946, 6.12.1946, 14.12.1946 u. 20.12.1946, in: LAB(STA), Rep. 110, Nr. 43.

26 Haas war am 16.3.1946 zum kommissarischen Leiter der Abteilung A der Finanzabteilung des Magistrats ernannt worden, zu der unter anderem die Haushaltswirtschaft (Kämmerei) gehörte. Vgl. das 50. Mag.prot. v. 16.3.1946, TOP 2.

27 Vgl. hierzu das 64. Mag.prot. v. 5.7.1946, TOP 2, u. das 76. Mag.prot. v. 21.9.1946, TOP 4.

wird und daß für Mietzuschüsse[28] und sonstige Dinge mehr Ausgaben erwachsen werden.

Alles in allem aber ist zu sagen, erklärt der Redner abschließend, daß das Bild nach der finanziellen Seite sehr günstig aussieht.

Orlopp erblickt in dem vorgetragenen Zahlenwerk einen Erfolg der Arbeit des Magistrats. Die erhöhten Steuereinnahmen sind ein Zeichen dafür, daß die Wirtschaft in Berlin läuft. Der Magistrat hat durch seine Arbeit die Bevölkerung aus der Lethargie, in die sie zu verfallen drohte, herausgerissen und wieder zu einer produktiven Arbeit gebracht. Der Erfolg dieser Arbeit ist es, der sich in der Finanzlage der Stadt widerspiegelt. Angesichts dieses günstigen Abschlusses, der in erfreulichem Gegensatz zu der schlechten Finanzlage anderer Großstädte steht, sollte diese Tatsache einmal vor aller Öffentlichkeit ausgesprochen werden.

Dr. Haas bemerkt noch zu dem Vergleich mit anderen Großstädten in anderen Zonen, daß dort von Anfang an die Bankkonten offengestanden haben, während Berlin sozusagen mit Null anfangen mußte.[29] Das sei eine ganz große Leistung, die auch von den Finanzleuten aus anderen Zonen offen anerkannt werde, wie der Redner bei seinem Besuch in Süddeutschland[30] selbst festgestellt hat.

Von mehreren Rednern wird die Anregung gegeben, die vorgetragenen Tatsachen in einem Artikel zusammenzufassen und bei einem Presseempfang der Öffentlichkeit zu unterbreiten.

BESCHLUSS: Der Magistrat nimmt von dem Bericht des stellv[ertretenden] Stadtkämmerers über die Finanzlage Kenntnis und beschließt, den günstigen Abschluß der Finanzlage der Stadt in einem Presseempfang[31]
der Öffentlichkeit bekanntzugeben.

5. ALLGEMEINES

OB Dr. Werner widmet dem mit dem heutigen Tage aus den Diensten der Stadt Berlin ausscheidenden *Domkapitular Buchholz* warmherzige *Abschiedsworte* mit dem Ausdruck des Dankes für seine treue und kameradschaftliche Mitarbeit.[32]

Buchholz versichert in seinen Dankesworten, daß er im Magistrat trotz mancher weltanschaulicher Gegensätze immer das beste Bemühen gefunden habe, auch seine Wünsche zu verstehen und ihnen im Rahmen des Möglichen Rechnung zu tragen.

Maron trägt einen Wunsch der Alliierten Kommandantur vor, der dahin geht, *eine Meinungsäußerung des Magistrats über das Verhältnis der Stadtverwaltung zu den einzelnen Kirchengemeinschaften und Religionssekten* herbeizuführen. Es könne sich selbstverständlich nicht darum handeln, daß sich der Magistrat bzw. die Stadtverwaltung in innere Angelegenheiten der Kirchen und sonstiger religiöser Gemeinschaften einmische, aber es bestehe immerhin die Möglichkeit, daß sich unter

---

28 Vgl. hierzu das 56. Mag.prot. v. 4.5.1946, TOP 4, u. das 65. Mag.prot. v. 13.7.1946, TOP 5, u. das 73. Mag.prot. v. 7.9.1946, TOP 3.
29 Vgl. zur Sperrung der Bank- und Sparguthaben in Berlin: Dok. 16, Anm. 18.
30 Vgl. das 83. Mag.prot. v. 9.11.1946, TOP 5 (Haas).
31 Es konnten keine Hinweise auf die Durchführung eines solchen Presseempfangs ermittelt werden. Vgl. aber: Berlins 1,6-Milliarden-Etat, in: Neues Deutschland, 20.11.1946, S. 6.
32 Vgl. das 79. Mag.prot. v. 12.10.1946, TOP 2; Der Gefängnispfarrer im Magistrat, in: Der Abend, 24.10.1946, [S. 2]; Dank an Domkapitular Buchholz, in: Berliner Zeitung, 17.11.1946, [S. 8].

dem Deckmantel von religiösen Sekten politische Gruppen zusammenfinden, die in geschickter Form eine irgendwie geartete politische Tätigkeit durchführen, und es sei die Frage, wie sich der Magistrat demgegenüber verhalten solle.

Der Redner vertritt persönlich den Standpunkt, daß eine Registrierpflicht solcher Sekten beim Magistrat eingeführt werden müßte und daß in jedem einzelnen Falle nach politischer Überprüfung der Pfarrer oder Ältesten solcher Gemeinden eine Genehmigung der Alliierten Kommandantur einzuholen wäre.

Buchholz führt als Vertreter des kirchlichen Beirats hierzu aus, dieser Fragenkomplex könne nur auf Grund der bestehenden Rechtsverhältnisse geklärt werden, wozu die Weimarer Verfassung die Unterlagen biete.[33] Die wichtigsten in Frage kommenden Bestimmungen sind im Artikel 137 niedergelegt.[34]

Nach der Verwaltungspraxis muß die Religionsgesellschaft, die den Antrag auf Zuerkennung des Rechts als öffentlich-rechtliche Körperschaft einleitet,

a) dem Staat eine Verfassung vorlegen, und die Organe der Gesellschaft müssen so entwickelt sein, daß ein eigenes in gesicherten Rechtsformen sich abspielendes Leben gewährleistet erscheint,

b) durch die Zahl der Mitglieder muß die Gewähr der Beständigkeit gegeben werden,

c) es muß ersichtlich sein, daß die Korporation wirtschaftlich tragbar ist.

Bis 1932 wurden auf Grund der Weimarer Verfassung eine Reihe von Religionsgesellschaften, die vom Redner einzeln aufgezählt werden, als Körperschaften des öffentlichen Rechtes anerkannt.[35] 1936 wurde noch die Russisch-Orthodoxe Diözese des orthodoxen Bischofs von Berlin in[36] Deutschland mit dem Körperschaftsrecht

---

33 Vgl. hierzu das Exposé „Behandlung der Religionsgesellschaften als Körperschaften des öffentlichen Rechts" v. 16.11.1946, in: LAB, Rep. 2, Acc. 2685, Nr. 4580.

34 Im Artikel 137 der Verfassung des Deutschen Reichs v. 11.8.1919 (Weimarer Reichsverfassung) heißt es:

„Es besteht keine Staatskirche.

Die Freiheit der Vereinigung zu Religionsgesellschaften wird gewährleistet. Der Zusammenschluß von Religionsgesellschaften innerhalb des Reichsgebiets unterliegt keinen Beschränkungen.

Jede Religionsgesellschaft ordnet und verwaltet ihre Angelegenheiten selbständig innerhalb der Schranken des für alle geltenden Gesetzes. Sie verleiht ihre Ämter ohne Mitwirkung des Staates oder der bürgerlichen Gemeinde.

Religionsgesellschaften erwerben die Rechtsfähigkeit nach den allgemeinen Vorschriften des bürgerlichen Rechtes.

Die Religionsgesellschaften bleiben Körperschaften des öffentlichen Rechtes, soweit sie solche bisher waren. Anderen Religionsgesellschaften sind auf ihren Antrag gleiche Rechte zu gewähren, wenn sie durch ihre Verfassung und die Zahl ihrer Mitglieder die Gewähr der Dauer bieten. [...]

Die Religionsgesellschaften, welche Körperschaften des öffentlichen Rechtes sind, sind berechtigt, auf Grund der bürgerlichen Steuerlisten nach Maßgabe der landesrechtlichen Bestimmungen Steuern zu erheben."

Zit. nach: Deutsche Verfassungen. Die grundlegenden Dokumente deutscher Demokratie von der Paulskirche bis zum Grundgesetz, hrsg. von Dieter Kakies, München 1965 (Goldmanns Gelbe Taschenbücher, Bd. 1683), S. 100.

35 Vgl. hierzu das Exposé v. 16.11.1946 (vgl. Anm. 33 zu diesem Mag.prot.), S. 2.

36 Müßte heißen: und; siehe das Exposé v. 16.11.1946 (vgl. Anm. 33 zu diesem Mag.prot.), S. 2.

beliehen. 1941 waren noch Zweifel über die Korporationsqualität bei der Brüdergemeinde[37], den Mennoniten[38].

1932 stellte die Heilsarmee[39] in Karlsruhe den Antrag auf Anerkennung als
Körperschaft des öffentlichen Rechtes. In Preußen erfolgte solch ein Antrag nicht.
Die ausgearbeiteten Gutachten weisen alle darauf hin, daß die Heilsarmee als
religiöser Verein im Sinne von Artikel 124 der Verfassung (eingetragener Verein) zu
betrachten sei,[40] da ihre Mitglieder nicht aufgefordert werden, aus den bestehenden
Landeskirchen auszutreten. Die Heilsarmee verfolgt den Zweck der Evangelisation,
verbunden mit sozialer Fürsorge.

Ebenso wie die Heilsarmee müßten die Gesellschaft der Freunde[41] und die
Evangelische Gemeinschaft[42] innerhalb der Landeskirche behandelt werden. Dem
steht entgegen, daß im Ausland diese Gesellschaften freie Kirchen sind. Es kann
aber darauf hingewiesen werden, daß sich in Deutschland im wesentlichen immer
Erweckungsbewegungen innerhalb der Landeskirchen vollziehen. 1933 wurden die
Heilsarmee wie auch die Quäker[43] in ihrer Arbeit verboten oder behindert, so daß die
Anerkennung bis auf den heutigen Tag nicht wieder diskutiert worden ist.

Der Redner wirft nach dieser Skizzierung der verfassungsmäßigen Grundlagen der
Religionsgesellschaften die Frage auf, wie das Verhalten den bestehenden religiösen
Vereinigungen gegenüber sei, die privatrechtliche Vereine sind und unter Art. 124
der Weimarer Verfassung fallen.

Hier wäre erstens zu fragen: Welche Vereinigungen besitzen auf Grund ihrer
äußeren Bedeutung und nach Prüfung gemäß den Richtlinien der Verfassung,

---

37 Die (Evangelische, Herrnhuter) Brüdergemeinde (Brüdergemeine) war in der ersten
   Hälfte des 18. Jahrhunderts im östlichen Mitteleuropa als pietistische Erweckungsbe-
   wegung entstanden (Betonung der urchristlichen Bruderliebe).
38 Die christliche Religionsgemeinschaft der Mennoniten hatte sich im 16. Jahrhundert in
   Gemeinden entlang der deutschen Nordsee- und Ostseeküste herausgebildet (zentrale
   Merkmale: Erwachsenentaufe, Ablehnung von staatlichem Zwang und Kriegsdienst).
39 Die Heilsarmee war 1878 in London als eine militärähnlich organisierte christliche
   Gemeinschaft gegründet worden, die sich besonders der Hilfe für sozial entwurzelte
   und verelendete Menschen in den Großstädten widmete.
40 Artikel 124 der Verfassung des Deutschen Reichs v. 11.8.1919 (Weimarer Reichsverfassung) hat den Wortlaut:
   „Alle Deutschen haben das Recht, zu Zwecken, die den Strafgesetzen nicht zuwiderlaufen, Vereine oder Gesellschaften zu bilden. Dies Recht kann nicht durch Vorbeugungs-
   maßregeln beschränkt werden. Für religiöse Vereine und Gesellschaften gelten dieselben
   Bestimmungen.
   Der Erwerb der Rechtsfähigkeit steht jedem Verein gemäß den Vorschriften des
   bürgerlichen Rechts frei. Er darf einem Vereine nicht aus dem Grunde versagt werden,
   daß er einen politischen, sozialpolitischen oder religiösen Zweck verfolgt."
   Zit. nach: Deutsche Verfassungen, S. 98.
41 Die Religiöse Gesellschaft der Freunde (Quäker) war als christliche Religionsgemeinschaft in der Mitte des 17. Jahrhunderts in England entstanden (in der Tradition der
   Reformation und in Ablehnung hierarchischer kirchlicher Organisation).
42 Die Evangelische Gemeinschaft war Anfang des 19. Jahrhunderts als besondere –
   deutschsprachige – Gruppe der reformatorisch orientierten Methodisten in Nordamerika
   entstanden und verbreitete sich seit 1850 auch in Deutschland.
43 Vgl. Anm. 41 zu diesem Mag.prot.

Art. 137, faktisch schon das Körperschaftsrecht, das ihnen dann durch einen Erlaß zuerkannt werden müßte?

Zweitens wäre dann zu überprüfen, welche Vereinigungen als religiöse Vereine unter Art. 124 fallen. Nach dem heutigen Stand des Vereinsrechtes untersteht dieses allein der Lizenzierung der Besatzungsbehörden.[44] Die unter Art. 124 fallenden privatrechtlichen religiösen Vereinigungen sind beim Polizeipräsidenten, Abt[eilung] 5,[45] registriert und können dort erfragt werden.

Nach diesen Darlegungen macht der Redner folgende *Vorschläge* für eine eventuelle *Lizenzierung* religiöser Vereinigungen:

1. Die Vereinigungen müssen eine klare Verfassung wie auch eine ausgeführte Glaubenslehre vorlegen.

2. Es muß geprüft werden, ob die Vereinigung ein positiv ausgerichtetes religiöses Anliegen hat oder nicht [sic!] nur in Gegnerschaft zu den christlichen großen Kirchen ausgerichtet ist und eine tolerante Haltung allen bestehenden anerkannten Religionsgesellschaften gegenüber einnimmt.

Der Redner weist zum Schluß noch darauf hin, daß die Synagogen-Gemeinde[46] bisher nicht allgemein anerkannt ist. Es wird selbstverständlich notwendig sein, sie genauso zu behandeln wie die großen christlichen Kirchen und ihr auch weitgehend dieselben Rechte zuzubilligen.

Grüber ergänzt diese Ausführungen dahin, daß man in einer Zeit der seelischen Krise, wie wir sie heute durchleben, wo die Sekten wie Pilze aus der Erde wachsen, darauf sehen muß, daß nicht irgendwelche untergründigen Bewegungen sich unter dem Deckmantel solcher Sekten zusammenfinden. Es wäre wünschenswert, wenn bald eine Regelung gefunden würde, um derartigen Gefahren zu begegnen.

Maron meint, die Rechtsgrundlage aus der Zeit vor 1933 gebe noch keine Antwort auf die Frage, wie gegenwärtig das Verhältnis gestaltet werden soll. Der Wunsch der alliierten Kommission[47] gehe dahin, hierüber eine schriftliche Meinungsäußerung zu erhalten.

Dr. Haas macht den Vorschlag, daß alle kirchlichen oder religiösen Gemeinschaften oder Gesellschaften, die nicht die Rechte einer öffentlich-rechtlichen Körperschaft haben, sich unter Vorlegung ihrer Satzungen registrieren lassen und nähere Angaben über ihre Tätigkeit machen müssen.

Dr. Landwehr empfiehlt, den Registrierungszwang allgemein, d[as] h[eißt] auch für die Gemeinschaften, die öffentlich-rechtliche Körperschaften sind, einzuführen, um einen ganz klaren Überblick zu gewinnen.

Winzer glaubt, daß in den Vorschlägen von Domkapitular Buchholz für eine Lizenzierung religiöser Vereinigungen doch Ansätze zu der gewünschten Regelung

---

44 Vgl. allgemein zur Frage der Zulassung von Vereinen: Dok. 78, Anm. 14.

45 Die Abteilung V des Polizeipräsidiums befand sich in der Dircksenstraße 13–14, Bezirk Mitte.

46 Gemeint ist die Jüdische Gemeinde zu Berlin. Vgl. hierzu das Schreiben des Vorstands der Jüdischen Gemeinde zu Berlin an den Referenten für die jüdischen Angelegenheiten beim Magistrat der Stadt Berlin v. 11.2.1946, betr. Bildung der Jüdischen Gemeinde zu Berlin, in: LAB, Rep. 2, Acc. 2685, Nr. 4580.

47 Hier ist vermutlich das Komitee für Kommunalverwaltung (Local Government Committee) der AK gemeint; vgl. die Protokolle des Education Committee der AK v. 30.9.1946, TOP 8, u. 10.10.1946, TOP 6, in: LAB, Rep. 37: OMGBS, ECR, 4/16-1/14 u. 4/16-1/15.

bezw. Meinungsäußerung gegeben sind. Man könnte dabei vielleicht den Passus weglassen, in dem von der „Gegnerschaft zu den christlichen großen Kirchen" die Rede ist. Andererseits müßten dann noch zwei weitere Punkte hinzugefügt werden: einmal, daß geprüft werden muß, ob die betreffende Vereinigung nicht zu anderen als religiösen Zwecken mißbraucht wird, und zweitens, ob nicht die Gefahr einer geschäftlichen Ausbeutung der Mitglieder besteht.

Grüber bemerkt, das letztere liege schon in der Forderung, daß ersichtlich sein muß, daß die Korporation wirtschaftlich tragbar ist.

Maron betont noch einmal, daß es sich nur darum handele, eine Meinungsäußerung des Magistrats für das betreffende Komitee der Alliierten herbeizuführen, das seinerseits dann die Schlußfolgerungen daraus ziehen würde. Vielleicht könne der kirchliche Beirat auf Grund der heutigen Aussprache eine solche Meinungsäußerung schriftlich festlegen.

Buchholz erklärt sich dazu bereit. Er werde die Geschäfte noch so lange weiterführen, bis die Nachfolge seines Referats geklärt sei.[48]

BESCHLUSS: Zu der Frage des Verhältnisses zwischen Stadtverwaltung und Kirchengemeinschaften bezw. religiösen Vereinigungen gibt der Magistrat seine Meinungsäußerung dahin ab, daß Religionsvereinigungen einer Registrierpflicht zu unterwerfen sind und daß für die Zulassung solcher Vereinigungen bestimmte Forderungen aufzustellen sind, die auf Grund der Aussprache noch vom kirchlichen Beirat formuliert werden sollen.[49]

Wildangel klagt darüber, daß immer noch zahlreiche *Schulräume von schulfremden Einrichtungen besetzt* sind.[50] Ein zwei- bis dreischichtiger Unterricht ist bei dem großen Mangel an Schulräumen heute das Normale. In einem Fall muß sogar der Unterricht in 5 Schichten durchgeführt werden. Bei diesen Verhältnissen kann die Schule ihren pädagogischen Aufgaben nicht gerecht werden. Der Magistrat hat bereits in einem früheren Beschluß vom Mai d[ieses] J[ahres] die Räumung der Schulen von schulfremden Einrichtungen angeordnet.[51] Dieser Beschluß ist aber trotz allen Drängens des Hauptschulamtes von vielen Stellen nicht durchgeführt worden. Manche Bezirksämter stellen sich einfach auf den Standpunkt: wir haben keine anderen Räume, obwohl es den Bezirksämtern am ehesten möglich sein müßte, für Ersatz zu sorgen. Es besteht heute der Zustand, daß, abgesehen von der Inanspruchnahme durch Krankenhäuser, noch rund 1 000 Schulräume von schulfremden Einrichtungen besetzt sind, darunter über 200 von Verwaltungsstellen der Bezirksämter, die sich jeder Vorstellung gegenüber unzugänglich zeigen. Auch

---

48 Im Januar 1947 wurde Pfarrer Heinrich Tomberge Nachfolger von Buchholz als Vertreter der katholischen Kirche im Beirat für kirchliche Angelegenheiten des Magistrats von Groß-Berlin; vgl. das Schreiben Tomberges an Bürgermeister Dr. Friedensburg v. 7.1.1947, in: LAB(STA), Rep. 101-04, Nr. 67.

49 Vgl. zur Frage der Registrierung bzw. Lizenzierung von Religionsgemeinschaften die Materialien in: LAB(STA), Rep. 101-04, Nr. 68; LAB, Rep. 2, Acc. 2685, Nr. 4580; LAB, Rep. 37: OMGBS, ECR, 4/16-3/1 u. 4/16-3/2.

50 Vgl. zur Rückgabe zweckentfremdeter Schulen und Schulräume an die Schulverwaltung das 23. Mag.prot. v. 24.9.1945, TOP 9, u. das 56. Mag.prot. v. 4.5.1946, TOP 5, u. das 57. Mag.prot. v. 13.5.1946, TOP 5, u. das 58. Mag.prot. v. 18.5.1946, TOP 3.

51 Vgl. das 58. Mag.prot. v. 18.5.1946, TOP 3.

die Polizei lehnt jedes Entgegenkommen ab. Die Gesundheitsbehörden haben dank des Entgegenkommens von Dr. Harms einige Schulen zurückgegeben. Aber auch hier sperren sich manche Verwaltungen von Krankenhäusern, indem sie sich hinter die alliierten Behörden stecken. Dadurch sind insbesondere die Verhandlungen zur Freimachung der Zinnowwaldschule in Zehlendorf immer wieder gescheitert.[52]

Der Redner bittet den Magistrat, allen beteiligten Stellen noch einmal den Räumungsbeschluß in Erinnerung zu bringen und mit allem Nachdruck auf die Durchführung zu drängen.

Dr. Harms erklärt, er könne vom gesundheitlichen Standpunkt aus die Forderung nach einer guten schulischen Versorgung der Kinder nur lebhaft unterstützen. Es müßten insbesondere lange Schulwege vermieden werden, da es den Kindern an Schuhwerk mangelt.

Die Gesundheitsverwaltung verfährt bei der Freimachung der Schulen nach einem ganz bestimmten Plan, dessen Durchführung aber dadurch etwas gehemmt ist, daß die Alliierte Kommandantur einen Winterplan zur Seuchenbekämpfung, insbesondere [zur Bekämpfung] einer befürchteten Grippeepidemie, gefordert hat[53]. Da zu diesem Zweck für die notwendigen Betten und Räume gesorgt werden muß, können die Schulen vorläufig noch nicht so schnell zurückgegeben werden.

Winzer trägt eine Aufstellung der schulfremden Einrichtungen vor, die noch Schulen und Schulräume besetzt halten. Danach werden von Verwaltungsstellen der Bezirksämter noch 4 Schulgebäude und 28 Räume in Anspruch genommen. 45 Schulräume sind allein von Kartenstellen besetzt. Die Polizei hat ein Schulgebäude vollständig und außerdem 6 einzelne Schulräume inne. Das Sozialamt hält 3 Schulgebäude vollständig und außerdem 22 Räume besetzt. Das Gesundheitsamt hat noch 38 Schulgebäude für Krankenhauszwecke inne, von denen demnächst wieder 4 geräumt werden sollen. Einzelne Schulräume sind noch von Baubüros, Nähstuben usw. besetzt.

Der Redner bittet ebenfalls, die Bezirksbürgermeister mit stärkerem Nachdruck als bisher auf die Pflicht zur Räumung der Schulräume hinzuweisen.

BESCHLUSS: Der Magistrat nimmt von den Darlegungen der Abteilung für Volksbildung zustimmend Kenntnis.[54]

---

52 Die Zinnowwaldschule befand sich im Hartmannsweiler Weg 65. Vgl. hierzu: Protokoll vom Bezirksparteitag der SPD am Sonntag, dem 7. April 1946, in Berlin-Zehlendorf [Reprint]. Herausgeber: SPD-Landesverband Berlin in Zusammenarbeit mit dem Franz-Neumann-Archiv e.V. Berlin. Redaktion: Manfred Rexin u. Rudolf Hartung, Berlin o. J. [1996]; das Gutachten des Sonderdezernats Krankenhausplanung über die Zinnowwaldschule v. 12.7.1946, in: Akademie der Künste (Berlin-Tiergarten), NL Scharoun, Mappe Mag 3/5.

53 Vgl. hierzu das Prot. der Dienstbesprechung der Amtsärzte am 31.10.1946, TOP 1, in: LAB, Rep. 12, Acc. 902, Nr. 5.

54 Die AK hatte mit BK/O (46) 314 v. 31.7.1946 den am 18.5.1946 gefaßten Mag.beschluß zur Rückgabe von durch schulfremde Einrichtungen belegten Schulen und Schulräumen bestätigt; vgl. hierzu Dok. 85, Anm. 13. Mit BK/O (47) 96 v. 16.4.1947 kritisierte sie, daß die BK/O (46) 314 „auf unzufriedenstellende Weise durchgeführt" werde, und befahl dem Magistrat, unter Berücksichtigung gewisser Ausnahmen alle notwendigen Maßnahmen zu treffen, „um bis zum 1. Juli 1947 die Räumung von Schulgebäuden durch nicht-erzieliche Organisationen durchzuführen". Insbesondere wurde der Magistrat angewiesen, einen noch im Jahr 1947 durchzuführenden Plan auszuarbeiten, „um

Orlopp schildert die *Papiernot bei der Abt[eilung] Ernährung*.[55] Wiederholte Verhandlungen mit der Abt[eilung] Wirtschaft wegen Papierbeschaffung haben keinen Erfolg gehabt. Die Abt[eilung] Ernährung hat sich daraufhin auch an die Abt[eilung] für Handel und Handwerk gewandt. Diese hat zugunsten der [Abteilung für] Ernährung eine gewisse Menge Papier frei gemacht, das aber auch nur für wenige Tage reicht. Bei dem jetzigen Bestand kann sich die Abt[eilung] Ernährung nur noch etwa 10 Tage über Wasser halten. Wenn innerhalb dieser Zeit kein Papier herangeschafft wird, können notwendigste Maßnahmen für die Ernährung nicht mehr durchgeführt werden.

Der Redner weist mit größter Eindringlichkeit auf den Ernst der Situation hin und stellt den Antrag:

> Der Magistrat wolle beschließen, daß die Abt[eilung] für Wirtschaft sich nochmals um ein angemessenes Kontingent von Papier für die Stadt Berlin einsetzt und dem Berliner Beschaffungsamt[56] die für die Magistratsabteilungen notwendigen Papiermengen zur Verfügung stellt. Eine solche Zentralisierung ist unbedingt notwendig, um die bereits über ein halbes Jahr bestehende Papiernot zu beseitigen.

Der Redner will außerdem seinerseits persönliche Verhandlungen mit den zuständigen Stellen der Alliierten Kommandantur aufnehmen.

Dr. Landwehr erinnert daran, daß er selbst mehrfach auf den großen Papiermangel in Berlin und die dadurch entstehenden Folgen hingewiesen hat.[57] Noch in der letzten Magistratssitzung sei von der Abt[eilung] Wirtschaft dargelegt worden, daß Berlin in seiner Papierversorgung auf die verschiedenen Zonen angewiesen sei und daß die Abt[eilung] Wirtschaft auf die Verteilung dieses Papiers keinen Einfluß mehr habe.[58] Der Redner hebt weiter hervor, daß es sich bei dem von den Behörden benötigten Papier auch speziell um eine Sortenfrage handele. Er habe sich persönlich mehrfach an die zuständigen Stellen der Alliierten mit der Bitte gewandt, die nötigen Permisse[59] herauszugeben. Der Abt[eilung] Wirtschaft könne wegen der jetzigen Papiernot kein Vorwurf gemacht werden.

Dr. Haas erklärt, daß auch die Finanzabteilung bald kein Papier mehr habe, um die Kassen- und Wirtschaftsbücher und die Formulare für Steuereinforderungen etc. herzustellen. Die ganze Haushaltswirtschaft werde dadurch lahmgelegt.

Maron schlägt vor, dem Antrag von Bürgermeister Orlopp dadurch noch größeren Nachdruck zu verleihen, daß durch ein Schreiben des Oberbürgermeisters an

---

Krankenhausbetriebe aus denjenigen Schulgebäuden zu entfernen, die nicht wesentlich zum Gebrauch als Krankenhäuser umgebaut wurden". Die BK/O (47) 96 ist vorhanden in: LAB(STA), Rep. 101, Nr. 80; LAB, Rep. 280, Nr. 7319. Vgl. zu ihrer Vorgeschichte: BK/R (47) 89 v. 29.3.1947, in: LAB, Rep. 37: OMGBS, BICO LIB, 11/148-3/4; das 16. Prot. der stellv. Stadtkommandanten v. 1.4.1947, TOP 170, in: LAB, Rep. 37: OMGBS, BICO LIB, 11/149-1/3.

55 Vgl. zum Problem des Papiermangels das 65. Mag.prot. v. 13.7.1946, TOP 8, u. das 68. Mag.prot. v. 3.8.1946, TOP 4 (Landwehr), u. das 70. Mag.prot. v. 17.8.1946, TOP 5, u. das 83. Mag.prot. v. 9.11.1946, TOP 5.

56 Dienststelle der Mag.abt. für Personalfragen und Verwaltung; vgl. hierzu Dok. 109, Anm. 15.

57 Vgl. Anm. 55 zu diesem Mag.prot.

58 Vgl. das 83. Mag.prot. v. 9.11.1946, TOP 5.

59 Erlaubnisscheine.

die Kommandanten der Stadt, das eventuell persönlich überreicht werden müßte, eindringlich darauf hingewiesen wird, daß die gesamte Verwaltungsarbeit zum Stillstand komme, wenn nicht in kürzester Frist Papier zur Verfügung gestellt wird.

BESCHLUSS: Der Antrag Orlopp wird angenommen; der Anregung Maron[s] wird zugestimmt.[60]

Jendretzky stellt eine *Pressemeldung* der Nachrichtenagentur ADN[61] über eine Verordnung, *betreffend den Austausch von Arbeitskräften*,[62] richtig. Durch diese Meldung mußte in der Öffentlichkeit der Eindruck entstehen, als ob auf Veranlassung der Abt[eilung] für Arbeit ein *Zwangseinsatz von Jugendlichen* vorgenommen werden soll.[63] Der Redner stellt fest, daß durch eine Indiskretion eines Hauptamtsleiters dem Vertreter der genannten Nachrichtenagentur Kenntnis von einer noch nicht abgeschlossenen Besprechung mit den Alliierten gegeben worden ist und daß diese Mitteilung, die sachlich nicht ganz den Tatsachen entsprach, dann von der Presse entsprechend frisiert worden ist. Der Redner hat eine Richtigstellung der Angelegenheit in der Presse veranlaßt.[64]

Winzer teilt hierzu mit, daß der Hauptjugendausschuß[65] aus Anlaß der erwähnten Veröffentlichung einen Protest gegen die geplanten Maßnahmen erhoben habe, wobei das selbständige Auftreten der Jugend in eigener Sache als erfreulich zu verzeichnen sei.

Maron empfiehlt, im Hinblick auf die vorgekommene Indiskretion eines Hauptsachbearbeiters den Angestellten der Verwaltung das Verbot in Erinnerung zu brin-

---

60 Vgl. das Schreiben von OB Werner an den amerikanischen Stadtkommandanten Frank A. Keating v. 22.11.1946, betr. die Papierversorgung, in: LAB, Rep. 37: OMGBS, Dir Off, 4/135-3/8; ferner drei Anträge der Finanzabteilung des Magistrats an die AK v. 2.12.1946, 4.12.1946 u. 17.12.1946, betr. Zuteilung von Papier, in: LAB(STA), Rep. 101, Nr. 639.

61 Der Allgemeine Deutsche Nachrichtendienst (ADN) war von der Sowjetischen Militäradministration am 10.10.1946 als alleinige Nachrichtenagentur für das sowjetische Besatzungsgebiet in Deutschland lizenziert worden; vgl.: Berlin. Kampf um Freiheit, S. 549.

62 Der Magistrat hatte im März 1946 den Entwurf einer Anordnung über den Austausch von Arbeitskräften beraten, aber nicht angenommen; vgl. das 49. Mag.prot. v. 9.3.1946, TOP 3. Eine entsprechende Anordnung oder VO ist auch bis Ende 1948 nicht im VOBl. veröffentlicht worden, also nicht in Kraft getreten.

63 Vgl.: Jugendliche sollen ein Jahr Aufbau-Arbeit leisten, in: Der Morgen, 14.11.1946, [S. 5]; Arbeitsverpflichtungen Jugendlicher, in: Der Tagesspiegel, 15.11.1946, [S. 4]; Jugend wehrt sich gegen Zwangsarbeit, in: Der Kurier, 18.11.1946, S. 6; Zwangsarbeit für Jugendliche?, in: Telegraf, 20.11.1946, S. 4; das 30. u. 31. Prot. des Einheitsausschusses Groß-Berlin v. 15.11.1946 u. 22.11.1946, in: BArch, Abt. Potsdam, Z-3, Nr. 4, 2. Foliierung, Bl. 32 u. 36; Berlin. Behauptung von Freiheit, S. 76 u. 77.

64 Vgl.: Arbeitseinsatz der Jugend?, in: Berliner Zeitung, 16.11.1946, [S. 2]; Um den Austauschplan von Arbeitskräften, in: Neue Zeit, 19.11.1946, S. 5; Austausch der Jugendlichen, in: Der Kurier, 19.11.1946, S. 5; Jugendliche sollen alte Arbeiter ablösen, in: Spandauer Volksblatt, 19.11.1946, S. 5; Gegen Arbeitsverpflichtung, in: Der Tagesspiegel, 22.11.1946, [S. 4]; Berliner Jugend gegen Arbeitsverordnung, in: Die Neue Zeitung, 22.11.1946, S. 2; Jugendaustausch-Verordnung, in: Telegraf, 22.11.1946, S. 3; Wird die Jugend arbeitsverpflichtet?, in: Neues Deutschland, 23.11.1946, S. 6; Vorläufig kein Jugendaustausch, in: Der Kurier, 26.11.1946, S. 5.

65 Vgl. zu diesem Ausschuß: Dok. 43, Anm. 16; Dok. 59, Anm. 16.

gen, über interne Dinge nach außen zu berichten.

BESCHLUSS: Die Mitteilungen von Stadtrat Jendretzky werden zur Kenntnis genommen.

Kraft macht Mitteilung von ernsten *Schwierigkeiten in der Versorgung mit Treibstoff.*

Weiter gibt der Redner bekannt, daß bei den Provinzial- und Länderverwaltungen der russischen Zone Bestrebungen im Gange sind, noch vorhandene *Privateisenbahnen* auf Grund des Gesetzes Nr. 124[66] zu *enteignen* und damit an sich heranzuziehen. Für Berlin kämen hierbei folgende 4 Bahnen in Frage: 1. die Niederbarnimer Eisenbahn (Heidekrautbahn), 2. die Neukölln-Mittenwalder Eisenbahn, 3. die Eisenbahn Königs Wusterhausen – Mittenwalde[67], 4. die Osthavelländische Eisenbahn. Es fragt sich, welche Haltung die Abt[eilung] Verkehr in dieser Angelegenheit einnehmen soll.

Dr. Haas empfiehlt den Erwerb der genannten Bahnen durch die Stadt Berlin. Die Niederbarnimer Eisenbahn gehöre bereits zu 65 % der Stadt. Man sollte entsprechende Verhandlungen anknüpfen und durch eine alsbald vorzulegende Magistratsvorlage die erforderlichen Vollmachten geben.

Hauth schlägt vor, schon heute die Abt[eilung] für Verkehr zu beauftragen, die nötigen Verhandlungen einzuleiten, um diese Bahnen in das Eigentum der Stadt Berlin zu überführen.

Maron empfiehlt, zunächst die Ansicht der Generaldirektion der Kleinbahnen in Potsdam einzuholen, ehe man in Verkaufsverhandlungen mit den Bahnen eintritt. Es sei durchaus nicht sicher, daß durch einen Ankauf von Aktien dieser Kleinbahnen die Gefahr der Enteignung auf Grund des Gesetzes 124 abgewendet werde.

BESCHLUSS: Die Abt[eilung] für Verkehr wird beauftragt, wegen eines eventuellen Erwerbs der das Verkehrsgebiet Berlin berührenden Kleinbahnen zwecks Verhütung einer Enteignung entsprechende Verhandlungen aufzunehmen.[68]

Nächste Sitzung: Sonnabend, den 23. November, vorm[ittags] 10 Uhr.

---

66 Vgl. zum Befehl Nr. 124 des Obersten Chefs der Sowjetischen Militäradministration v. 30.10.1945, betr. die Beschlagnahme und provisorische Übernahme einiger Eigentumskategorien: Dok. 106, Anm. 48.

67 Die Kreisstadt Königs Wusterhausen und die Kleinstadt Mittenwalde liegen jeweils ca. 15 km südöstlich von Berlin und sind 8 km voneinander entfernt.

68 Vgl. zur Enteignung der Neukölln-Mittenwalder Eisenbahn und der Königs Wusterhausen-Mittenwalder Eisenbahn eine entsprechende „Notiz" v. 18.4.1947, in: LAB(STA), Rep. 105, Nr. 265.

Dok. 126
85. Magistratssitzung vom 23. November 1946

LAB(STA), Rep. 100, Nr. 784, Bl. 2 – 5. – Umdruck.[1]

Beginn: 10.10 Uhr   Schluß: 12.20 Uhr

Anwesend: OB Dr. Werner, Maron, Orlopp, Schwenk, Lange, Dr. Landwehr,
            Pieck, Dr. Haas, Kehler, Dr. Mittag, Dr. Alfred Werner, Kraft, Knoll,
            Rumpf, Dr. Harms, Dr. Goll, Hauth, Geschke, Grüber, Dusiska, Starck,
            Scharoun, Winzer, Schwanebeck.

Den Vorsitz führt: Oberbürgermeister Dr. Werner.

Tagesordnung: 1. Protokoll
                2. Beschlußfassung über die eingereichten Vorlagen
                3. Allgemeines.

OB Dr. Werner eröffnet die Sitzung mit folgender *Ansprache*:[2]
Meine sehr verehrten Herren Kollegen! Wir treten heute zu unserer *letzten
Magistratssitzung* vor der ersten Tagung[3] der Stadtverordnetenversammlung von
Groß-Berlin zusammen. Noch ist uns nicht bekannt, ob sich an diese heutige
Sitzung weitere anschließen werden oder ob wir heute zum letzten Male als
amtliches Gremium vereinigt sind. Ich weiß daher nicht, ob sich mir noch eine
Gelegenheit bieten wird, Ihnen – meine verehrten Herren Kollegen – von dieser
Stelle aus in corpore[4] den verdienten Dank für die fruchtbare und kollegiale Arbeit
auszusprechen, zu der wir uns in den eineinhalb Jahren unserer Amtsführung zum
Wohle Berlins zusammengefunden haben. Niemand kann besser ermessen als wir,
welche persönlichen Opfer und Entsagungen mit unserem Amte verbunden waren.
Wir können für uns das Verdienst in Anspruch nehmen, nach einem Zusammenbruch,
der kein Beispiel in der Geschichte hat, als erste in die Brandung des Chaos
gesprungen zu sein und dem unaufhaltsam scheinenden Verfall Einheit[5] geboten
zu haben.

---

1 Weitere Umdruckexemplare dieses Protokolls sind vorhanden in: LAB(STA), Rep. 100,
  Nr. 752, lfd. S. 532 – 538; LAB, Rep. 228, Mag.protokolle 1946, u. Rep. 280, Nr. 8501/42.
2 Das eigenhändige handschriftliche Manuskript dieser Ansprache von OB Werner ist
  vorhanden in: LAB, NL Werner, Rep. 200, Acc. 4379, Nr. 45/254; als Abschrift in: LAB,
  NL Werner, Rep. 200, Acc. 4379, Nr. 20/6, S. 797 – 800.
3 Die erste Sitzung der am 20.10.1946 gewählten StVV fand am 26.11.1946 statt.
4 In Gesamtheit.
5 Müßte heißen: Einhalt.

Wenn wir heute im Rückblick hierauf feststellen, daß wir ganz überwiegend noch dieselben Männer sind, die seinerzeit aus der Hand des verstorbenen Herrn Generaloberst Bersarin ihr Amt entgegengenommen haben, so erkennen wir, daß dieser erste verdienstvolle russische Stadtkommandant von Berlin – ebenso wie Herr Marschall Shukow – mit sicherem Blick eine glückliche Auswahl geeigneter Männer getroffen haben [sic!].[6] Denn unser gemeinsames Ausharren in einer Notzeit von eineinhalb Jahren ist ein eindrucksvoller Beweis für die Standfestigkeit, die wir im Kampf mit einem widrigen Schicksal bewiesen haben. Eineinhalb Jahre in einer solchen Epoche wiegen mehr als Jahrzehnte in saturierten Zeiten der Ruhe und der Geborgenheit. Wir haben das Staatsschiff Berlins mit ruhiger Hand über die stürmisch aufgepeitschten Wogen der krisenreichsten Zeit in der Geschichte unserer Stadt hinweg zum sicheren Hafen gesteuert, wo es jetzt von unseren Nachfolgern übernommen und zur Fahrt über die nunmehr ruhige See klargemacht werden kann.

Daß Sie alle in dieser Zeit standhaft geblieben sind und ausgeharrt haben, ist ein Verdienst, für das ich Ihnen hiermit im Namen der Stadt und der Bevölkerung von Berlin auf das herzlichste danke. Noch mag es manchen geben, der unsere Arbeit nicht zu schätzen weiß und unser Verdienst schmälert. Das spricht aber nicht gegen uns, sondern nur gegen die Unzulänglichkeit des Urteils unserer Kritiker. Wir sind gewiß, daß eine spätere Zeit uns die Anerkennung und den Dank nicht versagen wird. Daher weiß ich, daß ich mich im Einklang mit der überzeitlichen Einsicht in das Verdienst Ihres Wirkens befinde, wenn ich mich hiermit zum Sprecher der Geschichte mache und Ihnen bereits heute den Dank zum Ausdruck bringe, den Ihnen die Zukunft spenden wird. In diesem Bewußtsein wollen wir den Rest unserer Amtszeit weiter in kollegialer Harmonie zusammenarbeiten, bis wir unser Amt in die Hände unserer gewählten und bestätigten Nachfolger legen werden.

1. PROTOKOLL

Die Niederschrift der 84. Magistratssitzung vom 16.11.46 liegt noch nicht vor; sie wird den Mitgliedern nachträglich zugestellt werden. Es wird vereinbart, die Niederschrift als genehmigt zu erklären, falls bis zum Mittwoch, dem 27.11., kein Einspruch erfolgt.[7]

2. BESCHLUSSFASSUNG ÜBER DIE EINGEREICHTEN VORLAGEN

Maron berichtet, daß dem Einheitsausschuß der vier Parteien in seiner Sitzung am Tage zuvor die Magistratsvorlagen Nr. 500 bis 504 vorgelegen haben.[8] Die Vorlagen

---

6 Vgl. zur Etablierung des ersten Berliner Nachkriegsmagistrats: Teil I dieser Edition, S. 31 – 48.

7 Hierzu ist im Originalprotokoll am Fußende von S. 2 die folgende Anmerkung formuliert: „Widerspruch ist bis zu dem vereinbarten Termin nicht erfolgt; die Niederschrift der 84. Sitzung gilt damit als genehmigt."
Der Protokolltext der 84. Mag.sitzung wurde auch in der 86. Mag.sitzung genehmigt; vgl. das 86. Mag.prot. v. 30.11.1946, TOP 1.

8 Vgl. das 31. Prot. des Einheitsausschusses Groß-Berlin v. 22.11.1946, in: BArch, Abt. Potsdam, Z-3, Nr. 4, 2. Foliierung, Bl. 36 f.

Nr. 502[9] und 503[10] wurden für die Stadtverordnetenversammlung zurückgestellt, den Vorlagen Nr. 500, 501 und 504 wurde zugestimmt.

Starck begründet die Vorlage Nr. 500[11], die zum Gegenstand hat: *Bau des Hydromentwerkes Rummelsburg.* Es handelt sich um die Bewilligung einer ersten Rate von 3 Millionen RM für dieses Werk; außerdem wird in der Vorlage die Zustimmung zur Gründung einer städtischen Gesellschaft zur Übernahme des Hydromentwerkes beantragt. Die Versorgung von Groß-Berlin mit Zement soll durch dieses Projekt unabhängig gestaltet werden von der Lieferung aus Produktionsstätten in der Provinz. Berlin hatte früher einen Jahresverbrauch an Zement von 700 000 t. Gegenwärtig kommen aber nur Mengen herein, die für das laufende Jahr insgesamt 25 [000] – 30 000 t ausmachen. Dieses grobe Mißverhältnis zwingt dazu, alle Möglichkeiten auszuschöpfen, um neue Bindemittel zu gewinnen. In der Provinz ist vorläufig nicht damit zu rechnen, daß die ausgefallenen Werke, vor allem in Rüdersdorf[12], wieder anlaufen. Alle Erwägungen und Untersuchungen haben dazu geführt, daß es zweckmäßig ist, auf Berliner Gebiet selbst ein Werk für die Produktion von hydraulischen Bindemitteln zu errichten und dabei die im Großkraftwerk Klingenberg anfallende Steinkohlenflugasche als Rohmaterial heranzuziehen.[13] Es sind von den verschiedensten Kapazitäten Gutachten eingeholt worden, die in der Anlage zu der Vorlage wiedergegeben sind. Auch eine Rentabilitäts[be]rechnung ist beigefügt. Die Bauarbeiten für das Werk, das auf einem Gelände in Lichtenberg neben dem Kraftwerk Klingenberg errichtet werden soll, sind schon angelaufen. Wenn keine weiteren Schwierigkeiten auftreten, ist damit zu rechnen, daß die ersten Öfen im April angeblasen werden können. Das neue Erzeugnis wird den Namen Hydroment führen.

---

9 Die Mag.vorlage Nr. 502 v. 12.11.1946, betr. Zweite Anordnung zum Vollzug des Gesetzes Nr. 18 des Alliierten Kontrollrats vom 8.3.1946 – Wohnungsgesetz – und der Anordnung der Alliierten Kommandantur Berlin BK/O (46) 369 vom 16.9.1946, ist vorhanden in: LAB, Rep. 228, Mag.vorlagen 1946; Akademie der Künste (Berlin-Tiergarten), NL Scharoun, Mappe Mag 1/1; ohne den Textentwurf der Anordnung in: LAB(STA), Rep. 100, Nr. 784, Bl. 33 – 36. Mit der Zweiten Vollzugsanordnung sollte die Inanspruchnahme sogenannter Naziwohnungen geregelt werden. Diese Rechtsmaterie fand ihre Regelung in der von der StVV und dem zweiten Nachkriegsmagistrat am 24.6./1.10.1947 beschlossenen VollzugsVO zum Kontrollratsgesetz Nr. 18 und zur BK/O (46) 369, womit eine entsprechende zweite Anordnung oder VO überflüssig wurde. Vgl. hierzu das 84. Mag.prot. v. 16.11.1946, TOP 3 (insb. Anm. 18).

10 Die Mag.vorlage Nr. 503 v. 11.11.1946, betr. Pachtung der Liegenschaft Haus Tornow bei Buckow/Märkisches Höhenland zwecks Unterbringung von 200 Berliner Waisenkindern, ist vorhanden in: LAB(STA), Rep. 100, Nr. 784, Bl. 37 f. Der zweite Nachkriegsmagistrat beschloß am 10.2.1947, in der Liegenschaft Haus Tornow ein städtisches Heim für „200 schwererziehbare und kriminellgefährdete Kinder" zu errichten. Vgl. hierzu die Mag.vorlage Nr. 53 v. 7.2.1947 u. das Prot. über die 10. (Ordentliche) Mag.sitzung am 10.2.1947, TOP 2 der Nachtrags-TO, in: LAB, Rep. 228, Mag.vorlagen 1947 u. Mag.protokolle 1947.

11 LAB(STA), Rep. 100, Nr. 784, Bl. 6 – 31; auch in: Akademie der Künste (Berlin-Tiergarten), NL Scharoun, Mappe Mag 1/1.

12 Kleinstadt, ca. 20 km östlich von Berlin gelegen, ein Zentrum der Kalk- und Zementproduktion.

13 Vgl. hierzu das 63. Mag.prot. v. 29.6.1946, TOP 4, u. das 72. Mag.prot. v. 31.8.1946, TOP 3, u. das 76. Mag.prot. v. 21.9.1946, TOP 6.

In der gestrigen Sitzung der Partei[en]vertreter wurde der Plan gutgeheißen. Nur der zweite Teil der Vorlage, der die Gründung einer städtischen Gesellschaft zur Übernahme des Hydromentwerkes vorsieht, wurde zurückgestellt.[14]

Der Redner empfiehlt mit dieser Beschränkung die Annahme der Vorlage, d[as] h[eißt] die Bewilligung von 3 Millionen RM für die Fertigstellung des 1. Bauabschnittes des Hydromentwerkes Rummelsburg.

BESCHLUSS: Die Vorlage Nr. 500 wird unter Streichung des Punktes B des Beschlußentwurfs angenommen.[15]

Scharoun begründet die Vorlage Nr. 501[16], betreffend Richtlinien für die Baupolizei für die Ausführung von Lehmbauten auf Grund der Verordnung über Lehmbauten (*Lehmbauordnung*)[17]. In der Vorlage werden einer genaueren Betrachtung unterzogen: 1. die Frage der Baustoffe, der Bauzeit und der Bauausführung, 2. die verschiedenen Lehmbauweisen, 3. die einzelnen Bauteile. Die Richtlinien bezwecken, die Prüfung durch die Baupolizei einheitlich zu gestalten und die Bevölkerung vor Schädigungen zu bewahren. Die Verordnung kommt in der Hauptsache für die Randgebiete um Berlin in Frage. Der erweiterte Magistratsausschuß für Bau- und

---

14 Vgl. das 31. Prot. des Einheitsausschusses Groß-Berlin v. 22.11.1946, in: BArch, Abt. Potsdam, Z-3, Nr. 4, 2. Foliierung, Bl. 36.

15 Der hier gefaßte Mag.beschluß ist mit dem Ausfertigungsdatum v. 23.11.1946 vorhanden in: LAB(STA), Rep. 101, Nr. 234. Er wurde der AK vom zweiten Nachkriegsmagistrat mit Schreiben v. 4.1.1947 zur Genehmigung zugeleitet; siehe: a.a.O. Es konnte kein Hinweis darauf ermittelt werden, daß die AK eine Entscheidung in dieser Angelegenheit getroffen hat. Der zweite Nachkriegsmagistrat und die StVV befaßten sich im Jahr 1947 wiederholt mit dem Hydromentwerk Rummelsburg, insbesondere mit seiner Größe bzw. seinem Status (behelfsmäßige Versuchsanlage oder Großfabrikationsstätte) und seiner Rechtsform (als eventueller städtischer Eigenbetrieb). Tatsächlich wurde sein Bau durch den Befehl Nr. 113 des sowjetischen Stadtkommandanten v. 22.8.1947 zum Befehlsbau erklärt und als solcher weitergeführt. Vgl. hierzu die Mag.vorlage Nr. 38 v. 23.1.1947 u. die Mag.vorlage Nr. 173 v. 8.4.1947 u. die Mag.vorlage Nr. 368 v. 7.8.1947, in: LAB, Rep. 228, Mag.vorlagen 1947; das Prot. über die 9. (Ordentliche) Mag.sitzung am 3.2.1947, TOP 1, u. das Prot. über die 23. (Ordentliche) Mag.sitzung am 21.4.1947, TOP 10, u. das Prot. über die 41. (Ordentliche) Mag.sitzung am 11.8.1947, TOP 5, u. das Prot. über die 44. (Ordentliche) Mag.sitzung am 1.9.1947, nach der TO, in: LAB, Rep. 228, Mag.protokolle 1947; StVV, I. Wahlperiode, Drucksache Nr. 31, Vorlage Nr. 199 v. 15.4.1947, u. Drucksache Nr. 47, Vorlage Nr. 336 v. 18.6.1947, u. Drucksache Nr. 57, Vorlage Nr. 407 v. 15.8.1947, u. Drucksache Nr. 61, Vorlage Nr. 426 v. 2.9.1947 (mit dem Text des Befehls Nr. 113 des sowjetischen Stadtkommandanten v. 22.8.1947), u. Drucksache Nr. 65, Vorlage Nr. 451 v. 10.9.1947; StVV, I. Wahlperiode, Stenographische Berichte über die 28. (Ordentliche) Sitzung am 8.5.1947, S. 47–52, u. die 38. (Ordentliche) Sitzung am 24.7.1947, S. 31–35, u. die 51. (Ordentliche) Sitzung am 18.12.1947, S. 47–53. Vgl. zur Errichtung des Hydromentwerks Rummelsburg ferner die Materialien in: LAB(STA), Rep. 110, Nr. 203; Berlin. Behauptung von Freiheit, S. 222, 276, 293, 300 u. 372; Hanauske, S. 211.

16 Die Mag.vorlage Nr. 501 v. 11.11.1946 ist vorhanden in: LAB, Rep. 228, Mag.vorlagen 1946; ohne Anlagen (VO über Lehmbauten u. zugehörige Ausführungsrichtlinien) in: LAB(STA), Rep. 100, Nr. 784, Bl. 32.

17 Die VO über Lehmbauten (Lehmbauordnung) v. 4.10.1944 war veröffentlicht worden in: RGBl., Jg. 1944, Teil I, S. 248–251. Vgl. auch: Wir bauen mit Lehm, in: Nacht-Express, 24.7.1946, [S. 5].

Wohnungswesen hat den Richtlinien bereits zugestimmt.[18] Der Einheitsausschuß der Parteien hat ebenfalls seine Zustimmung zu der Vorlage gegeben.[19]

Der Redner beantragt noch, auf Seite 2 der Richtlinien in Nr. 5 unter den Auskunftsstellen[20] auch die „Bauwissenschaftliche Forschungs- und Entwicklungsstelle"[21] aufzunehmen.

BESCHLUSS: Die Vorlage Nr. 501 wird mit dem beantragten Zusatz angenommen.[22]

Es folgt die Beratung der Vorlage Nr. 504[23], betreffend Zuschuß aus den Haushaltsmitteln des Preisamtes zum Zwecke der *Preissenkung* der im britischen Sektor von Berlin zur Verteilung gelangenden *Kinder- und Herrenschuhe*.[24]

Dr. Haas begründet in Vertretung des zeitweilig abwesenden Berichterstatters Rumpf die Vorlage, die bereits am Tage zuvor den Einheitsausschuß der Parteien beschäftigt hat.[25] Die für eine Verteilung im britischen Sektor von Berlin bestimmten Schuhe sind wegen ihrer hohen Produktionskosten so teuer (ein Paar Kinderschuhe 19,55 RM, ein Paar Herrenschnürstiefel 33,40 RM), daß die Preise für die minderbemittelte Bevölkerung nicht tragbar sind. Auf Vorschlag des Preisamtes sollen die Preise auf das normale Maß (12,50 und 26,– RM) herabgesetzt werden, und zwar in der Weise, daß der Unterschiedsbetrag aus den beim Preisamt anfallenden Strafgeldern gedeckt wird, indem die liefernde Firma Fleischmann[26] einen einmaligen Zuschuß von 70 000 RM aus den Einnahmen des Preisamtes erhält.

Der Redner hat aus finanzwirtschaftlichen Gründen starke Bedenken gegen eine solche Art der Preisstützung, die bei Ausdehnung auf andere wichtige

---

18 Vgl. das Ergebnisprotokoll der Sitzung des erweiterten Mag.ausschusses für Bau- und Wohnungswesen v. 13.9.1946, TOP 1, in: LAB(STA), Rep. 110, Nr. 26. Vgl. zu diesem Ausschuß: Dok. 27, Anm. 55.

19 Vgl. das 31. Prot. des Einheitsausschusses Groß-Berlin v. 22.11.1946, in: BArch, Abt. Potsdam, Z-3, Nr. 4, 2. Foliierung, Bl. 36.

20 Gemeint sind Einrichtungen, die zur Anfertigung von Gutachten über Lehm als Baustoff autorisiert waren.

21 Vgl. hierzu Dok. 75, Anm. 106.

22 Der zweite Nachkriegsmagistrat beschloß am 7.7.1947 Ausführungsbestimmungen zur VO über Lehmbauten (Lehmbauordnung), die kleine Abweichungen gegenüber den hier beschlossenen Ausführungsrichtlinien aufwiesen. Vgl. hierzu die Mag.vorlage Nr. 292 v. 31.5.1947 u. das Prot. über die 34. (Ordentliche) Mag.sitzung am 7.7.1947, TOP 4, in: LAB, Rep. 228, Mag.vorlagen 1947 u. Mag.protokolle 1947. In der am 7.7.1947 beschlossenen Fassung wurden die Ausführungsbestimmungen mit Datum v. 8.12.1947 veröffentlicht in: VOBl., Jg. 3 (1947), S. 265 – 267.

23 LAB(STA), Rep. 100, Nr. 784, Bl. 38; auch in: LAB(STA), Rep. 101, Nr. 644, Bl. 2 f. u. 4 f.

24 Vgl. zu den Problemen der Schuhreparaturen und -herstellung das 56. Mag.prot. v. 4.5.1946, TOP 7 (Orlopp).

25 Vgl. das 31. Prot. des Einheitsausschusses Groß-Berlin v. 22.11.1946, in: BArch, Abt. Potsdam, Z-3, Nr. 4, 2. Foliierung, Bl. 36.

26 Gemeint ist die Wiener Schuhwarenfabrik Karl Fleischmann in der Lehrter Straße 59 – 61, Bezirk Tiergarten.

Lebensgüter zu einer ungesunden Subventionspolitik führen könnte.[27] Auch in der Einheitsausschußsitzung ist von seiten der Parteien zum Ausdruck gekommen, daß eine Abdeckung erhöhter Produktionskosten auf andere Weise geschehen müßte, etwa durch Zahlung von Unterstützungsgeldern an die minderbemittelten Käufer. Aber mit Rücksicht auf die Darlegungen des Preisamtes, daß hier schnell gehandelt werden müßte und daß es sich um eine Einzelmaßnahme handele, haben die Parteien zugestimmt.

Dusiska spricht sich entschieden gegen eine solche Form der Preisstützung durch einen Zuschuß an die Lieferfirma aus. Die Überteuerung der Schuhe erklärt sich daraus, daß im britischen Sektor in Spandau eine Lederfabrik Jensen[28] errichtet worden ist, die mit vollkommen unzulänglichen technischen Mitteln und unter unzulänglicher technischer und kaufmännischer Leitung arbeitet. Auf der anderen Seite gibt es im russischen Sektor alte, bewährte Lederfabriken, die nicht voll ausgelastet sind, z[um] B[eispiel] die Firma Blankenburg[29]. Die vorgeschlagene Maßnahme bedeutet eine Subventionspolitik, die gegen die wirtschaftlichen Interessen der Stadt Berlin gerichtet ist und die leicht Schule machen könnte. Wollte man in dieser Weise die ganze Schuhfabrikation in Berlin subventionieren, dann würden auch die Strafgelder des Preisamtes nicht mehr ausreichen. Außerdem sollte man grundsätzlich Strafgelder nicht für solche Zwecke verwenden. Strafgelder gehören in einen Fonds für die Allgemeinheit.

Orlopp warnt ebenfalls dringend davor, wieder in eine Subventionspolitik zu verfallen, wie sie in den Jahren nach 1918 geherrscht und damals die Inflation beschleunigt hat. Wenn vom Preisamt festgestellt wird, daß für den überhöhten Preis eines bestimmten Erzeugnisses eine Ausnahmebewilligung angebracht ist, dann muß dem minderbemittelten Käufer auf andere Weise geholfen werden, indem man ihm aus einem Sozialfonds einen Zuschuß gibt. Im übrigen handele es sich seines Wissens hier um Schuhe von wenig guter Qualität.

Maron meint, wenn in der gestrigen Sitzung der Partei[en]vertreter das von Dusiska angeführte Argument bekannt gewesen wäre, daß die hier in Frage kommende Firma mit veralteten Methoden arbeitet, während auf der anderen Seite Firmen mit modernen Methoden nicht voll beschäftigt sind, dann hätten wahrscheinlich die Parteien der Vorlage nicht zugestimmt. Der Redner ist dafür, dem Sozialamt eine besondere Summe zur Verfügung zu stellen, um daraus solchen Käufern, die bedürftig sind, das Geld zur Bezahlung der Schuhe zu geben.

Hauth schließt sich diesem Vorschlag an und gibt grundsätzlich zur Erwägung, ob dem Magistrat ohne ausdrücklichen Befehl der Alliierten Kommandantur zugemutet werden könne, für einen einzelnen Sektor solche Zuschüsse, die sich aus der Beschäftigung einer unrentabel arbeitenden Fabrik ergeben, zu übernehmen.

Dr. Landwehr wendet sich auch gegen jede Art von Subventionierung und warnt insbesondere davor, etwaige Preisstützungen mit den Mitteln von Strafgeldern

---

27 Vgl. zum Problem der Preissubventionierung durch öffentliche Zuschüsse das 53. Mag.-prot. v. 6.4.1946, TOP 4.

28 Gemeint ist die Spandauer Leder- und Treibriemenfabrik Ferdinand J. G. Jensen GmbH in der verlängerten Daumstraße im Ortsteil Haselhorst, Bezirk Spandau; vgl. hierzu: VOBl., Jg. 2 (1946), S. 476.

29 Gemeint ist die Lederfabrik Blankenburg-Mark AG in der Pankstraße 8–9 im Ortsteil Buchholz, Bezirk Pankow.

durchzuführen. Der einzig mögliche Weg sei der, einen gewissen Betrag aus dem Sozialetat zu entnehmen und daraus solchen Käufern, die wirklich bedürftig sind, einen Teil des Schuhpreises zu erstatten. Der Redner empfiehlt, die ganze Vorlage in der Form, wie sie jetzt vorliegt, zurückzuziehen.

Rumpf führt aus, es werde anscheinend bei der Beurteilung dieser Sache von ganz falschen Voraussetzungen ausgegangen. Es sei offensichtlich, daß die Schuhe unter anormalen Verhältnissen hergestellt worden sind. Die Verarbeitung ist auf Befehl der englischen Kommandantur in einem Betriebe erfolgt, der nicht über die geeigneten technischen Einrichtungen verfügt. Die dadurch entstandenen Kosten haben den Preis erhöht. Das Preisamt war nach den gesetzlichen Vorschriften nicht in der Lage, den Preis zu beanstanden. Es liegt nach den Preisvorschriften weder bei der Herstellerfirma Jensen noch bei der Vertriebsfirma Fleischmann eine ungerechtfertigte Bereicherung vor. Andererseits ist es Tatsache, daß ein solcher Preis, wie er hier gefordert wird, für die Mehrheit der Berliner Bevölkerung nicht tragbar ist. Die soziale Lage der Bevölkerung verschlechtert sich zunehmend. Ermittlungen des Instituts für Konjunkturforschung[30] haben ergeben, daß die Lebensmittelhaltungskosten in Berlin gegenwärtig um 28 % höher liegen als 1944. Die Steigerung beträgt bei Kleidung nahezu 50 %. Die Entwicklung bei den Berliner Sparkassen bestätigt ebenfalls die verschlechterte soziale Lage. Unter solchen Umständen sind Maßnahmen notwendig, um irgendwie solche hohen Schuhpreise zu senken. Auch bei anderen Artikeln wird man vermutlich im Laufe des Winters Preissenkungen in irgendeiner Weise durchführen müssen, wenn man das Lohnniveau halten will. Wie man die Preissenkung durchführt, ist eine andere Frage. In diesem Falle der Schuhe ist versucht worden, einen neuen Weg über die Strafgelder zu gehen. Über die Zweckmäßigkeit dieses Weges läßt sich streiten. Tatsache ist aber, daß die eingegangenen Strafgelder die im Etat vorgesehene Höhe bei weitem überschreiten. 2,5 Millionen sind für das Etatsjahr vorgesehen. In den ersten 7 Monaten sind bereits 7 Millionen an Strafen verhängt worden, und es ist nach den vorliegenden Strafanträgen mit weiteren 7 Millionen zu rechnen.

Dusiska weist noch einmal darauf hin, daß es in Berlin Firmen gebe, die in der Lage seien, Schuhe zu normalen Preisen herzustellen. In dem vorliegenden Falle hätten sich nach dem bei der Abt[eilung] Wirtschaft vorliegenden Material offenbar deutsche Interessenten hinter die englischen Besatzungsbehörden gesteckt, um eine unrentable Lederfabrik zu betreiben. Eine solche Subventionspolitik, wie sie hier vorgesehen sei, führe zum Zusammenbruch der Wirtschaft. Principiis obsta![31]

Winzer schlägt vor, die ganzen 10 000 Paar Schuhe dem Sozialamt zu überweisen, damit dieses sie im britischen Sektor den Bedürftigsten zuweist, so daß der Handel gar nicht mit der Sache befaßt wird.

Schwenk führt aus, es werde bei der in Frage kommenden Spandauer Fabrik nicht nur mit veralteten Methoden, sondern auch mit unlauteren Mitteln gearbeitet. Hinter der Firma stehende Interessenten hätten es verstanden, die entsprechenden Befehle für den Betrieb des Unternehmens zu erwirken. Würde in der hier vorgesehenen Weise einer Subventionierung verfahren, so würde das bedeuten, daß man mit öffentlichen Geldern solche unlauteren Methoden unterstützt. Man sollte die ganze

---

30 Vgl. zu dem hier gemeinten Deutschen Institut für Wirtschaftsforschung (Institut für Konjunkturforschung) das 53. Mag.prot. v. 6.4.1946, TOP 7.

31 Wehre den Anfängen!

Angelegenheit einmal vor die Alliierte Kommandantur bringen und darlegen, daß es in Berlin leistungsfähige Betriebe gibt, die in der Lage sind, gute und billige Schuhe herzustellen, und die die Gewähr dafür bieten, daß Schuhe nicht zu überhöhten Preisen auf den Markt gebracht werden.

Lange verweist darauf, daß gegen die Firma Jensen belastendes Material[32] vorliege, das der Abt[eilung] Wirtschaft übermittelt worden sei. Es würde sich empfehlen, dieses Material auch der Alliierten Kommandantur zu unterbreiten.

Rumpf betont noch einmal die Tatsache, daß manche Bedarfsartikel auch bei strengster Preiskontrolle heute nicht mehr zu den früheren Gestehungskosten hergestellt werden können und somit in einem starken Mißverhältnis zu den gestoppten Löhnen stehen. Wenn diese Bedarfsgüter von den werktätigen Massen erworben werden sollen, müssen die Preise dafür durch irgendwelche Maßnahmen gesenkt werden. Dabei müßte in der Frage der Hilfsbedürftigkeit heute ein ganz anderer Maßstab angelegt werden als bisher, weil nur noch ein ganz begrenzter Kreis der Bevölkerung in der Lage ist, die Preise für solche Bedarfsgüter aus dem Einkommen zu bestreiten.

Der Redner meint, man sollte die Vorlage in der unterbreiteten Form zunächst einmal annehmen, um alsdann die fragwürdigen Methoden der Firma Jensen zu untersuchen und die Preisstellung bei ihr auf ein gesundes Maß zurückzuschrauben. Eine Verteuerung der Schuhe bei der Verteilung durch den Handel träte übrigens im vorliegenden Falle nicht ein.

Orlopp empfiehlt, die Verbilligung der Schuhe in der Weise vorzunehmen, daß von den Strafgeldern eine bestimmte Summe, etwa 100 000 RM, abgezweigt wird zur Unterstützung derjenigen Schuhkäufer, die ein Einkommen unter 300 RM monatlich haben.

Schwenk formuliert einen Antrag, der nach weiterer Aussprache, an der sich noch Dr. Haas, Dr. Alfred Werner, Dr. Landwehr, Maron, Geschke, Rumpf beteiligen, in folgender Fassung angenommen wird:

BESCHLUSS: Der Magistrat stellt unter Ablehnung der Vorlage Nr. 504 fest, daß die überhöhten Schuhpreise der Firma Fleischmann nur unter Außerachtlassung der gegebenen wirtschaftlichen Produktionsmöglichkeiten zustande gekommen sind. Im Hinblick darauf, daß die Firma auf höheren Befehl gehandelt hat, beschließt der Magistrat: Die angebotenen 10 000 Paar Schuhe werden dem Handel übergeben; der Übernahmepreis wird vom Preisamt festgesetzt; bei Abgabe der Schuhe an minderbemittelte Bezieher mit weniger als 250 RM Einkommen monatlich gewährt das Sozialamt eine Beschaffungsbeihilfe; die erforderlichen Mittel stellt die Kämmerei zur Verfügung.[33]

---

32 Dieses Material konnte nicht ermittelt werden.

33 Vgl. auch: Paul Schwenk: Strafgelder für Schuhverbilligung? Eine Frage von grundsätzlicher Bedeutung, in: Neues Deutschland, 30.11.1946, S. 6; Berlins Schuhversorgung. Ein bescheidener Lichtblick, in: Der Morgen, 12.12.1946, [S. 4].

3. ALLGEMEINES

Maron skizziert kurz die *Dispositionen für die bevorstehenden ersten Sitzungen der Stadtverordnetenversammlung.*[34]

In der anschließenden Aussprache vereinbart der Magistrat, daß die Magistratsmitglieder an der ersten, konstituierenden Sitzung der Stadtverordnetenversammlung geschlossen als Magistrat teilnehmen, dagegen der zweiten Sitzung, in der die Wahl des neuen Magistrats erfolgen soll, fernbleiben, soweit sie nicht Abgeordnete sind.[35]

Scharoun trägt einen ihm brieflich übermittelten Wunsch der Herren Grotewohl und Wilhelm Pieck vor,[36] die *Grabstätten der Revolutionskämpfer* aus den Jahren 1848, 1918 und der Nazizeit an einer würdigen Stelle in einem Rondell *zu vereinigen.* Da es sich hierbei um die Abänderung eines früheren Magistratsbeschlusses handelt, nach dem nur die Wiederin[stand]setzung der alten Gräber beschlossen worden war,[37] fragt es sich, ob zu der geplanten Maßnahme ein neuer Beschluß notwendig ist. BESCHLUSS: Die Frage wird verneint. Der Magistrat erhebt gegen die Vorschläge keinen Widerspruch.

Lange bringt die Angelegenheit des *geplanten,* aber wieder rückgängig gemachten *Vertrags zwischen dem Deutschen Theater*[38] *und Jürgen Fehling* zur Sprache, wobei der Intendant Langhoff[39] sich in mündlicher Absprache bereit erklärt hatte, Herrn Fehling ein Nettogehalt von monatlich 2 000.– RM zu zahlen und überdies die Direktionsschulden von dessen eigener Bühne in Höhe von 95 000 RM zu übernehmen.[40] Redner stellt die Frage, wie man sich die Übernahme solcher Verpflichtungen auf Kosten der Steuerzahler gedacht habe.

---

34 Vgl. zu den Vorbereitungen für das Zusammentreten der StVV das 84. Mag.prot. v. 16.11.1946, TOP 2.

35 Vgl. hierzu: StVV, I. Wahlperiode, Stenographische Berichte über die 1. (Ordentliche) Sitzung am 26.11.1946 u. die 2. (Ordentliche) Sitzung am 28.11.1946; das 86. Mag.prot. v. 30.11.1946, TOP 2 (Maron), u. das 87. Mag.prot. v. 6.12.1946. Die Wahl und Vereidigung des zweiten Nachkriegsmagistrats fand erst in der dritten Sitzung der StVV statt; vgl.: StVV, I. Wahlperiode, Stenographischer Bericht über die 3. (Ordentliche) Sitzung am 5.12.1946, S. 7–33 u. 35.

36 Der hier erwähnte Brief der beiden SED-Vorsitzenden Otto Grotewohl und Wilhelm Pieck konnte nicht ermittelt werden.

37 Vgl. das 37. Mag.prot. v. 17.12.1945, TOP 6; ferner das 3. Mag.prot. v. 28.5.1945, TOP 4, u. das 59. Mag.prot. v. 29.5.1946, TOP 6.

38 Vgl. zum Deutschen Theater das 8. Mag.prot. v. 25.6.1945, TOP 7, u. das 23. Mag.prot. v. 24.9.1945, TOP 3, u. das 72. Mag.prot. v. 31.8.1946, TOP 7 (Henneberg u. Beschluß).

39 Vgl. Dok. 111, Anm. 72.

40 Der Regisseur Jürgen Fehling hatte im Bezirk Zehlendorf am 27.8.1945 das „Jürgen-Fehling-Theater" gegründet, das in der ersten Jahreshälfte 1946 wegen Überschuldung geschlossen werden mußte. Vgl. hierzu: Berlin. Kampf um Freiheit, S. 160, 215 u. 335; Wolfgang Harich: Ein Jahr Berliner Theater: I. Ohne Jürgen Fehling?, in: Der Kurier, 16.7.1946, S. 3; Ranke u. a.: Kultur, Pajoks und Care-Pakete, S. 83; Schivelbusch, S. 96 f. Der Intendant Wolfgang Langhoff hatte dann langwierige Verhandlungen mit Fehling geführt, um ihn für Regieaufgaben an das Deutsche Theater zu verpflichten. Die Verhandlungen wurden aber am 13.11.1946 von Langhoff abgebrochen, was er in erster Linie mit dem Hinweis auf einen rühmenden Nachruf Fehlings für den Schauspieler Heinrich George begründete. Der wegen seiner Affinität zum nationalsozialistischen

Dr. Alfred Werner teilt dazu mit, die Frage der Gehaltszahlungen an Intendanten und Staatsschauspieler sei inzwischen dahin geregelt worden, daß gewisse Höchstsätze nur mit Zustimmung von mehreren Kommissionen überschritten werden dürfen.

Dr. Haas bemerkt, er habe, als er von den Verhandlungen zwischen dem Deutschen Theater und Fehling hörte, von vornherein erklärt, daß er es entschieden ablehne, Gelder aus städtischen Mitteln zur Abdeckung von persönlichen Schulden zu geben.

Der Redner macht weiter eine Mitteilung wegen des *Renaissance-Theaters*. Nachdem der Pachtvertrag, den die Stadt bezüglich dieses Objekts hatte, praktisch illusorisch geworden ist, hat der Redner in Besprechung mit dem englischen Theateroffizier namens der Stadt offiziell auf diesen Vertrag verzichtet, so daß die Stadt nunmehr nichts mehr mit dem Renaissance-Theater zu tun hat.[41]
BESCHLUSS: Der Magistrat nimmt von dieser Mitteilung Kenntnis.

Dr. Haas erbittet ferner eine Meinungsäußerung des Magistrats zu der Frage der *Staatszuschüsse an die Evangelische Kirche.* Die Alliierte Kommandantur habe eine Stellungnahme zu dieser Angelegenheit gefordert.[42]

Regime sehr umstrittene George war am 23.9.1946 im sowjetischen Internierungslager Sachsenhausen verstorben. Vgl. zu den Verhandlungen mit Fehling und zu ihrem Scheitern: Gespräch mit Jürgen Fehling. Sein großes Bekenntnis zum Deutschen Theater, in: Nacht-Express, 6.11.1946, [S. 5]; Wolfgang Harich: Jürgen Fehling und das Deutsche Theater, in: Tägliche Rundschau, 10.11.1946, S. 5; Jürgen Fehling: Die wilde Kraft/Jürgen Fehling zum Tode Heinrich Georges, in: Der Kurier, 12.11.1946, S. 3; Verhandlungsabbruch mit Jürgen Fehling/Eine Begründung des Intendanten Wolfgang Langhoff, in: Berliner Zeitung, 15.11.1946, [S. 3]; Fehling nicht am Deutschen Theater, in: Tägliche Rundschau, 15.11.1946, S. 3; Deutsches Theater bricht Verhandlungen mit Jürgen Fehling ab, in: Neues Deutschland, 15.11.1946, S. 3; Absage an Jürgen Fehling, in: Der Morgen, 15.11.1946, [S. 2]; Das Dokument gegen Jürgen Fehling, in: Der Kurier, 15.11.1946, S. 3; Der Bruch Langhoff – Fehling, in: Nacht-Express, 15.11.1946, [S. 5]; „Alpdruck auf dem Berliner Theaterleben". Intendant Langhoff zu dem Fall Fehling, in: Tägliche Rundschau, 19.11.1946, S. 8; Der Konflikt um Fehling. Eine Pressekonferenz bei Wolfgang Langhoff, in: Neue Zeit, 19.11.1946, S. 3; Ein „Vertragsbruch" richtig gesehen. Der Fall Jürgen Fehling vor der Berliner Presse, in: Vorwärts, 19.11.1946, S. 3; Der Fall Jürgen Fehling, in: Neues Deutschland, 20.11.1946, S. 3; Jürgen Fehling rechnet ab, in: Der Kurier, 21.11.1946, S. 3; Zum Fall Jürgen Fehling, in: Sonntag, 24.11.1946, S. 3/10; Kulturkampf um Jürgen Fehling, in: Telegraf, 1.12.1946, S. 5; Paul Rilla: Von der genialen Ungebärdigkeit. Der Fall Fehling und sein publizistisches Echo, in: Berliner Zeitung, 8.12.1946, [S. 3].

41 Das bisher von der britischen Militärregierung beschlagnahmte Renaissance-Theater wurde von dieser freigegeben und nahm am 11.12.1946 als privates Theater unter der Leitung von Dr. Kurt Raeck wieder seinen Vorstellungsbetrieb auf. Vgl. hierzu das 72. Mag.prot. v. 31.8.1946, TOP 7; Bühne frei im Renaissance-Theater, in: Telegraf, 8.12.1946, S. 8; Berlin. Behauptung von Freiheit, S. 96.

42 Der evangelische Bischof von Berlin, Dr. Otto Dibelius, hatte bei der AK mit Schreiben v. 5.8.1946 beantragt, daß diese die Stadtverwaltung anweisen möge, der Evangelischen Kirche der altpreußischen Union einen jährlichen Zuschuß von 660 000 RM zu zahlen. Das Finanzkomitee der AK sandte das Schreiben mit seinem Befehl FIN/I (46) 96 b v. 29.8.1946 an die Finanzabteilung des Magistrats und wies sie an, ihm eine Stellungnahme hierzu zu unterbreiten. Der Befehl und das Schreiben von Dibelius sind vorhanden in:

BESCHLUSS: Der Magistrat spricht seine Meinung dahin aus, daß zu dieser Frage eine Vorlage an die Stadtverordnetenversammlung zu machen wäre.[43]

LAB, Rep. 37: OMGBS, FIN Br, 4/91-2/12. Vgl. auch das 51. Mag.prot. v. 25.3.1946, TOP 4 (Frage der Erhebung einer Kirchensteuer).

43 Die Finanzabteilung des Magistrats übermittelte dem Finanzkomitee der AK ihre Stellungnahme, betr. Staatszuschüsse an die Evangelische Kirche, mit Schreiben v. 23.11.1946. Darin bezeichnete sie eine Gesamtjahresleistung von 660 000 RM „der Höhe nach als begründet und ausreichend" und schlug vor, diesen Betrag auf den von der Stadt Berlin an die Evangelische Kirche gewährten Kredit in Höhe von 1 591 600 RM anzurechnen, so daß von dieser zum 31.12.1946 nur ca. 931 000 RM an die Stadt zurückgezahlt werden müßten. Das Schreiben ist vorhanden in: LAB(STA), Rep. 101, Nr. 638; LAB, Rep. 2, Acc. 2418, Nr. 8178. Das Finanzkomitee der AK beschloß am 8.1.1947 die Empfehlung an die Stabschefs der AK, den Antrag der Finanzabteilung des Magistrats v. 23.11.1946 zur Entscheidung an den Alliierten Kontrollrat weiterzuleiten; vgl. das 2. Prot. des Finanzkomitees der AK v. 8.1.1947, TOP 14, in: LAB, Rep. 37: OMGBS, FIN Br, 4/91-2/8. Tatsächlich erhielt die Evangelische Kirche von der Stadt Berlin Zuschüsse in Höhe von 760 000 RM für das (Haushalts-)Jahr 1946 und von 660 000 RM für das (Haushalts-)Jahr 1947. Diese Zahlenangaben sind vorhanden in dem Bericht „Financial Support of Evangelical and Catholic Churches in Berlin" v. 20.9.1947, in: LAB, Rep. 37: OMGBS, Dir Off, 4/139-1/48. In der StVV wurde bis Ende 1948 keine besondere Vorlage zur Frage der Staatszuschüsse an die Evangelische Kirche bzw. an die Kirchen insgesamt behandelt. Der zweite Nachkriegsmagistrat lehnte staatliche Zuschüsse für „Religionsgemeinschaften" im Rahmen des Haushalts 1948 zunächst ab, billigte sie dann aber doch unter Zustimmung zu einem entsprechenden Beschluß des Hauptausschusses der StVV v. 13.2.1948. Vgl. hierzu das Prot. über die 61. (Außerordentliche) Mag.sitzung am 1.12.1947, TOP 3, u. das Prot. über die 75. (Außerordentliche) Mag.sitzung am 16.2.1948, in: LAB, Rep. 228, Mag.protokolle 1947 u. Mag.protokolle 1948; StVV, I. Wahlperiode, Protokolle (ausführliche Version) über die 58. Sitzung des Hauptausschusses am 27.11.1947, S. 7 f., u. die 85. Sitzung des Hauptausschusses am 13.2.1948, S. 16, in: LAB, Rep. 228, Amtsdrucksachen (StVV).

Dok. 127
86. Magistratssitzung vom 30. November 1946

LAB(STA), Rep. 100, Nr. 784, Bl. 38a. – Umdruck.[1]

Beginn: 10.12 Uhr   Schluß: 11.08 Uhr

Anwesend: OB Dr. Werner, Maron, Orlopp, Schulze, Winzer, Dusiska, Rumpf,
            Geschke, Dr. Goll, Grüber, Frau Kuckhoff, Dr. Alfred Werner, Kehler,
            Dr. Haas, Pieck, Dr. Landwehr, Lange.

Den Vorsitz führt: Oberbürgermeister Dr. Werner.

Tagesordnung: 1. Protokolle
                2. Allgemeines.

1. PROTOKOLLE
Die Niederschriften der 84. und 85. Magistratssitzung vom 16.11. und 23.11.46
werden genehmigt.

2. ALLGEMEINES
Maron geht zunächst auf die Frage der *Nichtanwesenheit des Magistrats in der
zweiten Sitzung der Stadtverordnetenversammlung* am 28.11. ein. Er erinnert daran,
daß der Magistrat sich dahin geeinigt hatte, der Sitzung fernzubleiben, in der
Annahme, daß in dieser Sitzung die Neuwahl des Magistrats stattfinden würde.[2]
Durch die Verhandlungen der Parteien ist es indessen dahin gekommen, daß in
dieser Sitzung die Wahl des neuen Magistrats noch nicht stattfand.[3] Damit wäre
an sich die Voraussetzung für das Fernbleiben fortgefallen. Andererseits hätte der
Magistrat gemäß der Verfassung von der Stadtverordnetenversammlung zu seiner
Sitzung eingeladen werden müssen, was nicht geschehen ist.[4]
    Der Redner wirft sodann die Frage auf, wie sich der Magistrat zur nächsten
Sitzung der Stadtverordnetenversammlung, auf deren Tagesordnung die Neuwahl
des Magistrats steht, verhalten soll.
    Nach einer Aussprache hierüber einigt man sich dahin, daß der Magistrat – d[as]

---

1 Weitere Umdruckexemplare dieses Protokolls sind vorhanden in: LAB(STA), Rep. 100,
  Nr. 752, lfd. S. 539 f.; LAB, Rep. 280, Nr. 8501/43.
2 Vgl. das 85. Mag.prot. v. 23.11.1946, TOP 3.
3 In der zweiten Sitzung der StVV wurde die Geschäftsverteilung des noch zu wählenden
  zweiten Nachkriegsmagistrats beraten und beschlossen; vgl.: StVV, I. Wahlperiode,
  Stenographischer Bericht über die 2. (Ordentliche) Sitzung am 28.11.1946.
4 Artikel 10 Absatz 1 der Vorläufigen Verfassung von Groß-Berlin v. 13.8.1946 hat den
  Wortlaut: „Der Magistrat ist zu allen Sitzungen der Stadtverordnetenversammlung
  und deren Ausschüsse unter Angabe der Gegenstände einzuladen." Siehe: VOBl.,
  Jg. 2 (1946), S. 296; Berlin. Quellen und Dokumente, 1. Halbbd., S. 1104; Die Entstehung
  der Verfassung von Berlin, Bd. I, S. 325. Vgl. zur Nichteinladung des Magistrats zur
  zweiten Sitzung der StVV auch das 87. Mag.prot. v. 6.12.1946 (Erklärung von Winzer).

h[eißt] die Bürgermeister und die Stadträte, nicht die Stellvertreter – zu Beginn der Sitzung seine Plätze einnimmt, bis zur eigentlichen Wahl geschritten wird.[5]

Eine längere Aussprache entspinnt sich alsdann noch einmal über die Frage, *ob der neue Magistrat* zunächst von der Alliierten Kommandantur *bestätigt werden muß*, bevor er die Amtsgeschäfte übernimmt, bzw. der alte Magistrat offiziell abberufen werden muß.[6] Da sich nach Mitteilungen in der Presse[7] auch die Alliierte Kommandantur zur Zeit selbst mit dieser Frage beschäftigt, soll ein entsprechender Bescheid von seiten der Alliierten Kommandantur abgewartet werden.[8]

Dusiska unterrichtet den Magistrat davon, daß die Abteilung Wirtschaft *Vertreter* nach Stuttgart entsandt hat zu *Verhandlungen über die Versorgung Berlins* mit Verbrauchsgütern und Rohstoffen, daß aber das Direktorium des Länderrats erklärt hat, die Vertreter Berlins einstweilen als *nicht existent* anzusehen, weil sie noch vom alten Magistrat beglaubigt seien.[9]

Orlopp teilt mit, daß der vom Magistrat an die Alliierte Kommandantur empfehlend weitergereichte *Antrag* der SED *auf Eingruppierung der Hausfrauen und Rentner in Gruppe 3* statt 5 der Lebensmittelkarten *abgelehnt* worden ist.[10]

Auch der vom Haupternährungsamt[11] eingereichte Antrag auf Herabsetzung der *Ausbackquote für Brot* ist abgelehnt worden.[12]

Ferner ist der Antrag, kranken *Opfern des Faschismus* eine *Krankenzulage* zu geben, von der Alliierten Kommandantur abgelehnt worden.[13]

Eine Reihe neuer Anträge, betreffend *Zulagen für Nachtarbeit*, die wegen der Stromabschaltungen[14] geleistet werden muß, sowie betreffend weitere *Höhergrup-*

---

5 Der erste Nachkriegsmagistrat nahm *nicht* an der dritten Sitzung der StVV am 5.12.1946 teil; vgl. das 87. Mag.prot. v. 6.12.1946 (Erklärung von Winzer).

6 Vgl. das 84. Mag.prot. v. 16.11.1946, TOP 2 (insb. Anm. 10).

7 Vgl.: Für freie Selbstverwaltung, in: Der Sozialdemokrat, 29.11.1946, S. 1; Erklärung über die Selbstverwaltung, in: Der Tagesspiegel, 29.11.1946, [S. 4].

8 Vgl. das 87. Mag.prot. v. 6.12.1946 (Antrag an die AK auf Genehmigung des Rücktritts des bisherigen Magistrats).

9 Vgl. zum Länderrat des amerikanischen Besatzungsgebiets in Deutschland das 47. Mag.-prot. v. 23.2.1946, TOP 3 (insb. Anm. 12), u. das 62. Mag.prot. v. 22.6.1946, TOP 7 (Dusiska); zur Vertretung des Magistrats von Groß-Berlin beim Länderrat: Akten zur Vorgeschichte der Bundesrepublik Deutschland 1945 – 1949, Bd. 1, S. 1039 f. u. 1101 f.

10 Vgl. zu dem hier erwähnten Antrag das 80. Mag.prot. v. 22.10.1946, TOP 5. Mit BK/O (47) 55 v. 28.2.1947 wurden die Lebensmittelkarten der Gruppe V für die Berliner Bevölkerung von der AK mit Wirkung v. 1.3.1947 generell abgeschafft. Die bisherigen Empfänger dieser Lebensmittelkarten erhielten seitdem Lebensmittelkarten der Gruppe III. Die BK/O ist vorhanden in: LAB(STA), Rep. 101, Nr. 78, u. LAB, Rep. 280, Nr. 6677; abgedruckt in: Berlin. Quellen und Dokumente, 1. Halbbd., S. 298 f.

11 Gemeint ist die Mag.abt. für Ernährung.

12 Der hier erwähnte Antrag konnte nicht ermittelt werden. Vgl. zum Ausbackverhältnis beim Brot: Dok. 118, Anm. 7.

13 Der hier erwähnte Antrag konnte nicht ermittelt werden. Vgl. zu seiner Ablehnung durch die AK das Rundschreiben der Mag.abt. für Ernährung an die bezirklichen Ernährungsämter v. 29.11.1946, betr. Einstufung der „Opfer des Faschismus" und der „Opfer der Naziverfolgung", in: LAB(STA), Rep. 101, Nr. 548.

14 Vgl. hierzu das 82. Mag.prot. v. 2.11.1946, TOP 4.

pierungen in den Lebensmittelkarten, sind der Alliierten Kommandantur eingereicht worden.[15]

BESCHLUSS: Die Mitteilungen von Dusiska und Orlopp werden zur Kenntnis genommen.

Rumpf trägt einen Wunsch der Leitung und des Betriebsrats des *Berliner Stadtkontors*[16] vor, den Angestellten dieses Bankinstituts eine *Weihnachtsgratifikation* in Höhe eines Monatsgehalts zu gewähren.[17] Der Wunsch wird mit einer Reihe von Argumenten begründet. Es sei die Frage, ob der alte Magistrat noch dazu Stellung nehmen solle.

BESCHLUSS: Auf Vorschlag von Pieck wird die Angelegenheit dem neuen Magistrat überwiesen.[18]

---

15 Die hier erwähnten Anträge konnten nicht ermittelt werden.
16 Vgl. hierzu Dok. 64, Anm. 41.
17 Ein entsprechender schriftlicher Antrag konnte nicht ermittelt werden.
18 Der zweite Nachkriegsmagistrat faßte am 16.12.1946 den folgenden Mag.beschluß Nr. 3:
„1) Eine Weihnachtsvergütung kann an die Angestellten und Arbeiter von Groß-Berlin nicht gewährt werden.
2) Soweit tarifrechtliche Verpflichtungen vorliegen, bleiben diese unberührt.
3) Den Angestellten und Arbeitern des Stadtkontors kann in Anbetracht der zusätzlichen Arbeitsleistung eine im Dezember auszuzahlende Sondervergütung in Höhe von 50,– bis 300,– RM je nach der Dauer des Beschäftigungsverhältnisses gewährt werden. Die genaue Staffelung wird dem Stadtkontor überlassen."
Dieser Mag.beschluß ist mit dem Ausfertigungsdatum v. 16.12.1946 vorhanden in: LAB(STA), Rep. 100, Nr. 785, Bl. 12.

Dok. 128
87. (außerordentliche) Magistratssitzung vom 6. Dezember 1946

LAB(STA), Rep. 100, Nr. 752, lfd. S. 541 f. – Umdruck.[1]

Beginn: 10.20 Uhr   Schluß: 10.50 Uhr

Anwesend: O[ber]b[ür]g[er]m[eister] Dr. Werner, Maron, Schulze, Schwenk, Or-
             lopp, Winzer, Scharoun, Jendretzky, Fleischmann, Hauth, Dr. Goll,
             Martin Schmidt, Knoll, Kraft, Kehler, Dohmen, Lange, Pieck, Grüber.

Den Vorsitz führt: Oberbürgermeister Dr. Werner.

Nach Eröffnung der Sitzung durch Oberbürgermeister Dr. Werner beschließen
die Anwesenden nach einer Aussprache, daß die Sitzung als außerordentliche
Magistratssitzung anzusehen ist.[2]

Bürgermeister Maron macht Ausführungen über gegensätzliche Ansichten des alten
und neuen Magistrats betreffend die Übergabe der Geschäfte an den neugewählten
Magistrat.[3] Der Magistrat beschließt,

> durch nachfolgenden[4] Brief die Genehmigung der Alliierten Kom-
> mandantur zum Rücktritt des alten Magistrats einzuholen:

1 Weitere Umdruckexemplare dieses Protokolls sind vorhanden in: LAB, Rep. 228,
  Mag.protokolle 1946, u. Rep. 280, Nr. 8501/44.
2 Winzer berichtete über diese letzte Sitzung des ersten Nachkriegsmagistrats am 9.12.1946
  in der StVV: „Man hat uns, als wir uns am Freitag versammelten, um im Magistrat zu
  beraten, wie die Übergabe der Geschäfte an den neuen Magistrat erfolgen soll, mitgeteilt,
  Herr Oberbürgermeister Dr. Ostrowski hätte die Durchführung dieser Sitzung verboten.
  Angesichts dessen haben wir uns sogar erst damit beschäftigen müssen, ob wir das nun
  als ein zwangloses Kaffeekränzchen oder als eine Sitzung des Magistrats betrachten
  sollten. Wir haben uns auf den letzteren Standpunkt gestellt, und ich möchte dazu sagen:
  Wie herzlich und freundschaftlich die Art war, in der man uns behandelte, das hat
  Herr Oberbürgermeister Ostrowski [...] dadurch am besten bewiesen, wie er in diese
  Sitzung des Magistrats hineinkam, Herrn Dr. Haas herausrief und, ohne von den anderen
  Notiz zu nehmen, ohne zu grüßen oder sonst etwas, wieder den Raum verließ." Siehe:
  StVV, I. Wahlperiode, Stenographischer Bericht über die 4. (Außerordentliche) Sitzung
  am 9.12.1946, S. 17. Die aus den Berliner Wahlen v. 20.10.1946 hervorgegangene StVV
  hatte am 5.12.1946 den zweiten Nachkriegsmagistrat unter OB Dr. Otto Ostrowski (SPD)
  gewählt und vereidigt; vgl. hierzu: StVV, I. Wahlperiode, Stenographischer Bericht über
  die 3. (Ordentliche) Sitzung am 5.12.1946, S. 7–33 u. 35. Zu den Mitgliedern dieses
  Magistrats gehörte als neugewählter Leiter der Rechtsabteilung (ab 19.12.1946 als Leiter
  der Finanzabteilung) auch Dr. Friedrich Haas (CDU), bisher zusammen mit Willi Rumpf
  (SED) kommissarischer Leiter der Finanzabteilung des ersten Nachkriegsmagistrats.
3 Vgl. hierzu das 84. Mag.prot. v. 16.11.1946, TOP 2 (insb. Anm. 10), u. das 86. Mag.prot.
  v. 30.11.1946, TOP 2; StVV, I. Wahlperiode, Stenographischer Bericht über die
  4. (Außerordentliche) Sitzung am 9.12.1946. Vgl. auch die Darstellung zum Konflikt
  um die Amtsübergabe an den zweiten Nachkriegsmagistrat im letzten Abschnitt der
  historischen Einleitung zu diesem Teil II der vorliegenden Edition.
4 Dieser Brief wurde veröffentlicht in: Berliner Zeitung, 7.12.1946, [S. 2].

„An die

Alliierte Kommandantur Berlin

Der Magistrat hat in seiner heutigen Sitzung noch einmal über seinen Rücktritt beraten und unterbreitet der Alliierten Kommandantur folgende Stellungnahme:

Am 5. Dezember 1946 wählte die Stadtverordnetenversammlung von Groß-Berlin entsprechend der von der Allierten Kommandantur gegebenen Vorläufigen Verfassung[5] den neuen Magistrat von Groß-Berlin und vereidigte ihn in der gleichen Sitzung.[6] Damit kann die Tätigkeit des bisherigen Magistrats als beendet angesehen werden. Da der alte Magistrat aber nicht gewählt, sondern von der Alliierten Kommandantur eingesetzt wurde[7] und außerdem der Artikel 36 der Vorläufigen Verfassung von Groß-Berlin bestimmt, daß

,Rücktritt des Magistrats oder eines seiner Mitglieder sowie Ernennung und Entlassung leitender Personen der Stadtverwaltung nur mit Genehmigung der Alliierten Kommandantur von Groß-Berlin vorgenommen werden können',[8]

fühlt sich der alte Magistrat nicht berechtigt, seine Amtsgeschäfte ohne entsprechende Anweisung der Alliierten Kommandantur an den neuen Magistrat zu übergeben. Der bisherige von der Alliierten Kommandantur eingesetzte Magistrat von Groß-Berlin ersucht deshalb die Alliierte Kommandantur, seinen Rücktritt zu genehmigen und die Erlaubnis zur Übergabe der Amtsgeschäfte an den neugewählten Magistrat sobald als möglich zu erteilen.

Der Oberbürgermeister von

Groß-Berlin"[9]

---

5 Vgl. zur Vorläufigen Verfassung von Groß-Berlin v. 13.8.1946: Dok. 82, Anm. 28.
6 Vgl.: StVV, I. Wahlperiode, Stenographischer Bericht über die 3. (Ordentliche) Sitzung am 5.12.1946, S. 7 – 33 u. 35.
7 Vgl. hierzu Teil I dieser Edition, S. 56.
8 Der hier zit. letzte Satz im ersten Absatz des Artikels 36 der Vorläufigen Verfassung hat den vollständigen Wortlaut: „Verfassungsänderungen, Rücktritt des Magistrats oder eines seiner Mitglieder sowie Ernennung und Entlassung leitender Personen der Stadtverwaltung können nur mit Genehmigung der Alliierten Kommandatura Berlin vorgenommen werden." Siehe: VOBl., Jg. 2 (1946), S. 300; Berlin. Quellen und Dokumente, 1. Halbbd., S. 1111; Die Entstehung der Verfassung von Berlin, Bd. I, S. 334.
9 Als Antwort auf diesen Brief von OB Werner teilte die AK in ihrer an den Vorsitzenden der StVV gerichteten BK/O (46) 438 v. 10.12.1946 mit: „Mit Rücksicht darauf, daß der alte Magistrat von den Besetzungsmächten [sic!] ernannt wurde, halten die Kommandanten es für angebracht, dessen Rücktritt zu genehmigen, indem sie ihm für die der Stadt Berlin geleisteten Dienste ihren Dank aussprechen." „Es ist die Ansicht der Kommandanten, daß der alte Magistrat unverzüglich anzuweisen ist, seine Geschäfte und Obliegenheiten an den neuen Magistrat, der die Zustimmung der Alliierten Kommandatura hat, zu übertragen." Die BK/O (46) 438 ist vorhanden in: LAB(STA), Rep. 101, Nr. 75, u. LAB, Rep. 280, Nr. 4950; abgedruckt in: Berlin. Quellen und Dokumente, 2. Halbbd., S. 1152 f. Vgl. zur Vorgeschichte dieser BK/O das 32. Prot. der AK v. 26.11.1946, TOP 286, in: LAB, Rep. 37, Acc. 3971, Nr. 216; BK/R (46) 411 v. 28.11.1946, in: LAB, Rep. 37: OMGBS, BICO LIB, 11/148-2/9; das 51. Prot. der stellv. Stadtkommandanten v. 29.11.1946, TOP 624, u. das 52. Prot. der stellv.

Stadtrat Winzer verliest die von ihm verfaßte nachstehende Erklärung, die sich auf die Vorgänge in der Berliner Stadtverordneten-Versammlung vom 5. Dezember bezieht,[10] und schlägt vor, diese Erklärung der Presse zu übermitteln:[11]

„Die Berichterstattung eines Teiles der Berliner Presse[12] über die Vorgänge in der Berliner Stadtverordneten-Versammlung vom 5. Dezember veranlaßt den bisherigen Magistrat, folgende Erklärung abzugeben:

Der Stadtverordneten-Vorsteher Dr. Suhr[13] hatte es unterlassen, den bisherigen Magistrat zur Sitzung der Stadtverordneten-Versammlung vom 28. November einzuladen. Er hat damit nicht nur seine Pflicht, wie sie sich aus Artikel 10 der Verfassung ergibt,[14] gröblich verletzt, sondern zugleich auch den bisherigen Magistrat in taktloser Weise brüskiert. Im Interesse einer sachlichen und fachkundigen Beratung der Neuaufgliederung der Magistratsabteilungen waren dennoch einige Mitglieder des bisherigen Magistrats zur vorigen Sitzung erschienen. Als sie[15] bei der Beratung der Angelegenheiten ihrer Abteilung das Wort nehmen wollten, verließen auf Weisung und unter Führung des Stadtverordneten Landsberg[16] die Fraktionen der CDU und SPD die Sitzung.[17] Mit dieser Demonstration hat die Mehrheit der Stadtverordneten-Versammlung alle demokratischen Gepflogenheiten sachlicher

---

Stadtkommandanten v. 3.12.1946, TOP 641, in: LAB, Rep. 37, Acc. 3971, Nr. 222; das 33. Prot. der AK v. 6.12.1946, TOP 296, in: LAB, Rep. 37, Acc. 3971, Nr. 216; BK/R (46) 421 v. 9.12.1946, in: LAB, Rep. 37: OMGBS, BICO LIB, 11/148-2/9; das 34. Prot. der AK v. 10.12.1946, TOP 298, in: LAB, Rep. 37, Acc. 3971, Nr. 216.

10 Gemeint sind folgende „Vorgänge“: Trotz einer Einladung des Stadtverordneten-Vorstehers war der bisherige Magistrat der dritten Sitzung der StVV am 5.12.1946 ferngeblieben, so daß es sich als sehr schwierig erwies, die noch ausstehende Verpflichtung des Stadtverordneten Jakob Kaiser (CDU) entsprechend Artikel 6 Absatz 1 der Vorläufigen Verfassung durchzuführen. Sie wurde schließlich von Scharoun in seiner Eigenschaft als Mitglied des ersten Nachkriegsmagistrats vorgenommen. Vgl. hierzu: StVV, I. Wahlperiode, Stenographischer Bericht über die 3. (Ordentliche) Sitzung am 5.12.1946, S. 6 f., 8 – 10, 15 u. 34.

11 Die Erklärung wurde veröffentlicht in: Berliner Zeitung, 7.12.1946, [S. 2]; Neues Deutschland, 7.12.1946, S. 6; Der Sozialdemokrat, 7.12.1946, S. 2.

12 Vgl.: Mit neuen Männern für ein neues Berlin, in: Der Sozialdemokrat, 6.12.1946, S. 3; Debatte um vier Dezernate, in: Der Tagesspiegel, 6.12.1946, [S. 4]; Ein neuer Berliner Magistrat, in: Telegraf, 6.12.1946, S. 3; Berlin diskutiert, in: Der Abend, 6.12.1946, [S. 2].

13 Dr. Otto Suhr, vom 18.8.1946 bis 27.4.1947 Generalsekretär des Landesverbands Groß-Berlin der SPD. Vgl.: Berlin. Kampf um Freiheit, S. 508; Berlin. Behauptung von Freiheit, S. 213.

14 Vgl. Dok. 127, Anm. 4.

15 Gemeint sind Kraft und Goll.

16 Prof. Kurt Landsberg, 1. Vorsitzender des Landesverbands Berlin der CDU und Vorsitzender der CDU-Fraktion in der StVV.

17 Vgl.: StVV, I. Wahlperiode, Stenographischer Bericht über die 2. (Ordentliche) Sitzung am 28.11.1946, S. 19 – 27; Stadtparlament – sehr bewegt, in: Berliner Zeitung, 29.11.1946, [S. 2]; Oberbürgermeisterwahl am nächsten Donnerstag, in: Tägliche Rundschau, 29.11.1946, S. 6; Wurden sie dazu gewählt?, in: Neues Deutschland, 29.11.1946, S. 1; Wirtschaft – Jugend – Volksbildung. Lebhafte Auseinandersetzungen im Berliner Parlament, in: Der Sozialdemokrat, 29.11.1946, S. 3; Jugend, Wirtschaft, Kunst im Vordergrund, in: Telegraf, 29.11.1946, S. 8; Der erste Sturm, in: Der Kurier, 29.11.1946, S. 5.

Erörterung strittiger Fragen mit Füßen getreten. Darüber hinaus bedeutete die De-monstration eine beleidigende Mißachtung der vom bisherigen Magistrat geleisteten Arbeit, die von den alliierten Kommandanten ausdrücklich anerkannt worden ist[18]. Da der Stadtverordneten-Vorsteher Dr. Suhr es im Ältestenrat außerdem abgelehnt hatte, die vom bisherigen Bürgermeister Maron gemachten Vorschläge für den Ablauf der Sitzung vom 5.12. zu berücksichtigen,[19] und demzufolge mit ähnlichen undemokratischen Demonstrationen der Mehrheit gerechnet werden mußte, war es ein Gebot der Selbstachtung, daß der bisherige Magistrat der Sitzung vom 5.12. fernblieb[20]."

Der Magistrat erklärt sein Einverständnis damit.

Oberbürgermeister Dr. Werner erklärt die Sitzung für geschlossen.

---

18 Mit BK/O (46) 428 v. 25.11.1946 hatte die AK dem Oberbürgermeister der Stadt Berlin eine Botschaft der vier Stadtkommandanten an die StVV übermittelt, die in der ersten Sitzung der StVV am 26.11.1946 vom Alterspräsidenten verlesen wurde; vgl.: StVV, I. Wahlperiode, Stenographischer Bericht über die 1. (Ordentliche) Sitzung am 26.11.1946, S. 4 f. In dieser Botschaft hieß es unter anderem: „Die Kommandanten sind der Ansicht, daß der zur Zeit amtierende, von den Alliierten Besetzungsbehörden [sic!] ernannte Magistrat auf ehrliche und gewissenhafte Weise seine Aufgaben erfüllt hat, die darin bestanden, in einer durch die Kriegsereignisse zertrümmerten Stadt Ordnung zu schaffen, die Wiederbelebung der Stadt in die Wege zu leiten, unter ungünstigen Verhältnissen die gleichmäßige Zufuhr von Nahrungsmitteln und Brennstoff für die Berliner Bevölkerung zu organisieren sowie die Demokratisierung und Entnazifizierung der Verwaltung und der öffentlichen und wirtschaftlichen Einrichtungen der Stadt durchzuführen. Auf Grundlage des bisher Geleisteten können nunmehr die neugewählten demokratischen Organe der Selbstverwaltung ihre schaffende Tätigkeit mit Erfolg entwickeln." Die BK/O (46) 428 ist vorhanden in: LAB(STA), Rep. 101, Nr. 74, u. LAB, Rep. 280, Nr. 6676; abgedruckt in: Berlin. Quellen und Dokumente, 2. Halbbd., S. 1909 f. Vgl. zu ihrer Vorgeschichte das 31. Prot. der AK v. 18.11.1946, TOP 275, in: LAB, Rep. 37, Acc. 3971, Nr. 216; BK/R (46) 402 v. 21.11.1946, in: LAB, Rep. 37: OMGBS, BICO LIB, 11/148-2/9; das 50. Prot. der stellv. Stadtkommandanten v. 22.11.1946, TOP 611, in: LAB, Rep. 37, Acc. 3971, Nr. 222.

19 Das Prot. der hier erwähnten Sitzung des Ältestenausschusses („Ältestenrat") der StVV und die Vorschläge Marons konnten nicht ermittelt werden.

20 Der erste Nachkriegsmagistrat hatte ursprünglich beschlossen, in der dritten Sitzung der StVV am 5.12.1946 die Magistratsplätze bis zur Wahl des zweiten Nachkriegsmagistrats einzunehmen; vgl. das 86. Mag.prot. v. 30.11.1946, TOP 2.

DIE LEITENDEN PERSONEN DER STADTVERWALTUNG

KURZBIOGRAPHIEN

Im folgenden sind Kurzbiographien der Magistratsmitglieder im engeren Sinn angegeben. Dazu gehören der Oberbürgermeister, die Bürgermeister als seine Stellvertreter und die Stadträte als die Leiter der Magistratsabteilungen. Darüber hinaus sind auch alle wichtigen stellvertretenden Abteilungsleiter mit einer Kurzbiographie vertreten.

Buchholz, Peter
Geboren am 31. Januar 1888 in Eisbach bei Königswinter. Schulabschluß: Abitur (1907); Studium der katholischen Theologie in Bonn und Besuch des Priesterseminars in Köln, 1911 zum Priester geweiht; 1911–1926 in zwei Pfarreien in Essen tätig, unterbrochen vom Dienst als Feldgeistlicher und Divisionspfarrer im Ersten Weltkrieg; seit 1926 katholischer Gefängnispfarrer in Essen, seit 1941 in Düsseldorf, seit Mai 1943 Oberpfarrer am Hinrichtungsgefängnis Berlin-Plötzensee; von Mai 1945 bis 16. November 1946 Leiter des Beirats für kirchliche Angelegenheiten beim Magistrat der Stadt Berlin; 1947–1953 wieder Gefängnispfarrer in Düsseldorf, auch nach dem Dienstende (1953) Tätigkeit in der Straffälligenhilfe; 1952 Ernennung zum Päpstlichen Hausprälaten. Gestorben am 4. Mai 1963 in Bonn.

Düring, Georg
Geboren am 12. Juni 1885 in Berlin. Schulabschluß: Abitur; Studium der Rechtswissenschaft und Volkswirtschaft in Freiburg, München und Berlin, 1908 Referendariat, 1909 Promotion zum Dr. jur., 1913 Assessor, Tätigkeit bei der Darmstädter Bank; 1914–1918 Kriegsdienst; seit 1919 im Reichsministerium für Ernährung und Landwirtschaft als Hilfsarbeiter, Regierungsrat, Oberregierungsrat, Ministerialrat und Ministerialdirigent tätig (Fachmann für Getreidewirtschaft); seit Mai 1945 Leiter des Generalreferats für Marktregelung in der Magistratsabteilung für Ernährung, vom 31. August 1945 bis 24. September 1946 erster Stellvertreter des Leiters dieser Magistratsabteilung (Amtsenthebung auf Anordnung der Alliierten Kommandantur wegen seiner Position während des NS-Regimes). Gestorben am 18. Dezember 1956 in Berlin [West].

Dusiska, Emil
Geboren am 27. April 1914 in Berlin. Schulabschluß: Mittlere Reife (1930); seit 1930 volkswirtschaftliche Privatstudien, 1930–1934 Lehre als Stein- und Offsetdrucker, 1934–1939 Erwerbstätigkeit in verschiedenen Firmen als Hilfsarbeiter, Kalkulator, Sekretär, Einkäufer und Abteilungsleiter, 1939–April 1945 Chefdisponent und Betriebsleiter in einer Berliner Großdruckerei; seit 1927 Mitglied der Organisation „Kinderfreunde" und der Sozialistischen Arbeiterjugend, während des NS-Regimes illegale politische Tätigkeit und Anschluß an die KPD, seit Juni 1945 Mitglied der KPD bzw. SED; vom 7. Juni bis 30. November 1945 Bezirksrat für Wirtschaft im Bezirksamt Friedrichshain, seit 1. Dezember 1945 stellvertretender Leiter der Magistratsabteilung für Wirtschaft (seit 1. Mai 1948 als Magistratsdirektor), vom

1. Dezember 1948 bis 30. Juni 1950 Leitender Magistratsdirektor der Abteilung Wirtschaft des Magistrats von Groß-Berlin [Ost]; 1. Juli 1950 – 1955 Leiter der Wirtschaftsredaktion der SED-Parteizeitung „Neues Deutschland", 1955 – 1965 Mitarbeiter der Agitationskommission beim ZK der SED; 1965 Promotion zum Dr. rer. oec. am Institut für Gesellschaftswissenschaften beim ZK der SED und Berufung zum Professor für Theorie und Praxis des sozialistischen Pressewesens an der Karl-Marx-Universität Leipzig, dort 1967 – 1978 Direktor der Sektion Journalistik, 1979 Emeritierung; seit 1968 Präsidiumsmitglied des Verbands der Deutschen Journalisten (seit 1972: Verband der Journalisten der DDR) und Mitglied der Internationalen Vereinigung zur Erforschung der Massenkommunikation bei der UNO, 1972 – 1982 Generalsekretär dieser Vereinigung. Lebt in Berlin.

Fleischmann, Paul
Geboren am 23. September 1889 in Freiburg (Schlesien). Schulabschluß: Volksschule (1903); 1903 – 1907 Lehre als Kupferschmied, 1907 – 1919 Erwerbstätigkeit in der Industrie (unter anderem als Monteur im In- und Ausland), 1916 – 1918 technische Abendkurse an der Beuth-Schule in Berlin mit dem Abschluß als Betriebstechniker für Großkraftanlagen, 1921 – 1928 Weiterbildung durch Teilnahme an Kursen der Humboldt-Akademie und der Wirtschaftshochschule Berlin über Arbeits- und Sozialrecht, Volkswirtschaft und Kommunalpolitik; seit 1907 gewerkschaftlich im Verband der Kupferschmiede organisiert (später im Deutschen Metallarbeiterverband), seit 1907 Mitglied der SPD, 1919 – 1928 hauptamtlich im Verband der Kupferschmiede tätig, von Oktober 1928 bis April 1933 Direktor des Arbeitsamts Potsdam-Nowawes; 1916 – 1925 Mitglied der Gemeindevertretung der Gemeinde Nowawes, 1925 – 1933 Stadtverordnetenvorsteher in Nowawes, Vorstandsmitglied des Brandenburgischen Städtebunds und Städtetags und des Reichsstädtebunds sowie Mitglied des Hauptausschusses des Reichsstädtetags, 1929 – 1933 Mitglied des Brandenburgischen Provinziallandtags; im April 1933 aus seinen Ämtern entlassen, von Mai bis August 1933 Inhaftierung im Gefängnis und im KZ Oranienburg, seit September 1933 Erwerb des Lebensunterhalts als Inhaber eines Zigarrengeschäfts und seit 1935 als Betriebsinhaber einer kleinen Fabrik für Blechmassenartikel, illegale gewerkschaftliche und SPD-Tätigkeit; seit Juni 1945 Mitglied der SPD, von April 1946 bis 25. März 1948 Mitglied der SED, am 1. April 1948 Wiedereintritt in die SPD, 1954 – 1965 SPD-Kreisvorsitzender in Berlin-Zehlendorf; von Mai bis August 1945 Leiter des Arbeitsamts im Bezirk Neukölln, seit 20. August 1945 stellvertretender Leiter der Magistratsabteilung für Arbeit (seit 7. April 1948 als Leitender Magistratsdirektor), seit 25. Oktober 1948 Leiter der Magistratsabteilung für Arbeit, 1951 – 1953 Senator für Arbeit, 1954 – 1956 Präsident des Landesarbeitsamts Berlin, seit 1958 Mitglied des Abgeordnetenhauses von Berlin. Gestorben am 7. Juni 1965 in Berlin [West].

Focke, Ernstgünter
Geboren am 24. April 1914 in Burgstädt (Sachsen). Schulabschluß: Abitur (1933); 1933 – 1938 Studium der Rechts- und Staatswissenschaften und der Wirtschaftswissenschaft in Kiel, Berlin und Padua, 1938/39 Militärdienst, 1939 Promotion zum Dr. jur.; 1931 – 1933 Mitglied des NS-Schülerbunds, 1933/34 der SA, 1933 – 1938 des Nationalsozialistischen Deutschen Studentenbunds und der Reichsführung der Deutschen Studentenschaft, seit 1. Januar 1940 der NSDAP; 1939 – 1941 wissenschaftlicher Hilfsarbeiter in der Presseabteilung des Auswärtigen Amts, 1940/41

als Zensur- und Presseoffizier in Paris, 1941–1945 Mitglied der Waffen-SS, davon 1942–1944 als Untersturmführer im SS-Nachrichten-Sonderkommando des SS-Führungshauptamts; von Mai 1945 bis 15. Februar 1946 stellvertretender Leiter der Magistratsabteilung für Städtische Betriebe bzw. (seit Herbst 1945) für Städtische Energie- und Versorgungsbetriebe, danach Tätigkeit als Schriftsteller, Jurist und Syndikus. Gestorben am 24. April 1961 in Köln.

Geschke, Ottomar
Geboren am 16. November 1882 in Fürstenwalde. Schulabschluß: Mittelschule (1898); 1898–1901 Lehre als Schlosser, 1901–1916 Erwerbstätigkeit als Monteur (zum Teil im Ausland), 1916/17 Kriegsdienst, 1918 Erwerbstätigkeit im Reichsbahnausbesserungswerk in Berlin; seit 1910 Mitglied der SPD und des Deutschen Metallarbeiterverbands, 1917 Anschluß an die USPD, 1918/19 Mitglied der Revolutionären Obleute, des Vollzugsrats der Arbeiter- und Soldatenräte, des Spartakusbunds und der KPD, von Juni bis November 1919 Gefängnishaft, 1920–1922 Angestellter des Deutschen Eisenbahnerverbands; 1919–1933 zahlreiche Funktionen in der KPD, unter anderem 1919/20 als Sekretär der Betriebsrätezentrale in Berlin, seit 1920 in der Gewerkschaftsabteilung der Zentrale der KPD, seit Ende 1920 als Sekretär der Bezirksleitung Berlin-Brandenburg der KPD, seit 1923 als Mitglied der Zentrale bzw. des Politbüros des ZK der KPD, seit 1925 als Präsidiumsmitglied des Exekutivkomitees der Komintern, seit 1927 in der KPD-Führung zuständig für das Arbeitsgebiet Sozialpolitik, seit 1929 als Mitglied des Zentralvorstands bzw. als Geschäftsführer der Roten Hilfe Deutschlands; 1921–1924 Mitglied des Preußischen Landtags, 1924–1932 Mitglied des Reichstags; am 28. Februar 1933 verhaftet und bis 1940 Inhaftierung im Zuchthaus Spandau und in den Konzentrationslagern Sonnenburg, Lichtenburg und Buchenwald, 1940 bis Juli 1944 Zwangsarbeit unter Gestapo-Aufsicht in Köslin (Pommern), von August 1944 bis April 1945 im KZ Sachsenhausen, am 1. Mai 1945 auf einem Evakuierungsmarsch von der Roten Armee befreit; Mitunterzeichner des Gründungsaufrufs der KPD vom 11. Juni 1945, Juni/Juli 1945 Vorsitzender der Bezirksleitung Groß-Berlin der KPD, 1946–1953 Mitglied des Landesvorstands bzw. der Bezirksleitung Groß-Berlin der SED; von Mai 1945 bis 11. Dezember 1946 Leiter der Magistratsabteilung für Sozialwesen; seit Juni 1945 Vorsitzender des Hauptausschusses „Opfer des Faschismus", 1947–1953 Vorsitzender der VVN für die sowjetische Besatzungszone bzw. die DDR, 1949/50 Hauptreferent der Abteilung VdN im Ministerium für Arbeit und Gesundheitswesen der DDR, seit 1953 Präsidiumsmitglied des Komitees der Antifaschistischen Widerstandskämpfer in der DDR und Mitglied des Rates der gesamtdeutschen VVN; seit 26. November 1946 zweiter Stellvertreter des Vorstehers der StVV, in dieser Eigenschaft Einberufung und Leitung einer nicht durch allgemeine Wahlen legitimierten „außerordentlichen Stadtverordnetenversammlung" am 30. November 1948, auf der ein „provisorischer demokratischer Magistrat" (für Ost-Berlin) gewählt wurde; 1948–1950 Mitglied des Deutschen Volksrats bzw. der Provisorischen Volkskammer der DDR, 1950–1954 Abgeordneter der Volkskammer und seit 1954 der Länderkammer der DDR. Gestorben am 17. Mai 1957 auf der Fahrt zu einem Kongreß der VVN in München.

Gohrbandt, Erwin
Geboren am 20. September 1890 in Schlawe (Pommern). Schulabschluß: Abitur
(1910); 1910 – 1914 Medizinstudium in Berlin und Promotion zum Dr. med., Mili-
tärarzt im Ersten Weltkrieg (zuletzt als Oberarzt) und Anfang 1917 medizinisches
Staatsexamen und Approbation, 1919/20 Assistent an der Chirurgischen Univer-
sitätsklinik und am Pathologischen Institut der Charité, 1920 – 1928 Assistent bzw.
Oberarzt an der Chirurgischen Universitätsklinik der Charité, 1924 Habilitation, 1928
Ernennung zum außerordentlichen Professor an der Friedrich-Wilhelms-Universität
Berlin, seit 1928 Dirigierender Arzt und seit 1933 Ärztlicher Direktor der Chirurgi-
schen Abteilung des Urban-Krankenhauses, seit 1933 wissenschaftlicher Mitarbeiter
für chirurgische Fragen im Sozialen Amt der Reichsjugendführung, seit Januar 1940
Ärztlicher Direktor der Chirurgischen Abteilung des Robert-Koch-Krankenhauses
(Krankenhaus Moabit) und seit September 1940 Ordinarius für Chirurgie an der
Universität Berlin, seit August 1939 zeitweise zur Wehrmacht einberufen und
dort als Beratender Chirurg zunächst beim Heer und seit Dezember 1941 bei der
Luftwaffe (seit April 1943 im Rang eines Generalarztes der Reserve); von Mai
1945 bis 30. Dezember 1945 stellvertretender Leiter der Magistratsabteilung für
Gesundheitsdienst; bis 1952 Ordinarius für Chirurgie an der Humboldt-Universität
(die Position als ordentlicher Professor und Inhaber des Lehrstuhls für Chirurgie am
29. Januar 1946 von der Deutschen Verwaltung für Volksbildung in der sowjetischen
Besatzungszone bestätigt), bis 1958 Ärztlicher Direktor der Chirurgischen Abteilung
des Krankenhauses Moabit. Gestorben am 3. Januar 1965 in Berlin [West].

Goll, Günter
Geboren am 3. März 1914 in Berlin. Schulabschluß: Abitur (1933); 1928 – 1933
Mitglied des KJVD; 1933/34 Medizinstudium in Berlin (Relegierung wegen
Nichteintritt in die SA), seit 1934 Erwerb des Lebensunterhalts als Inhaber eines
Lebensmittelgeschäfts in Ahlbeck (Usedom) bzw. in Berlin-Friedenau (1937 – 1940),
1937 – 1940 Studium an der Wirtschaftshochschule Berlin, 1940 Dipl.-Kaufmann,
1943 Promotion zum Dr. rer. pol., 1940 – März 1946 Wirtschaftsprüfer bei der
Wirtschaftsberatung AG; seit Juni 1945 Mitglied der KPD bzw. SED; seit 6. April
1946 stellvertretender Leiter der Magistratsabteilung für Städtische Energie- und
Versorgungsbetriebe, vom 31. August bis 11. Dezember 1946 kommissarischer Leiter
dieser Abteilung, vom 11. Dezember 1946 bis 22. März 1950 stellvertretender
Leiter der Magistratsabteilung für Städtische Betriebe (seit 7. April 1948 als
Leitender Magistratsdirektor, seit 1. Dezember 1948 im Magistrat von Groß-Berlin
[Ost]), vom 23. März 1950 bis 31. Oktober 1952 Magistratsdirektor der Abteilung
Handel und Versorgung des Magistrats von Groß-Berlin [Ost]; seit November
1952 an der Humboldt-Universität tätig: bis 1953 Dozent für Rechnungswesen in
der Wirtschaftswissenschaftlichen Fakultät, 1953 Professor, 1953 – 1975 Leiter des
Instituts für Rechnungswesen, 1953 – 1957 Dekan der Wirtschaftswissenschaftlichen
Fakultät, 1959 – 1963 Prorektor der Humboldt-Universität, 1962 Habilitation, in der
ersten Hälfte der 60er Jahre Mitglied der Universitätsparteileitung der SED; seit 1964
Mitglied einer Forschungsgemeinschaft zur Schaffung eines einheitlichen Systems
von Rechnungsführung und Statistik, Mitglied des Beirats für Rechnungswesen beim
Finanzministerium der DDR. Gestorben am 14. Dezember 1975 in Berlin [Ost].

Grommann, Artur
Geboren am 2. August 1902 in Berlin. Schulabschluß: Volksschule (1916); 1919–
1922 Lehrerseminar, 1922 Volksschullehrerprüfung, 1922–1925 Studium an der
Wirtschaftshochschule Berlin, 1925 Dipl.-Handelslehrer, 1930–1933 Berufsschul-
fachvorsteher, 1933–1945 Lehrtätigkeit als Handelslehrer und Lehre als Einzel-
handelskaufmann, seit 1936 auch Nebentätigkeit als wissenschaftlicher Hilfsarbeiter
beim Einzelhandelsamt der Industrie- und Handelskammer; bis 1933 und seit Juni
1945 Mitglied der SPD, 1946–1948 der SED und 1949 Wiedereintritt in die SPD;
vom 18. Juni 1945 bis 11. Dezember 1946 stellvertretender Leiter der Magistratsabteilung für Handel und Handwerk, vom 11. Dezember 1946 bis 18. Januar 1949
stellvertretender Leiter der Magistratsabteilung für Wirtschaft; seit 1949 im Berliner
Schuldienst tätig, zuletzt als Oberstudiendirektor. Gestorben am 26. März 1993 in
Berlin.

Grüber, Heinrich
Geboren am 24. Juni 1891 in Stolberg (Rheinland). Schulabschluß: Abitur (1910);
1910–1914 Studium der Philosophie, Geschichte und evangelischen Theologie in
Bonn, Berlin und Utrecht, 1914 erstes theologisches Examen, 1915–1918 Kriegsdienst, 1918 zweites theologisches Examen, 1919 Kandidat im Domkandidatenstift
in Berlin; 1920–1925 Pfarrer in Dortmund-Brackel, Juni bis November 1923
wegen Ausweisung durch die französische Besatzungsmacht Tätigkeit in Berlin
als Werbeleiter der Spendenaktion „Rhein-Ruhr-Hilfe"; 1925/26 Erzieher in den
Düsseltaler Anstalten der Inneren Mission, 1926–1933 Leiter des Erziehungsheims
„Waldhof" in Templin (Uckermark), 1927–1933 Aufbau eines Arbeitsdienstes in
der Uckermark; seit 1934 Pfarrer in Berlin-Kaulsdorf und führende Mitarbeit in
der Bekennenden Kirche, 1936–1940 nebenamtlicher Geistlicher der holländischen
Gemeinde in Berlin, 1936–1940 Leiter der von ihm initiierten Hilfsstelle für
„nichtarische" Christen („Büro Grüber"), im Herbst 1937 erste Verhaftung durch die
Gestapo, Dezember 1940–Juni 1943 Inhaftierung in den Konzentrationslagern Sach-
senhausen und Dachau; Ende April/Mai 1945 Bürgermeister in Berlin-Kaulsdorf,
Mai 1945–April 1947 stellvertretender Leiter des Beirats für kirchliche Ange-
legenheiten beim Magistrat der Stadt Berlin bzw. (seit 1. November 1946) von
Groß-Berlin; seit 15. Juli 1945 Propst zu Berlin und Pfarrer von St. Nikolai und
St. Marien; seit Juni 1945 Mitglied des Hauptausschusses „Opfer des Faschismus",
Februar 1947–September 1948 2. Vorsitzender der VVN für die sowjetische Besatzungszone; 1945 Errichtung der Evangelischen Hilfsstelle für ehemals rassisch
Verfolgte, seit 1946 Vorstandsmitglied des Ökumenischen Flüchtlingskomitees, Bevollmächtigter des Evangelischen Hilfswerks für die sowjetische Besatzungszone,
1949–1958 Bevollmächtigter des Rates der Evangelischen Kirche in Deutschland
bei der Regierung der DDR; 1970 Verleihung der Berliner Ehrenbürgerwürde in
Berlin [West]. Gestorben am 29. November 1975 in Berlin [West].

Haas, Friedrich
Geboren am 13. Juli 1896 in Untereggingen (Baden). Schulabschluß: Abitur (1915);
1915–1918 Kriegsdienst, 1919–1923 Studium der Naturwissenschaften, Volkswirtschaft und Rechtswissenschaft in Freiburg im Breisgau und München, 1922
Promotion zum Dr. oec. publ., 1923 Gerichtsreferendarprüfung, 1923–1925 Referendariat in Baden, 1925 Gerichtsassessorprüfung; 1925–1928 Hilfsrichter für

Besatzungsschäden beim Reichswirtschaftsgericht in Berlin, 1929 – 1931 Tätigkeit in der Bezirksverwaltung Charlottenburg (als Magistratsrat), seit 15. August 1931 in der Hauptverwaltung der Stadt Berlin (seit 1937 als Obermagistratsrat, seit 1938 als Stadtdirektor), bis 13. März 1933 Generalreferent beim Bürgermeister und Oberbürgermeister, bis 1933 Mitglied des Zentrums (seit 1931 Leiter einer Ortsgruppe im Bezirk Charlottenburg), 1933 – 1937 zweiter juristischer Dezernent in der Hauptschulverwaltung, 1938/39 Tätigkeit in der Haupttiefbau- und Haupthochbauverwaltung, 1939 bei der Baupolizei, 1939/40 im Haupternährungsamt, seit Juni 1940 juristischer Generaldezernent und Finanzdezernent in der Stadtkämmerei und von Juni 1943 bis April 1945 gleichzeitig stellvertretender Leiter des Hauptamts für Kriegssachschäden; seit Mai 1945 weiterhin Wahrnehmung der bisherigen Aufgaben in der Stadtkämmerei (bis 15. Oktober 1945) und Leiter des Hauptamts für Kriegsschäden und Besatzungskosten, seit 1945 Mitglied der CDU (zeitweise Vorsitzender der Ortsgruppe in Berlin-Dahlem), vom 15. Oktober bis 17. Dezember 1945 stellvertretender Leiter des Rechtsamts, seit 17. Dezember 1945 stellvertretender Leiter der Finanzabteilung des Magistrats, in dieser Position vom 16. März bis 11. Dezember 1946 kommissarischer Leiter der Finanzabteilung (Abteilung A), vom 11. bis 19. Dezember 1946 Leiter der Rechtsabteilung des Magistrats, vom 19. Dezember 1946 bis 1. Februar 1951 Leiter der Magistratsabteilung für Finanzen (Stadtkämmerer), vom 1. Februar 1951 bis 2. Juli 1958 Senator für Finanzen, gleichzeitig vom 24. November 1953 bis 22. Januar 1955 Senator für Bundesangelegenheiten, Oktober 1958 – September 1961 Präsident des Oberverwaltungsgerichts Berlin. Gestorben am 8. Mai 1988 in München.

Harms, Bruno
Geboren am 23. März 1890 in Berlin. Schulabschluß: Abitur (1908); 1908 – 1912 Studium der Naturwissenschaften in Berlin, 1912 Promotion zum Dr. phil., 1912 wissenschaftlicher Hilfsarbeiter an der Preußischen Akademie der Wissenschaften und Mitarbeiter am Hygienischen Staatsinstitut der Freien und Hansestadt Hamburg, 1914 Staatsexamen für das höhere Lehramt (Biologie, Chemie, Physik), Referendariat, 1916 – 1919 Medizinstudium in Berlin und Militärdienst mit medizinischer Forschungstätigkeit, 1919 ärztliches Staatsexamen, 1920 Approbation und Promotion zum Dr. med., Oktober 1920 – Januar 1922 wissenschaftliches Mitglied und Leiter der Sozialhygienischen Abteilung des Hauptgesundheitsamts der Stadt Berlin, Februar 1922 – März 1933 Stadtarzt und Leiter des Gesundheitsamts im Verwaltungsbezirk Tiergarten, bis 1933 Mitglied der DDP; März 1933 Amtsenthebung, 1933/34 Volontärarzt in einem Krankenhaus, 1934 – 1941 Tätigkeit als praktischer Arzt, November 1941 – Januar 1945 Militärarzt im Heeresdienst (Oberstabsarzt); Frühjahr bis Herbst 1945 ärztliche Tätigkeit in der Prignitz, seit 1945 Mitglied der LDP, vom 11. Dezember 1945 bis Juli 1946 3. Vizepräsident der Deutschen Zentralverwaltung für das Gesundheitswesen in der sowjetischen Besatzungszone, vom 8. Juli 1946 bis 18. Januar 1949 Leiter der Magistratsabteilung für Gesundheitsdienst bzw. (seit Ende 1946) für Gesundheitswesen, 1949 – 1953 Präsident des Robert-Koch-Instituts für Hygiene und Infektionskrankheiten, 1950 Ernennung zum Professor; seit 1961 zweiter Vorsitzender, seit 1964 Vorsitzender des Vereins für die Geschichte Berlins. Gestorben am 1. August 1967 in Berlin [West].

Hauth, Wilhelm
Geboren am 10. März 1895 in Berlin. Schulabschluß: Volksschule (1909); 1909 –
1912 Lehre als Bankkaufmann; 1911 – 1915 Funktionär und Vorstandsmitglied der
Sozialistischen Arbeiterjugend, seit 1911 gewerkschaftlich organisiert, 1913 – 1933
Mitglied und Funktionär der SPD und USPD, 1912 – 1915 Buchhalter beim Haupt-
vorstand der SPD in Berlin, 1915/16 vier Monate Untersuchungshaft wegen Anti-
kriegspropaganda, 1915 – 1918 Kriegsdienst, 1919 – 1922 Redakteur sozialistischer
Zeitungen und Besuch der Handelshochschule, 1921 – 1923 Buchhalter und Revisor
bei einer Privatbank, 1923 – 1933 Prokurist bei der Bank der Arbeiter, Angestellten
und Beamten AG in Berlin; im Mai 1933 verhaftet und aus der beruflichen Position
entfernt, 1933/34 erwerbslos, 1934 – 1942 Sachbearbeiter und Handlungsbevoll-
mächtigter bei der Deutschen Bau- und Bodenbank AG in Berlin, 1942 – 1944
stellvertretendes Vorstandsmitglied der Landwirtschaftsbank in Lemberg (Dienst-
verpflichtung), von Oktober 1944 bis Mai 1945 Buchhaltungsleiter der Abteilung
Landwirtschaft im Reichsministerium für Munition und Kriegserzeugung (Dienst-
verpflichtung), illegale Tätigkeit in der Widerstandsgruppe um Wilhelm Leuschner;
1945/46 Mitglied der SPD (Kreisvorstand Wedding), April 1946 – 1949 Mitglied
der SED (Revisor des zentralen Vorstands und des Landesverbands Berlin), 1951
Wiedereintritt in die SPD; von Mai bis November 1945 Treuhänder beim Magistrat
der Stadt Berlin für das beschlagnahmte Vermögen der Deutschen Arbeitsfront, vom
23. Februar bis Dezember 1946 stellvertretender Leiter der Magistratsabteilung für
Handel und Handwerk, seit 26. November 1946 Mitglied der StVV (letzte Sitzungsteilnahme: 27. August 1948), Januar 1947 – 1949 geschäftsführender Direktor
der Spiritus-Inspektion (Direktion) in Berlin (bis 1945: Reichsmonopolverwaltung
für Branntwein), 1950/51 Berliner Vertretung eines Hamburger Werkzeugunterneh-
mens, 1951 – 1960 Prokurist und Leiter der Bank für Gemeinwirtschaft Nordrhein-
Westfalen AG in Düsseldorf. Gestorben am 27. Oktober 1968 in Berlin [West].

Hermes, Andreas
Geboren am 16. Juli 1878 in Köln. Schulabschluß: Mittlere Reife (1896); 1896 –
1898 Landwirtschaftsschüler, 1898 – 1900 Studium und Diplomabschluß an der
Landwirtschaftlichen Akademie Bonn-Poppelsdorf, 1900 – 1902 Feldverwalter auf
einem Gut bei Schlieben (Provinz Sachsen) und Landwirtschaftslehrer in Clop-
penburg (Oldenburg), 1902 – 1904 land- und forstwirtschaftliches Studium an der
Landwirtschaftlichen Akademie Bonn-Poppelsdorf (als Assistent) und der Universi-
tät Bonn, 1904 Examen als Tierzuchtinspektor, 1904/05 Fortsetzung des Studiums an
der Universität Jena und Promotion zum Dr. phil.; 1905 – 1911 wissenschaftlicher
Hilfsarbeiter in der Tierzuchtabteilung der Deutschen Landwirtschaftsgesellschaft
in Berlin (in dieser Funktion zahlreiche Auslandsreisen), 1911 – 1914 Direktor der
Technischen Abteilung und stellvertretender Generalsekretär des Internationalen
Agrarinstituts in Rom, 1914 – 1918 in der Presseabteilung des Stellvertretenden
Generalstabs und in verschiedenen Funktionen in der Kriegsernährungswirtschaft
tätig; Dezember 1918 – März 1920 erst Hilfsarbeiter und dann Leiter der land-
und forstwirtschaftlichen Sektion bzw. Abteilung im Reichswirtschaftsministerium,
März 1920 – März 1922 Reichsminister für Ernährung und Landwirtschaft, Ok-
tober 1921 – August 1923 Reichsfinanzminister (bis März 1922 kommissarisch),
Ende 1923/Frühjahr 1924 Studienreise durch die USA, 1924 – 1928 Mitglied
des Preußischen Landtags, seit 1925 stellvertretender Aufsichtsratsvorsitzender

der Raiffeisenbank, 1925–1927 Leiter des Unterausschusses Landwirtschaft im Enquêteausschuß zur Untersuchung der Erzeugungs- und Absatzbedingungen der deutschen Wirtschaft, 1927–1929 Chef der deutschen Delegation für die Handelsvertragsverhandlungen mit Polen, 1928–1933 Mitglied des Reichstags, seit 1928 Präsident der Vereinigung der deutschen Bauernvereine (1931/32 umbenannt in Vereinigung der deutschen christlichen Bauernvereine), seit 1930 Präsident des Reichsverbands der deutschen landwirtschaftlichen Genossenschaften – Raiffeisen, bis 1933 Mitglied des Zentrums; im März 1933 unter dem Vorwurf der Veruntreuung von Genossenschaftsgeldern verhaftet und fünf Monate im Untersuchungsgefängnis Moabit, im Juli 1934 Verurteilung zu einer Gefängnishaft von vier Monaten unter Anrechnung der Untersuchungshaft (wegen einer Amnestie keine Berufungsmöglichkeit gegen das Urteil), 1936–1939 als Wirtschaftsberater der kolumbianischen Regierung in Bogotá tätig, 1939 Reise nach Deutschland, die geplante Rückreise mit den bisher in Deutschland verbliebenen Kindern wegen des Kriegsbeginns nicht mehr möglich, Fortsetzung des Aufbaus einer ibero-amerikanischen Agrarbibliothek in Deutschland, aktive Beteiligung an der Widerstandsbewegung um Carl Goerdeler (als möglicher Landwirtschaftsminister der geplanten neuen Reichsregierung vorgesehen), am 22. Juli 1944 verhaftet, Inhaftierung im KZ Ravensbrück sowie in den Berliner Gefängnissen Tegel und Lehrter Straße, am 11. Januar 1945 durch den Volksgerichtshof zum Tode verurteilt, der Hinrichtung knapp entgangen und am 25. April 1945 aus der Haft freigekommen; von Mai bis 3. August 1945 Leiter der Magistratsabteilung für Ernährung und zweiter stellvertretender Oberbürgermeister der Stadt Berlin; im Mai/Juni 1945 Gründungsvorsitzender der CDU, am 19. Dezember 1945 auf Druck der sowjetischen Besatzungsmacht als CDU-Vorsitzender (für Berlin und die sowjetische Besatzungszone) abgelöst; Ende Dezember 1945 Übersiedlung nach Bad Godesberg, 1946–1954 1. Vorsitzender der Arbeitsgemeinschaft der deutschen Bauernverbände bzw. (seit 1948) Präsident des Deutschen Bauernverbands, 1946–1961 1. Vorsitzender der Arbeitsgemeinschaft der ländlichen Genossenschaften – Raiffeisen bzw. (seit 1948) Präsident des Deutschen Raiffeisenverbands, weitere Leitungsfunktionen in deutschen und internationalen Landwirtschaftsorganisationen, 1947–1949 Mitglied des Wirtschaftsrats für das Vereinigte Wirtschaftsgebiet (Vorsitzender des Ausschusses für Ernährung, Landwirtschaft und Forsten), 1949/50 Mitgründer des Godesberger Kreises bzw. der Gesellschaft für die Wiedervereinigung Deutschlands. Gestorben am 4. Januar 1964 in Krälingen (Eifel).

Jendretzky, Hans

Geboren am 20. Juli 1897 in Berlin. Schulabschluß: Volksschule (1911); 1911–1914 Lehre als Schlosser, Besuch der Fachschule für Metallarbeiter und der Staatlichen Bauschule; 1914–1926 Erwerbstätigkeit als Schlosser bzw. als Speziallöter beim Post- und Telegrafenbau, unterbrochen vom Kriegsdienst (ca. 1915–1918); 1912–1916 Mitglied der Metallarbeiterjugend, 1916–1923 des Deutschen Metallarbeiterverbands und seit 1923 des Deutschen Verkehrsverbunds, 1919–1927 verschiedene gewerkschaftliche Funktionen (unter anderem Mitglied des zentralen Betriebsrats der Deutschen Reichspost); seit 1919 Mitglied der USPD, seit 1920 der KPD, 1927–1929 Gauführer des Roten Frontkämpferbunds Berlin-Brandenburg, 1928–1932 Mitglied des Preußischen Landtags, 1929–1932 Sekretär der Unterbezirksleitung Frankfurt/Oder-Cottbus der KPD, 1932/33 Leiter der Erwerbslosenbewegung im

Bezirk Berlin-Brandenburg; 1933/34 Mitglied der illegalen Bezirksleitung Berlin-Brandenburg der KPD, im Frühjahr 1934 verhaftet, Verurteilung zu drei Jahren Zuchthaus, 1934–1937 im Zuchthaus Luckau, 1937/38 im KZ Sachsenhausen, 1938–1944 Erwerbstätigkeit in einer Berliner Heizungsfirma, Widerstandstätigkeit und wiederholte Inhaftierungen, am 2. August 1944 erneut verhaftet, seitdem Inhaftierung im Zuchthaus Brandenburg-Görden und im Zellengefängnis Nürnberg, am 17. April 1945 Flucht aus dem Nürnberger Gefängnis, nach einem Fußmarsch etwa am 9. Mai 1945 in Berlin; von Mai 1945 bis 11. Dezember 1946 Leiter der Magistratsabteilung für Arbeitseinsatz bzw. (seit 10. September 1945) für Arbeit; Mitunterzeichner des Gründungsaufrufs der KPD vom 11. Juni 1945, Juni 1945–April 1946 Mitglied des Zentralkomitees der KPD, Mitunterzeichner des Gründungsaufrufs des vorbereitenden Gewerkschaftsausschusses für Groß-Berlin vom 15. Juni 1945 und bis Anfang Februar 1946 provisorischer 1. Vorsitzender des Berliner FDGB, Februar 1946–Oktober 1948 1. Vorsitzender des FDGB-Bundesvorstands, April 1946–Juli 1953 Mitglied des Parteivorstands bzw. des ZK der SED, November 1948–August 1953 1. Sekretär der Landesleitung bzw. Bezirksleitung Groß-Berlin der SED, von Mitte bis Ende 1948 Leitung der Störaktionen gegen den Magistrat und der organisatorischen Maßnahmen von seiten der SED zur verwaltungsmäßigen Spaltung Berlins, 1948–1950 Mitglied des Deutschen Volksrats bzw. der Provisorischen Volkskammer der DDR, 1950–1954 Abgeordneter der Volkskammer und 1949–1954 der Länderkammer der DDR, Juli 1950–Juli 1953 Kandidat des Politbüros des ZK der SED, am 26. Juli 1953 wegen Unterstützung der „parteifeindlichen Fraktion" um Rudolf Herrnstadt und Wilhelm Zaisser aus dem Politbüro ausgeschlossen, im Januar 1954 Parteirüge, im April 1954 keine Wiederwahl in das ZK, 1953–1957 Abgeordneter des Bezirkstags und Vorsitzender des Rates des Bezirks Neubrandenburg, seit 1954 Mitglied des Nationalrats der Nationalen Front, im Juli 1956 Aufhebung der Parteistrafe durch Beschluß des ZK, 1957–1989 erneut Mitglied des ZK der SED, 1958–März 1990 erneut Abgeordneter der Volkskammer (1965–1990 Vorsitzender der FDGB-Fraktion, seit 1976 stellvertretender Vorsitzender der Interparlamentarischen Gruppe, 1989/90 amtierender Alterspräsident), 1959–November 1989 erneut Mitglied des FDGB-Bundesvorstands (1963–1965 Mitglied seines Präsidiums und Sekretariats), 1957–1959 Stellvertreter des Ministers des Innern der DDR und Staatssekretär für Angelegenheiten der örtlichen Räte, 1959/60 Staatssekretär und Leiter des Sekretariats des Ministerrats der DDR, 1960–1962 Minister und Leiter der Zentralen Kommission für Staatliche Kontrolle; seit 1990 Mitglied der PDS. Gestorben am 2. Juli 1992 in Berlin.

Jirak, Walter
Geboren am 16. September 1915 in Berlin. Schulabschluß: Volksschule (1929); bis 1933 nicht politisch organisiert; 1929–1939 Weiterbildung durch „Abendarbeit" und Erwerbstätigkeit als Nieter, Stanzer, Schlosser, Monteur und Techniker, 1936 Arbeitsdienst, 1939–1941 Kriegsdienst, 1942–April 1945 zeitweise in Rüstungsbetrieben beschäftigt, dabei nach eigenen Angaben Werksabotage verübt und von der Gestapo überwacht bzw. gesucht; seit Mai 1945 Leiter der Magistratsabteilung für Städtische Betriebe bzw. (seit Herbst 1945) für Städtische Energie- und Versorgungsbetriebe, seit 31. August 1946 von dieser Leitungsfunktion beurlaubt (offiziell aus Krankheitsgründen, tatsächlich wegen mangelhafter Amtsführung), 1945/46 KPD-nahe bzw. SED-nahe politische Einstellung, am 27. Januar 1946

Anerkennung als „Opfer des Faschismus", am 18. Juni 1947 Zurückziehung dieser Anerkennung wegen unbewiesener Angaben, am 25. August 1948 Strafanzeige des Magistrats gegen Jirak wegen Untreue und Bestechung (aber kein Prozeß), seit 1947 verschiedene Erwerbstätigkeiten (unter anderem als Mitinhaber einer Korkfabrik, Vertreter und Pförtner), nach 1953 Erkrankung an Muskelschwund. Gestorben am 23. August 1960 in Berlin [West].

Karweik, Erich

Geboren am 6. Juni 1893 in Charlottenburg. Schulabschluß: Volksschule (1907) und Mittlere Reife; 1907 – 1911 Lehre als Zimmermann, 1912 – 1914 Besuch der Baugewerkschule Berlin, 1914 Erwerbstätigkeit als Bautechniker, 1914 – 1918 Heeresdienst (Eisenbahnbau), 1919 – 1921 Inhaber eines Baugeschäfts, 1921/22 Tätigkeit in verschiedenen Architekturbüros, 1922 – 1933 als Architekt im Büro von Erich Mendelsohn, seit 1924 als Teilhaber dieses Architekturbüros (zahlreiche Auslandsreisen), 1933 – 1943 Tätigkeit als freischaffender Architekt für private Auftraggeber, 1943 – 1945 Leitungsfunktionen bei der „Fliegerschädenbeseitigung" im Verwaltungsbezirk Schöneberg und im Gebiet Osnabrück/Münster; bis 1945 parteilos, seit 1. September 1945 Mitglied der SPD; nach Kriegsende Auftragsarbeiten als Architekt, seit 3. Dezember 1945 zweiter stellvertretender Leiter der Magistratsabteilung für Bau- und Wohnungswesen und seit 17. März 1946 kommissarischer Leiter des Hauptamts für Aufbaudurchführung, am 24. August 1946 von diesen Funktionen beurlaubt (wegen Eigenmächtigkeiten und verwaltungsmäßiger Unfähigkeit); 1947 – 1949 stellvertretender Stadtbaurat und Leiter des Hochbauamts in Bochum, seit 1950 Mitarbeiter verschiedener Architekturbüros und freischaffender Architekt. Gestorben am 13. September 1967 in Berlin [West].

Kehler, Ernst

Geboren am 29. Dezember 1913 in Pillau (Ostpreußen). Schulabschluß: Abitur (1933); 1933 freiwilliger Arbeitsdienst, 1934/35 Militärdienst, 1935 – 1938 Postsupernumerar, 1938/39 Postinspektor in Berlin; seit 6. Juli 1936 Mitglied der SA, seit 1. Mai 1937 Mitglied der NSDAP (keine Parteifunktionen); seit Oktober 1939 Kriegsdienst (zuletzt als Leutnant), seit Juli 1941 in sowjetischer Kriegsgefangenschaft, von Januar bis Juli 1943 Besuch der Antifa-Schule in Krasnogorsk (seitdem KPD-nahe politische Einstellung), am 12./13. Juli 1943 Gründungsmitglied des Nationalkomitees „Freies Deutschland", seit August 1943 Frontbevollmächtigter des Nationalkomitees (bis 1944 an der Leningrader Front); seit 29. April 1945 in Berlin, in der ersten Maihälfte erster stellvertretender Bürgermeister des Verwaltungsbezirks Mitte, von Mai 1945 bis 11. Dezember 1946 Leiter der Magistratsabteilung für Post- und Fernmeldewesen (noch bis 31. Januar 1947 geschäftsführend im Amt); seit 1945 Mitglied des FDGB; 1947 Abteilungsleiter in der Oberpostdirektion Leipzig, 1948 stellvertretender Leiter der Oberpostdirektion Potsdam (Leitung der Personal- und Postabteilung); seit 1948 Mitglied der VVN, seit 27. Januar 1948 formell Mitglied der SED (offiziell erst seit 1949); seit 30. November 1948 Leiter der Abteilung Post- und Fernmeldewesen des Magistrats von Groß-Berlin [Ost] (als „parteilos" deklariert), März 1950 – 1953 stellvertretender Leiter und Magistratsdirektor dieser Abteilung, 1954 – 1978 Leiter der Bezirksdirektion Berlin der Deutschen Post der DDR, seit 1958 Mitglied der Arbeitsgemeinschaft ehemaliger Offiziere des 2. Weltkriegs. Lebt in Berlin.

Klimpel, Gustav

Geboren am 8. August 1891 in Zittau (Sachsen). Schulabschluß: Volksschule, später Wirtschaftsschule und Verwaltungsakademie; seit 1909 Tätigkeit in der Kommunalverwaltung von Zittau (unterbrochen vom Kriegsdienst 1914 – Januar 1915) und anderen sächsischen Gemeinden, seit 1923 Stadtrat, seit 1924 Bürgermeister und seit 1927 Oberbürgermeister der kreisfreien Stadt Freital (Sachsen), daneben Gründung mehrerer landwirtschaftlicher Genossenschaften und Vorsitzender des Allgemeinen Sächsischen Siedlerverbands sowie Vorstandsmitglied des Sächsischen Gemeindetags; seit 1909 Gewerkschaftsmitglied, 1919 – 1933 Mitglied der SPD; am 25. März 1933 einstweilige Beurlaubung und im Juli 1933 Entlassung als Oberbürgermeister, seit 28. Juni 1933 kurzzeitige Inhaftierung, bis 1936 als Organisations- und Finanzfachmann bei verschiedenen landwirtschaftlichen Handelsverbänden tätig, dann als Leiter der Finanzabteilung und seit 1942 als Geschäftsführer des Reichsverbands Deutscher Kleintierzüchter, nach dem 20. Juli 1944 wegen Verbindung zu Goerdeler verhaftet und im Januar 1945 vom Volksgerichtshof zu vier Jahren Gefängnis verurteilt; im Mai 1945 aus dem Gefängnis in Nürnberg befreit, seit 1945 Mitglied der SPD, vom 3. August 1945 bis 6. April 1946 Leiter der Magistratsabteilung für Ernährung, im Mai/Juni 1946 Ministerialrat im Landwirtschaftsministerium von Württemberg-Hohenzollern, seit 5. Juli 1946 Oberstadtdirektor von Duisburg, seit 1951 Vorstandsmitglied des Landesverbands Nordrhein-Westfalen der Europa-Union (seit 1955 Vorsitzender), Vorstandsmitglied des Deutschen Städtetags, des Städtetags Nordrhein-Westfalen und des Volksbunds Deutsche Kriegsgräberfürsorge. Gestorben am 11. Juni 1956 in Düsseldorf.

Knoll, Erich

Geboren am 7. Dezember 1902 in Berlin. Schulabschluß: Mittlere Reife (1919); 1919 – 1923 Lehre als Maschinenschlosser, 1923 – 1926 Maschinenbaustudium an der Beuth-Schule, 1926 – 1929 Ingenieur bei den Berliner Städtischen Gaswerken und der Firma Borsig, 1929 – 1942 Ingenieur bei der BVG, 1942 – April 1945 Ingenieur und stellvertretender Dezernent bei der Technischen Aufsichtsbehörde beim Bevollmächtigten für den Nahverkehr in Berlin-Brandenburg; 1927 – 1933 Mitglied im Bund der technischen Angestellten und Beamten (freie Gewerkschaft), Juni 1929 – August 1932 und wieder seit 1945 Mitglied der SPD; von Mai 1945 bis 13. Dezember 1946 stellvertretender Leiter der Magistratsabteilung für Städtischen Verkehr bzw. (seit 3. September 1945) für Verkehr, seitdem Technischer Dezernent in der Magistratsabteilung für Verkehr und Versorgungsbetriebe bzw. (seit 15. Dezember 1948) für Verkehr und Betriebe und Leiter der Abteilung III (Städtischer Verkehr, Eisenbahnen, Schiffahrt, Wasserstraßen, Luftfahrt, Verkehrsplanung und -technik) in der Senatsverwaltung für Verkehr und Betriebe, 1960 – 1967 Leitender Direktor der Berliner Stadtreinigung. Gestorben am 23. Dezember 1972 in Berlin [West].

Kraft, Fritz

Geboren am 16. Februar 1891 in Weimar. Schulabschluß: Mittlere Reife (1908); 1908 – 1910 handwerkliche Erwerbstätigkeiten, 1910 – 1912 Besuch der Ingenieurschule in Ilmenau, 1912 Ingenieurexamen, 1912/13 Konstrukteur in den Siemenswerken, seit Dezember 1913 Tätigkeit bei der Hochbahngesellschaft in Berlin (seit 1929 Teil der BVG), 1916 – 1918 unterbrochen vom Kriegsdienst, 1933 – April 1945 Abteilungsdirektor der BVG (Betriebsleiter der U-Bahn); vor 1933 und seit 1945

Mitglied der SPD; von Mai 1945 bis 11. Dezember 1946 Leiter der Magistratsabteilung für Städtischen Verkehr bzw. (seit 3. September 1945) für Verkehr, seit 13. Dezember 1946 stellvertretender Leiter der Magistratsabteilung für Verkehr und Versorgungsbetriebe bzw. (seit 15. Dezember 1948) für Verkehr und Betriebe (seit 7. April 1948 als Leitender Magistratsdirektor), Januar 1952 – Juni 1957 Dezernent (Senatsdirektor) bzw. (seit Januar 1954) Senatsrat in der Senatsverwaltung für Verkehr und Betriebe, Juni 1956 – Ende 1957 Bevollmächtigter des Senats für technische Kontakte mit dem Magistrat in Ost-Berlin. Gestorben am 18. März 1983 in Berlin [West].

Kuckhoff geb. Lorke, Margaretha (Greta)
Geboren am 14. Dezember 1902 in Frankfurt an der Oder. Schulabschluß: Lyzeum; nach Besuch von Oberlyzeum und Seminar Lehrbefähigung als Lehrerin für mittlere und höhere Schulen (1924), seit 1924 Studium der Volkswirtschaftslehre in Berlin, 1927 Diplom-Volkswirtin, 1927 – 1929 Studium der Volkswirtschaftslehre und Soziologie an der Universität Wisconsin in Madison (USA), 1929 schriftliches Doktorexamen in Soziologie, Ende 1929 Rückkehr nach Deutschland, freiberufliche Sprachlehrerin und Mitarbeiterin bei deutschen und amerikanischen Zeitschriften, 1930/31 wissenschaftliche Assistentin in Zürich, 1932/33 Leitung einer Forschungsgruppe am Institut für Sozialforschung in Frankfurt am Main; seit 1933 gemeinsam mit dem Schriftsteller Adam Kuckhoff Widerstandstätigkeit in den Gruppen um Arvid Harnack und Harro Schulze-Boysen („Rote Kapelle"), Erwerbstätigkeit als Dolmetscherin und Übersetzerin (unter anderem für das Rassenpolitische Amt der NSDAP), 1935 Anschluß an die KPD, seit 1937 verheiratet mit Adam Kuckhoff, am 12. September 1942 verhaftet, am 3. Februar 1943 zusammen mit ihrem Mann vom Reichskriegsgericht zum Tode verurteilt, ihr Mann am 5. August 1943 hingerichtet, ihre Todesstrafe am 27. September 1943 zu einer Strafe von zehn Jahren Zuchthaus umgewandelt, Inhaftierung in den Zuchthäusern Cottbus und Waldheim (Sachsen); seit Juni 1945 Mitglied der KPD bzw. SED; seit August 1945 in der Magistratsabteilung für Ernährung Leiterin der Betreuungsstelle für die kommissarisch geleiteten Betriebe der Ernährungswirtschaft, vom 22. Juni bis 13. Dezember 1946 stellvertretende Leiterin der Magistratsabteilung für Ernährung, Kandidatin der SED bei der Wahl zur StVV am 20. Oktober 1946, seit März 1947 zweite stellvertretende Vorsitzende der Stadtleitung Berlin des Kulturbunds zur demokratischen Erneuerung Deutschlands und seit November 1949 Mitglied des Präsidialrats des Kulturbunds, 1947 Mitgründerin des Demokratischen Frauenbunds Deutschlands, 1948/49 Mitglied des Sekretariats der Deutschen Wirtschaftskommission, 1948 – 1950 Mitglied des Deutschen Volksrats bzw. der Provisorischen Volkskammer der DDR, 1949/50 Hauptabteilungsleiterin im Ministerium für Auswärtige Angelegenheiten, Dezember 1950 – 1958 Präsidentin der Deutschen Notenbank, in dieser Funktion seit November 1951 mit Sitz und Stimme im Ministerrat der DDR, seit 1951 Mitglied des Zentralvorstands der VVN und seit 1953 Mitglied des Komitees der Antifaschistischen Widerstandskämpfer in der DDR, 1954 – 1958 Abgeordnete der Volkskammer der DDR, 1958 – 1981 Vizepräsidentin des Friedensrats der DDR, 1963 – 1975 Präsidentin der Deutsch-Britischen Gesellschaft. Gestorben am 11. November 1981 in Wandlitz (Kreis Bernau).

Landwehr, Hermann
Geboren am 21. Juni 1884 in Nürnberg. Schulabschluß: Abitur (1904); 1904 – 1908 Studium der Rechtswissenschaft, Staatswissenschaften, Nationalökonomie und Finanzwissenschaft in Erlangen, Berlin und Leipzig, 1908 Erstes Juristisches Staatsexamen, 1908 – 1911 Referendariat in Bayern, 1911 Zweites Staatsexamen für den höheren Justiz- und Verwaltungsdienst in Bayern, 1912/13 wissenschaftlicher Hilfsarbeiter bei der Industrie- und Handelskammer Nürnberg, 1913 Promotion zum Dr. jur. an der Universität Erlangen, 1913/14 Hilfsarbeiter bei der Reichsversicherungsanstalt für Angestellte in Berlin, 1914 – 1918 Kriegsdienst, 1919 als Regierungsrat bei der Reichsversicherungsanstalt für Angestellte, seit 1920 Beamter im Reichswirtschaftsministerium, 1920 Oberregierungsrat, 1921 – 1927 Direktor beim Reichskommissar für Aus- und Einfuhrbewilligung, 1930 Mitglied der Kommission zur Ordnung des Statistischen Dienstes, seit 1931 Leiter der Devisenabteilung beim Reichskommissar für Devisenbewirtschaftung, 1934 Ministerialrat, 1938 Ministerialdirigent, am 18. August 1944 wegen Verbindung zu Goerdeler verhaftet und am 18. Januar 1945 vom Volksgerichtshof zu sechs Jahren Zuchthaus und sechs Jahren Ehrverlust verurteilt; am 27. April 1945 aus dem Zuchthaus Brandenburg-Görden befreit, von Mai 1945 bis 11. Dezember 1946 Leiter der Magistratsabteilung für Wirtschaft, seit Januar 1946 Mitglied des FDGB, seit 16. September 1946 Stadtwahlleiter für die Berliner Wahlen am 20. Oktober 1946, 1945 – 1947 Mitglied des Hauptausschusses „Opfer des Faschismus", seit 23. November 1946 Vorsitzender des Vorbereitenden Ausschusses und seit Dezember 1947 Mitglied der VVN in Berlin, Januar 1947 – Juni 1948 Leiter der Abteilung XII (Bankenkommission) der Deutschen Zentralfinanzverwaltung in der sowjetischen Besatzungszone, vom 26. Mai 1948 bis 31. März 1951 Vizepräsident der Deutschen Notenbank. Gestorben am 23. Januar 1955 in Berlin [Ost].

Lange, Friedrich
Geboren am 11. Februar 1879 in Stettin. Schulabschluß: Abitur (1897); Studium der Rechts- und Staatswissenschaften, 1901 Erste Juristische Prüfung in Straßburg, 1901 – 1906 Referendariat in Elsaß-Lothringen, 1906 Staatsprüfung für den elsaß-lothringischen Justiz- und Verwaltungsdienst, 1906/07 Tätigkeiten beim Magistrat in Magdeburg, im Syndikat einer Versicherungsgesellschaft in Magdeburg und in der Redaktion der Zeitschrift „Soziale Praxis", 1907 – 1919 als Magistratsassessor und Magistratsrat in der Stadtverwaltung von Rixdorf (seit 1912 Neukölln), dort Leiter der von ihm eingerichteten Rechtsauskunftsstelle und während des Ersten Weltkriegs Leiter der Fürsorgestelle für Kriegsbeschädigte und Kriegshinterbliebene, 1918 – 1933 Mitglied der SPD, 1919/20 besoldeter Stadtrat im Magistrat Neukölln (unter anderem zuständig für Grundstücksverwaltung und Kämmerei), seit 1920 als Stadtsyndikus Mitglied des Magistrats der neuen Stadtgemeinde Berlin (zuständig für Rechts- und Prozeßangelegenheiten, den Aufbau der neuen Berliner Verwaltung, die Besoldung der städtischen Beamten, das Kunst- und Bildungswesen), Dezember 1929 – April 1931 Wahrnehmung der Geschäfte des Stadtkämmerers, seit 14. April 1931 Erster Bürgermeister (Stellvertreter des Oberbürgermeisters), am 17. April 1933 beurlaubt und am 25. August 1933 aus dem Amt entlassen, bis Juli 1945 keine Erwerbstätigkeit; seit 1945 Mitglied der SPD, vom 20. August 1945 bis 11. Dezember 1946 stellvertretender Leiter der Magistratsabteilung für Planungen, vom 17. Dezember 1945 bis 30. September 1949 stellvertretender Leiter der Rechtsabteilung

bzw. (seit Ende 1946) der Abteilung für Rechtswesen des Magistrats (zuständig für die Syndikatsfragen; seit 7. April 1948 als Leitender Magistratsdirektor). Gestorben am 14. Oktober 1956 in Berlin [West].

Maron, Karl
Geboren am 27. April 1903 in Berlin. Schulabschluß: Volks- und Mittelschule (bis 1917); 1917 – 1921 Lehre als Maschinenschlosser, 1921 – 1929 Erwerbstätigkeit im Maschinenbau bei Siemens & Halske, 1929 – 1931 erwerbslos, 1931/32 Notstandsarbeit, seit 1932 wieder erwerbslos; seit 1919 in der Arbeitersportbewegung aktiv, seit 1925 Mitglied der KPD und des Deutschen Metallarbeiterverbands, 1927/28 Mitglied der KPD-Leitung in den Berliner Siemenswerken, 1932/33 Vorsitzender des Arbeitersportvereins „Fichte" und des Arbeiter-Sport- und Kultur-Kartells Groß-Berlin, Mitglied der Roten Hilfe Deutschlands, 1933/34 illegale politische Tätigkeit (Mitglied der Reichsleitung und Leiter der Inlandsarbeit der Kampfgemeinschaft für Rote Sporteinheit); 1934 Emigration nach Dänemark und 1935 in die Sowjetunion, 1934/35 Sekretär der Roten Sport-Internationale in Kopenhagen und 1935/36 deutscher Vertreter bei der Roten Sport-Internationale in Moskau, 1936 – 1943 Redakteur in der Presseabteilung des Exekutivkomitees der Komintern, seit Juli 1943 stellvertretender Chefredakteur von „Freies Deutschland" (Zeitung des Nationalkomitees „Freies Deutschland"), dort Verfasser wöchentlicher Frontberichte, und Mitarbeit in der Leitung des Nationalkomitees und beim „Deutschen Volkssender" in Moskau; am 2. Mai 1945 Rückkehr nach Berlin als Mitglied der „Gruppe Ulbricht", seit Juni 1945 Mitglied der KPD bzw. SED, Mitglied der Bezirksleitung Groß-Berlin der KPD, Mitglied des FDGB und der VVN; von Mai 1945 bis 11. Dezember 1946 erster stellvertretender Oberbürgermeister der Stadt Berlin, seit 26. November 1946 Mitglied der StVV (letzte Sitzungsteilnahme: 27. August 1948), dort stellvertretender Vorsitzender und Sekretär der SED-Fraktion, Dezember 1946 – November 1948 stellvertretender Leiter der Abteilung für Kommunalfragen bei der Landesleitung Groß-Berlin der SED, vom 30. November 1948 bis 31. Oktober 1949 Leiter der Abteilung Wirtschaft des Magistrats von Groß-Berlin [Ost], November 1949 – August 1950 stellvertretender Chefredakteur der SED-Parteizeitung „Neues Deutschland", September 1950 – 1955 Generalinspekteur und Chef der Hauptverwaltung Deutsche Volkspolizei (als Generalleutnant), 1954 – 1975 Mitglied des ZK der SED, 1954/55 stellvertretender Minister des Innern, Juli 1955 – 1963 Minister des Innern der DDR und Chef der Deutschen Volkspolizei (seit 1962 als Generaloberst), 1958 – 1967 Abgeordneter der Volkskammer der DDR, 1964 – 1974 Leiter des Instituts für Meinungsforschung beim ZK der SED. Gestorben am 2. Februar 1975 in Berlin [Ost].

Mittag, Paul
Geboren am 23. Januar 1898 in Aschersleben (Provinz Sachsen). Schulabschluß: Abitur (1915); 1915 – 1918 Kriegsdienst (zuletzt als Leutnant der Reserve), 1919 – 1922 Studium der Rechts- und Staatswissenschaften, 1922 Gerichtsreferendarprüfung, 1922 – 1927 Referendariat im Justizdienst, 1925 Promotion zum Dr. jur. an der Universität Halle, 1927 Gerichtsassessorprüfung in Berlin, 1927 – 1930 Hilfsrichter an Amts- und Landgerichten im Oberlandesgerichtsbezirk Naumburg, 1930 – 1933 Justitiar in der preußischen Innenverwaltung in Königsberg, Gumbinnen und Magdeburg (seit 1931 als Regierungsrat), 1928 – 1933 Mitglied der SPD, bis 1933 Mitglied

des Republikanischen Richterbunds; am 17. April 1933 vom Dienst beurlaubt, am 17. Juli 1933 aus dem Staatsdienst entlassen, mehrfach verhaftet, keine Zulassung als Rechtsanwalt, bis 1937 erwerbslos, Juli 1937 – März 1943 Anzeigenvertreter einer Wirtschaftszeitschrift, Mai 1943 – April 1944 Referent in der Reichsgruppe Industrie, dann erwerbslos; 1945 bis Anfang 1949 SPD-nahe bzw. SED-nahe politische Einstellung, vermutlich seit 1949 Mitglied der SPD; seit Juni 1945 Justitiar in der Magistratsabteilung für Personalfragen und Verwaltung, vom 15. Oktober bis 17. Dezember 1945 Leiter des Rechtsamts und seit 17. Dezember 1945 stellvertretender Leiter der Rechtsabteilung bzw. (seit Ende 1946) der Abteilung für Rechtswesen des Magistrats (seit 1. Dezember 1948 als Leitender Magistratsdirektor im Magistrat von Groß-Berlin [Ost]), im Juli 1945 Mitgründer des Juristischen Prüfungsausschusses beim Magistrat der Stadt Berlin und von Dezember 1945 bis Januar 1948 Vorsitzender bzw. Erster Vorsitzender dieses Ausschusses, im September 1949 Trennung von der Ost-Berliner Magistratsverwaltung, April – November 1950 als beauftragter Landgerichtsrat (Hilfsrichter) in Hagen (Westfalen), 1951 Notstandsangestellter, dann im Ruhestand. Gestorben am 12. Januar 1980 in Berlin [West].

Noortwyck, Edmund

Geboren am 24. Mai 1890 in Witten an der Ruhr. Schulabschluß: Abitur (1910); 1910 – 1914 Studium der Rechts- und Staatswissenschaften in Jena, München, Berlin und Münster, 1914 Gerichtsreferendarprüfung, 1914 – 1918 Kriegsdienst, 1918 – 1922 Referendariat in Westfalen, Berlin und Köln, 1920 – 1922 juristische Erwerbstätigkeiten bei Rechtsanwälten und Industriefirmen, 1922 Gerichtsassessorprüfung; seit 1923 in der Reichsfinanzverwaltung tätig: bis März 1934 bei verschiedenen Berliner Finanzämtern (seit 1925 als Regierungsrat) und beim Finanzamt Köslin in Pommern (Januar – Juli 1928), April 1934 – Anfang Mai 1945 Generalreferent für Körperschaftsteuer beim Landesfinanzamt Berlin (seit 1937 Oberfinanzpräsidium Berlin, seit 1942 Oberfinanzpräsidium Berlin-Brandenburg); Januar – März 1928 Mitglied der DVP; Herbst 1933 – Dezember 1934 nominelles Mitglied im NSKK (ein Versuch zur „Tarnung" und zum Schutz seiner jüdischen Ehefrau); 1945/46 SPD-nahe politische Einstellung (sein Antrag auf Aufnahme in die SPD im Oktober 1946 wegen seiner NSKK-Mitgliedschaft abgelehnt) und seit 1. August 1945 Mitglied des FDGB; seit Mai 1945 Oberfinanzpräsident von Berlin und Leiter der Magistratsabteilung für Finanz- und Steuerwesen bzw. vom 8. bis 15. Oktober 1945 stellvertretender Leiter der Finanzabteilung des Magistrats (Amtsenthebung auf Anordnung der Alliierten Kommandantur wegen seines Rangs als Oberscharführer im NSKK), vom 17. Oktober 1945 bis 30. Juni 1947 Leiter der Hauptabteilung Steuern und Zölle bei der Deutschen Zentralfinanzverwaltung in der sowjetischen Besatzungszone, seit 1. Juli 1947 Tätigkeit als selbständiger Steuerberater, seit Mitte 1949 auch als Rechtsanwalt. Gestorben am 17. Juni 1954 in Berlin [West].

Orlopp, Josef

Geboren am 29. August 1888 in Essen. Schulabschluß: Volksschule (1903); 1903 – 1907 Lehre als Dreher, 1907 – 1910 Wanderschaft, 1910 – 1919 als Dreher, Werkmeister und Kalkulator bei der Krupp AG in Essen tätig; 1907 – 1920 Mitglied des Deutschen Metallarbeiterverbands, 1910 – 1917 Mitglied der SPD, 1917 – 1922 der USPD und 1922 – 1933 wieder der SPD, seit 1920 Mitglied des Verbands der Gemeinde- und Staatsarbeiter bzw. (seit 1929) des Gesamtverbands der Arbeitnehmer der öffentlichen Betriebe und des Personen- und Warenverkehrs; Ende 1918 Mitglied eines Arbeiter- und Soldatenrats in Essen, 1919 – 1925 Angestellter des Verbands der Gemeinde- und Staatsarbeiter und Stadtverordneter in Essen, 1920 – 1925 Mitglied des Rheinischen Provinziallandtags, Vorsitzender des Ortsausschusses Essen des ADGB, 1925 Berufung nach Berlin in den Vorstand des Verbands der Gemeinde- und Staatsarbeiter (seit 1929 Gesamtverband der Arbeitnehmer der öffentlichen Betriebe und des Personen- und Warenverkehrs) und dort seit 1926 Vorsitzender der Reichssektion der Gas-, Elektrizitäts- und Wasserwerksarbeiter, später Abteilungsleiter für die kommunalen Betriebe und Verwaltungen, Mitglied des Aufsichtsrats der Wirtschaftlichen Vereinigung deutscher Gaswerke und des Beirats der Wirtschaftsberatung deutscher Städte, 1927 – 1933 Mitglied des Vorläufigen Reichswirtschaftsrats, 1929 – 1933 Vorstandsmitglied des Verbands der Internationalen Föderation des Personals in öffentlichen Diensten und Betrieben; im Juni 1933 aus seinen Ämtern entlassen, Erwerb des Lebensunterhalts als Inhaber eines elektrotechnischen Geschäfts in Hannover (1933/34), als Pächter eines landwirtschaftlichen Betriebs in Bad Harzburg (1934) und als Inhaber eines Lebensmittelgeschäfts in Berlin (1934 – 1945); Mitunterzeichner des Gründungsaufrufs der SPD vom 15. Juni 1945, seit Juni 1945 Mitglied des Zentralausschusses der SPD, seit April 1946 Mitglied des Landesvorstands bzw. der Bezirksleitung Groß-Berlin der SED; von Mai 1945 bis 11. Dezember 1946 Leiter der Magistratsabteilung für Handel und Handwerk, gleichzeitig seit 19. Januar 1946 zweiter stellvertretender Oberbürgermeister der Stadt Berlin und seit 29. Mai 1946 kommissarischer Leiter bzw. seit 17. September 1946 endgültiger Leiter der Magistratsabteilung für Ernährung; seit 26. November 1946 Mitglied der StVV (letzte Sitzungsteilnahme: 29. Juli 1948), vom 29. April bis Juli 1947 Vizepräsident der Deutschen Verwaltung für Handel und Versorgung, seit 22. Juli 1947 Präsident der Deutschen Zentralverwaltung für Interzonen- und Außenhandel, seit März 1948 Leiter der Hauptverwaltung Interzonen- und Außenhandel der Deutschen Wirtschaftskommission, 1948 – 1950 Mitglied des Deutschen Volksrats bzw. der Provisorischen Volkskammer der DDR, 1949 – 1951 Leiter der Hauptabteilung Interzonenhandel im Ministerium für Innerdeutschen Handel, Außenhandel und Materialversorgung, 1951 – Oktober 1953 Regierungsbevollmächtigter der DDR für Innerdeutschen Handel, weiterhin ehrenamtliches Mitglied des Kollegiums im Ministerium für Außenhandel und Innerdeutschen Handel und des wissenschaftlichen Beirats für Außenhandel, seit 1957 Mitglied des Präsidiums und Sekretär des Bundesvorstands des FDGB und Mitglied des Nationalrats der Nationalen Front, seit 1958 Abgeordneter der Volkskammer der DDR, Vizepräsident des Deutschen Friedensrats und Mitglied des Weltfriedensrats. Gestorben am 7. April 1960 in Berlin [Ost].

Otto, Erich

Geboren am 19. Februar 1883 in Berlin. Schauspielausbildung, seit 1900 Schauspieler an verschiedenen Stadt- und Landestheatern und seit 1911 in Berlin, seit 1903 Mitglied der Genossenschaft Deutscher Bühnen-Angehörigen, nach 1918 Mitglied des Verwaltungsrats, seit 1923 Präsidiumsmitglied, seit 1929 Vizepräsident und 1932/33 Präsident dieser Organisation; 1933 – 1945 Amtsenthebung, drei Jahre Haft in verschiedenen Gefängnissen und Auftrittsverbot; 1945/46 SPD-nahe bzw. SED-nahe politische Einstellung; seit Mai 1945 Treuhänder für das Vermögen der Reichskulturkammer, für kurze Zeit Mitglied des Präsidialrats und Geschäftsführer der Kammer der Kunstschaffenden, vom 4. Juni 1945 bis 31. Mai 1946 stellvertretender Leiter der Magistratsabteilung für Volksbildung und dort gleichzeitig Leiter des Hauptamts für Theater, Film und Musik, seit Mai 1945 Wiederaufbau der Genossenschaft Deutscher Bühnen-Angehörigen und deren Präsident bis September 1950. Gestorben am 3. Oktober 1975 in Detmold.

Piechowski, Paul
Geboren am 30. Juni 1892 in Turoscheln (Ostpreußen). Schulabschluß: Abitur (1911); 1911–1916 Studium der Philosophie und evangelischen Theologie in Königsberg, 1914 erstes theologisches Examen, 1916 zweites theologisches Examen, Oktober 1916–März 1917 Pfarrer in Königsberg, März 1917–November 1918 Feld-Divisionspfarrer, Februar–September 1919 Brigadepfarrer bei der Reichswehr, seit Oktober 1919 Pfarrer in Berlin-Neukölln und seit 1928 in Berlin-Britz, 1933 kirchliches Disziplinarverfahren, Verurteilung wegen eingestandener ehewidriger Beziehungen und Anfang 1934 Entlassung aus dem Dienst der Evangelischen Kirche der altpreußischen Union; 1911–1933 Mitglied der Deutschen Burschenschaft, 1919–1933 Mitglied der SPD, 1919–1933 Mitglied und führender Vertreter des Bundes der religiösen Sozialisten Deutschlands, 1924–1926 Leiter der Gewerkschaft sozialistischer Theologen, 1926–1933 Geschäftsführer der Bruderschaft sozialistischer Theologen; 1923 Promotion zum Dr. phil. an der Universität in Frankfurt am Main, 1932–1938 Medizinstudium in Berlin, 1938 Promotion zum Dr. med., Tätigkeit in verschiedenen Berliner Kliniken, Aufbau eines medizinischen Repetitoriums für Studenten, Ende 1943 Zerstörung der Wohnung und des Unterrichtsmaterials durch einen Bombenangriff, 1944/45 Werksarzt bei der AEG; 1945/46 Mitglied der SPD, 1946 der SED und dann wieder der SPD; Mai–August 1945 eigene Arztpraxis in Babelsberg, seit August 1945 Leiter der Seuchenbekämpfung bzw. des Personaldezernats im Provinzialgesundheitsamt der Mark Brandenburg, Oktober/November 1945 Abteilungsleiter in der Deutschen Zentralverwaltung für das Gesundheitswesen in der sowjetischen Besatzungszone, seit November 1945 Ärztlicher Direktor und Leiter der Sanitätsabteilung in der Zentralverwaltung für deutsche Umsiedler in der sowjetischen Besatzungszone, vom 14. September 1946 bis 31. März 1952 stellvertretender Leiter der Magistratsabteilung für Gesundheitsdienst bzw. (seit Ende 1946) der Magistratsabteilung (seit 1951: Senatsverwaltung) für Gesundheitswesen, bis 1961 Tätigkeit als praktischer Arzt in eigener Arztpraxis in Berlin-Moabit. Gestorben am 9. Juni 1966 in Bad Godesberg.

Pieck, Arthur
Geboren am 28. Dezember 1899 in Bremen (Sohn von Wilhelm Pieck, 1935–1954 Vorsitzender der KPD bzw. SED und 1949–1960 Präsident der DDR). Schulabschluß: Volksschule (1914); April 1914–Januar 1918 Lehre als Schriftsetzer, seit 1914 Mitglied der Sozialistischen Arbeiterjugend (seit 1915 Leiter ihrer Berliner Organisation), Anfang 1916 Beitritt zur Spartakusgruppe, 1917 nach Einberufungsbefehl Gang in die Illegalität, Ende 1917 wegen Hoch- und Landesverrats angeklagt, Februar–November 1918 in der Emigration in Holland, am 8. November 1918 Rückkehr nach Berlin, Mitglied des Spartakusbunds, Teilnahme am Gründungsparteitag der KPD (30. Dezember 1918–1. Januar 1919) und seitdem Mitglied der KPD, 1919 Tätigkeit als Kurier und in illegalen Druckereien der KPD, Januar–April 1920 in Schutzhaft, April 1920–Oktober 1921 Arbeit im Parteiverlag der KPD, 1921–1932

Mitarbeiter der sowjetischen Handelsvertretung in Berlin, seit 1922 Mitglied des Arbeiterwanderbunds „Naturfreunde" (seit 1923 Mitglied der Bundesleitung), seit 1926 Leiter der Berliner Agitprop-Gruppe „Rote Blusen", seit 1926 auch Leiter des Bezirks Groß-Berlin des Deutschen Arbeiter-Theater-Bunds und seit 1928 Vorsitzender dieser in Arbeiter-Theater-Bund Deutschlands umbenannten Organisation (seit 1932: Revolutionärer Bund der Theaterschaffenden), seit 1929 Mitglied des Präsidiums des Internationalen Arbeiter-Theater-Bunds (seit 1932: Internationaler Revolutionärer Theater-Bund) und Leiter seines Büros für Westeuropa, Ende 1932 Emigration über die Tschechoslowakei, Westeuropa und Skandinavien in die Sowjetunion, bis 1938 hauptamtlicher Mitarbeiter im Sekretariat des Internationalen Revolutionären Theater-Bunds, seit 1934 zeitweilig Leiter des Deutschen Theaters „Kolonne links" in Moskau, seit 1938 sowjetischer Staatsbürger und Tätigkeit in der Presseabteilung der Komintern, seit Juli 1941 als Offizier in der Politischen Hauptverwaltung der Roten Armee, Propagandaarbeit an der Front und in den Kriegsgefangenenlagern, unter anderem seit 1943 als Chefredakteur der deutschsprachigen Zeitung „Das freie Wort" (Zeitung der Politischen Hauptverwaltung der Roten Armee für Kriegsgefangene) und als Mitarbeiter des Nationalkomitees „Freies Deutschland"; seit Ende April 1945 mit den sowjetischen Truppen in Berlin, seit 10. Mai 1945 Zusammenarbeit mit der „Gruppe Ulbricht", seit Juni 1945 Mitglied der KPD bzw. SED; von Mai 1945 bis 11. Dezember 1946 Leiter der Magistratsabteilung für Personalfragen und Verwaltung; Dezember 1946 – Juni 1947 Tätigkeit in der Wirtschaftsabteilung des Parteivorstands der SED, seit Juni 1947 Leiter der Abteilung Verwaltung und Personalwesen bzw. seit 1948 entsprechender Hauptabteilungen der Deutschen Wirtschaftskommission, 1949 – 1955 Leiter des Hauptamts für Personalwesen und Schulung bei der Regierung der DDR, 1955 – 1961 Generaldirektor der Deutschen Lufthansa (der DDR) bzw. (seit 1958) der Interflug, 1961 – 1965 stellvertretender Minister für Verkehrswesen und Leiter der Hauptverwaltung Zivile Luftfahrt. Gestorben am 13. Januar 1970 in Berlin [Ost].

Redeker, Franz

Geboren am 17. Juni 1891 in Recklinghausen. Schulabschluß: Abitur; seit 1909 Medizinstudium in Freiburg, München, Münster und Leipzig, 1914 medizinisches Staatsexamen und Approbation, bis März 1919 als Arzt im Heeresdienst (zuletzt als Oberarzt der Reserve), 1917 Promotion zum Dr. med., 1919 – 1926 mehrmonatige Tätigkeit an einer Nervenklinik in Bremen und dann als Stadtassistenzarzt sowie als Werksarzt bei den Thyssen-Werken in Mülheim an der Ruhr, 1922 preußisches Kreisarztexamen, Lehrtätigkeit an der Sozialhygienischen Akademie in Düsseldorf, 1926 – 1930 Kreisassistenzarzt bzw. Kreisarzt in Mansfeld (Provinz Sachsen), seit den 20er Jahren wissenschaftlich-publizistische Tätigkeit und praktische Aktivität zur Tuberkuloseforschung und -bekämpfung, seit 1930 Medizinaldezernent in Osnabrück (als Regierungs- und Medizinalrat) und Organisierung der Tuberkulosebekämpfung in der Provinz Hannover, Februar 1933 – April 1945 Leiter des Medizinaldezernats beim Polizeipräsidium in Berlin (als Oberregierungs- und Medizinalrat), gleichzeitig Vorsitzender des Gerichtsärztlichen Ausschusses in Berlin, 1934 – 1943 Dozent an der Staatsmedizinischen Akademie; seit Mai 1945 Leiter des Hauptgesundheitsamts und Leitender Amtsarzt in Berlin, seit 9. Juli 1945 (zweiter) stellvertretender Leiter der Magistratsabteilung für Gesundheitsdienst, vom 15. Oktober 1945 bis 8. Juli 1946 kommissarischer Leiter dieser Magistratsabteilung (Amtsenthebung auf

Anordnung der Alliierten Kommandantur); Dezember 1946 – Oktober 1949 führende Tätigkeit bei der Reorganisation des öffentlichen Gesundheitswesens in Hamburg (als Obermedizinalrat), November 1949 – 1953 Leiter der Abteilung Gesundheitswesen im Bundesinnenministerium (als Ministerialdirektor), seit 1950 Honorarprofessor für öffentliches Gesundheitswesen an der Universität Bonn, 1953 – 1956 Aufbau des Bundesgesundheitsamts als dessen Präsident. Gestorben am 16. September 1962 in Bad Godesberg.

Rumpf, Willi (auch: Willy)
Geboren am 4. April 1903 in Berlin. Schulabschluß: Volksschule (1917); 1917 – 1920 kaufmännische Lehre bei einem Versicherungsunternehmen und Besuch der Kaufmännischen Fachschule; seit 1920 Mitglied der Freien Sozialistischen Jugend bzw. des KJVD, seit 1923 Mitglied der Bezirksleitung Berlin-Brandenburg des KJVD und dessen Sekretär für Ost-Sachsen, dann für Berlin-Ost, seit 1925 Mitglied der KPD, Mitglied der Unterbezirksleitung Berlin-Weißensee der KPD, seit 1929 Bezirksverordneter im Verwaltungsbezirk Prenzlauer Berg; 1921 – 1923 Buchhalter bei der AOK Zehlendorf, 1923 – 1925 Buchhalter und Kassierer beim Verlag der Kommunistischen Jugendinternationale, 1925 – 1932 Korrespondent bei der sowjetischen Handelsvertretung in Berlin, 1932/33 Geschäftsführer des Verlags „Tribunal"; Mai/Juni 1933 in Schutzhaft, Juni 1933 – Februar 1934 illegale Tätigkeit für den KPD-Apparat in Berlin, Februar 1934 – September 1938 Inhaftierung in den Zuchthäusern Luckau und Brandenburg und (seit April 1937) im KZ Sachsenhausen, 1938 – 1945 Erwerbstätigkeit als kaufmännischer Angestellter, Bilanzbuchhalter und Buchhaltungsleiter, 1940 – Februar 1942 Mitarbeit in der Widerstandsgruppe um Robert Uhrig, Februar/März 1942 in Gestapo-Haft, in der Schlußphase des Krieges Absetzung nach Österreich, Anfang September 1945 Rückkehr nach Berlin; seit 1945 Mitglied der KPD bzw. SED, seit 1950 Kandidat und 1963 – 1981 Mitglied des ZK der SED; seit 8. Oktober 1945 stellvertretender Leiter der Finanzabteilung des Magistrats, in dieser Position vom 16. März bis Dezember 1946 kommissarischer Leiter der Finanzabteilung (Abteilung B), 1947 zunächst weiterhin stellvertretender Leiter der Magistratsabteilung für Finanzen, April 1947 – November 1948 Leiter der Deutschen Treuhandstelle zur Verwaltung des sequestrierten und beschlagnahmten Vermögens im sowjetischen Besatzungssektor der Stadt Berlin (seit Januar 1948: Deutsche Treuhandverwaltung des sequestrierten und beschlagnahmten Vermögens im sowjetischen Besatzungssektor der Stadt Berlin), November 1948 – Oktober 1949 Leiter der Hauptverwaltung Finanzen der Deutschen Wirtschaftskommission, 1948 – 1950 Mitglied des Deutschen Volksrats bzw. der Provisorischen Volkskammer der DDR, 1950 – 1967 Abgeordneter der Volkskammer der DDR, Oktober 1949 – 1955 Staatssekretär im Ministerium für Finanzen, 1954/55 Teilnehmer an einer einjährigen Schulung in Moskau, 1955 – 1966 Finanzminister der DDR, 1963 – 1966 Mitglied im Präsidium des Ministerrats der DDR, seit 1966 Mitarbeiter im Institut für Marxismus-Leninismus beim ZK der SED. Gestorben am 8. Februar 1982 in Berlin [Ost].

Sauerbruch, Ferdinand
Geboren am 3. Juli 1875 in Barmen. Schulabschluß: Abitur (1894); 1894 – 1900 kurzes Studium der Naturwissenschaften und dann Medizinstudium in Marburg, Jena und Leipzig, 1900 ärztliches Staatsexamen und Approbation, 1902 Promotion

zum Dr. med., 1901 – 1905 Assistenzarzt in Kassel, Erfurt, Berlin-Moabit und an der Chirurgischen Universitätsklinik in Breslau, hier durch Experimente mit einer Unterdruck-Operationskammer Wegbereiter der Thoraxchirurgie, 1905 Habilitation als Privatdozent für Chirurgie, 1905 – 1907 Oberarzt an der Chirurgischen Universitätsklinik in Greifswald, 1907 – 1910 Leiter der Chirurgischen Poliklinik der Universität Marburg, hier 1908 außerordentlicher Professor, 1910 – 1918 Ordinarius für Chirurgie und Direktor der Chirurgischen Klinik an der Universität Zürich, 1914 – 1918 Teilnahme am Ersten Weltkrieg als Beratender Chirurg eines Armeekorps und (seit 1916) als Leiter eines Militärlazaretts (zuletzt im Rang eines Generaloberarztes), Entwicklung neuer beweglicher Prothesen; November 1918 – 1928 Ordinarius für Chirurgie und Leiter der Chirurgischen Universitätsklinik in München (1918 Ernennung zum Geheimen Hofrat), seit 1928 Mitglied der Notgemeinschaft der Deutschen Wissenschaft und seit 1936 des Reichsforschungsrats, 1928 – 1949 Ordinarius für Chirurgie an der Universität Berlin und Direktor der Chirurgischen Klinik und Poliklinik der Charité (die Position als ordentlicher Professor und Direktor der Chirurgischen Klinik am 29. Januar 1946 von der Deutschen Verwaltung für Volksbildung in der sowjetischen Besatzungszone bestätigt), 1934 Annahme des Titels eines Preußischen Staatsrats, 1937 Annahme des als Anti-Nobelpreis gedachten Deutschen Nationalpreises für Kunst und Wissenschaft, 1939 – 1945 Beratender Chirurg des Heeres (seit 1942 im Rang eines Generalarztes der Reserve), Mitwisser der zum Umsturzversuch vom 20. Juli 1944 führenden Widerstandsaktivitäten; von Mai 1945 bis 12. Oktober 1945 Leiter der Magistratsabteilung für Gesundheitsdienst (Amtsenthebung durch die Alliierte Kommandantur „wegen seiner politischen Tätigkeit unter dem Nazi-Regime"), Mitunterzeichner des Gründungsaufrufs der CDU vom 26. Juni 1945, am 25. Juli 1949 von der Entnazifizierungskommission für Ärzte in Berlin [West] als entlastet eingestuft; Erkrankung an Cerebral-Sklerose, am 1. Dezember 1949 auf Druck des Ministeriums für Volksbildung der DDR Rücktritt von seinen Funktionen als Ordinarius an der Humboldt-Universität und Direktor der Chirurgischen Klinik und Poliklinik der Charité, 1950/51 trotz Krankheit weiterhin chirurgische Tätigkeit in einer Privatklinik und in seinem Privathaus in Berlin-Grunewald. Gestorben am 2. Juli 1951 in Berlin [West].

Scharoun, Hans
Geboren am 20. September 1893 in Bremen. Schulabschluß: Abitur (1912); 1912 – Anfang 1915 Architekturstudium an der Königlichen Technischen Hochschule zu Berlin und Erwerbstätigkeit als Maurer und Architekt, 1915 – 1918 Militärdienst, hierbei seit Herbst 1915 beim Wiederaufbau in Ostpreußen als stellvertretender Bezirksarchitekt in Stallupönen, Gumbinnen und Insterburg eingesetzt, November 1918 – März 1919 weitere Tätigkeit für die Stadt Insterburg, April 1919 – November 1925 freier Architekt in Insterburg (vertretungsweise auch Leiter des dortigen Stadtbauamts); seit 1919 Mitglied des Bundes Deutscher Architekten, spätestens seit 1920 Mitglied des Deutschen Werkbunds (seit 1923 als Vorstandsmitglied), seit 1926 Mitglied der Architektenvereinigung „Der Ring", bis 1933 Mitglied der Deutschen Liga für Menschenrechte, seit 17. November 1925 ordentlicher Professor für Architektur und Kunstgewerbe an der Staatlichen Akademie für Kunst und Kunstgewerbe in Breslau, bis 1933 einer der wichtigsten Vertreter der organischen Architektur und des Neuen Bauens (unter anderem durch Wohnbauten für die Werkbundausstellungen in Stuttgart-Weißenhof und Breslau, durch Appartementhäuser in Berlin

und die Planung der Wohnsiedlung Siemensstadt), am 1. April 1932 Schließung der Kunstakademie in Breslau und Beurlaubung Scharouns als Professor (am 1. Januar 1934 entlassen), 1932 Übersiedlung nach Berlin, 1932 – Mai 1945 Tätigkeit als freier Architekt (zunächst vor allem Bau von Einfamilienhäusern, während des Krieges Siedlungsplanungen für die Nachkriegszeit und Tätigkeit für die „Fliegerschädenbeseitigung"); von Mai 1945 bis 11. Dezember 1946 Leiter der Magistratsabteilung für Bau- und Wohnungswesen und in dieser Funktion auch Gründer und Leiter eines Planungskollektivs für Berlin und Gründer des „Internationalen Komitees für Bau- und Wohnungswesen", deren stadtplanerische Arbeiten bzw. Modelle für industriell vorgefertigte Montage-Wohnhäuser vom 22. August bis 15. Oktober 1946 in der Ausstellung „Berlin plant" gezeigt werden; Mitglied des Kulturbunds zur demokratischen Erneuerung Deutschlands (dort 1946 Mitglied des kommissarischen Vorstands der Arbeitsgemeinschaft des Werkbunds), April 1947 – September 1958 ordentlicher Professor und Leiter des Instituts für Städtebau an der Technischen Universität Berlin-Charlottenburg (seit August 1956: Technische Universität Berlin), Oktober 1947 – Dezember 1950 Direktor des von ihm mitgegründeten Instituts für Bauwesen an der Akademie der Wissenschaften in Berlin [Ost] (dort unter anderem Planung der „Wohnzelle Friedrichshain"), Mitglied des Gründungsausschusses der Akademie der Künste in Berlin [West] und 1955 – 1968 deren erster Präsident, seit 1956 Mitglied des Planungsbeirats beim Senator für Bau- und Wohnungswesen; 1946 – 1972 umfangreiche Tätigkeit als Architekt und Stadtplaner, Teilnahme an zahlreichen architektonischen und städtebaulichen Wettbewerben, Bebauungsplanungen für Wohnsiedlungen (unter anderem Charlottenburg-Nord, Mehringplatz), Bau von Wohnhochhäusern in Stuttgart und Berlin [West] sowie Entwurf und Bau zahlreicher öffentlicher Gebäude (Theater, Schulen, Konzertsäle, Bibliotheken), insbesondere der Philharmonie und Staatsbibliothek in Berlin [West]. Gestorben am 25. November 1972 in Berlin [West].

Schellenberg, Ernst

Geboren am 20. Februar 1907 in Berlin. Schulabschluß: Mittlere Reife (1922); 1922 – 1924 Lehre in der Unfallversicherungsabteilung der Berufsgenossenschaft der Schmiede, seit 1924 Berufstätigkeit bei der Zentrale für private Fürsorge in Berlin, daneben 1927 – 1929 Besuch des Sozialpolitischen Seminars der Deutschen Hochschule für Politik und Examen als Fürsorger, seit 1929 Studium der Volkswirtschaftslehre an der Friedrich-Wilhelms-Universität Berlin, zunächst als Gasthörer und nach Ablegung einer Begabtenprüfung (1931) im Vollstudium, im März 1933 Promotion zum Dr. rer. pol., während des Studiums zunächst weiterhin als Fürsorger und 1931 – 1933 als Assistent am Kommunalwissenschaftlichen Institut der Universität Berlin tätig; 1928 – 1933 Mitglied des Zentralverbands der Angestellten, seit 1929 Mitglied der KPD (wahrscheinlich 1937 ausgeschlossen), bis 1933 Mitglied der Internationalen Arbeiterhilfe und der Roten Hilfe Deutschlands; nach der Promotion Erwerbstätigkeit als Gehilfe in einem Rechtsanwaltsbüro und bei einer Siedlungsgenossenschaft, seit September 1933 in der Kalkulationsabteilung der Allianz Versicherungs-AG in Stuttgart, seit 1938 wissenschaftlicher Referent bei den Fachverbänden des Versicherungswesens in Berlin, gleichzeitig seit 1940 Seminarleiter am Berliner Hochschulinstitut für Versicherungswissenschaft und Lehrbeauftragter für Versicherungswissenschaft an der Wirtschaftshochschule Berlin, Februar – Juni 1944 Militärdienst; von Mai 1945 bis 30. März 1946 stellvertretender

Leiter der Magistratsabteilung für Sozialwesen und in dieser Funktion Reorganisator des Sozialversicherungswesens in Berlin durch Gründung der Versicherungsanstalt Berlin als einheitlichen Träger der Kranken-, Unfall-, Invaliditäts- und Altersversicherung (seit 1. Juli 1945 Direktor dieser Versicherungsanstalt), 1945/46 KPD-nahe bzw. SED-nahe politische Einstellung, November 1946 – Anfang 1949 Professor mit vollem Lehrauftrag für Versicherungswissenschaft und Fürsorgewesen und Direktor des Instituts für Sozialwesen und Versicherungswirtschaft an der Universität Berlin; seit Ende 1948 Neuaufbau der Versicherungsanstalt im Westteil Berlins und seit Februar 1949 deren Hauptgeschäftsführer, 1952 – 1958 Hauptgeschäftsführer der Krankenversicherungsanstalt Berlin bzw. der AOK Berlin; seit 1948 Mitglied der Gewerkschaft Öffentliche Dienste, Transport und Verkehr, seit 1949 Mitglied der SPD, 1952 – 1976 Mitglied des Deutschen Bundestags (als Vertreter Berlins), dort 1957 – 1976 Vorsitzender des Ausschusses für Sozialpolitik bzw. (seit 1969) des Ausschusses für Arbeit und Sozialordnung und seit 1957 Mitglied des SPD-Fraktionsvorstands (seit 1969 als stellvertretender Vorsitzender), 1960 – 1973 Mitglied des Bundesvorstands der SPD. Gestorben am 6. Juni 1984 in Berlin [West].

Schmidt, Martin

Geboren am 13. Juni 1905 in Köln. Schulabschluß: Abitur (1924); 1924 – 1926 kaufmännische Lehre, 1926 – Mitte 1933 Berufstätigkeit als kaufmännischer Angestellter in verschiedenen Unternehmen, seit Anfang 1930 als Leiter der Deutschen Flaschenverkaufs-GmbH in Düsseldorf; seit 1929 Mitglied der KPD, des Zentralverbands der Angestellten sowie der Roten Hilfe Deutschlands und der Internationalen Arbeiterhilfe, 1932/33 Mitglied der Bezirksleitung Niederrhein der KPD, von Juni bis Dezember 1933 illegale Tätigkeit für die KPD in Remscheid, von Januar bis Juni 1934 in der Emigration (Frankreich, Holland, Sowjetunion), Juni 1934 – Oktober 1935 illegale Tätigkeit für die KPD in Berlin, nach seiner Verhaftung am 30. Oktober 1935 im KZ und in Untersuchungshaft, im November 1936 vom Volksgerichtshof wegen Vorbereitung zum Hochverrat zu 10 Jahren Zuchthaus verurteilt, Inhaftierung im Zuchthaus Brandenburg-Görden (dort zuletzt Leiter des Gefangenenausschusses), am 27. April 1945 von der Roten Armee befreit; seit Juni 1945 Mitglied der KPD bzw. SED, Rügen wegen „parteischädigenden Verhaltens" durch die Bezirksleitung Groß-Berlin (1951) und die Zentrale Partei-Kontrollkommission der SED (1954); von Mai 1945 bis Mai 1949 stellvertretender Leiter der Magistratsabteilung für Personalfragen und Verwaltung (seit 24. März 1948 als Leitender Magistratsdirektor, seit 1. Dezember 1948 im Magistrat von Groß-Berlin [Ost]), 1950 – 1953 Abgeordneter der Länderkammer der DDR, 1953 Mitglied der „Volksvertretung Groß-Berlin", seit September 1952 Professor für Finanzwesen und Direktor des Instituts für Finanzwesen an der Humboldt-Universität in Berlin, April 1953 – 1954 Leiter der Abgabenverwaltung im Ministerium der Finanzen der DDR, September 1954 – 1958 Stellvertreter bzw. 1. Stellvertreter des Ministers der Finanzen der DDR, 1956 Promotion zum Dr. rer. pol., April 1958 – 1961 Präsident der Deutschen Notenbank. Gestorben am 16. Juni 1961 in Berlin [Ost].

Schulze, Karl

Geboren am 9. August 1891 in Hoyerswerda (Niederschlesien). Seit 1911 Berufstätigkeit als Lehrer, bis 1928 in Landeshut (Niederschlesien) und seit 1928 als Rektor an Berliner Schulen, bis 1933 Mitglied der SPD; 1933 aus dem Schuldienst entlassen, 1934–1943 Erwerb des Lebensunterhalts als Vertreter einer Schreibfederfabrik in Iserlohn, 1943–April 1945 als Angestellter einer privaten Firma in Berlin; seit Juni 1945 Mitglied der SPD, seit April 1946 Mitglied der SED, Kandidat der SED bei der Wahl zur StVV am 20. Oktober 1946, später wahrscheinlich wieder Mitglied der SPD; von Mai 1945 bis 11. Dezember 1946 vierter stellvertretender Oberbürgermeister der Stadt Berlin, gleichzeitig 1945 Leiter des Hauptschulamts in der Magistratsabteilung für Volksbildung und vom 23. Dezember 1945 bis 11. Dezember 1946 Leiter der Magistratsabteilung für Kunstangelegenheiten bzw. für Kunst, nach 1946 Tätigkeit als Bibliotheksdirektor. Gestorben am 2. Mai 1958 in Berlin [West].

Schwenk, Paul
Geboren am 8. August 1880 in Meißen. Schulabschluß: Volksschule (1895); 1895–1899 Lehre als Werkzeug- und Maschinenschlosser, 1899–1912 Erwerbstätigkeit als Schlosser und zeitweilig auch als Bürogehilfe in Dresden, Nürnberg und Berlin, seit 1899 Mitglied des Deutschen Metallarbeiterverbands, 1905–1917 Mitglied der SPD und 1908–1915 Vorsitzender des sozialdemokratischen Wahlvereins in Friedrichsfelde bei Berlin, 1912–1915 hauptberuflich Berichterstatter für Kommunalpolitik, Sozialpolitik und Arbeitsrecht bei der SPD-Zeitung „Vorwärts", Mai 1915–November 1918 Militärdienst (Armierungssoldat beim Eisenbahnbau), 1917–Ende 1920 Mitglied der USPD, 1919/20 Fraktionssekretär der USPD in der Verfassunggebenden Preußischen Landesversammlung und Berichterstatter bei der USPD-Zeitung „Freiheit", seit Ende 1920 Mitglied der KPD, 1921–Anfang 1933 Fraktionssekretär der KPD im Preußischen Landtag, Mai 1924–Anfang 1933 Mitglied des Preußischen Landtags, 1920–Anfang 1933 Mitglied der StVV und Mitglied der dortigen Fraktionsleitung der KPD, als Abgeordneter des Preußischen Landtags Mitglied des Aufsichtsrats der Preußischen Elektrizitäts-AG und als Stadtverordneter Mitglied der Aufsichtsräte der Bewag, Gasag, Berliner Wasserwerke und BVG, Entwicklung zu einem der führenden Kommunalpolitiker der KPD; April 1933–April 1934 in der Emigration in Frankreich, dort als Mitglied der Roten Hilfe Deutschlands und der Internationalen Arbeiterhilfe organisatorische Tätigkeit unter den deutschen Emigranten, seit Mai 1934 in der Sowjetunion, dort im Marx-Engels-Lenin-Institut und im Apparat der Komintern beschäftigt, März 1937–Januar 1941 wegen angeblicher „trotzkistischer Agitation" und Spionage inhaftiert, danach Tätigkeit im Verlag für fremdsprachige Literatur, im Apparat der Komintern, beim „Deutschen Volkssender" und bei „Radio Moskau"; am 28. Mai 1945 Rückkehr nach Berlin, seit Juni 1945 Mitglied der KPD bzw. SED, von Ende Mai 1945 bis 11. Dezember 1946 dritter stellvertretender Oberbürgermeister der Stadt Berlin und Leiter der Magistratsabteilung für Planungen, am 17. Dezember 1945 vom Magistrat zugleich zum Leiter der neu zu errichtenden Rechtsabteilung berufen, aber am 13. Februar 1946 von der Alliierten Kommandantur dieses Postens enthoben (begründet mit dem „erheblichen Mangel an den für eine solche Stellung notwendigen juristischen Fachkenntnissen"), seit März 1947 Pressereferent bei der Deutschen Zentralverwaltung der Brennstoffindustrie in der sowjetischen Besatzungszone bzw. der Hauptverwaltung Kohle der Deutschen Wirtschaftskommission, April 1948–Juni 1950 Chefredakteur der Zeitschrift „Bergbau und Energiewirtschaft", Ende 1949–Ende 1951 Leiter der Personalabteilung der Hauptabteilung Kohle des Ministeriums für Industrie der DDR. Gestorben am 22. August 1960 in Berlin [Ost].

Siebert, Erich
Geboren am 20. Februar 1894 in Stettin. Schulabschluß: Mittlere Reife (ca. 1910) und Abitur (März 1919); bis Februar 1914 Besuch eines Lehrerseminars, Februar – September 1914 Tätigkeit als Volksschullehrer in Swinemünde und Stettin, September 1914 – Dezember 1918 Kriegsdienst, 1919 – 1921 Studium der Rechts- und Staatswissenschaften und der Volkswirtschaftslehre in Greifswald, Leipzig und Berlin, gleichzeitig von April 1920 bis September 1921 Erwerbstätigkeit als wissenschaftlicher Hilfsarbeiter in der Kommunalverwaltung von Bernau (bald als Leiter des Wohlfahrtsamts und der Erwerbslosenfürsorge), 1922 Gerichtsreferendarprüfung in Berlin, 1922 – 1924 Referendariat als Gerichts- bzw. Regierungsreferendar und hierbei von Juni 1923 bis Januar 1924 als kommissarischer Bürgermeister in Langenberg im französisch besetzten Rheinland eingesetzt, im Mai 1923 Promotion zum Dr. jur. an der Universität Leipzig, 1924 Regierungsassessorprüfung in Berlin, 1925 stellvertretender Landrat im Kreis Neuwied am Rhein, 1926 Dezernent bei der Preußischen Regierung in Gumbinnen (Ostpreußen) und Stadtassessor in Stralsund, 1927 – 1933 besoldeter Stadtrat in Mühlhausen (Thüringen) und dort vor allem für das Finanz- und Steuerwesen zuständig; bis 1933 bürgerliche bzw. „nationale" politische Einstellung, aber offenbar keiner politischen Partei als Mitglied angehörend; nach dem 30. Januar 1933 politische Hinwendung zur NSDAP und Bestreben, Oberbürgermeister von Mühlhausen zu werden, aber am 22. Mai 1933 wegen des Verdachts der Untreue verhaftet und am 29. Juni 1933 vom Landgericht Erfurt wegen Amtsunterschlagungen in der Zeit von 1930 bis 1933 zu zwei Jahren Gefängnis und fünf Jahren Verlust der bürgerlichen Ehrenrechte verurteilt, bis 1935 Inhaftierung in der Strafanstalt Halle, seit 1935 Mitinhaber eines Papier- und Druckunternehmens und seit 1937 einer weiteren Druckerei, beide in Berlin-Mitte gelegenen Unternehmen im Februar 1945 ausgebombt; 1945/46 Mitglied der SPD, dann der SED, später wahrscheinlich wieder Mitglied der SPD; in der ersten Maihälfte 1945 Finanzdezernent bei der im Aufbau befindlichen Bezirksverwaltung von Berlin-Mitte, dann bis 8. Oktober 1945 stellvertretender Leiter der Magistratsabteilung für Finanz- und Steuerwesen und vom 8. Oktober 1945 bis 31. März 1946 Leiter der Finanzabteilung des Magistrats (sein Rücktrittsgesuch als Leiter der Finanzabteilung vom 26. Februar 1946, begründet mit dem beabsichtigten Wiederaufbau seiner beiden Druckereien, wird am 16. März 1946 vom Magistrat zur Kenntnis genommen und am 17. April 1946 von der Alliierten Kommandantur genehmigt; der wirkliche Grund für das Ausscheiden aus dem Magistrat ist seine strafrechtliche und politische Vergangenheit, von der die Magistratsabteilung für Personalfragen und Verwaltung im Januar 1946 erfuhr); 1946/47 leitende Tätigkeit beim Berliner Verlag und bis 1954 Betrieb der beiden Druckereien, danach bis Mitte der 60er Jahre Erwerb des Lebensunterhalts durch Buchhaltungs- und sonstige Erwerbstätigkeiten. Gestorben am 16. Oktober 1990 in Düsseldorf.

Starck, Heinrich
Geboren am 14. Februar 1908 in Bromberg (Posen). Schulabschluß: Mittlere Reife (1923); 1923 – 1926 Lehre als Maurer, 1926 – 1930 Berufstätigkeit als Maurer in Berlin; seit 1924 Mitglied des KJVD (Leitungsfunktionen im Bezirk Friedrichshain), seit 1925 Mitglied und politische Tätigkeit in verschiedenen Bauarbeiterverbänden, seit 1927 Mitglied der KPD und der Roten Hilfe Deutschlands, seit Oktober 1930 in Untersuchungshaft in Leipzig, am 18. April 1931 vom Reichsgericht wegen Vorberei-

tung zum Hochverrat als Rädelsführer zu 18 Monaten Festungshaft verurteilt und bis April 1932 in Festungshaft in Groß-Strehlitz (Oberschlesien), seit Mai 1932 Mitglied der Reichsleitung der Bauarbeiter der Revolutionären Gewerkschaftsopposition und Redakteur ihrer Zeitung „Pionier", 1933/34 illegale Gewerkschaftstätigkeit und Tätigkeit für die KPD, April – November 1934 in Haft, 1935 – 1939 Berufstätigkeit als Maurerpolier, September 1939 – April 1943 Inhaftierung im KZ Sachsenhausen und im Hausgefängnis der Gestapo in Berlin, April 1943 – Februar 1945 Berufstätigkeit als Bauleiter, Kontakte zur Widerstandsgruppe um Anton Saefkow; seit Juni 1945 Mitglied der KPD bzw. SED, Juni 1945 – April 1946 Mitglied der Bezirksleitung Groß-Berlin der KPD, April 1946 – 1949 Mitglied des Landesvorstands Groß-Berlin der SED, Vorsitzender der VVN im Bezirk Friedrichshain, Mitglied des Vorstands der Kammer der Technik; von Mai 1945 bis 2. Februar 1946 stellvertretender Bürgermeister des Bezirks Friedrichshain, vom 2. Februar 1946 bis Mai 1950 stellvertretender Leiter der Magistratsabteilung für Bau- und Wohnungswesen (seit 7. April 1948 als Leitender Magistratsdirektor, seit 1. Dezember 1948 im Magistrat von Groß-Berlin [Ost]), seit Juni 1950 Hauptdirektor im VEB Industrie-Entwurf, seit 1952 Mitglied des Direktoriums und Leiter der Hauptabteilung Bauwirtschaft der Deutschen Investitionsbank. Gestorben am 21. April 1955 in Berlin [Ost].

Steltzer, Theodor
Geboren am 17. Dezember 1885 in Trittau (Holstein). Schulabschluß: Abitur (1904); 1904 – 1907 Ausbildung und Dienst als Offizier, 1907 – 1909 Studium der Staatswissenschaften (Schwerpunkt: Volkswirtschaftslehre) in München, seit 1909 wieder Offiziersdienst, 1912 – 1914 Ausbildung an der Kriegsakademie in Berlin, 1914 – 1918 Teilnahme am Ersten Weltkrieg als Generalstabsoffizier, 1919 Tätigkeit in der deutschen Waffenstillstandskommission in Berlin, 1919 Kandidatur für die DDP bei der Wahl zum Preußischen Landtag, seit September 1920 Landrat des Kreises Rendsburg in Schleswig-Holstein, im Mai 1933 seines Postens als Landrat enthoben, bis 1933 parteilos; Mai – September 1933 Organisation der Hauptgeschäftsstelle des Vereins für das Deutschtum im Ausland, 1934 inhaftiert, mehrere Prozesse und Disziplinarverfahren wegen Hochverrat, angeblicher Unterschlagung und Untreue, 1934 – 1936 erwerbslos, seit 1935 illegale ökumenische Tätigkeit, 1936 – 1939 Leitung des Sekretariats der Evangelischen Michaelsbruderschaft in Marburg (seit 1938 in Hamburg), seit 1939 Kriegsdienst als Transportoffizier, seit 1940 Oberstleutnant im Generalstab des Wehrmachtsbefehlshabers Norwegen in Oslo, dort Verbindung mit der illegalen norwegischen Opposition, seit 1940 Mitarbeit bei der Widerstandstätigkeit des Kreisauer Kreises, am 1. August 1944 verhaftet und am 15. Januar 1945 vom Volksgerichtshof zum Tode verurteilt, Aufschiebung der Hinrichtung infolge einer Intervention skandinavischer Freunde bei Reichsinnenminister Himmler, am 25. April 1945 aus dem Gefängnis Lehrter Straße freigekommen; von Mai 1945 bis 31. August 1945 erster stellvertretender Leiter der Magistratsabteilung für Ernährung; Mitunterzeichner des Gründungsaufrufs der CDU vom 26. Juni 1945 und im Juni/Juli 1945 2. Stellvertreter des CDU-Gründungsvorsitzenden Andreas Hermes, seit Juni 1945 Mitglied des Hauptausschusses „Opfer des Faschismus"; Oktober/November 1945 Landrat des Kreises Rendsburg, seit 15. November 1945 kommissarischer Oberpräsident der preußischen Provinz Schleswig-Holstein und vom 23. August 1946 bis 29. April 1947 Ministerpräsident des Landes Schleswig-Holstein; 1947 – 1950 Gründung und Leitung der überparteilichen Gesellschaft

„Mundus Christianus", 1950 – 1955 Direktor des Instituts zur Förderung öffentlicher Angelegenheiten bzw. (seit 1952) des Instituts für Europäische Politik und Wirtschaft in Frankfurt am Main, 1952 – 1960 Vorsitzender des Internationalen Forschungsausschusses der Europäischen Vereinigung für wirtschaftliche und soziale Entwicklung (CEPES), 1955 – 1960 geschäftsführender Präsident der Deutschen Gesellschaft für Auswärtige Politik in Bonn, 1956 – 1960 Präsident der Deutschen UNESCO-Kommission in Köln, Präsident der Notgemeinschaft der deutschen Kunst bzw. des Deutschen Kunstrats in Köln (bis 1961). Gestorben am 27. Oktober 1967 in München.

Werner, Alfred

Geboren am 3. Oktober 1892 in Zoppot bei Danzig. Schulabschluß: Abitur (1911); 1911 – 1916 Studium der Philosophie, Psychologie, Kunstgeschichte, Archäologie und Nationalökonomie in Jena, Königsberg, München, Greifswald und Berlin, Mai 1914 Promotion zum Dr. phil., zu Beginn des Ersten Weltkriegs bei der militärischen Ausbildung schwer verletzt, danach in Berlin als Abteilungsleiter des Bundes Deutscher Gelehrter und Künstler sowie als Dozent an der Lessing-Hochschule bis 1921 tätig, im Herbst 1918 als Pressedelegierter bei der deutschen Zivilverwaltung in Belgien eingesetzt, Ende 1918 – Oktober 1919 Pressebeauftragter beim Reichsamt bzw. Reichsministerium für wirtschaftliche Demobilmachung und Leiter der Abteilung Danzig und Westpreußen der Reichszentrale für Heimatdienst, seit 1917 zahlreiche philosophische Veröffentlichungen und 1921 – 1933 Herausgeber der Schriftenreihe „Philosophische Reihe"; 1918 – 1933 Mitglied der SPD, Februar 1921 – Juni 1933 Bürgermeister der Stadt Friedland in Mecklenburg, Leiter eines Meliorationsverbands; 1933 Amtsenthebung als Bürgermeister und Berufsverbot, 1933 – 1937 Privatgelehrter und privater Unterricht in Philosophie und Volkswirtschaftslehre, 1937 – 1945 Erwerbstätigkeit als Versicherungsvertreter; 1945 – April 1946 Mitglied der SPD, seit April 1946 Mitglied der SED, Kandidat der SED bei der Wahl zur StVV am 20. Oktober 1946, am 6. April 1948 Austritt aus der SED; im Mai 1945 als Oberstaatsanwalt im Bezirk Zehlendorf eingesetzt, seit 15. Juli 1945 Leiter des Hauptamts für Wissenschaft und Forschung in der Magistratsabteilung für Volksbildung, vom 13. Juli 1946 bis Anfang 1947 stellvertretender Leiter der Magistratsabteilung für Kunst und Leiter des Hauptamts Bildende Kunst und Schrifttum in dieser Magistratsabteilung und dann bis 31. Juli 1947 Leiter des Hauptamts Kunst in der Magistratsabteilung für Volksbildung; 1946 – 1948/49 Lehrbeauftragter für Kunstgeschichte an der Universität Berlin, vom 1. August 1947 bis Ende 1960 außerordentlicher Professor bzw. Professor für Philosophie und Psychologie an der Hochschule für bildende Künste, daneben Professor an der Hochschule für Musik und Dozent an Volkshochschulen, seit 1948 wieder Herausgeber der „Philosophischen Reihe" und 1949/50 Herausgeber der Zeitschrift „Philosophische Studien", 1951 Gründer der „Berliner Gesellschaft zur Pflege christlicher Kultur" und deren erster Vorsitzender. Gestorben am 18. November 1980 in Berlin [West].

Werner, Arthur

Geboren am 15. April 1877 in Berlin. Schulabschluß: Abitur (1898); 1898 ein Semester Jurastudium an der Friedrich-Wilhelms-Universität Berlin, 1898 – 1900 Architekturstudium an der Königlichen Technischen Hochschule zu Berlin, 1900 Staatsvorprüfung, seit 1900 Arbeit in zwei Architekturbüros, 1905 – 1907 Fortsetzung des

Architekturstudiums an der Technischen Hochschule, 1907 Diplom-Hauptprüfung (Dipl.-Ing.), 1907–1911 als Regierungsbauführer im Staatsdienst in Potsdam und Frankfurt an der Oder, 1911 Staatsprüfung im Hochbau (Regierungsbaumeister), 1912 Promotion zum Dr.-Ing. an der Königlichen Technischen Hochschule zu Danzig; 1906 Gründung einer technischen Lehranstalt mit der Bezeichnung „Schinkel-Akademie" (verschiedene Ausbildungsgänge für Techniker und Ingenieure), seit 1907 mit Sitz in der Neanderstraße in Berlin SO 16, seit 1917 unter dem Namen „Technische Privatschule von Dr.-Ing. Arthur Werner"; 1914–1918 Kriegsdienst, dabei 1916 als Leutnant der Infanterie schwer verletzt (bleibende Gehbehinderung); seit etwa 1910 politisch linksorientiert, aber parteilos, von Januar 1932 bis August oder November 1932 nach entsprechender Aufforderung von kommunistischer Seite Mitglied der NSDAP (zur Auskundschaftung dieser Partei), daraufhin nach 1932 bürokratische Schikanen gegen seine Privatschule und Schließung dieser Schule am 31. März 1942; seit 1945 parteilos geblieben; von Mai 1945 bis 11. Dezember 1946 Oberbürgermeister der Stadt Berlin, November 1945–August 1947 Dienstwohngebäude in der „Magistratssiedlung" in Berlin-Biesdorf, Königstraße 5, am 1. September 1947 Umzug zurück in das eigene Wohnhaus in Berlin-Lichterfelde, Köhlerstraße 22; seit dem Frühjahr 1946 Honorarprofessor für Architektur an der Technischen Hochschule Berlin-Charlottenburg, Mai–Dezember 1950 Erwerbstätigkeit in einem Baugeschäft, seit Ende 1950 Leitung seiner in Berlin-Lichterfelde wiedereröffneten Technischen Fachschule; Kandidatur als Parteiloser auf der Liste der SED für die Wahl zum Abgeordnetenhaus von Berlin am 5. Dezember 1954, Teilnahme an der Tagung des Nationalrats der Nationalen Front der DDR am 1. Juli 1959; mehrfach durch die DDR geehrt, unter anderem durch die Verleihung des Vaterländischen Verdienstordens in Gold (1954) und des Ordens „Banner der Arbeit" (1960). Gestorben am 27. Juli 1967 in Berlin [Ost].

Wildangel, Ernst
Geboren am 22. Januar 1891 in Köln. Schulabschluß: Abitur (1910); 1910–1914 Philologiestudium (Deutsch, Französisch, Englisch) in Münster, Bonn und Greifswald, 1914–1918 Kriegsdienst (zuletzt als Leutnant), 1919 Staatsexamen für das Lehramt an höheren Schulen, Referendariat, 1920 Studienassessorexamen, dann bis März 1925 im Schuldienst, seit 1923 als Studienrat in München-Gladbach; 1919–1923 1. Vorsitzender der Zentrumspartei für den Stadt- und Landkreis München-Gladbach, 1923 Austritt aus dem Zentrum und der katholischen Kirche, 1925–1929 Mitglied der SPD, seit 1930 Mitarbeit bei der KPD (als Beamter kein offizielles Mitglied), seit 1931 Mitglied des ADGB; 1925/26 Erwerbstätigkeit als Taxifahrer in Köln, seit April 1926 wieder als Studienrat tätig, wegen seiner pädagogischen Auffassungen und seiner pazifistischen und antikirchlichen journalistischen Betätigung mehrfach strafversetzt und zeitweise beurlaubt, daher zunächst an verschiedenen Schulen in Oberhausen, Moers und Elberfeld und seit Mai 1930 in Berlin beschäftigt, seit Oktober 1931 an der Karl-Marx-Schule in Berlin-Neukölln; im März 1933 Emigration nach Frankreich, bis 1939 in Paris politische und publizistische Tätigkeit gegen das NS-Regime, Arbeit im Flüchtlingskomitee der Liga für Menschenrechte, Erwerbstätigkeit als Leiter einer kleinen Schule für Emigrantenkinder, Übersetzer und Fotograf, von September 1939 bis Januar 1940 und im Mai/Juni 1940 interniert, danach in Südfrankreich Erwerbstätigkeit als Holzfäller und Bauer, Unterstützung französischer Partisanengruppen, am 8. Mai 1944 von der SS verhaftet, seit 1. Sep-

tember 1944 Inhaftierung in Berlin, am 24. Januar 1945 aus der Haft entlassen, bis
April 1945 Erwerbstätigkeit als Hilfsarbeiter und Fotograf; seit Juni 1945 Mitglied
der KPD bzw. SED, seit 1946 Mitglied des FDGB; vom 8. Mai bis 16. Juni
1945 Rektor einer Volksschule in Berlin-Rudow, vom 16. Juni bis 31. August
1945 Dezernent für Lehrerbildung im Hauptschulamt der Magistratsabteilung für
Volksbildung, seit 1. September 1945 faktischer Leiter des Hauptschulamts (offiziell
erst seit 24. August 1946), seit 4. Mai 1946 zugleich stellvertretender Leiter der
Magistratsabteilung für Volksbildung (seit 24. März 1948 als Magistratsdirektor),
seit 26. November 1946 Mitglied der StVV (letzte Sitzungsteilnahme: 27. August
1948), maßgebliche Beteiligung an den Bestrebungen zur Schulreform und an der
Ausarbeitung des Berliner Schulgesetzes von 1947/48 (Errichtung einer zwölfjährigen Einheitsschule), seit 1. Dezember 1948 Magistratsdirektor der Abteilung Volksbildung des Magistrats von Groß-Berlin [Ost] und seit 22. März 1950 Stadtschulrat
von Groß-Berlin [Ost], dabei weiterhin Leiter des dortigen Hauptschulamts und seit
1. Januar 1949 vorübergehend auch Direktor der Pädagogischen Hochschule von
Groß-Berlin [Ost]. Gestorben am 6. April 1951 in Berlin [Ost].

Winzer, Otto
Geboren am 3. April 1902 in Reinickendorf. Schulabschluß: Volksschule (1916);
1916 – 1920 Lehre als Schriftsetzer und Besuch der Fortbildungsschule für das graphische Gewerbe, 1920 – 1922 Erwerbstätigkeit als Schriftsetzer; Ende 1918/Anfang
1919 Jugendvertreter in einem Arbeiterrat, seit 1919 Mitglied der Freien Sozialistischen Jugend (seit 1920 Mitglied des Vorstands Berlin-Brandenburg) bzw. des KJVD
(seit 1922 Leiter der Ortsgruppe Pankow, seit 1923 Mitglied der Bezirksleitung
Berlin-Brandenburg), seit 1920 Mitglied des Verbands der Deutschen Buchdrucker,
seit 1925 Mitglied der KPD; 1922 – 1927 Tätigkeit im Verlag der Kommunistischen
Jugendinternationale, zunächst in Berlin-Schöneberg als Hersteller, dann 1924 und
1925 – 1927 in der Verlagsfiliale in Wien (dort Mitglied der KPÖ) und 1927/28
wieder in Berlin, Juli 1928 – März 1930 Arbeit in der Agitprop-Abteilung des
Exekutivkomitees der Kommunistischen Jugendinternationale in Moskau (dort Mitglied der KPdSU), März – Oktober 1930 Arbeit im Westeuropäischen Büro des
Exekutivkomitees, Ende 1930 – 1933 Leiter des Verlags der Kommunistischen Jugendinternationale in Berlin, bis 1933 Referent der Unterbezirksleitung der KPD in
Berlin-Lichtenberg, Mitglied der Roten Hilfe Deutschlands und leitende Tätigkeit in
der Revolutionären Gewerkschaftsopposition „Graphik"; 1933/34 illegale Publika-
tionstätigkeit für die KPD in Berlin (seit dem Herbst 1933 unter dem Decknamen
„Lorenz"), Juli 1934 – September 1935 in der Emigration in Frankreich und Holland,
seit Ende September 1935 in der Sowjetunion, Mitarbeit in der Verlagsabteilung des
Exekutivkomitees der Komintern sowie als Übersetzer und Redakteur im Verlag für
fremdsprachige Literatur in Moskau, seit 1941 Mitarbeiter der Presseabteilung des
Exekutivkomitees der Komintern und des „Deutschen Volkssenders" (Leitung der
Sendereihe „Die Heimat ruft die Front"), Mitglied der im Februar 1944 gebildeten
Arbeitskommission des ZK der KPD zur Beratung der zukünftigen Politik der Partei,
im Herbst 1944 als Lehrer an einer Antifa-Schule bei Moskau; am 2. Mai 1945
Rückkehr nach Berlin als Mitglied der „Gruppe Ulbricht", Mitunterzeichner des
Gründungsaufrufs der KPD vom 11. Juni 1945, 1945/46 Mitglied des ZK der KPD,
seit April 1946 Mitglied der SED, September 1947 – 1975 Mitglied des Parteivor-
stands bzw. (seit 1950) des ZK der SED; von Mai 1945 bis 11. Dezember 1946 Leiter

der Magistratsabteilung für Volksbildung, seit 26. November 1946 Mitglied der StVV (letzte Sitzungsteilnahme: 29. Juli 1948), Januar 1947 – Mai 1949 Leiter der Abteilung „Werbung, Presse, Rundfunk" des Zentralsekretariats der SED, Mai – Ende 1949 stellvertretender Chefredakteur der SED-Parteizeitung „Neues Deutschland", Oktober 1949 – 1956 Staatssekretär und Chef der Privatkanzlei des Präsidenten der DDR, 1950 – 1975 Abgeordneter der Volkskammer der DDR, 1956 – 1959 Stellvertreter des Ministers für Auswärtige Angelegenheiten, 1959 – 1965 Staatssekretär und 1. Stellvertreter des Ministers für Auswärtige Angelegenheiten, Juni 1965 – Januar 1975 Minister für Auswärtige Angelegenheiten der DDR. Gestorben am 3. März 1975 in Berlin [Ost].

BILDANHANG

Nachweis der Bildquellen

Berliner Zeitung, Bildarchiv:	Abb. 14, 17, 18 (Foto: Braemer/Güll), 19, 25 (Foto: Gerhard Gronefeld), 26 (Foto: Gerhard Gronefeld)
Bundesarchiv, Koblenz:	Abb. 10 (Foto: Funck)
Dr. Annette Ebersbach, Berlin:	Abb. 13, 35
Landesarchiv Berlin:	Abb. 1, 2, 3, 4, 5, 6, 7, 8 (Foto: Erich O. Krueger), 11, 12, 15, 16, 20, 21, 22, 23 (Foto: Jacobson/Sonnenfeld), 24 (Foto: Jacobson/Sonnenfeld), 27, 28 (Foto: Gerhard Gronefeld), 29, 30, 32, 33, 34, 36 (Foto: Rubentschik), 37 (Foto: Rubentschik)
Landesbildstelle Berlin:	Abb. 9, 31

Bei den Abbildungsnummern ohne weitere Angaben sind die Fotografen nicht bekannt.

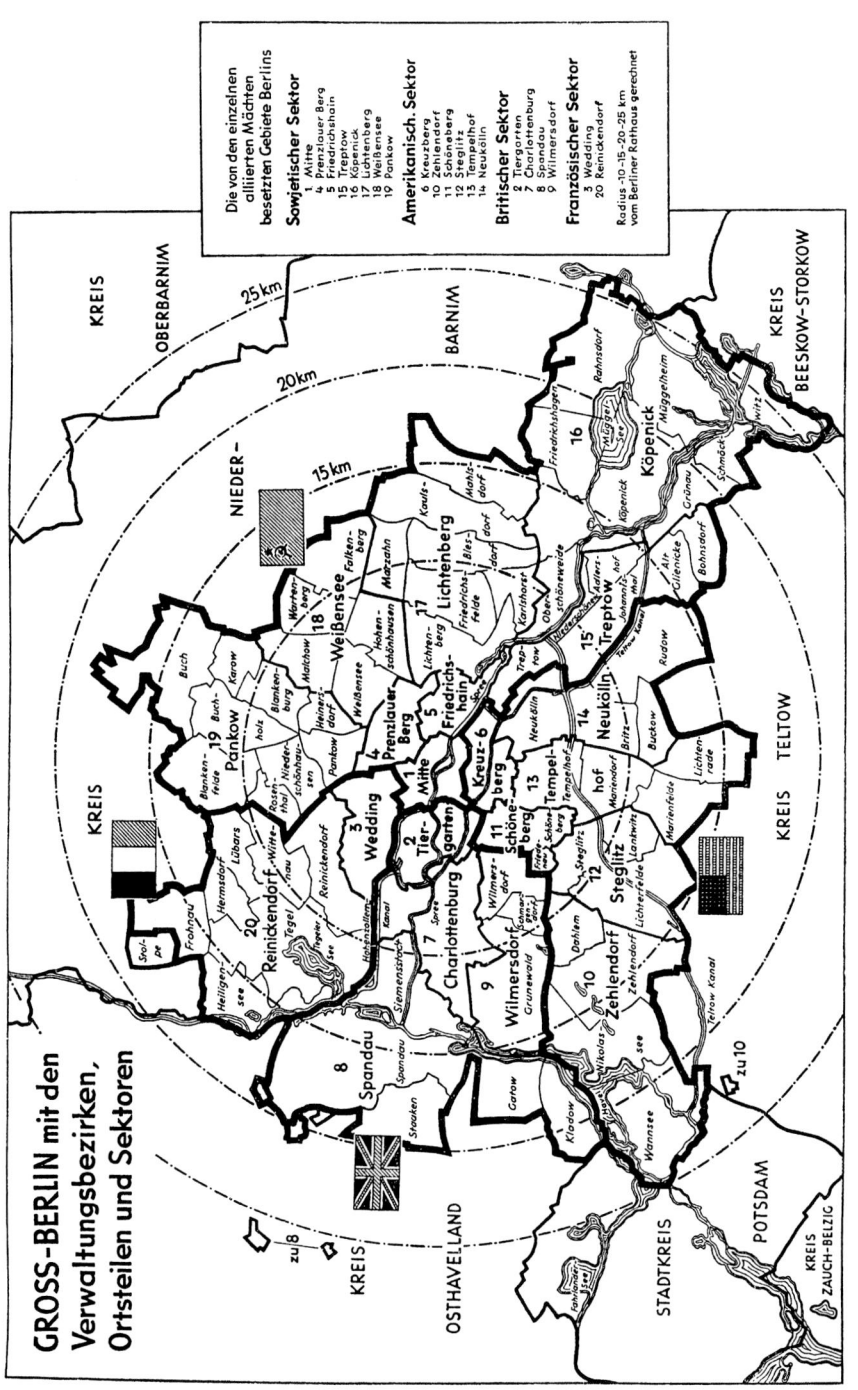

Abb. 1: Karte von Berlin (1948)

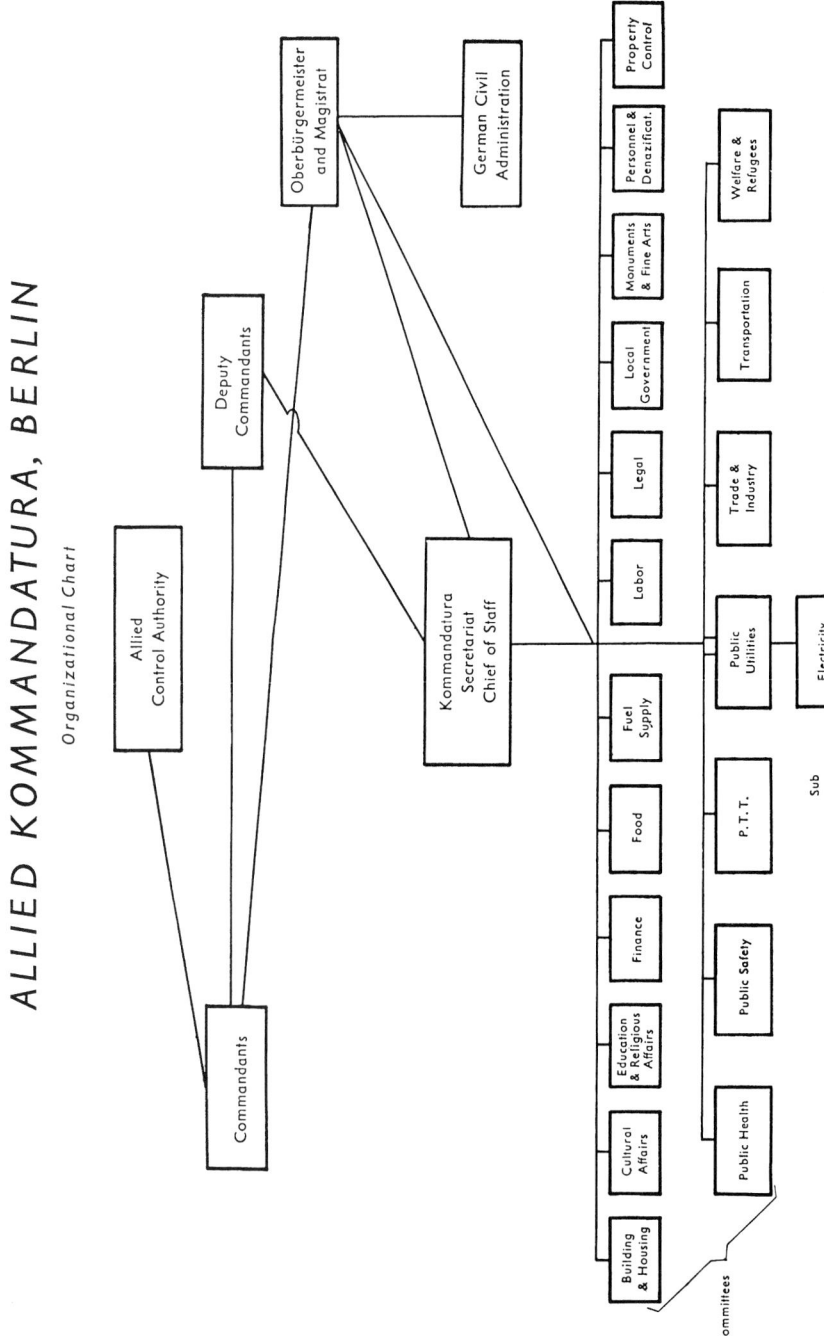

ALLIED KOMMANDATURA, BERLIN

Organizational Chart

Abb. 2: Organigramm der Alliierten Kommandantur (1946)

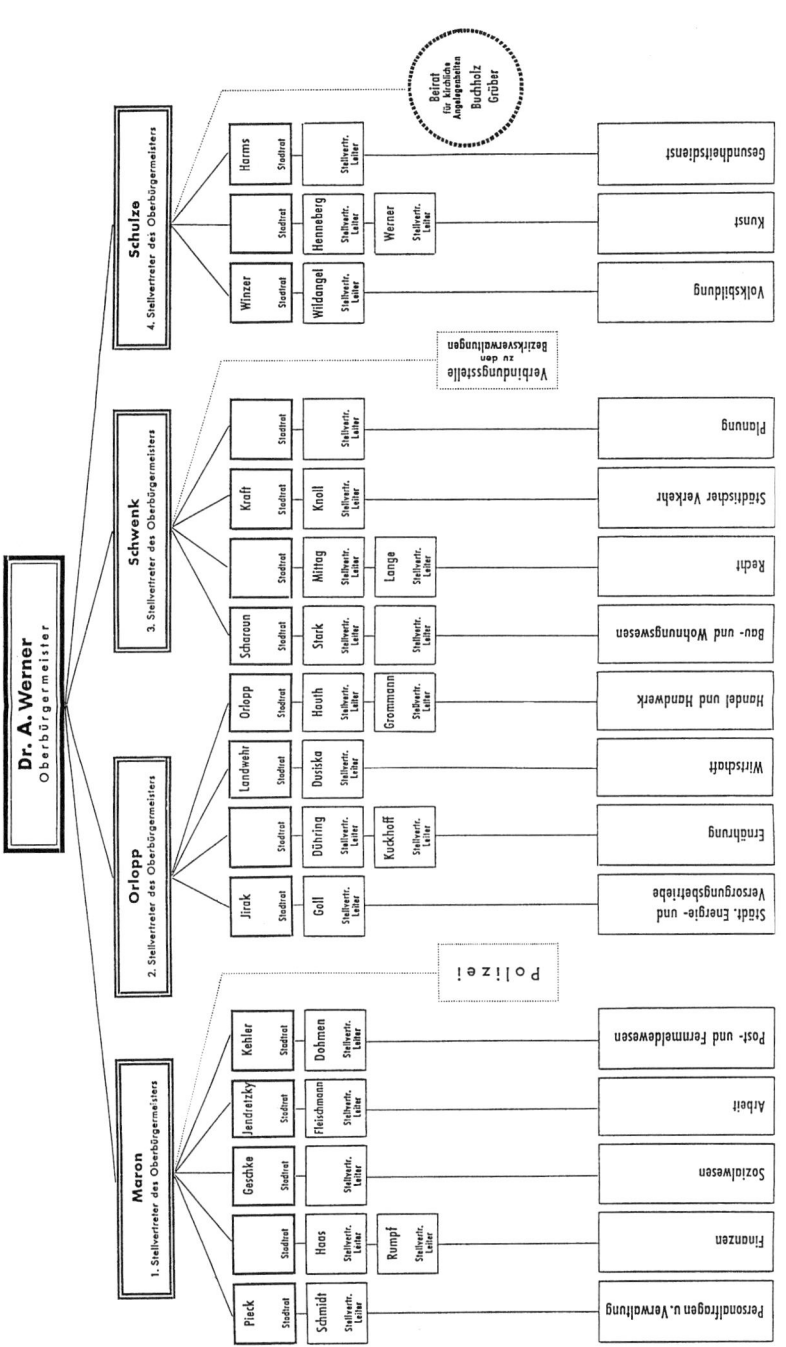

Abb. 3: Organigramm des Magistrats (August 1946)

HERR
DR.ARTHUR WERNER
WURDE ZUM
OBERBÜRGERMEISTER
DER STADT BERLIN
ERNANNT

Diese ehrenvolle Berufung ist Ausdruck des Vertrauens, daß der Ernannte sich stets der hohen Pflicht bewußt bleibt, Mitstreiter zu sein im Kampf gegen die Willkürherrschaft hinter uns liegender Tage und Mitarbeiter beim Wiederaufbau einer neuen, freien und glücklichen Stadt.

In diesem Sinne begrüßen wir ihn im Kreise der Amtsträger des Magistrats der Stadt Berlin.

DER MAGISTRAT DER STADT BERLIN

Mai 1945

Bürgermeister Karl Maron
Bürgermeister Paul Schwenk
Bürgermeister Fr. Schütze.

Stadtrat Kraft
Stadtrat Werner
Stadtrat Ottomar Geschke
Stadtrat Erwin Nöske
Propst H. Grüber
Stadtrat Otto Winzer
Stadtrat Fr. Hermann Lammersee
Stadtrat Hans Jendretzky.
Bürgermeister Josef Orlopp
Pfarrer Peter Buchholz
Stadtrat Prof. Hans Werner

Abb. 4 u. 5: Rückdatierte „Ernennungsurkunde" für OB Werner, die ihm am 14. Mai 1946 von den übrigen Magistratsmitgliedern überreicht wurde

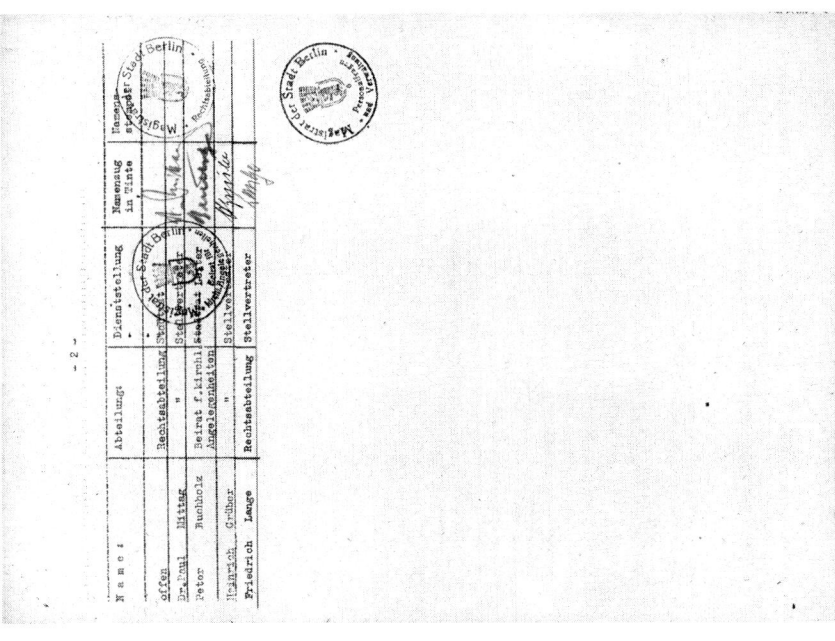

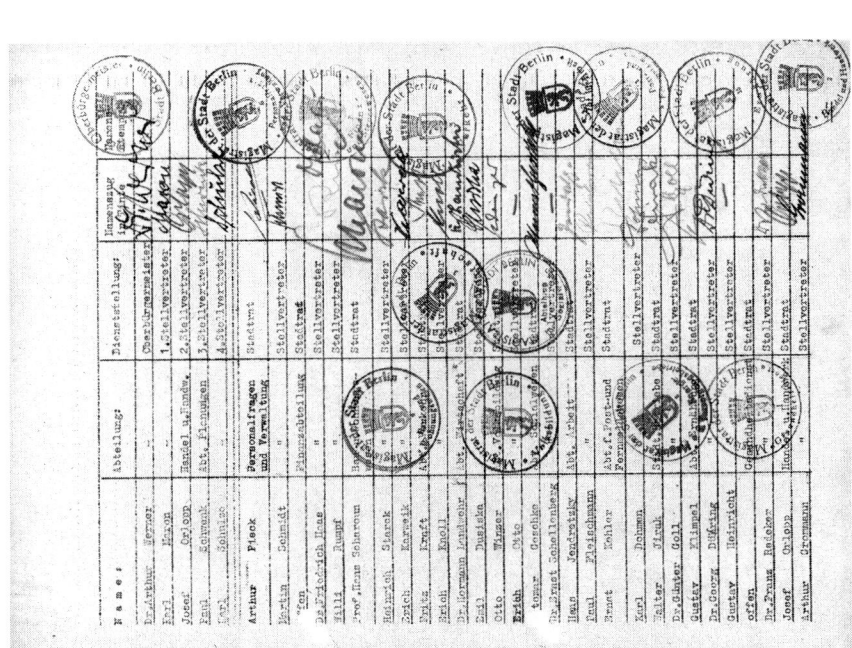

Abb. 6 u. 7: Liste der zeichnungsberechtigten leitenden Angestellten der Stadtverwaltung (Anfang April 1946)

Abb. 8: Blick vom Mühlendamm auf den Molkenmarkt und das Neue Stadthaus (im Hintergrund halblinks), Sitz des Magistrats (Aufnahme:
1946)

Abb. 9: Neues Stadthaus, Parochialstraße 1–3, vorne: Klosterstraße (Aufnahme:
Oktober 1946)

Abb. 10: Martin Schmidt

Abb. 11: Friedrich Lange

Abb. 12: Friedrich Haas

Abb. 13: Günter Goll

Abb. 14: Paul Fleischmann

Abb. 15: Emil Dusiska

Abb. 16: Erich Knoll

Abb. 17: Ernst Wildangel

Abb. 18: Greta Kuckhoff

Abb. 19: Bruno Harms

Abb. 20: Paul Piechowski

Abb. 21: Alfred Werner

Abb. 22: OB Werner neben seinem Dienstwohnhaus im Ortsteil Biesdorf, Königstraße 5 (Spätsommer 1946)

Abb. 23: Maron in der Festsitzung anläßlich des einjährigen Bestehens des Magistrats am 20. Mai 1946

Abb. 24: Festsitzung anläßlich des einjährigen Bestehens des Magistrats am 20. Mai 1946; 1. Reihe (von links): Pieck, Schulze, Schwenk, OB Werner, Maron, Orlopp, Scharoun; dahinter (von links): Buchholz, Polizeipräsident Markgraf, Kehler, Redeker, Kraft, Haas, Jendretzky, Jirak

Abb. 25: Maron (links) und Scharoun
(1946)

Abb. 26: Winzer (rechts) und Wildangel (1946)

Abb. 27: OB Werner im Gespräch mit Trümmerfrauen (vermutlich im Sommer 1946)

Abb. 28: OB Werner und Pfarrer Buchholz vor dem Haupteingang des Neuen Stadthauses (1946)

Abb. 29: OB Werner in einer Magistratssitzung, im Hintergrund Jendretzky (links) und Maron

Abb. 30: Magistratssitzung, vermutlich im August oder September 1946; die Teilnehmer (von links im Uhrzeigersinn, soweit nicht verdeckt): Schwenk, Orlopp, Landwehr, Pieck, Kraft, Goll, Starck, Schwanebeck, Grüber, Buchholz, Geschke, Winzer, Schulze, Maron, OB Werner

Abb. 31: Magistratssitzung im September 1946; die Teilnehmer (von links im Uhrzeigersinn, soweit nicht verdeckt): Jendretzky, Schwanebeck, Goll, Geschke, Grüber, Buchholz, Dusiska, Winzer, Harms, Schulze, OB Werner, Orlopp, Pieck, Kehler, Kuckhoff, Rumpf

Abb. 32: Auslosung der Listennummern der Parteien am 16. September 1946 für die Wahlen am 20. Oktober 1946; Maron (links), OB Werner und Landwehr als Stadtwahlleiter

Abb. 33: Bekanntgabe der vorläufigen Wahlergebnisse am 20. Oktober 1946; am lin-
ken Tisch: OB Werner, links neben ihm Arthur Pieck und Stadtwahlleiter
Landwehr

Abb. 34: Konstituierende Sitzung der Stadtverordnetenversammlung am 26. November 1946; OB Werner verpflichtet den Stadtverordneten Otto Ostrowski, der
am 5. Dezember 1946 zum neuen Oberbürgermeister gewählt wird

Abb. 35: Konstituierende Sitzung der Stadtverordnetenversammlung am 26. November 1946; unter dem Berliner Wappen die Vertreter der Besatzungsmächte, am Rednerpult Alterspräsident Adolf Wuschick, rechts und links von ihm die Mitglieder und stellvertretenden Abteilungsleiter des ersten Nachkriegsmagistrats mit Ausnahme von Maron, Geschke, Orlopp, Winzer, Wildangel und Hauth, die als SED-Stadtverordnete bei der SED-Fraktion sitzen (vordere Reihen rechts)

Abb. 36: Konstituierende Sitzung der Stadtverordnetenversammlung am 26. Novem-
ber 1946; die Magistratsmitglieder (von links) Rumpf, Haas, Schulze,
Schwenk und OB Werner, dahinter Martin Schmidt (halb verdeckt) und
Greta Kuckhoff

Abb. 37: Konstituierende Sitzung der Stadtverordnetenversammlung am 26. Novem-
ber 1946; die Magistratsmitglieder (von links) Landwehr, Jendretzky, Kraft,
Kehler und Harms, dahinter (von links) Fleischmann, Knoll, Dohmen und
Piechowski

VERZEICHNIS DER ABKÜRZUNGEN

a. a. O.	am angegebenen Ort
Abb.	Abbildung
Abs.	Absatz, Absätze
Abt.	Abteilung
ACDP	Archiv für Christlich-Demokratische Politik der Konrad-Adenauer-Stiftung
a. D.	außer Dienst
ADGB	Allgemeiner Deutscher Gewerkschaftsbund
ADN	Allgemeiner Deutscher Nachrichtendienst
AEG	Allgemeine Elektricitäts-Gesellschaft
AG	Aktiengesellschaft
AK	Alliierte Kommandantur (Allied Kommandatura Berlin)
Anm.	Anmerkung
AOK	Allgemeine Ortskrankenkasse
Art.	Artikel
BArch	Bundesarchiv
BArch, Abt. Potsdam	Bundesarchiv, Abteilungen Potsdam (seit 1996 im Bundesarchiv, Berlin-Lichterfelde)
BBG	Baustoffbeschaffung GmbH
BDM	Bund Deutscher Mädel
Behala	Berliner Hafen- und Lagerhaus-Betriebe
betr.	betreffend
Bewag; BEWAG	Berliner Kraft- und Licht (Bewag)-Aktiengesellschaft
BeWoGe	Berliner Wohn- und Geschäftshaus GmbH
B.f.B.	Bewirtschaftungsamt für Bergungsgut (Bergungsamt)
BGB	Bürgerliches Gesetzbuch
BICO LIB	Bipartite Control Office, Library (OMGBS)
BK/O	Berlin Kommandatura [Alliierte Kommandantur]/Order
BK/Ord	Berlin Kommandatura [Alliierte Kommandantur]/Order
BK/R	Berlin Kommandatura [Alliierte Kommandantur]/Report
Bl.	Blatt
BPA	Bezirksparteiarchiv der SED, Bezirksleitung Berlin (in: Landesarchiv Berlin; bis 1994 in der Stiftung Archiv der Parteien und Massenorganisationen der DDR im Bundesarchiv)
BVG	Berliner Verkehrsbetriebe
BZ	Berliner Zeitung
cbm	Kubikmeter
CDU	Christlich-Demokratische Union Deutschlands
CO	Control Office (OMGUS)
DAF	Deutsche Arbeitsfront
DANA	Deutsche Allgemeine Nachrichtenagentur
DDP	Deutsche Demokratische Partei
DDR	Deutsche Demokratische Republik
De-Ge-Wo	Deutsche Gesellschaft zur Förderung des Wohnungsbaues, gemeinnützige Aktiengesellschaft
Dir Off	Director's Office
DNVP	Deutschnationale Volkspartei

Dok.	Dokument
DVP	Deutsche Volkspartei
dz	Doppelzentner
ebd.	ebenda
Econ Br; ECON Br	Economics Branch (OMGBS)
ECR	Education and Cultural Relations Branch (OMGBS)
e. V.	eingetragener Verein
f.	(und) folgende (Seite)
Fa.	Firma
FDGB	Freier Deutscher Gewerkschaftsbund
ff.	(und) folgende (Seiten)
FIN Br	Financial Branch (OMGBS)
FIN/I	Finance Committee [der Alliierten Kommandantur]/Instruction
Frl.	Fräulein
g	Gramm
Gasag; GASAG	Berliner Gaswerke
geb.	geboren(e)
Gehag	Gemeinnützige Heimstätten-Aktiengesellschaft
Gesiwo	Gemeinnützige Siedlungs- und Wohnungsbaugesellschaft Berlin mbH
Gestapo	Geheime Staatspolizei
gez.	gezeichnet
GIA	Gebäudeinstandsetzungsabgabe
GmbH	Gesellschaft mit beschränkter Haftung
GSW	Gemeinnützige Siedlungs- und Wohnungsbaugesellschaft Berlin mbH
ha	Hektar
HiKo	Historische Kommission zu Berlin
Hist Br	Historical Branch (OMGUS)
HJ	Hitlerjugend
Ind	Industry
ISB	Information Services Branch (OMGBS)
i. V.	in Vertretung
Jg.	Jahrgang
KG	Kommanditgesellschaft
KJVD	Kommunistischer Jugendverband Deutschlands
km	Kilometer
Komintern	Kommunistische Internationale
KPdSU	Kommunistische Partei der Sowjetunion
KPÖ	Kommunistische Partei Österreichs
kW	Kilowatt
kWh	Kilowattstunde
KZ	Konzentrationslager
LAB	Landesarchiv Berlin
LAB (STA)	Landesarchiv Berlin, Außenstelle Breite Straße (bis 1991: Stadtarchiv Berlin)
LAZ	Landesarchiv Berlin, Abteilung Zeitgeschichte (Quellensammlung zur Berliner Zeitgeschichte) [Rep. 280; seit 1998: F Rep. 280]
LDP	Liberal-Demokratische Partei Deutschlands
LEG	Legal Branch (OMGBS)
lfd.	laufend(e)
LV	Landesverband
Mag.abt.	Magistratsabteilung
Mag.ausschuß	Magistratsausschuß
Mag.beschluß	Magistratsbeschluß

Mag.prot.	Magistratsprotokoll
Mag.sitzung	Magistratssitzung
Mag.vorlage	Magistratsvorlage
Ms.	Manuskript
NL	Nachlaß
NS	Nationalsozialismus, nationalsozialistisch
NSDAP	Nationalsozialistische Deutsche Arbeiterpartei
NSKK	Nationalsozialistisches Kraftfahrkorps
NSV	Nationalsozialistische Volkswohlfahrt
OB	Oberbürgermeister
OdF	Opfer des Faschismus
o. J.	ohne Jahr(esangabe)
OLG	Oberlandesgericht
OMGBS	Office of Military Government, Berlin Sector (Amerikanische Militärregierung, Berliner Sektor)
OMGUS	Office of Military Government of (for) Germany, United States (Amerikanische Militärregierung für Deutschland)
o. O.	ohne Ort(sangabe)
PAB	Political Affairs Branch (OMGBS)
PDS	Partei des Demokratischen Sozialismus
Pf.	Pfennig
Pfg.	Pfennig
Pg., Pgs.; PG, PGs	Parteigenosse(n) [Mitglied(er) der NSDAP]
PHB	Public Health Branch (OMGBS)
Prot.	Protokoll
Ref.; REF.	Reference (Betreff)
RGBl.	Reichsgesetzblatt
RKK	Reichskulturkammer
rm	Raummeter
RM	Reichsmark
Rpf.	Reichspfennig
S.	Seite
SA	Sturmabteilung der NSDAP
SAPMO-BArch	Stiftung Archiv der Parteien und Massenorganisationen der DDR im Bundesarchiv
SBV	Städtische Brennstoff-Versorgung
SBZ	Sowjetische Besatzungszone
SD	Sicherheitsdienst (des Reichsführers SS)
SED	Sozialistische Einheitspartei Deutschlands
SMA	Sowjetische Militäradministration
SMAD	Sowjetische Militäradministration in Deutschland
SPD	Sozialdemokratische Partei Deutschlands
SS	Schutzstaffel der NSDAP
SSO	SS-Offiziere
stellv.	stellvertretend(e/er/en)
StVV	Stadtverordnetenversammlung von Groß-Berlin
t	Tonne(n)
Tab.	Tabelle
TO	Tagesordnung
TOP	Tagesordnungspunkt
Trans Sec	Transportation Section (OMGBS)
UdSSR	Union der Sozialistischen Sowjet-Republiken
UNRRA	United Nations Relief and Rehabilitation Administration

US	United States
USA	United States of America
USPD	Unabhängige Sozialdemokratische Partei Deutschlands
v.	vom
VA	Versicherungsanstalt
VAB	Versicherungsanstalt Berlin
VBB	Vereinigung Berliner Baubetriebe
VdN	Verfolgte(r) des Naziregimes
VO	Verordnung
VOBl.	Verordnungsblatt der Stadt Berlin (ab Jg. 2 [1946], Nr. 44: Verordnungsblatt für Groß-Berlin)
VVN	Vereinigung der Verfolgten des Naziregimes
WERE/I	Welfare and Refugees Committee [der Alliierten Kommandantur]/Instruction
z. Hd.	zu Händen
Ziff.	Ziffer
zit.	zitiert(e/er/es)
ZK	Zentralkomitee
ZPA	Zentrales Parteiarchiv der SED (in der Stiftung Archiv der Parteien und Massenorganisationen der DDR im Bundesarchiv)
ZPO	Zivilprozeßordnung

VERZEICHNIS DER ERWÄHNTEN BEFEHLE DER ALLIIERTEN KOMMANDANTUR BERLIN

1945

Betr.: Wiedererhebung der Wertzuwachs-
steuer
I: 633
BK/O (45) 289 v. 21.12.1945
Betr.: Genehmigung außerordentlicher
Ausgaben
I: 659
BK/O (45) 290 v. 21.12.1945
Betr.: Nichtgenehmigung außerordentli-
cher Ausgaben
I: 319; **II:** 117
BK/O (45) 291 v. 21.12.1945
Betr.: Gewährung eines Kredites für die
Protestantischen Kirchen Berlins
I: 337
BK/O (45) 294 v. 27.12.1945
Betr.: Baumaterialien für das Robert-
Koch-Institut

I: 320
BK/O (45) 300 v. 31.12.1945
Betr.: Berliner Schulen
I: 394
BK/O (45) 301 v. 29.12.1945
Betr.: Gesetzliche Feiertage
I: 651
BK/O (45) 308 v. 31.12.1945
Betr.: Gesetzgebung
I: 60, 728 f.; **II:** 329
BK/O (45) 309 v. 31.12.1945
Betr.: Verordnung bezüglich Anbau von
Gemüse in Berlin
I: 537; **II:** 90
BK/O (45) 311 v. 31.12.1945
Betr.: Wiedereinrichtung einer Kammer
für Mitglieder der medizinischen Berufe
I: 758

1946

BK/O (46) 2 v. 3.1.1946
Betr.: Zulassung von Rechtsanwälten und
Notaren
I: 675
BK/O (46) 6 v. 4.1.1946
Betr.: Erhöhung der Zuteilung auf Lebens-
mittelkarten der Gruppe V
I: 735
BK/O (46) 9 v. 5.1.1946
Betr.: Antrag der Berliner Volksbank auf
Wiedereröffnungserlaubnis
II: 120
BK/O (46) 10 v. 5.1.1946
Betr.: Gewährung von Krediten seitens der
Stadt-Sparkasse
I: 744
BK/O (46) 14 v. 14.1.1946
Betr.: Lohn-Sätze für Groß-Berlin
II: 80, 192
BK/O (46) 16 v. 8.1.1946
Betr.: Rechtsabteilung beim Magistrat
I: 716; **II:** 302
BK/O (46) 18 v. 9.1.1946
Betr.: Widerrufung [eines] Versicherungs-
erlasses
I: 635; **II:** 715
BK/O (46) 24 v. 10.1.1946
Betr.: Entlassung von Herrn Hermann
Meister (Direktor der Berliner Stadtkon-
torbank)
I: 723; **II:** 99
BK/O (46) 25 v. 10.1.1946

Betr.: Tauschmärkte
II: 168
BK/O (46) 30 v. 11.1.1946
Betr.: Lebensmittelkarten für Feuerwehr-
leute
II: 113
BK/O (46) 31 v. 11.1.1946
Betr.: Ausbildungsinstitut für Lehrpersonal
I: 748
BK/O (46) 35 v. 12.1.1946
Betr.: Bewaffnung der Berliner Polizei
I: 690; **II:** 532
BK/O (46) 36 v. 14.1.1946
Betr.: Umzug des Preisamtes
I: 724
BK/O (46) 39 v. 15.1.1946
Betr.: Stromzuteilung
I: 714; **II:** 119
BK/O (46) 40 v. 17.1.1946
Betr.: Elektrische Stromverteilung
I: 714; **II:** 119
BK/O (46) 42 v. 18.1.1946
Betr.: Mittagessen für Schulkinder
I: 582; **II:** 59, 116
BK/O (46) 43 v. 18.1.1946
Betr.: Befehl Nr. 3 des Alliierten Kontroll-
Rates [:] „Registrierung der in arbeitsfähi-
gem Alter stehenden Bevölkerung, Regi-
strierung der Arbeitslosen und deren Un-
terbringung in Arbeit"
II: 131
BK/O (46) 44 v. 21.1.1946

I: 583; **II**: 619, 926
BK/O (46) 283 v. 28.6.1946
Betr.: Gemeindewahlen in Berlin
II: 587
BK/O (46) 287 v. 29.6.1946
Betr.: Kontrolle der Zuteilung von Auto-
reifen
I: 438
BK/O (46) 288 v. 29.6.1946
Betr.: Entnazifizierungs-Kommissions-
Verfahren
II: 282
BK/O (46) 293 v. 8.7.1946
Betr.: Ernennung des Chefs der Abteilung
für Gesundheitsdienst beim Magistrat
I: 523; **II**: 354, 548, 628, 637, 664
BK/O (46) 294 v. 8.7.1946
Betr.: Ernennung des Chefs der Abteilung
für Ernährung beim Magistrat
II: 199, 637
BK/O (46) 295 v. 9.7.1946
Betr.: Haushaltsplan der Stadt Berlin für
das Rechnungsjahr 1946/47
II: 443, 683, 796
BK/O (46) 296 v. 9.7.1946
Betr.: „Ferienfreude für die Berliner Kin-
der"
II: 546
BK/O (46) 298 v. 9.7.1946
Betr.: Bekämpfung der Geschlechtskrank-
heiten in Berlin
II: 380, 671
BK/O (46) 301 v. 12.7.1946
Betr.: Zulassungsschein (Propusk) für
Kraftfahrzeuge
II: 245
BK/O (46) 306 v. 19.7.1946
Betr.: Bildung einer Gruppe beim Magi-
strat für die Rationierung von Strom und
Gas
II: 689
BK/O (46) 310 v. 25.7.1946
Betr.: Grundsätze der Wahlordnung für die
im Oktober 1946 in Groß-Berlin stattzufin-
denden [sic!] Wahlen
II: 587, 593, 650, 807, 809
BK/O (46) 311 v. 29.7.1946
Betr.: Zusätzliche Lebensmittel an Berliner
Schulkinder in den Sommerferien
II: 546
BK/O (46) 313 v. 31.7.1946
Betr.: Schuljahrergebnisse in den Berliner
Schulen

II: 793 f.
BK/O (46) 314 v. 31.7.1946
Betr.: Evakuierung aus Schulgebäuden von
allen mit den Schulen nicht im Zusammen-
hang stehenden Unternehmen
II: 465 f., 977
BK/O (46) 316 v. 31.7.1946
Betr.: Berichterstattung über Erneuerung
und Erhaltung von Chausseen und Brücken
II: 385
BK/O (46) 318 v. 31.7.1946
Betr.: Erhöhung der Vergnügungssteuer
II: 454, 487
BK/O (46) 319 v. 31.7.1946
Betr.: Lebensmittelversorgung in der Zeit
vom 1. Juli bis zum 30. September 1946
II: 21
BK/O (46) 323 v. 3.8.1946
Betr.: Freigabe von Papier, Pappe und
Karton sowie anderer zur Durchführung
der Wahlen notwendiger Materialien
II: 687 f., 732
BK/O (46) 326 v. 13.8.1946
Betr.: Vorläufige Verfassung von Groß-
Berlin
II: 8, 407, 674, 717 f.
BK/O (46) 328 v. 14.8.1946
Betr.: Wahlverfahren für Berlin
II: 593, 682, 688, 807, 809
BK/O (46) 330 v. 16.8.1946
Betr.: Rückkehr von evakuierten Müttern
und Kindern nach Berlin
II: 216
BK/O (46) 332 v. 17.8.1946
Betr.: Grundsteuer
II: 211
BK/O (46) 334 v. 19.8.1946
Betr.: Rückzahlungsaufschub der an die
Evangelische, Katholische und Jüdische
Kirchengemeinde gewährten Kredite
II: 315
BK/O (46) 336 v. 19.8.1946
Betr.: Papierbedarf für die Abteilung für
Arbeit beim Magistrat und für das Ge-
richtswesen Berlins
II: 962
BK/O (46) 339/339a v. 21.8.1946
Betr.: Anordnung über Gemüseabgabe-
Quoten
II: 605
BK/O (46) 340 v. 21.8.1946
Betr.: Pläne zur Neugestaltung und Verbes-
serung des Schulwesens

BK/O (46) 386 v. 30.9.1946
Betr.: Ernennung des Stadtkämmerers
II: 465, 627, 891
BK/O (46) 389 v. 3.10.1946
Betr.: Besondere Wahltagmaßnahmen
II: 810
BK/O (46) 391 v. 4.10.1946
Betr.: Neu-Organisation der Berliner Polizei
II: 4
BK/O (46) 394 v. 8.10.1946
Betr.: Verluste und Überschüsse an Lebensmitteln am 30. Juni 1946
II: 510 f., 953
BK/O (46) 395 v. 11.10.1946
Betr.: Viermächte-Wahlkontrolle
II: 811, 882
BK/O (46) 396 v. 12.10.1946
Betr.: Lebensmittelversorgung in der Zeit vom 1. Oktober bis zum 31. Dezember 1946
II: 21
BK/O (46) 397 v. 15.10.1946
Betr.: Errichtung einer Verwaltungs-Akademie
II: 333
BK/O (46) 398 v. 16.10.1946
Betr.: Mitteilung von Beschlüssen des Juristischen Prüfungsausschusses
II: 825
BK/O (46) 400 v. 17.10.1946
Betr.: Ernennung des Direktors des Berliner Stadtkontors
II: 816
BK/O (46) 401 v. 18.10.1946
Betr.: Bericht zur Lage in Berlin am 20. Oktober 1946
II: 811
BK/O (46) 402 v. 18.10.1946
Betr.: Wahlen
II: 811
BK/O (46) 403 v. 19.10.1946
Betr.: Wahlen
II: 811
BK/O (46) 406 v. 23.10.1946
Betr.: Lebensmittel des freien Marktes für Volksgaststätten

I: 539
BK/O (46) 409 v. 24.10.1946
Betr.: Entgelt für die seitens der Militärregierung benutzten Gebäude und Immobilien
II: 960 f.
BK/O (46) 411 v. 25.10.1946
Betr.: Herrenloses oder verlassenes Vermögen
I: 324; **II:** 739 f.
BK/O (46) 417 v. 5.11.1946
Betr.: Gesetz Nr. 38 des Alliierten Kontrollrates (Änderung des § 204 der Zivilprozeßordnung)
II: 89
BK/O (46) 425 v. 22.11.1946
Betr.: Abschaltung elektrischen Stromes
II: 944
BK/O (46) 428 v. 25.11.1946
Betr.: Botschaft der Alliierten Kommandanten der Stadt Berlin an die Stadtverordnetenversammlung
II: 39, 998
BK/O (46) 429 v. 26.11.1946
Betr.: Erhebung einer Gebühr der Berliner Zentral-Kohlenorganisation
II: 537
BK/O (46) 431 v. 30.11.1946
Betr.: Reichspost
II: 61
BK/O (46) 433 v. 30.11.1946
Betr.: Stromersparnis und Herabsetzung der Spitzenbelastung
II: 944
BK/O (46) 437 v. 9.12.1946
Betr.: Requirierung von Baumaterialien aus zerstörten Gebäuden
I: 320; **II:** 157 f.
BK/O (46) 438 v. 10.12.1946
Betr.: Magistrat von Berlin
II: 37 f., 996
BK/O (46) 443 v. 16.12.1946
Betr.: Auflösung der „Vereinigung Berliner Baubetriebe"
II: 87

1947

BK/O (47) 6 v. 13.1.1947
Betr.: Maßnahmen zur Erhöhung des Erziehungsstandardes und des Schulbesuches in Berlin

II: 881
BK/O (47) 9 v. 14.1.1947
Betr.: Komitee der Finanzsachverständigen beim Magistrat

Betr.: Schulspeisung in Berlin
II: 30, 877
BK/O (47) 167 v. 16.7.1947
Betr.: „Pestalozzi-Fröbel-Haus"-Stiftung
II: 456
BK/O (47) 200 v. 17.9.1947
Betr.: Illegaler Aufenthalt ehemaliger Berliner Einwohner in Berlin
II: 924
BK/O (47) 217 v. 27.9.1947
Betr.: Bildung einer Versicherungsaufsichtskörperschaft
II: 801
BK/O (47) 229 v. 16.10.1947
Betr.: Erteilung und Versagung der Gewerbeerlaubnis

II: 848
BK/O (47) 247 v. 24.10.1947
Betr.: Verwaltungsakademie
II: 333
BK/O (47) 253 v. 27.10.1947
Betr.: Lebensmittelkarten für Feuerwehrleute
II: 877
BK/O (47) 272 v. 29.11.1947
Betr.: Verwaltungsakademie Groß-Berlin
II: 333
BK/O (47) 282 v. 11.12.1947
Betr.: Einmalige Auszahlung aus alten Konten der Sparkasse der Stadt Berlin
II: 800 f.

1948

BK/O (48) 13 v. 31.1.1948
Betr.: Wohnungswirtschaft: Magistratsbeschluß Nr. 432
II: 970
BK/O (48) 37 v. 28.2.1948
Betr.: Institut für Wirtschaftsforschung
II: 366
BK/O (48) 52 v. 22.3.1948

Betr.: Einschränkung der Tätigkeit der ehemaligen Reichsschuldenverwaltung
II: 285
BK/O (48) 71 v. 31.5.1948
Betr.: Erhebung einer Gebühr für Lebensmittelkarten
I: 609

1949

BK/O (49) 74 v. 11.4.1949
Betr.: Verordnung über Mietzinsminderung für Wohn- und gewerbliche Räume
II: 90

QUELLEN- UND LITERATURVERZEICHNIS

UNVERÖFFENTLICHTE QUELLEN

In diesem Verzeichnis sind alle in den Anmerkungen der Edition zitierten Quellenbestände und Akten aufgeführt.

Akademie der Künste (Berlin-Tiergarten) (seit 1993: Stiftung der Akademie der Künste, Archivabteilung Baukunst, Berlin)
Nachlaß Hans Scharoun
    Mappe Mag 1/1 – Mag 1/4, Mag 1/6, Mag 1/8, Mag 1/11, Mag 1/15 – Mag 1/17, Mag 2/1 – Mag 2/4, Mag 2/7, Mag 2/9, Mag 2/11, Mag 2/13, Mag 3/2, Mag 3/3, Mag 3/5

Archiv der sozialen Demokratie der Friedrich-Ebert-Stiftung, Bonn
Nachlaß Otto Ostrowski
    Box 23
Sammlung Personalia
    Lebenslauf von Wilhelm Hauth (10.8.1953)
    Fragebogen von Ernst Schellenberg (14.8.1957)

Archiv für Christlich-Demokratische Politik der Konrad-Adenauer-Stiftung, Sankt Augustin [ACDP]
I-090: Nachlaß Andreas Hermes
    Nr. 017/2, 021/1, 021/2, 022/1, 023/1, 023/2
CDU-Landesverband Berlin
    Nr. III-012-391, III-034-101

Bundesarchiv, Abteilungen Potsdam [BArch, Abt. Potsdam] (seit 1996 im Bundesarchiv, Berlin-Lichterfelde)
Nachlaß Greta Kuckhoff
    W-Ku 6
Personalakte Edmund Noortwyck
DX 1: Sammlung SMAD-Befehle
    SMAD-Befehl Nr. 179/1946, 205/1946, 252/1946
R 3012: Reichsjustizprüfungsamt
    p 7 721/35 (Akte Josef Beule)
Z-3: Demokratischer Block. Verbindungsbüro
    Nr. 4: Sitzungsprotokolle des Einheitsausschusses Groß-Berlin 1945/1946

Bundesarchiv, Außenstelle Berlin-Zehlendorf (ehemals Berlin Document Center; seit 1996 im Bundesarchiv, Berlin-Lichterfelde)
Ärztekartei
    Karteikarte von Erwin Gohrbandt
    Karteikarte von Bruno Harms
    Karteikarte von Franz Redeker
    Karteikarte von Ferdinand Sauerbruch
NSDAP-Mitgliedskarten
    Mitgliedskarte von Ernstgünter Focke
Reichskulturkammer [RKK]
    Akte Ernstgünter Focke
    Akte Erich Siebert

SS-Offiziere [SSO]
Akte Ernstgünter Focke

Franz-Neumann-Archiv, Berlin
Ordner „SPD Berlin. Landesvorstand – Protokolle 1946 – 1949"

Geheimes Staatsarchiv Preußischer Kulturbesitz, Berlin
I/92: Nachlaß Heinrich Grüber
  Findbuch
  Nr. 161

Historische Kommission zu Berlin
Bestand „Berliner SPD nach 1945" (seit 1996 im Archiv der sozialen Demokratie der Friedrich-Ebert-Stiftung, Bonn)
  Ordner 1, 2, 5, 34

Landesarchiv Berlin [LAB]
Bibliothek
  Ser 3/1930 (Geschäftsordnung für die Verwaltung der Stadt Berlin [1930])
  Ser 3/1946 (Geschäftsordnung für die Verwaltung der Stadt Berlin [1946])
Rep. 2: Der Regierende Bürgermeister von Berlin/Senatskanzlei (seit 1998: LAB, B Rep. 002)
  Acc. 2418: Nr. 8178; Acc. 2685: Nr. 4580
Rep. 4: Senatsverwaltung für Inneres (seit 1998: LAB, B Rep. 004)
  Acc. 4499 (Spruchkammer Berlin): Nr. 0643
Rep. 9: Senatsverwaltung für Bau- und Wohnungswesen (seit 1998: LAB, B Rep. 009)
  Acc. 1841: Nr. 4
Rep. 10 A: Senatsverwaltung für Wirtschaft (seit 1998: LAB, B Rep. 010-01)
  Acc. 410: Nr. 1 – 3
Rep. 10 B: Senatsverwaltung für Wirtschaft. Geschäftsbereich Ernährung (seit 1998: LAB, B Rep. 010-02)
  Acc. 1580: Nr. 308; Acc. 1877: Nr. 372, 374 – 376, 399, 403 – 406, 435, 441; Acc. 1888: Nr. 564, 565, 573
Rep. 12: Senatsverwaltung für Gesundheit (seit 1998: LAB, B Rep. 012)
  Acc. 902: Nr. 5; Acc. 1016: Nr. 134; Acc. 1641: Nr. 277
Rep. 37: Amerikanische Behörden
  Acc. 3971 [Papierkopien] (seit 1998: LAB, B Rep. 037)
    Nr. 114, 190, 192, 214 – 220, 222
  Office of Military Government Berlin Sector (OMGBS) [Mikrofiches] (seit 1998: LAB, B Rep. 036)
    BICO LIB: 11/148-1/4, 11/148-1/6, 11/148-1/12, 11/148-2/1, 11/148-2/3 – 11/148-2/10, 11/148-3/3 – 11/148-3/8, 11/148-3/10, 11/149-1/2 – 11/149-1/8
    Dir Off: 4/133-1/21, 4/134-3/8, 4/135-1/1, 4/135-2/1, 4/135-3/1, 4/135-3/8, 4/136-1/14, 4/137-1/23, 4/138-3/24, 4/138-3/25, 4/139-1/1, 4/139-1/48, 4/139-2/17, 4/139-2/19
    Econ Br: 4/64-3/3 – 4/64-3/5, 4/65-1/19; Econ Br Ind: 4/66-1/11; Econ Br/Trans Sec: 4/83-2/13, 4/84-2/22
    ECR: 4/16-1/3 – 4/16-1/18, 4/16-3/1, 4/16-3/2, 5/60-3/13, 5/60-3/14
    FIN Br: 4/86-1/36, 4/86-1/39, 4/86-2/5, 4/86-2/8, 4/86-2/10, 4/86-2/11, 4/87-1/3, 4/87-1/7, 4/87-1/11, 4/91-2/3, 4/91-2/6 – 4/91-2/9, 4/91-2/12, 4/91-2/16
    ISB: 4/8-2/1, 4/8-2/4, 4/8-2/16, 4/8-3/1

LEG: 4/40-2/7

PAB: 4/127-1/2, 4/127-2/22, 4/127-2/37

PHB: 4/22-1/1

Office of Military Government for Germany U.S. (OMGUS) [Mikrofiches] (seit 1998: LAB, B Rep. 036)

CO, Hist Br: 5/36-1/5, 5/37-3/1

Rep. 80: Landesverwaltungsamt Berlin [Personalakten] (seit 1998: LAB, B Rep. 080)

Acc. 3381: Nr. 237/1 (Friedrich Lange); Acc. 4474: Nr. 530 (Erich Knoll), Nr. 591 (August Weltzien); Acc. 4594: Nr. 733 (Dr. Alfred Werner), Nr. 750 (Dr. Friedrich Haas)

Rep. 200: Nachlässe

Acc. 2334: Nachlaß Siegmund Weltlinger (seit 1998: LAB, E Rep. 200-22)

Nr. 38

Acc. 2435: Nachlaß Gustav Klingelhöfer (seit 1998: LAB, E Rep. 200-23)

Nr. 26

Acc. 2549: Nachlaß Johannes Stumm (seit 1998: LAB, E Rep. 200-25)

Nr. 141, 147, 148

Acc. 3453: Nachlaß Walter Helfenstein (seit 1998: LAB, E Rep. 200-48)

Nr. 30 (= Nachlaßsplitter Sauerbruch)

Acc. 4379: Nachlaß Arthur Werner (seit 1998: LAB, E Rep. 300-09)

Nr. 4, 10/1, 20/1 – 20/8, 21, 36/1, 37, 42, 45/1 – 45/274

Acc. 4707: Nachlaß Siegmund Weltlinger (seit 1998: LAB, E Rep. 200-22)

Nr. 6-1, 7

Rep. 203: Bezirksamt Wedding von Berlin (seit 1998: LAB, B Rep. 203)

Acc. 2128: Nr. 7473

Rep. 207: Bezirksamt Charlottenburg von Berlin (seit 1998: LAB, B Rep. 207)

Acc. 2552: Nr. 3969, 3970

Rep. 210: Bezirksamt Zehlendorf von Berlin (seit 1998: LAB, B Rep. 210)

Acc. 1468: Nr. 608

Rep. 212: Bezirksamt Steglitz von Berlin (seit 1998: LAB, B Rep. 212)

Acc. 1176: Nr. 1454; Acc. 1524: Nr. 1687, 1689, 1691; Acc. 1849: Nr. 2136; Acc. 2568: Nr. 4572

Rep. 214: Bezirksamt Neukölln von Berlin (seit 1998: LAB, B Rep. 214)

Acc. 716: Nr. 129

Rep. 228: Amtsdrucksachen (Senat)

Magistratsprotokolle 1945

Magistratsprotokolle 1946

Magistratsprotokolle 1947

Magistratsprotokolle 1948

Magistratsprotokolle 1949

Magistratsvorlagen 1945

Magistratsvorlagen 1946

Magistratsvorlagen 1947

Magistratsvorlagen 1948

Magistratsvorlagen 1949

Magistratsbeschlüsse 1949

Rep. 228: Amtsdrucksachen (Stadtverordnetenversammlung)

Protokolle des Hauptausschusses 1947 u. 1948

Protokolle des Sonderausschusses zur Beratung des Wiedergutmachungsgesetzes 1948

Rep. 280: Quellensammlung zur Berliner Zeitgeschichte [LAZ-Sammlung] (seit 1998: LAB, F Rep. 280)

Nr. 1139, 1181, 1197, 1323, 1327, 1446, 1499, 1571, 1596 – 1602, 1649, 1665 – 1668,

1671, 1673 – 1678, 1682, 1683, 1691, 1740, 1823, 2085, 2092 – 2095, 2123, 2127, 2138/9, 2141, 2212, 2236, 2238, 2528, 2720, 2732, 2751, 2876, 3017, 3167, 3261/1, 3271, 3277, 3300, 3301, 3314, 3317, 3324, 3332, 3335, 3375, 3378, 3391 – 3393, 3395, 3398, 3428, 3571, 3650, 3672, 3674, 3680, 3683, 3685, 3697, 3706, 3715, 3739, 3770, 3773, 3775, 3777, 3779, 3783, 3787, 3799, 3806, 3807, 3829, 3830, 3832 – 3868, 3997, 3999, 4144, 4154, 4156 – 4158, 4160, 4265, 4266, 4309, 4335, 4336, 4462, 4508, 4519 – 4524, 4532, 4572, 4593, 4658, 4661, 4663, 4665, 4667 – 4669, 4671, 4676, 4680, 4684, 4697, 4723, 4771, 4793, 4796 – 4799, 4802, 4803, 4806, 4807, 4809, 4812 – 4815, 4817, 4818, 4821, 4825, 4830, 4834 – 4841, 4843, 4844, 4848, 4849, 4855, 4856, 4860, 4863, 4864, 4868, 4870, 4872 – 4874, 4876, 4878, 4880, 4881, 4884, 4885, 4887, 4889, 4890, 4892, 4893, 4895, 4897, 4899, 4906, 4908, 4910 – 4913, 4916 – 4919, 4921, 4923, 4924, 4926, 4929 – 4931, 4933, 4934, 4936, 4944, 4946, 4948 – 4950, 4952, 4988, 4994, 5000, 5014, 5017, 5027, 5052, 5098, 5144, 5148, 5199, 5271 – 5274, 5284 – 5286, 5290, 5298, 5400, 5402, 5403, 5405, 5411, 5425, 5449/1, 5449/2, 5459, 5504, 5658, 5661, 5849, 5851, 5854, 5866, 5870, 5952, 5963, 6005, 6662, 6664 – 6666, 6668, 6676, 6677, 7026, 7028, 7209, 7212, 7222, 7250, 7312, 7313, 7315, 7319, 7340, 7783, 7800, 8124, 8146, 8301, 8321, 8328, 8491, 8500/1 – 8500/33, 8501/1 – 8501/44, 8628, 8758, 8800, 9246, 9265, 10140, 10142, 10144, 10149, 10153 – 10156, 10330, 10332, 10485, 10495, 10497, 10501, 10505, 10511, 10514, 10518, 10521, 10527, 10533, 10538, 10540, 10541, 10947 – 10950, 10952, 10957, 12163, 12176, 12177, 12179, 12188, 12201, 12203 – 12205, 12211 – 12213, 12219 – 12221, 12223, 12226, 12230, 12232, 12235, 12241, 12253, 12262, 12265, 12267, 12270, 12276, 12279, 12281, 12284, 12285, 12287, 12289, 12291 – 12294, 12296 – 12298, 12302, 12303, 12306, 12312 – 12315, 12317, 12320, 12326, 12328, 12331, 12340, 12341, 12344, 12345, 12348, 12351 – 12355, 12360 – 12364, 12366, 12370, 12372, 12379, 12382, 12384, 12387, 12392, 12401, 12402, 12404 – 12406, 12409, 12411, 12412, 12414 – 12417, 12420, 12426, 12427, 12433, 12435, 12437, 12440, 12442, 12443, 12448, 12450, 12456, 12457, 12461, 12464, 12467 – 12470, 12474, 12477 – 12479, 12481, 12483, 12487, 12491, 12507, 12510 – 12514, 12520, 12521, 12528, 12529, 12531, 12535 – 12538, 12540, 12544, 12546, 12550 – 12553, 12555, 12556, 12559, 12560, 12562, 12564 – 12567, 12573, 12575 – 12577, 12580, 12581, 12583, 12586, 12587, 12589, 12592, 12594 – 12596, 12600, 12603, 12613, 12614, 12623 – 12626, 12631, 12633, 12635, 12637, 12643, 12644, 12646 – 12649, 12651 – 12653, 12656, 12660, 13449 – 13451, 13674, 13677, 13678, 13682, 13838, 13865, 13878, 13886, 13925, 13959, 13960, 13967, 13976, 13996, 14002 – 14004, 14081, 14089, 14112, 14152, 14155, 14183, 14189, 14200, 14287, 14293, 14314, 14344, 14383, 14391, 14454, 14461, 14484 – 14486, 14491, 14511, 14516, 14517, 14521, 14546, 14557, 14558, 14569, 14576, 14583, 14594, 14603, 14860, 15543, 15593, 17134, 17159, 18749, 18902, 19174, 19201/1 – 19201/16, S/302 (I. Teil), S/329

Landesarchiv Berlin, Außenstelle Breite Straße [LAB(STA)] (bis 1991: Stadtarchiv Berlin)
Rep. 01-06: Magistrat von Berlin / Personalbüro [Personalakten] (seit 1998: LAB, A Rep. 001-06)
  Nr. 411 (Dr. Alfred Werner), Nr. 10043 (Dr. Rudolf Eggeling)
Rep. 100: Magistrat von Berlin/Sekretär des Magistrats (seit 1998: LAB, C Rep. 100)
  Nr. 586, 751, 752, 759 – 785
Rep. 101: Magistrat von Berlin/Oberbürgermeister (seit 1998: LAB, C Rep. 101)
  Nr. 3 – 8, 13, 16, 17, 39, 41, 44 – 47, 49, 52 – 82, 97, 137, 138, 142, 147, 161, 162, 197, 197/1, 198, 202 – 205, 221, 234 – 237, 240, 244, 249, 252, 253, 257 – 259, 280, 377, 422, 536, 537, 544 – 549, 559, 577, 578, 582 – 586, 590, 594, 601, 604, 611, 618 – 623, 632, 634 – 639, 644, 647, 648, 651, 655 – 657, 664 – 666, 674, 680, 690, 736, 784, 785, 789, 797, 798, 1180/1, 1201, 1206, 1208, 1209, 1211 – 1215, 1781, 1782, 1907, 1908, 1914, 1921, 1922, 1925, 2042, 5265, 5273, 5276, 5288, 5290, 5295, 5323, 5385,

5386, 5395

Rep. 101-04: Beirat für kirchliche Angelegenheiten/Amt für Kirchenfragen (seit 1998: LAB, C Rep. 101-04)
Nr. 67, 68

Rep. 102: Magistrat von Berlin/Personal und Verwaltung (seit 1998: LAB, C Rep. 102)
Nr. 27, 29 – 31, 33, 34, 36 – 39, 41 – 43, 45 – 48, 50/1, 52, 56 – 58, 61 – 63, 72, 101, 122, 163 – 166, 193, 230, 232, 246, 258, 259, 264, 265, 269/1, 272, 273, 275, 296, 297, 329, 332, 333, 336, 340, 342 – 345, 349 – 354, 370, 373, 403

Rep. 105: Magistrat von Berlin/Finanzen (seit 1998: LAB, C Rep. 105)
Nr. 245, 250, 251, 264, 265, 267, 268, 271 – 273, 298, 299, 301, 302, 304, 364, 365, 418, 430, 459 – 464, 684, 991, 996 – 1002, 3435, 3436, 3460, 3461, 3484, 3507, 3508, 3687, 3704, 3715, 3716, 3720, 3722, 3726, 3748, 4580, 4581, 4583, 4590, 4596 – 4600, 4626, 4739, 4740, 6011, 6012, 6159, 6196, 6262, 6417, 6433, 7447, 43453, H 1, H 1/1, H 1/2

Rep. 106: Magistrat von Berlin/Wirtschaft (seit 1998: LAB, C Rep. 106)
Nr. 106/2, 107, 126, 133, 138 – 140, 144, 146, 148, 150, 167, 180, 187, 188, 217, 219, 235, 239, 244, 246 – 248, 387, 389, 419, 421, 424, 447

Rep. 107: Magistrat von Berlin/Planung, Material und Arbeit (seit 1998: LAB, C Rep. 107)
Nr. 1 – 3, 5, 6, 9, 219, 220, 486, 555 – 568, 605 – 607, 613, 632, 655, 656, 658, 661 – 663, 694, 710, 711, 794 – 799

Rep. 108: Magistrat von Berlin/Justiz (seit 1998: LAB, C Rep. 108)
Nr. 21, 25, 30, 57

Rep. 110: Magistrat von Berlin/Bauwesen (seit 1998: LAB, C Rep. 110)
Nr. 1, 5, 26, 34, 43, 46, 49, 106, 107, 109 – 119, 121, 127, 133, 169 – 172, 184, 186, 188, 193 – 197, 197/1, 202, 203, 214, 234, 403 – 406, 683, 684, 691, 805

Rep. 112: Magistrat von Berlin/Land-, Forst- und Nahrungsgüterwirtschaft (seit 1998: LAB, C Rep. 112)
Nr. 338a

Rep. 113: Magistrat von Berlin/Handel und Versorgung (seit 1998: LAB, C Rep. 113)
Nr. 1, 5 – 9, 11, 12, 20, 22, 49, 50, 93, 133, 134, 136, 143, 149 – 151, 192, 207, 240, 247, 293, 295

Rep. 114: Magistrat von Berlin/Verkehr (seit 1998: LAB, C Rep. 114)
Nr. 30, 152, 153

Rep. 115: Magistrat von Berlin/Kommunale Wirtschaft (seit 1998: LAB, C Rep. 115)
Nr. 1, 3, 4, 23, 33 – 36, 39, 40, 61 – 65, 75, 77 – 79, 81 – 85, 87, 89, 91, 93, 94, 104, 108, 110, 122 – 126

Rep. 118: Magistrat von Berlin/Gesundheits- und Sozialwesen (seit 1998: LAB, C Rep. 118)
Nr. 1, 16, 17, 26, 45 – 48, 51, 52, 54 – 56, 59, 60, 63, 79, 84, 100, 130, 138, 140, 175, 180, 181, 191, 223, 224, 243, 282, 342, 355, 421, 597, 764, 845, 868, 1070, 1084, 1137, 1139, VdN-Akte Nr. A 8402 (Iwan Katz)

Rep. 120: Magistrat von Berlin/Volksbildung (seit 1998: LAB, C Rep. 120)
Nr. 2 – 5, 11, 15, 17, 18, 20, 21, 23, 25, 32, 62, 75, 76, 110 – 112, 114, 130, 157, 168, 371, 388, 655, 1218, 1240, 1272, 1281, 1321, 1322, 1334, 1340, 1372, 1394, 1403, 1465, 1467, 1468, 1486, 1615, 1625, 1639, 1647, 1676, 1888, 2065, 2131, 2306, 2386, 2425, 2518, 3104, 3105, 3112, 3226, 3227, 3231, 3234, 3235, 3237, 3245, 3257, 3258, 3262

Rep. 124: Magistrat von Berlin/Erster Stellvertreter des Oberbürgermeisters (seit 1998: LAB, C Rep. 124)
Nr. 15458

Rep. 145/1: Stadtbezirksverwaltung Berlin-Treptow (seit 1998: LAB, C Rep. 145)
Nr. 134

Rep. 148/1: Stadtbezirksverwaltung Berlin-Weißensee (seit 1998: LAB, C Rep. 148)
Nr. 14, 263

Rep. 250-02-02: Aceta GmbH (seit 1998: LAB, A Rep. 250-02-02)

Privatpersonen, Berlin
Ernst Kehler
Ernennungsurkunde zum Stadtrat für Post- und Fernmeldewesen (datiert: 17. Mai 1945);
Notizbuch mit Einträgen vom 6.1.1945 bis 20.5.1945
Dr. Dirk Scheper
Tagebuchaufzeichnungen (1945–1950) von Hinnerk Scheper

Staatsbibliothek Preußischer Kulturbesitz, Berlin
Nachlaß Ferdinand Sauerbruch

Stadtarchiv Mühlhausen
Personalakten Dr. Erich Siebert: Nr. 11/021/28, 11/118/1703

Stiftung Archiv der Parteien und Massenorganisationen der DDR im Bundesarchiv, Berlin [SAPMO-BArch]
Bezirksparteiarchiv der SED, Bezirksleitung Berlin [BPA] (seit 1994 im Landesarchiv Berlin; seit 1998: LAB, C Rep. 900)
I/2/010, I/2/016, I/2/019, I/2/029, I/2/032, I/2/053, I/3/9/114, I/3/9/115, IV L-2/1/007 – IV L-2/1/012, IV L-2/13/427, IV L-2/13/428, IV L-2/13/435, IV L-2/15/472
Zentrales Parteiarchiv der SED [ZPA]
Kaderakten
Nr. IV 2/11/v. 427 (Martin Schmidt), IV 2/11/v. 455 (Heinrich Starck), IV 2/11/v. 1946 (Karl Maron), IV 2/11/v. 2723 (Greta Kuckhoff)
Nachlässe
NL 36: Nachlaß Wilhelm Pieck
Nr. 629, 742
NL 81: Nachlaß Paul Schwenk
Nr. 1
NL 99: Nachlaß Karl Maron
Nr. 1
NL 101: Nachlaß Max Fechner
Nr. 13
NL 130: Nachlaß Arthur Pieck
Nr. 10, 79, 81, 82
NL 182: Nachlaß Walter Ulbricht
Nr. 246, 851, 852, 857, 1182, 1187, 1190
NL 209: Nachlaß Josef Orlopp
Nr. 1
Zentralsekretariat der SED
Nr. IV 2/2.1/19, IV 2/2.1/22

Verband Berlin-Brandenburgischer Wohnungsunternehmen e.V., Berlin
Verband Berliner Wohnungsunternehmen: Bericht über die Prüfung der Gemeinnützige[n] Siedlungs- und Wohnungsbaugesellschaft Berlin m.b.H. in B[er]l[i]n-Friedenau (Bericht Nr. 64/1949 v. 6.12.1949) [Ms.]

VERÖFFENTLICHTE QUELLEN UND LITERATUR

In diesem Verzeichnis sind alle in den Anmerkungen der Edition zitierten Veröffentlichungen mit Ausnahme der anonymen Zeitungsartikel erfaßt. Darüber hinaus sind auch die systematisch ausgewerteten Zeitungen und Zeitschriften sowie nicht zitierte, aber editionsrelevante Literaturtitel aufgeführt.

A Four Year Report. Office of Military Government U.S. Sector, Berlin. July 1, 1945 – September 1, 1949, Berlin [West] o. J. [1949].

Achterberg, Erich: Berliner Etat einst und jetzt, in: Deutsche Finanzwirtschaft, Jg. 1, Nr. 3 (Juni 1947), S. 17 – 21.

Akten der Reichskanzlei. Weimarer Republik, 23 Bde., Boppard am Rhein 1968 – 1990.

Akten zur Vorgeschichte der Bundesrepublik Deutschland 1945 – 1949, 5 Bde., München/Wien 1976 – 1983.

Akten zur Vorgeschichte der Bundesrepublik Deutschland 1945 – 1949, Bd. 1: September 1945 – Dezember 1946, bearb. von Walter Vogel u. Christoph Weisz, München/Wien 1976.

Albin, F.: Kriegsverbrecher-Betriebe in die Hand des Volkes!, in: Vorwärts, 19.9.1946, S. 2.

Albrecht, Gerhard: Bodenreform, in: Handwörterbuch des Wohnungswesens, Jena 1930, S. 163 – 169.

Alings, Reinhard: Die Berliner Siegessäule, Berlin 1990.

Allgemeine Zeitung. Herausgegeben von der amerikanischen Armee, 8.8. – 11.11.1945.

Amtsblatt der Alliierten Kommandatura Berlin, Nr. 7 (Juli 1947) – Nr. 2 (Februar 1948).

Amtsblatt der Reichshauptstadt Berlin, Jg. 83 (1942) u. 85 (1944).

Amtsblatt der Stadt Berlin, Jg. 70 (1929).

Amtsblatt des Kontrollrats in Deutschland, Nr. 1 (2., korrigierte Aufl., 29.10.1945) – 19 (31.8.1948).

Appel, Reinhard: Arthur Werner. Mai 1945 – Dezember 1946, in: Reinhard Appel: Die Regierenden von Berlin seit 1945. Die Nachkriegsgeschichte der Stadt im Spiegel ihrer Bürgermeister, Berlin 1996, S. 11 – 32.

Arbeit und Sozialfürsorge. Amtliches Organ der Deutschen Zentralverwaltung für Arbeit und Sozialfürsorge der sowjetischen Besatzungszone in Deutschland, Jg. 1 (1946).

Aufbau. Kulturpolitische Monatsschrift. Hrsg. vom Kulturbund zur demokratischen Erneuerung Deutschlands, Jg. 1 (1945) u. 2 (1946).

Aus der Tätigkeit der Berliner Wohnungsämter 1945 bis 1947, in: Berliner Statistik, Jg. 2 (1948), S. 35 – 40.

Ausstellung „Das neue Dresden", in: Baumeister, Jg. 43 (1946), H. 3, Rundschau, S. 29 f.

Ausstellungen: „Berlin plant" und „Berlin im Aufbau", in: Neue Bauwelt, Jg. 1 (1946), H. 10, S. 1.

Aust, Hans W.: Die Argumente der Sparer, in: Tägliche Rundschau, 2.12.1945, S. 5.

Aust, Hans W.: Freier Markt – aber wie?, in: Tägliche Rundschau, 14.10.1945, S. 4.

Aust, Hans W.: Geldwirtschaftliche Probleme, in: Tägliche Rundschau, 16.2.1946, S. 5.

Bähr, Johannes: Die Betriebe Sowjetischer Aktiengesellschaften (SAG) in Berlin 1945/46 – 1953, in: Berlin in Geschichte und Gegenwart. Jahrbuch des Landesarchivs Berlin 1996, S. 197 f.

Bahr, Egon: Berlin ehrt die Opfer des Faschismus. Eine Veranstaltung im Funkhaus, in: Berliner Zeitung, 5.6.1945, [S. 2].

Bahr, E[gon]: Grundlage unserer Verwaltung. Gespräch mit dem Oberbürgermeister Dr. Werner, in: Berliner Zeitung, 9.6.1945, [S. 2].

Baier, Karl: Brücken in ein neues Leben. Die Arbeit des Magistrats auf dem Gebiet der Umsiedler- (Flüchtlings-) und Heimkehrerfürsorge, in: Die Stadtverwaltung, Jg. 1 (1946), H. 13, S. 2 – 5.

Bandur, Gernot: Kämpfer für die Arbeiterklasse. Paul Schwenk, in: Beiträge zur Geschichte der Arbeiterbewegung, Jg. 27 (1985), S. 668 – 675.

Bannasch, Karl-Heinz: „Mit der Brotkarte zur Wahl". Eine Erinnerung an die ersten freien Berliner Nachkriegswahlen anläßlich des Wahltages am 29. Januar 1989, in: Mitteilungen des Vereins für die Geschichte Berlins, Jg. 85 (1989), S. 142 – 147.

Barbknecht, Ernst: Antisemitischer Bürgermeister für den Bezirk Tiergarten. Die Bezirksverwaltung zieht keine Konsequenzen, in: Tägliche Rundschau, 21.8.1946, S. 6.

Barbknecht, Ernst: Arbeitsschutz in den Betrieben, in: Tägliche Rundschau, 17.2.1946, S. 6.

Barbknecht, Ernst: Berliner Heimkehrer erwarten Hilfe. Menschen, die vor dem Nichts stehen, in: Tägliche Rundschau, 9.11.1946, S. 4.

Barbknecht, Ernst: Berliner Preisamt hat versagt. Leitung durch Magistratsbeschluß amtsenthoben, in: Tägliche Rundschau, 28.3.1946, S. 6.

Barbknecht, Ernst: Berlins Verpflegung im Juli, in: Tägliche Rundschau, 26.6.1946, S. 6.

Barbknecht, Ernst: Das „Braune Haus" von Steglitz. Herr Jochem „dementiert"..., in: Tägliche Rundschau, 15.8.1946, S. 6.

Barbknecht, Ernst: Das Haupternährungsamt ist zuversichtlich. Bürgermeister Orlopp sprach zur Berliner Presse, in: Tägliche Rundschau, 4.10.1946, S. 6.

Barbknecht, Ernst: Die Arbeitsämter räumen auf, in: Tägliche Rundschau, 15.3.1946, S. 6.

Barbknecht, Ernst: Die Bevölkerung sieht die Wählerlisten ein. Die Auslegestellen sind gut vorbereitet, in: Tägliche Rundschau, 24.9.1946, S. 5.

Barbknecht, Ernst: Die Bevölkerung will wissen... Das Haupternährungsamt steht Rede und Antwort, in: Tägliche Rundschau, 12.7.1946, S. 6.

Barbknecht, Ernst: „Die Lebensmittelversorgung geht ihren geregelten Weg". Bürgermeister Orlopp sprach zur Berliner Presse, in: Tägliche Rundschau, 6.9.1946, S. 8.

Barbknecht, Ernst: Die Lebensmittelzuteilungen im August, in: Tägliche Rundschau, 30.7.1946, S. 6.

Barbknecht, Ernst: Die Wahrheit über die Baustoff-Beschaffungs-Gesellschaft, in: Tägliche Rundschau, 5.12.1946, S. 5.

Barbknecht, Ernst: Endlich Kontrolle über die Baustoffe, in: Tägliche Rundschau, 20.9.1946, S. 5.

Barbknecht, Ernst: Friedrichshain hat sein Wort gehalten. Abschluß der ersten Phase des Wettbewerbs mit Dresden, in: Tägliche Rundschau, 8.1.1946, S. 4.

Barbknecht, Ernst: Gastwirteinnung gegen Volksgaststätten. Preiswucherer im Innungsvorstand, in: Tägliche Rundschau, 24.7.1946, S. 6.

Barbknecht, Ernst: Krankenhäuser – auf sich selbst gestellt. Unverantwortliche Passivität verantwortlicher Dienststellen, in: Tägliche Rundschau, 27.7.1946, S. 6.

Barbknecht, Ernst: Lebensmittelfragen des Tages, in: Tägliche Rundschau, 17.1.1946, S. 4.

Barbknecht, Ernst: Nazigeist in der Bezirksverwaltung Steglitz. Wer Pg. war, hat Glück auf dem Rathaus, in: Tägliche Rundschau, 6.8.1946, S. 6.

Barbknecht, Ernst: Preiswucher ist Betrug am schaffenden Volk. Großkundgebung des Berliner Preisamtes im „Palast", in: Tägliche Rundschau, 17.5.1946, S. 6.

Barbknecht, Ernst: Prozeß in Schöneberg. Fünf Jahre Gefängnis für die Antifaschisten Jurr und Kammermeier, in: Tägliche Rundschau, 4.4.1946, S. 6.

Barbknecht, Ernst: Schlechte Zeiten für Drückeberger, in: Tägliche Rundschau, 7.2.1946, S. 6.

Barbknecht, Ernst: 672 Millionen Mark für Berlins Wiederaufbau, in: Tägliche Rundschau, 2.4.1946, S. 6.

Barbknecht, E[rnst]: Straßenbahnmonatskarten ab 1. April, in: Tägliche Rundschau, 5.2.1946, S. 6.

Barbknecht, Ernst: Trigonometrische Punkte fehlen! Die Berliner Katasterämter arbeiten wieder, in: Tägliche Rundschau, 28.12.1945, S. 6.

Barbknecht, Ernst: Veruntreuungen auf dem Städt[ischen] Schlachtviehhof, in: Tägliche Rundschau, 24.1.1946, S. 6.

Barbknecht, Ernst: Wann werden Berlins Wohnungen winterfest gemacht?, in: Tägliche Rundschau, 11.7.1946, S. 5.

Barbknecht, Ernst: Wie kam es zur Gründung der Baustoff-Beschaffungsgesellschaft?, in: Tägliche Rundschau, 15.10.1946, S. 6.

Barbknecht, Ernst: Wiederaufbauplan entspricht den Forderungen der Gegenwart, in: Tägliche Rundschau, 24.4.1946, S. 6.

Barbknecht, Ernst: Zerstörte Brücken – Berlins große Sorge!, in: Tägliche Rundschau, 11.1.1946, S. 4.

Barbknecht, Ernst: Zweieinhalb Millionen Mark erbrachte die Berliner Stadtlotterie, in: Tägliche Rundschau, 29.10.1946, S. 5.

Barlog, Boleslaw: Theater lebenslänglich, München 1981.

Baum, Bruno: Auf dem Wege zur Berliner Schulreform, in: Vorwärts, 3.8.1946, [S. 3].

Baum, Hermann: Gedanken zum Wirtschaftsplan 1946, in: Tägliche Rundschau, 22.11.1945, S. 5.

Baum, Hermann: Hinter den Kulissen des Schwarzen Marktes, in: Tägliche Rundschau, 23.11.1945, S. 3.

Baunachrichten aus Dresden, in: Baumeister, Jg. 43 (1946), H. 2, Rundschau, S. 13.

Bausch, Hans: Rundfunkpolitik nach 1945. Erster Teil: 1945 – 1962, München 1980 (Rundfunk in Deutschland, Bd. 3).

Befehle des Obersten Chefs der Sowjetischen Militärverwaltung in Deutschland. Aus dem Stab der Sowjetischen Militärverwaltung in Deutschland. Sammelheft 1: 1945, Berlin 1946.

Befehle des Obersten Chefs der Sowjetischen Militärverwaltung in Deutschland. Aus dem Stab der Sowjetischen Militärverwaltung in Deutschland. Sammelheft 2: Januar bis Juni 1946, Berlin 1946.

Benser, Günter: Die KPD im Jahre der Befreiung. Vorbereitung und Aufbau der legalen kommunistischen Massenpartei (Jahreswende 1944/1945 bis Herbst 1945), Berlin [Ost] 1985.

Benz, Wolfgang: Potsdam 1945. Besatzungsherrschaft und Neuaufbau im Vier-Zonen-Deutschland, München 1986.

Berger, Alfred: Kommt Brennholz? Weshalb noch immer keine Massenaktion?, in: Berliner Zeitung, 16.9.1945, [S. 2].

Bergholz, Albert: Elektro-Energie oder Elektro-Demagogie, in: Neues Deutschland, 12.10.1946, S. 2.

Bergmann, Waldemar/Malitz, Günter: Der Aufbau der demokratischen Polizei in Berlin 1945, in: Zeitschrift für Geschichtswissenschaft, Jg. 13 (1965), S. 446 – 463.

Bericht der Abteilung für Bau- und Wohnungswesen, in: Ein halbes Jahr Berliner Magistrat. Der Magistrat gibt Rechenschaft. Die Reden des Oberbürgermeisters Dr. Arthur Werner und des ersten stellvertretenden Oberbürgermeisters Karl Maron auf der Kundgebung in der Deutschen Staatsoper am 19. November 1945. Berichte der Stadträte. Herausgegeben im Auftrage des Magistrats der Stadt Berlin, Berlin o. J. [1946], S. 68 – 72.

Bericht des Hauptamtes für Arbeitsschutz über seine Tätigkeit im ersten Jahr. 1. Oktober 1945 bis 30. September 1946, Berlin 1947.

Berichte der Landes- und Provinzialverwaltungen zur antifaschistisch-demokratischen Umwälzung 1945/46. Quellenedition, Berlin [Ost] 1989.

Berkenkopf, Paul: Gewerbe und Gewerbepolitik, in: Die Verwaltungs-Akademie. Ein Handbuch für den Beamten im nationalsozialistischen Staat [Loseblatt-Ausgabe], Bd. III: Die Wirtschaftsordnung des nationalsozialistischen Staates, 2. Aufl., Berlin o. J. [ca. 1937], S. 65 – 74.

Berlin. Behauptung von Freiheit und Selbstverwaltung 1946 – 1948, Berlin [West] 1959 (Schriftenreihe zur Berliner Zeitgeschichte, Bd. 2).

Berlin in Zahlen 1947. Taschenbuch, hrsg. vom Hauptamt für Statistik von Groß-Berlin, Berlin [West] 1949.

Berlin. Kampf um Freiheit und Selbstverwaltung 1945 – 1946. Herausgegeben im Auftrage des Senats von Berlin, 2., erg. u. erw. Aufl., Berlin [West] 1961 (Schriftenreihe zur Berliner Zeitgeschichte, Bd. 1).

Berlin 1947. Jahresbericht des Magistrats. Der Magistrat berichtet . . ., Berlin o. J. [1948].

Berlin 1948. Jahresbericht des Magistrats. Der Magistrat berichtet . . ., Berlin [West] 1950.

Berlin 1949. Jahresbericht des Magistrats. Der Magistrat berichtet . . ., Berlin [West] 1950.

Berlin. Quellen und Dokumente 1945 – 1951. 2 Halbbände. Herausgegeben im Auftrage des Senats von Berlin. Bearb. durch Hans J. Reichhardt, Hanns U. Treutler u. Albrecht Lampe, Berlin [West] 1964 (Schriftenreihe zur Berliner Zeitgeschichte, Bd. 4).

Berlin – Sowjetsektor. Die politische, rechtliche, wirtschaftliche, soziale und kulturelle Entwicklung in acht Berliner Verwaltungsbezirken, Berlin [West] 1965.

Berlin und seine Bauten. Teil II: Rechtsgrundlagen und Stadtentwicklung, Berlin/München 1964.

Berlin und seine Bauten. Teil III: Bauwerke für Regierung und Verwaltung. Betreut von Robert Riedel, Berlin/München 1966.

Berlin und seine Bauten. Teil IV: Wohnungsbau, Bd. A: Die Voraussetzungen. Die Entwicklung der Wohngebiete, Berlin/München/Düsseldorf 1970.

Berlin und seine Bauten. Teil X, Bd. B: Anlagen und Bauten für den Verkehr. (2) Fernverkehr, Berlin [West] 1984.

Berliner Gewerkschaftsgeschichte von 1945 bis 1950. FDGB. UGO. DGB, hrsg. vom Deutschen Gewerkschaftsbund, Landesbezirk Berlin, Berlin [West] 1971.

Berliner Statistik, Jg. 1 (1947) – 3 (1949).

Berliner Zeitung [21.5. – 19.6.1945 hrsg. vom Kommando der Roten Armee, 20.6.1945 – 13.3.1946 offizielles Publikationsorgan des Magistrats der Stadt Berlin], 21.5.1945 – 31.12.1946, 21.10.1947 u. 19.5.1957.

Berlins Wohnungs- und Bauwirtschaft im ersten Nachkriegsjahr, in: Das erste Jahr. Berlin im Neuaufbau. Ein Rechenschaftsbericht des Magistrats der Stadt Berlin, hrsg. im Auftrage des Magistrats der Stadt Berlin, Berlin 1946, S. 59 – 69.

Beule, J[osef]: Die Vereinigung Berliner Baubetriebe. Ihre Entstehung, Rechtsform, Aufgaben und Leistungen, in: Neue Bauwelt, Jg. 1 (1946), H. 2, S. 3 f.

Beule, J[osef]: Vereinigung Berliner Baubetriebe, in: Berliner Zeitung, 18.8.1945, [S. 2].

Biografie eines Theaters. Ein halbes Jahrhundert Schloßpark-Theater Berlin, Berlin [West] 1972.

Bitter, [Rudolf] von: Handwörterbuch der Preußischen Verwaltung, 3., vollst. umgearb. Aufl., hrsg. von Bill Drews u. Franz Hoffmann, Bd. 2, Berlin/Leipzig 1928.

Bloch, Peter: Anmerkungen zu Berliner Skulpturen des 19. Jahrhunderts, in: Jahrbuch Preußischer Kulturbesitz 1970, S. 162 – 190.

Bloch, Peter: Das Kreuzberg-Denkmal und die patriotische Kunst, in: Jahrbuch Preußischer Kulturbesitz 1973, S. 142 – 159.

Bloch, Peter: Die Berliner Bildhauerschule des 19. Jahrhunderts. Ein Überblick, in: Ethos und Pathos. Die Berliner Bildhauerschule 1786 – 1914. Beiträge mit Kurzbiographien Berliner Bildhauer, hrsg. von Peter Bloch, Sibylle Einholz u. Jutta von Simson, Berlin 1990, S. 37 – 48.

Bloch, Peter/Grzimek, Waldemar: Das klassische Berlin. Die Berliner Bildhauerschule im neunzehnten Jahrhundert, Frankfurt a. M./Berlin/Wien 1978.

Böttcher, Karl: Bericht über meine Arbeit, hrsg. von Johann Friedrich Geist u. a., Berlin 1990 (Beihefte zum Projekt „Geschichte des Berliner Mietshauses" im Forschungsschwerpunkt „Theorie und Geschichte von Bau, Raum und Alltagskultur" des Fachbereichs Architektur der Hochschule der Künste, Nr. 2).

Böttcher, Karl: Facharbeiterproblem, in: Berliner Zeitung, 25.7.1945, [S. 2].

Böttcher, Martin: Hilfe für die kleinen Sparer. An wen wird ausgezahlt?, in: Deutsche Volkszeitung, 19.3.1946, S. 1.

Bohleber, Wolfgang: Mit Marshallplan und Bundeshilfe. Wohnungsbaupolitik in Berlin 1945 bis 1968, Berlin 1990.

Bormann, Hanns Heinrich: Das Preisamt, in: Neue Zeit, 3.10.1945, S. 1 f.

Brandenburgische Geschichte, hrsg. von Ingo Materna u. Wolfgang Ribbe, Berlin 1995.

Brandt, Heinz: Schluß jetzt mit den Kriegsverbrechern in Berlin!, in: Vorwärts, 21.9.1946, S. 2.

Brauer, Hans: Neuaufbau der Berliner Feuerwehr, in: Die Stadtverwaltung, Jg. 1 (1946), H. 12, S. 3 – 6.

Braun, Günter: Wahlen und Abstimmungen, in: SBZ-Handbuch. Staatliche Verwaltungen, Parteien, gesellschaftliche Organisationen und ihre Führungskräfte in der Sowjetischen Besatzungszone Deutschlands 1945 – 1949, hrsg. von Martin Broszat u. Hermann Weber, München 1990, S. 381 – 431.

Braune, Edmund: Die Neuorganisation des Katasterwesens, in: Die Stadtverwaltung, Jg. 1 (1946), H. 3, S. 5 f.

Brauns, C. A.: Sind Wucherpreise erlaubt? Das Wohl der Bevölkerung verlangt strikte Preisüberwachung!, in: Tägliche Rundschau, 12.12.1945, S. 5.

Breunig, Werner: Verfassunggebung in Berlin 1945 – 1950, Berlin 1990 (Beiträge zur Politischen Wissenschaft, Bd. 58).

Brockschmidt, Karl: Aktuelle Grundsteuerfragen, in: Demokratischer Aufbau, Jg. 1 (1946), S. 179 – 181.

Brockschmidt, K[arl]: Gebäude-Instandsetzung und Neuaufbau in Berlin, in: Neues Deutschland, 23.4.1946, S. 4.

Brockschmidt, Karl: Mietminderungen für bauliche Kriegsschäden, in: Demokratischer Aufbau, Jg. 1 (1946), S. 210 – 212.

Brockschmidt, [Karl]: Unsere Städte im Neuaufbau. Gebäude-Instandsetzung und Neubau in Berlin, in: Neues Deutschland, 23.4.1946, S. 4.

Brockschmidt, Karl: Wohnungswirtschaft im Neuaufbau, in: Demokratischer Aufbau, Jg. 1 (1946), S. 8 – 11 u. 32.

Buchstab, Günter: Andreas Hermes, in: Die Gründung der Union. Tradition, Entstehung und Repräsentanten, hrsg. von Günter Buchstab u. Klaus Gotto, 2. Aufl., München 1990 (Geschichte und Staat, Bd. 254/255), S. 103 – 119.

Bührig, E.: Schutz der menschlichen Arbeitskraft. Neuregelung der Überwachung des betrieblichen Unfallschutzes, in: Das Volk, 7.9.1945, [S. 3].

Buffet, Cyril: Die Borsig-Affäre 1945 – 1950. Ein Beispiel der französischen Reparationspolitik, in: Berlin in Geschichte und Gegenwart. Jahrbuch des Landesarchivs Berlin 1991, S. 243 – 262.

Busse, Walter: Lord Beveridge in Neukölln, in: Der Kurier, 5.8.1946, S. 3.

Busse, Walter: Viel Steine gab's . . ./Idylle und der Magistrat in der Parochialstraße, in: Der Kurier, 27.6.1946, S. 3.

Caracciolo, Lucio: Der Untergang der Sozialdemokratie in der sowjetischen Besatzungszone. Otto Grotewohl und die „Einheit der Arbeiterklasse" 1945/46, in: Vierteljahrshefte für Zeitgeschichte, Jg. 36 (1988), S. 281 – 318.

Chamberlin, Brewster S.: Kultur auf Trümmern. Berliner Berichte der amerikanischen Information Control Section Juli – Dezember 1945, Stuttgart 1979 (Schriftenreihe der Vierteljahrshefte für Zeitgeschichte, Nr. 39).

Czwiklitzer, Christoph: Die Pflichten und Rechte der Treuhänder. Wie weit geht ihre Verantwortung?, in: Der Kurier, 23.12.1946, S. 6.

Dähn, Horst: Liberal-Demokratische Partei Deutschlands (LDP), in: SBZ-Handbuch. Staatliche Verwaltungen, Parteien, gesellschaftliche Organisationen und ihre Führungskräfte in der Sowjetischen Besatzungszone Deutschlands 1945 – 1949, hrsg. von Martin Broszat u. Hermann Weber, München 1990, S. 544 – 573.

Damaschke, Adolf: Die Bodenreform. Grundsätzliches und Geschichtliches zur Erkenntnis und Überwindung der sozialen Not, Berlin 1902.

Dannenberg, Waldo: Die Verwaltungsschule der Stadt Berlin, in: Die Stadtverwaltung, Jg. 1 (1946), H. 15, S. 4.

Das deutsche Gesundheitswesen. Herausgegeben von der Deutschen Zentralverwaltung für das Gesundheitswesen in der sowjetischen Besatzungszone, Jg. 1 (1946) u. 2 (1947).

Das Ende des Krieges in Zehlendorf 1945. Berichte von Zeitzeugen und Beteiligten, 2. Aufl., o. O. [Berlin] 1995 (Zehlendorfer Chronik, H. 9).

Das erste Jahr. Berlin im Neuaufbau. Ein Rechenschaftsbericht des Magistrats der Stadt Berlin, hrsg. im Auftrage des Magistrats der Stadt Berlin, Berlin 1946.

Das große Lexikon des Dritten Reiches, hrsg. von Christian Zentner u. Friedemann Bedürftig, München 1985.

Das Landesarchiv Berlin und seine Bestände, Berlin 1992 (Schriftenreihe des Landesarchivs Berlin, Bd. 1).

Das Volk. Tageszeitung der Sozialdemokratischen Partei Deutschlands, 7.7.1945 – 21.4.1946.

Deine Sozialversicherung 1945/1946, hrsg. von der Versicherungsanstalt Berlin, Berlin o. J. [1946].

Deiters, Heinrich: Ausbildung der Neulehrer, in: Das Volk, 10.1.1946, S. 1 f.

Demokratischer Aufbau. Monatszeitschrift für den Aufbau in Gemeinde und Provinz, Jg. 1 (1946).

Demps, Laurenz: Der Invalidenfriedhof. Denkmal preußisch-deutscher Geschichte in Berlin, Berlin 1996.

Der Abend. Eine Zeitung für Berlin, 10.10. – 31.12.1946.

Der Alliierte Kontrollrat in Deutschland. Die Alliierte Kommandantur der Stadt Berlin. Sammelheft 2, Januar bis Juni 1946: Kommuniqués, Gesetze, Direktiven, Befehle, Anordnungen, Berlin 1946.

Der Bauhelfer. Zeitschrift für das gesamte Bauwesen, Jg. 1 (1946) u. 2 (1947).

Der Berliner. Nachrichtenblatt der britischen Militärbehörde (Untertitel ab 4.12.1945: Herausgegeben von den britischen Militärbehörden), 2.8.1945 – 30.4.1946.

Der Campus. Ein Architekturführer durch das Gelände der Hochschule der Künste und der Technischen Universität Berlin. Hrsg. von Michael Bollé, Berlin 1994.

Der erste Monat. Berlin im Mai 1945. Aus der Materialsammlung für die Geschichte der Stadt Berlin unter der Viermächtebesatzung, hrsg. von der Forschungsgruppe für Berliner Nachkriegsgeschichte, Berlin [West] o. J. [1954].

Der Kurier (Untertitel ab 7.12.1945: Die Berliner Abendzeitung), 12.11.1945 – 31.12.1946.

Der Morgen. Tageszeitung der Liberal-Demokratischen Partei Deutschlands, 3.8.1945 – 31.12.1946.

Der Neuaufbau der Wirtschaft Berlins, in: Das erste Jahr. Berlin im Neuaufbau. Ein Rechenschaftsbericht des Magistrats der Stadt Berlin, hrsg. im Auftrage des Magistrats der Stadt Berlin, Berlin 1946, S. 70 – 87.

Der Sozialdemokrat. Organ der Sozialdemokratie Groß-Berlin (Untertitel ab 3.7.1946: Berliner Zeitung der Sozialdemokratischen Partei Deutschlands), 3.6. – 31.12.1946, 13.5.1947 u. 21.10.1947.

Der Tagesspiegel, 27.9.1945 – 31.12.1946, 19.4.1947, 7.11.1947 u. 13.6.1971.

Der Verkehr. Amtliches Organ der Deutschen Zentralverwaltung des Verkehrs in der sowjetischen Besatzungszone, Jg. 1 (1947).

Derenburg, Michael: Streifzüge durch vier RIAS-Jahrzehnte. Anfänge und Wandlungen eines Rundfunksenders, Berlin [West] 1986 (Berliner Forum 2/86).

Deutsche Finanzwirtschaft. Monatszeitschrift für Etat, Kredit- und Preisfragen, Jg. 1 (1947).

Deutsche Verfassungen. Die grundlegenden Dokumente deutscher Demokratie von der Paulskirche bis zum Grundgesetz, hrsg. von Dieter Kakies, München 1965 (Goldmanns Gelbe Taschenbücher, Bd. 1683).

Deutsche Volkszeitung. Zentralorgan der Kommunistischen Partei Deutschlands, 13.6.1945 – 21.4.1946.

Dibelius, Otto: Ein Christ ist immer im Dienst. Erlebnisse und Erfahrungen in einer Zeitenwende, Stuttgart 1961.

Dickman, William J.: Es gibt wieder Richter in Berlin. Entwicklung des Rechts in Deutschland seit 1945 (III), in: Die Neue Zeitung, 11.11.1946, S. 6.

Die Arbeitsmarktlage in Groß-Berlin vom Zusammenbruch bis Oktober 1946, Berlin 1947.

Die Bau- und Kunstdenkmale in der DDR. Hauptstadt Berlin I. Herausgegeben vom Institut für Denkmalpflege der DDR. Bearbeitet von einem Kollektiv der Abteilung Forschung. Gesamtredaktion Heinrich Trost, München 1983.

Die Befreiung Berlins 1945. Eine Dokumentation, hrsg. u. eingeleitet von Klaus Scheel, Berlin [Ost] 1975.

Die Berliner Ehrenbürger, hrsg. von Eberhard Fromm u. Hans-Jürgen Mende, Berlin o. J. [1993].

Die Berliner Konferenz der Drei Mächte. Der Alliierte Kontrollrat für Deutschland. Die Alliierte Kommandantur der Stadt Berlin. Sammelheft 1, 1945: Kommuniqués, Deklarationen, Proklamationen, Gesetze, Befehle, Berlin 1946.

Die Berliner Wahlen am 20. Oktober 1946, Berlin 1947 (Berliner Statistik. Sonderheft 4).

Die Bevölkerungsentwicklung Groß-Berlins in den Jahren 1945 und 1946, in: Berliner Statistik, Jg. 1 (1947), S. 11 – 15.

Die Entnazifizierungspolitik der KPD/SED 1945 – 1948. Dokumente und Materialien, hrsg. von Ruth-Kristin Rößler, Goldbach 1994.

Die Entstehung der Verfassung von Berlin. Eine Dokumentation. Im Auftrag des Präsidenten des Abgeordnetenhauses von Berlin hrsg. von Hans J. Reichhardt unter Mitarbeit von Werner Breunig u. Josephine Gabler, 2 Bde., Berlin/New York 1990.

Die Ergebnisse der Berufszählung vom 29. Oktober 1946 für Groß-Berlin, Berlin [West] 1949 (Berliner Statistik. Sonderheft 7).

Die Ergebnisse der Volkszählung vom 29. Oktober 1946 für Groß-Berlin, Berlin 1948 (Berliner Statistik. Sonderheft 6).

Die Freie Gewerkschaft. Zeitung des Freien Deutschen Gewerkschaftsbundes, 9.5.1946, 5.9.1946 u. 2.10.1946.

Die Kabinettsprotokolle der Bundesregierung, Bd. 1: 1949 – Bd. 7: 1954, Boppard am Rhein 1982 – 1993; Bd. 8: 1955 ff., München 1997 ff.

Die Kabinettsprotokolle der Bundesregierung, Bd. 1: 1949, bearb. von Ulrich Enders u. Konrad Reiser, Boppard am Rhein 1982.

Die Kabinettsprotokolle der Landesregierung von Nordrhein-Westfalen 1946 bis 1950 (Ernennungsperiode und erste Wahlperiode). Eingeleitet und bearbeitet von Michael Alfred Kanther, Siegburg 1992 (Veröffentlichungen der staatlichen Archive des Landes Nordrhein-Westfalen, Reihe K: Kabinettsakten, Bd. 1, 2 Teile, im Auftrage des Kultusministeriums und des Ministeriums für Wissenschaft und Forschung des Landes Nordrhein-Westfalen, hrsg. von Peter Hüttenberger u. Wilhelm Janssen).

Die Kapitulation von 1945 und der Neubeginn in Deutschland. Symposion an der Universität Passau 30.-31.10.1985, hrsg. von Winfried Becker, Köln/Wien 1987 (Passauer Historische Forschungen, Bd. 5).

Die neue CDU – eine Reichspartei? Gespräch mit Ernst Lemmer, in: Wie kam es zur Bundesrepublik? Politische Gespräche mit Männern der ersten Stunde, hrsg. von Albert Wucher, Freiburg/Basel/Wien 1968 (Herder-Bücherei, Bd. 324), S. 59 – 66.

Die Neue Zeitung. Eine amerikanische Zeitung für die deutsche Bevölkerung, 18.10.1945 – 30.12.1946 u. 15.4.1947 (Berliner Blatt).

Die Protokolle des Bayerischen Ministerrats 1945 – 1954. Herausgegeben von der Historischen Kommission bei der Bayerischen Akademie der Wissenschaften und der Generaldirektion der Staatlichen Archive Bayerns:
   – Das Kabinett Schäffer. 28. Mai bis 28. September 1945. Bearbeitet von Karl-Ulrich Gelberg, München 1995;

– Das Kabinett Hoegner I. 28. September 1945 bis 21. Dezember 1946. Bearbeitet von
  Karl-Ulrich Gelberg, 2 Bde., München 1997.
Die Quadriga auf dem Brandenburger Tor. Zwischen Raub, Revolution und Frieden, hrsg.
  von Ulrike Krenzlin, Berlin 1991.
Die Stadt mit zwei Köpfen. Streit um des Kaisers Vereidigung, in: Diese Woche, Jg. 1 (1946),
  Nr. 4 (14.12.1946), S. 3 f.
Die Stadtverwaltung. Zeitschrift des Berliner Magistrats für die Angestellten der städtischen
  Verwaltung (Untertitel ab 1947: Zeitschrift des Berliner Magistrats für die städtischen
  Arbeiter und Angestellten), Jg. 1 (1946) – 4 (1949).
Die Städeordnung für die östlichen Provinzen Preußens nach dem Rechtszustande vom
  1. Februar 1927, hrsg. von Edmund Barz, 2. Aufl., Berlin-Halensee o. J. [1927].
Die Versorgung. Herausgegeben von der Deutschen Verwaltung für Handel und Versorgung
  in der sowjetischen Besatzungszone, Jg. 1 (1946/1947).
Die Woche im Bild. Illustrierte Beilage der Berliner Zeitung, Nr. 1 (1.9.1946) – 16
  (15.12.1946).
Dienstblatt, Jg. 1923, Teil I; Jg. 1924, Teil I – VIII; Jg. 1934, Teil I; Jg. 1937, Teil I.
Dienstblatt des Magistrats von Groß-Berlin, Jg. 1948, Teil I – V.
Diese Woche, Jg. 1 (1946).
Dinter, Andreas: Die Seuchen im Berlin der Nachkriegszeit 1945 – 1949 (Med. Diss., Freie
  Universität Berlin, Institut für Geschichte der Medizin), Berlin 1994.
Dohmen, Karl: Der Wiederaufbau der Deutschen Post in Berlin, in: Archiv für das Post- und
  Fernmeldewesen, Jg. 1 (1949), Nr. 1, S. 5 – 19.
Dokumente der Sozialistischen Einheitspartei Deutschlands. Beschlüsse und Erklärungen des
  Zentralsekretariats und des Parteivorstandes, Bd. 1, 3. Aufl., Berlin [Ost] 1952.
Dokumente und Materialien zur Geschichte der deutschen Arbeiterbewegung. Reihe III: ab
  1945, Bd. 1: Mai 1945 – April 1946, hrsg. vom Institut für Marxismus-Leninismus beim
  Zentralkomitee der Sozialistischen Einheitspartei Deutschlands, Berlin [Ost] 1959.
Dokumente zur Berlin-Frage 1944 – 1966. Mit einem Vorwort des Regierenden Bürgermeisters
  von Berlin. Herausgegeben vom Forschungsinstitut der Deutschen Gesellschaft für Auswärtige Politik e.V., Bonn, in Zusammenarbeit mit dem Senat von Berlin, 4. Aufl., München
  1987 (Schriften des Forschungsinstituts der Deutschen Gesellschaft für Auswärtige Politik
  e.V., Bonn. Reihe: Internationale Politik und Wirtschaft, Bd. 52/I).
Dokumente zur Geschichte des Schulwesens in der Deutschen Demokratischen Republik.
  Teil 1: 1945 – 1955. Ausgewählt von Gottfried Uhlig. Eingeleitet von Karl-Heinz Günther
  u. Gottfried Uhlig, Berlin [Ost] 1970 (Monumenta Paedagogica, Reihe C, Bd. VI/1).
Drei Kapitel Weißensee. Dokumente zur Geschichte der Kunsthochschule Berlin-Weißensee
  1946 bis 1957. Hrsg. u. kommentiert von Hiltrud Ebert, Berlin 1996.
Durian, Wolf: Vier Elefanten auf einem Bein. Circus Barlay eröffnete in der Schönhauser
  Allee, in: Tägliche Rundschau, 21.5.1946, S. 6.
Dusiska, Emil: Über die wirtschaftliche Einheit Berlins, in: Neues Deutschland, 20.9.1946,
  Berliner Beilage.
Ebert, Hiltrud: Von der „Kunstschule des Nordens" zur sozialistischen Hochschule. Das erste
  Jahrzehnt der Kunsthochschule Berlin-Weißensee, in: Kunstdokumentation SBZ/DDR
  1945 – 1990. Aufsätze · Berichte · Materialien, hrsg. von Günter Feist, Eckhart Gillen
  u. Beatrice Vierneisel, Köln 1996, S. 160 – 190.
Eckstein, Hans: Idee und Geschichte des Deutschen Werkbundes 1907 – 1957, in: 50 Jahre
  Deutscher Werkbund. Im Auftrage des Deutschen Werkbundes hrsg. von der Landesgruppe
  Hessen, bearb. von Hans Eckstein, Frankfurt a. M./Berlin 1958, S. 17.
Efrick: Warum noch keine Fensterscheiben?, in: Der Sozialdemokrat, 31.7.1946, S. 3.
Ein halbes Jahr Berliner Magistrat. Der Magistrat gibt Rechenschaft. Die Reden des
  Oberbürgermeisters Dr. Arthur Werner und des ersten stellvertretenden Oberbürgermeisters
  Karl Maron auf der Kundgebung in der Deutschen Staatsoper am 19. November 1945.

Berichte der Stadträte. Herausgegeben im Auftrage des Magistrats der Stadt Berlin, Berlin o. J. [1946].

Ein Jahr Berliner Volkspolizei, in: Das erste Jahr. Berlin im Neuaufbau. Ein Rechenschaftsbericht des Magistrats der Stadt Berlin, hrsg. im Auftrage des Magistrats der Stadt Berlin, Berlin 1946, S. 205 – 212.

Ein Jahr Planung, in: Das erste Jahr. Berlin im Neuaufbau. Ein Rechenschaftsbericht des Magistrats der Stadt Berlin, hrsg. im Auftrage des Magistrats der Stadt Berlin, Berlin 1946, S. 195 – 200.

Einheitsdrang oder Zwangsvereinigung? Die Sechziger-Konferenzen von KPD und SPD 1945 und 1946. Mit einer Einführung von Hans-Joachim Krusch u. Andreas Malycha, Berlin 1990.

Einhorn, Ly: Debatten um die richtige Karte. Ein Besuch auf einer Kartenstelle, in: Berliner Zeitung, 7.5.1946, [S. 2].

Elsberg, Paul: Neue alte Volksbanken, in: Der Morgen, 14.2.1946, S. 4.

Endlich, Stefanie/Wurlitzer, Bernd: Skulpturen und Denkmäler in Berlin, Berlin 1990.

Engel, Michael: Geschichte Dahlems, Berlin [West] 1984.

Engelhardt, Manfred: Über „Einblicke und Einsichten". Gespräch mit Genossen Ernst Kehler, in: Beiträge zur Geschichte der Arbeiterbewegung, H. 16 (1989), S. 135 – 139.

Engeli, Christian: Berlin und die Provinz Brandenburg 1933 – 1945, in: Verwaltungsgeschichte Ostdeutschlands 1815 – 1945. Organisation – Aufgaben – Leistungen der Verwaltung, hrsg. von Gerd Heinrich, Friedrich-Wilhelm Henning u. Kurt G. A. Jeserich, Stuttgart/Berlin/Köln 1993, S. 805 – 829.

Engeli, Christian: Krieg und Kriegsfolgen in Berlin im Vergleich zu anderen Großstädten, in: Berlin im Europa der Neuzeit. Ein Tagungsbericht, hrsg. von Wolfgang Ribbe u. Jürgen Schmädeke, Berlin/New York 1990 (Veröffentlichungen der Historischen Kommission zu Berlin, Bd. 75), S. 399 – 416.

Entnazifizierung. Politische Säuberung und Rehabilitierung in den vier Besatzungszonen 1945 – 1949, hrsg. von Clemens Vollnhans in Zusammenarbeit mit Thomas Schlemmer, München 1991.

Erdtmann, G.: Umschulung von Frauen für das Berliner Baugewerbe, in: Berliner Zeitung, 17.8.1945, [S. 2].

Ergebnisse der Arbeitsstättenzählung in Berlin vom 12. August 1945, Berlin 1947 (Berliner Statistik. Sonderheft 2).

Ergebnisse der Volks- und Berufszählung in Berlin am 12. August 1945, Berlin 1948 (Berliner Statistik. Sonderheft 5).

Ernst, Christian: Gedanken eines Berliner Heimkehrers, in: Berliner Zeitung, 10.10.1946, [S. 6].

Ethos und Pathos. Die Berliner Bildhauerschule 1786 – 1914. Ausstellungskatalog, hrsg. von Peter Bloch, Sibylle Einholz u. Jutta von Simson, Berlin 1990.

Ethos und Pathos. Die Berliner Bildhauerschule 1786 – 1914. Beiträge mit Kurzbiographien Berliner Bildhauer, hrsg. von Peter Bloch, Sibylle Einholz u. Jutta von Simson, Berlin 1990.

Faisst, Michael/Hurwitz, Harold/Sühl, Klaus: Die Berliner Sozialdemokratie und die Personalpolitik der Besatzungsmächte 1945/1946, in: Internationale wissenschaftliche Korrespondenz zur Geschichte der deutschen Arbeiterbewegung, Jg. 16 (1980), S. 329 – 344.

Fechner, Max: Berlins neue Verfassung, in: Neues Deutschland, 11.8.1946, S. 2.

Federau, Fritz: Das Berliner Bankwesen 1945/1950, Berlin [West] o. J. [1951] (Deutsches Institut für Wirtschaftsforschung, Sonderhefte, N. F., Reihe A: Forschung, Nr. 11).

Fehling, Jürgen: Die wilde Kraft/Jürgen Fehling zum Tode Heinrich Georges, in: Der Kurier, 12.11.1946, S. 3.

Fiedler, Werner: Berlins grüne Zuflucht. Neuaufbau des Tiergartens beginnt, in: Neue Zeit, 3.11.1946, S. 3.

Fijalkowski, Jürgen u. a.: Berlin – Hauptstadtanspruch und Westintegration, Köln/Opladen 1967 (Schriften des Instituts für Politische Wissenschaft, Bd. 20).

Fischer, Alexander: Sowjetische Deutschlandpolitik im Zweiten Weltkrieg 1941–1945, Stuttgart 1975.

Fischer, Egbert: Arthur Pieck, in: Für ein sozialistisches Vaterland. Lebensbilder deutscher Kommunisten und Aktivisten der ersten Stunde, Berlin [Ost] 1981, S. 151–182 u. 283 f.

Fischer-Dieskau, Joachim: Grundsteuerbeihilfe für Arbeiterwohnstätten, in: Handwörterbuch des Städtebaues, Wohnungs- und Siedlungswesens, Bd. 2, Stuttgart 1959, S. 753 f.

Fleischmann, Paul: Probleme der Berufsumschulung. Berufsumschichtung als Folge des wirtschaftlichen Zusammenbruchs, in: Die Stadtverwaltung, Jg. 1 (1946), H. 2, S. 4–6.

Franck, H. Heinrich: Zur Eröffnung der Technischen Universität Berlin, in: Telegraf, 7.4.1946, S. 5.

Frecot, Janos/Geisert, Helmut: Berlin. Frühe Photographien Berlin 1857–1913, München 1984.

Frentzel, Dr.: Wie urteilt die Spruchkammer?, in: Neue Zeit, 21.3.1946, S. 3.

Frentzel, Gerhard: Die Gebäudeinstandsetzungsabgabe, in: Neue Zeit, 2.8.1945, S. 3.

Frenzel, Gerhard: Gesetzgeber: Magistrat Berlin, in: Neue Zeit, 13.9.1945, S. 3.

Friedensburg, Ferdinand: Das Deutsche Institut für Wirtschaftsforschung seit 1945, in: Ferdinand Friedensburg: Politik und Wirtschaft. Aufsätze und Vorträge, Berlin [West] 1961, S. 209–217.

Friedensburg, Ferdinand: Denkmäler [Leserbrief], in: Der Tagesspiegel, 13.6.1971, S. 25.

Friedensburg, Ferdinand: Es ging um Deutschlands Einheit. Rückschau eines Berliners auf die Jahre nach 1945, Berlin [West] 1971.

Friedrich, Peter: Das neue Berlin und sein Verkehr. Zur Frage der Verkehrsnetzgestaltung, in: Demokratischer Aufbau, Jg. 1 (1946), S. 134–137.

Friedrich, Peter: Lagebeziehungen und Verkehrsnetzgestaltung des neuen Berlin, in: Der Bauhelfer, Jg. 1 (1946), Nr. 11, S. 8–14.

Friedrichshain „kontra" Dresden, in: Neue Berliner Illustrierte, Jg. 1 (1945), H. 5, S. 14.

Fritzsche, Horst: Wegweiser zu Berlins Straßennamen. Mitte, Berlin 1995.

50 Jahre BVG. Ein Rückblick auf ein Stück Berliner Verkehrsgeschichte, Berlin [West] 1979.

50 Jahre Deutscher Werkbund. Im Auftrage des Deutschen Werkbundes hrsg. von der Landesgruppe Hessen, bearb. von Hans Eckstein, Frankfurt a. M./Berlin 1958.

50 Jahre Deutschlandhalle, hrsg. von der Ausstellungs-Messe-Kongress-GmbH, Berlin o. J. [1985].

Für ein sozialistisches Vaterland. Lebensbilder deutscher Kommunisten und Aktivisten der ersten Stunde, Berlin [Ost] 1981.

Gau-Hamm, H[ugo]: Präsident Erich Otto und die Bühnengenossenschaft, in: Deutsches Bühnen-Jahrbuch 1951, S. 44–46.

Geist, Johann Friedrich/Kürvers, Klaus: Das Berliner Mietshaus 1945–1989. Eine dokumentarische Geschichte der Ausstellung „Berlin plant/Erster Bericht" 1946 und der Versuche, auf den Trümmern der Hauptstadt des Großdeutschen Reiches ein NEUES BERLIN zu bauen, aus dem dann zwei geworden sind, München 1989 (Geschichte des Berliner Mietshauses, Bd. 3).

Geist, Johann Friedrich/Kürvers, Klaus/Rausch, Dieter: Hans Scharoun. Chronik zu Leben und Werk, hrsg. von der Akademie der Künste, Berlin 1993.

Gelberg, Karl-Ulrich: Die Protokolle des Bayerischen Ministerrats 1945–1954 als zentrale Quelle für die politische, wirtschaftliche und soziale Entwicklung Bayerns, in: Landesgeschichte und Zeitgeschichte. Forschungsperspektiven zur Geschichte Bayerns nach 1945, hrsg. von Maximilian Lanzinner u. Michael Henker, Augsburg 1997 (Materialien zur bayerischen Geschichte und Kultur, H. 4), S. 89–101.

Gelberg, Karl-Ulrich: Die Protokolle des Bayerischen Ministerrats 1945–1954. Das Kabinett Schäffer 28. Mai bis 28. September 1945, in: Mitteilungen aus dem Bundesarchiv, Jg. 3 (1995), H. 2, S. 6–9.

Genschorek, Wolfgang: Ferdinand Sauerbruch. Ein Leben für die Chirurgie, 7., neubearb. Aufl., Leipzig 1987.

Genth, Renate u. a.: Frauenpolitik und politisches Wirken von Frauen im Berlin der Nachkriegszeit 1945 – 1949. Hrsg. von der Senatorin für Arbeit, Berufliche Bildung und Frauen, Berlin 1996.

Genth, Renate/Schmidt-Harzbach, Ingrid: Die Frauenausschüsse, das halb gewollte, halb verordnete Netz, in: Renate Genth u. a.: Frauenpolitik und politisches Wirken von Frauen im Berlin der Nachkriegszeit 1945 – 1949. Hrsg. von der Senatorin für Arbeit, Berufliche Bildung und Frauen, Berlin 1996, S. 47 – 74.

Geschichte der deutschen Arbeiterbewegung. Biographisches Lexikon, Berlin [Ost] 1970.

G[eschke], O[ttomar]: Berlins Sozialwesen. Die nächsten Aufgaben, in: Berliner Zeitung, 5.6.1945, [S. 3].

Geschke, Ottomar: Ehrung und Verpflichtung, in: Neues Deutschland, 22.9.1946, S. 1.

Geschke, Ottomar: Einheit der Sozialversicherung, in: Berliner Zeitung, 19.7.1945, [S. 1].

Geschke, Ottomar: Wohltätigkeit gestern – Anrecht morgen. Zur Frage des Sozialwesens, in: Berliner Zeitung, 24.6.1945, [S. 1].

Gesetz-Sammlung für die Königlichen Preußischen Staaten, Jg. 1853, 1868, 1875, 1893 u. 1904.

Gewerkschaftlicher Neubeginn. Dokumente zur Gründung des FDGB und zu seiner Entwicklung von Juni 1945 bis Februar 1946, hrsg. u. eingeleitet von Horst Bednareck, Albert Behrendt u. Dieter Lange, Berlin [Ost] 1975.

Giese, Gerhardt: Die Kirche in der Berliner Schule. Ein Arbeitsbericht über den Aufbau des Religionsunterrichts im Auftrage der Kirche seit 1945. Mit drei schulpolitischen Denkschriften von D. Hans Lokies, Berlin [West] 1955.

Girra, Dagmar: Friedrichshain, Berlin 1993.

Glowinski, [Josef]: Die Bevölkerungsverhältnisse in der Nachkriegszeit. Ergebnisse der Bevölkerungs- und Wahlstatistik, in: Berliner Statistik, Jg. 11 (1957), S. 3 – 24.

Görlich, Felix: Rentabilitäts-Gedanken, in: Der Morgen, 4.7.1946, S. 4.

Goetz, Wolfgang: Gerhart Hauptmann †, in: Der Kurier, 12.6.1946, S. 2.

Goll, Günter: Regie- oder Privatbetrieb?, in: Demokratischer Aufbau, Jg. 1 (1946), S. 20 f.

Gradl, J[ohann] B[aptist]: Die dringende Aufgabe, in: Neue Zeit, 7.3.1946, S. 3.

Gradl, J[ohann] B[aptist]: Die Währungsfrage, in: Neue Zeit, 30.1.1946, S. 1 f.

Grimm, Ernst: Was ist mit dem „Werk der Jugend"?, in: Die Freie Gewerkschaft, 2.10.1946, S. 8.

Grosch, Robert: Luftverkehr, in: Berlin und seine Bauten. Teil X, Bd. B: Anlagen und Bauten für den Verkehr. (2) Fernverkehr, Berlin [West] 1984, S. 275 – 292.

Grüber, Heinrich: Erinnerungen aus sieben Jahrzehnten, 2. Aufl., Köln/Berlin 1968.

Grüber, Heinrich: Zum Tode von Ottomar Geschke, in: Berliner Zeitung, 19.5.1957, S. 2.

„Gruppe Ulbricht" in Berlin April bis Juni 1945. Von den Vorbereitungen im Sommer 1944 bis zur Wiedergründung der KPD im Juni 1945. Eine Dokumentation. Mit einem Geleitwort von Wolfgang Leonhard. Herausgegeben und eingeleitet von Gerhard Keiderling, Berlin 1993 (Politische Dokumente, Bd. 13).

Grzywatz, Berthold: Städtische Verwaltungsorganisation zwischen Staat, Gemeinde und Bezirken. Zur Entwicklung des Berliner Verfassungsrechts in der Weimarer Republik, in: Berlin in Geschichte und Gegenwart. Jahrbuch des Landesarchivs Berlin 1993, S. 7 – 45.

Günther, Hans: Appell an die Justiz, in: Berliner Zeitung, 26.3.1946, [S. 1].

Günther, Hans: Ein Jahr Berliner Justiz, in: Berliner Zeitung, 1.6.1946, [S. 3].

Günther, Hans: Neue Chronik der Berliner Justiz, in: Berliner Zeitung, 14.11.1945, [S. 1].

Güttler, Peter/Ahmadi, Ditta/Westphal, Dagmar: Liste der Bauten und Anlagen für den Luftverkehr, in: Berlin und seine Bauten. Teil X, Bd, B: Anlagen und Bauten für den Verkehr. (2) Fernverkehr, Berlin [West] 1984, S. 293 – 297.

Guradze, Heinz: Der süddeutsche Länderrat, in: Gedächtnisschrift Hans Peters, Berlin/Heidelberg/New York 1967, S. 493 – 512.

Gyptner, Richard: Aktivisten der ersten Stunde, in: Wir sind die Kraft. Der Weg der Deutschen Demokratischen Republik. Erinnerungen, hrsg. vom Institut für Marxismus-Leninismus beim ZK der SED, Berlin [Ost] 1959, S. 81 – 89.

Haarfeldt, Hans: Die Genossenschaften im Handwerk, in: Berliner Zeitung, 12.4.1946, [S. 2].

Haarfeldt, Hans: Die Lieferungsgenossenschaften im Handwerk, in: Berliner Zeitung, 4.5.1946, [S. 2].

Haarfeld[t], Hans: Die neuen Handwerksorganisationen, in: Deutsche Volkszeitung, 10.1.1946, S. 3.

Haarfeldt, Hans: Handwerkskammern, in: Telegraf, 11.7.1946, S. 4.

Haas, [Friedrich]: Die verfassungsrechtliche Stellung Berlins, in: Berliner Zeitung, 7.12.1945, [S. 1].

Haas, [Friedrich]: Vorläufige Verfassung von Groß-Berlin. Erläutert von Dr. Haas. Kämmerer von Groß-Berlin, 4., neubearb. Aufl., Berlin 1947.

Hacker, Jens: Die Nachkriegsordnung für Deutschland auf den Konferenzen von Jalta und Potsdam, in: Die Kapitulation von 1945 und der Neubeginn in Deutschland. Symposion an der Universität Passau 30. – 31.10.1985, hrsg. von Winfried Becker, Köln/Wien 1987 (Passauer Historische Forschungen, Bd. 5), S. 1 – 30.

Häker, Horst: Kleists Berliner Aufenthalte. Ein biographischer Beitrag, Berlin [West] 1989.

Hamann, Christoph: Tempelhof 1945/1946. Verwaltung und Politik im ersten Nachkriegsjahr, in: Berlin in Geschichte und Gegenwart. Jahrbuch des Landesarchivs Berlin 1994, S. 231 – 253.

Hanauske, Dieter: „Bauen, bauen, bauen . . .!" Die Wohnungspolitik in Berlin (West) 1945 – 1961, Berlin 1995.

Handbuch politischer Institutionen und Organisationen 1945 – 1949, bearb. von Heinrich Potthoff in Zusammenarbeit mit Rüdiger Wenzel, Düsseldorf 1983 (Handbücher zur Geschichte des Parlamentarismus und der politischen Parteien, Bd. 1).

Hans Scharoun. Bauten, Entwürfe, Texte, hrsg. von Peter Pfankuch, überarb. Neuausgabe, Berlin 1993 (Schriftenreihe der Akademie der Künste, Bd. 10) (Erstausgabe: Berlin [West] 1974).

Harich, Wolfgang: Ein Jahr Berliner Theater: I. Ohne Jürgen Fehling?, in: Der Kurier, 16.7.1946, S. 3.

Harich, Wolfgang: Jürgen Fehling und das Deutsche Theater, in: Tägliche Rundschau, 10.11.1946, S. 5.

Harich, Wolfgang: Vielfalt bei klarer Linie. Wolfgang Langhoffs Pläne für das Deutsche Theater, in: Tägliche Rundschau, 7.9.1946, S. 3.

Hassenpflug, Gustav: Neue Wohnungen aus Trümmern, in: Telegraf, 6.6.1946, S. 4.

Hassenpflug, Gustav: Was geschieht mit den Trümmern?, in: Berliner Zeitung, 24.1.1946, [S. 3].

Hassenpflug, G[ustav]: Wiederinstandsetzung der Charité, in: Das deutsche Gesundheitswesen, Jg. 1 (1946), S. 192.

Hauth, Wilhelm: Was wird mit dem Vermögen der Deutschen Arbeitsfront?, in: Das Volk, 22.7.1945, [S. 3].

Heider, Magdalena: Kulturbund zur demokratischen Erneuerung Deutschlands, in: SBZ-Handbuch. Staatliche Verwaltungen, Parteien, gesellschaftliche Organisationen und ihre Führungskräfte in der Sowjetischen Besatzungszone Deutschlands 1945 – 1949, hrsg. von Martin Broszat u. Hermann Weber, München 1990, S. 714 – 733.

Heinemann, Manfred: Der Wiederaufbau der Kaiser-Wilhelm-Gesellschaft und die Neu-gründungen der Max-Planck-Gesellschaft (1945 – 1949), in: Forschung im Spannungsfeld von Politik und Gesellschaft. Geschichte und Struktur der Kaiser-Wilhelm-/Max-Planck-Gesellschaft. Aus Anlaß ihres 75jährigen Bestehens hrsg. von Rudolf Vierhaus u. Bernhard vom Brocke, Stuttgart 1990, S. 407 – 470.

Henke, Josef/Oldenhage, Klaus: Office of Military Government for Germany (US), in: OMGUS-Handbuch. Die amerikanische Militärregierung in Deutschland 1945 – 1949, hrsg.

von Christoph Weisz, München 1994 (Quellen und Darstellungen zur Zeitgeschichte, Bd. 35), S. 1 – 142.

Henning, Edith: Überfälliger Rechtsschutz. Zuständigkeit und Verfahren der Verwaltungsgerichte, in: Der Kurier, 23.12.1946, S. 5 f.

Herkt, Günther: Wiederherstellungsvorschlag für das Brandenburger Tor, in: Der Bauhelfer, Jg. 1 (1946), Nr. 1, S. 1 – 3.

Hermes, Anna: Und setzet ihr nicht das Leben ein. Andreas Hermes – Leben und Wirken. Nach Briefen, Tagebuchaufzeichnungen und Erinnerungen, Stuttgart 1971.

Hermes, Peter: Die Christlich-Demokratische Union und die Bodenreform in der Sowjetischen Besatzungszone Deutschlands im Jahre 1945, Saarbrücken 1963.

Herz, Carl/Brell, Walter: Berliner Stadtverfassungsrecht, Berlin 1931.

Herzfeld, Hans: Berlin und das Berlinproblem vom Zusammenbruch bis zu den Stadtverordnetenwahlen des 20. Oktober 1946, in: Hans Herzfeld: Ausgewählte Aufsätze. Dargebracht als Festgabe zum siebzigsten Geburtstage von seinen Freunden und Schülern, Berlin [West] 1962, S. 314 – 355.

Herzfeld, Hans: Die politische Entwicklung in Berlin von 1945 bis zur Spaltung von 1948, in: Berlin – Sowjetsektor. Die politische, rechtliche, wirtschaftliche, soziale und kulturelle Entwicklung in acht Berliner Verwaltungsbezirken, Berlin [West] 1965, S. 20 – 32.

„Hier spricht Berlin . . ." Der Neubeginn des Rundfunks in Berlin 1945, Potsdam 1995 (Veröffentlichungen des Deutschen Rundfunkarchivs, Bd. 1).

Hilberg, Raul: Die Vernichtung der europäischen Juden, Bd. 1, Frankfurt a. M. 1990.

Hildebrandt, Paul: Lage der Schulreform in Berlin, in: Telegraf, 15.8.1946, S. 5.

Hoffmann, Friedel: Wählbar mit 23 Jahren?, in: Vorwärts, 15.7.1946, [S. 4].

Hoffmann, [Georg Max Rudolf]: Die Rechtsgrundlagen für das Post- und Fernmeldewesen im Land Berlin, in: Archiv für das Post- und Fernmeldewesen, Jg. 8 (1956), Nr. 1, S. 1 – 10.

Hollmann, Michael: „Die Kabinettsprotokolle der Bundesregierung" im Vergleich zu parallelen Quelleneditionen, in: Mitteilungen aus dem Bundesarchiv, Jg. 2 (1994), S. 136 – 144.

Horizont. Halbmonatsschrift für junge Menschen, Jg. 1 (1945/1946).

Hornbogen, Lothar: Der Arbeiterklasse und dem Sozialismus treu ergeben. Otto Winzer, in: Beiträge zur Geschichte der Arbeiterbewegung, Jg. 26 (1984), S. 686 – 693.

Hummel, A[lfred]: Trümmerverwertung schafft Baustoffe, in: Der Bauhelfer, Jg. 1 (1946), Nr. 2, S. 9 – 11.

Hurwitz, Harold (unter Mitarbeit von Andreas Büning, Johannes-Berthold Hohmann, Klaus Sühl und Ingolore Mensch-Khan): Die Anfänge des Widerstands. Teil 1: Führungsanspruch und Isolation der Sozialdemokraten, Köln 1990 (Demokratie und Antikommunismus in Berlin nach 1945, Bd. IV, Teil 1).

Hurwitz, Harold (unter Mitarbeit von Andreas Büning, Johannes-Berthold Hohmann, Klaus Sühl u. Ingolore Mensch-Khan): Die Anfänge des Widerstands. Teil 2: Zwischen Selbsttäuschung und Zivilcourage: Der Fusionskampf, Köln 1990 (Demokratie und Antikommunismus in Berlin nach 1945, Bd. IV, Teil 2).

Hurwitz, Harold: Die Eintracht der Siegermächte und die Orientierungsnot der Deutschen 1945 – 1946, Köln 1984 (Demokratie und Antikommunismus in Berlin nach 1945, Bd. III).

Hurwitz, Harold: Die politische Kultur der Bevölkerung und der Neubeginn konservativer Politik, Köln 1983 (Demokratie und Antikommunismus in Berlin nach 1945, Bd. I).

Hurwitz, Harold: Die Stunde Null der deutschen Presse. Die amerikanische Pressepolitik in Deutschland 1945 – 1949, München 1972.

Ingwersen, Erhard: Standbilder in Berlin, Berlin [West] 1967 (Berlinische Reminiszenzen, Bd. 16).

Inventar der Befehle des Obersten Chefs der Sowjetischen Militäradministration in Deutschland (SMAD) 1945 – 1949 · – Offene Serie – · Im Auftrag des Instituts für Zeitgeschichte zusammengestellt und bearbeitet von Jan Foitzik, München/New Providence/London/Paris 1995 (Texte und Materialien zur Zeitgeschichte, Bd. 8).

Israel, Georg R. A.: Um die Rückgabe jüdischen Vermögens, in: Der Tagesspiegel, 19.4.1947, [S. 5].

Ittershagen, Elisabeth: Zum Nachlaß von Hans Jendretzky (1897 – 1992), in: Mitteilungen des Förderkreises Archive und Bibliotheken zur Geschichte der Arbeiterbewegung, Nr. 7 (April 1995), S. 12.

Jaeckel, Otto: Die Bauordnungen für Berlin und für die ehemaligen Vororte von Berlin, in: Berlin und seine Bauten. Teil II: Rechtsgrundlagen und Stadtentwicklung, Berlin/München 1964, S. 10 – 28.

Jahn, Gunther: Die Bauwerke und Kunstdenkmäler von Berlin. Stadt und Bezirk Spandau, Berlin [West] 1971.

Jendretzky, Hans: Die ersten Schritte, in: Berliner Geschichte. Dokumente, Beiträge, Informationen, H. 8 (1987), S. 23 – 26.

Jirak, Walter: Aufbau der Versorgungsbetriebe Berlins, in: Berliner Zeitung, 4.7.1945, [S. 2].

Jirak, Walter: Borsig wurde Großreparaturwerkstatt. Arbeit ist praktische Demokratie, in: Nacht-Express, 13.12.1945, [S. 3].

Jirak, [Walter]: Das Städtische Werk Tegel, in: Berliner Zeitung, 19.8.1945, [S. 2].

Jirak, Walter: Womit beschäftigen wir uns? Aufgaben und Pläne der Abteilung Städtische Betriebe, in: Berliner Zeitung, 25.5.1945, [S. 2].

Kaeber, Ernst: Das Ehrenbürgerrecht und die Ehrenbürger Berlins, in: Erforschtes und Erlebtes aus dem alten Berlin. Festschrift zum 50jährigen Jubiläum des Vereins für die Geschichte Berlins, Berlin 1917 (Schriften des Vereins für die Geschichte Berlins, H. 50), S. 11 – 28.

Kanig, Hans: Ein Jahr Berliner Schutzpolizei, in: Telegraf, 1.6.1946, S. 3.

Kanther, Michael Alfred: Kabinettsprotokolle, in: Einführung in die Interpretation historischer Quellen. Schwerpunkt: Neuzeit, hrsg. von Bernd-A. Rusinek, Volker Ackermann u. Jörg Engelbrecht, Paderborn 1992, S. 171 – 184.

Karweik, Erich: Berlin plant – plant es richtig?, in: Der Sozialdemokrat, 21.10.1947, S. 4.

Kehler, Ernst: Die Post nimmt ihren Dienst wieder auf, in: Berliner Zeitung, 4.8.1945, [S. 3].

Kehler, Ernst: Ein halbes Jahr Berliner Post. Berlin blieb das postalische Zentrum, in: Berliner Zeitung, 14.11.1945, [S. 2].

Kehler, Ernst: Ein neugeschenktes Leben gab Anstoß zum Nachdenken und zu neuen Einsichten, in: Beiträge zur Geschichte der Berliner Arbeiterbewegung, H. 14 (1987), S. 65 – 70.

Kehler, Ernst: Einblicke und Einsichten. Erinnerungen, Berlin [Ost] 1989.

Kehler, Ernst: Frontbevollmächtigter des NKFD, in: Beiträge zur Geschichte der Arbeiterbewegung, Jg. 27 (1985), S. 218 – 222.

Keiderling, Gerhard: „Als Befreier unsere Herzen zerbrachen". Zu den Übergriffen der Sowjetarmee in Berlin 1945, in: Deutschland Archiv, Jg. 28 (1995), S. 234 – 243.

Keiderling, Gerhard: Berlin 1945 – 1986. Geschichte der Hauptstadt der DDR, Berlin [Ost] 1987.

Keiderling, Gerhard: „... dann waren wir befreit". Die Berliner und das Kriegsende, in: Berlinische Monatsschrift, Jg. 4 (1995), H. 5, S. 16 – 22.

Keiderling, Gerhard: Die Alliierte Kommandantur der Stadt Berlin. Von der EAC 1944/45 bis zum Ende der Viermächteverwaltung 1948, in: Jahrbuch für Geschichte, Bd. 35 (1987) (Studien zur Geschichte Berlins), S. 565 – 615.

Keiderling, Gerhard: Die Bildung neuer Selbstverwaltungsorgane und der beginnende Prozeß ihrer Demokratisierung in Berlin (April – Juli 1945) (Diplomarbeit, Institut für Deutsche Geschichte der Humboldt-Universität), Berlin [Ost] 1960.

Keiderling, Gerhard: Scheinpluralismus und Blockparteien. Die KPD und die Gründung der Parteien in Berlin 1945, in: Vierteljahrshefte für Zeitgeschichte, Jg. 45 (1997), S. 257 – 296.

Keiderling, Gerhard: Vom Hauptausschuß OdF zur VVN, in: Berlinische Monatsschrift, Jg. 6 (1997), H. 7, S. 41 – 44.

Keiderling, Gerhard: Von Säuberungen, „Persilscheinen" und Mitläufern. Der Beginn der

Entnazifizierung in Berlin 1945, in: Berlinische Monatsschrift, Jg. 6 (1997), H. 3, S. 115–118.

Keiderling, Gerhard: Wir sind die Staatspartei. Die KPD-Bezirksorganisation Groß-Berlin April 1945 – April 1946, Berlin 1997.

Keiderling, Gerhard: Zur Tätigkeit Dr. Andreas Hermes' im Berliner Magistrat Mai – Juli 1945, in: Beiträge, Dokumente, Informationen des Archivs der Hauptstadt der Deutschen Demokratischen Republik (Schriftenreihe des Stadtarchivs Berlin), Jg. 3 (1966), H. 2, S. 72–89.

Kellner, Hans: Umschulung entlastet die Bauwirtschaft, in: Der Morgen, 14.11.1945, S. 3.

Kern, Käthe: Die Frauen-Ausschüsse, in: Das Volk, 30.11.1945, S. 3.

Keßler, [Heinz]: Bericht des Leiters des Hauptjugendausschusses beim Magistrat der Stadt Berlin, in: Ein halbes Jahr Berliner Magistrat. Der Magistrat gibt Rechenschaft. Die Reden des Oberbürgermeisters Dr. Arthur Werner und des ersten stellvertretenden Oberbürgermeisters Karl Maron auf der Kundgebung in der Deutschen Staatsoper am 19. November 1945. Berichte der Stadträte. Herausgegeben im Auftrage des Magistrats der Stadt Berlin, Berlin o. J. [1946], S. 120–122.

Keßler, Heinz: Dem Volk voran!, in: Berliner Zeitung, 16.11.1945, [S. 1].

Keßler, Heinz: Jungen und Mädel von Berlin!, in: Berliner Zeitung, 20.6.1945, [S. 2].

Kind, Enno: Sternheims „Snob" im Deutschen Theater, in: Neues Deutschland, 5.5.1946, S. 3.

Kind, Enno: Wolfgang Langhoff stellt sich vor. Presse-Empfang des Deutschen Theaters im Klubhaus des Kulturbundes, in: Neues Deutschland, 7.9.1946, S. 3.

Kindel, Friedrich: Ernst Wildangels Kampf für die demokratische Umgestaltung des Berliner Schulwesens (Phil. Diss.), Greifswald 1963.

Kleßmann, Christoph: Die doppelte Staatsgründung. Deutsche Geschichte 1945–1955, 3. Aufl., Bonn 1982 (Schriftenreihe der Bundeszentrale für politische Bildung, Bd. 193).

Klewitz, Marion: Berliner Einheitsschule 1945–1951. Entstehung, Durchführung und Revision des Reformgesetzes von 1947/48, Berlin [West] 1971 (Historische und pädagogische Studien, Bd. 1).

Klimpel, Gustav: Das neue Jahr der Kleingärtner, in: Deutsche Volkszeitung, 4.1.1946, S. 4.

Klimpel, Gustav: Es wird keinen Hungerwinter geben!, in: Deutsche Volkszeitung, 11.10.1945, S. 3.

Klimpel, [Gustav]: Kontrollen in den Lebensmittelgeschäften, in: Berliner Zeitung, 9.1.1946, [S. 2].

Klimpel, Gustav: Kontrollorgane in der Ernährungswirtschaft, in: Die Stadtverwaltung, Jg. 1 (1946), H. 1, S. 8–10.

Klimpel, [Gustav]: Neue Ernährungspolitik. Wahrhaftigkeit und Wendigkeit, in: Das Volk, 9.12.1945, S. 1 f.

Klimpel, Gustav: Sichert die Ernährung! Einschneidende Verordnung des Magistrats, in: Das Volk, 28.10.1945, S. 1 f.

Klimpel, Gustav: Vorsorge für den Winter! Wie steht es mit der Versorgung der Berliner Bevölkerung?, in: Berliner Zeitung, 12.9.1945, [S. 2].

Klimpel, Reinhold [i. e.: Gustav]: Es wird keinen Hungerwinter geben!, in: Deutsche Volkszeitung, 11.10.1945, S. 3.

Klünner, Hans-Werner: Die Berolina – Symbol und Denkmal einer Epoche, in: Jahrbuch für brandenburgische Landesgeschichte, Bd. 14 (1963), S. 79–86.

Kölm, Lothar: Berlin – Sitz der Sowjetischen Militäradministration in Deutschland (SMAD) 1945–1949, in: Beiträge zur Geschichte der Berliner Arbeiterbewegung, H. 14 (1987), S. 79–88.

Körner, Walter/Brell, Walter: Berliner Ortsrecht, Berlin 1925.

Kötz: Die Kammer der Technik, ein Instrument friedlichen Fortschritts, in: Tägliche Rundschau, 23.6.1946, S. 5.

Konrad Kardinal von Preysing. Bischof von Berlin. Zur Vollendung seines 70. Lebensjahres hrsg. vom Bischöflichen Ordinariat Berlin, Berlin [West] 1950.

Korn, Karl: Baumstümpfe und graue Wiesen/Tiergarten 1946, in: Der Kurier, 30.3.1946, S. 5.

Kramer, Dr.: Umschulung für das Baugewerbe, in: Berliner Zeitung, 16.8.1945, [S. 2].

Kremer, [Dionys]: Unfallverhütung, in: Telegraf, 14.6.1946, S. 4.

Kremer, [Dionys]: Vereinheitlichung des Arbeitsschutzes, in: Neues Deutschland, 6.8.1946, S. 3.

Kretzschmar, Ingeburg: Das Vermächtnis Beethovens. Zur Beethoven-Festwoche der Stadt Berlin, in: Tägliche Rundschau, 14.12.1945, S. 3.

Kreutzer, Marie-Luise: Königlich akademische Hochschule für die bildenden Künste und Nachfolgeinstitutionen. Hardenbergstraße 33, in: Charlottenburg. Teil 1: Die historische Stadt, Berlin [West] 1986 (Geschichtslandschaft Berlin. Orte und Ereignisse, Bd. 1), S. 554 – 585.

Kreuzberg, hrsg. von Helmut Engel, Stefi Jersch-Wenzel u. Wilhelm Treue, Berlin 1994 (Geschichtslandschaft Berlin. Orte und Ereignisse, Bd. 5).

Kriegel, E[rich]: Ein Jahr „Vereinigung Berliner Baubetriebe", in: Neue Bauwelt, Jg. 1 (1946), H. 7, S. 6.

Krippendorff, Ekkehart: Die Gründung der Liberal-Demokratischen Partei in der Sowjetischen Besatzungszone 1945, in: Vierteljahrshefte für Zeitgeschichte, Jg. 8 (1960), S. 290 – 309.

Krippendorff, Ekkehart: Die Liberal-Demokratische Partei Deutschlands in der Sowjetischen Besatzungszone 1945/48. Entstehung, Struktur, Politik, Düsseldorf o. J. [1961] (Beiträge zur Geschichte des Parlamentarismus und der politischen Parteien, Bd. 21).

Krüger, Leoni: Frauen schlagen soziale Brücken. Zur Berliner Tagung der Frauenausschüsse, in: Der Sozialdemokrat, 12.7.1946, S. 3.

Kuba, Karlheinz: Quellen zur Geschichte der Berliner Frauenausschüsse 1945 – 1947, in: Beiträge, Dokumente, Informationen des Archivs der Hauptstadt der Deutschen Demokratischen Republik (Schriftenreihe des Stadtarchivs Berlin), Jg. 1 (1964), H. 1, S. 35 – 52.

Kuba, Karlheinz/Liening, Rudi: Zur Arbeit der antifaschistisch-demokratischen Verwaltungsorgane der Stadt Berlin von April bis Juli 1945, in: Beiträge, Dokumente, Informationen des Archivs der Hauptstadt der Deutschen Demokratischen Republik (Schriftenreihe des Stadtarchivs Berlin), Jg. 2 (1965), H. 1, S. 1 – 27.

Kube, Walter: Unfallversicherungsschutz in der Berliner Sozialversicherung, in: Die Stadtverwaltung, Jg. 1 (1946), H. 17, S. 2 f., u. H. 18, S. 2 – 4.

Kuby, Erich: Die Russen in Berlin 1945, München/Bern/Wien 1965.

Kudlien, Fridolf/Andree, Christian: Sauerbruch und der Nationalsozialismus, in: Medizinhistorisches Journal, Jg. 15 (1980), S. 201 – 222.

Kürten, Dr.: Endgültige Ergebnisse der Wohnungszählung vom 13. April 1946 [Teil 1: Die Wohnungen nach der Zahl und Art der Wohnräume], in: Berliner Statistik, Jg. 3 (1949), S. 9 – 17.

Kürten, Dr.: Endgültige Ergebnisse der Wohnungszählung vom 13. April 1946 [Teil 2: Veränderungen im Wohnungsbestand durch den Krieg; Teil 3: Wiederherstellbare unbenutzbare Wohnräume in benutzbaren Gebäudewohnungen], in: Berliner Statistik, Jg. 3 (1949), S. 30 – 34.

Kürten, Dr.: Endgültige Ergebnisse der Wohnungszählung vom 13. April 1946 [Teil 4: Die Bodenfläche der Wohnungen; Teil 5: Die Bewohner der Wohnungen; Teil 6: Die Wohn- und Belegungsdichte der Wohnungen; Teil 7: Veränderungen im Wohnungsbestand April 1946 bis September 1948], in: Berliner Statistik, Jg. 3 (1949), S. 119 – 131.

Kürten, Dr.: Groß-Berlins Verlust an Wohnungen und Wohnräumen durch den Krieg, in: Berliner Statistik, Jg. 1 (1947), S. 30 – 32.

Kü[rten], [Oskar]: Die Bevölkerungsentwicklung Groß-Berlins in den Jahren 1945 und 1946, in: Berliner Statistik, Jg. 1 (1947), S. 11 – 15.

Kürten, [Oskar]: Die ortsanwesende Bevölkerung Groß-Berlins nach der Volkszählung vom 29. Oktober 1946, in: Berliner Statistik, Jg. 1 (1947), S. 7 – 11.

Kürten, [Oskar]: Die Sterblichkeit in Berlin nach dem Kriege, in: Berliner Statistik, Jg. 2 (1948), S. 105 – 107.

Kürten, [Oskar]: Mengen und Kosten der zugeteilten Lebensmittel in Berlin 1945 bis 1947, in: Berliner Statistik, Jg. 2 (1948), S. 7 – 12.

Lambacher, Lothar: Die Standbilder preußischer Feldherren im Bodemuseum. Ein Berliner Denkmalensemble des 18. Jahrhunderts und sein Schicksal, Berlin 1990.

Lamne, N.: Der Haus- und Straßenobmann, in: Berliner Zeitung, 31.8.1945, [S. 2].

Landherr, A.: 50 Jahre Treptower Sternwarte, in: Neues Deutschland, 17.8.1946, S. 3.

Landwehr, H[ermann]: Aufbau der Wirtschaft, in: Berliner Zeitung, 26.7.1945, [S. 1].

Landwehr, [Hermann]: Generator fahren – dringender denn je, in: Berliner Zeitung, 3.8.1945, [S. 1].

Lange, Friedrich C. A.: Groß-Berliner Tagebuch 1920 – 1933, Berlin [West] 1951.

Laschitza, Horst: Kämpferische Demokratie gegen Faschismus. Die programmatische Vorbereitung auf die antifaschistisch-demokratische Umwälzung in Deutschland durch die Parteiführung der KPD, Berlin [Ost] 1969.

Legal, Ernst: Deutsche Staatsoper 1946 – 1947, in: Tägliche Rundschau, 21.8.1946, S. 3.

Lehmann, Helmuth: Die Sozialversicherung im neuen Gewande, in: Das Volk, 20.7.1945, [S. 4].

Lehnert, Uta: Die Siegesallee. Eine Kraftprobe für die Berliner Bildhauerschule, 2 Bde. (Phil. Diss., Freie Universität Berlin, Fachbereich Geschichtswissenschaften), Berlin 1992.

Lehnert, Uta: Gefährliche Denkmäler – Denkmäler in Gefahr? Die ehemalige „Siegesallee" im Berliner Tiergarten, in: Berlin in Geschichte und Gegenwart. Jahrbuch des Landesarchivs Berlin 1996, S. 47 – 73.

Leidig, Alfred: Schattenseite der Enttrümmerung. Baulöwen, Enttrümmerer und Sklavenaufkäufer, in: Das Volk, 17.3.1946, [S. 6].

Leisering, Peter: Zur Versorgung der Arbeiter und Angestellten in Berlin bzw. dem demokratischen Sektor Berlins und ausgewählten Betrieben in Berlin-Oberschöneweide vom Ende des II. Weltkrieges bis Anfang der 50er Jahre unter besonderer Berücksichtigung der Verhältnisse von Betrieb und Territorium (Wirtschaftswiss. Diss., Sektion Wirtschaftswissenschaften der Humboldt-Universität zu Berlin), Berlin [Ost] 1982.

Lemmer, Ernst: Manches war doch anders. Erinnerungen eines deutschen Demokraten, Frankfurt a. M. 1968.

Lengnick, R[enate]: Die Trümmer Berlins, in: Neue Zeit, 18.12.1946, S. 5.

Leonhard, Wolfgang: Das kurze Leben der DDR. Berichte und Kommentare aus vier Jahrzehnten, Stuttgart 1990.

Leonhard, Wolfgang: Die Revolution entläßt ihre Kinder, Frankfurt a. M./Berlin/Wien 1974 (1. Aufl.: 1955).

Leuteritz, Gustav: Adam Kuckhoff – sein Werk, sein Kampf, sein Tod. Gespräch mit der Witwe des Dichters, in: Tägliche Rundschau, 11.9.1945, S. 2.

Leuteritz, Gustav: Ausklang der Gerhart-Hauptmann-Trauer, in: Tägliche Rundschau, 10.9.1946, S. 4.

Leuteritz, Gustav: Die Heimführung Gerhart Hauptmanns, in: Tägliche Rundschau, 23.7.1946, S. 3.

Leuteritz, Gustav: Feierliche Bestattung Gerhart Hauptmanns, in: Tägliche Rundschau, 30.7.1946, S. 3.

Levsen, Paul: Planmäßige Enttrümmerung. Gesunde Geschäftsmoral und Leistungsvertrag, in: Das Volk, 11.4.1946, [S. 6].

Liening, Rudi/Wohlgemuth, Franz: Der erste demokratische Magistrat von Berlin, in: Beiträge zur Geschichte der Berliner Arbeiterbewegung, [H. 2] (1971), S. 88 – 103.

Löwning, Hans: Ottomar Geschke, in: Für ein sozialistisches Vaterland. Lebensbilder deutscher Kommunisten und Aktivisten der ersten Stunde, Berlin [Ost] 1981, S. 70 – 103.

Lohmeyer, Hans: Die Politik des Zweiten Reiches 1870 – 1918, 2 Bde., Berlin 1939.

Machule, Dittmar: Mehrfamilienhäuser 1945 – 1972, in: Berlin und seine Bauten, Teil IV: Wohnungsbau, Bd. B: Die Wohngebäude – Mehrfamilienhäuser, Berlin/München/Düsseldorf 1974, S. 75 – 102.

Maginnis, John J.: Military Government Journal. Normandy to Berlin, hrsg. von Robert A. Hart, University of Massachusetts Press 1971.

Mai, Gunther: Der Alliierte Kontrollrat in Deutschland. Alliierte Einheit – deutsche Teilung?, München 1995 (Quellen und Darstellungen zur Zeitgeschichte, Bd. 37).

Malmendier, L.: Die Kapazität der Flachglasindustrie, in: Der Tagesspiegel, 8.6.1946, [S. 3].

Malycha, Andreas: Auf dem Weg zur SED. Die Sozialdemokratie und die Bildung einer Einheitspartei in den Ländern der SBZ. Eine Quellenedition, Bonn 1996 (Archiv für Sozialgeschichte, Beiheft 16).

Markgraf, Paul: Ein Jahr Polizei, in: Neues Deutschland, 22.5.1946, S. 4.

Maron, Karl: Berlin kommt wieder – trotz alledem, in: Berliner Zeitung, 12.3.1946, [S. 3].

Maron, Karl: Berlins neue Verfassung – ein Werk der Demokratie, in: Berliner Zeitung, 11.8.1946, [S. 1].

Maron, Karl: Das neue Gesicht der Hauptstadt, in: Berliner Zeitung, 14.5.1946, [S. 1 u. 3].

Maron, Karl: Demokratisierung der Verwaltung, in: Die Stadtverwaltung, Jg. 1 (1946), H. 1, S. 3 – 5.

Maron, [Karl]: Der Magistrat gibt Rechenschaft, in: Berliner Zeitung, 7.11.1945, [S. 5].

Maron, Karl: Die provisorische Verfassung Berlins, in: Demokratischer Aufbau, Jg. 1 (1946), S. 169.

Maron, Karl: In eigener Sache, in: Vorwärts, 27.7.1946, [S. 2].

Maron, Karl: Überwindung des Chaos. Ein Jahr Berliner Selbstverwaltung, in: Die Stadtverwaltung, Jg. 1 (1946), H. 5, S. 2.

Maron, Karl: Unerschütterlicher Optimismus, in: Walter Ulbricht. Schriftsteller, Künstler, Wissenschaftler und Pädagogen zu seinem siebzigsten Geburtstag, Berlin [Ost] 1963, S. 150 – 157.

Maron, Karl: Wahlmanöver, in: Berliner Zeitung, 24.7.1946, [S. 2].

Maron, Karl: Welche Partei „beherrscht" Berlins Verwaltung?, in: Tägliche Rundschau, 10.10.1946, S. 5.

Maron, Karl: Zu treuen Händen, in: Berliner Zeitung, 5.12.1946, [S. 1 f.].

Maron, Karl: Zur Beschlagnahme der Nazivermögen, in: Berliner Zeitung, 13.7.1945, [S. 1].

Martin Mächler – Weltstadt Berlin. Schriften und Materialien dargestellt und herausgegeben von Ilse Balg, Berlin [West] 1986.

Matern, Hermann: Ein geschichtlicher Akt. Die neue Verfassung der Hauptstadt Deutschlands in Kraft, in: Vorwärts, 12.8.1946, [S. 2].

Maur, Hans: „Ihnen der Lorbeer, unser die Pflicht!" Ottomar Geschke, in: Beiträge zur Geschichte der Arbeiterbewegung, Jg. 30 (1988), S. 535 – 545.

Maur, Hans: Ottomar Geschke. Vorbild und Verpflichtung. Biographische Skizze zu einem kampferfüllten Leben, Frankfurt/Oder 1982.

Meilicke, Heinz: Rechtsbehelfe bei alten Schulden, in: Der Tagesspiegel, 1.3.1946, S. 5.

Mendelssohn, Peter de: Zeitungsstadt Berlin. Menschen und Mächte in der Geschichte der deutschen Presse. Überarb. u. erw. Aufl., Frankfurt a. M./Berlin/Wien 1982.

Meyer, Bernhard: Die SED im ersten Popularitätstest. Die Wahlen vom 20. Oktober 1946 in Berlin, in: Berlinische Monatsschrift, Jg. 1 (1992), H. 2, S. 37 – 43.

Meyer, Bernhard: Geheimrat Sauerbruch als Nachkriegsstadtrat, in: Berlinische Monatsschrift, Jg. 2 (1993), H. 7, S. 85 – 91.

Meyer, Erwin: Die neuen Steuergesetze, in: Das Volk, 8.3.1946, [S. 6].

Mielke, Friedrich/Simson, Jutta von: Das Berliner Denkmal für Friedrich II., den Großen, Frankfurt a. M./Berlin/Wien 1975.

Military Government Gazette Germany. Amtsblatt der Militärregierung Deutschland, Nr. 1 [1945].

Ministerial-Blatt für die Preußische innere Verwaltung, Jg. 86 (1925) u. 90 (1929).

Mit der Gruppe Ulbricht in Berlin. Gespräch mit Wolfgang Leonhard, in: Wie kam es zur Bundesrepublik? Politische Gespräche mit Männern der ersten Stunde, hrsg. von Albert Wucher, Freiburg/Basel/Wien 1968 (Herder-Bücherei, Bd. 324), S. 37 – 48.

Mit Kohldampf auf den Trümmerberg. Die Nachkriegszeit in Berlin-Neukölln 1945 – 1949. Mit Beiträgen von: Margot Bremmert, Petra Fähnrich, Reginald Hanicke, Frank-Ulrich Reisser, Heinz Schultchen, Lothar Semmel, Georg Weise. Herausgegeben im Auftrag des Bezirksamtes Neukölln von Berlin, Abteilung Personal und Verwaltung, von Frank-Ulrich Reisser, Berlin 1990.

Moraw, Frank: Die Parole der „Einheit" und die Sozialdemokratie, 2., aktualisierte Aufl., Bonn 1990 (Forschungsinstitut der Friedrich-Ebert-Stiftung. Reihe: Politik- und Gesellschaftsgeschichte, Bd. 23).

Müller, Thorsten: Berlins Ehrenbürger. Von Conrad Ribbeck bis Nelly Sachs, Berlin 1968 (Berlinische Reminiszenzen, Bd. 18).

Müller, Werner: Freier Deutscher Gewerkschaftsbund (FDGB), in: SBZ-Handbuch. Staatliche Verwaltungen, Parteien, gesellschaftliche Organisationen und ihre Führungskräfte in der Sowjetischen Besatzungszone Deutschlands 1945 – 1949, hrsg. von Martin Broszat u. Hermann Weber, München 1990, S. 626 – 664.

Müller, Werner: SED-Gründung unter Zwang – Ein Streit ohne Ende? Plädoyer für den Begriff „Zwangsvereinigung", in: Deutschland Archiv, Jg. 24 (1991), S. 52 – 58.

Müller, Werner: Sozialdemokratische Politik unter sowjetischer Militärverwaltung. Chancen und Grenzen der SPD in der sowjetischen Besatzungszone zwischen Kriegsende und SED-Gründung, in: Internationale wissenschaftliche Korrespondenz zur Geschichte der deutschen Arbeiterbewegung, Jg. 23 (1987), S. 170 – 206.

Müller-Bohn, Hermann: Die Denkmäler Berlins in Wort und Bild nebst den Gedenktafeln und Wohnstätten berühmter Männer. Ein kunstgeschichtlicher Führer, Berlin 1905.

Müller-Lauter, Erika: Grabmäler in Berlin IV. Exempel: Die Friedhöfe im Bezirk Zehlendorf, Berlin [West] 1985 (Berliner Forum 9/85).

Mummert, Hans: Ein Jahr Abteilung für Ernährung. Ausblick auf die zukünftige Versorgungslage, in: Die Stadtverwaltung, Jg. 1 (1946), H. 7, S. 2 – 5.

Mummert, Hans: Lebensmittel-Großhandel, ja oder nein?, in: Neues Deutschland, 24.4.1946, S. 3.

Mummert, Hans: Monopolistische Bestrebungen im Großhandel, in: Tägliche Rundschau, 29.10.1946, S. 5.

Mummert, Hans: Monopolistische Bestrebungen im Großhandel, in: Neues Deutschland, 26.11.1946, S. 5.

„Nach Hitler kommen wir". Dokumente zur Programmatik der Moskauer KPD-Führung 1944/45 für Nachkriegsdeutschland, hrsg. von Peter Erler, Horst Laude u. Manfred Wilke, Berlin 1994.

Nacht-Express. Die Berliner Abendzeitung (Untertitel ab 4.2.1946: Die Berliner illustrierte Abendzeitung), 7.12.1945 – 31.12.1946 u. 14.1.1947

Nagel, Wolf: „Berlin plant". Zur Eröffnung der Berliner Ausstellung, in: Der Bauhelfer, Jg. 1 (1946), Nr. 4, S. 1 f.

Naimark, Norman M.: The Russians in Germany. A History of the Soviet Zone of Occupation, 1945 – 1949, The Belknap Press of Harvard University Press, Cambridge (Massachusetts)/London 1995.

Nemitz, Kurt: Einheits-Lebensmittelkarte?, in: Telegraf, 28.7.1946, S. 4.

Neubert, R.: Die Wanderausstellung zur Bekämpfung der Geschlechtskrankheiten, in: Das deutsche Gesundheitswesen, Jg. 1 (1946), S. 354 f.

Neue Bauwelt, Jg. 1 (1946) u. 2 (1947).

Neue Berliner Illustrierte, Jg. 1 (1945) u. 2 (1946).

Neue Stenographische Praxis, Jg. 2 (1954), 7 (1959) u. 17 (1969).

Neue Zeit. (Untertitel ab 29.7.1945: Tageszeitung der Christlich-Demokratischen Union Deutschlands), 22.7.1945 – 31.12.1946.

Neues Deutschland. Zentralorgan der Sozialistischen Einheitspartei Deutschlands, 23.4. – 31.12.1946 u. 29.6.1963 (ab 11.10.1946: Berliner Ausgabe).

Neugestaltung des Berliner Verwaltungslebens, in: Demokratischer Aufbau, Jg. 1 (1946), S. 80.

Neumann, Sigmund: Die Parteien der Weimarer Republik, 4. Aufl., Stuttgart/Berlin/Köln/ Mainz 1977 (Urban-Taschenbücher, Bd. 175) (Originalausgabe: Berlin 1932).

Nungesser, Michael: Das Denkmal auf dem Kreuzberg von Karl Friedrich Schinkel, Berlin [West] 1987.

Oberdörster, Ernst: Konsumgenossenschaften im Aufbau, in: Neues Deutschland, 26.4.1946, S. 2.

Oberdörster, Ernst: Wiederherstellung der Konsumgenossenschaft, in: Berliner Zeitung, 18.1.1946, [S. 1 u. 3].

Oestreich, Paul: Religionsunterricht?, in: Der Tagesspiegel, 25.1.1946, S. 2.

Oleschinski, Brigitte: Mut zur Menschlichkeit – Der Gefängnisgeistliche Peter Buchholz im Dritten Reich, Königswinter 1991 (Königswinter in Geschichte und Gegenwart, H. 4).

OMGUS-Handbuch. Die amerikanische Militärregierung in Deutschland 1945–1949, hrsg. von Christoph Weisz, München 1994 (Quellen und Darstellungen zur Zeitgeschichte, Bd. 35).

Orlopp, Josef: Als Stadtrat im ersten Berliner Magistrat, in: Wir sind die Kraft. Der Weg der Deutschen Demokratischen Republik. Erinnerungen, hrsg. vom Institut für Marxismus-Leninismus beim ZK der SED, Berlin [Ost] 1959, S. 133–146.

Orlopp, Josef: An den Pranger, in: Das Volk, 16.12.1945, S. 1 f.

Orlopp, Josef: „Berliner City" im Werden, in: Vorwärts, 29.4.1946, [S. 2].

Orlopp, Josef: Berliner Ernährungssorgen, in: Berliner Zeitung, 17.11.1946, [S. 4].

Orlopp, Josef: Der Mittelstand gehört in die SED, in: Neues Deutschland, 12.5.1946, S. 2.

Orlopp, Josef: Die Aufgaben des Preisamtes. Begründung zur Anordnung über die Errichtung eines Preisamtes beim Magistrat Berlin, in: Das Volk, 3.10.1945, [S. 1].

Orlopp, Josef: Die Neuorganisation von Handel und Handwerk in der Berliner Stadtverwaltung, in: Die Stadtverwaltung, Jg. 1 (1946), H. 2, S. 2–4.

Orlopp, Josef: Im Kampf gegen den Hunger. Die Ernährungslage von Groß-Berlin von den Maitagen 1945 bis Dezember 1946, Berlin 1947 (Berliner Schriften, H. 2).

Orlopp, Josef: Kommunalwirtschaft im Zeichen der Demokratie, in: Neues Deutschland, 19.9.1946, Berliner Beilage.

Orlopp, Josef: Kommunalwirtschaft in der Demokratie, in: Neues Deutschland, 6.10.1946, Berliner Beilage.

Orlopp, Josef: Leistungen des Berliner Handwerks, in: Berliner Zeitung, 21.5.1946, [S. 7].

Orlopp, Josef: Offene Worte über unsere Ernährung, in: Vorwärts, 6.8.1946, [S. 3].

Orlopp, Josef: Preisdisziplin gegen Inflation, in: Die Neue Zeitung, 25.10.1945, S. 4.

Orlopp, Josef: Rohstoffe für das Handwerk, in: Berliner Zeitung, 10.5.1946, [S. 2].

Orlopp, [Josef]: Verteilungsplan gewerblicher Erzeugnisse durch „Anfuhrkontrollstelle" und „Zentralverteilungsamt", in: Berliner Zeitung, 14.11.1945, [S. 3].

Orlopp, Josef: Zur Gestaltung des Handels in Berlin, in: Das Volk, 16.3.1946, [S. 1 f.].

Orlopp, Josef: Zusammenbruch und Aufbau Berlins 1945/1946, Berlin 1947.

Oschilewski, Walther G.: Ein Leben für die Kunst. Zum 70. Geburtstag von Ludwig Justi, in: Das Volk, 16.3.1946, [S. 2].

Ostrowski, [Otto]: Stadtstaat Berlin, in: Der Sozialdemokrat, 14.8.1946, S. 1.

Peschken, Goerd/Klünner, Hans-Werner: Das Berliner Schloß. Das klassische Berlin, Frankfurt a. M./Wien/Berlin 1982.

Peter Buchholz, der Seelsorger von Plötzensee, hrsg. von Anton Gundlach u. Albert Panzer, Meitingen 1964.

Peter, Ulrich: Der ‚Bund der religiösen Sozialisten' in Berlin von 1919 bis 1933. Geschichte – Struktur – Theologie und Politik, Frankfurt a. M./Berlin/Bern/New York/Paris/Wien 1995 (Europäische Hochschulschriften. Reihe XXIII, Bd. 532).

Peters, Hans: Der unpolitische Stadtpräsident, in: Neue Zeit, 1.11.1946, S. 1.

Peters, K[arl]-H[einz]: Die Bodenreform. Ende eines Kompromisses, Hamburg 1971.

Pfefferkorn, O.: Greta Kuckhoff. Von der „Roten Kapelle" zur „Notenbank der DDR", in: SBZ-Archiv, Jg. 3 (1952), S. 9.

Pfeiffer, Herbert: Der letzte Magier ist tot, in: Der Tagesspiegel, 12.6.1946, [S. 6].

Pfeiffer, Herbert: Hauptmann und wir. Bemerkungen zu einer Totenfeier, in: Der Tagesspiegel, 10.9.1946, [S. 6].

Podewin, Norbert: Ausgangspunkt Chaos. Berlin im Mai und Juni 1945. 100 Dokumente vom Leben rund um den Schlesischen Bahnhof, Berlin 1995.

Podewin, Norbert/Teresiak, Manfred: „Brüder, in eins nun die Hände . . ." Das Für und Wider um die Einheitspartei in Berlin, Berlin 1996.

Polizeipräsidium zu Berlin, in: [Rudolf] von Bitter: Handwörterbuch der Preußischen Verwaltung, 3., vollst. umgearb. Aufl., hrsg. von Bill Drews u. Franz Hoffmann, Bd. 2, Berlin/Leipzig 1928, S. 318–321.

Prager, Stephan: Die Deutsche Akademie für Städtebau und Landesplanung. Rückblick und Ausblick 1922–1955, Tübingen 1955 (Schriftenreihe der Deutschen Akademie für Städtebau und Landesplanung, Bd. 8).

Preußische Gesetzsammlung, Jg. 1920, 1921, 1924, 1927, 1928, 1930, 1931, 1933 u. 1937.

Protokoll vom Bezirksparteitag der SPD am Sonntag, dem 7. April 1946, in Berlin-Zehlendorf [Reprint]. Herausgeber: SPD-Landesverband Berlin in Zusammenarbeit mit dem Franz-Neumann-Archiv e. V. Berlin. Redaktion: Manfred Rexin u. Rudolf Hartung, Berlin o. J. [1996].

Protokolle des Landesblockausschusses der antifaschistisch-demokratischen Parteien Brandenburgs 1945–1950. Eingeleitet und bearbeitet von Fritz Reinert, Weimar 1994 (Veröffentlichungen des Brandenburgischen Landeshauptarchivs Potsdam, Bd. 30).

Prudent, René: Beton aus Trümmerschutt. Genormte Herstellung – Gleichbleibende Qualität, in: Nacht-Express, 4.1.1946, [S. 7].

Puhlmann, Johannes: Kritik oder Giftmischerei?, in: Neues Deutschland, 19.7.1946, S. 4.

Rabe, Karl: Alte Schulden, in: Der Tagesspiegel, 26.4.1946, S. 6.

Rabe, Karl: Alte Schulden und Rechtsnachfolge, in: Berliner Zeitung, 4.9.1946, [S. 5].

Rabe, Karl: Aufgabengebiete unserer Polizei, in: Berliner Zeitung, 22.11.1946, [S. 6].

Rabe, [Karl]: Berlin – Gemeinde oder Staat? Die gegenwärtige Rechtsstellung Berlins/Ein Beitrag zur neuen Verfassung, in: Berliner Zeitung, 21.5.1946, [S. 2].

Rabe, Karl: Verwaltungsgerichtsbarkeit, in: Berliner Zeitung, 2.8.1946, [S. 2].

Rabe, Kurt: Rechtslage der Vereine, in: Berliner Zeitung, 8.8.1946, [S. 2].

Ranke, Winfried/Jüllig, Carola/Reiche, Jürgen/Vorsteher, Dieter: Kultur, Pajoks und Care-Pakete. Eine Berliner Chronik 1945–1949, Berlin [West] 1990.

Raukopf, Willi: Das Schmiedehandwerk hat eine Zukunft, in: Neues Deutschland, 26.9.1946, Berliner Beilage.

Raukopf, Willi: Handwerk will selbständig bleiben, in: Vorwärts, 3.8.1946, [S. 2].

Rave, Jan: Die Wohngebiete 1945–1967, in: Berlin und seine Bauten, Teil IV, Bd. A: Die Voraussetzungen. Die Entwicklung der Wohngebiete, Berlin/München/Düsseldorf 1970, S. 200–234.

Rave, Paul Ortwin/Wirth, Irmgard: Die Bauwerke und Kunstdenkmäler von Berlin. Bezirk Tiergarten, Berlin [West] 1955.

Rave, Paul Ortwin/Wirth, Irmgard: Die Bauwerke und Kunstdenkmäler von Berlin. Charlottenburg, 2. Teil: Stadt und Bezirk Charlottenburg, Textband u. Tafelband, Berlin [West] 1961.

Redslob, Erwin: Ein Künder neuen Sehens. Zu Ludwig Justis siebzigstem Geburtstag, in: Der Tagesspiegel, 14.3.1946, S. 3.

Redslob, Erwin: Rettung der Großstadt. Ausstellung im Weißen Saal des Schlosses, in: Der Tagesspiegel, 23.8.1946, [S. 6].

Regierungsblatt für das Land Thüringen, Teil I: Gesetzsammlung, Jg. 1945.

Reibe, Axel: Kommunalpolitik an einem schwierigen Ort. Die acht Bezirke von Berlin (Ost) nach 1945, in: Berlin in Geschichte und Gegenwart. Jahrbuch des Landesarchivs Berlin 1991, S. 175–242.

Reichardt, Fritz: Andreas Hermes, Neuwied am Rhein 1953.

Reichhardt, Hans J.: Chronikschreibung – heute, in: Der Bär von Berlin. Jahrbuch des Vereins für die Geschichte Berlins, Folge 28 (1979), S. 113 – 118.

Reichhardt, Hans J.: Der Berliner Bär. Kleine Geschichte eines Stadtsymbols in Siegel, Wappen und Flagge, Berlin [West] 1979 (Berliner Forum 2/79).

Reichhardt, Hans J.: Die Abteilung Zeitgeschichte beim Landesarchiv Berlin, in: Archivar, Jg. 27 (1974), Sp. 355 – 358.

Reichhardt, Hans J.: „. . . raus aus den Trümmern". Vom Beginn des Wiederaufbaus 1945 in Berlin. Mit Fotografien von Carl Weinrother u. Abraham Pisarek. Eine Ausstellung des Landesarchivs Berlin 7. August bis 30. Dezember 1987. Konzeption und Gestaltung der Ausstellung: Gerd Müller unter Mitarbeit von Sabine Preuß und Klaus-Dieter Pett, Berlin [West] o. J. [1987] (Ausstellungskataloge des Landesarchivs Berlin 7).

Reichhardt, Hans J.: Vom Beginn des Wiederaufbaus der Berliner Verwaltung im Mai 1945. Die Protokolle der jeweils ersten Sitzung des Magistrats und des Rates der Bürgermeister, in: Aus der Arbeit der Archive. Beiträge zum Archivwesen, zur Quellenkunde und zur Geschichte. Festschrift für Hans Booms, hrsg. von Friedrich P. Kahlenberg, Boppard am Rhein 1989 (Schriften des Bundesarchivs, Bd. 36), S. 624 – 645.

Reichsarbeitsblatt, Jg. 1938, Teil VI.

Reichsgesetzblatt, Jg. 1898, 1901, 1911, 1913, 1919, 1921, 1924 (Teil I), 1926 (Teil I), 1931 (Teil I), 1933 (Teil I) – 1940 (Teil I), 1942 (Teil I) u. 1944 (Teil I).

Reichssteuerblatt, Jg. 28 (1938) u. 32 (1942).

Reidegeld, Eckart: Die Sozialversicherung zwischen Neuordnung und Restauration. Soziale Kräfte, Reformen und Reformpläne unter besonderer Berücksichtigung der Versicherungsanstalt Berlin (VAB) (Wiso. Diss., Freie Universität Berlin, Fachbereich Politische Wissenschaft, 1981), Frankfurt a. M. 1982.

Reif, Hans: Nachwort zur Werbewoche der LDP, in: Der Morgen, 24.10.1945, S. 1.

Reinert, Alfred: In der Heimat heimatlos, in: Neues Deutschland, 6.9.1946, S. 4.

Reinhardt, Rudolf: Dresden übertrifft sich selbst, in: Tägliche Rundschau, 23.7.1946, S. 4.

Reitersleben, Max: Selbsthilfe, in: Berliner Zeitung, 3.4.1946, [S. 2].

Rengel, Jörg: Berlin nach 1945. Politisch-rechtliche Untersuchungen zur Lage der Stadt im geteilten Deutschland, Frankfurt a. M. 1993 (Europäische Hochschulschriften. Reihe II: Rechtswissenschaft, Bd. 1312).

Ribbe, Wolfgang: Das Land Brandenburg in der SBZ/DDR (1945 bis 1952), in: Brandenburgische Geschichte, hrsg. von Ingo Materna u. Wolfgang Ribbe, Berlin 1995, S. 677 – 726.

Ribbe, Wolfgang: Otto Ostrowski, in: Stadtoberhäupter. Biographien Berliner Bürgermeister im 19. und 20. Jahrhundert, hrsg. von Wolfgang Ribbe, Berlin 1992 (Berlinische Lebensbilder, Bd. 7), S. 357 – 371.

Rilla, Paul: Carl Sternheim: „Der Snob". Gustav Gründgens im Deutschen Theater, in: Berliner Zeitung, 5.5.1946, [S. 3].

Rilla, Paul: Von der genialen Ungebärdigkeit. Der Fall Fehling und sein publizistisches Echo, in: Berliner Zeitung, 8.12.1946, [S. 3].

Ring, Max: Die deutsche Kaiserstadt Berlin und ihre Umgebung, Leipzig 1883.

Rochocz, Hans: Über die Ausbildung unserer Schulhelfer, in: Telegraf, 3.7.1946, S. 5.

Roesler, Jörg: Der Wiederaufbau der Berliner Industrie 1945 bis 1947, in: Jahrbuch für Geschichte, Bd. 35 (1987) (Studien zur Geschichte Berlins), S. 486 – 538.

Roland, Alexander: Der Bankkredit in Berlin, in: Tägliche Rundschau, 11.10.1945, S. 5.

Roques, K. R. von: Impfung und Seuchen, in: Neue Zeit, 4.10.1945, S. 3.

Roycroft-Sommer, Maureen: Bodenreform im Kaiserreich und in der Weimarer Republik, in: Wohnungspolitik und Städtebau 1900 – 1930, hrsg. von Wolfgang Hofmann u. Gerd Kuhn, Berlin 1993 (Arbeitshefte des Instituts für Stadt- und Regionalplanung der Technischen Universität Berlin, H. 48), S. 67 – 88.

Runge, Heinz: Berlins Oberbürgermeister am Katheder. Dr. Werner liest über „Antike Baukunst", in: Nacht-Express, 30.8.1946, [S. 5].

Sauerbruch, Ferdinand: Das war mein Leben, Bad Wörishofen 1951.

SBZ-Handbuch. Staatliche Verwaltungen, Parteien, gesellschaftliche Organisationen und ihre Führungskräfte in der Sowjetischen Besatzungszone Deutschlands 1945–1949, hrsg. von Martin Broszat u. Hermann Weber, München 1990.

Schäche, Wolfgang: Architektur und Städtebau in Berlin zwischen 1933 und 1945. Planen und Bauen unter der Ägide der Stadtverwaltung, Berlin 1991 (Die Bauwerke und Kunstdenkmäler von Berlin, Beiheft 17).

Schäche, Wolfgang: Der „Zentralflughafen Tempelhof" in Berlin, in: Berlin in Geschichte und Gegenwart. Jahrbuch des Landesarchivs Berlin 1996, S. 151–164.

Scharoun: Das Ideal einer Stadt ohne Berufsverkehr, in: Neue Bauwelt, Jg. 1 (1946), H. 1, S. 9.

Scharoun, Hans: Die Neukonstruktion Berlins, in: Neues Deutschland, 23.8.1946, S. 2, u. 24.8.1946, S. 2.

Schellenberg, E[rnst]: Die Sozialversicherung im neuen Berlin, in: Die Stadtverwaltung, Jg. 1 (1946), H. 4, S. 2–4.

Schimming, Wolfgang: Auf dem Weg zu neuen Zielen. Von den Aufgaben der Volkshochschule, in: Der Tagesspiegel, 10.5.1946, S. 4.

Schimming, Wolfgang: Erwachsene auf der Schulbank. Zur Berliner Volkshochschultagung, in: Der Tagesspiegel, 19.7.1946, [S. 5].

Schivelbusch, Wolfgang: Vor dem Vorhang. Das geistige Berlin 1945–1948, München/Wien 1995.

Schlegelmilch, Arthur: Hauptstadt im Zonendeutschland. Die Entstehung der Berliner Nachkriegsdemokratie 1945–1949, Berlin 1993 (Schriften der Historischen Kommission zu Berlin, Bd. 4).

Schmidt, Elli: Bericht über die Arbeit der Frauenausschüsse, in: Ein halbes Jahr Berliner Magistrat. Der Magistrat gibt Rechenschaft. Die Reden des Oberbürgermeisters Dr. Arthur Werner und des ersten stellvertretenden Oberbürgermeisters Karl Maron auf der Kundgebung in der Deutschen Staatsoper am 19. November 1945. Berichte der Stadträte. Herausgegeben im Auftrage des Magistrats der Stadt Berlin, Berlin o. J. [1946], S. 123–125.

Schmidt, Martin: Auf dem richtigen Wege, in: Berliner Zeitung, 19.3.1946, [S. 1].

Schmidt, Martin: Ausbildung für die Verwaltung, in: Demokratischer Aufbau, Jg. 1 (1946), S. 34–36.

Schmidt, Sigurd-Herbert: Befreiung und Neubeginn in Berlin, April bis Juli 1945. Eine Dokumentation, in: Berliner Geschichte. Dokumente, Beiträge, Informationen, H. 6 (1985), S. 4–63.

Schmidt, Thomas: Das Berliner Olympiastadion. Nutzung und gesellschaftspolitische Bedeutung des Stadions zur Zeit der XI. Olympiade 1936, in: Der Bär von Berlin. Jahrbuch des Vereins für die Geschichte Berlins, Folge 32 (1983), S. 93–105.

Schmidt, Thomas: Das Berliner Olympiastadion und seine Geschichte, Berlin [West] 1983.

Schmitz, Ursula: Alle müssen helfen! Gespräch mit dem Vorsitzenden des Heimkehrer-Ausschusses für Groß-Berlin, in: Neues Deutschland, 10.10.1946, S. 4.

Schmitz, Ursula: Berlin prüft unsere Polizisten. Was der Leiter der Personalstelle dazu sagt, in: Vorwärts: 9.5.1946, [S. 3].

Schnaufer, E[rich]: Der Bauwirtschaftsausschuß, in: Berliner Zeitung, 19.4.1946, [S. 2].

Schnaufer, Erich: Heraus mit den Plänen für den Neuaufbau Berlins!, in: Deutsche Volkszeitung, 5.4.1946, S. 4.

Schnaufer, E[rich]: Unsere Wohnungen, Arbeitsstätten, Schulen. Zentrale Baustoffbewirtschaftung ist notwendig, in: Neues Deutschland, 26.9.1946, Berliner Beilage.

Schneevoigt, G[ustav]: Um die Zementversorgung Berlins, in: Neue Bauwelt, Jg. 1 (1946), H. 4, S. 10.

Schnellbacher, Friedrich: Hilfe für die Hilfsbedürftigen. Die Betreuung Schwerarbeitsbehinderter, in: Die Stadtverwaltung, Jg. 1 (1946), H. 7, S. 8 f.

Schöneberg auf dem Weg nach Berlin. Weiterleben nach dem Krieg Schöneberg/Friedenau 1945–46. Herausgeber: Bezirksamt Schöneberg von Berlin. Kunstamt, Berlin 1992.

Scholz, Friedrich: Berlin und seine Justiz. Die Geschichte des Kammergerichtsbezirks 1945 bis 1980, Berlin/New York 1982.

Scholze, Thomas: Zur Ernährungssituation der Berliner nach dem zweiten Weltkrieg. Ein Beitrag zur Erforschung des Großstadtalltags (1945 – 1952), in: Jahrbuch für Geschichte, Bd. 35 (1987) (Studien zur Geschichte Berlins), S. 539 – 564.

Schoszberger, Hans: Was sind eigentlich Nissen-Hütten?, in: Neue Bauwelt, Jg. 1 (1946), S. 6 – 8.

Schrader, H[ans] W.: Für die Gesetzmäßigkeit der Verwaltung, in: Der Tagesspiegel, 7.5.1946, S. 3.

Schröder, H.: Berlins Bilanz in Bildern, in: Tägliche Rundschau, 23.8.1946, S. 6.

Schubert, Otto: Brief aus Dresden, in: Neue Bauwelt, Jg. 1 (1946), H. 9, S. 4.

Schuckar, Annemarie: Frauen auf verantwortlichem Posten. Frau Charlotte Jendretzky – Hauptjugendamt, in: Tägliche Rundschau, 12.12.1945, S. 6.

Schuckar, Annemarie: „Werk der Jugend"/Der Plan für künftige Jugendarbeit in Berlin, in: Tägliche Rundschau, 14.7.1946, S. 6.

Schützinger, [Hermann]: Der Neuaufbau der Berliner Industrie, in: Berliner Zeitung, 12.1.1946, [S. 2].

Schützinger, [Hermann]: Die neuen Steuergesetze, in: Berliner Zeitung, 24.2.1946, [S. 1].

Schützler, Horst: Die Unterstützung und Hilfe der Sowjetunion für die antifaschistisch-demokratischen Kräfte Berlins in ihrem Kampf um eine demokratische und friedliebende Stadt April/Mai 1945 – Oktober 1946 (Phil. Diss., Humboldt-Universität), Berlin [Ost] 1963.

Schultze-Rhonhof: Die juristische Behandlung alter Schulden, in: Der Tagesspiegel, 30.4.1946, S. 5.

Schulze, Karl: Aufbau und Aufgaben der Abteilung Kunst, in: Die Stadtverwaltung, Jg. 1 (1946), H. 10, S. 5 f.

Schulze, [Karl]: Bildung formt das Schicksal, in: Das Volk, 27.10.1945, S. 1 f.

Schuppan, Michael-Sören: Berliner Lehrerbildung nach dem Zweiten Weltkrieg. Die Pädagogische Hochschule im bildungspolitischen Kräftespiel unter den Bedingungen der Vier-Mächte-Stadt (1945 – 1958), Frankfurt a. M./Bern/New York/Paris 1990 (Europäische Hochschulschriften. Reihe XI: Pädagogik, Bd. 403).

Schwartinski, B[runo]: Verwaltungsarbeit auf neuer Basis. Die neue Geschäftsordnung für die Verwaltung der Stadt Berlin, in: Die Stadtverwaltung, Jg. 1 (1946), H. 7, S. 6 – 8.

Schwenger, Hermann: Konsumgenossenschaften, in: SBZ-Handbuch. Staatliche Verwaltungen, Parteien, gesellschaftliche Organisationen und ihre Führungskräfte in der Sowjetischen Besatzungszone Deutschlands 1945 – 1949, hrsg. von Martin Broszat u. Hermann Weber, München 1990, S. 767 – 792.

Schwenk, Paul: Am Anfang steht die Planung, in: Die Stadtverwaltung, Jg. 1 (1946), H. 14, S. 1 – 3.

Schwenk, [Paul]: Der nächste Schritt, in: Tägliche Rundschau, 16.12.1945, S. 5.

Schwenk, Paul: Masseninitiative, in: Berliner Zeitung, 12.7.1945, [S. 1].

Schwenk, Paul: Planarbeit auf demokratischer Grundlage, in: Neues Deutschland, 5.10.1946, S. 3.

Schwenk, Paul: Strafgelder für Schuhverbilligung? Eine Frage von grundsätzlicher Bedeutung, in: Neues Deutschland, 30.11.1946, S. 6.

Schwerdfeger, Friedrich: Hauptmann-Gedenkfeier, in: Berliner Zeitung, 10.9.1946, [S. 3].

Schwerdfeger, Friedrich: Max Reinhardt zu Ehren. Gedenkfeier im Deutschen Theater, in: Berliner Zeitung, 18.6.1946, [S. 3].

Seidel, Paul: Der Kaiser und die Kunst, Berlin 1907.

Selesnjow, Konstantin Lwowitsch: Genosse Politruk, in: Militärgeschichte, Jg. 14 (1975), S. 712 – 723.

Selesnjow, K[onstantin] L[wowitsch]: Zur Hilfe Georgi Dimitroffs für die Propaganda der

Politorgane der Roten Armee in der faschistischen Wehrmacht, in: Beiträge zur Geschichte der Arbeiterbewegung, Jg. 14 (1972), S. 790 – 804.

Sichelschmidt, Gustav: Charlottenburg in alten Ansichten, Zaltbommel 1976.

sie, Nr. 1 (Dezember 1945) – 56 (29.12.1946).

Siebenborn, Claus: Gespräch mit Kardinal von Preysing, in: Telegraf, 3.12.1946, S. 5.

Siebert, [Erich]: Der erste Friedensetat – ein Notetat, in: Berliner Zeitung, 14.9.1945, [S. 1].

Siebert, [Erich]: Wohnungsreparaturen. Ein Appell in zwölfter Stunde, in: Das Volk, 17.10.1945, [S. 1 f.].

Simson, Jutta von: Christian Daniel Rauch. Œuvre-Katalog, Berlin 1996.

Simson, Jutta von: Die Berliner Säulenmonumente, in: Berlin und die Antike. Architektur, Kunstgewerbe, Malerei, Skulptur, Theater und Wissenschaft vom 16. Jahrhundert bis heute. Katalog, hrsg. von Willmuth Arenhövel, Berlin 1979, S. 204 – 208.

Six Months Report. 4 July 1946 to 1 January 1947. Office of Military Government Berlin Sector, Berlin o. J. [1947].

Slawik, Kurd: Planunterlagen für einen Wettbewerb um Berlin, in: Neue Bauwelt, Jg. 1 (1946), H. 8, S. 1 f.

Slupski, G.: Erste Arbeitstagung des Amtes für Handel und Handwerk, in: Berliner Zeitung, 18.7.1945, [S. 2].

Smith, Jean E.: Der Weg ins Dilemma. Preisgabe und Verteidigung der Stadt Berlin, Berlin [West] 1965 (Amerikanische Originalausgabe: Baltimore / Md. 1963).

Smuda, Dr.: Wohnungen und Wohnräume in den Groß-Berliner Verwaltungsbezirken am 13. April 1946, in: Berliner Statistik, Jg. 1 (1947), S. 49 – 52.

Sonntag. Eine Wochenzeitung für Kulturpolitik, Kunst und Unterhaltung, Nr. 1 (7.7.1946) – 26 (31.12.1946).

Sothmann, Karl: Die Demokratisierung des Schulwesens. Vorbereitungen und erste Schritte, in: Berliner Zeitung, 22.6.1945, [S. 2].

Sozialdemokraten im Kampf um die Freiheit. Die Auseinandersetzungen zwischen SPD und KPD in Berlin 1945/46. Stenographische Niederschrift der Sechziger-Konferenz am 20./21. Dezember 1945, hrsg. von Gert Gruner u. Manfred Wilke, 2. Aufl., München / Zürich 1986.

Sozialdemokratie contra SED. Gespräch mit Franz Neumann, in: Wie kam es zur Bundesrepublik? Politische Gespräche mit Männern der ersten Stunde, hrsg. von Albert Wucher, Freiburg / Basel / Wien 1968 (Herder-Bücherei, Bd. 324), S. 49 – 57.

Spandauer Volksblatt, 5.3. – 31.12.1946.

Staatliche Museen Preußischer Kulturbesitz: Die Quadriga auf dem Brandenburger Tor in Berlin. Vom Entwurf bis zur Wiederherstellung 1958 [Ausstellungskatalog], Berlin [West] 1982.

Stadtverordnetenversammlung von Groß-Berlin (StVV), I. Wahlperiode, Stenographische Berichte:
– Stenographischer Bericht über die 1. (Ordentliche) Sitzung am 26.11.1946;
– Stenographischer Bericht über die 2. (Ordentliche) Sitzung am 28.11.1946;
– Stenographischer Bericht über die 3. (Ordentliche) Sitzung am 5.12.1946;
– Stenographischer Bericht über die 4. (Außerordentliche) Sitzung am 9.12.1946;
– Stenographischer Bericht über die 5. (Ordentliche) Sitzung am 12.12.1946;
– Stenographischer Bericht über die 7. (Ordentliche) Sitzung am 19.12.1946;
– Stenographischer Bericht über die 10. (Ordentliche) Sitzung am 16.1.1947;
– Stenographischer Bericht über die 11. (Außerordentliche) Sitzung am 21.1.1947;
– Stenographischer Bericht über die 14. (Ordentliche) Sitzung am 6.2.1947;
– Stenographischer Bericht über die 21. (Ordentliche) Sitzung am 20.3.1947;
– Stenographischer Bericht über die 22. (Ordentliche) Sitzung am 27.3.1947;
– Stenographischer Bericht über die 23. (Ordentliche) Sitzung am 3.4.1947;
– Stenographischer Bericht über die 27. (Ordentliche) Sitzung am 29.4.1947;
– Stenographischer Bericht über die 28. (Ordentliche) Sitzung am 8.5.1947;

– Stenographischer Bericht über die 31. (Ordentliche) Sitzung am 29.5.1947;
– Stenographischer Bericht über die 36. (Ordentliche) Sitzung am 24.6.1947;
– Stenographischer Bericht über die 38. (Ordentliche) Sitzung am 24.7.1947;
– Stenographischer Bericht über die 43. (Außerordentliche) Sitzung am 19.9.1947;
– Stenographischer Bericht über die 44. (Ordentliche) Sitzung am 2.10.1947;
– Stenographischer Bericht über die 49. (Ordentliche) Sitzung am 4.12.1947;
– Stenographischer Bericht über die 51. (Ordentliche) Sitzung am 18.12.1947;
– Stenographischer Bericht über die 54. (Ordentliche) Sitzung am 29.1.1948;
– Stenographischer Bericht über die 56. (Ordentliche) Sitzung am 26.2.1948;
– Stenographischer Bericht über die 69. (Ordentliche) Sitzung am 25.5.1948;
– Stenographischer Bericht über die 72. (Ordentliche) Sitzung am 17.6.1948;
– Stenographischer Bericht über die 89. (Ordentliche) Sitzung am 18.11.1948.

Stadtverordnetenversammlung von Groß-Berlin (StVV), I. Wahlperiode, Vorlagen:
– Drucksache Nr. 1, Vorlage Nr. 3;
– Drucksache Nr. 4, Vorlage Nr. 34 u. 44;
– Drucksache Nr. 7, Vorlage Nr. 59;
– Drucksache Nr. 10, Vorlage Nr. 74;
– Drucksache Nr. 19, Vorlage Nr. 125;
– Drucksache Nr. 20, Vorlage Nr. 135;
– Drucksache Nr. 26, Vorlage Nr. 176;
– Drucksache Nr. 31, Vorlage Nr. 199;
– Drucksache Nr. 34, Vorlage Nr. 207, 223 u. 225;
– Drucksache Nr. 44, Vorlage Nr. 306;
– Drucksache Nr. 46, Vorlage Nr. 321;
– Drucksache Nr. 47, Vorlage Nr. 336 u. 345;
– Drucksache Nr. 50, Vorlage Nr. 360;
– Drucksache Nr. 57, Vorlage Nr. 407;
– Drucksache Nr. 61, Vorlage Nr. 423 u. 426;
– Drucksache Nr. 65, Vorlage Nr. 451;
– Drucksache Nr. 67, Vorlage Nr. 464;
– Drucksache Nr. 72, Vorlage Nr. 533;
– Drucksache Nr. 73, Vorlage Nr. 550;
– Drucksache Nr. 77, Vorlage Nr. 587;
– Drucksache Nr. 81, Vorlage Nr. 609;
– Drucksache Nr. 103, Vorlage Nr. 755;
– Drucksache Nr. 145, Vorlage Nr. 1088.

Staffelt, Ditmar: Der Wiederaufbau der Berliner Sozialdemokratie 1945/46 und die Einheitsfrage. Ein Beitrag zur Nachkriegsgeschichte der unteren und mittleren Organisationsgliederungen der SPD, Frankfurt a. M./Bern/New York 1986 (Europäische Hochschulschriften, Reihe III, Bd. 314).

Starck, Heinrich: Berlins Neuaufbau, in: Neues Deutschland, 6.10.1946, Berliner Beilage.

Starck, Heinrich: Der neue Plan vom Wiederaufbau Berlins. Fort mit Mietskasernen und Kellerwohnungen, in: Vorwärts, 28.8.1946, [S. 4].

Starck, Heinrich: Zement – Kalk – Glas. Berlin braucht Baustoffe aus ganz Deutschland, in: Neues Deutschland, 14.9.1946, Berliner Beilage.

Staritz, Dietrich: Sozialismus in einem halben Lande. Zur Programmatik und Politik der KPD/SED in der Phase der antifaschistisch-demokratischen Umwälzung in der DDR, Berlin [West] 1976.

Staritz, Dietrich: Vereinigung der gegenseitigen Bauernhilfe (VdgB), in: SBZ-Handbuch. Staatliche Verwaltungen, Parteien, gesellschaftliche Organisationen und ihre Führungskräfte in der Sowjetischen Besatzungszone Deutschlands 1945–1949, hrsg. von Martin Broszat u. Hermann Weber, München 1990, S. 760–766.

Steckner, Cornelius: Der Bildhauer Adolf Brütt. Schleswig-Holstein · Berlin · Weimar. Autobiographie und Werkverzeichnis, Heide in Holstein 1989 (Schriften der Schleswig-Holsteinischen Landesbibliothek, Bd. 9).

Stehr, Walter: Ein Amt für Kunst bei der Arbeit, in: Die Stadtverwaltung, Jg. 2 (1947), H. 3, S. 6 f.

Steinborn, Norbert/Krüger, Hilmar: Die Berliner Polizei 1945 bis 1992. Von der Militärreserve im Kalten Krieg auf dem Weg zur bürgernahen Polizei?, Berlin 1993.

Steiner, Karl: Berliner Perspektive zur Preispolitik, in: Tägliche Rundschau, 3.10.1946, S. 6.

Steiner, Karl: Organisation der Preiskontrolle und ihre Arbeit, in: Die Stadtverwaltung, Jg. 1 (1946), H. 3, S. 2 f.

Steininger, Rolf: Deutsche Geschichte 1945–1961. Darstellung und Dokumente in zwei Bänden, Bd. 1, Frankfurt a. M. 1983.

Steinle, Holger: Ein Bahnhof auf dem Abstellgleis. Der ehemalige Hamburger Bahnhof in Berlin und seine Geschichte, Berlin [West] 1983.

Steinmann, H.: Berlins Wohnungsinstandsetzungs-Programm. 100 000 Wohnungen bis Jahresende repariert, in: Tägliche Rundschau, 9.4.1946, S. 6.

Steltzer, Theodor: Sechzig Jahre Zeitgenosse, München 1966.

Strauch, Paul: Das Invalidenhausviertel in Berlin, Leipzig 1912 (Berliner Heimatbücher, Bd. 3).

Strunk, Peter: Pressekontrolle und Propagandapolitik der Sowjetischen Militäradministration in Deutschland (SMAD). Der politische Kontrollapparat der SMAD und das Pressewesen im sowjetischen Besatzungsgebiet Deutschlands (1945–1947) (Phil. Diss., Freie Universität Berlin, Fachbereich Geschichtswissenschaften), Berlin [West] 1989.

Struve, Philipp: Der Wiederaufbau der Berliner Brücken, in: Die Stadtverwaltung, Jg. 1 (1946), H. 11, S. 4–6.

Stürzbecher, M[anfred]: Bruno Harms. Der Weg eines Sozialhygienikers in Zeugnissen, in: Berliner Ärzteblatt, Jg. 83 (1970), S. 326–332.

Stürzbecher, Manfred: Erich Schröder (1893–1968) und die Sozialhygiene in Berlin, in: Zeitschrift für ärztliche Fortbildung, Jg. 88 (1994), S. 823–830.

Stürzbecher, Manfred: Erich Schröder (1893–1968) und die Sozialpädiatrie, in: Landesgeschichtliche Vereinigung für die Mark Brandenburg e. V. Mitteilungsblatt, Jg. 96 (1995), S. 7–10 u. 28–34.

Stürzbecher, M[anfred]: Franz Redeker zum 100. Geburtstag, in: Bundesgesundheitsblatt, Jg. 34 (1991), S. 377–380.

Stürzbecher, Manfred: Paul Piechowski. Theologe, Sozialist und Arzt, in: Medizinische Monatsschrift, Jg. 22 (1968), S. 211–213.

Stürzbecher, M[anfred]: Prof. Dr. Dr. Bruno Harms †, in: Forschung. Praxis. Fortbildung, Jg. 18 (1967), S. 656 f.

Stürzbecher, Manfred: Zur Biographie von Otto Lentz, in: Bundesgesundheitsblatt, Jg. 1964, S. 262–266.

Suckut, Siegfried: Block-Ausschüsse, in: SBZ-Handbuch. Staatliche Verwaltungen, Parteien, gesellschaftliche Organisationen und ihre Führungskräfte in der Sowjetischen Besatzungszone Deutschlands 1945–1949, hrsg. von Martin Broszat u. Hermann Weber, München 1990, S. 595–618.

Suckut, Siegfried: Blockpolitik in der SBZ/DDR 1945–1949. Die Sitzungsprotokolle des zentralen Einheitsfront-Ausschusses. Quellenedition, Köln 1986 (Mannheimer Untersuchungen zu Politik und Geschichte der DDR, Bd. 3).

Suckut, Siegfried: Christlich-Demokratische Union Deutschlands, CDU(D), in: SBZ-Handbuch. Staatliche Verwaltungen, Parteien, gesellschaftliche Organisationen und ihre Führungskräfte in der Sowjetischen Besatzungszone Deutschlands 1945–1949, hrsg. von Martin Broszat u. Hermann Weber, München 1990, S. 515–543.

Tägliche Rundschau. Frontzeitung für die deutsche Bevölkerung (Untertitel ab 16.5.1945: Tageszeitung des Kommandos der Roten Armee für die deutsche Bevölkerung; Untertitel ab 19.6.1945: Zeitung für die deutsche Bevölkerung; Untertitel ab 1.1.1947: Zeitung für Politik, Wirtschaft und Kultur). Berliner Ausgabe, 15.5.1945 – 31.12.1946.

Telegraf, 22.3. – 31.12.1946.

Teresiak, Manfred: Die SED in Berlin. Dokumente zur Vereinigung von KPD und SPD, Bd. 3 u. 4, Berlin 1995.

Teresiak, Manfred: Dr. Arthur Werner, in: Hans-Joachim Fieber/Thomas Rockmann: An der Spitze Berlins. Zweiter Teil: Biographisches und Kommunalgeschichtliches zu den Stadtoberhäuptern Berlins von 1871 bis zur Gegenwart, Berlin 1995, S. 72 – 76 u. 179.

Teresiak, Manfred: Vor 50 Jahren: Verschmelzung von KPD und SPD. Das Beispiel Berlin, in: Deutschland Archiv, Jg. 29 (1996), S. 209 – 226.

Teufert, C[urt]: Aufbau und Aufgaben der Berliner Hauptverwaltung des Magistrats, in: Die Stadtverwaltung, Jg. 1 (1946), H. 5, S. 7 – 9.

Thomas, Siegfried: Der Wiederbeginn des politischen Lebens in Berlin und die Aktionseinheit der Arbeiterparteien (Mai – Juli 1945), in: Zeitschrift für Geschichtswissenschaft, Jg. 8 (1960), S. 1310 – 1341.

Thomas, Siegfried: Entscheidung in Berlin. Zur Entstehungsgeschichte der SED in der deutschen Hauptstadt 1945/46, Berlin [Ost] 1964 (Deutsche Akademie der Wissenschaften zu Berlin. Schriften des Instituts für Geschichte. Reihe I: Allgemeine und deutsche Geschichte, Bd. 27).

Thoms, Marianne: Hans Jendretzky. „Revolutionär sein beginnt mit Begreifen...", in: Wegbereiter. 32 Porträtskizzen, hrsg. von Heinz Deutschland u. Ernst Egon Lange, Berlin [Ost] 1987, S. 59 – 74.

Tiergarten Mai 45. Zusammenbruch – Befreiung – Wiederaufbau, hrsg. vom Heimatmuseum Tiergarten, Berlin 1995.

Tirak [i. e.: Jirak], Walter: Womit beschäftigen wir uns? Aufgaben und Pläne der Abteilung Städtische Betriebe, in: Berliner Zeitung, 25.5.1945, [S. 2].

Tomczak, J.: Ein leichter Abschied. Nach dem Fortfall der Gebäude-Instandsetzungsabgabe, in: Der Morgen, 27.4.1946, S. 4.

Tribüne. Tageszeitung des Freien Deutschen Gewerkschaftsbundes, 5.5.1947.

U.S. Army Military Government Report. 4 January – 4 July 1946 [Six Months Report]. To the Commanding General U.S. Headquarters Berlin District. From Office of the Director Office of Military Government U.S. Berlin District, Berlin-Tempelhof o. J. [1946].

U.S. Army Military Government Report. 4 July 1945 – 3 January 1946 [Six Months Report]. To the Commanding General U.S. Headquarters Berlin District. From Office of the Director Office of Military Government U.S. Berlin District, Berlin-Tempelhof o. J. [1946].

Udke, Gunnar: Arthur Werner und seine Schinkel-Akademie, in: Berlinische Monatsschrift, Jg. 5 (1996), H. 3, S. 71 – 73.

Um ein antifaschistisch-demokratisches Deutschland. Dokumente aus den Jahren 1945 – 1949, Berlin [Ost] 1968.

Verordnungsblatt der Provinzialverwaltung Mark Brandenburg, Jg. 1 (1945) u. 2 (1946).

Verordnungsblatt der Stadt Berlin, Jg. 1 (1945) u. 2 (1946) [bis Nr. 43].

Verordnungsblatt für Berlin [West-Berlin], Jg. 6 (1950), Teil I [ab Nr. 63].

Verordnungsblatt für Groß-Berlin, Jg. 2 (1946) [ab Nr. 44], 3 (1947), 4 (1948) [bis Nr. 26] u. 4 (1948), Teil I [ab Nr. 27].

Verordnungsblatt für Groß-Berlin [Ost-Berlin], Jg. 5 (1949), Teil I, u. 6 (1950), Teil I.

Verordnungsblatt für Groß-Berlin [West-Berlin], Jg. 5 (1949), u. 6 (1950), Teil I [bis Nr. 62].

Versicherungsanstalt Berlin. Ein halbes Jahr Sozialversicherung im neuen Berlin – 125 Tage Versicherungsanstalt Berlin, Berlin o. J. [1945].

Verwaltungsarbeit auf neuer Basis, in: Arbeit und Sozialfürsorge, Jg. 1 (1946), S. 212 – 214.

40 Jahre RIAS Berlin. 7. Februar 1986. Chronik. Daten. Ereignisse. Publikationen. Schallplatten. Dokumentationen. Bemerkenswertes. Am Rande notiert, hrsg. vom RIAS Berlin, Berlin [West] 1986.

Vogel, Werner: Berlin und seine Wappen, Berlin/Frankfurt a. M. 1987.

Vogler, P[aul]/Hassenpflug, G[ustav]: Seuchen- und Krankenbettenaktion Berlin Winter 1945/46, in: Das deutsche Gesundheitswesen, Jg. 1 (1946), S. 158 – 160.

Volkswohlfahrt. Amtsblatt und Halbmonatsschrift des Preußischen Ministeriums für Volkswohlfahrt, Jg. 5 (1924).

Vorbei der Feuerbrand... Weißensee 1945. Kriegsende und Neubeginn in einem Berliner Bezirk, Berlin 1995.

Vorwärts. Berliner Volksblatt. Herausgegeben vom Organisationsausschuß Groß-Berlin der SPD und KPD (zweiter Untertitel ab 15.4.1946: Das Abendblatt der Reichshauptstadt; zweiter Untertitel ab 24.4.1946: Das Abendblatt von Deutschlands Hauptstadt; zweiter Untertitel ab 17.5.1946: Das Abendblatt der Hauptstadt Deutschlands), 9.4. – 31.12.1946.

Voßke, Heinz: Ein Wegbereiter der deutsch-sowjetischen Freundschaft. Arthur Pieck, in: Beiträge zur Geschichte der Arbeiterbewegung, Jg. 22 (1980), S. 421 – 430.

Wahlich, Ulrike, unter Mitwirkung von Klaus Göbel u. Ingolf Wernicke (Chronik 1945/46): Reinickendorf 1945/46. Die erste Nachkriegszeit [Ausstellungskatalog, hrsg. vom Heimatmuseum Reinickendorf], Berlin 1995 (Beiträge zur Geschichte Reinickendorfs, Bd. 1).

Walther, Gerhard: Der Rundfunk in der sowjetischen Besatzungszone Deutschlands, hrsg. vom Bundesministerium für gesamtdeutsche Fragen, Bonn/Berlin 1961 (Bonner Berichte aus Mittel- und Ostdeutschland).

Walther, K.: Wo bleiben die Volksgaststätten?, in: Berliner Zeitung, 18.10.1945, [S. 4].

Wanner, Karl: Berliner Konsumgenossenschaften im Aufstieg, in: Tägliche Rundschau, 17.4.1946, S. 5.

Waschow, H.: Aufrechterhaltung der Währung – wie? Lohn- und Preisgestaltung, in: Tägliche Rundschau, 7.12.1945, S. 5.

Weber, Gerda: Demokratischer Frauenbund Deutschlands (DFD), in: SBZ-Handbuch. Staatliche Verwaltungen, Parteien, gesellschaftliche Organisationen und ihre Führungskräfte in der Sowjetischen Besatzungszone Deutschlands 1945 – 1949, hrsg. von Martin Broszat u. Hermann Weber, München 1990, S. 691 – 713.

Weber, Hermann: Die Wandlung des deutschen Kommunismus. Die Stalinisierung der KPD in der Weimarer Republik, Frankfurt a. M. 1969.

Weber, Hermann: Freie Deutsche Jugend (FDJ), in: SBZ-Handbuch. Staatliche Verwaltungen, Parteien, gesellschaftliche Organisationen und ihre Führungskräfte in der Sowjetischen Besatzungszone Deutschlands 1945 – 1949, hrsg. von Martin Broszat u. Hermann Weber, München 1990, S. 665 – 690.

Weber, Klaus Konrad: Militärbauten, in: Berlin und seine Bauten. Teil III: Bauwerke für Regierung und Verwaltung. Betreut von Robert Riedel, Berlin/München 1966, S. 93 – 98.

Weber, Klaus Konrad/Ullrich, Joachim: Liste der Militärbauten, in: Berlin und seine Bauten. Teil III: Bauwerke für Regierung und Verwaltung. Betreut von Robert Riedel, Berlin/München 1966, S. 99 – 113.

Wedler, Bernhard: Enttrümmerung und Trümmerverwertung, in: Der Bauhelfer, Jg. 1 (1946), Nr. 1, S. 25 f. u. 42.

Wedler, B[ernhard]: Möglichkeiten und Wirtschaftlichkeit der Trümmerverwertung, in: Neue Bauwelt, Jg. 1 (1946), H. 1, S. 10 f., u. H. 2, S. 8 f.

Wedler, Bernhard: Probleme der Trümmerverwertung, in: Telegraf, 29.6.1946, S. 4.

Wefeld, Hans Joachim: Ingenieure in Berlin. 300 Jahre technisches Schulwesen, Berlin [West] 1988.

Wegweiser durch die Verwaltung der Stadt Berlin. Herausgegeben vom Magistrat, Abteilung für Personalfragen und Verwaltung – Organisationsamt – im Januar 1946, o. O. [Berlin] 1946.

Weinland, Martina: Kriegerdenkmäler in Berlin (1813/15 bis 1914/18), in: Ethos und Pathos. Die Berliner Bildhauerschule 1786 – 1914. Beiträge mit Kurzbiographien Berliner Bildhauer, hrsg. von Peter Bloch, Sibylle Einholz u. Jutta von Simson, Berlin 1990, S. 281 – 291.

Weltlinger, Siegmund: Die Bedeutung des Referates „Jüdische Angelegenheiten" im Beirat für kirchliche Angelegenheiten des Magistrats der Stadt Berlin, in: Der Weg, Nr. 29 (13.9.1946).

Wer ist wer?, 1. Aufl., Berlin-Grunewald 1948.

Wer ist wer? Das deutsche Who's Who. XII. Ausgabe von Degeners Wer ist's? Hrsg. von Walter Habel, Berlin-Grunewald 1955.

Wer ist wer? Das deutsche Who's Who. XIII. Ausgabe von Degeners Wer ist's? Hrsg. von Walter Habel, Berlin-Grunewald 1958.

Werner, Alfred: Abschied von Gerhart Hauptmann, in: Vorwärts, 31.7.1946, [S. 2].

Werner, Alfred: Arbeiterbildung, in: Das Volk, 6.12.1945, S. 1 f.

Werner, Arthur: Berlin und die Berliner, in: Neue Zeit, 28.10.1945, S. 1 f.

Werner, Arthur: Der Stadtpräsident von Berlin, in: Sonntag, 27.10.1946, S. 1 f.

Werner, Arthur: Der Wiederaufbau Berlins, in: Tägliche Rundschau, 3.5.1946, S. 5.

Werner, Ruth: Greta Kuckhoff, in: Die erste Stunde. Porträts, hrsg. von Fritz Selbmann, Berlin [Ost] 1969, S. 274 – 284.

Wernicke, Kurt: Arthur Werner, in: Stadtoberhäupter. Biographien Berliner Bürgermeister im 19. und 20. Jahrhundert, hrsg. von Wolfgang Ribbe, Berlin 1992 (Berlinische Lebensbilder, Bd. 7), S. 327 – 355.

Wernicke, Kurt: Eine notwendige Erinnerung. Zum 25. Todestag von Arthur Werner, in: Berlinische Monatsschrift Luisenstadt, Jg. 1 (1992), H. 4, S. 27 – 31.

Wetzel, Jürgen: Office of Military Government for Berlin Sector, in: OMGUS-Handbuch. Die amerikanische Militärregierung in Deutschland 1945 – 1949, hrsg. von Christoph Weisz, München 1994 (Quellen und Darstellungen zur Zeitgeschichte, Bd. 35), S. 671 – 738.

Wetzel, Jürgen: Quellenlücken und Aktenberge. Zur Edition „Die Sitzungsprotokolle des Magistrats der Stadt Berlin 1945/46", in: Festschrift Walter Jaroschka zum 65. Geburtstag, hrsg. von Albrecht Liess, Hermann Rumschöttel u. Bodo Uhl, Köln/Weimar/Wien 1997 (Archivalische Zeitschrift, Bd. 80), S. 459 – 468.

Wetzlaugk, Udo: Die Alliierten in Berlin, Berlin [West] 1988.

Wie ein düsterer Traum. Aus einer Rundfunkansprache von Peter Buchholz zum 20. Juli 1945, in: Peter Buchholz, der Seelsorger von Plötzensee, hrsg. von Anton Gundlach u. Albert Panzer, Meitingen 1964, S. 37 – 45.

Wie es zur Herausgabe der Berliner Bärenmarken kam. Aus den Erinnerungen des ehemaligen Stadtrats für Post- und Fernmeldewesen Ernst Kehler. Mit einer Zeittafel von Frithjof Skupin, in: Berliner Geschichte. Dokumente, Beiträge, Informationen (Schriftenreihe des Stadtarchivs Berlin), H. 3 (1982), S. 70 – 76.

Wie kam es zur Bundesrepublik? Politische Gespräche mit Männern der ersten Stunde, hrsg. von Albert Wucher, Freiburg/Basel/Wien 1968 (Herder-Bücherei, Bd. 324).

Wildangel, Ernst: Die künftige Gestaltung des Berliner Schulwesens, in: Die Stadtverwaltung, Jg. 1 (1946), H. 10, S. 1 – 3.

Wildermuth, Burkhard: Hauszinssteuerablösung, in: Handwörterbuch des Städtebaues, Wohnungs- und Siedlungswesens, Bd. 2, Stuttgart 1959, S. 802 f.

Wille, Klaus-Dieter: Spaziergänge in Kreuzberg, Berlin [West] 1986 (Berliner Kaleidoskop. Schriften zur Berliner Kunst- und Kulturgeschichte, Bd. 32).

Wille, R.: Technische Universität Charlottenburg, in: Horizont, Jg. 1 (1945/46), H. 12, S. 10.

Wimmer, Wolfgang: „Wir haben fast immer was Neues". Gesundheitswesen und Innovationen der Pharma-Industrie in Deutschland, 1880 – 1935, Berlin 1994 (Schriften zur Wirtschafts- und Sozialgeschichte, Bd. 43).

Winzer, Otto: Auf dem Wege zur demokratischen Schulreform. Stand und Aufgaben des Berliner Schulaufbaus, in: Tägliche Rundschau, 28.5.1946, S. 5.

Winzer, Otto: Banner der Einheit! in: Berliner Zeitung, 20.6.1945, [S. 1].

Winzer, Otto: Berlin wird nicht sterben!, in: Neues Deutschland, 29.9.1946, S. 1.

Winzer, Otto: Berliner Schulaufbau, in: Demokratischer Aufbau, Jg. 1 (1946), S. 81 – 84.

Winzer, Otto: Berliner Schulwesen in Zahlen, in: Die Stadtverwaltung, Jg. 1 (1946), H. 13, S. 1 f.

Winzer, Otto: Das Berliner Schulwesen, in: Die Stadtverwaltung, Jg. 1 (1946), H. 14, S. 6.

Winzer, Otto: Die Regelung des Religionsunterrichts in Groß-Berlin, in: Berliner Zeitung, 16.4.1946, [S. 1].

Winzer, Otto: Die Rolle des reaktionären Beamtentums, in: Die Stadtverwaltung, Jg. 1 (1946), H. 4, S. 5.

Winzer, Otto: Für die neue Macht des Volkes. Mit der Gruppe Ulbricht in die Heimat, in: Neues Deutschland, Berliner Ausg., 29.6.1963, S. 5.

Winzer, Otto: „Geistige Enttrümmerung" und Neugestaltung, in: Neues Deutschland, 24.5.1946, S. 3.

Winzer, Otto: Kulturpolitik in Berlin, in: Sonntag, 13.10.1946, S. 1 f.

Winzer, Otto: Neue Aufgaben und eine neue Stellung der Selbstverwaltungen, in: Die Stadtverwaltung, Jg. 1 (1946), H. 2, S. 1 f.

Winzer, Otto: Was wir wollen! Der kommunale Sport eine Durchgangsetappe, in: Nacht-Express, 11.1.46, [S. 3].

Winzer, Otto/Wildangel, Ernst: Ein Jahr Neuaufbau des Berliner Schulwesens. Bericht von der Konferenz der Lehrer an den öffentlichen Schulen der Stadt Berlin. 2. September 1946, Berlin 1946.

Wir sind die Kraft. Der Weg der Deutschen Demokratischen Republik. Erinnerungen, hrsg. vom Institut für Marxismus-Leninismus beim ZK der SED, Berlin [Ost] 1959.

Wirtschaft im geteilten Berlin 1945–1990. Forschungsansätze und Zeitzeugen, hrsg. von Wolfram Fischer und Johannes Bähr, München/New Providence/London/Paris 1994 (Einzelveröffentlichungen der Historischen Kommission zu Berlin, Bd. 76).

Wittgenstein, [Werner]: Eine Großsiedlung an der Krummen Lanke in Zehlendorf, in: Neue Bauwelt, Jg. 1 (1946), H. 1, S. 8 f.

Wittig, Paul: Rotes Kreuz in Berlin. Entwicklung – Werdegang – Gegenwart, in: Der Bär von Berlin. Jahrbuch des Vereins für die Geschichte Berlins, 30. Folge (1981), S. 93–108.

Wohlgemuth, Franz: Vor dem Einzug der Westmächte im Juli 1945 bestand in ganz Berlin eine antifaschistisch-demokratische Ordnung, in: Beiträge, Dokumente, Informationen des Archivs der Hauptstadt der Deutschen Demokratischen Republik (Schriftenreihe des Stadtarchivs Berlin), Jg. 1 (1964), H. 1, S. 3–34.

Wolff, Eberhard: Stromkrise in Berlin, in: Telegraf, 3.11.1946, S. 4.

Wolfslast, Walther: Die Neuorganisation des Berliner Steuerwesens, in: Demokratischer Aufbau, Jg. 1 (1946), S. 144 f.

Wosnenko, W.: Tag der Roten Armee. Das Werk Lenins und Stalins, in: Das Volk, 23.2.1946, [S. 1].

Zabel, Kurt: Neue Industrie- und Handelskammer. Aufbau einer fachlich gegliederten Organisation, in: Das Volk, 7.4.1946, [S. 6].

Zahn-Harnack, Agnes von: Frauenausschüsse – wozu?, in: sie, Nr. 16 (24.3.1946), S. 2.

Zank, Heinz: Steuerquelle Berlin. Ergebnisse und Probleme – Der „Geldschleier", in: Der Sozialdemokrat, 30.10.1946, S. 3.

Zank, Wolfgang: Als Stalin Demokratie befahl, in: Die Zeit, 16.6.1995, S. 42.

Ziegenhagen, Kurt: Berlin und die Heimkehrer, in: Berliner Zeitung, 10.11.1946, [S. 2].

Zoellner, Klaus-Peter: N. E. Bersarin – erster sowjetischer Kommandant von Berlin, in: Militärgeschichte, Jg. 19 (1980), S. 323–331.

Zschaler, Frank: Öffentliche Finanzen und Finanzpolitik in Berlin 1945–1961. Eine vergleichende Untersuchung von Ost- und West-Berlin (mit Datenanhang 1945–1989), Berlin/New York 1995 (Veröffentlichungen der Historischen Kommission zu Berlin, Bd. 88).

Zur Edition zeitgeschichtlicher Quellen, in: Jahrbuch der historischen Forschung 1975, S. 137–147.

Zweigert, Kurt: Die Kontrolle der Verwaltung. Ein Jahr Verwaltungsgericht im britischen Sektor – Ergebnisse seiner Arbeit, in: Der Tagesspiegel, 19.12.1946, [S. 4].

ORTSREGISTER

Außer Ortsnamen im engeren Sinne sind auch geographische Begriffe und die Bezeichnungen von Straßen, Plätzen, Ortsteilen, Verwaltungsbezirken, Besatzungssektoren und -zonen, Kreisen, Provinzen, Ländern und Staaten aufgeführt. Die Ortsnamen in Literaturangaben und das Wort „Berlin" sind nicht in das Ortsregister aufgenommen.

PERSONENREGISTER

Kursiv gesetzte Seitenzahlen zeigen an, daß auf diesen Seiten biographische Angaben oder biographisch relevante Quellen- bzw. Literaturhinweise zu den jeweiligen Personen zu finden sind. Bei den Magistratsmitgliedern, für die Kurzbiographien erstellt worden sind, verweist das Personenregister lediglich auf solche biographischen Fundstellen einschließlich der Kurzbiographien und auf Abbildungen in den Bildanhängen.

SACHREGISTER

Das Sachregister bezieht sich auf die einleitenden Darstellungen, die Dokumententeile und die Bildanhänge beider Teilbände der Edition. Die einzelnen Magistratsvorlagen und -beschlüsse sind als solche nicht in das Register aufgenommen. Die in der Edition erwähnten Befehle der Alliierten Kommandantur Berlin sind in einem gesonderten Verzeichnis zusammengestellt.